2021

银成教育全国辅导机构
指 定 用 书

贺银成

国家临床执业助理医师资格考试 辅导讲义（上册）

编著◎武汉大学中南医院 贺银成

全国百佳图书出版单位
中国中医药出版社

图书在版编目(CIP)数据

贺银成国家临床执业助理医师资格考试辅导讲义:全二册/贺银成编著. —北京:中国中医药出版社,2020.12
ISBN 978-7-5132-6467-9

Ⅰ.①贺… Ⅱ.①贺… Ⅲ.①临床医学—资格考试—自学参考资料 Ⅳ.①R4

中国版本图书馆 CIP 数据核字(2020)第 186637 号

中国中医药出版社有限公司出版
北京经济技术开发区科创十三街 31 号院二区 8 号楼
邮政编码 100176
传真 010-64405721
三河市燕山印刷有限公司
各地新华书店经销

开本 787×1092 1/16 印张 71 字数 2132 千字
2020 年 12 月第 1 版 2020 年 12 月第 1 次印刷
书号 ISBN 978-7-5132-6467-9

定价 218.00 元(全二册)
网址 www.cptcm.com

社长热线 010-64405720
购书热线 010-89535836
咨询热线 010-64405709
维权打假 010-64405753

微信服务号 zgzyycbs
微商城网址 https://kdt.im/LIdUGr
官方微博 http://e.weibo.com/cptcm
天猫旗舰店网址 https://zgzyycbs.tmall.com

前　言

本人应邀在全国各地讲授临床执业助理医师复习课程已10余年，深受同学们的喜爱。本书就是在讲稿基础上，结合多年来本人对临床执业助理医师考试的潜心研究编著而成，以帮助同学们迅速抓住重点、掌握难点，了解命题规律。

全书共分十七篇，包括生物化学、生理学、病理学、药理学、医学心理学、医学伦理学、医学统计学、预防医学、卫生法规、内科学（含诊断学）、传染病学与皮肤性病学、神经病学、精神病学、外科学、妇产科学、儿科学和实践综合。每篇又分为若干个章节，每章内容包括考纲要求、复习要点、常考点及参考答案四个部分。

全书按教科书的体例和顺序进行编排，这样更符合大多数同学的习惯，便于复习。

本书按2021年大纲要求重新修订，对所有考点逐一解析，且讲练结合。利用大量图表，对一些相似的知识点进行对比、归纳总结，重点讲解常考点、易混点。由于助理医师考试科目繁多，复习时要求记忆的内容很多，因此书中也讲授了许多实用的记忆方法。

由于篇幅所限，本书所选例题不可能给出详尽解答。若有疑问，可以参阅2021《贺银成国家临床执业及助理医师资格考试历年考点精析》，将会得到十分详细的解答。这是一本真题解析，收集了1999—2020年的全部真题，且对每道真题均给出了详尽解答。

复习时也可参阅2021《贺银成国家临床执业助理医师资格考试辅导讲义同步练习》，这是一本专门针对助理医师考试的专业题库，且含金量极高，所精选的试题与2021《贺银成国家临床执业及助理医师资格考试历年考点精析》中的真题并不相同，这样可使同学们更牢固地掌握知识点，扩大知识面，提高复习效率。最后，在临考前可以使用2021《贺银成国家临床执业助理医师资格考试全真模拟试卷及精析》进行热身。

本书配有由我主讲的全套课件，同学们可以结合本辅导讲义，自由听课，轻松复习。如需购买全套课件，可以通过以下方式联系：

QQ：800067818　　25270063

武汉银成文化传播有限公司电话：027-82266012　　13971116888　　13971181888

公司商城网址　http://shop.yixueks.com

扫描本书封面二维码，下载APP直接购买。

复习助理实践技能时，可以参阅2021《贺银成国家临床执业及助理医师资格考试实践技能应试指南》，且有我亲自全程讲授的实践技能操作的全套课件，可以选用。

同学们在使用本书过程中发现不足或错误之处，请随时指出（heyincheng2002@qq.com），每指出一处错误，奖励10元，多人指出同一处错误者，奖励首位指出者。

最后祝愿大家顺利通过执业助理医师考试！

贺银成

2020年12月

Contents 目录

上　　册

Contents 目录

下　　册

Contents 目录

Contents 目录

第一篇　生物化学

第 1 章　蛋白质的结构与功能

▶考纲要求

①蛋白质的分子组成:元素组成,基本单位。②蛋白质的分子结构:肽键与肽,一级结构,二级结构(α-螺旋),三级和四级结构的概念。③蛋白质的理化性质:等电点,沉淀,变性。

▶复习要点

一、蛋白质的分子组成

1. 元素组成

(1)主要元素　尽管蛋白质的种类繁多,结构各异,但其元素组成相似,主要有碳(50%~55%)、氢(6%~7%)、氧(19%~24%)、氮(13%~19%)和硫(0~4%)。

(2)次要元素　有些蛋白质还含有少量磷和金属元素铁、铜、锌、锰、钴、钼、碘等。

(3)衡量元素　各种蛋白质的含氮量很接近,平均为 16%。由于蛋白质是体内主要的含氮物质,因此测定生物样品的含氮量即可推算出蛋白质的大致含量:每克样品含氮克数×6.25×100=100g 样品中蛋白质含量(g%)。

2. 基本单位

(1)蛋白质的基本结构　蛋白质的基本结构单位为氨基酸,但不同蛋白质的各种氨基酸含量与排列顺序不同。蛋白质是高分子化合物,可以受酸、碱或蛋白酶作用而水解为游离氨基酸。

(2)氨基酸的通式　蛋白质水解生成的天然氨基酸有 20 种,其化学结构式具有一个共同特点,即在连接羧基的 α 碳原子上有一个氨基,故称为 α-氨基酸。除甘氨酸外,其余氨基酸的 α 碳原子是一个不对称碳原子,具有旋光异构现象,有 *D* 型和 *L* 型两种构型。组成天然蛋白质的 20 种氨基酸多属于 *L*-α-氨基酸。生物界中已发现的 *D* 型氨基酸大都存在于某些细胞产生的抗生素及个别植物的生物碱中。

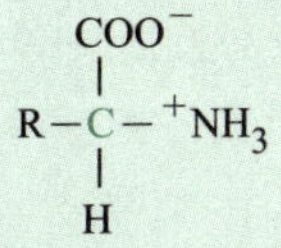

氨基酸通式

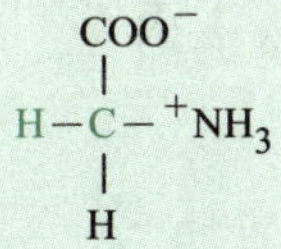

甘氨酸

(3)氨基酸的分类　组成人体蛋白质的氨基酸有 20 种,可分为以下 5 类。

类别	数量	氨基酸
非极性脂肪族氨基酸	7 种	甘氨酸、丙氨酸、缬氨酸、亮氨酸、异亮氨酸、脯氨酸、甲硫氨酸
极性中性氨基酸	5 种	丝氨酸、半胱氨酸、天冬酰胺、谷氨酰胺、苏氨酸
含芳香环的氨基酸	3 种	苯丙氨酸、酪氨酸、色氨酸
酸性氨基酸	2 种	谷氨酸、天冬氨酸
碱性氨基酸	3 种	赖氨酸、精氨酸、组氨酸

注意:9 版《生物化学》P9:将甲硫氨酸从"极性中性氨基酸"改为了"非极性脂肪族氨基酸"。

【例 1】组成人体蛋白质多肽链的基本单位是

A. *L*-α-氨基酸　　B. *D*-α-氨基酸　　C. *L*-β-氨基酸
D. *D*-β-氨基酸　　E. 以上都不是

【例 2】属于酸性氨基酸的是

A. 半胱氨酸　　B. 苏氨酸　　C. 苯丙氨酸
D. 谷氨酸　　E. 组氨酸

【例 3】不存在于人体蛋白质分子中的氨基酸是

A. 半胱氨酸　　B. 丝氨酸　　C. 甲硫氨酸
D. 脯氨酸　　E. 鸟氨酸

二、蛋白质的分子结构

1. 肽键与肽

(1)肽键　肽或蛋白质多肽链中连接两个氨基酸的酰胺键称肽键，由一分子氨基酸的α-氨基与另一分子氨基酸的α-羧基脱去1分子水而生成。

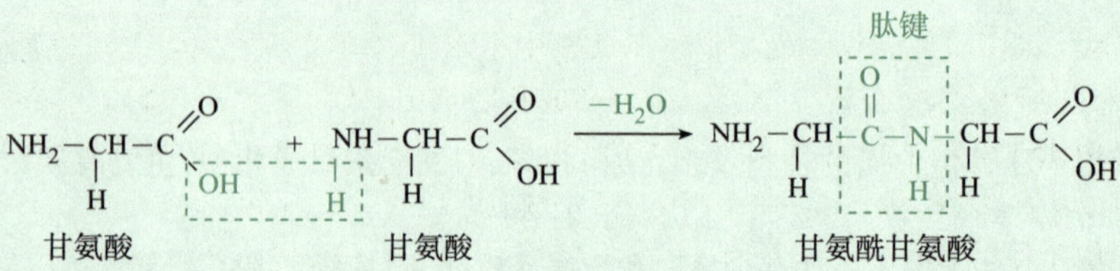

肽与肽键

(2)肽　氨基酸通过肽键相连成肽。两个氨基酸借肽键组成最简单的肽，称为二肽。二肽同样能与另一分子氨基酸缩合成三肽。如此类推，依次生成四肽、五肽……甚至形成多肽。肽链分子中的氨基酸相互衔接形成的长链，称为多肽链。一般而言，由2~20个氨基酸相连组成的肽称为寡肽。由更多个氨基酸相连而成的肽称为多肽。多肽链有两端，其游离α-氨基的一端称为氨基末端或N-端，游离α-羧基的一端称为羧基末端或C-端。每条多肽链中氨基酸残基顺序编号都是从N-端开始，N-端在左，C-端在右。肽链中的氨基酸分子因脱水缩合而基团不全，称为氨基酸残基。

【例 4】多肽链中肽键的本质是

A. 疏水键　　B. 糖苷键　　C. 酰胺键
D. 二硫键　　E. 磷酸二酯键

2. 一级结构

在蛋白质分子中，从N-端至C-端的氨基酸排列顺序称为蛋白质的一级结构。一级结构中的主要化学键是肽键。此外，蛋白质分子中所有二硫键的位置也属于一级结构范畴。二硫键由两个半胱氨酸巯基(—SH)脱氢氧化而生成(如下图)。一级结构是蛋白质空间构象和特异生物学功能的基础。

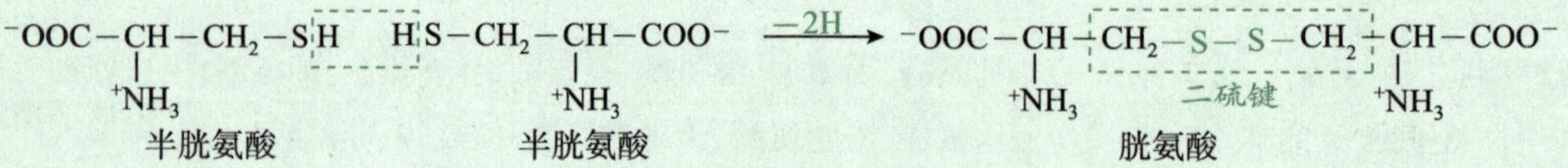

胱氨酸和二硫键

3. 二级结构

(1)二级结构的概念　蛋白质的二级结构是指蛋白质分子中某一段肽链的局部空间结构，也就是该段肽链主链骨架原子的相对空间位置，并不涉及氨基酸残基侧链的构象。二级结构的主要形式包括α-螺旋、β-折叠、β-转角和无规卷曲等。蛋白质的二级结构主要由氢键维系。

(2)α-螺旋的特点　1951年，Pauling和Corey根据多肽链骨架中刚性平面及其他可以旋转的原子提出了多肽链构象是螺旋结构，即α-螺旋，其特点为：

①多肽链主链围绕中心轴有规律地螺旋式上升，螺旋的走向为顺时针方向，即所谓的右手螺旋。

②氨基酸侧链伸向螺旋的外侧，3.6个氨基酸残基螺旋上升一圈（即旋转360°），螺距为0.54nm。

③α-螺旋的每个肽键的N-H和第4个肽键的羰基氧形成氢键，氢键的方向与螺旋长轴基本平行。所有肽键中的羰基氧（O）和氨基氢都可形成氢键，以稳固α-螺旋结构。

④所有的氨基酸均可参与组成α-螺旋结构，但以丙氨酸、谷氨酸、亮氨酸和蛋氨酸更常见。

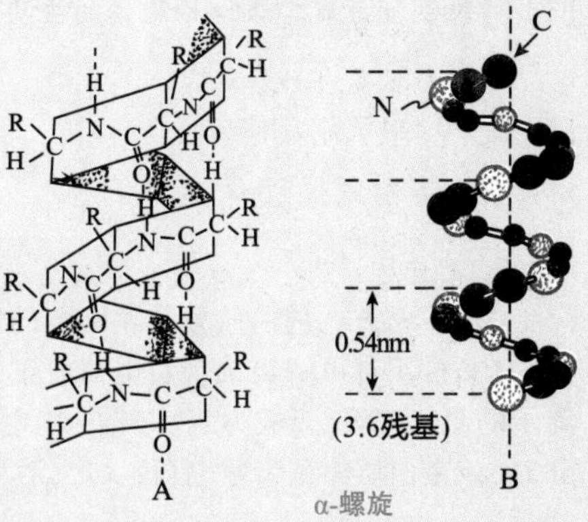

α-螺旋

【例5】关于蛋白质二级结构的叙述，正确的是

A. 氨基酸的排列顺序　B. 每一氨基酸侧链的空间构象　C. 局部主链的空间构象
D. 亚基间相对的空间位置　E. 每一原子的相对空间位置

4. 三级和四级结构的概念

(1)三级结构　蛋白质的三级结构是指整条肽链中全部氨基酸残基的相对空间位置，也就是整条肽链所有原子在三维空间的排布位置。三级结构的形成和稳定主要依靠疏水键、盐键、氢键和范德华力。

肌红蛋白是由153个氨基酸残基构成的单链蛋白质，含1个血红素辅基，能够进行可逆的氧合和脱氧。肌红蛋白分子中α-螺旋占75%，构成A至H 8个螺旋区，两个螺旋区之间有一段无规律卷曲，脯氨酸位于转角处。由于侧链R基团的相互作用，多肽链缠绕，形成一个球状分子，球表面有亲水侧链，疏水侧链则位于分子内部，形成一个疏水的"口袋"。血红素位于"口袋"中，它的铁离子配位与组氨酸相连。

(2)四级结构　许多蛋白质有两条或两条以上的多肽链，肽链与肽链之间并不是通过共价键相连，而是由非共价键维系。每一条多肽链都有自己完整的一级、二级和三级结构，称为亚基。亚基与亚基之间特定的三维空间排布和相互作用，称为蛋白质的四级结构。如血红蛋白是由4个两种不同的亚基组成的四聚体，具有运输氧和CO_2的功能，但单个亚基无生物学活性。

	一级结构	二级结构	三级结构	四级结构
定义	蛋白质分子中从N→C端的氨基酸排列顺序	指蛋白质分子中某一段肽链的局部空间结构	整条肽链中所有原子在三维空间的排布位置	蛋白质分子中各亚基间的空间排布
表现形式	肽链	α-螺旋、β-折叠 β-转角、Ω环	结构模体、亮氨酸拉链、锌指结构、结构域、分子伴侣	亚基
维系键	肽键（主要） 二硫键（次要）	氢键	疏水键、盐键、氢键 范德华力	氢键、离子键
意义	一级结构是蛋白质空间构象和特异性功能的基础，但不是决定空间构象的唯一因素	二级结构是由一级结构决定的。相邻的2个以上的二级结构可协同完成特定的功能	分子量较大的蛋白质常可折叠成多个结构较为紧密的区域，并各行其功能，称为结构域	含有四级结构的蛋白质，单独的亚基一般没有生物学功能

注意：蛋白质分子的二级结构中，没有β-螺旋的称呼。
右手螺旋属于α-螺旋，不要与DNA的右手螺旋结构混淆。

【例6】不属于蛋白质二级结构的是

A. β-折叠　B. 无规卷曲　C. 右手螺旋

D. α-螺旋　　E. β-螺旋

【例 7】维系蛋白质二级结构稳定的主要化学键是

A. 盐键　　B. 氢键　　C. 疏水作用

D. 肽键　　E. 二硫键

三、蛋白质的理化性质

1. 等电点

(1)等电点　蛋白质分子除两端的氨基和羧基可解离外，氨基酸残基侧链中某些基团，在一定的溶液 pH 条件下都可解离成带负电荷或正电荷的基团。当蛋白质溶液处于某一 pH 时，蛋白质解离成正、负离子的趋势相等，即成为兼性离子，净电荷为零，此时溶液的 pH 称为蛋白质的等电点(pI)。溶液的 pH>pI 时，该蛋白质颗粒带负电荷；反之，溶液的 pH<pI 时，该蛋白质颗粒带正电荷。

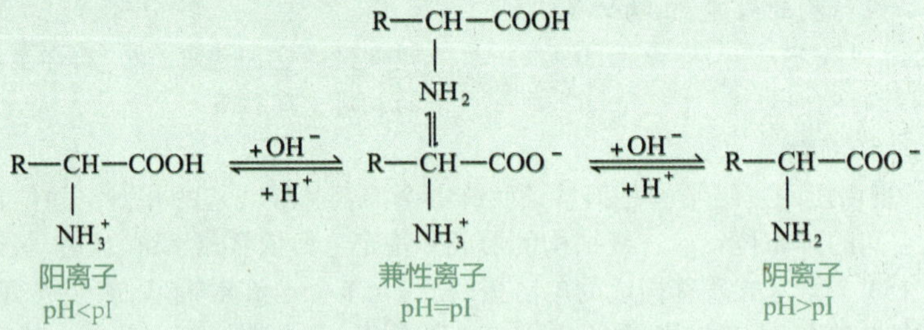

(2)血浆蛋白　体内蛋白质的等电点各不相同，大多数接近于 pH5.0。所以在人体体液 pH7.4 的环境下，大多数蛋白质解离成阴离子。少数蛋白质含碱性氨基酸较多，其等电点偏碱性，被称为碱性蛋白质，如鱼精蛋白、组蛋白等。也有少量蛋白质含酸性氨基酸较多，其等电点偏酸性，被称为酸性蛋白质，如胃蛋白酶、丝蛋白等。

【例 8】当溶液的 pH 与某种蛋白质的 pI 一致时，该蛋白质在此溶液中的存在形式是

A. 兼性离子　　B. 非兼性离子　　C. 带单价正电荷

D. 疏水分子　　E. 带单价负电荷

2. 变性

蛋白质变性是指在各种理化因素(加热、乙醇、强酸、强碱、重金属离子、生物碱试剂等)的作用下，蛋白质的空间构象被破坏，导致其理化性质的改变和生物活性的丧失。

蛋白质变性主要是二硫键和非共价键的破坏，不涉及一级结构中氨基酸序列的改变。蛋白质变性后，其溶解度降低、黏度增加、结晶能力消失、生物活性丧失，易被蛋白酶水解。

若蛋白质变性的程度较轻，去除变性因素后，有些(并非全部)蛋白质仍可恢复或部分恢复其原有的构象和功能，称为复性。许多蛋白质变性后，空间构象严重破坏，不能复原，称为不可逆性变性。

3. 沉淀

蛋白质变性后疏水侧链暴露在外，肽链融汇相互缠绕而聚集，因而从溶液中析出，这一现象被称为蛋白质沉淀。沉淀蛋白质的方法有以下几种：

(1)盐析　在蛋白质溶液中若加入大量中性盐(如硫酸铵、硫酸钠、氯化钠)，蛋白质胶粒的水化层即被破坏，其所带电荷也被中和，蛋白质胶粒因失去这两种稳定因素而沉淀。盐析时，若溶液的 pH 在蛋白质的等电点则效果最好。盐析沉淀的蛋白质不发生变性是其优点，故常用于天然蛋白质的分离；缺点是沉淀的蛋白质中混有大量中性盐，必须经透析除去。

(2)重金属盐沉淀蛋白质　重金属离子如 Ag^+、Hg^{2+}、Cu^{2+}、Pb^{2+} 等，可与蛋白质的负离子结合，形成不溶性蛋白质沉淀。沉淀条件为 pH 稍大于蛋白质的等电点(pI)为宜。临床上利用蛋白质与重金属盐结

合形成不溶性沉淀这一特性，抢救重金属盐中毒患者。

(3)生物碱试剂与某些酸沉淀蛋白质 如苦味酸、鞣酸、钨酸、三氯醋酸、磺酸水杨酸、硝酸等，可与蛋白质的正离子结合成不溶性的盐沉淀。沉淀条件是 pH<pI。

(4)有机溶剂沉淀蛋白质 可与水混合的有机溶剂，如酒精、甲醇、丙酮等能与蛋白质争水，破坏蛋白质胶粒的水化膜，使蛋白质沉淀析出。

变性的蛋白质易于沉淀，沉淀的蛋白质不一定变性，凝固的蛋白质一定变性。

注意：①蛋白质变性后——溶液黏度增加、溶解度降低、结晶能力消失、生物活性丧失，易被蛋白酶水解。
②DNA 变性后——溶液黏度降低、DNA 在 260nm 处的吸光度增加(增色效应)。
③蛋白质变性后空间构象被破坏，但一级结构不受影响，部分蛋白质变性后可以复性。
④蛋白质水解时，一级结构被破坏，所有蛋白质水解后均不能复性。

【例 9】变性蛋白质的主要特点是
A. 不易被蛋白酶水解 B. 分子量降低 C. 溶解性增加
D. 生物学活性丧失 E. 共价键被破坏

【例 10】下列有关蛋白质变性的叙述，错误的是
A. 蛋白质变性时生物学活性降低或丧失 B. 蛋白质变性时理化性质发生变化
C. 蛋白质变性时一级结构不受影响 D. 去除变性因素后，所有变性蛋白质都可以复性
E. 球蛋白变性后其水溶性降低

A. 蛋白质一级结构 B. 蛋白质二级结构 C. 蛋白质三级结构
D. 蛋白质四级结构 E. 单个亚基结构

【例 11】不属于空间结构的是
【例 12】整条肽链中全部氨基酸残基的相对空间位置即是
【例 13】蛋白质变性时，不受影响的结构是

常考点 氨基酸的一般特性；蛋白质的分子结构；蛋白质变性。

参考答案——详细解答见 2021《贺银成国家临床执业及助理医师资格考试历年考点精析》

1. ABCDE 2. ABCDE 3. ABCDE 4. ABCDE 5. ABCDE 6. ABCDE 7. ABCDE
8. ABCDE 9. ABCDE 10. ABCDE 11. ABCDE 12. ABCDE 13. ABCDE

第 2 章　核酸的结构、功能与核苷酸代谢

考纲要求

①核酸的分子组成：分类，基本成分，基本单位。②DNA 的结构与功能：一级结构，二级结构（双螺旋结构）。③RNA 的结构与功能：mRNA，tRNA，rRNA。④核酸的理化性质：紫外光吸收特征，变性和复性。⑤核苷酸的代谢：嘌呤核苷酸的分解产物，嘧啶核苷酸的分解产物。

复习要点

一、核酸的分子组成

1. 核酸的分类

核酸是以核苷酸为基本组成单位的生物信息大分子，具有复杂的结构和重要的生物学功能。核酸可分为脱氧核糖核酸（DNA）和核糖核酸（RNA）两类。DNA 主要存在于细胞核内，是遗传信息的携带者，决定细胞和个体的基因型。RNA 主要存在于细胞核和细胞质内，参与细胞内遗传信息的复制和表达。

2. 核酸的基本成分

核酸的基本组成单位是核苷酸。核苷酸由戊糖、碱基和磷酸组成。

(1) 戊糖　核酸含有两种戊糖，差别在于第 2 位碳原子上是否含有羟基。RNA 分子中的戊糖第 2 位碳原子含有羟基，称为 β-*D*-核糖。DNA 分子中的戊糖第 2 位碳原子上不含羟基，称为 β-*D*-2′-脱氧核糖。

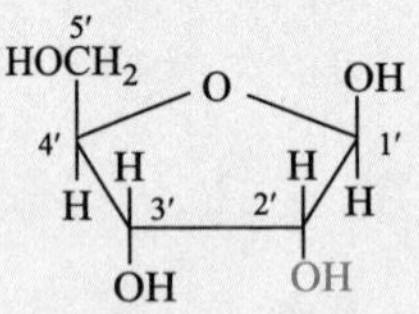

β-*D*-核糖

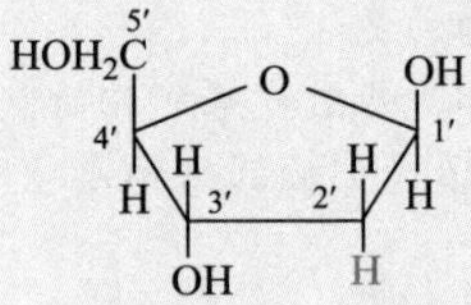

β-*D*-脱氧核糖

(2) 碱基　是构成核苷酸的基本组分之一。碱基分为嘌呤和嘧啶两类。组成 DNA 的碱基包括 A（腺嘌呤）、G（鸟嘌呤）、C（胞嘧啶）、T（胸腺嘧啶）。组成 RNA 的碱基包括 A、G、C、U（尿嘧啶）。

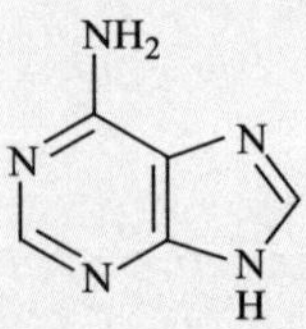

腺嘌呤（A）

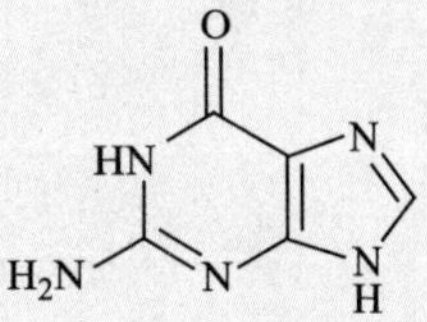

鸟嘌呤（G）

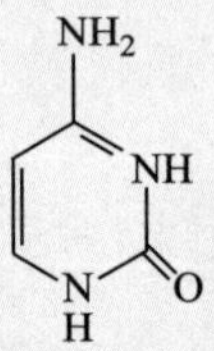

胞嘧啶（C）

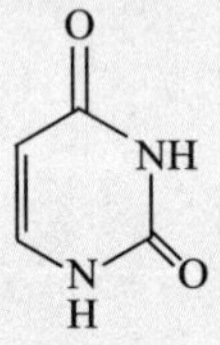

尿嘧啶（U）

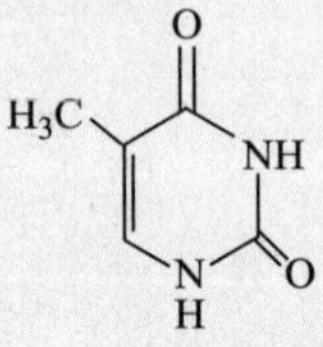

胸腺嘧啶（T）

组成核酸分子的碱基

3. 核酸的基本单位

(1) 核苷酸　碱基与戊糖通过糖苷键连接形成核苷，核苷与磷酸通过磷酸酯键相连接构成核苷酸。根据戊糖第 2 位碳原子是否含有羟基，分为核苷酸和脱氧核苷酸。核苷酸存在于 RNA 分子中，而脱氧核苷酸存在于 DNA 分子中。

(2) 5′-核苷酸　核苷酸中戊糖上的所有游离羟基均可与磷酸形成酯键，但生物体内多数核苷酸的磷酸是连接在核糖或脱氧核糖的 C-5′上，形成 5′-核苷酸。含有 1 个磷酸基团的核苷酸，称为核苷一磷酸（NMP）。含有 2 个磷酸基团的核苷酸，称为核苷二磷酸（NDP）。含有 3 个磷酸基团的核苷酸，称为核苷

三磷酸(NTP)。如 AMP 是腺苷一磷酸,GDP 是鸟苷二磷酸,CTP 是胞苷三磷酸。

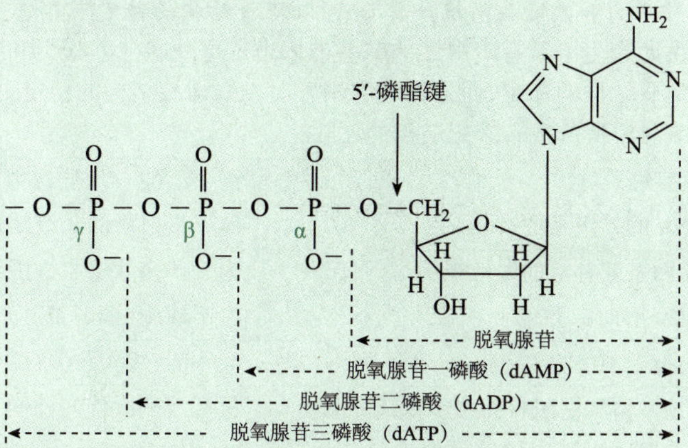

核苷酸的化学结构

【例 1】可承载生物遗传信息的分子结构是

A. 胆固醇的侧链碳原子　　B. 脂蛋白的脂质组成　　C. 氨基酸的侧链基团
D. 核酸的核苷酸序列　　E. 不饱和脂肪酸的双键位置

二、DNA 的结构与功能

1. DNA 的一级结构

DNA 分子的一级结构是指核酸分子中核苷酸的排列顺序。由于 DNA 分子中核苷酸彼此之间的差别仅见于碱基部分,因此 DNA 的一级结构也指其碱基排列顺序,即 DNA 序列。核酸分子中的核糖(或脱氧核糖)和磷酸基团共同构成其骨架结构,但不参与遗传信息的贮存和表达。

【例 2】组成多聚核苷酸的骨架成分是

A. 碱基与戊糖　　B. 碱基与磷酸　　C. 碱基与碱基
D. 戊糖与磷酸　　E. 戊糖与戊糖

【例 3】DNA 的一级结构是

A. 多聚 A 结构　　B. 核小体结构　　C. 双螺旋结构
D. 三叶草结构　　E. 多核苷酸排列顺序

2. DNA 的二级结构——DNA 双螺旋结构模型(Watson-Crick 结构模型)

(1)DNA 由两条多聚脱氧核苷酸链组成　它们围绕着同一螺旋轴形成右手螺旋结构。两条多聚核苷酸链在空间上的走向呈反向平行,一条链的走向为 5′→3′,另一条链的走向为 3′→5′。DNA 双螺旋结构的直径为 2.37nm,螺距为 3.54nm。

(2)核糖和磷酸位于外侧　由脱氧核糖和磷酸基团构成的亲水性骨架位于双螺旋结构的外侧,而疏水的碱基位于内侧。从外观上,DNA 双螺旋结构的表面存在一个大沟和一个小沟。

(3)DNA 双链之间形成互补碱基对　两条链的碱基间严格按A=T(2 个氢键)、G≡C(3 个氢键)配对存在,这种碱基配对关系称为互补碱基对,也称 Watson-Crick 配对。DNA 的两条链则称为互补链,因此 A+G 与 C+T 的比值为 1。碱基对平面与双螺旋结构的螺旋轴垂直。平均而言,每一螺旋有 10.5 个碱基对,每个碱基对之间的相对旋转角度为 36°。每两个相邻

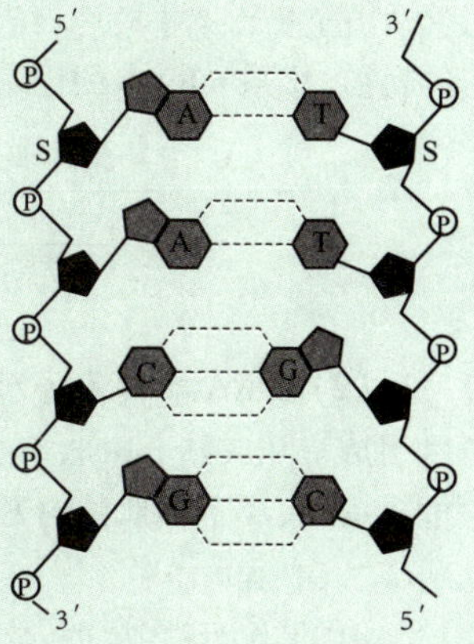

DNA双链结构

的碱基对平面之间的垂直距离为 0.34nm。

(4)碱基对的疏水作用力和氢键共同维持着 DNA 双螺旋结构的稳定 相邻的两个碱基对平面在旋进过程中会彼此重叠，由此产生了具有疏水性的碱基堆积力。这种碱基堆积力和互补链之间碱基对的氢键共同维系着 DNA 双螺旋结构的稳定，而且碱基堆积力对于双螺旋结构的稳定更为重要。

3. DNA 右手螺旋结构和蛋白质 α 螺旋结构的比较

	DNA 右手螺旋结构	蛋白质的 α 螺旋结构
类型	属于 DNA 的二级结构	属于蛋白质的二级结构
概念	为 DNA 两条互补链的线性螺旋形延长	为一条多肽链主链围绕中心轴螺旋式上升
螺旋方向	右手螺旋(顺时针)	右手螺旋(顺时针)
螺距	3.54nm，每周 10.5 对碱基	0.54nm，每周 3.6 个氨基酸残基
外侧	脱氧核糖和磷酸基团骨架位于双链外侧	氨基酸侧链伸向外侧
内侧	碱基位于双链内侧	肽链位于内侧

【例 4】维系 DNA 双链间碱基配对的化学键是

A. 氢键　　B. 磷酸二酯键　　C. 肽键

D. 疏水键　　E. 糖苷键

【例 5】有关 DNA 双螺旋结构的叙述，错误的是

A. DNA 双螺旋是核酸二级结构的重要形式

B. DNA 双螺旋由两条以脱氧核糖、磷酸作骨架的双链组成

C. DNA 双螺旋以右手螺旋的方式围绕同一轴有规律地盘旋

D. 两股单链从 5′ 至 3′ 端走向在空间排列相同

E. 两碱基之间的氢键是维持双螺旋横向稳定的主要化学键

三、RNA 的结构与功能

RNA 主要分为信使 RNA(mRNA)、转运 RNA(tRNA)和核糖体 RNA(rRNA)三类。

1. mRNA

mRNA 是在细胞核内以 DNA 为模板合成的，然后转运至胞质，指导蛋白质的合成。在生物体内，mRNA的丰度最小，但种类最多，且它们的大小各不相同。在所有 RNA 中，mRNA 的寿命最短。

(1)mRNA 的首尾结构 mRNA 的 5′-端有 m^7GpppN(7-甲基鸟嘌呤-三磷酸核苷)帽结构，3′-端有多聚 A 尾(多聚腺苷酸尾)结构。目前认为，5′-帽结构和 3′-多聚 A 尾结构共同负责 mRNA 从核内向细胞质的转位、维系 mRNA 的稳定性以及翻译起始的调控。

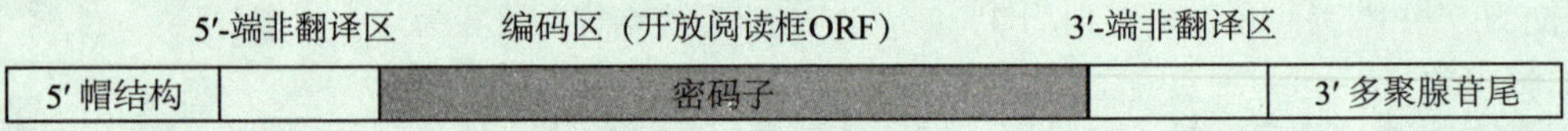

真核生物mRNA的结构示意图

(2)mRNA 的碱基序列 mRNA 为蛋白质的生物合成提供模板。成熟的 mRNA 由编码区和非编码区组成。从成熟 mRNA 5′-端起的第一个 AUG(即起始密码)至终止密码之间的核苷酸序列，称为开放读框(ORF)，决定多肽链的氨基酸序列。在 mRNA 开放读框的两侧，还有非编码序列。

2. tRNA

tRNA 作为氨基酸载体参与蛋白质的合成，是细胞内分子量最小的核酸，长度为 74~95 个核苷酸。

(1)tRNA 含有多种稀有碱基 稀有碱基是指除 A、G、C、U 外的一些碱基，包括 DHU(双氢尿嘧啶)、

ψ(假尿嘧啶核苷)、m^7G、m^7A(甲基化的嘌呤)等。tRNA 是含稀有碱基最多的 RNA。

(2)tRNA 具有特定的空间结构　tRNA 存在着一些核苷酸序列,能够通过碱基互补配对的原则,形成局部双螺旋,呈三叶草形的二级结构。从 5′→3′端依次为:DHU 环 + 反密码子环 + TψC 环 + 相同的 CCA 结构(记忆为"三环一柄")。

①DHU 环　其功能是识别氨基酰 tRNA 合成酶。

②反密码子环　其功能是识别遗传密码。tRNA 的反密码子环由 7~9 个核苷酸组成。居中的 3 个核苷酸构成一个反密码子,位于反密码子环内。反密码子可通过碱基互补的关系识别 mRNA 的密码子。在蛋白质生物合成中,氨基酰-tRNA 的反密码子依靠碱基互补的方式辨认 mRNA 的密码子,从而正确地运送氨基酸参与肽链的合成。

③TψC 环　其功能是识别核蛋白体。

④CCA-OH 结构　为氨基酸接纳茎。所有 tRNA 的 3′-端的最后 3 个核苷酸均为 CCA,这是氨基酸的结合部位,称为氨基酸接纳茎,不同tRNA 的氨基酸接纳茎结合不同的氨基酸。

⑤三级结构　tRNA 的三级结构呈倒"L"形。维系其三级结构主要依赖核苷酸之间的各种氢键。

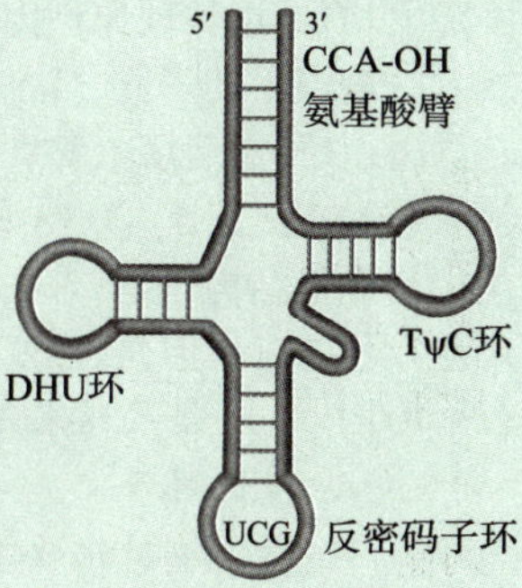

tRNA的结构

3. rRNA

rRNA 是细胞内蛋白质合成的场所,由蛋白质和 RNA 结合而成。rRNA 是细胞内含量最多的 RNA,占总 RNA 的 80%以上。真核生物含有 4 种 rRNA,其中 28S、5.8S 和 5S 存在于大亚基,18S 存在于小亚基。

注意:①细胞内含量最多的 RNA 是 rRNA,分子量最小的 RNA 是 tRNA,含稀有碱基最多的 RNA 是 tRNA。
②tRNA 的一级结构为多核苷酸链,二级结构呈三叶草样,三级结构呈倒 L 形。

【例 6】维系 mRNA 稳定性的主要结构是
A. 内含子　B. 双螺旋结构　C. 多聚腺苷酸尾
D. 三叶草结构　E. 茎环结构

【例 7】tRNA 分子上 3′-端序列的功能是
A. 辨认 mRNA 上的密码子　B. 剪接修饰作用　C. 辨认与核糖体结合的组分
D. 提供—OH 基与氨基酸结合　E. 提供—OH 基与糖类结合

【例 8】细胞内含量最丰富的 RNA 是
A. hnRNA　B. tRNA　C. rRNA
D. miRNA　E. mRNA

四、核酸的理化性质

核酸是两性电解质,在一定 pH 条件下带电荷,可用电泳或离子交换层析方法分离。

1. 紫外光吸收特征

核酸分子的碱基含有共轭双键,在 260nm 紫外波段具有最大吸收峰。利用这一性质,可以对核酸进行定量和纯度分析。

【例 9】核酸对紫外线的最大吸收峰是
A. 220nm　B. 230nm　C. 260nm
D. 280nm　E. 300nm

2. 变性和复性

(1)DNA 变性　DNA 在某些因素作用下,由双链解离为单链的过程称为 DNA 变性。引起 DNA 变性的因素包括加热、加酸或加碱等，其中最常用的使 DNA 变性的方法为加热。DNA 变性的特点包括：

①结构变化　DNA 变性时，维系碱基配对的氢键断裂（并不是多核苷酸链断裂），也就是说不破坏一级结构中脱氧核苷酸的序列。

②吸收值增加　DNA 变性时，解链过程中，由于更多的共轭双键得以暴露，DNA 在 260nm 处的吸光度随之增加，这种现象称为 DNA 的增色效应。它是监测 DNA 双链是否发生变性的一个最常用指标。

③溶液黏度降低　DNA 变性时，由原来比较“刚硬”的双螺旋结构，分裂成两条比较柔软的单股多核苷酸链，从而引起溶液黏度降低。

(2)DNA 复性　DNA 的变性是可逆的。在适当条件下，变性的 DNA 两条互补链可重新配对，恢复天然的双螺旋结构，这一现象称为复性。热变性的 DNA 经缓慢冷却后即可复性，这一过程称为退火，退火产生减色效应。但是，热变性的 DNA 迅速冷却至 4℃以下，DNA 不可发生复性。

【例 10】DNA 变性的结果是

A. 双链解开　　B. 紫外线吸收降低　　C. 凝固

D. 生物学功能增强　　E. 理化性质不发生任何改变

五、核苷酸的代谢

1. 嘌呤核苷酸的分解产物

体内嘌呤核苷酸的分解代谢主要在肝脏、小肠和肾脏中进行。首先在核苷酸酶的作用下，嘌呤核苷酸脱去磷酸，生成嘌呤核苷。其中，腺嘌呤核苷酸经过脱氨、水解生成次黄嘌呤，然后在黄嘌呤氧化酶催化下氧化为黄嘌呤。鸟嘌呤核苷则被直接水解，生成鸟嘌呤，然后经脱氨基作用生成黄嘌呤。黄嘌呤在黄嘌呤氧化酶催化下生成尿酸。尿酸为嘌呤核苷酸分解代谢的终产物。

AMP ⟶ ⟶ 次黄嘌呤 —(黄嘌呤氧化酶)→ 黄嘌呤 —(黄嘌呤氧化酶)→ 尿酸

GMP ⟶ 鸟嘌呤 ⟶ 黄嘌呤

嘌呤核苷酸的分解代谢

2. 嘧啶核苷酸的分解产物

嘧啶碱的降解主要在肝中进行。嘧啶核苷酸首先经核苷酸酶及核苷酶的作用脱去磷酸及戊糖，生成嘧啶碱。胞嘧啶和尿嘧啶主要在肝脏内经脱氨、氧化、还原、脱羧等反应生成 β-丙氨酸、氨和 CO_2。胸腺嘧啶则分解为 β-氨基异丁酸、氨和 CO_2。与尿酸不同，嘧啶碱分解代谢产物均易溶于水。

胞嘧啶（C）⟶ 尿嘧啶（U）⟶ ⟶ 二氢尿嘧啶 ⟶ β-丙氨酸 + CO_2 + NH_3

胸腺嘧啶（T）⟶ ⟶ ⟶ ⟶ β-脲基异丁酸 ⟶ β-氨基异丁酸 + CO_2 + NH_3

【例 11】男，51 岁。近 3 年来出现关节炎症状和尿路结石，进食肉类食物时病情加重。该患者发生的疾病涉及的代谢途径是

A. 糖代谢　　B. 脂代谢　　C. 嘌呤核苷酸代谢

D. 嘧啶核苷酸代谢　　E. 氨基酸代谢

常考点　核酸的组成；DNA 双螺旋结构；RNA 的特性；嘌呤核苷酸的分解产物。

参考答案——详细解答见 2021《贺银成国家临床执业及助理医师资格考试历年考点精析》

1. ABCDE　2. ABCDE　3. ABCDE　4. ABCDE　5. ABCDE　6. ABCDE　7. ABCDE

8. ABCDE　9. ABCDE　10. ABCDE　11. ABCDE

第3章　酶

考纲要求

①概述:酶的概念,酶促反应的特点。②酶的结构与功能:分子组成,活性中心与必需基团,酶原与酶原的激活,同工酶。③影响酶促反应速度的因素:酶浓度,底物浓度,温度,pH,激活剂,抑制剂。

复习要点

一、概述

1. 酶的概念

生物体内的新陈代谢过程是通过有序的、连续不断的、有条不紊的、各种各样的化学反应来体现的。酶是催化特定反应的蛋白质,是一种生物催化剂。酶能通过降低反应的活化能加快反应速率,但不能改变反应的平衡点。酶具有催化效率高、专一性强、作用条件温和等特点。

2. 酶促反应的特点

(1)酶与催化剂的共同点　①它们在催化反应的过程中自身的质和量保持不变;②都只能加速热力学上能进行的反应;③它们都只能缩短达到化学平衡的时间,不能改变平衡点;④在可逆反应中,一般既可催化正反应,也可催化逆反应;⑤酶和一般催化剂加速反应的机制都是降低反应的活化能。

(2)酶的特点　酶是生物催化剂,遵守一般催化剂的共同规律,但酶也有与一般催化剂不同的特点。

①极高的催化效率　酶的催化效率通常比非催化反应高 $10^8 \sim 10^{20}$ 倍,比一般催化剂高 $10^7 \sim 10^{13}$ 倍。酶的高效催化性是通过降低反应所需的活化能实现的。这是因为,即使是热力学上允许进行的反应,也只有那些能量较高的活泼分子才有可能进行化学反应。这些能量较高的分子称为活化分子,它们在反应体系中通过分子-分子相互作用(碰撞)从其他分子获能。使分子从基础状态达到活化分子所需要的能量,称为活化能。活化能的高低决定反应体系活化分子的多少,即决定反应速度。欲提高反应速度,可外加能量(如加热),或降低反应所需的活化能。酶可通过降低反应的活化能而加速化学反应速度。

②高度的特异性　与一般催化剂不同,酶对所催化的底物具有较严格的选择性,即一种酶仅作用于一种或一类化合物,或一定的化学键,催化一定的化学反应并产生一定的产物,酶的这种特性称为酶的特异性或专一性。酶的特异性可分为两种类型:

A.绝对专一性　有的酶只作用于特定结构的底物分子,进行一种专一的反应,生成一种特定结构的产物。这种特异性称为绝对专一性。如脲酶仅能催化尿素水解生成 CO_2 和 NH_3;琥珀酸脱氢酶仅催化琥珀酸与延胡索酸之间的氧化还原反应。

有些具有绝对专一性的酶可以区分光学异构体和立体异构体,只能催化一种光学异构体或立体异构体进行反应。例如,乳酸脱氢酶仅催化 *L*-乳酸脱氢生成丙酮酸,而对 *D*-乳酸无作用。

B.相对专一性　有些酶对底物的专一性不是根据整个底物分子结构,而是依据底物分子中特定的化学键或特定的基团,因而可以作用于含有相同化学键或化学基团的一类化合物,这种选择性称为相对专一性。如磷酸酶对一般的磷酸酯键都有水解作用,可水解甘油或酚与磷酸形成的酯键。

③酶促反应具有可调节性　酶促反应受多种因素的调控,以适应机体对不断变化的内外环境和生命活动的需要。如酶原的激活使酶在合适的环境被激活和发挥作用。

④酶活性的不稳定性　酶是蛋白质,一切可使蛋白质变性的因素都可使酶变性失活。

【例1】关于体内酶促反应特点的叙述,错误的是

A. 具有高催化效率　　B. 温度对酶促反应速度没有影响
C. 可大幅降低反应活化能　　D. 只能催化热力学上允许进行的反应　　E. 具有可调节性

二、酶的结构与功能

1. 酶的分子组成

(1)酶的分类 按分子组成不同,酶可分为单纯酶和结合酶。

①单纯酶 是指仅含有蛋白质的酶,如脲酶、某些蛋白酶、淀粉酶、脂酶、核酸酶等。

②结合酶 是指由酶蛋白和辅助因子组成的酶。

	酶蛋白	辅助因子
物质成分	蛋白质	非蛋白质
结合特点	一种酶蛋白常与一种辅助因子结合形成全酶	一种辅助因子可与不同的酶蛋白结合形成不同的全酶
参与反应	催化一定的化学反应	催化不同的化学反应
特性	决定反应的特异性	决定反应的种类和性质

(2)辅助因子 按其与酶蛋白结合的紧密程度及作用特点分为辅酶及辅基。

	辅酶	辅基
生化特性	辅酶与酶蛋白结合疏松 可以用透析或超滤的方法除去	辅基与酶蛋白结合紧密 不能通过透析或超滤的方法将其除去
生化作用	在酶促反应中,辅酶作为底物接受质子或基团后离开酶蛋白,参加另一酶促反应,并将所携带的质子或基团转移出去,或者相反	在酶促反应中,辅基不能离开酶蛋白 一般对热稳定
物质成分	多为小分子有机化合物,如 NAD^+、$NADP^+$	多为金属离子及小分子有机化合物(如 FAD、FMN)

记忆:辅**基**主要成分为**金**属离子+**小**分子物质,**不能**离开酶蛋白**独立**存在——记忆为**金鸡**太**小**,还**不能独立**(金鸡独立)。辅酶则与之相反。

【例 2】酶促反应中决定酶特异性的是

A. 作用物的类别　　B. 酶蛋白　　C. 辅基或辅酶

D. 催化基团　　E. 金属离子

2. 酶的活性中心与必需基团

(1)活性中心 酶的活性中心或活性部位是酶分子中能与底物特异地结合并催化底物转变为产物的具有特定三维结构的区域。酶的活性中心是酶分子执行其催化功能的部位。酶活性中心的必需基团在一级结构上可能相距较远,但在空间结构上相互接近,共同组成酶的活性中心。辅助因子常参与酶活性中心的组成。

酶的活性中心具有三维结构,往往形成裂缝或凹陷。这些裂缝或凹陷由酶的特定空间构象所维持,深入到酶分子内部,且多由氨基酸残基的疏水基团组成,形成疏水“口袋”。

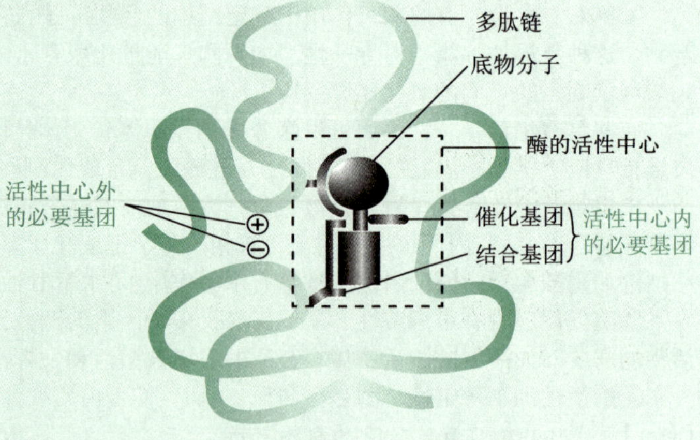

酶的活性中心示意图

(2)必需基团 酶分子中氨基酸残基的侧链由不同的化学基团组成,其中一些与酶的活性密切相关的化学基团称为酶的必需基团。有的必需基团位于酶的活性中心内,有的必需基团位于酶的活性中心之外。

①位于酶活性中心内的必需基团　有结合基团和催化基团之分。结合基团的作用是识别和结合底物和辅酶，形成酶-底物复合物。催化基团的作用是影响底物中某些化学键的稳定性，催化底物发生化学反应，进而转变成产物。

②位于酶活性中心之外的必需基团　虽然不直接参与催化作用，却为维持酶活性中心的空间构象和（或）作为调节剂的结合部位所必需。酶的必需基团常见的有丝氨酸残基的羟基、组氨酸残基的咪唑基、半胱氨酸残基的巯基、酸性氨基酸残基的羧基等。

【例 3】关于酶活性中心的叙述，正确的是

A. 酶原有能发挥催化作用的活性中心　B. 由一级结构上相互邻近的氨基酸组成
C. 必需基团存在的唯一部位　D. 均由亲水氨基酸组成
E. 含结合基团和催化基团

3. 酶原与酶原激活

(1)酶原　处于无活性状态的酶的前身物质称为酶原。

(2)酶原激活　酶原在一定条件下，水解一个或几个特定的肽键，致使构象发生变化，表现出酶的活性，这个过程称为酶原激活。酶原的激活实际上是酶的活性中心形成或暴露的过程，其生理意义为：①保护细胞本身的蛋白质不受蛋白酶的水解破坏；②保证合成的酶在特定部位和环境中发挥生理作用。如血液中通常存在的凝血酶原不会在血管中引起凝血，只有当出血时，血管内皮损伤暴露的胶原纤维所含的负电荷活化了 FⅫ，进而将凝血酶原激活成凝血酶，才能发挥凝血作用，使血液凝固。

4. 同工酶

(1)定义　是指催化相同化学反应，但酶蛋白的分子结构、理化性质及免疫学性质均不相同的一组酶。

(2)同工酶的测定　同工酶的测定已应用于临床疾病的诊断。

①乳酸脱氢酶(LDH)　是由 4 个亚基组成的蛋白质，有 5 种同工酶，其中 LDH_1 的含量以心肌最高，LDH_3 在骨骼肌含量较高，LDH_5 在肝脏含量较高。

②肌酸激酶(CK)　是由 M 型和 B 型亚基组成的二聚体酶。脑中含 CK_1(BB 型)，心肌中含 CK_2(MB 型)，骨骼肌中含 CK_3(MM 型)。CK_2 仅见于心肌，且含量很高。正常血液中的肌酸激酶主要是 CK_3，几乎不含 CK_2。心肌梗死后 3~6 小时血中 CK_2 活性升高，因此 CK_2 常作为早期诊断心肌梗死的指标之一。

【例 4】有关同工酶概念的叙述，错误的是

A. 同工酶的免疫学性质不同　B. 不同器官的同工酶谱不同　C. 同工酶常由几个亚基组成
D. 同工酶的理化性质不同　E. 同工酶催化不同的底物反应

三、影响酶促反应速度的因素

1. 酶浓度

在酶促反应系统中，当底物浓度大大超过酶的浓度，酶被底物饱和时，反应速率达最大速率。此时，反应速率和酶浓度变化呈正比关系。

2. 底物浓度

(1)米-曼方程(Michaelis equation)　酶促反应动力学是研究酶促反应速率及其影响因素的科学。米-曼方程是解释酶促反应速率(ν)与底物浓度[S]之间关系的方程式：

$$\nu=\frac{V_{max}[S]}{K_m+[S]}$$

其中，V_{max} 为最大反应速度，[S]为底物浓度，K_m 为米氏常数。

当其他因素不变时，底物浓度对反应速率影响的作图呈矩形双曲线。

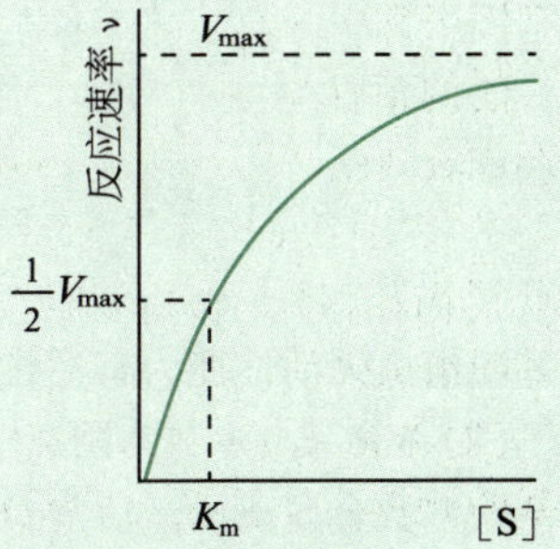

底物浓度对酶促反应速率的影响

①当底物浓度较低时　反应速率随底物浓度的增加而急剧上升，两者呈正比关系，反应呈一级反应。

②当底物浓度进一步增高　反应速率不再呈正比例加速，反应速率增加的幅度不断下降。

③当继续加大底物浓度时　反应速率不再增加，表现为零级反应。此时酶活性中心已被底物饱和。

(2)K_m 的特点

①K_m 值也称米氏常数，是酶促反应速度为最大速度一半时的底物浓度，为酶的特征性常数，只与酶的结构、底物、温度、pH、离子强度有关，而与酶浓度无关。

②一种酶有多种底物时，每种底物的 K_m 值各不相同，所以 K_m 与底物、pH 等有关。

③如有几种底物时，K_m 最小的一种底物叫天然底物。

④对于同一底物，不同的同工酶有不同的 K_m 值。

⑤K_m 表示酶的亲和力，K_m 值越小，表示亲和力越大。

3. 温度

(1)酶促反应的最适温度　酶对温度的变化极为敏感，温度对酶促反应速率有双重影响。若自低温开始，逐渐升高温度，则酶促反应速度随之加快；但达到某一温度后，继续升高温度，则酶促反应速度反而下降。这是因为升高温度一方面可加快反应速度，同时也增加酶变性的机会。通常将酶促反应速率最快时反应体系的温度称为酶促反应的最适温度。

(2)酶的最适温度不是酶的特征性常数　人体组织中酶的最适温度多为 35~40℃之间。能在较高温度生存的生物，细胞内酶的最适反应温度也较高，如 *Taq* DNA 聚合酶的最适温度为 72℃。酶的最适温度不是酶的特征性常数，它与反应进行的时间有关。酶可以在短时间内耐受较高的温度。相反，延长反应时间，最适温度便降低。

4. pH

(1)酶促反应的最适 pH　酶活性受其所在环境 pH 的影响而有显著差异。通常将酶催化活性最高时反应体系的 pH 称为酶促反应的最适 pH。溶液 pH 偏离最适 pH 时，无论偏酸还是偏碱，都将使酶的活性降低。远离最适 pH 还会使酶变性失活。动物体内多数酶的最适 pH 接近中性，但也有例外，如胃蛋白酶的最适 pH 为 1.8，肝精氨酸酶为 9.8，胰蛋白酶为 7.8。

(2)最适 pH 不是酶的特征性常数　它受底物浓度、缓冲液种类与浓度、酶纯度等因素的影响。

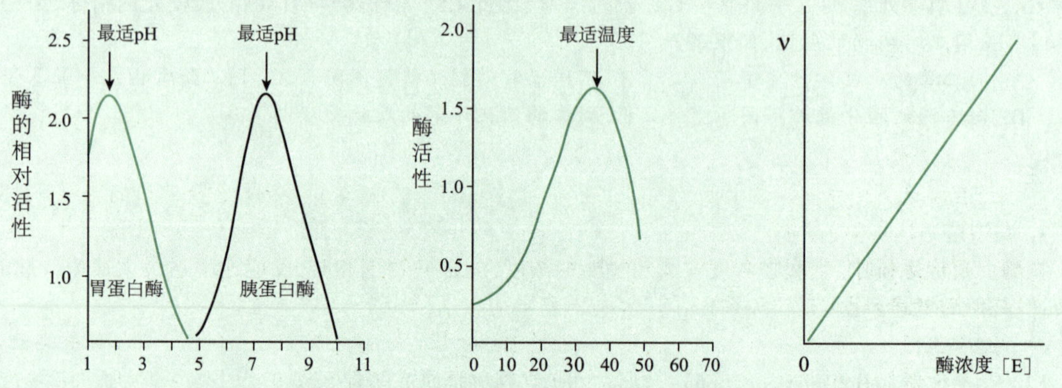

pH对酶促反应速率的影响　　温度对酶促反应速率的影响　　酶浓度对酶促反应速率的影响

5. 激活剂

使酶由无活性变为有活性或使酶活性增加的物质，称为酶的激活剂。激活剂大多为金属离子，如 Mg^{2+}、K^{+}、Mn^{2+}等；少数为阴离子，如 Cl^{-}等；也有许多有机化合物激活剂，如胆汁酸盐等。

大多数金属离子激活剂对酶促反应是不可缺少的，这类激活剂称为必需激活剂，它们与酶、底物或酶-底物复合物结合参加反应，但不转化为产物。有些激活剂不存在时，酶仍有一定的催化活性，这类激活剂称为非必需激活剂。

6. 酶的抑制剂

(1)抑制剂 凡能使酶催化活性下降而不引起酶蛋白变性的物质统称为酶的抑制剂。根据抑制剂与酶结合的紧密程度不同,酶的抑制作用分为不可逆抑制和可逆性抑制。

(2)不可逆抑制 抑制剂与酶活性中心上的必需基团形成共价结合,不能用简单透析、超滤等方法予以去除,这一类抑制剂称为不可逆抑制剂,所引起的抑制作用称为不可逆抑制作用。

毒物	举例	作用机制	解毒剂
有机磷农药	敌百虫、敌敌畏、乐果、马拉硫磷	抑制胆碱酯酶	阿托品、解磷定
重金属离子	Hg^{2+}、Ag^{+}、Pb^{2+}、As^{3+}	抑制酶的巯基	二巯基丙醇
路易士气	一种化学毒气	抑制酶的巯基	二巯基丙醇

(3)可逆性抑制 是指抑制剂以非共价键与酶或中间复合物发生可逆性结合,使酶活性降低,应用简单透析、超滤等方法可以去除。可逆性抑制分为竞争性抑制、非竞争性抑制和反竞争性抑制。

	不可逆性抑制作用	竞争性抑制作用	非竞争性抑制作用	反竞争性抑制作用
作用机制	抑制剂与酶活性中心上的必需基团以共价键结合,使酶失活	抑制剂与酶的底物相似,可与底物竞争酶的活性中心,阻碍酶与底物结合成中间产物	抑制剂与酶活性中心外的必需基团结合,不影响酶与底物的结合,底物和抑制剂无竞争关系	抑制剂与酶和底物形成的中间产物结合,使中间产物的量下降
抑制剂的去除方法	不能用透析、超滤方法去除抑制剂	可用透析、超滤方法去除抑制剂	可用透析、超滤方法去除抑制剂	可用透析、超滤方法去除抑制剂
常考例子	有机磷抑制胆碱酯酶 重金属离子抑制巯基酶 路易士气抑制巯基酶	丙二酸抑制琥珀酸脱氢酶,磺胺药抑制二氢蝶酸合酶	亮氨酸抑制精氨酸酶 哇巴因抑制钠泵 麦芽糖抑制α淀粉酶	苯丙氨酸对胎盘型碱性磷酸酶的抑制
表观 K_m	—(反应终止)	增大	不变	减小
最大速度 V_{max}	—(反应终止)	不变	降低	降低

【例5】当底物足量时,生理条件下决定酶促反应速度的因素是

A. 酶含量　B. 钠离子浓度　C. 温度
D. 酸碱度　E. 辅酶含量

【例6】下列关于酶促反应调节的叙述,正确的是

A. 温度越高反应速率越快
B. 反应速率不受底物浓度的影响
C. 反应速率不受酶浓度的影响
D. 在最适pH下,反应速率不受酶浓度影响
E. 底物饱和时,反应速率随酶浓度增加而增加

【例7】关于酶竞争性抑制剂特点的叙述,错误的是

A. 抑制剂与底物结构相似
B. 抑制剂与底物竞争酶分子中的底物结合部位
C. 当抑制剂存在时,K_m 值变大
D. 抑制剂恒定时,增加底物浓度,能达到最大反应速度
E. 抑制剂与酶共价结合

常考点 酶的组成及特性;辅酶成分;抑制剂。

参考答案——详细解答见2021《贺银成国家临床执业及助理医师资格考试历年考点精析》

1. ABCDE　2. ABCDE　3. ABCDE　4. ABCDE　5. ABCDE　6. ABCDE　7. ABCDE

第4章　糖代谢

考纲要求

①糖的分解代谢：糖酵解和无氧氧化的主要过程、关键酶和生理意义，糖有氧氧化的基本过程、关键酶和生理意义，磷酸戊糖途径的生理意义。②糖原的合成与分解：概念，生理意义。③糖异生：概念，反应途径的关键酶，生理意义。④血糖：概念，血糖的来源和去路，血糖浓度的调节，高血糖和低血糖。

复习要点

一、糖的分解代谢

1. 糖酵解和无氧氧化的主要过程、关键酶和生理意义

糖酵解是指一分子葡萄糖在胞质中裂解为两分子丙酮酸的过程，它是无氧和有氧情况下葡萄糖分解利用的共同起始途径。氧供应不足或利用障碍时，糖酵解生成的丙酮酸在胞质中还原生成乳酸，完成糖的无氧氧化。氧供应充足并有效利用时，丙酮酸进入线粒体彻底氧化为 CO_2 和 H_2O，完成糖的有氧氧化。

(1)糖酵解的主要过程　糖酵解的全部反应过程均在细胞质中进行，分为两个阶段。

第一阶段　为葡萄糖分解为丙酮酸，即葡萄糖→葡糖-6-磷酸⇌果糖-6-磷酸→果糖-1,6-二磷酸⇌磷酸二羟丙酮⇌3-磷酸甘油醛⇌1,3-二磷酸甘油酸⇌3-磷酸甘油酸⇌2-磷酸甘油酸⇌磷酸烯醇式丙酮酸→丙酮酸。

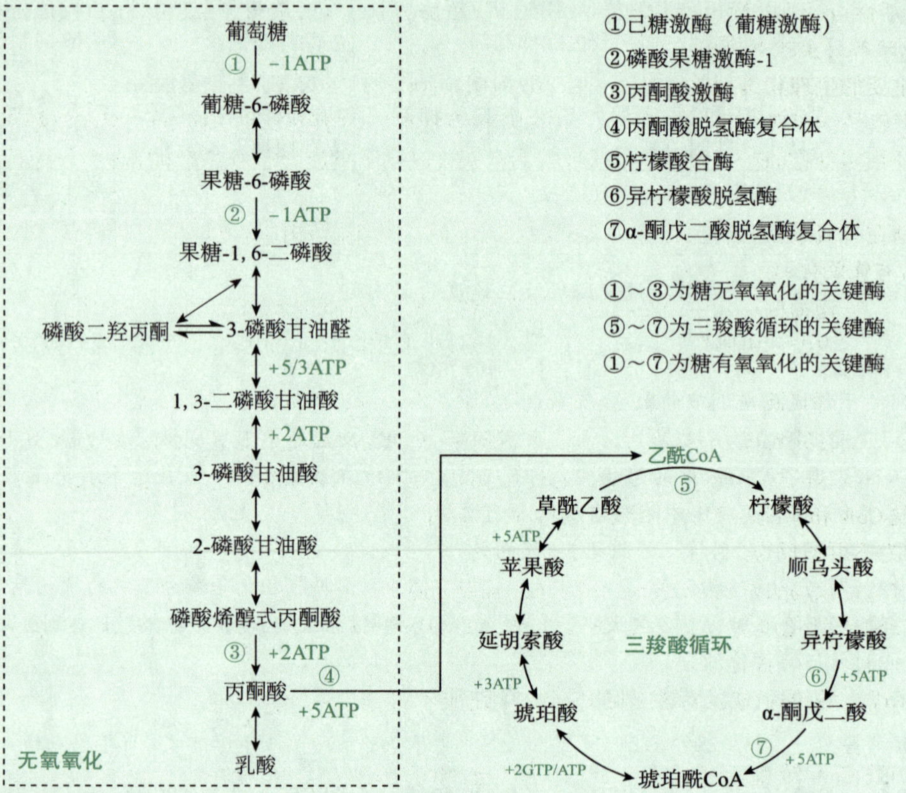

①葡萄糖磷酸化为葡糖-6-磷酸　催化此反应的酶是己糖激酶（肝内为葡糖激酶），由 ATP 提供磷酸

根和能量，此反应为不可逆反应。

②葡糖-6-磷酸转变为果糖-6-磷酸　此反应为可逆反应。

③果糖-6-磷酸转变为果糖-1，6-二磷酸　由磷酸果糖激酶-1催化，需要消耗ATP，为不可逆反应。

④6碳的果糖-1，6-二磷酸裂解为3碳的磷酸二羟丙酮和3-磷酸甘油醛　后两者可互变，此反应可逆。

⑤3-磷酸甘油醛氧化为1，3-二磷酸甘油酸　此反应由3-磷酸甘油醛脱氢酶催化，以NAD^+为辅酶接受氢和电子，生成1分子$NADH+H^+$和含1个高能磷酸键的1，3-二磷酸甘油酸。

⑥1，3-二磷酸甘油酸转变为3-磷酸甘油酸　生成1分子ATP，这是糖酵解过程中第一次产生ATP的反应，此为底物水平磷酸化作用。此反应可逆，逆反应则需消耗1分子ATP。

⑦3-磷酸甘油酸转变为2-磷酸甘油酸　由变位酶催化，此反应可逆。

⑧2-磷酸甘油酸脱水生成磷酸烯醇式丙酮酸　此反应可逆。

⑨磷酸烯醇式丙酮酸转变为丙酮酸　由丙酮酸激酶催化，有ATP生成，此反应不可逆。

第二阶段　为丙酮酸还原生成乳酸。

⑩丙酮酸还原生成乳酸　此反应由乳酸脱氢酶催化，所需的氢原子由第⑤步反应所产生的$NADH+H^+$提供。3-磷酸甘油醛脱氢产生的$NADH+H^+$，在缺氧的情况下，用于还原丙酮酸生成乳酸；在有氧的情况下，进入线粒体氧化供能。

注意：①糖酵解途径是指从葡萄糖→丙酮酸的过程，因此糖酵解途径的代谢产物是丙酮酸。
②糖酵解过程是指从葡萄糖→乳酸的过程，因此糖酵解过程的代谢产物是乳酸。

(2)糖酵解的关键酶　有3个，即己糖激酶、磷酸果糖激酶-1和丙酮酸激酶。这三种酶是糖酵解的限速酶，其活性可受别构效应剂和激素的调节。限速酶活性的高低决定着糖酵解的速度和方向。

(3)糖酵解的生理意义

①最重要的生理意义在于迅速提供能量，这对于肌收缩尤为重要。

②糖酵解是红细胞供能的唯一方式。红细胞没有线粒体，不能进行糖有氧氧化，只能依赖糖酵解供能。

③神经细胞、白细胞、骨髓细胞等代谢极为活跃，即使不缺氧，也常由糖酵解提供部分能量。

2. 糖有氧氧化的基本过程、关键酶和生理意义

葡萄糖在有氧条件下彻底氧化为CO_2和水的反应过程，称为糖的有氧氧化。

(1)糖有氧氧化的基本过程　糖有氧氧化分为三个阶段。

第一阶段　葡萄糖在胞质中循糖酵解途径分解为丙酮酸(同糖无氧氧化的第一阶段)。

第二阶段　丙酮酸由胞质进入线粒体，氧化脱羧生成乙酰CoA，此反应由丙酮酸脱氢酶复合体催化。

$$\text{丙酮酸} + NAD^+ + HSCoA \xrightarrow{\text{丙酮酸脱氢酶复合体}} \text{乙酰CoA} + NADH + H^+ + CO_2$$

第三阶段　在线粒体内，乙酰CoA进入柠檬酸循环被彻底氧化。此循环以乙酰CoA和草酰乙酸缩合成含有三个羧基的柠檬酸开始，故称为柠檬酸循环(也称为三羧酸循环)，其反应过程如下：

①乙酰CoA和草酰乙酸缩合成柠檬酸　此反应由柠檬酸合酶催化，为不可逆反应。

②柠檬酸经顺乌头酸转变为异柠檬酸　此反应可逆。

③异柠檬酸氧化脱羧转变为α-酮戊二酸　此反应不可逆，由异柠檬酸脱氢酶催化。

④α-酮戊二酸脱羧转变为琥珀酰CoA　此反应不可逆，由α-酮戊二酸脱氢酶复合体催化。

⑤琥珀酰CoA转变为琥珀酸　此反应可逆，由琥珀酰CoA合成酶催化，经底物水平磷酸化生成GTP或ATP，是柠檬酸循环中唯一直接生成高能磷酸键的反应。

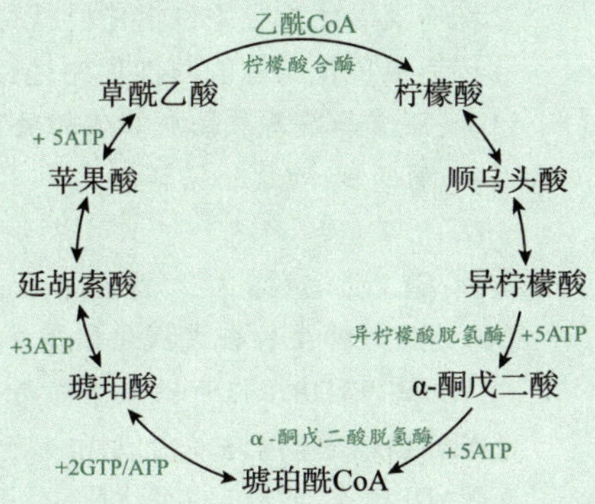

⑥琥珀酸脱氢生成延胡索酸　由琥珀酸脱氢酶催化，辅酶是 FAD，此反应可逆。

⑦延胡索酸加水生成苹果酸　由延胡索酸酶催化，此反应可逆。

⑧苹果酸脱氢生成草酰乙酸　由苹果酸脱氢酶催化，此反应可逆。现将柠檬酸循环的常考点归纳如下。

1 次底物水平磷酸化	生成 1 分子 GTP 或 ATP
1 分子乙酰 CoA	每次三羧酸循环消耗 1 分子乙酰 CoA
2 次脱羧	每次循环生成 2 分子 CO_2(这是体内 CO_2 的主要来源)
3 个关键酶	柠檬酸合酶、异柠檬酸脱氢酶、α-酮戊二酸脱氢酶复合体
4 次脱氢	3 次脱氢由 NAD^+ 接受，生成 $NADH+H^+$，进入氧化呼吸链产生 3×2.5 ATP 1 次脱氢由 FAD 接受，生成 $FADH_2$，进入氧化呼吸链产生 1.5 ATP
反应部位	线粒体
能量	乙酰 CoA→10ATP；丙酮酸→12.5ATP；葡萄糖→30/32ATP
生理意义	是三大营养物质的最终代谢通路；是糖、脂肪、氨基酸代谢联系的枢纽

【例 1】正常细胞糖酵解途径中，利于丙酮酸生成乳酸的条件是

A. 缺氧状态　　B. 酮体产生过多　　C. 缺少辅酶

D. 糖原分解过快　　E. 酶活性降低

【例 2】糖酵解的关键酶是

A. 丙酮酸羧化酶　　B. 己糖激酶　　C. 果糖二磷酸酶

D. 葡糖-6-磷酸酶　　E. 磷酸化酶

【例 3】丙酮酸氧化脱羧生成的物质是

A. 丙酰 CoA　　B. 乙酰 CoA　　C. 羟甲戊二酰 CoA

D. 乙酰乙酰 CoA　　E. 琥珀酰 CoA

【例 4】关于三羧酸循环过程的叙述，正确的是

A. 循环一周生成 4 对 NADH　　B. 循环一周可生成 2ATP　　C. 循环一周生成 2 分子 CO_2

D. 循环过程中消耗氧分子　　E. 乙酰 CoA 经三羧酸循环转变成草酰乙酸

(2)糖有氧氧化的关键酶　共 7 个：己糖激酶、6-磷酸果糖激酶-1、丙酮酸激酶、丙酮酸脱氢酶复合体、柠檬酸合酶、异柠檬酸脱氢酶、α-酮戊二酸脱氢酶复合体。其中，柠檬酸合酶、异柠檬酸脱氢酶和 α-酮戊二酸脱氢酶复合体为三羧酸循环的关键酶。

(3)糖有氧氧化的生理意义

①为机体的生理活动提供能量。糖在有氧条件下彻底氧化释放的能量远多于糖酵解。1mol 葡萄糖在体内经有氧氧化彻底分解可净生成 30mol 或 32mol ATP，经糖酵解只能净生成 2mol ATP。

②糖有氧氧化途径中许多中间代谢产物是体内合成其他物质的原料，故与其他物质代谢密切联系。

③糖有氧氧化与糖的其他代谢途径也有密切联系，如糖酵解、磷酸戊糖途径、糖醛酸、果糖的代谢等。

【例 5】糖、脂质和氨基酸彻底氧化的共同途径是

A. 葡萄糖-丙氨酸循环　　B. 柠檬酸-丙酮酸循环　　C. 鸟氨酸循环

D. 甲硫氨酸循环　　E. 三羧酸循环

3. 磷酸戊糖途径的生理意义

(1)为核酸的生物合成提供核糖　磷酸戊糖途径产生的核糖-5-磷酸可参与核苷酸的合成。

(2)提供 NADPH 作为供氢体参与多种代谢反应

①NADPH 是体内许多合成代谢的供氢体　如乙酰 CoA 合成脂酸、胆固醇；合成非必需氨基酸。

②NADPH 参与体内的羟化反应　如从鲨烯合成胆固醇，从胆固醇合成胆汁酸、类固醇激素等。

③NADPH 用于维持谷胱甘肽的还原状态　还原型谷胱甘肽是体内重要的抗氧化剂，可以保护含巯基的蛋白质或酶免受氧化剂（尤其是过氧化物）的损害。对红细胞而言，还原型谷胱甘肽的作用更为重要，可保护红细胞膜的完整性。我国南方地区有些人群的红细胞内缺乏葡糖-6-磷酸脱氢酶，不能经磷酸戊糖途径得到充足的 NADPH，难以使谷胱甘肽保持还原状态，因而表现为红细胞易于破裂，发生溶血性黄疸。这种溶血现象常在食用蚕豆（强氧化剂）后出现，故称为蚕豆病。

(3) 相互转变　通过磷酸戊糖途径中的转酮醇基及转醛醇基反应，使各种糖在体内得以相互转变。

【例 6】食用新鲜蚕豆发生溶血性黄疸，患者缺陷的酶是

A. 3-磷酸甘油醛脱氢酶　B. 异柠檬酸脱氢酶　C. 琥珀酸脱氢酶
D. 6-磷酸葡萄糖脱氢酶　E. 6-磷酸葡萄糖酸脱氢酶

【例 7】磷酸戊糖途径的主要产物之一是

A. ATP　B. FMN　C. NADPH
D. cAMP　E. CoQ

二、糖原的合成与分解

糖原是体内糖的储存形式。肝和肌是储存糖原的主要组织器官，但肝糖原和肌糖原的生理意义有很大不同。肌糖原主要供肌收缩的急需；肝糖原则是血糖的重要来源。

1. 糖原合成

(1) 概念　糖原合成是指由葡萄糖合成糖原的过程，主要在肝和肌组织中进行，其关键酶是糖原合酶。

(2) 生理意义　肝和肌组织合成的糖原作为葡萄糖储备的生物学意义在于，当机体需要葡萄糖时它可以迅速被动用以备急需。

2. 糖原分解

(1) 概念　糖原分解部位是肝、肌肉、肾脏。糖原分解习惯上指肝糖原分解为葡萄糖。称呼"肌糖原分解"时，一般专指肌肉中糖原转变为乳酸的过程。糖原分解的关键酶是糖原磷酸化酶。

(2) 生理意义　由肝、肾糖原分解而来的葡糖-6-磷酸，在机体需要（如饥饿）时，可被葡糖-6-磷酸酶水解为葡萄糖，释放入血补充血糖。但肌组织缺乏葡糖-6-磷酸酶，故肌糖原不能分解为葡萄糖，只能进行糖酵解或有氧氧化。

三、糖异生

1. 概念

从非糖化合物转变为葡萄糖或糖原的过程称为糖异生。糖异生的原料为乳酸、甘油、生糖氨基酸、丙氨酸、丙酮酸、GTP、ATP。

2. 反应途径的关键酶

糖异生途径基本上是糖酵解的逆反应过程。糖酵解途径中大多数反应都是可逆的，但由三个关键酶（己糖激酶、磷酸果糖激酶-1、丙酮酸激酶）催化的反应是不可逆的。因此必须通过其他酶的催化，才能越过这三个不可逆反应进行糖异生。

(1) 丙酮酸转变为磷酸烯醇式丙酮酸　反应由两步反应组成，分别由丙酮酸羧化酶和磷酸烯醇式丙酮酸羧激酶催化。乳酸、丙氨酸及柠檬酸循环的中间产物在进行糖异生时，都需要通过这条通路。

$$\text{丙酮酸}\xrightarrow{\text{丙酮酸羧化酶}}\text{草酰乙酸}\xrightarrow{\text{磷酸烯醇式丙酮酸羧激酶}}\text{磷酸烯醇式丙酮酸}$$

(2) 果糖-1,6-二磷酸转变为果糖-6-磷酸　此反应由果糖二磷酸酶-1 催化，从而越过了糖酵解中由磷酸果糖激酶催化的第二个不可逆反应。

(3) 葡糖-6-磷酸水解为葡萄糖　此反应由葡糖-6-磷酸酶催化，从而越过了糖酵解中由己糖激酶催化

的第一个不可逆反应。

由此可见，参与糖异生反应的关键酶有4个，即丙酮酸羧化酶、磷酸烯醇式丙酮酸羧激酶、果糖二磷酸酶-1和葡糖-6-磷酸酶，其中以丙酮酸羧化酶最重要。

3. 生理意义

①维持血糖浓度的恒定是糖异生最主要的生理作用。

②糖异生是补充或恢复肝糖原储备的重要途径。

③肾脏糖异生增强有利于维持酸碱平衡。

4. 以上4种糖代谢途径的比较

	磷酸戊糖途径	糖原分解	糖原合成	糖异生
反应部位	胞液	肝、肾	肝、肌肉	肝肾（胞液+线粒体）
关键酶	6-磷酸葡萄糖脱氢酶	糖原磷酸化酶	糖原合酶	丙酮酸羧化酶（最重要）
代谢产物	磷酸核糖、NADPH	葡萄糖	糖原	葡萄糖、糖原
生理意义	①为核酸合成提供核糖 ②提供大量NADPH 参与多种代谢反应	调节血糖	储备能量	维持血糖稳定 补充糖原储备 肾糖异生维持酸碱平衡

【例8】不能补充血糖的生化过程是

A. 食物中糖类的消化吸收　　B. 肌糖原分解　　C. 糖异生

D. 肝糖原分解　　E. 葡萄糖在肾小管的重吸收

A. 6-磷酸葡萄糖脱氢酶　　B. 苹果酸脱氢酶　　C. 丙酮酸脱氢酶

D. NADH 脱氢酶　　E. 葡糖-6-磷酸酶

【例9】属呼吸链中的酶是

【例10】属三羧酸循环中的酶是

【例11】属磷酸戊糖通路的酶是

【例12】属糖异生的酶是

A. 果糖二磷酸酶-1　　B. 6-磷酸果糖激酶-1　　C. HMG-CoA 还原酶

D. 磷酸化酶　　E. HMG-CoA 合成酶

【例13】糖酵解途径的关键酶是

【例14】糖原分解途径的关键酶是

【例15】糖异生途径的关键酶是

【例16】参与酮体和胆固醇合成的酶是

【例17】胆固醇合成途径中的关键酶是

四、血糖

1. 血糖的概念

血糖是指血中的葡萄糖。血糖含量随进食、运动等变化而有所波动，但空腹血糖水平相当恒定，维持在3.9~6.0mmol/L之间。血糖浓度维持在恒定范围得益于血糖的来源与去路处于动态平衡。血糖浓度的相对恒定对保证组织器官，特别是大脑的正常生理活动具有重要意义。

2. 血糖的来源和去路

(1)血糖的来源　①饱餐后，食物消化吸收提供的血糖；②短期饥饿时，肝糖原分解补充血糖；③长期饥饿时，非糖物质通过糖异生补充血糖；④其他单糖（如果糖、半乳糖）可转变为葡萄糖，以补充血糖。

(2)血糖的去路　①有氧氧化分解供能,这是血糖的主要去路;②合成肝糖原和肌糖原储备;③转变为非糖物质,如脂肪、氨基酸、多种有机酸等;④转变为其他糖及衍生物,如核糖、脱氧核糖、唾液酸、氨基糖等;⑤当血糖浓度过高,超过肾糖阈时,葡萄糖可从尿中排出,出现尿糖。

3. 血糖浓度的调节

(1)肝、肌肉等组织器官对血糖浓度的调节　肝是调节血糖浓度的重要器官。肝以肝糖原的形式贮存葡萄糖,进食后肝贮存糖原的量可达肝重的 4%~5%,总量可达 70g。在空腹状态下,肝可将贮存的糖原分解为葡萄糖以补充血糖。另外,肝还可以通过糖异生作用维持禁食状态下血糖浓度的相对恒定。

肌肉通过对血糖的摄取利用也对血糖浓度有一定的调节作用。肌肉可利用血糖合成肌糖原,肌糖原占肌肉重量的 1%~2%,总量可达 120~140g。因此,肌肉也是贮存糖原的重要组织。但由于肌肉缺乏糖原分解时所需要的葡糖-6-磷酸酶,所以肌糖原不能分解为葡萄糖以直接补充血糖。但肌肉剧烈运动时,肌糖原分解产生大量乳酸,可通过乳酸循环在肝内将乳酸异生为葡萄糖。

(2)激素的调节　多种激素可对血糖浓度进行调节。其中,胰岛素是体内唯一降低血糖的激素,升高血糖的激素有胰高血糖素、肾上腺素、糖皮质激素、生长激素等。

(3)神经调节　全身各组织的糖代谢还受神经的整体调节。当血糖浓度低于正常时,交感神经兴奋,可使肾上腺髓质增加肾上腺素的释放,从而使血糖升高。而迷走神经兴奋时,肝糖原合成增加,血糖水平降低。

4. 高血糖和低血糖

高血糖是指空腹血糖浓度高于 7.0mmol/L,低血糖是指空腹血糖浓度低于 2.8mmol/L。

▶常考点　各种糖代谢途径的关键酶。

参考答案——详细解答见 2021《贺银成国家临床执业及助理医师资格考试历年考点精析》

1. ABCDE	2. ABCDE	3. ABCDE	4. ABCDE	5. ABCDE	6. ABCDE	7. ABCDE
8. ABCDE	9. ABCDE	10. ABCDE	11. ABCDE	12. ABCDE	13. ABCDE	14. ABCDE
15. ABCDE	16. ABCDE	17. ABCDE				

第5章 生物氧化

▶▶考纲要求

①概述:生物氧化的概念,生物氧化的特点。②呼吸链:呼吸链的概念,两条呼吸链的组成。③ATP的生成:ATP 的生成和利用,影响氧化磷酸化的因素。

▶▶复习要点

一、概述

1. 生物氧化的概念

化学物质在生物体内的氧化分解过程,称为生物氧化。由于机体的反应条件温和,因此生物氧化有其特点:需要酶的催化,而且是分阶段、逐步完成的。细胞的胞质、线粒体、微粒体等均可进行生物氧化,但氧化过程及产物各不相同。在线粒体内的生物氧化,其产物是 CO_2 和、H_2O,需消耗氧,并伴随能量的产生,能量主要用于生成 ATP 等。而在微粒体、内质网等发生的氧化反应主要是对底物进行氧化修饰、转化等,并无 ATP 的生成。

【例 1】通常生物氧化是指生物体内

A. 脱氢反应　　B. 营养物氧化成 H_2O 和 CO_2 的过程

C. 加氧反应　　D. 与氧分子结合的反应　　E. 释出电子的反应

2. 生物氧化的特点

	生物氧化	体外氧化(燃烧)
共同点	①都有能量产生;②最终都生成 CO_2 和 H_2O;③都遵循氧化还原反应的一般规律	
反应部位	细胞内进行	体外进行
反应条件	水溶液中,体温 37℃左右,无高温	有氧环境,高温
氧化方式	加氧、脱氢、失电子	直接氧化(与氧结合)
反应产物	CO_2+H_2O+能量	CO_2+H_2O+能量
CO_2+H_2O	有机酸脱羧产生 CO_2,脱下的氢与氧结合产生 H_2O	CO_2 和 H_2O 由碳、氢直接与氧结合生成
能量释放	逐步释放	突然释放
能量利用率	高(约 40%)	低(<25%)

二、呼吸链

1. 呼吸链的概念

在氧化呼吸链中,参与氧化还原作用的酶和辅酶按一定顺序排列在线粒体内膜上,起传递氢和电子的作用,分别称递氢体和递电子体。这一包含多种氧化还原组分的传递链称为氧化呼吸链。无论递氢体还是递电子体,都起传递电子的作用,因此氧化呼吸链也称电子传递链。

2. 两条呼吸链的组成

(1)呼吸链的组成成分　呼吸链的主要成分有如下五类:

①辅酶Ⅰ和辅酶Ⅱ　辅酶Ⅰ也称烟酰胺腺嘌呤二核苷酸(NAD^+),是许多脱氢酶的辅酶,有传递氢和电子的功能。辅酶Ⅱ也称烟酰胺腺嘌呤二核苷酸磷酸($NADP^+$),可接受氢后生成 $NADPH+H^+$,发挥传递氢和电子的作用,但参与不同的反应。

②黄素酶或黄素蛋白　黄素酶种类很多,但辅基只有两种:黄素单核苷酸(FMN)和黄素腺嘌呤二核苷酸(FAD)。FMN 和 FAD 能可逆地进行加氢和脱氢反应,为递氢递电子体。

③辅酶 Q(CoQ)　为脂溶性醌类化合物,广泛存在于生物界,又名泛醌。其分子中的苯醌结构能可逆地进行加氢和脱氢反应,为递氢递电子体。

④铁硫蛋白(Fe-S)　是一类分子中含有非血红素铁和对酸不稳定的含硫蛋白质。铁硫蛋白种类较多,在线粒体内膜上往往与黄素酶或细胞色素结合成复合物存在。铁硫蛋白分子中所含的 Fe-S 构成活性中心,称为铁硫中心,其中的铁能可逆地进行氧化还原反应,每次传递一个电子。

⑤细胞色素(Cyt)　是一类以铁卟啉为辅基的结合蛋白质,可分为 a、b、c 三大类,每类又分为若干种。主要的细胞色素有 a、a_3、b、c、c_1。它们的共同作用特点是作为电子传递体,其卟啉环中的铁离子可进行可逆的氧化还原反应。细胞色素 a 和 a_3 不易分开,故统称为细胞色素 aa_3,也称为细胞色素氧化酶。

(2)组成呼吸链的 4 种酶复合体　线粒体呼吸链由 4 种酶复合体(复合体Ⅰ~Ⅳ)组成。因泛醌 CoQ(Q)和 Cyt c 与线粒体内膜结合不紧密,极易分离,故不包含在 4 种复合体中,参阅下图。

(3)两条呼吸链的组成及排列顺序　氧化呼吸链组分按氧化还原电位由低到高的顺序排列为:

①NADH 呼吸链　NADH→FMN→Fe-S→Q→Cyt b→Fe-S→Cyt c_1→Cyt c→CuA→Cyt a→Cyt a_3-CuB→O_2。

②$FADH_2$ 呼吸链(琥珀酸氧化呼吸链)　琥珀酸→FAD→Fe-S→Q→Cyt b→Fe-S→Cyt c_1→Cyt c→CuA→Cyt a→Cyt a_3-CuB→O_2。

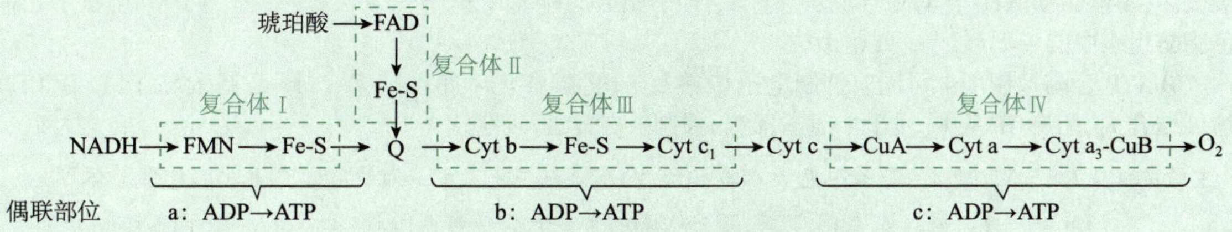

两条氧化呼吸链的组成及氧化磷酸化的偶联部位

【例 2】体内细胞色素 c 直接参与的反应是

A. 生物氧化　　B. 脂肪酸合成　　C. 糖酵解

D. 肽键形成　　E. 叶酸还原

三、ATP 的生成

1. ATP 的生成

体内 ATP 的生成方式有两种,即底物水平的磷酸化和氧化磷酸化。

(1)底物水平磷酸化　是与高能键水解反应偶联,直接将高能代谢物分子中的能量直接转移至 ADP,生成 ATP 的过程,能够产生少量的 ATP。

(2)氧化磷酸化　也称偶联磷酸化,是指代谢物脱下的氢,经线粒体氧化呼吸链电子传递释放能量,偶联驱动 ADP 磷酸化生成 ATP 的过程,它是细胞内生成 ATP 的主要方式,占 90%。

【例 3】呼吸链电子传递过程中可直接被磷酸化的物质是

A. CDP　　B. ADP　　C. GDP

D. TDP　　E. UDP

2. ATP 的利用

ATP 是最重要的高能磷酸化合物,是细胞可以直接利用的最主要能量形式。ATP 水解生成 ADP 和 Pi,并释放出能量供机体利用。ATP 在体内能量捕获、转移、储存和利用过程中处于中心位置,生物体内能量的生成和利用都以 ATP 为中心。ATP 也可将其高能磷酸键转移给 UDP、CDP、GDP,生成相应的 UTP、CTP、GTP。UTP 可用于糖原合成,CTP 可用于磷脂合成,GTP 可用于蛋白质合成。

3. 影响氧化磷酸化的因素

(1)氧化磷酸化抑制剂 可阻断电子传递链的任何环节,或抑制 ADP 的磷酸化过程,导致 ATP 合成减少。氧化磷酸化抑制剂分为以下三类:

①呼吸链抑制剂 可在特异部位阻断线粒体呼吸链中的电子传递,阻断 ATP 的产生。如鱼藤酮、粉蝶霉素 A、异戊巴比妥等可阻断复合体Ⅰ,从而阻断电子从铁硫中心到泛醌的传递。萎锈灵是复合体Ⅱ的抑制剂。抗霉素 A、黏噻唑菌醇为复合体Ⅲ的抑制剂。CN^-、N_3^- 为复合体Ⅳ的抑制剂。CO 与还原型 Cyt a_3 结合,阻断电子传递给 O_2。如下图所示,标注为"↓"。

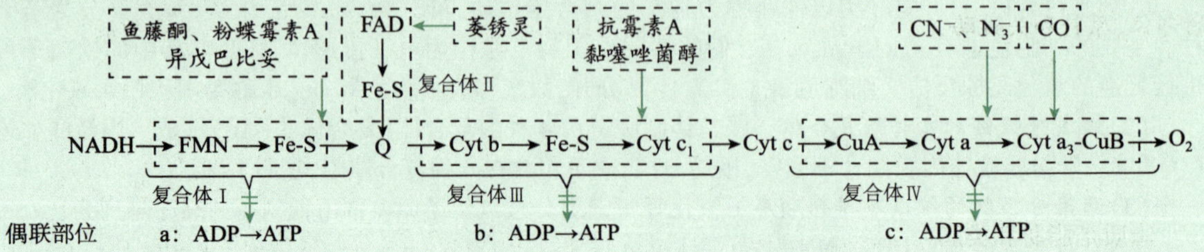

氧化磷酸化抑制剂的作用机制

②解偶联剂 可使氧化与磷酸化的偶联脱离,电子可沿呼吸链正常传递,但建立的质子电化学梯度被破坏,不能驱动 ATP 合酶来合成 ATP。其作用部位下图标示为"=",如二硝基苯酚(DNP)、新生儿棕色脂肪组织中的解偶联蛋白 1(UCP1)。

③ATP 合酶抑制剂 可同时抑制电子传递及 ADP 磷酸化。如寡霉素、二环己基碳二亚胺(DCCD)均可结合 F_0,阻断 H^+从 F_0 质子半通道回流,抑制 ATP 合酶活性。

注意:①CO、CN^-、N_3^- 抑制的是细胞色素 C 氧化酶,而不是细胞色素 C。细胞色素 C 氧化酶即复合体Ⅳ,由 CuA→Cyt a→Cyt a_3-CuB 组成,可见细胞色素 C 氧化酶含有的是 Cyt a、a_3,而不是 Cyt c。

②复合体Ⅰ被**异**戊巴比妥、**鱼**藤酮、**粉**蝶霉素 A 抑制——记忆为"一碗鱼粉"。

③复合体Ⅲ被**黏**噻唑菌醇、**抗**霉素 A 抑制——记忆为"三联抗菌"。

④**解**偶联剂为**二**硝基苯酚——记忆为"解偶联,当然为一分为二"。

(2)ADP 的调节作用 机体根据能量需求调节氧化磷酸化速率,从而调节 ATP 的生成量。电子的氧化和 ADP 的磷酸化是氧化磷酸化的根本,通常线粒体中氧的消耗量是被严格调控的,其消耗量取决于 ADP 的含量,因此,ADP 是调节机体氧化磷酸化速率的主要因素。当机体 ATP 浓度降低,ADP 浓度增高时,氧化磷酸化速度加快。

(3)甲状腺激素 可促进细胞膜上 Na^+,K^+-ATP 酶的表达,使 ATP 加速分解为 ADP 和 Pi,ADP 浓度增高而促进氧化磷酸化。另外,甲状腺激素(T_3)可诱导解偶联蛋白基因表达,使氧化释能和产热比率均增加,ATP 合成减少,导致机体耗氧量和产热同时增加,因此甲状腺功能亢进症病人基础代谢率增高。

(4)线粒体 DNA 突变 线粒体 DNA 突变可影响氧化磷酸化的功能,使 ATP 生成减少而致病。

A. $NADP^+$　　B. ADP　　C. NADPH
D. UTP　　E. FAD

【例 4】相对浓度升高时可加速氧化磷酸化的物质是

【例 5】直接参与胆固醇生物合成的物质是

▶常考点 题少。

参考答案——详细解答见 2021《贺银成国家临床执业及助理医师资格考试历年考点精析》

1. ABCDE　2. ABCDE　3. ABCDE　4. ABCDE　5. ABCDE

第6章　脂质代谢

考纲要求

①脂质概述:分类,生理功能。②甘油三酯的分解代谢:甘油三酯的水解,甘油的氧化分解,脂肪酸的β-氧化,酮体的生成和利用。③甘油三酯的合成代谢:合成的部位,合成的原料。④胆固醇的代谢:合成的部位、原料和关键酶,转化和去路。⑤血脂:血脂的组成与含量,血浆脂蛋白的分类与生理功能。

复习要点

一、脂质概述

1. 分类

脂质是脂肪和类脂的总称。脂肪即甘油三酯。类脂包括胆固醇及其酯、磷脂和糖脂等。

2. 生理功能

(1)脂肪的主要功能是储能和供能　脂肪是甘油三酯,其主要生理功能是储存能量及氧化供能。此外,脂肪还有保持体温、保护内脏、协助脂溶性维生素吸收的功能。

①储能　脂肪组织中的甘油三酯是机体的主要储能形式,正常人体内的脂肪量可抵抗2~3个月的饥饿。

②供能　甘油三酯是机体重要的能量来源。正常人生理活动所需能量的17%~25%由脂肪供给,空腹时机体50%以上的能量来自脂肪的氧化。1克甘油三酯彻底氧化可产生38kJ的能量,而1克蛋白质或碳水化合物只产生17kJ的能量。相同重量的甘油三酯产生的代谢能是糖原的6倍。因此,脂肪是禁食、饥饿时体内能量的主要来源。

(2)类脂是生物膜的重要组成成分　生物膜主要包括细胞膜、细胞器膜、核膜和神经髓鞘等。类脂特别是磷脂和胆固醇是生物膜的重要组分。

①磷脂　以双分子层形式构成生物膜的基本结构,其中鞘磷脂是神经髓鞘的主要组成成分。

②胆固醇　在维持生物膜通透性方面起重要作用。

③糖脂　也参与构成生物膜,在细胞膜信号转导活动中起着载体和受体的作用。

(3)脂类衍生物的调节作用

①某些脂类衍生物,如前列腺素、血栓烷、白三烯等,在细胞代谢的调节中发挥重要作用。

②胆固醇转化生成的1,25-$(OH)_2$-D_3,可调节钙磷代谢;转化生成的类固醇激素可参与体内代谢。

③磷脂酰肌醇经磷酸化后再分解可产生甘油二酯和三磷酸肌醇,两者均为重要的第二信使物质,在细胞内信号转导中起重要作用。

【例1】不属于体内脂质正常生理功能的是

A. 保持体温　　B. 传递电子　　C. 参与维生素吸收

D. 构成生物膜　　E. 参与信息传递

二、甘油三酯的分解代谢

1. 甘油三酯的水解

(1)概念　甘油三酯的水解即脂肪动员,脂肪动员是指储存在白色脂肪细胞内的脂肪在脂肪酶作用下,逐步水解,释放游离脂肪酸和甘油供其他组织细胞氧化利用的过程。

曾经认为,脂肪动员由激素敏感性甘油三酯脂肪酶(HSL)调控。HSL催化甘油三酯水解的第一步,是脂肪动员的关键酶。现在发现催化甘油三酯水解第一步并不是HSL的主要作用,而是下面所描述的第二步反应。脂肪动员还需要多种酶和蛋白质的参与，如脂肪组织甘油三酯脂肪酶（ATGL）、Perilipin-1。

脂肪在脂肪细胞内分解的第一步由ATGL催化，生成甘油二酯和脂肪酸；第二步由HSL催化，水解甘油二酯sn-3位酯键，生成甘油一酯和脂肪酸；第三步由甘油一酯脂肪酶催化，生成甘油和脂肪酸。游离脂肪酸不溶于水，不能直接在血浆中运输。血浆清蛋白具有结合游离脂肪酸的能力，可将脂肪酸运送至全身，主要由心、肝、骨骼肌等摄取利用。

（2）关键酶 脂肪动员的关键酶为激素敏感性甘油三酯脂酶（HSL），受多种激素的调节。

①脂解激素 是指能启动脂肪动员、促进脂肪水解的激素，如肾上腺素、去甲肾上腺素、胰高血糖素。

②抗脂解激素 是指能抑制脂肪动员的激素，如胰岛素、前列腺素 E_2 等。

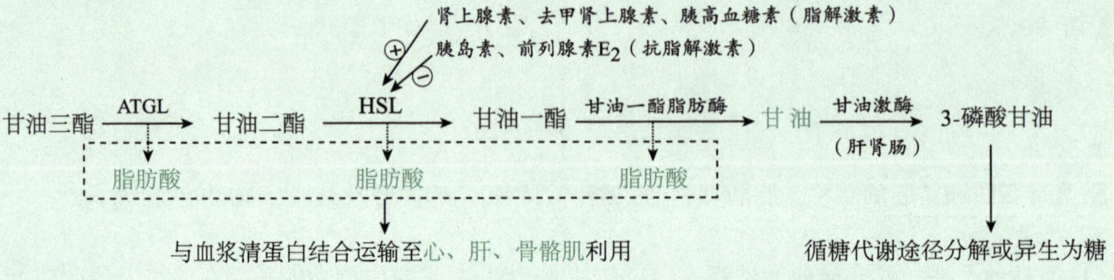

脂肪动员（甘油三酯的水解）

注意：①9版生物化学：脂肪动员分为三步化学反应，分别由ATGL、HSL、甘油一酯脂肪酶催化。
②8版生物化学：脂肪动员分为三步化学反应，分别由HSL、甘油二酯酶、甘油一酯酶催化。

2. 甘油的氧化分解

甘油是甘油三酯的分解代谢产物之一。甘油可溶于水，可直接由血液运送至肝、肾、肠等组织利用。甘油在肝、肾、肠甘油激酶的作用下，转变为3-磷酸甘油，然后经α-磷酸甘油脱氢酶催化生成磷酸二羟丙酮，后者循糖代谢途径氧化成 CO_2 和水，并释放出能量；也可在肝内经糖异生途径生成葡萄糖和糖原。

脂肪细胞和骨骼肌等组织因甘油激酶活性很低，故不能很好地利用甘油。

注意：①脂肪细胞可合成、储存甘油三酯，但不能利用脂肪。②肝脏可合成酮体，但不能利用酮体。

3. 脂肪酸的β-氧化

脂肪酸β-氧化是脂肪酸氧化分解的主要方式，主要过程如下：

（1）脂肪酸的活化（脂酰CoA生成） 脂肪动员的主要产物游离脂肪酸在氧化前必须先活化，由内质网、线粒体外膜上的脂酰CoA合成酶催化生成脂酰CoA。此反应需要消耗ATP。

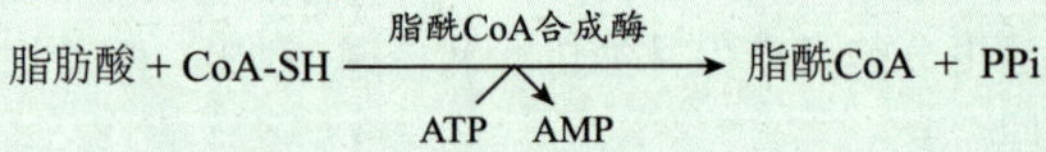

（2）脂酰CoA进入线粒体 催化脂肪酸β-氧化的酶系均存在于线粒体中，在胞质中活化的脂酰CoA必须进入线粒体才能进行β-氧化。但脂酰CoA分子自身不能穿过线粒体内膜，必需肉碱脂酰转移酶Ⅰ的帮助，才能进入线粒体，因此，肉碱脂酰转移酶Ⅰ是脂肪酸β-氧化的限速酶。

（3）饱和脂肪酸的β-氧化 脂酰CoA进入线粒体基质后，从脂酰基的β碳原子开始，经脱氢、加水、再脱氢、硫解4步酶促反应，形成比原来少2个碳原子的脂酰CoA及1分子乙酰CoA。再照此循环，直至最后完成β-氧化，形成大量乙酰CoA，进入三羧酸循环，彻底氧化为 CO_2 和 H_2O。由于氧化过程发生在脂酰基的β碳原子上，故称为β-氧化。每次β-氧化包括4个连续的酶促反应：

①脱氢 在脂酰CoA脱氢酶的作用下，脂酰CoA的α、β碳原子各脱下1个H，生成反 Δ^2 烯酰CoA。脱下的2H由FAD接受，生成 $FADH_2$，经氧化呼吸链传递后最终生成1.5分子ATP。

②加水 反 Δ^2-烯酰CoA在 Δ^2-烯酰CoA水化酶的催化下，加水生成 $L(+)$-β-羟脂酰CoA。

③再脱氢 $L(+)$-β-羟脂酰 CoA 在 β-羟脂酰 CoA 脱氢酶的催化下,脱下 2H 生成 β-酮脂酰 CoA。脱下的 2H 由 NAD^+接受,生成 $NADH+H^+$,经氧化呼吸链传递后最终生成 2.5 分子 ATP。

④硫解 β-酮脂酰 CoA 在 β-酮脂酰 CoA 硫解酶催化下,加 CoASH 使碳链断裂,生成 1 分子乙酰 CoA 和少 2 个碳原子的脂酰 CoA。

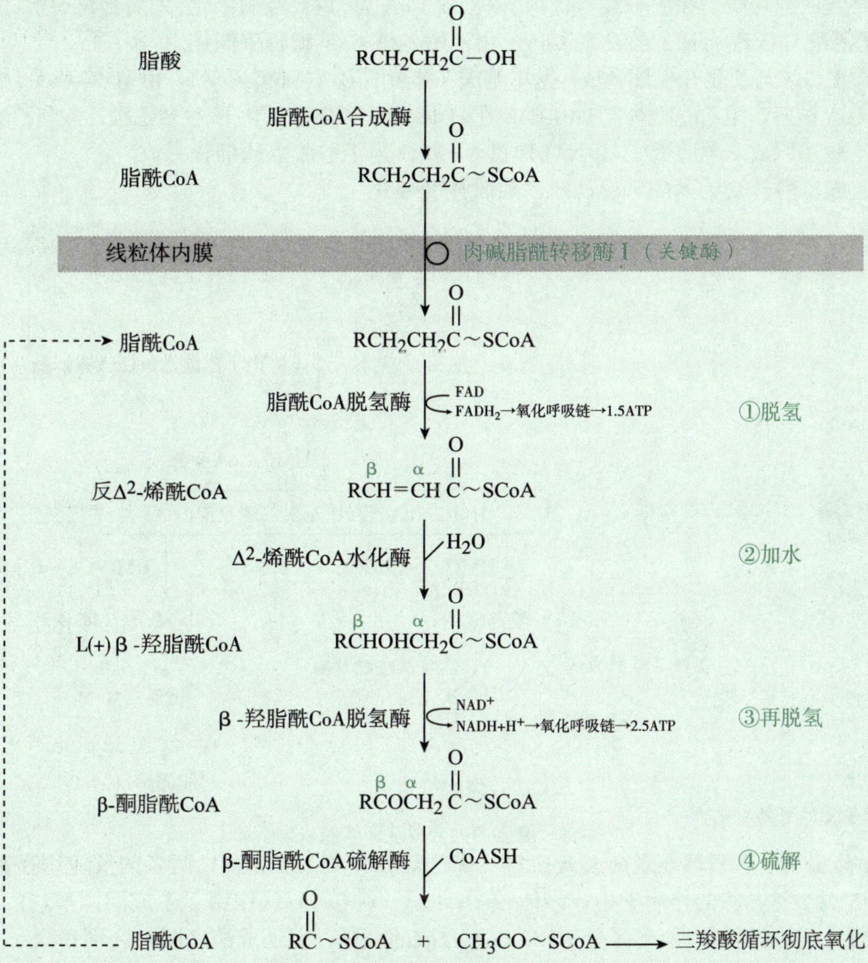

脂酸的β-氧化

(4)能量产生 脂肪酸氧化是体内重要的能量来源。例如 2n 个碳原子的脂肪酸,可进行:$(n-1)$次 β-氧化,生成$(n-1)$分子 $FADH_2$、$(n-1)$分子 $NADH+H^+$及 n 分子乙酰 CoA。

因此产生的总能量为 $1.5\times(n-1)+2.5\times(n-1)+10\times n-2=(14n-6)$分子 ATP。

如软脂酸为 C_{16},n=8,故 1 分子软脂酸经 β-氧化后产生的总能量为 $14\times8-6=106$ 分子 ATP。

注意:①2n 个碳原子的脂肪酸彻底氧化产生$(14n-6)$分子 ATP。

②软脂酸为 C_{16},n=8,1 分子软脂酸彻底氧化净生成 106 分子 ATP。

③硬脂酸为 C_{18},n=9,1 分子硬脂酸彻底氧化净生成 120 分子 ATP。

④β-氧化的循环过程为脱氢、加水、再脱氢、硫解;脂肪酸合成的循环过程为缩合、加氢、脱水、再加氢。

【例 2】下列关于脂肪酸氧化分解过程的叙述,错误的是

A. β-氧化中的受氢体为 NAD^+和 FAD　　B. 含 16 个碳原子的软脂酸经过 8 次 β-氧化

C. 脂肪酰 CoA 需转运入线粒体　　　　　　　　D. 脂肪酸首先要活化生成脂肪酰 CoA

E. β-氧化的 4 步反应为脱氢、加水、再脱氢和硫解

4. 酮体的生成和利用

(1)酮体的生成　酮体是脂肪酸在肝内进行正常分解代谢时所产生的中间产物,包括乙酰乙酸、β-羟丁酸和丙酮三种物质。在肝脏线粒体内,以乙酰 CoA 为原料,经酶催化,先缩合再裂解,生成酮体。

①2 分子乙酰 CoA 缩合成乙酰乙酰 CoA　由乙酰乙酰 CoA 硫解酶催化。

②乙酰乙酰 CoA 与乙酰 CoA 缩合成羟基甲基戊二酸单酰 CoA(HMG-CoA)　由 HMG-CoA 合酶催化。

③HMG-CoA 裂解产生乙酰乙酸　HMG-CoA 在 HMG-CoA 裂解酶催化下,生成乙酰乙酸和乙酰 CoA。

④乙酰乙酸还原成 β-羟丁酸　由 NADH 供氢,由 β-羟丁酸脱氢酶催化完成。

⑤少量乙酰乙酸转变为丙酮　由乙酰乙酸脱羧酶催化。

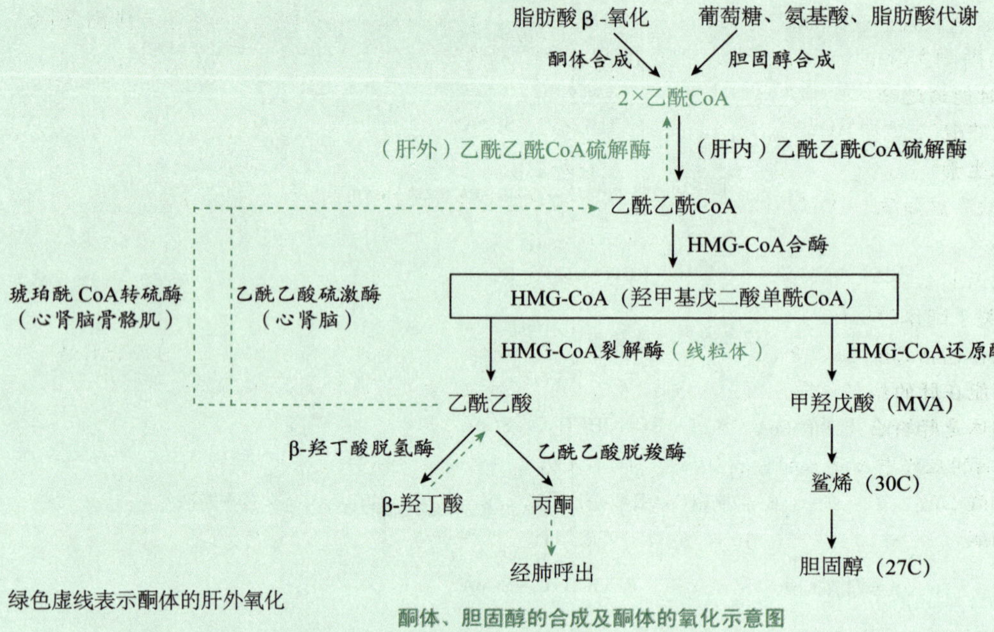

酮体、胆固醇的合成及酮体的氧化示意图

(2)酮体的生成和胆固醇合成的大致区别　从乙酰 CoA 到 HMG-CoA,两者的反应途径都是相同的。之后,在 HMG-CoA 裂解酶的作用下生成酮体,在 HMG-CoA 还原酶的作用下生成胆固醇(HMG-CoA 还原酶为其关键酶)。从这里可以明确区分 HMG-CoA 合成酶、裂解酶、还原酶之间的区别和联系。

(3)酮体的利用　肝脏具有高活性的合成酮体的酶系,故可合成酮体。但肝脏缺乏利用酮体的酶系(琥珀酰 CoA 转硫酶),故不能利用酮体。在肝中生成的酮体,可随血液循环运输到肝外组织氧化利用。许多肝外组织,如心、肾、脑、骨骼肌的线粒体具有高活性的琥珀酰 CoA 转硫酶,因此可利用酮体供能。

①乙酰乙酸的利用　乙酰乙酸首先活化为乙酰乙酰 CoA,有两条途径:在心、肾、脑、骨骼肌线粒体内,由琥珀酰 CoA 转硫酶催化生成乙酰乙酰 CoA;在心、肾、脑线粒体内,由乙酰乙酸硫激酶催化,直接活化生成乙酰乙酰 CoA。然后,乙酰乙酰 CoA 由乙酰乙酰 CoA 硫解酶催化,硫解生成乙酰 CoA 进行氧化。

②β-羟丁酸的利用　β-羟丁酸在 β-羟丁酸脱氢酶催化下,生成乙酰乙酸,再转变为乙酰 CoA 被氧化。

③丙酮的利用　正常情况下,丙酮生成量很少,可经肺呼出。

记忆:①以乙酰 CoA 为合成原料的是——脂肪酸合成、酮体合成、胆固醇合成。

②酮体是肝内合成,肝外利用。脂肪是肝内合成,肝外储存。

③脂肪细胞可合成、储存、动员脂肪,但不能利用脂肪。

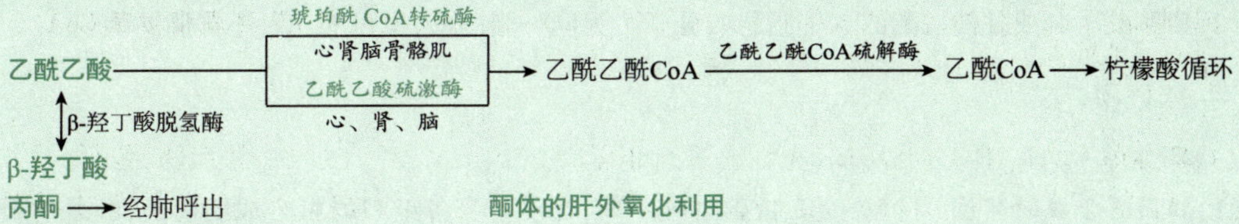

(4)酮体的生理意义

①酮体是脂肪酸在肝内正常的中间代谢产物，是肝向肝外组织输出能量的重要形式。心肌和肾皮质利用酮体的能力大于利用葡萄糖的能力。脑组织虽然不能氧化分解脂肪酸，却能有效利用酮体。当葡萄糖供应充足时，脑组织优先利用葡萄糖氧化供能。但在葡萄糖供应不足时，酮体是脑组织的主要能源物质。

②正常情况下，血中仅有少量酮体。但在饥饿、糖尿病时，由于脂肪动员加强，酮体生成增加，可导致酮症。严重糖尿病病人血中酮体显著增高，可导致酮症酸中毒。血酮体超过肾阈值，便可随尿排出，引起酮尿。此时，血丙酮含量也大大增加，通过呼吸道排出，产生特殊的“烂苹果气味”。

【例 3】饥饿时能通过分解代谢产生酮体的物质是

A. 核苷酸　　B. 脂肪酸　　C. 氨基酸
D. 维生素　　E. 葡萄糖

【例 4】先天缺乏琥珀酰 CoA 转硫酶的患者若长期摄取低糖膳食，将会产生的代谢障碍是

A. 酮血症　　B. 高脂血症　　C. 低血糖
D. 苯丙酮尿症　　E. 尿黑酸尿症

【例 5】下列关于酮体的描述，错误的是

A. 酮体包括乙酰乙酸、β-羟丁酸和丙酮　　B. 合成原料是丙酮酸氧化生成的乙酰 CoA
C. 只能在肝的线粒体内生成　　D. 酮体只能在肝外组织氧化
E. 酮体是肝输出能量的一种形式

【例 6】糖尿病酮症酸中毒患者的呼出气常呈“烂苹果味”，其气味来源是

A. 乙酰乙酸　　B. β-羟丁酸　　C. 丙酮酸
D. 丙酮　　E. 乳酸

三、甘油三酯的合成代谢

1. 合成部位

肝、脂肪组织及小肠是合成甘油三酯的主要场所，以肝的合成能力最强。

甘油三酯合成的关键酶是脂酰 CoA 转移酶，主要位于内质网，因此甘油三酯主要在肝内质网内合成。

(1)肝细胞　肝细胞能合成脂肪但不能储存脂肪，其合成的甘油三酯主要与载脂蛋白、磷脂、胆固醇组装成极低密度脂蛋白(VLDL)，分泌入血，运输至肝外组织利用。营养不良、中毒、必需脂肪酸缺乏等可引起肝细胞 VLDL 生成障碍，导致甘油三酯在肝细胞蓄积，发生脂肪肝。

(2)脂肪细胞　既可合成甘油三酯，也可储存甘油三酯，作为“能量仓库”供机体禁食或饥饿时利用。

(3)小肠黏膜细胞　可利用食物中脂肪消化产物合成甘油三酯，以乳糜微粒形式经淋巴进入血液循环。

2. 合成原料

甘油三酯的合成原料为甘油及脂肪酸。

(1)甘油　合成甘油三酯的 3-磷酸甘油的来源有二：①主要来自糖代谢；②也可来自游离甘油。肝、肾、肠等组织含有甘油激酶，可以利用游离甘油。脂肪细胞无甘油激酶，故不能利用甘油合成脂肪。

$$\text{甘油}\xrightarrow{\text{(肝、肾)甘油激酶}}\text{3-磷酸甘油}\longleftrightarrow\text{磷酸二羟丙酮}\longrightarrow\text{糖酵解}$$

(2)脂肪酸 合成甘油三酯的3个脂肪酸分子可为同一脂肪酸,也可为三种不同脂肪酸。

四、胆固醇代谢

1. 胆固醇合成的部位、原料和关键酶

(1)胆固醇合成的部位 除脑组织、成熟红细胞外,几乎全身各组织均可合成胆固醇,肝是主要合成器官,占全身胆固醇合成的70%~80%,其次是小肠。胆固醇合成酶系存在于细胞质及光面内质网膜。

(2)胆固醇合成的原材料 胆固醇合成的基本原料是乙酰CoA,并需ATP供能,NADPH供氢。每合成1分子胆固醇需18分子乙酰CoA、36分子ATP及16分子NADPH。

(3)胆固醇合成的关键酶 是HMG-CoA还原酶,其活性受胆固醇的反馈抑制和多种因素的调节。

【例7】体内合成胆固醇的主要原料是

A. 乙酰辅酶A　B. 乙酰乙酰辅酶A　C. 丙酰辅酶A
D. 草酰乙酸　E. 葡萄糖

【例8】体内合成胆固醇的场所是

A. 溶酶体　B. 内质网　C. 线粒体
D. 细胞质　E. 内质网+细胞质

【例9】合成胆固醇的关键酶是

A. 柠檬酸裂解酶　B. HMG-CoA合酶　C. HMG-CoA裂解酶
D. HMG-CoA还原酶　E. 鲨烯合酶

记忆:胆固醇合成的原料记忆为“三高”:高耗能(36ATP)、高耗料(18乙酰CoA)、高耗氢(16NADPH)。

2. 胆固醇的转化和去路

胆固醇在体内并不能彻底氧化为CO_2和H_2O,只能经氧化、还原转化为其他类固醇物质。

(1)转化为胆汁酸 胆固醇在肝中转化为胆汁酸是胆固醇在体内代谢的主要去路(占50%)。

$$\text{胆固醇} \xrightarrow{7\alpha\text{羟化酶}} 7\alpha\text{羟胆固醇} \longrightarrow \longrightarrow \text{初级游离胆汁酸} \xrightarrow[\text{牛磺酸}]{\text{甘氨酸}} \text{初级结合胆汁酸} \xrightarrow[\text{水解脱羟}]{\text{肠菌}} \text{次级游离胆汁酸}$$

(2)转化为类固醇激素 胆固醇是肾上腺皮质、睾丸、卵巢合成类固醇激素的原料。

部位	合成的类固醇激素	部位	合成的类固醇激素
肾上腺皮质球状带	醛固酮	肾上腺皮质束状带	皮质醇
肾上腺皮质网状带	雄激素	睾丸间质细胞	睾酮
卵巢卵泡内膜细胞及黄体	雌二醇、孕酮		

(3)转化为维生素D_3 胆固醇可在皮肤被氧化为7-脱氢胆固醇,经紫外线照射转变为维生素D_3。

【例10】胆固醇不能转化成

A. 胆汁酸　B. 维生素D_3　C. 睾酮
D. 雌二醇　E. 胆红素

【例11】胆固醇在体内代谢的主要去路是转变成

A. 胆红素　B. 胆汁酸　C. 维生素
D. 类固醇激素　E. 类固醇

五、血脂

1. 血脂的组成与含量

(1)组成 血浆所含脂类物质统称为血脂,包括甘油三酯、磷脂、胆固醇、胆固醇酯及游离脂肪酸等。

磷脂主要有卵磷脂、神经鞘磷脂及脑磷脂。

(2)含量 成人空腹12~14小时后，血脂含量为甘油三酯0.11~1.69mmol/L、总胆固醇2.59~6.47mmol/L、胆固醇酯1.81~5.17mmol/L、游离胆固醇1.03~1.81mmol/L、总磷脂48.44~80.73mmol/L。

2. 血浆脂蛋白的分类及生理功能

(1)分类

①按电泳法分类 分为4类：α-脂蛋白、前β-脂蛋白、β-脂蛋白及乳糜微粒。

②按超速离心法分类 分为4类：乳糜微粒(CM)、极低密度脂蛋白(VLDL)、低密度脂蛋白(LDL)和高密度脂蛋白(HDL)，分别相当于电泳法分类的乳糜微粒、前β-脂蛋白、β-脂蛋白和α-脂蛋白。

(2)生理功能

	CM	VLDL	LDL	HDL
密度法分类	乳糜微粒	极低密度脂蛋白	低密度脂蛋白	高密度脂蛋白
电泳法分类	乳糜微粒	前β-脂蛋白	β-脂蛋白	α-脂蛋白
主要含有的脂类	甘油三酯	甘油三酯	胆固醇	胆固醇、磷脂
合成部位、来源	小肠黏膜细胞	肝细胞	血浆、由VLDL转变来	肝、肠、血浆
生理功能	转运外源性甘油三酯及胆固醇	转运内源性甘油三酯及胆固醇	转运内源性胆固醇	逆向转运胆固醇(肝外→肝)

【例12】可将肝外组织胆固醇转运至肝的主要脂蛋白是

A. LDL　　B. CM　　C. HDL
D. IDL　　E. VLDL

A. IDL　　B. VLDL　　C. LDL
D. CM　　E. HDL

【例13】运输内源性甘油三酯的脂蛋白是

【例14】向肝内转运胆固醇的脂蛋白是

▶▶常考点 酮体和胆固醇的合成及关键酶；血浆脂蛋白的功能。

参考答案——详细解答见2021《贺银成国家临床执业及助理医师资格考试历年考点精析》

1. ABCDE　2. ABCDE　3. ABCDE　4. ABCDE　5. ABCDE　6. ABCDE　7. ABCDE
8. ABCDE　9. ABCDE　10. ABCDE　11. ABCDE　12. ABCDE　13. ABCDE　14. ABCDE

第7章　蛋白质消化吸收和氨基酸代谢

考纲要求

①蛋白质的营养作用:蛋白质的生理功能,营养必需氨基酸,蛋白质的营养互补作用。②氨基酸的一般代谢:氨基酸的脱氨基作用,α-酮酸的代谢,氨的代谢。③个别氨基酸的代谢:氨基酸的脱羧基作用,一碳单位的概念,苯丙氨酸和酪氨酸代谢。

复习要点

一、蛋白质的营养作用

1. 蛋白质的生理功能

(1)蛋白质是生命的物质基础　可维持细胞组织的生长、更新和修补。蛋

(2)蛋白质参与体内多种重要的生理活动　蛋白质可参与催化物质代谢反应、代谢调节、运输物质、机体免疫、肌肉收缩、血液凝固等。

(3)蛋白质可作为能源物质氧化供能　蛋白质在体内氧化释放的能量为4.1kcal/g(17.19kJ/g)。

2. 营养必需氨基酸

(1)营养必需氨基酸　是指体内需要而不能自身合成,必须由食物提供的氨基酸,包括苯丙氨酸、蛋氨酸(甲硫氨酸)、赖氨酸、苏氨酸、色氨酸、亮氨酸、异亮氨酸、组氨酸、缬氨酸共9种,记忆为笨蛋来宿舍晾一晾足(球)鞋(苯-蛋-赖-苏-色-亮-异亮-组-缬)。

(2)非必需氨基酸　在人体内可以自行合成,不一定由食物供给的氨基酸,称为非必需氨基酸,共有11种(即20种氨基酸中,除外必需氨基酸的11种氨基酸)。

【例1】氨基酸的主要生理作用是

A. 合成核酸　　B. 合成尿素　　C. 合成糖原
D. 合成胆固醇　　E. 合成蛋白质

【例2】下述氨基酸中属于人体必需氨基酸的是

A. 甘氨酸　　B. 组氨酸　　C. 苏氨酸
D. 脯氨酸　　E. 丝氨酸

注意:9版《生物化学》P172:将必需氨基酸由8种改为9种,新增了组氨酸。按9版观点,BC均正确。

3. 蛋白质的营养互补作用

蛋白质的营养价值是指食物蛋白质在体内的利用率。蛋白质营养价值的高低主要取决于食物蛋白质中必需氨基酸的种类和比例。含必需氨基酸种类多、比例高的蛋白质,其营养价值高;反之,营养价值低。由于动物性蛋白质所含必需氨基酸的种类和比例与人体需要相近,故营养价值相对较高。

多种营养价值较低的蛋白质混合食用,彼此间必需氨基酸可以得到相互补充,从而提高蛋白质的营养价值,这种作用称为食物蛋白质的互补作用。例如谷类蛋白质含赖氨酸较少而含色氨酸较多,豆类蛋白质含赖氨酸较多而含色氨酸较少,将两者混合食用即可提高蛋白质的营养价值。

【例3】谷类和豆类食物的互补氨基酸是

A. 赖氨酸和酪氨酸　　B. 赖氨酸和丙氨酸　　C. 赖氨酸和甘氨酸
D. 赖氨酸和谷氨酸　　E. 赖氨酸和色氨酸

二、氨基酸的一般代谢

1. 氨基酸的脱氨基作用

(1)转氨基作用　氨基酸的转氨基作用是指在转氨酶的催化下，可逆地把 α-氨基酸的氨基转移给 α-酮酸，结果是氨基酸脱去氨基生成相应的 α-酮酸，而原来的 α-酮酸则转变为另一种氨基酸。

转氨基作用只能由专一的转氨酶催化。在各种转氨酶中，以 *L*-谷氨酸和 α-酮酸的转氨酶（ALT、AST）最为重要。ALT 为丙氨酸转氨酶，AST 为天冬氨酸转氨酶。这些酶主要存在细胞内，血清中的活性很低，当急性肝炎时 ALT 活性升高，心梗时 AST 明显升高。转氨酶的辅酶是磷酸吡哆醛（维生素 B_6）。

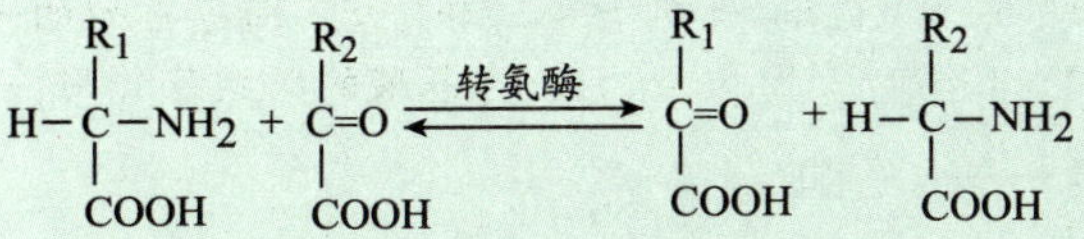

转氨酶催化的转氨基作用通式

$$谷氨酸+丙酮酸 \underset{}{\overset{ALT}{\rightleftharpoons}} \alpha\text{-酮戊二酸}+丙氨酸$$

$$谷氨酸+草酰乙酸 \underset{}{\overset{AST}{\rightleftharpoons}} \alpha\text{-酮戊二酸}+天冬氨酸$$

丙氨酸转氨酶和天冬氨酸转氨酶催化的转氨基反应

【例 4】磷酸吡哆醛作为辅酶参与的反应是

A. 过氧化反应　　B. 转甲基反应　　C. 酰基化反应

D. 磷酸化反应　　E. 转氨基反应

(2)脱氨基作用　是指氨基酸脱去氨基，生成氨及相应的 α-酮酸的过程，这是氨基酸的主要分解代谢途径。脱氨基的方式包括联合脱氨基（最重要）、*L*-谷氨酸氧化脱氨基、非氧化脱氨基等。

①*L*-谷氨酸氧化脱氨基　即通过 *L*-谷氨酸脱氢酶催化脱去氨基。*L*-谷氨酸是体内唯一能以相当高的速率进行氧化脱氨反应的氨基酸，脱下的氨进一步代谢后排出体外。*L*-谷氨酸的氧化脱氨反应由 *L*-谷氨酸脱氢酶催化完成，此酶广泛存在于肝、肾、脑等组织中，属于一种不需氧脱氢酶。在 *L*-谷氨酸脱氢酶催化下，*L*-谷氨酸氧化脱氨生成 α-酮戊二酸和氨。*L*-谷氨酸脱氢酶的辅酶是 NAD^+ 或 $NADP^+$，因此它是体内唯一既能利用 NAD^+ 又能利用 $NADP^+$ 接受还原当量的酶。

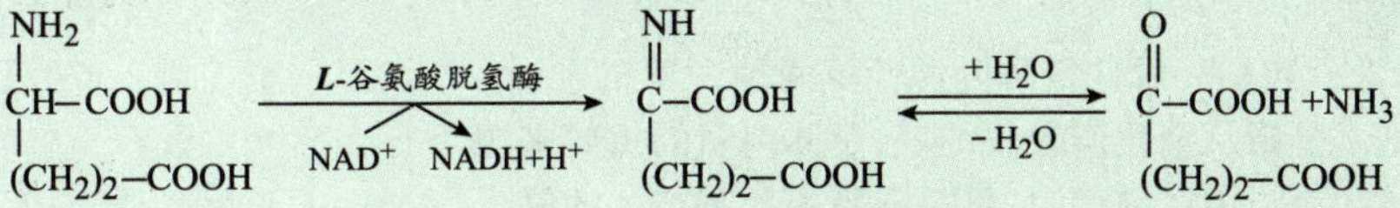

谷氨酸　　　　α-酮戊二酸

L-谷氨酸氧化脱氨基

注意：①氨基酸转氨酶的辅酶和脱羧酶的辅酶都是磷酸吡哆醛（维生素 B_6）。

②*L*-谷氨酸脱氢酶的辅酶是 NAD^+ 或 $NADP^+$。

②联合脱氨基　即通过转氨酶和 *L*-谷氨酸脱氢酶的联合作用脱去氨基。转氨基作用只是把氨基酸分子中的氨基转移给 α-酮戊二酸或其他 α-酮酸，并没有真正实现脱氨基。若氨基转移酶与 *L*-谷氨酸脱氢酶协同作用，首先通过转氨基作用使其他氨基酸的氨基转移至 α-酮戊二酸生成 *L*-谷氨酸，然后 *L*-谷氨酸再脱氨基，就可以使氨基酸脱氨生成 NH_3。这种方式需要氨基转移酶与 *L*-谷氨酸脱氢酶联合作用，即转氨基作用与 *L*-谷氨酸的氧化脱氨基作用偶联进行，称为联合脱氨作用，主要在肝、肾组织中进行。

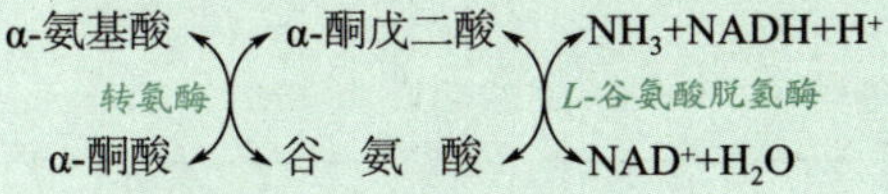

转氨脱氨作用（联合脱氨）

③嘌呤核苷酸循环　是指通过转氨酶和腺苷酸脱氨酶的联合作用脱去氨基。肝、肾组织脱氨基主要以联合脱氨基、转氨基、*L*-谷氨酸氧化脱氨基方式进行。肌肉组织（骨骼肌和心肌）由于 *L*-谷氨酸脱氢酶活性低，主要通过嘌呤核苷酸循环方式脱氨基。

在嘌呤核苷酸循环过程中，氨基酸首先通过连续的转氨基作用将氨基转移给草酰乙酸，生成天冬氨酸;天冬氨酸与次黄嘌呤核苷酸(IMP)反应生成腺苷酸代琥珀酸,后者经过裂解,释放出延胡索酸并生成腺嘌呤核苷酸(AMP)。AMP 在腺苷酸脱氨酶(此酶在肌组织中活性较高)催化下脱去氨基,最终完成氨基酸的脱氨基作用。氨基酸的各种脱氨基方式归纳如下:

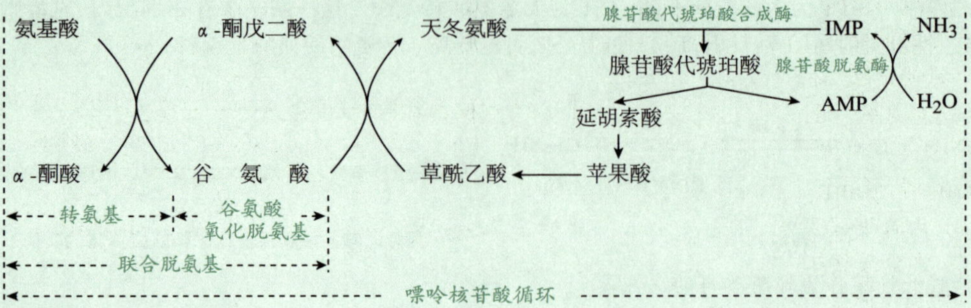

【例 5】参与联合脱氨基的酶是

A. NADH-泛醌还原酶　B. HMG-CoA 还原酶　C. 葡糖-6-磷酸酶

D. 谷氨酸脱氢酶　E. 乙酰 CoA 脱羧酶

【例 6】肌肉中最主要的脱氨基方式是

A. 嘌呤核苷酸循环　B. 加水脱氨基作用　C. 氨基转移作用

D. *D*-氨基酸氧化脱氨基作用　E. *L*-谷氨酸氧化脱氨基作用

注意:①氨基酸分解代谢的最主要反应是脱氨基作用。②肝、肾组织中最重要的脱氨基方式是联合脱氨基。③骨骼肌、心肌中最主要的脱氨基方式是嘌呤核苷酸循环。

2. 氨的代谢

(1)氨的来源　包括外源性氨和内源性氨两种。

①外源性氨　是指从消化道吸收的氨,是体内氨的重要来源。

②内源性氨　是指由体内代谢,氨基酸脱去氨基产生的氨。

(2)氨的转运　氨是有毒物质,各组织中产生的氨必须以无毒的丙氨酸、谷氨酰胺形式转运至肝或肾。

①氨以丙氨酸形式进行转运　骨骼肌主要以丙酮酸作为氨基受体,经转氨基作用生成丙氨酸,丙氨酸进入血液后被运往肝。在肝中,丙氨酸通过联合脱氨基作用生成丙酮酸,并释放出氨。氨用于尿素合成,丙酮酸异生成葡萄糖。葡萄糖由血液运往肌肉,沿糖酵解途径转变成丙酮酸,后者接受氨基生成丙氨酸。丙氨酸和葡萄糖周而复始的转变,完成骨骼肌和肝之间氨的转运,称为丙氨酸-葡萄糖循环。通过该循环,骨骼肌中氨基酸的氨基("氨")以丙氨酸形式运往肝,同时,肝又为骨骼肌提供了生成丙酮酸的葡萄糖。

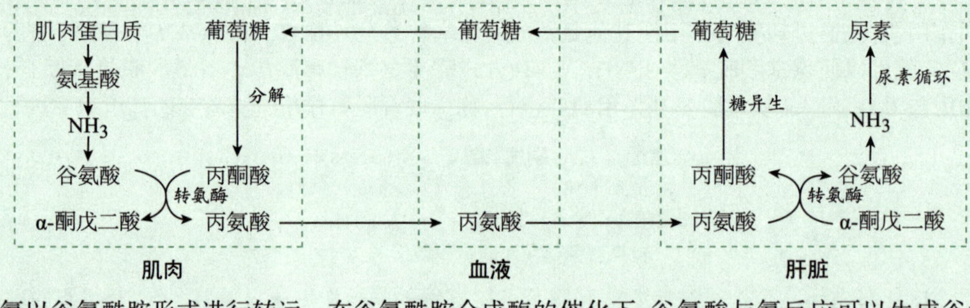

②氨以谷氨酰胺形式进行转运　在谷氨酰胺合成酶的催化下,谷氨酸与氨反应可以生成谷氨酰胺。血液中的氨以谷氨酰胺形式运输至肾,再以铵盐的形式排出体外。可见,谷氨酰胺既是氨的解毒产物,也是氨的储存及运输形式。

3. 氨的去路

（1）**尿素的生成**　氨的去路主要是在肝中合成尿素，再由肾排出体外。尿素合成的途径即为鸟氨酸循环，也称为尿素循环。在氨基甲酰磷酸合成酶Ⅰ催化下，氨与 CO_2 反应生成氨基甲酰磷酸。氨基甲酰磷酸与鸟氨酸缩合成瓜氨酸。由精氨酸代琥珀酸合成酶催化，瓜氨酸与天冬氨酸反应生成精氨酸代琥珀酸。后者裂解为精氨酸和延胡索酸。精氨酸水解生成尿素。

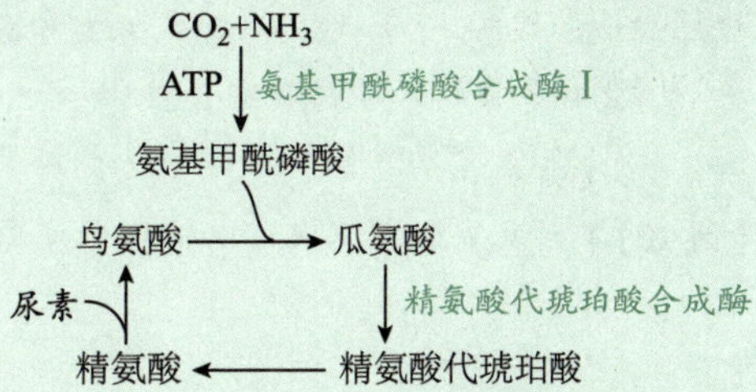

（2）**高血氨症**　正常情况下，血氨的来源与去路保持动态平衡，血氨浓度处于较低的水平。当肝功能损伤时，尿素合成障碍，可导致血氨浓度增高，称为高血氨症。

A. 丙氨酸-葡萄糖循环　　B. 柠檬酸-丙酮酸循环　　C. 三羧酸循环
D. 鸟氨酸循环　　E. 乳酸循环

【例7】将肌肉中的氨以无毒形式运送至肝脏

【例8】尿素产生的机制

3. α-酮酸代谢

氨基酸脱氨基后生成的α-酮酸可进一步代谢，主要有以下三方面途径。

（1）**α-酮酸彻底氧化供能**　α-酮酸可经三羧酸循环彻底氧化成 CO_2 和 H_2O，并释放能量。

（2）**α-酮酸可转变成糖和脂类化合物**　即生糖氨基酸、生酮氨基酸和生糖兼生酮氨基酸的概念。

（3）**α-酮酸经氨基化生成非必需氨基酸**　如丙酮酸→丙氨酸、草酰乙酸→天冬氨酸、α-酮戊二酸→谷氨酸。根据氨基酸转变的情况不同，可将氨基酸分为以下三类：

	氨基酸	同音记忆法
生酮氨基酸（2种）	亮、赖	同样来（酮-亮-赖）
生糖兼生酮氨基酸（5种）	异亮、苯丙、酪、色、苏	一本落色书（异-苯-酪-色-苏）
生糖氨基酸（13种）	组成人体蛋白质的20种氨基酸中，除外生酮氨基酸、生糖兼生酮氨基酸	

【例9】α-酮酸可转变生成的物质是

A. CO_2 和 H_2O　　B. 营养必需脂肪酸　　C. 营养必需氨基酸
D. 维生素E　　E. 维生素A

三、个别氨基酸代谢

1. 氨基酸的脱羧基作用

在氨基酸脱羧酶的催化下，有些氨基酸可通过脱羧基作用生成相应的胺，发挥重要的生理作用。

氨基酸	化合物	生理功能
谷氨酸	γ-氨基丁酸（GABA）	神经递质
半胱氨酸	牛磺酸	胆汁成分
半胱氨酸	硫酸根	活化为PAPS
色氨酸	5-羟色胺（5-HT）	神经递质、血管收缩剂
鸟氨酸	腐胺→精脒→精胺	促进细胞增殖
甘氨酸+精氨酸+甲硫氨酸	肌酸→磷酸肌酸	能量储存
苯丙氨酸、酪氨酸	黑色素	皮肤色素
苯丙氨酸、酪氨酸	多巴胺、去甲肾上腺素、肾上腺素	神经递质、激素

记忆:①半胱氨酸:可生成牛磺酸(可利用形象记忆法记忆为"半"与"牛"相似);
可产生硫酸根;参与甲硫氨酸(蛋氨酸)循环;巯基维持蛋白质稳定性;是含硫氨基酸。
②甘氨酸——参与肌酸合成;参与卟啉合成;参与嘌呤合成;提供一碳单位。
③PAPS 为活性硫酸根,即 3′-磷酸腺苷-5′-磷酰硫酸。

【例 10】下列氨基酸在体内可以转化为 γ-氨基丁酸(GABA)的是

A. 谷氨酸　　B. 天冬氨酸　　C. 苏氨酸
D. 色氨酸　　E. 蛋氨酸

2. 一碳单位的代谢

(1)一碳单位的概念　一碳单位是指某些氨基酸在分解代谢过程中产生的一个碳原子的基团,包括甲基($-CH_3$)、甲烯基($-CH_2-$)、甲炔基($-CH=$)、甲酰基($-CHO$)、亚氨甲基($-CH=NH$)等。

请注意:CO、CO_2 均不是一碳单位,因它们都是无机物,可以游离存在。

(2)一碳单位的来源　主要来自丝氨酸、色氨酸、组氨酸、甘氨酸的分解代谢。

(3)一碳单位的载体　为四氢叶酸(FH_4)。一碳单位不能游离存在,常与 FH_4 结合而参与转运和代谢。

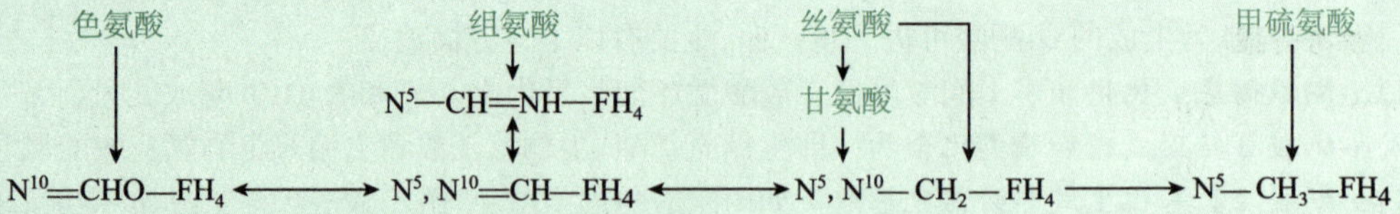

记忆:施舍一根竹竿,让你去参加四清运动:
①一碳单位的来源——"施(**丝**)舍(**色**)一根竹(**组**)竿(**甘**)"(**丝—色—组—甘**)。
②一碳单位的运载体——让你去参加"四清"(**四氢叶酸**)运动(运动→运送→运载体)。

【例 11】一碳单位代谢的辅酶是

A. 叶酸　　B. 二氢叶酸　　C. 四氢叶酸
D. NADPH　　E. NADH

【例 12】下列氨基酸中哪一种不能提供一碳单位?

A. 甘氨酸　　B. 丝氨酸　　C. 组氨酸
D. 色氨酸　　E. 酪氨酸

3. 苯丙氨酸代谢

(1)主要代谢途径　苯丙氨酸的主要代谢是经羟化作用生成酪氨酸,此反应由苯丙氨酸羟化酶催化,为不可逆反应,因此酪氨酸不能转变为苯丙氨酸。

(2)次要代谢途径　苯丙氨酸的次要代谢是经转氨基作用生成苯丙酮酸(如下图)。

先天性苯丙氨酸羟化酶缺陷患者,不能将苯丙氨酸羟化为酪氨酸,苯丙氨酸经转氨基作用生成大量苯丙酮酸,造成体内苯丙酮酸及其部分代谢产物(苯乳酸、苯乙酸等)蓄积,由尿排出,称为苯丙酮酸尿症。

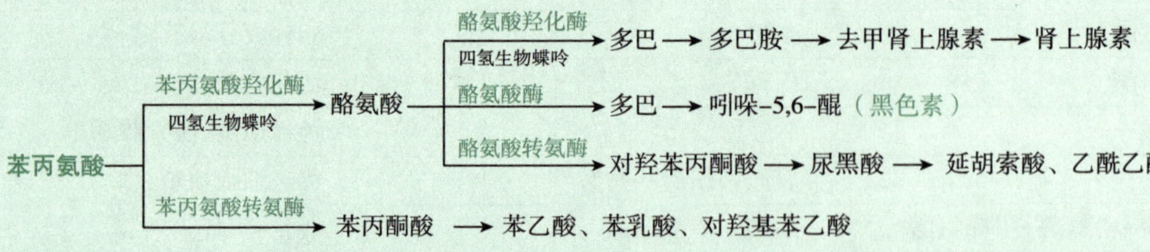

4. 酪氨酸代谢

(1)在肾上腺髓质和神经组织　酪氨酸在酪氨酸羟化酶的作用下,生成多巴。在多巴脱羧酶的作用下,多巴脱去羧基生成多巴胺。在肾上腺髓质,多巴胺被羟化生成去甲肾上腺素。后者甲基化生成肾上腺素。多巴胺、去甲肾上腺素及肾上腺素统称为儿茶酚胺。

(2)在黑色素细胞中 酪氨酸经酪氨酸酶作用,羟化生成多巴,后者经氧化、脱羧等反应,最后转变为吲哚-5,6-醌(黑色素)。

(3)转氨基作用 酪氨酸可在转氨酶催化下,生成对羟苯丙酮酸,后者经尿黑酸等中间产物进一步转变为延胡索酸和乙酰乙酸,进入糖、脂代谢途径进行代谢。

上述反应中,苯丙氨酸羟化酶和酪氨酸羟化酶的辅酶都是四氢生物蝶呤。

先天性酪氨酸酶缺乏的病人,因不能合成黑色素,皮肤、毛发等发白,称为白化病。

当体内尿黑酸分解代谢的酶先天性缺陷时,尿黑酸的分解受阻,可出现尿黑酸尿症。

【例13】属于酪氨酸衍生物的物质是

A. 组胺　B. 精胺　C. 腐胺
D. 5-羟色胺　E. 多巴胺

常考点 氨基酸的一般概念;尿素循环;一碳单位代谢;特殊氨基酸的代谢产物。

参考答案——详细解答见2021《贺银成国家临床执业及助理医师资格考试历年考点精析》

1. ABCDE　2. ABCDE　3. ABCDE　4. ABCDE　5. ABCDE　6. ABCDE　7. ABCDE
8. ABCDE　9. ABCDE　10. ABCDE　11. ABCDE　12. ABCDE　13. ABCDE

第 8 章　肝的生物化学

考纲要求

①生物转化作用:概念,反应类型,生理意义。②胆色素代谢:胆色素的概念,游离胆红素,结合胆红素,胆红素在肠道中的变化,胆色素代谢与黄疸。

复习要点

一、生物转化作用

1. 生物转化的概念

人体内有些物质的存在不可避免,这些物质既不能作为构建组织细胞的成分,又不能作为能源物质,其中一些还对人体有一定的生物学效应或潜在的毒性作用。机体在排出这些物质之前,需对它们进行代谢转变,使其水溶性提高,极性增强,易于通过胆汁或尿排出,这一过程称为生物转化。肝是机体内生物转化最重要的器官。皮肤、肺、肾等也有一定的生物转化作用。需进行生物转化的物质有内源性和外源性之分。

(1)内源性物质　包括体内物质代谢的产物或代谢中间物(如胺类、胆红素等)以及发挥生理作用后有待灭活的各种生物活性物质(如激素、神经递质等)。

(2)外源性物质　是人体在日常生活和(或)生产过程中不可避免接触的异源物(如药物、毒物、环境化学污染物等)以及从肠道吸收的腐败产物。

2. 生物转化的反应类型

(1)第一相反应　包括氧化、还原和水解。许多物质通过第一相反应,分子中的某些非极性基团可转变为极性基团,水溶性增加,有利于排出体外。

(2)第二相反应　是指各种结合反应,其中以葡糖醛酸结合反应最普遍。有些物质经过第一相反应后,还须进一步与葡糖醛酸、硫酸等极性更强的物质相结合,以得到更大的溶解度才能排出体外,这些结合反应属于第二相反应。

反应类型	酶类	作用或生化意义	反应部位
氧化反应	单加氧酶系(羟化酶)	最重要,占总反应的 50%	内质网
	胺氧化酶	胺类物质—醛类—酸	线粒体
	脱氢酶类	催化醇类—醛类—酸	胞质+线粒体
还原反应	硝基还原酶	硝基化合物—胺类	内质网
	偶氮还原酶	偶氮化合物—胺类	内质网
水解反应	水解酶类	脂类、酰胺类和糖苷类—水解	胞质+内质网
结合反应	葡糖醛酸基转移酶	极性基团化合物—与 UDPGA 结合	内质网
	硫酸基转移酶	醇、酚或芳香胺类—硫酸酯类 PAPS	细胞质
	谷胱甘肽 S-转移酶	环氧、卤代化合物—含 GSH 的结合物	胞质+内质网
	乙酰基转移酶	催化乙酰基转到含氨基或肼的化合物	胞质
	酰基转移酶	含羧基化合物—酰基 CoA—转至 Gly	线粒体
	甲基转移酶	催化含氧、氮、硫等基团的化合物甲基化	胞质+内质网

注意:①PAPS 为活性硫酸供体,即 3′-磷酸腺苷 5′-磷酰硫酸,主要来源于半胱氨酸的分解。
②UDPGA 为尿苷二磷酸葡糖醛酸,主要来自尿苷二磷酸葡糖(UDPG)的氧化。

3. 生物转化的生理意义

(1)解毒作用　通过生物转化,可对体内的大部分待转化物质进行代谢处理,使其生物学活性降低或丧失(灭活)或使有毒物质的毒性减低或消除,称为解毒作用。

(2)排毒作用　生物转化作用可增加某些待转化物质的水溶性和极性,使之易于从胆汁或尿液中排出。

有些物质经过肝的生物转化作用后,虽然溶解性增加,但其毒性反而增强;有的还可能溶解性下降,不易排出体外。如烟草中含有苯并芘,其本身没有直接致癌作用,但经过生物转化后反而成为直接致癌物。这显示生物转化具有解毒与致毒的双重性,因此,并不能将生物转化作用简单地称为解毒作用。

【例 1】下列不参与肝生物转化第二相反应的酶是

A. 硫酸基转移酶　　B. 甲基转移酶　　C. 肽基转移酶

D. 葡糖醛酸基转移酶　　E. 谷胱甘肽-S-转移酶

二、胆色素代谢

1. 胆色素的概念

胆色素是体内铁卟啉化合物的主要分解代谢产物,包括胆绿素、胆红素、胆素原和胆素等。体内铁卟啉化合物包括血红蛋白、肌红蛋白、细胞色素、过氧化物酶和过氧化氢酶等。

各种胆色素之间的变化关系很难理解,也易混淆,现将有关知识点归纳如下:

血红蛋白 ⟶ 血红素 $\xrightarrow{\text{血红素加氧酶}}$ 胆绿素 $\xrightarrow{\text{胆绿素还原酶}}$ 胆红素 $\xrightarrow{\text{氧化}}$ 胆素原 $\xrightarrow{\text{还原}}$ 胆素

2. 游离胆红素和结合胆红素

(1)在单核吞噬系统　正常人每天可生成 250~350mg 胆红素,其中约 80%来自衰老红细胞破坏所释放的血红蛋白。血红蛋白随后分解为珠蛋白和血红素。珠蛋白可降解为氨基酸供体内再利用,血红素则由单核吞噬系统降解生成胆红素释放入血。

(2)在血浆中　胆红素与清蛋白结合形成胆红素-清蛋白复合体,运输至肝脏进行生物转化。血液中与清蛋白结合的胆红素称为未结合胆红素,其分子内存在氢键,不能直接与重氮试剂反应,只有在加入乙醇或尿素等破坏氢键后才能与重氮试剂反应,故未结合胆红素也称为间接胆红素、游离胆红素。

(3)在肝脏　胆红素-清蛋白复合体运送至肝脏后,解离为胆红素被肝细胞摄取。胆红素在胞质中与 Y 蛋白和 Z 蛋白结合,被运送至滑面内质网,在 UDP-葡糖醛酸基转移酶的催化下,生成葡糖醛酸胆红素,此为结合胆红素。与葡糖醛酸结合的胆红素因分子内没有氢键,分子中间的甲烯桥可以迅速、直接与重氮试剂发生反应,因此结合胆红素也称直接胆红素。

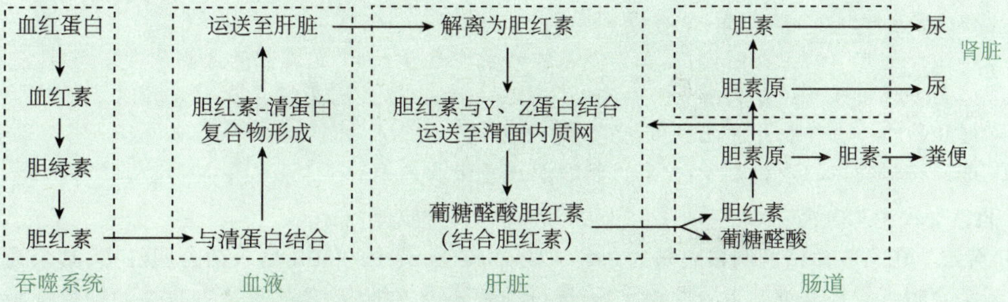

注意:①在血液中,胆红素与清蛋白是非特异性、非共价、可逆性结合,仅起暂时性解毒作用。这种未经肝进行生物转化,处于运输状态的胆红素称为未结合胆红素(血胆红素、游离胆红素、间接胆红素)。

②只有进入肝脏,与葡糖醛酸结合进行生物转化后的胆红素,才能称为结合胆红素(直接胆红素)。

(4)游离胆红素和结合胆红素性质的比较

	未结合胆红素	结合胆红素
别名	间接胆红素、游离胆红素、血胆红素、肝前胆红素	直接胆红素、肝胆红素
定义	是指未与葡糖醛酸结合的胆红素	是指已与葡糖醛酸结合的胆红素
与重氮试剂的反应	慢，间接阳性	迅速，直接阳性
水溶性	小	大
脂溶性	大	小
经肾随尿排出	不能	能
对细胞膜的通透性	大	小
对脑的毒性	大	无

【例 2】下列对直接胆红素的说法哪一项是错误的？

A. 为胆红素葡糖醛酸二酯　B. 水溶性较大　C. 不易透过生物膜

D. 不能通过肾脏随尿排出　E. 与重氮试剂起反应的速度快，呈直接反应

【例 3】下列哪种物质是结合胆红素？

A. 胆红素-清蛋白　B. 胆红素-Y 蛋白　C. 胆红素-Z 蛋白

D. 葡糖醛酸胆红素　E. 胆红素-结合珠蛋白

3. 胆红素在肠道中的变化

经肝脏进行生物转化生成的葡糖醛酸胆红素随胆汁进入肠道，在回肠下段和结肠的肠菌作用下，脱去葡糖醛酸基，并还原生成胆素原。

(1) 大部分胆素原随粪便排出体外 在肠道下段，这些无色的胆素原接触空气被氧化成为胆素。胆素呈黄褐色，成为粪便的主要颜色。正常人每日排出胆素 40~280mg。当胆道完全梗阻时，胆红素不能排入肠道形成胆素原进而形成胆素，因此粪便呈灰白色或陶土色。

(2) 胆素原的肠肝循环 肠道中生成的胆素原约 10%~20% 被肠黏膜细胞重吸收，经门静脉入肝，其中大部分再次随胆汁排入肠腔，形成胆素原的肠肝循环。

(3) 尿胆素原转变为尿胆素 小部分胆素原进入体循环入肾脏随尿液排出，称为尿胆素原。正常人每日随尿排出的尿胆素原约 0.5~4.0mg。尿胆素原被空气氧化后生成尿胆素，成为尿的主要色素。临床上将尿胆素原、尿胆素及尿胆红素称为尿三胆，是黄疸类型鉴别诊断的常用指标。正常人尿中检测不到尿胆红素。

记忆：①胆色素=胆红素+胆绿素+胆素原+胆素。

②胆红素是胆汁的主要色素；尿胆素是尿液的主要色素；胆素是粪便的主要色素。

③经尿液排出体外的是尿胆素原+尿胆素；经粪便排出体外的是胆素原+粪胆素。

④经肝细胞排出随胆汁进入肠道的是结合胆红素。

⑤进行肠肝循环的是胆素原；经肠道被肠黏膜重吸收的是胆素原。

4. 胆色素代谢与黄疸

(1) 黄疸 正常人血清胆红素总量为 3.4~17.1μmol/L，其中约 80% 是未结合胆红素，其余为结合胆红素。未结合胆红素是有毒的脂溶性物质，易透过细胞膜进入细胞，尤其对富含脂类的神经细胞造成不可逆的损伤。因此，肝对胆红素的解毒作用具有十分重要的意义。

体内胆红素生成过多，或肝细胞对胆红素的摄取、转化及排泄能力下降等素均可引起血浆胆红素含量增多。当血浆胆红素含量>17.1μmol/L，称为高胆红素血症。胆红素为橙黄色物质，过量的胆红素可扩散进入组织造成黄染现象，称为黄疸。

根据黄疸发生的原因，可将黄疸分为溶血性黄疸、肝细胞性黄疸和阻塞性黄疸，其鉴别要点如下表。

	正常	溶血性黄疸	肝细胞性黄疸	阻塞性黄疸
主要病理		红细胞破坏过多 胆红素产生过多	肝细胞受损，摄取、转化、排泄胆红素↓	结合胆红素排泄↓
血总胆红素	<10mg/L	>10mg/L	>10mg/L	>10mg/L
血结合胆红素	极少		↑	↑↑
血未结合胆红素	0~8mg/L	↑↑	↑	
尿胆红素	—	—	++	++
尿胆素原	少量	↑	不一定	↓
尿胆素	少量	↑	不一定	↓
粪尿胆素原	40~280mg/24h	↑	↓或正常	↓或—
粪便颜色	正常	深	变浅或正常	完全阻塞时陶土色

(2)三种黄疸的胆色素代谢检查结果　CB为结合胆红素，UCB为非结合胆红素，STB为总胆红素。

	血清CB	血清UCB	血清CB/STB	尿胆红素	尿胆原
正常人	0~6.8μmol/L	1.7~10.2μmol/L	0.2~0.4	阴性	0.84~4.2μmol/L
胆汁淤积性黄疸	明显增加	轻度增加	>0.5	强阳性	减少或缺如
溶血性黄疸	轻度增加	明显增加	<0.2	阴性	明显增加
肝细胞性黄疸	中度增加	中度增加	0.2~0.5	阳性	正常或轻度增加

【例4】完全性梗阻性黄疸时，正确的是

A. 尿胆原(－)，尿胆红素(－)　　B. 尿胆原(＋)，尿胆红素(－)

C. 尿胆原(－)，尿胆红素(＋)　　D. 尿胆原(＋)，尿胆红素(＋)

E. 粪胆素(＋)

A. 尿含铁血黄素阳性　　B. 血直接、间接胆红素均升高，尿胆原阳性

C. 尿胆原弱阳性，尿胆红素阴性　　D. 血间接胆红素升高，直接胆红素正常

E. 血直接胆红素升高，尿胆原阴性

【例5】与肝细胞性黄疸检查结果符合的是

【例6】与梗阻性黄疸检查结果符合的是

▶▶常考点　题少。

参考答案——详细解答见2021《贺银成国家临床执业及助理医师资格考试历年考点精析》

1. ABCDE　2. ABCDE　3. ABCDE　4. ABCDE　5. ABCDE　6. ABCDE

第 9 章　维生素

考纲要求

①脂溶性维生素:生理功能及缺乏症。②水溶性维生素:生理功能及缺乏症。

复习要点

一、脂溶性维生素

维生素	主要功能	活性形式	缺乏症
维生素 A	视黄醛参与视觉传导;视黄酸调控基因表达和细胞生长与分化;维生素 A 具有抗氧化作用,可抑制肿瘤生长	视黄醇 视黄醛、视黄酸	夜盲症 眼干燥症
维生素 D	调节钙磷代谢,影响细胞分化,抑制肿瘤细胞增殖	$1,25\text{-}(OH)_2\text{-}D_3$	佝偻病、软骨病
维生素 E	是使体内最重要的脂溶性抗氧化剂 具有调节基因表达的作用,可促进血红素的合成	生育酚	溶血性贫血症 神经功能障碍
维生素 K	是凝血因子Ⅱ、Ⅶ、Ⅸ、Ⅹ合成所必需的辅酶 对骨代谢具有重要作用,减少动脉钙化	2-甲基 1,4-萘醌	易出血

二、水溶性维生素

维生素	主要功能	活性形式	缺乏症
维生素 B_1	α-酮酸氧化脱羧酶的辅酶,参与氧化脱羧反应;转酮醇酶的辅酶,参与转酮醇作用;抑制胆碱酯酶的活性	焦磷酸硫胺素 (TPP)	脚气病 末梢神经炎
维生素 B_2	也称核黄素。氧化还原酶的辅基,递氢;FAD 是谷胱甘肽还原酶的辅酶,与 $CytP_{450}$ 结合,参与药物代谢	FMN、FAD	口角炎、舌炎 唇炎、阴囊炎
维生素 B_6	氨基酸脱羧酶、转氨酶、ALA 合酶的辅酶 可终止类固醇激素作用的发挥	磷酸吡哆醛 磷酸吡哆胺	未发现缺乏症
维生素 B_{12}	转甲基酶的辅酶;5′-脱氧腺苷钴胺素是 L-甲基丙二酰 CoA 变位酶的辅酶,参与琥珀酰 CoA 的生成	甲钴胺素 5′-脱氧腺苷钴胺素	巨幼红细胞贫血 神经脱髓鞘
维生素 PP	多种不需氧脱氢酶的辅酶,作为递氢体参与生物氧化	NAD^+、$NADP^+$	糙皮病
维生素 C	参与体内羟化反应;参与氧化还原作用 具有增强机体免疫力的作用	抗坏血酸	坏血病
泛酸	构成酰基转移酶的辅酶,参与三大物质代谢及生物转化	CoA、ACP	缺乏症很少见
叶酸	FH_4 是体内一碳单位转移酶的辅酶 一碳单位在体内参与嘌呤、胸腺嘧啶核苷酸等的合成	FH_4	巨幼红细胞贫血
生物素	构成羧化酶的辅基,参与 CO_2 固定;参与细胞信号转导	生物素辅酶	很少出现缺乏症

A. 脚气病　　B. 佝偻病　　C. 坏血病　　D. 克汀病　　E. 夜盲症

【例 1】维生素 B_1 缺乏可引起

【例 2】维生素 C 缺乏可引起

参考答案——详细解答见 2021《贺银成国家临床执业及助理医师资格考试历年考点精析》

1. ABCDE　　2. ABCDE

第二篇 生理学

第1章 绪 论

▶考纲要求

①机体的内环境:体液,内环境及其稳态。②机体生理功能的调节:神经调节和体液调节,反馈(正反馈和负反馈)。

▶复习要点

一、机体的内环境

1. 体液

人体内的液体称为体液。正常成年人的体液量约占体重的60%,其中细胞内液约占2/3,细胞外液约占1/3。在细胞外液中,组织液约占3/4,血浆约占1/4(即占体重的5%)。此外,还有少量的淋巴液和脑脊液等。人体各部分体液彼此隔开,但又相互沟通。血浆是沟通各部分体液并与外界环境进行物质交换的重要媒介,因而是各部分体液中最为活跃的部分。

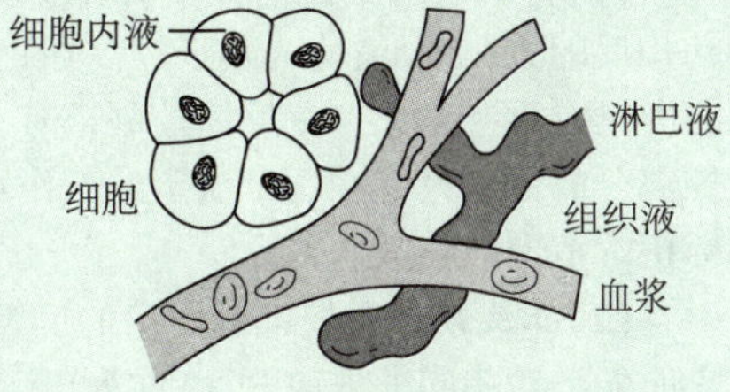

人体体液分布

2. 内环境及其稳态

(1)内环境 由于体内细胞直接接触的环境就是细胞外液,因此生理学中通常把细胞外液称为内环境。体内有些液体,如胃内、肠道内、汗腺管内、尿道内、膀胱内的液体,都是与外环境连通的,所以不属于内环境的范畴。细胞外液含有各种无机盐(如钠、氯、钾、钙、镁、碳酸氢盐等)和细胞必需的营养物质(如糖、氨基酸、脂肪酸等),还含有氧、二氧化碳、细胞代谢产物等。正常细胞通过细胞膜进行细胞内液和细胞外液之间的物质交换,以维持细胞生命活动的进行。

(2)稳态 内环境的稳态是指内环境的理化性质,如温度、酸碱度、渗透压和各种液体成分的相对恒定状态。内环境的稳态并不是静止不变的固定状态,而是各种理化因素在各种生理活动的调节下达到动态平衡的一种相对恒定的状态。例如,血浆pH可在7.35~7.45之间波动,血钾可在3.5~5.5mmol/L之间波动。稳态的维持是机体自我调节的结果,需要全身各系统和器官的共同参与和相互协调。

稳态具有十分重要的生理意义。因为细胞的各种代谢活动都是酶促生化反应,因此,细胞外液中需要有足够的营养物质、氧气和水分,以及适宜的温度、离子浓度、酸碱度和渗透压等。细胞膜两侧不同的离子浓度分布也是可兴奋细胞保持其正常兴奋性和产生生物电的基本保证。如果内环境的理化条件发生重大变化或急骤变化,超过机体本身调节与维持稳态的能力,则机体的正常功能会受到严重影响。因此,维持稳态是保证机体正常生命活动的必要条件。

二、机体生理功能的调节

机体对各种功能活动进行调节的方式主要有三种,即神经调节、体液调节和自身调节。

1. 神经调节

(1)定义 神经调节是通过反射而影响生理功能的一种调节方式，是人体生理功能调节中最主要的形式。

神经系统活动的基本过程是反射。反射活动的结构基础是反射弧。反射弧由感受器、传入神经、神经中枢、传出神经和效应器五个部分组成。反射弧的任何一个环节被阻断，反射将不能完成。

(2)特点 ①是人体生理功能调节中最主要的形式；②反应迅速，作用快，调节精确，持续时间短暂。

2. 体液调节

(1)定义 体液调节是指体内某些特殊的化学物质通过体液途径而影响生理功能的一种调节方式。

①远距分泌 一些内分泌细胞分泌的激素可循血液途径作用于全身各处的靶细胞，产生一定的调节作用，称为远距分泌。如甲状腺激素分泌后由血液运送到全身组织，对体内几乎所有细胞都有调节作用。

②旁分泌 有些细胞产生的生物活性物质可不经血液运输，而是在组织液中扩散，作用于邻旁细胞，这种方式称为旁分泌。如生长抑素在胰岛内抑制 α 细胞分泌胰高血糖素就是以这种方式进行的。

③神经分泌 一些神经元能将其合成的某些化学物质释放入血，然后经血液运行至远处，作用于靶细胞，这些化学物质称为神经激素，如血管升压素。神经激素分泌的方式称为神经分泌。

④神经-体液调节 人体内多数内分泌腺或内分泌细胞接受神经的支配，在这种情况下，体液调节便成为神经调节反射弧的传出部分，这种调节称为神经-体液调节。

(2)特点 与神经调节相比，体液调节是一种较为原始的调节方式，其作用缓慢而持久，作用面较广泛，调节方式相对稳定，它对人体生命活动的调节和自身稳态的维持起着十分重要的作用。

3. 反馈控制系统

(1)负反馈 受控部分发出的反馈信息调整控制部分的活动，最终受控部分的活动朝着与它原先活动相反的方向改变，称为负反馈。在正常人体内，大多数情况下为负反馈调节，在维持机体生理功能的稳态中具有重要意义。负反馈控制都有一定调定点，调定点是指自动控制系统所设定的一个工作点，使受控部分的活动只能在这个设定的工作点附近的一个狭小范围内变动。实际上，调定点可被视为各生理指标正常范围的均数。

(2)正反馈 受控部分发出的反馈信息促进与加强控制部分的活动，最终使受控部分的活动朝着与它原先活动相同的方向改变，称为正反馈。正反馈的意义在于产生“滚雪球”效应，或促进某一生理活动过程很快达到高潮并发挥最大效应。

(3)负反馈调节和正反馈调节的区别

	负反馈控制系统	正反馈控制系统
比例	大多数情况下的控制机制	少数情况下的控制机制
定义	受控部分发出的反馈信息调整控制部分的活动，最终使受控部分的活动朝着与它原先活动相反的方向改变	受控部分发出的反馈信息促进与加强控制部分的活动，最终使受控部分的活动朝着与它原先活动相同的方向改变
作用	起纠正、减弱控制信息的作用	起加强控制信息的作用
举例	①减压反射 ②肺牵张反射 ③动脉血压的压力感受性反射 ④代谢增强时 O_2 及 CO_2 浓度的调节 ⑤甲亢时 TSH 分泌减少	①排尿反射、排便反射 ②分娩过程 ③神经纤维膜上达到阈电位时 Na^+ 通道开放 ④血液凝固过程 ⑤胰蛋白酶原激活的过程有正反馈

注意：尤其要记住正、负反馈调节栏里的几个常考的“举例”，这往往是解题的关键。

常考点 2019 年新增考点。

第2章 细胞的基本功能

考纲要求

①细胞膜的物质转运功能：单纯扩散，易化扩散，主动转运，膜泡运输。②细胞的兴奋性和生物电活动：兴奋性和阈值，静息电位和动作电位及其产生原理，膜两侧电荷分布状态与阈电位，兴奋在同一细胞上传导及其特点。③骨骼肌细胞的收缩功能：骨骼肌神经-肌接头处的兴奋传递及其影响因素，骨骼肌兴奋-收缩耦联。

复习要点

一、细胞膜的物质转运功能

跨细胞膜的物质转运方式包括单纯扩散、易化扩散、主动转运和膜泡运输。

1. 单纯扩散

脂溶性的小分子物质从细胞膜的高浓度一侧向低浓度一侧移动的过程，称为单纯扩散。单纯扩散既不需要膜蛋白的帮助，也不消耗代谢能量。物质扩散的方向及速度取决于该物质在细胞膜两侧的浓度差和膜对该物质的通透性，后者取决于物质的脂溶性和分子大小。

2. 易化扩散

(1)概念 易化扩散是指物质在通道或载体帮助下，从细胞膜的高浓度一侧向低浓度一侧的移动过程，这些通道或载体是位于细胞膜结构中的一些特殊蛋白质分子。易化扩散是非脂溶性物质的转运方式之一，无需细胞代谢供能，属于被动转运。

(2)分类 易化扩散分为经通道易化扩散和经载体易化扩散两种类型。

	经通道易化扩散	经载体易化扩散
定义	是指各种带电离子在通道蛋白的介导下，顺浓度梯度和(或)电位梯度的跨膜转运	是指水溶性小分子物质或离子在载体蛋白介导下，顺浓度梯度进行的跨膜转运
介导方式	借助于通道蛋白质的介导	借助于载体蛋白质的介导
转运方向	顺浓度梯度或电位梯度进行	顺浓度梯度进行
转运速率	快(10^6~10^8个离子/秒)	慢(200~50000个离子或分子/秒)
特性	离子通道具有离子选择性和门控特性	载体与溶质的结合具有化学结构特异性
特点	相对特异性，特异性无载体蛋白质高 通道的导通有开放和关闭两种不同状态 无饱和现象	结构特异性 竞争性抑制 有饱和现象
举例	带电离子K^+、Na^+、Cl^-、Ca^{2+}的快速移动	葡萄糖、氨基酸、核苷酸等的跨膜转运

经载体介导的易化扩散易发生饱和现象，是由于细胞膜中载体的数量和转运速率有限，当被转运的底物浓度增加到一定程度时，底物的扩散速度便达到最大值，不再随底物浓度的增加而增大。

【例1】由载体介导的易化扩散发生饱和现象的机制是

A. 跨膜浓度梯度降低　　B. 载体特异性较差　　C. 跨膜电位梯度降低
D. 物质转运能量不足　　E. 载体转运达极限

3. 主动转运

主动转运是指细胞膜通过代谢供能，将某物质的分子或离子由细胞膜低浓度一侧向高浓度一侧转移的过程。根据能量来源的不同，主动转运可分为原发性主动转运和继发性主动转运。

（1）原发性主动转运 是指离子泵利用分解 ATP 释放的能量将离子逆浓度梯度和（或）电位梯度进行跨膜转运的过程。体内最重要离子泵为钠-钾泵（Na^+、K^+-ATP 酶），钠泵是镶嵌在细胞膜上脂质双分子层中的一种特殊蛋白质，普遍存在于哺乳动物的细胞膜中。钠泵本身具有 ATP 酶活性，可以分解 ATP 释放能量。每分解 1 分子 ATP，可将 3 个 Na^+移出胞外，同时将 2 个 K^+移入胞内。钠泵的生理意义包括：

①维持细胞膜内外 Na^+、K^+浓度差。正常时细胞内 K^+浓度约为细胞外液中的 30 倍，细胞外液中 Na^+浓度约为胞质的 10 倍。细胞膜钠泵活动消耗的能量通常占细胞代谢产能的 20%～30%。

②钠泵活动造成的细胞内高 K^+为胞质内许多代谢反应所必需，如核糖体合成蛋白质就需要高 K^+环境。

③钠泵活动能维持胞内渗透压和细胞容积。钠泵可将漏入胞内的 Na^+不断转运出去，保持细胞正常的渗透压和容积，以防细胞水肿。

④钠泵活动建立的 Na^+跨膜浓度梯度，为继发性主动转运的物质提供势能储备。如 Na^+-H^+交换、Na^+-Ca^{2+}交换，以及葡萄糖和氨基酸在小肠和肾小管被吸收的过程中，H^+、Ca^{2+}、葡萄糖和氨基酸的逆浓度梯度转运，都是利用 Na^+经主动转运造成的跨膜浓度梯度作为驱动力。

⑤钠泵活动形成的 Na^+、K^+跨膜浓度梯度是细胞发生电活动（如静息电位和动作电位）的基础。

⑥钠泵活动的生电效应，可直接使膜内电位的负值增大。

⑦哇巴因是钠泵的特异性抑制剂。

（2）继发性主动转运 是指驱动力不直接来自 ATP 分解释放的能量，而是来自原发性主动转运所形成的离子浓度梯度而进行的物质逆浓度梯度和（或）电位梯度的跨膜转运方式。继发性主动转运实际上就是经载体易化扩散与原发性主动转运相耦联的转运过程。如葡萄糖在小肠黏膜上皮的主动吸收就是由 Na^+-葡萄糖同向转运体和钠泵耦联完成的，因此属于继发性主动转运。

（3）继发性主动转运和原发性主动转运的鉴别

	原发性主动转运	继发性主动转运
转运方向	逆浓度梯度或电位梯度进行转运	逆浓度梯度或电位梯度进行转运
是否耗能	必需消耗能量	必需消耗能量
能量来源	钠泵分解 ATP 供能 直接利用 ATP 分解供能	来自 Na^+在膜两侧的浓度势能差 间接利用钠泵分解 ATP 的能量
举例	Na^+移出胞外 K^+移入胞内	葡萄糖、氨基酸在小肠和肾小管的吸收 神经末梢在突触间隙摄取肽类神经递质 甲状腺上皮细胞聚碘，Na^+-H^+交换和 Na^+-Ca^{2+}交换

【例 2】细胞膜内外正常 Na^+和 K^+浓度差的形成与维持是由于

A. 膜在安静时对 K^+通透性大　B. 膜在兴奋时对 Na^+通透性增加　C. Na^+、K^+易化扩散的结果

D. 细胞膜上 Na^+-K^+泵的作用　E. 细胞膜上 ATP 的作用

【例 3】在继发性主动转运过程中，驱动小管液葡萄糖进入肾小管上皮细胞的直接动力是

A. 泵蛋白水解 ATP 释放的能量　B. 同向转运体水解 ATP 释放的能量

C. 膜内外两侧的电位差　D. 钠泵活动造成的膜两侧 Na^+浓度差

E. 由同向转入细胞的物质提供能量

4. 膜泡运输

膜泡运输是细胞通过形成囊泡跨膜转运大分子物质或固态颗粒、液态物质的形式，分别通过出胞或入胞的形式进行。

【例 4】神经末梢释放神经递质的方式是

A. 单纯扩散　B. 经通道易化扩散　C. 经载体易化扩散

D. 主动转运　　　　　　　　　　E. 出胞

二、细胞的兴奋性和生物电现象

1. 兴奋性和阈值

(1)**兴奋性** 细胞对刺激发生反应的过程称为兴奋。生理学中,兴奋被看作动作电位的同义语。只有可兴奋细胞接受刺激后才能产生动作电位,可兴奋细胞是指受刺激后能产生动作电位的细胞,包括神经细胞、肌细胞、腺细胞。生理学中把可兴奋细胞接受刺激后产生动作电位的能力称为细胞的兴奋性。可兴奋细胞在发生一次兴奋后,其兴奋性周期性变化为:绝对不应期→相对不应期→超常期→低常期。

	绝对不应期	相对不应期	超常期	低常期
兴奋性	0	小于正常	轻度高于正常	轻度低于正常
阈值	无穷大	刺激强度>原阈强度	刺激强度稍<原阈强度	刺激强度稍>原阈强度
持续时间	0.3~0.4ms	3ms	12ms	70ms
对应关系	相当于动作电位的锋电位	相当于动作电位的负后电位前期	相当于动作电位的负后电位后期	相当于动作电位的正后电位
生理机制	大部分钠通道或钙通道已进入失活状态,不可能再次接受刺激而激活	失活的钠通道或钙通道虽已开始复活,但复活的通道数量较少,部分尚处于复活过程中	钠通道或钙通道已基本复活,而膜电位尚未完全回到静息电位,距离阈电位水平较近	钠通道或钙通道虽已完全复活,但膜电位处于轻度的超极化状态,与阈电位水平的距离加大

(2)**阈值** 刺激要能使细胞发生兴奋,就必须达到一定的刺激量,即刺激强度、刺激持续时间、刺激强度对时间的变化率,这三个参数必须达到某个最小值。在刺激持续时间、刺激强度对时间的变化率都固定时,能引起动作电位的最小刺激强度,称为阈值或阈强度。它是衡量细胞或组织兴奋性大小的最好指标。阈下刺激只能引起低于阈电位值的去极化,而不能发展为动作电位。在刺激超过阈强度后,动作电位的上升速度和所达到的最大值,就不再依赖于所给刺激的强度大小了。

2. 静息电位及其产生原理

(1)**静息电位的概念** 在安静状态下,细胞膜两侧存在的外正内负且相对平稳的电位差,称为静息电位。据测定,当细胞外液固定于零电位时,各类细胞的静息电位均为负值,在-10~-100mV之间。由于记录膜电位时均以细胞外为零电位,故细胞内负值越大,表示膜两侧的电位差越大,即静息电位越大。

(2)**静息电位与K^+平衡电位** 正常时细胞内的K^+浓度高于细胞外,而细胞外Na^+浓度高于细胞内。在安静状态下,虽然细胞膜对各种离子的通透性都很小,但相比之下,对K^+有较高的通透性,于是细胞内的K^+在浓度差的驱使下,由细胞内向细胞外扩散。由于膜内带负电荷的蛋白质大分子不能随之移出细胞外,所以随着带正电荷的K^+外流,将使膜内电位变负而膜外变正。但是,K^+的外流并不能无限制地进行下去,因为最先流出膜外的K^+所产生的"外正内负"的电场力,将阻碍K^+的继续外流。随着K^+外流的增加,这种阻碍K^+外流的力量(膜两侧的电位差)也不断增强。当促使K^+外流的浓度差与阻碍K^+外流的电位差这两种力量达到平衡时,膜对K^+的净通量为零。于是,不再有K^+的跨膜净移动,而此时膜两侧的电位差也就稳定于某一数值不变,此电位差即为K^+的平衡电位。

(3)**Na^+平衡电位对静息电位的影响** 除K^+平衡电位外,静息时细胞膜对Na^+也有极小的通透性,由于Na^+顺浓度差内流,因而可部分抵消由K^+外流所形成的膜内负电位。因此,静息电位的实测值略小于由Nernst公式计算所得的K^+平衡电位。

3. 动作电位及其产生原理

(1)**动作电位的概念** 动作电位是指可兴奋细胞在静息电位基础上接受有效刺激后,产生的一个可迅速向远处传播的膜电位波动。以神经细胞为例,当受到一个有效刺激时,其膜电位从-70mV逐渐去极化到达阈电位水平，此后迅速上升至+30mV，形成动作电位上升支（去极相）；随后又迅速下降至接近静息电位水平，形成动作电位下降支（复极相）。两者共同形成尖峰状的电位变化，称为锋电位。锋电位是动作电位的主要部分，是动作电位的标志。膜电位在零电位以上的部分称为超射。

（2）动作电位的产生机制　Na^+内流形成动作电位上升支，K^+外流形成动作电位下降支。

①动作电位上升支　当细胞受到一个阈刺激或阈上刺激时，电压门控钠通道开放，膜对Na^+的通透性突然增大，并且超过了膜对K^+的通透性，Na^+迅速大量内流，以至于膜内负电位因正电荷的增加而迅速消失。由于膜外高Na^+所形成的内向浓度势能，使得Na^+在膜内负电位减小到零电位时仍可继续内移，进而出现正电位，直至膜内正电位增大到足以阻止由浓度差所引起的Na^+内流时，膜对Na^+的净通量为零，从而形成动作电位上升支。

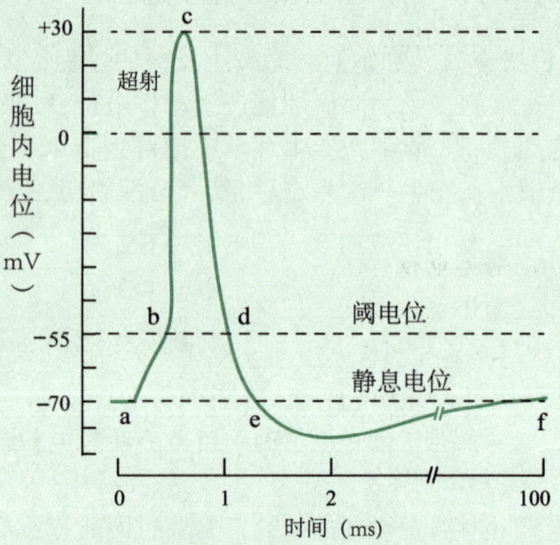

abc：动作电位上升支（膜对Na^+通透性增大，Na^+大量内流）
cde：动作电位下降支（Na^+通道失活，K^+通道开放，K^+外流）
神经纤维动作电位模式图

②动作电位下降支　膜内电位并不停留在正电位状态，而是很快出现动作电位的复极相，这是因为钠通道开放时间很短，它很快就进入失活状态，从而使膜对Na^+的通透性变小。与此同时，电压门控钾通道开放，于是膜内K^+在浓度差和电位差的推动下向膜外扩散，使膜内电位由正值向负值发展，恢复到静息电位水平，形成动作电位下降支。

（3）动作电位的特点

①动作电位幅度（"全或无"）　要使细胞产生动作电位，所给刺激必须达到一定的强度。若刺激未达到一定强度，动作电位就不会产生（无）；当刺激达到一定的强度时，所产生的动作电位，其幅度便达到该细胞动作电位的最大值，不会随刺激强度的继续增强而增大（全），这就是动作电位的"全或无"现象。

②可传播性（不衰减传播）　动作电位在细胞膜的某处产生后，并不停留在受刺激处的局部细胞膜，而是沿细胞膜迅速向四周传播，直至传遍整个细胞，而且其幅度和波形在传播过程中始终保持不变。

【例5】细胞膜在静息状态下，对下列离子通透性最大的是

A. Na^+　　B. K^+　　C. Cl^-

D. Ca^{2+}　　E. Mg^{2+}

【例6】当低温、缺氧或代谢障碍等因素影响Na^+-K^+泵活动时，可使细胞的

A. 静息电位增大，动作电位幅度减小　　B. 静息电位减小，动作电位幅度增大

C. 静息电位增大，动作电位幅度增大　　D. 静息电位减小，动作电位幅度减小

E. 静息电位和动作电位幅度均不变

4. 膜两侧电荷分布状态与阈电位

（1）膜两侧电荷分布状态　可兴奋细胞的生物电活动是因为膜两侧电荷分布状态改变所造成的。

极化	是指安静时，细胞膜两侧处于外正内负的状态
超极化	是指细胞膜静息电位向膜内负值增大的方向变化
去极化或除极化	是指细胞膜静息电位向膜内负值减小的方向变化
反极化	是指去极化至零电位后，膜电位进一步变为正值
复极化	是指细胞膜去极化后，再向静息电位方向恢复的过程

记忆：①极化（正常膜电位内负外正的状态）是基础；②去极化是“去掉”内负外正的状态（内负降低）；③复极化是“恢复”内负外正的状态；　④超极化是“超过”内负外正的状态（内负增大）。

（2）**阈电位**　刺激能否引起组织细胞兴奋，取决于刺激能否使该组织细胞的静息电位去极化达到某一临界值。当去极化达到这一临界值时，便可引起该组织细胞产生一次动作电位。膜去极化至刚好能引发动作电位的临界膜电位，称为阈电位。即阈电位是指造成细胞膜对 Na^+ 通透性突然增大的临界膜电位。

【例7】细胞静息电位为-90mV，当其受到刺激后变为-100mV时的膜电位变化称为

A. 极化　　B. 复极化　　C. 超极化
D. 反极化　　E. 去极化

A. 静息电位　　B. 后电位　　C. 阈电位
D. 局部电位　　E. 动作电位

【例8】细胞在未受刺激时所具有稳定的细胞内外电位差的膜电位是

【例9】Na^+ 通道突然大量开放的临界膜电位是

5. 兴奋在同一细胞上的传导特点

（1）**双向性**　神经纤维上任何一点受到有效刺激而发生兴奋，冲动都会沿神经纤维向两端同时传导。

（2）**绝缘性**　一条神经干包含许多神经纤维，各条神经纤维上传导的冲动互不干扰。

（3）**安全性**　对单一细胞来说，局部电流的强度常可超过邻近膜兴奋所必需的阈强度的数倍以上，因而以局部电流形成为基础的传导过程是相当“安全”的，一般不会出现传导“阻滞”。

（4）**不衰减性**　动作电位在同一细胞上传导时，其幅度和波形不会因传导距离的增加而减小，这种扩布称为不衰减性扩布。

（5）**相对不疲劳性**　兴奋在神经纤维上传导与经突触传递相比较，前者能够较为持久地进行，即兴奋在神经纤维上的传导具有相对不易发生疲劳的特征。

（6）**结构和功能的完整性**　完成冲动沿神经纤维传导功能，要求神经纤维的结构和功能都是完整的。

三、骨骼肌肌细胞的收缩功能

1. 骨骼肌神经-肌接头处的兴奋性传递及其影响因素

（1）传递过程　骨骼肌神经-肌接头由“接头前膜-接头间隙-接头后膜（终板膜）”组成。当神经冲动沿轴突传导到运动神经末梢时，在去极化的作用下，使末梢膜上的电压门控钙通道开放，细胞间液中的 Ca^{2+} 进入轴突末梢内，促使囊泡向轴突末梢膜内侧面靠近，并通过出胞作用将囊泡中的乙酰胆碱以量子式释放的方式释放至接头间隙。乙酰胆碱经扩散到达终板膜，与终板膜上的 N_2 型胆碱受体结合，由此导致这一阳离子通道开放，终板膜对 Na^+ 的通透性增大，出现 Na^+ 内流，使终板膜去极化，这一电位称为终板电位。终板电位的实质是局部电位，因此可以电紧张的方式向其周边扩布。终板电位的幅度足以使邻旁普通肌细胞膜去极化而达到阈电位，使普通肌细胞膜上的电压门控钠通道大量开放而暴发动作电位，并将动作电位传导到整个肌细胞膜，从而完成神经纤维到肌细胞的兴奋传递过程，为肌细胞下一步收缩奠定

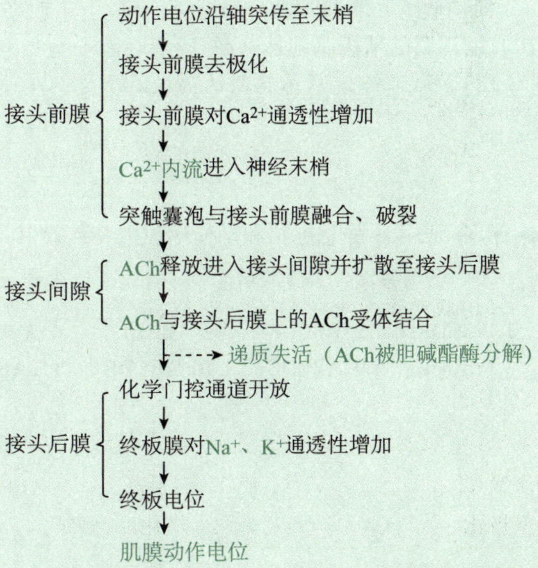

基础。随后,乙酰胆碱被存在于接头间隙内的胆碱酯酶迅速水解灭活而终止传递过程。可见,接头前膜处 Ca^{2+} 的内流对于突触小泡内 ACh 的释放是至关重要的。

(2)影响因素 由于骨骼肌神经-肌接头处的兴奋传递是化学传递,因此,凡能影响递质合成、释放、消除的因素,均能影响其兴奋传递。

①细胞外液 Ca^{2+} 浓度降低或 Mg^{2+} 浓度增高 可减少乙酰胆碱的释放量,从而影响兴奋传递。

②黑寡妇蜘蛛毒素 能促进接头前膜释放乙酰胆碱,最终将导致乙酰胆碱耗竭,从而导致接头传递阻滞。

③筒箭毒碱和 α 银环蛇毒 可与终板膜上 N 型乙酰胆碱门控通道结合,与乙酰胆碱竞争结合位点,从而导致接头传递受阻。

④有机磷农药和新斯的明 均属于胆碱酯酶抑制剂,可抑制乙酰胆碱的水解,造成乙酰胆碱在接头间隙大量堆积,并持续作用于终板膜上的通道蛋白质分子,导致肌肉震颤等一系列中毒症状。

【例 10】神经-骨骼肌接头处的化学递质是

A. 肾上腺素　B. 去甲肾上腺素　C. 乙酰胆碱
D. 5-羟色胺　E. γ-氨基丁酸

【例 11】在神经骨骼肌接头处,消除乙酰胆碱的酶是

A. 腺苷酸环化酶　B. ATP 酶　C. 胆碱酯酶
D. 单胺氧化酶　E. Na^+-K^+依赖式 ATP 酶

2. 横纹肌的兴奋-收缩耦联

(1)定义 在整体情况下,骨骼肌的收缩活动是在支配它的躯体运动神经的控制下完成的。直接用人工刺激作用于无神经支配的骨骼肌,也可引起收缩。不论哪种情况,刺激在引起肌肉收缩之前,都是先在肌细胞膜上引起一个可传导的动作电位,然后才出现肌细胞的收缩反应。这样,将以膜的电变化为特征的兴奋过程和以肌纤维机械变化为基础的收缩过程两者联系起来的中介性过程,称为兴奋-收缩耦联。

(2)步骤 肌细胞的电兴奋与其机械收缩连接起来的中介过程,称为骨骼肌的兴奋-收缩耦联,包括以下主要步骤:

①电兴奋通过横管系统传向肌细胞深处。

②三联管处的信息传递。

③肌质网(即纵管系统)释放 Ca^{2+},引发肌丝滑行,缩短肌节,肌肉收缩。

④肌质网钙泵回收 Ca^{2+},肌节复位,使肌肉舒张。

肌肉收缩并非肌丝本身的缩短,而是由于肌节中细肌丝与粗肌丝之间相对滑行的结果。骨骼肌兴奋-收缩耦联的结构基础是三联管,耦联因子是 Ca^{2+}。Ca^{2+} 可与肌钙蛋白结合,解除肌节中的抑制因素。

【例 12】骨骼肌兴奋-收缩耦联的耦联因子是

A. Na^+　B. IP_3　C. DG
D. Mg^{2+}　E. Ca^{2+}

▶常考点 静息电位和动作电位的特点及其产生机制,神经-肌接头处兴奋性传递。

参考答案——详细解答见 2021《贺银成国家临床执业及助理医师资格考试历年考点精析》

1. ABCDE　2. ABCDE　3. ABCDE　4. ABCDE　5. ABCDE　6. ABCDE　7. ABCDE
8. ABCDE　9. ABCDE　10. ABCDE　11. ABCDE　12. ABCDE

第3章　血　液

考纲要求

①血液的组成与特性:血量,血液的组成和血细胞比容,血浆与血清,血液的理化特性。②血细胞:红细胞、白细胞和血小板的数量及基本功能,造血原料及辅助因子,红细胞生成的调节。③血型:ABO 血型系统。

复习要点

一、血液的组成与特性

1. 血量、血液组成和血细胞比容

(1)血量　血量是指全身血液的总量。正常成年人的血液总量相当于体重的7%~8%(70~80ml/kg)。体重60kg的人,血量为4.2~4.8L。血量=红细胞总容积/血细胞比容。

(2)血液的组成　血液由血浆和血细胞组成。

①血浆　含水(90%~91%)、蛋白质(6.5%~8.5%)和小分子化合物(2%)。其中,血浆中电解质含量与组织液基本相同,血浆与组织液的最大不同是血浆蛋白。

②血细胞　可分为红细胞、白细胞和血小板三类,其中红细胞的数量最多。

- 血液
  - 血　浆
    - 水(占90%~91%)
    - 溶解于水中的物质——气体(O_2、CO_2)、多种电解质、小分子有机化合物
    - 血浆蛋白——白蛋白+球蛋白+纤维蛋白原
  - 血细胞
    - 红细胞——正常值为男 $(4.0\sim5.5)\times10^{12}/L$,女 $(3.5\sim5.0)\times10^{12}/L$
    - 白细胞——正常值为 $(4.0\sim10.0)\times10^{9}/L$
    - 血小板——正常值为 $(100\sim300)\times10^{9}/L$

(3)血细胞比容　血细胞比容是指血细胞在血液中所占容积百分比。正常成年男性为40%~50%,女性为37%~48%。红细胞比容是指红细胞在血液中所占容积百分比。

【例1】体重为60kg的患者体内血量约为

A. 3.0L　　B. 4.4L　　C. 5.0L

D. 6.0L　　E. 9.0L

2. 血浆与血清

全血是指包括血细胞和血浆的全部血液。

(1)血浆　血浆是指血液经抗凝和离心(3000转/分,30分钟)处理后,分离得到的浅黄色液体,即正常血液中除血细胞以外的液体成分。

(2)血清　血清是指血液凝固后12小时,血凝块发生回缩所释放出的淡黄色液体。血清缺少纤维蛋白原和少量参与凝血的凝血因子,增添了血凝时由内皮细胞和血小板释放的化学物质。与全血和血浆不同,血清不能凝固。根据临床诊疗和实验的需要,可分别选用全血、血浆或血清。

注意:①血浆中电解质含量与组织液基本相同,因此它们的晶体渗透压基本相等。
②血浆与组织液的最大不同是血浆蛋白,因此它们的胶体渗透压不同。
③渗透压的高低与溶质的颗粒数成正比,而与颗粒种类及颗粒大小无关。因蛋白质分子量大分子数少,电解质分子量小分子数多,因此血浆渗透压主要由晶体渗透压决定。

3. 血液的理化性质

(1)血浆pH　血浆pH正常值为7.35~7.45,其相对恒定有赖于血液中的缓冲物质、肺和肾的正常功

能。血浆中的缓冲物质主要包括 $NaHCO_3/H_2CO_3$、蛋白质钠盐/蛋白质和 Na_2HPO_4/NaH_2PO_4 三个缓冲对，其中最重要的是 $NaHCO_3/H_2CO_3$。此外，红细胞内还有血红蛋白钾盐/血红蛋白、氧合血红蛋白钾盐/氧合血红蛋白、K_2HPO_4/KH_2PO_4、$KHCO_3/H_2CO_3$ 等缓冲对，参与维持血浆 pH 值的恒定。

(2)血液比重、黏度、血浆渗透压

	正常值	临床意义
血液的比重	全血比重 1.050~1.060 血浆比重 1.025~1.030 红细胞比重 1.090~1.092	血液中红细胞越多，全血比重越大 血浆蛋白越多，血浆比重越大 红细胞内血红蛋白含量越高，红细胞比重越大
血液的黏度	全血黏度 4.0~5.0 血浆黏度 1.6~2.4	全血黏度主要取决于血细胞比容的高低、血流切率 血浆黏度主要取决于血浆蛋白含量
血浆 pH	7.35~7.45	血浆 pH 主要决定于血浆中 $NaHCO_3/H_2CO_3$ 比值
血浆渗透压	血浆渗透压 300mOsm/(kg·H_2O) 晶体渗透压 298.7mOsm/(kg·H_2O) 胶体渗透压 1.3mOsm/(kg·H_2O)	血浆渗透压=晶体渗透压+胶体渗透压 血浆渗透压主要取决于晶体渗透压

	血浆晶体渗透压	血浆胶体渗透压	血浆渗透压
正常值	298.7mOsm/(kg·H_2O)	1.3mOsm/(kg·H_2O)(25mmHg)	300mOsm/(kg·H_2O)
特点	构成血浆渗透压的主要部分	构成血浆渗透压的次要部分	—
产生原因	80%来自 Na^+、Cl^-	来自蛋白质(75%~80%来自白蛋白)	—
作用	对细胞内、外水平衡起重要作用	对血管内、外水平衡起重要作用	—

记忆：①“晶体”是透明的，所以“晶体渗透压”由“亮晶晶”的“NaCl”产生。
②“胶体”是黏糊糊的，所以“胶体渗透压”是由蛋白质维持的。
③由于“胶体”是黏糊糊的，只能用血管“盛装”，因此胶体渗透压维持的是血管内、外的水平衡。

【例 2】血浆胶体渗透压主要来自
A. 纤维蛋白原　B. α_1-球蛋白　C. α_2-球蛋白
D. 清(白)蛋白　E. γ-球蛋白

二、血细胞

1. 红细胞生理

(1)红细胞的数量　红细胞是血液中数量最多的一种血细胞，我国成年男性红细胞数量为(4.0~5.5)×10^{12}/L，女性为(3.5~5.0)×10^{12}/L。

(2)红细胞的功能　红细胞的功能是由血红蛋白来实现的。

①红细胞的主要功能是运输氧和二氧化碳，此功能是靠红细胞内的血红蛋白来实现的，一旦红细胞破裂，血红蛋白逸出到血浆中，红细胞即丧失运输氧的功能。

②红细胞内含有多种缓冲对，对血液中的酸性、碱性物质有一定的缓冲作用。

(3)造血原料及辅助因子　在红细胞生成过程中，需要有足够的蛋白质、铁、叶酸和维生素 B_{12} 的供应。蛋白质和铁是合成血红蛋白的重要原料，而叶酸和维生素 B_{12} 是合成 DNA 所需的重要辅酶，为红细胞成熟所必需的物质。此外，红细胞生成还需要氨基酸、维生素 B_6、维生素 B_2、维生素 C、维生素 E 和微量元素等。若铁摄入不足可导致低色素小细胞性贫血；叶酸和维生素 B_{12} 缺乏可导致巨幼红细胞性贫血。

(4)红细胞生成的调节　主要受促红细胞生成素(EPO)、性激素等的调节。

①EPO　晚期红系祖细胞因存在较密集的 EPO 受体，主要接受 EPO 的调节，是 EPO 作用的主要靶

细胞。早期红系祖细胞因EPO受体稀疏较少受EPO的影响。EPO主要由肾产生,组织缺氧是促进EPO分泌的生理性刺激因素。任何引起肾氧供不足的因素,如贫血、缺氧、肾血流减少均可促进EPO的合成与分泌。

②性激素 雄激素可刺激骨髓,促进红细胞生成;可促进血红蛋白的合成。雌激素可降低红系祖细胞对EPO的反应,抑制红细胞的生成。青春期后男性红细胞数量多于女性与此有关。

③其他 甲状腺激素、肾上腺皮质激素、生长激素等可改变组织对氧的要求而间接促进红细胞的生成。

【例3】红细胞生成的基本原料是

A. 铁、维生素 B_{12}　　B. 叶酸、维生素 B_{12}　　C. 蛋白质、叶酸

D. 蛋白质、维生素 B_{12}　　E. 铁、蛋白质

【例4】促红细胞生成素(EPO)的产生部位主要是

A. 肝　　B. 肾　　C. 脾

D. 骨髓　　E. 血液

【例5】促红细胞生成素的主要生理作用是促进红细胞增殖和分化,其主要靶细胞是

A. 造血干细胞　　B. 幼红细胞　　C. 网织红细胞

D. 早期红系祖细胞　　E. 晚期红系祖细胞

2. 白细胞生理

(1)白细胞数量 正常成人血液中白细胞总数为$(4.0\sim10.0)\times10^9/L$,其中中性粒细胞占50%~70%,嗜酸性粒细胞占0.5%~5%,嗜碱性粒细胞占0%~1%,单核细胞占3%~8%,淋巴细胞占20%~40%。

(2)白细胞的功能 白细胞的主要功能是通过吞噬、消化、免疫反应,抵抗病原微生物对机体的损害,实现对机体的防御功能。

①中性粒细胞 是血液中主要的吞噬细胞,它能吞噬病原微生物、组织碎片和其他异物。发生急性化脓性细菌感染时,中性粒细胞是首先到达炎症部位的效应细胞。此外,中性粒细胞还可吞噬和清除衰老的红细胞和抗原-抗体复合物等。

②单核细胞 从骨髓进入血液的单核细胞仍未成熟,在血液中停留10~20小时后迁入组织中,继续发育成巨噬细胞,后者具有很强的吞噬能力。激活的单核-巨噬细胞可合成、释放多种细胞因子,如集落刺激因子(CSF)、白介素(IL-1、IL-3、IL-6)、肿瘤坏死因子(TNF-α)、干扰素(INF-α、INF-β),参与其他细胞活动的调控。单核-巨噬细胞还可有效地加工处理并呈递抗原,在特异性免疫应答中起重要作用。

③嗜酸性粒细胞 限制嗜碱性粒细胞和肥大细胞在I型超敏反应中的作用;参与对蠕虫的免疫反应。

④嗜碱性粒细胞 其胞质中的颗粒含有多种生物活性物质,如组胺、肝素、嗜酸性粒细胞趋化因子A等。这些活性物质一方面可引起哮喘、荨麻疹等过敏反应症状,另一方面也可吸引嗜酸性粒细胞聚集。

⑤淋巴细胞 主要在免疫应答中起重要作用。T细胞主要参与细胞免疫,B细胞主要参与体液免疫,NK细胞主要参与天然免疫。

3. 血小板生理

(1)血小板的数量 正常成人血小板数量为$(100\sim300)\times10^9/L$。

(2)血小板的功能 血小板在血液凝固、生理性止血等过程中起重要作用。

①有助于维持血管壁的完整性 当血小板降至$50\times10^9/L$时,患者的毛细血管脆性增高,微小的创伤即可使之破裂而出现小的出血点。血小板维持血管壁完整性的机制尚未完全阐明。

②有利于受损血管的修复 血小板可释放血管内皮生长因子(VEGF)、血小板源生长因子(PDGF),有利于受损血管的修复。

③在生理性止血中起重要作用 循环中的血小板一般处于"静止"状态,当血管损伤时,血小板可被激活而在生理性止血过程中起重要作用。

三、血型

1. 血型与红细胞凝集反应

(1)血型 是指红细胞膜上特异性抗原(凝集原)的类型。通常所说的血型是指红细胞的血型。至今已发现35个不同的红细胞血型系统,其中与临床关系最为密切的是ABO血型系统和Rh血型系统。

(2)红细胞凝集反应 将血型不相容的两个人的血液混合在一起,红细胞发生凝集成簇的现象,称为红细胞凝集。在补体作用下,发生凝集的红细胞可发生破裂、溶血。因此,当血型不合输血时,可发生凝集反应,甚至危及生命。红细胞凝集的本质是抗原-抗体反应。

(3)凝集原 红细胞膜上抗原的特异性取决于其抗原决定簇,这些抗原在凝集反应中被称为凝集原。

(4)凝集素 是指能与红细胞膜上的凝集原起反应的特异性抗体。凝集素为γ-球蛋白,存在于血浆中。

【例6】决定红细胞血型的物质是

A. 红细胞膜特异性凝集原　　B. 红细胞膜特异性受体　　C. 红细胞膜特异性凝集素

D. 血浆特异性凝集原　　E. 血浆特异性凝集素

2. ABO血型系统的分型原则

在ABO血型系统中,红细胞膜上有两种抗原,即A抗原和B抗原。在血浆中存在两种相对应的抗体,即抗A抗体和抗B抗体。根据红细胞膜上是否存在A抗原和B抗原,将血液分A、B、AB、O 4种血型。

红细胞膜上只有A抗原称为A型血,红细胞膜上只有B抗原称为B型血,红细胞膜上既有A抗原也有B抗原称为AB型血,红细胞膜上既无A抗原也无B抗原称为O型血。

根据抗原抗体反应的原理,同一个人的血清中不可能含有与其红细胞本身相对抗的血型抗体。故在A型血的血清中,只含有抗B凝集素。B型血的血清中只含有抗A凝集素。AB型血的血清中,既无抗A凝集素也无抗B凝集素。O型血的血清中,既含有抗A凝集素也含有抗B凝集素。

血型	红细胞上抗原(凝集原)	血清中的抗体(凝集素)	凝集试验	
			A型血清(含抗B)	B型血清(含抗A)
A型	A	抗B	阴性	阳性
B型	B	抗A	阳性	阴性
AB型	A+B	无	阳性	阳性
O型	无	抗A+抗B	阴性	阴性

▶常考点 血浆渗透压,血型。

参考答案——详细解答见2021《贺银成国家临床执业及助理医师资格考试历年考点精析》

1. ABCDE　2. ABCDE　3. ABCDE　4. ABCDE　5. ABCDE　6. ABCDE

第 4 章　血液循环

▶考纲要求

①心脏生理:心率和心动周期,心脏泵血过程中心室容积、压力以及瓣膜的启闭和血流方向的变化,心输出量及其影响因素,心肌细胞的跨膜电位,心肌细胞的生理特性,正常心电图的波形及其生理意义。②血管生理:各类血管的功能特征,动脉血压(动脉血压的形成及其影响因素),静脉血压与静脉回流,组织液的生成与回流及其影响因素。③心血管活动的调节:神经调节(支配心脏和血管的神经,颈动脉窦和主动脉弓压力感受性反射),体液调节(肾素-血管紧张素系统、肾上腺素和去甲肾上腺素)。

▶复习要点

一、心脏生理

1. 心率和心动周期

(1)心率　心率是指每分钟心脏搏动的次数。正常成人在安静状态下,心率为 60~100 次/分,平均约 75 次/分。心率可随年龄、性别和不同生理状态而发生较大的变动。在一定范围内,心率加快可使心输出量增加。但当心率超过 160~180 次/分时,由于心室舒张期明显缩短,心舒期充盈量明显减少,因此搏出量明显减少,从而导致心输出量下降。

(2)心动周期　心脏的一次收缩和舒张,构成一个机械活动周期,称为心动周期。在一个心动周期中,心房和心室的机械活动都可分为收缩期和舒张期。由于心室在心脏泵血活动中起主要作用,故心动周期通常指心室的活动周期。心动周期是心率的倒数。如果心率为 75 次/分,则每个心动周期持续约 0.8 秒。如下图所示,在心房的活动周期中,先是左、右心房收缩,持续约 0.1 秒;继而心房舒张,持续约 0.7 秒。在心室活动周期中,先是左、右心室收缩,持续约 0.3 秒;随后心室舒张,持续约 0.5 秒。在心室舒张期的前 0.4 秒期间,心房也处于舒张状态,这一时期称为全心舒张期。在一个心动周期中,心房和心室的活动按一定的次序和时程先后进行,左右两个心房和左右两个心室的活动都是同步进行的。

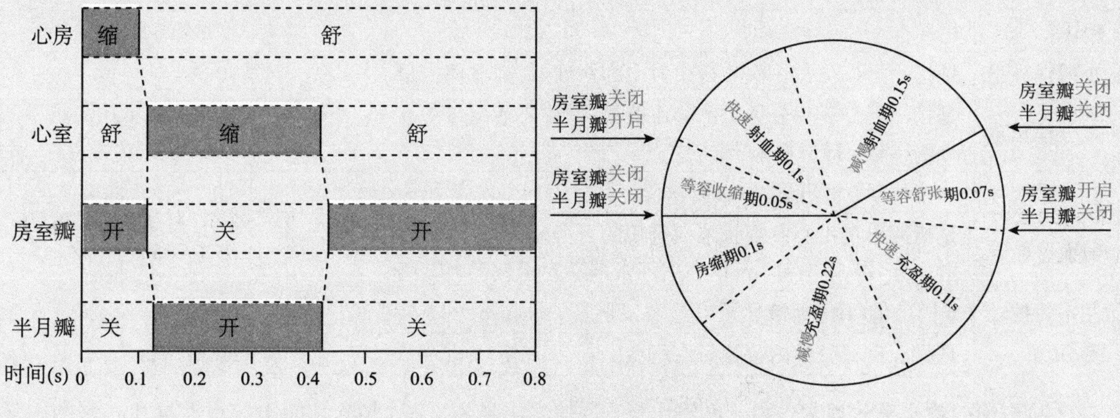

心动周期中心房和心室活动的顺序和时间关系

2. 心脏射血过程中心室容积、压力以及瓣膜的启闭和血流方向的变化

(1)心动周期的分期　以左心室为例的典型心动周期的分期:等容收缩期→快速射血期→减慢射血期→等容舒张期→快速充盈期→减慢充盈期→房缩期。

(2)以左心室为例的典型心动周期的生理表现　在一个心动周期中,由于心室的收缩和舒张,造成瓣膜两侧压力差的变化，引起瓣膜的开放和关闭，从而导致血液定向流动，血液进出心室导致心室容积变化。

	等容收缩期	快速射血期	减慢射血期	等容舒张期	快速充盈期	减慢充盈期	房缩期
所属时期	心室收缩期	心室收缩期	心室收缩期	心室舒张期	心室舒张期	心室舒张期	心室舒张期
房室瓣	关闭	关闭	关闭	关闭	开启	开启	开启
半月瓣	关闭	开启	开启	关闭	关闭	关闭	关闭
左室容积	无变化	迅速减小	继续减小	无变化	迅速增大	继续增大	继续增大
血流方向	滞留左心室	左室→主动脉	左室→主动脉	滞留左心房	左房→左室	左房→左室	左房→左室

常考点为压力及容积改变的“最大、最小”极值。

①左心室压力最高——快速射血期末；②左心室容积最小——等容舒张期末；

③左心室容积最大——心房收缩期末；④主动脉压力最高——快速射血期末；

⑤主动脉压力最低——等容收缩期末；⑥主动脉血流量最大——快速射血期；

⑦室内压升高最快——等容收缩期；

⑧心室回心血量主要靠心室舒张的抽吸作用（占 75%），心房收缩射血约占 25%。

【例 1】在心动周期中，心室内压力上升最快的阶段是

A. 快速射血期　　B. 等容收缩期　　C. 缓慢射血期

D. 等容舒张期　　E. 快速充盈期

【例 2】主动脉瓣关闭发生于

A. 快速射血期开始时　　B. 快速充盈期开始时　　C. 等容舒张期开始时

D. 等容收缩期开始时　　E. 减慢充盈期开始时

【例 3】在心动周期中，心室充盈主要依靠

A. 胸腔大静脉收缩　　B. 心房收缩期射血　　C. 心室舒张引起的低压抽吸

D. 胸膜腔负压抽吸　　E. 心包的周期性扩张

3. 心输出量及其影响因素

(1)心输出量　是指一侧心室每分钟射出的血液量。

指标	定义	正常值
每搏输出量	是指一侧心室在一次心搏中射出的血液量，简称搏出量	70ml
每分输出量	是指一侧心室每分钟射出的血液量，简称心输出量 心输出量=搏出量×心率	男为 4.5~6.0L/min 女比男低 10%左右
心指数	心指数=心输出量/体表面积	3.0~3.5L/(min·m^2)
射血分数	是指搏出量占心室舒张末期容积的百分比 射血分数=搏出量(ml)/心室舒张末期容积(ml)×100%	55%~65%
左室每搏功	=搏出量(L)×血液比重×(平均动脉压-6mmHg)×13.6×9.807/1000	0.803J
每分功	是指心室每分钟内收缩射血所做的功，=每搏功×心率	60.2J/min

(2)影响心输出量的因素　由于心输出量=每搏输出量×心率，因此，凡能影响每搏量和心率的因素均可影响心输出量，而每搏量的多少决定于前负荷、后负荷和心肌收缩能力等。

①前负荷　是指心肌收缩前所负载的负荷，即心室舒张末期压或心室舒张末期容积。由于前负荷能改变心室肌细胞收缩前的初长度，因而能增减心肌收缩力，这一机制称为心泵功能的自身调节。在搏出量的这种调节机制中，引起调节的因素是心肌细胞本身初长度的改变，其效应是心肌细胞收缩强度的变化，因此，将这种形式的调节称为异长自身调节。心脏异长调节的生理意义在于对搏出量进行一定限度

的精细调节，使搏出量与静脉回心血量相适应，使左、右心室的搏出量保持一致。

②后负荷　是指心肌开始收缩时所遇到的负荷。对于左心室射血而言，就是主动脉压；对于右心室射血而言，就是肺动脉压。动脉血压的变化将通过影响心室肌的收缩过程影响搏出量。在心率、心肌初长度、收缩能力不变的情况下，如果动脉血压增高，可使等容收缩期延长而射血期缩短，搏出量减少，结果造成心室内剩余血量增加，充盈量增加，随后可通过异长自身调节机制使搏出量恢复正常水平。但是，如果后负荷持续增高，使心肌长期加强收缩，最终将导致心泵功能减退。

	前负荷	后负荷
定义	心肌收缩前所负载的负荷	心肌开始收缩时所遇到的负荷
类型	心室舒张末期压（心室舒张末期容积、心房内压力）	大动脉压（主动脉压、肺动脉压）
影响因素	静脉回心血量、射血后心室内剩余血量	动脉血压
调节机制	异长自身调节	异长自身调节+等长调节

③心肌收缩能力　是指心肌不随前、后负荷变化而改变其力学活动的一种内在特性，即通过改变心肌细胞兴奋-收缩耦联各个环节而影响心肌的收缩强度和速度，使心脏搏出量和搏功发生相应改变。心肌收缩能力增强，搏出量增加，反之则减少。这种机制与心肌的初长度无关，故称为等长调节。

④心率　由于心输出量=心率×每搏量，因此在一定范围内，心率增快，心输出量增加。但是，如果心率过快（>180 次/分）时，由于心室充盈期缩短，充盈量减少，导致每搏量减少，心输出量将降低。反之，如心率太慢（<40 次/分），心输出量也会降低，因为此时心室充盈量已达极限，充盈期的延长无助于搏出量的进一步增加。

注意：①心室舒张末期压、心室舒张末期容积、心室舒张末期充盈量含义相当，都指前负荷。
②后负荷主要指大动脉压，对于左心室而言为主动脉压，对于右心室而言为肺动脉压。

【例 4】异长自身调节是指心脏的每搏输出量取决于
A. 平均动脉压　B. 心率储备　C. 心力储备
D. 心室舒张末期容积　E. 心室收缩末期容积

【例 5】心脏的等长调节是通过下列哪个因素对心脏泵血功能进行调节的？
A. 心肌初长度　B. 肌小节的初长度　C. 心肌收缩力
D. 心室舒张末期容积　E. 粗细肌丝间横桥结合的数目

【例 6】正常人心率超过 180 次/分时，心输出量减少的原因主要是
A. 心室充盈期缩短　B. 快速射血期缩短　C. 减慢射血期缩短
D. 心室肌氧气供应不足　E. 经减压反射调节后心缩力减弱

4. 心肌细胞的跨膜电位

（1）心室肌细胞　静息电位稳定，为-90～-80mV，主要由 K^+ 外流引起的 K^+ 平衡电位所致。

①动作电位的产生机制　心室肌细胞动作电位由五个时期组成，其产生机制如下表。

电位时相	电位变化	时程	离子流（形成机制）
0 期（快速去极化期）	-90→+30mV	1～2 毫秒	Na^+ 内流为主
1 期（快速复极化初期）	+30→0mV	约 10 毫秒	K^+ 外流为主
2 期（平台期）	0mV 上下	100～150 毫秒	K^+ 外流，Ca^{2+} 内流（主要）
3 期（快速复极化末期）	0→-90mV	100～150 毫秒	K^+ 外流
4 期（完全复极化期/静息期）	-90～-80mV	—	钠泵活动↑，Na^+-Ca^{2+} 交换↑

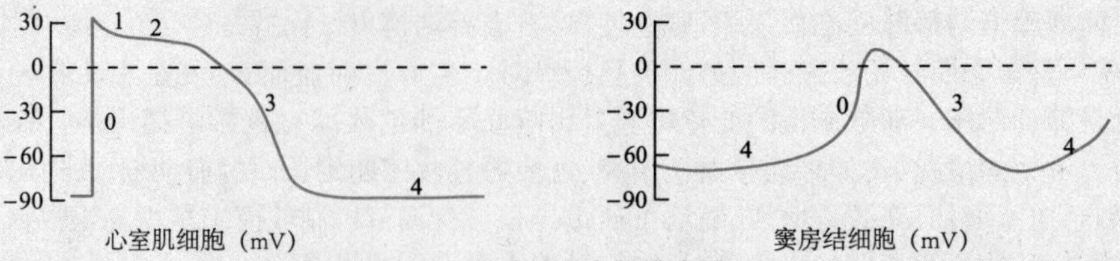

心肌细胞动作电位模式图

②动作电位的特点　A.0 期去极速度快、幅度高；B.有平台期、有超射，有平台期是心室肌细胞动作电位持续时间较长的主要原因，也是它区别于骨骼肌细胞和神经细胞动作电位的主要特征；C.静息电位负值大，达-90mV；D.4 期电位稳定，无自动去极化。

(2)窦房结 P 细胞

①动作电位的产生机制　窦房结 P 细胞属于自律细胞，动作电位由 0 期、3 期、4 期组成，无 1 期、2 期。

分期	离子流（形成机制）
静息电位	大量 K^+ 外流达平衡，少量 Na^+ 内流
0 期（去极化过程）	Ca^{2+} 缓慢内流
3 期（快速复极末期）	K^+ 外流超过 Ca^{2+} 内流
4 期（自动去极）	K^+ 外流逐渐减少（主要因素），Na^+、Ca^{2+} 内流逐渐增加

②动作电位的特点

A.最大特点就是有明显的 4 期自动去极化，且自动去极速度快。正因为窦房结 P 细胞的 4 期自动去极速度快，才使之成为心脏正常的起搏点。

B.其动作电位由 0 期（去极化）、3 期（复极化）和 4 期（自动去极）组成，无 1 期、2 期。

C.最大复极电位（-70mV）及阈电位（-40mV）的绝对值均低于心室肌细胞。

D.最大复极电位、阈电位的绝对值小于浦肯野细胞。0 期去极化幅度较小（70mV），时程较长（约 7 毫秒）。

E.无明显超射。

【例 7】窦房结细胞动作电位 0 期去极化是由于

A. Cl^- 内流　　B. Ca^{2+} 内流　　C. Na^+ 内流

D. K^+ 内流　　E. K^+ 外流

【例 8】心室肌细胞动作电位平台期，主要是由哪些离子跨膜运动形成的？

A. Na^+ 内流，Cl^- 外流　　B. Na^+ 内流，K^+ 外流　　C. Na^+ 内流，Cl^- 内流

D. Ca^{2+} 内流，K^+ 外流　　E. K^+ 内流，Ca^{2+} 外流

A. 动作电位去极相有超射现象　　B. 复极时间长于去极时间　　C. 有复极 2 期平台期

D. 有明显的 4 期自动去极化　　E. 动作电位的总时间长于骨骼肌

【例 9】心室肌细胞动作电位的主要特点是

【例 10】窦房结细胞动作电位的主要特点是

5. 心肌细胞的生理特性

心肌细胞具有兴奋性、传导性、自律性和收缩性，前三者称电生理特性，收缩性是心肌的机械特性。

(1)兴奋性　所有心肌细胞都有兴奋性，心肌细胞在经历一次兴奋后，其兴奋性将发生周期性变化。

①兴奋性周期变化　表现为有效不应期→相对不应期→超常期。心肌兴奋性变化的特点是有效不应期特别长，相当于整个收缩期和舒张早期。这一特点使心脏不会发生完全强直收缩，始终保持收缩与舒张交替的节律活动，保证心脏充盈和射血的交替进行。

有效不应期	是指心肌细胞在经历一次兴奋后,无论给予多强的刺激均不能产生新的动作电位的时期,即心肌不会因刺激发生有效兴奋的一段时间
相对不应期	在心肌细胞兴奋后的有效不应期后,用阈上强刺激可引起新的动作电位的一段时期
超常期	相对不应期后,用低于阈强度的刺激就能引起心肌细胞产生新的动作电位的一段时期

②期前收缩与代偿间歇　正常心脏按窦房结自动产生的兴奋节律进行连续的周期性活动。在某些病理情况下,心室在有效不应期后受到窦房结以外的异常刺激,则心室可接受这一额外刺激,产生一次期前兴奋,并引起一次期前收缩。期前兴奋也有其自身的有效不应期,当紧接在期前兴奋之后传来的一次窦房结兴奋传到心室时,如果它正好落在期前兴奋的有效不应期内,这个原本属于正常的心室收缩就不会出现,须等到下一次窦房结下传的兴奋到达,才能引起心室收缩。因此,在一次期前收缩之后,常出现一个较长的舒张期,称为代偿间歇。

【例 11】心肌兴奋性变化的特点是

A. 绝对不应期短　B. 有效不应期特别长　C. 相对不应期短
D. 超常期特别长　E. 低常期较长

【例 12】心室肌细胞有效不应期相当于

A. 收缩期　B. 舒张期　C. 收缩期+舒张早期
D. 收缩期+舒张期　E. 舒张晚期

【例 13】心肌不产生强直收缩是由于

A. 心肌是功能合胞体　B. 收缩期较短　C. 兴奋传导有房-室延搁
D. 有效不应期特别长　E. 窦房结对潜在起搏点有抑制作用

(2)自律性　心肌细胞的自律性为:窦房结>房室交界区(结区除外)>房室束>浦肯野细胞>心房肌、心室肌。心房肌和心室肌无自律性。

①衡量心肌自律性的标准　衡量心肌自律性的标准是自动兴奋的频率,而自动兴奋频率取决于4期膜电位自动去极化速率。窦房结P细胞的自律性约为100次/分,房室交界约为50次/分,房室束约为40次/分,末梢浦肯野细胞约为25次/分。因此窦房结P细胞的自律性最高,而成为心脏正常起搏点。

②窦房结　是心脏正常的起搏点,它对潜在起搏点的控制,是通过抢先占领和超速驱动压抑来实现的。

【例 14】窦房结能成为心脏正常起搏点的原因是

A. 静息电位仅为-70mV　B. 阈电位为-40mV　C. 0期去极速率快
D. 动作电位没有明显的平台期　E. 4期去极速率快

(3)传导性

①传导途径　窦房结→心房肌→房室交界→房室束、左右束支→浦肯野纤维→心室肌。

②传导速度　心房肌0.4m/s,房室交界0.02m/s,心室肌1m/s,末梢浦肯野纤维4m/s。房室交界处传导最缓慢,称房-室延搁,具有重要的生理意义,可避免房室的收缩重叠。

A. 窦房结　B. 心房肌　C. 房室交界
D. 浦肯野纤维　E. 心室肌

【例 15】心脏内传导速度最快的部位是

【例 16】心肌自律性最高的部位是

(4)收缩性　与骨骼肌相比,心肌收缩有其自身的特点:

①同步收缩　心肌细胞间有低电阻的闰盘存在,兴奋可通过缝隙连接在细胞之间迅速传播,引起所有细胞几乎同步兴奋和收缩,因此心肌可看做一个功能合胞体。心肌的同步收缩也称为"全或无"式收缩。

②不发生强直收缩　由于心肌兴奋性周期的有效不应期特别长,相当于整个收缩期和舒张早期。在有效不应期内,心肌细胞不再接受任何刺激而产生兴奋和收缩。因此,正常情况下心脏不会发生强直收缩。

③对细胞外 Ca^{2+} 依赖性强　由于心肌细胞的肌质网不如骨骼肌发达，贮存的 Ca^{2+} 量较少，其兴奋-收缩耦联过程高度依赖于细胞外的 Ca^{2+} 内流。

注意：①自律细胞的特点是4期自动去极化，衡量细胞自律性的指标为自动兴奋的频率。
②窦房结能成为心脏正常起搏点的原因是4期自动去极化速度快。
③心肌不会产生强直收缩的原因是心肌细胞的有效不应期特别长。
④房-室延搁的生理意义是使心房和心室不会同时收缩，避免房室收缩重叠。
⑤自律性最高的部位是窦房结。传导速度最快的是浦肯野纤维，传导速度最慢的是房室交界处。

6. 正常心电图的波形及其生理意义

(1) P 波　反映左、右心房的去极过程。

(2) QRS 波群　反映左、右心室的去极过程。

(3) PR 间期　反映左、右心房开始去极化到左、右心室开始去极的时间。

(4) ST 段　反映心室缓慢复极化的过程。

(5) T 波　反映心室快速复极化的过程。

(6) QT 间期　反映心室肌去极和复极过程。

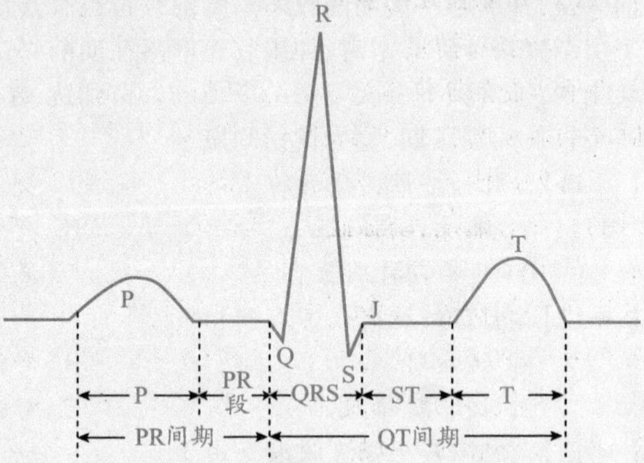

二、血管生理

1. 各类血管的功能特征

功能名称	结构名称	生理特点	生理功能
弹性储器血管	主动脉、大动脉	管壁厚，富有弹性纤维 可储备弹性势能	使心室间断射血成为血管内连续血流，缓冲心室内压大幅变化，减小动脉压波动
阻力血管	小动脉、微动脉	管壁平滑肌比例高，管径细 构成血流阻力的主要部分	形成外周血管阻力，控制器官供血
交换血管	毛细血管	管壁薄，仅为单层内皮，血流速度慢	进行物质交换的场所
容量血管	静脉系统	管壁薄，管腔粗，可扩张，流速慢	储备血液，调节回心血量
短路血管	动-静脉吻合支	血管短，连通微动脉与微静脉	参与回心血量、体温的调节

2. 动脉血压

(1) 动脉血压的概念　血压是指血管内流动着的血液对于单位面积血管壁的侧压力，即压强。

收缩压	心室收缩时，主动脉压升高，在收缩期的中期达到最高值，此时的动脉血压值称收缩压
舒张压	心室舒张时，主动脉压下降，在心舒末期动脉血压的最低值，称舒张压
脉压（脉搏压）	脉搏压=收缩压-舒张压
平均动脉压	一个心动周期中每一瞬间动脉血压的平均值称为平均动脉压 平均动脉压=舒张压+1/3 脉压
正常值	收缩压 100~120mmHg，舒张压 60~80mmHg，脉压 30~40mmHg，平均动脉压 100mmHg

当血液从主动脉流向心房的过程中，需要不断消耗能量以克服阻力，故血压逐渐降低。在各段血管中，血压降落的幅度以微动脉最显著。故动脉舒张压的高低主要反映外周阻力的大小。

(2) 动脉血压的形成　动脉血压的形成条件主要包括以下4个方面。

①心血管系统有足够的血液充盈　这是动脉血压形成的前提条件。循环系统中血液的充盈程度可

用循环系统平均充盈压来表示，其高低主要取决于血量和循环系统容积之间的相对关系。

②心脏射血　这是动脉血压形成的必要条件。心室射血时所释放的能量一部分作为血液流动的动能，推动血液向前流动；另一部分则转化为大动脉扩张所储存的势能，即压强能。

③外周阻力　主要是指小动脉和微动脉对血流的阻力。外周阻力使得心室每次收缩射出的血液只有大约1/3在心室收缩期流到外周，其余的暂时储存于主动脉和大动脉中，因而使得动脉血压升高。

④主动脉与大动脉的弹性储器作用　这对减小动脉血压在心动周期中的波动幅度具有重要意义，还可使左心室的间断射血变为动脉内的连续血流，另外又可维持舒张期血压，使之不会过度降低。

(3)动脉血压的影响因素

①心脏每搏量　每搏量的改变主要影响收缩压。每搏量增加时，心缩期射入主动脉的血量增多，动脉管壁所承受的压强也增大，故收缩压明显升高。由于动脉血压升高，血流速度加快，在心舒期末存留在大动脉中的血量增加不多，舒张压的升高相对较小，故脉压增大。

②外周阻力　主要影响舒张压。外周阻力增大时，心舒期内血液外流的速度减慢，因而舒张压明显升高。在心缩期，动脉血压升高使得血流速度加快，因而收缩压升高不如舒张压升高明显，故脉压减小。

③心率　心率的变化主要影响舒张压。心率加快时，心室舒张期明显缩短，因此在心舒期从大动脉流向外周的血流量减少，存留在主动脉内的血量增多，致使舒张压明显升高。由于舒张期末主动脉内存留的血量增多，致使心缩期主动脉内血量增多，收缩压也相应升高，但由于血压升高使血流速度加快，在心缩期有较多的血流流向外周，使收缩压升高程度较小，故脉压减小。

④主动脉和大动脉弹性储器作用　弹性储器作用主要使心动周期中动脉血压的波动幅度减小。老年人由于动脉硬化，大动脉的弹性储器作用减弱，故收缩压明显升高而舒张压明显降低，导致脉压增大。

⑤循环血量和血管系统容量的匹配情况　生理情况下，循环血量和血管容量是相匹配的，即循环血量略多于血管系统容量，使之产生一定的循环系统平均充盈压，这是血压形成的重要前提。大失血后，循环血量减少，此时血管系统容量变化不大，则体循环平均充盈压降低，动脉血压便下降。如果血管系统容量明显增大而循环血量不变，也将导致动脉血压下降。

心脏每搏量	每搏量↑—收缩压↑—脉压↑（舒张压升高不明显）
心率	心率↑—舒张压↑—脉压↓（收缩压升高不明显）
外周血管阻力	外周阻力↑—舒张压↑—脉压↓（收缩压升高不明显）
主动脉和大动脉的顺应性	老年人动脉硬化—大动脉弹性储器作用↓—血压波动大，脉压↑
循环血量和血管容量的比例	失血时—循环血量↓—动脉压↓

注意：①收缩压的高低主要反映每搏量的多少，舒张压的高低主要反映外周阻力的大小。
②心率的变化主要影响舒张压，大动脉弹性储器作用主要影响脉压。

A. 主要为收缩压升高　　B. 收缩压升高，舒张压降低　　C. 主要为舒张压升高
D. 收缩压降低，舒张压升高　　E. 收缩压与舒张压均升高

【例17】严重甲状腺功能亢进患者的动脉血压变化特点是

【例18】正常老年人动脉血压的生理性变化特点是

【例19】以小动脉硬化为主的患者动脉血压变化特点是

【例20】女，68岁。心悸、头晕1小时。既往高血压病史2个月，规律服用降压药，平时血压130~150/60~70mmHg。查体：BP80/50mmHg，心率40次/分。该患者血压降低最可能的原因是

A. 左心室后负荷增加　　B. 左心室舒张功能损害　　C. 心包内压力增加
D. 每搏输出量降低　　E. 左心室前负荷增加

3. 静脉血压与静脉回流

(1)中心静脉压 中心静脉压(CVP)是指右心房和胸腔内大静脉的血压,而各器官静脉的血压称外周静脉压。中心静脉压的高低取决于心脏射血能力和静脉回心血量之间的相互关系。如果心脏射血能力较强,能及时地将回流入心脏的血液射入动脉,中心静脉压就降低。反之,心脏射血能力减弱时,中心静脉压就升高。另一方面,如果静脉回流速度加快,中心静脉压也会升高。

①正常值 中心静脉压的正常值为 4~12cmH_2O。

②生理意义 CVP 降低见于心脏射血能力增强。CVP 升高见于心脏射血能力减弱、静脉回流速度加快、血量增加、全身静脉收缩、微动脉舒张。

(2)静脉回心血量及其影响因素

①体循环平均充盈压 当血容量增加或容量血管收缩时,体循环平均充盈压升高,静脉回心血量增加。

②心脏收缩力 右心衰竭时,血液淤积在右心房和大静脉内,中心静脉压升高,回心血量减少。左心衰竭时,左心房压和肺静脉压升高,造成肺淤血和肺水肿。

③骨骼肌的挤压作用 下肢肌肉进行节律性舒缩运动时,肌肉泵的作用可加速静脉回流。

④呼吸运动 吸气时,胸内负压增大,有利于外周静脉血回流至右心房。呼气时相反。

⑤体位改变 站立位时,由于低垂部位的静脉充盈扩张,可比卧位多容纳 400~600ml 血液,导致回心血量减少。人在高温环境中,皮肤血管舒张,皮肤血管中容纳的血量增多,回心血量减少。

注意:①CVP 的正常值:《生理学》为 4~12cmH_2O,《外科学》为 5~10cmH_2O(1cmH_2O=98Pa)。
②左心衰竭导致肺淤血,右心衰竭导致中心静脉压升高。

4. 组织液的生成与回流及其影响因素

(1)组织液的生成和回流 组织液是血浆滤过毛细血管壁而形成的。液体通过毛细血管壁的滤过和重吸收取决于有效滤过压。流经毛细血管的血浆,约 0.5%~2%在毛细血管动脉端以滤过的方式进入组织间隙,其中 90%在静脉被重吸收回血液,其余约 10%进入毛细淋巴管成为淋巴液。

有效滤过压=(毛细血管血压+组织液胶体渗透压)-(组织液静水压+血浆胶体渗透压)

(2)导致组织液生成增多的因素

原因	举例
毛细血管血压增高	静脉回流受阻,如右心衰竭引起静脉压升高导致的静脉回流受阻
组织液胶体渗透压增高	病理性毛细血管通透性增加,部分血浆蛋白质滤过进入组织液
血浆胶体渗透压降低	低蛋白血症
淋巴回流受阻	丝虫病导致的淋巴管阻塞;乳癌阻塞淋巴管
毛细血管通透性增高	炎症、过敏反应

【例 21】静脉注射后能促使组织液水分移至毛细血管内的是

A. 1.5%氯化钠溶液　　B. 丙种球蛋白　　C. 5%葡萄糖溶液

D. 20%葡萄糖溶液　　E. 白蛋白

三、心血管活动的调节

1. 神经调节

(1)支配心脏和血管的神经 主要包括交感神经和副交感神经。

①心交感神经 心交感神经支配心脏各部分,包括窦房结、房室交界、房室束、心房肌和心室肌。心交感神经节后纤维末梢释放的递质为去甲肾上腺素,可与心肌细胞膜上的 β 受体结合,增强心房肌和心室肌的收缩力、加快心率、加快房室交界区传导速度,这些效应分别称为正性变力、正性变时、正性变传导作用。

②心迷走神经 支配心脏的副交感神经走行于迷走神经,支配窦房结、心房肌、房室交界、房室束及

其分支，但对心室肌的支配作用较弱。心迷走神经节后纤维以乙酰胆碱为递质，通过心肌细胞膜上的 M 型胆碱能受体，可减弱心房肌收缩力，减慢心率，减慢房室传导速度，即具有负性变力、负性变时、负性变传导作用。此外，还能缩短心房肌不应期。

③交感缩血管纤维　交感缩血管纤维释放的递质为去甲肾上腺素。血管平滑肌膜上有 α、β 两类受体。去甲肾上腺素与 α 受体结合后，可增加平滑肌张力，使血管收缩；与 β 受体结合，则降低血管平滑肌张力，使血管舒张。去甲肾上腺素与 α 受体的亲和力高于 β 受体，故缩血管纤维兴奋时主要引起缩血管效应，从而增加血流阻力。

(2)颈动脉窦和主动脉弓压力感受性反射　当内外环境发生变化时，机体可通过各种心血管反射，使心血管活动发生相应的改变，以适应机体所处的状态或环境的变化。动脉血压升高可引起压力感受性反射，其效应表现为心率减慢，外周阻力减小，血压降低，因此压力感受性反射也称减压反射。

①动脉压力感受器　最重要的是颈动脉窦、主动脉弓压力感受器，这些感受器是位于颈动脉窦、主动脉弓血管外膜下的感觉神经末梢，并不能直接感受血压的变化，而是感受血管壁的机械牵张程度。当动脉血压升高时，动脉壁被牵张的程度增大，压力感受器发放的神经冲动就增多。在一定范围内，压力感受器的传入冲动频率与动脉壁被扩张的程度成正比。

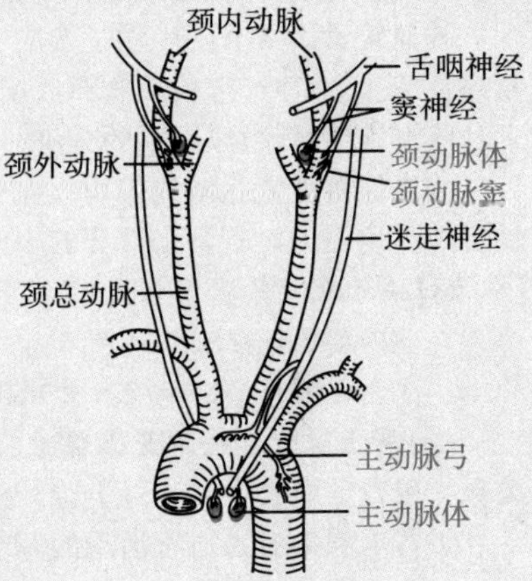

②传入神经和中枢联系　颈动脉窦压力感受器的传入神经纤维组成颈动脉窦神经，窦神经加入舌咽神经，进入延髓，到达孤束核。主动脉弓压力感受器的传入神经纤维行走于迷走神经干内，然后进入延髓，到达孤束核。

③反射效应　动脉血压升高时，压力感受器传入冲动增多，通过中枢整合，使心迷走紧张加强，心交感紧张和交感缩血管紧张减弱，其效应表现为心率减慢，心输出量减少，外周阻力降低，故动脉血压回降。

动脉血压↑

颈动脉窦压力感受器→窦神经→舌咽神经　　迷走神经←主动脉弓压力感受器

↘　↙

延髓孤束核

↓

心迷走紧张加强、心交感紧张减弱、交感缩血管紧张减弱

↓

心率减慢、心输出量减少、外周血管阻力减小、动脉血压降低

④生理意义　该反射是一种负反馈调节，其主要作用是在心输出量、外周阻力、血容量等发生突然变化时，对动脉血压进行快速调节，其意义在于维持动脉血压的相对稳定，防止动脉血压过高或过低。

⑤反射特点　A.该反射主要对动脉血压进行调节，对呼吸无明显调节作用；B.该反射主要对动脉血压进行快速调节，在动脉血压的长期调节中不起重要作用；C.该反射主要维持动脉血压的相对稳定，而不是降压，因此对高血压患者无降压作用。

【例 22】男，16 岁。阵发性心悸 1 年余，突发突止，发作间期心电图正常。10 分钟前再次发作，心电图示快速、规则的 QRS 波群，形态正常，未见明显 P 波。急诊医师在患者右胸锁乳突肌内缘平甲状软骨水平按摩数秒钟后，心律突然恢复正常。该治疗手法的作用机制是

A. 减弱心迷走神经紧张　　B. 兴奋颈动脉体感受器　　C. 加强心交感神经紧张
D. 兴奋主动脉弓压力感受器　　E. 兴奋颈动脉窦压力感受器

2. 体液调节

(1)肾素-血管紧张素系统 血管紧张素主要通过肾素-血管紧张素系统(RAS)对心血管活动进行调节。

①肾素、血管紧张素的转换过程 肝脏合成的血管紧张素原,在肾近球细胞合成的肾素的作用下生成血管紧张素Ⅰ,后者在血管紧张素转换酶(ACE)作用下生成血管紧张素Ⅱ。血管紧张素Ⅱ在氨基肽酶的作用下依次酶解为血管紧张素Ⅲ、血管紧张素Ⅳ。

肝脏 ↓ 血管紧张素原 —(肾脏 ↓ 肾素)→ 血管紧张素Ⅰ —血管紧张素转换酶→ 血管紧张素Ⅱ —氨基肽酶→ 血管紧张素Ⅲ —氨基肽酶→ 血管紧张素Ⅳ

②肾素-血管紧张素系统的激活 循环血量减少导致肾血流灌注减少、血浆 Na^+浓度降低、交感神经兴奋→入球小动脉感受器兴奋、致密斑兴奋→近球细胞合成和分泌肾素增多→使血管紧张素原转化为血管紧张素Ⅰ→血管紧张素Ⅱ→血管紧张素Ⅲ→肾上腺皮质分泌醛固酮增多→血容量增加、保 Na^+排 K^+。

③血管紧张素Ⅱ的生物学效应 A.收缩全身微动脉,使外周血管阻力增加、血压升高,也可促进静脉收缩;B.使交感神经末梢递质释放增多;C.使交感缩血管中枢紧张性加强;D.促进神经垂体释放血管升压素和缩宫素;E.刺激醛固酮的分泌。

④其他血管紧张素的作用 血管紧张素Ⅰ一般无作用;血管紧张素Ⅱ的缩血管作用最强;血管紧张素Ⅲ的作用仅为血管紧张素Ⅱ的10%~20%;血管紧张素Ⅳ的作用与血管紧张素Ⅱ不同甚或相反。

【例 23】关于血管紧张素Ⅱ生理作用的描述,错误的是

A. 收缩全身阻力血管　B. 收缩容量血管　C. 促进肾上腺皮质释放醛固酮

D. 促进下丘脑释放血管升压素　E. 促进交感神经末梢释放去甲肾上腺素

(2)肾上腺素和去甲肾上腺素 肾上腺素和去甲肾上腺素均属于儿茶酚胺。血液循环中的肾上腺素和去甲肾上腺素主要由肾上腺髓质分泌,其中肾上腺素约占80%,去甲肾上腺素约占20%。

①肾上腺素对心血管活动的调节 肾上腺素可与 α 和 β 两类受体结合。

A.在心脏 肾上腺素与 β_1 受体结合,产生正性变时、正性变力作用。

B.在血管 肾上腺素的作用取决于血管平滑肌上 α 和 β_2 受体的分布情况。

C.在皮肤、肾、胃肠、血管平滑肌上 α 受体在数量上占优势,肾上腺素能使这些器官的血管收缩。

D.在骨骼肌和肝的血管上 β_2 受体占优势,小剂量的肾上腺素常以兴奋 β_2 受体的效应为主,引起血管舒张;而大剂量时则因 α 受体也兴奋,引起血管收缩。

②去肾上腺素对心血管活动的调节 去甲肾上腺素主要与血管的 α 受体结合,也可与心肌的 β_1 受体结合,但与血管平滑肌 β_2 受体结合的能力较弱。静脉注射去甲肾上腺素可使全身血管广泛收缩,动脉血压升高;而血压升高又使压力感受性反射活动加强,由于压力感受性反射对心脏的效应超过去甲肾上腺素对心脏的直接效应,故引起心率减慢。

	肾上腺素	去甲肾上腺素
来源	肾上腺髓质	肾上腺髓质、肾上腺素能神经末梢释放
比例	占80%	占20%
作用机理	可与 α、β 肾上腺素能受体结合	与血管 α 结合能力>与心肌 β_1 结合能力
对心肌作用	与 β_1 受体结合(正性变时、正性变力)	与心肌 β_1 受体结合(次要作用)
对血管作用	取决于血管平滑肌上 α、β_2 受体的分布情况	与血管 α 受体结合(主要作用)
生理效应	小剂量静脉注射后,血管舒张,外周阻力降低,脉压增高,心输出量增加,心率增快	静脉注射后,全身血管收缩,外周阻力增加血压升高,心率减慢(注意!)

【例 24】下列能使心输出量增加的因素是

A. 心迷走中枢紧张性增高　B. 心交感中枢紧张性增高　C. 静脉回心血量减少

D. 心室舒张末期容积减小　　　E. 颈动脉窦内压力增高

常考点　考试重点，需全面掌握。

参考答案——详细解答见2021《贺银成国家临床执业及助理医师资格考试历年考点精析》

1. ABCDE	2. ABCDE	3. ABCDE	4. ABCDE	5. ABCDE	6. ABCDE	7. ABCDE
8. ABCDE	9. ABCDE	10. ABCDE	11. ABCDE	12. ABCDE	13. ABCDE	14. ABCDE
15. ABCDE	16. ABCDE	17. ABCDE	18. ABCDE	19. ABCDE	20. ABCDE	21. ABCDE
22. ABCDE	23. ABCDE	24. ABCDE				

第5章 呼 吸

考纲要求

①肺的通气功能:呼吸及其基本过程,肺通气的原理(肺通气的动力和阻力),肺活量与用力呼气量,肺通气量与肺泡通气量。②呼吸气体的交换与运输:肺换气和组织换气,氧和二氧化碳在血液中运输的主要形式,氧解离曲线。③呼吸运动的调节:化学因素对呼吸的反射性调节。

复习要点

一、肺的通气功能

1. 呼吸及其基本过程

(1)呼吸的概念 机体与外界环境之间的气体交换过程称为呼吸。通过呼吸,机体从外界环境摄取新陈代谢所需要的氧,排出代谢所产生的二氧化碳。呼吸是维持机体生命活动所必需的基本生理过程之一。

(2)呼吸过程的三个环节 即外呼吸、气体运输及内呼吸。

①外呼吸 即肺毛细血管血液与外界环境之间的气体交换过程。外呼吸包括肺通气和肺换气两个过程。肺与外界环境之间的气体交换过程称为肺通气。肺泡与肺毛细血管血液之间的气体交换过程称为肺换气。

②气体运输 即由循环血液将 O_2 从肺运输到组织以及将 CO_2 从组织运输到肺的过程。

③内呼吸 即组织毛细血管血液与组织、细胞之间的气体交换过程,也称组织换气。

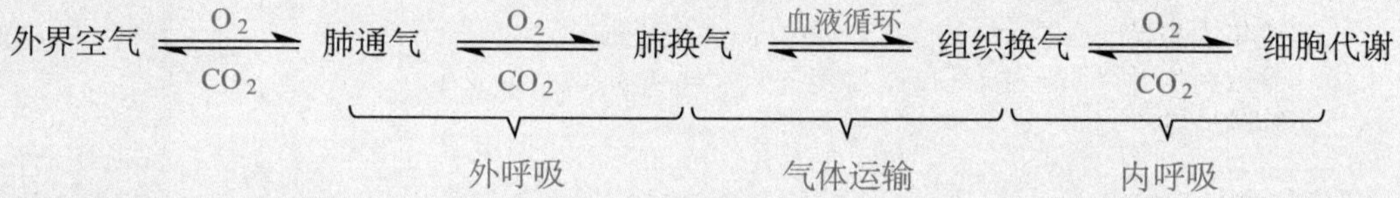

2. 肺通气的原理

(1)肺通气的动力 通过呼吸运动造成肺和大气间的气压梯度,从而形成进出肺的气流,实现肺通气。

呼吸肌收缩和舒张→胸廓扩大和缩小→肺的舒缩→外界环境和肺泡间周期性压力差→通气。

肺通气的直接动力是外界环境和肺泡间的气压差,原动力是呼吸肌收缩和舒张引起的节律性呼吸运动。

①呼吸运动 呼吸肌的收缩和舒张所引起的胸廓节律性扩大和缩小,称为呼吸运动。

呼吸肌	主要吸气肌为膈肌、肋间外肌;主要呼气肌为肋间内肌、腹肌;辅助吸气肌为斜角肌、胸锁乳突肌
平静呼吸	吸气是一个主动过程,呼气是一个被动过程 吸气主要由膈肌、肋间外肌收缩完成;呼气不是呼气肌收缩引起,而是膈肌、肋间外肌舒张完成
用力呼吸	吸气和呼气都是主动过程 吸气由膈肌、肋间外肌、辅助吸气肌参与;呼气除吸气肌舒张外,还有肋间内肌、腹肌参与收缩
腹式呼吸	是以膈肌舒缩活动为主的呼吸运动。膈肌的舒缩可引起腹腔内器官位移,造成腹部的起伏
胸式呼吸	是以肋间外肌舒缩活动为主的呼吸运动。肋间外肌的舒缩可引起胸部的明显起伏

②胸膜腔 肺和胸廓之间存在一个潜在的密闭性腔隙称为胸膜腔,由紧贴肺表面的胸膜脏层和紧贴于胸廓内壁的胸膜壁层构成。胸膜腔内没有气体,仅有少量浆液。

③胸膜腔内压 胸膜腔内的压力称为胸膜腔内压。正常情况下,胸膜腔内压总是低于大气压,故称胸内负压。胸膜腔内负压的生理意义:A.胸膜腔内负压可作用于肺,牵引其扩张,对维持肺的扩张状态具有非常重要的意义;B.胸膜腔内负压也可作用于腔静脉和胸导管,有利于静脉血和淋巴的回流。

记忆:肺通气的原动力是呼吸肌的舒缩,肺通气的直接动力是肺内压和大气压之间的压力差。

【例1】肺通气的原动力是

A. 胸内压的变化　B. 肺主动舒缩　C. 外界环境与肺内压力差
D. 呼吸肌的舒缩　E. 肺泡表面活性物质的作用

【例2】肺通气的直接动力是

A. 肺内压与胸内压之差　B. 胸内压与跨壁压之差　C. 大气压与肺内压之差
D. 大气压与胸内压之差　E. 大气压与跨壁压之差

(2)肺通气阻力　是指肺通气过程中遇到的阻力,分为弹性阻力和非弹性阻力两类。

①弹性阻力　包括肺的弹性阻力和胸廓的弹性阻力,其中以前者最重要。

A.肺的弹性阻力　主要来自肺组织本身的弹性阻力(占1/3)和肺泡表面张力产生的回缩力(占2/3)。

B.胸廓的弹性阻力　主要来自胸廓的弹性成分。

C.肺表面活性物质　由肺泡Ⅱ型细胞分泌,主要成分是二棕榈酰卵磷脂(DPPC)。

分子特点	DPPC是双嗜性分子,一端为非极性疏水的脂肪酸,不溶于水;另一端是极性的,易溶于水 DPPC分子垂直排列于肺泡内液-气界面,极性端插入液体层,非极性端朝向肺泡腔
功能	①降低肺泡表面张力,有助于肺泡的稳定性。 肺泡大时,DPPC密度减小,使肺泡表面张力增大,可防止肺泡过度膨胀 肺泡小时,DPPC密度增大,使肺泡表面张力减小,可防止肺泡塌陷 ②减少肺组织液生成,防止肺水肿;③防止肺不张 ④可使肺顺应性变大,能减小肺的弹性阻力;⑤降低吸气阻力,减少吸气做功
DPPC↓	成年人患肺炎、肺血栓时,可因DPPC减少发生肺不张 导致新生儿呼吸窘迫综合征(肺泡内表面透明质膜形成,发生肺不张) 肺顺应性降低,导致吸气性呼吸困难

D.弹性阻力与顺应性的关系　弹性阻力是指物体对抗外力作用所引起的变形的力。顺应性是指弹性体在外力作用下发生变形的难易程度。顺应性与弹性阻力成反比:容易变形者弹性阻力小;不易变形者弹性阻力大。肺和胸廓均为弹性组织,均具有弹性阻力。

②非弹性阻力　包括惯性阻力、黏滞阻力和气道阻力。气道阻力来自气体流经呼吸道时气体分子间和气体分子与气道壁之间的摩擦,是非弹性阻力的主要成分,占80%~90%。气道阻力受气流速度、气流形式、气管管径大小的影响,其中,气管管径是影响气道阻力的主要因素。

	弹性阻力	非弹性阻力
比例	占总通气阻力的70%	占总通气阻力的30%
阻力类型	弹性阻力在气流停止的静止状态下仍存在 属于静态阻力	非弹性阻力只在气体流动时才有 属于动态阻力
阻力来源	①肺的弹性阻力——最主要 肺组织本身的弹性阻力(占1/3) 肺泡内侧面表面张力产生的回缩力(占2/3) ②胸廓的弹性阻力——胸廓的弹性成分	①气道阻力——为非弹性阻力的主要部分 主要受气道直径的影响 ②惯性阻力——平静呼吸时很小 ③组织的黏滞阻力——平静呼吸时很小
总阻力	总顺应性=0.1L/cmH_2O	总气道阻力=1~3cmH_2O/(L/s)

在肺充血、肺组织纤维化或肺表面活性物质减少时,肺顺应性降低,弹性阻力增加,患者表现为吸气困难。

在肺气肿时,肺弹性成分大量破坏,肺回缩力减小,顺应性增加,弹性阻力减小,患者表现为呼气困难。

【例3】支气管哮喘病人呼气比吸气更为困难,其原因是

A. 吸气是被动的,呼气是主动的　B. 吸气时肺弹性阻力减小,呼气时肺弹性阻力增大
C. 吸气时胸内负压减小,呼气时胸内负压增大　D. 吸气时气道阻力减小,呼气时气道阻力增大
E. 吸气时胸廓弹性阻力减小,呼气时胸廓弹性阻力增大

【例 4】肺表面活性物质减少将导致
A. 肺难于扩张　B. 肺弹性阻力减小　C. 肺顺应性增大
D. 肺泡内液体表面张力降低　E. 小肺泡内压小于大肺泡内压

3. 肺活量与用力呼气量

(1)肺活量(VC)　是指尽力吸气后,从肺内所能呼出的最大气体量。可反映一次通气的最大能力,为肺功能测定的常用指标。肺活量=潮气量+补吸气量+补呼气量。正常成年男性平均约为3500ml,女性约为2500ml。肺活量有较大的个体差异,与身材大小、性别、年龄、体位、呼吸肌强弱等有关。

(2)用力肺活量(FVC)　是指一次最大吸气后,尽力尽快呼气,所能呼出的最大气体量。正常时,用力肺活量略小于在没有时间限制条件下测得的肺活量。

(3)1秒用力呼气量(FEV_1)　旧称时间肺活量,是指第1秒钟内的用力肺活量,即尽力最大吸气后,再尽力尽快呼气,第1秒所能呼出的最大气体量。FEV_1/FVC在阻塞性肺疾病和限制性肺疾病的鉴别诊断中具有重要价值。在支气管哮喘等阻塞性肺疾病患者,FEV_1 的降低比FVC更明显,因而 FEV_1/FVC变小,要呼出相当于FVC的气体量往往需要较长的时间,此外还显示余气量增大;而在肺纤维化等限制性肺疾病患者,FEV_1 和FVC均下降,但 FEV_1/FVC仍可基本正常,此外还显示余气量减少。

【例 5】哮喘发作时,肺通气功能指标中下降最明显的是
A. 功能余气量　B. 肺活量　C. 用力肺活量
D. 补呼气量　E. 补吸气量

4. 肺通气量与肺泡通气量

(1)基本概念

肺通气量	是指每分钟吸入或呼出的气体总量,=潮气量×呼吸频率=500ml×(12~18)次/分=6~9L/min
解剖无效腔	每次吸入的气体,一部分将留在鼻或口与终末细支气管之间的呼吸道内,不参与肺泡与血液之间的气体交换,这部分呼吸道的容积,称为解剖无效腔,约150ml
肺泡无效腔	进入肺泡内的气体,因血流在肺内分布不均而不能都与血液进行气体交换,未能发生交换的这部分肺泡容量,称为肺泡无效腔
生理无效腔	生理无效腔=解剖无效腔+肺泡无效腔
肺泡通气量	是指每分钟吸入肺泡的新鲜空气量,是真正有效的气体交换量 肺泡通气量=(潮气量-无效腔气量)×呼吸频率。每次呼吸仅使肺泡内气体更新1/7

(2)各种呼吸方式对肺泡通气量的影响　见下表。就气体交换而言,浅快呼吸对机体不利。

	潮气量(ml)	呼吸频率(次/分)	肺通气量(ml/min)	肺泡通气量(ml/min)
平静呼吸	500	16	500×16=8000	(500-150)×16=5600
浅快呼吸	250	32	250×32=8000	(250-150)×32=3200
深慢呼吸	1000	8	1000×8=8000	(1000-150)×8=6800

注意:①无效腔气量=150ml,潮气量=500ml。②肺通气量=潮气量×呼吸频率。
③肺泡通气量=(潮气量-无效腔气量)×呼吸频率=肺通气量-无效腔气量×呼吸频率。

【例 6】每分通气量和肺泡通气量之差等于
A. 潮气量×呼吸频率　B. 功能余气量×呼吸频率　C. 余气量×呼吸频率

D. 无效腔气量×呼吸频率　　E. 肺活量×呼吸频率

【例 7】呼吸频率加倍，潮气量减半，将使

A. 每分通气量增加　　B. 每分通气量减少　　C. 肺泡通气量增加
D. 肺泡通气量减少　　E. 肺泡通气量不变

二、呼吸气体的交换与运输

1. 肺换气和组织换气

(1)肺换气　肺换气是指肺泡与肺毛细血管间的气体交换。肺换气是以气体扩散方式进行的。气体分子总是从压力高处向压力低处发生净转移，故气体交换的关键因素是交换部位两侧的气压差，它是气体交换的动力。影响肺换气的主要因素包括：

①呼吸膜的厚度　肺换气的结构基础是呼吸膜。呼吸膜厚度与气体扩散速率成反比。

②呼吸膜的面积　气体扩散速率与扩散面积成正比。肺不张、肺实变、肺气肿时扩散面积缩小。

③通气/血流($\dot{V}_A/\dot{Q}$)比值　指每分钟肺泡通气量和每分钟肺血流量的比值，是影响肺换气的重要因素。

V/Q	原因	生理意义
$\dot{V}_A/\dot{Q}=0.84$	$\dot{V}_A/\dot{Q}=\frac{每分肺泡通气量}{每分肺血流量}=\frac{4.2}{5}=0.84$	健康成人肺总的$\dot{V}_A/\dot{Q}=0.84$ 只有在适宜的$\dot{V}_A/\dot{Q}$时，才能实现适宜的肺换气
$\dot{V}_A/\dot{Q}>0.84$	V↑（肺通气过度） Q↓（肺血流减少）	部分肺泡气体未能与血液进行充分气体交换 相当于肺泡无效腔增大
$\dot{V}_A/\dot{Q}<0.84$	V↓（肺通气不足） Q↑（肺血流相对过剩）	①部分血液流经通气不良的肺泡，混合静脉血中的气体不能得到充分更新，就直接流回了心脏 ②相当于发生了功能性动-静脉短路

注意：①气体交换的动力是交换部位两侧气体的分压差。
②肺通气的直接动力是大气和肺泡间的气压差，肺通气的原动力是呼吸肌的收缩与舒张。

(2)组织换气　组织换气是指组织细胞与毛细血管血液之间的气体交换。

【例 8】肺换气的驱动力是

A. 呼吸膜通透性　　B. 气体分子与血红蛋白亲和力　　C. 气体分子溶解度
D. 呼吸膜气体交换面积　　E. 呼吸膜两侧气体分压梯度

2. 氧和二氧化碳在血液中的运输形式以及氧解离曲线

(1)氧在血液中的运输形式　O_2 和 CO_2 在血液中均以物理溶解和化学结合两种形式进行运输。

	O_2 的运输形式	CO_2 的运输形式
物理溶解	占总运输量的1.5%	占总运输量的5%
化学结合	氧合血红蛋白(HbO_2，占98.5%)	碳酸氢盐(HCO_3^-，占88%) 氨基甲酰血红蛋白(HHbNHCOOH，占7%)

O_2 主要以氧合血红蛋白(HbO_2)的化学结合方式在血液中运输。扩散入血的 O_2 能与红细胞中的血红蛋白(Hb)发生可逆性结合。由于肺部 O_2 分压较高，促进 Hb 与 O_2 结合，反应向右进行。血液流经组织处，O_2 分压较低，则反应向左进行，HbO_2 解离，释放出 O_2。

$$Hb+O_2 \underset{PO_2\text{ 低}}{\overset{PO_2\text{ 高}}{\rightleftharpoons}} HbO_2$$

(2)氧解离曲线　是表示血液 PO_2 与 Hb 氧饱和度关系的曲线。该曲线既表示在不同 PO_2 下与 Hb 的解离情况，同样也反映在不同 PO_2 时 O_2 与 Hb 的结合情况。该曲线呈 S 形，反映 Hb 与 O_2 的亲和力随

两者的结合或解离而发生改变，即表示在不同 PO_2 下 Hb 与 O_2 解离与结合的情况。

PCO_2↑、2,3-二磷酸甘油酸(2,3-DPG)↑、温度↑、血液 pH↓可导致氧解离曲线右移，增加氧的利用。

PCO_2↓、2,3-DPG↓、温度↓、血液 pH↑可导致氧解离曲线左移，减少氧的利用。

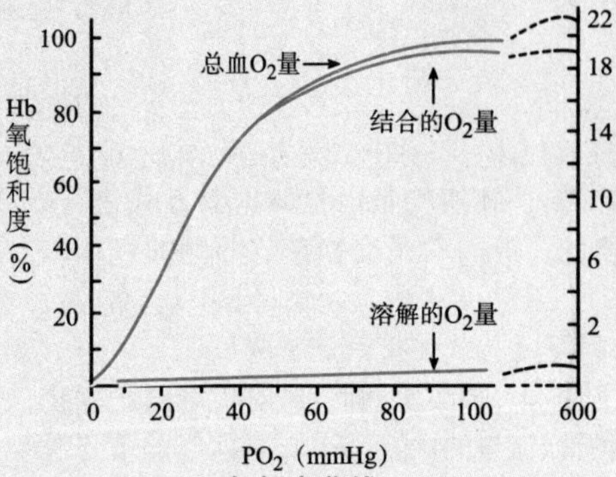

氧解离曲线

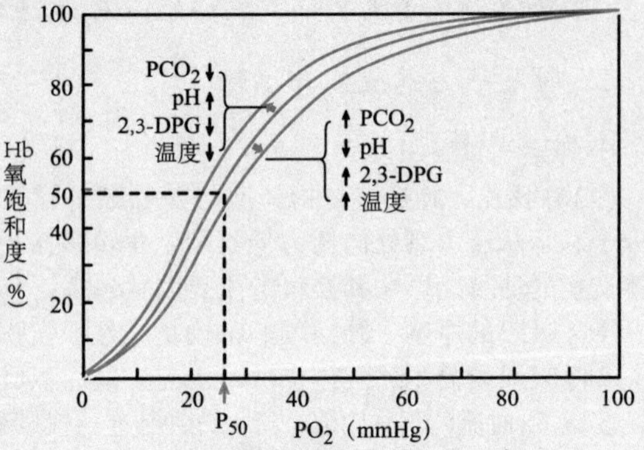

影响氧解离曲线位置的主要因素

(3)二氧化碳在血液中的运输形式 CO_2 的运输形式有两种：物理溶解(约占5%)和化学结合(约占95%)，后者的主要形式是碳酸氢盐(HCO_3^- 占88%)和氨基甲酰血红蛋白(占7%)。

①碳酸氢盐 在血浆或红细胞内，溶解的 CO_2 与水结合生成 H_2CO_3，H_2CO_3 解离为 HCO_3^- 和 H^+。此反应快，可逆，但需要酶的催化(碳酸酐酶)。反应方向取决于 PCO_2 的高低，在组织，反应向右进行；在肺部，反应向左进行。碳酸酐酶在 CO_2 的运输中具有非常重要的意义，因此，在使用碳酸酐酶抑制剂(如乙酰唑胺)时，应注意可能会影响 CO_2 的运输。

$$CO_2+H_2O \xrightleftharpoons{\text{碳酸酐酶}} H_2CO_3 \rightleftharpoons HCO_3^-+H^+$$

②氨基甲酰血红蛋白 进入红细胞的一部分 CO_2 可与 Hb 的氨基结合，生成氨基甲酰血红蛋白(HHbNHCOOH)。此反应迅速、可逆，不需要酶的催化，受氧合作用的调节。

$$HbNH_2O_2+H^++CO_2 \xrightleftharpoons[\text{在肺}]{\text{在组织}} HHbNHCOOH+O_2$$

【例9】二氧化碳在血液中运输的主要方式是

A. 物理溶解　　B. 与水结合成碳酸　　C. 形成氧和血红蛋白

D. 形成碳酸氢盐　　E. 与血浆白蛋白结合

三、呼吸运动的调节

呼吸运动的调节可分为机械性反射调节和化学性反射调节。化学性反射调节是指化学因素对呼吸运动的反射性调节。这里的化学因素是指动脉血液、组织液或脑脊液中的 O_2、CO_2 和 H^+水平的变化。

1. CO_2 对呼吸的调节作用

CO_2 是调节呼吸运动的最重要的生理性化学因素。CO_2 既可通过刺激中枢感受器，又可通过外周感受器再兴奋呼吸中枢，使呼吸加深加快。其中以中枢化学感受器起主要作用。因此，一定水平的 $PaCO_2$ 对维持呼吸和呼吸中枢的兴奋性是必要的。

2. H^+对呼吸的调节作用

H^+既可通过外周感受器，也可通过中枢感受器对呼吸进行调节，但中枢感受器对 H^+敏感性较外周感受器高约25倍。由于 H^+通过血脑屏障的速度慢，限制了它对中枢感受器的作用，因此，对于脑脊液，中枢感受器对 H^+的敏感性大于外周感受器；而在动脉血中，中枢感受器对 H^+的敏感性小于外周感受器。

3. 缺氧对呼吸的调节作用

缺 O_2 只能通过外周感受器对呼吸进行调节。外周感受器感受的是 PaO_2，并不是 O_2 含量。贫血或 CO 中毒时，血 O_2 含量降低但 PaO_2 正常，故并不能加强呼吸。缺氧对中枢的直接作用是抑制。但应注意：

①仅当 $PaO_2<80mmHg$ 时肺通气量才出现觉察到的增加，故 PaO_2 对正常呼吸运动的调节作用不大。

②只有在严重肺气肿、肺心病等情况下的低氧刺激才有重要意义。

③临床上低 O_2 时，如吸入纯氧，可导致呼吸暂停。

注意：①$PaCO_2$ 对感受器的刺激——中枢感受器+外周感受器（其中：中枢感受器>外周感受器）

②PaO_2 对感受器的刺激——外周感受器（其中：中枢感受器不敏感）

③H^+ 对感受器的刺激——中枢感受器+外周感受器（其中：中枢感受器>外周感受器）

【例 10】血液中 H^+ 浓度变化调节呼吸运动的主要刺激部位是

A. 支气管壁内肺牵张感受器　B. 颈动脉窦和主动脉弓　C. 延髓腹侧面化学感受器
D. 肺毛细血管旁感受器　E. 颈动脉体和主动脉体

【例 11】动脉血 PCO_2 在 40~60mmHg 范围内升高时，呼吸运动的改变是

A. 幅度变深，频率变快　B. 幅度变浅，频率变快　C. 幅度变深，频率变慢
D. 幅度变浅，频率变慢　E. 幅度变深，频度不变

【例 12】缺氧引起呼吸加深加快的原因是

A. 直接刺激呼吸中枢　B. 刺激中枢化学感受器　C. 刺激外周化学感受器
D. 刺激呼吸肌　E. 通过肺牵张反射

常考点　考试重点，应全面掌握。

参考答案——详细解答见 2021《贺银成国家临床执业及助理医师资格考试历年考点精析》

1. ABCDE　2. ABCDE　3. ABCDE　4. ABCDE　5. ABCDE　6. ABCDE　7. ABCDE
8. ABCDE　9. ABCDE　10. ABCDE　11. ABCDE　12. ABCDE

第 6 章　消化和吸收

考纲要求

①消化器官活动的调节：消化道的神经支配及其作用，主要胃肠激素及其作用。②胃内消化：胃液的性质、主要成分及其作用，胃的运动方式。③小肠内消化：胰液和胆汁的性质、主要成分及其作用，小肠的运动形式。④吸收：小肠是吸收的主要部位，食物中各主要成分的吸收。

复习要点

一、消化器官活动的调节

1. 消化道的神经支配及其作用

消化道平滑肌的神经支配包括内在神经系统和外来神经系统。前者包括肌间神经丛、黏膜下神经丛；后者包括交感神经和副交感神经。

	分布	神经递质	作用
肌间神经丛 (欧氏神经丛)	消化道纵行肌和环行肌之间	ACh、VIP、NO、P 物质	参与消化道运动的控制
黏膜下神经丛 (麦氏神经丛)	消化道环行肌和黏膜层之间	ACh、VIP	调节腺体和内分泌细胞的分泌 调节肠内物质的吸收、局部血流控制
交感神经	壁内神经丛内的胆碱能神经元 消化道平滑肌、血管平滑肌 消化腺细胞	去甲肾上腺素	抑制消化道运动，抑制腺体分泌 减少血流量，收缩消化道括约肌
副交感神经	腺细胞、上皮细胞 血管和消化道平滑肌细胞	ACh	消化道收缩，增加腺体分泌 松弛消化道括约肌

【例 1】关于胃肠内在神经丛的叙述，正确的是

A. 包括黏膜下神经丛和肌间神经丛　　B. 含大量神经纤维，但神经元不多

C. 递质仅是乙酰胆碱或去甲肾上腺素　　D. 仅有运动功能，而无感觉功能

E. 不受外来自主神经系统的控制

2. 主要胃肠激素及其作用

(1)主要胃肠激素的生理作用　如下。

主要激素	生理作用	分泌刺激物
促胃液素	促进胃酸和胃蛋白酶原分泌，使胃窦和幽门括约肌收缩 延缓胃排空，促进胃肠运动和胃肠上皮生长	蛋白质消化产物 铃蟾素、扩张胃
缩胆囊素	刺激胰酶分泌和胆囊收缩，增强小肠和大肠运动，抑制胃排空 增强幽门括约肌收缩，松弛壶腹括约肌，促进胰腺外分泌部生长	蛋白质消化产物 脂肪酸
促胰液素	刺激胰液及胆汁中水和碳酸氢盐的分泌，抑制胃酸分泌和胃肠运动，收缩幽门括约肌，抑制胃排空，促进胰腺外分泌部生长	盐酸、脂肪酸
抑胃肽	刺激胰岛素分泌，抑制胃酸和胃蛋白酶分泌，抑制胃排空	葡萄糖、脂肪酸、氨基酸

(2)胃肠激素的主要作用　从胃到大肠的黏膜层内散在分布数十种内分泌细胞，由它们分泌的激素

统称为胃肠激素。胃肠激素对消化器官的主要作用有：

①调节消化腺的分泌和消化道的运动　不同的胃肠激素对不同的器官、组织可产生不同的调节作用；一个激素可调节多个消化器官的功能，而一个消化器官的功能往往接受多种激素的调节。

②营养作用　一些胃肠激素具有促进消化道组织代谢和生长的作用，称为营养作用。例如，促胃液素可刺激胃泌酸腺区黏膜和十二指肠黏膜 DNA、RNA 和蛋白质的合成，从而促进其生长。

③调节其他激素的释放　如在消化期，抑胃肽可刺激胰岛素的分泌等。

【例 2】关于促胰液素的作用，下列哪项是错误的？

A. 促进肝胆汁分泌　　B. 促进胰液分泌　　C. 促进胃运动

D. 促进胰腺分泌 HCO_3^-　　E. 促进小肠液分泌

二、胃内消化

1. 胃液的性质、主要成分及其作用

(1) 胃液的性质　纯净的胃液是无色的酸性液体，pH0.9~1.5，正常成年人每日分泌 1.5~2.5L。

(2) 胃液的主要成分　主要包括水分、盐酸、胃蛋白酶原、黏液、碳酸氢盐、内因子等。

(3) 胃液的作用

	分泌细胞	功能
盐酸(胃酸)	壁细胞	①激活胃蛋白酶原；②使食物中的蛋白质变性，有利于蛋白质的水解 ③杀灭随食物进入胃内的细菌；④有助于小肠对铁和钙的吸收 ⑤促进促胰液素、缩胆囊素的释放，引起胰液、胆汁和小肠液分泌
胃蛋白酶原	主细胞(为主)、颈黏液细胞、贲门腺、幽门腺	胃蛋白酶原被盐酸激活成胃蛋白酶后，消化水解蛋白质 已被激活的胃蛋白酶可自我激活胃蛋白酶原(正反馈)
胃的黏液	胃黏膜表面的上皮细胞、泌酸腺、贲门腺和幽门腺的黏液细胞	由于黏液具有较高的黏滞性和形成凝胶的特性，分泌后即覆盖于胃黏膜表面，形成一层厚约 500μm 的保护层。该保护层可在黏膜表面起润滑作用，减少粗糙食物对胃黏膜的机械损伤
碳酸氢盐	胃黏膜内非泌酸细胞	黏液-碳酸氢盐屏障能有效保护胃黏膜免受胃内盐酸和胃蛋白酶的损伤；可显著减慢离子在黏液层中的扩散速度
内因子	壁细胞	内因子可与维生素 B_{12} 结合，促进维生素 B_{12} 吸收。若内因子缺乏，可因维生素 B_{12} 吸收障碍而影响红细胞生成，引起巨幼细胞贫血

【例 3】女，72 岁。乏力、面色苍白 1 年。40 年前行胃大部切除术。查体：T36.5℃，P90 次/分，R16 次/分，BP110/80mmHg。皮肤及睑结膜苍白，双肺呼吸音清，心率 90 次/分，心律齐，各瓣膜听诊区未闻及杂音。腹软，上腹部见一长约 7cm 陈旧性手术瘢痕，全腹无压痛及反跳痛，未触及包块。实验室检查：Hb70g/L；粪隐血(-)。胃镜：吻合口炎症。与患者贫血有关的因素不包括

A. 叶酸缺乏　　B. 胃蛋白酶缺乏　　C. 维生素 B_{12} 缺乏

D. 铁缺乏　　E. 胃酸缺乏

【例 4】正常情况下，胃黏膜不会被胃液所消化，是由于

A. 胃液中不含有可消化胃黏膜的酶　　B. 黏液-碳酸氢盐屏障的作用

C. 胃液中的内因子对胃黏膜具有保护作用　　D. 胃液中的糖蛋白可中和胃酸

E. 胃液中含有大量 HCO_3^- 可中和胃酸

【例 5】男，66 岁。上腹胀痛 10 余年。胃镜检查：胃体黏膜变薄，血管透见，皱襞稀疏。病理检查：胃体腺体萎缩。该患者不应出现的生理变化是

A. 胃蛋白酶原分泌减少　　B. 铁吸收减少　　C. 维生素 B_{12} 吸收减少

D. 血清促胃液素降低　　E. 胃酸分泌减少

【例 6】可分泌胃蛋白酶原的主要细胞是

A. 肥大细胞　　B. 壁细胞　　C. 黏液细胞
D. 杯状细胞　　E. 主细胞

2. 胃的运动形式

(1) 胃的运动形式　包括容受性舒张、紧张性收缩和蠕动，其中容受性舒张是胃特有的运动形式。

	容受性舒张	紧张性收缩	蠕动
定义	是指进食时食物刺激口腔、咽、食管等处的感受器，可反射性引起胃底和胃体的舒张	是指胃壁平滑肌经常处于一定程度的缓慢持续收缩状态	是指由胃平滑肌顺序舒缩引起的一种向前推进的波形运动
运动部位	胃头区(胃底和胃体上 1/3)	全胃	胃尾区(胃体下 2/3 和胃窦)
开始部位	胃头区	胃头区	胃中部
收缩性	胃壁薄，很少发生收缩	是消化道平滑肌共有的运动形式	节律性蠕动，每分钟 3 次，每个蠕动波约 1 分钟到达幽门
方向性	因无收缩，故无方向性	—	开始于胃中部，向幽门推进
生理功能	能使胃容量大大增加，以接纳大量食物入胃，而胃内压却无显著升高；防止食糜过早排入小肠，有利于食物在胃内充分消化	使胃保持一定的形状和位置，防止胃下垂；使胃内保持一定压力，以利于胃液渗入食团中，促进化学性消化；它是其他运动形式的基础	使食糜和胃液充分混合，以利于胃液发挥化学性消化作用，有利于块状食物进一步被磨碎和粉碎，并将食糜由胃排入十二指肠

(2) 胃的容受性舒张　由进食动作(如咀嚼、吞咽)和食物对咽、食管等处感受器的刺激反射性地引起胃底和胃体肌肉的舒张，称为容受性舒张。

①主要刺激物　食物对咽、食管等处感受器的刺激。

②反射机制　其传出、传入神经都是迷走神经，故称迷走-迷走反射。在这个反射过程中，迷走传出纤维是抑制性的，其末梢释放的递质为血管活性肠肽(VIP)或 NO。

【例 7】胃容受性舒张是通过下列哪一途径实现的？

A. 交感神经兴奋　　B. 迷走神经末梢释放肽类物质　　C. 壁内神经丛兴奋
D. 迷走神经末梢释放 ACh　　E. 迷走神经引起胃黏膜释放前列腺素

三、小肠内消化

1. 胰液的性质、主要成分及作用

(1) 胰液的性质、主要成分及作用

外分泌	胰腺腺泡细胞主要分泌胰酶，胰腺导管细胞主要分泌 HCO_3^- 和水分
性质	胰液是无色、无臭的碱性液体，pH7.8~8.4，渗透压与血浆相等
成分	主要阳离子——Na^+、K^+(与血浆浓度相近，比较恒定) 主要阴离子——HCO_3^- 和 Cl^-(浓度随分泌速率而定) 有机物——主要由多种消化酶组成(见下表)
作用	有很强的消化能力 HCO_3^- 中和进入十二指肠的胃酸，保护肠黏膜免受强酸的侵蚀 HCO_3^- 造成的弱碱环境可为小肠内多种消化酶提供最适宜的 pH 环境

(2)**主要的胰酶**　由胰腺腺泡细胞分泌。

	分泌形式	主要功能	备注
胰淀粉酶	活性	是一种 α-淀粉酶,可将淀粉水解为糊精、麦芽糖	最适 pH6.7~7.0
胰脂肪酶	活性	可分解甘油三酯为脂肪酸、一酰甘油和甘油 其脂肪消化作用需辅脂酶的帮助	最适 pH7.5~8.5
胰蛋白酶	酶原	激活后能分解蛋白质为多肽和氨基酸	酶原被肠激酶激活
糜蛋白酶	酶原	激活后能分解蛋白质为多肽和氨基酸	酶原被胰蛋白酶激活
羧基肽酶	酶原	作用于多肽末端的肽链,释出具有自由羧基的氨基酸	酶原被胰蛋白酶激活
RNA 酶	酶原	将核酸水解为单核苷酸	酶原被胰蛋白酶激活
DNA 酶	酶原	将脱氧核糖核酸水解为单核苷酸	酶原被胰蛋白酶激活

蛋白水解酶包括胰蛋白酶、糜蛋白酶、羧基肽酶,其中胰蛋白酶的含量最多。无活性的胰蛋白酶原在肠激酶作用下激活为有活性的胰蛋白酶,经正反馈再激活胰蛋白酶原。此外,胰液中还有少量胆固醇酯水解酶、磷脂酶 A_2,分别水解胆固醇酯和磷脂等。

胰液含有消化三种营养物质的消化酶,是所有消化液中消化力最强、消化功能最全面的一种消化液。当胰液分泌缺乏时,即使其他消化腺的分泌都很正常,食物中的脂肪和蛋白质仍然不能完全被消化和吸收,常引起脂肪泻;也可使脂溶性维生素 A、D、E、K 等吸收受到影响,但对糖的消化和吸收影响不大。

【例 8】激活糜蛋白酶原的是

A. 肠激酶　　B. 胰蛋白酶　　C. 盐酸

D. 组胺　　E. 辅脂酶

【例 9】胆汁排出障碍时,消化作用减弱的酶是

A. 肠激酶　　B. 胰蛋白酶　　C. 糜蛋白酶

D. 胰脂肪酶　　E. 胰淀粉酶

A. 胃酸　　B. 胰蛋白酶　　C. 糜蛋白酶

D. 肠激酶　　E. 组织液

【例 10】能使胰蛋白酶原转变为胰蛋白酶的最重要物质是

【例 11】能促使胃蛋白酶原转变为胃蛋白酶的物质是

2. 胆汁的性质、主要成分及作用

分泌	由肝细胞分泌
性质	肝胆汁呈金黄色或橘棕色,pH7.4;胆囊胆汁颜色较深,呈弱酸性,pH6.8
成分	①水分(占 97%);②无机成分(K^+、Na^+、Cl^-、Ca^{2+}、HCO_3^-) ③有机成分(胆盐、胆固醇、胆色素、脂肪酸、卵磷脂和黏蛋白等);④无消化酶
作用	①乳化脂肪,促进脂肪消化分解;②促进脂肪的吸收;③促进脂溶性维生素 A、D、E、K 的吸收 ④胆汁在十二指肠内可中和部分胃酸 ⑤通过肠肝循环重吸收的胆盐,可直接刺激肝细胞合成和分泌胆汁 ⑥微胶粒中的胆盐(主要是卵磷脂)是胆固醇的有效溶剂,可防止胆固醇析出而形成结石

【例 12】胆汁中促进脂肪消化和吸收的有效成分是

A. 脂肪酶　　B. 胆红素　　C. 胆绿素

D. 胆盐　　E. 胆固醇

【例 13】男,75 岁。腹胀、便秘、食欲不振半年。无腹痛、腹泻,无呕吐。既往体健。查体:T36.5℃,P80

次/分,R18 次/分,BP140/80mmHg,双肺呼吸音清,心律齐,腹软,无压痛,Murphy(-)。腹部 B 超示胆囊萎缩。可能受影响的情况

A. 蛋白质分解　　B. 蛋白质分解产物吸收　　C. 单糖吸收

D. 脂肪分解产物吸收　　E. 淀粉类食物消化分解

3. 小肠的运动形式

	紧张性收缩	分节运动	蠕动	蠕动冲
运动时期	消化间期+消化期	消化期	消化期	肠道病变时
发生部位	整个小肠平滑肌	被食糜充盈的小肠段	任何部位的小肠	梗阻或发生感染的小肠
运动特点	是小肠其他运动形式的基础,即使空腹时也存在,进食后显著增强	小肠分节段进行交替性收缩和舒张	蠕动慢(0.5~2cm/s) 传播近(数厘米) 食糜移动慢(1cm/min)	强烈快速蠕动,数分钟内将食糜从小肠始段一直推送到末端或直达大肠
主要功能	使小肠保持一定的形状、位置、紧张度和腔内压,有利于吸收的进行	混合食糜和消化液 有利于消化和吸收 并不明显地推进食糜	缓慢推进肠内容物	快速推进肠内容物(2~25cm/s)

分节运动是一种小肠特有的以节段性肠壁环行肌交替舒缩为主的节律性活动。分节运动在空腹时几乎不存在,进食后逐渐增强。小肠各段分节运动的频率是不同的,上部频率较高,下部较低。分节运动的生理意义在于:①使食糜与消化液充分混合,有利于化学性消化;②增加食糜与小肠黏膜的接触,并不断挤压肠壁以促进血液和淋巴回流,有助于吸收;③分节运动本身对食糜的推进作用很小,但分节运动存在由上至下的频率梯度,这种梯度对食糜有一定的推进作用。

【例 14】当小肠被食糜充盈时,小肠反复进行分节运动,其主要作用是

A. 充分混合食糜与消化液　　B. 将食糜不断向前推进　　C. 刺激胃肠激素的释放

D. 促进消化液继续分泌　　E. 促进水分和营养物质的吸收

四、吸收

1. 小肠是吸收的主要部位

(1)主要吸收部位　食物在口腔和食管内一般不能被吸收,只有某些脂溶性药物(如硝酸甘油)能通过口腔黏膜进入血液。在胃内,食物也很少被吸收,仅有乙醇、少量水分和某些药物(如阿司匹林)可在胃内被吸收。小肠是最重要的吸收部位。大肠主要吸收水分和无机盐。

(2)小肠有利于吸收的条件

①吸收面积大　正常成人小肠长 4~5m,其黏膜具有许多环状皱褶,皱褶上有大量绒毛,在绒毛上皮细胞顶端又有大量微绒毛。这样的结构可使小肠黏膜的总面积增加 600 倍,达到200~250m^2。

②小肠绒毛节律性伸缩和摆动　可促进绒毛内毛细血管网、中央乳糜管内的血液和淋巴向静脉与淋巴管流动,有利于吸收。

③结构简单的物质　营养物质在小肠内已被消化为结构简单的可吸收物质。

④停留时间较长　食物在小肠内停留时间较长,一般为 3~8 小时,有利于吸收。

(3)小肠吸收的途径　小肠内的食物分解产物、电解质、水主要经跨细胞途径和细胞旁途径通过肠上皮细胞层进入组织间隙,然后进入血液和淋巴而被吸收。

【例 15】小肠作为吸收主要部位的原因中,错误的是

A. 小肠绒毛内富含毛细血管　　B. 小肠含有丰厚的平滑肌

C. 食物在小肠内停留时间很长　　D. 小肠黏膜表面积巨大

E. 食物在小肠内已被分解为小分子物质

2. 食物中主要成分的吸收

(1)水的吸收 水的吸收都是跟随溶质分子的吸收而被动吸收的，NaCl主动吸收所产生的渗透压梯度是水吸收的主要动力。在十二指肠和空肠上部，水从肠腔进入血液和水从血液进入肠腔的量都很大，因此肠腔内液体的减少并不明显。在回肠，离开肠腔的液体比进入的多，因而肠内容物大为减少。

(2)钠的吸收 小肠黏膜上皮从肠腔内吸收 Na^+ 是个主动过程，动力来自上皮细胞基底侧膜中钠泵的活动。钠泵的活动造成细胞内低 Na^+，且黏膜上皮细胞内的电位较膜外肠腔内负约40mV，故 Na^+ 顺电-化学梯度，并与其他物质(*如葡萄糖、氨基酸等逆浓度差*)同向地转运入细胞。进入细胞内的 Na^+ 再在基底侧膜经钠泵被转运出细胞，进入组织间液，随后进入血液。

(3)铁的吸收 与人体对铁的需要量有关。当服用相同剂量的铁剂后，缺铁患者可比正常人的铁吸收量高2~5倍。①食物中的铁绝大部分为高铁(Fe^{3+})，不易被吸收，当它还原为亚铁(Fe^{2+})后则较易被吸收。维生素C能将 Fe^{3+} 还原成 Fe^{2+}，因而可促进铁的吸收。②铁在酸性环境中易溶解而便于被吸收，故胃液中的盐酸可促进铁的吸收。因此胃大部切除的病人，由于影响铁的吸收可导致缺铁性贫血。

(4)钙的吸收 小肠黏膜对 Ca^{2+} 的吸收通过跨上皮细胞和细胞旁途径两种方式进行，以后者为主。其主要吸收部位为空肠和回肠。儿童和乳母对 Ca^{2+} 的需要量增大而吸收增多。钙三醇是促进小肠吸收 Ca^{2+} 最重要的调节因素。钙盐仅在溶解状态，且在不被其他物质沉淀的情况下，才能被吸收。肠内一定的酸度、脂肪等可促进 Ca^{2+} 的吸收；食物中的磷酸可与 Ca^{2+} 形成不溶性化合物，妨碍 Ca^{2+} 的吸收。

(5)糖的吸收 食物中的糖类一般需分解为单糖后才能被小肠上皮细胞吸收。各种单糖的吸收速率差别很大。己糖的吸收很快，但戊糖则很慢。在己糖中，以半乳糖和葡萄糖的吸收最快，果糖次之，甘露糖最慢。

(6)蛋白质的吸收 食物中的蛋白质必须在肠道中分解为氨基酸和寡肽后才能被吸收。寡肽在上皮细胞内进一步被寡肽酶分解为氨基酸。氨基酸的吸收途径是血液。其吸收机制属于与 Na^+ 同向转运的继发性主动转运，不同种类的氨基酸由不同的转运体转运，具有较高的选择性。

(7)脂肪的吸收 在小肠内，脂类的消化产物脂肪酸、一酰甘油、胆固醇与胆汁中的胆盐结合形成水溶性的混合微胶粒。由于胆盐的双嗜特性，它能携带脂肪消化产物通过覆盖于小肠黏膜细胞表面的不流动水层到达上皮细胞表面。一酰甘油、脂肪酸、胆固醇等从混合微胶粒释出，透过上皮细胞质膜而进入细胞。

①长链脂肪酸的吸收 含12C以上的长链脂肪酸及一酰甘油，进入小肠上皮细胞后，在内质网中大部分重新合成为三酰甘油，并与细胞中生成的载脂蛋白合成乳糜微粒(CM)。CM形成后即进入高尔基复合体中，被质膜结构包裹而形成囊泡。当囊泡移行到细胞底侧膜时便与细胞膜融合，以出胞的方式释出其中的乳糜微粒，进入组织间液的乳糜微粒再扩散入淋巴。

②中、短链脂肪酸的吸收 含12C以下的中、短链三酰甘油水解产生的脂肪酸和一酰甘油，在小肠上皮细胞中不再变化，它们是水溶性的，可直接进入血液而不入淋巴。由于膳食中含有很多15C以上的长链脂肪酸，因此脂肪的吸收途径以淋巴为主。

(8)维生素的吸收 ①大多数水溶性维生素(如维生素 B_1、B_2、B_6、PP)是通过依赖于 Na^+ 的同向转运体被吸收的。但维生素 B_{12} 的吸收较特殊，是与内因子结合成复合物后，再到回肠而被主动吸收的。②脂溶性维生素A、D、E、K的吸收与脂类消化产物相同。

注意： *维生素 B_{12}、胆盐在回肠被吸收——记忆为"12号回单位"，即12—回(回肠)—单(胆—胆盐)—位(维)。*

▶常考点 各种消化液的分泌、成分及作用；胃肠的运动形式。

参考答案——*详细解答见2021《贺银成国家临床执业及助理医师资格考试历年考点精析》*

1. ABCDE 2. ABCDE 3. ABCDE 4. ABCDE 5. ABCDE 6. ABCDE 7. ABCDE
8. ABCDE 9. ABCDE 10. ABCDE 11. ABCDE 12. ABCDE 13. ABCDE 14. ABCDE
15. ABCDE

第 7 章　能量代谢与体温

考纲要求

①能量代谢:能量代谢及其影响因素,基础代谢率。②体温:体温的概念、正常值及生理变动,机体的主要产热器官和散热方式。

复习要点

一、能量代谢

1. 能量代谢及其影响因素

(1)能量代谢的概念　能量代谢是指生物体内与物质代谢伴随发生的能量的释放、转移、储存和利用。

(2)机体可利用的能量形式　包括 ATP(腺苷三磷酸)和 CP(磷酸肌酸)。ATP 是人体组织细胞功能活动的直接供能物质,也是能量储存的重要形式。CP 是主要存在于肌肉和脑组织中的另一种高能化合物。

(3)机体能量的来源　机体利用的能量来源于食物中糖、脂肪、蛋白质分子结构中蕴藏的化学能。当这些营养物质被氧化分解时,碳氢键断裂,释放出化学能。然而,机体的组织细胞在进行各种功能活动时并不能直接利用这种形式的能量,实际上组织细胞所需要的能量是由 ATP 直接提供的。ATP 是糖、脂肪、蛋白质在生物氧化过程中合成的一种高能化合物。当机体需要消耗能量时,ATP 被水解为 ADP 及磷酸,同时释放出能量供机体利用。机体所需的能量来源于食物中的糖(50%~70%)、脂肪(30%~50%)和蛋白质(少量)。生理状况下,主要由体内的糖和脂肪供能。只有在某些特殊情况下,如长期不能进食或体力极度消耗时,机体才会依靠由组织蛋白质分解所产生的氨基酸供能,以维持基本的生理功能。

(4)机体能量的利用　各种能源物质在体内氧化过程中释放的能量,50%以上转化为热能,其余部分是以化学能的形式储存于 ATP 等高能化合物的高能磷酸键中,供机体完成各种生理功能活动时使用,如肌肉的收缩和舒张,合成组织细胞成分及生物活性物质,物质的跨膜主动转运,产生生物电活动,腺体的分泌和递质的释放等。以上除骨骼肌收缩对外界物体做一定量的机械功(简称外功)外,其他所做的功最终都转变为热能。热能是最低形式的能,不能再转化为其他形式的能,主要用于维持体温,体热最终主要由体表散发到外界环境中去,较少部分的体热通过呼出气、排泄物等被带出体外。

(5)机体能量的平衡　成年人的能量摄入与能量消耗是平衡的,表现为其身高、体重、腰围等都保持不变,称为机体的能量平衡。在临床上常用的衡量指标是体质指数(BMI),即体重(kg)/身高^2(m^2)。在我国成年人,若 BMI 为 24~28,可视为超重;若 BMI>28 则可判定为肥胖。

(6)影响能量代谢的因素

①肌肉活动　肌肉活动对于能量代谢的影响最为显著,可将能量代谢率作为评估肌肉活动强度的指标。

②精神活动　在睡眠和精神活动活跃的状态下,脑组织中葡萄糖的代谢率几乎无差异,但当人体处于精神紧张状态时,如烦恼、恐惧或情绪激动时,能量代谢率可显著增加。

③食物的特殊动力作用　人在进食后的一段时间,即使在安静状态下,也会出现能量代谢率增高的现象,一般从进食后 1 小时左右开始,延续 7~8 小时。进食能刺激机体额外消耗能量的作用,称为食物的特殊动力作用。在三种主要营养物质中,进食蛋白质所产生的食物特殊动力作用最为显著,约为 30%,进食糖、脂肪、混合性食物的特殊动力作用分别为 6%、4%、10%。因此,在计算机体所需摄入的能量时,应注意到额外消耗的这部分能量而给予相应的补充。

④环境温度　当人在安静时,环境温度在 20~30℃范围内,在裸体或只穿薄衣的情况下,其能量代谢最为稳定,主要是因为肌肉比较松弛。环境温度低于 20℃或高于 30℃,能量代谢率均增加。

⑤其他　如年龄、性别、疾病等因素可影响能量代谢。

【例1】影响能量代谢最主要的因素是

A. 寒冷　　B. 高温　　C. 肌肉活动
D. 精神活动　　E. 进食

2. 基础代谢率

(1)基础代谢 是指基础状态下的能量代谢。基础状态是指人在适宜环境温度下,并处于清醒、安静、空腹的状态。具体测定要求是:①距前次用餐12小时以上,在清晨、空腹时进行;②室温保持在20~25℃;③测量前静卧0.5小时以上,肌肉放松;④保持清醒、消除恐惧、焦虑。基础状态下的能量代谢水平较稳定,此时能量消耗仅用于维持最基本的生命活动。

(2)基础代谢率(BMR) 是指人体在清醒及极度安静的情况下,不受精神紧张、肌肉活动、食物及环境因素等影响时的能量代谢率。基础代谢率常作为评价机体能量代谢水平的指标。基础代谢率一般比安静时的代谢率要低,但不是最低的,因为熟睡时的代谢率更低(比安静时低8%~10%)。

(3)影响基础代谢率的因素 BMR除受性别(男性高于女性)、年龄(儿童高于成年)及月经周期的影响外,还受下列因素的影响:

①基础代谢率升高 红细胞增多症、白血病、甲亢、伴有呼吸困难的心脏病、糖尿病、体温升高。

②基础代谢率降低 甲低、肾上腺皮质功能低下、垂体功能低下、肾病综合征、病理性饥饿。

注意:①影响基础代谢率的最重要疾病为甲亢或甲减。②影响基础代谢率的最重要激素为甲状腺激素。
③人体调节产热活动的最主要激素为甲状腺激素。
④导致BMR升高的疾病包括红细胞增多症、白血病、甲亢、心脏病、糖尿病记忆为红白夹心糖。

【例2】基础代谢率低于正常范围的疾病是

A. 白血病　　B. 库欣综合征　　C. 垂体性肥胖症
D. 中暑　　E. 糖尿病

【例3】测定基础代谢率时,正确的做法是

A. 测量可在24小时内任何时刻进行
B. 测量前一天晚上的饮食不受任何限制
C. 受试者应处于睡眠状态
D. 受试者无精神紧张和肌肉活动
E. 室温不限高低,但要求恒定不变

二、体温

1. 体温的概念及正常值

体温是指机体核心部分的温度。直肠温度正常值为36.9~37.9℃;口腔温度正常值为36.7~37.7℃;腋窝温度正常值为36.0~37.4℃;食管温度比直肠温度低0.3℃。

2. 体温的生理变动

(1)体温的昼夜变化 清晨2~6时体温最低,午后1~6时最高。体温的这种昼夜周期性波动,称为体温的昼夜节律或日节律。体温的日节律与机体的精神或肌肉活动状态等无关,而是由内在的生物节律决定的(主要受下丘脑视交叉上核控制)。

(2)性别的影响 成年女子的体温平均比男子高0.3℃。

育龄妇女基础体温的双相曲线——正常成年女子的体温随月经周期而发生波动,其基础体温在卵泡期内较低,排卵日最低,排卵后升高0.3~0.6℃。排卵后体温升高是由于黄体分泌的孕激素所致。

(3)年龄的影响 儿童和青少年的体温较高,老年人体温较低。新生儿,特别是早产儿,由于体温调节能力差,因此体温容易受环境因素的影响而变动。

(4)肌肉活动、情绪激动、精神紧张、进食等 肌肉活动时产热量增加,可使体温升高。

【例4】昼夜体温波动的特点是

A. 昼夜间体温呈周期性波动　B. 午后 4~6 时体温最低　C. 上午 8~10 时体温最高
D. 昼夜间波动的幅度超过 1℃　E. 体温波动与生物钟无关

3. 机体的主要产热器官和散热方式

(1)主要产热器官　对体温影响较大的主要产热器官是肝和骨骼肌。

安静时主要为肝,体育运动或劳动时主要为骨骼肌。新生儿的棕色脂肪组织参与非战栗产热。

(2)散热方式　机体散热的部位主要是皮肤,散热的方式主要有辐射、传导、对流和蒸发 4 种。

	辐射散热	传导散热	对流散热	蒸发散热
定义	人体以热射线的形式将体热传给外界较冷的物质	机体的热量直接传给与之接触的温度较低的物体	通过气体流动进行热量交换的一种散热方式	水分从体表汽化时吸收热量而散发体热的一种方式
散热条件	皮温>环境温度	皮温>环境温度	皮温>环境温度	皮温>环境温度为不感蒸发 皮温≤环境温度为可感蒸发
生理特点	安静状态下的主要散热方式	肥胖者传导散热量少	散热量受风速影响极大	可感蒸发是高温环境中唯一有效的散热方式
举例	空调降温	冰袋、冰帽降温	电风扇降温	酒精擦浴降温

注意:①安静状态下最主要的产热器官是肝脏(而不是脑组织),运动状态下最主要的产热器官是骨骼肌。
②一般情况下人体产热的主要方式是基础代谢,寒冷环境中人体最主要的产热方式是战栗产热。
③新生儿最主要的非战栗产热方式是褐色脂肪组织的代谢产热。
④人体最主要的散热部位是皮肤。
⑤安静状态下人体最主要的散热方式是辐射散热,高温状态下唯一的散热方式是蒸发散热。

【例 5】在环境温度 21℃,机体处于安静状态下的主要散热方式是
A. 辐射散热　B. 传导散热　C. 对流散热
D. 不感蒸发　E. 可感蒸发

【例 6】成年人受到持续寒冷刺激时,产热量大为增加的主要方式是
A. 肝脏代谢增强　B. 基础代谢增强　C. 肌紧张产热
D. 骨骼肌代谢增强　E. 褐色脂肪组织产热

【例 7】用酒精给高热病人擦浴的散热方式是
A. 传导散热　B. 不感蒸发散热　C. 蒸发散热
D. 辐射散热　E. 对流散热

(3)蒸发散热　每蒸发 1g 水,可使机体散发 2.43kJ 的热量。蒸发散热分不感蒸发和可感蒸发(发汗)。

①不感蒸发　是指体液的水分从皮肤和黏膜(主要是呼吸道黏膜)表面不断渗出而被汽化的形式。这种蒸发形式与汗腺活动无关。在低于 30℃的环境中,人体 24 小时的不感蒸发量一般为 1000ml,其中从皮肤蒸发的水分约为 600~800ml,通过呼吸道黏膜蒸发的水分约为 200~400ml。

②可感蒸发(发汗)　是指汗腺主动分泌汗液的过程。通过汗液蒸发可有效带走大量体热。

▶常考点　基础代谢率;散热。

参考答案——详细解答见 2021《贺银成国家临床执业及助理医师资格考试历年考点精析》

1. ABCDE　2. ABCDE　3. ABCDE　4. ABCDE　5. ABCDE　6. ABCDE　7. ABCDE

第 8 章　尿的生成和排出

考纲要求

①尿量：正常值，多尿、少尿和无尿的概念。②尿生成的基本过程：肾小球滤过，有效滤过压和肾小球滤过率，肾小管和集合管的重吸收和分泌。③影响和调节尿生成的因素：影响肾小球滤过的因素，影响肾小管重吸收的因素（渗透性利尿），血管升压素与醛固酮对尿生成的调节。

复习要点

一、尿量

1. 正常尿量　正常成人为 1000～2000ml/24h，平均 1500ml/24h。
2. 多尿　是指尿量>2500ml/24h。
3. 少尿　是指尿量<400ml/24h。
4. 无尿　是指尿量<100ml/24h。

二、尿生成的基本过程

尿生成的基本过程包括肾小球滤过、肾小管和集合管的重吸收、肾小管和集合管的分泌三个基本过程。

1. 肾小球滤过

（1）滤过膜　肾小球滤过的结构基础是滤过膜，由毛细血管内皮细胞（内层）、内皮下基膜（中间层）和肾小囊脏层足细胞的足突（外层）构成，其中，起最主要屏障作用的是基膜。

（2）肾小球滤过　当血液流经肾小球时，血浆中的水分和小分子溶质通过肾小球滤过膜进入肾小囊，形成超滤液（原尿），这一过程称为肾小球滤过。滤液中除蛋白质含量极微外，其他成分的含量以及晶体渗透压、pH 等都与血浆基本相同，而血细胞和大分子血浆蛋白不能进入滤液，仍存留在血液中。

【例 1】与血浆比较，原尿中物质含量明显改变的是

A. 水　　B. 蛋白质　　C. Na^+、K^+
D. 葡萄糖　　E. 尿素氮

2. 有效滤过压和肾小球滤过率

（1）肾小球有效滤过压　促使肾小球滤过的动力是有效滤过压。

肾小球有效滤过压=（肾小球毛细血管静水压+囊内液胶体渗透压）-（血浆胶体渗透压+肾小囊内压）。

由于肾小囊内超滤液蛋白质含量极低，肾小囊内滤液的胶体渗透压可以忽略不计，故上式可改写为：

肾小球有效滤过压=肾小球毛细血管静水压-（血浆胶体渗透压+肾小囊内压）。

记忆：①组织液生成的有效滤过压=（毛细血管血压+组织液胶体渗透压）-（血浆胶体渗透压+组织液静水压）；
②肾小球有效滤过压=（肾小球毛细血管静水压+囊内液胶体渗透压）-（血浆胶体渗透压+肾小囊内压）。

（2）肾小球滤过率　是指单位时间内（每分钟）两肾生成超滤液的量，正常值为 125ml/min。

3. 肾小管和集合管的重吸收和分泌

（1）肾小管和集合管的重吸收　肾小管和集合管的重吸收是指小管液（原尿进入肾小管后改称小管液）在流经肾小管和集合管时，其中大部分的水和溶质被肾小管上皮细胞吸收回血液的过程。

①选择性重吸收　由于肾小管和集合管对水和溶质的重吸收是有选择性的，故水和各类物质的重吸收率不尽相同。按两肾生成的原尿量为 125ml/min 计算，则日生成量可达 180L，而终尿量平均为1.5L/d，说明原尿中的水 99%以上被重吸收。肾小管和集合管对葡萄糖、氨基酸可全部重吸收，对 Na^+、HCO_3^- 等

可大部分重吸收，对尿素和磷酸根可部分重吸收，对肌酐等代谢产物和进入体内的异物（如药物及其代谢产物等）则不被重吸收而全部排出体外。这种选择性重吸收作用，既保留了对机体有用的物质，又清除了对机体有害的物质和过剩的物质，从而实现了对内环境的净化作用。

②各部位重吸收能力不同　肾小管各段中，近端小管的重吸收能力最强，小管液中的各种营养物质几乎全部在近端小管被重吸收。此外，小管液中的大部分水和电解质、部分尿素、尿酸等，也在该段被重吸收。近端小管重吸收水、盐的量很多，不受调节。而远曲小管、集合管对水、盐的重吸收量较少，却可根据机体的水、盐平衡状态进行调节，水的重吸收主要受抗利尿激素的调节，Na^+、K^+的转运主要受醛固酮的调节。在Na^+重吸收时，水也跟着被重吸收。

注意：近端小管是最重要的重吸收部位，可吸收100%的葡萄糖、氨基酸、维生素；70%～80%的水、Na^+、Cl^-、HCO_3^-；部分硫酸盐、磷酸盐、尿素、尿酸等。

（2）肾小管和集合管的分泌　肾小管和集合管上皮细胞将其自身代谢产物排入小管液中的过程称为分泌。将血液中的某些物质排入小管液中的过程称为排泄。但两者通常并不严格区分，一般统称为分泌。肾小管和集合管主要分泌H^+、NH_3、K^+，这对保持体内的酸碱平衡和Na^+、K^+平衡具有重要意义。此外，肾小管和集合管还能将血浆中的某些物质（如肌酐等）以及进入体内的某些异物（如青霉素、酚红、呋塞米等）排入小管液。

【例2】患者经抗肿瘤治疗后尿检发现大量葡萄糖和氨基酸，推测其肾单位受损部位是

A. 近端小管　　B. 肾小球　　C. 集合管
D. 髓袢升支粗段　　E. 远端小管

三、影响和调节尿生成的因素

1. 影响肾小球滤过的因素

（1）肾小球有效滤过压　肾小球有效滤过压=（肾小球毛细血管静水压+囊内液胶体渗透压）-（血浆胶体渗透压+肾小囊内压）。凡是能影响肾小球有效滤过压的因素，均可影响肾小球滤过。

①肾小球毛细血管血压　当动脉血压在80～160mmHg范围变动时，肾脏可通过自身调节维持肾小球毛细血管血压不变。当动脉血压低于80mmHg，超过了肾脏的自身调节能力时，会导致肾血流量减少，肾小球毛细血管血压降低，肾小球滤过率下降。血容量减少、伤害刺激、情绪激动等，可导致交感神经兴奋性加强，入球小动脉收缩，肾血流量和毛细血管血压降低，肾小球有效滤过压降低，尿量减少。

②肾小囊内压　正常情况下一般比较稳定。但当肾盂、输尿管结石、肿瘤压迫输尿管时，可造成囊内压增高，肾小球有效滤过压降低，尿量减少。

③血浆胶体渗透压　正常情况下一般比较稳定，当输入大量生理盐水、低蛋白血症（如肾病综合征、肝硬化）时，可导致血浆胶体渗透压降低，肾小球有效滤过压增加。

（2）肾小球滤过膜　正常成人两肾总滤过面积约$1.5m^2$，但急性肾小球肾炎患者，有效滤过面积减少，可导致肾小球滤过率降低，尿量减少。

（3）肾血浆流量　肾血浆流量下降时，肾小球滤过率降低。肾血浆流量不是通过改变有效滤过压，而是通过改变平衡点，来影响肾小球滤过率。

【例3】人体交感神经兴奋时，尿量减少的主要原因是

A. 肾小球毛细血管血压下降　　B. 血浆胶体渗透压升高　　C. 肾素分泌减少
D. 醛固酮分泌减少　　E. 抗利尿激素分泌减少

【例4】剧烈运动时，少尿的主要原因是

A. 肾小球毛细血管血压增高　　B. 抗利尿激素分泌增多　　C. 肾小动脉收缩，肾血流量减少
D. 醛固酮分泌增多　　E. 肾小球滤过膜面积减少

2. 影响肾小管重吸收的因素——渗透性利尿

小管液溶质的浓度决定小管液渗透压。小管液溶质浓度越高，则小管液渗透压越高，从而妨碍肾小管(特别是近端小管)对水的重吸收，导致尿量增多，NaCl排出增多。这种由于小管液中溶质浓度增高导致利尿的现象，称为渗透性利尿。糖尿病患者多尿和甘露醇利尿就是这个道理。

注意：水利尿是指大量饮清水后尿量增加的现象。这里是“饮清水”，而不是“生理盐水”，因为饮生理盐水后排尿率不会增加。

现象	生理意义或原因
糖尿病病人多尿	渗透性利尿(肾小管中溶质浓度增加)
进食大量葡萄糖后多尿	渗透性利尿(肾小管中溶质浓度增加)
静脉注射高渗葡萄糖、甘露醇后多尿	渗透性利尿(肾小管中溶质浓度增加)
大量饮清水后多尿	血浆晶体渗透压下降
大量饮用等渗盐水(0.85%NaCl溶液)后尿量增加	晶体渗透压不升高，体液量增加
失水、禁水后少尿	血浆晶体渗透压升高
大量出汗后少尿	血浆晶体渗透压升高

【例5】某患者多食、多饮、多尿，血糖浓度为200mg/dl，尿糖(+)。其尿量增加的主要原因是

A. 肾小球滤过率增加　B. 肾小管中溶质浓度增加　C. 肾小管分泌增加
D. 血浆晶体渗透压升高　E. 醛固酮分泌增加

【例6】大量出汗时尿量减少，主要原因是

A. 血浆胶体渗透压升高，导致肾小球滤过减少　B. 血浆晶体渗透压升高，引起ADH分泌增多
C. 血容量减少，导致肾小球滤过减小　D. 交感神经兴奋，引起肾小球滤过减少
E. 肾素-血管紧张素系统活动增强，可引起醛固酮分泌增多

3. 血管升压素(抗利尿激素)和醛固酮对尿生成的调节

	血管升压素(抗利尿激素)	醛固酮
来源	主要为下丘脑视上核分泌，室旁核少量分泌	肾上腺皮质的球状带合成及释放
作用部位	远曲小管和集合管	远曲小管和集合管
作用机理	增加远曲小管、集合管对水的通透性	增加远曲小管和集合管对Na^+的重吸收
作用结果	水重吸收增加、尿量减少、血压升高	保Na^+排K^+，水、Cl^-重吸收增加
刺激释放	血浆晶体渗透压增高(最重要因素) 血容量减少(次敏感因素) 恶心、疼痛、应激、血管紧张素Ⅱ 低血糖、尼古丁、吗啡	血钠↓、血钾↑→醛固酮分泌↑ 肾素-血管紧张素的作用→醛固酮分泌↑

【例7】血管升压素的主要生理作用是

A. 作用于远端肾小管，促进水的重吸收　B. 作用于近端肾小管，促进水的重吸收
C. 作用于远端肾小管，促进钠的重吸收　D. 作用于远端肾小管，促进水的排出
E. 作用于近端肾小管，促进水的排出

常考点　肾小球滤过；渗透性利尿。

参考答案——详细解答见2021《贺银成国家临床执业及助理医师资格考试历年考点精析》

1. ABCDE　2. ABCDE　3. ABCDE　4. ABCDE　5. ABCDE　6. ABCDE　7. ABCDE

第 9 章　神经系统的功能

考纲要求

①突触传递:突触及其传递过程,兴奋性和抑制性突触后电位,中枢兴奋传播的特征。②神经系统的感觉功能:感觉传入通路(特异投射系统和非特异投射系统),痛觉。③神经系统对躯体运动的调节:骨骼肌牵张反射及其类型,基底神经节和小脑对躯体运动的调节功能,大脑皮层对躯体运动的调节功能。④神经系统对内脏功能的调节:自主神经系统的主要递质、受体与功能,脑干和下丘脑的功能。⑤脑的高级功能:条件反射的概念及意义。

复习要点

一、突触传递

1. 突触及其传递过程

(1)突触的概念　神经元之间相接触并传递信息的部位,称为突触。①按突触部位分为轴-树突触、轴-胞突触、轴-轴突触;②按传递功能分为兴奋性突触、抑制性突触;③按传递方式分为化学突触、电突触。

(2)突触的结构　经典的突触由突触前膜、突触间隙和突触后膜组成。突触前膜是突触前神经元突触小体的膜。突触后膜是突触后神经元胞体或突起上相对应于突触前膜的膜。突触前膜和突触后膜之间没有原生质相连,而是存在一个宽 20~40nm 的间隙,称为突触间隙。突触前膜和突触后膜较一般的神经元膜稍厚,约 7.5nm。在突触小体的轴浆内含有较多的线粒体和大量的囊泡,称为突触小泡,直径 20~80nm,内含高浓度的神经递质。

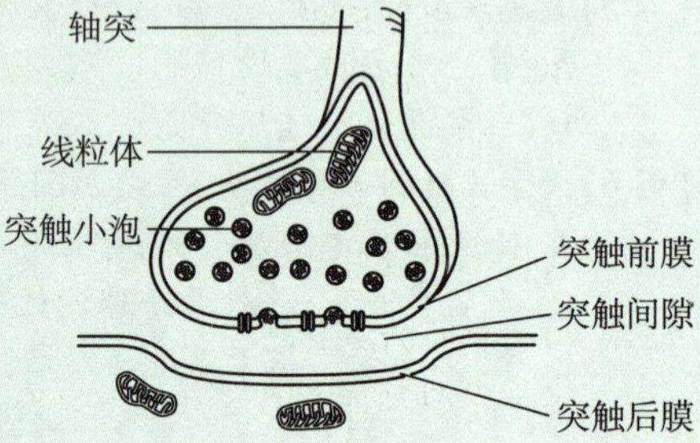

经典突触结构

(3)突触传递的过程　经典突触的传递过程如下:

①突触前膜 Ca^{2+} 通道开放　当突触前神经元兴奋传到轴突末梢时,突触前膜去极化,导致突触前膜上的电压门控 Ca^{2+} 通道开放,细胞外液中的 Ca^{2+} 进入末梢轴浆内,导致轴浆内 Ca^{2+} 浓度瞬间升高。影响突触前膜递质释放量的关键因素是进入突触前膜的 Ca^{2+} 数量。

②突触囊泡递质释放　轴浆内 Ca^{2+} 浓度升高,触发突触囊泡的出胞,引起神经递质的量子式释放。

③递质达突触后膜　神经递质释放入突触间隙,经扩散抵达突触后膜。

④突触后电位的形成　神经递质作用于突触后膜上的特异性受体或化学门控通道,导致突触后膜对某些离子的通透性改变,引起突触后膜的去极化或超极化,从而形成突触后电位。

2. 兴奋性和抑制性突触后电位

突触后电位分为兴奋性突触后电位(EPSP)和抑制性突触后电位(IPSP)两类。

(1)EPSP　突触后膜在某种神经递质作用下产生的局部去极化电位,称为兴奋性突触后电位(EPSP)。其产生机制是兴奋性神经递质作用于突触后膜的相应受体,使递质门控通道(化学门控通道)开放,突触后膜对 Na^+ 和 K^+ 通透性增大,并且由于 Na^+ 内流大于 K^+ 外流,故发生净内向电流,导致细胞膜的局部去极化。

(2)IPSP　突触后膜在某种神经递质作用下产生的局部超极化电位,称为抑制性突触后电位(IPSP)。其产生机制是抑制性中间神经元释放的抑制性递质作用于突触后膜,使突触后膜上的递质门控 Cl^- 通道开放,引起 Cl^- 内流,结果使突触后膜发生超极化。此外,IPSP 的形成还可能与突触后膜 K^+ 通道开放或 Na^+ 和 Ca^{2+} 通道的关闭有关。

突触传递过程归纳如下:

突触前神经元●——→释放递质●
- 兴奋性递质 —与突触后膜受体结合；Na^+、K^+、Cl^-通透性增加→ 突触后膜去极化→EPSP→突触后神经元兴奋
- 抑制性递质 —与突触后膜受体结合；K^+、Cl^-通透性增加→ 突触后膜超极化→IPSP→突触后神经元抑制

【例1】在突触传递过程中，影响神经末梢递质释放量的关键因素是

A. 末梢膜电位的水平　　B. 末梢内线粒体的数量　　C. 末梢内囊泡的数量

D. 进入末梢内的 Ca^{2+} 量　　E. 末梢膜上化学门控 Ca^{2+} 通道的数量

3. 中枢兴奋传播的特征

(1) 单向传播　在反射活动中，兴奋经化学性突触传递，只能从突触前末梢传向突触后神经元。

(2) 中枢延搁　兴奋通过一个化学性突触通常需要0.3~0.5毫秒，比在同样距离的神经纤维上传导要慢得多。反射通路上跨越的化学性突触数目越多，则兴奋传递所需时间越长。

(3) 兴奋的总和　包括时间总和及空间总和。如果总和未达到阈电位水平，此时突触后神经元虽未出现兴奋，但膜电位与阈电位水平之间的差距缩小，此时只需接受较小刺激使之进一步去极化，便能达到阈电位，因此表现为易化。

(4) 兴奋节律的改变　某一反射弧的传入神经（突触前神经元）和传出神经（突触后神经元）在兴奋传递过程中的放电频率常常不同，这是因为突触后神经元常同时接受多个突触传递，且其自身功能状态也可能不同，因此最后传出冲动的频率取决于各种影响因素的综合效应。

(5) 后发放与反馈　是指当神经冲动经过环式联系时，由于冲动在环路中反复循环，原先刺激虽已停止，但在一定时间内传出通路上仍有冲动持续发放的现象。后发放常发生在环式联系的反射通路中。

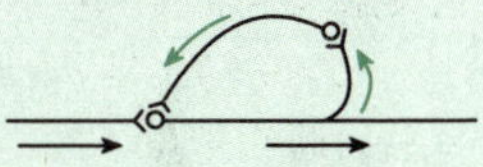

后发放存在于环式联系中

(6) 对内环境变化敏感和易疲劳　因突触间隙与细胞外液相通，因此内环境理化因素的变化可影响化学性突触传递。突触传递易发生疲劳，可能与神经递质的耗竭有关。

注意：由于中枢兴奋传递有突触结构和化学递质的参与，因此其特征与一般的突触传递很相似，但由于中枢中间神经元之间存在大量的环式联系，因此可出现后放电（后发放）现象。

【例2】在整个反射弧中，最易出现疲劳的部位是

A. 感受器　　B. 传入神经元　　C. 反射中枢的突触

D. 传出神经元　　E. 效应器

二、神经系统的感觉功能

1. 感觉传入通路——特异投射系统和非特异投射系统

由丘脑各部分向大脑皮层投射的通路称为感觉投射系统。根据投射特征的不同，该系统分为以下两类。

	特异投射系统	非特异投射系统
定义	是指丘脑特异感觉接替核及其投射至大脑皮层的神经通路	是指丘脑非特异投射核及其投射至大脑皮层的神经通路
投射细胞群	丘脑的第一、二类细胞群	丘脑的第三类细胞群
投射范围	投向大脑皮层的特定区域	投向大脑皮层的广泛区域
投射关系	点对点投射	弥散投射（不具备点对点投射关系）
传导的冲动	特异性感觉	各种不同感觉的共同上传途径 失去了专一的特异性感觉传导功能
功能	引起特定感觉 激发大脑皮层发出神经冲动	本身不能单独激发大脑皮层神经元放电 主要是维持和改变大脑皮层兴奋状态

网状结构上行激动系统是通过非特异投射系统发挥作用的，存在于脑干网状结构内。由于它是多突触接替系统，因此易受药物影响而发生传导阻滞，如巴比妥类药物的作用机制就是阻断这一系统的传导。

【例 3】非特异感觉投射的生理特点，正确的是

A. 为单突触传递系统　　B. 与大脑皮层具有点对点的投射关系

C. 没有专一的感觉传导功能　　D. 不易受巴比妥类药物的影响

E. 不通过脑干网状结构上行激动系统起作用

【例 4】丘脑的非特异性投射系统的主要作用是

A. 引起痛觉　　B. 引起温度觉　　C. 引起触觉

D. 使机体进入睡眠状态　　E. 维持大脑皮层的兴奋状态

2. 痛觉

(1)痛觉及其感受器　痛觉是一种与组织损伤有关的不愉快感觉和情感性体验。痛觉感受器不存在适宜刺激，任何形式(机械、温度、化学)的刺激只要达到对机体伤害的程度均可使痛觉感受器兴奋，因而痛觉感受器又称伤害感受器。痛觉感受器不易发生适应，属于慢适应感受器，因而痛觉可成为机体遭遇危险的警报信号，对机体具有保护意义。

(2)皮肤痛　由皮肤受到伤害性刺激引起，皮肤痛分为快痛和慢痛两种类型。当受到伤害刺激时，首先出现快痛，皮肤炎症时常以慢痛为主。快痛和慢痛的鉴别如下表。

	快痛	慢痛
感觉部位	皮肤	皮肤
时相	受刺激时迅速发生	一般在受刺激后 0.5~1.0 秒才发生
疼痛性质	尖锐刺痛	烧灼痛
定位	定位清楚	定位不明确
撤除刺激后	疼痛立即消失	疼痛持续几秒钟
传入纤维	A_δ 纤维	C 纤维
投射部位	大脑皮层第一、第二感觉区	扣带回

(3)内脏痛　内脏痛常由机械性牵拉、痉挛、缺血、炎症等刺激所致。

内脏痛的特点为：①定位不准确是最主要特点；②发生缓慢、持续时间长；③对牵拉刺激、扩张性刺激敏感，对切割、烧灼刺激不敏感；④特别能引起不愉快的情绪活动。

(4)牵涉痛　牵涉痛是指某些内脏疾病引起远隔的体表部位发生疼痛或痛觉过敏的现象。如心肌缺血时，常感到心前区、左肩和左上臂疼痛；胃溃疡和胰腺炎时，可出现左上腹和肩胛间疼痛；胆囊炎、胆石症发作时，可感觉右肩区疼痛；阑尾炎时，常感觉上腹部或脐周疼痛；肾结石常引起腹股沟区疼痛。

【例 5】内脏痛的主要特点是

A. 刺痛　　B. 快痛　　C. 定位不精确

D. 必有牵涉痛　　E. 对牵拉不敏感

三、神经系统对躯体运动的调节

1. 骨骼肌牵张反射及其类型

(1)概念　牵张反射是指骨骼肌受到外力牵拉时引起受牵拉的同一肌肉收缩的反射活动。

(2)类型　牵张反射包括腱反射和肌紧张。

①腱反射　是指快速牵拉肌腱时发生的牵张反射，表现为被牵拉肌肉迅速而明显地缩短，如膝反射、跟腱反射等。完成腱反射的时间很短，约需 0.7 毫秒，故为单突触反射。临床上常检查腱反射，以了解神经

系统的某些功能状态。腱反射减弱或消失提示反射弧的某个部位受损，腱反射亢进提示高位中枢有病变。

②肌紧张　是指缓慢持续牵拉肌腱时发生的牵张反射，表现为受牵拉的肌肉发生轻度而持续地收缩，即维持肌肉的紧张性收缩状态，阻止肌肉被拉长。肌紧张是由肌肉中的肌纤维轮流收缩而产生，故不易发生疲劳，产生的收缩力量也不大，不会引起躯体明显的位移。肌紧张属于多突触反射。在人类，伸肌是抗重力肌，肌紧张主要表现在伸肌，所以，肌紧张是维持躯体姿势最基本的反射活动，是姿势反射的基础。此外，肌紧张可增加机体产热量，是机体在寒冷环境中的一种重要的产热形式。

	腱反射	肌紧张
别名	动态牵张反射	静态牵张反射
性质	位相性牵张反射	紧张性牵张反射
定义	指快速牵拉肌腱发生的牵张反射	指缓慢持续牵拉肌腱发生的牵张反射
作用	被牵拉肌肉快速收缩，产生动作	受牵拉肌肉紧张性收缩，阻止被拉长
感受器	肌梭	肌梭
效应器	肌肉收缩速度快的快肌纤维	肌肉收缩速度慢的慢肌纤维
收缩特点	同步性快速收缩，表现为明显的动作 不能持久进行，易疲劳	持续性交替收缩，不表现为明显的动作 能持久进行，不易疲劳
反射类型	单突触反射	多突触反射
生理意义	辅助诊断疾病	维持姿势，辅助诊断疾病
举例	膝反射、跟腱反射、肘反射	躯体姿势的维持

【例6】维持躯体姿势的最基本方式是

A. 屈肌反射　　B. 对侧伸肌反射　　C. 腱反射
D. 肌紧张反射　　E. 翻正反射

【例7】快速牵拉肌肉时发生的牵张反射是使

A. 受牵拉的肌肉发生收缩　　B. 同一关节的协调肌抑制　　C. 同一关节的拮抗肌兴奋
D. 其他关节的肌肉也收缩　　E. 伸肌和屈肌同时收缩

2. 基底神经节对躯体运动的调节功能

(1)基底神经节的组成　基底神经节主要由纹状体(尾核、壳核、苍白球)、中脑黑质、丘脑底核等组成。其中，纹状体对运动调节起主要作用。

(2)基底神经节的功能　主要是调节躯体运动，与随意运动的稳定、肌紧张的控制、本体感觉传入信息的处理有关。

(3)与基底神经节有关的疾病　黑质和纹状体之间有许多往返的纤维联系，从黑质至纹状体的纤维是多巴胺能系统，从纹状体至黑质的纤维是γ-氨基丁酸能系统。此外，在纹状体内部还有乙酰胆碱能系统。多巴胺能系统的作用是抑制乙酰胆碱递质系统的功能。基底神经节损伤可产生两类临床表现截然相反的疾病，分别以帕金森病和舞蹈病为代表。

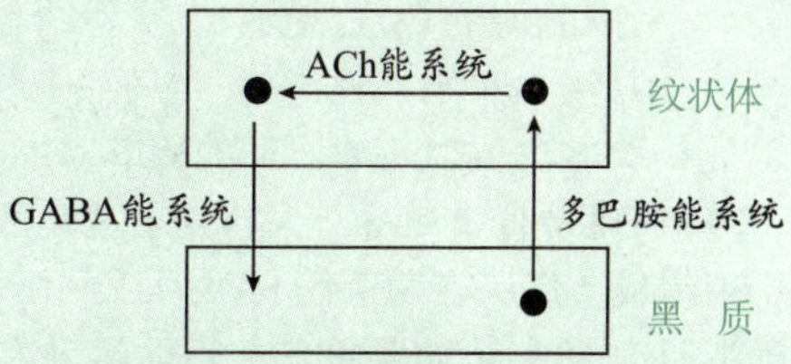

黑质-纹状体投射系统

①帕金森病　当黑质受损时，黑质细胞的多巴胺能系统受损，脑内多巴胺含量下降，对乙酰胆碱能系统的抑制作用减弱，机体出现乙酰胆碱递质亢进的症状。常表现为全身肌张力增高、肌肉强直、随意运动减少、动作迟缓、表情呆板。此外，还有静止性震颤(可能与丘脑外侧腹核的功能异常有关)。给予多巴胺前体左旋多巴或M受体拮抗剂东莨菪碱能明显改善病人症状，但这两类药物对静止性震颤无效。

②舞蹈病　是由于纹状体受损，体内胆碱能神经元和γ-氨基丁酸能神经元功能减退所致。多巴胺

神经元功能相对亢进，出现与帕金森病相反的症状。临床上用利血平耗竭多巴胺可缓解其症状。

	帕金森病(震颤麻痹)	舞蹈病(亨廷顿病)
临床特点	全身肌紧张增高，肌肉强直 随意运动减少，动作缓慢，面部表情呆板 常伴有静止性震颤	肌张力降低 随意运动过多 (不自主的上肢和头部舞蹈样动作)
病变部位	黑质	新纹状体
受损系统	多巴胺能系统、中缝核 5-羟色胺能系统	乙酰胆碱能系统、γ-氨基丁酸能系统
脑内多巴胺	降低	一般正常
临床治疗	多巴胺前体左旋多巴、M 受体拮抗剂东莨菪碱	利血平(耗竭多巴胺)

【例 8】帕金森病患者可出现的症状是

A. 运动共济失调　　B. 骨骼肌张力降低　　C. 静止性震颤

D. 意向性震颤　　E. 皮肤感觉迟钝

3. 小脑对躯体运动的调节功能

小脑的主要功能是维持躯体平衡、调节肌紧张、协调随意运动。根据小脑的传入、传出纤维联系，可将小脑分为前庭小脑、脊髓小脑和皮层小脑三个功能区。

	前庭小脑	脊髓小脑	皮层小脑
主要组成	绒球小结叶	蚓部和半球中间部	半球外侧部
主要功能	控制躯体平衡和眼球运动	调节正在进行的动作 协调大脑皮层对随意运动的控制	参与随意运动的设计和程序编程
伤后表现	站立不稳、步基宽 步态蹒跚、容易跌倒 随意运动仍能协调 位置性眼球震颤	运动变得笨拙 随意运动不能很好地控制 意向性震颤、小脑性共济失调 四肢乏力	一般无症状 可有起始运动延缓和已形成的快速而熟练动作的缺失

记忆：①前庭小脑的功能及伤后表现，记忆为——冲锋在前(前庭小脑)的战士，容(绒球小结叶)易受伤，受伤后站立不稳、步态蹒跚、容易跌倒、翻白眼(位置性眼球震颤)。

②**脊髓**小脑—**蚓**部和**中**间部—**小**脑性共济失调、**意**向性震颤——记忆为"谁在营中—小意"。

【例 9】小脑绒球小结叶受损后的表现是

A. 运动编程功能受损　　B. 运动启动功能障碍　　C. 肌肉精细运动受损

D. 身体平衡功能障碍　　E. 运动协调功能受损

4. 大脑皮层对躯体运动的调节功能

(1)运动传出通路　大脑皮层运动区主要位于中央前回。运动传出通路主要由皮层脊髓束、皮层脑干束组成。皮层脊髓束约 80%的纤维在延髓锥体跨过中线，形成皮质脊髓侧束下行，其功能是控制四肢远端肌肉的活动，与精细的技巧性运动有关；其余 20%的纤维在延髓不跨越中线，形成皮层脊髓前束下行，其功能是控制躯干、四肢近端的肌肉，与姿势的维持、粗略运动有关。

此外，上述通路发出的侧支和一些直接起源于运动皮层的纤维，经脑干某些核团接替后形成顶盖脊髓束、网状脊髓束和前庭脊髓束，其功能和皮层脊髓前束相似，参与近端肌肉有关粗略运动和姿势的调节；而红核脊髓束的功能可能和皮质脊髓侧束相似，参与四肢远端肌肉有关精细运动的调节。

(2)巴宾斯征　皮质脊髓侧束损伤后将出现巴宾斯征阳性。平时脊髓受高位中枢的控制，这一原始反射被抑制而不表现出来，为巴宾斯征阴性。婴儿因皮质脊髓束发育不完全，成人在深睡或麻醉状态下，都可以出现巴宾斯征阳性。临床上常用此征来检查皮质脊髓侧束的功能是否正常。

(3)**软瘫和硬瘫**　运动传出通路损伤后,临床上常出现软瘫和硬瘫两种表现。

	软瘫(柔软性麻痹)	硬瘫(痉挛性麻痹)
麻痹范围	常较局限	常较广泛
随意运动	丧失	丧失
肌紧张(张力)	减退,松弛	过强,痉挛
腱反射	减弱或消失	增强
浅反射	减弱或消失	减弱或消失
Babinski 征	阴性	阳性
肌萎缩	明显	不明显
产生原因	脊髓或脑运动神经元损伤	姿势调节系统损伤

四、神经系统对内脏功能的调节

自主神经系统也称内脏神经系统,其主要功能是调节内脏活动。自主神经包括交感神经和副交感神经,其主要递质和受体是乙酰胆碱和去甲肾上腺素及其相应的受体。

1. 自主神经系统的主要递质、受体与功能

(1)**乙酰胆碱及其受体的功能**　分布于所有自主神经节前纤维。胆碱能受体包括 M 受体和 N 受体。

	M 受体(毒蕈碱受体)	N 受体(烟碱受体)
作用	M 样作用(毒蕈碱样作用)	N 样作用(烟碱样作用)
特点	ACh 效应能被毒蕈碱模拟 ACh 效应能被阿托品阻断	ACh 效应能被烟碱模拟,不能被阿托品阻断 六烃季铵阻断 N_1 受体、十烃季铵阻断 N_2 受体 筒箭毒碱阻断 N_1+N_2 受体
分布	多数副交感节后(除少数释放肽类、嘌呤类外) 少数交感节后(支配骨骼肌的舒血管和汗腺)	CNS 和自主神经节后神经元上(N_1) 骨骼肌神经-肌接头处的终板膜中(N_2)
效应	心脏活动抑制 支气管、胃肠平滑肌、膀胱逼尿肌、虹膜环行肌收缩 消化腺分泌↑、汗腺分泌↑,骨骼肌血管舒张	引起自主节后神经元兴奋 引起骨骼肌收缩

记忆:筒箭毒碱阻断 N_1+N_2 受体,记忆为一箭双雕(N_1、N_2)。

(2)**去甲肾上腺素及其受体的功能**　肾上腺素能受体分 α 受体和 β 受体。

	α 受体	β 受体
分布	广泛分布于中枢和周围神经系统	广泛分布于中枢和周围神经系统
周围	皮肤、肾、胃肠的血管平滑肌以 α 受体为主	骨骼肌、肝脏的血管平滑肌、心脏以 β 受体为主
作用	与 NE 结合主要产生平滑肌兴奋效应 (血管、子宫、虹膜辐射状肌) 少数为抑制性效应(如小肠舒张)	β_1 与 NE 结合产生正性效应(心率↑、传导↑、心缩力↑) β_2 与 NE 结合产生抑制效应(血管、子宫、小肠、支气管) β_3 主要分布在脂肪组织,与脂肪分解有关
特点	哌唑嗪阻断 α_1 受体,育亨宾阻断 α_2 受体 酚妥拉明阻断 $\alpha_1+\alpha_2$ 受体	阿替洛尔、美托洛尔阻断 β_1,心得乐(丁氧胺)阻断 β_2 心得安(普萘洛尔)阻断 $\beta_1+\beta_2$ 受体

(3)**自主神经系统的主要功能**　主要调节心肌、平滑肌和腺体的活动,其调节功能是通过不同的递质和受体实现的。自主神经系统胆碱能和肾上腺素能受体的分布和作用如下表。

效应器	胆碱能受体		肾上腺素能受体	
	受体	生理效应	受体	生理效应
自主神经节	N_1	节前-节后兴奋传递		
骨骼肌	N_2	骨骼肌神经-肌接头传递		
眼				
虹膜环行肌	M	收缩(缩瞳)		
虹膜辐射状肌			α_1	收缩(扩瞳)
睫状体肌	M	收缩(视近物)	β_2	舒张(视远物)
心				
窦房结	M	心率减慢	β_1	心率加快
房室传导系统	M	传导减慢	β_1	传导加快
心肌	M	收缩力减弱	β_1	收缩力增强
血管				
冠状血管	M	舒张	α_1	收缩
			β_2	舒张(为主)
皮肤黏膜血管	M	舒张	α_1	收缩
骨骼肌血管	M	舒张	α_1	收缩
			β_2	舒张(为主)
脑血管	M	舒张	α_1	收缩
腹腔内脏血管			α_1	收缩(为主)
			β_2	舒张
唾液腺血管	M	舒张	α_1	收缩
支气管				
平滑肌	M	收缩	β_2	舒张
腺体	M	促进分泌	α_1	抑制分泌
			β_2	促进分泌
胃肠				
胃平滑肌	M	收缩	β_2	舒张
小肠平滑肌	M	收缩	α_2	舒张
			β_2	舒张
括约肌	M	舒张	α_1	收缩
腺体	M	促进分泌	α_2	抑制分泌
胆囊和胆道	M	收缩	β_2	舒张
膀胱				
逼尿肌	M	收缩	β_2	舒张
三角区和括约肌	M	舒张	α_1	收缩
输尿管平滑肌	M	收缩	α_1	收缩
子宫平滑肌	M	可变	α_1	收缩(有孕)
			β_2	舒张(无孕)
皮肤				
汗腺	M	促进温热性发汗	α_1	促进精神性发汗
竖毛肌			α_1	收缩
唾液腺	M	分泌大量稀薄唾液	α_1	分泌少量黏稠唾液
糖酵解			β_2	加强
脂肪分解			β_3	加强

【例 10】下列药物或毒物中,可阻断 N 型胆碱能受体的物质是

A. 筒箭毒　　B. 普萘洛尔(心得安)　　C. 酚妥拉明

D. 阿托品　　E. 烟碱

【例11】男,60岁,诊断为重症肌无力。治疗过程中出现呼吸困难、多汗、流涎、瞳孔缩小,可能的原因是

A. 胆碱能系统亢进　　B. 胆碱能系统抑制　　C. 肾上腺素能系统亢进
D. 肾上腺素能系统抑制　　E. 5-HT系统亢进

【例12】去甲肾上腺素激活α受体后引起舒张效应的部位是

A. 冠状血管　　B. 皮肤黏膜血管　　C. 脑血管
D. 小肠平滑肌　　E. 竖毛肌

2. 脑干和下丘脑的功能

(1)脑干　延髓、脑桥和中脑合称脑干。脑干中有许多重要的神经中枢,如延髓网状结构中有呼吸中枢、循环中枢等,因此延髓有生命中枢之称。中脑是瞳孔对光反射的中枢,因此通过检查瞳孔对光反射可初步判断颅脑损伤是否累及脑干。

(2)下丘脑　下丘脑是较高级的内脏活动调节中枢。

①体温调节　体温调节中枢位于下丘脑,视前区-下丘脑前部存在温度敏感神经元。

②水平衡调节　下丘脑对肾排水的调节是通过控制视上核和室旁核合成和释放抗利尿激素实现的。

③对腺垂体和神经垂体激素分泌的调节　下丘脑可调节下丘脑调节肽的分泌。

④生物节律控制　日周期是重要的生物节律,如血细胞数、体温、促肾上腺皮质激素分泌等的日周期变动。控制日周期的关键部位是视交叉上核。

⑤其他　参与调节摄食行为、饮水行为和性行为等本能行为,还可参与睡眠、情绪及情绪生理反应等。

五、脑的高级功能

条件反射是条件刺激和非条件刺激在时间上多次结合而建立起来的,这个过程称为强化。例如,给狗喂食可引起唾液分泌,这是非条件反射,食物是非条件刺激。给狗以铃声不会引起唾液分泌,因为铃声与食物无关。但若每次给狗喂食前出现铃声,经多次反复后,只要一出现铃声,狗就会分泌唾液。在这种情况下,铃声就成了条件刺激。在条件反射建立后,如果反复给予铃声而不给食物,条件反射(唾液分泌)就会减弱,最后完全消失。这称为条件反射的消退。条件反射的消退不是条件反射的简单丧失,而是中枢将原先引起兴奋的信号转变为产生抑制的信号。

	非条件反射	条件反射
定义	生来就有、数量有限、比较固定和形式低级的反射活动	指通过后天学习和训练而形成的反射
反射中枢	低位中枢	高位中枢(大脑皮层)
反射数量	很少	无数
举例	防御反射、食物反射、性反射、吸吮反射	巴甫洛夫实验
形成时间	先天就有,种族性	后天通过学习而得,个体性
生理意义	对于个体和种族的生存具有重要意义	使机体更能精确地适应内外环境的变化

【例13】下列各项生理功能活动中,属于条件反射的是

A. 咀嚼、吞咽食物引起胃酸分泌　　B. 闻到食物香味引起唾液分泌
C. 叩击股四头肌肌腱引起小腿前伸　　D. 强光刺激视网膜引起瞳孔缩小
E. 异物接触角膜引起眼睑闭合

常考点　突触传递;牵张反射;感觉投射系统。

参考答案——详细解答见2021《贺银成国家临床执业及助理医师资格考试历年考点精析》

1. ABCDE　2. ABCDE　3. ABCDE　4. ABCDE　5. ABCDE　6. ABCDE　7. ABCDE
8. ABCDE　9. ABCDE　10. ABCDE　11. ABCDE　12. ABCDE　13. ABCDE

第 10 章 内分泌与生殖

考纲要求

①腺垂体激素:生长激素的生理作用及其分泌调节。②甲状腺激素:生理作用及其分泌调节。③胰岛素:生理作用及其分泌调节。④肾上腺糖皮质激素:生理作用及其分泌调节。⑤调节钙、磷代谢的激素:甲状旁腺激素的生理作用,降钙素的生理作用,维生素 D_3 的生理作用。⑥男性生殖:雄激素及其生理作用。⑦女性生殖:雌激素、孕激素及其生理作用,卵巢和子宫内膜的周期性变化及其激素调节。

复习要点

一、内分泌

1. 生长激素的生理作用及其分泌调节

(1)生理作用 生长激素(GH)是腺垂体中含量最多的激素,其生理作用为:

①促生长作用 生长激素是促进生长发育最重要的激素。幼年缺乏将患侏儒症,分泌过多将患巨人症;成人分泌过多易患肢端肥大症。生长激素主要促进骨、软骨、肌肉和其他组织细胞的分裂增殖和蛋白质合成,从而加速骨骼和肌肉的生长发育。

②调节代谢 促进蛋白质合成、促进脂肪分解、升高血糖。

③参与应激反应 应激时生长激素分泌增多。

记忆:①有人将“生长激素”称为“年轻激素”。为了保持年轻,蛋白质合成增加;脂肪分解增加;抑制葡萄糖的消耗,升高血糖;增强钾、钠、钙、磷、硫等重要元素的摄取及利用。

②使蛋白质合成增加的激素——生长激素、生理量的甲状腺激素、胰岛素、睾酮、雌激素。

③使蛋白质分解增加的激素——糖皮质激素、大剂量的甲状腺激素。

④生长激素虽可促进生长发育,但不能促进神经系统的发育,促进神经系统发育的是甲状腺激素。

【例 1】下列关于生长激素功能的叙述,错误的是

A. 加速蛋白质的合成

B. 促进脂肪的合成

C. 促进生长发育

D. 升高血糖水平

E. 减少尿氮排出

(2)分泌调节

①下丘脑的调节作用 GH 受生长激素释放激素(GHRH)与生长抑素/生长激素抑制激素(SS/GHIH)的双重调节。GHRH 对 GH 的分泌起经常性调节作用。

②负反馈调节 GH 对下丘脑、腺垂体有负反馈调节作用。

③激素的作用 甲状腺激素、雌激素、睾酮均可促进生长激素的释放。在青春期,血中雌激素或睾酮浓度增高,可使 GH 分泌明显增加而引起青春期突长。

④低血糖 急性低血糖是刺激 GH 分泌效应最显著的因素。血糖降低时,下丘脑腹内侧核等神经元兴奋性增强,引起腺垂体 GH 分泌增多。

⑤代谢因素 高蛋白饮食、注射某些氨基酸,可刺激 GH 分泌。而游离脂肪酸增多时,则减少 GH 分泌。

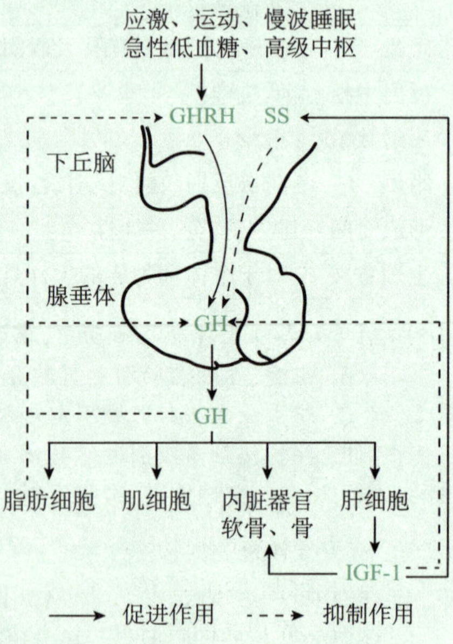

生长激素的主要作用及分泌的调节

⑥睡眠 人在觉醒状态下，GH 分泌较少，夜间进入慢波睡眠后 GH 分泌增加。

2. 甲状腺激素的生理作用及其分泌调节

(1)生理作用

促进生长发育	甲状腺激素是促进机体生长发育必不可少的激素。幼儿缺乏时导致克汀病(呆小症) 甲状腺激素和生长激素具有协同作用，调控幼年期生长发育
对神经系统的影响	甲状腺激素是胎儿和新生儿脑发育的关键激素，是影响神经系统发育最重要的激素 甲状腺激素可促进神经元增殖、分化，促进胶质细胞生长，促进神经元骨架发育
增强能量代谢	显著的产热效应——1mg T_4 可使机体增加产热量 4200kJ，基础代谢率提高 28% 产热效应与 Na^+-K^+-ATP 酶活性升高、氧化磷酸化加强等有关
对代谢的影响	甲亢时基础代谢率增高、耗氧量增加、产热增加
对糖代谢的影响	大剂量 T_3、T_4 可促进糖的吸收和肝糖异生，因此甲亢患者血糖升高 但 T_3、T_4 还可加速外周组织对糖的利用，降低血糖，故随后血糖又很快降低
对脂类代谢的影响	血胆固醇降低(甲状腺激素既可促胆固醇降解，也可促合成，但促分解>促合成)
对蛋白质代谢的影响	生理量的甲状腺激素——促进蛋白质合成 大量 T_3、T_4 时(如甲亢)——促进蛋白质分解
对心血管活动的影响	心率加快、心肌收缩力增强、心输出量增加、脉压增大

注意：①呆小症——幼年时缺乏甲状腺激素；②侏儒症——幼年时生长激素分泌不足；
③黏液性水肿——成年时缺乏甲状腺激素；④甲亢——成年时甲状腺激素分泌过多；
⑤巨人症——幼年时生长激素分泌过多；⑥肢端肥大症——成年生长激素分泌过多；
⑦地方性甲状腺肿——食物中缺碘；⑧水牛背(向心性肥胖)——糖皮质激素过多。

【例 2】下列不属于内分泌器官的是
A. 腺垂体 B. 肾上腺 C. 睾丸
D. 前列腺 E. 甲状旁腺

【例 3】甲状腺激素对下列哪些器官的发育最为重要?
A. 肝和肾 B. 肾和心 C. 骨和脑
D. 肝和脑 E. 心和脑

【例 4】甲状腺功能减退症患者有严重的智力低下、聋哑的表现，估计其甲状腺功能减退始于
A. 胎儿期或新生儿期 B. 3~5 岁 C. 6~10 岁
D. 11~17 岁 E. 18 岁以后

【例 5】影响神经系统发育最重要的激素是
A. 生长激素 B. 甲状腺激素 C. 糖皮质激素
D. 胰岛素 E. 性激素

【例 6】甲状腺激素分泌不足可引起
A. 黏液性水肿 B. 小儿麻痹 C. 巨人症
D. 矮小症 E. 肢端肥大症

(2)分泌调节

①下丘脑(TRH)-腺垂体(TSH)-甲状腺(TH)轴调节系统 下丘脑释放的 TRH 可刺激腺垂体分泌 TSH，TSH 可刺激甲状腺滤泡增生、TH 合成与分泌。当血液中游离的 T_3、T_4 达到一定水平时又可产生负反馈效应，抑制 TSH 和 TRH 的分泌。

②甲状腺功能的自身调节 血碘升高时，可诱导碘的活化和甲状腺激素的合成；但当血碘升高到一定水平后反而抑制碘的活化过程，使甲状腺激素合成减少。

③甲状腺功能的神经调节　交感神经兴奋可促进甲状腺激素的分泌，副交感神经的作用不清。

3. 胰岛素的生理作用及其调节

（1）生理作用　胰岛素是促进合成代谢，维持血糖浓度稳态的主要激素。

①糖　使血糖降低（促进全身组织摄取和氧化葡萄糖，促进糖原合成与储存，抑制糖异生，促进葡萄糖转变为脂肪酸，并储存于脂肪组织中）。

②脂肪　促进脂肪酸合成，抑制脂肪动员和分解。

③蛋白质　胰岛素可促进蛋白质合成，抑制蛋白质分解。胰岛素可在蛋白质合成的各个环节发挥作用，是蛋白质合成与储存不可缺少的激素。

④调节能量平衡　胰岛素可在整体水平参与机体摄食平衡的调节。胰岛素可增强瘦素的作用。

【例 7】降糖升蛋白的激素是

A. 甲状腺素　　B. 胰岛素　　C. 雄激素
D. 生长素　　E. 雌激素

【例 8】下列关于胰岛素的叙述，错误的是

A. 促进糖的储存和利用　　B. 促进葡萄糖转变为脂肪
C. 抑胃肽对胰岛素的分泌有调节作用　　D. 促进脂肪和蛋白质的分解和利用
E. 与生长激素有协调效应

【例 9】下列哪种激素是蛋白质合成与储存所不可缺少的？

A. 胰高血糖素　　B. 胰多肽　　C. 胰岛素
D. 生长抑素　　E. 氢化可的松

（2）分泌调节

①营养成分的调节作用　A.血糖水平是调节胰岛素分泌最重要的因素。B.精氨酸、赖氨酸可刺激胰岛素分泌。C.血液中游离脂肪酸、酮体明显增多时，可促进胰岛素分泌。

②胃肠激素　促胃液素、促胰液素、缩胆囊素、抑胃肽均可促进胰岛素分泌，其中抑胃肽作用最强。

③胰岛激素　胰岛内的胰高血糖素可通过直接作用于 β 细胞及升高血糖间接促进胰岛素的分泌。

④神经调节　迷走神经兴奋可刺激胰岛素分泌，交感神经兴奋抑制胰岛素分泌。

4. 肾上腺糖皮质激素的生理作用及其调节

（1）生理作用

对糖代谢的影响	使血糖升高（促进糖异生、抑制肝外组织的葡萄糖利用、对抗胰岛素作用）
对脂肪代谢的影响	使脂肪重新分布——水牛背、圆月脸（四肢脂肪分解，头面躯干脂肪合成增强）
对蛋白质代谢的影响	加强蛋白质分解、消瘦（促进肝外蛋白质分解、肝内蛋白质合成）
对水盐代谢的影响	保钠排水排钾（比醛固酮作用弱）。肾上腺皮质功能不足患者，可出现“水中毒”
对血细胞的影响	使红细胞、血小板和中性粒细胞计数增加，淋巴细胞和嗜酸性粒细胞计数减少
对循环系统的影响	本身无缩血管作用，但对儿茶酚胺有很好的允许作用
参与应激反应	应激时启动“下丘脑-腺垂体-肾上腺皮质系统”，引起 ACTH、糖皮质激素、儿茶酚胺、生长激素、催乳素、胰高血糖素、血管升压素、醛固酮、β-内啡肽等增加

注意：①应急反应——可导致交感-肾上腺髓质系统活动增强。
②应激反应——可导致下丘脑-腺垂体-肾上腺皮质系统活动增强。

（2）分泌调节　糖皮质激素可有基础分泌和应激分泌，均由下丘脑-垂体-肾上腺皮质轴进行调控。

【例 10】糖皮质激素升高血糖的机制是

A. 减少糖异生　　B. 抑制肝外组织的葡萄糖利用　　C. 促进糖类转变为脂肪

D. 促进脂酸合成　　E. 促进葡萄糖氧化

【例 11】患者长期大量使用糖皮质激素时，下列哪种变化正确？
A. 血中 CRH 增加　　B. 血中 ACTH 减少　　C. 血中 TSH 增加
D. 血中 GH 减少　　E. 血中 PRL 增加

【例 12】个体处于应急状态时，表现为心率加快，血压增高，呼吸加快，血糖升高和肌张力增强，这些生理反应说明活动增强的神经内分泌系统是
A. 下丘脑-垂体-甲状腺轴　　B. 下丘脑-垂体-肾上腺皮质轴　　C. 交感-肾上腺髓质轴
D. 下丘脑-垂体-性腺轴　　E. 下丘脑-垂体后叶轴系

【例 13】下列关于肾上腺糖皮质激素的叙述，正确的是
A. 促进蛋白质合成　　B. 促进脂肪的合成和贮存　　C. 促进细胞利用葡萄糖
D. 减少血中红细胞的数量　　E. 保持血管对儿茶酚胺的正常反应

5. 调节钙、磷代谢的激素

(1) 甲状旁腺激素的生物学作用　主要作用是升高血钙、降低血磷，其靶器官是肾与骨。

①对肾的作用　甲状旁腺激素(PTH)可促进远曲小管和集合管对钙的重吸收，减少尿钙排泄，从而升高血钙；同时可抑制近端和远端小管对磷的重吸收，促进尿磷排出，使血磷降低；PTH 还可激活肾近端小管细胞线粒体中的 1α-羟化酶，催化 25-(OH)-D_3 转变为生物活性更高的钙三醇，即 1,25-$(OH)_2$-D_3，进而间接促进小肠黏膜细胞吸收钙和磷。

②对骨的作用　PTH 可促进骨钙入血，升高血钙。PTH 分泌过多可增强溶骨过程，导致骨质疏松。

(2) 降钙素的生物学作用　主要作用是降低血钙和血磷。

①对骨的作用　降钙素(CT)能抑制破骨细胞的活动，减弱溶骨过程；增强成骨过程，使骨组织钙磷沉积增加，从而降低血钙和血磷。

②对肾的作用　CT 能减少肾小管对钙磷的重吸收，增加尿中钙磷的排泄量。

(3) 维生素 D_3 的生物学作用　维生素 D_3 不是内分泌细胞合成的激素，它必需转化为活性形式才能参与钙磷的调节代谢。维生素 D_3 先在肝内 25-羟化酶作用下生成 25-(OH)-D_3，然后在肾内 1α-羟化酶催化下转变为高活性的 1,25-$(OH)_2$-D_3，后者的主要作用是升高血钙和血磷。

①对小肠的作用　促进小肠黏膜对钙磷的吸收。

②对骨的作用　一方面可增加破骨细胞数量，增强骨的溶解，使骨钙和骨磷释放入血；另一方面又可刺激成骨细胞活动，促进骨钙沉积和骨的形成。1,25-$(OH)_2$-D_3 的总效应是升高血钙。

③对肾的作用　促进肾小管对钙磷的重吸收。

【例 14】分泌降钙素的细胞是
A. 甲状旁腺细胞　　B. 甲状腺滤泡细胞　　C. 甲状腺滤泡旁细胞
D. 破骨细胞　　E. 成骨细胞

【例 15】下列属于甲状旁腺激素作用的是
A. 抑制肾小管磷的重吸收　　B. 抑制肾小管钙的重吸收　　C. 抑制活性维生素 D 的合成
D. 抑制肠道钙的吸收　　E. 抑制破骨细胞的活性

【例 16】甲状旁腺激素对血钙的调节主要是通过
A. 肠和胃　　B. 肝和胆　　C. 胰和胆
D. 骨和肾　　E. 脑垂体

二、生殖

1. 雄激素及其生理作用

雄激素主要由睾丸间质细胞分泌，包括睾酮、脱氢表雄酮、雄烯二酮、雄酮等，其中以睾酮的生物活性

最强。雄激素的生理作用包括：

(1)影响胚胎分化 雄激素可诱导含Y染色体的胚胎向男性化方向分化，促进内生殖器的发育。

(2)维持生精作用 睾酮进入支持细胞转变为双氢睾酮，随后进入生精小管，促进生精细胞的分化和精子的生成过程。

(3)刺激附性器官的生长和维持性欲 促进男性副性征出现，并维持其正常状态。

(4)对代谢的影响 促进蛋白质合成，特别是肌肉和生殖器官的蛋白质合成。促进骨骼生长、钙磷沉积和红细胞生成。

【例17】睾酮没有的作用是

A. 刺激生殖器官的生长发育　　B. 维持生精作用　　C. 溶骨作用

D. 维持正常性欲　　E. 促进红细胞生成

【例18】下列有关睾酮功能的叙述，错误的是

A. 促进精子生长发育　　B. 抑制蛋白质合成　　C. 促进骨骼生长

D. 促进副性征的出现　　E. 维持正常性欲

【例19】睾丸内合成睾酮的细胞是

A. 生精细胞　　B. 支持细胞　　C. 间质细胞

D. 成纤维细胞　　E. 肌样细胞

2. 雌激素的生理作用

乳腺	促进乳腺发育(刺激乳腺导管增生、促使脂肪沉积于乳腺)
女性特征	全身脂肪和毛发分布具有女性特征，音调高，骨盆宽大，臀部肥厚
子宫	促进子宫发育，使子宫内膜发生增生期变化，增加宫颈黏液的分泌
输卵管	促进输卵管上皮增生、分泌增多、运动增强，有利于精子与卵子的运行
阴道	促进阴道黏膜上皮增生、角化，糖原含量增加，阴道分泌物呈酸性
卵泡	促进卵泡发育成熟，诱导排卵前LH峰的出现，从而促进排卵
蛋白质	促进蛋白质合成，促进生长发育
骨	促进骨的生长(刺激成骨细胞的活动，抑制破骨细胞的活动)
胆固醇	降低血浆胆固醇和低密度脂蛋白含量，增加高密度脂蛋白含量
电解质	保钠保水排钾增多(雌激素可使醛固酮分泌增多)

记忆：①雌激素作用=促进"女性特征"+纤瘦(胆固醇降低)+柔情似水(水钠潴留增多)。

②导致血浆胆固醇降低——雌激素、甲状腺激素增多(Graves病)。

③导致水钠潴留——雌激素、醛固酮(注意与肾上腺皮质功能不全时的"水中毒"区别)。

④保钠排钾排水——糖皮质激素。

⑤使蛋白质合成增加——生长激素、生理量的甲状腺激素、胰岛素、睾酮、雌激素。

⑥使蛋白质分解增加——糖皮质激素、大量的甲状腺激素(如甲亢)。

⑦青春期乳腺发育——雌激素的作用。

⑧妊娠期乳腺发育——雌激素+孕激素+催乳素的作用。

【例20】属于雌激素作用的是

A. 宫颈黏液减少　　B. 阴道上皮细胞脱落加快　　C. 促进乳腺腺泡发育成熟

D. 促进水钠潴留　　E. 抑制输卵管肌收缩的振幅

3. 孕激素的生理作用

对子宫影响	①促使子宫内膜增生(增生期→分泌期)——"铺床" ②为受精卵的生存和着床提供适宜的环境——"着床" ③降低子宫肌的兴奋性，抑制母体对胎儿的排斥反应——"安睡"
对乳腺影响	在雌激素作用下，孕激素可促进乳腺发育和成熟，并与缩宫素等激素一起为泌乳做准备
产热作用	排卵后基础体温升高 0.5℃，临床上常将基础体温双相型变化作为排卵的标志

注意：①雌激素主要促进乳腺导管细胞发育，孕激素主要是促进乳腺腺泡细胞发育。
②雌激素主要促进子宫内膜发生增生期变化，孕激素主要促进子宫内膜发生分泌期变化。

【例 21】能够引起排卵后基础体温升高的激素是
A. 黄体生成素　　B. 卵泡刺激素　　C. 雌激素
D. 孕激素　　E. 催乳素

4. 卵巢和子宫内膜的周期性变化及其激素调节

青春期后，卵巢在腺垂体促性腺激素作用下，生卵功能出现月周期性变化：卵泡期→排卵→黄体期。在一个月经周期中，血液中的 GnRH、FSH、LH 及卵巢激素的水平均发生周期性变化。

(1)卵泡期　是指月经开始至排卵的阶段，约 14 天。卵泡期开始，血中雌激素和孕激素水平均很低，对 FSH 和 LH 分泌的反馈抑制作用较弱，FSH 和 LH 浓度逐渐升高。在 FSH 和 LH 的作用下，排卵前 1 周左右，卵泡合成的雌激素明显增加，使血中 FSH 下降(对垂体的负反馈作用)，LH 仍缓慢升高。雌激素由于局部正反馈作用，其浓度仍不断升高，在排卵前 1 天达第 1 次高峰。雌激素可正反馈作用于下丘脑，使 GnRH 分泌增加，GnRH 刺激腺垂体分泌释放 LH，形成血中 LH 高峰。

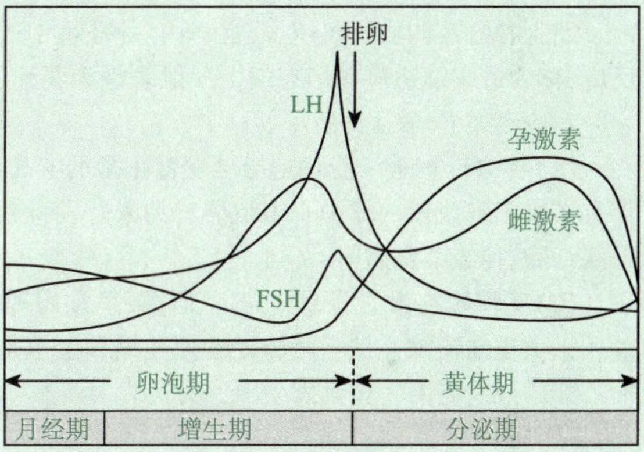

月经周期中相关激素的变化

(2)排卵　LH 峰是引发排卵的关键因素。

(3)黄体期　是指排卵开始至下次月经出现的阶段，约 14 天。排卵后，颗粒细胞黄体化，并分泌大量雌激素和孕激素，导致排卵后雌激素第 2 次高峰。反馈抑制下丘脑和腺垂体，血中 GnRH、FSH、LH 浓度相应下降。此时，子宫内膜由于孕激素和雌激素的刺激，其内膜细胞增大，糖原含量增加，处于分泌期。

若不受孕则黄体退化，使孕激素和雌激素浓度下降，引起子宫内膜血管痉挛收缩、内膜脱落形成月经。若怀孕，则胎盘分泌绒毛膜促性腺激素，使月经黄体变成妊娠黄体，维持黄体分泌雌激素和孕激素的功能。

从上可知：①LH 峰是控制排卵的关键性因素。②排卵主要与黄体生成素(LH)有关：引起排卵的关键激素为 LH；导致雌激素出现第二次高峰的直接原因为 LH。③产生 2 个高峰的激素为雌激素：第 1 个高峰为 FSH、LH 升高所致；第 2 个高峰为 LH 引起；LH 峰为雌激素的第 1 峰诱发。

▶▶**常考点**　各种激素的生理作用。

参考答案——详细解答见 2021《贺银成国家临床执业及助理医师资格考试历年考点精析》

1. ABCDE　2. ABCDE　3. ABCDE　4. ABCDE　5. ABCDE　6. ABCDE　7. ABCDE
8. ABCDE　9. ABCDE　10. ABCDE　11. ABCDE　12. ABCDE　13. ABCDE　14. ABCDE
15. ABCDE　16. ABCDE　17. ABCDE　18. ABCDE　19. ABCDE　20. ABCDE　21. ABCDE

第三篇　病理学

第 1 章　细胞组织的适应、损伤和修复

考纲要求

①适应性改变:萎缩的概念及类型,肥大、增生和化生的概念及类型。②损伤:可逆性损伤(概念、类型及病理变化),不可逆性损伤(细胞死亡的概念、类型、病理变化、结局,凋亡的概念)。③修复:再生的概念及类型,各种细胞的再生能力,肉芽组织的结构和功能。

复习要点

一、适应性改变

细胞和由其构成的组织、器官对内、外环境中的持续性刺激和各种有害因子而产生的非损伤性应答反应,称为适应。适应在形态学上一般表现为萎缩、肥大、增生和化生。

1. 萎缩的概念及类型

(1)萎缩的概念　萎缩是指已发育正常的实质细胞、组织或器官的体积缩小。组织与器官的萎缩可伴有实质细胞数量的减少。组织器官的未曾发育或发育不全不属于萎缩范畴。萎缩常见于心肌、肝、肾上腺细胞、神经节细胞等。

(2)萎缩的类型　萎缩分为生理性萎缩和病理性萎缩。

①生理性萎缩　见于胸腺青春期萎缩和生殖系统中卵巢、子宫及睾丸的更年期后萎缩等。

②病理性萎缩　按其发生原因分为:

分类	概念	好发部位及特点
营养不良性萎缩	因蛋白质摄入不足、消耗过多和血液供应不足所致的萎缩	慢性消耗性疾病肌肉萎缩 脑动脉硬化后的脑萎缩
压迫性萎缩	因组织与器官长期受压产生的萎缩	尿路梗阻所致的肾萎缩
失用性萎缩	因器官组织长期工作负荷减少和功能低下所致的萎缩	久卧不动时肌肉萎缩
去神经性萎缩	因运动神经元或轴突损害引起的效应器萎缩	脊髓损伤所致的肌肉萎缩
内分泌性萎缩	因内分泌腺功能下降引起的靶器官细胞萎缩	垂体缺血导致肾上腺萎缩

2. 肥大的概念及类型

(1)肥大的概念　由于功能增加,合成代谢旺盛,使细胞、组织或器官体积增大,称为肥大。组织和器官的肥大通常是由于实质细胞体积的增大所致,但也可伴有实质细胞数量的增加。

(2)肥大的类型

①按性质分　肥大按性质分为生理性肥大和病理性肥大两种。

②按原因分　肥大可分为代偿性肥大和内分泌性(激素性)肥大。

A.代偿性肥大　肥大若因相应器官和组织功能负荷过重所致,称为代偿性肥大,如举重运动员的上

肢骨骼肌肥大,高血压患者的左心室肥大等。

B.内分泌性肥大 肥大若因内分泌激素作用于效应器所致,称为内分泌性肥大,如妊娠期孕激素增加所致的子宫平滑肌肥大等。

3. 增生的概念及类型

(1)增生的概念 增生是指细胞有丝分裂活跃而致组织或器官内细胞数目增多的现象。

(2)增生的类型

①根据性质分 增生根据其性质,可分为生理性增生和病理性增生。

A.生理性增生 包括代偿性增生(如部分肝脏切除后残存肝细胞的增生)和激素性增生(如正常女性青春期乳腺的增生、月经周期中子宫内膜腺体的增生等)。

B.病理性增生 最常见的原因是激素过多或生长因子过多。如雌激素过多会引起子宫内膜腺体增生过长,导致功能性子宫出血。慢性炎症可引起组织细胞,特别是皮肤和某些脏器被覆细胞的增生。

②根据原因分 增生可分为代偿性增生和内分泌增生,前者也称功能性增生,后者也称激素性增生。

4. 化生的概念及类型

(1)化生的概念 一种分化成熟的细胞类型被另一种分化成熟的细胞类型所取代的过程,称为化生,通常只出现在分裂增殖能力较活跃的细胞类型中。

(2)化生的类型 化生常发生在同源性细胞之间,如上皮组织的化生和间叶组织的化生。

①上皮组织的化生 以鳞状上皮化生(简称"鳞化")最常见。化生的上皮可以恶变。

上皮组织的化生	常见例子	化生癌变
①柱状上皮→鳞状上皮	慢性支气管炎假复层纤毛柱状上皮化生	支气管黏膜发生鳞癌
②移行上皮→鳞状上皮	肾盂上皮的化生、膀胱上皮化生	膀胱鳞癌
③腺上皮→含杯状细胞或潘氏细胞的肠上皮组织	慢性萎缩性胃炎的肠上皮化生(肠化)	胃黏膜发生肠型腺癌

②间叶组织的化生 间叶组织中幼稚的成纤维细胞在损伤后,可转变为成骨细胞或成软骨细胞,称骨化生或软骨化生,如骨化性肌炎。

【例1】细胞和组织的适应性反应不包括

A. 化生　　B. 萎缩　　C. 再生
D. 肥大　　E. 增生

【例2】一种成熟组织变成另一种成熟组织的过程称为

A. 机化　　B. 钙化　　C. 分化
D. 化生　　E. 适应

【例3】软组织中出现骨和软骨组织,应考虑是

A. 再生性增生　　B. 过度性增生　　C. 内分泌性增生
D. 组织的化生　　E. 癌前病变

【例4】支气管假复层纤毛柱状上皮变为鳞状上皮的过程是

A. 变性　　B. 机化　　C. 增生
D. 再生　　E. 化生

二、损伤

1. 可逆性损伤的概念、类型及病理变化

(1)可逆性损伤的概念 可逆性损伤原称变性,是指细胞或细胞间质受损伤后,因代谢发生障碍,而使细胞内或细胞间质内出现异常物质或正常物质异常蓄积的现象,常伴有细胞功能低下。

(2)可逆性损伤的类型及病理变化

类型	定义	好发部位/举例
细胞水肿	细胞内水的蓄积	肝、心、肾
脂肪变	非脂肪细胞的细胞质中甘油三酯的蓄积	肝(最常见)、心、肾、骨骼肌细胞
玻璃样变	细胞内或细胞间质中蛋白质的异常蓄积	详见后
淀粉样变	细胞间质内淀粉样蛋白质和黏多糖复合物的蓄积,因具有淀粉染色特征而得名	皮肤、结膜、舌、喉、肺、霍奇金病 多发性骨髓瘤、甲状腺髓样癌
黏液样变	细胞间质内黏多糖和蛋白质的蓄积	间叶组织肿瘤、风湿病、动脉硬化
病理性色素沉着	细胞内、外有色物质的异常蓄积	详见后
病理性钙化	骨和牙齿之外的组织中固态钙盐的沉积	甲旁亢、骨肿瘤、维生素 D 摄入过多

①细胞水肿(水变性) 细胞水肿是细胞损伤最早出现的改变,系因线粒体受损,ATP 生成减少,细胞膜 Na^+-K^+泵功能障碍,导致细胞内 Na^+和水的过多积聚。病变初期,细胞线粒体和内质网肿胀,形成光镜下细胞质内出现的红染细颗粒状物。继而细胞肿胀、胞质疏松、气球样变、胞核也可肿胀。

病毒性肝炎时,常发生的病理改变为:胞质疏松化→细胞水肿→气球样变→溶解性坏死。

②脂肪变 好发于肝细胞(最常见)、心肌细胞、肾小管上皮细胞、骨骼肌细胞等。光镜下胞质中出现球形脂滴,HE 染色不着色而呈空泡状,苏丹Ⅳ、油红 O 等特殊染色可阳性。心肌脂肪变性常累及左心室内膜下和乳头肌,肉眼观脂肪变的心肌呈黄色,与正常心肌的暗红色相间,形成黄红色斑纹,称为**虎斑心**。

③玻璃样变 HE 染色呈现嗜伊红均质状。

A.细胞内玻璃样变 是指细胞胞质内出现异常蛋白质的蓄积,镜下通常为均质红染的圆形小体。

受累细胞	病理改变	病理结果
肝细胞	胞质中细胞中间丝前角蛋白变性	形成 Mallory 小体
肾小管上皮细胞	具有吞饮作用的小泡,重吸收原尿中的蛋白质,与溶酶体融合	形成玻璃样小滴
浆细胞	粗面内质网中免疫球蛋白蓄积	形成 Rusell 小体

B.纤维结缔组织玻璃样变 见于纤维结缔组织的生理性、病理性增生,前者如萎缩的子宫、乳腺、睾丸;后者如瘢痕组织、动脉粥样硬化等。

C.细动脉壁玻璃样变 又称细动脉硬化,常见于缓进型高血压和糖尿病患者的肾、脑、脾等器官的细动脉壁。因血浆蛋白渗入和基底膜代谢物沉积,而使管壁增厚、管腔狭窄,易继发扩张、破裂和出血。

常考名词	病理改变	好发疾病
Mallory 小体	指肝细胞玻璃样变时,胞质中细胞中间丝前角蛋白变性	酒精性肝病
Rusell 小体	指浆细胞变性时,胞质粗面内质网中免疫球蛋白的蓄积	慢性炎症
Councilman 小体	也称嗜酸性小体。凋亡的肝细胞皱缩,质膜完整,胞质致密,细胞器密集、不同程度退变,形成许多凋亡小体。多呈圆形或椭圆形,大小不等,胞质浓缩,强嗜酸性,可有或无固缩深染的核碎片	急性病毒性肝炎
Negri 小体	在神经细胞变性时其胞质内可见到嗜酸性包涵体,圆形或卵圆形,直径约 3~10μm,称 Negri body(内基小体)	狂犬病

④病理性色素沉着

A.含铁血黄素 是巨噬细胞吞噬、降解红细胞血红蛋白所产生的铁蛋白微粒聚集体,系 Fe^{3+}与蛋白质结合而成,镜下呈金黄色或褐色颗粒。见于陈旧性出血、溶血性疾病。

B.脂褐素　是细胞自噬溶酶体内未被消化的细胞器碎片残体，其成分是磷脂和蛋白质的混合体。萎缩的心肌细胞、肝细胞内可见大量脂褐素。

C.黑色素　是由黑色素细胞胞质中酪氨酸氧化聚合而产生的黑褐色细颗粒。见于色素痣、黑色素瘤、基底细胞癌、肾上腺皮质功能低下的 Addison 病患者。

D.胆红素　是胆管中的主要色素，主要为血液中红细胞衰老破坏后的产物，它来源于血红蛋白，但不含铁。血中胆红素增高时，病人出现皮肤黏膜黄染。

⑤病理性钙化　骨和牙齿之外的组织中固态钙盐沉积称为病理性钙化，包括营养不良性钙化和转移性钙化。光镜下呈蓝色颗粒状至片块状。

	营养不良性钙化	转移性钙化
发生率	多见	少见
定义	指钙盐沉积于坏死或即将坏死的组织或异物中	指由于全身钙磷代谢失常（高钙血症）而致钙盐沉积于正常组织内
发病原因	可能与局部碱性磷酸酶增多有关	与体内钙磷代谢异常有关
代谢特点	钙磷代谢正常	高钙血症
常见于	结核病、血栓、动脉粥样硬化斑块 心脏瓣膜病变、瘢痕组织、虫卵	高钙——甲旁亢、骨肿瘤、维生素 D 摄入过多 钙代谢障碍——肾、肺、胃的间质组织

A. 细胞水肿　　B. 脂质沉积　　C. 结缔组织玻璃样变
D. 血管壁玻璃样变　　E. 细胞内玻璃样变

【例 5】肝细胞气球样变

【例 6】肝细胞胞质内 Mallory 小体

【例 7】瘢痕组织

【例 8】脂肪变性最常发生的器官是

A. 脾　　B. 心　　C. 肺
D. 肝　　E. 肾

2. 不可逆性损伤——细胞死亡

(1)细胞死亡的概念及类型　当细胞发生致死性代谢、结构和功能障碍，便可引起细胞不可逆性损伤，称为细胞死亡。细胞死亡分为坏死和凋亡两种类型。

(2)坏死的类型　坏死是以酶溶性变化为特点的活体内局部组织细胞的死亡，分为凝固性、液化性和纤维素样坏死3个基本类型。此外，还有坏疽等特殊类型。

①凝固性坏死　蛋白质变性凝固且溶酶体酶水解作用较弱时，坏死区呈灰黄、干燥、质实状态，称为凝固性坏死。凝固性坏死最为常见。坏死灶与健康组织界限明显，镜下特点为细胞微细结构消失，而组织轮廓仍可保存；坏死区周围形成充血、出血和炎症反应带。

②液化性坏死　由于坏死组织中可凝固的蛋白质少，或坏死细胞自身及浸润的中性粒细胞等释放大量水解酶，或组织富含水分或磷脂，则细胞组织坏死后易发生溶解液化，称为液化性坏死。镜下特点为死亡细胞完全被消化，局部组织快速被溶解。

③纤维素样坏死　旧称纤维素样变性，是结缔组织及小血管壁常见的坏死类型。见于某些变态反应性疾病，如风湿病、结节性多动脉炎、急进性肾炎、急进型高血压、胃溃疡底部小血管等。

④干酪样坏死　在结核病时，因病灶中含脂质较多，坏死区呈黄色、质地松软、细腻，状似干酪，称为干酪样坏死。镜下为无结构颗粒状红染物，不见坏死部位原有组织结构的残影，甚至不见核碎屑，是更为彻底的凝固性坏死。由于坏死灶内含有抑制水解酶活性的物质，故干酪样坏死物不易溶解也不易吸收。

干酪样坏死除常见于结核病外，还可偶见于某些梗死、肿瘤、结核样麻风等。

⑤脂肪坏死　急性胰腺炎时，细胞释放胰酶分解脂肪酸，乳房创伤时脂肪细胞破裂，可分别引起酶解性或创伤性脂肪坏死，也属于液化性坏死。脂肪坏死后，释出的脂肪酸与钙离子结合，形成肉眼可见的灰白色钙皂，称皂化斑(脂肪酸钙)。

⑥坏疽　是指局部组织大块坏死并继发腐败菌感染。坏疽分为干性、湿性和气性等类型。

	干性坏疽	湿性坏疽	气性坏疽
病因	继发于血液循环障碍引起的缺血性坏死	继发于血液循环障碍引起的缺血性坏死	由产气荚膜杆菌感染引起属于湿性坏疽
致病条件	动脉阻塞但静脉回流通畅的四肢末端	动脉阻塞且静脉回流受阻的四肢末端；与外界相通的内脏	狭深的开放性创伤伴产气荚膜杆菌感染
病理特点	坏死后水分蒸发，腐败变化轻，边界清楚	坏死后水分不易蒸发，腐败菌感染重，边界不清	属于湿性坏疽，多合并厌氧菌感染，产生大量气体
肉眼观	坏死区干燥皱缩，呈黑色	坏死区水分较多	坏死区水分较多，皮下积气
病灶边界	与正常组织界限清楚	与正常组织界限不清	与正常组织界限不清
细菌感染	腐败菌感染较轻	腐败菌感染较重，易繁殖	病情发展很快
全身症状	轻	重	重
好发部位	四肢末端	肠管、胆囊、子宫、肺	小而狭深的开放性伤口

⑦坏死类型归纳总结

坏死类型	病理特点	好发部位/疾病
凝固性坏死	坏死细胞的蛋白质凝固，常保持其轮廓残影，最为常见	心、肝、肾、脾
液化性坏死	坏死组织因酶性分解而发生溶解液化 镜下见死亡细胞完全被消化，局部组织快速被溶解	脑、脊髓
纤维素样坏死	病变部位形成丝状、颗粒状、小条块状无结构物质	常见于某些变态反应性疾病
干酪样坏死	是彻底的凝固性坏死，坏死部位不见原组织结构残影	坏死物既不易溶解也不易吸收
脂肪坏死	急性胰腺炎的酶解性坏死，创伤性脂肪坏死	急性胰腺炎，乳房创伤
坏疽	是指局部组织大块坏死并继发腐败菌感染	分干性、湿性和气性坏疽

注意：①干酪样坏死不属于结核病的特征性病变，因其还可见于某些梗死、肿瘤和结核样麻风。
②干酪样坏死是结核病具有诊断意义的病变。

【例 9】关于结核病坏死的大体描述，不正确的是

A. 干燥　　B. 奶酪样　　C. 容易液化

D. 颜色微黄　　E. 质地松软

【例 10】湿性坏疽常发生在

A. 脑、脾、肝　　B. 脑、肠、子宫　　C. 肺、肠、肝

D. 肺、肾、脑　　E. 肺、肠、子宫

【例 11】坏疽是指坏死组织表现为

A. 淤血性改变　　B. 缺血性改变　　C. 干酪样改变

D. 充血性改变　　E. 腐败菌的感染

记忆：①最易发生液化坏死——脑+脊髓。②最易发生脂肪变——肝。
③最易发生气球样变——肝。④最易发生干性坏疽——四肢。

(3)坏死的结局

①溶解吸收 坏死细胞及周围中性粒细胞释放水解酶,使坏死组织溶解液化,由淋巴管或血管吸收;不能吸收的碎片,则由巨噬细胞吞噬清除。坏死细胞溶解后,可引发周围组织急性炎症反应。

②分离排出 坏死灶较大不易被完全溶解吸收时,表皮黏膜的坏死物可被分离,形成组织缺损。浅者称为糜烂,深者称为溃疡。组织坏死后形成的只开口于皮肤黏膜表面的深在性盲管,称为窦道。连接两个内脏器官或从器官通向体表的通道样缺损,称为瘘管。肺、肾等内脏坏死物液化后,经支气管、输尿管等自然管道排出,所残留的空腔,称为空洞。

③机化与包裹 新生肉芽组织长入并取代坏死组织、血栓、脓液、异物等的过程,称为机化。如坏死组织等太大,肉芽组织难以向中心部完全长入或吸收,则由周围增生的肉芽组织将其包围,称为包裹。机化和包裹的肉芽组织最终都可形成纤维瘢痕。

④钙化 坏死细胞和细胞碎片若未被及时清除,则日后易吸收钙盐,引起营养不良性钙化。

(4)凋亡的概念 凋亡是活体内个别细胞程序性细胞死亡的表现形式,是由体内外某些因素触发细胞内预存的死亡程序而导致的细胞主动性死亡方式。

三、损伤的修复

1. 再生的概念及类型

(1)概念 再生是指组织和细胞损伤后,由周围的同种细胞来完成修复过程。如果完全恢复了原组织的结构和功能,则称为完全再生。若由纤维结缔组织来修复,形成瘢痕则称为纤维性修复或瘢痕修复。

(2)类型 再生可分生理性再生及病理性再生。

①生理性再生 是指在生理过程中,有些细胞、组织不断老化、消耗,由新生的同种细胞不断补充,以保持原有的结构和功能的再生。如表皮角化细胞脱落后由基底细胞增生分化予以补充;各种血细胞的不断更新;子宫内膜周期性脱落,由基底部细胞增生加以恢复。生理性再生多为完全性再生。

②病理性再生 是指病理状态下,细胞组织缺损后发生的再生。病理性再生可为完全性再生,也可为不完全性再生。

【例12】组织和细胞损伤后,周围细胞增殖、修复的过程是

A. 增生　　B. 再生　　C. 化生
D. 肥大　　E. 机化

2. 各种细胞的再生能力

根据再生能力不同,将人体细胞分为不稳定细胞、稳定细胞和永久性细胞。

	不稳定细胞	稳定细胞	永久性细胞
别称	持续分裂细胞	静止细胞	非分裂细胞
定义	这类细胞总在不断地增殖,以代替衰亡或破坏的细胞	在生理情况下,这类细胞增殖现象不明显,但受到组织损伤的刺激时,表现出较强的再生能力	这类细胞不能进行再生或再生能力极弱
再生能力	再生能力很强	再生能力较强	再生能力极弱或不能再生
常见细胞	表皮细胞、呼吸道及消化道黏膜被覆细胞、淋巴细胞、造血细胞、间皮细胞	腺体实质细胞(肝、胰、汗腺、内分泌腺)、肾小管的上皮细胞、平滑肌细胞	神经细胞 骨骼肌细胞 心肌细胞

注意:①再生能力:结缔组织细胞>平滑肌细胞>心肌细胞>神经细胞。
②神经(节)细胞不能再生,神经胶质细胞和神经纤维可以再生。
③平滑肌细胞是稳定细胞,骨骼肌细胞则是永久细胞。

【例 13】男,32 岁。因肝损伤急症手术。曾患甲型肝炎已治愈。术中见肝右叶外侧 5cm 裂口,深 3cm。术后肝、肾功能检查正常,食欲、体力恢复正常。肝损伤得以顺利修复,从内环境分析,主要起再生作用的是

A. 不稳定细胞　　B. 肥大细胞　　C. 纤维细胞
D. 稳定细胞　　E. 永久性细胞

【例 14】属于永久性细胞的是

A. 血管内皮细胞　　B. 造血细胞　　C. 肝细胞
D. 中枢神经细胞　　E. 表皮细胞

3. 肉芽组织的结构和功能

(1) 肉芽组织的结构　肉芽组织由新生毛细血管、增生的成纤维细胞及炎性细胞构成。

①新生毛细血管　肉眼观鲜红色,颗粒状。镜下观新生薄壁的毛细血管扩张,对着创面垂直生长。

②成纤维细胞　在毛细血管周围有许多新生的成纤维细胞。成纤维细胞可产生基质及胶原,是坏死灶机化时的特征性细胞。肉芽组织中一些成纤维细胞的胞质中含有肌细丝,此种细胞除有成纤维细胞的功能外,尚有平滑肌细胞的收缩功能,称为肌成纤维细胞。

③炎性细胞　肉芽组织中常有大量渗出液及炎性细胞。炎性细胞以巨噬细胞为主,还有不等量的中性粒细胞及淋巴细胞。巨噬细胞能分泌多种生长因子(如 PDGF、FGF、TGF-β、IL-1、TNF 等),可刺激成纤维细胞和毛细血管增生。肉芽组织最后变为瘢痕组织。

(2) 肉芽组织的功能

①抗感染保护创面　肉芽组织中的中性粒细胞和巨噬细胞可杀灭细菌、吞噬异物,并通过水解酶使之分解,保护创面。

②填补创口及其他组织缺损　早期肉芽组织能填补伤口,初步连接缺损,以后成纤维细胞转变为纤维细胞,最后成为瘢痕组织,含有大量胶原纤维,抗张力明显增强。

③机化或包裹坏死、血栓及其他异物　肉芽组织向伤口生长吞噬,也可机化血凝块和坏死组织。

【例 15】肉芽组织的组成是

A. 毛细血管和弹力纤维　　B. 小动脉和成纤维细胞　　C. 毛细血管和胶原纤维
D. 成纤维细胞和小静脉　　E. 毛细血管和成纤维细胞

【例 16】肉芽组织的成分不包括

A. 血管内皮细胞　　B. 成纤维细胞　　C. 平滑肌细胞
D. 炎症细胞　　E. 肌成纤维细胞

【例 17】肉芽组织内发挥抗感染作用的主要成分是

A. 毛细血管内皮细胞　　B. 肌成纤维细胞　　C. 炎性细胞
D. 成纤维细胞　　E. 胶原纤维

【例 18】完成瘢痕修复的物质基础是

A. 上皮组织　　B. 肉芽组织　　C. 毛细血管网
D. 纤维蛋白网架　　E. 炎性渗出物

▶常考点　化生;变性的特点;坏死的病理特点;细胞和组织的再生能力;肉芽组织的结构与功能。

参考答案——详细解答见 2021《贺银成国家临床执业及助理医师资格考试历年考点精析》

1. ABCDE　2. ABCDE　3. ABCDE　4. ABCDE　5. ABCDE　6. ABCDE　7. ABCDE
8. ABCDE　9. ABCDE　10. ABCDE　11. ABCDE　12. ABCDE　13. ABCDE　14. ABCDE
15. ABCDE　16. ABCDE　17. ABCDE　18. ABCDE

第 2 章　局部血液循环障碍

▶考纲要求

①充血和淤血：充血的概念及类型，淤血的概念、原因、病理变化和对机体的影响。②血栓形成：概念，血栓形成的条件，血栓的类型，血栓的结局，血栓对机体的影响。③栓塞：栓塞与栓子的概念，栓子的类型及运行途径，栓塞的类型及对机体的影响。④梗死：概念及原因，梗死的类型和病理变化。

▶复习要点

一、充血和淤血

充血和淤血都是指局部组织血管内血液含量的增多。

1. 充血的概念及类型

(1)充血的概念　器官或局部组织血管内血液含量增多称为充血。器官或组织由于动脉输入血量增多而发生的充血，称为动脉性充血，是一种主动过程。

(2)充血的类型　常见的充血分为生理性充血和病理性充血。

①生理性充血　为适应器官、组织生理需要和代谢增强需要而发生的充血，称为生理性充血。如进食后胃肠道黏膜的充血，运动时骨骼肌的充血、妊娠时子宫的充血等。

②病理性充血　是指各种病理状态下的充血。炎症性充血是常见的病理性充血，在炎症早期，由于致炎因子作用使细动脉扩张充血，可使局部组织变红和肿胀。局部器官或组织长期受压，当压力突然解除时，细动脉发生反射性扩张引起的充血，称为减压型充血，如突然揭开绷带后的局部充血等。

2. 淤血的概念、原因、病理变化和对机体的影响

(1)淤血的概念　器官或局部组织静脉血液回流受阻，血液淤积于小静脉和毛细血管内，导致血量增加，称为静脉性充血，简称淤血。淤血是一种被动过程，可发生于局部或全身。

(2)淤血的原因

①静脉受压　静脉受压，血液回流障碍，可导致器官或组织淤血。如肿瘤压迫局部静脉引起相应组织淤血；妊娠时增大的子宫压迫髂总静脉引起的下肢淤血水肿；肝硬化时，假小叶形成，常压迫肝窦和小叶下静脉，使静脉回流受阻，引起门脉高压。

②静脉腔阻塞　静脉血栓形成，可阻塞静脉血液回流，局部可出现淤血。

③心力衰竭　心力衰竭时，心脏不能排出正常容量的血液进入动脉，心腔内血液瘀积，压力增高，阻碍静脉回流，可造成淤血。左心衰竭常导致肺淤血，右心衰竭常导致体循环淤血。

(3)淤血的病理变化　光镜下小静脉和毛细血管扩张充盈，可见出血，间质水肿。

①由于静脉回流受阻，血液滞留在小静脉和毛细血管内，故淤血器官和组织体积增大。

②淤血区血液流动缓慢，缺氧，氧合血红蛋白减少，还原血红蛋白增多，故淤血器官呈暗红色。

③毛细血管淤血导致静脉压升高，通透性增高，产生漏出液滞留组织内，引起淤血性水肿。

(4)淤血对机体的影响　①淤血可致淤血性出血、组织水肿；②淤血严重时可致脏器实质细胞萎缩、变性、坏死；③长期淤血可致结缔组织增生、脏器硬化。

(5)肺淤血　主要见于左心衰竭，肺淤血包括急性肺淤血和慢性肺淤血。

①急性肺淤血　肉眼观肺体积增大，暗红色，切面流出泡沫状红色血性液体。镜下特点为肺泡毛细血管扩张充血，肺泡壁增厚，肺泡间隔水肿，部分肺泡充满伊红色水肿液及出血。

②慢性肺淤血　慢性左心衰竭时由于慢性肺淤血，巨噬细胞吞噬了红细胞并将其分解，胞质内形成含铁血黄素颗粒，这种细胞称为心衰细胞，该细胞可见于左心衰竭、肺出血、出血性肺炎、胸部穿通伤。可

见心衰细胞并不是左心衰竭的特征性细胞。

若长期左心衰竭和慢性肺淤血,导致肺间质网状纤维胶原化和纤维结缔组织增生,使肺质地变硬,加之大量含铁血黄素的沉积,肺呈棕褐色,称为肺褐色硬化。

(6)肝淤血 主要见于右心衰竭,肝淤血包括急性肝淤血和慢性肝淤血。

①急性肝淤血 肉眼观肝体积增大,暗红色。镜下,小叶中央静脉和肝窦扩张,充满红细胞。严重时肝细胞萎缩、坏死。可出现肝脂肪变性。

②慢性肝淤血 慢性肝淤血时,淤血与脂肪变同时存在,肝切片上呈现红(淤血区)黄(脂肪变区)相间的状似槟榔切面的条纹,称槟榔肝。

记忆:①尘 细 胞——指肺泡内的巨噬细胞吞噬了粉尘,见于肺硅沉着症。

②泡沫细胞——指单核细胞(巨噬细胞)吞噬了脂质,见于动脉粥样硬化。

③心衰细胞——指肺内巨噬细胞吞噬了破坏的红细胞、含铁血黄素,见于慢性左心衰竭。

④伤寒细胞——指巨噬细胞吞噬了伤寒杆菌,见于肠伤寒。

【例 1】槟榔肝的典型病变是

A. 肝小叶结构破坏　　B. 肝细胞萎缩　　C. 肝细胞坏死

D. 门静脉分支扩张淤血　　E. 肝血窦扩张淤血,肝细胞脂肪变性

【例 2】心衰细胞是肺褐色硬化内含铁血黄素的

A. 嗜酸粒细胞　　B. 淋巴细胞　　C. 中性粒细胞

D. 巨噬细胞　　E. 嗜碱粒细胞

【例 3】肺严重淤血时不出现的改变是

A. 合并感染　　B. 透明膜形成　　C. 肺泡出血

D. 肺泡水肿　　E. 肺泡内含铁血黄素细胞

二、血栓形成

1. 概念

血栓形成	在活体心脏和血管内,血液发生凝固或血液中某些有形成分凝集形成固体质块的过程
血栓	指在活体心脏和血管内,血液成分形成的固体质块
栓塞	指在循环血液中,出现不溶于血液的异常物质,随血流运行阻塞血管腔的现象
栓子	循环血液中,阻塞血管的异常物质

2. 血栓形成的条件

(1)心血管内皮细胞损伤 血管内皮细胞具有抗凝和促凝两种生理特性。生理情况下,以抗凝作用为主,从而保证血液的正常流动。心血管内膜的损伤是血栓形成的最重要和最常见的原因。

①血管内皮细胞的抗凝作用 包括屏障、抗血小板黏集、抗凝血酶或凝血因子、促进纤维蛋白溶解等。

②血管内皮细胞的促凝作用 激活外源性凝血过程、辅助血小板黏附、抑制纤维蛋白溶解等。

(2)血流状态的异常 血流减慢和血流产生漩涡等改变,有利于血栓的形成。静脉比动脉发生血栓多4倍,而下肢深静脉和盆腔静脉血栓常发生于心力衰竭、久病和术后卧床患者。

(3)血液凝固性增加 血小板增多或黏性增加、凝血因子合成增多、纤维蛋白溶解系统活性降低等,均可使血液凝固性增高,易导致血栓形成。常见于严重创伤、大手术、产后大出血患者等。第Ⅴ因子基因突变是最常见的遗传性高凝状态。

【例 4】血栓形成的条件,不正确的是

A. 血管内皮损伤　　B. 新生血小板增多　　C. 涡流形成

D. 纤维蛋白溶酶增加　　E. 组织因子释放

3. 血栓的类型

	白色血栓	混合血栓	红色血栓	透明血栓
别称	血小板血栓 析出性血栓	层状血栓	—	微血栓 纤维素性血栓
发生	血流较快的情况下	血流缓慢的静脉	血流缓慢的静脉	DIC晚期病人
常见	心瓣膜、心腔内、动脉内、静脉血栓头部	静脉延续性血栓的体部	静脉延续性血栓的尾部	毛细血管内、弥散性血管内凝血
镜下	血小板+少量纤维蛋白	血小板+纤维蛋白+红细胞	纤维蛋白+红细胞+白细胞	纤维蛋白
肉眼	灰白色、赘生物状 与血管壁黏着 不易脱落	灰褐相间的条纹结构 粗糙、干燥、圆柱状 与血管壁粘连不易脱落	暗红色 新鲜时湿润，有弹性 与血管壁无粘连	不能看见 只能镜下观
举例	急性风湿性心内膜炎 静脉性血栓的头部	房颤时左心房的球形血栓 二狭时左心房的球形血栓 动脉瘤内的附壁血栓	容易脱落导致栓塞	休克晚期 DIC微小血栓

注意：①心瓣膜上的疣状赘生物是白色血栓，但心房颤动或二尖瓣狭窄时左心房的球形血栓是混合血栓。
②最易脱落导致栓塞的血栓是红色血栓。
③白色、混合、红色血栓分别成为静脉延续性血栓的头、体、尾部。

【例5】血栓头部一般属于
A. 白色血栓　　B. 红色血栓　　C. 透明血栓
D. 混合血栓　　E. 延续性血栓

【例6】微血栓的主要成分是
A. 血小板　　B. 白蛋白　　C. 纤维素
D. 红细胞　　E. 白细胞

【例7】关于血栓的叙述，错误的是
A. 静脉血栓多于动脉血栓　　B. 下肢血栓多于上肢血栓　　C. 层状血栓是混合性血栓
D. 心室内血栓多为红色血栓　　E. 毛细血管内血栓多为纤维蛋白性血栓

4. 血栓的结局

(1)软化、溶解、吸收　新近形成的血栓可软化、溶解、吸收。

(2)机化、再通　由肉芽组织逐渐取代血栓的过程，称为血栓机化。较大的血栓约2周可完全机化。部分栓塞可再通，部分恢复血流。

(3)钙化　如血栓未能软化又未完全机化，可发生钙盐沉着，称为钙化。血栓钙化后成为静脉石或动脉石。

5. 血栓对机体的影响

血栓形成对破裂的血管起止血作用，这是对机体有利的一面。但多数情况下对机体有不利的影响。

(1)阻塞血管　动脉血管管腔未完全阻塞时，可引起局部器官或组织缺血，实质细胞萎缩。若完全阻塞而又无有效的侧支循环时，则引起局部器官或组织缺血性坏死(梗死)。

(2)栓塞　当血栓与血管壁黏着不牢固时，血栓脱落成为栓子，随血流运行，引起相应血管栓塞。心瓣膜上形成的血栓最易脱落成为栓子。若栓子内含有细菌，可引起栓塞组织的败血型梗死或脓肿形成。

(3)心瓣膜变形　心瓣膜血栓机化后，可引起心瓣膜粘连、增厚、变形，导致心瓣膜狭窄或关闭不全。

(4)广泛性出血　见于弥散性血管内凝血(DIC)，微循环内广泛性纤维素性血栓形成。

【例8】不属于血栓结局描述的是

A. 溶解　　B. 钙化　　C. 软化
D. 机化　　E. 硬化

三、栓塞

1. 栓塞与栓子的概念

(1)**栓塞**　是指在循环血液中出现不溶于血液的异常物质，随血流运行阻塞血管腔的现象。

(2)**栓子**　是指阻塞血管的异常物质。

2. 栓子的类型

栓子常为脱落的血栓碎片或节段(最常见)、脂肪滴、空气、羊水和肿瘤细胞团等。

【例9】活体内异常物体沿血流运行阻塞相应血管的过程称为

A. 梗塞　　B. 栓塞　　C. 梗死
D. 栓子　　E. 血栓形成

3. 栓子的运行途径

栓子运行途径一般与血流方向一致。来自不同血管系统的栓子，其运行途径不同。

(1)**静脉系统及右心栓子**　主要引起肺动脉及其分支栓塞。

(2)**主动脉系统及左心栓子**　主要引起体循环动脉栓塞，常见于脑、脾、肾、四肢等。

(3)**门静脉系统栓子**　来自肠系膜静脉的栓子，可引起肝内门静脉分支的栓塞。

(4)**交叉性栓塞**　是指心脏或大血管有异常血流通路时发生的罕见栓塞，如左心房内的血栓脱落经先天性房间隔缺损处抵达右心，可发生肺动脉及其分支栓塞。

(5)**逆行性栓塞**　极罕见于下腔静脉内血栓，在胸、腹压突然增高时，血栓一时性逆流引起肝、肾、髂静脉分支栓塞。

4. 栓塞类型及对机体的影响

栓塞按栓子的类型分为血栓栓塞、脂肪栓塞、气体栓塞、羊水栓塞等。

	栓子来源	栓塞好发部位/病理特性
肺动脉栓塞	下肢膝以上的深静脉(占95%)、盆腔静脉、右心附壁血栓	肺动脉小分支或主干
体循环栓塞	栓子80%来自左心腔。常见于亚急性心内膜炎时心瓣膜上的赘生物、二狭时左房附壁血栓、心梗的附壁血栓	下肢、脑、肠、肾、脾 上肢动脉、肝脏栓塞很少梗死
脂肪栓塞	循环血流中出现脂肪滴阻塞小血管，称为脂肪栓塞 直径>20μm的脂滴栓子常引起肺栓塞 直径<20μm的脂滴栓子常引起脑栓塞	长骨(股骨)骨折、脂肪组织烧伤 脂肪组织严重挫伤、脂肪肝 非创伤性疾病，如糖尿病、酗酒
空气栓塞	指大量空气迅速进入血循环，形成气泡阻塞心血管 大量气体(>100ml)迅速进入静脉，可导致猝死	头颈胸肺手术、创伤时损伤静脉 正压静脉输液、分娩或流产时
减压病	原来溶于血液内的气体迅速游离，形成气泡阻塞心血管 深潜水或沉箱作业者迅速浮出水面，导致氮气潴留于血液	又称沉箱病、潜水员病
羊水栓塞	分娩过程中羊水进入了肺循环，易引起DIC	死亡率>80%
癌性栓塞	肿瘤细胞进入血管造成远处器官的栓塞	可合并癌转移
血吸虫栓塞	成虫或虫卵都可造成肝内门静脉分支的栓塞	—

羊水栓塞　在分娩过程中，羊膜破裂、早破或胎盘早期剥离，又逢胎儿阻塞产道时，由于子宫强烈收缩，宫内压增高，可将羊水压入子宫壁破裂的静脉窦内，经血液循环进入肺动脉分支、小动脉及毛细血管内引起羊水栓塞。羊水栓塞的证据是在显微镜下观察到肺小动脉和毛细血管内有羊水成分，包括角化鳞

状上皮、胎毛、胎脂、胎粪和黏液。也可在母体血液涂片中找到羊水成分。

注意：①根据血流方向，右心来源的栓子常常导致肺动脉栓塞。
②左心来源的栓子常常导致体循环栓塞，经常考到的是脑动脉栓塞及下肢动脉栓塞。
③解题时根据血流运行的方向思考即可得出正确答案，尤其应注意血栓形成、脱落的常考因素：如术后长期卧床后突然下地、咳嗽、用力等。

【例 10】诊断羊水栓塞的主要病理依据是
A. 肺血管内有角化上皮　B. 肺泡腔内透明膜形成　C. 肺泡腔内广泛出血
D. 肺泡腔内有胎粪小体　E. 微循环内透明血栓

【例 11】右心感染性心内膜炎最常见的栓塞部位是
A. 冠状动脉　B. 肺动脉　C. 肾动脉
D. 大脑中动脉　E. 下肢动脉

【例 12】关于动脉栓塞的描述，正确的是
A. 栓子多为肺源性　B. 栓子多为心源性　C. 栓子多为血管源性
D. 栓子多来自动脉穿刺损伤处　E. 栓塞部位上肢较下肢多见

A. 血栓栓塞　B. 脂肪栓塞　C. 氮气栓塞
D. 氧气栓塞　E. 肿瘤栓塞
【例 13】股骨干骨折常导致
【例 14】沉箱病常导致

四、梗死

1. 梗死的概念

器官或局部组织由于血管阻塞、血流停止导致缺氧而发生的坏死，称为梗死。梗死一般是由于动脉的阻塞而引起的局部组织缺血坏死，但静脉阻塞，使局部血流停滞缺氧，也可引起梗死。梗死灶的形状取决于发生梗死的器官血管分布方式，如脾、肾、肺的梗死灶呈锥体形，心肌梗死灶呈不规则的地图形，肠梗死呈节段形。

A. 肺　B. 脑　C. 肾
D. 肠　E. 心
【例 15】梗死灶呈地图状改变的脏器是
【例 16】贫血性梗死灶呈锥形改变的脏器是

2. 梗死形成的原因

(1) **血栓形成**　是梗死最常见的原因。主要见于冠状动脉、脑动脉粥样硬化合并血栓形成时引起的心肌梗死和脑组织梗死。静脉内血栓形成一般只引起淤血、水肿，但肠系膜静脉血栓形成可引起所属静脉引流肠段的梗死。

(2) **动脉栓塞**　多为血栓栓塞，也可为气体、羊水、脂肪栓塞，常引起脾、肾、肺和脑的梗死。

(3) **动脉痉挛**　冠状动脉强烈而持续的痉挛，可引起心肌梗死。

(4) **血管受压闭塞**　多见于血管外肿瘤的压迫，肠扭转、肠套叠引起肠系膜血管受压，卵巢囊肿扭转引起血管受压，从而引起相应组织的坏死。

3. 梗死的类型和病理变化

根据梗死灶内含血量的多少和有无合并细菌感染，将梗死分为以下三种类型：

(1) **贫血性梗死**　多发生在组织结构致密，侧支循环不充分的实质器官，如脾、肾、心和脑组织。

①肉眼观　因组织致密，出血量不多，故梗死灶呈灰白色。梗死灶的形状与脏器的血管分布有关：肾

动脉呈树枝状分布，故梗死灶呈锥形；冠状动脉分支不规则，故心肌梗死灶呈地图形。

②镜下观　贫血性梗死呈凝固性坏死。脑梗死一般为贫血性梗死，梗死灶的脑组织坏死、变软、液化，以后形成囊状，或被增生的星形细胞和胶质纤维所代替，最后形成胶质瘢痕。

(2)出血性梗死　梗死灶内含血量丰富，呈暗红色，故称出血性梗死。主要发生于肺、肠等具有双重血液循环的器官。发生梗死的条件为：严重的静脉淤血；侧支循环丰富；组织疏松。

	贫血性梗死	出血性梗死
别名	白色梗死	红色梗死
梗死灶颜色	含血量多，颜色灰白	含血量少，颜色暗红
发生于	支配该器官的动脉分支被阻塞后 组织结构较致密，侧支循环不丰富的实质器官	在严重淤血的基础上发生 组织疏松，双重血供或吻合支丰富的器官
好发器官	心、肾、脾、脑	肺、肠、卵巢囊肿蒂扭转

(3)败血性梗死　由含有细菌的栓子阻塞血管引起。常见于急性感染性心内膜炎。梗死灶内见炎症细胞及细菌团，甚至可见脓肿形成。

【例 17】贫血性梗死主要发生于

A. 心、肝、肾　　B. 心、肺、脾　　C. 心、肾、脾

D. 大脑、肺、肾　　E. 小肠、肝、心

【例 18】出血性梗死常发生于

A. 肾、肠　　B. 脾、肺　　C. 肺、肠

D. 心、肠　　E. 肾、心

常考点　重点内容，应全面掌握。

参考答案——详细解答见2021《贺银成国家临床执业及助理医师资格考试历年考点精析》

1. ABCDE　2. ABCDE　3. ABCDE　4. ABCDE　5. ABCDE　6. ABCDE　7. ABCDE
8. ABCDE　9. ABCDE　10. ABCDE　11. ABCDE　12. ABCDE　13. ABCDE　14. ABCDE
15. ABCDE　16. ABCDE　17. ABCDE　18. ABCDE

第3章 炎 症

考纲要求

①炎症概述：概念，原因，基本病理变化，结局。②急性炎症：炎症细胞的种类和主要功能，急性炎症的类型和病理变化，炎症介质的概念和主要作用。③慢性炎症：一般慢性炎症的病理变化特点，慢性肉芽肿性炎的概念、病因和病变特点。

复习要点

一、炎症概述

1. 炎症的概念

炎症是具有血管系统的活体组织对各种损伤因子的刺激所发生的以防御反应为主的基本病理过程。并非所有活体动物都能发生炎症反应，单细胞和多细胞生物对局部损伤发生的反应，例如吞噬损伤因子等，就不能称为炎症。只有当生物进化到具有血管时，才能发生以血管反应为中心环节的炎症反应。

2. 炎症的病因

凡是能引起组织和细胞损伤的因子都能引起炎症，致炎因子种类很多，主要包括：

(1)物理性因子 高温、低温、机械性创伤、紫外线、放射线等。

(2)化学性因子 外源性化学物质包括强酸、强碱、强氧化剂、芥子气等。内源性化学物质包括坏死组织的分解产物、病理条件下堆积于体内的代谢产物如尿素等。

(3)生物性因子 最常见，如细菌、真菌、病毒、支原体、衣原体、寄生虫等。

(4)组织坏死 任何原因引起的组织坏死都是潜在的致炎因子。

(5)变态反应 当机体免疫反应状态异常时，可引起不当的免疫反应，造成组织损伤，引发炎症反应。

(6)异物 手术缝线、二氧化硅晶体或物质碎片等残留在机体组织内可导致炎症。

3. 炎症的基本病理变化

炎症的基本病理变化包括局部组织的变质、渗出和增生，其中渗出是炎症最具特征性的变化。

(1)变质 炎症局部组织发生的变性和坏死统称为变质。实质细胞的变质性变化包括细胞水肿、脂肪变性、细胞凝固性坏死和液化性坏死等。间质细胞的变质性变化包括黏液变性和纤维素性坏死等。

(2)渗出 渗出液是由于血管通透性增高和白细胞主动游出血管所致，应与漏出液鉴别。

	病因	外观	比重	细胞总数	蛋白质	凝固性
渗出液	炎症	浑浊	>1.018	$>500\times10^6$/L	>30g/L	易自凝
漏出液	非炎症	清亮	<1.018	$<100\times10^6$/L	<30g/L	不自凝

(3)增生 包括实质细胞和间质细胞的增生。炎症性增生具有限制炎症扩散和修复损伤组织的功能。

4. 急性炎症的结局

(1)痊愈 在炎症过程中，若致炎病因被清除，坏死组织和渗出物被吸收，可以痊愈。

(2)迁延为慢性炎症 如果致炎因子不能在短期内被清除，在机体内持续起作用，不断损伤组织造成炎症迁延不愈，可使急性炎症转变为慢性炎症，病情时轻时重。

(3)蔓延扩散 当机体抵抗力低下，或病原微生物毒力强、数量多的情况下，病原微生物可不断繁殖，并沿组织间隙、脉管系统向周围和全身器官扩散。

①局部蔓延 病原体通过组织间隙、自然管道向周围播散，如急性膀胱炎可向上蔓延至肾盂等。

②淋巴路蔓延 病原微生物随淋巴扩散，可引起继发性淋巴管炎、淋巴结炎等。

③血行蔓延　病原微生物侵入血液循环，可引起菌血症。细菌的毒性产物或毒素被吸收入血，称为毒血症。细菌进入血循环大量繁殖，并产生毒素，引起全身中毒症状，称为败血症。化脓菌引起的败血症进一步发展，可导致多发性脓肿，称为脓毒败血症。

【例 1】急性炎症时组织变红的主要原因是

A. 组织间隙水肿　B. 炎症灶内炎细胞浸润　C. 炎症灶内血栓形成
D. 肉芽组织增生　E. 血管扩张、血流加速

【例 2】以变质为主的炎症，实质细胞的主要变化是

A. 增生和变性　B. 变性和坏死　C. 坏死和萎缩
D. 增生和再生　E. 萎缩和变性

二、急性炎症

1. 炎症细胞的种类和主要功能

炎症反应的最重要功能是将炎症细胞输送到炎症局部，白细胞渗出是炎症反应最重要的特征。

(1) 炎症细胞的种类

①炎症的不同阶段，渗出的白细胞不同　急性炎症的早期(24 小时内)以中性粒细胞游出为主，中期(24~48 小时)以单核细胞浸润为主。

②致炎因子不同，渗出的白细胞也不同　葡萄球菌和链球菌感染以中性粒细胞浸润为主，病毒感染以淋巴细胞浸润为主，过敏反应以嗜酸性粒细胞浸润为主。

(2) 炎症细胞的主要功能

①吞噬作用　中性粒细胞和单核细胞渗出可吞噬和降解细菌、免疫复合物和坏死组织碎片。

②免疫作用　发挥免疫作用的细胞主要是单核细胞、淋巴细胞和浆细胞。

③组织损伤作用　白细胞释放的溶酶体酶、自由基、前列腺素、白三烯等有组织损伤作用。

【例 3】葡萄球菌感染灶内浸润的主要炎症细胞是

A. 单核细胞　B. 中性粒细胞　C. 嗜酸性粒细胞
D. 淋巴细胞　E. 嗜碱性粒细胞

2. 急性炎症的类型与病理变化

根据渗出物的不同，急性炎症可分为浆液性炎、纤维素性炎、化脓性炎和出血性炎。

(1) 浆液性炎　是以浆液渗出为主的急性炎症。浆液主要成分为血浆，含 3%~5%蛋白质，混有少量纤维素和中性粒细胞。常发生于黏膜、浆膜和疏松结缔组织。浆液性炎一般较轻，易于消退，但渗出物过多可产生不利影响，可引起体腔积液和组织水肿，如毒蛇咬伤时引起的局部炎性水肿。

(2) 纤维素性炎　以纤维素渗出为主，常发生于黏膜、浆膜和肺组织。发生于黏膜者，常见于上呼吸道和肠道，渗出的纤维蛋白、坏死组织和中性粒细胞共同形成伪膜，称为伪膜性炎(曾称“假膜性炎”)。白喉的伪膜性炎，若发生于咽部不易脱落，称为固膜性炎；发生于气管容易脱落，称为浮膜性炎。

(3) 化脓性炎　是以中性粒细胞渗出为主的炎症，并伴有不同程度的组织坏死和脓液形成。可分为表面化脓和积脓、蜂窝织炎、脓肿三种类型。

	表面化脓和积脓	蜂窝织炎	脓肿
定义	是发生于黏膜和浆膜的化脓性炎	是指疏松结缔组织的弥漫性化脓性炎	是局限性化脓性炎
好发部位	黏膜、浆膜	皮肤、肌肉、阑尾	皮下、内脏
致病菌	化脓菌	溶血性链球菌	金黄色葡萄球菌
病理特点	中性粒细胞向黏膜表面渗出 深部浸润不明显	组织内大量中性粒细胞弥漫性浸润	迁徙性脓肿多见

(4)出血性炎 炎症灶血管损伤严重，渗出物含有大量红细胞，常见于流行性出血热、鼠疫等。

炎症类型	病理特点	好发疾病或部位
浆液性炎	以浆液渗出为主要特征 可导致胸腔、心包、关节、腹腔积液 炎症一般较轻，易于消退	好发于黏膜、浆膜、疏松结缔组织 发生于黏膜者可引起浆液性卡他性炎 发生于浆膜者可引起体腔积液 发生于关节者可引起关节腔积液
纤维素性炎	特征为纤维蛋白原渗出，后形成纤维蛋白(纤维素) 血管壁损伤重，血管通透性明显增高 发生于黏膜者可形成伪膜性炎(细菌性痢疾) 发生于浆膜者可引起体腔纤维素粘连(绒毛心)	好发于黏膜、浆膜和肺组织 发生于黏膜——细菌性痢疾 发生于浆膜——绒毛心 发生于肺组织——大叶性肺炎
化脓性炎	特征为中性粒细胞渗出为主 伴不同程度的组织坏死和脓液形成	阑尾、皮肤、皮下、肌肉、内脏、浆膜等处
出血性炎	特征为血管损伤严重，渗出物含大量红细胞	流行性出血热、钩端螺旋体病、鼠疫

【例4】假膜性炎的渗出物主要为

A. 单核细胞、淋巴细胞和坏死组织　B. 纤维素、中性粒细胞和坏死组织
C. 纤维素、浆细胞和中性粒细胞　D. 淋巴细胞、浆细胞和中性粒细胞
E. 黏液、中性粒细胞和浆细胞

【例5】溶血性链球菌主要引起的炎症是

A. 脓肿　B. 出血性炎　C. 假膜性炎
D. 纤维素性炎　E. 蜂窝织炎

【例6】疏松组织的弥漫性化脓性炎症属于

A. 肉芽肿　B. 浆液性炎　C. 卡他性炎
D. 蜂窝织炎　E. 纤维素性炎

3. 炎性介质的概念和主要作用

(1)炎性介质的概念 炎症反应主要是通过一系列化学因子的作用实现的，这些化学因子称为炎症介质。其特点为：①炎症介质来自细胞和血浆，在致炎因子作用下由细胞合成并释放；②大多数炎症介质通过与靶细胞表面的特异性受体结合发挥其生物活性；③炎症介质可刺激靶细胞释放新的炎症介质，随后释放的炎症介质与原介质的作用可以相同、相似或相反；④一种炎症介质可作用于一种或多种靶细胞，产生不同的效应；⑤炎症介质释放后存在的时间很短，很快降解，或被酶灭活。

(2)炎性介质的主要作用 如下表所示。

功能	炎症介质
血管扩张	组胺、前列腺素、NO
血管通透性升高	组胺、5-羟色胺、缓激肽、C3a、C5a、LTC_4、LTD_4、LTE_4、PAF、P物质
趋化作用、白细胞渗出和激活	TNF、IL-1、IL-8、化学趋化因子、C3a、C5a、白三烯(LTB_4)
发热	IL-1、TNF、前列腺素
疼痛	前列腺素、缓激肽、P物质
组织损伤	白细胞溶酶体酶、活性氧、NO

A. 引起发热　B. 起趋化作用　C. 使血管通透性升高
D. 导致疼痛　E. 加重组织损伤

【例7】渗出的组胺主要作用是

【例 8】氧自由基的主要作用是

三、慢性炎症

根据其病理特点，将慢性炎症分为一般慢性炎症和特异性慢性炎症(慢性肉芽肿性炎)两类。

1. 一般慢性炎症的病理变化特点

(1)慢性炎症最重要的特点

①炎症灶内浸润细胞主要为淋巴细胞、浆细胞和单核细胞，反映了机体对损伤的持续反应。

②主要由炎症细胞引起组织破坏。

③常出现较明显的纤维结缔组织、血管及上皮细胞、腺体和实质细胞增生，以替代和修复损伤的组织。

(2)慢性炎症的病理变化 单核巨噬细胞系统激活是慢性炎症的一个重要特征。

①慢性炎症时，变性坏死和渗出性病变轻微。

②慢性炎症时，纤维结缔组织增生，常伴有瘢痕形成，可造成管道性脏器狭窄，如慢性节段性肠炎可引起肠腔狭窄，甚至肠梗阻。在黏膜可形成炎性息肉，如鼻息肉、宫颈息肉。在肺内，可形成炎性假瘤。

2. 慢性肉芽肿性炎的概念、病因和病变特点

(1)概念 慢性肉芽肿性炎是一种特殊的慢性炎症，以肉芽肿形成为特点。但并不是所有的肉芽肿性炎均为慢性经过，如伤寒肉芽肿就呈急性经过。

(2)慢性肉芽肿性炎的常见病因

①细菌感染 结核分枝杆菌引起结核病，麻风杆菌引起麻风，一种革兰阴性杆菌引起的猫抓病。

②螺旋体感染 梅毒螺旋体引起梅毒。

③真菌和寄生虫感染 组织胞质菌引起组织胞质菌病，血吸虫引起血吸虫病。

④异物 手术缝线、石棉、滑石粉引起的慢性炎症。

⑤原因不明 如结节病。

(3)慢性肉芽肿性炎的病变特点 慢性肉芽肿性炎的基本特点是肉芽肿形成。肉芽肿是指由巨噬细胞局部增生构成的境界清楚的结节状病灶。肉芽肿分异物性肉芽肿和感染性肉芽肿。肉芽肿的主要细胞成分是上皮样细胞和多核巨细胞。肉芽肿内的巨细胞是由上皮样细胞融合而来的。

注意：①肉芽肿的主要成分——上皮样细胞、多核巨细胞。

②肉芽组织的主要成分——新生毛细血管、成纤维细胞、炎性细胞(主要是巨噬细胞)。

③慢性肉芽肿记忆为抓(猫抓病)一(异物)些(血吸虫病)没(梅毒)妈(麻风)的姐姐(结核病、结节病)。

【例 9】不属于肉芽肿性炎的疾病是

A. 血吸虫病　　B. 结核病　　C. 梅毒

D. 伤寒　　E. 淋病

常考点 急性炎症的病理特点；肉芽肿性炎。

参考答案——详细解答见 2021《贺银成国家临床执业及助理医师资格考试历年考点精析》

1. ABCDE　2. ABCDE　3. ABCDE　4. ABCDE　5. ABCDE　6. ABCDE　7. ABCDE

8. ABCDE　9. ABCDE

第4章 肿 瘤

考纲要求

①概述:肿瘤的概念,肿瘤的组织结构。②肿瘤的生物学行为:肿瘤的异型性,肿瘤的生长,肿瘤的扩散和转移,良、恶性肿瘤的区别,肿瘤对机体的影响。③肿瘤的命名和分类:肿瘤的命名原则,癌前病变、非典型增生、上皮内瘤变及原位癌的概念,癌与肉瘤的区别,常见肿瘤类型及病理变化。④肿瘤的病因学和发病学:肿瘤发生的分子生物学基础,常见的化学、物理及生物性致癌因素,影响肿瘤发生、发展的内在因素。

复习要点

一、肿瘤概述

1. 肿瘤的概念

肿瘤是机体的细胞异常增殖形成的新生物,常表现为机体局部的异常组织团块(肿块)。

肿瘤的增殖一般是克隆性的,即一个肿瘤中的肿瘤细胞群,是由发生了肿瘤性转化的单个细胞反复分裂增殖产生的子代细胞组成的。肿瘤生长旺盛,不同程度地失去了分化成熟的能力,即使致瘤因素不再存在,仍能继续生长。因而与生理状态或炎症损伤修复时的细胞增殖有本质的区别。

2. 肿瘤的组织结构

肿瘤组织分肿瘤实质和间质两部分。

(1)肿瘤实质 肿瘤细胞构成肿瘤的实质。肿瘤的生长代谢、肿瘤对机体的影响都取决于实质的性质,肿瘤实质也是肿瘤分类和命名的依据。如鳞状细胞癌的实质就是异常增生的鳞状上皮。

(2)肿瘤间质 一般由结缔组织和血管组成,起着支持和营养肿瘤实质的作用。各种肿瘤的间质基本相同,不具有特异性。肿瘤间质常有淋巴细胞浸润,此为机体对肿瘤组织的免疫反应。

二、肿瘤的生物学行为

1. 肿瘤的异型性

(1)定义 肿瘤的异型性是指肿瘤的细胞形态和组织结构与正常组织的差异性。良性肿瘤分化程度高、异型性小;恶性肿瘤分化程度低,异型性大。因此,异型性是区别肿瘤良、恶性的重要组织学依据。肿瘤的异型性有两个方面:结构异型性和细胞异型性。

(2)肿瘤的结构异型性 是指肿瘤细胞形成的组织结构,在空间排列方式上与相应正常组织的差异。

①良性肿瘤 虽然良性肿瘤的细胞异型性较小,但仍可有不同程度的结构异型性,因此诊断良性肿瘤主要依靠其组织结构的异型性。

②恶性肿瘤 恶性肿瘤的结构异型性明显,癌细胞排列紊乱,失去正常的结构和层次,丧失了极性。如鳞癌的癌细胞排列成巢团状或条索状,可出现癌珠。

(3)肿瘤的细胞异型性 良性肿瘤细胞的异型性小,恶性肿瘤细胞具有高度异型性。肿瘤细胞的异型性主要表现在:①肿瘤细胞通常比相应正常细胞大;②肿瘤细胞的多形性;③肿瘤细胞核的多形性;④肿瘤细胞核的体积增大;⑤核仁明显,数目增多;⑥核分裂象常增多。

【例1】关于高分化肿瘤的叙述,正确的是

A. 瘤细胞极性消失　B. 瘤细胞呈巢状生长　C. 瘤细胞异型性大
D. 瘤细胞呈结节性生长　E. 瘤细胞与起源的细胞相似

【例2】诊断恶性肿瘤的主要依据是

A. 肿瘤的肉眼形态　　B. 肿瘤对机体的影响　　C. 肿瘤的大小
D. 肿瘤细胞的异型性　　E. 肿瘤的继发改变

2. 肿瘤的生长

肿瘤的生长方式主要有以下三种。良性肿瘤多为外生性、膨胀性生长。恶性肿瘤可为浸润性、外生性、膨胀性生长，但主要为浸润性生长。

(1)膨胀性生长　其生长速度缓慢，肿瘤逐渐增大，推挤四周组织，但不侵犯周围组织，与周围组织分界清楚，肿瘤常有完整包膜，手术容易摘除，术后不易复发。

(2)外生性生长　发生在体表、体腔或管道器官腔面的肿瘤，常突向表面，呈乳头状、息肉状、菜花状，这种生长方式称为外生性生长。

(3)浸润性生长　肿瘤细胞长入并浸润周围组织间隙、淋巴管或血管，与邻近的正常组织无明显界限，手术不易切除干净。

3. 肿瘤的扩散和转移

肿瘤扩散是肿瘤最重要的生物学特点，包括局部浸润、直接蔓延和转移。

(1)局部浸润和直接蔓延　直接蔓延指恶性肿瘤随着体积不断增大，肿瘤细胞沿着组织间隙或神经束衣连续地浸润生长，破坏邻近器官或组织。

(2)转移　恶性肿瘤细胞从原发部位侵入淋巴管、血管或体腔，迁徙到其他部位继续生长，形成同样类型肿瘤的过程称为转移。转移是恶性肿瘤独有的生物学特点。恶性肿瘤转移方式如下：

①淋巴道转移　大多数为区域淋巴结转移，也可为“跳跃式”转移。胃肠等消化道肿瘤可经胸导管转移至左锁骨上淋巴结，称为魏氏(Virchow)淋巴结。

②血行转移　A.腹腔内的肿瘤经门静脉转移到肝脏；B.四肢肿瘤经体循环转移到肺；C.肺癌随动脉系统而致全身播散到骨、脑；D.经脊椎静脉丛(Batson 脊椎静脉系统)进行转移，如乳腺癌的椎体转移、甲状腺癌的颅骨转移、前列腺癌的骨盆转移等。

③种植转移　为肿瘤细胞脱落后在体腔或空腔脏器内的转移，最多见为胃癌种植到盆腔。胃癌种植转移到卵巢称 Krukenberg 瘤。当然，Krukenberg 瘤也可以通过淋巴道和血道转移形成，但少见。

【例 3】判定恶性肿瘤最重要的依据是
A. 核分裂象多见　　B. 瘤巨细胞形成　　C. 膨胀性生长
D. 常发生坏死　　E. 转移

4. 良、恶性肿瘤的区别

	良性肿瘤	恶性肿瘤
生长速度	缓慢	较快
生长方式	外生性生长、膨胀性生长	浸润性生长(主要方式)、外生性生长
特征	有包膜，不侵犯周围组织，可推动	无包膜，浸润破坏周围组织，境界不清，活动受限制
转移	不转移	可转移
继发改变	少见	常见，如出血、坏死、溃疡形成等
全身影响	较小，主要为局部压迫或阻塞	较大，破坏原发部位和转移部位的组织坏死、出血、合并感染；恶病质
复发	不复发或很少复发	易复发
镜下表现	分化好，异型性小 核分裂象无或少，不见病理性核分裂象	分化不好，异型性大 核分裂象多，可见病理性核分裂象
组织结构	与原来正常组织相似	不规则，与正常组织不同

5. 肿瘤对机体的影响

(1)良性肿瘤对机体的影响

①局部压迫和阻塞 良性肿瘤分化较成熟,生长缓慢,在局部生长,不浸润,不转移,一般对机体的影响较小,主要表现为局部压迫和阻塞症状。其严重程度主要与肿瘤发生部位有关,如颅内的良性肿瘤,可压迫脑组织引起严重后果。

②继发性改变 良性肿瘤有时可发生继发性改变,对机体带来不同程度的影响。如子宫黏膜下肌瘤常引起出血和感染。

③分泌过多激素 内分泌腺的良性肿瘤可分泌多量激素而引起症状。如垂体生长激素瘤可分泌过多生长激素,引起巨人症或肢端肥大症。

(2)恶性肿瘤对机体的影响

①死亡 恶性肿瘤分化不成熟,生长迅速,浸润并破坏器官的结构和功能,还可发生转移,因此对机体的影响严重,治疗效果不理想,患者死亡率高。

②继发性改变 肿瘤可因浸润、坏死而并发出血、穿孔、病理性骨折、感染等。肿瘤可累及局部神经而引起顽固性疼痛。

③恶病质 恶性肿瘤晚期机体严重消瘦、贫血、厌食、全身衰弱的状态,称为恶病质。

④异位内分泌综合征 一些非内分泌腺肿瘤,可产生和分泌激素或激素样物质,而引起症状,称为异位内分泌综合征。此类肿瘤多为恶性肿瘤,以癌居多,如肺癌、胃癌、肝癌等。

⑤副肿瘤综合征 由于肿瘤的产物(包括异位激素产生)、异常免疫反应等,引起内分泌、神经、消化、造血、骨关节、肾脏及皮肤等系统发生病变,出现相应的临床表现,称为副肿瘤综合征。这些表现不是由原发肿瘤或转移瘤直接引起,而是通过产生某种物质间接引起的。异位内分泌综合征属于副肿瘤综合征。

【例4】良性肿瘤对机体影响最大的因素是

A. 生长部位　　B. 生长速度　　C. 组织来源
D. 生长时间　　E. 体积大小

三、肿瘤的命名和分类

1. 肿瘤的命名原则

(1)良性肿瘤的命名 组织或细胞类型+瘤,如平滑肌瘤。

(2)来源于上皮组织的恶性肿瘤的命名 上皮名称+癌,如鳞状细胞癌、腺癌。

(3)来源于间叶组织的恶性肿瘤的命名 间叶组织名称+肉瘤,如纤维肉瘤、脂肪肉瘤、骨肉瘤。

(4)命名的特殊情况

①结合形态来命名,如乳头状囊腺瘤、乳头状囊腺癌。

②肿瘤形态类似于某些幼稚组织或细胞称母细胞瘤。母细胞瘤一般是恶性肿瘤,但也有良性的。

属于良性的母细胞瘤——骨母细胞瘤、软骨母细胞瘤、肌母细胞瘤。

属于恶性的母细胞瘤——肾母细胞瘤、神经母细胞瘤、髓母细胞瘤、视网膜母细胞瘤、肝母细胞瘤。

③一些病名为“×瘤”“×病”的,既可为恶性肿瘤,也可为良性肿瘤,有些却不是肿瘤。

属于良性肿瘤的——神经鞘瘤、间皮瘤。

属于恶性肿瘤的——精原细胞瘤、绿色瘤、黑色素瘤、淋巴瘤、白血病、霍奇金病、鲍文病。

属于交界肿瘤的——骨巨细胞瘤。

不属于肿瘤的是——结核瘤、迷离瘤、动脉瘤、炎性假瘤。

④以肿瘤细胞的形态来命名,如透明细胞肉瘤。

⑤肿瘤多发称为瘤病,如神经纤维瘤病、脂肪瘤病、血管瘤病。

注意:这些命名的特殊情况,是常考点,请牢记。有些知识点即使教科书上没有,也常考,请注意。

A. 神经纤维瘤　　B. 软骨母细胞瘤　　C. 骨母细胞瘤
D. 成熟性畸胎瘤　　E. 髓母细胞瘤

【例 5】属于恶性肿瘤的是

【例 6】含有 2 个胚层以上成分的肿瘤是

2. 癌前病变、非典型增生、上皮内瘤变及原位癌的概念

癌前病变	某些疾病或病变本身不是恶性肿瘤,但具有发展为恶性肿瘤的潜能,称为癌前病变 如大肠腺瘤、乳腺纤维囊性病、慢性胃炎与肠化、溃疡性结肠炎、皮肤慢性溃疡、黏膜白斑
非典型增生	指细胞增生并出现异型性,但不足以诊断为肿瘤,增生未累及上皮全层(累及全层者为原位癌)
上皮内瘤变	轻度、中度不典型增生分别称为上皮内瘤变Ⅰ、Ⅱ级,上皮内瘤变Ⅲ级=重度不典型增生+原位癌
原位癌	指异型增生的细胞与癌细胞相同,并累及上皮全层,但未突破基底膜
浸润癌	指突破了基底膜的癌
早期癌	癌浸润仅限于黏膜及黏膜下层者

【例 7】女,33 岁。B 超检查在左乳房外上象限发现 0.3cm×0.2cm 大小的结节。局部切除送病理检查,结节内查见癌细胞,累及上皮全层,但未浸破基底膜。正确的病理诊断是

A. 上皮内瘤变Ⅰ级　　B. 上皮内瘤变Ⅱ级　　C. 重度非典型增生
D. 原位癌　　E. 早期浸润癌

【例 8】不属于癌前病变的是

A. 黏膜白斑　　B. 溃疡性结肠炎　　C. 十二指肠溃疡
D. 乳腺导管上皮乳头状瘤样增生　　E. 家族性腺瘤性肠息肉病

3. 癌和肉瘤的区别

	癌	肉瘤
组织来源	上皮组织	间叶组织
发病率	较高,为肉瘤的 9 倍	较低
好发年龄	40 岁以上	有些类型见于青少年,有些类型见于中老年
好发部位	皮肤、黏膜、内脏多见	四肢、躯干多见
大体形态	质较硬、色灰白、较干燥	质软、色灰红、湿润、鱼肉状
镜下特点	多形成癌巢,实质与间质分界清楚,纤维组织常有增生	肉瘤细胞多弥漫分布,实质与间质分界不清,间质内血管丰富,纤维组织少
网状纤维	见于癌巢周围,癌细胞间多无网状纤维	肉瘤细胞间多有网状纤维
转移方式	多经淋巴道转移	多经血道转移

【例 9】区别癌与肉瘤的主要依据是

A. 浸润性生长,无包膜　　B. 异型性明显,有核分裂象　　C. 通过血道转移
D. 组织来源　　E. 肿瘤体积巨大

A. 癌　　B. 肉瘤　　C. 母细胞瘤
D. 精原细胞瘤　　E. 霍奇金淋巴瘤

【例 10】胚胎性肿瘤是

【例 11】来源于间叶组织的恶性肿瘤是

【例 12】来源于上皮组织的恶性肿瘤是

注意：①胚胎性肿瘤常称母细胞瘤，如神经母细胞瘤、肾母细胞瘤等。
②精原细胞瘤是起源于睾丸原始生殖细胞的恶性肿瘤，不属于胚胎性肿瘤。

4. 常见肿瘤类型及病理变化

(1)上皮组织良性肿瘤 包括乳头状瘤、腺瘤等。

	乳头状瘤	管状腺瘤、绒毛状腺瘤	囊腺瘤
好发部位	鳞状上皮、尿路上皮覆盖的部位	结肠、直肠黏膜	卵巢
病理特点	外生性生长，指状或乳头状，镜下乳头中心由血管和结缔组织等间质构成	常呈息肉状，可有蒂，可为广基，绒毛状腺瘤癌变率高	大小不等的囊腔 可分泌浆液、黏液等

(2)上皮组织恶性肿瘤

类型	病理特点	好发部位
鳞癌	分化好的鳞癌，癌巢中央可见角化珠或癌珠，细胞间可见细胞间桥 分化差的鳞癌，可无角化珠，细胞间桥少或无	鳞状上皮覆盖的部位：皮肤、口腔、唇、食管、喉
腺癌	癌细胞大小不等，排列成腺腔样结构，核分裂象多见 可表现为乳头状腺癌、囊腺癌、乳头状囊腺癌、黏液癌	腺上皮的恶性肿瘤：胃肠道、肺、乳腺、子宫
黏液癌	分泌大量黏液的腺癌称为黏液癌(胶样癌) 腺腔扩张，含大量黏液，癌细胞似漂浮在黏液中	胃、大肠
印戒细胞癌	为特殊类型的黏液癌，黏液积聚在癌细胞内，将核推向一边	胃、大肠
基底细胞癌	癌巢由深染的基底细胞样癌细胞构成。生长缓慢，表面常有溃疡浸润破坏深层组织，很少发生转移，对放疗很敏感，低度恶性	老年人面部
尿路上皮癌	级别越高，越易复发	膀胱、输尿管、肾盂

【例13】容易见到角化珠的癌可以确定为
A. 分化好的鳞癌　B. 基底细胞癌　C. 移行细胞癌
D. 分化差的鳞癌　E. 分化差的腺癌

【例14】一淋巴结作病理切片检查，淋巴结内见成团的异型细胞，并有病理性核分裂象和角化珠形成，应诊断为
A. 淋巴结结核　B. 淋巴结慢性炎症　C. 淋巴结转移性腺癌
D. 恶性淋巴瘤　E. 淋巴结转移性鳞癌

【例15】不属于上皮组织恶性肿瘤的是
A. 胃淋巴瘤　B. 肺腺癌　C. 宫颈鳞状细胞癌
D. 基底细胞癌　E. 胃胶样癌

(3)间叶组织良性肿瘤

类型	病理特点	好发部位
脂肪瘤	最常见的良性软组织肿瘤，多见于成人，常呈分叶状	肩、背、颈、四肢
纤维瘤	瘤组织内的胶原纤维排成束状，外观结节状，与周围组织分界明显	四肢、躯干
血管瘤	有毛细血管瘤、海绵状血管瘤、静脉血管瘤，可自然消退	皮肤、肌肉、内脏器官
淋巴管瘤	由增生的淋巴管构成，内含淋巴液，多发于小儿	表皮
平滑肌瘤	由梭形细胞构成，核分裂象罕见	子宫
软骨瘤	可恶变	骨膜、手足短骨、四肢长骨

(4)间叶组织恶性肿瘤

类型	病理特点	好发部位
脂肪肉瘤	多见于成人	深部软组织、腹膜后
横纹肌肉瘤	多见于儿童和婴幼儿,恶性程度高,早期易发生血道转移	头颈部、泌尿生殖道
平滑肌肉瘤	软组织平滑肌肉瘤多见于中老年人	子宫
血管肉瘤	易出血坏死	皮肤、乳腺、肝、脾、骨
纤维肉瘤	镜下为异型的梭形细胞呈鲱鱼骨样排列	四肢皮下组织
骨肉瘤	为最常见的骨恶性肿瘤,镜下肿瘤细胞异型明显,见肿瘤骨	四肢长骨干骺端
软骨肉瘤	软骨基质中有异型的软骨细胞	骨盆

【例16】属于上皮组织发生的肿瘤是

A. 淋巴管瘤　　B. 血管瘤　　C. 乳头状瘤
D. 平滑肌瘤　　E. 脂肪瘤

A. 息肉状　　B. 乳头状　　C. 分叶状
D. 结节状　　E. 囊状

【例17】皮下脂肪瘤常见的肉眼特点是
【例18】乳腺纤维腺瘤外观常见的肉眼特点是

四、肿瘤的病因学和发病学

1. 肿瘤发展的分子生物学基础

(1)癌基因　癌基因是指一段可将正常细胞转化为肿瘤细胞的核酸片段。首先在逆转录病毒(RNA病毒)中发现,称为病毒癌基因。后来,在正常细胞基因组中也发现与病毒癌基因十分相似的DNA序列,称为原癌基因或细胞癌基因(如*c-ras*、*c-myc*等)。这些基因正常时并不导致肿瘤,它们编码的产物是对促进细胞生长增殖十分重要的蛋白质(如生长因子、生长因子受体、转录因子等)。在某些因素的作用下,原癌基因发生数量或结构上的变化时,原癌基因可转化为癌基因,称为原癌基因的激活。其激活方式有三种,即点突变、基因扩增和染色体转位等。

(2)肿瘤抑制基因　是指在细胞生长与增殖调控中起重要作用的基因,这些基因的产物能限制细胞的生长,其丢失或功能的丧失可导致细胞发生恶性转化。目前已知的抑癌基因有10余种,如*APC*、*RB*、*p53*、*NF-1*、*BRCA-1*、*BRCA-2*等。*RB*基因是人们第一个发现的肿瘤抑制基因,其丢失或失活可导致视网膜母细胞瘤、膀胱癌、肺癌、乳腺癌、骨肉瘤等。*p53*是目前研究最为广泛的肿瘤抑制基因,人类肿瘤50%以上有*p53*基因突变。

(3)凋亡调节基因　肿瘤的生长,取决于细胞增殖与细胞凋亡的比例,因此调节细胞凋亡的基因在某些肿瘤的发生上也起重要作用。如Bcl-2蛋白抑制凋亡,而Bax蛋白促进凋亡。*bcl-2*基因的过度表达与滤泡型恶性淋巴瘤的发生发展有关。

(4)DNA修复基因　电离辐射、紫外线、烷化剂、氧化剂等因素,均可引起DNA损伤。正常细胞内DNA的轻微损伤,可通过DNA修复机制予以修复,这对维持基因组稳定性具有重要意义。当DNA修复机制有异常时,DNA损伤被保留下来,可能导致肿瘤的发生。如着色性干皮病患者,因为不能修复紫外线导致的DNA损伤,其皮肤癌的患病率极高。

(5)端粒酶和肿瘤　染色体末端存在称为端粒的DNA重复序列,其长度随细胞的每一次分裂逐渐缩短。细胞分裂一定次数后,端粒短缩到一定长度,细胞便死亡。生殖细胞具有端粒酶活性,可使缩短的端粒长度恢复；但大多数体细胞没有端粒酶活性，因此体外培养细胞只能分裂50次左右。许多恶性肿瘤细胞都含有端粒酶活性，使其端粒不会缩短，这与肿瘤细胞的永生化有关。因此，端粒的缩短可以看成是一种肿瘤抑制机制，端粒可以称为细胞的生命计时器。

(6)肿瘤发生是一个多步骤的过程 恶性肿瘤的发生是一个长期的、多因素造成的分阶段多步骤过程，并非单个分子事件。单个基因的改变不能引起细胞完全恶性转化，需要多个癌基因的作用，而且在癌变的不同阶段，可能有不同的癌基因起作用。癌基因的激活与肿瘤抑制基因的缺失或失活，两种起拮抗作用。

【例19】属于抑癌基因的是

A. *Rb*　　B. *ras*　　C. *myc*

D. *c-erbB*-2　　E. *sis*

2. 常见的化学、物理及生物性致瘤因素

(1)化学性致癌因素 目前已知可以致癌的化学物质有1000多种。多数化学致癌物需在体内（主要在肝）代谢活化后才能致癌，称为间接致癌物（如多环芳烃、芳香胺、亚硝胺、真菌毒素等）。少数化学致癌物不需在体内进行代谢转化即可致癌，称为直接致癌物（如烷化剂及酰化剂）。

①多环芳烃 致癌作用特别强的是3,4-苯并芘、1,2,5,6-双苯并蒽等，可能与肺癌、胃癌的发生有关。

②致癌的芳香胺类 如乙萘胺、联苯胺等，与膀胱癌发生有关；氨基偶氮染料可引起实验性肝细胞癌。

③亚硝胺类物质 致癌性强、致癌谱广。亚硝酸盐可由细菌分解硝酸盐产生。在胃内酸性环境下，亚硝酸盐与来自食物的二级胺作用合成亚硝胺。亚硝胺在体内经过羟化作用而活化，形成一个有很强反应性的烷化碳离子而致癌。

④真菌毒素 黄曲霉菌广泛存在于霉变食品中，霉变的花生、玉米及谷类含量最高。黄曲霉毒素有多种，以黄曲霉毒素B1致癌性最强。黄曲霉毒素B1是异环芳烃，在肝脏代谢为环氧化物，可使肿瘤抑制基因*p*53发生点突变而失去活性，从而诱发肝细胞癌。其致癌性与HBV感染有协同作用。

⑤烷化剂及酰化剂 为直接化学致癌物，如环磷酰胺等化疗后可诱发粒细胞性白血病。

(2)物理因素

①紫外线 可引起皮肤鳞癌、基底细胞癌和恶性黑色素瘤。紫外线可使DNA中相邻的两个嘧啶形成二聚体，造成DNA分子复制错误。着色性干皮病患者先天性缺乏修复DNA所需的酶，不能修复紫外线导致的DNA损伤，因此皮肤癌的发病率很高。

②电离辐射 能使染色体发生断裂、转位和点突变，导致癌基因激活或肿瘤抑制基因的灭活。

(3)生物性致癌因素 下表为《病理学》《内科学》和《外科学》内容的归纳总结。

寄生虫/微生物	相关肿瘤
华支睾吸虫	肝癌、胆管癌
慢性血吸虫	结肠癌
人类乳头瘤病毒HPV6、HPV11	生殖道、喉等部位的乳头状瘤
人类乳头瘤病毒HPV16、HPV18	宫颈原位癌和浸润癌
Epstein-Barr病毒（EBV）	伯基特淋巴瘤、鼻咽癌
乙肝病毒(HBV)、丙肝病毒(HCV)	肝细胞癌
RNA肿瘤病毒（逆转录病毒）	急性转化病毒含病毒癌基因（如*v-src*、*v-abl*、*v-myb*） 慢性转化病毒不含癌基因，可促进转录，引起原癌基因激活和过度表达
人类T细胞白血病/淋巴瘤病毒Ⅰ	成人T细胞白血病/淋巴瘤
幽门螺杆菌(Hp)	胃黏膜相关淋巴组织(MALT)淋巴瘤、胃腺癌

【例20】肿瘤的发生与亚硝胺类化合物关系不密切的是

A. 食管癌　　B. 胃癌　　C. 胆囊癌
D. 大肠癌　　E. 肝癌

【例 21】黄曲霉毒素 B1 的靶器官是
A. 脾　　B. 肝　　C. 心
D. 肺　　E. 脑

【例 22】与胃 MALT 淋巴瘤发病有关的病原体是
A. EBV　　B. HIV　　C. HPV
D. Hp　　E. HTLV-1

3. 影响肿瘤发生、发展的内在因素

(1)遗传因素　遗传因素在一些肿瘤的发生中起重要作用。

①常染色体显性遗传的肿瘤　如家族性视网膜细胞瘤、家族性腺瘤性息肉病、神经纤维瘤病等。

②常染色体隐性遗传的肿瘤　如着色性干皮病患者易发生皮肤癌，毛细血管扩张性共济失调患者易发生急性白血病和淋巴瘤，Li Fraumeni 综合征患者易发生肉瘤、白血病、乳腺癌等。

③家族性遗传　如乳腺癌、鼻咽癌、胃癌、肠癌等，可能与多因素遗传有关。

(2)肿瘤免疫因素　发生了肿瘤性转化的细胞可引起机体的免疫反应。引起机体免疫反应的肿瘤抗原和机体抗肿瘤免疫机制，是肿瘤免疫学研究的内容。肿瘤抗原可分为肿瘤特异性抗原和肿瘤相关抗原。

①肿瘤特异性抗原　是肿瘤细胞独有的抗原，不存在于正常细胞。

②肿瘤相关抗原　是指既存在于肿瘤细胞，也存在于某些正常细胞的抗原。

③肿瘤胎儿抗原　有些抗原在胎儿组织中大量表达，在分化成熟组织中不表达或表达量很小，但在癌变组织中表达增加，这种抗原称为肿瘤胎儿抗原。例如甲胎蛋白可见于胎肝细胞和肝细胞癌中。

④肿瘤分化抗原　是正常细胞和肿瘤细胞都具有的与某个方向的分化有关的抗原。例如前列腺特异性抗原(PSA)既可见于正常前列腺上皮，也可见于前列腺癌细胞。

(3)种族和地理因素　如欧美人乳腺癌多见，日本人胃癌发病率高，我国广东省的鼻咽癌发病率高。

(4)年龄、性别和激素因素　不同年龄和性别，其发生肿瘤的类型有所不同。如男性肺癌、食管癌、胃癌、结肠癌、直肠癌的发病率明显高于女性；女性生殖器官肿瘤、甲状腺癌、乳腺癌、胆囊癌的发病率明显高于男性。神经母细胞瘤、肾母细胞瘤等好发于儿童，横纹肌肉瘤、骨肉瘤多见于青年人。癌的发病除了与年龄、性别有关外，还可能与激素水平、接触致癌物等有关。

【例 23】肿瘤相关抗原的含义是
A. 表达于肿瘤细胞而不表达于正常细胞　　B. 肿瘤细胞和正常细胞无差异性表达的
C. 表达于正常细胞而不表达于肿瘤细胞　　D. 高表达于肿瘤细胞而低表达于正常细胞
E. 高表达于正常细胞而低表达于肿瘤细胞

常考点　考试重点，需全面掌握。

参考答案——详细解答见 2021《贺银成国家临床执业及助理医师资格考试历年考点精析》

1. ABCDE　2. ABCDE　3. ABCDE　4. ABCDE　5. ABCDE　6. ABCDE　7. ABCDE
8. ABCDE　9. ABCDE　10. ABCDE　11. ABCDE　12. ABCDE　13. ABCDE　14. ABCDE
15. ABCDE　16. ABCDE　17. ABCDE　18. ABCDE　19. ABCDE　20. ABCDE　21. ABCDE
22. ABCDE　23. ABCDE

第5章　心血管系统疾病

考纲要求

①动脉粥样硬化：血管的病理变化，心脏、肾脏和脑的病理变化，病理临床联系。②原发性高血压：良性高血压血管的病理变化，良性高血压心脏、肾脏和脑的病理变化，良性高血压病理临床联系。③风湿性心脏病：基本病理变化，心脏的病理变化。④心脏瓣膜病：概述，主要类型及病理变化。

复习要点

一、动脉粥样硬化

1. 血管的病理变化

动脉粥样硬化主要累及全身大中动脉，动脉壁的病变包括脂纹、纤维斑块、粥样斑块和复合病变。

分期	病理特点
脂纹	①为最早肉眼病变，位于主动脉后壁及其分支出口处；②镜下见大量泡沫细胞聚集 ③泡沫细胞来源于巨噬细胞和平滑肌细胞
纤维斑块	①由脂纹发展而来；②镜下见表层为大量胶原纤维玻璃样变，平滑肌细胞增生并分泌大量细胞外基质组成纤维帽，纤维帽下可见数量不等的泡沫细胞、平滑肌细胞、炎细胞等
粥样斑块	由纤维斑块深层细胞的坏死发展而来 镜下见纤维帽下大量粥样物质、胆固醇结晶和钙盐沉积，斑块底部和边缘出现肉芽组织
继发性改变	斑块内出血、破裂、血栓形成、钙化、动脉瘤形成、血管腔狭窄

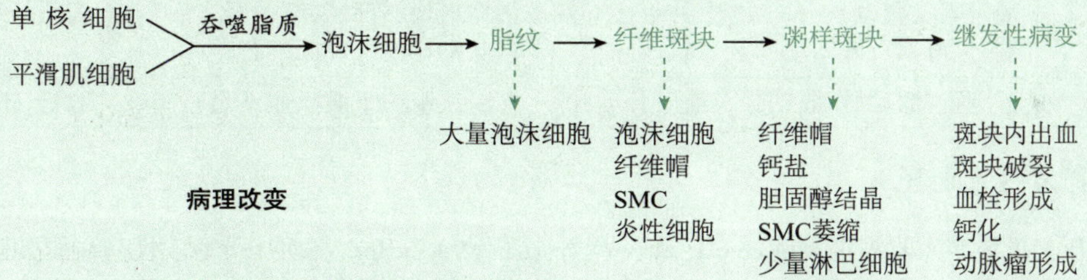

动脉粥样硬化的基本病理变化的发展

【例1】早期动脉粥样硬化病变，最早进入动脉内膜的细胞是

A. 红细胞　　B. 淋巴细胞　　C. 脂肪细胞
D. 中性粒细胞　　E. 巨噬细胞

2. 心脏、肾脏和脑的病理变化

(1)心脏的病理变化　表现为心绞痛和心肌梗死。心绞痛分为稳定型心绞痛、不稳定型心绞痛和变异型心绞痛。心肌梗死分为心内膜下心肌梗死和透壁性心肌梗死。心肌梗死的病理特点包括：

①发病部位　50%发生于左冠状动脉前降支供血区，如左心室前壁、心尖部、室间隔前2/3；25%发生于右冠状动脉供血的左心室后壁、室间隔后1/3；也易见于左冠状动脉回旋支供血的左心室侧壁。

②肉眼观　新鲜心肌梗死呈不规则形，黄白色，周围可见充血、出血带。陈旧性心肌梗死为瘢痕组织。

③光镜下　为凝固性坏死，心肌细胞嗜酸性增强，出现肌质凝聚和肌原纤维溶解，肌细胞核消失，间质内可见中性粒细胞浸润。

(2)肾脏的病理改变 肾动脉粥样硬化最常累及肾动脉开口处及主动脉近侧端。

①肾梗死 肾动脉硬化可引起肾梗死，新鲜肾梗死呈三角形，灰白色，周围可见充血出血带。

②动脉粥样硬化性固缩肾 严重者可形成动脉粥样硬化性萎缩肾，表现为梗死灶机化后形成的较大的凹陷瘢痕，多个瘢痕可使肾脏缩小，称为动脉粥样硬化性固缩肾。

(3)脑的病理改变 脑动脉硬化可引起脑萎缩、脑软化和脑出血。

①脑萎缩 表现为大脑皮质变薄、脑回变窄、脑沟变宽且加深、脑的重量减轻。

②脑软化 主要发生于颞叶、内囊、豆状核和丘脑。

③脑出血 脑动脉硬化可引起小动脉瘤形成，当血压突然升高时，小动脉瘤可破裂形成脑出血。

【例2】男，55岁。反复活动时胸部闷痛2年，快步行走及上楼梯可诱发，休息3~5分钟后可缓解。冠状动脉造影见前降支中段狭窄80%。其血管病变的始动环节是

A. 巨噬细胞形成泡沫细胞　B. 纤维帽破溃、血栓形成　C. 平滑肌细胞增殖和迁移

D. 内皮受损及功能失调　E. 内皮下脂质沉积(超纲题，大纲不要求掌握发病机制)

3. 临床病理联系

受累动脉	好发部位	临床病理联系
主动脉	主动脉后壁及分支开口处 以腹主动脉病变最严重	多无症状。严重者血管壁受损，受血压作用向外膨出可形成动脉瘤，动脉瘤破裂可导致致命性大出血
冠状动脉	冠状动脉左前降支(占50%)>右主干>左主干、左旋支、后降支	冠心病主要表现为心绞痛、心肌梗死
颈动脉	最常见于颈内动脉起始部	纤维斑块、粥样斑块、管腔狭窄甚至闭塞
脑动脉	基底动脉、大脑中动脉、Willis 环	血管纤维斑块、粥样斑块，造成管腔狭窄，甚至闭塞 脑动脉管腔狭窄，造成脑供血不足、脑萎缩 动脉瘤破裂出血，引起脑出血，导致病人死亡
肾动脉	最常累及肾动脉开口处及主动脉近侧端，也可累及叶间动脉及弓状动脉	粥样斑块、管腔狭窄→肾实质萎缩、间质纤维化 动脉粥样硬化性固缩肾
四肢动脉	下肢重：髂动脉、股动脉及前后胫动脉	管腔狭窄→下肢供血不足→间歇性跛行、干性坏疽

二、原发性高血压

高血压是指成年人收缩压≥140mmHg和(或)舒张压≥90mmHg。高血压分原发性高血压、继发性高血压和特殊类型高血压。原发性高血压分为良性高血压和恶性高血压。良性高血压约占原发性高血压95%。

1. 良性高血压血管的病理变化

良性高血压血管的病理变化为细动脉硬化，表现为细小动脉玻璃样变。细动脉内皮下有均匀红染的蛋白性物质沉积，导致细动脉管壁增厚、管腔狭窄、弹性下降、硬度增加，肌型动脉增厚。

【例3】符合良性高血压血管病变的是

A. 小动脉玻璃样变性　B. 小动脉外膜纤维增生　C. 细动脉平滑肌增生

D. 细动脉胶原纤维增生　E. 细动脉玻璃样变性

【例4】原发性高血压时细动脉可逆性病理改变是

A. 内膜下蛋白性物质沉积　B. 血管腔狭窄　C. 血管痉挛

D. 血管壁平滑肌萎缩　E. 血管纤维化

2. 良性高血压心脏、肾脏和脑的病理变化

(1)心脏的病理变化 主要表现为左心室代偿性肥大。心脏重量增加，可达400g以上(正常男性约260g，女性约250g)。左心室壁增厚，可达1.5~2.0cm(正常≤1.0cm)。左心室乳头肌和肉柱增粗，心腔不

扩大，相对缩小，称为向心性肥大。当左心室失代偿时，心肌收缩力降低，逐渐出现心腔扩张，称为离心性肥大。可见心脏的典型病理变化为：早期向心性肥大，晚期离心性肥大，严重时发生心力衰竭。

(2)肾脏的病理变化　高血压时，由于入球小动脉玻璃样变及肌型小动脉硬化、肾小管萎缩、间质增生。病变相对较轻的肾小球代偿性肥大，肾小管代偿性扩张。肉眼观，双肾对称性缩小，质地变硬，肾表面凸凹不平，呈细颗粒状，称为原发性颗粒性固缩肾。

(3)脑的病理变化　包括高血压脑病、脑软化、脑出血等。脑出血常发生于基底节、内囊，其次为大脑白质、脑桥和小脑，多见于基底节区域，尤以豆状核区最多见，这是因为供应该区域的豆纹动脉从大脑中动脉呈直角分支，直接受到大脑中动脉压力较高的血流冲击和牵引，致豆纹动脉易破裂出血。

【例5】高血压病的肾脏病理变化表现为

A. 颗粒性固缩肾　　B. 肾脏单发性贫血性梗死　　C. 肾动脉动脉瘤形成
D. 肾的多发性大瘢痕凹陷　　E. 肾脏淤血

【例6】高血压病脑出血最常见的部位是

A. 豆状核和丘脑　　B. 内囊和基底核　　C. 蛛网膜下腔
D. 侧脑室　　E. 大脑髓质

3. 良性高血压病理临床联系

(1)心脏　由高血压引起的左心室肥大、扩张，并伴有心肌收缩能力减弱，甚至心力衰竭的心脏病，称为高血压性心脏病。患者可有心悸、心界扩大，并出现心力衰竭的表现。

(2)肾脏　早期可无明显症状，但随着病情进展，相对正常的肾单位越来越少，不足以排出体内代谢废物，可发生慢性肾功能不全，严重者可出现尿毒症。

(3)脑　高血压脑病由于脑细动脉、小动脉硬化，毛细血管通透性增高，可引起脑水肿，表现为头痛、头晕、呕吐、视物模糊、心悸等症状。若患者血压急剧升高，可出现剧烈头痛、抽搐，甚至昏迷等，称为高血压危象。脑出血是高血压最常见、最严重的并发症，常表现为意识障碍、对侧肢体偏瘫和感觉障碍。

【例7】恶性高血压的病理特征是

A. 微血管炎　　B. 肾毛细血管纤维样坏死　　C. 肾纤维化
D. 大、中动脉粥样硬化　　E. 肾小动脉纤维样坏死(超纲题)

三、风湿性心脏病

风湿病是一种与A组β型溶血性链球菌感染有关的变态反应性疾病。病变主要累及全身结缔组织及血管，常形成特征性风湿性肉芽肿，即Aschoff小体。病变最常累及心脏、关节、血管等处，以心脏病变最为严重。风湿病急性期常有发热、心脏和关节损害、皮肤环形红斑、皮下小结、舞蹈病等症状和体征。

1. 基本病理变化

(1)分期　风湿病根据病变发展过程分为变质渗出期、增生期、纤维化期三期，基本病理变化如下。

	变质渗出期	增生期	纤维化期
别称	—	肉芽肿期	硬化期
病程	持续1个月(早期病变)	持续2~3个月	持续2~3个月
病理特征	胶原的纤维素样坏死	Aschoff小体形成	梭形瘢痕形成
其他病变	结缔组织基质的黏液样变性 浆液纤维素渗出 淋巴细胞、浆细胞、单核细胞浸润	心肌间质、心内膜、皮下结缔组织中出现特征性风湿小体	风湿小体内的坏死细胞被吸收 风湿小体纤维化 最后形成梭形小瘢痕

(2)Aschoff小体　又称风湿小体，为风湿病增生期的特征性病变。

组成	①Aschoff 细胞(阿绍夫细胞、风湿细胞):细胞体积大,圆形;胞质丰富,略嗜碱性;核大,圆形或椭圆形;核膜清晰,染色质集于中央,核的横切面似枭眼状,纵切面呈毛虫状 ②少量T淋巴细胞;③浆细胞
部位	风湿小体多位于纤维素样坏死灶内;在心肌间质内,Aschoff 细胞多位于小血管旁
形态	呈梭形,风湿小体中心含有肿胀和纤维素样坏死的胶原纤维,周围有组织细胞和成纤维细胞增生
来源	风湿细胞为巨噬细胞源性,在纤维素样坏死基础上,巨噬细胞增生、吞噬纤维素样坏死物质后形成 因镜下可见单核、双核或多核,有人将多核者称之为Aschoff 巨细胞

【例 8】风湿病变质渗出期的主要病变是

A. 纤维素样坏死形成　B. 阿绍夫小体形成　C. 梭形瘢痕形成

D. 小化脓灶形成　E. 泡沫细胞形成

2. 心脏的病理变化 风湿性心脏病包括风湿性心内膜炎、风湿性心外膜炎(心包炎)、风湿性心肌炎。

	风湿性心内膜炎	风湿性心肌炎	风湿性心外膜炎(心包炎)
累及部位	心瓣膜(二尖瓣最常见)	心肌间质的结缔组织	心外膜脏层
特征病变	瓣膜闭锁缘疣状赘生物	心肌间质出现风湿小体	浆液性或纤维素性渗出
其他病变	①瓣膜肿胀、变性、脱落、间质黏液样变性、纤维素样坏死 ②内膜灶性增厚,如左心房后壁的 McCallum 斑	①风湿小体位于左心室、室间隔、左心房及左心耳 ②间质水肿、淋巴细胞浸润	浆液性——量多、心包积液 纤维素性——量少、绒毛心 偶有 Aschoff 小体形成
临床表现	心尖区轻度收缩期/舒张期杂音,风湿停止后杂音消失	急性充血性心力衰竭 可出现房室传导阻滞	干性心外膜炎有心包摩擦音 湿性心外膜炎心音弱而遥远

【例 9】有关风湿病的描述,错误的是

A. 属于变态反应性疾病　B. 与溶血性链球菌感染有关　C. 心脏病变的后果最为严重

D. 可累及全身结缔组织　E. 风湿性关节炎常导致关节畸形

注意:①风湿病既可为浆液性渗出,又可为纤维素性渗出。

②风湿性关节炎是浆液性渗出,故易吸收,不遗留关节畸形。

③风湿性关节炎是浆液性渗出+纤维素性渗出,渗出物可完全吸收,不遗留关节畸形。

④类风湿关节炎呈纤维素性渗出,不易吸收,容易遗留关节畸形。

【例 10】风湿性心肌炎病变主要累及

A. 心肌细胞　B. 心肌间质结缔组织　C. 心肌间质小血管

D. 心肌间质神经组织　E. 心肌间质的嗜银纤维

四、心脏瓣膜病

1. 概述

(1)概念 心脏瓣膜病是指心脏瓣膜受各种原因损伤后或先天性发育异常所造成的器质性病变,表现为瓣膜口狭窄和(或)关闭不全,最后导致心功能不全,引起全身血液循环障碍。

(2)病因 瓣膜口狭窄是由于瓣膜粘连、增厚、弹性减弱或消失、瓣膜环硬化和缩窄,导致的血流通过障碍。瓣膜关闭不全是由于瓣膜增厚、变硬、卷曲、缩短或瓣膜的破裂和穿孔所致,也可因腱索增粗、缩短和粘连而引起。

(3)受累部位 心脏瓣膜病变主要为二尖瓣受累,约占70%,二尖瓣合并主动脉瓣病变者为20%~

30%，单纯主动脉瓣病变者为2%~5%，三尖瓣和肺动脉瓣病变者少见。

2. 主要类型及病理变化

(1)二尖瓣狭窄(二狭) 正常情况下，血液由右心房—三尖瓣—右心室—肺动脉瓣—肺—左心房—二尖瓣—左心室—主动脉瓣—主动脉。当二狭时，血液从左心房流入左心室受阻，出现左心房高压。

(2)二尖瓣关闭不全(二闭) 二闭时，在收缩期，左心室部分血流通过关闭不全的二尖瓣口反流左心房内，产生心尖区全收缩期杂音。左心房既接受肺静脉的血流，又接受左心室反流的血液，致左心房血容量较正常增多，久之出现左心房代偿性肥大，继而左心房、左心室容积负荷增加，使左心室代偿性肥大。右心室、右心房代偿性肥大，右心衰竭和大循环淤血。

(3)主动脉瓣狭窄(主狭) 主狭时，左心室排血受阻，左心室发生代偿性肥大，室壁增厚，向心性肥大。后期左心代偿性失调，出现左心衰竭，进而引起肺淤血、右心衰竭、大循环淤血。

(4)主动脉瓣关闭不全(主闭) 在舒张期主动脉部分血流反流至左心室，使左心室血容量增加，发生代偿性肥大。久而久之，相继发生左心衰竭、肺淤血、肺动脉高压，继而引起右心肥大，大循环淤血。

(5)常见心瓣膜病的比较 4种常见心脏瓣膜病的病理变化比较如下表。

	病因	血流动力学	临床表现
二狭	风湿性心内膜炎反复发作 感染性心内膜炎引起少见	左心房扩大→左心房衰竭→右心室扩大→右心衰竭	体循环淤血、梨形心 心尖部舒张期隆隆样杂音
二闭	风湿性心内膜炎的后果 亚急性细菌性心内膜炎	左心房扩大→左心房衰竭→左心室大	球形心 心尖部收缩期吹风样杂音
主狭	多由风湿性主动脉炎引起	左心室扩大→左心室衰竭→右心衰竭	体循环淤血，靴形心 主动脉瓣区收缩期杂音
主闭	多由风湿性主动脉炎引起	左心室衰竭→肺动脉高压→右心衰竭	主动脉瓣区舒张期杂音 周围血管征

注意:9版《病理学》P173主狭为靴形心，9版《内科学》P299和9版《诊断学》P165主闭为靴形心。

【例11】二尖瓣狭窄早期出现的心脏改变是

A. 左心房扩张　B. 左心室扩张　C. 右心房扩张
D. 左心房肥大　E. 右心室肥大

【例12】左心房增大合并明显肺动脉高压时心界呈

A. 普大形　B. 三角烧瓶形　C. 球形
D. 梨形　E. 靴形

▶▶常考点 动脉粥样硬化的病理特征；高血压的病理特点；风湿小体。

参考答案——详细解答见2021《贺银成国家临床执业及助理医师资格考试历年考点精析》

1. ABCDE　2. ABCDE　3. ABCDE　4. ABCDE　5. ABCDE　6. ABCDE　7. ABCDE
8. ABCDE　9. ABCDE　10. ABCDE　11. ABCDE　12. ABCDE

第6章 呼吸系统疾病

考纲要求

①大叶性肺炎:概述及病理变化,并发症。②小叶性肺炎:概述及病理变化,并发症。③慢性支气管炎:概述及病理变化,病理临床联系。④肺气肿:概述及病理变化,类型及临床病理联系。⑤慢性肺源性心脏病:概述及病理变化,临床病理联系。⑥肺癌:病理类型和病理变化,扩散与转移。

复习要点

一、大叶性肺炎

1. 概述及病理变化

(1)概述 大叶性肺炎是主要由肺炎链球菌引起的肺组织急性纤维素性炎症,病变多累及单侧,以左下肺叶最常见,其次为右下肺叶,也可同时或先后累及两个以上的肺叶。

【例1】肺炎链球菌常引起

A. 支气管肺炎　B. 肺脓肿　C. 大叶性肺炎(典型肺炎)

D. 支气管哮喘　E. 胸膜炎

(2)病理变化 大叶性肺炎的主要病理变化为肺泡腔内的纤维素性炎,典型病程分为以下四期。

	充血水肿期	红色肝样变期	灰色肝样变期	溶解消散期
病程	发病后1~2天	发病后3~4天	发病后5~6天	发病后7天(历时1~3周)
肉眼	肺肿大,暗红色	肺充血肿大,暗红色	肺叶仍肿大,灰白色	肺开始缩小,质软
镜下	肺泡壁毛细血管扩张 肺泡内浆液性渗出 红细胞(少量) 中性粒细胞(少量) 巨噬细胞(少量)	肺泡壁毛细血管扩张 中量纤维素渗出 红细胞(大量) 中性粒细胞(少量) 巨噬细胞(少量)	肺泡壁毛细血管受压 大量纤维素渗出 红细胞(大量溶解) 中性粒细胞(大量) 巨噬细胞(中量)	肺组织逐渐恢复 纤维素逐渐溶解 红细胞(极少) 中性粒细胞(死亡) 巨噬细胞(大量)
胸片	片状模糊阴影	大片致密阴影	阴影逐渐消退	恢复正常
临床表现	寒战、高热 白细胞计数升高	发绀、咳铁锈色痰	缺氧症状减轻 咳黏液脓痰	体温下降 症状体征消失

记忆:①纤维素变化规律:无—中量—大量—溶解;②红细胞:少—多—少—无;
③中性粒细胞:少—少—多—死亡溶解;④巨噬细胞:少—少—中—多(因其为慢性炎细胞)。

2. 并发症

(1)肺肉质变(机化性肺炎) 由于肺内炎性病灶中中性粒细胞渗出过少,释放的蛋白酶量不足以溶解渗出物中的纤维素,大量未能被溶解吸收的纤维素被肉芽组织取代而机化。病变肺组织呈褐色肉样外观。

(2)胸膜肥厚和粘连 纤维素性胸膜炎不能完全溶解吸收发生机化引起。

(3)肺脓肿和脓胸 病原菌毒力大或机体抵抗力低下时,金黄色葡萄球菌和肺炎链球菌混合感染者易发生肺脓肿。

(4)败血症或脓毒败血症 重症病例。

(5)感染性休克 重症病例。

【例2】肺肉质变常见于

A. 大叶性肺炎　　B. 小叶性肺炎　　C. 急性肺淤血
D. 慢性肺淤血　　E. 慢性左心衰竭

注意:①肺肉质变为大叶性肺炎的并发症。②肺褐色硬化为慢性肺淤血的并发症。

二、小叶性肺炎(支气管肺炎)

1. 概述及病理变化

(1)概述　小叶性肺炎是由化脓性细菌引起的,病变起始于细支气管,并向周围或末梢肺组织扩展,形成以肺小叶为病变单位的急性化脓性炎症,主要发生于小儿、体弱老人及久病卧床者。

(2)病理变化

①肉眼观　双肺各叶肺组织散在分布的大小不等的实变灶,以下叶和背侧多见。病灶直径多在 0.5~1cm,色灰黄,形状不规则。严重病例,病灶可相互融合成片,甚至累及整个大叶,形成融合性支气管炎,一般不累及胸膜。

②镜下观　病灶区细支气管及其周围肺泡腔内充满脓性渗出物(大量中性粒细胞)。病灶周围肺组织充血,可有浆液渗出,部分肺泡过度扩张。

2. 并发症

小叶性肺炎的并发症远较大叶性肺炎多,且危险性也大,较常见的有呼吸功能不全、心力衰竭、脓毒血症、肺脓肿、脓胸等。

3. 大叶性肺炎和小叶性肺炎的鉴别

	大叶性肺炎	小叶性肺炎
病原菌	肺炎链球菌(占 90%)、溶血性链球菌、肺炎杆菌、金黄色葡萄球菌、流感嗜血杆菌	葡萄球菌、肺炎球菌、流感嗜血杆菌、肺炎克雷伯杆菌、链球菌、铜绿假单胞菌、大肠埃希菌
典型病变	起始于肺泡→肺段或整个肺叶	起始于细支气管→以肺小叶为单位灶性散布
病变范围	肺大叶	肺小叶
好发人群	青壮年	小儿和年老体弱者
好发部位	单侧肺,左肺或右肺下叶	双肺下叶和背侧
特点	支气管不受累	胸膜不受累
病理变化	①渗出性炎,以肺泡纤维素渗出为主 ②典型的四期表现:充血水肿期、红色肝样变期、灰色肝样变期、溶解消散期	化脓性炎,以肺组织中性粒细胞浸润为主 纤维素渗出少 红细胞、脱落的肺泡上皮细胞量少
并发症	肺肉质变(机化性肺炎)、胸膜肥厚和粘连、肺脓肿及脓胸、败血症、感染性休克	心衰、呼衰、脓毒血症、肺脓肿、脓胸

【例 3】肺组织切片检查,光镜下见细支气管上皮脱落,腔内及周围肺泡腔内亦有多少不等的脓性渗出物,应诊断为

A. 慢性肺淤血　　B. 大叶性肺炎灰色肝样变期　　C. 小叶性肺炎
D. 大叶性肺炎溶解消散期　　E. 肺结核变质渗出期

A. 淋巴细胞渗出为主的炎症　　B. 纤维蛋白渗出为主的炎症　　C. 浆液渗出为主的炎症
D. 单核巨噬细胞渗出为主的炎症　　E. 中性粒细胞渗出为主的炎症

【例 4】大叶性肺炎是

【例 5】小叶性肺炎是

三、慢性支气管炎

1. 概述

慢性支气管炎是发生于支气管黏膜及其周围组织的慢性非特异性炎性疾病，是一种常见多发病。主要临床特征为反复发作的咳嗽、咳痰或伴有喘息症状，且症状每年至少持续3个月，连续2年以上。

2. 病理变化

(1)黏液-纤毛排送系统受损 纤毛柱状上皮变性坏死，再生的上皮杯状细胞增多，并发生鳞状上皮化生。

(2)黏膜下腺体增生肥大和浆液性上皮发生黏液腺化生 导致黏液分泌增多。

(3)管壁充血水肿、炎性细胞浸润 炎性细胞多为淋巴细胞和浆细胞。

(4)管壁平滑肌断裂、萎缩 喘息型者平滑肌束增生、肥大；软骨可变性、萎缩或骨化。

(5)细支气管炎和细支气管周围炎 为慢支反复发作的结果，是引起慢性阻塞性肺气肿的病变基础。

3. 临床病理联系

(1)咳嗽咳痰 患者因支气管黏膜受炎症的刺激及分泌的黏液增多而出现咳嗽咳痰的症状。痰液一般为白色黏液泡沫状。在急性发作期，咳嗽加剧，并出现黏液脓性或脓性痰。

(2)喘息 支气管痉挛狭窄、黏液阻塞管腔可导致喘息。双肺听诊可闻及哮鸣音，干、湿啰音等。

(3)阻塞性通气功能障碍 小气道的狭窄和阻塞可导致阻塞性通气功能障碍。

【例6】慢性阻塞性肺疾病的慢性气道炎症最主要的效应细胞是

A. 巨噬细胞　　B. 中性粒细胞　　C. 树突状细胞

D. 嗜酸性粒细胞　　E. 淋巴细胞

【例7】慢性支气管炎患者咳痰的病变基础是

A. 黏膜上皮细胞变性、坏死、脱落　　B. 管壁充血、水肿　　C. 黏膜上皮纤毛倒伏、脱失

D. 细支气管周围炎　　E. 黏液腺肥大、增生，分泌亢进，浆液腺黏液化

四、肺气肿

1. 概述

肺气肿是末梢肺组织(呼吸性细支气管、肺泡管、肺泡囊和肺泡)因含气量过多伴肺泡间隔破坏，肺组织弹性减弱，导致肺体积膨大、功能降低的一种疾病状态，是支气管和肺部疾病最常见的合并症。

2. 病理变化

(1)肉眼观 肺体积增大，边缘钝圆，色灰白，柔软而缺乏弹性，指压后压痕不易消退。切面肺组织呈海绵状，可见含气囊泡形成，囊腔大小不等。

(2)镜下观 肺泡呈弥漫性高度扩张，肺泡间隔变窄、断裂，相邻肺泡融合成较大的囊腔。肺泡间隔内毛细血管床数量减少，间质内肺小动脉内膜纤维性增厚，管腔狭窄。

3. 类型

(1)腺泡中央型肺气肿 位于腺泡中央的呼吸性细支气管囊状扩张，而肺泡管、肺泡囊扩张不明显。

(2)腺泡周围型肺气肿 也称隔旁肺气肿。呼吸性细小支气管基本正常，肺泡管、肺泡囊扩张。

(3)全腺泡型肺气肿 呼吸性细小支气管、肺泡管、肺泡囊和肺泡都扩张。其发病与遗传性α_1-抗胰蛋白酶缺乏有关。

4. 病理临床联系

患者有阻塞性通气功能障碍的表现，可出现呼气性呼吸困难，气促、胸闷、发绀等缺氧症状。严重者可形成肺气肿病人特有的体征“桶状胸”。最终可因肺动脉高压导致慢性肺心病。

五、慢性肺源性心脏病

1. 概述

慢性肺源性心脏病是因慢性肺疾病、肺血管及胸廓的病变引起肺循环阻力增加，肺动脉压升高而导致右心室壁肥厚、心腔扩大甚或发生右心衰竭的心脏病。

2. 病理变化

(1)肺部病变 除原有肺疾病的表现外，肺内的主要病变是肺小动脉的变化，包括：①无肌型细动脉肌化；②肌型小动脉中膜增生肥厚、内膜下出现纵行肌束；③肺小动脉炎、肺小动脉弹力纤维及胶原纤维增生；④腔内血栓形成和机化；⑤肺泡间隔毛细血管数量减少。

(2)心脏病变 ①右心室肥厚、心室腔扩大。通常以肺动脉瓣下2cm处右心室前壁肌层厚度>5mm(正常约3~4mm)作为诊断肺心病的病理形态标准。②右心室壁心肌细胞肥大，也可见因缺氧导致心肌纤维萎缩、肌浆溶解、横纹肌消失。③心肌间质水肿、胶原纤维增生。

3. 临床病理联系 其临床表现为：原有肺疾病的临床症状和体征+呼衰的表现+右心衰竭的表现。

六、肺癌

1. 肉眼类型和病理变化 肺癌分为中央型、周围型和弥漫型，其中弥漫型少见。

	中央型(肺门型)肺癌	周围型肺癌	弥漫型肺癌
占肺癌%	60%~70%	30%~40%	2%~5%
发生部位	主气管或叶支气管	肺段或其远端支气管	末梢肺组织
肿块形状	巨大肿块	结节状，球形，直径2~8cm	粟粒状，多发性结节
肺门转移	发生早，肿大淋巴结与肺门融合	发生较晚	—
病理类型	鳞状细胞癌最多见，多有吸烟史	腺细胞癌最多见	肺泡细胞癌多见

2. 组织学类型和病理变化

	肺鳞状细胞癌	肺腺癌	肺小细胞癌	肺大细胞癌
占肺癌	30%~50%	30%~35%	10%~20%	15%~20%
类型	80%~85%为中央型	65%为周围型	中央型，多发于大支气管	多发生于大支气管
特点	多有吸烟史 肿瘤生长缓慢 易被纤支镜发现 角化珠为其特征	①常累及胸膜(占77%) ②女性多见 ③分化最好者为细支气管肺泡癌	常具有内分泌功能 生长迅速、转移早 由嗜银细胞发生 对放化疗敏感	生长迅速 易发生血行转移

3. 扩散与转移

(1)直接蔓延 ①中央型肺癌常直接侵犯纵隔、心包、周围血管，或沿支气管向同侧甚至对侧肺组织转移。②周围型肺癌可直接侵犯胸膜并侵入胸壁。

(2)经淋巴道转移 发生较早，且扩散速度较快。癌组织首先转移到支气管旁、肺门淋巴结。

(3)血道转移 常见于脑、肾上腺、骨等器官和组织，也可转移至肝、肾、甲状腺、皮肤等处。

常考点 大叶性肺炎和小叶性肺炎的病理特点；慢性支气管炎的病理改变；各型肺癌的特点。

参考答案——详细解答见2021《贺银成国家临床执业及助理医师资格考试历年考点精析》

1. ABCDE 2. ABCDE 3. ABCDE 4. ABCDE 5. ABCDE 6. ABCDE 7. ABCDE

第7章　消化系统疾病

考纲要求

①消化性溃疡病:概述及病理变化,并发症。②病毒性肝炎:概述及基本病理变化,类型及病理特点。③肝硬化:概述及发病机理,类型及病理变化,病理临床联系。④食管癌:病理类型,病理变化。⑤胃癌:病理类型,病理变化。⑥结肠、直肠癌:病理类型,病理变化。⑦原发性肝癌:病理类型,病理变化。⑧胰腺癌:病理类型,病理变化。

复习要点

一、消化性溃疡病

1. 概述

消化性溃疡病也称消化性溃疡,是以胃或十二指肠黏膜形成慢性溃疡为特征的一种常见病,多见于成人。本病多反复发作呈慢性经过,鉴于其发生与胃液的自我消化作用有关,故称为消化性溃疡病。

2. 病理变化

胃溃疡病变和十二指肠溃疡病变大致相同。

(1)胃溃疡　多位于胃小弯,尤其以胃窦部多见。常一个,呈圆形或椭圆形,直径多<2cm。溃疡周围的胃黏膜皱襞因溃疡底瘢痕组织的牵拉而呈放射状。镜下溃疡底部由内向外分4层:

①炎症层　为最表层,由少量炎性渗出物(白细胞、纤维素等)覆盖。

②坏死组织层　为其下一层。

③肉芽组织层　为新鲜的肉芽组织。

④瘢痕组织层　为最下层,由肉芽组织移行为陈旧瘢痕组织。

瘢痕底部小动脉因炎症刺激常有增殖性动脉内膜炎,使小动脉管壁增厚、管腔狭窄或有血栓形成,造成局部供血不足,妨碍组织再生使溃疡不易愈合。但这种变化却可防止溃疡血管破裂、出血。

(2)十二指肠溃疡　多发生于球部前壁或后壁,溃疡一般较小,直径多<1cm,溃疡较浅且易愈合。

【例1】男,78岁。反复上腹胀、上腹部不适20年。胃镜检查:胃角切迹可见直径0.3cm溃疡,底部平坦,边界清楚,胃黏膜苍白、粗糙、皱襞稀疏。其胃黏膜病理检查不可能出现的是

A. 主细胞减少　　B. 肠上皮化生　　C. 壁细胞数量增多

D. 淋巴细胞浸润　　E. 异型增生(超纲题,大纲不要求掌握慢性胃炎)

【例2】胃溃疡底部常见动脉内血栓机化,该处血栓形成的最主要机制是

A. 溃疡组织释放多量组织凝血酶原　　B. 溃疡处动脉内膜炎致内膜粗糙

C. 溃疡处动脉血流缓慢　　D. 溃疡处纤维化使动脉内血流不规则

E. 胃液促进凝血过程

3. 并发症

	发生率	原因	结果
出血	10%~35%	溃疡底部毛细血管或大血管破裂	大便潜血试验阳性,呕血便血
穿孔	5%	十二指肠溃疡因肠壁较薄更易穿孔	大量胃肠内容物进入腹腔引起腹膜炎
幽门狭窄	3%	由于瘢痕收缩,可引起幽门狭窄	幽门梗阻,胃扩张,反复呕吐,碱中毒
恶变	<1%	长期胃溃疡恶变率<1%	十二指肠溃疡几乎不发生癌变

【例3】慢性胃溃疡最常见的并发症是

A. 穿孔　　B. 出血　　C. 幽门狭窄
D. 癌变　　E. 肠上皮化生

【例4】胃溃疡最少见的并发症是

A. 癌变　　B. 呕血　　C. 幽门梗阻
D. 穿孔　　E. 黑便

二、病毒性肝炎

1. 概述

病毒性肝炎是指由一组肝炎病毒引起的以肝实质细胞变性、坏死为主要病变的一种常见传染病。

2. 基本病理变化

病毒性肝炎的基本病理变化为肝细胞变性坏死，属于变质为主的炎症。

(1)肝细胞变性

①细胞肿胀　最常见。光镜下见肝细胞明显肿大，胞质疏松化，细胞水肿(水样变)，气球样变。

②嗜酸性变　肝细胞嗜酸性变一般仅累及单个或数个肝细胞，散在于肝小叶内。光镜下见肝细胞由于胞质水分脱失浓缩，使肝细胞体积变小，胞质嗜酸性增强，故红染。细胞核染色也较深。

③脂肪变性　肝细胞胞质内出现大小不等的球形脂滴。

(2)肝细胞坏死　以溶解性坏死最常见，由严重的肝细胞水肿发展而来。溶解性坏死分为以下类型。

坏死类型	定义及临床意义	常见于
点状坏死	是指散在分布的单个或数个肝细胞的坏死	急性普通型肝炎
碎片状坏死	是指肝小叶周边部界板肝细胞的灶性坏死和崩解	慢性肝炎
桥接坏死	指中央静脉与门管区之间，两个门管区之间，或两个中央静脉之间出现的相互连接的坏死带，为慢性肝炎的特征性病变	较重的慢性肝炎
亚大块坏死	是指肝细胞坏死占肝小叶大部分	重型肝炎
大块坏死	是指肝细胞坏死几乎占据整个肝小叶	重型肝炎

(3)肝细胞凋亡　由嗜酸性变发展而来，胞质进一步浓缩，核也浓缩消失，最终形成深红色浓染的圆形小体，称为嗜酸性小体或凋亡小体。嗜酸性小体属于细胞凋亡，仅见于病情较轻的普通型肝炎。

(4)炎症细胞浸润　主要为淋巴细胞、单核细胞浸润于肝细胞坏死区或汇管区。

(5)再生　坏死的肝细胞由周围正常的肝细胞再生而修复。间质反应性增生和小胆管增生。

注意:①肝是最易发生脂肪样变的器官，但病毒性肝炎极少发生脂肪变性(丙肝可发生脂肪变性)。
②肝细胞的灶性坏死常见为溶解性坏死，但也可以发生凝固性坏死。
③桥接坏死为慢性肝炎的特征性病变。
④变质性炎为主——病毒性肝炎、流行性乙型脑炎、肠阿米巴病。
⑤病毒性肝炎最常见的病变为细胞水肿。

A. 细胞水肿　　B. 脂质沉积　　C. 结缔组织玻璃样变
D. 血管壁玻璃样变　　E. 细胞内玻璃样变

【例5】肝细胞气球样变
【例6】肝细胞胞质内 Mallory 小体
【例7】瘢痕组织

3. 临床病理类型及病变特点

病毒性肝炎分为普通型肝炎和重型病毒性肝炎两大类。

(1)**普通型病毒性肝炎** 又分为急性和慢性两种类型。

①急性普通型肝炎 病程在半年以内,分为黄疸型和无黄疸型两型。

A.肉眼观 肝脏肿大,质地软,表面光滑。

B.镜下观 以肝细胞广泛变性为主,其中以肝细胞胞质疏松化、气球样变、嗜酸性变、嗜酸性小体形成为主,坏死病变较轻。黄疸型急性普通型肝炎坏死灶稍多,稍重,可见毛细胆管腔内胆栓形成。

②慢性普通型肝炎 病程持续半年以上,根据炎症、坏死、纤维化程度,将其分为轻、中、重度三型。

	轻度慢性肝炎	中度慢性肝炎	重度慢性肝炎
坏死程度	肝细胞变性坏死程度轻	肝细胞变性坏死明显	肝细胞变性坏死严重
坏死类型	多为点状坏死 偶为轻度碎片状坏死	中度碎片状坏死 特征性桥接坏死	重度碎片状坏死 大范围桥接坏死
肝小叶	肝小叶结构清晰 界板无坏死	小叶结构大部分保存 内有纤维间隔形成	小叶结构不规则 纤维间隔分割肝小叶
再生	肝细胞完全再生	肝细胞再生较明显	坏死区肝细胞不规则再生

毛玻璃样肝细胞并非指肝细胞的"玻璃样变性",应予注意。HE染色光镜下,在乙肝表面抗原(HBsAg)携带者和慢性肝炎患者,其肝细胞胞质内充满嗜酸性细颗粒物质,胞质不透明似毛玻璃样,称此种细胞为毛玻璃样肝细胞。免疫组化和免疫荧光检查示HBsAg反应阳性。电镜下,见细胞质滑面内质网增生,内质网池可见较多的HBsAg颗粒。

(2)**重型病毒性肝炎** 又分为急性和亚急性两种,病理特点见下表。

	急性普通型肝炎	慢性普通型肝炎	急性重型肝炎	亚急性重型肝炎
坏死类型	点状坏死	点状坏死 碎片状坏死、桥接坏死	大块坏死	亚大块坏死
再生	完全再生	少量再生	再生不明显	结节状再生
炎性浸润	轻度炎性细胞浸润	慢性炎性细胞浸润	大量炎性细胞浸润	明显炎性细胞浸润
肝脏大小	肿胀变大、质较软	无变化,或略增大	明显缩小	缩小
肝脏被膜	紧张	稍紧张	皱缩	皱缩
临床表现	肝脏肿大、肝区疼痛 肝功能异常、黄疸	指病程超过半年以上者 可无任何临床症状	黄疸、出血倾向、肝衰竭、肝性脑病、死亡	可治愈,但常转化为坏死后性肝硬化

注意:①急性普通型肝炎为点状坏死。②急性、亚急性重型肝炎为大片坏死。
③桥接坏死为慢性肝炎的特征性病理改变(8版《病理学》P198,9版《病理学》已删除)。

【例8】急性普通型肝炎主要变化是

A. 肝细胞变性　　B. 肝细胞坏死　　C. 黄疸为主
D. 无黄疸　　E. 点灶状坏死

【例9】急性普通型肝炎,肝坏死的类型为

A. 碎片状坏死　　B. 大片坏死　　C. 桥接坏死
D. 点状坏死　　E. 灶状坏死

【例10】女,16岁。低热伴乏力、纳差、恶心、呕吐3天,来诊当日发现巩膜黄染。实验室检查:ALT860 U/L,TBil120μmol/L。出生时曾注射乙肝疫苗。该病的病理特点不包括

A. 假小叶形成　　B. 肝细胞气球样变性　　C. 肝细胞点状坏死

D. 炎症细胞浸润　　E. 毛细胆管内胆栓形成

【例11】男，28岁。呕吐、腹胀3天，胡言乱语1天。查体：巩膜明显黄染，肝浊音界缩小。血ALT520U/L，TBil215μmol/L，DBil138μmol/L。其典型的肝病理改变主要是

A. 肝细胞脂肪变性　　B. 汇管区纤维化　　C. 多个小叶或大块肝细胞坏死
D. 淤血性改变　　E. 汇管区中性粒细胞浸润

三、肝硬化

1. 概述及发病机理

(1)概述　肝硬化是一种常见的慢性肝病，常表现为肝细胞弥漫性变性坏死，继而出现纤维组织增生和肝细胞结节状再生，这三种病变反复交错进行，使肝小叶结构改建，肝脏变形、变硬，而形成肝硬化。

(2)发病机理

①广泛胶原纤维增生　各种发病因素（如病毒性肝炎、酒精性肝病等）均可引起肝细胞弥漫性损伤，如长期作用、反复发作，可导致肝内广泛胶原纤维增生。

②肝细胞再生　肝细胞坏死可启动肝细胞再生，肝小叶内网状支架塌陷后，再生的肝细胞不能沿原有支架排列，而形成不规则的再生肝细胞结节。

③假小叶形成　广泛增生的胶原纤维可向肝小叶内伸展，分隔肝小叶。也可与肝小叶内的胶原纤维连接形成纤维间隔包绕原有或再生的肝细胞团，形成假小叶。假小叶是肝硬化的特征性病理变化。

2. 类型及病理变化

(1)类型

①临床分型　根据病因不同，将肝硬化分为肝炎后、酒精性、胆汁性、淤血性肝硬化。

②曾用分型　将肝硬化分为门脉性、坏死后性、胆汁性肝硬化。

③国际分型　依据大体形态学特点，将肝硬化分为以下三型。

分型	病理特点
小结节性肝硬化	结节大小相仿，直径<3mm，纤维间隔较细
大结节性肝硬化	结节粗大且大小不均，多数结节直径>3mm，纤维间隔较宽，且宽窄不一
混合结节性肝硬化	<3mm和>3mm的结节约各占一半，为上述两型的混合型

(2)病理变化

①肉眼观　早期肝体积正常或稍增大，重量增加，质地正常或稍硬。晚期肝体积缩小，重量减轻，质地变硬。表面和切面呈弥漫全肝的结节，结节可呈现正常肝脏色泽、黄褐色（肝细胞脂肪变性）、黄绿色（淤胆）。纤维间隔多呈灰白色。

②镜下观　特征性病理变化是假小叶形成。假小叶是指广泛增生的纤维组织分割原来的肝小叶并包绕成大小不等的圆形或类圆形的肝细胞团。特点为：A.正常肝小叶结构破坏，被假小叶所取代。B.假小叶内肝细胞排列紊乱，可有变性、坏死、再生的肝细胞。C.中央静脉缺如、偏位或有两个以上。D.包绕假小叶的纤维间隔内可有少量慢性炎细胞（淋巴细胞和单核细胞）浸润。E.假小叶内可见小胆管增生。

3. 临床病理联系

(1)门脉高压症

①慢性淤血性脾大　肝硬化患者中约70%～85%出现脾大。镜下见脾窦扩张，窦内皮细胞增生、肿大，脾小体萎缩，红髓内纤维组织增生，部分可见含铁结节。脾大后可引起脾功能亢进。

②胃肠淤血、水肿　患者出现腹胀、食欲不振等消化道症状。

③腹水　形成原因：门静脉压力升高使门静脉系统的毛细血管流体静压增高，管壁通透性增大，液体

漏入腹腔;低蛋白血症;肝功能障碍导致醛固酮、抗利尿激素灭活减少,血中水平升高,导致水钠潴留。

④侧支循环形成　门静脉和腔静脉之间有许多交通支,其中以胃底食管下段交通支最重要。

交通支	门脉高压症的临床表现
胃底食管下段交通支	最重要的交通支。门脉高压时,可曲张破裂导致上消化道大出血
直肠下端肛管交通支	痔
前腹壁交通支	脐周浅静脉怒张,形成"海蛇头"现象

(2)肝功能障碍　肝功能不全可导致:

①肝脏合成蛋白质障碍,使血浆蛋白减少。

②肝脏合成凝血因子减少导致出血倾向,出血倾向也与脾功能亢进导致的血小板减少有关。

③肝对雌激素灭活减弱导致体内雌激素水平增高,表现为睾丸萎缩、男性乳腺发育、蜘蛛痣等。

④胆色素代谢障碍导致肝细胞性黄疸。

⑤肝脏对氨的解毒作用降低,导致肝性脑病。

【例 12】肝硬化时,脾大的主要原因是

A. 脾窦扩张,红细胞淤滞　　B. 脾窦巨噬细胞增多　　C. 脾内淋巴细胞聚集
D. 脾内纤维组织增生　　E. 脾小体多量中性粒细胞浸润

四、食管癌

食管癌由食管黏膜鳞状上皮或腺体发生,男性多于女性。食管癌在华北、河南地区发病率较高,可能与饮食习惯、环境因素有关。发病年龄多在 40 岁以上,60 岁以上更多见。

1. 早期食管癌

(1)定义　是指病变局限,未侵犯肌层的癌,多为原位癌或黏膜内癌,无论是否存在淋巴结转移。

(2)临床表现　无明显症状。

(3)肉眼观　癌变处黏膜轻度糜烂或表面呈颗粒状、微小的乳头状。

(4)镜下观　绝大部分为鳞状细胞癌。

注意:①9 版《病理学》P228:早期食管癌无论有无淋巴结转移。②8 版《病理学》P208:早期食管癌无淋巴转移。

2. 中晚期食管癌

(1)定义　中晚期食管癌是指癌肿穿破黏膜下层,侵犯肌层。

(2)临床表现　典型临床表现是吞咽困难。

(3)肉眼观　根据肉眼形态特点,分为以下四型。

分型	病理特点
髓质型	最多见,癌组织在食管壁内浸润性生长,累及食管全周或大部分,管壁增厚、管腔变小 切面癌组织质地较软,似脑髓,色灰白,癌组织表面常有溃疡
蕈伞型	癌呈扁圆形肿块,突向食管腔,表面有浅溃疡,肿瘤组织侵犯食管管周的部分或大部
溃疡型	肿瘤表面有较深溃疡,深达肌层,底部凹凸不平,多浸润食管管周的一部分
缩窄型	癌组织质硬,内有明显结缔组织增生,浸润食管全周,食管呈环形狭窄,上端食管腔明显扩张

(4)镜下观　90%以上为鳞状细胞癌,其次为腺癌等类型。

【例 13】男,56 岁。吞咽困难 5 个月。胃镜检查见食管中段隆起伴溃疡,管腔狭窄,管壁僵硬。黏膜活检最可能的病理改变是

A. 腺癌　　B. 淋巴瘤　　C. 非干酪样肉芽肿
D. 鳞癌　　E. 干酪样肉芽肿

3. 早期食管癌和中晚期食管癌的比较

	早期食管癌	中晚期食管癌
好发部位	3个生理狭窄(中段最常见、下段次之、上段少见)	同左
定义	病变局限,未侵犯肌层,无论是否淋巴结转移	癌肿穿破黏膜下层,侵犯肌层
临床症状	无明显症状	多有典型症状:进行性吞咽困难
X线钡餐	管壁轻度局限性僵硬或正常(8版《病理学》P208)	9版《病理学》P228未叙述
	食管黏膜皱襞紊乱、粗糙或有中断 局限性管壁僵硬,蠕动中断 小的充盈缺损;小龛影(9版《外科学》P275)	明显不规则狭窄和充盈缺损,管壁僵硬 狭窄上方食管有不同程度的扩张 (9版《外科学》P275)
肉眼观	黏膜轻度糜烂或表面呈颗粒状、微小的乳头状	髓质型(最多见)、蕈伞型、溃疡型和缩窄型
镜下观	绝大多数为鳞状细胞癌	鳞癌(90%)、腺癌、腺鳞癌、腺样囊性癌
检查方法	食管拉网脱落细胞学检查(普查)	食管镜+活组织检查(确诊)
预后	预后好,5年生存率95%以上	预后较差

注意:①普通食管癌好发于食管中段,以鳞状细胞癌最常见。
②Barrett食管所致的食管癌好发于食管下段,以腺癌最多见。

五、胃癌

胃癌是常见的恶性消化道肿瘤之一。好发年龄40~60岁,男多于女,好发于胃窦小弯侧,胃体部少见。临床上将胃癌分为早期胃癌和中晚期(进展期)胃癌。

1. 早期胃癌的病理类型和病理变化

(1)概念　早期胃癌是指局限于黏膜及黏膜下层的胃癌,而不论有无淋巴结肿大。

在早期胃癌中,若直径<0.5cm者,称为微小癌;直径0.6~1.0cm者,称为小胃癌。

内镜检查时,取活组织检查确诊为癌,但手术标本经节段性连续切片未发现癌,称为一点癌。

(2)大体分型　分为隆起型、表浅型、凹陷型三型,其中以凹陷型最常见。

(3)镜下特点　早期胃癌以原位癌、高分化管状腺癌多见,其次为乳头状腺癌,未分化癌少见。

注意:①9版《外科学》P346:癌灶直径<1.0cm的胃癌称为小胃癌,<0.5cm者称为微小胃癌。
②9版《病理学》P346:癌灶直径0.6~1.0cm的胃癌称为小胃癌,<0.5cm者称为微小胃癌。

【例14】符合早期胃癌诊断条件的是
A. 肿瘤局限于胃窦　　B. 肿瘤直径小于1cm　　C. 肿瘤直径小于0.5cm
D. 癌未累及肌层　　E. 黏膜皱襞消失

2. 中晚期(进展期)胃癌的病理类型和病理变化

(1)概念　是指胃癌的癌组织浸润超过黏膜下层或浸润胃壁全层。

(2)肉眼类型　分为以下三型。

①息肉型或蕈伞型　肿瘤呈息肉状突入胃腔内。

②溃疡型　常呈盘状,周围隆起,中心坏死形成溃疡,边缘清楚,底部凹凸不平。

③浸润型　癌组织在胃壁内局限性或弥漫性浸润,与周围正常组织分界不清。如为弥漫性浸润,使胃壁普遍增厚,变硬,胃腔变小,状如皮革,称为"革囊胃"。

(3)组织学类型 主要为腺癌，常见类型为管状腺癌和黏液癌。少数为腺棘皮癌、鳞状细胞癌。

3. 早期胃癌和中晚期胃癌的比较

	早期胃癌	中晚期胃癌(进展期胃癌)
定义	指癌组织浸润仅限于黏膜或黏膜下层，而不论有无淋巴结转移，包括微小癌、小胃癌、一点癌	指癌组织浸润超过黏膜下层或浸润胃壁全层
肉眼观	隆起型、表浅型、凹陷型(最常见)	息肉型或蕈伞型、浸润型、溃疡型(最常见)
镜下观	多为原位癌及高分化管状腺癌，乳头状癌、未分化癌少见	多为腺癌，其次为腺棘皮癌、鳞癌

A. 直径 0.4cm　　B. 直径 0.8cm　　C. 直径 1.2cm

D. 直径 1.6cm　　E. 直径 2.0cm

【例 15】符合小胃癌的肿瘤大小是

【例 16】符合胃微小癌的肿瘤大小是

六、结肠、直肠癌

大肠癌好发于直肠(50%)，其余依次为乙状结肠、盲肠及升结肠、横结肠、降结肠。

1. 肉眼类型

分型	病理特点	备注
隆起型	肿瘤呈息肉状或盘状向肠腔突出，可伴表浅溃疡	多为分化较高的腺癌
溃疡型	肿瘤表面形成较深溃疡，或呈火山口状	本型较常见
浸润型	癌组织向肠壁深层弥漫浸润，常累及肠管全周，使局部肠管周径明显缩小	易形成环状狭窄
胶样型	癌细胞分泌大量黏液，肿瘤表面及切面均呈半透明、胶冻状	此型预后较差

2. 组织学类型

分乳头状腺癌、管状腺癌、黏液腺癌、未分化癌、腺鳞癌、鳞状细胞癌等。

七、肝癌

原发性肝癌是指肝细胞或肝内胆管上皮细胞发生的恶性肿瘤。

1. 病理类型

根据组织学来源和特点不同，可将原发性肝癌分为三型：肝细胞癌、胆管细胞癌、混合细胞型肝癌。

2. 病理变化

(1)肝细胞癌 发生于肝细胞，占原发性肝癌的90%以上。

①肉眼观　肿块单个或多个，局限性或弥漫性分布，肉眼形态一般可分为以下四种类型。

类型	病理特点	发病率
小肝癌型	单个癌结节最大直径<3cm 或两个癌结节合计最大直径<3cm 的原发性肝癌 小肝癌多呈球形，边界清楚，切面均匀一致，出血及坏死少见	多为早期肝癌
多结节型	通常合并肝硬化，癌结节可为单个或多个，散在，圆形或椭圆形，大小不等	最常见
弥漫型	癌组织弥散于肝内，结节不明显，常发生在肝硬化基础上，形态上与肝硬化易混淆	较少见
巨块型	肿瘤体积巨大，直径多>10cm，圆形，右叶多见，切面中心常有出血坏死 瘤体周围常有多少不一的卫星状癌结节，不合并或仅合并轻度肝硬化	次常见

②镜下观　肝细胞癌分化程度差异较大：分化高者癌细胞类似于肝细胞，分泌胆汁，癌细胞排列呈巢

状,血管多,间质少;分化低者异型性明显,癌细胞大小不一,形态各异。

(2)胆管细胞癌　发生于肝内胆管上皮,占原发性肝癌的10%以下。此型与肝硬化、HBV感染无关。

①肉眼观　多为单个肿块,含丰富纤维结缔组织,色苍白。

②镜下观　癌细胞呈腺管状排列,可分泌黏液,癌组织间质较多。

(3)混合细胞型肝癌　含有肝细胞癌和胆管细胞癌的成分,极少见。

【例17】男,48岁。右季肋区疼痛伴消瘦2个月。既往有乙型病毒性肝炎病史10年。腹部B超检查见肝右叶巨大肿块。血AFP明显增高。符合该肿瘤病理学特点的是

A. 肿瘤组织间质较多　　B. 癌细胞呈腺管状排列　　C. 癌细胞分泌黏液且血管少

D. 癌细胞与肝细胞类似　　E. 发生于肝内胆管上皮最多见

八、胰腺癌

1. 病理类型

胰腺癌一般指外分泌胰腺发生的癌。根据其发生部位分为胰头癌、胰体癌、胰尾癌和全胰癌。

2. 病理变化

(1)分布　胰腺癌可发生于头部(60%)、体部(15%)、尾部(5%)或整个胰腺,尤其常见于胰头部。

(2)肉眼观　胰腺癌大小形态不一,有时肿瘤呈硬性结节突出于胰腺表面,有时瘤结节则埋藏于胰腺内,无法由胰腺外观上看出,不深部取材难以确诊。癌周组织常见硬化,以致全腺变硬,甚至剖腹探查时都很难与慢性胰腺炎相鉴别。

(3)镜下观　常见组织学类型为导管腺癌、囊腺癌、黏液癌、实性癌。还可见未分化癌、多形性癌、鳞状细胞癌、腺鳞癌等。

▶▶常考点　消化性溃疡的并发症;病毒性肝炎的病理特点;消化系统肿瘤考点散乱。

参考答案——详细解答见2021《贺银成国家临床执业及助理医师资格考试历年考点精析》

1. ABCDE　2. ABCDE　3. ABCDE　4. ABCDE　5. ABCDE　6. ABCDE　7. ABCDE
8. ABCDE　9. ABCDE　10. ABCDE　11. ABCDE　12. ABCDE　13. ABCDE　14. ABCDE
15. ABCDE　16. ABCDE　17. ABCDE

第 8 章　泌尿系统疾病

考纲要求

①肾小球肾炎：类型及病理变化，临床病理联系。②慢性肾盂肾炎：病理变化及临床病理联系。③肾细胞癌：分类，病理变化，临床病理联系。④尿路上皮肿瘤：病理变化，临床病理联系。

复习要点

一、肾小球肾炎

1. 急性肾炎、急进性肾炎的病理变化与临床病理联系

	急性弥漫性增生性肾小球肾炎	急进性肾小球肾炎
别称	毛细血管内增生性肾小球肾炎、急性肾炎	新月体性肾小球肾炎、快速进行性肾小球肾炎
起病	急	更急骤
病史	1~4 周前 A 族乙型溶血性链球菌感染	可有前驱感染史
发病年龄	多见于儿童	Ⅰ型好发于青中年，Ⅱ及Ⅲ型好发于老年
临床表现	急性肾炎综合征	急进性肾炎综合征
临床特点	蛋白尿、血尿、水肿、高血压、一过性肾功能减低	蛋白尿、血尿、水肿、高血压、短期内肾功能衰竭
肉眼观	肾脏肿大，大红肾、蚤咬肾	肾脏肿大，色苍白，肾皮质表面点状出血
病理特点	毛细血管内皮细胞和系膜细胞增生	肾小球壁层上皮增生形成新月体
光镜	毛细血管内皮细胞和系膜细胞增生 近曲小管上皮细胞发生变性 肾间质水肿，少量炎细胞浸润	肾小球球囊内广泛新月体形成 肾小管上皮细胞玻璃样变 肾间质水肿，炎细胞浸润，后期纤维化
电镜	驼峰状电子致密物沉积	新月体形成，Ⅱ型可见电子致密物
免疫病理	IgG、C3 沉积于脏层上皮细胞和肾小球基膜之间、基膜内、内皮下、系膜区（颗粒状）	Ⅰ型基底膜内 IgG、C3 线性沉积，Ⅱ型免疫复合物沉积（颗粒状），Ⅲ型无沉积

注意：新月体是由增生的壁层上皮细胞和渗出的单核细胞构成，可有中性粒细胞和淋巴细胞浸润。

【例 1】急性弥漫性增生性肾小球肾炎增生的细胞是

A. 肾小球壁层上皮细胞和脏层上皮细胞　　B. 肾小球脏层上皮细胞和炎症细胞
C. 肾小球毛细血管内皮细胞和系膜细胞　　D. 肾小球脏层上皮细胞和系膜细胞
E. 肾小球周围纤维细胞和系膜细胞

【例 2】弥漫性新月体性肾小球肾炎中形成新月体的细胞是

A. 肾小球球囊壁层上皮细胞　　B. 肾小球球囊壁层上皮细胞和单核细胞
C. 肾小球球囊脏层上皮细胞和单核细胞　　D. 肾小球系膜细胞和内皮细胞
E. 肾小球系膜细胞

【例 3】急性链球菌感染后肾小球肾炎电镜下的典型表现是

A. 广泛足突消失　　B. 电子致密物呈“飘带”样在肾小球基底膜沉积
C. 电子致密物在系膜区沉积　　D. 电子致密物呈“驼峰”样在上皮下沉积
E. 毛细血管腔内中性粒细胞浸润

2. 微小病变性肾小球病、膜增生性肾小球肾炎、膜性肾小球病的病理变化与临床病理联系

	微小病变性肾小球病	膜增生性肾小球肾炎	膜性肾小球病
别称	脂性肾病、微小病变性肾小球肾炎	系膜毛细血管性肾小球肾炎	膜性肾病
病理特点	弥漫性上皮细胞足突消失 基底膜正常	肾小球基膜增厚 肾小球细胞增生，系膜基质增多	毛细血管壁弥漫性增厚 上皮下免疫复合物沉积
发病	好发于儿童(占80%)	好发于儿童和青年	好发于成人
特点	儿童最常见的肾病综合征	占原发肾病综合征10%～20%	成人最常见的肾病综合征
光镜	肾小球基本正常 肾小管上皮细胞内脂质沉积	肾小球基膜明显增厚 系膜细胞增生、系膜基质增多 增厚的基膜呈双轨状	早期肾小球基本正常 之后肾小球毛细血管壁弥漫性增厚
电镜	肾小球基本正常，无免疫沉积物 基底膜正常 弥漫性脏层上皮细胞足突消失	Ⅰ型：系膜区和内皮下沉积 Ⅱ型：基底膜致密层带状沉积 (致密物沉积病)	沉积物之间钉状突起 基底膜明显增厚、虫蚀样 上皮细胞肿胀、足突消失
免疫	免疫荧光阴性	Ⅰ型：C3颗粒状沉积，可有IgG、C1q、C4 Ⅱ型：显示C3沉积，无IgG、C1q、C4出现	IgG和C3沉积于基底膜 颗粒状荧光
临床表现	典型肾病综合征的表现 选择性蛋白尿(小分子)	多数表现为肾病综合征 少数表现为急性肾炎综合征 Ⅱ型常出现低补体血症	肾病综合征(80%) 非选择性蛋白尿
治疗	90%对糖皮质激素有效	疗效不佳，预后差	激素不敏感
预后	5%的病人发生肾功能衰竭	50%的病人发生肾功能衰竭	40%的病人数年内肾功衰

注意：①膜性肾病的特征性病变是钉状突起——记忆为铁钉磨(膜)成针。
②微小病变性肾病的特征性病变是足突消失——记忆为微不足道。

3. 局灶性节段性肾小球硬化、系膜增生性肾小球肾炎的病理变化与临床病理联系

	局灶性节段性肾小球硬化	系膜增生性肾小球肾炎
病理特点	部分肾小球的部分小叶发生硬化	弥漫性系膜细胞增生及系膜基质增多
好发人群	青少年男性	青少年男性
发病率	占原发性肾病综合征的5%～10%	占原发性肾病综合征的30%
光镜观察	病变局灶性分布，肾小球部分毛细血管袢内系膜基质增多，基膜塌陷，严重者管腔闭塞	弥漫性系膜细胞增生及系膜基质增多
电镜观察	弥漫性脏层上皮细胞足突消失 部分上皮细胞从肾小球基膜剥脱	弥漫性系膜细胞增生及系膜基质增多 系膜区见电子致密物沉积
免疫荧光	IgM和C3沉积	IgG和C3沉积或阴性
病因	由脏层上皮细胞损伤和改变引起	病因未明
发病机制	局部通透性增高，血浆蛋白和脂质在细胞外基质内沉积，激活系膜细胞，导致节段性玻璃样变和硬化	免疫反应通过介质的作用刺激系膜细胞，导致系膜细胞增生，系膜基质增多
临床表现	大部分表现为肾病综合征，少数表现为蛋白尿	肾病综合征、无症状蛋白尿、血尿
治疗	50%患者对糖皮质激素有效	糖皮质激素+细胞毒药物
预后	多发展为慢性肾小球肾炎	轻症者疗效好，重症者预后较差

4. 一些常考概念

大红肾	急性肾小球肾炎
大白肾	脂性肾病、膜性肾病、膜性增生性肾炎的早期、新月体性肾炎的中期
蚤咬肾	急性肾小球肾炎
原发性颗粒性固缩肾	高血压肾病(9 版《病理学》P161)
继发性颗粒性固缩肾	慢性肾小球肾炎(9 版《病理学》P273)
动脉粥样硬化性固缩肾	动脉粥样硬化(9 版《病理学》P161)
不规则瘢痕肾	慢性肾盂肾炎(9 版《病理学》P276)

A. 微小病变肾病　　B. 新月体性肾小球肾炎　　C. IgA 肾病
D. 膜性肾病　　E. 毛细血管内增生性肾小球肾炎

【例 4】链球菌感染后急性肾小球肾炎的病理类型为

【例 5】儿童原发性肾病综合征最常见的类型为

【例 6】肉眼形态表现为颗粒性固缩肾的疾病是
A. 慢性硬化性肾小球肾炎　　B. 慢性肾盂肾炎　　C. 新月体性肾小球肾炎
D. 膜性肾小球肾炎　　E. 急性弥漫性增生性肾小球肾炎

二、慢性肾盂肾炎

慢性肾盂肾炎是肾小管-间质的化脓性炎症。病理特点为慢性间质性炎、纤维化和疤痕形成，常伴有肾盂、肾盏的纤维化和变形。

	慢性肾盂肾炎	慢性肾小球肾炎
肉眼观	不规则的瘢痕，瘢痕分布不均匀 两侧肾脏病变不对称，不规则瘢痕肾	规则的颗粒，颗粒分布均匀 两侧肾脏病变对称，继发性颗粒性固缩肾
肾萎缩	可有	可有
肾盂	肾乳头萎缩，肾盏肾盂因疤痕收缩而变形	周围脂肪组织增多
肾间质	不规则纤维化，炎细胞浸润	规则纤维化，可见淋巴细胞浸润
肾小球	早期无变化；小动脉玻璃样变、硬化 晚期纤维化、玻璃样变；病变轻的地方扩张代偿	原先肾炎的病变；小动脉玻璃样变、硬化 肾小球玻璃样变、纤维化；病变轻的地方扩张代偿
肾小管	萎缩，病变轻的地方扩张代偿 胶样管型(变性的白细胞和蛋白质)	萎缩，病变轻的地方扩张代偿
肾功能	减退	减退

【例 7】慢性肾盂肾炎大体描述正确的是
A. 肾弥漫性颗粒状　　B. 肾肿大、苍白　　C. 肾表面散在出血点
D. 肾弥漫性肿大　　E. 肾不对称性缩小

【例 8】上行性感染的肾盂肾炎病变最轻的部位是
A. 肾小管　　B. 肾间质　　C. 肾盂黏膜
D. 肾乳头　　E. 肾小球

【例 9】慢性肾盂肾炎的肾脏肉眼观察不同于慢性肾小球肾炎的是
A. 体积缩小　　B. 肾脏内小动脉硬化　　C. 有不规则的凹陷瘢痕

D. 颜色苍白　　　　E. 表面颗粒状

三、肾细胞癌

1. 分类

肾癌的组织学分类包括透明细胞癌(占70%~80%)、乳头状癌(占10%~15%)、嫌色细胞癌(占5%)等。

2. 病理变化

(1)大体 肾细胞癌多见于肾脏上、下极,上极更常见。常表现为单个圆形肿物,切面淡黄色或灰白色,可有灶性出血、坏死,肿瘤界限清楚,可有假包膜形成。

(2)镜下 透明细胞癌多见,肿瘤细胞体积较大,圆形或多边形,胞质丰富,透明或颗粒状,间质具有丰富的毛细血管和血窦。

【例10】肾癌的典型肉眼特征是

A. 肾组织切面灰白色　　B. 肾组织切面鲜红色　　C. 在肾上极,有包膜
D. 肿瘤位于肾中央　　E. 双肾累及,有多个癌块

3. 病理临床联系

肾细胞癌早期症状不明显。

常表现为间歇性无痛性血尿。腰痛、肾区肿块、血尿为具有诊断意义的三个典型症状。

肿瘤可产生异位激素,出现副肿瘤综合征,如红细胞增多症、高钙血症、Cushing综合征、高血压等。

四、尿路上皮肿瘤

1. 病理变化

(1)大体 膀胱癌好发于膀胱侧壁和膀胱三角区近输尿管开口处。肿瘤可单个,也可为多灶性。肿瘤大小不等,可呈乳头状、息肉状。

(2)镜下 癌细胞核浓染,部分细胞异型性明显,核分裂象较多,可有病理性核分裂象。细胞排列紊乱,极性消失。

2. 病理临床联系

膀胱癌最常见的症状是无痛性血尿。

部分病例因肿瘤侵犯膀胱壁,刺激膀胱黏膜,可出现尿频、尿急、尿痛等膀胱刺激征。

▶▶常考点 各类肾小球肾炎的病理类型是考试的重点,应全面掌握。

参考答案——详细解答见2021《贺银成国家临床执业及助理医师资格考试历年考点精析》

1. ABCDE　2. ABCDE　3. ABCDE　4. ABCDE　5. ABCDE　6. ABCDE　7. ABCDE
8. ABCDE　9. ABCDE　10. ABCDE

第9章　生殖系统与乳腺疾病

考纲要求

①子宫颈上皮内瘤变:病理变化。②子宫颈癌:组织学类型,扩散与转移。③葡萄胎、侵蚀性葡萄胎及绒毛膜癌:病理变化及病理临床联系。④卵巢上皮性肿瘤:病理变化。⑤前列腺增生症:病理变化,病理临床联系。⑥前列腺癌:病理变化,病理临床联系。⑦乳腺癌:常见组织学类型、病理变化及转移途径。

复习要点

一、子宫颈上皮内瘤变

子宫颈上皮内瘤变(CIN)包括子宫颈上皮异型增生和子宫颈原位癌。

1.子宫颈上皮异型增生

子宫颈上皮异型增生原称非典型增生,属于癌前病变,是指子宫颈上皮部分被不同程度异型性的细胞所取代。表现为细胞大小形态不一,核增大深染,核质比例增大,核分裂象增多,细胞极性紊乱。病变由基底层逐渐向表层发展。根据其病变程度不同,分为三级。

Ⅰ级是指异型细胞局限于上皮的下1/3。

Ⅱ级是指异型细胞累及上皮层的下1/3至2/3。

Ⅲ级是指增生的异型细胞超过全层的2/3,但尚未累及上皮全层。

2.子宫颈原位癌

(1)原位癌　是指异型增生的细胞累及子宫颈黏膜上皮全层,但病变仍局限于上皮内,未突破基底膜。

(2)原位癌累及腺体　原位癌的癌细胞可由表面沿基底膜通过宫颈腺口蔓延至子宫颈腺体内,取代部分或全部腺上皮,但仍未突破腺体的基底膜,称为原位癌累及腺体,仍然属于原位癌的范畴。

(3)上皮内瘤变、异型增生与原位癌的关系　CIN包括子宫颈上皮异型增生和子宫颈原位癌。CINⅠ相当于Ⅰ级异型增生,CINⅡ相当于Ⅱ级异型增生,CINⅢ包括Ⅲ级异型增生和原位癌。新近的分类将CINⅠ级归入低级别鳞状上皮内病变(LSIL),CINⅡ级和CINⅢ级归入高级别鳞状上皮内病变(HSIL)。

不典型增生/原位癌	异型增生/原位癌	子宫颈上皮内瘤变	最新分类
轻度不典型增生	异型增生Ⅰ级	CINⅠ	低级别SIL(LSIL)
中度不典型增生	异型增生Ⅱ级	CINⅡ	高级别SIL(HSIL)
重度不典型增生	异型增生Ⅲ级	CINⅢ	高级别SIL(HSIL)
原位癌	原位癌	CINⅢ	

【例1】关于子宫颈原位癌的描述,正确的是

A. 子宫颈上皮内瘤变即为子宫颈原位癌　B. 异型细胞侵犯子宫颈间质血管和淋巴

C. 异型细胞累及上皮全层,未穿透基底膜　D. 异型细胞侵犯子宫颈腺体,穿透基底膜

E. 异型细胞侵犯上皮的1/3~2/3

【例2】患者,女,40岁。接触性阴道流血。妇科检查见宫颈呈糜烂样改变,病理活检可见异型细胞局限于宫颈上皮的下1/3黏膜下,炎细胞浸润。最可能的是

A. 微小浸润癌　B. 慢性弥漫性宫颈炎　C. 宫颈高级别鳞状上皮内病变

D. 宫颈低级别鳞状上皮内病变　E. 慢性宫颈炎伴鳞状上皮化生

二、子宫颈癌

子宫颈浸润癌是指癌细胞突破基底膜，向固有膜间质内浸润。

1.组织学类型

(1)子宫颈鳞癌　宫颈上皮由宫颈阴道部的鳞状上皮和宫颈管的柱状上皮组成。子宫颈鳞状上皮和柱状上皮交界处(即移行带)，为子宫颈鳞癌的好发部位。子宫颈鳞癌分早期浸润癌和浸润癌。

①早期浸润癌　是指癌细胞突破基底膜向固有层浸润，但浸润深度不超过基底膜下5mm或浸润宽度不超过7mm。早期浸润癌肉眼难以判断，只有在显微镜下才能证实。

②浸润癌　指癌细胞浸润深度超过基底膜下5mm或浸润宽度超过7mm。

A.肉眼观　分为4型：糜烂型、外生菜花型、内生浸润型和溃疡型。

B.镜下观　按癌细胞的分化程度分为高分化鳞癌、中分化鳞癌、低分化鳞癌三级。

(2)子宫颈腺癌　主要来源于子宫颈观黏膜的柱状上皮和腺上皮。镜下为一般腺癌结构，分高分化、中分化和低分化3型。预后较子宫颈鳞癌差。

2.扩散和转移

(1)直接蔓延　向上→整段子宫颈；向下→阴道穹隆及阴道壁；向前→膀胱；向后→直肠；向两侧→宫旁及盆壁组织。若肿瘤侵犯或压迫输尿管，可引起肾盂积水和肾衰竭，肾衰竭是本病的主要死因。

(2)淋巴道转移　是最常见和最重要的转移途径，首先转移至子宫旁淋巴结，然后依次至闭孔、髂内、髂外、髂总、腹股沟及骶前淋巴结，晚期可转移至锁骨上淋巴结。

(3)血道转移　血行转移较少见，晚期可经血道转移至肺、骨、肝。

【例3】子宫颈癌最常见的转移途径是

A. 直接蔓延　　B. 子宫颈旁淋巴结　　C. 血道
D. 腹腔淋巴结　　E. 种植性转移

三、葡萄胎、侵蚀性葡萄胎与绒毛膜癌

1. 病理变化

	葡萄胎	侵蚀性葡萄胎	绒毛膜癌
别称	水泡状胎块	恶性葡萄胎	绒癌
发病年龄	任何年龄，<20岁和>40岁多见	—	<20岁和>40岁多见
病变性质	良性，非肿瘤	交界性肿瘤	恶性肿瘤
与妊娠关系	异常妊娠	继发于葡萄胎后	葡萄胎、流产、正常妊娠后
滋养层细胞	不同程度增生，异型性很小	高度增生，有一定异型性	异常增生，异型性显著
绒毛结构	水泡状绒毛不侵入肌层	水泡状绒毛侵入子宫肌层	无绒毛结构
绒毛间质	有绒毛，间质高度水肿	有绒毛，间质高度水肿	无绒毛，无间质
间质血管	间质血管消失或少量	—	无血管
出血坏死	少见	常见	极常见
转移灶	无	少见	肺(占90%)、脑、阴道壁
治疗	手术	化疗	手术为主，辅以化疗
预后	绝大多数能痊愈，10%转为侵蚀性葡萄胎，2%转为绒癌	预后良好。转移灶内的瘤组织可自然消退	差

注意：①侵蚀性葡萄胎和葡萄胎的主要区别是前者水泡状绒毛侵入子宫肌层，后者不侵入肌层。
②绒毛膜癌与侵蚀性葡萄胎的主要区别是前者无绒毛、无间质、无血管（“三无产品”），后者则有。
③绒毛膜癌极易经血道转移，最常转移至肺（占 90%），其次为脑、胃肠道、肝、阴道壁等；宫颈癌极易经淋巴道转移，最先转移至子宫旁淋巴结。

【例 4】绒毛膜癌的组织来源是

A. 腹膜间皮细胞　　B. 滋养层细胞　　C. 子宫颈上皮细胞
D. 子宫内膜上皮细胞　　E. 输卵管上皮细胞

【例 5】女，35 岁。不规则阴道流血 2 个月。妇科检查发现阴道壁上有一紫蓝色结节。病理检查见大量血块及坏死组织中散在一些异型的滋养层细胞团，无绒毛结构。应诊断为

A. 侵蚀性葡萄胎　　B. 子宫颈癌　　C. 绒毛膜癌
D. 子宫内膜癌　　E. 水泡状胎块

2. 病理临床联系

滋养层细胞疾病主要表现为葡萄胎或妊娠数月甚至数年后，阴道出现持续性不规则出血，子宫增大，血尿 hCG 增高。血道转移是绒毛膜癌的显著特点，最常转移至肺。

四、卵巢上皮肿瘤

	卵巢浆液性肿瘤	卵巢黏液性肿瘤
发病率	高（浆液性囊腺瘤是最常见的卵巢肿瘤）	较低（占所有卵巢肿瘤的 25%）
肿瘤性质	可为良性、交界性、恶性	可为良性、交界性、恶性
肉眼观	单个或多个囊腔，囊内含有清亮囊液 双侧卵巢发生多见 良性——囊壁光滑 交界性——囊壁较多乳头突起 恶性——大量实性组织和乳头出现	多个囊腔，内含黏稠液体，乳头较少 双侧发生较少见 良性——肿瘤表面光滑，囊壁光滑 恶性——大量乳头和实性区域 出血坏死、包膜浸润
良性肿瘤	囊腔为单层立方或矮柱状上皮，具有纤毛 乳头较宽、细胞无异型性	囊腔为单层高柱状上皮，无纤毛 细胞无异型性
交界性肿瘤	囊腔上皮 2~3 层 乳头增多、细胞轻度异型，核分裂象增加 可有或无间质浸润	囊腔上皮 2~3 层 乳头增多、细胞轻度异型，核分裂象增加 无间质和被膜浸润
恶性肿瘤	囊腔上皮超过 3 层 乳头树枝状分布，常见砂粒体 细胞异型性明显，核分裂象多见 癌细胞破坏性间质浸润（最主要特点）	囊腔上皮超过 3 层 复杂的腺体和乳头结构 细胞异型性明显 癌细胞间质浸润

五、前列腺增生症与前列腺癌

	前列腺增生症	前列腺癌
好发部位	前列腺内区、移行区、尿道周围区（中叶为主）	前列腺的周围区（后叶为主）
肉眼特点	结节状增大，质地较软 和周围正常前列腺组织分界不清	灰白结节状，质地韧硬 和周围正常前列腺组织界限不清

	前列腺增生症	前列腺癌
镜下特点	增生的成分为纤维、平滑肌和腺体 腺上皮向腔内呈乳头状或形成皱褶 增生腺体的腺腔内可见淀粉小体	分化好的癌细胞排列规则、拥挤、背靠背 腺上皮向腔内呈乳头状或筛状 核仁增大，外层基底细胞缺如（诊断性）
病理特点	以前列腺上皮和间质增生为特征	多为分化较好的腺癌，腺体外层基底细胞缺如、核仁增大是高分化腺癌的主要诊断依据
临床表现	尿道梗阻，排尿困难，尿流不畅	排尿困难，血尿

六、乳腺癌

1. 常见组织学类型

乳腺癌分为非浸润性癌和浸润性癌两大类，其中以浸润性导管癌最常见。

- 乳腺癌
  - 非浸润性癌
    - 导管内原位癌
      - 粉刺癌
      - 非粉刺型导管内癌
      - 乳头Paget病伴导管原位癌
    - 小叶原位癌
  - 浸润性癌
    - 浸润性导管癌（70%～85%）
    - 浸润性小叶癌
    - 特殊类型癌——乳头Paget病伴导管浸润癌、典型髓样癌、小管癌、黏液癌等

注意：①乳腺癌最常见的病理类型是浸润性导管癌，约占乳腺癌70%～85%（《病理学》观点）。
②乳腺癌最常见的病理类型是浸润性非特殊癌，占乳腺癌80%左右（《外科学》观点）。

【例6】下列乳腺癌类型中常表现为粉刺癌的是
A. 浸润性小叶癌　　B. 浸润性导管癌　　C. 导管内原位癌
D. 小叶原位癌　　E. 髓样癌

2. 病理变化

（1）非浸润性癌　分导管内原位癌和小叶原位癌，两者均来自终末导管-小叶单元上皮细胞。

①导管内原位癌　占所有乳腺癌的15%～30%。癌组织位于扩张的导管内，未突破基底膜，导管基底膜完整，属于导管原位癌。根据组织学改变，分为粉刺癌和非粉刺型导管内原位癌。

	粉刺癌	非粉刺型导管内癌
共同点	都属于导管内原位癌 都局限于导管内生长，未突破基膜	都属于导管内原位癌 都局限于导管内生长，未突破基膜
肉眼观	切面可见导管内挤出粉刺样物为其特点	无特殊
镜下观	癌细胞体积较大，呈实性排列 细胞形态不规则，细胞异型性明显 癌灶中央总有坏死为其特征，坏死区常钙化 导管周围见间质纤维组织增生，慢性炎细胞浸润 易转变为浸润癌	癌细胞体积较小，排列成实性、乳头状、筛状等 细胞形态比较规则，异型性不明显 癌灶中央一般无坏死或仅有轻微坏死 导管周围间质纤维组织增生不明显 不易转变为浸润癌

注意：①粉刺癌切面可见扩张的导管内含灰色软膏样坏死物质，挤压时可由导管内溢出，状如皮肤粉刺。
②粉刺癌癌细胞呈实性排列，中央常有坏死，是其特征性改变，坏死区常可见钙化。

【例7】女，33岁。左乳肿块2个月。手术中切除活检，见肿瘤剖面较多乳腺导管的断端有黄白色膏样物质溢出。显微镜下：癌细胞分布于乳腺导管内，未突破基底膜并有坏死物质积聚于乳腺导管内。病理诊断应是
A. 乳腺浸润性导管癌　　B. 湿疹样乳腺癌　　C. 乳腺粉刺癌

D. 乳腺黏液癌　　　　　　　　　　E. 乳腺浸润性小叶癌

②小叶原位癌　约 30% 累及双侧乳腺，常为多中心性。发生于乳腺小叶的末梢导管和腺泡。癌细胞呈实性排列，形态较为一致，核分裂象罕见。未突破基底膜，癌灶中央无坏死。

(2) 浸润性癌　分为浸润性导管癌、浸润性小叶癌两类。

①浸润性导管癌　导管内癌的癌细胞突破导管基底膜进入间质，即为浸润性导管癌。组织学形态多样，癌细胞排列成巢状、条索状，腺样结构不明显。根据实质和间质比例不同，又可分为：单纯癌（癌组织实质和间质大致相等）、硬癌（实质少间质多）和不典型髓样癌（实质多间质少，间质内无明显淋巴细胞浸润）。

②浸润性小叶癌　为小叶原位癌突破基底膜所致。癌细胞体积小，呈单行串珠状或细条索状浸润于纤维间质之间。

	浸润性导管癌	浸润性小叶癌
来源	由导管内癌突破基膜向间质浸润而来	由小叶原位癌突破基膜向间质浸润而来
比例	占整个乳腺癌的 70%（最常见）	占整个乳腺癌的 5%～10%
镜下观	癌细胞排列成巢状、条索状，伴少量腺样结构 癌细胞形态各异，异型性明显，核分裂象多见	癌细胞单行串珠状浸润于间质或正常导管之间 癌细胞大小一致，异型性较小，核分裂象少见
肉眼观	灰白色，质硬，切面砂粒感 无包膜，与周围分界不清，活动度差	灰白柔韧，切面呈橡皮样 无包膜，与周围分界不清

③特殊类型癌　包括髓样癌、小管癌、黏液癌和佩吉特病。佩吉特（Paget）病又称湿疹样癌，伴有或不伴有间质浸润的导管内癌的癌细胞沿乳腺导管向上扩散，累及乳头和乳晕，在表皮内可见大而异型、胞质透明的肿瘤细胞。在病变下方可见导管内癌。乳头和乳晕可见渗出和浅溃疡，呈湿疹样改变。

注意：①乳腺癌的好发部位是乳腺外上象限（50%）。
②粉刺癌的好发部位是乳腺中央部位（50%）。
③乳腺小叶原位癌的好发部位是双侧乳腺，多中心性（约占 30%）。
④Paget 病（湿疹样乳腺癌）的好发部位是乳头和乳晕。

【例 8】女，50 岁。右乳头皮肤脱屑、结痂半年。去除痂皮可见糜烂样创面。刮片细胞学检查：可见大而异型、胞质透明的肿瘤细胞，这种细胞称为

A. 镜影细胞　　　　B. L&H 型细胞　　　　C. 陷窝细胞
D. Paget 细胞　　　E. 多核瘤巨细胞

3. 转移途径

(1) 直接蔓延　癌细胞沿乳腺导管直接蔓延，可累及相应的乳腺小叶腺泡；也可沿导管周围组织蔓延。

(2) 淋巴道转移　最常见的转移途径。多数经同侧腋窝淋巴结→锁骨下淋巴结→锁骨上淋巴结。

(3) 血道转移　至肺、骨、肝、肾上腺、脑等组织或器官。

▶▶常考点　子宫颈浸润癌；滋养层细胞肿瘤的鉴别表；乳腺癌常见病理类型。

参考答案——详细解答见 2021《贺银成国家临床执业及助理医师资格考试历年考点精析》

1. ABCDE　2. ABCDE　3. ABCDE　4. ABCDE　5. ABCDE　6. ABCDE　7. ABCDE
8. ABCDE

第10章　内分泌系统疾病

考纲要求

①甲状腺肿的分类及病理变化。②甲状腺肿瘤的病理变化及分类。

复习要点

一、甲状腺肿的分类及病理变化

1. 分类

甲状腺肿是指由于增生和胶质储存伴甲状腺激素异常分泌而产生的甲状腺肿大。根据有无甲状腺功能亢进，可将其分为弥漫性非毒性甲状腺肿和弥漫性毒性甲状腺肿两类。

2. 病理变化

(1)弥漫性非毒性甲状腺肿　也称单纯性甲状腺肿、地方性甲状腺肿，是由于缺碘使甲状腺素分泌不足，促甲状腺素(TSH)分泌增多，引起甲状腺滤泡上皮增生，滤泡内胶质堆积而使甲状腺肿大的疾病，一般不伴甲状腺功能亢进。根据病理发展过程和病变特点，将非毒性甲状腺肿分为以下三个时期。

	增生期	胶质贮积期	结节期
别称	弥漫性增生性甲状腺肿	弥漫性胶样甲状腺肿	结节性甲状腺肿
肉眼	甲状腺弥漫性对称性中度增大 表面光滑，<150g 甲状腺功能正常	甲状腺弥漫性对称性显著增大 表面光滑，200～300g 半透明胶冻状	甲状腺不对称结节状增大 结节大小不一，多无包膜 可出血坏死钙化
光镜	滤泡上皮增生呈立方或低柱状 伴小滤泡和小假乳头形成 胶质少，间质充血	部分上皮增生 可有小滤泡或假乳头形成 滤泡腔扩大，内有大量胶质贮积	滤泡上皮柱状或乳头样增生 小滤泡形成，有胶质贮积 结节大小不一

(2)弥漫性毒性甲状腺肿　即甲亢，是指血中甲状腺激素过多，作用于全身组织所引起的临床综合征。

①肉眼观　甲状腺弥漫性对称增大，表面光滑，血管充血，质地较软，切面灰红，分叶状，胶质少，无结节。

②镜下观　滤泡上皮增生呈高柱状，小滤泡形成；滤泡腔内胶质稀薄；间质血管丰富，充血，淋巴组织增生。

【例1】结节性甲状腺肿的病理特点为

A. 滤泡上皮呈柱状增生　B. 滤泡腔内大量胶质贮积　C. 结节包膜完整，边界清晰
D. 结节呈单发性　E. 小滤泡形成

二、甲状腺肿瘤

1. 甲状腺腺瘤

甲状腺腺瘤是甲状腺滤泡上皮发生的一种常见良性肿瘤。中青年女性多见，多为单发，圆形或类圆形肿块，有完整包膜，常压迫周围组织，直径一般3～5cm。根据形态特征，可分为以下几型：

(1)单纯型腺瘤　又称正常大小滤泡型腺瘤，肿瘤有完整包膜，由形态与正常甲状腺相似的滤泡构成。

(2)胶样型腺瘤　又称巨滤泡型腺瘤，肿瘤组织由大滤泡或大小不一的滤泡组成，肿瘤间质少。

(3)胎儿型腺瘤　又称小滤泡型腺瘤，肿瘤组织由小滤泡组成，内含少量胶质。间质水肿、黏液样变。

(4)胚胎型腺瘤　又称梁状和实性腺瘤，瘤细胞小，大小一致，分化好，呈条索状。间质疏松水肿。

(5)嗜酸细胞型腺瘤　又称Hurthle细胞腺瘤，瘤细胞大而呈多角形，胞质中含有嗜酸性红染颗粒。

(6)非典型腺瘤 瘤细胞丰富，排列成索或巢片状，间质少，无包膜和血管侵犯。应与髓样癌鉴别。

2. 甲状腺癌

甲状腺癌是起源于滤泡上皮细胞或滤泡旁细胞的一类恶性肿瘤，可发生于任何年龄，但以40~50岁多见。根据组织形态不同，甲状腺癌可分为以下类型。

	乳头状癌	滤泡癌	未分化癌	髓样癌
发生率	60%	20%	15%	7%(5%~10%)
好发年龄	青少年女性	40岁以上女性	50岁以上女性	40~60岁
恶性程度	低	中	高	中
颈淋巴结	转移早	10%转移	早，50%转移	可有转移
远处转移	少	33%有	迅速	可有
肉眼观	肿块2~3cm，圆形 无包膜，可出血坏死	结节状，质软 包膜不完整	形状不规则，无包膜 常出血坏死	单发或多发 假包膜，质实而软
光镜 电镜	核呈毛玻璃状，无核仁 间质内有砂粒体	不同分化程度的滤泡，异型性	小细胞型、梭形细胞型 巨细胞型、混合型	电镜下可见胞质内存在神经内分泌颗粒
预后	好(5年生存率>90%)	较好	最差(3~6月)	较差
免疫组化	Thyroglobulin 阳性 Calcitonin 阴性	Thyroglobulin 阳性 Calcitonin 阴性	Thyroglobulin 阳性 Calcitonin 阴性	Thyroglobulin 阴性 Calcitonin 阳性

注意：①恶性程度从高到低为：未分化癌>髓样癌>滤泡癌>乳头状癌。
②尽管乳头状癌恶性程度低，预后好，但早期易发生颈部淋巴结转移。
③最易发生转移的甲状腺癌是未分化癌，最易发生血道转移的是滤泡癌。
④髓样癌可分泌降钙素，属于APUD瘤，可引起手足抽搐。⑤砂粒体即为钙化小体。

【例2】诊断甲状腺乳头状癌最重要的依据是
A. 癌细胞核明显异型　B. 癌细胞有大量核分裂象　C. 癌细胞核明显深染
D. 癌细胞核有粗大核仁　E. 癌细胞核呈毛玻璃状

【例3】下述哪种甲状腺癌的恶性程度最高？
A. 乳头状癌　B. 滤泡癌　C. 巨细胞癌
D. 嗜酸性细胞腺癌　E. 髓样癌

【例4】女，30岁。甲状腺右叶包块3年，无不适症状，包块增大缓慢。B超见包块内有点状钙化，行甲状腺右叶和峡部全切、左叶次全切除术。根据术后病理报告判断为预后良好的一种恶性肿瘤，但需终身服用甲状腺素片治疗。病理诊断的主要依据是
A. 有复杂分支乳头样结构　B. 可见印戒细胞　C. 腺腔高度扩张呈囊状
D. 含大量黏液　E. 癌巢少而间质纤维组织多

【例5】男，30岁。颈部包块6个月。查体：甲状腺右叶可触及直径2cm质硬结节。B超检查示：甲状腺右叶下极实性结节，2.0cm×1.5cm，边界不规则，内可见细小钙化。行穿刺活检，最可能的病理类型是
A. 鳞癌　B. 滤泡癌　C. 未分化癌
D. 乳头状癌　E. 髓样癌

常考点　甲状腺癌的病理类型及特点。

参考答案——详细解答见2021《贺银成国家临床执业及助理医师资格考试历年考点精析》

1. ABCDE　2. ABCDE　3. ABCDE　4. ABCDE　5. ABCDE

第11章　常见传染病与寄生虫病

▶考纲要求

①流行性脑脊髓膜炎：概述，病理变化，病理临床联系。②流行性乙型脑炎：概述，病理变化，病理临床联系。③结核病：概述，基本病理变化及转化规律，原发性肺结核病的病理变化和结局，继发性肺结核病的病理变化和结局。④伤寒：概述，肠道及肠道外病理变化，病理临床联系。⑤细菌性痢疾：概述，病理变化，病理临床联系。⑥血吸虫病：概述，基本病理变化，肝、肠的病理变化及后果。⑦性病：艾滋病概述、基本病理变化及病理临床联系，尖锐湿疣概述、基本病理变化，淋病概述、基本病理变化及病理临床联系。

▶复习要点

一、流行性脑脊髓膜炎

1. 概述

流行性脑脊髓膜炎（流脑）是由脑膜炎双球菌引起的脑脊髓膜的急性化脓性炎症。好发于儿童和青少年，表现为发热、头痛、呕吐、皮肤瘀斑（瘀点）和脑膜刺激征。

2. 病理变化

根据病情进展，一般分为三期：

（1）上呼吸道感染期　细菌在鼻咽部黏膜繁殖，经2~4天潜伏期后，出现上感症状，主要表现为黏膜充血水肿，少量中性粒细胞浸润。约1~2天后，部分患者进入败血症期。

（2）败血症期　患者皮肤、黏膜出现瘀点（斑），此处刮片可找到细菌，此期血培养可阳性。

（3）脑膜炎症期　此期的特征性病变是脑脊髓膜的化脓性炎症。

①肉眼观　脑脊膜血管高度扩张充血，蛛网膜下腔充满灰黄色脓性渗出物，使脑回、脑沟模糊不清。脓性渗出物主要沿血管分布，可累及大脑凸面矢状窦附近或脑底部视神经交叉及邻近各池（如交叉池、脚间池）。由于炎性渗出物的阻塞，脑脊液循环发生障碍，可引起不同程度的脑室扩张。

②镜下观　蛛网膜血管高度扩张充血，蛛网膜下腔增宽，其中可见大量中性粒细胞、浆细胞及纤维素渗出。脑实质一般不受累。严重病例可累及邻近脑膜的脑实质，称为脑膜脑炎。

3. 临床病例联系

（1）脑膜刺激征　表现为颈项强直、屈髋伸膝（Kernig）征阳性。

（2）颅内压升高症状　表现为剧烈头痛、喷射性呕吐、视乳头水肿、小儿前囟饱满等。

（3）脑脊液改变　表现为压力增高，混浊或呈脓性，细胞数及蛋白质含量增多，糖量减少，涂片及培养可找到脑膜炎双球菌。

二、流行性乙型脑炎（乙脑）

1. 概述

流行性乙型脑炎是由乙型脑炎病毒感染引起的急性传染病，表现为高热、嗜睡、抽搐、昏迷等。

2. 病理变化

乙脑广泛累及脑脊髓实质，引起神经细胞变性、坏死，胶质细胞增生和血管周围炎性细胞浸润。病变以大脑皮质、基底核和视丘最为严重，小脑皮质、丘脑和脑桥次之，脊髓病变最轻，常仅限于颈段脊髓。

（1）肉眼观　软脑膜充血水肿，脑回变宽，脑沟窄而浅。切面脑组织充血水肿，脑实质内粟粒大小半透明软化灶，其境界清楚，以顶叶、丘脑等处最明显。

(2)镜下观 可出现以下几种基本病变：

①血管改变和炎症反应 脑实质血管高度扩张充血，血管周围间隙增宽，并有淋巴细胞套形成。

②神经细胞变性坏死 表现为神经细胞肿胀，尼氏小体消失，胞质内出现空泡，核偏位。严重者，可发生核固缩、核溶解。可见卫星现象和噬神经细胞现象。

③软化灶形成 病变严重时，神经组织液化性坏死，形成筛状软化灶，对本病的诊断具有特征性意义。

④胶质细胞增生 主要是小胶质细胞弥漫性或局灶性增生，形成胶质结节。

(3)常考概念 筛状软化灶为其特征性病变。

淋巴细胞套	是指乙型脑炎时，以淋巴细胞为主的炎细胞围绕血管周围间隙形成的袖套状浸润
卫星现象	乙型脑炎时，变性坏死的神经细胞被增生的少突胶质细胞包绕 若一个神经元被 5 个或 5 个以上的少突胶质细胞围绕，称为“卫星现象”
噬神经细胞现象	乙型脑炎时神经细胞变性坏死，小胶质细胞或血源性巨噬细胞吞噬坏死神经元 注意：小胶质细胞并不是真正的神经胶质细胞，而属于单核巨噬细胞系统
筛状软化灶	乙型脑炎时神经组织发生灶性液化性坏死，形成质地疏松、染色较淡的镂空筛网状病灶

3. 临床病例联系

(1)昏迷和嗜睡 常是最早出现的主要症状，为神经元广泛受累所致。

(2)脑神经麻痹症状 脑神经核团受损可出现肌张力增强，腱反射亢进，抽搐，痉挛等上运动神经元损害的表型。脑桥和延髓的运动神经细胞受损，可出现吞咽困难、呼吸困难、循环衰竭等。

(3)颅内压增高症状 由于脑内血管扩张充血，血管通透性增高，脑水肿等，可导致颅内压增高，引起剧烈头痛、呕吐等，严重时可致脑疝形成。

(4)脑膜炎症状 由于脑膜有轻度炎症反应，故可出现脑膜刺激症状。

4. 流脑和乙脑的鉴别

	流行性脑脊髓膜炎(流脑)	流行性乙型脑炎(乙脑)
病原体	细菌(脑膜炎双球菌)	病毒(乙型脑炎病毒)
传染源	病人、带菌者	病人，中间宿主家畜、家禽
传播途径	呼吸道直接传播(飞沫传播)	通过媒介(蚊)传播
病变特征	化脓性炎症	变质性炎症
病损部位	主要为脑脊髓膜(软膜、蛛网膜) 脑实质一般不受累	主要为脑实质(神经元) 脑膜病变轻微
病理改变	①脑脊髓膜血管高度扩张充血 ②蛛网膜下腔灰黄色脓性渗出物 以额顶叶最明显	脑实质血管高度扩张充血 脑回变宽、沟变浅，以顶叶及丘脑最明显 可见筛状软化灶(特征性诊断意义)
炎症变性	蛛网膜下腔脓性渗出，炎细胞浸润 脑脊膜血管充血扩张	神经细胞变性坏死，卫星现象，噬神经细胞现象 血管充血扩张，血管套形成 软化灶形成，胶质细胞增生
临床表现	脑膜刺激征明显(颈项强直、Kernig 征阳性) 颅压增高征(头痛、呕吐、视乳头水肿) 脑脊液压力增高、蛋白增多、脓细胞阳性 败血症表现(发热、中毒性休克)	脑膜刺激征不明显(主要为神经损害) 神经元损伤症状 脑组织水肿时，颅压可增高 脑脊液细胞数增多
后遗症	脑积水、颅神经受损、脑梗死	痴呆、语言障碍、肢体瘫痪

【例 1】流行性乙型脑炎的炎症性质是

A. 纤维素性炎　　B. 变质性炎　　C. 化脓性炎
D. 肉芽肿性炎　　E. 出血性炎

【例 2】男，5 岁。发热、头痛、呕吐 4 天，昏迷半天，于 2 月 10 日入院。查体：T39.6℃，P115 次/分，R26 次/分，BP60/25mmHg。神志不清，皮肤可见出血点，球结膜水肿，心、肺、腹(－)，颈抵抗(＋)，双侧 Babinski(＋)。实验室检查：血 WBC16.4×10^9/L，N0.88，L0.12。患者抢救无效于次日死亡。其脑组织病理检查最可能出现的结果是

A. 颅底多发性闭塞性动脉内膜炎，引起脑实质损害
B. 软脑膜充血、水肿、出血
C. 脑沟和脑回可见小的肉芽肿、结节和脓肿，蛛网膜下腔有胶样渗出物
D. 病变多发生在灰质、白质交界处，引起脑室扩大、脑积水及蛛网膜炎
E. 脑脊膜血管高度扩张充血，蛛网膜下腔充满黄色脓性渗出物

三、结核病

1. 概述

结核病是由结核分枝杆菌感染引起的特异性感染，引起人结核病的主要是人型、牛型。结核病主要经呼吸道传染，也可经消化道感染，少数经皮肤伤口感染。

2. 基本病理变化及转化规律

(1)基本病理变化　结核病是结核分枝杆菌引起的一种慢性特异性炎症，其基本病理变化是渗出、增生、坏死，其特征性病变为结核结节。

	机体免疫力	机体变态反应	细菌数量	细菌毒力	病理特征
以渗出为主的病变	低	较强	多	强	浆液性或浆液纤维性炎
以增生为主的病变	较强	较弱	少	较低	结核结节
以坏死为主的病变	低	强	多	强	浆液性或浆液纤维性炎

(2)结核结节　对结核病具有诊断价值。

①结核结节的组成　结核结节由上皮样细胞、朗汉斯巨细胞、淋巴细胞、少量反应性增生的成纤维细胞构成。典型结核结节中央有干酪样坏死。

②朗汉斯巨细胞　来源于骨髓中的单核细胞进入外周血发育成为巨噬细胞，吞噬能力增强，吞噬结核分枝杆菌后体积增大，逐渐转变为上皮样细胞。上皮样细胞的活性增强，有利于吞噬和杀灭结核分枝杆菌。多数上皮样细胞相互融合，形成朗汉斯巨细胞。朗汉斯巨细胞是一种多核巨细胞，直径可达 300μm，胞质丰富，核的数目由十几个到几十个不等。核排列在胞质周围呈花环状、马蹄形或密集于胞体的一端。

③干酪样坏死　对诊断结核病有一定意义。坏死灶中含一定量的结核分枝杆菌。

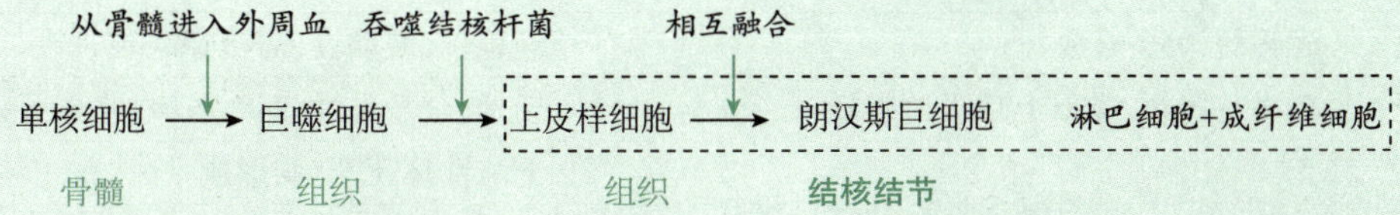

(3)结核病的转化规律　①转向愈合：吸收消散；纤维化、钙化。②转向恶化：浸润进展；溶解播散。

【例 3】结核结节中最具有诊断意义的细胞成分是

A. 朗汉斯巨细胞和淋巴细胞　　B. 朗汉斯巨细胞和上皮样细胞　　C. 淋巴细胞和上皮样细胞
D. 上皮样细胞和异物巨细胞　　E. 异物巨细胞和成纤维细胞

3. 原发性肺结核病的病理变化和结局

原发性肺结核病是指第一次感染结核分枝杆菌所引起的肺结核病，多见于儿童。

(1)病理变化 原发性肺结核病的病理特征是原发综合征形成。

①原发综合征 是原发性肺结核病的病理特征。原发性肺结核时，肺的原发病灶、淋巴管炎、肺门淋巴结结核称为原发综合征。X 线呈哑铃状阴影。

②Ghon 灶 原发性肺结核病时，最初在通气较好的上叶下部或下叶上部近胸膜处形成的 1～1.5cm 大小的灰白色炎性实质性病灶，称为原发病灶（Ghon 灶）。绝大多数病灶中央有干酪样坏死。

(2)结局 原发综合征的转归有三：

①自然痊愈 95%病例由于细胞免疫的建立，不再发展，病灶进行性纤维化、钙化，而自行痊愈。

②形成支气管淋巴结结核 有时肺门淋巴结病变继续发展，形成支气管淋巴结结核。

③扩散 少数营养不良者病灶扩大、干酪样坏死、形成空洞，有的甚至肺内播散形成粟粒性肺结核病、全身播散形成全身性粟粒性结核病。

4. 继发性肺结核病的病理变化和结局

(1)病理特点 肺尖开始，病程迁延。自上而下，气道蔓延。时好时坏，波浪前进。上重下轻，上旧下新。

(2)局灶型肺结核 是继发性肺结核病的早期病变。病灶常位于肺尖下 2～4cm 处，直径 0.5～1cm。病灶境界清楚，有纤维包裹。镜下病变以增生为主，中央为干酪样坏死。病人常无症状，属非活动性结核病。

(3)浸润型肺结核 是临床最常见的活动性、继发性肺结核。多由局灶型肺结核发展而来。病变以渗出为主，中央有干酪样坏死，病灶周围有炎症包绕。

(4)慢性纤维空洞型肺结核 肺内可有一个或多个厚壁空洞。多位于肺上叶。空洞分三层：内层为干酪样坏死物质，含大量结核分枝杆菌；中层为结核性肉芽组织；外层为纤维结缔组织。病变空洞与支气管相通，成为结核病的传染源，故此型又有开放性肺结核之称。

(5)干酪性肺炎 可由浸润型肺结核、急慢性空洞型肺结核播散而来。

(6)结核球 又称结核瘤。结核球是直径 2～5cm，有纤维包裹的孤立的境界分明的干酪样坏死灶。常单个，位于肺上叶。X 线片上有时很难与周围型肺癌相鉴别。

(7)结核性胸膜炎 结核性胸膜炎分干性胸膜炎、湿性胸膜炎两种。

5. 原发性肺结核病与继发性肺结核病的鉴别

	原发性肺结核病	继发性肺结核病
定义	指第一次感染结核分枝杆菌所引起的肺结核	指再次感染结核分枝杆菌所引起的肺结核
好发年龄	儿童	成人
免疫力	开始时对结核分枝杆菌无免疫力，病程中产生	有免疫力
好发部位	原发病灶→淋巴管炎→肺门淋巴结结核	病变多样，新旧病灶并存，较局限
起始部位	肺上叶下部、下叶上部近胸膜处	肺尖部
起病情况	隐匿	缓慢，干酪型可急性发病
病程长短	病程短，95%自愈	病程长，波动性，需治疗
临床表现	轻微且短暂，类似上呼吸道感染	迁延，全身毒性症状、咳嗽、咯血等
并发症	无	干酪性坏死、空洞形成
播散途径	淋巴道、血道	支气管
预后	95%自愈，可肺内播散为粟粒性肺结核 少数血行播散为全身粟粒性结核病	可有多种表现

注意：①继发性肺结核的好发部位——肺尖部（9 版《病理学》P342）。
②继发性肺结核的好发部位——肺上叶尖后段、下叶背段和后基底段（9 版《内科学》P65）。

【例 4】肺结核原发综合征的临床表现

A. 病灶常为多结节性　　B. 肺内可有一个或多个空洞　　C. 肺内常见结核球
D. 病灶位于锁骨上、下　　E. 原发灶、淋巴管炎及肺门淋巴结结核

【例 5】提示原发型肺结核病变恶化的病理转归是

A. 结核性胸膜炎　　B. 原发病灶扩大，产生空洞　　C. 支气管淋巴结肿大
D. 支气管淋巴结周围炎　　E. 急性粟粒性肺结核

四、伤寒

1. 概述

伤寒是由伤寒杆菌引起的，以巨噬细胞增生为特征的急性增生性炎。伤寒杆菌属沙门氏菌属中的 D 族，革兰阴性菌。其菌体"O"抗原、鞭毛"H"抗原及表面"Vi"抗原都能使人体产生相应抗体，尤以"O"及"H"抗原性较强，故可用血清凝集试验（肥达反应）来测定血清中抗体浓度，作为临床诊断伤寒的依据之一。菌体裂解所释放的内毒素是致病的主要因素。

2. 肠道病理变化

(1)伤寒的特征性病理变化　伤寒是以巨噬细胞增生为特征的急性增生性炎。具有病理诊断价值的特征性病变为伤寒肉芽肿（伤寒小结）。伤寒细胞是指巨噬细胞内吞噬了伤寒杆菌、红细胞和细胞碎片。

(2)肠道病理变化　伤寒肠道病变以回肠下段集合和孤立淋巴小结的病变最为常见且最明显。按病变发展过称分为 4 期，每期大约持续 1 周。

	起病时间	病理变化	典型表现
髓样肿胀期	第 1 周	回肠下段淋巴组织略肿胀，隆起于黏膜表面，色灰红，质软	集合淋巴小结病变
坏死期	第 2 周	病灶局部肠黏膜坏死	—
溃疡期	第 3 周	坏死肠黏膜脱落后形成溃疡；集合淋巴小结发生的溃疡其长轴与肠管长轴平行；孤立淋巴小结处的溃疡小而圆	特征性溃疡 并发穿孔、出血
愈合期	第 4 周	肉芽组织增生填平溃疡，溃疡边缘上皮再生覆盖	—

注意：①肠伤寒溃疡呈圆形或椭圆形，其长轴与肠管长轴平行，与集合淋巴小结的形态有关。
②肠结核溃疡呈横带状，其长径与肠管长轴垂直，与肠壁淋巴管的走行方向有关。

3. 肠道外病理变化

(1)肠系膜淋巴结、脾、肝及骨髓　由于巨噬细胞增生而肿大，可见伤寒肉芽肿和坏死灶。

(2)心肌　心肌纤维可有颗粒变性、甚至坏死。

(3)肾小管　上皮细胞增殖，可发生颗粒变性。

(4)皮肤　玫瑰疹。

(5)膈肌、腹直肌和股内收肌　常发生凝固性坏死（称蜡样变性），出现肌痛、皮肤知觉过敏。

(6)胆囊　伤寒杆菌可在胆囊内大量繁殖，成为慢性带菌者或终身带菌者。

4. 临床病理联系

(1)发热　由于是伤寒杆菌引起的急性增生性炎症，故患者可有发热。

(2)肝脾肿大　全身单核巨噬细胞系统增生，可导致肝脾肿大。

(3)肠道溃疡　肠道溃疡可导致肠出血而发生失血性休克；肠穿孔可引起弥漫性腹膜炎。

【例 6】肠伤寒坏死灶的主要部位是

A. 黏膜下层　　B. 皱襞内　　C. 淋巴组织内
D. 黏膜层　　E. 毛细血管内

五、细菌性痢疾

1. 概述

细菌性痢疾是由痢疾杆菌引起的一种假膜性肠炎。病变多局限于结肠，尤其是乙状结肠和直肠。

2. 病理变化

(1)病原菌

菌群	产生毒素	细菌毒力	临床常见类型
福氏痢疾杆菌	内毒素	较低	急性菌痢、慢性菌痢、中毒性菌痢
宋内氏痢疾杆菌	内毒素	较低	急性菌痢、中毒性菌痢
鲍氏痢疾杆菌	内毒素	较强	急性菌痢多见
志贺氏痢疾杆菌	内毒素+外毒素	强	急性菌痢多见

注意：中毒性菌痢多由毒力低的福氏、宋内氏痢疾杆菌引起，而毒力强的志贺氏痢疾杆菌反而少见，这与我们常规想象相反。原因未明，可能与特异体质有关。

(2)病理变化　菌痢的病理变化主要发生于大肠，尤以乙状结肠和直肠为重。根据肠道病变特征、全身变化及临床经过不同，细菌性痢疾可分以下三种。

①急性细菌性痢疾　肠道病变早期表现为急性卡他性炎，随后出现假膜性炎和溃疡。假膜性炎是特殊的纤维素性炎，渗出的纤维蛋白、红细胞、白细胞和坏死组织覆盖于肠黏膜表面形成假膜，称为假膜性炎。假膜性炎为急性菌痢的特征性病变。

②慢性细菌性痢疾　菌痢病程超过2个月称为慢性菌痢，多由急性菌痢转变而来。肠道病理变化表现为新老病变相互混杂。

③中毒性细菌性痢疾　肠道病变一般为卡他性炎，有时肠壁集合和孤立淋巴滤泡增生肿大，而呈滤泡性肠炎改变。

【例7】男，24岁。发热、腹痛、腹泻1天，为黏液脓血便。查体：T38.4℃，BP110/62mmHg，脐周及左下腹有轻压痛。实验室检查：血WBC15.8×10^9/L，N0.88，L0.12。粪镜检：WBC40/HP，RBC20/HP。肠道最可能的病理变化是

A. 全结肠轻度充血水肿　　B. 肠黏膜出血　　C. 肠黏膜隐窝小脓肿

D. 乙状结肠、直肠多发溃疡　　E. 黏膜弥漫性纤维蛋白渗出性炎症

(3)一些常考溃疡的特征

疾病	好发部位	典型溃疡的特征
肠伤寒	回肠下段	圆形或椭圆形溃疡，溃疡长轴与肠管长轴平行
肠结核	回盲部	溃疡呈横带状(半环形)，溃疡长径与肠管长轴垂直
急性细菌性痢疾	乙状结肠、直肠	地图状溃疡，或称“大小不等、形状不一的浅溃疡”
肠阿米巴病	盲肠、升结肠	口小底大的烧瓶状溃疡
肠血吸虫病	直肠、乙状结肠、降结肠	大小不等的溃疡，无特殊形态
克罗恩病	回肠末端	节段性纵行裂隙状溃疡
溃疡性结肠炎	大肠各段	连续性弥漫性，位于黏膜、黏膜下层的表浅性溃疡
胃癌	胃窦小弯	火山口状溃疡

A. 溃疡呈环形与肠的长轴垂直　B. 溃疡呈椭圆形与肠的长轴平行　C. 溃疡呈烧瓶状口小底大

D. 溃疡边缘呈堤状隆起　　E. 溃疡表浅呈地图状

【例 8】肠伤寒的肠溃疡特征

【例 9】细菌性痢疾的肠溃疡特征

3. 临床病理联系

(1)**毒血症**　患者可有发热、头痛、乏力、食欲不振、外周血白细胞增多。

(2)**腹痛腹泻**　与炎性渗出及病变肠管蠕动增加有关。

(3)**里急后重和排便次数增多**　与直肠壁受炎症刺激有关。

(4)**中毒性休克**　好发于 2~7 岁儿童,表现为严重的毒血症,多由福氏或宋内氏痢疾杆菌引起。

六、血吸虫病

1. 概述

血吸虫病是血吸虫寄生于人体引起的一种寄生虫病,人通过皮肤接触含尾蚴的疫水而感染。

2. 基本病理变化

(1)**血吸虫不同发育阶段的致病性**　血吸虫发育阶段的尾蚴、童虫、成虫和虫卵都可引起病变。

(2)**虫卵造成的主要病损**　虫卵沉着所引起的损害是最主要的病变,其基本病理变化为虫卵结节。

急性虫卵结节	慢性虫卵结节
①结节中心部位有多少不等的虫卵	①放射状物质没有以前多
②虫卵表面有放射状嗜酸性棒状体(Hoeppli 现象)	②出现冠状带
③周围有大量嗜酸性细胞浸润	③外周有肉芽组织
④嗜酸性脓肿状似脓肿而非脓肿(为嗜酸性细胞堆积)	④假结核结节 大量类上皮细胞、少量异物巨细胞,钙化等

注意:①急性虫卵结节并非真正脓肿,而是寄生虫结节,为大量嗜酸性粒细胞积聚,并非中性粒细胞积聚。
②"假结核结节"见于血吸虫病慢性虫卵结节。"树胶样肿"类似结核结节,但无钙化,见于梅毒。

【例 10】在血吸虫发育各阶段中,引起人体主要病理改变的是

A. 尾蚴　　B. 毛蚴　　C. 成虫
D. 虫卵　　E. 幼虫

3. 肝、肠病理变化及后果

(1)**肝脏病变及后果**　虫卵沉积于汇管区,大量纤维组织增生和虫卵压迫导致窦前性门脉高压症。

(2)**肠道病变及后果**　病变常累及全部结肠,以直肠、乙状结肠、降结肠最为显著。

①急性期　虫卵沉积于结肠黏膜及黏膜下层,形成急性虫卵结节。随着病变的发展,虫卵结节最后纤维化,虫卵逐渐死亡和钙化。

②慢性期　虫卵反复沉着,肠黏膜反复发生溃疡和肠壁纤维化,导致肠壁增厚变硬、肠腔狭窄、肠梗阻。

七、艾滋病与性传播疾病

1. 艾滋病

(1)**概述**　艾滋病是由人类免疫缺陷病毒(HIV)感染引起,特征为免疫功能缺陷伴机会性感染和(或)继发性肿瘤的获得性免疫缺陷综合征。

(2)**基本病理变化**

①早期　淋巴结肿大,淋巴滤泡明显增生,生发中心活跃,髓质内出现较多浆细胞。电镜下可见 HIV 颗粒位于生发中心内,主要集中于滤泡树突状细胞,也可出现于巨噬细胞及 $CD4^+T$ 细胞内。

②中期　滤泡外层淋巴细胞越来越少，小血管增生，生发中心被零落分割；副皮质区 $CD4^+T$ 细胞进行性减少，代之以浆细胞浸润。

③晚期　淋巴结一片荒芜，淋巴细胞几乎消失殆尽，仅残留少许巨噬细胞和浆细胞

④其他　脾、胸腺也表现为淋巴细胞减少。

(3)病理临床联系

①继发性感染　混合感染或随机感染。70%~80%患者可经历一次或多次肺孢子虫感染，约50%病人死于肺孢子虫感染，因此对诊断本病有参考价值。

②恶性肿瘤　最常见为Kaposi肉瘤，其他常见伴发肿瘤为淋巴瘤。

③中枢神经系统　约70%的病例有中枢神经系统受累。

【例11】HIV主要感染的细胞不包括

A. $CD4^+T$ 淋巴细胞　B. 单核巨噬细胞　C. 库普弗细胞
D. B淋巴细胞　E. 小神经胶质细胞

【例12】艾滋病患者肺部机会性感染最常见的病原体是

A. 白色念珠菌　B. 结核分枝杆菌　C. 疱疹病毒
D. 巨细胞病毒　E. 肺孢子虫

【例13】HIV造成机体免疫功能损害主要侵犯的细胞是

A. $CD4^+T$ 细胞　B. $CD8^+T$ 细胞　C. B淋巴细胞
D. NK细胞　E. 浆细胞

2. 尖锐湿疣

(1)概述　尖锐湿疣是由HPV(主要是HPV6和HPV11)引起的性传播疾病。男性好发于阴茎冠状沟、龟头、系带、尿道口或肛门附近。女性好发于阴蒂、阴唇、会阴部及肛周。

(2)基本病理变化

①肉眼观　初起为小而尖的突起，逐渐扩大。呈疣状颗粒。

②镜下观　表皮角质层轻度增厚，几乎全为角化不全细胞。表皮浅层发现凹空细胞有助于诊断。

【例14】光镜下发现下列哪种细胞对尖锐湿疣的诊断价值最大?

A. 基底细胞　B. 凹空细胞　C. 镜影细胞
D. 泡沫细胞　E. 毛玻璃样细胞

3. 淋病

淋病是由淋球菌引起的急性化脓性炎，是最常见的性传播疾病。

淋球菌主要侵犯泌尿生殖系统，对柱状上皮和移行上皮有特别亲和力。

男性的病变从前尿道开始，可逆行蔓延到后尿道，波及前列腺、精囊和附睾。

女性的病变主要累及外阴和阴道腺体、子宫颈内膜、输卵管及尿道。

【例15】我国女性中居首位的性传播疾病是

A. 淋病　B. 尖锐湿疣　C. 生殖器疱疹
D. 梅毒　E. 艾滋病

▶▶常考点　重点内容，需全面掌握。

参考答案——详细解答见2021《贺银成国家临床执业及助理医师资格考试历年考点精析》

1. ABCDE　2. ABCDE　3. ABCDE　4. ABCDE　5. ABCDE　6. ABCDE　7. ABCDE
8. ABCDE　9. ABCDE　10. ABCDE　11. ABCDE　12. ABCDE　13. ABCDE　14. ABCDE
15. ABCDE

第四篇 药理学

第1章 总 论

考纲要求

①药物效应动力学:治疗作用,副作用,毒性反应,超敏反应,后遗效应。②药物代谢动力学:首关消除,体液的pH与药物的解离度,肝肠循环,稳态血浆药物浓度,半衰期,生物利用度。

复习要点

一、药物效应动力学

1. 治疗作用

治疗作用是指药物作用的结果有利于改变患者的生理、生化功能或病理过程,使患病的机体恢复正常。根据治疗作用的效果,可将治疗作用分为对因治疗和对症治疗。

(1)对因治疗 用药目的在于消除原发致病因子,彻底治愈疾病,如抗生素杀灭体内致病菌。

(2)对症治疗 用药目的在于改善症状,不能根除病因,但对病因未明暂时无法根治的疾病是必不可少的。某些危重急症如休克、惊厥、心力衰竭、心跳或呼吸暂停等,对症治疗可能比对因治疗更为迫切。

2. 副作用(副反应)

由于药物选择性低,药理效应涉及多个器官,当某一效应用做治疗目的时,其他效应就成为副反应。例如,阿托品用于解除胃肠痉挛时,可引起口干、心悸、便秘等副反应。副反应是在治疗剂量下发生的,是药物本身固有的作用,多数较轻微并可以预知。

3. 毒性反应

毒性反应是指在剂量过大或药物在体内蓄积过多时发生的危害性反应,一般比较严重。毒性反应一般是可以预知的,应该避免发生。毒性反应有急性和慢性之分。

(1)急性毒性反应 多损害循环、呼吸、神经系统功能。

(2)慢性毒性反应 多损害肝、肾、骨髓、内分泌功能等。致癌、致畸、致突变也属于慢性毒性反应。

4. 超敏反应(变态反应)

超敏反应是一类免疫反应。非肽类药物作为半抗原与机体蛋白结合为抗原后,经过接触10天左右的敏感化过程而发生的反应,也称为过敏反应,常见于过敏体质患者。反应性质与药物原有效应无关,用药理性拮抗药解救无效。反应的严重程度差异很大,与剂量无关,从轻微的皮疹、发热到造血系统抑制、肝肾功能损害、休克等。停药后反应逐渐消失,再用药时可能再发。致敏物质可能是药物本身,也可能是其代谢产物或制剂中的杂质。临床用药前虽常做皮肤过敏试验,但仍有少数假阳性或假阴性。

5. 后遗效应

是指药物停用后,血药浓度已降至最小有效浓度以下时残存的药理效应,例如服用巴比妥类催眠药后,次晨出现的乏力、困倦等现象。

【例1】药物的副反应是

A. 难以避免的　　B. 较严重的药物不良反应

C. 剂量过大时产生的不良反应　　D. 药物作用选择性
E. 与药物治疗目的有关的效应

【例 2】药物副作用
A. 一般都很严重　　B. 发生在大剂量情况下　　C. 是可以避免的
D. 发生在治疗剂量下　　E. 产生原因与药物作用的选择性高有关

【例 3】有关药物副作用的叙述,不正确的是
A. 为治疗剂量时所产生的药物反应　　B. 为与治疗目的有关的药物反应
C. 为不太严重的药物反应　　D. 为药物作用选择性低时所产生的反应
E. 为一种难以避免的药物反应

【例 4】停药后血浆中药物浓度降至阈浓度以下仍显现的药理作用称为
A. 耐受性　　B. 后遗效应　　C. 特异质反应
D. 副作用　　E. 停药反应

二、药物代谢动力学

1. 首过消除(首过代谢、首过效应、首关消除)

口服是最常用的给药途径。首过消除是指从胃肠道吸收的药物在到达全身血液循环前被肠壁和肝脏部分代谢,从而使进入全身血液循环内的有效药物量减少的现象,也称首过代谢或首过效应。首过消除高时,机体可利用的有效药物量少,要达到治疗浓度,必须加大用药剂量。但因剂量加大,代谢产物也会明显增多,可能出现代谢产物的毒性反应。因此,在应用首过消除高的药物而决定采用大剂量口服时,应先了解其代谢产物的毒性作用和消除过程。为了避免首过消除,通常采用舌下及直肠下部给药,以使药物不经过胃肠道和肝脏吸收,直接进入全身血液循环。

注意:①首过消除最常见的给药途径是口服给药。
②首过消除最主要的器官是肝脏,肺和肠壁细胞也可成为首过消除的器官。
③舌下给药后经颊黏膜吸收,可避免在肝脏迅速代谢,可很大程度上避免肝脏的首过消除。
④直肠给药有 50%的药物可经下痔静脉至下腔静脉,避开肝脏,可部分避免肝脏的首过消除。

【例 5】可引起首过消除的主要给药途径是
A. 吸入给药　　B. 舌下给药　　C. 口服给药
D. 直肠给药　　E. 皮下注射

【例 6】经肠道消化吸收的药物经过肝脏后药物浓度明显下降的原因是
A. 生物转化　　B. 重吸收　　C. 首过消除
D. 首剂效应　　E. 肠肝循环

【例 7】引起药物首过消除最主要的器官是
A. 肝　　B. 肾　　C. 肺
D. 肠黏膜　　E. 门静脉

2. 体液的 pH 与药物的解离度

在生理作用下,细胞内液 pH 为 7.0,细胞外液为 7.4.由于弱酸性药物在较碱性的细胞外液中解离增多,因而细胞外液浓度高于细胞内液,升高血液 pH 可使弱酸性药物由细胞内向细胞外转运,降低血液 pH 则使弱酸性药物向细胞内转移;弱碱性药物则相反。

3. 肠肝循环(肝肠循环)

部分药物经肝脏转化形成极性较强的水溶性代谢产物,被分泌到胆汁内经由胆道及胆总管进入肠腔,然后随粪便排泄,经胆汁进入肠腔的药物,部分可再经小肠上皮细胞吸收经肝脏进入血液循环,这种

肝脏、胆汁、小肠间的循环称为肠肝循环。肠肝循环可延长药物的半衰期和作用维持时间。若中断肠肝循环，则药物的半衰期和作用时间均可缩短。口服考来烯胺可在肠内和强心苷形成络合物，中断强心苷的肠肝循环，加快其粪便排泄，为急救措施之一。

4. 稳态血浆浓度

临床上，大多数药物治疗是采用多次给药。按照一级动力学规律消除的药物，其体内药物总量随着不断给药而逐渐增加，直至从体内消除的药量与进入体内的药量相等时，体内药物总量不再增加而达到稳定状态，此时的血浆药物浓度称为稳态血浆浓度。

5. 半衰期

药物清除半衰期($t_{1/2}$)是指血浆药物浓度下降一半所需要的时间，其长短可反映体内药物的清除速度。

6. 生物利用度

生物利用度(F)是指药物经血管外途径给药后，吸收进入全身血液循环的相对量。

生物利用度(F) = 体内药物总量(A)/用药总量(D) × 100%。

生物利用度是评价药物制剂质量的一个重要指标，分为绝对生物利用度和相对生物利用度。

(1)绝对生物利用度 生物利用度是通过比较药物在体内的量来计算的。药物在体内的量以血药浓度-时间曲线下面积(AUC)表示。因静脉注射后的生物利用度为100%，因此，以血管外给药(如口服)的 AUC 和静脉注射的 AUC 进行比较，则可得出该药的绝对生物利用度：

$$F=\frac{AUC_{\text{血管外给药}}}{AUC_{\text{静脉给药}}}\times 100\%$$

(2)相对生物利用度 如对同一血管外给药的某一种制剂(如不同剂型、不同药厂生产的相同剂型、同一药厂生产的同一品种的不同批号等)的 AUC 与相同的标准制剂进行比较，则可得出相对生物利用度：

$$F=\frac{AUC_{\text{受试制剂}}}{AUC_{\text{标准制剂}}}\times 100\%$$

▶常考点 一些基本概念。

参考答案——详细解答见2021《贺银成国家临床执业及助理医师资格考试历年考点精析》

1. ABCDE 2. ABCDE 3. ABCDE 4. ABCDE 5. ABCDE 6. ABCDE 7. ABCDE

第 2 章　传出神经系统药

▶考纲要求

①胆碱受体激动药与胆碱酯酶抑制药：毛果芸香碱的药理作用及临床应用，有机磷酸酯类的毒理及中毒解救。②胆碱受体阻断药：阿托品的药理作用、临床应用及不良反应。③肾上腺素受体激动药：去甲肾上腺素的药理作用、临床应用及不良反应，肾上腺素的药理作用、临床应用及不良反应，多巴胺的药理作用、临床应用及不良反应，异丙肾上腺素的药理作用、临床应用及不良反应。④肾上腺素受体阻断药：酚妥拉明的药理作用、临床应用及不良反应，普萘洛尔的药理作用及不良反应，美托洛尔的药理作用、临床应用及不良反应。

▶复习要点

一、胆碱受体激动药与胆碱酯酶抑制药

1. 毛果芸香碱（匹鲁卡品）的药理作用及临床应用

(1)药理作用　毛果芸香碱能直接作用于副交感神经（包括支配汗腺的交感神经）节后纤维支配的效应器的 M 胆碱受体，尤其对眼和腺体的作用较明显。毛果芸香碱与阿托品作用相反，可对比记忆。

	毛果芸香碱	阿托品
瞳孔	缩瞳（激动瞳孔括约肌 M 受体，使瞳孔缩小）	扩瞳（松弛瞳孔括约肌，使瞳孔扩大）
眼内压	降低眼内压（瞳孔缩小，虹膜向中心拉动，前房间隙扩大，房水易于流入巩膜静脉窦）	升高眼内压（瞳孔扩大，虹膜退向四周，前房间隙变窄，阻碍房水回流入巩膜静脉窦）
眼调节	调节痉挛（使睫状肌紧张，悬韧带松弛，晶状体变凸，只适于视近物，造成视远物模糊不清）	调节麻痹（使睫状肌松弛，悬韧带紧张，晶状体变扁，只适于视远物，造成视近物模糊不清）
腺体	分泌增加（汗腺、唾液腺、泪腺、胃肠腺、胰腺、呼吸道黏膜）	分泌减少（汗腺、唾液腺、泪腺、胃肠腺、胰腺、呼吸道黏膜）

【例 1】毛果芸香碱的作用是

A. 缩瞳降压调节痉挛　　B. 扩瞳降压调节痉挛　　C. 缩瞳升压调节痉挛
D. 扩瞳升压调节痉挛　　E. 缩瞳降压加重痉挛

(2)临床应用

①青光眼　低浓度的毛果芸香碱滴眼可以用于治疗闭角性青光眼（充血性青光眼），对开放性青光眼（单纯性青光眼）的早期也有一定效果。用药后可缩小瞳孔，扩大前房角间隙，从而降低眼内压。

②虹膜炎　与扩瞳药交替使用，以防止虹膜与晶状体粘连。

③其他　本药可增加唾液分泌，口服本品可用于治疗颈部放疗后的口腔干燥，但汗液分泌也明显增加。毛果芸香碱可用作抗胆碱药阿托品中毒的解救药。

2. 有机磷酸酯类的毒理及中毒解救

有机磷酸酯类主要为有机磷杀虫剂，如敌百虫、乐果、敌敌畏、对硫磷(1605)等。

(1)毒理作用机制　乙酰胆碱酯酶（AChE）主要存在于胆碱能神经末梢突触间隙，特别是运动神经终板突触后膜处，其特异性较高，可将乙酰胆碱水解为胆碱和乙酸。有机磷酸酯类进入人体后，与胆碱酯酶（AChE）牢固结合，形成难以水解的磷酰化 AChE，使 AChE 失去水解

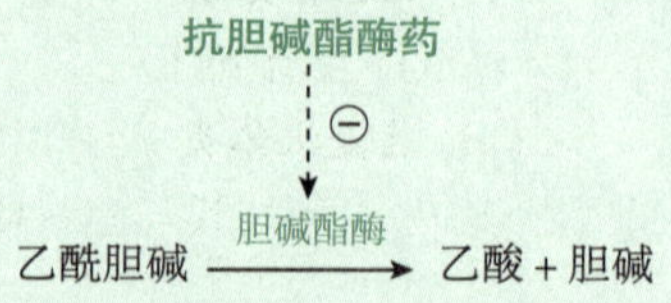

乙酰胆碱的能力，造成体内大量乙酰胆碱堆积而引起临床症状。

(2) 中毒解救

①清除毒物　是避免毒物进一步吸收的有效措施，如毒物经皮肤吸收者，可用温水或肥皂水清洗皮肤；经消化道进入者，可采用洗胃和导泻，加速毒物排出。

②对症处理　及早、反复、足量使用胆碱受体阻断药阿托品，可迅速缓解 M 样症状，直到“阿托品化”，但对 N 样症状及中毒晚期的呼吸麻痹无效，故需与胆碱酯酶复活药合用。

③恢复胆碱酯酶活性　常用氯解磷定，能与有机磷中毒患者体内的磷酰化胆碱酯酶结合，生成氯解磷定-磷酰化胆碱酯酶复合物，后者进一步裂解成磷酰化氯解磷定，同时使胆碱酯酶活性恢复。氯解磷定还可与游离的有机磷酸酯结合成无毒的磷酰化氯解磷定，从肾脏排出。因对 M 样症状效果差，故常与阿托品合用。

【例 2】有机磷酸酯类急性中毒表现为

A. 腺体分泌减少、胃肠平滑肌兴奋
B. 膀胱逼尿肌松弛、呼吸肌麻痹
C. 支气管平滑肌松弛、唾液腺分泌增加
D. 神经节兴奋、心血管作用复杂
E. 脑内乙酰胆碱水平下降、瞳孔扩大

二、胆碱受体阻断药

阿托品的药理作用、临床应用和不良反应

1. 药理作用

阿托品为乙酰胆碱的竞争性拮抗药，对 M 受体有较高的选择性，但大剂量时对神经节的 N 受体也有阻断作用。阿托品的作用广泛，各器官对其敏感性不同。随着剂量增加可依次出现腺体分泌减少，瞳孔扩大和调节麻痹，心率加快，胃肠道及膀胱平滑肌抑制，大剂量可出现中枢症状。

眼	扩瞳——松弛瞳孔括约肌，使瞳孔扩大肌功能占优势 升高眼内压——瞳孔扩大，虹膜退向外缘，前房角间隙变窄，阻碍房水回流入巩膜静脉窦 调节麻痹——睫状肌松弛，悬韧带紧张，晶状体变扁，折光度减低，只适合看远物
腺体	分泌减少——可阻断 M 胆碱受体，抑制唾液腺、汗腺、泪腺、呼吸道腺体分泌 服用小剂量阿托品可引起口干、皮肤干燥、泪腺和呼吸道腺体分泌减少 服用较大剂量阿托品还可减少胃酸分泌，但对胃酸浓度的影响较小
胃酸	可抑制胃酸分泌，但不能阻断胃肠道激素和非胆碱能神经递质对胃酸分泌的影响
胃肠道	抑制胃肠道平滑肌痉挛，降低蠕动和频率，缓解胃肠绞痛 阿托品对胆道、子宫平滑肌的作用较弱
泌尿系	舒张尿道、输尿管平滑肌
心血管	心率增快，治疗量对血管及血压无明显影响
CNS	治疗剂量可轻度兴奋延髓及高级中枢，较大剂量可轻度兴奋延髓和大脑

2. 临床应用

(1) 解除平滑肌痉挛　适用于各种内脏绞痛，对胃肠绞痛、膀胱刺激征疗效较好，对胆绞痛、肾绞痛疗效较差，对支气管痉挛作用差。

(2) 制止腺体分泌　用于全麻前给药，以减少呼吸道腺体分泌和唾液腺分泌，防止术中窒息。也可用于严重盗汗及流涎症。

(3) 虹膜睫状体炎　1%阿托品溶液滴眼，可松弛虹膜括约肌和睫状体，使之充分休息。也可与缩瞳药交替使用，以防虹膜与晶状体粘连。

(4)眼底检查 使用阿托品滴眼液,可充分扩瞳,以利于眼底检查。

(5)验光 阿托品溶液滴眼可使睫状肌松弛,晶状体固定,从而准确测定晶状体的屈光度。

(6)缓慢型心律失常 可用于治疗迷走神经兴奋所致的窦房阻滞、房室阻滞等缓慢型心律失常。

(7)抗休克 对于暴发型流行性脑脊髓膜炎、中毒性菌痢、中毒性肺炎等所致的感染性休克,可用大剂量阿托品,解除血管痉挛、舒张外周血管、改善微循环。

(8)解救有机磷酸酯类中毒 主要是解除有机磷酸酯类中毒的M样症状。

3. 不良反应

(1)外周反应 阻断外周M受体可引起口干、视物模糊、心率加快、瞳孔扩大、皮肤潮红等。

(2)中枢反应 大剂量阿托品可出现呼吸加深加快、多语、谵妄、焦躁不安、惊厥。中毒剂量可产生明显中枢兴奋症状,进而转入抑制,出现昏迷及呼吸麻痹,死亡多为呼吸衰竭。

【例3】具有缓解胃肠痉挛作用的自主神经递质受体阻断剂是

A. 阿替洛尔　　B. 阿托品　　C. 酚妥拉明

D. 育亨宾　　E. 筒箭毒碱

三、肾上腺受体激动药

1. 去甲肾上腺素的药理作用、临床应用及不良反应

(1)药理作用 为α受体激动药,对α_1和α_2无选择性,对心脏β_1受体作用较弱,对β_2受体几乎无作用。

	去甲肾上腺素	肾上腺素	多巴胺	异丙肾上腺素
类别	α受体激动药	α、β受体激动药	α、β受体激动药	β受体激动药
α受体	+++	++++	+	-
β_1受体	++	+++	++	+++
β_2受体	±	+++	±	+++

去甲肾上腺素的主要作用是收缩血管、兴奋心脏、升高血压等。

收缩血管	激动血管α_1受体,收缩血管,特别是小动脉和小静脉 皮肤黏膜血管收缩最明显,其次为肾脏血管、脑、肝、肠系膜、骨骼肌血管等 但使冠状动脉舒张(主要是心脏兴奋、心肌代谢产物增加所致)
兴奋心脏	激动心脏β_1受体,使心缩力加强,心率加快,传导加速 在整体,心率由于血压升高而反射性减慢,心排量由于射血阻力增加而不变或下降
升高血压	使外周血管收缩,外周阻力增加,收缩压和舒张压均升高,脉压变小
其他	在大剂量时可出现血糖升高,可增加孕妇子宫收缩的频率,对中枢神经系统的作用较弱

(2)临床应用

①治疗休克　用于高排低阻型休克,如过敏性休克、神经性休克,也用于扩血管药无效的感染性休克。

②上消化道止血　用去甲肾上腺素1~3mg适当稀释后口服,可用于上消化出血的治疗。

(3)不良反应

①局部组织缺血坏死　静脉滴注时渗漏,可引起局部血管收缩,缺血坏死。应停止注射或更换注射部位,并用普鲁卡因或α受体阻断药酚妥拉明局部浸润注射,以扩张血管。

②急性肾衰竭　滴注时间过长或剂量过大,可使肾脏血管剧烈收缩,产生肾实质损害。

2. 肾上腺素的药理作用、临床应用及不良反应

(1)药理作用 对α和β受体均有较强的激动作用。

	药理机制	药理作用
心脏	激动心脏 β_1 受体	正性作用（心缩力加强、心率加快、传导加速、自律性增强）
血管	激动血管 α 受体	皮肤、黏膜、内脏（胃肠道、肾）血管显著收缩
	激动 β_2 受体	冠脉、骨骼肌、肝脏血管舒张
血压	效应与药物剂量有关	治疗量使收缩压升高，舒张压不变或下降，脉压增大 大剂量使收缩压和舒张压均增高
支气管	激动平滑肌 β_2 受体	显著舒张支气管
	激动黏膜及肥大细胞 β_2 受体	抑制肥大细胞释放组胺和其他过敏性物质
	激动黏膜血管的 α 受体	使其收缩，消除支气管黏膜水肿
胃肠道	激动胃肠平滑肌 β_1 受体	抑制胃肠运动，使收缩频率和幅度均减小
糖代谢	激动 α 和 β_2 受体	使肝糖原分解，升高血糖
脂代谢	激动 β_3 受体	加速脂肪分解，使游离脂肪酸增高
CNS	肾上腺素不易通过血脑屏障	治疗量无中枢兴奋作用，大剂量出现中枢兴奋症状

(2)临床应用

①心脏骤停　是心三联的首选药物，用于溺水、麻醉和手术过程中的意外、药物中毒、传染病和心脏传导阻滞等所致的心脏骤停。对电击所致的心脏骤停用肾上腺素配合心脏除颤器或利多卡因等除颤，一般采用心内注射（现已改为静脉注射），同时行有效的人工呼吸、心脏按压和纠酸治疗等。

②过敏性疾病　如抢救过敏性休克、控制支气管急性哮喘发作、缓解血管神经性水肿及血清病等。

③与局麻药配伍　局麻药中加入1/25万的肾上腺素，可延缓局麻药的吸收，延长局麻药的作用时间。

④局部止血　少用。

⑤治疗青光眼　通过促进房水流出，降低眼内压。

(3)不良反应　常见的有心悸、烦躁、头痛、血压升高等。剂量过大时，α 受体过度兴奋使血压骤升，有发生脑出血的危险。当 β 受体兴奋过强时，可使心肌耗氧量增加，引起心肌缺血和心律失常。

A. 普萘洛尔　　B. 去甲肾上腺素　　C. 左旋多巴

D. 酚妥拉明　　E. 肾上腺素

【例4】临床上常作为升压药使用的药物是

【例5】能减弱心肌收缩力并减慢心率的药物是

【例6】由交感缩血管神经末梢释放的主要神经递质是

3. 多巴胺的药理作用、临床应用及不良反应

(1)药理作用　多巴胺主要激动 α 受体、β 受体和外周的多巴胺受体。

	药理机制	药理作用
心脏	高浓度（20μg/kg）时激动 β_1 受体	心缩力↑、心排量↑、收缩压↑、脉压↑，对舒张压无影响
血管	高浓度（>20μg/kg）时激动 α 受体	外周血管收缩，外周阻力增加，血压升高
	低浓度（10μg/kg）时激动 D_1 受体	肾脏、肠系膜、冠脉血管舒张
肾脏	低浓度时激动 D_1 受体	舒张肾血管，使肾血流量增加。大剂量时，使肾血管明显收缩

(2)临床应用

①各型休克　如感染性休克、心源性休克、出血性休克等，应用前需补足血容量。

②急性肾衰竭　多巴胺与利尿剂联合用于急性肾衰竭。

③急性心功能不全　具有改善血流动力学的作用。

(3)不良反应　一般较轻,偶见恶心呕吐。剂量过大时患者可出现心动过速、心律失常等。

4. 异丙肾上腺素的药理作用、临床应用及不良反应

(1)药理作用　主要激动β受体,对β_1和β_2受体选择性很低,对α受体几乎无作用。

	药理机制	药理作用
心脏	激动心脏β_1受体	正性作用(心缩力加强、心率加快、传导加速)
血管	激动β_2受体	舒张骨骼肌血管、肾血管、肠系膜血管及冠状动脉
血压	效应与给药方式有关	静脉滴注时收缩压↑、舒张压略↓;静脉注射时舒张压明显↓
支气管	激动平滑肌β_2受体	舒张支气管平滑肌
	激动黏膜及肥大细胞β_2受体	抑制肥大细胞释放组胺
	对黏膜血管无作用	不能消除支气管黏膜水肿
糖代谢	激动α和β_2受体	使肝糖原分解,升高血糖
脂代谢	激动β_3受体	加速脂肪分解,使游离脂肪酸增加
CNS	异丙肾不易通过血脑屏障	中枢兴奋作用不明显

(2)临床应用

①支气管哮喘　用于控制支气管哮喘急性发作。

②房室传导阻滞　用于治疗二、三度房室传导阻滞。

③心脏骤停　常为心三联的成分之一。

④感染性休克　适用于中心静脉压高、心排量低的感染性休克。

(3)不良反应　常见的是心悸、头晕。用药过程中应注意控制心率。

【例7】多巴胺药理作用不包括

A. 减少肾血流量,使尿量减少　B. 对血管平滑肌β_2受体作用很弱　C. 直接激动心脏β_1受体

D. 激动血管平滑肌多巴胺受体　E. 间接促进去甲肾上腺素释放

【例8】肾上腺素与异丙肾上腺素共同的适应证是

A. 过敏性休克　B. 房室传导阻滞　C. 局部止血

D. 支气管哮喘　E. 与局麻药配伍,延长局麻药的作用时间

四、肾上腺受体阻断药

1. 酚妥拉明的药理作用、临床应用及不良反应

(1)药理作用　酚妥拉明为α受体阻断药,对α_1、α_2受体有相似的亲和力。

①血管　可阻断血管α_1受体,直接扩张小血管,导致血压降低,外周阻力降低。

②心脏　兴奋心脏,使心缩力增强,心率加快,心输出量增加,有时可导致心律失常。

③拟胆碱样作用　使胃肠平滑肌兴奋。

④组胺样作用　使胃酸分泌增加。

(2)临床应用

①外周血管痉挛性疾病　如雷诺综合征、血栓闭塞性脉管炎等。

②去甲肾上腺素滴注外漏　可作皮下浸润注射,以扩张局部血管。

③嗜铬细胞瘤　可用于降低嗜铬细胞瘤所致的高血压、鉴别诊断、骤发高血压危象及术前准备。

④抗休克　适用于感染性、心源性和神经源性休克。酚妥拉明可舒张血管、降低外周阻力,使心排量增加。但使用前应补足血容量。

⑤急性心肌梗死和顽固性充血性心衰 酚妥拉明可舒张血管、降低外周阻力，使心排量增加。

⑥药物引起的高血压 用于肾上腺素等拟交感药物过量所致的高血压。

(3)不良反应 常见不良反应为低血压，胃肠平滑肌兴奋所致的腹痛、腹泻、呕吐等。

2. 普萘洛尔的药理作用及不良反应

(1)药理作用 普萘洛尔为非选择性β肾上腺素受体阻断药。

	药理机制	药理作用
心脏	阻断心脏 β_1 受体	负性作用(心缩力降低、心率减慢、心输出量和耗氧量减少)
血管	阻断 β_2 受体	肝、肾、骨骼肌血管、冠脉收缩，血流量减少
血压	效应与状态有关	对正常人血压无影响，对高血压患者有降压作用
支气管	阻断平滑肌 β_2 受体	收缩支气管平滑肌，诱发哮喘发作
糖代谢	对正常人血糖无影响	延缓使用胰岛素后血糖水平的恢复
脂代谢	阻断 β_3 受体	减少游离脂肪酸的释放
肾素	阻断肾小球旁器 β_1 受体	抑制肾素释放，降低血压
ISA	内在拟交感活性	有些β受体阻断药有部分β受体激动作用，如吲哚洛尔、拉贝洛尔
膜稳定	降低细胞膜对离子通透性	有些β受体阻断药有局麻作用和奎尼丁样作用

【例9】β受体阻断药

A. 可使心率加快、心排量增加　B. 有时可诱发或加重哮喘发作　C. 促进脂肪分解

D. 促进肾素分泌　E. 升高眼压作用

(2)不良反应

①心血管反应 因对心脏 β_1 受体的阻断作用，可出现心脏功能抑制，特别是心力衰竭、窦性心动过缓、房室传导阻滞的病人。

②诱发支气管哮喘 由于对支气管平滑肌 β_2 受体的阻断作用，非选择性β受体阻断药可使呼吸道阻力增加，诱发或加重哮喘。

③反跳现象 长期应用β受体阻断药，突然停药时，可引起原来的病情加重，可能与受体上调有关。

④其他 偶见眼-皮肤黏膜综合征、幻觉、失眠、抑郁症状等。

A. 利尿药　B. α受体阻断药　C. β受体阻断药

D. 二氢吡啶类钙通道阻滞药　E. 血管紧张素转化酶抑制药

【例10】妊娠患者最不宜选用的降压药为

【例11】哮喘患者最不宜选用的降压药为

3. 美托洛尔的药理作用、临床应用及不良反应

(1)药理作用 为选择性 β_1 受体阻断药，对 β_2 受体作用较弱，故增加呼吸道阻力作用较轻。

(2)临床应用 治疗各型高血压及心绞痛。静脉注射对心律失常，尤其是室上性心律失常有效。

(3)不良反应 偶有胃部不适，头痛，失眠等。哮喘患者不宜大剂量使用。

常考点 考点散乱。

参考答案——详细解答见2021《贺银成国家临床执业及助理医师资格考试历年考点精析》

1. ABCDE　2. ABCDE　3. ABCDE　4. ABCDE　5. ABCDE　6. ABCDE　7. ABCDE

8. ABCDE　9. ABCDE　10. ABCDE　11. ABCDE

第 3 章　局部麻醉药与中枢神经系统药

考纲要求

①局部麻醉药的共性：局部麻醉药的作用，局部麻醉药的应用方法，局部麻醉药应用注意事项。②常用药物：普鲁卡因的药理作用及临床应用，利多卡因的药理作用及临床应用。③镇静催眠药：地西泮的药理作用、临床应用及不良反应，艾司唑仑的药理作用、临床应用及特点。④抗癫痫药：苯妥英钠的药理作用、临床应用及不良反应，卡马西平的药理作用及临床应用，丙戊酸钠的药理作用及临床应用。⑤抗精神失常药：氯丙嗪的药理作用、临床应用及不良反应，丙米嗪的药理作用、临床应用及不良反应，氟西汀的药理作用及临床应用。⑥镇痛药：吗啡的药理作用、临床应用及不良反应，哌替啶的药理作用、临床应用及不良反应，纳洛酮的药理作用及临床应用。⑦解热镇痛抗炎药：解热镇痛药的抗炎、镇痛、解热作用及常见不良反应，阿司匹林的药理作用、临床应用及不良反应，布洛芬的药理作用及临床应用，对乙酰氨基酚的药理作用、临床应用及不良反应。

复习要点

一、局部麻醉药

1. 局部麻醉药的共性

(1)局部麻醉药的作用

①局麻作用　低浓度的局麻药，能使无髓鞘的感觉神经、自主神经节后纤维的冲动和传导受到阻断。感觉消失的顺序依次为：痛觉、冷觉、温觉、触觉及压觉，神经冲动传导的恢复则按上述相反顺序完成。随着药物浓度的增加，对有髓鞘的感觉神经、运动神经以及中枢神经也有阻断作用。局麻药通过稳定细胞膜，降低细胞膜对离子的通透性，使神经冲动到达时，钠、钾离子不能进出细胞膜产生去极化和动作电位，从而产生局麻作用。

②吸收作用　局麻药吸收进入血液循环分布到全身后可产生一系列作用，包括：

A.抑制中枢神经　表现为先兴奋后抑制，出现不安、震颤、躁动、惊厥、昏迷、呼吸麻痹等症状，这是因为抑制性神经元对药物更加敏感，导致脱抑制性兴奋所致。

B.抑制心脏　可降低心肌的兴奋性、自律性、收缩性、传导性，出现收缩力减弱、心率减慢、传导阻滞。

C.扩张血管　多数药物通过抑制交感神经而使血管扩张，酯类局麻药如普鲁卡因还可直接扩张血管，加速局麻药的吸收，缩短局麻作用维持时间，使病人中毒的概率增加。

(2)局部麻醉药的应用方法

①表面麻醉　是将穿透性强的局麻药直接涂于黏膜表面，使黏膜下神经末梢麻醉，常用于口腔、鼻腔、咽喉、眼部、尿道黏膜的手术或器械检查。常用药物包括丁卡因、利多卡因等。

②浸润麻醉　是将局麻药注入皮下或手术野附近的组织，使局部神经麻醉。由于该方法麻醉范围较小，仅适用于浅表小手术，常用药物为普鲁卡因、利多卡因等。

③神经阻滞麻醉　是将局麻药注射到外周神经干附近，阻断神经冲动传导，使该神经所分布的区域麻醉。可用于口腔科及四肢的手术，常用药物为利多卡因、普鲁卡因。

④蛛网膜下隙麻醉　又称腰麻，是将局麻药注入腰椎蛛网膜下腔，首先被阻断的是交感神经纤维，其次是感觉纤维，最后是运动纤维。常用于下腹部及下肢的手术，常用药物为利多卡因、普鲁卡因、丁卡因。

⑤硬脊膜外腔麻醉　是将药液注入硬脊膜外腔(不穿透硬脊膜)，以麻醉脊神经。手术应用范围较广，包括从颈部到下肢的多种手术，尤其是上腹部手术。常用药物是利多卡因、布比卡因等。

⑥区域镇痛　将局麻药与阿片类镇痛药合用，是近年来常用于临床的围术期镇痛方法。常用药物为罗哌卡因、布比卡因，尤其前者具有使感觉和运动阻滞分离的特点故常作为首选药。

(3)局部麻醉药应用注意事项

①因蛛网膜下隙与颅腔相通，故腰麻后药液易扩散至颅内，产生头痛或脑膜刺激症状。麻醉时通过调整药液的比重及病人的体位可减轻此类症状。

②因硬膜外麻醉用药量较腰麻大5~10倍，故操作时切记避免药液误入蛛网膜下隙发生严重中毒。

③腰麻及硬膜外麻醉时因阻断交感神经导致血管扩张、血压下降，预先使用麻黄碱或间羟胺可防治。

2. 常用药物

(1)普鲁卡因的药理作用及临床应用

①药理作用　局麻药通过稳定神经细胞膜，降低细胞膜对Na^+的通透性，使神经冲动到达时，Na^+、K^+不能进出细胞膜而产生去极化和动作电位，从而产生局麻作用。普鲁卡因又称奴佛卡因，为常用的局部麻醉药之一，其特点是麻醉效能较弱，起效快(注射给药后1~3分钟)、维持时间较短(30~45分钟)、黏膜穿透力弱、毒性作用较小等。

②临床应用

A.局部麻醉　主要用于浸润麻醉、传导麻醉、蛛网膜下腔麻醉、硬膜外麻醉等。由于亲脂性低，对黏膜的穿透力弱，故一般不用于表面麻醉。

B.局部封闭　可使发炎或损伤部位的症状缓解。

(2)利多卡因的药理作用及临床应用

①药理作用　利多卡因属酰胺类化合物，局麻作用较普鲁卡因强2倍，维持时间比普鲁卡因长1倍，但毒性也相应加大。本药还有抗心律失常作用。

②临床应用　用于浸润麻醉、硬膜外麻醉、表面麻醉、神经传导阻滞麻醉。常作为全能局麻药用于各种局麻方法，包括对普鲁卡因过敏的病人。因其扩散力强，用作腰麻时应慎重。

二、镇静催眠药

镇静催眠药是一类抑制中枢神经系统功能、起镇静催眠作用的药物。常用的镇静催眠药分为苯二氮䓬类、巴比妥类及非苯二氮䓬类。

1. 地西泮(安定)的药理作用、临床应用及不良反应

(1)药理作用　地西泮属于长效苯二氮䓬类，作用于大脑皮层、边缘系统和脑干等部位，激活苯二氮䓬受体，能促进γ-氨基丁酸(GABA)与受体结合，从而产生广泛性抑制效应，随剂量增大依次产生抗焦虑、镇静、催眠、中枢性肌肉松弛、抗癫痫和抗惊厥作用。

(2)临床应用　地西泮主要用于治疗焦虑症、失眠症、麻醉前给药。也用于治疗破伤风、子痫、小儿高热和药物中毒所致的惊厥。静脉注射地西泮是治疗癫痫持续状态的首选药物。

(3)不良反应　可有嗜睡、头昏、乏力。大剂量使用可致共济失调、皮疹、白细胞减少等。长期应用可产生耐受性和成瘾性。非苯二氮䓬类过量中毒可用氟马西尼(安易醒)进行鉴别诊断和抢救。

【例1】癫痫持续状态首选的治疗药物是

A. 苯妥英钠　　B. 地西泮　　C. 水合氯醛
D. 异戊巴比妥　　E. 苯巴比妥钠

2. 艾司唑仑的药理作用、临床应用及特点

(1)药理作用　艾司唑仑为中效苯二氮䓬类药物，具有镇静、催眠和抗焦虑等作用。

(2)临床应用　主要用于治疗焦虑、失眠、紧张、恐惧及癫痫发作，也可用于术前镇静。

(3)特点　个别患者可有疲乏、无力、嗜睡等反应。长期应用有依赖性，但较轻。

【例 2】不属于苯二氮䓬药物作用特点的是

A. 具有抗焦虑作用　　B. 具有外周性肌松作用　　C. 具有镇静作用

D. 具有催眠作用　　E. 用于癫痫持续状态

三、抗癫痫药

癫痫是由脑组织局部病灶的神经元异常高频放电，并向周围扩散，导致大脑功能暂时失调的综合征，表现为突然发作，短暂运动、感觉、意识、精神异常，常反复发作，发作时伴有异常脑电图。根据癫痫发作的临床表现，可分为局限性发作和全身性发作。

发作分类	临床特征	治疗药物
单纯局限性发作	局部肢体运动或感觉异常，持续 20~60 秒	卡马西平、苯妥英钠 苯巴比妥、抗癫灵、丙戊酸钠
复合性局限性发作	冲动性神经异常，无意识的运动，如唇抽动、摇头等，持续 30 秒~2 分，病灶位于颞叶和额叶	卡马西平、苯妥英钠 扑米酮、丙戊酸钠、拉英酸钠
失神性发作 (小发作)	多见于儿童，突然短暂意识丧失，EEG 呈 3Hz/s 高幅左右对称的同步化棘波，持续 30 秒内	乙琥胺、氯硝西泮 丙戊酸钠、拉莫三嗪
肌阵挛性发作	根据年龄分为婴儿、儿童、青春期肌阵挛，部分肌群发生短暂的(约 1 秒)休克样抽动，EEG 表现为特有的短暂暴发性多棘波	首选糖皮质激素 丙戊酸钠、氯硝西泮
强直-阵挛性发作 (大发作)	意识突然丧失，全身强直-阵挛性抽动，继之较长时间的中枢神经系统功能全面抑制，持续数分钟，EEG 呈高幅棘慢波或棘波	卡马西平、苯巴比妥 苯妥英钠、扑米酮、丙戊酸钠
癫痫持续状态	是指大发作持续状态，反复抽搐，持续昏迷，不及时抢救会危及生命	地西泮、劳拉西泮 苯妥英钠、苯巴比妥

1. 苯妥英钠的药理作用、临床应用及不良反应

(1)药理作用

①阻止扩散　苯妥英钠又称大仑丁，不能抑制癫痫病灶异常放电，但可阻止它向正常脑组织扩散。这可能与其抑制突触传递的强直后增强(PTP)有关。PTP 是指反复高频电刺激(强直刺激)突触前神经纤维，引起突触传递的易化，再以单个刺激作用于突触前神经元，使突触后纤维的反应较未经强直刺激前为强。在癫痫病灶异常放电的扩散过程中，PTP 也起易化作用，治疗浓度的苯妥英钠可选择性抑制 PTP 形成，使异常放电的扩散受到阻抑。

②抑制 Na^+ 和 Ca^{2+} 内流　本品具有膜稳定作用，可降低神经细胞膜对 Na^+ 和 Ca^{2+} 的通透性，抑制 Na^+ 和 Ca^{2+} 内流，导致动作电位不易产生。这种作用除与其抗癫痫有关外，也是其治疗三叉神经痛、抗心律失常的药理基础。

(2)临床应用

①抗癫痫　为治疗癫痫大发作、局限性发作的首选药，但对小发作(失神发作)无效，甚至使病情恶化。

②中枢疼痛综合征　可用于治疗三叉神经痛、舌咽神经痛等中枢疼痛综合征。

③抗心律失常　本品是强心苷所致室性心律失常的首选药。

(3)不良反应

①局部刺激　本品局部刺激性较大，口服可引起厌食、恶心、呕吐和腹痛等症状，故宜饭后服用。静脉注射可发生静脉炎。

②牙龈增生　长期应用可出现牙龈增生，多见于儿童和青少年，发生率约为 20%，这与药物自唾液排

出刺激胶原组织增生有关。一般停药3~6个月后可自行消退。

③神经系统反应　药量过大可引起中毒，表现为眼球震颤、复视、眩晕、共济失调等。

④血液系统反应　由于本品可抑制叶酸的吸收并加速其代谢，抑制二氢叶酸还原酶的活性，长期应用可导致叶酸缺乏，引起巨幼红细胞性贫血，宜用甲酰四氢叶酸防治。

⑤骨骼系统反应　通过诱导肝药酶而加速维生素D的代谢，长期应用可致低钙血症、佝偻病样改变和骨软骨化症，必要时应用维生素D预防。

⑥过敏反应　可发生皮疹、血小板减少、粒细胞缺乏、再生障碍性贫血。

⑦其他反应　偶见男性乳房增大、女性多毛症、淋巴结肿大等。偶见畸胎，故孕妇慎用。

2. 卡马西平的药理作用及临床应用

(1)药理作用特点　卡马西平为广谱抗癫痫药，作用机制与苯妥英钠类似，治疗浓度时能阻滞Na^+通道，抑制癫痫灶及其周围神经元放电。研究表明本品能增强γ-氨基丁酸(GABA)在突触后的作用。本品还有很强的抗抑郁作用。

(2)临床应用

①抗癫痫　本品为广谱抗癫痫药，对多种癫痫均有治疗作用，是治疗单纯性局限性发作和大发作的首选药物之一，同时还有抗复合性局限性发作和小发作的作用。对癫痫并发的精神症状也有效。

②神经痛　治疗神经痛效果优于苯妥英钠，为首选药。

③尿崩症　本品还可用于治疗尿崩症。

④抗抑郁　本品有很强的抗抑郁作用，可用于治疗对锂盐无效的躁狂、抑郁症等。

3. 丙戊酸钠的药理作用及临床应用

(1)药理作用　①不抑制癫痫病灶放电，但能阻止病灶异常放电的扩散。②抗癫痫作用机制与γ氨基丁酸(GABA)有关，它是GABA转氨酶和琥珀酸半醛脱氢酶的抑制剂，能减少GABA代谢，增加脑内GABA含量。③能提高谷氨酸脱羧酶的活性，使GABA生成增多，并能提高突触后膜对GABA的反应性，从而增强GABA能神经突触后抑制作用。④抑制Na^+通道，减弱T型Ca^{2+}电流，抑制起源于丘脑的3Hz异常放电。

(2)临床应用　丙戊酸钠为广谱抗癫痫药，对各型癫痫均有效。它是大发作合并小发作时的首选药物。对大发作疗效不及苯妥英钠、苯巴比妥。对小发作优于乙琥胺，但因其肝脏毒性而不作为首选药物。对精神运动性发作的疗效与卡马西平相似。对复杂部分性发作疗效近似卡马西平，对非典型的小发作疗效不及氯硝西泮。对其他药物未能控制的顽固性癫痫也有效。

注意：①癫痫大发作首选苯妥英钠，小发作首选乙琥胺，大发作合并小发作首选丙戊酸钠。
②癫痫局限性发作首选苯妥英钠，癫痫持续状态首选地西泮。

【例3】能治疗癫痫发作而无镇静催眠作用的药物是

A. 地西泮　B. 苯妥英钠　C. 苯巴比妥
D. 扑米酮　E. 以上都不是

【例4】三叉神经痛首选

A. 氯硝西泮　B. 苯妥英钠　C. 卡马西平
D. 氯丙嗪　E. 丙米嗪

【例5】苯妥英钠不能用于治疗的病症是

A. 三叉神经痛　B. 舌咽神经痛　C. 癫痫局限性发作
D. 癫痫大发作　E. 癫痫小发作

注意：①苯妥英钠能选择性阻断Na^+通道、L型和N型Ca^{2+}通道，降低细胞膜对Na^+和Ca^{2+}的通透性，抑制Na^+和Ca^{2+}的内流，导致动作电位不易产生，这就是苯妥英钠治疗癫痫大发作和局限性发作的主要机制。
②由于苯妥英钠对T型Ca^{2+}通道无阻断作用，故对小发作(失神发作)无效，有时甚至使病情恶化。

四、抗精神失常药

精神失常是由多种原因引起的精神活动障碍的一类疾病，包括精神分裂症、躁狂症、忧郁症和焦虑症。治疗这些疾病的药物统称为抗精神失常药。根据其临床用途，分为抗精神病药物(氯丙嗪、氯氮平)、抗躁狂药物(碳酸锂)、抗抑郁症药物(丙米嗪)和抗焦虑症药物(苯二氮䓬)。

1. 氯丙嗪的药理作用、临床应用及不良反应

(1)药理作用 氯丙嗪又名冬眠灵，是吩噻嗪类药物的典型代表，主要通过阻断中脑-边缘系统和中脑-皮层系统的 D_2 样受体(多巴胺受体)，而发挥其抗精神病作用。

氯丙嗪对中枢神经系统有较强的抑制作用，称为神经安定作用。氯丙嗪能显著控制活动状态和躁狂状态而又不损伤感觉能力。

正常人口服治疗量氯丙嗪后，出现安静、活动减少、感情淡漠、注意力下降、对周围事物不感兴趣、答话缓滞，而理智正常；在安静环境下易入睡，但易唤醒，醒后神态清楚，随后又易入睡。

精神分裂症患者服用氯丙嗪后则显现良好的抗精神病作用，能迅速控制兴奋躁动状态，大剂量连续用药能消除患者的幻觉和妄想等症状，减轻思维障碍，使患者恢复理智，情绪安定，生活自理。对抑郁无效。

氯丙嗪能阻断α受体和M胆碱受体，其药理作用广泛，这是其长期应用产生严重不良反应的基础。

	药理机制	药理作用
抗精神病作用	阻断中脑-边缘系统和中脑-皮层系统的 D_2 受体(多巴胺受体)	对中枢神经系统具有较强的抑制作用 对精神运动性兴奋、幻觉妄想等阳性症状的疗效较好 对情感淡漠、思维贫乏等阴性症状的疗效差
镇吐作用	①小剂量可阻断延脑第四脑室底部的催吐化学感受区的 D_2 受体 ②大剂量可直接抑制呕吐中枢	具有较强镇吐作用，用于顽固性呃逆的治疗 但对前庭刺激所致的呕吐无效
体温调节	强烈抑制下丘脑体温调节中枢	既能降低发热机体的体温，又能降低正常体温
自主神经系统	阻断肾上腺α受体及M胆碱受体	血管扩张、血压下降、口干、便秘、视物模糊
内分泌系统	可阻断结节-漏斗系统中的 D_2 受体 D_2 受体可促进下丘脑分泌催乳素释放抑制因子、卵泡刺激素释放因子、黄体生成素释放因子、ACTH 等	促进催乳素分泌 抑制促性腺激素、糖皮质激素、生长激素分泌

(2)临床应用

①精神分裂症 能显著缓解阳性症状(如攻击、亢进、妄想、幻觉等)，但对阴性症状(如冷漠等)效果不显著。

Ⅰ型精神分裂症(精神运动性兴奋和幻觉妄想为主)——急性期效果显著，但不能根治，需长期用药。

Ⅱ型精神分裂症(情感淡漠、思维贫乏等阴性症状为主)——无效，甚至加重病情。

慢性精神分裂症——疗效差。

②呕吐和顽固性呃逆 氯丙嗪具有显著的镇吐作用，对顽固性呃逆疗效显著。对晕动症无效。

③低温麻醉 物理降温(冰袋、冰浴)配合氯丙嗪应用，可降低患者体温，因而可用于低温麻醉。

④人工冬眠 应用冬眠合剂(=氯丙嗪+哌替啶+异丙嗪)，有利于机体度过危险的缺氧缺能阶段，为进行其他有效的对因治疗争取时间。人工冬眠多用于严重创伤、感染性休克、高热惊厥、中枢性高热、甲状腺危象等病症的辅助治疗。

(3)不良反应

①常见不良反应 包括中枢抑制症状(嗜睡、淡漠、无力)、M受体阻断症状(视物模糊、口干、无汗、便秘等)、α受体阻断症状(鼻塞、血压降低、直立性低血压)。静脉注射可致血栓性静脉炎。为防止体位

性低血压，注射给药后应立即卧床休息2小时左右，然后缓慢起立。

②锥体外系反应　包括以下三种反应，是由于氯丙嗪阻断了黑质-纹状体通路的D_2样受体。

A.帕金森综合征　表现为肌张力增高、面容呆板、动作迟缓、肌肉震颤、流涎等。

B.静坐不能　患者表现为坐立不安、反复徘徊。

C.急性肌张力障碍　多出现在用药后第1~5天。由于舌、面、颈及背部肌肉痉挛，患者可出现强迫性张口、伸舌、斜颈、呼吸运动障碍及吞咽困难。

③精神异常　如意识障碍、萎靡、淡漠、兴奋、躁动等，应与原发病相鉴别。

④惊厥与癫痫　少见。

⑤过敏反应　常见症状有皮疹、接触性皮炎等。少数出现肝损害、黄疸、粒细胞减少、溶血性贫血、再障等。

⑥心血管　直立性低血压、持续性低血压休克，多见于老年伴动脉硬化、高血压患者；心律失常。

⑦内分泌系统反应　长期应用可导致乳腺增大、泌乳、月经停止、抑制儿童生长等。

【例6】抗精神病药物的抗精神病作用的主要通路是

A. 锥体外系统　B. 结节-漏斗系统　C. 网状上行系统
D. 中脑-边缘系统　E. 黑质-纹状体系统

【例7】不属于氯丙嗪临床应用的选项是

A. 精神分裂症　B. 感染中毒性精神病　C. 顽固性呃逆
D. 洋地黄引起的呕吐　E. 前庭刺激所致晕动症

【例8】不属于氯丙嗪不良反应的是

A. 帕金森综合征　B. 抑制体内催乳素分泌　C. 急性肌张力障碍
D. 患者出现坐立不安　E. 迟发型运动障碍

A. 房室传导阻滞和甲状腺危象　B. 低温麻醉和人工冬眠
C. 异烟肼和链霉素治疗无效的结核病　D. 心源性休克和急性肾衰竭
E. 过敏性休克和支气管哮喘急性发作

【例9】多巴胺的临床应用是

【例10】氯丙嗪的临床应用是

A. 地西泮　B. 异丙嗪　C. 苯妥英钠
D. 氯丙嗪　E. 乙琥胺

【例11】治疗脊髓损伤所引起的肌强直的药物是

【例12】治疗顽固性呃逆的药物是

2. 丙米嗪的药理作用、临床应用及不良反应

(1)药理作用　丙米嗪为三环类抗抑郁药。

	药理机制	药理作用
中枢神经系统	阻断去甲肾上腺素、5-HT在神经末梢的再摄取，使突触间隙的递质浓度增高，促进突触传递功能	患者连续服药后出现精神振奋现象 2~3周后疗效显著，情绪高涨，症状减轻
自主神经系统	治疗量丙米嗪可显著阻断M胆碱受体	表现为视物模糊、口干、便秘、尿潴留等
心血管	阻断单胺类再摄取，导致心肌中去甲肾上腺素浓度增高	血压降低、心律失常、心动过速 对心肌有奎尼丁样直接抑制效应

(2)临床应用

①抑郁症　用于各种原因引起的抑郁症，对内源性抑郁症、更年期抑郁症效果较好，对反应性抑郁症效果次之，对精神病的抑郁成分效果较差。此外，抗抑郁药还可用于强迫症的治疗。

②遗尿症　对于儿童遗尿症可试用丙米嗪。

③焦虑和恐惧症　对伴有焦虑的抑郁症疗效显著，对恐惧症也有效。

(3)不良反应　常见的不良反应有口干、扩瞳、视物模糊、便秘、排尿困难和心动过速等抗胆碱作用。还可出现多汗、无力、头晕、皮疹、直立性低血压、共济失调等。

A. 对心肌有奎尼丁样作用　B. 使突触间隙的 NA 浓度下降　C. 阻断 N 胆碱受体

D. 阻断 D_1、D_2 受体　E. 阻断中枢 5-HT 受体

【例 13】氯丙嗪作用机制为

【例 14】丙米嗪作用特点为

3. 氟西汀的药理作用及临床应用

(1)药理作用　是一种强效选择性 5-羟色胺再摄取抑制剂，比抑制去甲肾上腺素摄取作用强 200 倍。氟西汀对肾上腺素受体、组胺受体、$GABA_B$ 受体、M 受体、5-羟色胺受体几乎没有亲和力。对抑郁症的疗效与三环类相当，耐受性与安全性优于三环类药物。

(2)临床应用　抑郁症、神经性贪食症、强迫症。

五、镇痛药

1. 吗啡的药理作用、临床应用及不良反应

(1)药理作用

	药理作用机制	药理作用
镇痛	激动脊髓胶质区、丘脑内侧、脑室及导水管周围灰质的阿片受体，使感觉神经末梢细胞膜超极化，阻断神经冲动传递	强大的镇痛作用 对各类疼痛都有效 对神经性疼痛效果较差
镇静	激活边缘系统、蓝斑核的阿片受体	改善疼痛所致的焦虑、紧张、恐惧等
致欣快	激活边缘系统、蓝斑核的阿片受体	引起欣快症，表现为满足感、飘然欲仙感
抑制呼吸	降低脑干呼吸中枢对血液 CO_2 张力的敏感性 抑制脑桥呼吸调节中枢	呼吸频率↓，潮气量↓，每分通气量↓ 呼吸抑制是吗啡急性中毒的主要死因
镇咳	激动延脑孤束核阿片受体，直接抑制延髓咳嗽中枢	咳嗽反射减轻或消失，与呼吸抑制无关
缩瞳	兴奋支配瞳孔的副交感神经，瞳孔括约肌收缩	瞳孔缩小成针尖样
胃肠道平滑肌	减慢胃蠕动，延迟胃排空，延缓肠内容物通过	食物反流，腹胀，便秘
胆道平滑肌	导致胆道奥迪括约肌痉挛性收缩	胆道、胆囊内压力增高，胆绞痛
支气管平滑肌	吗啡能促进柱状细胞释放组胺	收缩支气管，诱发哮喘，哮喘患者禁用
子宫平滑肌	吗啡可降低子宫张力、收缩频率及收缩幅度	延长产妇产程，因此产妇禁用
膀胱括约肌	吗啡可提高膀胱外括约肌张力和膀胱容积	引起尿潴留
心血管系统	吗啡能扩张血管、降低外周阻力	血压降低，直立性低血压
免疫系统	与激动 μ 受体有关	吗啡可抑制免疫系统

(2)临床应用

①镇痛　吗啡对多种原因引起的疼痛均有效，可缓解或消除严重创伤、烧伤、手术等引起的剧痛和晚期癌症疼痛。对内脏平滑肌痉挛引起的绞痛，如胆绞痛、肾绞痛，应加用 M 胆碱受体阻断药。

②心源性哮喘　应用吗啡可迅速缓解患者气促和窒息感，促进肺水肿液的吸收。

③止泻　适用于减轻急、慢性消耗性腹泻的症状，可选用阿片酊、复方樟脑酊。

(3)不良反应

①一般不良反应　治疗量吗啡可引起眩晕、恶心呕吐、便秘、呼吸抑制、排尿困难、胆绞痛、直立性低血压等。

②耐受性及依赖性　长期反复应用阿片类药物易产生耐受性和药物依赖性。

③急性中毒　吗啡过量可引起急性中毒,表现为昏迷、深度呼吸抑制、瞳孔针尖样大小、血压降低、严重缺氧、尿潴留等。呼吸抑制是致死的主要原因。急性中毒的解救药为阿片受体阻断药纳洛酮。

注意:吗啡可拮抗缩宫素对子宫的兴奋作用而延长产程,且能通过胎盘屏障或经乳汁分泌,抑制新生儿和婴儿呼吸,故禁用于分娩止痛和哺乳期妇女止痛。因可抑制呼吸、抑制咳嗽反射以及促组胺释放可致支气管收缩,故禁用于支气管哮喘、肺心病患者。颅脑损伤所致的颅内压增高患者禁用。

【例15】吗啡

A. 可引起瞳孔扩大　B. 可引起呼吸抑制　C. 可引起共济失调

D. 可引起急性心力衰竭　E. 可引起再生障碍性贫血

2. 哌替啶(度冷丁)的药理作用、临床应用及不良反应

	哌替啶(度冷丁、麦啶)	吗啡
作用机制	主要是激动 μ 型阿片受体	主要是激动 μ 型阿片受体
镇痛作用	较弱(为吗啡的1/7~1/10),持续2~4小时	较强,持续4~6小时
镇静作用	两者相当	两者相当
致欣快感	两者相当	两者相当
扩血管	两者相当	两者相当
镇咳作用	无明显中枢性镇咳作用	有明显中枢性镇咳作用
便秘、尿潴留	较少发生	较常发生
对产妇影响	对妊娠末期子宫收缩无影响,不延长产程	能降低子宫收缩,延长产程,故产妇禁用
对胎儿影响	对新生儿呼吸抑制作用极为敏感 故产妇临产前2~4小时不宜使用	可抑制胎儿和新生儿呼吸 故禁用于分娩止痛和哺乳期妇女止痛
支气管	治疗量无影响,大剂量收缩支气管平滑肌	治疗量无影响,大剂量收缩支气管平滑肌
临床应用	镇痛、心源性哮喘、麻醉前给药、人工冬眠	镇痛、心源性哮喘、止泻
不良反应	治疗量与吗啡相当	见前述

【例16】产妇临产前2~4小时内不宜使用的药物是

A. 哌替啶　B. 丙磺舒　C. 对乙酰氨基酚

D. 喷他佐辛　E. 布洛芬

3. 纳洛酮的药理作用及临床应用

(1)药理作用　对各类阿片受体均有竞争性拮抗作用,作用强度为 $\mu>\kappa>\delta$。

(2)临床应用

①阿片类药物急性中毒　首选用于已知或疑为阿片类药物过量引起的呼吸抑制和昏迷,可迅速改善呼吸,使意识清醒;对阿片类药物的其他效应均有对抗。也能解除喷他佐辛引起的焦虑、幻觉等精神症状。对阿片类药物依赖者,可同时促进戒断症状。

②解除阿片类药物麻醉的术后呼吸抑制及其他中枢抑制症状　芬太尼、哌替啶等作静脉复合麻醉或麻醉辅助用药时,术后呼吸抑制仍明显者,纳洛酮可反转呼吸抑制。

③阿片类药物成瘾者的鉴别诊断　对阿片类药物依赖者,肌肉注射本品可诱发严重戒断症状,结合用药史和尿检结果,可确诊阿片类药物成瘾。但纳洛酮鉴别试验阴性者,不能排除阿片类药物依赖性。

④试用于急性酒精中毒、休克、脊髓损伤、中风及脑外伤的救治。

⑤研究疼痛与镇痛的重要工具药。

六、解热镇痛抗炎药

1. 解热镇痛药的抗炎、镇痛、解热作用及常见不良反应

(1)药理作用 解热镇痛抗炎药是一类具有解热、镇痛、抗炎、抗风湿作用的药物，又称为非甾体抗炎药(NSAIDs)。NSAIDs 的共同作用机制是抑制体内环氧化酶(COX)活性，而减少局部组织前列腺素(PG)的生物合成。根据其 COX 作用的选择性，可分为非选择性 COX 抑制药和选择性 COX-2 抑制药。

①解热作用 NSAIDs 主要通过抑制下丘脑环氧化酶(COX)活性，而减少局部组织(下丘脑)前列腺素(PG)的生物合成而发挥解热作用。当体温升高时，NSAIDs 可使升高的体温恢复正常，但 NSAIDs 对正常体温没有明显影响。

②镇痛作用 NSAIDs 对炎症和组织损伤引起的疼痛尤其有效，主要通过抑制前列腺素的合成而使局部痛觉感受器对缓激肽等致痛物质的敏感性降低。NSAIDs 对尖锐的一过性刺痛无效。

③抗炎作用 其机制与抑制体内 COX 活性，减少前列腺素的合成有关。

(2)不良反应

①胃肠道反应 最常见，表现为上腹不适、恶心呕吐、出血、溃疡等。

②皮肤反应 常见不良反应，包括皮疹、荨麻疹、瘙痒、剥脱性皮炎、光敏等。

③其他 如肾损害、肝损害、心血管系统和中枢神经系统等不良反应。

【例 17】解热镇痛药的解热作用机制是

A. 抑制中枢 PG 合成　　B. 抑制外周 PG 合成　　C. 抑制中枢 PG 降解

D. 抑制外周 PG 降解　　E. 增加中枢 PG 释放

2. 阿司匹林(乙酰水杨酸)的药理作用、临床应用及不良反应

(1)药理作用 阿司匹林及其代谢产物对 COX-1 和 COX-2 的抑制作用基本相当。

①解热作用 当体温升高时，阿司匹林可使升高的体温恢复正常，但阿司匹林对正常体温没有影响。

②镇痛作用 阿司匹林对炎症和组织损伤引起的疼痛尤其有效，主要通过抑制前列腺素的合成而使局部痛觉感受器对缓激肽等致痛物质的敏感性降低。但阿司匹林对尖锐的一过性刺痛无效。

③抗炎作用 其机制与抑制体内 COX 活性，减少前列腺素的合成有关。

④抑制血小板聚集 低剂量阿司匹林可减少血栓素 A_2(TXA_2)的合成，而影响血小板聚集及抗血栓形成，达到抗凝作用。

(2)临床应用

①解热镇痛 本品有较强的解热、镇痛作用，常用于头痛、牙痛、肌肉痛、痛经、感冒发热等对症治疗。

②抗风湿 本品能减轻炎症引起的红、肿、热、痛等症状，迅速缓解风湿性关节炎的症状。

③抗凝 临床上常采用小剂量阿司匹林治疗缺血性心脏病、脑缺血病、房颤、人工瓣膜置换、动静脉瘘或其他手术后的血栓形成。

④川崎病的治疗 儿科用于皮肤黏膜淋巴结综合征(川崎病)的治疗。

(3)不良反应

①胃肠道反应 最常见，与直接刺激局部胃黏膜细胞和抑制胃壁组织 COX-1 生成前列腺素(PGE_2)有关。胃黏膜保护剂米索前列醇可减少溃疡发生率。

②加重出血倾向 阿司匹林能不可逆地抑制环氧化酶，对血小板合成 TXA_2 有强大而持久抑制作用，使血小板凝集受到抑制，使血液不易凝固，出血时间延长。大剂量阿司匹林可以抑制凝血酶原的形成，引起凝血障碍，加重出血倾向，维生素 K 可以预防。

③水杨酸反应 阿司匹林剂量过大(5g/d)时,可出现头痛、眩晕、恶心呕吐、耳鸣、视力听力减退,总称为水杨酸反应,为水杨酸中毒的表现,严重者可出现过度呼吸、高热、脱水、酸碱平衡失调,甚至精神错乱。

④过敏反应 少数患者可出现荨麻疹、血管神经性水肿和过敏性休克。某些哮喘患者服用阿司匹林或其他解热镇痛药后可诱发哮喘,称为"阿司匹林哮喘"。

⑤瑞夷(Reye)综合征 在儿童感染病毒性疾病(如流感、水痘、麻疹等),使用阿司匹林退热时,偶可出现急性肝脂肪变性-脑病综合征(瑞夷综合征),以肝衰竭合并脑病为突出表现。

⑥对肾脏的影响 少数老年人,使用阿司匹林后,可引起水肿、多尿等肾小管受损的症状。

【例18】非甾体抗炎药引起急性胃炎的主要机制是

A. 激活磷脂酶A　　B. 抑制弹性蛋白酶　　C. 抑制前列腺素合成
D. 促进胃泌素合成　　E. 抑制脂肪酶

【例19】既能治疗风湿性关节炎,又有抗血栓形成作用的药物是

A. 肝素　　B. 布洛芬　　C. 阿司匹林
D. 噻他佐辛　　E. 哌替啶

3. 对乙酰氨基酚(扑热息痛)的药理作用、临床应用及不良反应

(1)药理作用 本品解热镇痛作用与阿司匹林相当,但抗炎作用极弱。

①解热镇痛 在中枢神经系统,对乙酰氨基酚可抑制前列腺素的合成,而产生解热镇痛作用。

②抗炎作用 在外周组织,对乙酰氨基酚不能抑制环氧化酶的合成,因此无明显抗炎作用。

(2)临床应用 临床主要用于退热和镇痛。由于本品无明显胃肠刺激作用,故对不宜使用阿司匹林的头痛发热患者,适用本药。

(3)不良反应 短期使用不良反应轻,常见恶心、呕吐,偶见皮疹、粒细胞减少、贫血、黏膜损害等。过量中毒可引起肝损害。长期大量使用,尤其在肾功能不全的病人,可出现肾绞痛、急性肾衰竭、慢性肾衰竭等,称为镇痛药性肾病。

4. 布洛芬的药理作用及临床应用

(1)药理作用 布洛芬为非选择性COX抑制剂,有明显的抗炎、解热、镇痛作用。

(2)临床应用 主要用于治疗风湿性关节炎、骨关节炎、强直性关节炎、急性肌腱炎、滑液囊炎、痛经等。其作用机制主要是通过抑制环氧化酶,抑制前列腺素的产生。

常考点 题少,考点散乱。

参考答案——详细解答见2021《贺银成国家临床执业及助理医师资格考试历年考点精析》

1. ABCDE　2. ABCDE　3. ABCDE　4. ABCDE　5. ABCDE　6. ABCDE　7. ABCDE
8. ABCDE　9. ABCDE　10. ABCDE　11. ABCDE　12. ABCDE　13. ABCDE　14. ABCDE
15. ABCDE　16. ABCDE　17. ABCDE　18. ABCDE　19. ABCDE

第 4 章　心血管系统药

考纲要求

①抗高血压药:氨氯地平的药理作用及临床应用,卡托普利的药理作用及临床应用,氯沙坦的药理作用及临床应用。②抗心绞痛药:硝酸甘油的药理作用及临床应用,普萘洛尔的临床应用,硝苯地平的药理作用及临床应用。③调血脂药:他汀类的药理作用、临床应用、不良反应,他汀类药物的常用药物名称。④抗心律失常药:利多卡因的药理作用及临床应用,胺碘酮的药理作用及临床应用。⑤抗慢性心功能不全药:卡托普利的药理作用及临床应用,普萘洛尔的药理作用及注意事项,地高辛的药理作用、临床应用、不良反应与防治。

复习要点

一、抗高血压药

1. 氨氯地平的药理作用及临床应用

(1)药理作用　为二氢吡啶类钙拮抗药,其作用与硝苯地平相似,降压作用较硝苯地平平缓,但对血管的选择性更强,可舒张冠状动脉和全身血管,增加冠脉血流量,产生作用缓慢,但作用时间较长。

(2)临床应用　用于治疗原发性高血压,也可用于治疗稳定型心绞痛、经血管造影证实的冠心病。

2. 卡托普利的药理作用及临床应用

(1)药理作用　卡托普利也称巯甲丙脯酸、开博通,为血管紧张素转换酶抑制药(ACEI),具有轻至中等强度的降压作用,可降低外周血管阻力,增加肾血流量,不伴反射性心率加快。其降压机制为:抑制血管紧张素转换酶活性,使血管紧张素Ⅱ的生成减少以及缓激肽的降解减少,扩张血管,降低血压;在降压的同时,也降低心脏前后负荷。

(2)临床应用　用于各型高血压。目前为抗高血压治疗的一线药物之一。60%~70%的患者单用本品能使血压控制在理想水平,若加用利尿药则95%的患者有效。本品尤其适用于合并糖尿病及胰岛素抵抗、左心室肥厚、心力衰竭、急性心肌梗死的高血压患者,可明显改善患者生活质量且无耐受性,停药不产生反跳。卡托普利与β受体阻断药合用治疗重型、顽固性高血压疗效较好。

3. 氯沙坦的药理作用及临床应用

(1)药理作用　氯沙坦为血管紧张素Ⅱ(ATⅡ)受体 AT_1 拮抗药,能竞争性阻断 AT_1 受体。在体内转化成5-羧基酸性代谢产物EXP-3174,后者有非竞争性 AT_1 受体阻断作用。它们能与 AT_1 受体选择性结合,对抗ATⅡ的绝大多数药理作用,从而产生降压效果。它具有口服有效,高亲和力(对 AT_1 受体亲和力)、高选择性(只拮抗 AT_1 受体)、高专一性(只影响血管紧张素Ⅱ受体)、无激动活性等特点。

(2)临床应用　用于各型高血压和充血性心力衰竭。若3~6周后血压下降仍不理想,可加用利尿药。

【例1】ACEI的作用机制不包括

A. 减少血液缓激肽水平　　B. 减少血液血管紧张素Ⅱ水平　　C. 减少血液儿茶酚胺水平

D. 减少血液加压素水平　　E. 增加细胞内cAMP水平

二、抗心绞痛药

1. 硝酸甘油的药理作用及临床应用

(1)药理作用　硝酸甘油的基本作用是松弛平滑肌,但具有组织器官选择性,以对血管平滑肌的作用最显著。由于硝酸甘油可扩张体循环血管及冠状动脉,因而具有如下作用:

①降低心肌耗氧量 最小有效剂量的硝酸甘油即可扩张静脉血管,减少回心血量,降低心脏前负荷;使射血时间缩短,减少心肌耗氧量。大剂量的硝酸甘油可扩张动脉,降低心脏射血阻力,降低心脏氧耗量。

②扩张冠状动脉,增加缺血区血液灌注 硝酸甘油可扩张较大的心外膜血管、输送血管及侧支血管,尤其在冠脉痉挛时更明显。

③降低左心室充盈压,增加心内膜供血,改善左心室顺应性。

④保护缺血的心肌细胞,减轻缺血损伤 硝酸甘油释放NO,促进内源性PGI_2、降钙素基因相关肽等的生成及释放,这些物质对心肌细胞均有直接保护作用。

(2)临床应用 对各种心绞痛均有效。在预计可能发作前用药可预防发作。也可用于急性心肌梗死。

【例2】硝酸甘油抗心绞痛的作用机制是

A. 增加心肌供氧量　　B. 抑制心肌收缩力　　C. 收缩外周血管
D. 减慢房室传导　　E. 释放NO

2. 普萘洛尔的临床应用

(1)心绞痛 适用于对硝酸甘油疗效不佳的稳定型心绞痛,尤其伴有快速型心律失常或高血压者。但对于冠脉痉挛诱发的变异型心绞痛不宜应用,因其β受体被阻断后,α受体占优势,易致冠状动脉收缩。

(2)急性心肌梗死 能降低近期有急性心肌梗死者心绞痛的发病率和死亡率。

(3)与硝酸甘油合用 普萘洛尔与硝酸甘油合用能协调降低耗氧量,同时普萘洛尔能对抗硝酸甘油所引起的反射性心率加快和心肌收缩力增强。由于两药均可降压,如血压下降过多,冠脉血流量减少,对心绞痛不利。

【例3】具有抗心律失常、抗高血压及抗心绞痛作用的药物是

A. 可乐定　　B. 普萘洛尔　　C. 利多卡因
D. 硝酸甘油　　E. 氢氯噻嗪

【例4】普萘洛尔与硝酸酯类合用治疗心绞痛的协同作用是

A. 增加心室容积　　B. 降低心肌耗氧量　　C. 加强心肌收缩力
D. 保护缺血心肌细胞　　E. 松弛血管平滑肌

【例5】最可能加重变异型心绞痛的药物是

A. 抗血小板药物　　B. 硝酸酯类药物　　C. 钙通道阻滞剂
D. 调脂药物　　E. β受体阻断药

3. 硝苯地平的药理作用及临床应用

(1)药理作用 本药为钙通道阻滞药,可抑制钙离子内流,产生以下药理作用:

①降低心肌耗氧量 通过抑制心肌收缩力、减慢心率、松弛外周血管平滑肌、降低血压,减轻心脏负荷,使心肌耗氧量降低。

②增加缺血区血流量 能扩张冠状动脉中的输送血管和小阻力血管,增加侧支循环,增加缺血区血流量。

(2)临床应用 对变异型心绞痛疗效显著;对稳定型心绞痛及急性心梗也可用,能缩小后者梗死范围。

三、调血脂药

1. 他汀类药物的药理作用、临床应用及不良反应

(1)药理作用

①调血脂作用 羟甲基戊二酸甲酰辅酶A(HMG-CoA)还原酶是肝细胞合成胆固醇的限速酶,他汀类的化学结构与HMG-CoA相似,可竞争性抑制HMG-CoA还原酶,减少内源性胆固醇的合成。治疗剂量下,对LDL-C的降低作用最强,TC次之,降TG作用最弱。

②非调血脂性作用 可改善血管内皮功能,提高血管内皮对扩血管物质的反应性;抑制血管平滑肌

细胞的增殖和迁移，促进其凋亡；降低血浆 C 反应蛋白，减轻动脉粥样硬化过程的炎性反应；抑制单核-巨噬细胞的黏附和分泌功能；通过抑制血小板聚集和提高纤溶活性发作抗血栓作用；抗氧化作用；减少动脉壁巨噬细胞及泡沫细胞的形成，使动脉粥样硬化斑块稳定和缩小。

③肾保护作用　他汀类不仅有依赖降低胆固醇的肾保护作用，同时具有抗细胞增殖、抗炎症、免疫抑制、抗骨质疏松等作用，减轻肾损害的程度，从而保护肾功能。

(2)临床应用　调节血脂；肾病综合征；预防心脑血管急性事件；抑制血管成形术后再狭窄、缓解器官移植后的排异反应、治疗骨质疏松。

(3)不良反应

①暂时性反应　大剂量应用时患者偶可出现胃肠反应、肌痛、皮肤潮红、头痛。

②酶学升高　偶见无症状性转氨酶升高，肌酸磷酸激酶(CPK)升高，停药后即恢复正常。

③横纹肌溶解症　偶可出现横纹肌溶解症，常表现为肌痛、肌无力、肌酸激酶升高等。

④白内障　超大剂量可引起犬的白内障。

2. 他汀类药物的常用药物名称

常用他汀类药物包括洛伐他汀、辛伐他汀、普伐他汀等。

【例 6】HMG-CoA 还原酶抑制剂药理作用为

A. 抑制体内胆固醇氧化酶　B. 阻断 HMG-CoA 转化为甲羟戊酸　C. 使肝脏 LDL 受体表达减弱

D. 具有促进细胞分裂作用　E. 具有增强细胞免疫作用

四、抗心律失常药

1. 利多卡因的药理作用及临床应用

(1)药理作用　利多卡因对激活和失活状态的钠通道均有阻滞作用，对除极化组织(如缺血区)作用强。利多卡因对心房肌细胞钠通道的阻滞作用较弱，因此对房性心律失常疗效差。利多卡因可抑制动作电位 2 期少量钠内流，缩短浦肯野纤维和心室肌的动作电位时程，使静息期延长。利多卡因能减小动作电位 4 期除极斜率，提高兴奋阈值，降低自律性。

(2)临床应用　主要用于治疗室性心律失常，如心脏手术、心导管手术、急性心肌梗死、强心苷中毒所致的室性心动过速或心室纤颤。

2. 胺碘酮的药理作用及临床应用

(1)药理作用　①胺碘酮对心脏多种离子通道［如 I_{Na}、$I_{Ca(L)}$、I_K、I_{K1}、I_{to}］均有抑制作用，可降低窦房结、浦肯野纤维的自律性和传导性，明显延长动作电位时程(APD)和有效不应期(ERP)。②可非竞争性抑制 α、β 肾上腺素能受体，扩张血管平滑肌，扩张冠状动脉，增加冠脉流量，减少心肌耗氧量。

(2)临床应用　胺碘酮为广谱抗心律失常药，对房扑、房颤、室上速、室速都有效。

3. 利多卡因与胺碘酮的鉴别

	利多卡因	胺碘酮
所属类别	钠通道阻断药(Ⅰb 类)	钾通道阻断药(Ⅲ类)
药理机制	抑制 Na^+内流	抑制阻滞 Na^+、K^+通道，阻断 α、β 受体
药理作用	降低自律性，延长有效不应期 使缺血心肌传导减慢	降低自律性，延长 APD 和 ERP，减慢传导 松弛血管平滑肌，扩张冠脉，降低心肌氧耗
临床应用	为窄谱抗心律失常药 仅用于室性心律失常，如室速、室颤	为广谱抗心律失常药 对房扑、房颤、室上速、室速均有效

APD 为动作电位时程，ERP 为有效不应期

【例 7】胺碘酮的药理作用是

A. 增加心肌耗氧量　　B. 明显延长心肌不应期　　C. 增加心肌自律性
D. 加快心肌传导　　E. 收缩冠状动脉

【例8】胺碘酮
A. 延长APD，阻滞Na^+内流　　B. 缩短APD，阻滞Na^+内流　　C. 延长ERP，促进K^+外流
D. 缩短APD，阻断β受体　　E. 缩短ERP，阻断α受体

五、抗慢性心功能不全药

1. 卡托普利的药理作用及临床应用

(1)药理作用

①抑制血管紧张素转化酶　使血管紧张素Ⅱ生成减少，缩血管作用减弱；减少醛固酮分泌，降低心脏前负荷；抑制缓激肽降解，发挥缓激肽扩血管作用，降低心脏后负荷。

②抑制心肌与血管的肥厚性增生　延缓或逆转心肌或血管重构，提高心肌及血管的顺应性。

(2)临床应用　为治疗慢性心力衰竭的基础药物。轻度患者可单独应用，中、重度患者可与其他药物合用。

2. 普萘洛尔的临床应用及注意事项

(1)药理作用　普萘洛尔为非选择性β受体阻断药，其药理作用包括：

①阻断β_1受体，降低交感神经张力，拮抗儿茶酚胺对心肌的毒性作用，使心脏负荷减轻。

②抑制肾素-血管紧张素-醛固酮系统，使心室重构加速，心脏前后负荷降低。

③长期应用可以上调β_1受体，提高心脏对儿茶酚胺的敏感性，改善心肌收缩功能。

④减轻细胞内钙负荷，减少氧自由基对心脏的损害。

(2)注意事项　可用于心功能比较稳定的Ⅱ~Ⅲ级慢性心功能不全病人。严重心动过缓、左心功能减退、明显房室传导阻滞、低血压及支气管哮喘者慎用或禁用。

3. 地高辛的药理作用、临床应用、不良反应与防治

(1)药理作用

	药理作用	作用机制
正性肌力	加强心肌收缩，增加输出量 并不增加心肌耗氧量	强心苷与心肌细胞膜上Na^+-K^+-ATP酶结合并抑制其活性，导致钠泵失灵，使细胞内Na^+增加，通过Na^+-Ca^{2+}交换，使细胞内的Ca^{2+}增加，心肌收缩力加强
负性频率	显著减慢心力衰竭患者的心率	应用强心苷后心搏出量增加，反射性兴奋迷走神经 增加心肌对迷走神经的敏感性
自律性	治疗剂量下，可降低窦房结自律性 高浓度时，自律性提高	治疗剂量下，反射性兴奋迷走神经 高浓度时，过度抑制钠泵，使细胞失钾，最大舒张电位减小
传导性	减慢房室传导	治疗剂量下，反射性兴奋迷走神经
神经系统	强心苷中毒可引起呕吐	中毒剂量的强心苷可兴奋延脑催吐化学感受器
心律失常	强心苷中毒可引起快速型心律失常	中毒剂量的强心苷可兴奋交感神经中枢
内分泌	心力衰竭时ATⅡ及醛固酮含量降低	心力衰竭患者血浆肾素活性降低
利尿作用	对心力衰竭患者有明显的利尿作用	心功能改善后，肾血流量增加、肾小球滤过功能增强
血管作用	能直接收缩血管平滑肌	使外周血管阻力上升

(2)临床应用

①心力衰竭　对房颤伴心室率快的心力衰竭疗效最佳；对心脏瓣膜病、风湿性心脏病(严重二尖瓣

狭窄的病例除外)、冠状动脉硬化性心脏病、高血压心脏病所致的心力衰竭疗效较好;对肺源性心脏病、活动性心肌炎、严重心肌损伤所致的心力衰竭疗效较差,且容易发生中毒;对扩张型心肌病、心肌肥厚、舒张性心力衰竭者不应选用强心苷,而应首选β受体阻断药、血管紧张素转化酶抑制药。

②房颤　地高辛可通过兴奋迷走神经,减慢房室传导、减慢心室率、增加心排血量,改善循环障碍,多数病人并不能终止房颤。

③房扑　地高辛是治疗房扑最常用的药物。地高辛可缩短心房的有效不应期,使房扑转变为房颤。停用地高辛后部分病人可恢复窦性心律。

④阵发性室上速　地高辛可增强迷走神经功能,降低心房的兴奋性而终止阵发性室上速的发作。

⑤室性心动过速　不宜应用,因可引起室颤。

(3)不良反应与防治

①心脏反应　是地高辛最严重、最危险的不良反应,约有50%的病例发生各种类型的心律失常。

②胃肠道反应　是地高辛最常见的早期中毒症状。主要表现为厌食、恶心、呕吐及腹泻等。剧烈呕吐可导致失钾而加重地高辛中毒,所以应注意补钾或考虑停药。

③中枢神经系统反应　主要表现有眩晕、头痛、失眠、疲倦和谵妄等症状及视觉障碍,如黄视、绿视症及视物模糊等。视觉异常通常是地高辛中毒的先兆,可作为停药的指征。

【例9】强心苷对下列哪种原因所致的慢性心功能不全疗效较好?

A. 甲状腺功能亢进　　B. 维生素B_1缺乏　　C. 严重二尖瓣狭窄
D. 先天性心脏病　　E. 缩窄性心包炎

▶▶常考点　考点散乱,均有涉及。

参考答案——详细解答见2021《贺银成国家临床执业及助理医师资格考试历年考点精析》

1. ABCDE　2. ABCDE　3. ABCDE　4. ABCDE　5. ABCDE　6. ABCDE　7. ABCDE
8. ABCDE　9. ABCDE

第5章　利尿药、脱水药与抗过敏药

考纲要求

①利尿药：呋塞米的药理作用、临床应用及不良反应，氢氯噻嗪的药理作用、临床应用及不良反应，螺内酯的药理作用、临床应用及不良反应。②脱水药：甘露醇的药理作用及临床应用。③H_1受体阻断药：氯苯那敏的药理作用及临床应用，氯雷他定的药理作用及临床应用。

复习要点

一、利尿药

1. 呋塞米和氢氯噻嗪的药理作用、临床应用及不良反应

袢利尿药和噻嗪类的机制都是抑制 NaCl 的重吸收，只不过作用部位不同，因此两者有许多相似之处。

	袢利尿药	噻嗪类利尿药
利尿效能	高效利尿药，为最有效利尿药	中效能利尿药
代表药	呋塞米（速尿）、依他尼酸、布美他尼	氢氯噻嗪（DHCT）、吲达帕胺、美托拉宗
作用部位	髓袢升支粗段（故称袢利尿药）	远曲小管近端
作用机制	抑制 Na^+-K^+-$2Cl^-$共转运子，抑制 NaCl 重吸收	抑制 Na^+-K^+-Cl^-共转运子，抑制 NaCl 重吸收
K^+排泄	远曲小管和集合管 Na^+增加，促进 Na^+-K^+交换使 K^+排泄增加（排钾型利尿药）	远曲小管 Na^+增加，促进 Na^+-K^+交换使 K^+排泄增加（排钾型利尿药）
电解质	尿中 Na^+、Cl^-、K^+、Mg^{2+}、Ca^{2+}排出增加	尿中 Na^+、Cl^-、K^+排出增加，Ca^{2+}排出减少
HCO_3^-排出	大剂量抑制碳酸酐酶活性，增加 HCO_3^-排出	轻度抑制碳酸酐酶活性，使 HCO_3^-排出略增加
前列腺素	袢利尿药可促进前列腺素（PG）合成 非甾体药可抑制 PG 生成而抑制其利尿作用	噻嗪类的作用依赖于前列腺素的产生 非甾体药可抑制其利尿作用
抗利尿	无抗利尿作用	能明显减少尿崩症患者的尿量及口渴感
降压作用	可降低心衰患者左心室充盈压，增加全身静脉血容量，减轻肺淤血，可用于急性肺水肿的治疗	通过利尿、血容量减少而降低血压；长期用药还可扩张外周血管，而用于高血压的治疗
临床应用	急性肺水肿、脑水肿、其他严重水肿 急慢性肾衰竭、高钙血症、加速毒物的排泄	轻中度水肿、高血压、高尿钙伴肾结石 肾性尿崩症、垂体性尿崩症
水电紊乱	低钾、低钠、低氯、低镁、代谢性碱中毒、低血容量	低钾、低钠、低氯、低镁、代谢性碱中毒
高尿酸	可造成高尿酸血症，痛风者慎用	可造成高尿酸血症，痛风者慎用
代谢影响	可致高血糖、高血脂（高 LDL、高 TG、低 HDL）	可造成高血糖、高脂血症
其他	耳毒性（呈剂量依赖性）	过敏反应（与磺胺有交叉过敏）

【例1】主要作用于髓袢升支粗段皮质部和髓质部的利尿药是

A. 螺内酯（安体舒通）　B. 氨苯蝶啶　C. 甘露醇
D. 呋塞米（速尿）　E. 氢氯噻嗪

【例2】心力衰竭合并肾衰竭患者利尿药物首选

A. 阿米洛利　B. 氨苯蝶啶　C. 呋塞米
D. 螺内酯　E. 氢氯噻嗪

【例 3】具有抗尿崩症作用的药物是

A. 氢氯噻嗪　B. 螺内酯(安体舒通)　C. 甘露醇

D. 呋塞米(速尿)　E. 50%葡萄糖

【例 4】某心源性水肿患者,用地高辛和氢氯噻嗪治疗,2 周后患者出现多源性室性期前收缩,其主要原因是

A. 低血钾　B. 低血钙　C. 低血钠

D. 高血镁　E. 低氯碱血症

A. 增强心肌收缩力　B. 阻滞 Ca^{2+} 通道　C. 抑制血管紧张素转化酶活性

D. 加快心率　E. 抑制远曲小管近端 Na^+-Cl^- 共转运子

【例 5】维拉帕米的作用机制是

【例 6】氢氯噻嗪的作用机制是

2. 螺内酯的药理作用、临床应用及不良反应

(1)药理作用　螺内酯的利尿作用较弱,起效缓慢而持久,螺内酯是醛固酮的竞争性拮抗药,其利尿作用与体内醛固酮的浓度有关,仅在体内有醛固酮存在时才能发挥作用。该药也能干扰细胞内醛固酮活性代谢物的形成,影响醛固酮作用的充分发挥,表现出排 Na^+ 保 K^+ 的作用。

(2)临床应用　①对肝硬化、肾病综合征水肿患者较为有效;②充血性心力衰竭。

(3)不良反应　少数患者可引起头痛、困倦、精神错乱等;久用可引起高血钾;性激素样副作用。

二、脱水药

甘露醇的药理作用及临床应用

1. 药理作用

(1)脱水作用　甘露醇静脉注射后,不易从毛细血管渗入组织,能迅速提高血浆渗透压,使组织间液向血浆转移而产生组织脱水作用。甘露醇口服后可造成渗透性腹泻,可用于从胃肠道消除毒性物质。

(2)利尿作用　静脉注射甘露醇后,通过稀释血液而增加循环血量及肾小球滤过率。该药在肾小球滤过后不易被重吸收,使水在髓袢升支和近曲小管的重吸收减少,而产生利尿作用。

2. 临床应用

(1)脑水肿、降低颅内压　为首选药物。

(2)青光眼急性发作和术前准备　降低眼内压。

(3)预防急性肾衰竭

注意:治疗急性脑水肿首选甘露醇静脉注射,治疗急性肺水肿(急性左心衰竭)首选呋塞米静脉注射。

【例 7】治疗脑水肿的首选药是

A. 甘露醇　B. 螺内酯　C. 呋塞米

D. 氯噻嗪　E. 氢氯噻嗪

【例 8】静脉滴注甘露醇后引起利尿的性质是

A. 水利尿　B. 排钠性利尿　C. 保钾性利尿

D. 渗透性利尿　E. 排钾性利尿

三、H_1 受体阻断药

1. 氯苯那敏(扑尔敏)的药理作用及临床应用

(1)药理作用

①抗过敏作用　H_1 受体阻断药可完全对抗组胺引起的支气管、胃肠道平滑肌的收缩作用;抑制组胺

引起的局部毛细血管扩张和通透性增加。

②中枢抑制作用　H_1 受体阻断药可通过血脑屏障，可有不同程度的中枢抑制作用，表现为镇静、嗜睡等。中枢抑制作用产生的原因，可能是由于中枢 H_1 受体被阻断，拮抗了脑内源性组胺介导的觉醒反应。

(2)临床应用

对皮肤黏膜的过敏性疾病(荨麻疹、血管神经性水肿)等疗效较好。对过敏性支气管哮喘疗效较差。对过敏性休克疗效更差。可用于变态反应性疾病引起的失眠。

2. 氯雷他定的药理作用及临床应用

(1)药理作用　为阿扎他定的衍生物，是第二代 H_1 受体阻断药。

①阻断外周 H_1 受体　可选择性阻断外周 H_1 受体，起效快，作用强大而持久。无中枢镇静作用和抗胆碱作用。

②减少组胺释放　可减少 IgE 中介的组胺释放，一次给药作用可持续 24 小时。

(2)临床应用　用于过敏性鼻炎、慢性荨麻疹和其他过敏性皮肤病。

▶常考点　题少。

参考答案——详细解答见2021《贺银成国家临床执业及助理医师资格考试历年考点精析》

1. ABCDE　2. ABCDE　3. ABCDE　4. ABCDE　5. ABCDE　6. ABCDE　7. ABCDE
8. ABCDE

第 6 章　呼吸系统药与消化系统药

考纲要求

①平喘药：特布他林的药理作用、作用机制及临床应用，氨茶碱的药理作用、作用机制及临床应用，异丙托溴铵、噻托溴铵的药理作用及临床应用。②镇咳药：可待因的药理作用及临床应用，右美沙芬的药理作用及临床应用。③抗消化性溃疡药：雷尼替丁的药理作用及临床应用，奥美拉唑的药理作用及临床应用，枸橼酸铋钾的药理作用及临床应用。④增强胃肠动力药：西沙必利的药理作用及临床应用。

复习要点

一、平喘药

临床常用的平喘药，按作用方式可分为抗炎平喘药（糖皮质激素）、支气管扩张药（β_2 肾上腺素受体激动药、茶碱类、抗胆碱药）和抗过敏平喘药（色甘酸钠），前两者主要用于缓解哮喘症状，后者主要用于预防哮喘发作。

1. 特布他林的药理作用、作用机制及临床应用

(1)药理作用与作用机制　气道中的 β 受体主要是 β_2 受体，心脏的 β 受体主要为 β_1 受体。特布他林为短效 β_2 受体激动药，可选择性激动 β_2 受体，使气道平滑肌松弛、抑制肥大细胞与中性粒细胞释放炎症介质与过敏介质、增强气道纤毛运动、促进气道分泌、降低血管通透性、减轻气道黏膜水肿，这些效应均有利于缓解或消除支气管痉挛和气道狭窄。

(2)临床应用　主要用于支气管哮喘、喘息型支气管炎、伴有支气管痉挛的呼吸道疾病。

【例 1】对 β_2 受体有选择性激动作用的平喘药是

A. 茶碱　　B. 肾上腺素　　C. 特布他林
D. 色甘酸钠　　E. 异丙肾上腺素

2. 氨茶碱的药理作用、作用机制及临床应用

(1)药理作用与作用机制　茶碱的作用机制涉及多个环节，主要有：

①抑制磷酸二酯酶（PDE）　为其主要机制。茶碱为非选择性磷酸二酯酶抑制剂，可使细胞内 cAMP、cGMP 水平升高。cAMP 和 cGMP 分别激活蛋白激酶 A 与蛋白激酶 G，而舒张支气管平滑肌。

②阻断腺苷受体　腺苷能使气道肥大细胞释放组胺和白三烯而引起气道收缩。

③增加内源性儿茶酚胺的释放　治疗浓度的茶碱可使肾上腺髓质释放儿茶酚胺，但儿茶酚胺水平的增高有限，不足以引起明显的支气管舒张作用。

④免疫调节和抗炎作用　茶碱在较低浓度时，即可抑制肥大细胞、嗜酸性粒细胞、巨噬细胞、T 淋巴细胞等的功能，减少炎症介质的释放，降低微血管通透性而降低气道炎症反应。

⑤增加膈肌收缩力并促进支气管纤毛运动　增加膈肌收缩有利于慢性阻塞性肺疾病的治疗，促进纤毛运动而加速纤毛清除痰液，有助于哮喘的治疗。

⑥增强心肌收缩力，增加心输出量，低剂量一般不加快心率。参阅 17 版《新编药理学》P447。

(2)临床应用

①支气管哮喘　茶碱主要用于慢性哮喘的维持治疗，以防止急性发作。茶碱扩张支气管作用不及 β_2 受体激动药强，且起效慢，一般情况下不宜采用。当急性哮喘病例在吸入 β_2 受体激动药疗效不显著时，可静脉注射茶碱，以收到相加作用的疗效。

②慢性阻塞性肺病　对病人气促症状有明显改善的疗效。

③中枢性睡眠呼吸暂停综合征　茶碱可使通气功能明显增强，改善症状。

【例2】下列药物中，具有强心作用的药物是

A. 氨茶碱　　B. 乙酰唑胺　　C. 呋塞米

D. 甘露醇　　E. 氢氯噻嗪

3. 异丙托溴铵、噻托溴铵的药理作用及临床应用

(1)**异丙托溴铵**　为非特异性M胆碱受体阻断药，对气道平滑肌有较高的选择性，有较强的支气管平滑肌松弛作用。口服不易吸收，需采用气雾吸入给药，作用时间持续4~6小时。用于缓解阻塞性肺疾病引起的支气管痉挛、喘息症状；对于高迷走神经活性以及对β_2受体激动药不能耐受的哮喘患者更为适用。

(2)**噻托溴铵**　是一种长效抗胆碱药，对毒蕈碱受体M_1~M_5有相似的亲和力。在呼吸道中，噻托溴铵可竞争性且可逆性抑制M_3受体，引起平滑肌松弛，作用呈剂量依赖性，并可持续24小时以上。因此，能长时间阻滞胆碱能神经介导的支气管平滑肌收缩，长时间扩张支气管，缓解呼吸困难。噻托溴铵以干粉吸入给药，主要用于慢性阻塞性肺疾病的维持治疗以及急性发作的预防。

二、镇咳药

1. 可待因的药理作用及临床应用

(1)**药理作用**　作用同吗啡相似，但较弱，具有镇痛和中枢性镇咳作用。镇痛作用仅为吗啡的1/10，中枢性镇咳作用为吗啡的1/4。

(2)**临床应用**　用于胸膜炎干咳伴胸痛者；各种原因所致的剧烈干咳、刺激性咳嗽；也可用于中等强度的疼痛。

2. 右美沙芬的药理作用及临床应用

(1)**药理作用**　镇咳作用同可待因相似或略强，无镇痛作用。

(2)**临床应用**　主要用于干咳。

三、抗消化性溃疡药

1. 雷尼替丁、奥美拉唑的药理作用及临床应用

	雷尼替丁	奥美拉唑
所属类别	第二代H_2受体阻滞药	H^+-K^+-ATP酶(质子泵)抑制剂
药理作用	能选择性阻断组胺H_2受体，抑制组胺所致的胃酸分泌，能降低胃酸及胃蛋白酶的活性	抑酸作用最强疗效最好，抑制胃蛋白酶分泌 保护胃黏膜，抗幽门螺杆菌
临床应用	对十二指肠溃疡的疗效优于胃溃疡 也用于反流性食管炎、急性胃炎引起的胃出血	胃及十二指肠溃疡、反流性食管炎 上消化道出血、幽门螺杆菌感染

【例3】根据作用机制，奥美拉唑是

A. 黏膜保护药　　B. 胃壁细胞H^+泵抑制药　　C. 促胃液素受体阻断药

D. H_2受体阻断药　　E. M胆碱受体阻断药

【例4】特异性抑制胃壁细胞质子泵活性的药物是

A. 哌仑西平　　B. 奥美拉唑　　C. 氧化镁

D. 枸橼酸铋钾　　E. 雷尼替丁

【例5】奥美拉唑的临床应用适应证是

A. 胃肠平滑肌痉挛　　B. 萎缩性胃炎　　C. 消化道功能紊乱

D. 慢性腹泻　　E. 消化性溃疡

【例 6】治疗反流性食管炎效果最好的药物是

A. 苯海拉明　　B. 肾上腺皮质激素　　C. 奥美拉唑

D. 雷尼替丁　　E. 异丙嗪

A. 中和胃酸　　B. 促进胃排空　　C. 抑制胃酸分泌

D. 黏膜保护作用　　E. 阻断促胃液素受体

【例 7】雷贝拉唑的主要作用是

【例 8】雷尼替丁的主要作用是

2. 枸橼酸铋钾的药理作用及临床应用

(1)药理作用　本品能与溃疡基底膜坏死组织中的蛋白质或氨基酸结合，形成蛋白质-铋复合物，覆盖于溃疡表面起到保护黏膜的作用。同时还有促进前列腺素 E、黏液、HCO_3^- 的释放，改善胃黏膜血流及抗幽门螺杆菌的作用。

(2)临床应用　主要用于消化性溃疡的治疗，与抗菌药物合用可提高幽门螺杆菌的根除率。

注意：与幽门螺杆菌密切相关的四种疾病——慢性胃炎、消化性溃疡、胃癌、胃黏膜相关性淋巴样组织样恶性淋巴瘤。

四、增强胃肠动力药

西沙必利的药理作用及临床应用

1. 药理作用

西沙必利属苯甲酰类药物，5-HT_4 受体激动剂。能促进肠壁肌层神经丛释放乙酰胆碱，促进食管、胃、小肠直至结肠的运动。无锥体外系、催乳素释放和胃酸分泌的不良反应。

2. 临床应用

用于胃运动减弱和各种胃轻瘫；可以治疗胃肠反流性疾病、反流性食管炎，也可用于治疗慢性自发性便秘、结肠运动减弱。

常考点　奥美拉唑的药理作用。

参考答案——详细解答见 2021《贺银成国家临床执业及助理医师资格考试历年考点精析》

1. ABCDE　2. ABCDE　3. ABCDE　4. ABCDE　5. ABCDE　6. ABCDE　7. ABCDE
8. ABCDE

第7章　子宫平滑肌兴奋药、激素类药与降血糖药

考纲要求

①缩宫素：药理作用，临床应用，不良反应及注意事项。②麦角新碱：药理作用，临床应用，不良反应及注意事项。③糖皮质激素类药：药理作用，常用药物（氢化可的松、泼尼松、地塞米松）及临床应用，不良反应及禁忌证。④胰岛素及口服降血糖药：胰岛素的药理作用及临床应用，双胍类药物的药理作用及临床应用，磺酰脲类药物的药理作用及临床应用。

复习要点

一、子宫兴奋药

一、缩宫素的药理作用，临床应用，不良反应及注意事项

1. 药理作用

(1)兴奋子宫平滑肌　缩宫素能选择性激动子宫平滑肌上的缩宫素受体，增强子宫的收缩力，加快其收缩频率。此作用具有以下显著特点：

①不同剂量作用性质和强度不同　小剂量（2~5U）可使妊娠末期子宫平滑肌节律性收缩，使其收缩振幅加大，张力略增，类似正常分娩状态；大剂量（5~10U）可使子宫平滑肌强直性收缩。

②对子宫不同部位作用不同　小剂量使子宫体和子宫底平滑肌节律性收缩而宫颈松弛，有利于胎儿正常娩出；剂量过大，则不利于胎儿娩出。

③体内性激素水平不同作用不同　雌激素可增强子宫平滑肌对缩宫素的敏感性，孕激素则降低子宫平滑肌对缩宫素的敏感性。

(2)其他作用　缩宫素能收缩乳腺腺泡周围的肌上皮细胞，促进排乳；大剂量可松弛血管平滑肌，使血压降低；尚有轻度抗利尿作用。

2. 临床应用

(1)催产　小剂量缩宫素对无产道障碍、胎位正常、头盆相称、宫缩乏力难产者，具有促进分娩作用。

(2)引产　对于死胎、过期妊娠、或其他原因需要提前终止妊娠者，可用缩宫素引产。

(3)产后出血　产后出血时，立即皮下或肌内注射较大剂量缩宫素，可迅速引起子宫平滑肌强直性收缩，压迫子宫肌层内的血管起到止血作用。

3. 不良反应

(1)子宫强直性收缩　缩宫素过量可引起子宫高频率甚至持续性强直性收缩，从而可能导致胎儿宫内窒息或子宫破裂等严重后果。

(2)过敏　缩宫素的人工合成品不良反应较少，应用生物制剂偶见过敏反应。

(3)抗利尿作用　大剂量使用缩宫素时，出现水潴留、低钠血症。

4. 注意事项

(1)严格掌握指征　在使用缩宫素进行催产或引产时，必须严格掌握剂量，避免子宫强直收缩。

(2)严格掌握禁忌证　产道异常、胎位不正、头盆不称、前置胎盘、有剖宫产史者禁用。

二、麦角新碱的药理作用，临床应用，不良反应及注意事项

1. 药理作用

麦角新碱可兴奋子宫平滑肌，与缩宫素比较，具有以下特点：

(1)作用强度与子宫生理状态有关 妊娠子宫较未孕子宫敏感,分娩前后最敏感。

(2)对子宫的不同部位作用无差异 可同时兴奋子宫体和子宫颈,且作用强大持久,剂量稍大即可引起强直性子宫收缩,因此本药禁用于催产、引产。

2. 临床应用

(1)子宫出血 麦角生物碱主要用于预防和治疗产后由于子宫收缩乏力造成的子宫出血,通过强直收缩子宫平滑肌而机械压迫血管止血。

(2)子宫复原 可应用于产后子宫复原缓慢,通过收缩子宫而加速子宫复原。

(3)偏头痛 麦角胺能使脑血管收缩,可用于偏头痛的诊断和发作时的治疗。

(4)人工冬眠 二氢麦角碱对中枢神经系统有抑制作用,可与异丙嗪、哌替啶组成冬眠合剂,用于人工冬眠。

3. 不良反应及注意事项

注射麦角新碱可引起恶心、呕吐、血压升高等症状,伴有妊娠毒血症的产妇应谨慎使用此药。用药过程中偶见过敏反应,严重者可出现呼吸困难、血压下降。血管硬化及冠心病患者忌用。

三、糖皮质激素类药

1. 药理作用

(1)对物质代谢的影响

	总趋势	生化药理机制
糖代谢	升高血糖	①促进肌蛋白分解产生的氨基酸转移到肝,进行糖异生 ②减少葡萄糖分解;③减少机体组织对葡萄糖的利用
蛋白质代谢	加速分解 抑制合成	加速胸腺、肌肉、骨等的蛋白质分解,造成负氮平衡 大剂量还能抑制蛋白质合成
脂肪代谢	脂肪重新分布	①短期使用对脂肪代谢无影响;②长期大剂量使用可提高血浆胆固醇浓度,促进脂肪重新分布,表现为向心性肥胖、满月脸、水牛背
核酸代谢	复杂	对各种代谢的影响主要是通过影响敏感组织中的核酸代谢来实现的
水电代谢	弱的保钠排钾作用	①增加肾小球滤过率,拮抗抗利尿激素,减少肾小管对水的重吸收 ②肾上腺皮质功能不足者,可出现水中毒;③长期用药造成骨质脱钙

(2)允许作用 糖皮质激素对有些作用虽无直接活性,但可为其他激素发挥作用创造有利条件,称为允许作用。如糖皮质激素能增加组织对儿茶酚胺和胰高血糖素的敏感性。

(3)退热作用 用于严重的中毒性感染,常具有迅速而良好的退热作用。可能与其能抑制体温中枢对致热原的反应、稳定溶酶体膜,减少内源性致热原的释放有关。

(4)血液与造血系统 糖皮质激素能刺激骨髓造血,使红细胞、血小板、中性粒细胞均增多。

(5)中枢神经系统 可提高中枢兴奋性,有些患者因大量长期应用,可引起欣快、激动、失眠等,偶可诱发精神失常;且能降低大脑的电兴奋阈,促使癫痫发作,故精神病患者和癫痫患者慎用。大剂量可致儿童惊厥。

(6)抗炎作用 糖皮质激素具有强大的抗炎作用,能抑制多种原因引起的炎症反应。

(7)免疫抑制作用 糖皮质激素对免疫系统有多方面的抑制作用。糖皮质激素能干扰淋巴组织在抗原作用下的分裂和增殖,阻断致敏T淋巴细胞所诱发的单核细胞和巨噬细胞的聚集等,从而抑制组织器官的移植排异反应和皮肤迟发型过敏反应。

(8)抗过敏作用 糖皮质激素能减少过敏介质的产生,减轻过敏症状。

(9)抗休克作用 常用于严重休克,特别是感染中毒性休克的治疗。大剂量糖皮质激素抗休克作用的机制为:①抑制某些炎性因子的产生,减轻全身炎症反应综合征及组织损伤,使微循环血流动力学恢复正常,改善休克状态;②稳定溶酶体膜,减少心肌抑制因子的形成;③扩张痉挛收缩的血管,兴奋心脏,增强心脏收缩力;④提高机体对细菌内毒素的耐受力,但对外毒素无防御作用。

(10)骨骼　长期大量用药可出现骨质疏松。

(11)心血管系统　部分患者可出现高血压。

【例1】不属于糖皮质激素类药物抗休克作用机制的是

A. 稳定溶酶体膜　　B. 扩张痉挛收缩的血管　　C. 抑制炎性细胞因子释放
D. 增强心肌收缩力　　E. 中和细菌外毒素

(2~3题共用题干)女,48岁。因胆道感染、感染性休克入院。使用去甲肾上腺素后血压仍不易维持,波动较大。加用氢化可的松后血压上升并平稳。治疗第3天时,患者出现精神失常、躁狂。

【例2】患者出现精神失常、躁狂是因氢化可的松

A. 提高中枢神经的兴奋性　　B. 加速蛋白质的分解代谢　　C. 增强升压药的作用
D. 过量引起感染的扩散　　E. 减少脑组织对葡萄糖的利用

【例3】加用氢化可的松后,去甲肾上腺素升压作用增强的这种现象是

A. 糖皮质激素的允许作用　　B. 两种药物作用的协同　　C. 糖皮质激素的刺激作用
D. 糖皮质激素的抗感染作用　　E. 两种药物作用的叠加

2. 常用药物

(1)短效糖皮质激素　氢化可的松、可的松。

(2)中效糖皮质激素　泼尼松、泼尼松龙、甲泼尼松龙、曲安西龙。

(3)长效糖皮质激素　地塞米松、倍他米松。

3. 临床应用

(1)严重急性感染　主要用于中毒性感染或同时伴有休克者,如中毒性菌痢、暴发型流脑、败血症等。在应用抗生素的同时,可用糖皮质激素作为辅助治疗。

(2)抗炎治疗及防治某些炎症的后遗症　早期应用糖皮质激素能减少炎性渗出,减轻愈合过程中纤维组织过度增生及粘连,防止后遗症的发生。

(3)自身免疫性疾病　应用糖皮质激素能缓解症状。对多发性皮肌炎,为首选药物。

(4)过敏性疾病　对严重病例可以选用。

(5)器官移植排斥反应　术前术后均可应用。

(6)抗休克治疗　主要用于感染中毒性休克。

(7)血液病　可用于治疗儿童急淋白血病、再障、过敏性紫癜等。

(8)局部应用　可局部外用、局部封闭、关节腔内注射等。

(9)替代治疗　可用于急慢性肾上腺皮质功能不全者。

4. 不良反应及禁忌证

(1)长期大剂量应用引起的不良反应

①消化系统并发症　可诱发或加剧消化性溃疡、消化道出血、穿孔等。

②诱发或加重感染　长期应用可诱发感染或使体内潜在感染病灶扩散,尤其是抵抗力低下的患者。

③医源性肾上腺皮质功能亢进　表现为满月脸、水牛背、皮肤变薄、多毛、水肿等。

④心血管系统　可致水钠潴留,引起高血压。

⑤骨质疏松、肌肉萎缩、伤口延迟愈合等。

⑥糖尿病　约半数病人出现糖耐量受损或糖尿病(类固醇性糖尿病)。

(2)停药反应

①医源性肾上腺皮质功能不全　长期用药的病人,突然停药,特别是遇到感染、创伤、手术等严重应激情况时,可引起肾上腺皮质功能不全或危象,表现为恶心呕吐、乏力、低血压和休克等。

防治方法:停药须经缓慢的减药过程,不可突然停药;停用糖皮质激素后连续应用 ACTH 7 天左右;在停药 1 年内,如遇应激情况,应及时给予足量糖皮质激素。

②反跳现象　可能是病人对糖皮质激素产生了依赖性或病情尚未完全控制,突然停药或减量过快而致原病复发或恶化。常需加大剂量再行治疗,待症状缓解后再缓慢减量、停药。

【例 4】关于糖皮质激素抗炎作用的正确叙述是

A. 能提高机体的防御功能　B. 抑制病原菌生长　C. 促进创口愈合

D. 直接杀灭病原体　E. 对抗各种原因,如物理、生物等引起的炎症

【例 5】地塞米松的临床应用不包括

A. 风湿性心肌炎　B. 骨质疏松　C. 系统性红斑狼疮

D. 过敏性紫癜　E. 感染中毒性休克

【例 6】糖皮质激素可用于治疗

A. 原发性血小板增多症　B. 急性淋巴细胞白血病　C. 慢性粒细胞白血病

D. 真性红细胞增多症　E. 骨质疏松

【例 7】不属于地塞米松药理作用的是

A. 刺激骨髓造血功能　B. 抑制体内环氧化酶　C. 稳定溶酶体膜

D. 可中和细菌毒素　E. 抑制毛细血管和成纤维细胞增生

三、胰岛素及口服降血糖药

1. 胰岛素的药理作用及临床应用

(1)药理作用　主要促进肝脏、脂肪、肌肉等靶组织糖原和脂肪的储存。

①促进糖原合成和储存　抑制糖原分解和异生,加速葡萄糖氧化和酵解,而降低血糖。

②促进脂肪合成　减少游离脂肪酸和酮体的生成,增加脂肪酸和葡萄糖的转运,使其利用增加。

③促进蛋白质合成　增加氨基酸转运和蛋白质合成,抑制蛋白质分解。

④促进核酸合成。

⑤加快心率,加强心肌收缩力,减少肾血流量。

记忆:胰岛素是促进合成代谢的激素——促进糖原、脂肪酸、蛋白质、核酸的合成。

(2)临床应用

①胰岛素注射剂　是治疗 1 型糖尿病的最主要药物。主要适用于:1 型糖尿病、新诊断的 2 型糖尿病、2 型糖尿病经口服降糖药未能控制者、发生各种急性或严重并发症、糖尿病病人处于应急状态、细胞内缺钾者。

②胰岛素吸入剂　可大大缓解长期反复注射胰岛素给患者带来的痛苦和不便,提高病人生活质量。

2. 双胍类药物(二甲双胍、苯乙双胍)的药理作用及临床应用

(1)药理作用　该类药物可明显降低糖尿病患者的血糖,但对正常人血糖无明显影响。其作用机制可能是促进脂肪组织摄取葡萄糖,降低葡萄糖在肠的吸收及糖原异生,抑制胰高血糖素释放等。

(2)临床应用　主要用于轻症糖尿病,尤其是肥胖及单用饮食控制无效者。

3. 磺酰脲类药物的药理作用及临床应用

磺酰脲类包括甲苯磺丁脲、氯磺丙脲、格列本脲、格列吡嗪、格列齐特等。

(1)药理作用

①降低血糖　对正常人、胰岛素残存的病人均有降糖作用。

②对水排泄的影响　格列本脲、氯磺丙脲可促进 ADH 分泌,有抗利尿作用。

③对凝血功能的影响　能使血小板黏附力减弱,刺激纤溶酶原的合成。

(2)临床应用　①胰岛功能尚存的2型糖尿病且单用饮食控制无效者;②氯磺丙脲可用于治疗尿崩症。

【例8】磺酰脲类药物的药理作用为

A. 可使电压依赖性钾通道开放　B. 可促进胰岛素释放而降血糖　C. 不改变体内胰高血糖素水平
D. 可使电压依赖性钠通道开放　E. 能抑制抗利尿激素的分泌

【例9】磺酰脲类药物可用于治疗

A. 糖尿病合并高热　B. 胰岛素功能尚存的非胰岛素依赖型糖尿病
C. 糖尿病并发酮症酸中毒　D. 胰岛素依赖型糖尿病　E. 重症糖尿病

常考点　糖皮质激素的作用及应用。

参考答案——详细解答见2021《贺银成国家临床执业及助理医师资格考试历年考点精析》

1. ABCDE　2. ABCDE　3. ABCDE　4. ABCDE　5. ABCDE　6. ABCDE　7. ABCDE
8. ABCDE　9. ABCDE

第 8 章　血液和造血系统药

考纲要求

①抗贫血药:铁制剂的药理作用、临床应用、不良反应及注意事项,叶酸的药理作用及临床应用,维生素 B_{12} 的药理作用及临床应用。②影响凝血过程药:维生素 K 的药理作用及临床应用,凝血酶的药理作用及临床应用,肝素的药理作用及临床应用。

复习要点

一、抗贫血药

1. 铁制剂的药理作用、临床应用、不良反应及注意事项

(1)药理作用　铁是红细胞成熟阶段合成血红素必不可少的原料。吸收到骨髓的铁,吸附在有核红细胞膜上并进入细胞内的线粒体,与原卟啉结合,形成血红素。后者再与珠蛋白结合,形成血红蛋白。缺铁时,血红蛋白含量减少,红细胞体积缩小,导致小细胞低色素性贫血,称为缺铁性贫血。

(2)临床应用　治疗失血过多或需铁增加所致的缺铁性贫血,疗效极佳。应用铁剂(硫酸亚铁、右旋糖酐铁)后,网织红细胞于 10~14 天开始达高峰,血红蛋白 4~8 周升至正常。为使体内铁贮存恢复正常,待血红蛋白正常后,需减半量继续服药 2~3 个月。

(3)不良反应及注意事项

①胃肠道反应　铁制剂刺激胃肠道可引起恶心呕吐、上腹部不适,也可引起便秘。

②急性中毒　小儿误服 1g 以上铁剂可引起急性中毒,表现为坏死性肠炎,急救措施以磷酸盐洗胃,并以去铁胺解毒。

2. 叶酸的药理作用及临床应用

(1)药理作用　叶酸进入人体后被还原和甲基化为具有活性的 5-甲基四氢叶酸。进入细胞后 5-甲基四氢叶酸作为甲基供给体使维生素 B_{12} 转成甲基 B_{12},而自身变为四氢叶酸,后者能与多种一碳单位结合成四氢叶酸类辅酶,传递一碳单位,参与多种生化代谢过程:①嘌呤核苷酸的从头合成;②从尿嘧啶脱氧核苷酸(dUMP)合成胸腺嘧啶脱氧核苷酸(dTMP);③促进某些氨基酸的互变。当叶酸缺乏时,上述代谢障碍,导致 DNA 合成受阻,出现巨幼细胞性贫血、舌炎、腹泻。

(2)临床应用　用于治疗各型巨幼红细胞性贫血。

①需要量增加所致的贫血　由于营养不良或婴儿期、妊娠期对叶酸的需要量增加所致的营养性巨幼红细胞性贫血,治疗时以叶酸为主,辅以维生素 B_{12},效果良好。

②对抗药所致的贫血　叶酸对抗药甲氨蝶呤、乙氨嘧啶等所致的巨幼红细胞性贫血,因二氢叶酸还原酶受抑制,四氢叶酸生成障碍,故需用四氢四氢叶酸钙治疗。

③恶性贫血　对于维生素 B_{12} 缺乏所致的"恶性贫血",叶酸仅能纠正异常血象,而不能改善神经损害症状,故治疗时应以维生素 B_{12} 为主,叶酸为辅。叶酸对缺铁性贫血无效。

3. 维生素 B_{12} 的药理作用及临床应用

(1)药理作用　维生素 B_{12} 为细胞分裂和维持神经组织髓鞘完整所必需,主要参与下列两种代谢过程。

①参与甲硫氨酸循环。维生素 B_{12} 是 5-甲基四氢叶酸同型半胱氨酸甲基转移酶促使同型半胱氨酸转为甲硫氨酸、5-甲基四氢叶酸转变为四氢叶酸的反应中所必需的。当维生素 B_{12} 缺乏时,叶酸代谢循环受阻,可导致叶酸缺乏症。

②甲基丙二酰辅酶 A 变位酶可促使甲基丙二酰辅酶 A 转变为琥珀酰辅酶 A,后者可进入三羧酸循环。脱氧腺苷 B_{12} 是甲基丙二酰辅酶 A 变位酶的辅助因子。当维生素 B_{12} 缺乏时,该反应不能进行,甲基丙二酰辅酶 A

蓄积,结果合成了异常脂肪酸,并进入中枢神经系统。这可能是缺乏维生素 B_{12} 引起神经损害症状的原因。

(2)临床应用　用于治疗恶性贫血及巨幼红细胞性贫血。

【例1】叶酸可以治疗

A. 地中海贫血　　B. 缺铁性贫血　　C. 巨幼红细胞性贫血
D. 溶血性贫血　　E. 出血

二、影响凝血过程药

1. 维生素K的药理作用及临床应用

(1)药理作用　维生素K可参与凝血因子Ⅱ、Ⅶ、Ⅸ、Ⅹ的合成。若维生素K缺乏,将导致这些凝血因子的合成障碍,而致凝血酶原时间延长而出血。

(2)临床应用

①维生素K缺乏导致的出血　如梗阻性黄疸、胆瘘、慢性腹泻、早产儿、新生儿出血。

②凝血酶原过低导致的出血　如香豆素类、水杨酸过量使用等。

③产生减少　长期应用广谱抗生素,可抑制肠道产维生素K的菌群,导致维生素K缺乏。

2. 凝血酶的药理作用及临床应用

(1)药理作用　凝血酶是从猪、牛血提取精制而成的无菌制剂。直接作用于血液中纤维蛋白原,使其转变为纤维蛋白,发挥止血作用。此外,还可促进上皮细胞的有丝分裂,加速创伤愈合。

(2)临床应用　用于止血困难的小血管、毛细血管以及实质性脏器出血的止血,也可用于创面、口腔、泌尿道、消化道等部位的止血,还可缩短穿刺部位出血的时间。局部止血时,用灭菌生理盐水溶解成50~1000U/ml溶液喷雾或敷于创面。

3. 肝素的药理作用及临床应用

(1)药理作用

①抗凝作用　肝素在体内体外均有强大抗凝作用。静脉注射后,抗凝作用立即发生,可使多种凝血因子灭活。静脉注射10min内,血液凝固时间及部分凝血酶时间(APTT)均明显延长,作用维持3~4小时。肝素的抗凝作用主要依赖于抗凝血酶Ⅲ(ATⅢ)的活性。ATⅢ是凝血酶及凝血因子Ⅸa、Ⅹa、Ⅺa、Ⅻa的抑制剂。肝素可加速ATⅢ-凝血酶复合物的形成达千倍以上,使酶失活。

②调节血脂　肝素可使血管内皮释放脂蛋白脂酶,水解血中乳糜微粒和VLDL而发挥调血脂作用。

③抗炎作用　肝素可抑制炎性介质活性和炎症细胞活动。

④抗血管内膜增生　肝素可抑制血管平滑肌细胞增生。

⑤抑制血小板凝聚　这可能是继发于抑制凝血酶的结果(凝血酶促进血小板聚集)。

(2)临床应用

①血栓栓塞性疾病　主要用于防治血栓形成和栓塞,如深静脉血栓、肺栓塞等。

②弥散性血管内凝血(DIC)　各种原因引起的DIC是肝素的主要适应证。早期应用,可防止因纤维蛋白和凝血因子的消耗而引起继发性出血。

③防治心肌梗死、脑梗死、心血管手术及外周静脉术后血栓形成。

④体外抗凝　如心导管检查、体外循环、血液透析等。

【例2】具有体内、外抗凝血作用的药物是

A. 肝素　B. 阿司匹林　C. 香豆素类　D. 链激酶　E. 右旋糖酐

▶常考点　考点散乱。

参考答案——详细解答见2021《贺银成国家临床执业及助理医师资格考试历年考点精析》

1. ABCDE　2. ABCDE

第9章　抗微生物药

考纲要求

①用药原则：抗菌药合理应用的基本原则。②抗生素：青霉素G的抗菌作用、临床应用及不良反应，氨苄西林的抗菌作用及临床应用，阿莫西林的抗菌作用及临床应用，头孢噻肟的抗菌作用及临床应用，红霉素的抗菌作用及临床应用，克林霉素的抗菌作用及临床应用，庆大霉素的抗菌作用及临床应用，妥布霉素的抗菌作用及临床应用，阿米卡星的抗菌作用及临床应用，多西环素的抗菌作用及临床应用，米诺环素的抗菌作用及临床应用。③人工合成抗菌药：环丙沙星的抗菌作用及临床应用，左氧氟沙星的抗菌作用及临床应用，磺胺嘧啶、磺胺甲噁唑及复方新诺明的临床应用及不良反应，甲硝唑的药理作用及临床应用。④抗结核病药：异烟肼的药理作用、临床应用及药物相互作用，利福平的药理作用、临床应用及药物相互作用，乙胺丁醇的药理作用及临床应用。⑤抗真菌药：氟康唑的药理作用及临床应用。⑥抗病毒药：利巴韦林的药理作用及临床应用，阿昔洛韦的药理作用及临床应用。

复习要点

一、抗生素

1. 抗菌药合理应用的基本原则

①严格按照适应证选择用药。②根据药物动力学特点选择用药。

③选择适当的药物剂量和用药疗程。④谨慎选择预防性应用抗菌药物。

⑤合理选择抗菌药的联合应用。

2. 青霉素G的抗菌作用、临床应用及不良反应

(1)抗菌作用　青霉素G属窄谱青霉素类。

①高度敏感　G^+球菌(溶链、肺炎球菌、草绿色链球菌、金黄色葡萄球菌、表皮葡萄球菌)，G^+杆菌(白喉棒状杆菌、炭疽杆菌、产气荚膜杆菌、破伤风梭菌、乳酸杆菌)，G^-球菌(脑膜炎奈瑟菌、敏感淋病奈瑟菌)，G^-杆菌(流感杆菌、百日咳鲍特菌)，螺旋体(梅毒螺旋体、钩体、回归热螺旋体)，放线菌(牛放线菌)。

②较敏感　大多数G^-球菌。

③不敏感　肠球菌、真菌、原虫、立克次体、病毒。

(2)临床应用　敏感的G^+球菌和杆菌、G^-球菌及螺旋体所致的感染，为首选药。

(3)不良反应

①变态反应　为青霉素最常见的不良反应。各种类型的变态反应均可出现，最严重的是过敏性休克。

A.原因　是青霉素溶液中的降解产物青霉噻唑蛋白、青霉烯酸、6-APA高分子聚合物所致。

B.临床表现　主要为呼吸衰竭、循环衰竭、中枢抑制。

C.预防措施　对青霉素过敏者禁用；常规皮试；每次用药后观察30分钟，无反应才能离去。

D.急救　皮下或肌肉注射肾上腺素0.5~1.0mg，必要时加用糖皮质激素和抗组胺药。

②赫氏反应　应用青霉素治疗梅毒、钩体、雅司、炭疽等感染时，可有症状加剧现象，表现为全身不适、寒战、发热、咽痛、心跳加快等症状。此反应可能是大量病原体被杀死后释放的物质引起的。

③其他不良反应　肌内注射青霉素可产生局部疼痛、红肿、硬结等。

注意：①使用青霉素治疗梅毒时，易发生吉-海反应。
②使用青霉素治疗钩端螺旋体病时易发生赫氏反应。

【例1】对青霉素G最敏感的病原体是

A. 立克次体　　B. 钩端螺旋体　　C. 衣原体
D. 支原体　　E. 真菌

【例 2】用青霉素治疗下列疾病的过程中，首剂肌内注射后可出现赫氏反应的是
A. 流脑　　B. 猩红热　　C. 钩体病
D. 白喉　　E. 败血症

【例 3】青霉素 G 的主要不良反应是
A. 肾损害　　B. 过敏　　C. 听力减退
D. 肝损害　　E. 胃肠道反应

3. 氨苄西林的抗菌作用及临床应用

(1) 抗菌作用　氨苄西林耐酸，可口服，对 G^+ 和 G^- 都有杀菌作用，疗效与青霉素 G 相当，但因不耐酶而对耐药金黄色葡萄球菌感染无效。

(2) 临床应用　①治疗敏感菌所致的呼吸道感染、伤寒、副伤寒、尿路感染、胃肠道感染、软组织感染、脑膜炎、败血症、心内膜炎等，严重病例应与氨基糖苷类抗生素合用。②与氯唑西林按 1:1 组成复方制剂氨唑西林供肌内和静脉用药，可提高抗菌效果。③本品可与青霉素 G 有交叉过敏反应。尚可引起胃肠道反应、二重感染等。

4. 阿莫西林的抗菌作用及临床应用

(1) 抗菌作用　阿莫西林抗菌谱和抗菌活性与氨苄西林相似，但对肺炎球菌、肠球菌、沙门菌属、幽门螺杆菌的杀菌作用比氨苄西林强。

(2) 临床应用　主要用于敏感菌所致的呼吸道、尿路、胆道感染以及伤寒治疗。此外也可用于慢性活动性胃炎和消化性溃疡的治疗。与氟氯西林按 1:1 组成复方制剂抗菌效果好。

5. 头孢噻肟的抗菌作用及临床应用

(1) 抗菌作用　为半合成第三代头孢菌素，对 G^+ 菌作用不及第 1、2 代头孢菌素，对 G^- 菌（如肠杆菌类、铜绿假单胞菌）和厌氧菌有较强作用，对 β-内酰胺酶较稳定。

(2) 临床应用　可用于危及生命的败血症、脑膜炎、肺炎、骨髓炎、严重尿路感染，铜绿假单胞菌感染等。

【例 4】女，32 岁。发热、腰痛、尿频、尿急 1 个月，近 3 天全身关节酸痛、尿频、尿急加重。体检：体温 39.5℃，白细胞 13×10^9/L，中性粒细胞 86%，尿培养大肠埃希菌阳性，诊断为大肠埃希菌性尿路感染，应首选
A. 青霉素　　B. 红霉素　　C. 灰黄霉素
D. 头孢噻肟　　E. 林可霉素

6. 红霉素的抗菌作用及临床应用

(1) 抗菌作用　红霉素为大环内酯类抗生素。

①G^+菌　对 G^+ 菌抗菌作用强，如金黄色葡萄球菌（包括耐药菌）、表皮葡萄球菌、链球菌等。

②G^-菌　对部分 G^- 菌高度敏感，如脑膜炎奈瑟菌、淋病奈瑟菌、流感杆菌、布鲁斯菌、军团菌等。

③厌氧菌　对除脆弱拟杆菌及梭杆菌外的厌氧菌较敏感。

④其他　对某些螺旋体、肺炎支原体、立克次体、螺杆菌，也有抗菌作用。

(2) 临床应用

①青霉素过敏　红霉素抗菌效力不及青霉素，常用于治疗耐青霉素的金黄色葡萄球菌和对青霉素过敏者。

②敏感菌所致感染　用于上述敏感病原体所致的感染。

【例 5】可以治疗军团菌、支原体、衣原体的药物是
A. 人工合成类　　B. 氨基糖苷类抗生素　　C. 四环素类
D. 大环内酯类　　E. 头孢类

【例 6】治疗军团菌病的首选药物是
A. 青霉素 G　　B. 红霉素　　C. 四环素

D. 氯霉素　　　　E. 头孢唑林

7. 克林霉素的抗菌作用及临床应用

(1)抗菌作用　克林霉素的抗菌谱与红霉素类似，抗菌活性比林可霉素强 4~8 倍。最主要的特点是对各类厌氧菌有强大抗菌作用。对需氧 G^+ 菌有显著活性，对部分需氧 G^- 球菌、人型支原体和沙眼衣原体也有抑制作用，但肠球菌、G^- 杆菌、MRSA、肺炎支原体对本类药物不敏感。

(2)临床应用

①主要用于厌氧菌，包括脆弱拟杆菌、产气荚膜梭菌、放线杆菌等引起的口腔、腹腔、妇科感染。

②治疗需氧 G^+ 球菌引起的呼吸道、骨、软组织、胆道感染、败血症、心内膜炎等。

③治疗金黄色葡萄球菌引起的骨髓炎为首选药。

8. 庆大霉素和阿米卡星的抗菌作用及临床应用

	庆大霉素	阿米卡星
给药途径	口服难吸收，肌内注射给药	肌肉注射
临床应用	①严重 G^- 杆菌感染首选药，对沙雷菌作用更强 ②与青霉素合用，治疗肺炎球菌、铜绿假单胞菌、肠球菌、葡萄球菌、草绿色链球菌感染 ③术前预防和术后感染	①抗菌谱最广；②对 G^- 杆菌和金黄色葡萄球菌作用较强，但弱于庆大霉素；③对某些氨基糖苷类耐药菌仍有效，为首选药；④治疗粒细胞减少或免疫缺陷者严重 G^- 杆菌感染
不良反应	耳毒性，肾毒性，神经肌肉麻痹，过敏反应	耳毒性强于庆大霉素，肾毒性低于庆大霉素

注意：①抗菌谱最广的氨基糖苷类抗生素是阿米卡星。
②严重 G^- 杆菌感染首选的氨基糖苷类是庆大霉素。

【例 7】对铜绿假单胞菌作用最强的氨基糖苷类抗生素是

A. 卡那霉素　　　　B. 庆大霉素　　　　C. 阿米卡星
D. 妥布霉素　　　　E. 链霉素(超纲题)

A. 真菌感染　　　　B. 结核分枝杆菌感染　　　　C. 肠道寄生虫感染
D. 肺炎链球菌感染　　　　E. 肠道 G^- 杆菌感染

【例 8】红霉素主要用于治疗的感染为

【例 9】阿米卡星主要用于治疗的感染为

9. 妥布霉素的抗菌作用及临床应用

(1)抗菌作用　妥布霉素对肺炎杆菌、肠杆菌属、变形杆菌属的抑菌或杀菌作用分别较庆大霉素强 4 倍和 2 倍；对铜绿假单胞菌的作用是庆大霉素的 2~5 倍，且对耐庆大霉素菌株仍有效，对其他 G^- 杆菌的抗菌活性不如庆大霉素。在 G^+ 菌中仅对葡萄球菌有效。

(2)临床应用　适合治疗铜绿假单胞菌所致的各种感染，通常应与能抗铜绿假单胞菌青霉素类或头孢菌素类药物合用。

10. 多西环素的抗菌作用及临床应用

(1)抗菌作用　多西环素为四环素类药物的首选药。广谱，对 G^+ 菌、G^- 菌、立克次体、支原体、衣原体、螺旋体、放线菌等均有抑制作用。对 G^+ 菌作用不如青霉素类，对 G^- 菌作用不如氨基糖苷类及氯霉素，对伤寒杆菌、副伤寒杆菌、铜绿假单胞菌、结核分枝杆菌、真菌和病毒无效。

(2)临床应用　特别适合肾外感染伴肾衰竭、酒渣鼻、痤疮、前列腺炎、胆道感染、呼吸道感染等。

11. 米诺环素的抗菌作用及临床应用

(1)抗菌作用　抗菌谱与四环素相似，抗菌活性强于其他同类药物，对四环素或青霉素类耐药的 A 群链球菌、B 群链球菌、金黄色葡萄球菌和大肠埃希菌对米诺环素仍敏感。

(2)临床应用　主要用于治疗酒渣鼻、痤疮和沙眼衣原体所致的性传播疾病，以及上述耐药菌引起的感染。一般不作为首选药。

二、人工合成抗菌药

1. 环丙沙星的抗菌作用及临床应用

(1)抗菌作用　环丙沙星为第三代喹诺酮类药物(氟喹诺酮),属于广谱杀菌药。对 G^- 杆菌、球菌有强大抗菌作用。该药对铜绿假单胞菌、流感嗜血杆菌、大肠埃希菌等 G^- 的抗菌活性高于多数氟喹诺酮类药物。本品对结核分枝杆菌、军团菌、支原体、衣原体也有杀菌作用。环丙沙星通过抑制DNA螺旋酶,阻碍DNA复制而导致细菌死亡。

(2)临床应用　主要用于 G^- 杆菌所致的呼吸道、泌尿生殖道、消化道、骨与关节和皮肤软组织感染。

【例10】第三代喹诺酮类药物的抗菌机制是其抑制了细胞的

A. 蛋白质合成　B. 细胞壁合成　C. DNA螺旋酶
D. 二氢叶酸还原酶　E. 二氢叶酸合成酶

【例11】孕妇,25岁。孕37周,检查发现小阴唇内侧小菜花状赘生物,同时合并肺部感染。针对该患者抗感染治疗,不能使用的药物是

A. 红霉素　B. 喹诺酮类　C. 头孢菌素类
D. β-内酰胺类　E. 青霉素类

注意:喹诺酮类药物易浓缩、沉积于骨髓中,直接毒害软骨细胞的发育,影响儿童和胎儿的骨骼发育,故孕妇和12岁以下的小儿禁用。乳母服药期间,应停止哺乳。

2. 左氧氟沙星的抗菌作用及临床应用

(1)抗菌作用　左氧氟沙星是消旋氧氟沙星的左旋体,口服生物利用度接近10%,消除 $t_{1/2}$ 为5~7小时,85%的药物以原形由尿液排出,其抗菌活性是氧氟沙星的2倍。对表皮葡萄球菌、链球菌、肠球菌、厌氧菌、支原体、衣原体的体外抗菌活性明显强于环丙沙星。

(2)临床应用　用于治疗敏感菌引起的各种急慢性感染、难治性感染,效果良好。对铜绿假单胞菌的抗菌活性低于环丙沙星,但可用于临床治疗。在第4代以外的喹诺酮类药物中,其不良反应发生率相对较少且轻微。

3. 磺胺类药的临床应用及不良反应

磺胺类是广谱抑菌药,包括柳氮磺吡啶、磺胺嘧啶、磺胺异噁唑、磺胺甲噁唑等。

(1)抗菌作用　对大多数 G^+ 菌和 G^- 菌有良好的抗菌活性,其中最敏感的是A群链球菌、肺炎链球菌、脑膜炎奈瑟菌、淋病奈瑟菌、鼠疫耶氏菌等。对沙眼衣原体、疟原虫、卡氏肺孢子虫、弓形虫滋养体有抑制作用。但是,对支原体、立克次体和螺旋体无效。磺胺米隆和磺胺嘧啶银对铜绿假单胞菌有效。

(2)作用机制　对磺胺药敏感的细菌,不能利用现成的叶酸,必须以对氨基苯甲酸(PABA)为原料,在二氢蝶酸合酶的作用下生成二氢蝶酸,并进一步与谷氨酸生成二氢叶酸。后者在二氢叶酸还原酶催化下被还原成四氢叶酸。活化后的四氢叶酸,作为一碳单位载体的辅酶参与核苷酸的合成。

磺胺药的结构与PABA类似,可与PABA竞争二氢蝶酸合酶,抑制叶酸合成,影响细菌核酸合成而抗菌。

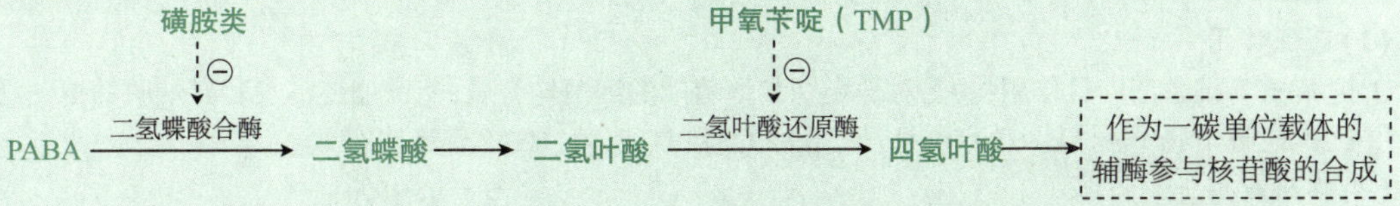

(3)临床应用　复方磺胺甲噁唑(复方新诺明,SMZco)是磺胺甲噁唑(SMZ)和TMP按5:1比例制成的复方制剂。SMZco通过双重阻断机制阻断四氢叶酸的合成,因此抗菌活性是两药单独等量应用时的数倍至数十倍,呈现杀菌作用。

SMZco 广泛用于大肠埃希菌、变形杆菌、克雷伯菌引起的泌尿道感染；肺炎链球菌、流感嗜血杆菌及大肠埃希菌引起的上呼吸道感染；腹股沟肉芽肿；霍乱弧菌引起的霍乱；伤寒沙门菌引起的伤寒；志贺菌属引起的肠道感染；卡氏肺孢子虫肺炎等。

(4)不良反应

①肾损害　乙酰化磺胺在尿中溶解度低，易结晶析出损害肾脏。因此，应大量饮水，碱化尿液。

②过敏反应　药热和皮疹分别多发于服药后 5~10d 和 7~9d。

③骨髓抑制　可导致白细胞减少、血小板减少，甚至再生障碍性贫血。

④神经系统反应　少数病人出现头晕、头痛、萎靡和失眠等。

A. 对病毒感染有效　B. 对念珠菌属的细菌感染有效　C. 杀灭结核分枝杆菌

D. 抑制二氢蝶酸合酶活性　E. 对立克次体感染有效

【例 12】多西环素的药理作用是

【例 13】磺胺药的药理作用是

注意：①氨基糖苷类的抗菌机制是抑制细菌蛋白质的合成。

②第三代喹诺酮类的抗菌机制是抑制细菌 DNA 合成。

③磺胺类的抗菌机制是抑制细菌核酸合成。

④青霉素类的抗菌机制是抑制细菌细胞壁的合成。

4. 甲硝唑的药理作用及临床应用

(1)抗菌作用　抗厌氧菌，对脆弱类杆菌尤为敏感。对滴虫、阿米巴滋养体、破伤风梭菌具有很强的杀灭作用。对需氧菌或兼性需氧菌无效。

(2)作用机制　甲硝唑属硝基咪唑类药物，其分子中的硝基在细胞内无氧环境中被还原成氨基，从而抑制病原体 DNA 合成，发挥抗菌作用。

(3)临床应用　主要用于治疗厌氧菌引起的口腔、腹腔、女性生殖器、下呼吸道、骨和关节等部位的感染。对幽门螺杆菌感染的消化性溃疡、四环素耐药艰难梭菌所致的假膜性肠炎有特殊疗效。也是治疗阿米巴病、滴虫病、破伤风的首选药物。

三、抗结核药

1. 异烟肼的药理作用、临床应用及药物相互作用

(1)药理作用　对生长旺盛的活动期结核分枝杆菌有强大的杀灭作用，是治疗活动性结核的首选药物。对静止期结核分枝杆菌无杀灭作用而仅有抑菌作用。

(2)临床应用　异烟肼是各型结核病的首选药。

(3)药物相互作用

①异烟肼为肝药酶抑制剂，可使双香豆素类抗凝药、苯妥英钠的代谢减慢，血药浓度升高。

②饮酒和与利福平合用时，均可增加对肝的毒性作用。

③与肾上腺皮质激素合用，血药浓度降低。与肼屈嗪合用则毒性增加。

2. 利福平的药理作用、临床应用及药物相互作用

(1)药理作用

①抗结核　抗菌谱广且作用强大，对静止期和繁殖期的细菌均有效，能增加链霉素和异烟肼的抗菌活性。

②抗其他微生物　利福平对麻风杆菌、多种 G^+ 和 G^- 球菌、G^- 杆菌等均有效。

(2)临床应用

①结核病　利福平与其他抗结核药联合使用可治疗各种类型的结核病，包括初治及复发结核。

②麻风病　可与抗麻风病药合用。

③重症胆道感染　因利福平在胆汁中浓度较高，因此可用于重症胆道感染。

④局部治疗 利福平可局部用于沙眼、急性结膜炎、病毒性角膜炎的治疗。

(3)药物相互作用 利福平是肝药酶诱导剂,可加速自身及许多药物的代谢,如洋地黄、奎尼丁、普萘洛尔、维拉帕米、巴比妥类、口服抗凝药、氯贝丁酯、美沙酮、磺酰脲类、口服避孕药、糖皮质激素、茶碱等。

【例14】治疗麻风和广谱抗菌的药物是

A. 链霉素　B. 乙胺丁醇　C. 异烟肼
D. 氯喹　E. 利福平

【例15】用于治疗麻风病的药物是

A. 利福平　B. 利巴韦林　C. 伯氨喹
D. 氟康唑　E. 环磷酰胺

3. 乙胺丁醇的药理作用及临床应用

(1)药理作用 乙胺丁醇对繁殖期结核分枝杆菌有较强的抑制作用。其作用机制为与 Mg^{2+} 络合,阻止菌体内亚精胺与 Mg^{2+} 结合,干扰细菌 RNA 的合成,从而抑制细菌生长。乙胺丁醇对其他细菌无效,单独使用可产生耐药性。常与其他抗结核药联合使用,无交叉耐药现象。

(2)临床应用 用于各型肺结核和肺外结核。与异烟肼合用治疗初治患者,与利福平和卷曲霉素合用治疗复治患者。特别适用于经链霉素和异烟肼治疗无效的患者。

四、抗真菌药

氟康唑的药理作用及临床应用

1. 药理作用

氟康唑是广谱抗真菌药,对隐球菌属、念珠菌属、球孢子菌属等均有作用。

2. 临床应用

氟康唑是治疗艾滋病患者隐球菌性脑膜炎的首选药,与氟胞嘧啶合用可增强疗效。

五、抗病毒药

1. 利巴韦林的药理作用及临床应用

(1)药理作用 利巴韦林(三唑核苷、病毒唑)是广谱抗病毒药,对多种 RNA 和 DNA 病毒有效,包括甲肝病毒、丙肝病毒、腺病毒、疱疹病毒、呼吸道合胞病毒等。可以多种机制抑制病毒核苷酸的合成。

(2)临床应用 利巴韦林对呼吸道合胞病毒肺炎和支气管炎效果最佳,对急性甲型肝炎和丙型肝炎有一定疗效。

2. 阿昔洛韦的药理作用及临床应用

(1)药理作用 阿昔洛韦为广谱抗病毒药,在体外,对单纯性疱疹病毒、水痘带状疱疹病毒、巨细胞病毒等均具有抑制作用。药物进入疱疹病毒感染的细胞后,与脱氧核苷竞争病毒胸苷激酶或细胞激酶,药物被磷酸化成活化型阿昔洛韦三磷酸酯,而抑制病毒复制。

(2)临床应用 阿昔洛韦是治疗疱疹病毒感染的首选药物,多用于皮肤科、眼科的病毒感染。也被用于艾滋病、慢性乙型肝炎的治疗。

常考点 各类抗微生物药的抗菌谱。

参考答案——详细解答见2021《贺银成国家临床执业及助理医师资格考试历年考点精析》

1. ABCDE　2. ABCDE　3. ABCDE　4. ABCDE　5. ABCDE　6. ABCDE　7. ABCDE
8. ABCDE　9. ABCDE　10. ABCDE　11. ABCDE　12. ABCDE　13. ABCDE　14. ABCDE
15. ABCDE

第 10 章　抗寄生虫药

考纲要求

①抗疟药：氯喹的药理作用及临床应用，青蒿素的药理作用及临床应用，伯氨喹的药理作用、临床应用及不良反应，乙胺嘧啶的药理作用及临床应用。②抗肠虫药：阿苯达唑的药理作用及临床应用，噻嘧啶的药理作用及临床应用，吡喹酮的药理作用及临床应用。

复习要点

1. 抗疟药——氯喹、青蒿素、伯氨喹、乙胺嘧啶的药理作用及临床应用

	氯喹	青蒿素	伯氨喹	乙胺嘧啶
属于	控制症状的药物	控制症状的药物	控制复发和传播的药物	病因性预防的药物
主要杀灭	对各种疟原虫的红细胞内期裂殖体具有较强的杀灭作用	对各种疟原虫的红细胞内期裂殖体具有快速的杀灭作用	对间日疟和卵形疟肝脏中的休眠子有较强的杀灭作用，能杀灭各种疟原虫的配子体	抑制疟原虫的增殖
无效	对子孢子、休眠子和配子体均无效	对红细胞外期的疟原虫无效	对红细胞内期的疟原虫无效	对已发育成熟的裂殖体无效
临床应用	能迅速有效地控制疟疾的临床发作，不能用于病因预防、控制远期复发及传播	能迅速有效地控制疟疾的临床发作，用于耐氯喹或多药耐药的恶性疟。因可透过血脑屏障，故用于脑性疟的抢救	是防治疟疾远期复发的主要药物，与红细胞内期抗疟药合用，能根治良性疟。可阻止疟疾传播	常用于病因性预防。不能直接杀灭配子体，但能阻止疟原虫在蚊体内的发育，阻断传播
特点	起效快，疗效高，用药 24~48 小时内症状消失，48~72 小时血中疟原虫消失	48 小时小时血中疟原虫消失	耐药菌株罕见	控制临床症状起效缓慢，常用于病因性预防
不良反应	罕见	罕见	①高铁血红蛋白血症 ②急性溶血	①巨细胞性贫血 ②粒细胞减少

2. 阿苯达唑的药理作用及临床应用

(1)药理作用　是高效、低毒的广谱驱虫药。能杀灭多种肠道线虫、绦虫和吸虫的成虫和虫卵。

(2)临床应用　多用于多种线虫混合感染，疗效优于甲苯咪唑。也可用于治疗棘球蚴病(包虫病)与囊虫病，对肝片吸虫病、肺吸虫病也有良好疗效。

3. 噻嘧啶的药理作用及临床应用

(1)药理作用　为广谱抗肠蠕虫药。对钩虫、绦虫、蛲虫、蛔虫等均有抑制作用。

(2)临床应用　用于治疗蛔虫、钩虫、蛲虫单独或混合感染。

4. 吡喹酮的药理作用及临床应用

(1)药理作用　广谱的抗吸虫药和驱绦虫药，不仅对多种吸虫有强大的杀灭作用，对绦虫感染和囊虫病也有良好的效果。作用机制为吡喹酮增加虫体细胞膜的通透性，使细胞内钙离子丧失，虫体肌肉发生强直性收缩而产生痉挛性麻痹脱落，使宿主免疫功能参与破坏虫体。

(2)临床应用　用于治疗各种血吸虫病、华支睾吸虫病、肺吸虫病、姜片虫病、绦虫病、囊虫病。

常考点　题少。

第五篇　医学心理学

第 1 章　总论与医学心理学基础

考纲要求

①医学心理学的概述：医学心理学的概念与性质，医学模式的转化。②医学心理学的任务、观点：医学心理学的任务，医学心理学的基本观点。③心理学概述：心理学的概念，心理现象的分类，心理实质的内容。④认知过程：感觉与知觉的概念、种类与特征，记忆的概念、种类、过程及其应用，思维的概念、特征与创造性思维的应用。⑤情绪过程：情绪与情感的概念，情绪与情感的分类，情绪的作用、调节、管理及其作用。⑥意志过程：意志的概念、特征与基本过程，意志品质与应用。⑦需要与动机：需要的概念、需要层次论及其应用，动机定义与分类，动机冲突的类型及其应用。⑧人格：人格的定义，能力与智力的概念、分类及其应用，气质的概念、特征、类型与意义，性格的概念、特征与分型。

复习要点

一、医学心理学总论

1. 医学心理学的概述

(1)医学心理学的概念　医学心理学是心理学和医学相结合的学科，这门学科是将心理学的理论和技术应用于医学领域，研究心理因素在人类健康和疾病及其相互转化过程中的作用及规律的一门科学。也是根据我国医学教育发展的需要而建立起来的新兴交叉学科，它既关注心理社会因素在健康和疾病中的作用，也重视解决医学领域中的有关健康和疾病的心理或行为问题。

(2)医学心理学的性质　医学心理学在学科门类上属于应用心理学，也是一门交叉学科。医学是研究人的生命活动的本质、研究疾病的发生发展规律以及如何正确地诊断和防治疾病、保持健康和提高健康水平的科学。心理学是研究心理与行为现象以及大脑活动规律的科学。医学与心理学的一个重要相同之处是它们都以人作为主要的研究和服务对象。从传统上看，医学研究偏重于人的生理方面，而心理学研究则偏重于人的精神方面。然而，人的生理活动与心理活动是相互联系、相互影响的。这一点是医学与心理学之间相互联系的重要基础。

(3)医学模式的转化　医学模式是指一定时期内人们对疾病和健康的总体认识，是该时期医学发展的指导思想，也可以说是该时代的哲学观在医学上的反映。医学模式的发展经历了以下几个阶段：

①神灵主义医学模式　大约形成于 1 万年以前的原始社会。由于当时的生产力水平极为低下，科学思想尚未确立，人们对健康和疾病的理解是超自然的，相信“万物有灵”，认为人类的生命和健康由神灵所主宰，疾病和灾祸是天谴神罚。因此，当时治疗疾病的方法是祈求神灵和巫医、巫术。

②自然哲学医学模式　公元前 3000 年前后开始出现。例如，我国中医学就是在这一阶段发展起来的，中医著作中有关“天人合一”和“天人相应”的观点，正是这一模式的反映。这一观点至今仍有一定的指导意义，但毕竟是基于朴素的唯物论，带有一定的局限性。

③生物医学模式　欧洲 14～17 世纪的文艺复兴运动，使得西方医学开始摆脱宗教的禁锢。哈维等人提出的血液循环学说，把医学推向了一个新的时期，这就是以生物躯体为中心的生物医学观的时期。

随着医学科学的发展，生物医学模式逐渐暴露出其片面性，即忽略了人具有整体性和社会性的特点。

④生物-心理-社会医学模式　这一模式认为，在思考人类的疾病和健康问题的时候，无论是致病、治病、预防及康复，都应将人视为一个整体，充分考虑到心理因素和社会因素的作用，综合考虑各方面因素的交互作用，而不能机械地将它们分割开。医学心理学的发展促使生物医学模式向生物-心理-社会医学模式的转变，促进医学观念由以疾病为中心向以病人为中心转变。

【例1】"无论是致病、治疗，还是预防和康复，都应将人视为一个整体，需要考虑各方面因素的交互作用，而不能机械地将它们分割开"。此观点所反映的医学模式是

A. 机械论医学模式　B. 生物医学模式　C. 自然哲学的医学模式

D. 神灵主义的医学模式　E. 生物-心理-社会医学模式

2. 医学心理学的任务与观点

(1)医学心理学的研究任务　医学心理学的研究任务表现为：对患者的心理活动过程、个性性格特点和生理心理的基本规律的进行研究，同时应用心理学的知识来解答心理因素在疾病的发生、发展、诊断、治疗、护理和预防工作中的作用。具体任务为：

①心理社会因素在疾病的发生、发展和变化过程中的作用规律　人类疾病大体可分为三类：躯体疾病、心身疾病、精神疾病。在后两类疾病中，心理社会因素不仅是致病或诱发因素，也可以表现在疾病的症状上。在第一类疾病中，心理社会因素虽然不是直接的原因，但在患病后，不同的心理状态也影响着疾病的进展，有的还产生明显的心理障碍。

②心理评估手段在疾病的诊断、治疗、护理与预防中的作用　心理评估是医学心理学研究的重要内容，也是使医学心理学具有可操作性的一项重要任务。要了解患者的心理状态和心理特征，阐明生理功能、心理功能和社会功能的相互影响以及心理障碍的类型，明确心理治疗与心理护理的效果及预后，就需要合理应用心理评估手段。

③运用心理治疗的方法达到治病、防病和养生保健的目的　心理治疗是医学心理学研究的核心和精华。随着医学心理学的发展，逐渐建立起一套改变人们认知活动与情绪障碍的方法，并且作为一门独立和专门的技术应用于临床各科工作中。

④患者心理活动的特点及心理康复方法的运用　研究患者的心理特点，才能实施最佳的心理干预。恰当而又熟练的沟通技巧可以很快使医患关系变得融洽，巧妙积极的暗示可以使患者的身体和情绪进入积极状态，热情的鼓励可以激励患者战胜疾病的信心和斗志。这种心理干预不仅是一门复杂的技术，更是一门临床艺术。

(2)医学心理学的基本观点　我国医学心理学工作者根据多年的实践和研究，概括出6个基本观点：

①心身统一的观点　一个完整的个体，应包括心、身（即精神和躯体）两个部分，两者相互影响。对外界环境的刺激，心、身是作为一个整体来反应的。因此，在医学心理学的研究中，心、身是相辅相成的。

②社会对个体影响的观点　一个完整的人类个体，不仅是生物的人，而且是社会的人。他生活在特定的环境之内，生活在不同层次的人际关系网中。各层次之间既有纵向的相互作用，又有横向的相互影响。因此，在医学心理学研究中，不能忽视社会对个体的影响。

③认知评价的观点　心理社会因素能否影响健康或导致疾病，不完全取决于该因素的性质和意义，还取决于个体对外界刺激的认知和评价，有时后者占主导地位。也就是说，在相当程度上，认知评价可能决定疾病的发生和预后。

④主动适应和调节的观点　个体在成长发育过程中，逐渐对外界事物形成了一定特定的反应模式，构成了相对稳定的个性特点。这些模式和特点使个体在与周围的人和事的交往中，保持着动态平衡。其中，心理的主动适应和调节是使个体行为与外界保持相对和谐一致的主要因素，是个体健康和抵御疾病的重要力量。

⑤情绪因素作用的观点　情绪与健康有着十分密切的关系。良好的情绪是健康的基础，不良情绪是

诱发或导致疾病的因素。因此，在医学心理学研究中，情绪是不可忽视的因素。

⑥个性特征作用的观点　面对同样的社会应激，有的人生病，难以适应，有的人则“游刃有余”，很快渡过“难关”，原因是应激反应与个性特征有十分密切的关系。对个性的研究，使医学心理学更具特色。

上述6个观点，贯穿于医学心理学的各个领域，指导着医学心理学各个方面的工作和研究。

【例2】医学心理学的研究任务不包括

A. 人格特征或行为模式在疾病与健康中的意义　B. 如何运用心理治疗的方法达到保健的目的
C. 医院管理中存在的心理问题系统的解决方法　D. 疾病的发展和变化过程中心理因素作用的规律
E. 心理评估手段在疾病预防中的作用

【例3】面对同样的社会应激，有人难以适应而得病，有人很快渡过难关。医学心理学解释此现象的基本观点为

A. 社会影响的观点　B. 情绪作用的观点　C. 个性特征的观点
D. 心身统一的观点　E. 主动调节的观点

【例4】医学心理学对于健康和疾病的基本观点不包括

A. 认知评价的观点　B. 个性特征作用的观点　C. 情绪因素作用的观点
D. 被动适应的观点　E. 心身统一的观点

二、医学心理学基础

1. 心理学的概述

(1)心理学的概念　心理学是研究心理现象的发生、发展及其规律的科学，其研究对象是人的心理活动和个体行为。心理学是一门既古老又年轻的学科。几千年以来，中外有许多哲学家和思想家都在探索心理现象，但直到19世纪后半叶，心理学才从哲学中独立出来成为一门学科。

(2)心理现象的分类　心理现象是心理活动的表现形式，分为心理过程和人格两个方面。

①心理过程　是指人心理活动的发生、发展的过程。具体是指在客观事物的作用下，在一定时间内，大脑反映客观现实的过程。心理过程包括以下三个方面：

A.认知过程　是接受、加工、储存和理解各种信息的过程，即人脑对客观事物的现象和本质的反映过程。认知过程包括感觉、知觉、注意、记忆、思维和想象等心理活动。

B.情绪情感过程　人在认识客观事物的时候，由于客观事物的不同特点和客观事物与人之间的不同关系，使人对客观事物采取一定的态度并伴随某种主观体验，这种态度和主观体验过程，就是情绪和情感过程。情绪情感过程包括情绪、情感体验、表情等心理活动。

C.意志过程　在认识和改造世界的活动中，人不仅能认识事物并产生一定的情绪和情感，而且还能有意识地自觉地确定行动目的，并根据目的调节支配自身的行为。例如，自觉地克服困难以实现预定目标的心理过程，就属于意志过程。

②人格　又称个性，是指一个人的整个精神面貌，即具有一定倾向性的稳定的心理特征的总和。人格结构是多层次、多侧面的，主要包括人格倾向性、人格特征、自我意识。

A.人格倾向性　是人进行活动的基本动力，是活动倾向方面的特征，如需要、动机、兴趣、信念等。

B.人格特征　表现一个人稳定的典型特征，包括能力、气质、性格等先天遗传的心理特征。

C.自我意识　是意识的一种形式，是一个人对自己本身的一种意识。由自我认识、自我体验、自我调控等方面构成。自我意识是人的人格结构中的组成部分，是一种自我调节系统。

(3)心理实质的内容

①心理是脑的功能　心理是物质发展到一定阶段才产生的。物质发展到生命阶段，当生物有了神经系统之后才出现心理这种功能。人脑的结构和功能与心理现象的联系逐渐为科学研究所发现。神经系

统和脑是心理发生的器官,心理是在神经反射活动中实现的,脑在反射活动中起着复杂的整合作用。

②心理是人脑对客观现实主观能动的反映,而不是客观反映　心理作为脑的功能是以活动的形式存在的,脑的神经活动是生理的、生化的过程。这些过程中发生对现实外界刺激作用的反映过程则是心理活动。人对客观现实的反映,不限于现在的事物,还涉及过去经历过的事物,而且后者又会影响前者。客观现实是心理的源泉和内容,一切心理活动都是由神经活动过程携带的对客观现实的反映。

【例 5】下列说法错误的是

A. 心理是脑的功能　　B. 脑是心理的器官　　C. 心理是对事物的主观反映

D. 客观现实是心理的源泉　　E. 心理能客观地反映事物

2. 认知过程

(1)感觉的概念、种类与特征

①感觉的概念　感觉是人脑对直接作用于感觉器官的客观事物的个别属性的反映。

②感觉的种类　根据感觉分析器和它所反映的适宜刺激物的不同,可将感觉分为以下几类:

A.按照刺激物与感觉器官的接触方式　可将感觉分为距离感觉和接触感觉,前者如视觉、听觉等,后者如触觉、味觉等。

B.根据医学临床需要,按照感受器的分布及作用特征　可将感觉分为体表感觉(如视觉、听觉)、深部感觉(如姿势和运动感觉)、内脏感觉。

C.根据内、外感受器及其所反映的内、外环境刺激的不同　可将感觉分为内感觉、外感觉、本体感觉。

③感觉的特征　感觉的特征包括:

A.感觉的适应　由于刺激物对感受器的持续作用,从而使感受性提高或降低的现象,称为感觉适应。“入芝兰之室,久而不闻其香;入鲍鱼之肆,久而不觉其臭”,反映的是嗅觉的适应现象。由明亮的地方突然进入暗室,起初什么也看不见,等一会就看清了,这就是视觉器官的感受性增强。

B.感觉后像　在刺激物停止作用于感受器以后,感觉现象仍暂留一段时间的现象,称为感觉后像。后像有正负之分。正后像在性质上和刺激物的性质相同,负后像的性质则同刺激物的性质相反。例如,注视电灯一段时间以后,关上灯,仍有一种灯在那亮着的感觉,这是正后像。如果目不转睛地盯着一盏白色荧光灯,然后把视线转向一堵白墙,会感到有一个黑色的灯的形象,这是负后像。

C.感觉的空间积累与空间融合　感觉不仅有时间积累现象,也有空间积累现象。空间积累是指感受器不同的部位同时受到刺激所产生的、因反应整合在一起而改变了感受性的现象。如用一定温度的冷或热刺激作用于皮肤,随着受作用的皮肤面积的增大,冷或热的感觉也增强,但这时刺激的强度并没有改变。这是由于皮肤各部位的温度觉反应累积在一起的结果。感觉的空间融合是指感受器把同时作用于它的不同刺激的反应联合起来而产生单一感觉的现象。例如,红光和绿光混合时,我们看到的是黄光。

D.感觉对比　是指同一感受器接受不同的刺激而使感受性发生变化的现象。这是由于感受器不同部位接受不同刺激,对某个部位的强刺激抑制了其他邻近部位的反应,不同部位的反应差别被加强的表现。

E.不同感觉的相互作用　感觉的相互作用是指因为此种感觉通道受到刺激而引起彼种感觉通道产生感觉或感受性发生变化的现象。比如,给一点微弱的声音刺激可提高对颜色的视觉感受性,给一点微光刺激可提高听觉的感受性。不同感觉相互作用的另一种形式是感觉补偿,它是指某种感觉缺失后,其他感觉的感受性会增强而起到部分弥补作用的现象。比如,盲人没有视觉,但可以用触觉阅读。

(2)知觉的概念、种类与特征

①知觉的概念　知觉是人脑对直接作用于感觉器官的客观事物的整体属性的反映。人们通过感觉可以认识事物的个别部分或个别属性,而通过知觉能够把由各种感觉通道所获得的感觉信息进行整合以获得对事物整体的认识。

②知觉的种类　根据知觉反映的客观事物特性不同,可将知觉分为空间知觉、时间知觉和运动知觉。

A.空间知觉　是对物体的形状、大小、远近、方位等空间特性的知觉。

B.时间知觉 对客观事物的顺序性和延续性的反映。

C.运动知觉 是个体对物体空间移动以及移动速度的反映。

③知觉的特征 知觉的基本特征包括：

A.知觉的选择性 人在知觉客观世界时，总是有选择性地把少数事物当成知觉的对象，而把其他事物当成知觉的背景，以便更清晰地感知一定的事物与对象，这种特性称为知觉的选择性。例如，在课堂上，老师的声音成为学生知觉的对象，而周围环境中的其他声音便成为知觉的背景。

B.知觉的整体性 知觉系统具有把感觉到的个别特征、个别属性整合为整体的功能，称为整体性。在知觉中，过去的经验、知识可对当前的知觉活动提供信息补充，把不完整的图形看成完整图形，这种知觉组织过程，称为封闭性，由此产生的图形轮廓称为主观轮廓。

C.知觉的理解性 是指人以知识经验为基础，对感知的事物加工处理，并用词语加以概括赋予说明的组织加工过程。不同知识经验的人在知觉同一对象时，他们的理解不同，知觉的结果也不同。比如，同一张X线片，实习医生与经验丰富的医生的理解是不一样的。

D.知觉的恒常性 是指当知觉的客观条件在一定范围内改变时，知觉的映像仍保持不变。知觉的恒常性具有十分重要的意义。客观对象具有一定的稳定性，我们的知觉也就需要具有相应的稳定性，以便能真实地反映客观对象的自然属性、本来面貌。

(3)记忆的概念、种类、过程及其应用

①记忆的概念 记忆是人脑对过去经验的保持和再现，即通过识记、保持、再认或回忆三个基本环节在人脑中积累和保存个体经验的心理过程。用信息加工的术语描述，就是人脑对外界输入的信息进行编码、储存和提取的过程。

②记忆的种类 按记忆信息加工方式或保持时间的长短，将记忆分为瞬时记忆、短时记忆和长时记忆。

	瞬时记忆	短时记忆	长时记忆
别称	感觉记忆	初级记忆	二级记忆
定义	是指外界刺激对感觉器官的刺激停止以后，刺激物的映像仍然持续极短时间才消失的记忆	是指在感觉记忆基础上，信息能保持1分钟左右的记忆	是指从几分钟至许多年，乃至终身的记忆
记忆时间	视觉形象记忆约保持1/4秒 声像记忆大约保持2~4秒	1分钟左右	几分钟至许多年，乃至终身
记忆容量	—	7±2个创克(chunk)	容量非常大，没有限制

③记忆的过程及其应用 记忆是一个复杂的心理过程，包括识记、保持、再认和再现三个基本环节。

A.识记 是个体获取经验，记住事物的过程，也就是外界信息输入大脑并进行编码的过程，是记忆过程的开端，是保持和再现的前提。根据识记时有无明确的目的，把识记分为无意识记和有意识记。根据识记时对材料意义的理解程度，可将识记分为意义识记和机械识记。

B.保持和遗忘 保持是把感知过的事物、体验过的情感、做过的动作、思考过的问题等，以一定的形式储存在大脑中的过程。遗忘是指对识记过的事物不能再认或回忆。遗忘分为永久性遗忘、暂时性遗忘两种。德国心理学家艾宾浩斯(Ebbinghaus H)通过实验研究，发现的遗忘曲线表明：a.遗忘的速度是先快后慢，遗忘最快发生在识记后的第1天，以识记后的第1小时最显著；b.遗忘的数量随时间推移而增加；c.1天以后，虽然时间间隔很长，但所剩的记忆内容基本上不再明显减少而趋于平稳。

C.再认和回忆 是对储存的信息进行提取的过程。再认是对已经识记的事物再度呈现时仍能认识的心理过程。回忆是指头脑中重新浮现出过去经历过的事物或形成的概念，是由一定的外界条件引起的。根据是否有预定的目的、任务，回忆可分为有意回忆和无意回忆。

(4)思维的概念、特征与创造性思维的应用

①思维的概念　思维是人脑对客观现实概括的、间接的反映，是人类认识的高级形式，它是在感知基础上实现的理性认识形式。通过思维人们可以找出事物之间的本质联系和规律性。例如，医生巡视病房时，发现某患者面色苍白、呼吸急促、四肢湿冷、脉搏细速，马上会想到患者可能休克了。

②思维的特征　思维具有间接性和概括性两个基本特征，此外，思维还具有指向性、逻辑性与连贯性。

A.思维的间接性　是指人对客观事物的反映不是直接的，而是通过其他事物作媒介来反映某一客观事物。例如，医生通过脑电图可间接了解脑的活动。正因为思维具有间接性，人们才可能认识那些没有直接作用于感官的事物和属性，从而揭示事物的本质和规律。

B.思维的概括性　是指人脑反映的不是个别事物或事物的个别特征，而是反映同一类事物的共同特征、本质特征、事物间的规律性联系和关系。思维是借助于语言来实现的。

③思维的种类

A.根据思维过程中的凭借物分类　可将思维分为动作思维、形象思维和抽象思维。

a.动作思维　是以实际动作为支柱的思维。如手机不能接听时，看看是否电池已经用完了。

b.形象思维　是以事物的具体形象和表象为支柱的思维。如动手布置房间前，我们想象着：电视机摆在哪里等。文学家、艺术家经常用形象思考，通过形象来表达自己的思想和情感。

c.抽象思维　运用概念进行判断、推理的思维活动。如学生运用数学符号和概念进行数学运算或推导等。

B.根据探索答案的方向分类　可将思维分为聚合思维和发散思维。

a.聚合思维　是将问题提供的各种信息聚合起来，得出一个正确的或最好的答案，这是一种有方向、有范围、有条理的思维方式。如医生根据临床表现、体格检查、实验室检查结果给患者诊断疾病的过程。

b.发散思维　是一种求异思维。根据已有信息，从不同角度、不同方向思考，寻求多样性答案的一种展开性思维方式。如一题多解，这种思维需重新组织现有的信息和记忆中储存的信息，产生多个可能的答案。

C.根据思维的主动性和独创性分类　可将思维分为习惯性思维和创造性思维。

a.习惯性思维　是指人在解决问题时，常常不加改变地运用解决类似问题时获得的知识经验和解决问题的方法，来解决当前的问题。这种思维的创造水平低，对原有知识经验不需进行明显的改组。

b.创造性思维　是具有主动性和独创性的思维。除具有一般思维的特点外，它能提供新的、具有社会价值的东西。创造性思维是多种思维的综合表现，同时还要结合想象、进行构思才可能实现。

④思维的过程　对反映事物外部现象和特性的感知材料进行加工，用以揭露事物内部的、本质的特征和规律性联系的心理过程称为思维过程，包括分析与综合、比较与分类、抽象与概括。

A.分析与综合　分析与综合是思维的基本环节，一切思维活动，从简单到复杂，从概念形成到创造性思维，都离不开头脑的分析与综合。

B.比较与分类　比较是对不同的事物或现象加以对比，确定它们的共同点、不同点及相互关系。

C.抽象与概括　抽象是抽出事物共同的、本质的特征，舍弃非本质特征的思维过程。

⑤解决问题的思维　思维过程主要体现在解决问题的活动中。

A.解决问题的思维过程分为四个基本阶段　即发现问题、分析问题、提出假设、检验假设。

B.影响解决问题的心理因素　包括以下四个方面：

a.知觉特点　对问题如能进行客观详细的观察，有助于问题的解决。

b.定势　个人面对问题情境时，无论情境中所显示的客观条件如何，个人总是先以其主观的经验与习惯方式去处理问题，这种现象称为心理定势。定势有时有助于问题的解决，有时会妨碍问题的解决。

c.功能固着　属特殊类型的定势。在日常生活中，硬币好像只有一种用途，很少想到它还能用于导电。

d.迁移　是指已获得的知识、技能和方法对解决新问题的影响，这种影响可能产生积极的、有利的作用，称为正迁移，如举一反三、触类旁通；也可能产生消极的、不利的作用，称为负迁移，如方言太浓可能影响普通话的正确发音。

⑥创造性思维的应用　创造性思维是一种具有开创意义的思维活动，即开拓人类认识新领域，开创人

类认识新成果的思维活动。创造性思维是以感知、记忆、思考、联想、理解等能力为基础，以综合性、探索性和求新性为特征的高级心理活动，需要人们付出艰苦的脑力劳动。医生具有创造性思维能力极其重要。

A.创造性问题解决模式，一般分为准备阶段、酝酿阶段、豁朗阶段、验证阶段4个阶段。

B.创造力与一般能力的主要区别在于它的新颖性和独创性。这种行为表现为三个重要的特点，即变通性、独特性、流畅性。医生具备了创造性思维，才能更好地攻克难题，促进人类健康。

【例6】"入芝兰之室，久而不知其香"，说明的是

A. 感觉过敏　B. 感觉适应　C. 感觉相互作用
D. 感觉减退　E. 感受性补偿

【例7】知觉是人脑对客观事物

A. 个别属性的反映　B. 整体属性的反映　C. 本质属性的反映
D. 特殊属性的反映　E. 发展属性的反映

【例8】结合自己的经验，并用概念的形式反映事物的特征为

A. 知觉的多维性　B. 知觉的整体性　C. 知觉的恒常性
D. 知觉的理解性　E. 知觉的选择性

【例9】已获得的知识、技能和方法对解决新问题会产生影响的心理现象称为

A. 暗示　B. 功能固着　C. 保持
D. 迁移　E. 创造

【例10】思维是属于心理活动的

A. 意志过程　B. 认知过程　C. 情感过程
D. 人格倾向　E. 人格特征

【例11】通过感觉、知觉、记忆等进行的活动称为

A. 意志过程　B. 人格倾向　C. 情感过程
D. 人格特征　E. 认知过程

【例12】某心外科医生在实施一例先天性心脏病手术之前的晚上，在自己脑海中反复想象手术的过程、路径以及手术意外的应对措施等，这种思维方式是

A. 形象思维　B. 聚合思维　C. 发散思维
D. 抽象思维　E. 创造思维

3. 情绪过程

(1)情绪与情感的概念　情绪和情感是人对客观事物是否符合自身需要而产生态度的内心体验。

	情绪	情感
概念	是个体受到情景刺激时，经过是否符合自己需要的判断后产生的行为变化、生理变化和对事物态度的主观体验	是人的高级心理现象，是人对精神性和社会性需要的态度性体验
对需要的满足	情绪与生理性需要相联系	情感是与人的社会性需要相联系的体验
从进化上看	情绪代表种系发展的原始方面 人与动物共有	情感是人才有的高级心理现象 是人类社会历史发展的产物
从发生上看	情绪受情景影响大，不稳定	情感受情景影响小，较稳定
从反应上看	情绪反应强烈，外部表现明显	情感反应较深沉，外部表现不明显

(2)情绪与情感的分类

①基本情绪　基本情绪是人和动物共有的，在发生上有着共同的原型或模式，它们是先天的、不学而能的。人们根据情绪与需要的关系，将快乐、悲哀、愤怒、恐惧作为基本情绪。

A.快乐　是一个人追求并达到所期盼的目标时产生的情绪，愿望得以实现，紧张解除，便会产生快乐的体验。快乐的程度取决于愿望实现，目标达到的意外性。

B.悲哀　是个体失去某种他所重视和追求的事物时产生的情绪。悲哀的强度取决于失去的事物对主体心理价值的大小。悲哀并不都是消极的，它在一定的主客观条件下可以转化为力量。

C.愤怒　是愿望得不到满足，实现愿望的行为一再受阻引起的紧张积累而产生的情绪。它可以从轻微不满、生气、愤怒到大怒、暴怒。愤怒的发展与对妨碍物的意识程度有直接关系。

D.恐惧　是个体企图摆脱、逃避某种情境或面临、预感危险而又缺乏应付能力时产生的情绪。引起恐惧的关键因素是缺乏处理、摆脱可怕情境或事物的能力。

②情绪状态　可分为心境、激情等状态。

A.心境　是指微弱而持久，带有渲染性的情绪状态。心境不同于其他情绪状态的显著特点是其不具有特定的对象性，即不针对任何特定事物，使人的一切体验和活动都染上这一色彩。"人逢喜事精神爽"，即为心境。

B.激情　是一种迅猛爆发、激动短暂的情绪状态。通常由对个体有重大意义的事件引起，往往伴随着显著的生理变化和明显的外部行为变化。如狂喜时手舞足蹈，盛怒时双目怒视，咬牙切齿。

③高级情感　分为道德感、理智感和美感。

A.道德感　是在评价人的思想、意图和行为是否符合道德标准时产生的情感。

B.理智感　是在认识和评价事物过程中所产生的情感。

C.美感　是根据一定的审美标准评价事物时所产生的情感。

(3)情绪的作用、调节、管理及其应用

①情绪的作用

A.情绪是适应生存的心理工具　情绪是进化的产物。在低等动物，所有的情绪只是一些具有适应价值的行为反应模式。特定的行为模式、生理唤醒及相应的感受状态，都是行为适应的情绪反应，其作用在于调动机体能量使机体处于适宜的活动状态。人类继承和发展了动物情绪这一适应功能。情绪的适应功能根本在于改善和完善人的生存和生活条件。

B.激发心理活动和行为动机　情绪构成一个基本的动机系统，它能驱动有机体发生反应、从事活动，在最广泛的领域里为人类的各种活动提供动机。

C.情绪是心理活动的组织者　情绪是独立的心理过程，有自己的发生机制和运作规律。作为脑内的一个监察系统，情绪对其他心理活动具有组织作用。它包括对活动的促进或瓦解两方面。正性情绪起协调、组织作用，负性情绪起破坏、瓦解或阻断作用。

D.情绪是人际交往的手段　情绪和语言一样，具有服务于人际沟通的功能。情绪通过表情来实现信息传递和人际间相互的了解。其中，面部表情是最重要的情绪信息媒介。

②情绪的调节　情绪的调节对于避免和减少消极情绪，保持良好稳定的情绪，保持身心健康具有十分重要的积极意义。根据心理学的理论和方法，可以从以下几个方面进行情绪调节：

A.改变认知方式　对客观事物的不同认知评价方式决定了个体情绪的性质和程度。现实生活中，消极情绪的产生往往是由个体对事物的错误认知评价方式所造成的。改变和调整对客观事物的认知方式，可有效地改变个体的情绪状态，在心理干预中是经常使用的一种方法。

B.调整期望目标　期望目标的实现必须依赖主、客观两个方面的诸多因素，期望目标没有达到将会产生消极情绪，个体应适时地针对自身情况和外界因素来调整目标，以避免或减少消极情绪的产生。

C.改变环境　环境是个体情绪产生的一个重要外部因素，适当地改变或转换生活环境，加强人际交往，创造一个优美、安全的良好环境，可以有效地防止消极情绪的产生。

D.心理应对与防御　心理防御机制是面对心理应激状态的一种心理机制。心理防御机制有积极和消极的两种方式，它对于调节和改善不良情绪具有明显的效果。

E.求助和咨询　个体面对复杂的社会生活环境，总会遇到一些难以解决的问题和困惑，积极的方法之一是通过求助和相关的咨询来解决。

③情绪的管理及其应用　情绪认知理论认为情绪的产生是环境刺激、认识过程、生理变化三者相互作用的结果，其中认知过程起关键作用。1962年，美国心理学家沙赫特、辛格通过实验验证了这一假说。

【例13】情感对于情绪来说具有的特点是

A. 强烈而冲动　B. 伴有明显的行为变化　C. 伴有明显的生理变化
D. 稳定而深刻　E. 带有明显的情境性

【例14】一种比较持久微弱、具有渲染性的情绪状态是

A. 心境　B. 激情　C. 心情
D. 热情　E. 应激

4. 意志过程

(1)意志的概念　意志是指人们自觉地确定目标，有意识地支配、调节行为，通过克服困难以实现预定目标的心理过程。意志是人类所特有的心理现象。动物的行为是以直观反应为中介，不可能对外界环境产生有意识的影响，所以动物是没有自我意识的。意志过程、认知过程和情绪过程共同构成心理过程，是心理过程的三个不同的侧面。这三个过程是相互影响、相互渗透的统一的关系。

(2)意志的特征　意志是通过行动而表现出来的。受意志支配的行为称为意志行动。意志主要体现在意志行动上，意志行动有三个最基本的特征：

①意志具有明确的目的性　人类行动的本质就是有目的、有计划、有步骤、有意识的行动。人在行动之前，其结果已经作为行动的目的，而以观念的形式存在于人脑之中，并且以这个目的来指导自己的行动，当发现行动偏离目的时，会能动地调节和控制自己的行动，使行动继续指向自己的目的。人们对于行动的目的越明确，实现目的的价值越大，克服困难的动力也越大，意志也就越坚强。

②意志是与克服困难相联系的　这是意志活动的核心。在实际生活中，并不是人的所有有目的的行动都是意志的表现。有的行动虽然也有明确的目的，如果不与克服困难相联系，就不属于意志行动。个体的行动需要克服的困难越大，意志的特征就显得越充分，越鲜明。

③以随意活动为基础　人的活动可分为随意活动和不随意活动两种。不随意活动是指那些不以人的意志为转移的、自发的、不能控制的运动，如自主神经支配的内脏运动。随意运动是指可以由人的主观意识控制的运动，如四肢运动。意志是有目的的行动，这就决定了意志行动是受人的主观意识调节和控制的。

(3)意志的基本过程

①意志过程与认知过程的关系　认知过程是意志活动的前体和基础。意志活动受目的的支配，这种目的不是与生俱来的，也不是凭空想象出来的。意志过程是反映外界客观事物的，是人的认知活动的结果。

②意志过程与情绪过程的关系　意志过程受到情绪过程的影响。情绪渗透于人的意志行动的全过程。

(4)意志的品质与应用　意志品质是指构成人的意志的某些比较稳定的心理特征。

①自觉性　意志的自觉性是指一个人有明确的行动目的，能主动地支配自己的行动，使其能达到既定目标的心理过程。它具体表现在意志行动过程中确定目的的自觉性、行动服从目的的自觉性、行动过程中克服困难的自觉性、行动结果时自我评价的自觉性。意志自觉性的品质，贯穿于意志行动的全过程。

②果断性　是指一个人善于明辨是非、抓住时机、迅速而合理地作出决定，并实现所做决定的意志品质。果断性是以自觉性为前提的，一是指敢于做出决定，二是指所做出的决定是有依据的。缺乏依据的决定只能是独断，是缺乏自觉性的表现，不能算是果断。

③坚韧性　是指一个人在执行决定时能坚持到底，顽强地克服各种困难的意志品质。具有坚韧性品质的人，表现为目标专一、不为一时的冲动或困难而改变方向，始终不渝地朝着目标，一步一个脚印地前进，在行为上表现为坚韧不拔的毅力，具有克服困难，勇往直前，百折不挠的精神。

④自制力　是指在意志行动中善于控制和约束自己的能力。在意志行动中，困难不仅来源于外部客观条件，也来源于自身的心理过程，如不良的情绪就会影响一个人目标的实现。为了实现自己的目标，必

须控制和约束这些不良的情绪,这就是意志的自制力品质。

【例 15】某医学生希望毕业后成为外科医生,在临床实习中主动向老师请教,积极为患者服务,并能结合临床案例查阅相关文献。他的行为表现在意志品质中属于

A. 坚韧性　　B. 果断性　　C. 随意性

D. 自制力　　E. 自觉性

5. 需要与动机

(1)需要的概念　需要是个体和社会的客观要求在人脑中的反映,表现为人对某种目标的渴求和欲望。需要是心理活动与行为的基本动力。没有需要,心理活动和行为也就失去了目的和意义。

(2)需要的分类

①按需要的起源和发展分　可将人的需要分为生物性需要和社会性需要。

A.生物性需要　是指维持个体保存和种族延续而产生的需要,如空气、食物、水、休息、配偶等。

B.社会性需要　是指人在社会活动中为适应社会生活而产生的需要,如交往、求知、劳动、尊重等。

②按需要对象的性质分　可将需要分为物质需要和精神需要两类。

(3)需要层次论及其应用　美国心理学家马斯洛曾提出需要的层次论,他认为需要的满足是人的全部发展的一个最基本原则。他将需要分为 5 个不同层次,从最低层次的生理需要,到最高层次的自我现实的需要。

①生理的需要　在人类的各种需要中占最强的优势,其中以饥饿和渴的需要为主。

②安全的需要　当人的生理需要获得满足后,随之便产生安全的需要,如生命安全、财产安全、职业安全、心理安全等。当这一需要获得满足之后,才会有安全感。

③归属和爱的需要　当上述需要获得满足后,人类就会产生进一步的社会性需要:归属和爱的需要。归属的需要就是参加一定的组织,依附于某个团体等。爱的需要包括接受他人和给予他人爱的需求。

④尊重的需要　指个体对自身价值的认同。前三个层次的需要获得满足后,尊重的需要才会充分地发展起来。

⑤自我实现的需要　在前四种需要获得满足的基础上产生的最高层次的需要。如理想、抱负的实现等。

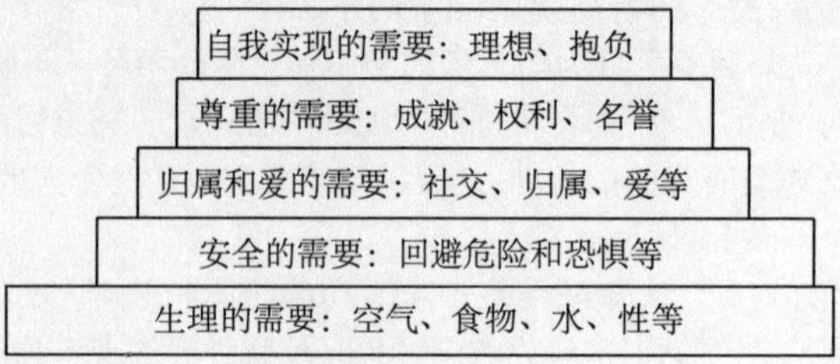

马斯洛需要层次理论

马斯洛认为生理需要是其他各种需要的基础,只有当人的一些基本需要得到满足后,才会有动力促使高一级需要的产生和发展,“自我实现”是人类需要发展的顶峰。

马斯洛认为不同年龄阶段需要的主题是不同的,如婴儿期主要是生理需要占优势,而后这种需要逐渐减弱,安全的需要、归属与爱的需要依次递升。到了青少年期,尊重的需要日渐强烈,到青年晚期,自我实现的需要开始占优势。这是一种波浪式的递进,而不是简单的阶梯。

【例 16】人的社会性需要不包括

A. 劳动　　B. 求知　　C. 饮食

D. 交往　　E. 尊重

【例 17】马斯洛的需要层次理论中,处于最高层次的需要是

A. 爱和归属的需要　　B. 生理的需要　　C. 尊重的需要

D. 安全的需要　　E. 自我实现的需要

(4)动机的定义　动机是引起和维持个体的活动,并使活动朝着一定目标的内部心理动力。动机和

人们的需要有着密切的联系，需要是动机的基础和根源，动机是推动人们活动的直接原因。动机的产生需要具备两个基本条件：①内部条件，即需要的存在，动机是在需要的基础上产生的，但需要不等于动机；②外部的诱导或刺激，它进一步加强这种紧张或焦虑，并使动机的产生和进一步行动成为可能。

(5)动机的分类

①根据动机的内容分　分为生理性的动机（物质方面的动机）和心理性的动机（精神方面的动机）。

②根据动机的性质分　分为正确的动机和错误的动机。

③根据动机的作用分　分为主导动机和辅助动机。

④根据动机维持时间长短分　分为短暂的动机和长远的动机。

⑤根据引起动机的原因分　分为内部动机和外部动机。

(6)动机冲突的类型及其应用　心理学家将动机冲突分为以下4种基本类型。

	别称	定义	备注
双趋冲突	接近-接近式冲突	两个目标具有相同的吸引力，引起同样强度的动机。但无法同时实现，二者必择其一	鱼和熊掌不可兼得
双避冲突	避-避式冲突	一个人同时受到两种事物的威胁，产生同等强度的逃避动机，但迫于情势，必须接受其中一个，才能避开另一个，处于左右为难，进退维谷的紧张状态	前有狼，后有虎
趋避冲突	接近-避式冲突	指一个人对同一事物同时产生两种动机，既向往得到它，同时又想拒绝和避开它	既对人有吸引力又要付出代价
双重趋避式冲突	双重接近-避式冲突	人们常会遇到多个目标，每个目标对自己都有利有弊，反复权衡拿不定主意所产生的冲突	难以拿定主意

【例18】心理冲突的类型不包括

A. 双避冲突　　B. 双趋冲突　　C. 趋避冲突

D. 多重趋避冲突　　E. 矛盾冲突

【例19】一个人同时面临着两件令人讨厌的事物，产生同等的逃避动机，要回避其一就必然遭遇另一事物。此时产生的心理冲突称为

A. 趋避冲突　　B. 双避冲突　　C. 多重趋避冲突

D. 双重趋避冲突　　E. 双趋冲突

【例20】某战士参加抢洪救灾时，接到家里电话，得知母亲病危，十分焦虑。他在电话中哭着对父亲说："自古忠孝不能两全"。这位战士的动机冲突属于

A. 趋避冲突　　B. 双避冲突　　C. 双趋冲突

D. 多重趋避冲突　　E. 双重趋避冲突

6. 人格

(1)人格的定义　人格是指一个人的整个精神面貌，具有一定倾向性的、稳定的心理特征的总和。人格是一种心理特性，它使每个人在心理活动过程中表现出各自独特的风格。人格具有以下特性：

①整体性　人格的整体性强调人是一个整体的人，人格的各方面有机地联系在一起，相互影响和制约，不应分割、孤立地看待某一方面的作用。人的各种特性也只有在作为整体的人中才有意义。

②稳定性　人格的稳定性强调内在、本质的自我具有持久性和稳定性，所谓"江山易改，本性难移"。稳定性随人格的成熟逐渐加强，但稳定是相对的，可塑是绝对的。

③独特性　即个别性，强调人的个体差异。人格的独特性除与遗传因素有关外，也反映了人格形成过程中的各种经验印记。人格的独特性并不是说人与人之间毫无共同之处。

④社会性　人格的社会性可被理解为体现在个人身上的社会化程度或角色行为。人是社会性动物，

文化的影响、社会对各种角色行为的规范不可能不在人格中有所体现。

⑤倾向性　人格的倾向性反映个体行为动力方面的内容,决定一个人的行为模式或惯常方式的方向。它是由在生活经历中所形成的价值观、需要和动力等决定的。

(2)能力和智力的概念、分类及其应用

①能力和智力的概念　能力是指直接影响活动效率,使活动顺利完成的个性心理特征。智力是指认识方面的各种能力的综合,其核心是抽象逻辑思维能力。智力属于一般能力。

②能力和智力的分类

A.能力的分类　能力可分为一般能力和特殊能力两类。一般能力是指在许多不同种类的活动中表现出来的能力,如观察力、理解力、记忆力、运动能力等。特殊能力是指在某种专业活动中表现出来的能力,是顺利完成某种专业活动的心理条件,如音乐家对音色的分辨力,演员的模仿、表现能力等。

B.智力的分类　美国心理学家卡特尔(Cattell)、何恩(Horn)将人类的智力分为流体智力和晶体智力两类。流体智力是一种以生理为基础的认知能力,如对新事物的快速辨识、记忆、理解等能力,其特征表现在对不熟悉的事物,能够根据信息作出准确的反应,判断其彼此之间的关系;流体智力的发展与年龄有密切关系。晶体智力则是以学得的经验为基础的认知能力,如运用既有的知识和掌握的技能去吸收新知识或解决问题的能力;晶体智力与教育文化有关,但在个别差异上与年龄的变化没有密切的关系。

③能力和智力的应用　人的能力有大小,智力水平有高低,这是一个客观存在的现实。除了一般智力水平的差异外,人在特殊能力方面也有所不同。就群体来说,智力水平在人群中表现为常态分布,即智力非常优秀和智力非常低下的人处于两个极端,人数很少,而绝大多数处于中间水平。对于智力的衡量通常采用智力商数(简称智商,IQ)。智商是通过智力测验得出的结果,是对智力水平间接的推测和评估。

能力和智力是个性心理特征的重要方面,在一定程度上决定了一个人的成就。承认能力(智力)的差别并对其进行鉴别,才能使人各有所用,各尽其能;对不同的人也能因材施教。

(3)气质的概念、特征、类型与意义

①气质的概念　气质是个人典型的、稳定的心理特征,它与人的生物学素质有关的,并使人格染上独特的个人色彩。气质是不依赖活动目的和内容而转移的典型的、稳定的心理活动的动力特性。气质特点总是以同样方式表现在各种心理活动的动力学方面上。它主要表现为个人心理活动过程的速度和稳定性(如知觉的速度、思维的灵活度、注意力集中时间的长短等)、心理过程的强度(如情绪的强弱、意志努力的程度等)以及心理活动的指向性(倾向于外部事物或倾向于内部体验)。

②气质的特征　气质类型的结构特征可用感受性、耐受性、反应的敏捷性、行为的可塑性、情绪的兴奋性、社会活动中的外倾性 6 种因素来标志。

③气质的意义

A.气质对于社会实践活动有一定影响　正确认识气质与职业活动对指导社会实践活动具有重要意义。

B.气质不决定一个人社会活动的价值及成就的高低　各种气质类型的人都可对社会作出杰出成就。

C.气质对职业的影响　不同的职业活动,根据其工作性质的特点对人的气质有不同的要求。在特定条件下,选择气质特征合适的人员从事某项工作,可提高工作效率,减少失误。这对于职业选择和工作调配具有一定的意义。

D.气质对身心健康的影响　情绪不稳定、易伤感、过分性急、冲动等特征不利于心理健康。

④气质的类型　希波克拉底提出的气质体液学说广为流传,他认为人体内有血液、黏液、黑胆汁和黄胆汁四种液体,根据在人体内四种体液的不同比例,将气质分为多血质、胆汁质、黏液质和抑郁质四种类型。

		多血质	胆汁质	黏液质	抑郁质
巴甫洛夫分型		活泼型	兴奋型	安静型	抑制型
气质特征	感受性	低	低	低	高
	耐受性	高	高	高	低
	敏捷性	快	快	迟缓	慢
	可塑性	可塑	不稳定	稳定	刻板
兴奋性		高而不强	高而强烈	低而强烈	高而体验深
倾向性		外倾	明显外倾	内倾	严重内倾
外显行为		行动敏捷，精力充沛，活泼好动。注意力易转移，志趣易变化。面部表情丰富，语言表达能力强，感染力强。待人热情，容易适应环境	动作迅速，精力充沛，不易疲劳。情绪易于冲动，自我控制力差，心境变化大。活动中缺乏耐性，可塑性差	动作反应慢，不灵活。安静稳重，注意力稳定难以转移，喜怒不形于色。待人冷漠，固执拘谨。工作有条理，易于因循守旧，缺乏创新精神	动作迟钝，多愁善感。观察细致，对事物体验深刻，善于觉察他人难以发现的小细节。对事物和他人羞怯，不果断，缺乏信心，孤僻内向

【例 21】某人做事总是风风火火，速度很快，脾气火爆，缺乏耐性，而且时不时会出些错误。其气质类型属于

A. 多动质　　B. 多血质　　C. 黏液质
D. 胆汁质　　E. 抑郁质

【例 22】胆汁质气质的人，其高级神经活动类型属于

A. 强、均衡而灵活的活泼型　　B. 强、均衡而不灵活的安静型　　C. 强、不均衡而灵活的兴奋型
D. 弱、不均衡、不灵活的抑制型　　E. 弱、均衡、灵活的灵活型

(4)性格的概念、特征与分型

①性格的概念　性格是人体在生活过程中形成，对客观现实稳定的态度，以及与之相适应的习惯了的行为方式。性格是人格中最重要的心理特征，它反映了一个人的本质属性，具有核心的意义。

②性格特征

A.意识倾向性　性格最主要的特征是意识倾向性，表现为对现实的态度方面，如对人有善良、怜悯、傲慢等；对工作和学习的态度方面，如有责任心，有条不紊或漫不经心；对自己的态度方面，如有自信、谦虚或自以为是等。

B.意志特征　在对行为的调节控制方面，表现为性格的意志特征。如有的人始终如一，坚定不移；也有的人半途而废，见异思迁。

C.情绪特征　在对情绪的控制方面，表现为性格的情绪特征，如开朗、郁闷。

D.理智特征　在认知活动的特点和风格方面，表现为性格的理智特征，如有人善于思考、创新，有人则因循守旧。

E.态度特征　现实态度的性格特征主要表现在对各种社会关系的处理上，包括：一是对社会、集体、他人的态度，如爱集体、善交际、有礼貌，还是孤僻、粗暴等；二是对工作学习的态度，如勤劳、认真、首创精神，还是懒惰、马虎、墨守成规等；三是对自己的态度，如自信或自卑、羞怯或大方等。

③性格的分型

A.按理智、情绪、意志的优势分　可分为理智型、情感型和意志型。

B.按心理活动的内外倾向分　可分为内倾型、外倾型和中间型。

C.按处事的独立程度分　可分为独立型和顺从型。

D.按维度理论分　分为稳定-内向型、稳定-外向型、不稳定-内向型和不稳定-外向型。

【例 23】男,22 岁,大学生。平常乐于助人、尊师爱校。不仅在学习上经常帮助同学,而且在生活上也常常照顾他人,并能积极组织班级的集体活动。这种行为方式在性格的特征中属于

A. 行为特征　　B. 意志特征　　C. 态度特征

D. 情绪特征　　E. 理智特征

常考点　常考点,应全面掌握。

参考答案——详细解答见 2021《贺银成国家临床执业及助理医师资格考试历年考点精析》

1. ABCDE	2. ABCDE	3. ABCDE	4. ABCDE	5. ABCDE	6. ABCDE	7. ABCDE
8. ABCDE	9. ABCDE	10. ABCDE	11. ABCDE	12. ABCDE	13. ABCDE	14. ABCDE
15. ABCDE	16. ABCDE	17. ABCDE	18. ABCDE	19. ABCDE	20. ABCDE	21. ABCDE
22. ABCDE	23. ABCDE					

第 2 章　心理健康、心理应激与心身疾病

考纲要求

①心理健康概述：心理健康的概念，心理健康的简史，心理健康的研究角度及其应用，心理健康的标准及其应用。②不同年龄阶段的心理健康：儿童阶段的心理健康常见问题与对策，青少年阶段的心理健康常见问题与对策，中年人心理健康的常见问题与对策。③心理应激：心理应激的概念，应激源的概念与种类，心理应激的中介机制，心理应激反应，心理应激对健康的影响，心理应激的应对方法。④心身疾病：心身疾病的定义、特征与范围，心身疾病的发病原因与机制，几种常见的心身疾病。

复习要点

一、心理健康

1. 心理健康概述

(1)心理健康的概念　心理健康也称心理卫生，是指以积极的、有效的心理活动，平稳的、正常的心理状态，对当前和发展着的社会、自然环境以及自我内环境的变化具有良好的适应能力，并由此不断地发展健全的人格，提高生活质量，保持旺盛的精力和愉快的情绪。

(2)心理健康的简史

①1792 年，Pinel P 医生提出使精神病患者得到康复，除了不受约束外，他们应该从事有益的劳动。

②1908 年，Beers C 以自己患精神病后又恢复健康的亲自体验，又一次使心理卫生得到迅速发展。

③1908 年 5 月，成立了世界第一个心理卫生协会“康涅狄格州心理卫生协会”。

④1930 年 5 月，在华盛顿成立国际心理卫生委员会。

⑤1936 年 4 月，我国在南京成立了中国心理卫生协会。

⑥1985 年，我国在山东泰安召开了中国心理卫生协会成立大会。

【例 1】心理卫生又称为

A. 心理健康　　B. 心理和谐　　C. 心理宽容

D. 心理调节　　E. 心理平衡

(3)心理健康的研究角度及其应用

①统计学角度　许多在病理心理学看来属于异常的现象，在正常人的身上也会或多或少地有所表现，这与心理异常患者之间的差别只是程度上的差异而已。应用统计学的方法，把大多数在统计坐标上分布居中(即接近平均数)者视为正常，把正态分布的两端者视为异常。统计学的方法在很复杂的情况下可以采用，但简单地以纯数量为依据来界定极为复杂的心理现象，也会带有一定的局限性。例如，智力的常态分布中，除了个别有社会适应性缺陷外，也都属于正常范围。

②病理学角度　心理是人脑的功能。假定脑的结构和生理、生化方面发生障碍，如颅脑损伤、中毒、感染、营养缺乏、遗传或代谢障碍等，即使心理异常现象表现较为轻微，也可判定为异常。这一标准虽较客观，但也有其局限性。此外，即使大脑没有明显的器质性损害，但由于强烈的精神刺激而引起大脑功能失调，如出现幻觉、妄想等症状，也可认定有心理异常存在。

③文化学角度　人总是生活在一定的社会文化环境中，因此，可以从人的心理和行为是否符合其生活环境所提出的要求，是否符合社会行为规范、道德标准等方面来对心理健康进行判断。符合者为正常，否则为异常。这种标准也不是一成不变的，会随着时间的变迁而变化。

(4)心理健康的标准及其应用　各个学派的标准不一。

美国心理学家马斯洛（Maslow）提出的十条标准得到较多的认可：①有充分的适应能力；②充分了解自己，并对自己的能力作出恰当的估计；③生活目标能切合实际；④与现实环境保持接触；⑤能保持人格的完整和谐；⑥有从经验中学习的能力；⑦能保持良好的人际关系；⑧适度的情绪发泄与控制；⑨在不违背集体意志的前提下，有限地发挥个性；⑩在不违背社会规范的情况下，个人基本需求能恰当满足。

我国心理学家提出的心理健康的5条标准为：

①智力正常　包括分布在智力正态分布曲线之内者，及能对日常生活作出正常反应的智力超常者。

②情绪良好　能够经常保持愉快、开朗、自信的心情，善于从生活中寻求乐趣，对生活充满希望。善于调节负性情绪，具有情绪的稳定性。

③人际和谐　乐于与人交往，既有稳定而广泛的人际关系，又有知己的朋友；在交往中保持独立而完整的人格，有自知之明，不卑不亢；能客观评价别人，取人之长补己之短，宽以待人，乐于助人。

④适应环境　有积极的处世态度，与社会广泛接触，对社会现状有较清晰正确的认识，具有顺应社会改革变化的能力，勇于改造现实环境，达到自我实现与社会奉献的协调统一。

⑤人格完整　心理健康的最终目标是培养健全的人格。

【例2】依据个体的心理和行为是否符合其社会生活环境与行为规范来判断心理是否健康的研究角度属于

A. 认知学角度　B. 行为学角度　C. 生理学角度
D. 文化学角度　E. 经验学角度

【例3】对于大多数在小学里学习成绩中等的孩子而言，可以判断其智力水平处于正常范围，这一心理健康判断的角度为

A. 文化学角度　B. 社会学角度　C. 人类学角度
D. 统计学角度　E. 病理学角度

【例4】不属于心理健康的典型表现是

A. 情绪良好　B. 人际和谐　C. 智力正常
D. 人格完美　E. 适应环境

【例5】人际和谐的特点一般不包括

A. 宽以待人　B. 自我完善　C. 乐于交往
D. 乐于助人　E. 不卑不亢

【例6】男，40岁。平时乐于交际，宽以待人，友好相处，不卑不亢。符合心理健康的标准是

A. 适应环境　B. 情绪良好　C. 智力正常
D. 人格完整　E. 人际和谐

2. 不同年龄阶段的心理健康

(1)儿童阶段心理健康常见问题与对策

①乳儿期儿童心理健康常见问题与对策　乳儿期儿童从完全没有意识动作过渡到学会用手操作物体和直立行走等自主动作，从完全不能说话过渡到掌握一些简单的字和词进行交流。有了明显的注意力和初步的记忆力、简单的思维和依恋情绪等。此阶段乳儿的心理健康应该注意：

A.提供足量的蛋白质和核酸，以促进乳儿的身体、大脑、神经系统的健康发育。

B.乳儿会出现极为强烈的依恋需要，父母应重视乳儿的情感需求，与孩子建立亲密的情感联系。

C.父母应经常耐心地与乳儿进行语言交流，促进乳儿的学习、模仿、智慧的发展。

D.正确给予乳儿各种感官刺激和合理的行为功能训练。

E.断奶会给乳儿带来很大的心理打击，引起乳儿强烈的心身反应，应予以注意。

F.避免和矫正乳儿常见的不良行为，如咬手指、醒睡的昼夜颠倒、非器质性习惯性呕吐等。

②婴儿期儿童心理健康常见问题与对策　婴儿期儿童已初步掌握最基本的口头语言，自我意识也开始发展。情绪具有易变化、易冲动、易感染的特点。此阶段婴儿的心理健康应注意：

A.成人应鼓励婴儿开口说话，增加语言交流机会。使用规范语言，不应使用儿语。

B.训练婴儿的各种肢体动作，如跑、跳、翻滚等，培养双手的精细动作。

C.这个时期的婴儿已有了求知欲，好奇感。父母应重视婴儿的智力开发。

D.培养婴儿良好的习惯，如进食习惯、睡眠习惯、卫生习惯、起居习惯、规范行为习惯等。

③幼儿期儿童心理健康的常见问题与对策　幼儿期儿童的口头语言表达能力进一步提高，书面语言能力也开始发展。情绪体验也开始分化。此阶段幼儿的心理健康应注意：

A.开展丰富多彩的游戏活动，在游戏中训练幼儿的肢体协调、平衡、反应及写作等能力。

B.经常给儿童讲故事、看图书、看儿童影视并要求他们复述，以提高他们的口头语言表达能力。

C.培养他们对计数的兴趣，逐渐培养抽象思维能力。

D.通过参加各种游戏活动和社会活动，促进幼儿个体社会化及社会适应能力。

D.培养良好的习惯，如独立性、助人为乐、主动交往等良好习惯。

E.做好入学前的心理准备，让儿童接受小学的学习环境和新的教育模式。

④学龄期儿童心理健康问题与对策　学龄期儿童的语言表达能力更加完善，思维进一步发展。认知方面表现为感觉的感受性不断发展，知觉的分析和综合能力提高，记忆能力迅速发展，认知的选择性和持续性提升。儿童的情感内容不断丰富。此阶段儿童的心理健康应注意：

A.做好小学后的适应工作，在学习和人际关系方面需要培养新的能力。

B.根据儿童天真、活泼、开朗、纯真的特点，鼓励他们开发地成长。

C.注意儿童的各种认知能力，引导他们学会思考，启发他们的思维能力和想象力。

D.培养儿童良好的习惯，如学习习惯、集体意识、意志力、恒心、爱心、责任心等。

E.纠正儿童期常见的不良习惯，如逃学、说谎、偷窃、欺负同伴、破坏公物等。

(2)青少年阶段心理健康常见问题与对策　青少年常见的心理问题包括：

①学习问题　是青少年的家长所关注的焦点问题之一。孩子成绩不理想的原因多样，应区别对待。

②情绪情感问题　青少年情感丰富，情绪不稳定，时高时低，情绪心境化，大多由某些生活事件所致。

③恋爱与性的问题　进入青春期后，就有了恋爱与性的问题，并从此贯穿一个人的一生。

青少年阶段心理健康问题的对策：A.学校和家庭应注意培养青少年独立自主的能力，让他们能独立判断事物，独立应对事物，独立作出决定；B.促进自我意识的形成和发展对青少年十分重要；C.对青少年的性教育是一项重要的工作。

(3)中年人心理健康常见问题与对策　中年人常见的心理健康问题包括：

①反应速度与记忆力下降　常以为自己“老之将至”，从而产生悲观失望的心理状态。

②渴望健康与追求成就的矛盾　中年人都希望自己有个健康的身体，但是在繁忙的工作和高度责任感的驱使下，他们往往无暇关注自己的身体健康，甚至无暇参加体检。

③人际关系复杂　中年人的人际关系最为复杂，包括同事之间、上下级之间、亲属之间的关系等。

④家庭与事业的双趋冲突　家庭和事业对中年人的要求和期望，往往形成一对矛盾。

中年人心理健康问题的对策：A.重视自身心理健康的监察；B.积极合理地应对各种生活压力；C.努力加强自我心理保健。

二、心理应激

1. 心理应激的概念

(1)应激　应激的概念最初由加拿大心理学家塞里(Selys)于1936年首次提出，认为应激是机体对伤害性刺激的非特异性防御反应。

(2)心理应激　由拉扎卢斯(Lazarus)于1968年提出，是指人对外界环境中的有害刺激、威胁和挑战经认知、评价后所产生的生理、心理和行为反应。

(3)心理应激的定义 目前,学界普遍使用的心理应激的定义是:个体面临或觉察到环境变化对机体有威胁或挑战时,做出的适应性和应对性反应过程。

2. 应激源的概念和种类

(1)概念 应激源是指环境对个体提出的各种要求,经个体认知评价后可引起心理或生理反应的刺激。

(2)应激源的种类

①应激源按属性 可分为躯体性应激源、心理性应激源、社会性应激源、文化性应激源。

A.躯体性应激源 是指对人的躯体直接产生刺激作用的刺激物,包括各种物理的、化学的、生物的刺激物,如高温、低温、酸碱刺激、不良食物、微生物等。这一类应激源是引起生理反应的主要刺激物。

B.心理性应激源 是指来自自身的紧张性信息,如心理冲突、不切实际的期望、不祥预感等。

C.社会性应激源 是指造成个人生活样式或风格的变化,并要求人们对其做出调整或适应的事件或刺激,如应激性生活事件、日常生活困扰、工作相关应激源、环境应激源等。

D.文化性应激源 最为常见的文化性应激源是"文化性迁移",如由一种语言环境进入另一种语言环境,或由一个民族聚居区迁入另一个民族聚居区、一个国家迁入另一个民族聚居区或一个国家。

②从研究角度对应激源进行分类 Herbert 和 Cohen(19931)在心理应激免疫的研究中发现,不同应激源引起的生理反应(如人类的心理免疫反应)有差异,因而从研究的角度提出如下分类:

A.按应激源的数量可分为 散在发生的客观事件应激源,如亲人丧亡、学校考试、参加聚会等;对一段时间内的应激事件作累计评定,如一年内遭遇日常生活困扰或生活事件的总和。

B.按应激源的作用时间可分为 急性实验室应激源(持续时间<30 分钟),如心理作业;短期自然应激源(持续数天至 1 个月),如学校的期末考试;长期自然应激源(持续 1 个月以上),如丧亲、失业。

C.按应激事件的性质可分为 人际事件,是指与人际关系相关联的事件,如夫妻关系或亲子关系不良;非社会事件,是指无明显人际影响的个人情感变异,如高原缺氧、寒冷、空气污染引起的心理扰乱。

D.按应激事件的现象学分类 分为工作事件、家庭事件、人际关系事件、经济事件、社会和环境事件、个人健康事件、自我实现受阻、喜庆事件等。

E.按事件对个体的影响分类 可分为正性生活事件、负性生活事件。

F.按生活事件的主观和客观属性分类 分为主观事件、客观事件。

【例 7】女,22 岁。到国外读硕士,刚到国外半年的时候因为语言不通、生活习惯不同等原因,心里不适应,其应激源应属于

A. 社会性应激源　　B. 躯体性应激源　　C. 文化性应激源

D. 职业性应激源　　E. 心理性应激源

3. 心理应激的中介机制

心理应激的中介机制是指可以对应激源和应激反应的强度进行调节的因素。

(1)应激的心理中介机制 包括认知评价、应对方式、社会支持和人格特征。

①认知评价的概念和中介作用 认知评价是指个体对遇到的生活事件的性质、程度、可能的伤害情况进行评估。对生活事件的认知评价直接影响个体的应对活动和心身反应,因此认知因素是生活事件到应激反应的关键中介因素之一。

②应对的概念和中介作用 应对又称应对策略,是指个体对生活事件以及因生活事件而出现的自身不平稳状态所采取的认知和行为措施。应对策略与个性特征有关,存在与个性特质有关的、相对稳定的和习惯化了的应对风格,对个体的健康产生长期影响。

③社会支持的概念和中介作用 社会支持是指个体与社会各方面包括亲属、朋友、同事、伙伴、家庭、单位、党团、工会等社团组织所产生的精神上和物质上的联系程度。一般认为社会支持具有减轻应激的作用,是应激作用过程中个体"可利用的外部资源"。

④个性特征的中介作用　个性特征与生活事件、认知评价、应对方式、社会支持和应激反应等因素之间均存在相关性，从而共同参与对应激反应的调节。

(2)应激的生理中介

①应激系统的概念　神经内分泌系统是应激生理反应的调节者和效应者，应激系统包括：A.垂体-肾上腺皮质轴和自主神经系统支配的组织；B.蓝斑-去甲肾上腺/自主系统以及它们的外周效应器。应激反应是通过神经系统、内分泌系统和免疫系统的中介途径发生的。

②应激系统的中介作用　包含以下内容：

A.交感-肾上腺髓质系统　急性应激时，尤其个体认为具有威胁的情形下，交感神经末梢释放去甲肾上腺素，肾上腺髓质释放去甲肾上腺素和肾上腺素，这些物质与受体结合，引起器官功能的变化。

B.自主神经系统　由下丘脑调节，通过交感神经和副交感神经调节机体的放松和应激水平。

C.下丘脑-垂体-肾上腺皮质轴　可调节代谢性应激反应，以降低应激源的危害。

D.内源性阿片系统　在应激时，通过减少恐惧、镇痛，以及抑制与疼痛有关的退缩行为，对搏击等应对反应有一定意义。该系统也可能与经历不可控制的应激后的消沉行为有关。

E.性腺轴　应激时，性腺轴负反馈作用于下丘脑，导致促性腺激素分泌减少，繁殖能力受损。

F.肾素-血管紧张素-醛固酮系统　应激时，肾脏可分泌肾素，激活肾素-血管紧张素-醛固酮系统，导致血压升高，肾脏排水排钠减少。

G.免疫系统　应激时，机体免疫系统功能受到抑制，对疾病的易感性增高。

4. 心理应激反应

当个体觉察到应激源的威胁后，就会通过心理和生理中介机制的整合作用，产生一系列心理、生理反应，这些反应称为应激反应，包括应激的心理反应和应激的生理反应。

(1)应激的心理反应

①情绪反应　个体在不同应激源的刺激下，产生程度不同的情绪反应。

A.焦虑　是最常出现的情绪性应激反应。当个体预感危机来临或预期事物的不良后果时出现紧张不安、急躁、担忧的情绪状态。这里指的是“状态焦虑”，是由应激源刺激引发的。

B.抑郁　属于消极、悲观的情绪状态，表现为兴趣活动减退，言语活动减少，无助感、无望感强烈，自我评价降低，严重者出现自杀行为，常由丧失亲人、离婚、失恋、遭受重大挫折、长期慢性疾病等引发。

C.恐惧　企图摆脱有特定危险的情境或对象时的情绪状态。适度的恐惧有助于激活警觉期动员途径，使注意力集中而防御风险，但常常缺乏应对的信心，表现为逃跑或回避。

D.愤怒　是与健康和疾病关系最直接的情绪反应。

②认知反应　应激较剧烈时，认知能力普遍下降。常见的认知性应激反应表现为意识障碍，注意力受损，记忆、思维、想象力减退等。负面的认知性应激反应使人陷入灾难中，难以自拔。

A.偏执　个体在应激后出现认知狭窄、偏激、钻牛角尖，平日非常理智的人变得固执、蛮不讲理。也可表现为过分的自我关注，注意自身的感受、想法、信念等内部世界，而非外部世界。

B.灾难化　个体经历应激事件后，过分强调事件的消极后果，引发惴惴不安的消极情绪和行为障碍。

C.反复沉思　不由自主地对应激事件反复思考，阻碍了适应性应对策略，使适应受阻。

D.闪回和闯入性思维　在经历严重的灾难性事件后，生活中常不由自主地闪回灾难的影子，活生生的，就好像重新经历一样；或者在脑海中突然闯入一些灾难性痛苦情境或思维内容，表现为挥之不去。

③行为反应　当个体经历应激源刺激后，常自觉或不自觉地在行为上发生改变，以摆脱烦恼，减轻内在不安，恢复与环境的稳定性。积极的行为性应激可减轻患者压力，激励主体克服困难，战胜挫折。而消极的行为性应激则会使个体出现回避、退缩等行为。

④自我防御反应　是指借助于自我防御机制来应对环境的挑战，将自己与环境刺激的关系稍作调整，以减轻应激所引起的紧张和内心痛苦。

(2)应激的生理反应 应激源作用于人体时，通过应激系统的中介作用，即中枢神经系统对应激信息接受、整合，传递至下丘脑。下丘脑通过交感-肾上腺髓质系统，释放大量儿茶酚胺，增加心、脑、骨骼肌的血液供应。同时，下丘脑分泌的神经激素可兴奋垂体-肾上腺皮质系统，导致皮质激素水平增高，影响体内各系统和器官的功能。严重而持续的应激可引起机体生理功能的紊乱和失衡，引发病理性改变。

5. 心理应激对健康的影响

心理应激对健康的影响，既有积极意义，也会产生消极作用。

(1)积极意义 适度的心理应激是人成长和发展的必要条件。早年的心理应激经历，可以丰富个体的应对资源，提高其在后来生活中的应对和适应能力，更好地耐受各种紧张性刺激和致病因素的影响。

(2)消极作用 长期的或强烈的应激反应会引起心身疾病和心理障碍。心理应激时的心理和生理反应，特别是较强烈的反应，可加重已有的疾病，或造成疾病的复发。

6. 心理应激的应对方法

应对心理应激的方法多种多样，其中比较常用的方法包括：①消除、逃避或回避应激源。②调整对应激事件的认知和态度，常常需要降低期望值。③增加对应激事件的可控性和可预测性。④提高自身应对能力与经验。⑤采用自我防御机制。⑥学会放松和自我调节。⑦取得社会支持和安慰，利用各种有效的外在资源。⑧请心理咨询师或心理治疗师给予帮助，必要时选用适当药物。

【例8】女，28岁。遇应激事件后，喜欢用钻牛角尖的方式来处理，这种反应属于

A. 心理反应　　B. 行为反应　　C. 情绪反应
D. 生理反应　　E. 认知反应

【例9】女，18岁，某大学一年级新生。入学后对新的学习环境和教学模式不适应，出现情绪焦虑、失眠等情况。该生的辅导员、老师及同学们给予其热情的帮助、疏导和安慰，使该生逐渐走出了适应不良的状态。这种应对应激的方法属于

A. 催眠心理治疗　　B. 运用自我防御机制　　C. 专业思想教育
D. 取得社会支持　　E. 回避应激源

【例10】小李，男，25岁。硕士研究生毕业后参加工作，半年来对上级领导布置的任务总感到不能胜任，屡屡出错，受到多次批评后内心受挫，选择了辞职。小李的这种选择在应激反应中属于

A. 认知反应　　B. 生理反应　　C. 情绪反应
D. 行为反应　　E. 防御反应

【例11】男，55岁。早期肝癌患者，微创手术后，愈合良好，他认为局部癌组织已切除，不要再想着自己是癌症患者，应坦然地面对生活。该患者应对心理应激的方法是

A. 提高自身应对能力　　B. 调整对事件的认知和态度　　C. 增加可控性和可预测性
D. 接受心理治疗帮助　　E. 采用自我防御机制

三、心身疾病

1. 心身疾病的定义、特征与范围

(1)心身疾病的定义 狭义的心身疾病是指心理社会因素在疾病的发生、发展过程中起重要作用的躯体性器质性疾病。广义的心身疾病则进一步包括了与心理社会因素关系密切的躯体功能性障碍。

(2)心身疾病的特征 ①心理社会因素在疾病的发生和发展过程中起重要作用；②表现为躯体症状，有器质性病理改变或已知的病理生理过程；③不属于躯体形式障碍。

(3)心身疾病的范围 以下疾病可归入各系统的心身疾病范畴：

①循环系统　原发性高血压、原发性低血压综合征、冠心病、阵发性心动过速。

②消化系统　消化性溃疡、慢性胃炎、慢性胆囊炎、慢性肝炎、慢性胰腺炎、幽门痉挛、肠道功能障碍、

神经性呕吐、神经性厌食、溃疡性结肠炎、肠易激综合征、过敏性结肠炎、心因性多食、异食症。

③呼吸系统 支气管哮喘、过度换气综合征、过敏性鼻炎、心因性呼吸困难、慢性呃逆。

④神经血管系统 脑血管病、多发性硬化症、雷诺综合征、偏头痛、自主神经功能紊乱、昏厥。

⑤内分泌和代谢系统 糖尿病、甲状腺功能亢进症、肥胖症。

⑥骨与肌肉系统 类风湿关节炎、紧张性头痛、全身肌痛症、颈臂综合征、慢性腰背痛、痉挛性斜颈。

⑦泌尿生殖系统 阳痿、神经性多尿、慢性前列腺炎。

⑧儿童 心因性发热、支气管哮喘、遗尿症、遗粪症、周期性呕吐、夜惊、胃肠功能紊乱症。

⑨妇产科 功能性子宫出血、月经失调、外阴瘙痒、更年期综合征、经前期紧张症、阴道痉挛。

⑩皮肤科 慢性荨麻疹、湿疹、神经性皮炎、过敏性皮炎、银屑病、皮肤瘙痒症、多汗症。

⑪耳鼻喉科 慢性鼻窦炎、咽部异物感、口吃、晕动症、梅尼埃病。

⑫眼科 原发性青光眼、低眼压综合征、眼肌疲劳症。

⑬口腔科 口腔黏膜溃疡、口腔异物感、心因性齿痛。

⑭肿瘤。

【例 12】心身疾病的界定条件是

A. 在发病过程中心理社会因素起重要的作用　B. 具有心理因素引起的躯体症状

C. 不是神经症和精神病　D. 具有明显的器质性病理改变或病理生理变化

E. 以上都是

【例 13】下列不属于心身疾病的是

A. 精神分裂症　B. 冠心病　C. 消化性溃疡

D. 糖尿病　E. 高血压

【例 14】内科的心身疾病一般不包括

A. 冠心病　B. 高血压　C. 支气管哮喘

D. 肺结核　E. 消化性溃疡

【例 15】根据心身疾病的定义,以下不属于心身疾病的是

A. 原发性高血压　B. 腹股沟斜疝　C. 神经性皮炎

D. 消化性溃疡　E. 支气管哮喘

【例 16】按照心身医学的观点,下列疾病中属于心身疾病的是

A. 精神分裂症　B. 抑郁症　C. 消化性溃疡

D. 大叶性肺炎　E. 精神发育迟滞

2. 心身疾病的发病原因与机制

(1)发病原因

①情绪与心身疾病 情绪因素与许多心身疾病的发生和发展有关。消极的情绪状态对疾病的发生和发展、病程和转归都起着不良作用。心理紧张刺激与高血压、溃疡病、脑血管意外、心肌梗死、糖尿病、癌症等的发病率增高有关。长期焦虑、抑郁、紧张和恐惧等消极情绪与紧张性头痛的发生有关。

布雷迪(Brady)用“做抉择的猴子”实验说明应激与消化性溃疡的关系。让两只猴子各自坐在约束的椅子上,每20秒给1次电击。每个猴子都有一个压杆,其中一个若在接近20秒时压一下,能使两只猴子避免电击。否则,两只猴子便一起受到同样电击。因此,这只猴子总是惦记压杠杆,以免被电击;另一只猴子是否压杠杆与电击无关。结果表明,两只猴子被电击的次数和强度虽然一致,但疲于压杆的猴子患上了胃溃疡,另一只猴子却安然无恙。

②人格与心身疾病 临床上很多疾病,如冠心病、高血压、心绞痛、心律失常、糖尿病等,都与人格特征有关。研究表明,A型行为类型的人易患冠心病等心血管系统疾病,C型行为类型的人易患癌症。

③社会环境与心身疾病 社会因素,如战争、空袭、社会动乱等可引起人们罹患各种心身疾病。生活

事件是造成心理应激,进而发生心身疾病的主要应激源。

(2)发病机制

①心理动力学理论　该理论强调潜意识心理冲突在心身疾病的发生发展中起重要作用。潜意识心理冲突是通过自主神经系统功能活动的改变而造成某些脆弱器官病变的。例如,心理冲突在迷走神经亢进的基础上可导致支气管哮喘。

②行为学习理论　该理论认为,某些社会环境刺激引发个体习得性心理和生理反应,如情绪紧张、呼吸加快、血压升高等。由于个体素质上的问题,或特殊环境因素的强化,或通过泛化作用,使这些习得性心理和生理反应被固定下来,而演变成为疾病。

③心理生理学理论　心理生理学发病机制的研究重点包括有哪些心理社会因素,通过哪些生物学机制作用于什么状态的个体,导致哪些疾病的发生。

【例17】布雷迪曾做过这样的实验,两只猴子各坐在自己被约束的椅子上,每隔一定时间通一次电,其中一只(A)猴子能自己断电而避免电击,另一只猴子(B)则不能,最终

A. A得了溃疡病　　B. B得了溃疡病　　C. AB均得了溃疡病

D. AB均未得病　　E. AB均得了高血压

3. 几种常见的心身疾病

(1)原发性高血压　与高血压有关的心理社会因素包括:

①社会环境因素　如社会结构变化、生活事件、社会环境及生活方式的变化、精神紧张、情绪应激等。

②情绪因素　各类人际关系紧张、社会地位和职业改变、家庭矛盾、经济收入和居住困难等生活事件所导致的应激及强烈的焦虑、恐惧、愤怒、敌意情绪均可引起高血压。

③不良行为因素　如高钠饮食、超重、肥胖、缺少运动、大量吸烟、酗酒、鼾症、生活不规律等。

④人格特征　焦虑情绪反应、心理矛盾的压抑是高血压患者发病的主要心理因素。

(2)冠心病　冠心病的发病与情绪因素、个性心理特征、社会环境因素、行为因素等有关。

(3)癌症　癌症的发生与生活事件、情绪反应、个性特征、心理社会因素有关。

▶常考点　重点内容,需全面掌握。

参考答案——详细解答见2021《贺银成国家临床执业及助理医师资格考试历年考点精析》

1. ABCDE　2. ABCDE　3. ABCDE　4. ABCDE　5. ABCDE　6. ABCDE　7. ABCDE
8. ABCDE　9. ABCDE　10. ABCDE　11. ABCDE　12. ABCDE　13. ABCDE　14. ABCDE
15. ABCDE　16. ABCDE　17. ABCDE

第3章　心理评估、心理治疗与心理咨询

考纲要求

①心理评估概述:心理评估的概念,心理评估的基本程序和常用方法,对心理评估者的要求。②心理测验的分类及其应用:按测验的目的分类,按测验材料的性质分类,按测验方法分类,按测验的组织方式分类。③应用心理测验的一般原则:标准化原则,保密原则,客观性原则。④信度、效度和常模:信度,效度,常模。⑤常用的心理测验:智力测验及其应用,人格测验及其应用。⑥临床评定量表:评定量表概述,常用的自评量表。⑦心理治疗概述:心理治疗的概念,心理治疗的发展状况,心理治疗的性质、区分与适应证,心理治疗的分类。⑧心理治疗的理论基础:精神分析学派,行为主义学派,人本主义学派,认知学派。⑨心理治疗的主要方法及其应用:精神分析的治疗,行为主义的治疗,人本主义疗法,认知疗法,危机干预,其他疗法。⑩心理治疗的原则:治疗关系的建立原则,心理治疗的原则,心理治疗对治疗师的要求。⑪临床心理咨询:临床心理咨询的意义,临床心理咨询的历史,心理咨询的方式,心理咨询的手段与内容。

复习要点

一、心理评估

1. 心理评估概述

(1)心理评估的概念　心理评估是指根据心理学的理论和方法对人的心理品质及水平所作出的鉴定。心理品质包括心理过程和人格特征等内容,如情绪状态、记忆、智力、性格等。

(2)心理评估的基本程序　心理评估的大致过程为:根据评估的目的收集资料,对资料和信息进行加工处理,最后作出判断。以临床心理评估为例,它与医学诊断过程十分相似,包括:

①确定评估目的　首先要确定来访者或提出评估要求的人首要问题是什么,进而确定评估目的。如要了解学习困难的原因,就需要首先鉴别学生的智力水平或人格特征。在进行临床心理咨询时,首先要判断来访者有无心理障碍。

②明确评估问题和方法　详细了解被评估者的当前心理问题,问题的起因及发展,可能的影响因素,被评估者早年的生活经历、家庭背景、当前的人际关系等。在评估过程中,常采用调查法、观察法和会谈法。

③了解特殊问题　对于一些特殊问题、重点问题的深入了解和评估,主要采用心理测验的方法,有时还采用"作品"分析法。

④结果描述与报告　将前面所收集的资料进行分析、处理。撰写评估报告、作出结论,并对当事人及有关人员进行解释,以确定下一步对问题处理的目标。

(3)心理评估的常用方法

①观察法　是心理学研究中最基本的方法,是指通过对被评估者的行为表现直接或间接的观察而进行心理评估的一种方法。观察法的依据之一是人的行为是由其基本心理特征决定的,因此是稳定的。

②会谈法　也称交谈法或晤谈法,其基本形式是主试者与被评估者面对面的语言交流,也是心理评估中最常用的一种基本方法。会谈的形式包括自由式会谈和结构式会谈两种。

③调查法　是借助于各种问卷、调查表和晤谈等方式了解被评估者的心理特征的一种研究方法。调查的含义是当有些资料不可能从当事人那里获得时,就要从相关的人或材料那里得到。因此调查是一种间接的、迂回的方式。根据调查的取向,可分为历史调查和现状调查。历史调查一般侧重于档案、书信、日记、各种证书、履历表以及与当事人有关的人和事。现状调查主要围绕与当前有关的内容进行。

④作品分析法　也称产品分析法。所谓"作品"是指被评估者所作的日记、书信、图画、工艺等文化

性创作，也包括他（她）生活和劳动过程中所做的事和东西。通过分析这些作品（产品），可以有效地评估其心理水平和心理状态，并且可以作为一个客观依据留存。

⑤心理测验法和临床评定量表　临床上医生常常对一些生理指标（如血压、血细胞、尿蛋白含量等）进行测量，以判断身体是否健康。人的心理现象也可以通过测量进行鉴别。所谓心理测量，是指依据一定的法则，用数量化手段对心理现象或行为加以确定和测定。心理测验是在实验心理学基础上形成和发展起来的一种测量工具。在心理评估中，心理测验占有十分重要的地位。

为使测量结果便于比较和数量化分析，心理测量主要采用量表的形式进行。评定量表与心理测验有许多相似之处，如大多采用问卷的形式测评、多以分数作为结果的评估、以标准化的原则作为指导等。但评定量表与心理测验的显著不同在于评定量表强调简便、易操作、使用方便，因此在编制的理论指导方面要求并不严格，测验的材料也无需严格保密，允许出版发行，量表使用者无须经过特殊培训就可以使用。

(4)对心理评估者的要求　既要有良好的专业知识，又要有良好的心理素质，具体应该做到：

①善意　在心理评估工作中，心理评估者应维护被评估者的利益。以自己的专业判断和负责态度尽可能地避免对工作对象的伤害。以正确的方式将所测结果告知被测者，并提供有益的帮助和建议。

②责任　心理评估工作者应有专业责任和科学责任，保持科学、严肃、谨慎、保密的态度。要坚持心理评估的专业标准，维护心理测验的有效性。

③诚实　心理评估工作者应保持评估工作的准确性、诚实性及真实性。不该对评估的结果作出虚假、曲解和偏误的判断，不应对被评估者作出轻率的承诺。

④公正　心理评估工作者应做到公平公正，对于被评估者一视同仁，让他们获得同等质量的心理服务。

⑤尊重　心理评估工作者应充分尊重被评估者的尊严和价值，维护他们的隐私权。同时应理解被评估者所存在的性别、种族、宗教、文化等多种差异，并尊重这些客观差异。

【例1】常用的心理评估方法不包括

A. 观察法　　B. 调查法　　C. 实验法
D. 会谈法　　E. 测验法

【例2】心理评估中最常用的方法是

A. 会谈法　　B. 调查法　　C. 观察法
D. 临床评定量表　　E. 心理测验法

【例3】一个人面对一个人进行的调查的方法，此种心理评估方法属于

A. 调查法　　B. 观察法　　C. 会谈法
D. 作品分析法　　E. 心理测量法

2. 心理测验的分类及其应用

心理测验是一种心理测量的工具，其种类繁多，分类如下。

(1)按测验材料的性质分类　分为文字测验和非文字测验。

(2)按测验方法分类

①问卷法　测验多采用结构式的问题的方式，让被试者以“是”或“否”，或在有限的几种选项中作出回答。这种方法的结果评分容易，易于统一处理。一些人格测验，如明尼苏达多项人格调查表（MMPI）、艾森克人格问卷（EPQ）、症状评定量表等都是采用问卷法的形式。

②作业法　为非文字性测验，让受试者进行实际操作，多用于测量感知和运动操作能力。对于婴幼儿、受文化教育限制的受试者（如文盲、语言不通的人、语言障碍者），心理测验多采用这种形式。

③投射法　测验材料无严谨的结构，如一些意义不明的图像、一片模糊的墨迹或一些不完整的句子等。要求受试者根据自己的理解随意作出回答，以诱导出受试者的经验、情绪或内心冲突。投射法多用于测量人格，如洛夏测验、主题统觉测验（TAT）等；也可用于异常思维的发现，如自由联想测验、填词测验等。

(3)按测验的组织方式分类　分为个别测验和团体测验。

①个别测验　每个主试每次只测试一个被试，如韦氏智力量表、生活事件量表、性生活质量问卷等。

②团体测验　每个主试可以同时测试多个被试，某些智力测验可以以团体为单位进行。

(4)按测验的目的分类　分为智力测验、人格测验、神经心理学测验和评定量表。

	用途	常用工具
智力测验	儿童智力发育的鉴定，脑器质性损害和退行性病变的参考指标，特殊职业的咨询参考	比奈-西蒙智力量表、韦克斯勒智力量表、丹佛发育筛选测验(DDST)
人格测验	心理障碍病人的诊断及预后参考 科研或咨询时对人格的评价	明尼苏达多项人格调查表(MMPI)、洛夏墨迹测验、主题统觉测验(TAT)、艾森克人格问卷(EPQ)
神经心理学测验	脑器质性损害的辅助诊断 脑与行为关系的研究	个别能力测验(感知运动测验、记忆测验、联想思维测验)，成套测验(H-R神经心理学测验)
评定量表	评价精神症状，临床工作和科研	抑郁量表、焦虑量表、生活事件量表 认知功能量表、生活质量综合评定量表

【例4】在心理评估中，向被检者呈现简单的几何图形，并要求被检者说出从图中看到了什么，以观察其视觉空间能力。这种方法属于

A. 会谈法　　B. 投射法　　C. 问卷法
D. 观察法　　E. 作业法

3. 应用心理测验的一般原则

(1)标准化原则　因为心理测验是一种数量化手段，因此标准化原则必须贯彻始终。标准化原则是指：①采用公认的标准化工具；②施测方法要严格根据测验指导手册的规定执行；③要有固定的施测措施；④采用标准化指导语；⑤要有良好的信度和效度。因为后者特别是信度是需要在实施过程中来体现的。

(2)保密原则　这是心理测验的一条道德标准。

①测验工具的保密　有关测验的内容、答案、记分方法，只有作此项工作的有关人员才能掌握，决不允许随意扩散，更不允许在出版物上公开发表，否则必然会影响测验结果的真实性。

②测验结果的保密　工作人员应该尊重受试者的隐私权，保护受试者的测验结果。

(3)客观性原则　①心理测验的结果只是测出来的东西，所以对结果作出评价时要遵循客观性原则，也就是要"实事求是"，对结果的解释要符合受试者的实际情况。如两个智力测验的结果，智商同样是85，一个受试者是山区农民，结合他所受的教育程度和生活环境等条件，可考虑他的智力水平基本上是正常的；而另一个是某大学教授，测量时严格遵守了测验的要求，结合其他的表现则考虑到该人的大脑有退行性改变的可能。②不能仅依靠一两次心理测验的结果就下结论，尤其是对于年龄小的儿童作智能发育障碍的诊断时更要注意这一点。总之，在下结论时不要草率从事，在做结果评价时应结合受试者的生活经历、家庭、社会环境以及通过会谈、观察法所获得的各种资料全面考虑。

【例5】某电视台编辑求助于一家心理治疗中心，希望在该电视台上播放韦氏智力测验的具体内容，以引起公众对心理学的兴趣，但被心理中心的工作人员婉言拒绝。该工作人员遵循的原则是

A. 保密原则　　B. 稳定性原则　　C. 标准化原则
D. 回避原则　　E. 客观性原则

【例6】45岁，大学教授。因车祸导致颅脑损伤，智力测验显示其智商为85分。同时有一位从未接受过正规教育的老年人测得的智商也是85分。心理治疗师认为前者的智力出现了问题，而后者正常。这一判断所遵循的原则是

A. 客观性原则　　B. 中立性原则　　C. 操作性原则
D. 保密性原则　　E. 标准化原则

4. 信度、效度和常模

由于心理测验是测量人的复杂的心理现象，因此测量误差较多，且较复杂。为减少测量误差，心理测验应坚持标准化原则。标准化心理测验的技术指标主要包括信度、效度和常模。

	信度	效度	常模
定义	是指一个测验工具在对同一对象的几次测量中所得结果的一致程度	是指一个测量工具能够测量出其所测东西的真实程度	是指某种心理测验在某种人群中测查结果的标准量数
意义	反映测验工具的可靠性和稳定性	反映测量工具的有效性和正确性	提供可比较的标准(参考值)
含义	在相同情况下，同一受试者在几次测量中所得结果变化不大，说明该测量工具性能稳定，信度高	测量智力时，若选用的工具不是公认的智力测验，而是某门功课的考题，虽几次测量的得分一致(信度高)，但效度很低	常模的建立必须依据测验人口实际分布情况，分层抽样，得标准化样本，然后对标准化样本采用心理测验工具进行测量

5. 常用的心理测验

(1)智力测验及其应用 智力测验是评估个人一般能力的方法，它是根据有关智力的理论或智力概念经标准化过程编制而成。在教育、临床医学、司法鉴定、人事管理等诸多领域，往往需要对智力进行评估。

①智力 智力是一种潜在的、非单一的能力，它是一种知觉、分析和理解信息的复杂混合体。智力与人的生物学遗传因素有关，它在发展过程中可由于后天环境及学习的因素而受到影响，促进或阻碍其发展及表现。它也与人的生长、发育、成熟、衰老等生理状态关系密切。

②智商 智商(IQ)是智力的量化单位，即通过智力测验将智力水平数量化，用数字的形式表达出来，便于人们的理解与比较。计算智商的公式有两种，即比率智商和离差智商。

A.比率智商 也称年龄智商，最早由美国心理学家特曼(Terman)提出，其计算方法为：IQ=(MA/CA)×100。公式中，MA 为智力年龄，是指某一儿童的智力发展所达到的水准，在智力测验中以取得的成绩(通过的题目难度)为标志；CA 为受试者的实际年龄，即该儿童在测验时的实际岁数。

比率智商公式是建立在儿童的智力水平随年龄增长而增长的线性关系的基础上，但事实上，一个人的智力在成人时不会随着实际年龄持续增长，因此比率智商不适合成年人。

B.离差智商 为了克服以上缺点，韦克斯勒(Wechsler)提出了“离差智商”的概念，他认为人类的智商在任何年龄均呈常态分布，可以用标准分的方法计算离差智商，其计算公式为：IQ=100+15(X-M)/S。其中，100 是指每个年龄组的 IQ 均值为 100，标准差为 15，X 为受试者智力测验的成绩，M 为常模样本(受试者所在年龄组测验)的平均成绩，S 为常模样本成绩的标准差。

	比率智商	离差智商
发明者	Terman	Wechsler
计算公式	IQ=(MA/CA)×100	IQ=100+15(X-M)/S
符号意义	①MA=心理年龄(智力年龄)，是某一儿童测验成绩所达到的水平 ②CA=实际年龄，即该儿童在测验时的实际岁数	X=受试者的智力测验成绩 M=受试者所在年龄组测验的平均成绩 S=受试者所在年龄组测验成绩的标准差
临床意义	如某儿童的 MA=12，CA=10，则其 IQ=120	若某儿童所测 $X=\bar{X}$，则其 IQ=100
优缺点	比率智商建立在儿童智力水平随年龄增长而增长的线性关系的基础上，故对成人不准确	离差智商计算方式克服了比率智商计算受年龄限制的缺点，成为目前通用的 IQ 计算方法

③智力水平的分级 国际上，通常根据 IQ 值将智力水平分为 9 级：

天才 IQ=145~160，极超常 IQ=130~145，超常 IQ=115~130，平常 IQ=85~115，边界 IQ=70~85，轻度智力低下 IQ=55~70，中度智力低下 IQ=40~55，重度智力低下 IQ=25~40，极重度智力低下 IQ<25。

④常用的智力测验　国际上通用的智力测验有韦克斯勒智力量表、比奈智力量表和考夫曼儿童能力成套测验等。在临床上，应用最多的是韦氏量表，故应重点掌握。

A.韦克斯勒智力量表(W-S)　包括三个版本，即韦克斯勒成人智力量表(WAIS，适用于16岁以上)、韦克斯勒儿童智力量表(WISC，适用于6~16岁)和韦克斯勒学龄前期智力量表(WPPSI，适用于4~6岁)。三个量表相互衔接，可以对一个人从幼年至老年的智力进行测量，便于前后比较。

韦克斯勒智力量表包括言语和操作两个分量表，而每个分量表又包含5~6个分测验，每一个分测验集中测量一种智力功能。言语分量表包含常识、领悟(对一些问题的理解)、算术、相似性(测抽象概括能力)、词汇、数字广度等一些分测验，这些方面构成一个人的言语能力，根据测验结果可以得出言语智商。操作分量表包含数字符号、图画补缺、木块图形、图片排列、物体拼凑、迷津等分测验，测验结果得出操作智商。将言语智商和操作智商合并，可以得出总智商。

B.斯坦弗-比奈智力量表(B-S)　由法国心理学家比纳(Binet)和西蒙(Simon)两人首先提出，后经多次修订，是世界上最早的智力量表。

C.考夫曼儿童能力成套测验(K-ABC)　由Kaufman编制，该表主要适用于2~12.5岁儿童，在临床、教育评估及心理学基础研究方面有一定应用价值。

【例7】轻度智力低下的IQ值范围为

A. 55~69　　B. 45~59　　C. 35~49
D. 25~39　　E. <25

【例8】IQ=15(X-M)/S + 100，智商是指

A. 混合智商　　B. 晶体智商　　C. 比率智商
D. 离差智商　　E. 液体智商

【例9】男孩，8岁。上课反应迟钝，一般的学习任务难以完成，家长带其来心理门诊就诊。此时，心理治疗师应该考虑首先使用的心理评估工具是

A. WISC　　B. SDS　　C. 16PF
D. EPQ　　E. SAS

【例10】"比奈-西蒙量表"属于一种

A. 智力测验　　B. 人格测验　　C. 神经心理测验
D. 评定量表　　E. 投射测验

(2)人格测验及其应用　人格是指人的个别性，包括能力、兴趣、气质、性格方面等的差异，而尤其以后两方面起主导作用。人格测验的方法很多，主要分为客观性测验、投射性测验两大类。

①客观性测验　这类测验主要采用问卷法进行。测验由一些问题或命题组成，要求受试者根据自己的实际情况在标准答题纸上作出选择。结果按标准记分键计分。常用的客观性测验如下：

A.明尼苏达多项人格调查表(MMPI)　由美国明尼苏达大学Hathaway和Mc Kingley两人编制。MMPI共有550道题目，被试者可以用三种方式回答："是、否、不肯定"。测验主要从精神病学角度测量人格结构，分为14个分量表，其中4个是效度量表(包括问题Q、掩饰L、效度F、校正分K)，10个为临床量表(包括疑病量表、抑郁量表、癔症量表、精神病态性偏倚量表、男子气或女子气量表、妄想量表、精神衰弱量表、精神分裂症量表、躁狂症量表、社会内向量表)。MMPI在临床上的主要作用是协助医生对患者的精神状况作出诊断并确定病情的轻重，对于疗效判定和病情预后也有一定的参考价值。

B.艾森克人格问卷(EPQ)　由英国心理学家Eysenck编制，分为成人和儿童两个版本，可分别对成人(16岁以上)和儿童(7~15岁)的人格特征进行测评。国外儿童版本有97项，成人版本有101项，我国进行了多次修订。EPQ由三个人格维度量表和一个效度量表组成，包括神经质维度、内-外向维度、精神质维度和掩饰量表。EPQ结果采用标准分T分表示，根据各维度T分高低判断人格倾向和特征。EPQ为自陈量表，实施方便，可作团体测验，在我国应用最广泛。

C.卡特尔16项人格因素问卷(16PF)　16PF由卡特尔(Cattell)采用主成分分析方法编制而成,他认为16个根源特质是构成人格的内在基础因素,测量这些特质即可知道其人格特征。16PF用来测量以下特质:A乐群性,B智慧性,C稳定性,E恃强性,F兴奋性,G有恒性,H敢为性,I敏感性,L怀疑性,M幻想性,N世故性,O忧虑性,Q1激进性,Q2独立性,Q3自律性,Q4紧张性。16PF已在我国试用,对于选拔人才和职业咨询等有一定的参考价值。

	明尼苏达多项人格调查表	艾森克人格问卷	卡特尔16项人格问卷
代号	MMPI	EPQ	16PF
发明者	Hathaway和Mc Kingley	Eysenck HJ	Cattell RB
适合人群	16岁以上 至少有6年教育年限者	成人问卷适用于16岁以上成人 儿童问卷适用于7~15岁儿童	①A~D式复本适合于16岁以上并有小学文化程度 ②E式复本适合阅读水平低者
流行范围	美国最常用	我国最常用	我国已引进

②投射性测验　与精神分析的理论有关。该理论认为一个人对一事物的感知、联想或反应有时是由潜意识或内心深处的矛盾冲突所决定的。测验的方法是把一些模糊的云雾状墨迹或无一定意义的图像或不完整的句子呈现给受试者,让受试者根据自己的认知和体验来解释、说明及联想,以诱导出受试者的经验,使他的人格特点能"投射"到这些测验材料上。投射性测验包括洛夏墨迹测验、主题统觉测验等。

A.洛夏墨迹测验　是现代心理测验中最主要的投射测验。洛夏墨迹测验是由瑞士精神病学家洛夏(Rorschach H)在1921年创立,当时主要用于精神分裂症的诊断和鉴别诊断。1940年起,被广泛用于人格测验。洛夏测验材料为10张墨迹图,其中5张全为黑色,2张为黑色和红色,其余3张是彩色,都是将墨迹放在纸上再加折叠制成的对称的浓淡不均的墨迹图。测试时,将10张图片按顺序一张一张地交到受试者手中,要他说出从图中看到了什么。目前常用于正常和异常人格的理论和临床研究。

B.主题统觉测验(TAT)　是由亨利·默里(Murray H)在1938年创立的。测验时,主试向被试者呈现模糊情景图片,要求被试者根据所给图片讲述一个故事,包括情景中的人在干什么,想什么,故事是怎样开始的,而每个故事又是怎样结尾的。主试评价故事的结构和内容,评价被试描述的个体行为,试图发现被试关心的问题、动机和人格特点。

【例11】用16种人格因素测验量表(16PF)测验某人的人格特征,这一方法是根据
A. 弗洛伊德人格理论　B. 卡特尔人格理论　C. 艾森克人格理论
D. 斯金纳的人格理论　E. 罗杰斯的人格理论

【例12】属于投射性测验的是
A. 明尼苏达多项人格调查表　B. 比奈智力测验　C. 卡特尔16PF测量
D. 主题统觉测验　E. 90项症状自评

【例13】心理评估师给患者进行心理评估时,向患者出示了三张意义含糊的图片,并请他根据对图片内容的理解讲一个较为完整的故事,医生由此可以推测患者的个性特征和心理问题。该测验方法属于
A. 问卷法　B. 投射法　C. 观察法
D. 调查法　E. 作业法

【例14】洛夏测验作为一种心理测验,其所用的方法是
A. 投射法　B. 问卷法　C. 作业法
D. 观察法　E. 会谈法

6. 临床评定量表

(1)评定量表概述　评定量表是临床心理评估和研究的常用方法,其特点包括:

①实用性强　评定量表多以实用为目的，强调实用性，理论背景不一定严格，多是在一些问卷的基础上进行结构化、数量化而发展起来。

②筛查工具　评定量表简单易学易操作，多用作病人检查的筛查工具，而不作诊断用。

③不须严格控制　评定量表不像心理学测验那样要求严格控制，有些可公开发表。

(2)常用的自评量表及其应用　评定量表既有他评的，也有自评的。所谓自评量表，是指受试者根据量表的题目和内容自行选择答案作出判断的评定量表。常用的自评量表如下：

①适应行为量表　适应行为是指个体维持生存的能力以及对周围环境和社会所提出要求的满足程度。对于一些婴幼儿、老年人、智残者、重症患者，进行适应行为的评定有时具有特别重要的意义。关于适应行为的评定，Gunzburg 提出了 4 个指标：

A.自理能力　如饮食、穿戴、大小便等生活自理能力。

B.沟通能力　指自我表达和了解他人的能力。

C.社会化　与人交往的社会技能。

D.职业　手工、体力以及其他工作技能。

②精神症状评定量表　多应用于精神科，也可用于门诊心理咨询和治疗。常用的量表有：

A.90 项症状自评量表(SCL-90)　由 Parloff 等编制。标准版本有 90 个题目，可测查 10 个心理症状因子：躯体化 12 项、强迫症状 10 项、人际关系敏感 9 项、抑郁 13 项、焦虑 10 项、敌对 6 项、恐怖 7 项、偏执 6 项、精神病性 10 项，以及附加因子。每个项目采用 5 级评分制，由被试者根据自己最近的情况和体会对各项目选择恰当的评分。评定结果分析总平均水平、各因子的水平以及表现突出的因子，借以了解病人问题的范围、表现以及严重程度等。SCL-90 可进行追踪性测查，以观察病情发展或评估治疗效果。

B.抑郁自评量表(SDS)　由 Zung 于 1965 年编制。量表包含 20 个项目，采用 4 级评分制。该量表使用方法简便，能相当直观地反映病人抑郁的主观感受及严重程度，使用者也不需特殊训练，目前多用于门诊病人的粗筛、情绪状态评定以及调查、科研等。

C.焦虑自评量表(SAS)　由 Zung 于 1971 年编制，由 20 个与焦虑症状有关的项目组成，用于反映有无焦虑症状及严重程度，适用于焦虑症状的成人，也可用于流行病学调查。

③应激和应对有关评定量表

A.生活事件量表　我国杨德森、张亚林编制的生活事件量表(LES)由 48 条常见生活事件组成，包括 3 个方面的问题：家庭生活方面(28 条)、工作学习方面(13 条)、社交及其他方面(7 条)，另有 2 条空白项目，供填写被试者已经经历而表中并未列出的某些事件。

B.特质应对方式问卷　为自评量表，由 20 条反映应对特点的项目组成，包括积极应对与消极应对各 10 条。被试着根据自己大多数情况时的表现逐项填写。各项目答案从“肯定是”到“肯定不是”采用 5、4、3、2、1 五项评分。实际应用中，消极应对特征的病因学意义大于积极应对。

【例 15】男，37 岁。因有明显的幻觉及妄想表现而到医院就诊。经询问病情后，医生欲采用心理测验对其进行评估，以协助诊断。针对该患者，通常可采用的心理测验工具为

A. EPQ　　B. MMPI　　C. SAS

D. SCL-90　　E. TAT

二、心理治疗与心理咨询

1. 心理治疗概述

(1)心理治疗的概念　心理治疗也称精神治疗，是以一定的理论体系为指导，以良好的医患关系为桥梁，应用心理学的方法，影响或改变患者的认识、情绪及行为，调整个体与环境之间的平衡，从而达到治疗目的的一种方法。

(2)心理治疗的发展状况　现代科学的心理治疗是19世纪末由弗洛伊德创立的精神分析疗法开始的。20世纪50~60年代,行为治疗、人本主义治疗产生,以后衍生出多种治疗理论和技术,其特征包括:

①从业人员多　一些发达国家从事临床心理咨询与治疗的人员数量与医师、律师相当。

②机构设置多　医学发达国家中,医院、社区、学校等部门均设有心理咨询与心理治疗机构,为来访者和患者提供了很方便的咨询或就诊的场所。我国的机构设置还很不足,有待迅速发展。

③专业分工细　在有些国家,心理咨询和心理治疗分工越来越细,专业化程度越来越高。我国的心理咨询和心理治疗大多是一般性的,专业化程度还有待提高。

(3)心理治疗的性质、区分与适应证

①心理治疗的性质　心理治疗要完成对人的思维、行为及人格的塑造与矫正,其治疗过程不同于传统的医学治疗,主要的治疗过程具有以下特点:

A.自主性　心理治疗的关键是帮助患者自己改变自己,因此心理治疗的成败很大程度上取决于病人的主观能动性是否得到充分的发挥。治疗过程中的医患关系,不是传统意义上的关系,而是一种合作努力、伙伴或同盟的关系。患者从一开始就应发挥主动作用。

B.学习性　心理治疗是一个学习的过程。心理治疗的一个基本假设就是个体的情感、认识、行为都是个体过去生活经历的产物,它们是“学习”而来的。因此心理治疗需要具备三个条件:一是患者自愿主动并且配合治疗,应有强烈的动机;二是有一个可能提供转变的外环境,环境允许他的改变;三是能克服学习的内部阻碍,这需要转变其防御机制,放弃其“面具”,与治疗师取得密切配合。

C.实效性　心理治疗是一项有实效的工作,它是有效的,可以从许多实际的观察中发现,心理治疗后人体有确切的生理、生化或免疫学的改变;心理治疗同时也是有益的,而且是人道的。

②区分

A.心理治疗与思想政治工作的异同　心理治疗与思想政治工作的相同点,都是做人的工作,相互之间有包容。心理治疗与思想政治工作的不同点在于学科性质、理论基础、人员要求、内容方法、目标要求等方面均不相同,特别是心理治疗师的被动与思想政治工作者的主动是一个特别的差异。

B.心理治疗与心理咨询的异同　心理治疗与心理咨询的相同点在于两者的理论与方法是相同的。咨询和治疗的过程不能完全分开,即使有差异,也是非本质性的。

	心理治疗	心理咨询
工作对象	为患者,主要为精神病、心身疾病、心理障碍患者	为来访者,在适应和发展方面发生困难的正常人
工作者	精神病医生、医学心理学家	临床咨询心理学家
工作任务	人格障碍、行为障碍、心身疾病、性变态	人际关系、学习、升学、家庭婚姻
工作方式	强调人格的改造和行为的矫正,费时较长	强调教育、指导和发展,费时较少

③适应证　心理治疗广泛应用于临床与心理的许多疾病和问题。最常应用于神经症、儿童与成人的行为障碍,包括性心理障碍、应激或挫折后的情绪反应、重性精神病的恢复期、心身疾病的辅助治疗、学习问题、个性问题以及某些慢性病患者的康复治疗等。

(4)心理治疗的分类

①按理解分　心理治疗可分为广义和狭义心理治疗。广义心理治疗是指医疗全过程,通过各种方式和途径积极地影响患者的心理状态而达到治疗目的。狭义心理治疗是指医生运用心理学的理论和方法,对患者进行针对性的治疗,如精神分析法、行为疗法、认知疗法、以人为中心疗法等。

②根据形式分　心理治疗分为个别心理治疗和小组心理治疗。

③根据患者意识范围的大小分　心理治疗分为觉醒治疗和催眠治疗。

④根据学派理论分　心理治疗分为心理动力学派、行为主义学派、人本主义学派等治疗方法。

【例16】不适合接受心理治疗的疾病是

A. 焦虑症　　B. 恐惧症　　C. 创伤后应激障碍
D. 强迫症　　E. 精神分裂症急性发作

2. 心理治疗的理论基础

(1)三种重要学派的概述

	精神分析学派	行为主义学派	人本主义学派
代表人物	弗洛伊德	华生、巴甫洛夫	马斯洛、罗杰斯
兴起年代	19世纪末	20世纪20年代	20世纪40年代
基本理论	将人的心理活动分为3个层次,即意识、潜意识、前意识,童年时压抑在潜意识里的心理冲突是引起各种心理障碍、心身疾病的根源	人的一切行为、习惯、生活方式都是对外界刺激的反应,即学习得来的。各种心理疾病的产生都是通过错误的学习而得的条件反射	人本主义认为人的各种心理障碍和心身疾病的产生,都是自我实现受到环境的阻碍而不能实现的结果

(2)精神分析学派

①关于心理结构　弗洛伊德把人的心理活动分为三个层次,即意识、潜意识、前意识。他把心理活动的三个层次形象地比喻为漂浮在大海上的一座冰山。

	意识	潜意识	前意识
定义	是与语言有关的,人们当前能够注意到的那一部分心理活动	是指无法被个体感知的那一部分心理活动,不能被客观现实、道德理智所接受	介于前两者之间,目前未被注意到或不在意识之中
特点	是心理结构的表层,只有符合社会规范和道德标准的各种观念才能进入意识界	其心理活动内容包括人的原始的盲目冲动、各种本能活动和被压抑的愿望	其作用是保持对欲望和需求的控制,使其尽可能按照外界现实要求和个人道德来调节
原则	其活动遵循“现实原则”	其活动遵循“享乐原则”	意识和潜意识之间的缓冲
举例	感知觉、兴趣、意志、思维等	各种本能的要求和欲望、已被意识遗忘的童年创伤	通过自己集中注意或他人提醒又能被带到意识区域的心理活动
相当	海平面以上的冰山部分	海平面以下的冰山部分	介于海平面上下的部分,随着波浪起伏时隐时现

【例17】潜意识又称无意识,在人的心理活动中一般处于

A. 警觉状态　　B. 缓冲状态　　C. 知觉状态
D. 清晰状态　　E. 压抑状态

【例18】男,50岁,某公司总经理。在公司某次业务培训会的开幕式上致辞后出现口误,宣布“会议闭幕”。此口误背后折射出该总经理的心理活动为

A. 潜意识　　B. 前意识　　C. 超我
D. 意识　　E. 本我

②关于人格结构　弗洛伊德将人格的结构分为三个部分,即本我(原我)、自我和超我。

A.本我　追求生物本能欲望的满足,是人格结构的基础,是人格中一个永存的成分。“本我”是无意识的最深层,是生来即有的。“本我”的内容除带有原始的、人类共有的特性外,还具有个体的特征。“本我”是不顾及“现实标准”的,它只能通过自我间接地表现出来。“本我”的活动,遵循所谓的“快乐原则”。

B.自我　是人格中最重要的部分,是意识状态下的自己。“自我”的功能主要有检查现实、适应环境、

区分主观与客观的界线、控制情感及本能活动、对体验进行综合判断。“自我”可以按“现实原则”确定是否应该满足“本我”的各种要求。

C.超我　是在后天教育中形成的，具有自我控制与道德监察的功能。“超我”代表良性或道德力量的人格结构部分，“超我”的活动遵循“道德原则”，过强的“超我”易导致自责或过失感。

③关于心理发展　弗洛伊德强调幼年阶段不利的心理发展或挫折对人格特征及成年后心理疾病的形成有重要影响。从婴儿到成年性本能可以分为5个发展阶段。

阶段	别称	年龄	特点
口欲期	婴儿期	约至1岁	婴儿通过吸吮满足欲望，口成为进行交流的最重要部位
肛欲期	幼儿期	2~4岁	儿童学习控制排便，发展灵活性、独立性、自主性
性器期	学前期	4~6岁	儿童发现了自己和别人的性标志，将父母形象内化发展出成熟的超我
潜伏期	青少年期	6~10岁	儿童注意力从自己转移到外界，即学习和游戏 性本能大大降低，进入一段“性沉寂”时期
生殖期	成年期	10~20岁	躯体和性发育成熟，与原始家庭客体产生心理社会性分离，建立家庭外的亲密客体关系

(3)行为主义学派　行为主义的心理治疗把着眼点放在观察到的外在行为或可描述的心理状态，充分利用“学习”的原则来改善非功能性或非适应性的心理与行为。美国心理学家华生受巴甫洛夫经典条件反射的影响，认为人的行为，不管是正常或病态的行为，适应性或非适应行为，都是经过“学习”而获得的条件反射，从而提出了两条规律：

①频因律　即对某一刺激的某一行为发生反应的次数越多，那么这一行为就越有可能固定保留下来，并在以后遇到相同刺激时很可能发生。

②近因律　即对某一刺激发生某一行为在时间上越接近，那么这一行为反应越容易固定下来，并在以后遇到相同的刺激时很可能发生。

行为主义学派理论认为，各种心理疾患和心身疾病都是通过错误的学习而习得的条件反射，治疗原则也是通过不强化而使已建立的错误反射消失(消退)。

(4)人本主义学派　美国心理学家罗杰斯创建了人本主义疗法，其主要理论基础包括：

①实现趋势　它假定人类和所有的生物，与生俱来就有一种不断发展、增长和延续其机体的趋势。只要有生长发育的条件，有机体的这种自我实现趋势会克服多种障碍和痛苦。

②自我概念　自我乃一个人对自己的概念。“自我形象”是通过自身与环境，特别是与其他人对他的评价相互作用后而逐步建立起来的。

③充分体验　它是对宏观事物和可以意识的机体内部过程的态度。人本主义的核心在于人人都有其独立的价值和尊严，人人都必须自己选择自己的生活方向。

(5)认知学派　20世纪60~70年代，贝克(Beck)等人根据临床观察研究及其心理学的一系列进展，提出了认知疗法的理论，主要步骤包括：①建立治疗关系；②识别与检验自动负性想法；③识别功能性失调性假设；④布置作业或制订行为计划。

3. 心理治疗的主要方法及其应用

(1)精神分析的治疗　精神分析疗法由弗洛伊德创立，他以精神动力学理论为基础，主张通过内省的方式，以自由联想、精神疏泄、分析解释的方法，把压抑在“无意识”中的某些幼年时期的精神创伤或痛苦的体验挖掘或暴露出来，从中发现焦虑根源，启发并帮助患者彻底领悟而重新认识它，从而改变原有的病理模式，重建自己的人格，达到治疗目的。

①自由联想　在进行自由联想之前，让患者打消一切顾虑，讲出他所有的想法：正在想什么，包括突

然出现的念头，完全不考虑是否有逻辑关系，是否符合道德标准，是否有意义或恰当，也就是说使自己“自由地联想”，这是精神分析法的基本准则。在自由联想时，要以患者为主，医生不要随意打断，只在必要时，做适当引导即可。自由联想的疗程较长，一般要进行几十次。在治疗过程中，也可以发生阻抗、移情或反复。要鼓励患者坚持，以达到彻底解决心理症结而痊愈的目的。

②释梦　在自由联想的同时，可建议患者讲述自己的梦。弗洛伊德将梦的分析看作是精神分析疗法的重要手段。梦的研究不仅能了解一般情况下的潜意识心理过程和内容，而且能了解那些被压抑、被排斥于意识之外的、在自我防御活动才表现出来的心理过程和内容。人们通过“梦的工作”中的那些规律或心理机制而表现为各种离奇的梦境，一般分为以下6类：

A.象征　即用一种中性事物来替代一种忌讳的事物，可减少避免引起梦中自我的痛苦或创伤。例如用细长、尖锐、蛇虫等象征阴茎。

B.移置　是指梦中将对某个对象的情感（爱或恨）转移和投向另一个对象方面去。如一位神经症男青年梦到一位穿黑色衣服的陌生中年妇女，开始冲过去拥抱她，继而对她进行了残酷的攻击。经过分析，梦中这位中年妇女实际上是他的母亲，因为在其童年父亲病死后，她抛弃了他而嫁人离去。

C.凝缩　指梦中将内心所爱或恨的几个对象，凝缩成一个形象表现出来。如《红楼梦》中贾宝玉游警幻境时梦到警幻仙子领他与其仙妹成亲。这位美女的形象是他所爱的三个女性的意象经凝缩构成的。

D.投射　指在梦中将自己某些不好的愿望与意念，投射于他人，而减轻对自我的谴责。如一男青年梦到自己的女朋友移情别恋并与人幽会。经分析发现他对女朋友有所不满而萌发了追求其他女郎的意念。

E.变形　指梦中将潜意识的欲望或意念用其他甚至相反的形式表现出来。如一富家子弟，在其父亲病重后患了焦虑性神经症。他梦见父亲病愈又能掌握家务了。经过分析，他的潜意识中盼父早死的不孝意念受到超我的严厉压抑，通过“反相形成”而产生了“父亲病愈”的“反”梦。

F.“二次加工”　指做梦者在梦醒过程中，往往会无意识地对自己的梦进行修改加工，使它比较有次序或合乎逻辑一些；或者将梦中最有意义的东西反而置于次要或不显著地位。这时，精神分析医生在进行释梦时，就要去伪存真，抓住要点。

③移情　是精神分析治疗的重要环节。移情可使患者重新经历，并在与医生的关系中（移情关系）重新处理早期未能解决的冲突，使问题有可能得到积极有利的解决。

④阻抗　是一种无意识的心理过程，其目的是阻止受压抑的冲突意识化。

【例19】女，19岁。因心理问题正在接受长程精神分析治疗，在一次治疗时，患者迟到，心理治疗师语带责备，患者当即大发雷霆。患者的发怒现象最可能属于

A. 投射　　B. 释文　　C. 变形
D. 移情　　E. 象征

【例20】男，45岁。因焦虑症接受心理治疗。在治疗过程中患者多次约治疗师看电影，并多次打电话叮嘱治疗师“可能下雨要带雨伞”或者“气温下降要添加衣服”等。患者的这种表现是

A. 认同　　B. 移情　　C. 投射
D. 象征　　E. 阻抗

(2)行为主义的治疗　行为治疗也称行为矫正或学习疗法，是指根据行为学习及条件反射理论，消除和纠正异常，并建立一种新的条件反射和行为的治疗方法。行为疗法认为一切心理失常现象都是习得的行为，所以这种治疗方法的理论基础是学习理论，治疗对象是外显行为，治疗目的是修改不良的行为模式，主要方法是控制外部行为模式，进而重建或恢复良好的行为模式。

①行为功能分析　是指在行为疗法之前，治疗师对环境中和行为者本身的影响或控制问题行为的因素做一系统分析。行为疗法的目的在于消除患者的问题行为本身。治疗师在帮助患者解决问题行为之前，首先要对患者的行为问题进行细致的了解和分析。

②系统脱敏疗法　治疗师帮助患者建立与不良反应相对抗的松弛条件反射，然后在接触引起这种行

为的条件刺激中,将习得的放松状态用于抑制焦虑反应,使不良行为逐渐消退(脱敏),最终使不良行为得到矫正。系统脱敏疗法主要适用于恐惧症、癔症。

③冲击疗法(满灌疗法) 它与系统脱敏法都是将患者暴露于患者所惧怕的情境中,但系统脱敏采用缓和的、逐步消除恐惧的方法,而本法是在治疗开始即将患者处于他最害怕的情境中,如果没有真正可怕的事情发生,那么焦虑就会减轻。冲击疗法主要适用于恐惧症。

④厌恶疗法 是一种通过轻微的惩罚来消除适应不良反应的治疗方法。当某种适应不良行为即将出现或正在出现时,当即给予一定的痛苦刺激,使其产生厌恶的主观体验。经过反复实施,适应不良反应和厌恶体验就建立了联系。厌恶刺激有电击法、橡皮筋法、氨水法、阿扑吗啡法、厌恶想象法。厌恶疗法主要适用于露阴癖、恋物癖、酒精依赖、强迫症等。

⑤行为塑造法(代币疗法、奖励标记法、表征性奖励制) 是一项通过强化而产生某种期望的良好行为出现的行为疗法技术。这种疗法主要通过某种奖励系统,在来访者作出预期的良好行为表现时,马上就能获得奖励,即可得到强化,从而使来访者表现的良好行为得以形成和巩固,同时使其不良行为得以消退。奖励可以用不同的形式,如记分卡、筹码等象征性方式。行为塑造法主要适用于恐惧症、多动症、神经厌食症、肥胖症、药瘾者、酒癖者、儿童孤独症等。

⑥松弛疗法 是通过机体的主动放松使人体验到身心的舒适,以调节因紧张反应所造成的紊乱的心理生理功能的一种行为疗法。常用的松弛疗法包括渐进性肌肉放松、自主训练、冥想、瑜伽等,主要适用于紧张性头痛、失眠、高血压、焦虑、愤怒等。

⑦生物反馈疗法 是指在电子仪器帮助下,将身体内部的生物电活动加以放大,放大后的机体电活动信息以视觉或听觉形式呈现出来,使患者得以了解自身的机体状态,并学会在一定程度上随意地控制和矫正不正常的生理变化。生物反馈疗法主要适用于各种心身疾病、神经症、某些精神病。

【例 21】女,22 岁。每逢路过商店时就会有被售货员怀疑偷窃的想法,无法自制,十分痛苦,遂到心理门诊寻求帮助。心理治疗师指导其每当出现该想法时就用力拉弹手腕上的橡皮筋,使其产生疼痛,从而逐步消除强迫症状。这种治疗方法属于

A. 代币疗法　　B. 厌恶疗法　　C. 系统脱敏疗法
D. 习惯转换法　　E. 冲击疗法

【例 22】男性,23 岁。大学生,自述不能见马路上的汽车,当汽车经过时总感觉汽车很可能撞上自己,因此十分恐惧,来心理门诊就诊,最好采用的方法是

A. 系统脱敏　　B. 厌恶治疗　　C. 生物反馈
D. 自由联想　　E. 梦的分析

【例 23】女,30 岁。因慢性皮肤溃疡迁延不愈需接受高压氧治疗。患者对高压氧舱的封闭环境感到十分恐惧。心理医生与患者进行了充分的沟通,在做好各种应急准备之后,让患者直接进入高压氧舱以快速克服恐惧心理,同时完成高压氧治疗。这种心理治疗方法是

A. 厌恶疗法　　B. 放松疗法　　C. 系统脱敏法
D. 冲击疗法　　E. 认知调整

【例 24】男孩,8 岁,孤独症患者。心理治疗师在对其进行治疗的过程中,每当了解到他有主动向老师问好、递给小朋友玩具或整理好自己的衣服等情形时,就奖励他一个纸质小星星作为强化物。该心理治疗师采用的行为治疗技术是

A. 自我管理　　B. 代币疗法　　C. 系统脱敏
D. 满灌疗法　　E. 差别强化

(3)人本主义的治疗 也称以人为中心疗法,由美国心理学家罗杰斯于 20 世纪 50 年代创建。人本主义相信个体实现倾向的巨大推动力和个体积极成长的力量,也相信有能力引导、调整和控制自己。因此人本主义的治疗过程是让来访者处于治疗的中心地位,依靠调动来访者的自身潜力来治愈疾病。在治

疗过程中,治疗师的任务不是教育、指导和训练来访者,而是创造一种环境和心理氛围。

①人本主义治疗的特点 以患者为中心;把心理治疗看成一个转变过程;非指令性治疗的技巧。

②人本主义治疗的主要技术 包括真诚一致、无条件积极关注、同感的了解。

A.真诚一致 是指真诚与真实,或治疗者自身的和谐一致,这是治疗的最基本条件。治疗师在与当事人沟通时,要任随自身内部的感受和态度开诚布公地表达和流露。使当事人感受到治疗师对自己的真诚态度,不怀疑治疗师有任何保留,就能使当事人发生内在的改变,并向建设性方向转化。

B.无条件积极关注 积极关注是指被别人喜欢、尊重或认可的需要。无条件关注是指治疗师要毫无保留地接受来访者,完全接受来访者的是非标准和价值判断。

C.同感的了解 是一种能深入主观世界了解其感受的能力。同感的了解开始于全神贯注的倾听。治疗师的倾听和日常生活中的听是不相同,有经验的治疗师能完全进入当事人的内心世界,不仅能理解当事人意识到的部分,甚至对当事人自己尚未察觉的潜意识层的意思也能察觉出来,并把这种理解传达给当事人本人。同感的技术有三个表达要点,即内容、感受与程度。

③人本主义治疗的适应证 主要适用于正常人群的普通心理咨询。

【例25】某生参加高考前数月产生严重焦虑,来到咨询室后,该生讲述了内心的恐惧与担心,治疗师只是认真地倾听,不做指令性指导。这种心理疗法的理论属于

A. 精神分析理论　　B. 认知理论　　C. 人本主义理论
D. 心理生理理论　　E. 行为理论

【例26】男,26岁。因人际关系问题而寻求心理帮助,心理治疗师采用的干预方法是非指令性的,无条件的积极关注,协助来访者充分体验和整合自己的经验。这一心理治疗的方法属于

A. 精神分析疗法　　B. 行为疗法　　C. 以人为中心疗法
D. 催眠疗法　　E. 认知疗法

(4)**认知疗法** 是指治疗师以认知理论为指导,努力挖掘患者隐蔽的歪曲的不合理认知,通过训练和指导来纠正其不合理认知,建立新的更理性和现实的认知方式,而达到消除症状、改善情绪和行为,促进个体社会适应的目的。

①认知疗法的基本理论

A.认知是情感和行为反应的中介 引起情绪和行为问题的原因不是事件本身,而是人们对事件的解释。

B.认知和情感、行为相互影响 负性认知导致负性情绪及不良行为,而情绪和行为又反作用于认知,从而形成恶性循环,打破恶性循环是治疗的关键。

C.情绪障碍者存在重大认知曲解 这是其痛苦的真正原因。如果认知曲解得到识别和矫正,即可改善其情绪和行为。

②认知疗法的基本技术 包括识别自动化思维、真实性检验、去中心化。

A.识别自动化思维 采取一定技术,促使患者修正歪曲认知及负性自动化思维的过程。

B.真实性检验 让患者在检验中认识到原有的信念是不符合实际的,并能自觉加以改变。

C.去中心化 消除患者自认为的自己是他人注意中心的想法等。

(5)**危机干预** 属于心理卫生的救助措施,针对心理陷于危机状态者,给予适时救援,帮助其渡过危机。

①危机干预步骤 包括6步:A.确定问题;B.保证求助者安全;C.给予支持,主要是倾听,而不是采取行动;D.提出并验证可变通的应对方式;E.制订计划;F.得到承诺,采取积极的应对方式。

②危机干预策略 危机干预工作者有许多行动策略,有助于工作人员更加有效地处理危机求助者。

A.认识危机求助者的个体差异;　　B.客观评价危机干预工作者自己;
C.最大限度地保证求助者安全;　　D.及时具体给危机求助者提供帮助;
E.明确需要解决的问题;　　F.考虑可替代的应对策略;
G.制订行动步骤和方案;　　H.发挥危机求助者的应对优势;

I.关注危机求助者的迫切需要；　　J.妥当安排转诊；
K.完善建立和使用当地工作关系网；　L.得到承诺和保证。

(6)其他疗法　如睡眠疗法、完形疗法、音乐疗法、森田疗法等。

【例27】男，12岁。因频发时轻时重的口吃就诊。经晤谈，心理治疗师认为患儿的口吃症状与其父母感情不好，总在他面前争吵并动辄以离婚相威胁有关。遂要求三人一起接受心理治疗，并采用了循环提问等技术。该心理治疗方法称为

A. 行为疗法　　B. 人本主义疗法　　C. 家庭治疗
D. 精神分析疗法　　E. 认知疗法

4. 心理治疗的原则

(1)治疗关系的建立原则　心理治疗与患者之间的关系并不等于一般的友谊关系，其特点为：

①单向性　治疗关系一旦建立，就是单向性的，一切为了患者的利益，它不同于友谊的双向互利关系。

②系统性　心理治疗有着明确的目的和对象，治疗者应采取一系列措施，有计划地帮助患者解决问题。

③正式性　治疗者的目的和职责是给患者提供帮助。这种关系既非儿戏，也不是为了寻开心。它是正式建立的关系，一切活动均不能超出这种关系约定的目标与范围。

④时限性　治疗关系是以达到治疗目标为终结的，如果以后再有问题，还可以重新建立治疗关系。

【例28】男，46岁，投资顾问。因社交焦虑接受心理治疗，在心理治疗师的帮助下焦虑明显改善。患者心存感激，欲将掌握的投资信息告知心理治疗师以作报答，但被婉言谢绝。在此治疗关系中，该心理治疗师遵循的原则是

A. 保密性　　B. 正式性　　C. 单向性
D. 时限性　　E. 系统性

(2)心理治疗的原则

①信赖性原则　是指在心理治疗过程中，治疗者要以真诚一致、无条件的积极关注和通情与患者建立彼此接纳、相互信任的工作联盟，以确保心理治疗的顺利进行。

②整体性原则　是指在心理治疗过程中，治疗者要有整体观念。

③发展性原则　是指在心理治疗过程中，治疗者要以发展的眼光看待患者的问题，不仅在问题的分析和本质的把握上，而且在问题的解决和效果的预测上都要有发展的观念。

④个性化原则　是指在心理治疗过程中，治疗者既要注意患者与同类问题的人的共同表现和一般规律，又不能忽视每个患者自身的具体情况，不能千篇一律地处理问题。

⑤中立性原则　这一原则要求治疗者在心理治疗过程中保持中立的态度和立场。

⑥保密性原则　这一原则要求治疗者尊重患者的权利和隐私。

⑦回避性原则　心理治疗中往往要涉及个人隐私，交谈十分深入，同时要保持中立，这些在亲友和熟人中都难以做到。因此，一般情况下要回避亲友和熟人进行心理治疗。

⑧尊重原则　治疗者应尊重患者，以平等的态度对待患者，尊重其隐私权、自我决定权等权利，不得因患者的年龄、性别、种族、性取向、宗教和政治信仰、文化、身体状况、社会经济状况等因素而歧视患者。

⑨接纳原则　对于患者本人和所叙述的内容，治疗者应设身处地地理解和接受，这是良好治疗关系形成的基础，也是治疗者必备的能力。

⑩灵活原则　患者的心理活动受多种因素的影响，因此在心理治疗过程中，治疗者应密切注意患者的心身变化过程，不放过任何一点新的线索，随时准备根据新的需要变更治疗程序。

⑪综合原则　人类疾病是各种生物、心理和社会因素相互作用的结果，因而在决定某一疾病采取某一治疗方法的同时，要综合考虑利用其他各种可利用的方法和手段。如对高血压患者进行心理或行为治疗时，不应排除一定的药物治疗。

⑫真诚原则　这是心理治疗的一个重要条件，医生对患者要真诚。在此基础上，患者才能不断接受

医生提供的各种信息，逐步建立治疗动机，并能毫无保留地吐露个人心理问题的细节，为医生的准确诊断及设计、修正治疗方案提供可靠的依据，同时医生向患者提出的各种治疗要求也能得到遵守和认真执行。

⑬关系限定原则　治疗者在心理治疗时，应按照本专业的道德规范与患者建立良好的治疗关系。不得利用患者对自己的信任或依赖牟取私利，不得与患者发展专业工作以外的社会关系。

⑭时间限定原则　治疗者在心理治疗时，应注意遵守治疗时间的规定，通常个体治疗每次的会谈时间为45~50分钟，无特殊情况不要随意延长、更改会谈时间和已经约定的会谈时间。

(3)心理治疗对治疗师的要求　一个优秀的心理治疗师应具备下列条件：

①要有一颗帮助别人的心　要真诚地理解患者，做到共情，平等而不是鄙视，也不是板起面孔。

②要有敏锐的观察力　心理治疗师要善于察言观色，听话听音，善解人意。

③要有丰富的生活经验和知识　一个资深的心理治疗师，应多了解社会各阶层人士的生活和工作。要有较宽广的知识面，不仅要懂得医学、心理学，还应懂得社会学、人类学等。

④要具备乐观的生活态度　来访者大多数由于生活中的问题，情绪比较低落。如果治疗师也是一个悲观观念很重的人，则难以使患者积极乐观起来，反而会起到"推波助澜"的作用。

⑤要遵守职业道德　要有高尚的医德，尊重患者的隐私，严格遵守心理治疗中的道德规范。

【例29】下列不属于心理治疗原则的是

A. 正义原则　　B. "中立"原则　　C. 真诚原则
D. 保密原则　　E. 回避原则

【例30】女，28岁。在心理咨询中谈到所交的两个男朋友她都很喜欢，不知道该与哪个继续相处，难以作出抉择，希望得到帮助，而根据心理治疗的原则，心理咨询师没有替她作出决定。该咨询师遵循的原则是

A. 灵活原则　　B. 综合原则　　C. "中立"原则
D. 耐心原则　　E. 回避原则

【例31】某心理治疗师的母亲出现了心理问题，其妹妹想让他给母亲进行心理治疗，但他却将母亲转给其他心理治疗师进行治疗。该心理治疗师遵循的心理治疗的原则是

A. 保密原则　　B. 真诚原则　　C. 中立原则
D. 回避原则　　E. 系统原则

【例32】某单位女职工，在一家医院接受过心理评估与心理治疗。其所在单位领导获悉后想了解该患者的心理问题现状，遂向医院索要心理评估的结果，但被患者的心理医生拒绝。该心理医生所遵循的原则是

A. 耐心原则　　B. 真诚原则　　C. 客观原则
D. 回避原则　　E. 保密原则

【例33】某心理治疗师婉拒了一位正在接受其治疗的患者请其吃饭的邀请。该心理治疗师的这一行为所遵循的心理治疗原则是

A. 真诚原则　　B. 回避原则　　C. 保密原则
D. 关系限定原则　　E. 客观中立原则

5. 临床心理咨询

(1)临床心理咨询的意义　临床心理咨询是指通过医学晤谈和讨论，查明来访者心理障碍的性质和可能原因，给予劝告、建议、教育、支持和各种形式帮助的过程，包括运用简短的心理治疗和医药治疗。

临床心理咨询的意义为：①解决紧张应激压力的主要手段；②防治心身疾病，促进健康长寿的有效方法；③心理卫生知识传播的重要途径。

(2)临床心理咨询的历史

①国外心理咨询的历史　国外心理咨询的兴起，至今已有100多年的历史。Passon在1909年出版了《选择择业》一书，该书在心理咨询发展史上的重要性在于帮助人们如何选择职业，这是心理咨询的开

始。在第一次世界大战期间,美国需要将招募的士兵进行分类,以便淘汰智力不足者,因此发展了心理测量技术,这为职业咨询与指导提供了科学的手段。1942 年罗杰斯出版的《咨询与心理治疗》一书促进了心理咨询的进一步发展。20 世纪 40 年代,美国心理学会成立了咨询学指导分会,各类学校纷纷设立心理咨询机构。

②我国心理咨询的历史　我国自 20 世纪 50 年代以来,由于种种原因,长期没有开展心理咨询工作。1978 年以后,心理学开始复苏。1982 年,陈佩章在西安医学院附属第一医院开设了全国第一个心理咨询门诊。1983 年赵进源在广州,1984 年胡佩诚在北京分别开设了心理咨询、心身医学门诊。

(3)心理咨询的方式　常见的心理咨询方式有以下几种:

①门诊心理咨询　在综合医院、精神卫生中心和卫生保健部门,可设置心理咨询门诊接待来访者。这种形式与来访者直接见面,能进行面对面的对话,故咨询较深入,效果较好。

②信函心理咨询　为外地要求心理咨询者,或本地要求咨询者出于暂时保密或试探心理以信函咨询。这种形式的咨询,只能初步了解情况,对咨询者进行安抚和稳定情绪,无法面对面深入磋商。

③电话心理咨询　可为急性情绪危象、企图自杀者,提供专用电话向心理咨询门诊告急、诉苦、求援。对于一些不愿面谈、怕暴露身份的人,通过电话咨询也比较方便。目前,在国内许多城市都设立了一些热线电话为咨询者服务。

④专题心理咨询　针对公众关心的心理问题,在报纸、杂志、电台、电视上进行专题讨论和答疑。

⑤网上心理咨询　通过互联网心理咨询可以突破地域限制,还可以进行心理问题评估与测量。

(4)心理咨询的手段

①宣泄　是指来咨询者将其郁积已久的情绪烦恼及变态行为倾诉给咨询人员的过程。这是一种发泄痛苦的形式,可以给人以极大的精神解脱,使人感到由衷的舒畅。因此,宣泄是咨询人员了解来询者的心理不适和精神障碍的重要途径,它可增进咨询人员对来询者的理解及后者对前者的尊重,使二者建立起有效的感情沟通途径。

②领悟　指来询者在咨询人员的帮助下,全面深刻地认识其心理不适与情绪障碍的过程,它常伴有深刻的认识飞跃,使来询者得以积极地协调自我与环境的关系,改变某些偏见与消极的行为方式,防止和减弱不良情绪对心身的危害。因此领悟是来询者克服心理不适与障碍的关键。

③强化自我控制　在心理咨询中,任何形式的“痛”都是自我控制不住的表现。强化自我控制可使来询者解除某种不良情绪状态与行为对自我的禁锢,协调个人与环境的关系,从而获得内心的和谐。强化自我控制在很大程度上依赖宣泄与领悟的进展,是两者必然的结果。

④增强自信心　是心理“通”的最高表现。它能使来询者在战胜恶劣心境,摆脱情绪不良的基础上,积极面对生活矛盾,调节自我与环境的不协调,以乐观的态度对待人生。它还能使来询者重建合理的情感结构,保持良好的心境,以更有效地应付生活中的忧愁、烦恼。因此增强自信心是心理咨询的最重要的目标。

(5)心理咨询的内容　不同的对象咨询内容不同。

①儿童少年心理咨询　以行为改变最常见,其他包括成绩下降、身体不适、幻觉与妄想、性格改变、交际困难等。分析其原因主要为学习压力过大、教育不当、环境改变、家庭矛盾等。

②青年心理咨询　在综合医院心理咨询门诊中,青年来询者的比例是最高的。在就诊原因中,以神经症最常见,其他为精神病、心身疾病、性问题、躯体疾病等。

③中年心理咨询　中年来询者以神经症为多,其中以焦虑症最常见,约占总数的 50%。其他包括重型精神病、心身疾病、各种躯体疾病所致的心理问题、性变态、性功能障碍、气功偏差等。

④老年心理咨询　多为情绪变化、睡眠障碍、幻觉、妄想、行为变异、智能缺损、性格改变等。

【例 34】女,35 岁。丈夫因车祸去世,令其痛不欲生,遂到心理咨询门诊寻求帮助。该妇女在诉说其目前的心境时痛哭流涕。对此,心理咨询师在初始阶段一般不应采取的措施是

A. 对质其懦弱　　B. 帮助其领悟　　C. 增强其自控

D. 指导其放松　　　　E. 接受其宣泄

常考点 心理评估和治疗为重点内容,应全面掌握。

参考答案——详细解答见2021《贺银成国家临床执业及助理医师资格考试历年考点精析》

1. ABCDE	2. ABCDE	3. ABCDE	4. ABCDE	5. ABCDE	6. ABCDE	7. ABCDE
8. ABCDE	9. ABCDE	10. ABCDE	11. ABCDE	12. ABCDE	13. ABCDE	14. ABCDE
15. ABCDE	16. ABCDE	17. ABCDE	18. ABCDE	19. ABCDE	20. ABCDE	21. ABCDE
22. ABCDE	23. ABCDE	24. ABCDE	25. ABCDE	26. ABCDE	27. ABCDE	28. ABCDE
29. ABCDE	30. ABCDE	31. ABCDE	32. ABCDE	33. ABCDE	34. ABCDE	

第 4 章 医患关系、医患沟通与患者的心理问题

▶▶考纲要求

①医患关系的心理方面：医患关系的概念，医患关系的重要性。②医患交往的两种形式和两个水平：医患交往的两种形式，医患交往的两个水平。③医患沟通的理论、技术及其应用：医患沟通的基本理论，医患沟通的技术与方法，医患沟通的常见问题与处理。④医患关系模式的临床应用：医患关系的基本模式，医患关系的临床应用。⑤患者角色、求医行为及其应用：患者角色的概述，患者角色的转化，求医行为。⑥患者的一般心理问题及干预：患者的心理需要，患者的认知活动特征，患者的情绪与情感特征，患者的意志行为特征，患者的个性特征，患者心理问题的基本干预方法。⑦不同年龄阶段患者的心理活动特征：儿童患者的心理，青年患者的心理，中年患者的心理，老年患者的心理。⑧特殊患者心理问题：不同病期患者的心理问题及干预，手术患者心理问题及干预，危重患者的心理问题及干预。

▶▶复习要点

一、医患关系与医患沟通

1. 医患关系的心理方面

(1)医患关系的概念 医患关系是指在诊疗过程中，医护人员与患者围绕着疾病的诊断、治疗、康复等与患者疾病相关的问题而建立起来的相互联系、相互影响的沟通过程，是人际关系在医疗情境中的具体化形式。医患关系具有以下特征：

①医患关系具有明确的目的性 医患关系是一种职业性人际关系，以医疗活动为中心，以维护患者健康为目的，这是医患关系的核心内容。

②医患关系是建立在医患平等基础上的帮助性人际关系 医患双方在人权、人格、价值、情感等方面是平等的。但在医疗服务过程中，医护人员具备专业知识和技能，处于帮助者的地位；患者因其健康问题，处于被帮助者的地位。

③医患关系是以患者为中心的人际关系 一切医疗过程和医患沟通过程都要作用于患者，并以解决患者健康问题为目的，因此对医患关系的评价主要以其对患者的作用和影响为标准。

④医患关系具有明显的时限性 从患者求医行为的发生到疾病治疗的结束，医患关系也经历了确立、发展、动态演变、结束等不同时期。时限性是医患关系有别于其他类型人际关系的重要特点。

(2)医患关系的重要性

①良好的医患关系是医学模式转变的要求 生物-心理-社会医学模式是一种系统论和整体观的医学模式，它要求医学把人看成一个多层次的、完整的连续体，也就是在健康和疾病的问题上，要同时考虑生物的、心理的和社会的各种因素的综合作用。

②良好的医患关系是医疗活动顺利开展的前提 医患关系的稳定、和谐使医者与患者之间能保持及时的信息交流，有利于医疗工作的顺利进行。

③良好的医患关系是营造良好医疗心理氛围的关键 良好的医患关系使医者与患者的心理距离缩小，使双方增进了解，心情舒畅。

2. 医患交往的两种形式和两个水平

(1)医患交往的两种形式 医患交往有以下两种形式：

①言语形式的交往 是指医患之间利用语言来传递信息。

②非言语形式的交往 是指医患之间非言语形式的交往，如面部表情、身体姿势、眼神、手势等。

(2)医患交往的两个水平　在临床医疗实践中，技术型和非技术型交往是相互影响的。非技术交往的成功可促进患者对检查、诊断和治疗的依从性，从而有利于技术水平上的交往。

①技术型交往　主要是指医患之间针对诊断、治疗、护理以及预防保健的具体方法而进行的沟通与交往。这种交往是医患交往的最主要、最直接的形式。生物医学模式非常重视医患之间的技术型交往。

②非技术型交往　主要是指医患之间情感、心理和思想上的交往，多体现在医疗服务态度方面。新的生物-心理-社会医学模式非常重视医患之间的非技术型交往。

3. 医患沟通的理论、技术及其应用

医患沟通是指在医疗卫生活动中，医患双方围绕疾病、诊疗、康复、保健等相关问题所进行的专业性信息交流过程，其最终目的为增进病人健康、提高医疗服务水平。

(1)医患沟通的基本理论

①医患沟通的基本理念　在医患沟通过程中，医生应遵循的基本理念主要包括：

A.以人为本的服务理念　是医患沟通最基本的理念，要求医务人员在医患沟通过程中始终坚持一切以人为本、以患者为中心的理念。

B.理解与尊重的理念　是处理好医患关系的前提，要求医务人员在医患沟通过程中要理解病人的所处境地、主观感受和需求，同时要在言谈举止间自然表现出对病人的真诚、尊重与接纳。

C.同情与换位的理念　换位即站在病人的角度去思考、去感受，是对每一个病人个体进行直观理解的技术手段，同时也是对病人产生同情和共情的基础，是“医乃仁术”最朴实的表达和表现。

D.主动与共同参与的理念　是保证沟通渠道畅通、进行有效沟通的操作原则，要求医务人员在医患沟通过程中要以主动的态度将各种医疗信息告知病人，同时认真听取病方的意见反馈，并让其共同参与到与之相关的医疗决策中来。

②医患沟通的基本原则　在医患沟通过程中，医生应遵循的基本原则包括：

A.平等的原则　首先，在法律意义上，医患间的契约性关系决定了两者之间的关系是平等的；其次，在道德层面上，医患间的平等关系并不会因为医疗过程中主动与被动的程度而有所改变。

B.共同参与原则　诊疗活动的全程医患双方都要主动参与并保持良好沟通。

C.诚信和公正的原则　诚信是建立良好医患沟通的基础和前提，公正则要求医务人员要对患者一视同仁，避免偏见和歧视。诚信和公正是对医患双方的要求，但首先要从医方做起。

D.保密的原则　在未经患者知晓和同意的情况下，医务人员有义务为患者诊疗过程中的一切信息实施保密，特别是涉及患者隐私的信息。

E.反馈的原则　是指医务人员对沟通内容及患者在沟通过程中表现出来的情感进行反馈的过程，反馈的目的在于澄清、证实或为进一步的沟通做好铺垫，同时表达对患者主观感受的理解、同情与通情。

F.知情同意的原则　特殊的诊疗活动，需要患者的知情同意，这是患者的基本权利。

③医患沟通的基本内容　主要包括：

A.医生对于自身及相关诊疗环境的必要介绍，特别是在患者想要了解这方面情况的情形下。

B.了解患者一般情况、采集病史、收集临床表现及相关信息。

C.介绍和解释所需检查项目的方法、场所、过程、目的、准备和注意事项、结果、临床意义等。

D.介绍疾病的诊断情况、主要诊疗计划与具体措施、疾病的疗效与预后。

E.介绍药物治疗的目的、功效、用法用量、不良反应、疗程以及注意事项等。

F.介绍手术的必要性、手术方式、术前准备与注意事项、麻醉方式、预期疗效、并发症、意外及其他可能出现的情况等。

G.说明包括手术、药物在内的各种疗法、重大医学检查及其他方面的费用，以及医疗保险的报销范围。

H.住院查房和门诊随诊期间对病情变化的进一步了解与反馈，对后续治疗方法与康复手段的说明等。

I.出院前的病情与治疗总结、出院后维持或康复治疗的方法和注意事项、定期复查事项等。

J.倾听患者的叙述，了解患者的体验与主观感受，表达对患者的理解与同情，安抚其情绪，鼓励其配合治疗并激发其主动性，对治疗和康复建立理性的认识和信心。

K.倾听患者及其家属想要了解的其他问题，并尽可能作出使其能够理解和接受的答复。

L.必要时，向患者及其家属解释当代医学技术的局限性，获得患方的理解，让其具有一定的风险意识，并对治疗结果抱以合理的预期。

④医患沟通的主要层次

A.知识层面的交流　是指医护人员以通俗易懂的方式，将与其所患疾病相关的专业知识传递给患者。

B.情感层面的交流　是指医生满足患者及其家属有关疾病倾诉的需要，耐心地倾听、理解并作出恰当反馈，同时在这一过程中表达同情与通情，并将心理支持技术巧妙地运用到沟通过程中，有效地缓解焦虑、恐惧、抑郁等情绪。患者对疾病治疗的体验也是医患情感交流的一部分。

C.文化层面交流　是指在医患沟通中，医生能够意识到患者在文化及社会背景方面的差异性，用符合其文化背景和认知水平的语言，让复杂的医学术语浅显易懂，使其对疾病、诊治过程、康复过程等有更好地理解，有利于保障尊医行为和疗效。

⑤医患沟通的功能及意义　医患沟通与医疗服务的各个环节紧密相关，既是提高医疗服务质量的基本技能和条件，也是落实医学人文关怀的重要方法，其功能和意义体现在以下几个方面：

A.医患沟通技巧是建立良好医患关系和治疗同盟的基础。

B.良好的医患沟通有利于完整疾病信息的获得，从而有利于作出正确的诊断。

C.良好的医患沟通有利于制订医患双方都可以接受的可行性治疗方案。

D.良好的医患沟通可促进患者的依从性。

E.良好的医患沟通有利于患者理解疾病并理性地接纳疾病的预后。

F.良好的医患沟通有利于化解医疗纠纷。

G.良好的医患沟通可以促进疾病的康复并预防复发。

H.良好的医患沟通本身具有心理支持、安抚情绪等心理治疗作用。

I.良好的医患沟通体现了对患者的人格与权利的尊重。

(2)医患沟通的技术和方法

①建立良好医患关系的基本前提　良好的医患关系是医患双方共同努力的结果，两者缺一不可。就医务人员而言，建立良好的医患关系需要考虑到以下基本前提：

A.以新医学模式为指导　现代的生物-心理-社会医学模式要求医生在诊治患者时，不能只见疾病不见患者，只注意局部忽略全身，而应该从单纯的生物学诊治转向生物、心理、社会的立体诊治，要尽可能地解决患者的各种疾病相关问题。只有这样，才可能建立起相互尊重、信任、融洽的医患关系。

B.对卫生法律法规的重视　医患关系必须符合现行医疗法律、法规的规定。违背这一原则，医生就可能被患者投诉或者受到法律的起诉。

C.职业和非职业关系的处理　医患关系是以医疗行为为桥梁建立起来的职业关系，因而具有时限性。然而，在现实生活中比较常见的是，医患之间以此为契机发展出新的与医疗行为无关的人际关系，这是可以理解的。但是应该注意的是，非职业关系介入之后，会影响到医患关系的单纯性，因而常会带来角色行为的混乱，出现责任、权利、义务的混淆。

D.移情和反移情的处理　移情在心理治疗过程中具有特殊的作用，但对于其他医疗过程而言，移情和反移情都会影响到医患关系，需要被慎重对待。

E.医患沟通技巧的使用　良好的医患关系需要临床医生掌握医患沟通的技巧，如倾听、通情、提问、反馈等，并在沟通过程遵循和体现出对患者的真诚、尊重和接纳。在沟通过程中，要注意目标明确，围绕与疾病相关的内容展开，同时要注意言语沟通技巧和非言语沟通技巧的结合使用。

②医患沟通的基本方法

A.言语沟通　言语沟通是信息交流的一个重要方式，主要以口头语进行交往，即交谈或晤谈，而书面语的形式虽然较少使用，但在签署某些重要医疗文书（如术前知情同意书）的时候却是必不可少的。

a.交谈的原则

尊重患者　交谈要在平等和谐的医患关系中进行。医患关系中，患者常处于弱势地位，在医疗过程中经常会出现医务人员居高临下，患者被动服从的情形，这时患者信息往往不能很好地表达，产生交往障碍。

有针对性　医患交往毕竟是医疗活动的一部分，交谈应该有目的、有计划地进行。

及时反馈　在交谈过程中应及时反馈，采用插话、点头肯定、表情等手段对患者的谈话进行应答。

b.交谈的技巧

注意倾听　在医患交往中，不要以“说”为主，“听”往往比“说”更重要。

正确共情　在医患交往中，共情是指医生具有能够理解和分担患者精神世界中各种负荷的能力。

善于提问　提问在病史采集、医患会谈过程中起重要作用。适当的提问，既可避免让喜爱倾诉的患者反复诉说自己的不适，也可以了解到紧张羞涩不善言辞的患者的真实情况。提问的方式主要有开放式提问和封闭式提问。

适当解释　解释是言语性技巧中比较复杂的一种，它取决于医生理论知识的储备和临床经验的丰富程度。医患沟通效果的好坏，很大程度上取决于医生理论联系实际的能力。

有效指导　是指医生运用自己的医学专业知识直接地指导患者做某事、吃某物，并提供一些健康方面的注意事项。指导是医生对患者影响最为直接和明显的一种技巧。

B.非言语沟通　是指通过表情动作、目光接触、周围环境信息等手段表达自己的情感，从而达到交往的目的。非言语交往可分为动态与静态两种。动态主要包括面部表情、身段表情和人际距离等，静态包括衣着打扮、环境信息等。

面部表情　面部表情的变化是医生观察患者获得患者变化的一个重要信息来源，同时也是患者了解医生心灵的窗口。医生既要善于表达面部表情，也要细心体察患者的面部表情。

身段表情　临床活动中，医生诚恳友善地点头，患者的温暖和安全感就油然而生。

目光接触　临床上医患交往，双方往往通过目光接触判断对方的心理状态和信息接收的程度。

人际距离　两人沟通的距离取决于彼此间的亲密程度。医患之间的距离以 0.5~1.2m 为宜。

语调表情　临床上，医生可通过患者的语调表情，来判断对方的心理状态。同时，医生也可借助语调表情传递关注、同情患者等信息。

【例 1】医生与患者的交谈原则应具有

A. 隐蔽性　B. 情绪性　C. 广泛性
D. 指令性　E. 针对性

【例 2】糖尿病患者，女，65 岁，家庭主妇，初中文化程度。医生给予的饮食建议，容易理解和执行的说法是

A.“您每天摄入热量不能超过 1200 千卡”
B.“您必须严格控制饮食，要低盐、低脂、低糖饮食”
C.“每顿饭主食 2 两，少吃油腻的”
D.“不吃甜点、稀饭、甘蔗、西瓜、甜饮料，少吃肉、油，可以吃点粗粮”
E.“您一定要管住自己的嘴，原来爱吃的都不能吃了”

(3) 医患沟通的常见问题与处理　导致医患沟通障碍的因素来自于医患双方。对于患者来说，主要是认为自己获得的信息不足、听不懂医生的术语、医生同情心差、记不住医嘱等。对于医生来说，主要是认为患者依从性差、提供信息有误等。

①信息缺乏或不足　患者就医的动机主要是希望从医生那里了解自己患了什么病，病情如何，预后怎样。这些信息本可以在医患沟通中获得，然而在医疗活动中，漠视医患沟通的现象极为普遍，造成医患信息严重隔离，交流不畅。

在临床实践中,对于医患沟通不足的应对,有学者特别强调倾听的作用,并非常具体地提出了倾听过程中需要注意的几个问题:A.要让患者感到舒适,永远不要让人感觉你很随意;B.要用你的表情、目光、姿态等身体语言表现出你对患者的问题很感兴趣,并且很专注;C.使用点头、拍肩膀、握手等动作让患者确信你很在意他并理解他的问题;D.在患者正在陈述问题的时候,不要轻易地打断;E.在准备做出结论时,一定要先问一下患者还有没有更多要说的。

此外,在临床晤谈中还需要注意的细节包括:A.对患者的言语和非言语形式的表达要同等关注;B.对患者的问题要马上做出反馈,为患者提供其想要获得的信息;C.在涉及疾病的性质、过程、预后、检查、治疗方法的选择等问题时,要进行充分的讨论和说明;D.在涉及昂贵的检查项目和药物的时候,要针对其必要性、可行性进行详细的讨论;E.要让患者参与治疗计划的决策;F.要尽可能使用简单易懂的方法进行沟通,注意医学术语、简称或缩写往往并不为患者所了解、或者一知半解、或者导致误解。

②沟通障碍　医患之间虽有信息往来,但是这些信息并不能被对方理解,甚至造成双方误解。如患者对医务人员经常使用的"行话""缩略语"难以理解,医生对患者使用"方言"感到困惑不解。

造成医患沟通障碍的因素比较复杂,主要来源于医患两个方面。

来源于医务人员方面的因素主要包括:A.对医患沟通的重要性认识不足,漠视患者的内心体验;B.缺乏医患沟通的基本技能;C.医务人员对非言语沟通要素的忽视,导致医患沟通表面化、程式化、缺乏个体针对性,无法满足患者的内在心理需求;D.医务人员在时间、精力和体力上都处于超负荷运转,医患沟通所需的时间和精力被无限挤压;E.医务人员的优越感和控制欲,使某些医生忽视了患者的心理需求和个人意志,从而造成误解,导致医患关系紧张;F.医务人员的防范心理,迫使医务人员对患者建立起了心理防线;G.医务人员的某些人格特征也是原因的一个方面,如焦虑性特质、抑制性特质、冲动性特质等。

来源于患者方面的因素主要包括:A.患者对医务人员不信任;B.患者健康意识和维权意识增强,超过了目前医疗水平的要求;C.患者的认知特征、情绪特征和人格特征的影响。

③回忆不良　是指患者对医务人员所提供的有关医疗信息,在短时间内即大量遗忘,且不能准确回忆的现象。研究表明,患者离开诊室后,有40%~80%的医疗信息被立刻遗忘。而且,被提供的医疗信息越多,事后能够准确回忆起来的比例越小。医生采用以下措施,有助于患者记忆:

A.尽量避免使用专业术语　语句表达通俗易懂,简洁明了。

B.将医嘱内容进行归纳　所患疾病的名称,病情可能的变化,需要进一步的检查,需要进行的处理等。

C.指导力求具体　对需要患者进行配合的要求应明确、具体,不要一般而言或模糊笼统。

D.重要的医嘱首先提出　心理学中的首因效应提示最先认识的项目回忆最好。

E.运用复述增强记忆　在患者离开前让其将医嘱复述一遍,有利于增强记忆。

F.尽可能使用书面形式　特别是重要的医嘱。

④同情心不够　同情心是医务人员应具备的道德素质之一,同时富有同情心也是患者对医生角色期待的重要内容。在技术权威与富有同情心的医生之间,多数患者更愿意选择后者。

⑤依从性差　患者的依从性,也称遵医行为,是指患者的医嘱执行率。有人用如下公式强调依从性的重要性:治疗效果=医生的临床知识与技能×患者的依从性。患者依从性差是医患沟通中的最大障碍,医务人员应及时查找原因,提高患者的依从性。

【例3】医生在诊治过程中经常对患者使用医学专业术语,使患者难以理解,容易造成误解。这种医患交流的问题属于

A. 依从性差　　B. 同情不够　　C. 沟通障碍

D. 信息缺乏　　E. 回忆不良

【例4】有助于患者记忆的信息沟通方式不包括

A. 指导问题力求具体　　B. 归纳总结医嘱内容　　C. 语言表达通俗易懂

D. 重要医嘱首先提出　　E. 规范使用医学缩略术语

【例5】为了加强病人对医嘱的记忆，不宜采用的方法是

A. 医嘱简明只说一次　　B. 尽量采用书面形式　　C. 重要的医嘱先说

D. 让病人复述医嘱　　E. 让病人写下来

4. 医患关系的基本模式及其临床应用

20世纪50~60年代，美国学者萨斯、荷伦德将医患关系模式归纳为三种类型，即主动-被动型、指导-合作型、共同参与型，被认为是医患关系的基本模式。

(1)主动-被动型　这是一种最常见的单向性的，以生物医学模式为指导思想的医患关系，在现代医学实践中仍普遍存在，其特征为“医生为患者做什么”，模式的原型是“父母-婴儿”。在这种医患关系中，医生是主动的，在患者心目中处于权威地位，而患者则处于被动接受的从属地位，对医疗过程和措施一般不会提任何意见，完全按医生的要求去做，听从医生的支配。这种模式过分强调了医生的权威性，忽视了患者的主观能动性。虽然这种模式在新的医学模式和医学目的下备受诟病，但可适用于某些特殊病人，如昏迷、休克、全麻、有严重创伤、智力严重低下、自知力丧失的精神病患者。

(2)指导-合作型　这是一种微弱单向、以生物-心理-社会医学模式及疾病治疗为指导思想的医患关系，其特征为“医生告诉病人做什么和如何做”，模式的原型是“父母-儿童”。在这种医患关系中，医生的作用占优势，同时有限度地调动患者的主动性，也就是说，医生是主角，患者是配角。这种模式主要适用于急性病患者的治疗过程，是目前最为常见的医患关系模式。

(3)共同参与型　这是一种双向性的、以生物-心理-社会医学模式及健康为指导思想的医患关系，其特征是“医生帮助患者自我恢复”，模式的原型是“成人-成人”。医患双方的关系建立在平等基础上，双方有近似相等的权利和地位，共同参与医疗决策和实施过程，相互尊重，相互依赖。这种模式主要适用于慢性疾病的治疗。

二、患者的心理问题

1. 患者角色、求医行为及其应用

(1)患者角色的概述　患者角色又称患者身份，是指被医生确认的患病者应具有的心理活动和行为模式。患者角色被希望采取切实行动来减轻自身的症状，如按医嘱服药、卧床休息、接受医生治疗等，努力使自己康复。1951年，Parsons从社会学的角度，提出了患者的四种角色特征：

①免除或减轻社会职责　病人可从常规的社会角色中解脱出来，减轻或免除原有的责任和义务。

②不必对疾病负责　患者对陷入疾病状态没有责任，患者本身就是疾病的受害者，无须对患病负责。

③恢复健康的义务　患者自身需要为健康而努力，如配合医疗、护理工作，适当锻炼，加速康复。

④寻找帮助　患者负有寻求医疗协助的责任。

(2)患者角色的转化　患者角色转化是指个体承担并进入一个新角色的过程。当个体被诊断患有某种疾病时，原来已有的心理和行为模式以及社会对他的期望和责任都随之发生了相应的变化。这种变化是一个失去原来的社会心理平衡，达到新的社会心理平衡的适应过程。通常患者角色转化有以下几种类型。

①角色行为适应　患者基本上已与患者角色的“指定心理活动和行为模式”相符合，表现为比较冷静、客观地面对现实。“既来之，则安之”，关注自身的疾病，遵行医嘱，主动采取必要的措施减轻疾病。患者角色适应的结果有利于疾病的康复。

②角色行为缺如　表现为病人未能进入患者角色，不承认自己是病人，或否定病情的严重程度。虽然医生已作出疾病的诊断，但患者尚未意识到自己患病或不愿承认自己是病人。这类人常因疾病会影响学习、工作、婚姻、事业等，而不愿承担患者角色。这种行为的后果往往是疾病因治疗延误而加重。

③角色行为冲突　同一个体承担着多个社会角色，在适应患者角色过程中，与病前的各种角色发生心理冲突，而使患者焦虑不安、烦恼、甚至痛苦等。当某种社会角色的重要性、紧迫性凸显时，患者就容易

发生心理冲突。这些心理冲突有时较为激烈,使患者角色发生反复。

④角色行为强化　角色强化多发生在由患者角色向常态角色转化时。由于适应了患者的生活,产生了对疾病的习惯心理,即按时打针、吃药、按医嘱办事成了自己的行为模式,虽然躯体疾病已康复,但患者的依赖性加强、自信心减弱,对承担原来的社会角色恐慌不安,不愿重返原来的生活环境,即"小病大养"。

⑤角色行为减退　已进入角色的患者,由于强烈的感情需要,或因环境、家庭、工作等因素,或由于正常社会角色的责任、义务的吸引,可使患者角色行为减退。此时,患者不顾病情而从事力所不及的活动,承担正常角色的社会行为,从而影响疾病的治疗。

⑥角色行为异常　患者无法承受患病或患不治之症的挫折和压力,表现出悲观、绝望、冷漠,对周围环境无动于衷,这种异常行为如不能及时发现与有效疏导,不仅对病情十分不利,而且还可能发生意外事件。

【例 6】患者表现平静,客观面对患病现实,关注自身疾病,遵行医嘱所体现的患者角色行为类型为

A. 角色行为冲突　B. 角色行为减退　C. 角色行为异常
D. 角色行为缺如　E. 角色行为适应

【例 7】患者,男,大学生。因被诊断为慢性肾衰竭而收住院治疗,入院后出现了失眠、哭闹和攻击性行为。患者的这种角色变化属于

A. 角色行为减退　B. 角色行为强化　C. 角色行为缺如
D. 角色行为异常　E. 角色行为冲突

【例 8】患有躯体疾病的病人出现抑郁、压抑、想自杀的状况,反映的角色行为是

A. 强化　B. 冲突　C. 缺如
D. 减退　E. 异常

(3)求医行为

①求医行为的概念　求医行为是指人们发觉症状后寻求医疗帮助的行为。

②求医的原因　病人察觉到有病时是否有求医行为,与个体的生理、心理、社会等方面的原因有关。

A.生理性原因　因身体某些部位发生病变,或因主观上感受到身体不适或疼痛而求医。不论病人所患疾病性质或严重程度如何,病人的主观感受常常是促使病人产生求医行为的重要因素。

B.心理性原因　因某些生活事件,使个体精神遭受刺激而导致心理紧张、焦虑、恐惧,为缓解负性心理反应和精神痛苦而求医。随着经济的发展和社会的进步,由于心理性原因求医者渐有增多趋势。

C.社会性原因　因某些疾病对社会产生现实或潜在的危害而求医,如传染性疾病、性病等。

③求医的类型　人的行为是受意识所支配的,求医决定的作出,可能是患者本人,也可能是他人或社会。据此,将求医行为分为以下三类。

A.主动求医型　当个体感到身体不适或产生病感时,在自我意识支配下产生求医动机,主动寻求医疗服务,称为主动求医行为。它是社会生活中最多见的求医类型。随着人们生活水平和医疗诊断技术水平的提高,医疗保健的需求逐年增加,主动求医的人逐渐增多。

B.被动求医型　自我意识尚未发育成熟的未成年人、意识丧失、缺乏自知能力以及体质虚弱的老龄患者等,需由患者家长、家属或他人作出求医决定而产生的求医行为,都属于被动求医行为。婴幼儿、儿童期的个体,需要家长决定是否采取求医行为。昏迷、意识不清、危重患者,需由他人立即决定是否紧急求医。精神病等自知力缺乏的患者,需由家属、同事、朋友等送往医院就诊。老年人常需由家属送诊。

C.强制求医型　某些对社会人群健康有严重危害的特殊患者,虽然本人不愿求医,社会需要对其给予强制性医治,称为强制求医行为。如对某些烈性传染病、性传播疾病、艾滋病等患者,为保证社会其他人群的健康利益,同时也是对患者个人负责,均需采取强制求医措施。

④影响求医行为的因素　求医行为受多种因素的制约,包括:

A.个人对疾病的认知程度　个体产生求医动机的最初原因是对自身变化的体验和感受,它是疾病最早的表现形式。因此,对疾病程度的认知是否恰当,是影响患者求医行为的最主要原因。

B.个体以往的求医经历　患者以往的求医经历常对其后继的求医行为产生影响。

C.个人的人格特征　个体求医行为与性格倾向、疾病体验、生存动机等人格特征密切相关。

D.个人承受医疗费用的能力　医疗费用对个体求医行为的影响,主要取决于医疗费用款项的多少,求医个体在所支付医疗费用中承担的比例,以及人们对医疗经费价值认同程度等。

E.医疗保健设施与服务态度的因素　医疗保健服务的可得性和可接受性对求医行为有较大影响。

F.社会经济发达程度　任何一个时代和国家的经济发达程度,人民的整体生活水平,以及医疗保健服务设施和医务人员服务水平,都会影响社会成员的求医行为。

【例 9】由患者的家长和家属或他人作出求医决定的求医类型是

A. 主动　　B. 被动　　C. 强制

D. 稳定　　E. 独立

⑤遵医行为　遵医是指患者遵从医务人员开列的处方或其他诊疗方法进行检查、治疗和预防疾病的建议和意见的行为。研究遵医行为及影响因素,提高患者遵医的自觉性,是医学实践中必须重视的问题。

A.影响遵医行为的因素　主要包括以下几个方面:

a.患者对医生的信任度和满意度　医生的知名度、服务态度、服务质量直接影响患者对医生的信任程度和尊重程度,也影响着医嘱的遵守程度。

b.疾病种类、严重程度及就医方式　一般情况下,急症、重症患者能够执行医嘱内容,按医嘱办事。有器质性病变的患者一般能够按医嘱办事,遵医率较高,而病情较轻、慢性病患者,遵医率明显降低。

c.患者的主观愿望和医生治疗措施的吻合度　例如患者希望静脉点滴,而医生开的是口服药,当两者发生矛盾时,遵医率明显降低。

d.患者对医嘱内容的理解和记忆及治疗方式的复杂程度　医嘱中的一些医学术语可能让患者产生理解偏差,往往影响遵医行为。

e.患者对疾病的认知和经验　患者对疾病的性质、病因、病理机制、病程演化、后果及预后的认知不足,也可影响遵医行为。

f.患者对治疗副作用或后遗症等的认识和接纳程度　例如,药物治疗的各种副作用、手术治疗可能带来的器官功能损害、放化疗的各种不良反应等,都可使患者顾虑重重,导致遵医率降低。

g.其他　年龄、性别、职业状况、受教育程度、社会经济地位等因素,都可影响患者的遵医行为。

B.提高遵医率的方法　遵医率是指患者在求医过程中遵从医嘱的比率。提高遵医率对尽快有效地治疗疾病,维护人民健康有重要作用。提高遵医率的措施包括:

从医疗体制改革入手,加强医德医风教育,改善服务态度,提高服务质量。

讲究医疗工作艺术性,耐心解释,反复说明,提高患者对医嘱的理解和记忆水平。

动员患者共同参与治疗方案的确定,以提高其执行医嘱的积极性。

调动患者的主观能动性,简化治疗方案和程序,避免同时开列多种药物和对患者提出过多的要求。

同患者达成协议,规定有关治疗的总目标和子目标,让患者自我监测,有助于提高遵医率。

适当采用对患者遵医治疗的奖惩办法,建立良好的医患关系,增加患者对医务人员的信任。

2. 患者的一般心理问题及干预

(1)患者的心理需要

①患病期间的生存需要　人们在身体健康时对饮食、呼吸、排泄、睡眠、躯体舒适等生存需要很容易被满足,但患病后这些基本需要的满足则受到阻碍或威胁。

②患病期间的安全需要　疾病的检查和治疗总是带有一定的探索性,有时可能会有危害性或危险性,患者住院过程中,对各种检查、抢救设施和措施,既寄予希望,又充满恐惧。

③患病期间接纳及社会联系和交往的需要　患者有伤病,希望得到及时的诊治,在需要住院时,希望医院收其入院。入院以后,进入一个生疏的环境,在由医务人员、病友共同组成的新群体里,又希望能成

为这个群体中最受欢迎的人，渴望能与病友沟通，相互之间关系融洽。

④患病期间尊重的需要　自尊需要的满足会令人自信，感觉有存在的价值。

⑤患病期间自我实现的需要　自我实现属于较高等级的需要，但患病期间，特别是在疾病的急性期、尚未完全脱离危险时，重点任务是疾病的诊断和治疗，故此种需要被暂时搁置。但随着疾病被逐渐控制，进入慢性期或康复期，一般而言，患者都会越来越多地面临着个人发展及目标的调整问题。

(2)患者的认知活动特征　患者认知活动的异常改变包括感知觉异常、注意异常、记忆异常、定向力异常、思维活动异常等，比较常见的为如下两类：

①感知觉异常　患病以后，多数病人的注意力由外部世界转向自身的体验和感受，躯体的主观感受性增高，尤其对与所患疾病相关的症状异常敏感。

②记忆和思维力受损　疾病可能使患者的记忆和思维能力受损。有的疾病更是伴发明显的记忆力减退，如某些脑器质性病变、酒精滥用等。由于记忆和注意的改变，患者的思维能力也将受到一定程度的影响。

(3)患者的情绪和情感特征

情绪不稳定是患病后普遍存在的情绪反应，患者对情绪的控制能力下降，易激惹，可出现焦虑、行为退化、愤怒、抑郁、悲观、孤独等反应。

①焦虑　疾病会影响人的正常生活、工作和学习，而且疾病往往存在不可预见性和危险性，所以一个人患病后最明显的情绪反应即是焦虑。焦虑程度随个体对疾病的了解及对疾病后果的担心而不同。

②行为退化　退化也称幼稚化，是指其行为表现与年龄、社会角色不相称，退回到婴儿时期。患病后常有退化行为，常表现为以自我为中心，兴趣变得有限，情绪的依赖性增强，全神贯注于自己的机体功能。

③愤怒　愤怒是对患病这一挫折的直接或伴随表现，病人常为不能自理或一些小事而愤怒。

④抑郁　一定程度的抑郁在任何严重疾病中都有，但长期的抑郁对病情是不利的，它可降低机体的免疫功能，影响诊断和治疗。抑郁反应的强度可以从轻微的失落感到极度的悲伤、失望等。

⑤猜疑心加重　患病后，有些病人特别敏感、多疑，尤其是有神经质倾向者。

【例 10】患者在患病后变得以自我为中心、兴趣变得有限、情绪的依赖性增强，并过分关注自己的机体功能。这种心理反应属于

A. 猜疑加重　　B. 行为退化　　C. 感情淡漠

D. 焦虑增强　　E. 情绪低落

(4)患者的意志行为特征　患者主要表现为意志活动的主动性降低，对他人的依赖性增强，其特征为：

①以自我为中心　把一切事物及与自己有关的人都看作是为他的利益而存在的。

②兴趣变得狭窄　仅对当时为他发生的事情有兴趣，而对其他事情不太关心。

③情感的依赖性增强　患者在情感上往往依赖于照顾他的人，尤其是经常按医护人员的直接指示去做。

④全神贯注于自己的身体功能　患者对自己身体功能有关的事情非常关心。

(5)患者的个性特征　一般而言，个性是比较稳定的，但在患病的情况下，部分患者的人格可能会有一些变化，往往变得独立性降低而依赖性增强，被动、顺从、缺乏自尊、自卑、退缩、冷漠等。

(6)病人心理问题的基本干预方法

①支持疗法　了解患者的不良精神因素及各种应激，要充分理解和尊重患者。给患者提供心理支持，促进机体的抗病能力，鼓励患者顽强的生存下去。

②认知治疗　首先，应帮助患者识别自己的不良情绪和认知系统里的问题，然后，通过各种认知治疗技术，帮助患者改变观察问题的角度，纠正患者的不良认知，将科学、客观和正确的康复知识介绍给病人，促进不良认知的改变。

③行为治疗技术　患病后出现各种情绪问题及生理功能失调在临床上非常普遍，及时应用行为治疗技术，可有效地帮助患者减轻这些症状，促进疾病的康复。

④健康教育和咨询　健康教育可增加病人对疾病和自己身体情况的了解，减轻焦虑，增强战胜疾病

的信心。健康教育的内容广泛，包括疾病的基本知识、紧急情况的处理和应对策略、病情的监测及生活管理等；为患者提供有关疾病和康复的医学知识，还可以帮助患者了解和解决患病后可能出现的婚姻和性生活问题，提高生活质量。

3. 不同年龄阶段患者的心理活动特征

(1)儿童患者的心理　儿童患者年龄小，对疾病缺乏深刻认识，心理活动多随治疗情境而迅速变化，他们注意力转移较快，情感表露直率、外露和单纯，不善于掩饰病情。儿童在不同阶段的心理发育不一样，因此患病时的反应也不一样：①在新生儿期易发生惊骇、哭叫和痉挛。②幼儿期患者入院后易发生恐惧和对立情绪。③学龄前期患者有依恋家庭情绪。④学龄期患者初入院时有惧怕心理，表现为孤僻、胆怯、悲伤、焦虑等。⑤儿童在患病期间，对父母更加依赖，对门诊或住院治疗造成与父母短时或相对较长时间的分离，就会引起儿童的极大情绪反应，造成"分离性焦虑"情绪。⑥少数年龄较大的儿童，有些个性早熟，当他们患病以后，会产生像成人一样的心理反应，尽管不像成人表现的那样完全。

(2)青年患者的心理　青年人正是人生朝气蓬勃的时期，对于自己患病的事实感到震惊，往往不相信医生的诊断，但一旦承认有病，往往担心疾病会耽误自己的学习和工作。青年人的情绪是强烈而不稳定的，容易从一个极端走向另一个极端。倘若病情稍好转，他们就盲目乐观，往往不再认真执行医疗护理计划，不按时吃药。病程较长或有后遗症的青年人，又易自暴自弃、悲观失望，情感变得异常抑郁。由于疾病的巨大挫折，他们会出现严重的精神紧张和焦虑，甚至导致理智失控，发生难以想象的后果。

(3)中年患者的心理　中年人是社会的中坚，家庭的支柱，肩负赡养老人、抚养儿女的双重责任，承载着巨大的社会和家庭压力。他们常无暇顾及自己的身体，真的感到难以支撑下去时才就医。需要住院时迫切要求早检查、早治疗、早出院，念念不忘工作和家中老小。患者一旦意识到自己罹患了慢性终身性疾病甚至绝症，面对今后不得不改变生活方式和放弃很多追求，容易陷入失望和抑郁情绪。

(4)老年患者的心理　老年人一般都有慢性疾病，所以当某种疾病较重而就医时，他们对病情估计多较悲观，心理上也突出表现为无价值感和孤独感。有的情绪变得幼稚起来，甚至和小孩一样，为不顺心的小事而哭泣，为某处照顾不周而生气。他们突出的要求是被重视、受尊敬。

【例11】儿童患者住院后常见的心理问题一般不包括

A. 分离性焦虑　　B. 不安全感　　C. 抑郁心理
D. 对陌生环境的恐惧　　E. 依赖症

4. 特殊患者的心理问题

(1)不同病期患者的心理问题及干预

①急性期患者的心理特点及干预

A.心理特点　情绪反应多表现为焦虑、恐惧。行为反应常表现为行为退化、情感幼稚、哭闹不安、易激惹，不配合医护人员的治疗等。

B.干预措施　医务人员的心理素质和技术水平对急性期患者的心理反应起重要作用。医护人员积极、快速和有序地投入抢救和治疗，可以减轻或消除患者的紧张心理；医务人员沉着、冷静和果断，可以增加患者及家属的安全感。对于急性期患者主要是给予支持治疗，要理解和尊重患者的情绪和行为反应，耐心地安慰和鼓励患者，帮助患者正确对待疾病，积极配合检查和各种治疗，促使病情稳定和早日康复。

②慢性期患者的心理特点及干预

A.心理特点　慢性病患者常常将注意力转向自身，感觉异常敏锐；常有焦虑、抑郁等情绪反应；患者角色强化，心理脆弱，社会退缩；慢性患者由于长期服用某种药物可造成药物依赖或拒药心理。

B.干预措施　包括药物干预、个体心理治疗、病人教育、放松、应激管理和锻炼、社会支持等。

③康复期患者的心理问题及干预

A.心理特点　康复期患者常有错误认知(否认伤残)、不良情绪(焦虑、抑郁、易激惹、孤独感)、不健全人格(敏感多疑、感情脆弱、固执、心胸狭窄)等。

B.干预措施　培养积极的情绪状态，动员心理的代偿功能，纠正错误的认知，康复运动锻炼的心理效应，多提供积极的社会因素有利于患者的康复。

(2)手术患者心理问题及干预

①手术前心理反应　手术前患者的心理反应最常见的是手术焦虑及相应的躯体反应，主要表现为对手术的担心和恐惧，躯体反应表现为心悸、胸闷、尿频、腹痛、腹泻及睡眠障碍等。

②手术后患者的心理反应　手术后常见的心理障碍包括术后意识障碍、术后精神疾病复发、术后抑郁状态、术前焦虑水平高的患者一般术后仍维持较高水平的心身反应。

③手术患者心理问题的干预　包括心理支持与指导、采用行为控制技术减轻焦虑。

(3)危重患者的心理问题及干预　危重病患者入院后自然受到特殊的对待，这些特殊对待对于他们的救治是必要的，但也可能向患者提示其疾病的严重程度而引起一些心理问题。国外对冠心病监护病房(CCU)及重症监护病房(ICU)的患者的研究说明，这种病房中的患者心理问题除疾病本身的影响外，环境因素也参与其中。ICU 患者发病初期全部表现出不同程度的焦虑状态，多数因持续疼痛而产生濒死心理恐惧。焦虑的原因主要是环境所致：如 24 小时昼夜不分的医护工作，监护用电视录像的连续强光照明，连接身体的各种导管造成的压迫感，活动受限，被迫长期处于一定体位，同室患者的抢救、死亡等。

常考点　医患关系，病人角色转换，求医行为。

参考答案——详细解答见 2021《贺银成国家临床执业及助理医师资格考试历年考点精析》

1. ABCDE　2. ABCDE　3. ABCDE　4. ABCDE　5. ABCDE　6. ABCDE　7. ABCDE
8. ABCDE　9. ABCDE　10. ABCDE　11. ABCDE

第六篇　医学伦理学

第 1 章　伦理学、医学伦理学的基本原则与规范

考纲要求

①伦理学:伦理学的含义和类型,伦理学的研究对象,伦理学的基本理论。②医学伦理学:医学伦理学的含义,医学伦理学的历史发展,医学伦理学的研究对象和内容,医学伦理学的基本观点。③医学伦理学的指导原则:防病治病,救死扶伤,实行社会主义人道主义,全心全意为人民身心健康服务。④医学伦理学的基本原则:尊重原则,不伤害原则,有利原则,公正原则。⑤医学伦理学的基本规范:医学伦理学基本规范的含义和本质,医学伦理学基本规范的形式和内容,医务人员的行为规范。

复习要点

一、伦理学

1. 伦理学的含义和类型

(1)伦理学的含义　伦理学是以道德现象作为研究客体的学科,即研究道德的起源、本质、作用及其发展规律的学科。由于伦理学主要以哲学反思的方式对人类社会生活中的道德现象进行思考,所以伦理学也称为道德哲学。简言之,伦理学可以被定义为有关善恶、权利义务、道德原则、道德评价、道德行为的学科。

(2)伦理学的类型　根据研究重点和研究方法不同,目前学术界一般将伦理学分为规范伦理学、元伦理学、美德伦理学、描述伦理学四种基本类型。

①规范伦理学　是指围绕着道德价值、道德义务和道德品质展开其理论形式,确定其道德原则、准则等行为规范的伦理学。规范伦理学一直是伦理学的代表、主体或核心,其代表学者包括古希腊的亚里士多德、我国春秋时期的孔子、美国伦理学家约翰·罗尔斯(John Rawls)等。规范伦理学又分为一般规范伦理学和应用规范伦理学。

②元伦理学　又称分析伦理学,是指研究伦理学本身,即对伦理学的性质、道德概念、道德逻辑分析和道德判断等进行研究,而不制定道德规范和价值标准,并且对任何道德规范、价值标准都采取中立立场的伦理学。其代表学者是英国伦理学家乔治·爱德华·摩尔(Moore)。

③美德伦理学　是关于人类优良道德的实现,即以行为主体及品德、美德为研究内容的伦理学理论。美德伦理的思想可以追溯到古希腊的亚里士多德,他的伦理学是以美德和德性为核心的伦理学理论体系。

④描述伦理学　又称记述伦理学,是指对道德现象的研究,既不涉及行为的善恶及其标准,也不谋求制定行为准则或规范,只是依据其特有的学科立场和方法对道德现象进行经验性描述和再现的伦理学。描述伦理学有两个分支,即道德社会学和道德心理学。其代表学者是英国思想家赫伯特·斯宾塞。

2. 伦理学的研究对象

伦理学的研究对象是道德现象。所谓道德现象,是指“有关善恶是非的现象”。在人类社会生活中,始终存在着一个领域:人们通过道德判定和评价,把某些行为称之为道德或不道德、善的或恶的。

(1)道德的性质　道德现象同政治、法律、文化等现象一样,都是由经济基础决定的,同属于上层建筑,这是道德现象的一般本质。道德现象的特殊本质则是其特殊的规范性和实践精神。

(2)道德的特征 道德作为一种社会现象,具有如下特征:

①阶级性与全民性的统一 道德的阶级性是指阶级社会中各个阶级具有不同的道德意识和行为规范。道德的全民性是指不同时代或同一时代的不同阶级、不同民族之间存在着道德的共同性或一致性。

②变动性和稳定性的统一 不同历史时代、经济关系、生产力发展水平以及文化背景或社会条件的不同,道德也有所不同,称为道德的变动性。但道德除了随人类社会发展而变化外,又有继承性和保守性,称为道德的稳定性。道德的变动性和稳定性相互蕴含,并行不悖,统一于道德现象之中。

③自律性与他律性的统一 道德自律性是指个人通过自我道德教育、道德修养、道德评价等方式,将外在的道德原则、规范内化为道德信念,养成道德习惯。道德他律性是指通过外部道德教育、道德影响、道德评价等形式,提高道德素质的过程。在道德养成的过程中,道德自律是基础,道德他律是条件,缺一不可。

④现实性与理想性的统一 任何时代的道德要求均应适应社会的现实需要,不能脱离实际,称为道德的现实性。但道德现象的存在,更为根本的作用是反思现实的不完善,引导人们追求更加完善的生活、实现人格完善,此为道德的理想性。道德源于生活,高于生活,现实性与理想性并存于道德统一体之中。

⑤协调性与进取性的统一 道德调节人与人、人与社会、人与自然的关系,达到人们之间和睦相处、社会安定和保持生态平衡,此为道德的协调性。道德激励人们改造主观世界和客观世界,使自身和社会更加完善,此为道德的进取性。协调中有进取,进取中也要求协调,两种互为统一。

(3)道德的作用 道德现象的存在,一方面旨在促进人的发展以达到人格完善,另一方面则是统治阶级维持社会秩序、保护社会成员利益、保障生产力和社会协调发展以及经济基础巩固、社会安定的工具。

3. 伦理学的基本理论

伦理学的基本理论有美德论、义务论和效果论等,这三种理论是伦理学家基于人类社会生活实际的一种理论概括和总结。

	美德论	义务论	效果论
别称	德性论、品德论	道义论	目的论
分类	—	行为义务论、规范义务论	功利论、公益论
名句	美德即知识	道德源自理性而不是经验,义务不是来自人性或所处环境,而是来自纯粹推理	最大多数人的最大幸福(边沁)
主要研究	主要研究作为人所应该具备的品德、品格等,即探讨什么是道德上的完人,道德完人所具备的品格以及告诉人们如何成为道德上的完人	它是关于责任、应当的理论,具体研究的是准则或规范,即社会和人们根据哪些标准判断行为者的某个行为的是非以及行为者的道德责任	功利论主张以人们行为的功利效果作为道德价值之基础或基本评价标准。公益论主张只有符合人类的整体利益和长远利益的行为才是道德的
代表	苏格拉底、亚里士多德	康德	边沁、密尔

【例1】提出以“最大多数人的最大幸福”作为道德判断准则的学者是

A. 边沁　　B. 密尔　　C. 苏格拉底

D. 亚里士多德　　E. 康德

二、医学伦理学

1. 医学伦理学的含义

医学伦理学是研究医学道德现象的学问,是医学与伦理学相互交叉形成的一门学科。一方面,医学伦理学是规范伦理学在医疗卫生领域中的具体应用,即运用一般规范伦理学的理论和方法来分析和解决医疗卫生实际和医学科学发展中的各种道德问题,属于应用规范伦理学。另一方面,随着人们对医学认识的不断深入,医学的人文属性日益被人们所关注,无论学术界还是政府部门越来越重视医学教育和医疗实际中的人文问题。医学人文已成为医学学科群的一个分支。

【例2】医学伦理学属于

A. 环境伦理学　　B. 社会伦理学　　C. 元伦理学

D. 描述伦理学　　E. 规范伦理学

2. 医学伦理学的历史发展

(1)医学伦理学的三个历史发展阶段

①医德学　是医学伦理学的最初形式,我国古代和国外中世纪之前的医学伦理学都属于这一阶段。

②医学伦理学　是医学超越经验医学、进入专业化阶段的产物。

③生命伦理学　是20世纪60年代末,在美国形成的一门新的学科。

(2)我国医学伦理学的历史发展

时代	作者	主要内容
西汉	儒家	"医乃仁术"(医学是一门"救人生命、活人性命"的技术)
东汉	张仲景	《伤寒杂病论》"精研方术","爱人知人";"上以疗君亲之疾,下以救贫贱之厄,中可保身长全"
晋代	杨泉	《物理论》"夫医者,非仁爱之士不可托也;非聪明理达不可任也;非廉洁淳良不可信也"
隋唐	孙思邈	《备急千金要方》"人命至重,有贵千金,一方济之,德逾于此" 《大医精诚论》"大慈恻隐之心,好生之德","普同一等,一心赴救"
宋代	林逋	《省心录·论医》"无恒德者,不可以为医"
宋代	张杲	《医说》"医以救人为心"
明代	陈实功	《外科正宗》"医家五戒十要"
清代	喻昌	《医门法律》丰富和完善了传统医德评价理论,确立了医德评价的客观标准
1933	宋国宾	出版《医业伦理学》,是我国第一部较系统的医学伦理学专著,标志着我国从传统医德学进入现代医学伦理学阶段
1939	毛泽东	救死扶伤,实行革命的人道主义
1981	上海	举行了第一次全国医学伦理道德学术讨论会
1983	上海	上海第二医科大学出版《医德学概论》,第一部医学伦理学教材
1988	西安	西安医科大学创办《中国医学伦理学》,第一本医学伦理学研究专刊

(3)国外医学伦理学的历史发展

国别	作者	主要内容
古希腊	希波克拉底	《希波克拉底誓言》"不伤害原则,为患者利益原则,保密原则",成为西方医德传统的核心
古罗马	盖伦	作为医生,不可能一方面赚钱,一方面从事伟大的艺术——医学
德国	胡弗兰德	《医德十二箴》救死扶伤,治病救人
英国	托马斯·帕茨瓦尔	1803年《医学伦理学》出版,标志着古代和中世纪的道德学向近、现代医学伦理学的转变
日内瓦	瑞士等	1864年签订《日内瓦公约》规定军队医院和医务人员的中立地位,应受到接待和照顾
—	世界医协	1948年将《希波克拉底誓言》修定为《日内瓦宣言》,将它作为国际医务道德规范

【例3】"夫医者,非仁爱之士不可托也;非聪明理达不可任也;非廉洁淳良不可信也"。此语出自

A. 晋代杨泉　　B. 唐代孙思邈　　C. 宋代林逋

D. 明代陈实功　　E. 清代王清任

【例 4】提出“人命至重，有贵千金，一方济之，德逾于此”观点的是

A. 孙思邈　　B. 扁鹊　　C. 李时珍

D. 张仲景　　E. 华佗

3. 医学伦理学的研究对象和内容

(1) 医学伦理学的研究对象　医学伦理学以医学科学发展和医疗卫生实践中的道德现象为自己的研究对象。道德现象包括道德意识现象、道德实践现象、道德规范现象。

①道德意识现象　包括医学伦理学的理论、观点、认识、观念、良心、舆论等。

②道德实践现象　包括医学道德决策、辩护、评价、教育与修养等。

③道德规范现象　包括医学道德原则、规则、宣言、守则等。

(2) 医学伦理学的研究内容

①医学伦理理论　主要包括医学道德的本质属性、发展规律、产生及历史发展、作用功能等；医学伦理学的基本范畴、理论基础等。

②医学伦理关系　即医学科学发展和医疗卫生实践中所形成的人际关系及医学与社会的关系等。主要有：医患关系、医际关系、医社关系等。医患关系是指医务人员与患者及其家属之间的关系。医际关系是指医务人员之间的相互关系。医社关系是指医务人员与社会之间的关系。

③医学伦理规范　主要包括医学伦理学的指导原则、基本原则、具体准则、伦理要求等。

④医学伦理实践　包括医学伦理决策和辩护、医学道德评价、医德教育和修养、医生职业精神的提升。

⑤医学伦理难题　包括医学高新技术研究与应用、以及当前医疗卫生实践的伦理问题，尤其是两难或多难问题。

【例 5】医学伦理学的研究对象是

A. 医学道德难题　　B. 医德基本理论　　C. 医学道德关系

D. 医德基本实践　　E. 医德基本规范

【例 6】不属于医学伦理学任务的是

A. 确定符合时代要求的医德原则和规范　　B. 反映社会对医学职业道德的需要

C. 直接提高医务人员的医疗技术　　D. 为医学的发展导向

E. 为符合道德的医学行为辩护

4. 医学伦理学的基本观点

(1) 健康观　健康观是人们对人的健康的根本观点和态度。健康具有重要的伦理价值，它是促进人类全面发展的必然要求，是经济社会发展的基础条件，也是广大人民群众的共同追求。科学的健康观有利于人们发现影响健康的因素，合理地确定健康道德责任。

(2) 生命观　是关于人类对待自然界生命物体的观点和态度，特别是对人类自身生命的观点和态度。在人类的历史发展过程中，对生命的认识经历了三个阶段，即生命神圣观、生命质量观、生命价值观。

生命神圣观认为人的生命是神圣不可侵犯的、极其宝贵的，具有至高无上的道德价值。生命质量观主张具备一定质量、符合一定标准的生命才是值得保存和保护的生命。生命价值观主张以生命的价值来衡量生命存在的意义，强调生命对社会、人类的价值。

(3) 死亡观　是人们对人的死亡的根本观点和态度。死亡是人的生命的终结。科学的死亡观是科学地认识死亡，理性地对待死亡的理念。它要求：树立自然归宿信念，正确认识死亡；充实人的生命价值，积极对待人生；消除鬼神作祟意念，理性面对死亡；减轻消除疾病痛苦，安详度过死亡。

【例 7】医学人道观的基本内容不包括

A. 尊重患者的生命　　B. 尊重患者的平等医疗保健权　　C. 对患者尽量使用高新技术

D. 尊重患者的人格　　E. 消除或减轻影响患者健康的危险因素

三、医学伦理的原则与规范

1. 医学伦理的指导原则

医学伦理的指导原则，是调节医学领域各种道德关系的根本原则，在医学伦理学规范体系中居于主导地位，具有广泛的指导性和约束力，是基本原则和具体原则的思想统领和指南，是社会主义核心价值观在医疗卫生领域的具体体现，它包括三个方面的内容。

(1)防病治病，救死扶伤　防病治病从宏观层面强调了医疗机构从业人员的道德责任，主要包括治病与防病两个方面，反映了我国新时期的卫生工作方针。1941年，毛泽东为中国医科大学第14期学员毕业典礼活动撰写了“救死扶伤，实行革命的人道主义”的题词，标志着革命人道主义医德观的形成和确立。“防病治病，救死扶伤”继承了历史上最优良的医德传统，总结了革命根据地医疗卫生实践的经验，反映了医疗卫生事业的基本特点。

(2)实行社会主义人道主义　在当今社会主义建设时期，强调实行社会主义人道主义是对革命人道主义传统的继承和超越，是以马克思主义世界观和历史观为指导，建立在社会主义经济基础之上并同社会主义政治制度、核心价值观相适应的价值原则。它要求对人的生命加以敬畏和珍爱，对人的尊严予以理解和维护，对患者的权利给以尊重和保护，对患者的身心健康投以同情和仁爱，以人为本，对患者给予关怀照顾。

(3)全心全意为人民身心健康服务　全心全意为人民身心健康服务是社会主义医学伦理学原则的最高要求，也是社会主义医学道德的核心内容和目标。首先，为人民健康服务应该是全方位的。其次，为人民健康服务作为一种道德境界应该是分层次的。为人民身心健康服务是基本要求、基本境界，经过积极努力，多数医务人员都可以达到；全心全意为人民身心健康服务是最高要求、最高境界，医务人员只有执着追求、养成和坚守医学职业精神，才能够达到。

以上三个方面相互支撑、相互作用，共同传承和完善着我国“医乃仁术”的传统美德，是社会主义核心价值观在医疗卫生领域的具体体现。其中，“防病治病”是手段，“救死扶伤”是宗旨，“实行社会主义人道主义”和“全心全意”是理念，“为人民身心健康服务”是目标。

2. 医学伦理的基本原则

医学伦理学的基本原则是指在医学实践活动中调节医务人员人际关系及医务人员、医疗卫生保健机构与社会关系的最基本出发点和指导原则，也是衡量医务人员职业道德水平的最高尺度。

(1)尊重原则　是指在医疗实践中，医务人员对患者的人格尊严及其自主性的尊重。知情同意、知情选择、要求保守秘密和隐私等均是尊重患者的体现。

①尊重原则的内容　包括尊重患者的生命、人格尊严、隐私、自主权。

A.尊重患者的生命　生命是人存在的基础，是人的根本利益所在。尊重患者的生命首先要尽力救治患者，维护其生命的存在。其次，要通过良好的医疗照护提高患者的生命质量，以维护其生命价值。尊重人的生命及其生命价值是医学人道主义最根本的要求，也是医学道德的基本体现。

B.尊重患者的人格尊严　即把患者作为一个完整的人加以尊重。

C.尊重患者的隐私　隐私是指一个人不容许他人随意侵入的领域，主要包括两个方面内容：一是个人的私密性信息不被泄露；二是身体不被随意观察。医生有义务为患者保守秘密，以免泄露信息给患者带来伤害。同时，医生也有义务在为患者实施检查、治疗时保护患者的身体不被他人随意观察。

D.尊重患者的自主权　患者自主权是指具有行为能力并处于医疗关系中的患者，在医患有效沟通交流之后，经过深思熟虑，就有关自己疾病和健康问题做出合乎理性的决定，并据此采取负责的行动。

患者自主权实现的前提条件包括：a.它是建立在医护人员为患者提供适量、正确且患者能够理解的信息基础之上的；b.患者必须具有一定的自主能力，对于丧失自主能力的患者（如精神病急性发作期、处于昏迷或植物状态的患者）、缺乏自主能力的患者（如婴幼儿、少年患者、严重智力低下的患者）是不适用的，其自主性可由家属、监护人代理；c.患者作出决定时情绪必须处于稳定状态；d.患者的自主性决定必须是经过深思熟虑的；e.患者自主性决定不会与他人、社会的利益发生严重冲突。

②尊重原则对医务人员的要求　尊重原则要求医务人员：

A.平等尊重患者及其家属的人格和尊严。

B.尊重患者知情同意和选择的权利，对丧失知情同意或选择能力的患者，应该尊重其家属或监护人的知情同意和选择的权利。

C.要履行帮助、劝导，甚至限制患者选择的责任。为了使患者知情同意和选择，医务人员要帮助患者，如提供正确、适量、适度的信息，并让患者能够理解，在此前提下让患者自由的同意和选择，如患者的选择不当，此时应劝导患者，不能采取听之任之、出问题自负的态度，劝导无效仍应尊重患者或家属的自主权。

(2)不伤害原则

①概念　不伤害原则是指医务人员在诊治过程中，应尽量避免对患者造成生理上和心理上的伤害，更不能人为有意地制造伤害。但是，不伤害原则不是绝对的，有些诊断、护理手段即使符合适应证，也会给患者带来躯体上或心理上的一些伤害，如肿瘤化疗既能抑制肿瘤生长，又会产生副作用。因此，即使符合适应证也不意味着可以忽视对患者的伤害，而应努力避免各种伤害的可能或将伤害减少到最低限度。

②临床上可能对患者造成伤害的情况　临床上可能对患者造成的伤害包括躯体伤害、精神伤害、经济损失。根据伤害与医务人员主观意志的关系，医疗伤害又可分为以下几类：

A.有意伤害和无意伤害　有意伤害是指医务人员出于极不负责或打击报复等给患者造成的直接伤害。无意伤害是指医务人员非故意而是在正常诊治、护理过程中给患者造成的间接伤害。

B.可知伤害和不可知伤害　可知伤害是指医务人员预先知晓或应该知晓给患者带来的伤害。不可知伤害是指医务人员无法预先知晓而给患者带来的伤害。

C.可控伤害和不可控伤害　可控伤害是指医务人员经过努力可以也应该降低或杜绝给患者造成的伤害。不可控伤害是指超出了医务人员的控制能力而给患者造成的伤害。

D.责任伤害和非责任伤害　责任伤害是指医务人员的有意伤害以及虽然无意但属于可知、可控而未加以认真预测与控制、任其发生对患者的伤害。非责任伤害是指意外伤害或虽医务人员可知而不可控给患者造成的伤害。

③防范伤害患者对医务人员的要求　为使伤害减少到最低限度，对医务人员提出以下要求：

A.树立为患者利益和健康着想的动机，杜绝有意伤害和责任伤害；

B.尽力提供最佳的诊治、护理手段，防范无意但却可知的伤害，把可控伤害控制在最低限度；

C.对有危险或有伤害的医护措施进行评价，选择利益大于危险或伤害的措施等。

早在2500多年前，古希腊名医希波克拉底在《希波克拉底誓言》中，首先明确提出"为病家谋利益"的行医信条。1949年世界医学协会采纳著名的《日内瓦宣言》明确规定"我的病人的健康是我首先考虑的"。

【例8】无行为能力的患者，由其家属代理履行知情同意，符合的原则是

A. 尊重原则　　B. 有利原则　　C. 不伤害原则

D. 公益原则　　E. 公正原则

【例9】医学伦理学中尊重原则所涵盖的权利不包括

A. 自主选择权　　B. 社会免责权　　C. 个人隐私权

D. 知情同意权　　E. 人格尊严权

【例10】最早提出不伤害原则和保密要求的医学伦理学文献

A.《外科正宗·医家五戒十要》　　B.《希波克拉底誓言》　　C.《医德十二箴》

D.《伤寒杂病论·自序》　　E.《日内瓦宣言》

【例11】对患者不会造成伤害的是

A. 医务人员的知识和技能低下　　B. 医务人员的行为疏忽和粗枝大叶

C. 医务人员强迫患者接受检查和治疗　　D. 医务人员对患者呼叫和提问置之不理

E. 医务人员为治疗疾病适当地限制或约束患者的自由

(3)有利原则(有益原则)

①概念　在医疗实践中,狭义的有利原则是指医务人员的诊治、护理行为对患者有益,既能减轻痛苦,又能促进康复。广义的有利原则是指医务人员的诊疗、护理行为不仅对患者有利,而且有利于医学事业和医学科学的发展,有利于促进人群、人类的健康和福利。通常所说的有利原则是指狭义说法。

②有利原则对医务人员的要求

A.医务人员的行为要与解除患者的痛苦有关;

B.医务人员的行为可能减轻或解除患者的痛苦;

C.医务人员的行为对患者利害共存时,要使行为给患者带来最大的利益和最小的伤害;

D.医务人员的行为为使患者受益而不会给他人带来太大的伤害。

A. 医师检查病人时,由于消毒观念不强,造成交叉感染　　B. 医师满足病人的一切保密要求

C. 妊娠危及母亲生命时,医师给予引产　　D. 医生对病人的呼叫或提问置之不理

E. 医师的行为使某个病人受益,但却损害了其他病人的利益

【例12】属于医师违背不伤害原则的是

【例13】属于医师违背有利原则的是

【例14】属于医师违背尊重原则的是

(4)公正原则

①概念　公正有公平、正义、公道之意。公正原则是指以形式公正和内容公正的有机统一为依据,分配和实现医疗和健康利益的伦理原则。公正原则包括形式公正和内容公正。

A.形式公正　是指分配负担和收益时,相同的人同样对待,不同的人不同对待。在医护实践中,即指类似的个案以同样的准则处理,不同的个案以不同的准则处理,在我国仅限于基本的医疗和护理。

B.内容公正　是指根据哪些方面来分配负担和收益,如人们提出公正分配时可根据需要、个人能力、对社会的贡献、在家庭中的角色地位等分配收益和负担,现阶段我国稀有卫生资源的分配,主要依据的就是内容公正。

当代倡导的医学服务公正观,应该是形式公正与内容公正的有机统一。即具有同样医疗需要以及同等社会贡献和条件的病人,则得到同样的医疗待遇,不同的病人则分别享受有差别的医疗待遇;在基本医疗保健需求上要求做到绝对公正,即人人同样享有,在特殊医疗保健需求上要求做到相对公正,即只有具备同样条件(主要是经济支付能力)的病人,才会得到同样的满足。

注意:①绝对公正——对于基本医疗保健,即人人同样享有。
②相对公正——对于特殊医疗保健,如稀有医疗资源分配。

②公正原则对医务人员的要求

A.公正地分配卫生资源　医务人员既有宏观分配卫生资源的建议权,又有参与微观分配卫生资源的权利,因此应根据形式公正和内容公正的原则,运用自己的权利,尽力实现患者基本医疗和护理的平等。

B.在态度上平等待患　特别应该给予老年患者、精神病患者、残疾患者、年幼患者的格外医学关怀。

C.公正地处理医患纠纷、医护差错事故　在医患纠纷、医护差错的处理中,要坚持实事求是,站在公正的立场上,避免利益冲突,不应受自身利益所左右。

【例15】不属于医学伦理学原则的是

A. 有利　　B. 公正　　C. 不伤害

D. 克己　　E. 尊重

【例16】公正不仅指形式上的公正,更强调公正的

A. 本质　　B. 内容　　C. 基础
D. 内涵　　E. 意义

【例 17】当分配稀有卫生资源时，不应该坚持的是
A. 个人的实际需要　　B. 个人之间的平均分配　　C. 个人的支付能力
D. 个人的实际工作能力　　E. 个人对社会的贡献

【例 18】在卫生资源分配上，形式公正是根据每个人
A. 都享有公平分配的权利　　B. 实际的需要　　C. 能力的大小
D. 社会贡献的多少　　E. 在家庭中的角色地位

【例 19】在医疗实践活动中分配医疗收益与负担时，类似的个案适用相同的准则，不同个案适用不同的准则。这所体现的医学伦理基本原则是
A. 尊重原则　　B. 不伤害原则　　C. 公正原则
D. 有利原则　　E. 公益原则

A. 公正原则　　B. 不伤害原则　　C. 有利原则
D. 整体性原则　　E. 尊重原则

【例 20】分配基本医疗卫生资源时依据的伦理原则是
【例 21】在患者充分知情并同意后实施医疗决策所体现的伦理原则是

3. 医学伦理的基本规范

(1)医学伦理学基本规范的含义和本质

①含义　医学伦理学的规范是指在医学伦理学基本原则指导下，协调医务人员人际关系及医务人员、医疗卫生机构与社会关系的行为准则或具体要求，它强调以医务人员应履行的义务为内容，以“应该做什么、不应该做什么以及如何做”的形式出现，所以也是培养医务人员医学道德品质的具体标准。而医学伦理学的基本规范是对医疗卫生机构所有从业人员的共同要求，对某领域、某部门、某专业科室、诊治活动的某环节尚有一些针对性的具体规范。

②本质　医学伦理学基本规范的形成在本质上是客观因素和主观因素的统一，决定了它在阶级社会中必然显现出全人类性与阶级的统一、稳定性与变动性的统一、实践性与理论性的统一。

【例 22】关于医德规范，下列提法中错误的是
A. 调节医务人员人际关系的出发点和根本准则　　B. 医务人员行为的具体医德标准
C. 社会对医务人员行为的基本要求　　D. 医德原则的具体体现和补充
E. 把医德理想变成医德实践的中间环节

【例 23】医务工作者崇高的职业道德境界
A. 只体现在认识疾病的活动中　　B. 只体现在治疗疾病的活动中
C. 只体现在认识疾病、治疗疾病的活动中　　D. 只体现在家庭生活中
E. 与医学研究无关

(2)医学伦理学基本规范的形式和内容

①形式　医学伦理学基本规范的形式如下：

A.条文式　医学伦理规范一般采用条文式语言出现，如我国明代李梴在《医学入门》中提出的“习医规格”；陈实功在《外科正宗》中提出的“医家五戒十要”；我国现行的医学伦理学规范都是条文式的。

B.守则、法规、法典、宣言　国际上，一些国家政府、医学会、世界医学会等制定的一系列守则、法规、法典、宣言等，也含有一定的医学伦理规范内容。

C.誓言、誓词　一些医学伦理学规范还采用誓言、誓词等特殊形式出现，如《希波克拉底誓词》《苏联医师誓言》《印度医师誓言》《南丁格尔誓言》及我国的《医学生誓言》等。

②内容 2012年，由我国卫生部、国家食品药品监督管理局和国家中医药管理局联合发布的《医疗机构从业人员行为规范》中《医疗机构从业人员基本行为规范》的具体内容是：

A.以人为本，践行宗旨 坚持救死扶伤、防病治病的宗旨，发扬大医精诚理念和人道主义精神，以病人为中心，全心全意为人民服务。

B.遵纪守法，依法从业 自觉遵守国家法律法规，遵守医疗卫生行业规章和纪律，严格执行所在医疗机构各项制度规定。

C.尊重生命，关爱生命 遵守医学伦理道德，尊重患者的知情同意权和隐私权，为患者保守医疗秘密和健康隐私，维护患者合法权益；尊重患者被救治的权利，不因种族、宗教、地域、贫富、地位、疾病等歧视患者。

D.优质服务，医患和谐 言语文明，举止端庄，认真践行医疗服务承诺，加强与患者的交流与沟通，积极带头控烟，自觉维护行业形象。

E.廉洁自律，恪守医德 弘扬高尚医德，严格自律，不索取和非法收受患者财物。

F.严谨求实，精益求精 热爱学习，钻研业务，努力提高专业素养，诚实守信，抵制学术不端行为。

G.爱岗敬业，团结协作 忠诚职业，尽职尽责，正确处理同行同事间关系，相互尊重，相互配合，和谐共事。

H.乐于奉献，热心公益 积极参加上级安排的指令性医疗任务和社会公益性的扶贫、义诊、助残、支农、援外等活动，主动开展公众健康教育。

(3)医务人员的行为规范 《医疗机构从业人员行为规范》不仅对医疗机构所有从业人员提出了基本的行为规范，而且针对医师、护士、药学技术人员、医技人员等医务人员还提出了具体规范和要求。在此，主要对医师的行为规范加以论述，其内容有：

①尊重科学 所谓尊重科学，就是要求医师遵循医学科学规律，不断更新医学理念和知识，保证医疗技术应用的科学性、合理性。医学是自然科学、人文社会科学、工程技术等相结合的综合学科，有着自身特定的内在规律。医师是医学的传承者、践行者和创新者。在执业过程中，医师遵循的首要原则就是尊重医学科学规律，保证医疗技术应用的科学合理，同时应不断更新医学理念和知识，积极探索新的医学规律，使之为人类的健康服务。

②规范行医 所谓规范行医，就是要求医师严格遵循临床诊疗和技术规范，使用适宜诊疗技术和药物，因病施治，合理诊疗，不隐瞒、误导或夸大病情，不过度医疗。规范行医，要求医师要充分认识疾病发生发展规律、疾病中人体各部分之间的相互联系及所导致的机体状态变化规律，遵循以科学证据而制订的疾病诊疗规范，在患者知情同意下，采取科学合理的医疗技术手段诊疗疾病，因病施治，合理医疗，实现患者利益最大化。规范行医是提高医疗服务质量和安全的重要保障，可保证患者所接受的诊疗项目精细化、标准化、程序化，减少治疗过程的随意化，降低医疗风险，提高医疗资源的利用率。

③重视人文 所谓重视人文，就是要求医师学习掌握人文医学知识，提高人文素养，对患者实行人文关怀，真诚、耐心地与患者沟通，具备人文医学执业能力。人文是医学的灵魂，医师在临床工作中，不但要拥有高超的医疗技能，更应具备人文意识；不仅要关注治疗疾病过程，更应关注患者体验，耐心地与患者沟通，增强患者战胜疾病的信心。医患沟通是医患之间信息的传递与交流，不仅是交换意见和观点，更是传递感情的过程。医师应掌握医患沟通技能，对患者充分尊重、耐心倾听，使用语言和肢体、目光和表情等传递出尊重与仁爱、真诚与温情。

④规范文书 所谓规范文书，就是要求医师认真执行医疗文书书写与管理制度，规范书写、妥善保存病历材料，不隐匿、伪造或违规涂改、销毁医学文书及有关资料，不违规签署医学证明文件。医疗文书是医疗机构从业人员对患者诊疗过程的书面记载，是临床活动的忠实记录，是探索医学科学规律、进行医学科学研究的基础资料。在发生医疗纠纷时，医疗文书又是证明医疗行为是否正确的主要甚至唯一证据。规范医疗文书的书写、保管，确保医疗文书的客观、真实、准确、及时、完整，对保护医疗机构从业人员的自身权益和防范、解决医患纠纷都具有重要的法律意义。

⑤严格报告 所谓严格报告，就是要求医师依法履行医疗质量安全事件、传染病疫情、药品不良反

应、食源性疾病和涉嫌伤害事件或非正常死亡等法定报告职责。依法履行报告职责，既是医疗机构从业人员应尽的工作职责，更是医务工作者必须承担的法律义务和社会责任。及时准确的报告，不仅可以提供科学、有效的防治决策信息，便于指导医疗机构及相关部门妥善处置相关事件，还可以切实保障医疗安全，有效预防、控制和消除事件危害，保障公众身体健康与生命安全。

⑥救死扶伤　所谓救死扶伤，就是要求医师认真履行医师职责，积极救治，尽职尽责为患者服务，增强责任安全意识，努力防范和控制医疗责任差错事件。每一位医师应牢记自身职责，以高度的责任心贯穿执业全过程，担负起救死扶伤、保护人民健康的神圣使命。责任心是医师职业道德的核心。责任心保障了医疗技术的实现和对有可能发生的医疗风险的预判，责任心是要用心去发现和处理患者每一细微的病情变化。具有责任心的医师，不需强制，无需监督，责任心也会成为医师不断进步的动力和成功的基石。

⑦严格权限　所谓严格权限，就是要求医师严格遵守医疗技术临床应用管理规范和单位内部规定的医师执业等级权限，不违规应用新的临床医疗技术。医疗技术的创新发展，能够提高治愈疾病的能力，有效改进医疗质量。但医疗技术是双刃剑，具有两面性，科学合理使用才能提高质量、保障安全、造福人民。否则，无论是不成熟的医疗技术应用于临床，还是成熟技术的滥用、乱用，都会对患者造成伤害。医师在工作中应坚持谨慎科学的态度，严格遵守医疗技术临床应用管理规范，不越权使用医疗技术，不违规应用新技术。

⑧规范试验　所谓规范试验，就是要求医师严格遵守药物和医疗技术临床试验有关规定，进行实验性临床医疗，应充分保障患者本人或其家属的知情同意权。实验性医疗在推动医学发展的同时，也存在一定的风险性。医师参与的实验性临床医疗是医学创新技术在临床应用的最后一道关卡。医师要本着对患者不伤害、有利、尊重和数据公正评价的原则，坚守医学伦理，在患方充分知情并同意条件下，按照已确定的临床试验方案进行临床试验，规避实验性医疗的风险，保障医学健康的发展和进步。

【例 24】互相尊重、密切合作、互相学习是

A. 处理医患关系的原则　B. 处理医际关系的原则　C. 处理医师与医师关系的原则
D. 处理医师与护士关系的原则　E. 处理医师与医技人员关系的原则

A. 有利、公正　B. 权利、义务　C. 廉洁奉公
D. 医乃仁术　E. 等价交换

【例 25】属于医学伦理学基本范畴的是
【例 26】属于医学伦理学基本原则的是
【例 27】属于医学伦理学基本规范的是

常考点　重点内容，请全面掌握。

参考答案——详细解答见 2021《贺银成国家临床执业及助理医师资格考试历年考点精析》

1. ABCDE　2. ABCDE　3. ABCDE　4. ABCDE　5. ABCDE　6. ABCDE　7. ABCDE
8. ABCDE　9. ABCDE　10. ABCDE　11. ABCDE　12. ABCDE　13. ABCDE　14. ABCDE
15. ABCDE　16. ABCDE　17. ABCDE　18. ABCDE　19. ABCDE　20. ABCDE　21. ABCDE
22. ABCDE　23. ABCDE　24. ABCDE　25. ABCDE　26. ABCDE　27. ABCDE

第2章　医疗人际关系伦理与临床诊疗伦理

考纲要求

①医患关系伦理:医患关系的伦理含义和特点,医患关系的伦理属性,医患关系的伦理模式,医患双方的道德权利与道德义务,构建和谐医患关系的伦理要求。②医务人员之间关系伦理:医务人员之间关系的含义和特点,处理好医务人员之间关系的意义,协调医务人员之间关系的伦理要求。③临床诊疗的伦理原则:患者至上原则,最优化原则,知情同意原则,保密守信原则。④临床诊断的伦理要求:询问病史的伦理要求,体格检查的伦理要求,辅助检查的伦理要求。⑤临床治疗的伦理要求:药物治疗的伦理要求,手术治疗的伦理要求,其他治疗的伦理要求。⑥临床急救的伦理要求:临床急救工作的特点,临床急救的伦理要求。⑦临床治疗的伦理决策:临床治疗的伦理难题,临床治疗的伦理决策。

复习要点

一、医疗人际关系伦理

1. 医患关系伦理

(1)医患关系的伦理含义和特点

①医患关系伦理的含义　医患关系是指医疗活动中,医方人员与患方人员之间的权利与义务关系,是求医行为与施医行为的互动和联系。医患关系有狭义和广义之分。狭义的医患关系是指医生与患者之间的人际关系。广义的医患关系是指以医生为中心的群体(医方)与以患者为中心的群体(患方)在医疗活动中所建立起来的人际关系。其中的“医方”既包括医师,也包括护士、药学技术人员、医技人员,以及在医疗机构从事行政、后勤管理和服务的其他人员。“患方”未必就是患有疾病的人,也包括有求医行为的健康者,如参加常规体检者、进行产前诊断的孕妇、接受预防疫苗接种的儿童等。同时,“患方”既包括患者,也包括患者家属、监护人、组织等群体等。

②医患关系伦理的特点　医患关系是一种特殊的人际关系,有以下特点:

A.明确的目的性和目的的高度一致性　医患关系是在医疗活动中建立起来的,双方共同处于医疗实践活动的统一体中。患者就医的目的是减轻自己的痛苦或治愈疾病,医务人员为患者提供诊治,目的也是为了减轻患者痛苦或治愈疾病。因此,医患交往与一般的人际交往不同,它本身不仅具有明确的目的性,而且表现出高度的一致性。而一般的人际交往中,交往双方并非都具有明显的目的性。

B.利益的相关性和社会价值实现的统一性　在医患关系中,医务人员为患者提供医疗服务,获得工资和奖金等经济利益上的补偿;同时也为患者解除了痛苦,使医务人员实现了自身的社会价值,获得了精神上的满足和愉悦。同样,患者在诊疗过程中,支付了医疗费用,满足了解除病痛、恢复健康的自身利益。

C.人格权利的平等性和医学知识上的不对称性　在医患关系中,医患双方的人格尊严、权利是平等的,并且都受到医学道德与法律的调节及保护。但医务人员拥有医学知识和能力,而大多数患者对医学却不懂或一知半解。因此,医患双方在医学知识和能力的占有上具有不对称性,存在着事实上的不平等。

D.医患冲突或纠纷的不可避免性　由于医患双方的地位、利益、文化和思想道德修养以及法律意识等方面存在差异,对医疗活动及其行为的方式、效果的理解不相同,常常发生医患双方的矛盾、冲突或纠纷,并且这种矛盾、冲突或纠纷是不可避免的。然而,这种冲突可以通过医患双方的共同努力加以解决和减少,并建立和谐的医患关系。

(2)医患关系的伦理属性　医患关系是以诚信为基础的具有契约性质的信托关系。

①从法律上说,医患关系是一种医疗契约关系　医疗契约又称医疗合同,是指作为平等主体的患方

与医方之间设立、变更、终止民事权利与义务关系的协议。不过，这种契约关系与一般的契约关系不完全相同，如这种契约关系没有订立一般契约的相关程序和条款、承诺内容未必与要约内容完全一致、医方负有更重的义务，如注意义务、忠实义务、披露义务、保密义务，以及急危重症时强制的缔约义务等，对患者一方没有严格的约束力等。因此，医患关系具有契约性，但并不是一种严格的契约关系。

②从伦理上说，医患关系是一种信托关系　医患信托关系是指医方受患方的信任和委托，保障患者在医疗活动中的健康利益不受损害，并有所促进的一种关系。医患关系与其他社会关系的不同之处在于它是以生命为对象。在这种关系中，患者缺乏医学知识，对医务人员和医疗机构抱着极大的信任，将自己的生命和健康交托给医方，甚至将自己的隐私告诉医方。这一属性，说明医患关系不同于一般的法律合同关系、纯粹的契约关系，它要以医患之间的真诚信任为基础，而不是完全依靠法律的外在约束。

【例1】医患关系的本质特征是

A. 具有互利性质的经济关系　B. 具有买卖性质的依附关系　C. 具有协作性质的买卖关系
D. 具有依附性质的非平等关系　E. 具有契约性质的信托关系

【例2】相对于一般契约关系而言，医生在医患关系中负有更重的义务，但这些义务中不包括

A. 忠实义务　B. 监督义务　C. 披露义务
D. 保密义务　E. 注意义务

(3) 医患关系的伦理模式

①概念　医患关系伦理模式是基于医患关系中的技术关系和非技术关系而概括总结出来的医患之间相互影响、相互作用的基本样式，它反映了医方人员看待和处理医患关系的总的观点和根本方法。

②医患关系伦理模式的基本类型　1956 年，美国医生萨斯和荷伦德将医患关系分为以下三种类型。

	主动-被动型	指导-合作型	共同参与型
概况	具有悠久历史的医患关系模式	构成现代医患关系的基础模式	现代医患关系的一种发展模式
医生	医生是主动的，掌握诊疗技术，接受患者的请求，给患者治疗。医生具有权威性，居主导地位	医生注意调动患者的主动性，但在诊疗过程中，医生仍具有权威性，仍处于主导地位	在医疗过程中，医患是一种合作关系，与患者共同商讨治疗措施，发挥医患双方的积极性
患者	患者是被动的，不能发挥积极主动作用，不能发表自己的看法，不能对医生进行有效监督	患者有一定的主动性，但以主动配合、执行医生的意志为前提，不能对医生提出异议和反对	在医疗过程中不是处于被动地位，而是与医生共同合作，主动参与医生的诊治活动
医患关系	是一种不对等的医患关系	仍是一种不对等的医患关系，但较主动-被动型前进了一大步	医患双方近似相等的权利和地位，医患双方共同合作、参与
优缺点	可能引起不应有的事故和差错，在强调人权的今天，受到越来越多的批评	有利于提高诊疗效果，有利于及时纠正医疗差错，在协调医患关系中起到一定作用	建立了一种真诚、相互信任的医患关系，对提高医疗质量是非常有利的
适应证	休克、昏迷、精神病 难以表达主观意见的患者	病情较轻的患者，如阑尾炎手术后	大多数慢性病的治疗 一般的心理治疗

【例3】某医院急诊医生接诊了一位遭遇车祸昏迷的患者，立即给予了心肺复苏、气管插管等抢救措施。此时的医患关系所属的类型是

A. 共同参与型　B. 主动-被动型　C. 指导-合作型
D. 合作-监督型　E. 主动权威型

【例4】主动-被动型的医患关系主要用于

A. 焦虑障碍患者　B. 康复期治疗患者　C. 严重昏迷的患者
D. 慢性感染患者　E. 急性感染期患者

(4)医患双方的道德权利与道德义务

①概念　道德权利是指道德主体依据道德所应享有的正当权利和利益。道德义务是指道德主体依据道德对他人、群体和社会应当负有的使命和责任。在法律上,权利与义务是严格对应的。而在道德领域,权利与义务之间不具有严格的对应关系,道德义务的履行并非必然地以道德权利的享有为前提。同时,道德权利和义务与法律权利和义务不仅在内容上不完全相同,而且实现的形式也不完全相同。

②医师的道德权利　是指在医疗活动中,医师在道德上享有的正当权利和利益。一般来说,法律权利都是道德权利,而道德权利不一定都是法律权利。《执业医师法》规定,医师在执业活动中具有下列权利:

A.在注册的执业范围内,进行医学诊查、疾病调查、医学处置、出具相应的医学证明文件,选择合理的医疗、预防、保健方案。

B.按照国务院卫生行政部门规定的标准,获得与本人执业活动相当的医疗设备基本条件。

C.从事医学研究、学术交流、参加专业学术团体。

D.参加专业培训,接受继续医学教育。

E.在执业活动中,人格尊严、人身安全不受侵犯。

F.获取工资报酬和津贴,享受国家规定的福利待遇。

G.对所在机构的医疗、预防、保健工作和卫生行政部门的工作提出意见和建议,依法参与民主管理。

③医师的道德义务　是指在医疗活动中,医师在道德上对患者、他人及社会所负有的道德使命和道德责任。一般来说,法律义务都是道德义务,而道德义务不一定都是法律义务。《中华人民共和国执业医师法》规定,医师在执业活动中应履行下列义务:

A.遵守法律、法规,遵守技术操作规范。

B.树立敬业精神,遵守职业道德,履行医师职责,尽职尽责为患者服务。

C.关心、爱护、尊重患者,保护患者的隐私。

D.努力钻研业务,更新知识,提高专业技术水平。

E.宣传卫生保健知识,对患者进行健康教育。

④患者的道德权利　是指在医疗活动中,患者在道德上享有的正当权利和利益。根据我国《民法通则》《执业医师法》《消费者权益保护法》《医疗事故处理条例》等法律法规的有关规定,患者享有如下权利,这不仅是患者的法律权利,也是患者的道德权利。

A.平等医疗权　平等医疗权要求医务人员平等对待患者,对待每一个患者一视同仁,普同一等;在分配医疗卫生资源时,要坚持公平公正。患者平等医疗权的实现依赖于两个基本条件,即由国家所提供的可进行平等操作的"平台",以及医务人员现代平等素质的打造。

B.知情同意权　知情同意是尊重患者自主性的具体体现,是指在临床过程中,医务人员为患者做出诊断和治疗方案后,应当向患者提供包括诊断结论、治疗决策、病情预后以及诊治费用等方面的真实、充分的信息,使患者或家属经过深思熟虑后自主地作出选择,并以相应的方式表达其接受或拒绝此种诊疗方案的意愿和承诺。知情同意权包括知情权和同意权两个方面。知情权是指患者有权了解和认识自己所患疾病,包括检查、诊断、治疗、处理及预后等方面的情况,并有权要求医师作出通俗易懂的解释;有权知道所有为其提供医疗服务的医务人员的身份、专业特长、医疗水平等;有权核查医疗费用,并有权要求医方逐项作出详细的解释;有权核查医疗记录,知悉病历中的信息,并有权复印病历等。同意权是指患者及家属有权接受或拒绝某项治疗方案和措施。

C.隐私保护权　为诊治的需要,患者有义务将自己与疾病有关的隐私如实地告知医务人员,但患者也有权维护自己的隐私不受侵害,对于医务人员已经了解的患者隐私,患者享有不被擅自公开的权利。然而,如果患者的"隐私"涉及他人或社会的利益,对他人或社会具有一定的危害性,如患甲类传染病,则医务人员有疫情报告的义务,应当如实上报,但应对无关人员保密。

D.损害索赔权　在医疗活动中,因医疗机构及其医务人员违反医疗卫生管理法律、行政法规、部门规章和诊疗护理规范、常规，造成患者人身损害、精神损害或财产损失时，患者及其家属有权提出经济赔偿的要求，并追究有关人员或单位的法律责任。

E.医疗监督权　在医疗活动过程中，患者及其家属有权对医疗活动的合理性、公正性等进行监督；有权检举、控告侵害患者权益的医疗机构及其工作人员的违法失职行为；有权对保护患者权益方面的工作提出批评、咨询和建议。

⑤患者的道德义务　是指在医疗活动中，患者在道德上对医疗机构及其医务人员、他人和社会所负有的道德使命和道德责任。根据《卫生部、公安部关于维护医院秩序的联合通告》《执业医师法》《传染病防治法》《母婴保健法》等法律法规的有关规定，在医疗活动中，患者应履行的道德义务主要有：

A.配合医者诊疗的义务　患者应如实陈述病史、病情，按医嘱进行各项检查、接受治疗。

B.遵守医院规章制度，尊重医务人员及其劳动的义务　患者必须遵守医疗卫生机构的各项规章制度，尊重医务人员的辛勤劳动，尊重医务人员的人格尊严。

C.给付医疗费用的义务　患者不能以治疗失败为理由拒付医疗费。

D.保持和恢复健康的义务　健康不仅是公民的权利，也是一项应尽的义务。

E.支持临床实习和医学发展的义务　作为一种道德义务，必须以患者的知情同意为前提。

(5)构建和谐医患关系的伦理要求

①医患双方应密切地沟通与交流　为防范医患纠纷，促进医患关系的和谐，必须加强语言和非语言的密切沟通与交流，并且要注意克服彼此的心理障碍、文化差异，医务人员还要主动并正确地使用沟通技巧，以达到相互之间的了解、理解和发生矛盾时的宽容、谅解，将医患纠纷消灭在萌芽状态。

②医患双方应自觉维护对方的权利　要防范医患纠纷，促进医患和谐，必须对公众和医务人员普及伦理、法律基本知识，使其认识到维护患者的权利是医务人员的天职，同样，维护医务人员的权利也是患者、医疗机构和社会的义务。

③医患双方应自觉履行各自的义务　首先，医患双方都要提高认识、端正态度；其次，医患双方还要克服认识或观念上的一些误区；第三，医患双方履行各自义务的关键是做到“遵医爱患”。

④医患双方应正确认识和处理权利与义务的关系　在医患关系中，医患双方既有法律、道德权利，也有法律、道德义务。但是，医患双方都要认识到：法律权利和法律义务是一致的，互为条件的；而道德权利与道德义务未必一致，即履行道德义务时不一定以获得道德权利为前提。

⑤医患双方应加强道德自律并遵守共同的行为道德规范　在医患关系中，双方都应加强道德自律并遵守共同的道德规范，这是防范医患纠纷而促进和谐的关键。

【例 5】医师在执业活动中享有的法定权利是

A. 保护患者隐私　　B. 履行医师职责　　C. 从事医学研究
D. 遵守技术规范　　E. 遵守职业道德

【例 6】下列选项中仅属于医师的道德义务，不属于法律义务的是

A. 努力钻研业务，提高专业技术水平　　B. 关心、爱护、尊重患者，保护患者隐私
C. 宣传卫生保健知识，对患者进行健康教育　　D. 遵守法律、法规，遵守技术操作规范
E. 积极开展义诊，尽力满足患者的健康需求

【例 7】下列关于医患双方权利与义务关系的说法，不正确的是

A. 维护医务人员权利的关键是尊重其人格尊严
B. 只有维护了患者的权利，医务人员的权利才能真正得到维护
C. 保障医疗质量与安全是维护患者权利的关键
D. 作为弱势群体的患者只享有权利而不承担义务
E. 在医疗实践活动中，医患双方应当履行好各自的义务

2. 医务人员之间关系伦理

(1)医务人员之间关系的含义和特点

①含义 医务人员之间的关系也称医际关系,是指医疗活动中,医务人员之间的关系,主要包括医生与护士、医护人员与医技人员、医护人员和医技人员与行政管理人员、后勤服务人员之间的关系。

②特点 基于业缘关系而建立起来的医际关系,具有以下特点:

A.协作性 现代医院的分科和医务人员的专业分工越来越细,面对一个病人往往需要诸多科室医务人员的共同努力和密切配合,医务人员之间的协作性是医疗实践的客观要求,也是医学发展的必然结果。

B.平等性 医务人员之间尽管存在明确的专业分工和岗位划分,但彼此之间没有高低贵贱之别,平等合作是构筑医务人员之间和谐关系的前提,因岗位、专业不同而相互歧视的做法是极其有害的。

C.同一性 医际关系的同一性是指所有医务人员的一切诊疗活动,都以救死扶伤、防病治病,为人民的健康服务为宗旨,服从于协调和处理医患关系的客观要求。

D.竞争性 医务人员之间的竞争性体现在医疗质量、护理质量、诊疗水平、科研成果、服务内容等各个方面。竞争的目的是为了形成“比、学、赶、帮、超”的人际关系环境,以取得良好的医学角色地位,实现更好地为患者或人群服务的医德宗旨。所以,在医疗实践活动中,医务人员之间在为患者或人群服务的基础上,既协作又竞争,共同促进医务人员之间关系的稳定和发展。

(2)处理好医务人员之间关系的意义

①它是当代医学发展的客观要求 随着当代医学的发展,临床医学分科愈来愈细。不同专业的医务人员之间必须加强协作和相互配合,否则,会影响正常诊疗活动的进行和治疗质量的提高。

②它有利于发挥医疗卫生保健机构的整体效应 医疗卫生机构是一个有机整体,如果医务人员相互关系和谐,工作的积极性、主动性、创造性得以充分发挥,工作效率就会大大提高。

③它有利于医务人员的成长 医学人才的成长依赖于社会的宏观条件、单位的微观条件以及个人的主观条件。在宏观条件和微观条件中,人际关系是很重要的,尤其是单位内的医务人员之间的关系是医学人才成长的重要环境。

④它有利于建立和谐的医患关系 在医疗实践中,医务人员之间的相互联系是以患者为中心进行的。医务人员之间的相互支持和密切协作,有利于患者疾病的诊治和康复,也有利于建立和谐的医患关系。

(3)协调医务人员之间关系的伦理要求

①共同维护患者利益和社会公益 维护患者的健康和生命,捍卫患者的正当权益,是医务人员的共同义务和天职,也是协调医务人员之间关系的思想基础和道德要求。

②彼此平等,互相尊重 医务人员之间只有平等相待,才能形成相互间的并列互补关系,才有利于调动大家的积极性。在平等的基础上,还要相互尊重,包括尊重他人的人格、才能、劳动和意见等。

③彼此独立,互相支持 医务人员之间不同的专业岗位,使其工作都有相对独立性,因此工作中,应尽力为对方提供方便、支持和帮助,这样才能建立良好的医际关系,才有利于共同目标的实现。

④彼此信任,互相协作 医务人员之间彼此信任是相互协作的基础和前提。医务人员之间的协作是医疗、教学、科研的客观需要,医疗只有协作才能提高医疗质量,教学只有协作才能培养高素质的人才,科研只有协作才能快出成果。医务人员之间的协作是相互的、互利的。

⑤互相学习,共同提高 医务人员之间相互学习,可以取长补短,实现医务人员之间的互补和师承功能,促进医务人员的博学多才,为维护和促进人类的健康作出更大的贡献。

【例8】在医务人员之间人际关系的特点中,“比、学、赶、帮、超”体现的是

A. 协作性　　B. 平等性　　C. 互助性

D. 竞争性　　E. 同一性

【例9】有关医际关系与医患关系的表述,下列哪项是错误的?

A. 医际关系的恶化在一定程度上将对医患关系产生不良影响

B. 医患关系的恶化在一定程度上将对医际关系产生不良影响

C. 处理医际关系与医患关系所依据的伦理原则是相同的

D. 医际关系与医患关系既互相独立又相互关联

E. 良好的医际关系有助于形成良好的医患关系

二、临床诊疗伦理

1. 临床诊疗的伦理原则

(1)患者至上原则 是指医务人员在诊疗过程中始终以患者为中心,并把患者的利益放在首位。为此,医务人员要在新的医学模式指导下力争尽快对患者的疾病作出诊断、进行治疗,并适时认真对患者的要求和疾病变化作出反应,以达到尽快康复的目的。

(2)最优化原则 是指医务人员在诊治疾病的过程中,从各种可能的诊治方案中选择代价最低而效果最优的方案。最优化原则是有利原则和无伤害原则在临床诊疗实践中的具体体现。将最优化原则作为临床诊疗中最重要的伦理原则,是由临床诊疗的特点决定的。最优化原则要求医务人员做到效果最佳、痛苦最小、耗费最少、安全无害。

(3)知情同意原则 是指临床诊治过程中,医生在决定和实施诊疗措施前,都应向患者作详尽的说明,并取得患者的充分理解,并表示同意。对于一些特殊检查、特殊治疗和手术,以患者或其家属(或监护人)签字为据。如果不经患者知情同意而医务人员一意孤行地进行诊疗,是侵犯患者自主权的行为。

(4)保密守信原则 是指医务人员在对患者诊疗过程中及以后要保守患者的秘密和隐私,并遵守诚信的伦理准则。患者的秘密或隐私只涉及个人的私人领域而与公共利益无关,它通常包括在医疗活动中,患者向医务人员吐露的自己和家庭的隐私、检查发现的患者独特体征或畸形以及不良的诊断、预后等任何患者不想让别人知道的事情。但是,如果医务人员有高于保密的社会责任(如传染病要报告)、隐私涉及他人或社会,且有对他人或社会构成伤害的危险以及法律需要时等可以解密。

【例 10】患者,男,46 岁。腹痛加重 15 天。发病后,体重进行性减轻,经检查确诊为癌前病变,必须手术切除。患者得知病情后,感心慌、乏力、头晕,医师耐心地做通患者和家属的工作,征得患者和家属同意后,准备手术。准备手术前,术前签字的人是

A. 患者本人　　B. 患者父母　　C. 患者亲属

D. 患者兄弟姐妹　　E. 患者已成年的子女

【例 11】女,孕 40 周,无剖宫产适应证,但患者及家属坚持要剖宫产,术后患儿出现呼吸困难,诊断为新生儿湿肺,家属质疑。主治大夫称产妇本不应该选择手术,已告知患者及家属。家属认为医生是权威,手术应由医生决定,若医生说剖宫产会导致湿肺,他们也不会选择手术。请问医生违背的伦理原则是

A. 认真做好术前准备　　B. 医护精诚合作　　C. 严格遵守手术适应证

D. 履行知情同意原则　　E. 药物配伍合理

【例 12】按照临床诊疗道德的最优化原则,医务人员不需要考虑的是

A. 患者的地位　　B. 医疗安全　　C. 医疗效果

D. 诊疗费用　　E. 患者的痛苦

2. 临床诊断的伦理要求

(1)询问病史的伦理要求 在询问病史的过程中,医生应遵守以下伦理要求:

①举止端庄,态度热情　在询问病史时,医生举止端庄,态度热情,可使患者产生信赖感和亲切感,有利于缓解就诊时的紧张心理,有利于倾诉病情,从而获得全面、可靠的病史资料。

②全神贯注,语言得当　医生精神集中而冷静,语言得当,可增强患者信任感,有利于获得准确病史。

③耐心倾听,正确引导　有利于医生掌握第一手病史资料,作出正确的诊断和治疗。

(2)体格检查的伦理要求 在体格检查过程中,医生应遵守以下伦理要求:

①全面系统，认真细致　医生在体格检查时，应按照一定的顺序进行系统检查而不遗漏部位和内容，不放过任何疑点。体格检查中，应避免主观片面、丢三落四或粗枝大叶、草率从事，否则会造成漏诊和误诊。

②关心体贴，减少痛苦　患者疾病缠身，心烦体虚，加上恐惧，需要医生关心体贴、减少痛苦。

③尊重患者，心正无私　在检查异性、畸形患者时，态度要庄重。男医生给女患者进行妇科检查时，应有护士或第三者在场。对于不合作或拒绝检查的患者不要勉强，待做好思想工作后再查。

(3)辅助检查的伦理要求

①医师应遵循的伦理要求　在辅助检查过程中，医生应遵循的伦理要求是：

A.综合考虑确定检查项目，目的纯正；B.患者知情同意，医生尽职尽责；C.综合分析检查结果，切忌片面。

②医技人员应遵循的伦理要求　在辅助检查过程中，医技人员应遵循的伦理要求是：

A.严谨求实，防止差错；B.及时准确，尊重患者；C.精心管理，保证安全；D.积极进取，加强协作。

③医技人员行为规范　2012 年，卫生部、国家食品药品监督管理局和国家中医药管理局联合发布的《医疗机构从业人员行为规范》中，医技人员行为规范的具体内容是：

A.认真履行职责，积极配合临床诊疗，实施人文关怀，尊重患者，保护患者隐私；

B.爱护仪器设备，遵守各类操作规范，发现患者的检查项目不符合医学常规时，应及时与医师沟通；

C.正确运用医学术语，及时、准确出具检查、检验报告，不谎报数据，不伪造报告；

D.指导和帮助患者配合检查，耐心帮助患者查询结果，对接触传染性物质或放射性物质的相关人员，进行告知并给予必要的防护；

E.合理采集、使用、保护、处置标本，不违规买卖标本，谋取不正当利益。

3. 临床治疗的伦理要求

(1)药物治疗的伦理要求

①医生应遵循的伦理要求　A.对症下药，剂量安全；B.合理配伍，细致观察；C.节约费用，公正分配。

②药学技术人员应遵循的伦理要求

A.审方认真，调配迅速，坚持查对；B.操作正规，称量准确，质量达标；C.忠于职守，严格管理，廉洁奉公。

③药学技术人员行为规范

A.严格执行药品管理法律法规，科学指导合理用药，保障用药安全、有效；

B.认真履行处方调剂职责，坚持查对制度，按照操作规程调剂处方药品；

C.严格履行处方合理性和用药适宜性审核制度；

D.协同医师做好药物使用遴选和患者适应证、禁忌证、不良反应、注意事项、使用方法的解释说明；

E.严格执行药品采购、验收、保管、供应等各项制度规定；

F.加强药品不良反应监测，自觉执行药品不良反应报告制度。

(2)手术治疗的伦理要求

①手术前的伦理要求　A.严格掌握手术指征，手术动机纯正；B.患者或患者家属知情同意；C.认真做好术前准备，为手术的顺利进行创造条件。

②手术中的伦理要求　A.关心患者，体贴入微；B.态度严肃，作风严谨；C.精诚团结，密切协作。

③手术后的伦理要求　A.严密观察，勤于护理；B.减轻痛苦，加速康复。

(3)其他治疗的伦理要求

①心理治疗的伦理要求　在心理治疗过程中，对治疗师的伦理要求是：

A.要掌握和运用心理治疗的知识、技巧去开导患者；　B.要有同情、帮助患者的诚意；

C.要以健康、稳定的心理状态去影响和帮助患者；　D.要保守患者的秘密、隐私。

②饮食营养治疗的伦理要求　在饮食治疗过程中，对营养师的伦理要求是：A.保证饮食营养的科学性和安全性；B.创造良好的进餐环境和条件；C.尽量满足患者的饮食习惯和营养需求。

③康复治疗的伦理要求　在康复治疗过程中，对治疗师的伦理要求是：

A.理解尊重，平等相待；B.热情关怀，耐心帮助；C.密切联系，加强协作。

【例 13】下列选项中，符合手术治疗伦理要求的是

A. 手术方案应当经患方知情同意
B. 患者坚决要求而无指征的手术也可实施
C. 手术方案必须经患者单位同意
D. 手术对患者确实有益时，可无需患者知情同意
E. 患者充分信任时，医生可自行决定手术方案

4. 临床急救的伦理要求

(1)临床急救工作的特点 ①平时有应急准备，人员坚守岗位；②工作量大、难度高、责任重；③既尊重患者的自主性，又以新的生命观为指导：急诊患者中，有些通过医务人员的积极抢救转危为安，但有些尽管医务人员尽了最大努力奋力抢救仍难以逆转，对于后一类患者如何抢救，不少时候就面临着伦理选择上的困难，为此，医务人员的急救工作往往是既要尊重患者家属的自主性，又要尊重生命神圣、生命质量和生命价值相统一的观点去开展抢救工作。

(2)临床急救的伦理要求 ①争分夺秒地抢救，力争使患者转危为安；②勇担风险，团结协作；③满腔热情，重视心理治疗；④全面考虑，维护社会公益。

【例 14】某医院内科病房，责任护士误将甲床患者的青霉素注射给乙床患者。发现错误后，该护士心里十分矛盾和紧张，对乙床患者进行了严密观察，没有出现青霉素过敏反应。对此，以下说法符合伦理的是

A. 患者未出现过敏反应，为避免对护士不满可以不告诉患者
B. 打错针后护士对患者进行了严密观察，以免承担更大责任
C. 打错针后应马上告诉护士长采取应急措施，以保证患者安全
D. 患者未出现过敏反应，可以不告诉护士长以免受到处分
E. 住院患者太多、护理任务紧张，出现差错在所难免

【例 15】女，30 岁。因出现类似早孕症状两次到某县医院门诊就医，大夫简单检查后均诊断为妇科炎症，但该女士服药多日症状未见缓解。半个月后，因突然阴道大出血和急腹症被送往医院抢救后确诊为宫外孕。该案例中，初诊医生可能违背的临床诊疗伦理要求是

A. 关心体贴，减少痛苦
B. 全面系统，认真细致
C. 耐心倾听，正确引导
D. 尊重患者，心正无私
E. 举止端庄，态度热情

A. 严守法规
B. 公正分配
C. 加强协作
D. 合理配伍
E. 对症下药

【例 16】当患者要求住院医师开具精神药品处方时，该医师应当遵循的伦理要求是

【例 17】医生根据临床诊断选择相适应的药物进行治疗，遵循的医学伦理要求是

【例 18】医生采取“多头堵”“大包围”的方式开具大处方，违背的医学伦理要求是

A. 对症下药，剂量安全
B. 掌握手术指征，动机纯正
C. 减轻痛苦，加速康复
D. 以健康、稳定的情绪影响患者
E. 勇担风险，团结协作

【例 19】手术后治疗的伦理要求是

【例 20】心理治疗的伦理要求是

【例 21】临床急救的伦理要求是

5. 临床治疗的伦理决策

(1)临床治疗的伦理难题

①临床治疗的伦理难题的含义 在临床治疗中，医师与患者作为不同行为主体，在对某一特定临床境遇下的行为进行道德判断或抉择时，可能会得出彼此不一致甚至相互冲突的治疗方案，并最终造成治疗方案选择上的困境，这种临床上的道德判断和行为抉择困境，称为临床治疗伦理难题。

②临床治疗伦理难题产生的原因 导致临床治疗伦理难题产生的原因很多,大致可以分为两类。

A.伦理难题的理论和认识根源

a.伦理学基本理论之间的深刻差异 医学伦理学的"四原则"可看作义务论、效果论、美德论的完美结合体。尊重原则体现了义务论的理论宗旨,有利原则、不伤害原体现了效果论的利益最大化诉求,公正原则体现了美德论的理论要求。在医疗实践中,四原则之间的冲突往往成为医学伦理难题之源。

b.文化差异及其认同障碍 文化差异及其认同障碍是当代医学伦理学难题产生的主要原因之一。

c.生命价值观的变化 随着人们健康观、生命观等理念的变化,生命价值观也随之发生变化。

B.医学伦理难题产生的现实原因

a.权利与义务的冲突 融洽和谐的医患关系是一种理想状态,但在具体的医疗实践活动中不同情况下有不同的内容,因而,在医疗实践中医患权利义务冲突常常导致临床治疗伦理难题。

b.个体价值追求的多元化 多元的价值选择极大丰富和拓展了人们的生活空间和意义世界,然而,在享受自由选择的同时,人们也承受着多元化带来的前所未有的迷茫。

c.医学高新技术应用带来的伦理挑战 比如器官移植、辅助生殖、基因疗法等新技术的出现,带来了这些技术可否广泛使用的伦理难题。

d.卫生法律法规不够健全 为了规范和解决临床相关问题,我国已经制定了一系列的医疗法规。但是,和医疗实践相比,法律法规总是相对滞后。于是在具体案例中,相对滞后的法律规定往往与医学伦理要求发生冲突,从而产生医学伦理难题。

e.医疗机构管理欠规范 医疗机构既要引进市场化的经营理念,又要保障公益机构的社会责任,相应的管理问题日益凸现,部分医疗机构许多措施政策的出台以抓经济收益为主,过分依赖条文法规,漠视了医学的根本目的,忽视其社会责任,这些管理层面的缺失都可能引发伦理难题。

③临床治疗中的主要伦理难题

A.放弃治疗的伦理难题 在临床实践中,放弃治疗所潜在的伦理难题集中表现在:放弃治疗权问题、条件规制问题、利益取舍问题、权利义务冲突问题。

B.保护性医疗中的伦理难题 保护性医疗是针对特定患者,为避免对其产生不利后果而不告知或不全部告知其病情、治疗风险、疾病预后等真实信息的保护性医疗措施。对于一些心理素质比较脆弱的患者,如果告知其全部真实的不良医疗信息,可能会对其产生较大的身心刺激,增加其心理压力。为此,医务人员不告知或不全部告知其诊疗信息,这体现了关怀照顾的医学人道主义精神。

(2)临床治疗的伦理决策

①临床治疗伦理决策的含义 所谓决策,是指根据已有问题或特定目标拟定尽可能多的可行性方案,然后从中选出最能达成目标的方案。伦理决策即作伦理上的决定。临床治疗伦理决策,也就是在临床治疗活动中的伦理抉择,是从医学伦理的角度来思考问题,以作出最恰当的、最符合医学伦理的临床治疗决定,是医学伦理理论、原则和规范在临床治疗活动中的具体运用和贯彻。

②临床治疗伦理决策的原则 包括根本权益优先准则、多元价值优选准则、变通性操作准则、规范与智慧并重准则。

常考点 医患关系,医患关系模式,医际关系。

参考答案——详细解答见2021《贺银成国家临床执业及助理医师资格考试历年考点精析》

1. ABCDE	2. ABCDE	3. ABCDE	4. ABCDE	5. ABCDE	6. ABCDE	7. ABCDE
8. ABCDE	9. ABCDE	10. ABCDE	11. ABCDE	12. ABCDE	13. ABCDE	14. ABCDE
15. ABCDE	16. ABCDE	17. ABCDE	18. ABCDE	19. ABCDE	20. ABCDE	21. ABCDE

第3章　临终关怀、公共卫生伦理与健康伦理

▶考纲要求

①临终关怀伦理：临终关怀的含义和特点，临终关怀的伦理意义和要求。②安乐死伦理：安乐死的含义，安乐死的伦理争议。③死亡伦理：死亡的含义，死亡标准的历史演变，脑死亡标准的伦理意义。④公共卫生伦理的含义。⑤公共卫生伦理原则：全社会参与原则，社会公益原则，社会公正原则，互助协同原则，信息公开原则。⑥公共卫生工作伦理要求：疾病防控的伦理要求，职业性损害防控的伦理要求，健康教育和健康促进的伦理要求，应对突发公共卫生事件的伦理要求。⑦健康伦理：健康伦理的含义，健康权利，健康责任。

▶复习要点

一、临终关怀与死亡伦理

1. 临终关怀伦理

(1)临终关怀的含义　临终关怀是指向临终患者及其家属提供包括医疗、护理、心理和社会等各方面的照护，使临终患者的症状得到控制，痛苦得以缓解，生命质量得以提高，生命受到尊重。同时，病人家属的身心健康得到关照，最终使病人能够无痛苦、无遗憾、安详或舒适地告别亲友，走完人生的最后旅程。1967年英国的桑德斯博士首创圣克里斯多弗临终关怀医院，1988年天津医学院临终关怀研究中心成立。

(2)临终关怀的特点

①临终关怀的目的　临终关怀不以延长患者的生存时间为目的，而是以维护患者的尊严、提高患者临终生存质量为宗旨。临终关怀不是治疗或治愈疾病，而是减轻患者的身心痛苦、控制症状。

②临终关怀的对象　主要是晚期恶性肿瘤患者，他们遭受难以忍受的痛苦折磨。在英国，还包括部分帕金森病、阿尔茨海默病、晚期心血管病患者。临终关怀也将晚期患者的家属纳入服务对象之中。

③临终关怀的内容　临终关怀不以治疗疾病为主，而是提供包括生活照顾、心理疏导、姑息治疗等全面临终照顾，着重于控制患者的疼痛，缓解患者痛苦，消除患者及其家属对死亡的焦虑和恐惧。

④临终关怀的主体　临终关怀服务团队以医务人员为主，同时还包括患者家属、社会团体、大量社会志愿者，已经成为一项社会公益事业。这些社会力量是临终关怀服务团队中不可忽视的组成部分。

(3)临终关怀的伦理意义

①临终关怀体现了人道主义精神　临终关怀把临终患者作为其服务对象，满足患者生理、心理、伦理、社会全方位需要，使其在舒适的环境中尊严地离世，是人道主义精神在生命问题上的体现。

②临终关怀体现了人的生命神圣、质量和价值的统一　临终关怀善待患者生命，提高生存质量，减轻痛苦，努力帮助实现其最后的愿望，所创造的有价值、有质量的生存状态是生命神圣的真正彰显。

③临终关怀展示了人类的文明和进步　临终关怀思想感召着社会上越来越多的个人和团体关心并参与这项事业，关怀临终患者及其家属。尊敬老人、善待临终患者，这是人类社会文明进步的表现。

(4)临终关怀的伦理要求

①认识和理解临终患者　医务人员在认清临终患者的生理、心理、行为特点的基础上，理解患者的某些行为失常、情绪变化，以最真挚、亲切、慈爱的态度对待临终患者，使其始终得到精神上的安抚。

②尊重和维护临终患者的权益　医务人员应注意尊重他们的宗教信仰，保留自己的生活方式，参与决定治疗、护理方案，尊重患者的隐私权，在允许的范围内选择死亡方式等。

③满足临终患者的生活需求　尽管死亡是生命运动发展的必然归宿，但是临终患者仍有生活的权

利,任何人都有尊重他们生活的道德义务。医务人员要像对待其他可治愈的患者一样,平等地对待临终患者,实现他们临终生活的价值。

④同情和关心临终患者的家属 医务人员要设身处地地理解和同情临终患者家属的过激情绪和行为,缓解他们的伤感情绪,真心实意地帮助他们解决一些实际问题。

【例1】临终关怀的根本目的是为了

A. 节约卫生资源 B. 减轻家庭的经济负担 C. 提高临终患者的生存质量
D. 缩短患者的生存时间 E. 防止患者自杀

【例2】下列符合临终关怀伦理要求的做法是

A. 优先考虑临终患者家属的权益 B. 尽力满足临终患者的生活需求 C. 帮助临终患者抗拒死亡
D. 满足临终患者结束生命的要求 E. 建议临终患者选择安乐死

2. 安乐死伦理

(1)安乐死的含义

①安乐死的概念 安乐死是指医务人员应濒死患者及其家属的自愿请求,依据法律规定,为消除患者的痛苦或缩短痛苦的时间,采用医学的方法,通过作为或不作为,使其安宁地度过死亡阶段而终结生命。

②安乐死的分类 按照安乐死的执行方式,可分为主动安乐死和被动安乐死。按照患者同意方式,分为自愿安乐死和非自愿安乐死。然后得出安乐死的四种类型,即自愿主动安乐死、自愿被动安乐死、非自愿主动安乐死、非自愿被动安乐死。

A.主动安乐死 又称为积极安乐死,是指鉴于病人治愈无望,痛苦难耐,应患者和家属的请求,医务人员采用药物或其他积极手段结束患者的生命,让其安然死去。这类安乐死又被称为“仁慈助死”。

B.被动安乐死 又称为消极安乐死,是指医务人员应患者或家属请求,不再给予积极治疗,而仅仅给予减轻痛苦的适当维持治疗,任其自行死亡,故又称为“听任死亡”。

C.自愿安乐死 是指患者当下表达或曾经表达过安乐死愿望的安乐死。

D.非自愿安乐死 又称为“仁慈杀死”,是指患者没有表达过同意安乐死,根据患者家属的请求,由医生根据实际情况决定实施的安乐死。这种情况主要针对那些无行为能力的患者,如昏迷不醒的患者。

(2)安乐死的伦理争议 安乐死的纷争由来已久,是一个争议较大的难题。

①赞成安乐死的观点

A.安乐死体现了对患者的尊重 持这种观点的人认为,每个人有生的基本权利,也有死的权利,包括选择死亡方式的权利。安乐死是患者的权利,甚至是其神圣不可侵犯的人权。

B.安乐死是医学人道主义的要求 医学的发展使许多晚期绝症患者处境尴尬,他们已经不可能治愈,但医疗措施又使他们不能很快地走完人生道路,他们无时无刻不承受着病痛的折磨。安乐死是维护患者尊严的人道措施,是结束患者难以忍受病痛的人道要求。

C.安乐死有利于节约有限的医药卫生资源 患者自主要求实施安乐死,可以节约有限的医药卫生资源,也有利于家属摆脱沉重的经济和情感负担,但是后者不应作为实施安乐死的目的。

D.安乐死有利于促进社会文明的进步 安乐死是建立在科学生死观基础上的社会文明行为,是人类理智对待生与死的一种方式,有助于促进人类文明的进步。

②反对安乐死的观点

A.安乐死有悖于救死扶伤的医学宗旨 医师实施安乐死,放弃救治,甚至主动终止临终患者的生命,有悖于救死扶伤的医学宗旨,将导致公众特别是临终患者对医师的不信任,影响医患关系。

B.安乐死不利于医学的发展 实施安乐死,放弃挽救生命的最后努力,将使临终的生命失去重生的机会,使医师失去攻克绝症医学难题的动力和研究对象,使医学错过发展的机遇。

C.安乐死将对社会道德产生不良影响 敬畏生命是基本的社会道德。实施安乐死,放弃危重濒死患者的生命,这与珍重生命的社会价值理念不符,容易导致社会对人类生命的漠视。

D.安乐死将对临终患者和弱势群体造成心理压力　使他们无法真正自主决定自己的生命旅程。并且,安乐死还可能为某些图财害命者提供“名正言顺”的借口和机会。

E.安乐死可能使患者丧失继续生存下去的机会　实施安乐死,可能会使患者丧失很多机会,如患者可以自然改善的机会,继续治疗可望恢复的机会等。

F.安乐死可能给患者家庭带来舆论压力　实施安乐死,放任亲人的死亡,将使患者家人的良心极其不安,甚至会受到社会舆论的强烈谴责,因此背负沉重的精神负担。

③安乐死的实施现状　2001 年荷兰通过《安乐死法案》,成为世界上第一个安乐死合法化的国家。2002 年,比利时成为世界上第二个安乐死合法化的国家。我国 1986 年在陕西汉中发生了首例安乐死,1997 年首次举行了全国性的安乐死学术讨论会。安乐死目前在我国还没有合法化,我国的医务人员对于临终患者只能提供临终关怀,而不能实施安乐死。

【例 3】世界上第一个安乐死合法化的国家是

A. 澳大利亚　　B. 挪威　　C. 比利时
D. 新西兰　　E. 荷兰

【例 4】实施主动安乐死的首要社会条件是

A. 家属的主动要求　　B. 安乐死的合法化　　C. 患者的主动要求
D. 能够减轻患者的痛苦　　E. 维护患者的尊严

【例 5】医师经临终患者及家属要求,给予减少痛苦的维持治疗,其做法属于

A. 主动安乐死　　B. 消极安乐死　　C. 终止治疗
D. 积极安乐死　　E. 医助自杀

【例 6】一位符合安乐死条件的病人,医生使用药物结束其痛苦的生命,称为

A. 强迫安乐死　　B. 自愿安乐死　　C. 非自愿安乐死
D. 主动安乐死　　E. 被动安乐死

3. 死亡伦理

(1)死亡的含义　死亡是人体器官、组织、细胞等的整体衰亡,生物学生命新陈代谢的停止,同时,死亡是人类自我存在的结束。死亡的本质是个体生命的终结和自我意识的丧失,是不可逆的过程。死亡是机体生命的终结,它不仅是生理和病理的现象,还是一个文化和心理的现象。

(2)死亡标准的历史演变

①传统的心肺死亡标准　传统的医学死亡标准是呼吸、心跳的完全停止。心肺死亡的标准在人类历史上延续了数千年,但随着医学科学技术的发展,人们认识到心死不等于人死,特别是 1967 年南非医生巴纳德首次成功实行心脏移植手术后,从根本上撼动了心肺死亡标准,之后逐渐引入了脑死亡标准。

②脑死亡标准　脑死亡是指原发于脑组织严重损伤或脑的原发性疾病,致使脑的全部功能丧失而导致人的死亡,其显著特征是不可逆昏迷。1959 年,法国学者莫拉雷特和古龙首次使用脑死亡概念。1968 年,美国哈佛大学医学院提出脑死亡的 4 条诊断标准,即著名的哈佛标准:A.对外部刺激和内部的需要无接受性、无反应性;B.自主的肌肉运动和自主呼吸消失;C.诱导反射消失;D.脑电波平直或等电位。同时规定,凡符合以上 4 条标准,持续 24 小时测定,每次不少于 10 分钟,反复检查多次结果一致者,就可宣告死亡。我国也提出了脑死亡标准并征求意见。截至 20 世纪 90 年代末,已有 13 个国家立法承认脑死亡。

(3)脑死亡标准的伦理意义

①有利于科学准确地判定人的死亡　根据传统的心肺死亡标准,使用一般的诊断方法判定死亡,不易鉴别出假死状态。有些患者可能经抢救死而复生。有些患者会被误认为死亡而放弃抢救。因此,一些国家和地区已经把脑死亡作为判断死亡的标准。大量的研究和临床实践表明,真正的脑死亡是不可逆的。因此,脑死亡的标准更科学、也更准确,以此标准判定人的死亡可以避免死亡诊断错误。

②有利于维护死者的尊严　脑死亡的患者意味着进入了临床死亡期。因此患者一旦进入脑死亡状

态，就可以放弃救治，从而避免对死者不必要的救治，维护了死者的形象和尊严，这是真正的人道之举。

③有利于节约卫生资源和减轻家属的负担 对于脑死亡的患者，可以宣布患者临床死亡而不再进行救治，这样既可以节约卫生资源用于更需要的患者，避免无意义的卫生资源的浪费，也有利于减轻家属的负担，维护死者和家属的利益，具有明显的伦理价值。

④有利于器官移植的开展 目前，器官移植遇到的最大难题是器官来源的困难。对于患者有生前遗嘱自愿死后捐献器官用于器官移植者，当患者进入脑死亡状态时，即可宣布患者临床死亡，此时患者的心脏可能还在跳动，易于摘取活器官用于移植。

上述①②条是执行脑死亡标准的动机和直接目的，③④条是实行脑死亡标准的间接效果。

【例7】实施脑死亡标准的直接伦理目的是

A. 减轻家属的身心痛苦　B. 促进人体器官移植　C. 维护死者的尊严
D. 节约卫生资源　E. 尊重患者死亡的权利

二、公共卫生伦理与健康伦理

1. 公共卫生伦理的含义

公共卫生又称公共健康，是指群体和社会公众的健康。公共卫生伦理是根据伦理学的基本原则，结合公共卫生实践特点与要求，概括出的原则性规范。公共卫生伦理是伦理学的基本理论和观点在公共健康和卫生领域中的具体应用，主要表现为一些原则和价值，如人群健康问题的宣传与教育、疾病与伤害的预防等方面予以帮助、设计、指导。

公共卫生伦理与临床诊疗伦理虽然均以关注公民健康为目标，但临床诊疗伦理的研究对象是以个体患者为中心，聚焦与治疗个体患者的疾病，涉及的主要伦理关系是医患关系，决策者主要是医生个人或医生群体，其伦理基础和价值取向以强调和维护患者利益、尊重患者个人自主性为核心。而公共卫生伦理的研究对象是人群，以预防、防止伤害发生、传染病流行为主旨，涉及的伦理关系多种多样且具有政治色彩，研究侧重于影响健康的行为、生活方式等社会因素，落实于社会公共健康保障政策的制定，决策者以政府机构为主，强调资源公平分配的研究以及多部门协作、团结互助、健康教育等多种干预措施，其伦理基础和价值取向以强调维护公民健康平等权利、实现人群健康为核心。

2. 公共卫生伦理原则

(1)全社会参与原则 公共卫生是全民医学，以关注人群健康为宗旨，为达到预防疾病、促进健康和提高生活质量的目的，不能单靠医疗保健人员的孤军奋战，必须依靠政府、社会、团体和公众的广泛参与才能实现。

(2)社会公益原则 在公共卫生工作中，为了维护人群健康，公共卫生从业人员常常遇到公民个人权利、健康福利、经济利益与社会或集体利益冲突的问题。有许多预防干预对个人提供的效应可能很小，但对整个集体或者人群的健康却有很大好处。在处理社会与个人的利益关系时，公共卫生从业人员应坚持社会公益原则，将社会公共利益置于优先考虑的位置。

(3)社会公正原则 公共卫生工作和政策是为了改善公众的整体健康，因此政策的制定、资金的筹措、资源的分配以及公共卫生相关信息的公开都要坚持社会公正原则。公共卫生应当提倡和努力赋予每一个社会成员基本的健康资源和必要的健康条件，尊重社会中每个人的基本权利，促进社会社区人群的健康。

(4)互助协同原则 公共卫生工作涉及的范围非常广泛，所有与公民健康相关的内容都可以被囊括其中，因此公共卫生工作不仅需要全社会的参与，而且需要不同领域中的人员之间的互助与协作。

(5)信息公开原则 在公共卫生工作中，信息起到越来越重要的作用，信息公开在预防疾病、防范和控制疫情方面起到警示的作用，提醒人们关注和重视可能存在的公共问题。

【例8】以下属于公共卫生工作特有的伦理原则是

A. 生命价值原则　B. 尊重自主原则　C. 最优化原则

D. 隐私保密原则　　　　　　　　E. 全社会参与原则

3. 公共卫生工作伦理要求

(1)疾病防控的伦理要求

①传染病防控的伦理要求　传染病是对人类健康危害最大的疾病，具有起病急、传播快、死亡率高的特点。公共卫生从业人员在传染病防控中应遵循以下伦理要求：

A.积极开展传染病的防控，对广大群众的健康负责；

B.遵守国家法律规定，认真做好传染病的监测和报告，履行其道德和法律责任；

C.尊重科学，具有奉献精神；

D.尊重传染病患者的人格和权利。

②慢性非传染性疾病防控的伦理要求　慢性非传染性疾病，简称"慢病"，已成为导致当今人类过早死亡和影响健康水平的主要原因。公共卫生从业人员在慢病的防控过程中，应遵循的伦理要求包括：

A.积极开展健康教育，促进人们健康行为、生活方式的转变；

B.加强慢病的监测、筛查和普查工作，履行早发现、早诊断、早治疗的道德责任。

(2)职业性损害防控的伦理要求　职业病是指企业、事业单位和个体经济组织的劳动者在职业活动中，因接触粉尘、放射线物质和其他有毒、有害物质等因素引起的疾病。公共卫生从业人员在职业病的防控中，应遵循的伦理要求是：

①依法开展卫生监督和管理，从源头控制职业性损害，对劳动者的安全和健康负责；

②积极开展职业健康教育、卫生监测和健康监护，保护劳动者身体健康；

③职业病诊断应客观公正，既要保障劳动者的健康权益，也要维护企业和国家的利益。

(3)健康教育和健康促进的伦理要求　健康教育是指通过有计划、有组织的教育活动，促进人们自觉地采纳有益于健康的行为和生活方式，消除或减轻影响健康的危险因素，预防疾病，促进健康和提高生活质量。在健康教育和健康促进工作中，公共卫生从业人员应遵循的伦理要求包括：

①履行法定义务，充分利用一切机会和场合积极主动地开展健康教育；

②积极参与有利于健康促进的公共政策的制定、支持环境的创建和卫生保健体系的建立；

③深入农村、社会，将健康教育与健康促进工作渗透到初级卫生保健工作中；

④不断自我完善，以科学的态度和群众喜闻乐见的形式开展健康教育和健康促进活动。

(4)应对突发公共卫生事件的伦理要求　突发公共卫生事件是指突然发生，造成或者可能造成社会公众健康严重损害的重大传染病疫情、群体性不明原因的疾病、重大食物和职业中毒及其他严重影响公众健康的事件。对于参与应对突发公共卫生事件的公共卫生从业人员来说，应遵循以下几项伦理要求：

①恪守职责和加强协作，发扬敬畏生命的人道主义精神；

②树立崇高的职业责任感和科学态度；

③勇于克服困难，具有献身精神。

【例 9】对甲类传染病实施强制隔离措施时，应当遵循的公共卫生处理原则不包括

A. 全社会参与原则　　　　B. 信息公开原则　　　　C. 以患者为中心原则

D. 互相协同原则　　　　E. 社会公正原则

【例 10】对疑似甲类传染病患者予以隔离所体现的公共卫生伦理原则是

A. 社会公正原则　　　　B. 社会公益原则　　　　C. 互助协同原则

D. 全社会参与原则　　　　E. 信息公开原则

4. 健康伦理

(1)健康伦理的含义　健康伦理是关于人们维护自身健康、促进他人健康和公共健康等过程中的伦理问题进行研究的学问，而公共健康伦理是其重要的内容。公共健康伦理，旨在研究与公共健康相关的所有伦理问题以及解决这些问题应遵循的伦理原则和规范。与临床诊疗伦理围绕患者权利和疾病转归

为中心展开不同,健康伦理是以公民权利和健康实现为重心,通过为公共健康提供伦理价值观指导、为公共健康制度和政策提供伦理依据、为解决公共健康领域的利益冲突提供伦理途径、为公共健康从业人员确立伦理规范、对公民进行公共健康领域的道德教育为使命,并且为公共健康体制、公共健康政策和立法奠定基础。公共健康伦理领域的所有伦理问题都是围绕"权利与善"这一主题展开的,即所有涉及公共健康的矛盾和冲突都集中于究竟是权利优先还是善优先。

(2)健康权利　健康权利的概念是一个社会历史发展的产物。在传统社会中,人们往往认为任何人都不想患病,患病本身对患者是一种损害,因此,患者不应对患病承担任务责任。同时,患病被当作个人私事,而非一种应得的权利或社会应当承担的义务。无论西方还是东方社会,由国家承担维护公民健康的做法都是带有救济和恩惠性质行为,并非责任和义务。

(3)健康责任　健康作为一项公民享有的权利和利益,有自然意义上的和社会意义上的不同,前者是人们作为"自然的造物"意义上而言的,它是"自然权利"而不是"社会权利",这种权利首先不是也不能够是社会所赋予的。对于那些先天失去这些权利的不幸者,社会有责任补足或尽可能地补偿这种权利的缺失,但对于自然已经赋予了其权利的人,他自身要为其权利的实现或权利失去后的重获或权利失掉的后果承担责任。从这个角度来讲,追求健康的身体或健康的生活是个人的责任,而不是一种权利,也就是说追求身体的善对个人来说首先是责任而不是权利;而社会对公民健康的责任也是个人通过奋争和完善社会理念的建构而不断推进的,没有个人的争取,健康权作为一种理念的普遍化也是不可能的。

常考点　临终关怀,安乐死,公共卫生伦理。

参考答案——详细解答见2021《贺银成国家临床执业及助理医师资格考试历年考点精析》

1. ABCDE　2. ABCDE　3. ABCDE　4. ABCDE　5. ABCDE　6. ABCDE　7. ABCDE
8. ABCDE　9. ABCDE　10. ABCDE

第 4 章　医务人员医学伦理素质的养成

考纲要求

①医学道德教育:医学道德教育的特点,医学道德教育的过程,医学道德教育的方法。②医学道德修养:医学道德修养的含义和意义,医学道德修养的目标和境界,医学道德修养的途径和方法。③医学道德评价:医学道德评价的含义和意义,医学道德评价的标准,医学道德评价的依据,医学道德评价的方式。

复习要点

一、医学道德教育

医学道德教育是医学生和医务人员养成医学伦理素养的重要方式,其主要形式是通过有组织、有计划地对教育对象进行有关医学道德基础理论、基本知识的学习,从而将医学道德的原则和规范内化为其医学道德品质并自觉地履行医学道德义务的系统活动。

1. 医学道德教育的特点

医德教育是一项复杂的系统工程,但仍有规律可循,它具有自身的特点。

(1)专业性与综合性　医学道德是适应医学职业特殊要求的产物,因此,在医疗卫生保健部门进行医学道德教育具有较强的专业性,它区别于一般的思想政治教育。医学道德作为一种社会意识又不能与医学生、医务人员的人生观、世界观、价值观相脱节而孤立存在,因此,医学道德教育又具有较大范围的综合性。

(2)同时性与层次性　医德教育必须兼顾到医学生、医务人员医学道德的认识、情感、意志、信念和行为诸要素的综合发展,使之各种品质同时形成,不可顾此失彼,即医学道德教育具有同时性。然而,医学生、医务人员的层次不同,他们的医学道德状况、对医学道德的需求以及对他们的医学道德要求都是有差异的。故而,医学道德教育应对不同层次的受教育者采取不同的教育措施,提出不同的医学道德要求。

(3)长期性与渐进性　医学道德教育要长期、反复不间断地进行,不能指望一劳永逸。医学道德应耐心细致,不能操之过急,重视受教育者医学道德水平的任何细微进步,即坚持循序渐进地开展教育,不断提高受教育的医学生、医务人员个体的医学道德水平。

(4)理论性与实践性　理论是实践的指南,没有医德理论指导的医德实践是盲目的、放任自流的实践。同时,实践也是检验理论正确性的唯一标准,脱离医德实践的医学道德理论是空洞的、软弱无力的。

2. 医学道德教育的过程

医学道德教育包括提高提高医学道德认识,陶冶医学道德情操,锻炼医学道德意志,树立医学道德信念,养成良好的医学道德行为和习惯。

3. 医学道德教育的方法

医学道德教育的方法是指运用有效的教育形式或措施,去组织实施对医学生、医务人员的医学道德教育。医学道德教育的方法包括:①案例讨论,以理导人的方法;②积极疏导、以情动人的方法;③典型引导,以形感人的方法;④舆论扬抑,以境育人的方法。

二、医学道德修养

1. 医学道德修养的含义和意义

(1)医学道德修养的含义　医学道德修养是指医务人员自觉遵守医学道德规范,将医学道德规范要求转化为自己内在医德品质的活动,即医务人员在医德方面所进行的自我教育、自我锻炼和自我陶冶的过程，以及在此基础上达到的医学道德境界。它是一种重要的医学道德实践。

(2)医学道德修养的意义

①它有助于医学道德教育的深化　医德教育是有计划、有组织地向医务人员传授医德要求，并使之接受和遵循，以便塑造良好医德品质的活动，这是医务人员养成高尚医德品质的外在条件。医德教育最终是否能够取得成效，还取决于医务人员的主观努力和接受程度。

②它是形成医德品质的内在根据　医务人员医德品质的养成，需要通过医德教育提高医务人员的医德意识，加强医德修养，将医德意识外化为医学伦理行为和内化为医学道德品质。

③它有助于形成良好的医德医风　医学道德修养有助于医务人员养成良好的医学道德品行，有助于医疗卫生保健机构形成良好的医德医风，而促进医疗人际关系的和谐。

2. 医学道德修养的目标和境界

(1)医学道德修养的目标

医务人员进行医学道德修养的目标是养成良好的医德品质，提升自己的医学职业精神。

①医德品质　是指医德原则、医德规范在医务人员日常医疗实践中思想及行为等方面的具体体现，医德品质由医德认识、医德情感、医德意志构成。

A.医德认识　是医务人员对客观存在的医德关系和处理这些关系的医德理论、原则、规范的正确理解。

B.医德情感　是医务人员根据医德要求，在医疗实践过程中的心理反映。

C.医德意志　是医务人员在履行医德义务过程中所表现出来的自觉克服困难、排除障碍，作出抉择的力量和坚持精神。它体现着医务人员产生医德行为的意图，并表现在有目的的自觉行动之中。

医务人员的医德品质主要有仁慈、诚挚、严谨、公正、节操等。

A.仁慈　是指医务人员应具有仁爱慈善和人道主义精神的品德。

B.诚挚　是指医务人员应具有坚持真理、忠诚于医学科学的品德和诚心诚意对待患者的品德。

C.严谨　是指医务人员应具有的对待医学和医术严肃谨慎的品德。

D.公正　是指医务人员应该具有公平合理地协调医学伦理关系的品德。

E.节操　是指医务人员杨善抑恶、坚定遵循医学道德规范的品德。

②医学职业精神　是医学职业在形成和发展过程中，逐渐积累的一种对医学职业社会责任和医学职业人员的行为规范的总认识，是医学职业存在和发展的本质特征，其内容包括医学职业的社会责任、价值目标、行为规范和科学作风四个方面。

(2)医学道德修养的境界　是指一个医务人员经过医学道德修养所达到的不同层次的医德品质水平，也称医学道德境界。每个医务人员的医德境界是不同的，大致可分为四个层次：

①最高境界　即大公无私的医德境界。其特点为：医务人员把有利于患者、集体和社会作为职业行为准则，自觉坚持，持之以恒；凡事先为患者、集体和社会着想，把维护患者、集体和社会的利益作为自己的天职；对患者、同事极端热忱，对工作极端负责，对技术精益求精，全心全意为人民的健康服务。

②较高境界　即先公后私的医德境界。其特点为：在医疗实践中，医务人员凡事首先考虑患者、集体和社会，然后考虑自己。虽然也考虑个人利益，但总是把患者、集体和社会的利益放在个人利益之上；关心患者的疾苦，严于律己，宽以待人；对工作认真负责，愿意多做贡献而不计较报酬。

③较低境界　即先私后公的医德境界。其特点为：主观为自己、客观为患者，先为自己打算，后为患者打算。他们信奉的是“利己行医，行医利人”。在医疗卫生实践中，主观上多少会考虑患者、集体和社会的利益，在满足个人私利的情况下，也会在一定程度上为患者、集体和社会的利益着想。

④最低境界　即自私自利的医德境界。其特点为：处在这种境界中的医务人员把医疗卫生保健服务作为获得名利的资本和手段。例如他们或者“钱”字当头，设法从患者身上索取钱财，或者“名”字当头，不经过患者知情同意，通过随意获取生物、遗传材料进行研究而捞取荣誉等。

3. 医学道德修养的途径和方法

(1)医学道德修养的途径 医学道德修养来源于医疗实践，又服务于实践，因此医务人员应坚持医疗卫生保健实践是医学道德修养的根本途径，这是因为：

①医学发展和临床实践是产生高尚医学道德的源泉。

②医学发展和临床实践是医学道德修养的目的。

③医学发展和临床实践是推动医学道德修养的动力。

④医学发展和临床实践是检验医学道德修养效果的标准。

(2)医学道德修养的方法

①自我反省 也称为自我批评。作为医德修养的自我反省，是指医务人员以社会主义医德规范体系的标准，在实事求是地回顾自己所作所为的基础上，进行自我评价、自我诉讼、自我批评、自我改造。

②见贤思齐 《论语·里仁》有“见贤思齐焉，见不贤而内省也”的论述，就是指医学道德修养的学习法。它要求医务人员在医学职业活动中主动见贤思齐，见到比自己表现好的就要学习追赶，见到那些不合乎道德要求的行为，要及时省察自己是不是也有类似的不当行为。学习的对象有两类，一类是公认的医学道德典范，另一类是身边的医务人员。

③坚持慎独 慎独是一种独特的道德修养方法。慎独是指医务人员在单独工作、无人监督时，仍能坚持医德信念，严格按照医德规范行事的修养方法及其所达到的境界。

【例1】医学道德修养是指医务人员在医学道德方面所进行的自我教育、自我锻炼和自我陶冶，以及在此基础上达到的

A. 医学道德境界　　B. 医疗实践能力　　C. 医疗技术水平

D. 医患沟通能力　　E. 医疗道德意识

三、医学道德评价

1. 医学道德评价的含义和意义

(1)医学道德评价的含义 医学道德评价是指人们对医务人员的医学伦理品行的道德价值的判断，它是促使医学伦理学从观念转化为道德实践的重要环节。

①医学道德评价的主体 是医学道德评价者，包括广泛的社会成员和社会组织。

②医学道德评价的客体 是医学道德评价的对象，包括医学伦理学行为和医德品质。

③医学道德评价的结果 包括“质”和“量”两个方面，前者是对医学伦理品行的“善恶性质”判断，后者是对其“善恶规模和程度”的判断。

(2)医学道德评价的意义

①它是培养医务人员医学道德品质和调整其医学伦理行为的重要手段。

②它是医学道德他律转化为医学道德自律的形式。

③它可以创造良好的医学道德氛围，调节医学职业的道德生活。

④它可以促进精神文明和医学科学的健康发展。

2. 医学道德评价的标准

医学道德评价标准是判断医学道德行为善恶以及行为者品德优劣的价值尺度。其具体评价标准如下，其中，第①条是医学道德评价的首要标准。

①是否有利于患者疾病的缓解和康复；②是否有利于人类生存和环境的保护与改善；③是否有利于优生和人群的健康、长寿；④是否有利于医学科学的发展和社会的进步。

3. 医学道德评价的依据

医学道德行为是医务人员受道德意识支配的医疗卫生保健行为。任何一个可以进行道德评价的医务人员所进行的行为活动，从结构上来说，都包括四个部分，即行为的动机、目的、手段和效果。动机是行

为的主观因素,效果是行为客观因素,目的是医务人员有意识地期望达到的行为结果,手段则是医务人员在行为过程中有意识地用来达到行为结果所采取的方式和方法。

(1)动机与效果　动机和效果是对立统一的,医学伦理行为由动机和效果共同构成,在进行医学道德评价时,既要依据医学行为动机,也要依据医学行为效果。联系医学效果察医学动机,透过医学动机看医学效果,这是医学道德评价中对待医学行为动机和效果的总原则。

(2)目的与手段　医学行为的目的和手段是对立统一的,目的和手段组成整个医学伦理行为,要合乎道德地开展医学行为,要求医学行为目的和手段都应该合乎道德。因此,对于整个行为进行道德评价,既要看行为目的,又要看行为手段。

4. 医学道德评价的方式

(1)社会舆论　社会舆论是众人对医务人员的医学伦理行为发表的各种议论、意见和看法,表明的褒贬态度和情感。社会舆论包括正式舆论和非正式舆论,前者是有领导的、有目的地通过舆论工具所传播;后者是人们自发产生、自然传播的。社会舆论具有大众化、普遍化、无孔不入的特点,因而能够形成一种医学道德氛围,无形地影响着医务人员的言行举止等方面。

(2)传统习俗　是人们在漫长的历史发展过程中逐渐积累形成和沿袭下来的习以为常的行为倾向、行为规范和道德风尚。传统习俗是评价医疗卫生保健服务行为的医学道德价值最初、最起码的标准。

(3)内心信念　是指医学道德信念,即医务人员发自内心的对医学道德义务的真诚信仰和强烈的责任感,是对自己行为进行善恶评价的精神力量。

社会舆论、传统习俗和内心信念三种评价方法各有其自己的特点:社会舆论是现实的力量,具有广泛性;传统习俗是历史的力量,具有持久性;内心信念是自我的力量,具有深刻性。

▶常考点　医德评价。

参考答案——详细解答见2021《贺银成国家临床执业及助理医师资格考试历年考点精析》

1. ABCDE

第七篇 医学统计学

第1章 概论与数值变量数据

▶考纲要求

①医学统计学的基本概念和基本步骤：统计学中的几个基本概念，统计工作的基本步骤。②定量资料的统计描述：集中趋势指标（算术平均数、几何均数及中位数），离散程度指标（极差、标准差、四分位间距、变异系数）。③定量资料的统计推断：均数的抽样误差和标准误，总体均数置信区间及其估计方法，t 检验。

▶复习要点

一、医学统计学的基本概念和基本步骤

1. 统计学中的几个基本概念

(1)同质 除实验因素外，影响被研究指标的非实验因素相同，被称为同质。但在人群健康的研究中，有些非实验因素是难以控制或未知的，如遗传、营养、心理等，因此在实验研究中，对被观测指标有影响的、主要的、可控制的非实验因素达到相同或基本相同，就可认为是同质。

(2)变异 在同质基础上，被观察个体之间的差异，称作变异。如同年龄、同性别、同体重个体的血压有高有低，称为血压的变异。

(3)总体 是根据研究目的确定的同质个体某种变量值的全体。总体的指标用希腊字母表示。

(4)样本 从总体中抽取部分个体的过程，称为抽样。从总体中抽出的有代表性的部分，称为样本。样本的指标以拉丁字母表示。

(5)误差 观测值与实际值之间的差别，称为误差。主要有以下三类：

①系统误差 由于仪器未经校准、标准试剂未经校正、医生掌握疗效标准偏高或偏低等原因，造成观察结果倾向性偏大或偏小，称为系统误差。系统误差影响原始资料的准确性，必须克服。

②随机测量误差 由于各种偶然因素造成同一对象多次测量结果不完全一致，这种误差往往没有固定的倾向，有时高有时低，称为随机测量误差。对于这种误差，应采取措施，尽最大可能来控制。至少应控制在一定的允许范围内。

③抽样误差 从同一总体中抽样，得到某变量值的统计量和总体参数之间的差别，称为抽样误差。抽样误差产生的原因为：个体之间存在变异；抽样时只能抽取总体中的一部分作为样本。

(6)概率 是描述某一事件发生可能性大小的指标。某事件可能发生的概率，常以 P 表示，P 值的范围在 0~1 之间。习惯上，将 $P \leq 0.05$ 或 $P<0.01$ 的事件，称为小概率事件。在医学科研中，常称 $P \leq 0.05$ 为事物差别有统计学意义；$P<0.01$ 为事物差别有高度统计学意义；$P>0.05$ 为事物差别无统计学意义。

(7)变量和变量值 观察对象的特征或指标，称为变量。测量的结果称为变量值。变量分为定性变量、定量变量和有序变量三种类型。

①定性变量 也称分类变量、计数资料，其观察值是定性的，为互不相容的类别或属性。包括分类变量（如职业、性别）和有序变量（如满意度的好坏）。

②定量变量 也称计量资料，变量的观察值是定量的，其特点是能够用数值大小衡量其水平的高低，

一般有计量单位。根据变量的取值特点,可分为离散型变量和连续型变量。离散型变量通常只取正整数,如家庭成员数、脉搏、白细胞计数等。连续型变量可以取实数轴上的任何数值,如血压、身高的数值。

③有序变量 也称半定量变量、等级资料。变量的观察值是定性的,但各类别(属性)之间有程度或顺序上的差别,如尿糖化验结果分为-、+、++、+++、++++,药物治疗效果分为显著、有效、好转、无效等。

(8)参数和统计量 总体的统计指标称为参数,如通过普查得到我国 25 岁以上成年人的高血压患病率为参数。样本的统计指标称为统计量。如用随机的方法抽出一部分地区 25 岁以上的人进行体检,计算的高血压患病率则为统计量。

【例 1】研究者在某市开展一项 35 岁以上高血压患者的健康状况研究,调查了下列指标。其中属于等级资料的是

A. 年龄　　B. 病情的严重程度　　C. 腰围

D. ABO 血型　　E. 体重

【例 2】下列有关概率与频率,说法正确的是

A. 概率常用符号 M 表示　　B. 频率常用符号 P 表示

C. 概率就是频率　　D. 概率的取值范围介于-1 和+1 之间

E. 概率是描述某随机事件发生可能性大小的指标

2. 统计工作的基本步骤

统计工作可分为实验设计、收集资料、整理资料和分析资料 4 个步骤。这 4 个步骤是相互联系的。

(1)实验设计 是整个研究工作的基础。是指根据研究的目的,制订总的研究方案。具体包括研究对象的纳入标准和排除标准,样本量和样本获取的方法,实验组和对照组的分组原则,确定观察指标及精度,实验过程中的质量控制,拟使用的统计方法等。医学实验设计包括专业设计和统计学设计,其中统计学设计必须遵守实验设计的基本统计原则,即对照原则、随机化原则和重复原则(6 版医学统计学 P153)。

(2)收集资料 根据研究的目的、实验设计的要求,收集准确完整的含有丰富信息的原始资料。医学统计资料主要有实验数据、现场调查资料、医疗卫生工作记录、报表和报告卡等。

(3)整理资料 把收集到的原始资料,有目的地进行科学加工,使资料系统化、条理化,以便进行统计分析。包括审查与设计分组,分组方式常用质量分组(按属性和类别分组)与数量分组(按数值大小分组)。

(4)分析资料 对经过统计整理的资料进行一系列统计描述和统计推断,阐明事物的规律性。

【例 3】为了保证研究结果能够回答研究目的中提出的问题,使用的人、财、物、时间较少,结果可靠,应该做好的首要工作是

A. 资料收集　　B. 科研设计　　C. 资料整理

D. 资料分析　　E. 结果的表达

二、定量资料的统计描述

1. 集中趋势指标

集中趋势指标是用于描述一组同质观察值的平均水平或集中位置的指标。平均数是描述数值变量资料集中趋势的一类应用最广泛的指标。常用的平均数包括算术平均数、几何平均数与中位数。

(1)算术平均数 简称均数,用以说明一组观察值的平均水平或集中趋势,是描述计量资料的一种最常用的方法。均数的计算有直接法和加权法。

①直接法 是将一组观察值之和除以样本观察例数所得的商。

$$\overline{X}=\frac{X_1+X_2+\cdots+X_n}{n}=\frac{\sum X}{n}$$

式中,$\overline{X}$ 为样本均数,$X_1,X_2,\cdots,X_n$ 为观察值,n 为样本观察例数,Σ 为求和符号。

②加权法 是根据频数表计算均数的一种方法。当观察例数较多时,可以将各组的组中值分别乘以

各组的频数得到各组观察值之和，然后将它们相加得到观察值的总和，再除以总例数。用公式表示如下：

$$\overline{X}=\frac{f_1x_1+f_2x_2+\cdots+f_kx_k}{n}=\frac{\sum fx}{n}$$

式中，k 表示频数表的组段数，$f_1,f_2,\cdots,f_k$ 及 $x_1,x_2,\cdots,x_k$ 表示 1 至 k 组的频数和组中值。

③均数的应用　主要适用于对称分布或偏态不大的资料，尤其适合正态分布的资料。由于计算均数时用到了每一个观察值，在偏态较大的情况下，算出的均值容易受到频数分布尾端极大或极小值的影响，不能真正反映分布的集中位置，这时应考虑改用其他方法。

(2)几何均数　有些呈偏态分布的资料经过对数转换后呈对称分布，即可用几何均数描述其平均水平。如医学研究中的某些特殊资料，如抗体滴度、细菌计数、药物的平均效价等。

$$G=\sqrt[n]{X_1X_2\cdots X_n}$$

为计算方便，常改用对数的形式进行计算，即

$$G=\lg^{-1}(\frac{\lg X_1+\lg X_2+\cdots\lg X_n}{n})=\lg^{-1}(\frac{\sum f\lg X}{n})$$

几何均数在医学研究领域多用于血清学和微生物学中。有些明显呈偏态分布的资料经对数转换后呈对称分布，也可采用几何均数描述其平均水平，但应注意观察值中不能有 0 或负数，否则在作对数转换之前需要加一个常数。同一组观察值的几何均数总是小于它的算术均数。

例一　测得 10 个人的血清 IgG 滴度的倒数分别为 2、2、4、4、8、8、8、8、32、32，求平均滴度。

分析：本例为抗体滴度平均数的求解，可改用对数形式，计算几何均数。

$$G=\lg^{-1}(\frac{\lg X_1+\lg X_2+\cdots\lg X_n}{n})=\lg^{-1}(\frac{\lg2+\lg2+\lg4+\lg4+\lg8+\lg8+\lg8+\lg8+\lg32+\lg32}{10})=7$$

故 10 份血清 IgG 滴度的平均水平为 1:7。

(3)中位数　将一组观察值按从小到大的顺序排列：$X_1\leqslant X_2\leqslant\cdots\leqslant X_n$，居中心位置的数值即为中位数，用 M 表示。在全部观察值中，小于和大于中位数的观察值个数相等。

①中位数的直接计算法

$M=X_{(\frac{n+1}{2})}$(当 n 为奇数时)；　　$M=[X_{(\frac{n}{2})}+X_{(\frac{n}{2}+1)}]/2$(当 n 为偶数时)。

式中，下标$\frac{n+1}{2}$、$\frac{n}{2}$、$\frac{n}{2}+1$ 为有序数列的位次，$X_{(\frac{n+1}{2})}$、$X_{(\frac{n}{2})}$、$X_{(\frac{n}{2}+1)}$ 为相应位次的观察值。

例二　现测得 10 名乳腺癌患者化疗后血浆尿素氮的含量(mmol/L)分别为 3.43、2.96、4.43、3.03、4.53、5.25、5.64、3.82、4.28、5.25，试计算其中位数。

分析：本组数据 $n=10$，为偶数。

先将数据按从小到大的顺序排序：2.96、3.03、3.43、3.82、4.28、4.43、4.53、5.25、5.25、5.64。

中位数 $M=(X_5+X_6)/2=(4.28+4.43)/2=4.355$(mmol/L)。

②中位数的适用情况　可用于描述任何资料，尤其是偏态分布资料；资料一端或两端无确定数值；资料的分布情况不清，例如，某些传染病或食物中毒的潜伏期等，其集中趋势多用中位数来表示。

【例 4】某幼儿园大班 11 名 6 岁儿童接受百日咳疫苗注射后，做血清抗体测定，其抗体滴度分别为：1:20，1:20，1:20，1:40，1:40，1:80，1:80，1:160，1:160，1:320，1:640。描述抗体滴度集中趋势的指标应选用

A. 标准差　　B. 极差　　C. 算术平均数

D. 几何平均数　　E. 四分位间距

2. 离散趋势指标

离散趋势指标是反映一组同质观察值的变异程度。常用于描述变异程度的统计指标包括极差、四分

位数间距、方差、标准差、变异系数等。

(1)极差(全距)　是指一组观察值中最大值和最小值之差，用 R 表示。可粗略地反应变量的变动范围。极差越大说明变异程度越大，反之说明变异程度越小。极差仅考虑两端数值之间的差异，未考虑其他数据的变异情况，故不稳定，易受极端值大小的影响。

例三　甲、乙两名高血压患者连续观察 5 天，测得收缩压分别如下：

甲患者(mmHg)	162	145	178	142	186	($\bar{X}_{甲}=162.6$)
乙患者(mmHg)	164	160	163	159	166	($\bar{X}_{乙}=162.4$)

则甲、乙两患者收缩压的极差分别为：$R_{甲}=186-142=44$(mmHg)；$R_{乙}=166-159=7$(mmHg)

说明，甲、乙两患者虽然收缩压的均数几乎没有差异，但甲患者收缩压的波动大，乙患者波动小。

(2)四分位数间距　用 Q 表示。若将一组观察值分为 4 等分的段落，每个段落的观察值数目各占总例数的 25%，去掉两端的 25%，取中间 50%观察值的数据范围即为四分位数间距。可见：$Q=P_{75}-P_{25}$。

四分位数间距越大，数据的变异度越大；反之，说明变异度越小。四分位数间距较极差稳定，但仍未考虑全部观察值的变异度。Q 常用于描述偏态分布及分布的一端或两端无确切数值资料的离散程度。

(3)标准差　因方差的度量单位是原度量单位的平方，故将方差开方恢复为原度量单位，得到标准差(包括总体标准差 σ 和样本标准差 S)。标准差越大，表示观察值的变异度越大；反之，标准差越小，表示观察值的变异度越小。其公式为：

$$\sigma=\sqrt{\frac{\sum(X-\mu)^2}{N}}\qquad S=\sqrt{\frac{\sum(X-\bar{X})^2}{n-1}}$$

标准差的用途：①反映一组观察值的离散程度，标准差越小，离散程度越小，均数代表性越好；②用于计算变异系数；③用于计算标准误；④结合均值与正态分布的规律，估计医学参考值的范围。

例四　在例叁给出的资料中，求甲乙两患者收缩压的标准差。

$$S_{甲}=\sqrt{\frac{(162-162.6)^2+(145-162.6)^2+(178-162.6)^2+(142-162.6)^2+(186-162.6)^2}{5-1}}=19.49$$

$$S_{乙}=\sqrt{\frac{(164-162.4)^2+(160-162.4)^2+(163-162.4)^2+(159-162.4)^2+(166-162.4)^2}{5-1}}=2.88$$

可见，甲患者收缩压的标准差大，乙患者小，说明甲患者收缩压的波动大，乙患者波动小。

(4)变异系数　用 CV 表示，常用于比较度量单位不同或均数相差较大的两组(或多组)观察值的变异程度。其公式为：

$$CV=\frac{S}{\bar{X}}\times100\%$$

变异系数的意义是变异大小(S)相对于其平均水平($\bar{X}$)的百分比。变异系数没有单位，消除了量纲的影响，其值越大，意味着相对于均数而言，变异程度越大。

例五　在例三给出的资料中，求甲乙两患者收缩压的变异系数。

$$CV_{甲}=\frac{S_{甲}}{\bar{X}_{甲}}\times100\%=\frac{19.49}{162.6}\times100\%=11.98\%\qquad CV_{乙}=\frac{S_{乙}}{\bar{X}_{乙}}\times100\%=\frac{2.88}{162.4}\times100\%=1.77\%$$

可见甲患者变异系数大，乙患者小。故相对于均数而言，甲患者收缩压的变异度大，乙患者变异度小。

(5)衡量变异程度指标的比较

	代号	用途	特点
极差(全距)	R	说明数据分布的离散程度	简单明了，容易使用，仅考虑两端数值变异 未考虑其他数据的变异情况 不稳定，易受极端值大小的影响
四分位数间距	Q	Q 值越大，说明资料离散程度越大	通常用于描述偏态分布资料的离散程度
标准差	S	说明资料的变异程度，其值越小，说明观察值离散程度越小，也说明用均数反映平均水平的代表性越好，标准差较方差常用	反映一组观察值的离散程度；用于计算变异系数；计算标准误；结合均数与正态分布的规律估计医学参考值范围
变异系数	CV	两组观察值度量单位相同，且均数相差不大时，使用标准差来直接比较两组数据的变异程度	常用于比较度量单位不同或均数相差较大的两组(或多组)观察值的变异程度

【例 5】为了解某地区铅污染的情况，抽样收集了 130 人的尿铅值，经分析发现数据为偏态分布。若要对数据进行描述，应选择集中趋势和离散程度的指标为

A. 中位数和标准差　　B. 中位数和极差　　C. 中位数和四分位间距
D. 算术均数和标准差　　E. 算术均数和四分位间距

【例 6】对 10 名 25 岁以上的山区健康男子测量脉搏次数(次/分)，用 t 检验与全国正常男子治疗进行比较，按 $\alpha=0.05$ 的检验水准，自由度为

A. $\nu=9$　　B. $\nu=19$　　C. $\nu=8$
D. $\nu=20$　　E. $\nu=18$

【例 7】比较身高和体重两组数据变异度的大小宜用

A. 变异系数　　B. 方差　　C. 极差
D. 标准差　　E. 四分位数间距

【例 8】两组呈正态分布的数值变量资料，但均数相差悬殊，若比较离散趋势，最好选用的指标为

A. 全距　　B. 四分位数间距　　C. 方差
D. 标准差　　E. 变异系数

【例 9】正态分布的数值变量资料，描述离散趋势的指标最好选用

A. 全距　　B. 百分位数　　C. 方差
D. 标准差　　E. 变异系数

三、定量资料的统计推断

1. 均数的抽样误差和标准误

(1)均数的抽样误差　在医学研究中，绝大多数情况是由样本信息推断总体特征。由于个体存在差异，因此通过样本推论总体时会存在一定的误差，如样本均数 $\overline{X}$ 往往不等于总体均数 μ，这种由抽样造成的样本统计量与总体参数的差异，称为抽样误差。

假设健康成年男子的红细胞计数服从均数 $\mu=4.75\times10^{12}/L$，标准差 $\sigma=0.38\times10^{12}/L$ 的正态分布，现随机抽取 140 人进行测量，计算红细胞计数的样本均数 $\overline{X}=4.77\times10^{12}/L$，两者之差 $0.02\times10^{12}/L$ 即为抽样误差。可以设想，若再随机抽取 140 名成年男子进行测量，其平均红细胞计数会是另一不同的结果。

(2)均数的标准误　对于抽样研究来说，抽样误差是不可避免的。抽样误差的大小可用样本均数的标准误($\sigma_{\overline{X}}$)来衡量。标准误是指样本均数的标准差，其计算公式为：

$$\sigma_{\overline{X}}=\frac{\sigma}{\sqrt{n}}$$

式中，σ 表示总体标准差，n 为样本例数，$\sigma_{\bar{X}}$ 为标准误。实际研究中，总体标准差 σ 往往是未知的，因此通常用样本标准差 S 代替 σ，求得样本均数标准误的估计值 $S_{\bar{X}}$，计算公式为

$$S_{\bar{X}} = \frac{S}{\sqrt{n}}$$

从上式可知，均数的标准误与样本含量的平方根（$\sqrt{n}$）成反比，说明在同一总体中随机抽样，样本含量 n 越大，标准误越小。因此，增加样本含量可减少抽样误差。

(3)标准误的用途　①衡量抽样误差的大小，标准误越小，样本均数与总体均数越接近，即样本均数的可信度越高；②结合标准正态分布与 t 分布曲线下的面积规律，估计总体均数的可信区间。

例六　某地随机抽查正常成年男子 140 人，得红细胞均数 4.77×10^{12}/L，标准差 0.38×10^{12}/L，其标准误为：

$$S_{\bar{X}} = \frac{S}{\sqrt{n}} = \frac{0.38}{\sqrt{140}} = 0.032(\times10^{12}/\text{L})$$

【例 10】从一个呈正态分布的总体中随机抽样，$\bar{X}\neq\mu$，该差别被称为

A. 系统误差　　B. 个体误差　　C. 过失误差
D. 抽样误差　　E. 测量误差

【例 11】说明样本均数抽样误差大小的指标是

A. 标准差　　B. 极差　　C. 四分位数间距
D. 变异系数　　E. 标准误

【例 12】某医院抽样调查得 100 名健康人血清胆固醇数值(mmol/L)，资料呈正态分布。经计算平均数为 4.8000，标准差为 0.7920，则标准误为

A. 0.0792　　B. 0.7920　　C. 0.0079
D. 0.0480　　E. 7.920

【例 13】在抽样研究中，当样本例数逐渐增多时

A. 标准差逐渐减小　　B. 标准差逐渐加大　　C. 标准差趋近于 0
D. 标准误逐渐减小　　E. 标准误逐渐加大

2. 总体均数可信区间及其估计方法

(1)总体均数可信区间的概念　参数估计是指由样本统计量估计总体参数。区间估计是指按预先给定的概率，计算出一个区间，使它能够包含未知的总体均数。

在估计总体均数的可信区间时，可能估计错误，其概率用 α 表示（通常取 $\alpha=0.05$ 或 0.01）；估计正确的概率为 $1-\alpha$，称为可信度（通常取 $1-\alpha=0.95$ 或 0.99，即 95%或 99%）。

(2)总体均数可信区间及其估计方法　对总体参数估计有点估计和区间估计两种方法。

①点估计　是直接利用样本（如均数 $\bar{X}$）作为总体参数（如均数 μ）的估计值。此方法简单，但没有考虑抽样误差的大小，所以难以反映参数的估计值对其真实值的代表性，工作中很少采用这种方法。

②区间估计　在总体均数可信区间估计时，可根据以下三种情况选用不同的公式：

	σ 已知	σ 未知，样本例数足够大（如 $n>50$）	σ 未知，样本例数较小（如 $n<50$）
理论依据	Z 分布的原理	Z 分布的原理	t 分布的原理
95%的总体均数可信区间	$\bar{X}\pm1.96\sigma_{\bar{X}}$	$\bar{X}\pm1.96S_{\bar{X}}$	$\bar{X}\pm t_{0.05/2,\nu}S_{\bar{X}}$
99%的总体均数可信区间	$\bar{X}\pm2.58\sigma_{\bar{X}}$	$\bar{X}\pm2.58S_{\bar{X}}$	$\bar{X}\pm t_{0.01/2,\nu}S_{\bar{X}}$

例七　某医生测得 25 名动脉粥样硬化患者血浆纤维蛋白原含量的均数为 3.32g/L，标准差为 0.57g/L。试计算该种病人血浆纤维蛋白原含量总体均数的 95%可信区间。

①本例总体标准差 σ 未知，$n=25$，为小样本，服从 t 分布，应根据 t 值来估计总体均数的 95%可信区间。

②本例 $n=25,\overline{X}=3.32,S=0.57,\nu=n-1=25-1=24,\alpha=0.05$。

③查 t 值表，$t_{0.05/2(24)}=2.064$。

④因此，95%的总体均数可信区间的下限为 $\overline{X}-t_{0.05/2,\nu}S_{\overline{X}}=3.32-2.064\times0.57/\sqrt{25}=3.08$。

95%的总体均数可信区间的上限为 $\overline{X}+t_{0.05/2,\nu}S_{\overline{X}}=3.32+2.064\times0.57/\sqrt{25}=3.56$。

⑤该种病人血浆纤维蛋白原含量总体均数的 95%可信区间为：(3.08～3.56)g/L。

注意：①不要求考生掌握这些繁杂的计算过程，因为考试时不可能让你查教科书上的 t 值。
②重点掌握一些简单的公式、适用范围及无须复杂计算就可作出答案的知识点。

3. t 检验

(1)假设检验的基本步骤　假设检验也称显著性检验，是统计推断的重要内容，其目的是比较总体参数之间有无差别。假设检验的基本思想是首先通过对所需要比较的总体提出一个无差别的假设，然后通过样本数据看是否拒绝这一假设。假设检验的方法很多，但其检验步骤基本是一致的。

①建立假设　假设有两种，即无效假设(符号为 H_0)和备择假设(符号为 H_1)。

A.H_0 和 H_1　都是根据统计推断目的提出的对总体特征的设想，是相互联系且对立的一对假设。假设检验主要是围绕 H_0 进行的，当 H_0 被拒绝时，则接受 H_1。

B.明确是单侧还是双侧检验　建立假设前，首先应根据分析目的，结合专业知识明确是单侧检验还是双侧检验。如比较两种降压药 A 和 B 的疗效，若无法判断两种药物的优劣，则选用双侧检验；若只是考虑 A 药是否较 B 药效果好，则选用单侧检验；若不能肯定 A 药和 B 药哪个效果好，则选用双侧检验。在假设检验中，通常采用双侧检验。

②确定检验水平　检验水准也称显著性水准，符号为 α，是预先规定的拒绝域的概率值，常取 $\alpha=0.05$ 或 $\alpha=0.01$。显然，α 值越大，越容易得出有差别的统计结论。

③选定检验方法，计算检验统计量　根据资料类型、研究设计方案和统计推断的目的，选用适当的检验方法和计算公式。

④确定 P 值，作出统计结论　如双侧 t 检验，$|t|\geqslant t_{\alpha/2,\nu}$，则 $P\leqslant\alpha$，按 α 检验水准拒绝 H_0，接受 H_1；若 $P>\alpha$，则不能拒绝 H_0。通常将 $P>0.05$ 称为差异不显著，$P\leqslant0.05$ 为差异显著。

两个均数比较时常用的判断标准为：

统计量为 t——单侧 $t<t_{0.05,\nu}$，双侧 $t<t_{0.05/2,\nu}$，则 $P>0.05$，差异无统计学意义，不拒绝 H_0。

单侧 $t\geqslant t_{0.05,\nu}$，双侧 $t\geqslant t_{0.05/2,\nu}$，则 $P\leqslant0.05$，差异有统计学意义，拒绝 H_0。

(2)t 检验的适用范围　①样本均数与总体均数的比较(总体标准差未知)；②两独立样本均数的比较(小样本资料 n<50)；③配对设计资料的比较。

(3)t 检验的要求　资料服从正态分布；两均数比较时还要求所对应的总体方差齐同。

(4)t 检验统计量的计算

①样本均数与总体均数的比较：$t=\dfrac{\overline{X}-\mu_0}{S_{\overline{X}}}=\dfrac{\overline{X}-\mu_0}{S/\sqrt{n}}$

②两样本均数比较：$t=\dfrac{\overline{X}_1-\overline{X}_2}{S_{\overline{X}_1-\overline{X}_2}}=\dfrac{\overline{X}_1-\overline{X}_2}{\sqrt{S_C^2\left(\dfrac{1}{n_1}+\dfrac{1}{n_2}\right)}}$

③配对资料两样本均数的比较：$t=\dfrac{\bar{d}-0}{S_{\bar{d}}}=\dfrac{\bar{d}}{S_d/\sqrt{n}}(\nu=n-1)$

上式中，合并方差 $S_C^2=\dfrac{\sum X_1^2-\dfrac{(\sum X_1)^2}{n_1}+\sum X_2^2-\dfrac{(\sum X_2)^2}{n_2}}{n_1+n_2-2}=\dfrac{(n_1-1)S_1^2+(n_2-1)S_2^2}{n_1+n_2-2}$

(5)样本均数与总体均数比较的 t 检验

例八　已知正常成年男子血红蛋白均值为 140g/L，今随机调查某厂成年男子 60 人，测其血红蛋白均值为 125g/L，标准差 15g/L。问该厂成年男子血红蛋白均值与一般成年男子是否不同？

分析：本例属样本均数（$\bar{X}=125$）与已知总体均数（$\mu_0=140$）的比较，$n=60$，$S=15$，由于总体标准差 σ 未知，故应选用单样本均数 t 检验。

①建立检验假设，确定检验水准

$H_0:\mu=\mu_0$，该厂成年男子血红蛋白均值与一般成年男子相同。

$H_1:\mu\neq\mu_0$，该厂成年男子血红蛋白均值与一般成年男子不同。

$\alpha=0.05$

②计算检验统计量　$t=\dfrac{|\bar{X}-\mu_0|}{S/\sqrt{n}}=\dfrac{|125-140|}{15/\sqrt{60}}=7.746$

③确定 P 值，作出推断结论　自由度 $\nu=n-1=60-1=59$，查统计学 t 分布界值表，得：$t_{0.05/2,59}=2.000$

本例 $t>t_{0.05/2,59}$，$P<0.05$，差别有统计学意义，拒绝 H_0，接受 H_1，可认为该厂成年男子血红蛋白均值与一般成年男子均值的差别有统计学意义。

(6)配对样本均数的 t 检验

例九　某研究者为比较耳垂血和手指血的白细胞数，调查 10 名成年人，同时采取耳垂和手指血，结果见下表（1）~（3）列（10g/L），试比较耳垂血和手指血的白细胞数有无不同。

编号(1)	耳垂血(2)	手指血(3)	差值 d(4)	d^2(5)
1	9.7	6.7	3.0	9.00
2	6.2	5.4	0.8	0.64
3	7.0	5.7	1.3	1.69
4	5.3	5.0	0.3	0.09
5	8.1	7.5	0.6	0.36
6	9.9	8.3	1.6	2.56
7	4.7	4.6	0.1	0.01
8	5.8	4.2	1.6	2.56
9	7.8	7.5	0.3	0.09
10	8.6	7.0	1.6	2.56
合计			11.2($\sum d$)	19.56($\sum d^2$)

分析：本例属于配对资料两样本均数的比较，采用 t 检验。

①建立假设，确定检验水准

$H_0:\mu_d=0$，耳垂血和手指血的白细胞数差异为零。

$H_1:\mu_d\neq0$，耳垂血和手指血的白细胞数差异不为零。

$\alpha=0.05$

②计算检验统计量

先计算差值 d 及 d^2，见上表第(4)、(5)列。本例 $\sum d=11.2$，$\sum d^2=19.56$。

计算差值均数：$\bar{d}=\sum d/n=11.2/10=1.12$。

计算差值的标准差：

$$S_d=\sqrt{\frac{\sum d^2-\frac{(\sum d)^2}{n}}{n-1}}=\sqrt{\frac{19.56-\frac{11.2^2}{10}}{10-1}}=0.883$$

计算差值的标准误($S_{\bar{d}}$)和 t 值：

$$S_{\bar{d}}=\frac{S_d}{\sqrt{n}}=\frac{0.883}{\sqrt{10}}=0.279 \qquad t=\frac{\bar{d}-0}{S_{\bar{d}}}=\frac{1.12}{0.279}=4.014$$

③确定 P 值，作出推断结论

自由度 $\nu=n-1=10-1=9$，查统计学 t 分布界值表，得：$t_{0.05/2,9}=2.262$

本例 $t>t_{0.05/2,9}$，$P<0.05$，差别有统计学意义，拒绝 H_0，接受 H_1，可认为耳垂血和手指血白细胞数的差别有统计学意义。

(7)两独立样本均数的 t 检验

例十　某项研究为评估低氧环境对运动员心肌血流量的影响，将 17 名运动员随机分为两组，分别在正常含氧环境(正常组)和低氧环境(低氧组)中测定运动后的心肌血流量[ml/(min · g)]如下表所示。请问两种环境中运动员的心肌血流量有无差异。

正常组心肌血流量(X_1)	低氧组心肌血流量(X_2)	正常组心肌血流量(X_1)	低氧组心肌血流量(X_2)
3.5	6.4	2.3	4.9
3.1	5.7	2.3	4.7
3.1	5.6	2.2	3.5
2.7	5.3	2.2	
2.5	5.1		

分析：本例属于两独立小样本($n<50$)均数的比较，故采用 t 检验。

①建立假设，确定检验水准

H_0：$\mu_1=\mu_2$，两种环境中运动员的心肌血流量的总体均数相同。

H_1：$\mu_1\neq\mu_2$，两种环境中运动员的心肌血流量的总体均数不同。

$\alpha=0.05$

②计算检验统计量

由原始数据计算得：

$$n_1=9,\ \sum X_1=23.9,\ \sum X_1^2=65.27,\ \bar{X}_1=2.656$$

$$n_2=8,\ \sum X_2=41.2,\ \sum X_2^2=217.26,\ \bar{X}_2=5.150$$

③两样本均数比较：$t=\dfrac{\bar{X}_1-\bar{X}_2}{S_{\bar{X}_1-\bar{X}_2}}=\dfrac{\bar{X}_1-\bar{X}_2}{\sqrt{S_C^2(\frac{1}{n_1}+\frac{1}{n_2})}}=-7.581$

④确定 P 值，作出推断结论

自由度 $\nu=n_1+n_2-2=9+8-2=15$。查统计学 t 分布界值表，得：$t_{0.05/2,15}=2.131$

本例 $|t|>t_{0.05/2,19}$，$P<0.05$，按 $\alpha=0.05$ 水准，双侧检验拒绝 H_0，接受 H_1，两组差别有统计学意义，可以认为两种环境中运动员的心肌血流量存在差异。

【例 14】两样本均数比较的 t 检验，其目的是检验
A. 两样本均数是否相等
B. 两样本所属的总体均数是否相等
C. 两样本所属总体的均数相差有多大
D. 两样本所属总体的均数为多大
E. 两样本均数相差有多大

【例 15】随机抽样调查甲、乙两地正常成年男子身高，得甲地身高的均值为 175cm，乙地为 179cm，经 t 检验得 $P<\alpha$，差别有统计学意义。其结论为
A. 可认为两地正常成年男子平均身高相差不大
B. 甲、乙两地正常成年男子身高均值相差较大
C. 两地接受调查的正常成年男子平均身高不同
D. 可认为两地正常成年男子平均身高不同
E. 两地接受调查的正常成年男子平均身高差别较大

【例 16】正态分布的数值变量，两组资料的比较，检验统计量的计算用
A. $(\overline{X}-\mu)/\sigma$
B. $(\overline{X}-\mu)/\sigma_X$
C. $(\overline{X}-\mu)/S_X$
D. $(d-\mu)/S_d$
E. $(\overline{X}_1-\overline{X}_2)/S_{\overline{X}_1-\overline{X}_2}$

【例 17】两样本均数比较的 t 检验，差别有统计学意义时，P 越小，说明
A. 两总体均数的差别不大
B. 两总体均数的差别越大
C. 越有理由认为两总体均数不同
D. 越有理由认为两样本均数不同
E. 越有理由认为两总体均数的差别很大

【例 18】根据一项包括 50 例病例和 50 例对照组的调查结果，两组关于可能病因因素分布的差异没有统计学意义，可以据此得出结论
A. 这个差异可能是抽样误差所致
B. 病例和对照组的可比性已被证实
C. 观察者或调查者的偏性已被消除
D. 该因素与疾病可能有联系
E. 这个差异临床上可能是显著的

常考点　一些基本的概念，适用条件，不要求掌握复杂的计算过程。

参考答案——详细解答见 2021《贺银成国家临床执业及助理医师资格考试历年考点精析》

1. ABCDE　2. ABCDE　3. ABCDE　4. ABCDE　5. ABCDE　6. ABCDE　7. ABCDE
8. ABCDE　9. ABCDE　10. ABCDE　11. ABCDE　12. ABCDE　13. ABCDE　14. ABCDE
15. ABCDE　16. ABCDE　17. ABCDE　18. ABCDE

第 2 章　分类变量资料

考纲要求

①分类资料的统计描述：常用相对数的种类（率、构成比及相对比）。②分类变量资料的统计推断：率的抽样误差和率的标准误，总体率的置信区间 χ^2 检验。

复习要点

一、分类资料的统计描述

1. 率

率表示在一定范围内某现象的发生数与可能发生的总数之比，说明某现象出现的强度或频度，通常以百分率（%）、千分率（‰）、万分率（/万）、十万分率（/10 万）表示。治愈率、感染率用百分率，出生率、死亡率用千分率，某些疾病的死亡率用十万分率。总体率用 π 表示，样本率用 P 表示。

$$率=\frac{某事物或现象发生的实际数}{某事物或某现象发生的所有可能数}\times比例基数$$

2. 构成比

构成比表示事物内部各组成部分在整体中所占的比重，计算公式为：

$$构成比=\frac{某一组成部分的观察单位数}{同一事物各组成部分的观察单位总数}\times 100\%$$

注意：①构成比各部分的相对数之和应为 100%，某一构成部分的增减会影响其他部分相应的减少或增加。②某一部分率的变化并不影响其他部分率的变化，且其平均率不能简单地将各率相加后平均求得。

3. 相对比

相对比是 A、B 两个有关联指标之比，用以描述两者的对比水平。相对比 = A 指标/B 指标。

（1）两类别例数之比　如某医院医生为 890 人，护士为 1578 人，则医护比例数为 890/1578＝0.564∶1。

（2）相对危险度（*RR*）　是流行病学中常用的指标，表示在两种不同条件下某疾病发生的概率之比。

$$RR=\frac{P_1}{P_0}$$

如某地某年龄组男性吸烟者观察人年数为 43248，冠心病死亡 104 人；非吸烟者观察人年数为 10673，冠心病死亡 12 人。则其相对危险度：$RR=(104/43248)/(12/10673)=2.140$

说明该地男性吸烟者的冠心病死亡率是不吸烟者的 2.140 倍。

（3）比数比（*OR*）　也称优势比，常用于流行病学中病例对照研究资料，表示病例组和对照组中的暴露比例与非暴露比例的比值之比，是反映疾病与暴露之间关联强度的指标。其计算公式为：

$$OR=\frac{P_1/(1-P_1)}{P_0/(1-P_0)}=\frac{疾病组的暴露数}{对照组的暴露数}$$

【例 1】20 世纪 50 年代，发现某省部分地区的居民因长期饮用深井高碘水导致高碘性甲状腺肿，随机抽查得到该地区甲、乙两村常住居民的高碘性甲状腺肿患病率，甲村为 20.6%，乙村为 25.3%，则甲、乙两村该病的合计患病率应为

A. 甲、乙两村调查人群中患该病总人数除以调查总人数

B. 两患病率的几何平均数，得 29.11%

C. 两患病率相加，得 45.9%

D. 两个患病率相乘，得 5.21%

E. 两患病率的平均数，为 22.95%

【例2】描述某种事物或疾病发生严重程度的指标是
A. 率　B. 构成比　C. 相对比
D. 均数　E. 标准差

二、分类变量资料的统计推断

1. 率的抽样误差和率的标准误

(1)率的抽样误差　从同一总体中随机抽出观察数相等的多个样本，样本率与总体率、各样本率之间往往会有差异，这种差异称为率的抽样误差。

(2)率的标准误　率的抽样误差的大小可以用率的标准误 σ_p 来描述，其计算公式为：

$$\sigma_p = \sqrt{\frac{\pi(1-\pi)}{n}}$$

式中，π 为总体率，n 为样本例数。

由于实际中总体率 π 往往未知，我们常用样本率 P 来代替总体率 π，则上述公式可改写为：

$$S_p = \sqrt{\frac{P(1-P)}{n}}$$

2. 总体率的置信区间

总体率(π)95%的可信区间为：$P \pm 1.96S_p$；　总体率(π)99%的可信区间为：$P \pm 2.58S_p$

例十一　抽样调查了某校10岁200名儿童的牙齿，患龋130人，试求该校儿童患龋率的95%的区间估计。

分析：本例为率的抽样调查，要求估计总体率的可信区间。

①计算样本率：$P = 130/200 = 0.65$。

②计算样本率的抽样误差(标准误)：

$$S_p = \sqrt{\frac{P(1-P)}{n}} = \sqrt{\frac{0.65(1-0.65)}{200}} = 0.03373$$

③计算总体率95%的可信区间：$P \pm 1.96S_p = 0.65 \pm 1.96 \times 0.03373 = 0.65 \pm 0.066$。

即该校儿童患龋率的95%可信区间为(58.4%，71.6%)。

3. χ^2 检验

χ^2 检验也称卡方检验，是用途非常广泛的一种假设检验，它可用于两个及两个以上率或构成比的比较；两分类变量间相关关系分析等。

(1)χ^2 检验的基本思路及 χ^2 检验的基本公式　现利用下面的例题来阐明 χ^2 检验的基本思路。

例十二　某医生用甲乙两种疗法治疗高血压，结果见下表。问甲乙两种疗法的有效率是否相同？

组别	有效	无效	合计	有效率(%)
甲疗法	20(a)[25.8]	24(b)[18.2]	44($a+b$)	45.45
乙疗法	21(c)[15.2]	5(d)[10.8]	26($c+d$)	80.77
合计	41($a+c$)	29($b+d$)	70(n)	58.57

该表中的a、b、c、d四个数据是基本数据，其余数据都可由这四个数据推算而来，称为四格表资料。四格表资料可用 χ^2 检验推断两个总体率(或构成比)之间有无差别。χ^2 检验的统计量为 χ^2，其基本计算公式为：

$$\chi^2 = \sum \frac{(A-T)^2}{T}$$

自由度 ν = (行数 − 1)(列数 − 1) = 1

式中，A 为实际频数，即上表中"( )"内的 a、b、c、d 4个数据。

T 为理论频数，即上表中"[ ]"内的4个数据，理论频数按下式计算：

$$T_{RC}=\frac{n_R\cdot n_C}{n}$$

式中，T_{RC}为第 R 行第 C 列的理论频数，n_R 为相应行的合计，n_C 为相应列的合计，n 为总例数。

如上表中，理论频数的计算方法为：

$T_{11}=(44\times41)/70=25.8$，$T_{12}=44-25.8=18.2$，$T_{21}=41-25.8=15.2$，$T_{22}=26-15.2=10.8$。

分析：本例属两个样本总体率的比较，为四格表资料，可用四格表资料的χ^2 检验。

①建立假设，确定检验水准

$H_0:\pi_1=\pi_2$，即甲乙疗法的总体有效率相同； $H_1:\pi_1\neq\pi_2$，即甲乙疗法的总体有效率不同；$\alpha=0.05$

②计算检验统计量

$$\chi^2=\sum\frac{(A-T)^2}{T}=\frac{(20-25.8)^2}{25.8}+\frac{(24-18.2)^2}{18.2}+\frac{(21-15.2)^2}{15.2}+\frac{(5-10.8)^2}{10.8}=8.40$$

注意：本例 $n=70>40$，且所有的 $T>5$，故也可根据χ^2 检验的专用公式计算χ^2 值，结果相同。

$$\chi^2=\frac{(ad-bc)^2n}{(a+b)(c+d)(a+c)(b+d)}=\frac{(20\times5-24\times21)^2\times70}{44\times26\times41\times29}=8.40。$$

自由度 $\nu=(行数-1)(列数-1)=1$

③确定 P 值，作出推断结论　以 $\nu=1$ 查χ^2 界值表，得$\chi^2_{0.05(1)}=3.84$。本例$\chi^2=8.40>3.84$，按$\alpha=0.05$的水准，$P<0.05$，差别有统计学意义，拒绝 H_0，接受 H_1，可认为甲乙两种疗法的总体有效率不同。

(2)χ^2 检验计算公式的选用　四格表资料的χ^2 检验，应选择合适的公式计算统计量。

	适用条件	计算公式
χ^2 检验的专用公式	$n\geqslant40$，且所有的 $T\geqslant5$	$\chi^2=\frac{(ad-bc)^2n}{(a+b)(c+d)(a+c)(b+d)}$
χ^2 检验的校正公式	$n\geqslant40$，但有 $1\leqslant T<5$	$\chi^2_c=\frac{(\lvert ad-bc\rvert-n/2)^2n}{(a+b)(c+d)(a+c)(b+d)}$
Fisher 确切概率法	$n<40$，或 $T<1$	$P_i=\frac{(a+b)!\ (c+d)!\ (a+c)!\ (b+d)!}{a!\ b!\ c!\ d!\ n!}$

注意：套用四格表χ^2 检验的计算公式前，一定要看每个公式的适用条件。

(3)χ^2 检验的确切概率法

例十三　某医院研究中药治疗急性心梗的疗效，结果见下表。问接受两种不同疗法的患者病死率是否不同？

组别	存活	死亡	合计	病死率(%)
中药组	65(a)[63.80]	3(b)[4.15]	68($a+b$)	4.41
非中药组	12(c)[13.15]	2(d)[0.85]	14($c+d$)	14.29
合计	77($a+c$)	5($b+d$)	82(n)	6.10

分析：本例属两个样本总体率的比较，为四格表资料，可用四格表资料的χ^2 检验。

①根据 n 和 T 值，选用合适的χ^2 检验公式　观察样本例数 n，计算理论频数 T。$T_{RC}=(n_R\times n_C)/n$

$T_{11}=(77\times68)/82=63.80$，$T_{12}=(5\times68)/82=4.15$，$T_{21}=(77\times14)/82=13.15$，$T_{22}=(5\times14)/82=0.85$。

由于 $T_{22}<1$，因此只能选用 Fisher 确切概率法进行χ^2 检验。

②建立假设，确定检验水准

$H_0:\pi_1=\pi_2$，即两种不同疗法病死率相同； $H_1:\pi_1\neq\pi_2$，即两种不同疗法病死率不同。　$\alpha=0.05$

③计算检验统计量（确切概率 P_i）

$$P_i=\frac{(a+b)!\ (c+d)!\ (a+c)!\ (b+d)!}{a!\ b!\ c!\ d!\ n!}=0.2001$$

④确定 P 值，作出推断结论

按 $\alpha=0.05$ 的水准，$P>0.05$，差别无统计学意义，不拒绝 H_0，可认为两种不同疗法的患者死亡率相同。

(4) χ^2 检验的校正公式

例十四 某医生用两种疗法治疗心绞痛，结果如下表。试比较这两种疗法的疗效有无差异？

组别	有效	无效	合计	有效率（%）
甲疗法	23(a)[24.58]	6(b)[4.42]	29(a+b)	79.31
乙疗法	27(c)[25.42]	3(d)[4.58]	30(c+d)	90.00
合计	50(a+c)	9(b+d)	59(n)	84.75

分析：本例属两个样本总体率的比较，为四格表资料，可用四格表资料的 χ^2 检验。

①根据 n 和 T 值，选用合适的 χ^2 检验公式　观察样本例数 n，计算理论频数 T。$T_{RC}=(n_R \times n_C)/n$

$T_{11}=(50\times29)/59=24.58$，$T_{12}=(9\times29)/59=4.42$，$T_{21}=(50\times30)/59=25.42$，$T_{22}=(9\times30)/59=4.58$。

本例 $n=59\geqslant40$，但 $1\leqslant T_{12}$、$T_{22}<5$，因此只能选用校正公式进行 χ^2 检验。

②建立假设，确定检验水准

$H_0:\pi_1=\pi_2$，即两种不同疗法有效率相同；　$H_1:\pi_1\neq\pi_2$，即两种不同疗法有效率不同；　$\alpha=0.05$

③计算检验统计量

$$\chi_c^2=\frac{(|ad-bc|-n/2)^2 n}{(a+b)(c+d)(a+c)(b+d)}=\frac{(|23\times3-6\times27|-59/2)^2\times59}{29\times30\times50\times9}=0.61$$

自由度 ν=（行数-1）（列数-1）= 1

④确定 P 值，作出推断结论　以 $\nu=1$ 查 χ^2 界值表，$\chi^2_{0.05(1)}=3.84$。本例 $\chi^2<3.84$，$P>0.05$，按 $\alpha=0.05$ 的水准，差别无统计学意义，接受 H_0，拒绝 H_1，不能认为甲乙两种疗法的总体有效率不同。

【例3】某医师拟比较四组人群血型分布（A、B、AB 和 O 型）的差别，适宜的统计分析方法为

A. u 检验　B. 回归分析　C. 秩和检验

D. t 检验　E. χ^2 检验

（4~6 题共用题干）有 5 个不同职业人群的冠心病患病率资料，若比较职业不同患病率是否相同。

【例4】统计学检验的无效假设应是

A. $H_0:P_1=P_2=P_3=P_4=P_5$　B. $H_0:P_1=P_2=P_3=P_4>P_5$　C. $H_0:\pi_1=\pi_2\neq\pi_3=\pi_4=\pi_5$

D. $H_0:\pi_1\neq\pi_2\neq\pi_3\neq\pi_4\neq\pi_5$　E. $H_0:\pi_1=\pi_2=\pi_3=\pi_4=\pi_5$

【例5】图示对比不同职业人群的冠心病患病率的高低，应绘制

A. 普通线图　B. 直方图　C. 直条图

D. 圆图　E. 散点图

【例6】比较不同职业人群的冠心病患病率的假设检验，应计算的统计量为

A. t　B. $\overline{X}$　C. F　D. χ^2　E. P

常考点　假设检验的表示、P 值的判断，这些不要求复杂计算就能作答的内容。

参考答案——详细解答见 2021《贺银成国家临床执业及助理医师资格考试历年考点精析》

1. ABCDE　2. ABCDE　3. ABCDE　4. ABCDE　5. ABCDE　6. ABCDE

第 3 章　统计表与统计图

考纲要求

统计表与统计图:统计表结构和要求,统计图的类型、选择及制图通则。

复习要点

一、统计表

统计表的基本结构和要求为:

1. 标题　是统计表的总名称,放在表上方的中间,简明扼要地说明表的主要内容,包括时间、地点和研究内容。

2. 标目　横标目位于表的左侧,说明各行数据的涵义,纵标目位于表头右侧,说明各列数据的涵义。标目要文字简明,有单位的标目要注明单位。

3. 线条　一般采用三横线表。表的顶线和底线把表的主要内容与标题分隔开,中间一条线把纵标目与数据分隔开,不宜使用竖线和斜线。

4. 数字　用阿拉伯数字表示,位数对齐,小数位数一致。表内不留空格,无数字用"—"表示,缺失数字用"…"表示。

5. 备注　表中数据区一般不插入文字或说明,需要说明时可用"＊"标出,将说明文字写在表格下面。

典型的三线表格形式为:

12 名 20 岁女青年的身高和体重资料

编号	1	2	3	4	5	6	7	8	9	10	11	12
身高 cm	164	156	172	172	177	180	166	162	172	167	158	152
体重 kg	55	56	60	68	66	65	56	55	60	55	46	51

二、统计图

统计图是把数据资料以图示的形式表达,使数据对比更加形象、直观、一目了然。

1. 统计图形的类型

常用的统计图形包括直方图、累积频率分布图、箱式图、直条图、百分条图、圆图、线图、半对数图、散点图、统计地图等。

2. 统计图形的选择

(1) 直方图　用直条矩形面积代表各组频数,各矩形面积总和代表频数的总和。它主要用于表示连续变量频数分布情况,如左下图。

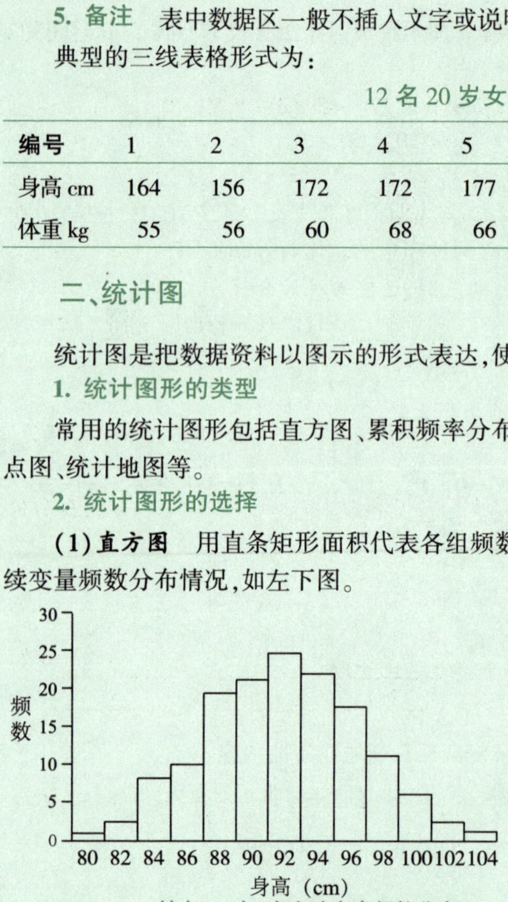

某市150名3岁女孩身高频数分布

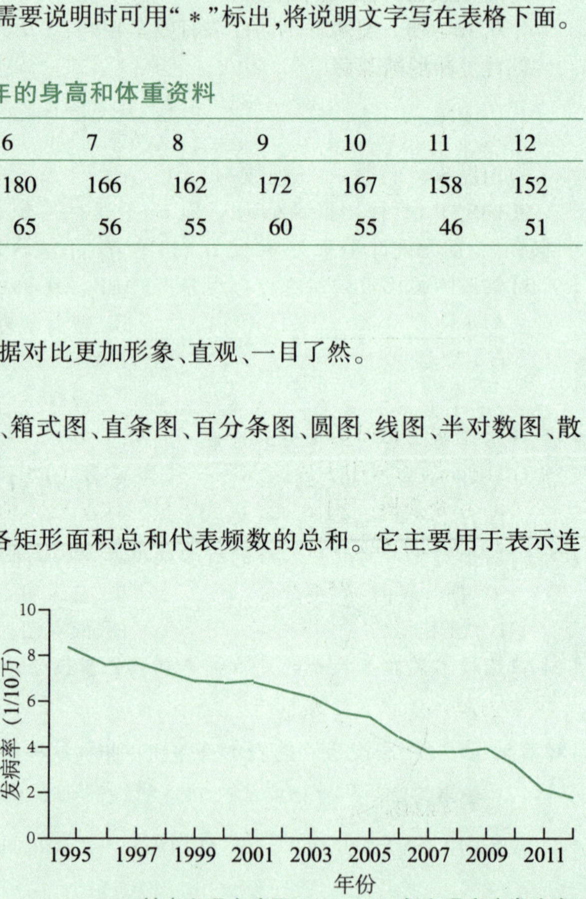

某省血吸虫疫区1995～2012年血吸虫病发病率

(2)线图 是通过线段的上升或下降来表示指标(变量)的连续变化过程,适用于描述一个变量随另一个变量变化的趋势和波动情况。通常纵坐标是统计指标,横坐标是时间变量,如上图。

(3)箱式图 用于比较两组或多组数据的平均水平和变异程度,各组数据均可呈现其平均水平、四分位数间距、最小值和最大值,主要适用于描述偏态分布的资料。对于箱式图,中间的横线表示中位数,箱体的长度表示四分位数间距,两端分别是P_{75}和P_{25},显然箱体越长表示数据离散程度越大,如左下图。

(4)误差条图 用于比较多组资料的均值和标准差,用线条的高度表示均值的大小,可以用"工"表示可信区间,上端"—"表示可信区间的上限,下端"—"表示可信区间的下限,中间"|"的长度表示可信区间的长度,如下右图。

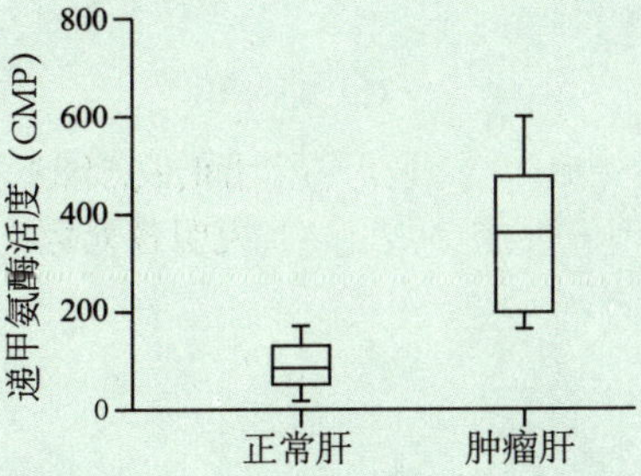

大白鼠正常肝和肝肿瘤中递甲氨酶的活度

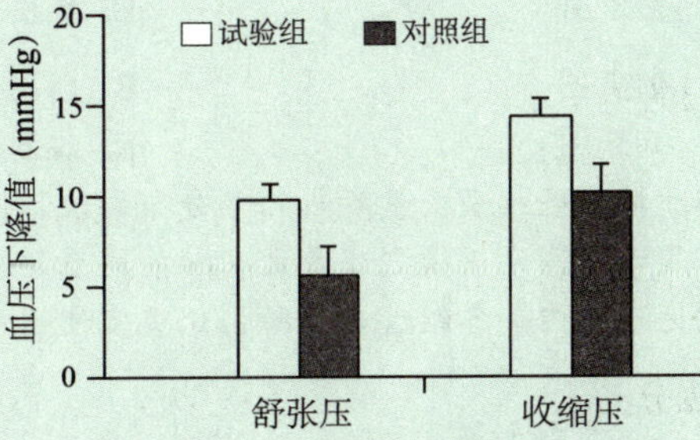

试验组和对照组血压的平均变化情况

(5)散点图 用点的密集程度和变化趋势表示两指标之间的直线或曲线关系,如左下图。

(6)直条图 又称条图,即用等宽直条的长短来表示相互独立的统计指标数值大小和它们之间的对比关系,统计指标既可以是绝对数,也可以是相对数,如右下图。

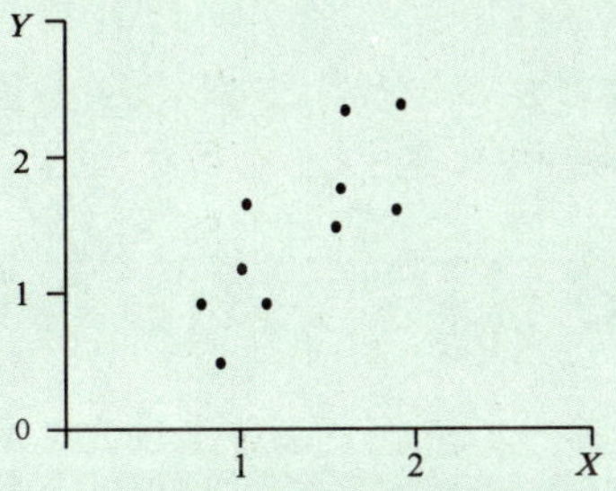

X与Y关系的散点图

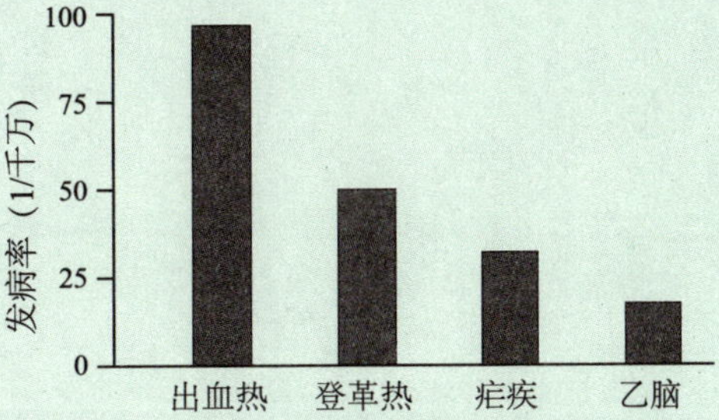

2013年中国四种虫媒传染病的发病率

(7)圆图 把圆的总面积作为100%,表示事物的全部,而圆内各扇形面积用来表示全体中各部分所占的比例。圆图常用于描述构成比资料,如左下图。

(8)百分条图 用矩形直条的长度表示100%,而用其中分割的各段表示各部分构成部分的百分比。百分条图常用于描述构成比资料,如右下图。

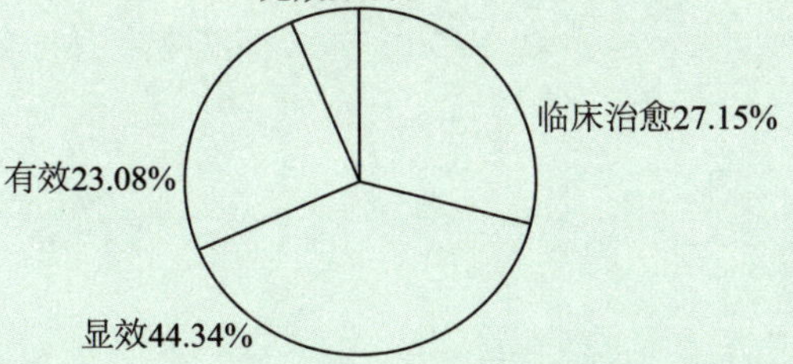

某中药治疗慢性乙型肝炎疗效不同结果的构成比

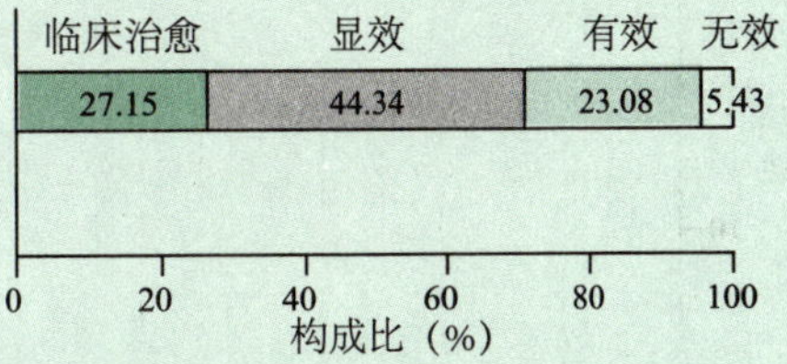

某中药治疗慢性乙型肝炎疗效的比较

3. 制图通则

①必须根据资料的性质、分析目的选用适当的统计图，由于统计图不能精确地显示数据大小，所以经常需要与统计表一起使用。

②一个图通常只表达一个中心内容和一个主题，即一个统计指标。

③绘制图形应注意准确、美观，图形粗细应当适当，定点准确，不同事物用不同线条（实线、虚线、点线）或颜色表示，给人以清晰的印象。

【例 1】为描述新冠肺炎病毒患者工作构成比的资料，宜选用的统计图是

A. 直条图　　B. 点图　　C. 圆图
D. 直方图　　E. 线图

A. 散点图　　B. 圆图　　C. 直条图
D. 直方图　　E. 线图

【例 2】用于描述连续型变量资料频率分布的统计图是

【例 3】可用于描述两连续型变量之间相关关系的统计图是

【例 4】描述事物内部各组成部分所占比重宜使用

▶常考点　统计图。

参考答案——详细解答见 2021《贺银成国家临床执业及助理医师资格考试历年考点精析》

1. ABCDE　2. ABCDE　3. ABCDE　4. ABCDE

第八篇　预防医学

第1章　绪　论

考纲要求

①预防医学的概述：定义，内容，特点，意义。②健康及其影响因素：当代健康观，影响健康的主要因素，健康决定因素生态学模型。③三级预防策略：疾病自然史与预防机会，三级预防策略（第一级预防、第二级预防、第三级预防）。

复习要点

1. 预防医学的概述

（1）预防医学的定义　预防医学是医学的一门应用学科，它以个体和确定的群体为对象，目的是促进和维护健康，预防疾病、失能和早逝。其工作模式是"健康生态学模型"，强调环境与人群的相互依赖、相互作用和协调发展，并以人群健康为目的。

（2）预防医学的内容　预防医学的内容包括医学统计学、流行病学、环境医学、社会医学、健康教育学、卫生管理学（包括卫生系统功能、卫生决策和资源配置、筹集资金和健康措施评价等），以及在临床医学中运用三级预防措施。要求学生掌握预防医学的基本理论、树立预防为主的观念。

（3）预防医学的特点　预防医学不同于临床医学，其特点为：

①预防医学的工作对象包括个体及确定的群体，主要着眼于健康和无症状患者。

②研究方法上注重微观和宏观相结合，但更侧重于影响健康的因素与人群健康的关系。

③采取的对策更具积极的预防作用，具有较临床医学更大的人群健康效益。

尽管预防医学在目的和许多方面与公共卫生有重叠，但它并不等同于公共卫生。公共卫生主要是通过组织社会的力量来保护和促进人群的健康，其对象是全社会整个人群，实施的措施更为宏观和宽泛。

（4）预防医学的意义　①树立预防为主的医学观念；②从整体观加强对疾病的认识；③改善医学思维的方法；④提高突发公共卫生事件的处理能力；⑤提升临床医学的研究能力。3版8年制预防医学P9。

【例1】预防医学是研究

A. 人体健康与环境的关系　　B. 个体与群体的健康　　C. 人群的健康
D. 社会环境与健康的关系　　E. 健康和无症状患者

【例2】预防医学的特点不包括

A. 着重于疾病预防　　B. 研究对象包括个体和群体　　C. 着重于个体治疗
D. 以环境、人群为研究重点　　E. 研究方法上注重微观和宏观结合

2. 健康及其影响因素

（1）当代健康观　1986年，WHO提出了健康的新定义："健康是日常生活的资源，而不是生活的目标。健康是一个积极的概念，它不仅是个人素质的体现，也是社会和个人的资源"。"为达到身心健康和较好地适应社会的完美状态，每个人都必须有能力去认识和实现这些愿望，努力满足需求和改善环境"。

（2）影响健康的主要因素　有4大类：

①社会经济环境　包括个人收入和社会地位、文化背景和社会支持网络、受教育程度、就业等。

②物质环境　物质环境因素对健康影响的分类:A.按有害物质的性质分为生物因素、化学因素、物理因素以及建成环境;B.按物质来源分为来自自然环境中的各类物质、来自工业生产的有害物质、在农业耕作中产生的各种有害物质、生活环境中的各种有害物质;C.按所存在的载体分为空气、水、土壤、食物中的各类有害物质;D.按接触地点分为家庭、学校、工作场所、社区的有害物质;E.按接触途径分为呼吸道吸入、消化道吸收、皮肤渗入的有害物质等。

③个人因素　包括健康的婴幼儿发育状态、个人的生活行为方式和生活习惯、个人的能力和技能,以及人类生物学特征和遗传因素等。

④卫生服务　包括拥有促进健康、预防疾病、治疗和康复等服务健全的卫生机构,完备和质量有保证的服务网络,一定的经济投入、公平合理的卫生资源配置,以及保证服务的可及性。

(3)健康决定因素生态学模型　健康生态学模型强调个体和人群健康是个体因素、卫生服务、物质和社会环境因素相互依赖、相互作用的结果。且这些因素间相互依赖和相互制约,以多层面上交互作用来影响着个体和群体的健康。作为一种思维方式,它是总结和指导预防医学和公共卫生实践的重要理论模型。

3. 三级预防策略

(1)疾病自然史

①疾病自然史　疾病从发生到结局(死亡或痊愈)的全过程称为疾病自然史,可分为病理发生期、症状发生前期、临床期、结局4个明确的阶段。

②健康疾病连续带(HDC)　是指一个人从"健康→疾病→健康(或死亡)"的连续过程。

(2)预防机会　根据疾病自然史的阶段性和健康疾病连续带理论,危险因素作用于机体到疾病临床症状的出现,有一个时间过程。这个过程根据危险因素的性质和接触的剂量,其导致疾病发生的时间有长有短,这样就为我们在疾病的预防上提供了机会,称为预防的机会窗。

(3)三级预防策略

①第一级预防　又称病因预防。是指针对病因所采取的预防措施。如果在疾病的因子还没有进入环境之前就采取预防性措施,称为根本性预防。

②第二级预防　在疾病的临床前期做好早期发现、早期诊断、早期治疗的"三早"预防工作,以控制疾病的发展和恶化。对于传染病,还需做到疫情早报告及病人早隔离,即"五早"。

③第三级预防　对于患者采取及时、有效的治疗和康复措施,防止病情恶化,预防并发症和伤残。

任何疾病,无论其致病因子是否明确,都应强调第一级预防。如大骨节病、克山病等,其病因尚未确定,但综合性的第一级预防还是有效的。又如肿瘤,更需要第一级和第二级预防。有些疾病,病因明确而且是人为的,如职业病、医源性疾病,采取第一级预防,较易见效。

【例3】用巴氏涂片法对18~65岁有性生活的女性进行宫颈癌的筛查,从疾病的预防策略角度看,这属于

A. 第一级预防　　B. 第一级预防合并第二级预防　　C. 第二级预防

D. 第三级预防　　E. 第二级预防合并第三级预防

A. 孕期妇女补充叶酸　　B. 高血压患者的早期诊断　　C. 糖尿病患者的筛检

D. 乳腺癌的筛检　　E. COPD患者的康复护理指导

【例4】属于第一级预防的是

【例5】属于第三级预防的是

常考点　三级预防策略。

参考答案——详细解答见2021《贺银成国家临床执业及助理医师资格考试历年考点精析》

1. ABCDE　2. ABCDE　3. ABCDE　4. ABCDE　5. ABCDE

第 2 章　流行病学原理和方法

▶考纲要求

①流行病学概论:流行病学的定义,流行病学的原理、基本原则及方法,流行病学的用途。②流行病学资料的来源与疾病分布:健康相关资料的来源,疾病分布的常用测量指标,疾病流行强度(散发、暴发、流行、大流行),疾病三间分布。③常用流行病学研究方法:流行病学方法分类及研究设计的基本内容;描述流行病学(描述流行病学的概念,现况研究的概念、普查与抽样调查的概念、抽样方法及样本含量的估计);分析流行病学(分析流行病学的概念及分类,病例对照研究的概念、研究对象病例的选择、样本含量的估计及资料的统计分析、优点和局限性,队列研究的概念、用途、优点及局限性);实验流行病学(实验流行病学的概念、基本特征、分类,临床试验的概念及设计)。④筛检试验的概念、目的、应用原则和效果评价。⑤公共卫生监测概念(定义、目的、种类、程序以及监测系统的评价);疾病监测(概念、我国主要的疾病监测方法包括被动监测、主动监测、常规报告、哨点监测),我国疾病监测体系;疾病暴发的调查与分析。

▶复习要点

一、流行病学概论

1. 流行病学的定义

流行病学是研究人群中疾病与健康状况的分布及其影响因素,并研究防治疾病及促进健康的策略和措施的科学。概括起来包括四层意思:①研究对象是人群;②关注的事件包括疾病与健康状况;③主要研究内容包括揭示现象、找出原因、提供措施、评价效果;④目的是防治疾病、促进健康。

【例 1】关于流行病学,下列说法正确的是

A. 侧重研究慢性病的危害因素　B. 研究人群中疾病和健康状况的分布及其影响因素
C. 只研究疾病的防治措施　D. 侧重研究传染病的流行特征和防治措施
E. 从个体的角度研究疾病和健康状况及其影响因素

2. 流行病学的原理、基本原则及方法

(1)流行病学的原理

①疾病分布论　即研究疾病或健康状况在人群中的分布情况,如人群特征、时间特征、地区特征等。分布论是流行病学最基本的理论,不仅在疾病分布的描述中具有指导意义,而且对疾病病因分析和预防控制措施效果的评价也具有重要的指导价值。

②病因论　即研究人群中疾病发生发展的各种原因。

③健康-疾病连续带理论　即机体由健康到疾病是一个连续的过程,在这个过程中受多种因素的影响。

④预防控制理论　根据疾病发生、发展和健康状况的变化规律,疾病预防控制可采取三级预防措施。

⑤疾病流行的数理模型　人群中疾病与健康状况的发生、发展及分布变化,受到环境、社会和机体多种因素的影响,它们之间具有一定的函数关系,可以用数学模型来描述疾病或健康状况分布的变化规律。在一定的条件下,可以预测它们未来的变化趋势。

(2)流行病学的基本原则

①群体原则　在人群中宏观地考察事物的动态变化是流行病学区别于其他医学学科最显著的特点。

②现场原则　流行病学研究的人群是社会人群,因此常把一群人与周围的环境(现场)联系起来。

③对比原则　是指通过对比发现疾病发生的原因,考察诊断的正确性和治疗方法的有效性。对比是流行病学研究方法的核心。

④代表性原则　一般情况下,不可能也没必要把全部人群作为研究对象,而常常是选取其中的一部分人作为研究对象。这一部分研究对象称为样本,但这个样本要有代表性。代表性的特征,一是样本是随机产生的,二是样本要足够大。

(3)流行病学研究方法　包括观察法(描述流行病学+分析流行病学)、实验法、数理法(理论流行病学)。

①描述流行病学　主要是揭示人群中疾病或健康状况的分布现象,描述某些因素与疾病或健康状况之间的关联,以逐步建立病因假设。

②分析流行病学　主要是找出影响分布的决定因素。

③实验流行病学　主要是研究并评价疾病防治和健康促进中的预防干预措施及效果。

④理论流行病学　是通过对疾病或健康状况的分布与影响因素之间的内在关系的深入研究,建立数学模型以描述疾病流行规律、预测疾病流行趋势、检验疾病防治效果。

【例 2】对病因不明的疾病,描述性研究的主要任务是

A. 验证病因　　B. 因果推断　　C. 确定病因

D. 研究发病机制　　E. 寻找病因的线索,提出病因假设

3. 流行病学的用途

①描述疾病及健康状况的分布;②探讨疾病的病因;③研究疾病自然史,提高诊断治疗水平和预后估计;④疾病的预防控制及其效果评价;⑤为医学研究提供科学方法。

二、流行病学资料的来源与疾病的分布

1. 健康相关资料的来源

根据信息来源不同,可将健康相关资料分为三类:

(1)常规收集的数据资料　如医院门诊病历、住院病案资料、健康检查记录、病理检查、各种物理学检查及医学检验记录、有关科室的工作记录、户籍与人口资料、医疗保险资料等。

(2)各种统计报表　如人口出生报告、居民的疾病、损伤、传染病的分月、季度与年报资料、非传染病报告卡(如恶性肿瘤发病报告卡、地方病报告卡、职业病报告卡)、死亡报告等。

(3)专题科学研究工作所获得的现场调查资料或实验研究资料　①现场调查研究是对特定对象群体进行调查,影响被调查者的因素是客观存在的,研究者只能被动地观察和如实记录;②实验研究是以动物或标本为研究对象,在研究过程中研究者可以主动地加以干预措施,如疾病的病因学研究、干预措施的效果评价、临床疗效分析、儿童生长发育调查等。

2. 疾病分布的常用测量指标

	定义	意义或备注
发病率	指在一定期间内(1年),特定人群中某病新病例出现的频率 $发病率=\frac{某期间(年)某人群中某病新病例数}{同时期暴露人口数}\times k$	暴露人口是指可能发生该病的人群,不可能患该病的人,如传染病的非易感者、有效预防接种者,不能算作暴露人口。k=100%、1000‰…
罹患率	也是监测人群新病例发生频率的指标,计算方法同发病率 适用于小范围、短时间内疾病频率的监测	常用于疾病暴发流行期间的调查,观察期限可以为日、周、旬、月
患病率	指某特定时间内,总人口中现患某病新旧病例数所占的比例 $患病率=\frac{某特定时间内一定人群中现患某病的新旧病例数}{同期的平均人口数(被观察人口数)}\times k$	也称现患率,k=100%、1000‰…。患病率主要用于描述病程较长的慢性病的发生或流行情况

	定义	意义或备注
续发率	指传染病易感接触者中，在最短潜伏期与最长潜伏期之间发病的人数占所有易感接触者总数的百分率 $续发率=\frac{易感接触者中发病的人数}{易感接触者总人数}\times100\%$	也称二代发病率。续发病例指一个家庭或某较小群体中第一个病例发生后，在该病最短与最长潜伏期之间出现的病例
感染率	①是指在某个时间内被检查的人群中，某病现有感染者人数所占的比例 ②$感染率=\frac{受检者中阳性人数}{受检人数}\times100\%$	①常用于研究传染病、寄生虫病的感染情况和防治工作的效果 ②估计疾病的流行趋势 ③评价健康状况(如隐性感染)
病残率	指在一定的期间内，某人群中实际存在病残人数的比例	是评价人群健康状况的指标之一
死亡率	指在一定期间内，某人群中死于某病(所有原因)的频率 $死亡率=\frac{某时期内某人群中死亡总数}{同期平均人口数}\times k$	是测量人群死亡危险最常用的指标 k=100%、1000‰…
病死率	指一定时期内，患某病的全部病人中因该病死亡者所占的比例 $病死率=\frac{某时期内因某病死亡人数}{同期患该病人数}\times100\%$	表示确诊患者的死亡概率，反映疾病的严重程度，多用于病程较短且易引起死亡的疾病，特别是急性传染病
存活率	①又称生存率，是指随访期终止时，仍存活的病例数与随访期满的全部病例数之比 ②$n年存活率=\frac{随访n年仍存活的病例数}{随访满n年病例数}\times100\%$	①研究存活率必须有随访制度 ②存活率是评价慢性病、病死率较高疾病的重要指标

【例3】描述暴发疫情严重性的最佳指标是
A. 罹患率　B. 患病率　C. 死亡率
D. 感染率　E. 续发率

【例4】衡量新型冠状病毒肺炎病情严重程度的指标是
A. 粗死亡率　B. 死亡率　C. 患病率
D. 发病率　E. 病死率

【例5】对感染性腹泻进行监测应选择的疾病频率测量指标是
A. 发病率　B. 罹患率　C. 现患率
D. 期间患病率　E. 时点患病率

3. 疾病流行强度

疾病的流行强度是指某疾病在某地区、某人群中，一定时期内发病数量的变化及各病例间联系的程度。

强度	定义	备注
散发	某病发病率维持在历年的一般水平，各病例间无明显时空联系和相互传播关系	应参照当地前3年的发病率。散发不适于小范围的人群，一般用于较大范围的地区
流行	指某病在某地区的发病率显著超过历年散发的发病率水平，各病例间有明显时空联系	发病率高于散发水平的3~10倍
大流行	是指疾病迅速蔓延，涉及地域广 短时间内可跨越省界、国界或洲界	发病率超过当地历史条件下的流行水平(即>10倍)，如流感、霍乱的世界大流行
暴发	是指一个局部地区或集体单位中，短时间内，突然出现大量相同病人的现象	暴发是流行的特例，暴发病例在时空上高度集中，病例多局限于小范围内

【例6】下列哪项不是表示疾病流行强度的指标

A. 暴发　　B. 大流行　　C. 短期波动
D. 散发　　E. 流行

【例 7】某幼儿园有 200 名儿童，近一周内有 30 名儿童相继出现发热，手心、脚心出疹子，口腔有溃疡等症状，经诊断均为手足口病。提示该病流行强度为

A. 聚集　　B. 散发　　C. 流行
D. 大流行　　E. 暴发

4. 疾病三间分布

疾病的分布是指疾病在时间、空间和人间的存在方式及其发生、发展规律，又称疾病的三间分布。

(1)地区分布　疾病的发生存在地域上的差异，反映了不同地区致病因子分布的差别，与不同地区的自然环境和社会环境因素有关。地区的划分一般有两种方法：①行政区划分法；②自然环境划分法。

(2)时间分布　疾病的分布随时间的变化而变化，这种变化是一个动态过程。不同时间疾病分布不同，这不仅反映了致病因素的动态变化，也反映了人群特征的变化。疾病的时间分布特征分四种类型。

	定义	常见原因或特点
短期波动	也称时点流行或暴发，是指在一个地区或一个集体人群中，短时间内某病的发病数明显增多的现象	该群体中许多人在短期内暴露于同一致病因子 发病有先有后，病情有轻有重 传染病非传染病均可有短期波动
季节性	是指疾病每年在一定的季节内出现发病率升高的现象	传染性疾病大多存在季节性 非传染性疾病多无明显季节性
周期性	是指疾病依规律性的时间间隔发生流行，如流感每隔 10~15 年发生一次世界大流行	①足够数量的易感人群；②传播机制容易实现；③病后可获得稳固的免疫力；④病原体变异
长期变异	是指经过一个相当长的时期(几年或几十年)，疾病的分布状态、感染类型、临床表现等逐渐发生显著的趋势性变化的现象	①病因发生了变化；②抗原型别变异，病原体毒力、致病力的变化和机体免疫状况的改变；③诊疗技术的进步、防治措施的改善；④社会人口学资料的变化及疾病诊断、报告标准的改变

(3)人群分布　人群分布的特征有年龄、性别、职业、种族、民族、家庭、婚姻状况、行为、收入等。研究疾病的人群分布有助于确定危险人群、探索致病因素。

三、常用流行病学研究方法

1. 流行病学研究方法分类及研究设计的基本内容

(1)流行病学研究方法分类　流行病学研究方法总体分为观察法、实验法、数理法三类。

①观察法　就是不对研究对象施加任何实验措施，观察人群在自然状态下疾病、健康状况及有关因素的分布特征。观察法包括描述流行病学和分析流行病学。

②实验法　也称实验流行病学，是指对研究对象有所“介入”，并前瞻性地观察介入手段的效应。实验法可人为地控制实验条件，直接验证可疑病因与疾病之间是否有关联、是否为因果关联。

③数理法　也称理论流行病学，是用数学公式定量地表达病因和宿主之间构成的数学关系，以预测疾病流行规律，从理论上探讨疾病防治措施的效果。

(2)流行病学研究设计的基本内容　①查阅有关文献，提出研究目的；②根据研究目的确定研究内容；③结合具体条件选择研究方法；④按照研究方法，确定研究对象；⑤根据研究内容，设计调查表格；⑥控制研究过程，保证研究质量；⑦理顺分析思路，得出正确结论。

【例 8】流行病学研究的观察法与实验法的根本区别在于

A. 设立对照组　　B. 不设立对照　　C. 是否有人为干预
D. 盲法　　E. 统计学检验

2. 描述流行病学

(1)描述流行病学的概念　描述流行病学又称描述性研究，是将专门调查或常规记录所获得的资料，按照不同地区、不同时间和不同人群特征分组，以展示该人群中疾病或健康状况分布特点的一种观察性研究。专门设计的调查研究有现状研究、生态学研究、个案调查及暴发调查；常规记录有死亡报告、出生登记、出生缺陷监测、药物不良反应监测和疾病监测等。描述流行病学可以：①为病因研究提供线索；②掌握疾病和病因的分布状况，为疾病防治工作提供依据；③用来评价防治策略和措施的效果。

(2)现况研究

①现况研究的概念　现况研究是描述性研究中应用最为广泛的一种方法。它是在某一人群中，应用普查或抽样调查的方法收集特定时间内、特定人群中疾病、健康状况及有关因素的资料，并对资料的分布状况、疾病与因素的关系加以描述。因为现况研究所获得的资料是在某一时间横断面上收集的，故又称横断面研究。又因现况研究得到的率是在特定时间、特定人群中的患病率，因而又称为患病率研究。根据研究目的，现状研究可以采用普查或抽样调查的方法进行。

②普查　普查是指在特定时间对特定范围内人群中的每一成员进行的调查。普查分为以了解人群中某病的患病率、健康状况等为目的的普查和以早期发现病人为目的的筛查。

③抽样调查　按一定的比例从总体中随机抽取有代表性的一部分人(样本)进行调查，以样本统计量估计总体参数，称为抽样调查。样本代表性是抽样调查能否成功的关键所在，而随机抽样和样本含量是保证样本代表性的两个基本原则。随机抽样是指在一个有 N 个观察单位的总体中，若抽取 n 个单位组成随机样本，则每个单位被抽到的概率均应为 n/N。

A.抽样方法　包括单纯随机抽样、系统抽样、分层抽样、整群抽样、多级抽样等，各有优缺点。

抽样方法	定义	备注或特点
单纯随机抽样	指从总体 N 个对象中，利用抽签、随机数字等方法抽取 n 个对象组成一个样本	也称简单随机抽样，是最简单、最基本的抽样方法
系统抽样	又称机械抽样，是按照一定顺序，机械地每隔若干单位抽取一个单位的抽样方法	若总体较大时，抽到的个体分散，则资料难以收集；不适合大型流行病学研究
分层抽样	是将调查的总体按照某种特征分成若干层，然后在每层中进行随机抽样	抽样误差较小；若总体较大时，抽到的个体分散，则资料难以收集；不适合大型流行病学研究
整群抽样	将总体分成若干群组，以群组为抽样单位进行随机抽样，被抽到的群组中的全部个体均作为调查对象	便于组织，易被调查对象接受，但抽样误差较大。为减少误差，常需较其他抽样方法增加1/2的样本含量
多级抽样	将上述抽样方法综合运用即为多级抽样	根据需要，每个阶段的抽样都可以采用先分层后整群的抽样方法，原则是优势互补

B.样本含量的估计　抽样研究中，样本所包含的研究对象的数量称为样本含量。样本含量适当是抽样调查的基本原则。样本含量过大不仅造成人力、物力的浪费，而且由于工作量大质量难以保证，使结果出现偏倚。样本过小则使抽样误差过大，样本失去代表性。样本含量适当是指将样本的随机误差控制在允许范围之内时所需的最小样本含量。样本含量的计算方法包括分类变量资料样本含量的估计方法和数值变量资料样本含量的估计方法。

【例9】已知某省山区、丘陵、湖区婴幼儿体格发育有较大的差异，现需制订该省婴幼儿体格发育有关指标的参考值范围，抽样方法最好采取

A. 整群抽样　　B. 单纯随机抽样　　C. 系统抽样

D. 分层抽样　　E. 机械抽样

【例10】某市为调查老年人疫苗接种率，根据经济发达程度将区域分为发达、中等、落后，按1/10比例抽

样。该抽样方式是

A. 分层抽样　　B. 系统抽样　　C. 单纯随机抽样

D. 整群抽样　　E. 随机抽样

【例 11】某乡有 4 万人，约 1 万户。欲抽样调查 4000 人，按该乡人口家庭登记名册，以户为单位，随机抽取第 1 户，随后每间隔 10 户抽 1 户，对被抽到的家庭进行调查。该种抽样方法称为

A. 单纯随机抽样　　B. 系统抽样　　C. 整群抽样

D. 分层抽样　　E. 多级抽样

【例 12】为制订某地区人群原发性高血压的综合防治方案，拟对该地区某时点的人群原发性高血压的患病情况进行调查。此类研究是

A. 病例对照研究　　B. 队列研究　　C. 现况研究

D. 临床试验　　E. 人群现场试验

3. 分析流行病学

(1)分析流行病学的概念及分类　分析流行病学也称分析性研究，它是进一步在有选择的人群中观察可疑病因与疾病和健康状况之间关联的一种研究方法。分析流行病学主要有病例对照研究和队列研究两种方法，目的都是检验病因假设，估计危险因素的作用程度。

(2)病例对照研究

①概念　病例对照研究是选择患有和未患有某特定疾病的人群分别作为病例组和对照组，调查各组人群过去暴露于某种或某些可疑危险因素的比例或水平，通过比较各组之间暴露比例或水平的差异，判断暴露因素是否与研究的疾病有关联及其关联强度大小的一种观察性研究方法。病例对照研究的特点：

A.该研究只是客观地收集研究对象的暴露情况，而不给予任何干预措施，属于观察性研究。

B.可追溯研究对象既往可疑危险因素暴露史，其研究方向是回顾性的，是“由果至因”的研究。

C.按有无疾病分组，研究因素可根据需要任意设定，因而可以观察一种疾病与多种因素之间的关联。

②研究对象病例的选择　由于该类研究属于抽样调查，故无论病例还是对照均为其总体的随机样本。

A.病例选择　病例选择时需要考虑：疾病的诊断标准；病例的确诊时间；病例的代表性；对病例某些特征的限制。病例主要来自于医院和社区。

B.对照选择　选择对照时应考虑：确认对照的标准；对照的代表性；对照与病例的可比性；对照不应患有与研究因素有关的其他疾病；有时可同时选择两种以上的对照。

③样本含量的估计　估计样本含量时应注意：A.考虑所需样本含量的决定因素，如暴露于某研究因素人群所占的比例；预期暴露于该研究因素所造成的相对危险度（*RR*）和比值比（*OR*）；预期达到的检验显著性水平 α；预期达到的检验把握度（$1-\beta$）；B.用公式计算样本量；C.用查表法估计样本量。

④资料的统计分析　作统计分析前，先将资料按有无暴露分组，归纳于下表。

暴露史	病例	对照	合计
有	a	b	$a+b=n_1$
无	c	d	$c+d=n_0$
合计	$a+c=m_1$	$b+d=m_0$	$a+b+c+d=N$

病例对照研究中估计暴露与疾病关联程度的指标为比值比（*OR*）。*OR* 也称比数比、优势比或交叉乘积比。所谓比值比是指某事物发生的可能性与不发生的可能性之比。在病例对照研究中：

$$\text{病例组的暴露比值}=\frac{a/(a+c)}{c/(a+c)}=a/c \qquad \text{对照组的暴露比值}=\frac{b/(b+d)}{d/(b+d)}=b/d$$

$$OR=\frac{\text{病例组的暴露比值}}{\text{对照组的暴露比值}}=\frac{a/c}{b/d}=\frac{ad}{bc}$$

$OR>1$，说明该因素是危险因素；$OR<1$，说明该因素是保护因素；$OR=1$，表明暴露与疾病无关联。由于 OR 是对这种联系程度的一个点估计值，一般需对 OR 值进行 95%可信区间估计。

⑤优点　A.收集病例方便，适合罕见疾病的研究；B.该方法所需研究对象的数量较少，节省人力、物力，容易组织；C.一次调查可同时研究一种疾病与多个因素的关系；D.收集资料后可在短期内得到结果。

⑥局限性　A.不适于研究暴露比例很低的因素，因为需要很大的样本含量；B.暴露与疾病的时间先后常难以判断；C.选择研究对象时易发生选择偏倚；D.获取既往信息时易发生回忆偏倚；E.易发生混杂偏倚；F.不能计算发病率、死亡率等，因此不能直接分析相对危险度。

(3)队列研究

①概念　是将一个范围明确的人群按是否暴露于某可疑因素或暴露程度分为不同的亚组，追踪各组的结局并比较其差异，从而判定暴露因素与结局之间有无关联及其关联强度大小的一种观察性研究方法。

②用途　初步检验病因假设，描述疾病的自然史。

③研究对象的选择

A.暴露组选择　要求研究对象应暴露于研究因素，并可提供可靠的暴露和结局的信息。可根据情况选择特殊暴露人群、一般人群或有组织的团体。若研究需要，暴露组还可分为不同暴露水平的亚组。

B.对照组选择　应是暴露组来源的人群中非暴露者的全部或其随机样本。除研究因素外，其他与结局有关的因素均应与暴露组均衡可比。

④观察终点　队列研究是按照研究对象的暴露状态分组，观察各组的结局及其差异，从而判定暴露因素与结局之间有无关联及其关联强度的大小。研究对象一旦出现预期结局，则达到观察终点，之后不再对其随访。未达到观察终点而脱离随访的情况称为失访，某研究对象死于非研究疾病也视为失访。

⑤资料的统计分析　作统计分析前，先将资料按有无暴露分组，归纳于下表。

组别	病例	非病例	合计	发病率
暴露组	a	b	$a+b=n_1$	a/n_1
非暴露组	c	d	$c+d=n_0$	c/n_0
合计	$a+c=m_1$	$b+d=m_0$	$a+b+c+d=T$	

队列研究中，最受关注的是暴露因素导致疾病的强度——发病率。有些难以及时确诊的疾病，常以死亡率反映暴露因素的致病强度。估计暴露与疾病发生之间的关联强度的指标有以下几个。

指标	代号	定义	计算公式	临床意义
相对危险度	RR	暴露组发病率（死亡率）与非暴露组发病率（死亡率）的比值	$RR=\frac{I_e}{I_0}=\frac{a/n_1}{c/n_0}$	表示暴露组发病或死亡的危险是非暴露组的多少倍
归因危险度	AR	是指暴露组发病率与对照组发病率的差值，也称率差、特异危险度	$AR=I_e-I_0=(a/n_1)-(c/n_0)$	表示暴露人群较非暴露人群所增加的发病（死亡）率
归因危险度百分比	AR%	暴露人群因某因素暴露所致的某病发病或死亡占该人群该病全部发病或死亡的百分比	$AR\%=\frac{I_e-I_0}{I_e}\times100\%$	归因危险度百分比也称病因分值（EF）
人群归因危险度	PAR	人群中某病发病（死亡）率与非暴露人群该病发病（死亡）率的差值	$PAR=I_t-I_0$	表示总人群因暴露于某因素而导致的某病发病（死亡）率
人群归因危险度百分比	PAR%	总人群因暴露于某因素所致的某病发病（死亡）占总人群该病全部发病（死亡）的百分比	$PAR\%=\frac{I_t-I_0}{I_t}\times100\%$	人群归因危险度百分比也称人群病因分值（PEF）

上表中，I_e、I_0、I_t 分别为暴露组、非暴露组、全人群的发病率（死亡率）。

相对危险度(RR)是指暴露组与非暴露组发病概率之比。含义为暴露于某因素者发生疾病的概率是不暴露于某因素者的多少倍。RR 值越大,说明暴露与疾病的关联强度越大。

$RR=1$——说明暴露组发病概率与非暴露组发病概率相等,暴露因素与疾病无关。

$RR>1$——说明暴露组发病概率大于非暴露组,暴露增加了发病的危险,是疾病的危险因素。

$RR<1$——说明暴露组发病概率小于非暴露组,暴露减少了发病的危险,是疾病的保护因素。

⑥优点　A.研究结局是亲自观察获得,一般较可靠;B.论证因果关系的能力较强;C.可计算暴露组和非暴露组的发病率,能直接估计暴露因素与发病的关联强度;D.一次调查可观察多种结局。

⑦局限性　A.不宜用于研究发病率很低的疾病;B.观察时间长,易发生失访偏倚;C.耗费的人力、物力、时间较多;D.设计要求高,实施复杂;E.在随访过程中,变量的变化可影响结果,使分析复杂化。

⑧队列研究与病例对照研究的比较

	病例对照研究	队列研究
概念	是选择患有和未患有某特定疾病的人群分别作为病例组和对照组,调查各组人群过去暴露于某可疑危险因素的水平,通过比较各组之间暴露水平的差异,判断暴露因素是否与研究的疾病有关联及其关联强度	是将一个范围明确的人群按是否暴露于某可疑因素或暴露程度分为不同的亚组,追踪各组的结局并比较其差异,从而判定暴露因素与结局之间有无关联及其关联强度
用途	初步检验病因假设,提出病因线索 评价防治策略和措施的效果	初步检验病因假设 描述疾病的自然史
分类	匹配病例对照研究、非匹配病例对照研究	前瞻性队列研究、历史性队列研究、双向性队列研究
实验对象选择	病例选择——诊断标准、确诊时间、病例代表性、对病例某些特征的限制	暴露组——要求暴露组的研究对象应暴露于研究因素,并可提供可靠的暴露和结局的信息
对照对象选择	对照标准、对照代表性、对照与病例的可比性、不应患有与所研究因素有关的疾病、可选择两种以上对照	应是暴露组来源的人群中非暴露者的全部或其随机样本。除研究因素外,其他与结局有关的因素应与暴露组均衡可比
资料统计分析	估计暴露与疾病之间关联强度的指标为比值比(OR)	估计暴露与疾病之间关联强度:相对危险度、归因危险度(百分比)、人群归因危险度(百分比)
优点	收集病例方便,适合罕见疾病 研究对象较少,节省人力物力 一次调查可同时研究一种疾病与多个因素的关系 收集资料后短期内得到结果	研究结局是亲自观察获得,较可靠 论证因果关系的能力较强 可计算发病率,直接估计暴露与疾病的关联强度 一次调查可观察多种结局
缺点	不适于研究暴露比例很低的因素 暴露与疾病的时间先后难以判断 不能计算发病率、死亡率等 不能直接分析相对危险度	不宜用于研究发病率很低的疾病 观察时间长,易发生失访偏倚;耗费人力物力较多 设计要求高,实施复杂 在随访中,变量的变化可影响结果

注意:①病例对照研究是由果至因的回顾性研究,先按有无得病分组,再追溯研究对象既往有无暴露史。

②队列研究是由因至果的前瞻性研究,先按有无暴露分组,再观察研究对象有无发病的结局。

【例 13】从医院选取了糖尿病病人和非糖尿病病人,观察体重是否超重与糖尿病的关系,需计算的指标为

A. 患病率　　B. 发病率　　C. 发病率比

D. 患病率比　　E. 比值比

【例 14】队列研究的观察终点是指

A. 观察对象出现了预期效果　　B. 观察对象因车祸死亡　　C. 观察研究工作结束

D. 与观察对象失去联系　　E. 观察对象不因研究原因而退出

【例15】调查发现某高原地区居民结肠癌的发病率高于全国平均水平，研究者注意到该地区人们的饮食习惯具有高脂肪摄入，低蔬菜、水果摄入的特点，拟开展一项课题研究，分析饮食习惯与结肠癌的关系，考虑到因果现象发生的时间顺序，最佳研究方法应为

A. 生态学研究　　B. 横断面研究　　C. 队列研究
D. 病例对照研究　　E. 临床试验

【例16】国外某镇一学者开展了一项持续多年的啤酒狂欢节饮酒者与心血管疾病死亡关系的研究。研究初，有70名啤酒狂欢节饮酒者和1500名非饮酒者。在研究结束时，7名啤酒狂欢节饮酒者死于心血管疾病，45名非啤酒狂欢节饮酒者死于心血管疾病。该研究为

A. 病例对照研究　　B. 横断面研究　　C. 队列研究
D. 临床试验　　E. 生态学研究

【例17】为探索新生儿缺氧缺血性脑病(HIE)的病因，选择200例确诊的HIE病例和同期同医院出生的正常新生儿200例，然后对母亲孕期病史及分娩情况进行回顾性分析，调查HIE相关的危险因素。这种研究方法是

A. 病例对照研究　　B. 实验研究　　C. 现况研究
D. 临床随访研究　　E. 前瞻性研究

(18～20题共用题干)某研究者为探讨脂肪摄入量与男性前列腺癌的关系，在社区内选择高脂肪和低脂肪摄入者各200名，从50岁开始对他们随访10年，在随访期间，高脂肪摄入组中有20人、低脂肪摄入者有10人被诊断患有前列腺癌。

【例18】这种研究方法为

A. 现况调查　　B. 实验研究　　C. 生态学研究
D. 队列研究　　E. 病例对照研究

【例19】与低脂肪摄入组相比，高脂肪摄入组患前列腺癌的相对危险度(RR)是

A. 1.5　　B. 0.75　　C. 1.0
D. 2.0　　E. 0.05

【例20】高脂肪摄入所致前列腺癌的特异危险度是

A. 30/100　　B. 10/100　　C. 15/100
D. 无法计算　　E. 5/100

4. 实验流行病学

(1)实验流行病学的概念、基本特征和分类

①概念　实验流行病学是将来自同一总体的研究对象随机分为实验组和对照组，实验组给予实验因素，对照组不给予该因素，然后前瞻性地随访各组的结局，并比较其差别的程度，从而判断实验因素的效果。

②基本特征　A.要施加干预措施；B.是前瞻性观察；C.必须有平行对照；D.随机分组。

③分类　实验流行病学分为临床试验和现场试验。现场试验又可分为社区试验和个体试验。

(2)临床试验的概念及设计

①临床试验的概念　临床试验是将临床病人随机分为试验组和对照组，试验组给予某临床干预措施，对照组不给予该措施，通过比较各组效应的差别来判断临床干预措施效果的一种前瞻性研究。

②临床试验的设计　根据对照组设立方法的不同，临床试验分为随机对照临床试验、同期非随机对照临床试验、历史对照临床试验、自身对照临床试验及交叉设计临床试验。

5. 筛检试验

(1)概念　筛检也称筛查，是运用快速简便的检验、检查或其他措施，在健康人群中，发现那些表面

健康，但可疑有病或有缺陷的人。筛检所用的各种手段和方法，称为筛检试验。

(2)目的 ①早期发现可疑患者，做到早诊断、早治疗，提高治愈率，实现疾病的第二级预防；②发现高危人群，以便实施相应的干预措施，降低人群的发病率，实现疾病的第一级预防；③识别疾病的早期阶段；④合理分配卫生资源。

【例 21】筛检的目的是

A. 对可疑患者进行确诊　　B. 评价筛检试验的敏感度　　C. 验证病因

D. 评价筛检试验的特异度　　E. 从表面健康的人群中查出某病的可疑患者或某病的高危人群

(3)应用原则

①被筛检的疾病或缺陷是当地重大的卫生问题，严重影响人群健康，给社会和家庭造成沉重负担。

②被筛检的疾病或缺陷有进一步确诊的方法与条件。

③发现并确诊的患者及高危人群有条件进行有效的治疗和干预，且应有统一的标准。

④了解被筛检疾病的自然史，包括潜伏期发展到临床期的全部过程。

⑤筛检试验必须要快速、简单、经济、可靠、安全、有效、易为群众接受。

⑥被筛检疾病有较长的潜伏期，便于晒检出更多的病例。

(4)效果评价

①评价步骤　筛检试验的评价，除考虑安全可靠、简便快速、经济可行外，还要考虑其科学性，即该方法对疾病进行诊断的真实性和价值，具体与标准诊断方法(即“金标准”)进行比较。评价的步骤为：

A 确定金标准(诊断标准)　是指公认的最可靠、最权威、可反映有病或无病实际情况的诊断方法。

B.选择研究对象　应能代表目标人群。

C.确定样本含量　适当的样本含量可以在最经济的基础上获得最大的效益。

D.盲法同步测试　对用金标准所确定病例组和非病例组，用被评价试验同时盲法进行测试。

E.整理分析资料　要保证资料的准确无误。评价试验的整理表如下：

试验	金标准正确		合计
	病例	非病例	
阳性	a(真阳性)	b(假阳性)	$a+b(r_1)$
阴性	c(假阴性)	d(真阴性)	$c+d(r_2)$
合计	$a+c(c_1)$	$b+d(c_2)$	$n(a+b+c+d)$

F.质量控制　将误差减小到最低。

②评价指标　筛检试验的评价主要从真实性、可靠性、收益三方面进行。

	评价试验的真实性	评价试验的可靠性	评价试验的收益
别称	真实性也称效度、准确性	可靠性也称信度、重复性、精确性	—
概念	是指测量值与实际值符合的程度，即正确地判断受试者有病与无病的能力	是指一项试验在相同条件下重复检测获得相同结果的稳定程度	试验收益包括个体效益和社会效益的生物学、社会经济学效益等
指标	灵敏度和特异度、约登指数、假阳性率和假阴性率、粗一致性	变异系数、符合率、Kappa 值	预测值(阳性或阴性预测值)、似然比(阳性或阴性似然比)

【例 22】评价筛检试验真实性的指标是

A. 特异度　　B. 似然比　　C. *Kappa* 值

D. 变异系数　　E. 符合率

A.评价试验真实性的指标

	别称	定义	计算公式	理想值
灵敏度	真阳性率	指金标准确诊的病例中待评价试验也判断为阳性者所占的百分比	灵敏度 $=a/(a+c)\times100\%$	100%
特异度	真阴性率	指金标准确诊的非病例中待评价试验也判断为阴性者所占的百分比	特异度 $=d/(b+d)\times100\%$	100%
假阳性率	误诊率	是指金标准确诊的非病例中待评价试验错判为阳性者所占的百分比	假阳性率 $=b/(b+d)\times100\%$	0
假阴性率	漏诊率	是指金标准确诊的病例中待评价试验错判为阴性者所占的百分比	假阴性率 $=c/(a+c)\times100\%$	0
约登指数	正确指数	是灵敏度和特异度之和减1	约登指数=(灵敏度+特异度)-1	接近1
粗一致性	符合率	是待评价试验所检出的真阳性和真阴性例数之和占受试人数的百分比	粗一致性 $=\dfrac{a+d}{a+b+c+d}\times100\%$	尽量大

【例23】筛检试验的特异度是指

A. 筛检试验阴性者患病的可能性

B. 实际有病，筛检试验被确定为有病的百分比

C. 实际有病，筛检试验被确定为无病的百分比

D. 实际无病，筛检试验被确定为无病的百分比

E. 实际无病，筛检试验被确定为有病的百分比

B.评级试验可靠性的指标

	适用于	计算公式	理想值
变异系数	定量测定试验的可靠性分析	变异系数 $=\dfrac{\text{测定值均数的标准差}}{\text{测定值均数}}\times100\%$	越小越好
符合率	定性测定试验的可靠性分析	符合率 $=\dfrac{(a+d)}{n}\times100\%$	越高越好
Kappa值	定性资料的可靠性分析	$\text{Kappa}=\dfrac{n(a+d)-(r_1c_1+r_2c_2)}{n^2-(r_1c_1+r_2c_2)}$	越高越好

C.评价试验的收益

	定义	计算公式	意义
阳性预测值	指试验结果阳性人数中，真阳性人数所占的比例	阳性预测值 $=\dfrac{a}{a+b}\times100\%$	为试验结果阳性者中真正患病的概率。表示某一受检者的试验结果为阳性时，其患病的可能性是多少
阴性预测值	指试验结果阴性人数中，真阴性人数所占的比例	阴性预测值 $=\dfrac{d}{c+d}\times100\%$	为试验结果阴性者中真正未患病的概率。表示某一受检者的试验结果为阴性时，能排除其患病的可能性是多少
阳性似然比	是指试验结果真阳性率与假阳性率之比	阳性似然比 $=\dfrac{\text{真阳性率}}{\text{假阳性率}}=\dfrac{\text{灵敏度}}{1-\text{特异度}}$	说明病人中出现某种试验结果阳性的概率是非病人的多少倍。其值越大，试验结果阳性者为真阳性的概率越大
阴性似然比	是指试验结果假阴性率与真阴性率之比	阴性似然比 $=\dfrac{\text{假阴性率}}{\text{真阴性率}}=\dfrac{1-\text{灵敏度}}{\text{特异度}}$	说明病人中出现某种试验结果阴性的概率是非病人的多少倍。其值越小，试验结果阴性者为真阴性的概率越大

例一　某医生对360例疑似心肌梗死的患者经临床、心电图检查后，确诊其中230名为心肌梗死患

者。为评价血清肌酸磷酸激酶(CPK)试验的准确性,又对每人进行了 CPK 检测。该试验以 CPK≥80 U/L为阳性,<80U/L 为阴性,结果见下表。请计算上述各项指标。

CPK	病例	非病例	合计
阳性	215(a)	16(b)	231($a+b$)
阴性	15(c)	114(d)	129($c+d$)
合计	230($a+c$)	130($b+d$)	360($n=a+b+c+d$)

计算结果及临床意义见下表。

	计算	临床意义
灵敏度	$=a/(a+c)\times100\%=215/230\times100\%=94\%$	在确诊的心梗病人中 CPK 阳性者占 94%
假阳性率	误诊率$=b/(b+d)\times100\%=16/130\times100\%=12\%$	在无心梗的病人中 CPK 阳性者为 12.3%
假阴性率	漏诊率$=c/(a+c)\times100\%=15/230\times100\%=6.5\%$	在确诊的心梗病人中 CPK 阴性者为 6.5%
约登指数	=(灵敏度+特异度)-1=(93.5%+87.7%)-1=0.8	正确判断心梗和非心梗的概率为 81%
粗一致性	符合率$=(a+d)/(a+b+c+d)\times100\%=91\%$	CPK 阳性和阴性结果均正确的概率是 91.4%
阳性预测值	$=a/(a+b)\times100\%=215/231\times100\%=93\%$	CPK 阳性者中有 93.1%的人确实患心梗
阴性预测值	$=d/(c+d)\times100\%=114/129\times100\%=88\%$	CPK 阴性者中有 88.4%的人确实未患心梗

(24~26 题共用题干)用钼靶 X 线摄片检查方法做乳腺癌的筛检试验,分别检查了 100 名未患乳腺癌的妇女和 100 名已活检确诊为乳腺癌的妇女,结果发现前者有 16 例为阳性结果,后者有 64 例为阳性结果。

【例 24】此项筛检试验中灵敏度为

A. 16%　　B. 36%　　C. 64%
D. 74%　　E. 84%

【例 25】此项筛检试验中特异度为

A. 16%　　B. 36%　　C. 64%
D. 74%　　E. 84%

【例 26】此项筛检试验的粗一致率为

A. 16%　　B. 36%　　C. 64%
D. 74%　　E. 84%

四、公共卫生监测与疾病暴发的调查

1. 公共卫生监测概述

(1)定义　公共卫生监测是连续地、系统地收集疾病或其他卫生事件的资料,经过分析、解释后及时将信息反馈给所有应该知道的人(如决策者、卫生部门工作者和公众等),并利用监测信息的过程。公共卫生监测是制订、实施和评价疾病及公共卫生事件预防控制策略与措施的重要信息来源。

(2)目的　①确定主要的公共卫生问题,掌握其分布和趋势;②查明原因,采取干预措施;③评价干预措施的效果;④预测疾病流行;⑤制定公共卫生策略和措施。

(3)种类

①传染病监测　《传染病防治法》规定的传染病有 39 种,其中甲类 2 种、乙类 26 种、丙类 11 种。

②非传染病监测　我国部分地区已经开展了对恶性肿瘤、心脑血管疾病、出生缺陷、伤害等的监测。

③与健康有关问题的监测　包括行为危险因素监测、出生缺陷监测、环境监测、药物不良反应监测、

营养和食品安全监测、突发公共卫生事件监测、计划生育监测等。

(4)公共卫生监测的程序

①建立监测组织和监测系统　国家和全国各级疾病预防控制中心是负责管理全国公共卫生监测系统的机构，负责全球公共卫生监测的机构是世界卫生组织(WHO)。

②公共卫生监测的基本过程　包括资料收集、资料分析和解释、信息反馈和信息利用四个基本过程。

(5)公共卫生监测系统的评价

①敏感性　是指监测系统识别公共卫生问题的能力。它主要包括两个方面：

A.监测系统报告的病例占实际病例的比例。

B.监测系统判断疾病或其他卫生事件暴发或流行的能力。

②及时性　是指监测系统从发现公共卫生问题到将信息反馈给有关部门的时间，它反映了监测系统的信息反馈速度。

③代表性　是指监测系统发现的公共卫生问题在多大程度上能够反映目标人群的实际情况，缺乏代表性的监测资料可能导致决策失误和卫生资源的浪费。

④阳性预测值　是指监测系统报告的病例中真正的病例所占的比例。

⑤简便性　是指监测系统的收集资料、监测方法和运作简便易行。

⑥灵活性　是指监测系统能针对新的公共卫生问题进行及时的改变或调整。

⑦可接受性　是指监测系统各个环节的工作人员对监测工作的参与意愿。

2. 疾病监测

(1)概念　疾病监测是连续地、系统地收集疾病的资料，经过分析、解释后及时将信息反馈给所有应该知道的人，并且利用监测信息的过程。

(2)我国主要的疾病监测方法

①被动监测　下级监测单位按照常规上报监测资料，而上级监测单位被动接受，称为被动监测。我国法定传染病报告属于被动监测。

②主动监测　上级监测单位专门组织调查或者要求下级监测单位严格按照规定收集资料，称为主动监测。传染病漏报调查及对性病门诊就诊者、暗娼、吸毒者等艾滋病高危行为人群的监测属于主动监测。

③常规报告　国家法定传染病报告系统，由法定报告人上报传染病病例，属于常规报告。

④哨点监测　对能够反映总体人群中某种疾病流行状况的有代表性特定人群(哨点人群)进行监测，了解疾病的流行趋势，属于哨点监测。

(3)我国疾病监测体系

①疾病监测信息报告管理系统　主要对法定报告的39种传染病进行监测。甲类传染病、某些乙类传染病(肺炭疽、传染性非典型肺炎、人感染高致病性禽流感)应于2小时内上报给当地的疾病预防控制中心，同时通过网络直报。其他的应于24小时内通过国家信息报告管理系统进行报告。

②重点传染病监测系统　全国建立了国家级监测点782个，省级监测点1693个，对20种传染病进行重点监测。监测内容包括常规病例报告及暴发调查；相关因素监测。

③症状监测系统　是长期系统地连续收集并分析包括临床症状群在内的各种健康相关数据，常以非特异性的症状和现象为基础，提高对疾病或卫生事件反应的及时性。

④死因监测系统　在31个省市160个监测点，对7300万监测人口(总人口的6%)开展居民死亡原因监测、健康相关因素监测/调查、其他基本公共卫生数据监测。

⑤病媒生物监测系统　在全国17个省40个监测点，对老鼠、蚊子、苍蝇、蟑螂和钉螺的密度进行动态监测，并观察这些病媒生物的带毒、带菌情况。

⑥健康相关危险因素监测系统　包括了营养与食品安全监测、环境与健康监测。

【例27】疾病监测的目的不包括

A. 验证病因假设　　B. 预测疾病流行　　C. 评价预防效果
D. 描述疾病分布　　E. 监测疾病暴发(2019 年真题，超纲题)

【例 28】关于疾病监测的论述，正确的是
A. 疾病监测是一种横向研究　　B. 哨点监测属于被动监测
C. 漏报调查属于主动监测　　D. 常规报告系统是一种主动监测
E. 疾病监测获得的信息应该纵向反馈，而不能横向反馈

3. 疾病暴发的调查与分析

(1)疾病暴发　是指局部地区或集体单位中，短时间内突然出现异常多的性质相同的病例，若采取有效控制措施后，病例会迅速的减少。

(2)疾病暴发的调查　暴发调查是整个工作的关键，是突发公共卫生事件调查的基本形式之一，其基本工作程序如下：

①暴发的核实　核实诊断，确认暴发。

②准备和组织　包括人员的安排和组织的安排。

③现场调查　是暴发调查的核心，包括安全预防、病例发现、采集标本、个案调查、疾病三间分布的调查、环境和物种变化的调查等。

④资料整理　及时地整理分析临床、现场和实验室资料，进行资料分析。

⑤确认暴发终止。

⑥文字总结。

(3)暴发调查时的注意事项　暴发调查应与暴发的控制同步进行，因为暴发的有效控制是研究的目的；暴发调查既应得到法律的保障，也要自觉在法律的规范下开展；争取多部门的合作，并获得群众的支持；及时把信息上报给上级卫生行政和业务部门。

▶常考点　疾病分布；疾病流行强度；现状调查；病例对照研究和队列研究；诊断试验评价指标。

参考答案——详细解答见 2021《贺银成国家临床执业及助理医师资格考试历年考点精析》

1. A**B**CDE	2. ABCD**E**	3. **A**BCDE	4. ABCD**E**	5. **A**BCDE	6. AB**C**DE	7. ABCD**E**
8. AB**C**DE	9. ABC**D**E	10. **A**BCDE	11. AB**C**DE	12. AB**C**DE	13. ABCD**E**	14. **A**BCDE
15. AB**C**DE	16. AB**C**DE	17. **A**BCDE	18. ABC**D**E	19. ABC**D**E	20. ABCD**E**	21. ABCD**E**
22. **A**BCDE	23. ABC**D**E	24. AB**C**DE	25. ABCD**E**	26. ABC**D**E	27. **A**BCDE	28. AB**C**DE

第 3 章　临床预防服务

➠考纲要求

①临床预防服务概述：临床预防服务的概念（临床预防服务和健康管理的定义，临床预防服务的内容、意义与实施原则），健康危险因素评估，健康维护计划的制订与实施。②健康相关行为干预：健康教育与健康促进的概念，临床场所行为干预的基本模式（5A 模式），健康咨询的原则。③烟草使用的行为干预：烟草使用与二手烟的概念及其危害、烟草依赖疾病的概念、临床戒烟指导、常用戒烟药物。④合理营养：营养、营养素、能量、膳食营养素参考摄入量概述、平衡膳食的概念及基本要求，中国居民膳食指南；营养缺乏病，营养过剩性疾病。

➠复习要点

一、临床预防服务概述

1. 临床预防服务的概念

（1）临床预防服务的定义　临床预防服务是指由医务人员在临床场所对“健康者”和无症状“患者”的健康危险因素进行评价，实施个性化的预防干预措施来预防疾病和促进健康。

临床预防服务的提供者是临床医务人员，服务地点是在临床场所，服务对象是健康和无症状“患者”的个体，服务内容强调第一级和第二级预防的结合以及预防性治疗，且是临床和预防一体化的卫生服务。在具体实施上，尤其注重不良行为生活方式等危险因素的收集和纠正，强调医患双方以相互尊重的方式进行健康咨询并共同决策，以及疾病的早期诊断和早期治疗，推行临床与预防一体化的、连续的卫生保健服务。

（2）健康管理的定义　健康管理是指对个体或群体的健康进行全面监测、分析、评估、提供健康咨询、指导以及对健康危险因素进行干预的全过程。健康管理的目的是调动个体、群体及整个社会的积极性，有效地利用有限的资源达到最大的健康效果。具体做法是为个体和群体（包括政府）提供有针对性的、科学的健康信息并创造条件采取行动来改善健康。

健康管理的基本策略是通过评估和控制健康风险，达到维护健康的目的，其基本策略有以下六种形式：生活方式管理、需求管理、疾病管理、灾难性病伤管理、残疾管理、综合的群体健康管理。

（3）临床预防服务的内容　临床预防服务主要针对健康人和无症状“患者”，其服务内容主要有：

①求医者的健康咨询　通过收集求医者的健康危险因素，与求医者共同制订改变不健康行为的计划，督促求医者执行干预计划等，促使他们自觉地采纳有益于健康的行为和生活方式，消除或减轻影响健康的危险因素，预防疾病，促进健康，提高生活质量。通过健康咨询改变就医者的不健康行为是预防疾病最有效的方式，是临床预防最重要的内容之一。

②健康筛检　是指运用快速、简便的体格检查或实验室检查以及危险因素监测与评估等手段，在健康人群中发现未被识别的病人或有健康缺陷的人。筛检的主要目的是将处于早期或亚临床阶段的患者、缺陷者及高危个体从人群中挑选出来。

③免疫接种　是指将抗原或抗体注入机体，使人体获得对某些疾病的特异性抵抗力，从而保护易感人群，预防传染病发生。我国目前实行的是计划免疫。

④化学预防　是指对无症状者使用药物、营养素（包括矿物质）、生物制剂或其他天然物质作为第一级预防措施，提高人群抵抗疾病的能力，防止某些疾病的发生。

⑤预防性治疗　是指通过应用一些治疗手段，预防某一疾病从一个阶段进展到更为严重的阶段，或预防某一较轻疾病发展为另一较为严重疾病的方法。

(4)临床预防服务的意义 临床预防服务实现了治疗和预防一体化的医疗卫生保健服务，是当今最佳的医学服务模式。①临床医务人员占整个卫生队伍的大多数，如果每个医务人员都能在医疗卫生服务过程中将预防保健与日常医疗工作有机地结合，及时纠正就医者的不良生活方式，提高他们的自我保健意识和能力，其收益甚大；②临床医生与患者面对面接触过程中可以了解患者的第一手资料，所提出的建议有针对性，就医者对临床医生的建议或忠告有较大的依从性；③许多预防服务只有临床医生才能开展。

(5)临床预防服务的实施原则

①重视危险因素的收集 临床预防服务的基础是全面收集就医者的资料，并对个人健康危险因素进行评估，才能确定什么样的预防措施和方案是最优的。

②医患双方共同决策 实施临床预防服务的原则之一是医患双方共同决策，并以相互尊重的方式来进行教育和咨询。

③注重综合性和连续性 有了双方连续的服务关系，才可能不间断地收集资料，从而对个体健康维护方案不断地进行修正和完善。

④以健康咨询与教育为先导 健康教育和咨询，改变不良行为，比体检、筛查可更早地预防疾病。

⑤合理选择健康筛检的内容 临床预防服务需要根据个体不同性别、不同年龄和不同危险因素，制订有针对性的疾病筛检策略，而不是笼统地以一年一次的方式进行全面健康检查。

⑥根据不同年龄阶段的特点开展针对性的临床预防服务 不同的年龄阶段个体健康问题不同，健康危险因素也有差异。

【例 1】健康管理的首要步骤一般是

A. 人群的健康体检　B. 收集健康信息　C. 健康维护计划的制订
D. 健康维护计划的实施　E. 疾病危险度评估(超纲题，大纲只要求掌握概念)

【例 2】下列不属于临床预防服务内容的是

A. 慢性病的自我管理　B. 健康筛检　C. 化学预防
D. 健康教育　E. 免疫接种

【例 3】临床场所实施化学预防的对象是

A. 有既往病史的　B. 已经康复的　C. 出现症状的
D. 无症状的　E. 正在治疗的

2. 健康危险因素评估

(1)概念 健康危险因素评估是一种用于描述和评估个体健康危险因素所导致的某一特定疾病或因为某种特定疾病而死亡的可能性的方法和工具。具体的做法是，根据所收集的个体健康信息，对个人的健康状况及未来患病或死亡的危险性用数学模型进行量化评估。这种分析过程的目的在于估计特定时间发生某种疾病的可能性，而不在于做出明确的诊断。

(2)健康危险因素收集 健康危险因素是在机体内外环境中存在的与疾病发生、发展和死亡有关的诱发因素，包括环境危险因素、行为危险因素、生物遗传因素、医疗服务的危险因素等。收集个人健康信息是临床预防服务的第一步。健康信息一般通过问卷调查、健康体检、筛查等获得，也可通过查阅门诊、住院病历获得。临床预防服务中可以通过门诊询问获得就医者的健康信息。

(3)危险度评估方法 是根据收集到的健康危险因素，对个人健康状况及未来患病、死亡危险性的量化估计。疾病危险性评估有两种方法：①第一种建立在单一危险因素与发病的基础上，将这些单一因素与发病率的关系以相对危险性来表示强度，得出数个相关因素的加权分数即为患病危险性。②第二种建立在多因素数理分析的基础上，采用统计学概率理论的方法得出患病危险性与危险因素之间的关系模型。

【例 4】健康危险因素评价的主要目的在于

A. 改善人类生活环境　B. 阐明疾病的生物学病因　C. 便于疾病的早期诊断
D. 控制传染病的传播　E. 促进人们改变不良的行为生活方式

3. 健康维护计划的制订与实施

(1)健康维护计划的概念 健康维护计划是指在明确个人健康危险因素分布的基础上,有针对性地制订将来一段时间内个体化的维护健康的方案,并以此来实施个性化的健康指导。与一般健康教育和健康促进不同,临床预防服务中的健康干预是个性化的,即根据个体的健康危险因素,由医护人员等进行个体指导,设定个体目标,并动态追踪效果。

(2)健康维护计划的制订原则 个体化健康维护计划的制订应遵循以下原则:①以健康为导向的原则;②个性化原则;③综合性利用原则;④动态性原则;⑤个人积极参与的原则。

(3)健康维护计划的实施 个体化健康维护计划的实施措施包括:

①建立健康维护流程表 为了便于健康维护计划的实施与监督,一般要求为每位"患者"制订一张健康维护流程表。主要内容包括:健康指导、疾病筛检、免疫接种等。

②单个健康危险因素干预计划 为了有效地纠正某些高危人群的行为危险因素,还需与"患者"共同制订另外一份某项健康危险因素干预行动,如吸烟者的戒烟计划、肥胖者的体重控制计划等。

③提供健康教育资料 为了提高"患者"对计划执行的依从性,应给他们提供一些健康教育资料。

④健康维护随访 是指在干预计划实施后,医务人员跟踪"患者"执行计划的情况、感受和要求等,以便及时发现曾被忽视的问题。所有"患者"在执行健康维护计划3个月后都需要进行定期随访。

【例5】健康维护计划的制订原则不包括

A. 健康为导向　　B. 个人积极参与　　C. 普适性

D. 综合利用　　E. 动态性

二、健康相关行为干预

1. 健康教育与健康促进的概念

(1)健康教育 是旨在帮助对象人群或个体改善健康相关行为的社会活动。健康教育在调查研究的基础上采用健康信息传播等干预措施促使人群或个体自觉采纳有利于健康的行为和生活方式,从而避免暴露于危险因素,实现预防疾病、治疗康复以及提高健康水平的目的。健康行为是健康教育的核心。

(2)健康促进 WHO将健康促进定义为"是促使人们维护和提高他们自身健康过程,是协调人类与环境的战略,它规定个人与社会对健康各自所负的责任"。健康促进的五大活动领域为:①建立促进健康的公共政策;②创造健康支持环境;③加强社区行动;④发展个人技能;⑤调整卫生服务方向。健康促进的三项基本策略为:倡导、增强能力和协调。

2. 临床场所行为干预的基本模式

(1)健康行为改变理论 改善健康相关行为的活动,需要理论的指导,常用的健康行为改变理论如下:

①健康信念模式 由Hochbaum于1958年提出,是目前用以解释和指导健康相关行为干预的重要理论模式。其基本内容为:健康信念模式认为人们要接受医生的建议而采取某种有益健康的行为或放弃某种危害健康的行为,需要以下几个方面的认识:

A.对疾病严重性的认识 指个体对罹患某疾病严重性的看法,包括人们对疾病引起的临床后果的判断,如死亡、伤残、疼痛等;对疾病引起的社会后果的判断,如工作烦恼、失业、家庭矛盾、社会关系受影响等。

B.对疾病易感性的认识 是指个体对自己罹患某疾病或陷入某种疾病状态的可能性的认识。

C.对行为有效性的认识 是指人们对于实施或放弃某种行为后,能都有效降低患病的危险性或减轻疾病后果的判断,包括减缓疼痛,减少疾病的社会影响等。只有当人们认识到自己的行为有效时,人们才会自觉采取行动。

D.对实施或放弃行为的障碍的认识 是指人们对采取该行动的困难的认识。如有些预防措施花费太大、可能带来痛苦、与日常活动的时间安排有冲突、不方便等。对这些困难的足够认识,是行为巩固能否持久的必要前提。

E.自我效能　是指一个人对自己实施或放弃某一行为的能力的自信，相信自己一定能通过努力成功地采取一个导致期望结果的行为(如戒烟)。

F.行为线索　指的是诱发健康行为发生的因素，是导致个体行为改变的最后推动力，指任何与健康问题有关的促进个体行为改变的关键事件和暗示，包括内在和外在两方面。内在线索包括身体出现不适的症状等，外在线索包括传媒有关健康危害行为严重后果的报道、医生的劝告、家人或朋友的患病体检等。行为线索越多，权威性越高，个体采纳健康行为的可能性越大。

健康信念模式的核心是个人对疾病易感性和严重性的认识，对预防性行为的相对益处和障碍的认识。应让患者知觉到某种疾病或危险因素的威胁，并进一步认识到问题的严重性。

②行为改变阶段模式　由 Prochaska 和 Di Clemente 于 1982 年提出，阶段变化理论最突出的特点是强调根据个人和群体的需求来确定健康促进策略的必要性。行为改变阶段模式认为人的行为变化通常需经过以下 5 个阶段(如右图)：

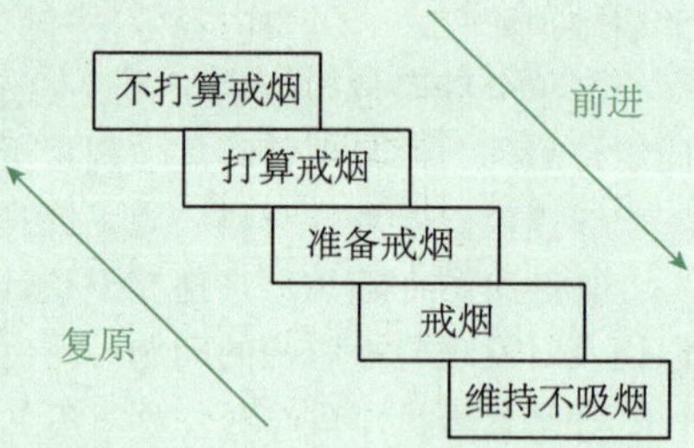

行为改变阶段模式示意图

A.无打算阶段　处于该阶段的人，没有在未来 6 个月中改变自己行为的考虑，或有意坚持不改。

B.打算阶段　处于该阶段的人，打算在未来 6 个月内采取行动，改变疾病危险行为。

C.准备阶段　进入该阶段的人，将于未来 1 个月内改变行为。

D.行动阶段　在此阶段的人，在过去 6 个月中目标行为已经有所改变。

E.行为维持阶段　处于此阶段的人已经维持新行为长达 6 个月以上，已达到预期目的。

不同行为变化阶段的行为变化过程如下图，图中：

a.提高认识　增加对危险行为的认识，包括行为的原因、后果和治疗方法。

b.情感唤起　知觉到如果采取适当的行动，可以降低不良行为带来的负面影响。

c.自我再评价　在认知与情感上对自己的健康风险行为进行自我评价，认识到行为改变的重要性。

d.环境再评价　在认知与情感上，对自己的健康风险行为对社会环境产生的影响进行评价。

e.自我解放　在建立行为信念的基础上，做出要改变行为的承诺。

f.社会解放　意识到社会环境在支持健康行为。

g.反思习惯　认识到不健康行为习惯的危害，学习一种健康行为取代它。

h.强化管理　增加对健康行为的奖赏，反之实施处罚，使改变后的健康行为不断出现。

i.控制刺激　消除诱发不健康行为的因素，增加有利于行为向健康方向改变的提示。

j.求助关系　在健康行为形成过程中，向社会支持网络寻求支持。

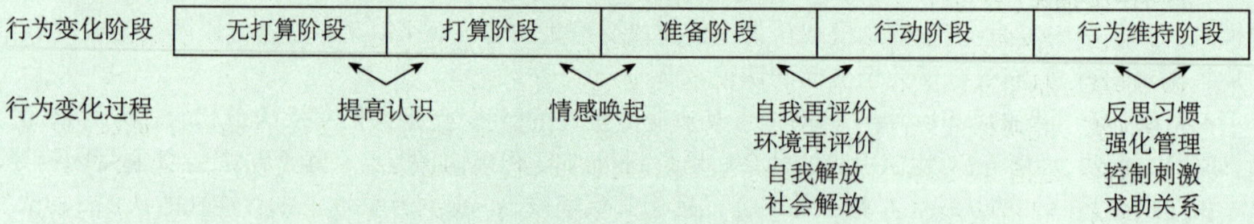

不同行为变化阶段的行为变化过程

【例 6】在健康信念模式中，促进个体行为改变的关键事件和暗示称为

A. 行为线索　　B. 自我效能　　C. 行为能力

D. 对疾病易感性的认识　　E. 对疾病严重性的认识

【例 7】糖尿病患者为了控制血糖，在医生的建议下准备和营养师一起制订一份饮食计划。她虽然知道饮

食控制的好处,但总认为无法管住自己,计划难以实施。对于这样的患者,干预的重点是
A. 提高自我效能 B. 培养行为能力 C. 提高结果预期
D. 提供社会支持 E. 建立支持性环境

③社会认知理论 与前述的个体水平的健康信念模式和行为改变阶段模式不同,社会认知理论属于人际水平的行为改变理论,可以用来解释广泛人类行为(包括健康行为)的综合行为理论。社会认知理论由 Bandura 于 1986 年提出,其主要观点是:个体的行为既不是单由内部因素驱动,也不是单由外部刺激控制,而是行为、个人的认知和其他内部因素、环境三者之间交互作用决定的。因此社会认知理论也称为“交互决定论”,这是一种综合性的人类行为理论。其主要内容为:

A.交互作用 包括环境和个人特性的双向作用、环境和人的行为之间的双向交互作用。

B.观察学习 个体通过观察来学习,了解社会环境,进而形成行为。

C.自我效能 自我效能是一种信念,即相信自己能在特定环境中恰当而有效地实施行为。

D.情感 情感的控制也是行为形成和转变的重要因素。

E.环境 环境要通过人的主观意识(情感)起作用。当人们意识到环境提供了采取某类行为的机会时,人们可能克服障碍而形成该行为。

F.强化 强化理论认为行为发生与否及其频率同“行为前件”和“行为后件”有关。行为前件是指能引发某行为的提示性事件。行为后件是指紧接着某行为的结果而发生的,能对该行为再发生与否和发生频率、强度产生影响的事件。强化可分为外部强化和内部强化。

(2)5A 模式 健康咨询是一个有健康需求的个体(通常是患者)与一个能提供支持和鼓励的个体(通常是医生)接触,通过讨论使有需求的个体获得自信,并找到解决健康问题的办法。健康咨询是临床场所,尤其是基层卫生保健机构帮助个体及家庭改变不良行为最常用的一种健康教育方式。5A 模式不是一个理论,而是医务人员在临床场所为病人提供健康咨询的 5 个步骤。

①Ask/Assess(评估) 包括行为、病情、知识、技能、自信心。

②Advise(劝告) 指提供有关健康危害的相关信息,行为改变的益处等。

③Agree(达成共识) 是指根据患者的兴趣、能力共同设定一个改善健康/行为的目标。

④Assist(协助) 为患者找出行动可能遇到的障碍,帮助确定正确的策略、解决问题的技巧,获得社会支持。

⑤Arrange(安排随访) 明确随访的时间、方式与行动计划,最终通过病人自己的行动计划,达到既定目标。

(3)临床健康咨询的原则

①建立友好关系;②识别需求;③移情;④调动参与;⑤保守秘密;⑥尽量提供信息和资源。

3. 烟草使用的行为干预

(1)烟草使用和二手烟的概念 烟草是一种在世界上分布范围很广的植物。

①烟草制品 是指全部或部分由烟叶作为原料生成的供抽吸、吸吮、咀嚼或者鼻吸的制品。按照吸食过程是否产生烟雾,分为有烟烟草和无烟烟草两大类:

A.有烟烟草 是指吸食时需要点燃并吸入烟草烟雾的烟草制品,也是最普遍吸食的烟草制品。

B.无烟烟草 是指不用点燃而直接用口或鼻子吸用的烟草产品。

②烟草烟雾 指吸烟者呼出的烟雾,与周围空气混合形成环境烟草烟雾,分为主流烟雾和侧流烟雾。

A.主流烟雾 是指当吸烟者吸卷烟时,从卷烟嘴端或烟蒂端吸入的烟雾,最终仍有部分由吸烟者呼出。

B.侧流烟雾 是指从卷烟的燃烧端在两次抽吸之间阴燃(没有火焰缓慢燃烧现象)时产生的烟雾,也包括从包装烟草烟纸扩散出来的烟雾。侧流烟雾因为燃烧温度更低,燃烧更不完全,而且不经过过滤,所以有害物质的浓度比主流烟雾更高。

③二手烟 也称环境烟草烟雾,指不吸烟者吸入吸烟者呼出的主流烟雾及卷烟燃烧产生的侧流烟雾。

④二手烟暴露 是指非吸烟状态,每周至少 1 天,每天至少 15 分钟暴露于烟草烟雾中。不到 1 天者不计入二手烟暴露。

(2)烟草的主要有害成分 烟草烟雾含有7000余种化学成分，如一氧化碳、一氧化氮、氨、硫化氢、氰化氢等，已明确的致癌物质超过69种，如多环芳香烃类、N-亚硝基胺类、芳香胺类、甲醛等。

①尼古丁 是烟草成瘾的主要物质。尼古丁是一种交感神经活性物质，可促进交感神经和肾上腺释放儿茶酚胺，导致心率增快，血压升高，这是导致烟草使用者心脑血管疾病的重要原因之一。

②一氧化碳 是烟草烟雾中的主要成分。CO和与血红蛋白结合，可降低氧合血红蛋白的含量，降低红细胞的携氧能力，抑制血红蛋白中氧的释放，从而导致机体处于相对低氧状态。

③多环芳香烃 是烟草焦油中的成分，是一种常见的致癌物质。动物实验显示多环芳香烃还可加速动脉粥样硬化。研究发现，烟草烟雾中的细颗粒物($PM_{2.5}$)是室内污染的重要来源。

(3)烟草对健康的影响

①肿瘤 吸烟可导致肺癌、口腔癌、鼻咽癌、喉癌、食管癌、胃癌、结直肠癌、肝癌、胰腺癌、膀胱癌、乳腺癌、宫颈癌、急性白血病等。

②呼吸系统疾病 吸烟可导致慢阻肺、青少年哮喘，增加呼吸道感染及肺结核的发病风险。

③循环系统疾病 吸烟会损伤血管内皮，导致动脉粥样硬化、冠心病、脑卒中、外周血管疾病等。

④生殖系统 烟草烟雾中含有多种可影响人体生殖和发育功能的有害物质。男性吸烟可导致性功能障碍。女性吸烟可降低受孕率，导致前置胎盘、胎盘早剥、胎儿生长受限等。

⑤多系统损害 吸烟可对内分泌系统、输卵管、胎盘、免疫功能等造成不良影响。

⑥其他 吸烟可导致髋部骨折、牙周炎、白内障、手术切口愈合不良等。

(4)二手烟的危害 二手烟能使非吸烟者冠心病风险增加25%~30%，肺癌风险提高20%~30%。二手烟雾可激发哮喘频繁发作，增加血液黏稠度，损伤血管内膜，引起冠状动脉供血不足，增加冠心病的发作风险。二手烟还可导致新生儿猝死综合征、中耳炎、低出生体重等。

(5)烟草依赖疾病的概念 烟草依赖是一种慢性成瘾性疾病，指带有强制性的使用与觅求烟草，并于戒断后不断产生再次使用倾向的行为方式，其本质是尼古丁依赖。

(6)临床戒烟指导 多采用5A戒烟法进行临床干预。

①Ask(询问吸烟情况) 在每一个病人、每一次就诊时，了解和记录其吸烟情况。

②Advise(建议吸烟者戒烟) 以一种明确、语气肯定、个体化的方式督促每一个吸烟者戒烟。

③Assess(评估吸烟者的戒烟意愿) 对戒烟意愿的评估是戒烟咨询的重要环节，具体措施为5R法。

中文	5R	具体措施
相关性	Relevance	使患者认识到戒烟与他们密切相关，越个体化越好。如患者目前的健康状态或发生某种疾病的危险性、家庭或周围环境、年龄、性别等
危险性	Risk	应该使患者认识到吸烟的潜在健康危害，应建议患者戒烟，并强调那些与他们最密切相关的健康危害。强调使用低焦油、低尼古丁含量的卷烟，戒烟是避免吸烟造成危害的最有效方法
益处	Rewards	应使患者认识到戒烟的益处，突出说明那些和吸烟者最可能相关的益处，并强调任何年龄戒烟都可以获益，但戒烟越早获益越大
障碍	Roadblocks	应使患者认识到在戒烟过程中可能会遇到的障碍，以及可以为他们提供的治疗手段。典型障碍包括：戒断症状、对戒烟失败的恐惧、体重增加、缺少支持、抑郁、吸烟冲动、周围吸烟者的影响、缺乏有效的戒烟治疗知识
反复	Repetition	利用每次与吸烟者接触的机会，反复加强戒烟动机的干预，不断鼓励吸烟者积极尝试戒烟。每次可以选择不同的角度。对于那些尝试过戒烟但失败的吸烟者，应告诉他们大多数人在戒烟成功之前都曾有过反复多次的戒烟尝试

注意：①5R法为提高戒烟动机的干预措施，不要与5A戒烟法、健康咨询的5A模式混淆。

②对于处于不同行为改变阶段的吸烟者，所采取的5R措施不同，一般情况下应按顺序进行。

④Assist(提供戒烟药物或行为咨询治疗)　帮助愿意戒烟者确定戒烟日期,制订戒烟计划,提供咨询帮助,培训解决问题的技巧,帮助病人获得外部支持,提供戒烟材料等。

⑤Arrange(安排随访)　确定随访时间表,至少开始戒烟后的第1周随访1次。

(7)常用戒烟药物

①尼古丁替代疗法(NRT类药物)　主要是通过向人体提供外源性尼古丁以代替或部分代替从烟草获得的尼古丁,从而减轻尼古丁戒断症状。NRT类药物剂型包括咀嚼胶、贴片、吸入剂、喷雾剂、含片等。

②盐酸安非他酮(缓释片)　为非尼古丁类戒烟药物,可抑制多巴胺及去甲肾上腺素的重摄取、阻断尼古丁乙酰胆碱受体。本品为口服的处方类药。

③伐尼克兰　是一种新型的非尼古丁类戒烟药物。

戒烟时,可联合使用一线药物,以提高戒断率。有效的联合药物治疗包括:长程尼古丁贴片(>14周)+其他NRT类药物(如咀嚼胶和鼻喷剂);尼古丁贴片+盐酸安非他酮。

【例8】下列疾病的发生与吸烟所致危害关系不大的是

A. 糖尿病　　B. 阿尔茨海默病　　C. 男性功能障碍
D. 冠心病　　E. 慢性阻塞性肺疾病

【例9】烟草对人体产生成瘾的成分是

A. 一氧化碳　　B. 二氧化碳　　C. 焦油
D. 烟尘　　E. 尼古丁

【例10】目前临床上使用的戒烟药物包括

A. 吗啡贴片　　B. 阿托品　　C. 阿司匹林
D. 肾上腺素　　E. 尼古丁贴片

(11~13题共用题干)男,45岁。因反复咳嗽1个月到社区卫生服务中心就诊。医生与其交谈中得知该患者已经吸烟20多年,3年前曾经尝试戒烟一个月并得到家人的支持和鼓励。但后来患者由于听说戒烟会生病等传闻而不再考虑戒烟。

【例11】家人对其的戒烟督促属于影响行为的

A. 倾向因素　　B. 促成因素　　C. 强化因素
D. 内在因素　　E. 诱导因素

【例12】根据行为改变的阶段模式,目前该患者处于

A. 维持阶段　　B. 行动阶段　　C. 无打算阶段
D. 打算阶段　　E. 准备阶段

【例13】针对该患者的情况,根据提高患者戒烟动机的干预措施的"5R"法,此时医生应侧重于采用下列哪项措施进行干预?

A. 建议改吸低焦油卷烟　　B. 使患者认识到戒烟可能的障碍　　C. 指出二手烟暴露的健康危害
D. 说明戒烟的益处　　E. 强调吸烟与其家人健康的相关性

4. 合理营养

(1)营养　是指人体摄取、消化、吸收、利用食物中的营养物质以满足机体生理需要的生物学过程。

(2)营养素　是指食物中所含的营养成分。按其化学性质或生理功能,可分为5大类:蛋白质、脂类、碳水化合物、矿物质和维生素。营养素的生理功能为:

①提供能量　以维持体温并满足各种生理活动及体力劳动对能量的需要。能量主要来自三大营养素,即蛋白质、脂肪和碳水化合物。

②构成细胞组织,供给生长发育和自我更新所需的材料　蛋白质、脂肪、碳水化合物与某些无机盐经代谢、同化作用可构成机体组织,以满足生长发育与新陈代谢之需要。

③调节机体生理活动　营养素在机体各种生理活动与生物化学变化中起调节作用。

(3)能量

①人体的能量消耗　机体能量主要用于维持基础代谢、体力活动和食物热效应的需要。食物热效应是指人体在摄食过程中所引起的能量消耗额外增加的现象，与其食物营养成分、进食的量和频数有关。

②能量的来源和参考摄入量　能量主要来源于食物中的碳水化合物、蛋白质和脂肪。不同年龄、性别、生理状态、劳动强度下膳食能量摄入量见《中国居民膳食营养素参考输入量》。

(4)膳食营养素参考摄入量概述

指标	代号	定义
膳食营养素参考摄入量	DRIs	是在每日膳食中营养素供给量基础上发展起来的一组每日平均膳食营养素摄入量的参考值，包括平均需要量、推荐摄入量、适宜摄入量和可耐受最高摄入量4组营养水平指标
平均需要量	EAR	是指某一特定性别、年龄及生理状况的群体中，个体对某营养素需要量的平均值
推荐摄入量	RNI	是指可满足某一特定性别、年龄及生理状况的群体中97%～98%个体需要量的摄入水平，相当于传统的每日膳食中营养素供给量(RDA)
适宜摄入量	AI	是指通过观察或实验获得的健康人群某种营养素的摄入量 纯母乳喂养的足月健康婴儿，从出生到4～6个月，他们的营养全部来自母乳，母乳中供给的营养素量就是他们的AI值
可耐受最高摄入量	UL	是指平均每日摄入营养素的最高限量 当摄入量超过UL时，有增加发生毒副作用的危险性

A. 适宜摄入量(AI)　　B. 平均需要量(EAR)　　C. 推荐摄入量(RNI)
D. 参考摄入量(DRIs)　　E. 可耐受最高摄入量(UL)

【例14】纯母乳喂养的足月产1月龄健康婴儿，母乳中的营养素含量就是婴儿各种营养素的

【例15】可以满足某一特定性别、年龄及生理状况群体中绝大多数个体(97%～98%)需要量的某种营养素摄入水平是

(5)平衡膳食的概念及基本要求　平衡膳食也称合理膳食，是指提供给机体种类齐全、数量充足、比例合适的能量和各种营养素，并与机体的需要保持平衡，进而达到合理营养、促进健康、预防疾病的膳食。

平衡膳食的基本要求为：①提供种类齐全、数量充足、比例合适的营养素；②保证食物安全；③科学的烹调加工方法；④合理的进餐制度和良好的饮食习惯。

(6)中国居民膳食指南　膳食指南是根据营养学原则，结合国情制定的，是教育人民群众采用平衡膳食，以摄取合理营养素促进健康的指导性意见。世界上许多国家，均根据自己的国情制定膳食指南，其基本要点是提供食物多样化和平衡膳食，避免摄入过多脂肪、食糖、盐等，引导居民进行合理的食物消费。

《中国居民膳食指南》(2016年版)针对一般人群膳食指南：①食物多样，谷类为主；②吃动平衡，健康体重；③多吃蔬菜、奶类、大豆；④适量吃鱼、禽、蛋、瘦肉；⑤少盐少油，控糖限酒；⑥杜绝浪费，兴新食尚。

此外，我国还制定了特定人群膳食指南，如中国孕妇、乳母膳食指南，中国婴儿幼儿膳食指南，中国儿童少年膳食指南，中国老年人膳食指南，素食人群膳食指南。为了帮助居民在日常生活中实践《中国居民膳食指南》，专家委员会进一步提出了食物定量指导方案，并以宝塔图形表示。它直观地告诉居民食物分类的概念及每天各类食物的合理摄入范围，也就是说它告诉消费者每日应吃食物的种类及相应的数量，对合理调配平衡膳食进行具体指导，故称为“中国居民平衡膳食宝塔”。平衡膳食宝塔共分5层，从塔底至塔尖算起，每人每日应摄入的主要食物种类和能量为：

位居底层的是谷类、薯类及杂豆食物，应摄入250～400g/d。

第二层为蔬菜和水果，应分别摄入300～500g/d和200～400g/d。

第三层为鱼、禽、肉、蛋等动物性食物，推荐摄入量120～200g/d。

第四层为乳类、大豆和坚果，乳类应摄入300g/d，大豆和坚果应摄入25~35g/d。

位居塔尖的是烹调油和食盐，烹调油不超过25~30g/d，食盐不超过6g/d。

【例16】“平衡膳食宝塔”提示，每日每人大豆类摄入量相当于干豆50g，其目的主要是

A. 保证水和糖的摄入　B. 提高膳食蛋白质质量　C. 保证膳食纤维素摄入

D. 补充人体必要氮损失　E. 提高必需脂肪酸摄入水平

(7)常考营养素来源　该知识点超纲，但常考。

①蛋白质　广泛存在于动物性和植物性食物中，动物性蛋白质质量好，植物性蛋白质中以大豆及其制品富含优质蛋白质，其余植物性蛋白质利用率较低。畜禽类、鱼类、蛋类的蛋白质含量约为10%~20%，鲜奶类约为1.5%~3.8%，大豆为20%~40%，粮谷类约为8%~10%。

②脂类　坚果类脂肪含量约为50%~70%。花生、大豆、蛋黄、肝等富含磷脂。

③碳水化合物　食物中的碳水化合物主要来自谷类、薯类、蔬菜、水果等。

④钙　奶及奶制品是钙的良好来源。水产品中小虾皮含钙高，其次是海带。黄豆及其制品、黑豆、赤小豆、各种瓜子、芝麻酱、绿色蔬菜等含钙丰富。

⑤铁　膳食中的铁主要来源于动物肝脏、动物全血、畜禽类、鱼类、海带、黑木耳等。

⑥锌　动物性食品是锌的良好来源，尤其海产品、红色肉类、动物肝脏等。植物性食品含锌较少。

(8)营养缺乏病、营养过剩性疾病

营养失去平衡可产生营养不良，营养不良是指一种或一种以上营养素缺乏或过剩造成的机体健康异常或疾病状态。营养不良包括两种表现形式，即营养缺乏和营养过剩。

营养摄入不足，可导致营养缺乏病，如目前世界上流行的四大营养缺乏病，如蛋白质-能量营养不良、缺铁性贫血、缺碘性疾病、维生素A缺乏病等。此外，钙、维生素D缺乏可导致佝偻病，维生素B_1缺乏可导致脚气病，维生素C缺乏可导致坏血病，锌缺乏可导致厌食症。

营养素摄入过多，可产生营养过剩性疾病，如高热量、高脂肪、高蛋白，特别是动物脂肪过多，可以引起营养过剩性疾病，如肥胖症、高血脂、冠心病、糖尿病等。

【例17】某山区一妇女育有3个子女，生活贫困，长期从事重体力劳动。近期感觉头昏、乏力、腿部水肿。去医院检查：血清白蛋白28g/L，铁蛋白20μg/L。在下列食品中，建议该妇女应多吃的是

A. 白面　B. 红薯　C. 绿叶菜

D. 大米　E. 大豆及其制品

【例18】对于铁的摄入，最好的食物来源是

A. 豆类　B. 粮谷类　C. 蔬菜、水果

D. 动物肝脏　E. 牛奶及奶制品

【例19】富含无机盐、水溶性维生素和膳食纤维的食物是

A. 奶制品　B. 蔬菜　C. 谷类

D. 肉类　E. 蛋类

▶▶**常考点**　重点内容，请全面掌握。

参考答案——详细解答见2021《贺银成国家临床执业及助理医师资格考试历年考点精析》

1. ABCDE　2. ABCDE　3. ABCDE　4. ABCDE　5. ABCDE　6. ABCDE　7. ABCDE
8. ABCDE　9. ABCDE　10. ABCDE　11. ABCDE　12. ABCDE　13. ABCDE　14. ABCDE
15. ABCDE　16. ABCDE　17. ABCDE　18. ABCDE　19. ABCDE

第4章 社区公共卫生

▶考纲要求

①人群健康与社区卫生:人群健康与社区卫生的基本概念,社区基本公共卫生服务(定义和主要内容),居民健康档案管理,社区卫生的项目实施与管理。②传染病的预防与控制:传染病预防控制的策略与措施,计划免疫(计划免疫的定义、预防接种的种类、免疫规划程序、常见接种异常反应及处理)。③慢性非传染性疾病的预防与管理:慢性非传染性疾病的流行现状及防治策略,慢性非传染性疾病的管理(疾病的管理概念、慢性非传染性疾病管理的原则、慢性病自我管理)。④环境卫生:概述,常见生物地球化学性疾病,饮用水卫生(介水传染病的特点、水源选择与卫生防护、饮用水的常用消毒方法),土壤污染(来源和健康危害、粪便和垃圾无害化处理),室内空气污染(来源和健康危害、预防控制措施)。⑤职业卫生服务与职业病管理:职业性有害因素的定义、分类及其对健康的危害,职业卫生服务,职业人群健康监护,职业病的概念及管理。⑥食品安全与食物中毒:食品安全(食源性疾病、食品中常见污染物及其危害、主要食品添加剂及安全使用),食物中毒的定义、分类和特点,常见细菌性食物中毒,化学性食物中毒,有毒动植物食物中毒,真菌毒素和霉变食品中毒,食物中毒调查与处理。⑦医疗场所健康安全管理:医院常见的有害因素及其来源,患者安全及其防范措施,医务人员安全及其防范措施。⑧突发公共卫生事件及其应急策略:突发公共卫生事件的概念、分类和应急预案,突发公共卫生事件的报告和处理原则。

▶复习要点

一、人群健康与社区卫生

1. 人群健康与社区卫生的概念

(1)人群健康 是指受社会、经济、环境、个体行为和生物遗传等因素决定的,可以量化的整个人群的健康。人群健康策略强调两点:①注重分析在整个生命全程中影响人群健康的全部决定因素,而不仅仅重视与特定疾病相关的危险因素或临床病因;②重视促进全体人群的健康,而不仅仅关注那些已患病者或高危个体。

(2)社区卫生 是人群健康的策略和原则在社区水平上的具体应用,即强调了解社区全体居民的健康和疾病,通过确定优先项目,消除不同群体间健康的不平等来促进健康和提高生活质量。

2. 社区基本公共卫生服务

(1)定义 是以健康为中心、社区为范围、全人群为对象的综合性健康促进与疾病预防服务。

(2)主要内容 ①卫生信息管理(社区诊所、健康档案管理、日常信息收集);②健康教育(卫生知识普及、重点人群及重点场所健康教育);③传染病防治(疫情报告和监测、预防接种、结核病防治、性病及艾滋病防治、地方病及寄生虫病防治);④慢性非传染性疾病防治;⑤精神卫生;⑥妇女保健;⑦儿童保健;⑧老年保健;⑨残疾康复;⑩计划生育服务。

【例1】人群健康策略强调的是

A. 重点人群的健康影响因素　B. 特定疾病的临床病因　C. 除患者以外的人群的健康
D. 高危个体的危险因素　E. 关注全体人群的健康

3. 居民健康档案管理

为已经和即将接受服务的辖区居民建立健康档案,包括居民基本信息、个人和家庭主要成员健康状况及卫生服务记录,对健康档案及时更新和维护管理,逐步实行健康档案计算机管理和信息共享。

4. 社区卫生的项目实施与管理

社区卫生的项目实施包括社区动员、社区诊断、实施、监测、评价5个连续的阶段。

(1)社区动员　是指通过发动社区群众的广泛参与,让他们依靠自己的力量实现特定社区健康发展目标的群众性运动。群众的参与和支持,是任何一项社区预防服务成功的基础。

(2)社区诊断　是指社区卫生工作者通过一定的定性和定量的调查研究方法,收集必要的资料,通过科学、客观地分析确定,并得到社区人群认可的该社区主要的公共卫生问题及社区现有资源状况,为社区预防服务计划的制订提供科学依据。

(3)制订社区预防服务计划　是以社区诊断所获得的信息为基础,确定其中需优先解决的健康问题,然后制订出解决优先问题的目标、策略和方法。

(4)社区预防服务计划的实施　该计划的实施涉及人员广泛,需落实到细致的活动,包括资金、人力、时间、设备等的管理。

(5)社区预防服务的评价　是整个项目的一个重要组成部分。评价主要包括3种类型:形成评价、过程评价和总结评价。

【例2】社区诊断是指通过调查、收集资料和客观分析,对社区

A. 高危人群的诊断　　B. 病人进行的诊断　　C. 暴发疾病进行的诊断
D. 突发卫生事件的诊断　　E. 主要公共卫生问题进行的诊断

二、传染病的预防与控制

1. 传染病预防控制策略

(1)预防为主　是我国的基本卫生工作方针。传染病的预防就是在疫情尚未出现时,针对可能暴露的病原体、易感人群或传播途径采取措施。包括:①加强人群免疫;②改善卫生条件;③加强健康教育。

(2)加强传染病监测　我国传染病监测包括常规报告和哨点监测。常规报告覆盖了39种法定传染病。

(3)建立传染病预警制度　及时发出传染病预警,制定传染病预防、控制预案。

(4)加强传染病预防控制管理　包括:①制定严格的标准和管理规范,对病原生物的实验室、传染病菌种、毒种库等进行监督管理;②加强血液及血液制品、生物制品、病原生物有关的生物标本等的管理;③加强传染病相关人员的培训。

(5)传染病的全球化控制　传染病的全球化流行趋势日益体现了传染病全球化控制策略的重要性。

2. 传染病预防控制措施

(1)传染病报告　是传染病监测的手段之一。

(2)针对传染源的措施

①病人　针对病人的措施应做到早发现、早诊断、早报告、早隔离、早治疗。

②病原携带者　应做好登记、管理和随访至其病原体检查2~3次阴性后。

③接触者　凡与传染源有过接触者应留验。

④动物传染源　对危害大且经济价值不大的动物传染源应予彻底消灭。

(3)针对传播途径的措施　对传染源污染的环境,必须采取有效的措施,去除和杀灭病原体。

(4)针对易感者的措施　可行免疫预防、药物预防和个人防护。

3. 计划免疫

(1)计划免疫的定义　计划免疫是指根据疫情监测和人群免疫状况分析,按照规定的免疫程序,有计划地进行预防接种,以提高人群免疫水平,达到控制乃至最终消灭相应传染病的目的。所谓预防接种,是指将抗原或抗体注入机体,使人体获得对某些疾病的特异性抵抗力,从而保护易感人群,预防传染病的发生。

(2)预防接种的种类　预防接种是指将抗原或抗体注入机体,使人体获得对某些疾病的特异性抵抗力,从而保护易感人群,预防传染病发生。预防接种分为以下三种:

①人工自动免疫　是指通过人工免疫方法，使宿主对相应传染病产生特异免疫抵抗力的方法。

②人工被动免疫　是指将含有抗体的血清或其制剂直接注入机体，使机体立即获得抵抗某种传染病的能力的方法。

③被动自动免疫　在注射破伤风或白喉抗毒素实施被动免疫的同时，接种破伤风或白喉类毒素疫苗，使机体迅速获得自身特异性抗体，产生持久的免疫力。

(3)免疫规划程序

①全球扩大免疫规划　要求坚持免疫方法与流行病学监测相结合，防治白喉、百日咳、破伤风、麻疹、脊髓灰质炎、结核病等传染病。重点放在提高免疫覆盖率，使每一个儿童在出生后都能按计划获得免疫接种。

②我国的计划免疫程序　主要内容是儿童基础免疫，即对 7 岁及 7 岁以下儿童进行卡介苗、脊髓灰质炎、百白破混合制剂和麻疹疫苗免疫接种，以及以后适时加强免疫，使儿童获得对结核、脊髓灰质炎、百日咳、白喉、破伤风和麻疹的免疫力，称为"接种四苗，预防六病"。最新的计划免疫还要求添加乙肝疫苗。

(4)常见接种异常反应及处理　我国《疫苗流通和预防接种管理条例》规定：

①不属于预防接种异常反应的情形　A.因疫苗本身特性引起的接种后一般反应；B.因疫苗质量不合格给受种者造成的损害；C.因接种单位违反预防接种工作规范、免疫程序、疫苗使用指导原则、接种方案给受种者造成的损害；D.受种者在接种时正处于某种疾病的潜伏期或者前驱期，接种后偶合发病；E.受种者有疫苗说明书规定的接种禁忌，在接种前受种者或者其监护人未如实提供受种者的健康状况和接种禁忌等情况，接种后受种者原有疾病急性复发或者病情加重；F.因心理因素发生的个体或者群体的心因性反应。

②预防接种异常反应的处理　疾病预防控制机构和接种单位及其医务人员发现预防接种异常反应、疑似预防接种异常反应的，应当依照预防接种工作规范及时处理，并立即报告所在地的县级人民政府卫生主管部门、药品监督管理部门。接到报告的卫生主管部门、药品监督管理部门应当立即组织调查处理。

三、慢性非传染性疾病的预防与管理

1. 慢性非传染性疾病的流行现状及防治策略

(1)慢性非传染性疾病的流行现状　慢性非传染性疾病简称慢性病或慢病，是指一组起病时间长，缺乏明确的病因证据，一旦发病即病情迁延不愈的非传染性疾病的总称。如冠心病、脑卒中、恶性肿瘤等。

①慢性病世界上流行现状　2005 年全球全死因死亡数为 5800 万人，其中死于慢性病的约为 3500 万，占 60%，其中心血管疾病占 30%、恶性肿瘤占 13%、慢性呼吸性疾病占 7%、糖尿病占 2%。

②我国慢性病的流行特点　2012 年 7 月卫生部公布，目前确诊的慢性病患者已超过 2.6 亿，因慢性病死亡占我国居民总死亡的构成比已上升至 85%。慢性病已成为影响我国居民健康水平提高的重大公共卫生问题。我国慢性病流行的特点为：A.高发病率、高死亡率；B.主要危险因素暴露水平不断提高；C.慢性病的疾病谱发生变化；D.疾病负担加重。

(2)慢性非传染性疾病的防治原则

①强调在社区和家庭水平上降低最常见慢性病的 4 种共同危险因素（吸烟、饮酒、不健康饮食、静坐生活方式），进行生命全程预防。

②三级预防并重，采取以健康教育、健康促进为主要手段的综合措施。

③全人群策略和高危人群策略并重。

④改变传统保健系统服务内容、方式，向包括鼓励患者共同参与，促进和支持患者自我管理，加强患者定期随访，加强与社区、家庭合作等内容的创新性慢性病保健模式发展。

⑤加强社区慢性非传染性疾病防治的行动。

⑥改变行为危险因素预防慢性病时，应以生态健康促进模式及科学的行为改变理论为指导，建立以

政策及环境改变为主要策略的综合性社区行为危险因素干预项目。

(3)慢性非传染性疾病的防治策略　应坚持全人群和高危人群相结合的策略(群体干预性策略)。

①全人群策略　是指政府制定相应的卫生政策,以减少发病为目的,以控制主要危险因素为主要内容,通过健康促进、健康教育、社区参与等主要方法,在全人群中控制主要危险因素,预防和减少疾病的发生与流行。这些策略属于一级预防的范畴。

②高危人群策略　对高危人群进行三级预防。应针对高危人群与有关疾病的特点,以促进转归和早期发现为目的,实施主要危险因素的干预和监测,进行人群筛检,早期发现患者;以减少并发症和伤残为目的,对患者实行规范化治疗和康复指导,提高痊愈率,减少并发症和伤残。

【例3】慢性病防治的基本原则不包括

A. 高危人群为主　　B. 三级预防并重　　C. 生命全程预防

D. 以社区和家庭为基础　　E. 以健康教育和健康促进为主要手段

3. 慢性非传染性疾病的管理

(1)疾病管理的概念　疾病管理是针对疾病发生发展的各个阶段采取不同的措施,提供不同的服务,也就是对疾病采取"全程的管理",从根本上控制医疗保健的成本,节约有限的卫生资源。美国疾病管理协会对疾病管理的定义为:疾病管理是一种通过整合性医疗资源的介入与沟通来提高患者自我管理效果的管理系统。疾病管理是以疾病发展的自然过程为基础的、综合的、一体化的保健和费用支付管理体系。其特点是以人群为基础,重视疾病发生发展的全过程,强调预防、保健、医疗等多学科的合作,提倡资源的早利用,减少发病之后非必需的医疗花费,提高卫生资源和资金的使用效率。

(2)慢性非传染性疾病(慢性病)管理的原则

①慢性病管理的概念　是指以生物-心理-社会医学模式为指导,组织慢性病专业医生及护理人员,通过为健康人、慢性病风险人群、慢性病患者提供全面、连续、主动的管理,以达到促进健康、延缓慢性病病程、减少并发症、降低伤残率、延长寿命、提高生活质量,同时降低医疗费用为目的的一种健康管理模式。

②慢性病管理的支持体系　开展慢性病管理,必须具备完善的慢性病管理的支持体系,包括:

A.卫生行政部门对社区卫生服务机构的公共投入和规模。

B.建立社区卫生服务机构和医院之间的双向转诊制度。

C.建立资源整合的完善的卫生信息系统平台。

③慢性病管理的要素　A.建立有效的团队协作;B.完善初级卫生保健团队;C.建立各部门的协作;D.建立社区临床信息系统;E.医生培训;F.患者健康教育和患者的自我管理。

(3)慢性病自我管理　是指在卫生保健人员协助下,个人承担一些预防性或治疗性的卫生保健活动。

①自我管理的任务　各种慢性病患者都必须完成三大自我管理任务:

A.所患疾病的医疗和行为管理　如按时服药、加强锻炼、就诊、改变不良饮食习惯等。

B.角色管理　如维持日常角色,做家务,工作,社会交往等。

C.情绪的管理　如愤怒、对未来担心、挫折感或偶尔的情绪低落等。

②自我管理的基本技能　要完成上述自我管理任务,患者必须掌握五种基本自我管理技能:解决问题的技能,决策技能,寻找和利用社区资源的能力,建立良好医患关系的技能,目标设定与采取行动的技能。

③成功实施慢性病自我管理的要素

A.患者自我管理　有效的自我管理能帮助患者及其家人坚持治疗方案,尽可能稳定症状、降低并发症的发生率、减少因慢性病所致的失能。既可提高服务效率,也可提高效果。

B.社区对患者自我管理的支持　社区对患者自我管理的支持主要表现在社区内持续开展慢性病自我管理健康教育项目,培训患者的自我管理能力。

C.医务人员对慢性病患者自我管理的支持　主要包括:日常自我管理活动的支持、指导、确定管理目标、记录管理日记等;有效的临床管理;准确的诊疗计划;紧密的随访。

D.支持医生对慢性病患者自我管理系统的改变　包括：为创新性服务提供政策、制度、激励机制；调整服务提供方式，确保有效果、有效率的临床服务及对自我管理的支持；促进卫生机构提供符合科学证据及患者选择的服务；建立信息系统，利用患者及人群数据来帮助提高服务质量及效率。

【例 4】慢性病自我管理的三大任务是

A. 医疗和行为管理、情绪管理、时间管理　　B. 情绪管理、角色管理、时间管理

C. 医疗和行为管理、情绪管理、角色管理　　D. 费用管理、情绪管理、时间管理

E. 医疗和行为管理、情绪管理、费用管理

四、环境卫生

1. 概述

(1)环境　环境是指围绕人群的空间及其中能直接或间接影响人类生存和发展的各种因素的总体。根据环境要素的属性和特征，可将人类环境分为自然环境和社会环境。

①自然环境　是指环绕于人类周围，能直接或间接影响人类生活与生产的一切自然形成的物质和能量的总体，包括大气圈、水圈、土壤岩石圈、生物圈。自然环境不仅给予人类维持生命的必需物质，还为人类提供保持健康的自然条件。当然，自然环境中也存在许多对健康不利甚至有害的因素。生物地球化学性疾病是由于地壳表面化学元素分布不均匀，使某些地区的水和(或)土壤中某些元素过多或过少，而引起的某些特异性疾病，如碘缺乏病、地方性克汀病、地方性氟中毒、地方性砷中毒、克山病、大骨节病等。

②社会环境　是指人类在生产、生活和社会交往等活动过程中建立起来的上层建筑体系，它由各种非物质因素组成。包括生产关系、阶级关系与社会人际关系等。

(2)环境卫生　是以人类及其周围的环境为对象，阐明环境因素对人群健康影响的发生与发展规律，并通过识别、评价、利用或控制与人群有关的各种环境因素，达到保护和促进人群健康的目的。

(3)环境污染　环境污染是指由于人为或自然的原因，各种污染物进入环境，使环境的组成与性质发生改变，扰乱了生态平衡，对人类健康造成了直接或间接的或潜在的有害影响。

①公害和公害病　严重的环境污染称为公害。由严重环境污染引起的地区性疾病称为公害病。

②污染源　是指向环境排放有害物质或对环境产生有害影响的场所或设备与装置，即污染因素的发生源。包括：生产性污染源；生活性污染源；交通运输性污染源；其他污染源等。

③污染物　是指进入环境并引起环境污染的有害物质，包括化学性、物理性、生物性污染物。

A.一次污染物　又称原生污染物，是指污染源直接排入环境，其理化性质未发生改变的污染物。常见的一次污染物包括大气中的 SO_2、CO、氟利昂、颗粒物、火山灰、水体和土壤中的重金属、有机物等。

B.二次污染物　是指排入到环境中的一次污染物，在环境物理、化学、生物因素的作用下本身发生变化，或在环境中与其他化学物质发生化学反应，形成理化性质与一次污染物不同的新的污染物。

可见，二次污染物主要由一次污染物转化而来。某些污染物既可能是由污染物直接排放的一次污染物，也可能是在排入环境后转化而成的二次污染物。如空气中的 SO_3 和 NO_2，既可能是燃煤或汽车尾气排放的一次污染物，也可能由排放的 SO_2 和 NO 在空气中经氧化而生成的二次污染物。

【例 5】关于大气二次污染物的说法，不正确的是

A. 经化学或光化学作用生成　　B. 与一次污染物的化学性质不同的新污染物

C. 毒性往往比一次污染物更大　　D. 光化学烟雾是二次污染物

E. 沉降的污染物因刮风再次进入大气是二次污染物

2. 常见生物地球化学性疾病

生物地球化学性疾病也称地方病，是指由于地球地壳表面化学元素分布不均匀，使某些地区的水和(或)土壤中某些元素过多或过少，而引起的某些特异性疾病。如碘缺乏病、地方性克汀病、地方性氟中

毒、地方性砷中毒、克山病、大骨节病等。

生物地球化学性疾病的流行特征为：①有明显的地区性，即病区人群的发病率和患病率显著高于非病区人群；②外来的健康人群进入病区一定时间后也可发病，其发病率与当地居民相似；③迁出病区的健康者不再患该病，迁出的患者如果病理改变是可逆的，病情会缓慢减轻或痊愈；④减少或消除环境中的致病因子，该病的发生会减少或消失。

【例6】一般所说的生物地球化学性疾病主要是指

A. 自然疫源性疾病　B. 地质环境因素引起的疾病　C. 环境污染所致的公害病

D. 遗传性疾病　E. 区域内的传染病

【例7】调查某无工业污染的山村儿童的生长发育、智力障碍及疾病的发生。调查结果显示该村儿童只有生长发育落后和智力障碍，无其他疾病。该疾病是因为

A. 砷缺乏　B. 铅缺乏　C. 氟缺乏

D. 硒缺乏　E. 碘缺乏

3. 饮用水卫生

(1)介水传染病的特点　介水传染病是指通过饮用水或接触受病原体污染的水，或食用被这种水污染的食物而传播的疾病，又称水性传染病，如霍乱、伤寒、痢疾、甲型病毒性肝炎等。介水传染病的流行特点为：

①水源一次大量污染后可暴发流行，绝大多数病例的发病日期集中在该病最短和最长潜伏期之间，如水源经常被污染，则病例终年不断。

②病例的分布与供水范围一致，绝大多数患者都有饮用同一水源的历史。

③一旦对污染源采取治理措施，加强饮用水的净化和消毒，疾病的流行能迅速得到控制。

(2)水源选择与卫生防护　根据我国《生活饮用水卫生标准》相关规定，水源卫生防护标准为：生活饮用水的水源，必须设置卫生防护地带；集中式给水水源卫生防护地带的规定如下：

①地面水　A.取水点周围半径100m的水域内，严禁捕捞、停靠船只、游泳和从事可能污染水源的任何活动；B.取水点上游1000m至下游100m的水域，不得排入工业废水和生活污水；C.以河流为给水水源的集中式给水，由供水单位会同卫生、环境保护等部门，划定水源保护区。

②地下水　A.取水构筑物的防护范围、防护措施应符合相关要求；B.在单井或井群的影响半径范围内，不得使用工业废水或生活污水灌溉和施用剧毒的农药；C.在水厂生产区的范围内，应按地面水水厂生产区的要求执行。

(3)饮用水的常用消毒方法　有氯化消毒法和二氧化氯消毒法。

4. 土壤污染

(1)土壤污染的来源　土壤污染的来源很多，大致可分为：①工业污染，包括废水、废气、固体废弃物等；②生活污染，包括生活垃圾、人畜粪便等；③农业污染，主要是农药和化肥污染土壤。

(1)土壤污染的健康危害　土壤对健康的危害往往是潜在的、隐蔽性和间接的，甚至是滞后的，不同性质和来源的污染物对人群健康的影响不同。

①农药污染　目前经常使用的农药有200多种，在农药使用过程中可对土壤造成污染。一般情况下，农药污染土壤后造成的健康危害多为间接危害和慢性危害。

②生物性污染　人体排出的含病原体的粪便未经无害化处理，即进行农田施肥可污染土壤，人吃这种土壤中种植的蔬菜瓜果等可感染患病。

③无机污染物　重金属污染物，如镉、铊、汞、铅、砷元素等，进入土壤后难以被微生物分解、净化，长期积累到一定程度通过土壤—植物系统及食物链途径进入人体而危害健康。

(3)粪便和垃圾无害化处理　常用方法包括：密闭发酵沉卵法、高温堆肥法、沼气发酵法等。

5. 室内空气污染

空气污染是指由于人为或自然原因，使一种或多种污染物混入空气中，并达到一定浓度，超过大气的

自净能力，对动植物产生不良影响的空气状态。

(1)来源

A.生活环境产生的有害物质　如煤燃烧造成的空气污染、装修材料的氡和甲醛、吸烟造成的室内污染。

B.职业环境产生的有害物质　如工业生产过程中排出的污染物。

C.交通运输产生的有害物质　如汽柴油燃烧产生的大量氮氧化物、CO 等。

(2)健康危害

①致癌物的污染　吸烟的烟雾、建筑材料释放的放射性物质氡、燃烧不完全释放的苯并芘，与呼吸系统癌症的发病有关。

②一氧化碳污染　与动脉粥样硬化、心肌梗死、心绞痛等有关。

③挥发性有机化合物　如甲醛、酮类等对呼吸道、眼有刺激作用。

④病原微生物　可传播呼吸道传染病。

常见室内空气污染物对人体健康的影响归纳如下表

危害类型	所致疾病	原因
CO	组织缺氧、动脉硬化、心梗、心绞痛	CO 与 Hb 结合成 HbCO，失去携带氧的能力
甲醛	头晕、恶心、流泪、畏光、喷嚏、咳嗽、哮喘	甲醛对上呼吸道的刺激作用及致敏作用
香烟烟雾	肺癌、支气管炎、肺心病	有害物质为尼古丁、焦油、多环芳香烃

(3)防控制措施　我国《室内空气质量标准》规定，预防和控制室内空气污染的主要途径包括：①每天定时开窗通风换气；②烹调时切勿将食用油过度加热；③尽量不在室内吸烟；④室内装修时尽量选择环保材料；⑤尽量选择实木家具，以减少甲醛的释放；⑥刚装修好的房间应开窗通风一段时间后入住；⑦尽量不在室内饲养宠物；⑧在室内培育一些绿色植物，以便净化空气；⑨加强空气质量检测。

五、职业卫生服务与职业病管理

1. 职业性有害因素

(1)定义　职业性有害因素是指生产工作过程中及其环境中产生和(或)存在的，对职业人群的健康、安全和作业能力可能造成不良影响的一切要素或条件的总称。

(2)分类　分四大类：物理性有害因素、化学性有害因素、生物性有害因素、不良生理心理性因素。

(3)物理性有害因素及其对健康的危害

①高温作业　按其气象条件的特点，可分为高温强热辐射作业、高温高湿作业和夏季露天作业三种类型。中暑是高温环境下由于热平衡和(或)水盐代谢紊乱等引起的一种以中枢神经系统和(或)心血管系统障碍为主要表现的急性热致疾病。中暑分三种类型：热射病(含日射病)、热痉挛和热衰竭。

②噪声　是指使人感到厌烦或不需要声音的总称。噪声对健康的损害首先是听觉系统的损害(暂时性或永久听阈位移)，其次是听觉外系统的损害，如易疲劳、头痛、睡眠障碍、注意力不集中、记忆力减退等。

③非电离辐射　是指量子能量<12eV，不足以引起生物体电离的电磁辐射，如紫外线、可见光线、红外线、射频及激光等。高频和微波可致类神经症、自主神经功能紊乱。微波还可引起眼睛和血液系统改变。红外线、紫外线、激光可损伤皮肤和眼睛，如红外线可引起职业性白内障，紫外线可致电光性眼炎。

【例 8】男，46 岁。从事粮食烘干工作 25 年，近期出现视物模糊，确诊为白内障。最可能的致病原因是

A. 微波　　B. 铅　　C. 苯胺

D. 拟除虫菊酯　　E. 紫外线辐射

(4)化学性有害因素及其对健康的危害

①毒物　在一定条件下，以较小剂量引起机体功能性或器质性损害，甚至危及生命的化学物质，称为毒物。在生产过程中产生的，存在于工作环境中的毒物，称为生产性毒物。职业人群在生产劳动过程中

过量接触生产性毒物可引起职业中毒。一般将生产性毒物按其综合性分为以下7类：

毒物种类	举例	对健康的危害
金属及类金属毒物	铅、汞、铬、砷	铅中毒主要损害神经、造血、消化系统，表现为类神经征、腹绞痛、贫血等；汞中毒主要损害神经、消化系统
刺激性气体	硫酸、乙酸、NO、NO_2、Cl_2等	局部损害为主：眼、呼吸道黏膜、皮肤损害
窒息性气体	CO、氢氰酸、硫化氢、甲烷	使空气中氧含量降低，导致机体缺氧
有机溶剂	苯、正己烷、二氯乙烯	职业性皮炎、中枢神经系统受抑制、呼吸道刺激 周围神经病、血液系统、生殖系统受损
苯的氨基和硝基化合物	苯胺、联苯胺、三硝基甲苯	形成高铁血红蛋白、溶血等血液损伤，肝损害 联苯胺引起职业性膀胱癌，三硝基甲苯引起白内障
高分子化合物生产中的毒物	氯乙烯、丙烯腈、磷酸三甲苯酯 偶氮二异丁腈	氯乙烯可致雷诺综合征、周围神经病、肢端溶骨症、肝损害；二异氰酸甲苯酯对皮肤有原发刺激及致敏作用
农药	有机磷、氨基甲酸酯、拟除虫菊酯	有机磷中毒

生产性毒物所致健康损害可因毒物本身毒性及其作用特点、接触剂量不同而各异，引起的职业中毒可累及全身各个系统，出现多脏器损害。同一毒物可累及不同的靶器官，不同的毒物可累及同一靶器官。

②粉尘　生产性粉尘是指在生产过程中形成的，并能长时间悬浮在空气中的固体微粒。空气动力学直径（AED）<15μm的尘粒可进入呼吸道，称为可吸入性粉尘。AED<5μm的尘粒可达呼吸道深部和肺泡区，称为呼吸性粉尘。生产性粉尘来源于矿石开采、隧道开凿、耐火材料、玻璃、水泥、陶瓷等的加工等。生产性粉尘根据其理化特性和作用特点不同，对机体的损害不同，引起不同的疾病，其中以尘肺最常见。

(5)生物性有害因素及其对健康的危害　存在于生产工作环境中危害职业人群健康的致病微生物、寄生虫、动植物、昆虫等及其所产生的生物活性物质统称为生物性有害因素。对健康产生的损害包括：

①致病微生物　从事畜牧业、兽医、屠宰、牲畜检疫、皮革工作者易感染炭疽、布鲁斯杆菌等。

②寄生虫　农民、井下矿工、下水道清理工等易感染钩虫病。疫区从事林业人员易受到蜱的叮咬。

③动植物　种植业、园艺园林、木材加工人员有机会接触到动植物性有害因素。

(6)不良生理、心理性有害因素对健康的危害

①不良职业性生理因素　是指劳动过程中，由于人体工程问题而出现的个别器官或系统紧张、长时间处于不良体位、姿势或使用不合理的工具等。人体工程问题所致健康损害包括强制体位所致的疾患、个别器官紧张所致的疾患、压迫及摩擦所致疾患等。

②不良职业性心理因素　由于工作或工作有关的社会心理因素刺激所引起的紧张，称为职业紧张。

【例9】下述生产性毒物中，属于窒息性气体的是

A. 氢氰酸　　B. 氯气　　C. 氯乙烯

D. 一氧化氮　　E. 苯

【例10】在生产过程中形成的呼吸性粉尘是指

A. 直径小于5μm的粉尘　　B. 直径小于15μm的粉尘　　C. 分散度较小的粉尘

D. 分散度较大的粉尘　　E. 能随呼吸进入人体并沉积于呼吸道的粉尘

【例11】苯急性中毒作用主要影响

A. 造血系统　　B. 消化系统　　C. 中枢神经系统

D. 呼吸系统　　E. 内分泌系统

【例12】金属冶炼厂附近幼儿园，大班十名小朋友出现头晕、腹痛、血红蛋白降低，最可能的原因是

A. 镉中毒　　B. 砷中毒　　C. 苯中毒

D. 汞中毒　　　　E. 铅中毒

2. 职业卫生服务

(1)概念　职业卫生服务(OHS)是以保护和促进职业从事者的安全与健康为目的,以职业人群和工作环境为对象的一种特殊形式的卫生服务。它是整个卫生服务体系的重要组成部分,要求有关的部门、雇主、职工及其代表,创造和维护一个安全与健康的工作环境,使工作适合于职工的生理特点,从而促进职工的躯体与心理健康。

(2)职业卫生服务的实施原则

①保护和预防原则　保护职工健康,预防工作中的危害。

②适应原则　使工作和环境适合于人的能力。

③健康促进原则　增进职工的躯体和心理健康以及社会适应能力。

④治疗与康复原则　使职业危害、事故损伤、职业病和工作有关疾病的影响减少到最低程度。

⑤全面的初级卫生保健原则　为职工及其家属提供全面的卫生保健服务。

【例 13】下列不属于职业卫生服务原则的是

A. 保护和预防原则　　B. 全面的初级卫生保健原则　　C. 适应原则
D. 健康促进原则　　E. 治疗优先原则

(3)职业卫生服务的核心内容　①工作场所的健康需求评估;②职业人群健康监护;③健康危险度评估;④危害告知、健康教育和健康促进;⑤职业病和工伤的诊断、治疗和康复服务;⑥实施与作业者健康有关的其他初级卫生保健服务;⑦职业场所突发公共卫生事件的应急救援。

3. 职业人群健康监护

(1)概念　职业人群健康监护是以预防为目的,通过对职业人群健康状况的各种检查以及系统、定期地收集、整理、分析和评价有关健康资料,掌握职业人群健康状况,及时发现损害征象,并连续地监控职业病、工作有关疾病等的分布和发展趋势,以便适时地采取相应的预防措施,防止有害因素所致疾患的发生和发展。

(2)职业人群健康检查　对职业人群进行医学检查和医学实验,以确定其处在职业危害中是否出现职业性疾患,称为医学监护。职业健康检查包括上岗前、在岗期间、离岗时和应急的健康检查。

①就业前健康体检　是指用人单位对作业人员从事某种有害作业前进行的健康检查。目的在于掌握作业人员就业前的健康状况及有关健康基础资料、发现职业禁忌证。

②定期健康检查　是指用人单位按一定时间间隔对已从事某种有害作业的职工进行健康状况检查。

③离岗或转岗时体格检查　指职工调离当前工作岗位时,或改换为当前工作岗位前所进行的健康检查。

④职业病的健康筛查　是指在接触职业性有害因素的职业人群中所进行的筛选性医学检查。

(3)职业环境监测　是对作业者作业环境进行有计划、系统的检测,分析作业环境中有毒有害因素的性质、强度及其在时间、空间的分布及消长规律。

【例 14】用人单位开展就业前健康检查的主要目的是

A. 及时发现就业禁忌证　　B. 便于安排工人从事特殊作业　　C. 全面掌握工人的健康状况
D. 确定工作岗位及转岗　　E. 便于人事部门对工人的管理

【例 15】对职业人群进行医学监护的内容不包括

A. 定期体检　　B. 就业前体检　　C. 职业有害因素监测
D. 离岗或转岗时体检　　E. 职业病的健康筛检

4. 职业病的概念及管理

(1)职业病的概念　职业病是指与工作有关并直接与职业性有害因素有因果关系的疾病。当职业性有害因素作用于人体的强度与时间超过机体所能代偿的时限时,造成功能性或器质性病理改变,并出现相应的临床征象,这类疾病通称为职业病。

《中华人民共和国职业病防治法》将职业病定义为:职业病是指企业、事业单位和个体经济组织的劳动者在职业活动中，因接触粉尘、放射性物质和其他有毒、有害物质等因素而引起的疾病。

法定职业病是用法令形式确定的职业病名单。我国法定职业病分为 10 大类 115 个病种。

职业病的特点包括：①病因明确，为职业性有害因素，控制病因或作用条件，可消除或减少疾病的发生；②病因与疾病之间一般存在接触水平（剂量）-效应（反应）关系，所接触的病因大多是可检测和识别的；③一般为群体发病。接触同种职业性有害因素的人群常有一定的发病率，很少出现个别病人；④早期诊断、及时合理处理，预后、康复效果较好；⑤重在预防，除职业性传染病外，治疗个体无助于控制人群发病。

（2）职业病的预防管理 职业病是一类人为的疾病，应遵循“三级预防”原则。

①一级预防（病因预防） 从根本上阻止职业性有害因素对人体的损害作用，为最有效的预防措施。A.通过生产工艺改革和生产设备改进，合理利用防护设施及个人防护用品，使劳动者尽可能不接触或少接触职业性有害因素；B.通过制定职业接触限值，控制作业场所有害因素在职业安全卫生标准允许限度内；C.针对高危个体进行职业禁忌证检查。

②二级预防（临床前期预防） 对作业人群实施职业健康监护，早期发现职业损害，及时合理处理，并进行有效治疗，防止损害的进一步发展。

③三级预防（临床预防） 对已患职业病的患者及时作出正确的诊断和处理，包括脱离接触、实施合理有效的治疗、预防并发症、促进患者尽快康复等。

【例 16】关于职业病特点的描述，不正确的是

A. 接触水平与发病呈正相关　B. 病因明确　C. 容易治愈

D. 发病可以预防　E. 常先后或同时有一定人数发病

【例 17】在职业病的危害防治和职业人群健康监护中，不属于第一级预防的措施是

A. 加强通风排毒　B. 改革工艺，采用无毒原料　C. 定期对工人进行体检

D. 制订职业接触限值　E. 生产过程机械化、自动化、密闭化

六、食品安全与食物中毒

1. 食品安全

（1）食源性疾病 是指通过摄入食物而进入人体的各种致病因子引起的、通常具有感染或中毒性质的一类疾病。食源性疾病包括食物中毒、食源性肠道传染病、寄生虫病、人兽共患病、化学性有毒有害物质所造成的慢性中毒性疾病等，其中以食物中毒最常见。

（2）食品中常见污染物及其危害 食品污染是指在各种条件下，致使有毒有害物质进入食物或使食物变质而产生有毒有害物质，造成食品安全性、营养性、感官性状发生改变的过程。食品污染是构成食品不安全的主要因素之一，食物从种植、养殖、生产、加工、储存、运输、销售、烹调到食用前的整个过程，都可能受到外来有毒、有害物质的污染，其污染性质包括生物性污染、化学性污染和物理性污染三个方面。

危害物质	所致疾病	原因或致病机制
黄曲霉毒素	肝损害，致癌（肝癌、胃癌、肾癌、直肠癌等）	黄曲霉毒素是目前发现的最强的致癌物质
农药	①急慢性毒性，致突变、致畸、致癌作用 ②可损害内分泌、免疫、生殖系统功能	①有机磷农药是神经毒剂 ②可造成肝脏、血液系统损害
兽药	急、慢性毒性，致突变、致畸、致癌作用	激素反应，细菌耐药性增加，过敏反应
有毒重金属	①铅中毒——智力发育障碍、多种其他疾病 ②汞、镉中毒——癌症、水俣病、骨痛病	重金属（铅、汞、镉、砷、铬等）废水灌溉农田
亚硝胺	消化道肿瘤（如胃癌、食管癌、结直肠癌、肝癌）	硝酸盐、亚硝酸盐在腌制食品中含量高
多环芳烃	上皮癌（皮肤癌、肺癌、胃癌、消化道癌）	苯并芘是一种较强的致癌物

【例 18】不属于食品污染的是

A. 肉类制品检出过量亚硝酸盐　B. 动物性食品中检出沙门氏菌　C. 河鲀鱼中检出河豚毒素

D. 粮食中残留有机磷杀虫药　E. 压榨花生油过程中掺入黄曲霉毒素

(3)主要食品添加剂及安全使用　食品添加剂是指为改善食品品质和色、香、味,以及为防腐和加工工艺的需要而加入食品中的人工合成或者天然物质。我国《食品添加剂使用标准》规定的使用原则为:

①使用的食品添加剂应当符合相应的质量规格要求。

②在下列情况下可使用食品添加剂:A.保持食品本身的营养价值;B.作为某些特殊膳食用食品的必要配料;C.提高食品的质量和稳定性,改进其感官特性;D.便于食品的生产、加工、包装、运输或贮藏。

③食品添加剂使用时应符合以下要求:A.不应对人体产生任何健康危害;B.不应掩盖食品腐败变质;C.不应掩盖食品本身或加工过程中的质量缺陷或以掺杂、掺假、伪造为目的而使用食品添加剂;D.不应降低食品本身的营养价值;E.在达到预期目的的前提下尽可能降低在食品中的使用量。

④在下列情况下,食品添加剂可以通过食品配料带入食品中:

A.根据《食品添加剂使用标准》,食品配料中允许使用该食品添加剂。

B.食品配料中该添加剂的用量不应超过允许的最大使用量。

C.应在正常生产工艺条件下使用这些配料,并且食品中该添加剂的含量不应超过由配料带入的水平。

D.由配料带入食品中的该添加剂的含量应明显低于直接将其添加到该食品中通常所需要的水平。

2. 食物中毒

(1)食物中毒的定义　食物中毒是指食用了被有毒有害物质污染的食品或者食用了含有毒有害物质的食品后出现的急性、亚急性疾病。食物中毒属于食源性疾病之一,不包括因暴饮暴食而引起的急性胃肠炎、食源性肠道传染病和寄生虫病、食物过敏,也不包括因一次大量或长期少量多次摄入某些有毒、有害物质而引起的以慢性中毒为主要特征的疾病(如致畸、致突变、致癌)。

(2)食物中毒的分类　食物中毒一般按病原学分为5类:细菌性食物中毒、真菌及其毒素食物中毒、动物性食物中毒、有毒植物中毒、化学性食物中毒。

(3)食物中毒的发病特点

①暴发性　潜伏期多在24~48小时,发病急,来势猛,呈暴发性,短时间内可能有多数人同时发病。

②特定性　发病与特定的食物有关,发病范围局限在食用同样有毒有害食物的人群中。

③相似性　临床表现基本相似,常以恶心呕吐、腹痛腹泻等胃肠道症状为主,或伴有神经系统症状。

④非传染性　一般人与人之间无直接传染。

【例 19】下列关于食物中毒的发病特点,叙述正确的是

A. 发病与某种食物有关　B. 发病曲线呈缓慢上升趋势　C. 人与人之间有传染性

D. 临床症状完全不同　E. 潜伏期较长

(4)常见细菌性食物中毒

①流行病学特点　细菌性食物中毒是最常见的食物中毒,其流行病学特点为:

A.发病季节性明显,以5~10月较多。

B.常见的细菌性食物中毒病程短、恢复快、病死率低。

C.引起食物中毒的主要食品为肉及肉制品,禽、鱼、乳、蛋也占一定比例。

②临床表现　细菌性食物中毒发病机制分为感染型、毒素型和混合型三种。表现为不同程度的胃肠道症状,感染型通常伴有发热,而毒素型很少有发热,中毒潜伏期的长短与毒素类型有关。

③预防与急救措施

A.加强食品卫生监督、食品加工过程的规范化管理、相关人员的定期体检、个人的良好卫生习惯。

B.及时抢救患者,包括催吐、洗胃、排出毒物。

C.暴发流行时应将患者分类,轻症患者在原单位集中观察治疗,重症患者就近送往医院。

D.同时应收集资料，进行流行病学调查及细菌学检验。

④常见细菌性食物中毒

	沙门菌食物中毒	副溶血弧菌食物中毒	葡萄球菌肠毒素食物中毒	变形杆菌食物中毒
病原菌	革兰阴性杆菌	革兰阴性杆菌	革兰阳性球菌	革兰阴性杆菌
季节性	夏秋季最常见	7~9月最常见	夏秋季最常见	7~9月最常见
食品种类	动物性食品，特别是畜肉类、禽肉	主要是海产品，以墨鱼、带鱼、虾蟹多见	乳、乳制品、肉类、剩饭等	动物性食品，特别是熟肉、内脏的熟制品
病原分布	水、土壤	沿海地区	自然界、鼻咽、消化道	自然界、肠道
潜伏期	4~48小时	2~40小时	2~5小时	12~16小时
临床表现	恶心呕吐，每日腹泻数次至10余次，水样便，黏液或血便，发热	上腹部疼痛，水样便，血水样，黏液或脓血便，里急后重不明显	恶心呕吐，呕吐物呈胆汁样或含血黏液，体温多正常或略高	恶心呕吐，脐周阵发性剧烈绞痛，水样便，黏液，恶臭，每日数次

(5)化学性食物中毒　常见的有亚硝酸盐中毒、砷中毒、有机磷中毒等。

	亚硝酸盐中毒	砷中毒	有机磷中毒
毒物性质	亚硝酸盐、硝酸盐	三氧化二砷(砒霜)	甲拌磷、对硫磷、敌敌畏甲胺磷、乐果、马拉硫磷
常存在于	腌制肉制品、泡菜、变质的蔬菜	砷存在于岩层、地下水和煤层	农业生产最广泛使用的杀虫剂
中毒机制	亚硝酸盐能使血液中正常携氧的亚铁血红蛋白氧化成高铁血红蛋白，而失去携氧能力引起组织缺氧	金属砷不溶于水，没有毒性。通常所说的砷中毒是指砷化物(三氧化二砷)中毒，可引起消化道、中枢神经系统症状	有机磷与乙酰胆碱酯酶结合，形成磷酰化胆碱酯酶，使其丧失水解胆碱酯酶的能力，导致乙酰胆碱积聚
中毒症状	头痛、头晕、乏力、胸闷、气短、心悸、恶心呕吐、腹痛腹泻、腹胀，皮肤发绀、烦躁不安、昏迷等	急性中毒表现为消化道症状(恶心呕吐、腹胀腹泻、水样便)和CNS症状(谵妄昏迷)	头昏、无力、站立不稳、躁动不安、恶心呕吐、腹泻、瞳孔缩小、大小便失禁、肌肉震颤
解毒剂	亚甲蓝(美蓝)	二巯丙磺钠、二巯丙醇、青霉胺	阿托品、解磷定

(6)有害动植物食物中毒　是指一些动植物本身含有某些天然有毒成分，或由于贮存条件不当形成有毒物质被人食用后引起的中毒。常见的有河豚中毒、含高组胺鱼类中毒、毒蕈中毒、含氰苷植物中毒、发芽马铃薯中毒、四季豆中毒、生豆浆中毒等。

①河鲀鱼中毒　河鲀鱼俗称河豚，含有河豚毒素，是一种神经毒素，进入人体后作用于周围神经及脑干中枢致神经麻痹，表现为胃肠道症状、口唇麻木、四肢无力或肌肉麻痹、共济失调等。重症者出现瘫痪、言语不清、发绀、呼吸困难、神志不清、休克，最后可因呼吸循环衰竭而死亡。

②组胺中毒　鱼类引起的组胺中毒是指摄入含大量组胺的鱼类所引起的以急性过敏反应为主的食物中毒。组胺进入人体后可引起毛细血管扩张、支气管收缩。组胺中毒的潜伏期为10分钟~2小时，常表现为面部、胸部或全身皮肤潮红，眼结膜充血，头痛头晕，心慌胸闷，呼吸加快。

③毒蕈中毒　主要表现分4型：胃肠炎型、神经精神型、溶血型、中毒性肝炎型。

(7)真菌毒素和霉变食物中毒　真菌在谷物或其他食品中生长繁殖，产生有毒的代谢产物，人或动物食用后引起中毒。常见的有赤霉病麦中毒、霉玉米中毒、霉甘蔗中毒等。

【例20】导致食物中毒的副溶血性弧菌最容易污染的食品是

A. 剩米饭　　B. 罐头　　C. 海产品和盐渍食品
D. 家庭自制豆制品　　E. 禽肉类及其制品

【例 21】亚硝酸盐食物中毒的机理是
A. 生成高铁血红蛋白　　B. 溶血作用　　C. 胆碱酯酶活性抑制剂
D. 毛细血管扩张　　E. 巯基酶失活

【例 22】男,14 岁。午餐进食海鱼后,即出现头痛、头晕、胸闷。心跳呼吸加快,伴有眼结膜充血,颜面部及全身潮红。测体温正常,无呕吐、腹泻等症状。患者最可能的诊断是
A. 河豚鱼中毒　　B. 组胺中毒　　C. 肉毒梭菌毒素中毒
D. 麻痹性贝类中毒　　E. 副溶血性弧菌中毒

【例 23】女,22 岁。头晕、呕吐伴流涎半小时。1 小时前曾少量饮酒并进食较多凉拌蔬菜。查体:P55 次/分,BP100/70mmHg,神志清楚,皮肤潮湿,双瞳孔针尖样大小,双下肺可闻及湿啰音。最可能的诊断是
A. 亚硝酸盐中毒　　B. 杀鼠药中毒　　C. 吗啡中毒
D. 有机磷农药中毒　　E. 乙醇中毒

(8)食物中毒的调查与处理

①食物中毒的流行病学调查　A.人群流行病学调查;B.危害因素调查;C.实验室检验。

②食物中毒技术处理总则

A.对患者采取紧急处理　并及时向当地卫生行政部门和食品安全综合监管部门报告:停止食用中毒食品;采取患者标本,以备送检;对患者急救治疗,包括急救、对症治疗和特殊治疗。

B.对中毒食品控制处理　保护现场,封存中毒食品或疑似中毒食品;追回已售出的中毒食品或疑似中毒食品;对中毒食品进行无害化处理。

C.对中毒场所采取消毒处理　根据不同的中毒食品,对中毒场所采取相应的消毒处理。

【例 24】确定食物中毒的可疑食物主要是根据
A. 发病者的临床症状　　B. 潜伏期最短者　　C. 病人潜伏期特有的中毒症状
D. 发病者的呕吐物和排泄物　　E. 在同一场所同一时间未发病者未进食的食物

七、医疗场所健康安全管理

医院安全管理是指通过对医院进行有效和科学的管理,保证医务人员在提供医疗服务和患者及家属在接受卫生服务的过程中,不受医院内不良因素的影响和伤害。

1. 医院常见健康有害因素及其来源

(1)医院专业因素　也称医源性因素,主要是指医务人员在专业操作过程中的不当或过失行为,给患者造成的不安全感或者不安全结果。分为技术性有害因素和药物性有害因素。

(2)医院环境因素　是医院建筑卫生、卫生工程、消毒隔离、环境卫生、营养卫生、作业劳动卫生等诸多环境卫生学因素对患者、医务人员健康和安全的潜在威胁。

(3)医院管理因素　是指由于医院的各项组织管理措施不到位或不落实、运行机制不顺畅等原因造成的患者或医务人员安全受到威胁的因素。

(4)医院社会因素　是指可能引发患者和医务人员健康危害的医院相关的外界社会因素

2. 患者安全防范措施

患者安全是指将卫生保健相关的不必要伤害风险降低到可以接受的最低水平。医疗差错常常会导致与患者安全有关的医疗不良事件,主要包括:①医源性感染;②用药(血)安全问题;③手术安全问题;④医疗器械不恰当使用或不安全的注射方法导致的伤害;⑤各种并发症;⑥意外伤害,如跌倒、坠床;⑦环境及食品污染;⑧患方行为问题,如不遵医嘱、自杀等。防范患者安全问题的措施包括:

(1)人体工效学与患者安全　人体工效学是研究人、工具、环境之间关系以及达到最优化的一门学科。在医疗保健系统内,通过应用人体工效学原理,研究医疗保健服务提供者如何与周围环境互动,从而设计出能够让医疗保健服务提供者正确工作更加简单的流程,执行标准化的操作,最终把错误减少到最低程度。

(2)用系统思维来保证患者安全　在任何一所医疗保健机构,其内部也是一个复杂的系统。应用系统思维的方法,从各层面找出系统的原因,提高系统设计水平,才能有效地防止错误的发生。医疗保健系统各个层面的因素包括:人的因素;任务因素;技术设备和工具因素;团队因素;环境因素;组织因素。

(3)加强临床风险管理　系统思维的方法要求我们应用临床风险管理的原则,发现可能使患者受到伤害的风险,并采取措施预防和控制风险。如建立临床实验室"危急值"报告制度,以便及时发现风险并加以控制。

(4)制定并严格执行各种安全相关制度　严格执行各种安全制度,对于保障患者的健康和生命安全具有重要意义。如为提高医务人员对患者的识别准确性,必须严格执行三查七对制度(三查:操作前、操作中、操作后;七对:床号、姓名、药名、浓度、剂量、用法、时间)。

(5)从错误中学习来防范不良事件的发生　不良事件发生后,我们要从错误中学习,了解系统如何出现故障和造成故障的原因,以及如何出错,以便能够从错误中吸取教训,预防错误。

(6)做一名高效的团队合作者。

(7)通过有效交流来发挥患者和照料者在防范错误中的作用。

【例25】为提高医务人员对患者识别的准确性,医院管理中强调必须严格执行"三查七对"制度。其中"三查"是指

A. 开方查、配药查、输液查　B. 门诊查、住院查、家访查　C. 门诊查、住院查、出院查
D. 开方查、取方查、发药查　E. 操作前查、操作中查、操作后查

3. 医务人员安全及其防范措施

(1)医务人员所处环境　具有普通人群环境的共性,既暴露于自然环境、社会环境中,但同时又具有特殊性,即暴露于医院的特定环境之中。医务人员职业暴露环境中的危险因素主要有物理因素、化学因素、生物因素、社会心理因素、与工作有关的因素。

(2)医务人员安全防范原则　医院内所有区域都应采取标准预防。标准预防即认定病人的血液、体液、分泌物、排泄物均具有传染性,不论是否有明显的血迹污染或是否接触非完整的皮肤和黏膜,接触者必须采取预防措施。还要根据疾病的主要传播途径,采取相应的隔离措施。

(3)医务人员标准预防的具体措施　①接触血液、体液、分泌物、排泄物以及被其污染的物品时应当戴手套;②脱去手套后应立即洗手;③一旦接触了血液、体液、分泌物、排泄物,应当立即洗手;④医务人员的工作服、脸部及眼睛有可能被血液、体液、分泌物等喷溅时,应戴一次性口罩或防护眼镜,穿隔离衣等;⑤处理锐器时,应防止被刺伤;⑥病人用后的医疗器械、器具等应正确消毒。

(4)实验室人员安全防护措施　①健全各项规章制度;②加强医务人员职业安全防护知识培训;③增强自身防护意识;④加强锐器损伤的防护和处理;⑤加强接触部位的消毒;⑥个人保健;⑦实验室安全事故处理方案;⑧建立报告与补偿机制。

(5)防范社会暴力伤害　①加强安全保卫措施;②推行感动服务;③积极化解纠纷;④加强媒体沟通。

【例26】医务人员特别是护理人员最常见的安全事件是

A. 电离辐射　B. 脊柱、关节伤　C. 化学伤害
D. 锐器伤　E. 生物伤害

八、突发公共卫生事件及其应急策略

1. 突发公共卫生事件的概念、分类和应急预案

(1)概念　突发公共卫生事件是指突然发生,造成或者可能造成社会公众健康严重损害的重大传染

病疫情、群体性不明原因疾病、重大食物和职业中毒以及其他严重影响公众健康的事件。其特点包括：突发性，普遍性，非常规性。

(2)分类 突发公共卫生事件分为四类：①重大传染病疫情；②群体性不明原因疾病；③重大食物中毒和职业中毒；④其他严重影响公众健康的事件。

(3)应急预案 全国突发事件应急预案包括：

①应急组织体系及职责 应急指挥机构包括全国、省级突发公共卫生事件应急指挥部的组成和职责；日常管理；专家咨询委员会。

②突发公共卫生事件的监测、预警与报告 国家建立统一的突发公共卫生事件监测、预警与报告网络体系。各级医疗、疾病预防控制、卫生监督、出入境检疫机构负责开展突发公共卫生事件的日常监测工作。

③突发公共卫生事件的应急反应和终止 包括应急反应原则，应急反应措施，突发公共卫生事件的分级反应和突发公共卫生事件应急反应的终止。

④善后处理 包括后期评估，责任，征用物质、劳务的补偿等。

⑤突发公共卫生事件应急处置的保障 包括技术保障、物质经费保障、通信与交通保障、法律保障、社会公众的宣传教育。

⑥预案管理与更新 根据突发公卫事件的形势变化和实施中发现的问题及时进行更新、修订和补充。

【例 27】以下不属于突发公共卫生事件的是

A. 某城市发生甲肝暴发流行
B. 某城市严重大气污染造成居民肺癌死亡率上升
C. 某市发生有死亡病例的食物中毒
D. 某核电站发生核泄漏
E. 某研究所发生烈性传染病菌株丢失

2. 突发公共卫生事件的报告和处理原则

(1)突发公共卫生事件的报告 我国《突发公共卫生事件应急条例》规定了突发公共卫生事件应急报告制度，国务院卫生行政主管部门制定突发事件应急报告规范，建立重大、紧急疫情信息报告系统，有下列情形之一的，省、自治区、直辖市人民政府应当在接到报告 1 小时内，向国务院卫生行政主管部门报告：①发生或者可能发生传染病暴发、流行的；②发生或者发现不明原因的群体性疾病的；③发生传染病菌种、毒种丢失的；④发生或者可能发生重大食物和职业中毒事件的。

(2)突发公共卫生事件的处理原则 ①统一领导、分级响应的原则；②及时报告的原则；③调查与控制并举的原则；④分工合作、联防联控的原则；⑤信息互通、及时发布的原则。

常考点 环境卫生；食物中毒。

参考答案——详细解答见2021《贺银成国家临床执业及助理医师资格考试历年考点精析》

1. ABCDE	2. ABCDE	3. ABCDE	4. ABCDE	5. ABCDE	6. ABCDE	7. ABCDE
8. ABCDE	9. ABCDE	10. ABCDE	11. ABCDE	12. ABCDE	13. ABCDE	14. ABCDE
15. ABCDE	16. ABCDE	17. ABCDE	18. ABCDE	19. ABCDE	20. ABCDE	21. ABCDE
22. ABCDE	23. ABCDE	24. ABCDE	25. ABCDE	26. ABCDE	27. ABCDE	

第九篇　卫生法规

第1章　卫生法基础知识与职业病防治法

考纲要求

①卫生法的概念、分类和作用：卫生法的概念，卫生法的分类，卫生法的作用。②卫生法规的形式、效力和解释：卫生法的形式，卫生法的效力，卫生法的解释。③卫生法的守法、执法和司法：卫生法的守法，卫生法的执法，卫生法的司法。④职业病防治法概述：职业病的概念，职业病分类和目录的制定，国家职业卫生标准的制定，职业健康监护档案。⑤职业病诊断与职业病病人保障：职业病诊断机构的设立及其条件，职业病诊断应当综合分析的因素，职业病诊断、鉴定的现场调查，发现职业病病人或者疑似职业病病人的报告，职业病诊断异议的处理，职业病诊断鉴定委员会的组成，职业病诊断鉴定委员会组成人员的职责，劳动者职业病诊断地点的选择。⑥法律责任：医疗卫生机构未按规定报告职业病的的法律责任，擅自从事职业卫生技术服务的法律责任，从事职业卫生技术服务的机构和承担职业病诊断的医疗卫生机构的法律责任，职业病诊断鉴定委员会组成人员的法律责任。

复习要点

一、卫生法基础知识

1. 卫生法的概念、分类和作用

(1)卫生法的概念　卫生法是指调整卫生关系的法律规范的总称。卫生法是指以“卫生”为对象制定的各种法律规范。我国虽然还没有形式意义上的卫生法，但已经有实质意义上的卫生法。

(2)卫生法的分类　按照卫生关系的不同主体、客体和权利义务内容，将卫生法分为公共卫生法、医疗法、药事法、中医药法、医疗保障法等，它们共同构成卫生法体系。

(3)卫生法的作用　卫生法在调整卫生关系中的主要作用可以归纳为以下三个方面：

①维护社会卫生秩序　卫生关系是丰富的、复杂的，也经常是矛盾的、冲突的，所以，客观上需要把各种卫生关系纳入法制轨道。卫生法致力于建立卫生秩序。卫生法运用禁止性规范、强制性规范、授权性规范或者任意性规范等，从不同的角度，用不同的力度，调整卫生关系，其目的是一致的，就是要把各种卫生关系纳入符合公平正义要求的社会秩序中去。

②保障公共卫生利益　利益在法律上的表现形式是权利，所以，公共卫生利益在卫生法上的表现形式就是公共卫生权利。卫生法有关公共卫生权利既体现在传统的公共卫生领域，也体现在患者自主权行使较为充分的医疗保健领域。为了实现公共卫生权利，卫生法要求发展卫生事业，优化卫生资源配置，组织好卫生管理活动，通过政府和市场两个渠道，满足全社会的卫生需求。

③规范卫生行政行为　卫生行政部门是卫生法的主要实施者之一。它代表国家运用公共权力来实现卫生法调整卫生关系的目的。因此，卫生行政部门必须在卫生法规定范围内行使自己的职权，同时还必须按照卫生法规定的程序和要求行使自己的职权，正确适用法律，切实做到法律面前人人平等。要善于运用法治思维和法治方法解决实际工作中遇到的各类矛盾和各种问题，敢于担当，并自觉地把自己的行政行为置于社会监督之下。

2. 卫生法规的形式、效力和解释

(1)卫生法规的形式 卫生法的形式是指卫生法的具体的外部表现形态,主要包括:

①宪法中的卫生方面的规范 宪法是国家的根本法,具有最高的法律效力,是卫生法的立法依据。

②卫生法律 卫生法律是指由全国人民代表大会及其常务委员会制定的卫生方面的专门法律和其他法律中的卫生方面的规范。目前卫生方面的专门法律有传染病防治法、母婴保健法、献血法、执业医师法、精神卫生法、中医药法、人口与计划生育法、药品管理法、国境卫生检疫法、职业病防治法、食品安全法、红十字会法等。

③卫生行政法规 是指由国务院制定的卫生方面的专门行政法规和其他行政法规中的卫生方面的规范,其法律效力低于法律而高于地方性法规等。目前,卫生方面的专门行政法规有39个,如突发公共卫生事件应急条例、传染病防治法实施办法、疫苗流通与预防接种管理条例、艾滋病防治条例等。

④地方性法规、自治法规中的卫生方面规范 地方性法规、自治法规(指自治条例和单行条例)中,有些属于卫生方面规范,包括卫生方面的专门地方性法规、自治法规和其他地方性法规、自治法规中的卫生方面的规范。这些卫生方面规范不能与法律、行政法规相抵触,而且只在制定者管辖的区域内生效。

⑤卫生行政规章 卫生行政规章,简称卫生规章,分国务院卫生健康等行政部门制定的卫生部门规章和有地方政府规章制定权的地方人民政府制定的卫生政府规章。包括卫生方面的专门规章和其他规章中的卫生方面的规范。卫生政府规章不得与法律、行政法规以及上级和同级地方性法规、自治法规相抵触。

⑥卫生标准 国务院卫生健康等行政部门制定的卫生标准,具有约束力,可视为广义的卫生法规范。卫生标准分为强制性卫生标准和推荐性卫生标准,可作为卫生法规范的是强制性卫生标准。

⑦有关卫生方面的法律解释 有关国家机关在其权限范围内所作的关于卫生方面的法律解释,具有约束力,通常也视为卫生法的法源。如最高人民法院《关于审理非法行医刑事案件具体应用法律若干问题的解释》等。

⑧卫生方面的国际条约 卫生国际条约通过法定程序,可以成为卫生法的法源之一。除我国声明保留的条款外,卫生国际条约对我国卫生活动具有约束力。如我国参加的《国际卫生条例》,就是我国处理公共卫生国际合作的依据之一。

(2)卫生法规的效力 卫生法的效力,也就是卫生法的生效范围,包括卫生法的时间效力、空间效力和对人的效力,即卫生法在何时、何地及对何人发生法律效力。

①卫生法对人的效力 这里的人包括自然人和法所拟制的人。自然人包括中国人、外国人、无国籍人。法所拟制的人,包括法人以及其他组织。任何单位和个人在中华人民共和国领域内从事卫生活动的,一律适用我国卫生法,除非卫生法另有规定。

②卫生法的空间效力 卫生法的空间效力,指卫生法效力的地域范围。现行卫生法主要有两种情形:一是在全国范围内有效,卫生法律、行政法规、部门规章等都在全国范围内有效。二是在一定区域内有效,卫生地方性法规、自治法规、政府规章等只在制定者管辖的区域内有效。

③卫生法的时间效力 是指卫生法的效力的起止时间和对其实施前的行为有无溯及力。

(3)卫生法规的解释 是指对卫生法条文的含义所作的说明。依其作出解释的主体和效力的不同,可分为正式解释与非正式解释。正式解释,也称有权解释,是指由立法机关及其授权法律解释的机关所作的解释。一般分为立法解释、行政解释和司法解释。正式解释具有法律效力。非正式解释,是指在法律上没有约束力的解释。如一般公民或者当事人所作的任意解释和学术上的学理解释等。

3. 卫生法的守法、执法和司法

(1)卫生法的守法 卫生法的守法是指与卫生有关的单位和个人依照卫生法的规定,行使权利和履行义务的活动。卫生法的守法主体是广泛的,其中最主要包括卫生行政部门、医疗卫生机构、卫生技术人员以及从事与卫生相关产品生产经营的单位和个人等。

卫生法的守法内容包括履行义务和行使权利。履行义务,即履行卫生法规定的义务。可以分为两种不同的形式:一是履行积极的义务。这是指遵守卫生法中的指令性规范,作出一定的行为。只要依法作出一定的行为,便是履行了义务,即是守法。二是履行消极的义务。这是指遵守卫生法中的禁止性规范,不作出一定的行为。只要依法不作出一定的行为,便是履行了义务,即是守法。

行使权利是指通过自己作出一定行为或者要求他人作出或者不作出一定行为以使自己的合法权利得以实现。行使权利实际上是遵守卫生法中的授权性规范。行使权利时必须采取正当、合法的方式和手段,不得滥用权利或者在行使权利过程中损害他人的合法权利。

(2)卫生法的执法　是指县级以上人民政府卫生行政部门及其卫生监督机构依照法定职权和程序,贯彻实施卫生法的活动。卫生法的执法范围非常广泛,包括:行政许可、行政强制、行政处罚、行政复议等。

①行政许可　是指行政机关根据公民、法人或者其他组织的申请,经依法审查,准予其从事特定活动的行为。如卫生行政部门发给《医师执业证书》或者《医疗机构执业许可证》等。

②行政强制　包括行政强制措施和行政强制执行。所谓行政强制措施,是指行政机关在行政管理过程中,为制止违法行为、防止证据损毁、避免危害发生、控制危险扩大等情形,依法对公民的人身自由实施暂时性限制,或者对公民、法人或者其他组织的财物实施暂时性控制的行为。如卫生行政部门查封场所、设施、财物、扣押财物等。所谓行政强制执行,是指行政机关或者行政机关申请人民法院,对不履行行政决定的公民、法人或者其他组织,依法强制履行义务的行为。如卫生行政部门依法处理查封、扣押的场所、设施或者财物等。

③行政处罚　是指行政机关对违反行政法律规范的单位或者个人予以制裁的行为。如卫生行政部门处以警告、罚款、没收违法所得、没收非法财物、责令停产停业、暂扣或者吊销许可证等。

④行政复议　是指公民、法人或者其他组织不服行政机关作出的具体行政行为,认为行政机关的具体行政行为侵犯其合法权益,依法向法定的行政复议机关提出申请,由行政复议机关依法对该具体行政行为进行合法性、适当性审查,并作出裁判的行为。

(3)卫生法的司法　是指国家司法机关依据法定职权和法定程序,具体应用卫生法等处理卫生方面案件的活动。司法的种类可以分为民事司法、行政司法和刑事司法,即通常说的民事诉讼、行政诉讼和刑事诉讼,分别适用民事诉讼程序、行政诉讼程序和刑事诉讼程序。司法机关作出的判决、裁定,是由国家强制力作保障的,所以,任何单位和个人对生效的判决、裁定都必须执行,不得违抗。

【例1】不属于行政处罚的是

A. 责令停产停业　　B. 行政拘留　　C. 没收违法所得

D. 警告　　E. 罚款

二、职业病防治法

1. 概述

(1)职业病的概念　职业病是指企业、事业单位和个体经济组织等用人单位的劳动者在职业活动中,因接触粉尘、放射性物质和其他有毒、有害因素而引起的疾病。

(2)职业病分类和目录的制定　《职业病防治法》规定,职业病的分类和目录由国务院卫生行政部门会同国务院安全生产监督管理部门、劳动保障行政部门制定调整并公布。

2013年12月23日国家卫生和计划生育委员会、人力资源和社会保障部、国家安全生产监督管理总局和全国总工会联合印发了调整后的《职业病分类和目录》。《职业病分类和目录》将法定职业病调整为10大类132种,包括:①职业性尘肺病及其他呼吸系统疾病19种;②职业性皮肤病9种;③职业性眼病3种;④职业性耳鼻喉口腔疾病4种;⑤职业性化学中毒60种;⑥物理因素所致职业病7种;⑦职业性放射性疾病11种;⑧职业性传染病5种;⑨职业性肿瘤11种;⑩其他职业病3种。

(3)国家职业卫生标准的制定　《职业病防治法》规定,有关防治职业病的国家职业卫生标准,由国务院卫生行政部门组织制定并公布。国务院卫生行政部门应当组织开展重点职业病监测和专项调查，对职业健康风险进行评估，为制定职业卫生标准和职业病防治政策提供科学依据。

(4)职业健康监护档案 用人单位应当为劳动者建立职业健康监护档案，并按照规定的期限妥善保存。职业健康监护档案应当包括劳动者的职业史、职业病危害接触史、职业健康检查结果和职业病诊疗等有关个人健康资料。劳动者离开用人单位时，有权索取本人职业健康监护档案复印件，用人单位应当如实、无偿提供，并在所提供的复印件上签章。

2. 职业病诊断与职业病病人保障

(1)职业病诊断机构的设立及其条件 医疗卫生机构承担职业病诊断，应当经省、自治区、直辖市人民政府卫生行政部门批准。省、自治区、直辖市人民政府卫生行政部门应当向社会公布本行政区域内承担职业病诊断的医疗卫生机构的名单。

承担职业病诊断的医疗卫生机构应当具备下列条件：①持有《医疗机构执业许可证》；②具有与开展职业病诊断相适应的医疗卫生技术人员；③具有与开展职业病诊断相适应的仪器、设备；④具有健全的职业病诊断质量管理制度。承担职业病诊断的医疗卫生机构不得拒绝劳动者进行职业病诊断的要求。

(2)职业病诊断应当综合分析的因素 职业病诊断应当综合分析下列因素：①病人的职业史；②职业病危害接触史和工作场所职业病危害因素情况；③临床表现以及辅助检查结果等。没有证据否定职业病危害因素与病人临床表现之间的必然联系的，应当诊断为职业病。职业病诊断证明书应当由参与诊断的取得职业病诊断资格的执业医师签署，并经承担职业病诊断的医疗卫生机构审核盖章。

(3)职业病诊断、鉴定的现场调查 用人单位应当如实提供职业病诊断、鉴定所需的劳动者职业史和职业病危害接触史、工作场所职业病危害因素检测结果等资料；安全生产监督管理部门应当监督检查和督促用人单位提供上述资料；劳动者和有关机构也应当提供与职业病诊断鉴定有关的资料。

职业病诊断、鉴定机构需要了解工作场所职业病危害因素情况时，可以对工作场所进行现场调查，也可以向安全生产监督管理部门提出，安全生产监督管理部门应当在10日内组织现场调查。用人单位不得拒绝、阻挠。职业病诊断、鉴定过程中，用人单位不提供工作场所职业病危害因素检测结果等资料的，诊断、鉴定机构应当结合劳动者的临床表现、辅助检查结果和劳动者的职业史、职业病危害接触史，并参考劳动者的自述、安全生产监督管理部门提供的日常监督检查信息等，作出职业病诊断、鉴定结论。

(4)发现职业病病人或者疑似职业病病人的报告 《职业病防治法》规定，医疗卫生机构发现疑似职业病病人时，应当告知劳动者本人并及时通知用人单位。用人单位和医疗卫生机构发现职业病病人或者疑似职业病病人时，应当及时向所在地卫生行政部门和安全生产监督管理部门报告。确诊为职业病的，用人单位还应当向所在地劳动保障行政部门报告。接到报告的部门应当依法作出处理。

(5)职业病诊断异议的处理 当事人对职业病诊断有异议的，可以向作出诊断的医疗卫生机构所在地地方人民政府卫生行政部门申请鉴定。职业病诊断争议由设区的市级以上地方人民政府卫生行政部门根据当事人的申请，组织职业病诊断鉴定委员会进行鉴定。当事人对设区的市级职业病诊断鉴定委员会的鉴定结论不服的，可以向省、自治区、直辖市人民政府卫生行政部门申请再鉴定。

(6)职业病诊断鉴定委员会的组成 《职业病防治法》规定，职业病诊断鉴定委员会由相关专业的专家组成。省、自治区、直辖市人民政府卫生行政部门应当设立相关的专家库，需要对职业病争议作出诊断鉴定时，由当事人或者当事人委托有关卫生行政部门从专家库中以随机抽取的方式确定参加诊断鉴定委员会的专家。人民法院受理有关案件需要进行职业病鉴定时，应当从省、自治区、直辖市人民政府卫生行政部门依法设立的相关的专家库中选取参加鉴定的专家。

职业病诊断鉴定委员会应当按照国务院卫生行政部门颁布的职业病诊断标准和职业病诊断、鉴定办法进行职业病诊断鉴定，向当事人出具职业病诊断鉴定书。职业病诊断、鉴定费用由用人单位承担。

(7)职业病诊断鉴定委员会组成人员的职责 《职业病防治法》规定，职业病诊断鉴定委员会组成人员应当遵守职业道德，客观、公正地进行诊断鉴定，并承担相应的责任。职业病诊断鉴定委员会组成人员不得私下接触当事人，不得收受当事人的财物或者其他好处，与当事人有利害关系的，应当回避。

(8)劳动者职业病诊断地点的选择　《职业病防治法》规定，劳动者可以在用人单位所在地、本人户籍所在地或者经常居住地依法承担职业病诊断的医疗卫生机构进行职业病诊断。

3. 法律责任

(1)医疗卫生机构未按规定报告职业病的法律责任　医疗卫生机构未按照规定报告职业病、疑似职业病的，由有关主管部门依据职责分工责令限期改正，给予警告，可以并处1万元以下的罚款；弄虚作假的，并处2万元以上5万元以下的罚款；对直接负责的主管人员和其他直接责任人员，可以依法给予降级或者撤职的处分。

(2)擅自从事职业卫生技术服务的法律责任　未取得职业卫生技术服务资质认可擅自从事职业卫生技术服务的，或者医疗卫生机构未经批准擅自从事职业病诊断的，由安全生产监督管理部门和卫生行政部门依据职责分工责令立即停止违法行为，没收违法所得；违法所得5000元以上的，并处违法所得2倍以上10倍以下的罚款；没有违法所得或者违法所得不足5000元的，并处5000元以上5万元以下的罚款；情节严重的，对直接负责的主管人员和其他直接责任人员，依法给予降级、撤职或者开除的处分。

(3)从事职业卫生技术服务的机构和承担职业病诊断的医疗卫生机构的法律责任　从事职业卫生技术服务的机构和承担职业病诊断的医疗卫生机构违反本法规定，有下列行为之一的，由安全生产监督管理部门和卫生行政部门依据职责分工责令立即停止违法行为，给予警告，没收违法所得；违法所得5000元以上的，并处违法所得2倍以上5倍以下的罚款；没有违法所得或者违法所得不足5000元的，并处5000元以上2万元以下的罚款；情节严重的，由原认可或者批准机关取消其相应的资格；对直接负责的主管人员和其他直接责任人员，依法给予降级、撤职或者开除的处分；构成犯罪的，依法追究刑事责任：①超出资质认可或者批准范围从事职业卫生技术服务或者职业病诊断的；②不按照规定履行法定职责的；③出具虚假证明文件的。

(4)职业病诊断鉴定委员会组成人员的法律责任　职业病诊断鉴定委员会组成人员收受职业病诊断争议当事人的财物或者其他好处的，给予警告，没收收受的财物，可以并处3千元以上5万元以下的罚款，取消其担任职业病诊断鉴定委员会组成人员的资格，并从省、自治区、直辖市人民政府卫生行政部门设立的专家库中予以除名。

▶常考点　2019年新增考点。

参考答案——*详细解答见2021《贺银成国家临床执业及助理医师资格考试历年考点精析》*

1. ABCDE

第2章 执业医师法与医疗机构管理条例

▶▶考纲要求

①执业医师法概述：医师的基本要求和职责。②考试和注册：参加医师资格考试的条件，医师资格种类，执业注册，准予注册、不予注册、注销注册、变更注册、重新注册的情形，对不予注册、注销注册持有异议的法律救济。③执业规则：执业活动中的权利和义务，执业要求，执业助理医师的特别规定。④考核和培训：考核内容，考核不合格的处理，表彰与奖励。⑤法律责任：以不正当手段取得医师执业证书的法律责任，医师执业活动中违法行为的法律责任，擅自开办医疗机构或者非法行医的法律责任。⑥医疗机构管理条例及其实施细则概述：概述（医疗机构服务宗旨）。⑦医疗机构执业：执业规则。⑧登记和校验：登记，校验。⑨法律责任：医疗机构的法律责任。

▶▶复习要点

一、执业医师法

1. 概述

（1）医师的定义 医师是指依法取得执业医师资格或者执业助理医师资格，经注册在医疗、预防、保健机构中执业的专业医务人员。1998年6月26日，第九届全国人民代表大会常务委员会第3次会议通过《执业医师法》，自1999年5月1日起施行。2009年8月27日对《执业医师法》进行了修正。

（2）医师的基本要求及职责 《执业医师法》规定，医师的基本要求和职责是，应当具备良好的职业道德和医疗执业水平，发扬人道主义精神，履行防病治病、救死扶伤、保护人民健康的神圣职责。

【例1】《执业医师法》明确规定，医师在执业过程中应当履行的职责是

A. 以病人为中心，实行人道主义精神
B. 防病治病，救死扶伤
C. 遵守职业道德，保护患者隐私
D. 树立敬业精神，尽职尽责为患者服务
E. 防病治病，救死扶伤，保护人民健康

2. 考试和注册

（1）参加医师资格考试的条件 医师资格考试分为执业医师资格考试和执业助理医师资格考试。医师资格考试成绩合格，取得执业医师资格和执业助理医师资格。

①执业医师资格考试条件 《执业医师法》规定，具有下列条件之一的，可以参加执业医师资格考试：

A.具有高等学校医学专业本科以上学历，在执业医师指导下，在医疗、预防、保健机构中试用期满1年的；

B.取得执业助理医师执业证书后，具有高等学校医学专科学历，在医疗、预防、保健机构中工作满2年的；

C.具有中等专业学校医学专业学历，在医疗、预防、保健机构中工作满5年的。

记忆：本1专2中5——本科1年，专科2年，中专5年。

②执业助理医师资格考试的条件 具有高等学校医学专科学历或者中等专业学校医学专业学历，在执业医师指导下，在医疗、预防、保健机构中试用期满1年的，可以参加执业助理医师资格考试。

③师承和确有专长人员医师资格考试的条件 以师承方式学习传统医学满3年或者经多年实践医术确有专长的，经县级以上人民政府卫生行政部门确定的传统医学专业组织或者医疗、预防、保健机构考核合格并推荐，可以参加执业医师资格或者执业助理医师资格考试。

A. 3年
B. 5年
C. 1年
D. 4年
E. 2年

【例2】取得执业助理医师执业证书后，具有高等学校医学专科学历的，可以在医疗、预防、保健机构中工

作满一定年限后报考执业医师资格考试，该年限是

【例3】具有高等学校医学专业本科以上学历，报考执业医师资格考试的，需要在医疗、预防、保健机构中试用期满一定年限，该年限是

(2)医师资格种类　我国医师资格考试类别分为临床、中医(包括中医、民族医和中西医结合医)、口腔、公共卫生共4类。因此，医师资格种类分为临床医师、中医师、口腔医师、公共卫生医师。

(3)执业注册　国家实行医师执业注册制度。取得医师资格的，可以向所在地县级以上人民政府卫生行政部门申请注册。医疗、预防、保健机构可以为本机构中的医师集体办理注册手续。

医师经注册后，可以在医疗、预防、保健机构中按照注册的执业地点、执业类别、执业范围执业，从事相应的医疗、预防、保健业务。未经医师注册取得执业证书，不得从事医师执业活动。

(4)准予注册、不予注册、注销注册、变更注册、重新注册的情形

①准予注册　申请医师执业注册，应当提交下列材料：A.医师执业注册申请审核表；B.二寸免冠正面半身照片两张；C.医师资格证书；D.指定医疗机构出具的申请人6个月内的健康体检表；E.申请人身份证明；F.医疗、预防、保健机构的拟聘用证明；G.省级以上卫生行政部门规定的其他材料。

获得执业医师资格或执业助理医师资格后2年内未注册者，申请注册时，还应提交在省级以上卫生行政部门指定的机构接受3~6个月的培训，并经考核合格的证明。

除《执业医师法》规定的不予注册情形外，受理申请的卫生行政部门应当自收到申请之日起30日内准予注册，并发给由国务院卫生行政部门统一印制的医师执业证书。

②不予注册　《执业医师法》规定，有下列情形之一的，不予注册：

A.不具有完全民事行为能力的。

B.因受刑事处罚，自刑罚执行完毕之日起至申请注册之日止不满2年的。

C.受吊销医师执业证书行政处罚，自处罚决定之日起至申请注册之日止不满2年的。

D.有国务院卫生行政部门规定不宜从事医疗、预防、保健业务的其他情形的。

对不符合条件不予注册的，应当自收到申请之日起30日内书面通知申请人，并说明理由。

③注销注册　《执业医师法》规定，医师注册后有下列情形之一的，其所在的医疗、预防、保健机构应当在30日内报告准予注册的卫生行政部门，卫生行政部门应当注销注册，收回医师执业证书。

A.死亡或者被宣告失踪的。

B.受刑事处罚的。

C.受吊销医师执业证书行政处罚的。

D.因考核不合格，暂停执业活动期满，经培训后再次考核仍不合格的。

E.中止医师执业活动满2年的。

F.有国务院卫生行政部门规定不宜从事医疗、预防、保健业务的其他情形的。

申请个体行医的执业医师，须经注册后在医疗、预防、保健机构中执业满五年，并按照国家有关规定办理审批手续；未经批准，不得行医。

县级以上地方人民政府卫生行政部门对个体行医的医师，应当按照国务院卫生行政部门的规定，经常监督检查，凡发现有《执业医师法》规定的注销注册情形的，应当及时注销注册，收回医师执业证书。

④变更注册　《执业医师法》规定，医师变更执业地点、执业类别、执业范围等注册事项的，应当到准予注册的卫生行政部门依照规定办理变更注册手续。

A.医师申请变更执业注册事项属于原注册主管部门管辖的，申请人应到原注册主管部门申请变更手续。医师申请执业变更执业注册事项不属于原注册主管部门管辖的，申请人应先到原注册主管部门申请变更注册事项和医师执业证书编码，然后到拟执业地点注册主管部门申请办理变更执业注册手续。

B.跨省、自治区、直辖市变更执业注册事项的，除以上规定外，新的执业地点注册主管部门在办理执业注册手续时，应收回原医师执业证书，并发给新的医师执业证书。

C.注册主管部门应当自收到变更注册申请之日起30日内办理变更注册手续。对因不符合变更注册条件不予变更的,应当自收到变更注册申请之日起30日内书面通知申请人,并说明理由。申请人如有异议的,可以依法申请行政复议或者向人民法院提起诉讼。

⑤重新注册　中止医师执业活动2年以上以及不予注册的情形消失的,申请重新执业,应当依法重新注册。重新申请注册的人员,应该先到县级以上卫生行政部门指定的医疗、预防、保健机构或组织,接受3~6个月的培训,并经考核合格,方可依照有关规定重新申请执业注册。

(5)对不予注册、注销注册持有异议的法律救济　《执业医师法》规定,申请人对卫生行政部门不予注册或者注销注册的决定有异议的,可以依法申请行政复议或者向人民法院提起诉讼。

【例4】某医师因重大医疗事故受到吊销医师执业证书的行政处罚。半年后重新申请执业注册,卫生行政部门未予批准。理由是该医师自处罚决定之日起至申请注册之日止不满法定期限。该法定期限是

A.3年　B.5年　C.2年

D.4年　E.1年

【例5】某医师从医院辞职到一家药品生产企业从事营销工作,后因事业不顺,想重回医院工作,但因其中止医师执业活动已满法定期限被卫生计生行政部门注销了注册。该法定期限是

A.6个月　B.1年　C.2年

D.3年　E.4年

【例6】医师中止执业活动的情形消失后,需要恢复执业活动的,应当经所在地的县级以上卫生行政部门委托的机构或者组织考核合格,并依法申请办理

A. 准予注册手续　B. 中止注册手续　C. 注销注册手续

D. 变更注册手续　E. 重新注册手续

3. 执业规则

(1)执业活动中的权利和义务

①医师在执业活动中享有的权利

A.在注册的执业范围内,进行医学诊查、疾病调查、医学处置、出具相应的医学证明文件,选择合理的医疗、预防、保健方案。

B.按照国务院卫生行政部门规定的标准,获得与本人执业活动相当的医疗设备基本条件。

C.从事医学研究、学术交流,参加专业学术团体。

D.参加专业培训,接受继续医学教育。

E.在执业活动中,人格尊严、人身安全不受侵犯。

F.获取工资报酬和津贴,享受国家规定的福利待遇。

G.对所在机构的医疗、预防、保健工作和卫生行政部门的工作提出意见和建议,依法参与民主管理。

②医师在执业活动中履行的义务

A.遵守法律、法规,遵守技术操作规范。

B.树立敬业精神,遵守职业道德,履行医师职责,尽职尽责为患者服务。

C.关心、爱护、尊重患者,保护患者的隐私。

D.努力钻研业务,更新知识,提高专业技术水平。

E.宣传卫生保健知识,对患者进行健康教育。

【例7】执业医师的权利是

A. 遵守技术操作规范　B. 宣传卫生保健知识　C. 保护患者隐私

D. 努力钻研业务　E. 依法参与所在机构的民主管理

(2)执业要求

①医师实施医疗、预防、保健措施,签署有关医学证明文件,必须亲自诊查、调查,并按照规定及时填

写医学文书，不得隐匿、伪造或者销毁医学文书及有关资料。医师不得出具与自己执业范围无关或者与执业类别不相符的医学证明文件。

②对急危患者，医师应当采取紧急措施进行诊治，不得拒绝急救处置。

③医师应当使用经国家有关部门批准使用的药品、消毒药剂和医疗器械。除正当诊断治疗外，不得使用麻醉药品、医疗用毒性药品、精神药品和放射性药品。

④医师应当如实向患者或者其家属介绍病情，但应注意避免对患者产生不利后果。医师进行实验性临床医疗，应当经医院批准并征得患者本人或者其家属同意。

⑤医师不得利用职务之便，索取、非法收受患者财物或者牟取其他不正当利益。

⑥遇有自然灾害、传染病流行、突发重大伤亡事故及其他严重威胁人民生命健康的紧急情况时，医师应当服从县级以上人民政府卫生行政部门的调遣。

⑦医师发生医疗事故或者发现传染病疫情时，应当按照有关规定及时向所在机构或者卫生行政部门报告。医师发现患者涉嫌伤害事件或者非正常死亡时，应当按照有关规定向有关部门报告。

(3)执业助理医师的特别规定　执业助理医师应当在执业医师的指导下，在医疗、预防、保健机构中按照其执业类别执业。在乡、民族乡、镇的医疗、预防、保健机构中工作的执业助理医师，可以根据医疗诊治的情况和需要，独立从事一般的执业活动。

【例8】一位服用了60多片安定的精神病患者被送到医院急救，患者父母表示无力承担抢救费用。按照急救伦理的要求，医生应选择的处理措施是

A. 在征得患者父母和医院领导同意的情况下，迅速实施抢救
B. 在征得患者父母同意的情况下，放弃治疗
C. 放弃抢救，让患者父母将其接回家
D. 向民政部门反映，争取社会支持，并由他们决定是否抢救
E. 仅给予患者家庭能够承受费用的支持疗法

A. 对急危患者不得拒绝急救处置　　B. 遵守法律、法规、技术操作规范
C. 参加专业培训　　D. 接受继续医学教育　　E. 参加专业学术团体

【例9】医师应当履行的义务是

【例10】医师应当遵守的执业要求是

4. 考核和培训

(1)考核内容　《执业医师法》规定，受县级以上人民政府卫生行政部门委托的机构或者组织应当按照医师执业标准，对医师的业务水平、工作成绩和职业道德状况进行定期考核。对医师的考核结果，考核机构应当报告准予注册的卫生行政部门备案。

(2)考核不合格的处理　对考核不合格的医师，县级以上人民政府卫生行政部门可以责令其暂停执业活动3~6个月，并接受培训和继续医学教育。暂停执业活动期满，再次进行考核，对考核合格的，允许其继续执业；对考核不合格的，由县级以上人民政府卫生行政部门注销注册，收回医师执业证书。

(3)表彰和奖励　医师有下列情形之一的，县级以上人民政府卫生行政部门应当给予表彰或者奖励：

①在执业活动中，医德高尚，事迹突出的。

②对医学专业技术有重大突破，作出显著贡献的。

③遇有自然灾害、传染病流行、突发重大伤亡事故及其他严重威胁人民生命健康的紧急情况时，救死扶伤、抢救诊疗表现突出的。

④长期在边远贫困地区、少数民族地区条件艰苦的基层单位努力工作的。

⑤国务院卫生行政部门规定应当予以表彰或者奖励的其他情形的。

【例11】对医师的业务水平、工作成绩和职业道德状况，依法享有定期考核权的单位是

A. 县级以上人民政府　B. 县级以上人民政府卫生行政部门
C. 医师所在地的医学会或者医师协会　D. 医师所工作的医疗、预防、保健机构
E. 受县级以上人民政府卫生行政部门委托的机构或者组织

【例 12】《执业医师法》规定，医师因考核不合格者被责令暂停执业活动 3~6 个月，并接受培训和继续医学教育，期满后仍然不合格者，由县级以上卫生行政部门对其
A. 变更注册　B. 不予注册　C. 重新注册
D. 注销注册　E. 暂缓注册

5. 法律责任

(1) 以不正当手段取得医师执业证书的法律责任　以不正当手段取得医师执业证书的，由发给证书的卫生行政部门予以吊销；对负有直接责任的主管人员和其他直接责任人员，依法给予行政处分。

(2) 医师执业活动中违法行为的法律责任　医师在执业活动中，有下列行为之一的，由县级以上地方人民政府卫生行政部门给予警告或者责令暂停 6 个月以上 1 年以下执业活动；情节严重的，吊销其执业证书；构成犯罪的，依法追究刑事责任：

①违反卫生行政规章制度或技术操作规范，造成严重后果。
②由于不负责任延误急危患者的抢救和诊治，造成严重后果的。
③造成医疗责任事故的。
④未经亲自诊查、调查，签署诊断、治疗、流行病学等证明文件或有关出生、死亡等证明文件的。
⑤隐匿、伪造或者擅自销毁医学文书及有关资料的。
⑥使用未经批准使用的药品、消毒药剂和医疗器械的。
⑦不按照规定使用麻醉药品、医疗用毒性药品、精神药品和放射性药品的。
⑧未经患者或其家属同意，对患者进行实验性临床医疗的。
⑨泄露患者隐私，造成严重后果的。
⑩利用职务之便，索取非法收受患者财物或牟取其他不正当利益的。
⑪发生自然灾害、传染病流行、突发重大伤亡事故以及其他严重威胁人民生命健康的紧急情况时，不服从卫生行政部门调遣的。
⑫发生医疗事故或者发现传染病疫情，患者涉嫌伤害事件或者非正常死亡，不按照规定报告的。

(3) 擅自开办医疗机构或者非法行医的法律责任　未经批准擅自开办医疗机构行医或者非医师行医的，由县级以上人民政府卫生行政部门予以取缔，没收其违法所得及其药品、器械，并处 10 万元以下的罚款；对医师吊销其执业证书；给患者造成损害的，依法承担赔偿责任；构成犯罪的，依法追究刑事责任。

A. 暂停执业活动 3~6 个月　B. 暂停执业活动 6 个月至 1 年　C. 给予行政处分
D. 吊销医师执业证书　E. 追究刑事责任

【例 13】未经患者或者其家属同意，对患者进行实验性治疗的，由卫生行政部门给予的处理是

【例 14】不按规定使用麻醉药品、精神药物，情节严重的，由卫生行政部门给予的处理是
A. 暂停执业活动 3~6 个月　B. 暂停执业活动 6 个月至 1 年　C. 给予行政处分
D. 吊销医师执业证书　E. 追究刑事责任

【例 15】利用职务之便，索取、非法收受患者财物或者牟取其他不正当利益的，由卫生行政部门给予的处理是

【例 16】发生自然灾害、传染病流行、突发重大伤亡事故以及其他严重威胁人民生命健康的紧急情况时，不服从卫生行政部门调遣，情节严重的，由卫生行政部门给予的处理是

【例 17】李某欲以生病为理由请假外出旅游，给医师刘某打电话请求为自己开病假条，刘某开具"病毒性心肌炎，全休一个月"的诊断证明书。对于医师刘某的行为，县级卫生行政部门给予处罚是
A. 罚款　B. 调离医师岗位　C. 行政纪律处分

D. 考核不合格　　E. 警告或责令暂停执业6个月~1年

【例18】患者以隐私权受侵犯起诉医师，卫生行政部门给予医生处罚，主要是根据

A.《执业医师法》　　B.《药品管理法》　　C.《行政处罚法》
D.《母婴保健法》　　E.《精神卫生法》

【例19】未经有关部门批准，医师擅自开办诊所，卫生行政部门可采取的措施不包括

A. 没收违法所得　　B. 责令赔偿患者损失　　C. 没收药品、器械
D. 吊销执业证书　　E. 取缔

【例20】某医院未经批准新设医疗美容科，从外地聘请了一位退休外科医师担任主治医师。该院行为的性质属于

A. 非法行医　　B. 超范围执业　　C. 正常医疗行为
D. 特殊情况　　E. 开展新技术

注意：2002年7月全国卫生工作会议中明确通报非法行医的三大类型——无执业许可证、有证但超范围执业、聘用非卫生技术人员。

二、医疗机构管理条例及其实施细则

1. 医疗机构的服务宗旨

医疗机构以救死扶伤，防病治病，为公民的健康服务为宗旨。

2. 医疗机构执业规则

《医疗机构管理条例》规定，任何单位或者个人，未取得《医疗机构执业许可证》，不得开展诊疗活动。

①医疗机构执业，必须遵守有关法律、法规和医疗技术规范。

②医疗机构必须将《医疗机构执业许可证》、诊疗科目、诊疗时间和收费标准悬挂于明显处所。

③医疗机构必须按照核准登记的诊疗科目开展诊疗活动。

④医疗机构不得使用非卫生技术人员从事医疗卫生技术工作。

⑤医疗机构应当加强对医务人员的医德教育。

⑥医疗机构工作人员上岗工作，必须佩戴载有本人姓名、职务或者职称的标牌。

⑦对危重病人应当立即抢救，对限于设备或者技术条件不能诊治的病人，应当及时转诊。

⑧未经医师（医士）亲自诊查的病人，医疗机构不得出具疾病诊断书、健康证明书或者死亡证明书等证明文件；未经医师（医士）、助产人员亲自接产，医疗机构不得出具出生证明书或者死产报告书。

⑨施行手术、特殊检查或特殊治疗时，必须征得患者同意，并应当取得其家属或者关系人同意并签字。无法取得患者意见时，应当取得家属或者关系人同意并签字。无法取得患者意见又无家属或关系人在场，或者遇到其他特殊情况时，经治医师应当提出医疗处置方案，在取得医疗机构负责人或者授权人员的批准后实施。

⑩发生医疗事故，应当按照国家有关规定处理。

⑪对传染病、精神病、职业病等患者的特殊诊治和处理，应当按照国家有关法律、法规的规定办理。

⑫必须按照有关药品管理的法律、法规，加强药品管理。

⑬必须按照人民政府或者物价部门的有关规定收取医疗费用，详列细项，并出具收据。

⑭必须承担相应的预防保健工作，承担县级以上人民政府卫生行政部门委托的支援农村、指导基层医疗卫生工作等任务。

⑮发生重大灾害、事故、疾病流行或者其他意外情况时，医疗机构及其卫生技术人员必须服从县级以上人民政府卫生行政部门的调遣。

【例21】《医疗机构管理条例》规定的医疗机构执业规则是

A. 符合医疗机构的基本标准　B. 可进行执业登记　C. 符合区域医疗机构设置规划
D. 能够独立承担民事责任　E. 按照核准登记的诊疗科目开展诊疗活动

【例22】医疗机构工作人员上岗工作，必须佩戴标牌。标牌除载明本人姓名外，还应载明
A. 性别和年龄　B. 年龄和专业　C. 专业和职务
D. 职务或者职称　E. 职称及科室

3. 登记和校验

(1)登记　医疗机构执业，必须进行登记，领取《医疗机构执业许可证》。

①申请登记的条件　申请医疗机构执业登记，应当具备下列条件：A.有设置医疗机构的批准书；B.符合医疗机构的基本标准；C.能够独立承担民事责任；D.有适合的名称、组织机构和场所；E.有相应的规章制度；F.有与其开展的业务相适应的经费、设施、设备和专业卫生技术人员。

②执业登记的办理　医疗机构的执业登记，由批准其设置的人民政府卫生行政部门办理。国家统一规划的医疗机构，其执业登记，由所在地的省、自治区、直辖市人民政府卫生行政部门办理。

③执业登记的事项　医疗机构执业登记的事项是：A.类别、名称、地址、法定代表人或者主要负责人；B.所有制形式；C.注册资金(资本)；D.服务方式；E.诊疗科目；F.房屋建筑面积、床位(牙椅)；G.服务对象；H.职工人数；I执业许可证登记号(医疗机构代码)等。

④执业登记的审核　县级以上地方人民政府卫生行政部门自受理执业登记申请之日起45日内，根据《医疗机构管理条例》和医疗机构基本标准进行审核。审核合格的，予以登记，发给《医疗机构执业许可证》；审核不合格的，将审核结果以书面形式通知申请人。

⑤变更登记和注销登记　医疗机构改变名称、场所、主要负责人、诊疗科目、床位，必须向原登记机关办理变更登记。医疗机构歇业，必须向原登记机关办理注销登记。经登记机关核准后，收缴《医疗机构执业许可证》。医疗机构因改建、扩建、迁建原因停业超过1年的，视为歇业。

(2)校验

①医疗机构的校验期　床位在100张以上的综合医院、中医医院、中西医结合医院、民族医医院以及专科医院、疗养院、康复医院、妇幼保健院、急救中心、临床检验中心和专科疾病防治机构，其《医疗机构执业许可证》每3年校验1次。床位不满100张的医疗机构，其《医疗机构执业许可证》每年校验1次。

②校验申请　医疗机构应当于校验期满前3个月向登记机关申请办理校验手续。办理校验应当交验《医疗机构执业许可证》，并提交下列文件：A.医疗机构校验申请书；B.医疗机构执业许可证副本；C.省、自治区、直辖市卫生行政部门规定提交的其他材料。

③校验审查和结论　卫生行政部门应当在受理校验申请书后的30日内完成校验。医疗机构有下列情形之一的，登记机关可以根据情况，给予1至6个月的暂缓校验：A.不符合《医疗机构基本标准》；B.限期改正期间；C.省、自治区、直辖市卫生行政部门规定的其他情形。

校验结论包括"校验合格"和"暂缓校验"。暂缓校验应当确定暂缓校验期。不设床位的医疗机构在暂缓校验期内不得执业。暂缓校验期满仍不能通过校验的，由登记机关注销其《医疗机构执业许可证》。

4. 法律责任

(1)逾期不校验的法律责任　医疗机构逾期不校验《医疗机构执业许可证》仍从事诊疗活动的，由县级以上人民政府卫生行政部门责令其限期补办校验手续。拒不校验的，吊销其《医疗机构执业许可证》。

(2)出卖、转让、出借《医疗机构执业许可证》的法律责任　医疗机构违反规定，出卖、转让、出借《医疗机构执业许可证》的，由县级以上人民政府卫生行政部门没收非法所得，并可以根据情节处以5千元以下的罚款；情节严重的，吊销其《医疗机构执业许可证》.

(3)诊疗活动超出登记范围的法律责任　医疗机构违反规定，诊疗活动超出登记范围的，由县级以上人民政府卫生行政部门予以警告，责令其改正，并可根据情节处以3千元以下的罚款；情节严重的，吊销其《医疗机构执业许可证》。

(4)使用非卫生技术人员从事医疗卫生技术工作的法律责任　医疗机构违反规定,使用非卫生技术人员从事医疗卫生技术工作的,由县级以上人民政府卫生行政部门责令其限期改正,并可以根据情节处以5千元以下的罚款;情节严重的,吊销其《医疗机构执业许可证》。

(5)出具虚假证明文件的法律责任　医疗机构违反规定,出具虚假证明文件,由县级以上人民政府卫生行政部门予以警告;对造成危害后果的,可以根据情节处以1千元以下的罚款;对直接责任人员由所在单位或者上级机关给予行政处分。

【例23】医疗机构保存住院病历的最低期限是

A. 10年　　B. 15年　　C. 20年
D. 30年　　E. 50年(超纲题,2016真题)

【例24】某医疗机构对有能力诊治的危重患者应该采取的处置措施是

A. 办理住院手续　　B. 抢救　　C. 报告当地卫生行政部门
D. 报告当值院领导　　E. 转院

【例25】某孕妇在家中分娩一死胎,为向生育行政管理部门申请新的生育指标,其家属要求卫生院出具死产证明文件,乡卫生院拒绝出具。理由是

A. 产妇本人没有提出申请　　B. 产妇户口不在卫生院所在地　　C. 须向卫生行政部门报告
D. 未经医务人员亲自接产　　E. 未接到公安部门通知

【例26】某中年男性因突发急症在大街上摔倒并昏迷,由路人送至附近医院,被确诊为脑出血,急需手术,但医务人员无法联系到其亲属。在此情况下,可以决定为其行急诊手术的人员是

A. 为其接诊的医师　　B. 为其接诊医师的上级医师　　C. 医院所在地派出所负责人
D. 院长或其授权的人　　E. 医院所在地民政部门负责人

【例27】医疗机构使用非卫生技术人员从事医疗卫生技术工作应给予罚款处罚,其最高数额是

A. 2千元　　B. 3千元　　C. 5千元
D. 8千元　　E. 1万元

【例28】《医疗机构执业许可证》应于校检期满前多长时间向登记机关申请办理校验手续?

A. 10天　　B. 15天　　C. 3个月
D. 半年　　E. 1年

常考点　　重点内容,请全面掌握。

参考答案——详细解答见2021《贺银成国家临床执业及助理医师资格考试历年考点精析》

1. ABCDE	2. ABCDE	3. ABCDE	4. ABCDE	5. ABCDE	6. ABCDE	7. ABCDE
8. ABCDE	9. ABCDE	10. ABCDE	11. ABCDE	12. ABCDE	13. ABCDE	14. ABCDE
15. ABCDE	16. ABCDE	17. ABCDE	18. ABCDE	19. ABCDE	20. ABCDE	21. ABCDE
22. ABCDE	23. ABCDE	24. ABCDE	25. ABCDE	26. ABCDE	27. ABCDE	28. ABCDE

第 3 章　医疗事故处理条例与医疗纠纷预防和处理条例

考纲要求

①医疗事故处理条例概述：医疗事故的概念及其处理原则，处理医疗事故的基本要求。②医疗事故的预防与处置：医疗事故的报告。③医疗事故的行政处理与监督：卫生行政部门对重大医疗过失行为的处理，卫生行政部门对发生医疗事故的医疗机构和医务人员的处理。④法律责任：医疗机构的法律责任，医务人员的法律责任。⑥医疗纠纷预防和处理条例概述：医疗纠纷的概念，处理医疗纠纷的原则。⑦医疗纠纷的预防：遵守医疗卫生法律和恪守职业道德，加强医疗质量安全和风险管理，严格执行药品管理制度，履行告知义务，病历书写、保管与查阅、复制，建立健全医患沟通机制，建立健全投诉接待制度。⑧医疗纠纷处理：解决医疗纠纷的途径，病历资料的封存和启封，现场实物的封存和启封，尸检，医疗损害鉴定。⑨法律责任：医疗结构篡改、伪造、隐匿、毁灭病历资料的法律责任，医疗机构将未通过技术评估和伦理审查的医疗新技术应用于临床的法律责任，医疗机构及其医务人员未履行规定义务的法律责任。

复习要点

一、医疗事故处理条例

1. 概述

(1)医疗事故的概念及其处理原则　医疗事故是指医疗机构及其医务人员在医疗活动中，违反医疗卫生管理法律、行政法规、部门规章和诊疗护理规范、常规，过失造成患者人身损害的事故。《医疗事故处理条例》规定，处理医疗事故，应当遵循公开、公平、公正、及时、便民的原则。

(2)处理医疗事故的基本要求　《医疗事故处理条例》规定，处理医疗事故，应当坚持实事求是的科学态度，做到事实清楚、定性准确、责任明确、处理恰当。

2. 医疗事故的预防与处置

(1)医务人员的报告　医务人员在医疗活动中发生或者发现医疗事故、可能引起医疗事故的医疗过失行为或者发生医疗事故争议的，应当立即向所在科室负责人报告，科室负责人应当及时向本医疗机构负责医疗服务质量监控的部门或者专(兼)职人员报告；负责医疗服务质量监控的部门或者专(兼)职人员接到报告后，应当立即进行调查、核实，将有关情况如实向本医疗机构的负责人报告，并向患者通报、解释。

(2)医疗机构的报告　发生医疗事故的医疗机构应当按照规定向所在地卫生行政部门报告。发生下列重大医疗过失行为的，医疗机构应当在 12 小时内向所在地卫生行政部门报告：

①导致患者死亡或者可能为二级以上的医疗事故；

②导致 3 人以上人身损害后果；

③国务院卫生行政部门和省、自治区、直辖市人民政府卫生行政部门规定的其他情形。

【例 1】医务人员在医疗活动中发生医疗事故争议，应当立即向

A. 所在科室报告　　B. 所在医院医务部门报告

C. 所在医疗机构医疗质量监控部门报告　　D. 所在医疗机构的主管负责人报告

E. 当地卫生行政机关报告

3. 医疗事故的行政处理与监督

(1)卫生行政部门对重大医疗过失行为的处理　卫生行政部门接到医疗机构关于重大医疗过失行为的报告后，除责令医疗机构及时采取必要的医疗救治措施，防止损害后果扩大外，应当组织调查，判定是否属于医疗事故；对不能判定是否属于医疗事故的，应当依照《医疗事故处理条例》的有关规定，交由

负责医疗事故技术鉴定工作的医学会组织鉴定。

(2)卫生行政部门对发生医疗事故的医疗机构和医务人员的行政处理　卫生行政部门应当依照《医疗事故处理条例》和有关法律、行政法规、部门规章的规定，对发生医疗事故的医疗机构和医务人员作出行政处理。县级以上地方人民政府卫生行政部门应当按照规定逐级将当地发生的医疗事故以及依法对发生医疗事故的医疗机构和医务人员作出行政处理的情况，上报国务院卫生行政部门。

4. 法律责任

(1)医疗机构的法律责任　医疗机构发生医疗事故的，由卫生行政部门根据医疗事故等级和情节，给予警告；情节严重的，责令限期停业整顿直至由原发证部门吊销执业许可证。

医疗机构违反医疗事故处理条例的规定，有下列情形之一的，由卫生行政部门责令改正；情节严重的，对负有责任的主管人员和其他直接责任人员依法给予行政处分或者纪律处分：

①未如实告知患者病情、医疗措施和医疗风险的。

②没有正当理由，拒绝为患者提供复印或者复制病历资料服务的。

③未按照国务院卫生行政部门规定的要求书写和妥善保管病历资料的。

④未在规定时间内补记抢救工作病历内容的。

⑤未按照规定封存、保管和启封病历资料和实物的。

⑥未设置医疗服务质量监控部门或者配备专(兼)职人员的。

⑦未制定有关医疗事故防范和处理预案的。

⑧未在规定时间内向卫生行政部门报告重大医疗过失行为的。

⑨未按照规定向卫生行政部门报告医疗事故的。

⑩未按照规定进行尸检和保存、处理尸体的。

医疗机构有下列情形之一的，由卫生行政部门责令改正，给予警告；对负有责任的主管人员和其他直接责任人员依法给予行政处分或者纪律处分；情节严重的，由原发证部门吊销其执业证书或者资格证书：①承担尸检任务的机构没有正当理由，拒绝进行尸检的；②涂改、伪造、隐匿、销毁病历资料的。

(2)医务人员的法律责任　医疗事故处理条例规定，医疗机构发生医疗事故，情节严重的，对负有责任的医务人员依照刑法关于医疗事故罪的规定，依法追究刑事责任；尚不够刑事处罚的，依法给予行政处分或者纪律处分。对发生医疗事故的有关医务人员，除依照前款处罚外，卫生行政部门可以责令暂停6个月以上1年以下执业活动；情节严重的，吊销其执业证书。

【例2】某患者凌晨因心脏病发作被送入医院抢救，但不幸于当日上午8时死亡。下午3时，患者家属要求查阅病历，院方以抢救时间紧急，尚未补记病历为由不予提供，引起患者家属不满，投诉至卫生局。根据《医疗事故处理条例》规定，卫生局应给予该医院的处理是

A. 限期整改　　B. 责令改正　　C. 罚款

D. 吊销执业许可证　　E. 警告

A. 警告　　B. 给予纪律处分　　C. 责令限期整顿

D. 吊销执业证书　　E. 责令改正

【例3】医务人员发生医疗事故，情节严重，尚不够刑事处罚的，卫生行政部门可以给予的行政处罚是

【例4】医疗机构没有正当理由，拒绝为患者提供复印或者复制病历资料服务的，卫生行政部门可以采取的措施是

二、医疗纠纷预防和处理条例

1. 概述

(1)医疗纠纷的概念　医疗纠纷是指医患双方因诊疗活动引发的争议。

(2)处理医疗纠纷的原则 处理医疗纠纷,应当遵循公平、公正、及时的原则,实事求是,依法处理。

2. 医疗纠纷的预防

(1)遵守医疗卫生法律和恪守职业道德 医疗机构及其医务人员在诊疗活动中应当以患者为中心,加强人文关怀,严格遵守医疗卫生法律、法规、规章和诊疗相关规范、常规,恪守职业道德。医疗机构应当对其医务人员进行医疗卫生法律、法规、规章和诊疗相关规范、常规的培训,并加强职业道德教育。

(2)加强医疗质量安全和风险管理 ①医疗机构应当制定并实施医疗质量安全管理制度,设置医疗服务质量监控部门或者配备专(兼)职人员,加强对诊断、治疗、护理、药事、检查等工作的规范化管理,优化服务流程,提高服务水平。②医疗机构应当加强医疗风险管理,完善医疗风险的识别、评估和防控措施,定期检查措施落实情况,及时消除隐患。

(3)严格执行药品管理制度 医疗机构应当依照有关法律、法规的规定,严格执行药品、医疗器械、消毒药剂、血液等的进货查验、保管等制度。禁止使用无合格证明文件、过期等不合格的药品、医疗器械、消毒药剂、血液等。

(4)履行告知义务 医务人员在诊疗活动中应当向患者说明病情和医疗措施。需要实施手术,或者开展临床试验等存在一定危险性、可能产生不良后果的特殊检查、特殊治疗的,医务人员应当及时向患者说明医疗风险、替代医疗方案等情况,并取得其书面同意;在患者处于昏迷等无法自主作出决定的状态或者病情不宜向患者说明等情形下,应当向患者的近亲属说明,并取得其书面同意。紧急情况下不能取得患者或者其近亲属意见的,经医疗机构负责人或者授权的负责人批准,可以立即实施相应的医疗措施。

(5)病历书写、保管与查阅、复制 医疗机构及其医务人员应当按照国务院卫生主管部门的规定,填写并妥善保管病历资料。因紧急抢救未能及时填写病历的,医务人员应当在抢救结束后6小时内据实补记,并加以注明。任何单位和个人不得篡改、伪造、隐匿、毁灭或者抢夺病历资料。

患者有权查阅、复制其门诊病历、住院志、体温单、医嘱单、化验单(检验报告)、医学影像检查资料、特殊检查同意书、手术同意书、手术及麻醉记录、病理资料、护理记录、医疗费用以及国务院卫生主管部门规定的其他属于病历的全部资料。患者要求复制病历资料的,医疗机构应当提供复制服务,并在复制的病历资料上加盖证明印记。复制病历资料时,应当有患者或者其近亲属在场。医疗机构应患者的要求为其复制病历资料,可以收取工本费,收费标准应当公开。患者死亡的,其近亲属可以依照本条例的规定,查阅、复制病历资料。

(6)建立健全医患沟通机制 医疗机构应当建立健全医患沟通机制,对患者在诊疗过程中提出的咨询、意见和建议,应当耐心解释、说明,并按照规定进行处理;对患者就诊疗行为提出的疑问,应当及时予以核实、自查,并指定有关人员与患者或者其近亲属沟通,如实说明情况。

(7)建立健全投诉接待制度 医疗机构应当建立健全投诉接待制度,设置统一的投诉管理部门或者配备专(兼)职人员,在医疗机构显著位置公布医疗纠纷解决途径、程序和联系方式等,方便患者投诉或者咨询。

【例5】患者陈某因手术效果不佳与医院发生争议,要求复制病历资料。医院按照规定复制了病历资料,并告知陈某另有部分病历资料不予复制,只能在医患双方在场的情况下封存,这部分病历资料是

A. 病程记录　　B. 医学影像检查资料　　C. 手术及麻醉记录单

D. 住院志　　E. 医嘱单

【例6】因抢救急危患者,未能及时书写病历的,有关医务人员应当在抢救结束后据实补记,并加以注明,其时限是

A. 2小时内　　B. 4小时内　　C. 6小时内

D. 8小时内　　E. 12小时内

3. 医疗纠纷处理

(1)解决医疗纠纷的途径 生医疗纠纷,医患双方可以通过下列途径解决:①双方自愿协商;②申请

人民调解；③申请行政调解；④向人民法院提起诉讼；⑤法律、法规规定的其他途径。

(2)病历资料的封存和启封 发生医疗纠纷需要封存、启封病历资料的，应当在医患双方在场的情况下进行。封存的病历资料可以是原件，也可以是复制件，由医疗机构保管。病历尚未完成需要封存的，对已完成病历先行封存；病历按照规定完成后，再对后续完成部分进行封存。医疗机构应当对封存的病历开列封存清单，由医患双方签字或者盖章，各执一份。病历资料封存后医疗纠纷已经解决，或者患者在病历资料封存满3年未再提出解决医疗纠纷要求的，医疗机构可以自行启封。

(3)现场实物的封存和启封 ①疑似输液、输血、注射、用药等引起不良后果的，医患双方应当共同对现场实物进行封存、启封，封存的现场实物由医疗机构保管。需要检验的，应当由双方共同委托依法具有检验资格的检验机构进行检验；双方无法共同委托的，由医疗机构所在地县级人民政府卫生主管部门指定。②疑似输血引起不良后果，需要对血液进行封存保留的，医疗机构应当通知提供该血液的血站派员到场。③现场实物封存后医疗纠纷已经解决，或者患者在现场实物封存满3年未再提出解决医疗纠纷要求的，医疗机构可以自行启封。

(4)尸检 患者死亡，医患双方对死因有异议的，应当在患者死亡后48小时内进行尸检；具备尸体冻存条件的，可以延长至7日。尸检应当经死者近亲属同意并签字，拒绝签字的，视为死者近亲属不同意进行尸检。不同意或者拖延尸检，超过规定时间，影响对死因判定的，由不同意或者拖延的一方承担责任。尸检应当由按照国家有关规定取得相应资格的机构和专业技术人员进行。医患双方可以委派代表观察尸检过程。

(5)医疗损害鉴定 ①医学会或者司法鉴定机构开展医疗损害鉴定，应当执行规定的标准和程序，尊重科学，恪守职业道德，对出具的医疗损害鉴定意见负责，不得出具虚假鉴定意见。鉴定费预先向医患双方收取，最终按照责任比例承担。②医疗损害鉴定专家库由设区的市级以上人民政府卫生、司法行政部门共同设立。专家库应当包含医学、法学、法医学等领域的专家。聘请专家进入专家库，不受行政区域的限制。③医学会、司法鉴定机构作出的医疗损害鉴定意见应当载明并详细论述下列内容：是否存在医疗损害以及损害程度；是否存在医疗过错；医疗过错与医疗损害是否存在因果关系；医疗过错在医疗损害中的责任程度。

4. 法律责任

(1)医疗结构篡改、伪造、隐匿、毁灭病历资料的法律责任 医疗机构篡改、伪造、隐匿、毁灭病历资料的，对直接负责的主管人员和其他直接责任人员，由县级以上人民政府卫生主管部门给予或者责令给予降低岗位等级或者撤职的处分，对有关医务人员责令暂停6个月以上1年以下执业活动；造成严重后果的，对直接负责的主管人员和其他直接责任人员给予或者责令给予开除的处分，对有关医务人员由原发证部门吊销执业证书；构成犯罪的，依法追究刑事责任。

(2)医疗机构将未通过技术评估和伦理审查的医疗新技术应用于临床的法律责任 医疗机构将未通过技术评估和伦理审查的医疗新技术应用于临床的，由县级以上人民政府卫生主管部门没收违法所得，并处5万元以上10万元以下罚款，对直接负责的主管人员和其他直接责任人员给予或者责令给予降低岗位等级或者撤职的处分，对有关医务人员责令暂停6个月以上1年以下执业活动；情节严重的，对直接负责的主管人员和其他直接责任人员给予或者责令给予开除的处分，对有关医务人员由原发证部门吊销执业证书；构成犯罪的，依法追究刑事责任。

(3)医疗机构及其医务人员未履行规定义务的法律责任 医疗机构及其医务人员有下列情形之一的，由县级以上人民政府卫生主管部门责令改正，给予警告，并处1万元以上5万元以下罚款；情节严重的，对直接负责的主管人员和其他直接责任人员给予或者责令给予降低岗位等级或者撤职的处分，对有关医务人员可以责令暂停1个月以上6个月以下执业活动；构成犯罪的，依法追究刑事责任：

①未按规定制定和实施医疗质量安全管理制度；

②未按规定告知患者病情、医疗措施、医疗风险、替代医疗方案等；

③开展具有较高医疗风险的诊疗活动，未提前预备应对方案防范突发风险；
④未按规定填写、保管病历资料，或者未按规定补记抢救病历；
⑤拒绝为患者提供查阅、复制病历资料服务；
⑥未建立投诉接待制度、设置统一投诉管理部门或者配备专（兼）职人员；
⑦未按规定封存、保管、启封病历资料和现场实物；
⑧未按规定向卫生主管部门报告重大医疗纠纷；
⑨其他未履行本条例规定义务的情形。

常考点 医疗事故的处置。医疗纠纷预防和处理条例为2020年新增内容。

参考答案——详细解答见2021《贺银成国家临床执业及助理医师资格考试历年考点精析》

1. ABCDE　2. ABCDE　3. ABCDE　4. ABCDE　5. ABCDE　6. ABCDE

第 4 章　传染病防治法与艾滋病防治条例

考纲要求

①传染病防治法概述：传染病防治方针和原则，传染病的分类，甲类传染病预防控制措施的适用。②传染病预防：预防接种，传染病监测，传染病预警制度，传染病菌种、毒种管理，疾病预防控制机构的职责，医疗机构的职责，传染病病人、病原携带者和疑似传染病病人合法权益保护。③疫情报告、通报和公布：疫情报告，疫情通报，疫情信息的公布。④疫情控制：控制措施，紧急措施，疫区封锁。⑤医疗救治：预防医院感染的要求，开展医疗救治的要求。⑥法律责任：疾病预防控制机构的法律责任，医疗机构的法律责任。⑦艾滋病防治条例概述：艾滋病防治原则，不歧视规定。⑧预防与控制：艾滋病监测，自愿咨询和自愿检测制度，艾滋病患者的义务及其隐私权保护，采集或使用人体血液、血浆、组织的管理。⑨治疗与救助：医疗卫生机构的责任。⑩法律责任：医疗卫生机构的法律责任。

复习要点

一、传染病防治法

1. 概述

(1)传染病防治方针和原则　《中华人民共和国传染病防治法》(以下简称《传染病防治法》)规定，国家对传染病防治实行预防为主的方针，防治结合、分类管理、依靠科学、依靠群众的原则。

①预防为主　是指传染病防治要把预防工作放在首位，从预防传染病发生入手，通过采取各种防治措施，使传染病不发生、不流行。预防为主是我国卫生工作的基本方针。

②防治结合　是指在贯彻预防为主的方针前提下，实行传染病的预防措施和治疗措施相结合。

③分类管理　是指根据传染病不同病种的传播方式、传播速度、流行强度以及对人体健康和社会危害程度的不同所确定的一种科学管理原则，以便有计划地采取不同的措施，更好地降低防控成本，提高防控效果。

④依靠科学　是指在传染病的防治工作中，要发扬科学精神，坚持科学决策。

⑤依靠群众　是指传染病防治工作的依靠力量是群众，工作对象也是群众。

(2)传染病的分类　国家将法定传染病分为甲、乙、丙三类。

①甲类传染病　包括鼠疫、霍乱。要求发现后 2 小时内通过传染病疫情监测信息系统上报。

②乙类传染病　包括传染性非典型肺炎、艾滋病、病毒性肝炎、脊髓灰质炎、人感染高致病性禽流感、麻疹、肾综合征出血热、狂犬病、流行性乙型脑炎、登革热、炭疽、细菌性和阿米巴性痢疾、肺结核、伤寒和副伤寒、流行性脑脊髓膜炎、百日咳、白喉、新生儿破伤风、猩红热、布鲁菌病、淋病、梅毒、钩端螺旋体病、血吸虫病、疟疾、人感染 H7N9 禽流感。要求诊断后 24 小时通过传染病疫情监测信息系统上报。

③丙类传染病　包括流行性感冒(含甲型 H1N1 流感)、流行性腮腺炎、风疹、急性出血性结膜炎、麻风病、流行性和地方性斑疹伤寒、黑热病、棘球蚴病、丝虫病，除霍乱、痢疾、伤寒和副伤寒以外的感染性腹泻病、手足口病。要求诊断后 24 小时通过传染病疫情监测信息系统上报。

(3)甲类传染病预防控制措施的适用　对乙类传染病中，传染性非典型肺炎、炭疽中的肺炭疽、脊髓灰质炎，采取甲类传染病的报告、控制措施。

【例 1】《传染病防治法》规定，国家对传染病实行的方针与管理办法是预防为主，防治结合及

A. 统一管理　　B. 分类管理　　C. 划区管理
D. 分片管理　　E. 层级管理

【例 2】属于乙类传染病的疾病是

A. 麻疹　　B. 流行性腮腺炎　　C. 麻风病
D. 急性出血性结膜炎　　E. 风疹

【例 3】属于乙类传染病，但采取甲类传染病预防和控制措施的疾病是
A. 白喉　　B. 传染性非典型肺炎　　C. 梅毒
D. 新生儿破伤风　　E. 百日咳

A. 黄热病　　B. 霍乱　　C. 伤寒
D. 肺炭疽　　E. 风疹

【例 4】按照甲类传染病管理的乙类传染病是
【例 5】属于甲类传染病的疾病是

2. 传染病预防

(1)预防接种　传染病防治法规定，国家实行有计划的预防接种制度。国务院卫生行政部门和省、自治区、直辖市人民政府卫生行政部门，根据传染病预防、控制的需要，制定传染病预防接种规划并组织实施。用于预防接种的疫苗必须符合国家质量标准。

国家对儿童实行预防接种制度。国家免疫规划项目的预防接种实行免费。医疗机构、疾病预防控制机构与儿童的监护人应当相互配合，保证儿童及时接受预防接种。

【例 6】为保证儿童及时接受预防接种，医疗机构与儿童的监护人员应当
A. 订立合同　　B. 共同协商　　C. 先由医疗机构提出
D. 先由监护人提出　　E. 相互配合

(2)传染病监测　《传染病防治法》规定，国家建立传染病监测制度。

国务院卫生行政部门制定国家传染病监测规划和方案。省、自治区、直辖市人民政府卫生行政部门根据国家传染病监测规划和方案，制定本行政区域的传染病监测计划和工作方案。

各级疾病预防控制机构对传染病的发生、流行以及影响其发生、流行的因素，进行监测；对国外发生、国内尚未发生的传染病或者国内新发生的传染病，进行监测。

(3)传染病预警制度　《传染病防治法》规定，国家建立传染病预警制度。国务院卫生行政部门和省、自治区、直辖市人民政府根据传染病发生、流行趋势的预测，及时发出传染病预警，根据情况予以公布。

(4)传染病菌种、毒种管理　《传染病防治法》规定：

①国家建立传染病菌种、毒种库。

②对传染病菌种、毒种和检测样本的采集、保藏、携带、运输和使用实行分类管理，建立健全严格管理制度。

③对可能导致甲类传染病传播的以及国务院卫生行政部门规定的菌种、毒种和传染病检测样本，确需采集、保藏、携带、运输和使用的，须经省级以上人民政府卫生行政部门批准。

【例 7】国家对传染病菌种、毒种的采集、保藏、携带、运输和使用实行的管理方式是
A. 分层管理　　B. 行业管理　　C. 分类管理
D. 集中管理　　E. 专项管理

(5)疾病预防控制机构的职责　传染病防治法规定，各级疾病预防控制机构承担传染病监测、预测、流行病学调查、疫情报告以及其他预防、控制工作。

①各级疾病预防控制机构在传染病预防控制中的职责：

A. 实施传染病预防控制规划、计划和方案。

B. 收集、分析和报告传染病监测信息，预测传染病的发生、流行趋势。

C. 开展对传染病疫情和突发公共卫生事件的流行病学调查、现场处理及其效果评价。

D. 开展传染病实验室检测、诊断、病原学鉴定。

E. 实施免疫规划，负责预防性生物制品的使用管理。

F. 开展健康教育、咨询，普及传染病防治知识。

G. 指导、培训下级疾病预防控制机构及其工作人员开展传染病监测工作。

H. 开展传染病防治应用性研究和卫生评价，提供技术咨询。

②传染病发生、流行监测和预测　传染病防治法规定，国家、省级疾病预防控制机构负责对传染病发生、流行以及分布进行监测，对重大传染病流行趋势进行预测，提出预防控制对策，参与并指导对暴发的疫情进行调查处理，开展传染病病原学鉴定，建立检测质量控制体系，开展应用性研究和卫生评价。设区的市级和县级疾病预防控制机构负责传染病预防控制规划、方案的落实，组织实施免疫、消毒、控制病媒生物的危害，普及传染病防治知识，负责本地区疫情和突发公共卫生事件监测、报告，开展流行病学调查和常见病原微生物检测。

③传染病疫情信息的调查和核实　疾病预防控制机构应当主动收集、分析、调查、核实传染病疫情信息，接到甲类、乙类传染病疫情报告或者发现传染病暴发、流行时，应当立即报告当地卫生行政部门，由当地卫生行政部门立即报告当地人民政府，同时报告上级卫生行政部门和国务院卫生行政部门；应当设立或指定专门的部门、人员负责传染病疫情信息管理工作，及时对疫情报告进行核实、分析。

④自然疫源地施工环境的卫生调查　在国家确认的自然疫源地计划兴建水利、交通、旅游、能源等大型建设项目的，应当事先由省级以上疾病预防控制机构对施工环境进行卫生调查。建设单位应当根据疾病预防控制机构的意见，采取必要的传染病预防、控制措施。施工期间，建设单位应当设专人负责工地上的卫生防疫工作。工程竣工后，疾病预防控制机构应当对可能发生的传染病进行监测。

【例 8】某大型企业计划在自然疫源地兴建旅游建设项目，在征询意见时，有专家提醒，根据《传染病防治法》规定，应当事先由法定单位对该项目施工环境进行卫生调查。该法定单位是

A. 省级以上旅游主管部门　B. 省级以上疾病预防控制机构　C. 国务院卫生行政主管部门

D. 省级以上环境保护主管部门　E. 省级以上环境监测评价机构

(6) 医疗机构的职责　传染病防治法规定，医疗机构承担与医疗救治有关的传染病防治工作和责任区域内的传染病预防工作。城市社区和农村基层医疗机构在疾病预防控制机构的指导下，承担城市社区、农村基层相应的传染病防治工作。

①防止传染病的医源性感染和医院感染　医疗机构必须严格执行国务院卫生行政部门规定的管理制度、操作规范，防止传染病的医源性感染和医院感染。

②承担责任区域内传染病预防工作　医疗机构应当确定专门的部门或者人员，承担传染病疫情报告、本单位的传染病预防、控制以及责任区域内的传染病预防工作；承担医疗活动中与医院感染有关的危险因素监测、安全防护、消毒、隔离和医疗废物处置工作。

疾病预防机构应当指定专门人员负责对医疗机构内传染病预防工作进行指导，开展流行病学调查。

【例 9】医疗机构为预防传染病院内传播应当承担的职责是

A. 医疗废物处置　B. 收集和分析传染病疫情信息　C. 对传染病预防工作进行指导

D. 流行病学调查　E. 实施传染病预防控制措施

(7) 传染病病人、病原携带者和疑似传染病病人合法权益保护　国家和社会应当关心、帮助传染病病人、病原携带者和疑似传染病病人，使其得到及时救治。任何单位和个人不得歧视传染病病人、病原携带者和疑似传染病病人。疾病预防控制机构、医疗机构不得泄露涉及个人隐私的有关信息、资料。

为了保护他人的健康和安全，传染病防治法规定：①国内的一切单位和个人，必须接受疾病预防控制机构、医疗机构有关传染病的调查、检验、采集样本、隔离治疗等预防控制措施，如实提供有关情况；②传染病病人、病原携带者和疑似传染病病人，在治愈前或者在排除传染病嫌疑前，不得从事法律、行政法规和国务院卫生行政部门规定禁止从事的易使该传染病扩散的工作。

3. 疫情报告、通报和公布

(1) 疫情报告

①疫情报告管理　传染病防治法规定,疾病预防控制机构、医疗机构和采供血机构及其执行职务的人员,为责任疫情报告人,在发现传染病疫情或者发现其他传染病暴发、流行以及突发原因不明的传染病时,应当遵循疫情报告属地管理原则,按规定报告。军队医疗机构向社会公众提供医疗服务,发现传染病疫情时,应当按照规定报告。任何单位和个人发现传染病病人或者疑似传染病病人时,应当及时向附近的疾病预防控制机构或者医疗机构报告。

②疫情报告的要求　依照传染病防治法负有传染病疫情报告职责的人民政府有关部门、疾病预防控制机构、医疗机构、采供血机构及其工作人员,不得隐瞒、谎报、缓报传染病疫情。

【例 10】医疗机构发现法定传染病疫情或者发现其他传染病暴发、流行时,其疫情报告应当遵循的原则是

A. 属地管理　B. 层级管理　C. 级别管理
D. 特别管理　E. 专门管理

【例 11】教育部所属综合大学的附属医院发现脊髓灰质炎疫情,应当报告的部门是

A. 国家教育行政部门　B. 国家卫生行政部门　C. 国家疾病预防控制机构
D. 所在地的政府卫生行政部门　E. 所在地的疾病预防控制机构

(2)疫情通报

①国务院卫生行政部门应当及时向国务院其他有关部门和各省、自治区、直辖市人民政府卫生行政部门通报全国传染病疫情以及监测、预警的相关信息。毗邻的以及相关的地方人民政府卫生行政部门,应当及时互相通报本行政区域的传染病疫情以及监测、预警的相关信息。县级以上人民政府有关部门发现传染病疫情时,应当及时向同级人民政府卫生行政部门通报。

②县级以上地方人民政府卫生行政部门应当及时向本行政区域内的疾病预防控制机构和医疗机构通报传染病疫情以及监测、预警的相关信息。接到通报的疾病预防控制机构和医疗机构应当及时告知本单位的有关人员。

③港口、机场、铁路疾病预防控制机构以及国境卫生检疫机关发现甲类传染病病人、病原携带者、疑似传染病病人时,应当按照国家有关规定,立即向国境口岸所在地的疾病预防控制机构或者所在地县级以上地方人民政府卫生行政部门报告并相互通报。

④动物防疫机构和疾病预防控制机构,应当及时互相通报动物间和人间发生的人畜共患传染病疫情以及相关信息。

(3)疫情信息的公布　《传染病防治法》规定,国家建立传染病疫情信息公布制度。公布传染病疫情信息应当及时、准确。国务院卫生行政部门定期公布全国传染病疫情信息。省、自治区、直辖市人民政府卫生行政部门定期公布本行政区域的传染病疫情信息。

传染病暴发、流行时,国务院卫生行政部门负责向社会公布传染病疫情信息,并可以授权省、自治区、直辖市人民政府卫生行政部门向社会公布本行政区域的传染病疫情信息。

4. 疫情控制

(1)控制措施

①医疗机构采取的控制措施　医疗机构发现甲类传染病时,应当及时采取下列措施:

A. 对病人、病原携带者,予以隔离治疗,隔离期限根据医学检查结果确定。

B. 对疑似病人,确诊前在指定场所单独隔离治疗。

C. 对医疗机构内的病人、病原携带者、疑似病人的密切接触者,在指定场所进行医学观察和采取其他预防措施。

D. 拒绝隔离治疗或隔离期未满擅自脱离隔离治疗的,可由公安机关协助医疗机构采取强制隔离治疗。

医疗机构发现乙类或者丙类传染病病人,应当根据病情采取必要的治疗和控制传播措施。医疗机构对本单位内被传染病病原体污染的场所、物品以及医疗废物,必须实施消毒和无害化处置。

②疾病预防控制机构采取的控制措施　传染病防治法规定,疾病预防控制机构发现传染病疫情或者

接到传染病疫情报告时,应当及时采取下列措施:

A.对传染病疫情进行流行病学调查,根据调查情况提出划定疫点、疫区的建议,对被污染的场所进行卫生处理;对密切接触者,在指定场所进行医学观察和采取其他必要的预防措施,并向卫生行政部门提出疫情控制方案。

B.传染病暴发、流行时,对疫点、疫区进行卫生处理,向卫生行政部门提出疫情控制方案,并按照卫生行政部门的要求采取措施。

C.指导下级疾病预防控制机构实施传染病预防控制措施,组织、指导有关单位对传染病疫情的处理。

③对发生甲类传染病病例场所及特定区域人员的紧急措施　对已经发生甲类传染病病例的场所或者该场所内的特定区域的人员,所在地的县级以上人民政府可以实施隔离措施,并同时向上一级人民政府报告。接到报告的上级人民政府应当即作出是否批准的决定。上级人民政府作出不予批准决定的,实施隔离措施的人民政府应当立即解除隔离措施。隔离措施的解除,由原决定机关决定并宣布。

传染病防治法规定,发生传染病疫情时,疾病预防控制机构和省级以上人民政府卫生行政部门指派的其他与传染病有关的专业技术机构,可以进入传染病疫点、疫区进行调查、采集样本、技术分析和检验。

(2)紧急措施　传染病暴发、流行时,县级以上地方人民政府应当立即组织力量,按照预防控制预案进行防治,切断传染病的传播途径。必要时,报经上一级人民政府决定,可以采取下列紧急措施并予以公告:

①限制或者停止集市、影剧院演出或者其他人群聚集的活动。

②停工、停业、停课。

③封闭或者封存被传染病病原体污染的公共饮用水源、食品以及相关物品。

④控制或者捕杀染疫野生动物、家畜家禽。

⑤封闭可能造成传染病扩散的场所。

上级人民政府接到下级人民政府采取上述紧急措施的报告时,应当及时作出决定。当疫情得到控制,需要解除紧急措施的,由原决定机关决定并宣布。

(3)疫区封锁

①县级政府　甲类、乙类传染病暴发、流行时,县级人民政府报经上一级人民政府决定,可以宣布本行政区域部分或者全部为疫区。可施行紧急措施,并可以对出入疫区的人员、物资和交通工具实施卫生检疫。

②省级政府　省、自治区、直辖市人民政府可以决定对本行政区域内的甲类传染病疫区实施封锁。

③国务院　国务院可以决定并宣布跨省、自治区、直辖市的疫区;封锁大、中城市的疫区;封锁跨省、自治区、直辖市的疫区;封锁导致干线交通中断的疫区;封锁国境。

注意:①当发生甲类传染病时,县级政府可以采取隔离措施,并向上级政府报告。
②当传染病暴发、流行时,县级以上地方人民政府应立即组织力量切断传播途径。
③当传染病暴发、流行时,县级政府采取紧急措施必须得到上级政府的批准。
④当甲、乙类传染病暴发、流行时,县级政府经上级批准只能宣布疫区、检疫疫区,但不能封锁疫区。

【例12】对于新冠肺炎密切接触者,应采取的疫情控制措施是

A. 早治疗　　B. 早隔离　　C. 预防性用药
D. 居家隔离　　E. 留验

【例13】某患者咳嗽、发热3天后到医院就诊,被初步诊断为疑似人感染高致病性禽流感,应住院治疗,但患者以工作离不开为由予以拒绝。医院对该患者应采取的措施是

A. 定期随诊　　B. 居家观察　　C. 立即单独隔离治疗
D. 请示卫生行政部门　　E. 尊重患者的自主决定权

【例14】对本行政区域内的甲类传染病疫区,省级人民政府可以

A. 实施隔离措施　　B. 停工、停业、停课　　C. 宣布为疫区

D. 实施封锁　　E. 对出入疫区的人员、物资和交通工具实施卫生检疫

【例 15】发生传染病流行时，县级以上地方政府有权在本行政区域内

A. 调集各级各类医疗、防疫人员参加疫情控制工作

B. 停工、停业、停课　　C. 封锁甲类或按甲类传染病管理的传染病疫区

D. 封锁跨省、直辖市的疫区　　E. 宣布疫区

5. 医疗救治

(1)预防医院感染的要求 《传染病防治法》规定，医疗机构的基本标准、建筑设计和服务流程，应当符合预防传染病感染的要求。医疗机构应当按照规定对使用的医疗器械进行消毒；对按照规定一次性使用的医疗器具，应当在使用后销毁。

(2)开展医疗救治的要求

①提高医疗救治能力　医疗机构应当按照国务院卫生行政部门规定的传染病诊断标准和治疗要求，采取相应措施，提高传染病医疗救治能力。

②提供医疗救治方式　医疗机构应当对传染病病人或者疑似传染病病人提供医疗救护、现场救援和接诊治疗，书写病历记录以及其他有关资料，并妥善保管。

③实行传染病预检、分诊制度　医疗机构应当实行传染病预检、分诊制度；对传染病病人、疑似传染病病人，应当引导至相对隔离的分诊点进行初诊。

④转院　医疗机构不具备相应救治能力的，应当将患者及其病历记录复印件一并转至具备相应救治能力的医疗机构。

【例 16】患者于某因发热 3 日到县医院就诊，接诊医师林某检查后拟诊为流行性出血热。因县医院不具备隔离治疗条件，林某遂嘱患儿的家长带于某去市传染病医院就诊。按照传染病防治法的规定，林某应当

A. 请上级医师会诊，确诊后再转诊

B. 请上级医师会诊，确诊后隔离治疗

C. 向医院领导报告，确诊后对于某就地进行隔离

D. 向当地疾病控制机构报告，并复印病历资料转诊

E. 向当地疾病控制机构报告，由疾病控制机构转诊

6. 法律责任

(1)疾病预防控制机构的法律责任 疾病预防控制机构违反规定，有下列情形之一的，由县级以上人民政府卫生行政部门责令限期改正，通报批评，给予警告；对负有责任的主管人员和其他直接责任人员，依法给予降级、撤职、开除的处分，并可以依法吊销有关责任人员的执业证书；构成犯罪的，依法追究刑事责任：

①未依法履行传染病监测职责的。

②未依法履行传染病疫情报告、通报职责，或者隐瞒、谎报、缓报传染病疫情的。

③未主动收集传染病疫情信息，或者对传染病疫情信息和疫情报告未及时进行分析、调查、核实的。

④发现传染病疫情时，未依据职责及时采取《传染病防治法》规定的措施的。

⑤故意泄露传染病病人、病原携带者、疑似传染病病人、密切接触者涉及个人隐私的有关信息、资料的。

(2)医疗机构的法律责任 医疗机构违反规定，有下列情形之一的，由县级以上人民政府卫生行政部门责令改正，通报批评，给予警告；造成传染病传播、流行或者其他严重后果的，对负有责任的主管人员和其他直接责任人员，依法给予降级、撤职、开除的处分，并可以依法吊销有关责任人员的执业证书；构成犯罪的，依法追究刑事责任：

①未按照规定承担本单位的传染病预防、控制工作、医院感染控制任务和责任区域内的传染病预防工作的。

②未按照规定报告传染病疫情，或者隐瞒、谎报、缓报传染病疫情的。

③发现传染病疫情时，未按照规定对传染病病人、疑似传染病病人提供医疗救护、现场救援、接诊、转诊的，或者拒绝接受转诊的。

④未按照规定对本单位内被传染病病原体污染的场所、物品以及医疗废物实施消毒或者无害化处置的。

⑤未按照规定对医疗器械进行消毒，或者对按照规定一次使用的医疗器具未予销毁，再次使用的。

⑥在医疗救治过程中未按照规定保管医学记录资料的。

⑦故意泄露传染病病人、病原携带者、疑似传染病病人、密切接触者涉及个人隐私的有关信息、资料的。

二、艾滋病防治条例

1. 概述

(1)艾滋病防治原则　艾滋病防治工作坚持预防为主、防治结合的方针，建立政府组织领导、部门各负其责、全社会共同参与的机制，加强宣传教育，采取行为干预和关怀救助等措施，实行综合防治。

(2)不歧视规定　任何单位和个人不得歧视艾滋病病毒感染者、艾滋病病人及其家属。艾滋病病毒感染者、艾滋病病人及其家属享有的婚姻、就业、就医、入学等合法权益受法律保护。

2. 预防与控制

(1)艾滋病监测　《艾滋病防治条例》规定，国家建立健全艾滋病监测网络。

(2)自愿咨询和自愿检测制度　国家实行艾滋病自愿咨询和自愿检测制度。县级以上地方人民政府卫生主管部门指定的医疗卫生机构，为自愿接受艾滋病咨询、检测的人员免费提供咨询和初筛检测。

(3)艾滋病患者的义务　艾滋病病毒感染者和艾滋病病人应当履行下列义务：

①接受疾病预防控制机构或者出入境检验检疫机构的流行病学调查和指导。

②将感染或者发病的事实及时告知与其有性关系者。

③就医时，将感染或者发病的事实如实告知接诊医生。

④采取必要防护措施，防止感染他人。艾滋病感染者和艾滋病病人不得以任何方式故意传播艾滋病。

(4)艾滋病患者隐私权保护　未经本人或者其监护人同意，任何单位或者个人不得公开艾滋病病毒感染者、艾滋病病人及其家属的姓名、住址、工作单位、肖像、病史资料以及其他可能推断出其具体身份的信息。

(5)采集或使用人体血液、血浆、组织的管理

①采集或使用人体血液、血浆管理　艾滋病防治条例规定，血站、单采血浆站应当对采集的人体血液、血浆进行艾滋病检测；不得向医疗机构和血液制品生产单位供应未经艾滋病检测或艾滋病检测阳性的人体血液、血浆。血液制品生产单位应当在原料血浆投料生产前对每一份血浆进行艾滋病检测；未经艾滋病检测或者艾滋病检测阳性的血浆，不得作为原料血浆投料生产。

②临时采集血液管理　医疗机构应当对因应急用血而临时采集的血液进行艾滋病检测，对临床用血艾滋病检测结果进行核查；对未经艾滋病检测、核查或者艾滋病检测阳性的血液，不得采集或者使用。

③采集或者使用人体组织管理　采集或者使用人体组织、器官、细胞、骨髓等的，应当进行艾滋病检测；未经艾滋病检测或者艾滋病检测阳性的，不得采集或者使用。但是，用于艾滋病防治科研、教学的除外。

3. 治疗与救助

《艾滋病防治条例》规定，医疗卫生机构在艾滋病治疗和救助中的责任是：

(1)提供艾滋病防治咨询、诊断和治疗服务　医疗机构应当为艾滋病病毒感染者和艾滋病病人提供防治咨询、诊断和治疗服务，不得推诿或者拒绝对其其他疾病的治疗。

(2)将感染或者发病的事实告知本人　对确诊的艾滋病病毒感染者和艾滋病病人，医疗卫生机构的工作人员应当将其感染或者发病的事实告知本人；本人为无行为能力人或者限制行为能力人的，应当告知其监护人。

(3)实施预防艾滋病母婴传播技术指导方案　医疗卫生机构应当按照国务院卫生主管部门制定的预防艾滋病母婴传播技术指导方案的规定，对孕产妇提供艾滋病防治咨询和检测，对感染艾滋病病毒的孕产妇及其婴儿，提供预防艾滋病母婴传播的咨询、产前指导、阻断、治疗、产后访视、婴儿随访和检测等服务。

(4)防止发生艾滋病医院感染和医源性交叉感染 医疗卫生机构应当按照国务院卫生行政部门的规定，遵守标准防护原则，严格执行操作规程和消毒管理制度，防止发生艾滋病医院感染或医源性感染。

【例 17】国家规定与艾滋病检测相关的制度是

A. 义务检测　　B. 强制检测　　C. 有奖检测　　D. 自愿检测　　E. 定期检测

【例 18】对感染艾滋病病毒的孕产妇无偿提供预防艾滋病母婴传播的服务是

A. 无偿用血　　B. 家庭接生　　C. 终止妊娠　　D. 产前指导　　E. 基因诊断

4. 法律责任

(1)医疗卫生机构的法律责任 医疗卫生机构未按规定履行职责，有下列情形之一的，由县级以上人民政府卫生主管部门责令限期改正，通报批评，给予警告；造成艾滋病传播、流行或者其他严重后果的，对负有责任的主管人员和其他直接责任人员依法给予降级、撤职、开除的处分，并可以依法吊销有关机构或者责任人员的执业许可证件；构成犯罪的，依法追究刑事责任：

①未履行艾滋病监测职责的。

②未按照规定免费提供咨询和初筛检测的。

③对临时应急采集的血液未进行艾滋病检测，对临床用血艾滋病检测结果未进行核查，或者将艾滋病检测阳性的血液用于临床的。

④未遵守标准防护原则，或者未执行操作规程和消毒管理制度，发生艾滋病医院感染或者医源性感染的。

⑤未采取有效的卫生防护措施和医疗保健措施的。

⑥推诿、拒绝治疗艾滋病病毒感染者或者艾滋病病人的其他疾病，或者对艾滋病病毒感染者、艾滋病病人未提供咨询、诊断和治疗服务的。

⑦未对艾滋病病毒感染者或者艾滋病病人进行医学随访的。

⑧未按照规定对感染艾滋病病毒的孕产妇及其婴儿提供预防艾滋病母婴传播技术指导的。

(2)医疗机构泄密的法律责任 医疗机构违反规定，公开艾滋病感染者、艾滋病病人或者其家属信息的，依照《传染病防治法》规定予以处罚。《传染病防治法》规定，医疗机构违反规定，故意泄露传染病病人、病原携带者、疑似传染病病人、密切接触者涉及个人隐私的有关信息、资料的，由县级以上人民政府卫生行政部门责令改正，通报批评，给予警告；造成传染病传播、流行或者其他严重后果的，对负有责任的主管人员和其他直接责任人员，依法给予降级、撤职、开除的处分。并可以依法吊销有关责任人的执业证书；构成犯罪的，依法追究刑事责任。

常考点 《传染病防治法》；艾滋病的预防和控制。

参考答案——详细解答见2021《贺银成国家临床执业及助理医师资格考试历年考点精析》

1. ABCDE　2. ABCDE　3. ABCDE　4. ABCDE　5. ABCDE　6. ABCDE　7. ABCDE
8. ABCDE　9. ABCDE　10. ABCDE　11. ABCDE　12. ABCDE　13. ABCDE　14. ABCDE
15. ABCDE　16. ABCDE　17. ABCDE　18. ABCDE

第5章　突发公共卫生事件应急条例与药品管理法实施条例

考纲要求

①突发公共卫生事件应急条例概述：突发公共卫生事件的概念。②报告与信息发布：医疗卫生机构的职责，信息发布。③法律责任：医疗卫生机构的法律责任。④药品管理法及其实施条例概述：药品的概念。⑤药品管理：禁止生产、销售假药，禁止生产、销售劣药，处方药与非处方药。⑥法律责任：医疗机构在药品购销中违法行为的法律责任，医疗机构相关人员违法行为的法律责任。

复习要点

一、突发公共卫生事件应急条例

1. 概述

突发公共卫生事件，是指突然发生，造成或者可能造成社会公众健康严重损害的重大传染病疫情、群体性不明原因疾病、重大食物和职业中毒以及其他严重影响公众健康的事件。

2. 报告与信息发布

(1)医疗卫生机构的职责　《突发公共卫生事件应急条例》规定，国家建立突发事件应急报告制度。突发事件监测机构、医疗卫生机构和有关单位发现下列需要报告情形之一的，应当在2小时内向所在地县级人民政府卫生行政主管部门报告：①发生或者可能发生传染病暴发、流行；②发生或发现不明原因的群体性疾病；③发生传染病菌种、毒种丢失；④发生或者可能发生重大食物和职业中毒事件。

接到报告的卫生行政主管部门应当在2小时内向本级人民政府报告，并同时向上级人民政府卫生行政主管部门和国务院卫生行政主管部门报告。任何单位和个人对突发事件，不得隐瞒、缓报、谎报或者授意他人隐瞒、缓报、谎报。

(2)信息发布　《突发公共卫生事件应急条例》规定，国家建立突发事件的信息发布制度。国务院卫生行政主管部门负责向社会发布突发事件的信息。必要时，可以授权省、自治区、直辖市人民政府卫生行政主管部门向社会发布本行政区域内突发事件的信息。信息发布应当及时、准确、全面。

【例1】医疗卫生机构发现重大食物中毒事件后，应当在规定的时限内向所在地县级卫生行政部门报告。该时限是

A. 1小时　　B. 2小时　　C. 6小时
D. 12小时　　E. 24小时

3. 法律责任

医疗卫生机构有下列行为之一的，由卫生行政主管部门责令改正、通报批评、给予警告；情节严重的，吊销《医疗机构执业许可证》；对主要负责人、负有责任的主管人员和其他直接责任人依法给予降级或撤职的纪律处分；造成传染病传播、流行或者对社会公众健康造成其他严重危害后果，构成犯罪的，依法追究刑事责任：

①未依照本条例的规定履行报告职责，隐瞒、缓报或者谎报的；
②未依照本条例的规定及时采取控制措施的；
③未依照本条例的规定履行突发事件监测职责的；
④拒绝接诊病人的；
⑤拒不服从突发事件应急处理指挥部调度的。

【例2】对违反《突发公共卫生事件应急条例》规定，未履行报告职责，隐瞒、缓报或者谎报突发公共卫生事

件的医疗机构,应给予的处理不包括

A. 通报批评　　B. 责令改正　　C. 给予警告

D. 停业整顿　　E. 吊销《医疗机构执业许可证》

【例 3】某地相继发生多例以急性发病、高热、头痛等症状为主要临床表现的病因不明的疾病,被确定为突发公共卫生事件。当地乡卫生院以床位紧张为由,拒绝收治此类患者,被患者家属投诉。县卫生局经调查核实后,决定给予乡卫生院行政处罚。该处罚是

A. 诫勉谈话　　B. 责令改正　　C. 责令检查

D. 警告　　E. 通报批评

【例 4】负责向社会发布突发公共卫生事件信息的法定单位是

A. 国务院新闻办公室　　B. 国务院卫生计生行政部门　　C. 县级人民政府

D. 省级人民政府　　E. 设区的市级人民政府

二、药品管理法及其实施条例

1. 概述

药品是用于预防、治疗、诊断人的疾病,有目的地调节人的生理功能并规定有适应证、用法和用量的物质,包括中药材、中药饮片、中成药、化学原料及其制剂、抗生素、生化药品、放射性药品、血清疫苗、血液制品和诊断药品等。

【例 5】下列不属于药品的是

A. 抗生素　　B. 血液　　C. 疫苗

D. 血液制品　　E. 血清

2. 药品管理

(1)禁止生产、销售假药　假药是指药品所含成分与国家药品标准规定的成分不符,以及以非药品冒充药品或者以他种药品冒充此种药品的。有下列情形之一的药品,按假药论处:①国务院药品监督管理部门规定禁止使用的;②依照《中华人民共和国药品管理法》(以下简称《药品管理法》)必须批准而未经批准生产、进口,或者必须检验而未检验即销售的;③变质的;④被污染的;⑤使用依照《药品管理法》必须取得批准文号而未取得批准文号的原料药生产的;⑥所标明的适应证或者功能主治超出规定范围的。

(2)禁止生产、销售劣药　劣药是指药品成分含量不符合国家药品标准规定的药品。有下列情形之一的药品,按劣药论处:①未标明有效期或者更改有效期的;②不注明或者更改生产批号的;③超过有效期的;④直接接触药品的包装材料和容器未经批准的;⑤擅自添加着色剂、防腐剂、香料、矫味剂及辅料的;⑥其他不符合药品标准规定的。

(3)处方药与非处方药　《药品管理法》规定,国家实行处方药和非处方药分类管理制度。

①处方药　是指凭执业医师和执业助理医师处方方可购买、调配和使用的药品。

②非处方药　是指由国务院药品监督管理部门公布的,不需要凭执业医师和执业助理医师处方,消费者可以自行判断、购买和使用的药品。国家根据非处方药的安全性,将非处方药分为甲类非处方药和乙类非处方药。

【例 6】某村卫生室私自从"不法药贩"处购入药品用于患者的治疗,险些造成患者死亡。事发后,经有关部门调查、检测,认定该药品为假药。该认定依据的事实是

A. 药品标签未标明有效期　　B. 直接接触药品的包装材料未经批准

C. 药品超过有效期　　D. 药品擅自添加着色剂

E. 药品所含成分与国家药品标准规定的成分不符

3. 法律责任

(1)**医疗机构在药品购销中违法行为的法律责任** 《药品管理法》规定，药品的生产企业、经营企业、医疗机构在药品购销中暗中给予、收受回扣或者其他利益的，药品的生产企业、经营企业或者其代理人给予使用其药品的医疗机构的负责人、药品采购人员、医师等有关人员以财物或者其他利益的，由工商行政管理部门处1万元以上20万元以下的罚款，有违法所得的，予以没收；情节严重的，由工商行政管理部门吊销药品生产企业、药品经营企业的营业执照，并通知药品监督管理部门，由药品监督管理部门吊销《药品生产许可证》、《药品经营许可证》；构成犯罪的，依法追究刑事责任。

(2)**医疗机构相关人员违法行为的法律责任** 医疗机构的负责人、药品采购人员、医师等有关人员收受药品生产企业、药品经营企业或者其代理人给予的财物或者其他利益的，由卫生行政部门或者本单位给予处分，没收违法所得；对违法行为情节严重的执业医师，由卫生行政部门吊销其执业证书；构成犯罪的，依法追究刑事责任。

【例7】对收受药品生产经营企业或其代理人财物且情节严重的医师，卫生行政部门应当作出的处理是

A. 注销执业证书　　B. 暂停执业活动　　C. 吊销执业证书

D. 记过　　E. 警告

常考点 《药品管理法》的法律责任。

参考答案——详细解答见2021《贺银成国家临床执业及助理医师资格考试历年考点精析》

1. ABCDE　2. ABCDE　3. ABCDE　4. ABCDE　5. ABCDE　6. ABCDE　7. ABCDE

第 6 章　麻醉药品和精神药品管理条例与处方管理办法

考纲要求

①麻醉药品和精神药品管理条例概述:麻醉药品和精神药品的概念及其临床使用原则。②麻醉药品和精神药品的使用:麻醉药品、第一类精神药品购用印鉴卡,麻醉药品和精神药品处方权,麻醉药品、第一类精神药品的使用。③法律责任:医疗机构的法律责任,具有麻醉药品和第一类精神药品处方资格医师的法律责任,未取得麻醉药品和第一类精神药品处方资格医师的法律责任。④处方管理办法概述:处方的概念,处方开具和调剂的原则。⑤处方管理的一般规定:处方书写规则,药品剂量与数量书写的要求。⑥处方权的获得:处方权的取得,开具处方的条件。⑦处方的开具:开具处方的要求。⑧监督管理:医疗机构对处方的管理。⑨法律责任:医师的法律责任。

复习要点

一、麻醉药品和精神药品管理条例

1. 概述

(1)麻醉药品和精神药品的概念　麻醉药品和精神药品是指列入麻醉药品目录、精神药品目录的药品和其他物质。精神药品分为第一类精神药品和第二类精神药品。

(2)麻醉药品和精神药品的临床使用原则　麻醉药品和精神药品管理条例规定,医务人员应当根据国务院卫生主管部门制定的临床应用指导原则,使用麻醉药品和精神药品。

2. 麻醉药品和精神药品的使用

(1)麻醉药品、第一类精神药品购用印鉴卡　医疗机构需要使用麻醉药品和第一类精神药品的,应当经所在地设区的市级人民政府卫生主管部门批准,取得麻醉药品、第一类精神药品购用印鉴卡。医疗机构应当凭印鉴卡向本省、自治区、直辖市行政区域内的定点批发企业购买麻醉药品和第一类精神药品。

医疗机构取得印鉴卡的条件:①有专职的麻醉药品和第一类精神药品管理人员;②有获得麻醉药品和第一类精神药品处方资格的执业医师;③有保证麻醉药品和第一类精神药品安全储存的设施和管理制度。

(2)麻醉药品和精神药品处方权　医疗机构应当按照国务院卫生主管部门的规定,对本单位执业医师进行有关麻醉药品和精神药品使用知识的培训、考核,经考核合格的,授予麻醉药品和第一类精神药品处方资格。执业医师取得麻醉药品和第一类精神药品的处方资格后,方可在本医疗机构开具麻醉药品和第一类精神药品处方,但不得为自己开具该种处方。

(3)麻醉药品、第一类精神药品的使用　具有麻醉药品和第一类精神药品处方资格的执业医师,根据临床应用指导原则,对确需使用麻醉药品或者第一类精神药品的患者,应当满足其合理用药需求。在医疗机构就诊的癌症疼痛患者和其他危重患者得不到麻醉药品或者第一类精神药品时,患者或者其亲属可以向执业医师提出申请。具有麻醉药品和第一类精神药品处方资格的执业医师认为要求合理的,应当及时为患者提供所需麻醉药品或者第一类精神药品。

执业医师应当使用专用处方开具麻醉药品和精神药品,单张处方的最大用量应当符合国务院卫生主管部门的规定。对麻醉药品和第一类精神药品处方,处方的调配人、核对人应当仔细核对,签署姓名,并予以登记。对不符合规定的,处方的调配人、核对人应当拒绝发药。

3. 法律责任

(1)医疗机构的法律责任　取得印鉴卡的医疗机构违反规定,有下列情形之一的,由设区的市级人民政府卫生主管部门责令限期改正,给予警告;逾期不改正的,处 5000 元以上 1 万元以下罚款;情节严重的吊销其印鉴卡；对直接负责的主管人员和其他直接责任人员，依法给予降级、撤职、开除的处分：

①未依照规定购买、储存麻醉药品和第一类精神药品的；

②未依照规定保存麻醉药品和精神药品专用处方，或者未依照规定进行处方专册登记的；

③未依照规定报告麻醉药品和精神药品的进货、库存、使用数量的；

④紧急借用麻醉药品和第一类精神药品后未备案的；

⑤未依照规定销毁麻醉药品和精神药品的。

(2)具有麻醉药品和第一类精神药品处方资格医师的法律责任　违反规定开具麻醉药品和第一类精神药品处方，或者未按照临床应用指导原则的要求使用麻醉药品和第一类精神药品的，由其所在医疗机构取消其麻醉药品和第一类精神药品处方资格；造成严重后果的，由原发证部门吊销其执业证书。执业医师未按照临床应用指导原则的要求使用第二类精神药品或者未使用专用处方开具第二类精神药品，造成严重后果的，由原发证部门吊销其执业证书。

(3)未取得麻醉药品和第一类精神药品处方资格医师的法律责任　未取得麻醉药品和第一类精神药品处方资格的执业医师擅自开具麻醉药品和第一类精神药品处方，由县级以上人民政府卫生主管部门给予警告，暂停其执业活动；造成严重后果的，吊销其执业证书；构成犯罪的，依法追究刑事责任。

【例1】具有麻醉药品处方资格的执业医师违反规定开具麻醉药品造成严重后果的，卫生行政部门依法对其作出的处理是

A. 警告　　B. 吊销执业证书　　C. 暂停执业半年

D. 罚款　　E. 取消麻醉药品处方资格

二、处方管理办法

1. 概述

(1)处方的概念　处方是指由注册的执业医师和执业助理医师在诊疗活动中为患者开具的、由取得药学专业技术职务任职资格的药学专业技术人员审核、调配、核对，并作为患者用药凭证的医疗文书。处方包括医疗机构病区用药医嘱单。

(2)处方的开具　医师应当根据医疗、预防、保健需要，按照诊疗规范、药品说明书中的药品适应证、药理作用、用法、用量、禁忌、不良反应和注意事项等开具处方。

(3)处方调剂的原则　取得药学专业技术职务任职资格的人员方可从事处方调剂工作。

2. 处方管理的一般规定

(1)处方书写的规则

①患者一般情况、临床诊断填写清晰、完整，并与病历记载相一致。

②每张处方限于一名患者的用药。

③字迹清楚，不得涂改；如需修改，应当在修改处签名并注明修改日期。

④药品名称应当使用规范的中文名称书写，没有中文名称的可以使用规范的英文名称书写；医疗机构或者医师、药师不得自行编制药品缩写名称或者使用代号；书写药品名称、剂量、规格、用法、用量要准确规范，药品用法可用规范的中文、英文、拉丁文或者缩写体书写，但不得使用“遵医嘱”“自用”等含混不清字句。

⑤患者年龄应当填写实足年龄，新生儿、婴幼儿写日、月龄，必要时要注明体重。

⑥西药和中成药可以分别开具处方，也可以开具一张处方，中药饮片应当单独开具处方。

⑦开具西药、中成药处方，每一种药品应当另起一行，每张处方不得超过5种药品。

⑧中药饮片处方的书写，一般应当按照“君、臣、佐、使”的顺序排列；调剂、煎煮的特殊要求注明在药品右上方，并加括号，如布包、先煎、后下等；对饮片的产地、炮制有特殊要求的，应当在药品名称之前写明。

⑨药品用法用量应当按照药品说明书规定的常规用法用量使用，特殊情况需要超剂量使用时，应当

注明原因并再次签名。

⑩除特殊情况外,应当注明临床诊断。

⑪开具处方后的空白处划一斜线以示处方完毕。

⑫处方医师的签名式样和专用签章应当与院内药学部门留样备查的式样相一致,不得任意改动,否则应当重新登记留样备案。

(2)药品剂量与数量书写的要求

①药品剂量与数量用阿拉伯数字书写。剂量应当使用法定剂量单位:重量以克(g)、毫克(mg)、微克(μg)、纳克(ng)为单位;容量以升(L)、毫升(ml)为单位;国际单位(IU)、单位(U);中药饮片以克(g)为单位。

②片剂、丸剂、胶囊剂、颗粒剂分别以片、丸、粒、袋为单位;溶液剂以支、瓶为单位;软膏及乳膏剂以支、盒为单位;注射剂以支、瓶为单位,应当注明含量;中药饮片以剂为单位。

【例 2】医师张某给一患者开具了处方,患者取药时,药剂师指出该处方不符合相关规定不予调配。其理由是

A. 该处方使用了药品通用名称　B. 该处方同时开具了中成药和西药
C. 该处方开具了 5 种药物　D. 该处方注明了 5 天有效期
E. 该处方开具了 7 天药物用量

【例 3】每张西药、中成药处方开具的药品种类上限是

A. 5 种　B. 3 种　C. 6 种
D. 4 种　E. 7 种

3. 处方权的获得

(1)处方权的取得

①经注册的执业医师在执业地点取得相应的处方权。

②经注册的执业助理医师在医疗机构开具的处方,应当经所在执业地点执业医师签名后方有效。

③经注册的执业助理医师在乡、民族乡、镇、村的医疗机构独立从事一般的执业活动,可以在注册的执业地点取得相应的处方权。

④进修医师由接受进修的医疗机构认定后授予相应的处方权。

⑤医疗机构对本单位执业医师和药师进行麻醉药品和精神药品使用知识和规范化管理的培训,执业医师经考试合格后取得麻醉药品和第一类精神药品的处方权,药师经考试合格后取得麻醉药品和第一类精神药品调剂资格。

【例 4】执业医师处方权的取得方式是

A. 被医疗机构聘用后取得　B. 在注册的执业地点取得　C. 在上级医院进修后取得
D. 医师资格考试合格后取得　E. 参加卫生行政部门培训后取得

(2)开具处方的条件

①医师应当在注册的医疗机构签名留样或者专用签章备案后,方可开具处方。

②经注册的执业助理医师在医疗机构开具的处方,应当经所在执业地点执业医师签名后方有效。

③试用期人员开具处方,应当经所在医疗机构有处方权的执业医师审核、并签名后方有效。

④医师取得麻醉药品和第一类精神药品处方权后,可在本机构开具麻醉药品和第一类精神药品处方,但不得为自己开具该类药品处方。

4. 处方的开具

开具处方的要求如下:

①处方开具当日有效。特殊情况下需延长有效期的,由开具处方的医师注明有效期限,但最长不得超过 3 天。

②处方量一般不得超过 7 日用量。急诊处方不得超过 3 日用量。对于某些慢性病、老年病或特殊情况,处方量可适当延长,但医师应当注明理由。

③为门(急)诊患者开具的麻醉药品或第一类精神药品——注射剂,每张处方 1 次常用量;控缓释剂

每张处方不得超过7日常用量；其他剂型，每张处方不得超过3日常用量。

④第二类精神药品——每张处方不得超过7日常用量；对于慢性病或某些特殊情况的患者，处方量可以适当延长，医师应注明理由。

⑤为门（急）诊癌症疼痛患者和中、重度慢性疼痛患者开具的麻醉药品或第一类精神药品——注射剂，每张处方不得超过3日常用量；控缓释剂每张处方不得超过15日常用量；其他剂型不得超过7日常用量。

⑥为住院患者开具的麻醉药品或第一类精神药品处方，应逐日开具，每张处方为1日常用量。

⑦盐酸二氢埃托菲处方为1次常用量，仅限于二级以上医院内使用；盐酸哌替啶处方为1次常用量，仅限于医疗机构内使用。

【例5】普通处方的用药日数一般不得超过

A. 1天　　B. 2日　　C. 3日

D. 7日　　E. 14日

5. 监督管理

(1)医疗机构对医生处方权的管理　医疗机构应当对超常处方3次以上，且无正当理由的医师提出警告，限制其处方权。限制处方权后，仍连续2次以上出现超常处方且无正当理由的，取消其处方权。

(2)取消处方权　有下列情形之一的，处方权由其所在医疗机构予以取消：①被责令暂停执业的；②考核不合格离岗培训期间；③被注销、吊销执业证书的；④不按规定开具处方，造成严重后果的；⑤不按规定使用药品，造成严重后果的；⑥因开具处方牟取私利的。

(3)禁忌证

①未取得处方权的人员及被吊销处方权的医师不得开具处方。

②未取得麻醉药品和第一类精神药品处方资格的医师不得开具麻醉药品和第一类精神药品处方。

③除治疗需要外，医师不得开具麻醉药品、精神药品、医疗用毒性药品和放射性药品处方。

④未取得药学专业技术职称任职资格的人员不得从事处方调剂工作。

(4)处方的保存　处方由调剂处方药品的医疗机构妥善保存。普通处方、急诊处方、儿科处方保存期限为1年；医疗用毒性药品、第二类精神药品处方保存期限为2年；麻醉药品和第一类精神药品处方保存期限为3年。对麻醉药品、精神药品处方，进行专册登记，登记内容包括发药日期、患者姓名、用药数量。专册保存期限为3年。

A. 1年　　B. 2年　　C. 3年　　D. 4年　　E. 5年

【例6】麻醉药品处方的保存时间至少是

【例7】第二类精神药品处方的保存时间至少是

6. 医师的法律责任

(1)医师有下列情形之一的，由县级以上卫生行政部门按照本条例予以处罚　①未取得麻醉药品和第一类精神药品处方资格的医师擅自开具麻醉药品和精神药品处方的；②具有麻醉药品和第一类精神药品处方资格的医师未按照规定开具麻醉药品和第一类精神药品处方的，或者未按照卫生部门制定的麻醉药品和精神药品临床应用指导原则使用麻醉药品和第一类精神药品的。

(2)医师出现下列情形之一的，按照《执业医师法》第37条的规定，由县级以上卫生行政部门给予警告或者责令暂停6个月以上1年以下执业活动；情节严重的，吊销其执业医师证书　①未取得处方权或者被取消处方权后开具药品处方的；②未按照《处方管理办法》规定开具药品处方的；③违反《处方管理办法》其他规定的。

▶**常考点**　题少。

参考答案——详细解答见2021《贺银成国家临床执业及助理医师资格考试历年考点精析》

1. ABCDE　2. ABCDE　3. ABCDE　4. ABCDE　5. ABCDE　6. ABCDE　7. ABCDE

第 7 章　献血法与医疗机构临床用血管理办法

▶考纲要求

①献血法概述：无偿献血制度。②医疗机构的职责：医疗机构临床用血要求，医疗机构临床用血管理。③血站的职责：采血要求，供血要求。④法律责任：医疗机构的法律责任，血站的法律责任。⑤医疗机构临床用血管理办法概述：临床输血管理委员会，输血科(血库)。⑥临床用血管理：临床用血计划，医务人员职责，临床用血申请，签署临床输血治疗知情同意书，临时采集血液必须同时符合的条件，临床用血不良事件监测报告，临床用血医学文书管理。⑦法律责任：医疗机构的法律责任，医务人员的法律责任。

▶复习要点

一、献血法

1. 无偿献血制度

为保证医疗临床用血需要和安全，保障献血者和用血者身体健康，发扬人道主义精神，促进社会主义物质文明和精神文明建设，制定《中华人民共和国献血法》(以下简称《献血法》)。国家实行无偿献血制度。国家提倡十八周岁至五十五周岁的健康公民自愿献血。

【例 1】《献血法》规定，国家提倡健康公民自愿献血的年龄要求是

A. 18~60 周岁　　B. 20~60 周岁　　C. 20~55 周岁
D. 18~55 周岁　　E. 18~50 周岁

2. 医疗机构的职责

(1) 医疗机构临床用血要求

①医疗机构临床用血应当制订用血计划，遵循合理、科学的原则，不得浪费和滥用血液。

②医疗机构应当积极推行按血液成分针对医疗实际需要输血。

③医疗机构对临床用血必须进行核查，不得将不符合国家规定标准的血液用于临床。

④为保证应急用血，医疗机构可以临时采集血液，但应当依照规定，确保采血用血安全。

⑤无偿献血的血液必须用于临床，不得买卖。

(2) 医疗机构临床用血管理　①公民临床用血时只交付用于血液的采集、储存、分离、检验等费用。无偿献血者临床需要用血时，免交前款规定的费用。无偿献血者的配偶和直系亲属临床需要用血时，可以免交或者减交前款规定的费用。②为保障公民临床急救用血的需要，国家提倡并指导择期手术的患者自身储血，动员家庭、亲友、所在单位以及社会互助献血。

【例 2】医疗机构临床用血应当制订用血计划，遵循

A. 公平、公正的原则　　B. 慎用、节约的原则　　C. 准确、慎用的原则
D. 合理、科学的原则　　E. 勤查、深究的原则

【例 3】为保障公民临床急救用血的需要，国家提倡并指导择期手术的患者

A. 率先献血　　B. 互助献血　　C. 自愿献血
D. 自身储血　　E. 同型输血

【例 4】公民临床用血时，交付费用的项目不包括的是

A. 采集血液费用　　B. 检验血液费用　　C. 分离血液费用
D. 储存血液费用　　E. 购买血液费用

A. 无偿献血制度　　B. 无偿义务献血制度

C. 18~55周岁健康公民自愿献血　　D. 18~55周岁公民自愿献血

E. 国家工作人员、现役军人和高等学校在校学生率先献血

【例5】国家实行

【例6】国家提倡

【例7】国家鼓励

3. 血站的职责

(1)采血要求　血站对献血者必须免费进行必要的健康检查。身体状况不符合献血条件的,血站不得采集血液。血站对献血者每次采血量一般为200ml,最多不得超过400ml,两次采集间隔不少于6个月。严禁血站对献血者超量、频繁采血。血站采血必须严格遵守有关操作规章,采血必须由具有采血资格的医务人员进行,一次性采血器材用后必须销毁,确保献血者的身体健康。

(2)供血要求　①血站应当根据国务院卫生行政部门制定的标准,保证血液质量。②血站对采集的血液必须进行检测,未经检测或者检测不合格的血液,不得向医疗机构提供。③临床用血的包装、储存、运输,必须符合国家规定的卫生标准和要求。④无偿献血的血液必须用于临床,不得买卖,血站不得将无偿献血的血液出售给单采血浆站或者血液制品生产单位。

4. 法律责任

(1)医疗机构的法律责任　①医疗机构出售无偿献血的血液的,由县级以上地方人民政府卫生行政部门予以取缔,没收违法所得,可以并处10万元以下的罚款;构成犯罪的,依法追究刑事责任。②医疗机构的医务人员违反规定,将不符合国家规定标准的血液用于患者的,由县级以上地方人民政府卫生行政部门责令改正;给患者健康造成损害的,应当依法赔偿,对直接负责的主管人员和其他直接责任人员,依法给予行政处分;构成犯罪的,依法追究刑事责任。

【例8】医疗机构的医务人员违反《献血法》规定,将不符合国家规定标准的血液用于患者的,由县级以上卫生行政部门给予的行政处罚是

A. 警告　　B. 罚款　　C. 吊销《医疗机构执业许可证》

D. 责令改正　　E. 限期整顿

【例9】某村发生一起民居垮塌事故,重伤者9人,急送乡卫生院抢救。市中心血站根据该院用血要求,急送一批无偿献血的血液到该院。抢救结束后,尚余900ml血液,该院却将它出售给另一医疗机构。根据《献血法》规定,对于乡卫生院的这一违法行为,县卫生局除了应当没收其违法所得外,还可以对其处以罚款

A. 10万元以下　　B. 5万元以下　　C. 3万元以下

D. 1万元以下　　E. 5千元以下

A. 由县级以上卫生行政部门处以罚款　　B. 由县级以上卫生行政部门责令改正

C. 由县级以上卫生行政部门限期整顿　　D. 依法赔偿

E. 依法追究刑事责任

【例10】医疗机构的医务人员违反《献血法》规定,将不符合国家规定标准的血液用于患者的,应当

【例11】血站违反《献血法》规定,向医疗机构提供不符合国家规定的血液,应当

(2)血站的法律责任

①血站对献血者每次采集血液量一般为200毫升,最多不得超过400毫升,两次采集间隔期不少于6个月。血站违反有关操作规程和制度采集血液,由县级以上地方人民政府卫生行政部门责令改正;给献血者健康造成损害的,应当依法赔偿,对直接负责的主管人员和其他直接责任人员,依法给予行政处分;构成犯罪的,依法追究刑事责任。

②临床用血的包装、储存、运输,不符合国家规定的卫生标准和要求的,由县级以上地方人民政府卫

生行政部门责令改正,给予警告,可以并处1万元以下的罚款。

③血站违反规定,向医疗机构提供不符合国家规定标准血液的,由县级以上人民政府卫生行政部门责令改正;情节严重,造成经血液途径传播的疾病传播或者有传播严重危险的,限期整顿,对直接负责的主管人员和其他直接责任人员,依法给予行政处分;构成犯罪的,依法追究刑事责任。

④血站出售无偿献血的血液的,由县级以上地方人民政府卫生行政部门予以取缔,没收违法所得,可以并处10万元以下的罚款;构成犯罪的,依法追究刑事责任。

【例12】"献血大王"刘某,在过去的7年间,献血总量已达5600ml。快满50周岁的刘某告诉记者,如果身体一直保持健康状态,他满55周岁以前,还可争取无偿献血

A. 7次　B. 8次　C. 9次　D. 10次　E. 11次

A. 200ml　B. 250ml　C. 300ml
D. 400ml　E. 500ml

【例13】血站对献血者每次采集血液量一般为

【例14】血站对献血者每次采集血液量最多不得超过

二、医疗机构临床用血管理办法

1. 概述

(1)临床输血管理委员会　《医疗机构临床用血管理办法》规定,二级以上医院和妇幼保健医院应当设立临床输血管理委员会,负责本机构临床用血管理工作。其他医疗机构应当设立临床管理工作组。

临床用血管理委员会或者临床用血管理工作组应当履行以下职责:①认真贯彻临床用血管理相关法律、法规、规章、技术规范和标准,制定本机构临床用血管理的规章制度并监督实施;②评估确定临床用血的重点科室、关键环节和流程;③定期监测、分析和评估临床用血情况,开展临床用血质量评价工作,提高临床合理用血水平;④分析临床用血不良事件,提出处理和改进措施;⑤指导并推动开展自体输血等血液保护及输血新技术;⑥承担医疗机构交办的有关临床用血的其他任务。

(2)输血科(血库)　医疗机构应当根据有关规定和临床用血需求设置输血科或者血库,并根据自身功能、任务、规模,配备与输血工作相适应的专业技术人员、设施、设备。不具备条件设置输血科或者血库的医疗机构,应当安排专(兼)职人员负责临床用血工作。

2. 临床用血管理

(1)临床用血计划　医疗机构临床用血管理办法规定,医疗机构应当科学制订临床用血计划,建立临床合理用血的评价制度,提高临床合理用血水平。

(2)医务人员职责　医务人员应当认真执行临床输血技术规范,严格掌握临床输血适应证,根据患者病情和实验室检测指标,对输血指征进行综合评估,制订输血治疗方案。

(3)临床用血申请　医疗机构应当建立临床用血申请管理制度:①同一患者一天申请备血量少于800毫升的,由具有中级以上专业技术职务任职资格的医师提出申请,上级医师核准签发后,方可备血。②同一患者一天申请备血量在800毫升至1600毫升的,由具有中级以上专业技术职务任职资格的医师提出申请,经上级医师审核,科室主任核准签发后,方可备血。③同一患者一天申请备血量达到或超过1600毫升的,由具有中级以上专业技术职务任职资格的医师提出申请,科室主任核准签发后,报医务部门批准,方可备血。上述规定不适用于急救用血。

(4)签署临床输血治疗知情同意书　在输血治疗前,医师应当向患者或者其近亲属说明输血目的、方式和风险,并签署临床输血治疗知情同意书。因抢救生命垂危的患者需要紧急输血,且不能取得患者或者其近亲属意见的,经医疗机构负责人或者授权的负责人批准后,可以立即实施输血治疗。

(5)临时采集血液必须同时符合的条件　医疗机构应当制订应急用血工作预案。为保证应急用血,

医疗机构可以临时采集血液，但必须同时符合以下条件：①危及患者生命，急需输血；②所在地血站无法及时提供血液，且无法及时从其他医疗机构调剂血液，而其他医疗措施不能替代输血治疗；③具备开展交叉配血及乙型肝炎病毒表面抗原、丙型肝炎病毒抗体、艾滋病病毒抗体和梅毒螺旋体抗体的检测能力；④遵守采供血相关操作规程和技术标准。医疗机构应在临时采血后10日内将情况报告县级以上卫生行政部门。

(6)临床用血不良事件监测报告　医疗机构应根据国家有关法律法规和规范建立临床用血不良事件监测报告制度。临床发现输血不良反应后，应当积极救治患者，及时向有关部门报告，并做好观察和记录。

(7)临床用血医学文书管理　医疗机构应当建立临床用血医学文书管理制度，确保临床用血信息客观真实、完整、可追溯。医师应当将患者输血适应证的评估、输血过程和输血后疗效评价情况记入病历；临床输血治疗知情同意书、输血记录单等随病历保存。

【例15】医师为同一个患者申请一天备血达到或超过一定数量时，必须报医院医务部门批准。该血量是

A. 1600毫升　　B. 1400毫升　　C. 800毫升
D. 1000毫升　　E. 1200毫升

【例16】患者，男，60岁。行胃大部分切除术，需要输血1200ml，经主治医生签字后，配血站不给配血，说不符合程序，违反的程序是

A. 科主任未签字　　B. 医院领导未签字　　C. 中心血库领导未签字
D. 医务部门未签字　　E. 全部医师未签字

【例17】周某因外伤被送至县医院，经诊断为脾脏破裂、大出血。因县医院血液储备不足、中心血站不能紧急供血，实施了临时采集血液措施，并依照规定将临时采集血液的情况在法定时限内报告了县卫生行政部门。该法定时限是

A. 1日　　B. 3日　　C. 5日　　D. 7日　　E. 10日

3. 法律责任

(1)医疗机构的法律责任　医疗机构有下列情形之一的，由县级以上人民政府卫生行政部门责令限期改正；逾期不改的，进行通报批评，并予以警告；情节严重或者造成严重后果的，可处3万元以下的罚款，对负有责任的主管人员和其他直接责任人员依法给予处分：①未设立临床用血管理委员会或者工作组的；②未拟定临床用血计划或者一年内未对计划实施情况进行评估和考核的；③未建立血液发放和输血核对制度的；④未建立临床用血申请管理制度的；⑤未建立医务人员临床用血和无偿献血知识培训制度的；⑥未建立科室和医师临床用血评价及公示制度的；⑦将经济收入作为对输血科或者血库工作的考核指标的；⑧违反本办法的其他行为。

医疗机构使用未经卫生行政部门指定的血站供应的血液的，由县级以上人民政府卫生行政部门给予警告，并处3万元以下罚款；情节严重或者造成严重后果的，对负有责任的主管人员和其他直接责任人员依法给予处分。医疗机构违反应急用血采血规定的，由县级以上人民政府卫生行政部门责令限期改正，给予警告；情节严重或者造成严重后果的，处3万元以下罚款，对负有责任的主管人员和其他直接责任人员依法给予处分。

(2)医务人员的法律责任　医务人员违反规定，将不符合国家规定标准的血液用于患者的，由县级以上卫生行政部门责令改正；给患者健康造成损害的，应当依据国家有关法律法规进行处理，并对负有责任的主管人员和其他直接责任人员依法给予处分。医务人员违反临床用血管理规定，构成犯罪的，依法追究刑事责任。

▶▶常考点　献血法。

参考答案——详细解答见2021《贺银成国家临床执业及助理医师资格考试历年考点精析》

1. ABCDE　2. ABCDE　3. ABCDE　4. ABCDE　5. ABCDE　6. ABCDE　7. ABCDE
8. ABCDE　9. ABCDE　10. ABCDE　11. ABCDE　12. ABCDE　13. ABCDE　14. ABCDE
15. ABCDE　16. ABCDE　17. ABCDE

第 8 章　医疗损害责任与人体器官移植条例

▶考纲要求

①医疗损害责任(《中华人民共和国民法典》第七篇第六章)概述:医疗损害责任的赔偿主体,推定医疗机构有过错的情形,医疗机构不承担赔偿责任的情形。②医疗机构承担赔偿责任的情形:未尽到说明义务,未尽到与当时医疗水平相应的诊疗义务,泄露患者隐私。③紧急情况医疗措施的实施:紧急情况实施相应医疗措施的条件和程序。④病历资料:填写和保管,查阅和复制。⑤对医疗行为的规范:不得违反诊疗规范实施不必要的检查。⑥医疗机构及其医务人员权益保护:干扰医疗秩序和妨害医务人员工作、生活的法律后果。⑦人体器官移植条例概述:申请手术患者排序原则,禁止买卖人体器官。⑧人体器官的捐献:捐献原则,捐献人体器官的条件,捐献意愿的撤销,活体器官捐献人的条件,活体器官接收人的条件。⑨人体器官的移植:诊疗科目登记,捐献人的医学检查和接收人的风险评估,伦理审查,摘取活体器官应当履行的义务,摘取尸体器官的要求,个人资料保密。⑩法律责任:医疗机构的法律责任,医务人员的法律责任。

▶复习要点

一、医疗损害责任(《中华人民共和国民法典》第七篇第六章)

1. 概述

(1)医疗损害责任的赔偿主体　《中华人民共和国民法典》第七篇第六章《医疗损害责任》规定,患者在诊疗活动中受到损害,医疗机构及其医务人员有过错的,由医疗机构承担赔偿责任。因药品、消毒产品、医疗器械的缺陷,或者输入不合格的血液造成患者损害的,患者可以向药品上市许可持有人、生产者、血液提供机构请求赔偿,也可以向医疗机构请求赔偿。患者向医疗机构请求赔偿的,医疗机构赔偿后,有权向负有责任的药品上市许可持有人、生产者、血液提供机构追偿。

(2)推定医疗机构有过错的情形　患者在诊疗活动中受到损害,有下列情形之一的,推定医疗机构有过错:①违反法律、行政法规、规章以及其他有关诊疗规范的规定;②隐匿或者拒绝提供与纠纷有关的病历资料;③遗失、伪造、篡改或者违法销毁病历资料。

(3)医疗机构不承担赔偿责任的情形　患者在诊疗活动中受到损害,有下列情形之一的,医疗机构不承担赔偿责任:①患者或者其近亲属不配合医疗机构进行符合诊疗规范的诊疗;②医务人员在抢救生命垂危的患者等紧急情况下已经尽到合理诊疗义务;③限于当时的医疗水平难以诊疗。前款第一项情形中,医疗机构或者其医务人员也有过错的,应当承担相应的赔偿责任。

2.医疗机构承担赔偿责任的情形

①医务人员在诊疗活动中应当向患者说明病情和医疗措施。需要实施手术、特殊检查、特殊治疗的,医务人员应当及时向患者具体说明医疗风险、替代医疗方案等情况,并取得其明确同意;不能或者不宜向患者说明的,应当向患者的近亲属说明,并取得其明确同意。医务人员未尽到前款义务,造成患者损害的,医疗机构应当承担赔偿责任。

②医务人员在诊疗活动中未尽到与当时的医疗水平相应的诊疗义务,造成患者损害的,医疗机构应当承担赔偿责任。

③医疗机构及其医务人员应当对患者的隐私和个人信息保密。泄露患者的隐私和个人信息,或者未经患者同意公开其病历资料的,应当承担侵权责任。

【例 1】医疗侵权赔偿责任中,医疗过错的认定标准是

A. 未尽到分级诊疗义务　　B. 未尽到先行垫付义务　　C. 未尽到健康教育义务
D. 未尽到主动协商义务　　E. 未尽到与当时的医疗水平相应的诊疗义务

【例2】女,36岁。因患子宫肌瘤在县医院接受手术治疗,术后患者因对手术效果不满意诉至法院。法院经审理认为医院存在《侵权责任法》规定的过错推定情形,判决医院败诉。该推定情形是

A. 未尽到说明义务　　B. 未尽到与当时医疗水平相应的诊疗义务
C. 伪造病历资料　　D. 泄露患者隐私
E. 限于当时的医疗水平难以诊疗

【例3】依据《侵权责任法》,医务人员实施手术前应当向患者说明的事项是

A. 医疗纠纷处理方式　　B. 替代医疗方案　　C. 复印病历资料范围
D. 隐私保密要求　　E. 承担赔偿责任的情形

【例4】因医疗机构的行为造成患者损害,应承担侵权责任的情形是

A. 患者认为医疗机构未尽到合理诊疗义务　　B. 限于当时医疗水平难以诊疗
C. 未说服患者配合符合诊疗规范的诊疗　　D. 未说服患者近亲属配合符合诊疗规范的诊疗
E. 未经患者同意公开其病历资料

3.紧急情况医疗措施的实施

因抢救生命垂危的患者等紧急情况,不能取得患者或者其近亲属意见的,经医疗机构负责人或者授权的负责人批准,可以立即实施相应的医疗措施。

4.病历资料

(1)填写与保管　医疗机构及其医务人员应当按照规定填写并妥善保管住院志、医嘱单、检验报告、手术及麻醉记录、病理资料、护理记录等病历资料。

(2)查阅与复制　患者要求查阅、复制前款规定的病历资料的,医疗机构应当及时提供。

5.对医疗行为的规范

医疗机构及其医务人员不得违反诊疗规范实施不必要的检查。

6.医疗机构及其医务人员权益保护

医疗机构及其医务人员的合法权益受法律保护。干扰医疗秩序,妨碍医务人员工作、生活,侵害医务人员合法权益的,应当依法承担法律责任。

二、人体器官移植条例

1.概述

(1)申请手术患者的排序原则　人体器官移植条例规定,申请人体器官移植手术患者的排序,应当符合医疗需要,遵循公平、公正和公开的原则。

(2)禁止买卖人体器官　人体器官移植条例规定,任何组织或者个人不得以任何形式买卖人体器官,不得从事与买卖人体器官有关的活动。

2.人体器官的捐献

(1)捐献原则　人体器官移植条例规定,人体器官捐献应当遵循自愿、无偿的原则。公民享有捐献或者不捐献其人体器官的权利;任何组织或者个人不得强迫、欺骗或者利诱他人捐献人体器官。

(2)捐献人体器官的条件　捐献人体器官的公民应当具有完全民事行为能力,且需有书面形式的捐献意愿。公民生前表示不同意捐献其人体器官的,任何组织或者个人不得捐献、摘取该公民的人体器官;公民生前未表示不同意捐献其人体器官的,该公民死亡后,其配偶、成年子女、父母可以以书面形式共同表示同意捐献该公民人体器官的意愿。

(3)捐献意愿的撤销　公民捐献其人体器官应当有书面形式的捐献意愿,对已经表示捐献其人体器

官的意愿,有权予以撤销。

(4)活体器官捐献人的年龄条件 任何组织或个人不得摘取未满18周岁公民的活体器官用于移植。

(5)活体器官接受人的条件 活体器官的接受人限于活体器官捐献人的配偶、直系血亲或者三代以内旁系血亲,或者有证据证明与活体器官捐献人存在因帮扶等形成亲情关系的人员。根据2009年原卫生部发布的《关于规范活体器官移植的若干规定》,“配偶”仅限于结婚3年以上或者婚后已育有子女的;“因帮扶等形成亲情关系”仅限于养父母和养子女之间的关系、继父母与继子女之间的关系。

3.人体器官的移植

(1)诊疗科目登记 医疗机构从事人体器官移植,应当依照医疗机构管理条例的规定,向所在地省、自治区、直辖市人民政府卫生主管部门申请办理人体器官移植诊疗科目登记。

医疗机构从事人体器官移植,应当具备下列条件:①有与从事人体器官移植相适应的执业医师和其他医务人员;②有满足人体器官移植所需要的设备、设施;③有由医学、法学、伦理学等方面专家组成的人体器官移植技术临床应用与伦理委员会,该委员会中从事人体器官移植的医学专家不超过委员人数的1/4;④有完善的人体器官移植质量监控等管理制度。

(2)捐献人的医学检查和接收人的风险评估 实施人体器官移植手术的医疗机构及其医务人员应当对人体器官捐献人进行医学检查,对接受人因人体器官移植感染疾病的风险进行评估,并采取措施,降低风险。

(3)伦理审查 人体器官移植条例规定,医疗机构及其医务人员从事人体器官移植,应当遵守伦理原则和人体器官移植技术管理规范。在摘取活体器官前或者尸体器官捐献人死亡前,负责人体器官移植的执业医师应当向所在医疗机构的人体器官移植技术临床应用与伦理委员会提出摘取人体器官审查申请。人体器官移植技术临床应用与伦理委员会不同意摘取人体器官的,医疗机构不得作出摘取人体器官的决定,医务人员不得摘取人体器官。

人体器官移植技术临床应用与伦理委员会收到摘取人体器官审查申请后,应当对下列事项进行审查,并出具同意或者不同意的书面意见:①人体器官捐献人的捐献意愿是否真实;②有无买卖或者变相买卖人体器官的情形;③人体器官的配型和接受人的适应证是否符合伦理原则和人体器官移植技术管理规范。经2/3以上委员同意,人体器官移植技术临床应用与伦理委员会方可出具同意摘取人体器官的书面意见。

(4)摘取活体器官应当履行的义务 人体器官移植条例规定,从事人体器官移植的医疗机构及其医务人员摘取活体器官前,应当履行下列义务:①向活体器官捐献人说明器官摘取手术的风险、术后注意事项、可能发生的并发症及其预防措施等,并与活体器官捐献人签署知情同意书;②查验活体器官捐献人同意捐献其器官的书面意愿、活体器官捐献人与接受人存在适宜捐献关系的证明材料;③确认除摘取器官产生的直接后果外,不会损害活体器官捐献人其他正常的生理功能。从事人体器官移植的医疗机构应当保存活体器官捐献人的医学资料,并进行随访。

(5)摘取尸体器官的要求 人体器官移植条例规定,摘取尸体器官,应当在依法判定尸体器官捐献人死亡后进行。从事人体器官移植的医务人员不得参与捐献人的死亡判定。从事人体器官移植的医疗机构及其医务人员应当尊重死者的尊严,对摘取器官完毕的尸体,应当进行符合伦理原则的医学处理,除用于移植的器官以外,应当恢复尸体原貌。

(6)个人资料保密 从事人体器官移植的医务人员应当对人体器官捐献人、接受人和申请人体器官移植手术的患者的个人资料保密。

4.法律责任

(1)医疗机构的法律责任

①医疗机构违反规定,参与买卖人体器官或者从事与买卖人体器官有关活动的,由设区的市级以上人民政府卫生主管部门依照职责分工没收违法所得,并处交易额8倍以上10倍以下的罚款;对负有责任的主管人员和其他直接责任人依法给予处分,并由原登记部门撤销该医疗机构人体器官移植诊疗科目登记,该医疗机构3年内不得再申请人体器官移植诊疗科目登记;医务人员参与上述活动的,由原发证部门

吊销其执业证书。

②医疗机构未办理人体器官移植诊疗科目登记，擅自从事人体器官移植的，依照医疗机构管理条例的规定予以处罚。

③实施人体器官移植手术的医疗机构及其医务人员违反规定，未对人体器官捐献人进行医学检查或者未采取措施，导致接受人因人体器官移植手术感染疾病的，依照医疗事故处理条例的规定予以处罚。给他人造成损害的，应当依法承担民事责任。

④医疗机构有下列情形之一的，对负有责任的主管人员给予处分；情节严重的，由原登记部门撤销该医疗机构人体器官移植诊疗科目登记，该医疗机构 3 年内不得再申请人体器官移植诊疗科目登记：

A.不具备人体器官移植条例规定条件，仍从事人体器官移植的。

B.未经人体器官移植技术临床应用与伦理委员会审查同意，作出摘取人体器官的决定，或者胁迫医务人员违反人体器官移植条例规定摘取人体器官的。

C.摘取活体器官前未依照人体器官移植条例的规定，履行说明、查验、确认义务的；

D.对摘取器官完毕的尸体未进行符合伦理原则的医学处理，恢复尸体原貌的。

(2)医务人员的法律责任

①从事人体器官移植的医务人员违反规定，泄露人体器官捐献人、接受人或者申请人体器官移植手术患者个人资料的，依照执业医师法或者国家有关护士管理的规定予以处罚。给他人造成损害的，应当依法承担民事责任。

②从事人体器官移植的医务人员参与尸体器官捐献人的死亡判定的，由县级以上地方人民政府卫生主管部门依照职责分工暂停其 6 个月以上 1 年以下执业活动；情节严重的，由原发证部门吊销其执业证书。

③医务人员有下列情形之一的，依法给予处分；情节严重的，由县级以上人民政府卫生主管部门暂停其 6 个月以上 1 年以下执业活动；情节特别严重的，吊销其执业证书：

A.未经人体器官移植技术临床应用与伦理委员会审查同意摘取人体器官的。

B.摘取活体器官前未按规定履行说明、查验、确认义务的。

C.对摘取器官完毕的尸体未进行符合伦理原则的医学处理，恢复尸体原貌的。

【例 5】依照我国《人体器官移植条例》，下列可以为其直系血亲捐献肾脏的是

A. 27 周岁的未婚男性　　B. 35 周岁的严重智力低下患者　　C. 17 周岁的健康中学生
D. 25 周岁的乙肝患者　　E. 22 周岁的精神病患者

【例 6】目前我国提倡的活体供体器官获取方式是

A. 家属决定　　B. 自由买卖　　C. 医生强制
D. 推定同意　　E. 自愿捐赠

常考点　每年 1~2 题。

参考答案——详细解答见 2021《贺银成国家临床执业及助理医师资格考试历年考点精析》

1. ABCDE　2. ABCDE　3. ABCDE　4. ABCDE　5. ABCDE　6. ABCDE

第9章　放射诊疗管理规定与抗菌药物临床应用管理办法

▶▶考纲要求

①放射诊疗管理规定概述:放射诊疗的概念及分类。②执业条件:安全防护装置、辐射检测仪器和个人防护用品的配备与使用,设备和场所警示标志的设置。③安全防护与质量保证:场所防护要求,工作人员防护要求,患者和受检者的防护要求,放射诊疗检查的原则和实施,放射治疗的原则和实施。④法律责任:医疗机构的法律责任。⑤抗菌药物临床应用管理办法概述:抗菌药物临床应用的原则,抗菌药物临床应用的分级管理。⑥抗菌药物临床应用管理:遴选和定期评估,细菌耐药预警机制,异常情况的调查和处理。临床应用知识和规范化管理培训及考核。⑦抗菌药物的临床应用:处方权的授予,预防感染指征的掌握,特殊使用级抗菌药物的使用,越级使用的情形。⑧监督管理:抗菌药物处方、医嘱点评,对开具抗菌药物超常处方医师的处理,取消医师抗菌药物处方权的情形。⑨法律责任:开具抗菌药物牟取不正当利益的法律责任,医师违反抗菌药物临床应用规定的法律责任。

▶▶复习要点

一、放射诊疗管理规定

1.概述

(1)放射诊疗的概念　放射诊疗是指使用放射性同位素、射线装置进行临床医学诊断、治疗和健康检查的活动。

(2)放射诊疗的分类　放射诊疗分为4类管理:放射治疗、核医学、介入放射学、X射线影像诊断。

2.执业条件

(1)安全防护装置、辐射检测仪器和个人防护用品的配备与使用

①放射治疗场所应当按照相应标准设置多重安全联锁系统、剂量监测系统、影像监控、对讲装置和固定式剂量监测报警装置;配备放疗剂量仪、剂量扫描装置和个人剂量报警仪;

②开展核医学工作的,设有专门的放射性同位素分装、注射、储存场所,放射性废物屏蔽设备和存放场所;配备活度计、放射性表面污染监测仪;

③介入放射学与其他X射线影像诊断工作场所应当配备工作人员防护用品和受检者个人防护用品。

(2)设备和场所警示标志的设置

①装有放射性同位素和放射性废物的设备、容器,应设置电离辐射标志;

②放射性同位素和放射性废物储存场所,应设置电离辐射警告标志及必要的文字说明;

③放射诊疗工作场所的入口处,应设置电离辐射警告标志;

④放射诊疗工作场所应当按照有关标准的要求分为控制区、监督区,在控制区进出口及其他适当位置,应设置电离辐射警告标志和工作指示等。

【例1】医疗机构应当设置电离辐射醒目警示标志的场所是

A. 放射性工作人员办公室　　B. 放射性检查报告单发放处　　C. 接受放射诊疗患者的病房

D. 医学影像科候诊区　　E. 放射性废物储存场所

3.安全防护与质量保证

(1)场所防护要求　①医疗机构应当定期对放射诊疗工作场所、放射性同位素储存场所和防护设施进行放射防护检测,保证辐射水平符合有关规定或者标准。②放射性同位素不得与易燃、易爆、腐蚀性物品同库储存;储存场所应当采取有效的防泄露等措施,并安装必要的报警装置。③放射性同位素储存场所应当有专人负责，有完善的存入、领取、归还登记和检查制度，做到交接严格，检查及时，账目清楚，账物相符，记录资料完整。

(2)工作人员防护要求 放射诊疗工作人员应当按照有关规定配戴个人剂量计。医疗机构应当按照有关规定和标准，对放射诊疗工作人员进行上岗培前、在岗期间、离岗时的健康检查，定期进行专业及防护知识培训，并分别建立个人剂量、职业健康管理和教育培训档案。

(3)患者和受检者的防护要求 放射诊疗工作人员对患者和受检者进行医疗照射时，应当遵守医疗照射正当化和放射防护最优化的原则，有明确的医疗目的，严格控制受照剂量；对邻近照射野的敏感器官和组织进行屏蔽防护，并事先告知患者和受检者辐射对健康的影响。

(4)放射诊断检查的原则和实施 医疗机构在实施放射诊断检查前应当对不同检查方法进行利弊分析，在保证诊断效果的前提下，优先采用对人体健康影响较小的诊断技术。

实施检查应当遵守下列规定：①严格执行检查资料的登记、保存、提取和借阅制度，不得因资料管理、受检者转诊等原因使受检者接受不必要的重复照射；②不得将核素显像检查和X射线胸部检查列入对婴幼儿及少年儿童体检的常规检查项目；③对育龄妇女腹部或骨盆进行核素显像检查或X射线检查前，应问明是否怀孕；非特殊需要，对受孕后8至15周的育龄妇女，不得进行下腹部放射影像检查；④应当尽量以胸部X射线摄影代替胸部荧光透视检查；⑤实施放射性药物给药和X射线照射操作时，应当禁止非受检者进入操作现场；因患者病情需要其他人员陪检时，应当对陪检者采取防护措施。

(5)放射治疗的原则和实施 实施放疗时应严格掌握适应证，并按照下列要求实施：

①对体外远距离放射治疗，工作人员在进入治疗室前，应首先检查操作控制台的源位显示，确认放射线束或放射源处于关闭位时，方可进入。

②对近距离放射治疗，工作人员应当使用专用工具拿取放射源，不得徒手操作；对接受敷贴治疗的患者采取安全护理，防止放射源被患者带走或丢失。

③在实施永久性籽粒插植治疗时，放疗工作人员应随时清点所使用的放射性籽粒，防止在操作过程中遗失；放射性籽粒植入后，必须进行医学影像学检查，确认植入部位和放射性籽粒的数量。

④治疗过程中，治疗现场至少应有2名放疗工作人员，并密切注视治疗装置的显示及病人情况，及时解决治疗中出现的问题；严禁其他无关人员进入治疗场所。

⑤放疗工作人员应当严格遵守操作规范，不得擅自修改治疗计划。

⑥放疗工作人员应当验证治疗计划的执行情况，发现偏离计划现象时，应当及时采取补救措施。

【例2】根据《放射诊疗管理规定》，非特殊需要，不得对受孕一定时间段的育龄妇女进行下腹部放射影像检查。该时间段是受孕后

A. 8~15周　　B. 16~28周　　C. 28~34周
D. 34~36周　　E. 36~38周

4.医疗机构的法律责任

(1)罚款300元 医疗机构有下列情形之一的，由县级以上卫生行政部门给予警告、责令限期改正，并可以根据情节处以3000元以下的罚款；情节严重的，吊销其《医疗机构执业许可证》。

①未取得放射诊疗许可从事放射诊疗工作的。

②未办理诊疗科目登记或者未按照规定进行校验的。

③未经批准擅自变更放射诊疗项目或者超出批准范围从事放射诊疗工作的。

(2)罚款5000元 医疗机构使用不具备相应资质的人员从事放射诊疗工作的，由县级以上卫生行政部门责令限期改正，并可以处以5000元以下的罚款；情节严重的，吊销其《医疗机构执业许可证》。

(3)罚款1万元 医疗机构违反规定，由县级以上卫生行政部门给予警告，责令限期改正；并可处1万元以下的罚款：

①购置、使用不合格或国家有关部门规定淘汰的放射诊疗设备的。

②未按照规定使用安全防护装置和个人防护用品的。

③未按照规定对放射诊疗设备、工作场所及防护设施进行检测和检查的。

④未按照规定对放射诊疗工作人员进行个人剂量监测、健康检查、建立个人剂量和健康档案的。

⑤发生放射事件并造成人员健康严重损害的。

⑥发生放射事件未立即采取应急救援和控制措施或者未按照规定及时报告的。

【例 3】医疗机构违反规定,可由县级以上卫生行政部门处以 1 万元罚款的情形是

A. 未取得放射诊疗许可从事放射诊疗工作
B. 未经批准擅自变更放射诊疗项目
C. 超出批准范围从事放射诊疗工作
D. 未按规定使用安全防护装置和个人防护用品
E. 放射诊疗科室管理混乱

二、抗菌药物临床应用管理办法

1.概述

(1)抗菌药物临床应用的原则 抗菌药物临床应用应当遵循安全、有效、经济的原则。

(2)抗菌药物临床应用的分级管理 抗菌药物分为以下三级:

①非限制使用级抗菌药物 是指经长期临床应用证明安全、有效,对细菌耐药性影响较小,价格相对较低的抗菌药物;

②限制使用级抗菌药物 是指经长期临床应用证明安全、有效,对细菌耐药性影响较大,或者价格相对较高的抗菌药物;

③特殊使用级抗菌药物 是指具有以下情形之一的抗菌药物:A.具有明显或者严重不良反应,不宜随意使用的抗菌药物;B.需要严格控制使用,避免细菌过快产生耐药的抗菌药物;C.疗效、安全性方面的临床资料较少的抗菌药物;D.价格昂贵的抗菌药物。

2.抗菌药物临床应用管理

(1)遴选和定期评估 医疗机构应当建立抗菌药物遴选和定期评估制度。

①遴选申请 遴选和新引进抗菌药物品种应当由临床科室提交申请报告,经药学部门提出意见后,由抗菌药物管理工作组审议。

②遴选申请审核 抗菌药物遴选申请经抗菌药物管理工作组 2/3 以上成员审议同意,并经药事管理与药物治疗委员会 2/3 以上委员审核同意后方可列入采购供应目录。

③清退或更换 抗菌药物品种或者品规存在安全隐患、疗效不确切、耐药率高、性价比差或者违规使用等情况的,临床科室、药学部门、抗菌药物管理工作组可以提出清退或者更换意见。

(2)细菌耐药预警机制 医疗机构应当开展细菌耐药监测工作,建立细菌耐药预警机制:

①主要目标细菌耐药率>30%的抗菌药物,应当将预警信息通报本机构医务人员;

②主要目标细菌耐药率>40%的抗菌药物,应当慎重经验用药;

③主要目标细菌耐药率>50%的抗菌药物,应当参照药敏试验结果选用;

④主要目标细菌耐药率>75%的抗菌药物,应当暂停针对此目标细菌的临床应用。

(3)异常情况的调查和处理 医疗机构应当对以下抗菌药物临床应用异常情况开展调查,作出处理:

①使用量异常增长的抗菌药物;

②半年内使用量始终居于前列的抗菌药物;

③经常超适应证、超剂量使用的抗菌药物;

④企业违规销售的抗菌药物;

⑤频繁发生严重不良事件的抗菌药物。

(4)临床应用知识和规范化管理培训及考核 包括:药品管理法、执业医师法、抗菌药物临床应用管

理办法、处方管理办法、医疗机构药事管理规定、抗菌药物临床应用指导原则、国家基本药物处方集、国家处方集、医院处方点评管理规范(试行);抗菌药物临床应用及管理制度;常用抗菌药物的药理学特点与注意事项;常见细菌的耐药趋势与控制方法;抗菌药物不良反应的防治。

3.抗菌药物的临床应用

(1)处方权的授予

①具有高级职称的医师,可授予特殊使用级抗菌药物处方权。

②具有中级职称的医师,可授予限制使用级抗菌药物处方权。

③具有初级职称的医师、助理医师以及乡村医生,可授予非限制使用级抗菌药物处方权。

(2)预防感染指征的掌握　预防感染、治疗轻度或者局部感染应当首选非限制使用级抗菌药物;严重感染、免疫功能低下合并感染或者病原菌只对限制使用级抗菌药物敏感时,方可选用限制使用级抗菌药物。

(3)特殊使用级抗菌药物的使用　严格控制特殊使用级抗菌药物使用。特殊使用级抗菌药物不得在门诊使用。临床应用特殊使用级抗菌药物应当严格掌握用药指征,经抗菌药物管理工作组指定的专业技术人员会诊同意后,由具有相应处方权的医师开具处方。

(4)越级使用的情形　因抢救生命垂危的患者等紧急情况,医师可以越级使用抗菌药物。越级使用抗菌药物应当详细记录用药指征,并应当于24小时内补办越级使用抗菌药物的必要手续。

【例4】可授予特殊使用级抗菌药物处方权的医务人员是

A. 主治医师　　B. 住院医师　　C. 乡村医生
D. 副主任医师　　E. 实习医生

【例5】预防感染和治疗局部感染使用抗菌药物时,首先应用

A. 非限制使用级抗生素　　B. 限制使用级抗生素　　C. 特殊使用级抗生素
D. 耐药性强的抗生素　　E. 不易产生耐药性的抗生素

4.监督管理

(1)抗菌药物处方、医嘱点评　医疗机构抗菌药物管理机构应当定期对抗菌药物处方、医嘱实施点评,并将点评结果作为医师定期考核、临床科室和医务人员绩效考核依据。

(2)对开具抗菌药物超常处方医师的处理　医疗机构应当对出现抗菌药物超常处方3次以上且无正当理由的医师提出警告,限制其特殊使用级和限制使用级抗菌药物处方权。

(3)取消医师抗菌药物处方权的情形　医师出现下列情形之一的,医疗机构应当取消其处方权:

①抗菌药物考核不合格的;

②限制处方权后,仍出现超常处方且无正当理由的;

③未按照规定开具抗菌药物处方,造成严重后果的;

④未按照规定使用抗菌药物,造成严重后果的;

⑤开具抗菌药物处方牟取不正当利益的。

【例6】医疗机构应对无正当理由开具抗菌药物超常处方达到一定次数的医师提出警告,应当予以警告的最低次数是

A. 2次　　B. 6次　　C. 3次
D. 4次　　E. 5次

【例7】主治医师邱某经过抗菌药物临床应用知识和规范化管理培训并考核合格后,被授予限制使用级抗菌药物处方权。但不久,邱某因违反《抗菌药物临床应用管理办法》的相关规定,受到医院警告并限制其上述处方权。医院处理邱某的依据是

A. 多次使用非限制使用级抗菌药物　　B. 使用价格相对较高的抗菌药物
C. 在紧急情况下越级使用抗菌药物　　D. 无正当理由开具抗菌药物超常处方3次以上
E. 在门诊使用限制使用级抗菌药物

A. 发生抗菌药物不良事件　　B. 因紧急情况越级使用抗菌药物
C. 使用的抗菌药物明显超出规定用量　　D. 开具抗菌药物处方牟取不正当利益
E. 出现开具抗菌药物超常处方 3 次以上且无正当理由

【例 8】医疗机构对医师提出警告并限制其特殊使用级抗菌药物处方权的情形是

【例 9】医疗机构取消医师抗菌药物处方权的情形是

5.法律责任

(1)开具抗菌药物牟取不正当利益的法律责任　由县级以上地方卫生行政部门依据国家有关法律法规进行处理。

(2)医师违反抗菌药物临床应用规定的法律责任　医师有下列情形之一的，由县级以上卫生行政部门给予警告或者责令暂停 6 个月以上 1 年以下执业活动；情节严重的，吊销其执业证书；构成犯罪的，依法追究刑事责任：

①未按照本办法规定开具抗菌药物处方，造成严重后果的；

②使用未经国家药品监督管理部门批准的抗菌药物的；

③使用本机构抗菌药物供应目录以外的品种、品规，造成严重后果的。

常考点　放射诊断管理规定很少考；抗菌药物的临床应用原则。

参考答案——详细解答见 2021《贺银成国家临床执业及助理医师资格考试历年考点精析》

1. ABCDE　2. ABCDE　3. ABCDE　4. ABCDE　5. ABCDE　6. ABCDE　7. ABCDE
8. ABCDE　9. ABCDE

第 10 章　精神卫生法与疫苗管理法

考纲要求

①精神卫生法概述:精神卫生工作的方针、原则和管理机制,精神障碍患者合法权益保护。②心理健康促进和精神障碍预防:医务人员对就诊者的心理健康指导。③精神障碍的诊断和治疗:开展精神障碍诊断、治疗活动应当具备的条件,精神障碍诊断和治疗的原则,精神障碍的诊断,精神障碍患者的住院治疗,再次诊断和医学鉴定,医疗机构及其医务人员的告知义务,保护性医疗措施的实施,使用药物的要求,病历资料及保管,心理治疗活动的开展。④精神障碍的康复:康复技术指导,严重精神障碍患者的健康档案。⑤法律责任:医疗机构擅自从事精神障碍诊断、治疗的法律责任,医疗机构及其工作人员的法律责任,从事心理治疗人员的法律责任。⑥疫苗管理法概述:疫苗的概念与分类,免疫规划制度,疫苗全程电子追溯。⑦疫苗流通:疫苗的采购和供应,疫苗的接收和购进。⑧疫苗接种:接种单位应当具备的条件,接种单位的管理,医疗卫生人员的职责,儿童预防接种的管理,群体性预防接种的管理,疾病预防控制机构的职责。⑨异常反应监测和处理:预防接种异常反应的概念,不属于预防接种异常反应的情形,预防接种异常反应的监测和处理,预防接种异常反应的补偿。⑩法律责任:疫苗接种未遵守预防接种工作规范等的法律责任,未按规定建立并保存疫苗接收、购进、接种、处置等记录的法律责任,未按规定报告疑似预防接种异常反应等的法律责任。

复习要点

一、精神卫生法

1.概述

(1)精神卫生工作的方针、原则和管理机制　《中华人民共和国精神卫生法》(以下简称《精神卫生法》)规定,精神卫生工作实行预防为主的方针,坚持预防、治疗和康复相结合的原则。精神卫生工作实行政府组织领导、部门各负其责、家庭和单位尽力尽责、全社会共同参与的综合管理机制。

(2)精神障碍患者合法权益保护　①精神障碍患者的人格尊严、人身和财产安全不受侵犯。②精神障碍患者的教育、劳动、医疗以及从国家和社会获得物质帮助等方面的合法权益受法律保护。③有关单位和个人应当对精神障碍患者的姓名、肖像、住址、工作单位、病历资料以及其他可能推断出其身份的信息予以保密;但是,依法履行职责需要公开的除外。

2.心理健康促进和精神障碍预防

医务人员开展疾病诊疗服务,应当按照诊断标准和治疗规范的要求,对就诊者进行心理健康指导;发现就诊者可能患有精神障碍的,应当建议其到符合本法规定的医疗机构就诊。

3.精神障碍的诊断和治疗

(1)开展精神障碍诊断、治疗活动应当具备的条件　①有从事精神障碍诊断、治疗的精神科执业医师、护士;②有开展精神障碍诊断、治疗所需的设施;③有完善的精神障碍诊断、治疗管理制度。

(2)精神障碍诊断和治疗的原则　精神障碍的诊断、治疗,应当遵循维护患者合法权益、尊重患者人格尊严的原则,保障患者在现有条件下获得良好的精神卫生服务。

(3)精神障碍的诊断　精神障碍的诊断应当以精神健康状况为依据。除法律另有规定外,不得违背本人意志进行确定其是否患有精神障碍的医学检查。精神障碍的诊断应当由精神科执业医师作出。

(4)精神障碍的住院治疗　应实行自愿原则。有下列情形之一的,应当住院治疗:①已经发生伤害自身的行为,或者有伤害自身危险的;②已经发生危害他人安全的行为,或者有危害他人安全危险的。住院治疗需经监护人同意;监护人不同意的,医疗机构不得对患者实施住院治疗。

(5)再次诊断和医学鉴定 精神障碍患者已经发生危害他人安全的行为,或者有危害他人安全的危险情形的,患者或者其监护人对需要住院治疗的诊断结论有异议,不同意对患者实施住院治疗的,可以要求再次诊断和鉴定。患者或者其监护人依照规定要求再次诊断的,应当自收到诊断结论之日起3日内向原医疗机构或者其他具有合法资质的医疗机构提出。承担再次诊断的医疗机构应当在接到再次诊断要求后指派二名初次诊断医师以外的精神科执业医师进行再次诊断,并及时出具再次诊断结论。承担再次诊断的执业医师应当到收治患者的医疗机构面见、咨询患者,该医疗机构应当予以配合。患者或者其监护人对再次诊断结论有异议的,可以自主委托依法取得执业资质的鉴定机构进行精神障碍医学鉴定;医疗机构应当公示经公告的鉴定机构名单和联系方式。

(6)医疗机构及其医务人员的告知义务 医疗机构及其医务人员应当将精神障碍患者在诊断、治疗过程中享有的权利,告知患者或者其监护人。

(7)保护性医疗措施的实施 精神障碍患者在医疗机构内发生或者将要发生伤害自身、危害他人安全、扰乱医疗秩序的行为,医疗机构及其医务人员在没有其他可替代措施的情况下,可以实施约束、隔离等保护性医疗措施。实施保护性医疗措施应当遵循诊断标准和治疗规范,并在实施后告知患者的监护人。禁止利用约束、隔离等保护性医疗措施惩罚精神障碍患者。医疗机构不得强迫精神障碍患者从事劳动生产。

(8)使用药物的要求 应当以诊断和治疗为目的,使用安全、有效的药物,不得为诊断或者治疗以外的目的使用药物。禁止对精神障碍患者实施以治疗精神障碍为目的的外科手术。

(9)病历资料及保管 医疗机构及医务人员应在病历中如实记录精神障碍患者的病情、治疗措施、用药情况、实施约束、隔离措施等内容,并如实告知患者或其监护人。患者及监护人可以查阅、复制病历资料;但是,患者查阅、复制病历资料可能对其治疗产生不利影响的除外。病历资料保存期限不得少于30年。

(10)心理治疗活动的开展 心理治疗活动应当在医疗机构内开展。专门从事心理治疗的人员不得从事精神障碍的诊断,不得为精神障碍患者开具处方或者提供外科治疗。

【例1】对精神障碍患者实施住院治疗须经监护人同意的情形是

A. 医疗费用需要自理　B. 没有办理住院手续能力　C. 发生伤害自身行为
D. 患者家属提出医学鉴定要求　E. 没有危害他人安全危险

【例2】《精神卫生法》规定,承担精神障碍患者再次诊断的精神科执业医师人数是

A. 1人　B. 2人　C. 3人
D. 4人　E. 5人

(3~5题共用题干)连某,因患严重的躁狂抑郁障碍正在精神病专科医院住院治疗。因病情恶化,患者出现伤人毁物等行为,医院在没有其他可替代措施的情况下,对其实施了约束身体的措施,但实施后没有及时通知连某的监护人。连某的父亲作为监护人探视时,看到儿子被捆绑在病床上非常气愤。

【例3】依照《精神卫生法》对患者连某实施的约束行为的性质属于

A. 治疗性措施　B. 惩罚性措施　C. 保护性医疗措施
D. 诊断性措施　E. 警告性措施

【例4】对患者连某实施身体约束而未告知其监护人的做法,侵犯的患方权利是

A. 生命权　B. 健康权　C. 认知权
D. 知情权　E. 名誉权

【例5】该案例中所形成的医患关系模式是

A. 主动-被动型　B. 指导-合作型　C. 契约许可型
D. 指导参与型　E. 共同参与型

4.精神障碍的康复

(1)康复技术指导 医疗机构应当为在家居住的严重精神障碍患者提供精神科基本药物维持治疗，并为社区康复机构提供有关精神障碍康复的技术指导和支持。

(2)严重精神障碍患者的健康档案 社区卫生服务机构、乡镇卫生院、村卫生室应当建立严重精神障碍患者的健康档案，对在家居住的严重精神障碍患者进行定期随访，指导患者服药和开展康复训练。

5.法律责任

(1)医疗机构擅自从事精神障碍诊断、治疗的法律责任 不符合《精神卫生法》规定条件的医疗机构，擅自从事精神障碍诊断、治疗的，由县级以上人民政府卫生行政部门责令停止相关诊疗活动，给予警告，并处5000元以上10000元以下罚款，有违法所得的，没收违法所得；对直接主管人员和其他责任人员依法给予或者责令给予降低岗位等级或者撤职、开除的处分；对有关医务人员，吊销其执业证书。

(2)医疗机构及其工作人员的法律责任

医疗机构及其工作人员有下列行为之一的，由县级以上人民政府卫生行政部门责令改正，给予警告；情节严重的，对直接负责的主管人员依法给予或者责令给予降低岗位或者撤职、开除的处分，并可以责令有关医务人员暂停1个月以上6个月以下执业活动：①拒绝对送诊的疑似精神障碍患者作出诊断的；②对依照《精神卫生法》规定实施住院治疗的患者未及时进行检查评估或者未根据评估结果作出处理的。

医疗机构及其工作人员有下列行为之一的，由县级以上人民政府卫生行政部门责令改正，对直接负责的主管人员和其他责任人员依法给予或者责令给予降低岗位等级或者撤职的处分；对有关医务人员，暂停6个月以上1年以下执业活动；情节严重的，给予或者责令给予开除的处分，并吊销有关医务人员的执业证书：①违反规定实施约束、隔离等保护性医疗措施的；②违反规定，强迫精神障碍患者劳动的；③违反规定，对精神障碍患者实施外科手术或者实验性临床医疗的；④违反规定，侵害精神障碍患者的通讯和会见探访者等权利的；⑤违反精神障碍诊断标准，将非精神障碍患者诊断为精神障碍患者的。

(3)从事心理治疗人员的法律责任 从事心理治疗的人员有下列情形之一的，由县级以上人民政府卫生行政部门责令改正，给予警告；造成严重后果的，责令暂停6个月以上1年以下执业活动，直至吊销执业证书：①从事心理治疗的人员在医疗机构以外开展心理治疗活动的；②专门从事心理治疗的人员从事精神障碍诊断的；③专门从事心理治疗的人员为精神障碍患者开具处方或者提供外科治疗的。

专门从事心理治疗的人员在心理治疗活动中造成他人人身、财产或者其他损害的，依法承担民事责任。

【例6】依据《精神卫生法》，给予吊销精神科医师执业证书处罚的情形是

A. 拒绝对送诊的疑似精神障碍患者作出诊断的

B. 精神障碍患者对再次诊断结论有异议的

C. 未及时对有伤害自身危险的患者进行检查评估的

D. 对实施住院治疗的患者未根据评估结果作出处理的

E. 故意将非精神障碍患者诊断为精神障碍患者的

二、疫苗管理法

1.概述

(1)疫苗的概念与分类 疫苗是指为了预防、控制疾病的发生、流行，用于人体免疫接种的预防性生物制品，包括免疫规划疫苗和非免疫规划疫苗。

(2)免疫规划制度 国家实行免疫规划制度。居住在中国境内的居民，依法享有接种免疫规划疫苗的权利，履行接种免疫规划疫苗的义务。政府免费向居民提供免疫规划疫苗。县级以上人民政府及其有关部门应当保障适龄儿童接种免疫规划疫苗。监护人应当依法保证适龄儿童按时接种免疫规划疫苗。

(3)疫苗全程电子追溯制度 国家实行疫苗全程电子追溯制度。国务院药品监督管理部门会同国务院卫生健康主管部门制定统一的疫苗追溯标准和规范，建立全国疫苗电子追溯协同平台，整合疫苗生

产、流通和预防接种全过程追溯信息，实现疫苗可追溯。疫苗上市许可持有人应当建立疫苗电子追溯系统，与全国疫苗电子追溯协同平台相衔接，实现生产、流通和预防接种全过程最小包装单位疫苗可追溯、可核查。疾病预防控制机构、接种单位应当依法如实记录疫苗流通、预防接种等情况，并按照规定向全国疫苗电子追溯协同平台提供追溯信息。

2.疫苗流通

(1)疫苗的采购

①国家免疫规划疫苗的采购　国家免疫规划疫苗由国务院卫生健康主管部门会同国务院财政部门等组织集中招标或者统一谈判，形成并公布中标价格或者成交价格，各省、自治区、直辖市实行统一采购。

②其他疫苗的采购　国家免疫规划疫苗以外的其他免疫规划疫苗、非免疫规划疫苗由各省、自治区、直辖市通过省级公共资源交易平台组织采购。

③自行采购　省级疾病预防控制机构应当根据国家免疫规划和本行政区域疾病预防、控制需要，制定本行政区域免疫规划疫苗使用计划，并按照国家有关规定向组织采购疫苗的部门报告，同时报省、自治区、直辖市人民政府卫生健康主管部门备案。

(2)疫苗的供应　疫苗上市许可持有人应当按照采购合同约定，向疾病预防控制机构供应疫苗。疾病预防控制机构应当按照规定向接种单位供应疫苗。疾病预防控制机构以外的单位和个人不得向接种单位供应疫苗，接种单位不得接收该疫苗。

(3)疫苗的接受　疫苗上市许可持有人应当按照采购合同约定，向疾病预防控制机构或者疾病预防控制机构指定的接种单位配送疫苗。疫苗上市许可持有人、疾病预防控制机构自行配送疫苗应当具备疫苗冷链储存、运输条件，也可以委托符合条件的疫苗配送单位配送疫苗。

(4)疫苗的购进　疫苗上市许可持有人在销售疫苗时，应当提供加盖其印章的批签发证明复印件或者电子文件；销售进口疫苗的，还应当提供加盖其印章的进口药品通关单复印件或者电子文件。疾病预防控制机构、接种单位在接收或者购进疫苗时，应当索取前款规定的证明文件，并保存至疫苗有效期满后不少于5年备查。疫苗上市许可持有人应当按照规定，建立真实、准确、完整的销售记录，并保存至疫苗有效期满后不少于5年备查。疾病预防控制机构、接种单位、疫苗配送单位应当按照规定，建立真实、准确、完整的接收、购进、储存、配送、供应记录，并保存至疫苗有效期满后不少于5年备查。

3.疫苗接种

(1)接种单位应当具备的条件　①取得医疗机构执业许可证；②具有经过县级人民政府卫生健康主管部门组织的预防接种专业培训并考核合格的医师、护士或者乡村医生；③具有符合疫苗储存、运输管理规范的冷藏设施、设备和冷藏保管制度。

(2)接种单位的管理　接种单位应当加强内部管理，开展预防接种工作应当遵守预防接种工作规范、免疫程序、疫苗使用指导原则和接种方案。各级疾病预防控制机构应当加强对接种单位预防接种工作的技术指导和疫苗使用的管理。

(3)医疗卫生人员的责任　①医疗卫生人员实施接种，应当告知受种者或者其监护人所接种疫苗的品种、作用、禁忌、不良反应以及现场留观等注意事项，询问受种者的健康状况以及是否有接种禁忌等情况，并如实记录告知和询问情况。②有接种禁忌不能接种的，医疗卫生人员应当向受种者或者其监护人提出医学建议，并如实记录提出医学建议情况。③医疗卫生人员在实施接种前，应当按照预防接种工作规范的要求，检查受种者健康状况、核查接种禁忌，查对预防接种证，检查疫苗、注射器的外观、批号、有效期，核对受种者的姓名、年龄和疫苗的品名、规格、剂量、接种部位、接种途径，做到受种者、预防接种证和疫苗信息相一致，确认无误后方可实施接种。④医疗卫生人员应当对符合接种条件的受种者实施接种。受种者在现场留观期间出现不良反应的，医疗卫生人员应当按照预防接种工作规范的要求，及时采取救治等措施。⑤接种记录应当保存至疫苗有效期满后不少于5年备查。

(4)儿童预防接种的管理　国家对儿童实行预防接种证制度。在儿童出生后1个月内，其监护人应当到儿童居住地承担预防接种工作的接种单位或者出生医院为其办理预防接种证。

(5)群体性预防接种的管理 县级以上地方人民政府卫生健康主管部门根据传染病监测和预警信息,为预防、控制传染病暴发、流行,报经本级人民政府决定,并报省级以上人民政府卫生健康主管部门备案,可以在本行政区域进行群体性预防接种。需要在全国范围或者跨省、自治区、直辖市范围内进行群体性预防接种的,应当由国务院卫生健康主管部门决定。作出群体性预防接种决定的县级以上地方人民政府或者国务院卫生健康主管部门应当组织有关部门做好人员培训、宣传教育、物资调用等工作。任何单位和个人不得擅自进行群体性预防接种。

(6)疾病预防控制机构的职责 各级疾病预防控制机构应当根据国家免疫规划或者接种方案,开展与预防接种相关的宣传、培训、技术指导、监测、评价、流行病学调查、应急处置等工作,并作好记录。

4.异常反应监测和处理

(1)预防接种异常反应的概念 预防接种异常反应是指合格的疫苗在实施规范接种过程中或者实施规范接种后造成受种者机体组织器官、功能损害,相关各方均无过错的药品不良反应。

(2)不属于预防接种异常反应的情形

①因疫苗本身特性引起的接种后一般反应;

②因疫苗质量问题给受种者造成的损害;

③因接种单位违反预防接种工作规范、免疫程序、疫苗使用指导原则、接种方案给受种者造成的损害;

④受种者在接种时正处于某种疾病的潜伏期或者前驱期,接种后偶合发病;

⑤受种者有疫苗说明书规定的接种禁忌,在接种前受种者或者其监护人未如实提供受种者的健康状况和接种禁忌等情况,接种后受种者原有疾病急性复发或者病情加重;

⑥因心理因素发生的个体或者群体的心因性反应。

(3)预防接种异常反应的监测和处理 ①国家加强预防接种异常反应监测。②接种单位、医疗机构等发现疑似预防接种异常反应的,应当按照规定向疾病预防控制机构报告。③对疑似预防接种异常反应,疾病预防控制机构应当按照规定及时报告,组织调查、诊断,并将调查、诊断结论告知受种者或者其监护人。因预防接种导致受种者死亡、严重残疾,或者群体性疑似预防接种异常反应等对社会有重大影响的疑似预防接种异常反应,由设区的市级以上人民政府卫生健康主管部门、药品监督管理部门按照各自职责组织调查、处理。

(4)预防接种异常反应的补偿 国家实行预防接种异常反应补偿制度。实施接种过程中或者实施接种后出现受种者死亡、严重残疾、器官组织损伤等损害,属于预防接种异常反应或者不能排除的,应当给予补偿。补偿范围实行目录管理,并根据实际情况进行动态调整。接种免疫规划疫苗所需的补偿费用,由省、自治区、直辖市人民政府财政部门在预防接种经费中安排;接种非免疫规划疫苗所需的补偿费用,由相关疫苗上市许可持有人承担。国家鼓励通过商业保险等多种形式对预防接种异常反应受种者予以补偿。

【例7】疫苗接种记录依法应保存

A.1年　B.2年　C.3年

D.4年　E.5年

【例8】属于《疫苗流通和预防接种管理条例》规定的预防接种异常反应情形的是

A. 心理因素发生的群体心因性反应　B. 实施规范接种后造成受种者的损害

C. 与受种者疾病偶合出现的损害　D. 疫苗质量不合格给受种者造成的损害

E. 接种医生违反接种程序造成的损害

5.法律责任

(1)疫苗接种未遵守预防接种工作规范等的法律责任 违反规定,疾病预防控制机构、接种单位有下列情形之一的,由县级以上人民政府卫生健康主管部门责令改正,给予警告,没收违法所得;情节严重的,对主要负责人、直接负责的主管人员和其他直接责任人员依法给予警告直至撤职处分,责令负有责任的医疗卫生人员暂停一年以上十八个月以下执业活动；造成严重后果的，对主要负责人、直接负责的主管人员和其他直接责任人员依法给予开除处分，由原发证部门吊销负有责任的医疗卫生人员的执业证书：

①未按照规定供应、接收、采购疫苗；

②接种疫苗未遵守预防接种工作规范、免疫程序、疫苗使用指导原则、接种方案；

③擅自进行群体性预防接种。

（2）未按规定建立并保存疫苗接收、购进、接种、处置等记录的法律责任 违反规定，疾病预防控制机构、接种单位有下列情形之一的，由县级以上人民政府卫生健康主管部门责令改正，给予警告；情节严重的，对主要负责人、直接负责的主管人员和其他直接责任人员依法给予警告直至撤职处分，责令负有责任的医疗卫生人员暂停六个月以上一年以下执业活动；造成严重后果的，对主要负责人、直接负责的主管人员和其他直接责任人员依法给予开除处分，由原发证部门吊销负有责任的医疗卫生人员的执业证书：

①未按照规定提供追溯信息；

②接收或者购进疫苗时未按照规定索取并保存相关证明文件、温度监测记录；

③未按照规定建立并保存疫苗接收、购进、储存、配送、供应、接种、处置记录；

④未按照规定告知、询问受种者或者其监护人有关情况。

（3）未按规定报告疑似预防接种异常反应等的法律责任 疾病预防控制机构、接种单位、医疗机构未按照规定报告疑似预防接种异常反应、疫苗安全事件等，或者未按照规定对疑似预防接种异常反应组织调查、诊断等的，由县级以上人民政府卫生健康主管部门责令改正，给予警告；情节严重的，对接种单位、医疗机构处5万元以上50万元以下的罚款，对疾病预防控制机构、接种单位、医疗机构的主要负责人、直接负责的主管人员和其他直接责任人员依法给予警告直至撤职处分；造成严重后果的，对主要负责人、直接负责的主管人员和其他直接责任人员依法给予开除处分，由原发证部门吊销负有责任的医疗卫生人员的执业证书。

常考点 每年1~2题。

参考答案——详细解答见2021《贺银成国家临床执业及助理医师资格考试历年考点精析》

1. ABCDE 2. ABCDE 3. ABCDE 4. ABCDE 5. ABCDE 6. ABCDE 7. ABCDE
8. ABCDE

第 11 章　药品不良反应报告和监测管理办法

考纲要求

①药品不良反应报告和监测管理办法概述：药品不良反应的概念。②报告与处置：医疗机构的职责。③法律责任：医疗机构的法律责任。

复习要点

1.概述

药品不良反应是指合格药品在正常用法用量下出现的与用药目的无关的有害反应。

2.报告与处置

(1)报告　国家实行药品不良反应报告制度。医疗机构应当按照规定报告所发现的药品不良反应。《药品不良反应报告和监测管理办法》规定，医疗机构应当设立或者指定机构并配备专(兼)职人员，承担本单位的药品不良反应报告和监测工作。医疗机构获知或者发现可能与用药有关的不良反应，应当通过国家药品不良反应监测信息网络报告；不具备在线报告条件的，应当通过纸质报表报所在地不良反应监测机构，由所在地药品不良反应监测机构代为在线报告。报告内容应当真实、完整、准确。

①个例药品不良反应报告　医疗机构应当主动收集药品不良反应，获知或者发现药品不良反应后，应当在 15 日内报告，其中死亡病例须立即报告；其他药品不良反应应当在 30 日内报告。

②药品群体不良事件报告　药品群体不良事件，是指同一药品在使用过程中，在相对集中的时间、区域内，对一定数量人群的身体健康或者生命安全造成损害或者威胁，需要予以紧急处置的事件。根据《药品不良反应报告和监测管理办法》规定，医疗卫生机构获知或者发现药品群体不良事件后，应当立即通过电话或者传真等方式报所在地的县级药品监督管理部门、卫生行政部门和药品不良反应监测机构，必要时可以越级报告；同时填写《药品群体不良事件基本信息表》，对每一病例还应当及时填写《药品不良反应/事件报告表》，通过国家药品不良反应监测信息网络报告。

(2)处置　药品不良反应报告和监测管理办法规定：①医疗机构应当配合药品监督管理部门、卫生行政部门和药品不良反应监测机构对药品不良反应或者群体不良事件的调查，并提供调查所需的资料；②医疗机构发现药品群体不良事件后应当积极救治患者，迅速开展临床调查，分析事件发生的原因，必要时可采取暂停药品的使用等紧急措施；③医疗机构应当建立并保存药品不良反应报告和监测档案。

【例 1】根据《药品不良反应报告和监测管理办法》，医疗机构对获知新的严重的药品不良反应的报告时限是

A. 3 日　　B. 5 日　　C. 7 日
D. 10 日　　E. 15 日

3.法律责任(医疗机构的法律责任)

药品不良反应报告和监测管理办法规定，医疗机构有下列情形之一的，由所在地卫生行政部门给予警告，责令限期改正；逾期不改的，处 3 万元以下的罚款；情节严重并造成严重后果的，由所在地卫生行政部门对相关责任人给予行政处分：①无专职或者兼职人员负责本单位药品不良反应监测工作的；②未按照要求开展药品不良反应或者群体不良事件报告、调查、评价和处理的；③不配合严重药品不良反应和群体不良事件相关调查工作的。

常考点　2019 年新增考点。

参考答案——详细解答见 2021《贺银成国家临床执业及助理医师资格考试历年考点精析》

1. ABCDE

第 12 章　母婴保健法和基本医疗卫生与健康促进法

考纲要求

①母婴保健法及其实施办法概述:母婴保健工作方针,母婴保健技术服务事项。②婚前保健:婚前保健的内容,婚前医学检查意见。③孕产期保健:孕产期保健的内容,医学指导,产前诊断,终止妊娠意见,新生儿出生医学证明,产妇、婴儿以及新生儿出生缺陷报告。④技术鉴定:鉴定机构,鉴定人员,回避制度。⑤行政管理:母婴保健专项技术许可。⑥法律责任:擅自从事母婴保健技术的法律责任,出具虚假医学证明文件的法律责任,违反规定进行胎儿性别鉴定的法律责任。⑦基本医疗卫生与健康促进法概述:医疗卫生事业的原则,尊重、保护公民的健康权。⑧基本医疗卫生服务:基本医疗卫生服务的内容,基本医疗服务分级诊疗制度。⑨医疗卫生机构:医疗卫生服务体系,医疗卫生机构分类管理。⑩医疗卫生人员:提高专业水平和服务质量,保障医疗卫生人员执业环境。⑩健康促进:健康知识宣传和普及。

复习要点

一、母婴保健法及其实施办法

1. 概述

(1)母婴保健工作方针　母婴保健法规定,母婴保健工作以保健为中心,以保障生殖健康为目的,实行保健和临床相结合,面向群体、面向基层和预防为主的方针。

(2)母婴保健技术服务事项　包括:①有关母婴保健的科普宣传、教育和咨询;②婚前医学检查;③产前诊断和遗传病诊断;④助产技术;⑤实施医学上需要的节育手术;⑥新生儿疾病筛查;⑦有关生育、节育、不育的其他生殖保健服务。

2. 婚前保健

(1)婚前保健的内容　医疗保健机构应当为公民提供婚前保健服务。婚前保健服务包括:

①婚前卫生指导　关于性卫生知识、生育知识和遗传病知识的教育。主要包括:A.有关性卫生的保健和教育;B.新婚避孕知识及计划生育指导;C.受孕前的准备、环境和疾病对后代影响等孕前保健知识;D.遗传病的基本知识;E.影响婚育的有关疾病的基本知识;F.其他生殖健康知识。

②婚前卫生咨询　对有关婚配、生育保健等问题提供医学意见。

③婚前医学检查　对准备结婚的男女双方可能患影响结婚和生育的疾病进行医学检查,包括询问病史、体格检查及相关检查。婚前医学检查包括对下列疾病的检查:

A.严重遗传性疾病　是指由于遗传因素先天形成,患者全部或部分丧失自主生活能力,后代再现风险高,医学上认为不宜生育的遗传性疾病。

B.指定传染病　是指《中华人民共和国传染病防治法》中规定的艾滋病、淋病、梅毒、麻风病以及医学上认为影响结婚和生育的其他传染病。

C.有关精神病　是指精神分裂症、躁狂抑郁型精神病及其他重型精神病。

经婚前医学检查,医疗保健机构应出具婚前医学检查证明,并应当列明是否发现下列疾病:在传染期内的指定传染病;在发病期内的有关精神病;不宜生育的严重遗传性疾病;医学上认为不宜结婚的其他疾病。

(2)婚前医学检查意见

①经婚前医学检查,对患指定传染病在传染期内或者有关精神病在发病期内的,医师应当提出医学意见;准备结婚的男女双方应当暂缓结婚。

②经婚前医学检查,对诊断患医学上认为不宜生育的严重遗传性疾病的,医师应当向男女双方说明

情况,提出医学意见。经男女双方同意,采取长效避孕措施或者施行结扎手术后不生育的,可以结婚。但《婚姻法》规定禁止结婚的除外。

③经婚前医学检查,医疗保健机构不能确诊的,应当转到设区的市级以上人民政府卫生行政部门指定的医疗保健机构确诊。

【例1】婚前医学检查服务的内容是指

A. 进行性卫生知识、生育知识的教育　　B. 进行遗传病知识的教育

C. 对有关婚配问题提供医学意见　　D. 对有关生育健康问题提供医学意见

E. 对严重遗传疾病、指定传染病和有关精神病的检查

【例2】按照《母婴保健法》规定,属于婚前医学检查的疾病有

A. 严重传染病　　B. 法定传染病　　C. 指定传染病

D. 重型精神病　　E. 肿瘤

【例3】按照《母婴保健法》规定,婚前医学检查的疾病不包括

A. 梅毒　　B. 淋病　　C. 肺结核

D. 麻风病　　E. 艾滋病

3. 孕产期保健

(1)孕产期保健的内容

①母婴保健指导　对孕育健康后代、严重遗传病和碘缺乏病等的病因、治疗和预防提供医学意见。

②孕妇、产妇保健　为孕产妇提供卫生、营养、心理等方面的咨询和指导以及产前检查等医疗保健服务。

③胎儿保健　为胎儿生长发育进行监护,提供咨询和医学指导。

④新生儿保健　为新生儿生长发育、哺乳和护理提供医疗保健服务。

(2)医学指导　对患严重疾病或者接触致畸物质,妊娠可能危及孕妇生命安全或者可能严重影响孕妇健康和胎儿正常发育的,医疗保健机构应当予以医学指导。医师发现或者怀疑患严重遗传性疾病的育龄夫妻,应当提出医学意见。育龄夫妻应当根据医师的医学意见采取相应的措施。

(3)产前诊断　是指对胎儿进行先天性缺陷和遗传性疾病的诊断。母婴保健法规定,孕妇有下列情形之一的,医师应当对其进行产前诊断:①羊水过多或过少的;②胎儿发育异常或者胎儿有可疑畸形的;③孕早期接触过可能导致胎儿先天缺陷的物质的;④有遗传病家族史或者曾经分娩过先天性严重缺陷婴儿的;⑤初产妇年龄超过35岁的。

(4)终止妊娠意见　经产前诊断,有下列情形之一的,医师应当向夫妻双方说明情况,并提出终止妊娠的医学意见:①胎儿患严重遗传性疾病的;②胎儿有严重缺陷的;③因患严重疾病,继续妊娠可能危及孕妇生命安全或者严重危害孕妇健康的。

依照《母婴保健法》规定施行终止妊娠或者结扎手术,应当经本人同意,并签署意见。本人无行为能力的,应当经其监护人同意,并签署意见。依法施行终止妊娠或者结扎手术的,接受免费服务。

(5)新生儿出生医学证明　医疗保健机构和从事家庭接生的人员按照国务院卫生行政部门的规定,出具统一制发的新生儿出生医学证明。

(6)产妇、婴儿及新生儿出生缺陷报告　医疗保健机构和从事家庭接生的人员,对有产妇和婴儿死亡以及新生儿出生缺陷情况的,应当向卫生行政部门报告。

【例4】《母婴保健法》规定的孕产期保健服务不包括

A. 母婴保健指导　　B. 孕妇、产妇保健　　C. 胎儿保健

D. 胎儿性别诊断　　E. 新生儿保健

【例5】经产前检查,医师发现或者怀疑胎儿异常的,应当对孕妇进行

A. 产前诊断　　B. 母婴保健　　C. 孕妇保健

D. 胎儿保健　　E. 产妇保健

【例 6】《母婴保健法》规定，对于依法接受终止妊娠或者结扎手术的，应当给予

A. 有偿服务　　B. 免费服务　　C. 酌情收费服务

D. 酌情减半收费服务　　E. 酌情免费服务

4. 技术鉴定

(1)鉴定机构　县级以上地方人民政府可以设立医学技术鉴定组织，负责对婚前医学检查、遗传病诊断和产前诊断结果有异议的进行医学技术鉴定。

(2)鉴定人员　从事医学技术鉴定的人员，必须具有临床经验和医学遗传学知识，并具有主治医师以上的专业技术职务。医学技术鉴定组织的组成人员，由卫生行政部门提名，同级人民政府聘任。

(3)回避制度　医学技术鉴定实行回避制度。凡与当事人有利害关系，可能影响公正鉴定的人员，应当回避。

【例 7】属于《母婴保健法》规定可以申请医学技术鉴定的是

A. 对孕妇、产妇保健服务有异议的　　B. 对婚前医学检查结果有异议的　　C. 对婚前卫生咨询有异议的

D. 对产前检查结果有异议的　　E. 对医学指导意见有异议的

5. 行政管理(母婴保健专项技术许可)

(1)医疗保健机构的许可　医疗保健机构依照规定开展婚前医学检查、遗传病诊断、产前诊断以及施行结扎手术和终止妊娠手术的，必须符合国务院卫生行政部门规定的条件和技术标准，并经县级以上地方人民政府卫生行政部门许可。

(2)保健工作人员的许可　从事遗传病诊断、产前诊断的人员，必须经过省、自治区、直辖市人民政府卫生行政部门的考核，并取得相应的合格证书。从事婚前医学检查、施行结扎手术和终止妊娠手术的人员以及从事家庭接生的人员，必须经过县级以上地方人民政府卫生行政部门的考核，并取得相应的合格证书。

【例 8】某县医院妇产科医师欲开展结扎手术业务，按照规定参加了相关培训。培训结束后，有关单位负责对其进行了考核并颁发给相应的合格证书。该有关单位是指

A. 地方医师协会　　B. 地方卫生行政部门　　C. 卫生部

D. 地方医学会　　E. 所在医疗保健机构

【例 9】医务人员必须经过省级卫生行政部门考核并取得相应合格证书方可从事的母婴保健服务项目是

A. 产前诊断　　B. 家庭接生　　C. 婚前医学检查

D. 结扎手术　　E. 终止妊娠手术

6. 法律责任

(1)擅自从事母婴保健技术的法律责任　医疗、保健机构或者人员未取得母婴保健技术许可，擅自从事婚前医学检查、遗传病诊断、产前诊断、终止妊娠手术和医学技术鉴定或者出具有关医学证明的，由卫生行政部门给予警告，责令停止违法行为，没收违法所得；违法所得 5 千元以上的，并处违法所得 3 倍以上 5 倍以下的罚款；没有违法所得或者违法所得不足 5 千元的，并处 5 千元以上 2 万元以下的罚款。

(2)出具虚假医学证明文件的法律责任　从事母婴保健技术服务的人员出具虚假医学证明文件的，依法给予行政处分；有下列情形之一的，由原发证部门撤销相应的母婴保健技术执业资格或者医师执业证书：①因延误诊治，造成严重后果的；②给当事人身心健康造成严重后果的；③造成其他严重后果的。

(3)违反规定进行胎儿性别鉴定的法律责任　违反规定进行胎儿性别鉴定的，由卫生行政部门给予警告，责令停止违法行为；对医疗、保健机构直接负责的主管人员和其他直接责任人员，依法给予行政处分。进行胎儿性别鉴定两次以上的或者以营利为目的进行胎儿性别鉴定的，并由原发证机关撤销相应的母婴保健技术执业资格或者医师执业证书。

【例 10】某女怀孕后，非常想知道胎儿的性别，遂请好友某妇产科医师为其做胎儿性别鉴定。该医师碍于情面实施了胎儿性别鉴定。根据《母婴保健法》的规定，当地卫生计生行政部门应对该医师作出的处理是

A. 处以罚款　　B. 给予行政处分　　C. 扣发年度奖金
D. 调离工作岗位　　E. 离岗接受培训

【例11】母婴保健工作人员出具虚假医学证明，即使未造成严重后果，仍应承担一定的法律责任。该法律责任是

A. 暂停执业　　B. 行政处分　　C. 吊销执业证书
D. 通报批评　　E. 注销执业注册

二、基本医疗卫生与健康促进法

1. 概述

(1)医疗卫生事业的原则　医疗卫生与健康事业应当坚持以人民为中心，为人民健康服务。医疗卫生事业应当坚持公益性原则。

(2)尊重、保护公民的健康权　国家和社会尊重、保护公民的健康权。国家实施健康中国战略，普及健康生活，优化健康服务，完善健康保障，建设健康环境，发展健康产业，提升公民全生命周期健康水平。国家建立健康教育制度，保障公民获得健康教育的权利，提高公民的健康素养。

2. 基本医疗卫生服务

(1)基本医疗卫生服务的内容　基本医疗卫生服务是指维护人体健康所必需、与经济社会发展水平相适应、公民可公平获得的，采用适宜药物、适宜技术、适宜设备提供的疾病预防、诊断、治疗、护理和康复等服务。基本医疗卫生服务包括基本公共卫生服务和基本医疗服务。基本公共卫生服务由国家免费提供。

(2)基本医疗服务分级诊疗制度　国家推进基本医疗服务实行分级诊疗制度，引导非急诊患者首先到基层医疗卫生机构就诊，实行首诊负责制和转诊审核责任制，逐步建立基层首诊、双向转诊、急慢分治、上下联动的机制，并与基本医疗保险制度相衔接。

3. 医疗卫生机构

(1)医疗卫生服务体系　国家建立健全由基层医疗卫生机构、医院、专业公共卫生机构等组成的城乡全覆盖、功能互补、连续协同的医疗卫生服务体系。国家加强县级医院、乡镇卫生院、村卫生室、社区卫生服务中心(站)和专业公共卫生机构等的建设，建立健全农村医疗卫生服务网络和城市社区卫生服务网络。

(2)医疗卫生机构分类管理　国家对医疗卫生机构实行分类管理。医疗卫生服务体系坚持以非营利性医疗卫生机构为主体、营利性医疗卫生机构为补充。政府举办非营利性医疗卫生机构，在基本医疗卫生事业中发挥主导作用，保障基本医疗卫生服务公平可及。以政府资金、捐赠资产举办或者参与举办的医疗卫生机构不得设立为营利性医疗卫生机构。医疗卫生机构不得对外出租、承包医疗科室。非营利性医疗卫生机构不得向出资人、举办者分配或者变相分配收益。

4. 医疗卫生人员

(1)提高专业水平和服务质量　医疗卫生人员应当弘扬敬佑生命、救死扶伤、甘于奉献、大爱无疆的崇高职业精神，遵守行业规范，恪守医德，努力提高专业水平和服务质量。

(2)保障医疗卫生人员执业环境　全社会应当关心、尊重医疗卫生人员，维护良好安全的医疗卫生服务秩序，共同构建和谐医患关系。医疗卫生人员的人身安全、人格尊严不受侵犯，其合法权益受法律保护。禁止任何组织或者个人威胁、危害医疗卫生人员人身安全，侵犯医疗卫生人员人格尊严。国家采取措施，保障医疗卫生人员执业环境。

5. 健康促进

各级人民政府应当加强健康教育工作及其专业人才培养，建立健康知识和技能核心信息发布制度，普及健康科学知识，向公众提供科学、准确的健康信息。医疗卫生、教育、体育、宣传等机构、基层群众性自治组织和社会组织应当开展健康知识的宣传和普及。医疗卫生人员在提供医疗卫生服务时，应当对患

者开展健康教育。新闻媒体应当开展健康知识的公益宣传。健康知识的宣传应当科学、准确。

常考点 婚前保健和孕期保健。基本医疗卫生与健康促进法为2020年新增内容。

参考答案——详细解答见2021《贺银成国家临床执业及助理医师资格考试历年考点精析》

1. ABCDE 2. ABCDE 3. ABCDE 4. ABCDE 5. ABCDE 6. ABCDE 7. ABCDE
8. ABCDE 9. ABCDE 10. ABCDE 11. ABCDE

第十篇　内科学

第 1 章　慢性阻塞性肺疾病与支气管哮喘

考纲要求

①慢性阻塞性肺疾病:概述,病因,发病机制,临床表现,病程分期,辅助检查,诊断,鉴别诊断,并发症,治疗与预防。②支气管哮喘:病因,发病机制,临床表现,辅助检查,诊断,鉴别诊断,治疗与管理。

复习要点

一、慢性阻塞性肺疾病

1. 概述

慢性阻塞性肺疾病(COPD)简称慢阻肺,其特征是持续存在的呼吸系统症状和气流受限。肺功能检查对确定气流受限有重要意义,在吸入支气管扩张剂后,第一秒用力呼气容积/用力肺活量之比值(FEV_1/FVC)<70%表明存在持续气流受限。

COPD 与慢性支气管炎、肺气肿有密切关系。慢性支气管炎是指除外慢性咳嗽的其他已知原因后,病人每年咳嗽、咳痰 3 个月以上并连续 2 年者。肺气肿是指肺部终末细支气管远端气腔出现异常持久的扩张,并伴有肺泡和细支气管的破坏,而无明显的肺纤维化。当慢性支气管炎、肺气肿病人肺功能检查出现持续气流受限时,可诊断为慢阻肺。如病人只有慢性支气管炎、肺气肿,而无持续气流受限,则不能诊断为慢阻肺。一些已知病因或具有特征性病理表现的疾病,也可导致持续气流受限,如支气管扩张症、肺结核纤维化病变、严重的间质性肺疾病、弥漫性泛细支气管炎、闭塞性细支气管炎等,均不属于慢阻肺。

【例 1】慢性支气管炎的诊断标准是除外其他已知病因所致的慢性咳嗽后,病人每年咳、痰、喘

A. 至少 6 个月,持续 10 年以上　B. 至少 1 个月,持续 3 年以上　C. 至少 2 个月,持续 5 年以上
D. 至少 6 个月,持续 5 年以上　E. 至少 3 个月,持续 2 年以上(2020 年真题)

2. 病因

病因不明,可能是多种环境因素与机体自身因素长期相互作用的结果。

(1)吸烟　吸烟为最重要的环境发病因素,吸烟者慢支的患病率比不吸烟者高 2~8 倍。烟草中的焦油、尼古丁、氢氰酸等化学物质具有多种损伤效应:①损伤气道上皮细胞和纤毛运动,使气道净化能力下降;②促使支气管黏液腺和杯状细胞增生肥大,黏液分泌增多;③刺激副交感神经而使支气管平滑肌收缩,气道阻力增加;④使氧自由基产生增多,诱导中性粒细胞释放蛋白酶,破坏肺弹力纤维,诱发肺气肿形成。

(2)职业粉尘和化学物质　如烟雾、变应原、工业废气、室内空气污染等,均可能促进慢支的发病。

(3)空气污染　大量有害气体可损伤气道黏膜上皮,使纤毛清除功能下降,利于细菌感染。

(4)感染因素　病毒、支原体、细菌等感染是慢性支气管炎发生发展的重要原因之一。

(5)其他因素　免疫功能紊乱、气道高反应性、年龄增大等机体因素和气候环境因素等。

注意:①吸烟是 COPD 最重要的环境发病因素,感染是 COPD 最重要的病情加重因素。
②戒烟是预防 COPD 最重要的措施。

3. 发病机制

(1)炎症机制 气道、肺实质及肺血管的慢性炎症是慢阻肺的特征性改变,中性粒细胞、巨噬细胞、T淋巴细胞等炎症细胞参与了慢阻肺的发病过程。中性粒细胞的活化和聚集是慢阻肺炎症过程的一个重要环节,通过释放中性粒细胞弹性蛋白酶等多种生物活性物质,引起慢性黏液高分泌状态并破坏肺实质。

(2)蛋白酶-抗蛋白酶失衡 蛋白水解酶对组织有损伤、破坏作用。抗蛋白酶对弹性蛋白酶等多种蛋白酶具有抑制功能,其中α_1-抗胰蛋白酶(α_1-AT)是活性最强的一种。蛋白酶增多或抗蛋白酶不足均可导致组织结构破坏产生肺气肿。吸入有害气体、有害物质可导致蛋白酶产生增多或活性增强,而抗蛋白酶产生减少或灭活加快;同时氧化应激、吸烟等危险因素也可降低抗蛋白酶活性。先天性α_1-抗胰蛋白酶缺乏,多见于北欧血统的个体。我国尚未见报道。

(3)氧化应激 COPD 病人氧化应激增加。氧化物主要有超氧阴离子、羟根、次氯酸、H_2O_2 和一氧化氮(NO)等。氧化物可直接作用并破坏许多生化大分子,如蛋白质、脂质、核酸等,导致细胞功能障碍或细胞死亡;引起蛋白酶-抗蛋白酶失衡;促进炎症反应等。

(4)其他 如自主神经功能失调、营养不良、气温变化等都有可能参与 COPD 的发生、发展。

【例 2】COPD 气道炎症最主要的效应细胞是

A. 肥大细胞　B. 嗜酸性粒细胞　C. 中性粒细胞

D. 巨噬细胞　E. 淋巴细胞

4. 临床表现

(1)慢性咳嗽咳痰 为白色黏液或浆液性泡沫痰,偶可带血丝。急性发作期痰量增多,可有脓性痰。

(2)气短或呼吸困难 是 COPD 的标志性症状。

(3)喘息和胸闷 部分病人特别是重度病人或急性加重时可出现喘息。

(4)体征 早期可无异常,晚期可有肺气肿体征。

①视诊 胸廓前后径增大,肋间隙增宽,剑突下胸骨下角增宽,称为桶状胸。部分病人呼吸变浅,频率加快。

②触诊 双侧语颤减弱。

③叩诊 肺部过清音,心浊音界缩小,肺下界和肝浊音界下降。

④听诊 两肺呼吸音减弱,呼气延长,部分病人可闻及干、湿啰音。

5. 临床分期

(1)急性加重期 是指短期内咳嗽咳痰、气短、喘息加重,痰量增多,呈脓性或黏液脓性。

(2)稳定期 是指患者咳嗽咳痰、气短等症状稳定或症状轻微。

6. 辅助检查

(1)肺功能检查 为首选检查。是判断持续气流受限的主要客观指标。吸入支气管扩张剂后,$FEV_1/FVC<70\%$可确定为持续气流受限。肺总量(TLC)、功能残气量(FRC)、残气量(RV)增高,肺活量(VC)降低,表明肺过度充气。

检查项目	临床意义
FEV_1/FVC	第一秒用力呼气容积/用力肺活量(FEV_1/FVC)是评价气流受限的敏感指标
FEV_1%预计值	是评价 COPD 严重程度的良好指标,其变异性小,易于操作
吸入支气管舒张药后	$FEV_1/FVC<70\%$可确定为"持续性气流受限"
TLC、FRC、RV	肺总量(TLC)、功能残气量(FRC)、残气量(RV)增高对诊断 COPD 有参考价值
VC	肺活量(VC)减低对诊断 COPD 有参考价值
RV/TLC	残气量/肺总量(RV/TLC)增加(>40%)对诊断阻塞性肺气肿有重要意义

(2)胸部 X 线 早期无改变,晚期出现肺纹理增粗、紊乱等非特异性改变,对诊断 COPD 价值不大。

(3)血气分析　对确定发生低氧血症、高碳酸血症、酸碱平衡失调及判断呼吸衰竭类型有重要价值。

7. 诊断

(1)诊断　主要根据吸烟等高危因素、临床表现及肺功能检查等，综合分析确定。肺功能检查时，吸入支气管扩张剂后 $FEV_1/FVC<0.70$，是诊断 COPD 的必备条件。

(2)稳定期病情严重程度评估　多主张对稳定期慢阻肺采用综合指标体系进行病情严重程度评估。

①肺功能评估　可使用 GOLD 分级，COPD 病人吸入支气管扩张剂后 $FEV_1/FVC<0.70$，再依据其 FEV_1 下降幅度进行气流受限的严重度分级。GOLD1 级(轻度)：病人肺功能 FEV_1 占预计值的百分比(%pred)≥80%；GOLD2 级(中度)50%~79%；GOLD3 级(重度)30%~49%；GOLD4 级(极重度)<30%。

注意：①诊断慢阻肺最重要的指标是吸入支气管扩张剂后 $FEV_1/FVC<70\%$。
②慢阻肺严重程度分级的指标是 FEV_1 占预计值的百分比($FEV_1\%pred$)。

②症状评估　可采用改良版英国医学研究委员会呼吸困难问卷(mMRC 问卷)进行评估。

mMRC 分级	呼吸困难症状
0 级	剧烈活动时出现呼吸困难
1 级	平地快步行走或爬缓坡时出现呼吸困难
2 级	由于呼吸困难，平地行走时比同龄人慢或需要停下来休息
3 级	平地行走 100m 左右或数分钟后即需要停下来喘气
4 级	因严重呼吸困难而不能离开家，或在穿衣服时即出现呼吸困难

③急性加重风险评估　上一年发生 2 次或 2 次以上急性加重，或者 1 次及 1 次以上需要住院治疗的急性加重，均提示今后急性加重的风险增加。根据上述症状、急性加重风险和肺功能改变等，即可对稳定期慢阻肺病人的病情严重程度做出综合性评估，并依据该评估结果选择稳定期的主要治疗药物。

病人综合评估分组	特征	上一年急性加重次数	mMRC 分级或 CAT 评分	首选治疗药物
A 组	低风险，症状少	≤1 次	0~1 级或<10	SAMA 或 SABA，必要时
B 组	低风险，症状多	≤1 次	≥2 级或≥10	LAMA 或(和)LABA
C 组	高风险，症状少	≥2 次	0~1 级或<10	LAMA，或 LAMA+LABA 或 ICS+LABA
D 组	高风险，症状多	≥2 次	≥2 级或≥10	LAMA+LABA，或+ICS

注：SABA：短效 β_2 受体激动剂；SAMA：短效抗胆碱能药物；
LABA：长效 β_2 受体激动剂；LAMA：长效抗胆碱能药物；ICS：吸入型糖皮质激素

【例 3】不符合慢性阻塞性肺疾病肺功能检查结果的是
A. 呼气峰流速下降　B. 肺活量下降　C. 肺总量下降
D. 残气量增加　E. 第一秒用力呼气量(FEV_1)下降

【例 4】目前用于判断慢性阻塞性肺疾病严重程度的肺功能指标是
A. MMFR 占预计值百分比　B. FVC 占预计值的百分比　C. RV/TLC (残总比)
D. FEV_1/FVC (一秒率)　E. FEV_1 占预计值的百分比

8. 鉴别诊断

(1)支气管哮喘　多在儿童或青少年起病，以发作性喘息为特征，发作时两肺布满哮鸣音，缓解后症状消失，常有家族史或个人过敏史。哮喘发作时，一秒率虽下降，但支气管舒张试验常阳性。

(2)支气管扩张　主要表现为反复咳嗽、咳大量脓痰和(或)反复咯血。肺部固定而持久的局限性湿啰音。部分胸片显示肺纹理粗乱或呈卷发状。高分辨 CT 可确诊支气管扩张。

(3)肺结核 可有午后低热、乏力、盗汗等结核中毒症状,痰检可发现结核分枝杆菌。

(4)支气管肺癌 可反复咳嗽、咳痰,痰中带血,或出现刺激性咳嗽,胸部占位性病变。

【例 5】女,62 岁。间断咳嗽、咳少量白黏痰 10 年。查体:双肺呼吸音粗,未闻及干、湿啰音。血常规正常,胸部 X 线片示肺纹理增粗紊乱,肺功能示 FEV_1 占预计值的百分比为 83%,FEV_1/FVC67%(舒张后)。该患者最可能的诊断是

A. 支气管哮喘　　B. 支气管结核　　C. 支气管扩张

D. 慢性阻塞性肺疾病　　E. 特发性肺纤维化

9. 并发症

(1)慢性呼吸衰竭 常在 COPD 急性加重时发生,其症状加重,表现为低氧血症和(或)高碳酸血症。

(2)自发性气胸 COPD 病人如有突然加重的呼吸困难,伴明显发绀,患侧肺部叩诊鼓音,听诊呼吸音减弱或消失,应考虑并发自发性气胸,通过 X 线检查可以确诊。

(3)慢性肺心病 COPD 可引起肺血管床减少及缺氧致肺动脉痉挛,血管重塑,导致肺动脉高压,右心室肥厚扩大,最终发生右心功能不全。

(6~7 题共用题干)男,66 岁。活动后突发左侧胸痛伴呼吸困难 1 天。既往慢性阻塞性肺疾病病史 10 余年。查体:R26 次/分,BP95/60mmHg。口唇发绀,左肺呼吸音明显减弱,心率 102 次/分,律齐。

【例 6】该患者最可能的诊断是

A. 急性心肌梗死　　B. 自发性气胸　　C. 阻塞性肺不张

D. 胸腔积液　　E. 肺栓塞

【例 7】为明确诊断,应先采取的检查措施是

A. CT 肺动脉造影　　B. 胸腔穿刺　　C. 支气管镜

D. 胸部 X 线片　　E. 心电图

10. 治疗

(1)稳定期的治疗

①教育与管理　最重要的是劝导吸烟病人戒烟,这是减慢肺功能损害最有效的措施。

②支气管舒张药　是现有控制症状的主要措施,可根据病情严重程度选用 β_2 肾上腺素受体激动剂(沙丁胺醇、沙美特罗等)、抗胆碱能药(异丙托溴铵、噻托溴铵)、茶碱类(氨茶碱)。

③糖皮质激素　对高风险(C 组和 D 组)病人,长期吸入糖皮质激素与长效 β_2 肾上腺素受体激动剂的联合制剂,可增加运动耐量、减少急性加重发作频率、提高生活质量。常用剂型有沙美特罗+氟替卡松、福莫特罗+布地奈德。

④祛痰药　对痰不易咳出者可应用,常用药物有盐酸氨溴索、N-乙酰半胱氨酸、羧甲司坦等。

⑤长期家庭氧疗(LTOT)　对慢阻肺并发慢性呼吸衰竭者实施 LTOT,可提高生活质量和生存率,对血流动力学、运动能力、精神状态均会产生有益的影响。其指征为:$PaO_2 \leq 55$mmHg 或 $SaO_2 \leq 88\%$,有或没有高碳酸血症;PaO_2 55~60mmHg,或 $SaO_2 < 89\%$,并有肺动脉高压、心力衰竭或红细胞增多症。

(2)急性加重期的治疗

①确定病情加重的原因　最常见原因是细菌或病毒感染。根据病情严重程度,决定门诊或住院治疗。

②支气管扩张剂　药物同病情稳定期。有严重喘息症状者可给予较大剂量的雾化吸入治疗。

③低流量吸氧　给氧浓度(%)= 21+4×氧流量(L/min),一般为 28%~30%。

④抗生素　当病人呼吸困难加重,咳嗽伴痰量增加、有脓痰时,应选用抗生素。

⑤糖皮质激素　对需住院治疗的急性加重期病人可考虑口服泼尼松龙,或静脉给予甲泼尼龙。

⑥机械通气　对于并发较严重呼吸衰竭的病人,可使用机械通气治疗。

【例 8】男,68 岁,慢性阻塞性肺疾病(COPD)病史 12 年。动脉血气分析 pH7.36,$PaO_2$43mmHg,$PaCO_2$52mmHg。对该患者可以改善预后的措施是

A. 预防性使用抗生素　　B. 吸入糖皮质激素　　C. 使用支气管舒张剂
D. 肺康复锻炼　　E. 长期家庭氧疗

A. 有创机械通气　　B. 无创机械通气　　C. 间断高浓度吸氧
D. 持续高频呼吸机通气　　E. 持续低流量吸氧

【例9】慢性阻塞性肺疾病的氧疗最常用的是
【例10】慢性阻塞性肺疾病急性加重伴呼吸功能不全早期，为防止呼吸功能不全加重最常用的是

11. 预防

(1)戒烟　是预防慢阻肺最重要的措施，在疾病的任何阶段戒烟都有助于防止慢阻肺的发生和发展。

(2)控制环境污染　减少有害气体或有害颗粒的吸入。

(3)免疫接种　流感疫苗、肺炎链球菌疫苗、细菌溶解物对防止慢阻肺病人反复感染可能有益。

(4)增强体质　加强体育锻炼、增强体质，提高机体免疫力，可帮助改善机体一般状况。

二、支气管哮喘

支气管哮喘是一种以慢性气道炎症和气道高反应性为特征的异质性疾病，临床表现为反复发作性的喘息、气急、胸闷、咳嗽等症状，常在夜间及凌晨发作或加重，多数病人可自行缓解或经治疗后缓解。

1. 病因

(1)遗传因素　哮喘是一种复杂的、具有多基因遗传倾向的疾病，其发病有家族集聚现象，亲缘关系越近，患病率越高。目前已经鉴定了多个哮喘易感基因，如*YLK*40、*IL6R*、*PDE4D*、*IL*33等。

(2)环境因素　包括：①变应原性因素，如室内变应原（尘螨、家养宠物、蟑螂）、室外变应原（花粉、草粉）、职业性变应原（油漆、活性染料）、食物（鱼、虾、蛋类、牛奶）、药物（阿司匹林、抗生素）；②非变应原因素，如大气污染、吸烟、运动、肥胖等。

2. 发病机制

哮喘的发病机制未明，目前概括为气道免疫-炎症机制、神经调节机制及其相互作用。

(1)气道免疫-炎症机制　包括细胞免疫和体液免疫。

①气道炎症形成机制　气道慢性炎症反应是由多种炎症细胞、炎症介质和细胞因子共同参与、相互作用的结果。当外源性变应原进入机体后，被抗原提呈细胞内吞并激活T细胞。

A.产生哮喘症状　活化的辅助性Th2细胞产生IL-4、IL-5、IL-13等激活B淋巴细胞，并合成特异性抗体IgE，后者结合于肥大细胞、嗜碱性粒细胞等表面的IgE受体。若变应原再次进入体内，可与结合在细胞表面的IgE交联，使该细胞合成并释放多种活性介质，导致气道平滑肌收缩、黏液分泌增加、炎症细胞浸润，产生哮喘的临床症状。

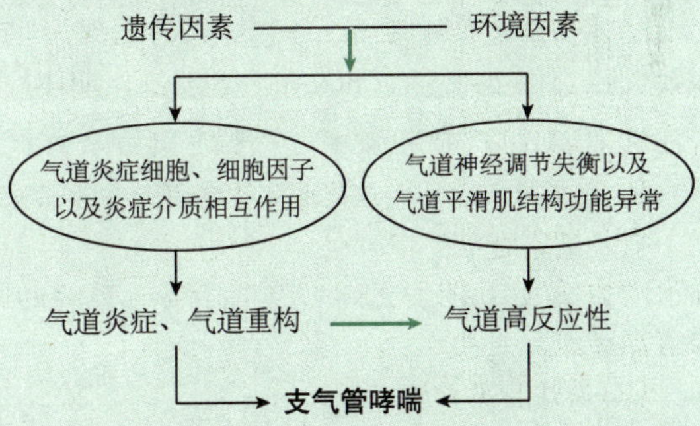

哮喘发病机制示意图

B.导致气道炎症　活化的辅助性Th2细胞分泌的IL等细胞因子可直接激活肥大细胞、嗜酸性粒细胞、巨噬细胞等，这些细胞可进一步分泌多种炎症因子，如组胺、白三烯、前列腺素、活性神经肽、嗜酸性粒细胞趋化因子等，导致气道慢性炎症。

②气道高反应性(AHR)　是指气道对各种刺激因子如变应原、理化因素、运动、药物等呈现的高度敏感状态，表现为病人接触这些刺激因子时气道出现过强或过早的收缩反应。气道高反应性是哮喘的基本特征。气道慢性炎症是导致气道高反应性的重要机制之一。当气道受到变应原刺激后，多种炎症细胞释放炎症介质和细胞因子，引起气道上皮受损、上皮下神经末梢裸露，从而导致气道高反应性。

(2)神经调节机制　神经因素是哮喘发病的重要环节之一。支气管受自主神经支配，除肾上腺素能

神经、胆碱能神经外，还有非肾上腺素能非胆碱能(NANC)神经系统。哮喘病人β肾上腺素受体功能低下，而病人对吸入组胺和乙酰甲胆碱的反应性显著增高则提示存在胆碱能神经张力的增加。NANC神经系统能释放舒张支气管平滑肌的神经介质(如血管活性肠肽、NO)及收缩支气管平滑肌的介质(P物质、神经激肽)，两者平衡失调则可引起支气管平滑肌收缩。

注意：①9版《内科学》P29第8行：气道高反应性是哮喘的基本特征。
②9版《内科学》P29第29行：气道慢性炎症是哮喘的基本特征。

【例11】男，21岁。3天前受凉后"感冒"，症状已好转。1小时前参加篮球比赛后出现气促。查体：双肺散在哮鸣音，心率84次/分。该患者发病最可能的机制是
A. 肺血管阻力增加　　B. 心力衰竭　　C. 神经调节失衡
D. 气道高反应性　　E. 气道重构

【例12】支气管哮喘属于下列哪型过敏反应？
A. Ⅰ型　　B. Ⅱ型　　C. Ⅲ型
D. Ⅳ型　　E. 迟发型

【例13】男，35岁。反复咳嗽伴呼吸困难20年，再发1天，吸入"万托林"或口服"氨茶碱片"后可缓解。查体：双肺闻及干啰音。外周血WBC7.8×10^9/L。与该患者发病关系最密切的免疫球蛋白是
A. IgE　　B. IgD　　C. IgG
D. IgA　　E. IgM

3. 临床表现

(1)典型症状　为发作性伴有哮鸣音的呼气性呼吸困难，症状可在数分钟内发生，并持续数小时至数天，可经平喘药物治疗后缓解或自行缓解。夜间及凌晨发作或加重常是哮喘的重要临床特征。

(2)运动性哮喘　有些青少年病人，其哮喘症状在运动时出现，称为运动性哮喘。

(3)咳嗽变异性哮喘(CVA)　指发作时以咳嗽为唯一症状的不典型哮喘。

(4)胸闷变异性哮喘(CTVA)　是指发作时，以胸闷为唯一症状的不典型哮喘。

(5)体征　①哮喘发作时典型体征是双肺可闻及广泛的哮鸣音，呼气音延长。②在非常严重的哮喘发作，哮鸣音反而减弱，甚至完全消失，表现为"沉默肺"，是病情危重的表现。严重病人可出现心率增快、奇脉、胸腹反常运动和发绀。③非发作期体检可无异常发现，故未闻及哮鸣音，不能排除哮喘。

注意：①沉默肺、奇脉、胸腹反常运动、动脉血PCO_2升高均提示支气管哮喘病情危重。
②夜间及凌晨发作是支气管哮喘的重要临床特征。

4. 辅助检查

(1)肺功能检测　哮喘发作时呈阻塞性通气功能障碍表现。

	检测目的	哮喘发作时表现或阳性标准	备注
通气功能检测	肺通气功能	FEV_1/FVC%<70%或FEV_1低于正常预计值的80%为判断气流受限的最重要指标	阻塞性通气障碍表现 肺的弥散功能正常
支气管激发试验	气道反应性	吸入支气管激发剂(乙酰甲胆碱、组胺)后，FEV_1下降≥20%为阳性，提示存在气道高反应性	只适用于非哮喘发作期、FEV_1>正常预计值70%者
支气管舒张试验	气道可逆性	吸入支气管舒张剂(沙丁胺醇、特布他林)后，FEV_1较用药前增加≥12%，且绝对值增加≥200ml为阳性	阳性提示气道阻塞具有可逆性
PEF及变异率测定	PEF反映气道通气功能变化	监测PEF日间、周间变异率有助于诊断和病情评估。PEF昼夜变异率>10%或周变异率>20%为阳性	阳性提示存在气道可逆性改变；哮喘发作时PEF下降

注意：①支气管激发试验是吸入激发剂使支气管平滑肌收缩，具有一定的危险性，临床上少用。
②支气管舒张试验是吸入舒张剂使支气管平滑肌舒张，一般较安全，临床上常用。
③$FEV_1/FVC\%<70\%$或FEV_1低于正常预计值的80%为判断气流受限的最重要指标。

(2)胸部X线检查 哮喘发作时胸片示两肺透亮度增加，缓解期多无明显异常，对哮喘诊断价值不大。

(3)胸部CT检查 胸部CT在部分病人可见支气管壁增厚、黏液阻塞。

(4)动脉血气分析 一般情况下，PaO_2降低必伴有$PaCO_2$升高，但本病血气分析结果不同。

①呼吸性碱中毒 严重哮喘发作时可有缺氧，PaO_2降低，因过度通气，$PaCO_2$也降低——呼吸性碱中毒。

②呼吸性酸中毒 重症哮喘，病情进一步发展，可有缺氧和CO_2潴留，$PaCO_2$升高——呼吸性酸中毒。

③合并代谢性酸中毒 如缺氧明显，可合并代谢性酸中毒。

(5)特异性变应原检测 外周血变应原特异性IgE增高，结合病史有助于病因诊断，但血清总IgE测定对哮喘的诊断价值不大。体内变应原试验包括皮肤变应原试验和吸入变应原试验。

【例14】支气管哮喘急性发作早期的动脉血气特征是

A. 代谢性酸中毒　B. 代谢性碱中毒　C. 呼吸性酸中毒
D. 呼吸性碱中毒　E. 混合性酸碱失衡

【例15】男，18岁。发作性胸闷3年、再发2天。发作多以凌晨为著，无咯血和发热，发作时不经药物治疗可逐渐缓解。查体：双肺呼吸音清晰。该患者最可能的诊断是

A. 胃食管反流病　B. 支气管哮喘　C. 左心衰竭
D. 过敏性肺炎　E. 慢性支气管炎

5. 诊断与鉴别诊断

(1)诊断标准 符合①~③，同时具备④的任何一条，可诊断为支气管哮喘。

①反复发作喘息、气急、胸闷或咳嗽，常与接触变应原、冷空气、理化刺激、病毒性上呼吸道感染、运动等有关。

②发作时在双肺可闻及散在或弥漫性哮鸣音，呼气相延长。

③上述症状和体征可经治疗缓解或自行缓解。

④可变气流受限的客观检查：A.支气管舒张试验阳性；B.支气管激发试验阳性；C.平均每日PEF昼夜变异率>10%或PEF周变异率>20%。

(2)支气管哮喘急性发作期分级 哮喘急性发作时严重程度可分为轻度、中度、重度、危重4级。

临床特点	轻度	中度	重度	危重
气短	步行、上楼梯时	稍事活动	休息时	—
体位	可平卧	喜坐位	端坐呼吸	—
讲话方式	连续成句	讲话常有中断	只能发单字表达	不能讲话
精神状态	可有焦虑	时有焦虑或烦躁	常有焦虑、烦躁	嗜睡、意识模糊
呼吸频率	轻度增加	增加	常>30次/分	—
三凹征	常无	可有	常有	胸腹矛盾呼吸
哮鸣音	散在哮鸣音	响亮、弥漫的哮鸣音	响亮、弥漫的哮鸣音	哮鸣音减弱，甚至消失
脉律	无奇脉	可有奇脉	有奇脉	脉律不规则
脉率	<100次/分	100~120次/分	>120次/分	脉率变慢
PaO_2	正常	60~80mmHg	<60mmHg	严重低氧血症
$PaCO_2$	<45mmHg	≤45mmHg	>45mmHg	高CO_2血症
SaO_2	>95%	91%~95%	≤90%	严重降低
pH	正常	正常	可降低	降低

(3)支气管哮喘慢性持续期的分级 哮喘控制水平的分级如下。

①哮喘症状控制水平分级 过去4周病人是否存在以下4项:日间哮喘症状>2次/周;夜间因哮喘憋醒;使用缓解药次数>2次/周;哮喘引起的活动受限。

A.良好控制:无以上4项症状; B.部分控制:有1~2项症状; C.未控制:有3~4项症状。

②未来风险评估 急性发作风险,病情不稳定,肺功能迅速下降,药物不良反应。

(4)鉴别诊断

	支气管哮喘	左心衰竭引起的呼吸困难(心源性哮喘)
病史	家族史、过敏史、哮喘发作史	高血压、冠心病、风心病、二狭等病史
发病年龄	儿童、青少年多见	40岁以上多见
发作时间	常于夜间及凌晨发作和加重	常于夜间发病
主要症状	呼气性呼吸困难	混合性呼吸困难,咳粉红色泡沫痰
肺部体征	双肺满布哮鸣音	双肺广泛湿啰音和哮鸣音
心脏体征	正常	左心界扩大、心率增快、心尖部奔马律
胸片	肺野清晰,肺气肿征象	肺淤血征、左心扩大
治疗	支气管解痉剂有效	洋地黄有效

【例16】女,62岁。反复咳嗽、喘息15年,1个月前搬入新居后再发加重。口服"茶碱类"药物有所缓解。查体:双肺呼吸音低,呼气相延长。胸部X线片未见明显异常。肺功能检查示FEV_1/FVC56%,舒张试验示FEV_1改善率12%。该患者应首先考虑的诊断是

A. 慢性阻塞性肺疾病　B. 支气管哮喘　C. 慢性充血性心力衰竭
D. 过敏性肺炎　E. 嗜酸性粒细胞性肺炎

【例17】男,45岁。间断咳嗽2年。每年均于秋季出现,干咳为主,夜间明显,伴憋气,常常影响睡眠,白天症状常不明显。使用多种药物抗感染治疗无效,持续1~2个月后症状可自行消失。本次入秋后再次出现上述症状,体格检查未见明显异常。胸部X线片未见明显异常,肺通气功能正常。为明确诊断,宜采取的进一步检查措施是

A. 肺部CT　B. 支气管镜　C. 睡眠呼吸监测
D. 血气分析　E. 支气管激发试验

6. 治疗

(1)确定并减少危险因素接触 脱离变应原是防治哮喘最有效的方法。

(2)治疗药物的特点 治疗哮喘的药物分为缓解性药物和控制性药物两类。

	缓解性药物	控制性药物
别称	解痉平喘药	抗炎药
机制	支气管扩张剂,解除支气管痉挛,缓解哮喘症状	治疗气道慢性炎症,使哮喘病人维持临床控制
常用药物	短效β_2受体激动剂(SABA) 短效吸入型抗胆碱药(SAMA) 短效茶碱类药、全身用糖皮质激素	吸入型糖皮质激素(ICS)、白三烯(LT)调节剂 长效β_2受体激动剂(LABA,不单独使用) 茶碱缓释剂、色甘酸钠、酮替酚、抗IgE抗体
使用	按需使用	长期使用

【例18】主要作用机制为控制支气管哮喘气道炎症的药物是

A. 茶碱　B. M受体拮抗剂　C. 短效β_2受体激动剂
D. 白三烯受体调节剂　E. H_1受体拮抗剂

①糖皮质激素　是当前控制哮喘最有效的药物。糖皮质激素通过作用于气道炎症形成过程中的诸多环节，如抑制嗜酸性粒细胞等炎症细胞在气道的聚集、抑制炎症因子的生成和介质释放、增强平滑肌细胞 β_2 受体的反应性等，有效抑制气道炎症。分为吸入、口服和静脉用药。

	吸入用药	口服用药	静脉用药
常用药物	倍氯米松、布地奈德、氟替卡松	泼尼松、泼尼松龙	氢化可的松、甲泼尼龙
适应证	长期抗炎治疗的最常用药物	ICS 无效，需要短期加强的病人	重度、严重哮喘急性发作
临床特点	需规律用药 1~2 周才能生效	起效较缓慢	注射后 2~6 小时起效
注意事项	长期大剂量吸入者应注意预防全身性不良反应	不主张长期口服糖皮质激素用于哮喘控制的治疗	地塞米松在体内半衰期较长，不良反应较多，慎用

②β_2 受体激动剂　主要通过激动气道 β_2 受体，舒张支气管平滑肌，缓解哮喘症状。分为短效 β_2 受体激动剂（SABA）、长效 β_2 受体激动剂（LABA）两类。

	短效 β_2 受体激动剂（SABA）	长效 β_2 受体激动剂（LABA）
起效速度	快速起效（数分钟起效）	缓慢起效（30 分钟起效）
维持时间	4~6 小时	10~12 小时
剂型	吸入（最常用）、口服、静脉	干粉剂
常用药物	沙丁胺醇、特布他林	沙美特罗、福莫特罗
适应证	哮喘急性发作的首选药物	LABA+ICS 是控制哮喘最常用的药物，LABA 不单用

③白三烯（LT）调节剂　通过调节白三烯的生物活性而发挥抗炎作用，常用药物为扎鲁司特、孟鲁司特，多用于治疗轻度哮喘，尤其用于阿司匹林哮喘、运动性哮喘、伴有过敏性鼻炎的哮喘。

④茶碱类　能抑制磷酸二酯酶，提高平滑肌细胞内 cAMP 含量，舒张支气管。口服缓释茶碱片，平喘作用可维持 12~24 小时，可用于控制夜间哮喘。静脉注射氨茶碱主要用于治疗重危哮喘。

⑤抗胆碱药　通过阻断节后迷走神经，降低迷走神经张力而舒张支气管、减少痰液分泌。SAMA（异丙托溴铵）主要用于哮喘急性发作的治疗，多与 β_2 受体激动剂联合应用。LAMA（噻托溴铵）主要用于哮喘合并慢阻肺及慢阻肺病人的长期治疗。

	代表药物	作用机制	注意事项
糖皮质激素	倍氯米松 布地奈德	通过诸多环节有效抑制气道炎症：抑制嗜酸性粒细胞等炎症细胞在气道的聚集，抑制炎症介质的生成和释放，增强平滑肌细胞 β_2 受体反应性	控制哮喘最有效的药物 长期应用副作用严重 可吸入、口服、静脉用药
β_2 受体激动剂	沙丁胺醇 沙美特罗	可激动气道 β_2 受体，舒张支气管，缓解哮喘症状	治疗急性发作的首选药物 LABA 与 ICS 联合最常用
LT 调节剂	孟鲁司特 扎鲁司特	通过调节白三烯（LT）的生物活性而发挥抗炎作用，舒张支气管平滑肌	副作用为胃肠道症状 不良反应较轻微
茶碱类	氨茶碱	抑制磷酸二酯酶、提高平滑肌细胞内 cAMP 浓度 拮抗腺苷受体，增强呼吸肌的收缩 增强气道纤毛清除功能、舒张支气管、气道抗炎	不良反应包括恶心、呕吐、心律失常、血压下降、多尿
抗胆碱药	异丙托溴铵 噻托溴铵	通过阻断节后迷走神经通路，降低迷走神经张力而起到舒张支气管、减少黏液分泌的作用	SAMA 治疗哮喘急性发作 LAMA 治疗哮喘并 COPD

为了同学们理解和记忆，现将常考平喘药的作用机制图示如下：

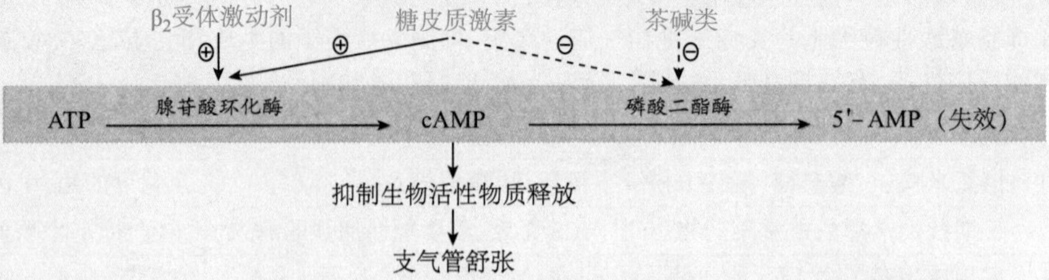

(3)急性发作期的治疗 治疗目标是尽快缓解气道痉挛，纠正低氧血症，恢复肺功能。

①轻度 吸入短效 β_2 受体激动剂，在第 1 小时内每 20 分钟吸入 1~2 喷，随后调整为每 3~4 小时吸入 1~2 喷。效果不佳时加用缓释茶碱片，或加用短效抗胆碱药气雾剂吸入。

②中度 雾化吸入短效 β_2 受体激动剂，第 1 小时内持续雾化吸入。联合应用雾化吸入短效抗胆碱药、激素混悬液。也可联合静脉注射茶碱类。若治疗效果不佳，应尽早口服糖皮质激素，同时吸氧。

③重度至危重度 持续雾化吸入短效 β_2 受体激动剂，联合雾化吸入短效抗胆碱药、激素混悬液及静脉滴注茶碱类，吸氧。应尽早静脉应用激素，待病情控制后改为口服。当 pH<7.20 且合并代谢性酸中毒时，应适当补碱。经上述处理后，病情仍无改善者，应及时行机械通气，其指征包括呼吸肌疲劳、$PaCO_2 \geq$ 45mmHg、意识改变（需进行有创机械通气）。此外，应预防呼吸道感染。

(4)慢性持续期的治疗 必须个体化，联合应用。哮喘长期治疗方案分 5 级，具体如下表。

治疗方案	第 1 级	第 2 级	第 3 级	第 4 级	第 5 级
推荐选择控制药物	不需使用药物	低剂量 ICS	低剂量 ICS+LABA	中/高剂量 ICS+LABA	加其他治疗如口服激素
其他选择控制药物	低剂量 ICS	LT 受体拮抗剂 低剂量茶碱	中/高剂量 ICS 低剂量 ICS+LT 受体拮抗剂 低剂量 ICS+茶碱	中/高剂量 ICS+LABA+LAMA 高剂量 ICS+LT 受体拮抗剂 高剂量 ICS+茶碱	+LAMA +IgE 抗体 +IL-5 抗体
缓解药物	按需使用 SABA	按需使用 SABA	按需使用 SABA 或低剂量布地奈德/福莫特罗或倍氯米松		

注：SABA＝短效 β_2 受体激动剂，为控制哮喘急性发作的首选药物，如沙丁胺醇、特布他林。

LABA＝长效 β_2 受体激动剂，与 ICS 联合是目前最常用的控制哮喘的药物，如沙美特罗、福莫特罗。

ICS＝吸入型糖皮质激素，低剂量指每日吸入布地奈德 200~400μg，中等剂量为>400~800μg，高剂量为>800~1600μg。

【例 19】女，35 岁。诊断支气管哮喘 2 年，间断口服糖皮质激素及氨茶碱治疗，时有发作。该患者应采取的主要治疗措施是

A. 规律使用氨茶碱　　B. 规律口服糖皮质激素　　C. 规律使用吸入型糖皮质激素

D. 规律吸入 β_2 受体激动剂　　E. 肌内注射长效糖皮质激素

【例 20】支气管哮喘患者发作时禁用的药物是

A. 吗啡　　B. 氨茶碱　　C. 沙丁胺醇

D. 泼尼松　　E. 肾上腺素

注意：在使用平喘药物前，一定要注意鉴别“支气管哮喘”和“心源性哮喘”，如一时难以鉴别，可先注射氨茶碱缓解症状后再进一步检查。不能应用吗啡、肾上腺素等，以免引起危险。

（21~22 题共用题干）男，32 岁。支气管哮喘 20 年，喘息加重 1 周，意识恍惚 1 天来急诊。查体：T37.5℃，P90 次/分。面色暗红，口唇发绀。可见胸腹矛盾运动，双肺呼吸音低，闻及低调哮鸣音。

【例 21】该患者此时最可能出现的动脉血气变化是

A. PaO_2 降低、$PaCO_2$ 升高、pH 升高　　B. PaO_2 降低、$PaCO_2$ 正常、pH 降低
C. PaO_2 降低、$PaCO_2$ 降低、pH 升高　　D. PaO_2 降低、$PaCO_2$ 升高、pH 降低
E. PaO_2 降低、$PaCO_2$ 升高、pH 正常

【例 22】该患者首选的治疗措施是
A. 无创通气　　B. β_2 受体激动剂雾化吸入　　C. 气管插管、机械通气
D. 面罩吸氧　　E. 大剂量糖皮质激素静脉点滴

7. 哮喘的教育管理

哮喘病人的教育和管理是提高疗效,减少复发,提高病人生活质量的重要措施。为每位初诊病人制订长期防治计划,使病人在医生和专科护士指导下学会自我管理,包括了解哮喘的激发因素及避免诱因的方法,熟悉哮喘发作先兆表现及相应处理办法,学会在家中自行监测病情变化并进行评定、学会哮喘发作时进行简单的紧急自我处理方法,掌握正确的吸入技术,和医生共同制订防止复发、保持长期稳定的方案。

常考点　慢阻肺的肺功能检查;支喘的临床特点;各种平喘药物的机理及特点。

参考答案——详细解答见 2021《贺银成国家临床执业及助理医师资格考试历年考点精析》

1. ABCDE　2. ABCDE　3. ABCDE　4. ABCDE　5. ABCDE　6. ABCDE　7. ABCDE
8. ABCDE　9. ABCDE　10. ABCDE　11. ABCDE　12. ABCDE　13. ABCDE　14. ABCDE
15. ABCDE　16. ABCDE　17. ABCDE　18. ABCDE　19. ABCDE　20. ABCDE　21. ABCDE
22. ABCDE

第2章　支气管扩张症与慢性肺源性心脏病

▶考纲要求

①支气管扩张症:病因,临床表现,辅助检查,诊断,鉴别诊断,治疗与预防。②慢性肺源性心脏病:病因,发病机制,临床表现,辅助检查,诊断,鉴别诊断与治疗。

▶复习要点

一、支气管扩张症

支气管扩张症是指急、慢性呼吸道感染和支气管阻塞后,反复发生支气管化脓性炎症,致使支气管壁结构破坏,管壁增厚,引起支气管异常和持久性扩张,主要表现为慢性咳嗽、咳大量脓性痰、反复咯血。

1. 病因

(1)先天性　少见。弥漫性支气管扩张常发生于有遗传、免疫或解剖缺陷的病人,如囊性纤维化、纤毛运动障碍、严重的 α_1-抗胰蛋白酶缺乏病人。低免疫球蛋白血症、免疫缺陷和罕见的气道结构异常也可引起弥漫性支气管扩张,如巨大气管-支气管症、支气管软骨发育不全等。

(2)继发性　局灶性支气管扩张可源于未经治疗的肺炎或气道阻塞,如异物、肿瘤、外源性压迫等。

(3)诱发因素　支气管扩张症的诱发因素详见9版《内科学》P36表2-5-1。

2. 临床表现

(1)慢性咳嗽、咳大量脓痰　主要症状为持续或反复的咳嗽、咳痰或咳脓痰。无明显诱因者常隐匿起病,无症状或症状轻微。呼吸困难和喘息常提示有广泛的支气管扩张或有潜在的慢阻肺。随着感染加重,可出现痰量增多和发热。当支气管扩张伴急性感染时,病人可表现为咳嗽、咳脓痰和伴随肺炎。

(2)反复咯血　50%~70%的病人可有咯血,大出血常为小动脉被侵蚀或增生的血管被破坏所致。

(3)干性支气管扩张　部分病人以反复咯血为唯一症状,称为干性支气管扩张。

(4)好发部位　支扩好发于左下叶、舌叶支气管。

(5)体征　早期可无异常肺部体征。病变重或继发感染时可闻及下胸部、背部固定而持久的局限性粗湿啰音,有时可闻及哮鸣音。病变严重尤其是伴有慢性缺氧、肺心病、右心衰竭的病人可出现杵状指。

【例1】女,60岁。反复咳嗽、咳脓痰、咯血30年,再发伴发热3天。近3天来静脉滴注"头孢菌素",仍有较多脓痰及痰中带血。查体:T37.5℃,左下肺可闻及湿啰音,杵状指。该患者最可能的诊断是

A. 慢性支气管炎　　B. 支气管扩张症　　C. 肺结核
D. 肺脓肿　　E. 支气管肺癌

3. 辅助检查

(1)胸部X线片　对判断有无支气管扩张缺乏特异性,病变轻时影像学检查可正常。

	支气管囊状扩张	支气管柱状扩张
典型表现	卷发样阴影	双轨征(纵切面)、环形阴影(横切面)
产生机制	扩张的气道有显著囊腔,囊腔内可有液气平面	受累肺实质通气不足、萎陷,扩张气道聚拢
其他表现	气道壁增厚(支气管周围炎症所致)	气道壁增厚(支气管周围炎症所致)

(2)胸部高分辨率CT(HRCT)　可在横断面上清楚地显示扩张的支气管,具有无创、易重复、易接受的特点,现已成为确诊支气管扩张的主要(首选)方法。

(3)支气管碘油造影　可确诊支气管扩张,因其为创伤性检查,现已被高分辨CT(HRCT)所取代。

(4)纤维支气管镜检查　仅具有辅助诊断价值，主要用于局灶性支气管扩张，且位于段支气管以上者。

(5)肺功能测定　对支气管扩张诊断价值不大。

【例2】男，36岁。反复咳嗽，咳痰4年。多于上呼吸道感染后发生，脓性痰，有时痰中带血，常伴发热。期间3次胸部X线片检查均为右下肺炎，经抗感染治疗可好转。本次上感后再次出现咳嗽，少量脓性痰。查体：右下肺可闻及中小水泡音。为明确诊断，宜首选的检查是

A. 痰找癌细胞　　B. 痰找抗酸杆菌　　C. 胸部CT

D. 支气管镜　　E. 痰培养+药敏

4. 诊断与鉴别诊断

(1)诊断　根据反复咳脓痰、咯血病史，既往有诱发支气管扩张的呼吸道感染病史，HRCT显示支气管扩张的异常影像学改变，即可确诊支气管扩张症

(2)鉴别诊断　支扩应与慢性支气管炎、肺脓肿、肺结核、先天性肺囊肿、弥漫性泛细支气管炎等相鉴别。

【例3】对明确支气管扩张咯血患者出血部位，最有价值的检查是

A. 支气管动脉造影　　B. 胸部CT　　C. 肺动脉造影

D. 支气管镜　　E. 胸部X线片

5. 治疗

(1)治疗基础疾病　对活动性肺结核伴支扩应抗结核治疗，低免疫球蛋白血症可用免疫球蛋白替代治疗。

(2)控制感染　是急性感染期的主要治疗措施。引起感染的常见致病菌为铜绿假单胞菌、流感嗜血杆菌、卡他莫拉菌、肺炎克雷伯杆菌、金黄色葡萄球菌、百日咳杆菌(9版《内科学》P36)。

(3)改善气流受限　使用支气管舒张剂(如长效β_2受体激动剂、长效抗胆碱能药物、吸入糖皮质激素/长效β_2受体激动剂)可改善气流受限，并帮助清除分泌物，对伴有气道高反应及可逆性气流受限的病人常有一定疗效。

(4)清除气道分泌物　包括物理排痰和化痰药物。

(5)咯血　若咯血量少，可口服卡巴克洛(安络血)、云南白药。若出血量中等，可静脉给予垂体后叶素或酚妥拉明。若出血量大，经内科治疗无效者，可考虑介入栓塞治疗或手术治疗。

(6)外科治疗　①局限性支气管扩张，经充分内科治疗仍顽固反复发作者，可考虑手术切除病变肺组织；②大出血来自增生的支气管动脉、经休息和抗生素等保守治疗不能缓解，仍反复大咯血，病变局限者可考虑外科手术，否则采用支气管动脉栓塞术治疗；③尽管采取了所有治疗但仍致残的病例，合适者可考虑肺移植。

【例4】支气管扩张症患者，长期反复感染，最有可能的致病菌是

A. 军团菌　　B. 金黄色葡萄球菌　　C. 肺炎球菌

D. 白色念珠菌　　E. 铜绿假单胞菌

【例5】支气管扩张症患者发生大咯血时，首选的治疗药物是

A. 鱼精蛋白　　B. 立止血　　C. 生长抑素

D. 垂体加压素　　E. 凝血酶

【例6】女，17岁。反复发作咳嗽、咳痰10年。近3年反复咯血，最多一次量约200ml。现胸部CT示左下叶肺萎缩，可见囊柱状支气管扩张影像。最佳治疗方案是

A. 吸氧、止血治疗　　B. 抗炎治疗　　C. 解痉、化痰

D. 体位排痰　　E. 左下肺叶切除

【例7】女，35岁。间断咳嗽、咳痰伴咯血20年，行HRCT检查示右中叶支气管囊状扩张，其余肺叶未见异常。今日再次咯血，量约200ml，给予静脉点滴垂体后叶素治疗，效果欠佳。该患者宜选择的最佳治疗措施为

A. 手术切除病变肺叶　　B. 换用酚妥拉明静脉滴注　　C. 静脉滴注鱼精蛋白

D. 支气管镜下止血　　E. 支气管动脉栓塞

二、慢性肺源性心脏病

慢性肺源性心脏病（慢性肺心病）是指由支气管-肺组织、胸廓或肺血管病变致肺血管阻力增加，产生肺动脉高压，继而右心室结构和（或）功能改变的疾病。发生本病的先决条件是肺动脉高压。

根据起病缓急和病程长短，可将肺心病分为急性和慢性肺心病两类，临床上以慢性肺心病多见。

1. 病因

(1)支气管、肺疾病 以慢性阻塞性肺疾病（COPD）最多见，约占80%~90%。其次为支气管哮喘、支气管扩张、肺结核、间质性肺疾病等。

(2)胸廓运动障碍性疾病 较少见，严重胸廓或脊椎畸形、神经肌肉疾患均可引起胸廓活动受限、肺受压、支气管扭曲或变形，导致肺功能受损。气道引流不畅，肺部反复感染，并发肺气肿或纤维化。

(3)肺血管疾病 特发性肺动脉高压、慢性栓塞性肺动脉高压、肺小动脉炎均可引起肺血管阻力增高。

(4)其他 原发性肺泡通气不足、先天性口咽畸形、睡眠呼吸暂停低通气综合征等可引起肺心病。

【例8】引起继发性肺动脉高压最常见的原因是

A. 结缔组织病　　B. 肺血栓栓塞　　C. 慢性阻塞性肺疾病

D. 间质性肺炎　　E. 肺结核

2. 发病机制

(1)肺动脉高压的形成 这是肺源性心脏病发病的先决条件。

①肺血管阻力增加的功能性因素　缺氧、高碳酸血症和呼吸性酸中毒使肺血管收缩痉挛，其中缺氧是肺动脉高压形成的最重要因素。缺氧时收缩血管的活性物质增多，如白三烯、5-羟色胺、血管紧张素Ⅱ、血小板活化因子等使肺血管收缩，血管阻力增加。

②肺血管阻力增加的解剖学因素　长期反复发作的慢阻肺及支气管周围炎，可引起肺小动脉血管炎、管壁增厚、管腔狭窄或纤维化，肺血管重塑、血栓形成等，均可导致肺动脉高压。

③血液黏稠度增加和血容量增多　慢性缺氧产生继发性红细胞增多，血液黏稠度增加。缺氧可使醛固酮分泌增加，导致水钠潴留、血容量增加。

(2)心脏病变和心力衰竭 长期肺动脉高压，可导致右心室负荷增加、右室肥大、最终造成右心衰竭。

(3)其他重要脏器的损害 缺氧和高碳酸血症除影响心脏外，还可导致其他重要脏器如脑、肝、肾、胃肠及内分泌系统、血液系统等发生病理改变，引起多脏器的功能损害。

【例9】男，69岁。反复咳嗽、咳痰、喘息20年，加重2周，嗜睡1周。无发热、咯血。既往吸烟30年，每日约1包。查体：T36.8℃，BP160/95mmHg，昏睡状，口唇发绀，颈静脉充盈，肝颈静脉回流征阳性，双肺可闻及哮鸣音和细湿啰音，心律130次/分，$P_2>A_2$，双下肢水肿，病理征(-)。该患者肺动脉高压形成的最主要机制是

A. 肺小动脉结构重塑　　B. 肺毛细血管静水压升高　　C. 原位血栓形成

D. 血红蛋白浓度升高　　E. 缺氧、CO_2潴留致血管收缩

3. 临床表现

(1)肺、心功能代偿期

	肺功能代偿期	右心功能代偿期
症状	咳嗽咳痰，气促，呼吸困难，少有胸痛或咯血	活动后心悸
体征	缺氧体征——不同程度的发绀 原发疾病体征——肺气肿，干、湿性啰音 肺动脉高压体征——$P_2>A_2$，颈静脉充盈甚至怒张	右心室肥厚——三尖瓣区可出现收缩期杂音 剑突下心脏收缩期搏动增强

(2)肺、心功能失代偿期

	肺功能失代偿期	右心功能失代偿期
症状	呼吸困难加重，头痛、失眠、食欲下降，严重时出现肺性脑病	明显气促，心悸，食欲不振，腹胀，恶心
体征	缺氧——明显发绀，球结膜充血、水肿 严重者——视网膜血管扩张，视盘水肿 腱反射减弱或消失，出现病理反射 CO_2 潴留——周围血管扩张的表现（皮肤潮红、多汗）	发绀明显 剑突下收缩期杂音，甚至出现舒张期杂音 心率增快，颈静脉怒张，肝颈征阳性 肝大有压痛，下肢水肿，腹腔积液

注意：①肺心病肺心功能代偿期——有颈静脉怒张，但肝颈静脉回流征阴性。
②肺心病肺心功能失代偿期——有颈静脉怒张，且肝颈静脉回流征阳性。

4. 辅助检查

（1）X线检查　除肺、胸基础疾病及急性肺部感染的特征外，尚有肺动脉高压征。X线诊断标准如下：①右下肺动脉干扩张，其横径≥15mm，或右下肺动脉横径/气管横径≥1.07，或动态观察右下肺动脉干增宽>2mm；②肺动脉段明显突出或其高度≥3mm；③中心肺动脉扩张和外周分支纤细，形成"残根"征；④圆锥部显著凸出（右前斜位45°）或其高度≥7mm；⑤右心室增大。具有上述任何1条，均可诊断。

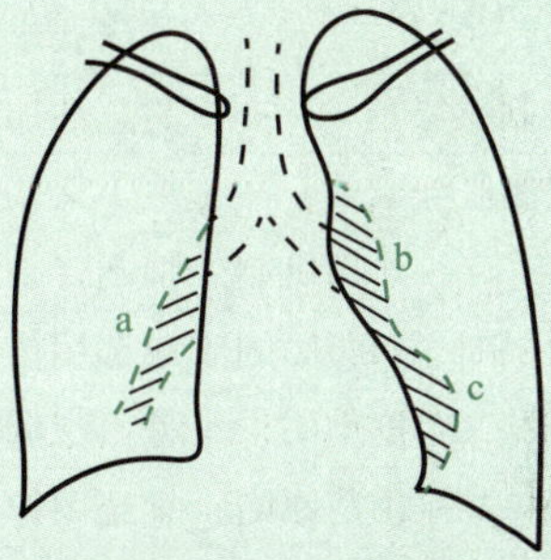

a.右下肺动脉干增宽；b.肺动脉段凸出
c.心尖上凸
慢性肺源性心脏病X线胸片正位

（2）心电图检查　慢性肺心病的心电图诊断标准如下：①额面平均电轴≥+90°；②V_1 R/S≥1；③重度顺钟向转位（V_5R/S≤1）；④$R_{V1}+S_{V5}$≥1.05mV；⑤aVR R/S或R/Q≥1；⑥V_1~V_3呈QS、Qr或qr；⑦肺型P波。具有1条即可诊断。

（3）超声心动图检查　慢性肺心病的超声心动图诊断标准：①右心室流出道内径≥30mm；②右心室内径≥20mm；③右心室前壁厚度≥5mm或前壁搏动幅度增强；④左、右心室内径比值<2；⑤右肺动脉内径≥18mm或肺动脉干≥20mm；⑥右心室流出道/左心房内径>1.4；⑦肺动脉瓣曲线出现肺动脉高压征象者。

（4）血气分析　失代偿期可出现低氧血症、高碳酸血症，甚至呼吸衰竭（合并肺性脑病时的首选检查）。

（5）血液化验　红细胞、血红蛋白可升高。全血黏度、血浆黏度可增加。

【例10】慢性肺源性心脏病患者胸部X线片典型的心脏形态特征是
A. 心尖上翘　　B. 心脏向右扩大　　C. 心脏向左扩大
D. 心脏普大　　E. 心腰部凹陷

解题：慢性肺源性心脏病患者胸部正位片表现为右下肺动脉干增宽，肺动脉段凸出，心尖上凸，最佳答案为A，不要误认为慢性肺心病时右心室肥大，而误选答案B或C（9版《内科学》P111）。

【例11】男，54岁。因"进行性呼吸困难1年"就诊，既往体健。查体：口唇轻度发绀，双肺呼吸音清晰，未闻及干、湿啰音。心界无扩大，P_2亢进、分裂，三尖瓣区可闻及2/6级收缩期杂音。左下肢轻度凹陷性水肿，并可见浅静脉曲张。该患者最可能的诊断是
A. 慢性肺源性心脏病　　B. 冠心病　　C. 扩张型心肌病
D. 先天性心脏病　　E. 风湿性心脏瓣膜病

【例12】女，67岁。间断咳嗽、咳痰15年，心悸、气短伴双下肢水肿3天。心电图示胸前导联重度顺钟向转位，V_1导联呈Rs型，V_5R/S<1，$R_{V1}+S_{V5}$=1.5mV。该患者最可能的诊断是
A. 扩张型心肌病　　B. 慢性肺源性心脏病　　C. 风湿性心脏瓣膜病
D. 心包积液　　E. 冠心病，心肌梗死

【例13】不符合肺心病胸部X线片表现的是

A. 右下肺动脉增宽　　B. 滴型心　　C. 心尖上翘
D. 肺动脉段膨隆　　E. 心脏向左下扩大、靴型

5. 诊断与鉴别诊断

根据病人有慢阻肺病史，出现肺动脉高压、右心室增大征象，如颈静脉怒张、$P_2>A_2$、剑突下心脏搏动增强、肝大压痛、肝颈静脉回流征阳性，即可作出诊断。本病须与冠心病、风心病、原发性心肌病相鉴别。

6. 治疗

(1)肺、心功能代偿期　采取综合治疗措施，延缓基础支气管、肺疾病的进展，增强病人的免疫功能，预防感染，减少或避免急性加重，必要时行长期家庭氧疗或家庭无创呼吸机呼吸，以改善病人的生活质量。

(2)肺、心功能失代偿期　治疗原则为积极控制感染，通畅呼吸道，改善呼吸功能，纠正缺氧和 CO_2 潴留，控制呼吸衰竭和心力衰竭，防治并发症。

治疗项目		临床要求
控制感染		是急性加重期的关键治疗
控制呼吸衰竭		给予支气管扩张剂，通畅呼吸道，纠正缺氧和 CO_2 潴留，必要时机械通气
利尿剂	作用机制	抑制肾脏水钠重吸收而增加尿量，消除水肿，减少血容量，减轻右心前负荷
	用药原则	应选用作用温和的利尿剂，联合保钾利尿药，小剂量、短疗程使用
	副作用	易出现低钾、低氯性碱中毒，使缺氧加重，痰液黏稠不易咳出和血液浓缩
洋地黄	用药原则	宜选用作用快、排泄快的洋地黄制剂
	用药剂量	常用剂量的 1/2~2/3
	常用药物	毒毛花苷 K、毛花苷丙
	用药指征	感染已控制，呼吸功能已改善，利尿剂无效者；以右心衰竭为主且无感染者；合并急性左心衰竭；合并室上性快速心律失常，如室上性心动过速、心房颤动(心室率>100 次/分)
	注意事项	用药前应注意纠正缺氧，防治低钾血症；心率快慢不能作为衡量疗效的指征
血管扩张剂		可减轻心脏前后负荷，降低心肌氧耗，增强心肌收缩力，对部分顽固性心力衰竭有效

(14~15 题共用题干)男，70 岁。间断咳嗽 30 余年，加重伴意识障碍 2 天入院。查体：T38.0℃，P102 次/分，R21 次/分，BP120/80mmHg。烦躁不安，球结膜充血水肿，口唇发绀。桶状胸，双肺可闻及哮鸣音，双下肺少量湿啰音。

【例 14】对诊断最有意义的检查是
A. 心电图　　B. 脑电图　　C. 痰细菌培养
D. 动脉血气分析　　E. 胸部 CT

【例 15】该患者禁忌使用的药物是
A. 甲泼尼龙　　B. 地西泮　　C. 氨茶碱
D. 地塞米松　　E. 头孢曲松

常考点　支气管扩张症的临床特点；肺心病发病机制、治疗。

参考答案——详细解答见 2021《贺银成国家临床执业及助理医师资格考试历年考点精析》

1. ABCDE　2. ABCDE　3. ABCDE　4. ABCDE　5. ABCDE　6. ABCDE　7. ABCDE
8. ABCDE　9. ABCDE　10. ABCDE　11. ABCDE　12. ABCDE　13. ABCDE　14. ABCDE
15. ABCDE

第3章　肺炎与肺结核

▶考纲要求

①肺炎:概述,发病机制,临床表现,辅助检查,诊断,鉴别诊断,并发症与治疗。②肺结核:临床表现,辅助检查,诊断,鉴别诊断,治疗与预防。

▶复习要点

一、肺炎概述

肺炎是指终末气道、肺泡、肺间质的炎症,可由病原微生物、理化因素、免疫损伤、过敏及药物所致。

1. 肺炎的流行病学

社区获得性肺炎(CAP)和医院获得性肺炎(HAP)年发病率分别为(5~11)/1000人口和(5~10)/1000住院病人。CAP门诊病人病死率<1%~5%,住院治疗者平均为12%,入住重症监护病房者约为40%。

2. 病因和发病机制

(1)是否发生肺炎取决于两个因素　正常的呼吸道免疫防御机制可使下呼吸道免除于细菌等致病菌感染。是否发生肺炎取决于两个因素:病原体和宿主因素。如果病原体数量多、毒力强和(或)宿主呼吸道局部和全身免疫防御系统损害,即可发生肺炎。

(2)感染途径　①CAP感染途径包括:空气吸入;血行播散;邻近感染部位蔓延;上呼吸道定植菌的误吸。②HAP通过误吸胃肠道的定植菌(胃食管反流)、通过人工气道吸入环境中的致病菌引起。

注意:①口咽部定植菌吸入是HAP最主要的感染来源和感染途径(3版8年制《内科学》P73)。
②气溶胶传播是儿科病房医院获得性病毒性肺炎的主要传播途径(3版8年制《内科学》P74)。

【例1】医院获得性肺炎中,病原体进入肺组织引发肺炎最主要的途径是
A. 污染空气吸入　　B. 胃食管反流物误吸　　C. 血源性播散
D. 口咽部分泌物吸入　　E. 飞沫(气溶胶)吸入

3. 分类

(1)解剖分类　肺炎可分为大叶性肺炎、小叶性肺炎、间质性肺炎。

	大叶性肺炎	小叶性肺炎	间质性肺炎
特点	病原体先在肺泡引起炎症,经肺泡间孔向其他肺泡扩散,致使部分肺段或整个肺段、肺叶发生炎症	病原体经支气管入侵,引起细支气管、终末细支气管、肺泡炎症,常继发于其他疾病,如支气管炎、支扩、上呼吸道感染、长期卧床的危重者	以肺间质为主的炎症,累及支气管壁及周围组织,有肺泡壁增生、间质水肿,病变仅在肺间质,呼吸道症状较轻,病变广泛则呼吸困难明显
病原体	多为肺炎链球菌	肺炎链球菌、葡萄球菌、病毒 肺炎支原体、军团菌	细菌、支原体、衣原体 病毒、肺孢子菌
胸片	肺叶或肺段的实变阴影	沿着肺纹理分布的不规则斑片状阴影,边缘密度浅而模糊,无实变征象,肺下叶常受累	一侧或双侧肺下部不规则阴影 可呈磨玻璃状、网格状 其间可有小片肺不张阴影

(2)病因分类

①细菌性肺炎　如肺炎链球菌、金黄色葡萄球菌、甲型溶血性链球菌、肺炎克雷伯杆菌、流感嗜血杆菌、铜绿假单胞菌、鲍曼不动杆菌等所致的肺炎。

②非典型病原体所致肺炎　如军团菌、支原体、衣原体等所致的肺炎。

③病毒性肺炎　如冠状病毒、腺病毒、呼吸道合胞病毒、流感病毒、麻疹病毒等所致的肺炎。

④肺真菌病　如念珠菌、曲霉菌、隐球菌、肺孢子菌、毛霉等所致的肺炎。

⑤其他病原体所致肺炎　如立克次体、弓形虫、寄生虫等所致的肺炎。

⑥理化因素所致的肺炎　如放射性肺炎、胃酸吸入引起的化学性肺炎等。

【例 2】治疗社区获得性肺炎时，可覆盖非典型病原体的抗生素是

A. 头孢菌素类　　B. 糖肽类　　C. 青霉素类

D. 大环内酯类　　E. 氨基糖苷类

注意：社区获得性肺炎的非典型病原体包括军团菌、支原体、衣原体等，均可使用大环内酯类抗生素(如红霉素、罗红霉素等)来治疗。

(3)患病环境分类　分为社区获得性肺炎和医院获得性肺炎两类。

①社区获得性肺炎(CAP)　是指在医院外罹患的感染性肺实质炎症，包括具有明确潜伏期的病原体感染而在入院后于潜伏期内发病的肺炎。

A.诊断依据　a.社区发病。b.肺炎的相关临床表现：新近出现的咳嗽、咳痰或原有呼吸道疾病症状加重并出现脓性痰，伴或不伴胸痛/呼吸困难/咯血；发热；肺实变体征和(或)闻及湿性啰音；$WBC>10\times10^9/L$或$<4\times10^9/L$。c.胸部影像学检查显示片状、斑片状浸润性阴影或间质性改变，伴或不伴胸腔积液。

符合 a、c 及 b 中的任何 1 项，并除外肺结核、肺部肿瘤、非感染性肺间质性疾病、肺水肿、肺不张、肺栓塞、肺嗜酸性粒细胞浸润症、肺血管炎等后，可建立临床诊断。

B.常见病原体　包括肺炎链球菌(约占 50%)、支原体、衣原体、流感嗜血杆菌、呼吸道病毒(甲、乙型流感病毒，腺病毒、呼吸道合胞病毒、副流感病毒)等。

②医院获得性肺炎(HAP)　也称医院内肺炎，是指病人住院期间没有接受有创机械通气，未处于病原感染的潜伏期，且入院≥48 小时后在医院内新发生的肺炎。

A.诊断依据　胸片或 CT 显示新出现或进展性的浸润影、实变影、磨玻璃影，加上下列 3 个临床症状中的 2 个或以上，即可诊断：a.发热，体温>38℃；b.脓性气道分泌物；c.外周血 $WBC>10\times10^9/L$ 或$<4\times10^9/L$。

B.常见病原体　包括鲍曼不动杆菌、铜绿假单胞菌、肺炎克雷伯杆菌、大肠埃希菌、金黄色葡萄球菌。

注意：①社区获得性肺炎的致病菌包括支原体、肺炎链球菌、衣原体、流感嗜血杆菌、呼吸道病毒，记忆为在小区里支起铁链晒衣服，衣服上的水流到了过道上——小区(社区获得性肺炎)、支(支原体)、铁链(肺炎链球菌)、衣服(衣原体)、流到(流感嗜血杆菌)、过道(呼吸道病毒)。

②肺炎的病原体常考，但不同版本的教材内容不一样，做题时应注意，以上为 9 版《内科学》内容。

【例 3】健康成人社区获得性肺炎最常见的病原体是

A. 肺炎支原体　　B. 嗜肺军团菌　　C. 铜绿假单胞菌

D. 肺炎链球菌　　E. 流感嗜血杆菌

A. 肺炎克雷伯杆菌　　B. 大肠埃希菌　　C. 铜绿假单胞菌

D. 金黄色葡萄球菌　　E. 流感嗜血杆菌

【例 4】上述病原体中，最常见于社区获得性肺炎的是

【例 5】上述病原体中，血浆凝固酶检查呈阳性的是

4. 临床表现

(1)常见症状　细菌性肺炎的症状可轻可重，决定于病原体和宿主的状态。常见症状为咳嗽、咳痰，可有脓性痰或血痰，伴或不伴胸痛。肺炎病变范围大者可有呼吸困难，呼吸窘迫。大多数病人有发热。

(2)体征　早期无异常。肺实变时有典型体征，如叩诊浊音、语颤增强、支气管呼吸音、湿啰音等。

5. 评估严重程度

确诊肺炎后,符合1项主要标准或≥3项次要标准者,可诊断为重症肺炎。

(1)主要标准 ①需气管插管行机械通气治疗;②脓毒症休克经液体复苏后仍需血管活性药物治疗。

(2)次要标准 ①呼吸频率≥30次/分;②氧合指数(PaO_2/FiO_2)≤250mmHg;③多肺叶浸润;④意识障碍和(或)定向障碍;⑤血尿素氮≥7.14mmol/L;⑥收缩压<90mmHg,需要积极的液体复苏。

6. 确定病原体

(1)痰 咳痰标本采集方便,是最常用的下呼吸道病原学标本,但应注意污染菌。痰定量细菌培养致病菌浓度≥10^7cfu/ml,可以认为是肺部感染的致病菌;≤10^4cfu/ml,则为污染菌;介于两者之间,应重复痰细菌培养。

(2)经支气管镜或人工气道吸引 如吸引物细菌培养其浓度≥10^5cfu/ml,可认为是致病菌。

(3)防污染样本毛刷 若细菌浓度≥10^3cfu/ml,可认为是致病菌。

(4)支气管肺泡灌洗 如细菌浓度≥10^4cfu/ml,可认为是致病菌。

(5)经皮细针吸检和开胸肺活检 其敏感性和特异性均很好,但为有创检查,临床上少用。

(6)血培养和胸腔积液培养 肺炎病人血培养和痰培养分离到相同细菌,可确定为肺炎的病原体。若仅为血培养阳性,但不能用其他原因如腹腔感染、静脉导管相关性感染解释菌血症的原因,血培养的细菌也可认为是肺炎的致病菌。胸腔积液培养到的细菌则基本可认为是肺炎的致病菌。

7. 治疗

抗感染治疗是最主要的环节,包括经验性治疗和抗病原体治疗。

(1)CAP 青壮年和无基础疾病的CAP病人,常用青霉素类、第一代头孢菌素。老年人和有基础疾病的CAP常用呼吸氟喹诺酮类、第二、三代头孢菌素、β-内酰胺酶抑制剂,可联合大环内酯类药物。

(2)HAP 常用第二、三代头孢菌素、β-内酰胺酶抑制剂、氟喹诺酮类、碳青霉烯类药物。

二、肺炎链球菌肺炎

肺炎链球菌为革兰染色阳性球菌,有荚膜,其毒力大小与荚膜中的多糖结构及含量有关。肺炎链球菌可分为86个血清型,成人致病菌多属1~9及12型,以第3型毒力最强;儿童多为6、14、19及23型。

1. 发病机制

(1)发病率 约占社区获得性肺炎的半数,是最常见的社区获得性肺炎。

(2)不易形成空洞 肺炎链球菌不产生毒素,不引起原发性组织坏死,故不易形成空洞。病变消散后肺组织多无损坏,不留纤维瘢痕。极个别病人肺泡内纤维素吸收不完全,可形成机化性肺炎。

(3)最易发生大叶性肺炎 肺炎链球菌是革兰阳性球菌,首先在肺泡引起病变,经肺泡间孔(Cohn孔)向肺的中央部分扩展,累及几个肺段或整个肺叶,典型表现为肺实质炎性变,并不累及支气管。

(4)易累及胸膜 因病变开始于肺的外周,故肺叶间分界清楚,易累及胸膜,引起渗出性胸膜炎。

2. 临床表现

(1)症状 常表现为青年人受凉、淋雨、疲劳、醉酒后急性起病,寒战高热,咳嗽咳痰,可痰中带血或出现特征性铁锈色痰液。可有患侧胸痛,放射到肩部或腹部,咳嗽或深呼吸时加剧。

(2)体征 急性热面容,鼻翼扇动,口角及鼻周有单纯疱疹,病变广泛时可出现发绀。有脓毒症者,可出现皮肤、黏膜出血点,巩膜黄染。早期肺部体征不明显。肺实变时叩诊浊音,触觉语颤增强并可闻及支气管呼吸音。消散期可闻及湿啰音。重症感染时可有休克、急性呼吸窘迫综合征及神经精神症状。

3. 诊断

根据典型症状和体征,结合胸部X线片,容易作出初步诊断。病原菌检测是确诊本病的主要依据。

(1)外周血象 血白细胞计数升高,中性粒细胞多在80%以上,并有核左移。

(2)痰涂片 可发现革兰染色阳性,带荚膜的双球菌或链球菌,即可初步作出病原学诊断。

(3)痰培养 24~48小时可以确定病原体。

(4)血培养 10%~20%的病人可合并菌血症,故重症肺炎应做血培养。

(5)X 线胸片 早期仅见肺纹理增粗,或受累肺段、肺叶模糊。以后表现为大片炎症浸润影或实变影,在实变影中可见支气管充气征,肋膈角可有少量胸腔积液。在消散期,炎性浸润逐渐吸收,可有"假空洞征"。

4. 并发症

(1)感染性休克 严重脓毒症或毒血症病人易发生感染性休克,尤其老年人,表现为血压降低、四肢厥冷、多汗、发绀、心动过速、心律失常,而高热、胸痛、咳嗽等症状并不常见。

(2)其他 包括胸膜炎、脓胸、心包炎、脑膜炎、关节炎等。

5. 治疗

(1)抗菌药物治疗 首选青霉素。轻症者,青霉素 240 万 U/d,分 3 次肌内注射;病情稍重者,青霉素 240 万~480 万 U/d,分次静脉滴注;重症及并发脑膜炎者,1000 万~3000 万 U/d,分 4 次静脉滴注。对青霉素过敏者,可选用呼吸氟喹诺酮类、头孢噻肟或头孢曲松等。多重耐药菌株感染者可用万古霉素、替考拉宁或利奈唑胺。

(2)支持疗法 病人卧床休息,补充足够的蛋白质、热量和维生素。禁用阿司匹林或其他解热药,以免过度出汗及干扰真实热型。对烦躁不安者,可给予镇静剂,禁用抑制呼吸的镇静药。

(3)并发症的处理 经抗菌药物治疗后,高热常在 24 小时内消退。若体温降而复升或 3 天后仍不降者,应考虑肺外感染,如脓胸、心包炎、关节炎等。10%~20%的肺炎并发胸腔积液,5%并发脓胸,应做相应处理。

【例 6】男,18 岁,3 天前淋雨受凉后出现寒战、发热、咳嗽。查体:T39.5℃,急性热病容,右肺呼吸音减弱,语音共振增强。胸部 X 线片示右下肺大片状模糊阴影。该患者最可能的诊断是

A. 肺炎克雷伯杆菌肺炎　B. 金黄色葡萄球菌肺炎　C. 结核性胸膜炎

D. 肺炎链球菌肺炎　E. 肺炎支原体肺炎

三、肺结核

1. 临床表现

(1)全身症状 发热为最常见症状,多为长期午后潮热。部分病人有乏力、盗汗、食欲减退、体重减轻。

(2)咳嗽、咳痰 咳嗽、咳痰 2 周以上或痰中带血是肺结核的常见可疑症状。

(3)咯血 1/3~1/2 的患者咯血。咯血量不定,多数为少量咯血,少数为大咯血。

(4)胸痛 结核累及胸膜时可出现胸痛,为胸膜性胸痛。随呼吸运动和咳嗽加重。

(5)呼吸困难 多见于干酪样肺炎、大量胸腔积液患者。

(6)体征 取决于病变性质和范围。

①病变范围较小　可无任何体征。

②渗出性病变范围较大或干酪样坏死　肺实变体征:语颤增强、叩诊浊音、支气管呼吸音和细湿啰音。

③较大空洞病变　可闻及支气管呼吸音。

④较大范围的纤维条索形成　气管移向患侧,患侧胸廓塌陷,叩诊浊音,呼吸音减弱,可闻及湿啰音。

⑤结核性胸膜炎和支气管结核　结核性胸膜炎可有胸腔积液征,支气管结核可闻及局限性哮鸣音。

⑥结核性风湿症　少数患者可以类似风湿热样变性,称为结核性风湿症。多见于青年女性。常累及四肢大关节,在受累关节附近可见结节性红斑或环形红斑,间歇出现。

【例 7】女,24 岁。近 2 个月来常四肢关节疼痛,伴皮肤结节、红斑。10 天前发热(体温 38℃),咳嗽,咳少量痰。胸部 X 线片示右上肺斑片状影伴空洞形成。该患者最可能的诊断是

A. 肺囊肿继发感染　B. 肺脓肿　C. 肺结核

D. 支气管肺癌　E. 细菌性肺炎

2. 辅助检查

(1)X 线检查 胸部 X 线检查是诊断肺结核的常规首选方法。肺结核的影像学特点是病变多发生在上叶的尖后段、下叶的背段和后基底段,密度不均匀、边缘较清晰、变化较慢,易形成空洞和播散病灶。

(2)CT 能提高分辨率,对病变细微特征进行评价。常用于对肺结核的诊断以及与其他胸部疾病的鉴别。

(3)痰涂片检查 是简单、快速、易行和可靠的方法,但欠敏感。痰中含菌量>5000~10000个/ml可呈阳性结果。痰涂片检查阳性只能说明痰中含有抗酸杆菌,不能区分是结核分枝杆菌还是非结核性分枝杆菌,由于非结核性分枝杆菌致病的机会非常少,故痰中检出抗酸杆菌对诊断肺结核有极重要的意义。

(4)痰结核分枝杆菌培养 是诊断结核病的金标准,但费时较长,一般为2~8周,临床上少用。

(5)纤支镜检查 常用于支气管结核和淋巴结支气管瘘的诊断,可以取活组织检查。

(6)结核菌素试验(PPD试验) 该试验广泛用于检出结核分枝杆菌的感染,而非检出结核病。结核菌素试验对儿童、少年和青年的结核病诊断有参考意义。由于我国广泛推行卡介苗接种,结核菌素试验阳性不能区分是结核分枝杆菌的自然感染还是卡介苗接种的免疫反应。因此,结核菌素试验阳性仅对未接种卡介苗的婴幼儿的诊断较有价值。结核分枝杆菌感染后需4~8周才能建立充分的变态反应,在此之前,结核菌素试验可呈阴性;营养不良、HIV感染、麻疹、水痘、癌症、严重的细菌感染(包括重症结核病如粟粒性结核病、结核性脑膜炎)等,结核菌素试验结果则多为阴性或弱阳性。

注意:①诊断肺结核的主要依据——低热盗汗+咳嗽+间断咯血+胸片示肺尖或上肺野浸润阴影。
②判断肺结核有无传染性的方法——痰涂片找抗酸杆菌(常用)、痰结核分枝杆菌培养(少用)。

3. 诊断

(1)诊断程序

①可疑症状患者的筛选 可疑症状包括:咳嗽持续2周以上,咯血,午后低热,乏力,盗汗,月经不调,有肺结核接触史或肺外结核。对于可疑病人要进行痰抗酸杆菌及胸片检查。

②是否肺结核 应行X线肺部检查。

③有无活动性 活动性病变胸片表现为边缘模糊不清的斑片状阴影,可有中心溶解和空洞,或出现播散灶。非活动性病变胸片表现为钙化、硬结、纤维化,痰检查不排菌,无任何症状。

④是否排菌 是确定传染源的唯一方法。

(2)分类标准及诊断要点 结核病分为6类,即原发型肺结核、血行播散型肺结核、继发型肺结核(浸润性肺结核、空洞性肺结核、结核球、干酪样肺炎、纤维空洞性肺结核)、结核性胸膜炎、其他肺外结核、菌阴肺结核。

	原发型肺结核	血行播散型肺结核	浸润性肺结核	纤维空洞性肺结核
好发年龄	少年儿童	婴幼儿、青少年	成人	成人
发病	隐匿	急性、亚急性、慢性	缓慢	慢性迁延、反复进展
好发部位	通气较大的部位	全肺或双上、中肺野	肺尖和锁骨下	不定
特点	最易自愈的类型	最严重的类型	最常见的类型	肺组织破坏严重
X线胸片	原发综合征表现(哑铃型阴影)	急性、亚急性、慢性的表现不同(见下)	小片状或斑点状阴影,可融合和形成空洞	纤维厚壁空洞形成 广泛纤维增生

	急性血行播散型肺结核(急性粟粒型肺结核)	亚急性、慢性血行播散型肺结核
好发人群	婴幼儿、青少年(成人少见)	成人
发病情况	抵抗力低下,大量结核分枝杆菌经血行进入肺部	人体免疫力较高,少量结核分枝杆菌经血行入肺
起病情况	起病急,持续高热,全身中毒症状重	起病较缓,症状轻,全身中毒症状轻或无
X线胸片	病变分布——全肺(从肺尖至肺底) 大小、密度、分布三均匀的粟粒状结节阴影	病变分布——双上、中肺野 大小不等、密度不同、分布不均的粟粒状阴影

①空洞性肺结核 空洞形态不一。多由干酪渗出病变溶解形成洞壁不明显的、多空腔的虫蚀样空

洞;伴有周围浸润病变的新鲜的薄壁空洞,也可出现张力性空洞、干酪溶解性空洞。

②结核球 直径 2~4cm,多由干酪样病变吸收和周边纤维包裹或干酪空洞阻塞性愈合而形成,中间可有钙化灶或液化坏死形成的空洞,同时 80%以上结核球有卫星灶,可作为诊断及鉴别诊断的参考。

③干酪样肺炎 多发生于:A.机体免疫力差、细菌数量多;B.有淋巴结支气管瘘,淋巴结中的大量干酪样物质进入肺内。大叶性干酪样肺炎 X 线呈大叶性密度均匀磨玻璃状阴影,逐渐出现溶解区,呈虫蚀样空洞,痰菌阳性。小叶性干酪样肺炎症状体征较轻,X 线呈小叶斑片播散病灶,多发生在双肺中下部。

④纤维空洞性肺结核 病程长,反复进展,肺组织破坏重,肺功能严重受损,可出现纤维厚壁空洞和广泛纤维增生,造成肺门抬高和肺纹理呈垂柳样,患侧肺组织收缩,纵隔移向患侧。长期痰菌阳性且耐药。

⑤菌阴肺结核 为 3 次痰涂片及 1 次痰培养均阴性的肺结核,其诊断标准:A.典型肺结核临床症状和胸部 X 线表现;B.抗结核治疗有效;C.临床可排除其他非结核性肺部疾病;D.PPD(5IU)强阳性,血清抗结核抗体阳性;E.痰结核菌 PCR 和探针检测呈阳性;F.肺外组织病理证实结核病变;G.支气管肺泡灌洗(BAL)液中检出抗酸分枝杆菌;H.支气管或肺部组织病理证实结核病变。具备 A~F 中 3 项或 G~H 中任何 1 项可确诊。

【例 8】男,33 岁。咳嗽、痰中带血伴乏力 2 周,胸部 X 线片示左上肺少量斑片状阴影,可见少许不规则透亮区,未见液平。为明确诊断,宜首先采取的措施是

A. 痰细菌培养+药敏　　B. 痰细胞学检查　　C. 痰涂片找真菌
D. 痰涂片抗酸染色　　E. 痰涂片找含铁血黄素细胞

【例 9】下列检查结果中,对诊断痰菌阴性肺结核意义最大的是

A. PPD 试验阳性　　B. 典型的胸部 X 线表现　　C. 血结核抗体阳性
D. 痰结核分枝杆菌 PCR 阳性　　E. 血 ADA(腺苷脱氨酶)水平增高

4. 鉴别诊断

(1)肺炎 起病急,伴发热、咳嗽、咳痰。胸片为密度较淡且较均匀的片状或斑片状阴影,抗菌治疗有效。

(2)慢阻肺(COPD) 多表现为慢性咳嗽、咳痰,少有咯血。肺功能检查为阻塞性通气功能障碍。

(3)支气管扩张 慢性反复咳嗽、咳痰,多有大量脓痰、常反复咯血。胸片及高分辨 CT 可确诊。

(4)肺癌 多有长期吸烟史,表现为刺激性咳嗽,痰中带血,胸痛,消瘦等。胸片见肿块呈分叶状,有毛刺、切迹,可见偏心厚壁空洞。

(5)肺脓肿 多有高热、咳大量脓臭痰,胸片表现为带液平面的空洞伴周围浓密炎性阴影。

【例 10】男,35 岁。低热伴咳嗽 3 周,咳少量白痰,使用多种抗生素治疗无效。胸部 X 线片示右下叶背段斑片状影,有多个不规则空洞,无液平面。为明确诊断,应首先进行的检查是

A. 痰涂片革兰染色　　B. 痰涂片抗酸染色　　C. 支气管镜
D. 痰真菌培养　　E. 胸部 CT

5. 治疗

(1)化学治疗原则 肺结核的化学治疗原则是早期、规律、全程、适量、联合。

早期	确诊病人均应立即化学治疗。早期化疗有利于迅速发挥杀菌作用,促使病变吸收,减少传染性
规律	严格遵照医嘱要求规律用药,不漏服,不停药,以避免产生耐药性
全程	保证完成规定的治疗期,是提高治愈率、减少复发的重要措施
适量	药物剂量过低达不到有效的血药浓度,影响疗效、易产生耐药性;剂量过大易发生药物毒副反应
联合	联合用药可提高疗效,同时通过交叉杀菌,可减少或防止耐药性的产生

(2)化学治疗的主要作用

①杀菌作用 化学治疗能迅速杀死病灶中大量繁殖的结核分枝杆菌,使病人由传染性转为非传染性,减轻组织破坏,缩短治疗时间,可早日恢复工作,临床上表现为痰菌迅速转阴。

②防止耐药菌产生　防止获得性耐药变异菌的出现是保证治疗成功的重要措施。

③灭菌　彻底杀灭结核病变中半静止或代谢缓慢的结核分枝杆菌是化学治疗的最终目的。

(3)常用抗结核药的作用机制及副作用

	制菌机制	作用部位	特点	副作用
异烟肼(INH,H)	抑制DNA合成	细胞内外	杀菌剂	周围神经炎,偶有肝功能损害
利福平(RFP,R)	抑制mRNA合成	细胞内外	杀菌剂	肝损害(出现黄疸应停药)、过敏反应
链霉素(SM,S)	抑制蛋白质合成	细胞外	杀菌剂	听力障碍、肾功能损害、眩晕
吡嗪酰胺(PZA,Z)	吡嗪酸抑菌	细胞内	杀菌剂	肝功能损害、高尿酸、关节痛
乙胺丁醇(EMB,E)	抑制RNA合成	—	抑菌剂	球后视神经炎
对氨基水杨酸(PAS,P)	干扰中间代谢	—	抑菌剂	胃肠不适、肝功能损害、过敏反应

【例11】下列抗结核药不属于杀菌剂的是

A. 异烟肼　　B. 吡嗪酰胺　　C. 乙胺丁醇

D. 链霉素　　E. 利福平

【例12】抑制结核分枝杆菌DNA与细胞壁合成的抗结核药物是

A. 异烟肼　　B. 利福平　　C. 吡嗪酰胺

D. 乙胺丁醇　　E. 链霉素

【例13】仅对细胞外碱性环境中的结核分枝杆菌有杀菌作用的药物是

A. 乙胺丁醇　　B. 利福平　　C. 异烟肼

D. 吡嗪酰胺　　E. 链霉素

【例14】女,67岁。因右侧胸腔积液给予规律三联试验性抗结核治疗2个月,近2天出现视力异常。导致上述表现最可能的原因是

A. 类赫氏反应　　B. 溶血尿毒综合征　　C. 乙胺丁醇不良反应

D. 异烟肼不良反应　　E. 利福平不良反应

(4)结核分枝杆菌按生长速度的分类及对化疗药物的敏感性

	A群结核分枝杆菌	B群结核分枝杆菌	C群结核分枝杆菌	D群结核分枝杆菌
繁殖状态	快速繁殖	半静止状态	半静止状态	完全休眠状态
存在部位	巨噬细胞外,干酪液化处	巨噬细胞内,空洞壁	干酪灶中	病灶中
特性	细菌数量大 易产生耐药变异菌	繁殖速度缓慢	可间歇性短暂繁殖	无致病力 无传染性
敏感药物	异烟肼>链霉素>利福平	吡嗪酰胺>利福平>异烟肼	利福平>异烟肼	无任何药物敏感

注意:①A群结核分枝杆菌对异烟肼最敏感——记忆为英文字母"A"对应数字"1"→异。

②B群结核分枝杆菌对吡嗪酰胺最敏感——记忆为英文字母"B"为"吡"拼音的首个字母。

(5)统一标准化疗方案　分每日和间歇用药2种方案,整个治疗方案分强化、巩固2个阶段。

	每日用药方案	间歇用药方案
初治涂阳肺结核	2HRZE/4HR	$2H_3R_3Z_3E_3/4H_3R_3$
初治涂阴肺结核	2HRZE/4HR	$2H_3R_3Z_3E_3/4H_3R_3$
复治涂阳敏感肺结核	2HRZSE/6~10HRE	$2H_3R_3Z_3S_3E_3/6\sim10H_3R_3E_3$

(6)咯血的治疗　少量咯血多以安慰病人、消除紧张、卧床休息为主,可用氨基己酸、氨甲苯酸、酚磺

乙胺、安络血等药物治疗。大量咯血是肺结核病人的重要威胁。如咯血过程突然中断,出现呼吸急促、发绀、烦躁不安、精神极度紧张、有濒死感或口中有血块,应诊断为大咯血,进行积极抢救。

①垂体后叶素缓慢静脉注射+静脉滴注维持。垂体后叶素可收缩小动脉,使肺循环血量减少而达到较好的止血效果,但冠心病、高血压、心力衰竭病人和孕妇禁用。支气管扩张所致的大咯血也可同法治疗。

②对支气管动脉破坏造成的大咯血可采用支气管动脉栓塞法止血。

③病人应置头低足高45°的俯卧位,拍击健侧背部,以保持充分体位引流,使积血和血块由气管排出。

④有条件时可行气管插管或气管切开。

(7)糖皮质激素的应用 仅用于结核毒性症状严重者,且需在有效抗结核药物治疗的情况下使用。

(8)肺结核的外科手术治疗 主要适应证是经合理化学治疗后无效、多重耐药的厚壁空洞、大块干酪灶、结核性脓胸、支气管胸膜瘘、大咯血保守治疗无效者。

【例15】抢救大咯血患者时,最不宜采取的体位是

A. 右侧卧位　　B. 仰卧位　　C. 俯卧位

D. 头低足高位　　E. 左侧卧位

【例16】女,28岁。发热、咳嗽2个月。胸部X线片示左上肺不规则斑片状阴影。给予抗结核治疗1月余。查体:T36.5℃。巩膜稍黄染,右肺未闻及干、湿啰音。WBC4.3×10^9/L,N0.55。肝功能检查示ALT、AST正常,TBil40.6μmol/L,DBil17.8μmol/L。该患者目前应首先停用的药物是

A. 利福平　　B. 异烟肼　　C. 吡嗪酰胺

D. 乙胺丁醇　　E. 链霉素

【例17】男,31岁。因低热,咳嗽、痰中带血1月余,诊断为左上肺肺结核,现正规抗结核治疗(2HRZE/4HR)已4个月。近1周来纳差,肝功能检查示ALT较正常升高4倍。此时应采取的最佳措施是

A. 加用护肝药　　B. 停抗结核药物　　C. 改用HE+链霉素

D. 改用HE+对氨基水杨酸　　E. 改用HE+左氧氟沙星

注意:很多抗结核药物可损害肝功能,如ALT高于正常者上限3倍需停药(2版8年制内科学P113)。

【例18】男,24岁。浸润性肺结核患者,使用"异烟肼、利福平、吡嗪酰胺、乙胺丁醇"四联抗结核治疗。治疗过程中患者双手及双足麻木感。首先应采取的措施是

A. 加用维生素B_6　　B. 停用异烟肼　　C. 停用利福平

D. 停用吡嗪酰胺　　E. 停用乙胺丁醇

6. 预防 肺结核属于乙类传染病,应按传染病防治措施进行预防。

(1)控制传染源 尤其应积极治疗痰菌阳性的肺结核患者。

(2)切断传播途径 保持通风及空气清新。

(3)保护易感人群 卡介苗接种对预防成人肺结核的效果很差,但对预防常发生在儿童的结核性脑膜炎和粟粒型肺结核有较好作用。新生儿进行卡介苗接种后,仍须注意采取与肺结核患者隔离的措施。

(4)预防性化疗 用于受结核分枝杆菌感染易发病的高危人群,包括HIV感染者、涂阳肺结核患者的密切接触者、硅肺、糖尿病、长期使用糖皮质激素或免疫抑制剂者、吸毒者、营养不良者等。常用异烟肼300mg/d,顿服,6~9个月;或利福平+异烟肼,每日顿服,3个月;或利福喷汀+异烟肼每周3次,3个月。

▶常考点 重点内容,应全面掌握。

参考答案——详细解答见2021《贺银成国家临床执业及助理医师资格考试历年考点精析》

1. ABCDE　2. ABCDE　3. ABCDE　4. ABCDE　5. ABCDE　6. ABCDE　7. ABCDE
8. ABCDE　9. ABCDE　10. ABCDE　11. ABCDE　12. ABCDE　13. ABCDE　14. ABCDE
15. ABCDE　16. ABCDE　17. ABCDE　18. ABCDE

第4章 胸腔积液与呼吸衰竭

▶考纲要求

①胸腔积液:病因,发病机制,临床表现,辅助检查,诊断,鉴别诊断与治疗。②呼吸衰竭:概述,病因,发病机制,临床表现,辅助检查,诊断与治疗。

▶复习要点

一、胸腔积液

胸膜腔是位于肺和胸壁之间的一个潜在的腔隙。正常情况下,脏层胸膜和壁层胸膜表面上有一层很薄的液体,在呼吸运动时起润滑作用。任何因素使胸膜腔内液体形成过快或吸收过缓,即产生胸腔积液。

1. 病因及发病机制

(1)胸腔积液的病因及发病机制 胸腔积液临床常见,肺、胸膜和肺外疾病均可引起。

胸水的病因及发病机制	临床常见疾病
胸膜毛细血管内静水压升高	充血性心力衰竭、缩窄性心包炎、血容量增加、上腔静脉或奇静脉受阻
胸膜通透性增加	胸膜炎(肺结核、肺炎)、风湿性疾病(系统性红斑狼疮、类风湿关节炎) 胸膜肿瘤(恶性肿瘤转移、间皮瘤)、肺梗死、膈下炎症
胸膜毛细血管内胶体渗透压降低	低蛋白血症、肝硬化、肾病综合征、急性肾小球肾炎、黏液性水肿
壁层胸膜淋巴引流障碍	癌症淋巴管阻塞、发育性淋巴管引流异常
损伤	主动脉瘤破裂、食管破裂、胸导管破裂等产生的血胸、脓胸、乳糜胸
医源性	药物(甲氨蝶呤、胺碘酮、苯妥英、呋喃妥因、β受体阻滞剂)、放射治疗 消化内镜检查和治疗、支气管动脉栓塞术、液体负荷过大、骨髓移植等

(2)胸腔积液的性质 胸腔积液的主要病因和积液性质见下表。

胸水性质	常见病因
漏出性胸水	充血性心衰、缩窄性心包炎、上腔静脉阻塞、肝硬化 肾病综合征、急性肾小球肾炎、腹膜透析、黏液性水肿、药物过敏
渗出性胸水	胸膜炎、膈下感染、胸膜恶性肿瘤、肺梗死、系统性红斑狼疮、类风湿关节炎、气胸、胸部手术
脓胸(渗出性)	各类肺感染、肺结核、胸腔穿刺术后感染、胸外伤、气胸、食管瘘
血胸(渗出性)	肺结核、恶性肿瘤、肺梗死、胸外伤、气胸
乳糜胸(渗出性)	胸导管外伤、胸导管阻塞

【例1】下列胸腔积液类型中,主要发病机制为淋巴管阻塞所致的是

A. 结缔组织病所致胸腔积液　B. 恶性胸腔积液　C. 乳糜胸
D. 类肺炎性胸腔积液　E. 结核性胸膜炎

A. 漏出液　B. 渗出液　C. 脓性胸液
D. 血性胸液　E. 乳糜性胸液

【例2】充血性心力衰竭所产生的胸腔积液为
【例3】系统性红斑狼疮所产生的胸腔积液为

【例 4】金黄色葡萄球菌肺炎并发的胸腔积液为

【例 5】胸导管阻塞或破裂所致的胸腔积液为

2. 临床表现

(1)呼吸困难 呼吸困难是最常见的症状,可伴有胸痛和咳嗽。呼吸困难与胸廓顺应性下降、患侧膈肌受压、纵隔移位、肺容量下降刺激神经反射有关。

(2)结核性胸膜炎 多见于青年人,常有发热、干咳、胸痛,随着胸水量的增加胸痛可缓解。

(3)恶性胸腔积液 多见于中年以上病人,一般无发热,胸部隐痛,伴有消瘦、呼吸道肿瘤症状。

(4)炎性胸腔积液 为渗出液,常伴咳嗽、咳痰、胸痛及发热。

(5)积液量 少于 300~500ml 时症状不明显。积液量>500ml,可表现为胸闷、呼吸困难,局部叩诊浊音。积液量进一步增加,出现呼吸困难加重,纵隔向健侧移位。

(6)体征 与积液量有关。少量积液时无明显体征,可触及胸膜摩擦感、闻及胸膜摩擦音。中至大量积液时,可有典型胸腔积液的体征(患侧胸廓饱满、触觉语颤减弱、叩诊浊音、呼吸音减低或消失)。

	胸腔积液	气胸	肺气肿	肺炎实变
胸廓	患侧饱满	患侧饱满	桶状	对称
呼吸运动	患侧减弱	患侧减弱	两侧减弱	患侧减弱
气管位置	向健侧移位	向健侧移位	居中	居中
语颤	减弱或消失	减弱或消失	两侧减弱	患侧增强
呼吸音	减弱或消失	减弱或消失	减弱	支气管呼吸音
啰音	无	无	无	湿啰音

3. 辅助检查

(1)诊断性胸穿和胸腔积液检查 对明确积液性质及病因诊断均至关重要。疑为渗出性胸水,必须作胸腔穿刺。如有漏出液病因则避免胸腔穿刺。不能确定时,也应做胸腔穿刺抽液检查。

①外观和气味 漏出液透明清亮,静置不凝固,比重<1.016~1.018。渗出液多呈草黄色稍浑浊,易有凝块,比重>1.018。

胸腔积液外观	临床意义	胸腔积液外观	临床意义
血性胸腔积液	肿瘤、结核病、肺栓塞	乳状胸腔积液	乳糜胸
巧克力胸腔积液	阿米巴肝脓肿破溃入胸腔	黑色胸腔积液	曲霉感染
黄绿色胸腔积液	类风湿关节炎	胸腔积液有恶臭味	厌氧菌感染

②细胞 胸膜炎症时,胸腔积液中可见各种炎症细胞及增生与退化的间皮细胞。漏出液细胞数常<100×10^6/L,以淋巴细胞和间皮细胞为主。渗出液的白细胞数常>500×10^6/L。

胸腔积液性质	临床意义
中性粒细胞增多	急性炎症
淋巴细胞为主	结核性、肿瘤性
嗜酸性粒细胞增多	寄生虫感染、结缔组织病
红细胞>5×10^9/L	可呈淡红色,多见于恶性肿瘤、结核病
红细胞>100×10^9/L	创伤、肿瘤、肺梗死
血胸	胸腔积液红细胞比容>外周血红细胞比容 50%以上
脓胸	白细胞数常>10×10^9/L

40%～90%的恶性胸腔积液可查到恶性肿瘤细胞。结核性胸腔积液中的间皮细胞比例常低于 5%。

③生化检查　正常胸腔积液 pH 接近 7.6，葡萄糖含量与血中含量相近。

指标	临床意义
pH	pH 降低——脓胸、食管破裂、类风湿关节炎、结核性、恶性积液
葡萄糖	Glu 正常——漏出液、大多数渗出液葡萄糖含量正常 Glu 降低——脓胸、类风湿关节炎、系统性红斑狼疮、恶性胸腔积液
蛋白质	漏出液——<30g/L，以白蛋白为主，胸腔积液蛋白/血清<0.5，黏蛋白（Rivalta）试验阴性 渗出液——>30g/L，胸腔积液蛋白/血清>0.5，黏蛋白（Rivalta）试验阳性
类脂	乳糜胸腔积液——呈乳状浑浊，甘油三酯>1.24mmol/L，胆固醇正常，见于胸导管破裂 假性乳糜胸——甘油三酯正常，胆固醇>5.18mmol/L，见于陈旧性结核、类风湿关节炎、肿瘤、肝硬化
ADA	结核性胸膜炎——胸腔积液腺苷脱氨酶（ADA）>45U/L；非结核性——ADA 多正常
LDH	渗出液——胸水乳酸脱氢酶（LDH）>200U/L、胸水 LDH/血清 LDH>0.6；反之为漏出液 LDH 是反映胸膜炎症程度的指标。LDH>500U/L 提示脓胸、恶性肿瘤
CEA	癌胚抗原（CEA）>10～15μg/L 或胸水/血清 CEA>1 为恶性胸水，见于胃肠道腺癌、肺腺癌、乳腺癌

（2）胸部 X 线　胸片是用于发现胸腔积液的首要影像学方法。在胸片上判断胸腔积液的标准为：在第 4 前肋间以下为少量胸腔积液；第 4 前肋与第 2 前肋之间，属于中等量胸腔积液；积液位于第 2 前肋以上者，为大量胸腔积液。

积液量及性质	胸部 X 线片典型表现
300ml 左右	极小量的游离胸腔积液，后前位胸片仅见肋膈角变钝
300～500ml	积液量增多时显示有向外侧、向上的弧形上缘的积液影
>500ml	大量胸腔积液时患侧胸部致密影，气管和纵隔推向健侧
包裹性积液	不随体位改变而变动，边缘光滑饱满，多局限于叶间或肺与膈之间，呈“D”字型

（3）胸部 CT　可显示少量胸腔积液、肺内病变、肿瘤等，有助于病因诊断（定性诊断）。

（4）B 超　是敏感性最高的检查胸腔积液的无创性诊断方法。还可在 B 超引导下穿刺抽液。

（5）胸膜针刺活检　可发现肿瘤、结核和其他胸膜肉芽肿性病变。具有简单、易行、损伤性较小的优点，阳性诊断率为 40%～75%。CT 或 B 超引导下活检可提高成功率。

（6）胸腔镜或开胸活检　适用于上述检查不能确诊者。

（7）支气管镜检查　对咯血或疑有气道阻塞者可行此项检查。

注意：①解题时应注意，为确定胸腔积液的有无，首选的检查是 B 超，而不是胸片。
②若已确诊胸腔积液，为明确胸腔积液的性质，首选的检查是胸腔穿刺+胸水检查。
③一般情况下，影像学检查不能对疾病进行定性，但 CT、PET/CT 检查可对胸腔积液进行定性诊断。

【例 6】女，21 岁。午后发热伴胸闷、气短 1 周入院。胸部 X 线片示左侧胸腔积液（大量）。其气短的最主要的原因是

A. 阻塞性通气功能障碍　　B. 肺组织弥散功能障碍　　C. 限制性通气功能障碍
D. 通气/血流比例失调　　E. 动-静脉分流

【例 7】女，58 岁。咳嗽、呼吸困难 2 周余。查体：体温 36.8℃，右侧肋间隙变宽，右下肺叩诊呈浊音，呼吸音及语音共振明显减弱。该患者肺部病变最可能的情况是

A. 肺不张　　B. 肺实变　　C. 气胸
D. 肺气肿　　E. 胸腔积液

【例 8】女,23 岁。因“右侧胸痛伴发热 1 周”就诊,既往体健。体检:右侧第 8 后肋以下叩诊实音,呼吸音消失。胸部 X 线片示右下肺大片致密影,上缘呈外高内低弧形。为明确诊断应首选的检查措施是

A. PPD 试验　　B. 支气管镜　　C. 胸部 CT

D. 胸腔镜　　E. 胸腔穿刺

4. 诊断和鉴别诊断

(1)确定有无胸腔积液　中等量以上胸腔积液,其症状、体征较为明显,诊断不难。

(2)区别漏出液和渗出液　根据 Light 标准,符合以下任何 1 项即可诊断为渗出液:①胸腔积液/血清蛋白比例>0.5;②胸腔积液/血清 LDH 比例>0.6;③胸腔积液 LDH 水平大于血清正常值高限的 2/3。

	漏出液	渗出液
原因	液体漏出所致	炎症所致液体渗出
外观	清澈透明,无色或浅黄色,静置后不凝固	稍混浊,草黄色或棕黄色,可自行凝固
比重	<1.018	>1.018
Rivalta 试验	阴性	阳性
蛋白定性(定量)	阴性(<30g/L)	阳性(>30g/L)
葡萄糖定量	与血糖相近	低于血糖水平
白细胞计数	$<500\times10^6$/L	$>500\times10^6$/L
胸水蛋白/血清蛋白	<0.5	>0.5
胸水 LDH/血清 LDH	<0.6	>0.6

(3)寻找胸腔积液的病因

①漏出性胸腔积液　导致漏出液的常见原因如下。

充血性心衰	多为双侧,积液量右侧多于左侧,血清、胸腔积液中 N 末端前脑利钠肽明显升高
缩窄性心包炎	多为双侧,左侧多于右侧
肝硬化	多伴有腹腔积液,极少仅表现为胸腔积液
肾病综合征	多为双侧,可表现为肺底积液
低蛋白血症	多伴有全身水肿
腹膜透析	类似于腹透液,葡萄糖高,蛋白质<1.0g/L
肺不张	由于胸膜腔负压升高,也可产生漏出液

②渗出性胸腔积液　我国以结核性胸膜炎最常见,其次为恶性肿瘤、细菌感染,肺栓塞少见。

A.结核性胸膜炎　是我国渗出液最常见的病因,多见于青壮年,常伴结核中毒症状。胸腔积液以淋巴细胞为主,间皮细胞<5%,蛋白质>40g/L,腺苷脱氨酶(ADA)增高,PPD 皮试强阳性。

B.类肺炎性胸腔积液(脓胸)　是指肺炎、肺脓肿、支气管扩张感染引起的胸腔积液。病人多有发热、咳嗽、咳痰、胸痛等症状,血白细胞计数和中性粒细胞比例增高。胸片先有肺实质的浸润影、肺脓肿、支气管扩张的表现,然后出现胸腔积液,积液量一般不多。胸腔积液呈草黄色或脓性,白细胞计数明显增高,以中性粒细胞为主,葡萄糖和 pH 降低。胸腔积液涂片或细菌培养可有阳性结果。

C.恶性胸腔积液　多见于中老年人,有胸痛、咳血丝痰、消瘦等症状,胸腔积液多呈血性、量大、增长迅速、CEA 或其他肿瘤标记物升高、LDH>500U/L。

【例 9】不符合结核性胸腔积液表现的是

A. 胸液 LDH 明显增加　　B. 胸液中单个核细胞比例明显增加

C. 胸液ADA明显增加　　D. 血性胸液　　E. 胸液总蛋白水平明显下降

A. 心力衰竭所致胸腔积液　　B. 类风湿关节炎所致胸腔积液　　C. 恶性胸腔积液
D. 乳糜性胸腔积液　　E. 类肺炎性胸腔积液

【例10】胸腔积液检查示:胸水总蛋白15g/L,LDH56U/L,Glu5.4mmol/L,ADA23U/L。最可能的病因是

【例11】胸腔积液检查示:有核细胞 2000×10^6/L,单个核0.94,总蛋白40g/L,LDH475U/L,Glu2.4mmol/L,ADA12U/L。最可能的病因是

5. 结核性胸腔积液的治疗

(1)一般治疗　包括休息、营养支持、对症治疗。

(2)抽液治疗　由于结核性胸膜炎的胸水蛋白质含量高,容易引起粘连,原则上应尽快抽尽胸腔积液。穿刺抽液可每周2~3次,首次抽液<700ml,以后每次抽液量<1000ml,以防因胸腔压力骤降,发生复张后肺水肿或循环衰竭。抽胸水后没必要向胸腔内注入抗结核药物,但可注入链激酶等防止胸膜粘连。

①复张后肺水肿　表现为大量抽液时,剧烈咳嗽、气促、咳大量泡沫状痰,双肺满布湿啰音,PaO_2 下降,X线显示肺水肿征。应立即吸氧,酌情使用糖皮质激素及利尿剂,必要时行气管插管机械通气。

②胸膜反应　表现为抽液时发生头晕、冷汗、心悸、面色苍白,脉细等,应立即停止抽液,使病人平卧,必要时皮下注射肾上腺素,密切观察病情,注意血压变化,防止休克。

(3)抗结核治疗　同肺结核的化疗。

(4)糖皮质激素　疗效不肯定。如全身毒性症状严重、大量胸水,可在抗结核药物治疗同时,加用泼尼松。

【例12】结核性胸膜炎处理原则中不包括
A. 反复胸腔穿刺抽液　　B. 常规使用小剂量糖皮质激素　　C. 加强营养支持
D. 定期检测肝功能　　E. 口服三联或四联抗结核药物

【例13】结核性胸膜炎患者,除抗结核治疗外,减轻胸膜肥厚最重要的措施是
A. 胸腔内注射尿激酶　　B. 胸腔内注射糜蛋白酶　　C. 胸腔内注入抗结核药物
D. 口服糖皮质激素　　E. 反复胸腔穿刺抽液

二、呼吸衰竭总论

1. 概述

(1)定义　呼吸衰竭是指各种原因引起的肺通气和(或)换气功能严重障碍,使静息状态下也不能维持足够的气体交换,导致低氧血症伴(或不伴)高碳酸血症,进而引起一系列病理生理改变和相应临床表现的综合征。其临床表现缺乏特异性,确诊有赖于动脉血气分析:在海平面、静息状态、呼吸空气条件下,$PaO_2<60mmHg$,伴或不伴 $PaCO_2>50mmHg$,可诊断为呼吸衰竭。

(2)分类　按动脉血气分析结果,将呼吸衰竭分为以下两类。

	Ⅰ型呼衰	Ⅱ型呼衰
别称	低氧性呼吸衰竭	高碳酸性呼吸衰竭
定义	缺氧而无 CO_2 潴留	缺氧而伴有 CO_2 潴留
血气结果	$PaO_2<60mmHg$,$PaCO_2$ 正常或下降	$PaO_2<60mmHg$,$PaCO_2>50mmHg$
原因	肺换气功能障碍 (通气/血流比例失调、弥散障碍、肺动-静脉分流)	肺通气功能障碍 (肺泡通气不足)
常见疾病	间质性肺疾病、急性肺栓塞、严重肺部感染、ARDS	慢性阻塞性肺疾病(COPD)

注意:①确诊呼吸衰竭的依据是血气分析的 PaO_2 值,只要 $PaO_2<60mmHg$,就可以确诊呼吸衰竭。
②然后根据 $PaCO_2$ 值区分Ⅰ型呼衰和Ⅱ型呼衰,若 $PaCO_2>50mmHg$,就可诊断为Ⅱ型呼衰。

【例 14】诊断慢性呼吸衰竭最重要的依据是

A. 有呼吸困难、发绀等症状　B. 意识障碍伴球结膜水肿　C. $SaO_2<90\%$

D. $PaO_2<80mmHg$,$PaCO_2>50mmHg$　E. $PaO_2<60mmHg$,或伴有 $PaCO_2>50mmHg$

【例 15】最常并发Ⅱ型呼吸衰竭的疾病是

A. 胸膜炎　B. 肺结核　C. 肺炎

D. 慢性阻塞性肺疾病　E. 特发性肺动脉高压

2. 病因

气道阻塞性病变	气管-支气管的炎症、痉挛、肿瘤、异物、纤维化瘢痕等,其中以 COPD 最常见
肺组织病变	各种累及肺泡和(或)肺间质的病变,如肺炎、肺气肿、肺水肿、严重肺结核、硅肺等
肺血管病变	肺栓塞、肺血管炎等可引起肺通气/血流比例失调,导致换气功能不良,引起呼吸衰竭
胸廓与胸膜病变	胸部外伤造成连枷胸、严重的自发性或外伤性气胸、脊柱畸形、大量胸腔积液、强直性脊柱炎
神经肌肉病变	脑血管病变、颅脑外伤、脑炎、镇静催眠剂中毒等可抑制呼吸中枢

3. 发病机制

(1)低氧血症和高碳酸血症的发生机制

①肺通气不足　肺泡通气减少,当然会导致肺泡氧分压(P_AO_2)降低和二氧化碳分压(P_ACO_2)升高,从而引起缺氧和 CO_2 潴留。此为Ⅱ型呼吸衰竭的主要发病机制。

②弥散障碍　系指 O_2、CO_2 等气体通过肺泡膜进行交换的物理弥散过程发生障碍。由于 CO_2 的弥散系数是 O_2 的 20 倍,故在弥散障碍时,通常以低氧血症为主,此为Ⅰ型呼吸衰竭的主要发病机制。

③通气/血流比例失调　正常成人肺泡通气/血流($\dot{V}_A/\dot{Q}$)比值约为 0.8,$\dot{V}_A/\dot{Q}$比值无论增大还是减小,都会影响肺换气功能。$\dot{V}_A/\dot{Q}$比值增大常见于肺血管病变,如肺栓塞。$\dot{V}_A/\dot{Q}$比值减小常见于肺部病变,如肺泡萎陷、肺炎、肺不张、肺水肿等。$\dot{V}_A/\dot{Q}$比例失调通常仅导致低氧血症,而无 CO_2 潴留。此为Ⅰ型呼吸衰竭的发病机制之一。

④肺内动-静脉解剖分流增加　系指肺动脉内的静脉血未经氧合直接流入肺静脉,导致 PaO_2 降低,是通气/血流比例失调的特例。在这种情况下,提高吸氧浓度不能提高分流静脉血的氧分压,即吸氧不能缓解症状。常见于肺动-静脉瘘。此为Ⅰ型呼吸衰竭的发病机制之一。

⑤氧耗量增加　发热、寒战、严重哮喘、呼吸困难、抽搐均可增加氧耗量。氧耗量增加的患者,若同时伴有通气功能障碍,则会出现严重的低氧血症。

(2)低氧血症和高碳酸血症对机体的影响

	缺氧对机体的影响	CO_2 潴留对机体的影响
CNS	脑细胞功能障碍,毛细血管通透性增高 脑水肿、损伤、脑细胞死亡	脑脊液 H^+ 浓度增高,降低细胞兴奋性,抑制脑皮质,中枢神经系统麻醉(先兴奋后抑制)
心血管	心率↑,心排量↑,血压↑,冠脉血流量↑ 肺动脉血管收缩,肺动脉高压	心率↑,心排量↑,脑血管、冠脉舒张 肾、脾、肌肉血管收缩
呼吸系统	颈动脉体、主动脉体兴奋,肺通气量增加 缺氧对呼吸的影响远较 CO_2 潴留的影响为小	CO_2 潴留是强有力的呼吸兴奋剂 肺通气增加
肝肾功能	肝肾功能受损	肾血管痉挛,尿量减少
造血系统	EPO 产生增多,继发性红细胞增多	—
酸碱平衡	代谢性酸中毒、高钾血症	呼吸性酸中毒、代谢性碱中毒、低氯

(3)酸碱平衡失调及电解质紊乱　呼吸衰竭导致血 $PaCO_2$ 增高(>45mmHg),pH 下降(<7.35)、H^+浓

度升高(>45mmol/L),发生呼吸性酸中毒。

A. 弥散功能障碍　B. 通气/血流比例失调　C. 氧耗量增加
D. 肺动静脉分流　E. 肺泡通气量下降

【例 16】肺疾病发生单纯低氧血症最主要的机制是

【例 17】间质性肺疾病发生Ⅰ型呼吸衰竭最主要的机制是

【例 18】下列机制所致的低氧血症中,通过氧疗最难纠正的是

A. 弥散功能障碍　B. 肺泡通气量下降　C. 通气/血流比例失衡
D. 肺内分流　E. 氧耗量增加

【例 19】男,67 岁。反复咳嗽、咳痰、喘息 5 年,再发加重 1 周。查体:嗜睡,口唇发绀,两肺可闻及哮鸣音和湿啰音,心率 120 次/分。动脉血气分析示:pH7.10,$PaO_2$54mmHg,$PaCO_2$103mmHg。该患者发生呼吸衰竭最主要的机制是

A. 肺泡通气量减少　B. 无效腔通气减少　C. 呼吸中枢抑制
D. 胸廓扩张受限　E. 弥散功能障碍

三、急性呼吸衰竭

1. 病因

(1)呼吸系统疾病 严重呼吸道感染、急性呼吸道阻塞性病变、重度哮喘、急性肺水肿、肺血管疾病、胸廓外伤、自发性气胸、急剧增加的胸腔积液,导致肺通气和/或换气障碍。

(2)中枢系统疾病 急性颅内感染、颅脑外伤、脑血管病变等直接或间接抑制呼吸中枢。

(3)神经-肌肉传导系统损伤 脊髓灰质炎、重症肌无力、有机磷中毒、颈椎外伤等。

2. 临床表现

应注意区分急性呼吸衰竭和慢性呼吸衰竭的临床表现。

	急性呼吸衰竭	慢性呼吸衰竭
呼吸困难	最早出现的主要症状 (呼吸频率、节律和幅度改变)	COPD 所致的呼衰表现为呼气延长→呼吸浅快 CO_2 潴留时可表现为 CO_2 麻醉
精神神经	缺氧引起:精神错乱、躁狂、昏迷、抽搐等	CO_2 潴留引起:先兴奋后抑制→肺性脑病
循环系统	心率↑、周围循环衰竭、血压↓、心律失常	CO_2 潴留表现:皮肤充血、温暖多汗、血压↑、心率↑
发绀	缺氧的典型表现	—
消化泌尿	肝肾功能障碍、上消化道出血	—

【例 20】呼吸衰竭最主要的临床表现是

A. 呼吸费力伴呼气延长　B. 呼吸频率增快　C. 呼吸困难与发绀
D. 神经精神症状　E. 双肺有大量湿啰音

3. 诊断

除原发疾病和低氧血症及 CO_2 潴留导致的临床表现外,呼吸衰竭的诊断主要依靠动脉血气分析。

4. 治疗

呼吸衰竭的总体治疗原则是:加强呼吸支持(保持呼吸道通畅、纠正缺氧、改善通气),呼吸衰竭病因和诱因的治疗,加强一般支持治疗,对重要脏器功能的监测与支持。

(1)保持呼吸道通畅 对任何类型的呼吸衰竭,保持呼吸道通畅都是最基本、最重要的治疗措施。保持呼吸道通畅的方法主要有:①昏迷病人应使其处于仰卧位,头后仰,托起下颌并将口打开;②清除气道内分泌物及异物;③必要时建立人工气道,如简便人工气道(口咽通气道、鼻咽通气道、喉罩)、气管插

管、气管切开；④支气管痉挛者，应积极使用支气管扩张药物。

(2)氧疗 确定吸氧浓度的原则是在保证 PaO_2 迅速提高到 60mmHg 或脉搏容积血氧饱和度(SpO_2)≥90%的前提下，尽量降低吸氧浓度。吸氧浓度(%)=21+4×氧流量(L/min)。

①Ⅰ型呼衰 即缺氧不伴 CO_2 潴留者，可采用较高浓度吸氧(>35%)，但应防止氧中毒。

②Ⅱ型呼衰 即缺氧伴 CO_2 潴留者，应采用持续低流量给氧。

(3)正压机械通气 当机体出现严重的通气和(或)换气功能障碍时，以人工辅助通气装置(有创或无创正压呼吸机)来改善通气和(或)换气功能，即为正压机械通气。①正压机械通气能维持必要的肺泡通气量，降低 $PaCO_2$；改善肺的气体交换效能；使呼吸肌得以休息，有利于恢复呼吸肌功能。②气管插管指征包括常规氧疗不能维持满意通气及氧合；呼吸道分泌物增多；咳嗽和吞咽反射明显减弱。

(4)病因治疗 是治疗呼吸衰竭的根本所在。

(5)一般支持治疗 维持水电解质平衡。

四、慢性呼吸衰竭

1. 病因

(1)支气管-肺疾病 为常见病因，如慢阻肺、严重肺结核、肺间质纤维化、肺尘埃沉着症等。

(2)胸廓病变 如胸部手术、外伤、广泛胸膜增厚、胸廓畸形等。

(3)神经肌肉病变 如脊髓侧索硬化症等。

2. 临床表现

(1)呼吸困难 慢阻肺所致的呼吸困难，病情较轻时表现为呼吸费力伴呼气延长；严重时发展成浅快呼吸。若伴 CO_2 潴留，发生 CO_2 麻醉时，患者可由呼吸过速转为浅慢呼吸或潮式呼吸。

(2)神经症状 慢性呼衰伴 CO_2 潴留时，随 $PaCO_2$ 升高可表现为先兴奋后抑制。

(3)循环系统表现 CO_2 潴留使外周体表静脉充盈、皮肤充血、温暖多汗、血压升高、心率加快，脑血管扩张产生搏动性头痛。

3. 诊断

慢性呼吸衰竭的血气分析诊断标准如前所述。

4. 治疗

(1)氧疗 COPD 常导致Ⅱ型呼吸衰竭，临床上多采用持续低流量给氧(<35%，1~2L/min，每日 10 小时以上，维持 PaO_2≥60mmHg，SaO_2≥90%)。严禁采用高浓度给氧，因此种情况下多伴高碳酸血症，呼吸中枢对 CO_2 反应性差，呼吸主要靠低氧血症对颈动脉体、主动脉体化学感受器的刺激来维持。若输入高浓度氧，使血氧迅速上升，解除了低氧对外周化学感受器的刺激，便会抑制病人呼吸，甚至导致 CO_2 麻醉。

(2)正压机械通气 根据病情选用无创机械通气或有创机械通气。慢阻肺急性加重早期及时应用无创机械通气可以防止呼吸功能不全加重，缓解呼吸肌疲劳，减少后期气管插管率，改善预后。

(3)抗感染 因为慢性呼衰急性加重的诱因就是感染。

(4)呼吸兴奋剂 阿米三嗪可通过刺激颈动脉体和主动脉体化学感受器兴奋呼吸中枢，增加通气量。

(5)纠正酸碱平衡失调 慢性呼吸衰竭常有 CO_2 潴留，导致呼吸性酸中毒。治疗呼吸性酸中毒的根本原则在于改善肺泡通气，排出过多的 CO_2，一般不宜补碱。只有在 pH<7.2，或合并代谢性酸中毒时，才可少量补充碳酸氢钠。因碳酸氢钠在纠正酸中毒时，可加重 CO_2 潴留，故碳酸氢钠最好与呼吸兴奋剂、支气管舒张剂同时应用。呼吸衰竭常合并低钾、低氯、低钠血症，产生代谢性碱中毒，应及时补充电解质。

呼吸衰竭常合并低钾、低氯、低钠血症，产生代谢性碱中毒，应及时补充钾、氯、钠离子。

注意:①呼吸衰竭进行氧疗的指征为 $PaO_2<60mmHg$。
②呼吸衰竭进行机械通气的指征为 $PaO_2<40mmHg$,$PaCO_2>70mmHg$,R>35 次/分。
③呼吸衰竭使用呼吸兴奋剂的指征为 $PaCO_2>75mmHg$。补碱指征为 pH<7.20。
④慢性呼衰氧疗最常用的是鼻导管吸氧,有条件的可用面罩吸氧(均为无创性人工气道)。
⑤有创性人工气道包括经口或鼻导管插管、气管切开等(3 版 8 年制《内科学》数据)。

【例 21】男,65 岁。慢性阻塞性肺疾病患者,因受凉后咳嗽、咳痰伴呼吸困难加重 2 天入院。查体:坐位,喘息貌。球结膜轻度水肿,口唇发绀。双肺可闻及散在哮鸣音,肺底少许湿啰音。动脉血气分析示 pH7.21,$PaCO_2$65mmHg,$PaO_2$52mmHg。该患者宜采取的治疗措施为
A. 储氧面罩吸氧　B. 有创通气　C. 鼻导管吸氧
D. 普通面罩吸氧　E. 无创通气

【例 22】男,38 岁。脓毒性休克患者。动脉血气分析示代谢性酸中毒、Ⅰ型呼吸衰竭。下列治疗措施中可能造成组织缺氧加重的是
A. 静脉滴注小剂量多巴胺　B. 静脉滴注糖皮质激素　C. 补充胶体液
D. 快速补充碳酸氢钠　E. 快速补充晶体液

五、酸碱失调和电解质紊乱

1. 考试时判断酸碱平衡失调类型的常用指标

指 标	正 常 值	定义	临床意义
pH	7.35~7.45	正常范围内属于代偿性	<7.35 失代偿性酸中毒;>7.45 失代偿性碱中毒
PaO_2	95~100mmHg	—	<60mmHg 为呼吸衰竭
$PaCO_2$	35~45mmHg	—	判断呼吸衰竭类型;确定呼酸或呼碱
CO_2CP	22~31mmol/L	血浆中呈结合状态的 CO_2	意义与 SB 相同
AB	22~27mmol/L	隔绝空气时测得的 HCO_3^-	AB>SB——呼酸;AB<SB——呼碱
SB	22~27mmol/L	标准状态下测得的 HCO_3^-	AB=SB<正常值—代酸;AB=SB>正常值—代碱
BE	0±2.3mmol/L	剩余碱	正值——代碱;负值——代酸
BB	45~55mmol/L	缓冲碱	血液中各种碱的总和

注意:AB 为实际碳酸氢盐含量,SB 为标准碳酸氢盐含量。如 AB>SB 说明体内 CO_2 潴留,为呼吸性酸中毒;如 AB<SB 说明体内 CO_2 呼出过多,为呼吸性碱中毒。

2. 常考酸碱平衡失调的对照表

	pH	$PaCO_2$	HCO_3^-	BE	CO_2CP	AG	K^+	Cl^-
呼酸	N/↓	↑	N/↑	N/正↑	N/↑		↑/N	N/↓
呼酸+代酸	↓↓	↑	N/↓	N	N/↓	↑	↑	N/↑
呼酸+代碱	N/↑/↓	↑	↑↑	正↑	↑↑		↓	↓
代酸	N/↓	N/↓	↓	负↑		N/↑	↑	↑
呼碱	↑	↓	N/↓	N/负↑	N/↓		↓	N/↑
代碱	N/↑	N/↑	↑	正↑			↓	↓

注意:N 表示正常;正↑表示正值增大;负↑表示负值增大。

【例 23】鉴别酸碱失衡的种类，最有价值的测定组合是

A. 尿液 pH 和 $PaCO_2$　　B. 动脉血 pH 和 $PaCO_2$　　C. 静脉血的 pH 和动脉血 pH

D. 静脉血 pH 和 HCO_3^-　　E. 动脉血和静脉血 $PaCO_2$

3. 判断酸碱平衡失调的解题技巧

对于这类题目，许多同学无从下手，可按如下规律解题：

(1)从发病原因大致推测出题者会考何种类型酸碱平衡失调？

内科学考得最多的就是“慢阻肺并呼衰”，外科学考得最多的就是“代酸”。

我们知道 COPD 发生呼酸最常见（占 41.5%～78%），其次为呼酸合并代碱（11%～34%）、呼酸合并代酸（5%～13%）、呼碱少见，仅占 1%～5%，其他类型更少见。所以考试中以前两种酸碱失衡最多见。

(2)看 pH　pH<7.35 为失代偿性酸中毒；pH>7.45 为失代偿性碱中毒；pH 正常表明为代偿性。

(3)看 PaO_2、$PaCO_2$　达到呼衰诊断标准者可诊断为呼吸衰竭。考题中，大多为此类型。

(4)看 AB、SB 值

AB 为实际碳酸氢盐含量，正常值 22～27mmol/L。SB 为标准碳酸氢盐含量，正常值 22～27mmol/L，平均 24mmol/L。若试题没有明确给出 SB 值，解题时可按 SB＝24mmol/L 进行处理。

AB>SB——呼酸（CO_2 潴留）；　　AB<SB——呼碱（CO_2 呼出过多）；

AB↓SB↓——代酸；　　AB↑SB↑——代碱。

(5)看辅助结果　血 K^+、血 Cl^- 等。

【例 24】男，67 岁。反复咳嗽、咳痰 30 余年，加重 1 周。查体：双肺可闻及干、湿啰音。动脉血气分析示：pH7.21，$PaCO_2$75mmHg，$PaO_2$50mmHg，HCO_3^-19.6mmol/L。酸碱平衡失调的类型是

A. 代谢性碱中毒　　B. 呼吸性酸中毒合并代谢性酸中毒　　C. 代谢性酸中毒

D. 呼吸性酸中毒　　E. 呼吸性酸中毒合并代谢性碱中毒

A. HCO_3^- 升高，BE 降低，pH 值升高　　B. HCO_3^- 降低，BE 升高，pH 值降低

C. HCO_3^- 降低，BE 降低，pH 值降低　　D. HCO_3^- 升高，BE 升高，pH 值升高

E. HCO_3^- 升高，BE 降低，pH 值降低

【例 25】符合代谢性酸中毒的检查结果是

【例 26】符合代谢性碱中毒的检查结果是

注意：①剩余碱(BE)是指在一定状态下将血液标本滴定至 pH 等于 7.40 所需要的酸或碱的量。需加酸者表示血中有多余的碱，BE 为正值；需加碱者表明血中碱缺失，BE 为负值。BE 正常值为 0±2.3mmol/L。

②代谢性酸中毒时 BE 负值增大，即 BE 负值的绝对值增大，BE 实际上是降低的。

③代谢性碱中毒时 BE 正值增大，即 BE 升高。本题没说明正负，仅说 BE 升高或降低，不严谨。

常考点　胸腔积液的病因、性质的鉴别；结核性胸水的治疗；呼吸衰竭的诊断、临床表现与治疗。

参考答案——详细解答见 2021《贺银成国家临床执业及助理医师资格考试历年考点精析》

1. ABCDE	2. ABCDE	3. ABCDE	4. ABCDE	5. ABCDE	6. ABCDE	7. ABCDE
8. ABCDE	9. ABCDE	10. ABCDE	11. ABCDE	12. ABCDE	13. ABCDE	14. ABCDE
15. ABCDE	16. ABCDE	17. ABCDE	18. ABCDE	19. ABCDE	20. ABCDE	21. ABCDE
22. ABCDE	23. ABCDE	24. ABCDE	25. ABCDE	26. ABCDE		

第5章　心力衰竭

▶考纲要求

①心力衰竭概述：基本病因及诱因，心力衰竭的类型，心功能分级。②慢性心力衰竭：基本病因及诱因，临床表现，辅助检查，诊断与鉴别诊断，并发症，治疗原则。③急性左心衰竭：病因，临床表现，诊断，治疗原则。

▶复习要点

一、概述

心力衰竭（HF）是各种心脏结构或功能性疾病导致心室充盈和（或）射血功能受损，心排血量不能满足机体组织代谢需要，以肺循环和（或）体循环淤血，器官、组织血液灌注不足为临床表现的一组综合征，主要表现为呼吸困难、体力活动受限和体液潴留。心功能不全或心功能障碍理论上是一个更广泛的概念，伴有临床症状的心功能不全，称为心力衰竭（简称心衰）。

1. 基本病因与诱因

（1）基本病因　包括心肌损害（原发性+继发性心肌损害）、心脏负荷过重（前负荷+后负荷过重）。

类型	常见病因
原发性心肌损害	冠心病（最常见）、心肌炎、心肌病
继发性心肌损害	糖尿病心肌病、甲状腺疾病、心肌淀粉样变性、结缔组织病、心脏毒性药物
前负荷过重	瓣膜关闭不全——主动脉瓣关闭不全、二尖瓣关闭不全、三尖瓣关闭不全 左右心腔分流——房间隔缺损、室间隔缺损、动脉导管未闭 循环血量增加——慢性贫血、甲状腺功能亢进、围生期心肌病、体循环动静脉瘘
后负荷过重	高血压、肺动脉高压、主动脉瓣狭窄、肺动脉瓣狭窄

注意：①前负荷也称容量负荷，是指心室舒张末期压；后负荷也称压力负荷，是指大动脉压。
②左心室后负荷是指主动脉压，右心室后负荷是指肺动脉压。

（2）诱因　有基础心脏病的病人，其心衰症状多由一些增加心脏负荷的因素所诱发。

感染	呼吸道感染是最常见、最重要的诱因，感染性心内膜炎也不少见
心律失常	房颤是器质性心脏病最常见的心律失常之一，也是诱发心衰的最重要因素
血容量增加	钠盐摄入过多，静脉输液过多、过快
体力消耗	过度体力消耗或情绪激动，如妊娠后期、分娩过程、暴怒
治疗不当	不恰当停用利尿药、降压药
原有心脏病	原有心脏病变加重或并发其他疾病，如冠心病发生心梗、风心病活动期、合并甲亢或贫血

【例1】能增加左心室后负荷的临床情况是

A. 二尖瓣反流　　B. 高血压　　C. 房间隔缺损
D. 主动脉瓣反流　　E. 室间隔缺损

2. 心力衰竭的类型

（1）按心力衰竭部位分　分为左心衰竭、右心衰竭和全心衰竭。

①左心衰竭　由左心室代偿功能不全所致，以肺循环淤血为特征，临床上较为常见。

②右心衰竭　单纯的右心衰竭主要见于肺心病、某些先天性心脏病，以体循环淤血为主要表现。

③全心衰竭　左心衰竭后肺动脉压力增高，使右心负荷加重，右心衰竭随之出现，即为全心衰竭。心肌炎、心肌病患者左、右心同时受损，左、右心衰竭可同时出现而表现为全心衰竭。

(2)按生理功能分　分为收缩性心衰和舒张性心衰。

(3)按心脏排血量分　分为低排出量心衰和高排出量心衰。

①低排出量心衰　临床上大多数心力衰竭为低排出量心衰。

②高排出量心衰　早期由于心输出量增加，血压增高，心率增快，可出现脉压增大。常见于甲亢、严重贫血、动静脉瘘、脚气病和妊娠等。脚气病的主要病理变化是小血管扩张、周围血管阻力降低、血循环加速，使回心血量增加，心排量增大。

(4)按阶段分　分为无症状心衰和充血性心衰。

①无症状心衰　是指左心室已有功能不全，射血分数(LVEF)降至正常50%以下而无心衰症状的阶段。

②充血性心衰　是指出现肺循环或(和)体循环淤血症状的心力衰竭。

【例 2】较易引起低排出量心力衰竭的是

A. 二尖瓣关闭不全　　B. 维生素 B_1 缺乏　　C. 动静脉瘘

D. 严重贫血　　E. 甲状腺功能亢进症

3. 心力衰竭的分期

(1)前心衰阶段(A 期)　患者存在心衰高危因素，但目前尚无心脏结构或功能异常，也无心衰的症状和(或)体征。包括高血压病、冠心病、糖尿病、代谢综合征、使用心肌毒性药物等，可发展为心脏病的高危因素。

(2)前临床心衰阶段(B 期)　患者无心衰的症状和(或)体征，但已发展为结构性心脏病，如左心室肥厚、无症状瓣膜性心脏病、既往心肌梗死史等。

(3)临床心衰阶段(C 期)　患者已有基础结构性心脏病，既往或目前有心衰的症状和(或)体征。

(4)难治性终末期心衰阶段(D 期)　患者虽经严格优化内科治疗，但休息时仍有症状，常伴心源性恶病质，须反复长期住院。

【例 3】患者无心力衰竭的症状和(或)体征，但已出现心脏结构的改变，其心功能分期是

A. A 期　　B. B 期　　C. C 期

D. D 期　　E. 不能分期

4. 心功能分级

应注意心力衰竭的 NYHA 分级与急性心肌梗死心泵功能的 Killip 分级的区别。

	心力衰竭的 NYHA 分级	急性心肌梗死泵衰竭的 Killip 分级
适用证	单纯性左心衰竭、收缩性心衰	急性心肌梗死患者的心功能
Ⅰ级	患者患有心脏病，但活动量不受限制 平时一般活动时不引起疲乏、心悸、呼吸困难或心绞痛	无明显心力衰竭 无肺部啰音和第三心音
Ⅱ级	体力活动受到轻度限制，休息时无自觉症状 平时一般活动下可出现疲乏、心悸、呼吸困难或心绞痛	有左心衰竭，肺部啰音<50%肺野
Ⅲ级	患者体力活动明显受限 小于平时一般活动即引起上述症状	有急性肺水肿，肺部啰音>50%肺野
Ⅳ级	患者不能从事任何体力活动 休息状态下也出现心衰症状，体力活动后加重	有心源性休克表现 (收缩压<90mmHg)

【例 4】按心力衰竭发展阶段分级，临床心力衰竭阶段至少相当于

A. NYHA 分级Ⅱ级　　B. NYHA 分级Ⅳ级　　C. NYHA 分级Ⅰ级

D. NYHA 分级Ⅲ级　　E. Killip 分级Ⅰ级

【例 5】男，66 岁。急性前壁心肌梗死 2 天，轻微活动即喘憋。查体：BP100/60mmHg，双肺底可闻及少量

细小湿啰音，心率102次/分。该患者心功能分级为

A. Killip分级Ⅱ级　　B. Killip分级Ⅲ级　　C. NYHA分级Ⅲ级
D. NYHA分级Ⅱ级　　E. Killip分级Ⅰ级

二、慢性心力衰竭

1. 基本病因及诱因

(1)基本病因　冠心病(最常见)、高血压、风湿性心脏病、慢性肺心病、高原性心脏病等。

(2)诱因　最常见的诱因为呼吸道感染，其他包括过度体力劳动、情绪激动、钠盐摄入过多、心律失常、妊娠、分娩、输液过多过快、洋地黄过量或不足、出血、贫血等。参阅14版《实用内科学》P1341。

【例6】目前慢性心力衰竭的最常见病因是

A. 心房颤动　　B. 冠心病　　C. 风湿性心脏瓣膜病
D. 扩张型心肌病　　E. 甲状腺功能亢进致心肌损害

【例7】慢性心力衰竭症状急性加重的最常见诱因是

A. 情绪激动　　B. 肺血栓栓塞　　C. 药物治疗不当
D. 体力活动　　E. 感染

2. 临床表现

	慢性左心衰竭	慢性右心衰竭
临表特点	临床表现以肺循环淤血和心排量降低为主	临床表现以体循环淤血为主
主要表现	劳力性呼吸困难——最早出现的症状 端坐呼吸——说明淤血达到一定程度 夜间阵发性呼吸困难——心源性哮喘 急性肺水肿——左心衰竭呼吸困难最严重形式 咯血——咳粉红色泡沫样痰	胃肠道——腹胀、食欲不振、恶心呕吐 肝脏——淤血性肿大、肝区痛、肝功能减退 呼吸困难——劳力性呼吸困难 胸水——多为双侧，单侧者以右侧较多 腹水，低垂部位对称性凹陷性水肿
咳嗽咳痰	白色浆液性泡沫痰为其特点	呼吸困难和咳嗽咳痰，在单纯右心衰竭不明显
心脏	以左心室扩大为主 可合并二闭，心尖部可闻收缩期杂音	单纯右心衰竭多为右心室/右心房大 可合并三闭，三尖瓣区可闻收缩期杂音
脉律	交替脉	奇脉(参阅2版《诊断学》，9版已删除)
肺部	双肺湿啰音	单纯右心衰竭无异常，并左心衰竭可有
其他表现	缺血缺氧——乏力、疲倦、头晕、心慌 肾脏缺血——少尿、血BUN、Scr升高	颈静脉搏动增强、充盈、怒张 肝颈静脉反流征阳性——更具有特征性

注意:①劳力性呼吸困难是左心衰竭最早出现的症状；疲乏无力是左心衰竭几乎都有的症状。
②劳力性呼吸困难、夜间阵发性呼吸困难、端坐呼吸、急性肺水肿为慢性左心衰竭最典型的症状。

【例8】左心衰竭最早出现的症状是

A. 劳力性呼吸困难　　B. 夜间阵发性呼吸困难　　C. 端坐呼吸
D. 咯血　　E. 少尿

【例9】左心衰竭患者合并右心衰竭后，可能减轻左心衰竭时的临床表现是

A. 颈静脉充盈　　B. 恶心　　C. 喘憋
D. 下肢水肿　　E. 肝大

【例10】右心衰竭最有意义的临床表现是

A. 颈静脉怒张　　B. 双下肢水肿　　C. 肝颈静脉回流征阳性

D. 三尖瓣区杂音　　　　E. 肺动脉瓣区第二心音亢进

3. 辅助检查

(1)血浆脑钠肽(BNP)测定　常用于心力衰竭的诊断和预后判断。BNP 增高的程度与心力衰竭严重程度呈正比。未经治疗者,BNP 正常可基本排除心力衰竭诊断。BNP 随年龄增加而升高,肥胖病人可能降低。

(2)胸部 X 线片　可作为心力衰竭的辅助检查,常有肺淤血表现。

(3)超声心动图　是诊断心力衰竭最主要的仪器检查,若左室射血分数(LVEF)<50%,可确诊左心衰竭。

(4)其他检查　核素显像、心脏 CT、心脏磁共振、运动试验、心导管等检查也可以提供诊断信息。

【例 11】对判断左心收缩功能不全最有价值的辅助检查结果是

A. 胸部 X 线片示心胸比增大　　B. 超声心动图示室壁运动障碍　　C. 心电图运动负荷试验阳性

D. 胸部 X 线片示肺部渗出影　　E. 超声心动图示左室射血分数降低

4. 诊断和鉴别诊断

(1)诊断　综合病因、病史、症状、体征及辅助检查可作出诊断。

(2)鉴别诊断　心力衰竭应与支气管哮喘、心包积液、缩窄性心包炎、肝硬化腹水等相鉴别。

5. 并发症

(1)呼吸道感染　长期卧床患者,特别是肺水肿者极易发生呼吸道感染,特别是支气管肺炎。

(2)血栓栓塞　血流迟缓、长期卧床可导致下肢深静脉血栓形成,继而发生肺栓塞和肺梗死。左心腔内附壁血栓脱落可导致体循环栓塞。参阅 14 版《实用内科学》P1346。

6. 治疗

(1)生活方式管理

①病人教育　健康的生活方式,平稳的情绪,适当的诱因规避,规范的药物服用,合理的随访计划。

②体重管理　日常体重监测能简便地反映病人体液潴留情况及利尿剂疗效,帮助指导调整治疗方案。

③饮食管理　减少钠盐摄入有利于减轻水肿,但应注意低钠血症的发生。

(2)休息与活动　急性期或病情不稳定者应限制体力活动,卧床休息,以降低心脏负荷,有利于心功能的恢复。适宜的活动能提高骨骼肌功能,改善运动耐量。应鼓励病情稳定的心衰病人主动运动。

(3)病因治疗　消除病因和诱因,尤其是呼吸道感染,应积极选用适当的抗感染治疗。

(4)利尿剂　利尿剂是治疗心力衰竭最常用的药物。

①作用原理　通过排钠排水减轻心脏容量负荷,对缓解淤血症状、减轻水肿有十分显著的效果。

②选用原则　A.原则上在慢性心衰急性发作和有明显体液潴留时应用。B.慢性心衰应长期使用利尿剂维持,水肿消退后以最小剂量无限期使用。C.轻度心衰选用氢氯噻嗪(DHCT)。D.联合应用保钾型和排钾型利尿剂。E.间隙应用,以防电解质紊乱。F.是唯一能控制体液潴留的药物,但不能单一治疗。

③副作用　电解质紊乱是长期使用利尿剂最容易出现的副作用,特别是高钾或低钾血症。

④常用药物　常用利尿剂分类及代表药物如下表。

	代表药物	作用机制	注意事项
噻嗪类	氢氯噻嗪	抑制肾远曲小管近端、髓袢升支远端对钠的重吸收,并因 Na^+-K^+ 交换同时降低钾的重吸收	治疗轻度心衰的首选药物 副作用为高尿酸、低钾血症
袢利尿剂	呋塞米	促进髓袢升支粗段排钠排钾	为强利尿剂,副作用为低钾血症 控制体重下降 0.5~1kg/d 直至干重
保钾利尿剂	安体舒通	使远曲小管保 K^+ 排 Na^+	利尿作用不强,与排钾利尿剂合用
	氨苯蝶啶	使远曲小管保 K^+ 排 Na^+	利尿作用不强,与排钾利尿剂合用
	阿米洛利	使远曲小管保 K^+ 排 Na^+	利尿作用较强,保 K^+ 作用较弱

【例 12】慢性心力衰竭患者长期使用呋塞米需监测

A. 血电解质　　B. 糖化血红蛋白　　C. 血脂
D. 肝功能　　E. 尿渗透压

(5)血管紧张素转换酶抑制剂(ACEI)

作用机制	抑制肾素-血管紧张素系统,扩张血管,抑制交感神经兴奋,可改善和延缓心室重塑 抑制缓激肽的降解,可使具有血管扩张作用的前列腺素生成增多 能解除症状,延缓心衰进展,改善预后,降低远期死亡率(洋地黄不能降低总死亡率)
副作用	低血压、肾功能一过性恶化、高血钾、干咳、血管性水肿
禁忌证	低血压、双肾动脉狭窄、血肌酐(Scr)>265μmol/L、血钾>5.5mmol/L、妊娠期妇女、过敏
适应证	所有心力衰竭和LVEF<40%的病人
常用制剂	卡托普利(最早应用)、贝那普利、培哚普利、雷米普利、咪达普利、赖诺普利

注意:①ACEI禁忌证——9版《内科学》P171为Scr>265μmol/L,P480为Scr>264μmol/L(3mg/dl)。
②ACEI禁忌证——7版《内科学》P175为Scr>225μmol/L,P260为Scr>3mg/dl。

【例13】男,56岁。间断活动时喘憋1年余,近期加重,重体力活动即感喘憋,有夜间憋醒。既往高血压病8年余,糖尿病4年余。查体:BP150/100mmHg,双肺呼吸音清,心率76次/分,律齐。患者经药物治疗症状好转,为改善预后需要长期使用的药物是

A. 洋地黄类药物　　B. 肾上腺素能受体激动剂　　C. 磷酸二酯酶抑制剂
D. 利尿剂　　E. 血管紧张素转换酶抑制剂

(6)血管紧张素受体阻断剂(ARB)　ARB可阻断ACE和非ACE途径产生的血管紧张素Ⅱ与受体结合,阻断RAS的效应,但无抑制缓激肽降解作用,因此干咳、血管性水肿的副作用较少见。

①适应证　心衰病人首选ACEI,当ACEI引起干咳、血管性水肿时,不能耐受者,可改用ARB。

②注意事项　不主张ACEI与ARB联合应用,因为不能使心衰病人获益更多,反而增加不良反应。

③制剂　如坎地沙坦、氯沙坦、缬沙坦等。

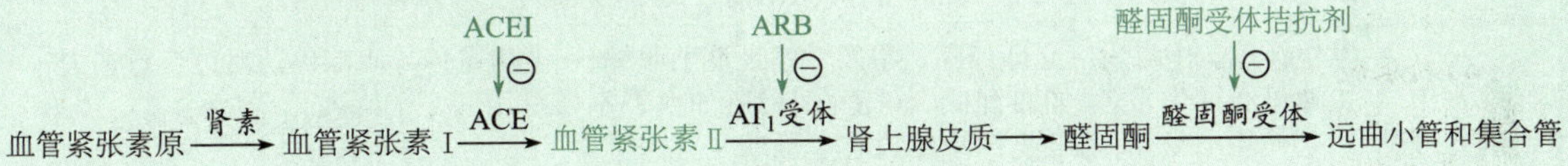

与肾素-血管紧张素-醛固酮系统有关的抗心衰药物作用部位及机制

(7)醛固酮受体拮抗剂(MRA)　用于ACEI和β受体拮抗剂治疗后仍有症状且LVEF<35%的病人。

①螺内酯　为保钾利尿剂,能阻断醛固酮效应,抑制心血管重塑,改善预后,使用时应注意监测血钾。

②依普利酮　是一种新型选择性醛固酮受体拮抗剂,适用于老年、糖尿病、肾功能不全病人。

(8)β受体拮抗剂　过去β受体拮抗剂以其负性肌力作用而禁用于心衰,但现代观点认为β受体拮抗剂可抑制心衰代偿机制中交感神经兴奋性增强的效应,能减轻症状、改善预后、降低死亡率和住院率。

①常用制剂　已经临床验证的β受体拮抗剂包括选择性β_1受体拮抗剂比索洛尔、美托洛尔与非选择性α_1、β_1和β_2受体拮抗剂卡维地洛。

②适应证　稳定的轻、中度收缩性心力衰竭(LVEF<40%)。

③禁忌证　β受体阻滞剂的禁忌证为支气管痉挛性疾病、严重心动过缓、二度及二度以上房室传导阻滞、严重周围血管疾病(如雷诺病)、重度急性心衰。

④注意事项　病人存在明显体液潴留时,应先利尿达到干体重时再应用。应用过程中从小剂量开始,缓慢加量,剂量加倍至少间隔2周,直至达到靶剂量或最大耐受量。在治疗过程中如症状恶化,可先增加利尿剂剂量,如利尿剂加量无效,再将β受体拮抗剂减量或停用。

【例 14】女，60 岁。慢性心力衰竭 2 年。查体：血压 130/90mmHg，双肺呼吸音清，心率 98 次/分，律齐，双下肢无水肿。加用美托洛尔治疗，其主要目的是

A. 改善心肌顺应性　　B. 降低心脏前负荷　　C. 降低心脏后负荷

D. 扩张冠状动脉　　E. 降低心肌耗氧量

【例 15】女，64 岁。突发气急 4 小时，伴咳嗽、咳粉红色泡沫样痰，不能平卧。高血压病史 10 余年。查体：血压 190/110mmHg。心率 110 次/分，律齐，双肺可闻干啰音及细湿啰音。治疗措施不正确的是

A. 静脉推注呋塞米　　B. 静脉推注美托洛尔　　C. 静脉滴注硝普钠

D. 静脉推注吗啡　　E. 高流量吸氧

注意：β 受体拮抗剂因其负性肌力作用，仅用于慢性心衰的治疗，禁用于急性心衰。

(9) 洋地黄　是正性肌力药物的代表，可加强心肌收缩力，明显减轻轻、中度心衰病人的临床症状，改善生活质量，降低住院率，提高运动耐量，增加心排血量，但不能提高生存率。

适应证	伴有快速心房颤动/心房扑动的收缩性心力衰竭是洋地黄的最佳指征，包括扩张型心肌病、二尖瓣或主动脉瓣病变、陈旧性心肌梗死、高血压性心脏病所致的慢性心力衰竭
慎用指征	代谢异常引起的高排血量心衰（贫血性心脏病、甲状腺功能亢进、心肌炎、心肌病等） 肺源性心脏病、心肌梗死、缺血性心肌病均易发生洋地黄中毒，应慎用
禁忌证	①预激综合征伴房颤；　②严重房室传导阻滞；　③严重窦性心动过缓；　④肥厚型心肌病 ⑤心包缩窄导致的心衰；　⑥急性心梗 24 小时内；⑦单纯二尖瓣狭窄伴窦性心律的肺水肿
易中毒	心肌缺血、缺氧、低血钾、低血镁、甲状腺功能减退、肾功能不全
毒性反应	心律失常——最重要的表现为各类心律失常，如室性期前收缩二联律（最多见）、非阵发性交界区心动过速、房性期前收缩、心房颤动、房室传导阻滞 胃肠症状——包括恶心、呕吐 神经系统症状——视力模糊、黄视、绿视、定向力障碍、意识障碍等较少见 心电图——快速房性心律失常伴传导阻滞是洋地黄中毒的特征性表现
洋地黄中毒的处理	发生洋地黄中毒后应立即停药。单发性室性期前收缩、一度房室传导阻滞停药后可自行消失 快速型心律失常者，如血钾低则可静脉补钾；如血钾不低可用利多卡因或苯妥英钠 严禁使用电复律，因电复律易导致心室颤动 有房室传导阻滞、缓慢型心律失常者可用阿托品；异丙肾上腺素易诱发室性心律失常，不宜应用

注意：①对提高急性心肌梗死病人生存率无影响的药物——硝酸酯类。

②对提高慢性心力衰竭病人生存率无明显作用的药物——钙通道拮抗剂。

③对降低慢性心力衰竭病人总死亡率较为肯定的药物——血管紧张素转换酶抑制剂。

④不能降低慢性心力衰竭病人总死亡率的药物——洋地黄。

【例 16】男，71 岁。高血压 20 年，规律服用福辛普利及氢氯噻嗪 10 年。近 2 年活动耐量下降，伴夜间憋醒。1 周来患者感心悸，不能平卧。查体：P100 次/分，BP130/80mmHg，双肺底可闻及湿啰音，心率 128 次/分，心律不齐，S_1 强弱不等，心尖部可闻及 2/6 级收缩期杂音。缓解该患者心悸的最适宜药物是

A. 地高辛　　B. 利多卡因　　C. 美托洛尔

D. 地尔硫䓬　　E. 普罗帕酮

(10) 血管扩张药　慢性心衰的治疗并不推荐使用血管扩张药，仅在伴有心绞痛、高血压的病人考虑联合治疗，对存在心脏流出道梗阻或瓣膜狭窄（如左心室流出道梗阻、二尖瓣狭窄、主动脉瓣狭窄）的病人应禁用，因为这些病人主要依赖升高的左心室充盈压来维持心排量。

【例 17】以扩张小动脉为主的扩血管药物应慎用于

A. 重度二尖瓣关闭不全　　B. 重度二尖瓣狭窄　　C. 重度主动脉瓣关闭不全
D. 室间隔缺损　　E. 扩张型心肌病

(11)非药物治疗

①血运重建 主要用于缺血性心脏病的治疗,包括经皮冠状动脉介入治疗、冠状动脉旁路移植等。

②心脏再同步化治疗(CRT) 部分心衰病人存在房室、室间、室内收缩不同步,进一步导致心肌收缩力降低。CRT通过改善房室、室间、室内收缩同步性,而增加心排量,改善症状、运动耐量,提高生活质量,减少住院率,降低死亡率。CRT的适应证包括:已接受最佳药物治疗仍持续存在心衰症状、LVEF≤35%、心功能NYHA分级Ⅲ~Ⅳ级、窦性节律时心脏不同步。完全性左束支传导阻滞是CRT的最佳指征。

③植入型心律转复除颤器(ICD) 适用于LVEF≤35%,优化药物治疗3个月以上仍有症状者。

④左室辅助装置(LVAD) 适用于严重心脏事件后或准备行心脏移植术病人的短期过渡治疗。

⑤心脏移植 是顽固性心衰的最终治疗方法。

(12)顽固性心衰的治疗 顽固性心衰也称难治性心衰,是指经各种治疗,心衰不见好转,甚至还有进展者,但并非指心脏情况已至终末期不可逆转者。对这类患者应积极寻找病因,并设法纠正。同时调整心衰用药,如强效利尿剂、血管扩张剂和正性肌力药联合应用等。

【例18】治疗顽固性心力衰竭首先进行的处理是
A. 做血液超滤　　B. 使用非洋地黄类强心药　　C. 联合应用利尿剂
D. 静脉应用血管扩张剂　　E. 寻找病因

三、急性左心衰竭

1. 病因

(1)弥漫性心肌损害 如急性冠状动脉综合征(约占15%)、急性心肌损害(急性重症心肌炎、围生期心肌病),急性左心室心肌损害引发泵衰竭,心肌收缩力降低,心排量减少,引起急性肺水肿。

(2)急性心脏后负荷过重 如突然动脉压显著升高或高血压危象、原有瓣膜狭窄(主动脉瓣、二尖瓣)或左心室流出道梗阻者突然过度体力劳动、急性心律失常并发急性心衰(快速型心房颤动或心房扑动、室性心动过速)。由于后负荷过重导致心室舒张末期压力突然升高,引起急性肺水肿。

(3)急性容量负荷过重 如新发心脏瓣膜反流(急性缺血性乳头肌功能不全、感染性心内膜炎伴瓣膜腱索断裂)、慢性心衰急性失代偿(约占70%)。

(4)心源性休克 严重的急性心衰可导致组织低灌注,通常表现为血压下降。

(5)非心源性急性心衰 如甲亢危象、贫血、感染败血症、快速大量输液导致容量陡增、急性肺静脉压显著增高等,均可引起急性肺水肿。

【例19】下列临床情况最易引起急性左心衰竭的是
A. 频发室性期前收缩　　B. 二尖瓣腱索断裂　　C. Ⅰ级高血压
D. 反复发作的肺栓塞　　E. 慢性持续性房颤

【例20】最易引起急性心力衰竭的心律失常是
A. 偶发房性期前收缩　　B. 窦性心动过缓　　C. 偶发室性期前收缩
D. 快速心房颤动　　E. 一度房室传导阻滞

2. 临床表现

急性肺水肿的表现为:突发严重呼吸困难,呼吸频率常达30~40次/分,强迫坐位,面色苍白,发绀,频繁咳嗽,咳粉红色泡沫痰。两肺满布湿啰音和哮鸣音,第一心音减弱,可闻及舒张早期第三心音奔马律,肺动脉瓣第二心音亢进。胸片见肺水肿征。

3. 诊断

可根据临床表现、辅助检查结果进行诊断。

临床表现是重要的诊断依据。BNP 有一定的辅助诊断价值。若 NT-proBNP＜300pg/ml 或 BNP＜30pg/ml，可基本除外急性心力衰竭的诊断。严重程度分级主要采用 Killip 分级。

4. 治疗

(1)体位 病人取坐位，双腿下垂，以减少静脉回流。

(2)吸氧 立即行高流量鼻导管给氧。

(3)镇静 吗啡 3~5mg 静脉注射可使病人镇静、减少躁动，减少氧耗，减轻心脏负荷。

(4)快速利尿 首选呋塞米静脉注射，有利于减轻心脏负荷、扩张静脉、缓解肺水肿。

(5)血管扩张剂 可以硝酸甘油、硝普钠静脉点滴。

①硝酸甘油 可扩张小静脉，降低回心血量。使用时先从 10μg/min 开始，每 10 分钟调整 1 次，每次增加 5~10μg/min，以收缩压达到 90~100mmHg 为度。

②硝普钠 为动、静脉扩张剂，主要用于高血压危象所致的急性心衰，起始剂量为 0.3μg/(kg·min)静脉滴注，根据血压逐步增加剂量，最大剂量可达 5μg/(kg·min)，维持量为 50~100μg/min。因含氰化物，用药时间不宜连续超过 24 小时。

(6)正性肌力药物 如多巴胺、多巴酚丁胺等。

(7)洋地黄 对急性心肌梗死，在急性期 24 小时内禁用。

常考点 考试重点，尤其是慢性心衰，希望全面掌握。

参考答案——详细解答见 2021《贺银成国家临床执业及助理医师资格考试历年考点精析》

1. ABCDE	2. ABCDE	3. ABCDE	4. ABCDE	5. ABCDE	6. ABCDE	7. ABCDE
8. ABCDE	9. ABCDE	10. ABCDE	11. ABCDE	12. ABCDE	13. ABCDE	14. ABCDE
15. ABCDE	16. ABCDE	17. ABCDE	18. ABCDE	19. ABCDE	20. ABCDE	

第6章　心律失常

▶考纲要求

心律失常：房性期前收缩、心房颤动、阵发性室上性心动过速、室性期前收缩、室性心动过速、心室颤动及房室传导阻滞的常见病因、心电图与治疗原则。

▶复习要点

一、房性期前收缩与室性期前收缩

1. 房性期前收缩(房早)

(1)病因　①心脏结构与功能异常，如心脏瓣膜病、高心病、冠心病、肺心病、甲亢心。②部分房早见于心脏正常者，易发生于紧张、焦虑、饮酒后。

(2)临床表现　主要表现为心悸，部分病人有胸闷、乏力症状，自觉停跳感。有些病人无任何症状。

(3)心电图特点

①房性期前收缩的P′波提前发生，与窦性P波形态不同。

②PR间期>120m秒。

③QRS波群通常形态正常。当房性期前收缩发生室内差异性传导时，可出现宽大畸形的QRS波。

④代偿间歇一般不完全。

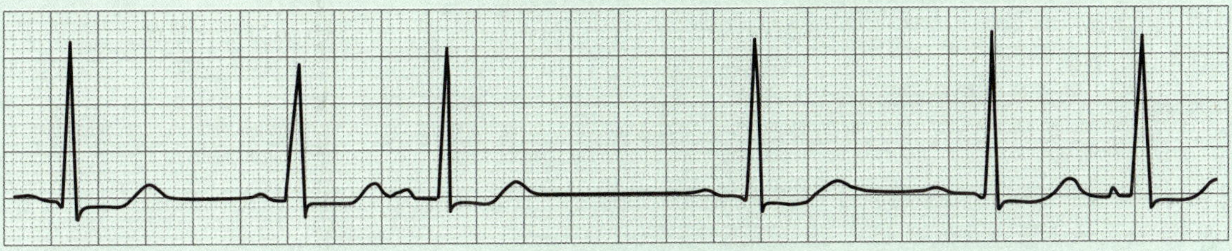

(4)治疗　①通常无需治疗。②当有明显症状，或因房早触发室上性心动过速时，应给予治疗。③戒烟、戒酒、戒咖啡。④治疗药物包括β受体阻滞剂、非二氢吡啶类钙通道阻滞剂、普罗帕酮、胺碘酮。

2. 室性期前收缩(室早)

(1)病因　①室早可见于正常人。②各种心脏病病人均可发生室早，如冠心病、心肌病、风心病、心肌炎等。③药物中毒：洋地黄、奎尼丁、三环类抗抑郁药中毒。④电解质紊乱：低钾、低镁。

(2)临床表现　①病人可有心悸、停跳感、头晕、乏力、胸闷等症状。②听诊时，室早后出现较长的停歇，且室早的第二心音强度减弱，仅能听到第一心音。桡动脉搏动减弱或消失。

(3)心电图特点　①提前发生的QRS波群，时限通常>0.12秒，宽大畸形，ST段、T波方向与QRS主波方向相反。②室早与其前面的窦性搏动之间期(称为配对间期)恒定。③为完全性代偿间歇。

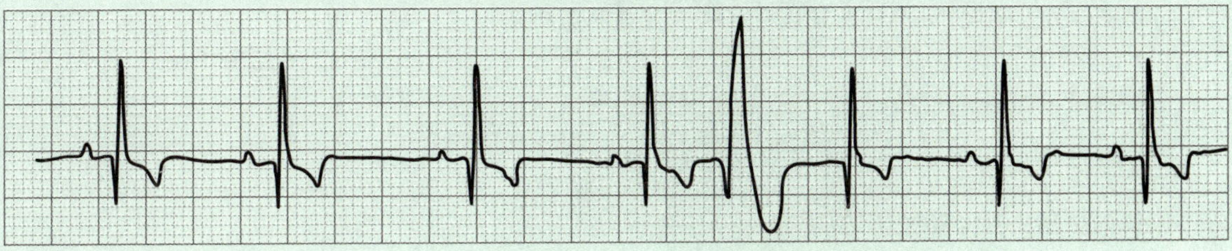

(4)治疗

①无器质性心脏病　遵循的治疗原则为:无症状不治疗,有症状用药物。

A.无明显症状或症状较轻者　无需药物治疗,因为室早不会增加此类病人发生心脏性猝死的危险。

B.有明显症状者　消除诱因,药物宜选用β受体阻滞剂、非二氢吡啶类钙通道阻滞剂、普罗帕酮。

C.二尖瓣脱垂发生室早　可首先给予β受体阻滞剂。

②有器质性心脏病　器质性心脏病合并心功能不全者,原则上只处理心脏本身疾病,不必处理室早。

A.症状明显　可选用β受体阻滞剂、非二氢吡啶类钙通道阻滞剂、胺碘酮。

B.急性心肌缺血、急性心肌梗死合并室早　首选再灌注治疗,不主张预防性应用抗心律失常药物。若实施再灌注治疗前已出现频发室早、多源性室早,可应用β受体阻滞剂,同时补钾、补镁。应避免使用ⅠA类抗心律失常药物,因为药物本身具有致心律失常作用,可能使总死亡率和猝死的风险增加。

③导管消融治疗　少部分起源于右心室流出道或左心室后间隔的频发室早,若病人症状明显,药物治疗效果不佳,且无明显器质性心脏病,可考虑经导管射频消融治疗。

注意:9版《内科学》P196室早的治疗方案与原教材相比,改动很大,解答历年真题时应注意,常考点。

(5)两种期前收缩的比较　CCB指钙通道阻滞剂。

	房性期前收缩	室性期前收缩
P波	提早出现的房性P′波,与窦性P波形态不同	无窦性P波
QRS波	形态多与窦性QRS相同	提早出现宽大畸形的QRS波为室早特征
间期	P′R间期≥0.12秒	无P′波
代偿间歇	房早后不完全性代偿间歇	室早后完全性代偿间歇
病因	正常人+各种心脏病	正常人+各种心脏病,最常见的心律失常
治疗	无症状无需治疗 β受体阻滞剂、非二氢吡啶类CCB、胺碘酮	无症状无需治疗 β受体阻滞剂、非二氢吡啶类CCB、胺碘酮

【例1】心电图示:提前发生的P波,形态与窦性P波略不同,PR间期0.14秒,QRS波群形态和时限正常。该心律失常最可能是

A. 房性期前收缩　B. 阵发性室性心动过速　C. 心房颤动

D. 室性期前收缩　E. 阵发性室上性心动过速

【例2】男,42岁。平素无不适。体检时发现血压120/80mmHg,心率80次/分,律不齐。心电图示偶发室性期前收缩。超声心动图示心脏结构功能正常。目前该患者最适宜的处置是

A. 暂不治疗,随诊　B. 口服索他洛尔　C. 口服美托洛尔

D. 口服胺碘酮　E. 射频消融术

【例3】以下情况最常于听诊时发现心律不齐的是

A. 室性心动过速　B. 室上性心动过速　C. 室性期前收缩

D. 三度房室传导阻滞　E. 窦性心动过速

【例4】严重心力衰竭时,治疗频发室性期前收缩首选的药物是

A. 胺碘酮　B. 索他洛尔　C. 多巴酚丁胺

D. 氟卡尼　E. 普罗帕酮

二、阵发性室上性心动过速与室性心动过速

1. 阵发性室上性心动过速(室上速)

(1)病因　通常无器质性心脏病表现,不同性别与年龄均可发生。

(2)临床表现　①心动过速突发突止，持续时间长短不一。症状包括心悸、胸闷、焦虑不安、头晕，若发作时心室率过快，使心输出量与脑血流量锐减，或心动过速猝然终止，窦房结未能及时恢复自律性导致心搏停顿，则可发生晕厥。②听诊心尖区第一心音强度恒定，心律绝对规则。

(3)心电图特点

①心率150~250次/分，节律规则。

②QRS波形态与时限均正常，但发生室内差异性传导阻滞时，QRS波形态异常。

③逆行P′波常埋藏于QRS波内或位于其终末部分，P′波与QRS波保持固定关系。

④起始突然，通常由一个房早触发，其下传的P′R间期显著延长，随之引起心动过速发作。

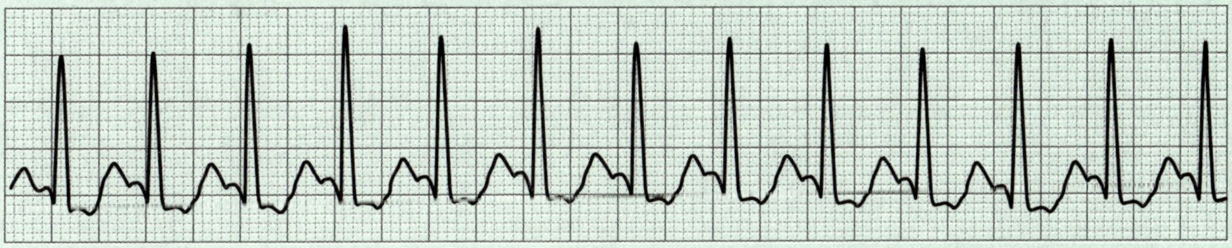

(4)治疗

①急性发作期　应根据病人心脏状况、既往发作情况、对心动过速的耐受程度进行适当处理。

A.刺激迷走神经　若病人心功能与血压正常，可先尝试刺激迷走神经的方法，如颈动脉窦按摩、Valsalva动作、诱导恶心、将面部浸没于冰水内等方法可使心动过速终止。

B.腺苷　药物治疗是终止发作最常用和有效的方法，首选腺苷。腺苷无效，可改用静脉注射维拉帕米。

C.洋地黄　若伴有心功能不全，可首选静脉注射洋地黄终止发作。

D.其他药物　包括β受体阻滞剂、普罗帕酮、某些升压药物（如去甲肾上腺素、间羟胺、甲氧明）等。

E.食管心房调搏术　常能有效中止发作。

F.直流电复律　当病人出现严重心绞痛、低血压、充血性心力衰竭、急性发作应用上述药物无效时，应立即直流电复律。但应注意，已应用洋地黄者不宜电复律治疗。

②预防复发　首选导管消融术，安全、有效，且可根治心动过速。

【例5】女，42岁。阵发性心悸3年，无心跳间歇感。发作时按摩颈动脉窦心悸可突然终止。发作时心电图示：心室率190次/分，逆行P波，QRS波群形态与时限正常。该患者最可能的诊断是

A. 心房扑动　　B. 阵发性室上性心动过速　　C. 心房颤动

D. 窦性心动过速　　E. 阵发性室性心动过速

2. 阵发性室性心动过速（室速）

(1)病因

①室速常发生于各种器质性心脏病病人，最常见为冠心病，其次是心肌病、心力衰竭等。

②电解质紊乱、长QT综合征等。

③室速偶发生于无器质性心脏病者。

(2)临床表现

①非持续性室速　发作时间<30秒，能自行终止，病人常无症状。

②持续性室速　发作时间>30秒，需药物或电复律始能终止发作，病人常有明显血流动力学障碍与心肌缺血。临床症状包括低血压、少尿、气促、心绞痛、晕厥等。

③体格检查　听诊心律轻度不规则，第一、二心音分裂，收缩期血压可随心搏变化。

(3)心电图特点

①3个或3个以上的室性期前收缩连续出现。

②QRS 波形态畸形，时限>0.12 秒，ST-T 波方向与 QRS 波主波方向相反。

③心室率通常为 100~250 次/分，心律规则，但也可略不规则。

④心房独立活动与 QRS 波无固定关系，形成房室分离。

⑤通常发作突然开始。

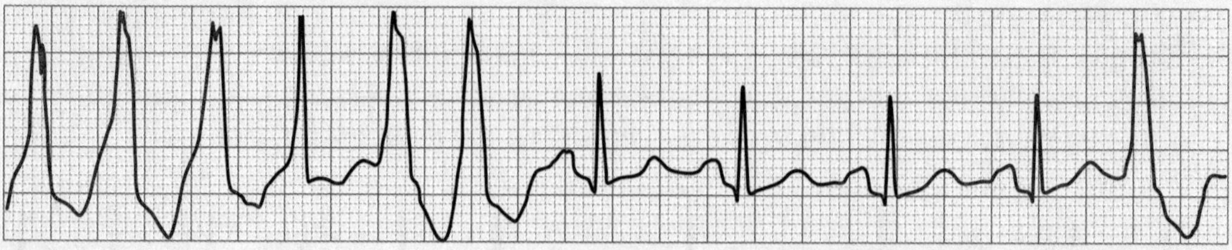

⑥心室夺获与室性融合波为室性心动过速的特征。室速发作时，少数室上性冲动可下传心室，产生心室夺获，表现为在 P 波之后，提前发生一次正常的 QRS 波。室性融合波的 QRS 形态介于窦性与异位心室搏动之间，其意义为部分心室夺获。

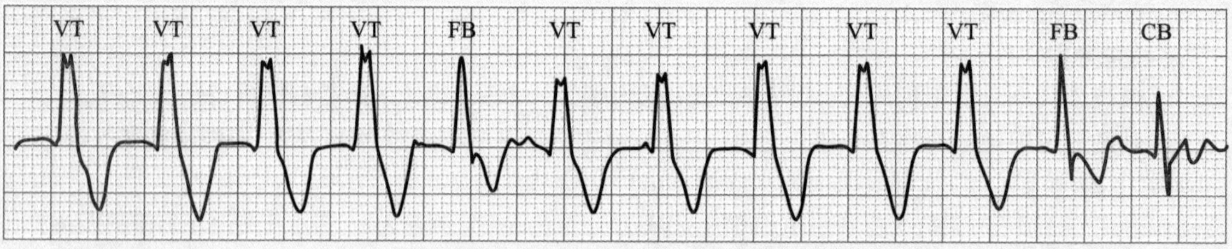

CB心室夺获，FB室性融合波，VT室性心动过速

(4)治疗　无器质性心脏病者发生非持续性短暂室速，如无症状或血流动力学障碍，处理原则与室早相同。有器质性心脏病者，应首先给以针对性治疗。持续性室速发作，无论有无器质性心脏病，均应治疗。

①终止室速发作

A.无显著血流动力学障碍的室速　可选用利多卡因、β 受体阻滞剂、胺碘酮静脉推注。

B.有显著血流动力学障碍的室速　若室速病人已发生低血压、休克、心绞痛、充血性心力衰竭、脑血流灌注不足，应迅速施行直流同步电复律或心室超速起搏治疗。

C.洋地黄中毒引起的室速　不宜使用电复律，应给予药物治疗。

②稳定期的治疗　对反复发作且猝死风险性高的病人，首选植入式心脏复律除颤器治疗，此为预防室速病人发生猝死的最有效方法。

(5)两种心动过速治疗的比较　室上速与室速的治疗原则如下图所示。

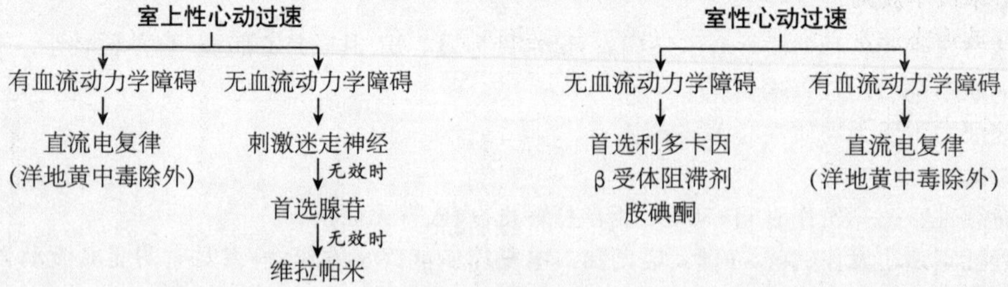

注意：①无器质性心脏病的稳定性室速首选利多卡因；②器质性心脏病合并稳定性室速首选胺碘酮。③洋地黄中毒引起的室速，首选苯妥英钠；④血流动力学不稳定性室速首选直流电复律。

【例 6】室性心动过速伴严重血流动力学障碍时，终止发作的首选方法是

A. 利多卡因　　B. 胺碘酮　　C. 同步电复律
D. 人工起搏超速抑制　　E. 压迫颈动脉窦

三、心房颤动与心室颤动

1. 心房颤动(房颤)

(1)病因

①心脏疾病　高心病、冠心病、风心病二尖瓣狭窄、心肌病、甲亢心(最常见的心外疾病)。

②肺部疾病　慢性肺心病、急性缺氧、高碳酸血症等。

③正常人　房颤可见于正常人,可在情绪激动、手术后、运动或大量饮酒时发生。

④孤立性房颤　房颤发生在无结构性心脏病的中青年,称为孤立性房颤或特发性房颤。

⑤老年房颤　老年房颤病人中部分是心动过缓-心动过速综合征的心动过速期表现。

【例7】引起心房颤动最主要的心外疾病是

A. 慢性支气管炎　　B. 贫血　　C. 甲状腺功能亢进症
D. 睡眠呼吸暂停综合征　　E. 肥胖症

(2)心房颤动的分类

首诊房颤	首次确诊(首次发作或首次发现)
阵发性房颤	持续时间≤7天(常≤48小时),能自行终止
持续性房颤	持续时间>7天,非自限性
长期持续性房颤	持续时间≥1年,病人有转复愿望
永久性房颤	持续时间>1年,不能终止或终止后又复发

(3)临床表现

①房颤症状的轻重受心室率快慢的影响　心室率>150次/分,病人可发生心绞痛、充血性心衰。心室率不快时,病人可无症状。房颤时心房有效收缩消失,心排血量比窦性心律时减少25%或更多。

②房颤并发体循环栓塞危险性甚大　栓子来自左心房,非瓣膜性心脏病合并房颤,发生脑卒中的机会较无房颤者高出5~7倍。二尖瓣狭窄或二尖瓣脱垂合并房颤时,脑栓塞的发生率更高。

③体检　听诊第一心音强度变化不定,心律极不规则。当心室率快时可发生脉搏短绌,原因是许多心室搏动过弱以致未能开启主动脉瓣,或因动脉血压波太小,未能传导至外周动脉。

(4)心电图特点

①P波消失,代之以小而不规则的基线波动,形态与振幅均变化不定(f波),频率350~600次/分。

②心室率极不规则,通常为100~160次/分。

③QRS波形态通常正常,当心室率过快,发生室内差异性传导时,QRS波可增宽变形。

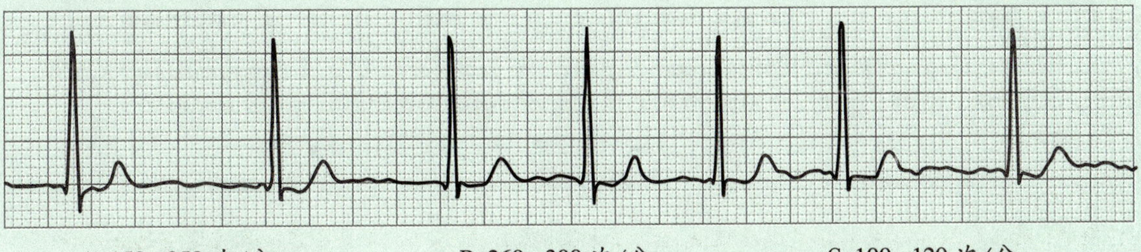

A. 150~250次/分　　B. 260~300次/分　　C. 100~120次/分
D. 350~600次/分　　E. >600次/分

【例8】心房颤动时f波的频率是

【例 9】阵发性室上性心动过速的心室率一般为

(5)治疗 治疗措施包括抗凝、转复窦律、控制心室率。

①抗凝治疗 房颤病人的栓塞发生率较高,对于合并心脏瓣膜病变者,需用华法林抗凝。对于非瓣膜病变者,需使用 CHA_2DS_2-VASc 评分系统进行血栓栓塞的危险分层,然后进行相应治疗。

A.CHA_2DS_2-VASc 评分 评分≥2 分,需抗凝治疗;评分 1 分,优先抗凝;评分为 0 分,无需抗凝。

危险因素	CHA_2DS_2-VASc(分)
充血性心力衰竭/左心室功能障碍(C)	1
高血压(H)	1
年龄≥75 岁(A)	2
糖尿病(D)	1
脑卒中/短暂性脑缺血发作/血栓栓塞病史(S)	2
血管疾病(心肌梗死、外周动脉疾病、主动脉斑块)	1
年龄 65~74 岁(A)	1
性别(女性,Sc)	1

B.抗凝治疗药物 以华法林最常用。

药物	使用途径	临床使用特点
华法林	口服	需监测 INR,维持 INR 在 2.0~3.0 之间
NOACs	口服	新型口服抗凝药物,如达比加群酯、利伐沙班、阿哌沙班 常用于非瓣膜性房颤,无需监测凝血指标,较少受食物或药物影响,安全性较好
普通肝素	静脉滴注	紧急复律治疗时使用,应常规监测 APTT
低分子肝素	皮下注射	紧急复律治疗时使用,无需常规监测凝血指标

C.复律前后的抗凝治疗 房颤持续不超过 24 小时,复律前无需作抗凝治疗,否则应在复律前接受华法林抗凝治疗。抗凝治疗遵守"前三后四"的华法林抗凝模式,即复律前要用华法林 3 周,维持凝血酶原时间国际标准化率(INR)在 2.0~3.0,待成功复律后继续抗凝治疗 3~4 周。

②转复窦性心律 将房颤转为窦性心律的方法包括药物转复、电复律、导管消融三种。

A.药物转复 可选用ⅠA类(奎尼丁、普鲁卡因胺)、ⅠC类(普罗帕酮)或Ⅲ类(胺碘酮)药物。

类别	药物举例	临床使用特点
ⅠA类	奎尼丁、普鲁卡因胺	奎尼丁可诱发致命性室性心律失常,增加死亡率,现已少用
ⅠC类	普罗帕酮	可致室性心律失常,严重器质性心脏病病人不宜使用
Ⅲ类	胺碘酮	首选胺碘酮,致心律失常发生率低,尤其适用于合并器质性心脏病病人

B.电复律 适用于房颤发作时伴有血流动力学障碍(如急性心力衰竭、血压下降)、药物复律无效者。

C.导管消融 适用于症状反复发作,且抗心律失常药物治疗无效的房颤病人。

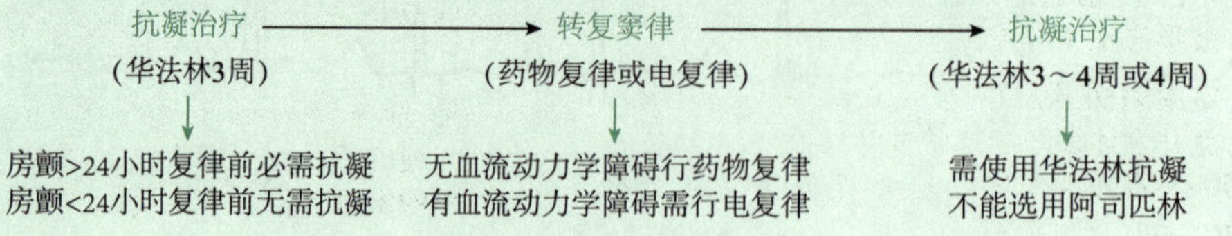

心房颤动的抗凝治疗与转复心律

③维持窦性心律　首选胺碘酮,其他药物包括多非利特、普罗帕酮、索他洛尔、稳心颗粒等。

④控制心室率　常用药物包括β受体阻滞剂、非二氢吡啶类钙通道阻滞剂(维拉帕米)、洋地黄等。对于无症状的房颤,且左心室收缩功能正常,控制静息心室率<110次/分。对于症状明显或出现心动过速心肌病时,应控制静息心室率<80次/分且中等运动时心室率<110次/分。

【例10】男,42岁。风湿性心脏病二尖瓣狭窄合并心房颤动半年余。现口服地高辛0.25mg/d,活动后心悸。心电图示:心室率约130次/分。控制心律失常最宜采取的措施是

A. 加用胺碘酮　　B. 地高辛加量至0.5mg/d　　C. 加用索他洛尔
D. 加用普罗帕酮　　E. 加用美托洛尔

【例11】男,42岁。阵发性心悸1年,加重1周。既往有高血压、糖尿病病史。查体:心率120次/分,律不齐,第一心音强弱不等,心尖部可闻及舒张期隆隆样杂音。超声心动图示左心房内径60mm。该患者最适宜的抗凝治疗药物是

A. 普通肝素　　B. 潘生丁　　C. 氯吡格雷
D. 阿司匹林　　E. 华法林

【例12】无器质性心脏病慢性心房颤动患者静息心率的控制目标是

A. <60次/分　　B. <80次/分　　C. <90次/分
D. <100次/分　　E. <110次/分

2. 心室颤动(室颤)

(1)病因　①以缺血性心脏病最常见。②抗心律失常药物,特别是引起QT间期延长与尖端扭转的药物。③严重缺氧、缺血、预激综合征合并房颤与极快的心室率、电击伤等均可引起。

(2)临床表现　意识丧失、抽搐、呼吸停顿,甚至死亡。听诊心音消失,脉搏触不到,血压无法测到。伴随急性心肌梗死发生而不伴有泵衰竭或心源性休克的原发性心室颤动,预后较佳。

(3)心电图特点　心室颤动的波形、振幅、频率均极不规则,无法辨认QRS波、ST段与T波。

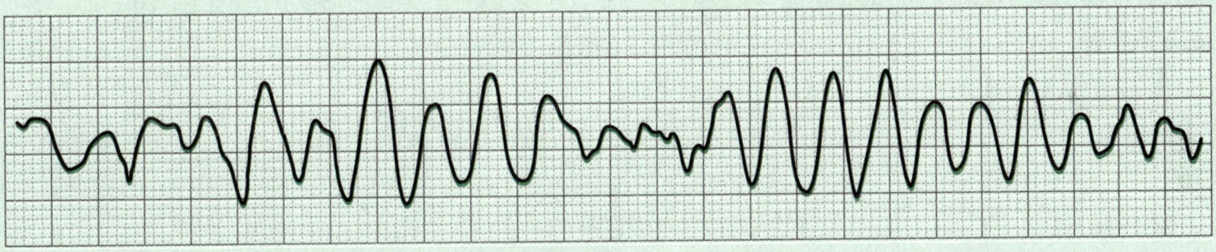

(4)治疗　终止室颤最有效的方法是非同步电除颤。室颤发作时,应立即行心肺复苏。

(5)心房颤动与心室颤动的比较

	心房颤动	心室颤动
病因	①阵发性房颤可见于正常人 ②持续性房颤见于风心、冠心、高心、甲亢心、心肌病、缩窄性心包炎等	①缺血性心肌病 ②延长QT间期的药物、严重缺氧缺血、WPW综合征并房颤等
ECG特点	P波消失,f波出现,频率350~600次/分 心室率极不规则,通常为100~160次/分 QRS波形态正常或增宽(室内差异性传导)	波形、波幅、频率均极不规则 无法辨认QRS波群、ST段与T波
临床表现	①心室率>150次/分可发生心绞痛、心力衰竭 ②房颤并发体循环栓塞的危险性甚大 ③第一心音强度变化不定、心律极不规则、脉搏短绌——三大体征	意识丧失、抽搐、呼吸停止,血压为0 伴急性心梗的原发性室颤预后佳 不伴心梗的室颤,1年复发率为20%~30%

四、房室传导阻滞

1. 病因

房室传导阻滞多为病理性，如急性心肌梗死、冠状动脉痉挛、心肌炎、心内膜炎、多发性肌炎、心肌病、急性风湿热等。少数见于健康人，与迷走神经张力增高有关。

【例 13】最容易引起窦房传导阻滞的是

A. 高钾血症　　B. 饮茶　　C. 甲状腺功能亢进症

D. 交感神经张力过高　　E. 贫血

2. 心电图特点

(1)一度房室阻滞　PR 间期>0.20 秒，每个 P 波后都有一个下传的 QRS 波。QRS 波形态和时限均正常。房室传导延缓部位几乎均在房室结，极少数在希氏束。

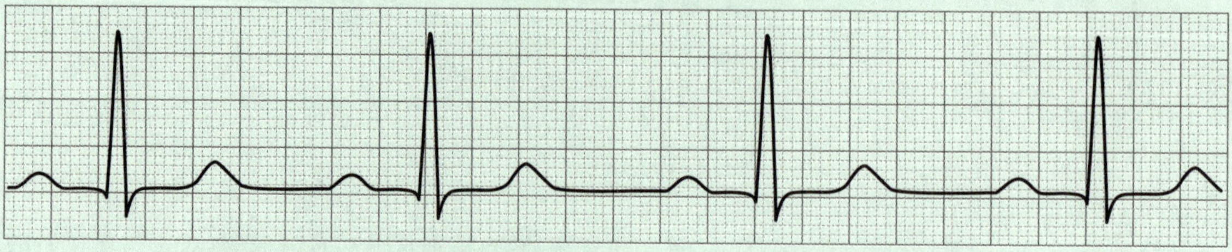

【例 14】一度房室传导阻滞的心电图 PR 间期表现是

A. 正常　　B. 大于 0.20 秒　　C. 消失

D. 逐渐延长　　E. 逐渐缩短

(2)二度Ⅰ型房室阻滞(文氏阻滞)　①P 波规律出现；②PR 间期逐渐延长，直至 P 波下传受阻，脱漏 1 个 QRS 波群。最常见的房室传导比例为 3:2 或 5:4。③多数情况下，阻滞位于房室结，QRS 波正常。

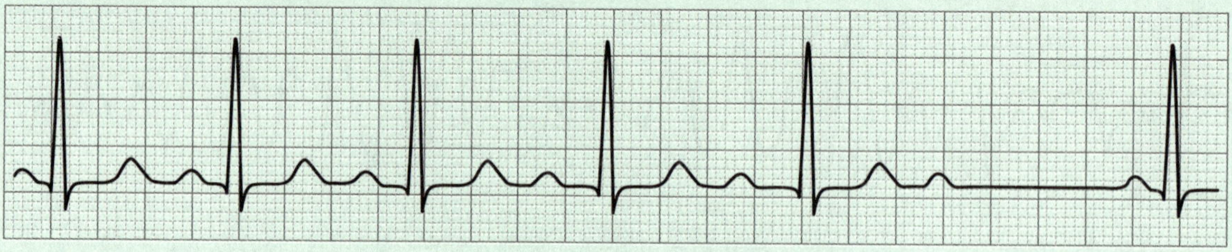

(3)二度Ⅱ型房室阻滞　①PR 间期固定，部分 P 波后无 QRS 波群。②若 QRS 波群正常，阻滞可能位于房室结内；若 QRS 波群增宽，形态异常，阻滞可能位于希氏束-浦肯野系统。

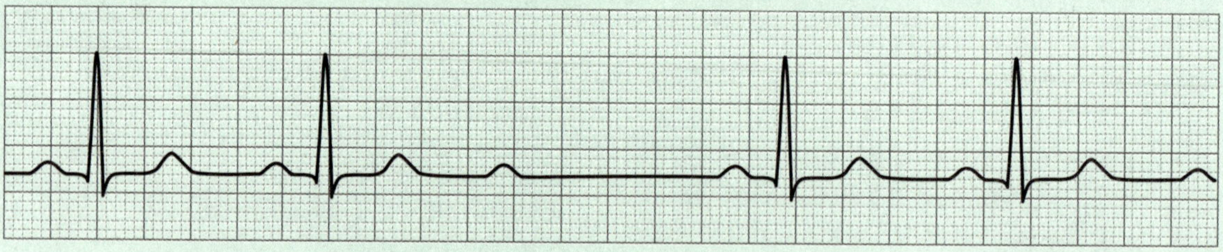

2:1 房室阻滞可能是Ⅰ型和Ⅱ型房室阻滞。QRS 波群正常者，可能为Ⅰ型，阻滞部位在房室结，并且观察到 2:1 阻滞转变成 3:2 阻滞时，第二个心动周期 PR 间期延长者，便可确诊为Ⅰ型阻滞。当 QRS 波群呈束支阻滞图形，需作心电生理检查，始能确定阻滞部位。

(4)三度(完全性)房室阻滞　①P 波与 QRS 波群各自成节律、互不相关；②心房率快于心室率，心房冲动来自窦房结或异位心房节律；③心室起搏点通常在阻滞部位稍下方。如心室起搏点位于希氏束及近邻，则心室率为40~60次/分，QRS波群正常，心律较为稳定；若心室起搏点位于室内传导系统的远端，则心室率可低至40次/分以下，QRS波群增宽，心室律常不稳定。

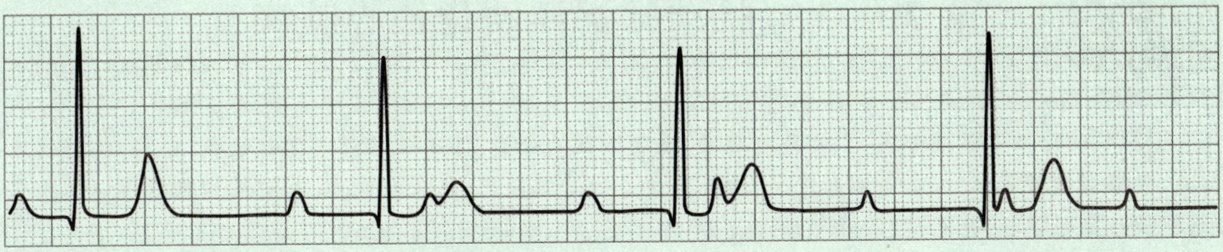

3. 治疗

(1)一度房室阻滞与二度Ⅰ型房室阻滞　心室率不太慢时，无需特殊治疗。

(2)二度Ⅱ型房室阻滞与三度房室阻滞　心室率显著缓慢，伴血流动力学障碍者，应行起搏治疗。

(3)药物治疗　①阿托品可提高房室阻滞的心率，适用于阻滞位于房室结的病人。②异丙肾上腺素适用于任何部位的房室阻滞，但应用于急性心肌梗死时应十分慎重，因可能导致严重室性心律失常。

(4)心脏起搏　药物治疗超过数天，往往效果不佳，且易发生严重不良反应，仅适用于无心脏起搏条件的应急情况。因此，对于症状明显、心室率缓慢者，应及早给予临时性或永久性心脏起搏治疗。

【例15】男，62岁。持续胸痛4小时。查体：BP90/60mmHg，心率36次/分，律齐。心电图示：Ⅱ、Ⅲ、aVF导联ST段抬高。该患者心率慢的最可能原因是

A. 左束支传导阻滞　　B. 右束支传导阻滞　　C. 二度Ⅰ型房室传导阻滞

D. 三度房室传导阻滞　　E. 心房颤动

【例16】男，70岁。反复心悸、头晕和黑矇1个月。查体：BP70/40mmHg，心率36次/分，律齐。心电图示三度房室传导阻滞。为防止患者反复心悸、黑矇，最适宜的治疗措施是

A. 静脉滴注异丙肾上腺素　　B. 静脉滴注多巴酚丁胺　　C. 植入心脏永久起搏器

D. 继续观察，暂不处理　　E. 口服阿托品

4. 不同类型房室传导阻滞的比较

	一度房室阻滞	二度Ⅰ型房室阻滞	二度Ⅱ型房室阻滞	三度房室阻滞
病因	正常人或运动员	多为功能性	多属器质性病变	器质性病变
预后	预后好	预后好	预后差	预后差
ECG特点	PR间期>0.20秒 P波后均有QRS波 无QRS波的脱落	P波规律出现，PR间期逐渐延长，直到P波下传受阻，脱漏1个QRS波群	PR间期恒定，部分P波后无QRS波群，QRS波群形态可正常或增宽	P波与QRS波群互不相关，心房率快于心室率，心室率减慢
临表	无症状	可致心悸、心搏脱漏	可致心悸、心搏脱漏	心绞痛、晕厥、心力衰竭
治疗	无需治疗	无需治疗	心室率显著缓慢，并有症状者给予起搏治疗 阿托品适用于阻滞部位在房室结者 异丙基肾上腺素适用任何部位阻滞	

▶▶**常考点**　各型心律失常的心电图特点及治疗。

参考答案——详细解答见2021《贺银成国家临床执业及助理医师资格考试历年考点精析》

1. ABCDE　2. ABCDE　3. ABCDE　4. ABCDE　5. ABCDE　6. ABCDE　7. ABCDE
8. ABCDE　9. ABCDE　10. ABCDE　11. ABCDE　12. ABCDE　13. ABCDE　14. ABCDE
15. ABCDE　16. ABCDE

第 7 章　冠状动脉粥样硬化性心脏病

考纲要求

①冠状动脉性心脏病概述：主要危险因素，血脂紊乱的分类、诊断及治疗。②心绞痛：分类，典型临床表现，典型心电图变化，诊断与鉴别诊断，治疗。③急性心肌梗死：临床表现，心电图及心肌损伤标志物变化，诊断与鉴别诊断，并发症，治疗与预防。

复习要点

一、概述

1. 主要危险因素

(1)年龄、性别　多见于 40 岁以上的中老年人，49 岁以后进展较快。女性发病率较男性低，因为雌激素有抗动脉粥样硬化的作用，但在更年期后发病率增加。年龄和性别属于无干预措施的危险因素。

(2)血脂异常　脂质代谢异常是动脉粥样硬化最重要的危险因素。总胆固醇(TC)、甘油三酯(TG)、LDL-C、VLDL-C 增高，高密度脂蛋白胆固醇(HDL-C)降低都被认为是危险因素。

(3)高血压　60%~70%的冠状动脉硬化病人有高血压，高血压病人患本病较血压正常者高 3~4 倍。

(4)吸烟　吸烟者本病的发病率和病死率增高 2~6 倍，且与每日吸烟的支数呈正比。

(5)糖尿病和糖耐量异常　糖尿病病人发病率较非糖尿病高出数倍。本病糖耐量减低者十分常见。

(6)肥胖　超过标准体重 20%或 BMI>24 者称为肥胖症。肥胖也是动脉粥样硬化的危险因素。

(7)家族史　有冠心病、糖尿病、高血压、血脂异常家族史者，冠心病的发病率增加。

(8)其他危险因素　A 型性格者、口服避孕药、西方饮食方式等。

2. 血脂紊乱的分类、诊断及治疗

(1)分类

①WHO 表型分类　CM 乳糜微粒，LDL 低密度脂蛋白，VLDL 极低密度脂蛋白，IDL 中间密度脂蛋白。

分型	增高的脂蛋白	血清总胆固醇	血清甘油三酯	致粥样硬化效应
Ⅰ型	CM	正常或↑	↑↑↑↑	—
Ⅱa 型	LDL	↑↑	正常	+++
Ⅱb 型	LDL 及 VLDL	↑↑	↑↑	+++
Ⅲ型	IDL	↑↑	↑↑↑	+++
Ⅳ型	VLDL	正常至↑	↑↑	+
Ⅴ型	VLDL 及 CM	↑至↑↑	↑↑↑↑	+

②临床分型　临床上将血脂异常分为以下四型。

分型	甘油三酯(TG)	总胆固醇(TC)	HDL-C	相当于 WHO 表型
高胆固醇血症		↑		Ⅱa
高甘油三酯血症	↑			Ⅳ、Ⅰ
混合性高脂血症	↑	↑		Ⅱb、Ⅲ、Ⅳ、Ⅴ
低高密度脂蛋白胆固醇血症			↓	

③按发病原因　血脂异常分原发性和继发性两类。

A.原发性血脂异常　大多数是多因素作用的结果，已知多个基因位点与其发病有关。

B.继发性血脂异常　与胆固醇水平升高有关的因素包括富含饱和脂肪酸饮食、甲状腺功能减退、肾病综合征、慢性肝病、胆汁淤积、异常球蛋白血症、库欣综合征、口服避孕药、神经性厌食、急性间歇性卟啉症。与甘油三酯升高有关的因素包括富含碳水化合物的饮食、酗酒、肥胖、妊娠、糖尿病、甲状腺功能减退症、慢性肾衰竭、胰腺炎、暴食症、库欣综合征、垂体功能低下、异常球蛋白血症、脂肪代谢异常。

(2)血脂紊乱的诊断　《中国成人血脂异常防治指南(2016年版)》诊断标准如下[mmol/L(mg/dl)]。

	血清甘油三酯(TG)	血清总胆固醇(TC)	血清LDL-C	血清HDL-C
理想水平			<2.6(100)	
合适水平	<1.7(150)	<5.2(200)	<3.4(130)	≥1.0(40)
边缘升高	1.7~2.3(150~200)	5.2~6.2(200~240)	3.4~4.1(130~160)	—
升高	≥2.3(200)	≥6.2(240)	≥4.1(160)	≥1.55(60)
降低	—	—	—	<1.0(40)

(3)血脂紊乱的治疗

①治疗性生活方式改变的措施　控制总热量的摄入、减少脂肪尤其饱和脂肪占摄入总量的比例(脂肪占总热量<30%，已诊断为动脉硬化者<25%，其中饱和脂肪占总热量<7%)、减少胆固醇摄入(每天<300mg，已诊断为动脉硬化者<200mg)、避免反式脂肪酸摄入、增加植物甾醇(每天2~3g)及可溶性食物纤维(每天10~25g)的摄入、减轻体重($BMI<25kg/m^2$)、规律锻炼(每周至少5天、每天30~60分钟)。

②药物治疗　适用于非药物治疗不能维持血脂水平于目标值者，常用调脂药物包括：

	他汀类	贝特类	烟酸类	树脂类
代表药物	洛伐他汀、辛伐他汀 普伐他汀	非诺贝特、苯扎贝特 吉非贝齐	烟酸、阿昔莫司	考来烯胺(消胆胺) 考来替哌
作用机制	抑制胆固醇合成的关键酶HMG-CoA还原酶	促进VLDL和TG分解及胆固醇的逆向转运	抑制脂肪组织脂解，减少肝VLDL合成与分泌	与肠道内胆酸不可逆结合，阻断胆固醇重吸收
主要作用	主要降低血胆固醇 也降低血甘油三酯	主要降低血甘油三酯 也降低血胆固醇	降低血甘油三酯和总胆固醇	降低血总胆固醇
适应证	高胆固醇血症、以胆固醇升高为主的混合性高脂血症	高甘油三酯血症、以甘油三酯升高为主的混合性高脂血症	高甘油三酯血症、以甘油三酯升高为主的混合性高脂血症	高胆固醇血症、以胆固醇升高为主的混合性高脂血症

记忆：以甘油三酯升高为主的高脂血症首选贝特类，甘油三酯正常值为<1.7mmol/L(9版《内科学》P757)。
——记忆为赵本山身高低于1米7呗("山"指甘油三酯，"呗"指贝特类)。

【例1】我国冠状动脉粥样硬化性心脏病的主要危险因素是
A. 生活节奏快　B. 脑力劳动者　C. 进取心强
D. 肥胖　E. 长期饮酒

【例2】不适宜动脉粥样硬化病人的饮食是
A. 每天氯化钠摄入10g　B. 脂肪摄入量不超过总热量30%　C. 胆固醇≤250~300mg/d
D. 饱和脂肪每日不超过2g　E. 可溶性纤维每日至少摄入5~10g

【例3】男，68岁，陈旧性心肌梗死5年。规律服用培哚普利、美托洛尔、阿司匹林治疗，无胸痛发作。查体无异常。实验室检查：血TC 5.0mmol/L，LDL-C 2.9mmol/L，TG 5.9mmol/L，HDL-C 0.9mmol/L。该

患者目前首选的降脂药物为

A. 依折麦布　　B. 阿托伐他汀　　C. 考来烯胺

D. 瑞舒伐他汀　　E. 非诺贝特

二、心绞痛

1. 分类

(1)按心绞痛有无劳力性诱因　分为劳力性、自发性、混合性心绞痛。

①劳力性心绞痛　是指因体力活动、脑力活动、情绪变化等因素导致的心率增快、心肌收缩力增强引起症状发作的心绞痛。

②自发性心绞痛　是指发作时没有任何心率加快、心肌收缩力增强诱因的心绞痛。

③混合性心绞痛　是指同时具有劳力性心绞痛和自发性心绞痛症状者。

(2)临床常用分类　临床上常将心绞痛分为稳定型心绞痛和不稳定型心绞痛。

①稳定型心绞痛　是指稳定型劳力性心绞痛。

②不稳定型心绞痛　除稳定型心绞痛之外，其他各型心绞痛均属于不稳定型心绞痛，包括初发型劳力性心绞痛、恶化型劳力性心绞痛、自发性心绞痛、变异型心绞痛、心肌梗死后心绞痛等。

(3)常考概念　有些名称现已淘汰，但仍可见于历年真题中。

①心绞痛　有发作性胸骨后疼痛，为一过性心肌供血不足引起。

②劳力性心绞痛　由运动诱发的短暂胸痛发作，休息或舌下含服硝酸甘油后，疼痛常迅速缓解。

③初发型劳力性心绞痛　通常在首发症状1~2个月以内，很轻的体力活动可诱发，程度至少达CCS Ⅲ级(老教材定义为：劳力性心绞痛病程在1个月以内)。

④稳定型劳力性心绞痛　劳力性心绞痛病情稳定数个月。

⑤恶化型劳力性心绞痛　在相对稳定的劳力性心绞痛基础上，心绞痛逐渐增强，疼痛更剧烈、时间更长或更频繁，CCS分级至少增加Ⅰ级水平，程度至少CCSⅢ级(老教材定义为：同等程度劳累所诱发的胸痛次数、严重程度及持续时间突然加重)。

⑥自发性心绞痛　胸痛发作与心肌需氧量的增加无关。与劳力性心绞痛相比，疼痛一般持续时间较长，程度较重，不易为硝酸甘油缓解。未见心肌酶学改变。心电图常出现某些暂时性ST段压低或T波改变。

⑦变异型心绞痛　某些自发性心绞痛患者发作时出现暂时性ST段抬高常称为变异型心绞痛。

【例4】男，50岁。3周来反复出现上3层楼时胸痛，为闷痛，休息3分钟能缓解，不剧烈运动则无症状，诊断为心绞痛。该患者最可能的心绞痛临床类型是

A. 初发型劳力性　　B. 恶化型劳力性　　C. 自发性

D. 变异型　　E. 稳定型

2. 典型临床表现

(1)症状　稳定型心绞痛的典型症状是发作性胸痛，常在体力活动或情绪激动时发生，多表现为心前区或胸骨后压迫感、束带感、紧缩感、窒息感，属钝痛性质，持续数分钟至十余分钟，多为3~5分钟。停止活动或含服硝酸甘油后缓解。有时胸痛可放射至左肩、左臂内侧达无名指和小指，或至颈咽部、下颌部。

(2)体征　平时一般无异常体征。发作时常见心率增快、血压升高、表情焦虑、皮肤出汗，有时出现第四或第三心音奔马律。可有暂时性心尖部收缩期杂音，是乳头肌缺血以致功能失调引起二尖瓣关闭不全所致。

3. 典型心电图变化

心绞痛发作时，典型心电图变化是呈节段性分布的ST段水平或下斜型压低，其他变化包括T波低平、双相或倒置，有时表现为原本倒置的T波变直立而症状缓解后又重新变为倒置，这种现象称为假性正常化。症状发作时出现相应心电图变化而症状缓解后心电图迅速恢复者，诊断的可靠性较高。心电图改变长期维持而无动态变化，与症状发作无相关性者，诊断意义较小。

4. 诊断和鉴别诊断

(1)诊断　根据典型心绞痛的发作特点及心电图表现，诊断并不困难。

(2)鉴别诊断　需与急性冠脉综合征、其他引起心绞痛的疾病、肋间神经炎、肋软骨炎、心脏神经症、反流性食管炎、膈疝、消化性溃疡、肠道疾病、颈椎病等相鉴别。

5. 治疗

稳定型心绞痛的治疗原则是改善冠状动脉血供和降低心肌缺氧以改善病人症状，提高生活质量，同时治疗动脉粥样硬化，预防心肌梗死和死亡，以延长生存期。

(1)发作时的治疗

①休息　发作时立刻休息，一般病人在停止活动后症状即逐渐消失。

②药物治疗　较重的发作，可使用作用较快的硝酸酯制剂。其作用机制为：扩张冠脉，降低阻力，增加冠脉循环的血流量；扩张周围血管，减少静脉回心血量，降低心脏前后负荷和心肌的需氧，从而缓解心绞痛。这类药物包括硝酸甘油、硝酸异山梨酯(消心痛)等，可舌下含化。

(2)缓解期的治疗

①生活方式的调整　尽量避免各种诱发因素。清淡饮食，一次进食不应过饱；戒烟限酒；调整日常生活和工作量；减轻精神负担；保持适当的体力活动，但以不致发生疼痛症状为度；一般不需卧床休息。

②改善缺血，减轻症状的药物　包括β受体拮抗剂、硝酸酯类药、钙通道阻滞剂等。

A.β受体阻滞剂　可减慢心率、减弱心肌收缩力、降低血压、降低心肌耗氧量，从而减少心绞痛发作。要求用药后静息心率降至55~60次/分，常用制剂是美托洛尔、比索洛尔等。但应注意低血压、严重心动过缓、高度房室传导阻滞、窦房结功能紊乱、外周血管疾病、支气管哮喘者不宜应用。

B.硝酸酯类　为非内皮依赖性血管扩张剂，能减少心肌需氧和改善心肌灌注，从而减低心绞痛发作的频率和程度。缓解期主要是口服二硝酸异山梨酯、单硝酸异山梨酯普通片或缓释片。

C.钙通道阻滞剂　可抑制心肌收缩，减少心肌氧耗；扩张冠脉，解除冠脉痉挛；扩张外周血管，降低动脉压，减轻心脏负荷。常用制剂有维拉帕米、地尔硫䓬、硝苯地平，特别适合伴有高血压的病人。

③预防心肌梗死，改善预后的药物　常用药物如下表。

药物	药理作用	备注
阿司匹林	通过抑制环氧化酶(COX)的活性而阻断血栓烷 A_2 (TXA_2)的合成，达到抗血小板聚集的作用	所有病人只要没有禁忌均应服用阿司匹林；若不能耐受，可改用氯吡格雷
氯吡格雷	通过阻断血小板 P_2Y_{12} 受体，抑制ADP诱导的血小板活化，从而抑制血小板聚集反应	常用于支架植入以后、阿司匹林有禁忌证的病人，维持剂量为每日75mg
他汀类	能有效降低TC和LDL-C，延缓粥样斑块进展	常用药物为辛伐他汀、阿托伐他汀
ACEI或ARB	可以使冠心病病人的心血管死亡、非致死性心肌梗死等主要终点事件的相对危险性显著降低	用于稳定型心绞痛合并高血压、糖尿病、心力衰竭、左心室收缩功能不全者
β受体拮抗剂	可降低心肌氧耗，减少心绞痛发作 常用于心肌梗死后的稳定型心绞痛病人	长期使用，可减少心血管事件的发生

④血运重建治疗　适用于规范药物治疗后，仍有明显心绞痛发作者。

A.介入治疗(PCI)　通过微创介入的方法，利用导管技术，将球囊导管送到冠状动脉狭窄部位，加压扩张使狭窄减轻，称为经皮冠状动脉腔内成形术(PTCA)。借助球囊导管将金属支架携带至冠状动脉病变部位，加压扩张释放支架，对局部进行支撑，称为冠状动脉支架植入术，可明显降低PTCA术后再狭窄率。利用特殊技术将雷帕霉素(西罗莫司)等药物装载到支架上，支架植入后在局部缓慢释放药物，抑制新生内膜形成，可进一步降低再狭窄率。这种带有抗再狭窄药物的支架，称为药物洗脱支架(DES)，是目前冠脉介入治疗的主流。植入DES后，病人需接受阿司匹林+氯吡格雷双联抗血小板治疗至少1年。

B.冠状动脉旁路移植术(CABG)　对于合并糖尿病、充血性心衰的严重多支血管病变病人,以及SYNTAX积分超过32分的左主干病变病人,应首选CABG。移植物可选用乳内动脉、桡动脉、胃网膜右动脉或大隐静脉。动脉性移植物能获得更好的远期疗效。

【例5】男,62岁。1年来劳累时胸痛,休息或含服硝酸甘油后数分钟即可缓解。既往高血压病史10余年,药物控制满意。实验室检查:血LDL-C2.16mmol/L。改善病人预后的药物不包括

A. 硝酸异山梨酯　　B. 辛伐他汀　　C. 福辛普利

D. 美托洛尔　　E. 阿司匹林

【例6】冠心病植入药物洗脱支架者,需要接受阿司匹林及氯吡格雷抗血小板治疗的时间至少为

A. 1个月　　B. 3个月　　C. 6个月

D. 9个月　　E. 12个月

三、急性心肌梗死

1. 临床表现

(1)先兆　50%~81%的病人发病前数日有乏力、胸部不适、活动时心悸、气急、烦躁、心绞痛等前驱症状,其中以初发型心绞痛或恶化型心绞痛最突出。

(2)临床症状

	发生率	发生时间	临床特点
胸痛	几乎均有	最先出现	中下段胸骨后持续性剧烈疼痛,硝酸甘油不能缓解
全身症状	大多数	24~48小时	发热,心动过速,白细胞增高,血沉(ESR)增快
胃肠症状	不少见	胸痛剧烈时	频繁恶心呕吐,上腹胀痛,肠胀气,呃逆
心律失常	75%~95%	起病1~2天	24小时内多见,各种心律失常中以室早最多见 室颤是心肌梗死早期的主要死因 室颤先兆:室早>5次/分;成对出现;短阵室速;多源性室速;R on T
低血压	常见	疼痛时	疼痛时血压下降未必是休克。疼痛缓解而血压降低,为休克表现
休克	20%	数小时至数日	主要为心源性休克,为心肌广泛(>40%)坏死,心排量下降所致
心力衰竭	32%~48%	起病最初几天	主要是急性左心衰竭,少数为急性右心衰竭

(3)体征　①心脏浊音界可正常,也可轻度至中度增大。②心率多增快,少数可减慢。③心尖区第一心音减弱,可出现第四心音(心房性)奔马律,少数为第三心音(心室性)奔马律。④部分病人可闻及心包摩擦音,为反应性纤维性心包炎所致。⑤心尖区可出现粗糙的收缩期杂音或伴收缩中晚期喀喇音,为二尖瓣乳头肌功能失调或断裂所致。⑥室间隔穿孔时,可于胸骨左缘3~4肋间新出现粗糙的收缩期杂音伴震颤。⑦可有各种心律失常。⑧几乎所有病人均有血压降低。

注意:①前壁心梗易发生室性心律失常,下壁心梗易发生房室传导阻滞——记忆为下水道阻塞(**下阻**)。
②前壁心肌梗死若发生房室传导阻滞,则表明梗死范围广泛,病情严重。
③急性心肌梗死早期的主要死因为室颤,心律失常以室早最多见。

2. 心电图及心肌损伤标志物变化

(1)心电图　ST段抬高型心肌梗死的特征性心电图改变包括:宽而深大的病理性Q波;ST段弓背向上抬高;T波倒置。动态性心电图改变包括:①超急性期:起病数小时内,出现异常高大两肢不对称的T波;②急性期:数小时后,ST段弓背向上抬高,形成单相曲线;数小时~2日内,出现病理性Q波,Q波3~4天内稳定不变,以后70%~80%永久存在;③亚急性期:ST段抬高持续数日至两周左右,逐渐回到基线水平,T波则变为平坦或倒置;④慢性期:数周至数月后,T波呈V形倒置,两肢对称,波谷尖锐。

(2)急性心梗的心电图定位诊断

心梗部位	导联改变	可能受累的冠脉	
前间隔	V_1、V_2、V_3	前壁	V_3、V_4、V_5
前侧壁	V_5、V_6、V_7、aVL	高侧壁	Ⅰ、aVL
广泛前壁	V_1~V_5	下壁	Ⅱ、Ⅲ、aVF
下侧壁	V_5、V_6、V_7、Ⅱ、aVF	正后壁	V_7、V_8

注意:ST段抬高见于——急性心梗、变异型心绞痛、急性心包炎、早期复极综合征。
病理性Q波见于——急性心梗、肥厚型心肌病、严重的扩张型心肌病、病毒性心肌炎。

(3)血清心肌坏死标志物　带●为现临床上常用指标,肌钙蛋白是诊断急性心肌梗死的敏感指标。

血清心肌酶学	代号	开始升高	达高峰时间	恢复正常时间
肌红蛋白	SMB	2小时	12小时	24~48小时
●肌钙蛋白I	cTnI	3~4小时	11~24小时	7~10天
●肌钙蛋白T	cTnT	3~4小时	24~48小时	10~14天
●肌酸激酶同工酶	CK-MB	4小时	16~24小时	3~4天
肌酸激酶	CK	6~10小时	12小时	3~4天

3. 诊断与鉴别诊断

(1)诊断　根据典型临床表现,特征性心电图及实验室检查发现,即可诊断本病。

(2)鉴别诊断　本病需与心绞痛、主动脉夹层、急性肺动脉栓塞、急腹症、急性心包炎等鉴别。

		心绞痛	急性心肌梗死
胸痛	诱因	劳力、情绪激动、受寒、饱食等	不常有
	部位	中下段胸骨后	相同,但可在较低位置或上腹部
	性质	压榨性或窒息性	相似,但程度更剧烈
	时限	短(1~5分钟或15分钟以内)	长(数小时或1~2天)
	发作频率	频繁发作	不频繁
	硝酸甘油疗效	显著缓解	作用较差或无效
气喘或肺水肿		极少	可有
血压		升高或无显著变化	可降低,甚至发生休克
听诊特点		可闻及暂时性心尖部收缩期杂音,第二心音逆分裂或出现交替脉,第三或第四心音奔马律	心尖区粗糙收缩期杂音或伴收缩中晚期喀喇音,第一心音减弱,可出现第三或第四心音奔马律
心律失常		发生率较心梗低	可有各种心律失常,以室早最多见
心包摩擦音		无	可有
发热		无	常有
血沉(ESR)		正常	常升高
血清心肌坏死标记物		正常	常升高
心电图变化		无变化,或暂时性ST-T改变	特征性和动态性改变

【例7】男,65岁。持续胸痛4小时,心电图提示Ⅱ、Ⅲ、aVF导联ST段抬高0.2mV,最可能出现的心律失常是

A. 阵发性室上性心动过速　B. 房室传导阻滞　C. 室性期前收缩

D. 房性期前收缩　E. 心房颤动

A. $V_1 \sim V_3$　B. $V_3 \sim V_5$　C. Ⅰ、aVL

D. Ⅱ、Ⅲ、aVF　E. $V_7 \sim V_9$

【例8】高侧壁心肌梗死出现异常Q波的导联是

【例9】前间壁心肌缺血时出现ST段下移的导联是

4. 并发症

并发症	发生率	发生时间	临床特点
乳头肌功能失调或断裂	50%	—	①二尖瓣乳头肌缺血坏死,导致二尖瓣脱垂并关闭不全,心尖区出现收缩中晚期喀喇音和吹风样收缩期杂音,第一心音可不减弱,可引起心衰 ②乳头肌整体断裂少见,多发生在二尖瓣后乳头肌,见于下壁心肌梗死
心脏破裂	少见	1周内	多为心室游离壁破裂。偶为室间隔破裂,在胸骨左缘3~4肋间出现响亮收缩期杂音,伴震颤。可急性死亡,也可为亚急性而存活数月
栓塞	1%~6%	1~2周	多为左心室附壁血栓脱落所致,引起脑、肾、脾、四肢等动脉栓塞 也可因下肢静脉血栓形成,部分脱落导致肺动脉栓塞,导致猝死
心室壁瘤	5%~20%	—	多见于左心室。可见左侧心界扩大,心搏较广,可有收缩期杂音,心音减弱,ST段抬高。超声心动图可见左心室心缘突出,搏动减弱或反常搏动
心肌梗死后综合征	1%~5%	数周至数月	于急性心肌梗死后数周至数月出现,可反复发生。表现为心包炎、胸膜炎或肺炎,有发热、胸痛等症状,发病机制可能为自身免疫反应所致

【例10】男,65岁。急性广泛前壁心肌梗死4天,突发喘憋2小时。查体:血压90/60mmHg,双肺未闻及干、湿啰音,心率105次/分,律齐,胸骨左缘第4肋间可闻及响亮的收缩期杂音伴震颤。该患者喘憋最可能的原因是

A. 支气管哮喘　B. 心房颤动　C. 感染性心内膜炎

D. 室间隔穿孔　E. 肺炎

A. 左心室血栓脱落　B. 心室膨胀瘤　C. 室间隔穿孔

D. 心肌梗死后综合征　E. 乳头肌功能失调

【例11】急性心肌梗死后1天,心尖区出现收缩中晚期喀喇音和吹风样收缩期杂音,最可能出现的并发症是

【例12】心肌梗死后4周,发热、胸痛,超声心动图示心包腔内液性暗区,最可能出现的并发症是

5. 治疗

(1)监护和一般治疗　急性期卧床休息,保持环境安静。在冠心病监护室严密监护。吸氧。

(2)解除疼痛　心肌再灌注治疗开通梗死相关血管、恢复缺血心肌的供血是解除疼痛最有效的方法,但在再灌注治疗前可选用哌替啶、吗啡、硝酸酯类、β受体拮抗剂等解除疼痛。对于下壁心肌梗死、可疑右心室心肌梗死、明显低血压的病人(收缩压<90mmHg)严禁使用硝酸酯类。

(3)抗血小板治疗　各类急性冠脉综合征均需联合使用阿司匹林+氯吡格雷等抗血小板药物。静脉应用GPⅡb/Ⅲa受体拮抗剂(如阿昔单抗)主要用于接受直接介入治疗的病人,术中使用。

(4)抗凝治疗　除非有禁忌,所有STEMI病人均应在抗血小板治疗的基础上,常规联合抗凝治疗。

(5)介入治疗(PCI)　应在起病3~6小时内,最多12小时内进行,可开通闭塞的冠状动脉,使得心肌得到再灌注,挽救濒临死亡的心肌或缩小梗死的范围,减轻梗死后心肌重塑,是STEMI最重要的治疗措施。

(6)溶栓疗法　若预计直接PCI时间>120分钟,则首选溶栓策略,力争10分钟内给予溶栓药物。

①适应证　A.两个或两个以上相邻导联 ST 段抬高，或急性心梗伴左束支阻滞，起病<12 小时，年龄<75 岁；B.ST 段显著抬高的心梗，年龄>75 岁，可慎重进行；C.ST 段抬高型心梗，发病时间已达 12~24 小时，但如仍有进行性缺血性胸痛、广泛 ST 段抬高者也可考虑。

②禁忌证　A.既往发生过出血性脑卒中，6 个月内发生过脑血管事件；B.中枢神经系统受损、颅内肿瘤或畸形；C.2~4 周内有活动性内脏出血；D.未排除主动脉夹层；E.入院时严重高血压（>180/110mmHg）；F.目前正在使用抗凝药物；G.2~4 周内创伤史，包括头部外伤、创伤性心肺复苏或较长时间（>10 分钟）的心肺复苏；H.3 周内进行过大手术；I.2 周内曾有在不能压迫部位的大血管行穿刺术。

③溶栓药物　尿激酶、链激酶、重组组织型纤溶酶原激活剂（rt-PA）静脉滴注或冠脉注射。

④溶栓再通的判断标准　A.冠脉造影最直接可靠；B.抬高的 ST 段于 2 小时内回降>50%；C.胸痛 2 小时内基本消失；D.2 小时内出现再灌注性心律失常；E.血清 CK-MB 酶峰值提前出现（14 小时内）。

(7)紧急冠状动脉旁路搭桥术　介入失败、溶栓治疗无效，有手术指征者，宜争取 6~8 小时内急诊手术。

(8)ACEI 或 ARB　ACEI 有助于改善恢复期心肌的重构，减少急性心肌梗死的病死率和充血性心衰的发生。除非有禁忌证，应全部选用 ACEI。如患者不能耐受 ACEI，可考虑给予 ARB。

(9)调脂治疗　他汀类药物的使用同不稳定型心绞痛的治疗。

(10)治疗心力衰竭　急性心梗 24 小时内禁用洋地黄，右心室梗死者慎用利尿剂。

(11)右心室梗死　右心室梗死多伴右心衰竭、低血压，无左心衰竭时可补充血容量。禁用利尿剂。

(12)非 ST 段抬高心肌梗死（NSTEMI）的处理　NSTEMI 其住院期病死率较低，但再梗死率、心绞痛再发生率和远期病死率较高。NSTEMI 多为非 Q 波性，不宜溶栓治疗。低危组以阿司匹林、肝素治疗为主；中危组和高危组以介入治疗为主。

6. 预防

预防动脉粥样硬化和冠心病，属一级预防。已有冠心病和心肌梗死者，预防再次梗死和其他心血管事件，称之为二级预防。二级预防可记忆为 ABCDE：

A：aspirin（抗血小板聚集）、anti-anginal therapy（抗心绞痛治疗，硝酸酯类制剂）。

B：beta-blocker（应用β受体阻滞剂预防心律失常，减轻心脏负荷）、blood pressure control（控制好血压）。

C：cholesterol lowing（控制血脂水平）、cigarettes quiting（戒烟）。

D：diet control（控制饮食）、diabetes treatment（治疗糖尿病）。

E：education（普及有关冠心病的教育）、exercise（鼓励有计划、适当的运动锻炼）。

【例 13】女，69 岁。突发胸骨后压榨样疼痛 6 小时，持续不缓解。查体：血压 160/70mmHg，心率 97 次/分。心电图示 V_1~V_6 导联 ST 段水平型压低 0.3~0.5mV。血清肌钙蛋白 I 增高。不宜采取的治疗是

A. 静脉滴注硝酸甘油　　B. 皮下注射低分子肝素　　C. 嚼服阿司匹林
D. 吸氧　　E. 静脉滴注尿激酶

A. 氯吡格雷　　B. 呋塞米　　C. 阿司匹林
D. 低分子肝素　　E. 尿激酶

【例 14】急性右心室 ST 段抬高心肌梗死患者慎用

【例 15】急性非 ST 段抬高心肌梗死不宜选用

常考点　考试重点，需全面掌握。

参考答案——详细解答见 2021《贺银成国家临床执业及助理医师资格考试历年考点精析》

1. ABCDE　2. ABCDE　3. ABCDE　4. ABCDE　5. ABCDE　6. ABCDE　7. ABCDE
8. ABCDE　9. ABCDE　10. ABCDE　11. ABCDE　12. ABCDE　13. ABCDE　14. ABCDE
15. ABCDE

第 8 章　原发性高血压

考纲要求

原发性高血压：概念和分类，临床表现，诊断和鉴别诊断，治疗，主要降压药物的作用特点及副作用，特殊人群的降压问题。

复习要点

一、概念、分类、临床表现、诊断与鉴别诊断

1. 概念及分类

(1)概念　原发性高血压简称高血压，是以体循环动脉压升高为主要临床表现的心血管综合征。

(2)分类　目前，我国采用的血压分类和标准见下表。高血压定义为未使用降压药物的情况下，诊室收缩压≥140mmHg 和(或)舒张压≥90mmHg。根据血压升高水平，进一步将高血压分为 1~3 级。

分类(血压 mmHg)	收缩压	舒张压	分类	收缩压	舒张压
正常血压	<120	<80	正常高值血压	120~139	80~89
高血压 1 级(轻度)	140~159	90~99	高血压 2 级(中度)	160~179	100~109
高血压 3 级(重度)	≥180	≥110	单纯收缩期高血压	≥140	<90

注：当收缩压和舒张压分别属于不同分级时，以较高的级别作为标准。以上标准适用于任何年龄的成年男性和女性。

【例 1】男，66 岁。发现高血压 3 年，未治疗。查体：血压 150/85mmHg。该患者的血压属于

A. 正常高值　　B. 单纯收缩期高血压　　C. 理想血压

D. 正常血压　　E. 2 级高血压

2. 临床表现

(1)症状　大多数患者起病缓慢，缺乏特殊临床表现，仅在测量血压时或发生心、脑、肾等并发症时才被发现。常见症状有头晕、头痛、颈项板紧、疲劳、心悸等。典型的高血压头痛在血压下降后即可消失。高血压患者还可出现受累器官的症状，如胸闷、气短、心绞痛、多尿等。约 1/5 患者无症状。

(2)体征　一般较少。周围血管搏动、血管杂音、心脏杂音等是重点检查项目。有些体征提示继发性高血压可能，如腰部肿块提示多囊肾或嗜铬细胞瘤；股动脉搏动延迟出现或缺如，下肢血压明显低于上肢，提示主动脉狭窄等。

(3)恶性高血压(急进型高血压)　①起病急骤，多见于中青年。②血压显著升高，舒张压持续≥130mmHg。③头痛、视物模糊、眼底出血、渗出和视盘水肿。④以肾脏损害为突出表现，表现为持续性蛋白尿、血尿、管型尿，可伴肾功能不全。⑤进展迅速，预后很差，常死于肾功能衰竭、脑卒中或心力衰竭。

【例 2】男，32 岁。发现血压增高 3 年。近 1 年血压持续为 170~200/130~140mmHg，近 1 周头痛、视物模糊。眼底检查发现视盘水肿，最可能的诊断为

A. 急性视盘病变　　B. 脑出血　　C. 恶性高血压

D. 脑梗死　　E. 高血压脑病

3. 诊断与鉴别诊断

(1)诊断　高血压诊断主要依据诊室测量的血压值。测量安静休息坐位时上臂肱动脉血压，一般需非同日测量 3 次血压值收缩压均≥140mmHg 和(或)舒张压均≥90mmHg 可诊断为高血压。但应注意：

①若病人既往有高血压史，正在使用降压药物，即使血压正常，也应诊断为高血压。

②如疑似直立性低血压的病人，还应测量平卧位和站立位血压。

③是否为高血压，不能仅凭1次或2次诊室血压测量值，需要进一步观察血压变化和总体水平。

(2)鉴别诊断 一旦诊断为高血压，必需鉴别是原发性还是继发性。

病名	各种继发性高血压的鉴别要点
肾实质高血压	先有肾病后有高血压，肾实质损害较重
高血压肾损害	先有高血压后有肾损害，肾实质损害较轻
肾血管性高血压	单侧或双侧肾动脉狭窄→肾缺血→激活肾素-血管紧张素-醛固酮系统 病情发展迅速，上腹部可闻及连续性高调血管杂音。肾动脉造影可确诊
原发性醛固酮增多症	高血压合并低血钾
嗜铬细胞瘤	阵发性高血压，血尿儿茶酚胺及代谢产物含量增加
主动脉缩窄	上肢血压增高，下肢血压不高或降低（双上、下肢血压不等）
皮质醇增多症	库欣综合征（向心性肥胖、紫纹、多毛）

(3)诊断性评估 高血压病人的预后不仅与血压水平有关，而且与是否合并其他心血管危险因素以及靶器官损害程度有关。影响高血压病人心血管预后的重要因素包括心血管危险因素、靶器官损害、伴随临床疾病等三类，如下表所示。

项目	危险因素
心血管危险因素	①高血压（1~3级）；②年龄：男>55岁，女>65岁；③吸烟；④糖耐量受损和（或）空腹血糖受损 ⑤血脂异常：TC≥5.7mmol/L、LDL-C>3.3mmol/L或HDL-C<1.0mmol/L ⑥早发心血管病家族史：一级亲属发病年龄男<55岁，女<65岁 ⑦腹型肥胖：男性腰围≥90cm、女性≥85cm，或体重指数（BMI）≥28kg/m^2 ⑧血同型半胱氨酸升高≥10μmol/L
靶器官损害	①左室肥厚（ECG或超声心动图）；②颈动脉超声示动脉粥样斑块或内膜中层厚度（IMT）≥0.9mm ③股动脉PWV≥12m/s；④ABI<0.9；⑤血肌酐轻度升高（男115~133μmol/L，女107~124μmol/L） ⑥尿微量白蛋白30~300mg/24h，或尿白蛋白/肌酐≥30mg/g
伴随临床疾病	①脑血管病：脑出血、缺血性脑卒中、TIA；②心脏疾病：心肌梗死、心绞痛、冠脉血运重建、慢性心力衰竭 ③肾脏疾病：糖尿病肾病、肾功能受损（血肌酐男≥133μmol/L、女≥124μmol/L，尿蛋白≥300mg/24h） ④周围血管病；⑤视网膜病变：出血、渗出、视盘水肿；⑥糖尿病

(4)高血压病人心血管危险分层标准 将高血压病人分为低危、中危、高危和很高危。

其他危险因素和病史	高血压1级	高血压2级	高血压3级
无其他危险因素	低危	中危	高危
1~2个其他危险因素	中危	中危	很高危
≥3个其他危险因素或靶器官损害	高危	高危	很高危
临床并发症或合并糖尿病	很高危	很高危	很高危

【例3】男，66岁。2天前与人争吵时觉头晕，当时测血压140/80mmHg，今天骑车10公里到县医院就诊，到达时测血压160/85mmHg。关于此时该患者的血压诊断，正确的说法是

A. 诊断为高血压2级，中危

B. 暂不能诊断高血压，须多次测量安静休息时血压后才可能明确诊断

C. 诊断为单纯收缩期高血压2级，但须进一步检查后才能明确危险分组

D. 诊断为高血压1级，低危

E. 诊断为单纯收缩期高血压2级，中危

【例 4】女,45 岁。肢体软弱无力、夜尿多 2 年余,今晨起双下肢不能活动。查:血压 170/100mmHg,均匀性轻度肥胖,双下肢松弛性瘫痪,血钾 2.4mmol/L。最可能的诊断为

A. 原发性高血压　B. 嗜铬细胞瘤　C. 肾性高血压

D. 原发性醛固酮增多症　E. 库欣病

【例 5】男,45 岁,1 年前发现血压 170/110mmHg,长期口服氨氯地平等药物治疗。2 个月前诊断为糖尿病,口服降糖药治疗,目前血压、血糖均在正常范围。该患者高血压诊断正确的是

A. 高血压 3 级,高危　B. 高血压 1 级　C. 高血压 3 级,很高危

D. 高血压 2 级,很高危　E. 高血压 2 级,高危

二、治疗

1. 治疗原则

(1)降压治疗的目的　最终目的是减少高血压病人心、脑血管病的发生率和死亡率。

(2)治疗性生活方式干预　适用于所有高血压病人,包括使用降压药物治疗的病人。

①减轻体重　尽可能将体重指数(BMI)控制在<24kg/m^2(7 版《内科学》数据为 25)。

②减少钠盐摄入　膳食中约 80%钠盐来自烹调用盐和各种腌制品,每人每天食盐量不宜超过 6g。

③补充钾盐　每人每日吃新鲜蔬菜 400~500g,喝牛奶 500ml,可补钾 1000mg(7 版《内科学》数据)。

④减少脂肪摄入　膳食中脂肪量应控制在总热量的 25%以下(7 版《内科学》数据、9 版已删除)。

⑤戒烟限酒　饮酒量每日不可超过相当于 50g 乙醇(7 版《内科学》数据、9 版已删除)。

⑥增加运动　运动有利于减轻体重和改善胰岛素抵抗,提高心血管调节适应能力。

(3)降压治疗的对象　①高血压 2 级或以上病人;②高血压合并糖尿病,或有心、脑、肾靶器官损害者;③凡血压持续性升高,改善生活行为后血压仍未获得有效控制者;④高危和很高危病人。

(4)血压控制目标值　①一般主张血压目标值应<140/90mmHg。②高血压合并糖尿病、慢性肾脏病、心力衰竭、冠心病者,血压目标值<130/80mmHg。③老年收缩期高血压病人,收缩压控制在 150mmHg 以下,如能耐受可降至 140mmHg 以下。

(5)用药原则　使用降压药应遵循以下 4 项原则:

①小剂量开始　初始治疗时通常应采用较小的有效治疗剂量,根据需要逐步增加剂量。

②优先选择长效制剂　尽可能使用每天给药 1 次但能持续 24 小时降压的长效药物,从而有效控制夜间血压与晨峰血压,更有效地预防心脑血管并发症。

③联合用药　可增加降压效果又不增加不良反应。

④个体化　根据病人具体情况、药物有效性和耐受性、经济条件及个人意愿,选择适合病人的降压药物。

【例 6】高血压患者尽量做到

A. 每人每日食盐量不应超过 8g　B. 饮酒量每日不超过相当于 75g 乙醇的量

C. 低或中度强度的等张运动　D. 将体重指数(BMI)控制在 30

E. 膳食中脂肪量控制在总量的 35%以下

【例 7】男,76 岁。高血压病史 1 年,血压波动于 170~190/60~65mmHg。查体未见明显异常。实验室检查:血常规、尿常规、肾功能、空腹血糖、血脂等均正常,心电图正常。该患者的收缩压控制目标值至少低于

A. 140mmHg　B. 170mmHg　C. 130mmHg

D. 150mmHg　E. 160mmHg

2. 主要降压药物的种类及特点

常用降压药物分 5 类,记忆为 A、B、C、D,即血管紧张素转换酶抑制剂 ACEI+血管紧张素Ⅱ受体阻滞剂 ARB(A)、β 受体阻滞剂(B)、钙通道阻滞剂 CCB(C)、利尿剂 Diuretics(D)。

(1)利尿剂　有噻嗪类、袢利尿剂、保钾利尿剂三类。

常用制剂	氢氯噻嗪、氨苯蝶啶、阿米洛利、呋塞米、吲达帕胺
降压机制	通过排钠,减少细胞外容量,降低外周血管阻力
降压特点	起效平稳,缓慢,持续时间较长,作用持久
适应证	轻中度高血压,单纯收缩期高血压,盐敏感性高血压 合并肥胖、糖尿病或心衰,更年期女性,老年人高血压
不良反应	低钾血症,大剂量时可影响血脂、血糖、血尿酸代谢,尿量增多
禁忌证	高脂血症,痛风,肾功能不全(噻嗪类和保钾利尿剂不宜应用,袢利尿剂可用)
注意事项	利尿剂能增强其他降压药的疗效;长期应用利尿剂应注意补钾 保钾利尿剂不宜与 ACEI、ARB 合用;袢利尿剂主要用于肾功能不全者

(2)β 受体拮抗剂 有选择性(β_1)、非选择性($\beta_1+\beta_2$)和兼有 α 受体拮抗三类。

常用制剂	普萘洛尔、美托洛尔、阿替洛尔、倍他洛尔、比索洛尔、卡维地洛、拉贝洛尔
降压机制	通过抑制中枢和周围肾素-血管紧张素-醛固酮系统,抑制心肌收缩力,减慢心率发挥降压作用
降压特点	起效较强,而且迅速,不同 β 受体拮抗剂作用持续时间不同
适应证	不同程度的高血压,尤其心率较快的中青年病人或合并心绞痛、慢性心力衰竭者
不良反应	心动过缓,抑制心肌收缩力,抑制窦房结和房室结功能,收缩支气管,外周血管痉挛,诱发高尿酸
禁忌证	房室传导阻滞,急性心力衰竭,病态窦房结综合征,支气管哮喘,周围血管疾病
注意事项	长期应用者突然停药可发生反跳现象(即撤药综合征);可影响糖代谢,故糖尿病病人慎用

(3)钙通道阻滞剂(CCB) 分为二氢吡啶类和非二氢吡啶类。

常用制剂	硝苯地平、维拉帕米、地尔硫䓬、氨氯地平、拉西地平、乐卡地平
降压机制	阻断钙通道,减少细胞外 Ca^{2+} 进入血管平滑肌,减少兴奋-收缩偶联,降低阻力血管的收缩反应;减轻血管紧张素Ⅱ(ATⅡ)和 α_1 受体的缩血管效应,减少肾小管钠的重吸收
降压特点	起效迅速,降压疗效和幅度较强,疗效的个体差异较小,与其他降压药联用能增强降压作用;能抗动脉粥样硬化,对血脂、血糖无明显影响,对老年病人具有较好降压作用,对嗜酒者有效
适应证	合并冠心病、糖尿病、外周血管病者,老年单纯收缩期高血压
不良反应	血管扩张所致的头痛、颜面潮红、下肢水肿;二氢吡啶类(硝苯地平)可引起反射性心率加快;非二氢吡啶类(维拉帕米)负性肌力、负性传导作用
禁忌证	非二氢吡啶类不宜用于心力衰竭、窦房结功能低下、心脏传导阻滞

(4)血管紧张素转换酶抑制剂(ACEI)

常用制剂	卡托普利、依那普利、贝那普利、雷米普利、培哚普利
降压机制	抑制循环和组织血管紧张素转换酶(ACE),使血管紧张素Ⅱ(ATⅡ)生成减少(主要作用) 抑制激肽酶使缓激肽降解减少,而缓激肽是强烈的舒血管物质(次要作用)
降压特点	起效缓慢,3~4 周达最大作用,限制钠盐摄入或联合使用利尿剂可使起效迅速和作用增强 能改善胰岛素抵抗,减少尿蛋白排出,对肥胖、糖尿病、心脏、肾脏等靶器官受损者疗效较好
适应证	心力衰竭、心肌梗死、房颤、蛋白尿、糖尿病、糖尿病肾病
不良反应	刺激性干咳、血管性水肿(与体内缓激肽增多有关)
禁忌证	血钾>5.5mmol/L、妊娠妇女、双侧肾动脉狭窄、肾功能严重受损(血肌酐>265μmol/L)

A. 氢氯噻嗪　　B. 厄贝沙坦　　C. 硝苯地平

D. 福辛普利　　E. 美托洛尔

【例 8】合并痛风的高血压患者不宜选用

【例 9】合并支气管哮喘的高血压患者不宜选用

【例 10】血管紧张素转换酶抑制剂最适合于

A. 高血压伴双侧肾动脉狭窄　　B. 高血压伴左心室肥厚　　C. 高血压伴主动脉瓣狭窄

D. 高血压伴高钾血症　　E. 妊娠高血压

(5)血管紧张素Ⅱ受体拮抗剂(ARB)

常用制剂	氯沙坦、缬沙坦、厄贝沙坦、替米沙坦
降压机制	阻滞组织血管紧张素Ⅱ(ATⅡ)受体,阻断其血管收缩、水钠潴留与重构作用
降压特点	起效缓慢,但降压持久而平稳;低盐饮食或与利尿剂合用可增强疗效;治疗剂量窗较宽 最大特点是直接与药物有关的不良反应较少,一般不引起刺激性干咳,持续治疗依从性较高
适应证	同 ACEI
不良反应	干咳少见,其余同 ACEI
禁忌证	ACEI 发生干咳可改用 ARB,其余同 ACEI

注意:①对血脂有影响者——BD(β受体阻滞剂 、利尿剂)。

②对血脂无影响者——AC(血管紧张素转换酶抑制剂、血管紧张素Ⅱ受体阻滞剂、钙通道阻滞剂)。

③ACEI 可减少 ATⅡ的生成,使血管舒张,从而降低血压;因可抑制醛固酮合成,故可导致高钾血症。

④ARB 可抑制 ATⅡ受体,抑制 ATⅡ的缩血管作用,从而降低血压。

⑤CCB 可抑制血管平滑肌的钙通道,降低缩血管作用,从而降低血压。

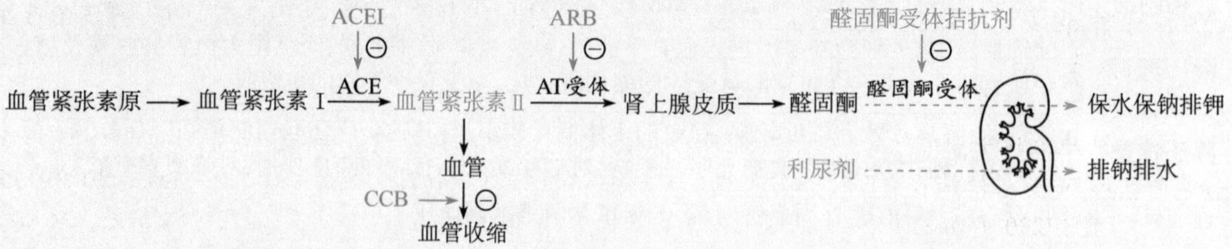

3. 特殊人群的降压问题

(1)高血压合并心力衰竭　①高血压合并无症状的左心功能不全,应选用 ACEI 和β受体阻滞剂;②高血压合并有心力衰竭症状者,应选用利尿剂、ACEI 或 ARB 和β受体阻滞剂联合治疗。

(2)高血压合并冠心病　①高血压合并稳定型心绞痛的降压治疗,应选择β受体阻滞剂、ACEI、长效钙通道阻滞剂。②发生过心肌梗死者,应选用 ACEI 和β受体阻滞剂,预防心室重构。

(3)高血压合并糖尿病　首选 ACEI 或 ARB,能有效减轻和延缓糖尿病肾病的进展,改善血糖控制。

(4)高血压合并肾脏损害　首选 ACEI、ARB,可显著减少尿蛋白排出。

(5)老年高血压　年龄≥65 岁达到高血压诊断标准者即为老年高血压。半数以上为单纯收缩期高血压,此与老年人大动脉弹性减退、顺应性降低,使脉压增大有关。降压治疗可降低老年高血压病人的致残率和病死率,治疗应优先选择钙通道阻滞剂、ACEI 或 ARB、利尿剂。老年人压力感受器敏感性减退,对血压的调节能力下降,易造成血压波动及直立性低血压,故宜给予小剂量降压药,缓慢平稳降压。

(6)高血压合并妊娠　不宜使用 ACEI 及 ARB,可选用甲基多巴。

(7)高血压合并脑血管病　对于已发生过脑卒中的病人,降压治疗的目的是预防再次发生脑卒中。高血压合并脑血管病病人不能耐受血压下降过快或过大,压力感受器敏感性减退,易发生直立性低血压,降压过程应缓慢平稳，最好不要减少脑血流量，可选择ARB、长效钙通道阻滞剂、ACEI或利尿剂。

(8)高血压合并特殊疾病 合并支气管哮喘、抑郁症、糖尿病不宜使用β受体阻滞剂；痛风病人不宜使用利尿剂；合并房室传导阻滞不宜使用β受体阻滞剂、非二氢吡啶类钙通道阻滞剂。

(9)高血压急症 是指高血压患者在某些诱因作用下，血压突然明显升高（一般超过180/120mmHg），伴有进行性心、脑、肾等重要靶器官功能不全的表现。高血压急症包括高血压脑病、颅内出血、脑梗死、急性心力衰竭、急性冠脉综合征、主动脉夹层等。应采用静脉给药，以迅速降低血压，大多数情况下首选硝普钠静脉滴注，根据血压水平调节滴注速度。硝普钠可用于各种高血压急症。

	作用机制	适用证	主要副作用
硝普钠	扩张动静脉，降低前后负荷	各种高血压急症	恶心呕吐、肌肉颤动、硫氰酸中毒
硝酸甘油	扩张静脉，选择性扩张冠状动脉和大动脉	急性心力衰竭、急性冠脉综合征时高血压急症	心动过速、面部潮红 头痛和呕吐
尼卡地平	二氢吡啶类钙通道阻滞剂 降压同时改善脑血流量	高血压危象、急性脑血管病时高血压急症	心动过速 面部潮红
地尔硫䓬	非二氢吡啶类钙通道阻滞剂 降压同时改善冠脉血流量 控制快速室上性心律失常	高血压危象、急性冠脉综合征	头痛 面部潮红
拉贝洛尔	α+β受体阻滞剂	妊娠、肾衰时高血压急症	头晕、直立性低血压、传导阻滞

【例11】女，71岁，2型糖尿病病史10年。查体：BP140/95mmHg，HR65次/分。实验室检查：Scr160μmol/L，血K^+4.2mmol/L，尿蛋白（+）。该患者降血压药应首选

A. 钙通道阻滞剂　B. 利尿剂　C. 血管紧张素Ⅱ受体阻滞剂

D. α受体阻滞剂　E. β受体阻滞剂

【例12】男，68岁。高血压病史10余年。查体：P56次/分，BP160/90mmHg。Scr365μmol/L。降压治疗宜首选

A. 维拉帕米　B. 美托洛尔　C. 利血平

D. 氨氯地平　E. 贝那普利

【例13】男，50岁。情绪激动后突感头痛，伴恶心、呕吐和视物模糊2小时来诊。高血压病史10年。查体：BP230/140mmHg，双肺未闻及干、湿啰音，心率100次/分，律不齐，早搏2～4次/分。颈无抵抗，无肢体活动障碍及言语不利。最适宜的治疗措施是

A. 静脉推注利多卡因　B. 静脉推注普罗帕酮　C. 静脉推注地西泮

D. 静脉滴注硝普钠　E. 静脉滴注呋塞米

▶常考点 高血压的药物治疗。

参考答案——详细解答见2021《贺银成国家临床执业及助理医师资格考试历年考点精析》

1. ABCDE　2. ABCDE　3. ABCDE　4. ABCDE　5. ABCDE　6. ABCDE　7. ABCDE
8. ABCDE　9. ABCDE　10. ABCDE　11. ABCDE　12. ABCDE　13. ABCDE

第9章　心肌疾病与急性心包炎

考纲要求

①心肌病:分类,主要临床表现,治疗原则。②病毒性心肌炎:临床表现,辅助检查,诊断,治疗。③急性心包炎:主要病因,临床表现,典型心电图和超声心动图表现,诊断与鉴别诊断,治疗。

复习要点

一、心肌病概述

1. 概念

心肌病是指一组异质性心肌疾病,由不同病因(遗传性病因较多见)引起的心肌病变导致心肌机械和(或)心电功能障碍,常表现为心室肥厚或扩张。该病可局限于心脏本身,也可为系统性疾病的部分表现,最终可导致心脏性死亡或进行性心力衰竭。由其他心血管疾病继发的心肌病理性改变不属于心肌病范畴,如心脏瓣膜病、高心病、先天性心脏病、冠心病等所致的心肌病变。

2. 分类

(1)遗传性心肌病　肥厚型心肌病、右心室发育不良心肌病、左心室致密化不全、糖原贮积症、先天性传导阻滞、线粒体肌病、离子通道病(长QT综合征、短QT综合征、Brugada综合征、儿茶酚胺敏感室速)。

(2)获得性心肌病　感染性心肌病、心动过速心肌病、心脏气球样变、围生期心肌病。

(3)混合性心肌病　扩张型心肌病、限制型心肌病。

二、扩张型心肌病

扩张型心肌病是一类以左心室或双心室扩大伴收缩功能障碍为特征的心肌病。

1. 临床表现

(1)症状　早期可无症状。主要表现为活动时呼吸困难和活动耐量下降。随之可出现夜间阵发性呼吸困难、端坐呼吸等左心功能不全的症状。晚期出现食欲下降、腹胀、下肢水肿等右心功能不全的症状。

(2)体征

①心脏体征　心界扩大,心音减弱,可闻及第三或第四心音、奔马律,有时心尖部闻及收缩期杂音。

②左心衰竭体征　肺部可闻及湿啰音,可局限,也可遍布两肺,可伴哮鸣音。

③右心衰竭体征　颈静脉怒张,肝大,外周水肿。长期肝淤血可导致肝硬化、胆汁淤积和黄疸。

2. 辅助检查

(1)胸片　心影增大,心胸比>50%。可出现肺淤血、肺水肿、肺动脉高压征象。

(2)心电图　常见ST段压低和T波倒置,可见各种类型的心律失常,可有病理性Q波。

(3)超声心动图　是诊断和评估病情最常用的重要检查手段。早期表现为左心室轻度扩大,后期各心腔均扩大,以左心室扩大为著,心脏可呈球形,左心室流出道增宽。室间隔和心室游离壁的厚度变薄,但也可正常。室壁运动普遍减弱,心肌收缩功能下降,左室射血分数显著降低。二尖瓣瓣叶舒张活动幅度减低,运动曲线呈“钻石样”改变。瓣环扩大导致相对性二尖瓣、三尖瓣关闭不全。

3. 诊断与鉴别诊断

(1)诊断　对于有慢性心力衰竭表现,超声心动图提示心腔扩大、心脏收缩功能减低,即可考虑本病。

(2)鉴别诊断　需与心脏瓣膜病、高心病、冠心病、先天性心脏病等鉴别。

4. 治疗

(1)病因及加重诱因的治疗 应积极寻找病因,给予相应治疗,如控制感染、严格限酒或戒烟、治疗相应内分泌疾病或自身免疫病,纠正电解质紊乱,改善营养失衡等。

(2)针对心力衰竭的药物治疗 在疾病早期尚未出现心力衰竭症状时,即应积极给予药物干预治疗,如β受体拮抗剂、ACEI或ARB,可减缓心室重构及心肌进一步损伤,延缓病变发展。若出现心力衰竭症状时,应按慢性心衰治疗指南进行治疗。

(3)心力衰竭的心脏同步化治疗 是通过置入带有左心室电极的起搏器,同步起搏左、右心室,使心室的收缩同步化。这一治疗对部分心力衰竭的病人有显著疗效,但应在药物治疗的基础上选用。

(4)心脏移植 对于严重心力衰竭内科治疗无效的病例,可考虑心脏移植。

(5)抗凝治疗 对于有房颤、附壁血栓形成、有血栓栓塞病史的病人需长期服用华法林抗凝。

【例1】扩张型心肌病典型的超声心动图改变是
A. 收缩期心尖部向外膨出
B. 舒张期室间隔厚度与左心室后壁之比≥1.3
C. 收缩期二尖瓣前叶向前运动
D. 心腔扩大,室壁运动弥漫性减弱,瓣口开放小
E. 瓣膜增厚、钙化、僵硬,瓣口开放受限

【例2】男,活动耐量逐年下降来诊。查体:心尖搏动减弱,范围弥散,心界向两侧扩大,心尖部可闻及2/6级收缩期吹风样杂音。该患者最可能的诊断是
A. 扩张型心肌病
B. 肺源性心脏病
C. 心包积液
D. 风湿性心脏病
E. 缺血性心肌病

【例3】男,36岁。活动性气急、夜间阵发性呼吸困难3年。查体:血压100/60mmHg,无颈静脉怒张,双下肺可闻及少许湿啰音,心率90次/分,双下肢水肿(+)。超声心动图显示:全心扩大,以左心室扩大为主,二尖瓣前叶舒张活动振幅降低,瓣口开放小,呈钻石样双峰图形。该患者最可能的诊断是
A. 风湿性心脏病
B. 纤维蛋白性心包炎
C. 渗出性心包炎
D. 肥厚型心肌病
E. 扩张型心肌病

三、肥厚型心肌病

肥厚型心肌病是一种遗传性心肌病,以心室非对称性肥厚为解剖特点,是青少年运动猝死的最主要原因之一。根据左心室流出道有无梗阻,分为梗阻性和非梗阻性肥厚型心肌病两类。

1. 临床表现

(1)症状 最常见的症状是劳力性呼吸困难(占90%),夜间阵发性呼吸困难较少见。最常见的持续性心律失常是房颤。部分病人有晕厥,常于运动时出现。该病是青少年和运动员猝死的主要原因。

(2)体征 心脏轻度增大,可闻及第四心音。左心室流出道梗阻的病人可于胸骨左缘第3~4肋间闻及较粗糙的喷射性收缩期杂音。心尖部常闻及收缩期杂音。

注意:①心脏杂音增强——含服硝酸甘油、应用强心药、取站位、Valsalva动作(心肌收缩力↑、前负荷↓)。
②心脏杂音减弱——使用β受体阻滞剂、取卧位或下蹲位(心肌收缩力↓、前负荷↑)。
③9版《内科学》P266倒数第13行、第15行的“心脏后负荷”,应为“心脏前负荷”。

【例4】可使肥厚型心肌病杂音减轻的药物是
A. 多巴胺
B. 美托洛尔
C. 地高辛
D. 硝酸甘油
E. 呋塞米

2. 辅助检查

(1)胸片 提示心影可正常大小或左心室增大。

(2)心电图 变化多端,主要表现为QRS波左心室高电压、倒置T波和异常q波。少数病人可有深而不宽的病理性Q波。此外,病人可伴有室内传导阻滞和其他各种心律失常。

(3)超声心动图 是临床最主要的诊断手段。心室不对称肥厚而无心室腔增大为其特征。舒张期室间隔厚度达 15mm 或与后壁厚度之比≥1.3。伴有流出道梗阻的病例可见室间隔流出道部分向左心室内突出、二尖瓣前叶在收缩期前移(SAM)、左心室顺应性降低致舒张功能障碍等。

3. 诊断与鉴别诊断

(1)诊断 根据病史及体格检查,超声心动图示舒张期室间隔厚度达 15mm 或与后壁厚度之比≥1.3。如有阳性家族史(猝死、心肌肥厚等),更有助于诊断。

(2)鉴别诊断 需与引起左心室肥厚的疾病相鉴别,如高血压心脏病、运动员心脏肥厚等。

4. 治疗

治疗原则为改善症状、减少合并症、预防猝死。其方法是减轻流出道梗阻、改善心室顺应性、防治血栓栓塞事件、识别高危猝死病人。

(1)药物治疗 是基础治疗。但对胸闷不适者使用硝酸酯类,需除外流出道梗阻,以免加重病情。

①减轻左心室流出道梗阻 首选β受体拮抗剂,次选非二氢吡啶类 CCB,丙吡胺为候选药物。

②针对心力衰竭的治疗 疾病后期可出现左心室扩大、左心室收缩功能减低、慢性左心功能不全的临床表现,药物治疗可选择 ACEI、ARB、β受体拮抗剂、螺内酯,慎用地高辛。

③针对房颤的治疗 肥厚型心肌病最常见的心律失常是房颤,发生率达 20%。胺碘酮可减少阵发性房颤发作。对于持续性房颤,可给予β受体拮抗剂控制心室率。

(2)手术治疗 对于药物治疗无效、心功能 NYHA Ⅲ~Ⅳ级病人,若存在严重流出道梗阻(静息或运动时流出道压力阶差>50mmHg),需考虑行室间隔切除术。

(3)酒精室间隔消融术 经冠脉间隔支注入无水酒精,造成该供血区域心室间隔坏死,可减轻部分病人左心室流出道梗阻及二尖瓣反流,改善心力衰竭症状。

(4)起搏治疗 对于其他病因有双腔起搏置入适应证的病人,选择放置右心室心尖起搏可望减轻左心室流出道梗阻。对于药物治疗无效,而又不适合手术或消融治疗的病人,可以选择双腔起搏。

5. 扩张型心肌病和肥厚型心肌病的比较

	扩张型心肌病	肥厚型心肌病
特征	左心室或双室扩大,心肌收缩功能减退 伴或不伴充血性心力衰竭	左心室非对称性肥厚,尤其是室间隔肥厚 无心腔增大;左心室流出道可有或无梗阻
病理特点	心腔扩大,心室扩张、室壁变薄 瓣膜、冠脉多正常,心肌细胞非特异性肥大变性	非对称性室间隔肥厚 心肌细胞肥大,形态特异,排列紊乱
症状	充血性心衰的症状和体征 部分患者可发生栓塞或猝死	心悸、胸痛、劳力性呼吸困难 运动时眩晕,甚至神志丧失
体征	心脏扩大,可闻第三或第四心音,呈奔马律	心脏轻度增大,可闻第四心音,心尖部收缩期杂音
心电图	房颤、传导阻滞,ST-T 改变,病理性 Q 波少见	左心室肥大,ST-T 改变,病理性 Q 波为其特征
心动图	心腔扩大,以左心室扩大显著 室壁运动普遍减弱,房室瓣反流	心室不对称性肥厚而无心腔增大为其特征,舒张期室间隔厚度≥15mm 或与后壁之比≥1.3
冠脉造影	心室造影示心腔扩大,室壁运动减弱 冠脉造影多无异常	心室造影示左心室腔变形 冠脉造影多无异常
治疗	无特效治疗 β受体拮抗剂、洋地黄、利尿剂、ACEI 无效时心脏移植,死因多为心衰和严重心律失常	首选β受体拮抗剂,次选非二氢吡啶类钙通道阻滞剂,介入治疗,手术治疗

注意:①对扩张型心肌病、肥厚型心肌病最有价值的诊断方法是超声心动图。
②心电图检查,肥厚型心肌病有病理性 Q 波为其特征;扩张型心肌病病理性 Q 波少见。
③肥厚型心肌病的治疗首选β受体阻滞剂。左心室后壁舒张期厚径正常值为 7~11mm。

【例5】女,32岁。反复胸痛半年,进行性活动后呼吸困难2个月。否认慢性咳嗽、咳痰及心脏病史。查体:血压120/80mmHg,双肺呼吸音低,未闻及干、湿啰音,$P_2>A_2$,三尖瓣区可闻及3/6级收缩期杂音,剑突下可见心脏搏动。右下肢水肿。为确定诊断,最有意义的检查是

A. 超声心动图　　B. CT肺动脉造影　　C. 肺通气功能
D. 血气分析　　E. 胸部X线片

(6~7题共用题干)男,33岁。活动时气短、心前区疼痛1年。查体:血压146/80mmHg,双肺呼吸音清,心率78次/分,律齐,胸骨左缘第3、4肋间可闻及3/6级收缩期喷射性杂音。超声心动图示舒张期室间隔与左心室后壁厚度之比>1.5。

【例6】该患者最可能的诊断是

A. 高血压性心脏损害　　B. 风湿性心脏病　　C. 病毒性心肌炎
D. 肥厚型心肌病　　E. 扩张型心肌病

【例7】该患者最适宜的治疗药物是

A. 硝酸甘油　　B. 地高辛　　C. 美托洛尔
D. 氢氯噻嗪　　E. 氨茶碱

四、病毒性心肌炎

病毒性心肌炎是指嗜心肌病毒感染引起的以心肌非特异性间质性炎症为主要表现的心肌炎。这些嗜心肌病毒包括柯萨奇B组病毒、ECHO病毒、脊髓灰质炎病毒、人类腺病毒、流感病毒、风疹病毒等。

1. 临床表现

(1)病史　多数患者于发病前1~3周有病毒感染等前驱症状,如发热、全身倦怠等"感冒"症状。

(2)心肺症状　心悸、胸痛、呼吸困难、水肿,甚至晕厥、猝死等。临床诊断的病毒性心肌炎绝大部分以心律失常为主诉或首见症状,少数可因此发生晕厥或阿斯综合征。

(3)体检

①心律失常　可有各种类型心律失常,以房早、室早、房室传导阻滞最为常见。心率增快与体温不相称。

②杂音　可闻及第三心音或杂音,部分患者可于心尖部闻及收缩期吹风样杂音。

③心力衰竭患者　可有颈静脉怒张、肺部啰音、肝大等体征。

2. 辅助检查

(1)心电图　常见ST-T改变,包括ST段移位和T波倒置。合并急性心包炎者可有aVR导联以外ST段广泛抬高,少数可出现病理性Q波。可出现各型心律失常,特别是室性心律失常和房室传导阻滞。

(2)超声心动图　可正常,也可显示左心室增大,室壁运动减低,左心室收缩功能低下,附壁血栓。

(3)血液检查　血清肌钙蛋白(T或I)、心肌肌酸激酶(CK-MB)增高,血沉增快,C反应蛋白阳性。

(4)心内膜活检(EMB)　有助于病情及预后的判断。病毒性心肌炎的确诊有赖于心内膜、心肌或心包组织内病毒的检出。EMB为有创检查方法,对轻症病人,一般不作为常规。

3. 诊断

心脏扩大、心力衰竭、心律失常等临床表现和心电图变化,结合病前1~3周曾肠道或上呼吸道感染史,除外其他心脏疾病者,可以诊断。确诊有赖于心肌病毒分离或病毒抗体测定。

注意:①病毒性心肌炎与急性心肌梗死均有心肺症状、心律失常、病理性Q波、血清肌钙蛋白和CK-MB增高。
②病毒性心肌炎——发病前1~3周有病毒感染的前驱症状,病程较长达数周。
③急性心肌梗死——发病前无病毒感染的前驱症状,病程短至数小时。

4. 治疗

病毒性心肌炎尚无特异性治疗,应以针对左心功能不全的支持治疗为主。

出现心力衰竭时,酌情使用利尿剂、血管扩张剂、ACEI等。病毒性心肌炎确诊后,应行抗病毒治疗。

【例8】病毒性心肌炎的确诊有赖于

A. 血肠道病毒核酸阳性　　B. 血清柯萨奇B组病毒IgG 1∶640　　C. 心肌组织内病毒的检出

D. 血C反应蛋白水平增高　　E. 血清柯萨奇B组病毒IgM 1∶320以上

【例9】男,19岁。约2周前曾咳嗽、流涕,近3天感心悸。查体:心界不大,$P_2>A_2$,心率96次/分,可闻及频发期前收缩。心脏各瓣膜区未闻及杂音和附加音。心电图示:室性期前收缩。血清肌钙蛋白升高。该患者最可能的诊断是

A. 感染性心内膜炎　　B. 急性心肌梗死　　C. 病毒性心肌炎

D. 扩张型心肌病　　E. 急性心包炎

五、急性心包炎

急性心包炎为心包脏层和壁层的急性炎症性疾病。以胸痛、心包摩擦音、心电图改变及心包渗出后心包积液为特征。可单独存在,也可以是某种全身疾病累及心包的表现。

1. 主要病因

感染	以病毒感染最常见,其他包括细菌、真菌、寄生虫、立克次体感染等
非感染性	自身免疫病、肿瘤、尿毒症、急性心肌梗死后心包炎、主动脉夹层、胸壁外伤、心脏手术后
病因不明	有些病人经检查仍无法明确病因,称为特发性急性心包炎或急性非特异性心包炎

注意:①急性心包炎的病因过去以结核性最常见,现在以病毒感染最常见(9版《内科学》P302)。
②缩窄性心包炎的病因以结核性最常见(9版《内科学》P306)。

【例10】慢性缩窄性心包炎最常见的病因是(超纲题,大纲不要求掌握慢性缩窄性心包炎)

A. 结核性心包炎　　B. 急性非特异性心包炎　　C. 化脓性心包炎

D. 放射性心包炎　　E. 创伤性心包炎

2. 临床表现

(1)症状　胸骨后、心前区疼痛为急性心包炎的特征,常见于炎症变化的纤维蛋白渗出期。疼痛可放射至颈部、左肩、左臂,也可达上腹部,疼痛性质尖锐,与呼吸运动有关,常因咳嗽、深呼吸而加重。

(2)体征　急性心包炎最具诊断价值的体征为心包摩擦音,呈抓刮样粗糙的高频音。多位于心前区,以胸骨左缘第3~4肋间、胸骨下端、剑突区较为明显。身体前倾坐位、深吸气或将听诊器胸件加压后可能听到摩擦音增强(9版《诊断学》P158观点为心包摩擦音于呼气末增强)。心包摩擦音可持续数小时、数天甚至数周。当积液增多将脏层和壁层心包分开时,摩擦音消失。

	纤维蛋白性心包炎	渗出性心包炎
主要症状	心前区疼痛(主要症状)	呼吸困难(最突出的症状)
体征	心包摩擦音	心界向两侧扩大、Ewart征、心包叩击音
心脏压塞	快速心包积液时可出现	快速心包积液时可出现

注意:①纤维蛋白性心包炎最典型的表现为心包摩擦音,但由于渗出量少,故心脏压塞症状不明显。
②渗出性心包炎由于渗出量大,故心脏压塞症状重,但无心包摩擦音。

【例11】Ewart征见于

A. 病毒性心肌炎　　B. 渗出性心包炎　　C. 肥厚型心肌病

D. 急性心肌梗死　　E. 纤维素性心包炎

【例12】女,40岁。咳嗽2周,心前区锐痛2天,深呼吸时加重,放射到颈部。查体:胸部无压痛,心界不

大，胸骨左缘第3、4肋间可闻及抓刮样粗糙音，屏气后仍存在。该患者最可能的诊断是

A. 急性胸膜炎　　B. 急性心包炎　　C. 急性肋软骨炎
D. 急性心肌梗死　　E. 急性心肌炎

3. 典型心电图和超声心动图表现

(1)心电图　①除aVR和V_1导联以外的所有常规导联可能出现ST段呈弓背向下型抬高，aVR和V_1导联ST段压低；②一至数日后，ST段回到基线，出现T波低平及倒置，持续数周至数月后T波逐渐恢复正常；③QRS波低电压；④常有窦性心动过速；⑤无病理性Q波，无QT间期延长。

(2)超声心动图　为确诊检查项目，方法简单易行，迅速可靠。并可在其引导下，行心包穿刺。

注意：①病理性Q波——病毒性心肌炎、急性心肌梗死、肥厚型心肌病(特征性)、扩张型心肌病(少见)。
②急性心包炎——无病理性Q波、除aVR和V_1导联以外的所有常规导联ST段呈弓背向下型抬高。
③ST段抬高型心梗——有病理性Q波、ST段弓背向上抬高。
④变异型心绞痛——无病理性Q波、发作时ST段抬高。
⑤诊断急性心包炎最有价值的体征是心包摩擦音，诊断心包炎最有价值的辅助检查是超声心动图。

4. 诊断与鉴别诊断

(1)诊断　根据急性起病、典型胸痛、心包摩擦音、心浊音界扩大、心音遥远、颈静脉怒张等体征、特征性心电图表现，即可诊断急性心包炎。超声心动图检查可以确诊并判断积液量。

(2)鉴别诊断　常见急性心包炎的鉴别诊断如下表。

	特发性心包炎	结核性心包炎	化脓性心包炎	肿瘤性心包炎	心脏损伤后综合征
病史	发病前数日常有上呼吸道感染史，起病急，反复发作	常伴原发结核表现，或与其他浆膜腔结核并存	常有原发感染病灶，伴明显败血症表现	转移性肿瘤多见，可见淋巴瘤及白血病	有手术、心肌梗死、心脏创伤等病史，可反复发作
发热	持续发热	常无	高热	常无	常有
心包摩擦音	明显，出现早	有	常有	少有	少有
胸痛	常剧烈	常无	常有	常无	常有
白细胞计数	正常或增高	正常或轻度增高	明显增高	正常或轻度增高	正常或轻度增高
血细菌培养	阴性	阴性	阳性	阴性	阴性
心包积液量	较少	常大量	较多	大量	一般中量
积液性质	草黄色或血性	多为血性	脓性	多为血性	常为浆液性
细胞分类	淋巴细胞较多	淋巴细胞较多	中性粒细胞较多	淋巴细胞较多	淋巴细胞较多
细菌	无	结核分枝杆菌	化脓性细菌	无	无
治疗	非甾体抗炎药	抗结核药	抗生素 心包切开	原发病治疗 心包穿刺	糖皮质激素

【例13】男，42岁。发热2周，持续胸痛1天。既往体健，吸烟20年。查体：血压110/80mmHg，双肺呼吸音清，心率105次/分，律齐。心电图：除aVR外的导联ST段呈弓背向下抬高。实验室检查：血肌钙蛋白阴性。该患者胸痛的最可能原因是

A. 急性心包炎　　B. 气胸　　C. 急性心肌梗死
D. 变异型心绞痛　　E. 病毒性心肌炎

5. 治疗

(1)治疗原则　病因治疗，解除心脏压塞，对症支持治疗。

(2)一般治疗　卧床休息，直至胸痛消失和发热消退。疼痛时给予非甾体抗炎药，必要时给予吗啡。

(3)糖皮质激素 对其他药物治疗积液吸收效果不佳的病人,可给予糖皮质激素。

(4)心包穿刺 心包渗液多引起急性心脏压塞时,需立即行心包穿刺引流。

【例 14】结核性心包炎初期最关键的治疗是

A. 口服泼尼松　　B. 抗结核治疗　　C. 营养支持治疗

D. 心包穿刺引流　　E. 口服利尿药

6. 一些常考的英文体征

体征	临床意义	见于
Duroziez 征	轻压听诊器于股动脉上可闻及连续全期吹风样杂音	主闭
Traube 征	枪击音	主闭、甲亢、严重贫血
De Musset 征	点头征	主闭
Ewart 征	即心包积液征。是指渗出性心包炎有大量心包积液时,在左肩胛骨下可出现浊音及支气管呼吸音	心包积液
Rotch 征	指急性心包炎时,在胸骨右缘第 3~6 肋间出现浊音	急性心包炎
Kussmaul 征	吸气时颈静脉扩张	缩窄性心包炎
Osler 结节	为指(趾)垫出现的豌豆大的红色或紫色痛性结节	亚急性感染性心内膜炎
Roth 斑	为视网膜的卵圆形出血斑,其中心呈白色	亚急性感染性心内膜炎
Janeway 损害	为手掌和足底直径 1~4mm 出血红斑	急性感染性心内膜炎
Beck 三联征	颈静脉压升高、心音低钝、动脉压降低	急性心脏压塞

注意:①Kussmaul 呼吸是指在尿毒症、糖尿病酮症酸中毒时,机体出现深长而规则的呼吸,可伴有鼾音。

②Kussmaul 征是指吸气时颈静脉扩张更明显,常见于缩窄性心包炎。

③Quincke 征是指毛细血管搏动征;Corrigan 征是指水冲脉。

(15~16 题共用题干) 男,60 岁。胸闷、气促 2 周。查体:吸气时血压 85/60mmHg,呼气时血压 100/75mmHg,心尖搏动减弱,心界向两侧扩大,心率 125 次/分,律齐,心音低钝、遥远,心脏各瓣膜区未闻及杂音。

【例 15】与上述临床表现相符合的体征是

A. De Musset 征　　B. Ewart 征　　C. Corrigan 征

D. Quincke 征　　E. Traube 征

【例 16】最有助于确诊的辅助检查是

A. 胸部 X 线片　　B. 动态血压监测　　C. 心电图

D. 超声心动图　　E. 肺功能

常考点 心肌病的特点;病毒性心肌炎的临床表现与诊断;急性心包炎的临床特点。

参考答案——详细解答见 2021《贺银成国家临床执业及助理医师资格考试历年考点精析》

1. ABCDE　2. ABCDE　3. ABCDE　4. ABCDE　5. ABCDE　6. ABCDE　7. ABCDE
8. ABCDE　9. ABCDE　10. ABCDE　11. ABCDE　12. ABCDE　13. ABCDE　14. ABCDE
15. ABCDE　16. ABCDE

第 10 章　风湿性心脏瓣膜病

▶考纲要求

①二尖瓣狭窄：临床表现，治疗原则。②二尖瓣关闭不全：临床表现，治疗原则。③主动脉瓣狭窄：临床表现，治疗原则。④主动脉瓣关闭不全：临床表现，治疗原则。

▶复习要点

一、二尖瓣狭窄（二狭）

1. 临床表现

正常二尖瓣瓣口面积 $4\sim6cm^2$。瓣口面积 $1.5\sim2.0cm^2$ 为轻度二狭，$1.0\sim1.5cm^2$ 为中度二狭，$<1cm^2$ 为重度二狭。当二尖瓣瓣口面积 $<1.5cm^2$ 时，开始出现临床表现。

(1)呼吸困难　为最常见也是最早期的症状，在运动、情绪激动、妊娠时最易被诱发。随着病情进展，可出现劳力性呼吸困难、静息时呼吸困难、夜间阵发性呼吸困难、端坐呼吸。

(2)咳嗽　多在夜间睡眠或劳动后出现，为干咳无痰或泡沫痰。

(3)咯血　有以下几种情况：

咯血形式	病理生理	临床意义
大咯血	是由于严重二尖瓣狭窄，左心房压力突然增高，肺静脉压增高，支气管静脉破裂出血所致	可为二尖瓣狭窄的首发症状 多见于二尖瓣狭窄早期
痰中带血或血痰	与支气管炎、肺部感染、肺充血或肺毛细血管破裂有关	常伴夜间阵发性呼吸困难
咳胶冻状痰	肺梗死时咳胶冻状暗红色痰	为合并心力衰竭的晚期并发症
粉红色泡沫痰	为毛细血管破裂所致	为急性肺水肿的特征

(4)血栓栓塞　为二尖瓣狭窄的严重并发症，约 20%的病人在病程中发生血栓栓塞。发生栓塞者约 80%有心房颤动，故合并房颤的病人需予以预防性抗凝治疗。

(5)严重二尖瓣狭窄体征　可呈“二尖瓣面容”，双颧绀红。右心室扩大时剑突下可触及收缩期抬举样搏动。右心衰竭时可出现颈静脉怒张、肝颈回流征阳性、肝大、双下肢水肿。

(6)心音　①二尖瓣狭窄时，若瓣叶柔顺有弹性，在心尖部多可闻及第一心音亢进，呈拍击样，可闻及开瓣音；若瓣叶钙化僵硬，则开瓣音消失。②当出现肺动脉高压时，可闻及 P_2 亢进和分裂。

(7)心脏杂音　①二尖瓣狭窄的特征性杂音为心尖区舒张中晚期低调的隆隆样杂音，呈递增型，局限，左侧卧位明显，运动或用力呼气可使其增强，常伴舒张期震颤，房颤是杂音可不典型。当胸壁增厚、肺气肿、低心排血量状态、右心室明显扩大、二尖瓣重度狭窄时，此杂音可被掩盖，称为“安静型二尖瓣狭窄”。②严重肺动脉高压时，由于肺动脉及其瓣环的扩张，导致相对性肺动脉瓣关闭不全，可于胸骨左缘第 2 肋间闻及递减型高调叹气样舒张早期杂音（即 Graham Steell 杂音，9 版《内科学》P288 将 Steell 错为“Steel”）。③右心室扩大时，因相对性三尖瓣关闭不全，可于胸骨左缘第 4、5 肋间闻及全收缩期吹风样杂音。

【例 1】以下心血管疾病中，最易引起咯血的是

A. 二尖瓣狭窄　　B. 肺动脉瓣狭窄　　C. 急性心包炎
D. 三尖瓣狭窄　　E. 主动脉瓣狭窄

【例 2】二尖瓣狭窄患者出现右心衰竭时最可能缓解的临床表现是

A. 肝大　　B. 颈静脉怒张　　C. 肝压痛

D. 双下肢水肿　　　　E. 呼吸困难

【例 3】女,28 岁。活动后心悸、气短 1 个月,既往有游走性关节肿痛病史。查体:双颧呈紫红色,叩诊心界饱满,心尖部可闻及舒张期强杂音。该患者最可能的诊断是

A. 主动脉瓣关闭不全　　　　B. 二尖瓣狭窄　　　　C. 主动脉瓣狭窄

D. 肺动脉瓣狭窄　　　　E. 二尖瓣关闭不全

2. 治疗

(1)一般治疗　预防性抗风湿治疗,预防感染性心内膜炎。窦性心律的二尖瓣狭窄禁用地高辛。

(2)并发症的治疗

①大量咯血　应取坐位,同时使用镇静剂,静脉注射利尿剂,以降低肺动脉压。

②急性肺水肿　处理原则同急性左心衰竭所致的肺水肿。但应注意:A.避免使用以扩张小动脉为主、减轻后负荷的血管扩张剂,应选用扩张静脉系统,减轻前负荷为主的硝酸酯类;B.正性肌力药物(洋地黄)对二尖瓣狭窄的肺水肿无益,经在房颤伴快速心室率时静脉注射毛花丙苷,以减慢心室率。

③心房颤动　治疗目的为控制心室率,争取恢复和保持窦性心律,预防血栓栓塞。

A.急性房颤　急性快速性房颤因心室率快,舒张期充盈时间缩短,导致左房压力急剧增加,同时心排量减低,故应立即控制心室率。可先静脉注射洋地黄;如效果不满意,可静脉注射地尔硫䓬或艾司洛尔;当血流动力学不稳定时,如出现肺水肿、休克、心绞痛、晕厥者,应立即电复律。

B.慢性房颤　应争取介入或手术解决狭窄。在此基础上,若房颤病史<1 年,左房内径<60mm,且无窦房结或房室结功能障碍者,可考虑电复律或药物复律。若不宜复律、复律失败或复律后复发,则可口服β受体拮抗剂、地高辛、非二氢吡啶类钙通道阻滞剂控制心室率。

(3)预防栓塞　二尖瓣狭窄合并房颤时,极易发生血栓栓塞。若无禁忌,均应长期口服华法林抗凝。

(4)手术治疗　中重度二尖瓣狭窄、呼吸困难进行性加重、有肺动脉高压者应手术治疗。

手术方式	适应证	临床应用
经皮球囊二尖瓣成形术	单纯二尖瓣狭窄(最佳适应证)、瓣叶活动度好、无明显钙化	临床上常用
闭式二尖瓣分离术	单纯二尖瓣狭窄	临床上少用
直视二尖瓣分离术	瓣叶严重钙化、病变累及腱索和乳头肌、左心房内有血栓者	临床上少用
人工瓣膜置换术	严重瓣叶和瓣下结构钙化,不宜做经皮球囊二尖瓣成形术 二尖瓣狭窄合并明显二尖瓣关闭不全	临床应用渐少

二、二尖瓣关闭不全(二闭)

1. 临床表现

	急性二尖瓣关闭不全	慢性二尖瓣关闭不全
心排量减少	不明显	疲乏无力,活动耐力下降
肺淤血	轻症者仅有劳力性呼吸困难 重症者急性肺水肿、左心衰竭、心源性休克	不同程度呼吸困难,如劳力性呼吸困难、夜间阵发性呼吸困难、端坐呼吸
右心衰竭	病程短,极少出现右心衰竭症状	晚期出现,如腹胀、纳差、肝大、胸腹水、水肿等
胸部视诊	病程短,一般无心界扩大 心尖抬举样搏动(高动力型)	心界向左下扩大,心尖搏动左下移位 心尖抬举样搏动(高动力型),右心衰竭体征
心音	肺动脉瓣第二心音亢进、分裂 心尖区可闻及第四心音	第一心音减弱,第二心音分裂 严重反流时可闻及第三心音
杂音	心尖区 3/6 级以上收缩期粗糙吹风样杂音 累及腱索、乳头肌时出现乐音性杂音	心尖区 3/6 级以上全收缩期吹风样杂音 腱索断裂时可闻及海鸥鸣或乐音性杂音

注意：①二尖瓣关闭不全——特征性杂音为心尖区全收缩期吹风样杂音，可伴收缩期震颤。
前叶损害为主者，杂音向左腋下或左肩胛下传导；后叶损害为主者杂音向心底部传导。
②二尖瓣脱垂——心尖区闻及收缩中晚期非喷射性喀喇音，喀喇音之后出现二闭收缩期杂音。
③腱索断裂——二闭杂音似海鸥鸣或乐音性。

2. 治疗

(1)急性二尖瓣关闭不全 外科治疗为根本措施。

①内科治疗 内科治疗的目的是减少反流量，降低肺静脉压，增加心排出量。动脉扩张剂(如静脉滴注硝普钠)可减少体循环血流阻力，提高主动脉输出流量，同时减少二尖瓣反流量和左心房压力。若已发生低血压，则不宜使用，而应行主动脉内球囊反搏，提高前向性心排出量。

②外科治疗 可在药物控制症状的基础上，紧急或择期行人工瓣膜置换术或修复术。

(2)慢性二尖瓣关闭不全 包括内科治疗和外科治疗。

①内科治疗 无症状、心功能正常者无需治疗，但应定期随访，重点是预防风湿热及感染性心内膜炎的发生。已有症状的二尖瓣反流，可给予血管紧张素转换酶抑制剂(ACEI)减少左心室容积，缓解症状。

②外科治疗 手术适应证为：重度二尖瓣关闭不全伴NYHA心功能分级Ⅲ或Ⅳ级；NYHA心功能分级Ⅱ级伴心脏扩大，左心室收缩末期容量指数>30ml/m^2；严重二尖瓣关闭不全，LVEF减低。常用手术方法有二尖瓣修补术和二尖瓣置换术。

3. 二狭与二闭的鉴别

	二尖瓣狭窄(二狭)	二尖瓣关闭不全(二闭)
病程	从急性风湿热至形成二狭至少需2年	从风心病至出现二闭症状至少需20年
病因	风湿热(最常见)	过去以风湿热最常见，现在以腱索断裂最常见
心脏扩大	左房扩大为主	左室、左房增大
心尖搏动	正常或不明显	高动力型(心尖搏动有力，可呈抬举性)
临床表现	二尖瓣瓣口面积<1.5cm^2才出现明显症状 如呼吸困难、咯血、咳嗽、声嘶等	急性：劳力性呼吸困难、左心衰、肺水肿 慢性：轻症者可终身无症状 严重者疲乏无力、肺淤血出现较晚
听诊	①心尖部隆隆样舒张中晚期杂音，伴震颤 ②心尖区第一心音亢进和开瓣音 ③肺动脉高压时可有P_2亢进、分裂 ④肺动脉扩张致肺闭可出现该区舒张早期叹气样杂音(Graham-Steell杂音)	心尖部全收缩期吹风样高调一贯型杂音 第一心音减低 肺动脉高压时可有P_2亢进、分裂
并发症	房颤、感染性心内膜炎、血栓栓塞 右心衰竭、肺部感染、急性肺水肿	房颤(3/4)、感染性心内膜炎较多见 体循环栓塞少见、心力衰竭
病情分级	瓣口面积1.5~2.0cm^2为轻度二尖瓣狭窄 瓣口面积1.0~1.5cm^2为中度二尖瓣狭窄 瓣口面积<1cm^2为重度二尖瓣狭窄	射流面积<4cm^2为轻度反流 射流面积4~8cm^2为中度反流 射流面积>8cm^2为重度反流
诊断	超声心动图是确诊二尖瓣狭窄的可靠方法	脉冲多普勒和彩色多普勒敏感性100%

【例4】女，65岁，冠状动脉介入手术时突感呼吸困难，欲坐起。查体：血压100/70mmHg，心率102次/分，律齐，心尖部新出现收缩期吹风样杂音。该患者杂音的最可能原因是

A. 左心室流出道狭窄　B. 风湿性心脏瓣膜病　C. 主动脉瓣脱垂
D. 急性心包炎　E. 急性二尖瓣关闭不全

【例5】乳头肌断裂致急性二尖瓣关闭不全时，下列描述正确的是

A. 左心室大小无明显变化　　B. 可无症状　　C. 左心房明显扩大
D. 胸部 X 线片示肺纹理稀疏　　E. 心电图示 $S_{V1}+R_{V5}>4.0mV$

解题：急性二闭时，二尖瓣反流可使左心房和左心室压力骤然上升，导致左心房、左心室增大及肺淤血（C 对 AD 错），患者可突发肺水肿及心源性休克。E 为左心室肥大（不是增大）的心电图表现。

【例 6】符合二尖瓣关闭不全的典型表现是
A. 右心房增大　　B. P_2 降低　　C. S_1 增强
D. 右心室增大　　E. 心尖部全收缩期吹风样杂音

三、主动脉瓣狭窄（主狭）

1. 临床表现

（1）典型症状　主狭病人可长期无症状，直至主动脉瓣瓣口面积≤1.0 cm^2 时才出现临床症状。呼吸困难、心绞痛、晕厥是主狭的典型三联征。

①呼吸困难　劳力性呼吸困难为晚期病人常见的首发症状，见于 95%的有症状病人。随着病情发展，可出现阵发性夜间呼吸困难、端坐呼吸，甚至急性肺水肿。

②心绞痛　对于重度主狭病人，心绞痛是最早出现也是最常见的症状。

③晕厥　见于 15%～30%的有症状病人，可为首发症状。晕厥多与劳累有关，常发生于体力劳动当时，少数在休息时发生，休息时晕厥多由于心律失常（如房颤、房室传导阻滞）导致的心排出量骤减所致。

（2）体征

①心界　正常或轻度向左扩大，心尖区可触及收缩期抬举样搏动。

②心音　第一心音正常，如主动脉瓣严重狭窄或钙化，左心室射血时间明显延长，则主动脉瓣第二心音成分减弱或消失。由于左心室射血时间延长，第二心音中主动脉瓣成分延迟，严重狭窄者可呈逆分裂。

③心脏杂音　典型杂音为粗糙而响亮的射流性杂音，3/6 级以上，呈递增-递减型，可向颈部传导，在胸骨右缘 1～2 肋间听诊最清楚。一般来说，杂音越响，持续时间越长，高峰出现越晚，提示狭窄程度越重。

注意：①正常二尖瓣口面积 4～6cm^2。轻度狭窄 1.5～2.0cm^2，中度狭窄 1.0～1.5cm^2，重度狭窄<1cm^2。
②正常主动脉瓣口面积 3～4cm^2。轻度狭窄>1.5cm^2，中度狭窄 1.0～1.5cm^2，重度狭窄<1.0cm^2。

【例 7】最可能发生晕厥的心脏瓣膜病是
A. 二尖瓣狭窄　　B. 主动脉瓣狭窄　　C. 肺动脉瓣狭窄
D. 二尖瓣关闭不全　　E. 主动脉瓣关闭不全

【例 8】患者，男性，27 岁。劳累时心悸、胸骨后疼痛 1 年。查体可闻及主动脉瓣区收缩期粗糙的喷射性杂音，主动脉瓣区第二心音减弱。X 线检查示：左心室扩大和升主动脉扩张，可能的诊断是
A. 冠心病心绞痛　　B. 非梗阻性肥厚型心肌病　　C. 主动脉瓣狭窄
D. 主动脉瓣关闭不全　　E. 高血压性心脏病

2. 治疗

（1）内科治疗　①主要是预防感染性心内膜炎。②无症状者无需治疗，应定期随访。轻度狭窄者每 2 年复查 1 次，体力活动不受限制；中、重度狭窄者应避免剧烈体力活动，每 6～12 个月复查 1 次。一旦出现症状，即需手术治疗。③心力衰竭患者等待手术过程中，可慎用利尿剂以缓解肺充血。ACEI 及 β 受体拮抗剂不适用于主动脉瓣狭窄患者。

（2）外科治疗　凡出现症状者，均应手术治疗。

①人工瓣膜置换术　为成人主狭的主要手术方式。手术指征为重度主狭伴心绞痛、晕厥或心力衰竭。无症状患者，若伴进行性心脏增大、左心功能进行性减退、活动时血压降低，也应考虑手术。

②直视下主动脉瓣分离术 适用于儿童和青少年的非钙化性严重主狭，甚至包括无症状者。
③经皮主动脉瓣球囊成形术 应用范围局限(与二狭不同)，适用于高龄、有心力衰竭等高危患者。
④经皮主动脉瓣置换术 目前不是治疗主狭的首选方法。

【例 9】女，34 岁。风湿性心脏瓣膜病主动脉瓣狭窄 9 年，进行性活动耐力减低，近 1 年来，每于剧烈运动中发生晕厥。无高血压、糖尿病、高脂血症病史。查体：BP100/70mmHg。心率 78 次/分，律齐，主动脉瓣区可闻及收缩期喷射性杂音。超声心动图提示左心室增大，LVEF40%，主动脉瓣瓣口面积 $1.1cm^2$，平均压力阶差 55mmHg，跨瓣峰速度 5.4m/s。对该患者最恰当的处置是

A. 晕厥时硝酸甘油急救　B. 主动脉瓣置换术　C. 口服阿托伐他汀
D. 每日口服单硝酸异山梨酯　E. 避免竞技性运动，其他体力活动不受限

四、主动脉瓣关闭不全(主闭)

1. 临床表现

(1)急、慢性主动脉瓣关闭不全临床表现的比较

	急性主动脉瓣关闭不全	慢性主动脉瓣关闭不全
呼吸困难	轻症者无症状 重症者可突发呼吸困难，咳粉红色泡沫痰	出现左心衰竭时可有典型呼吸困难
心绞痛	少见	较主狭少见
晕厥	少见	罕见，改变体位时可出现头晕或眩晕
一般体检	重者面色灰暗，唇甲发绀 脉搏细数，周围血管征不明显	面色苍白，头随心搏摆动，周围血管征明显 心尖搏动向左下移位，心界向左下扩大
心音	第一心音减弱，肺动脉高压时可有 P_2 亢进 可闻及第三心音和第四心音	第一心音减弱，主动脉瓣区第二心音减弱 心尖区可闻及第三心音
杂音	急性主动脉瓣反流的舒张期杂音柔和、短促、低调，这是由于舒张期主动脉和左心室之间的压力很快即达到平衡所致	主动脉瓣区舒张早期高调递减叹气样杂音，向心尖传导。反流明显者可于心尖部闻及低调柔和舒张期隆隆样杂音(Austin-Flint 杂音)

(2)常考点 主动脉瓣关闭不全(主闭)患者由于舒张压降低，脉压增大，可出现周围血管征。

周围血管征	周围血管征包括点头征、水冲脉、枪击音、Duroziez 征、毛细血管搏动征
点头征(De Musset 征)	见于脉压增大的情况，如主闭
水冲脉	见于主闭、甲亢、严重贫血、动脉导管未闭
枪击音(Traube 征)	见于主闭、甲亢、严重贫血
Duroziez 征	轻压听诊器于股动脉上可闻及连续全期吹风样杂音，称 Duroziez 征，见于主闭
毛细血管搏动征	见于脉压增大的疾病，如主闭、甲亢
Austin-Flint 杂音	见于严重主闭并左心室增大
Graham Steell 杂音	见于二狭伴肺动脉扩张

【例 10】最有助于诊断主动脉瓣关闭不全的体征是

A. Graham Steell 杂音　B. 心尖抬举样搏动　C. 心界呈靴形
D. 脉压增加　E. 胸骨左缘第 3 肋间舒张期杂音

【例 11】男，65 岁，活动时心悸、气短 1 年余。查体：胸骨左缘第 3 肋间可闻及舒张期叹气样杂音，向心尖部传导，周围血管征阳性。该患者心界叩诊最可能的表现为

A. 向左下扩大,心腰凹陷　　B. 向左扩大,心腰饱满　　C. 向右侧扩大
D. 向两侧扩大　　E. 正常

【例 12】男,65 岁。近 2 年来活动时气喘。查体:血压 130/50mmHg,胸骨左缘第 3 肋间可闻及舒张早期叹气样杂音。与上述心脏病变相关的体征为
A. Ewart 征　　B. 心尖部开瓣音　　C. Austin-Flint 杂音
D. Graham-Steell 杂音　　E. 奇脉

【例 13】周围血管征主要见于
A. 二尖瓣狭窄　　B. 肥厚型心肌病　　C. 主动脉瓣关闭不全
D. 二尖瓣关闭不全　　E. 主动脉瓣狭窄

2. 治疗

(1)急性主闭　外科治疗为根本措施,其手术方式为人工瓣膜置换术或主动脉瓣修复术。

(2)慢性主闭

①内科治疗　A.无症状者无需治疗,应定期随访。轻中度主闭每 1~2 年随访 1 次,重度主闭每半年随访 1 次。B.预防感染性心内膜炎,预防风湿活动,左心室功能减退者应限制重体力活动,左心室功能正常者,可应用血管扩张剂(如肼屈嗪、尼群地平、ACEI 等),可延迟或减少主动脉瓣手术的需要。

②外科治疗　严重主动脉瓣关闭不全患者可行人工瓣膜置换术:有症状+左心室功能不全者;无症状+左心室功能不全;症状明显即使左心室功能正常者。

3. 主狭与主闭的鉴别

	主动脉瓣狭窄	主动脉瓣关闭不全
心血管	左室肥厚扩大 冠状动脉血流量减少导致心绞痛	左室肥厚扩大,冠状动脉血流量减少导致心绞痛 舒张压降低导致脉压增大,出现周围血管征
临床表现	出现三联征:呼吸困难、心绞痛、晕厥	舒张压低,脑供血不足导致头晕,晕厥罕见 冠状动脉供血不足,导致心绞痛 急重症者可有左心衰竭、低血压
体征	①心尖搏动局限,抬举性 ②主动脉瓣区递增-递减型喷射性收缩期杂音 杂音沿颈动脉传导,伴收缩期震颤 ③主动脉瓣区第二心音减弱,甚至消失	心尖搏动向左下移位,可呈抬举性 主动脉瓣二区递减型叹息样舒张期杂音 重度反流者可有心尖区 Austin-Flint 杂音 反流严重者主动脉瓣第二心音减弱或消失
诊断	超声心动图是确诊主动脉瓣狭窄的可靠方法	超声心动图为可靠诊断方法,敏感性仅 43%

【例 14】女,43 岁。诊断风湿性心脏瓣膜病 20 余年。查体:心前区未触及震颤,胸骨左缘第 3 肋间可闻及舒张期叹气样杂音,心尖部可闻及舒张早中期杂音,S_1 减弱。最可能的诊断是
A. 主动脉瓣相对性狭窄伴二尖瓣相对性狭窄　　B. 主动脉瓣关闭不全伴二尖瓣相对性狭窄
C. 主动脉瓣关闭不全伴二尖瓣器质性狭窄　　D. 主动脉瓣器质性狭窄伴二尖瓣器质性狭窄
E. 主动脉瓣相对性狭窄伴二尖瓣器质性狭窄

常考点　4 种心脏瓣膜病的临床特点及治疗。

参考答案——详细解答见 2021《贺银成国家临床执业及助理医师资格考试历年考点精析》

1. ABCDE　2. ABCDE　3. ABCDE　4. ABCDE　5. ABCDE　6. ABCDE　7. ABCDE
8. ABCDE　9. ABCDE　10. ABCDE　11. ABCDE　12. ABCDE　13. ABCDE　14. ABCDE

第11章　自体瓣膜亚急性感染性心内膜炎与心脏骤停

考纲要求

①自体瓣膜亚急性感染性心内膜炎:常见致病微生物,临床表现,诊断,防治原则。②心脏骤停:常见病因,诊断,急救。

复习要点

一、自体瓣膜亚急性感染性心内膜炎

1. 常见致病微生物

链球菌和葡萄球菌是引起感染性心内膜炎(IE)的主要病原微生物。

(1)急性IE　主要由金黄色葡萄球菌引起,少数由肺炎球菌、淋球菌、A族链球菌、流感杆菌等所致。

(2)亚急性IE　以草绿色链球菌最常见,其次为D族链球菌(牛链球菌和肠球菌)、表皮葡萄球菌等。

(3)自体瓣膜心内膜炎　真菌、立克次体、衣原体为自体瓣膜心内膜炎的少见致病微生物。

2. 临床表现

(1)周围体征　无特异性,其可能原因为微血管炎或微血栓。

体征	临床表现	临床意义
瘀点	可出现在任何部位,以锁骨以上皮肤、口腔黏膜、睑结膜常见	病程长者多见
出血	指甲、趾甲下线状出血	—
Roth斑	为视网膜的卵圆形出血斑,中心呈白色	亚急性多见
Osler结节	指和趾垫出现的豌豆大的红色或紫色痛性结节	亚急性多见
Janeway损害	手掌和足底处直径1~4mm无痛性出血红斑	急性多见

(2)亚急性和急性感染性心内膜炎临床表现的鉴别　如下表。

	亚急性感染性心内膜炎	急性感染性心内膜炎
发病率	多见(占2/3)	少见(占1/3)
病原菌	草绿色链球菌最多见	金黄色葡萄球菌最多见
发热	几乎都有	几乎都有
心脏杂音	80%~85%病人有	80%~85%病人有,且杂音易变化、新杂音
杵状指	多见	少见
Osler结节	几乎仅发生在亚急性者	无
Roth斑	多见	少见
Janeway损害	罕见	多见
瘀点	多见	少见
动脉栓塞	少见	多见
脾大	多见	少见
贫血	多见(多为轻、中度贫血)	少见

注意:①所有体征中,除 Janeway 损害、动脉栓塞多见于“急性感染性心内膜炎”外,其他以“亚急性”多见。
②对诊断感染性心内膜炎较有价值的临床表现为发热、新近出现的心脏杂音。

A. Janeway 损害　　B. 瘀点　　C. 脾大
D. Roth 斑　　E. Osler 结节

【例 1】主要见于急性感染性心内膜炎的体征是

【例 2】亚急性感染性心内膜炎时发生于视网膜的病变是

3. 辅助检查

(1)尿液常规 常有镜下血尿和轻度蛋白尿。肉眼血尿提示肾梗死。

(2)血液常规 亚急性者常见正常细胞性贫血,急性者常有白细胞计数增高。血沉几乎均增快。

(3)免疫学检查 25%病人有高丙种球蛋白血症。80%病人出现循环免疫复合物。

(4)血培养 是诊断感染性心内膜炎的最重要方法。近期未接受过抗生素治疗的病人血培养阳性率可达 95%以上,其中 90%以上病人的阳性结果获自入院后第一日采集的标本。但血培养阴性,也不能完全排除诊断。①对于未经治疗的亚急性病人,应在第一日间隔 1 小时采血 1 次,共 3 次。如次日未见细菌生长,应重复采血 3 次后,开始抗生素治疗。已用过抗生素者,应停药 2~7 天后采血。②急性病人应在入院后 3 小时内,每隔 1 小时共取 3 个血标本后开始治疗。本病的菌血症为持续性,无需在体温升高时采血。每次采集静脉血 10~20ml 作需氧和厌氧培养,至少应培养 3 周。念珠菌、曲霉菌、组织胞质菌、Q 热病原体、鹦鹉热衣原体等致病时,血培养阴性。

(5)超声心动图 若发现赘生物、瓣周并发症等支持心内膜炎的证据,有助于明确诊断。经胸超声心动图(TTE)可检出 50%~75%的赘生物,经食管超声(TEE)可检出<5mm 的赘生物,敏感性 95%。

(6)X 线 肺部多处小片状浸润阴影提示脓毒性肺栓塞所致肺炎。

4. 感染性心内膜炎 Duke 诊断标准

血培养和超声心动图是诊断 IE 的两大基石,其 Duke 诊断标准(2015 年修订版)如下:

(1)确诊标准 满足 2 项主要标准,或 1 项主要标准+3 项次要标准,或 5 项次要标准。

(2)疑诊标准 满足 1 项主要标准+1 项次要标准,或 3 项次要标准。

主要标准	(1)血培养阳性(符合至少 1 项标准) ①两次不同时间的血培养检出同一典型 IE 致病微生物(如草绿色链球菌、链球菌、金葡菌等) ②多次血培养检出同一 IE 致病微生物(2 次至少间隔 12 小时以上的血培养阳性;所有 3 次血培养均阳性、或≥4 次的多数血培养阳性) ③Q 热病原体 1 次血培养阳性或其 IgG 抗体滴度>1:800 (2)影像学阳性证据(符合以下至少 1 项标准) ①超声心动图异常(赘生物、脓肿、假性动脉瘤、心脏内瘘、瓣膜穿孔、新发生的人工瓣膜破裂) ②影像学方法检出人工瓣膜植入部位周围组织异常活性;③由心脏 CT 确定的瓣周病灶
次要标准	①易患因素:心脏本身存在易感因素,或静脉药物成瘾者 ②发热:体温>38℃ ③血管征象:主要动脉栓塞,感染性肺梗死,细菌性动脉瘤,颅内出血,结膜出血,Janeway 损害 ④免疫性征象:肾小球肾炎,Osler 结节,Roth 斑,类风湿因子阳性 ⑤致病微生物感染证据:不符合主要标准的血培养阳性,或与 IE 一致的活动性致病微生物感染的血清学证据

注意:①对感染性心内膜炎**最有价值**的诊断方法是血细菌培养。
②对确诊亚急性感染性心内膜炎有**重要价值**的检查方法是超声心动图——检出赘生物。
③对诊断急性感染性心内膜炎**最有意义**的临床表现是发热+心脏可变杂音。

【例 3】为感染性心内膜炎患者做血培养时,应抽取的静脉血量至少是

A. 6ml　　B. 10ml　　C. 2ml
D. 8ml　　E. 4ml

【例4】女，55岁。拔牙后间断发热2个月。既往有室间隔缺损病史。实验室检查：血培养为草绿色链球菌。最有助于明确发热病因的检查是

A. 血类风湿因子　　B. 经食管超声心动图　　C. 血清补体
D. 血涂片　　E. 眼底检查

5. 治疗

(1)抗微生物治疗的用药原则　抗微生物治疗为最重要的治疗措施，用药原则为：

①早期用药　在连续送3~5次血培养后即可开始治疗。

②足量用药　成功的治疗有赖于杀菌而不是抑菌。大剂量和长疗程，旨在完全消灭藏于赘生物内的致病菌，抗生素的联合应用能起到快速的杀菌作用。

③静脉用药为主　可以保持高而稳定的血药浓度。

④病原微生物不明时　急性者选用针对金黄色葡萄球菌、链球菌和革兰阴性杆菌均有效的广谱抗生素，亚急性者选用针对大多数链球菌(包括肠球菌)的抗生素。

⑤已分离出病原微生物时　应根据致病微生物对药物的敏感程度选择抗微生物药物。

有条件者应测定最小抑菌浓度(MIC)，以判定致病菌对某种抗微生物药物的敏感程度。

(2)经验治疗　抗生素选用原则为：杀菌剂，联合应用，大剂量，静脉给药，长疗程(一般为4~6周)。

①自体瓣膜IE　可选用青霉素、阿莫西林或氨苄西林+庆大霉素。青霉素过敏者可用头孢曲松。

②人工瓣膜IE　未确诊且病情稳定者，建议停用所有抗生素，复查血培养。

③病原体可能为葡萄球菌属　选用万古霉素+庆大霉素+利福平。万古霉素无效者，可用达托霉素。

(3)已知致病微生物时的治疗

致病菌	抗微生物药物
葡萄球菌	MSS首选苯唑西林，青霉素过敏者选用头孢唑林，β-内酰胺类过敏者选用万古霉素+利福平 耐甲氧西林葡萄球菌(MRS)选用万古霉素+利福平，万古霉素无效者选用达托霉素
链球菌	敏感株首选青霉素，相对耐药株用头孢曲松+庆大霉素，耐药株用万古霉素或替考拉宁+庆大
肠球菌	青霉素或阿莫西林或氨苄西林+氨基糖苷类，青霉素过敏用万古霉素或替考拉宁+氨基糖苷类
需氧G^-杆菌	选用哌拉西林+庆大霉素或妥布霉素，或头孢他啶+氨基糖苷类

(4)外科治疗

①紧急手术(<24h)　适用于主动脉瓣或二尖瓣有急性重度反流、瓣周瘘导致难治性肺水肿、心源性休克。

②外科手术(<7天)　适应证包括：

A.主动脉瓣或二尖瓣有急性重度反流、阻塞引起伴有症状的心衰或超声心动图提示血流动力学异常；

B.未能控制的局灶性感染灶(脓肿、假性动脉瘤、瘘、不断增大的赘生物)；

C.真菌或多重耐药菌造成的感染；

D.规范抗感染、控制脓毒血症转移灶治疗措施情况下仍存在血培养阳性；

E.二尖瓣或主动脉瓣的IE在正确抗感染治疗下出现过≥1次栓塞事件，且赘生物>10mm；

F.二尖瓣或主动脉瓣的赘生物>10mm，严重瓣膜狭窄或反流；

G.二尖瓣或主动脉瓣的IE伴有单个巨大赘生物(>30mm)；

H.二尖瓣或主动脉瓣的IE伴有单个巨大赘生物(>15mm)。

【例5】感染性心内膜炎需行人工瓣膜置换术的适应证是

A. 并发脑损害　　B. 金黄色葡萄球菌性心内膜炎　　C. 心脏杂音的性质发生变化
D. 出现Janeway损害　　E. 真菌性心内膜炎

二、心脏骤停

心脏骤停是指心脏射血功能突然终止，造成全身血液循环中断、呼吸停止和意识丧失。导致心脏骤停的病理生理机制最常见的是快速型室性心律失常（室颤和室速），其次为缓慢型心律失常或心脏停搏，较少见的为无脉性电活动。心脏骤停后10秒左右病人即可出现意识丧失，经及时救治可获存活，否则将发生生物学死亡。心脏骤停是心脏性猝死的直接原因。心脏性猝死是指急性症状发作后1小时内发生的以意识突然丧失为特征的、由心脏原因引起的自然死亡。

1. 病因

(1)冠心病 绝大多数心脏性猝死发生在有器质性心脏病的病人。西方国家心脏性猝死中约80%由冠心病及其并发症引起，这些冠心病病人中约75%有心肌梗死病史。

(2)心肌病 各种心肌病引起心脏性猝死占5%~15%，是冠心病易患年龄前(<35岁)心脏性猝死的主要原因，如梗阻性肥厚型心肌病、致心律失常型右室心肌病。

(3)离子通道病 如长QT间期综合征、Brugada综合征等。

(4)其他 极度情绪变化、精神刺激可通过兴奋交感神经、抑制迷走神经导致原发性心脏骤停；也可通过影响呼吸调节中枢，引发呼吸性碱中毒导致呼吸、心跳骤停；还可诱发原有心血管病发作导致心脏骤停。

【例6】心脏破裂的典型表现为

A. 低血压，心音正常，有电活动
B. 低血压，心音正常，无电活动
C. 血压测不到，心音消失，有电活动
D. 血压测不到，心音消失，无电活动
E. 低血压，心音消失，无电活动

【例7】下列因素最易导致心脏骤停的是

A. 高血压伴左心室肥厚
B. 急性心肌梗死后左室射血分数降低
C. 甲状腺功能亢进症伴心房颤动
D. 纤维蛋白性心包炎伴心包摩擦音
E. 慢性支气管炎伴房性期前收缩

2. 诊断

(1)临床表现 心脏性猝死的临床经过分为以下4个时期：

①前驱期 在猝死前数天至数月，有些病人可出现胸痛、气促、疲乏、心悸等非特异性症状。

②终末事件期 是指心血管状态出现急剧变化到心脏骤停发生前的一段时间，自瞬间至持续1小时不等。典型表现包括严重胸痛、急性呼吸困难、突发心悸或眩晕等。若心脏骤停瞬间发生，事先无预兆，则绝大部分为心脏性。因室颤猝死的病人，常先有室性心动过速。

③心脏骤停 心脏骤停后脑血流量急剧减少，可导致意识突然丧失，伴有局部或全身性抽搐，大动脉搏动消失，呼吸断续或停止，皮肤苍白或发绀，瞳孔散大，听诊心音消失，大小便失禁。

④生物学死亡 心脏骤停发生后，大部分病人将在4~6分钟内开始发生不可逆脑损害，随后经数分钟过渡到生物学死亡。因此心脏骤停发生后应立即实施心肺复苏和尽早除颤，是避免发生生物学死亡的关键。心脏复苏成功后死亡的最常见原因是中枢神经系统的损伤。

(2)心电图 表现为心室颤动或心室停搏。

【例8】心室颤动导致不可逆性脑损害，其发作至少持续

A. 4~6分钟
B. 7~9分钟
C. 30秒
D. 1~3分钟
E. 10分钟

【例9】心脏骤停最重要的诊断依据是

A. 心音消失
B. 手足抽搐
C. 桡动脉搏动消失
D. 呼吸断续
E. 呼之不应

3. 急救

心脏骤停后抢救成功的关键是尽早进行心肺复苏(CPR)和尽早进行复律治疗。

(1)识别心脏骤停　首先需要判断病人的反应,快速检查是否没有呼吸或不能正常呼吸(停止、过缓或喘息),并同时判断有无脉搏(5~10秒内完成)。确立心脏骤停诊断后,应立即开始初级心肺复苏。

(2)呼救　在不延缓实施心肺复苏的同时,应设法(打电话或呼叫他人打电话)通知并启动急救医疗系统(EMS),有条件时寻找并使用自动体外除颤仪。

(3)初级心肺复苏　即基础生命活动的支持,一旦确立心脏骤停的诊断,应立即进行。主要复苏措施包括人工胸外按压(circulation,C)、开放气道(airway,A)、人工呼吸(breathing,B)。其中人工胸外按压最为重要,因此2010年美国心脏协会复苏指南将成人心肺复苏顺序由原来的A→B→C修改为C→A→B。在现场复苏时,首先进行胸外按压30次,随后再开放呼吸道并进行人工呼吸。

①胸外按压和早期除颤　胸外按压是建立人工循环的主要方法。

A.体位　病人仰卧平躺于硬质平面上,救助者跪在其旁。若胸外按压在床上进行,应在背部垫以硬板。

B.按压部位　胸外按压的部位是胸骨下半部,双乳头连线中点。不要按压剑突。

C.按压方法　救助者用一只手掌根部放在胸部正中双乳头之间的胸骨上,另一手平行重叠压在手背上,保证手掌根部横轴与胸骨长轴方向一致。施救者身体稍微前倾,使肩、肘、腕位于同一轴线,与病人身体平面垂直,按压时肘关节伸直,依靠上身重力垂直向下按压,每次按压后让胸廓完全回弹,放松时双手不要离开胸壁,按压和放松的时间大致相等。按压频率区间为100~120次/分,成人按压胸骨的幅度至少为5cm,但不超过6cm。儿童和婴儿的按压幅度至少为胸部前后径的1/3(儿童约5cm,婴儿约4cm)。

D.并发症　肋骨骨折、心包积血、心脏压塞、气胸、血胸、肺挫伤、肝脾撕裂伤、脂肪栓塞等。

注意:①胸外心脏按压的部位在胸骨下半部,双乳头连线中点,每次按压应使胸骨下陷至少5cm。
②胸外心脏按压频率区间为100~120次/分,胸内心脏按压频率为60~80次/分。
③无论是单人还是双人进行心肺复苏,胸外按压与通气的比例均为30:2。

②开放气道　先将病人仰卧位,行30次心脏按压后,再开放气道。保证呼吸道通畅是成功复苏的重要一步,可采用仰头抬颏法开放气道。应清除病人口中的异物和呕吐物,若有义齿松动应取下。

③人工呼吸　开放气道后,首先进行2次人工呼吸,每次持续吹气1秒以上。

(4)高级心肺复苏(ALS)

①通气与氧供　充分通气的目的是纠正低氧血症。院外常用面罩、简易球囊,院内常用呼吸机维持通气。

②电除颤与复律　心脏骤停时最常见的心律失常是室颤。终止室颤最有效的方法是电除颤,尽早电除颤可显著提高复苏成功率。如采用双相波电除颤,首次能量为120J或150J。如采用单相波电除颤,首次能量应选择360J。第二次及后续的除颤能量应相当,而且可考虑提高能量。一次除颤后,应立即实施胸外按压和人工通气,5个周期CPR后(约2分钟),再评估病人自主循环是否恢复,必要时再次除颤。

③起搏治疗　对心搏停止病人不推荐使用起搏治疗,而对有症状的心动过缓病人可考虑起搏治疗。

④药物治疗　肾上腺素是心肺复苏的首选药物,常规给药方法是静脉推注1mg,每3~5分钟重复1次,可逐渐增加剂量至5mg。严重低血压可以给予去甲肾上腺素、多巴胺、多巴酚丁胺。给予2次电除颤、CPR及肾上腺素之后,仍然是室颤或无脉室速,应考虑给予抗心律失常药物,常用药物是胺碘酮、利多卡因。硫酸镁仅适用于尖端扭转型室速。

【例10】男,50岁。散步时突然倒地。查体:意识丧失,大动脉搏动消失,抽泣样呼吸,随即消失。应首先采取的措施是

A. 舌下含服硝酸甘油　B. 开放气道　C. 人工呼吸
D. 按压人中　E. 胸外按压

【例11】男,60岁。突发意识丧失,心电监护示心电波形、振幅与频率均极不规则,无法辨认QRS波群、ST段与T波。该患者应首选

A. 阿托品0.1mg静脉注射　B. 胺碘酮150mg静脉注射　C. 360J直流电除颤

D. 美托洛尔 5mg 静脉注射　　　E. 利多卡因 1～1.5mg/kg 静脉注射

注意：①由于室颤时，无法辨认 QRS 波群，故应采用非同步电除颤。
②如采用双向波直流电除颤，可以选择 150 或 200J。如采用单向波直流电除颤，应选择 360J。

【例 12】经首次电除颤未消除心室颤动的最佳处理是
A. 连续以更高级别的能量进行电除颤 2 次　　B. 连续以更高级别的能量进行电除颤 3 次
C. 连续以同样级别的能量进行电除颤 2 次　　D. 连续以同样级别的能量进行电除颤 3 次
E. 进行 2 分钟心肺复苏后再次电除颤

【例 13】心脏骤停发生时最常见的心电图表现是
A. 室性停搏　　B. 窦性停搏　　C. 无脉电活动
D. 心房颤动　　E. 心室颤动

【例 14】心室颤动时电除颤的能量选择应为
A. 单相波 120J　　B. 单相波 200J　　C. 单相波 300J
D. 单相波 360J　　E. 双相波 100J

【例 15】心室颤动电除颤的正确方法是
A. 首先需静脉推注安定　　B. 必须在心电监测下进行　　C. 不能反复多次电除颤
D. 非同步电除颤　　E. 电击能量一般<200J

【例 16】女，20 岁。春天在花园游玩时突然晕倒。查体：脉搏细速，血压 40/20mmHg，面色苍白，神志不清。其首要急救措施是
A. 多巴胺 20mg 静脉滴注　　B. 地塞米松 15mg 静脉滴注　　C. 给氧，严密监护
D. 肾上腺素 1mg 皮下注射　　E. 安定 10mg 静脉滴注

【例 17】发现有人晕倒时，确认所处环境安全后应该立即采取的措施是
A. 判断意识是否清醒　　B. 行人工呼吸　　C. 行胸外按压
D. 报警　　E. 大声呼叫救援

（18～19 题共用题干）女，38 岁。突发心悸伴烦躁和胸闷 30 分钟，四肢发凉，曾出现黑矇，收入急诊监护病房。查体：血压 70/50mmHg，心率 180 次/分，心律绝对不齐，心音强弱不等，心脏各瓣膜区未闻及杂音。心电图提示"预激综合征伴心房颤动"。

【例 18】该患者最适宜的处理是
A. 静脉注射胺碘酮　　B. 电转复　　C. 静脉注射维拉帕米
D. 静脉注射普罗帕酮　　E. 静脉注射毛花苷丙

【例 19】在诊疗过程中，该患者突然意识丧失，全身青紫，肢体抽搐，血压测不到，心音消失。心电图QRS-T波完全消失，代之以大小不等、极不匀齐的低小波。该患者需立即采取的治疗措施是
A. 植入临时起搏器　　B. 同步直流电转复　　C. 非同步直流电除颤
D. 植入永久起搏器　　E. 心室超速起搏治疗

▶▶常考点　感染性心内膜炎的临床表现及诊断；心脏骤停的病因及诊断，初级复苏。

参考答案——详细解答见 2021《贺银成国家临床执业及助理医师资格考试历年考点精析》

1. ABCDE　2. ABCDE　3. ABCDE　4. ABCDE　5. ABCDE　6. ABCDE　7. ABCDE
8. ABCDE　9. ABCDE　10. ABCDE　11. ABCDE　12. ABCDE　13. ABCDE　14. ABCDE
15. ABCDE　16. ABCDE　17. ABCDE　18. ABCDE　19. ABCDE

第 12 章　胃食管反流病、胃炎与消化性溃疡

考纲要求

①胃食管反流病：临床表现，诊断，治疗与预防。②急性胃炎：病因，诊断，治疗。③慢性胃炎：病因，病理分类，临床表现，辅助检查，诊断与鉴别诊断，治疗。④消化性溃疡：概述，发病机制，病理，临床表现，辅助检查，诊断与鉴别诊断，并发症，非手术治疗。

复习要点

一、胃食管反流病

胃食管反流病（GERD）是一种由胃十二指肠内容物反流入食管引起不适症状和（或）并发症的疾病。反流和烧心是最常见的症状。根据是否导致食管黏膜糜烂、溃疡，可分为反流性食管炎（RE）及非糜烂性反流病（NERD）。胃食管反流病也可引起咽喉、气道等食管邻近组织的损害，出现食管外症状。

1. 临床表现

（1）食管症状

①典型症状　反流和烧心是本病最常见的典型症状。反流是指胃十二指肠内容物在无恶心和不用力的情况下，涌入咽部或口腔的感觉。含酸味时称为反酸。烧心是指胸骨后或剑突下烧灼感，常由胸骨下段向上延伸。反流和烧心常发生于餐后 1 小时，卧位、弯腰或腹内压增加时可加重。

②非典型症状　是指除反流和烧心以外的食管症状，如胸痛、吞咽困难、胸骨后异物感等。

（2）食管外症状　由反流物刺激或损伤食管以外的组织或器官引起，如咽喉炎、慢性咳嗽、哮喘和牙蚀症。严重者可发生吸入性肺炎，甚至出现肺间质纤维化。部分病人诉咽部不适、异物感、堵塞感，但无真正吞咽困难，称为癔球症。

【例 1】胃食管反流病患者的典型症状是

A. 餐后上腹胀　　B. 上腹部钝痛　　C. 吞咽困难
D. 嗳气　　E. 反酸、烧心

2. 辅助检查

（1）胃镜　是诊断反流性食管炎最准确的方法。

（2）24 小时食管 pH 监测　是诊断胃食管反流病的重要方法，主要用于胃镜不能确诊的患者。对患者进行 24 小时食管 pH 连续监测，可提供食管是否存在过度酸反流的客观证据。

A. 食管压力测定　　B. 24 小时食管 pH 监测　　C. 胸部 X 线片
D. 食管酸滴注试验　　E. 胃镜及活检

【例 2】诊断胃食管酸反流最适用的辅助检查是

【例 3】诊断反流性食管炎最可靠的辅助检查是

注意：①内镜为最准确的检查方法，或作为首选者：反流性食管炎、消化性溃疡、上消化道出血、炎性肠病。
②24 小时食管 pH 监测是诊断胃食管反流病的重要方法，主要用于胃镜不能确诊者。

3. 诊断

（1）GERD 的初步诊断　①有典型反流和烧心症状；②用质子泵抑制剂试验性治疗症状明显缓解。

（1）反流性食管炎的诊断　①有反流和（或）烧心症状；②胃镜下发现反流性食管炎。

（2）非糜烂性反流病的诊断　①有反流和（或）烧心症状；②胃镜检查阴性；③24 小时食管 pH 监测表明食管存在过度酸、碱反流；④质子泵抑制剂治疗有效。

4. 治疗与预防

(1)治疗 胃食管反流病的主要治疗目的是控制症状、治愈食管炎、减少复发、防治并发症。

治疗方案	药物或手术方式	适应证
质子泵抑制剂	奥美拉唑、兰索拉唑、泮托拉唑	首选药物,疗效最好,适用于重症病人,疗程 4~8 周
H_2 受体拮抗剂	西咪替丁、雷尼替丁、法莫替丁	抑酸作用较 PPI 弱,适于轻、中症病人,疗程 8~12 周
促胃肠动力药	多潘立酮、莫沙必利、依托必利	适用于轻症病人,或作为抑酸药联用的辅助用药
抗酸药	碳酸氢钠片	仅用于症状轻、间歇发作的病人临时缓解症状
维持治疗	H_2 受体拮抗剂、质子泵抑制剂	质子泵抑制剂的疗效最好,为首选药物
手术治疗	抗反流手术 腹腔镜胃底折叠术目前最常用	需长期大剂量 PPI 维持治疗的病人 确诊由反流引起的严重呼吸道疾病、PPI 疗效不佳者

注意:治疗胃食管反流病疗效最好的药物是质子泵抑制剂,维持治疗疗效最好的也是质子泵抑制剂。

(2)预防 ①有 LES 结构受损或功能异常的患者,白天进餐后不宜立即卧床;为了减少卧位及夜间反流,睡前 2 小时内不宜进食,可将床头抬高 15~20cm。②注意减少引起腹压增高的因素,如肥胖、便秘、紧束腰带等;应避免进食使 LES 压降低的食物,如高脂肪、巧克力、咖啡、浓茶等;避免应用降低 LES 压的药物及引起胃排空延迟的药物,如硝酸甘油、钙通道阻滞剂、抗胆碱能药物等。③戒烟及禁酒。

【例 4】男,56 岁。反酸、烧心 5 年。胃镜检查:食管下段黏膜多发条形破损,相互融合。该患者首选的治疗药物是

A. 奥美拉唑　　B. 法莫替丁　　C. 硫糖铝

D. 枸橼酸铋钾　　E. 铝碳酸镁

二、急性胃炎

急性胃炎是指各种病因引起的胃黏膜急性炎症,组织学上通常可见中性粒细胞浸润,包括急性糜烂出血性胃炎、急性幽门螺杆菌胃炎和除幽门螺杆菌以外的其他急性感染性胃炎。

1. 病因

(1)药物

①非甾体抗炎药(NSAIDs) 如阿司匹林、吲哚美辛等,为非特异性环氧合酶(COX)抑制剂。COX 是花生四烯酸代谢的限速酶,有两种异构体:结构型COX-1和诱生型 COX-2。COX-1 在组织细胞中微量恒定表达,有助于上皮细胞的修复。COX-2 主要受炎症诱导表达,促进炎症介质的产生。非特异性 COX 抑制剂旨在抑制 COX-2,从而减轻炎症反应,但因其特异性差,同时也抑制了 COX-1,导致维持胃肠黏膜正常再生的前列腺素 E 合成不足,黏膜修复障碍,出现糜烂和出血,受损部位多位于胃窦部和十二指肠球部。

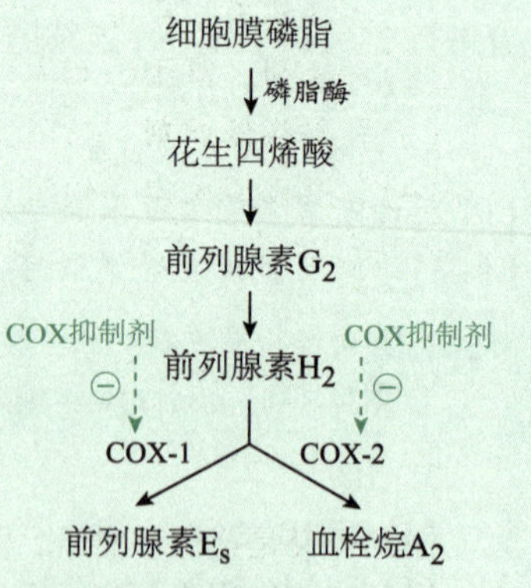

非甾体抗炎药导致胃黏膜损伤的机制

②某些抗肿瘤药物 在抑制肿瘤生长时,常对胃肠黏膜产生细胞毒作用,导致严重的黏膜损伤。

③口服铁剂、氯化钾 可导致胃黏膜糜烂。

(2)应激 严重创伤、手术、多器官功能衰竭、败血症、精神紧张等,可导致胃黏膜微循环障碍、缺氧,黏液分泌减少,局部前列腺素合成不足,屏障功能损坏;也可增加胃酸分泌,大量氢离子反渗,损伤血管和黏膜,引起糜烂、出血甚至溃疡。

Curling 溃疡是指严重烧伤所致的急性胃黏膜病变(溃疡)。

Cushing溃疡是指中枢神经系统疾病所致的急性胃黏膜病变(溃疡)。

(3)酒精 乙醇具有亲脂性和溶脂能力,因此高浓度乙醇可直接破坏胃黏膜屏障。

(4)创伤和物理因素 大剂量放射线照射等可导致胃黏膜糜烂甚至溃疡。

【例5】急性糜烂出血性胃炎最常见的原因是

A. 不洁饮食　　B. 剧烈呕吐　　C. 刺激性食物
D. 口服抗生素　　E. 口服非甾体抗炎药

【例6】男,72岁,突发头痛10小时,昏迷8小时。头颅CT:右额叶出血。1小时来呕暗红色血2次,共约350ml。无慢性肝病史。最可能的呕血原因是

A. 十二指肠溃疡　　B. 胃癌　　C. 贲门黏膜撕裂
D. 急性胃黏膜病变　　E. 食管胃底静脉曲张破裂

A. Cushing溃疡　　B. 胃溃疡　　C. Curling溃疡
D. 食管腐蚀性溃疡　　E. 十二指肠溃疡

【例7】最易发生癌变的溃疡是

【例8】烧伤患者发生的溃疡是

注意:①与幽门螺杆菌感染有关的疾病——消化性溃疡、B型胃炎、胃癌、胃黏膜相关淋巴组织淋巴瘤。
②与幽门螺杆菌感染无关的疾病——胃食管反流病、急性糜烂出血性胃炎、A型胃炎。

2. 诊断

(1)病史 多有服用非甾体抗炎药或危重患者进行机械通气的病史。

(2)临床表现 患者常有上腹痛、胀满、恶心、呕吐、食欲不振等。轻症患者可无症状,仅在胃镜检查时发现。重症患者可有呕血、黑粪、脱水、酸中毒或休克等。

(3)确诊 确诊有赖于急诊胃镜检查(出血发生后24~48小时内进行)。内镜下可见弥漫分布的多发性糜烂、出血灶和以浅表溃疡为特征的急性胃黏膜病损。胃黏膜活检为急性炎症。一般应激所致的胃黏膜病损以胃体、胃底为主,非甾体抗炎药或乙醇所致者以胃窦为主。

【例9】男,52岁。头颈部、双上肢浅Ⅱ度烧伤,伤后第3天出现黑便,量约700ml。查体:P107次/分,BP85/60mmHg。最可能的原因是

A. 慢性胃炎出血　　B. 胆道出血　　C. 消化性溃疡出血
D. 食管溃疡出血　　E. 应激性溃疡出血

3. 治疗

(1)去除病因 积极治疗原发疾病和创伤,纠正其引起的病理生理紊乱。

(2)抑酸剂 常用抑制胃酸分泌的药物,如H_2受体阻滞剂、质子泵抑制剂。

(3)胃黏膜保护剂 可以促进胃黏膜修复,常用药物包括硫糖铝、米索前列醇等。

(4)上消化道大出血的治疗 应采取综合治疗措施。

【例10】男,25岁。夜间上腹痛2周,黑便2天,呕血伴头晕、乏力4小时。最适宜应用的药物是

A. 雷尼替丁　　B. 甲氰咪胍　　C. 奥美拉唑
D. 多潘立酮　　E. 枸橼酸铋钾

三、慢性胃炎

慢性胃炎是指由多种病因引起的慢性胃黏膜炎症病变,分萎缩性胃炎、非萎缩性胃炎、特殊类型三大类。慢性萎缩性胃炎又细分为自身免疫性胃炎(A型胃炎)和多灶萎缩性胃炎(B型胃炎)。

1. 病因

(1)幽门螺杆菌(Hp)感染 是慢性胃炎最常见的病因。幽门螺杆菌进入胃内后,部分可被胃酸杀

灭，部分则附着于胃窦部黏液层，依靠其鞭毛穿过黏液层，定居于黏液层与胃窦黏膜上皮细胞表面，一般不侵入胃腺和固有层内。一方面避免了胃酸的杀菌作用，另一方面难以被机体的免疫机能清除。Hp 产生的尿素酶可分解尿素，产生的氨可中和反渗入黏液内的胃酸，形成有利于 Hp 定居和繁殖的局部微环境，使感染慢性化。Hp 凭借其产生的氨及空泡毒素导致细胞损伤；促进上皮细胞释放炎症介质；菌体细胞壁 Lewis X、Lewis Y 抗原引起自身免疫反应；多种机制使炎症反应迁延或加重。

(2)十二指肠-胃反流 各种原因导致十二指肠-胃的长期反流，可造成胃黏膜慢性炎症。

(3)药物和毒物 服用非甾体抗炎药是反应性胃病的常见原因。酒精是损伤胃黏膜的最常见毒物。

(4)自身免疫 胃壁细胞可分泌内因子，促进维生素 B_{12} 的吸收。当体内出现针对壁细胞或内因子的自身抗体时，自身免疫反应可造成壁细胞总数减少，内因子分泌减少，导致维生素 B_{12} 吸收不良，出现巨幼细胞贫血，称为恶性贫血。本病在北欧发病率较高。

(5)年龄因素和其他 老年人胃黏膜可出现退行性改变，加之 Hp 感染率较高，使胃黏膜修复再生功能降低，炎症慢性化，上皮细胞增殖异常及胃腺体萎缩。

【例 11】慢性胃炎最主要的病因是

A. 刺激性食物　　B. 化学损伤　　C. 幽门螺杆菌感染

D. 药物损伤　　E. 物理损伤

2. 病理分类

(1)慢性非萎缩性胃炎 是指不伴胃黏膜萎缩，胃黏膜层见以淋巴细胞和浆细胞为主的慢性炎症细胞浸润的慢性胃炎。可细分为胃窦胃炎、胃体胃炎和全胃炎。幽门螺杆菌感染首先发生胃窦胃炎，自身免疫引起的慢性胃炎主要表现为胃体胃炎。

(2)慢性萎缩性胃炎 是指胃黏膜已发生萎缩性改变的慢性胃炎。细分为自身免疫性胃炎（A 型胃炎）和多灶萎缩性胃炎（B 型胃炎）。

(3)特殊类型胃炎 少见，如感染性胃炎、化学性胃炎、Menetrier 病、嗜酸细胞性胃炎、充血性胃炎等。

3. 临床表现

(1)症状 大多数病人无明显症状。即便有症状也多为非特异性。可表现为中上腹不适、饱胀、钝痛、烧灼痛等。也可呈食欲缺乏、嗳气、泛酸、恶心等消化不良症状。

(2)体征 多不明显，可有上腹部轻压痛。

【例 12】慢性胃炎的临床表现一般不包括

A. 恶心、呕吐　　B. 反酸、烧心　　C. 贫血

D. 右季肋部痛　　E. 上腹部痛

4. 辅助检查

(1)胃镜及活组织检查 为最可靠的诊断方法，可同时行幽门螺杆菌检查。内镜表现如下：

慢性胃炎类型	典型胃镜表现
慢性非萎缩性胃炎	胃黏膜红黄相间，可充血水肿、黏膜皱襞肿胀增粗
慢性萎缩性胃炎	胃黏膜色泽变淡，皱襞变细而平坦，黏液减少，黏膜变薄，有时可见黏膜血管纹
萎缩性胃炎伴增生	可见胃黏膜呈颗粒状或结节状

(2)幽门螺杆菌检查 可在胃镜检查的同时进行快速尿素酶检查，也可采用非侵入性检查。

(3)自身免疫性胃炎相关检查 表现为血清维生素 B_{12} 浓度降低，血清内因子抗体、壁细胞抗体阳性。

5. 诊断与鉴别诊断

(1)诊断 胃镜+病检是慢性胃炎诊断的关键。临床症状程度与慢性胃炎组织学之间没有明显联系。

(2)鉴别诊断 自身免疫性胃炎和多灶萎缩性胃炎的区别如下表。

	自身免疫性胃炎	慢性多灶萎缩性胃炎
别称	A 型胃炎、慢性胃体炎	B 型胃炎、慢性胃窦炎
累及部位	胃体、胃底	胃窦
基本病理变化	胃黏膜萎缩、腺体减少	胃黏膜萎缩、腺体减少
发病率	少见	很常见
病因	多由自身免疫反应引起	多由幽门螺杆菌感染引起(占 90%)
贫血	常伴有,甚至恶性贫血	无
血清维生素 B_{12}	降低(恶性贫血时吸收障碍)	正常
内因子抗体(IFA)	阳性(占 75%)	多为阴性
壁细胞抗体(PCA)	阳性(占 90%)	阳性(占 30%)(即大多数为阴性)
胃酸	显著降低	正常或偏低
血清胃泌素	明显增高(恶性贫血时更高)	正常或偏低

注意:①A 型胃炎壁细胞受损,壁细胞数量减少,胃酸减少,负反馈调节使胃泌素分泌增多。
②A 型胃炎内因子分泌减少,致维生素 B_{12} 吸收不良、恶性贫血。

【例 13】慢性胃窦炎最常见的病因是
A. 自身免疫反应　B. 幽门螺旋杆菌感染　C. 胃酸分泌过多
D. 内因子缺乏　E. 淋病奈瑟菌感染

(14~16 题共用题干)女,38 岁。上腹不适、纳差 3 年,体重减轻、乏力半年。查体:贫血貌,上腹部轻压痛,Hb88g/L,MCV115fl。胃镜检查示胃体皱襞稀疏,黏膜血管透见。

【例 14】该患者应首先考虑的诊断是
A. Menetrier 病　B. 慢性浅表性胃炎　C. 慢性萎缩性胃炎
D. 慢性淋巴细胞性胃炎　E. 胃癌

【例 15】对诊断最有意义的辅助检查是
A. 血癌胚抗原　B. 血胃泌素　C. 血胃蛋白酶原
D. 血壁细胞抗体　E. 血抗线粒体抗体 M_2 亚型

【例 16】该患者发生贫血最可能的机制是
A. 维生素 C 缺乏　B. 慢性消化道失血　C. 铁吸收障碍
D. 蛋白质吸收障碍　E. 内因子缺乏

6. 治疗

大多数成人胃黏膜均有轻度非萎缩性胃炎,如 Hp 阴性,且无糜烂、无症状,可不予治疗。如慢性胃炎波及黏膜全层或呈活动性,出现癌前情况,如肠上皮化生、假幽门腺化生、萎缩、不典型增生,应予治疗。

(1)对因治疗

①幽门螺杆菌相关胃炎　多采用四联治疗,即 1 种 PPI+2 种抗生素+1 种铋剂,疗程 10~14 天。

抗生素	克拉霉素、羟氨苄青霉素(阿莫西林)、甲硝唑、替硝唑、喹诺酮类、呋喃唑酮(痢特灵)、四环素
PPI	奥美拉唑、兰索拉唑、泮托拉唑、雷贝拉唑、埃索美拉唑、艾普拉唑
铋剂	枸橼酸铋钾、果胶铋、次碳酸铋

注意:①8 版《内科学》P366:为三联治疗方案,即 1 种 PPI+2 种抗生素,或 1 种铋剂+2 种抗生素,疗程 7~14 天。
②9 版《内科学》P356:为四联治疗方案,即 1 种 PPI+2 种抗生素+1 种铋剂,疗程 10~14 天。

②十二指肠-胃反流　可使用保护胃黏膜、改善胃肠动力等药物。

③胃黏膜营养因子缺乏　可补充复合维生素，恶性贫血者需终身注射维生素 B_{12}。

(2)对症治疗　抑制胃酸、促进动力药、保护胃黏膜等。

(3)癌前状态处理　在根除 Hp 的前提下，适量补充复合维生素、含硒药物等。对于药物不能逆转的局灶高级别上皮内瘤变(含重度异型增生、原位癌)，可在胃镜下行黏膜切除术。

【例 17】男，55 岁。慢性胃炎病史 30 年，近期体检发现胃幽门螺杆菌感染。胃镜检查：角切迹处可见直径 0.5cm 的粗糙不平黏膜。超声胃镜示病变位于黏膜内。病理诊断重度异型增生，最适宜的治疗是

A. 根除幽门螺旋杆菌　　B. 病灶局部切除术　　C. 化疗

D. 生物治疗　　E. 胃大部切除

四、消化性溃疡

1. 概述

消化性溃疡是指胃肠黏膜发生的炎性缺损，通常与胃液的胃酸和消化作用有关，病变穿透黏膜肌层或达更深层次。消化性溃疡常发生于胃、十二指肠，也可发生于食管-胃吻合口、胃-空肠吻合口或附近、含有胃黏膜的 Meckel 憩室等。消化性溃疡是一种全球性常见病，男性多于女性，可发生于任何年龄段，估计约有 10%的人在其一生中患过本病。十二指肠溃疡(DU)多于胃溃疡(GU)，两者之比约为 3:1。十二指肠溃疡多见于青壮年，胃溃疡则多见于中老年。

2. 发病机制

(1)胃酸和胃蛋白酶　消化性溃疡是胃酸、胃蛋白酶的侵袭作用与黏膜屏障的防御能力间失去平衡所致。胃溃疡在发病机制上以黏膜屏障防御功能降低为主，十二指肠溃疡以高胃酸分泌起主导作用。

①胃酸　正常人胃黏膜约有 10 亿个壁细胞，每小时分泌盐酸约 22mmol，而十二指肠溃疡病人的壁细胞总数平均为 19 亿个，每小时分泌盐酸约 42mmol，比正常人高出 1 倍左右。

②胃蛋白酶　为消化性溃疡发病的另一重要因素，其活性依赖于胃液的 pH，pH 为 2~3 时，胃蛋白酶原易被激活；pH>4 时，胃蛋白酶失活。因此，抑制胃酸可同时抑制胃蛋白酶的活性。

(2)幽门螺杆菌(Hp)　是消化性溃疡的重要致病因素。十二指肠溃疡病人的 Hp 感染率可高达 90%以上，胃溃疡的 Hp 阳性率为 60%~90%。另一方面，在 Hp 阳性率高的人群，消化性溃疡的患病率也较高。根除 Hp 有助于溃疡的愈合及显著降低消化性溃疡的复发率。

(3)药物　长期服用非甾体抗炎药(NSAIDs)、糖皮质激素、氯吡格雷、双膦酸盐、西罗莫司的病人易于发生消化性溃疡。NSAIDs 是导致消化性溃疡最常用的药物，约 5%~30%的病人可发生内镜下溃疡。

(4)黏膜防御与修复异常　胃黏膜防御和修复功能对维持黏膜的完整性、促进溃疡愈合非常重要。胃黏膜防御功能受损，修复能力下降，都可对溃疡的发生和转归产生影响。

(5)遗传易感性　部分消化性溃疡病人有明显的家族史，存在遗传易感性。

(6)其他　大量饮酒、长期吸烟、应激等是消化性溃疡的常见诱因。

3. 病理

十二指肠溃疡多发生在球部，前壁常见。胃溃疡好发于胃角和胃窦小弯。

【例 18】消化性溃疡发病机制中最重要的攻击因子是

A. 胃酸、胃蛋白酶　　B. 胰酶　　C. 胆汁

D. 精神、心理因素　　E. 食物的理化刺激

【例 19】幽门螺杆菌感染关系密切的疾病是

A. 克罗恩病　　B. 十二指肠溃疡　　C. 胃食管反流病

D. 功能性消化不良　　E. 溃疡性结肠炎

4. 临床表现

(1)症状　典型症状是上腹痛，性质可有钝痛、灼痛、胀痛、剧痛、饥饿样不适，特点：①慢性过程，病

程可达数年或十余年;②反复或周期性发作,发作期可为数周或数个月,发作有季节性,多在秋冬和冬春之交发病;③部分病人有与进餐相关的节律性上腹痛,餐后痛多见于胃溃疡,饥饿痛或夜间痛、进餐缓解多见于十二指肠溃疡;④腹痛可被抑酸剂或抗酸剂缓解。

(2)体征　发作时剑突下、上腹部或右上腹部可有局限性压痛,缓解后无明显体征。

(3)十二指肠溃疡与胃溃疡的区别

	十二指肠溃疡(DU)	胃溃疡(GU)
好发部位	球部(前壁较常见)	胃角和胃窦小弯
发病年龄	青壮年	中老年
发病机理	主要是侵袭因素增强	主要是保护因素减弱
基础胃酸分泌量(BAO)	增高	正常或偏低
最大胃酸分泌量(MAO)	增高(20%~50%)	正常或偏低
与非甾体药的关系	5%的十二指肠溃疡与之有关	25%的胃溃疡与之有关
Hp感染率	90%以上	60%~90%
疼痛	餐前痛→进餐后缓解→餐后2~4小时再痛→进食后缓解(疼痛→进食→缓解)	餐后1小时疼痛→1~2小时逐渐缓解→下次进餐再痛(进食→疼痛→缓解)
腹痛特点	多为饥饿痛、夜间痛	多为餐后痛、进食痛,夜间痛少见
癌变	尚未发现癌变	癌变率<1%
复发率	高	低

【例20】男,53岁。上腹胀痛10余年,多于饭后约30分钟加重。半年来上腹痛加重,伴反酸,间断呕吐胃内容物。吸烟15年,饮白酒10年,每日约半斤。患者的病变最可能位于

A. 十二指肠球部　　B. 胃窦　　C. 胃体

D. 贲门　　E. 胃底

5. 辅助检查

(1)胃镜+黏膜活检　是确诊消化性溃疡的首选检查方法。

(2)X线钡餐检查　为确诊消化性溃疡的次选检查方法。X线钡餐适宜于:①胃镜禁忌者;②不愿接受胃镜检查者;③了解胃的运动情况。龛影是确诊消化性溃疡的直接征象。

(3)幽门螺杆菌检查　分经侵入性检查和非侵入性检查两种。

①侵入性检查　需经胃镜取胃黏膜进行检测,包括快速尿素酶试验、组织学检查、幽门螺杆菌培养。

②非侵入性检查　无需胃镜检查,包括^{13}C或^{14}C尿素呼气试验、粪便幽门螺杆菌抗原检测、血清学检查。

检查项目	特点	适应证/评价
快速尿素酶试验	利用幽门螺杆菌可产生尿素酶的原理 用试纸检测,操作简便,费用低廉	为侵入性检查的首选方法
胃黏膜组织切片镜检	可直接观察幽门螺杆菌	为Hp检测的金标准之一
Hp培养	技术要求较高,主要用于科研	临床上尚未普及
^{14}C尿素呼气试验	敏感性及特异性均高,无需胃镜,患者依从性好	为Hp检测的金标准之一 根除Hp治疗后复查的首选方法
粪便Hp抗原检测	仅提示胃肠道内有无幽门螺杆菌存在	临床应用价值不大
血清学检查	定性检测血清Hp抗体IgG,提示近期感染Hp 不受近期PPI治疗影响而呈假阴性	不宜作为根除Hp治疗后的复查

(4)胃液分析和血清胃泌素测定 仅在疑有胃泌素瘤时作鉴别诊断之用。

注意:①确诊消化性溃疡——首选胃镜检查,次选 X 线钡餐检查。
②检查幽门螺杆菌——侵入性检查首选快速尿素酶试验,治疗后复查首选 ^{14}C 尿素呼气试验。
③近期应用抗生素、PPI、铋剂等,可造成幽门螺杆菌检查呈假阴性,血清学检查例外。

【例 21】证实幽门螺杆菌现症感染的检查方法中不包括
A. 血清幽门螺杆菌抗体检测 B. ^{13}C 尿素呼气试验 C. 胃黏膜活检幽门螺杆菌培养
D. 胃黏膜活检快速尿素酶试验 E. 粪便幽门螺杆菌抗原检测

A. 胃组织学检查 B. 快速尿素酶试验 C. 幽门螺杆菌培养
D. ^{14}C 尿素呼气试验 E. 血清学检查

【例 22】侵入性检查幽门螺杆菌的首选方法是
【例 23】行幽门螺杆菌根除治疗后复查的首选方法是

6. 诊断与鉴别诊断

(1)诊断 慢性病程、周期性发作的节律性上腹疼痛是诊断消化性溃疡的重要线索。确诊有赖胃镜检查。X 线钡餐检查发现龛影也有确诊价值。

(2)鉴别诊断 胃溃疡与胃癌的鉴别诊断如下表。

	胃溃疡	胃癌
年龄	中青年居多	中年以上居多
胃酸	正常或偏低,无真性缺酸现象	真性胃酸缺乏
溃疡直径	多<2.0cm	可>2.0cm
X 线	龛影壁光滑,位于胃腔轮廓之外 周围胃壁柔软,可呈星状集合征	龛影边缘不整,位于胃腔轮廓之内,龛影周围胃壁僵硬,呈结节状,向溃疡集聚的皱襞有融合中断现象
内镜	圆形或椭圆形,底平滑 溃疡周围黏膜柔软,皱襞向溃疡集中	形状不规则,底凹凸不平,边缘结节隆起,污秽苔 溃疡周围因癌性浸润而增厚,可有糜烂出血
内镜活检	确诊	确诊

【例 24】男,40 岁。反复发作上腹部不适、疼痛 6 年。疼痛多发生在餐后约 60 分钟,1~2 小时后逐渐缓解。查体:腹平软,肝脾未触及,上腹轻度压痛,无反跳痛,移动性浊音(-)。上消化道 X 线钡餐造影:胃小弯侧 1.5cm 壁外龛影,大弯侧有痉挛性切迹。最可能的诊断是
A. 胃憩室 B. 胃炎 C. 胃溃疡
D. 胃癌 E. 胃平滑肌瘤

7. 并发症

出血	①15%~25%的患者可并发出血。出血是消化性溃疡最常见的并发症 ②10%~25%的患者以消化道出血为首发症状;③十二指肠溃疡比胃溃疡更易出血
穿孔	穿孔率 1%~5%。穿孔后果:溃破入腹腔引起腹膜炎;穿孔受阻于毗邻器官;穿入空腔器官形成瘘管
梗阻	发生率 2%~4%。主要由十二指肠溃疡或幽门管溃疡引起
癌变	十二指肠溃疡不癌变;胃溃疡癌变率在 1%左右。癌变常发生在溃疡边缘,故活检时应取此处组织

注意:①消化性溃疡最常见的并发症是上消化道出血,上消化道出血最常见的病因是消化性溃疡。
②十二指肠溃疡最少见的并发症是癌变(因十二指肠溃疡不癌变)。

【例 25】消化性溃疡最常见的并发症是

A. 腹腔脓肿　　B. 癌变　　C. 出血
D. 幽门梗阻　　E. 穿孔

【例 26】男,35 岁。反复上腹痛 5 年,再发 1 个月,加重 2 天。5 年来反复上腹痛,多发生于饥饿时,进食及口服碱性药可缓解,1 个月来再发上腹痛,口服碱性药物缓解不满意,2 天来上腹痛加重向后背放射。查体:上腹部压痛。血清淀粉酶 320U/L。该患者最可能的诊断是

A. 胃窦溃疡　　B. 胃体溃疡　　C. 胃底溃疡
D. 十二指肠球前壁溃疡　　E. 十二指肠球后壁溃疡

8. 治疗

(1)治疗目标　去除病因、控制症状、促进溃疡愈合、预防复发、避免并发症。

(2)抑制胃酸分泌　目前常用于抑制胃酸分泌的药物有两种,即 H_2 受体拮抗剂和质子泵抑制剂。

	H_2 受体拮抗剂	质子泵抑制剂(PPI)
代表药物	法莫替丁>雷尼替丁=尼扎替丁>西咪替丁	奥美拉唑、泮托拉唑、雷贝拉唑
作用机制	抑制壁细胞的 H_2 受体 抑制基础胃酸、夜间胃酸的分泌	不可逆地抑制壁细胞 H^+-K^+-ATP 酶 抑酸时间可长达 72 小时,2~3 天可控制症状
特点	疗效好,用药方便,价格适中,不良反应少	抑酸作用最强,最持久,疗效最好,价格昂贵
溃疡愈合	胃溃疡和十二指肠溃疡 6 周愈合率分别为 80%~95%、90%~95%	胃溃疡和十二指肠溃疡 4 周愈合率分别为 80%~96%、90%~100%

(3)根除 Hp　对 Hp 引起的消化性溃疡,根除 Hp 不但可促进溃疡愈合,而且可显著降低溃疡复发率。用常规抑酸治疗愈合的溃疡年复发率为 50%~70%,而根除 Hp 可使溃疡复发率降至 5%以下。

①指征、方案和疗程　消化性溃疡不论活动与否,Hp 阳性病人均应根除 Hp。根除 Hp 多采用四联治疗,即 1 种 PPI+2 种抗生素+1 种铋剂,疗程 10~14 天(8 版《内科学》为三联治疗,疗程 1~2 周)。

质子泵抑制剂	胶体铋剂	抗菌药物
奥美拉唑 20mg,每日 2 次	枸橼酸铋钾 240mg,每日 2 次	克拉霉素 500mg,每日 2 次
兰索拉唑 30mg,每日 2 次	次碳酸铋 300mg,每日 2 次	阿莫西林 1000mg,每日 2 次
泮托拉唑 20mg,每日 2 次		甲硝唑 400mg,每日 2 次
以上任选 1 种	以上任选 1 种	以上任选 2 种

②复检 Hp　对有并发症和经常复发的消化性溃疡病人,应追踪抗 Hp 的疗效,一般在治疗后至少 4 周复检 Hp,且在检查前应停用 PPI 或抗生素 2 周,否则会有假阴性。首选非侵入性的 ^{14}C 尿素呼气试验。

(4)保护胃黏膜　常用药物为铋剂,弱碱性抗酸剂临床上很少应用。

种类	代表药	作用机制	副作用或注意事项
铋剂	三钾二枸橼酸铋 次碳酸铋 果胶铋	①分子量较大,在酸性溶液中呈胶体状,与溃疡基底面的蛋白形成蛋白-铋复合物,覆于溃疡表面,阻隔胃酸、胃蛋白酶对黏膜的侵袭损害 ②铋剂可包裹 Hp 菌体,干扰 Hp 代谢,发挥杀菌作用	舌苔和粪便发黑 肾功能不良者禁用
弱碱性抗酸剂	铝碳酸镁 磷酸铝、硫糖铝 氢氧化铝凝胶	碱性药物可中和胃酸,起效较快,可短暂缓解疼痛 能促进前列腺素合成,增加胃黏膜血流量 刺激胃黏膜分泌 HCO_3^- 和黏液	被视为黏膜保护剂
前列腺素类药	米索前列醇 (9 版内科已删除)	抑制胃酸分泌;增加胃黏膜血流量 增加胃十二指肠黏膜黏液和碳酸氢盐分泌	腹泻 收缩子宫,孕妇忌用

注意：氢氧化铝凝胶原为弱碱性抗酸剂，9 版内科学 P362 归为胃黏膜保护剂。

(5)消化性溃疡的治疗方案及疗程 为达到溃疡愈合，抑酸药物的疗程通常为 4~6 周，一般推荐十二指肠溃疡的 PPI 疗程为 4 周，胃溃疡疗程为 6~8 周。根除 Hp 所需的 1~2 周疗程既可重叠在 4~8 周的抑酸药物疗程内，也可在抑酸疗程结束后进行。

(6)维持治疗 溃疡愈合后大多数病人可以停药。但对溃疡多次复发者，可给予维持治疗，即较长时间服用维持剂量的 H_2 受体拮抗剂或 PPI，疗程短者 3~6 个月，长者 1~2 年。

(7)病人教育 适当休息，减轻精神压力，停服不必要的非甾体抗炎药(NSAIDs)，如确需服用，可同时加服抑酸和保护胃黏膜的药物；改善进食规律、戒烟、戒酒、少饮浓咖啡等。

【例 27】患者，男性，35 岁。间断上腹痛 2 年。查体：无贫血貌，皮肤巩膜无黄染，心肺无异常，腹软，无压痛，肝脾无肿大，^{13}C 尿素呼气试验阳性。主要治疗药物不包括
A. 阿米卡星　B. 阿莫西林　C. 克拉霉素
D. 枸橼酸铋钾　E. 奥美拉唑

【例 28】男，26 岁。周期性上腹痛 3 年，空腹及夜间加重，进食后缓解。^{13}C 尿素呼气试验阳性。预防复发的最重要措施是
A. 外科手术　B. 内镜治疗　C. 抗酸剂维持治疗
D. 根除幽门螺杆菌治疗　E. 胃黏膜保护剂维持治疗

【例 29】为判断幽门螺杆菌是否被根除，正确的检查时间应在治疗结束后至少
A. 3 天　B. 1 周　C. 2 周
D. 3 周　E. 4 周

【例 30】男，43 岁，反复上腹痛 3 个月。胃镜检查见十二指肠球部溃疡，快速尿素酶试验阳性。最佳的治疗方案是
A. 质子泵抑制剂+两种抗生素　B. 胃黏膜保护剂+H_2 受体拮抗剂
C. H_2 受体拮抗剂+两种抗生素　D. 质子泵抑制剂+胃黏膜保护剂
E. 抗酸剂+两种抗生素

▶▶常考点 重点内容，应全面掌握。

参考答案——详细解答见 2021《贺银成国家临床执业及助理医师资格考试历年考点精析》

1. ABCDE	2. ABCDE	3. ABCDE	4. ABCDE	5. ABCDE	6. ABCDE	7. ABCDE
8. ABCDE	9. ABCDE	10. ABCDE	11. ABCDE	12. ABCDE	13. ABCDE	14. ABCDE
15. ABCDE	16. ABCDE	17. ABCDE	18. ABCDE	19. ABCDE	20. ABCDE	21. ABCDE
22. ABCDE	23. ABCDE	24. ABCDE	25. ABCDE	26. ABCDE	27. ABCDE	28. ABCDE
29. ABCDE	30. ABCDE					

第13章　结核性腹膜炎与溃疡性结肠炎

考纲要求

①结核性腹膜炎:临床表现,辅助检查,诊断与鉴别诊断,治疗。②溃疡性结肠炎:临床表现,辅助检查,诊断与鉴别诊断,治疗。

复习要点

一、结核性腹膜炎

结核性腹膜炎是由结核分枝杆菌引起的慢性弥漫性腹膜感染,好发于中青年,女性多见,男女之比为1∶2。

1. 临床表现

(1)全身症状　结核毒血症常见,主要是低热与中等热,呈弛张热或稽留热,可有盗汗。

(2)腹痛　位于脐周、下腹或全腹,常表现为持续性或阵发性隐痛。

(3)腹部触诊　常有揉面感,系腹膜受刺激或因慢性炎症而增厚、腹壁肌张力增高、腹壁与腹内脏器粘连引起的触诊感觉,并非特征性体征。腹部压痛多较轻。

(4)腹胀、腹腔积液　常有腹胀,伴有腹部膨隆,可有少量至中等量腹腔积液。

(5)腹部肿块　多见于粘连型或干酪型,以脐周为主。肿块多由增厚的大网膜、肿大的肠系膜淋巴结、粘连成团的肠曲、干酪样坏死脓性物积聚而成,其大小不一,表面不平。

(6)其他　腹泻常见,大便呈糊样。

2. 辅助检查

(1)血沉　血沉是判断结核是否活动的简易指标。

(2)结核菌素试验(PPD)或结核感染T细胞斑点试验(T-SPOT)　强阳性对诊断有帮助,但不能确诊本病。

(3)腹水检查　腹水多呈草黄色渗出液,静置后可自然凝固,少数浑浊或呈淡血性,偶见乳糜性。腹水检查的生化特点为:①比重>1.018。②蛋白质定性试验阳性,定量>30g/L。③WBC>500×10^6/L,以淋巴细胞或单核细胞为主。④腺苷脱氨酶(ADA)活性常增高,但需排除恶性肿瘤,如测定ADA同工酶ADA2升高则对本病的诊断有一定特异性。⑤普通细菌培养阴性,结核分枝杆菌培养的阳性率很低。⑥腹水细胞学检查的目的是排除癌性腹水。

(4)腹部B超　可在B超定位下穿刺抽腹水,B超对腹部包块性质的鉴别有一定帮助。

(5)X线　腹部X线片检查有时可见到钙化影,提示钙化的肠系膜淋巴结结核。

(6)腹腔镜　腹腔镜+活检对诊断有困难者具有确诊价值,一般适用于有游离腹水的患者。

【例1】对结核性腹膜炎最有诊断价值的检查是

A. PPD试验　　B. 结肠镜检查　　C. CT检查
D. 腹水常规　　E. 腹腔镜检查+腹膜活检

【例2】女,30岁。低热、腹胀、腹痛1个月。查体:腹部弥漫性压痛,揉面感,移动性浊音阳性。对诊断最有意义的检查是

A. 结核菌素试验　　B. 血清结核抗体　　C. 血沉
D. 腹腔穿刺抽液检查　　E. 血常规

【例3】女,20岁。3个月来发热、盗汗、腹痛、腹胀。查体:巩膜无黄染,颈静脉无怒张。腹部移动性浊音(+)。腹水比重1.020,蛋白定量40g/L,白细胞600×10^6/L,单核细胞0.80。最可能的诊断是

A. 缩窄性心包炎　　B. 原发性腹膜炎　　C. 结核性腹膜炎

D. 肝硬化腹水　　E. 化脓性腹膜炎

A. 血性腹水　　B. 腹水白细胞数>500×10^6/L,以多核细胞为主

C. 乳糜性腹水　　D. 腹水比重<1.018,蛋白<25g/L

E. 腹水比重>1.018,蛋白>30g/L,腹水白细胞以单核细胞为主

【例 4】最支持结核性腹膜炎诊断的是

【例 5】最支持肝硬化腹水诊断的是

3. 诊断和鉴别诊断

(1)诊断　本病诊断较困难,有下列情况应考虑本病:

①中青年者,有结核病史,伴有其他器官结核病证据。

②长期发热原因不明,伴有腹痛、腹胀、腹水、腹壁柔韧感或腹部包块。

③腹水为渗出液,以淋巴细胞为主,普通细菌培养阴性,ADA 明显增高。

④X 线胃肠钡餐检查发现肠粘连等征象及腹部平片有肠梗阻或散在钙化点。

⑤结核菌素试验或 T-SPOT 试验呈强阳性。

(2)鉴别诊断　本病需与以下疾病相鉴别。

①以腹水为主要表现者　需与腹腔恶性肿瘤、肝硬化腹水、结缔组织病等鉴别。

②以腹部包块为主要表现者　需与腹部肿瘤、克罗恩病等鉴别。

③以发热为主要表现者　需与长期发热的其他疾病鉴别。

④以急性腹痛为主要表现者　需与外科急腹症鉴别。

4. 治疗

及早给予合理、足够疗程的抗结核化学药物治疗,以达到早日康复、避免复发和防止并发症的目的。

(1)抗结核化疗　①对于一般渗出型病例,由于腹水及症状消失常不需太长时间,病人可能会自行停药,而导致复发,故必须强调全程规则治疗。②对粘连型或干酪型病例,由于大量纤维增生,药物不易进入病灶达到应有浓度,病变不易控制,故应加强抗结核化疗的联合应用,并适当延长抗结核的疗程。

(2)大量腹水的治疗　可适当放腹水以减轻症状。

(3)手术　指征为:①并发完全性肠梗阻或不全性肠梗阻经内科治疗无效;②急性肠穿孔,或腹腔脓肿经抗生素治疗无效;③肠瘘经抗结核化疗与加强营养而未能闭合;④与急腹症不能鉴别时,可行剖腹探查。

二、溃疡性结肠炎

溃疡性结肠炎是一种病因不明的结直肠慢性非特异性炎症性疾病,病变主要局限于大肠黏膜与黏膜下层。临床表现为腹泻、黏液脓血便、腹痛。病情轻重不等,多呈反复发作的慢性病程。

1. 临床表现

反复发作的腹泻、黏液脓血便及腹痛是溃疡性结肠炎的主要临床表现。起病多为亚急性,少数急性起病。病程呈慢性经过,发作与缓解交替,少数症状持续并逐渐加重。

(1)消化系统表现

①腹泻　活动期最重要表现,与炎症导致结肠黏膜对水、钠吸收障碍以及结肠运动功能失常有关。

②黏液脓血便　见于大多数病人,系黏膜炎性渗出、糜烂溃疡所致。大便次数、便血程度与病情轻重有关,轻者排便 2~3 次/日,便血轻或无;重者>10 次/日,脓血显见,甚至大量便血。

③腹痛　多有轻至中度腹痛,为左下腹或下腹隐痛,也可累及全腹。常有里急后重,便后腹痛缓解。

④体征　轻、中度病人仅有左下腹轻压痛,重型病人可有明显压痛。若出现腹肌紧张、反跳痛、肠鸣音减弱等体征,应考虑并发中毒性巨结肠、肠穿孔等并发症。

(2)全身反应　中、重度病人活动期可有低至中度发热,高热多提示病情进展、严重感染、并发症存

在。重度病人可出现衰弱、消瘦、贫血、低蛋白血症、水与电解质平衡紊乱等。

(3)肠外表现　包括外周关节炎、结节性红斑、坏疽性脓皮病、巩膜外层炎、前葡萄膜炎、口腔复发性溃疡等，这些肠外表现在结肠炎控制或结肠切除后可以缓解或恢复。其他包括骶髂关节炎、强直性脊柱炎、原发性硬化性胆管炎、淀粉样变性、急性发热性嗜中性皮肤病等。

(4)临床分型

①临床类型　分为初发型、慢性复发型(最常见)、慢性持续型和急性暴发型。9版内科学改动大。

初发型	是指无既往史的首次发作
慢性复发型	是指发作期与缓解期交替
慢性持续型	是指症状持续，间以症状加重的急性发作
急性暴发型	急性起病，病情严重，全身毒血症状明显，可伴中毒性巨结肠、肠穿孔、败血症等并发症

②疾病分期　分为活动期和缓解期，活动期按严重程度分为轻、中、重三度。

轻度	排便<4次/日，便血轻或无，脉搏正常，无发热及贫血，ESR<20mm/h
中度	介于轻度与重度之间
重度	腹泻≥6次/日，明显血便，体温>37.8℃，脉搏>90次/分，Hb<75%正常值，ESR>30mm/h

③病变范围　分为直肠炎、左半结肠炎、广泛结肠炎。

注意：①溃疡性结肠炎的溃疡病变一般局限于黏膜与黏膜下层，很少累及肌层，很少引起结肠穿孔。
②溃疡性结肠炎很少引起肠瘘，易导致肠瘘是克罗恩病的特点。

【例6】典型溃疡性结肠炎患者的粪便特点是
A. 脂肪泻　B. 白陶土样便　C. 含泡沫黄稀便
D. 大量水样便　E. 黏液脓血便

2. 辅助检查

	溃疡性结肠炎	克罗恩病
血液检查	贫血，活动期血沉加快、C反应蛋白增高	贫血，活动期血沉加快、C反应蛋白增高
粪便检查	肉眼见黏液脓血，镜下见红细胞和脓细胞	隐血试验阳性
钡剂灌肠	①黏膜粗乱和(或)颗粒状改变；②多发性浅溃疡、小龛影、炎性息肉；③肠管缩短、铅管征	肠道炎性改变：黏膜皱襞粗乱、纵行溃疡、鹅卵石征、假息肉、瘘管形成，病变节段分布
结肠镜检	是本病诊断和鉴别诊断的最重要手段之一镜下示黏膜血管纹理模糊、紊乱；弥漫性糜烂、多发性浅溃疡；黏膜粗糙，呈细颗粒状	一般表现为节段性、非对称性的各种黏膜炎症 非连续性病变(节段性病变) 纵行溃疡，卵石样外观
活检	弥漫性炎症细胞浸润，无肉芽肿病变	典型改变为非干酪性肉芽肿

注意：①表中的绿色字为特征性表现，是解题的关键，请牢记。
②确诊溃疡性结肠炎首选结肠镜，次选X线钡剂灌肠。钡剂灌肠仅用于结肠镜检查有困难者。
③重型、暴发型溃疡性结肠炎病例不宜行钡剂灌肠检查，以免加重病情或诱发中毒性巨结肠。

【例7】女，32岁。左下腹痛2个月。黄稀便，每日3次。结肠镜示：直肠、乙状结肠糜烂及浅溃疡，大范围充血、水肿。最可能的诊断是
A. 克罗恩病　B. 肠结核　C. 结肠癌
D. 慢性肠炎　E. 溃疡性结肠炎

3. 诊断与鉴别诊断

(1)诊断 具有持续或反复发作腹泻和黏液脓血便、腹痛、里急后重,伴或不伴不同程度的全身症状,应考虑本病。结肠镜检查至少有1项重要改变及黏膜活检所见即可确诊。

(2)鉴别诊断 溃疡性结肠炎需与下列疾病相鉴别。

①结肠克罗恩病与肠结核

	结肠克罗恩病	肠结核	溃疡性结肠炎
腹痛	最常见,位于右下腹或脐周	右下腹痛	左下腹或下腹痛
腹痛特点	腹痛—进食加重—便后缓解	腹痛—进食加重—便后缓解	腹痛—便意—便后缓解
腹泻	常见	腹泻便秘交替	多见
大便性状	糊状,无脓血和黏液	糊状,无脓血和黏液	黏液脓血便(活动期)
里急后重	无(累及直肠、肛管时可有)	无	可见(病变在直肠者可有)
腹部包块	见于10%~20%的患者	增生型肠结核可有	无
瘘管	多见(为特征性临床表现)	少见	罕见
直肠肛管病变	见于部分患者	无	见于大多数患者
全身症状	发热、营养障碍	低热、盗汗	发热、消瘦、贫血
肠外表现	多种	肺结核	多种
肠镜检查	纵行溃疡、黏膜呈鹅卵石样病变间黏膜正常	回盲部黏膜充血、水肿、溃疡形成、炎性息肉、肠腔狭窄	浅表溃疡、黏膜弥漫性充血水肿、颗粒状,脆性增加
活组织检查	裂隙状溃疡、非干酪性肉芽肿、黏膜下层淋巴细胞聚集	可发现肉芽肿、干酪样坏死、抗酸杆菌等	固有膜全层弥漫性炎症、隐窝脓肿、隐窝结构明显异常
钡剂灌肠	肠黏膜粗乱,纵行溃疡 鹅卵石征,假息肉,瘘管	溃疡型肠结核X线钡剂灌肠显示激惹征(跳跃征)	黏膜粗乱,颗粒样改变 多发性浅溃疡,铅管征

注意:①脓血便——溃疡性结肠炎、直肠癌。
②不伴脓血便——肠结核、克罗恩病、肠易激综合征。
③黏液脓血便是溃疡性结肠炎活动期的重要表现,其病情程度分型即以此为基础。

②急性细菌性痢疾 粪便可分离出致病菌,抗生素治疗有效,通常在4周内痊愈。

③阿米巴肠炎 主要累及右侧结肠,结肠溃疡较深,边缘潜行,溃疡间黏膜正常。抗阿米巴治疗有效。

④血吸虫病 有疫水接触史,常有肝脾肿大,粪便检查可发现血吸虫卵,毛蚴孵化阳性。

⑤大肠癌 多见于中年以后,直肠指检常触及肿块,结肠镜及活检可确诊。

⑥肠易激综合征 粪便有黏液但绝无脓血,镜检正常,隐血试验阴性。

4. 治疗

(1)控制炎症反应

①氨基水杨酸制剂 包括5-氨基水杨酸和柳氮磺吡啶,用于轻、中度病人的诱导缓解及维持治疗。

A.5-氨基水杨酸(5-ASA) 诱导治疗期3~4g/d口服,症状缓解后相同剂量或减量维持治疗。5-ASA灌肠剂适用病变局限在直肠及乙状结肠者,栓剂适用于病变局限在直肠者。

B.柳氮磺吡啶(SASP) 疗效与5-ASA相似,但不良反应远较5-ASA多见。

C.5-氨基水杨酸控释制剂 美沙拉嗪、奥沙拉嗪、巴柳氮为5-ASA控释制剂,口服后可避免在小肠被吸收,而在结肠内发挥作用,因此不良反应少见,适用于病变广布结肠者、对SASP过敏或不能耐受者。

②糖皮质激素 首选用于对5-氨基水杨酸疗效不佳的中度及重度病人,可口服给药(泼尼松)、静脉给药(氢化可的松、甲泼尼龙)。糖皮质激素只能用于活动期的诱导缓解,症状控制后应逐渐减量至停药,不能用于维持治疗。减量期间,可加用免疫抑制剂或5-氨基水杨酸维持治疗。

③免疫抑制剂　用于5-氨基水杨酸维持治疗疗效不佳、症状反复发作、激素依赖者的维持治疗。由于起效缓慢，故不单独作为活动期诱导治疗。常用制剂有硫唑嘌呤、巯嘌呤。维持治疗通常不少于4年。

(2)对症治疗　及时纠正水、电解质紊乱；贫血者可输血；低蛋白血症者应补充白蛋白。病情严重者应禁食，并予完全胃肠外营养。抗生素治疗对一般病例并无指征，但对重症继发感染者，应行抗菌治疗。

(3)外科治疗

①紧急手术指征　并发大出血、肠穿孔、中毒性巨结肠经内科治疗无效者。

②择期手术指征　并发结肠癌变，内科治疗效果不理想，药物副反应太大不能耐受者。

(4)治疗方案的选择　溃疡性结肠炎的治疗药物及方案选择如下表。

常考药物	所属类别	作用部位	适应证
柳氮磺吡啶	氨基水杨酸	结肠+小肠	轻、中型，重型经激素治疗后维持
美沙拉嗪、奥沙拉嗪、巴柳氮	氨基水杨酸控释剂	结肠	结肠病变严重者
泼尼松、氢化可的松、地塞米松	糖皮质激素	结肠+小肠	重型病例，控制病情最有效的药物
布地奈德泡沫灌肠剂	糖皮质激素	直肠	病变局限于直肠者行保留灌肠

注意：①轻中度溃疡性结肠炎首选5-氨基水杨酸，重度首选糖皮质激素，激素无效者选用免疫抑制剂。
②病变局限于直肠者，给予栓剂治疗；病变位于直肠+乙状结肠者，行保留灌肠。
③病变广布结肠者，选用5-氨基水杨酸的控释制剂，如美沙拉嗪、奥沙拉嗪、巴柳氮。

【例8】男，26岁。间断腹泻6个月，大便3~4次/日，带黏液及脓血，无发热及体重下降。结肠镜示乙状结肠以下弥漫充血水肿，黏膜颗粒样改变，质脆易出血，病理可见隐窝脓肿，曾连续口服环丙沙星3周，无效。该患者最适宜的治疗是

A. 口服柳氮磺吡啶　B. 禁食及静脉高营养　C. 静脉用头孢菌素
D. 口服蒙脱石散　E. 静脉用甲泼尼龙

【例9】女，18岁。间断排黏液脓血便伴发热2个月。大便10余次/日。体温波动在38.0℃~39.5℃，广谱抗生素治疗1周后症状无好转。结肠镜检查示：全结肠弥漫性充血、糜烂，伴溃疡形成。首选的治疗是

A. 应用免疫抑制剂　B. 应用糖皮质激素　C. 更换抗生素
D. 应用硫唑嘌呤　E. 应用柳氮磺吡啶

常考点　结核性腹膜炎的临床特点；溃疡性结肠炎的诊断及治疗。

参考答案——详细解答见2021《贺银成国家临床执业及助理医师资格考试历年考点精析》

1. ABCDE　2. ABCDE　3. ABCDE　4. ABCDE　5. ABCDE　6. ABCDE　7. ABCDE
8. ABCDE　9. ABCDE

第 14 章　肝脏疾病

考纲要求

①肝硬化:病因,临床表现,并发症,辅助检查,诊断与鉴别诊断,治疗与预防。②原发性肝癌:病因,病理,临床表现,辅助检查,诊断,治疗与预防。③肝性脑病:病因和诱因,临床表现,辅助检查,诊断,治疗原则。

复习要点

一、肝硬化

肝硬化是各种慢性肝病进展至以肝脏慢性炎症、弥漫性纤维化、假小叶、再生结节和肝内外血管增殖为特征的病理阶段,代偿期无明显症状,失代偿期以门静脉高压、肝功能减退为临床特征。

1. 病因

病毒性肝炎	是我国最常见的病因(占 60%~80%),其中以乙型肝炎最常见,其次为丙型肝炎
慢性酒精中毒	欧美国家最常见的病因(占 50%~90%),在我国约占 15%
胆汁淤积	任何原因引起肝内、外胆道梗阻,持续胆汁淤积,均可发展为胆汁性肝硬化
循环障碍	肝静脉和/或下腔静脉阻塞(Budd-Chiari)综合征、慢性心功能不全、缩窄性心包炎,导致肝脏长期淤血、肝细胞变性和纤维化,最终发展为淤血性肝硬化
寄生虫感染	血吸虫卵被肝内巨噬细胞吞噬演变为成纤维细胞,形成纤维性结节,导致门脉性肝硬化 华支睾吸虫寄生于肝内外胆管内,引起胆道梗阻及炎症,逐渐发展为肝硬化
遗传代谢性疾病	肝豆状核变性(铜沉积)、血色病(铁沉积)、α_1-抗胰蛋白酶缺乏、半乳糖血症、血友病、酪氨酸代谢紊乱症、遗传性出血性毛细血管扩张症
其他	脂肪性肝病、免疫疾病、药物、化学毒物等可作为肝硬化的常见病因
原因不明	部分病人难以用目前认识的疾病解释肝硬化的发生,称隐源性肝硬化,占 5%~10%

记忆:①肝硬化最常见病因是病毒性肝炎,其中以乙肝最常见。
②ABCDE 五种肝炎病毒中,中间(B、C、D)发展为肝硬化,头尾(A、E)不发展为肝硬化。

【例 1】在我国,引起肝硬化的主要病因是

A. 病毒性肝炎　　B. 酒精中毒　　C. 胆汁淤积
D. 遗传或代谢性疾病　　E. 化学毒物或药物

2. 临床表现

肝硬化通常起病隐匿,病程发展缓慢,临床上将肝硬化分为肝功能代偿期和失代偿期。

(1)代偿期　多数病人无症状或症状较轻,可有腹部不适、乏力、食欲减退、消化不良、腹泻等症状,多呈间歇性。肝脏是否肿大取决于肝硬化的类型。脾脏因门静脉高压常有轻、中度肿大。肝功能正常或轻度异常。

注意:①肝硬化早期一般表现为肝脏肿大,晚期表现为肝脏萎缩,肝体积缩小。
②肝硬化无论早期还是晚期均表现为脾脏肿大。

(2)失代偿期　症状较明显,主要有肝功能减退和门静脉高压两类临床表现。

①肝功能减退　主要有以下表现:

项目	临床表现及病理生理机制
消化吸收不良	食欲减退、厌食、腹胀、荤食后易腹泻，多与门静脉高压时胃肠道淤血水肿等有关
营养不良	一般情况差，消瘦，乏力，精神不振，皮肤干枯或水肿
黄疸	肝细胞广泛坏死可导致皮肤、巩膜黄染，尿色深
出血和贫血	常有鼻腔、牙龈出血、皮肤黏膜瘀点、瘀斑、消化道出血 与肝合成凝血因子减少、脾功能亢进、毛细血管脆性增加有关
雌激素↑	肝功能减退时，肝脏对雌激素灭活减少所致 表现为男性性欲减退、睾丸萎缩、乳房发育；女性有月经失调、闭经、不孕；出现蜘蛛痣、肝掌
雄激素↓	雌激素增高反馈抑制垂体促性腺激素释放，导致睾丸间质细胞分泌雄激素减少
糖皮质激素↓	肝硬化时，作为肾上腺皮质激素合成原料的胆固醇脂减少，肾上腺皮质激素合成减少
促黑色生成素↑	促皮质激素释放因子受抑，肾上腺皮质功能减退，促黑色生成素增加 表现为病人面部色素沉着增加，导致面色黑黄，晦暗无光，称为肝病面容
抗利尿激素↑	肝脏对抗利尿激素灭活作用减弱，导致抗利尿激素增多，促进腹腔积液形成
醛固酮↑	肝脏对醛固酮灭活作用减弱，导致继发性醛固酮增多，促进腹腔积液形成
甲状腺激素↓	肝硬化病人血清总 T_3、游离 T_3 降低，游离 T_4 正常或偏高；严重者 T_4 也降低
不规则发热	肝脏对致热因子等灭活降低，还可由继发性感染所致
低清蛋白血症	病人常有下肢水肿、腹腔积液

②门静脉高压　多属肝内型，门静脉高压常导致食管胃底静脉曲张出血、腹腔积液、脾大、脾功能亢进、肝肾综合征、肝肺综合征等，是推动肝功能减退的重要病理生理环节，是肝硬化的主要死因之一。

A. 门腔侧支循环形成　肝外分流形成的常见侧支循环有：

侧支循环	相应临床表现
食管胃底静脉曲张	破裂出血是肝硬化门静脉高压最常见的并发症
腹壁静脉曲张	脐周腹壁浅静脉呈水母头（海蛇头）现象（血流方向呈放射状，即脐上向上，脐下向下）
痔静脉曲张	肝硬化门静脉高压可导致痔静脉曲张，表现为痔出血
Retzius 静脉曲张	是指腹膜后门静脉与下腔静脉之间的许多细小分支（Retzius 静脉）增多和曲张
脾肾分流	门静脉的属支脾静脉、胃静脉可与左肾静脉沟通，形成脾肾分流

B. 脾大脾功能亢进　脾大是肝硬化门静脉高压较早出现的体征。门静脉高压时，脾脏被动淤血性肿大，随之出现脾功能亢进，表现为外周白细胞减少、贫血和血小板减少，易并发感染、出血。

C. 腹腔积液　是肝功能减退和门静脉高压的共同结果，是肝功能失代偿期最突出的临床表现。腹腔积液形成的机制包括：a.门静脉高压，腹腔内脏血管床静水压增高，组织液吸收减少而漏入腹腔，是腹水形成的决定性因素；b.低清蛋白血症，胶体渗透压降低，毛细血管内液体漏入腹腔或组织间隙；c.有效循环血容量不足，肾血流减少，肾素-血管紧张素系统激活，肾小球滤过率降低，排钠和排尿量减少；d.肝脏对醛固酮和抗利尿激素灭活作用减弱，导致继发性醛固酮增多和抗利尿激素增多；e.肝淋巴量超过了淋巴循环引流的能力，肝窦内压升高，肝淋巴液生成增多，自肝包膜表面漏入腹腔，参与腹腔积液形成。

注意：①腹水是肝硬化失代偿期最突出的临床表现。
②食管胃底静脉曲张是肝硬化门静脉高压最具诊断价值的临床表现。
③出现门静脉高压时，首先出现淤血性脾肿大，故脾肿大为肝硬化门静脉高压较早出现的体征。

【例 2】门静脉高压症的主要临床表现不包括

A. 脾肿大　　B. 呕血和黑便　　C. 肝掌
D. 腹水　　E. 食管静脉曲张

【例 3】提示肝对雌激素灭活功能减退的体征是
A. 蜘蛛痣　　B. 皮肤紫癜　　C. 腹壁静脉曲张
D. 脾大　　E. 巩膜黄染

【例 4】男,45 岁。疲乏,贫血 4 个月入院。既往有乙型肝炎病史 10 年。查体:睑结膜略苍白,腹软,可见腹壁静脉曲张,肝肋下未触及,脾大,移动性浊音阳性。血 Plt50×10^9/L。血小板减少最可能的原因是
A. 营养不良　　B. 溶血　　C. 骨髓抑制
D. 脾功能亢进　　E. 出血

3. 并发症

(1)消化道出血　其原因如下:

①食管胃底静脉曲张破裂出血　为最常见并发症。常表现为上消化道大出血,可诱发肝性脑病。

②消化性溃疡　门静脉高压使胃黏膜静脉回流缓慢,屏障功能受损,易发生消化性溃疡甚至出血。

③门静脉高压性胃肠病　门静脉属支血管增殖,毛细血管扩张,管壁缺陷,广泛渗血。门静脉高压性胃病常表现为反复呕血和黑便,门静脉高压性肠病多表现为反复黑便或便血。

(2)胆石症　患病率约为 30%,胆囊及肝外胆管结石较常见。

(3)感染　肝硬化病人免疫功能低下,常并发感染,如呼吸道、胃肠道、泌尿道感染等。

①自发性细菌性腹膜炎(SBP)　非腹内脏器感染引发的急性细菌性腹膜炎。由于腹腔积液是细菌的良好培养基,肝硬化病人出现腹腔积液后容易导致该病,致病菌多为来自肠道的革兰阴性杆菌。

②胆道感染　胆囊及肝外胆管结石所致的胆道梗阻常伴发感染,病人常有腹痛、发热、黄疸等。

③肺部、肠道及尿路感染　致病菌以革兰阴性杆菌多见,厌氧菌和真菌感染日益增多。

(4)肝性脑病　为本病最严重的并发症,也是最常见的死亡原因。

注意:肝硬化最常见的并发症是上消化道出血,最严重的并发症是肝性脑病,最常见的死因是肝性脑病。

(5)门静脉血栓形成或海绵样变

①门静脉血栓　严重阻断入肝血流时,常表现为难治性食管胃底静脉曲张出血、中重度腹部胀痛、顽固性腹腔积液、肠坏死、肝性脑病等,腹穿可抽出血性腹腔积液。

②门静脉海绵样变　是指肝门部、肝内门静脉分支部分或完全慢性阻塞后,门静脉主干狭窄、萎缩甚至消失,在门静脉周围形成细小迂曲的网状血管,其形成与脾切除、内镜下食管静脉结扎术、门静脉炎、门静脉血栓形成、红细胞增多、肿瘤侵犯等有关。

(6)电解质和酸碱平衡紊乱　长期钠摄入不足、利尿、大量放腹水、腹泻、继发性醛固酮增多均是导致电解质紊乱的常见原因。常表现为低钠、低钾、低氯与代谢性碱中毒,容易诱发肝性脑病。

(7)肝肾综合征　其临床特点是“三低一高”,即自发性少尿或无尿、低尿钠、稀释性低钠血症、氮质血症。肾脏本身无实质性病变,故为功能性肾衰竭。其发病机制为肝硬化大量腹水等因素,使机体有效循环血量不足,导致肾皮质血流量和肾小球滤过率持续降低。

(8)肝肺综合征　是指在肝硬化基础上,排除原有心肺疾病后,出现呼吸困难及缺氧体征如发绀、杵状指(趾),这与肺内血管扩张、动脉血氧合功能障碍有关,预后较差。

(9)原发性肝细胞癌　肝硬化特别是病毒性肝炎肝硬化和酒精性肝硬化发生肝细胞癌的危险性明显增加。当病人出现肝区疼痛、肝大、血性腹水、无法解释的发热时要考虑此病。

【例 5】患者,男,50 岁。呕吐鲜血 4 小时,呕吐量 500ml。既往乙肝病史 20 年。查体:血压 96/62mmHg,颈部有蜘蛛痣,腹部无压痛、反跳痛。与消化道出血最相关的结构是
A. 肠系膜上静脉　　B. 肠系膜下静脉　　C. 直肠静脉丛
D. 食管静脉丛　　E. 脐部静脉丛

【例 6】肝硬化自发性细菌性腹膜炎的常见感染途径是
A. 直接扩散　B. 上行性感染　C. 透壁性感染
D. 血行播散　E. 淋巴感染

【例 7】肝硬化最常见的并发症是
A. 上消化道出血　B. 自发性腹膜炎　C. 原发性肝癌
D. 肝性脑病　E. 肝肾综合征

【例 8】男,38 岁。患肝硬化 3 年。1 周来畏寒发热,体温 38℃左右,全腹痛,腹部明显膨胀,尿量 500ml/d。以下体征中,对目前病情判断最有意义的是
A. 全腹压痛及反跳痛　B. 蜘蛛痣及肝掌　C. 腹部移动性浊音阳性
D. 脾大　E. 腹壁静脉曲张呈海蛇头样

【例 9】女,52 岁。肝炎肝硬化 10 年,近 3 个月腹围明显增大,1 周来少尿。无腹痛、发热。查体:腹部无压痛,移动性浊音(+)。实验室检查:血肌酐 130 μmol/L,甲胎蛋白正常。最可能的并发症是
A. 肝癌　B. 自发性腹膜炎　C. 肝肾综合征
D. 门静脉血栓形成　E. 继发性腹膜炎

4. 辅助检查

肝硬化代偿期,各项检查多正常,以下为失代偿期肝硬化的结果。

血常规检查	脾亢——红细胞↓、白细胞↓、血小板↓
尿常规检查	黄疸——尿胆原↑、胆红素↑
肝功能检查	AST↑、ALT↑、血清白蛋白↓、球蛋白↑、A/G 倒置、总胆红素↑
凝血酶原时间	不同程度延长,且不能为注射维生素 K 纠正
肝纤维化指标	血清Ⅲ型前胶原氨基末端肽(PⅢP)、Ⅳ型胶原、透明质酸、层粘连蛋白均升高
腹水检查	未合并自发性腹膜炎的肝硬化腹水为漏出液,合并自发性腹膜炎者为渗出液或中间型 门静脉高压性腹水 SAAG≥11g/L,非门静脉高压性腹水 SAAG<11g/L 血清-腹水白蛋白梯度(SAAG)= 血清白蛋白-腹水白蛋白(同一日所取血及腹水)
肝活检	有假小叶形成(可确诊)

【例 10】反应肝硬化肝脏合成功能减退的指标是
A. 白蛋白　B. 丙氨酸氨基转移酶　C. 乳酸脱氢酶
D. γ-谷氨酰转肽酶　E. 碱性磷酸酶

5. 诊断与鉴别诊断

(1)诊断　①有病毒性肝炎、长期大量饮酒、血吸虫病、遗传病等相关病史;②有肝功能减退和门静脉高压的临床表现;③肝功能试验常有阳性发现;④B 超或 CT 提示肝硬化,内镜发现食管胃底静脉曲张;⑤肝活检见假小叶形成是诊断本病的金标准。

(2)鉴别诊断

①引起腹水和腹部膨隆的疾病　需与结核性腹膜炎、腹腔内肿瘤、肾病综合征、缩窄性心包炎鉴别。

②肝大及肝脏结节性病变　应除外慢性肝炎、原发性肝癌、血吸虫病、血液病等。

③肝硬化并发症　A.上消化道出血应与消化性溃疡、糜烂出血性胃炎、胃癌等鉴别;B.肝性脑病应与低血糖、糖尿病酮症酸中毒、尿毒症、脑血管意外、脑部感染、镇静药过量等鉴别;C.肝肾综合征应与慢性肾小球肾炎、急性肾小管坏死等鉴别;D.肝肺综合征应与肺部感染、哮喘等鉴别。

【例 11】男,58 岁。乏力、腹胀伴尿少 3 个月。慢性肝病史 17 年。查体:巩膜轻度黄染,肝掌(+),肝肋下未触及,脾肋下 4cm,移动性浊音阳性。化验:ALT50U/L,Alb28g/L,AFP10μg/L,HBsAg(+),抗

HCV-Ab(-)。最可能的诊断是

A. 慢性乙型肝炎　　B. 慢性丙型肝炎　　C. 原发性肝癌

D. 原发性胆汁性肝硬化　　E. 乙肝肝硬化

6. 治疗

(1)保护或改善肝功能

①去除或减轻病因　抗肝炎病毒治疗、针对其他病因治疗。

②慎用损伤肝脏的药物　避免不必要、疗效不确切的药物,减轻肝脏代谢负担。

③维持肠内营养　肠内营养是机体获得能量的最好方式。肝硬化病人常有消化不良,应进食易消化的食物,以碳水化合物为主,蛋白质摄入量以病人可耐受为宜,辅以多种维生素,可给予胰酶助消化。

④保护肝细胞　A.微创手术解除胆道梗阻,可避免对肝功能的进一步损伤。B.由于胆汁中鹅去氧胆酸可溶解细胞膜,故可口服熊去氧胆酸降低肝内鹅去氧胆酸的比例,减少其对肝细胞膜的破坏。C.其他保护肝细胞的药物包括:多烯磷脂酰胆碱、水飞蓟宾、还原型谷胱甘肽、甘草酸二铵等。

(2)腹腔积液的治疗

限制钠水摄入	氯化钠摄入<2.0g/d,入水量<1000ml/d,如有低钠血症,则应限制在500ml/d以内
利尿	常联合使用保钾及排钾利尿剂,即螺内酯+呋塞米 肝硬化腹腔积液利尿首选螺内酯,螺内酯结构与醛固酮相似,可竞争性结合醛固酮受体 利尿速度不宜过快,以免诱发肝性脑病、肝肾综合征
输注清蛋白	利尿剂效果不满意时,应酌情静脉输注清蛋白
TIPS	经颈静脉肝内门腔分流术(TIPS)能有效降低门脉压,增加肾脏血液灌注,但易诱发肝性脑病
排放腹腔积液加输清蛋白	适用于不具备TIPS技术、对TIPS禁忌、失去TIPS机会时顽固性腹腔积液的姑息治疗 每放腹腔积液1000ml需输注清蛋白8g,该方法易诱发肝肾综合征、肝性脑病
自发性腹膜炎	选用肝毒性小,针对革兰阴性杆菌兼顾革兰阳性球菌的抗生素,如头孢哌酮、喹诺酮类 容易复发,用药时间不得少于2周;多为肠源性感染,应保持大便通畅、维护肠道菌群

(3)食管胃底静脉曲张出血的治疗

①药物治疗　尽早给予收缩内脏血管的药物,以减少门静脉血流量,降低门静脉压,从而止血。首选生长抑素、奥曲肽,次选垂体加压素。

②内镜治疗　内镜结扎治疗不能降低门静脉高压,适用于单纯食管静脉曲张不伴胃底静脉曲张者。

③TIPS　对于急性大出血的止血率可达95%,适用于肝功能<Child-Pugh评分B者。

④气囊压迫止血　在药物治疗无效、不具备内镜和TIPS操作的大出血时暂时使用。

(4)食管胃底静脉曲张出血的预防

①一级预防　适用于食管胃底静脉曲张但尚未出血者,预防措施包括对因治疗;非选择性β受体拮抗剂(如普萘洛尔、卡地洛尔);内镜结扎治疗可用于中度食管静脉曲张。

②二级预防　适用于已发生过食管胃底静脉曲张出血者,预防措施包括:TIPS;内镜下栓塞曲张静脉的断流术;部分脾动脉栓塞为代表的限流术;与一级预防相同的药物。

(5)胆石症　应以内科保守治疗为主,尤其是肝功能Child-Pugh C级者,应尽量避免手术。

(6)感染　对肝硬化并发的感染,一旦疑诊,应立即经验性抗感染治疗。自发性细菌性腹膜炎、胆道及肠道感染的抗生素选择,应遵循广谱、足量、肝肾毒性小的原则,首选第三代头孢菌素,如头孢哌酮+舒巴坦。其他如氟喹诺酮、哌拉西林+他唑巴坦及碳青霉烯类抗生素,均可根据病人情况使用。一旦培养出致病菌,则应根据药敏试验选择窄谱抗生素。

(7)门静脉血栓　包括抗凝、溶栓、TIPS等治疗。

(8)肝硬化低钠血症　轻症者,通过限水可以改善。中至重度者,可选用血管加压素V_2受体拮抗剂

(托伐普坦),增强肾脏处理水的能力,使水重吸收减少,提高血钠浓度。

(9)肝肾综合征　治疗措施包括TIPS、肝移植、保护肾功能等。

(10)肝肺综合征　吸氧、高压氧舱治疗适用于轻型、早期病人,以增加肺泡内氧浓度和压力,有助于氧弥散。肝移植可逆转肺血管扩张,使氧分压、氧饱和度、肺血管阻力均明显改善。

【例12】男性,55岁。肝硬化8年,查体有少量腹水,如患者应用利尿药,首选的是

A. 甘露醇　　B. 螺内酯(安体舒通)　　C. 乙酰唑胺

D. 氢氯噻嗪(双氢克尿塞)　　E. 呋塞米

7. 预防

由于肝硬化最常见的病因是病毒性肝炎,因此本病的预防首先应重视病毒性肝炎的防治。

早期发现、隔离病人,给予积极治疗。注意饮食,合理营养,节制饮酒,加强劳动保健,避免各种慢性化学中毒也是预防的积极措施。对于有上述病因而疑有肝硬化者,应及时进行全面体检及有关实验室检查,争取在代偿期得到合理积极治疗,防止向失代偿期发展。

二、原发性肝癌

原发性肝癌简称肝癌,是指由肝细胞或肝内胆管上皮细胞发生的恶性肿瘤。

1. 病因

病毒性肝炎	最主要病因。我国肝癌病人约90%有HBV感染的背景。乙肝、丙肝与肝癌的发生有关 HBV感染→慢性肝炎→肝硬化→肝癌是最主要的发病机制
黄曲霉毒素	其代谢产物黄曲霉毒素 B_1 能通过影响 *ras*、*P*53 等基因的表达而导致肝癌
肝纤维化	病毒性肝炎、酒精性肝病、非酒精性脂肪肝后肝纤维化、肝硬化是肝癌的重要危险因素
化学毒物	长期接触氯乙烯、亚硝胺类、偶氮芥类、苯酚、有机氯农药等化学物质
寄生虫	血吸虫、华支睾吸虫感染均易导致肝癌
饮用水	长期饮用污染水、藻类异常繁殖的河沟水
香烟	香烟中的多环芳烃、亚硝胺、尼古丁具有致癌作用

2. 病理

(1)大体病理分型　分为块状型、结节型、弥漫型三型。

分型	大体特点	病理学特点
块状型	最多见(占70%),呈单个、多个或融合成块,有包膜 直径5~10cm,>10cm者称巨块型,质硬,膨胀性生长	圆形,肿瘤中心易坏死、液化、出血
结节型	大小和数目不等的癌结节,直径<5cm 单个癌结节直径<3cm或相邻两个癌结节之和<3cm称小肝癌	与周围肝组织分界不如块状型清楚 常伴有肝硬化
弥漫型	最少见,呈米粒至黄豆大的癌结节弥散分布于整个肝脏	不易与肝硬化区分,常因肝衰竭死亡

(2)组织病理分型　将肝癌分肝细胞肝癌(约占90%)、肝内胆管细胞癌、混合型肝癌三型。

(3)转移途径

肝内转移	最早、最易发生的转移是肝内血行转移。易侵犯门静脉分支引起多发性转移灶
血行转移	血行转移(肝外转移)最常见于肺(占50%),其他部位有脑、肾上腺、肾、骨骼等
淋巴转移	最常见于肝门淋巴结转移,也可转移至胰、脾、主动脉旁、锁骨上淋巴结
种植转移	少见,是指从肝表面脱落的癌细胞种植在腹膜、横膈、盆腔等处,女性可有卵巢转移

注意:①肝癌最早、最易发生的转移是肝内转移(血行转移)。
②肝癌血行肝外最常转移至肺(占 50%),肝癌淋巴转移最常见的部位是肝门淋巴结。
③9 版《外科学》P418 对小肝癌的定义为:2cm<癌肿直径≤5cm。
④9 版《内科学》P415:单个癌结节直径<3cm 或相邻两个癌结节之和<3cm 称小肝癌。

【例 13】原发性肝癌转移最主要的部位是
A. 肺　　B. 骨　　C. 肝内
D. 腹腔内种植　　E. 左锁骨上淋巴结

【例 14】原发性肝癌的肝外血行转移最多是
A. 肺　　B. 骨　　C. 脑
D. 脾　　E. 胰

【例 15】原发性肝癌肝内播散最主要的途径是
A. 经肝静脉　　B. 直接侵犯　　C. 经肝动脉
D. 经淋巴管　　E. 经门静脉

3. 临床表现

(1)肝区疼痛　最常见的症状(占 50%),多为右上腹持续性胀痛或钝痛。

(2)肝大　最常见的体征(占 95%),多表现为肝脏进行性增大,质地坚硬,表面凸凹不平。

(3)黄疸　一般出现在肝癌晚期,多为阻塞性黄疸,少数为肝细胞性黄疸。

(4)肝硬化征象　腹腔积液迅速增加且难治,腹腔积液多为漏出液。

(5)全身性表现　进行性消瘦、发热、食欲缺乏、乏力、营养不良、恶病质等。

(6)伴癌综合征　是指由于癌肿本身代谢异常或肝癌病人机体内分泌/代谢异常而出现的一组综合征,表现为自发性低血糖症、红细胞增多症;其他罕见的有高钙血症、高脂血症、类癌综合征等。

注意:①肝区疼痛为肝癌最常见的症状,且多为首发症状。
②肝脏肿大为肝癌最常见的体征(参阅 2 版 8 年制《内科学》P536)。

4. 辅助检查

(1)甲胎蛋白(AFP)　是诊断肝细胞癌的特异性标志物,阳性率约为 70%。广泛用于肝癌的普查、诊断、疗效判断及预测复发。血清 AFP 浓度与肝癌大小呈正相关。

在排除妊娠、生殖腺胚胎瘤的基础上,AFP>400μg/L 为诊断肝癌的条件之一。对于 AFP 逐渐升高不降或>200μg/L,持续 8 周,应结合影像学及肝功能变化作综合分析或动态观察。

(2)其他肝癌标志物　血清岩藻糖苷酶(AFu)、γ-谷氨酰转肽酶同工酶Ⅱ(γ-GT_2)、异常凝血酶原(DCP)、磷脂酰肌醇蛋白多糖-3(GPC3)、高尔基体蛋白 73(GP73)等有助于 AFP 阴性肝癌的诊断和鉴别。

(3)影像学检查　CT 平扫多为低密度占位,部分有晕圈征,大肝癌常有中央坏死;增强时动脉期病灶的密度高于周围肝组织,但随即快速下降,低于周围正常肝组织,并持续数分钟,呈"快进快出"表现。

检查方法	符合率	临床意义
B 超	检出率不及 CT	肝癌筛查的首选方法。能检出直径>1cm 的肝内占位性病变
增强 CT	检出率可>80%	1cm 左右肝癌的检出率可>80%
磁共振成像(MRI)	检出率可>80%	无放射性,可以短期重复检查
选择性肝动脉造影	符合率>90%	为有创检查,适用于增强 CT/MRI 难以确诊的小肝癌

(4)肝穿刺活检　在超声或 CT 引导下行细针穿刺+活组织检查是确诊肝癌最可靠的方法。

注意:①9版《内科学》肝癌的诊断标准——AFP>400μg/L,没有时间限制;AFP>200μg/L持续8周以上。
②7版《内科学》肝癌的诊断标准——AFP>500μg/L持续4周以上;AFP>200μg/L持续8周以上。
③B超是目前肝癌筛查的首选方法,能检出直径>1cm的肝内占位性病变。
④AFP目前已广泛用于肝癌的普查、诊断、判断疗效、预测复发。

【例16】男,45岁。乙肝病史20年,纳差、消瘦、皮肤黄染半个月。查体:肝肋下3cm,质硬,表面不平,肝区有叩击痛。下列实验室检查对明确诊断最有价值的是

A. 凝血酶原活动度　　B. 前白蛋白　　C. 丙氨酸氨基转移酶
D. 乙肝病毒DNA定量　　E. 血甲胎蛋白

5. 诊断

满足下列三项中的任何一项,即可诊断为肝癌:①具有两种典型影像学(超声、增强CT/MRI、选择性肝动脉造影)表现,病灶>2cm;②一项典型的肝癌影像学表现,病灶>2cm,AFP>400μg/L;③肝脏活检阳性。

6. 治疗

肝癌对化疗和放疗均不敏感,常用治疗方法有手术切除、肝移植、血管介入、射频消融术等。

(1)手术治疗 早期手术切除是目前首选的、最有效的治疗方法。参阅9版《外科学》P419。

①手术安全性评估 A.病人一般情况较好,无明显心、肺、肾等重要脏器器质性病变;B.Child-Pugh肝功能分级属于A级;或属B级,经短期护肝治疗后肝功能恢复到A级;C.有条件的医院,术前可做ICG检测;D.评估肝切除后残肝体积,手术足够维持肝功能。

②根治性切除指征 A.没有肝外多处转移;B.单发的微小肝癌和小肝癌;C.单发的向肝外生长的大肝癌或巨大肝癌,受肿瘤破坏的肝组织少于30%,肿瘤包膜完整,周围界限清楚;D.多发肿瘤,但肿瘤结节少于3个,且局限在肝的一段或一叶内。

③姑息性肝切除的指征 A.3~5个多发性肿瘤,局限于相邻2~3个肝段或半肝内,影像学显示无瘤肝组织明显代偿性增大,达全肝的50%以上;如肿瘤分散,可分别作局限性切除;B.左半肝或右半肝的大肝癌或巨大肝癌,边界较清楚,第一、二肝门未受侵犯,影像学显示无瘤侧肝代偿性增大明显,达全肝组织的50%以上;C.位于肝中央区(肝中叶、或Ⅳ、Ⅴ、Ⅵ、Ⅷ段)的大肝癌或巨大肝癌,无瘤肝组织明显代偿性增大,达全肝的50%以上;D.Ⅰ段的大肝癌或巨大肝癌;E.肝门部有淋巴结转移者,如原发肝肿瘤可切除,应作肿瘤切除;F.周围脏器(结肠、胃、膈肌或右肾上腺等)受侵犯,如原发肿瘤可切除,应连同受侵犯脏器一并切除;远处脏器单发转移性肿瘤(如单发肺转移),可同时切除原发癌和转移癌。

④积极手术 肝癌合并胆管癌栓、门静脉癌栓和(或)腔静脉癌栓时,如癌栓形成时间不长,病人一般情况允许,原发肿瘤可切除,应施行肝切除和癌栓取出术。伴有中、重度脾功能亢进和食管静脉曲张的小肝癌病人,应同时做肝、脾切除和断流术。

(2)局部治疗 如下表。

	治疗方法	适应证
射频消融术	超声引导或开腹时,将电极插入癌组织内,应用电流热效应毁损癌组织	直径≤3cm肝癌
微波消融	其消融效率更高,但需要温度监控系统调控有效热场范围	直径≤3cm肝癌
经皮穿刺瘤内注射无水酒精	在B超或CT引导下,将无水酒精直接注入肝癌组织内 使癌细胞脱水、变性、凝固性坏死	直径≤3cm肝癌
肝动脉栓塞	TAE是经肿瘤的供血动脉注入栓塞剂,阻断肿瘤的供血,使其发生坏死 靶向性好,创伤小,可重复,是非手术治疗中晚期肝癌的常用方法。	中晚期肝癌

(3)肝移植 对于肝癌合并肝硬化病人,肝移植可将整个病肝切除,是治疗肝癌和肝硬化的有效手段。但若肝癌已有血管侵犯及远处转移(常见为肺、骨转移),则不宜行肝移植术。

(4)药物治疗 多激酶抑制剂索拉非尼是目前唯一获得批准治疗晚期肝癌的分子靶向药物。

注意:①肝癌的治疗首选手术切除。

②当手术无法切除时,次选介入治疗,包括肝动脉栓塞、肝动脉灌注化疗。

③若术中无法切除肿瘤,可选用姑息性治疗,如肝动脉结扎、无水酒精注射等。

④肝癌一般不作全身化疗,因为局部血药浓度低,且副作用大,疗效差。

【例 17】男,53 岁。右季肋部胀痛 1 月余。查体:无黄疸,肝肋缘下 3cm,质硬,无腹水征。B 超示肝右叶低回声病灶,约 11cm×10cm,肝左叶见多个小低回声区。AFP>1000μg/L。最佳的治疗措施是

A. 抗感染治疗　　B. 肝动脉插管栓塞化疗　　C. 剖腹探查术

D. 放射治疗　　E. 中草药治疗

7. 预防

积极防治病毒性肝炎,注意食物清洁,预防粮食霉变,改进饮用水质,减少对各种有害物质的接触,是预防肝癌的关键。保持稳定的心理情绪,避免长期大量饮白酒。有癌肿遗传因素及肝硬化者定期体检。

三、肝性脑病

肝性脑病是指在肝硬化基础上因肝功能不全和(或)门-体分流引起的,以代谢紊乱为基础,中枢神经系统功能失调的综合征,临床表现轻者仅有轻微的智力减退,严重者出现意识障碍、行为失常和昏迷。

1. 病因和诱因

(1)病因 以肝硬化(尤其病毒性肝炎肝硬化)最常见,其他包括重症肝炎、暴发性肝衰竭、原发性肝癌、严重胆道感染、妊娠期急性脂肪肝等。

(2)诱因 消化道出血、大量排钾利尿、放腹水、高蛋白饮食、催眠镇静药、便秘、尿毒症、手术、感染等。

【例 18】肝性脑病的诱因不包括

A. 消化道出血　　B. 高钾性酸中毒　　C. 便秘

D. 低血糖　　E. 缺氧

2. 临床表现

主要表现为高级神经中枢的功能紊乱(如性格改变、智力下降、行为失常、意识障碍)以及运动和反射异常(如扑翼样震颤、肌阵挛、反射亢进、病理反射),其临床过程分为 5 期。

	0 期	1 期	2 期	3 期	4 期
别称	潜伏期	前驱期	昏迷前期	昏睡期	昏迷期
精神行为	即轻微肝性脑病 无行为性格异常	轻度性格改变和精神异常:焦虑,欣快激动,淡漠,睡眠倒错,健忘	嗜睡,行为异常,衣冠不整,言语不清,书写障碍,定向力障碍	昏睡,但可唤醒,醒时能应答,常神志不清,神经体征持续或加重	昏迷 不能唤醒
腱反射	正常	正常	亢进	亢进	浅昏迷时亢进 深昏迷时消失
肌张力	正常	正常	增高	增高	浅昏迷时增高 深昏迷时降低
病理反射	-	-	+	+	无法引出
扑翼样震颤	-	+	+	+	-
脑电图	正常	多数正常	特异性异常	异常波形	明显异常

注意:①扑翼样震颤——病人平伸手指及腕关节时,腕关节突然屈曲,然后又迅速伸直,如此震颤多动,类似鸟的翅膀在扇动,是由于基底节病变及小脑共济失调所致,多见于肝性脑病、肝豆状核变性及尿毒症。

②肝性脑病的扑翼样震颤并不是肝震颤,肝震颤见于肝棘球蚴病(9 版《诊断学》P181)。

【例 19】女,53 岁。腹痛、腹胀、低热 4 周,表情淡漠、嗜睡 1 天。腹部 B 超示:肝实质弥漫性病变、脾大及腹水。对该患者诊断最有意义的阳性体征是

A. 肌张力增高　　B. Babinski 征阳性　　C. 扑翼样震颤阳性

D. 腹壁反射消失　　E. 腱反射亢进

3. 辅助检查

(1)血氨　肝硬化及门-体分流后的肝性脑病病人多有血氨增高,急性肝性脑病病人血氨可以正常。

(2)血浆氨基酸　正常人血中支链氨基酸与芳香族氨基酸的比值>3,门-体分流性脑病病人<1。

(3)脑电图　所有代谢性脑病病人均可出现类似变化,对 0 期和 1 期肝性脑病的诊断价值较小。2~4 期病人脑电图提示较明显的脑功能改变,故对肝性脑病预后判断有一定价值。

(4)诱发电位　多用于轻微肝性脑病的诊断和研究。

(5)临界视觉闪烁频率　用于检测轻微肝性脑病。

(6)心理智能测验　用于轻微肝性脑病的筛选。

(7)影像学检查　急性肝性脑病病人行头部 CT 或 MRI 检查可发现脑水肿。

注意:①肝性脑病经常考到的实验室检查指标是血氨增高,因此治疗的关键也是降低血氨浓度。
②血氨正常值:9 版《诊断学》P632 为 18~72μmol/L。

4. 诊断和鉴别诊断

(1)诊断　肝性脑病的主要诊断依据为:

①有严重肝病及肝性脑病的诱因。

②出现精神紊乱、昏睡或昏迷、可引出扑翼样震颤。

③肝功能指标明显异常及(或)血氨增高。

④脑电图异常。

⑤心理智能测验、诱发电位及临界视觉闪烁频率异常。

⑥头部 CT 或 MRI 排除脑血管意外、颅内肿瘤等。

(2)鉴别诊断　应与引起昏迷的疾病,如糖尿病、低血糖、尿毒症、脑血管意外等相鉴别。

5. 治疗原则

(1)及早识别及去除肝性脑病的诱因

	病理生理机制	临床治疗措施或意义
纠正水电紊乱	低钾性碱中毒可增加氨的吸收	利尿剂剂量不宜过大;大量放腹水后应补充足够清蛋白
预防控制感染	感染是肝性脑病的诱因之一	选择肝毒性小,针对革兰阴性杆菌为主的三代头孢菌素
止血	上消化道出血是本病的诱因	按上消化道出血的治疗原则彻底止血
清除肠道积血	肠道积血是血氨的主要来源	乳果糖口服导泻;稀醋酸溶液清洁灌肠
防治便秘	便秘是肝性脑病的诱因之一	保持大便通畅,警惕低血糖
口服抗生素	抑制肠道产尿素酶的细菌	常用利福昔明、甲硝唑、新霉素
慎用镇静药	镇静催眠药可诱发肝性脑病	对于烦躁不安、抽搐病人禁用阿片类、巴比妥类、苯二氮䓬类镇静剂,可试用异丙嗪、扑尔敏等抗组胺药

【例 20】男,55 岁。诊断乙肝肝硬化 4 年,黑便 2 天,不认家人、吵闹 2 小时。下列治疗中不恰当的是

A. 口服利福昔明　　B. 口服地西泮　　C. 口服乳果糖

D. 静脉应用生长抑素　　E. 静脉应用奥美拉唑

(2)营养支持　尽量保证热能供应,避免低血糖;补充各种维生素;酌情输注血浆或清蛋白;急性起病的数日内禁食蛋白质,神志清楚后,蛋白质从 20g/d 开始增加至 1g/(kg·d)。

(3)减少肠内氮源性毒物的生成与吸收

	病理生理机制	临床治疗措施或意义
清洁肠道	上消化道出血、便秘为诱因	清洁肠道可减少肠道产氨,减少肠道对氨的吸收
乳果糖	被结肠细菌分解为乳酸和乙酸 降低肠道 pH,可减少氨的吸收	口服或保留灌肠,适用于各期肝性脑病
口服抗生素	抑制肠道产尿素酶的细菌,减少氨的生成	口服利福昔明、甲硝唑、新霉素

(4)促进体内氨的代谢

①*L*-鸟氨酸-*L*-天冬氨酸　是一种鸟氨酸与天冬氨酸的混合制剂,其中鸟氨酸能增加氨基甲酰磷酸合成酶、鸟氨酸氨基甲酰转移酶的活性,其本身也可通过鸟氨酸循环合成尿素而降低血氨。天冬氨酸可促进谷氨酰胺合成酶的活性,促进脑、肾利用和消耗氨以合成谷氨酸、谷氨酰胺而降低血氨,减轻脑水肿。

②谷氨酸钠或钾、精氨酸　理论上具有降氨作用,临床应用广泛,但疗效不肯定。

(5)调节神经递质

①γ-氨基丁酸/苯二氮䓬(GABA/BZ)复合受体拮抗剂　氟马西尼可以拮抗内源性苯二氮䓬所致的神经抑制,对部分3、4期肝性脑病病人具有促醒作用。

②减少或拮抗假性神经递质　支链氨基酸制剂是一种以亮氨酸、异亮氨酸、缬氨酸为主的复合氨基酸,可竞争性抑制芳香族氨基酸进入大脑,减少假性神经递质的形成,其疗效尚有争议 。

(6)基础病的治疗

①改善肝功能　包括慎用损伤肝脏的药物,维护肠内营养,保护肝细胞等。

②阻断肝外门-体分流　对于肝硬化门静脉高压所致严重的侧支循环开放,可通过 TIPS 术联合曲张静脉的介入断流术,阻断异常的肝外门-体分流。

③人工肝　用分子吸附剂再循环系统可清除肝性脑病病人血液中部分有毒物质,对肝性脑病有暂时的、一定程度的疗效,适用于急性肝衰竭病人,为肝移植作准备。

④肝移植　由肝衰竭所致的严重和顽固性的肝性脑病是肝移植的适应证。

A. 甘露醇　　B. 支链氨基酸　　C. 糖皮质激素
D. 左旋多巴　　E. 乳果糖

【例 21】治疗肝性脑病时,为减少肠内毒素生成和吸收,应使用的药物是

【例 22】治疗肝性脑病时,具有纠正氨基酸代谢紊乱作用的药物是

▶常考点　考试重点,应全面掌握。

参考答案——详细解答见2021《贺银成国家临床执业及助理医师资格考试历年考点精析》

1. ABCDE　2. ABCDE　3. ABCDE　4. ABCDE　5. ABCDE　6. ABCDE　7. ABCDE
8. ABCDE　9. ABCDE　10. ABCDE　11. ABCDE　12. ABCDE　13. ABCDE　14. ABCDE
15. ABCDE　16. ABCDE　17. ABCDE　18. ABCDE　19. ABCDE　20. ABCDE　21. ABCDE
22. ABCDE

第15章　消化道大出血

▶▶考纲要求

消化道大出血:病因,临床表现,诊断,治疗。

▶▶复习要点

一、上消化道出血

上消化道出血是指屈氏(Treitz)韧带以近的消化道出血,常表现为急性大量出血。大出血是指一次失血量达800ml以上,即占总循环血量的20%以上。

1. 病因

(1)上消化道疾病　消化性溃疡出血为最常见的病因。

消化性溃疡	①最常见病因(占40%~50%),其中十二指肠溃疡占3/4。约10%~15%病人无溃疡病史 ②以十二指肠球部后壁或胃小弯溃疡多见。NSAIDs所致溃疡、吻合口溃疡易导致大出血
门静脉高压症	占20%~25%。肝硬化引起门静脉高压症多伴食管下段和胃底静脉曲张,可破裂出血
应激性溃疡	约占20%,与休克、复合伤、严重烧伤(Curling溃疡)、严重脑外伤(Cushing溃疡)有关
胃癌	占2%~4%,多发生于进展期胃癌或晚期胃癌,由于癌组织缺血坏死、侵蚀血管所致
胆道出血	每次出血量200~300ml,很少引起休克 周期性出血,间隔1~2周出血1次 胆道出血三联征——胆绞痛、梗阻性黄疸、消化道出血
其他少见病因	贲门黏膜撕裂综合征、食管裂孔疝、胃壁动脉瘤、胃息肉、血管畸形

注意:①引起上消化道出血的是应激性溃疡,也称糜烂性胃炎、出血性胃炎,但不是萎缩性胃炎。
②贲门黏膜撕裂综合征(Mallory-Weiss综合征)是指因剧烈呕吐,食管内高压导致贲门黏膜撕裂。

(2)全身性疾病

①血管性疾病　如过敏性紫癜、结节性多动脉炎、系统性红斑狼疮、遗传性出血性毛细血管扩张。

②血液病　如血友病、原发性血小板减少性紫癜、白血病、DIC。

③其他　如尿毒症、流行性出血热、钩端螺旋体病等。

【例1】男,50岁。呕血2小时,量约600ml。慢性乙型肝炎10年。查体:脾肋下2cm。出血病因首先考虑是

A. 胃血管畸形破裂　B. 食管胃底静脉曲张破裂　C. 胃癌
D. 消化性溃疡　E. 食管贲门黏膜撕裂综合征

【例2】男,26岁。饮酒后剧烈呕吐胃内容物数次,后呕鲜血600ml。既往体健。查体:BP90/60mmHg。最可能的出血原因是

A. 胃癌　B. 消化性溃疡　C. 贲门黏膜撕裂
D. 急性胃黏膜病变　E. 胃血管畸形

【例3】发生应激性溃疡最常见的部位是

A. 十二指肠　B. 空肠　C. 口腔
D. 食管　E. 胃

2. 临床表现

上消化道出血的临床表现取决于出血量、出血速度、出血部位和性质。

(1)呕血 是上消化道出血的特征性表现。出血部位在幽门以近、出血量大者常有呕血。若出血量较少、速度较慢，也可无呕血。呕血常呈咖啡色，若短期出血量大，可为鲜红色或有血块。

(2)黑便 呈柏油样，黏稠而发亮。高位小肠出血、右半结肠出血，大便可呈柏油样。

(3)便血 上消化道出血量>1000ml，可有便血，大便呈暗红色，甚至鲜红色。

(4)失血性周围循环衰竭 失血量超过总量的20%可有休克表现。

(5)贫血和血象变化 急性大量出血后，3～4小时出现稀释性贫血，24～72小时血液稀释到最大限度。急性出血病人为正细胞正色素性贫血，慢性失血则为小细胞低色素性贫血。出血24小时内网织红细胞计数即见增高，出血停止后逐渐降至正常。

(6)发热 部分病人在出血24小时内出现低热，持续3～5天后降至正常。

(7)氮质血症 消化道大出血后，大量血液蛋白质的消化产物在肠道内被吸收，血中尿素氮浓度可暂时增高，称肠源性氮质血症。一般出血后数小时血尿素氮开始升高，约24～48小时达高峰，大多不超过14.3mmol/L，3～4日后降至正常。氮质血症多因循环血容量降低、肾前性功能不全所致。

【例4】患者排柏油样便最可能出血的部位是

A. 胃　　B. 回肠　　C. 空肠
D. 乙状结肠　　E. 直肠

【例5】对鉴别上、下消化道出血可能有帮助的是

A. 粪便潜血阳性　　B. 血尿素氮升高　　C. 血肌酐升高
D. 血红蛋白下降　　E. 血氨升高

3. 诊断与鉴别诊断

(1)确定消化道出血 根据呕血、黑粪、失血性周围循环衰竭的临床表现，呕吐物或黑粪隐血试验呈强阳性，血红蛋白浓度、红细胞计数、血细胞比容下降的结果，可诊断消化道出血。但需排除消化道以外的出血，如咯血、口鼻咽部出血、食物及药物引起的黑粪(如动物血、炭粉、铁剂、铋剂等药物)。

(2)出血程度的评估和周围循环状态的判断 如下表。

潜血试验阳性	出血量>5ml/d	血压下降	出血量>500～800ml
黑便	出血量>50ml/d	中心静脉压<5cmH$_2$O	出血量>1000ml
开始呕血	胃内积血量>250ml	红细胞压积30%～40%	出血量约500ml
引起全身症状	每次出血量>400ml	红细胞压积<30%	出血量>1000ml
出现休克	短时间出血量>1000ml	血红蛋白每下降1g	出血量约300～400ml

【例6】成人出现粪便隐血阳性时，消化道出血量至少大于

A. 10ml　　B. 9ml　　C. 8ml
D. 6ml　　E. 5ml

(3)判断出血是否停止 下列情况应考虑消化道活动性出血：

①反复呕血或黑粪次数增多、粪质稀薄，肠鸣音活跃。

②周围循环状态经充分补液及输血后未见明显改善，或虽暂时好转而又恶化。

③血红蛋白浓度、红细胞计数、血细胞比容进行性下降。

④补液与尿量足够的情况下，血尿素氮持续或再次增高。

【例7】下列疾病可表现为肠鸣音活跃的是

A. 上消化道出血　　B. 肠系膜上动脉栓塞　　C. 麻痹性肠梗阻
D. 急性胰腺炎　　E. 上消化道穿孔

(4)判断出血部位及病因

①根据病史及体检结果判断

	食管或胃底出血	胃及十二指肠球部出血	胆道出血
病史	多有肝炎或血吸虫病史	多有溃疡病史、酗酒 服用阿司匹林、吲哚美辛	多有肝内感染或肝外伤史
临床表现	呕血为主,单纯便血少见	呕血为主,也可以便血为主	便血为主
出血量	每次达 500~1000ml 容易导致休克	每次出血量一般<500ml 并发休克者少见	每次出血量 200~300ml 很少导致休克
保守治疗	治疗后短期内反复呕血	多能止血,但日后再出血	多能止血,但常周期性复发
周期性出血	无周期性	无周期性	有,间隔 1~2 周出血一次
合并胆系症状	肝硬化严重时可有	无	胆道出血三联征
胃镜/X 线	发现食管下段静脉曲张	胃或十二指肠球部溃疡	无特殊
体格检查	多有慢性肝功能不全表现, 如肝掌、黄疸、腹水	多无特殊体征	右上腹压痛、肝区叩痛,有时可扪及肿大的胆囊

②胃镜和结肠镜 为首选检查。内镜检查应在出血后 24~48 小时内进行。

③胶囊内镜及小肠镜 胶囊内镜是诊断小肠出血的一线检查方法。在出血活动期或静止期均可进行,对小肠病变诊断阳性率约为 60%~70%。在此基础上发现的病变,可用小肠镜进行检查。

④X 线钡餐造影检查 一般在出血停止数天后进行,严禁急性消化道出血期间进行此项检查。

⑤选择性腹腔动脉造影或肠系膜上动脉造影 为有创检查,出血速度>0.5ml/min 者可阳性。若见造影剂从血管中外溢,则是消化道出血最可靠的征象,可立即行导管栓塞止血。

⑥超声、CT 及 MRI 有助于了解肝、胆、胰病变,是诊断胆道出血的常用方法。

⑦手术探查 各种检查均不能明确出血灶,持续大出血危及病人生命时,必须手术探查。

【例 8】男,35 岁。呕血并黑便 3 小时。既往有十二指肠溃疡病史 5 年。目前不宜选择的检查是

A. 腹部 B 超　　B. 上消化道 X 线钡剂造影　　C. 胃镜

D. 肝功能检查　　E. 凝血功能

(9~10 题共用题干)男,45 岁。1 天前进食较硬食物后突发呕血 1 次,约 400ml,排黑色糊状便 2 次,每次量约 200g,无腹痛。既往乙型肝炎病史 14 年,1 年前曾发生类似呕血 1 次。查体:BP 105/65mmHg,皮肤巩膜无黄染,腹软,无压痛,肝肋下未触及,脾肋下 2cm,移动性浊音阴性,肠鸣音 4~5 次/分。实验室检查:Hb95g/L,WBC2.5×10^9/L,Plt47×10^9/L。

【例 9】首先考虑的出血原因是

A. 急性糜烂出血性胃炎　　B. 胃癌　　C. 胃溃疡

D. 贲门黏膜撕裂　　E. 食管胃底静脉曲张破裂

【例 10】目前最有意义的检查方法是

A. 胃镜　　B. 腹部 CT　　C. 腹部 B 超

D. 腹部 MRI　　E. 上消化道 X 线钡剂造影

4. 治疗

消化道大量出血病情急、变化快,抗休克、迅速补充血容量应放在一切医疗措施的首位。

(1)一般急救措施 卧位,保持呼吸道通畅,避免呕血时吸入引起窒息。必要时吸氧,活动性出血期间应禁食。严密监测病人生命体征,如心率、血压、呼吸、尿量及神志变化;观察呕血、黑粪与血便情况;定期复查血红蛋白浓度、红细胞计数、血细胞比容、血尿素氮;必要时行中心静脉压测定。

(2)积极补充血容量 早期急救时可快速输入平衡盐液或葡萄糖盐水,并作输血前准备。输液量以

维持组织灌注为目标,尿量是有价值的参考指标。下列情况为输浓缩红细胞的指征:①收缩压<90mmHg,或较基础收缩压降低幅度>30mmHg;②心率>120 次/分;③Hb<70g/L 或血细胞比容<25%。输血量以使血红蛋白达到 70g/L 左右为宜。

(3)食管胃底静脉曲张破裂出血 本病出血量大,再出血率高,死亡率高,止血措施如下:

①药物治疗 生长抑素可减少门静脉血流量,降低门静脉压,止血效果肯定,短期使用无严重不良反应,为食管胃底静脉曲张破裂出血的最常用药物。垂体后叶素通过收缩内脏小血管而止血,此药可致血压升高、心律失常、心绞痛、心肌梗死等副作用,故对冠心病、高血压者忌用。

②内镜治疗 当出血量中等以下,应紧急内镜下止血。内镜检查既可明确出血原因,又可直视下止血。是目前治疗食管胃底静脉曲张出血的首要措施。

③TIPS 对于急性大出血、估计内镜治疗成功率较低的病人,应在 72h 内行经颈静脉肝内分流术。

④气囊压迫止血 止血效果肯定,但病人痛苦大、并发症多,故不作为首选止血措施,只限于药物治疗不能控制出血时暂时使用,以赢得时间去准备其他更有效的治疗措施。

⑤急诊手术 本病急诊手术并发症多,死亡率高,目前多不采用。

(4)非静脉曲张出血 以消化性溃疡出血最多见,止血措施如下:

①抑制胃酸分泌 血小板聚集及血浆凝血功能所诱导的止血作用需在 pH>6.0 时才能有效发挥,而且新形成的凝血块在 pH<5.0 的胃液中会迅速被消化。因此,抑制胃酸分泌,提高胃内 pH 具有止血作用。对于消化性溃疡、急性胃黏膜病变所致的大出血,应首选质子泵抑制剂(PPI)静脉注射。

②内镜治疗 消化性溃疡持续出血或再出血,应积极行内镜止血。

③介入治疗 内镜治疗不成功时,可通过选择性肠系膜动脉造影,找到出血灶并进行血管栓塞治疗。

④手术治疗 以上治疗均无效,持续大出血危及病人生命时,需不失时机地行手术治疗。

注意:①门静脉高压症食管胃底静脉曲张破裂出血的药物治疗首选生长抑素。
②消化性溃疡出血的药物治疗首选质子泵抑制剂。

【例 11】男,66 岁。食用坚果后突发呕血 4 小时,伴心悸、胸闷、气短。既往慢性乙型肝炎病史 20 年,冠心病史 8 年。查体:BP90/50mmHg,心率 110 次/分,心律不齐,早搏 10 次/分。最适合的治疗药物是
A. 西咪替丁　B. 硝酸甘油　C. 普萘洛尔
D. 血管加压素　E. 生长抑素

【例 12】男,45 岁。反复上腹痛 2 年,黑便 2 天,呕血伴头晕 4 小时。最适宜的止血治疗方式是
A. 急症手术　B. 经胃镜止血　C. 静脉滴注血管加压素
D. 冰盐水胃腔灌洗　E. 口服凝血酶

二、下消化道出血

下消化道出血是指回盲部以远的消化道出血,临床上较上消化道出血少见。

1. 病因

(1)肠道原发疾病

①肠道肿瘤 如癌、淋巴瘤、间质瘤、腺瘤性息肉等。

②肠道炎性病变 抗生素相关性肠炎、缺血性肠炎、放射性肠炎、溃疡性结肠炎、克罗恩病。

③肠道血管病变 如血管瘤、门静脉高压症所致的肠道静脉曲张。

④肠壁病变 如小肠憩室、肠气囊肿病、肠套叠。

⑤肛门病变 如痔、肛裂。

(2)全身疾病累及肠道 如白血病、出血性疾病、结节性多动脉炎、系统性红斑狼疮。

2. 临床表现

(1)**便血** 下消化道出血一般为鲜血便或暗红色血便,不伴呕血。

(2)**周围循环障碍** 下消化道出血的出血量达总血容量的10%~15%时,可有畏寒、头晕等表现;达20%以上时,可有冷汗、心慌、脉搏增快、四肢厥冷等急性失血症状;达30%以上时,可有急性周围循环衰竭的表现,如血压下降、脉搏频数微弱、呼吸急促、休克等。

(3)**血液学改变** 早期不明显,后期由于输液,血液被稀释,红细胞比容、血红蛋白浓度逐渐降低。

(4)**其他** 大量出血可有发热、氮质血症等表现。

3. 诊断与鉴别

(1)**除外上消化道出血** 出血量大的上消化道出血也可表现为暗红色血便,应作胃镜检查予以除外。

(2)**下消化道出血的定位诊断及病因分析**

①根据病史分析诊断的可能性

A.年龄 老年人以大肠癌、结肠毛细血管扩张、缺血性肠炎多见。儿童以Meckel憩室、息肉多见。

B.出血前病史 结核病、血吸虫病多引起肠道病变。动脉硬化、口服避孕药多引起缺血性肠炎。

C.粪便颜色和性状 鲜红色血便常见于痔、肛裂。黏液脓血便常见于溃疡性结肠炎、菌痢。

D.伴随症状 伴有发热多见于肠道炎性病变。伴不全性肠梗阻常见于克罗恩病、肠结核、大肠癌。

②体格检查提供线索 皮肤黏膜有无皮疹、紫癜;腹部有无压痛和包块;注意有无肛裂、痔等。

③实验室检查 三大常规+生化检查。疑有伤寒应作血培养、肥达试验。疑有结核病应作OT试验。

④结肠镜检查 是诊断大肠及回肠末端病变的首选检查方法。

⑤小肠镜检查 可直接观察十二指肠、空肠及回肠出血病变。

⑥胶囊内镜 常用于小肠疾病的诊断。

⑦X线钡剂造影 需在大出血停止至少3天之后进行,多用于诊断大肠、回盲部、阑尾病变。

⑧放射性核素扫描或选择性腹部血管造影 需在活动性出血时进行,多用于内镜检查不能确诊者。

⑨手术探查 在各种检查不能明确出血病灶,而持续大出血危及病人生命时,必须手术探查。

4. 治疗

(1)**病因治疗** 下消化道出血主要是病因治疗。

(2)**急救措施** 快速大量补液、输血。

(3)**止血治疗** 凝血酶保留灌肠、内镜下止血、血管活性药物、动脉栓塞、急诊手术。

▶常考点 上消化道出血的原因及特点。

参考答案——详细解答见2021《贺银成国家临床执业及助理医师资格考试历年考点精析》

1. ABCDE 2. ABCDE 3. ABCDE 4. ABCDE 5. ABCDE 6. ABCDE 7. ABCDE
8. ABCDE 9. ABCDE 10. ABCDE 11. ABCDE 12. ABCDE

第 16 章　肾小球疾病

考纲要求

①尿液检查：蛋白尿(分类、常见原因)，血尿(常见原因、肾小球源性血尿与非肾小球源性血尿的鉴别)。②肾小球疾病概述：原发性肾小球病的临床分类。③急性肾小球肾炎：常见病因，诊断与鉴别诊断，治疗。④慢性肾小球肾炎：临床表现，诊断与鉴别诊断，治疗。⑤肾病综合征：诊断与鉴别诊断，并发症，治疗。

复习要点

一、肾小球疾病总论

1. 蛋白尿

(1)定义　A.尿蛋白定量>150mg/d，可诊断为蛋白尿；尿蛋白>3.5g/d 为大量蛋白尿。B.随机尿白蛋白/肌酐比值：正常<30mg/g，30~300mg/g 为微量白蛋白尿，>300mg/g 为临床蛋白尿。

(2)分类及常见原因　蛋白尿可分为生理性、肾小球性、肾小管性、溢出性、组织性蛋白尿 5 类。

分类	标志性蛋白	常见原因
生理性蛋白尿	功能性蛋白尿见于剧烈运动、发热等导致的一过性蛋白尿 体位性蛋白尿于直立、弯腰时出现，卧位时消失，量<1g/d	正常青少年
肾小球性蛋白尿	病变较轻时仅有清蛋白滤过，为选择性蛋白尿；病变较重时，高分子量蛋白如 IgG、C3 也可滤过，为非选择性蛋白尿	急性肾炎、肾缺血、糖尿病肾病
肾小管性蛋白尿	小分子量蛋白尿，如溶菌酶、β_2-微球蛋白、核糖核酸酶	肾盂肾炎、间质性肾炎、重金属中毒、药物损害、肾移植术后
溢出性蛋白尿	中小分子量蛋白尿，如本周蛋白、血红蛋白、肌红蛋白	溶血性贫血、挤压综合征、多发性骨髓瘤、浆细胞病、轻链病
组织性蛋白尿	肾组织受损所致，为 Tamm-Horsfall 蛋白	肾小管受炎症、药物刺激等

【例 1】肾病综合征蛋白尿的分类属于

A. 肾小管性蛋白尿　　B. 肾小球性蛋白尿　　C. 溢出性蛋白尿
D. 组织性蛋白尿　　E. 功能性蛋白尿

【例 2】女，68 岁。高血压病史 20 年，发现尿蛋白 3 年，尿比重 1.010，红细胞 0~1/HP，尿蛋白0.45 g/d，尿蛋白分析 β_2-MG，α_1-MG 升高。该患者蛋白尿属于

A. 组织性　　B. 溢出性　　C. 肾小管性
D. 功能性　　E. 肾小球性

【例 3】男，63 岁。2 型糖尿病 14 年，血压升高 5 年，尿蛋白定量 2.6g/d，血肌酐 132μmol/L。其蛋白尿性质应为

A. 肾小球性　　B. 功能性　　C. 肾小管性
D. 溢出性　　E. 分泌性

注意：①β_2-MG(β_2-微球蛋白)、α_1-MG 均反映近端肾小管功能，故两者升高时的蛋白尿多为肾小管性蛋白尿。②血肌酐反映肾小球功能，升高时的蛋白尿多为肾小球性蛋白尿。

2. 血尿

(1)概念　镜下血尿是指离心后尿沉渣镜检，红细胞>3 个/HP。肉眼血尿是指每 1 升尿液含血量>1ml。

(2)肾小球源性血尿和非肾小球源性血尿的鉴别及常见原因如下表

	肾小球源性血尿	非肾小球源性血尿
发病原因	肾小球基底膜断裂,红细胞通过该裂缝时受到挤压损伤,在肾小管中受到不同渗透压和pH作用,呈现变形红细胞血尿	红细胞未受到挤压损伤,变形红细胞<50%,称非肾小球源性血尿(诊断学定义)
常见病因	急性肾小球肾炎、急进性肾炎、慢性肾炎 紫癜性肾炎、狼疮性肾炎	肾结石、泌尿系统肿瘤、肾盂肾炎 多囊肾、急性膀胱炎、肾结核
红细胞管型	典型表现	无
相差显微镜	变形红细胞血尿(变形红细胞>80%)	正常红细胞血尿(变形红细胞<50%)
尿红细胞容积分布曲线	①非对称曲线;②峰值红细胞容积小于静脉红细胞分布曲线的红细胞容积峰值	①对称曲线;②峰值红细胞容积大于静脉红细胞分布曲线的红细胞容积峰值

【例4】男,38岁。间断活动后尿色加深1周。既往反复痛风发作2年。查体:BP120/80mmHg。尿常规:RBC40~50/HP,WBC3~5/HP,尿蛋白(-)。首选的进一步检查是

A. 尿红细胞形态　　B. 肾脏增强CT　　C. 尿脱落细胞检查
D. 清洁中段尿培养　　E. 肾穿刺活检

【例5】血尿的常见原因不包括

A. 输尿管结石　　B. 急性膀胱炎　　C. IgA肾病
D. 单纯性肾囊肿　　E. 膀胱癌

【例6】下列疾病中,最常出现变形红细胞血尿的是

A. 急性肾小球肾炎　　B. 多囊肾并出血　　C. 肾结核
D. 急性肾盂肾炎　　E. 尿路结石

3. 原发性肾小球病的临床分类

原发性肾小球病分5类:即急性肾小球肾炎、急进性肾小球肾炎、慢性肾小球肾炎、无症状性血尿和(或)蛋白尿(隐匿性肾小球肾炎)、肾病综合征。

二、急性肾小球肾炎

急性肾小球肾炎简称急性肾炎,是以急性肾炎综合征为主要临床表现的一组疾病。其特点为急性起病,表现为血尿、蛋白尿、水肿、高血压,可伴一过性肾功能不全。多见于链球菌感染后。

1. 常见病因

本病主要为β-溶血性链球菌"致肾炎菌株"感染所致,如扁桃体炎、猩红热、脓疱疮等。感染的严重程度与急性肾炎的发生和病变轻重并不完全一致。本病系感染诱发的免疫反应所致,针对链球菌致病抗原(蛋白酶外毒素B)的抗体可能与肾小球内成分发生交叉反应、循环或原位免疫复合物沉积诱发补体异常活化等均可能参与致病,导致肾小球内炎症细胞浸润。

2. 诊断

链球菌感染后1~3周出现血尿、蛋白尿、水肿、高血压、少尿及肾功能不全等急性肾炎综合征表现,伴血清C3一过性下降,病情于发病8周内逐渐恢复正常者,可临床诊断为急性肾炎。若血肌酐持续升高、病情2个月未见好转,应及时行肾穿刺活检,以明确诊断。

3. 鉴别诊断

(1)其他病原体感染后的急性肾炎　许多细菌、病毒、寄生虫感染也可引起急性肾炎,但常不伴血清C3降低,少有水肿和高血压,肾功能一般正常,临床过程自限。

(2)系膜毛细血管性肾炎　又称膜增生性肾炎,常表现为急性肾炎综合征及肾病综合征,病变持续

无自愈倾向，50%~70%病人有持续性低补体血症，C3 不能在 8 周内恢复正常。

(3)系膜增生性肾炎 病人血清 C3 一般正常，病情无自愈倾向。

(4)IgA 肾病 通常在上感后数小时至数日出现血尿，血清 IgA 升高，C3 正常，病情无自愈倾向。

(5)急进性肾炎 可有急性肾炎相似的临床表现，但以肾功能急剧恶化为特征。

(6)系统性疾病肾脏受累 系统性红斑狼疮、过敏性紫癜肾炎等均可呈现急性肾炎综合征。可根据其他系统受累的典型临床表现和实验室检查加以鉴别。

当临床诊断困难时，急性肾炎综合征病人需进行肾活检，其指征为：①少尿 1 周以上或进行尿量减少伴肾功能恶化者；②病程超过 2 个月而无好转趋势者；③急性肾炎综合征伴肾病综合征者。

注意：①急性肾炎最常见的症状是镜下血尿，但血尿最常见的病因是 IgA 肾病，而不是急性肾炎。
②急性肾炎=病前上感史+血尿和红细胞管型+C3 降低并于 8 周内恢复正常。

【例 7】链球菌感染后急性肾小球肾炎与膜增生性肾小球肾炎相鉴别的要点是
A. ASO 是否升高　　B. 有无前驱感染
C. 是否伴肾病综合征表现　　D. 早期有无少尿、无尿及肾功能恶化
E. 低补体血症是否于 8 周内恢复

【例 8】男，50 岁。水肿 2 周，少尿伴血压升高 1 周。3 周前曾有皮肤感染史。尿常规：尿蛋白(+)，沉渣镜检红细胞 20~30/HP，血肌酐 170μmol/L，尿素氮 11mmol/L，血 C3 降低，肾穿刺提示为毛细血管内增生性肾小球肾炎。通常该患者血 C3 恢复正常的时间约为
A. 2 周　　B. 8 周　　C. 3 个月
D. 半年　　E. 1 年

4. 治疗

(1)主要治疗 本病为自限性疾病，应以支持及对症治疗为主。

(2)卧床休息 急性期应卧床休息，静待肉眼血尿消失、水肿消退及血压恢复正常。

(3)饮食控制 限盐、利尿消肿以降低血压，预防心脑血尿并发症的发生。

(4)抗生素 本病急性肾炎发作时感染灶多数已得到控制，如无现症感染证据，不需要使用抗生素。反复发作慢性扁桃体炎者，可在病情稳定后考虑扁桃体切除。

(5)糖皮质激素及细胞毒药物 本病为自限性疾病，不宜应用。

【例 9】女，16 岁。咽痛 2 周后出现肉眼血尿 1 天。查体：血压 150/90mmHg，颜面部轻度水肿。尿常规：蛋白(+)，红细胞 20~30/高倍视野，血肌酐 65μmol/L，补体 C3 下降。其不适宜的治疗措施是
A. 卧床休息　　B. 控制血压　　C. 应用糖皮质激素
D. 控制感染　　E. 低盐饮食

三、慢性肾小球肾炎

慢性肾小球肾炎简称慢性肾炎，以蛋白尿、血尿、高血压、水肿为基本临床表现，起病方式各有不同，病情迁延并呈缓慢进展，可有不同程度的肾功能损害，部分病人最终将发展至终末期肾衰竭。

1. 临床表现

慢性肾炎可发生于任何年龄，但以青中年为主，男性多见。多数起病缓慢、隐袭。其基本临床表现为蛋白尿、血尿、高血压、水肿，可有不同程度的肾功能减退，病情时轻时重、迁延，渐进性发展为慢性肾衰竭。

2. 诊断和鉴别诊断

病人尿检异常（蛋白尿、血尿）、伴或不伴水肿及高血压病史达 3 个月以上，无论有无肾功能损害均应考虑此病，在除外继发性肾小球肾炎及遗传性肾小球肾炎后，可诊断为慢性肾炎。但需与 Alport 综合征、原发性高血压肾损害、慢性肾盂肾炎等相鉴别。

3. 治疗

慢性肾炎的治疗应以防止或延缓肾功能进行性恶化，改善或缓解临床症状，防治心脑血管并发症为主要目的。不以消除尿红细胞或轻微尿蛋白为目标。

(1)积极控制高血压和减少尿蛋白　高血压和尿蛋白是加速肾小球硬化、促进肾功能恶化的重要因素，因此应积极控制高血压和减少尿蛋白。高血压的治疗目标为血压<130/80mmHg。尿蛋白的治疗目标为<1g/d。

①控制高血压　慢性肾炎常有水钠潴留引起的容量依赖性高血压，故高血压病人应限盐（NaCl<6g/d）；可选用噻嗪类利尿剂。当血肌酐<30ml/min 时，噻嗪类利尿剂一般无效，应改用袢利尿剂，但不宜使用过久。

②减少尿蛋白　争取将尿蛋白减少至<1g/d。ACEI 或 ARB 不仅可降低血压，而且还可减少蛋白尿、延缓肾功能恶化，因此为治疗慢性肾炎合并高血压、蛋白尿的首选药物。

(2)限制食物中蛋白及磷的入量　肾功能不全病人，应采用优质低蛋白饮食[0.6~1.0g/(kg·d)]，且控制磷的摄入。

(3)糖皮质激素和细胞毒药物　由于慢性肾炎病因、病理类型各异，一般不主张积极运用。

(4)避免加重肾脏损害　感染、劳累、妊娠、肾毒性药物（如氨基糖苷类、含马兜铃酸的中药），均可能损伤肾脏，导致肾功能恶化，应予以避免。

注意：①血压控制目标：普通高血压<140/90mmHg，慢性肾炎或糖尿病高血压<130/80mmHg(9 版《内科学》)。
慢性肾炎高血压：尿蛋白≥1g/d 时<125/75mmHg；尿蛋白<1g/d 时<130/80mmHg(7 版《内科学》)。
②慢性肾炎尿蛋白控制在<1g/d(7~9 版《内科学》标准相同)。
③慢性肾炎合并高血压、蛋白尿，高血压合并糖尿病的治疗均首选 ACEI 或 ARB。
④ACEI 可导致血钾增高及一过性肾功能不全，故血肌酐>264μmol/L、血钾>5.5mmol/L 慎用 ACEI。

【例 10】男，47 岁。水肿 6 个月。查体：BP120/70mmHg。尿蛋白定量 2.5g/d，尿红细胞 20~30/HP，血白蛋白 32g/L，血肌酐 141μmol/L。临床诊断为

A. 急性肾小球肾炎　　B. 慢性肾小球肾炎　　C. 急进性肾小球肾炎
D. 肾病综合征　　E. 无症状性血尿和(或)蛋白尿

四、肾病综合征

1. 诊断标准

①尿蛋白>3.5g/d；②血浆白蛋白<30g/L；③水肿；④血脂升高。①②两项为诊断所必需。

2. 鉴别诊断

原发性肾病综合征需与继发性肾病综合征的病因相鉴别。

(1)过敏性紫癜肾炎　好发于青少年，有典型的皮肤紫癜，可伴关节痛、腹痛及黑便，多在皮疹出现后 1~4 周出现血尿和(或)蛋白尿，典型皮疹有助于诊断。肾脏病理表现与 IgA 肾病基本相同：免疫荧光可见 IgA 在系膜区和毛细血管袢沉积，光镜下表现为系膜增生型肾小球肾炎。

(2)乙肝病毒相关性肾炎　多见于儿童和青少年，以蛋白尿或肾病综合征为主要临床表现，常见病理类型为膜性肾病。乙肝病人有肾炎表现，肾活检切片找到乙肝病毒抗原即可确诊。

(3)系统性红斑狼疮肾炎　好发于青少年和中年女性，是一种自身免疫性疾病。常表现为发热、皮肤损害、关节痛，可有心血管、呼吸系统、血液系统及肾脏等多系统受累表现。肾脏病变可轻可重，故临床表现多种多样。轻者只表现为血尿和(或)蛋白尿，也可表现为肾病综合征；严重者可有少尿、无尿、肾功能急剧恶化，表现为急进性肾炎。免疫学检查可检出多种自身抗体。由于免疫复合物可广泛沉积，肾脏免疫荧光可呈“满堂红”现象（即 IgG、IgM、IgA、C3、C4、C1q 均阳性）。肾活检有助于确诊及病理分型。

(4)糖尿病肾病　多见于 10 年以上病程的糖尿病病人，故本病多见于中老年。最早临床表现是水肿和蛋白尿。从微量蛋白尿逐渐发展为持续性大量蛋白尿。糖尿病病史及特征性眼底改变有助于诊断。

(5)肾淀粉样变性 是一种全身性疾病。肾脏受累进展多缓慢,肾活检有肾内淀粉样物质沉积。多年后出现临床表现,主要为持续性蛋白尿,病变严重者尿蛋白可达 20g/d,大部分表现为肾病综合征。

(6)恶性肿瘤相关肾病 淋巴瘤、骨髓瘤、恶性实体瘤均可引起肾病综合征,临床上应认真排除。

3. 并发症

(1)感染 是肾病综合征的常见并发症,与蛋白质营养不良、免疫功能紊乱及应用糖皮质激素有关。常见感染部位依次为呼吸道、泌尿道、皮肤等。感染是导致肾病综合征复发和疗效不佳的主要原因。

(2)血栓和栓塞

①发病原因 肾病综合征,尤其膜性肾病,易发生血栓和栓塞并发症,发生率 40%~50%,其原因包括:A.血液浓缩(有效血容量减少)和高脂血症造成血液黏稠度增加;B.某些蛋白质从尿中丢失,肝代偿性合成蛋白质增加,引起机体凝血、抗凝和纤溶系统失衡;C.肾病综合征时血小板过度激活、应用利尿剂和糖皮质激素等进一步加重高凝状态。

②好发部位 以肾静脉血栓最多见,发生率 10%~50%。肺血管、下肢静脉血栓或栓塞并不少见。

③肾静脉血栓形成 常表现为突发腰痛、血尿、尿蛋白增加、肾功能减退。

(3)急性肾损伤 肾病综合征病人因有效血容量不足而致肾血流量下降,易发生肾前性氮质血症。少数病例可出现急性肾损伤,以微小病变型肾病居多,常表现为少尿或无尿,扩容利尿无效。肾活检病理检查显示肾小球病变轻微,肾间质弥漫性重度水肿,肾小管部分细胞变性、坏死,肾小管腔内有大量蛋白管型。

(4)蛋白质代谢紊乱 长期低蛋白血症可导致营养不良。免疫球蛋白减少可造成机体免疫力低下,易导致感染。金属结合蛋白丢失可使微量元素缺乏。内分泌结合蛋白不足可诱发内分泌紊乱。

(5)脂肪代谢紊乱 高脂血症可增加血液黏稠度,促进血栓栓塞并发症的发生,增加心血管系统并发症,促进肾小球硬化和肾小管-间质病变的发生,促进肾脏病变的慢性进展。

(11~12 题共用题干)男,40 岁。双下肢水肿 1 个月。查体:BP150/100mmHg。尿红细胞3~5/HP,尿蛋白 5g/d,血白蛋白 20g/L,血肌酐 70μmol/L。近 3 天腰痛,尿量减少。复查尿常规:尿红细胞 30~50/HP。B 超示右肾增大。

【例 11】血尿加重最可能的原因是

A. 急性过敏性间质肾炎　B. 肾静脉血栓形成　C. 合并泌尿系统肿瘤
D. 进展为新月体性肾炎　E. 尿路感染

【例 12】为明确诊断,最重要的检查是

A. 肾血管彩超检查　B. 肾活检　C. 尿培养
D. 测尿钠排泄分数及尿渗透压　E. ANCA 及抗 GBM 抗体检查

4. 治疗

(1)一般治疗 应适当注意休息,预防感染。病情稳定者应适当活动,以防静脉血栓形成。给予正常量的优质蛋白饮食,不主张摄入高蛋白饮食。水肿时给予低盐饮食。

(2)利尿消肿 利尿不宜过快过猛,以免造成血容量不足、增加血液黏度,诱发血栓栓塞并发症。

	代表药	作用机制	注意事项
噻嗪类利尿剂	氢氯噻嗪	抑制髓袢升支和远曲小管对 Na^+、Cl^- 重吸收	防止低钾、低钠血症
袢利尿剂	呋塞米	作用于髓袢升支,抑制 Na^+、Cl^-、K^+ 的重吸收	防止低钾、低钠、低氯血症
潴钾利尿剂	螺内酯	作用于远曲小管,排 Na^+ 排 Cl^-、潴钾	防止高钾血症
渗透性利尿剂	低分子右旋糖酐	通过提高血浆胶体渗透压,减少水钠重吸收	对少尿病人慎用
提高血浆胶体渗透压	血浆、白蛋白	提高血浆胶体渗透压,促进组织中水分回吸收并利尿,如继而用呋塞米,利尿效果良好	多用于低血容量、利尿剂抵抗、严重低蛋白血症者

(3)减少尿蛋白 减少尿蛋白可以有效延缓肾功能的恶化。血管紧张素转换酶抑制剂(ACEI)和血管紧张素Ⅱ受体拮抗剂(ARB)可通过降低肾小球内压和直接影响基底膜对大分子的通透性,而减少尿蛋白。

(4)糖皮质激素 为主要治疗措施。糖皮质激素通过抑制免疫炎症反应,抑制醛固酮和抗利尿激素分泌,影响肾小球基底膜通透性而发挥其利尿、消除尿蛋白的作用。使用原则是:

起始足量	泼尼松1mg/(kg·d),口服8周,必要时可延长至12周
缓慢减药	足量治疗后,每2~3周减原用量的10%,当减至20mg/d左右时病情易复发,更应缓慢减量
长期维持	最后以最小有效剂量(10mg/d)再维持半年左右
激素用法	可采用全日量顿服,维持期间两日量隔日1次顿服,以减轻激素的副作用
疗效判断	激素使用8~12周肾病综合征缓解者,为激素敏感型 激素减药等一定程度即复发,为激素依赖型;常规激素治疗无效,为激素抵抗型

(5)细胞毒药物 可用于激素依赖型和激素抵抗型病人。如无激素禁忌,一般不作为首选或单独用药。

环磷酰胺为国内外最常用的细胞毒药物。盐酸氮芥为最早用于治疗肾病综合征的药物。苯丁酸氮芥由于毒副作用较大,且疗效不佳,目前已少使用。

(6)环孢素 能选择性抑制Th细胞和T细胞毒效应细胞,用于激素及细胞毒药物无效的难治性病例。

(7)吗替麦考酚酯 选择性抑制T、B淋巴细胞增殖及抗体形成,对部分难治性肾病综合征有效。

(13~14题共用题干)男,35岁。双下肢水肿2周。查体:BP130/80mmHg,双下肢轻度凹陷性水肿。尿常规:Pro(+++),RBC(++)。血浆Alb28g/L,Scr78μmol/L。尿蛋白定量3.6g/d。肾活检示肾小球系膜轻度增生,系膜区可见免疫复合物沉积。

【例13】最可能的病理诊断为

A. 局灶节段性肾小球硬化　B. 系膜毛细血管性肾小球肾炎　C. 微小病变型肾病
D. 膜性肾病　E. 系膜增生性肾小球肾炎

【例14】首选的治疗药物为

A. 糖皮质激素　B. 环孢素A　C. 霉酚酸酯
D. 环磷酰胺　E. 血管紧张素转换酶抑制剂

常考点 考试重点,每年都有大量考题出现,且考得很细,需全面掌握。

参考答案——详细解答见2021《贺银成国家临床执业及助理医师资格考试历年考点精析》

1. ABCDE　2. ABCDE　3. ABCDE　4. ABCDE　5. ABCDE　6. ABCDE　7. ABCDE
8. ABCDE　9. ABCDE　10. ABCDE　11. ABCDE　12. ABCDE　13. ABCDE　14. ABCDE

第 17 章　尿路感染

考纲要求

尿路感染:分类及临床表现,辅助检查,诊断与鉴别诊断,治疗和预防。

复习要点

一、概述

1. 分类

尿路感染(尿感)可分为上尿路感染和下尿路感染,前者系指肾盂肾炎,后者主要指膀胱炎。肾盂肾炎、膀胱炎又有急性和慢性之分。

2. 临床表现

	急性膀胱炎	急性肾盂肾炎	无症状细菌尿
尿路刺激征	尿频尿急尿痛	可有尿频尿急尿痛	无
全身症状	无	寒战高热恶心呕吐	无
体温	少数发热,T<38℃	多高热,T>38℃	无发热
肾区叩痛	无	有	无
高血压	无	无	无
氮质血症	无	无	无
血象、血沉	正常	白细胞↑、血沉↑	正常
菌尿	+	+	+

3. 辅助检查

尿路感染最常见的致病菌为大肠埃希菌,占 80%~90%。

检查项目	临床意义
尿常规	白细胞尿是指尿沉渣镜检 WBC>5 个/HP,肾盂肾炎者可有白细胞管型
尿细菌培养	取清洁中段尿、导尿、膀胱穿刺尿做细菌培养(膀胱穿刺尿最可靠): ①尿细菌定量培养 $<10^4$/ml 可能污染;$10^4\sim10^5$/ml 可疑阳性;$\geq10^5$/ml 为真性菌尿,确诊尿感 ②耻骨上膀胱穿刺尿细菌定性培养有细菌生长,即为真性菌尿
硝酸盐还原试验	原理为大肠埃希菌等 G^- 菌可使尿内硝酸盐还原为亚硝酸盐 此试验为尿感的过筛试验,其敏感性>70%,特异性>90%
血液常规	急性肾盂肾炎时白细胞常升高,中性粒细胞增多,核左移

A. 上皮细胞管型　　B. 白细胞管型　　C. 颗粒管型
D. 红细胞管型　　E. 脂肪管型

【例 1】对急性肾盂肾炎诊断有意义的尿常规检查是

【例 2】对急性肾小球肾炎诊断有意义的尿常规检查是

4. 诊断与鉴别诊断

(1)诊断标准　诊断依据主要是尿菌检查结果,凡是有真性细菌尿者,均可诊断为尿路感染。

注意：①诊断尿路感染最主要的依据是真性细菌尿，而不是临床表现。真性细菌尿的诊断标准如前述。
②诊断慢性肾盂肾炎的最主要依据是静脉肾盂造影，而不是临床表现，也不是实验室检查结果。

(2)定位诊断 急性肾盂肾炎和膀胱炎的鉴别。

①根据临床表现定位 上尿路感染常有发热、寒战、毒血症症状，伴明显腰痛、输尿管点和(或)肋脊点压痛、肾区叩击痛等。而下尿路感染常以膀胱刺激征为突出表现，一般少有发热、腰痛等。

②根据实验室检查定位 出现下列情况提示上尿路感染：A.膀胱冲洗后尿培养阳性；B.尿沉渣镜检有白细胞管型，并排除间质性肾炎、狼疮性肾炎等疾病；C.尿N-乙酰-β-D-氨基葡萄糖苷酶(NAG)升高、尿β_2微球蛋白(β_2-MG)升高；D.尿渗透压降低(9版《内科学》已删除CD项)。

注意：①上尿路感染可有尿路刺激征，有全身症状、外周血WBC增高、有肾区叩痛及尿白细胞管型。
②下尿路感染多有尿路刺激征，无全身症状、外周血WBC不高、无肾区叩痛及尿白细胞管型。

(3)鉴别诊断 应与尿道综合征、肾结核、慢性肾小球肾炎等相鉴别。

【例3】女，45岁。尿频、尿急、尿痛2天。伴高热、寒战、腰痛半天。查体：T39℃，BP110/70mmHg，左肾区有叩击痛。尿常规：蛋白(+)，RBC2~5/HP，WBC40~50/HP。最可能的诊断是

A. 急性膀胱炎　　B. 慢性肾盂肾炎　　C. 肾结核
D. 肾肿瘤　　E. 急性肾盂肾炎

5. 治疗

(1)急性膀胱炎 致病菌多为大肠埃希菌，约占75%，绝大多数菌株对多种抗菌药物敏感。

①女性非复杂性急性膀胱炎 常采用3日疗法。如复方磺胺甲噁唑疗程3天，呋喃妥因疗程5~7天，磷霉素3g单剂，阿莫西林、头孢菌素类、喹诺酮类3~7天。

②女性复杂性急性膀胱炎 常采用7日疗法。

无论何种疗法，停服抗生素7天后，需行尿细菌定量培养。如结果阴性，表示急性细菌性膀胱炎已治愈；若仍有真性细菌尿，应继续给予2周抗生素治疗。

(2)肾盂肾炎 急性期多饮水，勤排尿。尿感反复发作者应积极寻找病因，及时去除诱发因素。

①用药原则 A.根据尿感的位置、是否存在复杂尿感的因素选择抗生素的种类、剂量及疗程；B.选用敏感抗生素，无病原学结果前，首选对革兰阴性杆菌有效的抗生素；C.选择在尿和肾内浓度高的抗生素；D.选择肾毒性小、副作用少的抗生素；E.单一药物治疗失败、严重感染、混合感染时，应联合用药。

②抗感染治疗 首发急性肾盂肾炎的致病菌80%为大肠埃希菌，在留取尿细菌检查标本后应立即开始治疗，首选对革兰阴性杆菌有效的药物。72小时显效者无需换药，否则应按药敏结果更换抗生素。

A.轻型急性肾盂肾炎 2周疗法。可口服喹诺酮类、半合成青霉素、头孢类抗生素，有效率90%。

B.重型急性肾盂肾炎 2周疗法。可静脉滴注氨苄西林、头孢噻肟钠、左氧氟沙星等。

注意：①3日疗法适用于急性膀胱炎，1周疗法适用于孕妇急性膀胱炎。
②2周疗法适用于急性肾盂肾炎、孕妇急性肾盂肾炎。

6. 预防

①坚持多饮水，勤排尿，是最有效的预防方法；②注意会阴部清洁；③尽量避免尿道器械检查；④如必须留置导尿管，前3天给予抗生素可延迟尿感的发生；⑤与性生活有关的尿感，应于性交后立即排尿；⑥膀胱-输尿管反流者，需"二次排尿"。

(4~6题共用题干)患者，女，30岁。1周来发热、尿频、尿急、尿痛伴腰痛，既往无类似病史。查体：体温38.3℃，心、肺检查未见异常，腹软，肝脾肋下未触及，双肾区有叩击痛。化验：尿蛋白(+)，白细胞30~50/HP，可见白细胞管型。

【例4】对该患者最可能的诊断是

A. 急性肾小球肾炎　　B. 急性尿道炎　　C. 急性膀胱炎
D. 急性肾盂肾炎　　E. 尿道综合征

【例 5】不宜作为首选的治疗药物是
A. 喹诺酮类　　B. 头孢菌素类　　C. 红霉素
D. 半合成广谱青霉素　　E. 克林霉素

【例 6】一般用药的疗程是
A. 3 天　　B. 7 天　　C. 14 天
D. 20 天　　E. 30 天

【例 7】女,28 岁。寒战发热伴尿频 3 天。查体:T39.5℃,右肾区叩击痛,尿常规红细胞 5~10/高倍视野,白细胞 20~30/高倍视野。该患者抗生素治疗的疗程是
A. 3 天　　B. 1 周　　C. 4 周
D. 2 周　　E. 3 周

【例 8】女,35 岁。尿频、尿痛伴肉眼血尿 1 天。既往体健。查体无异常。尿亚硝酸盐阳性,尿沉渣镜检红、白细胞满视野。抗生素疗程一般为
A. 14 天　　B. 5 天　　C. 7 天
D. 10 天　　E. 3 天

二、慢性肾盂肾炎

1. 临床表现

(1) 症状不典型　临床表现较为复杂,全身及泌尿系统局部表现可不典型,可表现为无症状细菌尿。

(2) 常见表现　半数病人可有急性肾盂肾炎病史,后出现程度不同的发热、间歇性尿频、排尿不适、腰部酸痛、肾小管功能受损表现,如夜尿增多、低比重尿等。可发展为慢性肾衰竭。

(3) 急性发作　急性发作时病人症状明显,类似急性肾盂肾炎。

2. 诊断

除反复发作尿感病史之外,尚需结合影像学及肾功能检查。①肾外形凹凸不平,且双肾大小不等;②静脉肾盂造影可见肾盂肾盏变形、缩窄;③持续性肾小管功能损害。具备①②条的任何一条,再加第③条就可确诊。

3. 治疗

慢性肾盂肾炎治疗的关键是积极寻找并去除易感因素。急性发作时治疗同急性肾盂肾炎。

常考点　急慢性肾盂肾炎、急性膀胱炎的特点及鉴别。

参考答案——详细解答见 2021《贺银成国家临床执业及助理医师资格考试历年考点精析》

1. ABCDE　2. ABCDE　3. ABCDE　4. ABCDE　5. ABCDE　6. ABCDE　7. ABCDE
8. ABCDE

第18章　急性肾损伤与慢性肾衰竭

▶考纲要求

①急性肾损伤(急性肾衰竭):定义,分类,急性肾小管坏死的临床表现和治疗。②慢性肾衰竭:定义,分期,临床表现,诊断,治疗。

▶复习要点

一、急性肾衰竭

1. 定义

急性肾损伤(AKI)以往称为急性肾衰竭,是指由各种病因引起的短时间内肾功能快速减退而导致的临床综合征,表现为肾小球滤过率(GFR)下降,伴有氮质产物如肌酐、尿素氮等潴留,水、电解质和酸碱平衡紊乱,重者出现多系统并发症。

2. 分类

	肾前性 AKI	肾性 AKI	肾后性 AKI
比例	占 AKI 的 55%	占 AKI 的 40%	占 AKI 的 5%
定义	各种原因引起肾实质血流灌注减少,导致肾小球滤过率下降	是指肾实质损伤所致	是指急性尿路梗阻所致
举例	有效血容量不足、心排量降低、全身血管扩张、肾血管收缩	肾缺血、肾毒性物质所致的急性肾小管坏死(ATN)	双侧尿路结石、神经源性膀胱盆腔肿瘤压迫

【例1】可以导致肾前性急性肾损伤的因素为

A. 前列腺增生　B. 应用庆大霉素　C. 输尿管结石
D. 大量丢失体液　E. 应用马兜铃酸类中药

A. 肾前性急性肾衰竭　B. 急进性肾小球肾炎　C. 急性肾小管坏死
D. 肾后性急性肾衰竭　E. 急性间质性肾炎

【例2】消化道大出血后少尿,尿钠10mmol/L,该种情况考虑

【例3】下尿路梗阻可引起

3. 急性肾小管坏死(ATN)的临床表现

典型ATN临床病程可分为三期:起始期、进展期和维持期(少尿期)、恢复期(多尿期)。

(1)**起始期**　此期病人常遭受低血压、缺血、脓毒症、肾毒素等因素的影响,但尚未发生明显的肾实质损伤。随着肾小管上皮细胞损伤加重,GFR逐渐下降,则进入进展期。

(2)**少尿期**　少尿期是指尿量<400ml/24h,一般持续7~14天,全身症状如下表。

消化系统	食欲减退、恶心呕吐、腹胀腹泻,严重者可发生消化道出血
呼吸系统	可有急性肺水肿,表现为呼吸困难、咳嗽、憋气
循环系统	高血压、心力衰竭、各种心律失常、心肌病变
神经系统	意识障碍、躁动、谵妄、抽搐、昏迷等尿毒症脑病症状
血液系统	出血倾向、轻度贫血
水电解质	水过多、代谢性酸中毒、高钾血症、低钠血症、低钙血症、高磷血症

(3)**多尿期** GFR逐渐升高,并恢复正常。少尿型病人开始出现尿量增多,继而出现多尿,再逐渐恢复正常。肾小管上皮细胞功能恢复相对延迟,常需数个月才能恢复。

	急性肾损伤进展期和维持期(少尿期)	急性肾损伤恢复期(多尿期)
尿量	<400ml/24h	>400ml/24h
持续时间	一般1~2周,可长达1月;少尿期越长,病情越重	1~3周
水	水中毒	尿量大时,可有脱水
氮平衡	BUN升高、SCr升高、氮质血症	早期BUN升高、SCr升高,氮质血症
血钾	高钾	早期高钾,晚期低钾(随尿排出)
血钠	水中毒,稀释性低钠、低氯	低钠,大量脱水时可高钠
钙	低钙	低钙
其他	高镁、高磷、出血倾向(DIC)、代谢性酸中毒	低血压(尿量增加,体液减少)
主要死因	高钾血症、水中毒	低钾血症、感染

【例4】急性肾功能衰竭少尿期最常见的血镁、磷、钙代谢异常是

A. 高镁、高磷、低钙 B. 低镁、高磷、低钙 C. 高镁、低磷、高钙

D. 低镁、高磷、高钙 E. 高镁、高磷、高钙

4. 治疗

(1)**尽早纠正可逆病因** 停用影响肾灌注或肾毒性的药物,如庆大霉素、阿米卡星等。

(2)**维持体液平衡** 少尿期若不严格控制输液总量,将导致水中毒等严重后果。

每日补液量=前24小时显性失水量+不显性失水量-内生水量=前一日尿量+500ml。

(3)**营养支持** 补充营养以维持机体的营养状况和正常代谢,这有助于损伤细胞的修复和再生,提高存活率。能量供应量为35kcal/(kg·d),主要由碳水化合物和脂肪供应。蛋白质摄入量限制为0.8g/(kg·d)。尽可能地减少钠、钾、氯的摄入量。

(4)**高钾血症** 血钾>6.5mmol/L,应紧急处理:

①钙剂 10%葡萄糖酸钙10~20ml稀释后静脉缓慢注射。

②纠酸 5%碳酸氢钠100~200ml静脉滴注,以纠正酸中毒,并可促进钾离子向细胞内移动。

③GI液 50%葡萄糖50~100ml(G)+胰岛素6~12U(I)静脉注射,可促进钾离子向细胞内移动。

④降钾树脂 口服降钾树脂(聚磺苯乙烯),15~30g,每日3次。

⑤透析 为最有效的治疗方法,血钾>6.5mmol/L为肾透析的指征。

(5)**代谢性酸中毒** 及时纠正代谢性酸中毒,可选用5%碳酸氢钠125~250ml静滴。对于严重酸中毒病人,如静脉血HCO_3^-<12mmol/L或动脉血pH<7.15~7.20时,纠酸的同时紧急透析治疗。

(6)**治疗感染** 应尽早使用抗生素,但不提倡预防使用抗生素,宜选用肾毒性小的药物。

(7)**肾脏替代治疗** 肾透析指征:①严重代谢性酸中毒(动脉血pH<7.2);②K^+>6.5mmol/L;③利尿治疗无效的严重肺水肿;④严重尿毒症症状,如脑病、心包炎、癫痫发作等。

(8)**恢复期治疗** 一般无需特殊处理,应定期随访肾功能,避免使用肾毒性药物。

注意:①治疗急性肾衰竭合并感染者,应选用肾毒性小的药物——青霉素、三代头孢菌素等。

②治疗急性肾衰竭合并感染者,禁用肾毒性大的药物——庆大霉素、阿米卡星等。

③急性肾衰竭合并高钾血症最有效的治疗——肾透析。

④常用肾透析指征:血钾>6.5mmol/L、Scr>442μmol/L、血浆尿素氮>21.4mmol/L。

⑤正常值:血钾为3.5~5.5mmol/L、Scr为76~88μmol/L、BUN为3.2~7.1mmol/L。

【例5】男,45岁。进行性少尿4天。既往体健。查体:BP160/90mmHg,心率120次/分,双下肢水肿。血

BUN18.9mmol/L，Scr655.6μmol/L。动脉血气分析：pH7.31，$PaO_2$65mmHg，$PaCO_2$33mmHg，BE -8.5mmol/L。急需采取的最主要治疗措施是

A. 透析治疗　　B. 利尿治疗　　C. 降压治疗

D. 口服泼尼松　　E. 纠正酸中毒

二、慢性肾衰竭

1. 定义

(1)慢性肾脏病(CKD)　是指各种原因引起的肾脏结构和功能异常≥3个月，包括出现肾脏损伤标志(白蛋白尿、尿沉渣异常、肾小管相关病变、组织学检查异常及影像学异常)或有肾移植病史，伴或不伴肾小球滤过率(GFR)下降；或不明原因的GFR下降(GFR<60ml/min)≥3个月。GFR正常值为(100±10)ml/min。慢性肾脏病包括CKD1~5期。

(2)慢性肾衰竭(CRF)　是指慢性肾脏病引起的GFR下降及与此相关的代谢紊乱和临床症状组成的综合征。慢性肾脏病囊括了疾病的整个过程，即CKD1期至CKD5期，部分慢性肾脏病在疾病进展过程中GFR可逐渐下降，进展至慢性肾衰竭。慢性肾衰竭主要为CKD4~5期。

2. 分期

(1)国际分期　国际公认的慢性肾脏病分期依据肾脏病预后质量倡议(K/DOQI)制定的指南分5期。

分期	特征	GFR[ml/(min·$1.73m^2$)]	防治目标-措施
1	GFR正常或升高	≥90	病因诊治，缓解症状，保护肾功能，延缓进展
2	GFR轻度降低	60~89	评估、延缓CKD进展，降低心血管病风险
3	GFR轻到重度降低	30~59	延缓CKD进展，评估、治疗并发症
4	GFR重度降低	15~29	综合治疗，肾脏替代治疗准备
5	终末期肾脏病(ESRD)	<15或透析	适时肾脏替代治疗

(2)我国慢性肾衰竭的分期(1992)　分为4期，9版《内科学》已删除该部分内容。

CRF分期	肌酐清除率(ml/min)	血肌酐(μmol/L)	临床表现	相当于
肾功能代偿期	50~80	133~177(正常)	正常	CKD2期
肾功能失代偿期	20~50	186~442	无。可有轻度贫血、夜尿多	CKD3期
肾功能衰竭期	10~20	451~707	贫血、夜尿增多、胃肠道症状	CKD4期
尿毒症期	<10	≥707	临床表现及生化值显著异常	CKD5期

注意：①我国慢性肾衰竭分期的主要依据是血肌酐值(Scr)，分4期。
②国际慢性肾衰竭分期的主要依据是肾小球滤过率(GFR)，分5期。注意两种分期之间的转换关系。

【例6】慢性肾脏病(CKD)4期是指

A. GFR15~29ml/(min·$1.73m^2$)　　B. GFR≥60ml/(min·$1.73m^2$)

C. GFR<15ml/(min·$1.73m^2$)　　D. GFR<10ml/(min·$1.73m^2$)

E. GFR50~59ml/(min·$1.73m^2$)

【例7】男，27岁。头晕1周，加重伴乏力、心悸、牙龈出血就诊。查体：血压165/105mmHg。血红蛋白69g/L，血肌酐879μmol/L，尿蛋白(++)，尿红细胞2~3/HP。B超示左肾8.9cm×4.8cm×4.2cm，右肾8.6cm×4.7cm×3.9cm，双肾皮质变薄。该患者最可能的诊断为

A. 慢性肾小球肾炎(CKD4期)　　B. 急进性肾小球肾炎　　C. 慢性肾小球肾炎(CKD5期)

D. 急性肾小球肾炎　　E. 慢性肾小球肾炎(CKD3期)

3. 临床表现

水电解质失衡	代谢性酸中毒、高钾血症、低钠血症、低钙血症、高磷血症、高镁血症、活性维生素 D 缺乏
蛋白质代谢紊乱	氮质血症，白蛋白下降，必需氨基酸下降，蛋白质分解代谢增加合成减少，负氮平衡
糖代谢异常	糖耐量减低（多见）、低血糖（少见）
脂代谢紊乱	高脂血症，甘油三酯↑、VLDL↑、LP(a)↑、HDL↓、胆固醇轻度增高
维生素代谢紊乱	血清维生素 A 水平增高，维生素 B_6 及叶酸缺乏
高血压	水钠潴留（主要原因）；肾素-血管紧张素增高；某些舒张血管因子产生不足
左心室肥厚	高血压导致左心室肥厚；贫血、血液透析动静脉内瘘的使用，可加重左室负荷和左室肥厚
心力衰竭	原因为水钠潴留、高血压、尿毒症心肌病变
尿毒症性心肌病	原因为代谢废物的潴留、贫血，部分病人伴有冠状动脉粥样硬化性心脏病，各种心律失常
心包病变	心包积液——与尿毒症毒素蓄积、低蛋白血症、心力衰竭、感染、出血等因素有关 心包炎——分为尿毒症性和透析相关性两种；前者少见，后者多为血性心包积液
血管钙化	与高磷血症、钙分布异常、血管保护性蛋白（胎球蛋白 A）缺乏有关
动脉粥样硬化	病情进展迅速，血液透析后病变程度加重。除冠状动脉外，脑动脉和全身周围动脉也可受累
呼吸系统症状	Kussmaul 呼吸，胸腔积液，尿毒症肺水肿病人胸片可出现蝴蝶翼征
胃肠道症状	消化系统症状是 CKD 最早表现，包括食欲不振、恶心、呕吐、口腔有尿味、消化道出血
贫血	多为轻至中度贫血，由于肾组织分泌促红细胞生成素（EPO）减少所致，称为肾性贫血 同时与缺铁、营养不良、红细胞寿命缩短、胃肠道慢性失血、炎症等因素有关
出血倾向	晚期有出血倾向，与血小板功能降低有关，部分病人可有凝血因子活性降低
血栓形成倾向	是指透析病人动静脉瘘容易阻塞，可能与抗凝血酶Ⅲ活性下降、纤维溶解不足有关
神经系统症状	中枢系统——疲乏、失眠、注意力不集中，性格改变，抑郁，谵妄，惊厥，昏迷（尿毒症脑病） 周围系统——以感觉障碍为著，肢端袜套样分布的感觉丧失（最常见）、肢体麻木 神经肌肉兴奋性增高（肌肉震颤、痉挛、不宁腿综合征）、肌萎缩、肌无力
内分泌功能紊乱	↓（EPO、1,25-$(OH)_2D_3$），↑（肾内肾素-血管紧张素Ⅱ、泌乳素、MSH、FSH、LH、ACTH、PTH）
肾性骨营养不良	表现为纤维性骨炎、肾性骨软化症、骨质疏松症、肾性骨硬化 肾性骨病与 1,25-$(OH)_2D_3$ 缺乏、继发性甲状旁腺功能亢进、营养不良、铝中毒有关

【例 8】慢性肾衰竭患者常出现的电解质紊乱是

A. 高磷血症，低钙血症　B. 低磷血症，高钙血症　C. 低钙血症，低钾血症
D. 低磷血症，高钾血症　E. 低钾血症，高钙血症

【例 9】男，40 岁。慢性肾衰竭患者，饮食控制欠佳。突发抽搐，意识丧失，心搏骤停。死亡原因最可能是

A. 代谢性酸中毒　B. 高血压　C. 心功能不全
D. 高钾血症　E. 尿毒症脑病

【例 10】尿毒症患者贫血的最主要原因是

A. 慢性失血　B. 血红蛋白合成障碍　C. 红细胞寿命缩短
D. 促红细胞生成素缺乏　E. 铁及叶酸摄入不足

4. 诊断

根据病史、体征及实验室检查（血肌酐值或肾小球滤过率），可作出诊断。

5. 治疗

(1) 早期防治对策和措施 早期诊断、有效治疗原发病、去除病因，是慢性肾衰竭防治的基础。

项目	治疗目标
血压	CKD 1~5期(尿白蛋白/肌酐≥30mg/g):血压<130/80mmHg CKD 1~5期(尿白蛋白/肌酐<30mg/g):血压<140/90mmHg
血糖(糖尿病病人)	空腹5.0~7.2mmol/L,睡前6.1~8.3mmol/L
HbA1c(糖尿病病人)	<7%
蛋白尿	<0.5g/24h
GFR下降速度	<4ml/(min·year)
Scr升高速度	<50μmol/(L·year)

血管紧张素转换酶抑制剂(ACEI)和血管紧张素Ⅱ受体拮抗剂(ARB)具有良好降压作用,可扩张出球小动脉,从而减少肾小球高滤过、减轻蛋白尿,同时也有抗氧化、减轻肾小球基底膜损害的作用。因此慢性肾脏病合并高血压首选ACEI/ARB。

(2)营养治疗　限制蛋白饮食可减少含氮代谢产物生成,减轻症状及相关并发症,延缓病情进展。

①CKD1~2期病人　无论有无糖尿病,推荐蛋白摄入量0.8~1.0g/(kg·d)。

②从CKD3期起至没有进行透析治疗的病人　推荐蛋白摄入量0.6~0.8g/(kg·d)。

③进行血液透析和腹膜透析病人　蛋白质摄入量为1.0~1.2g/(kg·d)。

在低蛋白饮食中,约50%的蛋白质应为高生物价蛋白,如蛋、瘦肉、鱼、牛奶等。如有条件,在低蛋白饮食的基础上,可同时补充适量α-酮酸制剂。无论何种饮食治疗方案,都必须摄入足够热量,一般为30~35kcal/(kg·d),此外还需补充维生素、叶酸及控制钾、磷的摄入。磷摄入量应<800mg/d。

(3)纠正代谢性酸中毒和水、电解质紊乱　对症治疗。

(4)贫血　透析能改善贫血。重组人促红细胞生成素(rHuEPO)治疗贫血疗效显著,应同时补充铁剂。

(5)低钙血症、高磷血症和肾性骨病　明显低钙血症病人,可口服骨化三醇。当GFR<30ml/min时,除限制磷摄入外,可应用磷结合剂口服,以碳酸钙效果较好。

(6)防治感染　抗生素的选择和应用原则与一般感染相同,但剂量需要根据GFR水平调整。

(7)高脂血症的治疗　对于50岁以上的非透析慢性肾脏病病人,即使血脂正常,仍可考虑服用他汀类药物预防心血管疾病。对维持透析的病人,高脂血症的标准宜放宽,血胆固醇水平保持在6.5~7.8mmol/L,血甘油三酯水平保持在1.7~2.3mmol/L为宜。对于透析治疗的病人,一般不建议预防性服用他汀类药物。

(8)肾脏替代治疗　包括血液透析、腹膜透析和肾移植。

【例11】女,25岁。乏力3个月。查体:BP170/105mmHg。化验检查:Hb84g/L。尿常规:蛋白(++),颗粒管型2~3/低倍视野。BUN12.3mmol/L,Scr276.8μmol/L。针对该患者不应采取的措施是

A. 控制血压　　B. 根据尿量适当限水　　C. 高蛋白饮食

D. 低钠饮食　　E. 低磷饮食

常考点　急性肾损伤的病因、临床表现及治疗;慢性肾衰竭的临床表现及治疗。

参考答案——详细解答见2021《贺银成国家临床执业及助理医师资格考试历年考点精析》

1. ABCDE　2. ABCDE　3. ABCDE　4. ABCDE　5. ABCDE　6. ABCDE　7. ABCDE

8. ABCDE　9. ABCDE　10. ABCDE　11. ABCDE

第 19 章　贫　血

考纲要求

①贫血概述：概念，分类，临床表现，诊断，治疗原则。②缺铁性贫血：铁代谢，病因和发病机制，临床表现，实验室检查，诊断与鉴别诊断，治疗。③再生障碍性贫血：病因和发病机制，临床表现，实验室检查，诊断与鉴别诊断，治疗原则。

复习要点

一、各系细胞各阶段发育的基本规律

下图为各系细胞发育的基本规律。从图中可以看出：各系细胞均起源于祖细胞，然后大致都遵循“祖细胞→原始×细胞→幼稚×细胞→成熟×细胞”的发育规律。其中红系和粒系的发育划分更详细，如红系从原始红细胞→早幼红→中幼红→晚幼红→成熟的普通红细胞；粒系从原始粒细胞→早幼粒细胞→（中性、嗜酸性、嗜碱性）中幼粒→（中性、嗜酸性、嗜碱性）晚幼粒细胞。

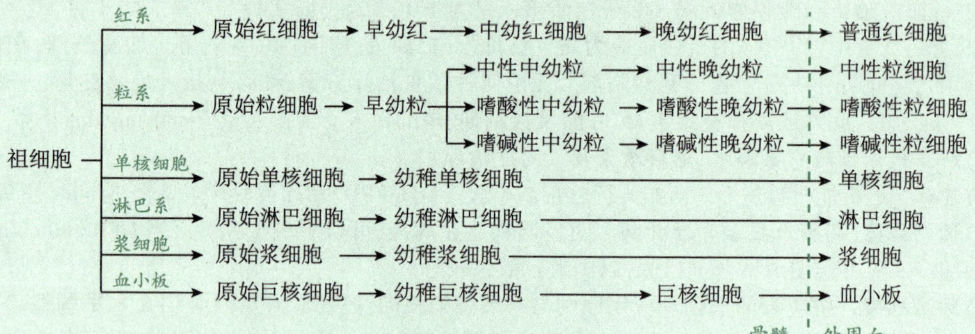

各系细胞各阶段的发育

二、贫血概述

1. 概念

贫血是指人体外周血红细胞容量减少，低于正常范围下限，不能运输足够的氧至组织而产生的综合征。由于红细胞容量测量较复杂，临床上常以血红蛋白（Hb）浓度来代替。我国规定：在海平面地区，成年男性血红蛋白（Hb）<120g/L，成年女性（非妊娠）Hb<110g/L，孕妇 Hb<100g/L，即可诊断为贫血。

请注意：贫血常是一个症状，而不是一个单独的疾病，各系统疾病均可引起贫血。

【例 1】诊断成年女性贫血的标准为血红蛋白浓度低于

A. 140g/L　　B. 130g/L　　C. 120g/L
D. 110g/L　　E. 100g/L

2. 分类

（1）按贫血进展速度分　分为急性贫血和慢性贫血。

（2）按血红蛋白浓度分　分为轻度、中度、重度和极重度贫血。

血红蛋白浓度	<30g/L	30～59g/L	60～90g/L	>90g/L
贫血严重程度	极重度	重度	中度	轻度

（3）按骨髓红系增生情况分　分为增生不良性贫血（如再障）和增生性贫血（除再障外的贫血）。

(4)按红细胞形态分 分为大细胞性贫血、正常细胞性贫血和小细胞低色素性贫血。

类型	MCV(fl)	MCHC(%)	常见疾病
大细胞性贫血	>100	32~35	巨幼细胞贫血、骨髓增生异常综合征、肝疾病
正常细胞性贫血	80~100	32~35	再生障碍性贫血、纯红细胞再生障碍性贫血 溶血性贫血、急性失血性贫血、骨髓病性贫血
小细胞低色素性贫血	<80	<32	缺铁性贫血、铁粒幼细胞性贫血、慢性病贫血 珠蛋白生成障碍性贫血(海洋性贫血)

注:MCV 为红细胞平均体积,MCHC 为红细胞平均血红蛋白浓度

(5)根据病因及发病机制分 分为以下三类:

①红细胞生成减少性贫血 红细胞生成主要取决于三大因素,即造血细胞、造血调节、造血原料。

造血干/祖细胞异常	再生障碍性贫血、纯红细胞再生障碍性贫血、先天性红细胞生成异常性贫血、造血系统恶性克隆性疾病(如骨髓增生异常综合征、各类造血系统肿瘤性疾病)
造血调节异常	骨髓基质细胞受损所致贫血,如骨髓坏死、骨髓纤维化、骨髓硬化症、肿瘤骨髓转移 淋巴细胞功能亢进、造血调节因子水平异常、造血细胞凋亡亢进所致贫血
造血原料不足	缺铁和铁利用障碍性贫血(缺铁性贫血) 叶酸或维生素 B_{12} 缺乏或利用障碍性贫血(巨幼细胞性贫血)

②红细胞破坏过多性贫血 即溶血性贫血。

③失血性贫血 根据失血速度分为急性和慢性两类,慢性失血性贫血往往合并缺铁性贫血。

注意:①缺铁性贫血是临床上最常见的贫血。②红细胞丢失过多性贫血也称为失血性贫血。③急性失血性贫血是正常细胞性贫血,慢性失血性贫血是小细胞低色素性贫血。

【例 2】属于正常细胞性贫血的是

A. 急性失血性贫血　B. 骨髓增生异常综合征　C. 缺铁性贫血
D. 慢性失血性贫血　E. 铁粒幼细胞性贫血

【例 3】属于红细胞破坏过多性贫血的是

A. 巨幼细胞贫血　B. 骨髓病性贫血　C. 铁粒幼细胞性贫血
D. 珠蛋白生成障碍性贫血　E. 慢性病性贫血

3. 临床表现

最常见症状	贫血最常见的全身症状是乏力
神经系统	头痛、眩晕、萎靡、晕厥、失眠、多梦、耳鸣、眼花、记忆力减退、注意力不集中
皮肤黏膜	皮肤黏膜苍白是贫血的主要表现,溶血性贫血可引起皮肤黏膜黄染
呼吸系统	轻度贫血时活动后呼吸加深加快,重度贫血时端坐呼吸
循环系统	组织缺氧,心悸,心率加快,心搏有力,脉压升高,贫血性心脏病
消化系统	消化功能减低、消化不良、腹胀、食欲减退、大便规律和性状改变
泌尿系统	血管外溶血出现胆红素尿和高尿胆原尿,血管内溶血出现游离血红蛋白和含铁血黄素尿
内分泌系统	长期贫血影响甲状腺、性腺、肾上腺、胰腺的功能,改变促红细胞生成素和胃肠激素的分泌
生殖系统	长期贫血可减弱男性特征,导致女性月经过多
免疫系统	红细胞膜上 C3 减少会影响非特异性免疫功能;贫血病人反复输血会影响 T 细胞亚群
血液系统	贫血可使外周血细胞数量、形态、生化成分发生改变;也可影响骨髓的造血功能

【例 4】常见贫血的临床表现不包括

A. 面色苍白　　B. 活动后心悸　　C. 头晕
D. 乏力　　E. 皮疹

4. 诊断

(1)贫血的诊断步骤可分为三步

①确立诊断　血红蛋白和红细胞计数是确定贫血的可靠指标。血红蛋白还可判定贫血的严重程度。

②明确贫血类型　包括细胞形态学分类、骨髓增生程度分类、病因和发病机制分类等。

③病因诊断　贫血诊断最重要的是病因诊断。

(2)诊断方法　包括病史、临床表现、体检及实验室检查。常用的实验室检查方法如下：

①血常规　包括 Hb、RBC、MCV、MCH、MCHC、白细胞和血小板数量等。

②外周血涂片　可观察红细胞、白细胞、血小板数量和形态改变,有否疟原虫和异常细胞等。

③网织红细胞计数　可间接反映骨髓红系增生情况。

④骨髓检查　包括骨髓细胞涂片分类、骨髓活检。

【例 5】外周血反映骨髓幼红细胞增生程度的最可靠指标是

A. 血红蛋白及红细胞计数　　B. 网织红细胞百分率　　C. 网织红细胞绝对值
D. 出现有核红细胞　　E. 红细胞内出现 Howell-Jolly 小体

5. 治疗原则

(1)对症治疗　目的是减轻重度血细胞减少对病人的致命影响,为对因治疗发挥作用赢得时间。具体内容包括:重度贫血病人、老年人或合并心肺功能不全的贫血病人应输注红细胞,纠正贫血,改善体内缺氧状态;急性大量失血病人应及时输血或红细胞及血浆,迅速恢复血容量并纠正贫血。

(2)对因治疗　即针对贫血发病机制进行治疗。

①缺铁性贫血　应补充铁剂,同时治疗导致缺铁的原发病。

②巨幼细胞贫血　应补充叶酸或维生素 B_{12}。

③溶血性贫血　采用糖皮质激素、脾切除术。

④遗传性球形细胞增多症　行脾切除有肯定疗效。

⑤造血干细胞质异常性贫血　可采用造血干细胞移植。

三、缺铁性贫血

当机体对铁的需求与供给失衡,导致体内贮存铁耗尽(ID),继之红细胞内铁缺乏(IDE),最终引起缺铁性贫血(IDA)。缺铁性贫血是铁缺乏症的最终阶段,表现为缺铁引起的小细胞低色素性贫血及其他异常。缺铁和铁利用障碍,将影响血红素的合成,故有学者称该类贫血为血红素合成异常性贫血。

1. 铁代谢

(1)铁的体内分布　人体内的铁分为两部分,即功能铁和贮存铁。

铁总量	正常成年男性 50~55mg/kg,女性 35~40mg/kg
贮存铁	男 1000mg,女 300~400mg,贮存铁包括铁蛋白和含铁血黄素
功能状态铁	血红蛋白铁(占体内铁的 67%)、肌红蛋白铁(占体内铁的 15%)、转铁蛋白铁(3~4mg) 乳铁蛋白、酶和辅因子结合的铁
正常需求	每天造血需 20~25mg 铁,主要来自衰老破坏的红细胞
铁摄取量	正常人维持体内铁平衡需每天从食物中摄取铁 1~1.5mg,孕、乳妇 2~4mg 因此妊娠和哺乳期妇女容易发生缺铁性贫血

【例 6】属于贮存铁的是

A. 血红蛋白铁　　B. 肌红蛋白铁　　C. 转铁蛋白结合的铁

D. 乳铁蛋白结合的铁　　　　　　E. 含铁血黄素

(2)铁的来源及排泄

①铁的来源　包括从食物中摄取(Fe^{2+})、衰老红细胞中血红蛋白释放的铁等。

②铁的排泄　包括从大便排出(<1mg/d)、尿中排出、汗液中排出、哺乳期妇女经乳汁排出(1mg/d)。

(3)铁的吸收

①铁的吸收部位和吸收形式　铁主要在十二指肠及空肠上段,以 Fe^{2+} 形式被吸收。

②影响铁吸收的因素　铁的状态、胃肠道功能、体内铁贮量、骨髓造血状态、药物等都可影响铁的吸收。

铁主要是以 Fe^{2+} 被吸收,肉类食品中的肌红蛋白所含的铁可被完整地直接吸收,植物中的铁多为 Fe^{3+},需要还原成 Fe^{2+} 或与铁螯合物结合后才容易被吸收。

维生素 C 和其他还原剂能使 Fe^{3+} 还原成 Fe^{2+};蛋白质分解后的氨基酸、酰胺剂、胺类可促进铁成为溶解状态,均可促进铁的吸收。

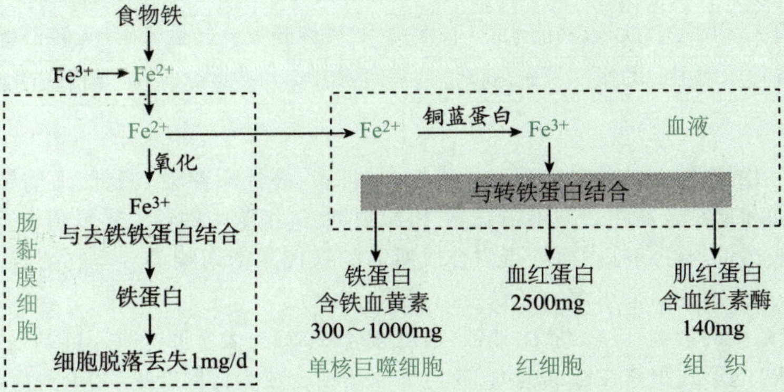

(4)铁的运输　吸收入血的 Fe^{2+},经铜蓝蛋白氧化为 Fe^{3+},与血浆中的转铁蛋白结合,被转运到组织以便利用。每一分子的转铁蛋白可与两分子的 Fe^{3+} 结合。体内仅 1/3 的转铁蛋白呈铁饱和状态,故正常情况下,转铁蛋白饱和度为 33%。

(5)铁的利用　运送到组织中的 Fe^{3+},与转铁蛋白分离并还原成 Fe^{2+},参与形成血红蛋白。

注意:①铁是以 Fe^{2+} 形式吸收,以 Fe^{3+} 形式运输,又以 Fe^{2+} 形式被利用。

②铁的吸收部位在十二指肠及空肠上段,而维生素 B_{12} 的吸收部位在回肠末端,因此切除空肠可引起铁的吸收障碍导致缺铁性贫血,切除回肠易导致巨幼细胞贫血。

(6)解题中经常用到的一些概念　如下表。

项目	代号	临床意义
血清铁	SI	生理状态下,转铁蛋白仅 1/3 与铁结合,称血清铁
未饱和的转铁蛋白	UIBC	指 2/3 未与铁结合的转铁蛋白,又称未饱和的铁结合力
转铁蛋白饱和度	TS	TS=血清铁/总铁结合力×100%。正常值=33%
血清总蛋白	TP	
血清铁蛋白	SF	
转铁蛋白	TRF 或 TF	
转铁蛋白受体	TFR	表达于红系造血细胞膜表面,与 Hb 合成所需的铁代谢有关
血清可溶性转铁蛋白受体	sTfR	红细胞内缺铁时,TFR 脱落进入血液成为 sTfR
红细胞游离原卟啉测定	FEP	升高表示血红素合成障碍

【例 7】人体铁吸收率最高的部位是

A. 十二指肠及空肠上段　B. 空肠及回肠上段　C. 升结肠及横结肠上段
D. 胃及十二指肠上段　E. 回肠及升结肠上段

【例 8】有关铁的描述,正确的是

A. 食物中的铁以二价铁为主　B. 肠黏膜吸收的铁为二价铁
C. 转铁蛋白结合的铁为二价铁　D. 体内铁蛋白中结合的铁为二价铁
E. 血红蛋白中的铁为三价铁

2. 病因及发病机制

(1)病因　缺铁性贫血的常见病因如下表。

需铁量增加	多见于婴幼儿、青少年、妊娠、哺乳期妇女
铁摄入不足	婴幼儿不补充蛋类、肉类等含铁丰富的辅食,青少年偏食,妊娠、哺乳期不补充高铁食物
铁吸收障碍	胃大部切除、胃肠道功能紊乱(长期腹泻、慢性肠炎)、转运障碍(无转铁蛋白血症、肝病)
铁丢失过多	各种原因引起的慢性失血是最常见病因,如痔、月经过多、咯血、消化道出血等

(2)发病机制

①缺铁对铁代谢的影响　缺铁时体内贮铁指标(铁蛋白、含铁血黄素)减低、血清铁和转铁蛋白饱和度减低、总铁结合力和未结合铁的转铁蛋白升高、组织缺铁、红细胞内缺铁。转铁蛋白受体表达于红系造血细胞膜表面,其表达量与红细胞内血红蛋白合成所需的铁代谢密切相关。当红细胞内铁缺乏时,转铁蛋白受体脱落进入血液成为血清可溶性转铁蛋白受体(sTfR)。

②缺铁对造血系统的影响　红细胞内缺铁,血红素合成障碍,大量原卟啉不能与铁结合成为血红素,以游离原卟啉(FEP)的形式积累在红细胞内,或与锌原子结合成为锌原卟啉(ZPP),血红蛋白生成减少,红细胞胞质少、体积小,故发生小细胞低色素性贫血。严重时,粒细胞、血小板的生成也受影响。

③缺铁对组织细胞代谢的影响　组织缺铁,细胞中含铁酶和铁依赖酶的活性降低,进而影响病人的精神、行为、体力、免疫功能及患儿的生长发育和智力。缺铁可引起黏膜组织病变和外胚叶组织营养障碍。

注意:缺铁性贫血时三低三高——血清铁、血清铁蛋白、转铁蛋白饱和度均降低,总铁结合力、血清sTfR、红细胞内游离原卟啉升高。

【例 9】下列不属于缺铁性贫血病因的是

A. 女性妊娠和哺乳　B. 女性子宫肌瘤月经量增多　C. 胃大部切除术后
D. 痔出血　E. 肝硬化食管胃底静脉曲张破裂大出血

3. 临床表现

缺铁原发病表现	如消化性溃疡、肿瘤或痔疮导致的黑便、血便等,妇女月经过多等
贫血表现	乏力、易倦、头昏、头痛、眼花、耳鸣、心悸、气促、食欲缺乏、苍白,心率增快
组织缺铁表现	精神行为异常——烦躁、易怒、注意力不集中、异食癖 口腔——口腔炎、舌炎、舌乳头萎缩、口角皲裂、Plummer-Vinson 综合征(缺铁性吞咽困难) 指(趾)甲——缺乏光泽、脆薄易裂;重者指(趾)甲变平、甚至凹下呈勺状(匙状甲、反甲) 皮肤毛发——皮肤干燥、皱缩,毛发干枯、脱落 其他——体力、耐力下降,易感染,儿童生长发育迟缓、智力低下

注意:①组织缺铁表现是指组织细胞中含铁酶和铁依赖酶的活性降低,进而影响患者的精神、行为、体力、免疫功能及患儿的生长发育和智力等。

②贫血表现是指贫血患者血红蛋白减少,携氧能力降低,导致机体缺氧的一般表现。

【例 10】缺铁性贫血患者因组织缺铁而发生的临床表现不包括

A. 口腔炎、舌炎　　B. 匙状甲　　C. 吞咽困难
D. 头晕、乏力　　E. 皮肤干燥、皱缩

4. 实验室检查

项目	临床结果
血象	呈小细胞低色素性贫血，网织红细胞正常或轻度增高 白细胞和血小板可正常或减低，部分病人血小板升高
外周血涂片	红细胞体积小、中央淡染区扩大
骨髓检查	①增生活跃或明显活跃，以红系增生为主(中、晚幼红细胞为主)，呈核老浆幼现象 ②粒系、巨核系无明显异常；③骨髓涂片铁染色提示铁粒幼细胞减少或消失
铁代谢指标	血清铁(SI)↓、血清铁蛋白↓、转铁蛋白饱和度(TS)↓、总铁结合力(TIBC)↑
红细胞内卟啉代谢	红细胞游离原卟啉(FEP)测定升高(FEP 升高表示血红素合成障碍)
血清转铁蛋白受体	sTfR 测定是迄今反映缺铁性红细胞生成的最佳指标，sTfR>26.5nmol/L 可诊断缺铁

注意：①缺铁性贫血最可靠的诊断依据是骨髓中铁粒幼红细胞减少、骨髓可染铁消失。
②贫血最可靠的诊断依据是血红蛋白降低。

【例 11】成年典型缺铁性贫血患者，下列血象结果中不支持的是

A. WBC18×10^9/L　　B. MCV76fl　　C. 网织红细胞 0.02
D. MCHC28%　　E. P1t350×10^9/L

【例 12】下列疾病中，骨髓有核红细胞出现“核老浆幼”现象的是

A. 巨幼细胞贫血　　B. 急性红血病　　C. 骨髓增生异常综合征
D. 缺铁性贫血　　E. 再生障碍性贫血

5. 诊断与鉴别诊断

(1)诊断 根据病史、红细胞形态(小细胞低色素)、血清铁和铁蛋白降低、总铁结合力增高，骨髓检查及骨髓铁染色可作出缺铁性贫血的诊断。确诊后应查明缺铁原因，找到原发病。

(2)鉴别诊断

	缺铁性贫血	铁粒幼细胞性贫血	海洋性贫血	慢性病性贫血	转铁蛋白缺乏症
血清铁	↓	↑	不低且常增高	↓	↓↓
血清铁蛋白	↓	↑	不低且常增高	↑	↓↓
转铁蛋白饱和度	↓	↑	不低且常增高	↓	—
总铁结合力	↑	不低	—	↓	↓↓
骨髓铁粒幼细胞	↓	↑	—	—	—

【例 13】女，20 岁。头晕、乏力 1 年。实验室检查：Hb70g/L，RBC3.0×10^{12}/L，WBC4.1×10^9/L，Plt200×10^9/L，血清铁蛋白 4μg/L。最可能的诊断是

A. 慢性病性贫血　　B. 巨幼细胞贫血　　C. 缺铁性贫血
D. 地中海贫血　　E. 骨髓增生异常综合征

A. 血清铁增加，铁蛋白增加，总铁结合力降低　　B. 血清铁降低，铁蛋白降低，总铁结合力升高
C. 血清铁降低，铁蛋白增加，总铁结合力升高　　D. 血清铁降低，铁蛋白降低，总铁结合力降低
E. 血清铁降低，铁蛋白增加，总铁结合力降低

【例 14】缺铁性贫血患者的改变是

【例 15】慢性病性贫血患者的改变是

6. 治疗

(1)病因治疗 为缺铁性贫血的基本治疗措施。如婴幼儿、青少年、妊娠妇女营养不良所致的缺铁性贫血,应改善饮食;月经过多引起者,应调理月经;寄生虫感染引起者应行驱虫治疗。

(2)补铁治疗 治疗性铁剂包括无机铁和有机铁。

①无机铁 以硫酸亚铁为代表,其不良反应较有机铁明显。为减少胃肠道反应,宜餐后服用。进食谷类、乳类、茶等会抑制铁剂的吸收;鱼、肉类、维生素 C 可促进铁剂的吸收。

②有机铁 包括右旋糖酐铁、葡萄糖酸亚铁、山梨醇铁、富马酸亚铁、琥珀酸亚铁、多糖铁复合物。

口服铁剂	餐后服用琥珀酸亚铁胃肠道反应小,易耐受 口服铁剂后,先是外周血 Ret 增多,5~10 天达高峰;Hb2 周后开始升高,2 月左右恢复正常 血红蛋白正常后,仍需服用铁剂 4~6 个月,待铁蛋白正常后停药
注射铁剂	适应证——口服铁剂不能耐受、胃肠道正常解剖部位发生改变而影响铁的吸收 最常用——右旋糖酐铁,肌内注射,铁的总需量=(所需达到 Hb-病人 Hb)×0.33×体重(kg)

【例 16】女,25 岁。头晕、乏力 2 个月。既往体健,近 1 年来月经量明显增多。实验室检查:Hb95g/L,RBC3.5×10^{12}/L,红细胞大小不等,中心淡染区扩大,WBC4.5×10^{9}/L,Plt310×10^{9}/L,粪隐血(-)。最根本的治疗措施是

A. 治疗妇科疾病　B. 给予雄性激素　C. 给予铁剂
D. 给予糖皮质激素　E. 给予维生素 B_{12}及叶酸

【例 17】铁剂治疗缺铁性贫血有效的最早指标是

A. 血清铁蛋白增高　B. 血红蛋白升高　C. 骨髓细胞外铁增多
D. 红细胞总数升高　E. 网织红细胞升高

四、再生障碍性贫血(再障)

再生障碍性贫血简称再障,是一种可能由不同病因和机制引起的骨髓造血功能衰竭症。主要表现为骨髓造血功能低下、全血细胞减少和贫血、出血、感染综合征。

1. 病因

(1)病毒感染 特别是肝炎病毒、微小病毒 B19 等。

(2)化学因素 特别是氯霉素类抗生素、磺胺类药物、抗肿瘤化疗药物、苯等。抗肿瘤药物与苯对骨髓的抑制与剂量相关;但抗生素、磺胺类药物、杀虫剂引起的再障与剂量关系不大,但与个人敏感有关。

(3)长期接触 X 射线、镭、放射性核素等 可影响 DNA 的复制,抑制细胞有丝分裂,干扰骨髓细胞生长,导致造血干细胞数量减少。

2. 发病机制

(1)造血干细胞缺陷 包括质和量的异常。再障病人骨髓 CD34$^+$细胞较正常人明显减少,减少程度与病情相关,CD34$^+$细胞中具有自我更新及长期培养启动能力的“类原始细胞”明显减少。

(2)造血微环境异常 再障病人骨髓活检除发现造血细胞减少外,还有骨髓“脂肪化”、静脉窦壁水肿、出血、毛细血管坏死等。部分再障病人骨髓基质细胞体外培养生长情况差,其分泌的各类造血调控因子明显不同于正常人;骨髓基质细胞受损的再障病人做造血干细胞移植不易成功。

(3)免疫异常 再障病人外周血及骨髓淋巴细胞比例增高,T 细胞亚群失调,Th1(CD4$^+$T 细胞)、CD8$^+$T 抑制细胞和 γδTCR$^+$T 细胞比例增高,T 细胞分泌的造血负调控因子(IL2、IFN-γ、TNF)明显增多,髓系细胞凋亡亢进,多数病人用免疫抑制剂有效。

【例 18】男,23 岁。头晕、乏力 1 个月,加重伴鼻出血 3 天。查体:贫血貌,全身皮肤散在出血点,浅表淋巴

结未触及肿大，心、肺及腹部未见异常。实验室检查：Hb75g/L，WBC1.2×10^9/L，Plt15×10^9/L，网织红细胞0.002。该患者可能的免疫异常是

A. $CD4^+T$ 细胞比例降低　　B. $CD8^+T$ 细胞比例增高　　C. TNF 水平降低

D. 补体降低　　E. $\gamma\delta TCR^+T$ 细胞比例降低

3. 临床表现

再障病人由于骨髓造血功能低下，故可表现为外周血全血细胞减少，导致贫血、感染和出血。

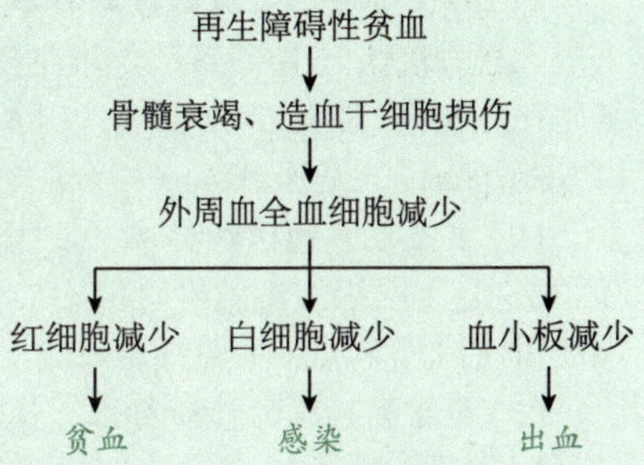

(1)重型再障(SAA)　起病急，进展快，病情重。

①贫血　多呈进行性加重，苍白、乏力、头晕、心悸、气短明显。

②感染　多数病人有发热，以呼吸道感染最常见，致病菌以革兰阴性杆菌、金黄色葡萄球菌、真菌为主，常合并败血症。

③出血　均有不同程度的皮肤、黏膜、内脏出血。

(2)非重型再障(NSAA)　起病和进展较缓慢，病情较重型轻。

①贫血　慢性过程，常见苍白、乏力、头晕、心悸、活动后气短等。输血后症状改善，但不持久。

②感染　高热较重型少见，感染相对易控制，很少持续1周以上。上呼吸道感染常见，其次为牙龈炎、支气管炎、扁桃腺炎，而肺炎、败血症等重症感染少见。常见致病菌为革兰阴性杆菌、各类球菌。

③出血　出血倾向较轻，以皮肤、黏膜出血为主，内脏出血少见。

A. 发热、贫血、出血　　B. 出血

C. 贫血　　D. 明显的脾大

E. 发热、贫血、出血、肝脾大

【例19】急性白血病的主要临床表现

【例20】再生障碍性贫血的主要临床表现

注意：全血细胞减少的疾病———再障、骨髓增生异常综合征、阵发性睡眠性血红蛋白尿、恶性组织细胞病、急性白血病、巨幼细胞贫血等。

4. 实验室检查

再障的检查结果见下表，请注意与缺铁性贫血相鉴别。

	缺铁性贫血	再生障碍性贫血
贫血分类	小细胞低色素性贫血	正细胞正色素性贫血
MCV(fl)	<80	80~100
MCHC	<32%	32%~35%
Hb、红细胞	降低	降低
白细胞	正常或减低	降低
血小板	正常或减低	降低
网织红细胞	正常或轻度增高	降低
血片	红细胞体积缩小，中央淡染区扩大	形态正常，数量减少
骨髓	①红系——增生活跃，以中、晚幼红细胞为主，"核老浆幼"现象 ②粒系、巨核系——正常 ③骨髓涂片铁染色示铁粒幼细胞减少或消失	①多部位骨髓增生低下，红系、粒系、巨核系明显减少，形态大致正常 ②非造血细胞比例↑；③骨髓小粒无造血细胞 ④骨髓活检示造血组织均匀减少，脂肪组织增加

A. 骨髓巨核细胞增多，大多为颗粒型巨核细胞　B. 骨髓巨核细胞数量显著减少
C. 骨髓巨核细胞增多，原始巨核细胞显著增多　D. 骨髓巨核细胞增多，小巨核细胞增多
E. 骨髓巨核细胞增多，病态巨核细胞增多

【例 21】符合再生障碍性贫血的表现是

【例 22】符合特发性血小板减少性紫癜的表现是

5. 诊断

(1)再生障碍性贫血的诊断标准　①全血细胞减少，网织红细胞百分数<0.01，淋巴细胞比例增高；②一般无肝、脾大；③骨髓多部位增生减低（<正常 50%）或重度减低（<正常 25%），造血细胞减少，非造血细胞比例增高，骨髓小粒空虚；④除外引起全血细胞减少的其他疾病，如阵发性睡眠性血红蛋白尿（PNH）、Fanconi 贫血、Evans 综合征、免疫相关性全血细胞减少等。

(2)重型再障的诊断标准　发病急，贫血进行性加重，常伴严重感染和（或）出血。血象具备下述 3 项中 2 项：①网织红细胞绝对值$<15\times10^9/L$；②中性粒细胞$<0.5\times10^9/L$；③血小板$<20\times10^9/L$。骨髓增生广泛重度减低。如中性粒细胞$<0.2\times10^9/L$，则为极重型再障。

(3)非重型再障的诊断标准　达不到上述重型再障诊断标准的再生障碍性贫血。

6. 鉴别诊断

(1)阵发性睡眠性血红蛋白尿(PNH)　典型病人有血红蛋白尿发作，易鉴别。不典型者无血红蛋白尿发作，全血细胞减少，骨髓可增生减低，易误诊为再障。但 PNH 病人酸溶血试验（Ham 试验）、蛇毒因子溶血试验（CoF 试验）均阳性，骨髓或外周血可发现 $CD55^-$、$CD59^-$的各系血细胞。

(2)骨髓增生异常综合征(MDS)　MDS 中的难治性贫血（RA）有全血细胞减少，网织红细胞有时不高甚至降低，骨髓可低增生，易与再障混淆，但 RA 有病态造血现象可资鉴别。

(3)自身抗体介导的全血细胞减少　包括 Evans 综合征和免疫相关性全血细胞减少。前者可测及外周成熟血细胞的自身抗体，后者可测及骨髓未成熟血细胞的自身抗体。

(4)急性白血病　特别是白细胞减少和低增生性白血病，早期肝脾、淋巴结不肿大，外周两系或三系血细胞减少，易与再障混淆。但急性白血病骨髓象原始粒、单或原（幼）淋巴细胞明显增多。

(5)急性造血功能停滞　常由感染和药物引起，起病多伴高热，贫血重，进展快，多误诊为急性再障。病情有自限性，不需特殊治疗，2~6 周可恢复。

7. 治疗

对症治疗	输血（Hb<60g/L 者）、控制感染（合并感染者）、止血（出血者）、护肝
免疫抑制治疗	抗淋巴/胸腺细胞球蛋白（ALG/ATG）主要用于重型再障的治疗 环孢素适于全部再障；CD3 单克隆抗体、吗替麦考酚酯、环磷酰胺、甲泼尼龙适于重型再障
雄激素	适用于全部再障，在使用 2~3 个月后生效 常用药物有司坦唑醇（康力龙）、十一酸睾酮（安雄）、丙酸睾酮、达那唑
造血生长因子	适用于全部再障，尤其重型再障。常用药物有红细胞生成素（EPO）、粒-单系集落刺激因子（GM-CSF）、粒系集落刺激因子（G-CSF）、艾曲波帕、重组人血小板生成素（TPO）
造血干细胞移植	对 40 岁以下、无感染、有合适供体的重型再障，可首先考虑异基因造血干细胞移植

注意：抗胸腺细胞球蛋白（ATG）为强力免疫抑制剂，主要是通过去除抑制性 T 淋巴细胞对骨髓造血的抑制而发挥作用。9 版《内科学》未讲述，请参阅 13 版《实用内科学》P2426。

【例 23】男，24 岁。头晕、乏力、鼻出血 3 个月，加重伴牙龈出血 1 周。查体：皮肤可见出血点，牙龈有渗血，胸骨无压痛，肝脾肋下未触及。实验室检查：Hb60g/L，WBC$1.8\times10^9/L$，N0.2，L0.80，Plt$18\times10^9/L$，网织红细胞绝对值 $11\times10^9/L$。骨髓细胞学检查示增生明显低下，全片未见巨核细胞。该患者最可能的诊断是

A. 重型再生障碍性贫血　B. 巨幼细胞贫血　C. 特发性血小板减少性紫癜
D. 慢性再生障碍性贫血　E. 急性白血病

【例 24】抗胸腺细胞球蛋白(ATG)治疗重型再生障碍性贫血的机制是
A. 刺激造血干细胞增殖　B. 抑制 T 细胞,使造血功能恢复　C. 改善骨髓微环境
D. 稳定血管内皮细胞,减少出血　E. 提高体内 EPO 水平

(25~26 题共用题干)男,26 岁。乏力、间断鼻出血 3 周,既往体健。查体:T36℃,面色略苍白,双下肢可见数个瘀斑,浅表淋巴结未触及肿大,巩膜无黄染,舌尖可见血疱。心、肺检查无异常。腹平软,肝脾肋下未触及。血常规 Hb70g/L,RBC2.3×10^{12}/L,WBC2.9×10^{9}/L,分类 N0.30,L0.65,M0.05,Plt22×10^{9}/L,Ret0.001。

【例 25】该患者最可能的诊断是
A. 骨髓增生异常综合征　B. Evans 综合征　C. 阵发性睡眠性血红蛋白尿
D. 再生障碍性贫血　E. 巨幼细胞贫血

【例 26】如需进一步明确诊断,最重要的检查是
A. 血清铁和铁蛋白测定　B. 血清叶酸和维生素 B_{12} 测定　C. 多部位骨髓穿刺
D. Coombs 试验　E. 血细胞 CD55、CD59 测定

▶▶常考点　重点内容,应全面掌握。

参考答案——详细解答见 2021《贺银成国家临床执业及助理医师资格考试历年考点精析》

1. ABCDE　2. ABCDE　3. ABCDE　4. ABCDE　5. ABCDE　6. ABCDE　7. ABCDE
8. ABCDE　9. ABCDE　10. ABCDE　11. ABCDE　12. ABCDE　13. ABCDE　14. ABCDE
15. ABCDE　16. ABCDE　17. ABCDE　18. ABCDE　19. ABCDE　20. ABCDE　21. ABCDE
22. ABCDE　23. ABCDE　24. ABCDE　25. ABCDE　26. ABCDE

第 20 章　白细胞减少和粒细胞缺乏症

▶▶考纲要求

白细胞减少和粒细胞缺乏症：病因，临床表现，诊断，治疗。

▶▶复习要点

白细胞减少是指外周血白细胞总数持续低于 $4.0\times10^9/L$。中性粒细胞减少是指外周血中性粒细胞计数低于 $2.0\times10^9/L$。粒细胞缺乏症是指外周血中性粒细胞计数低于 $0.5\times10^9/L$。

1. 病因

(1)生成减少

①理化因素　电离辐射、化学毒物、细胞毒药物可损伤造血干细胞、抑制骨髓，导致粒细胞生成减少。

②血液病　A.无效造血（如巨幼细胞贫血、骨髓增生异常综合征）；B.正常造血受到抑制（如白血病、恶性肿瘤骨髓转移）；C.造血干细胞障碍性疾病（如再生障碍性贫血）。

③病毒感染　如病毒性肝炎等。

④其他　周期性粒细胞减少症、家族性良性粒细胞减少症、慢性增生低下性粒细胞减少症。

(2)破坏过多

①免疫性　如药物、自身免疫病（如系统性红斑狼疮、类风湿关节炎、Felty 综合征）引起的粒细胞减少。

②其他　如脾功能亢进、严重败血症。

(3)分布异常　如转移性粒细胞减少、假性粒细胞减少等。

(4)释放障碍　惰性白细胞综合征等。

2. 临床表现

(1)白细胞减少症　起病缓慢，可无症状，常有头晕、乏力、食欲缺乏、低热、反复感染。

(2)粒细胞缺乏症　起病急，寒战高热，常表现为急性咽喉炎、黏膜坏死、肺炎、败血症、脓毒血症。

3. 诊断

根据血常规检查结果即可作出白细胞减少、粒细胞缺乏症的诊断，关键是作出可能的病因诊断。

4. 治疗

(1)白细胞减少症　病因治疗，促白细胞生成药物（G-CSF、碳酸锂、维生素 B_4），预防及控制感染。

(2)粒细胞缺乏症

①去除病因　病因明确者，应去除病因。药物引起者，立即停药。感染引起者，积极控制感染。

②消毒隔离　本病常合并严重感染，有条件者应住无菌病房、简易层流床，饮食、餐具应消毒。

③积极控制感染　首先联合应用广谱抗生素，待找到病原体后，再根据药敏试验结果调整用药。

④促白细胞生成　粒细胞集落刺激因子（G-CSF）、粒细胞-巨噬细胞集落刺激因子（GM-CSF）等。

⑤支持疗法　静脉输注丙种球蛋白。

【例 1】周期性中性粒细胞减少症是由于粒细胞

A. 破坏过多　　B. 释放障碍　　C. 分布异常

D. 在脾脏滞留　　E. 生成减少

▶▶常考点　题少。

参考答案——详细解答见 2021《贺银成国家临床执业及助理医师资格考试历年考点精析》

1. ABCDE

第21章 白血病

考纲要求

①白血病:概述。②急性白血病:FAB分型和MICM分型,临床表现,实验室检查,诊断与鉴别诊断,治疗原则。③慢性髓系白血病:临床表现和分期,实验室检查,诊断与鉴别诊断,治疗原则。

复习要点

一、白血病概述

白血病是一类造血干祖细胞的恶性克隆性疾病,因白血病细胞自我更新增强、增殖失控、分化障碍、凋亡受阻,而停滞在细胞发育的不同阶段。

1. 分类

(1)根据白血病细胞的分化成熟程度和自然病程 将白血病分为急性和慢性两类。

①急性白血病(AL) 细胞分化停滞在较早阶段,多为原始细胞及早期幼稚细胞,病情发展迅速。

②慢性白血病(CL) 细胞分化停滞在较晚阶段,多为较成熟幼稚细胞和成熟细胞,病情发展缓慢。

(2)根据主要受累的细胞系列 将急性白血病分为急性淋巴细胞白血病(ALL)和急性髓系白血病(AML)。将慢性白血病分为慢性淋巴细胞白血病(CLL)和慢性髓系白血病(CML)等。

2. 病因

(1)生物因素 为病毒感染和免疫异常。成人T细胞白血病/淋巴瘤可由人类T淋巴细胞病毒I型引起。

(2)物理因素 包括X射线、γ射线等电离辐射。大面积、大剂量照射可使骨髓抑制、机体免疫力下降,DNA突变、断裂和重组,导致白血病的发生。

(3)化学因素 多年接触苯、含苯有机溶剂与白血病发生有关。乙双吗啉具有极强的致白血病作用。

(4)遗传因素 家族性白血病约占白血病的0.7%。

(5)其他血液病 如骨髓增生异常综合征、淋巴瘤、多发性骨髓瘤,均可最终发展为白血病。

二、急性白血病

1. FAB分型

(1)急性髓系白血病(AML)的FAB分型 共分以下8型。

	中文名	特点
M_0	急性髓细胞白血病微分化型	骨髓原始细胞>30%,无嗜天青颗粒及Auer小体,髓过氧化物酶(MPO)及苏丹黑B阳性细胞<3%,CD33或CD13阳性,淋系抗原及血小板抗原阴性
M_1	急性粒细胞白血病未分化型	原粒细胞占骨髓非红系有核细胞(NEC)>90%,其中MPO阳性细胞>3%
M_2	急性粒细胞白血病部分分化型	原粒细胞占骨髓NEC30%～89%,其他粒细胞≥10%,单核细胞<20%
M_3	急性早幼粒细胞白血病	骨髓中以颗粒增多的早幼粒细胞为主,早幼粒在NEC中≥30%
M_4	急性粒-单核细胞白血病	骨髓原始细胞占NEC>30%,各阶段粒细胞≥20%,各阶段单核细胞≥20%
M_5	急性单核细胞白血病	骨髓NEC中原单核、幼单核≥30%,原单核、幼单核及单核细胞≥80%
M_6	红白血病	骨髓中幼红细胞≥50%,NEC中原始细胞≥30%
M_7	急性巨核细胞白血病	骨髓中原始巨核细胞≥30%,血小板抗原阳性,血小板过氧化酶阳性

(2)急淋白血病(ALL)的FAB分型 共分3型。

L_1	原始和幼淋巴细胞以小细胞(直径≤12μm)为主
L_2	原始和幼淋巴细胞以大细胞(直径>12μm)为主
L_3(Burkitt型)	原始和幼淋巴细胞以大细胞为主,大小一致,细胞内有明显空泡,胞质嗜碱性,染色深

2. WHO分型(MICM分型)

是以细胞形态学(M)、免疫学(I)、细胞遗传学(C)、分子遗传学(M)相结合的分型。

M:即FAB分型。I:根据白血病细胞表面免疫学标志进行的分型。C:白血病常伴有染色体改变。M染色体改变常引起基因特异性变化。

【例1】男性,30岁。1周来发热伴皮肤出血点。化验血呈全血细胞减少,骨髓检查增生极度活跃,原始细胞占骨髓非红系有核细胞的40%,各阶段粒细胞占50%,各阶段单核细胞占30%,诊断急性白血病,其FAB分类的类型是

A. M_1　　B. M_2　　C. M_4
D. M_5　　E. M_6

【例2】女,35岁。发热、牙龈出血20天。查体:左侧颈部触及一个2cm×2cm大小淋巴结,质韧,无压痛。胸骨压痛(+),肝肋下未触及,脾肋下2cm。血常规:Hb105g/L,WBC3.6×10^9/L,Plt19×10^9/L,骨髓细胞学检查示大的原始细胞占0.80,细胞大小均匀一致,胞质内可见明显空泡,PAS(+),其余细胞系受抑。该患者最可能的诊断是

A. 急性髓细胞白血病(M_1)　　B. 急性髓细胞白血病(M_2)　　C. 急性淋巴细胞白血病(L_1)
D. 急性淋巴细胞白血病(L_2)　　E. 急性淋巴细胞白血病(L_3)

3. 临床表现

(1)正常骨髓造血功能受抑制的表现 即外周血三系减少的表现。

症状	临床特点	备注
贫血	部分病人因病程短,可无贫血	半数病人就诊时已有严重贫血,尤其继发MDS者
发热	半数以发热为早期表现,可有低热 高热往往提示合并感染	最常见感染——以口腔炎、牙龈炎、咽峡炎最常见 最常见致病菌——革兰阴性杆菌(肺炎克雷伯杆菌)
出血	见于各部位,多表现为皮肤瘀点、瘀斑、鼻出血、牙龈出血、月经过多	急性白血病以出血为早期表现者占40% 62%的AL死于出血,其中颅内出血占87%

(2)白血病细胞增殖浸润的表现

症状	临床特点	备注
DIC	全身广泛出血	急性早幼粒白血病易并发DIC
淋巴结肿大	ALL多见	纵隔淋巴结肿大多见于T细胞急淋
肝脾肿大	肝脾轻至中度肿大	巨脾见于慢粒白血病急性变
骨骼和关节	常有胸骨下段局部压痛	可出现关节、骨骼疼痛,多见于儿童
眼部	粒细胞肉瘤(绿色瘤)常累及骨膜,以眼眶最常见	多见于粒细胞白血病
口腔	白血病细胞浸润可使牙龈增生、肿胀	牙龈增生肿胀多见于急单或急粒-单
皮肤	皮肤出现蓝灰色斑丘疹,隆起,变硬,呈紫蓝色结节	多见于急单或急粒-单
CNSL	最常见的髓外浸润,因化疗药物难以通过血脑屏障	多见于ALL化疗缓解期儿童
睾丸	次常见的髓外浸润部位,多为单侧无痛性肿大	多见于ALL化疗缓解后的幼儿和青年

4. 实验室检查

(1)外周血象和骨髓象

贫血	正常细胞性贫血——红细胞、血红蛋白均减少
白细胞	多数升高——>10×10^9/L 为白细胞增多性白血病，>100×10^9/L 为高白细胞性白血病 少数正常或降低——如低于 1.0×10^9/L 为白细胞不增多性白血病
血小板	降低——50%的病人<60×10^9/L
血涂片	可见数量不等的原始细胞和幼稚细胞，但白细胞不增多型病例很难找到原始细胞
骨髓	三系减少——红系↓、粒系↓、巨核↓ 原始细胞——原始细胞≥骨髓有核细胞的 30%为急性白血病的诊断标准 骨髓增生——90%增生活跃（主要为原始细胞），10%增生低下（原始细胞仍>30%）

注意：①急性白血病贫血的原因是红系增殖受白血病细胞的干扰。②再障贫血的原因是骨髓造血功能衰竭。③缺铁性贫血的原因是造血原材料(Fe^{2+})的缺乏。④肾性贫血的原因是促红细胞生成素(EPO)的缺乏。

【例 3】急性白血病引起贫血最重要的原因是

A. 出血　B. 红系增殖受白血病细胞干扰　C. 无效红细胞形成

D. 造血原料缺乏　E. 红细胞寿命缩短

【例 4】高白细胞性白血病的白细胞数量最低限是

A. 150×10^9/L　B. 80×10^9/L　C. 200×10^9/L

D. 100×10^9/L　E. 50×10^9/L

(2)骨髓细胞化学染色检查　主要用于协助形态鉴别各类白血病。

MPO 为髓过氧化物酶，PAS 为糖原染色，NSE 为非特异性酯酶，NAP 为中性粒细胞碱性磷酸酶。

	急性淋巴细胞白血病	急性粒细胞白血病	急性单核细胞白血病
MPO	(-)	分化差的原始细胞(-)~(+) 分化好的原始细胞(+)~(+++)	(-)~(+)
PAS	(+)成块或粗颗粒状	(-)或(+) 弥漫性淡红色或细颗粒状	(-)或(+) 弥漫性淡红色或细颗粒状
NSE	(-)	(-)或(+)，NaF 抑制<50%	(+)，NaF 抑制≥50%
NAP	增加	减少或(-)	正常或增加
Auer 小体	(-)	(+)	(+)

注意：①髓过氧化物酶阴性见于急淋白血病，强阳性见于急粒白血病。②糖原染色成块见于急淋白血病。③非特异性酯酶阳性，能被 NaF 抑制≥50%，见于急单白血病。④Auer 小体阴性见于急淋白血病。

①NAP 增高　见于急淋、急单、慢粒白血病急性变、再障、类白血病反应、严重化脓性感染、原发性血小板增多症、骨髓纤维化、真性红细胞增多症。

②NAP 降低　见于急粒、慢粒、阵发性睡眠性血红蛋白尿、单纯性病毒性感染、系统性红斑狼疮。

【例 5】男，35 岁。1 周来乏力、发热伴牙龈肿胀出血。化验 Hb65g/L，WBC3.0×10^9/L，分类见原幼细胞 30%，Plt35×10^9/L。骨髓检查原始细胞 80%，POX 染色部分呈弱阳性，非特异性酯酶染色阳性，NaF 可抑制。该例急性白血病最可能的 FAB 分型是

A. M_1 型　B. M_2 型　C. M_3 型

D. M_4 型　E. M_5 型

【例 6】男，26 岁。发热、乏力伴皮肤出血点 2 周。查体：贫血貌，牙龈肿胀，肝脾轻度肿大。化验：Hb75g/L，

$WBC2.8\times10^9/L$，$Plt57\times10^9/L$。骨髓增生极度活跃，原始细胞 84%，过氧化物酶染色弱阳性，非特异性酯酶染色阳性，阳性反应可被氟化钠抑制。该患者最可能的诊断是

A. 急性淋巴细胞白血病　B. 急性巨核细胞白血病　C. 急性单核细胞白血病
D. 急性粒细胞白血病　E. 红白血病

【例 7】女，18 岁。发热、鼻出血 3 天。查体：全身浅表淋巴结肿大，最大者 2.5cm×2cm 大小，胸骨压痛（+），肝脾肋下均可触及边缘。骨髓细胞学检查：骨髓原始细胞占 0.65，过氧化物酶（-），非特异性酯酶染色（-）。最可能的诊断是

A. 急性早幼粒细胞白血病　B. 急性粒-单核细胞白血病　C. 急性单核细胞白血病
D. 急性淋巴细胞白血病　E. 急性红白血病

（3）白血病细胞表面免疫学标志　根据白血病细胞表达的系列相关抗原，可确定其来源。APL 细胞（M_3 型）通常表达 CD13、CD33、CD117、CD9，但不表达 CD34 和 HLA-DR。

肿瘤类型	免疫学标记	肿瘤类型	免疫学标记
B 细胞及其肿瘤	CD10、CD19、CD20、CD24	T 细胞及其肿瘤	CD2、CD3、CD5、CD7、CD8
NK 细胞及其肿瘤	CD16、CD56	髓系、单核系	CD13、CD14、CD15、CD64
造血干/祖细胞	CD34	早期髓系	HLA-DR

【例 8】男，15 岁。因发热、乏力、刷牙时牙龈出血 1 周入院。查体：T38.5℃，牙龈肿胀，胸骨压痛（+），双下肢小腿出现散在出血点及瘀斑。血常规：Hb80g/L，$WBC10.1\times10^9/L$，$Plt30\times10^9/L$。骨髓增生极度活跃，原始细胞占 0.60，POX 染色呈弱阳性，非特异性酯酶染色阳性，可被 NaF 抑制。该患者原始细胞最可能的免疫表型是

A. $CD14^+$　B. $CD41^+$　C. $CD8^+$
D. $CD3^+$　E. $CD4^+$

（4）白血病常见的染色体和基因特异性改变　白血病常伴有特异染色体和基因改变。例如 99% 的急性早幼粒细胞白血病（M_3、APL）有 t(15;17)(q22;q12)，该易位使 15 号染色体上的 *PML*（早幼粒白血病基因）与 17 号染色体上的 *RARA*（维 A 酸受体基因）形成 *PML-RARA* 融合基因。这是 M_3（APL）发病及用全反式维 A 酸及砷剂治疗有效的分子基础。急性白血病常见的染色体和基因特异性改变见下表。

类型	染色体改变	基因改变
M_2	t(8;21)(q22;q22)	*AML1-ETO*
M_3	t(15;17)(q22;q12)	*PML-RARα*
M_4E_0	inv/del(16)(p13;q22)	*CBFβ-MYH11*
M_5	T/del(11)(q23)	*MLL-ENL*
L_3(B-ALL)	t(8;14)(q24;q32)	*MYC* 与 *IgH* 并列
ALL(5%~20%)	t(9;22)(q34;q11)	*BCR-ABL*

【例 9】染色体检查结果为 t(15;17) 的白血病类型是

A. AML-M_3　B. AML-M_2　C. CML
D. AML-M_5　E. ALL

5. 诊断及鉴别诊断

（1）诊断　根据临床表现、血象和骨髓象特点，诊断白血病一般不难。

（2）鉴别诊断　需与骨髓增生异常综合征、巨幼细胞贫血、急性粒细胞缺乏症恢复期相鉴别。

6. 治疗

(1)一般治疗

处理高白细胞血症	白细胞>100×10⁹/L时,应行血细胞分离,单采清除过高的白细胞,并给予水化及化疗 化疗前预处理:ALL用地塞米松,AML用羟基脲,然后进行联合化疗 预防白血病细胞溶解诱发的高尿酸血症、酸中毒、电解质紊乱、凝血异常
红细胞减少	输浓缩红细胞纠正贫血,但白细胞淤滞时不宜马上输注红细胞,以免增加血液黏度
粒细胞减少	特别在化、放疗后粒细胞缺乏时,宜住层流病房,使用粒细胞集落刺激因子(G-CSF) 发热时,应做细菌培养及药敏试验,并迅速进行经验性抗生素治疗
血小板减少	输注单采血小板悬液,控制出血
预防高尿酸血症肾病	多饮水,碱化尿液,使用别嘌醇以抑制尿酸合成,少尿、无尿时按急性肾衰竭处理
维持营养	补充营养,给予高蛋白、高热量、易消化食物,必要时经静脉补充营养

(2)化疗原则 白血病的化疗原则是早期、联合、足量、分阶段,分为诱导缓解、缓解后治疗两个阶段。

(3)常用诱导缓解化疗方案

①急性淋巴细胞白血病(ALL) VP为基本方案,DVLP方案为最常用的诱导方案。

ALL诱导方案	药物	备注
VP方案	VCR长春新碱+P泼尼松	基本化疗方案
DVP方案	DNR柔红霉素+VCR长春新碱+P泼尼松	成人常用方案
DVLP方案	DNR柔红霉素+VCR长春新碱+L-ASP左旋门冬酰胺酶+P泼尼松	最常用方案

②急性髓系白血病 IA为9版《内科学》最常用方案,DA为8版《内科学》最常用方案。

诱导方案	药物	备注
IA方案	IDA(去甲氧柔红霉素)+Ara-C(阿糖胞苷)	非APL最常用的化疗方案
DA(3+7)方案	DNR(柔红霉素)+Ara-C(阿糖胞苷)	非APL最常用的化疗方案
HA方案	HHT(高三尖杉酯碱)+Ara-C(阿糖胞苷)	过去常用
ATRA+蒽环类	ATRA(全反式维A酸)+蒽环类药物	APL最常用的化疗方案

注意:急性早幼粒白血病(M_3型)化疗首选全反式维A酸,其诱导缓解率达85%。

(10~12题共用题干)女,25岁,发热伴下肢和腹部皮肤瘀斑5天。查体:双下肢和腹部皮肤有多处瘀斑,双侧颈部、腋窝和腹股沟可触及淋巴结肿大,活动,无压痛,最大者为2cm×2.5cm,胸骨压痛(+),腹软,肝肋下1.5cm,脾肋下2cm。化验:Hb78g/L,WBC18×10^9/L,分类可见原始和幼稚细胞,Plt25×10^9/L,Ret0.002。

【例10】该患者最可能的诊断是

A. 急性淋巴细胞白血病　B. 非霍奇金淋巴瘤　C. 急性粒细胞白血病
D. 霍奇金淋巴瘤　E. 系统性红斑狼疮

【例11】为明确诊断,首选的检查是

A. 骨髓细胞学检查　B. 淋巴结活检　C. 骨髓活检
D. 腹部B超　E. ANA谱

【例12】明确诊断后,首选的治疗措施是

A. ABVD方案化疗　B. VDLP方案化疗　C. 给予大剂量糖皮质激素
D. DA方案化疗　E. CHOP方案化疗

三、慢性髓系白血病(慢粒)

慢性髓细胞白血病简称慢粒,是一种发生在多能造血干细胞的恶性骨髓增生性肿瘤,主要涉及髓系。外周血粒细胞显著增多并有不成熟性,在受累细胞系中,可找到 Ph 染色体和(或)*BCR-ABL* 融合基因。

1. 临床表现

慢粒(CML)各年龄组均可发病,中位发病年龄 45~50 岁,男性多于女性。起病缓慢,早期常无自觉症状。病人可因健康检查或因其他疾病就医时才发现血象异常或脾大而被确诊。

2. 临床分期

(1)慢性期(CP) 一般持续 1~4 年。

①一般表现 乏力、低热、多汗或盗汗、体重减轻等代谢亢进的症状,由于脾大而自觉有左上腹坠胀感。

②脾大 脾大为最显著体征,往往就医时已达脐或脐以下,质地坚实,平滑,无压痛。

③肝大 肝脏明显肿大较少见。

④胸骨压痛 部分病人可有胸骨中下段压痛。

⑤WBC 增高 当 WBC 显著增高时,可有眼底充血及出血。WBC 极度增高时可发生白细胞淤滞症。

(2)加速期(AP) 可维持几个月到数年。常有发热、虚弱、进行性体重下降、骨骼疼痛,逐渐出现贫血和出血。脾持续性或进行性肿大。原来治疗有效的药物无效。

(3)急变期(BC) 为慢粒的终末期,临床与急性白血病类似。多数急粒变,少数为急淋变或急单变,偶有巨核细胞及红细胞等类型的急性变。急性变预后极差,往往在数月内死亡。

3. 实验室检查

(1)慢性期(CP)

血象	RBC——晚期可出现贫血,RBC 减少 WBC——显著增高,常>20×10⁹/L,可见各阶段粒细胞,以中性中幼、晚幼、杆状核粒细胞居多 原始细胞<10%;嗜酸性粒细胞、嗜碱性粒细胞增多,后者有助于诊断 Plt——可在正常水平,约 50%病人 Plt 增多,晚期减少
NAP	中性粒细胞碱性磷酸酶(NAP)活性降低,或呈阴性反应
骨髓象	骨髓增生极度活跃,以粒细胞为主,中性中幼、晚幼及杆状核粒细胞明显增多,原始细胞<10% 红细胞相对减少,粒红比例明显增高;巨核细胞正常或增多
Ph 染色体	为小 22 号染色体,显带分析为 t(9;22)(q34;q11)。Ph 染色体见于 CML(阳性率 95%)、急性粒细胞白血病(阳性率 2%)、急性淋巴细胞白血病(阳性率 5%~25%)。慢性淋巴细胞白血病阴性
融合基因	9 号染色体上 *C-ABL* 原癌基因易位至 22 号染色体长臂的断裂点簇集区(*BCR*)形成 *BCR-ABL* 融合基因。其编码的蛋白主要为 P_{210}。P_{210} 具有酪氨酸激酶活性,导致 CML 的发生。
血液生化	血清及尿中尿酸浓度增高;血清 LDH 增高

(2)加速期(AP) ①外周血或骨髓原始细胞≥10%;外周血嗜碱性粒细胞>20%;不明原因的血小板进行性减少或增加。②Ph 染色体阳性细胞中又出现其他染色体异常,如+8、双 Ph 染色体、17 号染色体长臂的等臂[i(17q)]等。

(3)急变期(BC) 外周血或骨髓中原始细胞>20%,或出现髓外原始细胞浸润。

【例 13】不支持慢性粒细胞白血病加速期的血常规检查结果是

A. 外周血嗜碱性粒细胞>20%　B. 血小板进行性减少　C. 血小板增高

D. 血红蛋白逐渐下降　E. 外周血原始粒细胞<10%

【例 14】有关白血病的叙述,错误的是

A. Ph 染色体仅见于慢性粒细胞白血病　B. 急性淋巴细胞白血病无 Auer 小体

C. 红白血病幼红细胞糖原染色呈强阳性　　D. 急性粒细胞白血病过氧化物酶染色阳性
E. 慢性粒细胞白血病中性粒细胞碱性磷酸酶活性减低

4. 诊断

凡有不明原因的持续性白细胞增高，根据典型的血象、骨髓象改变，脾肿大，Ph 染色体阳性，*BCR-ABL* 融合基因阳性即可作出诊断。

5. 鉴别诊断

(1)其他原因引起的脾大　血吸虫病、慢性疟疾、黑热病、肝硬化、脾亢等均可引起脾大。

(2)类白血病反应　常并发于严重感染、恶性肿瘤等基础疾病，有相应原发病的临床表现。白细胞可增高，NAP 强阳性，Ph 染色体及 *BCR-ABL* 融合基因阴性。血小板和血红蛋白大多正常。

6. 治疗

CML 治疗应着重于慢性期早期，一旦进入加速期或急变期，则预后不良。CML 慢性期的治疗如下。

(1)高白细胞血症的紧急处理　需合用羟基脲和别嘌醇。当白细胞$>100\times10^9/L$时，应给予治疗性白细胞单采。明确诊断后，首选伊马替尼。

(2)分子靶向治疗　第一代酪氨酸激酶抑制剂(TKI)甲磺酸伊马替尼(IM)为 2-苯胺嘧啶衍生物，能特异性阻断 ATP 在 *ABL* 激酶上的结合位置，使酪氨酸残基不能磷酸化，从而抑制 *BCR-ABL* 阳性细胞的增殖。伊马替尼治疗 CML 的完全细胞遗传学缓解率为 92%，10 年总体生存率可达 84%。伊马替尼需终身服用。第二代 TKI 如尼洛替尼、达沙替尼治疗 CML 能够获得更快、更深的分子学反应。

(3)干扰素　是分子靶向药物出现之前的首选药物。目前用于不适合 TKI 和异基因骨髓移植的病人。

(4)羟基脲　为细胞周期特异性化疗药，用药后两三天白细胞即下降，停药后又很快回升。常用于高龄、具有并发症、TKI 和干扰素均不能耐受的病人、高白细胞淤滞时的降白细胞处理。

(5)异基因造血干细胞移植(allo-HSCT)　是 CML 的根治性治疗方法，但在 CML 慢性期不作为一线选择。Allo-HSCT 仅用于移植风险很低，且对 TKI 耐药、不耐受以及进展期的 CML 病人。

注意：慢粒白血病的治疗首选分子靶向治疗(TKI)，次选干扰素，两者均无效则选用羟基脲。

(15~17 题共用题干)女，65 岁。常规体检发现脾左肋下 5cm。化验：Hb135g/L。WBC$117\times10^9/L$，分类中幼粒细胞 5%，晚幼粒细胞 12%，杆状核粒细胞 22%，分叶中性粒细胞 34%，嗜酸性粒细胞 8%，嗜碱性粒细胞 5%，淋巴细胞 14%，Plt$560\times10^9/L$，NAP(-)。

【例 15】为确定诊断，首选的检查是
A. 腹部 CT　B. 腹部 B 超　C. 肝功能
D. 血免疫球蛋白　E. 骨髓检查

【例 16】进一步应采取的检查是
A. 骨髓干细胞培养　B. 染色体核型　C. 食管造影
D. 同位素扫描　E. 骨髓活检

【例 17】最有效的治疗是
A. 羟基脲　B. 脾切除　C. 阿糖胞苷
D. 糖皮质激素　E. 伊马替尼

常考点　急性白血病的临床表现及治疗方案；慢粒的诊断及分期；Ph 染色体。

参考答案——详细解答见 2021《贺银成国家临床执业及助理医师资格考试历年考点精析》

1. ABCDE　2. ABCDE　3. ABCDE　4. ABCDE　5. ABCDE　6. ABCDE　7. ABCDE
8. ABCDE　9. ABCDE　10. ABCDE　11. ABCDE　12. ABCDE　13. ABCDE　14. ABCDE
15. ABCDE　16. ABCDE　17. ABCDE

第22章　出血性疾病

考纲要求

①概述:发病机制分类,实验室检查,诊断,治疗原则。②过敏性紫癜:常见病因,临床表现,实验室检查,诊断与鉴别诊断,治疗。③原发免疫性血小板减少症:临床表现,实验室检查,诊断与鉴别诊断,治疗。

复习要点

一、出血性疾病概述

因先天性、遗传性及获得性因素导致血管、血小板、凝血、抗凝及纤维蛋白溶解等止血机制的缺陷或异常,而引起的以自发性或轻度损伤后过度出血为特征的疾病,称为出血性疾病。

1. 发病机制分类

血管壁异常	先天性——遗传性出血性毛细血管扩张症、家族性单纯性紫癜、先天性结缔组织病 获得性——败血症、过敏性紫癜、药物性紫癜、维生素C缺乏、糖尿病、结缔组织病
血小板异常	数量异常:血小板↑——原发性血小板增多症 血小板↓——破坏过多(ITP)、消耗过多(DIC)、生成减少(再障)、分布异常(脾亢) 质量异常:遗传性——血小板无力症、巨大血小板综合征、血小板颗粒性疾病 获得性——抗血小板药物、感染、尿毒症、异常球蛋白血症
凝血异常	遗传性——血友病、遗传性凝血酶原、FⅤ、FⅦ、FⅩ缺乏症、遗传性纤维蛋白还原缺乏 获得性——维生素K缺乏症、肝病性凝血障碍、尿毒症性凝血异常
抗凝及纤维蛋白溶解异常	肝素使用过量,香豆素类药物过量、敌鼠钠过量 免疫相关性抗凝物增多,蛇咬伤,溶栓药物过量
复合性异常	复合性止血机制异常——先天性(血友病)、获得性(弥散性血管内凝血、DIC)

2. 实验室检查

项目	原理	临床疾病
出血时间BT	检查皮肤血管止血功能,包括血管壁收缩和黏合,血小板黏附、积聚和释放	出血时间延长见于血小板数量减少、血小板功能缺陷、血管性血友病
血小板计数	正常值(100~300)×10^9/L	血小板增多或减少
巨核细胞	计数骨髓巨核细胞,观察形态和成熟程度有助于血小板减少病因的判定	特发性血小板减少性紫癜时,巨核细胞数量增多,多为未成熟型
血块收缩时间	血液凝固后,血小板向外伸出伪足,牵拉纤维蛋白网导致血块回缩	回缩不良——血小板减少或增多、血小板无力症、凝血因子缺乏症
凝血时间(CT)	反映内源性凝血系统功能	CT↑——凝血因子缺乏、肝疾病、FDP
凝血酶原时间(PT)	反映外源性凝血系统功能	PT↑——FⅠ、Ⅱ、Ⅴ、Ⅶ、Ⅹ缺乏,DIC
凝血酶时间(TT)	反映纤维蛋白原(FⅠ)的功能	TT延长见于低(无、异常)纤维蛋白原血症
APTT	活化的部分凝血活酶时间(APTT)反映内源性凝血系统功能	APTT↑——FⅧ、Ⅸ、Ⅹ、Ⅺ、Ⅻ、Ⅴ、Ⅰ、Ⅱ缺乏
FDP	FDP为纤维蛋白(原)降解产物	FDP↑——纤溶亢进、DIC、高凝状态

【例1】血小板消耗过多导致的血小板减少性疾病是
A. 特发性血小板减少性紫癜 B. 弥散性血管内凝血 C. 白血病
D. 病毒感染 E. 再生障碍性贫血

【例2】男性,16岁。3天来左膝关节肿胀。自幼于外伤后易出血不止。查体:皮肤黏膜未见出血及紫癜,出血时间为2分钟,凝血时间30分钟,凝血酶原时间正常。疾病分类应为
A. 纤维蛋白生成障碍 B. 凝血酶生成障碍 C. 血小板异常
D. 凝血活酶生成障碍 E. 血管壁功能异常

A. 肾上腺素试验 B. 凝血活酶生成及纠正试验 C. D-二聚体测定
D. 血小板聚集试验 E. 毛细血管脆性试验

【例3】确诊血友病的检查是
【例4】了解是否存在纤溶亢进的检查是
A. 血 vWF 测定 B. PF_3 有效性测定 C. 血栓素 B_2 测定
D. 血 PC 测定 E. 血 D-二聚体测定

【例5】属于抗凝异常的实验室检查的是
【例6】属于纤溶异常的实验室检查是

解题:①测定血管性血友病因子(vWF)与血小板3因子(PF_3),可反映血小板的黏附与聚集功能。
②血栓素 B_2(TXB_2)是花生四烯酸的代谢产物,较 TXA_2 稳定,有促进血管收缩和促血小板聚集的作用。
③血浆蛋白C(PC)是一种依赖维生素K的天然抗凝因子,血PC测定可检测抗凝系统的功能。
④D-二聚体是交联纤维蛋白产物之一,血D-二聚体测定可反映纤溶活性。

3. 诊断

(1)出血特征 皮肤黏膜出血点、紫癜多为血管、血小板异常所致,而深部血肿、关节出血多与凝血障碍有关。

(2)常见出血性疾病的临床鉴别

项目	血管性疾病	血小板疾病	凝血障碍性疾病
性别	女性多见	女性多见	80%~90%发生于男性
阳性家族史	较少见	罕见	多见
出生后脐带出血	罕见	罕见	常见
皮肤紫癜	常见	多见	罕见
皮肤大块瘀斑	罕见	多见	可见
血肿	罕见	可见	常见
关节腔出血	罕见	罕见	多见
内脏出血	偶见	常见	常见
眼底出血	罕见	常见	少见
月经过多	少见	多见	少见
手术或外伤后渗血不止	少见	可见	多见

(3)实验室检查 根据筛选试验结果,结合临床表现可将出血性疾病大致分为两类:①出血时间延长、血小板正常或减少、凝血象正常者,归类为血管壁功能异常和(或)血小板异常所致的出血性疾病;②凝血时间、APTT、PT中一项或多项延长而其他结果正常者,归类为凝血异常所致的出血性疾病。

(4)确定病因 根据确诊试验确定出血性疾病的发病机制及可能的相关病因。

【例7】血管壁异常所致出血的特点是

A. 内脏出血　　B. 迟发出血　　C. 皮肤黏膜出血
D. 关节腔出血　　E. 肌肉出血

【例 8】特发性血小板减少性紫癜较少出现
A. 肌肉血肿　　B. 鼻出血　　C. 月经过多
D. 口腔黏膜出血　　E. 皮肤瘀点

4. 治疗原则

(1)病因防治　主要适用于获得性出血性疾病。

①防治基础疾病　如控制感染,积极治疗肝、胆疾病、肾病,抑制异常免疫反应等。

②避免接触、使用可加重出血的物质及药物　如血管性血友病、血小板功能缺陷症等,应避免使用阿司匹林、吲哚美辛、噻氯匹定等抗血小板药物。凝血障碍所致如血友病等,应慎用抗凝药,如华法林等。

(2)补充血小板和(或)相关凝血因子　在紧急情况下,输入新鲜血浆或新鲜冷冻血浆是一种可靠的补充或替代疗法,因其含有除 TF、Ca^{2+}以外的全部凝血因子。此外,血小板悬液、纤维蛋白原、凝血酶原复合物、冷沉淀物、FⅧ等,也可根据病情予以补充。

(3)止血药物　目前广泛应用于临床者有以下几类:

①收缩血管、改善其通透性的药物　如卡巴克络、曲克芦丁、垂体后叶素、维生素 C、糖皮质激素等。

②合成凝血相关成分所需的药物　如维生素 K 等。

③抗纤溶药物　如氨基己酸(EACA)、氨甲苯酸(PAMBA)等。

④促进止血因子释放的药物　如去氨加压素。

⑤重组活化因子Ⅶ(rFⅦa)　rFⅦa 是一种新的凝血制剂。

⑥局部止血药物　如凝血酶、巴曲酶、吸收性明胶海绵等。

(4)促血小板生成的药物　如血小板生成素(TPO)、白介素-11(IL-11)等。

(5)其他治疗　如免疫治疗、血浆置换、手术治疗、基因治疗等。

二、过敏性紫癜

过敏性紫癜又称 Schonlein-Henoch 综合征,是一种常见的血管变态反应性疾病,因机体对某些致敏物质产生变态反应,导致毛细血管脆性及通透性增加,血液外渗,产生紫癜、黏膜及某些器官出血。

1. 常见病因

(1)感染　包括细菌、病毒、寄生虫等感染。主要为β-溶血性链球菌,呼吸道感染最常见。

(2)食物　是机体对异体蛋白过敏所致,如鱼、虾、蟹、蛋、鸡肉、牛奶等。

(3)药物　如青霉素、水杨酸类、保泰松、吲哚美辛、奎宁类、磺胺类、阿托品、异烟肼等。

(4)其他　花粉、尘埃、疫苗接种、虫咬、寒冷刺激等。

2. 临床表现　多数患者发病前 1~3 周有上呼吸道感染等前驱症状,随之出现典型临床表现。

分型	临床表现
单纯型(紫癜型)	最常见,表现为四肢皮肤紫癜,对称分布,以下肢、臀部多见,躯干极少累及
腹型(Henoch 型)	表现为皮肤紫癜,腹痛,呕吐,腹泻,便血。其中,以腹痛最常见
关节型(Schonlein 型)	表现为皮肤紫癜,关节肿胀、疼痛、压痛、功能障碍,多发生于膝、踝、肘、腕关节 呈游走性,反复发作,经数日而愈,不遗留关节畸形,多发生于紫癜之后
肾型	现为皮肤紫癜,血尿、蛋白尿、管型尿,偶见水肿、高血压、肾衰竭 过敏性紫癜性肾炎的病情最为严重,肾损害多发生于紫癜出现后 2~4 周
混合型	皮肤紫癜合并两种以上临床表现

(9~10题共用题干)男,32岁。皮肤反复出现紫癜1个月,加重并出现恶心、腹痛2天。查体:四肢皮肤散在紫癜,心、肺未见异常,腹平软,脐周轻压痛,无反跳痛和肌紧张,肝脾肋下未触及,肠鸣音活跃。

【例9】下述情况对明确病因意义不大的是

A. 有无花粉、尘埃过敏　B. 应用药物情况　C. 有无食用鱼、虾、蟹等

D. 发病前有无呼吸道感染　E. 皮肤紫癜有无瘙痒

【例10】该患者目前不需要的治疗药物是

A. 山莨菪碱　B. 低分子肝素　C. 泼尼松

D. 异丙嗪　E. 芦丁

【例11】男,17岁。双下肢出血点伴关节痛2周,水肿1周。实验室检查:尿红细胞30~40/HP,尿蛋白4.2g/d,血浆白蛋白28g/L,肾免疫病理示IgA沉积于系膜区。其病因诊断为

A. IgA肾病　B. 狼疮肾炎　C. 过敏性紫癜肾炎

D. 乙肝病毒相关性肾炎　E. 原发性肾病综合征

3. 实验室检查

(1)毛细血管脆性试验(束臂试验)　半数以上阳性。

(2)尿常规检查　肾型或混合型可有血尿、蛋白尿、管型尿。

(3)大便检查　腹型者可有大便潜血试验阳性。

(4)血小板计数、功能及凝血相关检查　除出血时间(BT)可能延长外,其他均正常。

(5)肾功能　肾型或合并肾型表现的混合型,可有肾功能受损的表现。

4. 诊断与鉴别诊断

(1)诊断　主要依据:①发病前1~3周有上感病史。②典型四肢皮肤紫癜,可伴腹痛、关节肿痛、血尿。③血小板计数、功能及凝血相关检查正常。④排除其他原因所致的血管炎及紫癜。

(2)鉴别诊断　本病需与下列疾病相鉴别:①遗传性毛细血管扩张症;②单纯性紫癜;③原发免疫性血小板减少症;④风湿性关节炎;⑤肾小球肾炎;⑥系统性红斑狼疮;⑦外科急腹症。

5. 治疗

(1)消除致病因素　防治感染,清除局部病灶(如扁桃体炎),驱除肠道寄生虫,避免致敏食物及药物。

(2)一般治疗　抗组胺药、改善血管通透性药物(如维生素C、曲克芦丁、卡巴克络等)。

(3)糖皮质激素　可抑制抗原抗体反应、减轻炎症渗出、改善血管通透性。

(4)免疫抑制剂　用于上述治疗效果不佳、短期内反复发作者。

(5)抗凝治疗　适用于肾型病人。

三、原发免疫性血小板减少症(ITP)

原发免疫性血小板减少症(ITP)既往称为特发性血小板减少性紫癜,是一种复杂的多种机制共同参与的获得性自身免疫性疾病。该病的发生是由于病人对自身血小板抗原的免疫失耐受,产生体液免疫和细胞免疫介导的血小板过度破坏和血小板生成受抑,导致血小板减少,伴或不伴皮肤黏膜出血。

1. 临床表现

(1)症状　成人ITP一般起病隐匿,常表现为反复的皮肤黏膜出血,如瘀点、紫癜、瘀斑、外伤后不易止血等,鼻出血、牙龈出血、月经过多也较常见。严重内脏出血少见。乏力是ITP另一常见临床症状。长期月经过多可出现失血性贫血。

(2)体征　皮肤黏膜紫癜或瘀斑,以四肢远侧端多见,黏膜出血以鼻出血、牙龈出血、口腔黏膜血疱多见。一般无肝脾、淋巴结肿大。3%的病人因反复发作,可出现脾轻度肿大。

2. 实验室检查

血小板	血小板计数减少,生存时间明显缩短,平均体积增大,功能正常
贫血	可有程度不等的正常细胞或小细胞低色素性贫血
BT	出血时间(BT)延长,血块收缩不良,束臂试验阳性
CT	凝血时间(CT)正常
免疫学	血小板相关抗体(PAIg)阳性,血小板相关补体(PAC_3)阳性
TPO	血浆血小板生成素(TPO)水平正常或轻度升高
溶血	伴自身免疫性溶血性贫血的病人(Evans 综合征)可有 Coombs 试验阳性
骨髓象	骨髓巨核细胞数量正常或增加,巨核细胞发育成熟障碍,表现为巨核细胞体积变小、胞质内颗粒减少、幼稚巨核细胞增多,产板型巨核细胞显著减少(<30%);红系、粒系和单核系正常

注意:①ITP 时,虽然外周血中血小板减少,但骨髓巨核细胞数增多。主要是由于巨核细胞发育成熟障碍所致,因此有血小板形成的(产板型)巨核细胞显著减少(<30%),而幼稚、颗粒型巨核细胞增多。
②约 70%的 ITP 病人 PAIg 及 PAC_3 阳性,主要抗体成分为 IgG,也可为 IgM、IgA。

【例 12】女,25 岁。间断牙龈出血、皮肤瘀斑 2 个月,反复发生口腔溃疡。查体:双下肢和腹部散在瘀斑,浅表淋巴结无肿大,巩膜无黄染,腹软,肝肋下未及,脾肋下刚可触及。化验:Hb121g/L,WBC 4.5×10^9/L,Plt25×10^9/L。为除外继发免疫性血小板减少性紫癜,最重要的检查是

A. 血小板功能　　B. 血小板抗体　　C. 抗核抗体谱
D. 腹部 B 超　　E. 胸部 X 线片

【例 13】女,40 岁。皮肤出血点及瘀斑、牙龈出血 1 周。查体:肝脾不大。血常规:Hb110g/L,WBC4.0×10^9/L,Plt10×10^9/L。骨髓细胞学检查:巨核细胞 95/2cm×2cm,产板型巨核细胞 1 个。最可能的诊断是

A. 急性白血病　　B. 特发性血小板减少性紫癜　　C. 再生障碍性贫血
D. 骨髓增生异常综合征　　E. 巨幼细胞贫血

A. 骨髓巨核细胞增多,大多为颗粒型巨核细胞　　B. 骨髓巨核细胞数量显著减少
C. 骨髓巨核细胞增多,原始巨核细胞显著增多　　D. 骨髓巨核细胞增多,小巨核细胞增多
E. 骨髓巨核细胞增多,病态巨核细胞增多

【例 14】符合再生障碍性贫血的表现是
【例 15】符合特发性血小板减少性紫癜的表现是

3. 诊断与鉴别诊断

(1)诊断　①至少 2 次检查血小板计数减少,血细胞形态无异常;②体检脾脏一般不增大;③骨髓检查巨核细胞数正常或增多,有成熟障碍;④排除其他继发性血小板减少症。

(2)鉴别诊断　需排除假性血小板减少症及继发性血小板减少症,如再生障碍性贫血、脾功能亢进、骨髓增生异常综合征、白血病、系统性红斑狼疮、药物性免疫性血小板减少等。

(3)分型与分期

①新诊断的 ITP　指确诊后 3 个月以内的 ITP 病人。

②持续性 ITP　指确诊后 3~12 个月血小板持续减少的 ITP 病人。

③慢性 ITP　指血小板减少持续超过 12 个月的 ITP 病人。

④重症 ITP　指血小板<10×10^9/L,且就诊时存在需要治疗的出血症状或常规治疗中发生了新的出血症状,需要采用其他升高血小板药物治疗或增加现有治疗的药物剂量。

⑤难治性 ITP　指满足以下 3 个条件的病人:A.脾切除后无效或复发;B.仍需要治疗以降低出血的危险;C.除外其他原因引起的血小板减少症,确诊为 ITP。

4. 治疗

(1)一般治疗　出血严重者应注意休息。血小板<20×10^9/L者,应严格卧床休息,避免外伤。

(2)观察　ITP病人若无明显出血倾向,血小板计数>30×10^9/L者,可不予治疗。

(3)新诊断病人的一线治疗　包括糖皮质激素和丙种球蛋白。

①糖皮质激素　为首选治疗,近期有效率约80%。妊娠期不宜应用,因可引起子痫和精神症状。糖皮质激素的作用机制为:A.减少自身抗体生成,减轻抗原抗体反应;B.抑制单核-巨噬细胞系统对血小板的破坏;C.改善毛细血管通透性;D.刺激骨髓造血及血小板向外周血的释放。

常用药物为泼尼松,1mg/(kg·d),分次或顿服,待血小板升至正常或接近正常后,1个月内快速减量至最小维持量(≤15mg/d),治疗4周仍无反应者,应迅速减量至停用。

②静脉输注丙种球蛋白　主要用于ITP的紧急治疗、不能耐受糖皮质激素治疗的病人、脾切除术前准备、妊娠或分娩前。作用机制与封闭单核-巨噬细胞系统的Fc受体、抗体中和、免疫调节有关。

(4)ITP的二线治疗　适用于一线治疗无效或需要较大剂量糖皮质激素(>15mg/d)才能维持的病人。

①促血小板生成药物　主要用于糖皮质激素治疗无效或难治性ITP。常用药物包括重组人血小板生成素(rhTPO)、非肽类TPO类似物(艾曲泊帕)、TPO拟肽(罗米司亭)。

②抗CD20单克隆抗体(利妥昔单抗)　可有效清除体内B淋巴细胞,减少抗血小板抗体的产生。

③免疫抑制剂　常用药物包括长春新碱(最常用)、环孢素、硫唑嘌呤、环磷酰胺、吗替麦考酚酯等。环孢素主要用于难治性ITP。

④脾切除　近期有效率约70%。脾切除的适应证为:A.常规糖皮质激素治疗4~6周无效,病程迁延6个月以上;B.糖皮质激素虽然有效,但维持量>30mg/d;C.有糖皮质激素使用禁忌证。

(5)紧急处理　适用于伴消化系统、泌尿生殖系统、中枢神经系统或其他部位的活动性出血,或需要紧急手术的重症ITP病人(血小板<10×10^9/L)。可给予血小板输注、静脉注射丙种球蛋白、大剂量甲泼尼龙静脉滴注、促血小板生成药物、重组人活化因子Ⅶ等。

注意:①ITP病人血小板<30×10^9/L,应进行药物治疗;若>30×10^9/L,无需药物治疗。
②ITP病人若血小板<20×10^9/L,应严格卧床,避免外伤。
③ITP病人若血小板<10×10^9/L,应紧急输注血小板悬液,以防颅内出血。

【例16】女,40岁。皮肤出血点伴月经量增多1周。血常规:Hb100g/L,WBC4.0×10^9/L,Plt23×10^9/L。骨髓细胞学检查:巨核细胞增多伴成熟障碍。首选的治疗措施是
A. 输注浓缩血小板　　B. 脾切除　　C. 应用雄激素
D. 应用糖皮质激素　　E. 应用长春新碱

【例17】女,28岁。反复牙龈出血和月经增多半年。查体:轻度贫血貌,巩膜无黄染,肝脾肋下未触及。实验室检查:Hb82g/L,RBC4.0×10^{12}/L,WBC 5.6×10^9/L,Plt13×10^9/L。骨髓增生明显活跃,红细胞系占36%,巨核细胞明显增多,产板型巨核细胞少,骨髓内、外铁均减少。该患者最可能的诊断是
A. 溶血性贫血　　B. 慢性ITP合并缺铁性贫血　　C. 慢性再生障碍性贫血
D. 急性白血病　　E. 骨髓增生异常综合征

常考点　出血疾病概论;过敏性紫癜的临床表现;ITP临床特点及治疗。

参考答案——详细解答见2021《贺银成国家临床执业及助理医师资格考试历年考点精析》

1. ABCDE　2. ABCDE　3. ABCDE　4. ABCDE　5. ABCDE　6. ABCDE　7. ABCDE
8. ABCDE　9. ABCDE　10. ABCDE　11. ABCDE　12. ABCDE　13. ABCDE　14. ABCDE
15. ABCDE　16. ABCDE　17. ABCDE

第23章 输 血

考纲要求

①合理输血:输注血液成分的优点,常用血液成分的特性,合理输血原则,输血适应证,血液保护。②安全输血:输血不良反应,输血基本程序。

复习要点

一、合理输血

1. 输注血液成分的优点

(1)高效 在制备过程中,经过提纯和浓缩,血液成分纯度和浓度均大幅提高,容量减小,可根据病人的输血要求加以选择,针对性强,疗效显著。

(2)安全 全血的血液成分复杂,输注后发生各种不良反应的机会较多,而输注血液成分可避免不需要的血液成分所引起的不良反应。另外,不同的血液成分携带病毒的概率也不相同,以白细胞最大,血浆次之,红细胞最小。临床上需要最多的是红细胞成分,其输血传播病毒的风险最低,如果改输全血,就增加了输血传播病毒的风险。

(3)有效保存 目前,血液采集后全血保存所使用的保养液和保存条件(4±2℃)都是针对红细胞来设计的,对于粒细胞、血小板和血浆等血液成分是不合适的。血小板需在22±2℃振荡条件下保存,血浆中的凝血因子Ⅴ、Ⅷ需在-20℃以下保存。因此在全血保存过程中,红细胞不易发生保存损害,但粒细胞、血小板和某些不稳定的凝血因子则容易受损。

新鲜全血保存1天后,粒细胞几乎完全丧失,血小板和FⅧ活性丧失50%;保存3~5d后FV活性将丧失50%。保存3天后,所谓的全血仅含有红细胞、白蛋白、免疫球蛋白、纤维蛋白原等,但主要是红细胞。

(4)保护血液资源 一血多用,使得宝贵的血液资源得到充分的利用。

【例1】成分输血的优点不包括

A. 纯度高　　B. 保护血液资源　　C. 容易制备

D. 便于保存　　E. 疗效好

【例2】全血在保存过程中,发生了"保存损害",丧失了一些有用成分,它们是

A. 血小板、粒细胞、不稳定的凝血因子　　B. 红细胞、白细胞、血小板

C. 白细胞、血小板、稳定的凝血因子　　D. 白细胞、血小板、纤维蛋白原

E. 血小板、淋巴细胞、凝血因子Ⅶ

2. 成分血液制备

解题时,一定要熟练掌握血液制品的大致制备过程及各种血液成分的特点。

(1)全血离心 采集的全血经离心后,下层的沉淀物为红细胞悬液(可进一步制备成浓缩红细胞、洗涤红细胞、去白细胞的红细胞等),上层为富含血小板的血浆。

(2)下层 去掉了大部分血浆后即为浓缩红细胞,浓缩红细胞内含部分血浆、白细胞和血小板。

然后将浓缩红细胞用生理盐水洗涤3~4次,基本上不含血浆、白细胞、血小板、被污染的细菌和病毒(如肝炎病毒)、抗A及抗B抗体,称为洗涤红细胞。

浓缩红细胞加上甘油,在-65~-196℃低温保存,称为冰冻红细胞,保存期3~10年。

由于白细胞是短命细胞,只能保存3~5天,故多数情况下留存在血液中的白细胞已经失去功能,去掉这部分无用的白细胞后,称为去白细胞的红细胞(LPRBC)。

(3)上层　为富含血小板的血浆。20℃离心后,下层为血小板,上层为贫血小板血浆。贫血小板血浆在-20℃冰冻称为新鲜冰冻血浆(FFP)。FFP在4℃溶解,上层为冰冻血浆(FP),下层为冷沉淀。

(4)凝血因子　凝血因子主要存在于血浆中。

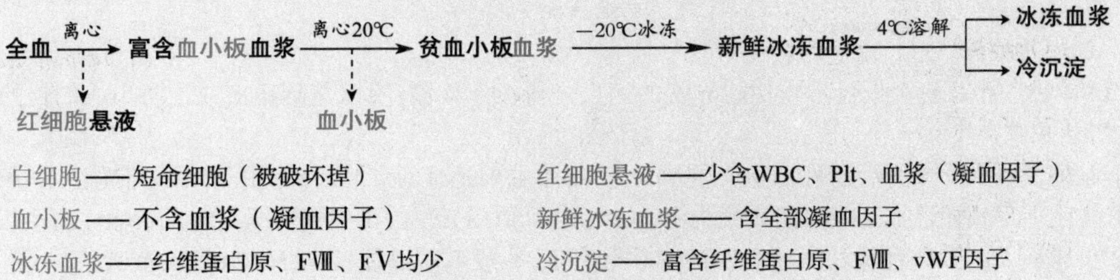

血液成分分离的大致步骤

3. 红细胞输注　参阅14版《实用内科学》P2543。

(1)红细胞制品　红细胞输注主要用于补充病人缺少的红细胞,纠正缺氧状态,是治疗贫血的有效措施。

①悬浮红细胞　从全血中尽量移除血浆,并添加保存液悬浮后制成,具有与全血相同的携氧能力而容量较小,用于心、肾、肝功能不全病人时较安全。它是最常用的红细胞制剂。

②洗涤红细胞　是全血去除血浆后,用生理盐水反复洗涤过的红细胞。常用于:A.自身免疫性溶血性贫血;B.输血后发生过敏反应;C.高钾血症、肝肾功能障碍需要输血者;D.IgA缺乏有抗IgA抗体者。

③少白细胞的红细胞(LPRBC)　在血液采集后,病人输注前,用滤器去除白细胞而制备的红细胞制剂,能预防HLA同种免疫、亲白细胞病毒(CMV、HTLV)感染、因白细胞抗体引起的非溶血性发热反应。

④冰冻红细胞　用高浓度甘油作为冷冻保护剂,在-80℃以下可保存红细胞10年,主要适用于稀有血型红细胞的长期贮存和军事需要。

⑤辐照红细胞　辐照血液是指血液经γ射线照射灭活其中的淋巴细胞,而保留其他血液成分。因此淋巴细胞已经丧失活性的血液成分,如冰冻血浆、冷沉淀等,无需辐照。凡是具有淋巴细胞活性的血液成分,如红细胞、血小板和粒细胞,均可辐照。辐照红细胞可以预防输血相关移植物抗宿主病(TA-GVHD),主要用于免疫缺陷、骨髓移植、器官移植后病人的输血。

(2)红细胞制品的选择　在大多数情况下,可选择悬浮红细胞。但在以下情况下需选用洗涤红细胞:①病人体内存在血浆蛋白抗体,特别是抗IgA;②病人具有输血后发生严重过敏反应的病史。

(3)剂量　视病情而定,输注1单位红细胞可提升Hb5g/L。200ml全血制成的红细胞为1单位。

(4)指征　①Hb>100g/L不需输血;②Hb<70g/L,应考虑输注浓缩红细胞;③Hb70~100g/L时,应根据病人心肺代偿能力、有无代谢率增高、年龄等因素决定。

注意:①既往输血后产生血浆蛋白过敏反应(即变态反应),应选择输注洗涤红细胞。
②多次输血产生白细胞抗体,出现非溶血性发热反应,应选择输注LPRBC。

【例3】体重为55kg的成年慢性贫血患者,输注1单位悬浮红细胞可提高血红蛋白的量约是
A. 1g/L　B. 2g/L　C. 5g/L
D. 10g/L　E. 15g/L

【例4】男,65岁。患再生障碍性贫血2年,多次输血治疗,最近2次输血过程中出现发热,体温达39℃以上,经对症处理症状缓解。此次拟输血改善贫血症状,应输注的血液成分是
A. 浓缩红细胞　B. 辐照红细胞　C. 去除白细胞的红细胞
D. 冰冻红细胞　E. 悬浮红细胞

【例5】急性大量失血患者需要输注红细胞时,应首选的品种是
A. 悬浮红细胞　B. 浓缩红细胞　C. 辐照红细胞

D. 洗涤红细胞　　E. 去除白细胞的红细胞

【例 6】不需要通过辐照来预防输血相关移植物抗宿主病的血液成分是

A. 洗涤红细胞　　B. 浓缩血小板　　C. 新鲜冰冻血浆

D. 悬浮红细胞　　E. 浓缩白细胞

4. 血小板输注

(1)目的　针对血小板数量或功能异常的病人进行血小板输注,以达到止血或预防出血的目的。

(2)适应证

①血小板减少所致的活动性出血　是血小板输注主要适应证。Plt>50×10^9/L,不需输注血小板;Plt<10×10^9/L,应尽快输注血小板以防止颅内出血;Plt(10~50)×10^9/L,可根据情况决定是否输注血小板。

②手术病人的预防性输注　术前 Plt>100×10^9/L,一般不需输注;Plt<50×10^9/L,应考虑输注;Plt 在(50~100)×10^9/L之间,应根据是否有自发性出血、伤口渗血决定是否输注。

③血小板功能障碍　很少需要输注血小板,但进行侵入性操作前,应考虑是否需要输注血小板。

④大量输血　当红细胞输注量大约相当于 2 倍血容量以上时,Plt 可降至 50×10^9/L 以下。急性出血病人的 Plt 不可低于 50×10^9/L,多发性创伤、中枢神经系统创伤病人,Plt 应达到 100×10^9/L。

⑤自身免疫性血小板减少症　不可轻易输注血小板,因为血小板在此类病人体内的存活力较低。

(3)禁忌证

①血栓性血小板减少性紫癜　因为血小板输注可促进血栓形成,使病情恶化。

②肝素引起的血小板减少症　因为血小板输注可导致急性动脉血栓形成。

(4)剂量　每次输注血小板时,应足量输注。

①成人病人通常输注 1 个治疗量,如果不存在血小板输注无效,至少可提高血小板计数 20×10^9/L。

②年幼儿童(<20kg)输注剂量为 10~15ml/kg。

③年长儿童可输注 1 个治疗量。

(5)血小板制品

①浓缩血小板　从采集的全血中分离出血小板,并以适量血浆悬浮制备而成。以 200ml 全血制备的浓缩血小板为 1 个单位,其血小板含量≥2.0×10^{10}个。

②单采血小板　采用血小板分离机在全密闭循环的条件下,直接从献血者的全血中分离和采集血小板,同时将其他血液成分回输献血者体内。1 个单位即为 1 个治疗量,所含 Plt≥2.5×10^{11}个,相当于浓缩血小板 10~12 单位。单采血小板的保存期限为 5 日。

③少白细胞的血小板　是使用专用血小板滤白器制备的少白细胞血小板制品,其主要目的是为了预防非溶血性发热、HLA 同族免疫、嗜白细胞病毒(如 CMV、HTLV)的感染。

④辐照血小板　是在单采血小板的基础上辐照制备而成,目的是为了预防 TA-GVHD。

⑤洗涤血小板　是在单采血小板的基础上洗涤制备而成,主要用于对血浆蛋白过敏的病人。

【例 7】输注血小板的主要目的是

A. 增加血管致密度　　B. 抑制纤溶活性　　C. 改善止血功能

D. 降低抗凝功能　　E. 加强凝血功能

【例 8】男,20 岁。因重型再生障碍性贫血入院,准备 10 天后接受异基因造血干细胞移植。因大量鼻出血和牙龈出血拟行输血,需要预订的血液成分是

A. 单采血小板　　B. 辐照单采血小板　　C. 辐照冷沉淀

D. 辐照新鲜冷冻血浆　　E. 新鲜冷冻血浆

【例 9】下列属于输注血小板禁忌证的是

A. 骨髓造血功能衰竭　　B. 血小板功能障碍

C. 血小板减少患者手术前输注血小板　　D. 血栓性血小板减少性紫癜

E. 大量输血所致的稀释性血小板减少

5. 血浆制品输注

常用的各种凝血因子制品包括新鲜冰冻血浆、普通冰冻血浆和冷沉淀。

	新鲜冰冻血浆	普通冰冻血浆	冷沉淀
英文代号	FFP	FP	Cryo
制备方法	采血后6小时内分离血浆,在-30℃以下速冻成块,并储存在-20℃以下即为FFP	从保存超过6~8小时的全血中分离的血浆,或保存期满1年的FFP	是FFP在4℃解冻,除去上清液后沉淀的白色絮状物
保存期限	在-20℃以下保存1年	在-20℃以下保存5年	在-20℃以下保存1年
内含	全部凝血因子	除FⅤ、FⅧ以外的凝血因子	FⅧ、vWF、FⅠ、纤维结合蛋白
适应证	血栓性血小板减少性紫癜、多种凝血因子缺乏、大量失血或输血引起的凝血障碍、DIC消耗性低凝期	除FⅤ、FⅧ以外的凝血因子缺乏症	血友病A、vWF缺乏 遗传性或获得性纤维蛋白原缺乏 FXⅢ缺乏症

6. 血浆蛋白输注

(1)白蛋白 主要用于:①脱水治疗、扩充血容量;②补充白蛋白;③用作体外循环的泵底液;④5%白蛋白进行血浆置换治疗凝集素综合征。白蛋白的营养支持作用有限,不应当作营养药来使用。

(2)静脉注射用人免疫球蛋白(IVIG) 含有广谱抗病毒、细菌的IgG抗体,具有免疫替代和免疫调节的双重治疗作用;对先天性γ球蛋白缺乏症的继发感染也有效。

【例10】临床输注冰冻血浆的目的是补充

A. 凝血因子　　B. 白蛋白　　C. 免疫球蛋白

D. α球蛋白　　E. 电解质

7. 合理输血的原则

(1)定义 合理输血是指病人病情危重,无法采用其他方法进行有效治疗或预防时,才给予输血。

(2)输血的目的 ①增加血液的携氧能力;②纠正止血功能异常。

(3)审慎作出输血决定 在作出输血决定之前,应根据病人病情对以下问题进行审慎评估:

①输血的目的是什么?②能否减少出血,以降低病人的输血要求?③在决定输血前,是否应先给予其他替代治疗,如静脉输液或给氧?④是否具有临床或实验室证据表明该病人需要输血?⑤输血传播HIV、肝炎、梅毒等感染性病原体的风险有多大?⑥给该病人输血是否利大于弊?⑦如无法及时获得血液时,有何其他治疗措施?⑧是否有经验丰富的医师负责监护,一旦受血者出现输血不良反应时能否迅速给予处理?⑨是否已在病程记录和输血申请单上记录输血决定及其理由?

8. 输血适应证

①急性失血 创伤、手术、内科或妇产科等某些疾病可导致急性失血。

A.根据循环失血量评估红细胞输注要求

血容量减少	失血量	处理原则
<15%	<750ml	无需输血,除非病人原有贫血、严重心肺疾病而无力代偿
15%~30%	750~1500ml	应输注晶体液或人造胶体液,很少输注红细胞
30%~40%	1500~2000ml	应输注晶体液和胶体液,快速扩容,可输注红细胞和血浆
>40%	>2000ml	应输注晶体液和胶体液,快速扩容,需要输注红细胞、血浆和血小板等成分

B.根据血红蛋白及病情评估红细胞输注要求　原卫生部输血指南规定：Hb>100g/L，不必输血；Hb<70g/L，应考虑输注悬浮红细胞；Hb70~100g/L 时，应根据病人心肺代偿能力、年龄等因素决定。

②慢性贫血　应积极寻找贫血病因，针对病因治疗，不应轻易输血。慢性贫血病人输注红细胞的适应证为：A.Hb<60g/L，且伴有明显缺氧症状者；B.贫血严重，虽无缺氧症状，但需要手术的病人或孕妇。

③低蛋白血症　输入血浆或白蛋白纠正低蛋白血症。

④重症感染　难治性感染，当中性粒细胞低下和抗生素疗效不佳时，可输入浓缩粒细胞以控制感染。

⑤凝血机制异常　输入相关的凝血因子或成分。

【例 11】女，45 岁。急性白血病接受化疗过程中诉食欲差、疲乏无力，时有恶心。查体：T37℃，P90 次/分，R18 次/分，BP110/70mmHg。血常规：Hb90g/L，RBC3.1×10^{12}/L，WBC5.6×10^9/L，Plt65×10^9/L。患者要求输血，此时正确的处理措施是

A. 输注悬浮红细胞 1 单位　B. 输注机采血小板 1 个治疗量　C. 输注全血 1 单位

D. 输注血浆 200ml　E. 不予输血并向患者说明理由

9. 血液保护

(1)血液保护的概念及意义　血液保护是指通过改善生物兼容性、减少血液中某些成分激活、减少血液丢失、减少血液机械性破坏、应用血液保护药物和人造血液等各种方法，降低同种异体输血要求及其风险，保护血液资源。不必要的输血既增加了输血风险，也造成了宝贵血液资源的浪费。

在临床输血实践中大力开展血液保护，尽量做到少出血、少输血、不输血和自体输血，对于减少输血传播疾病和输血不良反应，保护血液资源，具有十分重要的意义。

(2)血液保护的主要措施

①严格掌握输血适应证　减少不必要的输血，节约血液资源。

②减少失血　手术中精细操作，彻底完善止血，减少失血量。

③采用自身输血　自体输血是指收集病人自身血液后，在病人需要时，将自己预先贮存或失血回收的血液进行回输。主要优点是节约、简便、安全、有效，不需检测血型和交叉配血。

A.回收式自体输血　主要适用于外伤性脾破裂、异位妊娠造成的腹腔内出血。

B.储存式自体输血　择期手术者，于术前 1 月开始，每 3~4 天采血 1 次，每次 300~400ml，直到术前 3 天为止，采得的血液留待术中或需要时回输。适应证：病人一般情况好，Hb>110g/L 或 Hct>0.33。

C.稀释式自体输血　在麻醉后、发生大量出血的手术步骤开始前，抽取病人一定量自体血液，保存备用，同时输入胶体液或等渗晶体液补充血容量，使血液适度稀释，Hct 降低，手术出血时血液的有形成分丢失减少。然后根据术中失血及病人情况将自体血回输给病人。适应证：病人一般情况好，Hb>110g/L 或 Hct>0.33，估计术中有大量失血。

④血液保护药物的应用　A.术前使用促红细胞生成素（EPO）或维生素 K；B.预防性使用抗纤溶药（6-氨基己酸、抑肽酶）；C.使用重组因子Ⅶ激活物。

【例 12】拟实施储存式自体输血的患者，其血红蛋白水平至少应大于

A. 100g/L　B. 110g/L　C. 120g/L

D. 130g/L　E. 140g/L

二、安全输血

1. 输血基本程序

为规范输血程序，原卫生部制定了《临床输血技术规范》，应遵照执行。

(1)输血决定　遵循科学合理用血的原则，对病人的用血需求进行评估，做出输血决定，包括输血适应证、血液品种、输血量、输注时间等，应记入病历。输血应征得病人及家属同意，并签署《输血治疗同意

书》。无家属签字的无自主意识病人的紧急输血，应报医院职能部门或主管领导同意、备案，并记入病历。

(2)输血申请 经治医生填写《临床输血申请书》，由主治医生核准签字后，连同受血者血样送输血科。

(3)受血者血样采集与送检 医护人员持输血申请单，当面核对病人姓名、性别、年龄、病案号、病室/门急诊、床号、血型和诊断，采集血样，正确标识。由医护人员或专门人员将受血者血样与输血申请单送交输血科(血库)，双方进行逐项核对。

(4)交叉配血 应正确无误地进行交叉配血。受血者配血试验的血标本必须是输血前3天以内采集的，最好采用新鲜采集的病人血液标本进行交叉配血。

(5)发血 配血完成后，由输血科将配合的血液发给临床科室医护人员。发血和取血双方必须再次核对病人情况。受血者和供血者血样应于2~6℃冰箱保存至少7日，以便对输血不良反应进行调查。

(6)输血 由2名医护人员再次仔细核对有关内容，正确无误后才能输血。

(7)监护 输血过程中严密观察有无输血反应，输血完毕，将输血记录单放入病历。

【例13】患者确需临床输血的，应由经治医师逐项填写的医疗文书是

A. 输血治疗同意书　　B. 临床输血申请单　　C. 交叉配血报告单

D. 输血反应回报单　　E. 同型输血认可书

【例14】为便于追查输血不良反应的原因，血液发出后，受血者和供血者的血样保存于2~6℃冰箱的时间至少

A. 3天　　B. 4天　　C. 5天

D. 6天　　E. 7天

2. 输血不良反应

(1)溶血性输血反应 是由于输血导致红细胞破坏增加而产生的一系列临床表现或实验室检查结果。

①急性溶血性输血反应(AHTR) 是指在输血开始后24小时内发生的溶血性输血反应。

A.临床表现 寒战发热，面部潮红，胸痛，腹痛，背部或腰部疼痛，恶心呕吐，腹泻，低血压，面色苍白，黄疸，少尿或无尿，酱油色尿，弥散性出血。

B.实验室检查 血红蛋白血症、血红蛋白尿、血清结合珠蛋白降低、高非结合胆红素血症、转氨酶增高。

C.原因 ABO血型不符(最常见原因)；受血者体内存在红细胞自身抗体；非免疫性因素导致的溶血(输血加压泵、血液加温器故障、使用低渗溶液)。

D.临床特点 AHTR是最常见的严重输血反应，输血5~10ml即可出现反应。

E.处理原则 a.停止输血；b.保持呼吸道通畅，给予高浓度吸氧；c.循环支持，静脉输液，维持血容量和血压；d.利尿，预防肾衰竭；e.定期监测病人的凝血状态，防治DIC；f.严重者应尽早换血。

②迟发性溶血性输血反应(DHTR) 是指输血开始后24小时至28天发生的溶血性输血反应。病人具有溶血的临床表现或实验室特征，与AHTR相似，但常较轻。DHTR有时表现为输血后血红蛋白水平没有相应升高，甚至降低。血型血清学检查结果多为正常。

③迟发性血清学反应(DSTR) 是指输血后产生了先前已知不存在的有临床意义的红细胞抗体，但不具有溶血的临床或实验室特征。

(2)非溶血性发热性输血反应(FNHTR) 发热是最常见的非溶血性不良反应，发生率约40%。

①诊断标准 在输血期间或输血开始后4小时内，出现以下1种或1种以上表现，排除溶血性输血反应、细菌污染反应、导致发热的其他原发疾病后，可判断存在FNHTR：A.发热(T≥38℃)且比输血前升高≥1℃；B.畏寒/寒战，可伴头痛和恶心。可见，FNHTR可只有寒战而无发热。

②原因 输血导致内生致热原释放的原因包括：血液在保存过程中释放出细胞因子；输注的白细胞和病人血清中的抗体发生了反应。

③处理原则 停止输血；保持静脉通路畅通；解热，输注血小板病人应避免使用阿司匹林。

④预防 A.反复输血者，或曾有2次以上非溶血性发热反应病史者，可在输血前1小时给予解热药物；B.减慢输血速度；C.给病人保温；D.输注去白细胞的血液成分，可显著降低发热反应的发生率。

(3)过敏反应

	发热反应	过敏反应
发生时间	多发生在输血开始后4小时以内	多发生在输血过程中或输血后
临床表现	输血过程中出现寒战、发热,血压多无变化	①过敏反应:荨麻疹、全身皮疹、支气管痉挛、休克死亡;②无发热
原因	血液、血液制品中有致热原,受血者多次受血后产生同种白细胞或血小板抗体	血液或血液制品含过敏原,受血者高过敏体质,多次受血后致敏
治疗原则	暂时停止输血,解热镇痛药,糖皮质激素有效	减慢甚至停止输血,抗过敏治疗,解痉,抗休克
预防	输血前滤去血液中的致热原、白细胞及其碎片	过敏者,输血前给抗过敏药,有过敏史者不宜献血

(4)输血相关低血压 特征性表现为低血压。低血压定义为:输血期间或输血结束后1小时内,收缩压降低≥30mmHg,且收缩压≤80mmHg。多数输血相关低血压在输血开始后数分钟内即可出现,停止输血和支持治疗后迅速改善。使用血管紧张素转换酶抑制剂的病人易出现输血相关低血压。

(5)输血相关急性肺损伤(TRALI)

①临床表现 A.输血期间或输血结束后6小时以内发生急性肺损伤;B.急性发作;C.低氧血症,PaO_2/FiO_2<300mmHg,或室内空气环境下血氧饱和度<90%;D.胸片示双肺浸润;E.不存在左心房压力增高;F.急性肺损伤的发生与其他风险因素不存在时间关系。

②发生机制 可能与输注的血液成分中含有与受血者白细胞抗原相应的抗HLA和抗HNA有关。

③处理原则 停止输血,支持治疗。

(6)输血相关呼吸困难(TAD) 特征是输血开始后24小时内出现呼吸窘迫,但不符合TRALI、输血相关循环超负荷、过敏反应的诊断标准。呼吸窘迫是最突出的临床表现,且以病人原有疾病无法解释。

(7)输血相关移植物抗宿主病(TA-GVHD) TA-GVHD是以发热、皮疹、肝损害、腹泻、全血细胞减少为特征的临床综合征,组织活检具有典型的异常表现,通常在输血后1~6周发生,没有其他明显的原因。检出嵌合体可支持TA-GVHD的诊断。

(8)输血后紫癜(PTP) 特征是输注血液细胞成分后5~12天出现血小板减少,可检出血小板抗体。

(9)输血相关循环超负荷(TACO) 输血量过大、速度过快、病人心肾功能受损,均可导致TACO,引发心衰和肺水肿。在输血结束后6小时以内出现以下任意4种表现,即可诊断为TACO:①急性呼吸窘迫;②心动过速;③血压升高;④胸片示急性或加剧的肺水肿;⑤体液正平衡的证据。

(10)疾病传播 病毒和细菌可经输血途径传播。

①病毒 包括EB病毒、巨细胞病毒、肝炎病毒(主要是乙肝和丙肝)、HIV、人类T细胞白血病病毒等。

②细菌 布氏杆菌等。

③其他 梅毒、疟疾等。

【例15】女,35岁,因输卵管妊娠破裂出血1小时急诊入院。怀孕3次,自然流产2次,顺产1胎。术前查Hb75g/L,术中输注悬浮红细胞5单位。术后第一天复查Hb100g/L。术后第8天出现皮肤、巩膜黄染,发热,T38.5℃。检查Hb70g/L。该患者可能发生的输血不良反应是

A. 细菌污染反应　B. 非溶血性发热性反应　C. 输血性肝炎
D. 过敏反应　E. 迟发性溶血反应

【例16】女,30岁。因再生障碍性贫血3个月入院输血治疗。输注悬浮红细胞30分钟后出现寒战。既往有输血史。查体:T39.5℃,BP130/75mmHg。患者最可能出现的输血不良反应是

A. 过敏反应　B. 输血相关循环超负荷　C. 输血相关移植物抗宿主病
D. 非溶血性发热反应　E. 急性溶血性输血反应

【例17】男,63岁。皮肤黏膜散在出血点10天。既往肝硬化病史多年。给予输注新鲜冰冻血浆治疗。

输注开始后20分钟，患者出现皮肤瘙痒、荨麻疹表现。此时正确的处理措施是

A. 停止输注　B. 减慢输注速度，并给予肾上腺素治疗
C. 换一袋血浆输注　D. 减慢输注速度，并给予抗组胺药物治疗
E. 继续输注，不做任何处理

【例18】女，50岁。因外伤骨盆骨折急诊入院手术治疗，术后第5天。查体：P100次/分，BP100/60mmHg。实验室检查：Hb75g/L。当日子女两人各献出全血200ml给患者输注。术后第15天，患者出现腹泻，4～6次/日。查体：T39℃，皮肤出现斑丘疹。实验室检查：Hb56g/L，WBC2.36×10^9/L，Plt20×10^9/L，ALT300U/L。该患者可能发生了

A. 急性溶血反应　B. 输血传播艾滋病　C. 细菌性反应
D. 严重过敏反应　E. 输血相关移植物抗宿主病

【例19】去除血液中白细胞可有效预防的输血不良反应是

A. 非溶血性发热性输血反应　B. 过敏反应　C. 细菌污染反应
D. 迟发性溶血性输血反应　E. 急性(即发性)溶血性输血反应

【例20】男，46岁。因双眼睑及四肢无力入院。入院诊断：重症肌无力。决定给予血浆置换治疗，置换液为新鲜冰冻血浆。在血浆置换过程中患者出现面部瘙痒、潮红，胸部及四肢出现少量荨麻疹。体检：体温37.6℃，血压115/65mmHg。该患者可能出现的输血反应为

A. 非溶血性发热性输血反应　B. 细菌污染反应　C. 过敏反应
D. 溶血性输血反应　E. 循环超负荷

【例21】急性输血不良反应发生的时间为输血开始后

A. 8小时内　B. 12小时内　C. 24小时内
D. 36小时内　E. 48小时内

【例22】最容易引起细菌污染反应的血液制品是

A. 浓缩红细胞　B. 白蛋白　C. 新鲜冰冻血浆
D. 冷沉淀　E. 浓缩血小板

【例23】男，40岁。因急性粒细胞白血病入院。查体：四肢皮肤多处出血点和瘀斑。化验Plt8×10^9/L。给予单采血小板输注。输注4小时后，患者出现胸闷、呼吸困难。急查胸部X线片可见弥漫性阴影。患者最可能发生的输血不良反应是

A. 急性过敏反应　B. 急性溶血反应　C. 细菌性感染
D. 循环超负荷　E. 输血相关急性肺损伤

【例24】不能通过输血传播的病原是

A. 单纯疱疹病毒　B. EB病毒　C. 巨细胞病毒
D. 肝炎病毒　E. HIV

【例25】传播病毒危险性最大的血液成分是

A. 红细胞　B. 白细胞　C. 血小板　D. 血浆　E. 冷沉淀

常考点　血液成分及其选择；输血适应证；输血并发症。

参考答案——详细解答见2021《贺银成国家临床执业及助理医师资格考试历年考点精析》

1. ABCDE　2. ABCDE　3. ABCDE　4. ABCDE　5. ABCDE　6. ABCDE　7. ABCDE
8. ABCDE　9. ABCDE　10. ABCDE　11. ABCDE　12. ABCDE　13. ABCDE　14. ABCDE
15. ABCDE　16. ABCDE　17. ABCDE　18. ABCDE　19. ABCDE　20. ABCDE　21. ABCDE
22. ABCDE　23. ABCDE　24. ABCDE　25. ABCDE

第 24 章　内分泌系统疾病总论与腺垂体功能减退症

考纲要求

①总论:内分泌系统器官组织,内分泌疾病的病因及诊断,治疗。②腺垂体功能减退症:病因,临床表现,诊断,治疗。

复习要点

一、内分泌系统疾病总论

内分泌是人体的一种特殊分泌方式,内分泌组织和细胞将其分泌的微量激素直接分泌到血液或体液中,对远处或局部激素敏感的器官或组织发挥它的生理调节效应。

1. 内分泌系统器官组织

(1)内分泌系统　是由人体内分泌腺体、内分泌组织和激素分泌细胞组成的一个体液调节系统,调节人体的生长、发育、生殖、衰老、脏器功能和新陈代谢过程,与神经系统、免疫系统一起联系和协调人体细胞、组织及器官间的功能,维持人体内环境的稳定,适应外环境的变化,保证生命活动的正常进行。

(2)内分泌器官　包括垂体、甲状腺、甲状旁腺、肾上腺、性腺、松果体、胸腺等。

(3)内分泌组织　包括下丘脑、胎盘、胰岛等分泌激素的组织。

【例 1】下列不属于内分泌器官的是

A. 腺垂体　　B. 肾上腺　　C. 睾丸

D. 前列腺　　E. 甲状旁腺

2. 内分泌系统疾病的病因

(1)功能减低的原因　内分泌腺破坏,内分泌腺激素合成缺陷,发生在激素、激素受体、转录因子、酶及离子通路的基因突变导致激素缺乏,内分泌腺以外的疾病,如肾脏破坏性病变不能合成促红细胞生成素。

(2)功能亢进的原因　内分泌腺肿瘤,多内分泌腺 1 型、2A 型、2B 型,激素受体突变而有获取功能,异位内分泌综合征、激素代谢异常,自身免疫病,医源性内分泌紊乱等。

(3)激素的敏感性缺陷

3. 内分泌系统疾病的诊断

(1)功能诊断

①临床表现　内分泌疾病有特异的临床表现和体征,对其诊断具有重要参考价值。

②实验室检查

A.激素相关生化异常　如原发性醛固酮增多症的低钾血症、糖尿病的高血糖和糖化血红蛋白增高、甲状旁腺功能亢进症的高钙血症等。生化异常是反映激素水平的间接证据。

B.激素测定　血液激素浓度是内分泌腺功能的直接证据。如血浆皮质醇浓度的测定等。

C.激素代谢产物的测定　尿液中激素代谢产物也可以反映激素水平,例如尿香草基杏仁酸(VMA)可反映儿茶酚胺的水平。通常需要收集 24 小时尿标本。

D.激素的功能试验　包括兴奋试验和抑制试验。兴奋试验多适用于分泌功能减退的情况,可估计激素的储备功能,如 ACTH 兴奋试验。抑制试验多适用于分泌功能亢进的情况,观察其正常反馈调节是否消失,有无自主性激素分泌过多,是否有功能性肿瘤存在,如地塞米松抑制试验。

(2)定位诊断　包括病变性质和病变部位的确定,现有多种检查方法可帮助明确微小病变。

①影像学检查　蝶鞍 X 线片、CT、MRI、B 超可诊断垂体、甲状腺、性腺、肾上腺、胰岛肿瘤等。

②放射性核素检查 标记内分泌肿瘤细胞摄取的特殊物质,定位肿瘤的存在,如甲状腺^{131}I 扫描。

③细胞学检查 细针穿刺细胞病理学检查,可以评价其良恶性,如甲状腺穿刺活检。

④静脉导管检查 静脉导管插入内分泌腺静脉流出端,采取血液标本,测定激素浓度,可明确该腺体是否产生过量激素。如岩下窦静脉取血测定垂体激素,对于判断库欣病有诊断价值。

(3)病因诊断

①自身抗体检测 如检测促甲状腺激素受体抗体(TRAb)有助于甲状腺毒症病因的诊断。

②染色体检查 主要用于诊断性分化异常疾病,如 Turner 综合征的染色体核型是 45,XO。

③基因检查 如 *CYP*21 基因突变可导致先天性肾上腺皮质增生症。

【例 2】内分泌疾病定位诊断的方法不包括

A. B 型超声检查　　B. 静脉导管分段取血　　C. 磁共振成像

D. 放射性核素显像　　E. 血清靶器官激素水平测定

4. 内分泌系统疾病的治疗

(1)内分泌功能亢进的治疗

①手术治疗 手术切除导致功能亢进的肿瘤或增生的组织。

②放射治疗 放疗破坏内分泌肿瘤或增生组织,以减少激素的分泌。

③针对内分泌腺体的药物治疗 目的是抑制内分泌激素的合成,如咪唑类、硫脲类药物抑制甲状腺激素的合成,治疗甲亢。

④针对激素受体的药物治疗 如米非司酮可阻断糖皮质激素受体,缓解库欣综合征病人的症状。

⑤针对内分泌肿瘤的化学治疗 如米托坦治疗肾上腺皮质癌。

(2)内分泌功能减退的治疗

①外源激素替代治疗或补充治疗 为最常见的治疗方法,原则是"缺什么补什么,缺多少补多少,不多不少,一直到老"。如肾上腺皮质功能减退者补充皮质醇,甲减者补充甲状腺激素。

②直接补充激素产生的效应物质 如甲状旁腺功能减退者补充钙和活性维生素 D。

③内分泌腺或者组织移植 如甲状旁腺组织移植治疗甲状旁腺功能减退症等。

【例 3】内分泌功能减退性疾病目前较普遍使用的替代治疗方法是给予

A. 生理剂量的靶腺激素　　B. 药理剂量的靶腺激素　　C. 药理剂量的促垂体激素

D. 药理剂量的垂体激素　　E. 调节神经递质或受体的药物

二、腺垂体功能减退症

腺垂体功能减退症是指各种病因损伤下丘脑、下丘脑-垂体通路、垂体,而导致一种或多种腺垂体激素分泌不足所致的临床综合征。围生期女性因腺垂体缺血坏死所致的腺垂体功能减退症,称为希恩综合征(Sheehan 综合征)。由于垂体本身病变引起的腺垂体功能减退症,称为原发性腺垂体功能减退症。由下丘脑或其他神经系统病变或垂体门脉系统障碍引起者,称为继发性腺垂体功能减退症。

1. 病因

(1)原发性腺垂体功能减退症

①垂体肿瘤 垂体瘤为引起本病的最常见病因,包括原发性(鞍内、鞍旁肿瘤)和转移性肿瘤。

②先天性 如 Kallmann 综合征、Lawrence-Moon-Biedl 综合征、Prader Willi 综合征。

③垂体缺血坏死 妊娠期,由于雌激素刺激腺垂体分泌较多 PRL,腺垂体增生肥大,血供丰富,易遭受缺血性损害。若围生期由于前置胎盘、胎盘早剥、胎盘滞留、子宫收缩无力等引起大出血、休克、血栓形成,可使垂体大部分缺血坏死,导致腺垂体功能减退,称为希恩(Sheehan)综合征,本病好发于产后大出血。神经垂体的血流供应不依赖门脉系统,故产后大出血一般不伴神经垂体缺血坏死。

④蝶鞍区受损　如蝶鞍区手术、放疗、创伤等。

⑤垂体感染和炎症　如脑炎、脑膜炎、流行性出血热、梅毒、疟疾等。

⑥垂体卒中

⑦垂体浸润

⑧其他　如自身免疫性垂体炎、空泡蝶鞍、海绵窦处颈动脉瘤等。

(2)继发性腺垂体功能减退症

①垂体柄破坏　手术、创伤、肿瘤、炎症等。

②下丘脑病变和中枢神经系统疾病　如肿瘤、炎症、肉芽肿、糖皮质激素长期治疗、营养不良。

注意:①腺垂体功能减退症最常见的病因是垂体瘤。垂体腺瘤最常见的病因是催乳素瘤(PRL 瘤)。

②希恩综合征是指产后大出血导致腺垂体促性腺激素分泌细胞缺血坏死,引起腺垂体功能低下而出现的一系列症状,如闭经、无泌乳、性欲减退、毛发脱落、第二性征衰退、生殖器萎缩等。

【例 4】腺垂体功能减退症的最常见原因是

A. 希恩(Sheehan)综合征　　B. 各种垂体肿瘤　　C. 原发性空蝶鞍症

D. 糖尿病血管病变　　E. 颅内感染后遗症

2. 临床表现

腺垂体组织破坏 50%以上时,出现临床症状;破坏 75%时,症状明显;达 95%时,症状常较严重。

(1)腺垂体各靶腺功能减退的表现　腺垂体功能减退主要表现为各靶腺功能减退。一般 GH、LH/FSH分泌不足最早出现,其次为 TSH、ACTH 分泌不足。单纯 PRL 缺乏极其罕见。希恩综合征病人因为围生期大出血休克而有全垂体功能减退症,表现为所有垂体激素缺乏。

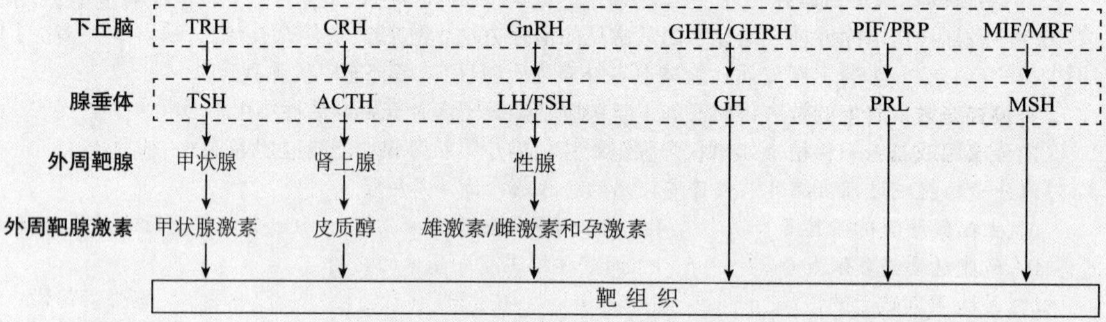

①LH、FSH 和 PRL 分泌不足　可导致性腺功能减退,为腺垂体减退症最常见的表现。

A.女性　常有产后大出血病史,表现为产后无乳(最早表现)、闭经、乳腺萎缩、性欲减退、阴道分泌物减少、性交疼痛、不孕、阴毛和腋毛脱落、子宫和阴道萎缩、骨质疏松等。

B.男性　表现为性欲减退、阳痿、胡须、阴毛和腋毛稀少、睾丸萎缩、肌力减弱、脂肪增加、骨质疏松。

②TSH 分泌不足　属于继发性甲状腺功能减退症,通常无甲状腺肿大。病人常诉畏寒,皮肤干燥而粗糙,苍白,少光泽,少弹性,少汗等。严重病例可有食欲减退、便秘、精神抑郁、表情淡漠、记忆力减退、行动迟缓等。心电图示心动过缓、低电压、心肌损害、T 波平坦、倒置等。

③ACTH 分泌不足　病人常极度疲乏,体力软弱。可有厌食、恶心、呕吐、体重减轻、脉搏减弱、血压降低。重症病例有低血糖发作,对外源性胰岛素的敏感性增加。

④MSH 分泌不足　由于促黑素(MSH)分泌减少,故有皮肤色素减退、面色苍白、乳晕色素浅淡。

⑤GH 分泌不足　儿童期表现为生长发育停滞。成人期表现为肌肉张力和运动能力减弱,腹部脂肪组织增加,骨量减少,骨质疏松,心血管疾病的发生率增高。

(2)肿瘤压迫症状　可有头痛、视力障碍,有时出现颅内压增高的症状和体征。

(3)垂体危象　严重病例可发生腺垂体功能减退性危象,简称为垂体危象。在全垂体功能减退症基础上,各种应激(如感染、败血症、腹泻、呕吐、失水、饥饿、寒冷、急性心肌梗死、脑血管意外、手术、外伤、麻醉、使用镇静药、安眠药、降糖药等)均可引起垂体危象。临床呈现:①高热型(>40℃);②低温型(<30℃);③低血糖型;④低血压、循环虚脱型;⑤水中毒型;⑥混合型等。

各种类型均伴有相应的症状,突出表现为消化系统、循环系统、神经精神方面的症状,如高热、循环衰竭、休克、恶心、呕吐、头痛、神志不清、谵妄、抽搐、昏迷等严重垂危状态。

注意:①腺垂体功能减退症可导致继发性肾上腺皮质功能减退,其临床表现类似原发性慢性肾上腺皮质功能减退症,但由于MSH分泌不足,故皮肤色素减退、面色苍白、乳晕色素浅淡。
②原发性慢性肾上腺皮质功能减退症可有MSH分泌增多,故全身皮肤色素加深。

【例5】产后大出血引起的希恩综合征最早出现的表现是
A. 无乳汁分泌　　B. 闭经不育　　C. 食欲减退
D. 怕冷、便秘　　E. 毛发稀少

【例6】原发性慢性肾上腺皮质功能减退症典型体征是
A. 皮肤紫纹　　B. 轻度肥胖　　C. 皮肤黏膜色素沉着
D. 皮肤多汗及低热　　E. 脉率增快

3. 诊断

(1)定性诊断　根据临床表现、辅助检查进行诊断。各靶腺激素及腺垂体激素均降低,如雌二醇、24小时尿17-羟皮质类固醇及游离皮质醇、血皮质醇、总T_3、总T_4、游离T_3、游离T_4、FSH、LH、TSH、ACTH、GH、PRL均减少。血皮质醇节律正常。

(2)定位诊断　可行影像学检查,首选MRI。读片时要注意垂体外周情况,如尿崩症病例中,正常的高密度神经垂体信号可能消失;颅咽管瘤有特征性MRI和CT的影像学表现。

4. 治疗

(1)病因治疗　针对病因进行治疗,如肿瘤病人可行手术、放疗和化疗。

(2)激素替代治疗　需长期用药,甚至终身维持治疗。一般口服给药,治疗过程中,应先补充糖皮质激素,再补充甲状腺激素,以防肾上腺危象的发生。一般不必补充盐皮质激素。

①生长激素缺乏的治疗　儿童期补充生长激素可改善病人肌力、血脂异常、抵抗力降低、低血糖等,提高病人的生活质量。成人一般不补充生长激素。

②促性腺激素缺乏的治疗　无生育要求者选用性激素替代,有生育要求者采用促性腺激素替代。

③TSH缺乏的治疗　继发性甲状腺功能减退与原发性甲减一样,采用甲状腺激素替代治疗。

④ACTH缺乏的治疗　病人确诊存在继发性肾上腺皮质功能减退症后,应尽快补充肾上腺皮质激素。肾上腺糖皮质激素的替代剂量需要根据临床情况而定。

(3)垂体危象　急救处理包括:①静脉推注50%葡萄糖抢救低血糖;②静脉补充大剂量糖皮质激素(氢化可的松);③纠正水电解质紊乱;④纠正休克;⑤去除病因。

【例7】女,43岁。乏力、厌食、嗜睡5年,逐渐加重2年。20年前产后大出血休克,昏迷7小时,产后闭经至今。具体治疗不详,近3年多中断治疗。首选的治疗药物是
A. 雌激素　　B. 血管加压素　　C. 左旋甲状腺素钠
D. 肾上腺皮质激素　　E. 孕激素

▶▶常考点　腺垂体功能减退症的临床特点。

参考答案——详细解答见2021《贺银成国家临床执业及助理医师资格考试历年考点精析》

1. ABCDE　2. ABCDE　3. ABCDE　4. ABCDE　5. ABCDE　6. ABCDE　7. ABCDE

第 25 章　甲状腺功能亢进症与甲状腺功能减退症

考纲要求

①甲状腺功能亢进症:病因,临床表现,实验室检查,诊断,抗甲状腺药物治疗,放射性碘治疗,手术治疗及术前准备(见外科学)。②甲状腺功能减退症:病因和发病机制,诊断,治疗与预防。

复习要点

一、甲状腺功能亢进症

甲状腺功能亢进症简称甲亢,是指甲状腺腺体产生甲状腺激素过多而引起的甲状腺毒症。

1. 病因

①弥漫性毒性甲状腺肿最常见,占 80%以上,称为 Graves 病;②结节性甲状腺肿;③甲状腺自主高功能腺瘤(Plummer 病);④碘致甲状腺功能亢进症(碘甲亢);⑤桥本甲亢;⑥新生儿甲亢;⑦垂体 TSH 腺瘤。

【例 1】甲状腺功能亢进症最常见的病因是

A. 甲状腺腺瘤　　B. 甲状腺癌　　C. 慢性淋巴细胞性甲状腺炎

D. 弥漫性毒性甲状腺肿　　E. 结节性毒性甲状腺肿

2. 临床表现

(1)症状　主要是由于循环中甲状腺激素过多引起,其症状和体征的严重程度与病史长短、激素升高的程度、病人年龄等因素相关。症状主要包括:易激动、烦躁失眠、心悸、乏力、怕热、多汗、消瘦、食欲亢进、腹泻、女性月经稀少。可伴周期性瘫痪。1%的 Graves 病伴发重症肌无力。

(2)体征　多数病人有程度不等的甲状腺肿大。甲状腺肿为弥漫性,质地中等,无压痛,上、下极可以触及震颤,闻及血管杂音。少数病人可无甲状腺肿大,特别是老年病人。结节性甲状腺肿伴甲亢可触及结节性肿大的甲状腺。甲状腺自主高功能腺瘤可扪及孤立结节。心血管系统表现有心率增快、心脏扩大、心力衰竭、心律失常(以房颤多见)、脉压增大等。少数病人下肢胫骨前皮肤可见黏液性水肿。

甲状腺功能亢进症	两侧弥漫性肿大,对称,无痛,质中等,光滑,上、下极可闻及血管杂音
单纯甲状腺肿	弥漫性对称性肿大,无痛,质软光滑
甲状腺腺瘤	单发,圆形或椭圆形,光滑无痛,肿块随吞咽上下活动,稍硬
结节性甲状腺肿	多个,结节状,光滑无痛,肿块随吞咽上下活动,稍硬
甲状腺癌	常单个,质硬,不平,固定,肿块随吞咽上下活动度小。可有颈淋巴结转移症状
亚急性甲状腺炎	甲状腺突然肿大,发硬,吞咽困难,疼痛,并向患侧耳颞处放射
桥本甲状腺肿	无痛性弥漫性肿大,对称,质硬,表面光滑,肿块较大时可有压迫症状

(3)眼部表现　分为两类:

①单纯性突眼　约占 95%,包括眼球轻度突出、眼裂增宽、瞬目减少。

②浸润性突眼　表现为眼球突出明显,超过眼球突度参考值上限的 3mm 以上(中国人群突眼度参考值:男性 18.6mm,女 16mm)。

【例 2】甲状腺功能亢进症最常见的甲状腺改变是

A. 结节性甲状腺肿　　B. 弥漫性甲状腺肿　　C. 慢性淋巴细胞性甲状腺炎

D. 甲状腺腺瘤　　E. 甲状腺腺癌

(4)甲亢的一些特殊情况

①甲亢性心脏病　以心房颤动最为常见，占 70%，可有心脏扩大、心力衰竭、心肌梗死等。

②淡漠型甲亢　多见于老年患者。起病隐匿，症状与常规甲亢相反：高代谢综合征、眼征和甲状腺肿均不明显。主要表现为明显消瘦、心悸、乏力、头晕、晕厥、神经质或神志淡漠。可伴房颤、震颤和肌病等体征，70%的患者无甲状腺肿大。易被误诊为恶性肿瘤、冠心病等，易发生甲危。

③甲亢合并周期性瘫痪　多为低钾性软瘫，青壮年男性多见。

3. 辅助检查

项目	临床意义或特点
TSH	血清 TSH 浓度的变化是反映甲状腺功能最敏感的指标，诊断亚临床甲亢的主要指标
TT_3	血清总 T_3（TT_3）20%由甲状腺产生，80%在外周组织由 T_4 转换而来 大多数甲亢血清总 T_3（TT_3）与血清总 T_4（TT_4）同时升高，T_3 型甲亢仅有 TT_3 增高
TT_4	该指标稳定性及重复性好，是诊断甲亢的主要指标。T_4 全部由甲状腺产生，血清中的$T_4$99%与蛋白质结合，其中 80%～90%与甲状腺激素结合球蛋白（TBG）结合。TT_4 受 TBG 影响： TBG 升高（导致 TT_4 增高）——雌激素、妊娠、急性病毒性肝炎、先天因素 TBG 降低（导致 TT_4 减低）——雄激素、糖皮质激素、低蛋白血症、先天因素
FT_3、FT_4	游离 T_3、T_4（FT_3、FT_4）不受 TBG 影响，能直接反映甲状腺功能状态，是诊断甲亢的主要指标 FT_3 仅占 T_3 的 0.35%，FT_4 仅占 T_4 的 0.025%，FT_3、FT_4 含量甚微，测定的稳定性不如 TT_3、TT_4
摄^{131}I 率	已被 sTSH 测定所取代。正常值：3 小时 5%～25%，24 小时 20%～45%，高峰在 24 小时出现 甲亢时总摄^{131}I 率增加，摄取高峰前移，在 3～6 小时出现 用于甲状腺毒症病因鉴别：甲亢的甲状腺毒症吸^{131}I 率↑，甲状腺炎的甲状腺毒症吸^{131}I 率↓
TRAb	TSH 受体抗体（TRAb）是诊断 Graves 病一线指标，未治疗的 Graves 病阳性率 98%。TRAb 包括 TSAb 和 TSBAb，TRAb 阳性仅能反映有针对 TSH 受体抗体存在，不能反映这种抗体的功能
TSAb	甲状腺刺激抗体（TSAb）是诊断 Graves 病的重要指标，85%～100%GD 新诊断病人 TSAb 阳性 TSAb 反映了这种抗体不仅与 TSH 受体结合，而且产生了对甲状腺细胞的刺激功能
核素扫描	甲状腺核素扫描对于诊断甲状腺自主高功能腺瘤有意义

注意：诊断甲亢最敏感的指标是 TSH，诊断甲亢的首选指标是 FT_3、FT_4，诊断高功能腺瘤首选甲状腺扫描。

A. TSH 受体抗体（TRAb）　B. 游离三碘甲腺原氨酸（FT_3）　C. 游离甲状腺素（FT_4）
D. ^{131}I 摄取率　E. 促甲状腺素（TSH）

【例 3】反应甲状腺功能变化最早期敏感的指标是

【例 4】诊断弥漫性毒性甲状腺肿（GD），预测 GD 复发的重要指标是

（5～7 题共用题干）女，17 岁。疲乏无力，心烦易怒，怕热多汗半年。易饿、体重下降 11kg，月经量减少，经期仅 1～2 天。查体：血压 140/70mmHg，皮肤微潮，手有细颤，轻微突眼，甲状腺Ⅰ度弥漫性肿大，质软，无触痛。

【例 5】该患者最可能的诊断是

A. 亚急性甲状腺炎　B. 糖尿病　C. 单纯性甲状腺肿
D. 自主神经功能紊乱　E. Graves 病

【例 6】明确诊断的主要检查是

A. 甲状腺放射性核素扫描　B. 垂体功能测定　C. 血甲状腺素水平测定
D. 口服葡萄糖耐量试验　E. 甲状腺摄^{131}碘率

【例 7】最可能的检查结果是

A. FT_3 及 FT_4 升高　B. TSH 升高　C. 甲状腺摄^{131}I 降低

D. 继发性垂体功能降低　　　　E. 血糖升高

4. 诊断

(1)诊断程序　①甲状腺毒症的诊断:测定血清 TSH、TT_3、TT_4、FT_3、FT_4 的水平;②确定甲状腺毒症是否来源于甲状腺的功能亢进;③确定甲亢原因,如 Graves 病、结节性毒性甲状腺肿、甲状腺高功能腺瘤等。

(2)甲亢的诊断　①高代谢症状和体征;②甲状腺肿大;③血清 TT_4、FT_4 增高,TSH 降低。

(3)Graves 病的诊断　①甲亢诊断确立;②甲状腺弥漫性肿大(触诊和 B 超证实),少数病例无甲状腺肿大;③眼球突出和其他浸润性眼征;④胫前黏液性水肿;⑤TRAb、TSAb、TPOAb 阳性。以上标准中,①②项为诊断必备条件,③④⑤项为诊断辅助条件。

【例 8】女,40 岁。发现颈部肿大 6 年,近半年来常感心悸,多汗,食量加大。检查:无突眼,甲状腺Ⅱ度肿大、结节状,脉搏 116 次/分,心、肺、腹无异常发现。其诊断可能是

A. 结节性甲状腺肿　　B. 原发性甲状腺功能亢进　　C. 继发性甲状腺功能亢进
D. 高功能甲状腺腺瘤　　E. 甲状腺腺瘤

5. 治疗

(1)甲亢治疗的指征与禁忌证　甲亢有以下三种治疗方法,其适应证及禁忌证如下表。

	抗甲状腺药物治疗	^{131}I 治疗	手术治疗
作用原理	抑制甲状腺激素的合成,达到治疗目的	通过破坏甲状腺组织,减少甲状腺激素的产生达到治疗目的	通过破坏甲状腺组织,减少甲状腺激素的产生达到治疗目的
适应证	轻、中度病情 甲状腺轻、中度肿大 孕妇、高龄甲亢 严重内科疾病不宜手术者 术前和^{131}I 治疗前的准备 术后复发不适宜^{131}I 治疗 中至重度活动的 GO 病人	甲状腺肿大Ⅱ度以上 抗甲状腺药物过敏 抗甲状腺药物治疗或术后复发 甲亢合并心脏病 伴 WBC、PLT 或全血细胞减少 甲亢合并肝、肾等脏器功能损害 浸润性突眼,有手术禁忌证者	甲状腺显著肿大(>80g),压迫症状 中、重度甲亢,长期药物治疗无效 停药复发或不能坚持服药者 胸骨后甲状腺肿 细针穿刺细胞学检查怀疑恶变 药物治疗无效或过敏的妊娠病人
禁忌证	药物过敏	妊娠和哺乳期妇女	合并心、肝、肾疾病不能耐受手术 妊娠 T1 期和 T3 期

注意:①美国治疗 Graves 病首选^{131}I,欧洲、日本和我国则首选抗甲状腺药物。
②<20 岁的年轻甲亢病人首选药物治疗,哺乳期甲亢首选药物治疗(甲巯咪唑,即他巴唑)。
③甲亢手术后复发者,首选^{131}I 治疗。当有^{131}I 治疗禁忌证时,再选择药物治疗。

【例 9】可选择放射性核素治疗的疾病是

A. 原发性甲状腺功能减退症　　B. 原发性甲状旁腺功能亢进症　　C. 原发性甲状腺功能亢进症
D. 特发性中枢性尿崩症　　E. 肾上腺皮质功能减退症

(10~12 题共用题干)女,59 岁。乏力伴心悸、多汗、手颤、易饿 3 个月,脾气暴躁。每天大便 4~5 次,不成形。体重下降 6.0kg。查体:甲状腺Ⅱ度肿大,质软,心率 110 次/分,律齐,心音有力。

【例 10】该患者最可能的诊断是

A. 1 型糖尿病　　B. 溃疡性结肠炎　　C. 2 型糖尿病
D. 甲状腺功能亢进症　　E. 更年期综合征

【例 11】目前确定诊断的主要检查项目是

A. 口服葡萄糖耐量试验　　B. 结肠镜检查　　C. 胰岛素释放试验
D. 甲状腺功能测定　　E. 甲状腺摄^{131}I 率

【例 12】该患者适宜的治疗是

A. 胰岛素　　B. 口服泼尼松　　C. 口服降血糖药
D. ^{131}I 治疗　　E. 抗甲状腺药物

(2)抗甲状腺药物(ATD)　是甲亢的基础治疗,但治愈率仅约 40%,复发率高达 50%~60%。

①ATD 的分类　ATD 分为硫脲类和咪唑类两类。

	硫脲类	咪唑类
常用药	丙硫氧嘧啶(PTU)	甲巯咪唑(MMI、他巴唑)
特点	半衰期短(1.5 小时),需 6~8 小时给药 1 次	半衰期长(6 小时),每天单次使用即可
作用	主要为抑制甲状腺激素的合成,并不抑制释放 在外周组织可抑制 T_4 转变为 T_3,起效迅速	抑制甲状腺激素的合成,并不抑制释放 起效较慢,控制甲亢症状较慢
副作用	因 PTU 的肝毒性明显,故一般情况下首选 MMI 被美国 FDA 推荐为第二线药物	妊娠 T1 期首选 PTU,因 PTU 致畸危险小于 MMI 甲状腺危象首选 PTU,因 PTU 起效迅速

注意:①甲亢合并妊娠分为 T1 期(1~3 个月)、T2 期(4~6 个月)、T3 期(7~9 个月)。
②妊娠期甲亢首选药物治疗(T1 期用 PTU,T2、T3 期用 MMI),次选手术治疗(T2 期进行)。
③药物治疗甲亢复发率高达 50%~60%,复发后可选择^{131}I 治疗或手术治疗。

②ATD 副作用　ATD 的常见副作用如下表。

	粒细胞减少症	皮疹	中毒性肝病	血管炎
发生率	0.7%	约 5%	PTU2.7%,MMI0.4%	少见
发生情况	用药数天内发生	不定	转氨酶升高,暴发性肝坏死,肝衰竭	随着用药时间延长发生率增加,特别是亚洲病人
特点	两类 ATD 存在交叉反应,故不能换药	轻者可换用另一种 ATD,重者不能换	PTU 较 MMI 肝损害严重,且常见	诱发抗中性粒细胞胞浆抗体阳性的小血管炎
主要区分	甲亢所致粒细胞减少	—	甲亢本身肝功异常	—
处理措施	给予升粒细胞治疗 $N<1.5\times10^9/L$ 时应停药	轻度者可给予抗组胺药,重度者需换用^{131}I 治疗或手术治疗	监测肝功能 首选 MMI,次选 PTU	对症处理

注意:①一种 ATD 导致 $N<1.5\times10^9/L$ 时应停药,不应换用另一种 ATD,因为它们之间存在交叉反应。
②甲亢也可引起粒细胞减少,故粒细胞减少时,应区分是甲亢所致,还是 ATD 所致。

【例 13】女,30 岁,既往无甲状腺功能亢进症病史。妊娠 2 个月时出现怕热、心悸、多汗。查体:甲状腺Ⅰ度肿大,FT_3、FT_4 升高,TSH 降低,TRAb 阳性。该患者最合适的治疗是
A. 应用丙硫氧嘧啶　　B. 外科手术　　C. 应用碘化钠溶液
D. ^{131}I 治疗　　E. 应用甲巯咪唑

【例 14】女,21 岁。心悸、怕热、多汗 3 个月,考虑 Graves 病。白细胞 $4.0\times10^9/L$,中性粒细胞 $2.5\times10^9/L$。给予甲巯咪唑和美托洛尔治疗 2 周后,复查白细胞 $1.0\times10^9/L$,中性粒细胞 $0.4\times10^9/L$。中性粒细胞缺乏最可能的原因是
A. 粒细胞分布异常　　B. β 受体阻滞剂副作用　　C. 甲亢病情加重
D. 抗甲状腺药物副作用　　E. 叶酸或维生素 B_{12} 缺乏

(3)^{131}I 治疗　治疗机制是^{131}I 被甲状腺摄取后释放出 β 射线,破坏甲状腺组织细胞,减少甲状腺激素的产生。β 射线在组织内的射程仅有 2mm,不会累及毗邻组织。^{131}I 治疗甲亢的治愈率可达 85%以上。

甲状腺功能减退症是^{131}I 治疗难以避免的后果,故^{131}I 治疗后要定期监测甲状腺功能,尽早发现甲减,及时

给予甲状腺素替代治疗。^{131}I 治疗的并发症包括放射性甲状腺炎、诱发甲状腺危象、加重活动性 Graves 眼病。

【例 15】甲状腺功能亢进症^{131}I 治疗后，发生永久性甲状腺功能减退症的原因是

A. 甲状腺组织细胞遭破坏　　B. 甲状腺激素合成障碍　　C. 甲状腺腺体发育障碍
D. 甲状腺激素代谢异常　　E. 组织对甲状腺激素抵抗

【例 16】女，28 岁。结节性甲状腺肿 10 年，近半年出现怕热、多汗。T_3、T_4 值高于正常值近 1 倍。妊娠 4 个月，有哮喘史。最适合的治疗方法是

A. 抗甲状腺药物治疗　　B. 普萘洛尔治疗　　C. 碘剂治疗
D. 放射性碘治疗　　E. 甲状腺大部切除术

二、甲状腺功能减退症

甲状腺功能减退症是因各种原因引起的甲状腺激素合成、分泌或作用障碍所致的内分泌系统疾病。

1. 病因和发病机制

(1)原发性甲减　占临床甲减的 90%，由甲状腺本身病变引起，常见于慢性淋巴细胞性甲状腺炎、甲状腺大部切除术后、甲亢^{131}I 治疗后、化脓性甲状腺炎等造成甲状腺组织广泛毁损。

(2)继发性甲减　是由于垂体肿瘤、垂体手术、垂体照射、垂体卒中、希恩综合征所致。

(3)甲状腺激素抵抗综合征　这是一种少见的受体病。垂体和甲状腺激素合成及分泌正常，但外周组织器官对甲状腺激素不敏感，甲状腺激素不能发挥其效应，表现为甲减症状群，血中 T_3、T_4 水平正常。

2. 诊断

(1)临床表现　常表现为畏寒、乏力、表情淡漠、反应迟钝、动作缓慢、面色苍白、皮肤干粗、黏液性非凹性水肿、体重增加、鼻、唇、舌肥厚，声粗哑，毛发稀、脱落等。

(2)甲状腺激素检查　原发性甲减常表现为 TT_4、TT_3、FT_4、FT_3、rT_3 均降低，TSH 增高。

(3)TRH 兴奋试验　若 TSH 不增高，则应行 TRH 兴奋试验，以鉴别是垂体性还是下丘脑性甲减，TSH 不能被兴奋为垂体性。TSH 增高先于 FT_4、TT_4 的下降，是原发性甲减最早的表现。

(4)TPO-Ab 测定　血清 TPO-Ab 升高，提示甲减为慢性淋巴细胞性甲状腺炎所致。

(5)^{131}I 摄取率　不作为常规检查，以免造成甲状腺组织损伤而加重病情。

【例 17】原发性甲状腺功能减退症血中升高的是

A. TT_3　　B. FT_3　　C. TRAb　　D. rT_3　　E. TSH

3. 治疗

(1)左甲状腺素(L-T_4)治疗　需终身用药。治疗目标是将血清 TSH 和甲状腺激素水平恢复到正常范围内。治疗剂量取决于病人的病情、年龄、体重和个体差异。起始的剂量和达到完全替代剂量的需要时间要根据年龄、体重和心脏状态而定。补充甲状腺激素，重新建立下丘脑-垂体-甲状腺轴的平衡约需 4~6周。甲状腺片是动物甲状腺的干制剂，因其甲状腺激素含量不稳定和 T_3 含量过高已很少使用。

(2)亚临床甲减　高胆固醇血症、TSH>10mU/L 时，需给予 L-T_4 治疗。

(3)黏液水肿性昏迷的治疗　①补充甲状腺激素，首选 L-T_4 静脉注射。若 24 小时无效，可给予 T_3。②支持治疗：保温、供氧、保持呼吸道通畅，必要时行气管切开、机械通气。③氢化可的松持续静脉滴注。④根据需要补液，但入水量不宜过多。⑤控制感染，治疗原发疾病。

常考点　甲亢的临床特点，各种治疗的适应证；原发性甲减的诊断。

参考答案——详细解答见 2021《贺银成国家临床执业及助理医师资格考试历年考点精析》

1. ABCDE　2. ABCDE　3. ABCDE　4. ABCDE　5. ABCDE　6. ABCDE　7. ABCDE
8. ABCDE　9. ABCDE　10. ABCDE　11. ABCDE　12. ABCDE　13. ABCDE　14. ABCDE
15. ABCDE　16. ABCDE　17. ABCDE

第 26 章　糖尿病

▶考纲要求

糖尿病:概念,临床表现,急性并发症,慢性并发症,诊断与分型,综合防治原则,口服降血糖药物的治疗,胰岛素治疗,筛查和预防。

▶复习要点

一、糖尿病

1. 概念

糖尿病是一组由多病因引起的,以慢性高血糖为特征的代谢性疾病,是由于胰岛素分泌和(或)作用缺陷所引起。长期碳水化合物、脂肪及蛋白质代谢紊乱可引起多系统损害,导致眼、肾、神经、心脏、血管等组织器官慢性进行性病变、功能减退及衰竭。病情严重或应激时可发生急性严重代谢紊乱,如糖尿病酮症酸中毒、高渗高血糖综合征。WHO 糖尿病专家委员会于 1999 年将糖尿病分为以下 4 型。

1 型糖尿病(T1DM)	胰岛 β 细胞破坏,常导致胰岛素绝对缺乏。包括免疫介导性、特发性两个亚型
2 型糖尿病(T2DM)	以胰岛素抵抗为主;以胰岛素进行性分泌不足为主
其他特殊类型糖尿病	共 8 个类型数十种疾病:①胰岛 β 细胞功能的基因缺陷;②胰岛素作用的基因缺陷;③胰腺外分泌疾病;④内分泌疾病;⑤药物或化学品所致的糖尿病;⑥感染;⑦不常见的免疫介导性糖尿病;⑧其他与糖尿病相关的遗传综合征
妊娠期糖尿病	指妊娠期间发生的不同程度的糖代谢异常(应与"妊娠合并糖尿病"相区别)

2. 临床表现

(1)三多一少　常有"三多一少"的典型表现,即多饮、多食、多尿、体重减轻。

(2)血糖　大多升高,但也可正常,甚至出现反应性低血糖。

(3)并发症和(或)伴发病　部分患者无明显"三多一少"典型表现,仅因并发症和(或)伴发病而就诊。

(4)无症状　有些隐匿性糖尿病可无临床症状。

(5)1、2 型糖尿病的鉴别

	1 型糖尿病(T1DM)	2 型糖尿病(T2DM)
发病机理	胰岛 β 细胞破坏,导致胰岛素绝对缺乏	胰岛素抵抗,胰岛 β 细胞功能缺陷
起病年龄(峰值)	多小于 30 岁(12~14 岁)	多大于 40 岁(60~65 岁)
起病方式	多急剧,少数缓慢	缓慢且隐匿
起病时体重	多正常或消瘦	多肥胖
三多一少症状	典型	不典型或无症状
并发酮症酸中毒	易发生	不易发生(>50 岁易发生高渗性昏迷)
并发肾病	发生率 35%~40%(主要死因)	发生率 5%~10%
并发心血管病	较少	>70%(主要死因)
并发脑血管病	较少	较多
胰岛素治疗及反应	生存依赖外源性胰岛素,对胰岛素敏感	生存不依赖胰岛素,对胰岛素抵抗

注意:1型糖尿病主要死因——糖尿病并发肾病;胰岛素问世之前糖尿病的主要死因——酮症酸中毒。

【例1】2型糖尿病发病主要病理生理改变是
A. 胰岛素分泌绝对不足　B. 胰岛素受体功能异常　C. 胰高血糖素分泌过多
D. 胰岛素抵抗和分泌相对不足　E. 自身免疫介导胰岛β细胞破坏

【例2】区分1型、2型糖尿病最有意义的检查是
A. 血浆胰岛素水平测定　B. 糖化血红蛋白测定　C. 口服葡萄糖耐量试验
D. 血酮体水平测定　E. 糖尿病相关抗体测定

3. 急性并发症

(1)糖尿病酮症酸中毒　详见后。

(2)高渗高血糖综合征　详见后。

(3)感染性疾病　糖尿病容易并发各种感染,包括细菌、真菌、结核分枝杆菌等感染。

4. 慢性并发症

(1)大血管病变　动脉粥样硬化的易患因素,如肥胖、高血压、血脂异常等在糖尿病人群中的发生率明显增高,导致糖尿病患者群动脉粥样硬化的患病率较高,发病更早,病情进展较快。动脉粥样硬化主要侵犯主动脉、冠状动脉、脑动脉、肾动脉和肢体外周动脉等。

(2)微血管病变　微血管病变是糖尿病的特异性并发症,其典型改变是微循环障碍和微血管基底膜增厚。微血管病变可累及全身各组织器官,其中以糖尿病肾病和视网膜病变最为重要。

①糖尿病肾病　主要表现为蛋白尿、水肿、高血压,血清肌酐、尿素氮升高,最终发生肾衰竭。

②糖尿病性视网膜病变　按眼底受损程度分为早期非增殖期视网膜病变和晚期增殖性视网膜病变。

(3)神经系统并发症　包括中枢神经系统并发症、周围神经病变、自主神经病变。

(4)糖尿病足　是指与下肢远端神经异常和不同程度周围血管病变相关的足部溃疡、感染和(或)深层组织破坏。糖尿病足是截肢、致残的主要原因。

【例3】下列提示糖尿病微血管病变的是
A. 足部溃疡　B. 心肌梗死　C. 眼底出血
D. 脑卒中　E. 高血压

5. 诊断与分型

(1)实验室检查

检查项目	方法与临床意义	备注
尿糖测定	尿糖是否阳性与肾糖阈高低有关 尿糖阳性是诊断糖尿病的重要线索	肾糖阈升高——糖尿病肾病 肾糖阈降低——妊娠
血糖测定	血浆、血清血糖比全血血糖高15% 血糖升高是诊断糖尿病的主要依据	血糖值反映的是瞬间血糖状态 诊断糖尿病时必须用静脉血浆测定血糖
口服葡萄糖耐量试验(OGTT)	成人口服75g无水葡萄糖+250~300ml水,测定空腹及2小时后静脉血浆血糖	当血糖高于正常范围而又未达到诊断糖尿病标准时,须进行OGTT
糖化血红蛋白测定(GHbA1)	GHbA1的含量与血糖浓度正相关 HbA1c反映病人近8~12周平均血糖水平 正常人HbA1c占血红蛋白总量的3%~6%	①红细胞血红蛋白N端的缬氨酸与葡萄糖结合形成GHbA1 ②红细胞寿命约为120天
糖化血浆白蛋白测定(果糖胺FA测定)	果糖胺与血糖浓度正相关 反映病人近2~3周内平均血糖水平	血浆白蛋白与葡萄糖反应形成FA 白蛋白半衰期为19天

注意:①诊断糖尿病最重要的检查是血糖(静脉血浆葡萄糖)测定,尿糖为诊断糖尿病的重要线索。
②当血糖高于正常,但又没有达到糖尿病诊断标准时,应检查口服葡萄糖耐量试验(OGTT)。
③糖化血红蛋白测定、果糖胺测定,均不能用于糖尿病的诊断,只能反映治疗后的血糖控制情况。

(2)诊断标准 糖尿病的诊断标准为:糖尿病症状+随机血糖≥11.1mmol/L,或空腹血糖≥7.0 mmol/L,或 OGTT 2 小时血糖≥11.1mmol/L。若无三多一少的症状,需再测一次确认,诊断才能成立。

静脉血浆葡萄糖(mmol/L)	空腹血糖	OGTT 2 小时血糖
正常血糖(NGR)	3.9~6.0	<7.8
空腹血糖调节受损(IFG)	6.1~6.9	<7.8
糖耐量减低(IGT)	<7.0	7.8~11.0
糖尿病(DM)	≥7.0	≥11.1

注意:mmol/L×18=mg/dl;2003 年国际糖尿病专家委员会建议将 IFG 的界限值修订为 5.6~6.9mmol/L。

(3)分型 1、2 型糖尿病的鉴别见前述。

【例 4】女,35 岁。身高 162cm,体重 56kg,近 3 个月来觉口渴、多饮。查空腹血糖 6.8mmol/L,无糖尿病家族史。为确定有无糖尿病,最有意义的实验室检查是

A. 餐后 2 小时血糖　B. 血谷氨酸脱羧酶抗体　C. 口服葡萄糖耐量试验
D. 糖化血红蛋白　E. 24 小时尿糖定量

【例 5】女,48 岁。健康体检发现空腹血糖偏高。次日上午行 75g 口服葡萄糖耐量试验,血糖结果:服糖前6.8 mmol/L、服糖后 1 小时 12.2mmol/L、2 小时 7.6mmol/L、3 小时 5.8mmol/L。目前该患者的诊断是

A. 2 型糖尿病　B. 糖耐量正常　C. 糖耐量减低
D. 1 型糖尿病　E. 空腹血糖调节受损

【例 6】葡萄糖耐量试验结果示空腹血糖 5.5mmol/L,葡萄糖负荷后 2 小时血糖 8.5mmol/L,诊断是

A. 糖耐量减低　B. 1 型糖尿病　C. 2 型糖尿病
D. 空腹血糖受损　E. 正常血糖

6. 综合防治原则

(1)治疗原则 强调早期治疗、长期治疗、综合治疗、治疗措施个体化的原则。

(2)治疗目标

①近期目标 是控制高血糖和相关代谢紊乱,以消除糖尿病症状和防止出现急性严重代谢紊乱。

②远期目标 是预防和延缓糖尿病慢性并发症的发生和发展,维持良好健康和学习、劳动能力,保障儿童生长发育,提高病人的生活质量,降低死亡率和延长寿命。2 型糖尿病的控制目标如下表。

指标	目标值	指标	目标值
空腹血糖	4.4~7.0mmol/L	非空腹血糖	≤10.0mmol/L
HbA1c	<7.0%	血压	<130/80mmHg
LDL-C	<2.6mmol/L(未合并冠心病)	LDL-C	<1.8mmol/L(合并冠心病)
TG	<1.7mmol/L	HDL-C	>1.0/1.3mmol/L(男/女)
尿白蛋白/肌酐比值	<2.5/3.5mg/mmol(男/女)	体重指数	<24(kg/m^2)
尿白蛋白排泄率	<20μg/min(30mg/d)	主动有氧活动	≥150 分钟/周

(3)治疗措施 国际糖尿病联盟提出了糖尿病管理的五个要点(有"五驾马车"之称)为:糖尿病教育、医学营养治疗、运动疗法、血糖监测和药物治疗。

【例 7】男,56 岁。陈旧前壁心肌梗死 1 年,糖尿病病史 3 年,无高血压病史,有吸烟史。查体:BP 130/80mmHg,心率 67 次/分,律齐。该患者血低密度脂蛋白胆固醇的治疗目标值是低于

A. 1.80mmol/L　B. 2.59mmol/L　C. 3.11mmol/L
D. 3.37mmol/L　E. 4.14mmol/L

7. 口服降糖药的治疗

(1)磺脲类 属于促胰岛素分泌剂，主要作用是刺激胰岛β细胞分泌胰岛素，其促胰岛素分泌作用不依赖于血糖浓度。磺脲类降糖作用的前提是机体至少保存30%以上有功能的β细胞。

①常用制剂 格列本脲、格列吡嗪、格列齐特、格列喹酮、格列美脲等。

②适应证 非肥胖2型糖尿病的一线治疗药物。

③禁忌证 1型糖尿病，有严重并发症的2型糖尿病，β细胞功能很差的2型糖尿病，儿童糖尿病，孕妇、哺乳期妇女，大手术围手术期，全胰切除术后。

④不良反应 低血糖反应(最常见)、体重增加、皮肤过敏反应、消化系统反应。

(2)格列奈类 属于非磺脲类促胰岛素分泌剂，主要通过刺激胰岛素的早时相分泌而降低餐后血糖，具有吸收快、起效快、作用时间短的特点，主要用于控制餐后高血糖。

①常用制剂 包括瑞格列奈、那格列奈。

②适应证 较适合于2型糖尿病早期餐后高血糖阶段，或以餐后高血糖为主的老年病人。

③禁忌证 与磺脲类相同。

④不良反应 常见不良反应是低血糖、体重增加。

(3)双胍类 目前广泛应用的是二甲双胍。主要作用是通过抑制肝葡萄糖输出，改善外周组织对胰岛素的敏感性、增加对葡萄糖的摄取和利用而降低血糖。二甲双胍不增加体重，并可改善血脂谱、增加纤溶系统活性、降低血小板聚集性，故有助于延缓或改善糖尿病血管并发症。

①适应证 作为2型糖尿病治疗的一线用药，可单用或联合其他药物。

②禁忌证 A.肝肾功能不全、高热病人、慢性胃肠病、慢性营养不良；B.1型糖尿病不宜单独使用；C.2型糖尿病合并急性严重代谢紊乱、严重感染、缺氧、外伤、孕妇、哺乳期妇女；D.酗酒者。

③不良反应 A.乳酸性酸中毒为最严重的副作用；B.消化道反应；C.皮肤过敏反应；D.低血糖少见。

(4)格列酮类(噻唑烷二酮类) 主要通过激活过氧化物酶体增殖物激活受体γ(PPARγ)起作用，增加靶组织对胰岛素作用的敏感性而降低血糖。因此，此类药物也称为胰岛素增敏剂。

①常用制剂 包括罗格列酮、吡格列酮。

②适应证 主要适用于2型糖尿病，尤其是肥胖、胰岛素抵抗明显者。

③禁忌证 不宜用于1型糖尿病、孕妇、哺乳期妇女、儿童、心力衰竭NYHA Ⅱ以上者。

④不良反应 体重增加和水肿是常见副作用，在与胰岛素合用时更明显。

(8~9题共用题干)男，40岁。体检发现空腹血糖升高2个月。2次查空腹血糖分别为7.8mmol/L、7.4mmol/L，无口干、多饮、多食、多尿、体重下降。查体：身高170cm，体重90kg，BMI31.1kg/m²，余无异常。实验室检查：HbA1c7.8%。

【例8】该患者首选的治疗药物是

A. 罗格列酮 B. 胰岛素 C. 阿卡波糖
D. 二甲双胍 E. 格列本脲

【例9】药物治疗2个月后，空腹血糖降至6.2mmol/L，餐后2小时血糖9~10mmol/L。拟采用药物联合治疗，首选的治疗药物是

A. 罗格列酮 B. 格列本脲 C. 胰岛素
D. 二甲双胍 E. 阿卡波糖

注意：二甲双胍可减轻体重、改善血脂谱，适用于肥胖或超重的2型糖尿病患者。体质指数(BMI)=体重(kg)/[身高(m)]²。BMI<18.5kg/m² 为体重过低，18.5~23.9kg/m² 为体重正常，24.0~27.9kg/m² 为超重，≥28kg/m² 为肥胖。本例BMI=31.1kg/m²，体重超重，宜选用双胍类降血糖药物。

A. 阿卡波糖 B. 胰岛素 C. 格列美脲

D. 吡格列酮　　　　E. 二甲双胍

【例 10】主要减少肝糖输出的药物是

【例 11】属于过氧化物酶增殖体活化因子受体 γ 激动剂的是

(5)α-葡萄糖苷酶抑制剂(AGI)　食物中淀粉、糊精、双糖(如蔗糖)的吸收需要小肠黏膜刷状缘的α-葡萄糖苷酶。AGI 可抑制这一酶类,从而延缓碳水化合物的吸收,降低餐后高血糖。

①常用制剂　包括阿卡波糖、伏格列波糖等。AGI 应在进食第一口食物后立即服用。

②适应证　以碳水化合物为主要食物成分,或空腹血糖不高而餐后血糖明显升高者。

③禁忌证　胃肠功能紊乱、孕妇、哺乳期妇女、儿童、肝肾功能不全。

④不良反应　常见为胃肠道反应,如腹胀、排气增多或腹泻。

⑤4 类降糖药物比较　如下表。

	磺酰脲类	双胍类	α-葡萄糖苷酶抑制剂	噻唑烷二酮(格列酮类)
代表药物	格列本脲、格列吡嗪	二甲双胍(甲福明)	阿卡波糖、米格列醇	罗格列酮、吡格列酮
作用机理	刺激 β 细胞分泌胰岛素,其促胰岛素分泌作用不依赖血糖浓度	抑制肝糖输出,增加外周组织对葡萄糖的利用,增加胰岛素敏感性	抑制小肠黏膜的 α 葡萄糖苷酶,延缓糖吸收,降低餐后血糖	增强靶组织对胰岛素的敏感性,减轻胰岛素抵抗,改善血脂谱
适用范围	2 型糖尿病	2 型糖尿病,1 型应用胰岛素后血糖波动大者	2 型糖尿病,尤其是餐后高血糖者	2 型糖尿病,尤其胰岛素抵抗明显者
禁忌证	1 型糖尿病,有严重并发症,儿童、孕妇、哺乳期,全胰切除后	1 型糖尿病,有严重并发症,孕妇、哺乳期,肌酐清除率<60ml/min	胃肠功能紊乱,儿童、孕妇、哺乳期,肝肾功能不全	1 型糖尿病,儿童、孕妇、哺乳期,心力衰竭、肝病者
副作用	低血糖反应(主要)、皮肤过敏、消化道反应、心血管副作用	消化道反应(常见) 皮肤过敏 ③乳酸性酸中毒	胃肠反应(主要) 单用不引起低血糖	水肿、体重增加 单用不引起低血糖

注意:①2 型糖尿病肥胖型首选双胍类,非肥胖型选用磺脲类。

②非肥胖型餐后高血糖首选格列奈类,肥胖型餐后高血糖首选 α-葡萄糖苷酶抑制剂。

③双胍类用于肥胖型糖尿病,磺脲类用于消瘦型糖尿病,阿卡波糖用于餐后高血糖——记忆为胖子吃瓜,瘦子喝尿,餐后吃糖。

(6)肠促胰岛激素　胃肠道摄取食物后会促进胰岛激素的分泌,如促进胰岛素的分泌,抑制胰高血糖素的分泌等。肠促胰岛激素有很多种,目前已经上市的两种主要用于 2 型糖尿病的治疗,如胰高血糖素样肽-1(GLP-1)激动剂和二肽基肽酶(DPP-Ⅳ)抑制剂。注意:前者需皮下注射,后者需口服给药。

	胰高血糖素样肽-1(GLP-1)激动剂	二肽基肽酶(DPP-Ⅳ)抑制剂
作用机制	GLP-1 由肠道 L 细胞分泌,可刺激胰岛 β 细胞葡萄糖介导的胰岛素合成和分泌,抑制胰高血糖素分泌。GLP-1 受体激动剂主要通过激动 GLP-1 受体而发挥降糖作用	GLP-1 在体内可被二肽基肽酶(DPP-Ⅳ)迅速降解而失活,其半衰期不足 2 分钟。DPP-Ⅳ抑制剂可选择性抑制 DPP-Ⅳ活性,升高内源性 GLP-1 水平而降低血糖
制剂	艾塞那肽、利拉鲁肽	西格列汀、沙格列汀
给药途径	皮下注射	口服给药
适应证	2 型糖尿病,尤其是肥胖、胰岛素抵抗者	2 型糖尿病
禁忌证	胰腺炎病史,1 型糖尿病,DKA	孕妇、儿童,过敏,1 型糖尿病,DKA
不良反应	常见胃肠道反应,如恶心呕吐	头痛,超敏反应,肝酶升高,上呼吸道感染,胰腺炎

【例 12】可升高 2 型糖尿病患者血中胰高血糖素样肽-1(GLP-1)水平的药物是

A. 二甲双胍　　B. 格列美脲　　C. 西格列汀

D. 阿卡波糖　　E. 吡格列酮

8. 胰岛素治疗

(1)适应证 ①1 型糖尿病;②各种严重的糖尿病急性或慢性并发症;③手术、妊娠、分娩;④新发病且与 1 型糖尿病鉴别困难的消瘦病人;⑤新诊断的 2 型糖尿病伴明显高血糖,或在糖尿病病程中无明显诱因出现体重显著下降者;⑥2 型糖尿病 β 细胞功能明显减退者;2 型糖尿病经口服降糖药治疗仍未达到血糖控制目标,即空腹血糖>7.8mmol/L 和(或)HbA1c>7%,说明存在胰岛 β 细胞功能衰竭。

(2)胰岛素制剂 根据起效快慢和维持时间,分为短效、中效、长效和预混胰岛素。

类别	制剂	皮下注射作用时间(小时)			注意事项
		起效	峰值	持续	
短效胰岛素	普通胰岛素(RI)	0.25～1	2～4	5～8	RI 是唯一可静脉注射的胰岛素,用于抢救 DKA、控制一餐后高血糖
	半慢胰岛素锌混悬液	1～2	4～6	10～16	
中效胰岛素	低精蛋白胰岛素	2.5～3	5～7	13～16	主要提供基础胰岛素 控制两餐后高血糖
	慢胰岛素锌混悬液	—	—	—	
长效胰岛素	精蛋白锌胰岛素注射液	3～4	8～10	长达 20	长效胰岛素无明显作用高峰 主要提供基础胰岛素
	特慢胰岛素锌混悬液	—	—	—	
预混胰岛素	30R＝中效/短效 70/30	0.5	2～12	14～24	—
预混胰岛素	50R＝中效/短效 50/50	0.5	2～3	10～24	—

(3)不良反应

①主要副作用　低血糖,与药物剂量过大、运动过量、进食过少有关,尤其接受强化治疗者更常见。

②少见副作用　有脂肪萎缩、过敏反应等。

(4)使用方法 胰岛素治疗应在综合治疗基础上进行;胰岛素治疗方案应力求模拟生理性胰岛素分泌模式;一般从小剂量开始,根据血糖水平逐渐调整至合适剂量。采用替代胰岛素治疗方案后,有时早晨空腹血糖仍然较高,可能原因为:①夜间胰岛素应用不足;②黎明现象:即夜间血糖控制良好,无低血糖发生,仅于黎明短时间内出现高血糖,可能由于清晨皮质醇、生长激素等分泌增加所致;③Somogyi 效应:即在夜间曾有低血糖,在睡眠中未被察觉,导致体内胰岛素拮抗激素分泌增加,继而发生低血糖后的反跳性高血糖。夜间多次(于 0、2、4、6、8 时)测定血糖,有助于鉴别早晨高血糖的原因。

9. 筛查和预防

(1)筛查 主要针对一般人群和高危人群。糖尿病的高危人群包括:糖耐量降低、空腹血糖调节受损、年龄超过 45 岁、肥胖(BMI≥28)、2 型糖尿病患者的一级家属;巨大胎儿史、糖尿病或肥胖家族史。

(2)预防 目前对 2 型糖尿病的预防采取三级预防策略。一级预防是针对一般人群预防 2 型糖尿病的发生。二级预防是尽早检出并有效治疗糖尿病。三级预防是延缓和(或)防治糖尿病并发症,降低致残率和死亡率。

【例 13】糖尿病筛查中高危人群不包括

A. 2 型糖尿病一级亲属　　B. 年龄在 45 岁以下　　C. 肥胖(BMI≥28)

D. 有分娩巨大胎儿史　　E. 有糖调节受损史

10. 糖尿病酮症酸中毒

糖尿病酮症酸中毒(DKA)为最常见的糖尿病急症。以高血糖、酮症、酸中毒为主要表现,是胰岛素不足和拮抗胰岛素激素过多共同作用所致的严重代谢紊乱综合征。酮体包括乙酰乙酸、β-羟丁酸和丙酮。

(1)主要病因 1 型糖尿病有自发 DKA 倾向,2 型糖尿病在一定诱因下也可发生 DKA。

(2)常见诱因 最常见诱因是感染,其他诱因包括胰岛素治疗中断或不适当减量、饮食不当、各种应激、酗酒、某些药物(如糖皮质激素、拟交感药物)等,另有 2%~10%原因不明。

(3)临床表现

①代谢性酸中毒 呼吸深快,呼气中烂苹果味。

②糖尿病症状 意识障碍发生前,“三多一少”症状加重。

③中枢神经系统 头痛、嗜睡、烦躁不安,晚期出现反射迟钝、昏迷。

④失水 严重失水,尿少,皮肤黏膜干燥,眼眶凹陷,脉率增快、血压下降。

(4)实验室检查

检查项目	临床意义
尿	尿糖强阳性、尿酮阳性。
血糖	↑(血糖多为 16.7~33.3mmol/L)
血酮体	↑(正常<0.6mmol/L,DKA 多>4.8mmol/L)
SB	↓(SB 为标准碳酸氢盐含量)
血生化	血钠、血氯降低,血浆尿素氮及血肌酐增高
血浆渗透压	正常或轻度升高

(5)治疗

补液	是治疗的关键环节,基本原则为“先快后慢,先盐后糖”,首选生理盐水 当血糖<13.9mmol/L,根据血钠情况,改输 5%葡萄糖液或糖盐水+短效胰岛素(2~4:1)
胰岛素治疗	小剂量胰岛素治疗方案——短效胰岛素 0.1 U/(kg·h)+首次负荷量 10~20U 可使血清胰岛素浓度恒定达到 100~200μU/ml,该浓度有抑制脂肪分解和酮体生成的最大效应及相当强的降低血糖效应,而促进钾离子运转的作用很弱
补碱	经输液、胰岛素治疗后,酮体水平下降,酸中毒可自行纠正,一般不必补碱 补碱指征——pH<7.1,[HCO_3^-]<5mmol/L,但补碱不宜过多、过快 补碱过多过快可导致脑脊液反常性酸中毒加重、组织缺氧加重、血钾下降、反跳性碱中毒
补钾	治疗前的血钾水平不能真实反映体内缺钾程度,补钾应根据血钾、尿量而定: ①治疗前血钾低于正常:在开始胰岛素和补液治疗同时立即开始补钾;②血钾正常、尿量>40ml/h:应立即开始补钾;③血钾正常、尿量<30ml/h:暂缓补钾;④血钾高于正常:暂缓补钾
诱因防治	积极处理休克、严重感染、心力衰竭、心律失常、肾衰竭、脑水肿、急性胃扩张

注意:①DKA 补碱的指征为 pH<7.1、HCO_3^-<5mmol/L(9 版《内科学》P747)。

②代谢性酸中毒补碱的指征为 HCO_3^-<10mmol/L(9 版《外科学》P18)。

(14~16 题共用题干)女,21 岁。1 型糖尿病 8 年,平素 4 次(R-R-R-N)胰岛素皮下注射治疗,定期查糖化血红蛋白 7.5%~8%。2 日前患者受凉后发热,体温 37.5~38℃,因食欲不佳,自行停用胰岛素,改用阿卡波糖治疗,渐出现恶心、食欲不振、呕吐少量胃内容物,尿中有异味。查体:P102 次/分,BP90/60mmHg,体重 55kg,轻度脱水貌,精神萎靡。实验室检查:随机血糖 26.5mmol/L,血 K^+4.8mmol/L,血 Na^+144mmol/L,糖尿(++++),尿酮体(+++),动脉血气分析 pH7.25。

【例 14】该患者目前最佳胰岛素治疗方案是

A. 常规人胰岛素持续静脉滴注,起始量 5.5U/h

B. 恢复 4 次胰岛素注射治疗,并适当增加剂量

C. 常规人胰岛素持续静脉滴注，起始量 11U/h
D. 长效胰岛素类似物持续静脉滴注，起始量 5.5U/h
E. 速效胰岛素类似物持续静脉滴注，起始量 11U/h

【例 15】该患者 pH 值降低，合理的治疗是
A. 静脉滴注生理盐水　B. 静脉滴注 1.25%碳酸氢钠，至尿酮体转阴
C. 静脉滴注 5%碳酸氢钠，至血 pH 值正常　D. 静脉滴注 5%碳酸氢钠，至尿酮体转阴
E. 静脉滴注 1.25%碳酸氢钠，至血 pH 值正常

【例 16】患者入院后尿量约 50ml/h，复查血钾 4.0mmol/L，关于补钾治疗，应采取
A. 开始口服补钾　B. 观察尿量如果有进一步的增加，则补钾
C. 开始静脉补钾　D. 每 2 小时测定血钾，低于 3.5mmol/L 开始补钾
E. 两次测血钾均正常，不需要补钾

11. 高渗高血糖综合征

高渗高血糖综合征（HHS）以严重高血糖、高血浆渗透压、脱水为特点，无明显酮症酸中毒，病人可有不同程度的意识障碍。主要见于老年 2 型糖尿病，超过 2/3 的病人无糖尿病病史。

（1）诱因　为引起血糖增高和脱水的因素，如急性感染、外伤、手术、脑血管意外等应激状态，使用糖皮质激素、利尿剂、甘露醇等药物，水摄入不足或失水，透析治疗，误输入大量葡萄糖液等。

（2）临床表现　本病起病缓慢，最初表现为多尿、多饮、食欲减退。逐渐出现严重脱水和神经精神症状，病人反应迟钝、烦躁或淡漠、嗜睡、昏迷、抽搐，晚期尿少。就诊时呈严重脱水，可有神经系统损害的定位体征，但无酸中毒样大呼吸。与糖尿病酮症酸中毒相比，失水更为严重、神经精神症状更为突出。

（3）实验室检查

	高渗高血糖综合征	糖尿病酮症酸中毒（DKA）
血糖	显著增高≥33.3mmol/L（一般 33.3~66.8mmol/L）	增高（一般 16.7~33.3mmol/L）
血浆渗透压	显著增高≥320mOsm/L（一般 320~430mOsm/L）	轻度增高（一般 290~310mOsm/L）
酸中毒	无明显酸中毒	有明显酸中毒
尿糖	强阳性	强阳性
尿酮体	阴性或弱阳性	阳性
血钠	正常或增高	降低

（4）治疗　HHS 的治疗原则同 DKA。

①补液　HHS 失水比 DKA 更为严重，治疗的关键是补液。首选等渗溶液，如 0.9%氯化钠，24 小时补液量可达 6000~10 000ml。休克病人应另给予血浆或全血。如无休克或休克已纠正，在输入生理盐水后血浆渗透压>350mOsm/L，血钠>155mmol/L 时，可考虑适量输入低渗溶液，如 0.45%氯化钠。

②胰岛素　当血糖下降至 16.7mmol/L 时，应开始输入 5%葡萄糖液+胰岛素（2~4∶1）。

③其他治疗　应及时补钾。一般不必补碱。

▶常考点　考试重点，请全面掌握。

参考答案——详细解答见 2021《贺银成国家临床执业及助理医师资格考试历年考点精析》

1. ABCDE　2. ABCDE　3. ABCDE　4. ABCDE　5. ABCDE　6. ABCDE　7. ABCDE
8. ABCDE　9. ABCDE　10. ABCDE　11. ABCDE　12. ABCDE　13. ABCDE　14. ABCDE
15. ABCDE　16. ABCDE

第 27 章　风湿性疾病

考纲要求

①风湿性疾病总论:概念,结缔组织病的特点,分类。②类风湿关节炎:临床表现,诊断与鉴别诊断,治疗。③系统性红斑狼疮:临床表现,免疫学检查,诊断与鉴别诊断,治疗。④脊柱关节炎:临床表现,诊断,治疗与预防。⑤痛风:临床表现,诊断,治疗与预防。

复习要点

一、风湿性疾病总论

1. 概念

风湿性疾病是一组累及骨、关节及其周围软组织(肌肉、肌腱、滑膜、滑囊、韧带、软骨)及其他相关组织器官的慢性疾病。风湿病既可是系统性的,也可是局限性的;既可是器质性的,也可是功能性的。

2. 弥漫性结缔组织病的特点

弥漫性结缔组织病简称结缔组织病,是风湿性疾病的重要组成部分,但风湿性疾病不只限于弥漫性结缔组织病。弥漫性结缔组织病是风湿性疾病中的一大类,具有以下特点:

①属于自身免疫病,免疫功能紊乱是其发病基础,血清中存在多种自身抗体。

②病理基础为血管和结缔组织的慢性炎症。

③常为多系统损害,病变常累及多个器官系统,包括肌肉、骨骼系统。

④具有异质性,即同一疾病在不同病人的临床表现和预后差异很大。

⑤对糖皮质激素和(或)免疫抑制剂治疗有较好的反应。

【例 1】关于风湿性疾病的概念,说法正确的是

A. 风湿性疾病就是自身免疫性疾病　　B. 风湿性疾病就是指风湿性关节炎和类风湿关节炎

C. 结缔组织病是风湿性疾病的一部分　　D. 风湿性疾病是结缔组织病的一部分

E. 风湿性疾病就是结缔组织病

3. 风湿性疾病的分类

风湿性疾病包含 10 大类 100 余种疾病,主要分为以下 10 大类。

弥漫性结缔组织病	类风湿关节炎、红斑狼疮、硬皮病、多肌炎/皮肌炎、抗磷脂综合征 系统性血管炎综合征(大动脉炎、结节性多动脉炎、肉芽肿性多血管炎)
脊柱关节炎	强直性脊柱炎、反应性关节炎、银屑病关节炎、未分化脊柱关节病
退行性变	(原发性、继发性)骨关节炎
与代谢和内分泌相关的风湿病	Marfan 综合征、痛风、假性痛风、肢端肥大症、甲减、甲旁亢相关关节病
感染相关风湿病	反应性关节炎(9 版《内科学》P798 观点:也属于脊柱关节病)、风湿热
肿瘤相关风湿病	原发性(滑膜瘤、滑膜肉瘤);继发性(多发性骨髓瘤、转移瘤等)
神经血管疾病	神经性关节病、压迫性神经病变、反射性交感神经营养不良
骨与软骨病变	骨质疏松、骨软化、肥大性骨关节病、弥漫性原发性骨肥厚、骨炎等
非关节性风湿病	关节周围病变、椎间盘病变、特发性腰痛、纤维肌痛综合征
其他有关节症状的疾病	周期性风湿病、间歇性关节积液、药物相关风湿综合征、慢性肝炎等

【例 2】不属于弥漫性结缔组织病是

A. 系统性硬化症　　B. 多发性肌炎　　C. 强直性脊柱炎
D. 系统性红斑狼疮　　E. 干燥综合征

二、类风湿关节炎

类风湿关节炎(RA)是以侵蚀性、对称性多关节炎为主要临床表现的慢性、全身性自身免疫性疾病。基本病理改变为关节滑膜的慢性炎症、血管翳形成,并逐渐出现关节软骨和骨破坏,最终导致关节畸形和功能丧失。类风湿关节炎可发生于任何年龄,好发于35~50岁,女性多见。

1. 临床表现

(1)关节表现　主要表现为滑膜炎和关节结构破坏。

晨僵	见于95%的病人,为活动性指标之一。晨僵持续时间超过1小时意义较大
关节痛与压痛	关节痛是最早的症状。最常出现的部位为腕、掌指关节、近端指间关节 特点——对称性,持续性,时重时轻,疼痛的关节往往有压痛
关节肿胀	多因关节腔积液、滑膜增生、软组织水肿所致。受累关节均可肿胀,多呈对称性
关节畸形	为晚期表现。最常见的晚期畸形为"天鹅颈样"及"纽扣花样"表现
特殊关节	如颈椎关节、肩关节、髋关节、颞颌关节受累可有相应临床表现
关节功能障碍	关节肿痛、结构破坏都会引起关节活动障碍,分为Ⅰ~Ⅳ级

(2)关节外表现

皮肤类风湿结节	是本病较常见的关节外表现,可见于30%~40%的病人,其存在提示病情活动 多位于关节隆突部及受压部位的皮下,如前臂伸面、尺骨鹰嘴下方、跟腱、滑囊等处 结节大小不一,直径从数毫米至数厘米不当,质硬、无压痛、对称性分布
类风湿血管炎	见于病程长、血清RF阳性且病情活动的RA病人,整体发病率不足1%
心脏	以心包炎最常见,多见于RF阳性、有类风湿结节的病人,不足10%的病人出现症状
肺	肺间质病变(最常见)、胸膜炎、肺内结节样改变、Caplan综合征
眼	最常见的表现是继发性干燥综合征所致的干眼症,可能合并口干、淋巴结肿大
神经系统	多因神经受压所致,如正中神经受压出现腕管综合征,胫后神经受压出现跗管综合征
血液系统	以正细胞正色素性贫血最常见;活动期可有血小板增多,病情缓解后下降
Felty综合征	是指类风湿关节炎病人伴有脾大、中性粒细胞减少、血小板减少和贫血
肾	很少累及肾,偶有轻微膜性肾病、肾小球肾炎、肾内小血管炎、肾脏淀粉样变

2. 诊断与鉴别诊断

(1)辅助检查

①关节X线检查　临床应用最多的是双手、腕关节X线片。X线检查分为4期。

Ⅰ期:关节周围软组织肿胀阴影,关节附近骨质疏松。

Ⅱ期:关节间隙变窄。

Ⅲ期:关节面出现虫蚀样改变。

Ⅳ期:关节半脱位和关节破坏后的纤维性和骨性强直。

②类风湿因子(RF)　是RA病人血清中针对IgG Fc片段上抗原表位的一类自身抗体,可分为IgM、IgG、IgA型。常规工作中主要检测IgM型类风湿因子,约75%~80%的病人类风湿因子阳性,其滴度与疾病的活动性和严重性呈比例。但RF并非类风湿关节炎的特异性抗体,其他慢性炎症、自身免疫性疾病、1%~5%的健康人群也可出现RF阳性,因此类风湿因子阳性者必须结合临床表现,方能诊断本病。RF

阴性也不能排除类风湿关节炎的诊断。

③抗环瓜氨酸(CCP)抗体　是一类针对含有瓜氨酸化表位自身抗原的抗体的统称,包括抗核周因子抗体(APF)、抗角蛋白抗体(AKA)、抗聚丝蛋白抗体(AFA)、抗环状瓜氨酸(CCP)抗体、抗突变型瓜氨酸化波形蛋白(MCV)抗体。其中,抗 CCP 抗体对诊断类风湿关节炎的敏感性和特异性分别为 75%、93%~98%。而 IgM-RF 对类风湿关节炎的阳性率为 75%~80%,特异性为 86%,因此抗 CCP 抗体对类风湿关节炎诊断的特异性高于类风湿因子。

注意:①类风湿关节炎 X 线检查分Ⅰ、Ⅱ、Ⅲ、Ⅳ期——记忆为疏、窄、虫蚀、变强直(一疏二窄三虫四直)。
②诊断类风湿关节炎最有意义的自身抗体是抗 CCP 抗体,其次是 RF。

【例 3】女,35 岁。双手第 2、5 近端指间关节和双腕关节肿痛 3 个月,双颞颌关节及颈椎疼痛 1 个月,伴晨僵 1 小时。对明确诊断,最有意义的实验室检查是

A. C 反应蛋白　　B. 抗"O"　　C. 抗环瓜氨酸多肽抗体
D. 血沉　　E. 免疫球蛋白

(2)诊断　采用 2010 年美国风湿病学会和欧洲抗风湿病联盟提出的分类标准。病人按下表中所示的标准进行评分,总分 6 分以上可确诊 RA,<6 分目前不能确诊。

项目		评分
关节受累情况	1 个中大关节	0 分
	2~10 个中大关节	1 分
	1~3 个小关节	2 分
	4~10 个小关节	3 分
	超过 10 个关节(至少 1 个为小关节)	5 分
血清学指标	RF 和抗 CCP 抗体均阴性	0 分
	RF 或抗 CCP 抗体低滴度阳性	2 分
	RF 或抗 CCP 抗体高滴度阳性(正常上限 3 倍)	3 分
滑膜炎持续时间	<6 周	0 分
	≥6 周	1 分
急性时相反应物	CRP 和 ESR 均正常	0 分
	CRP 或 ESR 异常	1 分

注:受累关节是指关节肿胀疼痛。小关节包括掌指关节、近端指间关节、第 2~5 跖趾关节、腕关节,不包括第一腕掌关节、第 1 跖趾关节、远端指间关节。大关节包括肩、肘、髋、膝和踝关节。

(3)鉴别诊断

①骨关节炎　多见于 50 岁以上,主要累及膝、脊柱、远端指间关节等。在远端指间关节出现结节,称为赫伯登(Heberden)结节。在近端指间关节出现结节,称为布夏尔(Bouchard)结节。病人血沉多正常,RF 阴性。X 线示非对称性关节间隙狭窄、边缘骨质增生。

②强直性脊柱炎　主要累及骶髂关节及脊柱关节,很少累及手关节。多见于青壮年男性,可有家族史,90%以上病人 HLA-B27 阳性,血清 RF 阴性。

③银屑病关节炎　本病多于银屑病若干年后发病,血清 RF 多阴性。

④系统性红斑狼疮(SLE)　部分病人以指关节肿痛为首发症状,可有 RF 阳性、血沉(ESR)和 C 反应蛋白(CRP)增高,易误诊为类风湿关节炎。但 SLE 的关节病变一般为非侵蚀性,且有蝶形红斑、皮疹、脱发、尿蛋白等,血清抗核抗体、抗双链 DNA 抗体阳性。

【例 4】按诊断标准，下列哪项不是诊断类风湿关节炎的必备关节表现？

A. 关节肿痛>6 周　　B. 对称性关节肿　　C. 腕、掌指、指间关节肿

D. 关节畸形　　E. 晨僵

【例 5】女，40 岁。关节肿痛 2 年。累及双手近端指间关节及掌指关节，近 3 个月症状加重，伴晨僵 2 小时。实验室检查：血常规：Hb110g/L，WBC6.4×10^9/L，Plt480×10^9/L；血沉 78mm/h；抗 CCP 抗体阳性，ANA 阴性。最可能的诊断是

A. 痛风关节炎　　B. 骨关节炎　　C. 类风湿关节炎

D. 化脓性关节炎　　E. 强直性脊柱炎

3. 治疗

本病不能根治，应按照早期、达标、个体化治疗原则，密切监测病情，减少致残。治疗的目标是达到临床缓解或低疾病活动度。临床缓解的定义是没有明显的炎症活动症状和体征。

(1)一般治疗　包括病人教育，休息，急性期关节制动，恢复期关节功能锻炼，物理疗法等。

(2)非甾体抗炎药　具有镇痛抗炎作用，是缓解关节炎症状的常用药，但不能控制病情，应与改变病情抗风湿药同服。常用的非甾体药包括塞来昔布、美洛昔康、双氯芬酸、吲哚美辛、萘普生、布洛芬等。

(3)改变病情抗风湿药(DMARDs)　能改善和延缓病情进展，但发挥作用慢，改善临床症状需 1~6 个月，不具备镇痛、抗炎作用。甲氨蝶呤能抑制细胞内的二氢叶酸还原酶，使嘌呤合成受抑制，是目前治疗类风湿关节炎首选的改变病情抗风湿药。通常 4~6 周起效，疗程至少半年。DMARDs 还包括来氟米特、羟氯喹、氯喹、柳氮磺吡啶、金制剂、青霉胺、硫唑嘌呤、环孢素等。

(4)生物 DMARDs　其治疗靶点主要针对细胞因子和细胞表面分子。目前使用最普遍的是 TNF-α 拮抗剂，其他还包括 IL-1 拮抗剂、IL-6 拮抗剂、CD20 单克隆抗体、细胞毒 T 细胞活化抗原-4(CTLA-4)抗体等。为增加疗效、减少不良反应，本类药物应与甲氨蝶呤(MTX)联合应用。

(5)糖皮质激素　具有强大的抗炎作用，能迅速缓解关节肿痛症状和全身炎症。其应用原则是小剂量，短疗程，与改变病情抗风湿药联合应用。

(6)外科手术　包括人工关节置换和滑膜切除手术，前者适用于较晚期有畸形并失去功能的关节；后者可使病情得到一定程度的缓解，但术后易复发。

注意：①非甾体抗炎药对于类风湿关节炎——只能改善症状，不能控制病情。

②改变病情抗风湿药对于类风湿关节炎——既能改善症状，又能控制病情，为改变病情的首选药。

③糖皮质激素对于类风湿关节炎——只能迅速改善症状，不能控制病情。

(6~7 题共用题干)女，54 岁。双腕、双手近端指间关节、掌指关节肿痛 3 年，晨僵 1 小时。查体：双腕、双手 2~4 掌指关节及 3~4 近端指间关节肿胀，压痛(+)。ANA(-)。

【例 6】最可能的诊断是

A. 强直性脊柱炎　　B. 类风湿关节炎　　C. 反应性关节炎

D. 骨关节炎　　E. 痛风关节炎

【例 7】该患者关节病变的基本病理特征是

A. 血管炎　　B. 软骨炎　　C. 滑膜炎

D. 附着点炎　　E. 韧带炎

三、系统性红斑狼疮

系统性红斑狼疮(SLE)是一种以致病性自身抗体和免疫复合物形成并介导器官组织损伤的自身免疫病，临床上常存在多系统受累表现，血清中存在以抗核抗体为代表的多种自身抗体。SLE 以女性多见，占 90%，常为 20~40 岁的育龄妇女。

1. 临床表现

症状	发生率	临床特点
发热	90%	可出现各种热型的发热，尤其以低、中热常见
皮肤损害	80%	蝶形红斑、盘状红斑为特征性表现；光过敏、口腔溃疡、脱发、雷诺现象、网状青斑
浆膜炎	50%	急性发作期出现多发性浆膜炎，如双侧胸腔积液、心包积液
关节痛	95%	多发于指、腕、膝关节，伴红肿者少见。常出现对称性多关节肿痛，多无关节骨破坏
肾脏病变	70%	主要表现为蛋白尿、血尿、管型尿、水肿、高血压，乃至肾功衰
心血管	不定	心包炎、疣状心内膜炎（Libman-Sack 心内膜炎）、心肌损害、冠状动脉受累
肺部表现	35%	35%为胸腔积液，少数为狼疮肺炎、间质性肺炎、弥漫性肺泡出血、肺动脉高压
神经系统	25%	神经精神狼疮又称狼疮脑病
消化系统	30%	食欲减退、腹痛、呕吐、腹泻，其中部分病人以此为首发症状
血液系统	—	活动性 SLE 病人血红蛋白下降、白细胞和（或）血小板减少 10%属于 Coombs 试验阳性的溶血性贫血，部分病人有淋巴结肿大、脾大
APS	—	动脉或静脉血栓形成、习惯性流产、血小板减少，称为抗磷脂抗体综合征（APS）
SS	30%	30%的 SLE 并存继发性干燥综合征（SS），有唾液腺和泪腺功能不全

注意：①类风湿关节炎的关节损害——表现为腕、掌指关节、近端指间关节肿痛，对称性，多有关节骨破坏。
②系统性红斑狼疮的关节损害——表现为指、腕、膝关节肿痛，对称性，多无关节骨破坏。
③类风湿关节炎的皮肤损害——表现为关节隆突部的类风湿结节。
④系统性红斑狼疮的皮肤损害——表现为颊部蝶形红斑。

2. 免疫学检查

(1)自身抗体 病人血清中可检测到的自身抗体包括抗核抗体谱、抗磷脂抗体和抗组织细胞抗体。

①抗核抗体谱 包括抗核抗体（ANA）、抗双链 DNA（dsDNA）抗体、抗可提取核抗原（ENA）抗体。其中，抗 ENA 抗体又包括抗 Sm 抗体、抗 RNP 抗体、抗 SSA 抗体、抗 SSB 抗体、抗 rRNP 抗体。

②抗磷脂抗体 包括抗心磷脂抗体、狼疮抗凝物、抗 β_2-糖蛋白 1（β_2GP1）抗体、梅毒血清试验假阳性。

③抗组织抗体 抗红细胞膜抗体，现以 Coombs 试验测得。抗血小板相关抗体导致血小板减少，抗神经元抗体多见于神经精神狼疮（NP-SLE）。

项目	敏感性	特异性	临床意义
抗核抗体（ANA）	约 100%	65%	见于几乎所有 SLE 病人，为 SLE 的最佳筛查指标
抗 dsDNA 抗体	70%	95%	标记性抗体，与疾病活动有关，有确诊价值
抗 Sm 抗体	25%	99%	标记性抗体，与疾病活动无关，有确诊价值
抗 RNP 抗体	40%	不高	与 SLE 的雷诺现象、肺动脉高压相关
抗 SSA 抗体	30%	低	与皮肤病变、光过敏有关
抗 SSB 抗体	10%	低	与继发干燥综合征有关
抗 rRNP 抗体	15%	较高	阳性表示处于活动期、有 NP-SLE 或其他重要内脏损害
抗磷脂抗体	50%	—	可导致血栓形成、习惯性流产、血小板减少

注意：①系统性红斑狼疮的最佳筛查指标是抗核抗体，标记性抗体是抗 dsDNA 抗体和抗 Sm 抗体。
②对确诊系统性红斑狼疮最有价值的自身抗体是抗 dsDNA 抗体。
③对诊断系统性红斑狼疮特异性最高的自身抗体是抗 Sm 抗体。
④对判断系统性红斑狼疮活动性最有价值的自身抗体是抗 dsDNA 抗体。

(2)补体 包括总补体(CH50)、C3 和 C4 检测。补体低下不仅有助于 SLE 诊断,而且提示疾病活动。

【例 8】与系统性红斑狼疮患者发生雷诺现象相关的自身抗体是

A. 抗 Sm 抗体　　B. 抗 RNP 抗体　　C. 抗 dsDNA 抗体

D. 抗 SSA 抗体　　E. ANA

【例 9】女,35 岁。确诊系统性红斑狼疮,用泼尼松 50mg/d 治疗 1 个月病情稳定,随后激素逐渐减量,至泼尼松 25mg/d 时出现发热,体温 38.4℃。对鉴别发热原因意义不大的检查是

A. 血沉　　B. 血常规　　C. 抗双链 DNA 抗体

D. 补体　　E. 血培养

3. 诊断与鉴别诊断

(1)诊断 目前普遍采用美国风湿病学会 1997 年推荐的 SLE 分类标准。该分类标准包括 11 项,符合 4 项或 4 项以上,可诊断为 SLE:①颊部红斑;②盘状红斑;③光过敏;④口腔溃疡;⑤非侵蚀性关节炎,≥2 个外周关节;⑥浆膜炎(胸膜炎或心包炎);⑦肾脏病变(尿蛋白>0.5g/24h 或管型);⑧神经病变(癫痫发作或精神病);⑨血液学疾病(溶血性贫血、白细胞减少、淋巴细胞减少或血小板减少);⑩免疫学异常(抗 dsDNA 抗体阳性,或抗 Sm 抗体阳性,或抗磷脂抗体阳性);⑪抗核抗体阳性。

(2)鉴别诊断 本病需与类风湿关节炎、各种皮炎、癫痫病、精神病、特发性血小板减少性紫癜、原发性肾小球肾炎、原发性干燥综合征等鉴别。

【例 10】女,30 岁。4 年前血小板减少,2 年前间断面部红斑伴低热。实验室检查:抗核抗体(+),抗心磷脂抗体(+),诊断为系统性红斑狼疮。此次妊娠 6 个月,胎死宫内,同时出现左下肢深静脉血栓。考虑合并的疾病是

A. 妊娠期高血压疾病　　B. 干燥综合征　　C. 弥散性血管内凝血

D. 抗磷脂抗体综合征　　E. 血栓闭塞性脉管炎

4. 治疗

SLE 目前不能根治,但经合理治疗后可以达到长期缓解。治疗要个体化。治疗原则是急性期积极用药诱导缓解,尽快控制病情活动;病情缓解后调整用药,维持缓解状态,保护重要器官功能。

(1)一般治疗 ①避免使用可能诱发狼疮的药物,如避孕药等;②避免强阳光暴晒和紫外线照射;③缓解期才可作防疫注射,但尽可能不用活疫苗。

(2)对症治疗 ①对发热、关节疼痛者,可辅以非甾体抗炎药;②对有高血压、血脂异常、糖尿病、骨质疏松者给予相应治疗;③对于 SLE 神经精神症状,可给予降颅压、抗癫痫、抗抑郁等治疗。

(3)糖皮质激素 为目前治疗系统性红斑狼疮(SLE)的首选药物,一般选用泼尼松或甲泼尼龙。

①口服泼尼松维持治疗 适用于不非常严重的病例,但应注意长期使用激素的副作用。

②激素冲击疗法 适用于重要脏器急性进行性损伤时,即急性暴发性危重 SLE,如肺泡出血、神经精神性狼疮(NP-SLE)的癫痫发作、明显精神症状、严重溶血性贫血。可用甲泼尼龙 500~1000mg+5%葡萄糖 250ml 静脉滴注,每天 1 次,连用 3~5 天为 1 疗程。这样能较快地控制病情活动,达到诱导缓解。

(4)免疫抑制剂 大多数 SLE 病人,尤其是病情活动时,需选用糖皮质激素+免疫抑制剂联合治疗。有重要脏器受累的 SLE 病人,诱导缓解期应首选环磷酰胺(CTX)或霉酚酸酯(MMF)。加用免疫抑制剂有利于更好地控制 SLE 活动,保护重要脏器,减少复发,减少长期激素的需要量和副作用。如狼疮肾炎用激素+CTX 治疗,会显著减少肾衰竭的发生。

目前认为羟氯喹应作为 SLE 的背景治疗,可在诱导缓解和维持治疗中长期应用。

(5)生物制剂 是治疗 SLE 的新型药物,用于治疗 SLE 的生物制剂包括贝利木单抗(Belimumab)、利妥昔单抗(Rituximab、抗 CD20 单抗)。

(6)合并抗磷脂综合征的治疗 应用阿司匹林抗血小板聚集或华法林抗凝治疗。

(11~12 题共用题干)女,38 岁。发热、皮疹、脱发和口腔溃疡 6 个月。查体:T39.0℃,面部有充血

性红斑，双手近端指间关节压痛，轻度肿胀，双下肢凹陷性水肿。实验室检查：尿蛋白(+++)，尿红细胞(+++)，24 小时尿蛋白 3.8g。血 Plt88×10^9/L，ANA1:640，抗 SSA 抗体(+)，抗双链 DNA 抗体(+)，补体 C3 低下。

【例 11】不能提示患者疾病处于活动期的指标是
A. 补体 C3 低下　B. 尿蛋白(+++)　C. 抗双链 DNA 抗体(+)
D. 血小板减少　E. 抗 SSA(+)

【例 12】最佳治疗方案是泼尼松 1mg/(kg·d)联合
A. 布洛芬　B. 血浆置换　C. 环磷酰胺
D. 青霉素　E. 柳氮磺吡啶

四、脊柱关节炎

脊柱关节炎过去曾称血清阴性脊柱关节病，是一类以累及脊柱、关节韧带和肌腱为主要表现的慢性炎症性风湿病的总称，主要包括强直性脊柱炎、反应性关节炎、银屑病关节炎、炎性肠病关节炎、幼年脊柱关节炎、未分化脊柱关节炎。以强直性脊柱炎最为典型。脊柱关节炎的共同特点：①最突出的特征是中轴关节(尤其骶髂关节)炎症；②炎症性外周关节炎常累及下肢关节，并为不对称性；③常见指(趾)炎和附着点炎；④与 HLA-B27 密切关联；⑤阳性家族史；⑥有关节外表现(如皮肤、生殖器、眼、肠道受累等)。

1. 临床表现

(1)症状　早期累及骶髂关节，常表现为下腰部疼痛、不适、晨僵等。以静止痛、休息痛为主，活动后减轻。随后可累及脊柱，常表现为腰椎活动受限，整个脊柱可自下而上发生强直。呈驼背畸形。晚期常伴有骨折发生。关节外症状包括眼葡萄膜炎、结膜炎、肺纤维化等。

(2)症状　骶髂关节压痛，脊柱前屈、后伸、侧弯、转动受限，胸廓活动度减低(<2.5cm)，枕墙距异常(>0cm)等，Schober 试验阳性(<4cm)。"4"字试验阳性提示骶髂关节病变。

2. 诊断

(1)中轴型脊柱关节炎的分类标准　对于腰背痛至少持续 3 个月，发病年龄<45 岁的病人，若符合以下任何 1 条标准，即可诊断为脊柱关节炎：

①影像学提示骶髂关节炎且伴至少 1 项脊柱关节炎的临床特征。

②HLA-B27 阳性伴至少以下 2 项：炎性腰背痛；关节炎；附着点炎；前葡萄膜炎；指(趾)炎；银屑病；炎症性肠病；对非甾体抗炎药物反应良好；有脊柱关节炎家族史；HLA-B27 阳性史；C 反应蛋白升高。

(2)外周型脊柱关节炎的分类标准　对于目前无炎性背痛，仅存在外周症状的病人，出现关节炎、肌腱端炎、指(趾)炎中任何 1 项时，加上如下其中 1 种情况即可作出分类：

①加上任何 1 项脊柱关节炎的临床特征　葡萄膜炎；银屑病；克罗恩病或溃疡性结肠炎；前驱感染；HLA-B27 阳性；影像学提示骶髂关节炎。

②加上以下 2 项其他脊柱关节炎的临床特征　关节炎；肌腱端炎；指(趾)炎；炎性背痛史；家族史。

3. 治疗

(1)病人教育　是争取良好预后的关键。

(2)非甾体抗炎药　是治疗疼痛、晨僵的一线药物，病情活动、有临床症状的病人需要持续治疗。

(3)中轴型脊柱关节炎　抗 TNF 拮抗剂治疗前，必须使用 2 种非甾体药物足量治疗至少 4 周。

(4)外周型脊柱关节炎　首选柳氮磺吡啶，治疗期间的反应评估至少要进行 12 周。

五、痛风

痛风是嘌呤代谢紊乱所致的一组异质性疾病，常表现为反复发作性关节炎、痛风石、高尿酸血症。

1. 临床表现

痛风好发于40岁以上男性，女性多在更年期后发病，常有家族遗传史。

(1)无症状期 仅有高尿酸血症，可终身无症状。随着年龄增长，痛风的患病率增加。

(2)急性关节炎期 ①多在午夜或清晨突然起病，关节剧痛，数小时内出现受累关节红、肿、热、痛和功能障碍；②单侧第1跖趾关节最常见；③发作呈自限性，多于2周内自行缓解；④可伴高尿酸血症；⑤关节液或痛风石中发现尿酸盐结晶；⑥秋水仙碱治疗可迅速缓解症状；⑦可有发热等。

(3)痛风石及慢性关节炎期 痛风石是痛风的特征性表现，好发于耳廓，也常见于关节周围、鹰嘴、跟腱等处。慢性关节炎常表现为受累关节非对称性不规则肿胀、疼痛，关节内大量痛风石沉积。

(4)肾脏病变 主要表现为痛风性肾病、尿酸性肾石病、急性肾衰竭。

2. 诊断

(1)高尿酸血症 血尿酸>420μmol/L，可诊断为高尿酸血症。

(2)痛风 如出现特征性关节炎表现，应考虑为痛风性关节炎。关节腔穿刺获得的滑液、关节镜下获得的滑膜组织或痛风石标本，经偏振光显微镜发现呈针形的尿酸盐结晶是痛风诊断的金标准，可以确诊。急性关节炎期诊断困难者，行秋水仙碱试验性治疗有诊断意义。

【例13】男，32岁。多次于饮酒后关节红肿疼痛发作，累及的关节包括第一跖趾关节、踝或膝关节。该患者最可能出现的检查结果是

A. 血尿酸水平升高　　B. X线片示骶髂关节炎　　C. 血HLA-B27(+)

D. 尿渗透压降低　　E. 关节腔穿刺液呈脓性

3. 治疗和预防

(1)防治目的 ①控制高尿酸血症，预防尿酸盐沉积；②迅速终止急性关节炎的发作；③防止尿酸结石形成和肾功能损害。

(2)非药物治疗 ①限酒；②减少高嘌呤食物摄入；③减少富含果糖饮料摄入；④增加新鲜蔬菜摄入；⑤大量饮水(>2000ml/d)；⑥慎用抑制尿酸排泄的药物(如噻嗪类利尿剂)；⑦防止剧烈运动或突然受凉；⑧控制体重；⑨禁烟。

(3)急性痛风关节炎的治疗 以下三类药物是急性痛风性关节炎的一线治疗药物，应早期使用。急性发作期不进行降尿酸治疗，但已服用降尿酸药物者不需停用，以免引起血尿酸波动。

①非甾体抗炎药 可有效缓解痛风性关节炎症状，常用药物有吲哚美辛、双氯芬酸、依托考昔等。

②秋水仙碱 是治疗急性发作的特效药，因其毒性作用大，现已少用。

③糖皮质激素 治疗急性痛风有明显疗效，常用于不能耐受秋水仙碱、非甾体抗炎药或肾衰竭者。

(4)发作间歇期和慢性期的处理 对急性痛风关节炎频繁发作(>2次/年)，有慢性痛风关节炎或痛风石的病人，应行降尿酸治疗。治疗目标是血尿酸<6mg/dl并保持终身。

①抑制尿酸合成的药物 别嘌呤醇通过抑制黄嘌呤氧化酶，使尿酸生成减少。

②增加尿酸排泄的药物 可抑制尿酸经肾小管重吸收，增加尿酸排泄，降低血尿酸水平。主要用于尿酸排泄减少型、对别嘌呤醇疗效不佳者。常用药物为苯溴马隆、丙磺舒等。有尿酸结石者不宜使用。

③碱化尿液 碳酸氢钠可碱化尿液，使尿酸不易在尿中积聚形成结晶。

(5)伴发疾病的治疗 痛风常伴发代谢综合征，应对高血压、高脂血症、肥胖症等进行综合治疗。

常考点 类风湿关节炎和SLE的临床表现，辅助检查，治疗；脊柱关节炎及痛风的特点。

参考答案——详细解答见2021《贺银成国家临床执业及助理医师资格考试历年考点精析》

1. ABCDE　2. ABCDE　3. ABCDE　4. ABCDE　5. ABCDE　6. ABCDE　7. ABCDE

8. ABCDE　9. ABCDE　10. ABCDE　11. ABCDE　12. ABCDE　13. ABCDE

第28章 急性中毒与中暑

▶考纲要求

①急性中毒概述:概念,病因和发病机制,临床表现,诊断,治疗与预防。②急性有机磷农药中毒:病因和发病机制,临床表现,辅助检查,诊断,治疗与预防。③急性一氧化碳中毒:病因和发病机制,临床表现,诊断与鉴别诊断,治疗与预防。④中暑:病因,临床表现,诊断,处理原则。

▶复习要点

一、急性中毒概述

1. 概念

进入人体的化学物质达到中毒量产生组织和器官损害引起的全身性疾病称为中毒。

2. 病因

(1)职业中毒 在生产过程中,接触有毒的原料、中间产物、成品,不注意防护,可发生中毒。

(2)生活中毒 误食、意外接触毒物、用药过量、自杀或谋害等,过量毒物进入人体可引起中毒。

3. 发病机制

(1)局部刺激和腐蚀作用 强酸或强碱通过此机制可使细胞变性坏死。

(2)引起机体组织和器官缺氧 如CO、硫化氢、氰化物中毒等,易发生脑组织和心肌的中毒损伤。

(3)对机体的麻醉作用 亲脂性强的毒物易通过血脑屏障,进入脑组织,抑制其功能。

(4)抑制酶的活力 有机磷农药可抑制胆碱酯酶,氰化物可抑制细胞色素氧化酶。

(5)干扰细胞或细胞器的功能 如CCl_4可转化为三氯甲烷自由基,使线粒体及内质网变性坏死。

(6)竞争相关受体 如阿托品过量时通过竞争性阻断毒蕈碱受体产生毒性作用。

4. 临床表现

系统	临床表现	常见例子
皮肤黏膜	灼伤	强酸、强碱、甲醛、苯酚等灼伤皮肤及口腔黏膜
	发绀	亚硝酸盐、苯胺、硝基苯中毒可出现发绀
	黄疸	毒蕈、鱼胆、CCl_4中毒损害肝脏可出现黄疸
眼球表现	瞳孔变化	瞳孔扩大见于阿托品、莨菪碱中毒;瞳孔缩小见于有机磷、氨基甲酸酯中毒
神经系统	神志改变	昏迷见于催眠镇静剂中毒、农药中毒、CO中毒等 谵妄见于阿托品、乙醇、抗组胺药中毒;惊厥见于窒息性毒物、异烟肼中毒
	肌纤维颤动	有机磷、氨基甲酸酯杀虫剂中毒
	瘫痪	蛇毒、三氧化二砷、可溶性钡剂、磷酸三邻甲苯酯中毒
	精神失常	CO、酒精、阿托品、二硫化碳、有机溶剂、抗组胺药中毒
呼吸系统	呼出气味	乙醇中毒有酒味,氰化物中毒有苦杏仁味,有机磷中毒为蒜味
	呼吸频率	呼吸加快见于水杨酸类、甲醇中毒;呼吸减慢见于催眠药、吗啡中毒
	肺水肿	刺激性气体、有机磷杀虫药、百草枯等中毒
循环系统	心律失常	洋地黄、拟肾上腺药、三环类抗抑郁药、氨茶碱等中毒
	心脏骤停	心肌毒性作用(洋地黄、奎尼丁)、缺氧(CO_2中毒)、严重低钾血症(排钾型利尿剂)
泌尿系统	中毒后肾损害	肾小管堵塞(砷化氢中毒)、肾缺血、肾小管坏死(头孢菌素、氨基糖苷类)

【例 1】某一急性药物中毒病人，表现为昏迷，瞳孔极度缩小，呼吸深度抑制，血压降低，出现上述中毒症状的药物是

A. 苯巴比妥　　B. 吗啡　　C. 地西泮
D. 氯丙嗪　　E. 苯妥英钠

【例 2】中毒后临床表现为双侧瞳孔散大的毒物是

A. 阿托品　　B. 有机磷杀虫药　　C. 吗啡
D. 氯丙嗪　　E. 阿片类药物

【例 3】呼吸呈蒜味的毒物是

A. 阿托品　　B. 地西泮　　C. 酒精
D. 有机磷农药　　E. 亚硝酸盐

5. 诊断

结合病史、临床表现及实验室检查进行诊断。

6. 治疗

(1)治疗原则　①立即终止毒物接触；②紧急复苏和对症支持治疗；③清除体内尚未吸收的毒物；④应用解毒药；⑤预防并发症。

(2)急性中毒的治疗

①终止继续暴露毒物　立即将病人撤离中毒现场，转移到空气新鲜的地方；脱去污染衣物；用温水或肥皂水清洗皮肤和毛发上的毒物；用清水彻底冲洗清除眼内毒物。特殊清洗液见下表。

毒物种类	特殊清洗液
碱性毒物(氨水、氨、NaOH、Na_2CO_3、硅酸钠)	弱酸(2%醋酸、3%硼酸、1%枸橼酸溶液)
酸性毒物(有机磷、甲醛、氯化锌、汽油、CCl_4、硫酸二甲酯)	5%碳酸氢钠或肥皂水+大量清水冲洗
黄磷、磷化锌	1%碳酸钠溶液
苯类(苯酚、溴苯、硝基苯、苯胺、二硫化碳)	10%酒精

②紧急复苏和对症支持治疗　急性中毒昏迷者，应保持呼吸道通畅、维持呼吸和循环功能。

③清除体内尚未被吸收的毒物　包括催吐、洗胃、吸附、导泻、灌肠等。

A.催吐　用于意外中毒不能洗胃者。对于清醒、合作的经口摄入中毒者，可考虑催吐法。

B.洗胃　适用于口服毒物 1 小时以内；吸收缓慢的毒物，可延长至 4~6 小时；对无特殊解毒治疗的急性重度中毒，病人就诊时已超过 6 小时，仍可酌情考虑洗胃。特殊洗胃液如下表：

毒物种类	洗胃液	毒物种类	洗胃液
阿司匹林、草酸	0.3%氧化镁	砷、硝酸银、溴化物及不明原因中毒	清水或生理盐水
河豚、生物碱	10%活性炭悬浮液	催眠剂、镇静剂、阿片类、烟碱、氰化物	1/5000 高锰酸钾
硫磺	液体石蜡	有机磷杀虫药、苯、铊、汞、硫、铬、硫酸亚铁、磷	2%碳酸氢钠
碘、碘化物	10%面糊	阿片类、士的宁、氰化物、高锰酸钾	0.3%H_2O_2
氯化钡、碳酸钡	5%硫酸钠	腐蚀性毒物、硫酸铜、铬酸盐	鸡蛋清

对硫磷(1605)中毒禁用 1/5000 高锰酸钾洗胃，因对硫磷经高锰酸钾氧化可转化为对氧磷，后者对乙酰胆碱酯酶的抑制作用比对硫磷强 300 倍。敌百虫中毒禁用 2%碳酸氢钠溶液洗胃，因碱性溶液能使敌百虫转变为毒性更强的敌敌畏。强酸(硫酸、硝酸、盐酸、石炭酸)中毒禁用 2%碳酸氢钠溶液洗胃，因后者遇酸后生成二氧化碳，使胃肠道充气膨胀，有致穿孔的危险。

最常用的洗胃液是温开水。临床上应根据进入胃内毒物种类的不同，选用不同的洗胃液：

胃黏膜保护剂	吞服腐蚀性毒物时，用牛奶、蛋清、米汤、植物油等保护胃黏膜
溶剂	口服脂溶性毒物(汽油、煤油)时，先用液体石蜡150~200ml，使其溶解不被吸收，然后洗胃
活性炭吸附剂	能吸附多种毒物。不能被活性炭很好吸附的毒物有乙醇、铁、锂等
中和剂	强酸中毒可用弱碱(镁乳、氢氧化铝凝胶)中和，强碱中毒可用弱酸(食醋、果汁)中和
沉淀剂	有些化学物质可与毒物作用，生成溶解度低、毒性小的物质，因而用作洗胃剂
解毒药剂	解毒药与体内存留毒物起中和、氧化、沉淀等化学作用，使毒物失去毒性

C.吸附　活性炭是强力吸附剂，能吸附多种毒物。

D.导泻　不宜使用油脂类泻药，以免促进脂溶性毒物的吸收。洗胃或给予活性炭后，灌入泻药，常用导泻药有甘露醇、山梨醇、硫酸镁、硫酸钠等。硫酸镁吸收过多，可导致镁离子对中枢神经系统的抑制作用，故肾功能不全、呼吸衰竭、昏迷、磷化锌或有机磷中毒晚期不宜使用。

E.灌肠　用于口服中毒6小时以上、导泻无效、抑制肠蠕动毒物中毒者。

④促进已吸收毒物的排出　包括强化利尿、改变尿液酸碱度、供氧、血液净化等。

⑤使用特殊的解毒剂

中毒种类	特殊解毒剂
重金属	①依地酸钙钠——铅中毒；②二巯丙醇——砷、汞、锑中毒 ③二巯丙磺钠——砷、汞、锑、铜中毒；④二巯丁二钠——汞、锑、铜、铅中毒
高铁血红蛋白血症	亚硝酸盐、苯胺、硝基苯等中毒引起者，使用小剂量美蓝(亚甲蓝)
有机磷	阿托品、碘解磷定
中枢神经系统抑制剂	纳洛酮(阿片类麻醉药解毒剂)、氟马西尼(苯二氮䓬类解毒剂)

(3)慢性中毒的治疗　包括解毒、对症治疗等。

(4)预防　加强防毒宣传和管理，预防化学性食物中毒，防止误食毒物，预防地方性中毒病。

【例4】下列关于中毒诊治过程的描述，错误的是

A. 了解既往史，药物服用史　B. 待毒物标本检验结果回报后治疗
C. 进行系统的体格检查　D. 了解工作环境，毒物接触史
E. 留取可能含毒物的相关标本

【例5】患者误服强碱性溶液后，不能用来口服治疗的是

A. 牛奶　B. 蛋清　C. 冷生理盐水
D. 弱酸性液体　E. 弱碱性液体

【例6】治疗口服中毒时最常用的吸附剂是

A. 树脂　B. 食用油　C. 牛奶
D. 活性炭　E. 鸡蛋清

二、急性有机磷农药中毒

1. 病因

(1)生产中毒　在生产过程中引起中毒的主要原因是在杀虫药精制、出料、包装过程中，手套破损、衣服和口罩污染；也可因生产设备密闭不严，有机磷农药“跑、冒、滴、漏”，或污染手、皮肤及吸入中毒。

(2)使用中毒　在使用过程中，施药人员被药液污染皮肤、吸入空气中的农药所致。配药时手沾染原液也可引起中毒。

(3)生活中毒　误服、自杀、摄入有机磷农药污染的水或食品，均可发生中毒。

2. 发病机制

乙酰胆碱是胆碱能神经释放的神经递质，传递信息后可被乙酰胆碱酯酶所降解。有机磷农药进入机体后，可抑制乙酰胆碱酯酶活性，导致乙酰胆碱在体内大量堆积，出现胆碱能神经先兴奋后抑制的临床表现，即毒蕈碱样症状、烟碱样症状和中枢神经系统症状。胆碱能神经包括：副交感节前纤维、副交感节后纤维、交感节前纤维、支配汗腺分泌和血管收缩的交感节后纤维、支配横纹肌的运动神经、中枢神经元的突触。

3. 临床表现

(1)毒蕈碱样症状(M样症状) 为副交感神经末梢过度兴奋所致，其症状与阿托品作用相反。

	阿托品作用	M 样症状		阿托品作用	M 样症状
眼	眼干无泪	流泪	鼻	无涕	流涕
口	口干	口吐白沫、流涎	皮肤	干燥	多汗
大便	干燥、便秘	失禁	小便	潴留	失禁
支气管	分泌物少	分泌物多、支气管痉挛	胃肠	蠕动慢	蠕动快
瞳孔	散大	缩小(针尖大)	心率	增快	减慢

记忆：①阿托品作用是使所有有孔通道(眼、鼻、口、皮肤、尿道、肛门、呼吸道)分泌减少；M样症状相反。
②瞳孔、心率不同，可记忆为：我们平常说哪个男生色眯眯地看着漂亮女生，总是形容他“阿托品化”——瞳孔散大、心率加快、颜面潮红。

(2)烟碱样症状(N样症状) 表现为肌纤维颤动(面、眼睑、舌、四肢、全身横纹肌颤动)。交感神经节受乙酰胆碱刺激，其节后交感神经纤维末梢释放儿茶酚胺，表现为血压增高、心律失常。

(3)中枢神经系统症状 头痛头晕、烦躁不安、谵妄、抽搐、昏迷，有的发生呼吸和循环衰竭而死亡。

(4)局部损害 有些有机磷农药接触皮肤后发生过敏性皮炎、皮肤水疱、剥脱性皮炎等。

(5)迟发性多发神经病和中间型综合征

	迟发性多发神经病	中间型综合征
发病于	急性重、中度有机磷农药中毒(甲胺磷、敌敌畏、乐果、敌百虫)	重度有机磷农药中毒(甲胺磷、敌敌畏、乐果、久效磷)
发生时间	中毒症状消失后2~3周	中毒后24 ~96小时
临床症状	迟发性神经损害，表现为感觉、运动型多发性神经病变，主要累及肢体末端，发生下肢瘫痪、四肢肌肉萎缩	经治疗胆碱能危象消失、迟发性多发神经病发生前，突然出现屈颈肌和四肢近端肌无力、第Ⅲ、Ⅶ、Ⅸ、Ⅹ对脑神经支配的肌肉无力
发生机制	有机磷农药抑制神经靶酯酶，使其老化	胆碱酯酶长期受抑制，影响神经肌接头处突触后功能
ChE 活性	全血或红细胞乙酰胆碱酯酶活性正常	全血或红细胞胆碱酯酶活力<30%

注意：①迟发性多发神经病常于有机磷中毒症状消失后2~3周发生。
②中间型综合征常于有机磷中毒后24 ~96小时发生。
③CO中毒迟发性脑病常于意识障碍恢复后2~60天发生。

【例7】女，29岁。病史不清，被人发现昏迷，身边有敌敌畏空瓶。查体：T36.2℃，P56次/分，R29次/分，BP110/85mmHg。昏迷，瞳孔缩小，口腔较多分泌物，皮肤湿冷，两肺闻及广泛湿啰音。胆碱酯酶活性55%。该患者在院内治疗第2天不可能出现的并发症是

A. 呼吸衰竭　　B. 心律失常　　C. 肺水肿
D. 迟发型多发性神经病　　E. 休克

【例8】女，35岁。因误服有机磷农药半小时，意识障碍逐渐加重入院。经洗胃、导泻，应用阿托品、氯解磷

定,对症支持等治疗后意识恢复,症状好转。3天后患者突然出现视物模糊、面瘫、呼吸困难,并再次出现意识障碍,大小便失禁。查体:T36.7℃,P65次/分,R15次/分,BP135/75mmHg,肌力3级。$SpO_2$93%,目前出现的情况最可能的原因是

A. 有机磷中毒加重　B. 急性有机磷中毒迟发型脑病　C. 中间型综合征
D. 急性脑卒中　E. 急性有机磷中毒迟发型多发性神经病变

【例9】有机磷农药中毒的临床表现中属于毒蕈碱样作用的是

A. 心动过速　B. 支气管平滑肌痉挛　C. 肌肉震颤
D. 昏迷,酣睡　E. 肌无力

4. 辅助检查

(1)血胆碱酯酶活力测定　血胆碱酯酶活力是诊断有机磷杀虫药中毒的特异性指标。正常人胆碱酯酶活力为100%,轻度中毒70%~50%,中度中毒50%~30%,重度中毒<30%。

(2)尿中有机磷杀虫药代谢物测定　在体内,对硫磷和甲基对硫磷氧化分解为对硝基酚,敌百虫代谢为三氯乙醇。尿中检测出对硝基酚或三氯乙醇有助于诊断上述毒物中毒。

5. 诊断

(1)诊断　根据有机磷杀虫药接触史,结合临床表现(呼出气多有大蒜味、瞳孔缩小、多汗、肌纤维颤动、意识障碍等),一般即可作出诊断。如监测全血胆碱酯酶活力降低,更可确诊。

(2)诊断分级　急性有机磷杀虫药中毒分为轻、中、重三度。

	临床表现	胆碱酯酶活力
轻度中毒	仅有M样症状	70%~50%
中度中毒	M样症状+N样症状出现	50%~30%
重度中毒	M样+N样症状+肺水肿、抽搐、昏迷,呼吸肌麻痹和脑水肿	<30%

【例10】可判断有机磷杀虫药中毒的严重程度并指导治疗最有意义的是

A. 血胆碱酯酶活力　B. 血氧分压　C. 心率
D. 瞳孔大小　E. 肺部湿啰音

6. 治疗

(1)迅速清除毒物　立即将病人撤离中毒现场,彻底清除未被机体吸收入血的毒物,如迅速脱去污染衣服,用肥皂水清洗污染的皮肤、毛发和指甲。口服中毒者,用清水、2%碳酸氢钠溶液洗胃(敌百虫禁用),或用1/5000高锰酸钾溶液洗胃(对硫磷禁用)。

(2)紧急复苏　有机磷中毒常死于肺水肿、呼吸肌麻痹、呼吸中枢衰竭,因此应采取复苏措施。

(3)解毒药的应用　常用的特效解毒药有胆碱酯酶复能药、胆碱受体阻断药。

①用药原则　早期、足量、联合、重复应用。

②胆碱酯酶复能药　能恢复胆碱酯酶活性,有效解除烟碱样毒性作用,对M样症状和中枢性呼吸抑制作用无明显影响。常用药物包括氯解磷定(首选)、碘解磷定(次选)、双复磷等。注意:胆碱酯酶复能药对中毒24~48小时后已老化的胆碱酯酶无复活作用,与阿托品合用可发挥协同作用。

③胆碱受体阻断药　常用药物为阿托品。能与乙酰胆碱争夺胆碱受体,阻断乙酰胆碱的作用。阿托品对缓解毒蕈碱样症状、中枢神经系统症状均有效。可根据病情调整阿托品的剂量,达阿托品化后应减量或停用;阿托品中毒应停用阿托品。

A.阿托品化表现　瞳孔较前扩大,口干,皮肤干燥,心率增快(90~100次/分),肺部湿啰音消失。

B.阿托品中毒表现　瞳孔明显扩大、神志模糊、烦躁不安、抽搐、昏迷、尿潴留。

(4)对症支持治疗　有机磷农药中毒的主要死因是呼吸衰竭,故应保持呼吸道通畅,及时给氧,必要时机械通气。加强支持治疗,纠正水、电解质失衡,必要时采用血液净化技术。

7. 预防

对生产和使用有机磷农药的人员进行宣传普及防治中毒常识;在生产农药的过程中,严格执行安全生产制度和操作规程。搬运使用农药时,应做好安全防护。

【例 11】男,30 岁。服毒自杀,被发现后急送医院。查体:昏迷状态,呼吸急促,皮肤湿冷,双侧瞳孔如针尖大小。使用阿托品治疗后,提示治疗效果不满意的指标是

A. 颜面潮红　　B. 口干、皮肤干燥　　C. 心率加快

D. 瞳孔大小无变化　　E. 肺部啰音减少

【例 12】胆碱酯酶复能药的药理作用中不包括

A. 提高全血胆碱酯酶活性　　B. 恢复被抑制的胆碱酯酶活性　　C. 减轻烟碱样症状

D. 恢复已经老化的胆碱酯酶活性　　E. 与磷酰化胆碱酯酶中的磷形成结合物

三、急性一氧化碳中毒

1. 病因

(1)工业生产中　高炉煤气、水煤气等均含有大量 CO,若防护措施不力,可造成 CO 吸入中毒。

(2)日常生活中　家庭中煤炉取暖、煤气泄漏,大量连续吸烟等,均可导致 CO 中毒。

2. 发病机制

CO 中毒主要引起组织缺氧。CO 进入人体后,85%与血液中 Hb 结合,形成稳定的 COHb。COHb 不能携带氧,且不易解离,从而导致组织缺氧。最易受损的器官是对缺氧敏感的大脑和心脏。

【例 13】一氧化碳中毒时,最容易损害的器官或组织是

A. 眼睛　　B. 外周神经　　C. 肝

D. 肾　　E. 脑

3. 临床表现

(1)急性中毒　按中毒程度分为三级。

	轻度中毒	中度中毒	重度中毒
血液 COHb	10%~20%	30%~40%	40%~60%
临床表现	头痛、头晕、恶心、呕吐、心悸、四肢无力、心绞痛	胸闷、气短、呼吸困难、幻觉、判断力降低、运动失调、口唇黏膜樱桃红	昏迷、呼吸抑制、肺水肿、心律失常、心力衰竭、视盘水肿
预后	氧疗后症状很快消失	氧疗后可恢复正常,无并发症	可呈去皮质综合征

(2)急性 CO 中毒迟发脑病(神经精神后发症)　急性 CO 中毒病人在意识障碍恢复后,经过约 2~60 天的"假愈期",可出现下列临床表现之一:①精神意识障碍:痴呆木僵、谵妄、去皮质状态;②锥体外系神经障碍:震颤麻痹(表情淡漠、四肢肌张力增强、静止性震颤、前冲步态);③锥体系神经损害:偏瘫、病理反射阳性、小便失禁等;④大脑皮质局灶性功能障碍:失语、失明等;⑤脑神经及周围神经损害:视神经萎缩、听神经损害、周围神经病变等。

【例 14】女,60 岁。被家人发现其昏迷在浴室中,浴室使用的是燃气热水器。查体:皮肤潮红,瞳孔正常大小,口唇樱桃红色。最可能的诊断是

A. 一氧化碳中毒　　B. 安眠药中毒　　C. 有机磷农药中毒

D. 乙醇中毒　　E. 阿托品中毒

解题:口唇樱桃红色是 CO 中毒的特征性体征。

【例 15】不属于急性一氧化碳中度中毒的临床表现是

A. 口唇呈樱桃红色　　B. 运动失调　　C. 视物模糊

D. 肺水肿　　E. 判断力降低

【例16】女,36岁。因急性一氧化碳中毒入院,治疗1周后症状消失出院。2个月后突然出现意识障碍。既往无高血压及脑血管病史。最可能的诊断是

A. 脑出血　　B. 脑梗死　　C. 肝性脑病

D. 中毒迟发脑病　　E. 中间型综合征

4. 诊断

根据吸入较高浓度CO的接触史、临床表现、体征(口唇樱桃红色)及血液COHb测定的结果,多可确诊。

5. 鉴别诊断

应与脑出血、糖尿病酮症酸中毒、安眠药中毒等相鉴别。

6. 治疗

(1)终止CO吸入　迅速将病人转移到空气新鲜处,终止CO吸入。休息,保暖,保持呼吸道通畅。

(2)机械通气、氧疗　吸氧,高压氧舱。

(3)生命脏器功能支持　CO中毒者应给予100%氧治疗,直至症状消失及COHb浓度降至10%以下。

(4)防治脑水肿　严重中毒后脑水肿在24~48小时发展到高峰,可给予20%甘露醇、速尿脱水治疗。

(5)防治并发症和后发症

7. 预防

加强预防CO中毒的宣传。我国规定车间空气中CO最高容许浓度为30mg/m^3。

【例17】治疗重度一氧化碳中毒首选的氧疗是

A. 鼻导管吸氧　　B. 呼吸新鲜空气　　C. 人工呼吸

D. 面罩吸氧　　E. 高压氧舱

四、中暑

1. 病因

(1)主要原因　大气温度升高(>32℃)、湿度较大(>60%)、对高温环境不能充分适应及工作时间长、剧烈运动,又无充分防暑降温措施时,极易发生中暑。此外,在室温较高而无空调时,肥胖、营养不良、老年体弱、慢性疾病病人更易发生中暑。

(2)促使中暑的原因　环境温度过高,人体产热增加,散热障碍,汗腺功能障碍等。

2. 临床表现

(1)热痉挛　在高温环境下剧烈活动,大量出汗和饮用低张液体后,出现头痛、头晕和肢体、腹壁肌群痛性痉挛,肢体活动受限,数分钟缓解,无明显体温升高,无神志障碍。实验室检查:血钠、氯化物降低,尿肌酸增高。热痉挛可为热射病的早期表现。

(2)热衰竭　常发生于老年人、儿童和慢性疾病病人。严重热应激时,体液和体钠丢失过多引起循环容量不足所致。表现为多汗、疲乏、无力、头晕、头痛、恶心呕吐、肌痉挛,心率明显增快、直立性低血压、晕厥。中心体温不超过40℃,无神志障碍。血细胞比容增高,高钠血症,轻度氮质血症,肝功能异常。热衰竭可以是热痉挛和热射病的中介过程,如不治疗可发展为热射病。

(3)热射病　主要表现为高热(直肠温度≥41℃)和神志障碍。早期受损器官依次为脑、肝、肾和心脏。根据病人发病时状态和发病机制不同,将热射病分为劳力性和非劳力性两种类型。

①劳力性热射病　为内源性产热过多所致,好发于青壮年人群,从事剧烈活动或体力劳动数小时后发病,常表现为大量出汗,心率160~180次/分,脉压增大,可发生横纹肌溶解、急性肾衰竭、肝衰竭、DIC、MODS,病死率高。

②非劳力性热射病　为体温调节功能障碍、散热减少所致,多见于居住拥挤、通风不良的城市老年体

衰居民。病人无汗，皮肤干热发红，直肠温度最高达 46.5℃。病初表现行为异常或痫性发作，继而出现谵妄、昏迷、瞳孔对称缩小，严重者出现低血压、休克、心律失常、心力衰竭、肺水肿、脑水肿、肾衰竭、DIC，常在发病后 24 小时死亡。

3. 诊断

在炎热夏季热浪期，遇有体温过高伴昏迷的病人，首先应考虑中暑的可能。

4. 处理原则

(1)降温治疗 快速降温是治疗的基础，应在"黄金半小时内"将病人体温降至 39℃。

(2)并发症治疗 包括昏迷的处理、液体复苏、多器官衰竭的对症支持治疗。

(3)监测 降温期间应连续监测体温变化。

【例 18】男，19 岁。在烈日下打篮球 1 小时，大汗后出现头痛、头晕、胸痛、心悸，恶心，并有腹肌疼痛。T38.3℃，P108 次/分，BP90/60mmHg，神志清楚，面色潮红，双肺未闻及干、湿啰音，心律齐。最可能的诊断是

A. 热痉挛　　B. 热衰竭　　C. 热射病
D. 低血糖　　E. 脱水

【例 19】患者，男，48 岁，建筑工人。下午 3 时于露天工作中发现大汗、头痛、腹痛、呕吐、抽搐，无尿便失禁、流涎、吐白沫。当日天气闷热，气温 38℃。既往体健。查体：体温 40℃，心率 126 次/分，血压 140/80mmHg，浅昏迷，多汗，唇无发绀，双侧瞳孔等大等圆，对光反射灵敏，直径约 3mm，双肺未闻及干湿性啰音，四肢无活动障碍，急诊头颅 CT 未见异常。最可能的诊断为

A. 热衰竭　　B. 热射病　　C. 热痉挛
D. 癫痫发作　　E. 蛛网膜下腔出血

【例 20】男，26 岁。在气温 34℃时，负重跑步 5 公里后突发意识不清伴痉挛、抽搐 2 小时。查体：T41.5℃，P166 次/分，R28 次/分，BP100/42mmHg，瞳孔等大等圆，心尖部第一心音低钝，四肢肌张力高。最关键的治疗措施是

A. 氧疗　　B. 甘露醇　　C. 应用抗癫痫药物
D. 应用镇静药　　E. 降温治疗

常考点　急性中毒的急救原则；有机磷中毒的 M 样、N 样症状的区分及治疗；CO 中毒。

参考答案——详细解答见 2021《贺银成国家临床执业及助理医师资格考试历年考点精析》

1. ABCDE　2. ABCDE　3. ABCDE　4. ABCDE　5. ABCDE　6. ABCDE　7. ABCDE
8. ABCDE　9. ABCDE　10. ABCDE　11. ABCDE　12. ABCDE　13. ABCDE　14. ABCDE
15. ABCDE　16. ABCDE　17. ABCDE　18. ABCDE　19. ABCDE　20. ABCDE

2021

金榜時代 GLIST 明德·弘毅·品质

靓银时代版

银成教育全国辅导机构
指　定　用　书

贺银成

国家临床执业助理医师资格考试

辅导讲义（下册）

编著◎武汉大学中南医院 贺银成

全国百佳图书出版单位
中国中医药出版社

前　言

本人应邀在全国各地讲授临床执业助理医师复习课程已10余年，深受同学们的喜爱。本书就是在讲稿基础上，结合多年来本人对临床执业助理医师考试的潜心研究编著而成，以帮助同学们迅速抓住重点、掌握难点，了解命题规律。

全书共分十七篇，包括生物化学、生理学、病理学、药理学、医学心理学、医学伦理学、医学统计学、预防医学、卫生法规、内科学(含诊断学)、传染病学与皮肤性病学、神经病学、精神病学、外科学、妇产科学、儿科学和实践综合。每篇又分为若干个章节，每章内容包括考纲要求、复习要点、常考点及参考答案四个部分。

全书按教科书的体例和顺序进行编排，这样更符合大多数同学的习惯，便于复习。

本书按2021年大纲要求重新修订，对所有考点逐一解析，且讲练结合。利用大量图表，对一些相似的知识点进行对比、归纳总结，重点讲解常考点、易混点。由于助理医师考试科目繁多，复习时要求记忆的内容很多，因此书中也讲授了许多实用的记忆方法。

由于篇幅所限，本书所选例题不可能给出详尽解答。若有疑问，可以参阅2021《贺银成国家临床执业及助理医师资格考试历年考点精析》，将会得到十分详细的解答。这是一本真题解析，收集了1999—2020年的全部真题，且对每道真题均给出了详尽解答。

复习时也可参阅2021《贺银成国家临床执业助理医师资格考试辅导讲义同步练习》，这是一本专门针对助理医师考试的专业题库，且含金量极高，所精选的试题与2021《贺银成国家临床执业及助理医师资格考试历年考点精析》中的真题并不相同，这样可使同学们更牢固地掌握知识点，扩大知识面，提高复习效率。最后，在临考前可以使用2021《贺银成国家临床执业助理医师资格考试全真模拟试卷及精析》进行热身。

本书配有由我主讲的全套课件，同学们可以结合本辅导讲义，自由听课，轻松复习。如需购买全套课件，可以通过以下方式联系：

复习助理实践技能时，可以参阅2021《贺银成国家临床执业及助理医师资格考试实践技能应试指南》，且有我亲自全程讲授的实践技能操作的全套课件，可以选用。

同学们在使用本书过程中发现不足或错误之处，请随时指出(heyincheng2002@qq.com)，每指出一处错误，奖励10元，多人指出同一处错误者，奖励首位指出者。

最后祝愿大家顺利通过执业助理医师考试！

贺银成

2020年12月

Contents 目录

上　　册

Contents 目录

下　册

Contents 目录

Contents 目录

第十一篇　传染病学与皮肤性病学

第1章　传染病学总论

考纲要求

传染病总论:感染过程,流行过程中的基本条件,基本特征,流行病学资料,治疗原则与主要预防方法。

复习要点

一、传染病感染过程的五种表现

传染病是指由病原微生物,如朊粒、病毒、衣原体、立克次体、支原体、细菌、真菌、螺旋体、寄生虫等,感染人体后产生的有传染性、在一定条件下可造成流行的疾病。感染性疾病是指由病原体感染所致的疾病,包括传染病和非传染性感染性疾病。

感染是病原体和人体之间相互作用、相互斗争的过程。引起感染的病原体,既可来自宿主体内,也可来自体外。来自宿主体外病原体引起的感染,称为传染,传染主要指病原体通过一定方式从一个宿主个体到另一个宿主个体的感染。传染病感染过程有5种表现,主要取决于病原体的致病能力和机体的免疫功能。

	特点	结局
清除病原体	病原体进入人体后,被机体的非特异免疫或特异性免疫系统所清除	特异免疫功能可通过疫苗接种或自然感染而获得主动免疫,或通过胎盘屏障从母体获得或注射免疫球蛋白获得被动免疫
隐性感染	是指病原体侵入人体后,仅诱导机体产生特异性免疫应答,而不引起或仅引起轻微的组织损伤,不出现任何临床症状、体征,甚至生化改变,只能通过免疫学检查才能发现	也称亚临床感染,为最常见的感染形式。感染后大多数人获得不同程度的特异性免疫,病原体被清除;少数成为无症状携带者,在传染病流行期间成为重要的传染源
显性感染	是指病原体侵入人体后,不但诱导机体发生免疫应答,而且通过病原体本身的作用或机体的变态反应,导致组织损伤,引起病理改变和临床表现	也称临床感染,在大多数传染病中,仅占全部受感染者的小部分。感染结束后,病原体可被清除,感染者获得较稳固的免疫力;小部分成为慢性病原携带者
病原携带状态	无临床症状,而携带病原体 携带病原体时间<3个月,称为急性携带者 >3个月称为慢性携带者(乙肝为>6个月)	病原携带者成为重要的传染源 隐性感染最常见,病原携带状态次之 显性感染最少
潜伏性感染	病原体感染人体后寄生于某些部位,由于机体免疫功能足以将病原体局限化而不引起显性感染,但又不足以将病原体清除,病原体可长期潜伏起来	在机体免疫功能下降时,可引起显性感染 潜伏性感染期间,病原体一般不被排出体外 潜伏性感染并非在每种传染病中都存在 单纯疱疹病毒等可引起潜伏性感染

【例1】传染病感染过程中最常见的是

A. 显性感染　　B. 隐性感染　　C. 潜伏性感染

D. 病原体感染　　E. 病原携带状态

【例 2】传染病隐性感染的特点不包括

A. 无明显临床表现　　B. 病原体感染人体后诱导机体产生特异性免疫应答

C. 不引起或仅引起轻微组织损伤　　D. 感染过程结束后，少数人可转变为病原携带状态

E. 在传染病中少见

【例 3】关于感染过程中潜伏性感染特点的叙述，正确的是

A. 迅速引起显性感染　　B. 一旦免疫功能下降可引起显性感染

C. 病原体不断排出体外　　D. 病原体侵入人体后，潜伏在各个部位

E. 每种感染性疾病均有潜伏性感染

二、传染病流行过程中的三个基本条件

1. 传染源

是指体内有病原体生存、繁殖，并能将病原体排出体外的人和动物。传染源包括患者、隐性感染者、病原携带者、感染动物 4 个方面。

2. 传播途径

传播途径是指病原体离开传染源到达另一个易感者的途径，主要有以下几种：

传播途径	定义	举例
呼吸道传播	病原体存在于空气中的飞沫或气溶胶中，易感者吸入时获得感染	麻疹、白喉、肺结核、禽流感 严重急性呼吸综合征
消化道传播	病原体污染食物、水源、食具，易感者于进食时获得感染	伤寒、细菌性痢疾、霍乱
接触传播	易感者与被病原体污染的水或土壤接触时获得感染	钩体病、血吸虫病、钩虫病 破伤风、麻疹、白喉、流行性感冒
虫媒传播	被病原体感染的吸血节肢动物，于叮咬时把病原体传给易感者	疟疾、流行性斑疹伤寒、地方性斑疹伤寒、黑热病、莱姆病、恙虫病
血液体液传播	病原体存在于携带者或患者的血液或体液中，通过应用血制品、分娩或性交等传播	疟疾、乙肝、丙肝、艾滋病
母婴传播	指母亲通过胎盘传播给胎儿，属于垂直传播	梅毒、弓形虫病

3. 人群易感性

对某种传染病缺乏特异性免疫力的人称为易感者，他们都对该病原体具有易感性。

【例 4】可经过肠道传播的传染病是

A. 丁型肝炎　　B. 血吸虫病　　C. 伤寒

D. 斑疹伤寒　　E. 钩端螺旋体病

三、传染病的基本特征——4 个基本特征

1. 病原体

每种传染病都是由特异性病原体引起的。病原体可以是微生物、寄生虫或朊粒。特定病原体的检出，在确定传染病的诊断和流行中具有重要意义。由于新技术的应用，可能发现更多的新的传染病病原体。

2. 传染性

这是传染病与其他感染性疾病的主要区别。传染性意味着病原体能通过某种途径感染他人，故须隔离病人。

3. 流行病学特征

传染病的流行过程在自然和社会因素的影响下，表现出各种流行病学特征：

(1)流行性　可分为散发、暴发、流行和大流行。

①散发　是指某传染病在某地的常年发病情况处于常年一般发病水平,可能是由于人群对某病的免疫水平较高,或某病的隐性感染率较高,或某病不容易传播。

②暴发　是指在某一局部地区或集体单位中,短期内突然出现许多同一疾病的患者,大多是同一传染源或同一传播途径,如食物中毒、流行性感冒等。

③流行　是指某病的发病率显著超过该病常年发病率水平或散发发病率的数倍。

④大流行　是指某病在一定时间内迅速传播,波及全国各地,甚至超出国界或洲境。如2003年的传染性非典型肺炎的大流行、2009年甲型 H_1N_1 流感大流行。

(2)季节性　不少传染病的发病率每年都有一定的季节性升高,主要原因为气温的高低和昆虫媒介的有无。如呼吸道传染病常发生在寒冷的冬春季节,肠道传染病及虫媒传染病好发于炎热的夏秋季节。

(3)地方性　有些传染病或寄生虫病由于中间宿主的存在、地理条件、气温条件、人民生活习惯等原因,常局限在一定的地理范围内发生,如恙虫病、疟疾、血吸虫病等。

(4)外来性　指国内或地区内原来不存在,而通过外来人口或物品传入的传染病,如霍乱。

4. 感染后免疫

免疫功能正常的人体经显性或隐性感染某种病原体后,都能产生针对该病原体及其产物(如毒素)的特异性免疫。通过检测血清中特异性抗体,可知其是否具有免疫力。感染后获得的免疫力和疫苗接种一样都属于主动免疫。通过注射免疫球蛋白或从母体获得抗体的免疫力,都属于被动免疫。

感染后免疫力的持续时间在不同的传染病中有很大差异。有些传染病感染后免疫力持续时间较长,甚至保持终身,如麻疹、脊髓灰质炎、乙型脑炎等。有些传染病感染后免疫力持续时间较短,如流行性感冒、细菌性痢疾、阿米巴病等。

【例5】描述传染病流行病学特征,不正确的是

A. 暴发　　B. 流行　　C. 隐性感染
D. 散发　　E. 大流行

四、诊断传染病的流行病学资料

1. 临床资料

全面而准确的临床资料来源于详尽的病史询问和细致的体格检查。

2. 流行病学资料

流行病学资料在传染病的诊断中占重要地位。包括:①传染病的地区分布;②传染病的时间分布;③传染病的人群分布。此外,了解传染病的接触史、预防接种史,也有助于建立诊断。

3. 实验室及其他检查资料

实验室检查对传染病的诊断具有特殊意义,因为病原体的检出或被分离培养,可直接确定诊断,而免疫学检查也可提供重要依据。对许多传染病来说,一般实验室检查对早期诊断也有很大帮助。

(1)一般实验室检查　包括三大常规检查和生化检查。

(2)病原学检查　包括直接检查病原体、分离培养病原体、检测特异性抗原、检测特异性核酸等。

(3)特异性抗体检测　在急性期及恢复期双份血清检测其抗体由阴性转为阳性或滴度升高4倍以上时有重要意义。特异性 IgM 抗体的检出有助于现存或近期感染的诊断。

(4)其他检查　如支气管镜、胃镜、结肠镜、B超、MRI、DSA、活组织检查等。

【例6】传染病的病原学检查不包括

A. 分离培养病原体　　B. 检测特异性核酸　　C. 检测特异性抗原
D. 直接检查病原体　　E. 检测特异性抗体

五、传染病的治疗与预防

1. 治疗原则

治疗传染病的目的是促进患者康复、控制传染源、防止进一步传播。要坚持综合治疗的原则，即治疗与护理、隔离与消毒并重，一般治疗、对症治疗与病原治疗并重的原则。

2. 治疗方法

包括一般治疗、支持治疗、病原治疗、对症治疗、康复治疗和中医治疗等。

3. 传染病的预防

针对传染病流行过程的三个基本环节采取综合措施。

(1)管理传染源 《传染病防治法》和《突发公共卫生应急事件与传染病监测信息报告》将39种法定传染病依据其传播方式、速度、对人类危害程度的不同，分为甲、乙、丙三类，实行分类管理。

①甲类传染病 包括鼠疫、霍乱。要求发现后2小时内通过传染病疫情监测信息系统上报。

②乙类传染病 包括传染性非典型肺炎、艾滋病、病毒性肝炎、脊髓灰质炎、人感染高致病性禽流感、麻疹、肾综合征出血热、狂犬病、流行性乙型脑炎、登革热、炭疽、细菌性和阿米巴痢疾、肺结核、伤寒和副伤寒、流行性脑脊髓膜炎、百日咳、白喉、新生儿破伤风、猩红热、布鲁菌病、淋病、梅毒、钩体病、血吸虫病、疟疾、人感染H7N9禽流感。《传染病防治法》要求诊断后24小时内通过传染病疫情监测信息系统上报。

③丙类传染病 包括流行性感冒(含甲型H1N1流感)、流行性腮腺炎、风疹、急性出血性结膜炎、麻风病、流行性和地方性斑疹伤寒、黑热病、棘球蚴病、丝虫病、除霍乱、痢疾、伤寒和副伤寒以外的感染性腹泻病、手足口病。为监测管理传染病，采取乙类传染病的报告、控制措施。

④按甲类管理的乙类传染病 包括传染性非典型肺炎、炭疽中的肺炭疽、脊髓灰质炎。

(2)切断传播途径 对于各种传染病，尤其是消化道传染病、虫媒传染病、寄生虫病，切断传播途径通常是起主导作用的预防措施。其主要措施包括隔离和消毒。

①隔离 是指将患者或病原携带者妥善地安排在指定的隔离单位，暂时与人群隔离，积极进行治疗、护理，并对具有传染性的分泌物、排泄物、用具等进行必要的消毒处理，防止病原体向外扩散的医疗措施。隔离的种类包括严密隔离、呼吸道隔离、消化道隔离、血液-体液隔离、接触隔离、昆虫隔离、保护性隔离等。

②消毒 狭义的消毒是指消灭污染环境的病原体，广义的消毒则包括消灭传播媒介在内。

(3)保护易感人群 包括特异性保护措施和非特异性保护措施。

【例7】目前法定传染病的病原体中不包括的是

A. 立克次体　　B. 细菌　　C. 原虫
D. 弓形虫　　E. 病毒

【例8】根据《传染病防治法》规定，需按照甲类传染病采取预防控制措施的乙类传染病是

A. 疟疾　　B. 肺炭疽　　C. 登革热
D. 梅毒　　E. 肺结核

【例9】对传染病病人的隔离是指将处在某个时间段的患者，置于不传染人群的环境下，该时间段是指

A. 潜伏期内　　B. 传染期内　　C. 恢复期内
D. 前驱期内　　E. 临床期内

常考点 感染过程的表现形式，流行过程的基本条件，传染病的防治。

参考答案——详细解答见2021《贺银成国家临床执业及助理医师资格考试历年考点精析》

1. ABCDE　2. ABCDE　3. ABCDE　4. ABCDE　5. ABCDE　6. ABCDE　7. ABCDE
8. ABCDE　9. ABCDE

第 2 章　病毒性肝炎与肾综合征出血热

▶考纲要求

①病毒性肝炎：病原分型，临床分型，甲、乙型肝炎的血清学诊断，预防。②肾综合征出血热：病原，临床分期及表现，确诊依据，主要预防措施。

▶复习要点

一、病毒性肝炎

病毒性肝炎是由多种肝炎病毒引起的，以肝脏损害为主的一组全身性传染病。目前按病因学明确分类的有甲型、乙型、丙型、丁型、戊型五型病毒性肝炎。甲型和戊型主要为急性感染，经粪-口途径传播；乙型、丙型、丁型多呈慢性感染，主要经血液、体液等途径传播。

1. 病原分型

(1)甲型肝炎病毒(HAV)　为嗜肝 RNA 病毒，呈球形，无包膜，由 32 个壳粒组成 20 面对称体颗粒。电镜下见实心和空心两种颗粒。实心颗粒为完整的 HAV，有传染性。空心颗粒为未成熟的不含 RNA 的颗粒，具有抗原性，但无传染性。HAV 基因组为单股线状 RNA，含有 7478 个核苷酸，可分为 7 个基因型，其中Ⅰ、Ⅱ、Ⅲ、Ⅶ型来自人类，Ⅳ、Ⅴ、Ⅵ型来自猿猴。目前我国已分离的 HAV 均为Ⅰ型。HAV 只有 1 个血清型和 1 个抗原抗体系统。IgM 抗体多于起病早期产生，是近期感染的标志，持续 8~12 周。IgG 可在体内长期存在，是既往感染或免疫接种后的标志。HAV 对外界抵抗力较强，耐酸碱，室温下可生存 1 周，干粪中 25℃能生存 30 天，在贝壳中能生存数月。对紫外线、氯、甲醛等敏感。

(2)乙型肝炎病毒(HBV)　属嗜肝 DNA 病毒。完整的 HBV 颗粒又称 Dane 颗粒，分为包膜和核心两部分。包膜上含有乙肝表面抗原(HBsAg)，无传染性但有抗原性，为制备血源性乙肝疫苗的成分。核心为病毒复制的主体，内含环状双股 DNA、DNA 聚合酶(DNAP)、核心抗原(HBcAg)和 e 抗原(HBeAg)。

HBV 有三个抗原抗体系统，即表面抗原与抗体系统、核心抗原与抗体系统、e 抗原与抗体系统。

HBV 基因组结构独特，由不完全的环状双股 DNA 组成，长链(负链)含 3200 个碱基对，短链(正链)的长短可变。长链上含 4 个开放读码框(ORF)，分别是 S 区、C 区、P 区和 X 区，分别编码 HBV 不同蛋白。

HBV 分为 A~I 9 个基因型，各基因型又可分为不同的亚型，我国主要是 B、C 型。HBV 基因组易发生突变，大部分无生物学意义。S 区突变可引起 HBsAg 亚型改变或 HBsAg 阴性乙型肝炎；前 C 区及 C 区启动子变异可引起 HBeAg 阴性/抗 HBe 阳性乙肝；P 区突变可导致复制缺陷或复制水平降低。

(3)丙型肝炎病毒(HCV)　为单股正链 RNA 病毒，基因组长约 9.4kb，两侧分别为 5′ 和 3′ 非编码区，中间为开放读码框(ORF)，编码区从 5′ 端开始依次为：核心蛋白区(C 区)、包膜蛋白区(E_1、E_2/NS_1)、非结构蛋白区(NS_2、NS_3、NS_4、NS_5)。包膜蛋白为病毒外壳的主要成分，可能含有与肝细胞结合的表位。NS_3 基因区编码螺旋酶和蛋白酶，NS_3 蛋白具有很强的免疫原性，可刺激机体产生抗体，在临床诊断上具有重要价值。NS_5 区编码依赖 RNA 的 RNA 聚合酶，在病毒复制中起重要作用。

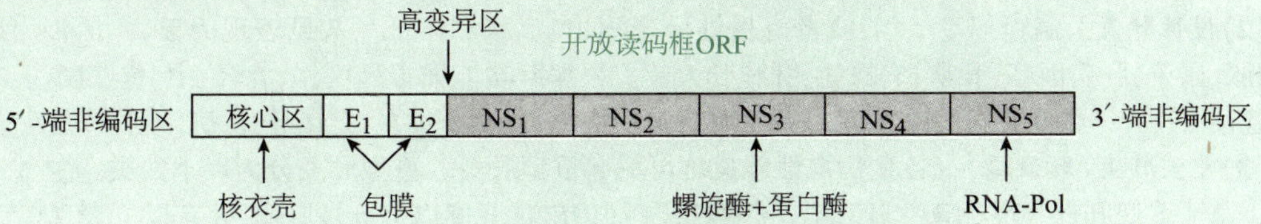

HCV基因组及聚合蛋白表达

(4)丁型肝炎病毒(HDV) 呈球形,是一种缺陷病毒,需与 HBV 共生才能复制,故 HDV 常在 HBV 感染的基础上引起重叠感染。HDV 基因组由一条单股环状闭合 RNA 组成。HDAg 是 HDV 唯一抗原成分,因此 HDV 只有一个血清型。血液中可供检测的标记物有 HDAg、抗-HD、HDV RNA。抗-HD 不是保护性抗体。

(5)戊型肝炎病毒(HEV) 为无包膜的球形颗粒,基因组为单股正链 RNA,全长 7.2~7.6kb。血液中可供检测的标记物有抗-HEV IgG、抗-HEV IgM、HEV RNA。

(6)五种肝炎病毒的比较

	甲型肝炎病毒	乙型肝炎病毒	丙型肝炎病毒	丁型肝炎病毒	戊型肝炎病毒
缩写	HAV	HBV	HCV	HDV	HEV
亲缘	微小 RNA 病毒科	嗜肝 DNA 病毒科	黄病毒科	卫星病毒科	嵌杯状病毒科
基因组	单链 RNA	双链 DNA	正单链 RNA	负单链 RNA	正单链 RNA
性状	线状	环状	线状	环状	线状
形状	球形	球形	球形	球形	圆球形
ORF 数	1	4 或 6	1	多个	3
包膜	无	有	有	有	无
抗原	HAV Ag	HBsAg、HBeAg、HBcAg	HCV Ag	HDAg	HEAg
抗体	抗-HAV	抗-HBs、抗-HBe、抗-HBc	抗-HCV	抗-HD	抗-HEV

注意:①除乙肝病毒为 DNA 病毒外,其余均属于 RNA 病毒。
②丁肝病毒为缺陷病毒,需与 HBV“共生”,因此丁型肝炎常与 HBV 重叠感染或同时感染。
③HBV 为 DNA 病毒,虽然不是逆转录病毒,但在其复制时存在逆转录过程。
④抗-HAV IgG、抗-HBs 均为保护性抗体,抗-HCV、抗-HD 都不是保护性抗体。

【例 1】甲型肝炎病毒的主要传播途径是
A. 母婴传播　　B. 粪-口传播　　C. 性传播
D. 空气传播　　E. 接触传播

【例 2】Dane 颗粒是
A. 丁型肝炎病毒　　B. 乙型肝炎病毒　　C. 甲型肝炎病毒
D. 戊型肝炎病毒　　E. 丙型肝炎病毒

【例 3】属于 DNA 病毒的肝炎病毒是
A. HBV　　B. HEV　　C. HDV
D. HCV　　E. HAV

2. 临床分型

各型肝炎的潜伏期:甲型肝炎 2~6 周(平均 4 周),乙型肝炎 1~6 个月(平均 3 个月),丙型肝炎 2 周~6 个月(平均 40 天),丁型肝炎同乙型肝炎,戊型肝炎 2~9 周(平均 6 周)。肝炎的临床分型如下:

(1)急性肝炎 包括急性黄疸型肝炎和急性无黄疸型肝炎,病程不超过半年。起病较急,常有畏寒、发热、乏力、食欲缺乏、恶心、呕吐、厌油腻等症状。多有肝大、轻触痛、质软,可有尿色深,巩膜、皮肤黄染。

(2)慢性肝炎 病程超过半年,或者有慢性肝炎病史、症状和体征。常见表现为乏力、厌油、食欲缺乏、腹胀、尿黄、肝病面容、肝掌、蜘蛛痣、肝脾肿大等。根据肝功能损害程度,分为轻、中、重三度。

急性乙、丙、丁型肝炎病情迁延,常发展为慢性肝炎。甲、戊型肝炎多为自限性疾病,不形成慢性感染。

(3)重型肝炎(肝衰竭) 各型病毒性肝炎均可引起重型肝炎。重型肝炎分为以下四类。

①急性重型肝炎　也称急性肝衰竭。起病急,2 周内出现Ⅱ度以上肝性脑病,并有以下表现:

A.极度乏力,有明显厌食、腹胀、恶心、呕吐等严重消化道症状;

B.短期内黄疸进行性加深；

C.出血倾向明显，血浆凝血酶原活动度（PTA）<40%或国际标准化值（INR）≥1.5；

D.肝脏进行性缩小。

②亚急性重型肝炎　也称亚急性肝衰竭。起病较急，发病15天~26周内出现肝衰竭症状：

A.极度乏力，有明显消化道症状；

B.黄疸迅速加深，血清TBil>正常值上限10倍或每日上升≥17.1μmol/L；

C.伴或不伴肝性脑病；D.出血倾向明显，PTA<40%或INR≥1.5。

③慢加急性重型肝炎　也称慢加急性肝衰竭，是在慢性肝病基础上出现的急性肝功能失代偿，表现为：

A.极度乏力，有明显消化道症状；

B.黄疸迅速加深，血清TBil>正常值上限10倍或每日上升≥17.1μmol/L；

C.出血倾向明显，PTA<40%或INR≥1.5；D.腹水；E.伴或不伴肝性脑病。

④慢性重型肝炎　也称慢性肝衰竭，是在肝硬化基础上，肝功能进行性减退和失代偿所致：

A.血清TBil明显升高；B.白蛋白明显降低；

C.出血倾向明显，PTA<40%或INR≥1.5；D.有腹水或门静脉高压表现；E.肝性脑病。

(4)淤胆型肝炎　主要表现为急性黄疸型肝炎较长期（黄疸持续3周以上）肝内梗阻性黄疸，黄疸具有三分离特征，即消化道症状轻、ALT上升幅度低、凝血酶原时间延长或PTA下降不明显与黄疸重呈分离现象。临床上有全身皮肤瘙痒、大便颜色变浅、肝大、梗阻性黄疸的化验结果。

(5)肝炎肝硬化　分为代偿性和失代偿性肝硬化两类。

	代偿性肝硬化	失代偿性肝硬化
病程	早期肝硬化	中晚期肝硬化
肝功能	Child-Pugh A级	Child-Pugh B、C级
临床表现	可有门脉高压症 但无腹水、肝性脑病、上消化道出血	可有门脉高压所致的上消化道出血 可有腹水、肝性脑病
化验检查	ALB≥35g/L，TBil<35μmol/L，PTA>60%	ALB<35g/L，TBil>35μmol/L，PTA<60%

【例4】男，40岁。恶心、呕吐、尿色变深2天。既往无肝炎病史。查体：巩膜黄染，肝肋下2cm。实验室检查：ALT800U/L，TBil60μmol/L，抗-HAV IgM（-），HBsAg（+），抗-HBs（-），抗-HBc IgM（+）。该患者最可能的诊断是

A. 急性甲型肝炎　　B. 急性乙型肝炎　　C. 乙型肝炎恢复期

D. 甲型肝炎恢复期　　E. 急性肝炎，HBsAg携带者

【例5】男，44岁。10年前体检时发现HBsAg阳性，当时ALT反复升高，未进行抗病毒治疗。3周前劳累后出现食欲下降、尿黄、明显乏力，症状逐渐加重，出现腹胀、尿量减少入院。查体：神志清楚，反应迟钝，扑翼样震颤阳性，心、肺查体未见异样，腹部膨隆，无压痛及反跳痛，移动性浊音阳性。实验室检查：ALT176U/L，TBil432μmol/L，凝血酶原活动度32%。最可能的诊断是

A. 急性黄疸型肝炎　　B. 急性重型乙型肝炎　　C. 慢性乙型肝炎

D. 慢性重型乙型肝炎　　E. 乙型肝炎肝硬化，失代偿期

3. 甲、乙型肝炎的血清学诊断

(1)甲型肝炎的血清学诊断　有下列任何1项即可确诊HAV近期感染：

A.血清抗-HAV IgM阳性，此为目前临床上最常用的诊断方法。

B.病程中抗-HAV IgG急性期阴性，恢复期阳性，或其滴度升高4倍以上。

C.粪便经免疫电镜找到HAV颗粒，或用ELISA法检出HAV Ag。

D.血清或粪便中检出 HAV RNA。

请注意:抗-HAV IgG 在病程中出现较晚,属于保护性抗体,具有免疫力的标志。单份抗-HAV IgG 阳性表示受过 HAV 感染或疫苗接种后反应,并不能诊断为甲型肝炎。只有急性期及恢复期双份血清抗-HAV IgG滴度升高 4 倍以上,才具有诊断价值。

(2)乙型肝炎的血清学诊断

	临床特点	阳性临床意义
HBsAg	在感染 HBV 两周后即可阳性,无症状携带者和慢性患者可持续阳性多年,甚至终身	阳性反映 HBV 现症感染
抗-HBs	在急性感染后期,HBsAg 转阴后一段时间开始出现,可持续多年	为保护性抗体,阳性表示对 HBV 有免疫力 阳性见于乙肝恢复期、过去感染、疫苗接种后 HBsAg 和抗-HBs 均阳性提示 HBV 感染恢复期
HBeAg	一般仅见于 HBsAg 阳性血清 急性 HBV 感染时 HBeAg 晚于 HBsAg 出现	阳性表示病毒复制活跃且有较强的传染性 HBeAg 持续阳性时易转变为慢性
抗-HBe	HBeAg 消失而抗-HBe 产生称为血清转换,机体由免疫耐受转为免疫激活,表示病变活动	阳性表示感染时间久、病毒复制减弱、传染性低
HBcAg	血液中的 HBcAg 主要存在于 Dane 颗粒的核心,游离的极少,常规方法不能检出	HBcAg 是 HBV 的主体 阳性表示 HBV 处于复制状态,有传染性
抗-HBc	抗-HBc IgM 是 HBV 感染后较早出现的抗体,发病第 1 周出现,6 个月内消失;抗-HBc IgG 出现较晚,但可保持多年甚至终身	抗-HBc IgM 阳性提示 HBV 现症感染;低滴度抗-HBc IgG 表示过去感染,常与抗-HBs 并存;高滴度抗-HBc IgG 表示现症感染,常与 HBsAg 并存
HBV DNA	乙肝病毒 DNA 位于 HBV 核心部分	是 HBV 感染最直接、最特异、最灵敏的指标

注意:①提示现症感染——IgM(抗-HAV IgM、抗-HBc IgM、抗-HCV IgM、抗-HEV IgM、抗-HEV IgG、HBsAg)。
②提示过去感染——IgG(抗-HAV IgG、抗-HBc IgG、抗-HCV IgG)。
③乙肝具有传染性的标志——HBeAg、HBcAg。
④乙肝具有免疫力的标志——抗-HBs。
⑤乙肝病毒处于复制状态——HBeAg、HBcAg、HBV DNAP。

【例 6】代表乙肝病毒(HBV)复制最重要的血清指标是
A. HBsAg(+)　B. HBeAg (+)　C. 抗-HBc(+)
D. 抗-HBs(+)　E. 抗-HBe(+)

【例 7】女,40 岁。体检发现 HBsAg(-),抗-HBs(+),抗-HBc(+),肝功能检查正常。最可能的情况是
A. 急性 HBV 感染　B. 感染过 HBV,已产生免疫力　C. 感染过 HBV,已开始恢复
D. 接种过乙肝疫苗　E. 体内有病毒复制

4. 预防

(1)控制传染源　肝炎患者和病毒携带者是本病的传染源。急性患者应隔离治疗至病毒消失。慢性患者和携带者可根据病毒复制指标评估传染性大小。

(2)切断传播途径　对于甲型肝炎和戊型肝炎,应防止"病从口入"。对于乙肝、丙肝和丁肝,应加强监督管理,严格执行食具消毒制度;加强血制品管理;采用主动和被动免疫阻断母婴传播。

(3)保护易感人群　目前对丙型肝炎、丁型肝炎无特异性免疫预防措施。

①甲型肝炎　甲肝疫苗有甲肝纯化灭活疫苗和减毒活疫苗两种类型,接种对象为抗-HAV IgG 阴性者。

A.灭活疫苗　成分是灭活后纯化的全病毒颗粒,抗体滴度高,保护期可持续 20 年以上。由于病毒被充分灭活,不存在毒力恢复的危险,安全有充分保障。用法为接种两针(0、6 个月),每次 1.0ml。

B.减毒活疫苗　成分以减毒的活病毒为主，价格低廉，保护期可达5年以上，但其存在疫苗稳定性差的弱点。用法为接种1针，于上臂三角肌处皮下注射1.0ml。

C.人丙种球蛋白　对于近期与甲肝患者密切接触的易感者，可用人丙种球蛋白进行被动免疫，时间越早越好，免疫期2~3个月。

②乙型肝炎　目前主要使用乙肝疫苗和HBIG。

A.乙肝疫苗　主要成分为HBsAg。接种乙肝疫苗是我国预防和控制乙肝流行的最关键措施。接种对象为所有易感者（新生儿应进行普种），与HBV感染者密切接触者、医务工作者、同性恋者、药瘾者等高危人群。

B.乙型肝炎免疫球蛋白（HBIG）　属于被动免疫，主要用于HBV感染母亲的新生儿及暴露于HBV的易感者，应尽早注射，保护期3个月。HBV慢性感染母亲的新生儿出生后立即注射HBIG100~200IU，3天后接种乙肝疫苗10μg，出生后1个月重复注射1次，6个月时再注射乙肝疫苗，保护率可达95%。

③戊型肝炎　我国"重组戊型肝炎疫苗"已于2012年研制成功。

【例8】某护士在给乙型肝炎病毒（HBV）携带者注射时，不慎被患者用过的针头刺伤手指。为预防乙型肝炎病毒感染，应首先采取的措施是

A. 注射抗生素　　B. 注射丙种球蛋白　　C. 注射乙型肝炎疫苗
D. 注射HBIG　　E. 注射干扰素α

二、肾综合征出血热

肾综合征出血热，又称流行性出血热，是由汉坦病毒属（HV）的各型病毒引起的，以鼠类为主要传染源的一种自然疫源性疾病，临床上以发热、低血压休克、充血出血和肾损害为主要表现。

1. 病原

汉坦病毒为负性单链RNA病毒，其核衣壳蛋白有较强的免疫原性和稳定的抗原决定簇，宿主感染后核衣壳蛋白抗体出现最早，在病程第2~3天即可检出，有助于早期诊断。

与抗原结构不同，汉坦病毒至少有20个以上血清型，我国流行的主要是Ⅰ型和Ⅱ型病毒。

汉坦病毒对乙醚、氯仿、去氧胆酸盐敏感，不耐热，不耐酸。对紫外线、乙醇和碘酒等消毒剂敏感。

2. 临床分期及表现

潜伏期为4~46天，一般为7~14天，以2周多见。典型病例有以下五期经过。轻型病例可出现越期现象，重症患者则可出现发热期、休克期和少尿期之间的相互重叠。

	发热期	低血压休克期	少尿期	多尿期	恢复期
发病	潜伏期7~14天	第4~6病日	第5~8病日	第9~14病日	1月后
持续	3~7天	1~3天	2~5天	7~14天	1~3月
尿量	可正常	可减少	<400ml/d	>2000ml/d	<2000ml/d
主要表现	发热、全身中毒症状 毛细血管损伤 肾损害	低血压 休克	少尿、无尿、尿毒症 水电解质紊乱 酸碱平衡失调	氮质血症 水电解质紊乱	一般情况 逐步好转

【例9】肾综合征出血热的临床分期不包括

A. 少尿期　　B. 多尿期　　C. 发热期
D. 肾衰期　　E. 低血压休克期

(1)发热期　主要表现为发热、全身中毒症状、毛细血管损伤和肾损害。

①发热　起病急，畏寒，39~40℃之间，以弛张热多见。一般体温越高，热程越长，病情越重。

②全身中毒症状　表现为"三痛"（头痛、腰痛、眼眶痛）。头痛为脑血管扩张充血所致；腰痛与肾周围组织充血、水肿、腹膜后水肿有关；眼眶痛是眼球周围组织水肿所致。多数病人可出现胃肠中毒症状，

部分病人出现中枢神经系统症状。

③毛细血管损伤　表现为充血、出血和渗出水肿征(下表包括发热期症状)。

症状体征	临床表现	备注
皮肤三红	皮肤充血潮红见于颜面、颈、胸等部位,严重者呈酒醉貌	酒醉貌具有特征性
黏膜三红	黏膜充血见于眼结膜、软腭、咽部	—
三痛征	头痛、腰痛、眼眶痛	为发热期的中毒症状
皮肤出血	多见于腋下及胸背部,常呈搔抓样、条痕样,点状瘀点	搔抓样具有特征性
黏膜出血	常见于软腭,呈针尖样出血。眼结膜出血常呈片状	—
内脏出血	少数病人内脏出血,表现为鼻出血、咯血、便血、血尿	—
渗出水肿征	表现为球结膜水肿,部分病人眼睑和脸部水肿、腹水	渗出水肿越重,病情越重

④肾损害　主要表现为蛋白尿和管型尿等。

(2)低血压休克期　主要表现为低血压和休克,一般发生于病程第 4~6 日,多数患者在发热末期或热退同时出现血压下降,少数在热退后发生。

(3)少尿期　主要表现为尿毒症、酸中毒、水电解质紊乱,严重者可出现高血容量综合征和肺水肿。电解质紊乱主要表现为高血钾、低血钠、低血钙。少数发生低血钾、高血镁等。

(4)多尿期　尿量增至 2000ml/d 以上时称多尿期。

①移行期　尿量为 400~2000ml/d,血尿素氮(BUN)、血肌酐(SCr)升高,症状加重。

②多尿早期　尿量>2000ml/d,氮质血症未见改善,症状仍重。

③多尿后期　尿量>3000ml/d,氮质血症逐步下降,精神食欲逐日好转。

(5)恢复期　尿量恢复为 2000ml/d 以下,一般情况基本恢复。

注意:①肾综合征出血热多尿期——是指尿量>2000ml/d。
②急性肾功能衰竭多尿期——是指尿量>800ml/d。

3. 确诊依据

(1)流行病学资料　发病季节,病前 2 个月进入疫区并有与鼠类接触史。

(2)临床表现　三红征、三痛征、皮肤搔抓样或条索点状出血、肾损害。患者热退后症状反而加重。

(3)实验室检查

①血常规　白细胞计数第 3 病日逐渐升高,早期中性粒细胞增多。第 4~5 病日后,淋巴细胞增多,有较多异型淋巴细胞。血红蛋白和红细胞计数增高,血小板减少。

②尿常规　病程第 2 天可出现尿蛋白,第 4~6 病日尿蛋白可达(+++)~(++++)。突然出现大量尿蛋白对诊断很有帮助。部分病例尿中可出现膜状物。

③特异性抗体检测　在第 2 病日即可检出特异性 IgM 抗体,1∶20 为阳性。IgG 抗体 1∶40 为阳性,1 周后抗体滴度上升 4 倍或 4 倍以上有诊断价值。

④特异性抗原检测　早期病人的血清、周围血中性粒细胞、单核细胞、淋巴细胞和尿沉渣细胞均可检出汉坦病毒抗原。

⑤分子生物学方法　应用反转录-聚合酶链反应(RT-PCR)检出汉坦病毒,具有诊断价值。

(4)确诊依据　尿蛋白大量出现和尿中带膜状物有助于诊断。血、尿中检出病毒和血清中检出特异性 IgM 抗体可确诊。RT-PCR 检出汉坦病毒的 RNA 有助于早期和非典型病例的诊断。

记忆:发病早期即卧床,三红三痛两反常。三项化验可定性,IgM 可确定。发热头痛像感冒,恶心呕吐蛋白尿。热退病重血压掉,少尿气粗肌酐高。白多板低异淋高,检测 IgM 更重要。
"两反常"是指反常性蛋白尿及体温降低反而病情加重。"三项化验"是指血常规、尿常规及免疫学检查。"白多板低异淋高"是指血常规白细胞增多、血小板降低、异型淋巴细胞增多。

【例10】男,45岁。发热4天于1月20日来诊。体温波动于39℃~40℃,伴发冷、乏力、全身不适,服感冒药无效。居住地有鼠。查体:T39℃,P120次/分,BP70/50mmHg。急性病容,精神萎靡,皮肤充血,面部水肿,腋下搔抓样出血点。实验室检查:血WBC20×10^9/L,N0.6,L0.24,异型L0.16,Plt 80×10^9/L。尿常规:尿蛋白(+++),镜检有少数红细胞。最可能的诊断是

A. 斑疹伤寒　　B. 肾综合征出血热　　C. 伤寒
D. 钩端螺旋体病　　E. 上呼吸道感染

【例11】男,45岁。发热、头痛3天,于1月15日就诊。查体:T38.8℃,P116次/分,BP80/50mmHg,神志清楚,腋下皮肤散在出血点,颈无抵抗,克尼格征阳性。血常规:Hb175g/L,WBC15×10^9/L,N0.7,L0.13,异型淋巴细胞0.17,蛋白尿(+++)。该患者最可能的诊断是

A. 肾综合出血热　　B. 流行性斑疹伤寒　　C. 伤寒
D. 流行性脑脊髓膜炎　　E. 流行性乙脑

【例12】男,47岁,农民,持续高热3天,尿少1天。查体:神志清,皮肤及巩膜轻度黄染,面部及前胸不明显充血,双腋下可见"鞭击样"出血点。实验室检查:血WBC18.2×10^9/L,Plt60×10^9/L,ALT 140U/L,TBil45μmol/L,尿蛋白(++)。最可能的诊断是

A. 肾综合征出血热　　B. 急性肾小球肾炎　　C. 急性黄疸型肝炎
D. 钩端螺旋体病　　E. 败血症

注意:解题关键词——三痛征、抓痕样出血点、大量蛋白尿、外周血异型淋巴细胞增多。

4. 主要预防措施

(1)控制传染源　防鼠灭鼠最为关键。

(2)切断传播途径　防止鼠类排泄物污染食品,不用手接触鼠类及其排泄物,防止鼠咬伤。

(3)保护易感人群　沙鼠肾细胞灭活疫苗(Ⅰ型)、地鼠肾细胞灭活疫苗(Ⅱ型)、乳鼠脑纯化汉坦病毒灭活疫苗(Ⅰ型)使用后,大多数人能产生中和抗体。有发热、严重疾病和过敏者禁用。

▶常考点　病毒性肝炎的临床分型及血清学诊断;肾综合征出血热的临床表现及诊断。

参考答案——详细解答见2021《贺银成国家临床执业及助理医师资格考试历年考点精析》

1. ABCDE　2. ABCDE　3. ABCDE　4. ABCDE　5. ABCDE　6. ABCDE　7. ABCDE
8. ABCDE　9. ABCDE　10. ABCDE　11. ABCDE　12. ABCDE

第3章 流行性乙型脑炎与艾滋病

考纲要求

①流行性乙型脑炎：病原学，流行病学，临床表现，诊断，确诊依据与鉴别诊断，治疗原则与预防。②艾滋病：病原，传染途径，临床表现，诊断。

复习要点

一、流行性乙型脑炎

流行性乙型脑炎简称乙脑，又称日本脑炎，是由乙型脑炎病毒引起的以脑实质炎症为主要病变的中枢神经系统急性传染病。本病经蚊传播，常流行于夏秋季。临床上以高热、意识障碍、抽搐、病理反射及脑膜刺激征为特征，病死率高，部分病例可留有严重后遗症。

1. 病原学

乙脑病毒为单正链RNA病毒，病毒颗粒的包膜中镶嵌有糖基化蛋白（E蛋白）和非糖基化蛋白（M蛋白）。其中，E蛋白是病毒的主要抗原成分。乙脑病毒的抗原性稳定，较少变异。人与动物感染乙脑病毒后，可产生补体结合抗体、中和抗体及血凝抑制抗体，对这些特异性抗体的检测有助于临床诊断和流行病学调查。乙脑病毒易被常用消毒剂杀灭，耐冷不耐热。

2. 流行病学

(1)传染源 乙脑是人畜共患的自然疫源性疾病，人和许多动物都可成为本病的传染源，但猪（尤其是仔猪）是最主要的传染源，人不是主要传染源。

(2)传播途径 主要通过蚊虫叮咬而传播，其中三带喙库蚊是主要传播媒介。

(3)易感人群 人对乙脑病毒普遍易感，感染后多呈隐性感染，显性与隐性感染之比为1:(300~2000)，感染后可获得较持久的免疫力。病例主要为10岁以下的儿童，以2~6岁组发病率最高。

(4)流行特征 发病率农村高于城市，全年均可发病，但以7、8、9三个月多见。

【例1】流行性乙型脑炎的传播途径是

A. 性接触传播　B. 眼结膜接触传播　C. 呼吸道传播
D. 虫媒传播　E. 消化道传播

3. 临床表现

潜伏期4~21天，一般为10~14天。典型的临床表现可分为以下4期。

(1)初期 为病初的1~3日，起病急，高热，伴有头痛、精神萎靡、嗜睡、食欲缺乏等。

(2)极期 为病程的4~10日，常有脑实质受损的症状。高热、意识障碍、惊厥或抽搐、呼吸衰竭是乙脑极期的严重表现。呼吸衰竭为主要死因。可有颅内高压征、锥体束征和脑膜刺激征等。

(3)恢复期 患者体温逐渐下降，神经系统症状和体征逐日好转，一般患者于2周左右可完全恢复。

(4)后遗症期 少数重症患者留有后遗症，主要有失语、肢体瘫痪、意识障碍、精神失常及痴呆等。

【例2】流行性乙型脑炎极期的临床表现不包括

A. 呼吸衰竭　B. 惊厥或抽搐　C. 持续高热
D. 意识障碍　E. 肾衰竭

4. 辅助检查

(1)血象 白细胞总数增高，一般在$(10\sim20)\times10^9/L$，中性粒细胞在80%以上。

(2)脑脊液检查 外观无色透明或微混浊，压力增高，白细胞多在$(50\sim500)\times10^6/L$。早期以中性粒细胞为主,随后淋巴细胞增多。蛋白轻度增高,糖正常或偏高,氯化物正常。

(3)血清学检查

血清学检查项目	出现时间	高峰时间	临床意义
特异性抗体 IgM	病后 3~4 天即可出现	2 周达高峰	有早期确诊价值
补体结合试验	补体结合抗体为 IgG,在发病 2 周出现	5~6 周达高峰,抗体水平可维持 1 年	不能用于早期诊断,只能用于回顾性诊断或流行病学调查
血凝抑制试验	病后 4~5 天	2 周达高峰,可维持 1 年	可用于临床诊断及流行病学调查

5. 诊断和确诊依据

(1)诊断　根据流行病学资料(严格的季节性)、临床表现及实验室检查结果进行诊断。

(2)确诊　血清特异性 IgM 抗体阳性有助于确诊。若恢复期血清抗乙脑病毒 IgG 抗体比急性期升高 4 倍,或检测到乙脑病毒抗原均可确诊。乙脑病毒主要存在于脑组织中,血及脑脊液中不易分离出病毒。

【例 3】确诊流行性乙型脑炎常检查的抗体是

A. 特异性 IgM 抗体　B. 血凝抑制抗体　C. 血凝素抗体
D. 中和抗体　E. 补体结合抗体

6. 鉴别诊断

(1)中毒性菌痢　起病更急,常于发病 24 小时内出现高热、抽搐、昏迷和感染性休克,一般无脑膜刺激征,脑脊液多正常。作肛拭或灌肠镜检粪便,可见大量脓、白细胞。

(2)化脓性脑膜炎　以脑膜炎症状为主,脑实质病变的表现不突出,脑脊液呈细菌性脑膜炎改变,涂片和培养可找到细菌。流脑多见于冬春季,大多有皮肤黏膜瘀点,其他细菌所致者多有原发病灶。

(3)结核性脑膜炎　无季节性,常有结核病史,起病缓慢,脑膜刺激征明显,脑实质病变较轻。脑脊液蛋白明显增高,氯化物明显下降,糖降低,其薄膜涂片或培养可检出结核分枝杆菌。

(4~5 题共用题干)男,10 岁。发热、头痛、呕吐 3 天,嗜睡半天,于 7 月 10 日入院。既往体健。查体:T39.6℃,P112 次/分,R20 次/分,BP130/75mmHg。神志不清,皮肤未见出血点,心、肺未见异常,腹软,压痛及反跳痛(-),肝、脾肋下未触及,颈抵抗(+),双侧 Babinski 征(+)。实验室检查:血 WBC12.4×10^9/L,中性粒细胞 0.70,淋巴细胞 0.30。腰穿脑脊液检查:压力 200mmH_2O,WBC170×10^6/L,氯化物 115mmol/L。

【例 4】该患者最可能的诊断是

A. 结核性脑膜炎　B. 隐球菌性脑膜炎　C. 流行性脑脊髓膜炎
D. 肾综合征出血热　E. 流行性乙型脑炎

【例 5】最有助于确诊的检查是

A. 脑脊液培养　B. 结核菌素试验　C. 血清特异性 IgM 抗体
D. 血培养　E. 脑脊液涂片找细菌(注意正确答案为 C 而不是 A)

7. 治疗

目前尚无特效抗病毒药,主要采取对症和支持治疗。

(1)对症治疗　高热、抽搐和呼吸衰竭是危及病人生命的三大主要症状,因此及时控制这三大症状是抢救乙脑患者的关键。

①高热　应以物理降温为主,药物降温为辅,同时降低室温,使肛温保持在 38℃左右。

②抽搐　因高热所致的抽搐以降温为主。因脑水肿所致者应加强脱水治疗。因脑实质病变引起者,可使用镇静剂。

③呼吸衰竭　根据不同病因进行相应的治疗。应保持呼吸道通畅,氧疗。对于脑水肿所致者给予脱水治

疗，对于中枢性呼衰者可使用呼吸兴奋剂。使用血管扩张剂以改善脑微循环、减轻脑水肿、解除脑血管痉挛。

④其他治疗　对于循环衰竭者可行升压、强心、利尿等治疗。肾上腺皮质激素不作为常规应用，仅在重型患者的抢救中酌情使用。

(2)恢复期及后遗症治疗　应加强护理，防止压疮和继发感染；进行语言、智力、吞咽、肢体功能锻炼；还可结合理疗、针灸、推拿按摩、高压氧、中药等治疗。

8. 预防

(1)控制传染源　及时隔离和治疗病人，病人隔离至体温正常。但主要传染源是猪，因此应做好饲养场所的环境卫生，人畜居住地分开。

(2)切断传播途径　防蚊和灭蚊是预防乙脑病毒传播的重要措施。

(3)保护易感人群　预防接种是保护易感人群的根本措施。现普遍采用地鼠肾细胞灭活和减毒活疫苗，可获得较持久的免疫力。

A. 灭虱　　B. 灭鼠　　C. 灭蜱

D. 灭蚤　　E. 灭蚊

【例6】流行性乙型脑炎的防疫措施是

【例7】肾综合征出血热的防疫措施是

二、艾滋病(AIDS)

艾滋病是获得性免疫缺陷综合征的简称，是由人免疫缺陷病毒(HIV)引起的慢性传染病。HIV主要破坏$CD4^+T$细胞，导致机体细胞免疫功能受损乃至缺陷，引起各种机会性感染及肿瘤，最后导致死亡。

【例8】获得性免疫缺陷综合征患者主要受损的靶细胞是

A. $CD8^+T$细胞　　B. B_1细胞　　C. $CD4^+T$细胞

D. NK细胞　　E. B_2细胞

1. 病原体

(1)类型　HIV为单链RNA病毒，属于反转录病毒科慢病毒属中的人类慢病毒组。

(2)组成　HIV是由核心和包膜组成的球形颗粒，直径100~120nm。核心包括两条正链RNA、反转录酶、整合酶、蛋白酶、RNA酶H、互补DNA(cDNA)、核心蛋白P24、基质蛋白P6等。病毒的最外层为类脂包膜，其中嵌有外膜糖蛋白(gp120)、跨膜糖蛋白(gp41)。

(3)分型　HIV分为HIV-1和HIV-2两型。HIV-1是主要流行株，HIV-2的传染性和致病性均较低。

(4)抗原抗体系统　HIV感染人体后可刺激机体产生针对病毒(HIV)多种蛋白的抗体(抗-HIV)，但其中和作用低，不产生持久性的保护性免疫，故HIV抗原与抗-HIV同时存在的血清仍具有传染性。

2. 传播途径

艾滋病目前公认的传染途径主要是性接触、血液接触和母婴传播。

(1)性接触　HIV存在于血液、精液、阴道分泌物中，唾液、眼泪、乳汁等体液也含有HIV。性接触传播是主要的传播途径，包括同性、异性和双性性接触。性接触摩擦所致细微破损即可侵入机体致病。与发病有关的因素包括性伴数量、性伴感染阶段、性交方式、性交保护措施等。

(2)血液接触　公用针具静脉吸毒，输入被HIV污染的血液制品、介入性医疗操作等均可受感染。

(3)母婴传播　感染HIV的孕妇可经胎盘将病毒传给胎儿，也可经产道、哺乳等传给婴儿。

(4)其他　接收HIV感染者的器官移植、人工授精、污染的器械、医务人员的职业暴露等。无证据表明可经食物、水、昆虫或生活接触传播。

【例9】可通过母婴传播的传染病是

A. 甲型病毒性肝炎　　B. 艾滋病　　C. 流行性乙型脑炎

D. 疟疾　　E. 狂犬病

【例10】HIV的感染途径不包括

A. 输血制品　　B. 呼吸道传播　　C. 母婴传播
D. 不洁注射　　E. 性接触传播

3. 临床表现

本病潜伏期平均8~9年，可短至数月，长达15年。分为急性期、无症状期、艾滋病期三期。

	急性期	无症状期	艾滋病期
发病时机	初次感染HIV后的2~4周	从急性期进入或直接进入此期	感染HIV后的最终阶段
持续时间	持续1~3周	持续6~8年	不定
临床表现	以发热最常见，可伴有全身不适、头痛、盗汗、恶心、呕吐、腹泻、关节痛、淋巴结肿大及神经系统症状	无明显临床症状 HIV在感染者体内不断复制 此期具有传染性	HIV相关症状，持续性全身淋巴结肿大，各种机会感染（肺孢子虫肺炎、中枢神经系统、消化系统、口腔等感染），肿瘤
$CD4^+T$细胞	一过性减少，CD4/CD8比例倒置	逐渐下降	明显下降，<200/mm^3
血清检测	HIV RNA阳性，P24抗原阳性 HIV抗体数周后阳性	HIV RNA阳性，HIV的核心蛋白和包膜蛋白的抗体均阳性	HIV RNA阳性 HIV抗体阳性

4. 诊断标准

HIV感染/AIDS的诊断：①流行病学史：不安全性生活史、静脉注射毒品史、输入未经抗HIV检测的血液或血液制品、抗HIV阳性者所生子女等；②临床表现：各期临床表现如上表；③实验室检查：HIV抗体阳性是诊断HIV感染/AIDS的金标准；HIV RNA和P24抗原检测有助于HIV感染/AIDS的诊断。

(1)急性期诊断标准　病人近期有流行病学史+临床表现+HIV抗体由阴转阳，即可诊断；或仅有实验室检查HIV抗体由阴转阳，即可诊断。

(2)无症状期诊断标准　有流行病学史+HIV抗体阳性；或仅有实验室HIV抗体阳性，即可诊断。

(3)艾滋病期诊断标准　有流行病学史+HIV抗体阳性+以下任何一项，即可诊断艾滋病。

①原因不明的持续不规则发热1个月以上，体温>38℃；②慢性腹泻1个月以上，次数>3次/日；③6个月内体重下降10%以上；④反复发作的口腔白色念珠菌感染；⑤反复发作的单纯疱疹病毒感染或带状疱疹感染；⑥肺孢子菌肺炎；⑦反复发生的细菌性肺炎；⑧活动性结核或非结核分枝杆菌病；⑨深部真菌感染；⑩中枢神经系统病变；⑪中青年出现痴呆；⑫活动性巨细胞病毒感染；⑬弓形虫脑病；⑭青霉菌感染；⑮反复发生的败血症；⑯皮肤黏膜或内脏的卡波西肉瘤、淋巴瘤。

HIV抗体阳性，虽无上述表现或症状，但$CD4^+T$细胞数<200/mm^3，也可诊断为艾滋病。

【例11】男，28岁。上腹部不适、腹泻伴消瘦半年，无发热。近2年有静脉吸毒史。胃镜检查见食管上覆白膜，慢性浅表性胃炎。实验室检查：血WBC3.8×10^9/L。最有助于明确诊断的检查是

A. 血糖　　B. $CD4^+T$细胞计数　　C. 抗-HIV
D. 血免疫球蛋白水平　　E. 血沉

▶常考点　乙脑的诊断；艾滋病的诊断。

参考答案——详细解答见2021《贺银成国家临床执业及助理医师资格考试历年考点精析》

1. ABCDE　2. ABCDE　3. ABCDE　4. ABCDE　5. ABCDE　6. ABCDE　7. ABCDE
8. ABCDE　9. ABCDE　10. ABCDE　11. ABCDE

第 4 章　细菌性痢疾与流行性脑脊髓膜炎

▶考纲要求

①细菌性痢疾:病原,急性细菌性痢疾的临床表现,确诊依据,病原治疗。②流行性脑脊髓膜炎:病原,临床表现(普通型与暴发型),确诊依据,病原治疗。

▶复习要点

一、细菌性痢疾

细菌性痢疾简称菌痢,是由志贺菌(也称痢疾杆菌)引起的肠道传染病,主要经消化道传播,其主要病理变化为直肠、乙状结肠的炎症与溃疡,主要表现为腹痛腹泻、排黏液脓血便及里急后重等。

1. 病原学

志贺杆菌革兰阴性杆菌,有菌毛,无鞭毛、荚膜及芽胞,无动力,兼性厌氧,但最适宜于需氧生长。

(1)抗原结构　志贺菌血清型繁多,根据生化反应和 O 抗原的不同,将志贺菌分为 4 个血清群,我国目前以福氏和宋内志贺菌占优势。福氏志贺菌感染易转为慢性。宋内志贺菌感染引起的症状较轻,多呈不典型发作。痢疾志贺菌既能产生内毒素,也能产生外毒素,故毒力最强,可引起严重症状。

菌名	群别	产生的毒素	细菌毒力	抵抗力	临床常见类型
痢疾志贺菌	A 群	内毒素+外毒素	最强	最弱	急性菌痢多见
福氏志贺菌	B 群	内毒素	较低	较强	急性菌痢、慢性菌痢、中毒性菌痢
鲍氏志贺菌	C 群	内毒素	较强	较弱	急性菌痢多见
宋内志贺菌	D 群	内毒素	较低	最强	急性菌痢、中毒性菌痢

(2)抵抗力　志贺菌存在于患者和带菌者的粪便中,抵抗力弱,加热 60℃10 分钟即可被杀死,对酸及一般消毒剂敏感。在粪便中数小时内死亡,但在污染物、瓜果上可存活 10~20 天。

(3)毒素　各群志贺菌均可产生内毒素,引起全身反应,如发热、毒血症、休克等。痢疾志贺菌还能产生外毒素(志贺毒素),有肠毒性、神经毒性和细胞毒性,可引起相应的临床症状。

2. 急性细菌性痢疾的临床表现

根据毒血症及肠道症状轻重,可分为 4 型,即普通型(典型)、轻型、重型和中毒性菌痢。

(1)普通型(典型)、轻型、重型的临床表现

	急性普通型(典型)菌痢	急性轻型菌痢	急性重型菌痢
起病缓急	急性起病	急性起病	急性起病
自然病程	1~2 周	数天~1 周	可导致病人死亡
疾病转归	多数自行恢复,少数转为慢性	多数自愈,少数转为慢性	多数治愈,少数死亡
全身症状	畏寒发热,体温 39℃ 头痛,乏力,食欲减退	全身症状轻微 可无发热或仅有低热	全身中毒症状明显 体温不升,心肾功能不全
腹痛腹泻	有,每日 10 余次~数十次	有,每日 10 次以内	有,每日 30 次以上
大便性状	先稀水样便,后黏液脓血便	稀便,有黏液,无脓血	稀水脓血便,偶有片状假膜
里急后重	明显	较轻或缺如	明显
体格检查	肠鸣音亢进,左下腹压痛	左下腹轻压痛	严重腹胀及中毒性肠麻痹,衰竭征

(2)中毒性菌痢的临床表现 多见于2~7岁儿童,其特点为:起病急骤,突起畏寒高热,病势凶险,全身中毒症状严重,但肠道症状轻微。可有嗜睡、昏迷、抽搐,迅速发生循环和呼吸衰竭。临床上以严重毒血症、休克、中毒性脑病为主,而局部肠道症状轻微或缺如。开始时无腹痛、腹泻症状,但发病24小时内可出现痢疾样粪便。

【例1】男孩,14岁。中午参加聚餐,晚上开始发热,腹泻,初为水样便,后为黏液脓血便,呕吐3次。粪镜检WBC30~40/HP,RBC4~8/HP,吞噬细胞1~2/HP。最可能的诊断是

A. 霍乱　　B. 急性细菌性痢疾　　C. 伤寒
D. 溃疡性结肠炎　　E. 急性坏死性肠炎

【例2】不属于中毒性细菌性痢疾临床特征的是

A. 起病时肠道症状可不明显　　B. 迅速发生休克与呼吸衰竭　　C. 均有脑膜刺激征
D. 多见于2~7岁儿童　　E. 急起高热,反复惊厥

【例3】男孩,5岁。突发高热4小时,惊厥2次来院。病前可疑不洁饮食史。查体:T39.5℃,BP80/50mmHg,热病容,昏睡状,心音尚有力,双肺无异常,腹部稍胀,四肢凉。实验室检查:WBC19×10^9/L,N0.78。最可能的诊断是

A. 热性惊厥　　B. 化脓性脑膜炎　　C. 中毒性细菌性痢疾
D. 病毒性脑炎　　E. 流行性脑脊髓膜炎

3. 确诊依据

(1)诊断 通常根据流行病学史,症状体征及实验室检查进行综合分析。

①流行病学史 菌痢多发于夏秋季,有不洁饮食史或与菌痢患者接触史。

②症状体征 急性期临床表现为发热、腹痛、腹泻、里急后重及黏液血便,左下腹明显压痛等。

慢性菌痢患者则有急性菌痢史,病程超过2个月而病情未愈。

中毒性菌痢以儿童多见,有高热、惊厥、意识障碍及呼吸循环衰竭,起病时肠道症状轻微。

③实验室检查 粪便检查特点多为黏液脓血便,镜检发现大量白细胞(≥15个/HP)、脓细胞和红细胞,即可诊断。

(2)确诊 大便培养检出痢疾杆菌为确诊依据。

4. 病原治疗

应根据当地流行菌株敏感情况选择抗生素,疗程3~5天。常用药物首选喹诺酮类(首选环丙沙星)。二线治疗药物包括头孢曲松、匹美西林、阿奇霉素等。

(4~5题共用题干)男性,22岁。昨晚进食海鲜,今晨开始畏寒、发热、腹痛,以左下腹甚,腹泻伴明显里急后重,排便8次,初为稀便,继之为黏液脓血便。

【例4】此病例的诊断为

A. 急性细菌性痢疾轻型　　B. 急性细菌性痢疾普通型　　C. 中毒性细菌性痢疾
D. 慢性细菌性痢疾迁延型　　E. 急性胃肠炎

【例5】对该病例首先采用的抗菌药物是

A. 四环素　　B. 喹诺酮类　　C. 氯霉素
D. 庆大霉素　　E. 呋喃唑酮

二、流行性脑脊髓膜炎

流行性脑脊髓膜炎简称流脑,是由脑膜炎奈瑟菌引起的急性化脓性脑膜炎,其主要临床表现为突发高热、剧烈头痛、频繁呕吐、皮肤黏膜瘀点、瘀斑及脑膜刺激征,严重者可有败血症休克和脑实质损害。

1. 病原学

脑膜炎奈瑟菌(脑膜炎球菌)为革兰染色阴性双球菌,有荚膜,无芽胞,不活动,为专性需氧菌,在普通培养基上不易生长,在巧克力或血培养基上生长良好。根据脑膜炎球菌表面特异性荚膜多糖抗原的不同,可将其分为 A、B、C、D、W、Y、Z、29E、W135、H、I、K、L 13 个亚群,90%以上为 A、B、C 3 个亚群,在我国以 A 群为主。脑膜炎球菌对干燥、湿热、寒冷及一般消毒剂均极敏感,在体外易自溶而死亡。

【例 6】脑膜炎双球菌有不同的菌群,目前我国流行的菌群以下列哪群为主?

A. A 群　　B. B 群　　C. C 群
D. D 群　　E. E 群

2. 临床表现

潜伏期一般为 1~2 天,按病情可分为普通型、暴发型、轻型、慢性型 4 型。

(1)普通型　最常见,约占发病者的 90%,分为以下四期。

	前驱期(上感期)	败血症期	脑膜脑炎期	恢复期
持续时间	1~2 天	1~2 天	2~5 天	1~3 周
临床表现	上呼吸道感染症状:低热、鼻塞、咽痛	全身中毒症状:寒战、高热、头痛,出现皮肤黏膜瘀点	败血症,中毒症状颅压增高三主征脑膜刺激征	体温逐渐下降至正常,皮肤瘀点瘀斑结痂愈合,神经系统检查恢复正常
临床特点	发病急,进展快,易被忽视	四肢、软腭、眼结膜出现瘀点为其特征	婴儿无脑膜刺激征前囟隆起具诊断意义	病程中 10%的患者可有口周疱疹

注意:①流行性脑脊髓膜炎——四肢、软腭、眼结膜、臀部等处皮肤黏膜瘀点。
②肾综合征出血热——胸背部搔抓样、条痕样出血点。

(2)暴发型　起病急骤,病情变化迅速,病势凶险,病死率高,儿童多见。分以下三型:

①休克型　严重中毒症状,急起寒战、高热或体温不升,伴头痛、呕吐,短时间内出现瘀点、瘀斑,可迅速增多融合成片。24 小时内迅速出现循环衰竭、血压下降、尿量减少、昏迷。

②脑膜脑炎型　主要表现为脑膜及脑实质损伤,常于 1~2 天内出现严重神经系统症状,患者高热、头痛、呕吐,意识障碍,可迅速出现昏迷、抽搐,脑膜刺激征,严重者发生脑疝。

③混合型　可先后或同时出现休克型和脑膜脑炎型的症状。

【例 7】流行性脑脊髓膜炎败血症期患者皮肤瘀点的主要病理基础是

A. 血管脆性增强　　B. 弥散性血管内凝血(DIC)　　C. 血小板减少
D. 小血管炎致局部坏死及栓塞　　E. 凝血功能障碍

【例 8】普通型流行性脑脊髓膜炎临床分期不包括

A. 恢复期　　B. 败血症期　　C. 前驱期
D. 脑膜炎期　　E. 发热期

3. 确诊依据

(1)疑似病例　①有流脑流行学病史;②临床表现及脑脊液检查符合化脓性脑膜炎表现。

(2)临床诊断病例　①有流脑流行学病史;②临床表现及脑脊液检查符合化脓性脑膜炎表现,伴有皮肤黏膜瘀点、瘀斑。或虽无化脓性脑膜炎表现,但在感染性休克表现的同时伴迅速增多的皮肤黏膜瘀点、瘀斑。

(3)确诊病例　在临床诊断病例基础上,加上细菌学或流脑特异性血清免疫学检查阳性。

①血象　典型化脓菌感染的表现。白细胞总数增高,中性粒细胞在 80%~90%以上。

②脑脊液检查　是确诊流脑的重要方法。脑脊液压力增高,外观浑浊呈米汤样、脓样,白细胞 $>1000\times10^6$/L,糖及氯化物明显减少,蛋白质含量升高。

③细菌学检查　皮肤瘀点的组织液或离心沉淀的脑脊液涂片,阳性率约 60%~80%。瘀点涂片简便易行,是早期诊断的重要方法。也可行细菌培养。

④血清免疫学检查 可检测脑膜炎球菌抗原，阳性率90%以上，主要用于早期诊断。

A. 流行性脑脊髓膜炎　B. 流行性乙型脑炎　C. 结核性脑膜炎
D. 病毒性脑膜炎　E. 中毒性菌痢

【例9】脑脊液外观浑浊，WBC>1000×10^6/L，N90%，蛋白质增高，糖及氯化物降低

【例10】脑脊液外观透明，WBC(50~500)$\times10^6$/L，N80%，蛋白质稍增高，糖及氯化物正常

【例11】脑脊液外观毛玻璃样，WBC(50~500)$\times10^6$/L，L20%，蛋白质显著增高，糖及氯化物明显降低

【例12】3岁患儿。高热10小时，伴头痛，频繁呕吐，腹泻3次为稀水样便。查：T39℃，BP50/30mmHg，精神萎靡，全身散在大小不等瘀斑，心、肺未见异常。CSF检查：细胞数15000×10^6/L，蛋白微量，葡萄糖2.2mmol/L。该患儿最可能的诊断是

A. 败血症，感染性休克　B. 流行性脑脊髓膜炎　C. 流行性乙型脑炎
D. 中毒性细菌性痢疾　E. 化脓性脑膜炎

【例13】女性，5岁。因发热、头痛、呕吐2天于2月3日入院。体检：神志恍惚，口唇单纯疱疹，皮肤上有大小不等的瘀斑，少数融合成片。诊断应首先考虑

A. 流行性乙型脑炎　B. 钩端螺旋体病脑膜脑炎型　C. 流行性出血热
D. 脑型疟疾　E. 流行性脑脊髓膜炎

【例14】男，2岁。发热伴皮肤出血点1天。昏迷2小时于2月3日就诊。查体：昏迷，血压测不出，全身可见较多瘀点、瘀斑，双下肢有融合成片的紫癜。为快速临床诊断，最重要的检查是

A. 凝血功能　B. 头颅MRI　C. 血常规
D. 脑脊液常规　E. 瘀点涂片做细菌学检查

【例15】女孩，15岁。发热、头痛、呕吐、烦躁2天，于1月28日入院。查体：T39.8℃，BP130/80mmHg，精神差，神志清，全身散在瘀点、瘀斑，颈抵抗(+)，Kernig征(+)，Babinski征(+)。脑脊液检查：压力240mmH_2O，外观浑浊，WBC1200×10^6/L，蛋白升高，糖和氯化物明显降低。首先考虑的诊断是

A. 流行性乙型脑炎　B. 钩端螺旋体病　C. 结核性脑膜炎
D. 流行性脑脊髓膜炎　E. 中毒型细菌性痢疾

4. 病原治疗

一旦高度怀疑流脑，应在30分钟内给予抗菌治疗。

(1)青霉素 为首选药物，但不能通过血脑屏障，加大剂量能在脑脊液中达到有效治疗浓度。

(2)头孢菌素 第三代头孢菌素对脑膜炎球菌抗菌活性强，易透过血脑屏障，且毒性低。

(3)氯霉素 较易通过血脑屏障，对脑膜炎球菌有良好的抗菌活性，但需要警惕对骨髓造血功能的抑制，常用于青霉素过敏者。

▶常考点 考试重点，应全面掌握。

参考答案——详细解答见2021《贺银成国家临床执业及助理医师资格考试历年考点精析》

1. ABCDE　2. ABCDE　3. ABCDE　4. ABCDE　5. ABCDE　6. ABCDE　7. ABCDE
8. ABCDE　9. ABCDE　10. ABCDE　11. ABCDE　12. ABCDE　13. ABCDE　14. ABCDE
15. ABCDE

第5章　疟疾与血吸虫病

考纲要求

①疟疾：疟原虫种类，间日疟典型临床表现，确诊依据，病原治疗，主要预防措施。②血吸虫病：急性血吸虫病的临床表现，确诊依据，病原治疗，主要预防措施。

复习要点

一、疟疾

疟疾是由人类疟原虫感染引起的寄生虫病，主要为雌性按蚊叮咬传播。疟原虫先侵入肝细胞发育繁殖，再侵入红细胞繁殖，引起红细胞成批破裂而发病。临床上以反复发作的间歇性寒战高热，继之大量出汗后缓解为特点，常有脾大和贫血。间日疟及卵形疟可出现复发，恶性疟发热常不规则，病情较重。

1. 疟原虫种类

可感染人体的疟原虫有4种，即间日疟原虫、卵形疟原虫、三日疟原虫和恶性疟原虫。疟原虫在人体内的发育过程可分为两个阶段，即红细胞外期和红细胞内期；有两个宿主，按蚊为终末宿主，人为中间宿主。

（1）红细胞外期（肝细胞内期）　当雌性按蚊叮咬人体时，子孢子随按蚊唾液进入人体，经血液循环进入肝脏。在肝细胞内，子孢子发育为成熟的裂殖体。当被寄生的肝细胞破裂时，释放出大量裂殖子。一部分裂殖子被吞噬细胞消灭，另一部分侵入红细胞形成红细胞内期。

（2）红细胞内期　侵入红细胞内的裂殖子发育成小滋养体（环状体）→大滋养体→裂殖体→裂殖子。当寄生的红细胞破裂时，释放出裂殖子及其代谢产物，引起临床上典型的疟疾发作。释放的裂殖子大部分被吞噬细胞消灭，小部分再侵入未感染的红细胞，重新开始新一轮的无性繁殖，形成临床上周期性发作。

间日疟及卵形疟在红细胞内的发育周期为48小时，三日疟约为72小时。恶性疟的发育周期为36~48小时，且发育先后不一，故临床发作不规则。部分疟原虫裂殖子在红细胞内经3~6代增殖后发育为雌性配子体与雄性配子体，配子体在人体内的存活时间为30~60天。

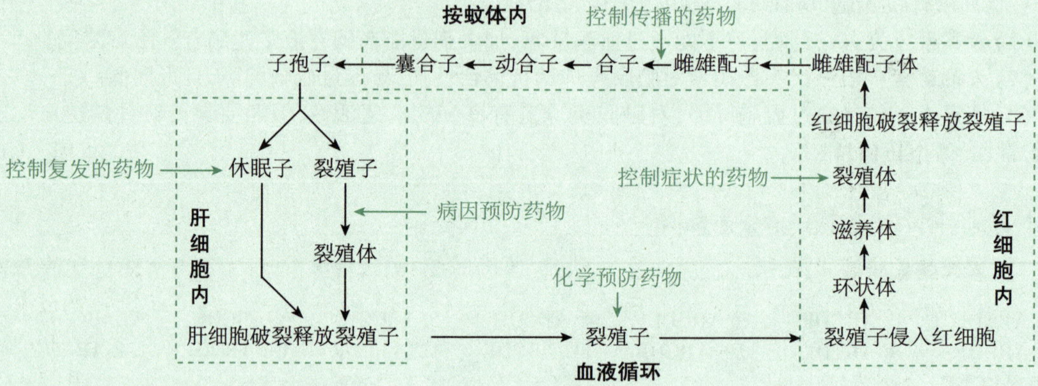

疟原虫生活史及各类抗疟药的作用部位

【例1】疟疾典型临床发作的机制是由于

A. 疟原虫在肝细胞内增殖　B. 疟原虫在红细胞内增殖　C. 大量裂殖子入血

D. 裂殖子及其代谢产物释放入血　E. 大量配子体入血

【例2】引起恶性疟疾发作不规则的主要原因是

A. 恶性疟原虫侵犯各期红细胞　B. 潜伏在肝中的裂殖子侵犯红细胞

C. 恶性疟原虫在红细胞内发育时间不一致　　D. 黏附在血管内的疟原虫再度侵犯新的红细胞
E. 疟原虫释放毒素

2. 典型间日疟的临床表现

潜伏期为13~15天，间日疟即间日定时发作，间歇期约为48小时，典型症状为寒战、高热、大量出汗。

(1)寒战　突然发病，寒战常持续20~60分钟，随后体温迅速上升。

(2)高热　体温高达40℃以上，伴头痛、全身酸痛、乏力，但神志清楚。发热常持续2~6小时。

(3)大量出汗　高热后大量出汗，体温骤降，持续30分钟~1小时。

(4)间歇期　两次发作之间有48小时的间歇期。间歇期早期可不规则，数次发作后逐渐变得规则。

(5)贫血、脾大　反复发作可造成红细胞大量破坏，出现不同程度的贫血和脾大。

【例3】间日疟的典型发作中，不存在

A. 前驱期　　B. 寒战期　　C. 高热期
D. 大汗期　　E. 间歇期

3. 确诊依据

(1)流行病学资料　患者发病前有疟疾流行区生活史，蚊子叮咬史，近期有输血史等。

(2)临床表现　典型表现是间歇发作性寒战高热、大量出汗，贫血和脾大。间歇发作的周期有一定规律性，如间日疟为隔天发作1次，三日疟为隔2天发作1次。但发病初期和恶性疟的发作常不规则。

(3)实验室检查

①外周血涂片　血液涂片找到疟原虫是确诊疟疾的主要依据，临床上最常用。

②骨髓穿刺涂片　适用于高度怀疑疟疾，但多次血涂片检查阴性者，阳性率略高于外周血涂片。

③特异性抗体检测　感染后3~4周才有特异性抗体，故不能用于早期诊断，仅用于流行病学调查。

4. 病原治疗

抗疟药物	作用机制	适应证	注意事项
氯喹	干扰原虫的核酸代谢、干扰原虫的蛋白酶，迅速杀灭红细胞内裂殖体	控制临床发作	为最常用和最有效的控制临床发作的药物
青蒿素	作用于原虫膜系结构，损害核膜、线粒体外膜等起抗疟作用	①凶险疟疾的抢救 ②控制临床发作	因其吸收特快，起效快
青蒿琥酯	为青蒿素的衍生物	孕妇和脑型疟疾	抗疟作用显著，不良反应少而轻
奎宁	对红细胞内裂殖体有较强的杀灭作用，但弱于氯喹	控制临床发作，现已少用	不良反应有耳鸣、食欲减退，可致孕妇流产
伯氨喹	杀灭红细胞内疟原虫配子体和肝细胞内期迟发型子孢子	目前唯一可供使用的预防疟疾复发与传播药物	恶性疟和三日疟无复发，但可杀灭其配子体，防止传播；可使红细胞G-6PD缺陷者发生急性溶血
乙胺嘧啶	杀灭各种疟原虫红细胞外期，对红细胞内期未成熟的裂殖体有抑制作用，对已成熟的裂殖体无效	疟疾的预防	对临床发作的控制效果较慢

注意：①氯喹、青蒿素及其衍生物可杀灭红细胞内增殖期的裂殖体，控制疟疾的发作。
②控制疟疾发作原来首选氯喹。9版《传染病学》P272：首选青蒿素衍生物+另一种抗疟疾药）。
③防止疟疾复发和传播首选伯氨喹，预防疟疾发作首选乙胺嘧啶。
④脑型疟疾的治疗首选青蒿琥酯，孕妇疟疾的治疗首选青蒿琥酯。

【例4】男，46岁。间断发热2周，伴寒战、大汗，于9月10日就诊。发病前10天曾去泰国旅游，有蚊虫叮咬史。查体：T40.5℃，P100次/分，R23次/分，BP125/80mmHg。心、肺未见异常，腹软，肝肋下未触及，脾肋下可触及。血常规：Hb98g/L，RBC2.4×10^{12}/L，WBC8.5×10^{9}/L。该患者最可能的诊断是

A. 疟疾　　B. 斑疹伤寒　　C. 钩端螺旋体病

D. 伤寒　　E. 流行性感冒

【例 5】临床上最简便的用于确诊疟疾的实验室检查方法是

A. 血或骨髓涂片检查疟原虫　　B. 间接荧光抗体测定　　C. 间接红细胞凝集试验

D. 聚合酶链反应测定血中疟原虫 DNA　　E. 外周血液检查发现贫血和嗜酸性粒细胞增多

【例 6】主要用于防止间日疟复发和传播的药物是

A. 氯喹　　B. 奎宁　　C. 青蒿素

D. 伯氨喹　　E. 甲氟喹

【例 7】男，43 岁。3 天前自非洲回北京，回京后开始发冷、寒战，继之高热，持续 3 小时后出汗、热退，每两天发作 1 次。血涂片见疟原虫滋养体。应选择的治疗方案是

A. 磺胺加乙胺嘧啶　　B. 氯喹加伯氨喹　　C. 青蒿素加氯喹

D. 奎宁加伯氨喹　　E. 乙胺嘧啶加伯氨喹（注意新旧教材答案的差异）

A. 乙胺嘧啶　　B. 氯喹　　C. 奎宁

D. 哌喹　　E. 伯氨喹

【例 8】控制普通型疟疾发作多选用的药物是

【例 9】防止疟疾复发选用的药物是

5. 主要预防措施——保护易感人群

(1)管理传染源 根治现症患者和疟原虫携带者。

(2)切断传播途径 主要是灭蚊。

(3)保护易感人群 防蚊及预防性服药，常用氯喹 0.3g，每周 1 次。对耐氯喹流行区可用甲氟喹 0.25g，每周 1 次。也可用乙胺嘧啶 25mg，每周 1 次。

二、血吸虫病

日本血吸虫病是由日本血吸虫寄生于门静脉系统所引起的疾病，由皮肤接触含尾蚴的疫水而感染，主要病变为虫卵沉积于肠道和肝脏等组织引起的虫卵肉芽肿。急性期患者有发热、腹痛腹泻或脓血便，肝大与压痛，血中嗜酸性粒细胞显著增多。慢性期患者以肝脾大或慢性腹泻为主。晚期则以门静脉周围纤维化病变为主，可发展为肝硬化、巨脾、腹水等。

日本血吸虫雌雄异体，寄生在门静脉系统。其生活史可分虫卵、毛蚴、胞蚴、尾蚴、童虫及成虫等阶段。成虫在血管内交配产卵，大部分虫卵滞留于肝及肠壁内，部分虫卵从肠壁穿破血管，随粪便排至体外。从粪便排出的虫卵入水后，孵出毛蚴，毛蚴侵入中间宿主钉螺体内发育繁殖：毛蚴→母胞蚴→子胞蚴→尾蚴。尾蚴从钉螺体内逸出，随水流在水面上漂浮游动。当人接触含尾蚴的疫水时，尾蚴从皮肤或黏膜侵入人体，随血液循环经肺到达肝脏，30 天左右在肝内发育为成虫，又逆血流移行至肠系膜下静脉中产卵，完成其生活史。日本血吸虫的生活史中，人和多种哺乳动物是终末宿主，钉螺是唯一中间宿主。

成虫 → 寄生在人门静脉-肠系膜静脉系统内 → 虫卵 → 毛蚴 → 宿主钉螺 → 母胞蚴 → 子胞蚴 → 尾蚴 → 离开钉螺入水 → 童虫 → 血管 → 体循环 → 肠系膜静脉 → 成虫

1. 急性血吸虫病的临床表现

病程一般不超过 6 个月。多发于夏秋季，以 7~9 月常见。多有明确疫水接触史。

(1)尾蚴性皮炎 约 50%患者在尾蚴侵入部位出现蚤咬样红色皮损，2~3 天内自行消退。

(2)发热 患者均有发热，以间歇热、弛张热多见。发热前少有寒战。重症者可有缓脉、消瘦、贫血等。

(3)过敏反应 表现为荨麻疹、血管神经性水肿、淋巴结肿大、出血性紫癜、支气管哮喘等。外周血

嗜酸性粒细胞显著增多，对诊断有重要价值。

(4)消化系统症状　食欲减退，腹部不适，轻微腹痛、腹泻、呕吐等。10%的患者有脓血、黏液便。

(5)肝脾大　90%以上患者肝大伴压痛，半数患者有轻度脾大。

2. 确诊依据

(1)流行病史　有血吸虫疫水接触史是诊断的必要条件。

(2)临床特点　具有急性或慢性、晚期血吸虫病的症状和体征，如发热、皮炎、荨麻疹、腹痛腹泻、肝脾大等。

(3)实验室检查　粪便检出虫卵或孵出毛蚴是确诊血吸虫病的直接依据。

3. 病原治疗

吡喹酮对血吸虫各个发育阶段均有不同程度的杀虫效果，具有高效、低毒、副作用小、口服方便、疗程短等优点，为首选药物。

4. 预防

在流行区每年对患者、病畜进行普查普治。消灭钉螺是预防本病的关键。避免接触疫水。

(10~12题共用题干)患者，男，18岁。因发热半月伴腹泻3天入院。查体：皮肤可见散在荨麻疹，肝肋下未及，脾肋缘下刚触及。外周血：WBC13×10^9/L，中性粒细胞占40%，嗜酸性粒细胞占60%。肝功能检查示ALT56U/L、AST40U/L。

【例10】采集病史时，应特别注意的是

A. 结核病史　B. 病毒性肝炎史　C. 近期用药史
D. 疫水接触史　E. 蚊虫叮咬史

【例11】本病最可能的诊断是

A. 溃疡性结肠炎　B. 肠结核　C. 急性血吸虫病
D. 急性细菌性痢疾　E. 阿米巴性肠病

【例12】为确诊本病，首选的实验室检查方法是

A. 纤维结肠镜　B. 胸部X线片　C. 皮内试验
D. 粪便毛蚴孵化　E. 骨髓穿刺

【例13】血吸虫病病原治疗首选的药物是

A. 利福平　B. 酒石酸锑钾　C. 葡萄酸锑钾
D. 吡喹酮　E. 依米丁

▶常考点　疟疾常考，血吸虫病很少考。

参考答案——详细解答见2021《贺银成国家临床执业及助理医师资格考试历年考点精析》

1. ABCDE　2. ABCDE　3. ABCDE　4. ABCDE　5. ABCDE　6. ABCDE　7. ABCDE
8. ABCDE　9. ABCDE　10. ABCDE　11. ABCDE　12. ABCDE　13. ABCDE

第 6 章　性传播疾病

考纲要求

①梅毒:病因,分期与临床表现,诊断,治疗。②淋病:病原与传播途径,临床表现,诊断,治疗。③尖锐湿疣:病因与传播途径,临床表现,诊断,治疗。

复习要点

性传播疾病(STD)是指主要通过性接触、类似性行为及间接接触传播的一组传染性疾病。

我国 2013 年新修订的《性病防治管理办法》规定的 STD 主要包括梅毒、淋病、生殖道沙眼衣原体感染、尖锐湿疣、生殖器疱疹、艾滋病 6 种疾病。

广义的 STD 还包括软下疳、性病性淋巴肉芽肿、非淋菌性生殖支原体尿道炎(宫颈炎)、生殖系统念珠菌病、阴道毛滴虫病、细菌性阴道病、阴虱病、疥疮、传染性软疣、乙型肝炎、阿米巴病、股癣等疾病。

【例 1】我国重点监测的性传播疾病不包括

A. 淋病　　B. 生殖器疱疹　　C. 梅毒
D. 阴道念珠菌病　　E. 尖锐湿疣

一、梅毒

梅毒是由梅毒螺旋体(TP)引起的一种慢性传染病,主要通过性接触、母婴传播和血液传播,可侵犯全身各组织器官或通过胎盘传播引起死产、流产、早产和胎传梅毒。

1. 病因

梅毒螺旋体不易着色,故又称苍白螺旋体,长 4~14μm,宽 0.2μm,可以旋转、蛇行、伸缩三种方式运动。TP 人工培养困难,一般接种于家兔睾丸进行保存及传代。TP 系厌氧微生物,离开人体不易生存,但耐寒力强,4℃可存活 3 天,-78℃保存数年仍具有传染性。

A. 苍白密螺旋体　　B. 人乳头瘤病毒　　C. 沙眼衣原体
D. 解脲支原体　　E. 人免疫缺陷病毒

【例 2】梅毒的病原体是

【例 3】艾滋病的病原体是

2. 分期及临床表现

(1)分期　根据传播途径的不同,梅毒分为获得性梅毒(后天性梅毒)和胎传性梅毒(先天性梅毒)。

①获得性梅毒　根据病程的不同,获得性梅毒又分为早期梅毒和晚期梅毒。

A.早期梅毒　病程在 2 年以内,包括一期梅毒、二期梅毒和早期潜伏梅毒。

B.晚期梅毒　病程在 2 年以上,包括三期梅毒、心血管梅毒、神经梅毒和晚期潜伏梅毒。

②胎传性梅毒　分为早期先天梅毒(<2 岁)和晚期先天梅毒(>2 岁)。

(2)临床表现

①一期梅毒　主要表现为硬下疳。

②二期梅毒　主要表现为皮肤梅毒疹、扁平湿疣。

③三期梅毒　主要表现为永久性皮肤黏膜损害,并可侵犯多种组织器官危及生命。

【例 4】以硬下疳为主要表现的疾病是

A. 一期梅毒　　B. 二期梅毒　　C. 三期梅毒
D. 早期梅毒　　E. 晚期梅毒

【例 5】出现肛周扁平湿疣的是

A. 一期梅毒　　B. 二期梅毒　　C. 三期梅毒
D. 早期梅毒　　E. 晚期梅毒

3. 诊断

(1)**病原体检测**　即暗视野镜检。一期梅毒在硬下疳部位取少许血清渗出液或淋巴穿刺液行暗视野显微镜观察,发现梅毒螺旋体即可确诊。

(2)**梅毒血清试验**　一期梅毒早期阴性,后期阳性。二期梅毒强阳性。晚期梅毒大多阳性,少数阴性。

(3)**脑脊液检查**　脑脊液检查主要用于神经梅毒的诊断,包括白细胞计数、蛋白定量、性病研究实验室试验(VDRL)、PCR和胶体金试验。神经梅毒脑脊液检查可见淋巴细胞$\geqslant 10\times10^6/L$,蛋白量>50mg/dl,VDRL试验阳性(该试验阳性是神经梅毒的可靠诊断依据)。

4. 治疗

青霉素为首选的驱梅药,常用药物为苄星青霉素G、普鲁卡因水剂青霉素、水剂青霉素G。

青霉素过敏时首选头孢曲松钠,次选四环素类和大环内酯类。

	首选治疗	青霉素过敏时
早期梅毒	苄星青霉素、普鲁卡因青霉素肌内注射	头孢曲松钠、四环素类或红霉素类
晚期梅毒	苄星青霉素、普鲁卡因青霉素肌内注射	多西环素
妊娠梅毒	用法及用量与同期其他梅毒患者相同	红霉素
先天梅毒	普鲁卡因青霉素,苄星青霉素(脑脊液正常者)	红霉素

【例6】女,24岁。体检发现右侧外阴大阴唇1元钱硬币大、硬韧、无痛性隆起物。近期有不洁性交史。最可能的诊断是

A. 淋病　　B. 巨细胞病毒感染　　C. 生殖器疱疹
D. 尖锐湿疣　　E. 梅毒

【例7】女,27岁。有不洁性交史。查体:外阴有一硬结节状物。荧光密螺旋体抗体吸收试验阳性,应选择的治疗措施是

A. 静脉滴注甲硝唑　　B. 肌内注射青霉素　　C. 口服多西环素
D. 口服阿莫西林　　E. 口服红霉素

二、淋病

淋病是由淋病奈瑟菌(简称淋球菌)引起的,以泌尿生殖系统化脓性感染为主要表现的性传播疾病。发病率居我国性传播疾病的首位。淋病潜伏期短,传染性强,可导致多种并发症和后遗症。

【例8】我国女性中居首位的性传播疾病是

A. 淋病　　B. 尖锐湿疣　　C. 生殖器疱疹
D. 梅毒　　E. 艾滋病

1. 病原

淋球菌为革兰阴性双球菌,呈卵圆形或肾形,无鞭毛,无芽胞,常成对排列。淋球菌的适宜生长条件为温度35~36℃,pH7.2~7.5,含5%~7%CO_2的环境。淋球菌离开人体后不易生长,对理化因素的抵抗力较弱,一般消毒剂易将其杀灭。人是淋球菌的唯一天然宿主。淋球菌主要侵犯黏膜,尤其对单层柱状上皮和移行上皮所形成的黏膜有亲和力,通常沿生殖道上行,引起泌尿生殖系统的化脓性感染。

【例9】女性淋病的主要感染途径是

A. 血行感染　　B. 淋巴途径　　C. 上行感染
D. 直接蔓延　　E. 透壁性感染

2. 传播途径

(1)性接触传播 为主要传播途径,淋病患者为其传染源。

(2)间接传播 少见。因接触有淋球菌的分泌物或被污染的用具(如衣裤、毛巾、浴盆)而被传染。

(3)母婴传播 妊娠期若累及羊膜腔可导致胎儿感染。经产道感染可引起新生儿淋球菌性眼炎。

3. 临床表现

潜伏期 2~10 天,平均 3~5 天,潜伏期患者具有传染性。

(1)无并发症淋病

①男性急性淋病 早期表现为尿频、尿急、尿痛,很快出现尿道口红肿,有稀薄黏液流出,24 小时后分泌物变为黄色脓性,且量增多。可有腹股沟淋巴结炎、包皮炎、血尿、血精、会阴部轻度坠胀。

②女性急性淋病 好发于宫颈、尿道。可表现为淋菌性宫颈炎、尿道炎、尿道旁腺炎、前庭大腺炎。

(2)淋病并发症 男性多为淋菌性前列腺炎、精囊炎或附睾炎,女性多为淋菌性盆腔炎。

(3)播散性淋球菌感染 少见,常见于月经期妇女。淋球菌通过血管、淋巴管播散全身,可发生菌血症。

【例 10】关于淋病特点的描述,错误的是

A. 易侵袭黏膜　B. 以性传播为主　C. 是发病率最高的性传播疾病

D. 感染最早期表现为阴道炎　E. 病原体为革兰阴性双球菌

4. 诊断

根据病史、临床表现及实验室检查可作出诊断。常用的实验室检查方法有:

(1)分泌物涂片检查 取尿道口或宫颈管脓性分泌物涂片行革兰染色,急性期可见中性粒细胞内有革兰阴性双球菌,可作为筛查手段。

(2)分泌物淋球菌培养 宫颈管分泌物淋菌培养是诊断淋病的"金标准"。对疑有淋菌性盆腔炎并盆腔积液者,可行阴道后穹隆穿刺,取穿刺液作涂片检查及培养。

(3)血淋球菌培养 对播散性淋球菌感染可做淋球菌血培养。

5. 治疗

(1)治疗原则 应遵循及时、足量、规范用药的原则。

(2)病原治疗 首选头孢曲松,肌肉注射或静脉注射。妊娠期淋病禁用氟喹诺酮和四环素类药物。

(3)合并衣原体或支原体 20%~40%淋病合并衣原体或支原体感染,应加用多西环素或阿奇霉素。

(4)性伴侣应同时治疗

【例 11】针对女性患者,诊断淋病的金标准是

A. 尿培养　B. 血培养　C. 宫颈管分泌物培养

D. 血清学检查　E. 阴道分泌物培养

三、尖锐湿疣

1. 病因

尖锐湿疣是由人类乳头瘤病毒(HPV)引起的性传播疾病。人是 HPV 的唯一宿主。目前采用分子生物学技术将 HPV 分为 100 多种亚型,尖锐湿疣主要由 HPV-6、HPV-11 型引起,占 90%以上。

2. 传播途径

(1)性接触传播 为主要传播途径,患者性伴侣中约 60%有 HPV 感染。

(2)间接传播 偶可通过污染衣物、器械间接传播。

(3)产道传播 胎儿经产道分娩时,吞咽含 HPV 的羊水、血或分泌物而感染。

3. 临床表现

本病好发于性活跃的青中年。潜伏期一般为 1~8 个月,平均为 3 个月。

(1)皮损 多发生在性交时易受损的外阴部位。初起为单个或多个散在的淡红色小丘疹,质地柔软,顶端尖锐,后逐渐增大。疣体常呈白色、粉红色或污灰色,表面易发生糜烂、渗液、破溃等。

(2)自觉症状 多数患者无自觉症状,少数有异物感、灼痛、刺痒或性交不适。

4. 诊断

根据病史、典型临床表现和实验室检查结果进行诊断。

(1)组织病理学检查 凹空细胞为特征性病变。

(2)醋酸白试验 阳性。

(3)HPV检测 采用PCR和DNA探针杂交技术可检测到HPV,并可确定其类型。

5. 治疗

治疗原则为以局部去除疣体为主,辅以抗病毒和提高免疫功能的药物。

(1)物理治疗 如激光、冷冻、电灼、微波等,可酌情选用。巨大疣体可手术切除。

(2)光动力 适合于疣体较小者、尿道口尖锐湿疣及采用物理治疗、外用药物去除疣体后预防复发。

(3)外用药物 可选用5%咪喹莫特乳膏、0.5%鬼臼毒素酊、5%5-氟尿嘧啶乳膏。孕妇不宜应用。

(4)抗病毒和提高免疫功能药物 可选用干扰素、转移因子、胸腺素等。

(5)妊娠期的特殊处理

①妊娠36周前 若病灶较小、位于外阴,可选用80%~90%三氯醋酸涂擦病灶局部。若病灶较大,有蒂,可行激光、冷冻、电灼等去除病灶。妊娠期禁用足叶草碱、咪喹莫特乳膏和干扰素。

②近足月或足月妊娠 若病灶局限于外阴,可行冷冻、手术切除病灶,届时可经阴道分娩。若病灶广泛,存在于外阴、阴道、宫颈,经阴道分娩极易发生软产道裂伤引起大出血;或巨大病灶堵塞软产道,均应行剖宫产。

【例12】经产妇,28岁,妊娠30周。阴道分泌物增多半个月。查体:外阴可见多个鸡冠状、指状突起。该患者不适宜的治疗是

A. 局部微波　　B. 局部冷冻　　C. 激光治疗
D. 三氯醋酸局部涂擦　　E. 干扰素软膏局部涂擦

▶▶常考点 题少,考点散乱。

参考答案——详细解答见2021《贺银成国家临床执业及助理医师资格考试历年考点精析》

1. ABCDE　2. ABCDE　3. ABCDE　4. ABCDE　5. BCDE　6. ABCDE　7. BCDE
8. ABCDE　9. ABCDE　10. ABCDE　11. ABCDE　12. ABCDE

第十二篇　神经病学

第1章　神经系统疾病概论

▶考纲要求

神经系统疾病:概述,常见病因,临床表现。

▶复习要点

一、神经系统疾病常见病因

急性或亚急性起病造成神经系统损害的病因为外伤、血管病变、感染、中毒性疾病。缓慢起病造成的神经系统损害的病因为肿瘤、退行性变性、遗传代谢病等。

1. 外伤

如事故、意外、战伤等导致神经系统损伤,如颅脑外伤、脊髓横贯性损伤等。

2. 血管病变

动脉粥样硬化和高血压造成的急性脑血栓形成、脑出血等。先天性血管畸形、动脉瘤等造成的蛛网膜下腔出血。

3. 感染

主要是各种病原微生物侵犯神经系统,如病毒性脑炎、细菌性脑膜炎。自身免疫病造成的神经系统损害,如急性感染性多发性神经炎等。

4. 中毒

一氧化碳、有机磷农药等中毒导致的神经损害。中毒性疾病也可造成慢性神经系统的损害,如铅、砷等重金属中毒造成的周围神经炎。

5. 肿瘤　颅内肿瘤、椎管内肿瘤、转移瘤等。

6. 退行性变　如老年性痴呆等。

7. 遗传代谢病　如遗传性共济失调等。

二、临床表现

1. 感觉障碍

(1)**疼痛**　是指感觉纤维受到刺激时的躯体感受,是机体的防御机制。

局部疼痛	是指局限于病变部位的疼痛
放射性疼痛	是指疼痛从病变部位放射到受累神经的支配区,如椎间盘脱出造成的坐骨神经痛
扩散性疼痛	是指疼痛从一个神经分支区扩散到另一个神经分支区 如三叉神经某一支受刺激时,疼痛由该支扩散到其他分支
牵涉性疼痛	是指内脏病变时出现在相应体表区的疼痛

(2)**感觉过敏**　是指轻微的刺激可引起明显的感觉。

(3)**感觉异常**　是指无外界刺激时,出现麻木、针刺、蚁行等异常感觉。

(4)**感觉过度**　由于刺激阈增高与反应时间延长,在刺激后,需经一潜伏期才能感到强烈的、定位不明确的不适感觉,并感到刺激向周围扩散,持续一段时间。

(5)**感觉倒错**　是指对刺激产生的错误感觉,常见于顶叶病变、癔症等。

【例 1】感觉过度是指

A. 轻微的刺激引起强烈的感觉　B. 刺激后经一潜伏期感到自发的异常感觉

C. 刺激后经一潜伏期感到对刺激的认识倒错　D. 刺激后经一潜伏期感到定位不明确的强烈不适

E. 轻微的刺激引起剧烈的疼痛

【例 2】男,75 岁。因左臂丛损伤频发左上臂疼痛,该疼痛属于

A. 痛觉倒错　B. 痛觉过敏　C. 放射性痛

D. 扩散性痛　E. 牵涉痛

2. 感觉系统损害的定位

周围神经	单支周围神经受损表现为所支配的皮肤区出现感觉障碍 多发性神经病变时,常累及肢体远端的神经末梢,表现为手套和袜子形分布的感觉障碍
脊神经后根	受损神经节的相应节段区出现感觉障碍,可伴有剧烈的根性疼痛
脊髓	脊髓完全横切损害表现为受损平面以下各种感觉完全丧失,并伴有肢体瘫痪和大小便障碍
脑干	脑干损害时出现交叉性感觉障碍,如脑桥损害出现病灶对侧面部感觉障碍和对侧躯体感觉障碍
内囊	内囊损伤出现对侧偏身感觉障碍、对侧偏瘫、对侧偏盲,称为“三偏征”
皮质	中央后回感觉中枢有刺激性病变时出现感觉性癫痫,有破坏性病变时出现对侧单个肢体感觉障碍

3. 运动系统损害表现

机体的随意运动功能丧失,称为瘫痪。中枢性瘫痪和周围性瘫痪的鉴别如下表。

	上运动神经元瘫痪	下运动神经元瘫痪
别称	中枢性瘫痪、痉挛性瘫痪	周围性瘫痪、弛缓性瘫痪
定义	是由于上运动神经元,即大脑皮层运动区神经元及其发出的下行纤维病变所致	是由于脊髓前角运动神经元以及它们的轴突组成的前根、神经丛及其周围神经受损所致
瘫痪分布	整个肢体为主	肌群为主
肌张力	增高	降低
浅反射	消失	消失
腱反射	亢进	减弱或消失
病理反射	阳性	阴性
肌萎缩	无或轻度失用性萎缩	明显
皮肤营养障碍	多数无	常有
肌束颤动	无	可有
肌电图	神经传导速度正常,无失神经电位	神经传导速度异常,有失神经电位

【例 3】提示上运动神经元损害最有意义的体征是

A. 瘫痪肌肉不萎缩　B. 病理征阳性　C. 腱反射减弱

D. 浅反射消失　E. 肌张力正常

4. 运动系统损害的定位

(1)上运动神经元损害

①皮质　皮质运动中枢的局限性病变常表现为单个肢体(或面部)的中枢性瘫痪,称为单瘫。刺激性病变常引起对侧肢体某部位的局限性抽搐。

②内囊　由于此处上、下行纤维集中,一旦受损,常有对侧肢体中枢性瘫痪,并伴对侧偏身感觉障碍和双眼对侧同向偏盲。

③脑干　一侧脑干病变,可累及病侧脑神经运动核和尚未交叉至对侧的皮质脊髓束,常有病侧脑神经的周围性瘫痪和对侧肢体的中枢性瘫痪,称为交叉性瘫痪。

④脊髓　颈膨大以上损害常表现为四肢瘫,颈膨大以下受损可表现为截瘫。

(2)下运动神经元损害

①脊髓前角运动细胞　受损时出现相应节段支配区的周围性瘫痪,有肌肉萎缩、肌束颤动,无感觉障碍。

②周围神经　周围神经为混合性神经,受损后有该神经分布区的肌萎缩和感觉障碍。

【例4】男,35岁。外伤后致双下肢瘫痪。查体:双上肢肌张力和肌力正常,双下肢肌力2级,双侧膝、踝反射亢进。其受损的部位是

A. 传入神经元　　B. 前角细胞　　C. 胸段脊髓
D. 颈段脊髓　　E. 腰段脊髓

【例5】一侧颈$_5$平面以下痛觉消失,对侧深感觉消失,病变部位在

A. 脊髓横贯　　B. 脊髓后根　　C. 脊髓半侧
D. 脊髓前联合　　E. 脊髓后角

【例6】男,70岁。因观看足球比赛突然晕倒而入院治疗。查体发现左侧上、下肢瘫痪,腱反射亢进,左侧眼裂以下面瘫,伸舌时舌尖偏向左侧。左半身深、浅感觉消失。双眼左侧半视野缺失,瞳孔对光反射存在。考虑病变的部位在

A. 左侧中央前、后回　　B. 右侧中央前回　　C. 左侧内囊
D. 右侧内囊　　E. 右侧中央后回

常考点　考点散乱。

参考答案——详细解答见2021《贺银成国家临床执业及助理医师资格考试历年考点精析》

1. ABCDE　2. ABCDE　3. ABCDE　4. ABCDE　5. ABCDE　6. ABCDE

第2章　偏头痛与急性炎症性脱髓鞘性多发性神经炎

考纲要求

①偏头痛:临床表现,治疗。②急性炎症性脱髓鞘性多发性神经炎:临床表现,诊断与鉴别诊断,治疗。

复习要点

一、偏头痛

偏头痛是常见的原发性头痛,其特征是发作性、多为偏侧、中重度、搏动样头痛,一般持续4~72小时。

1. 临床表现

偏头痛多起病于儿童和青春期,中青年期达发病高峰,女性多见,月经期易发作。

(1)无先兆偏头痛　为最常见的偏头痛类型,约占80%。

①典型症状　反复发作的一侧或双侧额颞部疼痛,呈搏动性。

②伴随症状　恶心、呕吐、畏光、畏声、出汗、全身不适、头皮触痛等。

③临床特点　无先兆症状;频繁发作;发作与月经周期明显相关。

(2)有先兆偏头痛　约占偏头痛患者的10%。

①前驱症状　发作前数小时至数日,可有头部不适、注意力不集中、思睡、烦躁等前驱症状。

②先兆症状　包括视觉先兆、感觉先兆、言语先兆、运动先兆等,其中以视觉先兆最常见,如视物模糊、暗点、闪光、亮点亮线、视物变形等。先兆持续5~60分钟。

③典型症状　先兆消退后,很快发生头痛。多位于偏侧,逐渐加重,扩展至半侧头部或整个头部。头痛常为搏动性,伴恶心、呕吐、畏光、畏声等。头痛可持续4~72小时,于活动后加重,睡眠后减轻。

2. 治疗

(1)治疗目的　减轻或终止头痛发作,缓解伴发症状,预防头痛复发。

(2)发作期的治疗　①轻-中度头痛可选用非甾体抗炎药,如阿司匹林、萘普生、布洛芬、双氯芬酸等。②中-重度头痛,可选用特异性治疗药物(如麦角类、曲普坦类),以尽快改善症状。

(3)预防性治疗　适用于:①频繁发作,尤其是每周发作1次以上;②急性期治疗无效者,或因副作用或禁忌证无法进行急性期治疗者。临床用于偏头痛的预防药物见下表。

	常用制剂	作用机制	适应证
NSAIDs	乙酰氨基酚	非甾体抗炎药(NSAIDs)	轻-中度头痛
阿片类	哌替啶	阿片类制剂,强镇痛剂,易成瘾	用于麦角胺、曲普坦禁忌者
麦角胺类	麦角胺、双氢麦角胺	$5\text{-}HT_1$受体非选择性激动剂	特异性首选药物
曲普坦类	舒马曲普坦、那拉曲普坦	$5\text{-}HT_{1B/1D}$受体选择性激动剂	适用于麦角胺无效者
β受体阻滞剂	普萘洛尔、美托洛尔	β肾上腺素能受体阻滞剂	预防性治疗
抗抑郁药	阿米替林	抗抑郁类药	预防性治疗
抗癫痫药	丙戊酸	抗癫痫类药	预防性治疗
5-HT拮抗剂	苯噻啶	5-羟色胺受体拮抗剂	预防性治疗

【例1】临床上最常见的偏头痛类型是

A. 无先兆偏头痛　　B. 伴典型先兆的偏头痛性头痛　　C. 基底型偏头痛

D. 视网膜性偏头痛　　E. 偏瘫性偏头痛

【例 2】先兆偏头痛的先兆特点是

A. 视觉先兆多为偏盲　　B. 感觉先兆多为双侧麻木　　C. 多表现为偏侧运动障碍
D. 持续时间为 5~60 分钟　　E. 必须在头痛前发生而非与头痛同时发生

【例 3】下列药物中，可用于预防偏头痛发作的是

A. 舒马曲普坦　　B. 地西泮　　C. 普萘洛尔
D. 甲芬那酸(甲灭酸)　　E. 麦角胺咖啡因

【例 4】女，45 岁。反复发作额颞部搏动样头痛，伴恶心呕吐、怕光，每次发作持续 1~3 天。发作头痛前有视物变形和亮点。多次脑 CT 检查阴性。头痛发作时其首选治疗药物是

A. 哌替啶　　B. 麦角胺　　C. 舒马曲普坦(英明格)
D. 丙戊酸　　E. 乙酰氨基酚

二、急性炎症性脱髓鞘性多发性神经炎

急性炎症性脱髓鞘性多发性神经炎也称吉兰-巴雷(Guillain-Barre)综合征，是自身免疫介导的周围神经病，也常累及脑神经。

1. 临床表现

(1)病史　任何年龄、任何季节均可发病，常急性起病，半数患者病前 1~3 周有呼吸道或胃肠道感染病史或疫苗接种史。常急性起病，病情多在 2 周左右达到高峰。

(2)运动障碍　首发症状多为肢体对称性迟缓性肌无力(即四肢对称性弛缓性瘫痪)，自远端向近端发展，或自近端向远端加重，常由双下肢开始，逐渐累及躯干、脑神经。严重病例可累及肋间肌和膈肌致呼吸肌麻痹。四肢腱反射常减弱，病理反射阴性。

(3)感觉障碍　一般比运动障碍轻，表现为肢体感觉异常，如烧灼感、麻木感、刺痛、不适感等，呈手套-袜套样分布。少数患者有腓肠肌压痛。偶可出现 Kernig 征和 Lasegue 征等神经根刺激症状。

(4)脑神经受累　以双侧面神经受累最常见，其次为舌咽、迷走神经受累，动眼神经、外展神经、舌下神经、三叉神经瘫痪较少见，部分患者以脑神经损害为首发症状就诊。

(5)自主神经功能紊乱　如皮肤潮红、出汗增多、心动过速、心律失常、体位性低血压、尿便障碍等。

2. 诊断

(1)病史　急性或亚急性起病，病前 1~3 周有呼吸道或胃肠道感染史。

(2)临床表现　四肢对称性弛缓性瘫痪，末梢感觉障碍，脑神经受损。

(3)脑脊液检查　特征性表现为蛋白-细胞分离，即蛋白质含量增高而细胞数目正常。

(4)血清学检查　部分患者出现肌酸激酶(CK)轻度增高，抗神经节苷脂抗体、抗空肠弯曲菌抗体阳性。

(5)神经电生理检查　运动神经传导测定，提示周围神经存在脱髓鞘性病变。

【例 5】吉兰-巴雷综合征的脑脊液蛋白-细胞分离是指

A. 蛋白质正常，细胞数正常　　B. 蛋白质增高，细胞数正常　　C. 蛋白质增高，细胞数降低
D. 蛋白质降低，细胞数增高　　E. 蛋白质正常，细胞数增高

【例 6】患者，男，35 岁。四肢无力、手套-袜套样感觉异常。最可能的诊断是

A. 吉兰-巴雷综合征　　B. 重症肌无力　　C. 多发性肌炎
D. 急性脊髓炎　　E. 周期性麻痹

【例 7】吉兰·巴雷综合征危及患者生命的最主要的临床情况是

A. 肺部感染　　B. 误吸　　C. 电解质紊乱
D. 心肌炎　　E. 呼吸肌瘫痪

(8~9题共用题干)男,18岁。5天前晨起双下肢无力,当天下午不能独立行走,第2天出现双上肢不能抬举。无意识障碍、惊厥发作、视物不清、言语含糊。二便正常。查体:神志清、眼球运动正常,四肢肌张力低,上肢肌力3~4级,四肢腱反射消失,肢体感觉异常,未引出病理征。

【例8】该患者的病变部位可能位于

A. 中枢　B. 内囊　C. 脑干
D. 周围神经　E. 小脑

【例9】为明确诊断,应对患者进行的检查是

A. CT　B. B超　C. X线
D. 心电图　E. 神经传导速度检查

3. 鉴别诊断

	急性脊髓灰质炎	急性横贯性脊髓炎	低钾性周期性瘫痪	重症肌无力
起病	急性起病	急性起病	慢性起病	慢性起病
病史	起病时多有双峰热	病前1~2周有发热史	周期性发病	可有家族史
运动障碍	肢体弛缓性瘫痪 常局限于一侧 多为节段性,可不对称	1~2日出现截瘫 受累平面以下截瘫	迅速出现四肢弛缓性瘫痪,呼吸肌一般不受累	受累骨骼肌病态疲劳 症状波动 晨轻暮重
感觉	无感觉障碍	伴传导束性感觉障碍	无感觉障碍	无感觉障碍
其他特点	脑脊液蛋白及细胞增加 运动神经传导速度正常 肌电图失神经支配	早期出现尿便障碍 脑神经不受累	脑脊液检查正常 血钾降低 补钾治疗有效	新斯的明试验可协助鉴别

4. 治疗

血浆置换和免疫球蛋白静脉注射为本病的一线治疗方法,但联合治疗并不增加疗效,故应单一使用。

(1) **血浆置换**　可直接去除血浆中的致病抗体,推荐有条件者尽早应用。每次交换量为30~50 ml/kg,在1~2周内进行3~5次。禁忌证包括严重感染、心律失常、心功能不全、凝血功能障碍等。

(2) **免疫球蛋白静脉注射**　推荐有条件者尽早使用。成人剂量为每日0.4g/kg,连用5天。

(3) **糖皮质激素**　疗效不确定,对于无条件进行上述治疗者,可以试用。

(4) **抗生素**　胃肠道有空肠弯曲菌感染者,可选用大环内酯类抗生素治疗。

(10~11题共用题干)女性,30岁。3周前患上呼吸道感染痊愈,4天前出现双小腿无力伴刺痛感,且逐渐加重。查体:双下肢肌力3级,膝反射减弱,双小腿皮肤对称性感觉减退,两侧腓肠肌压痛阳性。

【例10】最可能的诊断是

A. 急性脊髓炎　B. 急性横贯性脊髓炎　C. 周期性瘫痪
D. 脊髓压迫症　E. 吉兰-巴雷综合征

【例11】治疗首选

A. 抗生素　B. 抗病毒药物　C. 皮质类固醇
D. 血浆置换　E. 抗凝治疗

常考点　偏头痛的临床特点及治疗;吉兰-巴雷为重点内容,需全面掌握。

参考答案——详细解答见2021《贺银成国家临床执业及助理医师资格考试历年考点精析》

1. ABCDE　2. ABCDE　3. ABCDE　4. ABCDE　5. ABCDE　6. ABCDE　7. ABCDE
8. ABCDE　9. ABCDE　10. ABCDE　11. ABCDE

第3章　脑血管疾病

考纲要求

①缺血性卒中:病因,临床表现,诊断要点,治疗。②出血性卒中:分类。③脑出血:病因,临床表现,辅助检查,诊断与鉴别诊断,治疗与预防。④蛛网膜下腔出血:病因,临床表现,诊断,治疗与预防。

复习要点

一、缺血性卒中

缺血性卒中也称为脑梗死,是指各种脑血管病变所致脑部血液供应障碍,导致脑组织缺血、缺氧性坏死,而迅速出现相应神经功能缺损的一类临床综合征。脑梗死是卒中的最常见类型,约占70%~80%。

1. 病因

(1)大动脉粥样硬化性卒中　为缺血性卒中的最常见病因,我国多为颅内动脉粥样硬化,其高危因素包括高龄、高血压、高血脂、糖尿病、吸烟、遗传等。

(2)心源性栓塞　高危因素包括心房颤动(最常见)、心脏瓣膜病、近期心肌梗死、心房心耳血栓。

(3)小动脉硬化性卒中　高危因素包括高龄、高血压、吸烟等,梗死范围较小,又称为腔隙性梗死。

(4)其他少见病因　动脉夹层、烟雾病、动脉炎、结缔组织病、高凝状态、遗传性疾病等。

(5)隐源性卒中　少数卒中虽经多种检测,仍不能明确病因,称为隐源性卒中。

2. 临床表现

好发于老年人,常有高血压、高脂血症、糖尿病、冠心病、吸烟等病史。多数为静态发病,在24小时内达到高峰,约1/3可在48~72小时内进展。不同血管分布区脑梗死的表现如下:

(1)大脑前动脉　皮质支闭塞导致对侧下肢的运动和感觉障碍,可伴排尿障碍。深穿支闭塞导致对侧下面部、舌、上肢的瘫痪,下肢受累轻。累及优势半球会出现运动性失语。

(2)大脑中动脉　是最易发生闭塞的血管。主干闭塞出现对侧偏瘫、偏身感觉障碍和偏盲(三偏征);若累及优势半球,会出现失语、失读等症状。皮质支闭塞可出现对侧面部和上肢为重的偏瘫;累及优势半球,同时伴失语、失读等症状;累及非优势半球,可有偏侧忽略等体像障碍。深穿支(豆纹动脉)闭塞可导致对侧均等性轻偏瘫、对侧偏身感觉障碍、对侧同向性偏盲。

(3)大脑后动脉　皮质支(距状裂分支)闭塞导致对侧同向偏盲或象限性盲。深穿支的丘脑膝状体动脉闭塞导致对侧深浅感觉障碍,可伴自发性疼痛及一过性轻偏瘫。深穿支的丘脑穿通动脉闭塞导致病灶侧肢体舞蹈、震颤等锥体外系损害表现。

(4)基底动脉　基底动脉主干闭塞,可出现意识障碍、四肢瘫痪、延髓麻痹,常迅速死亡。

(1~2题共用题干)男,59岁。晨起1小时发现右侧肢体不自主抖动、麻木。无出凝血疾病病史。查体:视野无缺损,四肢肌力5级,腱反射对称,双侧Babinski征阴性。头颅CT无异常发现。

【例1】该患者最可能损害的脑血管是

A. 右大脑后动脉深穿支　　B. 左大脑中动脉皮层支　　C. 左大脑后动脉深穿支
D. 右大脑后动脉皮层支　　E. 左大脑后动脉皮层支

【例2】该患者的最佳治疗药物是

A. rt-PA　　B. 阿司匹林　　C. 低分子右旋糖酐
D. 降纤酶　　E. 尼莫地平

3. 辅助检查

(1)脑CT检查　发病6小时内多正常，24小时后病灶呈低密度改变。

(2)脑MRI检查　起病数小时后病灶表现为T_1加权低信号、T_2加权高信号。弥散加权成像可在起病2小时内显现病灶，为早期诊断的重要方法。

4. 诊断要点

①老年多见；②有高血压、高脂血症、糖尿病、吸烟、冠心病等多种血管性危险因素；③急性发病，少数可在发病前有TIA；④以偏侧运动、感觉、语言障碍为主要症状；⑤脑CT和MRI发现相应的病灶。

5. 治疗

治疗的核心是尽早开通血管，挽救缺血半暗带，减少缺血损害，以挽救生命、降低残疾。

(1)血管再通治疗　在起病3~4.5小时内应予以静脉注射重组组织型纤溶酶原激活剂(rt-PA)。静脉溶栓的禁忌证是血压≥180/100mmHg，近期有大手术、脑梗死，有脑出血、蛛网膜下腔出血史，有出血倾向或血小板<100×10^9/L。有条件者，可以开展动脉取栓治疗。

(2)抗血小板治疗　未接受溶栓治疗者应尽早或溶栓治疗24小时后，开展抗血小板聚集治疗。首选阿司匹林，不推荐使用其他抗血小板药物。对轻度卒中或TIA者，可口服阿司匹林+氯吡格雷3周。

(3)脑水肿和颅内压增高　可选择甘露醇、甘油果糖等短期降低颅内压。

(4)积极支持治疗　应予以生命体征监测。不推荐早期积极降低血压，除非血压≥200/110mmHg。

(3~4共用题干)男，71岁。8小时前于日常活动中出现右侧肢体无力，且逐渐加重。查体BP160/98mmHg，神志清，右鼻唇沟浅，右侧肢体肌力4级，右侧Babinski征阳性，右偏身痛觉减退。头颅CT未见异常。

【例3】最可能的诊断是

A. 脑血栓形成　　B. 脑出血　　C. 短暂性脑缺血发作
D. 脑肿瘤　　E. 蛛网膜下腔出血

【例4】对该患者最适宜的治疗措施是

A. 溶栓治疗　　B. 积极降压　　C. 抗血小板聚集
D. 止血治疗　　E. 加强脱水

二、脑出血

1. 出血性卒中分类

脑出血是指非外伤性脑实质内出血，占全部脑卒中的20%~30%。出血性脑卒中分为脑实质出血和蛛网膜下腔出血两类。

2. 病因

(1)高血压合并细小动脉硬化　为最常见病因，约占60%，也称高血压性脑出血。

(2)动脉瘤或动-静脉血管畸形破裂　约占30%，如先天性脑血管畸形等。

(3)血液病　如白血病、再生障碍性贫血、血小板减少性紫癜、血友病、红细胞增多症、镰状细胞病等。

(4)其他　脑淀粉样血管病变、抗凝或溶栓治疗等。

注意：①老年人脑出血的最常见病因是脑动脉粥样硬化及高血压。
②青年人脑出血的最常见病因是脑血管畸形破裂出血。

3. 临床表现

(1)发病特点　脑出血好发于50岁以上原有高血压或动脉硬化病史者，男性稍多于女性，寒冷季节发病率较高。常在白天活动中或情绪激动时突然发病，数小时内发展至高峰。少数可在休息时发病。主要表现为突发剧烈头痛，并有频繁呕吐、意识障碍、肢体瘫痪、失语等。血压明显升高。多数患者脑膜刺激征阳性。严重者常于起病后数小时死亡。

(2)基底核区出血 为脑出血最常见的类型,约占70%。包括壳核出血、丘脑出血、尾状核头出血。

	壳核出血	丘脑出血
分型	内囊外侧型	内囊内侧型
发生率	占脑出血的50%~60%	占脑出血的10%~15%
破裂血管	豆纹动脉(尤其外侧支)	丘脑膝状体动脉、丘脑穿通动脉
三偏症状	病灶对侧偏瘫、偏身感觉缺失、同向性偏盲	病灶对侧偏瘫、偏身感觉障碍、偏盲
眼部症状	双眼球向病灶对侧同向凝视不能	双眼会聚凝视鼻尖,上视障碍是丘脑出血特征
优势半球	优势半球受累可有失语	优势侧丘脑出血可有丘脑性失语、精神障碍
意识障碍	相对较轻	相对较重

(3)脑桥出血、小脑出血和脑室出血

	脑桥出血	小脑出血	脑室出血
发生率	约占脑出血的10%	约占脑出血的10%	约占脑出血的3%~5%
破裂血管	基底动脉脑桥支	小脑上动脉分支	脉络丛血管、室管膜下动脉
临床表现	小量出血无意识障碍,表现为交叉性瘫痪、共济失调性偏瘫,两眼向病灶侧凝视麻痹。大量出血时立即昏迷、呕吐、呼衰、四肢瘫痪、去大脑强直	小量出血表现为患侧共济失调、眼震、小脑语言,多无瘫痪。大量出血时表现为迅速昏迷、脑干受压、双侧瞳孔针尖样、呼吸不规则,死亡	头痛、呕吐、意识障碍、脑膜刺激征、针尖样瞳孔、四肢弛缓性瘫痪、去脑强直发作、高热、呼吸不规则,易误诊为蛛网膜下腔出血

注意:①双侧针尖样瞳孔——脑桥出血、小脑出血、脑室出血。
②无反应性瞳孔缩小——壳核出血、丘脑出血。
③三偏症状——壳核出血、丘脑出血。
④双眼上视障碍(凝视鼻尖)——丘脑出血。
⑤高血压性脑出血最常发生于——基底节的壳核及内囊区(占70%)。
⑥高血压性脑出血最常累及——豆纹动脉(大脑中动脉)>基底动脉脑桥支>大脑后动脉丘脑支。

4. 辅助检查

(1)头颅CT检查 为首选检查方法,病灶多呈圆形或卵圆形均匀高密度区,边界清楚。

(2)头颅MRI检查 对急性脑出血的诊断价值不如CT。

(3)脑血管造影或DSA 怀疑脑血管畸形、烟雾病、血管炎等可进行此项检查。

注意:①脑出血、蛛网膜下腔出血的早期诊断首选——头颅CT检查。
②脑血栓形成的早期诊断首选——头颅MRI检查。

【例5】女,62岁。突然头痛、恶心呕吐,左侧肢体运动障碍3小时。头颅CT示右侧额叶高密度灶。最可能的诊断是

A. 脑出血　B. 短暂性脑缺血发作　C. 颅内肿瘤
D. 脑血栓形成　E. 脑栓塞

5. 诊断与鉴别诊断

(1)诊断 50岁以上有高血压或动脉硬化病史者,于活动中或情绪激动时发病:有头痛、呕吐、血压升高;病情进展迅速,常出现意识障碍、偏瘫等局灶神经体征;CT或MRI检查显示脑出血。

(2)鉴别诊断 脑出血应与脑血栓形成相鉴别。有昏迷者应与肝性脑病、糖尿病酮酸酸中毒、高渗高血糖综合征、一氧化碳中毒等相鉴别。

	缺血性卒中	脑出血	蛛网膜下腔出血
病因	动脉粥样硬化、高血压、高血脂	高血压、糖尿病	动脉瘤、动静脉血管畸形
年龄	多为60岁以上	多为中老年	不定
发病	安静或睡眠中发病	活动、情绪激动时发病	活动、情绪激动时发病
起病	较慢(数小时至2天)	较急(数分至数小时)	急(数分)
头痛	多无	常有,早期呕吐	剧烈头痛和呕吐
意识	无或较轻意识障碍	常有意识障碍,进行性加重	无意识障碍或有谵妄
局灶症状	明显,常为患者主诉	有意识障碍,不易检出	常无,可有动眼神经麻痹
体征	多无脑膜刺激征	可有脑膜刺激征	明显脑膜刺激征
头颅CT	脑内低密度区	脑内高密度区	蛛网膜下腔、脑室高密度区

6. 治疗与预防

(1)一般治疗　卧床休息2~4周,保持安静,避免情绪激动和血压升高。

(2)降低颅内压　脑出血后脑水肿在48小时达高峰,持续3~5天逐渐消退。控制脑水肿、降低颅内压是脑出血急性期治疗的重要环节,可选用甘露醇、呋塞米等。不建议应用糖皮质激素减轻脑水肿。

(3)调整血压　血压≥200/110mmHg,应行降压治疗。当血压<180/105mmHg时,可暂不使用降压药。

(4)止血治疗　止血药物如氨基己酸、氨甲苯酸、巴曲酶等对高血压动脉硬化性出血无效。

(5)并发症的防治　脑出血可合并多种并发症,如感染、上消化道出血、癫痫等,应做相应处理。

(6)高血压颅内血肿的手术适应证　①基底核区中等量以上出血(壳核出血≥30ml、丘脑出血≥15ml);②小脑出血≥10ml或直径≥3cm,或合并明显脑积水;③重症脑室出血(脑室铸型);④合并脑血管畸形、动脉瘤等血管病变。

【例6】正确的脑出血手术治疗适应证是

A. 小脑血肿大于10ml、壳核出血大于40ml、严重脑室出血

B. 壳核出血大于40ml、额叶出血、脑桥出血

C. 小脑血肿大于10ml、壳核出血大于40ml、中脑出血

D. 小脑血肿大于10ml、延髓出血,严重脑室出血

E. 脑桥出血,额叶出血,严重脑室出血(按8版《神经病学》P214观点无正确答案,2016年真题)

(7~9题共用题干)男,58岁。外出途中突然头痛、眩晕,伴呕吐、走路不稳前来急诊。查体:血压180/105mmHg,心率62次/分,双眼向右水平眼震,右手指鼻不准,右侧跟膝胫试验阳性。

【例7】最可能的诊断是

A. 右小脑半球出血　　B. 脑桥出血　　C. 基底节区出血

D. 右枕叶出血　　E. 右大脑梗死

【例8】为进一步明确诊断,应采取的主要措施是

A. 脑血管造影　　B. 详细追问有关病史　　C. 脑电图

D. 头颅CT　　E. 脑脊液检查

【例9】首先应采取的处理措施是

A. 利血平降血压　　B. 快速静脉滴注地塞米松10mg

C. 降低颅内压　　D. 肌内注射苯巴比妥钠预防癫痫

E. 若CT示出血达到5ml时,手术治疗

三、蛛网膜下腔出血

颅内血管破裂,血液流入蛛网膜下腔,称为蛛网膜下腔出血(SAH)。

1. 病因

(1)颅内动脉瘤 为最常见病因,约占75%~80%,包括囊性动脉瘤、高血压及动脉粥样硬化所致的梭形动脉瘤、感染所致的真菌性动脉瘤等。

(2)血管畸形 约占SAH病因的10%,其中动静脉畸形约占血管畸形的80%,多见于青年人。

(3)少见病因 脑底异常血管网症(烟雾病)、颅内肿瘤、垂体卒中、血液系统疾病、抗凝治疗等。

(4)不明原因 约占10%。

2. 临床表现

(1)好发人群 以中青年发病多见,起病突然,常在数秒或数分钟内发生。

(2)发病诱因 发病前多数病人有剧烈活动诱因,如情绪激动、用力排便、咳嗽、过度疲劳等。

(3)三主征 10%~20%患者可有颅压增高的三主征,即剧烈头痛、恶心呕吐、视乳头水肿。

(4)脑膜刺激征 表现为颈项强直、Kernig征和Brudzinski征阳性。

(5)视力视野障碍 蛛网膜下腔出血可沿视神经鞘延伸,眼底检查可见玻璃体膜下片块状出血,发病1小时内即可出现,引起视力障碍。这是诊断蛛网腔下隙出血的有力证据。当视交叉、视束或视放射受累时,可产生双侧偏盲或同向偏盲。

(6)精神症状 约25%的患者可出现精神症状,如欣快、谵妄、幻觉等。

(7)偏瘫 占20%,是由于病变或出血累及运动区皮质和其传导束所致。

(8)脑神经损害 以一侧动眼神经麻痹常见,提示同侧颈内动脉、后交通动脉动脉瘤或大脑后动脉瘤。

3. 诊断

(1)临床表现 突发剧烈头痛、呕吐、脑膜刺激征,伴或不伴意识障碍,检查无局灶性神经系统症状。

(2)头部CT 为首选检查,准确率90%以上,表现为脑池和蛛网膜下腔高密度征象。

(3)头部MRI 发病后1周内用MRI很难查出,因此MRI主要用于发病1~2周后,CT不能确诊者。

(3)脑血管造影 应尽早检查,能及时明确动脉瘤大小、部位及血管畸形等。

(4)腰椎穿刺 对CT已确诊的患者不需要作此项检查,因为可能诱发脑疝。

【例10】男,58岁。突感头、颈项部剧烈疼痛,大汗伴恶心、呕吐、眩晕。查体:急性病容,四肢活动自如,脑膜刺激征阳性。最可能的诊断是

A. 脑栓塞　　B. 椎基底动脉供血不足　　C. 高血压脑病

D. 蛛网膜下腔出血　　E. 脑血栓形成

4. 治疗

(1)一般治疗 ①维持生命体征稳定;②脱水剂降低颅内高压;③保持大便通畅;④对症治疗。

(2)预防再出血 ①绝对卧床休息4~6周;②将收缩压控制在160mmHg以下;③抗纤溶治疗,如6-氨基己酸、氨甲苯酸、酚磺乙胺等;④动脉瘤夹闭或血管内治疗是预防SAH再出血最有效的治疗方法。

(3)脑血管痉挛的防治 口服尼莫地平能有效减少SAH引发的不良结局。

(4)脑积水的处理 急性期合并症状性脑积水者,应行脑脊液分流术治疗。

▶▶**常考点** 重点内容,需全面掌握。

参考答案——详细解答见2021《贺银成国家临床执业及助理医师资格考试历年考点精析》

1. ABCDE　2. ABCDE　3. ABCDE　4. ABCDE　5. ABCDE　6. 无　7. ABCDE

8. ABCDE　9. ABCDE　10. ABCDE

第4章　癫　痫

考纲要求

癫痫：病因，临床表现，诊断与鉴别诊断，治疗。

复习要点

癫痫是多种原因导致的脑部神经元高度同步化异常放电的临床综合征，临床表现具有发作性、短暂性、重复性和刻板性的特点。临床上每次发作或每种发作的过程称为痫性发作，一个患者可有一种或数种形式的痫性发作。在癫痫发作中，一组具有相似症状和体征特性所组成的特定癫痫现象，统称为癫痫综合征。

一、病因与临床表现

1. 病因

(1)症状性(继发性)癫痫　由各种明确的中枢神经系统结构损伤或功能异常所致，如脑外伤、脑血管病、脑肿瘤、中枢神经系统感染、寄生虫病、遗传代谢性疾病、神经系统变性疾病、药物、毒物等。

(2)特发性癫痫　病因不明，未发现脑部有足以引起癫痫发作的结构性损伤或功能异常，与遗传因素密切相关，具有特征性临床及脑电图表现，如伴中央颞区棘波的良性儿童癫痫、家族性颞叶癫痫等。

(3)隐源性癫痫　临床表现提示为症状性癫痫，但现有的检查手段不能发现明确的病因。约占全部癫痫的60%～70%。

【例1】继发性癫痫的临床特征是

A. 脑内无器质性病变　　B. 抗癫痫药疗效不佳　　C. 由其他疾病引起

D. 儿童开始发病　　E. 不能归入部分性或全面发作类型

2. 临床表现

(1)部分性发作　包括单纯部分性发作、复杂部分性发作、部分性继发全面性发作三类，前者为局限性发放，无意识障碍；后两者放电从局部扩展到双侧脑部，有意识障碍。

①单纯部分性发作　发作时间不超过1分钟，发作起始与结束均较突然，无意识障碍，分以下4型。

	病灶定位	临床表现
部分运动性发作	对侧中央前回运动区	表现为局部肢体的抽动，多见于一侧口角、眼睑、指和趾 杰克逊(Jackson)发作——抽搐沿手指-腕部-前臂-肘-肩-口角-面部逐渐发展
部分感觉性发作	对侧中央后回感觉区	躯体感觉性发作——口角、舌、指(趾)麻木感或针刺感，病灶在对侧中央后回 特殊感觉性发作——视觉性、听觉性、嗅觉性、味觉性 眩晕性发作——表现为坠落感、飘动感、水平或垂直运动感
自主神经性发作	岛叶、丘脑边缘系统	面色苍白、面部和全身潮红、多汗、立毛 瞳孔散大、呕吐、腹痛、肠鸣、烦渴、欲排尿感
精神性发作	边缘系统	各种记忆障碍(如似曾相识、似不相识、强迫思维、快速回顾往事)、情感障碍(无名恐惧、忧郁、欣快、愤怒)、错觉(视物变形、声音变强或变弱)、复杂幻觉

②复杂部分性发作　最常见，占成人癫痫发作的50%以上，也称精神运动性发作。病灶多在颞叶，故又称颞叶癫痫。发作时有不同程度的意识障碍，可伴有自动症、运动症状等。

③部分性继发全面性发作　为单纯性或复杂性部分发作，可泛化为全面性强直阵挛发作。

(2)全面性发作　无论有无抽搐，临床表现和脑电图均提示发作起源于双侧脑部，发作时有意识障碍。

①全面强直-阵挛发作(癫痫大发作)　以意识丧失、双侧强直后出现阵挛为临床特征。早期出现意识丧失、跌倒,随后发作分为三期:强直期、阵挛期和发作后期。每次持续约5~10分钟,醒后无记忆。

②强直性发作、阵挛性发作和肌阵挛发作　如下表。

	强直性发作	阵挛性发作	肌阵挛发作
好发于	弥漫性脑损害的儿童	几乎均为婴幼儿	任何年龄
临床表现	全身骨骼肌强直性收缩 常伴自主神经症状,可剧烈摔倒 发作持续数秒至数十秒	重复阵挛性抽动 伴意识丧失,之前无强直期 发作持续1分钟至数分钟	快速、短暂、触电样肌肉收缩 可遍及全身 也可局限于某一肌群或肢体
脑电图	暴发性多棘波	慢波、不规则棘-慢波,无特异性	多棘-慢波

③失神发作　儿童期起病,青春期前停止发作。特征性表现为突然意识丧失5~10秒,正在进行的动作中断,双眼茫然凝视,呼之不应,可伴简单自动性动作(如擦鼻、咀嚼、吞咽)、失张力(手中持物坠落),一般不会跌倒,事后对发作全无记忆,每日可发作数次或数百次。发作后立即清醒,无明显不适,可继续先前活动。醒后不能回忆。发作时EEG呈双侧对称3Hz棘-慢综合波。

④失张力发作　是姿势性张力丧失所致。部分或全身肌肉张力突然降低,导致垂颈(点头)、张口、肢体下垂(持物坠落)、躯干失张力跌倒或猝倒发作,持续数秒至1分钟,发作后立即清醒和站立。

注意:①所有癫痫发作类型中,只有单纯部分性发作没有意识障碍,其他类型均有不同程度的意识障碍。
②典型失神发作的特点为——持物坠落,无跌倒,意识障碍<10秒。
③失张力发作的特点为——持物坠落,有跌倒,意识障碍<1分钟。

A. 中央前回　B. 锥体外系统　C. 小脑
D. 枕叶　E. 颞叶

【例2】癫痫的复杂部分性发作的病损在

【例3】帕金森病病损在

【例4】男,20岁。近半年来常无诱因出现短暂意识丧失,伴左上肢节律性抽动及口角抽动,持续数分钟。最可能的癫痫类型是

A. 肌阵挛发作　B. 强直阵挛发作　C. 单纯部分性发作
D. 复杂部分性发作　E. 失神发作

【例5】男孩,15岁。近6个月来多次在吃饭或游戏时发呆,呼之不应,手持物体失落,持续几秒钟后神志清醒,但不能回忆发作时情况,发作间期查体未见明显异常。最可能的癫痫类型是

A. 强直-阵挛性发作　B. 复杂部分性发作　C. 单纯部分性发作
D. 肌痉挛性发作　E. 失神发作

二、诊断、鉴别诊断与治疗

1. 诊断与鉴别诊断

(1)诊断　主要根据病史及临床表现对癫痫进行诊断、分型、鉴别。

①脑电图(EEG)　是诊断癫痫最重要的辅助检查方法,能记录到发作或发作间期痫样放电,阳性率约为50%。但应注意,部分正常人中偶尔也可记录到痫样放电。

②头颅CT和MRI　可确定脑结构异常或病变,对癫痫诊断和分型有帮助。

③功能影像学检查　如SPECT、PET等能从不同的角度反映脑局部代谢变化,辅助癫痫灶的定位。

注意:①诊断癫痫的最主要依据是临床表现而不是脑电图。脑电图为辅助检查方法,阳性率仅50%。
②PET、SPECT主要用于癫痫灶的定位诊断。③脑CT、MRI主要用于排除脑内其他病变。

【例6】诊断癫痫主要依靠
A. 脑电图检查 B. 神经系统检查 C. 脑CT
D. 临床表现 E. 脑脊液检查

【例7】癫痫中应用PET(正电子发射计算机断层)检查的重要目的是
A. 鉴别癫痫发作与假性癫痫 B. 癫痫发作形式分类 C. 鉴别原发和继发性癫痫
D. 指导药物的选择应用 E. 癫痫病灶定位

(2)鉴别诊断 癫痫发作与假性癫痫发作的鉴别如下表。

	癫痫发作	假性癫痫发作(癔症样发作)
发作场合和形式	任何情况下,突然刻板式发作	有精神诱因及有人在场时,发作形式多样
眼位	上睑抬起,眼球上窜或向一侧偏转	眼睑紧闭,眼球乱动
面色	发绀	苍白或发红
瞳孔	散大,对光反射消失	正常,对光反射存在
摔伤、舌咬伤、尿失禁	可有	无
持续时间及终止方式	约1~2分钟,自行停止	可长达数小时
Babinski征	常阳性	阴性
暗示治疗	无效	有效
发作时脑电图	痫样放电	无痫样放电

【例8】临床上癫痫发作与假性癫痫发作的主要鉴别为发作时有
A. 全身抽搐 B. 突然跌倒 C. 呼吸急促,喉中发出叫声
D. 双手紧握,下肢僵直 E. 伴瞳孔散大,对光反应消失

【例9】女,20岁。吵架后突然倒在沙发上,全身抽搐。查体:面色苍白,呼吸急促,眼睑紧闭,眼球乱动,瞳孔对称,对光反射存在,双侧Babinski征未引出。常规脑电图未见异常。最可能的诊断是
A. 晕厥发作 B. 复杂部分性癫痫发作 C. 全面强直阵挛癫痫发作
D. 假性癫痫发作 E. 短暂性脑缺血发作

2. 治疗

(1)各种癫痫发作的首选药

发作类型	首选药物	次选药物
部分性发作	卡马西平	苯妥英钠、苯巴比妥、丙戊酸钠
全面强直-阵挛发作	丙戊酸钠	卡马西平、苯巴比妥
强直性发作	卡马西平	苯妥英钠、苯巴比妥、丙戊酸钠
阵挛性发作	丙戊酸钠	卡马西平
典型失神发作	乙琥胺	丙戊酸钠、氯硝西泮
非典型失神发作	乙琥胺、丙戊酸钠	氯硝西泮
癫痫持续状态	地西泮静脉注射	苯巴比妥

注意: 丙戊酸钠是一种广谱抗癫痫药,对各型癫痫都有一定的疗效;是全面性发作,尤其是全面强直-阵挛发作合并典型失神发作的首选药,也用于部分发作。

(2)癫痫持续状态

①地西泮 首选地西泮10~20mg静脉注射,<2mg/min。儿童首剂为0.25~0.5mg/kg,一般<10mg。

②地西泮+苯妥英钠　首先用地西泮 10~20mg 静脉注射，取得疗效后，再用苯妥英钠 0.3~0.6g+生理盐水 500ml 静脉滴注，速度不超过 50mg/min。

③水合氯醛　10%水合氯醛保留灌肠，适合肝功能不全或不宜使用苯巴比妥类药物者。

【例 10】对各型癫痫都有一定疗效的药物是

A. 乙琥胺　B. 苯妥英钠　C. 卡马西平

D. 丙戊酸钠　E. 苯巴比妥

【例 11】男，36 岁。3 年内抽搐发作 20 余次。发作表现为无诱因的口角和右上肢抽搐，意识尚清，但不能对答，5~10 秒后意识丧失伴全身抽搐。持续 30 秒后，逐渐停止。事后不能回忆发作过程。发作间期的神经系统检查和常规脑电图检查未见异常。针对该患者的治疗首选药物是

A. 卡马西平　B. 苯妥英钠　C. 苯巴比妥

D. 乙琥胺　E. 氯硝西泮

A. 托吡酯　B. 左乙拉西坦　C. 卡马西平

D. 氯硝西泮　E. 乙琥胺

【例 12】治疗原发性三叉神经痛的首选药物是

【例 13】预防慢性偏头痛的药物是

【例 14】治疗典型失神发作的首选药物是

常考点　癫痫的诊断与治疗。

参考答案——详细解答见 2021《贺银成国家临床执业及助理医师资格考试历年考点精析》

1. ABCDE	2. ABCDE	3. ABCDE	4. ABCDE	5. ABCDE	6. ABCDE	7. ABCDE
8. ABCDE	9. ABCDE	10. ABCDE	11. ABCDE	12. ABCDE	13. ABCDE	14. ABCDE

第5章　视神经脊髓炎与面神经麻痹

考纲要求

①视神经脊髓炎:临床表现,辅助检查,诊断与鉴别诊断,治疗。②面神经麻痹:临床表现,治疗。

复习要点

一、视神经脊髓炎

视神经脊髓炎(NMO)是免疫介导的主要累及视神经和脊髓的原发性中枢神经系统炎性脱髓鞘病。

1. 临床表现

(1)发病情况　多在5~50岁发病,平均年龄39岁,女性多发,女∶男比例5~10∶1。

(2)典型表现　视神经炎和急性脊髓炎为本病的主要表现。初期可为单纯的视神经炎或脊髓炎,也可两者同时出现,但大多先后出现,间隔时间不定。

(3)视神经炎　可单眼、双眼间隔或同时发病。起病急,进展快,表现为视物模糊、视力下降、球后疼痛,但眼球运动正常。眼底可见视乳头水肿,晚期可见视神经萎缩。

(4)横贯性脊髓炎　症状常在数天内加重或达到高峰,表现为双下肢瘫痪、感觉障碍、尿潴留。

(5)其他损害　部分患者可伴有其他自身免疫性疾病,如甲亢、桥本甲状腺炎、干燥综合征等。

2. 辅助检查

(1)血清AQP4抗体　为本病的特异性抗体,诊断的特异性达85%~100%,敏感性为50%~80%。

(2)脑脊液检查　压力不高,细胞数正常或轻度升高,蛋白轻中度增高。

(3)脊髓MRI检查　具有特征性,表现为脊髓长节段(>3个椎体节段)炎性脱髓鞘病灶。

(4)CT检查　无诊断价值,不能用于本病的诊断。

【例1】可以在体内发现AQP4抗体的疾病是

A. 急性脊髓炎　　B. 视神经脊髓炎　　C. 脊髓震荡
D. 脊髓肿瘤　　E. 吉兰巴雷综合征

3. 诊断与鉴别诊断

(1)诊断　典型临床表现,如视神经炎、脊髓炎;出现AQP4抗体;脊髓MRI发现大的病灶。

(2)鉴别诊断

①多发性硬化　脊髓病灶通常不超过2个椎体节段,多为不完全性脊髓炎,而非横贯性脊髓炎表现。影像学容易发现脑内多发病灶,脑脊液中寡克隆带阳性或lg指数升高。

②脊髓血管病　常表现为突然起病的背痛伴肢体瘫痪和感觉异常,在临床上与视神经脊髓炎难以区别,需要通过脑脊液、AQP4抗体及脊髓MRI检查予以鉴别。

③急性硬膜外脓肿　常有发热、全身中毒症状、局部疼痛,常有脊髓半切综合征表现,极少为横贯性损害。脑脊液检查可见明显压力升高、白细胞数和蛋白水平增高。MRI检查有助于鉴别。

4. 治疗

(1)急性期　①首选大剂量甲泼尼龙冲击治疗,不推荐长期小剂量维持。②皮质激素治疗效果不佳者,可考虑使用血浆置换或静脉滴注免疫球蛋白。③激素冲击治疗疗效不佳时,可选择激素+免疫抑制剂治疗。

(2)缓解期　需长期治疗,一线药物包括硫唑嘌呤、吗替麦考酚酯、利妥昔单抗、甲氨蝶呤。

二、面神经麻痹(面神经炎)

特发性面神经麻痹也称贝尔麻痹、面神经炎,是因茎突孔内面神经非特异性炎症所致的周围性面瘫。

1. 临床表现

面神经为混合性神经,包括运动纤维和感觉纤维。面瘫一般为单侧性。

	面神经的神经分布	面神经炎时的临床表现
运动纤维	面部表情肌(除咀嚼肌、上睑提肌外)	患侧面部表情肌瘫痪
	上部面肌(额肌、皱眉肌、眼轮匝肌)	患侧额纹消失、不能皱眉、眼裂不能闭合
	下部面肌(颊肌、口轮匝肌)	食物易滞留病侧齿龈、鼓气和吹口哨时漏气
	镫骨肌	听觉过敏
感觉纤维	特殊感觉——舌前 2/3 味觉	同侧舌前 2/3 味觉消失
	一般感觉——外耳道、鼓膜、内耳的感觉	耳廓、外耳道感觉减退、外耳道和鼓膜疱疹

【例 2】男,50 岁。晨起刷牙时左口角流水,伴左耳后痛。查体:左额纹消失,左眼闭合无力,左鼻唇沟浅,口角右歪。最可能的诊断是

A. 左面神经炎　　B. 吉兰-巴雷综合征　　C. 左三叉神经第 1 支受损

D. 中枢性面瘫　　E. 左三叉神经第 3 支受损

2. 治疗

(1)治疗原则　改善局部血液循环,减轻面神经水肿,缓解神经受压,促进神经功能恢复。

(2)皮质类固醇　为主要治疗药物,急性期应尽早使用。

(3)维生素 B　维生素 B_1 和维生素 B_{12},肌内注射,促进神经髓鞘恢复。

(4)阿昔洛韦　适用于 Ramsay-Hunt 综合征患者。

(5)理疗　急性期可在茎乳口附近行超短波透热疗法、红外线照射、局部热敷等。

(6)护眼　由于长期不能闭眼、瞬目使角膜干燥,可戴眼罩、滴眼药水,保护角膜。

(7)康复治疗　恢复期可行碘离子透入疗法、针刺、电针治疗等。

【例 3】下列面神经炎治疗措施无效的是

A. 复合维生素 B　　B. 糖皮质激素　　C. 抗病毒药物

D. 物理治疗　　E. 非甾体抗炎药

▶▶常考点　考点散乱。

参考答案——详细解答见 2021《贺银成国家临床执业及助理医师资格考试历年考点精析》

1. ABCDE　　2. ABCDE　　3. ABCDE

第十三篇　精神病学

第1章　概述与症状学

考纲要求

①精神障碍概述：精神障碍和精神病的概念，精神卫生的概念，精神障碍的病因学，精神障碍的诊断原则。②症状学：认知活动障碍，智能障碍，情感活动障碍，意志行为障碍，自知力，常见综合征。

复习要点

一、概述

1. 概念

(1)精神障碍　是一类具有诊断意义的精神方面的问题，特征为认知、情绪、行为等方面的改变，可伴有痛苦体验和(或)功能损害。精神障碍的核心部分是失去现实检验能力、有明显幻觉妄想的精神病障碍，外围是一些神经症性疾病，再外围可能是一些人格、适应不良等问题。

(2)精神病　特指具有幻想、妄想或明显的精神运动兴奋或抑制等“精神病性症状”的精神障碍，包括精神分裂症、偏执狂性精神病、重型躁狂症和抑郁症。因此精神病只是精神障碍中的一小部分。

(3)精神卫生　又称心理卫生，有狭义和广义之分。

①狭义的精神卫生　是指研究精神疾病的预防、医疗和康复，即预防精神疾病的发生，早期发现、早期治疗，促使慢性精神病患者康复，重新回归社会。

②广义的精神卫生　是指不仅研究精神病的发生、发展规律及其防治，而且要探讨保障和促进人群心理健康，提高个体承受应激和适应社会的能力，以减少心理和行为问题的发生。

2. 精神障碍的病因学

与感染性疾病不同，大多数功能性精神障碍没有确切的病因和发病机制，也没有敏感、特异的体征和实验室异常指标。但精神障碍与其他躯体疾病一样，均是生物、心理、社会因素相互作用所致。

(1)遗传与表观遗传　基因是影响人类和动物正常与异常行为的主要因素之一。功能性精神障碍的家族聚集性研究结果表明，这些疾病具有遗传性，是基因将疾病的易感性一代传给一代。遗传是最重要的致病因素之一。

遗传学是指基于基因序列改变所致基因表达水平的变化，如基因突变、基因杂合丢失、微卫星不稳定等。而表观遗传学是指基于非基因序列改变所致基因表达水平的变化，如DNA甲基化、染色质构象变化等。由于环境的作用，影响了基因的表达，从而可能导致某些疾病情况，这种表观遗传的改变有遗传至下一代的倾向。表观遗传过程受到临床学家极大的重视，因为外界环境促发了导致疾病的易感性。由于表观遗传改变可能具有可逆性，这就构成了积极干预的基础。

目前，基因与环境的相互作用产生疾病或行为问题已经成为人们的共识。

(2)神经发育异常　神经发育学说认为，神经发育障碍患者的大脑从一开始就未能有正常的发育，由于遗传和某些神经发育危险因素的相互作用，在胚胎期大脑发育过程中就出现了某些神经病理改变，这些改变的即刻效应并不显著，随着进入青春期或成年早期，在外界环境因素的不良刺激下，最终导致疾病的发生。科学家们认为神经发育异常可能是重大精神障碍的共同发病机制。这些精神疾病共同表现为脑结构和功能可塑性改变，包括额叶、颞叶内侧及海马等脑区的灰质和白质减少和体积缩小，临床上共同表现出发育迟滞、认知功能损害等。

(3)感染 感染可影响中枢神经系统，产生精神障碍。例如梅毒螺旋体可首先引起生殖系统症状，但在多年的潜伏后进入脑内，可引起神经梅毒，导致神经系统的退行性变，表现为痴呆、精神病性症状及麻痹。

(4)应激 应激一般只是精神障碍的诱因，只有少数情况下才是直接病因。

(5)人格特征 人格是指个体在日常生活中所表现出的总的情绪和行为特征，此特征相对稳定并可预测。性格是在气质的基础上，由个体活动与社会环境相互作用而形成的。有些人的性格自幼就明显偏离正常、适应不良，达到了害人害己的程度，我们称之为人格障碍。有些人格障碍与精神障碍关系十分密切，如具有表演型性格的人容易罹患癔症，具有强迫性格的人容易罹患强迫症，分裂样人格障碍者则患精神分裂症的可能性较大。

3. 精神障碍的诊断原则 参阅2版8年制精神病学P54。

(1)病因诊断更有利于治疗 诊断的目的是为了治疗，因此最理想的诊断思路是病因诊断。临床上病因诊断较症状诊断更有利于治疗，但许多精神疾病的病因并不明确。

(2)从症状中寻找诊断线索 诊断的步骤主要从症状分析开始，越早认识症状就能越早作出诊断、及时进行治疗。对于精神科医生而言，一般不会忽视与精神状态相关的线索，但往往不太重视与躯体症状相关的各种线索，这是需要努力改变的现状。

(3)临床思维方法 临床思维方法是指临床医生根据收集的感性资料，运用专业知识和经验，按客观规律进行分析综合，判断推理找出疾病本质特点，确定诊断和处理原则的过程。

(4)症状群诊断 现在，精神障碍大多病因未明，常需依赖症状群诊断。

二、症状学

1. 认知障碍

认知是指人脑接受外界信息，经过加工处理，转换成内在的心理活动，从而获取知识或应用知识的过程。它包括记忆、语言、视空间、执行、计算和理解判断等方面。认知障碍是指上述认知功能的一项或多项受损。认知障碍主要包括感知障碍、思维障碍和记忆障碍。

(1)感知觉障碍 感知觉包括感觉和知觉两个心理过程。感觉是大脑对客观事物作用于感觉器官所产生对事物个别属性的反映，如形状、颜色、大小、重量、气味等。知觉是在感觉基础上，大脑对事物的各种不同属性进行整合，并结合以往经验而形成的整体印象，如根据桃子的形状、气味、颜色等，在大脑中产生的桃子的印象，就是一种知觉。感知障碍包括感觉障碍和知觉障碍。

①感觉障碍 包括感觉减退、感觉过敏、内感性不适(体感异常)。

	感觉减退	感觉过敏	内感性不适(体感异常)
定义	是对刺激的感受性降低，感觉阈值提高，表现为对外界强烈的刺激产生轻微的感觉体验或完全不能感知	是对刺激的感受性增高，感觉阈值降低，表现为外界一般强度的刺激能产生强烈的感觉体验	是躯体内部产生的不舒适和难以忍受的异样感觉
举例	感觉缺失	感到阳光特别刺眼 感到轻音乐特别刺耳	咽喉堵塞感、胃肠扭转感 腹部气流上涌感
临床意义	抑郁发作、木僵状态 意识障碍、分离障碍	多见于神经系统疾病，精神科多见于分离障碍、躯体忧虑障碍等	疑病症、躯体忧虑障碍 精神分裂症、抑郁发作

②知觉障碍 包括错觉、幻觉和感知综合障碍。

A.错觉 是对客观事物歪曲的知觉。错觉可见于正常人，如在光线暗淡的环境中看错物体。病理性错觉常在意识障碍时出现，多为错视和错听，常带有恐怖色彩，如把输液管看成蛇。多见于谵妄状态。

B.幻觉　是指没有现实刺激作用于感觉器官时出现的知觉体验，是一种虚幻的知觉。其分类如下：

a.按所涉及的感觉器官分　幻觉分为幻听、幻视、幻嗅、幻味、幻触、内脏幻觉。

	临床特点	临床意义
幻听	幻听是一种虚幻的听觉，即患者听到了并不存在的声音 幻听是精神科临床最常见的幻觉	见于多种精神障碍，评论性、议论性、命令性幻听为精神分裂症的典型症状
幻视	患者看到了并不存在的事物，幻视的内容多种多样	精神分裂症、谵妄状态
幻嗅	患者闻到了环境中并不存在的某种难闻的气味	精神分裂症、颞叶器质性损害
幻味	患者尝到食物或水中并不存在的某种怪味道，因而拒食拒饮	精神分裂症
幻触	没有任何刺激时，患者感到皮肤上有某种异常的感觉	精神分裂症
内脏幻觉	患者对身体内部某一部位或某一脏器虚幻的知觉体验，如感到肠扭转、肝破裂、心脏穿孔、腹腔内有虫爬行等	精神分裂症、抑郁发作

b.按幻觉体验的来源分　分为真性幻觉、假性幻觉。

真性幻觉是指来自于外部客观空间，通过感觉器官而获得的幻觉。其特点为幻觉内容就像感知外界真实事物一样生动形象，故患者常常述说是亲耳听到或亲眼看到的。

假性幻觉是存在于自己的主观空间内，不通过感觉器官而获得的幻觉。其特点是幻觉内容往往比较模糊、不清晰、不完整，故患者常常描述为没有通过耳朵或眼睛，大脑内就隐约出现了某种声音或影像。

c.按幻觉产生的条件分　幻觉分为功能性幻觉、反射性幻觉、入睡前幻觉、心因性幻觉。

	临床特点	临床意义
功能性幻觉	当某种感觉器官处于功能活动状态的同时，出现涉及该器官的幻觉	精神分裂症
反射性幻觉	当某一感官处于功能活动状态时，出现涉及另一感官的幻觉	精神分裂症
入睡前幻觉	多在入睡前出现的幻觉，患者闭上眼睛就能看见幻觉形象，多为幻视	精神分裂症
心因性幻觉	是在强烈心理因素影响下出现的幻觉，幻觉内容与心理因素密切相关	应激相关障碍、分离障碍

注意：①临床上最常见的幻觉是幻听。谵妄状态最常见的幻觉是幻视。
②议论性幻听——患者认为有人在议论他，能听见人们在说他的声音。
③关系妄想——患者认为有人在议论他，并未听见人们在说他的声音。

C.感知综合障碍　指患者对客观事物的整体属性能够正确感知，但对某些个别属性，如大小、形状、颜色、距离、空间位置等产生错误的感知。常见的感知综合障碍包括：

	临床特点	临床意义
视物变形症	患者感到周围的人或物体的大小、形状、体积等发生了变化 看到物体的形象比实际增大，称为视物显大症 看到物体的形象比实际缩小，称为视物显小症	癫痫
自身感知综合障碍	指患者感到自己身体的某部分在大小、形状等发生了变化	精神分裂症、癫痫
时间感知综合障碍	患者对时间的快慢出现不正确的感知体验，如感到时间凝固了，岁月不再流逝；或感到时间在飞逝	抑郁发作、躁狂发作、精神分裂症
空间知觉障碍	患者对周围事物的距离、空间位置等感知错误，如候车时汽车已驶进站台，而患者仍感觉汽车离自己很远	癫痫 精神分裂症
非真实感	指患者感到周围事物和环境变得不真实，犹如隔了一层窗纱	抑郁症、精神分裂症

【例 1】下列关于幻觉的叙述,最准确的是

A. 错误的感知体验　　B. 虚幻的知觉体验　　C. 歪曲的知觉体验

D. 歪曲的感觉体验　　E. 虚幻的感觉体验

【例 2】每当听到电话铃声的同时就听到辱骂自己的声音,该症状是

A. 心因性幻听　　B. 元素性幻听　　C. 反射性幻听

D. 假性幻听　　E. 功能性幻听

【例 3】患者感到周围的环境和事物失去了色彩生机,好像与自己隔了一层膜。该表现属于

A. 幻觉　　B. 人格解体　　C. 梦样状态

D. 朦胧状态　　E. 非真实感

【例 4】对客观事物整体的感知正确,但对个体属性的感知错误。以下症状符合该描述的是

A. 幻觉　　B. 谵妄　　C. 视物变形症

D. 错觉　　E. 妄想

【例 5】患者知觉体验中表现为错觉的是

A. 看见面前的高楼变矮　　B. 将输液管看成一条蛇　　C. 感觉周围的事物变大

D. 听见汽车喇叭里有骂她的声　　E. 感觉皮肤上有蚂蚁在爬

【例 6】下列不属于感知觉综合障碍的是

A. 感觉 10 米外的桌子距离自己很近,一放杯子时掉在地上

B. 看到自己母亲的眼睛一时很大,一时又变小了

C. 听到公交车的声音就听到自己被骂

D. 感觉自己的手一会变小,一会变大

E. 感觉周围的房子一会变大,一会又变小

(2)思维障碍　思维是人脑对客观事物间接概括的反映。思维障碍包括思维形式障碍和内容障碍。

①思维形式障碍　主要是思维过程的联想和逻辑障碍,常见症状如下:

	临床特点	临床意义
思维奔逸	指思维联想速度加快、数量增多、转换加速 患者说话增多,语速加快,说话主题易产生音联、意联、随境转移	躁狂发作
思维迟缓	指联想速度减慢、数量减少和困难 患者语速减慢、语量减少,语声甚低,反应迟缓	抑郁发作
思维贫乏	指联想概念与词汇贫乏。患者感到脑子空空荡荡,没有什么思想 表现为寡言少语,谈话时言语内容空洞单调或词穷句短,回答问题简单	精神分裂症 智力发育障碍
思维散漫	指思维的目的性、连贯性和逻辑性障碍 表现为联想松弛,内容散漫,缺乏主题。说话东拉西扯	精神分裂症
思维破裂	指概念之间联想断裂,建立联想的各种概念内容之间缺乏内在联系。表现为患者的言语或书写内容有结构完整的句子,但各句含意互不相关,变成语句堆积,整段内容令人不能理解	精神分裂症
病理性赘述	思维活动停滞不前迂回曲折,联想枝节过多,做不必要的过分详尽的赘述,无法使他讲得扼要一点,一定要按他原来的方式讲完	癫痫、老年痴呆
思维中断思维阻滞	指思维联想过程突然中断,表现为患者在无意识障碍、又无外界干扰时,言语突然停顿,片刻之后又重新开始,但所谈主题已经转换	精神分裂症

	临床特点	临床意义
思维插入	指患者感到有某种思想不是属于自己的,不受他的意志支配,是别人强行塞入其脑中	精神分裂症
思维被夺	指患者感到自己的思想被某种外力突然抽走,不受个人意志支配	精神分裂症
思维不连贯	指患者在意识障碍背景下,出现的言语支离破碎和杂乱无章的状态	谵妄状态
强制性思维	指患者体验到强制性涌现大量无现实意义的联想。症状突发突止	精神分裂症
思维化声	患者思考时体验到自己的思想同时变成了言语声,自己和他人均能听到	精神分裂症
象征性思维	属于概念转换,患者以无关的具体概念代替某一抽象概念,不经患者本人解释,他人无法理解。如患者反穿衣服,以表示自己表里如一	精神分裂症
语词新作	指概念的融合、浓缩以及无关概念的拼凑 患者自创一些新的符号、图形、文字或语言并赋予特殊的概念	精神分裂症
逻辑倒错性思维	是指推理缺乏逻辑性,既无前提也无根据,或因果倒置,推理离奇古怪,不可理解	精神分裂症
强迫性思维	是指患者脑中反复出现的某一概念或相同内容的思维,明知没有必要,但又无法摆脱。可表现为强迫性回忆、强迫性穷思竭虑、强迫性对立思维、强迫性怀疑等	强迫障碍

注意:①强迫性思维——患者明确是自己的思想,反复出现,内容重复,是强迫症的核心症状之一。
②强制性思维——患者体验到思维是异己的。

【例7】下列疾病中,最常出现思维贫乏的是

A. 血管性痴呆　B. 精神发育迟缓　C. 抑郁症
D. 精神分裂症　E. 神经衰弱

A. 思维被夺取　B. 思维被洞悉　C. 思维贫乏
D. 思维散漫　E. 思维迟缓

【例8】患者讲了一番话,但周围的医师们都不理解他要说什么问题,该症状为

【例9】患者对医师的问题只能在表面上产生反应,缺乏进一步的联想,该症状为

②思维内容障碍　主要表现为妄想,它是在病态推理和判断基础上形成的一种病理性歪曲的信念。

A.妄想的特征　a. 妄想内容与事实不符,缺乏客观现实基础,但患者仍坚信不移;b. 妄想内容均涉及患者本人,且与个人有利害关系;c. 妄想内容具有个人独特性,是个体的心理现象,并非集体信念;d. 妄想内容与患者的文化背景和个人经历有关,且通常有浓厚的时代色彩。

【例10】不符合妄想特征的是

A. 内容与客观现实不符合　B. 是一种病理的信念　C. 内容多与患者自身相关
D. 内容受文化背景影响　E. 受教育程度越高越容易出现妄想

【例11】妄想是指

A. 对病理信念的坚信不移　B. 对某事物的虚幻的知觉　C. 对客观事物的错误感知
D. 对客观事物的正确感知　E. 对某事物的反复思考

B.妄想的分类　可根据其起源、结构、内容进行分类。

a.根据妄想的起源分　分为原发性妄想和继发性妄想。

原发性妄想　是没有发生基础的妄想,表现为内容不可理解,不能用既往经历、当前处境及其他心理活动等加以解释。原发性妄想是精神分裂症的典型症状,对精神分裂症具有重要诊断价值。

继发性妄想　是发生在其他病理心理基础上的妄想,或与某些经历、情境等有关的妄想;因亲人死于

某种疾病后过分关注自己身体健康,而逐渐产生疑病妄想等。可见于多种精神障碍。

b.根据妄想的结构分　分为系统性妄想和非系统性妄想。

系统性妄想　是指内容前后相互联系、结构严密的妄想。

非系统性妄想　是一些片段、零散、内容不固定、结构不严密的妄想。

c.根据妄想的内容分　分为以下类型:

	临床特点	临床意义
被害妄想	最常见。患者坚信自己被跟踪、被监视、被诽谤、被隔离等 患者受妄想支配可拒食、控告、逃跑、自卫、自伤、伤人等	精神分裂症 妄想性障碍
关系妄想	患者认为周围环境中所发生的与自己无关的事情均与自己有关,如认为周围人的谈话是在议论自己,别人的一举一动都与自己有关	精神分裂症 妄想性障碍
物理影响妄想 被控制感	患者觉得自己的思想、情感、意志行为受到某种外界力量的控制而身不由己,如患者经常描述被红外线、电磁波、超声波等控制	精神分裂症
夸大妄想	患者认为自己拥有非凡的才能、智慧、财富、权利、地位等 如称自己是著名的科学家、明星、国家领导人、名人的后裔等	躁狂发作 精神分裂症
罪恶妄想 自罪妄想	患者毫无根据地坚信自己犯了严重错误、不可宽恕的罪恶,应受严厉的惩罚,认为自己罪大恶极,死有余辜,患者要求劳动改造以赎罪	抑郁发作 精神分裂症
疑病妄想 虚无妄想	患者毫无根据地坚信自己患了某种严重躯体疾病或不治之症,因而到处求医,即使通过详细检查和多次反复的医学验证都不能纠正	抑郁症、精神分裂症 躯体忧虑障碍
钟情妄想	患者坚信自己被某异性钟情,对方的一言一行都是对自己爱的表达	精神分裂症
嫉妒妄想	患者无中生有地坚信自己的配偶对自己不忠诚,另有外遇。为此,常常翻看配偶的手机短信、通话记录,跟踪监视配偶的日常活动	精神分裂症 老年痴呆
非血统妄想	患者毫无根据地坚信自己的父母不是亲生的,虽经反复解释和证实,仍坚信不移。患者有时认为自己是被抱养的或被寄养的	精神分裂症
被洞悉感	也称内心被揭露感,是指患者认为其内心所想的事,未经语言文字表达就被别人知道了,但是通过什么方式被人知道的则不能描述清楚	精神分裂症

【例12】不属于思维内容障碍的是

A. 思维散漫　　B. 被监视感　　C. 被洞悉感

D. 被控制感　　E. 思维被播散

【例13】患者觉得被跟踪,被监视,饭中有人下毒,属于

A. 夸大妄想　　B. 关系妄想　　C. 嫉妒妄想

D. 被控制妄想　　E. 被害妄想

【例14】男,21岁。近6个月来在家中闭门不出,认为有人在拿自己做实验,用射线照射自己,有人监控自己,使自己活不下去了,只有躲在家中才安全。既往体健,无精神病家族史。该患者的主要症状为

A. 关系妄想　　B. 被害妄想　　C. 夸大妄想

D. 疑病妄想　　E. 内心被揭露感

(3)**记忆障碍**　记忆是既往事物经验在大脑中的重现。记忆是在感知觉和思维基础上建立起来的精神活动,包括识记、保持、再认和回忆三个基本过程。记忆障碍常涉及记忆的各个过程,分以下几种:

①记忆增强　是病理性的记忆力增强,表现为患者对病前已经遗忘且不重要的事都能重新回忆起来,甚至包括事件的细节。多见于躁狂发作、精神分裂症。

②记忆减退　是记忆各个基本过程功能的普遍减退。轻者表现为近记忆力减弱,如记不住刚见过人

的名字、别人刚告诉的电话号码等。严重时远记忆力也减退，如难以回忆个人经历。多见于痴呆，也可见于正常老年人。

③遗忘　是记忆痕迹在大脑中的丧失，表现为对既往感知过的事物不能回忆，分以下几类：

	临床特点	临床意义
顺行性遗忘	指对紧接着疾病发生以后一段时间内的经历不能回忆	脑挫伤
逆行性遗忘	指对疾病发生之前一段时间内的经历不能回忆	脑外伤、脑卒中
界限性遗忘	也称分离性遗忘，是指对某一特定时间段的经历不能回忆 遗忘的发生通常与该时间段内的不愉快事件有关	分离障碍
进行性遗忘	是指随着疾病的发展，遗忘逐渐加重	老年性痴呆

④虚构　指在遗忘的基础上，患者以想象的、未曾亲身经历的事件来填补记忆的缺损。由于虚构患者有严重的记忆障碍，因而虚构的内容自己也不能再记住。多见于痴呆、慢性酒精中毒性精神障碍。

⑤错构　指在遗忘的基础上，患者对过去所经历过的事件，在发生的地点、情节，特别是在时间上出现错误的回忆，并坚信不移。多见于痴呆、慢性酒精中毒性精神障碍。

2. 智能障碍

智能是人们获得和运用知识解决实际问题的能力。智能障碍分为智力发育迟滞和痴呆两大类型。

(1)智力发育迟滞　是指先天或发育成熟以前(18岁以前)，由于各种原因影响智能发育所造成的智力低下和社会适应困难的状态。随着年龄增长，患者的智力水平可能有所提高，但仍明显低于正常同龄人。

(2)痴呆　是指智力发育成熟以后，由于各种原因损害原有智能所造成的智能低下状态。痴呆的发生往往具有脑器质性病变基础，如脑外伤、脑缺氧等。主要表现为记忆力、计算力、理解力、判断力下降，工作和学习能力下降，严重者生活不能自理。老年性痴呆患者往往伴有人格改变、情感淡漠、行为幼稚等。

根据大脑病变性质、范围、智能损害的广度，可将痴呆分为全面性痴呆、部分性痴呆和假性痴呆。

①全面性痴呆　表现为大脑弥漫性损害，智能活动的各个方面均受累及，从而影响患者全部精神活动，常出现人格改变、定向力障碍及自知力缺乏。可见于老年痴呆、梅毒性痴呆。

②部分性痴呆　表现为大脑局部性损害，患者只产生记忆力减退、理解力削弱、分析综合困难等，但其人格仍保持良好，定向力完整，有一定的自知力，可见于血管性痴呆、脑外伤后痴呆的早期。

③假性痴呆　在强烈的精神创伤后，部分患者可产生一种类似痴呆的表现，而大脑组织结构无任何器质性损害，称为假性痴呆。常见于分离障碍、应激障碍。

【例15】以下疾病，最常出现智能障碍的是

A. 焦虑症　　B. 抑郁发作　　C. 精神分裂症

D. 强迫障碍　　E. 脑器质性精神障碍

3. 情感障碍

在精神医学中，情感和情绪是同义词，是指个体对客观事物的态度和因之产生相应的内心体验。

	临床特点	临床意义
情绪高涨	是正性情感活动的明显增强。表现为不同程度的，与周围环境不相称的病态喜悦，患者自我感觉良好，整日喜笑颜开，谈话时语音高昂，眉飞色舞，表情丰富	躁狂症发作
欣快	是在智能障碍基础上出现的与周围环境不协调的愉快体验。表现为自得其乐，十分幸福。但因智能障碍的影响，表情单调刻板，给人以呆傻、愚蠢的感觉	痴呆
情感低落	是负性情感活动的明显增强。表现为忧愁、苦闷、唉声叹气、暗自落泪，有时感到前途灰暗，没有希望。严重时可因悲观绝望而出现自杀企图及行为	抑郁症发作

焦虑	指在缺乏相应客观刺激情况下，出现的内心不安状态。表现为顾虑重重，紧张恐惧，坐立不安，严重时搓手顿足，惶惶不可终日，似有大祸临头的感觉	焦虑障碍
恐惧	指面临某种事物或处境时出现的紧张不安反应。病态恐惧指与现实威胁不相符的恐惧反应，表现为过分害怕，提心吊胆，常伴明显自主神经功能紊乱症状	恐惧障碍
情感不稳	是情感活动的稳定性障碍，表现为患者的情感反应极易发生变化，从一个极端波动至另一个极端，显得喜怒无常，变幻莫测	脑器质性精神障碍
情感淡漠	是指对外界刺激缺乏相应的情感反应，缺乏内心体验。表现为面部表情呆板，对周围发生的事情漠不关心，即使对与自身有密切利害关系的事情也是如此	晚期精神分裂症
易激怒	是情感活动的激惹性增高，表现为极易因一般小事而引起强烈的不愉快情感反应，如暴怒发作	人格障碍 躁狂发作
情感倒错	是指情感表现与其内心体验或处境明显不相协调，甚至截然相反	精神分裂症
情感矛盾	指患者在同一时间对同一人或事物产生两种截然不同的情感反应，但患者并不感到这两种情感的矛盾和对立，没有痛苦和不安	精神分裂症

【例 16】外界轻微的刺激就容易引起情绪的强烈波动，或多愁善感，或兴奋激动。该症状是

A. 情感幼稚　　B. 病理性激情　　C. 情感倒错

D. 情感脆弱　　E. 环性情绪

【例 17】男，35 岁。近 3 个月经常感到不明原因的紧张、害怕，对生活中的琐事思虑多，自己不能控制，为此感到苦恼，坐立不安，主动就诊。患者存在的主要症状是

A. 恐惧症状　　B. 惊恐发作　　C. 强迫症状

D. 焦虑症状　　E. 强制思维

4. 意志行为障碍

(1)意志障碍　意志是指人们自觉地确定目标，并根据目标调节自身的行动，克服困难，实现预定目标的心理过程。意志是人类特有的心理现象，是在人类认识世界和改造世界的需要中产生的。

	临床特点	临床意义
意志增强	是指意志活动增多。表现为在病态情感或妄想的支配下，患者持续地坚持某些行为，具有极大的顽固性	精神分裂症 躁狂发作
意志减弱	是指意志活动减少。表现为动机不足，缺乏积极主动性及进取心，对周围一切事物缺乏兴趣，不愿活动，工作学习感到非常吃力。严重时整日呆坐或卧床不起，日常生活也懒于料理	抑郁发作 精神分裂症
意志缺乏	是指意志活动缺乏，表现为对任何活动都缺乏动机、要求，生活处于被动状态，处处需要别人督促和管理	精神分裂症 智力发育障碍
矛盾意向	表现为对同一事物，同时出现两种完全相反的意向，但患者并不感到这两种意向的矛盾和对立，没有痛苦和不安	精神分裂症

(2)行为障碍　行为是指一系列动作的有机组合，是为了达到一定目的而进行的复杂的随意运动。行为障碍主要表现为：

①精神运动性兴奋　是指患者的动作行为及言语活动明显增多。包括协调性和不协调性两类。

A.协调性精神运动性兴奋　表现为患者增多的动作行为及言语与思维、情感、意志等精神活动协调一致，并与环境保持较密切的联系。患者的整个精神活动比较协调，行为具有目的性，可以被周围人理解。多见于躁狂发作。

B.不协调性精神运动性兴奋　表现为患者增多的动作行为及言语与思维、情感、意志等精神活动不协调，脱离周围现实环境。患者的整个精神活动不协调，动作行为杂乱无章，缺乏动机和目的，使人难以

理解。多见于精神分裂症、谵妄状态。

②精神运动性抑制 是指动作行为和言语活动的减少。主要包括以下4类。

	临床特点	临床意义
木僵	指动作行为和言语活动被完全抑制，表现为患者不语、不动、不饮、不食，肌张力增高，面部表情固定，对刺激缺乏反应，经常保持一种固定姿势。症状较轻者，可表现为少语、少动、表情呆滞，无人时能自动进食，可自行大小便，称为亚木僵状态	精神分裂症 严重抑郁发作 应激障碍 脑器质性精神障碍
蜡样屈曲	是在木僵基础上出现的，患者出现肢体任人摆布，即使是不舒服的姿势，也较长时间似蜡塑一样维持不动	精神分裂症
缄默症	是言语活动的明显抑制，表现为患者缄默不语，不回答任何问题，有时仅以手示意或者书写交流	分离障碍 精神分裂症
违拗症	是指患者对他人的要求加以抗拒。主动违拗表现为不但拒绝执行他人要求，而且还做出与要求相反的行为。被动违拗表现为对他人的各种要求一概拒绝执行	精神分裂症

③刻板动作、模仿动作、作态与强迫动作

	临床特点	临床意义
刻板动作	是指患者机械刻板地反复重复某一单调的动作，常与刻板言语同时出现	精神分裂症
模仿动作	是指患者无目的地模仿别人的动作，常与模仿言语同时存在	精神分裂症
作态	患者做出古怪、愚蠢、幼稚做作的动作、姿势、步态与表情，如做怪相、扮鬼脸	精神分裂症
强迫动作	指患者明知没有必要，却难以克制的去重复做某种动作行为，如果不重复，患者往往焦虑不安，如强迫性洗涤、强迫性检查等。强迫动作多与强迫思维有关	强迫障碍

【例18】协调性精神运动性兴奋常见于

A. 激越性抑郁症　B. 创伤后应激障碍　C. 广泛性焦虑障碍
D. 精神分裂症青春型　E. 躁狂发作

5. 自知力障碍

自知力又称领悟力或内省力，是指患者对自己精神状态的认识和判断能力。临床上，一般以精神症状消失，并认识自己的精神症状是病态的，即为自知力恢复。

不同精神疾病自知力的损害程度是不同的。神经症患者的自知力一般保持完整，即患者能够认识到自己的异常精神活动，并为此感到痛苦而积极寻求医疗帮助。重型精神障碍患者的自知力一般是缺乏的，即患者不能认识到自己的病态表现，否认存在精神方面的问题，认为自己的幻觉、妄想等精神病理症状都是客观现实的，故往往拒绝就医、治疗。

自知力缺乏是重型精神障碍的重要标志，临床上往往将有无自知力及自知力恢复的程度作为判断病情轻重和疾病好转程度的重要指标。自知力完全恢复是精神病康复的重要指标。

【例19】自知力是指

A. 对所服用药物的认知能力　B. 对既往身体状况的认知能力　C. 对躯体疾病的认知能力
D. 对自身精神状况的认知能力　E. 对未来身体状况的认知能力

6. 常见综合征

	临床特点	临床意义
幻觉妄想综合征	以幻觉和妄想为主要表现，伴情绪和意志行为异常。幻觉以听幻觉和视幻觉最常见。妄想以被害妄想和关系妄想最常见	精神分裂症 脑器质性精神障碍
急性脑综合征	也称谵妄，常表现为意识障碍昼轻夜重、神志恍惚、注意力不集中，对周围环境和事物的觉察清晰度降低	颅内感染 中枢神经系统疾病
慢性脑综合征	主要表现为痴呆、慢性精神病症状，如抑郁状态、类躁狂状态、类精神分裂症，伴明显的人格改变和记忆障碍	慢性躯体疾病 严重躯体疾病
遗忘综合征	又称柯萨可夫综合征，主要表现为近事遗忘、虚构、定向障碍。无意识障碍，智能相对完好	慢性酒精中毒 脑器质性精神障碍
躁狂综合征	是指在心境持续高涨的情况下，出现联想加快、言语增多、自我评价过高、睡眠需要量减少、活动增多等现象的综合征	躁狂发作 脑器质性精神障碍
抑郁综合征	主要表现为情绪低落、思维迟缓、意志活动减退等三低症状	抑郁发作 脑器质性精神障碍
紧张综合征	最突出的症状是患者全身肌张力增高 包括紧张性木僵、紧张性兴奋两种状态	精神分裂症 急性应激障碍
脑衰弱综合征	主要表现为精神活动易兴奋、易疲劳等特点，情绪不稳定、情感脆弱，是最缺乏特异性的综合征	中枢神经系统病变 躯体疾病

【例 20】遗忘综合征的三大特征是

A. 谵妄、近记忆障碍、虚构
B. 近记忆障碍、幻觉、定向障碍
C. 近记忆障碍、虚构、定向障碍
D. 幻觉、虚构、定向障碍
E. 谵妄、虚构、定向障碍

常考点 精神病症状学为考试重点，需熟练掌握。

参考答案——详细解答见 2021《贺银成国家临床执业及助理医师资格考试历年考点精析》

1. ABCDE 2. ABCDE 3. ABCDE 4. ABCDE 5. ABCDE 6. ABCDE 7. ABCDE
8. ABCDE 9. ABCDE 10. ABCDE 11. ABCDE 12. ABCDE 13. ABCDE 14. ABCDE
15. ABCDE 16. ABCDE 17. ABCDE 18. ABCDE 19. ABCDE 20. ABCDE

第 2 章　脑器质性疾病与精神活性物质所致精神障碍

考纲要求

①脑器质性疾病所致精神障碍：概念，常见脑器质性综合征及处理原则，阿尔茨海默病的常见精神症状，脑血管疾病的常见精神症状。②躯体疾病所致精神障碍：概念，临床表现，处理原则。③精神活性物质所致精神障碍：概述。④酒精所致精神障碍：临床表现，治疗原则。

复习要点

一、脑器质性疾病所致精神障碍

1. 概念

脑器质性疾病所致精神障碍是一组由脑变性、脑血管疾病、颅内感染、颅脑创伤、颅内肿瘤、癫痫等器质性因素直接损害脑部所致的精神障碍，又称脑器质性精神障碍。精神症状可表现为意识障碍、智能障碍、人格改变、精神性病症状、情感障碍、神经症样表现和行为障碍。

2. 常见脑器质性综合征及处理原则

(1)急性脑综合征　又称谵妄，是一组表现为急性、一过性、广泛性的认知障碍，尤其以意识障碍为主要特征。多急性起病，症状变化大，通常持续数小时或数天。典型的谵妄通常 10~12 天可完全恢复。

①临床表现　住院病人的谵妄发生率一般为 10%~30%。老年病房、急诊室、重症监护室，谵妄发生率很高。全麻外科手术后，谵妄发生率可高达 50%。谵妄的特征为：意识障碍、神志恍惚、注意力不能集中，对周围环境与事物的察觉清晰度降低；意识障碍昼轻夜重。其他临床表现包括：

A.定向障碍　包括时间和地点的定向障碍，严重者会出现人物定向障碍。

B.记忆障碍　以即刻记忆障碍和近记忆障碍最明显，尤其对新近事件难以识记。

C.睡眠-觉醒周期不规律　可表现为白天嗜睡晚上活跃。

D.感知障碍　尤其常见，包括感觉过敏、错觉和幻觉。错觉和幻觉以视错觉和视幻觉常见。可产生继发性片段幻想、冲动行为。情绪紊乱非常突出，包括恐怖、焦虑、抑郁、愤怒甚至欣快等。

②处理原则　病因治疗、支持治疗、对症治疗。

【例 1】有关急性脑综合征的叙述，正确的是

A. 一般无意识障碍　　B. 主要症状是易兴奋和易疲劳　　C. 多见于精神分裂症
D. 多由器质性疾病所致　　E. 对神经症性障碍的诊断具有特异性

【例 2】谵妄时最多见的幻觉是

A. 听幻觉　　B. 视幻觉　　C. 味幻觉
D. 触幻觉　　E. 嗅幻觉

【例 3】男，70 岁。近 3 天夜间吵闹不安，称看见墙上有蜈蚣、蛇在爬，紧张、语乱。白天较安静，对夜间的行为不能回忆。生活自理能力下降。当前最恰当的诊断是

A. 遗忘综合征　　B. 癫狂状态　　C. 幻觉状态
D. 痴呆状态　　E. 谵妄状态

(2)慢性脑综合征　也称痴呆，是一组因各种脑部病变而引起的严重、持续的认知障碍，以缓慢出现、进行性发展的智能减退为主要特征，同时伴有不同程度的人格改变和社会功能下降，但无意识障碍。

①临床表现　主要临床特点是认知障碍，常见的认知障碍包括记忆力减退、失语、失认、失用等。

A.记忆减退　往往最早出现，早期以近事记忆障碍为主。随着病情的发展，远事记忆也逐渐受累。

B.定向障碍　可有思维缓慢、贫乏及对时间、地点、人物的定向障碍。

C.人格改变　患者可出现人格改变。通常表现为兴趣减少、主动性差、社会性退缩。情绪症状包括焦虑、易激怒、抑郁、情绪不稳、情感淡漠等。患者可出现坐立不安、漫游、甚至攻击性行为。也可出现妄想和幻觉。

D.社会功能受损　对自己熟悉的工作不能完成，晚期生活不能自理。

②处理原则　病因治疗、提高患者生活质量、减轻患者给家庭带来的负担。

注意：①以近记忆障碍为主——急性脑综合征(谵妄)、慢性脑综合征(痴呆)、遗忘综合征、阿尔茨海默病。
②无意识障碍——慢性脑综合征(痴呆)、遗忘综合征、阿尔茨海默病。
③有意识障碍——急性脑综合征(谵妄)、血管性痴呆(短暂意识障碍)。

3. 阿尔茨海默病(AD)的常见精神症状

阿尔茨海默病(AD)是一种常见的神经系统变性疾病，其病理特征为老年斑、神经元纤维缠结、海马锥体细胞颗粒空泡变性及神经元缺失。临床特征为隐袭起病，进行性智能衰退，多伴人格改变。一般症状持续进展，病程通常为 8~10 年。

AD 是最常见的痴呆类型，占痴呆总数的 60%~70%。AD 的发病率与年龄呈正相关，女性多于男性。流行病学调查表明，65 岁以上的老年人中痴呆的患病率约为 5%，80 岁以上的患病率可达 20%。

AD 的临床表现分为两个方面，即认知功能减退症状及伴随的社会功能减退和非认知性精神症状。根据疾病的发展和认知功能缺损的严重程度，AD 可分为轻度、中度和重度。

	轻度	中度	重度
记忆障碍	近记忆障碍为首发且最明显症状，经常忘记物品和主要事件	表现为日益严重的记忆障碍，近记忆障碍及远记忆障碍	近、远记忆力均严重受损，忘记自己的名字和年龄
定向障碍	常有时间定向障碍	常有时间、地点定向障碍	严重定向障碍
言语功能	无言语功能障碍	言语功能障碍明显，讲话无序，内容空洞，命名困难	只能自发言语，内容单调，最终丧失语言功能
人格改变	出现在疾病早期，病人缺乏主动性，活动减少，孤独，易激怒	可有精神和行为障碍，情绪波动不稳，可出现妄想	人格显著改变，失认，失用，命名性失语
日常生活	日常工作能胜任，生活可自理	难以完成工作及家务劳动，患者不能独立生活	逐渐丧失行走能力，不能站立，卧床不起，大小便失禁

【例 4】阿尔茨海默病的早期症状主要为

A. 性格改变　　B. 记忆减退　　C. 情绪急躁易怒
D. 幻觉　　E. 妄想

注意：①近记忆障碍常为阿尔茨海默病首发及最明显的症状(7 版《精神病学》P60，8 版已删除)。
②人格改变往往出现在疾病的早期(7 版《精神病学》P60)，但常常发生于记忆力减退之后。
③人格改变≠性格改变。故本题最佳答案为 B，而不是 A。

4. 脑血管疾病的常见精神症状

常见的脑血管疾病是指脑动脉硬化、脑梗死、脑出血等。血管性痴呆(VD)是指由于脑血管病变导致的痴呆，患病率仅次于阿尔茨海默病(AD)。与 AD 相比，VD 的认知功能受损更为明显，但在一定程度上是可以预防的，VD 对治疗的反应也优于 AD。VD 一般急性或亚急性起病，病情波动，渐进发展；病程呈现明显的阶梯性和波动性；精神症状也出现“加重—部分缓解—再加重”的情况。VD 常见的精神症状包括：

(1)**意识障碍**　部分患者在病程中可出现短暂意识障碍，主要表现为急性脑综合征，一般发生在夜间。

(2)**感知觉障碍**　患者可出现视幻觉和听幻觉。也可出现视物显大症或视物显小症。

(3)**思维障碍**　患者可出现思维迟缓、逻辑障碍、概念的形成与掌握困难、妄想等多方面的思维障碍,其中以妄想最常见,约占VD患者的50%,如关系妄想、被害妄想、被盗妄想、嫉妒妄想等。

(4)**情感障碍** 早期表现为情感脆弱、易激惹、情绪不稳、抑郁情绪等,其中以抑郁情绪最常见,约占VD患者的50%~60%。晚期表现为欣快、情感平淡或淡漠等。

(5)**行为障碍** 如意志活动减弱、冲动行为(可突然伤人或自伤)、本能行为亢进(食欲和性欲亢进)。

(6)**记忆障碍和智能障碍** 记忆障碍与阿尔茨海默病相同。智能障碍呈波动性和进行性发展。

	血管性痴呆(VD)	阿尔茨海默病(AD)
脑卒中或TIA病史	常有	常无
起病及病程进展	相对较急,病程呈阶梯式恶化且波动较大	起病缓慢,进行性进展
早期症状	情绪不稳,近记忆障碍	人格改变,智能障碍
核心症状	情感脆弱,近记忆障碍,痴呆出现较晚	全面性痴呆
人格与自知力	人格改变少见,自知力存在	早期人格改变,丧失自知力
脑CT或MRI	可见脑梗死灶、软化灶等	不同程度的脑萎缩
Hachinski缺血评分	≥7分	≤4分

注意:Hachinski缺血评分≥7分为血管性痴呆,≤4分为阿尔茨海默病,5~6分为混合性痴呆。

A. 常有妄想　B. 早期出现人格改变　C. 有意识障碍
D. 有记忆障碍和智能障碍　E. 常有错觉、幻觉

【例5】阿尔茨海默病和血管性痴呆的共同点是

【例6】阿尔茨海默病区别于血管性痴呆的特点是

(7~9题共用题干)男,59岁。进行性记忆力下降6个月。怀疑有人偷自己的东西,认为爱人对自己不忠诚,常与邻居发生争执,有时尾随年轻女性,行为幼稚、任性。家人无法管理而住院治疗。既往无脑血管病史。生命体征及神经系统检查正常。

【例7】该患者最可能的诊断是
A. 偏执性精神病　B. 血管性痴呆　C. 中毒性脑病
D. 阿尔茨海默病　E. 精神分裂症

【例8】病史中未提示存在的症状是
A. 近事遗忘　B. 强制性思维　C. 人格改变
D. 易激惹　E. 嫉妒妄想

【例9】【假设信息】该患者在住院期间,突然出现大量丰富的幻觉,这时对症处理应选用的药物是
A. 曲唑酮　B. 丁螺环酮　C. 利培酮
D. 阿普唑仑　E. 丙戊酸钠

二、躯体疾病所致精神障碍

1. 概念

躯体疾病所致精神障碍是由脑以外的躯体疾病,如躯体感染、内脏器官疾病、内分泌障碍、营养代谢疾病等引起脑功能紊乱而产生的精神障碍。躯体疾病所致精神障碍又称症状性精神病,包括在广义的器质性精神障碍中。临床上可出现各种类型的精神障碍,如意识障碍、记忆和注意障碍、智能障碍、人格改变、精神病性症状(如幻觉、妄想)、情感症状、行为障碍等。

躯体疾病的范围很广,其病因和发病机制各异,因此由原发疾病所导致精神障碍的具体原因和病理生理过程各不相同,可能通过使中枢神经系统出现能量或营养供应不足、缺氧、中毒、水电解质和酸碱失衡、神经介质改变等途径导致精神障碍。但是躯体疾病因素并非引起此类精神障碍的唯一因素,性别、年

龄、遗传、人格特征、环境因素、应激状态、缺乏社会支持等,均可影响躯体疾病所致精神障碍的发生。

根据躯体疾病不同,可将躯体疾病所致精神障碍分为以下四种:

(1)躯体感染所致精神障碍 是指由病毒、细菌、螺旋体、真菌、原虫及其他感染病原体引起的躯体感染所致的精神障碍,如流行性感冒、肺炎、感染性心内膜炎、小舞蹈病等。

(2)内脏器官疾病所致精神障碍 如呼吸系统的慢性阻塞性肺疾病、肺性脑病,循环系统的冠心病和心律失常,消化系统的肝豆状核变性和肝性脑病,慢性肾衰竭和肾透析引起的精神障碍等。

(3)内分泌疾病所致精神障碍 如肾上腺功能亢进症或减退症,甲亢或甲减,嗜铬细胞瘤,糖尿病所致的精神障碍等。

(4)结缔组织病所致精神障碍 如类风湿关节炎、系统性红斑狼疮等所致的精神障碍。

2. 临床表现的共同特点

躯体疾病所致精神障碍可表现为许多精神症状或综合征,这些精神症状或综合征没有特异性,因此凡是出现精神障碍都应注意有无躯体疾病存在的可能性。躯体疾病所致精神障碍的共同特点为:

①精神障碍与原发躯体疾病的病情严重程度呈平行关系,发生时间上常有先后关系。即精神障碍随躯体疾病的发生而出现,随躯体疾病的加重而明显,随躯体疾病的缓解而痊愈或消失。

②急性躯体疾病常引起意识障碍,慢性躯体疾病常引起智能障碍和人格改变,智能障碍和人格改变也可由急性期迁延而来。主要临床表现为急性脑综合征或慢性脑综合征。

③有相应躯体疾病的症状、体征及实验室检查等辅助检查的阳性发现。

④精神症状常呈现夜间加重,白天减轻或消失的所谓"昼轻夜重"现象。

3. 处理原则

(1)病因治疗 首先应积极治疗原发的躯体疾病,停用可能引起精神障碍的药物。

(2)支持治疗 纠正水电解质紊乱及酸碱失调,补充营养、能量、维生素和水分,保护脑功能。

(3)控制精神症状 因年龄、躯体疾病、药物间的相互作用等原因,对于躯体疾病所致精神障碍的患者,使用精神药物要慎重,起始剂量应更低,剂量应逐渐增加,当症状稳定后,应考虑逐渐减少剂量。

(4)护理 保持安静与安全的环境,防自杀,防冲动伤人和毁物,防跌倒和走失及其他意外。

【例 10】女,40 岁。出现失眠、心悸、消瘦、情绪易激动、注意力不集中、眼球突出半年。其根本治疗措施是

A. 抗焦虑治疗　　B. 治疗失眠　　C. 治疗原发病

D. 心理治疗　　E. 控制情绪

三、精神活性物质所致精神障碍

1. 概述

(1)基本概念 精神活性物质是指能影响人类情绪、行为、改变意识状态,并有致依赖作用的一类化学物质,又称物质、成瘾物质、药物。毒品是社会学概念,指具有很强成瘾性并在社会上禁止使用的化学物质,我国的毒品主要指阿片类、可卡因、大麻、苯丙胺类兴奋剂等。

(2)依赖 是一组认知、行为和生理症状群,使用者尽管明白使用成瘾物质带来问题,但还在继续使用。

(3)滥用 是一种适应不良方式,由于反复使用药物导致了明显的不良后果,如不能完成重要的工作、学业,损害了躯体、心理健康,导致了法律上的问题等。

(4)耐受性 是一种状态,指药物使用者必须增加使用剂量方能获得所需的效果,或使用原来的剂量则达不到使用者所追求的效果。

(5)戒断状态 指停止使用药物、减少使用剂量或使用拮抗剂占据受体后所出现的特殊心理生理症状群。

(6)精神活性物质的分类 根据精神活性物质的药理作用,将之分为以下种类:

①中枢神经系统抑制剂 如巴比妥类、苯二氮䓬类、酒精等。

②中枢神经系统兴奋剂　如咖啡因、苯丙胺类、可卡因等。

③大麻　是世界上最古老最有名的致幻剂，主要成分是Δ^9-四氢大麻酚。

④致幻剂　麦角酸二乙酰胺（LSD）、仙人掌毒素、苯环利定（PCP）、氯胺酮等。

⑤阿片类　如海洛因、吗啡、鸦片、美沙酮、二氢埃托啡、哌替啶等。

⑥挥发性溶剂　如丙酮、汽油、甲苯等。

⑦烟草。

【例11】苯二氮䓬类药物使用者必须通过增加用量才能获得原有剂量所达到的效果，这种现象称为

A. 耐受性　　B. 灵敏性　　C. 戒断性

D. 依赖性　　E. 特异性

2. 酒精所致精神障碍

酒精对身体的作用可分为急性和慢性作用。急性作用主要表现为急性胃、食管出血等。慢性作用是指长期大量饮酒，引起各脏器的损害，如中枢及周围神经系统、肌肉、心脏、肝脏、胰腺、消化道受累。

(1)急性酒精中毒的临床表现

①单纯性醉酒　临床上可表现为典型中枢神经系统下行性抑制症状：

额叶皮质脱抑制表现	患者话多、欣快、易激怒、冲动、好斗、活动增多等
低级运动中枢脱抑制表现	运动不协调、步态不稳
脑干网状系统抑制症状	意识障碍、呼吸抑制、血压不稳等

②病理性醉酒　是指某些患者在个人素质、脑外伤、同时服用某些精神药物等因素的影响下，饮用不会导致常人出现中毒剂量的酒精后出现精神障碍的情况。其表现主要是意识障碍；情绪障碍（如情感不稳、易激惹）；行为障碍（如冲动、伤人、毁物等）。表现持续数分钟至数小时，患者事后不能回忆。病理性醉酒可导致严重伤人或自伤事件的发生。

(2)慢性酒精中毒的临床表现

①戒酒综合征　发生于停酒或突然减少酒用量6~28小时内，其表现为：

A.轻度症状　主要是情绪障碍（如焦虑、烦躁、易激惹）和睡眠障碍（如失眠、睡眠节律改变），此外，还可出现舌震颤、四肢肌肉震颤等。

B.中度症状　除轻度症状外，还有幻觉、妄想，幻觉以听幻觉最常见，妄想以被害妄想、关系妄想最常见。

C.重度症状　以意识障碍为主，表现为震颤谵妄，一般发生于停酒后48~96小时。可有手、面、舌的粗大震颤，定向障碍，幻觉，妄想，同时可出现癫痫发作。震颤性谵妄的死亡率为10%。

②精神障碍表现　长期饮酒后可出现一种或数种精神障碍综合征，常见的有：

A.遗忘综合征　酒精依赖者神经系统的特有体征之一是记忆障碍，称为柯萨可夫综合征（Korsakoff综合征），表现为近记忆障碍、虚构、定向障碍三大特征。患者还可能有幻觉、夜间谵妄等表现。

B.Wernicke脑病　是由于长期饮酒导致维生素B_1缺乏所致，表现为眼球震颤、眼球不能外展、明显意识障碍，伴定向障碍、记忆障碍、震颤谵妄等。大量补充维生素B_1可使眼球综合征很快消失，但记忆障碍很难恢复，一部分患者转变为柯萨可夫综合征，成为不可逆疾病。

C.酒精性痴呆　指长期、大量饮酒后出现的持续性智力减退，表现为短期、长期记忆障碍，抽象思维及理解判断障碍，人格改变，部分病人有皮层功能受损表现，如失语、失认、失用等。酒精性痴呆一般不可逆。

D.酒精性幻觉症　长期饮酒后，在意识清晰状态下可出现持续的幻觉，以听幻觉为主，多为单调的威胁性声音，如枪声、刀砍声等。有的患者对幻觉有部分或全部的自知力，这是酒精性幻觉的特点。

E.酒精性妄想症　最典型的是病理性嫉妒妄想综合征。患者认为配偶跟许多异性有染，竭尽跟踪检查之能事，在家里用各种非人手段折磨配偶，对外竭力隐瞒真相。多伴有长期饮酒所致的性功能障碍。

F.酒精性人格改变　长期饮酒可导致人格改变，出现责任心下降，说谎，对酒有强烈的兴趣等表现。

(3)酒依赖的治疗

①单纯戒断症状的治疗　由于酒精与苯二氮䓬类药理作用类似，因此，常首选地西泮缓解戒断症状。地西泮不仅可抑制戒断症状，而且还能预防发生震颤谵妄、戒断性癫痫发作。

②震颤谵妄的治疗　如下表。

镇静	首选苯二氮䓬类药物地西泮，一般持续1周，直至谵妄消失为止
控制精神障碍	首选氟哌啶醇，5mg/次，1~3次/日，肌肉注射，根据患者的反应增减剂量
支持治疗	纠正水、电解质和酸碱平衡紊乱，补充大量维生素等
加强护理	若有明显意识障碍、行为紊乱、恐怖性幻觉、错觉，需要专人看护，以免发生意外
预防感染	机体处于应激状态，免疫功能受损，易导致感染，应预防各种感染，特别是肺部感染

③戒酒治疗　主要采取逐步递减法，使患者最终停止饮酒。在减量过程中应注意对减量的掌握，防止出现戒断症状。住院的情况下，可一次性戒酒。

④心理治疗　厌恶疗法一般采用戒酒硫。戒酒硫能抑制肝细胞乙醛脱氢酶，它本身是一种无毒物质，但预先给予戒酒硫，能使酒精代谢停留在乙醛阶段，而出现显著的体征和症状，如饮酒后5~10分钟即出现面部发热、不久出现潮红、血管扩张、搏动性头痛、呼吸困难、恶心呕吐、出汗、口渴、低血压、直立性晕厥，严重者出现精神错乱和休克。在每天早上服用，可持续应用一至数月，用药期间应严密监护。

⑤治疗精神障碍　许多酒精依赖患者同时患有其他精神障碍，常见的有抑郁症、焦虑症、强迫症等，这些精神障碍可能是导致酒精依赖的原因，也可能是酒精依赖的结果。改善精神症状将有助于酒精依赖的治疗。

⑥支持治疗　主要包括补充营养、给予B族维生素、促进神经营养药物等。

⑦抗酒渴求药　阿片受体阻滞剂纳屈酮能减少酒精依赖患者的饮酒量和复发率。GABA受体激动剂阿坎酸(乙酰高牛磺酸钙)也有一定的抗渴求作用，能减少戒酒后复发。

	首选药物	种类	临床意义
单纯戒断症状	地西泮	苯二氮䓬类	酒精与苯二氮䓬药理作用类似
震颤谵妄	地西泮	苯二氮䓬类	镇静首选药
精神症状	氟哌啶醇	多巴胺受体阻滞剂	控制精神症状的首选药
幻觉妄想症	氟哌啶醇	多巴胺受体阻滞剂	也可使用新型抗精神病药物，如利培酮
酒精性癫痫	丙戊酸钠	抗癫痫药	原有癫痫史者，戒断初期应预防性使用抗癫痫药

【例12】男，25岁。有一天饮一两白酒后出现意识不清，怀疑同饮者欲加害于他，言语行为狂暴，将同饮者打伤，数十分钟后进入酣睡，醒后完全不能回忆，幼年受过脑外伤。该患者最可能的诊断是

A. 病理性醉酒　　B. 遗忘综合征　　C. 妄想
D. 脑外伤所致精神障碍　　E. 单纯性醉酒

【例13】男，48岁。长期大量饮酒，自行戒酒2天后，出现心悸、大汗、发热、双手震颤、兴奋激越、烦躁不安，晚上还说看见有鬼。对该患者目前的治疗方案不恰当的是

A. 预防感染　　B. 饮酒缓解戒断症状　　C. 抗精神病药物控制兴奋状态
D. 用地西泮缓解戒断症状　　E. 补充水、电解质、B族维生素

常考点　急慢性脑综合征；阿尔茨海默病的表现及特点；躯体疾病所致的精神障碍；酒精中毒。

参考答案——详细解答见2021《贺银成国家临床执业及助理医师资格考试历年考点精析》

1. ABCDE　2. ABCDE　3. ABCDE　4. ABCDE　5. ABCDE　6. ABCDE　7. ABCDE
8. ABCDE　9. ABCDE　10. ABCDE　11. ABCDE　12. ABCDE　13. ABCDE

第3章 精神分裂症

考纲要求

精神分裂症:概述,主要临床表现及分型,诊断与鉴别诊断,抗精神病药物的应用原则。

复习要点

一、概述与主要临床表现

1. 概述

精神分裂症是一组病因未明的精神病,常有感知、思维、情感、意志行为障碍和精神活动的不协调。一般没有意识障碍和智能障碍,自知力不全或缺乏。在成年人口中的终生患病率约为1%,男女患病率大致相等。精神分裂症的发病高峰年龄段集中在成年早期男性为10~25岁,女性为25~35岁。

2. 主要临床表现

(1)前驱期症状 是指在明显精神症状出现之前,患者所表现的一些非特异性症状。

情绪改变	抑郁、焦虑、情绪波动、易激怒
认知改变	出现一些古怪或异常观念和想法等,学习或工作能力下降
感知改变	对自我和外界的感知改变
行为改变	社会活动退缩或丧失兴趣,多疑敏感,职业功能水平下降
躯体改变	睡眠和食欲改变,虚弱感,头痛,背痛,消化道症状
少见症状	部分青少年以突然出现的强迫症状为首发症状

(2)显症期症状 精神分裂症患者存在五个症状维度(亚症状群):幻觉、妄想症状群;阴性症状群;瓦解症状群;焦虑抑郁症状群;激越症状群。其中,前三类症状对诊断精神分裂症的特异性较高。

①阳性症状 是指异常心理过程的出现,包括幻觉、妄想、言语和行为的紊乱(瓦解症状)。

A.幻觉 幻听、幻视、幻嗅、幻味、幻触均可出现,但以幻听最常见。幻听可以是非言语性的,也可以是言语性的。在意识清晰的情况下,出现评论性幻听、争论性幻听、命令性幻听常指向精神分裂症。

B.妄想 属于思维内容障碍,临床上以被害、关系、夸大、嫉妒、钟情、非血统、宗教、躯体妄想等多见。在意识清晰状态下,出现原发性妄想,常提示精神分裂症的诊断。

C.瓦解症状群 包括思维形式障碍、思维过程障碍、怪异行为、紧张症行为、不适当的情感等。

思维形式障碍	思维散漫离题、思维破裂、思维不连贯、语词新作、模仿语言、重复语言、刻板语言、内向性思维、缄默症、思维中断、思维云集、思维被夺走、持续语言、病理性象征性思维
思维过程障碍	思维奔逸、思维阻滞、思维贫乏、抽象概括能力受损、音连意联、过度包含、病理性赘述
怪异行为	单调重复、杂乱无章或缺乏目的性的行为,如扮鬼脸、痴笑、脱衣脱裤、当众手淫
紧张症行为	紧张性木僵、紧张性兴奋交替出现或单独出现
不适当的情感	患者的情感表达与外界环境和内心体验不协调

②阴性症状 是指正常心理功能的缺失,涉及情感、社交及认知方面的缺陷。包括意志减退、快感缺乏、情感迟钝、社交退缩和言语贫乏,其中以意志减退、快感缺乏最常见。

③焦虑抑郁症状 在疾病的早期和缓解后期多见。

④激越症状　包括攻击暴力和自杀。

⑤定向、记忆和智能　精神分裂症患者对时间、空间和人物一般能进行正确的定向，意识通常是清晰的，一般的记忆和智能没有明显障碍。

⑥自知力　精神分裂症患者在疾病发作期常缺乏自知力。

注意：①诊断精神分裂症重要症状为评论性、争论性、命令性幻听；原发性妄想；情感反应与外界刺激不相符。
②精神分裂症阳性症状是指精神功能的异常亢进，包括幻觉、妄想、思维联想障碍、不协调的情志活动。
③精神分裂症阴性症状是指精神功能的减退缺乏，包括思维贫乏、情感淡漠、意志减弱。

【例1】对精神分裂症最具有诊断价值的症状是
A. 心因性幻听　B. 命令性幻听　C. 反射性幻听
D. 假性幻听　E. 功能性幻听

【例2】不属于精神分裂症常见症状的是
A. 情感症状　B. 阴性症状　C. 冲动行为
D. 记忆力减退　E. 阳性症状

【例3】属于精神分裂症阳性症状的是
A. 思维缺乏　B. 情感平淡　C. 思维散漫
D. 情感淡漠　E. 意志减退

【例4】精神分裂症患者最常出现的幻觉是
A. 触幻觉　B. 视幻觉　C. 嗅幻觉
D. 听幻觉　E. 味幻觉

二、临床分型、诊断与鉴别诊断

1. 临床分型

(1)单纯型　较少见，约占2%。多为青少年起病，病情进展缓慢，持续，以阴性症状为主。表现为逐渐加重的孤僻离群，被动退缩，生活懒散，对工作学习的兴趣日益减退，缺乏进取心，本能欲望不足，情感日益淡漠，冷淡亲友，对情绪刺激缺乏相应的反应。

(2)青春型　常为青年期起病，以思维、情感、行为不协调或解体为主要表现。表现为思维破裂、言语零乱，话多，内容荒谬，情感不协调，喜怒无常，表情做作，好扮鬼脸，傻笑，行为幼稚愚蠢奇特，动作杂乱多变。常有本能活动亢进(性欲、食欲)，意向倒错(吃脏东西、大小便等)，可出现生动幻觉。

(3)紧张型　以紧张综合征为主要表现，紧张性木僵和紧张性兴奋交替出现，或单独出现，以木僵多见。

(4)偏执型　最常见，约占50%。临床表现以相对稳定的妄想为主，往往伴有幻觉(特别是幻听)。

(5)未分化型　以阳性症状表现为主，又不符合偏执型、青春型和紧张型的患者。

(6)残留型　主要表现为阴性症状而无阳性症状的波动，病期一年以上的慢性精神分裂症。

(7)精神分裂症后抑郁　指精神分裂症经过治疗病情缓解但未痊愈时，出现持续2周以上的抑郁情绪。

【例5】男，16岁。近2年来无明显原因出现与人交往减少，经常独自呆于一处，有时会不明原因发笑。对家人漠不关心。生活越来越懒散。以前感兴趣的事情，现在也不做了。最可能的诊断是
A. 重性抑郁症迟滞型　B. 中度精神发育迟滞　C. 精神分裂症紧张型
D. 精神分裂症衰退型　E. 精神分裂症单纯型

2. 诊断标准

(1)症状特点　目前暂无特征性症状，以下症状越多，诊断的信度和效度越高。

①思维鸣响、思维插入、思维被撤走、思维被广播。

②明确涉及躯体或四肢运动，或特殊思维、行为或感觉的被影响、被控制或被动妄想；妄想性知觉。

③对患者的行为进行跟踪性评论，或彼此对患者加以讨论的幻听，或来源于身体一部分的其他听幻觉。

④与文化不相称且根本不可能的其他类型的持续性妄想，如具有某种宗教或政治身份，或超人的力量和能力（例如能控制天气，或与另一世界的外来者进行交流）。

⑤伴有转瞬即逝的或未充分形成的无明显情感内容的妄想、或伴有持久的超价观念、或连续数周或数月每日均出现的任何感官的幻觉。

⑥联想断裂或无关的插入语，导致言语不连贯，或不中肯或词语新作。

⑦紧张性行为，如兴奋、摆姿势，或蜡样屈曲、违拗、缄默及木僵。

⑧阴性症状，如显著的情感淡漠、言语贫乏、情感反应迟钝或不协调，常导致社会退缩或社会功能的下降，但必须澄清这些症状并非由抑郁症或抗精神病药物治疗所致。

⑨个人行为的某些方面发生显著而持久的总体性质的改变，表现为丧失兴趣、缺乏目的、懒散、自我专注及社会退缩。

(2)病程特点 既往有类似发作者对诊断有帮助。首次发作者通常要求在≥1个月的大部分时间内确实存在上述症状条目①~④中至少1个（如不甚明确常需两个或多个症状），或⑤~⑧中来自至少两组症状群中的十分明确的症状。第⑨条仅用于诊断单纯型精神分裂症，且要求病期1年以上。

(3)其他特点 家族中特别是一级亲属有较高的同类疾病的阳性家族史，躯体和神经系统检查及实验室检查一般无阳性发现，脑影像学和精神生化检查结果可供参考。如患者存在符合抑郁或躁狂发作标准的情感症状则不应诊断为精神分裂症，除非已明确精神分裂症症状出现在心境障碍之前。如精神分裂症症状与情感性症状同时发生并且达到均衡，那么即使精神分裂症症状已符合精神分裂症的诊断标准，也应诊断为分裂性情感性障碍。

3. 鉴别诊断

(1)躯体疾病、脑器质性疾病所致精神障碍 其共同特点可与精神分裂症相鉴别：①躯体疾病与精神症状的出现时间上密切相关，病期的消长常与原发疾病相平行；②患者多在意识障碍的背景上发病，幻觉常以幻视为主，症状可有昼轻夜重，较少出现精神分裂症的“特征性”症状；③某些患者由于病变部位的不同，还会出现相应的临床表现；④体格检查常可发现一些阳性体征；⑤实验室检查常可找到相关的证据。

(2)精神活性物质所致精神障碍 某些精神活性物质（如兴奋剂、酒精、阿片类）及治疗药物（如激素类、抗帕金森药）的使用可导致精神症状的出现。鉴别时应考虑：有确定的用药史，精神症状的出现与药物使用在时间上密切相关，用药前患者精神状况正常，症状表现符合不同种类药物所致的特点。

(3)某些神经症性障碍 神经症患者自知力充分，患者完全了解自己的病情变化和处境，求治心切，情感反应强烈，而精神分裂症患者早期虽有自知，但却不迫切求治，情感反应不强烈。精神分裂症患者的强迫症状内容离奇、荒谬、多变、不可理解，摆脱的愿望不强烈，痛苦体验不深刻。

(4)心境障碍 严重抑郁患者思维迟缓，行为动作减少，有时可达亚木僵或木僵的程度，此时需与紧张性木僵鉴别。抑郁患者的情感不是淡漠，耐心询问可得到某些简短、切题的回答，患者的表情动作虽缓慢，但眼神常流露出忧心忡忡和欲语却难以表达的表情，表明患者与周围仍有情感上的交流。而紧张性木僵患者不管你作多大努力，均不能引起患者作一些相应的应答和情绪反应。

(5)妄想性障碍 此类患者病前常有性格缺陷；妄想结构严密系统，妄想内容有一定的事实基础，是在对事实的片面评价和推断的基础上发展而来；思维有条理和逻辑；行为和情感反应与妄想观念相一致；无智能和人格衰退；一般没有幻觉。而精神分裂症偏执型的妄想内容常离奇、荒谬，常人不能理解，有泛化，结构松散而不系统，常伴有幻觉，随着疾病的进展，常有精神或人格衰退。

(6)人格障碍 某些精神分裂症，尤其是青少年起病，病情进展缓慢者会表现出性格特征的改变。鉴别要点是详细了解患者的生活、学习经历，要追溯到童年时期。人格障碍是一个固定的情绪、行为模式，但还是一个量的变化，一般无明显的精神病性症状。而精神分裂症的病前病后有明显的转折，情感和行为有质的异常，且具有某些精神病性症状。

【例 6】女,25 岁。3 天前受惊吓后突然不语不动,不吃不喝,肢体僵硬,口中唾液外流,不知主动吐出,晚间自己到厨房找吃的。患者 2 年前曾有凭空闻语,捡拾垃圾等怪异行为,持续 1 个月好转。最可能的诊断是

A. 脑器质性精神障碍　　B. 精神分裂症　　C. 妄想性障碍

D. 急性应激障碍　　E. 分离(转换)性障碍

三、抗精神病药物及其应用原则

1. 神经分裂症的治疗

不论是首次发作还是复发的精神分裂症患者,应首选抗精神病药物治疗。对部分药物治疗效果不佳和(或)有木僵违拗、频繁自杀、攻击冲动的患者,急性治疗期可以单用或合用电抽搐治疗。

(1)药物治疗　抗精神病药物种类繁多,其使用原则如下:

①药物使用原则　早期、适量、足疗程、单一用药、个体化用药。一般情况下不能突然停药。

②药物选择原则　首选非典型抗精神病药物利培酮、奥氮平、喹硫平。次选氯氮平。

③药物治疗程序　包括急性治疗期(≥4~6 周)、巩固治疗期(≥6 个月)和维持治疗期(≥5 年)。

④安全原则　服药前和服药期间应常规检查血象、肝肾心功能、血糖、血脂等。

(2)心理与社会干预　首选认知行为治疗(认知矫正、行为演练、应对方式训练),次选行为治疗(社会技能训练)、家庭干预(心理教育、家庭危机干预、家庭为基础的行为治疗)、社区服务等

(3)改良电抽搐治疗(MECT)　适应证包括:①严重抑郁,有强烈自伤、自杀行为者,明显自责自罪;②极度兴奋躁动、冲动伤人;③拒食、违拗和紧张性木僵;④精神药物治疗无效或对药物不能耐受。

【例 7】抗精神病药物应用原则不包括

A. 用药前进行常规的体检和辅助检查　　B. 尽可能单一用药

C. 从小剂量开始,迅速加到治疗剂量　　D. 剂量个体化

E. 足量、足疗程

2. 抗精神病药物

抗精神病药物主要用于治疗精神分裂症、躁狂发作和其他具有精神病性症状的精神障碍。故抗精神病药物不宜称为抗精神分裂症药物。

(1)普通分类　分为第一代抗精神病药和第二代抗精神病药。

	第一代抗精神病药	第二代抗精神病药
别称	传统抗精神病药、典型抗精神病药 神经阻滞剂、多巴胺受体阻滞剂	非传统抗精神病药、非典型抗精神病药 新型抗精神病药
代表药物	氯丙嗪、氟哌啶醇、奋乃静、舒必利	利培酮、奥氮平、氯氮平
作用机制	阻断中枢多巴胺 D_2 受体	作用机制多样
副作用	锥体外系副作用较多,催乳素水平升高	锥体外系副作用很少,少数药物催乳素水平升高

【例 8】非典型抗精神病药物主要用于治疗

A. 抑郁症　　B. 焦虑症　　C. 适应障碍

D. 睡眠障碍　　E. 精神分裂症

【例 9】不属于第二代抗精神病药的是

A. 喹硫平　　B. 利培酮　　C. 奥氮平

D. 氯氮平　　E. 舒必利

(2)按化学结构分类　如下表,常考的绿色药物请牢记。

	化学结构分类	代表药物
第一代抗精神病药	吩噻嗪类	氯丙嗪、硫利达嗪、奋乃静、三氟拉嗪、氟奋乃静、癸氟奋乃静
	硫杂蒽类	氯普噻吨
	丁酰苯类	氟哌啶醇、癸氟哌啶醇、五氟利多
	苯甲酰胺类	舒必利
	二苯氧氮平类	洛沙平
第二代抗精神病药	苯异噁唑类	利培酮、帕潘立酮、棕榈酸帕利哌酮
	苯异硫唑类	齐拉西酮
	二苯二氮䓬类	氯氮平、奥氮平
	二苯硫氮䓬类	喹硫平
	苯甲酰胺类	氨磺必利
	喹诺酮类	阿立哌唑

(3)作用机制　目前抗精神病药物几乎都是通过阻断脑内多巴胺受体(*尤其是多巴胺 D_2 受体*)而发挥抗精神病作用。第一代抗精神病药主要阻断四种受体,包括多巴胺 D_2 受体、肾上腺素 α_1 受体、胆碱能 M_1 受体和组胺能 H_1 受体。第二代抗精神病药在阻断多巴胺 D_2 受体的基础上,还可阻断脑内5-羟色胺受体(*主要是 5-HT_{2A} 受体*),增强抗精神病作用,减少多巴胺受体阻断的副作用。

阻断受体	主要阻断	药理作用
多巴胺受体	D_2 受体	阻断中脑边缘通路,与抗幻觉、妄想等作用有关 阻断中脑皮质通路,与药源性阴性症状、抑郁有关 阻断黑质纹状体通路,与锥体外系副作用有关 阻断下丘脑至垂体的结节漏斗通路,与催乳素水平升高的副作用有关
5-羟色胺受体	5-HT_{2A}受体	具有潜在的抗精神病作用,可降低锥体外系症状发生率,部分改善阴性症状
肾上腺素受体	α_1 受体	产生镇静作用、直立性低血压、心动过速、性功能减退、射精延迟等副作用
胆碱受体	M_1 受体	产生多种抗胆碱能副作用,如口干、便秘、排尿困难、视物模糊、记忆障碍
组胺受体	H_1 受体	产生过度镇静、体重增加的副作用

(10~12题共用题干)女,23岁。2个月前无明显诱因出现自言自语,有时独自发笑,有时对空谩骂,感觉被人监视和跟踪,思想和行为被某种外力控制,情绪低落,觉得被逼得走投无路,曾报警寻求保护,睡眠差。实验室检查未发现异常。

【例10】该患者最可能的诊断是
A. 妄想性障碍　B. 精神分裂症　C. 抑郁发作
D. 双相障碍　E. 分裂情感性精神障碍

【例11】患者在药物治疗2个月后,症状缓解,但出现停经和泌乳现象。此治疗药物最可能的是
A. 奥氮平　B. 氯氮平　C. 利培酮
D. 喹硫平　E. 阿立哌唑

【例12】最可能与该不良反应有关的多巴胺通路是
A. 中脑被盖区通路　B. 黑质纹状体通路　C. 中脑皮质通路
D. 下丘脑结节漏斗通路　E. 中脑边缘系统通路

(4)适应证　抗精神病药物主要用于治疗精神分裂症、躁狂发作、其他精神病性障碍。

控制急性发病、兴奋躁动宜选用氯丙嗪、奋乃静、氟哌啶醇；慢性期、起病缓慢、以阴性症状为主者宜选用三氟拉嗪；伴有情绪抑郁者宜选用舒必利。足量药物维持治疗4~6周后无效，可考虑更换药物。

(5)禁忌证 严重的心血管疾病、肝肾疾病、严重的全身感染、甲减、肾上腺皮质功能减退、重症肌无力、闭角型青光眼、既往使用同种药物过敏。白细胞过低、老年人、妊娠、哺乳期妇女慎用。

(6)不良反应 抗精神病药物副作用较多，特异质反应也较常见，应注意处理。

①锥体外系反应 系传统抗精神病药物治疗最常见的神经系统副作用，包括以下4种表现。

	出现时间	临床表现	处理措施
急性肌张力障碍	出现最早	不自主的、奇特的表现： ①眼上翻，斜颈，颈后倾，面部怪相和扭曲 ②吐舌，张口困难，角弓反张，脊柱侧弯	肌内注射东莨菪碱即可缓解 减药量+抗胆碱药（盐酸苯海索） 换服锥体外系反应低的药物
静坐不能	治疗1~2周后	表现为无法控制的激越不安，不能静坐，反复走动或原地踏步	加服苯二氮䓬类和普萘洛尔有效 抗胆碱药无效；有时需减少药量 换服锥体外系反应低的药物
类帕金森症	治疗最初1~2个月	运动不能，肌张力增高，震颤，自主神经功能紊乱；严重者协调运动丧失、僵硬、佝偻姿势、慌张步态、面具脸、粗大震颤、流涎	服用抗胆碱药（盐酸苯海索），抗精神病药缓慢加药或使用最低剂量
迟发性运动障碍	持续用药几年后	表现为不自主、有节律的刻板式运动	异丙嗪有一定作用 抗胆碱药加重病情

②恶性综合征 少见，临床特征是：意识波动、肌肉强直、高热、自主神经功能不稳定。最常见于氟哌啶醇、氯丙嗪和氟奋乃静等药物治疗时。药物加量过快、用量过高、脱水、营养不足、合并躯体疾病等，可能与恶性综合征的发生发展有关。患者肌酸磷酸激酶（CPK）浓度升高，但不是确诊指征。处理是停用抗精神病药物，给予支持治疗。可以试用肌肉松弛剂（丹曲林）和促进中枢多巴胺功能的溴隐亭治疗。

③其他不良反应 氯丙嗪可在角膜、晶状体、皮肤上形成紫灰色素沉着。氯氮平可引起粒细胞缺乏。

常用抗精神病药物的不良反应如下表，重点掌握绿色字体的常考药物。

	药名	锥体外系反应	催乳素升高	体重增加	血糖异常	血脂异常	QTc延长	镇静作用	低血压	抗胆碱作用
第一代药	氯丙嗪	+	++	++	+	+	++	++	+++	+++
	奋乃静	++	++	+	+	+	0	+	++	++
	氟哌啶醇	+++	+++	0	0	0	0	0	+	0
第二代药	利培酮	++	+++	++	++	++	+	+	+	0
	帕潘立酮	+	+++	+	+	+	0	0	0	0
	齐拉西酮	+	+	0	0	0	++	0	0	0
	氯氮平	0	0	+++	+++	+++	0	+++	+++	+++
	奥氮平	+	0	+++	+++	+++	0	+	+	++
	喹硫平	0	0	++	++	++	0	++	++	0
	氨磺必利	+	+++	+	+	+	0	0	0	0
	阿立哌唑	+	0	0	0	0	0	+	0	0

【例13】一个女孩跟同学发生争执，走到街上后觉得人们都在议论自己，仿佛听见有人骂自己，遂站在马路上想让汽车撞死，治疗过程中出现肌肉震颤、手抖等椎体束征。应采取的处理方式是

A. 立即停药　B. 服用苯海索　C. 服用多巴胺激动剂
D. 服用溴隐亭　E. 服用抗组胺药物

A. 喹硫平　B. 氯氮平　C. 利培酮
D. 舒必利　E. 奥氮平

【例14】最易出现锥体外系不良反应的药物是

【例15】最易出现粒细胞缺乏不良反应的药物是

(16~18题共用题干)男,40岁。精神分裂症病史18年,第3次入院。入院后给予氟哌啶醇治疗,3天后加至30mg/d,第7天出现肌肉僵硬、震颤、吞咽困难。体温39.8℃,意识不清,血清肌酸磷酸激酶升高。

【例16】该患者出现的情况最可能是
A. 迟发型运动障碍　B. 急性肌张力障碍　C. 恶性综合征
D. 5-羟色胺综合征　E. 药源性帕金森综合征

【例17】该患者首要的处理方法是
A. 即刻停用氟哌啶醇　B. 盐酸苯海索治疗　C. 降温、抗感染
D. 立即给予电抽搐治疗　E. 换用非典型抗精神病药物治疗

【例18】针对该患者的情况,有特效的治疗药物是
A. β受体阻滞剂　B. 多巴胺受体激动剂　C. 广谱抗生素
D. 苯二氮䓬类药物　E. 抗胆碱能药物

▶常考点　重点内容,应全面掌握。

参考答案——详细解答见2021《贺银成国家临床执业及助理医师资格考试历年考点精析》

1. ABCDE　2. ABCDE　3. ABCDE　4. ABCDE　5. ABCDE　6. ABCDE　7. ABCDE
8. ABCDE　9. ABCDE　10. ABCDE　11. ABCDE　12. ABCDE　13. ABCDE　14. ABCDE
15. ABCDE　16. ABCDE　17. ABCDE　18. ABCDE

第 4 章　心境障碍

考纲要求

①心境障碍概述。②抑郁症：概述，临床表现，诊断与鉴别诊断，治疗原则。③双相障碍：临床表现，诊断与鉴别诊断，治疗原则。

复习要点

一、心境障碍概述

1. 定义

心境障碍又称为情感性精神障碍，是指由各种原因引起的、以显著而持久的心境或情感改变为主要特征的一组疾病。其临床特征为：以情感高涨或低落为主要的、基本的或原有的症状，常伴有相应的认知和行为改变；可有幻觉、妄想等精神病性症状；多数患者有反复发作的倾向，间歇期精神活动基本正常，部分患者可有残留症状或转为慢性。心境障碍还包括以心境高低波动、但幅度不高为特征的环性心境障碍和以持久心境低落的慢性抑郁为主要特点的恶劣心境两种持续性心境障碍。

2. 分类

心境障碍可分为抑郁障碍和双相障碍两个主要疾病亚型。

二、抑郁症

1. 概述

抑郁障碍是以情感低落为主要临床表现的一组疾病的总称。

2. 临床表现

(1)核心症状　包括心境低落、兴趣减退、快感缺失。

心境低落	是指自我感受或他人观察到的显著而持久的情绪低落和抑郁悲观
兴趣减退	患者对各种过去喜爱的活动或事物丧失兴趣或兴趣下降
快感缺失	患者体验快乐的能力下降，不能从日常从事的活动中体验到乐趣

(2)心理症状群　包括如下症状：

思维迟缓	表现为思维联想速度减慢，患者自觉脑子反应迟钝，主动语言减少，语速减慢
认知功能损害	是患者最常见的主诉，注意力下降，反应时间延长，工作效率降低
负性认知模式	认为自己无价值，有缺陷，不值得人爱，悲观绝望
自责	是指患者过分地责备自己，埋怨自己，夸大自己的错误和缺点
自罪	患者毫无根据地认定自己有罪，甚至罪大恶极，应该受到相应的惩罚，导致自虐、自伤行为
自杀	患者主动采取的以结束自己生命为目的的行为，其最终结果是导致当事人的死亡
精神运动	患者精神运动性迟滞或激越
焦虑	表现为心烦、担心、紧张、无法放松，担心失控或发生意外等
精神病性症状	严重者可出现幻觉、妄想等精神病性症状
自知力缺乏	多数患者自知力完整，但重症患者自知力不完全甚至缺乏

(3)**躯体症状群** 包括如下症状:

睡眠障碍	入睡困难最多见,早醒最具有特征性,醒后无法入睡
自主神经功能	有自主神经功能紊乱的表现,如头痛、头晕、心慌、心悸、出汗、皮肤感觉异常
进食紊乱	食欲下降,体重减轻,进食后感觉腹胀、胃部不适
精力下降	无精打采,疲乏无力,懒惰,筋疲力竭
性功能障碍	性欲减退或完全丧失,月经紊乱,闭经

注意:①抑郁症的三低症状——情绪低落、思维迟缓、意志活动减退,其中情绪低落为基本症状。
②抑郁症的三无症状——无望、无助、无用。
③抑郁症的三自症状——自责、自罪、自杀。

【例1】抑郁症核心症状组合正确的是
A. 食欲下降,早醒,消瘦
B. 兴趣减退,活动减少,自责自罪
C. 活动减少,话少,愉快体验缺乏
D. 思维迟缓,活动减少,木僵
E. 精力下降,兴趣减退,愉快体验缺乏

【例2】抑郁症的特征性睡眠障碍是
A. 入睡困难
B. 唤醒困难
C. 早醒
D. 睡眠过多
E. 睡眠多梦

3. 诊断标准

在ICD-10中,诊断抑郁发作时,一般要求病程持续至少2周。

(1)**三条核心症状** ①心境低落;②兴趣和愉快感丧失;③导致劳累增加和活动减少的精力降低。

(2)**七条附加症状** ①注意力降低;②自我评价和自信降低;③自罪观念和无价值感;④认为前途暗淡悲观;⑤自伤或自杀的观念或行为;⑥睡眠障碍;⑦食欲下降。

根据抑郁发作的严重程度,将其分为轻度、中度和重度三种类型。

①轻度抑郁 具有至少2条核心症状+至少2条附加症状。

②中度抑郁 具有至少2条核心症状+至少3条(最好4条)附加症状。

③重度抑郁 具有3条核心症状+至少4条附加症状。

4. 鉴别诊断

(1)**精神分裂症** 患者可表现出精神运动性抑制,类似抑郁性木僵的症状。

(2)**躯体疾病** 许多躯体疾病可表现为抑郁综合征,如甲状腺功能减退症、系统性红斑狼疮等。

(3)**脑器质性疾病** 脑血管病变、帕金森病、脑肿瘤等可出现抑郁综合征。

(4)**药源性抑郁** 如降压药、抗癫痫药、抗帕金森病药、抗精神分裂症药等均可出现抑郁综合征。

【例3】诊断抑郁发作的必要条件是
A. 早醒
B. 自杀观念
C. 思维迟缓
D. 动作减少
E. 心境低落

【例4】女,26岁。近1个月来出现失眠,难以入睡,食欲较差,体重减轻2kg。自觉无用、孤独,没有人关心自己,对未来也不抱任何希望,偶尔出现生不如死的想法。目前此患者存在的突出症状是
A. "三无"症状
B. 思维迟缓
C. 睡眠障碍
D. "三自"症状
E. 消极观念

【例5】男,24岁。近3个月来觉得疲乏无力,早醒,食欲下降,工作效率明显低下,感觉头脑迟钝,不愿多说话,觉得度日如年,认为前途暗淡,有轻生念头。体格检查无明显异常。该患者最可能的诊断是
A. 焦虑症
B. 抑郁发作
C. 精神分裂症

D. 神经衰弱　　　　　　　　E. 分离障碍

5. 治疗

抑郁发作以药物治疗为主，特殊情况下可使用电抽搐治疗，心理治疗应贯穿治疗的始终。

(1)全病程治疗　分为急性期治疗、巩固期治疗和维持期治疗。

临床分期	治疗目的	疗程
急性期治疗	以控制症状为主，尽量达到临床痊愈，提高生活质量	8~12 周
巩固期治疗	以防止病情复燃为主	4~9 个月
维持期治疗	有效降低抑郁症的复燃/复发率	至少 2~3 年

(2)治疗原则　应坚持个体化合理用药。

个体化原则	根据患者的症状特点、年龄、躯体状况、有无并发症，坚持个体化合理用药
渐加渐减	开始治疗时，尽可能采用最小剂量，逐步递增。停药时，逐渐减量，不要骤停，避免撤药综合征
足够疗程	小剂量疗效不佳时，增至足量(有效药物上限)和足够长的疗程(4~6 周)
无效换药	若治疗 6~8 周无效，可换用同类另一种药物，或作用机制不同的另一类药物
单一用药	尽可能单一用药，足量、足疗程治疗，一般不主张联合用药，除非难治性患者

(3)药物治疗　为抑郁障碍的首选治疗方法。

①5-羟色胺(5-HT)、多巴胺(DA)、去甲肾上腺素(NA)的生化代谢。

A.5-羟色胺　色氨酸首先经色氨酸羟化酶催化生成5-羟色氨酸，然后经5-羟色氨酸脱羧酶催化生成5-羟色胺。5-羟色胺可经单胺氧化酶(MAOs)催化生成5-羟色醛，进一步氧化生成5-羟吲哚乙酸随尿排出。

B.多巴胺和去甲肾上腺素　酪氨酸在肾上腺髓质和神经组织经酪氨酸羟化酶催化，生成多巴。多巴在多巴脱羧酶的作用下，脱去羧基生成多巴胺。在肾上腺髓质，多巴胺侧链的β-碳原子被羟化，生成去甲肾上腺素，后者甲基化生成肾上腺素。

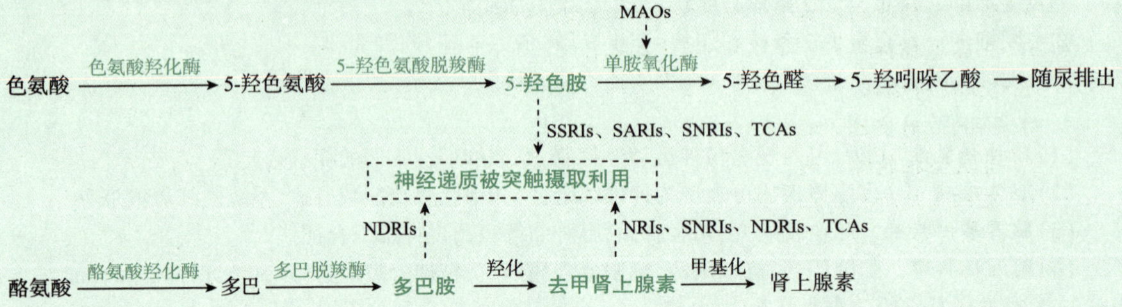

SSRIs：选择性5-羟色胺再摄取抑制剂（氟西汀、帕罗西汀、舍曲林、氟伏沙明、西酞普兰、艾司酞普兰）
SNRIs：5-羟色胺和去甲肾上腺素再摄取抑制剂（文拉法辛、度洛西汀）
NRIs：选择性去甲肾上腺素再摄取抑制剂（瑞波西汀）
TCAs：三环类（丙米嗪、氯米帕明、阿米替林、多塞平、马普替林）
NDRIs：去甲肾上腺素和多巴胺再摄取抑制剂（安非他酮）
SARIs：5-羟色胺阻滞和再摄取抑制剂（曲唑酮）
MAOs：单胺氧化酶抑制剂（吗氯贝胺）

5-羟色胺、多巴胺、去甲肾上腺素的代谢及抗抑郁药作用机制

②常用抗抑郁药物　5-HT、DA、NA 都是兴奋性神经递质。抑郁发作与中枢神经系统内 5-HT、DA、NA 功能活动降低有关。因此，阻滞 5-HT 回收的药物(选择性 5-HT 再摄取抑制剂)、抑制 5-HT 降解的药物(单胺氧化酶)、阻滞 NE 回收的药物(选择性 NE 再摄取抑制剂)、阻滞 DA 回收的药物(安非他酮)等，均具有抗抑郁作用。一般推荐 SSRIs、SNRIs、NaSSAa 作为一线药物选用。

③抗抑郁药物的不良反应　SSRIs 类药物的副作用包括：

胃肠道反应	最常见，表现为恶心、呕吐、腹泻，在用药早期易出现
精神病症状	激越，坐立不安，性功能障碍，偏头痛，紧张性头痛
睡眠障碍	主要表现为睡眠减少
5-HT综合征	严重并发症，表现为恶心、呕吐、腹痛、激越，肌震颤，腱反射亢进，肌张力增高，意识障碍

(4)电抽搐治疗　首选用于严重消极自杀言行或抑郁性木僵者，物治疗无效的患者也可采用。

(5)心理治疗　适用于有明显心理社会因素作用的抑郁发作患者、轻度抑郁、恢复期患者。

【例6】对抑郁症的处理措施中最首要的是

A. 改善睡眠状况　　B. 评估自杀风险　　C. 改善营养
D. 改善情绪状态　　E. 加强心理治疗

【例7】下列属于选择性5-羟色胺再摄取抑制剂的是

A. 托莫西汀　　B. 文拉法辛　　C. 利培酮
D. 米氮平　　E. 氟西汀

A. 非苯二氮䓬类　　B. 苯二氮䓬类　　C. 5-羟色胺再摄取抑制剂
D. 心境稳定剂　　E. 多巴胺和5-羟色胺受体拮抗剂

【例8】治疗精神分裂症选用的药物是

【例9】治疗抑郁症选用的药物是

(10~12题共用题干)男，40岁，干部。近1个月出现情绪低落，对工作及娱乐圈没有兴趣，卧床多，不思饮食，入睡困难，早醒，有轻生想法。

【例10】最可能的诊断是

A. 分裂情感性精神障碍　　B. 精神分裂症后抑郁　　C. 广泛性焦虑障碍
D. 适应障碍　　E. 抑郁发作

【例11】目前治疗宜首选

A. 传统抗精神病药物　　B. 非典型抗精神病药物　　C. MAOIs
D. 三环类抗抑郁药　　E. SSRIs

【例12】经过上述所选择药物治疗2周后，患者的症状逐渐加重，表现为卧床不动，不说话，并有严重的自杀企图，此时宜选择的治疗措施是

A. 非典型抗精神病药　　B. 电抽搐治疗　　C. SSRIs+碳酸锂
D. 三环类抗抑郁药+碳酸锂　　E. 舒必利

三、双相障碍

双相障碍也称双相情感障碍，是指临床上既有躁狂或轻躁狂发作，又有抑郁发作的一类心境障碍。双相障碍一般呈发作性病程，躁狂和抑郁常反复交替出现，每次发作症状往往持续一段时间。躁狂发作时，表现为情感高涨、思维奔逸、活动增多；而抑郁发作时，则表现为情绪低落、思维迟缓、活动减少等。

1. 临床表现　双相障碍最典型的表现是躁狂和抑郁交替发作，发作间歇期完全缓解。

(1)抑郁表现　以心境低落为主，与其处境不相称，可以从闷闷不乐到悲痛欲绝，甚至木僵。

典型症状	三低症状——情绪低落、思维迟缓、意志活动减退，发作至少持续2周
精神运动性改变	焦虑，运动性迟滞或激越
生物学症状	睡眠障碍，食欲下降，精力缺失，躯体不适
精神病性症状	幻觉，妄想

(2)躁狂症状 典型临床表现是情感高涨、思维奔逸、活动增多的"三高"症状。

①情感高涨 是躁狂发作的主要原发症状。典型表现为患者自我感觉良好,主观体验特别愉快,生活快乐、幸福;整日兴高采烈,得意洋洋,笑逐颜开。其高涨的情感具有一定的感染力,言语诙谐风趣,常博得周围人的共鸣,引起阵阵欢笑。有的患者尽管心境高涨,但情绪不稳,时而欢乐愉悦,时而激动易怒。部分患者可表现为易激怒、愤怒、敌意,动辄暴跳如雷、怒不可遏,甚至可出现破坏及攻击行为。

②思维奔逸 患者联想速度明显加快,思维内容丰富多彩,自觉脑子聪明,反应敏捷。语量大、语速快,口若悬河。联想丰富,概念一个接一个地产生。严重时出现音联、意联、随境转移等。

③活动增多、意志行为增强 多为协调性精神运动型兴奋。患者自觉精力旺盛,能力强,兴趣范围广,想多做事,做大事,因而活动明显增多,整日忙碌不停,但多虎头蛇尾,有始无终。行为轻率或鲁莽,自控能力差。患者无疲倦感,声称"全身有使不完的劲"。严重者可出现攻击和破坏行为。

④夸大观念及夸大妄想 患者的思维内容多与心境高涨一致。在心境高涨的背景上,常出现夸大观念(常涉及健康、容貌、能力、地位和财富),自我评价过高。严重时可发展为夸大妄想,但内容多与现实接近。

⑤睡眠需求减少 睡眠明显减少但无困倦感,是躁狂发作的特征之一。

⑥其他症状 食欲增加,性欲亢进,交感神经兴奋等症状。

2. 诊断

(1)抑郁发作 诊断标准见前。

(2)躁狂发作 以情绪高涨或易激惹为主,病程≥1 周,至少有下列 3 项(若仅为易激惹,至少需 4 项):①注意力不集中或随境转移;②语量增多;③思维奔逸、联想加快或意念飘忽;④自我评价过高或夸大;⑤精力充沛、不感疲乏、活动增多、难以安静,或不断改变计划和活动;⑥鲁莽行为(如挥霍、不负责任或不计后果的行为等);⑦睡眠需求减少;⑧性欲亢进。

(3)双相障碍 主要依靠临床特点进行诊断。在病程中先后出现过躁狂和抑郁发作,并排除其他躯体、脑器质性精神障碍、精神活性物质所致精神障碍等可以诊断。

3. 鉴别诊断

(1)继发性心境障碍 脑器质性疾病、躯体疾病、某些药物和精神活性物质等均可引起继发性心境障碍类躁狂发作或抑郁发作。与原发性心境障碍的鉴别要点是:①前者有明确的器质性疾病、某些药物或精神活性物质使用史,体格检查有阳性体征,实验室及辅助检查有相应指标改变;②前者可出现意识障碍、遗忘综合征及智能障碍,后者一般无意识障碍、记忆障碍及智能障碍;③前者的症状随原发疾病病情的消长而波动;④前者既往无躁狂或抑郁发作史,后者常有。

(2)精神分裂症 伴精神病症状的躁狂或抑郁发作需与精神分裂症青春型鉴别。其鉴别要点是:①躁狂或抑郁发作为原发症状,其精神病性症状是继发的,而精神分裂症以思维障碍为原发症状,情感症状是继发的;②双相障碍患者的思维、情感和意志行为等精神活动的协调性好于精神分裂症;③双相障碍是间歇性病程,间歇期基本正常,而精神分裂症多为发作进展或持续进展病程,缓解期常有残留精神症状或人格改变;④病前性格、家族遗传史、预后和药物治疗反应等均有助于鉴别。

4. 治疗

(1)治疗原则 双相障碍的治疗应遵循以下原则:

综合治疗	应采取精神药物治疗、物理治疗、心理治疗、危机干预等治疗措施
个体化治疗	应根据患者的年龄、性别、主要症状、躯体情况、发作史、既往治疗史,选择合适的药物
长期治疗	双相障碍几乎终身以循环方式反复发作,应长期治疗(急性治疗期、巩固治疗期、维持治疗期)
心境稳定剂	为基础治疗。无论何种类型的双相障碍,均需以心境稳定剂为主要治疗药物
联合用药	两种或多种心境稳定剂联合应用;心境稳定剂与苯二氮䓬类、抗精神病药、抗抑郁药联合应用
定期监测	治疗期间应定期监测锂盐、卡马西平、丙戊酸盐等的药物浓度,以免中毒

(2)双相躁狂发作　躁狂发作以药物治疗为主,特殊情况下可选用电抽搐或改良电抽搐治疗。

①药物治疗　以心境稳定剂为主,包括锂盐(碳酸锂)、卡马西平、丙戊酸盐。其他抗癫痫药(拉莫三嗪、加巴喷丁)、第二代抗精神病药(喹硫平、奥氮平、氯氮平、利培酮),也有一定心境稳定剂的作用。

碳酸锂	是躁狂发作的首选药,既可用于急性发作期,也可用于缓解维持期,有效率 70% 治疗剂量与中毒剂量接近,治疗时应监测血药浓度,以防锂中毒(血锂浓度应<1.4mmol/L) 锂盐不良反应——恶心呕吐、腹泻、多尿、多饮、手抖、乏力、心电图改变 锂盐中毒表现——意识障碍、共济失调、高热、昏迷、反射亢进、心律失常、少尿或无尿
抗癫痫药	主要用于碳酸锂疗效不佳、不能耐受碳酸锂治疗者,目前主要使用丙戊酸盐、卡马西平
抗精神病药	对严重兴奋、激惹、攻击、伴有精神病性症状的急性躁狂患者,早期可联合使用抗精神病药物,首选第二代抗精神病药物:喹硫平、奥氮平、氯氮平、利培酮等
苯二氮䓬类	躁狂发作早期使用苯二氮䓬类,以控制兴奋、激惹、攻击、失眠等症状

②电抽搐或改良电抽搐治疗　主要用于急性重症躁狂发作、极度兴奋躁动、对锂盐治疗无效者。

(3)双相抑郁发作　可选用心境稳定剂(碳酸锂)、第二代抗精神病药物(奥氮平、氟西汀、喹硫平)。

(13~15 题共用题干)女,20 岁。1 个月前因工作差错被领导批评后出现心情烦躁,经常哭泣,认为自己没有能力,什么事都干不好,周围人的眼神不怀好意,看她笑话。失眠,早醒。近 1 周病情加重,觉得生不如死,在家中拒食等死。

【例 13】该患者最可能的诊断是

A. 广泛性焦虑障碍　B. 急性应激障碍　C. 分裂情感性精神障碍
D. 抑郁发作　E. 心境障碍

【例 14】入院治疗 1 个月后,情绪好转,在病室中经常哼哼小曲,好管闲事,看不起其他病人,喜欢指责他人,精力旺盛,睡眠减少。该患者当前最可能的情况是

A. 躁狂发作　B. 病情加重　C. 环性人格
D. 病情复燃　E. 病情缓解

【例 15】该患者不宜使用的药物是

A. 喹硫平　B. 文拉法辛　C. 卡马西平
D. 碳酸锂　E. 丙戊酸钠

常考点　重点内容,应全面掌握。

参考答案——详细解答见 2021《贺银成国家临床执业及助理医师资格考试历年考点精析》

1. ABCDE　2. ABCDE　3. ABCDE　4. ABCDE　5. ABCDE　6. ABCDE　7. ABCDE
8. ABCDE　9. ABCDE　10. ABCDE　11. ABCDE　12. ABCDE　13. ABCDE　14. ABCDE
15. ABCDE

第 5 章　神经症性障碍与分离(转换)性障碍

▶考纲要求

①神经症性障碍及分离(转换)性障碍:概述。②惊恐障碍:诊断,治疗原则。③恐惧症:诊断,治疗原则。④广泛性焦虑症:诊断,治疗原则。⑤强迫障碍:诊断,治疗原则。⑥躯体形式障碍:诊断,治疗原则。大纲无分离(转换)性障碍的具体要求。

▶复习要点

一、神经症性障碍概述

神经症性障碍原称神经症、神经官能症,是一组主要表现为焦虑、恐惧、强迫、疑病症状或神经衰弱症状的精神障碍。患者病前多有一定的易患素质基础和个性特征,疾病的发生与发展常受心理社会(环境)因素的影响;症状没有可以证实的器质性病变为基础,与患者现实处境不相称;患者对存在的症状感到痛苦和无能为力,自知力完整或基本完整,有求治要求;病程大多持续迁延。

1. 神经症性障碍的共同特点

(1)起病常与心理社会因素有关　心理社会应激因素与神经症性障碍的发病有关。研究表明,神经症性障碍患者在病前较他人遭受更多的应激性生活事件,以人际关系、婚姻、性关系、经济、家庭、工作等方面的问题多见。一方面可能是遭受应激事件多的个体易患神经症性障碍;而另一方面,则可能是患者的个性特点更易于对生活感到“不满”,对生活事件更易感,或者是其个性特征易于损害人际交往过程,从而导致生活中产生更多的冲突与应激。

(2)病前有一定的人格基础　研究表明,在遭遇相同应激事件的群体中,最后发展成神经症性障碍者毕竟是少数,提示个体的易感素质或性格特征对于神经症性障碍有重要的病因学意义。

(3)症状没有相应的器质性病变为基础

(4)社会现实检验能力未受损害,社会功能相对完好　①相对于重性精神病的发作期而言,多数神经症性障碍患者的社会功能是完好的,即使在疾病发作期,他们一般能自理生活,甚至能勉强坚持工作或学习;②如果与正常人或患者病前相比,其社会功能只能是相对完好,他们的工作、学习效率和适应能力,均有不同程度的减退;③社会功能相对完好是从神经症性障碍这一群体水平来考虑的,并不排除某些神经症性障碍患者可能有严重的社会功能障碍。

(5)一般没有明显或持续的精神病性症状

(6)一般自知力完整,有求治要求

(7)特异性最差　神经症的症状几乎可以发生在任何一种精神疾病和一些躯体疾病中,特异性最差。

2. 分类

ICD-10 分类	教科书分类	ICD-10 分类	教科书分类
F40　恐怖性焦虑障碍	恐惧症	F41.0　惊恐障碍	惊恐障碍
F41.1　广泛性焦虑障碍	广泛性焦虑障碍	F42　强迫障碍	强迫障碍
F43　严重应激反应及适应障碍	应激相关障碍	F44　分离(转换)性障碍	分离性障碍
F45.0　躯体化障碍	躯体形式障碍	F48.0　神经衰弱	神经衰弱

3. 治疗原则

药物治疗与心理治疗的联用是治疗神经症性障碍的最佳方法。

(1)药物治疗　如抗焦虑药、抗抑郁药、促神经代谢药等。

(2)心理治疗　不同心理学派对神经症发病机制有不同的解释和治疗方法。

【例1】不符合神经症共同特点的是

A. 患者常有一定的易感素质　B. 症状可有相应的器质性病变　C. 社会功能多相对完好
D. 与心理社会因素有关　E. 多无明显的精神病性症状

二、惊恐障碍

惊恐障碍又称急性焦虑障碍，特点是突然发作的、不可预测的、反复出现的强烈惊恐体验，一般历时5~20分钟，伴濒死感或失控感，患者常体验到濒临灾难性结局的害怕和恐惧，并伴有自主神经功能失调的症状。

注意:①急性焦虑障碍是指惊恐障碍，慢性焦虑障碍是指广泛性焦虑障碍。
②惊恐障碍的临床特点——突发突止，间歇期正常，发作期意识清晰。

1. 诊断

(1)以惊恐发作为主要临床表现，发作间歇期正常。典型的惊恐发作表现分为精神症状和躯体症状。

①精神症状　表现为患者突然出现强烈的惊恐体验，伴濒死感、窒息感或失控感。

②躯体症状　为自主神经功能紊乱所致，出现心血管系统、呼吸系统、神经系统症状。

(2)惊恐发作出现在没有客观危险的环境。

(3)发作不局限于已知或可预测的情境。

(4)因难以忍受又无法解脱，而感到痛苦或社会功能受损。

(5)在1个月内至少有几次(3次)明显的惊恐发作，或首次发作后继发的焦虑持续1个月以上。

(6)体格检查无阳性发现。

2. 治疗原则

(1)药物治疗　治疗目标是减少或消除惊恐发作，改善期待性焦虑和回避行为，提高生活质量。选择性5-羟色胺再摄取抑制剂(SSRIs)等抗抑郁剂是目前治疗惊恐障碍的首选药物。二线药物为苯二氮䓬类，首选阿普唑仑、氯硝西泮(3版8年制《精神病学》P328)。

药物种类	常用药物	适应证	注意事项
苯二氮䓬类	劳拉西泮	应用广泛，抗焦虑作用强，起效快	长期应用易导致依赖
5-羟色胺再摄取抑制剂	氟西汀、舍曲林、帕罗西汀	治疗惊恐有效，特别是合并抑郁障碍、社交焦虑障碍、广泛性焦虑者	作用广谱，无依赖性
5-羟色胺和去甲肾上腺素再摄取抑制剂	文拉法辛	治疗惊恐有效，特别是合并抑郁障碍、社交焦虑障碍、广泛性焦虑者	作用广谱，无依赖性
三环抗抑郁药	氯米帕明	氯米帕明治疗惊恐障碍效果最好	小剂量开始，过量易中毒

(2)认知行为治疗　让患者了解惊恐发作和发作的间歇性及回避过程；内感受性暴露；认知重组。

【例2】患者，女，44岁。近3个月来频发胸闷、气短、心悸、频死感，持续15分钟左右可自行缓解。查心电图、头颅CT无异常。治疗时，应长期服用的药物是

A. 普萘洛尔　B. 帕罗西丁　C. 他巴唑
D. 劳拉西泮　E. 阿立哌唑

(3~5题共用题干)女，36岁。春节乘长途汽车回家途中，突然感到心前区发闷，呼吸困难，出汗，觉得自己就要不行了，不能自控，要发疯，为此感到紧张、害怕，立即被送到医院急诊。未经特殊处理，半小时后症状消失。体格检查正常。

【例 3】该患者最可能的诊断是

A. 惊恐发作　　B. 嗜铬细胞瘤　　C. 支气管哮喘

D. 心绞痛　　E. 分离(转换)性障碍

【例 4】该患者首先需要做的辅助检查是

A. 超声心动图　　B. 胸部 X 线片　　C. 头颅 CT

D. EEG　　E. ECG

【例 5】该患者长期治疗应首选的药物是

A. 氨茶碱　　B. 帕罗西汀　　C. 地西泮

D. 苯乙肼　　E. 普萘洛尔

三、恐惧症

恐惧症原称恐怖性神经症，是一种以过分和不合理地惧怕外界某种客观事物或情境为主要表现，患者明知这种恐惧反应是过分的或不合理的，但仍反复出现，难以控制。恐惧发作时常伴有明显的焦虑和自主神经症状，患者极力回避导致恐惧的客观事物或情境，或是带着畏惧去忍受，因而影响其正常活动。

在 DSM-Ⅳ 中，将广场恐惧列入了惊恐障碍中，这样惊恐障碍就分为伴或不伴广场恐惧的惊恐障碍和广场恐惧不伴惊恐障碍。其他两种常见的恐惧症是社交恐惧症和特定恐怖。

1. 诊断

(1)诊断标准　在这组障碍中，诱发焦虑的仅是或主要是一些情景或物体，这些情景或物体是存在于个体之外的、目前并无危险的，结果造成个体对这些情景或物体的特征性回避，或是带着恐惧去忍受。

确诊需符合以下各条：①心理症状或自主神经症状必须是焦虑的原发表现，而不是继发于其他症状，如妄想或强迫思维；②焦虑必须局限于或主要发生在特定的情境：如人群、公共场所、离家旅行、独自出行(诊断广场恐惧需有至少 2 条)；特定的社交情境(社交焦虑障碍)；特定的恐怖物体或情境(特定恐惧)；③对恐怖情境的回避必须是或曾经是突出特点。

(2)亚型的诊断标准　依据上述的诊断要点可以作出恐惧症的诊断。然后根据患者的临床表现特征，即所害怕的场景、社交场合和人际交往或特定的对象，来分别进行恐惧症亚型的诊断。

①广场恐惧症　主要表现为患者害怕离家或独处，害怕处于被困、窘迫或无助的环境，患者在这些自认为难以逃离、无法获助的环境中恐惧不安。这些环境包括乘坐公共交通工具(如公共汽车、火车、地铁、飞机)，在人群、剧院、商场、电梯、饭店、车站等公共场所，在广场、山谷等空旷地方。有些患者伴有惊恐发作。

②社交恐惧症　又称社交焦虑障碍，其核心症状是显著而持续地害怕在公众面前可能出现羞辱和尴尬的社交行为，担心别人会嘲笑、负性评价自己的社交行为，并在相应的社交场合持续紧张或恐惧，在别人有意或无意的注视下，患者就更加紧张不安，不敢抬头，不敢与人对视。患者常伴有出汗、脸红、口干等自主神经兴奋症状。

③特定恐惧　也称单纯恐惧症，是指患者的恐惧局限于特定的物体、场景或活动。临床表现有三个方面：可能要面对恐惧刺激的预期焦虑；面对时的恐惧；为减少焦虑的回避行为。根据害怕的对象不同，分为不同的类型：A.动物恐惧：表现为对动物或昆虫的恐惧；B.自然环境恐惧：如恐高症、黑暗、雷电、风、水；C.幽闭恐惧：如飞机、电梯、密闭空间；D.血液-注射-损伤恐惧：对鲜血、外伤、打针、拔牙、手术的恐惧；E.其他类型的恐惧：害怕窒息、呕吐、脏的地方、锋利物品等。

(3)鉴别诊断　恐惧症需与下列疾病相鉴别。

①正常人的恐惧　正常人对某些事物或场合也会有恐惧心理，如毒蛇、猛兽、黑暗的环境等。但这些恐惧是合理的，恐惧的程度不重，不会影响社会功能，也不会有回避行为。

②广泛性焦虑障碍　恐惧症和广泛性焦虑障碍都以焦虑为核心症状，但恐惧症的焦虑由特定的对象

或处境引起，呈境遇性和发作性，而焦虑障碍的焦虑常没有明确的对象，多持续存在。

③强迫障碍　患者担心、害怕的对象是自己的强迫观念或行为，而不是客观现实中的客体或处境，具有强烈的控制意思，明显的强迫观念或行为，但回避行为不明显。恐惧症的控制愿望并不强烈，回避行为突出。

④疑病障碍　患者由于对自身状况的过分关注，坚信自己已经得病而表现出对疾病的恐惧，这类患者认为他们的怀疑和担忧是合理的，这与恐惧中害怕得病不一样。患躯体变形障碍的患者不愿出门，不愿社交是因为自己认为自己的体貌变形，与社交焦虑障碍患者害怕社交不得体和特定恐惧害怕外界不同。

⑤精神分裂症　社交焦虑障碍患者害怕社交场合是因为会导致焦虑发作，精神分裂症患者回避社交是害怕被人议论、迫害，或者表现为社会性退缩，无任何社交动机，也无期待和现实的焦虑，这一点与特定恐怖患者困在家中不一样。

2. 治疗

(1)行为治疗　是治疗恐惧症的首选方法，对恐惧环境的系统脱敏疗法或暴露疗法，对恐惧症特别是特定恐惧效果良好。环境可以是现实的，也可以是虚拟的。基本原则是消除恐惧对象与焦虑恐惧反应的条件性联系；对抗回避反应；并在此过程中改变自己不合理的认知。

(2)药物治疗

①抗抑郁药　SSRIs类(如帕罗西汀、舍曲林)是治疗社交焦虑障碍的一线药物。单胺氧化酶抑制剂(吗氯贝胺)对社交焦虑障碍有效。

②苯二氮䓬类　可明确地控制焦虑恐惧，如氯硝西泮治疗社交恐惧有效，但长期服用可能导致依赖。

③β受体阻滞剂　对在公众场合表演、讲话的恐惧有效。常用药物有普萘洛尔、美托洛尔等。

(3)联合治疗　临床研究表明，联合心理治疗和药物治疗是治疗恐惧症的最佳方法。

四、广泛性焦虑障碍

广泛性焦虑障碍又称慢性焦虑症，是一种以焦虑为主要临床表现的精神障碍，患者常常有不明原因的提心吊胆、紧张不安，并有显著的自主神经功能紊乱症状、肌肉紧张及运动性不安。患者往往能够认识到这种担忧是过度的和不恰当的，但不能控制，因难以忍受而感到痛苦。

1. 诊断

(1)诊断要点　至少在6个月内的大多数时间存在焦虑的原发症状，这些症状通常包括：

①精神性焦虑　过度的焦虑和担忧为其核心症状。为将来的不幸烦恼、感到忐忑不安、注意困难等。

②运动性紧张　如坐卧不安、紧张性头痛、颤抖、无法放松等。

③自主神经活动亢进　如出汗、心动过速、呼吸急促、上腹部不适、头晕、口干等。

(2)鉴别诊断

①躯体疾病所致的焦虑　代谢综合征、高血压、糖尿病等在导致全身血管疾病的同时，也可导致心脑血管疾病，包括冠心病、心肌梗死、脑梗死、脑白质缺血等，常常是中老年焦虑的器质性因素，而对疾病的焦虑反应加重了病情。凡继发于高血压、冠心病、甲亢等躯体疾病的焦虑症状，应诊断为焦虑综合征。

②精神疾病所致的焦虑　如抑郁障碍、精神分裂症等都可出现明显的焦虑症状，只要发现精神病性症状，就不考虑广泛性焦虑障碍的诊断。

③药源性焦虑　许多药物在长期应用、戒断时可致典型的焦虑症状，如哌甲酯、甲状腺素、类固醇、茶碱、抗精神病药等。

2. 治疗

药物治疗和心理治疗的综合应用是获得最佳治疗效果的方法。

(1)药物治疗

①有抗焦虑作用的抗抑郁药　5-羟色胺再摄取抑制剂(SSRI)、5-羟色胺和去甲肾上腺素再摄取抑制

剂(SNRI)对广泛性焦虑有效,且药物不良反应少,患者接受性好,如帕罗西汀、文拉法辛、度洛西汀等。

三环类抗抑郁药(丙米嗪、阿米替林)对广泛性焦虑效果较好,但有较强抗胆碱能副作用和心脏毒性。

苯二氮䓬长期应用易成瘾,多从小剂量开始,逐渐增量至最佳治疗量,维持2~4周后逐渐停药。

②5-羟色胺受体激动剂　丁螺环酮、坦度螺酮是5-羟色胺($5\text{-}HT_{1A}$)受体的部分激动剂,因无依赖性,常用于广泛性焦虑障碍的治疗,但起效较慢。

③β肾上腺素能受体阻滞剂　可减轻焦虑症患者自主神经功能亢进所致的躯体症状。

(2)心理治疗　包括健康教育、认知疗法和行为治疗。

五、强迫障碍

强迫障碍,也称强迫性神经症、强迫症,是一种以反复出现的强迫观念、强迫冲动、强迫行为等为主要临床表现的精神疾病。其基本特征为强迫观念和强迫行为,多数患者认为这些观念和行为是没有必要或不正常,违反了自己的意愿,但无法摆脱,为此感到焦虑和痛苦。其症状复杂多样,病程迁延,易慢性化。

1. 诊断

患者必须在连续2周中的大多数时间存在强迫观念和(或)强迫动作:

(1)强迫观念　包括以下几项:

①强迫思维　是以刻板形式反复进入患者头脑中的观念、表象和冲动思维,它们几乎总是令人痛苦的,内容常常为暴力、猥亵或毫无意义。患者往往试图抵制,但不成功。

②强迫性穷思竭虑　患者对一些常见的事情、概念或现象反复思考,刨根究底,自知毫无现实意义,但不能自控。如反复思考"究竟是先有鸡还是先有蛋?","人为什么要吃饭而不吃草?"

③强迫怀疑　患者对自己所做过的事的可靠性表示怀疑,需要反复检查、核对。如门窗是否关好。

④强迫联想　患者脑中出现一个观念或看到一句话,便不由自主地联想起另一个观念或词句,而大多是对立性质,此时叫强迫对立思维。如想到"和平",马上就联想到"战争"。

⑤强迫回忆　患者意识中不由自主地反复呈现出经历过的事情,无法摆脱,感到痛苦。

⑥强迫意向　患者体会到一种强烈的内在冲动要去做某种违背自己意愿的事情,但一般不会转变为行为,因患者知道这种冲动是非理性的、荒谬的,故努力克制,但内心冲动无法摆脱。

(2)强迫动作　包括强迫检查、强迫洗涤、强迫性仪式动作、强迫询问等。

①强迫检查　多为减轻强迫怀疑引起的焦虑而采取的措施,常表现为反复检查门窗、煤气是否关好,电源插头是否拔掉。

②强迫洗涤　常源于"怕受污染",而反复洗手、洗衣物、消毒家具等。

③强迫性仪式动作　通常是为了对抗某种强迫观念所引起的焦虑而逐渐发展起来的。

④强迫询问　患者常不相信自己,为了消除疑虑或穷思竭虑给自己带来的焦虑,常反复询问他人,以获得解释和保证。

⑤强迫计数　患者对数字发生了强迫观念,整日沉浸于无意义的计数动作中,对偶然遇到的电话号码、汽车号牌等也要反复墨记,浪费了大量的时间而无法自控。

A. 强迫观念和/或强迫动作　　B. 被害妄想和被控制妄想　　C. 紧张性木僵

D. 思维中断和思维不连贯　　E. 自主神经功能亢进和运动性不安

【例6】强迫症的主要症状是

【例7】广泛性焦虑障碍的主要症状是

2. 治疗

强迫观念治疗效果较好,强迫行为治疗效果较差。

(1)药物治疗　急性期治疗10~12周,多数4~6周起效。巩固期和维持期持续1~2年。

①选择性5-羟色胺再摄取抑制剂(SSRIs)　为一线治疗药物,包括氟西汀、氟伏沙明、帕罗西汀等。

②氯米帕明　治疗强迫症的有效剂量为150~250mg/d,但不良反应限制了该药的应用。

(2)心理治疗　暴露疗法和反应预防是治疗强迫症有效的认知行为治疗方法。

(3)物理治疗　包括经颅磁刺激、改良电抽搐治疗、深部脑刺激、迷走神经刺激等。

六、躯体形式障碍

躯体形式障碍是一类非精神病性精神障碍的总称,主要特征是患者有一种持久地担心或相信各种躯体症状的先占观念。由此,反复陈述躯体症状,不断要求给予医学检查或帮助,无视反复检查的阴性结果,即使医生就其症状进行了反复的解释,并没有相应器质性疾病基础,但患者仍然不能消除疑虑。即使有时存在某种躯体障碍,也不能解释所诉症状的性质、程度或其痛苦。经常伴有焦虑或抑郁情绪。

1. 诊断

当患者的临床表现以躯体症状为主,主要表现为对躯体症状过分担心或对身体健康过分关心,但不是妄想;患者反复就医或要求医学检查,但检查结果阴性;患者的生活、工作、学习和社交活动等社会功能受到影响。符合这些特点至少持续3个月以上,可以考虑该障碍的诊断。

(1)躯体化障碍诊断要点　①存在各种各样、变化多端的躯体症状至少2年,且未发现任何恰当的躯体解释;②不断拒绝多名医生对其躯体症状解释的忠告和保证;③症状及其所致行为造成一定程度的社会和家庭功能损害。

(2)疑病障碍确诊需要如下两点　①长期(至少6个月)相信表现的症状隐含着至少一种严重的躯体疾病,尽管反复的检查不能找到充分的躯体解释;或存在持续性的先占观念,认为有畸形或变形。②总是拒绝接受多名不同医生关于其躯体症状并不意味着躯体疾病或异常的忠告和保证。

(3)躯体形式自主神经功能紊乱诊断要点　①患者持续存在自主神经兴奋症状,如心悸、出汗、颤抖、脸红,这些症状令人烦恼;②存在涉及特定器官或系统的主观主诉;③存在上述器官可能患严重(但常为非特异的)障碍的先占观念和由此而产生的痛苦,医生反复的解释和保证无济于事;④所述器官或系统的结构或功能并无明显紊乱的证据。

(4)持续的躯体形式疼痛障碍诊断要点　①以持续(至少在6个月的大多数日子里持续存在)严重、令人痛苦的疼痛为主诉;②这些主诉不能用生理过程或躯体障碍完全加以解释;③情绪冲突或心理社会问题与疼痛的发生有关,且足以得出它们是主要致病原因的结论;④常常引起对患者人际或医疗方面的注意和支持明显增加。

2. 治疗

躯体形式障碍的治疗较为困难,没有很好的治疗方法,多采用心理治疗、药物治疗等综合治疗。

(1)心理治疗　认知行为疗法可用于各种躯体形式障碍的治疗,可减少躯体症状,改善患者有关健康的焦虑、不正确的信念、对疾病的过度关心并减少患者的就诊次数。

(2)药物治疗　针对患者躯体症状的药物治疗往往无效。如果患者伴有焦虑、抑郁等精神症状,可应用适量的抗焦虑药物或抗抑郁药物。

▶常考点　考点散乱。

参考答案——详细解答见2021《贺银成国家临床执业及助理医师资格考试历年考点精析》

1. ABCDE　2. ABCDE　3. ABCDE　4. ABCDE　5. ABCDE　6. ABCDE　7. ABCDE

第十四篇　外科学

第 1 章　外科病人的体液和酸碱平衡失调

▶考纲要求

①水和钠的代谢紊乱:病因和分类,临床表现,治疗。②低钾血症:病因,临床表现,治疗。③高钾血症:病因,临床表现,治疗。④代谢性酸中毒:病因,临床表现,治疗。⑤代谢性碱中毒:病因,临床表现,治疗。

▶复习要点

一、水和钠的代谢紊乱

在细胞外液中,水和钠的关系非常密切,脱水常伴有血钠和渗透压的变化。根据其伴有的血钠和渗透压变化,可将脱水分为等渗性脱水、低渗性脱水、高渗性脱水三种类型。

脱水类型	丢失成分	血浆渗透压	典型病症	临床表现	实验室检查
等渗性脱水	等比丢失钠、水	正常	肠瘘	舌干,不渴	血液浓缩,血钠正常
低渗性脱水	失钠>失水	<280mOsm/L	慢性肠梗阻	神志差,不渴	血钠降低
高渗性脱水	失水>失钠	>310mOsm/L	食管癌梗阻	口渴	血钠增高

1. 等渗性脱水

等渗性脱水也称急性脱水或混合性脱水,在外科最常见,此时水和钠成比例丢失,血容量减少,但血清钠和血浆渗透压仍在正常范围。

(1)病因　①消化液的急性丧失,如肠外瘘、大量呕吐、腹泻等;②体液丧失在感染区或软组织内,如腹腔内或腹膜后感染、肠梗阻等;③大量抽放胸水、腹水、大面积烧伤等。

(2)临床表现　临床症状有恶心、厌食、乏力、少尿,但不口渴。

①一般体征　舌干燥,眼窝凹陷,皮肤干燥、松弛等。

②血容量不足的表现　若在短期内体液丧失量达到体重的5%(即细胞外液的25%),病人会出现脉搏细速、肢端湿冷、血压不稳定或血压下降等血容量不足的表现。

③休克的表现　若失液量达体重的6%~7%(即细胞外液的30%~35%),则有更严重的休克表现。

(3)治疗　原发病的治疗十分重要,若能消除病因,则脱水很容易自行纠正。

①补充细胞外液　首选平衡盐溶液,次选生理盐水。平衡盐溶液的电解质含量与血浆相仿,应为首选。因等渗盐水和血清 Cl^- 含量分别为 154mmol/L 及 103mmol/L,即溶液中的 Cl^- 含量比血清 Cl^- 高 50mmol/L 左右,因此大量使用等渗盐水,可导致血清 Cl^- 过高,引起高氯性酸中毒。

②补充每日基本需要量　水 2000ml+氯化钠 4.5g。

③补钾　脱水纠正后,排钾量会增加,血钾浓度因细胞外液增加而稀释,故应预防低钾血症的发生。

【例 1】男,32 岁。大量呕吐、腹泻、少尿 1 天。查体:T36.5℃,P110 次/分,R24 次/分,BP85/55mmHg,体重 70kg,脉搏细速,双肺呼吸音清,未闻及干、湿啰音,心率 110 次/分,心律齐,腹软,无压痛。估计体液丢失量至少是

A. 2100ml　　B. 2800ml　　C. 3500ml
D. 4200ml　　E. 4900ml

【例2】下列溶液中，适合治疗等渗性缺水的是
A. 平衡盐溶液　　B. 5%葡萄糖　　C. 0.45%氯化钠
D. 10%葡萄糖　　E. 3%氯化钠

【例3】仅用等渗盐水纠正等渗性缺水时，可导致
A. 高钠血症　　B. 高氯血症　　C. 水过多
D. 代谢性碱中毒　　E. 低钙

2. 低渗性脱水

低渗性脱水又称慢性脱水或继发性脱水。此时水和钠同时缺失，但失钠多于失水，故血钠低于正常。

(1)病因　①大量消化液丢失而只补充水，这是最常见的原因，如反复呕吐、长期胃肠减压、慢性肠梗阻；②大创面慢性渗液；③长期连续应用排钠性利尿剂依他尼酸；④等渗性脱水治疗时补充水分过多。

(2)临床表现　随缺钠程度而不同。根据缺钠程度，低渗性脱水分为轻、中、重三度：

	轻度缺钠	中度缺钠	重度缺钠
血钠水平	<135mmol/L	<130mmol/L	<120mmol/L
缺氯化钠	0.5g/kg体重	0.5~0.75g/kg体重	0.75~1.25g/kg体重
临床表现	疲乏、头晕、手足麻木	左述症状+恶心呕吐、脉搏细速、血压不稳、站立性晕倒	神志不清，痉挛性抽搐，腱反射减弱或消失，昏迷、休克
尿液	尿钠减少	尿量减少，尿中几乎不含钠和氯	尿量更少，尿中不含钠和氯

(3)治疗

①积极处理原发病　最重要的治疗措施。

②静脉补液　输液速度应先快后慢，总输入量分次完成。

其补钠量(mmol)=(血钠正常值-血钠测量值)×体重(kg)×0.6(女性为0.5)。

如女性病人，体重60kg，血钠为130mmol/L，则补钠量=(142-130)×60×0.5=360mmol。以17mmol Na^+相当于1g钠盐计算，应补充NaCl21g。当天先补1/2，即10.5g，再加上日需量4.5g，共计15g。相当于5%葡萄糖盐水1500ml。此外，还应补充每日基本需要量2000ml。其余的一半钠，可在第二天补给。

③重度低渗性脱水的治疗　重度缺钠常伴休克，应先补足血容量，以改善微循环和组织器官灌注。晶体液和胶体都可应用，但晶体液用量一般要比胶体液用量大2~3倍。然后可静脉滴注高渗盐水(5% NaCl)200~300ml，尽快纠正血钠过低，以进一步恢复细胞外液量和渗透压，使水从水肿的细胞中外移。

【例4】低渗性缺水的常见病因是
A. 大量出汗　　B. 摄入水不足　　C. 急性机械性肠梗阻
D. 急性化脓性腹膜炎　　E. 大量使用利尿酸类利尿药

【例5】女，50岁。体重60kg。因反复呕吐5天入院。血清钠130mmol/L。入院当天应补充的钠量是
A. 25.5g　　B. 21g　　C. 4.5g
D. 15g　　E. 10.5g

3. 高渗性脱水

高渗性脱水也称原发性脱水，虽有水和钠的同时丢失，但失水多于失钠，故血清钠高于正常范围。

(1)病因　①水分摄入不足，如食管癌致吞咽困难，肠内营养给水不足；②水分丧失过多，如高热、大量出汗(汗液中含有0.25%的NaCl)、大面积烧伤暴露疗法等；③尿崩症、溶质性利尿药利尿等。

(2)临床表现　脱水程度不同，症状也不同。根据脱水程度不同，高渗性脱水分轻、中、重三度。

	轻度缺水	中度缺水	重度缺水
缺水占体重比例	2%~4%	4%~6%	>6%
临床表现	口渴	极度口渴,乏力,尿少,尿比重增高,唇舌干燥,皮肤无弹性,眼窝下陷	除左述症状外,出现躁狂、幻觉、谵妄、昏迷甚至死亡

(3)治疗

①病因治疗　为重要措施,应积极纠正病因。

②补液　补充低渗液体,首选5%葡萄糖或0.45%NaCl溶液。先根据临床表现,估计丧失水量占体重的百分比。然后按每丧失体重的1%补液400~500ml计算所需补液量,所计算的补水量分两天补完。

补水量(ml)=[血钠测得值-血钠正常值]×体重(kg)×4。

另外,还需补充每天2000ml的生理需要量。

③补钠　高渗性脱水也缺钠,脱水纠正后,可能会出现低钠血症,应及时补钠。

④纠酸　经上述补液后,若仍有酸中毒,可酌情补给碳酸氢钠溶液。

(4)三种类型脱水的比较

	等渗性脱水	低渗性脱水	高渗性脱水
别称	急性脱水,混合性脱水	慢性脱水,继发性脱水	原发性脱水
血 Na^+	135~150mmol/L(正常)	<135mmol/L	>150mmol/L
渗透压	正常	降低	升高
主要病因	消化液或体液急性丢失(大量呕吐、肠外瘘、肠梗阻、烧伤、腹腔内或腹膜后感染)	消化液或体液慢性丢失(慢性肠梗阻、长期胃肠减压、大创面慢性渗液);排钠性利尿剂	水分摄入不足(食管癌)、大量出汗、糖尿病昏迷、溶质性利尿、大面积烧伤暴露疗法
休克	血压降低,偶尔发生休克	血压严重降低,易发生休克	血压一般正常,不容易发生休克
尿量	减少	早期增加,晚期减少	减少
尿比重	增加	降低(<1.010)	增加(>1.025)
尿 Na^+	降低	严重减少(<20mmol/L)	早期高(>50mmol/L)
临床表现	恶心厌食、乏力少尿,不口渴 脱水征:皮肤干燥、眼窝凹陷	恶心呕吐、视觉模糊,不口渴 头晕、起立时容易晕倒	口渴,乏力 唇舌干燥、烦躁不安、谵妄昏迷
补液	纠正原发病,补充生理盐水	含盐溶液或高渗盐水	5%葡萄糖或0.45%NaCl溶液
补液量	丢失量+日需量 (水2000ml+NaCl 4.5g)	补 Na^+=(正常 Na^+-测量 Na^+)×kg×0.6(女为0.5)	补水量 ml=(测量 Na^+-正常 Na^+)×kg×4
用法	平衡液或等渗盐水静脉滴注	先快后慢,总量分次补完	计算量分2天补

注意:①等渗性脱水也称急性脱水,是外科最常见的脱水类型。

②"急性病因"导致的脱水为等渗性脱水,"慢性病因"导致的脱水为低渗性脱水。

③口渴为高渗性脱水(无论轻、中、重度)的特异性表现,等渗性脱水、低渗性脱水无口渴。

【例6】女,70岁。吞咽、饮水困难3周。现乏力、尿少、极度口渴。查体:BP80/60mmHg,烦躁不安,出现躁狂、幻觉、谵妄,唇干,眼窝凹陷。该患者最可能的缺水类型是

A. 重度等渗性缺水　B. 中度低渗性缺水　C. 重度低渗性缺水

D. 中度高渗性缺水　E. 重度高渗性缺水

【例7】高渗性缺水患者常见的临床表现是

A. 兴奋、手足麻木　B. 头晕、视力减退　C. 淡漠、反应迟缓

D. 呆滞、嗜睡　　　　　　　　　　　　E. 口渴、谵妄

4. 水中毒

水中毒也称稀释性低钠血症，是指机体摄入水的总量超过了排出量，以致水分在体内潴留，引起血浆渗透压下降和循环血量增多。

(1)病因　①抗利尿激素增多；②肾功能不全，排尿能力下降；③机体摄水过多或输液过多。

(2)临床表现

①急性水中毒　水过多→脑细胞肿胀→颅内压增高→引起一系列神经、精神症状。

②慢性水中毒　症状往往被原发病的症状所掩盖→可有软弱无力、恶心、呕吐、嗜睡等。

③实验室检查　红细胞计数、血红蛋白、血细胞比容、血浆渗透压均降低。

(3)治疗　停止水分摄入。应用渗透性利尿剂(20%甘露醇)或袢利尿剂(呋塞米、依他尼酸)等。

二、体内钾的异常

体内钾90%存在于细胞内，骨钾约占7.6%，跨细胞液钾约占1%，1.4%的钾存在于细胞外液，后者发挥重要生理作用。临床上测定的血钾浓度为细胞外的钾浓度，正常值为3.5~5.5mmol/L。

1. 低钾血症

血钾浓度<3.5mmol/L称为低钾血症。

(1)病因　①钾摄入不足，如消化道梗阻、长期禁食、神经性厌食等；②排钾过多：应用排钾性利尿剂(呋塞米、依他尼酸)、急性肾衰竭多尿期、醛固酮过多；③钾丢失过多：呕吐、持续胃肠减压、肠瘘；④长期胃肠外营养的病人补钾不足；⑤钾向组织内转移：大量输注葡萄糖+胰岛素、呼吸性或代谢性碱中毒。

(2)临床表现　记忆为“各相关系统兴奋性降低的表现”。

肌无力	最早表现为肌无力：四肢软弱无力—躯干肌—呼吸肌—窒息；软瘫，腱反射减弱或消失
神经系统	精神萎靡，冷漠，嗜睡
胃肠系统	厌食、恶心呕吐、肠蠕动消失、腹胀
心血管系统	心脏传导阻滞、节律异常
电解质紊乱	低钾—碱中毒—反常性酸性尿
心电图	T波降低、变平、倒置，随后出现ST段降低、QT间期延长、U波出现

(3)治疗

①病因治疗　积极处理造成低钾的病因，较易纠正低钾血症。

②补钾　每天静脉补充氯化钾3~6g(即40~80mmol钾，1gKCl=13.4mmol钾)。补钾浓度不宜超过3g/L(40mmol/L)，补钾速度不宜超过20mmol/h。若补钾浓度过高，补钾过快，会导致血钾浓度短期内增高很多，有致命危险。对于伴有休克的病人，应先恢复其血容量，待尿量>40ml/h后再静脉补钾。

③疗程　补钾量一般是分次给予，因此要纠正体内的缺钾，常需连续3~5天的治疗。

2. 高钾血症

血钾浓度>5.5mmol/L，称为高钾血症。

(1)病因　①进入过多：口服钾或静脉补钾过多、大量输入库存血；②排钾过少：急、慢性肾衰竭，使用保钾利尿剂(螺内酯、氨苯蝶啶)，盐皮质激素不足；③细胞内钾转移：溶血、挤压伤综合征、酸中毒。

(2)临床表现　高钾血症时肌肉轻度震颤，手足感觉异常，肢体软弱无力，腱反射减退或消失。高钾血症可引起窦性心动过缓、房室传导阻滞或快速性心律失常，最危险的是心室颤动或心搏骤停。高钾血症常有心电图异常变化，早期改变为T波高而尖，QT间期缩短，QRS波增宽，P波波幅下降并逐渐消失。

(3)治疗　高钾血症有导致病人心搏突然停止的危险，因此一经诊断，应予积极治疗。

①停用含钾药物　应首先停用一切含钾的药物或溶液。

②促进 K^+ 转入细胞内　输注碳酸氢钠溶液；输注葡萄糖+胰岛素溶液。

③排钾性利尿剂　使用排钾性利尿剂，以促使钾从肾排出，如袢利尿剂呋塞米、噻嗪类利尿剂。

④阳离子交换树脂　可口服降钾树脂，从消化道带走钾离子。可同时口服山梨醇、甘露醇以导泻。

⑤透析疗法　最快速降低血钾的方法有腹膜透析、血液透析两种。

⑥补钙　钙与钾有对抗作用，静脉注射 10%葡萄糖酸钙溶液 20ml，能缓解 K^+ 对心肌的毒性作用。

(4)低钾血症和高钾血症的鉴别

	低钾血症	高钾血症
血钾	<3.5mmol/L	>5.5mmol/L(血钾正常值 3.5~5.5mmol/L)
病因	①摄入不足：长期进食不足、TPN 液中补钾不足 ②丢失过多：呕吐、肠瘘、持续胃肠减压、排钾性利尿剂、醛固酮增多症、肾衰多尿期 ③分布异常：大量输葡萄糖+胰岛素、碱中毒	摄入过多：口服或静脉给予过量氯化钾、库血 排出障碍：肾衰、保钾利尿剂、醛固酮缺乏 分布异常：急性酸中毒、溶血、挤压伤综合征
临床表现	神经肌肉系统：最早是肌无力，从四肢、躯干至呼吸肌；腱反射减弱 中枢神经系统：精神萎靡、冷漠、嗜睡 消化系统：肠蠕动减弱、腹胀、恶心呕吐 对心脏的影响：传导阻滞、节律异常 酸碱紊乱：低钾碱中毒、反常性酸性尿	临床表现无特异性： 神经肌肉系统：肢体软弱无力、感觉异常 中枢神经系统：神志模糊 心脏：心动过缓、心律不齐 酸碱紊乱：高钾酸中毒、反常性碱性尿
ECG	早期 T 波降低、变平或倒置，ST 下移，QT 间期延长 典型表现为 U 波出现	早期 T 波高尖，P 波波幅下降，后出现 QRS 增宽 典型表现为 T 波高尖
合并	碱中毒、反常性酸性尿	酸中毒、反常性碱性尿
治疗	补钾浓度≤40mmol/L(3g/L) 补钾速度<20mmol/h 补钾量每天 40~80mmol/d(3~6g/d)	①停止含钾药物；②5% $NaHCO_3$ 250ml 静滴 ③10%葡萄糖液 300~500ml+10U 胰岛素静滴 ④阳离子交换树脂；⑤透析；⑥对抗心律失常
备注	临床上判断缺钾程度很难；根据血钾测定值补钾并不十分准确，故只能分次补钾，边治疗边观察	

【例 8】不符合低钾血症临床表现的是

A. 精神萎靡　　B. 心律失常　　C. 肠鸣音消失

D. 腹胀　　E. 腱反射亢进

【例 9】男，36 岁。慢性上腹痛 12 年。上腹胀、呕吐宿食 3 天。缺失最明显的电解质可能是

A. 钾　　B. 钙　　C. 铁

D. 磷　　E. 铜

【例 10】高钾血症常见的临床表现是

A. 心动过缓　　B. 肠蠕动消失　　C. 四肢肌张力增强

D. 腹胀　　E. 恶心、呕吐

A. 低钾血症　　B. 高钾血症　　C. 低钙血症

D. 低钠血症　　E. 高钠血症

【例 11】心电图示 T 波高尖的是

【例 12】大量输注葡萄糖和胰岛素后出现

三、酸碱平衡失调

1. 代谢性酸中毒

代谢性酸中毒(代酸)是指细胞外液 H^+增加和(或)HCO_3^- 丢失引起的 pH 下降,以血浆原发性 HCO_3^- 减少为特征,是临床上最常见的酸碱平衡失调类型。

(1)病因

①碱性物质丢失过多　如严重腹泻、肠瘘、胆瘘、胰瘘、胆道引流等,均可引起 HCO_3^- 大量丢失。

②酸性物质产生过多　组织缺血缺氧,产生乳酸性酸中毒;糖尿病引起的酮症酸中毒。

③肾排酸保碱功能障碍　肾衰竭、肾小管中毒时,体内固定酸由尿排出障碍,HCO_3^- 重吸收下降。

④外源性固定酸摄入过多　如长期应用阿司匹林、氯化铵、盐酸精氨酸等酸性药物。

⑤高钾血症　细胞外液 K^+浓度增高,K^+与细胞内 H^+交换,引起细胞外 H^+增加,导致代谢性酸中毒。

(2)临床表现

①轻症代酸　可无明显症状。

②重症代酸　最明显的表现是呼吸加深加快,典型者称为 Kussmaul 呼吸。酮症酸中毒者呼出气带有酮味。病人面颊潮红,心率加快,血压常偏低,腱反射减弱,神志不清或昏迷。

(3)治疗

①病因治疗　为首要治疗措施。只要消除病因,轻度的代酸可自行纠正,不宜使用碱性药物。

②补液　低血容量休克可伴代酸,经补液、输血,纠正休克后,轻度代酸可自行纠正。

③碱性药物　当血浆 HCO_3^-<10mmol/L 时,可在补液的同时,应用碳酸氢钠溶液纠酸。

④补钙　酸中毒纠正后,游离 Ca^{2+}减少,病人可出现手足抽搐,应静脉注射葡萄糖酸钙以控制症状。

【例 13】代谢性酸中毒患者一般不表现为

A. 面部潮红　　B. 心率加快　　C. 呼吸深而快
D. 尿液呈中性　　E. 呼气有酮味

【例 14】男,56 岁。上腹部创伤高位肠瘘 5 天。血压 90/60mmHg,血 pH7.2,HCO_3^-15mmol/L。该患者酸碱平衡失调的类型是

A. 呼吸性碱中毒　　B. 代谢性碱中毒　　C. 呼吸性酸中毒
D. 代谢性酸中毒　　E. 呼吸性酸中毒合并代谢性碱中毒

2. 代谢性碱中毒

代谢性碱中毒是指细胞外液碱增多和(或)H^+丢失引起 pH 升高,以血浆 HCO_3^- 原发性增多为特征。

(1)病因

①胃液丧失过多　这是外科病人发生代谢性碱中毒最常见的原因,如严重呕吐、长期胃肠减压。

②碱性物质摄入过多　长期口服碳酸氢钠片、大量输入库存血(抗凝剂转化成 HCO_3^- 致碱中毒)。

③H^+向细胞内移动　低钾血症引起 K^+向细胞外转移。低钾—碱中毒—反常性酸性尿。

④利尿剂的作用　呋塞米、依他尼酸。

(2)临床表现

①轻度代碱　一般无明显症状。

②重度代碱　对神经肌肉系统的影响表现为烦躁不安、精神错乱、谵妄、面部及肢体肌肉抽动、腱反射亢进、手足抽搐。可有呼吸变浅变慢。碱中毒可引起各种心律失常、心脏传导阻滞、血压下降。

(3)治疗

①病因治疗　首要治疗措施。应积极治疗原发病,如解除完全性幽门梗阻等。

②补液　对于胃液丧失所致的代碱,可输注等渗盐水或葡萄糖盐水。

③重度代碱　当血浆 HCO_3^-45~50mmol/L,pH>7.65 时,可给予稀释的盐酸溶液。

(4)代谢性酸中毒与代谢性碱中毒的鉴别

	代谢性酸中毒	代谢性碱中毒
病因	①酸性物质产生过多: 乳酸性酸中毒——休克、剧烈运动组织缺氧 酮体酸中毒——糖尿病酸中毒、长期不进食 过量供给——氯化铵、盐酸精氨酸 ②碱性物质丢失过多(腹泻、肠瘘、胆瘘、胰瘘) ③肾功能不全	①碱性物质摄入过多: 长期服用碳酸氢钠片、大量输入库存血 ②酸性物质丢失过多: 幽门梗阻(最常见)、长期胃肠减压 ③缺钾(缺钾导致碱中毒) ④利尿剂(呋塞米、依他尼酸)
临床表现	轻度代酸无明显症状。重度代酸可有呼吸深快,酮味。面颊潮红,肌张力降低,腱反射减弱	一般无症状 可有呼吸浅慢、神经精神症状
pH	↓	↑
[HCO_3^-]	↓	↑
治疗	病因治疗是首要治疗 [HCO_3^-]>16~18mmol/L 无须补碱 [HCO_3^-]<10mmol/L 应补碱:5%$NaHCO_3$	积极治疗原发疾病 丧失胃液所致代碱可输等渗盐水或糖盐水 严重碱中毒(pH>7.65)可给予稀盐酸溶液 纠正碱中毒不宜过速

注意:高钾——酸中毒——反常性碱性尿;低钾——碱中毒——反常性酸性尿。

【例 15】男,58 岁。胃部不适伴反酸 20 年,近 1 周来腹胀、恶心、呕吐,吐出大量宿食,每天 1~2 次。查体:呼吸浅,17 次/分,血压正常。上腹部可见胃型,轻压痛。测血 K^+ 3.0mmol/L,Na^+ 130mmol/L,Cl^- 90mmol/L,CO_2CP45mmol/L。该患者酸碱平衡失调的类型是

A. 呼吸性碱中毒　　B. 呼吸性酸中毒　　C. 代谢性酸中毒
D. 代谢性碱中毒　　E. 呼吸性酸中毒+代谢性碱中毒

【例 16】女性,35 岁。下肢广泛挤压伤 10 小时。测血钾 6mmol/L,血钠 138mmol/L,血氯 105mmol/L,最可能发生的酸碱平衡失调是

A. 代谢性碱中毒　　B. 代谢性酸中毒　　C. 呼吸性碱中毒
D. 呼吸性酸中毒　　E. 呼吸性酸中毒合并代谢性碱中毒

常考点　三种类型脱水的临床表现及处理;高钾及低钾血症的处理;代酸的临床表现及处理。

参考答案——详细解答见 2021《贺银成国家临床执业及助理医师资格考试历年考点精析》

1. ABCDE　2. ABCDE　3. ABCDE　4. ABCDE　5. ABCDE　6. ABCDE　7. ABCDE
8. ABCDE　9. ABCDE　10. ABCDE　11. ABCDE　12. ABCDE　13. ABCDE　14. ABCDE
15. ABCDE　16. ABCDE

第2章 休 克

▶考纲要求

休克:常见病因和分类,临床表现,治疗原则。

▶复习要点

一、休克的常见病因和分类

1. 常见病因

休克是机体有效循环血量减少、组织灌注不足,细胞代谢紊乱和功能受损的病理生理过程,由多种病因引起。所谓有效循环血量,是指单位时间内通过心血管进行循环的血量,不包括储存于肝、脾和淋巴血窦,或停滞于毛细血管中的血量。组织细胞氧供给不足和需求增加是休克的本质,产生炎症介质是休克的特征,因此恢复对其供氧、促进其有效的利用,重新建立氧的供需平衡和保持正常的细胞功能是治疗休克的关键。

2. 休克分类

休克可分为低血容量性、感染性、心源性、神经性和过敏性休克五类。创伤和失血引起的休克划入低血容量性休克,低血容量性休克和感染性休克是外科最常见的休克。

注意:休克的共同点是有效循环血量锐减,所以无论何种类型的休克,其救治原则都是补充血容量。即使是感染性休克、神经性休克等抢救时仍是补充血容量,并非抗感染或镇痛。

【例 1】各类型休克的根本变化是

A. 代谢性酸中毒　　B. 脉搏快　　C. 尿量少
D. 组织灌注不足　　E. 低血压

二、休克的临床表现与程度判断

按照休克的发展过程,可分为休克代偿期(轻度休克)和休克抑制期(中、重度休克)。

	轻度休克	中度休克	重度休克
神志	神志清楚,表情痛苦	神志尚清楚,表情淡漠	意识模糊,甚至昏迷
口渴	口渴	很口渴	非常口渴,可能无主诉
皮肤色泽	开始苍白	苍白	显著苍白,肢端青紫
皮肤温度	正常,发凉	发冷	厥冷,肢端更明显
脉搏	<100 次/分,尚有力	100~200 次/分	速而细弱,或摸不清
血压	①收缩压正常或稍升高 ②舒张压增高,脉压缩小	收缩压 90~70mmHg,脉压缩小	收缩压<70mmHg 或测不到
体表血管	正常	表浅静脉塌陷,毛细血管充盈迟缓	表浅静脉塌陷,毛细血管充盈非常迟缓
尿量	正常	尿少	尿少或无尿
估计失血量	<20%(<800ml)	20%~40%(800~1600ml)	>40%(>1600ml)

【例 2】休克代偿期表现不包括

A. 舒张压升高　　B. 兴奋　　C. 过度通气
D. 烦躁　　E. 血压下降

【例 3】患者,男,40 岁。高处坠落伤 2 小时。查体:T36.8℃,R18 次/分,P130 次/分,BP75/57mmHg。神志尚清,口渴,面色苍白,估计该患者出血量为
A. 300~500ml　　B. 600~800ml　　C. 800~ 1600ml
D. 1600~2000ml　　E. 2000ml 以上

(4~5 题共用题干)男性,35 岁。汽车撞伤左季肋区 4 小时,神志模糊,体温 37.5℃,脉搏细弱,血压 60/40mmHg,全腹压痛,无反跳痛,无尿。

【例 4】首先考虑的诊断是
A. 神经源性休克　　B. 感染性休克　　C. 中度低血容量性休克
D. 重度低血容量性休克　　E. 变态反应性休克

【例 5】首选的治疗措施是
A. 静脉用强心药物　　B. 立即手术治疗　　C. 迅速补充平衡盐溶液
D. 利尿剂改善肾功能　　E. 应用抗生素

A. 动脉血压降低,尿量减少　　B. 动脉血压升高,尿量减少　　C. 动脉血压升高,尿量增加
D. 动脉血压降低,尿量增加　　E. 动脉血压和尿量无显著改变

【例 6】重症急性胰腺炎患者出现血压下降,给予快速补液后,患者可出现的临床表现是
【例 7】重度失血患者失代偿时可出现的临床表现是
【例 8】肾动脉狭窄患者可出现的临床表现是

三、休克的治疗原则

1. 一般紧急治疗

积极处理引起休克的原发伤病。如创伤制动、大出血止血、保证呼吸道通畅等。采取头和躯干抬高 20°~30°,下肢抬高 15°~20°的特殊体位,以增加回心血量。

2. 补充血容量

休克的本质是有效循环血量减少造成的组织细胞氧供给不足,因此,无论何种类型的休克,其治疗首先是补充血容量。补充血容量是纠正休克引起的组织低灌注和缺氧的关键。

血容量一般应维持 Hb 在 100g/L、HCT 在 30%左右。若 Hb 低于 70g/L,可输浓缩红细胞。若急性失血量超过总量的 30%可输全血。临床上可结合血压、中心静脉压等来指导补液。

CVP	血压	原因	处理
↓	↓	血容量严重不足	充分补液
↓	正常	血容量不足	适当补液
↑	↓	心功能不全或血容量相对过多	强心、纠酸、扩管
↑	正常	容量血管过度收缩	扩管
正常	↓	心功能不全或血容量不足	补液试验

注意: 补液试验为区分“CVP 正常,血压下降”的原因是心功能不全,还是血容量不足所致。方法为:0.9% NaCl 250 ml iv drop,5~10min,如输液后血压升高、CVP 不变提示血容量不足;如血压不变、CVP 上升 3~5cmH_2O,提示心功能不全。注意应与鉴别肾功衰时的补液试验相区别。

3. 积极处理原发病

外科疾病引起的休克,多存在需手术处理的原发病变。在尽快恢复有效循环血量后,及时施行手术,

处理原发病变，才能有效地治疗休克。有时需在抗休克的同时进行手术。

4. 纠正酸碱平衡失调

原则是“宁酸毋碱”，不主张早期使用碱性药物。

5. 血管活性药物的应用

(1)血管收缩剂 应在补足血容量的基础上应用血管收缩剂，早期血容量未补足前，禁用血管收缩剂，否则使用血管收缩剂后，可导致微循环血管的收缩，加重休克。血管活性药物辅助扩容治疗，可迅速改善循环和升高血压，尤其是感染性休克病人，提高血压是应用血管活性药物的首要目标。

多巴胺是最常用的血管收缩剂，具有兴奋 α、β_1 和多巴胺受体的作用。小剂量的多巴胺[$<10\mu g/(min \cdot kg)$]，主要兴奋 β_1 和多巴胺受体，增加心肌收缩力、增加心排出量，并扩张肾脏及胃肠道血管。故对休克病人，尤其合并肾功能不全者，应首选多巴胺。

(2)血管扩张剂 分 α 受体阻滞剂和抗胆碱能药，其中以山莨菪碱应用较多。

(3)强心药 包括兴奋 α 和 β 受体兼强心功能的药物，如多巴胺、多巴酚丁胺、毛花苷丙(西地兰)等。

6. 治疗 DIC 改善微循环

对诊断明确的 DIC，可用肝素抗凝。

7. 糖皮质激素

可用于感染性休克和其他较严重的休克，一般主张早期、大剂量使用，可达正常用量的 10~20 倍，维持不宜超过 48 小时。

注意：①外科休克的治疗原则为先盐后糖、先晶后胶，先快后慢。
②抢救感染性休克时，糖皮质激素的应用原则是早期、短期、大量。

【例 9】男，55 岁。被重物砸伤双下肢 2 小时。查体：P108 次/分，BP113/64mmHg，神志清楚，双肺呼吸音清，未闻及干、湿啰音，心律齐，腹软，无压痛，双下肢肿胀、广泛软组织挫裂伤。最佳处理方法是

A. 快速输平衡盐溶液　　B. 输血　　C. 使用升压药
D. 输血浆代用品　　E. 输葡萄糖溶液

【例 10】男，30 岁。外伤性脾破裂切除术后 3 天。查体：血压 106/68mmHg，中心静脉压 $18cmH_2O$。此时应采取的治疗措施是

A. 利尿　　B. 舒张血管　　C. 收缩血管
D. 适当补液　　E. 充分补液

【例 11】应用皮质激素治疗感染性休克时，其使用量为常规用量的

A. 1/4　　B. 1/2　　C. 2 倍
D. 5 倍　　E. 10 倍以上

【例 12】感染性休克大剂量应用糖皮质激素治疗的时间最长不宜超过

A. 1 天　　B. 5 天　　C. 3 天
D. 7 天　　E. 2 天

▶常考点 休克的分度及特点；中心静脉压；失液性休克和感染性休克的治疗。

参考答案——详细解答见 2021《贺银成国家临床执业及助理医师资格考试历年考点精析》

1. ABCDE　2. ABCDE　3. ABCDE　4. ABCDE　5. ABCDE　6. ABCDE　7. ABCDE
8. ABCDE　9. ABCDE　10. ABCDE　11. ABCDE　12. ABCDE

第3章　围术期处理

考纲要求

①手术前准备:手术时限的分类,一般准备,特殊准备。②手术后处理:术后常规处理与监测,术后不适及处理,术后并发症的治疗与预防。

复习要点

围手术期是指从决定手术治疗时起,到与本次手术有关的治疗基本结束为止的一段时间,包括手术前、手术中和手术后三个阶段。围手术期处理目的是为病人手术顺利做准备并促进术后尽快康复。

一、手术前准备

1. 手术时限分类

按照手术的时限性,外科手术可分为以下三类:

手术分类	定义	举例
急症手术	应在最短时间内进行必要的准备后立即进行的抢救手术	外伤性肠破裂
限期手术	手术时间虽可选择,但不宜延迟过久,应在尽可能短的时间内做好术前准备	恶性肿瘤根治术
择期手术	可在充分的术前准备后,选择合适时机进行的手术	腹股沟疝修补术

【例1】按手术期限,下列属于限期手术的是

A. 慢性阑尾炎切除术　　B. 直肠癌根治术　　C. 完全性肠梗阻造瘘术

D. 可复性股疝修补术　　E. 急性上消化道穿孔修补术

2. 术前准备

(1)一般准备　包括心理准备和生理准备两方面。

①心理准备　病人术前难免有恐惧、紧张及焦虑等情绪,或对手术与预后有多种顾虑。医务人员应从关怀、鼓励出发,就病情、施行手术的必要性及可能取得的效果,手术的风险性及可能的并发症,以恰当的言语和安慰的口气对病人作适度的解释,使病人能以积极的心态配合手术和术后治疗。

②生理准备　调整病人的生理状态,使病人能在较好的状态下安全度过手术和术后治疗过程。

适应性锻炼	术前练习在床上大小便,教会病人正确的咳嗽和咳痰方法,术前2周应停止吸烟
输血和补液	施行大、中型手术者,术前应作行血型鉴定、交叉配血试验、备血 纠正水、电解质及酸碱平衡失调、纠正贫血和低蛋白血症
预防感染	预防性抗生素的给药方法:术前0.5~2小时或麻醉开始时首次给药;手术时间>3小时或失血量>1500ml,术中可给予第二剂;总预防用药时间不超过24小时,个别情况可延长至48小时
胃肠道准备	术前8~12小时开始禁食,术前4小时禁止饮水,以防术中呕吐而引起窒息或吸入性肺炎 胃肠道手术者,术前1~2日进流质饮食;幽门梗阻者,术前应洗胃 结直肠手术者,术前2~3天开始口服肠道制菌剂,术前1天和当天清晨行清洁灌肠或结肠灌洗
其他	手术前夜,可给予镇静剂,以保证良好的睡眠;妇女月经来潮时,应延迟手术日期

(2)特殊准备　除做好上述一般准备外,还需根据病人的具体情况,做好特殊准备。

①营养不良　若血浆白蛋白<30g/L或转铁蛋白<0.15g/L,术前应行营养支持,以纠正营养不良。

②脑血管病　近期有脑卒中史者,择期手术至少推迟2周,最好6周。

③高血压 血压在160/100mmHg以下，不作特殊准备。血压>180/100mmHg，需选用合适降压药。

④伴有心脏疾病者 施行手术的死亡率明显高于非心脏病者，有时需外科医师、麻醉医师和内科医师共同进行评估和处理。急性心肌梗死的病人发病后6个月内不做择期手术；6个月以上无心绞痛发作者，可在良好的监护条件下施行手术。心力衰竭的病人，最好在心力衰竭控制3~4周后再施行手术。

⑤肺功能障碍 危险因素包括慢阻肺、吸烟、年老、肥胖、急性呼吸系统感染。对于高危病人，术前肺功能检查具有重要意义：第1秒最大呼气量(FEV_1)<2L时，可能发生呼吸困难；$FEV_1\%<50\%$，提示肺重度功能不全，可能需要术后机械通气和特殊监护。病人每天吸烟超过10支，戒烟极为重要。急性呼吸道感染者，择期手术应推迟至治愈后1~2周。

⑥肾疾病 急性肾衰竭的危险因素包括：术前血尿素氮和肌酐升高、充血性心衰、老年、术中低血压、夹闭腹主动脉、脓毒症、使用肾毒性药物(如氨基糖苷类、放射性造影剂)等。术前准备应最大限度地改善肾功能。如需透析治疗，应在计划手术24小时以内进行。

⑦糖尿病 A.仅以饮食控制病情者，术前不需特殊准备；B.普通降糖药服至术前一天晚，长效降糖药术前2~3天停药；平时用胰岛素者，手术日晨停用；C.伴有酮症酸中毒，不宜施行择期手术，需接受急症手术者，应纠正酸中毒、血容量不足、电解质失衡；D.术前控制血糖在5.6~11.2mmol/L，尿糖在+~++。

⑧凝血障碍 凝血试验、凝血酶原时间(PT)、活化部分凝血活酶时间(APTT)及血小板计数(Plt)，对严重凝血异常的识别率低，所以仔细询问病史及体格检查显得尤为重要。术前10天应停用抗血小板药噻氯匹定、氯吡格雷，术前7天停用阿司匹林，术前2~3天停用非甾体抗炎药。当$Plt<50\times10^9/L$，建议输血小板；大手术或涉及血管部位的手术，应保持$Plt>75\times10^9/L$；神经系统手术，应保持$Plt\geq100\times10^9/L$。

【例2】择期手术病人需进行营养支持治疗的是血浆白蛋白

A. <30g/L　B. <31g/L　C. <32g/L
D. <33g/L　E. <34g/L

【例3】针对糖尿病患者的术前准备，下列正确的是

A. 口服长效降糖药者，应在术前1天停药
B. 既往用胰岛素者，手术日晨也需要胰岛素
C. 既往仅饮食控制病情者，改用胰岛素控制
D. 合并酮症酸中毒者，暂不实施择期手术
E. 禁食患者需要葡萄糖加胰岛素维持血糖值较低水平

二、手术后处理

1. 常规处理与监测

(1)术后医嘱 需书写的医疗文书包括诊断、施行的手术、监测方法、治疗措施等。

(2)监测 应常规监测生命体征，如体温、脉率、血压、呼吸频率、尿量，记录24小时出入量。有心肺疾病、心肌梗死危险的病人，还应监测中心静脉压、肺动脉楔压、心电监测等。

(3)静脉输液 术后输液的量、成分和速度，取决于手术大小、病人器官功能状态和疾病严重程度。

(4)引流管 应记录引流管的种类、吸引压力、次数，观察引流管有无脱落、阻塞、扭曲及引流物性质、颜色和数量。拔管时间：乳胶片在术后1~2天；烟卷引流3天内；T型管14天；胃肠减压管在肛门排气后。

【例4】男，40岁。右上臂刀割伤16小时。查体：右上臂外侧纵行伤口，长约4cm，边缘整齐。清创后，应放置的伤口内引流物是

A. 凡士林纱条　B. 负压吸引管　C. 乳胶管
D. 烟卷纱条　E. 生理盐水纱条

【例5】下列切口不宜放置纱条引流的是

A. 腹壁切口感染　B. 脓性指头炎切开　C. 掌中间隙脓肿切开
D. 体表脓肿切开　E. 乳腺癌改良根治术

2. 饮食

(1)非腹部手术 小手术不引起或很少引起全身反应者,手术后即可进食。大手术需待 2~4 日才可进食。局麻下施行手术者,如无任何不适或反应,手术后即可给予饮食。椎管内麻醉在 3~4 小时后,可进饮食。全身麻醉者,应在麻醉清醒,恶心、呕吐反应消失后,方能进食。

(2)腹部手术 胃肠道手术后,1~2 日禁食;3~4 日肠功能恢复、肛门排气后进流质饮食;5~6 日进半流质饮食;7~9 日恢复普通饮食。

【例 6】腹部手术后能进食的主要依据为

A. 胃管抽出澄清胃液　　B. 患者已下床活动　　C. 病人有明显饥饿感
D. 肠鸣音增强　　E. 肛门排气后

3. 卧位

手术后,应根据麻醉方式和病人的全身情况、术式、疾病的性质等选择体位,使病人处于合适的体位。

全麻未清醒	平卧,头转向一侧	蛛网膜下隙阻滞	去枕平卧或头低卧位 12 小时
颅脑手术,无休克或昏迷	15°~30°头高脚低斜坡卧位	颈胸手术	高半坐位
腹部手术	低半坐位,或斜坡卧位	脊柱、臀部手术	仰卧位,或俯卧位
休克病人	下肢抬高 15°~20°,头和躯干抬高 20°~30°的特殊体位		

【例 7】蛛网膜下腔麻醉术后 12 小时内应采取的体位是

A. 半卧位　　B. 俯卧位　　C. 头高脚低位
D. 平卧位　　E. 侧卧位

4. 术后不适的处理

(1)疼痛 麻醉作用消失后,切口受到刺激会出现疼痛。术后疼痛可引起呼吸、循环、胃肠道、骨骼肌功能变化。处理:有效的止痛会改善大手术的预后,常用的麻醉类镇痛药有吗啡、哌替啶、芬太尼。及早停用镇痛剂有利于胃肠动力的恢复。硬膜外阻滞可留置导管数日,连接镇痛泵以缓解疼痛。

(2)呃逆 其原因可能是神经中枢或膈肌直接受刺激引起。施行上腹部手术后,如果出现顽固性呃逆,要特别警惕膈下积液或感染。应作 B 超、X 线摄片、CT 检查,一旦明确有膈下感染,需要及时处理。

5. 胃肠道

剖腹手术,胃肠道蠕动减弱。麻醉、手术对小肠蠕动影响很小,胃蠕动恢复较慢,右半结肠需 48 小时,左半结肠需 72 小时。胃和空肠手术后,上消化道推进功能的恢复需 2~3 天。术后有显著肠梗阻、急性胃扩张的病人,应插鼻胃管、连接负压吸引,并留置 2~3 天,直到正常的胃肠功能恢复(可闻及肠鸣音或已排气)。空肠造口的营养管可在术后第 2 天滴入营养液。造口管需在术后 3 周方可拔除。

6. 活动

手术后,如果镇痛效果良好,原则上应早期床上活动,争取短期内下床活动。早期活动有利于增加肺活量,减少肺部并发症,改善全身血液循环,促进切口愈合,减少因静脉血流缓慢并发深静脉血栓形成的发生率。此外,尚有利于肠道蠕动和膀胱收缩功能的恢复,从而减少腹胀和尿潴留的发生。有休克、心力衰竭、严重感染、出血、极度衰弱者,不宜早期活动。

【例 8】腹部手术后,原则上鼓励早期活动,其理由不包括

A. 促进切口愈合　　B. 改善全身血液循环　　C. 减少深静脉血栓形成
D. 减少肺部并发症　　E. 减少腹腔感染

7. 缝线拆除

(1)拆线时间 头、面、颈部在术后 4~5 日拆线;下腹部、会阴在术后 6~7 日拆线;胸部、上腹部、背部、臀部手术在术后 7~9 日拆线;四肢手术在术后 10~12 日拆线;减张缝合 14 日拆线。

(2)切口分类 对初期完全缝合的切口,拆线时应记录切口愈合情况。

①清洁切口(Ⅰ类切口) 是指缝合的无菌切口,如甲状腺大部切除术、腹股沟疝修补术等。

②可能污染切口(Ⅱ类切口) 指手术时可能带有污染的缝合切口,如胃大部切除术、皮肤不容易彻底消毒的部位、6小时内的伤口经过清创缝合、新缝合的切口再度切开者。

③污染切口(Ⅲ类切口) 指邻近感染区或组织直接暴露于污染或感染物的切口。

(3)切口愈合

①甲级愈合 用"甲"字代表,是指愈合优良,无不良反应。

②乙级愈合 用"乙"字代表,是指愈合处有炎症,如红肿、硬结、血肿、积液等,但未化脓。

③丙级愈合 用"丙"字代表,是指切口已化脓,需切开引流。

A. 小肠切除吻合术　B. 化脓性阑尾炎手术　C. 腹腔镜疝修补术
D. 胃后壁穿孔手术　E. 结肠脾曲癌引起的急性肠梗阻手术

【例9】属于Ⅰ类切口的手术是

【例10】属于Ⅱ类切口的手术是

8. 术后并发症的治疗与预防

并发症	原因	预防及处理
术后出血	术中止血不完善,创面渗血未完全控制,结扎线脱落,凝血功能障碍	手术时严格止血,结扎必需规范牢靠,关腹前仔细检查
发热	术后最常见的症状 包括感染性发热和非感染性发热	查明原因,对症处理
肺膨胀不全	上腹部手术、老年、肥胖、长期吸烟	叩击胸背部,鼓励咳嗽和深呼吸,及时吸痰
术后肺炎	肺膨胀不全、异物吸入、大量分泌物	50%以上为革兰阴性杆菌感染,针对性用药
肺脂肪栓塞	长骨骨折、关节置换	立即行呼气末正压通气、利尿治疗
切口裂开	营养不良、缝合技术欠佳、腹压增加所致,表现为淡红色液体流出	减张缝合;及时处理腹胀 咳嗽时最好平卧;适当的腹部包扎
切口感染	细菌入侵、血肿、异物、局部血供不良、机体抵抗力降低	切口红肿处拆除缝线,使脓液流出 已形成脓肿者,敞开引流
尿潴留	会阴部、盆腔手术后常见	导尿
尿路感染	尿潴留是基本原因	防止和及时处理尿潴留,抗生素的应用

【例11】腹部手术后切口化脓性感染,错误的处理是

A. 碘伏纱布湿敷　B. 局部理疗　C. 局部应用抗菌药物
D. 拆除缝线,换药　E. 切口清创后立即缝合

【例12】女,74岁。行胃癌根治术后7天,咳嗽后腹正中伤口内有多量淡红色液体流出。最可能出现的情况是

A. 切口内血肿　B. 切口皮下积液　C. 切口裂开
D. 切口下异物　E. 切口感染

▶**常考点** 特殊病人的术前准备;术后处理。

参考答案——详细解答见2021《贺银成国家临床执业及助理医师资格考试历年考点精析》

1. ABCDE　2. ABCDE　3. ABCDE　4. ABCDE　5. ABCDE　6. ABCDE　7. ABCDE
8. ABCDE　9. ABCDE　10. ABCDE　11. ABCDE　12. ABCDE

第4章 外科病人的代谢与营养治疗

考纲要求

①概述:人体的基本营养代谢,创伤与感染的代谢变化与营养需求,营养状态的评价。②肠外营养:概念,输入途径,并发症。③肠内营养:概念,适应证。

复习要点

一、概述

1. 人体的基本营养代谢

(1)正常情况下的物质代谢 正常生命活动中需要不断摄取各种营养物质,通过转化和利用以维持机体新陈代谢。食物中的碳水化合物、脂肪、蛋白质、水、电解质、微量元素、维生素等营养底物进入人体后,参与体内一系列代谢过程,通过合成代谢使人体组织器官得以生长、发育、修复及再生,并为机体生命活动提供必不可少的能源。

①碳水化合物 主要功能是供能,同时也是细胞结构的重要成分。正常情况下,碳水化合物提供约55%~65%维持机体正常功能所需的能量。大脑神经细胞、肾上腺等则完全依赖葡萄糖氧化供能。

②蛋白质 是构成生物体的重要组成成分,在生命活动中起着极其重要的作用。蛋白质的主要生理功能是参与构成各种细胞组织,维持细胞组织的生长、更新和修复,参与多种重要的生理功能和氧化供能。

③脂肪 主要生理功能是提供能量、构成身体组织、供给必需脂肪酸并携带脂溶性维生素等。

(2)机体能量消耗 机体每日的能量消耗包括基础能量消耗(BEE)、食物的生热效应、兼性生热作用、活动的生热效应几个部分。其中,基础能量消耗在每日总能量消耗中所占比例最大(60%~70%),是机体维持正常生理功能和内环境稳定所消耗的能量,可按 Harris-Benedict 公式计算基础能量消耗。

男性 BEE(kcal/d)=66+13.7W+5.0H−6.8A; 女性 BEE(kcal/d)=655+9.6W+1.85H−4.7A;

其中,W为体重(kg),H为身高(cm),A为年龄(年)。

Harris-Benedict 公式是健康机体基础能量消耗的估算公式,临床上各种疾病状态下病人的实际静息能量消耗值与 Harris-Benedict 公式估算值之间存在一定的差异,如择期手术约增加10%,严重创伤、多发性骨折、感染时可增加20%~30%,大面积烧伤最高可增加100%。

(3)机体能量需要量的确定 临床上多采用经验公式来估算病人的能量需求。

①非肥胖病人 能量摄入量为25~30kcal/(kg·d)。

②肥胖病人 BMI≥30kg/m^2 的肥胖病人,推荐的能量摄入量应为正常目标量的70%~80%。

注意:①9版《外科学》P100:正常人基础能量需要为25~30kcal/(kg·d)。
②8版《外科学》P108:正常人基础能量需要为20~25kcal/(kg·d)。

【例1】正常成人热量的基本需要量是

A. 15kcal/(kg·d) B. 25kcal/(kg·d) C. 35kcal/(kg·d)
D. 45kcal/(kg·d) E. 55kcal/(kg·d)

2. 创伤与感染的代谢变化与营养需求

创伤、感染等应激状态下,机体代谢变化的特征为静息能量消耗增高、高血糖及蛋白质分解增强。

(1)碳水化合物的代谢变化 应激状态下,内源性葡萄糖异生明显增强,机体对糖的利用率下降,组织器官葡萄糖的氧化作用下降,外周组织对胰岛素抵抗,从而造成高血糖、糖尿。

(2)蛋白质的代谢变化 创伤后蛋白质分解增加,尿氮排出增加,出现负氮平衡,其程度和持续时间与创伤应激程度、创伤前营养状况、病人年龄、应激后营养摄入有关。

(3)脂肪的代谢变化　脂肪是应激病人的重要能源，创伤应激时机体脂肪分解增强，其分解产物可作为糖异生的前体物质，从而减少蛋白质分解，保存机体蛋白质。

【例2】男，60岁，体重55kg。全胃切除术后5天，左上腹疼痛，腹腔引流管内可见少量肠液。查体：T 37.2℃，P100次/分，R19次/分，BP130/80mmHg，左上腹轻压痛，无反跳痛、肌紧张。予禁食，肠外营养。该患者的REE(实际静息能量消耗)大约是

A. 60%　　B. 80%　　C. 100%

D. 140%　　E. 200%

3. 营养状态的评价

(1)临床检查　是通过病史采集、体格检查来发现是否存在营养不良。体格检查可以发现肌肉萎缩、毛发脱落、皮肤损害、水肿或腹水、必需脂肪酸及维生素缺乏的体征并判定其程度。

(2)人体测量　通过测量体重、脂肪和肌肉含量，判断机体营养状况，监测营养治疗效果。

项目	测定方法	临床意义
体重	是机体脂肪组织、瘦组织群、水和矿物质的总和，是营养评价中最简单、直接而可靠的方法	体重丢失>10%(无时间限定)或3个月体重丢失>5%，即存在营养不良
BMI	体质量指数(BMI)是反映营养不良及肥胖的可靠指标，BMI=体重(kg)/身高^2(m^2)	正常18.5~24kg/m^2，<18.5kg/m^2为营养不良，25~30kg/m^2为超重，>30kg/m^2为肥胖
皮褶厚度	用卡尺测量三头肌皮褶厚度(TSF)	推算脂肪及肌肉总量，间接反映热能的变化
臂围	用软尺测量上臂周径	推算脂肪及肌肉总量，间接反映热能的变化
握力测定	是营养状况评价的一个良好客观指标 正常男性握力≥35kg，女性≥23kg	握力与机体营养状况密切相关 是反映肌肉功能十分有效的指标

(3)生化及实验室检查　常用指标如下。

项目	测定方法	临床意义
血浆蛋白	常用的血浆蛋白指标有白蛋白、前白蛋白、转铁蛋白、视黄醇结合蛋白	可反映机体蛋白质营养状况、疾病严重程度、预测手术风险程度，是临床上常用的营养评价指标之一
氮平衡试验	氮平衡=摄入氮-排出氮 氮的摄入量大于排出量为正氮平衡 氮的摄入量小于排出量为负氮平衡	氮平衡是评价机体蛋白质代谢状况的可靠指标 正氮平衡时机体合成代谢大于分解代谢 负氮平衡时机体分解代谢大于合成代谢
免疫功能	测定外周血淋巴细胞总数	正常值(2.5~3.0)×10^9/L，<1.8×10^9/L为营养不良

(4)综合性营养评价指标　包括主观全面评定、微型营养评定、营养不良通用筛查工具。

(5)人体组成测定　可准确测定体脂、瘦组织群、体细胞群等各组成含量。

【例3】排除体液因素，提示成人存在营养不良的指标是实际体重至少比标准体重低

A. 10%　　B. 20%　　C. 25%

D. 30%　　E. 35%

A. 氮平衡试验　　B. 三头肌皮褶厚度　　C. 血清转铁蛋白

D. 上臂中部周长　　E. 肌酐/身高指数

【例4】反映机体蛋白质营养状况的是

【例5】评价患者营养摄入水平和分解代谢状况的是

二、肠外营养

1. 概念

肠外营养(PN)是指通过胃肠道以外途径(即静脉途径)提供营养的方式。

2. 输入途径

肠外营养的输注途径主要有中心静脉和周围静脉途径。

(1)中心静脉途径 适用于需要长期(>2周)肠外营养,需要高渗透压营养液的病人。临床上常用的中心静脉途径有颈内静脉、锁骨下静脉、经头静脉或贵要静脉插入中心静脉导管(PICC)。

(2)周围静脉途径 适用于预期只需短期(<2周)肠外营养支持的病人。周围静脉是指浅表静脉,大多数是上肢末梢静脉。周围静脉途径应用方便、安全性高、并发症少。

3. 并发症

(1)静脉导管相关并发症 分为非感染性并发症和感染性并发症两大类。

①非感染性并发症 大多数发生于中心静脉导管放置过程中,如气胸(最常见)、空气栓塞(最严重)、血管或神经损伤;少数是长期应用、导管护理不当或拔管操作所致,如导管脱出、导管折断、导管堵塞等。

②感染性并发症 主要是指中心静脉导管相关感染。周围静脉则可发生血栓性静脉炎。

肠外营养的感染性并发症主要是导管性脓毒症,其发病与置管技术、导管使用、导管护理密切相关。临床表现为突发寒战、高热,重者可致感染性休克。发生上述症状后,应先做输液袋内液体的细菌培养及血培养,丢弃输液袋及输液管,更换输液。观察8小时,若发热仍不消退,则需拔除中心静脉导管,并做导管尖端培养。一般拔管后无须使用抗生素,发热即可自行消退。若24小时后发热仍不消退,则应选用抗生素。导管性脓毒症的预防措施包括:放置导管应严格无菌操作;避免中心静脉导管的多用途使用,不宜用于输注血制品、抽血、测压;应用全营养混合液的全封闭输液系统;置管后应定期进行导管护理等。

(2)代谢性并发症 肠外营养时提供的营养物质直接进入血液循环中,营养底物过量或不足容易导致代谢紊乱和器官功能异常,产生代谢性并发症,如高血糖、低血糖、氨基酸代谢紊乱、高脂血症、电解质及酸碱代谢失衡、必需脂肪酸缺乏、再喂养综合征、维生素及微量元素缺乏症等。

①补充不足 主要包括:

A.血清电解质紊乱 以低钾血症、低磷血症最常见。

B.微量元素缺乏 以锌缺乏最多见,常表现为口周及肢体皮疹、皮肤皱痕、神经炎等。

C.必需脂肪酸缺乏 长期TPN治疗,若不及时补充脂肪乳剂,可发生必需脂肪酸缺乏症,常表现为皮肤干燥、鳞状脱屑、脱发、伤口愈合迟缓等。只需每周补充脂肪乳剂1次,即可预防必需脂肪酸的缺乏。

②糖代谢异常 低血糖主要是由于胰岛素用量过大或突然停止输注高浓度葡萄糖所致。高血糖主要是由于葡萄糖输注速度太快或机体的糖利用率下降所致,严重的高血糖可导致高渗性非酮性昏迷。

(3)脏器功能损害

①肝功能损害 长期肠外营养可引起肝脏损害,表现为肝脂肪浸润和胆汁淤积,其原因与葡萄糖超负荷导致的肝脂肪变性(最主要原因)、长期禁食时肠内缺乏食物刺激、肠道激素的分泌受抑制、不恰当的营养物质摄入等有关。为减少这种并发症的发生,应采用双能源,以脂肪乳剂替代部分能源,减少葡萄糖用量。

②肠屏障功能减退 长期禁食可导致肠黏膜上皮绒毛萎缩、通透性增加,肠道免疫功能障碍,导致肠道细菌易位而引发肠源性感染。

③胆囊内胆泥和结石形成 实施TPN治疗3个月者,胆结石发生率可高达30%,尽早改用肠内营养治疗是预防胆结石最有效的措施。

(4)代谢性骨病 部分长期肠外营养的病人出现骨钙丢失、骨质疏松、血清碱性磷酸酶增高、高钙血症、尿钙排出增加、四肢关节疼痛,甚至出现骨折等表现,称为代谢性骨病。

【例6】长期肠外营养引起肝脂肪变性的主要原因是

A. 过高的能量供给　　B. 输注白蛋白过量　　C. 胆汁淤积
D. 糖氨基酸配比不合理　　E. 维生素配比不合理

【例 7】男,26 岁。因肠系膜血管缺血性疾病行小肠近全切除术后 2 个月,术后第 2 天开始接受全胃肠外营养支持治疗。现患者出现皮肤干燥、鳞状脱屑、脱发及伤口愈合延迟。其最可能的原因是营养液中缺乏

A. 维生素 A　　B. 电解质　　C. 微量元素
D. 氨基酸　　E. 必需脂肪酸

三、肠内营养

1. 概念

肠内营养(EN)是指通过胃肠道途径提供营养的方式,它具有符合生理状态,能维持肠道结构和功能的完整,费用低廉,使用和监护简便,并发症较少等优点,因而是临床营养支持首选的方法。

2. 适应证

若机体胃肠道具有吸收营养素的能力,且能耐受肠内营养制剂,病人因原发疾病或因治疗需要而不能或不愿经口摄食,或摄食量不足以满足机体合成代谢需要时,均可采用肠内营养。

(1)胃肠功能正常但营养物质摄入不足或不能摄入者　如昏迷患者(脑外伤)、大面积烧伤、复杂大手术后、危重病症(非胃肠道疾病)等。这类病人胃肠道功能基本正常,应尽量采用肠内营养。

(2)胃肠道功能不良者　如消化道瘘、短肠综合征等。消化道瘘患者所用的肠内营养制剂应以肽类为主,可减轻对消化液分泌的刺激作用。营养液最好能输至瘘口的远端肠道,或采取措施将肠外瘘的瘘口暂时封堵,以减少肠内营养液输入后从瘘口大量流失。

(3)胃肠功能基本正常但其他脏器功能不良者　如糖尿病、肝肾衰竭、急性胰腺炎等,原则上只要胃肠功能正常,仍属于肠内营养的适应证。

【例 8】回肠肠瘘患者所用的肠内营养制剂应该是

A. 以肽类为主　　B. 以脂类为主　　C. 增加维生素
D. 减少糖类　　E. 增加纤维素

3. 肠外营养与肠内营养的比较

	肠外营养(PN)	肠内营养(EN)
适应证	①1 周以上不能进食或因胃肠道功能障碍或不能耐受肠内喂养者;②通过肠内营养无法达到机体需要的目标量时应补充肠外营养	①胃肠道具有吸收功能,且能耐受肠内营养制剂,因原发疾病或因治疗需要而不能或不愿经口摄食;②摄食量不足以满足机体需要
输注途径	中央静脉(颈内静脉或锁骨下静脉,输液时间>2 周) 周围静脉(输液时间<2 周)	鼻胃管(最常用)、鼻十二指肠管 鼻空肠置管、胃造口、空肠造口
优点	简化了营养液输注程序 减少了营养液的污染机会 可使肠道休息,有利于病人康复 营养液同时输入,有利于代谢	避免了肠外营养并发症 保护了肠屏障功能 能防止细菌移位 简单安全方便廉价,符合生理

▶▶**常考点**　应激代谢特点;肠内、肠外营养的适应证和并发症。

参考答案——详细解答见 2021《贺银成国家临床执业及助理医师资格考试历年考点精析》

1. ABCDE　2. ABCDE　3. ABCDE　4. ABCDE　5. ABCDE　6. ABCDE　7. ABCDE
8. ABCDE

第5章　外科感染

▶考纲要求

①软组织急性化脓性感染：疖的病因、临床表现和治疗，痈的病因、临床表现和治疗，急性蜂窝织炎的病因、临床表现和治疗，丹毒的病因、临床表现和治疗，脓性指头炎的病因、临床表现和治疗。②全身化脓性感染：诊断，治疗。③破伤风：病因，临床表现，治疗与预防。

▶复习要点

感染是指病原体入侵机体引起的局部或全身炎症反应，病原体主要有细菌和真菌等。外科感染是指发生在组织损伤、空腔器官梗阻和手术后的感染。外科感染的特点：常为多种细菌的混合感染；局部症状明显；多为器质性病变，常有组织化脓坏死而需外科处理。

一、软组织急性化脓性感染

1. 疖

(1)病因　疖是单个毛囊及其周围组织的急性细菌性化脓性感染，大多为金黄色葡萄球菌感染，偶可因表皮葡萄球菌或其他病菌致病。好发于颈项、头面、背部毛囊与皮脂腺丰富的部位。

(2)临床表现　初始局部皮肤有红、肿、痛的小硬结。数日后肿痛范围扩大，硬结中央组织坏死、软化，出现黄白色脓栓，触之稍有波动感。继而，脓栓自行脱落、破溃。脓液流尽后炎症逐步消退。位于危险三角(鼻根及两侧上唇角之间)的疖，严禁挤压，以免致病菌经内眦静脉、眼静脉进入颅内海绵状静脉窦，引起化脓性海绵状静脉窦炎，出现颜面部进行性肿胀，寒战高热，头痛，呕吐，昏迷甚至死亡。

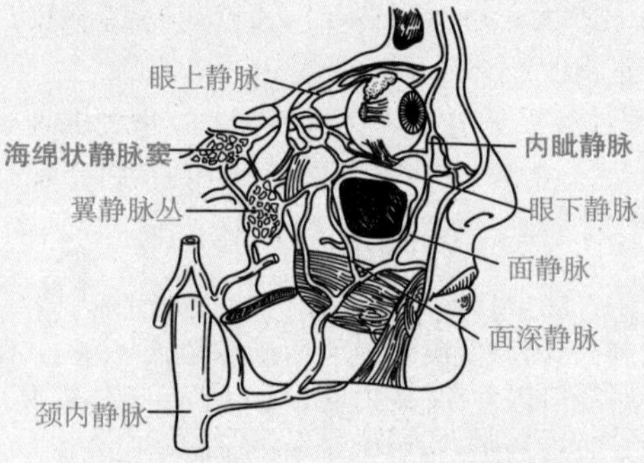

危险三角区疖/痈可导致化脓性海绵状静脉窦炎

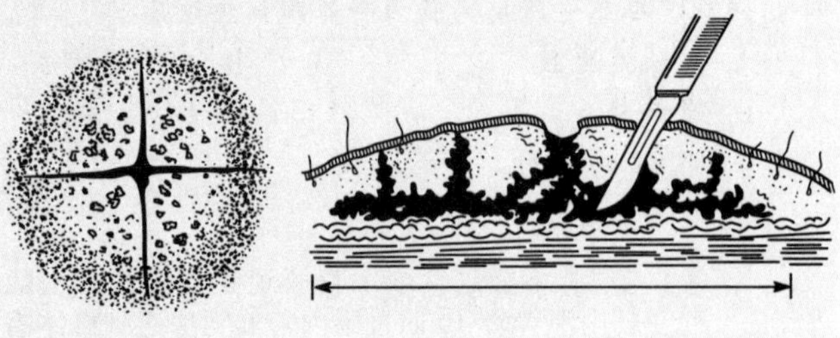

十字切口　　切口超过炎症范围少许，深达筋膜

痈的切开引流方式

(3)治疗

①局部处理　红肿阶段可选用热敷、超短波、红外线等理疗，也可敷贴金黄散、玉露散或鱼石脂软膏。出现脓点或波动感时，可用碘酊点涂，或用小刀头将脓栓剔出，但严禁挤压，出脓后敷以碘附湿纱条。

②药物应用　若有发热、头痛、全身不适等症状，可选用青霉素、磺胺类抗菌药物。

2. 痈

(1)病因　痈指多个相邻毛囊及其周围组织的急性细菌性化脓性感染，也可由多个疖融合而成。致病菌以金黄色葡萄球菌多见。感染常从毛囊底部开始，沿深筋膜向外周扩展，进入毛囊群而形成多个脓头。

(2)临床表现　好发于中、老年，大部分病人合并有糖尿病。好发于项部、背部。初起表现为局部小片皮肤硬肿、热痛，肤色暗红，其中可有数个脓点，多有畏寒、发热、食欲减退和全身不适。随后皮肤硬肿范围增大，周围浸润性水肿，引流区域淋巴结肿大，局部疼痛加剧，全身症状加重。晚期局部可破溃流脓，使疮口呈蜂窝状。唇痈容易引起颅内化脓性海绵状静脉窦炎,危险性更大。

(3)治疗

①药物应用 可先选用青霉素或复方新诺明,以后根据细菌培养及药敏试验结果选药。

②局部湿敷 初期仅有红肿时,可用50%硫酸镁湿敷,鱼石脂软膏、金黄散等敷贴。

③切开引流 若出现多个脓点、表面紫褐色或已破溃流脓时,需及时切开引流。可在静脉麻醉下,做"+"或"++"形切口切开引流。切口线应达到病变边沿健康组织,深度须达到痈的基底部(深筋膜层),清除已化脓和尚未化脓、但已失活的组织,在脓腔内填塞生理盐水或凡士林纱条,外用干纱布绷带包扎。

【例1】下列疾病的患者中,最易合并疖病的是

A. 消化性溃疡　B. 糖尿病　C. 门静脉高压症
D. 胃癌　E. 肝炎

(2~3题共用题干)男,50岁。颈后肿痛5天,疼痛逐渐加重,伴畏寒、发热。有糖尿病病史10年。查体:颈后红肿,范围约5cm,边界不清,中央多个脓点。

【例2】该患者最可能的诊断是

A. 皮脂腺囊肿感染　B. 颈部丹毒　C. 颈部痈
D. 颈部疖　E. 蜂窝织炎

【例3】若行切开引流术,下列错误的处理措施是

A. 切口线不宜超过病变边缘　B. 未化脓但颜色已暗紫的组织也要清除
C. 切口线要深达筋膜　D. 可行"++"形切口切开引流
E. 创面内填塞敷料压迫止血

3. 急性蜂窝织炎

(1)病因 急性蜂窝织炎是指发生在皮下、筋膜下、肌间隙或深部蜂窝组织的急性、弥漫性、化脓性感染。致病菌主要是溶血性链球菌,其次为金黄色葡萄球菌、大肠埃希菌等。由于溶血性链球菌感染后可释放溶血素、链激酶、透明质酸酶等,故其炎症不易局限,与正常组织分界不清,扩散迅速。

(2)临床表现 一般为皮下蜂窝织炎。患者可先有皮肤损伤、手足等处的化脓性感染,继之患处肿胀疼痛,表皮发红、指压后可稍褪色,红肿边缘界限不清。邻近病变部位的淋巴结常有肿痛。病变加重时,皮肤部分变成褐色,可起水疱,或破溃出脓。患者常有畏寒、发热、全身不适。

(3)治疗

①抗菌治疗 首选青霉素或头孢类抗生素,疑有厌氧菌感染时加用甲硝唑。

②局部处理 早期急性蜂窝织炎,可用50%硫酸镁湿敷,或敷贴金黄散、鱼石脂软膏等。若脓肿形成,应及时切开引流。口底及颌下急性蜂窝织炎应及早切开减压,以防喉头水肿,压迫气管。

③对症处理 高热时给予物理降温。进食困难者,应行输液治疗,以维持营养和体液平衡。

【例4】男,30岁。喉结下肿痛1周。肿胀渐至颈中部,能讲话。查体:T38.7℃,BP100/60mmHg,右颈部明显肿胀、压痛、皮肤不红,无波动。WBC15×10^9/L,血培养阴性。该患者最可能的诊断是

A. 急性颌下腺炎　B. 急性淋巴管炎　C. 颈部蜂窝织炎
D. 急性咽喉炎　E. 急性腮腺炎

4. 丹毒

(1)病因 丹毒是皮肤淋巴管网的急性非化脓性炎症,致病菌多为乙型溶血性链球菌。常有全身反应,但局部很少有组织坏死或化脓。治愈后容易复发。

(2)临床特点 起病急,病变多见于下肢,表现为片状皮肤红疹、色鲜红、中间稍淡、边界清楚。病变范围向外扩展时,中央红肿消退而转变为棕黄色。可有水疱及局部淋巴结肿大。下肢丹毒反复发作可导致淋巴水肿,甚至发展为"象皮肿"。

(3)治疗 卧床休息，抬高患肢。局部以50%硫酸镁溶液湿热敷。全身应用抗菌药物，静脉滴注青霉素、头孢菌素等。局部及全身症状消失后，继续用药3~5天，以防复发。

(4)浅部组织细菌性感染的比较 金黄色葡萄球菌简称金葡菌，乙型溶血性链球菌简称乙型溶链。

	概念	常见致病菌	特点
疖	单个毛囊及其周围组织的急性化脓性感染	金葡菌	危险三角的疖可导致颅内感染
疖病	不同部位同时发生或在一段时间内反复发生疖	金葡菌	可合并糖尿病
痈	指多个相邻毛囊及周围组织的急性化脓性感染，也可由多个疖融合而成	金葡菌	可合并糖尿病，好发于颈背部 行脓肿切排时，可"+"字切开
急性蜂窝织炎	是指疏松结缔组织的急性感染，可发生在皮下、筋膜下、肌间隙或深部蜂窝组织	溶血性链球菌、金葡菌	不易局限，迅速扩散，无明显分界，局部淋巴结常受累，明显毒血症
丹毒	皮肤淋巴管网的急性感染	乙型溶链	很少坏死或化脓，"象皮肿"

	痈	急性蜂窝织炎	丹毒	脓肿
部位	多个毛囊和皮脂腺	各层软组织内	网状淋巴管	软组织或器官
致病菌	金葡菌	溶血性链球菌、金葡菌	乙型溶链	金葡菌
特点	紫红色，边界不清，唇痈易引起颅内化脓性海绵状静脉窦炎	不易局限，迅速扩散，无明显分界，局部淋巴结常受累	好发于下肢，片状皮肤红疹、色鲜红、中间稍淡、境界较清楚	病变局限，分界清楚，波动感，穿刺有脓
治疗	"+"字切开引流 清除坏死组织	抗生素 广泛切开引流	抗生素、局部热敷 硫酸镁湿敷	抗生素 脓肿切排

【例5】男，39岁。3天前突然发热、畏寒，左下肢片状红疹，微隆起，色鲜红，中间稍淡，边界清楚，伴有烧灼样疼痛。有足癣史10余年。其最可能感染的病原体是

A. 真菌　　B. 腐生葡萄球菌　　C. 表皮葡萄球菌
D. 乙型溶血性链球菌　　E. 金黄色葡萄球菌

5. 脓性指头炎

(1)病因 脓性指头炎为手指末节掌面的皮下化脓性细菌感染，多因甲沟炎加重、指尖或手指末节皮肤受伤后引起。致病菌多为金黄色葡萄球菌。

(2)临床表现 起初为指头针刺样痛，轻度肿胀。继而指头肿胀加重，有剧烈跳痛。最后神经末梢因受压和营养障碍而麻痹，指头疼痛反而减轻，晚期末节指骨可并发骨髓炎。

(3)治疗 ①指头炎初发时，应抬高患肢，以减轻疼痛。给予青霉素等抗菌药物，以金黄散局部外敷。

②若患指剧烈疼痛、肿胀明显，伴全身症状，应及时切开引流，以免指骨受压坏死和发生骨髓炎。手术时选用末节指侧面作纵行切口，切口远侧不超过甲沟的1/2，近侧不超过指节横纹；脓腔较大时，宜作对口引流，切口内放置橡皮片引流，有死骨应当除去；切口不应做成鱼口状，以免术后瘢痕形成影响手指感觉。

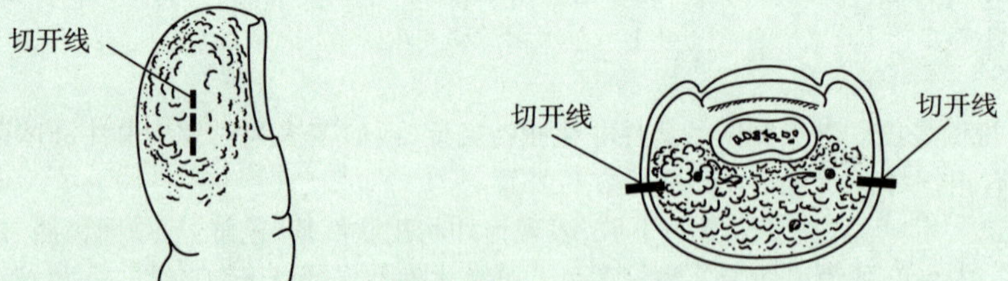

指头炎与切开引流线

【例 6】男，25 岁，左手示指指甲旁红肿、疼痛 1 天。3 天前该处曾被木刺刺伤。实验室检查：血 WBC 15.0×10^9/L，N0.79。引起该患者感染的常见细菌是

A. 金黄色葡萄球菌　　B. 草绿色链球菌　　C. 大肠埃希菌
D. 破伤风梭菌　　E. 铜绿假单胞菌

【例 7】女，28 岁。右中指末节红肿 8 天，疼痛剧烈。掌侧肿胀明显，予切开引流。患指应采用的正确切口是

A. 关节皱褶处切开　　B. 掌侧横行切开　　C. 甲根处切开
D. 背侧切开　　E. 侧面纵行切开

二、全身性外科感染

全身性外科感染主要是脓毒症，脓毒症是指致病细菌在血中大量繁殖，释放毒素引起的全身性炎症反应，同时有脓肿形成或全身播散，体温、循环、呼吸有明显改变者，可以区别于一般非侵入性的局部感染。多见于革兰阴性杆菌感染，继发于腹腔内各种化脓性炎症。革兰阳性球菌相对少见。

1. 诊断

根据临床表现，结合实验室检查结果进行诊断。

(1)临床表现　典型表现有：①发热，可伴寒战；②心率加快，脉搏细速，呼吸急促或困难；③神志改变，如淡漠、烦躁、谵妄、昏迷；④肝脾可肿大，可出现皮疹。脓毒症的临床表现因致病菌不同而异：

	革兰阴性杆菌	革兰阳性球菌	厌氧菌	真菌
病菌种类	大肠杆菌、绿脓杆菌 变形杆菌、克雷伯菌	金葡菌、肠球菌 表皮葡萄球菌	拟杆菌、厌氧葡萄球菌 梭状杆菌、厌氧链球菌	白色念珠菌、曲霉菌 毛霉菌、新型隐球菌
原发病灶	腹膜炎、腹腔感染 大面积烧伤感染	严重的痈、蜂窝织炎 骨关节化脓性感染	脓肿、会阴部感染 口腔颌面部坏死性感染	长期使用广谱抗生素或免疫抑制剂、长期留置导管
特点	主要毒性为内毒素，所致脓毒症较严重，可出现"三低"现象、发生脓毒症休克多见	多为金黄色葡萄球菌 转移性脓肿多见 常伴高热、皮疹	常与需氧菌形成混合感染 感染灶组织坏死明显 有特殊腐臭味	属于条件性感染，可出现结膜瘀斑、视网膜灶性絮样斑等栓塞表现

注意：革兰阴性杆菌的"三低"现象——低温、低白细胞、低血压。

(2)实验室检查　①白细胞计数明显增高，可达$(20\sim30)\times10^9$/L 以上；②可有不同程度的酸中毒、氮质血症、溶血、尿中出现蛋白、血细胞等；③寒战发热时抽血进行细菌培养，阳性率高。多次血液培养阴性者，应考虑厌氧菌或真菌性脓毒症，可抽血作厌氧菌培养，或作尿、血液真菌检查及培养。

2. 治疗

(1)早期复苏　若病人有低灌注表现（急性器官功能障碍、低血压、高乳酸）或脓毒症休克，在最初 3 小时内应给予不少于 30ml/kg 的晶体液。复苏的初始目标为平均动脉压 65mmHg。

(2)抗微生物治疗　应在 1 小时内启动静脉抗生素治疗，疗程一般维持 7～10 天，在病人体温正常、白细胞计数正常、病情好转、局部病灶控制后停药。

(3)感染源控制　感染的原发灶应尽早明确，并及时采取措施控制感染源，如清除坏死组织和异物、消灭死腔、脓肿引流等。静脉导管感染时，拔除导管应属首要措施。

(4)辅助治疗　早期复苏成功后，应重新评价病人的血流动力学状态，酌情补液和使用血管活性药物。

【例 8】脓毒症早期典型的临床表现是

A. 呼吸困难　　B. 休克　　C. 少尿
D. 昏迷　　E. 寒战、高热

【例 9】女，45 岁。前额部疖肿 10 天，多次挤压排脓。今突发寒战、高热，伴头晕，无抽搐。查体：T40℃，

P90 次/分，R26 次/分，BP100/70mmHg，神志清楚，前额红肿，伴脓头，胸壁及肢体皮下可见瘀斑。血 WBC20.2×10^9/L，核左移。血培养(-)。该患者目前的主要诊断是

A. 脓毒症　　B. 额部蜂窝织炎　　C. 菌血症

D. 颅内感染　　E. 感染性休克

三、破伤风

1. 病因

破伤风是由破伤风梭菌引起的特异性感染。破伤风梭菌是一种革兰染色阳性的梭状芽胞杆菌，为厌氧菌，故只能在狭深伤口的无氧环境中繁殖生长。平时存在于人畜的肠道，随粪便排出体外，以芽胞状态分布于自然界。在缺氧环境中，破伤风梭菌的芽胞发育成增殖体，迅速繁殖并产生大量外毒素(痉挛毒素)和溶血毒素。主要是痉挛毒素引起病人产生一系列的临床症状和体征。可见，破伤风是一种毒血症。

2. 临床表现

破伤风潜伏期约为 7 天，病程一般为 3~4 周。潜伏期越短，预后越差。

典型临床表现是在肌紧张性收缩(肌强直、发硬)的基础上，阵发性强烈痉挛。任何轻微刺激(如光、声、接触、饮水等)均可诱发发作，每次发作持续数秒至数分钟。抽搐时病人神志清楚。一般无发热，高热往往提示有肺部感染。破伤风肌肉抽搐的顺序与临床表现的对应关系见下表。

抽搐肌肉及顺序	临床症状	抽搐肌肉及顺序	临床症状
①咀嚼肌	张口困难(牙关紧闭)	②面部表情肌	苦笑面容
③颈项肌	颈项强直	④背腹肌	角弓反张
⑤四肢肌	屈膝半握拳	⑥膈肌	呼吸停止

破伤风主要根据外伤史和临床表现进行诊断，因为伤口厌氧菌培养难以发现破伤风梭菌。

3. 治疗

破伤风治疗的关键是控制和解除痉挛，预防窒息。

伤口处理	改变破伤风梭菌的厌氧环境，使其不能生长繁殖(3%过氧化氢溶液冲洗)
大剂量破伤风抗毒素	可中和游离毒素，只在早期应用有效，若毒素已与神经组织结合，则难以收效
破伤风人体免疫球蛋白	在早期应用有效，TIG 剂量为 3000~6000U，一般只需肌内注射一次
抗生素治疗	首选青霉素，可抑制破伤风梭菌生长，也可选用甲硝唑
避免刺激	病人入院后，应住隔离病室，避免光、声等刺激，避免打扰病人，可减少抽搐次数
镇静解痉药物	10%水合氯醛保留灌肠，冬眠 Ⅰ 号合剂静脉滴注，苯巴比妥肌内注射等
防治并发症	主要并发症有窒息、肺不张、肺部感染等。窒息是破伤风的主要死因

【例 10】男，21 岁。足底被锈铁钉刺伤 8 天，四肢抽搐 2 天，发作时头颈部后仰、强直，牙关紧闭，口唇青紫，大汗淋漓。该患者最严重的并发症是

A. 骨折　　B. 舌咬伤　　C. 肺部感染

D. 窒息　　E. 脑疝

4. 预防

(1)早期清创　由于破伤风梭菌是厌氧菌，其生长繁殖必需有缺氧环境。因此，创伤后早期彻底清创，改善局部循环，是预防破伤风发生的关键。

(2)主动免疫　注射破伤风类毒素抗原，可使人体产生抗体以达到免疫目的。采用类毒素基础免疫通常需注射 3 次，在现行小儿计划免疫中通常实施百日咳、白喉、破伤风三联疫苗的免疫注射。通常首次

皮下注射破伤风类毒素0.5ml,间隔4~6周后再注射0.5ml,第2针后6~12个月再注射0.5ml,此三次注射称为基础注射。以后每隔5~7年皮下注射类毒素0.5ml,作为强化注射。接受全程主动免疫者,伤后仅需肌内注射0.5ml类毒素,即可在3~7日内形成有效的免疫抗体,无需注射破伤风抗毒素。

(3)被动免疫 适用于伤前未接受自动免疫的伤员,应尽早皮下注射破伤风抗毒素(TAT)1500~3000 U,大人、小孩剂量相同,有效期约为10日。对于深部创伤,可能感染厌氧菌的病人,可在1周后追加注射1次量。抗毒素易发生过敏反应,注射前需行皮内敏感试验。如过敏,应按脱敏法注射。

最佳的被动免疫是肌内注射250~500U人体破伤风免疫球蛋白(TIG)。TIG是自人体血浆免疫球蛋白中提纯或用基因重组技术制备的,一次注射后在人体可存留4~5周,免疫效能10倍于破伤风抗毒素。

【例11】男,45岁。右足底外伤5小时,伤口深,及时彻底清创后,破伤风抗毒素(TAT)皮试阳性。首先考虑给予注射

A. 破伤风类毒素　　B. 人体破伤风免疫球蛋白　　C. 破伤风抗毒素脱敏注射

D. 青霉素　　E. 白喉、百日咳、破伤风三联疫苗

常考点 浅部软组织感染的诊断和治疗;脓毒血症的鉴别;破伤风的临床表现与治疗。

参考答案——详细解答见2021《贺银成国家临床执业及助理医师资格考试历年考点精析》

1. ABCDE　2. ABCDE　3. ABCDE　4. ABCDE　5. ABCDE　6. ABCDE　7. ABCDE
8. ABCDE　9. ABCDE　10. ABCDE　11. ABCDE

第6章　创伤与烧伤

考纲要求

①机械性损伤:概述,清创,换药,急救与治疗。②烧伤:伤情判断,面积和深度判断,临床经过,大面积烧伤的急救,小面积烧伤的治疗。

复习要点

一、机械性损伤(创伤)

1. 概念及分类

创伤是指机械性致伤因素作用于人体所造成的组织结构完整性的破坏或功能障碍。

(1)按致伤机制分类　可分为挫伤、擦伤、刺伤、切割伤、挤压伤、撞击伤、火器伤等。

(2)按受伤部位分类　可分为头部伤、颌面部伤、颈部伤、胸部伤、腹部伤、骨盆伤、多发伤等。

(3)按伤后皮肤或黏膜完整性分类

①闭合伤　指皮肤或黏膜完整无伤口者,如挫伤、挤压伤、扭伤、震荡伤、关节脱位、闭合性骨折等。

②开放伤　指有皮肤或黏膜破损者,如擦伤、撕裂伤、切割伤、砍伤、刺伤等。

在开放伤中,根据伤道类型可分为贯通伤(既有入口又有出口者)和盲管伤(只有入口没有出口者)。

(4)按伤情轻重分类　分轻、中、重伤。

①轻伤　是指组织器官结构轻度损害或部分功能障碍,无生命危险,预后良好者。

②中等伤　是指组织器官结构损害较重或有较严重的功能障碍,有一定生命危险,预后对健康有一定伤害者,如广泛软组织伤、四肢开放性骨折、肢体挤压伤、机械性呼吸道阻塞及一般的腹腔脏器伤等。

③重伤　是指组织器官结构严重损伤和功能障碍,通常危及生命,预后对健康有较大伤害者。

【例1】下列按伤情分类属于重伤的是

A. 肱骨骨折　　B. 膀胱破裂　　C. 脾被膜下破裂

D. 开放性胫腓骨骨折　　E. 股骨干骨折合并肺脂肪栓塞

2. 创伤急救与治疗

(1)急救　急救的目的是挽救生命和稳定伤情。必须优先抢救的急症包括心跳呼吸骤停、窒息、大出血、张力性气胸、休克等。常用的急救技术主要有复苏、通气、止血、包扎、固定和搬运等。

①复苏　心跳、呼吸骤停时,应立即进行心脏按压、口对口人工呼吸等急救。

②通气　对呼吸道阻塞的病人,应立即解除梗阻,以最简单、最迅速有效的方式给予通气,通常的方法有:手指掏出致阻塞异物、抬起下颌、环甲膜穿刺或切开、气管插管、气管切开等。

③止血　常用止血方法有指压法、加压包扎法、填塞法和止血带法。

	操作要点	适应证
指压法	头颈部大出血压迫颈总动脉 上臂出血压迫腋动脉或肱动脉,下肢出血压迫股动脉	大动脉出血
加压包扎法	用灭菌纱布、敷料填塞伤口,加压包扎	小动脉、静脉损伤出血
填塞法	先用无菌纱布铺盖伤口,再以纱布填充,加压包扎	肌肉、骨端渗血
止血带法	使用止血带止血	四肢伤大出血,且加压包扎无法止血

使用止血带应注意:A.不必缚扎过紧,以能止住出血为度;B.应每隔1小时放松1~2分钟,且使用时

间不应超过4小时；C.上止血带的伤员必须有显著标志，并注明启用时间，优先转送；D.松解止血带之前，应先输液或输血，补充血容量，准备好止血用材料，然后再松止血带；E.因止血带使用时间过长，远端肢体已发生坏死者，应在原止血带的近端加上新止血带，然后再行截肢术。

④包扎 包扎的目的是保护伤口、减少污染、压迫止血、固定骨折、关节和敷料并止痛。最常用的材料是绷带、三角巾、四头带。无上述物品时，可就地取材用干净毛巾、手绢、衣服等替代。

⑤固定 骨关节损伤需固定制动，以减轻疼痛，避免骨折端损伤血管神经，以利防治休克和搬运后送。

⑥搬运 正确的搬运可减少伤员痛苦，避免继发损伤。多采用担架或徒手搬运。

(2)进一步救治 伤员经现场急救运送至救治机构后，应立即对伤情进行判断、分类，然后进行救治。

①判断伤情 根据创伤分类方法及指标进行伤情判断和分类，常常简单分为三类。

第一类 致命性创伤，如危及生命的大出血、窒息、开放性或张力性气胸。应作紧急复苏后手术治疗。

第二类 生命体征尚平稳的伤员，可观察或复苏1~2小时，应做好交叉配血、必要检查及手术准备。

第三类 潜在性创伤，性质尚未明确，有可能手术治疗者，应密切观察，并作进一步检查。

②呼吸和循环支持 维持呼吸道通畅，积极抗休克治疗。

③防治感染 遵循无菌原则，使用抗菌药物。抗菌药物在伤后2~6小时内使用可起预防作用。

④密切观察 严密注视伤情变化，特别是对严重创伤怀疑有潜在性损伤的病人。

⑤对症支持治疗 主要是维持水、电解质和酸碱平衡，保护重要脏器功能，并给予营养支持。

(3)闭合性创伤的治疗

①浅部软组织挫伤、扭伤 常用物理疗法，伤后初期局部冷敷，12小时后热敷等。

②闭合性骨折和脱位 应先复位，然后根据情况选用各种外固定或内固定。

③头、颈、胸、腹部闭合伤 可造成深部组织器官的损伤，甚至危及生命，应高度重视。

(4)开放性创伤的处理 ①开放性伤口常有污染，应行清创术。伤后6~8小时内进行清创，一般可达到一期愈合。清创术的目的是将污染伤口变成清洁伤口，为组织愈合创造良好条件。如果伤口污染较重或处理时间已超过伤后8~12小时，但尚未发生明显感染，皮肤的缝线暂不结扎，伤口内留置盐水纱条引流。24~48小时后伤口仍无明显感染者，可将缝线结扎使创缘对合。如果伤口已感染，则取下缝线，按感染伤口进行处理。②感染伤口的处理用等渗盐水纱布条敷在伤口内，引流脓液，促使肉芽组织生长。

【例2】止血带法止血，总使用时间一般不超过

A. 1小时 B. 2小时 C. 4小时
D. 6小时 E. 8小时

【例3】严重胸腹联合损伤后，必须首先处理的是

A. 轻度血压下降 B. 急性弥漫性腹膜炎 C. 粉碎性胸椎骨折
D. 张力性气胸 E. 粉碎性腰椎骨折

【例4】软组织挫伤早期正确的处理是

A. 理疗 B. 应用镇痛药 C. 冷敷
D. 热敷 E. 局部使用抗生素

3. 清创术

(1)时限 应在伤后6~8小时内进行清创，以达到一期愈合。污染较重或伤后超过8~12小时，但尚未明显感染的伤口，皮肤延迟缝合。感染伤口可放置引流，定期换药。

(2)目的 清创术的目的是将污染伤口变成清洁伤口，为组织愈合创造良好条件。

(3)原则 ①先用无菌敷料覆盖伤口，用无菌刷和肥皂液清洗周围皮肤；②去除伤口敷料后取出异物、血块、脱落的组织碎片，生理盐水反复冲洗；③铺无菌巾；④切除创缘皮肤1~2mm，必要时扩大创口，但肢体部位应沿纵轴切开，经关节的切口应作S形切开；⑤切除失活组织，清除血肿、凝血块和异物，对损伤的肌腱和神经可酌情修复或仅用周围组织掩盖；⑥彻底止血；⑦再次生理盐水反复冲洗伤腔；⑧彻底清

创后，伤后时间短和污染轻的伤口可予缝合。

【例5】女，35岁。右小腿前不慎被锄头砸伤2小时，右胫前皮肤创口3cm，未见畸形。清创术中错误的处理是

A. 清创后放置引流片　B. 清洗创口周围皮肤　C. 上下纵行延长切口

D. 清除泥沙等异物　E. 过氧化氢冲洗

4. 换药

(1)无菌操作　换药过程中应严格无菌操作。

(2)器械准备　换药碗、两把镊子、消毒用酒精棉球、盐水棉球、纱布、引流物、绷带、剪刀、棉签、胶布等。

(3)药品准备　①3%碘酒、75%酒精：供消毒皮肤用。②生理盐水：清洗伤口用。③3%过氧化氢：冲洗伤口用，预防厌氧菌感染。④高渗盐水：消除肉芽组织的水肿。⑤10%硝酸银：烧灼过度生长的肉芽组织或慢性溃疡。⑥10%鱼石脂软膏：软组织炎症早期消炎消肿。

(4)常用引流物　纱条、橡皮管、橡皮片、烟卷引流条、凡士林引流条。

(5)换药方法

①基本步骤　A.轻柔揭去伤口敷料，充分暴露伤口；B.消毒伤口周围皮肤；C.清理伤口，必要时更换引流物和外用药品；D.覆盖无菌敷料；E.处理污物。

②肉芽组织的处理　注意保护健康新鲜的肉芽组织，必要时，可用等渗盐水棉球轻拭。若肉芽组织严重水肿，可以5%高渗盐水湿敷。若肉芽组织高出创缘，可用剪刀剪平，或用10%的硝酸银烧灼，然后用生理盐水清洗干净。

二、烧伤

热力烧伤是指由火焰、热液、高温气体、激光、炽热金属液体或固体等所引起的组织损害，即通常所称的烧伤。临床上也有将热液、蒸气所致的烧伤称之为烫伤。由电、化学物质等所致的损伤，也属于烧伤范畴。

1. 伤情判断、面积和深度判断

(1)烧伤面积的估算

①中国新九分法　烧伤面积的估算是指皮肤烧伤区域占全身体表面积的百分数。为便于记忆，将体表面积划分为11个9%的等份，另加1%，构成100%的总体表面积，即头颈部＝1×9%；双上肢＝2×9%；躯干＝3×9%；双下肢＝5×9%+1%，共为11×9%+1%。

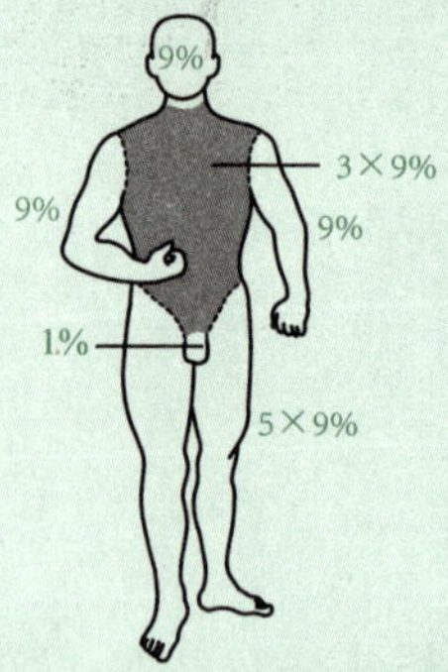

%	占成人体表面积%		占儿童体表面积%
头颈部9×1	发部3%+面部3%+颈部3%	(9%)	9+（12－年龄）
双上肢9×2	双手5%+双前臂6%+双上臂7%	(18%)	9×2
躯干部9×3	躯干前13%+躯干后13%+会阴1%	(27%)	9×3
双下肢9×5+1	双足7%+双小腿13%+双大腿21%+双臀5%	(46%)	9×5+1－（12－年龄）

成年女性双足及臀部各为6%

烧伤面积估算（九分法）

注意：①会阴部1%计入躯干部，共计：躯干前13%+躯干后13%+会阴1%＝3×9%。

②成年男性双足占7%，双臀占5%；成年女性双足及双臀各占6%，计算时应注意区分男女。

③12岁以下儿童计算烧伤面积时，头颈部及双下肢应注意校正。

②手掌法　无论性别、年龄，病人并指的手掌面积约占病人体表面积的1%，该方法可用于小面积烧伤的测算，但考题中很少出现此类题目。

【例6】女，36岁。不慎跌入热水池中烫伤双下肢（不包括臀部）。按新九分法估算，其烧伤面积是

A. 43%　　B. 41%　　C. 40%
D. 39%　　E. 42%

【例7】男,36岁。不慎跌入热水池中烫伤臀部及双下肢。按新九分法,其烧伤面积是
A. 27%　　B. 36%　　C. 46%
D. 54%　　E. 68%

(2)烧伤深度的判定　烧伤深度按三度四分法分为:Ⅰ度烧伤仅伤及表皮浅层,生发层健在;浅Ⅱ度烧伤伤及表皮生发层和真皮乳头层;深Ⅱ度烧伤伤及真皮深层;Ⅲ度烧伤伤及皮肤全层。

	Ⅰ度烧伤	浅Ⅱ度烧伤	深Ⅱ度烧伤	Ⅲ度烧伤
损伤深度	表皮浅层 生发层健在	表皮的生发层、真皮乳头层	皮肤的真皮深层 但残留皮肤附件	全皮层,甚至达到皮下、肌或骨骼
水疱	无	大小不一的水疱形成	可有,小水疱	无
创面	红斑状、干燥 轻度红肿、无感染	创面红润、潮湿 红肿明显	创面微湿,红白相间 水肿明显	焦黄、炭化焦痂 树枝状栓塞的血管
感觉	烧灼感	疼痛明显,感觉过敏	痛觉较迟钝	痛觉消失
拔毛试验	剧痛	痛	微痛	不痛,且易拔除
局部温度	微增	增高	略低	发凉
愈合时间	3~7天	1~2周	3~4周	>4周
愈合方式	脱屑愈合,无瘢痕	无瘢痕,有色素沉着	瘢痕愈合	无上皮再生,需植皮

【例8】男性,50岁。上肢被开水烫伤,皮肤见多数较大水疱。其烧伤累及皮肤的深度为
A. 表皮　　B. 真皮浅层
C. 真皮深层　　D. 皮肤全层
E. 皮肤及皮下组织

【例9】男,26岁。在工厂被锅炉高温蒸汽烫伤双上肢,伤处红肿明显,有大小不一的水疱形成,内含淡黄的澄清液体,创面红润、潮湿。对该患者病情描述正确的是
A. 患处痛觉迟钝　　B. 愈后一般无色素沉着
C. 愈后常有瘢痕增生　　D. 未伤及皮肤的真皮层
E. 如不感染,1~2周内愈合

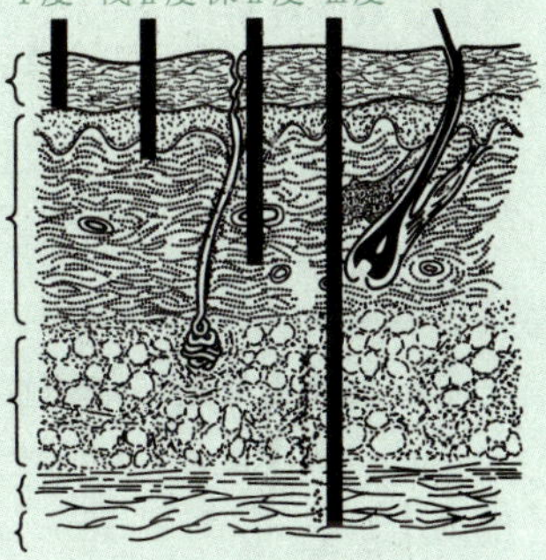

热烧伤深度分度示意图

(3)烧伤严重性分度　大纲不要求掌握,但常考。

①轻度烧伤　Ⅱ度烧伤面积10%以下。

②中度烧伤　Ⅱ度烧伤面积11%~30%;或Ⅲ度烧伤面积不足10%。

③重度烧伤　烧伤总面积31%~50%;或Ⅲ度烧伤面积11%~20%;或Ⅱ度、Ⅲ度烧伤面积虽不到上述百分比,但已发生休克等并发症,或存在较重的吸入性损伤、复合伤。

④特重烧伤　烧伤面积50%以上;或Ⅲ度烧伤20%以上。

严重程度	轻度烧伤	中度烧伤	重度烧伤	特重烧伤
(Ⅱ度)烧伤面积	<10%	11%~30%	31%~50%	>50%
或Ⅲ度烧伤面积	0	<10%	11%~20%	>20%
或总烧伤面积			31%~50%	>50%

【例 10】属于成人中度烧伤的是

A. Ⅲ度烧伤面积小于 10%　　B. 烧伤总面积达 31%~50%　　C. Ⅱ度烧伤面积小于 10%
D. Ⅱ度烧伤面积小于 20%伴休克　　E. Ⅲ度烧伤面积 11%~20%

【例 11】患者,女,30 岁。臀部、会阴及双侧大腿烧伤 2 小时。查体:散在水疱,红白相间,疼痛迟钝。其烧伤面积及烧伤深度为

A. 28%,中度　　B. 32%,中度　　C. 34%,重度
D. 35%,轻度　　E. 64%,重度

2. 临床经过

(1)体液渗出期　即休克期。①最大特点就是体液渗出,渗出在伤后 2~3 小时最急剧,8 小时达高峰,持续 36~48 小时;②最大的危险是休克,因此早期应行抗休克治疗。由于烧伤早期大量渗出,可导致低血容量休克,故体液疗法是防治休克的主要措施。

①第 1 个 24 小时补液量　成人每 1%Ⅱ、Ⅲ度烧伤面积每千克体重补液量为 1.5ml,其中胶体为 0.5ml、电解质为 1ml(即胶晶比=1:2),广泛深度烧伤与小儿烧伤其胶晶比=1:1。另加基础水分(5%葡萄糖溶液)2000ml(小儿 60~80ml/kg)。计算出来的总量的一半应于伤后 8 小时内输完,后 16 小时输入另一半。

②第 2 个 24 小时补液量　胶体及电解质均为第 1 个 24 小时实际输入量的一半,另加上基础需要量。

③补液量计算举例　一烧伤面积 60%、体重 50kg 的病人,第 1 个 24 小时补液总量为 60×50×1.5+2000=6500ml,其中胶体为 60×50×0.5=1500ml,电解质液为 60×50×1=3000ml,水分为 2000ml。伤后前 8 小时内输入总量的一半即 3250ml,后 16 小时补入总量的另一半 3250ml。

第 2 个 24 小时,胶体减半为 750ml,电解质液减半为 1500ml,基础水分仍为 2000ml,于 24 小时内均匀补入。

早期补液方案	第 1 个 24 小时补液量	第 2 个 24 小时补液量
每 1% Ⅱ、Ⅲ度烧伤面积每千克体重补液量	成人 1.5ml(9 版《外科学》数据) 小儿 2.0ml(7 版《外科学》数据)	第 1 个 24 小时的 1/2
基础需要量(5%葡萄糖)	成人 2000ml,儿童 60~80ml/kg	同左
胶体:晶体	中重度烧伤 1:2,广泛深度烧伤 1:1	同左

(2)急性感染期　烧伤水肿回吸收期一开始,感染就上升为主要矛盾,故应早期削痂、植皮消灭创面。

(3)创面修复期　Ⅰ度、浅Ⅱ度多能自行修复;深Ⅱ度靠残存的上皮岛融合修复;Ⅲ度靠皮肤移植修复。

【例 12】患者,男,51 岁。烧伤半小时。体温 36.2℃,心率 112/分,血压 85/60mmHg,呼吸 24 次/分,痛苦貌,神志清,全身Ⅱ度烧伤达 50%。患者休克的主要原因是

A. 低血容量和疼痛　　B. 过敏和继发感染　　C. 继发感染
D. 心输出量减少　　E. 组织坏死

(13~14 题共用题干)男,40 岁。体重 60kg,右上肢肩关节以下、右下肢膝关节以下烧伤深度为浅Ⅱ度至深Ⅱ度,右足部烧伤深度为Ⅲ度。

【例 13】该患者的烧伤总面积为

A. 20%　　B. 38%　　C. 37%
D. 19%　　E. 18%

【例 14】该患者第一个 24 小时的补液量应为

A. 2500ml　　B. 1700ml　　C. 2000ml
D. 3700ml　　E. 4000ml

3. 大面积烧伤的急救

(1)迅速脱离热源　抢救生命第一,尽快脱离火场,脱去燃烧衣物,就地翻滚或跳入水池,熄灭火焰。

切忌奔跑呼叫，以免风助火势，烧伤头面部和呼吸道。小面积烧伤立即用清水连续冲洗或浸泡，既可减痛，又可带走余热。

（2）保护受伤部位　可用干净敷料或布类保护，或行简单包扎。

（3）保持呼吸道通畅　火焰烧伤常伴烟雾、热力等吸入性损伤，应注意保持呼吸道通畅。合并一氧化碳中毒者应移至通风处，有条件者应吸入氧气。

（4）其他救治措施　大面积烧伤早期应避免长途转运，休克期最好就近输液抗休克或加作气管切开。建立输液通道，放置导尿管。疼痛剧烈者可酌情使用地西泮、哌替啶等。

（5）转送　严重大面积烧伤早期应避免长途转送，烧伤面积较大者，如不能在伤后1~2小时内送到附近医院，应在原单位积极抗休克治疗或加作气管切开，待休克被控制后再转送。必须转送者应建立静脉输液通道，途中继续输液，保证呼吸道通畅，途中最好有医护人员陪同。

【例15】男性，8岁。右手烧伤，有水疱、剧痛。在现场急救中，为减轻疼痛，最正确的方法是

A. 安慰和鼓励伤者　　B. 肌内注射地西泮(安定)　　C. 肌内注射哌替啶(度冷丁)
D. 抽吸水疱　　E. 将手浸入冷水中

4. 小面积烧伤的治疗

主要是创面处理，包括清洁创周健康皮肤。创面可用1/1000苯扎溴铵清洗、移除异物。

（1）Ⅰ度烧伤　属红斑性炎症反应，无需特殊处理，能自行消退。

（2）浅Ⅱ度烧伤　如水疱皮完整应予保留，只需抽去水疱液，消毒包扎。水疱皮可充当生物敷料，保护创面加速愈合，减轻疼痛。如水疱皮已撕脱，可用无菌油性敷料包扎。水疱大者，可用消毒空针抽去水疱液。

（3）深度烧伤　坏死组织多，组织液化，细菌定植极难避免，应选用外用抗菌药物，如1%磺胺嘧啶银霜剂等。其次，应早期切痂、削痂，并立即植皮。

【例16】深Ⅱ度烧伤创面处理不正确的是

A. 1:2000氯己定清洗创面，去除异物　　B. 去除水疱皮
C. 油质纱布包扎创面　　D. 面部创面不包扎
E. 创面使用抗生素预防感染

▶常考点　创伤考点散乱；烧伤面积的估算及烧伤深度的判断；烧伤治疗原则。

参考答案——详细解答见2021《贺银成国家临床执业及助理医师资格考试历年考点精析》

1. ABCDE　2. ABCDE　3. ABCDE　4. ABCDE　5. ABCDE　6. ABCDE　7. ABCDE
8. ABCDE　9. ABCDE　10. ABCDE　11. ABCDE　12. ABCDE　13. ABCDE　14. ABCDE
15. ABCDE　16. ABCDE

第 7 章　颅内压增高与颅脑损伤

考纲要求

①颅内压增高:病因,临床表现,诊断与鉴别诊断,治疗。②头皮损伤:血肿的诊断和治疗,裂伤的诊断和治疗,撕脱伤的诊断和治疗。③颅骨骨折:颅盖骨骨折的诊断和治疗,颅底骨折的诊断和治疗。④脑损伤:脑震荡的临床表现和诊断,脑挫裂伤的临床表现和诊断,颅内血肿的临床表现和诊断。

复习要点

一、颅内压增高

颅内压增高是颅脑损伤、肿瘤、血管病、脑积水、炎症等多种病理损害发展至一定阶段,导致颅内压持续超过正常上限,从而引起的相应综合征。成人正常颅内压为 70~200mmH_2O。

1. 病因

(1)颅内占位性病变挤占了颅内空间　如颅内血肿、脑肿瘤、脑脓肿等。

(2)脑组织体积增大　如脑水肿。

(3)脑脊液循环和(或)吸收障碍　可导致梗阻性脑积水或交通性脑积水。

(4)脑血流过度灌注或静脉回流受阻　见于脑肿胀、静脉窦血栓等。

(5)先天性畸形使颅腔的容积变小　如狭颅症、颅底凹陷症等。

【例 1】以下生理性与病理性因素中,不影响颅内压力变化的是

A. 脑脊液动力学改变　　B. 颅骨的完整性　　C. 脑组织肿胀

D. 脑组织血流改变　　E. 颅骨密度改变

2. 临床表现

头痛+恶心呕吐+视乳头水肿=颅内压增高的三主征。

(1)头痛　为颅内压增高最常见的症状之一,以早晨或晚间为重,部位多在额部及颞部。头痛程度随颅内压的增高而进行性加重。用力、咳嗽、弯腰、低头活动时常使头痛加重。

(2)呕吐　呕吐呈喷射性,易发生于饭后,当头痛剧烈时易发生恶心呕吐。

(3)视神经乳头水肿　为颅内压增高的客观体征。表现为视乳头充血,边缘模糊不清,中央凹消失,视盘隆起,静脉怒张。若视乳头水肿长期存在,则视盘颜色苍白,视力减退,视野向心缩小,称为视神经继发性萎缩。若颅内压增高不能及时解除,视力恢复困难,严重者甚至失明。

(4)意识障碍　疾病初期意识障碍可出现嗜睡、反应迟钝。严重病例可出现昏睡、昏迷、瞳孔散大、对光反应消失,发生脑疝、去脑强直。

(5)库欣反应　急性颅压增高时,可引起血压升高、心率缓慢、脉压增大、呼吸减慢、体温升高等,称为库欣(Cushing)反应。这些生命体征改变是颅内高压时,延髓内后组脑神经核功能紊乱所致。

(6)其他症状和体征　小儿可有头颅增大、头皮和额眶部浅静脉怒张、颅缝增宽、前囟饱满隆起。头颅叩诊呈破罐音(Macewen 征)。

【例 2】急性颅压增高时患者早期生命体征改变为

A. 血压升高,脉搏变缓,脉压变小　　B. 血压升高,脉搏增快,脉压增大

C. 血压降低,脉搏变缓,脉压变小　　D. 血压降低,脉搏增快,脉压变小

E. 血压升高,脉搏变缓,脉压增大

3. 诊断与鉴别诊断

(1)病史+症状　典型症状为视乳头水肿及头痛、呕吐三主征。

(2)脑 CT　是诊断颅内占位性病变的首选辅助检查。

(3)脑 MRI　在 CT 不能确诊的情况下,可进一步行磁共振成像(MRI)检查。

(4)脑血管造影　主要用于疑有脑血管畸形或动脉瘤者。

(5)头颅 X 线摄片　可见颅骨骨缝分离,指状压迹增多,鞍背骨质稀疏,蝶鞍扩大等。少用。

(6)腰椎穿刺　有引发脑疝危险,故应慎用。

4. 治疗

(1)一般治疗

观察监测	所有颅内压增高的病人,均应留院观察。密切注意神志、瞳孔、血压、呼吸、脉搏及体温变化
频繁呕吐	应禁食,以防吸入性肺炎;补液量应以维持出入量平衡为度,补液过度可使颅内压增高恶化
轻泻剂	用轻泻剂来疏通大便,严禁病人用力大便,严禁作高位灌肠,以免颅内压骤升发生脑疝
气管切开	对昏迷病人及咳痰困难者,应行气管切开,以保持呼吸道通畅,防止呼吸不畅使颅内压更高

(2)病因治疗　对于无手术禁忌的颅内占位性病变,首先应考虑作病变切除。颅内压增高引起的急性脑疝,应进行紧急抢救或手术处理。

(3)降低颅内压治疗　适用于颅内压增高但暂时尚未查明原因,或已查明原因,但仍需要非手术治疗的病例。若病人意识清楚、颅内压轻度增高,可口服给药。若意识障碍、颅内压重度增高,则静脉给药。

①口服药物　氢氯噻嗪、乙酰唑胺、氨苯蝶啶、呋塞米、50%甘油盐水溶液。

②静脉注射制剂　20%甘露醇(首选药物)、呋塞米、20%尿素转化糖、尿素山梨醇。

(4)糖皮质激素　可减轻脑水肿,缓解颅内压增高,但激素与颅脑创伤所致的脑水肿无明确疗效。

(5)脑脊液体外引流　经脑室缓慢释放脑脊液少许,可以有效缓解颅内压增高。

(6)巴比妥治疗　大剂量异戊巴比妥钠可降低脑代谢,减少氧耗,降低颅内压。

(7)过度换气　动脉血 PCO_2 每下降 1mmHg,可使脑血流量递减 2%,从而使颅内压下降。

(8)对症治疗　头痛者可给予镇痛剂,但忌用吗啡和哌替啶,以防止呼吸中枢抑制。

【例 3】对颅内压增高的患者,不适宜的处理是

A. 留院观察　　B. 意识不清者应维持其呼吸道通畅

C. 必要时行颅内压监测　　D. 频繁呕吐者予以输液,维持水、电解质平衡

E. 便秘者行灌肠治疗

【例 4】男,35 岁。突发剧烈头痛伴恶心、呕吐、烦躁不安 1 天。查体:双眼视力重度减退、双颞侧偏盲。急诊 CT 示鞍区椭圆形占位性病变,3cm×2cm×2cm 大小,内呈高密度影,可见液平面,幕上脑室扩大。应采取的有效治疗措施是

A. 立即给予糖皮质激素治疗　　B. 立即给予神经营养药　　C. 急症手术视神经减压

D. 迅速给予镇静处理　　E. 保守治疗,病情稳定后手术治疗

二、头皮损伤

头皮损伤均由直接外力造成,损伤类型与致伤物有关。钝器常造成头皮挫伤、不规则裂伤或头皮血肿,锐器损伤的伤口整齐,头发绞入机器则可引起头皮撕脱伤。

头皮损伤分头皮血肿、头皮裂伤和头皮撕脱伤。

1. 头皮的解剖特点

①根据头皮损伤情况,可判断受伤力度的性质和大小,头皮损伤部位常是着力点,着力点的判断有助于推断脑损伤的部位。

②头皮血运丰富，伤后极易失血，可导致病人尤其是儿童失血性休克。

③头皮抗感染和愈合能力较强，但一旦感染，便有可能向深部蔓延，引起颅骨骨髓炎和颅内感染。

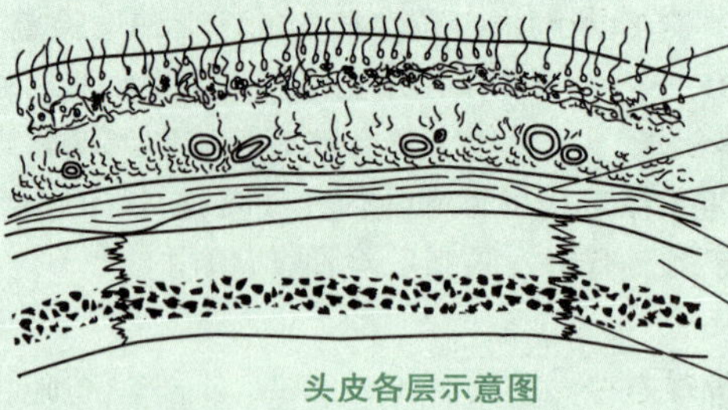

头皮各层示意图

2. 头皮血肿

头皮富含血管，遭受钝性打击或碰撞后，可使血管破裂，而头皮仍保持完整，形成血肿。头皮血肿分皮下血肿、帽状腱膜下血肿、骨膜下血肿三类，各自特点及处理原则如下表。

	皮下血肿	帽状腱膜下血肿	骨膜下血肿
血肿位置	皮下层和帽状腱膜层之间	帽状腱膜下的蜂窝组织	颅缝之间的骨膜下
血肿特点	体积小，较局限，易于看出，无波动感，周边较中心硬，易误诊为凹陷性骨折	可扩散至全头，不受颅缝限制，触之较软，有明显波动感，出血量可达数百毫升，可致失血性休克	也较大，一般不超过颅缝，血肿张力较高，可有波动感，应注意是否伴有颅骨骨折
治疗原则	此种血肿不需处理 短期内可自行吸收	①血肿较小者，可加压包扎，待其自行吸收。②血肿较大者，穿刺抽吸后再加压包扎。③反复穿刺加压包扎，血肿仍不能缩小者，需注意是否有凝血障碍或其他原因	处理原则与帽状腱膜下血肿相似，但对于伴有颅骨骨折者不宜强力加压包扎，以防血液经骨折缝流入颅内，引起硬脑膜外血肿

注意：①皮下血肿——比较局限，无波动感，周边较中心硬，易误诊为凹陷骨折。
②帽状腱膜下血肿——较大，甚至可延及全头，不受颅缝限制，触之较软，有明显波动。
③骨膜下血肿——较大，但不超过颅缝，张力较高，可有波动。
④9版《外科学》：较大的帽状腱膜下血肿应穿刺抽吸，加压包扎。7版为不宜穿刺抽吸，以免感染扩散。

3. 头皮裂伤

(1)特点及诊断 ①由于头皮血供丰富，出血较多，可引起失血性休克。②锐器所致的头皮裂伤，创缘整齐，少数锐器可进入颅内造成开放性损伤。③钝器所致的头皮裂伤常伴颅骨骨折或脑损伤。

(2)治疗 ①应检查有无颅骨和脑损伤。②压迫止血、清创缝合。③检查伤口深处有无骨折或碎骨片，如发现有脑脊液或脑组织外溢，须按开放性脑损伤处理。④头皮裂伤应尽早清创缝合，由于头皮血供丰富，其一期缝合时限可放宽至24小时(一般伤口为6~8小时)。术中应将裂口内的头发、泥沙等异物彻底清除；明显挫伤污染的创缘应切除，但不可切除过多，以免缝合时产生张力。

4. 头皮撕脱伤

(1)特点及诊断 是最严重的头皮损伤，往往均因头发卷入高速转动的机器内所致。由于皮肤、皮下组织和帽状腱膜三层紧密连接，所以在强烈的牵扯下，往往将头皮自帽状腱膜下间隙全层撕脱，有时还连同部分骨膜一并撕脱。伤后失血多，易发生失血性休克。

(2)治疗 治疗时应在压迫止血、防治休克、清创、抗感染的前提下，行中厚皮片植皮术。对骨膜已撕脱者，需在颅骨外板上多处钻孔至板障，待肉芽组织生长后植皮。

【例5】头部外伤后，最常扪及头皮下波动的是

A. 皮下血肿　　B. 帽状腱膜下血肿　　C. 骨膜下血肿
D. 皮下积液　　E. 皮下积脓

【例6】头皮裂伤可在24小时内清创缝合的原因是

A. 头皮神经丰富　　B. 头皮具有垂直纤维带　　C. 头皮血供丰富

D. 头皮坚韧　　E. 头皮富有毛囊结构

【例7】巨大帽状腱膜下血肿处理原则

A. 热敷　　B. 冷敷　　C. 预防感染

D. 加压包扎　　E. 抽吸引流

三、颅骨骨折

1. 分类

(1)按骨折形态分　分为线形骨折、凹陷骨折、粉碎骨折、洞形骨折。

(2)按骨折部位分　分为颅盖骨折、颅底骨折。

(3)按创伤性质分　分为开放性骨折、闭合性骨折。颅底骨折虽不与外界直接沟通，但如伴有硬脑膜破损引起脑脊液漏或颅内积气，一般为内开放性骨折。

2. 颅盖骨折

颅盖骨折分为线形骨折和凹陷骨折两种，前者还包括颅缝分离，较多见，后者包括粉碎骨折。

(1)线形骨折　线形骨折多为颅骨全层骨折，少数为内板断裂。骨折线多为单一，也可多发，呈线条状或放射状，宽度一般为数毫米。

①诊断　线形骨折可伴头皮损伤，骨折线本身靠触诊很难发现，主要靠颅骨X线片或CT片确诊。

②治疗　线形骨折本身无需处理，但骨折线通过脑膜血管沟或静脉窦所在部位时，要警惕硬脑膜外血肿的发生。骨折线通过气窦者，可导致颅内积气，应注意预防颅内感染。

(2)凹陷骨折　多为颅骨全层凹陷，少数为内板内陷。陷入骨折片周边的骨折线呈环状或放射状。婴幼儿颅骨质软，着力点处的颅骨可产生乒乓球样凹陷。

①诊断　范围较大、凹陷明显、头皮出血不多时，此类骨折触诊可确定。但凹陷不深的骨折，易与头皮血肿混淆，需CT检查鉴别。凹陷骨折的骨折片陷入颅内时，其下方的脑组织受压或挫裂伤，临床上可出现相应病灶的神经功能障碍、颅内高压、癫痫。如凹陷的骨折片刺破静脉窦可引起致命的大出血。

②治疗　凹陷性骨折好发于额骨及顶骨，手术指征为：A.凹陷深度>1cm；B.位于脑重要功能区；C.骨折片刺入脑内；D.骨折引起瘫痪、失语等神经功能障碍或癫痫者。

手术禁忌证为：非脑功能区的轻度凹陷；无脑受压症状的静脉窦处凹陷骨折。

【例8】男，40岁。车祸外伤后10小时，当时无昏迷。入院时查体：神志清楚，答话切题，右侧肢体肌力4级，霍夫曼征阳性，头颅X线片及CT均提示左顶骨凹陷性骨折，直径3cm，深度2cm。正确的治疗是

A. 抗感染治疗　　B. 手术摘除凹陷的骨折碎片，解除对脑组织压迫

C. 脱水治疗　　D. 观察病情变化，决定下一步治疗方案

E. 保守治疗，应用神经营养剂

3. 颅底骨折

颅底骨折多为线形骨折，大多由颅盖骨折延伸而来。

(1)诊断　主要依靠临床表现来诊断，需要头颅CT明确诊断。颅底骨折分为颅前窝、颅中窝和颅后窝骨折，其临床表现及特点如下表。

	颅前窝骨折	颅中窝骨折	颅后窝骨折
临床特征	脑脊液鼻漏，熊猫眼征(眶周瘀血斑)	脑脊液鼻漏、耳漏	Battle征
助记方法	眼——熊猫眼征、球结膜淤血斑 鼻——脑脊液鼻漏、嗅神经损伤	鼻——脑脊液鼻漏 耳——脑脊液耳漏	枕——Battle征 (乳突和枕下部淤血)
神经损伤	Ⅰ	Ⅱ~Ⅷ	Ⅸ~Ⅻ

注意：①颅盖骨折的诊断主要依靠颅骨 X 线片或 CT 骨窗相，而不是临床表现。
②颅底骨折的诊断主要依靠临床表现，而不是颅骨 X 线片。

(2)治疗

①颅底骨折如为闭合性，本身无需特殊治疗。

②若合并脑脊液漏，即为开放性颅脑损伤，需给予抗生素预防颅内感染，不可堵塞或冲洗破口处，不做腰穿，应取头高位卧床休息，避免用力咳嗽、打喷嚏。

③漏口多在伤后 1~2 周内自行愈合。若超过 1 个月仍不停止漏液，可考虑手术修补硬脑膜。

④对伤后视力减退，疑为碎骨片挫伤或血肿压迫视神经者，应争取在 24 小时内行视神经探查减压术。

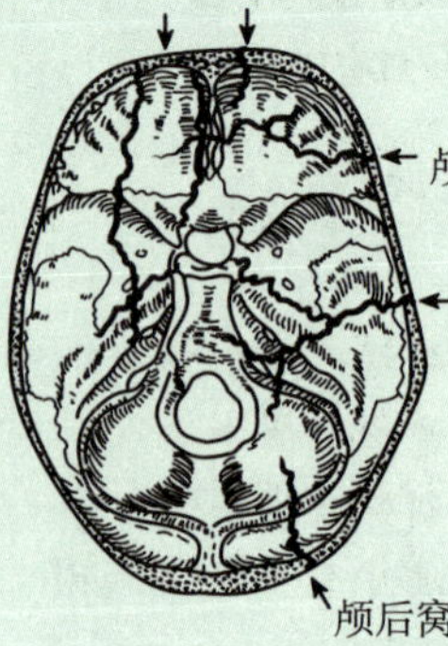

常见颅底骨折线位置

【例 9】颅前窝骨折造成的"熊猫眼征"是指
A. 双侧视神经乳头水肿
B. 乳突部皮下瘀血斑
C. 双眼视网膜出血
D. 眶周广泛瘀血斑
E. 双额部皮肤青紫

【例 10】开放性颅脑损伤特有的临床表现是
A. 颅骨骨折
B. 头皮裂伤
C. 头皮血肿
D. 脑脊液漏
E. 头皮裂伤伴颅骨骨折

【例 11】女，35 岁。车祸后昏迷，被送至医院 3 小时后清醒。查体：神志尚清，双侧眶周青紫，右鼻孔有血性液体流出，嗅觉丧失，能遵嘱活动。临床诊断颅底骨折最可靠的依据是
A. 右鼻孔流出血性液体
B. 同向性偏盲
C. 嗅觉丧失
D. 眶周青紫
E. 伤后昏迷时间较长

四、脑损伤

脑损伤分为原发性损伤和继发性损伤两大类。原发性脑损伤包括脑震荡和脑挫裂伤，继发性脑损伤包括脑水肿、脑肿胀和颅内血肿。闭合性脑损伤多由头部接触较钝物体或间接暴力所致，不伴头皮或颅骨损伤，或虽有头皮、颅骨损伤，但脑膜完整，无脑脊液漏。造成闭合性脑损伤的作用力分为接触力和惯性力两种。单由接触力造成的脑损伤，其范围较为固定和局限，可无早期昏迷表现。而由惯性力引起的脑损伤则较为分散和广泛，常有早期昏迷表现。

通常将受力侧的脑损伤称为冲击伤，其对侧者称为对冲伤。在惯性力的加速或减速过程中，脑损伤组织受到的剪切和张力不仅发生在受力处局部，而且常常发生在受力处相对部位，称为对冲性损伤。

请牢记闭合性脑损伤时对冲伤的定位。该知识点虽然考试大纲不要求掌握，但解题时经常用到。

记忆：①前额着地→额颞叶受伤；②颞部着地→对侧颞叶受伤；③枕部着地→额颞叶受伤；
④颞枕部着地→额颞叶受伤；⑤顶盖部着地→颞枕叶内侧受伤；⑥正常瞳孔直径为 3~4mm。

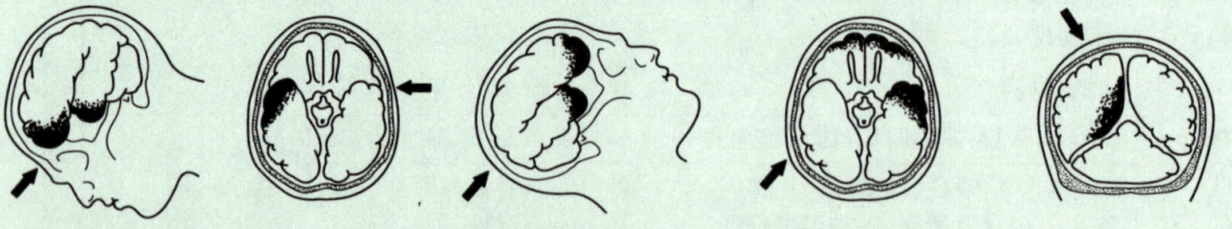

前额→额颞叶　颞部→对侧颞叶　枕部→额颞叶　颞枕部→额颞叶　顶盖部→颞枕叶内侧

1. 脑震荡

脑震荡是最轻的脑损伤，其特点为伤后即刻发生短暂的意识障碍和近事遗忘。

(1)临床表现与诊断

①颅脑外伤史　有明确的脑外伤史。

②意识障碍　伤后立即出现短暂的意识障碍，持续数分钟至十几分钟，一般不超过半小时。有的仅表现为瞬间意识混乱或恍惚，并无昏迷。意识恢复后，对受伤当时和伤前近期的情况不能记忆，即逆行性遗忘。

③伴随症状　面色苍白、瞳孔改变、出冷汗、血压下降、呼吸浅慢等自主神经和脑干功能紊乱的表现。

④伤后表现　可出现头痛、头晕、疲乏无力、失眠、耳鸣、心悸、畏光、情绪不稳等，短期内可自行好转。

⑤体格检查　神经系统检查无阳性体征。

⑥脑脊液检查　如作腰椎穿刺，发现颅内压力和脑脊液均在正常范围。

⑦头颅 CT 检查　无异常发现。

(2)治疗　无需特殊治疗，一般卧床休息 5~7 天即可。酌情应用镇静、镇痛药物，消除病人的畏惧心理，多数病人在 2 周内恢复正常，预后良好。

2. 脑挫裂伤

脑挫裂伤是头部遭受暴力造成的原发性脑器质性损伤，既可发生于着力点，也可发生在对冲部位。

(1)临床表现　可因损伤部位、范围、程度不同而异。

①意识障碍　是脑挫裂伤最突出的症状之一。伤后立即发生，持续时间长短不一，由数分钟至数小时、数日、数月乃至迁延性昏迷，与脑损伤轻重程度有关。

②头痛和恶心呕吐　为脑挫裂伤最常见的症状，伤后 1~2 周最明显。

③生命体征　轻中度脑挫裂伤病人的血压、脉搏、呼吸无明显改变。重度脑挫裂伤由于颅内压增高，可出现血压上升、脉搏变慢、呼吸深慢，危重者出现病理呼吸。

④局灶症状和体征　伤后立即出现与脑挫裂伤部位相应的神经功能障碍或体征，如运动区损伤可出现对侧肢体瘫痪，语言中枢损伤可出现失语等。但额叶、颞叶前端等哑区损伤，可无明显神经功能障碍。

(2)诊断　根据伤后立即出现意识障碍、局灶症状和体征、较明显的头痛、恶心呕吐等，多可诊断为脑挫裂伤。但发生在额叶、颞叶等“哑区”的损伤，可无明显症状和体征，确诊常需必要的辅助检查。

头颅 CT	目前最常用的检查。典型 CT 表现为局部脑组织内有高低密度混杂影，点片状高密度影为出血灶，低密度影则为水肿区。此外，还可了解脑室受压、中线结构移位等情况
头颅 MRI	很少用于急性颅脑损伤的诊断，但对发现较轻的脑挫裂伤灶，MRI 优于 CT
腰椎穿刺	可检查脑脊液是否含有血液，同时可测定颅内压。颅内压明显增高者慎用

(3)脑震荡与脑挫裂伤的鉴别

	脑震荡	脑挫裂伤
概念	表现为一过性脑功能障碍	主要指发生于大脑皮层的损伤，好发于额极、颞极
肉眼	无神经病理改变	有神经病理改变
检查	头颅 CT 检查无异常发现	CT 示局部脑组织内高低密度混杂影
颅压	增高	增高
头痛	有	有
呕吐	有	有
昏迷	伤后立即昏迷，昏迷<30 分钟，清醒后逆行性遗忘	伤后立即昏迷，昏迷>0.5 小时，重症者可长期昏迷

注意：受伤机制和伤后昏迷特点常是解题的关键，请牢记。

【例 12】男，35 岁。头部外伤后昏迷 1 小时，出现右侧肢体瘫痪，后逐渐好转。头颅 CT 示颅内有散在高密度影。应考虑为

A. 脑内血肿　　B. 急性硬脑膜外血肿　　C. 急性硬脑膜下血肿
D. 脑震荡　　E. 脑挫裂伤

【例 13】头部外伤后腰椎穿刺检查脑脊液呈血性，最常见的临床情况是

A. 脑震荡　　B. 急性颅内血肿　　C. 脑挫裂伤
D. 急性硬膜外血肿　　E. 急性硬膜下血肿

3. 颅内血肿

颅内血肿是颅脑损伤最常见最严重的继发性病变。按症状出现的时间，分为急性血肿（3 日内）、亚急性血肿（3 日至 3 周）和慢性血肿（超过 3 周）。按部位分为硬脑膜外血肿、硬脑膜下血肿和脑内血肿。

（1）颅内血肿的临床表现及诊断

	硬脑膜外血肿	急性硬脑膜下血肿	脑内血肿
外伤史	颅盖部、颞部外伤史	有头部外伤史	可有外伤史
血肿部位	颅骨与硬脑膜之间	硬脑膜下腔	脑挫裂伤附近，白质深部
出血来源	脑膜中动脉最常见	脑皮质血管多见	脑皮质血管多见
好发部位	颞区 75%、额顶区 12%	额极、颞极及其底面	额极、颞极及其底面
意识障碍	典型表现：昏迷—清醒—昏迷 有中间清醒期	伤后持续昏迷，无中间清醒期 意识障碍进行性加深	伤后持续昏迷，无中间清醒期 意识障碍进行性加深
颅内压↑	清醒时有头痛、恶心呕吐 血压增高、呼吸和脉搏缓慢	可有头痛、恶心呕吐 可有生命体征改变	可有头痛、恶心呕吐 可有生命体征改变
瞳孔改变	幕上血肿病瞳缩小—散大—双侧散大；幕下血肿较少出现瞳孔改变，容易呼吸骤停	复合型血肿，容易出现脑疝，瞳孔进行性散大；单纯型或亚急性血肿瞳孔改变出现较晚	瞳孔进行性散大
诊断	头部受伤史+伤后"昏迷—中间清醒期—昏迷"+CT 表现	头部受伤史+伤后立即昏迷，且进行性加重+CT 表现	头部受伤史+伤后立即昏迷，且进行性加重+CT 表现

（2）颅内血肿的 CT 表现

①急性期表现为高密度影，亚急性期和慢性期表现等密度影、混杂密度或低密度影。

②局部脑沟、脑回受压移位和变形。

③中线结构（第三脑室、透明隔、松果体等）移位。

④脑室、脑池受压移位或变形。

	血肿常见分布部位	CT 征象
硬脑膜外血肿	颞部（常见）、额部、顶部、枕部	颅骨内板与硬脑膜之间双凸镜形或弓形高密度影 局部常有颅骨骨折
急性硬脑膜下血肿	额极、颞极、额叶眶面	脑表面新月形高密度、混杂密度或等密度影
慢性硬脑膜下血肿	颅骨内板下方	脑表面新月形或半月形低密度或等密度影
脑内血肿	额极、颞极及其底面	脑挫裂区附近或脑深部白质内类圆形或不规则高密度影

（3）颅内血肿的 MRI 表现　根据出血时间不同，磁共振信号强度有不同变化。

时期	受伤时间	MRI 表现
超急性期	<24 小时	T_1 加权像、T_2 加权像均为等信号，动脉内流空消失
急性期	1~3 天	T_1 加权像血肿为等信号，T_2 加权像为低信号
亚急性早期	4~7 天	T_1 加权像血肿周边为高信号，T_2 加权像为稍低信号
亚急性晚期	8~14 天	T_1、T_2 加权像均呈高信号
慢性早期	2~3 周	T_1、T_2 加权像血肿中心均为高信号，周围均等信号
慢性期	>3 周	T_1 加权像呈低信号；T_2 加权像为高信号，周围低信号包绕，形成一个囊腔

注意：①确诊颅骨线形骨折的首选方法——颅骨 X 线片。②确诊颅底骨折的首选方法——临床表现。
③定位颅底骨折的首选方法——临床表现。④确诊蛛网膜下腔出血的首选方法——脑 CT。
⑤确诊颅内血肿（硬膜外血肿、硬膜下血肿、脑内血肿）的首选方法——脑 CT。
⑥急性硬膜**外**血肿有中间**清醒**期，记忆为“到**外**面散步，**清醒清醒**”。
⑦急性硬膜**外**血肿 CT 示**弓**形（双凸镜形）高密度影，记忆为“**外**公（**弓**）”。
⑧急性硬膜**下**血肿 CT 示新**月**形高密度影，记忆为“**下**个**月**”。

【例 14】男，80 岁。半个月前出现头痛、间断呕吐，并逐渐出现左侧肢体无力。3 个月前有头部外伤史。头颅 CT 示右顶枕新月形低密度影。最可能的诊断是
A. 急性硬脑膜外血肿　B. 硬脑膜下积脓　C. 慢性硬脑膜下血肿
D. 慢性硬脑膜外血肿　E. 急性硬脑膜下血肿

【例 15】急性硬脑膜外血肿患者出现的中间清醒期的长短主要取决于
A. 出血的来源　B. 血肿形成的速度　C. 血肿部位
D. 原发性颅脑损伤的程度　E. 血肿的体积

【例 16】女，65 岁，头部外伤后昏迷 2 小时。查体：中度昏迷，右侧瞳孔散大，对光反射消失，左侧肢体肌张力增高，病理征（+）。头颅 CT 示右额颞部高密度新月形影。最可能的诊断是
A. 急性硬脑膜下血肿　B. 急性硬脑膜外血肿　C. 急性硬脑膜下积液
D. 脑挫伤　E. 脑内血肿

（4）颅脑损伤后瞳孔及神志的变化

	瞳孔变化	意识变化	光反射
硬脑膜外血肿	病瞳由小变大	昏迷—清醒—昏迷	光反射消失
硬脑膜下血肿	瞳孔进行性散大	进行性意识障碍，无中间清醒期	—
小脑幕切迹疝	病瞳由小变大	嗜睡—浅昏迷—深昏迷	光反射迟钝—消失
枕骨大孔疝	双瞳孔忽大忽小	较早发生呼吸骤停	—
颅前窝骨折	伤后瞳孔即散大，无进行性恶化	—	光反射消失

常考点　重点内容，需全面掌握。

参考答案——详细解答见 2021《贺银成国家临床执业及助理医师资格考试历年考点精析》

1. ABCDE　2. ABCDE　3. ABCDE　4. ABCDE　5. ABCDE　6. ABCDE　7. ABCDE
8. ABCDE　9. ABCDE　10. ABCDE　11. ABCDE　12. ABCDE　13. ABCDE　14. ABCDE
15. ABCDE　16. ABCDE

第 8 章　甲状腺疾病

考纲要求

①甲状腺功能亢进的外科治疗:手术治疗及术前准备。②甲状腺癌:病理类型及特点,诊断与鉴别,治疗。

复习要点

一、甲状腺功能亢进的外科治疗

1. 手术治疗

(1)手术治疗的适应证　注意与单纯性甲状腺肿的手术指征相鉴别。

甲亢的手术指征	单纯性甲状腺肿的手术指征
①有压迫症状者(压迫气管、食管、喉返神经等) ②胸骨后甲状腺肿、合并癌变 ③继发性甲亢、高功能腺瘤、中度以上的原发性甲亢 ④妊娠早、中期 ⑤药物治疗或^{131}I 治疗后复发、不能长期坚持服药者	①有压迫症状者(压迫气管、食管、喉返神经等) ②胸骨后甲状腺肿、合并癌变 ③合并甲亢 ④巨大甲状腺肿影响工作和生活者

(2)手术禁忌证　①青少年甲亢;②轻度甲亢;③老年病人或有严重器质性疾病不能耐受手术者。

注意:①9 版《外科学》P228:妊娠早、中期的甲亢,应手术治疗,可以不终止妊娠。
②9 版《内科学》:甲亢合并妊娠分为 T1 期(1~3 月)、T2 期(4~6 月)、T3 期(7~9 月)。妊娠期甲亢首选药物治疗,次选手术治疗。手术只能在 T2 期进行。T1 期首选丙硫氧嘧啶,T2 和 T3 期首选甲巯咪唑。

【例 1】甲状腺患侧腺叶大部切除术适用于
A. 青少年原发性甲亢　B. 亚急性甲状腺炎　C. 甲状腺乳头状癌
D. 桥本病　E. 甲状腺高功能腺瘤

【例 2】胸骨后甲状腺肿的治疗首选
A. 甲状腺手术　B. 抗甲状腺药物　C. 复方碘剂
D. 放射性碘　E. 普萘洛尔

【例 3】女,50 岁。甲状腺多发结节 3 年。颈部超声提示:甲状腺双侧叶多发囊性、实性结节。实验室检查:T_3、T_4、TSH 正常。在随访过程中,手术治疗指征不包括
A. 甲状腺结节增大伴憋气　B. 甲状腺结节的数量增加　C. 出现甲状腺功能亢进
D. 出现胸骨后甲状腺肿　E. 结节边界不清并细小钙化

(4~6 题共用题干)女性,35 岁。颈前区肿块 10 年,近年来易出汗、心悸,渐感呼吸困难。体检:晨起心率 104 次/分,血压 120/60mmHg,无突眼,甲状腺Ⅱ度肿大,结节状。心电图示:窦性心律不齐。

【例 4】初步诊断最可能是
A. 原发性甲状腺功能亢进　B. 单纯性甲状腺肿　C. 继发性甲状腺功能亢进
D. 桥本甲状腺炎　E. 亚急性甲状腺炎

【例 5】确诊的主要根据是
A. 颈部 CT　B. 血 T_3、T_4 值　C. 甲状腺 B 超
D. 颈部 X 线检查　E. MRI

【例 6】最佳的治疗方法是

A. 内科药物治疗　　B. 甲状腺大部切除术　　C. 甲状腺全切术
D. 放射性核素治疗　　E. 外放射治疗

2. 术前准备

(1)一般准备和术前检查

一般准备	精神紧张者给予安定;心率过快者给予普萘洛尔;发生心力衰竭者给予洋地黄等
颈部摄片	了解气管有无受压或移位(气管软化试验)
心电图	常规作心电图,以了解是否合并甲亢心
喉镜检查	确定声带功能
测定基础代谢率	测定基础代谢率(BMR)可了解甲亢程度,选择手术时机

(2)药物准备　是术前准备的重要环节。药物准备的常用方法包括以下几种:

药物准备方法	临床操作方法	适应证
单用碘剂	直接服用碘剂,每日3次;从3滴开始,以后逐日每次增加1滴,至每次16滴为止,然后维持此剂量,以2周为宜	甲亢症状不重、BMR约20% 继发性甲亢、高功能腺瘤
碘剂+硫脲类	先服碘剂2周,如症状减轻不明显,可加用硫脲类 待症状基本控制后,停用硫脲类,继续服用碘剂1~2周	BMR30%~40%的甲亢
硫脲类→碘剂	先服用硫脲类药物,待症状基本控制后,改服碘剂1~2周,再进行手术	BMR很高(>40%) 甲亢症状不易控制的患者
普萘洛尔	能减慢心率,快速降低基础代谢率,控制甲亢症状 可应用至术前1~2小时,术后继续口服4~7天	不能耐受碘剂或硫脲类药物 心率较快者可单用普萘洛尔

注意:①碘剂是复方碘化钾溶液,其作用机制为:A.抑制蛋白水解酶,减少甲状腺球蛋白的分解,从而抑制甲状腺素的释放;B.减少甲状腺血流量,使腺体充血减少,甲状腺变小变硬,易于手术操作。
②碘剂只是抑制甲状腺素的释放,并不能抑制其合成,所以对不准备手术者,一律禁服碘剂。否则一旦停用碘剂,贮存于甲状腺滤泡内的甲状腺球蛋白大量分解,T_3、T_4大量入血,导致甲亢症状反跳。
③硫脲类药物能使甲状腺肿大和动脉性充血,手术时极易发生出血,增加了手术困难和危险,故服用硫脲类药物后需加用碘剂2周待甲状腺缩小变硬,血管数减少后再手术。

【例7】女,28岁。甲状腺肿大3年。性情急躁,怕热,多汗,心悸,食欲强但消瘦。有哮喘病史。拟行手术治疗,其术前药物准备措施应首选的是
A. 单用复方碘剂　　B. 单用硫脲类药物　　C. 单用普萘洛尔
D. 应用普萘洛尔+硫脲类药物　　E. 先用硫脲类药物,后加用复方碘剂

【例8】为抑制甲状腺功能亢进患者甲状腺素的释放,外科手术前选择的常用药物是
A. 甲巯咪唑　　B. 复方碘溶液　　C. 卡比马唑
D. 丙硫氧嘧啶　　E. 普萘洛尔

(3)手术时机的选择

手术时机的决定因素	基础代谢率(BMR)<+20%
手术时机的参考因素	脉率变慢、脉压减小是适当手术时机的重要标志
甲亢基本得到控制的标志	BMR<+20%,脉率<90次/分,病人情绪稳定,睡眠良好,体重增加
甲状腺本身的表现	甲状腺变小变硬;甲状腺血管杂音减小

【例9】甲状腺功能亢进症患者术前准备可以手术的基础代谢率,至少降至

A. +10%以下　　B. +20%以下　　C. +25%以下
D. +30%以下　　E. +35%以下

3. 术后并发症(大纲不要求,但常考)

(1)术后呼吸困难和窒息　多发生在术后48小时内,是术后最严重的并发症。

①常见原因　包括出血及血肿压迫气管;喉头水肿;气管塌陷;双侧喉返神经损伤。

	双侧喉返神经损伤	气管塌陷	切口内出血
原因	声带处于内收位使声门关闭所致,呼吸困难出现快且进展迅速	巨大甲状腺切除后气管失去支撑,出现自主呼吸后,由于肺内负压使气管塌陷加重	出血压迫气管
时间	手术台上或在手术间	术后1~3小时出现	术后24~48小时

②临床表现　主要为进行性呼吸困难。轻者呼吸困难不易被发现;中度者往往坐立不安、烦躁;重者可有端坐呼吸、吸气性三凹征,甚至口唇、指端发绀和窒息。

③治疗　急救措施为立即床旁抢救,及时剪开缝线,敞开切口,迅速除去血肿。如此时病人呼吸仍无改善,则应立即施行气管插管。待情况好转后,再送手术室作进一步检查、止血和其他处理。

注意:①甲状腺手术后最危急并发症是呼吸困难和窒息,严重并发症是甲状腺危象(7版《外科学》P293)。
②甲状腺手术后最严重并发症是呼吸困难和窒息,严重并发症是甲状腺危象(9版《外科学》P229)。

【例10】甲状腺大部切除后48小时内,需注意最危急的并发症为
A. 喉上神经内侧支损伤　　B. 喉返神经单侧损伤　　C. 手足抽搐
D. 呼吸困难和窒息　　E. 甲状腺危象

【例11】女,55岁。因甲状腺功能亢进症行甲状腺次全切除术后1小时,突感呼吸困难。查体:面色青紫。引起呼吸困难最可能的原因是
A. 气管塌陷　　B. 双侧喉返神经损伤　　C. 切口内出血
D. 喉上神经内外支损伤　　E. 甲状腺危象

(2)喉上神经和喉返神经损伤　迷走神经行走在气管、食管沟内,发出喉上神经及喉返神经支配甲状腺。喉上神经分内支和外支。喉返神经分前支和后支。损伤后的临床表现见下表。

神经	支配	损伤后临床表现
喉上神经内支	声门裂以上喉黏膜的感觉	喉部黏膜感觉丧失,进食或饮水时误咽
喉上神经外支	环甲肌	环甲肌瘫痪,引起声带松弛、音调降低
喉返神经前支	声带内收肌、除环杓后肌外的其余喉肌	一侧后支伤——可无症状 一侧前支或全支伤——大多声音嘶哑 两侧后支伤——呼吸困难,甚至窒息 两侧前支伤或全支伤——失声、呼吸困难
喉返神经后支	声带外展肌、环杓后肌	

注意:喉上神经内支损伤表现为饮水呛咳;喉上神经外支损伤表现为音调降低;喉返神经损伤表现为声嘶。

(3)甲状旁腺功能减退　多在术后1~3天出现症状。

①原因　手术时误伤甲状腺旁腺或其血液供给受累,血钙浓度下降至2.0mmol/L以下。

②临床表现　A.多数病人面部、唇部或手足部针刺样麻木感或强直感。B.严重者出现面肌和手足伴有疼痛的持续性痉挛,甚至发生喉和膈肌痉挛,引起窒息死亡。C.血钙下降至2.0mmol/L以下。

③治疗

A.手足抽搐发作时,立即静脉注射10%葡萄糖酸钙或氯化钙10~20ml。

B.症状较轻者可口服葡萄糖酸钙或乳酸钙片剂。

C.症状较重或长期不能恢复者,可加服维生素 D_3,以促进钙在肠道内的吸收。

D.限制肉类、乳品和蛋类食品的摄入,因该类食品含磷较高,影响钙的吸收。

E.口服双氢速甾醇(双氢速变固醇,DT10)油剂,能明显提高血中钙含量,降低神经肌肉的应激性。

F.永久性甲状旁腺功能减退者,可行同种异体甲状旁腺移植。

注意:①甲状腺手术后并发呼吸困难和窒息——多发生在术后48小时内。

②甲状腺手术后并发甲状腺危象——多发生于术后12~36小时。

③甲状腺手术后并发手足抽搐——多发生于术后1~3天。

【例12】男,39岁。行甲状腺癌根治术后1天,感觉面部针刺样麻木,手足抽搐。正确的处理措施是

A. 静脉注射钙剂　　B. 伤口切开　　C. 口服维生素 D_3

D. 气管切开　　E. 口服葡萄糖酸钙

(4)甲状腺危象　多发生在术后12~36小时内,为甲亢术后的严重并发症,是因甲状腺素过量释放引起的暴发性肾上腺素能兴奋现象。

①常见原因　术前准备不充分,甲亢症状未能得到很好控制,手术应激。

②临床表现　归纳为12字:"上吐下泻,高热大汗,谵妄昏迷"。死亡率高达20%~30%。

③预防　充分的术前准备、轻柔的手术操作是预防的关键。

④治疗　应用镇静剂、降温、吸氧、维持水电解质平衡、碘剂(口服+静脉滴注)、肾上腺素阻断剂(利血平、普萘洛尔)、氢化可的松等。

二、甲状腺癌

甲状腺癌是最常见的甲状腺恶性肿瘤,约占全身恶性肿瘤的1%。

1. 病理类型及特点

(1)乳头状癌　分化程度好,恶性程度较低。常有多中心病灶,约1/3累及双侧甲状腺,且较早便出现颈淋巴结转移,但预后较好。

(2)滤泡状腺癌　肿瘤生长较快,属于中度恶性,且有侵犯血管倾向,可经血运转移到肺、肝、骨及中枢神经系统。颈淋巴结转移仅占10%,预后不如乳头状癌。

(3)未分化癌　发展迅速,高度恶性,预后很差,平均存活3~6个月。

(4)髓样癌　来源于滤泡旁降钙素分泌细胞(C细胞),细胞排列成巢状或囊状,而无乳头或滤泡结构,呈未分化状,间质内有淀粉样物沉积。恶性程度中等,可有颈淋巴结侵犯和血管转移。

	乳头状癌	滤泡状腺癌	未分化癌	髓样癌
发生率	60%(成人)、100%(儿童)	20%	15%	7%
好发年龄	30~45岁女性	50岁左右	70岁左右	—
恶性程度	较低	中度恶性	高度恶性	中度恶性
颈淋巴结	转移早	10%转移	早,50%转移	可有转移
远处转移	少	33%有	迅速	可有
预后	好(5年生存率>90%)	较好	最差(存活3~6个月)	较差

注意:①乳头状癌尽管颈淋巴结转移很早,但预后很好,这点与我们常规印象相反。

②髓样癌来源于滤泡旁降钙素分泌细胞,属于神经内分泌肿瘤,应排除MEN-Ⅱ。

【例13】甲状腺癌预后最好的病理类型是

A. 鳞状细胞癌　　B. 乳头状癌　　C. 髓样癌

D. 滤泡状癌　　E. 未分化癌

A. 乳头状癌　　B. 滤泡状腺癌　　C. 未分化癌
D. 髓样癌　　E. 转移癌

【例 14】分泌大量降钙素的甲状腺癌是

【例 15】恶性程度最高的甲状腺癌是

2. 诊断与鉴别诊断

(1)诊断　主要诊断依据包括：

①临床表现　甲状腺肿块，部分可有压迫症状，一般不伴甲亢症状。

②B 超检查　可对甲状腺肿块作出初步诊断。

③病理学检查　术前可行细针穿刺细胞学检查，80%可明确诊断。

(2)鉴别诊断　需与甲状腺良性病变相鉴别。

3. 治疗

(1)手术治疗　除未分化甲状腺癌以外，手术是各型甲状腺癌的基本治疗方法。

①甲状腺的切除范围　分化型甲状腺癌的切除范围仍有分歧，但最小范围为腺叶切除已达成共识。

A.甲状腺全切或近全切　颈部有放射史；已有远处转移；双侧癌结节；甲状腺外侵犯；肿块直径>4cm；不良病理类型；双侧颈部多发淋巴结转移；髓样癌。

B.甲状腺腺叶切除　无颈部放射史；无远处转移；无甲状腺外侵犯；无不良病理类型；肿块<1cm。

C.是否再次手术　因良性病变行腺叶切除，术后病理证实为分化型甲状腺癌者，若切缘阴性、对侧正常、肿块直径<1cm，可观察。否则，须再行手术。

②颈淋巴结清扫范围　目前仍有分歧，但最小范围清扫，即中央区颈淋巴结（Ⅵ）清扫已基本达成共识。不主张对临床淋巴结阴性（CN_0）病人作预防性颈淋巴结清扫。临床淋巴结阳性（CN_+）病人可选择根治性颈淋巴结清扫术、扩大根治性颈淋巴结清扫术、改良根治性颈淋巴结清扫术。

(2)放射性核素治疗　对于乳头状癌、滤泡状腺癌有转移者术后应用^{131}I 治疗。

(3)TSH 抑制治疗　近全切或全切者需终身服用甲状腺素片，以预防甲状腺功能减退及抑制 TSH。

(4)放射外照射治疗　主要用于未分化型甲状腺癌。

【例 16】对甲状腺肿瘤性质诊断正确率可达 80%以上的检查方法是

A. B 超　　B. CT　　C. ECT
D. 磁共振　　E. 细针穿刺细胞学

【例 17】女，20 岁，左颈前肿块 2 个月来诊。查体：甲状腺右叶上极触及 3cm×2cm 肿块，表面光滑，颈部未触及肿大的淋巴结。该患者首选的检查是

A. 甲状腺 B 超　　B. 颈部 CT　　C. 甲状腺核素扫描
D. 肿块针吸细胞学检查　　E. 颈部正侧位 X 线片

【例 18】儿童期出现的甲状腺结节恶性率为

A. 10%　　B. 30%　　C. 50%
D. 70%　　E. 80%（2020 年真题，超纲题）

常考点　重点内容，应全面掌握。

参考答案——详细解答见 2021《贺银成国家临床执业及助理医师资格考试历年考点精析》

1. ABCDE　2. ABCDE　3. ABCDE　4. ABCDE　5. ABCDE　6. ABCDE　7. ABCDE
8. ABCDE　9. ABCDE　10. ABCDE　11. ABCDE　12. ABCDE　13. ABCDE　14. ABCDE
15. ABCDE　16. ABCDE　17. ABCDE　18. ABCDE

第9章　乳房疾病

▶考纲要求

①急性乳腺炎：病因，病理，临床表现，诊断，治疗与预防。②乳腺囊性增生病：诊断，治疗。③乳腺纤维腺瘤：诊断，治疗。④乳腺癌：临床表现，诊断与分期，治疗，预防。

▶复习要点

一、急性乳腺炎

急性乳腺炎多发于产后哺乳期妇女，尤以初产妇多见，多发生在产后3~4周。最常见致病菌为金黄色葡萄球菌。因乳房血管丰富，早期就可出现寒战、高热、脉搏增快等脓毒血症表现。

1. 病因及病理

(1)乳汁淤积　乳汁是细菌理想的培养基，乳汁淤积将有利于细菌的生长繁殖。

(2)细菌入侵　乳头破损或皲裂，使细菌沿淋巴管入侵是感染的主要途径。细菌也可直接侵入乳管，上行至腺小叶而致感染。多数发生于初产妇。

2. 临床表现

(1)局部症状　乳腺红、肿、热、痛、腋窝淋巴结肿大。

(2)全身中毒症状　随着炎症发展，可有寒战高热、脉搏增快、白细胞计数明显增高。

(3)脓肿形成或破溃　数天后形成脓肿，可以是单房或多房性。脓肿可向外破溃，深部脓肿还可穿至乳房与胸肌间的疏松组织间中，形成乳房后脓肿。

3. 诊断

(1)临床表现　哺乳期妇女，初产妇，乳房红、肿、热、痛，全身炎症中毒症状。

(2)血常规　外周血白细胞计数明显增高。

(3)特殊检查　炎症早期可行乳汁细菌培养；脓肿形成时在压痛最明显的炎症区域或在B超定位下进行穿刺，抽到脓液表示脓肿已形成，作脓液细菌培养+药敏试验。

4. 治疗

治疗原则是清除感染、排空乳汁。

(1)脓肿未形成时，给予抗生素治疗　首选青霉素，或用耐青霉素酶的苯唑西林，或头孢一代抗生素如头孢拉定。对青霉素过敏者，则应用红霉素。抗生素可通过乳汁影响婴儿的健康，故四环素、氨基糖苷类、喹诺酮类、磺胺类、甲硝唑等不宜应用。

(2)脓肿形成后作切开引流　为避免损伤乳管而形成乳瘘，应作放射状切开。乳晕下脓肿应沿乳晕边缘作弧形切口。深部脓肿或乳房后脓肿可沿乳房下缘作弧形切口，经乳房后间隙引流。脓肿切开后应以手指轻轻分离脓肿的间隔，以利引流。脓腔较大时，可在脓腔的最低部位另加切口作对口引流。

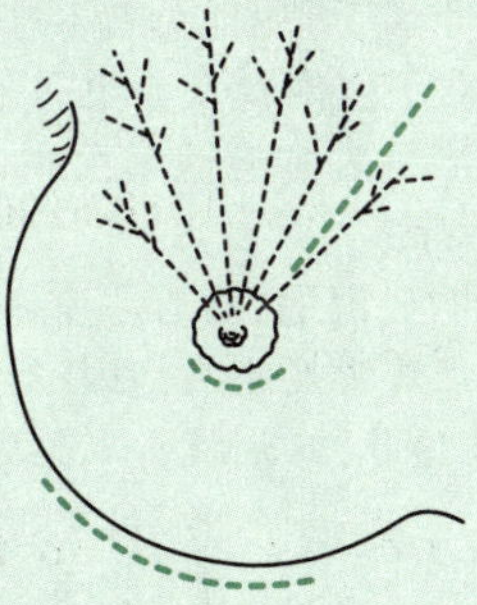
乳房脓肿的切口

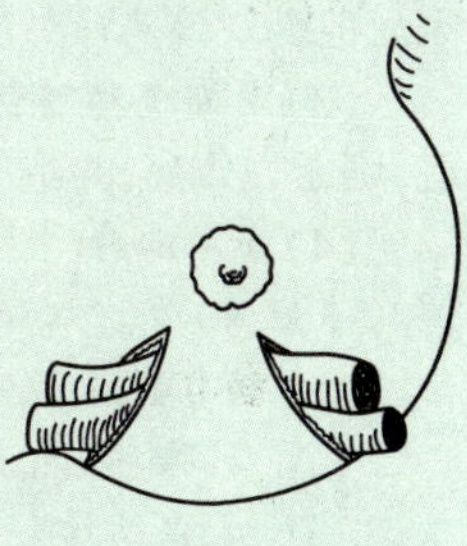
乳房脓肿的对口引流

(3)一般不停止哺乳　因停止哺乳不仅影响婴儿的喂养，而且提供了乳汁淤积的机会。但病侧乳房应停止哺乳，并以吸乳器吸尽乳汁。停止哺乳的指征：感染严重；脓肿引流术后并发乳瘘。

【例 1】发生哺乳期急性乳腺炎的主要病因是

A. 乳晕皮肤皲裂　　B. 乳汁淤积，细菌入侵　　C. 乳腺组织发育不良

D. 乳汁分泌障碍　　E. 乳腺囊性增生病

（2~3 题共用题干）女，30 岁，哺乳期。左乳房胀痛、发热 2 天。查体：T39.4℃，P106 次/分。左乳房外上象限 6cm×4cm 范围红肿，有明显压痛和波动感。急行切开引流术。

【例 2】错误的手术措施是

A. 脓腔最低处引流　　B. 按轮辐方向做切口　　C. 行对口引流

D. 切开扩张的乳腺导管充分引流　　E. 切开后用手指探入脓腔间隔膜

【例 3】术后抗感染治疗针对的主要致病菌是

A. 白色葡萄球菌　　B. 金黄色葡萄球菌　　C. 表皮葡萄球菌

D. 腐生葡萄球菌　　E. 溶血性链球菌

5. 预防

关键在于避免乳汁淤积，防止乳头损伤，并保持其清洁。应加强孕期卫生宣教，指导产妇经常用温水、肥皂洗净两侧乳头。如有乳头内陷，应经常挤捏、提拉矫正之。要养成定时哺乳、婴儿不含乳头而睡的良好习惯。每次哺乳应将乳汁吸空。哺乳后应清洗乳头。乳头有破损或皲裂应及时治疗。注意婴儿口腔卫生。

【例 4】初产妇哺乳期预防急性乳腺炎的措施错误的是

A. 养成定时哺乳习惯　　B. 抗生素预防感染　　C. 防止乳头皮肤损伤

D. 注意婴幼儿口腔卫生　　E. 避免乳汁淤积

二、乳腺囊性增生病

乳腺囊性增生病也称乳腺病，其病理形态呈多样性表现，增生可发生于腺管周围并伴有大小不等的囊肿形成，囊内含淡黄色或棕褐色液体；或腺管内表现为不同程度的乳头状增生，伴乳管囊性扩张；也有发生于小叶实质者，主要为乳管及腺泡上皮增生。

1. 诊断

根据以下临床表现，诊断并不困难，但应注意本病与乳腺癌并存。应嘱病人每隔 3~6 个月复查。

(1)症状　一侧或双侧乳房胀痛和肿块是本病的主要表现，部分病人具有周期性。乳房胀痛一般于月经前明显，月经后减轻，严重者整个月经周期都有疼痛。本病病程较长，发展缓慢。

(2)体征　体检可发现一侧或双侧乳房内有大小不一，质韧的单个或多个结节，可有触痛，与周围分界不清，也可表现为弥漫性增厚。少数病人可有乳头溢液，多为浆液性或浆液血性液体。

2. 治疗

(1)对症治疗　为本病的主要治疗方法，可口服中药逍遥散等。

(2)药物治疗　对症状较重者，可用他莫昔芬(三苯氧胺)治疗，于月经干净后 5 天开始口服，连用 15 天后停药。该药疗效较好，但对子宫内膜及卵巢有影响，不宜长期服用。

(3)定期观察随访　对局限性乳腺囊性增生病，应在月经干净后 5 天内复查，若肿块变软、缩小或消退，则予以观察，并继续中药治疗。

(4)手术治疗　若肿块无明显消退，疑有恶变者，应予以切除并作快速病理检查。

【例 5】女，40 岁。双侧乳腺月经前明显胀痛，月经后可自行缓解。乳腺超声提示双侧乳腺多发小结节，大小约 0.4cm，无明显血流信号，双侧腋窝未见肿大淋巴结。最可能的诊断是

A. 乳腺癌　　B. 乳腺纤维腺瘤　　C. 乳腺囊性增生病

D. 乳腺结核　　E. 非哺乳期乳腺炎

三、乳房纤维腺瘤

乳房纤维腺瘤是乳房最常见的良性肿瘤，约占 3/4。

1. 诊断

(1)临床表现 本病高发年龄是 20~25 岁,其次为 15~20 岁和 25~30 岁,好发于乳房外上象限,约 75%为单发,少数为多发。除肿块外,病人常无明显自觉症状。肿块增大缓慢,质硬,似橡皮球的弹性感,表面光滑,易于推动。月经周期对肿块的大小并无影响。

(2)B 超检查 提示肿块形态规则,边界清晰,边缘光滑整齐,内部回声均匀,血流信号检出率低。

(3)穿刺活检 可以确诊。

2. 治疗

手术切除是治疗本病的唯一有效方法。由于妊娠可使纤维瘤增大,所以在妊娠前或妊娠后发现的纤维瘤一般都应手术切除。应将肿瘤连同包膜整块切除,并作常规病理检查。

3. 乳房纤维腺瘤、乳腺囊性增生病和乳腺癌的鉴别

	乳房纤维腺瘤	乳腺囊性增生病(乳腺病)	乳腺癌
好发年龄	20~25 岁	25~40 岁	45~50 岁
病程	缓慢	缓慢	快
疼痛	无	周期性(月经前痛,月经后减轻)	无
肿块	常单个,边界清楚,活动不受限	多数成串,边界不清,活动不受限	常单个,边界不清,活动受限
乳头溢液	无	血性、棕色、黄色	血性、黄色、黄绿色
转移病灶	无	无	局部淋巴结
治疗	手术切除	对症治疗,必要时手术	手术为主

【例 6】患者,女,25 岁。发现右乳房肿块 3 月余。查体:右乳外上象限触及 3cm 结节,无压痛,淋巴结无肿大。超声检查示低回声结节,形态规则,边界清楚,内部无钙化灶。该患者最可能的诊断是

A. 乳房肉瘤　　B. 乳管内乳头状瘤　　C. 乳腺囊性增生病

D. 乳腺癌　　E. 乳房纤维腺瘤

四、乳腺癌

1. 临床表现

乳腺癌好发于外上象限,占 45%~50%。早期表现为患侧乳房无痛、单发的小肿块。肿块质硬,表面不光滑,与周围组织分界不清,不易推动。晚期可出现浸润和转移症状。

酒窝征	癌肿累及 Cooper 韧带,使其缩短而致肿瘤表面皮肤凹陷
乳头凹陷	乳头或乳晕癌肿因侵入乳管使之缩短,可把乳头牵向癌肿一侧,使乳头回缩、凹陷
橘皮样变	癌细胞堵塞皮下淋巴管,引起淋巴回流障碍,出现真皮水肿,皮肤呈现“橘皮样”改变
卫星结节	癌细胞广泛扩散到乳腺及其周围皮肤,发生许多硬的小结节或小索
炎性乳腺癌	少见,发展迅速,预后差。特征为局部皮肤呈“炎症样表现”,开始较局限,以后扩展到乳腺大部分皮肤,皮肤发红、水肿、增厚、粗糙、表面温度升高。治疗采用放化疗,禁忌手术
Paget 病	即乳头湿疹样乳腺癌。少见,发展慢,恶性程度低,预后好,腋窝淋巴结转移晚,乳头和乳晕瘙痒、皮肤粗糙、糜烂如湿疹样,进而形成溃疡。部分病例乳晕区可扪及肿块

记忆:①乳腺癌的好发部位是乳腺外上象限。②粉刺癌的好发部位是乳腺中央部位(占 50%以上)。③Paget 病的好发部位是乳头和乳晕。④乳腺小叶原位癌的好发部位是双侧乳腺,多中心性。

【例 7】女,60 岁,右乳头脱屑、结痂半年,去除右乳头表面痂皮,可见鲜红色糜烂创面。涂片细胞学检查见

大而异型，胞质透明细胞，这种细胞称为

A. 印戒细胞　　B. R-S 细胞　　C. 佩吉特(Paget)细胞

D. 浆细胞　　E. 类上皮细胞

(8~9题共用题干)女，28岁。左乳皮肤水肿、发红2个月，口服抗生素未见好转。查体：T37.0℃，左乳皮肤发红、水肿，呈“橘皮样”，乳头内陷，乳房质地变硬，无触痛，未扪及肿块。左腋下扪及多个肿大淋巴结、质硬、融合、无触痛。血常规：WBC8.0×10^9/L，N0.67。

【例8】首先应考虑的诊断是

A. 炎性乳腺癌　　B. 急性乳腺炎　　C. 乳房后脓肿

D. 乳汁淤积　　E. 乳腺囊性增生症

【例9】最佳治疗方案是

A. 穿刺活检后行左乳房切除　　B. 静脉应用广谱抗生素　　C. 局部按摩

D. 局部热敷、理疗　　E. 穿刺活检后化疗

2. 诊断

根据病史和临床检查，乳房肿块的诊断一般不难得出，但重要的是肿块良恶性的鉴别。

(1)乳腺纤维腺瘤　好发于青年妇女，肿瘤多为圆形或椭圆形，边界清楚，活动度大，发展缓慢。

(2)乳腺囊性增生病　好发于中年妇女，特点是乳房胀痛，肿块呈周期性，与月经周期有关。

(3)浆细胞性乳腺炎　是乳腺组织的无菌性炎症。60%病人呈急性炎症表现，肿块大时皮肤可呈橘皮样变。40%病人呈慢性炎症，表现为乳晕旁肿块，边界不清，可有皮肤粘连和乳头凹陷。

(4)乳腺结核　好发于中、青年女性，病程较长，发展缓慢。初起多为孤立结节，逐渐形成一个至数个肿块，易与皮肤粘连，活动可受限。可有疼痛，无周期性。

3. 乳癌的TNM分期和临床分期

(1)TNM分期　多采用国际抗癌协会建议的T(原发癌瘤)、N(区域淋巴结)、M(远处转移)分期法。

T	原发瘤	N	区域淋巴结
T_0	原发癌瘤未查出	N_0	同侧腋窝淋巴结不肿大
Tis	原位癌	N_1	同侧腋窝淋巴结肿大，但可推动
T_1	癌瘤长径≤2cm	N_2	同侧腋窝淋巴结融合，或与周围组织粘连
T_2	2cm<癌瘤长径≤5cm	N_3	同侧胸骨旁淋巴结、锁骨上淋巴结转移
T_3	癌瘤长径>5cm	**M**	**远处转移**
T_4	癌瘤大小不计，但侵及皮肤或胸壁，炎性乳腺癌属于之	M_0	无远处转移
		M_1	有远处转移

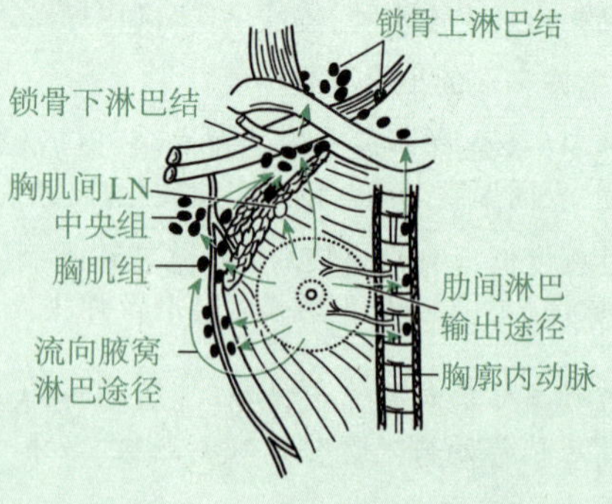

乳房淋巴输出途径

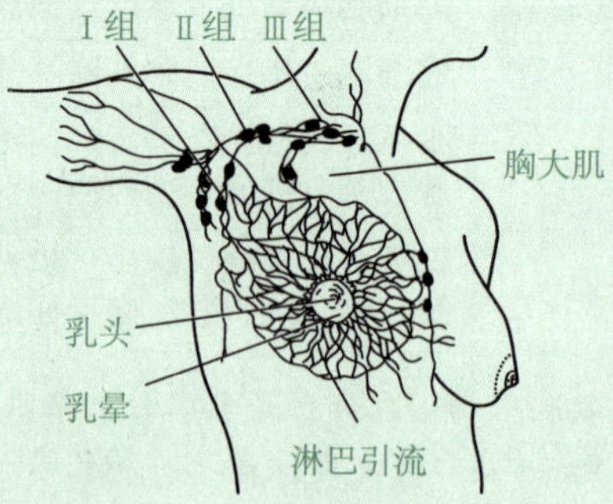

腋区淋巴结分组

（2）**临床分期** 乳癌的临床分期与TNM分期的关系如下：

临床分期	TNM 分期	临床分期	TNM 分期
0期	$TisN_0M_0$	Ⅰ期	$T_1N_0M_0$
Ⅱ期	$T_{0\sim1}N_1M_0$、$T_2N_{0\sim1}M_0$、$T_3N_0M_0$	Ⅲ期	$T_{0\sim2}N_2M_0$、$T_3N_{1\sim2}M_0$、T_4任何NM_0、任何TN_3M_0
Ⅳ期	包括M_1的任何TN		

【例10】女，45岁。左乳外上象限扪及4~5 cm质硬肿块，与皮肤、胸肌无粘连，左腋窝扪及肿大孤立的质硬淋巴结，活检穿刺细胞学检查见癌细胞。其余体检未见异常。其TNM分期是

A. $T_3N_1M_0$　　B. $T_4N_1M_0$　　C. $T_2N_1M_0$　　D. $T_2N_2M_0$　　E. $T_1N_1M_0$

4. 治疗

（1）**手术** 乳腺癌采用以手术治疗为主的综合治疗策略，乳腺癌的手术方式如下。

手术方式	手术方式	适应证
乳腺癌根治术（Halsted手术）	包括整个乳房、胸大肌、胸小肌及腋窝Ⅰ、Ⅱ、Ⅲ组淋巴结的整块切除	原来乳腺癌的标准术式，现已少用
乳腺癌扩大根治术（Urban手术）	Halsted手术+胸廓内动、静脉及其周围的淋巴结（即胸骨旁淋巴结）切除	手术范围大，现已较少使用
乳腺癌改良根治术（Patey手术）	与Halsted手术比较，有两种手术方式：①保留胸大肌，切除胸小肌，淋巴结清扫范围与根治术相仿；②同时保留胸大、小肌，不易清除腋上组淋巴结	适用于Ⅰ、Ⅱ期乳腺癌 该术式术后生存率与根治术无差异 但保留了胸肌，术后外观效果较好 是目前常用的手术方式
全乳房切除术	切除整个乳房，包括腋尾部及胸大肌筋膜	原位癌、微小癌、年老体弱不宜根治者
保留乳房的乳腺癌切除术	完整切除肿块+腋淋巴结清扫 原发灶切除范围应包括肿瘤、肿瘤周围1~2cm组织，确保标本边缘无肿瘤细胞浸润	Ⅰ、Ⅱ期乳腺癌，术后必须辅以放疗 术后乳房有适当体积，外观效果好 保乳手术在我国开展逐渐增多
前哨淋巴结活检术+腋淋巴结清扫术	对腋淋巴结阳性者应常规行腋淋巴结清扫术，范围包括Ⅰ、Ⅱ组腋淋巴结。前哨淋巴结是指接受乳腺癌病灶引流的第一站淋巴结	对于临床腋淋巴结阴性的乳腺癌病人，可先行前哨淋巴结活检术，根据病理结果决定是否作腋淋巴结清扫

注意：①Ⅰ、Ⅱ期乳腺癌原首选Halsted手术，现首选乳腺癌改良根治术。
②位于内象限的乳腺癌，若有胸骨旁淋巴结转移，首选乳腺癌扩大根治术（Urban手术）。
③乳腺原位癌、微小癌，可选择全乳房切除术，术后补充放疗。
④保留乳房的乳腺癌切除术术后必须辅以放疗。

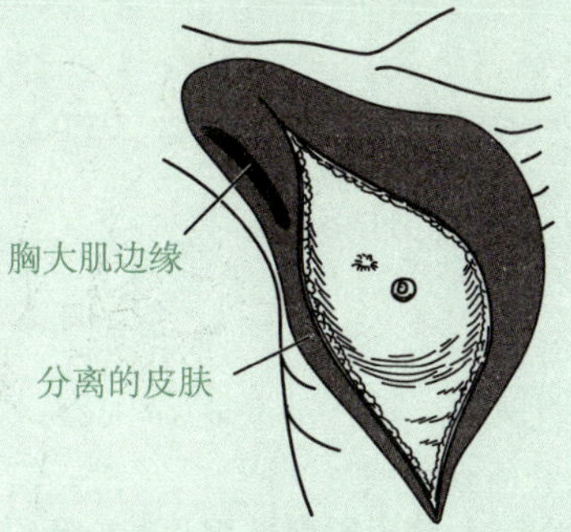

乳癌根治术切口

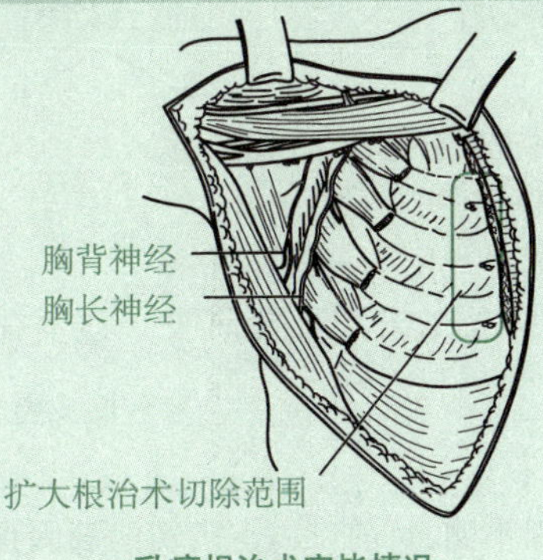

乳癌根治术完毕情况

【例 11】乳腺癌腋下淋巴转移的常用术式是

A. 保留乳房的乳腺癌切除术　B. 乳腺癌改良根治术　C. 乳腺癌根治术

D. 乳腺癌扩大根治术　E. 全乳房切除术

【例 12】患者，女，35 岁。右乳房肿块半月。查体：右乳房外上象限 10 点处约 5cm 肿物，边界不清。B 超示周边有毛刺、钙化。应采取的手术方式为

A. 保留乳房的乳癌切除术　B. 单纯肿瘤切除术　C. 全乳房切除术

D. 乳腺癌根治术　E. 乳癌改良根治术+腋窝淋巴结清扫

(2)化学治疗　由于手术尽量去除了肿瘤负荷，残存的肿瘤细胞易被化学抗癌药物杀灭。

①辅助化疗指征　浸润性乳腺癌伴腋淋巴结转移者是应用辅助化疗的指征。对腋淋巴结阴性者是否应用辅助化疗尚有不同意见。一般认为腋淋巴结阴性而有高危复发因素者，如原发肿瘤直径>2cm、组织学分类差、雌激素和孕激素受体阴性、癌基因 HER2 有过度表达者，适宜应用术后辅助化疗。

②化疗方案　对于肿瘤分化差、分期晚的病例常采用蒽环类+紫杉类联合化疗，如 EC(表柔比星+环磷酰胺)-T(多西他赛或紫杉醇)方案。对于肿瘤分化好、分期较早的病例可考虑基于紫杉类的方案，如 TC 方案(多西他赛或紫杉醇、环磷酰胺)。另有 CMF 方案(环磷酰胺+甲氨蝶呤+氟尿嘧啶)很少使用。

术前化疗又称新辅助化疗，多用于局部晚期病例，目的在于缩小肿瘤，提高手术成功机会，探测肿瘤对药物的敏感性。多采用蒽环类+紫杉类方案，一般用 4~6 个疗程。

(3)内分泌治疗

①他莫昔芬　雌激素受体(ER)阳性者，对内分泌治疗效果较好。ER 阴性者，对内分泌治疗效果较差。他莫昔芬结构式与雌激素类似，可在靶器官上与雌二醇争夺雌激素受体，影响基因转录，从而抑制肿瘤生长。该药可降低乳腺癌术后复发及转移，减少对侧乳腺癌的发生率。

②芳香化酶抑制剂　如阿那曲唑、来曲唑、依西美坦等对绝经后病人效果优于他莫昔芬，这类药物能抑制肾上腺分泌的雄激素转变为雌激素过程中的芳香化环节，从而降低雌二醇，达到治疗乳腺癌的目的。

(4)放射治疗　在保留乳房的乳腺癌手术后，放射治疗是一重要组成部分。单纯乳房切除术后，可根据病人年龄、疾病分期分类等情况，决定是否应用放疗。

(5)靶向治疗　对于表皮生长因子受体(HER2)基因过度表达的乳腺癌，可使用曲妥珠单抗治疗。

注意：①乳腺癌的内分泌治疗，仅适用于雌激素受体阳性者，首选药物为他莫昔芬(三苯氧胺)。

②对于绝经后乳腺癌内分泌治疗首选芳香化酶抑制剂(阿那曲唑、来曲唑、依西美坦)。

③HER2 基因过度表达的乳腺癌，可行靶向治疗(曲妥珠单抗)。

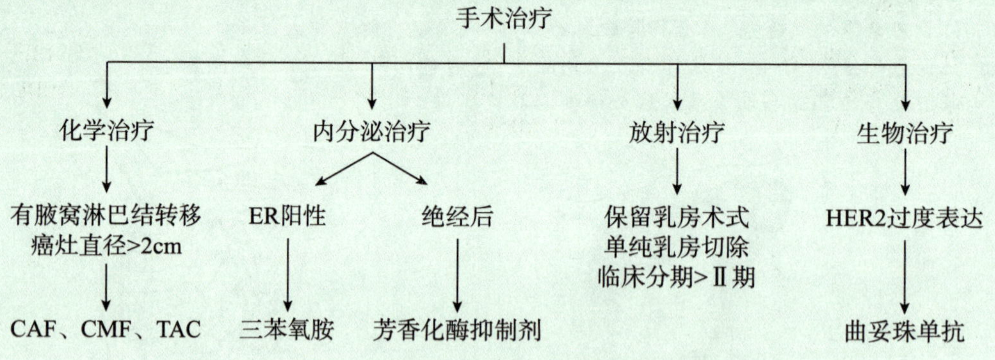

乳腺癌治疗方案的选择原则

5. 预防

乳腺癌病因不明，目前难以有确切的病因预防(一级预防)。早期发现乳腺癌(二级预防)，早期治疗

将有利于提高乳腺癌的生存率。目前认为乳房钼靶摄片是最有效的乳腺癌的筛查手段。

【例 13】40 岁，月经正常，右乳腺癌根治术后。病理报告为右乳腺浸润性导管癌，右腋窝淋巴结(4/20)转移，雌激素、孕激素受体检测均为阴性。最适合的治疗是

A. 应用芳香化酶抑制药　B. 应用他莫昔芬　C. 联合化疗
D. 应用雄激素受体抑制剂　E. 卵巢切除

【例 14】雌激素受体阳性的乳癌在根治术后最常用的激素治疗方法是

A. 卵巢切除　B. 口服三苯氧胺　C. 口服甲地孕酮
D. 肌内注射丙酸睾丸酮　E. 口服泼尼松

(15~16 题共用题干) 女，33 岁。发现左乳房包块 10 天，无不适症状。查体：乳房视诊无异常，左乳房外上象限可触及 1.5cm×1.5cm 包块，质硬，不光滑，活动度良好，左腋窝未触及肿大淋巴结。钼靶 X 线片检查示 1.5cm×1.5cm 密度增高影，周边有小毛刺，中央可见聚集细小钙化点。

【例 15】准备手术治疗，以下可选择的术式中，必须在术后放疗的是

A. 保留胸大、小肌的改良根治术　B. 全乳房切除术　C. 乳腺癌根治术
D. 保留胸大肌的改良根治术　E. 保留乳房的乳腺癌切除术

【例 16】术后 10 天拟行综合治疗，决定是否可用靶向治疗(曲妥珠单抗)的肿瘤标记物是

A. ER　B. *HER*2　C. *P*53
D. *Ki*67　E. PR

(17~18 题共用题干) 女，55 岁。右乳房肿块 6 个月，不伴疼痛，无乳头溢液。查体：右乳外上象限可触及 6cm×5cm 肿块，质硬，边界不清，右腋窝可触及数个肿大淋巴结，部分融合。

【例 17】肿块穿刺活检确诊为乳腺癌后，首选的治疗方法是

A. 保乳手术　B. 改良根治术　C. 放射治疗
D. 术前化疗　E. 靶向治疗

【例 18】确定该患者是否需要进行内分泌治疗的指征是

A. HER2 表达情况　B. 肿瘤大小　C. ER 表达情况
D. 是否伴有淋巴结转移　E. 是否伴有全身转移

▶▶常考点　急性乳腺炎的治疗；乳癌的临床特点及治疗。

参考答案——详细解答见 2021《贺银成国家临床执业及助理医师资格考试历年考点精析》

1. ABCDE　2. ABCDE　3. ABCDE　4. ABCDE　5. ABCDE　6. ABCDE　7. ABCDE
8. ABCDE　9. ABCDE　10. ABCDE　11. ABCDE　12. ABCDE　13. ABCDE　14. ABCDE
15. ABCDE　16. ABCDE　17. ABCDE　18. ABCDE

第 10 章　胸部损伤与脓胸

考纲要求

①肋骨骨折:病因与分类,诊断,处理。②气胸:病因和发病机制,诊断,处理。③血胸:病因和发病机制,诊断,处理。④脓胸:诊断,治疗。

复习要点

一、肋骨骨折

1. 病因与分类

(1)病因　暴力直接作用于肋骨,可使肋骨向内弯曲折断,前后挤压暴力使肋骨腋段向外弯曲折断。

第 1~3 肋骨	粗短,且有锁骨、肩胛骨保护,不易发生骨折。一旦骨折,说明致伤暴力巨大
第 4~7 肋骨	较长而薄,最易发生骨折
第 8~10 肋骨	前端肋软骨形成肋弓与胸骨相连,不易骨折
第 11~12 肋骨	前端游离,弹性较大,不易骨折

(2)分类　肋骨骨折分为闭合性肋骨骨折和开放性肋骨骨折。

①闭合性肋骨骨折　是指肋骨骨折处胸壁皮肤软组织完整,不与外界相通。

②开放性肋骨骨折　是指肋骨骨折处胸壁皮肤软组织不完整,与外界相通。

2. 诊断

(1)外伤史　多有明显胸部外伤史。

(2)局部疼痛　肋骨骨折断端可刺激肋间神经产生局部疼痛,在深呼吸、咳嗽或转动体位时加剧。胸痛使呼吸变浅、咳嗽无力,呼吸道分泌物增多,易致肺不张和肺部感染。

(3)体征　局部压痛明显,肿胀,可见局部皮下瘀血斑,胸廓挤压征阳性,即前后或左右挤压胸部时,骨折局部疼痛加重,甚至产生骨摩擦音,即可与软组织挫伤鉴别。多根多处肋骨骨折时,胸壁可有畸形,患侧胸壁反常呼吸运动(连枷胸)。

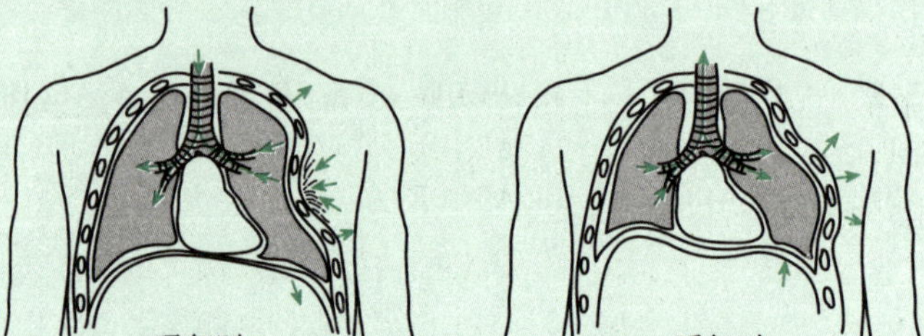

多根多处肋骨骨折时胸壁软化区的反常呼吸运动(胸壁浮动)

(4)并发症　骨折断端向内可刺破胸膜、肋间血管和肺组织,产生气胸、血胸、皮下气肿或咯血。

(5)X 线胸片　胸片可显示肋骨骨折线和断端错位,但前胸肋软骨骨折并不显示 X 线征象。

【例 1】造成浮动胸壁的原因是

A. 单根两处肋骨骨折　　B. 单根单处肋骨骨折　　C. 多根多处肋骨骨折

D. 多根单处肋骨骨折　　E. 单根多处肋骨骨折

3. 处理

肋骨骨折的治疗原则是有效控制疼痛、肺部物理治疗和早期活动。

(1)闭合性单处肋骨骨折　可采用多头胸带或弹性胸带固定胸廓,能减少肋骨断端活动、减轻疼痛。这种方法也适用于胸背部、胸侧壁多根多处肋骨骨折,胸壁软化范围小而反常呼吸运动不严重的病人。

(2)闭合性多根多处肋骨骨折　有效镇痛和呼吸道管理是主要治疗原则。①咳嗽无力、呼吸道分泌物潴留的伤员,应施行纤支镜吸痰和肺部物理治疗;②出现呼吸功能不全的伤员,需要气管插管机械通气,正压通气对浮动胸壁可起到"内固定"作用;③长期胸壁浮动且不能脱离呼吸机者,可施行常规手术或电视胸腔镜下固定肋骨,术中采用 Judet 夹板、克氏针或不锈钢丝等固定肋骨断端;④因其他指征需要开胸手术时,也可同时施行肋骨固定手术。

(3)开放性肋骨骨折　胸壁伤口需彻底清创,选用上述方法固定肋骨断端。

【例 2】闭合性肋骨骨折的一般处理原则,错误的是

A. 提早下地活动　B. 多根多处肋骨骨折做肋骨固定　C. 酌情使用镇痛、镇静剂

D. 使用抗生素控制感染　E. 鼓励患者咳嗽、排痰

【例 3】男,47 岁。从 3m 高处坠落致左胸外伤 8 小时。查体:T36.5℃,P95 次/分,R16 次/分,BP100/60mmHg。神清,气管居中,反常呼吸运动,左胸壁可触及多根多处肋骨断端,左肺呼吸音明显减弱。最佳治疗方案首选

A. 镇静止痛,鼓励排痰　B. 胸壁加压包扎　C. 开胸探查,肋骨固定

D. 胸腔闭式引流　E. 胸腔穿刺排气排液

二、气胸

胸膜腔内积气称为气胸。气胸的形成多由于肺组织、气管、支气管、食管破裂,空气逸入胸膜腔,或因胸壁伤口穿破胸膜,胸膜腔与外界沟通,外界空气进入所致。

1. 病因

(1)肺泡、支气管、气管、食管破裂　气体从破口进入胸腔,直到压力差消失,破口可以自行闭合。但大气管、食管破口往往难以自行愈合。

(2)胸壁创口　胸膜腔与外界相通,外界空气进入胸膜腔。

(3)胸腔内感染　由产气的微生物产生的气体所致。临床上以前两种情况多见。

2. 发病机制

(1)闭合性气胸　胸膜破裂口较小,可随肺萎缩而闭合,空气不再继续进入胸膜腔。胸膜腔内压略低于大气压。胸膜腔积气量决定伤肺萎陷的程度。

(2)开放性气胸　胸膜腔破裂口较大,外界空气可经胸壁伤口或软组织缺损处,随呼吸自由进出胸膜腔。空气出入量与胸壁伤口大小有密切关系。伤口大于气管口径时,空气出入量多,胸内压几乎等于大气压,伤肺将完全萎陷,丧失呼吸功能。

(3)张力性气胸　气管、支气管或肺损伤处形成活瓣,气体随每次吸气进入胸膜腔并积累增多,导致胸膜腔压力高于大气压,故又称高压性气胸。伤肺严重萎陷,纵隔显著向健侧移位,健侧肺受压,腔静脉回流障碍。

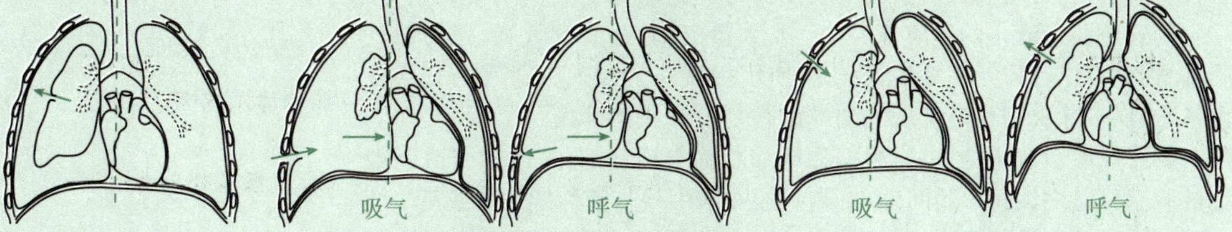

闭合性气胸　张力性气胸　开放性气胸

发生气胸时,胸膜腔内负压消失,失去了对肺的牵引作用,使肺失去膨胀能力,表现为肺容积缩小、肺活量减低、最大通气量减小的限制性通气功能障碍。初期血流量并不减少,产生通气/血流比值下降,导致动静脉分流,出现低氧血症。大量气胸时,胸膜腔内甚至变成正压,对肺产生压迫,同时失去负压吸引静脉血回心的作用,使心脏充盈减少,心搏量降低,引起心率增快、血压降低,甚至休克。张力性气胸还可引起纵隔移位,致循环障碍。

【例 4】不符合张力性气胸病理生理改变的是

A. 严重皮下及纵隔气肿　　B. 血压下降、脉速　　C. 肺破口形成活瓣

D. 纵隔摆动　　E. 患侧肺萎陷,纵隔向健侧移位

3. 诊断

根据临床表现、影像学检查结果,诊断并不困难。胸部 X 线片或 CT 显示气胸线是确诊气胸的主要方法。若病情危重无法搬动做 X 线检查时,可行诊断性穿刺,如抽出气体,可证实气胸的诊断。

根据各种气胸的临床特点,确定气胸的类别。

	闭合性气胸	张力性气胸	开放性气胸
别称	单纯性气胸	高压性气胸	交通性气胸
胸膜裂口	小	呈单向活瓣作用	大,持续开启
空气进出	空气不能自由进出胸膜腔	空气只能进,不能出	可自由进出胸膜腔
胸腔内压	仍低于大气压	持续升高、高压	接近 0
纵隔位置	向健侧移位	向健侧显著移位	向健侧移位,纵隔扑动
气管移位	向健侧移位	向健侧显著移位	向健侧移位
伤肺	不同程度的肺萎陷	完全萎陷	肺萎陷
胸廓视诊	伤侧饱满,呼吸活动度降低	伤侧饱满	胸部吸吮伤口
皮下气肿	无	可有纵隔和皮下气肿	无
纵隔扑动	无	无	有
肺部叩诊	伤肺鼓音	伤肺鼓音	伤肺鼓音
肺部听诊	伤肺呼吸音降低	伤肺呼吸音消失	伤肺呼吸音消失
胸片检查	不同程度肺萎陷、胸腔积气	肺完全萎陷、严重胸腔积气	肺萎陷、大量胸腔积气

4. 治疗

(1)闭合性气胸　积气量少(肺压缩量<20%)的病人,不需要特殊处理,胸腔内的积气一般可在 1~2 周内自行吸收。大量气胸需行胸膜腔穿刺或胸腔闭式引流,排除积气,促使肺尽早膨胀。

(2)开放性气胸　①急救处理:将开放性气胸立即变为闭合性气胸,赢得挽救生命的时间,并迅速转往医院。②进一步处理:给氧,清创,缝合胸壁伤口,并作胸腔闭式引流,给予抗生素预防感染,鼓励病人咳嗽咳痰;若疑有胸腔内脏损伤或进行性出血,则需行开胸探查手术。

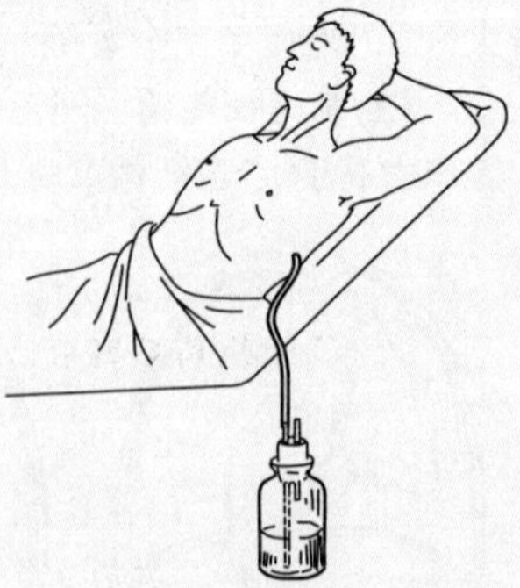

闭式胸膜腔引流术

闭式胸腔引流术的适应证为:A.中、大量气胸、开放性气胸、张力性气胸;B.胸穿治疗后肺无法复张者;C.需使用机械通气或人工通气的气胸或血气胸;D.拔除胸腔引流管后气胸或血胸复发者;E.剖胸手术。

闭式胸腔引流术的方法:根据临床诊断确定插管部位,气胸引流一般在前胸壁锁骨中线第 2 肋间隙,血胸一般在腋中线与腋后线第 6 或第 7 肋间隙。消毒后行局部麻醉,切开皮肤,钝性分离肌层,经肋骨上缘置入带

侧孔的胸腔引流管。引流管的侧孔应深入胸腔内2~3cm。引流管外接闭式引流装置，保证胸腔内气、液体克服3~4cmH_2O的压力能通畅引流出胸腔，而外界空气、液体不会吸入胸腔。术后经常挤压引流管以保持管腔通畅，记录每小时或24小时引流量。引流后肺膨胀良好，已无气体或液体排出，可在病人深吸气屏气时拔除引流管，并封闭伤口。

(3)张力性气胸　是可迅速致死的危急重症。急救时需迅速使用粗针头穿刺胸膜腔减压，并外接单向活瓣装置。进一步处理应放置胸腔闭式引流，使用抗生素预防感染。

注意：①闭合性气胸的急救处理——穿刺抽气（少见）。②张力性气胸的急救处理——穿刺抽气。③开放性气胸的急救处理——封闭创口，变开放性为闭合性。

三、血胸

胸膜腔内积血称为血胸，与气胸同时存在称为血气胸。

1. 病因

胸腔积血主要来源于心脏、胸内大血管及其分支、胸壁、肺组织、膈肌和心包血管出血。

2. 发病机制

血胸发生后不但因血容量丢失影响循环功能，还可压迫肺组织。血胸推移纵隔，使健侧肺受压，并影响腔静脉回流。当胸腔内迅速积聚大量血液，超过肺、心包和膈肌运动所起的去纤维蛋白作用时，胸腔内积血发生凝固，形成凝固性血胸。凝血块机化后形成纤维板，限制肺与胸廓的活动，损害呼吸功能。血液是细菌良好的培养基，细菌在积血中迅速滋生繁殖，引起感染性血胸，最终导致脓血胸。持续大量出血所致的胸膜腔积血，称为进行性血胸。即血胸→凝固性血胸→感染性血胸→脓血胸→脓胸。少数伤员因肋骨断端活动刺破肋间血管或血管破裂处血块脱落，发生延迟出现的胸腔内出血，称为迟发性血胸。

3. 诊断

(1)外伤史　多数病人有明显胸部外伤史。

(2)临床表现　少量血胸多无明显症状，中量以上血胸，主要表现为低血容量性休克和胸腔积液征象。

①血胸分类　成人血胸量≤0.5L为少量血胸；0.5~1.0L为中量血胸；>1.0L为大量血胸。

②失血表现　患者可有不同程度的面色苍白、脉搏细速、血压降低、末梢血管充盈不足的表现。

③胸腔积血表现　呼吸急促，肋间隙饱满，气管移向健侧，伤侧叩诊浊音、呼吸音减弱或消失。

④体格检查　患侧胸部隆起，纵隔向健侧移位，叩诊实音，患肺呼吸音减弱或消失。

(3)B超　见液性暗区。

(4)X线胸片　典型胸腔积液的X线征象。

(5)诊断性胸穿　抽出血性液体，即可确诊。

(6)判断是否为进行性血胸　进行性血胸的判定标准为：①持续脉搏加快、血压降低，或虽经补充血容量血压仍不稳定；②闭式胸腔引流量>200ml/h，持续3小时；③血红蛋白、红细胞计数、红细胞比容进行性降低；④胸腔引流液迅速凝固。

(7)判断是否为感染性血胸　以下提示感染性血胸：①有畏寒、高热等感染的全身表现；②抽出胸腔积血1ml，加入5ml蒸馏水，无感染呈淡红透明状，出现混浊或絮状物提示感染；③胸腔积血无感染时，红细胞白细胞计数比例为500:1，感染时白细胞计数明显增加，比例达100:1可确定感染性血胸；④积血涂片和细菌培养阳性。

4. 处理

(1)非进行性血胸，胸腔积血量少　可采用胸腔穿刺，及时排出积血。

(2)非进行性血胸，中等量积血　应积极行闭式胸腔引流，促使肺膨胀，改善呼吸功能。

(3)进行性血胸　应及时开胸探查。

(4)凝固性血胸 应待伤员情况稳定后,尽早(伤后2~3天)手术,清除血块。

(5)感染性血胸 应及时改善胸腔引流,排尽感染性积血积脓。

【例5】男,60岁。肺癌根治术后1天,胸腔闭式引流1.5小时引出血性液体500ml。查体:P120次/分,BP100/75mmHg。此时最重要的处理方法是

A. 输注全血 B. 静脉点滴多巴胺 C. 开胸止血

D. 快速补液 E. 继续观察

四、脓胸

脓胸是指脓性渗出物积聚于胸膜腔内的化脓性感染。脓胸按病理发展过程分为急性和慢性。

1. 急性脓胸

(1)临床表现 常有高热、脉快、呼吸急促、食欲差、胸痛、全身乏力、白细胞增高。积脓较多者,可有胸闷、咳嗽、咳痰症状。体检病侧语颤减弱,叩诊呈浊音,听诊呼吸音减弱或消失。严重者可伴有发绀和休克。

(2)诊断 联合胸片、B超、CT及胸腔穿刺有助于诊断。

①胸片 可见病侧积液所致的致密阴影;若有大量积液,病侧呈现大片浓密阴影,纵隔向健侧移位;若脓液在下胸部,可见外上内下的斜行弧线形阴影。

②B超 是目前最常用的检查方法,可明确脓胸范围和准确定位,有助于胸腔积液穿刺定位。

③胸腔穿刺 抽出脓液即可确诊。

(3)治疗

①控制原发感染 针对致病菌对药物的敏感性,选用有效抗生素。

②彻底排尽脓液 可促使肺组织尽快复张。排净脓液的方法有穿刺抽脓和胸腔闭式引流两种。

③胸腔镜手术 近年常用于急性脓胸的治疗,并取得了满意的效果。

2. 慢性脓胸

(1)临床表现 常有长期低热、食欲减退、消瘦、贫血等全身中毒症状,可有气促、咳嗽、咳脓痰等症状。

(2)诊断 根据病史、体检和X线胸片,诊断并不困难。

(3)治疗

①治疗原则 通过手术方法消灭致病原因和脓腔;使受压的肺组织复张,恢复肺通气功能。

②改进引流手术 使引流变得通畅,如更换较粗的引流管、使引流管置于脓腔最低位。

③胸膜纤维板剥除术 最大限度地恢复肺功能,是治疗慢性脓胸的主要原则之一。适用于病程较短、纤维板粘连不紧密、肺实质无病变的患者。

④胸廓成形术 适用于病程较长、肺实质纤维化严重、肺不能复张者。

⑤胸膜全肺切除术 适用于慢性脓胸合并肺内严重病变者。

【例6】男性,18岁。2个月前因急性脓胸经多次胸腔穿刺抽脓及抗菌治疗后,仍有低热、消瘦。胸部X线片示右胸仍可见包裹性脓腔。入院后行胸腔闭式引流术,每天引流脓液30~50ml,胸部X线片及胸部CT显示右下胸部有一10cm×6cm残腔,壁厚约2mm,未见钙化,肺内未见病变。进一步治疗应选择

A. 继续改进胸腔引流 B. 将闭式引流改为开放引流 C. 胸膜纤维板剥除术

D. 胸膜肺切除术 E. 改进全身情况,消除中毒症状和营养不良

▶▶**常考点** 重点内容,应全面掌握。

参考答案——详细解答见2021《贺银成国家临床执业及助理医师资格考试历年考点精析》

1. ABCDE 2. ABCDE 3. ABCDE 4. ABCDE 5. ABCDE 6. ABCDE

第 11 章　肺癌与食管癌

考纲要求

①肺癌:病理,临床表现,辅助检查,诊断与鉴别诊断,治疗与预防。②食管癌:病理,临床表现,诊断与鉴别诊断,治疗。

复习要点

一、肺癌

肺癌又称原发性支气管肺癌,是指起源于支气管黏膜上皮或肺泡上皮的恶性肿瘤。

1. 病理

肺癌的分布为右肺多于左肺,上叶多于下叶。传统上,将起源于肺段支气管开口以近,位置靠近肺门的肺癌称为中心型肺癌。将起源于肺段支气管开口以远,位于肺周围部分的肺癌称为周围型肺癌。

(1)病理组织学分类　2015 年 WHO 将肺癌分为 9 类:鳞癌、腺癌、小细胞癌、大细胞癌、腺鳞癌、肉瘤样癌、类癌、唾液腺型癌、未分类癌,其中,以前 4 类常见。

	肺鳞癌	肺腺癌	肺小细胞癌	肺大细胞癌
占比	《病理学》最常见类型	《外科学》最常见类型	10%~20%	15%~20%
好发人群	男性多见	较年轻女性	老年男性	老年男性
肿瘤起源	较大支气管	较小支气管上皮	较大支气管	大支气管
类型	80%~85%为中心型	65%为周围型	多为中心型	多为周围型
生长特点	具有向腔内生长倾向,早期引起支气管狭窄、肺不张、阻塞性肺炎	具有向腔外生长倾向,常在肺边缘形成直径 2~4cm肿块	常位于肺中心部,早期多已转移到肺门和纵隔淋巴结	可发生在肺门附近或肺边缘的支气管
临床特点	多有吸烟史 肿瘤生长缓慢 分化程度不一 对放化疗较敏感 淋巴转移早血行转移晚	与吸烟关系不密切 肿瘤生长较缓慢 分化程度较高 早期往往无临床症状 血行转移早淋巴转移晚	常具有内分泌功能 生长迅速,转移早 对放化疗敏感 较早有淋巴和血行转移 预后差,与吸烟关系密切	分化程度低 肿瘤生长迅速 易发生血行转移 预后不良

注意:①9 版《外科学》:肺腺癌发病率近年上升,已超越鳞癌成为最常见的肺癌。《病理学》为鳞癌最常见。
②预后最差的肺癌是小细胞肺癌,预后最好的肺癌是肺类癌。

(2)扩散及转移

①直接扩散　癌肿沿支气管壁并向支气管腔内生长,造成支气管腔阻塞;癌肿可穿越肺叶间隙侵入相邻的肺叶;肺癌可突破脏层胸膜,造成胸膜腔种植性转移;癌肿可直接侵犯胸壁、纵隔内其他组织和器官。

②淋巴转移　是常见扩散途径。小细胞癌和鳞癌较多见。

③血行转移　小细胞癌和腺癌的血行转移较鳞癌常见,最常见的远处转移部位是骨、脑、肝、肾上腺(9 版《外科学》P266:肺癌最常见的远处转移部位是肺、骨、脑、肝、肾上腺,应为笔误)。

A. 腺鳞癌　　B. 大细胞肺癌　　C. 小细胞肺癌
D. 鳞癌　　E. 腺癌

【例 1】早期出现纵隔淋巴结广泛转移的肺癌类型是
【例 2】最常出现癌性空洞的肺癌类型是

2. 临床表现

(1)早期肺癌 特别是周围型肺癌往往没有任何临床症状,大多在行胸片或胸部 CT 检查时发现。常见症状包括:咳嗽、血痰、胸痛、发热、气促,其中以咳嗽最常见,多为刺激性咳嗽。

(2)晚期肺癌 可出现各种压迫或浸润性症状:①压迫或侵犯膈神经可引起同侧膈肌麻痹。②压迫喉返神经出现声音嘶哑。③压迫上腔静脉出现面部、颈部、上肢、上胸部静脉怒张。④压迫食管出现吞咽困难。⑤压迫交感神经出现 Horner 综合征(同侧上眼睑下垂、瞳孔缩小、眼球凹陷、面部无汗),见于肺上沟瘤(Pancoast 瘤)。

(3)远处转移症状 按侵犯的器官不同产生不同的症状。脑转移可引起头痛、恶心或其他神经系统症状和体征;骨转移可引起骨痛、血液碱性磷酸酶或血钙升高;肝转移可导致肝大、碱性磷酸酶等升高;皮下转移可在皮下触及结节。

(4)副瘤综合征 少数肺癌病人,由于肿瘤产生内分泌物质,临床上呈现非转移性全身症状,如骨关节病综合征(杵状指、骨关节痛、骨膜增生)、Cushing 综合征、Lambert-Eaton 综合征、男性乳腺增大、多发性肌肉神经痛等。这些症状在切除肺癌后有可能消失。

【例 3】肺癌最常见的转移部位是

A. 肠　　B. 胃　　C. 肾
D. 脾　　E. 脑

【例 4】下列临床表现中,不属于副癌综合征的是

A. 抗利尿激素分泌失调综合征　　B. 神经肌肉综合征　　C. Horner 综合征
D. 类癌综合征　　E. 肥大性肺性骨关节病

3. 辅助检查与诊断

(1)胸部 X 线正侧位片 是常用的筛查方法,可发现大部分肺内病灶。

①中心型肺癌 当癌肿向支气管腔内生长,阻塞支气管时,受累的肺段或肺叶出现肺炎征象。阻塞不完全时,呈现段、叶局限性气肿。完全阻塞时,表现为肺段、肺叶或一侧全肺不张。肺不张伴肺门淋巴结肿大,下缘可表现为"反 S 征"影像,是中央型肺癌特别是右上叶中央型肺癌的典型征象。

②周围型肺癌 早期呈局限性小斑片状阴影,边缘不清,密度较淡。晚期阴影增大,密度增高,呈圆形或类圆形,边缘呈分叶状,伴有脐凹或细毛刺征、胸膜凹陷征、支气管充气征、空泡征等。

(2)CT 对诊断中心型、周围型肺癌均有重要价值,也是发现早期肺癌的最有效手段。肺癌常见的 CT 征象有分叶征、毛刺征、空泡征、支气管充气征、肿瘤滋养动脉、血管切迹和集束征、胸膜凹陷和牵拉征、偏心空洞征象等。低剂量胸部 CT 时目前肺癌筛查最有效的手段。

(3)正电子发射断层扫描(PET) 是肺癌定性诊断和分期的最好、最准确的无创检查。

(4)磁共振检查(MRI) 并非肺癌的常用检查手段,但对肺上沟癌需显示锁骨下血管和臂丛神经受累情况,MRI 可提供更准确的诊断信息。

(5)超声检查 对肺癌分期具有重要意义。

(6)骨扫描 采用^{99m}Tc 标记的二膦酸盐进行骨代谢显像是肺癌骨转移筛查的重要手段。

(7)痰细胞学检查 中央型肺癌,特别是伴有血痰的病例,痰中找到癌细胞即可确诊。

(8)支气管镜和纵隔镜检查 对中心型肺癌检出率较高,并可取活组织行病理学检查。

(9)支气管内超声引导针吸活检术(EBUS-TBNA) 可对纵隔或肺门淋巴结进行细针穿刺针吸活检,已广泛应用于肺癌病理获取和淋巴结分期。比纵隔镜更加微创。

(10)经胸壁针吸细胞学或组织学检查(TTNA) 对周围型肺癌的肿块,若常规的痰细胞学或支气管镜检查难以确诊的病例,可考虑行 TTNA,这项检查为有创检查,需在 B 超或 CT 引导下进行。

(11)电视辅助胸腔镜检查(VATS) 在其他检查未能取得病理诊断且高度怀疑肺癌时,可行 VATS。

【例 5】肺癌普查首选的检查方法是

A. 胸部B超　　B. 胸部CT　　C. 支气管镜
D. 胸部X线片　　E. 肿瘤标志物检测

【例6】周围型肺癌的典型X线影像特点不包括
A. 团块有毛刺　　B. 薄壁空洞，内见液平　　C. 胸膜凹陷征
D. 孤立性团块影　　E. 团块呈分叶状

【例7】男，65岁，咳嗽，痰中带血伴喘息3个月。头面部及双上肢肿胀2周。胸部X线片示右肺门影增大，右肺可见不规则分叶状团块影，右上纵隔明显增宽。最可能的诊断是
A. 肺炎　　B. 纵隔肿瘤　　C. 肺血栓栓塞
D. 肺癌　　E. 肺结核

【例8】男，50岁。干咳2周，既往吸烟史20年，20支/天。胸部X线片检查示右上肺近胸膜处可见直径1.5cm的类圆形结节。为协助诊断，应首先采取的检查是
A. 支气管镜　　B. 血清肿瘤标志物　　C. 胸部CT
D. 痰细胞学检查　　E. 胸部MRI

注意：①肿块位于肺门者，只能行支气管镜+活检，不能经胸壁穿刺活检，后者适用于周围型肺癌的诊断。
②中央型肺癌确诊首选纤维支气管镜+活组织检查。
③纤支镜用于中央型肺癌的检查，胸腔镜用于周围型肺癌的检查，纵隔镜用于纵隔肿瘤的检查。
④中央型肺癌早期即可有刺激性咳嗽、痰中带血。由于肿块压迫，可使远端支气管阻塞致肺不张。

4. 鉴别诊断

需与肺结核（肺结核球、粟粒性肺结核、肺门淋巴结结核）、肺部炎症（支气管肺炎、肺脓肿）、肺部良性肿瘤（错构瘤、纤维瘤、软骨瘤）、支气管腺瘤、炎性假瘤、纵隔淋巴肉瘤等鉴别。

5. 治疗

肺癌的治疗方法主要有手术治疗、放射治疗、化学药物治疗、靶向治疗、免疫治疗等。小细胞肺癌和非小细胞肺癌在治疗原则有很大的不同。小细胞肺癌远处转移早，除早期（$T_{1\sim2}N_0M_0$）的病人适于手术治疗外，其他应以非手术治疗为主。而非小细胞肺癌则依据确诊时的TNM分期采用相应的治疗：ⅠA期采用手术治疗；ⅠB期采用手术治疗±术后化疗；Ⅱ期采用手术治疗+术后化疗；ⅢA期采用化疗+放疗±手术治疗；ⅢB期采用化疗+放疗；Ⅳ期采用综合治疗，根据基因突变情况考虑靶向治疗、化疗或免疫治疗。

(1)手术治疗　早期肺癌手术治疗通常能达到治愈的效果。手术适应证为：Ⅰ、Ⅱ期和部分经过选择的ⅢA期（如$T_3N_1M_0$）的非小细胞肺癌。已明确纵隔淋巴结转移（N_2）的病人，手术可考虑在化疗/放疗后进行。ⅢB期、Ⅳ期肺癌，手术不应列为主要治疗手段。

(2)放射治疗　是肺癌局部治疗手段之一。对有纵隔淋巴结转移的肺癌，全剂量放疗联合化疗是主要的治疗模式。对有远处转移的肺癌，放疗仅用于对症治疗，是姑息治疗方法。一些早期肺癌病人，因高龄、心肺疾病不能耐受手术者，放疗可作为一种局部治疗手段。

放疗的敏感性：小细胞肺癌>鳞癌>腺癌>细支气管肺泡癌。

(3)化学治疗　肺癌的化疗分为术前化疗（新辅助化疗）、术后化疗（辅助化疗）和系统性化疗。肺癌的标准化疗方案是：下列药物之一与铂类药（顺铂或卡铂）的两药联合方案，包括长春瑞滨、紫杉醇、吉西他滨、多西他赛、培美曲赛、依托泊苷、拓扑替康等。

(4)靶向治疗　针对肿瘤特有的和依赖的驱动基因异常进行的治疗，称为靶向治疗。目前，肺癌治疗的靶点主要有表皮生长因子受体（EGFR）、血管内皮生长因子（VEGF）、间变淋巴瘤激酶（ALK）。东亚肺腺癌病人中，特别是女性和非吸烟者，EGFR基因突变比例超过50%，是最重要的治疗靶点。

(5)免疫治疗　可使少数晚期病人获得远期生存。

【例9】男，56岁。咳嗽伴痰中带血2周。胸部X线片及CT检查发现右肺上叶周围型结节。痰细胞学检

查示:鳞癌可能性大。该患者首选的治疗是

A. 免疫治疗　　B. 手术治疗　　C. 化学药物治疗

D. 介入治疗　　E. 放射治疗

6. 预防

(1)避免接触与肺癌发病有关的因素　如控烟、减少大气污染,是预防肺癌发生发展的关键。

(2)早期诊断　当肺癌出现症状时,往往已属晚期,因此对肺癌的早期诊断尤为重要,故应进行定期胸部X线检查。高分辨率CT对发现早期肺癌有重要价值。

(3)化学预防　目前尚无有效的肺癌化学预防措施,不吸烟和及早戒烟可能是预防最有效的方法。

二、食管癌

1. 病理

(1)食管的分段　食管分颈段和胸段,胸段又分为上、中、下(含腹段)三段。

	起自	止于	距门齿约
颈段	食管入口	胸骨切迹	20cm
胸上段	胸骨切迹	奇静脉弓下缘	25cm
胸中段	奇静脉弓下缘	下肺静脉下缘	30cm
胸下段	下肺静脉下缘	食管裂孔上缘	40cm
腹段	食管裂孔上缘	胃食管交界处	42cm

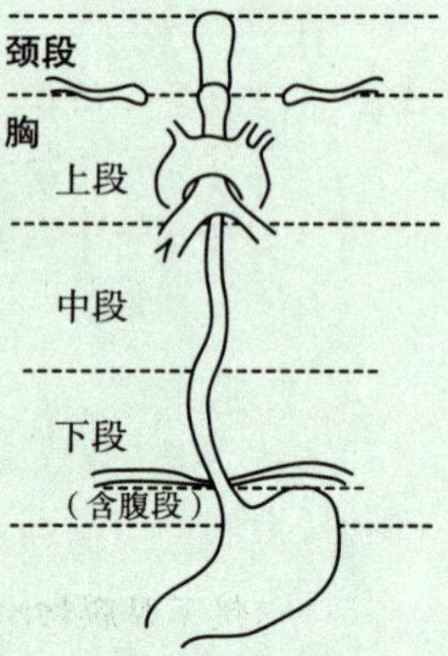

食管的分段

(2)好发部位　食管癌的好发部位依次为胸中段>下段>上段。我国以鳞癌最常见,占80%以上;美国和欧洲以腺癌多见,占70%以上。

(3)病理分期　早期病变多局限于黏膜(原位癌),表现为黏膜充血、糜烂、斑块或乳头状,少见肿块。至中、晚期癌肿长大,逐渐累及食管全周,肿块突入腔内,还可穿透食管壁全层,侵入纵隔和心包。

(4)病理形态　按病理形态,食管癌可分为四型:

类型	病理特点
髓质型	管壁明显增厚并向腔内外扩展,使癌瘤的上下端边缘呈坡状隆起
蕈伞型	瘤体呈卵圆形扁平肿块状,向腔内呈蘑菇样突起
溃疡型	瘤体的黏膜面呈深陷而边缘清楚的溃疡,溃疡大小和外形不一,深入肌层,阻塞程度较轻
缩窄型	即硬化型,瘤体形成明显的环行狭窄,累及食管全部周径,较早出现阻塞症状

(5)扩散及转移　癌肿最先向黏膜下层扩散,继而向上、下及全层浸润,很易穿透疏松的外膜侵入邻近器官。淋巴转移是食管癌的主要转移途径,血行转移发生较晚。

【例10】食管癌分型不包括

A. 髓质型　　B. 缩窄、硬化型　　C. 蕈伞形　　D. 溃疡型　　E. 梗阻型

2. 临床表现

(1)早期食管癌　症状不明显,吞咽粗硬食物时可能偶有不适,如胸骨后烧灼样、针刺样或牵拉摩擦样疼痛。食物通过缓慢,并有停滞感或异物感。梗噎停滞感常通过吞咽水后缓解消失。症状时轻时重,进展缓慢。

(2)中晚期食管癌　典型症状是进行性吞咽困难。晚期可侵犯食管外组织,如侵犯喉返神经出现声音嘶哑,压迫颈交感神经产生Horner综合征。持续胸痛或背痛,表示癌已侵犯食管外组织。若有肝、脑等脏器转移,可出现黄疸、腹水、昏迷等状态。

【例11】典型的食管癌症状特点是

A. 胸痛　B. 持续性胸骨后异物感　C. 反酸、烧心伴吞咽困难

D. 渐进性加重的吞咽困难　E. 间断吞咽困难伴呕吐

3. 诊断

(1)食管气钡双重造影　对可疑病例,均应作此项检查。

①早期食管癌　食管黏膜皱襞紊乱、粗糙或中断;小充盈缺损;局限性管壁僵硬,蠕动中断;小龛影。

②中、晚期食管癌　可见不规则狭窄和充盈缺损,管壁僵硬。有时狭窄上方食管有不同程度的扩张。

(2)纤维胃镜+活检　可见食管腔内肿物,多呈菜花样改变,病理活检可以确诊,为首选检查方法。

(3)食管超声内镜检查(EUS)　可用于确定食管癌的浸润深度、有无纵隔淋巴结转移。

【例12】男,58岁。进行性吞咽困难2月余,上消化道X线钡餐造影见食管下段黏膜紊乱,部分管壁僵硬。为明确诊断,首选的检查是

A. 食管拉网　B. 胸部增强CT　C. 食管超声

D. PET-CT　E. 食管镜

注意:①普查食管癌首选食管拉网脱落细胞学检查,确诊食管癌首选纤维食管镜+活组织检查。

②食管癌行钡餐检查呈充盈缺损、管壁僵硬、龛影、黏膜断裂;贲门失弛缓症呈鸟嘴征。

③门脉高压症食管胃底静脉曲张行钡餐检查呈串珠状改变。

④进行性吞咽困难是食管癌的典型临床表现,间歇性吞咽困难是贲门失弛缓症的典型临床表现。

4. 鉴别诊断

食管癌应与食管良性肿瘤、贲门失弛缓症、食管良性狭窄相鉴别。

5. 治疗

食管癌的治疗原则是多学科综合治疗,包括手术、放疗和化疗。

(1)内镜下黏膜切除术　早期食管癌及癌前病变可以采用内镜下治疗,包括射频消融、冷冻治疗、内镜下黏膜切除术(EMR)、内镜黏膜下剥离术(ESD)等,但应严格掌握手术适应证。

(2)手术治疗　是可切除食管癌的首选治疗方法,手术方式是肿瘤完全性切除(切除的长度应在距癌瘤上、下缘5~8cm以上)、消化道重建、胸腹两野或颈胸腹三野淋巴结清扫。

手术适应证为:①Ⅰ、Ⅱ期和部分Ⅲ期食管癌($T_3N_1M_0$和部分$T_4N_1M_0$);②放疗后复发,无远处转移,一般情况能耐受手术者;③全身情况良好,有较好的心肺功能储备;④对较长的鳞癌估计切除可能性不大而病人全身情况良好者,可先行术前放化疗,待瘤体缩小后再作手术。

(3)放射治疗　①术前放疗:可增加手术切除率,提高远期生存率;②术后放疗:对术中切除不完全的残留癌组织在术后3~6周开始术后放疗;③根治性放疗:多用于颈段、胸上段食管癌;也可用于有手术禁忌证且病人尚可耐受放疗者;④三维适形放疗技术是目前较先进的放疗技术。

(4)化学治疗　食管癌化疗分为姑息性化疗、新辅助化疗(术前)、辅助化疗(术后)。

(5)放化疗联合　局部晚期食管癌但无全身远处转移,可以进行新辅助同步或序贯放化疗。

【例13】男,75岁。进行性吞咽困难3月余,目前能进半流食。胃镜检查:食管距门齿20cm处发现一长约6cm菜花样肿物,病理报告为鳞状细胞癌。其最佳治疗方法为

A. 放疗　B. 胃造瘘术　C. 食管癌根治术

D. 姑息性食管癌切除术　E. 化疗

▶▶常考点　重点内容,应全面掌握。

参考答案——详细解答见2021《贺银成国家临床执业及助理医师资格考试历年考点精析》

1. ABCDE　2. ABCDE　3. ABCDE　4. ABCDE　5. ABCDE　6. ABCDE　7. ABCDE

8. ABCDE　9. ABCDE　10. ABCDE　11. ABCDE　12. ABCDE　13. ABCDE

第 12 章　腹外疝

考纲要求

①概述：病因，临床类型，治疗原则。②腹股沟疝：诊断与鉴别诊断，治疗。③股疝：诊断，治疗。

复习要点

一、概述

体内脏器或组织离开其正常解剖部位，通过先天或后天形成的薄弱点、缺损或孔隙进入另一部位，称为疝。疝多发生于腹部，以腹外疝多见。

1. 病因

(1)腹壁强度降低　常见因素有：①某些组织穿过腹壁的部位，如精索或子宫圆韧带穿过腹股沟管、股动静脉穿过股管、脐血管穿过脐环等处；②腹白线发育不全也可成为腹壁的薄弱点；③手术切口愈合不良、腹壁外伤及感染、腹壁神经损伤、老年、久病、肥胖等所致肌萎缩等也是腹壁强度降低的原因。

(2)腹内压力增高　如慢性咳嗽、慢性便秘、排尿困难（如包茎、良性前列腺增生、膀胱结石）、搬运重物、举重、腹水、妊娠、婴儿经常哭闹等是引起腹内压增高的常见原因。

2. 临床类型　腹外疝有易复性、难复性、嵌顿性、绞窄性等类型。

①易复性疝	是指疝内容物很容易回纳入腹腔的疝
②难复性疝	疝内容物不能回纳或不能完全回纳入腹腔内，但并不引起严重症状者
滑动性疝	疝内容物成为疝囊壁的一部分，属于难复性疝。多见于右侧，左右之比为 1:6
③嵌顿性疝	疝囊颈较小而腹内压突然增高时，疝内容物可强行扩张囊颈而进入疝囊，随后因囊颈的弹性收缩，又将内容物卡住，使其不能回纳，称嵌顿性疝或箝闭性疝
逆行性嵌顿疝	嵌顿的肠管包括几个肠袢，或呈 W 形，称逆行性嵌顿疝或 Maydl 疝
Richter 疝	指嵌顿的内容物为肠管壁的一部分，也称为肠管壁疝
Littre 疝	是指嵌顿的疝内容物为小肠憩室（通常是 Meckel 憩室）
④绞窄性疝	嵌顿疝合并肠壁血运障碍者，称绞窄疝
⑤儿童疝	因疝环组织一般比较柔软，嵌顿后很少发生绞窄

注意：①嵌顿疝——绞窄疝、逆行性嵌顿疝（Maydl 疝）、箝闭性疝（嵌顿性疝）、Richter 疝、Littre 疝。
②容易嵌顿的疝——股疝、儿童腹股沟斜疝、成人脐疝。③最易嵌顿的疝——股疝。
④不容易嵌顿的疝——直疝、切口疝、小儿脐疝。⑤属于难复性疝——滑动疝。

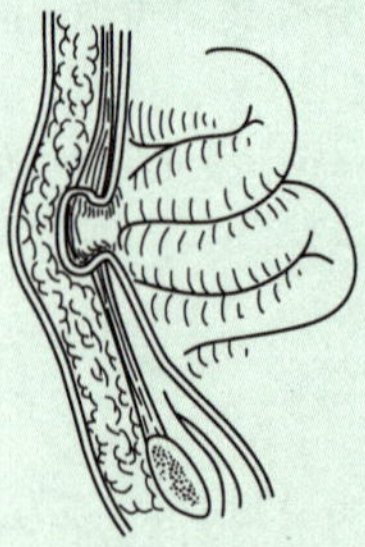

肠管壁疝（Richter疝）

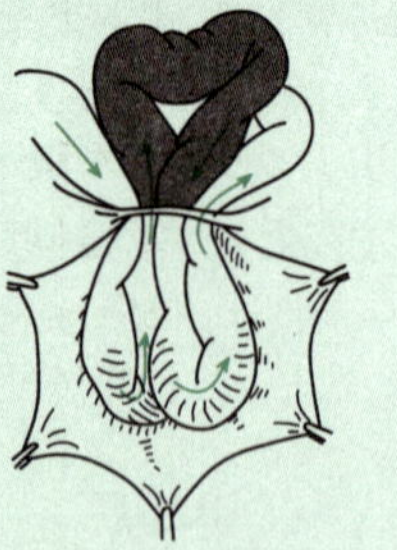

逆行性嵌顿疝（Maydl疝）

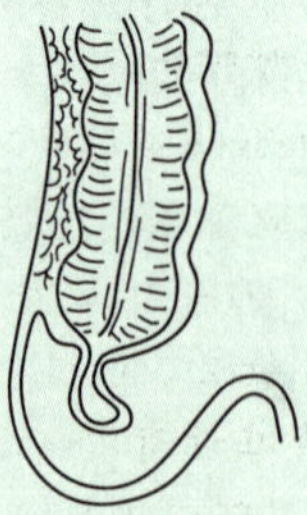

滑动疝

【例 1】最容易发生疝内容物坏死的临床类型是

A. 难复性疝　　B. 易复性疝　　C. 滑动性疝

D. 嵌顿性疝　　E. 绞窄性疝

3. 治疗原则

除少数特殊情况外，腹股沟疝一般应采用手术治疗。

二、腹股沟疝

1. 诊断

根据以下临床表现，一般不难诊断。诊断特别困难者，可行超声、MRI/CT 等影像学检查，协助诊断。

(1)易复性疝　腹股沟区可复性肿块。肿块常在站立、行走、咳嗽或劳动时出现，多呈带蒂柄的梨形，并可降至阴囊或大阴唇。用手按压肿块并嘱病人咳嗽，可有膨胀冲击感。如病人平卧休息或用手将肿块向腹腔推送，肿块可向腹腔回纳而消失。回纳后，以手指通过阴囊皮肤伸入浅环，可感浅环扩大，此时嘱病人咳嗽，指尖有冲击感。用手压住腹股沟管深环，让病人起立并咳嗽，斜疝疝块并不出现；一旦移去手指，则可见疝块由外上向内下鼓出。

(2)难复性疝　疝块不能完全回纳。

(3)滑动性疝　疝块不能完全回纳，消化不良和便秘。

(4)嵌顿性疝　疝块突然增大，不能回纳，并伴明显疼痛。若为肠管嵌顿，可出现机械性肠梗阻征象。Richter 疝由于局部肿块不明显，不一定有肠梗阻表现。

(5)绞窄性疝　在嵌顿疝基础上合并肠管壁血运障碍，可出现腹膜刺激征。

(6)腹股沟直疝　直立时出现半球形包块，不伴疼痛或其他症状。直疝很少进入阴囊，极少嵌顿。

2. 鉴别诊断

(1)斜疝、直疝和股疝的鉴别　如下表。

	斜疝	直疝	股疝
发病年龄	多见于儿童与青壮年	多见于老年	40 岁以上妇女
突出途径	经腹股沟管突出	由直疝三角突出	经股管突出
进入阴囊	可进入	很少进入	绝不进入
疝块外形	椭圆形或梨形，有蒂	半球形，基底较宽	半球形，位于卵圆窝处
回纳疝块后压住内环	疝块不再突出	仍可突出	仍可突出
精索与疝囊的关系	精索在疝囊后方	精索在疝囊前外方	—
疝囊颈与腹壁下动脉关系	疝囊颈在腹壁下动脉外侧	疝囊颈在腹壁下动脉内侧	—
嵌顿机会	较多	极少	最易嵌顿(占 60%)

(2)睾丸鞘膜积液　肿块完全局限在阴囊内，其上界可以清楚地摸到，透光试验阳性，而疝块则为阴性。

(3)交通性鞘膜积液　肿块的外形与睾丸鞘膜积液相似。于每日起床后或站立活动时肿块缓慢出现并增大。平卧或睡觉后肿块逐渐缩小，挤压肿块其体积可逐渐缩小。透光试验阳性。

(4)精索鞘膜积液　肿块较小，在腹股沟管内，牵拉同侧睾丸可见肿块移动。

(5)隐睾　肿块较小，挤压肿块可出现特有的胀痛感觉。如患侧阴囊内睾丸缺如，则诊断更为明确。

(6)急性肠梗阻　若嵌顿的疝内容物为肠管，则可伴发急性肠梗阻。

【例 2】腹股沟直疝最有诊断意义的临床表现是

A. 按压深环疝仍复出　　B. 容易发生嵌顿　　C. 疝囊颈位于腹壁下动脉外侧

D. 疝包块呈梨形　　E. 最常见于中年人

【例 3】腹股沟疝检查时,压迫腹股沟深环的部位应在

A. 腹股沟韧带中点上方 2cm　B. 精索的内前方 2cm　C. 耻骨结节外侧 2cm

D. 肿块隆起最明显处　E. 髂前上棘与耻骨结节连线的中点

3. 治疗

(1)非手术治疗　适用于:①1 岁以下的婴幼儿;②年老体弱者;③伴严重疾病禁忌手术者。

(2)手术治疗　腹股沟疝最有效的治疗方法是手术修补。手术方法主要分为以下三种:

①传统的疝修补术　手术的基本原则是疝囊高位结扎+腹股沟管修补术。

A.疝囊高位结扎　显露疝囊颈,予以高位结扎。所谓高位,解剖上应达内环口,术中以腹膜外脂肪为标志。婴幼儿的腹肌在发育中可逐渐强壮而使腹壁加强,单纯疝囊高位结扎常能获得满意疗效,不需施行修补术。绞窄性斜疝因肠坏死而局部有严重感染,通常采取单纯疝囊高位结扎,而不修补,因感染常使修补失败,腹壁的缺损应在以后另作择期手术加强之。

B.腹股沟管修补术　成年腹股沟疝病人都存在不同程度的腹股沟管前壁或后壁薄弱、缺损,单纯疝囊高位结扎不足以预防腹股沟疝的复发,故在疝囊高位结扎后,还需行腹股沟管修补。各种修补术式如下。

术式	加强部位	手术方法	适用证
Ferguson	加强前壁	在精索前方将腹内斜肌下缘与联合腱缝至腹股沟韧带上,目的是消灭腹内斜肌弓状下缘与腹股沟韧带之间的空隙	腹横筋膜无显著缺损 腹股沟管后壁健全的病例
Bassini	加强后壁	在精索后把腹内斜肌下缘和联合腱缝至腹股沟韧带上。精索位于腹内斜肌与腹外斜肌腱膜之间	腹横筋膜松弛、腹股沟管薄弱者 临床应用最广泛
Halsted	加强后壁	与 Bassini 法相似,但把腹外斜肌腱膜也在精索后方缝合。精索位于腹壁皮下层与腹外斜肌腱膜之间	腹横筋膜松弛 腹股沟管薄弱者
Shouldice	加强后壁	将疝修补重点放在内环及腹横筋膜	较大的成人腹股沟斜疝、直疝
McVay	加强后壁	在精索后方把腹内斜肌下缘和联合腱缝至耻骨梳韧带上	后壁严重薄弱者:大斜疝、复发疝、直疝、股疝、老年病人

记忆:加强腹股沟管前壁的修补术式为 Ferguson——记忆为前夫(F),其他均为加强后壁的修补术式。

②无张力疝修补术　是在无张力情况下,利用人工高分子材料网片进行修补,具有术后疼痛轻、恢复快、复发率低等优点。常用的方法有三种:平片无张力疝修补术(Lichtenstein 手术)、疝环充填式无张力疝修补术(Rutkow 手术)、巨大补片加强内脏囊手术(Stoppa 手术)。人工高分子修补材料属于异物,有潜在排异和感染的危险,故临床上应选择适应证应用。

③经腹腔镜疝修补术(LIHR)　方法有四种:经腹腔的腹膜前修补(TAPP)、完全经腹膜外路径的修补(TEP)、腹腔内的补片修补(IPOM)、单纯疝环缝合法。LIHR 具有创伤小、术后疼痛轻、恢复快、复发率低、无局部牵扯感等优点,但由于手术费用高,故目前应用较少。

注意:①只做疝囊高位结扎,不做修补——1 岁以上的小儿疝、绞窄疝、绞窄性斜疝并感染者。

②只做修补,不做疝囊高位结扎——无张力疝修补。

③既不做疝囊高位结扎,也不做修补——1 岁以下的婴幼儿、年老体弱者、伴严重疾病禁忌手术者。

④需紧急手术者——嵌顿疝、绞窄疝。

(3)婴幼儿疝的处理

①1 岁以内的婴幼儿疝　可暂不手术,因为婴幼儿腹肌可随躯体生长逐渐强壮,疝有自行消失的可能。可采用棉线束带或绷带压住腹股沟管深环,防止疝块突出。

②1 岁以上的小儿　仅作疝囊高位结扎,不作疝修补术。因为幼儿的腹肌在发育中可逐渐强壮而使

腹壁加强,单纯疝囊高位结扎常能获得满意的疗效,不需施行修补术。

(4)嵌顿疝的处理原则 原则上应紧急手术,具备下列情况者可先试行手法复位:①嵌顿时间在3~4 小时以内,局部压痛不明显,无腹部压痛或腹肌紧张等腹膜刺激征者;②年老体弱或伴其他严重疾病而估计肠袢尚未绞窄者。

(5)绞窄疝的处理原则 绞窄疝嵌顿的肠管已有血运障碍,应手术切除坏死的肠管,一期肠吻合,只作疝囊高位结扎,一般不作一期疝修补,以免因感染而致修补失败。

【例 4】男,74 岁。腹股沟疝修补术后 2 年,复发 3 个月,要求再次手术治疗。考虑患者年老、腹壁薄弱,最适宜的术式是

A. Bassini 法　　B. McVay 法　　C. Halsted 法
D. Ferguson 法　　E. Lichtenstein 法

【例 5】女,62 岁。右侧股疝嵌顿 10 小时。查体:腹胀明显,右下腹局限性压痛(+),肌紧张,肠鸣音亢进。右侧腹股沟韧带下方隆起肿块,有压痛。手术时发现小肠坏死,行坏死小肠切除后,下一步正确的手术措施是

A. 单纯疝囊高位结扎术　　B. Mc Vay 法疝修补术　　C. Bassini 法疝修补术
D. Halsted 法疝修补术　　E. Ferguson 法疝修补术

A. Halsted 法　　B. Shouldice 法　　C. Mc Vay 法
D. Ferguson 法　　E. Bassini 法

【例 6】重点行腹横筋膜加强缝合的方法是

【例 7】加强腹股沟管前壁的疝修补术是

三、股疝

疝囊通过股环、经股管突出的疝称为股疝。由于股管几乎是垂直的,疝块在卵圆窝处向前转折时形成一锐角,且股环本身较小,周围又多坚韧的韧带,因此股疝容易嵌顿。在腹外疝中,股疝嵌顿者最多,高达 60%。股疝一旦嵌顿,可迅速发展为绞窄性疝。

1. 诊断

(1)临床特点 好发于 40 岁以上妇女,易嵌顿,易绞窄,疝块呈半球形。疝内容物常为大网膜或小肠。

(2)临床表现 疝块往往不大,常在腹股沟韧带下方卵圆窝处表现为一半球形突起。平卧回纳内容物后,疝块有时不能完全消失,这是因为疝囊外有很多脂肪堆积的缘故。由于疝囊颈较小,故咳嗽冲击感不明显。股疝发生嵌顿时,常伴有较明显的急性机械性肠梗阻的症状。

2. 治疗

股疝容易嵌顿,容易绞窄,因此,诊断明确后,应及时手术治疗。最常用的手术是 Mc Vay 修补术,此法不仅能加强腹股沟管后壁而用于修补腹股沟疝,同时还能堵住股环而用于修补股疝。另一方法是在处理疝囊后,在腹股沟韧带下方把腹股沟韧带、腔隙韧带和耻骨肌筋膜缝合在一起,借以关闭股环。

【例 8】女,44 岁。突发右下腹疼痛伴呕吐、停止排气排便 6 小时。查体:P110 次/分,BP120/80mmHg,右侧腹股沟韧带下方卵圆窝处可及半球形包块,压痛明显,不能还纳。下一步处理正确的是

A. 立即扩容补液　　B. 手法还纳包块　　C. 立即手术治疗
D. 密切观察病情变化　　E. 应用吗啡,缓解疼痛

常考点 重点内容,需全面掌握。

参考答案——详细解答见 2021《贺银成国家临床执业及助理医师资格考试历年考点精析》

1. ABCDE　2. ABCDE　3. ABCDE　4. ABCDE　5. ABCDE　6. ABCDE　7. ABCDE
8. ABCDE

第 13 章　腹部闭合性损伤与继发性腹膜炎

考纲要求

①腹部闭合性损伤概论:临床表现,诊断与鉴别诊断,急救与治疗。②肝破裂:诊断与鉴别诊断,治疗。③脾破裂:诊断与鉴别诊断,治疗。③继发性腹膜炎:病因及致病菌,病理,临床表现,诊断与鉴别诊断,治疗。④腹腔脓肿的诊断与治疗。

复习要点

一、腹部闭合性损伤

1. 临床表现

(1)差异很大　由于致伤原因及伤情不同,腹部损伤后的临床表现差异很大,可从无明显症状体征到出现重度休克甚至濒死状态。一般单纯腹壁损伤的症状和体征较轻,可表现为受伤部位疼痛,局限性腹壁肿胀、压痛,或有皮下瘀斑。如为内脏挫伤,可有腹痛或无明显症状,严重者可有腹腔内出血和腹膜炎。

(2)实质脏器损伤　肝、脾、胰、肾等实质器官或大血管损伤主要表现为腹腔内(腹膜后)出血,严重者可发生休克。腹痛呈持续性,一般不很剧烈,腹膜刺激征也不明显。但肝破裂、胰腺损伤可出现明显腹痛和腹膜刺激征。体征最明显处一般即是损伤所在。移动性浊音是腹腔内出血的有力证据,但已属晚期体征。肾损伤可出现血尿。

(3)空腔脏器破裂　胃肠道、胆道、膀胱等空腔脏器破裂的主要表现为局限性或弥漫性腹膜炎。最为突出的体征是腹膜刺激征,其程度因空腔器官内容物不同而异。通常是胃液、胆汁、胰液刺激最强,肠液次之,血液最轻。伤者可因肠麻痹而出现腹胀,严重时可发生感染性休克。空腔脏器破裂也可有程度不同的出血,但出血量一般不大,除非合并邻近大血管损伤。

【例 1】破裂后液体进入腹腔引起腹膜刺激征最严重的腹部实质脏器是

A. 肾上腺　　B. 肾脏　　C. 肝脏

D. 胰腺　　E. 脾脏

2. 诊断与鉴别诊断

(1)有无内脏损伤　有下列情况之一者,应考虑腹内脏器损伤:①早期出现休克者(尤其是出血性休克);②持续性甚至进行性腹痛伴恶心、呕吐;③有明显腹膜刺激征;④有气腹表现;⑤腹部出现移动性浊音;⑥有便血、呕血或尿血;⑦直肠指检发现前壁有压痛或波动感,或指套染血。

(2)什么脏器受到损伤　下列各项表现对于确定哪类脏器破裂有一定价值:①有恶心、呕吐、便血、气腹者多为胃肠道损伤;②有排尿困难、血尿、外阴或会阴牵涉痛者,提示泌尿系脏器损伤;③有膈面腹膜刺激表现、同侧肩部牵涉痛者,提示上腹脏器损伤,其中以肝脾破裂多见;④有下位肋骨骨折者,提示有肝或脾破裂的可能;⑤有骨盆骨折者,提示有直肠、膀胱、尿道损伤的可能。

(3)是否有多发性损伤　各种多发损伤可能有以下几种情况:①腹内某一脏器有多处损伤;②腹内有一个以上脏器受到损伤;③除腹部损伤外,尚有腹部以外的合并损伤;④腹部以外损伤累及腹内脏器。无论哪种情况,在诊断和治疗中,都应提高警惕注意避免漏诊,否则必将导致严重后果。

(4)诊断性腹腔穿刺和腹腔灌洗术　抽出不凝血提示实质性脏器破裂。阳性率可达 90%以上,对于判断腹腔内脏有无损伤和哪类脏器损伤有很大帮助。

注意:①实质性脏器损伤最简单、最可靠的检查方法是诊断性腹腔穿刺和腹腔灌洗术。
②空腔脏器破裂最简单、最有意义的检查方法是立位腹部平片(或透视)。

(5)X线检查　腹腔游离气体为胃肠道破裂的证据,在立位腹部平片表现为膈下新月形阴影。腹膜后积气提示腹膜后十二指肠或结直肠穿孔。

(6)B超、CT、MRI检查　有适应证时可选用。

(7)严密观察　对于暂时不能明确有无腹腔内脏损伤而生命体征稳定的病人,应严密观察。

①观察的内容　A.每15~30分钟测定一次血压、脉率和呼吸;B.每30分钟检查一次腹部体征;C.每30~60分钟测定一次红细胞数、血红蛋白和血细胞比容;D.必要时可重复诊断性腹穿或灌洗术。

②观察期间的要求　A.不能随便搬动伤者,以免加重伤情;B.禁用或慎用止痛剂,以免掩盖伤情;C.暂禁食水,以免万一有胃肠道穿孔而加重腹腔污染。

③观察期间要进行下列处理　A.积极补充血容量,并防治休克;B.注射广谱抗生素,以预防和治疗可能存在的腹内感染;C.疑有空腔脏器破裂或有明显腹胀时,应行胃肠减压。

(8)剖腹探查指征　①全身情况有恶化趋势,出现口渴、烦躁、脉率增快或体温及白细胞计数上升或红细胞计数进行性下降者;②腹痛和腹膜刺激征进行性加重或范围扩大者;③肠蠕动减弱或消失,或腹部逐渐膨隆者;④膈下有游离气体,肝浊音界缩小或消失,或者出现移动性浊音者;⑤积极救治休克而情况不见好转或继续恶化者;⑥消化道出血者;⑦腹腔穿刺抽出气体、不凝血、胆汁、胃肠内容物等;⑧直肠指检有明显触痛。

【例2】肝损伤后早期出现休克最主要的原因是

A. 急性腹膜炎　　B. 全身感染　　C. 胆瘘

D. 腹膜内出血　　E. 麻痹性肠梗阻

【例3】男,33岁。右上腹外伤2小时。查体:P120次/分,R28次/分,BP90/60mmHg,全腹有压痛、反跳痛,以右上腹为著,移动性浊音(+)。最有意义的辅助检查是

A. 腹部B超　　B. 立位腹部X线片　　C. 腹部CT

D. 诊断性腹腔穿刺　　E. 腹部MRI

3. 急救与治疗

(1)急救处理　如腹部以外另有伴发损伤,应全面权衡轻重缓急,首先处理对生命威胁最大的损伤,如进展迅速的颅脑外伤。对于危重的病例,心肺复苏是压倒一切的任务,解除气道梗阻是首要一环;其次要迅速控制大出血、清除开放性气胸或张力性气胸,同时尽快恢复循环血量、纠正休克等。

(2)抢救休克　腹部损伤的病人很容易发生休克,故防治休克是治疗中的重要环节。实质性脏器损伤常可发生威胁生命的大出血,比空腔脏器损伤更为紧急。

①实质脏器破裂出血伴休克的病人　应边快速补液抗休克,边准备手术,力争在收缩压回升至90mmHg以上后进行手术。但若在积极抗休克治疗下,仍未能纠正休克,提示腹腔内有进行性大出血,则应当机立断,在抗休克的同时,迅速剖腹止血。

②空腔脏器破裂的病人　休克发生较晚,多数属于失液引起的低血容量性休克,一般应在休克纠正的前提下进行手术。少数病人同时伴有感染性休克因素而不易纠正者,也可在抗休克的同时进行手术治疗。同时应给予足量抗生素。

(3)麻醉方式的选择　应选用气管内插管麻醉,禁用椎管内麻醉,以免血压下降。

(4)手术切口的选择　常选用正中切口,进腹迅速,创伤和出血较少,能满足彻底探查腹腔所有部位的需要,还可根据需要向上下延长或向侧方添加切口。腹部开放伤时,不要通过扩大伤口去探查腹腔。

(5)探查和处理腹腔的顺序

①探查顺序　肝脾→膈肌、胆囊→胃→十二指肠第一段→空回肠→大肠及其系膜→盆腔脏器→胃后壁和胰腺→必要时探查十二指肠二、三、四段。

②处理顺序　出血性损伤→穿孔性损伤;结肠→回肠→空肠→胃。

【例4】男,42岁。腹部撞伤3小时,持续性腹痛,未排尿。查体:T37.5℃,P110次/分,BP90/60mmHg,腹

式呼吸受限,腹稍胀,全腹肌紧张,压痛(+),腹部移动性浊音(+),肠鸣音消失。实验室检查:Hb100g/L,WBC12×10^9/L。最佳治疗方案是

A. 胃肠减压观察　　B. 广谱抗生素治疗观察　　C. 急症剖腹探查
D. 导尿,留置尿管观察　　E. 抗休克治疗观察

【例 5】因腹部闭合性损伤行剖腹探查手术时,应首先探查的器官是

A. 胃后壁及胰腺　　B. 胃、十二指肠第一段　　C. 肝、脾等实质性器官
D. 盆腔器官　　E. 结肠

二、肝破裂和脾破裂

	肝破裂	脾破裂
发病率	肝脏损伤在腹部损伤中约占 20%~30% 肝是腹部开放性损伤中最易受损的器官	脾是腹腔脏器最容易受损的器官之一 脾损伤占腹部创伤的 40%~50% 占腹部闭合伤的 20%~40%,开放伤的 10%
病因	开放伤、闭合伤	闭合伤、开放伤
病理	分 3 种:真性破裂、被膜下破裂、中央型破裂	分 3 种:真性破裂(85%)、被膜下破裂、中央型破裂
分级	分为Ⅰ~Ⅵ级(美国,1994)	分为Ⅰ~Ⅳ级(我国,2000)
临床表现	空腔脏器和实质性脏器损伤的双重表现: ①腹腔内出血;②腹膜炎体征(胆汁外溢) ③黑便、呕血(胆道出血)	典型实质性脏器损伤的表现:腹腔内出血 可发生延迟性脾破裂,一般发生在伤后 2 周,也可迟至数月(该知识点考过多次)
合并征	右下位肋骨骨折	左下位肋骨骨折
破裂	右肝破裂多于左肝	多位于脾上极和膈面,85%合并包膜、实质破裂
处理	边术前准备,边紧急手术: 暂时控制出血,尽快查明伤情 清创缝合术,肝动脉结扎术 肝切除术,纱布填塞法	处理原则:抢救生命第一,保脾第二 边术前准备,边紧急手术: ①脾切除、脾破裂修补、脾片移植、腹腔镜 ②保守治疗仅适用于轻度单纯性脾破裂
并发症	继发性肝脓肿	脾切除后凶险性感染(OPSI),发生率 1% 致病菌为肺炎球菌,多发于<2 岁婴幼儿

注意:①脾是腹部闭合性损伤中最易受损的器官,脾是腹部内脏最易受损的器官。
②肝是腹部开放性损伤中最易受损的器官。
③腹部外伤史+腹腔内出血(血压下降、心率增快)→实质性脏器损伤→脾破裂。
④腹部外伤史+腹膜刺激征→空腔脏器损伤→胃肠破裂。
⑤腹部外伤史+腹腔内出血+腹膜刺激征—肝破裂。
⑥诊断实质性脏器损伤首选诊断性腹腔穿刺→抽出不凝血。
⑦诊断空腔脏器穿孔首选腹部立位透视或平片→膈下游离气体、膈肌抬高。

【例 6】腹部闭合性损伤中最易损伤的实质性器官是

A. 肝脏　　B. 脾脏　　C. 胰腺
D. 肾脏　　E. 肾上腺

【例 7】男,35 岁。左上腹被拖拉机撞伤后钝痛 1 天,突发左上腹剧痛 3 小时。查体:P140 次/分,BP60/45mmHg,面色苍白,四肢厥冷,上腹中度压痛,肌紧张,腹部叩诊移动性浊音(+),腹腔穿刺抽出不凝固血液。最可能的诊断是

A. 肝破裂　　B. 脾破裂　　C. 胃破裂

D. 结肠破裂　　E. 小肠破裂

【例8】脾破裂术前最重要的治疗措施是

A. 控制感染　　B. 应用止血药　　C. 止痛
D. 补充血容量　　E. 补充营养

三、继发性腹膜炎

1. 病因

(1)空腔脏器穿孔　腹腔内空腔脏器穿孔、外伤引起的腹壁或内脏破裂，是继发性腹膜炎最常见的病因，如胃十二指肠溃疡急性穿孔、急性胆囊炎穿孔、外伤造成的肠管破裂、膀胱破裂等。

(2)炎症扩散　腹腔内脏器炎症的扩散也是常见病因，如急性阑尾炎、女性生殖器官化脓性感染。

(3)其他　其他腹部手术中的腹腔污染，如胃肠道、胆管、胰腺吻合口渗漏等。

2. 致病菌

以大肠埃希菌最常见，其次为厌氧拟杆菌、链球菌、变形杆菌。一般都是混合性感染，故毒性较强。

3. 病理生理

①胃肠内容物和细菌进入腹腔后，腹膜充血水肿，并产生大量浆液性渗出液，以稀释腹腔内的毒素。

②大量巨噬细胞、中性粒细胞渗出，加以坏死组织、细菌和凝固的纤维蛋白，使渗出液变混浊而成为脓液。以大肠埃希菌为主的脓液呈黄绿色，常与其他致病菌混合感染而变得稠厚，并有粪便的特殊臭味。

③病情较轻时，渗出液逐渐被吸收，炎症消散，自行修复和痊愈。

④若局限部位化脓，积聚于膈下、肠袢间、盆腔，则可形成局限性脓肿。

⑤腹膜炎治愈后，腹腔内多有不同程度的粘连，部分可导致粘连性肠梗阻。

A. 变形杆菌　　B. 大肠埃希菌　　C. 肺炎链球菌
D. 铜绿假单胞菌　　E. 厌氧拟杆菌

【例9】引起继发性腹膜炎的细菌主要是

【例10】通过血行播散引起的原发性腹膜炎致病菌主要是

注意:①继发性腹膜炎的致病菌以大肠埃希菌最多见，一般为混合性感染。
②原发性腹膜炎的致病菌以溶血性链球菌、肺炎双球菌最多见。
③继发性腹膜炎最常见的病因为空腔脏器穿孔及外伤，原发性腹膜炎最常见的病因是血行感染。

4. 临床表现

(1)症状　腹痛(最主要的临床表现)、恶心、呕吐、体温升高、脉搏加快、感染中毒症状。

腹痛一般都很剧烈，难以忍受，呈持续性，疼痛从原发灶部位开始，随炎症扩散而延及全腹。

(2)腹部体征　腹胀、腹式呼吸减弱或消失。腹部压痛、腹肌紧张和反跳痛是腹膜炎的典型体征，尤以原发部位最明显。腹胀加重是病情恶化的一项重要标志。腹胀是判断病情变化的一项重要标志。胃肠或胆囊穿孔可引起强烈的腹肌紧张，甚至呈“木板样”强直。腹部叩诊因胃肠胀气而呈鼓音。胃十二指肠穿孔时，肝浊音界缩小或消失。腹腔内积液较多时，可叩出移动性浊音。

(3)直肠指检　直肠前窝饱满及触痛，表明盆腔已有感染或已形成盆腔脓肿。

【例11】符合继发性腹膜炎腹痛特点的是

A. 剧烈、持续性全腹痛　　B. 阵发性全腹绞痛　　C. 疼痛与进食有关
D. 高热后全腹痛　　E. 逐渐加重的阵发性腹痛

5. 诊断

根据病史和典型体征，白细胞计数及分类，辅助检查结果，腹膜炎的诊断一般比较容易。

(1)X线检查　腹部立位平片示小肠普遍胀气伴多个小液平面提示肠麻痹，膈下游离气体提示胃肠穿孔。

(2)超声检查　可显示腹腔内有不等量的液体，但不能鉴别液体的性质。可在超声引导下行腹腔穿

刺抽液或腹腔灌洗,有助于诊断。

(3)腹腔穿刺 急性腹膜炎诊断中,最重要的就是病因判断。腹腔穿刺液的性质有助于病因判断。

(4)CT检查 腹膜炎时腹腔胀气明显,有时超声检查难以明确诊断,选择CT检查尤为重要。

【例12】女,45岁。突发持续性中上腹痛,阵发加重2小时。疼痛向背部放射,频繁呕吐。查体:腹肌紧张,全腹明显压痛和反跳痛,移动性浊音阳性。血WBC15×10^9/L。ECG示心房颤动。为进一步确诊,最有意义的检查是

A. 尿三胆　　B. 凝血功能　　C. 腹部X线片

D. 诊断性腹腔穿刺　　E. B超

6. 治疗

(1)非手术治疗 对病情较轻,或病程较长超过24小时,且腹部体征已减轻或有减轻趋势者,或伴有严重心肺等脏器疾病不能耐受手术者,可行非手术治疗。

半卧位	①可促使腹腔渗液流向盆腔,减少吸收并减轻中毒症状;②有利于渗液局限和引流 ③可促使腹内脏器下移,腹肌松弛,减轻因腹胀挤压膈肌而影响呼吸和循环
禁食、胃肠减压	持续胃肠减压,抽出胃肠道内容物和气体,以减少消化道内容物继续流入腹腔 减轻胃肠内积气,改善胃壁的血运,有利于炎症的局限和吸收,促进胃肠道恢复蠕动
纠正水电解质紊乱	禁食、胃肠减压、腹腔内大量渗液,易导致体内水和电解质紊乱
抗生素治疗	继发性腹膜炎多为大肠埃希菌、肠球菌、厌氧菌混合感染,首选第三代头孢菌素
营养支持	急性腹膜炎的代谢率约为正常人的140%,故应加强营养支持

(2)手术治疗 绝大多数继发性腹膜炎需要及时手术治疗。手术原则为处理原发灶,清理腹腔,充分引流。手术适应证为:①经非手术治疗6~8小时后,腹膜炎症状及体征不缓解反而加重者;②腹腔内原发病严重,如胃肠道穿孔、胆囊坏疽、绞窄性肠梗阻、腹腔内脏损伤破裂等;③腹腔内炎症较重,有大量积液,出现严重的肠麻痹或中毒症状,尤其是有休克表现者;④腹膜炎病因不明确,且无局限趋势者。

【例13】在多数情况下,继发性腹膜炎最主要的治疗方案是

A. 静脉注射抗生素　　B. 胃肠减压　　C. 营养支持

D. 手术治疗　　E. 临床观察

四、腹腔脓肿

1. 膈下脓肿

(1)诊断 根据病史、临床表现及辅助检查进行诊断。

①病史 具有急性腹膜炎、腹腔内脏器的炎性病变、腹部手术等病史。

②全身症状 发热,脉率增快,乏力,盗汗,厌食,消瘦等。

③局部症状 脓肿部位可有持续性钝痛。可出现呃逆、咳嗽、胸痛、胸水、肺不张等症状。

④体征 右季肋区叩痛,局部皮肤凹陷性水肿,皮温升高。右膈下脓肿可有肝浊音界扩大。

⑤X线检查 显示胸膜反应、胸腔积液、肺下叶部分不张;膈下占位阴影;胃底受压。

⑥超声检查 对膈下脓肿的诊断及鉴别诊断帮助很大,可在超声指导下穿刺抽脓、冲洗脓腔。

(2)治疗 既往主要采用手术治疗。近年来,常采用经皮穿刺置管引流术。

①经皮穿刺置管引流术 适用于与体壁靠近的、局限性单房脓肿。

②切开引流术 适用于肝右叶上、下位置靠前及膈左下靠前的脓肿。可通过多种切口和途径切开引流,切开腹壁各层至腹膜外,沿腹膜外层向上分离,接近脓肿,用注射器试穿,抽取脓液作细菌培养+药敏试验。沿穿刺方向和途径进入脓腔,用手指探查脓腔分开间隔,吸净脓液,置管引流。脓肿周围一般都有粘连,只要不分破粘连,脓液不会流入腹腔或扩散。

(14~15 题共用题干)男,33 岁。急性腹膜炎术后 7 天,发热,为弛张热,伴乏力、盗汗、纳差,右上腹、肋下持续性钝痛,深呼吸及咳嗽时疼痛加重。腹部 B 超及 CT 示肝右叶上方、膈肌下见 6cm×4cm 液气平面。诊断性穿刺可抽出脓液。

【例 14】若决定行切开引流,为防止脓液流入腹腔再次引起弥漫性腹膜炎,最主要的措施是

A. 进入脓腔分离时,不要破坏粘连层　B. 切开引流同时应用有效抗生素　C. 选择合理切口,显露充分
D. 麻醉效果良好,便于操作　E. 吸净脓液,低压灌洗后留置负压引流

【例 15】最常用的抗生素是

A. 第二代头孢菌素　B. 半合成青霉素　C. 第三代头孢菌素
D. 氨基糖苷类　E. 克林霉素

2. 盆腔脓肿

(1)诊断　①急性腹膜炎治疗过程中,如阑尾穿孔或结直肠手术后,出现体温升高,典型的直肠或膀胱刺激征,里急后重,大便数频而量少,有黏液便,尿频,排尿困难等,应考虑盆腔脓肿的可能。②腹部体检多无阳性发现。③直肠指检可在直肠前壁触及向肠腔内膨起、有触痛、有时有波动感的肿物。④已婚病人可作阴道检查,以协助诊断,若为盆腔脓肿,可行后穹隆穿刺。⑤下腹部、经直肠或经阴道超声,均有助于明确诊断。

(2)治疗　①盆腔脓肿较小或尚未形成时,可采用非手术治疗。②脓肿较大时,需行手术治疗。可经直肠穿刺抽脓+引流。已婚女病人可经后穹隆穿刺后引流。

3. 膈下脓肿和盆腔脓肿的鉴别

	膈下脓肿	盆腔脓肿
病因	平卧时位置最低,脓液积聚于膈下	腹腔最低位,脓液积聚于盆腔
临床特点	全身症状重,可刺激膈下产生胸膜炎 70%可保守治愈	伴直肠、膀胱刺激症状,腹部检查多为阴性 直肠指检可触及波动性肿物
诊断	①有急性腹膜炎、腹腔内脏穿孔、腹部手术数日发热、腹痛病史 ②X 线:透视可见患侧膈肌升高、胸膜反应 ③B 超可用于诊断,也可引导穿刺 ④CT 对诊断、鉴别诊断帮助较大	①有急性腹膜炎、腹部手术史 ②直肠膀胱刺激症状 ③直肠指检;④经直肠、阴道后穹隆穿刺抽脓 ⑤经直肠或阴道 B 超可明确诊断 ⑥必要时作 CT 检查
治疗	非手术治疗,B 超引导下穿刺抽脓,手术治疗	非手术治疗,经直肠引流,经后穹隆引流

(16~17 题共用题干)男,33 岁。因急性坏疽性阑尾炎行阑尾切除,术后第 10 天出现发热,体温 39.2℃,腹胀、恶心,肛门有下坠感,里急后重,曾排便 4 次,为黏液样便。

【例 16】此时首先应选用的检查是

A. 大便培养　B. 腹部 X 线片　C. 血常规
D. 腹部 B 超　E. 直肠指诊

【例 17】诊断明确后,除抗感染和支持疗法外,以下处理措施应首选的是

A. 经下腹正中切口进入腹腔引流　B. 经直肠穿刺抽液定位后切开引流
C. 经原麦氏切口进入腹腔引流　D. 腹腔透热理疗　E. 温盐水加甲硝唑保留灌肠

常考点　诊断性腹穿,腹部闭合伤的特点及处理原则;肝脾破裂;急性化脓性腹膜炎为重点内容。

参考答案——详细解答见 2021《贺银成国家临床执业及助理医师资格考试历年考点精析》

1. ABCDE　2. ABCDE　3. ABCDE　4. ABCDE　5. ABCDE　6. ABCDE　7. ABCDE
8. ABCDE　9. ABCDE　10. ABCDE　11. ABCDE　12. ABCDE　13. ABCDE　14. ABCDE
15. ABCDE　16. ABCDE　17. ABCDE

第 14 章　消化性溃疡与胃癌

考纲要求

①消化性溃疡:手术治疗。②胃癌:病理,临床表现,诊断,治疗与预防。

复习要点

一、消化性溃疡的手术治疗

目前外科手术治疗主要是针对消化性溃疡的并发症,以穿孔修补术为主,术后仍需正规的抗溃疡药物治疗。部分患者可以应用胃大部切除术治疗,但迷走神经切断术已基本不再应用。

1. 穿孔缝合术

(1)适应证　胃十二指肠溃疡穿孔。

(2)注意事项　①沿胃中轴进、出针,贯穿全层;②防止缝到对面胃壁;③穿孔处胃壁水肿明显,打结时要松紧适度,以免缝线切割组织;④可以先覆盖大网膜,再结扎缝线,可以防止切割组织;⑤怀疑恶变者,应在穿孔处取组织作病理检查。

2. 胃大部切除术

(1)治疗机制　①切除了胃体大部,因壁细胞和主细胞数量减少,使得胃酸和胃蛋白酶原分泌大为减少;②切除了胃窦部,减少了 G 细胞分泌胃泌素(促胃液素)所引起的胃酸分泌,使体液性胃酸分泌减少;③切除了溃疡的好发部位;④切除了溃疡本身。

(2)手术方法　包括胃的切除和重建胃肠连续性。切除范围包括胃远端的 2/3~3/4。根据胃肠道重建方式,手术方式分为胃十二指肠吻合(Billroth Ⅰ式)和胃空肠吻合(Billroth Ⅱ式)。吻合口可置于横结肠前或横结肠后。胃空肠吻合口大小以 3~4cm 为宜,过大易发生倾倒综合征,过小影响胃排空。

①Billroth Ⅰ式胃大部切除术　在胃大部切除后,将残胃直接与十二指肠吻合,适宜胃溃疡的治疗。

②Billroth Ⅱ式胃大部切除术　在胃大部切除后,将残胃与近端空肠吻合,十二指肠残端缝闭,适用于胃溃疡与十二指肠溃疡。

注意:①胃溃疡首选 Billroth Ⅰ式胃大部切除术,十二指肠溃疡首选 Billroth Ⅱ式胃大部切除术。
②迷走神经切断术治疗消化性溃疡,国内很少应用。

3. 手术适应证

(1)胃溃疡　①包括抗 HP 在内的严格内科治疗无效的顽固性溃疡,如溃疡不愈合、短期内复发者;②发生溃疡出血、瘢痕性幽门梗阻、溃疡穿孔、溃疡穿透至胃壁外者;③溃疡巨大(直径>2.5cm);④高位溃疡;⑤胃十二指肠复合性溃疡;⑥溃疡不能除外恶变或已经恶变者。

(2)十二指肠溃疡　①出现严重并发症:急性穿孔、大出血、瘢痕性幽门梗阻;②经正规内科治疗无效的顽固性溃疡。

A. 瘢痕性幽门梗阻　B. 胃十二指肠溃疡大出血　C. 胃十二指肠溃疡急性穿孔
D. 十二指肠溃疡并球部变形　E. 穿透性十二指肠溃疡

【例 1】胃十二指肠溃疡手术的绝对适应证是

【例 2】大多数可经非手术治疗好转的是

【例 3】男,45 岁。5 年来每于餐后半小时出现上腹饱胀、疼痛,持续约 2 小时后可自行缓解,常有反酸、嗳气,偶有大便颜色发黑。近期行上消化道 X 线钡剂造影提示胃窦小弯侧 1cm 大小壁外龛影,边缘

光滑。该患者若手术治疗，常采用的术式是

A. 全胃切除术　　B. 毕Ⅰ式胃大部切除术　　C. 毕Ⅱ式胃大部切除术
D. 选择性迷走神经切除术　　E. 高选择性迷走神经切断术

【例 4】患者，男，52 岁。上腹部疼痛反复发作 5 年，近 7 天出现腹胀、呕吐。经 X 线钡餐检查诊断为十二指肠溃疡伴幽门梗阻。最适宜的手术方式是

A. 毕Ⅰ式胃大部切除术　　B. 毕Ⅱ式胃大部切除术　　C. 胃空肠吻合术
D. 迷走神经干切断术　　E. 选择性胃迷走神经切断术

4. 胃大部切除术的术后并发症

(1)分类　胃大部切除术的并发症分为早期并发症和远期并发症两类。

①早期并发症　术后出血、术后胃瘫、胃肠壁缺血坏死、吻合口瘘、十二指肠残端破裂、术后肠梗阻。

②远期并发症　倾倒综合征、碱性反流性胃炎、溃疡复发、营养性并发症、残胃癌等。

【例 5】胃大部切除术后早期并发症是

A. 吻合口溃疡　　B. 胃排空延迟　　C. 贫血
D. 碱性反流性胃炎　　E. 残胃癌

(2)术后出血　胃大部切除术后 24 小时内胃管内抽出咖啡色胃液一般不超过 300ml。若术后 24 小时后胃管内仍可不断吸出新鲜血液，则为术后出血。发生在术后 24 小时以内的胃出血，多为术中止血不确切；术后 4～6 天发生出血，常为吻合口黏膜坏死脱落而致；术后 10～20 天发生出血，多为吻合口缝线处感染、黏膜下脓肿腐蚀血管所致。绝大多数采用非手术治疗即可止血，保守治疗无效者需再次手术止血。

【例 6】胃大部切除术后 24 小时以内的胃出血，最常见的原因是

A. 凝血障碍　　B. 吻合口张力过高　　C. 术中止血不确切
D. 吻合口感染　　E. 吻合口黏膜脱落坏死

(3)术后胃瘫　术后胃瘫是胃手术后以胃排空障碍为主的综合征。胃瘫通常发生于术后 2～3 天，多发生在饮食由禁食改为流质或流质改为半流质时。病人出现恶心呕吐，呕吐物多呈绿色。X 线上消化道造影检查，见残胃扩张、无张力，蠕动波少而弱，胃肠吻合口通过欠佳。需行保守治疗，如禁食、持续胃肠减压、营养支持、纠正水电解质紊乱、使用促进胃肠蠕动的药物，不宜再次手术治疗。

注意：胃大部切除术后胃瘫属于动力性胃通过障碍，无器质性病变，多数病人经保守治疗可以好转，严禁立即再次手术。保守治疗包括禁食、胃肠减压、营养支持、促进胃动力等。

【例 7】男，68 岁。因胃溃疡出血行毕Ⅰ式胃大部切除术。术后第 6 天，有肛门排气后开始进流质饮食，进食后腹胀并呕吐，呕吐物中含胆汁。腹部可见胃型，无蠕动波。X 线片示残胃内大量胃液潴留。产生此症状最可能的原理是

A. 近端空肠梗阻　　B. 远端空肠梗阻　　C. 残胃蠕动功能障碍
D. 吻合口水肿　　E. 吻合口不全梗阻

(4)十二指肠残端破裂　见于十二指肠残端处理不当或毕Ⅱ式输入袢梗阻。表现为病人突发上腹部剧痛，伴发热，腹膜刺激征，腹腔穿刺有胆汁样液体。一旦确诊，应立即手术。

【例 8】患者，男，27 岁。反复腹痛 4 余年，黑便 1 天，呕血 2 小时。4 年来反复发作上腹隐痛，饥饿时明显。1 天前饮酒后排少量黑便，2 小时前呕吐咖啡色液体 200ml。查体：T36.7℃，P106 次/分，BP85/57mmHg，神志清，口唇苍白，皮肤巩膜无黄染，未见肝掌、蜘蛛痣，腹平软，无压痛，肠鸣音 20 次/分。实验室检查：Hb93g/L，WBC15.5×10^9/L。粪隐血(++)。B 超未见肝脾异常。毕Ⅱ胃大部切除术后第 5 天，突发腹痛，成呈刀割样，最可能的原因是

A. 十二指肠残端破裂　　B. 胃肠吻合口漏　　C. 切口感染
D. 急性化脓性胆管炎　　E. 急性出血坏死性胰腺炎

(5)术后肠梗阻

①输入袢梗阻　多见于毕Ⅱ式吻合。急性输入袢梗阻由于梗阻近端为十二指肠残端,因此是一种闭袢性梗阻,易发生绞窄。病人表现为上腹部剧烈疼痛,伴呕吐,呕吐物不含胆汁。上腹部可扪及肿块。

②输出袢梗阻　多由于术后肠粘连或结肠后术式系膜压迫肠管所致。病人表现为上腹部饱胀不适,严重时有呕吐,呕吐物含胆汁。

③吻合口梗阻　多由于吻合口过小或吻合口内翻过多,加上吻合口水肿所致。处理方法是胃肠减压,消除水肿。经非手术治疗后症状通常可以缓解,如非手术治疗失败,需再次手术。

梗阻部位	呕吐物性质	治疗方案
吻合口梗阻	呕吐物含食物,不含胆汁	保守治疗无效时手术治疗
输出袢梗阻	含食物及胆汁	保守治疗无效时手术治疗
急性完全性输入袢梗阻	量少,不含胆汁	立即手术治疗
慢性不全性输入袢梗阻	大量胆汁,几乎不含食物	保守治疗无效时手术治疗

【例9】男性,38岁。胃大部切除、毕Ⅱ式吻合术后20天,进食后30分钟上腹突然胀痛,喷射性呕吐大量不含食物的胆汁,吐后腹痛消失。最可能的原因是

A. 吻合口梗阻　B. 急性完全性输入段梗阻　C. 慢性不完全性输入段梗阻

D. 输出段梗阻　E. 倾倒综合征

(6)倾倒综合征　胃大部切除术后,由于失去了幽门的节制功能,导致胃内容物排空过快,产生一系列临床症状,称为倾倒综合征,多见于毕Ⅱ式吻合。根据进食后出现症状的时间,分为早期和晚期两种类型。

	早期倾倒综合征	晚期倾倒综合征
发生时间	进食后半小时	进食后2~4小时
发病机制	与餐后高渗性胃内容物快速进入肠道,导致肠道内分泌细胞大量分泌血管活性物质有关	食物进入肠道后,刺激胰岛素大量分泌,继而导致反应性低血糖,故也称低血糖综合征
临床表现	心悸、出冷汗、乏力、面色苍白等短暂血容量不足的表现,伴恶心呕吐、腹部绞痛、腹泻	头晕、面色苍白、出冷汗、乏力、脉搏细弱
治疗措施	饮食调整,少量多餐,避免过甜的高渗食品 严重者生长抑素治疗,手术宜慎重	饮食调整,减缓碳水化合物的吸收 严重病例皮下注射生长抑素

【例10】胃大部切除术后病人,发生早期倾倒综合征的最晚时间是餐后

A. 20分钟　B. 50分钟　C. 40分钟

D. 30分钟　E. 10分钟

【例11】多见于毕Ⅱ式术后的并发症的是

A. 倾倒综合征　B. 碱性反流性胃炎　C. 营养性并发症

D. 溃疡复发　E. 残胃癌

(7)碱性反流性胃炎　碱性物质反流至残胃,导致胃黏膜充血水肿、糜烂,胃黏膜屏障受损。临床表现为三联征(上腹或胸骨后烧灼痛,进食加重,制酸剂无效;胆汁性呕吐,呕吐后腹痛仍旧;体重下降)。多发生于术后数月至数年。抑酸剂治疗无效,多采用少食多餐、餐后勿平卧、口服胃黏膜保护剂、胃动力促进剂等。重症者可采取手术治疗,将BillrothⅡ式吻合改为Roux-en-Y吻合+迷走神经切断。

【例12】男,32岁。因十二指肠溃疡行BillrothⅡ式胃大部切除术后6个月。术后出现反酸、烧心症状,应用抑酸剂治疗无效。上述症状逐渐加重,并呕吐胆汁样物,上腹部及胸骨后烧灼样疼痛,体重减轻。查体:贫血貌,消瘦,营养不良,巩膜无黄染。胃液中无游离酸。胃镜检查见黏膜充血、水肿、

糜烂。最适当的治疗措施是

A. 采用少食多餐方式　　B. 应用 H_2 受体拮抗剂　　C. 长期应用消胆胺治疗

D. 注意餐后勿平卧　　E. 行 Roux-en-Y 胃空肠吻合术

(8)营养性并发症

①营养不良　胃大部切除术后由于残胃容量减小，消化吸收功能受影响，常导致营养不良，体重减轻。应针对病因，调节饮食，少食多餐，选择高蛋白、低脂肪食谱，补充维生素。

②贫血　胃大部切除后壁细胞数量减少，胃酸和内因子分泌减少，胃酸减少可导致缺铁性贫血，内因子减少可导致巨幼细胞性贫血，前者应给予铁剂治疗，后者应给予叶酸、维生素 B_{12} 治疗。

③腹泻与脂肪泻　粪便中排出的脂肪超过摄入量的 7%，称为脂肪泻。可进少渣易消化高蛋白饮食，应用考来烯胺(消胆胺)和抗生素治疗。

④骨病　多发生于术后 5~10 年，可分为隐性骨质软化、骨质疏松和混合型，可补充钙剂和维生素 D。

(9)残胃癌　因良性疾病行胃大部切除术后 5 年以上，残胃发生的原发癌称为残胃癌。

【例 13】胃大部切除术后发生残胃癌的最短时间是术后

A. 1 年　　B. 5 年　　C. 10 年

D. 15 年　　E. 20 年

二、胃癌

胃癌是最常见的恶性肿瘤之一，在我国消化道恶性肿瘤中居第二位，好发年龄在 50 岁以上。

1. 病因

(1)地域环境　胃癌的发病有明显的地域性差别。在我国的西北和东部沿海地区，胃癌发病率明显高于南方地区。在世界范围内，日本发病率最高，美国则很低。

(2)饮食生活因素　长期食用熏烤、盐腌食品的人群，胃远端癌的发病率高，与食品中亚硝酸盐、真菌毒素、多环芳烃化合物等致癌物含量高有关。食物中缺乏新鲜蔬菜、水果与发病也有一定的关系。吸烟者胃癌发病危险性较不吸烟者高 50%。

(3)幽门螺杆菌(HP)感染　HP 阳性者胃癌发生的危险性是 HP 阴性者的 3~6 倍。

(4)癌前病变　胃溃疡、胃腺瘤性息肉、慢性萎缩性胃炎、胃大部切除术后残胃、胃黏膜上皮异型增生。

(5)遗传和基因　胃癌病人有血缘关系的亲属其胃癌发病率较对照组高 4 倍。胃癌的发生与抑癌基因 *P53*、*APC*、*Rb* 等缺失，癌基因 *k-ras*、*c-met*、*EGFR* 等过度表达有关。

注意:①9 版外科学 P346：胃大部切除术后 15~25 年可发展为残胃癌。
②9 版外科学 P345：因良性疾病行胃大部切除术后 5 年以上，残胃出现的原发癌，称为残胃癌。

2. 病理

(1)大体类型　胃癌好发于胃窦部(占 50%)，可分为早期胃癌和进展期胃癌。

①早期胃癌　是指病变仅累及黏膜或黏膜下层者，不论病灶大小、有无淋巴结转移。直径<0.5cm 的胃癌称为微小胃癌。直径<1.0cm 的胃癌称为小胃癌。早期胃癌根据形态可分为三型：

分型	别称	病理特点
Ⅰ型	隆起型	癌灶突向胃腔
Ⅱ型	表浅型	癌灶比较平坦，没有明显的隆起与凹陷 Ⅱ型还可分为三个亚型，即Ⅱa 浅表隆起型，Ⅱb 浅表平坦型，Ⅱc 为浅表凹陷型
Ⅲ型	凹陷型	为较深的溃疡

②进展期胃癌　是指癌组织浸润深度超过黏膜下层。按 Borrmann 分型法分为四型：

分型	别称	病理特点
Ⅰ型	息肉型，肿块型	为边界清楚突入胃腔的块状癌灶
Ⅱ型	溃疡局限型	为边界清楚并略隆起的溃疡状癌灶
Ⅲ型	溃疡浸润型	为边界模糊不清的溃疡，癌灶向周围浸润
Ⅳ型	弥漫浸润型	癌肿沿胃壁各层全周性浸润生长，边界不清 若全胃受累，胃腔缩窄，胃壁僵硬如革囊状，称皮革胃，恶性程度极高，发生转移早

(2)组织类型 WHO 2000 年将胃癌分为腺癌(肠型和弥漫型)、乳头状腺癌、管状腺癌、黏液腺癌、印戒细胞癌、腺鳞癌、鳞状细胞癌、小细胞癌、未分化癌、其他。其中，以腺癌最多见。

(3)胃癌的扩散与转移

①淋巴转移 为最常见的转移途径，进展期胃癌的淋巴转移率高达 70%左右，侵及黏膜下层的早期胃癌淋巴转移率近 20%。胃癌可经胸导管转移至左锁骨上淋巴结，即魏氏(Virchow)淋巴结。

②直接浸润 胃癌常浸润扩展至癌灶外 6cm，胃窦癌向十二指肠浸润常在幽门下 3cm 以内。

③血行转移 可转移至肝、肺、胰、骨骼，其中以肝转移最常见。

④腹膜种植 当胃癌浸润至浆膜外后，肿瘤细胞脱落并种植在腹膜和脏器浆膜上，可形成结节。女性病人胃癌细胞经腹膜种植或血行转移，形成卵巢转移性肿瘤，称为 Krukenberg 瘤。

注意:①胃癌好发于胃窦部(占 50%)。②胃溃疡好发于胃小弯(《内科学》为胃角和胃窦小弯)。③消化性溃疡急性穿孔好发于前壁，慢性穿孔好发于后壁。④消化性溃疡出血好发于后壁。⑤微小胃癌、小胃癌、胃的原位癌均属于早期胃癌。

【例 14】确定早期胃癌最重要的指标是
A. 肿瘤生长部位　B. 肿瘤直径　C. 肿瘤浸润范围
D. 肿瘤浸润深度　E. 是否淋巴转移

【例 15】男，62 岁。上腹胀、隐痛 2 个月，伴食欲减退、乏力、消瘦，大便发黑。查体：消瘦，浅表淋巴结无肿大，双肺呼吸音清，未闻及干、湿啰音，心律齐，腹软，无压痛。上消化道钡剂造影见胃窦部小弯侧黏膜紊乱，可见直径 3.5cm 不规则充盈缺损，胃壁僵直。其最常见的扩散转移途径是
A. 淋巴转移　B. 腹腔内种植　C. 血行转移
D. 直接浸润　E. 胃肠道内转移

3. 临床表现

(1)早期胃癌 无明显症状。有时出现上腹部不适，进食后饱胀、恶心等非特异性症状。

(2)进展期胃癌 疼痛与体重减轻为最常见症状。病人常有明确的上消化道症状。

4. 诊断

下列人群应重点检查以防漏诊：①40 岁以上，既往无胃病史而出现上述消化道症状者，或溃疡病腹痛规律改变者；②有胃癌家族史；③有胃癌前期病变者，如萎缩性胃炎、胃溃疡、胃息肉、胃大部切除术病史者；④原因不明的消化道慢性失血者；⑤短期内体重明显减轻者。

常用检查有电子胃镜(最有效的方法)、X 线钡餐、螺旋 CT、正电子发射成像(PET)检查等。

5. 治疗

(1)内镜下治疗 直径<2cm 的无溃疡表现的分化型黏膜内癌，可在内镜下行胃黏膜切除术。

(2)手术治疗 外科手术是胃癌的主要治疗手段，分为根治性手术和姑息性手术两类：

①根治性手术 胃癌根治的标准术式是 D_2 淋巴结清扫的胃切除术，要求胃切断线距肿瘤边缘>5cm。

②姑息性手术 是指原发灶无法切除，针对胃癌导致的梗阻、穿孔、出血等并发症而作的手术，如胃空肠吻合术、空肠造口术、穿孔修补术、姑息性胃大部切除术等。姑息性胃切除术不仅可以消除肿瘤出血、穿孔等危及生命的并发症，而且生存期较其他姑息性手术延长。

(3)化学治疗　早期胃癌根治术后原则上不必辅助化疗，有下列情况者需行化疗：①癌灶面积>$5cm^2$；②病理组织分化差；③淋巴结有转移；④多发癌灶；⑤年龄<40 岁；⑥进展期胃癌根治术后，无论有无淋巴结转移均需化疗。常用化疗方案为 FAM(氟尿嘧啶+多柔比星+丝裂霉素)、MF(丝裂霉素+氟尿嘧啶)、ELP(叶酸钙+氟尿嘧啶+依托泊苷)等。

(4)其他治疗　包括放疗、免疫治疗、靶向治疗、中医中药治疗等。靶向治疗包括曲妥珠单抗(抗 HER-2 抗体)、贝伐珠单抗(抗 VEGFR 抗体)和西妥昔单抗(抗 EGFR 抗体)。

【例 16】男，41 岁。胃部不适、食欲减退 3 个月。胃镜检查发现胃窦前壁直径 0.5cm 的浅溃疡，幽门螺杆菌阳性。超声胃镜示病变侵及浅肌层，病理可见印戒细胞。最适当的治疗是

A. 根除幽门螺杆菌治疗　　B. 应用质子泵抑制剂　　C. 经胃镜病变黏膜切除术
D. 手术治疗　　E. 应用胃黏膜保护剂

【例 17】男，51 岁。上腹部胀痛 8 个月，突发剧痛 2 小时。消瘦，贫血貌，左锁骨上淋巴结肿大 1.8cm×1.5cm，质硬。全腹肌紧张，上腹明显压痛、反跳痛(+)。腹部 X 线透视可见膈下游离气体。下一步治疗最合理的术式为

A. 胃空肠吻合术　　B. 姑息性胃大部切除术　　C. 胃造瘘术
D. 穿孔修补术　　E. 胃癌根治术

▶常考点　重点内容，应全面掌握。

参考答案——详细解答见 2021《贺银成国家临床执业及助理医师资格考试历年考点精析》

1. ABCDE　2. ABCDE　3. ABCDE　4. ABCDE　5. ABCDE　6. ABCDE　7. ABCDE
8. ABCDE　9. ABCDE　10. ABCDE　11. ABCDE　12. ABCDE　13. ABCDE　14. ABCDE
15. ABCDE　16. ABCDE　17. ABCDE

第 15 章　急性肠梗阻与阑尾炎

考纲要求

①急性肠梗阻：病因，分类，诊断与鉴别诊断，治疗。②急性阑尾炎：解剖，病理，临床表现，诊断与鉴别诊断，治疗。③特殊类型阑尾炎的诊断与治疗。

复习要点

一、急性肠梗阻

任何原因引起的肠内容物通过障碍，统称为肠梗阻，是外科常见的急腹症之一。

1. 病因和分类

(1)按梗阻原因分　可分为机械性、动力性、血运性肠梗阻三类。

机械性肠梗阻	系机械性因素引起肠腔狭小或不通，致使肠内容物不能通过，是临床上最常见的类型 肠外因素——如粘连带压迫、疝嵌顿、肿瘤压迫 肠壁因素——如肠套叠、炎症性狭窄、肿瘤、先天性畸形 肠腔内因素——如蛔虫梗阻、异物、粪块、胆石堵塞等
动力性肠梗阻	是由于神经抑制或毒素刺激，以致肠壁肌运动紊乱，导致肠蠕动丧失或肠管痉挛 麻痹性肠梗阻——常见，多发生在腹腔手术后、腹部创伤、弥漫性腹膜炎、低钾血症 痉挛性肠梗阻——少见，可见于急性肠炎、肠功能紊乱、慢性铅中毒
血运性肠梗阻	由于肠系膜血管栓塞或血栓形成，使肠管血运障碍，肠管失去蠕动能力 肠腔虽无阻塞，但肠内容物停止运行

(2)按肠壁有无血运障碍分　分为单纯性和绞窄性两类。单纯性肠梗阻是指仅有肠内容物通过受阻，但无肠管血运障碍。绞窄性肠梗阻是指肠梗阻伴有肠壁血运障碍者。

(3)按梗阻部位分　分高位(空肠)梗阻、低位小肠(回肠)梗阻和结肠梗阻。结肠梗阻因有回盲瓣的作用，肠内容物只能从小肠进入结肠，而不能反流，故又称“闭袢性肠梗阻”。

(4)按梗阻程度分　分为完全性和不完全性肠梗阻。

(5)按病程发展快慢分　分急性肠梗阻和慢性肠梗阻。

【例 1】绞窄性肠梗阻是指肠梗阻并伴有

A. 肠袢两端均完全阻塞　　B. 肠壁血运障碍　　C. 肠壁穿孔、坏死

D. 肠系膜扭转　　E. 肠腔高度扩张

2. 临床表现

(1)共同临床症状　痛、吐、胀、闭(停止排气排便)。

①腹痛　机械性肠梗阻的腹痛呈阵发性绞痛性质，可伴高亢的肠鸣音，呈气过水声或高调金属音。若腹痛间歇期不断缩短，甚至成为剧烈的持续性腹痛，应警惕绞窄性肠梗阻的可能。麻痹性肠梗阻因无肠蠕动，故无阵发性腹痛，仅表现为持续性胀痛或不适，听诊肠鸣音减弱或消失。

②呕吐　高位肠梗阻呕吐出现早，呕吐较频繁，呕吐物为胃及十二指肠内容物。低位肠梗阻呕吐出现晚，初为胃内容物，后期为粪样物。绞窄性肠梗阻呕吐物呈血性。麻痹性肠梗阻呕吐呈溢出性。

③腹胀　高位肠梗阻腹胀不明显，低位肠梗阻及麻痹性肠梗阻腹胀明显，遍及全腹。结肠梗阻时，表现为腹周膨胀显著。腹部隆起不均匀对称为闭袢性肠梗阻的特点。

④排气排便停止　完全性肠梗阻时，肠内容物不能通过梗阻部位，梗阻远段肠管处于空虚状态，表现

为停止排气排便。

(2)体征 单纯性肠梗阻早期全身情况无明显变化,可表现为脱水。

①视诊 机械性肠梗阻常见肠型和蠕动波;肠扭转时腹胀多不对称;麻痹性肠梗阻时腹胀均匀。

②触诊 单纯性肠梗阻可有轻压痛,无腹膜刺激征;绞窄性肠梗阻时,可有固定性压痛和腹膜刺激征。

③叩诊 绞窄性肠梗阻时,腹腔有渗液,移动性浊音可呈阳性。

④听诊 机械性肠梗阻时肠鸣音亢进,有气过水声或金属音;麻痹性肠梗阻时,肠鸣音减弱或消失。

(3)辅助检查

①血常规 血液浓缩,白细胞计数、血红蛋白、血细胞比容均可增高。

②血气分析和电解质 可了解水电解质及酸碱失衡情况。

③腹部X线检查 一般在肠梗阻发生4~6小时,X线检查即可显示肠腔内气体。立位X线片可见多数液平面及气胀肠袢。空肠梗阻示"鱼肋征"。回肠梗阻示"阶梯状液平面"。结肠梗阻示结肠袋形,结肠胀气位于腹部周边。

④钡剂灌肠 主要用于诊断肠套叠、乙状结肠扭转。

注意:①结肠梗阻、肠扭转为典型的闭袢性肠梗阻,肠套叠及蛔虫性肠梗阻,并不属于闭袢性肠梗阻。

②高位肠梗阻腹胀不明显,呕吐发生早,呕吐频繁,呕吐物为胃及十二指肠内容物。

③低位肠梗阻腹胀明显,呕吐发生晚,呕吐物为粪样物。

④腹部X线片:空肠梗阻示鱼肋征,回肠梗阻示阶梯状液平面,结肠梗阻示结肠袋形。

3. 诊断与鉴别诊断

(1)判定是否肠梗阻 大多数病人具有典型临床表现,诊断并不困难。

(2)判断肠梗阻的性质 区分是机械性、动力性,还是血运性肠梗阻。

(3)判断是单纯性,还是绞窄性梗阻 这点极为重要,以下应考虑绞窄的可能:

①腹痛发作急骤,初始即为持续性剧烈腹痛,或在阵发加重之间仍有持续性疼痛;

②早期出现休克,抗休克治疗不见好转;

③有腹膜炎的表现,体温上升、脉率增快、白细胞计数增高;

④腹胀不对称,腹部有局部隆起及有压痛的肿块(孤立胀大的肠袢);

⑤呕吐出现早而频繁,呕吐物、胃肠减压液、肛门排出物为血性,或腹穿有血性液体;

⑥腹部X线显示孤立扩大的肠袢,不随时间而改变位置;

⑦经积极的非手术治疗症状体征无明显改善。

	单纯性肠梗阻	绞窄性肠梗阻
发病	较缓慢,以阵发性腹痛为主	发病急,腹痛剧烈,为持续性绞痛
腹胀	均匀全腹胀	不对称,晚期出现麻痹性肠梗阻
肠鸣音	气过水音,金属音	气过水音
腹部压痛	轻,部位不固定	固定压痛
腹膜刺激征	无	有压痛、反跳痛、肌紧张
一般情况	良好	有中毒症状,如脉快、发热、白细胞和中性粒细胞增高
休克	无	中毒性休克,进行性加重
腹腔穿刺	阴性	可见血性液体或炎性渗出液
血性大便	无	可有,尤其乙状结肠扭转或肠套叠时
X线检查	小肠袢扩张呈梯形排列	可见孤立、位置及形态不变的肠袢,腹部局限性密度增高等

(4)判断梗阻的部位 ①高位肠梗阻呕吐发生早而频繁,腹胀不明显。X线检查提示肠腔胀气不明

显,无明显扩张胀气的肠袢。②低位肠梗阻腹胀明显,但呕吐出现晚而次数较少,并可有粪样物。腹部平片可见明显胀大的肠袢,腹中部呈现多数"阶梯状"液平面。

(5)判断梗阻的程度 区分是完全性肠梗阻,还是不完全性肠梗阻。

(6)判断梗阻的病因 粘连性肠梗阻最多见,其发生率约占肠梗阻的40%~60%。新生儿以肠道先天性畸形多见,2岁以内小儿以肠套叠多见,儿童肠梗阻以蛔虫多见,老年人以肿瘤和粪块堵塞多见。结肠梗阻多为肿瘤所致。

【例2】诊断低位肠梗阻最可靠的依据是

A. 腹部平片示小肠多个阶梯状气液平　B. 脐周可闻气过水音

C. 阵发性腹痛伴腹胀　D. 频繁呕吐、呕吐量大

E. 置胃管行胃肠减压后梗阻明显减轻

【例3】老年人初发机械性肠梗阻最常见的病因是

A. 蛔虫团块阻塞　B. 乙状结肠扭转　C. 腹股沟疝嵌顿

D. 小肠扭转　E. 肿瘤

【例4】单纯机械性肠梗阻腹痛最主要的特点是

A. 持续性绞痛　B. 持续性胀痛　C. 持续性隐痛

D. 间歇性隐痛　E. 阵发性绞痛

【例5】男,62岁。腹部阵发性疼痛伴腹胀,停止排气排便2天。既往有类似发作,但较轻。查体:P100次/分,BP110/70mmHg,腹肌紧张,压痛明显,反跳痛阳性,移动性浊音阳性。最可能的诊断是

A. 单纯性机械性肠梗阻　B. 绞窄性肠梗阻　C. 不全性粘连性肠梗阻

D. 麻痹性肠梗阻　E. 完全性高位肠梗阻

4. 治疗

(1)非手术治疗 仅适用于单纯性粘连性不全性肠梗阻、麻痹性、痉挛性、蛔虫性、粪块堵塞性肠梗阻、炎症引起的不全性肠梗阻、肠套叠早期。非手术治疗包括胃肠减压、纠正水电解质失衡、防治感染。

(2)手术治疗 适用于绞窄性肠梗阻、肿瘤及先天性肠道畸形引起的肠梗阻、非手术治疗无效的肠梗阻。手术方式包括单纯解除梗阻、肠段切除、肠短路吻合术、肠造口或肠外置术等。

二、急性阑尾炎

1. 应用解剖

(1)麦氏点(McBurney点) 是阑尾的体表投影点,相当于脐与右髂前上棘连线中外1/3交界处。

(2)阑尾尖端指向 有6种类型:回肠前位、盆位、盲肠后位、盲肠下位、盲肠外侧位、回肠后位。

(3)阑尾动脉 是回结肠动脉的分支,属于终末动脉,故急性阑尾炎易导致阑尾坏疽穿孔。

(4)阑尾静脉 阑尾的炎症可经阑尾静脉—回结肠静脉—肠系膜上静脉—门静脉—肝脏。因此阑尾的炎症既可引起门静脉炎,也可引起肝脓肿。

(5)阑尾的神经支配 阑尾的神经由交感神经纤维经腹腔丛和内脏小神经传入,其传入的脊髓节段在T_{10}、T_{11},因此急性阑尾炎初期常表现为脐周牵涉痛(属内脏性疼痛),经过6~8小时后,阑尾炎症刺激壁腹膜,可引起右下腹痛,这就是急性阑尾炎的典型腹痛表现——转移性右下腹痛的发病机理。

【例6】男,18岁。转移性右下腹痛16小时,伴恶心、呕吐。16小时前右下腹有局限性压痛,4小时前疼痛范围扩大。查体:T38.8℃,P92次/分。腹部膨胀,全腹肌紧张,压痛和反跳痛(+),右下腹为重,肠鸣音消失。血常规:WBC18.6×10^9/L,N0.91。病情加重的主要解剖学原因是

A. 阑尾壁内淋巴组织丰富易化脓　B. 阑尾与盲肠相通的开口狭窄易梗阻

C. 阑尾系膜短而阑尾本身长,易坏死　D. 阑尾动脉是终末血管易痉挛坏死

E. 阑尾蠕动弱而慢，阻塞的粪便残渣不易排出

【例7】右下腹麦氏点压痛、反跳痛、肌紧张是急性阑尾炎的典型体征。其发生的主要机制是

A. 炎症致盲肠痉挛　　B. 内脏神经反射　　C. 炎症致阑尾痉挛

D. 阑尾腔压力增高　　E. 炎症刺激壁腹膜

2. 病因

(1)阑尾管腔阻塞　是急性阑尾炎最常见的病因，阻塞的原因为淋巴滤泡明显增生(60%)、肠石(35%)、异物、炎性狭窄、食物残渣、蛔虫、肿瘤等。

(2)细菌入侵　致病菌多为肠道内的各种革兰阴性杆菌(大肠埃希菌)和厌氧菌。

(3)其他　阑尾先天畸形，如阑尾过长、过度扭曲、管腔细小、血运不佳等。

【例8】女，30岁。转移性右下腹痛5天，加重伴畏寒、发热2天。查体：全腹肌紧张，有明显压痛和反跳痛，麦氏点压痛明显，肠鸣音消失。腹腔穿刺抽出脓性液体，细菌培养结果最有可能是

A. 粪链球菌　　B. 铜绿假单胞菌　　C. 变形杆菌

D. 金黄色葡萄球菌　　E. 大肠埃希菌

3. 病理

(1)病理类型　分4型，即急性单纯性、急性化脓性、坏疽性及穿孔性、阑尾周围脓肿。

(2)急性阑尾炎转归　炎症消退、炎症局限化(形成阑尾周围脓肿)、炎症扩散。

4. 临床表现与诊断

(1)典型的转移性右下腹痛　见于70%~80%的病人，故并非所有病人都具有该典型腹痛表现。

(2)右下腹压痛反跳痛　最常见的重要体征。压痛点常位于麦氏点，可随阑尾位置的变异而改变，但压痛点始终在一个固定的位置上。发病早期腹痛尚未转移至右下腹时，右下腹便可出现固定性压痛，同样具有诊断意义。老人和小孩压痛可能不明显。

(3)右下腹包块　若体检发现右下腹饱满，扪及一压痛性包块，边界不清，固定，应考虑阑尾周围脓肿。

(4)腰大肌试验(psoas征)　提示阑尾位置较深，阑尾位于腰大肌前方、盲肠后位或腹膜后位。

(5)闭孔内肌试验(obturator征)　提示阑尾位置较低，阑尾靠近闭孔内肌。

(6)结肠充气试验(rovsing征)　急性阑尾炎时可阳性，但阴性不能排除诊断。

(7)经肛门指检　在直肠右前方常有压痛。当形成阑尾脓肿时，可触及痛性肿块。

5. 鉴别诊断

应与消化性溃疡穿孔、右侧输尿管结石、妇产科疾病、急性肠系膜淋巴结炎等鉴别。

注意：①对急性阑尾炎诊断最有意义的临床症状是转移性右下腹疼痛。

②对急性阑尾炎诊断最有意义的体征是右下腹固定性压痛。其阳性意义大于腰大肌试验、闭孔内肌试验、结肠充气试验阳性。

③病程较长的急性阑尾炎，可发展为阑尾周围脓肿，解题时应注意此知识点。

④阑尾炎炎症可经阑尾静脉—回结肠静脉—门静脉—肝脏，故急性阑尾炎可引起门静脉炎、肝脓肿。

⑤急性阑尾炎的渗液可经右下腹髂窝流至盆腔，引起急性盆腔炎。

【例9】急性阑尾炎闭孔内肌试验阳性提示阑尾的位置是

A. 盲肠后位　　B. 盆位　　C. 盲肠外位

D. 回肠前位　　E. 回肠后位

【例10】急性单纯性阑尾炎时，最不符合临床表现的是

A. 局部腹肌紧张　　B. 脐周疼痛　　C. 白细胞计数轻度升高

D. 右下腹局限性压痛　　E. 有低热表现

6. 治疗

(1)非手术治疗 适用于单纯性阑尾炎、急性阑尾炎的早期、其他严重疾病不能耐受手术者。

(2)手术治疗 绝大多数急性阑尾炎一旦确诊,应早期施行阑尾切除术。

(3)阑尾切除术并发症 腹腔内出血(最严重)、切口感染(最常见)、粘连性肠梗阻、阑尾残株炎、粪瘘。

【例11】患者,女,58岁。上腹部疼痛5天,3天前转移至右下腹,1天前突然出现右下腹剧烈疼痛,伴全腹压痛,右下腹较重,有反跳痛,腹肌紧张。实验室检查:WBC13.8×10^9/L,N 0.83。该患者手术切口的位置是

A. 麦氏切口　B. 上腹正中切口　C. 下腹正中切口
D. 右腹直肌旁切口　E. 左下腹切口

【例12】阑尾切除术后最常见的并发症是

A. 出血　B. 粪瘘　C. 腹腔脓肿
D. 切口感染　E. 粘连性肠梗阻

7. 特殊类型阑尾炎

	小儿阑尾炎	老年阑尾炎	妊娠阑尾炎	慢性阑尾炎
主诉	无	不强烈	不强烈	经常性右下腹痛
临床症状	不典型	不典型	不明显	可轻可重
穿孔率	高	高	穿孔后不易包裹局限	不高
体征	不明显	不明显	不明显	阑尾部位局限性固定压痛
死亡率	高	高	可造成母子危险	不高
并发症	多	多	较多	不多
感染扩散	易扩散	易扩散	易扩散	不易扩散
治疗原则	早期手术	及时手术	早期手术	手术切除阑尾

【例13】关于小儿急性阑尾炎,叙述错误的是

A. 病情发展快且重　B. 右下腹体征明显　C. 穿孔率达30%
D. 并发症及死亡率较高　E. 宜早期手术

【例14】老年急性阑尾炎的临床特点是

A. 阑尾容易缺血、坏死　B. 腹痛、恶心明显　C. 常有寒战、高热
D. 右下腹压痛明显　E. 显著腹肌紧张

【例15】女,25岁。妊娠5个月,因转移性右下腹痛2小时就诊。经检查诊断为急性阑尾炎。其治疗措施错误的是

A. 行阑尾切除术　B. 围手术期加用黄体酮　C. 手术切口应偏低
D. 尽量不用腹腔引流　E. 可应用广谱抗生素

▶常考点 肠梗阻诊断与鉴别;阑尾解剖;急性阑尾炎的临床特点;特殊类型阑尾炎的临床特点。

参考答案——详细解答见2021《贺银成国家临床执业及助理医师资格考试历年考点精析》

1. ABCDE　2. ABCDE　3. ABCDE　4. ABCDE　5. ABCDE　6. ABCDE　7. ABCDE
8. ABCDE　9. ABCDE　10. ABCDE　11. ABCDE　12. ABCDE　13. ABCDE　14. ABCDE
15. ABCDE

第16章　结、直肠与肛管疾病

考纲要求

①结、直肠癌：病因，病理，临床表现，诊断，治疗。②痔：诊断，治疗。③肛裂：诊断，治疗。④直肠肛管周围脓肿：诊断，治疗。⑤肛瘘：诊断，治疗。

复习要点

一、结肠癌

1. 病因

（1）遗传突变　约70%的结肠癌是由腺瘤性息肉演变而来，从腺瘤到癌的演变过程，遗传突变包括癌基因激活、抑癌基因失活、错配修复基因突变、基因过度表达。

（2）高危因素　结肠癌的病因虽未明确，但其高危因素逐渐被认识。应注意与直肠癌高危因素的鉴别。

	结肠癌	直肠癌
基本病因	病因不明	病因不明
饮食因素	高动物脂肪和动物蛋白、低纤维饮食	高动物脂肪和动物蛋白、低纤维饮食
遗传易感性	遗传性非息肉性结肠癌的错配修复基因突变携带者	+
癌前病变	家族性息肉病、绒毛状腺瘤 结肠血吸虫病肉芽肿、溃疡性结肠炎 结肠腺瘤、管状腺瘤（癌变率低）	家族性息肉病、绒毛状腺瘤 直肠血吸虫病肉芽肿、直肠慢性炎症 直肠腺瘤

注意：①癌变率——家族性肠息肉病（癌变率约100%）、绒毛状腺瘤（约50%）、管状腺瘤、混合性腺瘤。
②不癌变——增生性息肉、炎性息肉、幼年性息肉。

【例1】直肠息肉中癌变倾向最大的是
A. 管状腺瘤　　B. 绒毛状腺瘤　　C. 增生性息肉
D. 炎性息肉　　E. 幼年性息肉

2. 病理

（1）大体分型　根据肿瘤的大体形态，结肠癌可分为隆起型、浸润型和溃疡型。

分型	病理特点	好发部位
溃疡型	肿瘤向肠壁深层生长，并向周围浸润	最常见的结肠癌类型（约占50%）
隆起型	即肿块型，肿瘤向肠腔内突出，肿块增大时表面可有溃疡	右侧结肠（特别是盲肠）
浸润型	沿肠壁各层弥漫浸润，容易引起肠腔狭窄和肠梗阻	左侧结肠

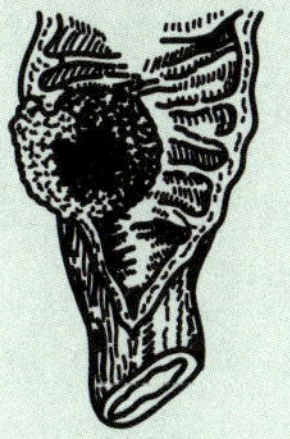
溃疡型

隆起型

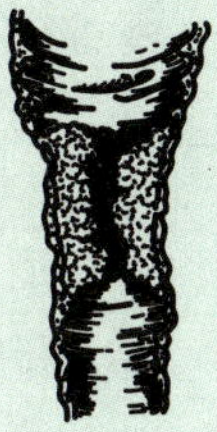
浸润型

(2)组织学分类 可分为腺癌(管状腺癌、乳头状腺癌、黏液腺癌、印戒细胞癌),腺鳞癌,未分化癌。

【例 2】右侧结肠癌最多见的大体形态是

A. 浸润型　　B. 溃疡型　　C. 肿块型
D. 浸润溃疡型　　E. 弥漫型

3. 临床表现

(1)排便习惯与粪便性状改变 常为最早出现的症状。多表现为排便次数增多、腹泻、粪便中带血。

(2)腹痛 常为定位不确切的持续性隐痛,出现肠梗阻时则腹痛加重或为阵发性绞痛。

(3)腹部包块 多为瘤体本身,有时可能为梗阻近侧肠腔内的积粪。肿块大多坚硬,呈结节状。

(4)肠梗阻症状 为中晚期症状,多表现为慢性低位不完全性肠梗阻,主要表现是腹胀和便秘,腹部胀痛或阵发性绞痛。左侧结肠癌有时以急性完全性结肠梗阻为首发症状就诊。

(5)全身症状 贫血、消瘦、乏力、低热、肝大、黄疸、水肿、腹水、锁骨上淋巴结肿大、恶病质等。

(6)临床特点 右侧结肠癌隆起型多见,易坏死出血及感染,故以腹痛、腹部肿块、全身症状为主要表现。左侧结肠癌浸润型多见,易引起肠腔狭窄,故以肠梗阻、排便习惯与粪便性状改变为主要表现。

【例 3】升结肠癌主要临床表现为

A. 肠梗阻　　B. 便秘　　C. 便血
D. 腹痛　　E. 贫血

4. 诊断与鉴别诊断

(1)高危人群 结肠癌早期症状多不明显,易被忽视。凡 40 岁以上,有下列表现者,应列为高危人群:①一级亲属有结直肠癌病史者;②有癌症史、肠道腺瘤或息肉史者;③大便隐血试验阳性者;④以下 5 种表现具有 2 项以上者:黏液血便、慢性腹泻、慢性便秘、慢性阑尾炎史、精神创伤史。

(2)辅助检查 对高危人群应行下列检查。

检查项目	临床意义
结肠镜	首选检查,镜下取活组织检查可以明确诊断
X 线钡剂灌肠	次选检查,对结肠癌有很大诊断价值
B 超和 CT	有助于了解腹部肿块、肿大淋巴结、肝内有无转移
血清 CEA	约 45%病人血清癌胚抗原(CEA)升高,无特异性诊断价值,主要用于术后判断预后和复发
血清 CA19-9	约 30%病人血清糖类抗原 19-9 升高,无特异性诊断价值,主要用于术后判断预后和复发

(3)结肠癌和直肠癌的比较

	结肠癌	直肠癌
发病情况	占大肠癌 40%,大肠癌的好发部位为直肠	占大肠癌 60%,直肠癌的好发部位为壶腹部
发病年龄	41~65 岁多发	青年人(<30 岁)发病率高
大体类型	溃疡型(最常见)、隆起型、浸润型	溃疡型(占 50%)、隆起型、浸润型
组织学类型	腺癌(管状腺癌、乳头状腺癌、黏液腺癌、印戒细胞癌),腺鳞癌,未分化癌	腺癌(管状腺癌、乳头状腺癌、黏液腺癌、印戒细胞癌),腺鳞癌,未分化癌
转移途径	淋巴转移(最主要)、直接浸润、血行转移、种植	淋巴转移(最主要)、直接浸润、血行转移、种植
诊断	结肠镜+活检+CEA	直肠指检+肛镜+活检+CEA
治疗	结肠癌根治术	Miles、Bacon、Dixon、Hartmann 手术

(4)右侧、左侧结肠癌及直肠癌的鉴别

	右侧结肠癌	左侧结肠癌	直肠癌
肿块性质	隆起型多见	浸润型多见	溃疡型多见(50%以上)
发生转移	晚	早	早
腹部肿块	可有	较少扪及,偶尔肛诊可及	无
全身症状	重	轻	少见
贫血	可有	少见	少见(晚期可有)
大便潜血	多无	多有	阳性
肠梗阻	多无	常有	可有
手术方式	一期或二期手术	二期手术为主	有肠梗阻行二期手术,无则一期手术

【例4】提示结直肠癌诊断的最重要的报警症状是
A. 腹胀　B. 腹痛　C. 腹泻
D. 便秘　E. 便血

【例5】男,64岁。乏力、消瘦、大便次数增多4个月。查体:面色苍白,腹平软,右侧腹部可触及直径约5cm包块。实验室检查:Hb80g/L,粪隐血(+)。最可能的诊断是
A. 十二指肠癌　B. 胆囊癌　C. 阑尾类癌
D. 升结肠癌　E. 胰头癌

5. 治疗

(1)结肠癌根治手术 要求整块切除肿瘤及其远、近端10cm以上的肠管,并包括系膜和区域淋巴结。①右半结肠切除术适用于盲肠癌、升结肠癌、结肠肝曲癌。②横结肠切除术适用于横结肠癌。③左半结肠切除术适用于结肠脾曲癌、降结肠癌。④乙状结肠癌根治术适用于乙状结肠癌。

(2)结肠癌并发急性肠梗阻 应在胃肠减压、纠正水和电解质紊乱及酸碱失衡后,早期手术。

①右侧结肠癌伴急性肠梗阻 做右半结肠切除一期回肠结肠吻合术。如癌肿不能切除,可行回肠横结肠侧侧吻合。

②左侧结肠癌伴急性肠梗阻 可置入支架缓解梗阻,限期行根治性手术。若开腹手术见粪便较多,可行术中灌洗后予以吻合。若肠管扩张、水肿明显,可行近端造口、远端封闭,将封闭的断端固定在造口周围并做好记录,以便在回纳造口时容易寻找。如肿物不能切除,可在梗阻部位的近侧作横结肠造口,术后行辅助治疗,待肿瘤缩小降期后,再评估能否行二期根治性切除。

(3)化学治疗 常用方案为FOLFOX(奥沙利铂+亚叶酸钙+氟尿嘧啶)、CAPEOX(奥沙利铂+卡培他滨)。

【例6】男,50岁。右下腹隐痛伴低热、贫血4个月。下消化道X线钡剂造影示回盲部有充盈缺损,升结肠起始部肠腔狭窄。血CEA明显增高。下列手术治疗术式最合理的是
A. 回肠、横结肠吻合术　B. 全结肠切除术　C. 局部切除
D. 右半结肠切除术　E. 回肠造口术

二、直肠癌

1. 临床表现

(1)症状 直肠癌早期无明显症状,癌肿影响排便或破溃出血时才出现症状。局部症状出现的频率依次为便血80%~90%、便频60%~70%、便细40%、黏液便35%、肛门痛20%、里急后重20%、便秘10%。

①直肠刺激症状 便意频繁,排便习惯改变,便前肛门有下坠感,里急后重,排便不尽感,下腹痛。

②癌肿破溃出血症状 大便表面带血及黏液,甚至有脓血便。

③肠腔狭窄症状 癌肿侵犯致肠管狭窄,可有不全性肠梗阻的表现。

④局部侵犯症状　直肠癌侵犯前列腺、膀胱，可出现尿频、尿痛、血尿。侵犯阴道，可出现阴道异常分泌物。侵犯骶前神经可出现骶尾部剧烈持续性疼痛。

(2)体征

①直肠指检　60%～70%的直肠癌可在直肠指诊时触及，因此直肠指检是诊断低位直肠癌最重要的体格检查，凡遇直肠刺激症状、便血、大便变细等均应进行直肠指检。

②腹股沟淋巴结肿大　齿状线以下的直肠癌，可有腹股沟淋巴结肿大。

③并发症或晚期体征　直肠癌合并肠梗阻可表现为腹部膨隆、肠鸣音亢进。肝转移可表现为肝大、黄疸、移动性浊音。晚期可表现为营养不良或恶病质。

注意：①9版外科学P383：直肠指检简单易行，能发现70%的直肠癌，是直肠癌的首选检查。
②9版外科学P391：直肠指检能发现60%～70%的直肠癌。

【例7】有关直肠癌的描述，错误的是

A. 多有里急后重、肛门下坠感　B. 常以完全性肠梗阻就诊　C. 组织学类型主要为腺癌
D. 多有带黏液的血便　E. 早期可表现为大便习惯改变

2. 诊断

根据病史、临床表现、内镜和影像学检查，不难作出临床诊断。

(1)大便潜血　为大规模普查或高危人群的初筛方法。阳性者再作进一步检查。

(2)癌胚抗原(CEA)　CEA不能用于早期诊断，因为仅45%的结直肠癌病人初诊时CEA升高。血清CEA水平与肿瘤分期正相关，Ⅰ、Ⅱ、Ⅲ、Ⅳ期的血清CEA阳性率分别约为25%、45%、75%和85%。CEA主要用于评估肿瘤负荷、监测术后复发。

(3)糖类抗原19-9(CA19-9)　约30%的直肠癌病人血清CA19-9升高，其临床意义与CEA相似。

(4)内镜检查　分为肛门镜、乙状结肠镜、结肠镜，可明确诊断，为首选检查。

(5)影像学检查

腔内超声	对T分期的敏感性为81%～96%，特异性为91%～98%
MRI检查	可评估肿瘤浸润肠壁的深度、淋巴结是否转移、直肠系膜筋膜是否受累
CT检查	可评估肝、肺是否有远处转移
PET-CT	常用于已有淋巴结转移的结直肠癌、术后检查怀疑复发转移
腹部B超	结、直肠癌手术时约10%～15%同时存在肝转移，故腹部B超应作为常规检查

注意：①确诊直肠癌、结肠癌首选的检查方法是结肠镜检+活组织检查。
②直肠癌的普查首选大便潜血检查。③监测直肠癌的预后及复发首选血清CEA。

【例8】直肠癌术后，最常用于监测复发的肿瘤标志物是

A. CA199　B. CA153　C. AFP
D. CA242　E. CEA

3. 手术治疗

直肠癌手术方式的选择应根据癌肿所在部位、大小、活动度、细胞分化程度、术前的排便控制能力等因素综合判断。直肠癌向远端肠壁浸润一般不超过2cm，手术时要求切缘距肿块下缘2cm以上。

(1)局部切除　适用于肿瘤位于直肠中下段、瘤体直径<2cm、大体形态为隆起型、组织分化程度高、T_1期(局限于黏膜或黏膜下层)的直肠癌。手术方式包括经肛局部切除、骶后径路局部切除术。

(2)腹会阴联合直肠癌根治术(Miles手术)　适用于腹膜返折以下的直肠癌。切除范围包括全部直肠、肠系膜下动脉及其区域淋巴结、全直肠系膜、肛提肌、坐骨肛门窝内脂肪、肛管及肛周3～5cm的皮肤、皮下及全部肛门括约肌，于左下腹永久性乙状结肠单腔造口。

(3)经腹直肠癌切除术(Dixon 手术)　又称低位直肠前切除术,是目前应用最多的直肠癌根治术。适用于腹膜返折以上的直肠癌。一般要求癌肿距齿状线 5cm 以上,癌肿远端距切缘 2cm 以上;低位直肠癌至少 1cm,切除肿块及其系膜,行结肠-直肠远端对端吻合。

(4)经腹直肠癌切除、近端造口、远端封闭术(Hartmann 手术)　是指切除肿瘤后,近端结肠造口,远端残腔封闭。由于避免了肛门部操作,手术时间缩短,适用于全身情况很差,不能耐受 Miles 手术或急性肠梗阻不宜行 Dixon 手术的直肠癌病人。

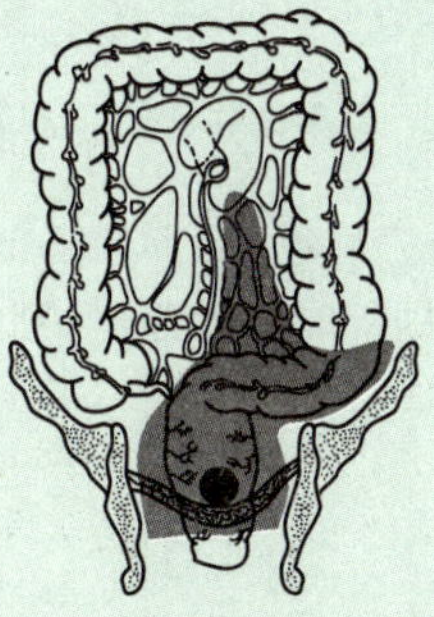
Dixon手术

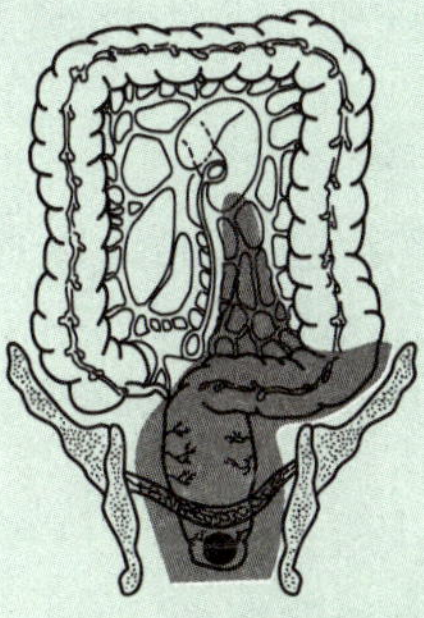
Miles手术

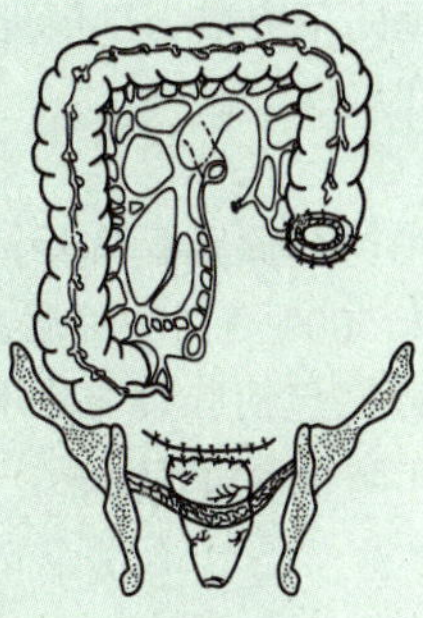
Hartmann手术

注意:①直肠癌的手术方式根据肿块距肛门的距离而定:直肠癌下缘距肛门<5cm 选用 Miles 手术,直肠癌下缘距肛门 5~7cm 以上选用 Dixon 手术(7 版《黄家驷外科学》P1644、P1646)。
②腹膜返折以下的直肠癌选用 Miles,腹膜返折(距齿状线 5cm)以上的直肠癌选用 Dixon 手术。
③若肿块广泛浸润固定,无法切除,则一期行近端造瘘解决梗阻问题,二期处理肿瘤。

【例 9】男,46 岁。因直肠癌入院。癌肿距肛缘 5cm,大小为 2cm×1cm。拟行手术治疗,患者强烈要求保留肛门。该患者是否可以保肛的病理依据是癌肿
A. 周围淋巴结状况　　B. 浸润肠壁的深度　　C. 是否侵及泌尿系统
D. 向下的纵向浸润范围　　E. 组织学分类

【例 10】对伴有完全性梗阻的高位直肠癌,最常应用的手术方式是
A. 经腹直肠癌切除术(Dixon 手术)　B. 经腹直肠癌切除、近端造口、远端封闭术(Hartmann 手术)
C. 升结肠造瘘术　　D. 姑息性病灶切除吻合术
E. 腹会阴直肠癌根治术(Miles 手术)

4. 其他治疗

(1)放射治疗　术前放疗可提高手术切除率,降低病人术后局部复发率。术后放疗仅适用于局部晚期病人、T_3 期直肠癌且术前未经放疗和术后局部复发的病人。

(2)化学治疗　辅助化疗能提高Ⅱ~Ⅲ期结、直肠癌的 5 年生存率。

(3)新辅助放化疗　T_3、T_4 期直肠癌应行新辅助放化疗。

三、肛裂

肛裂是齿状线下肛管皮肤层裂伤后形成的小溃疡。方向与肛管纵轴平行,呈梭形或椭圆形,常引起肛周疼痛。多见于青中年人,绝大多数肛裂位于肛管的后正中线上,也可位于前正中线上,位于侧方者极少。

1. 诊断

(1)症状　典型表现为周期性疼痛、便秘、出血。

①疼痛　为剧烈的周期性疼痛,表现为排便时疼痛—便后缓解—再次剧痛。排便时由于肛裂病灶内神经末梢受刺激,立刻感到肛管烧灼样或刀割样疼痛,称为排便时疼痛;便后数分钟可缓解,称为间歇期;随后因肛门括约肌收缩痉挛,再次剧痛,此期可持续半小时到数小时,称为括约肌挛缩痛。直至括约肌疲

劳,松弛后疼痛缓解,但再次排便时又发生疼痛。以上称为肛裂周期性疼痛。

②便秘　病人因害怕疼痛不愿排便,久而久之引起便秘。

③出血　排便时常在粪便表面或便纸上见到少量血迹,或滴鲜血,大量出血少见。

(2)体检　典型表现为肛裂三联症,即肛裂、前哨痔、肛乳头肥大常同时存在。前哨痔是指皮肤因炎症、水肿及静脉、淋巴回流受阻,形成袋状皮垂向下突出于肛门外。肛裂行肛门检查时,常会引起剧痛,有时需在局麻下进行。

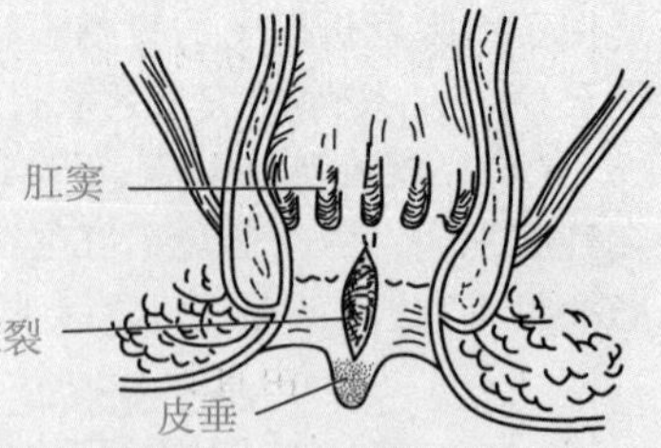

肛裂三联征=肛乳头肥大+肛裂+前哨痔

2. 治疗

(1)非手术治疗　原则是解除括约肌痉挛,止痛,帮助排便,中断恶性循环,促使局部愈合,治疗措施包括:排便后用 1:5000 高锰酸钾温水坐浴、口服缓泻剂或液体石蜡、局部麻醉后逐步扩肛。

(2)手术治疗　包括肛裂切除术、肛管内括约肌切断术等。

【例 11】不宜行直肠指诊的疾病是

A. 肛裂　　B. 肛窦炎　　C. 内痔

D. 肛瘘　　E. 肛周脓肿

【例 12】男,29 岁。排便时肛门剧痛 1 周。有鲜血滴入便池,排便后肛门疼痛加重。造成便后肛门疼痛加重的机制是

A. 肛门括约肌痉挛　　B. 截石位的 12 点处神经敏感　　C. 粪便干燥,排便用力过度

D. 继发肛窦炎　　E. 肛管皮肤全层裂开并形成慢性溃疡

四、痔

痔是最常见的肛肠疾病。内痔是由肛垫的支持结构、静脉丛及动静脉吻合支发生病理性改变,导致肛垫充血增生肥大移位而形成。外痔是齿状线远侧皮下静脉丛的病理性扩张或结缔组织增生形成。内痔通过丰富的静脉丛吻合支和相应部位的外痔相互融合,形成混合痔。

1. 诊断

(1)临床表现

①内痔　主要表现是出血和脱出,间歇性便后出鲜血是其常见症状,内痔好发于截石位 3、7、11 点。

内痔分度	临床特点
Ⅰ度	便时带血、滴血或手纸带血,便后出血可自行停止,无痔脱出
Ⅱ度	常有便血,排便时有痔脱出,便后可自行还纳
Ⅲ度	偶有便血,排便或久站、咳嗽、负重时痔脱出,需用手还纳
Ⅳ度	偶有便血,痔脱出不能还纳或还纳后又脱出

②外痔　表现为肛门不适、潮湿不洁,可有瘙痒。如有血栓形成及皮下血肿有剧痛,称为血栓性外痔。

③混合痔　表现为内痔和外痔的症状同时存在。混合痔呈环状脱出肛门外,脱出的痔块在肛周呈梅花状,称为环状痔。脱出的痔块若被痉挛的括约肌嵌顿,以致水肿、淤血,甚至坏死,称为嵌顿性痔。

(2)体检　直肠指检对痔的诊断意义不大,主要在于排除直肠癌、直肠息肉等病变。

2. 治疗

(1)治疗原则　无症状的痔不需治疗;有症状的痔重在减轻或消除症状而非根治;以非手术治疗为主。

(2)非手术治疗　包括调整饮食、坐浴、注射治疗、胶圈套扎治疗、多普勒超声引导下痔动脉结扎等。

(3)手术治疗　包括痔单纯切除、吻合器痔上黏膜环切钉合术(PPH)、血栓外痔剥离术等。

3. 易混概念

肛裂三联征	齿状线上肛乳头肥大+肛裂+“前哨痔”=肛裂三联征
前哨痔	肛裂时下端皮肤因炎症、水肿及静脉、淋巴回流受阻，形成袋状皮垂向下突出于肛门外
内痔	齿状线上方直肠上静脉丛曲张团块形成。最常见，肛诊时不能扪及
外痔	齿状线下方直肠下静脉丛曲张团块形成
混合痔	由直肠上、下曲张静脉丛相互吻合形成
环状痔	晚期混合痔突出于肛门外，在肛周呈梅花状，称为环状痔，也称花圈痔
嵌顿痔	指痔核脱出肛门外后，括约肌痉挛嵌顿，以至水肿、出血、坏死。可伴剧痛

4. 肛裂和痔的区别

	痔	肛裂
好发部位	内痔好发于截石位3、7、11点	好发于截石位6点，次发于12点，侧方少见
病史	习惯性便秘者	习惯性便秘者
便血	无痛性、间歇性、便后出鲜血	少量滴鲜血
疼痛	一般无疼痛 血栓性外痔、感染或嵌顿痔可有剧痛	便时、便后剧痛（便时剧痛—缓解数分钟—括约肌痉挛剧痛半小时至数小时），即疼痛—缓解—疼痛
痔核	有	肛乳头肥大+肛裂+前哨痔=肛裂三联征
治疗	润便、注射治疗、红外线凝固疗法 胶圈套扎疗法、手术	非手术治疗（坐浴、润便、必要时扩肛） 手术（肛裂切除术、肛管内括约肌切断术）

【例13】男，35岁。肛门持续性剧痛3天。局部有肿物突出，无便血。查体：肛门旁有直径1.0cm的肿物，呈暗紫色，质硬，有触痛。最可能的诊断是

A. 血栓性外痔　　B. 内痔脱出　　C. 肛门周围皮下脓肿

D. 肛裂　　E. 直肠息肉

五、直肠肛管周围脓肿

直肠肛管周围脓肿是指直肠肛管周围软组织内或其周围间隙发生的急性化脓性感染，并形成脓肿。脓肿溃破易形成肛瘘。绝大多数直肠肛管周围脓肿由肛腺感染引起。致病菌多为革兰阴性杆菌（大肠埃希菌）。

1. 诊断

	肛门周围脓肿	坐骨肛管间隙脓肿	骨盆直肠间隙脓肿
别称	肛周脓肿	坐骨肛管窝脓肿	骨盆直肠窝脓肿
发生率	最常见	较常见	较少见
脓肿特点	位置浅表，一般不大	位置较深，较大（60~90ml）	位置更深，较大
局部症状	局部症状明显 呈肛周持续性跳痛	局部症状明显，呈持续性跳痛 排尿困难，里急后重	局部症状不明显，直肠坠胀感 便意不尽，排尿困难
全身症状	全身中毒症状不明显	全身中毒症状明显	全身中毒症状明显
体检	局部红肿，硬结，压痛 脓肿形成时有波动感	患侧肛门红肿，双臀不对称 肛诊有深压痛，波动感	会阴部正常 直肠壁触痛性肿块，波动感
诊断穿刺	可抽出脓液	可抽出脓液	抽出脓液可确诊

注意:①肛门周围脓肿局部症状较重,全身症状较轻。②骨盆直肠间隙脓肿局部症状较轻,全身症状较重。③坐骨肛管间隙脓肿局部症状和全身症状都较重。

2. 治疗

(1)非手术治疗 包括抗生素治疗、温水坐浴、局部理疗、口服缓泻剂以减轻排便时疼痛。

(2)手术治疗 脓肿切开引流是治疗直肠肛周脓肿的主要方法。

【例 14】男,30 岁。肛门周围胀痛伴发热 3 天,排便时疼痛加重。查体:肛门周围皮肤发红、压痛明显。最可能的诊断是

A. 直肠黏膜下脓肿　B. 肛管括约肌间隙脓肿　C. 直肠后间隙脓肿
D. 肛周皮下脓肿　E. 骨盆直肠间隙脓肿

【例 15】下列疾病治疗后最易继发肛瘘的是

A. 肛周脓肿　B. 内痔　C. 外痔
D. 混合痔　E. 肛裂

六、肛瘘

肛瘘是指肛门周围的肉芽肿性管道,由内口、瘘管、外口三部分组成。

1. 诊断

(1)症状 肛瘘外口持续或间断流出少量脓性、血性、黏液性分泌物。

(2)体检 在肛门周围发现单个或多个外瘘口,并有少量脓性、血性、黏液性分泌物排出,有时肛门部潮湿、瘙痒或形成溃疡。瘘管位置低者,自外口向肛门方向可触及索条样瘘管。

(3)瘘管造影 瘘管造影发现窦道存在,即可确诊。

(4)Googsall 规律 在肛门中间划一横线,若外口在线后方,瘘管常是弯型,且内口常在肛管后正中处;若外口在此线前方,瘘管常是直型,内口常在肛门相应的放射状方向的肛窦上。外口数目越多,距离肛缘越远,肛瘘越复杂。

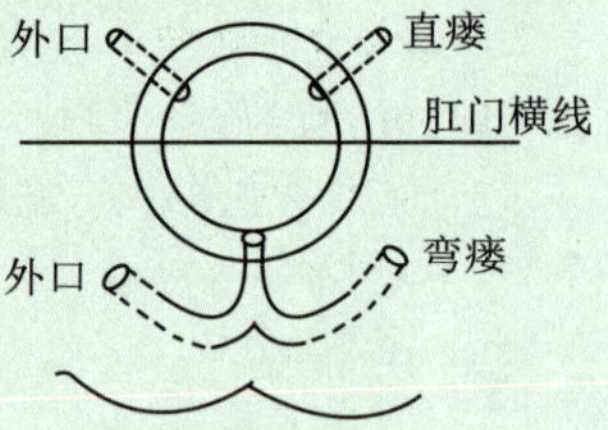

Goodsall 规律

2. 治疗

肛瘘不能自愈,必须手术治疗。治疗原则是将瘘管切开,形成敞开的创面,促进其愈合。肛瘘手术的关键是尽量减少肛管括约肌的损伤,防止肛门失禁,避免复发。

(1)瘘管切开 适用于低位肛瘘。

(2)挂线疗法 适用于距肛门 3~5cm 内,有内外口低位或高位单纯性肛瘘,或复杂性肛瘘切开、切除的辅助治疗。该法最大优点是不会造成肛门失禁。

(3)肛瘘切除 适用于低位单纯性肛瘘。

【例 16】女,42 岁。肛门处潮湿、瘙痒,有黏液流出 3 个月。查体:截石位 8 点处肛缘旁可见一小孔,挤压时有脓液排出。该患者最可能的诊断是

A. 内痔脱出　B. 外痔　C. 混合痔
D. 肛瘘　E. 肛裂

常考点 左右侧结肠癌及直肠癌的鉴别、手术方式的选择;痔、肛裂、肛瘘、肛周脓肿的临床特点。

参考答案——详细解答见 2021《贺银成国家临床执业及助理医师资格考试历年考点精析》

1. ABCDE　2. ABCDE　3. ABCDE　4. ABCDE　5. ABCDE　6. ABCDE　7. ABCDE
8. ABCDE　9. ABCDE　10. ABCDE　11. ABCDE　12. ABCDE　13. ABCDE　14. ABCDE
15. ABCDE　16. ABCDE

第 17 章　细菌性肝脓肿与门静脉高压症

考纲要求

①细菌性肝脓肿:诊断与鉴别诊断,治疗原则。②门静脉高压症:病因和发病机制,治疗。

复习要点

一、细菌性肝脓肿

1. 诊断

炎症表现	寒战、高热、体温升高、周身乏力
消化道症状	恶心、呕吐、食欲缺乏
局部症状	肝区疼痛、肝肿大、肝区叩痛。肝区钝痛或胀痛多为持续性,可伴右肩牵涉痛
溃破症状	①向上溃破→右侧脓胸;　②向下溃破→腹膜刺激征;　③向左溃破→穿入心包 ④向膈下溃破→膈下脓肿;　⑤向肝内溃破→侵犯肝内血管致大量出血
X 线	右叶肝脓肿可使右侧膈肌升高,右侧反应性胸膜炎或胸腔积液
B 超	首选检查,阳性率 96%(CT 阳性率 90%),可在 B 超引导下行脓肿诊断性穿刺和治疗

【例 1】男,49 岁。寒战、高热伴肝区疼痛半个月。既往体健。查体:T38.5℃,P110 次/分,BP100/70mmHg。皮肤无黄染。肝肋下可触及,肝区叩击痛阳性。血常规:WBC16×10^9/L,N0.89。B 超示肝左叶 10cm×7cm 液性暗区。最可能的诊断是

A. 肝血管瘤　　B. 肝包虫病　　C. 细菌性肝脓肿
D. 肝癌　　E. 肝囊肿

2. 鉴别诊断

	细菌性肝脓肿	阿米巴性肝脓肿
好发年龄	>50 岁	20~40 岁
男女比例	1.5:1	>10:1
病史	继发于胆道感染或其他化脓性疾病	继发于阿米巴痢疾
症状	急骤严重,全身中毒症状明显,寒战高热	起病慢,可有高热,或不规则发热、盗汗
血液化验	白细胞和中性粒细胞增高 血液细菌培养可阳性	白细胞增高。如无细菌感染,细菌培养阴性 血清阿米巴抗体阳性
粪便检查	无特殊发现	部分病人可找到阿米巴滋养体或包囊
脓液	多为黄白色脓液,涂片和培养可发现细菌	多为棕褐色脓液,无臭味,镜检可有滋养体 如无混合感染,涂片和培养无细菌
试验治疗	抗阿米巴治疗无效	抗阿米巴治疗有效
脓肿	较小,常多发	较大,常单发,多见于肝右叶

A. 补体结合试验阳性　　B. 甲胎蛋白阳性　　C. 右上腹绞痛及黄疸
D. 穿刺抽出棕褐色脓液　　E. 突发寒战高热,肝区疼痛,肝大

【例 2】细菌性肝脓肿的特点是

【例 3】阿米巴肝脓肿的特点是

3. 治疗原则

(1)全身支持疗法 给予充分营养,纠正水和电解质失调,必要时多次小量输血和血浆,纠正低蛋白血症。

(2)抗生素治疗 经验性治疗通常选用三代头孢联合甲硝唑、或者氨苄西林、氨基糖苷类联合甲硝唑。

(3)经皮肝穿刺脓肿置管引流术 适用于直径 3~5cm 的单个脓肿,可在 B 超或 CT 引导下行穿刺抽尽脓液并冲洗,也可置管引流。多数肝脓肿可经抗生素联合穿刺抽液或置管引流治愈。

(4)手术治疗 适用于脓肿较大、分隔较多;已穿破胸腔或腹腔;胆源性肝脓肿;慢性肝脓肿。手术方式为切开引流,适用于多数病人。经腹腔镜切开引流已成为常规手术,开腹肝脓肿切开引流已很少应用。

【例 4】男,18 岁。寒战、高热 5 天,伴右上腹痛、恶心、呕吐、全身乏力。血常规:WBC18.6×10^9/L,N0.92。腹部 B 超示肝内多发液性暗区,最大直径为 1.5cm。目前最主要的治疗措施是

A. 腹腔镜引流术　　B. 静脉滴注抗生素治疗　　C. 肝叶切除术

D. 脓肿穿刺引流术　　E. 脓肿切开引流术

二、门静脉高压症

门静脉高压症是指各种原因导致门静脉血流受阻、血流量增加所引起的门静脉系统压力增高,继而引起脾大、脾功能亢进、食管胃底静脉曲张、呕血、黑便、腹水的临床综合征。

1. 病因和发病机制

(1)病因 按阻力增加的部位,将门静脉高压症分为以下 3 型:

①肝前型　如肝外门静脉血栓形成、先天性门静脉畸形、外在压迫等。

②肝内型　又分为窦前、窦后和窦型。窦前阻塞以血吸虫肝硬化最常见。肝窦和窦后阻塞以肝炎后肝硬化最常见。

③肝后型　如 Budd-Chiari 综合征、缩窄性心包炎、严重右心功能衰竭。

(2)发病机制 门静脉主干由肠系膜上、下静脉和脾静脉汇合而成,门静脉高压症形成后,可以发生下列病理变化:

①脾大和脾功能亢进　门静脉压力升高后,脾静脉血回流受阻,脾窦扩张,脾脏肿大。血流在脾内的驻留时间延长,遭到脾脏吞噬细胞吞噬的几率增大,导致外周血白细胞、血小板、红细胞减少,称为脾功能亢进。

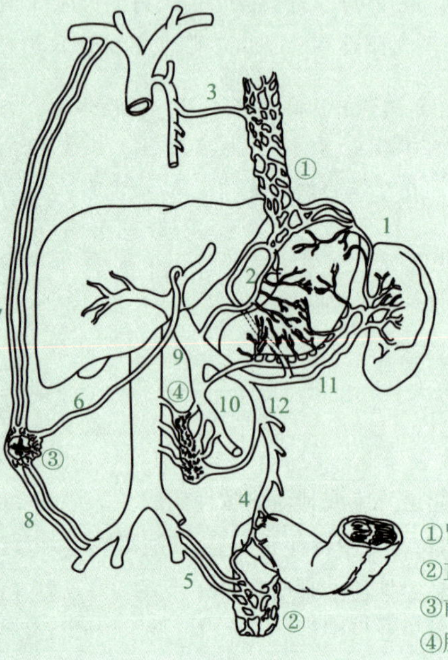

门静脉与腔静脉之间的交通支

②交通支扩张　门静脉高压时,门腔静脉交通支大量开放,并扩张、扭曲形成静脉曲张。

门腔静脉交通支	门脉高压症时交通支扩张的后果
食管下段、胃底交通支	最重要的交通支,曲张静脉破裂可导致上消化道大出血
直肠下端、肛管交通支	直肠上、下静脉丛扩张可引起继发性痔
前腹壁交通支	脐旁静脉与腹上、下深静脉交通支扩张,引起前腹壁静脉曲张,呈"海蛇头"体征
腹膜后交通支	临床意义相对较小,偶可曲张破裂引起腹膜后血肿

③腹水　腹水产生的机制：A.门静脉压力升高，使门静脉系统毛细血管床的滤过压增高；B.肝硬化引起的低蛋白血症，造成血浆胶体渗透压降低及淋巴液生成增加；C.淋巴液自肝表面、肠浆膜面漏入腹腔形成腹水；D.门静脉高压症时，门静脉内血流量增加，有效循环血量减少，继发性醛固酮分泌增多，导致水钠潴留而加剧腹水形成；E.慢性肝病时，醛固酮、抗利尿激素在肝内的灭活减少，导致水钠潴留。

④其他　约 20%的门静脉高压症患者并发门静脉高压性胃病，约 10%的患者自然发展为肝性脑病。

【例 5】不符合门静脉血流受阻后病理生理变化的是

A. 腹水　　B. 交通支扩张　　C. 门静脉高压性胃病
D. 肝性脑病　　E. 脾肿大

【例 6】门静脉血流受阻后，首先出现的是

A. 充血性脾大　　B. 门静脉高压性胃病　　C. 脾功能亢进
D. 肝性脑病　　E. 腹水

2. 治疗

主要是针对食管胃底曲张静脉破裂出血进行治疗，应根据肝功能分级选择适宜的治疗措施。

(1)非手术治疗　适用于一般情况不良，肝功能较差(黄疸、大量腹水，Child C 级)，难以耐受手术者。

补液输血	发生急性出血时，应尽快建立有效的静脉通道进行补液，监测病人生命体征
药物治疗	止血——首选血管收缩剂，如加压素、生长抑素、奥曲肽；β 受体阻滞剂如普萘洛尔可预防出血 预防感染——使用头孢类广谱抗生素 其他——质子泵抑制剂、利尿、预防肝性脑病、护肝治疗
内镜治疗	内镜下硬化剂治疗、内镜下食管曲张静脉套扎术，后者是控制急性出血的首选方法
三腔管压迫止血	是紧急情况下暂时控制出血的有效方法，可使 80%病人出血得到控制，压迫不宜超过 24 小时 插管 50~60cm，胃气囊充气 150~200ml，食管气囊充气 100~150ml，管端悬吊 0.25~0.5kg 物品 病人应侧卧位或头侧转，放置时间不宜>3~5 天，每隔 12 小时应放空气囊 10~20 分钟
TIPS	经颈静脉肝内门体分流术(TIPS)可明显降低门静脉压力，用于治疗急性出血和预防再出血，适用于药物和内镜治疗无效、外科手术后再出血、等待肝移植的病人

注意：①门静脉高压症食管胃底静脉破裂大出血，肝功能 Child C 级者应保守治疗，严禁手术治疗。
②生长抑素、奥曲肽是治疗食管胃底静脉曲张出血最常用的药物(9 版《内科学》P412)。
③内镜治疗(EVL)是控制食管静脉曲张急性出血的首选方法(9 版《外科学》P426)。
④TIPS 主要用于药物治疗、内镜治疗无效者，但易并发肝性脑病，发生率为 20%~40%。

【例 7】外科治疗肝硬化门静脉高压症公认的重点是

A. 治疗和预防出血　　B. 控制腹水　　C. 预防肝癌
D. 防治门静脉高压性胃病　　E. 治疗脾功能亢进

【例 8】女，39 岁。呕血、黑便 1 天。既往肝炎病史 20 年。查体：贫血貌，巩膜轻度黄染，腹膨隆，脾肋下 8cm，腹水征(+)。需要立即实施的措施中不包括的是

A. 静脉滴注生长抑素　　B. 静脉滴注血管加压素　　C. 开腹探查止血
D. 输血、输液　　E. 急诊胃镜检查、止血

(2)手术治疗　肝功能较好(ChildA 级或 B 级)者，可手术治疗。

①手术方式　包括分流术、断流术等，其中，以断流术最常用。

A.门体分流术　是通过在门静脉与腔静脉系统间建立分流通道、降低门静脉压力而达到止血效果的一类手术。门体分流术可分为非选择性、选择性两大类。非选择性门体分流术是将入肝的门静脉血完全转流入体循环，代表术式是门静脉与下腔静脉端侧分流术。选择性门体分流术旨在保存门静脉的入肝血流，同时降低食管胃底曲张静脉的压力，代表术式是远端脾-肾静脉分流术。

B.门奇断流术　是指通过阻断门奇静脉间的反常血流，达到止血目的。手术方式较多，如贲门周围血管离断术、胃周血管缝扎术、食管下端横断术、胃底横断术、食管下端胃底切除术等，但以脾切除+贲门周围血管离断术最为有效，最为常用。贲门周围血管包括冠状静脉、胃短静脉、胃后静脉、左膈下静脉等，手术时应彻底切断这些静脉，包括高位食管支或同时存在的异位高位食管支，同时结扎、切断与静脉伴行的同名动脉，才能彻底阻断门奇静脉间的反常血流。高位食管支的离断是手术成败的关键。

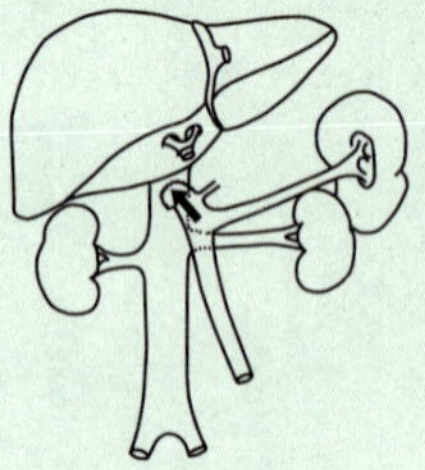
门-腔静脉端侧分流术

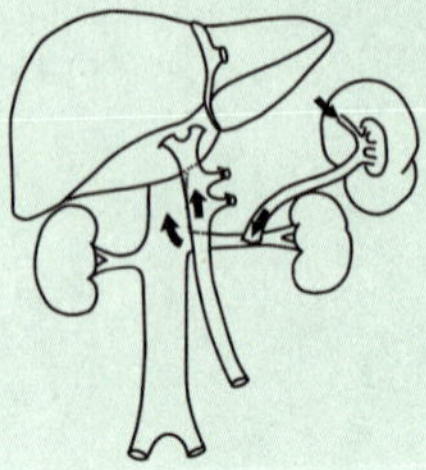
远端脾-肾静脉分流术

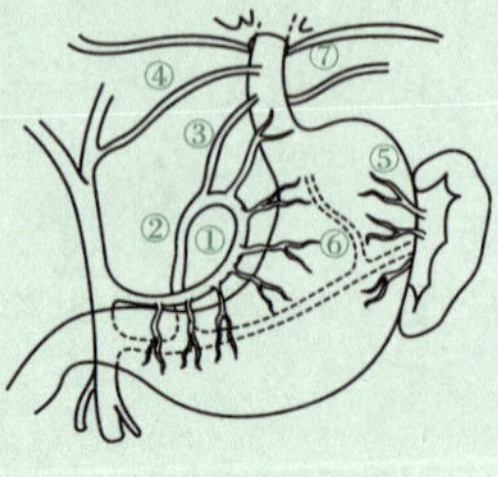
贲门周围血管局部解剖

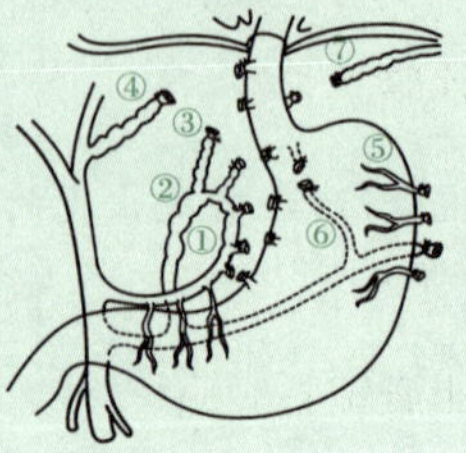
贲门周围血管离断术

①胃支
②食管支
③高位食管支
④异位高位食管支
⑤胃短静脉
⑥胃后静脉
⑦左膈下静脉

②手术方式选择　急诊手术首选贲周血管离断术，该术式对病人打击小，能达到即刻止血目的，又能维持入肝血流，对肝功能影响较小，手术死亡率和并发症发生率低。

③术式比较　三种术式的比较如下表。

	非选择性分流术	选择性分流术	断流术
代表术式	门腔静脉端侧分流术	远端脾-肾静脉分流术	贲周血管离断术
术后门静脉压	降低 10~16cmH_2O 术后降压止血效果可靠	降低 8~10cmH_2O 术后降压效果稍差	增高
入肝血流	完全阻断入肝血流 术后入肝血流大大减少	部分阻断入肝血流 术后入肝血流稍减少	阻断了门奇静脉交通支 术后入肝血流增加
术后肝功能	得不到改善	得到一定程度改善	稍改善
术后肝性脑病	发生率高达 30%~50%	发生率较低	极少发生
血栓形成率	吻合口稍大，血栓形成率较高	吻合口小，血栓形成率更高	无吻合口，无血栓形成

（9~10 题共用题干）男，54 岁。20 天内呕血 2 次，每次约 300ml，之后大便发黑。乙肝病史 30 年。查体：贫血貌，浅表淋巴结未触及，皮肤无黄染、蜘蛛痣和出血点。腹软，肝未触及，脾肋下 4cm，腹水征(+)。肾功能正常。胃镜检查见食管静脉曲张。

【例 9】最适宜的治疗方法是

A. 远端脾肾静脉分流术　B. 经颈静脉肝内门体分流术　C. 脾切除、脾肾静脉分流术
D. 门腔静脉侧侧吻合分流术　E. 脾切除、胃底食管下段周围血管离断术

【例 10】如果治疗后又发生大出血，最易发生的并发症是

A. 肝性脑病　B. 急性左心衰竭　C. 重度腹水
D. 急性肾衰竭　E. 急性肝坏死

常考点　肝脓肿的临床特点及鉴别；门静脉高压症的病理及各种手术方式的选择。

参考答案——详细解答见 2021《贺银成国家临床执业及助理医师资格考试历年考点精析》

1. ABCDE　2. ABCDE　3. ABCDE　4. ABCDE　5. ABCDE　6. ABCDE　7. ABCDE
8. ABCDE　9. ABCDE　10. ABCDE

第 18 章　胆道疾病

考纲要求

①胆石病:临床表现,诊断与鉴别诊断,治疗。②急性胆囊炎:临床表现,诊断与鉴别诊断,治疗。③急性梗阻性化脓性胆管炎:病因,诊断,治疗。

复习要点

一、胆石病

胆石病包括胆囊结石和胆管结石,是常见病和多发病。

1. 胆囊结石

胆囊结石主要为胆固醇结石或以胆固醇为主的混合型结石和黑色素结石。主要见于成年人,发病率在 40 岁以后随年龄增长,女性多于男性。

(1)临床表现

大多数病人无症状,称为无症状胆囊结石。胆囊结石的典型症状为胆绞痛,但只在少数病人出现。

①胆绞痛　为典型临床表现,多发生于饱餐、进食油腻食物后或睡眠中体位改变时。疼痛位于右上腹或上腹部,呈阵发性,或持续性疼痛阵发性加剧,可向右肩胛部和背部放射,可伴恶心、呕吐。

②上腹隐痛　常被误诊为"胃病"。

③胆囊积液　胆囊结石长期嵌顿或阻塞胆囊管但未合并感染者,胆囊黏膜吸收胆汁中的胆色素,并分泌黏液性物质,导致胆囊积液。积液呈透明无色,称为白胆汁。

④其他　胆囊结石极少引起黄疸;细小的胆囊结石进入胆总管成为胆总管结石;也可诱发胆源性胰腺炎;大的结石通过瘘管进入肠道,偶可引起胆石性肠梗阻;结石及炎症的长期刺激可诱发胆囊癌。

(2)诊断

①临床表现　典型的胆绞痛是诊断的重要依据。

②B 超检查　为首选的影像学确诊方法,其诊断准确率接近 100%。B 超提示胆囊内有强回声团,随体位改变而移动,其后有声影。

③X 线片　约 10%~15%的胆囊结石含钙量超过 10%,这时腹部 X 线片也可看到,有助于确诊。

④CT、MRI 检查　可显示胆囊结石,但不作为常规检查。

(3)治疗　首选胆囊切除。

①静止性胆囊结石　无症状的静止性胆囊结石,一般不需预防性手术治疗,可观察和随诊。

②有症状胆囊结石　有症状和(或)并发症的胆囊结石,首选胆囊切除治疗,胆囊切除的适应证为:A.结石数量多及结石直径≥2~3cm;B.胆囊壁钙化或瓷性胆囊;C.伴有胆囊息肉≥1cm;D.胆囊壁增厚(>0.3cm)即伴有慢性胆囊炎。

③手术方式　胆囊切除术有两种手术方式:腹腔镜胆囊切除术(LC)和开腹胆囊切除术。LC 为首选术式,与开腹胆囊切除相比,LC 具有恢复快、损伤小、疼痛轻、瘢痕不易发现等优点。对于病情复杂或没有腹腔镜设备的医院,也可作开腹胆囊切除。

④胆总管探查的指征　行胆囊切除时,有下列情况应同时行胆总管探查术:A.术前病史、临床表现或影像学检查提示胆总管有梗阻,包括梗阻性黄疸,胆总管结石,反复发作胆绞痛、胆管炎、胰腺炎;B.术中证实胆总管有结石、蛔虫、肿块;C.胆总管扩张(直径>1cm),胆囊壁明显增厚,发现胰腺炎或胰头肿物,胆管穿刺抽出脓性、血性胆汁或泥沙样胆色素颗粒;D.胆囊结石细小,有可能通过胆囊管进入胆总管。

⑤拔除 T 管的指征　胆总管探查后应常规放置 T 管,拔除 T 管的指征为:A.术后 2 周;B.体温正常;

C.无腹痛;D.无黄疸;E.T 管造影显示肝内外胆管无阻塞。

【例 1】女,45 岁。右上腹痛 2 天,2 天前聚餐后突发右上腹疼痛,伴恶心,呕吐胃内容物 1 次。查体:T37.3℃,BP130/80mmHg,右上腹压痛(+),Murphy 征阳性。血 WBC14.1×10^9/L,N0.82。进一步检查首选

A. 腹部 B 超　B. 腹部 CT　C. 立位腹部 X 线片

D. 磁共振胰胆管成像　E. ERCP

【例 2】无症状性胆囊结石,应考虑及时手术治疗的是

A. 高龄患者　B. 结石直径小于 1cm　C. 瓷性胆囊

D. 发现胆囊结石 3 年　E. 口服胆囊造影胆囊显影

【例 3】对于下列无症状的胆囊结石,不做胆囊切除,只需观察随诊的情况是

A. 合并瓷化胆囊　B. 伴有胆囊息肉　C. 口服胆囊造影,胆囊不显影

D. 结石直径小于 1cm　E. 合并糖尿病且糖尿病已控制时

【例 4】胆囊切除术中需探查胆总管的指征是

A. 胆囊壁明显增厚　B. 胆囊增大　C. 胆总管直径>1cm

D. 胆囊结石超过 2cm　E. 胆囊结石伴有胆囊息肉

【例 5】女,31 岁。腹痛、寒战、高热、黄疸反复发作 3 年。1 天来上腹部持续性疼痛,伴阵发性绞痛,恶心,无呕吐。查体:T38.6℃,巩膜黄染,右上腹压痛(+),无反跳痛,胆囊大,Murphy 征(+)。最佳处理措施是

A. 胆总管 Oddi 括约肌切开术　B. 胆囊造瘘术

C. 单纯胆囊切除术　D. 胆囊切除术+胆总管探查 T 管引流术

E. 胆囊切除+胆总管十二指肠吻合术

2. 肝外胆管结石

肝外胆管结石是指发生于左、右肝管汇合部以下的胆管结石。

(1)临床表现　一般无症状或仅有上腹部不适。当结石造成胆管梗阻时可出现腹痛或黄疸;如继发胆管炎,可出现典型的 Charcot 三联征=腹痛+寒战高热+黄疸。

①腹痛　为剑突下或右上腹阵发性疼痛,或持续性疼痛阵发性加剧,可向右肩或背部放射。这是结石下移嵌顿于胆总管下端或壶腹部,Oddi 括约肌痉挛所致。当结石上浮,嵌顿解除,腹痛可缓解。

②寒战高热　胆管梗阻继发感染导致胆管炎,可引起全身性感染,约 2/3 的病人出现寒战高热。

③黄疸　胆管梗阻后可出现黄疸。黄疸可呈间歇性和波动性。常伴尿色加深,粪色变浅。

④体格检查　平时无发作时可无阳性体征。合并胆管炎时,可有不同程度的腹膜炎征象,主要在右上腹。如有广泛渗出或穿孔,也可出现弥漫性腹膜炎体征。胆囊或可触及,有触痛。

(2)诊断

①实验室检查　当合并胆管炎时,可有白细胞计数增高,血清总胆红素、结合胆红素、转氨酶、碱性磷酸酶均增高。尿胆红素升高,尿胆原降低,粪胆原减少。

②B 超　为首选检查方法。B 超能发现结石并明确结石大小及部位。若合并胆管梗阻,则可见肝内、外胆管扩张,但胆总管远端结石可因肥胖或肠气干扰而显示不清。

③CT 扫描　能发现胆管扩张和结石的部位,可排除肠气干扰,而显示胆总管远端结石。

④PTC 和 ERCP　经皮肝穿刺胆管造影(PTC)和内镜逆行胰胆管造影(ERCP)均为有创检查,适合于梗阻性黄疸、胆管扩张者。能清楚地显示结石及部位,但可诱发胆管炎、急性胰腺炎、出血、胆漏等并发症。

(3)治疗　以手术为主。术中应尽量取尽结石、解除胆道梗阻、术后保持胆汁引流通畅。

①非手术治疗　应用抗生素、解痉、利胆、纠正水电失衡、营养支持、护肝、纠正凝血功能异常等。

②胆总管切开取石+T 管引流　为首选方法,可采用腹腔镜或开腹手术。适用于单纯胆总管结石,胆管上下端通畅,无狭窄或其他病变者。若伴有胆囊结石和胆囊炎,应同时行胆囊切除术。为防止和减少结石残留,术中应做胆道镜、胆道造影、超声检查。术中应妥善固定 T 管。放置 T 管后应注意:A.观察胆

汁引流的量和性状,术后T管引流胆汁200~300ml/d,较澄清,如T管无胆汁引出,应检查T管有无脱落或扭曲;如胆汁过多,应检查T管下端有无梗阻;如胆汁浑浊,应注意有无结石遗留或胆管炎症未控制。B.术后10~14天可行T管造影,造影后应继续引流24小时以上,再试行闭管。如病人无明显不适,即可关闭T管。C.如胆道通畅无结石,开腹手术可予手术后4周左右拔管,腹腔镜手术可适当延长拔管时间。D.若T管造影发现有结石遗留,应在术后4~8周再施行胆道镜检查和取石。

(4)胆囊结石和胆总管结石的比较 如下表。

	胆囊结石	胆总管结石
病史	消化不良,右上腹不适,多在深夜急性发作	反复发作史
腹痛	右上腹绞痛	上腹或右上腹绞痛
黄疸	一般无	波动性、中度黄疸
发热	低热	寒战高热
体征	胆囊区触痛及肌紧张,可能触及肿大的胆囊	剑突右下方触痛,肌紧张不明显,腹直肌右侧较紧
血AST	急性期增高,3~4天后下降	黄疸时增加,过后迅速降低

【例6】女,48岁。2天前餐后突然出现右上腹阵发性绞痛,恶心,尿色呈浓茶样,以往有类似发作。查体:急性病容,巩膜黄染,腹部无肌紧张,右上腹深压痛。可能的诊断是

A. 胆总管结石　B. 胆道蛔虫病　C. 胆总管囊肿
D. 急性胰腺炎　E. 急性胆囊炎

二、急性胆囊炎

急性胆囊炎是胆囊管梗阻和细菌感染引起的炎症。约95%的病人有胆囊结石,称为结石性胆囊炎。

1. 临床表现

发病情况	女性多见,50岁以前为男性的3倍,50岁以后为1.5倍
上腹部疼痛	可阵发性绞痛,放射至右肩、肩胛和背部。夜间发作常见,饱餐、进食肥腻食物易诱发发作
消化道症状	常伴恶心呕吐、厌食、便秘等
中毒症状	病人常有发热,通常无寒战。若出现寒战高热,则表明病情严重,如胆囊坏疽、穿孔、积脓等
黄疸	10%~20%的病人可出现轻度黄疸
体格检查	右上腹胆囊区有压痛,有些病人可触及肿大而有压痛的胆囊,Murphy征阳性
并发症	并发胆囊穿孔可导致急性弥漫性腹膜炎,为最严重的并发症

注意:①尽管临床上10%~20%急性胆囊炎病人可有轻度黄疸,但医考中心的常见观点是"无黄疸"。
②急性胆囊炎Murphy征阳性,但慢性胆囊炎Murphy征阴性,只在急性发作时才表现为阳性。
③急性胆囊炎时可触及肿大有压痛的胆囊,Murphy征阳性。
④胰头癌时可触及肿大而无痛的胆囊(Courvoisier征),Murphy征阴性。

2. 诊断与鉴别诊断

(1)诊断 根据典型临床表现,结合实验室和影像学检查,诊断一般不难。

①血常规和肝功能 85%的病人白细胞增高。血清转氨酶、碱性磷酸酶、胆红素等均可增高。

②B超 B超为首选诊断方法。B超对急性胆囊炎的诊断准确率为85%~95%。B超检查可见:胆囊增大、囊壁增厚(>4mm);明显水肿时可见"双边征";胆囊内结石显示强回声,后伴声影。

③^{99}Tc-EHIDA检查 诊断急性胆囊炎的敏感性达97%,特异性达87%,适用于症状不典型的病人。

(2)鉴别诊断 急性胆囊炎需与消化性溃疡穿孔、急性胰腺炎、高位阑尾炎、肝脓肿、胆囊癌、结肠肝曲癌、小肠憩室穿孔、右侧肺炎、胸膜炎、肝炎等鉴别。

3. 治疗

急性结石性胆囊炎最终需手术治疗,原则上应争取择期手术。

(1)非手术治疗 包括禁食、输液、营养支持、补充维生素、纠正水电解质及酸碱失衡、应用抗生素。

(2)手术治疗 急诊手术适应证包括:①发病 48~72 小时以内者;②经非手术治疗无效或病情恶化者;③有胆囊穿孔、弥漫性腹膜炎、并发急性化脓性胆管炎、急性出血坏死性胰腺炎者。

【例 7】急性胆囊炎的临床表现不包括

A. 右上腹压痛　　B. 大多伴有黄疸　　C. 右上腹局限性肌紧张

D. 可伴有右肩部不适症状　　E. 右上腹持续性痛并阵发性加重

三、急性梗阻性化脓性胆管炎(AOSC)

急性梗阻性化脓性胆管炎(AOSC)是急性胆管炎的严重阶段,也称急性重症胆管炎(ACST)。其发病基础是胆道梗阻和细菌感染。急性胆管炎时,如胆道梗阻未解除,可发展为 AOSC 危及病人生命。

1. 病因

以肝内外胆管结石最常见,其次为胆道寄生虫、胆管狭窄、恶性肿瘤、胆道良性病变引起的狭窄、胆肠吻合口狭窄、PTC、ERCP 置放内支架等。

A. 胆囊结石　　B. 胆管结石　　C. 胆囊癌

D. 胆管癌　　E. 胆道蛔虫

【例 8】引起急性化脓性梗阻性胆管炎最常见的原因是

【例 9】具有突发性剑突下钻顶样剧烈疼痛症状的疾病是

2. 临床表现

(1)病史 男女发病比例接近,青壮年多见。多数病人有反复胆道感染病史和(或)胆道手术史。

(2)Charcot 三联征 腹痛+寒战高热+黄疸。

(3)Reynolds 五联征 Charcot 三联征+休克+神经中枢系统受抑制表现。神经系统症状主要表现为神情淡漠、嗜睡、神志不清,甚至昏迷。合并休克时,可表现为烦躁不安、谵妄等。

(4)临床分型 本病起病急骤,病情发展迅速。可分为肝外梗阻和肝内梗阻两种。肝外梗阻腹痛、寒战高热、黄疸均较明显。肝内梗阻主要表现为寒战高热,可有腹痛,黄疸较轻。

(5)体格检查 高热,脉搏快而弱,血压降低,唇发绀,全身皮肤可有出血点和皮下瘀斑。剑突下或右上腹压痛,可有腹膜刺激征。肝脏常肿大并有压痛、叩击痛。胆总管梗阻者可有胆囊肿大。

3. 诊断

根据病史、典型临床表现、辅助检查进行诊断。

(1)实验室检查 白细胞计数显著增高,肝功能有不同程度的损害。

(2)B 超检查 床边 B 超可及时了解胆道梗阻的部位、肝内外胆管扩张情况及病变性质。

(3)CT 或 MRCP 检查 病情稳定者可以选择。

(4)PTC 或 ERCP 检查 适用于经皮经肝胆管引流(PTCD)或经内镜鼻胆管引流术(ENBD)减压者。

注意:目前 AOSC 的诊断均采用 1983 年中华医学会重庆胆道外科会议制定的标准,即临床上出现休克或下列 6 项中的 2 项:①精神症状,如表情淡漠、嗜睡、反应迟钝或谵语;②脉搏>120 次/分;③体温>39℃或<36℃;④WBC>20×10^9/L;⑤术中探查胆总管时,胆管压力明显增高,且为脓性胆汁;⑥血培养阳性。可见,诊断 AOSC 并不一定要求具备 Reynolds 五联征。

【例 10】胆总管结石梗阻后最典型的临床表现是

A. Whipple 三联征　　B. Charcot 三联征　　C. Grey-Turner 征

D. Murphy 征阳性　　E. Cullen 征

【例 11】与梗阻性化脓性胆管炎实验室检查结果不符合的是

A. 碱性磷酸酶升高　　B. 尿胆红素阳性　　C. 尿胆原升高

D. 血清结合胆红素升高　　E. 白细胞计数升高

4. 治疗

立即解除胆道梗阻并引流，如胆总管切开减压T管引流、ENBD和PTCD。常考知识点归纳如下表。

	胆囊结石	肝外胆管结石	急性梗阻性化脓性胆管炎
临床表现	胆绞痛(阵发性右上腹疼痛)	典型 Charcot 三联征	①轻症者 Charcot 三联征 ②重症者 Reynolds 五联征
首选检查	B超	B超	B超
首选治疗	胆囊切除	胆总管切开取石+T管引流，若有胆囊结石，则+胆囊切除	急诊解除胆道梗阻(胆总管切开减压T管引流)
黄疸	无	有	有
血压降低	无	无	重症者有(试题一般为此类)
精神症状	无	无	重症者有(试题一般为此类)

注意：①Charcot 三联征——腹痛+寒战高热+黄疸，提示急性胆管炎。

②Reynolds 五联征——Charcot 三联征+休克+神经精神症状，提示急性梗阻性化脓性胆管炎。

(12~14题共用题干)女，68岁。突发上腹阵发性绞痛2小时，短时间内寒战、高热，小便呈浓茶样，随后嗜睡。查体：T39.6℃，P128次/分，R30次/分，BP80/50mmHg。神志不清，躁动，巩膜黄染，右上腹肌紧张，有压痛和反跳痛。

【例 12】导致该患者所患疾病最可能的病因是

A. 胆管肿瘤　　B. 胆管结石　　C. 胆道蛔虫

D. 胆管狭窄　　E. 胆管畸形

【例 13】以下非手术治疗措施中，错误的是

A. 持续吸氧　　B. 联合使用足量抗生素　　C. 纠正水、电解质代谢紊乱

D. 输注2个单位红细胞　　E. 禁食、胃肠减压

【例 14】急症手术最有效的手术方式是

A. 胆总管切开减压术　　B. 腹腔镜胆囊切除术　　C. 胆囊造瘘术

D. 胆总管空肠吻合术　　E. 胆总管十二指肠吻合术

常考点　考试重点，需全面掌握。

参考答案——详细解答见2021《贺银成国家临床执业及助理医师资格考试历年考点精析》

1. ABCDE　2. ABCDE　3. ABCDE　4. ABCDE　5. ABCDE　6. ABCDE　7. ABCDE
8. ABCDE　9. ABCDE　10. ABCDE　11. ABCDE　12. ABCDE　13. ABCDE　14. ABCDE

第 19 章　急性胰腺炎与胰腺癌

考纲要求

①急性胰腺炎:病因,临床表现,辅助检查,诊断与鉴别诊断,治疗。②胰腺癌:临床表现,诊断。

复习要点

约 85%主胰管与胆总管汇合形成“共同通道”,其下端膨大称为 Vater 壶腹,开口于十二指肠乳头。因此,胆总管下端受压或梗阻可导致共同通道受阻,引起急性胰腺炎、黄疸。该知识点解题时常用。

一、急性胰腺炎

急性胰腺炎是一种常见的急腹症。按病理改变过程,分为水肿性和出血坏死性急性胰腺炎,前者约占 80%~90%。按临床病情,分为轻型急性胰腺炎和重症急性胰腺炎,后者约占 10%~20%。

1. 病因

胆道疾病	我国最常见病因(占 50%),结石阻塞胆总管末端,共同通道受阻所致,称胆源性胰腺炎
过量饮酒	国外最常见的病因(约占 60%)
暴饮暴食	最常见诱因。因此急性胰腺炎也称为“节日病”
代谢性疾病	高脂血症性胰腺炎(占 7%)、高钙血症(甲状旁腺功能亢进所致)
十二指肠液反流	当十二指肠内压力增高,十二指肠液可向胰管内反流,导致急性胰腺炎
医源性因素	ERCP 可导致约 2%~10%病人发生胰腺炎,胰管空肠吻合口狭窄可导致残余胰腺炎
肿瘤	胰腺导管内乳头状黏液肿瘤、胰腺癌可导致胰管梗阻,从而发生急性胰腺炎
某些药物	5-氨基水杨酸、硫唑嘌呤、6-巯嘌呤、阿糖胞苷、呋塞米、噻嗪类利尿剂、雌激素、甲硝唑、丙戊酸、对乙酰氨基酚、糖皮质激素、磺胺类等可引起急性胰腺炎
创伤	上腹部钝器伤(腹部方向盘伤)、穿通伤、手术创伤(尤其胆胰手术)均可导致胰腺炎
血液循环障碍	低血压、心肺旁路、动脉栓塞、血管炎,均可造成胰腺血液循环障碍而发生急性胰腺炎
其他	感染、妊娠、内分泌、遗传、自身免疫性疾病
病因不明	少数病因不明者,称为特发性急性胰腺炎

注意:①急性胰腺炎最常见的病因,在我国为胆石症;在西方国家为过量饮酒。
②急性胰腺炎最常见的诱因为暴饮暴食。应注意“病因”和“诱因”的区别。

【例 1】国人急性胰腺炎最常见的病因是

A. 药物　　B. 自身免疫异常　　C. 胆道疾病
D. 高脂血症　　E. 酒精

【例 2】可导致急性胰腺炎的药物是

A. 法莫替丁　　B. 青霉素　　C. 生长抑素
D. 奥美拉唑　　E. 糖皮质激素

2. 临床表现

(1)腹痛　是本病的主要症状,常于饱餐后和饮酒后突然发作,为左上腹剧痛,呈持续性,可放射至左肩及左腰背部。胆源性胰腺炎的腹痛始发于右上腹,逐渐向左侧转移。呕吐后腹痛不缓解为其特点。

(2)恶心呕吐　早期即可出现,呕吐剧烈且频繁,呕吐物为胃十二指肠液,偶可呈咖啡色。

(3)腹胀　腹胀与腹痛同时存在。腹膜后炎症越严重，腹胀越明显。腹腔积液可加重腹胀，病人排便、排气停止。腹腔内压增高可导致腹腔间隔室综合征。

(4)腹膜炎体征　①急性水肿性胰腺炎压痛多局限于上腹部，常无明显肌紧张。②急性出血坏死性胰腺炎腹部压痛明显，并伴肌紧张和反跳痛。移动性浊音可阳性。肠鸣音减弱或消失。

(5)发热　急性水肿性胰腺炎可不发热或有轻度发热。合并胆道感染时常有寒战高热。

(6)黄疸　若胆道结石嵌顿或胰头肿大压迫胆总管，可出现黄疸。

(7)休克　坏死性胰腺炎可有休克。早期为低血容量所致，后期继发感染使休克原因复杂化。

(8)体征　少数重症病人胰腺的出血可经腹膜后途径渗入皮下，在腰部、季肋部和下腹部皮肤出现大片青紫色瘀斑，称为 Grey-Turner 征；若出现在脐周，称为 Cullen 征。

(9)其他　胃肠出血时，可有呕血和便血。血钙降低时，可有手足抽搐。

【例 3】急性胰腺炎的典型症状是

A. 阵发上腹部钻顶样疼痛，辗转体位
B. 脐周阵发性疼痛，停止排便和排气
C. 上腹部剧烈疼痛，向左上臂内侧放射
D. 上腹部持续性剧烈疼痛，向腰背部放射
E. 上腹部烧灼样疼痛，进食后可缓解

3. 辅助检查

(1)血尿淀粉酶测定　是最常用的诊断方法。肠梗阻、胆囊炎、肠系膜缺血、腮腺炎、巨淀粉酶血症等均可导致淀粉酶升高。血尿淀粉酶超过正常值上限 3 倍以上才能确诊为急性胰腺炎。淀粉酶值越高，诊断正确率越大。但淀粉酶升高的幅度与胰腺炎的病情严重程度不成比例。因为急性轻型胰腺炎血清淀粉酶升高，但重症胰腺炎血清淀粉酶可升高、正常，甚至降低。

解题时应注意，一般情况下血淀粉酶的确诊意义要大于尿淀粉酶，但要结合发病时间。

(2)实验室检查

	临床特点	意义
血淀粉酶	发病数小时开始升高，6~8 小时可测到，24 小时达高峰，4~5天逐渐降至正常	血 AMS>500U/dl(Somogyi)确诊 血清淀粉酶高低与病情并不平行
尿淀粉酶	24 小时开始升高，48 小时达高峰，1~2 周后恢复正常	正常值 80~300U/dl(Somogyi)
CRP	C 反应蛋白(CRP)增高	发病 48 小时>150mg/ml 提示病情较重
血清脂肪酶	发病 24~72 小时开始升高，持续 7~10 天降至正常	有特异性，比较客观的诊断指标
白细胞	多数升高	全身炎症反应的表现，无特异性
腹水淀粉酶	诊断性腹腔穿刺抽出血性渗出液	淀粉酶升高对诊断很有帮助
血糖	升高(持续>11.1mmol/L 提示胰腺坏死，预后不良)	血糖正常值 3.9~6.0mmol/L
血钙	降低(<1.87mmol/L 提示出血坏死性胰腺炎，预后不良)	血钙正常值 2.25~2.75mmol/L

注意：①不同的版本、不同的教材，上述数据并不一样，复习时请注意。以上数据为内、外科学综述。
②9 版《外科学》P459：尿淀粉酶于发病后 24 小时开始升高。
③7 版《内科学》P472：尿淀粉酶于发病后 12~24 小时开始升高(9 版《内科学》已删除)。
④9 版《外科学》P459：血清淀粉酶发病数小时开始升高，24 小时达高峰，4~5 天后逐渐降至正常。
⑤9 版《内科学》P431：血清淀粉酶发病 2~12 小时开始升高，48 小时开始下降，持续 3~5 天。

【例 4】下列有关急性胰腺炎的各项检查中，最早出现异常的是

A. 血清脂肪酶　B. 血清乳酸脱氢酶　C. 血清淀粉酶
D. 尿淀粉酶　E. 血清正铁血白蛋白

【例 5】急性胰腺炎尿淀粉酶开始升高的时间是发病后

A. 36~48 小时　B. 1~2 小时　C. 12~24 小时

D. 6~10 小时　　E. 3~4 小时

【例 6】急性胰腺炎患者血清淀粉酶值的高峰出现在发病后

A. 12 小时　　B. 8 小时　　C. 48 小时

D. 24 小时　　E. 4 小时

【例 7】用于判断急性胰腺炎严重程度的血清学检查项目是

A. 丙氨酸氨基转移酶　　B. 血清钾　　C. 淀粉酶

D. 碱性磷酸酶　　E. 血清钙

(3)影像学检查　最具有诊断价值的影像学检查是增强 CT。

	临床特点	意义
B 超	可发现胰腺肿大、胰周积液;胰腺水肿时为均匀低回声;胰腺出血坏死时为粗大的强回声;发现胆道结石、胆管扩张,提示胆源性胰腺炎	可作为初筛检查,易受胃肠气体干扰,影响诊断准确性
增强 CT	为诊断胰腺坏死的最佳方法。在胰腺弥漫性肿大的基础上,出现质地不均、液化、蜂窝状低密度区,则可诊断为胰腺坏死	最具诊断价值的影像学检查
MRI	MRCP 可清晰地显示胆管及胰管,对诊断胆道结石、胆胰管解剖异常引起的胰腺炎有重要作用	可提供与 CT 类似的诊断信息

【例 8】对重症急性胰腺炎的诊断最有意义的检查是

A. 腹部增强 CT　　B. 血清脂肪酶　　C. 血清淀粉酶

D. 尿淀粉酶　　E. 腹部 B 超

注意:①急性胰腺炎时,最有诊断价值的检查是血淀粉酶测定,最早出现异常的检查指标是血淀粉酶。
②急性胰腺炎时,最具有诊断价值的影像学检查是增强 CT(9 版《外科学》P459)。

4. 诊断与鉴别诊断

(1)诊断标准　符合以下 3 项中的 2 项,即可诊断为急性胰腺炎:①与急性胰腺炎临床表现相符合的腹痛;②血清淀粉酶和(或)脂肪酶活性至少高于正常上限值 3 倍;③符合急性胰腺炎的影像学改变。

(2)鉴别诊断　应与消化性溃疡穿孔、胆石症、急性胆囊炎、急性肠梗阻、心肌梗死等相鉴别。

5. 治疗

(1)非手术治疗　适用于急性胰腺炎全身反应期、水肿性和尚无感染的出血坏死性胰腺炎。

禁食、胃肠减压	为急性胰腺炎的基础治疗。持续胃肠减压可防止呕吐、减轻腹胀、降低腹内压
补充体液	急性胰腺炎时,大量液体丢失,应大量静脉输液
防治休克	急性胰腺炎最常见的并发症就是休克,因此补充体液,防治休克是关键
解痉止痛	在诊断明确的情况下,可给予解痉止痛药,常用的解痉药为阿托品、山莨菪碱 吗啡虽可引起 Oddi 括约肌张力增高,但对预后无不良影响
营养支持	禁食期主要靠完全肠外营养(TPN)。待病情稳定、肠功能恢复后可早期给予肠内营养
抑制胰酶活性	抑肽酶、加贝酯
抑制胰腺分泌	H_2 受体阻滞剂(西咪替丁)、质子泵抑制剂、生长抑素、胰蛋白酶抑制剂
抗生素	应选用针对 G^- 菌和厌氧菌的能透过血胰屏障的抗生素,如喹诺酮类/头孢类+甲硝唑 严重败血症或上述抗生素无效时才使用亚胺培南

注意:①急性胰腺炎的镇痛解痉常用药物为阿托品(9 版《外科学》P460)。
②胆碱能受体拮抗剂阿托品可诱发或加重肠麻痹,不宜使用(9 版《内科学》P434)。

(2)手术治疗

①手术指征　A.急性腹膜炎不能排除其他急腹症时；B.伴胆总管下端梗阻或胆道感染者；C.合并肠穿孔、大出血或胰腺假性囊肿；D.胰腺和胰周坏死组织继发感染。

②手术方式

A.最常用的是坏死组织清除+引流术，同时行胃造口、空肠造口（肠内营养通道）、胆道引流术。

B.若继发肠瘘，可将瘘口外置或行近端肠管外置造口术。

C.形成假性囊肿者，可择期行内、外引流术。

D.对于胆源性胰腺炎，手术目的是解除梗阻，通畅引流；若病情允许，应同时切除胆囊。

【例9】治疗时需要绝对禁食的疾病是

A. 急性胰腺炎早期　B. 急性糜烂出血性胃炎　C. 慢性透壁性溃疡
D. 持续潜血阳性　E. 肝性脑病昏迷

【例10】男，40岁。饮酒后突发腹痛24小时，腹痛剧烈，呈持续性，腹痛从上腹部很快波及全腹，伴恶心，呕吐。查体：腹部膨胀，全腹肌紧张，有压痛、反跳痛，脐周Cullen征（+）。血清淀粉酶8500U/L（Somogyi法）。决定手术治疗，术中常规处理措施最重要的是

A. 胰腺部分切除　B. 胆囊切除术　C. 空肠造瘘或胃造瘘
D. 探查并解除胆道梗阻　E. 坏死组织清除加引流术

（11~13题共用题干）男，45岁。进食高脂餐并饮酒后上腹持续疼痛8小时，呕吐2次后疼痛无缓解。查体：T37.8℃，上腹偏左压痛、反跳痛阳性。

【例11】最可能的诊断是

A. 急性胃炎　B. 急性胆囊炎　C. 肠梗阻
D. 急性胰腺炎　E. 急性心肌梗死

【例12】最有诊断意义的辅助检查是

A. 血清脂肪酶　B. 血常规　C. 血清淀粉酶
D. 立位腹部X线片　E. 心电图

【例13】如需使用抗生素治疗，抗生素选择的最佳配伍是甲硝唑和

A. 阿奇霉素　B. 克林霉素　C. 环丙沙星
D. 亚胺培南　E. 青霉素

二、胰腺癌

胰腺癌包括胰头癌、胰体尾部癌，90%为导管腺癌，比较少见的类型有黏液性囊腺癌、腺泡细胞癌、腺鳞癌等。胰头癌约占胰腺癌的70%~80%，早期诊断困难，预后很差。

1. 临床表现

常见的临床症状是上腹部疼痛、饱胀不适、黄疸、食欲降低、消瘦等。

（1）上腹疼痛　常为首发症状。约15%的病人无疼痛。

（2）黄疸　是胰头癌最主要的临床表现（占90%），常进行性加重。黄疸出现的早晚和肿瘤的位置密切相关，癌肿距胆总管越近，黄疸出现越早。胆道梗阻越完全，黄疸越深。小便深黄，大便陶土色，伴皮肤瘙痒。体检可见巩膜及皮肤黄染，肝大，多数病人可触及肿大的胆囊，表面光滑，无压痛（Courvoisier征阳性）。

（3）消化道症状　如食欲不振、腹胀、消化不良、腹泻或便秘。

【例14】胰头癌最常见的病理类型是

A. 腺泡细胞癌　B. 乳头状癌　C. 未分化癌
D. 黏液腺癌　E. 导管细胞腺癌

【例15】胰头癌最常见的临床表现是

A. 腹痛、黄疸和消瘦　B. 腹痛、黄疸和呕吐　C. 腹痛、黄疸和上腹包块
D. 黄疸、消瘦和上腹包块　E. 黄疸、消瘦和腹胀

【例 16】胰头癌常见的首发临床表现是
A. 黄疸　B. 稀便　C. 贫血
D. 上腹隐痛　E. 皮肤瘙痒

2. 诊断

血生化检查	血尿淀粉酶可一过性升高,空腹或餐后血糖增高,糖耐量试验曲线异常
阻塞性黄疸	血清总胆红素、直接胆红素、碱性磷酸酶、转氨酶等均增高
CA19-9	糖类抗原 19-9(CA19-9)的临床意义较大,最常用于胰腺癌的辅助诊断和术后随访
B 超检查	主要用于常规检查,对胰胆管扩张比较敏感,但对胰腺常显示不清
CT 检查	胰腺动态薄层增强扫描及三维重建是首选的影像学检查,对肿瘤的定性、定位诊断具有重要价值,尤其对胰腺肿瘤的术前可切除性评估具有重要意义
MRI 检查	磁共振(MRI)诊断胰腺癌并不优于增强 CT
MRCP 检查	磁共振胆胰管造影(MRCP)能显示胰、胆管梗阻部位和扩张程度
PET	主要用于鉴别诊断,评估有无转移,判断术后肿瘤有无复发

注意:①Courvoisier 征阳性是指胰头癌压迫胆总管导致胆道阻塞、黄疸进行性加深、胆囊显著肿大但无压痛。
②急性胰腺炎首选的影像学检查方法是 B 超,判断胰腺坏死程度的首选检查方法是增强 CT。
③胰腺癌首选的影像学检查是 CT,判断肿瘤切除可能性的首选检查也是 CT。

【例 17】女,55 岁。上腹隐痛、皮肤巩膜黄染 1 个月,呈进行性加重,伴乏力、食欲不振。查体:T36.5℃,P80 次/分,R18 次/分,BP120/80mmHg,双肺呼吸音清,未闻及干、湿啰音,心律 80 次/分,心律齐,腹部膨隆,腹软,未触及包块,肠鸣音减弱。血 CA199 和 CEA 增高。为明确诊断和设计手术方案,最有意义的检查方法是
A. 上消化道钡剂造影　B. 腹部 MRI　C. 腹部增强 CT
D. ERCP　E. 腹部 B 超

(18~19 题共用题干)女,55 岁。皮肤黄染进行性加重 1 个月。10 天前发现小便呈浓茶样,近几天来大便呈灰白色。查体:T36.8℃,皮肤、巩膜黄染,腹软,右上腹可触及肿大的胆囊,无压痛,无反跳痛。

【例 18】最可能的诊断是
A. 胆总管结石　B. 肝细胞性肝癌　C. 肝门部胆管癌
D. 胆囊结石　E. 胰头癌

【例 19】该患者手术治疗后第 4 天发生上腹剧烈疼痛,腹腔引流量明显增加,引流液淀粉酶 15000U/L。最可能发生的并发症是
A. 胰漏　B. 急性胰腺炎　C. 肠系膜血栓形成
D. 肠漏　E. 胆漏

常考点　急性胰腺炎的全部内容;胰腺癌的临床特点。

参考答案——详细解答见 2021《贺银成国家临床执业及助理医师资格考试历年考点精析》

1. ABCDE　2. ABCDE　3. ABCDE　4. ABCDE　5. ABCDE　6. ABCDE　7. ABCDE
8. ABCDE　9. ABCDE　10. ABCDE　11. ABCDE　12. ABCDE　13. ABCDE　14. ABCDE
15. ABCDE　16. ABCDE　17. ABCDE　18. ABCDE　19. ABCDE

第 20 章　下肢静脉疾病

▶考纲要求

①单纯性下肢静脉曲张:病因,临床表现,诊断与鉴别诊断,治疗原则。②下肢深静脉血栓形成:病因,临床表现,诊断与鉴别诊断,治疗原则。

▶复习要点

一、单纯性下肢静脉曲张(原发性下肢静脉曲张)

下肢静脉由浅静脉、深静脉、交通静脉和肌肉静脉组成。浅静脉有小隐静脉和大隐静脉两条主干。①小隐静脉起自足背静脉网的外侧,自外踝后方上行,逐渐转至小腿屈侧中线并穿入深筋膜,注入腘静脉,可有一上行支注入大隐静脉。②大隐静脉是人体最长的静脉,起自足背静脉网的内侧,经内踝前方沿小腿和大腿内侧上行,在腹股沟韧带下穿过卵圆窝注入股总静脉。大隐静脉在膝平面下,分别由前外侧和后内侧分支与小隐静脉交通。于注入股总静脉前,大隐静脉主要有 5 个分支,即阴部外静脉、腹壁浅静脉、旋髂浅静脉、股外侧静脉和股内侧静脉。

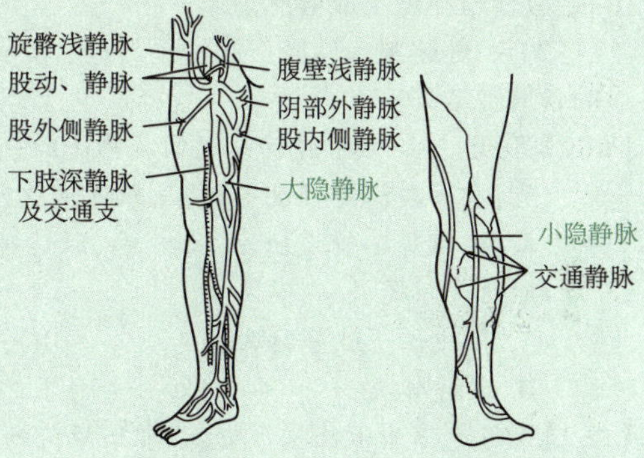

大隐静脉及其分支　　小隐静脉及其分支

1. 病因

静脉壁软弱、静脉瓣膜缺陷及浅静脉内压升高,是引起浅静脉曲张的主要原因。①静脉壁软弱和静脉瓣膜缺陷,与遗传因素有关。②长期站立、重体力劳动、妊娠、慢性咳嗽、习惯性便秘等后天性因素,使瓣膜承受过度的压力,逐渐松弛,不能紧密关闭。循环血量经常超负荷,造成压力升高,静脉扩张,而形成相对性瓣膜关闭不全。当隐-股静脉或隐-腘静脉连接处的瓣膜遭到破坏而关闭不全后,就可影响远侧和交通静脉的瓣膜。由于离心越远的静脉承受的静脉压越高,因此曲张静脉在小腿部远比大腿部明显。

2. 临床表现

(1)下肢静脉曲张　以大隐静脉曲张多见,单独的小隐静脉曲张较为少见。以左下肢多见,但双下肢可先后发病。主要临床表现为下肢浅静脉扩张、迂曲,下肢沉重感、乏力感。

(2)皮肤营养性变化　当交通静脉瓣膜破坏后,可出现踝部肿胀和足靴区皮肤营养性变化,如皮肤色素沉着、皮炎、湿疹、皮下脂质硬化、溃疡形成。

3. 诊断

根据下肢静脉曲张的临床表现及体格检查,诊断并不困难。必要时可选用辅助检查。

(1)Perthes 试验(深静脉通畅试验)　用止血带结扎大腿浅静脉主干,嘱病人用力踢腿或作下蹬活动连续 10 余次,迫使静脉血液向深静脉回流,使曲张静脉排空。若活动后浅静脉曲张更明显,张力增高,甚至有胀痛,则表明深静脉不通畅。

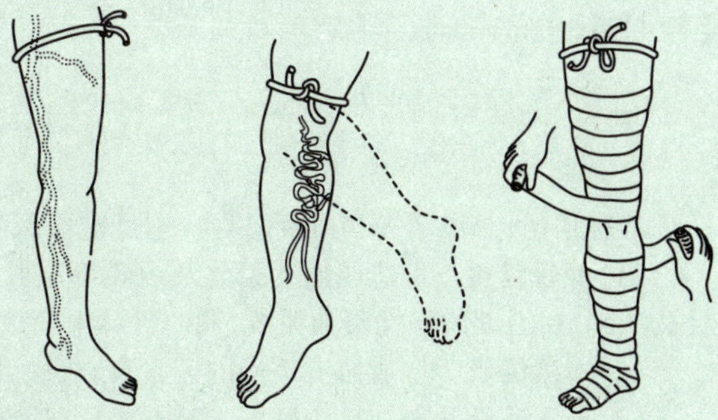
Trendelenburg试验　　Perthes试验　　Pratt试验

(2)Trendelenburg 试验(大隐静脉瓣膜功

能试验）　病人平卧，抬高患肢使静脉排空，在大腿根部结扎止血带，阻断大隐静脉。然后让病人站立，迅速释放止血带，如出现自上而下的静脉逆向充盈，提示瓣膜功能不全。

(3) Pratt 试验(交通静脉瓣膜功能试验)　病人仰卧，抬高患肢，在大腿根部扎止血带，然后从足趾向上至腘窝缚缠第一根弹力绷带，再自止血带处向下，扎上第二根弹力绷带。让病人站立，一边向下解开第一根弹力绷带，一边向下继续缚缠第二根弹力绷带，如果在两根绷带之间的间隙内出现曲张静脉，即提示该处有功能不全的交通静脉。

(4) 其他检查　如容积描记、彩色多普勒超声、静脉造影等，可以更准确地判断病变性质及部位。

4. 鉴别诊断

(1) 原发性下肢深静脉瓣膜功能不全　症状相对较重，超声或下肢静脉造影，观察到深静脉瓣膜关闭不全的特殊征象。

(2) 下肢深静脉血栓形成后综合征　有深静脉血栓形成病史，浅静脉扩张伴有明显肿胀。如鉴别有困难，应作超声或下肢静脉造影。

(3) 动-静脉瘘　患肢皮肤温度升高，局部有时可扪及震颤或有血管杂音，浅静脉压力明显上升，静脉血的含氧量增高。

【例 1】男，45 岁。右下肢静脉迂曲扩张 10 年。近期出现右下肢酸胀感，白天活动后肿胀，晨起消失。查体：右下肢踝部轻度水肿，足靴区皮肤色素沉着，大腿下 1/3 内侧及小腿后方浅静脉明显扩张、迂曲，大隐静脉瓣膜功能试验(+)，深静脉通畅试验(-)，交通静脉瓣膜功能试验(-)。该患者最可能的诊断是

A. 单纯性下肢静脉曲张　B. 下肢深静脉血栓形成　C. 血栓闭塞性脉管炎
D. 动静脉炎　E. 血栓性浅静脉炎

【例 2】大隐静脉曲张症状严重，长期未规范治疗产生的并发症中，与营养障碍密切相关的是

A. 皮下瘀血　B. 局部血管破裂出血　C. 血栓性静脉炎
D. 皮肤溃疡　E. 下肢水肿

5. 治疗原则

(1) 非手术疗法　穿弹力袜或用弹力绷带，使曲张静脉处于萎瘪状态。适用于症状轻微又不愿手术者；妊娠期发病，鉴于分娩后症状有可能消失，可暂行非手术疗法；手术耐受力极差者。

(2) 硬化剂注射和压迫疗法　适用于少量、局限的病变；作为手术的辅助治疗，处理残留的曲张静脉。

(3) 手术治疗　大隐静脉或小隐静脉高位结扎与曲张静脉剥脱术。其手术指征为下肢深静脉通畅试验(Perthes 试验)阴性。Perthes 试验阳性见于深静脉阻塞，为大隐静脉高位结扎的禁忌证。

A. 动脉硬化性闭塞症　B. 雷诺综合征　C. 下肢深静脉血栓形成
D. 血栓闭塞性脉管炎　E. 单纯性下肢静脉曲张

【例 3】可通过高位结扎及剥脱术治疗的疾病是

【例 4】可出现 Homans 征阳性的疾病是

二、下肢深静脉血栓形成

1. 病因

静脉损伤、血流缓慢和血液高凝状态是造成深静脉血栓形成的三大因素。

(1) 静脉损伤　可造成内皮脱落及内膜下层胶原裸露，或静脉内皮及其功能损害，引起多种生物活性物质释放，启动内源性凝血系统，同时静脉电荷改变，导致血小板聚集、黏附，形成血栓。

(2) 血流缓慢　造成血流缓慢的因素有：久病卧床、术中术后、肢体制动状态、久坐不动。

(3) 血液高凝状态　见于妊娠、产后、术后、长期服用避孕药、肿瘤组织裂解产物等。

【例 5】造成下肢深静脉血栓形成的相关因素不包括

A. 静脉损伤　　B. 长期服用避孕药　　C. 久病卧床
D. 妊娠　　E. 脾功能亢进

2. 临床表现

深静脉是血液回流的主要通路，一旦因血栓形成阻塞管腔，必然引起远端静脉回流障碍的症状。深静脉血栓形成以下肢深静脉最常见，根据发病部位及病程，分型如下。

(1)根据急性血栓形成的解剖部位分型　分为中央型、周围型、混合型。

	中央型	周围型	混合型
血栓形成部位	髂-股静脉血栓形成	股静脉或小腿深静脉血栓形成	全下肢深静脉血栓形成
肿胀部位	全下肢明显肿胀	小腿肿胀或大腿肿胀	全下肢明显肿胀
临床症状	病侧髂窝、股三角区疼痛和压痛，浅静脉扩张，病肢皮温和体温均升高。左侧多于右侧	①股静脉血栓形成者，大腿肿痛，下肢肿胀不明显；②小腿深静脉血栓形成者，小腿肿痛，患足不能着地踏平，作踝关节过度背屈试验可致小腿剧痛(Homans 征阳性)	全下肢明显肿痛，股三角区、腘窝、小腿肌层均有压痛，常伴体温升高和脉率加快(股白肿)。晚期可出现下肢动脉供血障碍

(2)根据临床病程演变分型　分为闭塞型、部分再通型、再通型、再发型。

3. 诊断

(1)诊断　一侧下肢突然肿胀，伴胀痛、浅静脉扩张，应疑诊下肢深静脉血栓形成。

(2)超声多普勒检查　可判断下肢主干静脉是否阻塞。

(3)下肢静脉顺行造影　能显示静脉形态作出确定诊断。主要的 X 线征象为：①闭塞或中断：深静脉主干被血栓完全堵塞而不显影，或出现造影剂在静脉某一平面突然受阻的征象，见于血栓形成的急性期。②充盈缺损：主干静脉腔内出现圆柱状造影剂密度降低区域，边缘可有线状造影剂显示形成轨道征，是静脉血栓的直接征象，为急性深静脉血栓形成的诊断依据。③再通。④侧支循环形成。

【例 6】男，60 岁。直肠癌切除术后 4 天，晨起时突发左下肢肿胀，左腿皮温增高，股三角区有深压痛。最可能的诊断是左下肢
A. 血栓性浅静脉炎　　B. 动脉栓塞　　C. 深静脉血栓形成
D. 大隐静脉曲张　　E. 淋巴水肿

4. 治疗原则

(1)非手术治疗

①祛聚药物　可应用阿司匹林、双嘧达莫、右旋糖酐、丹参等。

②抗凝治疗　可应用普通肝素、低分子肝素、华法林等。

③溶栓治疗　可应用尿激酶、链激酶、组织型纤溶酶源激活剂(t-PA)等，溶解血栓。

出血是抗凝、溶栓治疗的严重并发症，因此治疗期间要严密观察凝血功能的变化，维持凝血时间(CT)不超过正常值的 2~3 倍(CT 正常值 8~12 分)、活化部分凝血时间(APTT)延长 1.5~2.5 倍、凝血酶时间(TT)不超过 60 秒(正常 16~18 秒)、凝血酶原时间(PT)不超过对照值 1.3~1.5 倍、INR 控制在 2.0~3.0。

(2)手术治疗　取栓术最常用于下肢深静脉血栓形成，尤其是髂-股静脉血栓形成的早期病例。取栓术的时机应在发病后 3~5 天内。

▶▶常考点　原发性下肢静脉曲张和下肢深静脉血栓形成的诊断及治疗。

参考答案——详细解答见 2021《贺银成国家临床执业及助理医师资格考试历年考点精析》

1. ABCDE　2. ABCDE　3. ABCDE　4. ABCDE　5. ABCDE　6. ABCDE

第 21 章　泌尿系统外伤

考纲要求

①肾损伤：病因，临床表现，诊断，治疗。②尿道损伤：分类，临床表现，诊断，治疗。

复习要点

一、肾外伤（肾损伤）

泌尿系统外伤以男性尿道外伤最多见，肾、膀胱、输尿管次之，主要表现为出血和尿外渗。肾外伤常是严重多发性外伤的一部分，多见于成年男性。

1. 病因

(1)开放性外伤　因弹片、枪弹、刀刃等锐器致伤，常伴有胸、腹部等其他组织器官损伤。

(2)闭合性外伤　因直接暴力或间接暴力所致，一般没有创口与外界相通。

(3)医源性外伤　经皮肾穿刺、肾造瘘、经皮肾镜碎石、体外冲击波碎石等，均可发生肾外伤。

(4)自发性破裂　肾本身有病变（如肾积水、肾肿瘤、肾结核等）更易受外伤，有时极轻微的外伤，也可造成严重的“自发性”肾破裂。

2. 病理　大纲不要求，但常考。

肾外伤有多种类型，临床上以闭合性肾外伤最多见，可分为以下病理类型。

(1)肾挫伤　外伤仅限于部分肾实质，形成肾瘀斑和（或）包膜下血肿，肾包膜、肾盂肾盏黏膜完整。临床症状轻微，可有少量血尿。

(2)肾部分裂伤　肾近包膜部位裂伤，伴肾包膜破裂，可致肾周血肿。若肾近集合系统部位裂伤伴有肾盏肾盂黏膜破裂，则可有明显血尿。

(3)肾全层裂伤　肾实质深度裂伤，外及肾包膜，内达肾盏肾盂黏膜，常引起广泛肾周血肿、血尿和尿外渗。肾横断或破裂时，可导致部分肾组织缺血。

(4)肾蒂血管损伤　比较少见。肾蒂或肾段血管部分或全部撕裂，可引起大出血、休克。

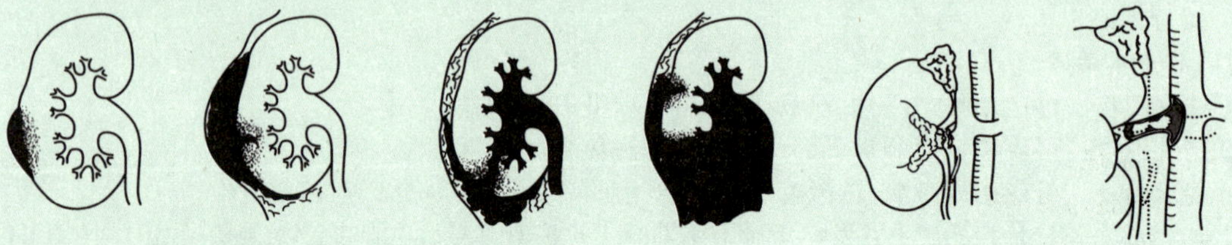

肾挫伤　　肾部分裂伤　　肾全层裂伤　　肾横断伤　　肾蒂血管外伤　　肾动脉内膜断裂

3. 临床表现

肾外伤主要表现为出血和尿外渗，应注意与尿道外伤相鉴别。

	肾外伤	前尿道外伤	后尿道外伤
血尿	可有	尿道出血	尿道出血
休克	可有	一般无休克	可有休克
尿外渗	尿外渗、疼痛	可有	可有
其他	腰腹部肿块、发热	局部血肿、排尿困难	血肿、排尿困难

4. 诊断

根据病史及体检结果,可作出初步诊断。

尿常规	血尿为诊断肾外伤的重要依据之一,主要用于肾外伤的筛查
B超检查	能提示肾外伤的程度、包膜下和肾周血肿及尿外渗情况
CT检查	可清晰显示肾皮质裂伤、尿外渗和血肿范围,为首选检查(9版《外科学》已删除)
MRI检查	诊断肾损伤的作用与CT类似,但对血肿的显示比CT更具有特征性
IVU	排泄性尿路造影(IVU)可评价肾外伤的范围和程度,但临床上一般不作为首选
RP	逆行肾盂造影(RP)易招致感染,不宜应用

注意:肾外伤的首选检查为CT。诊断肾癌最可靠的影像学检查方法是CT。

【例1】一病人于3小时前从2米高处跌下,左腰部撞击伤,无昏迷,血压正常,左腰部疼痛伴轻压痛,无包块。尿常规RBC5~10个/HP。最可能的诊断是

A. 肾挫伤　　B. 肾部分裂伤　　C. 肾全层裂伤
D. 肾蒂断裂　　E. 输尿管损伤

【例2】协助诊断肾挫伤,首要的检查是

A. 静脉尿路造影　　B. 腹部CT平扫　　C. 血细胞比容
D. 尿常规　　E. 血肌酐

5. 治疗

(1)紧急处理　有大出血、休克的病人需迅速给以抢救措施,作好手术探查的准备。

(2)非手术治疗　绝对卧床2~4周,待病情稳定、血尿消失后才可以允许病人离床活动。通常外伤后4~6周肾部分裂伤才趋于愈合。恢复后2~3个月内不宜参加体力劳动或竞技运动。其他治疗措施还包括密切观察、补液、维持水电解质平衡、预防性使用抗生素、镇痛镇静、止血等。

(3)手术治疗　几乎所有的开放性肾外伤均需手术治疗,包括清创、缝合、引流,并探查腹部脏器有无损伤。闭合性肾外伤一旦确定为严重肾部分裂伤、肾全层裂伤、肾蒂血管外伤,均需尽早手术。

(3~4题共用题干)男,30岁。1小时前从3m高处坠落,右腰部受伤,局部疼痛,肉眼血尿。查体:生命体征平稳,腹软。住院5天后下床活动,右腰部疼痛加剧并出现腰部包块。此时P120次/分,BP80/40mmHg。

【例3】为了解右腰部包块来源,应采用的检查是

A. 同位素肾图　　B. B超　　C. KUB
D. 血常规　　E. 尿常规

【例4】下一步最恰当的治疗措施是

A. 抗休克同时准备手术　　B. 输血　　C. 抗感染
D. 输液　　E. 继续观察

二、尿道外伤(尿道损伤)

1. 分类

尿道外伤是泌尿系统最常见的外伤,分为开放性外伤和闭合性外伤两类。

(1)开放性外伤　多因弹片、锐器伤所致,常伴有阴囊、阴茎或会阴部贯通伤。

(2)闭合性外伤　多为挫伤、撕裂伤。

尿道外伤多见于男性。解剖上,男性尿道以尿生殖膈为界,分前、后两段。前尿道包括阴茎部和球部,后尿道包括膜部和前列腺部。尿道外伤以球部和膜部多见。

2. 前尿道外伤

(1)病因 男性前尿道外伤多发生于球部,因这段尿道固定在会阴部。

①骑跨伤 会阴部骑跨伤时,将尿道挤向耻骨联合下方,引起尿道球部外伤。

②医源性损伤 反复插导尿管、进行膀胱镜尿道检查也可损伤前尿道。

(2)病理 根据尿道损伤程度,可分为挫伤、裂伤和断裂。

①尿道挫伤 仅有局部水肿和出血,愈合后一般不发生尿道狭窄。

②尿道裂伤 可有尿道周围血肿和尿外渗,愈合后多有瘢痕性尿道狭窄。

③尿道断裂 尿道完全断裂时,断端退缩、分离;血肿较大时可发生尿潴留,用力排尿则发生尿外渗。

A.尿道球部裂伤或断裂 血液及尿液渗入会阴浅筋膜包绕的会阴浅袋,使会阴、阴囊、阴茎肿胀。因为会阴浅筋膜的远端附着于腹股沟部,近侧与腹壁浅筋膜深层相连续,后方附着于尿生殖膈,故尿液不会外渗到两侧股部。

B.尿道阴茎部外伤 如阴茎筋膜完整,血液及尿液外渗、局限于阴茎筋膜内,表现为阴茎肿胀。若阴茎筋膜破裂,则尿外渗范围扩大,与尿道球部外伤相同。

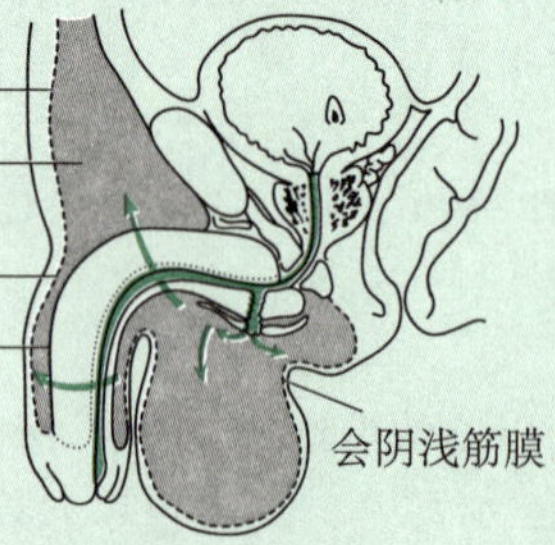

前尿道(尿道球部)外伤的尿外渗范围

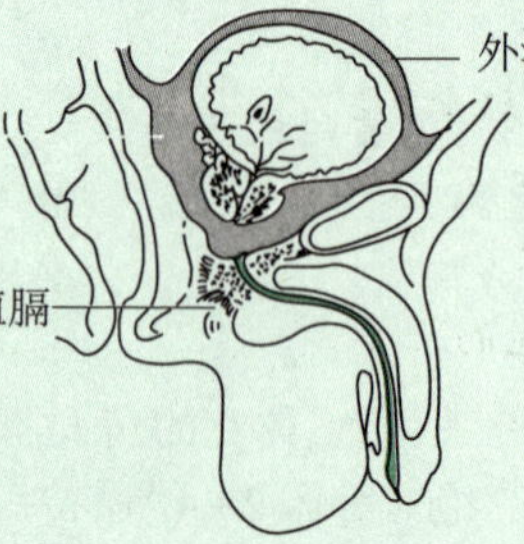

后尿道外伤的尿外渗范围

(3)临床表现 主要表现为尿道出血、排尿困难、尿外渗。

①尿道出血 外伤后尿道外口滴血或溢血,为前尿道外伤最常见的症状。

②疼痛 局部常有疼痛及压痛、排尿痛,并可向阴茎头部及会阴部放射。

③局部血肿 尿道骑跨伤可引起会阴部、阴囊处肿胀、瘀斑及蝶形血肿。

④排尿困难 尿道裂伤或断裂时,可引起排尿困难或尿潴留。

⑤尿外渗 尿外渗的方向如前所述。

(4)诊断 根据会阴部骑跨伤史、典型症状、尿外渗分布的区域,可确定诊断。

①诊断性导尿 可了解尿道的完整性和连续性。如一次导尿成功,提示尿道外伤不严重或为膀胱破裂。如一次插入困难,说明可能有尿道裂伤或断裂,不应反复试插,以免加重损伤。

②逆行尿道造影 可显示尿道外伤部位和程度。尿道挫伤无造影剂外溢;如有外溢则提示部分裂伤;如造影剂未进入后尿道而大量外溢,提示尿道有严重裂伤或断裂。

A. 试插导尿管　　B. 尿道造影　　C. 尿道探子
D. B超　　E. 尿道镜检查

【例5】确定尿道损伤部位及程度,应选用的方法是

【例6】检查尿道是否连续、完整,首选的方法是

(5)治疗

①紧急处理 尿道球部海绵体严重出血可致休克,应立即压迫会阴部,抗休克治疗,尽早手术。

②尿道挫伤 不需特殊治疗,可行止血、止痛、预防感染等治疗,必要时插入导尿管引流1周。

③尿道裂伤 如导尿管插入顺利,可留置导尿管引流2周。如插入失败,可能有尿道部分断裂,应立即行经会阴尿道修补术,并留置导尿管2~3周。

④尿道断裂 球部远端和阴茎部的尿道完全性断裂，会阴、阴茎、阴囊内会形成大血肿，应及时经会阴切口予以清除，然后行尿道端端吻合术，留置导尿管3周。条件不许可时，可做耻骨上膀胱造瘘术。

⑤尿道狭窄的处理 术后尿道狭窄，轻者定期行尿道扩张；严重狭窄引起排尿困难者，可行内镜下尿道电切、激光等治疗；严重狭窄引起尿道闭锁者，可经会阴切除狭窄段+尿道端端吻合术。

【例7】男，30岁，建筑工人。从脚手架跌下伤及会阴部，3小时后不能自行排尿且有尿外渗。尿外渗的范围多局限在

A. 腹腔　B. 会阴及阴囊　C. 膀胱周围
D. 前列腺周围　E. 耻骨后间隙

【例8】男，32岁。会阴部骑跨伤5小时。随后会阴部疼痛，尿道口滴血，不能自行排尿。生命体征稳定，阴囊肿大、青紫。该患者适宜的处理方法是

A. 抗感染　B. 经会阴尿道断端吻合+引流尿外渗
C. 膀胱造瘘　D. 导尿　E. 应用止血药

(9~10题共用题干)男，35岁。会阴部骑跨伤，受伤后尿道外口滴血，会阴部和阴囊处肿胀、瘀斑及蝶形血肿。

【例9】该患者泌尿系损伤的部位是

A. 尿道阴茎部　B. 尿道球部　C. 膀胱
D. 尿道前列腺部　E. 尿道膜部

【例10】该患者最可能的诊断是

A. 后尿道挫裂伤　B. 膀胱破裂　C. 膀胱挫伤
D. 前尿道裂伤　E. 前尿道挫伤

3. 后尿道外伤

(1)病因 膜部尿道穿过尿生殖膈，当骨盆骨折时，附着于耻骨下支的尿生殖膈突然移位，产生剪切样暴力，使薄弱的膜部尿道撕裂，甚至在前列腺尖处撕断。

(2)病理 后尿道断裂后，尿液沿前列腺尖处外渗到耻骨后间隙、膀胱周围。

(3)临床表现 主要表现为休克、尿道出血、排尿困难、尿外渗。

①休克 骨盆骨折所致后尿道外伤，一般较严重，常因合并大出血，引起创伤性、失血性休克。

②疼痛 下腹部痛，局部肌紧张，并有压痛。

③排尿困难 尿道撕裂或断裂后，尿道的连续性中断，常引起排尿困难、尿潴留。

④尿道出血 尿道外口常无流血或仅有少量血液流出。

⑤尿外渗及血肿 尿液一般外渗至耻骨后间隙和膀胱周围。

(4)诊断

①病史 骨盆挤压伤若出现尿潴留，应考虑后尿道外伤。

②直肠指检 可触及直肠前方血肿、压痛，前列腺尖端可浮动。若血染指套，提示合并直肠外伤。

③X线检查 骨盆前后位片可显示骨盆骨折。

注意：①**前**尿道外伤多见于**骑跨伤**，多为**球**部外伤——记忆为**前骑球**。
②**后**尿道外伤多见于**骨盆骨折**，多为**膜**部外伤——记忆为**后骨膜**。
③骨盆挤压征和分离征阳性为骨盆骨折的特征性表现。

(5)治疗

①紧急处理 骨盆骨折的病人需平卧，不能随意搬动。合并大出血休克者，须抗休克治疗。

②早期处理 包括试插导尿管，尿潴留者可行膀胱造瘘，部分无休克的病人可行尿道会师复位术。

③尿道狭窄的处理 后尿道外伤常并发尿道狭窄。为预防尿道狭窄，去除导尿管后应定期尿道扩

张。膀胱造瘘的病人,3个月后若发生尿道狭窄或闭锁,应行二期手术治疗。

(6)前尿道外伤和后尿道外伤的鉴别

	前尿道外伤	后尿道外伤
常见病因	骑跨伤	骨盆骨折
受损部位	尿道球部、阴茎部(以球部多见)	尿道膜部、前列腺部(以膜部多见)
临床表现	疼痛、尿道溢血、排尿困难	疼痛、尿道出血(少见)、排尿困难
	尿外渗(至会阴、阴茎、阴囊)	尿外渗(至耻骨后间隙、膀胱周围)
	局部血肿	休克、血肿
诊断	导尿、逆行尿道造影	导尿、经膀胱尿道造影、直肠指检
治疗	导尿管引流,导尿失败立即行尿道修补(经会阴) 病情严重者行耻骨上膀胱造瘘 术后定期尿道扩张	耻骨上膀胱造瘘 3月后行尿道修补(经腹-会阴) 术后定期尿道扩张

【例11】青年男性,自高处跌下,致骨盆骨折,发生排尿困难,尿潴留,会阴部肿胀,导尿管不能插入膀胱。损伤的部位应是

A. 膀胱　　B. 肛门直肠　　C. 后尿道

D. 尿道球部　　E. 阴茎部尿道

A. 球部尿道　　B. 膜部尿道　　C. 悬垂部尿道

D. 前列腺部尿道　　E. 膀胱颈部

【例12】骑跨伤易伤及

【例13】骨盆骨折易伤及

常考点　重点内容,应全面掌握。

参考答案——详细解答见2021《贺银成国家临床执业及助理医师资格考试历年考点精析》

1. ABCDE　2. ABCDE　3. ABCDE　4. ABCDE　5. ABCDE　6. ABCDE　7. ABCDE

8. ABCDE　9. ABCDE　10. ABCDE　11. ABCDE　12. ABCDE　13. ABCDE

第 22 章 前列腺炎、肾结核与泌尿系统梗阻

考纲要求

①前列腺炎：临床表现，诊断，治疗。②肾结核：临床表现，诊断与鉴别诊断，治疗。③良性前列腺增生症：病因，临床表现，诊断与鉴别诊断，治疗。④急性尿潴留：病因，诊断，治疗。

复习要点

一、前列腺炎

前列腺炎是指前列腺受到致病菌感染和(或)某些非感染因素刺激而出现的骨盆区域疼痛或不适、排尿异常、性功能障碍等临床表现。前列腺炎是成年男性的常见病。

1. 急性前列腺炎

(1)临床表现 发病突然，表现为尿频、尿急、排尿痛、会阴部坠胀感。可发生排尿困难或尿潴留。常可伴急性膀胱炎。直肠指检前列腺肿胀、压痛、局部温度升高，表面光滑，形成脓肿时有波动感。

(2)诊断 根据急性感染史，典型临床表现及体检，即可诊断急性前列腺炎。尿沉渣检查有白细胞增多，血液和(或)尿细菌培养可阳性。

(3)治疗

①一般治疗 卧床休息，输液，止痛，解痉，退热等对症治疗。

②耻骨上穿刺造瘘 如有急性尿潴留，应避免经尿道导尿，可行耻骨上穿刺造瘘。

③抗感染治疗 常选用喹诺酮类(环丙沙星、氧氟沙星)、头孢菌素、妥布霉素、氨苄西林等。淋病奈瑟菌感染选用头孢曲松。厌氧菌感染选用甲硝唑。

④外科治疗 少数并发前列腺脓肿者，可经会阴切开引流。

【例 1】男，42 岁。寒战、高热、尿频、尿急、尿痛、排尿困难、会阴部胀痛 1 天。查体：尿道口无分泌物和红肿。首先考虑的疾病是

A. 膀胱结石　B. 急性前列腺炎　C. 急性尿道炎
D. 急性膀胱炎　E. 急性附睾炎

2. 慢性细菌性前列腺炎

(1)临床表现 大多数慢性前列腺炎病人没有急性炎症过程。

排尿改变	尿频、尿急、尿痛，排尿时尿道不适或灼热
尿道分泌物	排尿和便后尿道口“滴白”。合并精囊炎时，可有血精
疼痛	会阴部、下腹隐痛不适，有时腰骶部、耻骨上、腹股沟区等有酸胀感
性功能减退	可有勃起功能障碍、早泄、遗精或射精痛
精神神经症状	头晕、头胀、乏力、疲惫、失眠、情绪低落、疑虑焦急等
并发症	可表现为变态反应，如虹膜炎、关节炎、神经炎、肌炎、不育等

(2)诊断 本病的诊断依据有：反复的尿路感染发作；前列腺按摩液中持续有致病菌存在。

①直肠指检 前列腺饱满、增大、质软、轻度压痛。病程长者，前列腺缩小，变硬，不均匀，有硬结。

②前列腺液检查 白细胞>10 个/HP，卵磷脂小体减少，可诊断为前列腺炎。

③B 超 显示前列腺组织结构界限不清、混乱，提示前列腺炎。

(3)治疗 治疗效果不明显。首选红霉素、多西环素(强力霉素)等穿透力较强的抗菌药物。可采取

热水坐浴、理疗、前列腺按摩、中医治疗等。应忌酒及辛辣食物，避免长时间骑、坐。

(4)慢性细菌性前列腺炎与慢性非细菌性前列腺炎的鉴别

	慢性细菌性前列腺炎	慢性非细菌性前列腺炎
发病率	少见	常见
慢性前列腺炎症状	有	有
反复尿路感染发作	常有	无
直肠指检	前列腺饱满、质软、轻压痛	同左
前列腺液检查	WBC>10 个/HP，细菌培养阳性	WBC>10 个/HP，细菌培养阴性
致病菌	大肠埃希菌、变形杆菌、克雷伯杆菌、葡萄球菌	衣原体、支原体、滴虫、真菌、病毒
治疗	①治疗效果不理想；②综合治疗（抗生素、坐浴、前列腺按摩、活血化瘀血等）	①抗病原菌治疗；②综合治疗（坐浴、前列腺按摩、α 受体阻滞剂等）

注意：急性前列腺炎严禁前列腺按摩，以免感染扩散；但慢性前列腺炎可行前列腺按摩。

【例 2】男，29 岁。尿频、尿急、尿痛伴尿道内不适 1 年余。近日晨起排尿终末可见尿道口“滴白”，下腹部及会阴部隐痛，无寒战和高热。最可能的诊断是

A. 良性前列腺增生　　B. 慢性膀胱炎　　C. 急性细菌性前列腺炎

D. 慢性前列腺炎　　E. 慢性尿道炎

二、肾结核

肾结核是由结核分枝杆菌引起的慢性进行性破坏性病变，是全身结核病的一部分。90%的肾结核继发于肺结核，少数继发于骨关节结核或消化道结核。

【例 3】肾结核多起源于

A. 肠结核　　B. 骨结核　　C. 肺结核

D. 膀胱结核　　E. 生殖系结核

1. 临床表现

发病特点	好发于 20~40 岁的青壮年，男多于女。90%为单侧性
尿频、尿急、尿痛	膀胱刺激征为肾结核的典型症状之一。尿频为最早出现的症状
血尿	是肾结核的重要症状，常为终末血尿，为结核性膀胱炎在排尿终末膀胱收缩所致
脓尿	肾结核的常见症状
腰痛和肿块	一般无明显腰痛，继发感染、输尿管堵塞时可有腰部钝痛或绞痛 较大肾积脓、对侧巨大肾积水时可触及腰部肿块
男性生殖系结核	男性肾结核约 50%~70%合并生殖系结核，主要表现为附睾结核
全身症状	全身结核症状

注意：①肾结核的病变在肾，症状在膀胱（膀胱刺激征=尿频、尿急、尿痛）。
②髋关节结核的病变在髋关节，症状在膝关节，表现为膝关节疼痛。
③肾结核的血尿多为终末血尿，而不是全程血尿；肾外伤为全程血尿。

【例 4】长期尿频、尿急，经抗生素治疗无效的患者，应考虑的疾病是

A. 肾盂肾炎　　B. 泌尿系结核　　C. 上尿路结石

D. 膀胱炎　　E. 尿道炎

【例 5】膀胱刺激征是指

A. 尿急、尿痛、血尿　　B. 尿频、尿痛、排尿困难　　C. 尿频、尿急、尿痛
D. 尿急、血尿、排尿困难　　E. 血尿、尿痛、尿失禁

【例 6】肾结核的典型症状是

A. 血尿　　B. 脓尿　　C. 肿块
D. 腰痛　　E. 膀胱刺激征

2. 诊断

(1)典型临床表现　长期慢性膀胱刺激征,经抗菌药物治疗无效。

(2)尿液抗酸杆菌　尿沉渣涂片抗酸染色约 50%~70%的病例可找到抗酸杆菌。但找到抗酸杆菌不能作为诊断的唯一依据,因枯草杆菌、包皮垢杆菌也是抗酸杆菌。

(3)尿液结核分枝杆菌培养　阳性率可达 90%,对诊断有决定性意义,但需时较长(4~8 周)。

(4)尿路平片(KUB)　可见到病肾局灶或斑点状钙化影或全肾广泛钙化。

(5)静脉尿路造影(IVU)　可了解分肾功能、病变程度和范围,是确诊肾结核的检查方法,对肾结核治疗方案的选择必不可少。肾结核 IVU 常显示一侧肾功能正常,另一侧"无功能"未显影。

(6)B 超　简单易行,对中晚期病例可初步确定病变部位,较易发现对侧肾积水及膀胱挛缩。

(7)CT 和 MRI　在静脉尿路造影显影不良时,CT 和 MRI 有助于确定诊断。

(8)膀胱镜检查　病变以膀胱三角区和病侧输尿管口周围最明显。必要时可取活组织行病理检查,以明确诊断。当膀胱挛缩容量<50ml、有急性膀胱炎时禁忌检查。

注意:①对肾结核最有价值的确诊方法是——尿液结核分枝杆菌培养,但少用;其次为静脉尿路造影(IVU)。
②对肾结核治疗方案的选择有决定意义的检查是——静脉尿路造影(IVU)。
③对膀胱癌最有价值的检查方法是——膀胱镜检查。

【例 7】确诊肾结核最可靠的依据是

A. IVU 肾不显影　　B. 尿中找到抗酸杆菌　　C. 尿结核分枝杆菌培养阳性
D. 尿中见大量脓细胞　　E. 尿频、尿急、尿痛症状

3. 鉴别诊断

(1)非特异性膀胱炎　多为大肠埃希菌感染,常见于女性,发病突然,开始即有显著的尿频、尿急、尿痛,经抗感染治疗后症状很快缓解或消失,病程短,但易复发。

(2)其他原因引起的血尿　肾结核以终末血尿多见,但泌尿系统肿瘤常为全程无痛性肉眼血尿;肾输尿管结石引起的血尿常伴有肾绞痛;膀胱结石引起的血尿常表现为排尿中断;非特异性膀胱炎的血尿主要在急性阶段出现,血尿与膀胱刺激症状同时发生。

4. 治疗

(1)药物治疗　临床肾结核是进行性破坏性病变,不经治疗不能自愈。

①适应证　药物治疗适用于早期肾结核,如尿中有结核分枝杆菌而影像学上肾盏、肾盂无明显改变,或仅见一、两个肾盏呈不规则虫蛀状,在正确应用抗结核药物后多能治愈。

②药物选择　首选吡嗪酰胺、异烟肼、利福平、链霉素等杀菌药物。

③化疗方案　多采用三联治疗,如吡嗪酰胺+异烟肼+利福平。早期病例至少需用药 6~9 个月。连续半年尿中未找见结核分枝杆菌,称为稳定转阴。5 年不复发即可认为治愈。

(2)手术治疗

①手术指征　凡药物治疗 6~9 个月无效,肾破坏严重者,应在药物治疗的配合下行手术治疗。

②肾切除　肾切除前抗结核治疗应至少 2 周。

一侧严重肾结核、对侧正常——患肾切除。

双肾结核(一侧重、另侧轻)——先药物治疗、再切除病重侧肾。

双肾结核(一侧重、另侧肾积水)——先引流肾积水、再切除病重侧肾。

③保留肾组织的肾结核手术　如肾部分切除适用于病灶局限于肾的一极;结核病灶清除术适用于局限于肾实质表面闭合性的结核性脓肿,与肾集合系统不相通者。

④解除输尿管狭窄的手术　输尿管结核致使管腔狭窄引起肾积水,如肾结核病变轻,功能良好,狭窄较局限,狭窄位于中上段者,可以切除狭窄段,行输尿管对端吻合术。

⑤膀胱挛缩的手术治疗　肾结核并发膀胱挛缩,在患肾切除及抗结核治疗 3~6 个月,待膀胱结核完全愈合后,对侧肾正常、无结核性尿道狭窄的病人,可行肠膀胱扩大术。

A. 抗结核治疗　　B. 病灶清除术　　C. 肾部分切除术

D. 肾切除术　　E. 肾造瘘

【例 8】一侧肾结核无功能,对侧肾正常,应行

【例 9】一侧肾结核无功能,对侧肾重度积水并尿毒症,应先行

【例 10】一侧肾结核,上肾盏有虫蚀样改变,应行

三、良性前列腺增生

良性前列腺增生(BPH)简称前列腺增生,是引起男性老年人排尿障碍最常见的一种良性疾病。

1. 病因

老龄和有功能的睾丸是前列腺增生发病的两个重要因素,两者缺一不可。BPH 的发病率随年龄的增大而增加,男性在 45 岁以后前列腺有不同程度的增大,多在 50 岁以后出现临床症状。前列腺的正常发育有赖于雄激素,受性激素的调控,前列腺间质细胞和腺上皮细胞相互影响,各种生长因子的作用,随着年龄增大体内性激素平衡失调以及雌、雄激素的协调效应等,可能是前列腺增生的重要病因。

2. 临床表现

(1)症状与前列腺大小不成比例　前列腺增生多在 50 岁后出现症状。症状与前列腺体积大小不成比例,而取决于梗阻的程度、病变发展速度及是否合并感染等,症状可时轻时重。

(2)尿频　是最常见的早期症状,以夜间更明显。随着病情发展,尿频逐渐加重,并出现急迫性尿失禁。

(3)排尿困难　是前列腺增生最重要的症状,病情发展缓慢,典型表现为排尿迟缓、断续、尿流细而无力、射程短、终末滴沥、排尿时间延长。膀胱过度充盈可出现充溢性尿失禁。

(4)尿潴留　当梗阻加重达一定程度时,可使膀胱逼尿肌功能受损,可发生慢性尿潴留。在前列腺增生的任何阶段,可因气候变化、劳累、饮酒等,使前列腺充血水肿导致急性尿潴留。

【例 11】前列腺增生患者最早出现的症状是

A. 肉眼血尿　　B. 尿频　　C. 尿潴留

D. 进行性排尿困难　　E. 尿急

【例 12】男,70 岁。进行性排尿困难 3 年,加重伴尿失禁 2 天。此尿失禁为

A. 充溢性尿失禁　　B. 压力性尿失禁　　C. 真性尿失禁

D. 混合性尿失禁　　E. 急迫性尿失禁

3. 诊断与鉴别诊断

(1)诊断　根据典型临床表现,诊断并不困难。一般需作下列检查:

①直肠指检　是重要检查方法,每例病人均需作此项检查。

②B 超　采用经腹或经直肠途径进行,可测定前列腺大小、膀胱残余尿量。

③尿流率检查　可以确定患者排尿的梗阻程度。最大尿流率<15ml/s,表明排尿不畅。

④前列腺特异性抗原(PSA)测定　有助于排除前列腺癌。

⑤放射性核素肾图 有助于了解尿路有无梗阻及肾功能损害。

(2)鉴别诊断 本病需与前列腺癌、膀胱颈挛缩、尿道狭窄、神经源性膀胱功能障碍等相鉴别。

注意：①良性前列腺增生症最早的症状是尿频，最重要的症状是进行性排尿困难。
②良性前列腺增生症最简便最重要的检查是直肠指检。
③良性前列腺增生症最简便的影像学检查是B超。
④确诊前列腺增生症最有意义的检查是细胞学穿刺。

4. 治疗

(1)观察等待 若症状较轻，不影响生活与睡眠，一般无须治疗，可观察等待。

(2)药物治疗 常用药物包括α受体阻滞剂、5α还原酶抑制剂、植物类药。前两类药物常合用。

	α受体阻滞剂	5α还原酶抑制剂
代表药物	特拉唑嗪、阿夫唑嗪、多沙唑嗪	非那雄胺、度他雄胺
作用机制	降低膀胱颈、前列腺平滑肌的张力，减少尿道阻力，改善排尿功能	在前列腺内阻止睾酮转变为有活性的双氢睾酮，进而使前列腺体积部分缩小，改善排尿症状
适应证	症状较轻，前列腺增生体积较小的病人	前列腺增生体积较大的病人
注意事项	副作用有头晕、鼻塞、体位性低血压	服药3个月左右才能见效，停药后症状易复发

(3)手术治疗 对症状严重、存在明显梗阻、有并发症者应行手术治疗。

①经尿道前列腺切除术(TURP) 适用于大多数良性前列腺增生病人，是目前最常用的手术方式。

②开放手术 仅用于巨大前列腺、合并巨大膀胱结石，多采用耻骨上经膀胱或耻骨后前列腺切除术。

③导管或膀胱造瘘 如有尿路感染、残余尿量较多、肾积水、肾功能不全时，应先留置导尿管或膀胱造瘘引流尿液，并给予抗感染治疗，待上述情况明显改善后再择期手术。

(4)其他疗法 经尿道球囊扩张术、前列腺尿道支架、经直肠高强度聚焦超声(HIFU)对缓解前列腺增生引起的梗阻症状有一定疗效，适用于不能耐受手术的病人。

注意：①手术指征为残余尿量>50ml、最大尿流率<10ml/s。尿流率正常值：男≥15ml/s，女≥20ml/s。
②B超检查——正常前列腺大小为4cm×3cm×2cm(《医学超声影像学》P234)。

【例13】男，72岁。进行性排尿困难6年，近1周出现排尿疼痛伴发热，T39℃。B超提示前列腺增大，残余尿400ml，双肾积水。尿常规：WBC30~50/HP。血BUN及Scr升高。入院后首选的治疗是

A. 抗感染治疗　B. α受体阻滞剂　C. 5α-还原酶抑制剂
D. 前列腺切除　E. 耻骨上膀胱造瘘+抗感染治疗

【例14】男，65岁。进行性排尿困难2年，加重3个月，药物治疗无效。B超检查：残余尿100ml，双肾无积水，最大尿流率10ml/s。心、肺、肝、肾功能正常。首选的治疗方法是

A. 耻骨后前列腺切除　B. 经尿道热疗　C. 耻骨上膀胱造瘘
D. 经尿道前列腺切除　E. 耻骨上经膀胱前列腺切除

四、急性尿潴留

尿潴留是指膀胱内充满尿液而不能排出，常常由排尿困难发展到一定程度引起。尿潴留分急性尿潴留和慢性尿潴留两种。

1. 病因

(1)机械性梗阻 前列腺增生(老年男性最多见)、前列腺肿瘤、膀胱颈挛缩、膀胱颈肿瘤、尿道结石。

(2)动力性梗阻 中枢或周围神经系统病变，如脊髓或马尾损伤、肿瘤、糖尿病、骶麻术后等；直肠或

盆腔手术损伤副交感神经丛；使用各种松弛平滑肌的药物，如阿托品、普鲁苯辛、山莨菪碱(654-2)等。

2. 诊断

根据病史和典型临床表现，尿潴留的诊断并不困难。

(1)临床表现 急性尿潴留发病突然，膀胱内充满尿液不能排出，胀痛难忍，辗转不安。体检可见耻骨上膀胱呈半球形膨胀，叩诊为浊音，用手按压有明显尿意。

(2)B超检查 B超检查可明确诊断。

3. 治疗

(1)治疗原则 解除梗阻，恢复排尿。

(2)急诊处理 导尿术是解除急性尿潴留最简便常用的方法。

(3)粗针头耻骨上膀胱穿刺吸出尿液 适用于不能插入导尿管的急性尿潴留患者。

(4)耻骨上膀胱造瘘 若无膀胱穿刺造瘘器械，可手术行耻骨上膀胱造瘘。

【例 15】引起急性尿潴留的病因中，属于动力性梗阻的是

A. 膀胱结石　B. 膀胱肿瘤　C. 尿道狭窄

D. 外伤性脊髓损伤　E. 良性前列腺增生

【例 16】男，70岁。前列腺增生10年，口服药物治疗。1天前饮酒后出现不能自行排尿，下腹胀痛。首选的治疗方法是

A. 耻骨上膀胱穿刺　B. 前列腺切除手术　C. 耻骨上膀胱穿刺造瘘

D. 口服 α_1 受体阻滞剂　E. 导尿并留置尿管

注意：①老年男性急性尿潴留最常见的病因是前列腺增生症。②急性尿潴留的处理首选导尿术。

常考点 重点内容，应全面掌握。

参考答案——详细解答见2021《贺银成国家临床执业及助理医师资格考试历年考点精析》

1. ABCDE　2. ABCDE　3. ABCDE　4. ABCDE　5. ABCDE　6. ABCDE　7. ABCDE
8. ABCDE　9. ABCDE　10. ABCDE　11. ABCDE　12. ABCDE　13. ABCDE　14. ABCDE
15. ABCDE　16. ABCDE

第23章 尿路结石

考纲要求

①尿路结石:形成结石的因素,病理生理,预防。②肾、输尿管结石:临床表现,诊断,治疗。

复习要点

一、尿路结石概述

尿路结石分为上尿路结石和下尿路结石,前者指肾结石和输尿管结石,后者指膀胱结石和尿道结石。

1. 形成结石的因素

(1)代谢异常

①形成尿结石的物质排出增加 尿液中钙(甲状旁腺功能亢进)、草酸(内源性合成增加)、尿酸(痛风)、胱氨酸(家族性胱氨酸尿症)排出量增加。

②尿pH改变 在碱性尿液中易形成磷酸镁铵及磷酸盐沉淀;在酸性尿液中易形成尿酸和胱氨酸结晶。

③尿中抑制晶体形成和聚集的物质减少 如枸橼酸、焦磷酸盐、酸性黏多糖、镁等。

④尿量减少 使盐类和有机物质浓度增高。

(2)局部病因 尿路梗阻、感染、尿路存在异物,均是诱发结石形成的局部因素。

(3)药物相关因素 引起肾结石的药物分为两类:①尿液浓度高而溶解度较低的药物,如氨苯蝶啶、茚地那韦、硅酸镁、磺胺类药物等;②能够诱发结石形成的药物,如乙酰唑胺、维生素D、维生素C、皮质激素等,这些药物在代谢过程中可引起其他成分结石的形成。

2. 病理生理

(1)尿路结石的好发部位 输尿管结石常位于三个生理狭窄处(肾盂输尿管连接处、输尿管跨过髂血管处、输尿管膀胱壁段),其中,以输尿管下1/3最多见。

(2)尿路结石可引起泌尿道直接损伤、梗阻、感染或恶性变

①直接损伤 结石本身的直接刺激,可致尿路黏膜充血、水肿,甚至糜烂或脱落。

②尿路梗阻 肾盂结石进入输尿管可自然排出;也可停留在尿路的任何部位,引起急性完全性尿路梗阻或慢性不全性尿路梗阻,最终导致肾积水和肾功能损害。

③尿路感染 尿路结石合并梗阻时,由于尿液淤滞,易并发尿路感染,而感染又会引发结晶的析出和沉淀,使原有结石体积迅速增大,结果进一步加重尿路梗阻,由此形成恶性循环。

④恶性变 结石在肾盏内缓慢长大,充满肾盂及部分或全部肾盏,形成鹿角形结石。结石可合并感染,也可无任何症状,少数病例尿路移行上皮发生鳞化可继发鳞癌。

【例1】鹿角形结石引起泌尿道的病理生理改变,最严重的后果是

A. 尿路上皮恶性变　　B. 肾积水　　C. 尿路梗阻
D. 尿路感染　　E. 尿毒症

3. 预防

(1)大量饮水 以增加尿量,稀释尿中形成结石物质的浓度,减少晶体沉积。也有利于尿石排出。

(2)调节饮食 高钙摄入者,应减少含钙食物的摄入量,少用牛奶、奶制品等。草酸盐结石的病人,应限制浓茶、菠菜、番茄、花生等的摄入。

(3)特殊性预防 草酸盐结石病人,可口服维生素B_6,以减少草酸盐排出;口服氧化镁可增加尿中草酸溶解度。尿酸结石病人,可口服别嘌呤醇和碳酸氢钠,以抑制结石形成。

二、肾和输尿管结石

肾和输尿管结石为上尿路结石，主要症状是疼痛和血尿。

1. 临床表现

(1)疼痛 肾结石可引起肾区疼痛伴肋脊角叩击痛。肾盂内大结石及肾盏结石可无明显临床症状，活动后出现上腹或腰部钝痛。输尿管结石可引起肾绞痛或输尿管绞痛。

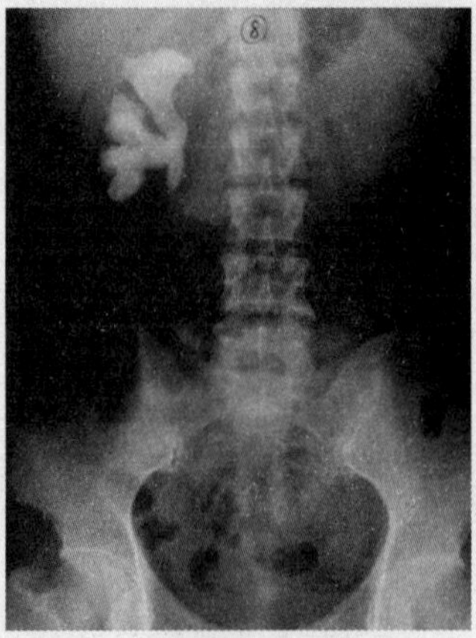
右肾鹿角形结石

(2)血尿 多为镜下血尿，少数可见肉眼血尿。有时活动后镜下血尿是上尿路结石的唯一临床表现。

(3)恶心呕吐 常见于输尿管结石引起尿路梗阻。

(4)膀胱刺激征 常见于结石伴感染或输尿管膀胱壁段结石。

2. 诊断

(1)典型临床表现 与活动有关的疼痛和血尿，尤其是典型的肾绞痛，疼痛发作时有肾区叩击痛，有助于本病的诊断。

(2)尿液检查 能见到肉眼或镜下血尿。

(3)B超 为首选影像学检查，能显示结石的高回声及其后方的声影，可发现尿路平片不能显示的小结石和X线透光结石。

(4)尿路平片 能发现90%的X线阳性结石。正侧位片可除外腹腔内其他钙化阴影，如胆囊结石、肠系膜淋巴结钙化、静脉石等。侧位片显示上尿路结石位于椎体前缘之后，腹腔内钙化阴影位于椎体之前。

(5)静脉尿路造影 可以评价肾结石所致的肾结构和功能改变。

(6)逆行肾盂造影 主要在其他方法不能确定结石部位时采用。

(7)CT 平扫CT能发现以上检查不能显示的或较小的输尿管中、下段结石。有助于鉴别不透光的结石、肿瘤、凝血块等。

(8)内镜检查 包括肾镜、输尿管镜、膀胱镜检查等。通常在尿路平片未显示结石，静脉尿路造影有充盈缺损而不能确诊时，借助于内镜可以明确诊断和进行治疗。

注意：诊断尿路结石首选的检查9版《外科学》已改为B超，原来首选腹部平片+静脉尿路造影。

【例2】男，40岁。突发右腰部剧痛3小时，疼痛向右下腹放射，伴恶心、呕吐。最可能的疾病是

A. 胆石病　　B. 急性胆囊炎　　C. 上尿路结石
D. 急性阑尾炎　　E. 肾盂肾炎

【例3】鉴别上尿路结石与腹腔钙化灶常用的检查方法是

A. 静脉尿路造影　　B. CT　　C. 腹部侧位X线片
D. B超　　E. MRI

【例4】男，30岁。右侧腰腹部疼痛伴恶心呕吐1天。尿常规RBC20~30/HP。腹部X线片未见明显异常。B超示右肾积水，右侧输尿管上段扩张，下段因肠积气干扰显示不清。为明确诊断，首选检查为

A. 逆行肾盂造影　　B. 核素肾扫描　　C. MRU
D. 尿液细菌培养　　E. CT平扫

3. 治疗

尿路结石必须实施病人个体化治疗，有时需要各种方法综合实施。

(1)病因治疗 少数病人能找到形成结石的病因，如甲状旁腺瘤，切除腺瘤即可防止复发；尿路梗阻者，需要解除梗阻，才能避免结石复发。

(2)药物治疗 直径<0.6cm、表面光滑、结石以下无尿路梗阻时，可采用药物排石治疗。

纯尿酸结石	枸橼酸氢钾钠、碳酸氢钠碱化尿液，口服别嘌醇，饮食调节
胱氨酸结石	碱化尿液(使 pH>7.8)，摄入大量液体，卡托普利可预防胱氨酸结石的形成
感染性结石	控制感染，口服氯化铵酸化尿液，脲酶抑制剂，限制食物中磷酸的摄入，应用氢氧化铝凝胶减少肠道对磷酸的吸收，大量饮水增加尿量
解痉镇痛	肾绞痛的治疗以解痉镇痛为主，如非甾体镇痛抗炎药、阿片类(哌替啶、曲马多)、解痉药(阿托品)

(3)体外冲击波碎石(ESWL)　是一种无痛、安全、有效的非侵入性治疗，适用于绝大多数上尿路结石。

①适应证　直径≤2cm 的肾结石和输尿管上段结石。输尿管下段结石治疗成功率比输尿管镜取石低。

②禁忌证　结石远端尿路梗阻、妊娠、出血性疾病、严重心脑血管疾病、主动脉或肾动脉瘤、尚未控制的泌尿系感染等。过于肥胖、肾位置过高、骨关节严重畸形、结石定位不清等，因技术原因不宜采用此法。

③碎石效果　与结石部位、大小、性质、是否嵌顿等因素有关。结石体积较大且无肾积水的肾结石，由于碎石没有扩散空间，效果较差，需多次碎石。胱氨酸、草酸钙结石质硬，不易粉碎。

④并发症　一过性肉眼血尿、肾周围血肿、尿路感染、“石街”、肾绞痛。

(4)经皮肾镜碎石取石术(PCNL)　适用于所有需开放性手术干预的肾结石，包括鹿角结石，≥2.0cm 的肾结石、有症状的肾盏结石或憩室内结石、ESWL 治疗失败者、部分 L_4 以上较大的输尿管结石。

(5)输尿管镜碎石取石术(URL)　适用于中下段输尿管结石、ESWL 失败的输尿管上段结石、X 线阴性的输尿管结石、停留时间长的嵌顿性结石、ESWL 治疗所致的石街。输尿管软镜适用于<2cm 肾结石的治疗。

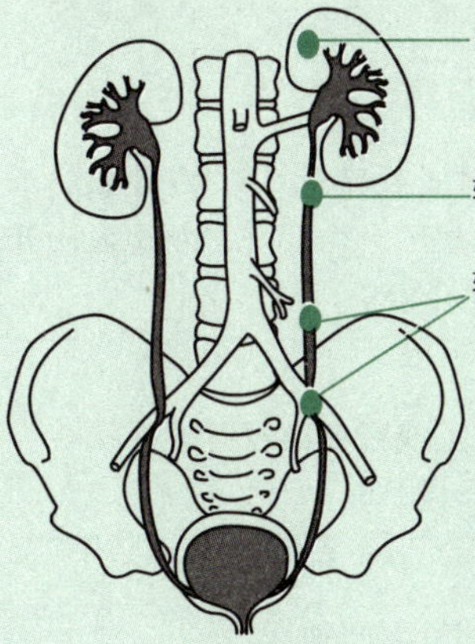

尿石症治疗方法的选择原则

(6)腹腔镜输尿管切开取石(LUL)　适用于>2cm 的输尿管结石，经 ESWL、输尿管镜手术治疗失败者。一般不作为首选治疗方案，手术入路有经腹腔和经腹膜后两种，后者只适合于输尿管上段结石。

(7)开放手术治疗　由于 ESWL 及内镜技术的普遍开展，开放手术现已少用。

①肾盂切开取石术　适用于肾盂输尿管梗阻合并肾盂结石，可在取石的同时解除梗阻。

②肾实质切开取石术　适用于肾盏结石，尤其是肾盂切开不易取出或多发性肾盏结石。

③肾部分切除　适用于结石在肾的一极或结石所在肾盏有明显扩张、实质萎缩。

④肾切除术　因结石导致肾结构严重破坏，功能丧失，或合并肾积脓，而对侧肾功能良好，可将病肾切除。

⑤输尿管切开取石术　适用于嵌顿较久或其他方法治疗失败的结石。

⑥双侧尿路结石的手术原则　双侧上尿路同时存在结石约占病人的 15%，其手术治疗原则为：

双侧输尿管结石——先处理梗阻严重侧。条件许可时，应尽可能同时行双侧输尿管取石。

一侧肾结石+另一侧输尿管结石——先处理输尿管结石。

双侧肾结石——先处理容易取出且安全的一侧。若肾功能极差，梗阻严重，全身情况差，宜先行肾造瘘。

注意：①结石<0.6cm 可采用药物治疗。

②肾结石<0.4cm 可自行排出，0.6~2.0cm 首选 ESWL，≥2.0cm 行经皮肾镜碎石取石术(PCNL)。

【例 5】肾绞痛发作时，首选的治疗方法是

A. 中药排石　　B. 抗感染　　C. 饮水、补液

D. 碱化尿液　　E. 解痉止痛

【例 6】以下不适合用输尿管镜碎石的是

A. 输尿管狭窄　　B. 阴性结石　　C. 结石停留时间较长
D. 患侧肾积水　　E. 肥胖患者

A. 输尿管软镜激光碎石　　B. 体外冲击波碎石　　C. 药物排石
D. 经输尿管镜碎石　　E. 经皮肾镜碎石

【例 7】右肾盂结石直径 3.5cm, B 超检查肾盂分离 3cm, 应选择的治疗方法是

【例 8】右输尿管上段结石 0.4cm×0.3cm, 应选择的治疗方法是

(9~10 题共用题干) 男, 32 岁, 反复腰部胀痛 1 年。B 超见右肾盂结石, 大小 1.5cm×1.0cm, 左肾积水, 左输尿管上段结石, 大小 1.0cm×0.8cm。尿常规: RBC5~10/HP, WBC16~20/HP。肾功能正常。

【例 9】要了解该患者分肾功能首选的检查方法是

A. CT 平扫　　B. 复查 B 超　　C. KUB
D. MRI　　E. IVU

【例 10】首选的治疗方法是

A. 左输尿管结石体外冲击波碎石　　B. 右肾盂结石体外冲击波碎石　　C. 左输尿管切开取石
D. 药物排石　　E. 右肾盂切开取石

4. 肾结石与输尿管结石的鉴别

	肾结石	输尿管结石
疼痛	肾区疼痛, 大肾盂或肾盏结石可无症状	肾绞痛, 腰部或上腹部阵发性疼痛
血尿	肉眼、镜下血尿	肉眼、镜下血尿
膀胱刺激征	合并感染时有	合并膀胱壁段结石时有
典型症状	肾区疼痛, 肋脊角叩痛, 血尿	典型肾绞痛, 放射痛
恶心呕吐	无	尿路完全性梗阻时有
治疗	药物治疗, 冲击波碎石 肾镜取石、碎石, 开放手术	药物治疗, 冲击波碎石, 输尿管镜取石、碎石 腹腔镜输尿管取石, 输尿管切开取石

注意: ①肾结石的典型临床表现——有痛性血尿。②肾肿瘤的典型临床表现——无痛性血尿。③肾结核的典型临床表现——慢性膀胱刺激征+终末血尿。

【例 11】肾绞痛伴镜下血尿, 常见的病因是

A. 肾结石　　B. 肾肿瘤　　C. 肾囊肿
D. 肾炎　　E. 肾结核

A. 无痛性肉眼血尿　　B. 终末血尿伴膀胱刺激症状　　C. 初始血尿
D. 疼痛伴血尿　　E. 血尿+蛋白尿

【例 12】泌尿系肿瘤血尿是

【例 13】泌尿系结石血尿是

常考点　重点内容, 应全面掌握。

参考答案——详细解答见 2021《贺银成国家临床执业及助理医师资格考试历年考点精析》

1. ABCDE　2. ABCDE　3. ABCDE　4. ABCDE　5. ABCDE　6. ABCDE　7. ABCDE
8. ABCDE　9. ABCDE　10. ABCDE　11. ABCDE　12. ABCDE　13. ABCDE

第24章　泌尿系统肿瘤

▶考纲要求

①肾肿瘤：病理，临床表现，诊断与鉴别诊断，治疗。②膀胱肿瘤：病理，临床表现，诊断与鉴别诊断，治疗。

▶复习要点

一、肾细胞癌

肾细胞癌又称肾腺癌，简称肾癌，在成人恶性肿瘤中的发病率为2%~3%，占肾恶性肿瘤的85%。

1. 病理

(1)大体　肾癌常为单发，多为类圆形实性肿瘤，肿瘤大小不等，以4~8cm多见，有假包膜，切面以黄色、黄褐色和棕色为主，可有囊性变和钙化。

(2)病理类型　包括透明细胞癌、乳头状细胞癌、嫌色细胞癌、集合管癌、肾髓质癌、基因相关性肾癌、未分类肾细胞癌等。其中，透明细胞癌最常见，占70%~80%，肿瘤细胞为圆形或多边形，胞质内含大量糖原、胆固醇脂、磷脂类物质，在切片制作过程中这些物质被溶质溶解，细胞质在镜下呈透明状。

A. 移行细胞癌　B. 透明细胞癌　C. 横纹肌肉瘤
D. 鳞癌　E. 腺癌

【例1】膀胱肿瘤最常见的组织类型是
【例2】肾细胞癌最常见的组织类型是

2. 临床表现

(1)好发人群　肾癌好发于50~70岁男性。早期常无明显临床症状。

(2)典型症状　为肉眼血尿、腰痛和腹部肿块，称为肾癌"三联征"。典型三联征现已少见，仅占10%。

①血尿　多为间歇性无痛性肉眼血尿，表明肿瘤已侵入肾盂、肾盏。

②疼痛　常为腰部钝痛或隐痛，多由于肿瘤生长牵张肾包膜或侵犯腰大肌、邻近器官所致。

③肿块　肿瘤较大时，在腹部或腰部可被触及。

(3)副瘤综合征　10%~20%的病人可出现副瘤综合征，表现为发热、高血压、血沉增快、高钙血症、高血糖、红细胞增多症、肝功能异常等。

(4)转移性肿瘤症状　约30%的病人因转移性肿瘤症状初次就诊。男性病人，如发现同侧阴囊内精索静脉曲张，且平卧位不消失，提示肾静脉或下腔静脉内癌栓形成。

【例3】肾癌典型的临床表现是
A. 消瘦、肿块和疼痛　B. 高血压、肿块和疼痛　C. 血尿、肿块和疼痛
D. 发热、肿块和疼痛　E. 水肿、肿块和疼痛

3. 诊断

(1)B超　可作为肾癌的常规筛查手段。

(2)尿路平片(KUB)　可见肾外形增大，偶见肿瘤散在钙化。

(3)静脉尿路造影(IVU)　可见肾盏肾盂不规则变形、拉长、移位、狭窄或充盈缺损，甚至患肾不显影。

(4)肾动脉造影　对于肿瘤较小，B超、CT不能确诊的肾癌作肾动脉造影，可显示肿瘤内病理性新生血管、动-静脉瘘、造影剂池样聚集与包膜血管增多。

(5)CT检查　对肾癌确诊率高，是目前诊断肾癌最可靠的影像学方法。

(6)MRI检查　对肾癌诊断的准确性与CT相仿。

【例4】诊断肾细胞癌最可靠的影像学方法是

A. CT 平扫　　B. B 超　　C. 尿路平片+静脉尿路造影
D. 肾动脉造影　　E. CT 增强扫描

4. 治疗

(1)根治性肾切除术　是肾癌最主要的治疗方法。手术适应证为：不适合行保留肾单位手术的 T_1 期肾癌、T_2 ~ T_4 期肾癌。切除范围包括病肾、肾周筋膜、肾周脂肪、同侧肾上腺、从膈肌脚到腹主动脉分叉处腹主动脉或下腔静脉旁淋巴结、髂血管分叉以上输尿管。如合并肾静脉或下腔静脉内癌栓应同时取出。

(2)保留肾单位手术　适应证为：T_1 期肾癌、肾癌发生于解剖性或功能性的孤立肾、根治性肾切除术将会导致肾功能不全或尿毒症的病人。手术切除范围：完整切除肿瘤及其肿瘤周围肾周脂肪组织。

(3)常用其他治疗　射频消融、冷冻消融、高能聚焦超声、肾动脉栓塞等。

(4)放疗和化疗　肾癌对放射治疗及化学治疗均不敏感。

(5)免疫治疗　中高剂量的干扰素-α、白细胞介素-2 用于晚期肾癌的辅助治疗，但疗效不佳。

(6)分子靶向治疗　酪氨酸激酶抑制剂已用于晚期肾癌(透明细胞癌)的治疗。

【例 5】一侧肾癌的主要治疗方法是
A. 肾肿瘤剜除术　　B. 单纯肾切除　　C. 根治性肾切除术
D. 肾输尿管全切除　　E. 化疗

二、肾盂癌

肾盂癌属于上尿路恶性肿瘤，60%的肾盂癌在诊断时已经发生肌层或周围组织浸润。

1. 病理

(1)大体　肿瘤可单发，也可多发。

(2)病理分类　包括尿路上皮癌(占 90%)、鳞癌、腺癌等。肿瘤细胞分化和基底的浸润程度有很大差别，需区分非浸润性乳头状肿瘤(低度恶性潜能的乳头状尿路上皮肿瘤、低级别乳头状尿路上皮癌、高级别乳头状尿路上皮癌)、原位癌和浸润癌。

2. 临床表现

(1)好发人群　肾盂癌好发于 70~90 岁男性。

(2)典型症状　间歇无痛性肉眼血尿或镜下血尿，偶可出现条状血块。

(3)腰痛　20%的病人有腰部钝痛，部分病人可因血块堵塞输尿管，引起肾绞痛。

(4)晚期表现　可出现腰部或腹部肿块、消瘦、体重下降、贫血、下肢水肿、骨痛等症状。

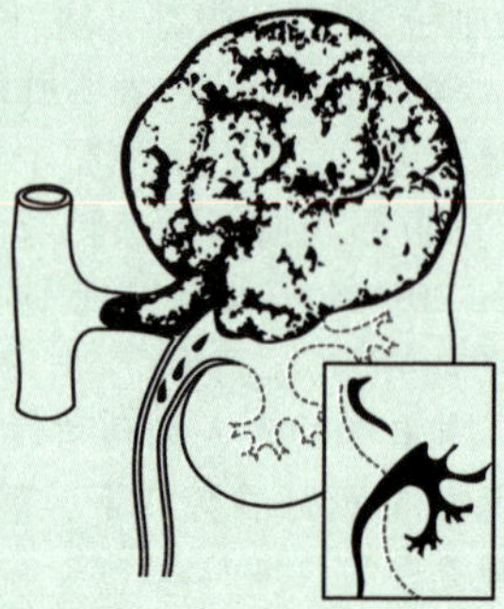
肾癌及肾盂造影所见

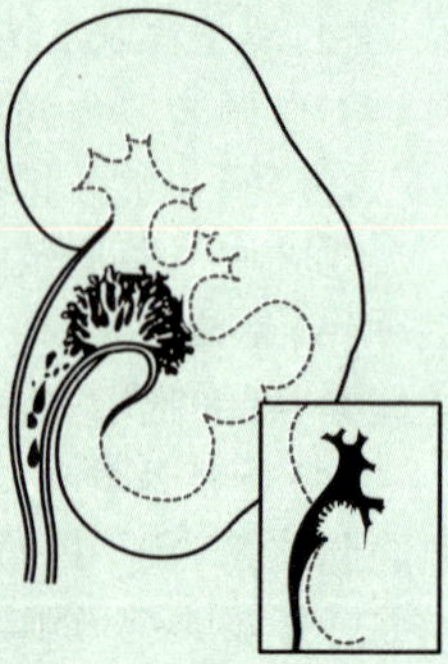
肾盂癌及肾盂造影所见

3. 诊断

(1)B 超　是血尿的筛选性检查方法。

(2)静脉尿路造影(IVU)　是诊断肾盂癌的传统方法，可见肾盂内充盈缺损、梗阻和肾积水。

(3)CT 增强+三维重建(CTU)　是诊断肾盂癌的首要手段。

(4)磁共振水成像(MRU)　效能与 CTU 相当，适用于不能接受 CT 检查的病人。

(5)膀胱镜检查　可见病侧输尿管口喷血。

(6)尿细胞学检查　取新鲜尿标本或逆行插管收集病侧肾盂尿行细胞学检查，可发现癌细胞。

(7)诊断性输尿管镜检查　可直接观察肿瘤并取活检。

4. 治疗

(1)根治性肾、输尿管切除术　肾盂癌的标准手术方法是切除病肾及全长输尿管，包括输尿管开口部位的膀胱壁。适用于多发、体积较大、高级别或影像学怀疑浸润性生长的肿瘤。术后膀胱灌注化疗药物有助于降低膀胱肿瘤的复发率。

(2)保留肾脏手术　肿瘤体积小、分化良好、无浸润的带蒂乳头状肿瘤，尤其是对于孤立肾或对侧肾功能已受损的肾盂癌或输尿管上段癌，可通过内镜手术切除或激光切除。

(3)综合治疗　对于进展期的肾盂癌，术后应给予系统的化疗或放疗，晚期病人则以系统化疗为主。

注意:①肾癌以透明细胞癌最多见。②肾盂癌、膀胱癌以尿路上皮癌最多见。
③肾癌的标准手术方式为根治性肾切除，肾盂癌的标准手术方式为病肾+全长输尿管切除。

【例 6】男，60 岁。发现全程肉眼血尿伴条状血凝块 1 周。无尿频、尿急、尿痛。B 超检查显示左肾实质占位，肿块直径 55mm。为明确肿块性质，进一步检查首选

A. 尿细胞学检查　　B. 肾动脉造影　　C. 静脉尿路造影
D. 腹部 CT 平扫+增强　　E. 尿路平片

【例 7】女，42 岁。肉眼血尿 1 月余。IVU 显示双肾功能正常，右肾盂有充盈缺损 1.5cm×1.2cm。尿细胞学检查发现肿瘤细胞。治疗方法首选

A. 放疗　　B. 右肾输尿管全切术　　C. 化疗
D. 右肾切除术　　E. 肿瘤切除术

(8~9 题共用题干)男性，52 岁。反复无痛性肉眼血尿伴条状血块 2 个月。膀胱镜检见右输尿管口喷血，尿细胞学可见癌细胞。

【例 8】静脉尿路造影最有诊断价值的 X 线表现是

A. 右肾不显影　　B. 右肾积水　　C. 右肾萎缩
D. 右肾盂充盈缺损　　E. 右肾盏破坏

【例 9】明确诊断后，首选的治疗方法是

A. 右肾切除术　　B. 右肾输尿管全切除　　C. 化疗
D. 放疗　　E. 免疫治疗

三、肾母细胞瘤

肾母细胞瘤又称肾胚胎瘤或 Wilms 瘤，是儿童最常见的恶性肿瘤。

1. 病理

(1)大体病理　肿瘤有假包膜形成，其切面均匀呈灰白色，常有出血与梗死，间有囊腔形成。

(2)组织学改变　肾母细胞瘤从胚胎性肾组织发生，由胚芽、上皮、间质三种成分组成。

(3)转移途径　肿瘤突破肾包膜后，可广泛侵犯周围组织和器官。转移途径同肾癌，经淋巴转移至肾蒂及主动脉旁淋巴结；血行转移可播散至全身多个部位，以肺最常见，其次为肝、脑等。

2. 临床表现

(1)好发人群　80%在 5 岁以前发病，平均年龄 3.5 岁，男女比例相当。多为单侧，占 95%。

(2)典型症状　无症状的腹部肿块是最常见也是最重要的症状，见于 90%以上的病儿，通常是家长和医生偶然发现。肿块常位于上腹一侧季肋部，表面光滑，中等硬度，无压痛，有一定活动度。少数肿瘤巨大，超越腹中线，则较为固定。

(3)血尿　约 20%的病儿有血尿。

(4)高血压　约 25%的病儿初次诊断时有高血压。

(5)其他　如发热、厌食、体重减轻、恶心呕吐、贫血等。

3. 诊断

发现小儿上腹部肿块，即应考虑肾母细胞瘤的可能。影像学检查对诊断有决定性意义。

(1)B 超　有助于确定实性占位的性质。

(2)CT、MRI 检查 可显示肿瘤范围及邻近淋巴结有无转移。

(3)胸片 可了解有无肺转移。

4. 鉴别诊断

肾母细胞瘤需与巨大肾积水、肾上腺神经母细胞瘤鉴别。

5. 治疗

采用手术联合化疗、放疗的综合治疗,可显著提高术后生存率。

(1)手术 经腹根治性肾切除应作为大多数病儿的初始治疗。

(2)化疗 ①对于拟行保留肾单位手术、无法一期切除以及癌栓达肝静脉以上的病人,可行术前新辅助化疗。首选化疗药物为放线菌素 D、长春新碱。②术后根据病理分型、分期辅以化疗。

(3)放疗 术前放疗适用于曾用化疗而肿瘤缩小不明显的巨大肾母细胞瘤。术后放疗应不晚于 10 天,否则局部肿瘤复发机会增多。

【例 10】男孩,4 岁。精神不振、低热、消瘦 3 个月,排尿正常。查体发现右上腹包块,表面光滑,有一定的活动度。CT 检查证实右肾占位病变,大小 5cm×6cm,边界清楚,左肾未见异常。最可能的诊断是

A. 肾囊肿　　B. 肾母细胞瘤　　C. 肾上腺神经母细胞瘤

D. 巨大肾积水　　E. 肾癌

6. 四种泌尿系统肿瘤的鉴别

	肾癌	肾母细胞瘤	肾盂癌	膀胱癌
好发年龄	50~70 岁	<5 岁儿童	70~90 岁	50~70 岁
性别	男:女=3:2	男:女=1:1	男:女=3:1	男:女= 4:1
典型症状	血尿、疼痛、肿块	腹部肿块	间歇性无痛性血尿	间歇性肉眼血尿
血尿	间歇性无痛性肉眼血尿为常见症状	20%有血尿	间歇性无痛性肉眼血尿或镜下血尿	85%有间歇性无痛性全程肉眼血尿
疼痛	腰部钝痛、隐痛	可有腹痛	腰部钝痛	为晚期表现
腹部肿块	晚期症状	典型症状	晚期症状	晚期症状
全身症状	发热、高血压 血沉增快	发热、高血压 体重减轻	消瘦、体重下降、贫血 下肢水肿、骨痛	晚期恶病质
主要诊断	B 超、CT、X 线、MRI	B 超、CT、MRI	尿细胞学检查	膀胱镜检查
主要治疗	根治性肾切除	手术、放化疗	病肾+全长输尿管切除	手术

注意:①泌尿系统肿瘤的典型症状为间歇性无痛性肉眼血尿,但肾母细胞瘤为腹部肿块(腹膜后肿块)。

②泌尿系统肿瘤多见于中老年患者,但肾母细胞瘤好发于 5 岁以下的儿童。

③肾癌的手术方式为根治性肾切除,肾盂癌的手术方式为肾+全长输尿管切除。

【例 11】老年人无痛性肉眼血尿,首先应考虑

A. 泌尿系肿瘤　　B. 泌尿系感染　　C. 泌尿系结核

D. 泌尿系结石　　E. 泌尿系畸形

四、膀胱癌

膀胱癌是最常见的泌尿系统肿瘤,绝大多数来自上皮组织,其中 90%以上为尿路上皮癌。

1. 病理

(1)组织学类型 90%为移行细胞癌,鳞癌和腺癌各占 2%~3%,非上皮性肿瘤占 1%~5%。

(2)生长方式 分为原位癌、乳头状癌和浸润性癌。原位癌局限在黏膜内,无乳头,无浸润基底膜的

现象，但原位癌与肌层浸润性直接相关。移行细胞癌多为乳头状癌。鳞癌和腺癌为浸润癌。

(3)**浸润深度**　是肿瘤临床和病理分期的依据，是判断预后的最有价值指标之一。根据癌浸润膀胱壁的深度，采用 TNM 分期标准，临床上将 Tis、T_a、T_1 期肿瘤称为非肌层浸润性膀胱癌，T_2 及以上则称为肌层浸润性膀胱癌。原位癌一般分化不良，高度恶性，易向肌层浸润性进展。TNM 分期标准如下表。

T_a	非浸润性乳头状癌	N	区域淋巴结
Tis	原位癌	N_x	区域淋巴结无法评估
T_1	肿瘤侵及上皮下结缔组织	N_0	无区域淋巴结转移
T_2	肿瘤侵犯肌层	N_1	真骨盆区(髂内、闭孔、髂外、骶前)单个淋巴结转移
T_{2a}	肿瘤侵犯浅肌层(内 1/2)	N_2	真骨盆区(髂内、闭孔、髂外、骶前)多个淋巴结转移
T_{2b}	肿瘤侵犯深肌层(外 1/2)	N_3	髂总淋巴结转移
T_3	肿瘤侵犯膀胱周围组织	M	远处转移
T_{3a}	显微镜下发现肿瘤侵犯膀胱周围组织	M_x	远处转移无法评估
T_{3b}	肉眼可见肿瘤侵犯膀胱周围组织	M_0	无远处转移
T_4	肿瘤侵犯前列腺、子宫、阴道、盆壁、腹壁	M_1	有远处转移
T_{4a}	肿瘤侵犯前列腺、精囊、子宫或阴道		
T_{4b}	肿瘤侵犯盆壁或腹壁		

【例 12】膀胱癌在病理上最重要的是

A. 组织类型　　B. 分化程度
C. 病变部位　　D. 浸润深度
E. 生长方式

【例 13】采用 TNM 分期标准，膀胱肿瘤浸润浅肌层的分期是

A. T_a 期　　B. T_1 期
C. T_{2a} 期　　D. T_{2b} 期
E. T_3 期

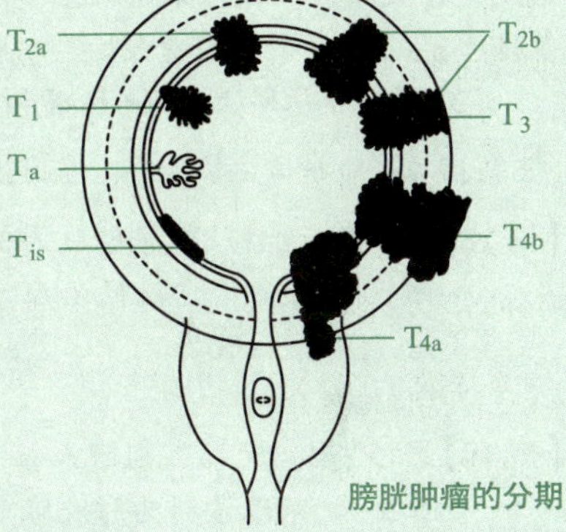

膀胱肿瘤的分期

2. 临床表现

(1)**好发人群**　膀胱癌好发于 50~70 岁男性。

(2)**血尿**　血尿是膀胱癌最常见和最早出现的症状，约 85%的病人表现为间歇性肉眼血尿。

(3)**膀胱刺激征**　尿频、尿急、尿痛多为晚期表现。

(4)**排尿困难**　三角区及膀胱颈部肿瘤可造成膀胱出口梗阻，引起排尿困难，甚至尿潴留。

3. 诊断

中老年出现无痛性肉眼血尿，应首先想到膀胱癌的可能。

(1)**尿常规检查**　反复尿沉渣镜检示红细胞计数>5 个/高倍视野，应警惕膀胱癌可能。

(2)**尿细胞学检查**　在新鲜尿液中易发现脱落的肿瘤细胞，故尿细胞学检查是膀胱癌诊断和术后随访的主要方法，但低级别肿瘤细胞不易与正常尿路上皮细胞以及因炎症或结石引起的变异细胞鉴别。

(3)**尿液其他检查**　尿液膀胱肿瘤抗原(BTA)、核基质蛋白(NMP22)、ImmunoCyt 以及尿液荧光原位杂交(FISH)检查等有助于膀胱癌的早期诊断。

(4)**B 超检查**　能发现直径>0.5cm 的肿瘤，可作为最初筛选。

(5)**IVU 检查**　较大的肿瘤可显示为充盈缺损。

(6)**CT 和 MRI 检查**　可以判断肿瘤浸润膀胱壁深度、淋巴结和内脏转移的情况。

(7)膀胱镜检查 膀胱癌最常位于侧壁和后壁。膀胱镜+活检是确诊膀胱癌的最主要方法。

(8)膀胱双合诊 可了解肿瘤大小、浸润的范围、深度以及与盆壁的关系。

【例 14】膀胱癌最常见的症状是

A. 尿潴留　　B. 尿痛　　C. 排尿困难

D. 血尿　　E. 尿频、尿急

【例 15】老年人出现无痛性全程肉眼血尿,应首先考虑的疾病是

A. 肾盂肾炎　　B. 肾囊肿　　C. 膀胱肿瘤

D. 肾结石　　E. 肾结核

A. CT(平扫+增强)　　B. 膀胱镜+活检　　C. X 线片

D. B 超　　E. 尿细胞学

【例 16】确诊膀胱肿瘤最直接的手段是

【例 17】了解膀胱肿瘤的浸润范围及深度、是否有盆腔淋巴结转移,应选用的检查方法是

4. 治疗

以手术治疗为主。根据肿瘤的分化程度、临床分期、病人全身情况,选择合适的手术方式。

(1)非肌层浸润性膀胱癌(Tis、T_a、T_1 期) 采用经尿道膀胱肿瘤电切术(TURBT),术后辅助腔内化疗或免疫治疗。腔内化疗应在术后 24 小时内膀胱灌注化疗药物,如丝裂霉素、表柔比星、吉西他滨等。卡介苗是最有效的膀胱内免疫治疗制剂,一般在术后 2 周使用。

(2)肌层浸润性膀胱癌(T_2~T_4 期) ①应采用根治性膀胱切除术+盆腔淋巴结清扫术,必要时术后辅助化疗或放疗。化疗采用以铂类为主的联合方案。放疗可单独或联合化疗一起应用。③若病人身体条件不能耐受或不愿接受根治性膀胱切除术,可行保留膀胱的综合治疗,术后应辅以化疗和放疗。

(3)膀胱非尿路上皮癌(鳞癌和腺癌) 根治性膀胱切除术+盆腔淋巴结清扫是其主要治疗方式。

注意:9 版《外科学》关于膀胱癌的治疗改动很大,以上为 9 版《外科学》P570 内容。

【例 18】血尿患者,膀胱镜见膀胱右侧壁有 2.5cm×1.0cm 新生物,有蒂,距右输尿管口 3cm,活检诊断移行细胞癌 T_1 期。首选的治疗方法是

A. 膀胱灌注化疗　　B. 经尿道膀胱肿瘤切除术　　C. 膀胱部分切除术

D. 膀胱全切除　　E. 放疗

【例 19】男,52 岁。无痛性肉眼血尿 3 个月。膀胱镜检查见膀胱三角区有一 4 cm ×3 cm 新生物,呈浸润性生长,病理诊断为膀胱腺癌。最适宜的治疗方法是

A. 膀胱部分切除　　B. 经尿道膀胱肿瘤电切　　C. 化疗

D. 根治性膀胱切除　　E. 放疗

【例 20】女,62 岁。膀胱炎病史多年,近期反复出现肉眼血尿。膀胱镜检查可见膀胱左侧壁乳头状肿瘤,大小 1.5cm×1cm,有蒂,活组织病理检查为尿路上皮癌Ⅰ级。最适宜的治疗措施是

A. 放疗　　B. 膀胱内药物灌注治疗　　C. 膀胱全切除术

D. 开放保留膀胱手术　　E. 经尿道膀胱肿瘤电切术

▶常考点 重点内容,应全面掌握。

参考答案——详细解答见 2021《贺银成国家临床执业及助理医师资格考试历年考点精析》

1. ABCDE　2. ABCDE　3. ABCDE　4. ABCDE　5. ABCDE　6. ABCDE　7. ABCDE
8. ABCDE　9. ABCDE　10. ABCDE　11. ABCDE　12. ABCDE　13. ABCDE　14. ABCDE
15. ABCDE　16. ABCDE　17. ABCDE　18. ABCDE　19. ABCDE　20. ABCDE

第 25 章　鞘膜积液

▶▶考纲要求

鞘膜积液：病因，临床分型，临床表现，诊断与鉴别诊断，治疗。

▶▶复习要点

鞘膜囊内积聚的液体增多而形成囊性肿块者，称为鞘膜积液。

1. 病因

胚胎早期，睾丸位于腹膜后第 2~3 腰椎旁，以后逐渐下降，7~9 个月时睾丸经腹股沟管下降至阴囊。同时附着于睾丸的腹膜也一并下降形成鞘状突。出生前后与腹腔相通的鞘状突部分闭合，仅睾丸周围的鞘状突最终形成一鞘膜囊，其紧贴睾丸表面的囊壁称为脏层，而靠近阴囊组织的称为壁层。正常时鞘膜囊仅有少量浆液，当鞘膜的分泌与吸收功能失去平衡，如分泌过多或吸收过少，都可形成鞘膜积液。

2. 临床分型

鞘状突在不同的部位闭合不全，可形成各种类型的鞘膜积液。

（1）睾丸鞘膜积液　鞘状突闭合正常，但睾丸鞘膜囊内有较多积液，呈球形或卵圆形。由于睾丸、附睾被包裹，体检时睾丸不能触及。

（2）精索鞘膜积液　鞘状突的两端闭合，而中间的精索鞘膜囊未闭合，且有积液，积液与腹腔、睾丸鞘膜囊都不相通，又称精索囊肿。呈椭圆形、梭形或哑铃形，沿精索生长，其下方可扪及正常睾丸、附睾。若牵拉同侧睾丸，可见一囊肿随之上下移动。

（3）睾丸、精索鞘膜积液（婴儿型）　出生前鞘状突在内环处闭合，而精索处未闭合，并与睾丸鞘膜囊连通。外观呈梨形。外环口虽受积液压迫而扩大，但与腹腔不相通。

（4）交通性鞘膜积液（先天性）　鞘状突完全未闭合，鞘膜囊的积液可经一小管与腹腔相通。有时可有肠管或大网膜进入鞘膜囊，导致先天性腹股沟疝。

【例 1】男孩，3 岁。右侧阴囊内肿块，光滑，有波动感，右侧睾丸未触及，卧位时肿块不消失。首先考虑的诊断是

A. 腹股沟疝　　B. 精索鞘膜积液　　C. 隐睾
D. 睾丸鞘膜积液　　E. 交通性鞘膜积液

3. 临床表现

	睾丸鞘膜积液	精索鞘膜积液	睾丸、精索鞘膜积液	交通性鞘膜积液
一般特性	临床上最多见	又称精索囊肿	主要见于婴儿	又称先天性鞘膜积液
鞘状突	闭合正常，但睾丸鞘膜内有较多积液	两端闭合，而中间的精索鞘膜未闭合且有积液	鞘状突在内环处闭合，在精索处未闭合	鞘状突完全未闭合
相通情况	鞘膜囊独立，与腹腔、精索鞘膜囊均不相通	鞘膜囊独立，与腹腔、睾丸鞘膜囊均不相通	睾丸鞘膜囊与精索鞘膜囊相通，与腹腔不通	鞘膜囊与腹腔相通
肿物形态	球形、卵圆形	椭圆形、梭形	梨形	条索形
透光试验	阳性	阳性	阳性	阳性
平卧后	肿物不消失	肿物不消失	肿物不消失	肿物可消失
睾丸扪诊	不能扪及睾丸	能扪及睾丸	不能扪及睾丸	能扪及睾丸
肿物特点	表面光滑，有弹性，无压痛	肿物与睾丸分界清楚，牵拉睾丸时肿物上下移动	肿物位于阴囊内，外环口受积液压迫而扩大	站立时肿物出现，平卧时肿物消失

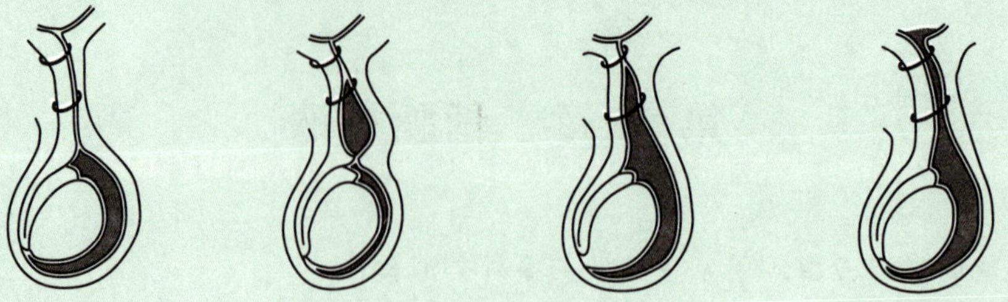

睾丸鞘膜积液　　精索鞘膜积液　　睾丸-精索鞘膜积液　　交通性鞘膜积液

4. 诊断与鉴别诊断

根据病史、临床表现及体检特点，容易诊断。

(1)透光试验　为可靠检查方法。在暗室内或用黑色纸筒罩于阴囊，手电筒由阴囊肿物下方上照时，积液有透光性，为透光试验阳性。若为睾丸肿物或腹股沟斜疝，则无透光性，为透光试验阴性。注意：若积液为脓性、血性或乳糜性时，透光试验也为阴性。

(2)阴囊 B 超　呈液性暗区，有助于与睾丸肿瘤及腹股沟斜疝的鉴别。

5. 治疗

(1)不需手术　婴儿先天性鞘膜积液常可自行吸收消退，可不急于手术治疗；1 岁以后仍存在的建议手术治疗。成人的睾丸鞘膜积液，如积液量少，无任何症状，也不需手术治疗。

(2)手术治疗　成人的睾丸鞘膜积液，如积液量多，体积大伴明显症状，应行睾丸鞘膜切除+翻转术。精索囊肿需将鞘膜囊全部切除。交通性鞘膜积液行高位鞘状突结扎术。

(3)药物治疗　继发性睾丸鞘膜积液，若为损伤性积血，可采用保守治疗，积血较多时需手术清除血块。若乳糜状积液找到微丝蚴，则需口服乙胺嗪(海群生)治疗，并行睾丸鞘膜翻转术。

【例 2】阴囊内无痛性包块，透光试验阳性。最可能的诊断是

A. 睾丸肿瘤　　B. 腹股沟斜疝　　C. 附睾结核
D. 精索静脉曲张　　E. 鞘膜积液

【例 3】成人巨大睾丸鞘膜积液，最佳治疗措施是

A. 睾丸鞘膜翻转　　B. 鞘膜囊全部切除　　C. 等待自行吸收消退
D. 内环处高位结扎鞘状突　　E. 鞘膜积液穿刺抽液

A. 精索鞘膜积液　　B. 腹股沟斜疝　　C. 睾丸鞘膜积液
D. 交通性鞘膜积液　　E. 睾丸肿瘤

【例 4】阴囊囊性肿块，卧位时肿块缩小或消失，透光试验阳性。最可能的诊断是

【例 5】阴囊囊性肿块，卧位无缩小，表面光滑，无压痛，摸不到睾丸，透光试验阳性。最可能的诊断是

常考点　鞘膜积液的鉴别诊断。

参考答案——详细解答见 2021《贺银成国家临床执业及助理医师资格考试历年考点精析》

1. ABCDE　2. ABCDE　3. ABCDE　4. ABCDE　5. ABCDE

第 26 章　骨折概论

▶考纲要求

骨折概述：临床表现，影像学检查，并发症，愈合标准，急救，治疗原则，开放性骨折的处理。

▶复习要点

一、骨折的临床表现与影像学检查

骨折是指骨的完整性和连续性中断。

1. 骨折的临床表现

(1)骨折的全身表现　主要包括休克和发热。

①休克　成人骨盆骨折出血量可达 500～5000ml，股骨干骨折出血量可达 300～2000ml，均易导致休克。

②发热　骨折后体温一般正常，出血量较大的骨折，可有低热。开放性骨折，出现高热时，应考虑感染。

(2)骨折的局部表现　包括一般表现和特有体征。

①骨折的一般表现　为局部疼痛、肿胀、功能障碍。

②骨折的特有体征　为局部畸形、异常活动、骨擦音或骨擦感。具有这三个体征之一者，即可诊断为骨折。但有些骨折如裂缝骨折、嵌插骨折、脊柱骨折、骨盆骨折，没有这三个典型的骨折特有体征。

注意：①成人骨盆骨折出血量可达 500～5000ml，股骨干骨折出血量可达 300～2000ml，均引起休克。
②骨折后体温一般正常，出血量较大的骨折，可有低热。开放性骨折，出现高热时，应考虑感染。

【例 1】骨折的特有体征是

A. 局部皮下瘀斑　　B. 功能障碍　　C. 反常活动
D. 轴向叩击痛　　E. 局部压痛

【例 2】男，32 岁。车祸致左大腿受伤。X 线片示左股骨皮质连续性中断。对诊断最有意义的临床表现是

A. 反常活动　　B. 瘀斑　　C. 活动受限
D. 压痛　　E. 肿胀

2. 骨折的影像学检查

(1)骨折的 X 线检查　为首选且常规的检查。可以帮助了解骨折的类型、移位情况，对于骨折的治疗具有重要指导意义。凡疑有骨折者，均应常规进行 X 线拍片检查。有些轻微的裂缝骨折，急诊拍片未见明显骨折线，应于伤后 2 周拍片复查。此时，骨折断端的吸收常可出现骨折线。

(2)骨折的 CT 检查　对早期、不典型病例以及复杂的解剖部位，X 线在确定病变部位和范围上受到限制。CT 尤其是三维 CT 以其分辨率高、无重叠、图像后处理的优点，弥补了传统 X 线检查的不足。

(3)骨折的 MRI 检查　磁共振(MRI)所获得的图像清晰，精细，分辨率高，对比度好，信息量大，特别对软组织层次的显示和观察椎体周围韧带、脊髓损伤情况和椎体挫伤较好。

二、骨折的并发症

1. 骨折的早期并发症

(1)休克　因严重创伤、骨折引起大出血或重要器官损伤所致。每次失血量超过总血量的 20%(800ml)即可引起休克。骨盆骨折、股骨干骨折出血量常超过 800ml，易导致失血性休克。

(2)脂肪栓塞综合征　多见于股骨干骨折。由于骨折处髓腔内血肿张力过大，骨髓被破坏，脂肪滴

进入破裂的静脉窦内，可引起肺、脑脂肪栓塞。临床上出现呼吸功能不全、发绀。胸片显示广泛性肺实变。动脉低血氧可致烦躁不安、嗜睡，甚至昏迷和死亡。

(3)重要脏器损伤 下位肋骨骨折可造成肝、脾破裂。肋骨骨折可造成肺损伤。骨盆骨折可造成膀胱和尿道损伤。骶尾骨骨折可导致直肠损伤。

(4)重要周围组织损伤 骨折易造成血管、神经损伤，如下表。

骨折部位	合并伤	骨折部位	合并伤
锁骨骨折	臂丛损伤	肱骨中下 1/3 骨折	桡神经
肱骨髁上骨折	肱动脉、正中神经	伸直型肱骨髁上骨折	前臂骨筋膜室综合征
股骨颈骨折	股骨头坏死	股骨髁上骨折	腘动脉
股骨下 1/3 骨折	腘动脉、静脉、胫神经、腓总神经	腓骨颈骨折	腓总神经
胫骨上段骨折	胫前或胫后动脉	胫骨中 1/3 骨折	小腿骨筋膜室综合征
耻骨骨折	尿道	尾骨骨折	直肠

注意：解题时注意“肱骨髁上骨折≠肱骨内上髁骨折”。

(5)骨筋膜室综合征 是指由骨、骨间膜、肌间隔和深筋膜形成的骨筋膜室内肌肉和神经因急性缺血而产生的一系列早期综合征。好发于前臂掌侧和小腿，多由创伤、骨折后血肿和组织水肿引起骨筋膜室内内容物体积增加，或外包扎过紧、局部压迫使骨筋膜室容积减小而导致骨筋膜室压力增高所致。当压力达到一定程度，可使供应肌肉的小动脉关闭，形成“缺血-水肿-缺血”的恶性循环，从而导致“骨筋膜室高压→濒临缺血性肌挛缩→缺血性肌挛缩→坏疽”的结果。

根据以下四个体征确定诊断：①病肢感觉异常；②被动牵拉受累肌肉出现疼痛（肌肉被动牵拉试验阳性）；③肌肉在主动屈曲时出现疼痛；④筋膜室即肌腹处有压痛。骨筋膜室综合征常并发肌红蛋白尿，治疗时应予以足量补液、促进排尿；若骨筋膜室压力>30mmHg，应及时行筋膜室切开减压术。

【例 3】最易出现失血性休克的骨折是

A. 脊柱骨折　　B. 股骨颈骨折　　C. 肱骨外上髁骨折
D. 骨盆骨折　　E. 肱骨干骨折

【例 4】骨折引起脂肪栓塞是由于

A. 患者肥胖　　B. 脂肪肝　　C. 骨筋膜室压力过高
D. 创伤的应激作用　　E. 静脉压力增高

【例 5】男，35 岁。左股骨干骨折内固定术后 2 天，突发右胸痛，咳嗽，氧饱和度显示 92%，心、肺查体未见明显异常。应首先考虑的诊断是

A. 脂肪栓塞　　B. 急性呼吸窘迫综合征　　C. 肺血栓栓塞
D. 胸膜炎　　E. 肺不张

【例 6】肱骨中下 1/3 骨折最可能导致

A. 桡神经损伤　　B. 坠积性肺炎　　C. 尺动脉损伤
D. 缺血性骨坏死　　E. 创伤性关节炎

2. 骨折的晚期并发症

(1)坠积性肺炎 多见于骨折后长期卧床不起的病人，特别是老年、体弱和伴有慢性病的患者。

(2)压疮 严重创伤骨折，长期卧床不起，身体骨突起处受压，局部血循环障碍，易形成压疮。常见部位有骶骨部、髋部、足跟部。特别是截瘫病人，更易发生。

(3)下肢深静脉血栓形成 多见于骨盆骨折或下肢骨折，下肢长时间制动，静脉血回流缓慢，加之创伤所致血液高凝状态，易发生血栓形成。

(4)感染 开放性骨折,特别是污染较重或伴有较严重的软组织损伤者,易发生感染。

(5)损伤性骨化 又称骨化性肌炎.。由于关节扭伤、脱位或关节附近骨折,骨膜剥离形成骨膜下血肿,处理不当使血肿扩大,血肿机化并在关节附近软组织内广泛骨化,造成严重关节活动功能障碍。常见于肘关节,多因肱骨髁上骨折反复暴力复位、牵拉所致。

(6)创伤性关节炎 关节内骨折,关节面遭到破坏,未能达解剖复位,骨愈合后使关节面不平整,长期磨损致使关节负重时出现疼痛。

(7)关节僵硬 病肢长时间固定,静脉和淋巴回流不畅,关节周围组织中浆液纤维性渗出和纤维蛋白沉积,发生纤维粘连,同时关节囊和周围肌肉挛缩,致使关节活动障碍。

(8)急性骨萎缩 即损伤所致关节附近的疼痛性骨质疏松,也称反射性交感神经性骨营养不良。好发于手、足骨折后,典型症状是疼痛、血管舒缩紊乱。

(9)缺血性骨坏死 常见于腕舟状骨骨折后近侧骨折端缺血性坏死、股骨颈骨折后股骨头缺血性坏死。

(10)缺血性肌挛缩 是骨筋膜室综合征处理不当的严重后果。可由骨折和软组织损伤直接所致,更常见的是骨折处理不当造成,特别是外固定过紧。典型畸形是爪形手和爪形足。

骨折并发症	常见或好发部位	骨折并发症	常见或好发部位
脂肪栓塞综合征	股骨干骨折	骨筋膜室综合征	前臂掌侧、小腿
创伤性骨关节炎	关节内骨折	损伤性骨化	肘关节(肱骨髁上骨折)
缺血性骨坏死	股骨头下型骨折	缺血性肌挛缩	前臂掌侧、小腿(爪形手或爪形足)

注意:①长期卧床的骨折并发症——坠积性肺炎、压疮、下肢深静脉血栓形成。
②骨折和关节损伤最常见的并发症——关节僵硬。
③骨折最严重的晚期并发症——缺血性肌挛缩(爪形手或爪形足)。
④急性骨萎缩为骨折的晚期并发症,而不是早期并发症。

【例7】属于骨折晚期并发症的是
A. 急性骨萎缩 B. 休克 C. 骨筋膜室综合征
D. 脂肪栓塞综合征 E. 周围神经损伤

【例8】男性儿童,左肘摔伤急诊就医,小夹板外固定后,前臂高度肿胀,手部青白发凉,麻木无力。经X线片诊断为左肱骨髁上骨折。若不及时处理,其最可能的后果是
A. 感染 B. 缺血性骨坏死 C. 骨化性肌炎
D. 关节僵硬 E. 缺血性肌挛缩

A. 膝关节 B. 肘关节 C. 前臂
D. 上臂 E. 大腿

【例9】最容易发生骨筋膜室综合征的部位是
【例10】最容易发生损伤性骨化的部位是

三、骨折的愈合标准与急救处理

1. 骨折临床愈合标准

①局部无压痛及纵向叩击痛;②局部无异常活动;③X线片显示骨折处有连续性骨痂,骨折线模糊;④拆除外固定后,如为上肢能向前平举1kg重物持续1分钟;如为下肢不扶拐能在平地连续步行3分钟,并不少于30步;连续观察2周骨折处不变形(9版《外科学》已删除了标准④)。

【例11】关于上肢骨折临床愈合标准,不正确的叙述是
A. 局部无压痛 B. X线片显示骨折处有连续性骨痂

C. 局部无异常活动　　D. 拆除外固定后上肢平举 0.5kg 重物达 1 分钟
E. 局部无纵向叩痛

2. 骨折的急救处理

骨折急救的目的是用最简单而有效的方法抢救生命、保护病肢、迅速转运、以便尽快妥善处理。

(1)抢救休克 首先检查病人全身情况,如处于休克状态,应注意保温,尽量减少搬动,有条件时应立即输液、输血。合并颅脑损伤处于昏迷状态者,应注意保持呼吸道通畅。

(2)包扎伤口 开放性骨折,绝大多数伤口出血可用加压包扎止血。大血管出血,加压包扎不能止血时,可采用止血带止血,并记录所用压力和时间。创口用无菌敷料包扎,以减少再污染。若骨折端戳出伤口,并已污染,严禁复位,以免将污物带到伤口深处,应送至医院经清创处理后,再行复位。

(3)妥善固定 固定是骨折急救的重要措施。凡疑有骨折者,均应按骨折处理。闭合性骨折急救时不必脱去病肢的衣裤和鞋袜,以免过多搬动病肢,增加疼痛。若病肢肿胀严重,可剪开病肢衣袖和裤脚,以减轻压迫。骨折有明显畸形,并有损伤附近重要血管、神经的危险时,可适当牵引病肢,待稳定后再行固定。

骨折固定的目的:①避免骨折端在搬运过程中对重要血管、神经、内脏的损伤;②减少骨折端的活动,减轻病人疼痛;③便于运送。

(4)迅速转运 病人经初步处理,妥善固定后,应尽快转运至附近的医院进行治疗。

【例 12】女性,50 岁。汽车撞伤左小腿,局部肿痛畸形,反常活动,有片状皮肤擦伤出血。现场紧急处理时最重要的是
A. 创口消毒　　B. 创口包扎　　C. 创口缝合
D. 夹板固定　　E. 迅速运送医院,由医院处理

【例 13】骨折急救处理中不正确的是
A. 包扎伤口　　B. 妥善的外固定　　C. 首先抢救生命
D. 外露的骨折端立即复位　　E. 迅速运往医院

【例 14】男,50 岁,车祸致左小腿骨折,断端外露,活动性出血。查体:体温 36.6℃。脉搏 96 次/分,血压 140/80mmHg,心率 96 次/分,双肺呼吸音清晰,未闻及干、湿啰音,腹软,无压痛。现场急救,行小夹板外固定的目的是
A. 利于手术复位　　B. 防止休克　　C. 减少出血
D. 预防脂肪栓塞　　E. 防止搬运中加重损伤

四、骨折的治疗

1. 骨折的治疗原则

骨折的治疗有三大原则,即复位、固定和康复治疗。

(1)复位 是将移位的骨折端恢复正常或近乎正常的解剖关系,重建骨的支架作用。它是治疗骨折的首要步骤,也是骨折固定和康复治疗的基础。早期正确的复位,是骨折顺利愈合的必要条件。

(2)固定 即将骨折维持在复位后的位置,使其在良好对位情况下达到牢固愈合,是骨折愈合的关键。

(3)功能锻炼及康复 早期合理的功能锻炼和康复治疗,是恢复病肢功能的重要保证。

【例 15】骨折治疗原则中的首要步骤是
A. 功能锻炼　　B. 内固定　　C. 复位
D. 包扎　　E. 外固定

【例 16】不属于骨折治疗原则的做法是
A. 手法复位小夹板固定　　B. 手术复位钢板内固定　　C. 促进骨折愈合药物治疗
D. 指导患者做肌肉舒缩锻炼　　E. 骨折复位后施以管型石膏

2. 骨折的复位

(1)解剖复位　骨折端通过复位,恢复了正常的解剖关系,对位和对线完全良好时,称解剖复位。

(2)功能复位　经复位后,两骨折端虽未恢复至正常的解剖关系,但骨折愈合后对肢体功能无明显影响者,称功能复位。功能复位的标准是:

①骨折部位的旋转移位、分离移位必须完全矫正;

②缩短移位,成人下肢骨缩短<1cm;儿童若无骨骺损伤,下肢缩短<2cm 在生长发育过程中可自行矫正;

③成角移位:与关节活动方向一致者可自行矫正;侧方成角移位、与关节活动方向垂直者必须完全复位;

④长骨干横形骨折,骨折端对位至少达 1/3,干骺端骨折至少应对位 3/4(9 版《外科学》已删除第②条)。

(3)复位方法　包括手法复位(闭合复位)和切开复位。

①切开复位的指征　A.骨折端之间有肌肉或肌腱等软组织嵌入;B.关节内骨折;C.骨折并发主要血管、神经损伤;D.多处骨折;E.不稳定性骨折,如四肢斜形、螺旋形、粉碎性骨折及脊柱骨折合并脊髓损伤者;F.老年人四肢骨折需尽早离床活动。

②切开复位的优点　A.最大优点是可使骨折达到解剖复位;B.有效的内固定,可使病人提前下床活动,减少肌萎缩和关节僵硬;C.方便护理,减少并发症。

③切开复位的缺点　A.切开复位时分离软组织和骨膜,减少了骨折部位的血液供应;B.增加局部软组织损伤的程度,降低局部抵抗力,易于发生感染,导致化脓性骨髓炎。

【例 17】女,21 岁。左胫骨下段横行骨折,经手法复位石膏固定后复查 X 线片。符合功能复位的是

A. 断端重叠 2cm　　B. 断端分离 1cm　　C. 断端旋转 5°

D. 骨折向外侧成角 5°　　E. 骨折向前方成角 5°

【例 18】骨折切开复位比闭合复位的最大优点是

A. 达到解剖复位　　B. 降低感染风险　　C. 制动时间缩短

D. 缩短骨折愈合时间　　E. 减少骨折部位创伤

【例 19】成人股骨干骨折,并有足背及胫动脉搏动细弱。其首选的治疗方法是

A. 下肢皮牵引　　B. 下肢骨牵引　　C. 切开复位内固定

D. 手法复位夹板外固定　　E. 手法复位石膏外固定

3. 骨折的固定

(1)内固定　主要用于闭合复位(手法复位)或切开复位后,采用金属内固定物,如接骨板、螺丝钉、髓内针或带锁髓内针、加压钢板等,将已复位的骨折予以固定。

(2)外固定　主要用于开放性骨折,有些骨折经切开复位内固定术后,也需加用外固定。常用的外固定有小夹板 、石膏绷带、外展支具、持续牵引、骨外固定器等。

4. 开放性骨折的处理

开放性骨折是指骨折部位皮肤或黏膜破裂,骨折与外界相通。开放性骨折的处理原则是及时正确地处理创口,尽可能地防止感染,力争将开放性骨折转化为闭合性骨折。

(1)清创的时间　原则上,清创越早,感染机会越少,治疗效果越好。通常伤后 6~8 小时内是清创的黄金时间,经过彻底清创缝合术后,绝大多数可以一期愈合。超过 8 小时后,感染的可能性增大。

(2)清创　清创是将污染的创口,经过清洗、消毒,然后切除创缘、清除异物,切除坏死和失去活力的组织,使之变成清洁的创口。

①清洗　无菌敷料覆盖创口,用无菌刷、肥皂液刷洗病肢 2~3 次,用无菌生理盐水冲洗。然后用0.1%活力碘冲洗创口或用纱布浸湿 0.1%活力碘敷于创口,再用生理盐水冲洗,常规消毒铺巾后行清创术。

②切除创缘皮肤　切除创缘皮肤 1~2mm,皮肤挫伤者,应切除失去活力的皮肤。由浅至深,清除异物,切除污染和失去活力的皮下组织、筋膜、肌肉。清除污染部分后,保留肌腱、神经和血管并给以修复。

③关节韧带和关节囊的处理　关节韧带和关节囊严重挫伤者,应予以切除。若仅有污染,则应在彻底切除污染物的情况下,尽量予以保留,对关节的稳定和以后的功能恢复十分重要。

④骨外膜的处理　骨外膜应尽量保留，可以促进骨愈合。若已污染，可仔细将其表面切除。

⑤骨折端的处理　彻底清理干净的同时，应尽量保持骨的完整性，以利于骨折愈合。污染骨需用咬骨钳去除。粉碎性骨折的骨片应仔细加以处理。小骨片需根据骨折块是否有软组织连接慎重处理。较大骨片，尤其是与周围组织尚有联系的骨片，应予以保留，否则将造成骨缺损影响骨折愈合。

⑥再次清洗　彻底清创后，用无菌生理盐水再次冲洗创口及周围 2~3 次。然后用 0.1%的活力碘浸泡或湿敷创口 3~5 分钟，再次清洗后应更换手套、敷单、手术器械，继续进行组织修复手术。

(3)骨折固定与组织修复　包括骨折固定、重要软组织修复、创口引流。

(4)闭合创口　对于第一、二度开放性骨折，清创后大多数创口能一期闭合。第三度开放性骨折，在清创后伤口可使用高分子材料作为临时覆盖物。待肿胀消退后，直接缝合切口或者进行游离植皮。

(5)固定　清创过程完成后，根据伤情选择适当的固定方法固定患肢。应使用抗生素预防感染。

【例 20】开放性骨折处理正确的是

A. 不能切除创口的边缘　　B. 失去活力的大块肌肉组织可以部分保留

C. 已污染的骨膜应完全切除　　D. 游离污染的小骨片应该去除

E. 用毛刷洗刷创口内污染的骨质

常考点　骨折总论方面的内容是考试重点，应熟练掌握。

参考答案——详细解答见 2021《贺银成国家临床执业及助理医师资格考试历年考点精析》

1. ABCDE	2. ABCDE	3. ABCDE	4. ABCDE	5. ABCDE	6. ABCDE	7. ABCDE
8. ABCDE	9. ABCDE	10. ABCDE	11. ABCDE	12. ABCDE	13. ABCDE	14. ABCDE
15. ABCDE	16. ABCDE	17. ABCDE	18. ABCDE	19. ABCDE	20. ABCDE	

第 27 章　骨折各论

▶考纲要求

①锁骨骨折：临床表现，诊断，治疗。②肱骨近端骨折：临床表现，诊断，治疗。③肱骨干骨折：临床表现，诊断，治疗。④肱骨髁上骨折：临床表现，诊断，治疗。⑤桡骨远端骨折：临床表现，诊断，治疗。⑥股骨颈骨折：临床表现，诊断，治疗。⑦股骨转子间骨折：临床表现，诊断，治疗。⑧胫腓骨骨折：临床表现，诊断，治疗。⑨踝部骨折：临床表现，诊断，治疗。⑩踝部扭伤：临床表现，诊断，治疗。⑪脊柱骨折与脊髓损伤：临床表现，诊断，治疗。⑫骨盆骨折：临床表现，并发症。

▶复习要点

一、锁骨骨折

1. 临床表现

(1)症状　锁骨位于皮下，位置表浅，骨折后出现局部肿胀、瘀斑，肩关节活动时疼痛加重。病人常用健手托住肘部，减少肩部活动引起的骨折端移动而导致的疼痛，头部向患侧偏斜，以减轻因胸锁乳突肌牵拉骨折近端而导致疼痛。

(2)体检　可扪及骨折端，有局限性压痛，有骨摩擦感。

(3)X 线　上胸部正位 X 线拍片是不可缺少的检查方法。

2. 诊断

若体检时有骨摩擦感，易于诊断。对于无移位或儿童的青枝骨折，单靠物理检查有时难以作出正确诊断，此时上胸部的正位 X 线片检查可明确诊断。应注意锁骨骨折合并神经、血管损伤。

3. 治疗

(1)三角巾悬吊　儿童的青枝骨折、成人的无移位骨折，仅用三角巾悬吊 3~6 周即可开始活动。

(2)手法复位+“8”字绷带固定　有移位的锁骨中段骨折，手法复位满意的，可行横形“8”字绷带固定。

(3)切开复位内固定　指征为：①病人不能忍受“8”字绷带固定的痛苦；②复位后再移位，影响外观；③合并神经、血管损伤；④开放性骨折；⑤陈旧性骨折不愈合；⑥锁骨外端骨折，合并喙锁韧带撕裂。

【例 1】幼儿锁骨青枝骨折最适宜的治疗方法是

A. 八字绷带固定　　B. 三角巾悬吊　　C. 锁骨带固定
D. 手术钢板固定　　E. 外固定架固定

【例 2】男孩，4 岁。1 小时前摔倒后右肩部疼痛。查体：头向右侧偏斜，右肩下沉，右侧上肢活动障碍，Dugas征阴性。最可能的诊断是

A. 锁骨骨折　　B. 正中神经损伤　　C. 桡骨头半脱位
D. 肘关节脱位　　E. 肩关节脱位

二、肱骨近端骨折

肱骨近端包括肱骨大结节、小结节、肱骨外科颈三个重要的解剖部位。肱骨外科颈为肱骨大结节、小结节移行为肱骨干的交界部位，该部位是松质骨和密质骨的交接处，位于解剖颈下 2~3cm，有臂丛神经、腋血管在内侧经过，因此肱骨外科颈骨折可合并神经、血管损伤。

1. 临床表现与诊断

受伤后肩部疼痛、肿胀、瘀斑，肩关节活动障碍，肱骨近端压痛、移位，应怀疑骨折的存在。肩部拍摄

X 线片,可明确诊断。

2. 治疗

(1)**保守治疗** 无移位的肱骨近端骨折(包括大结节骨折、肱骨外科颈骨折)、有轻度移位的 Neer 两部分骨折病人功能要求不高者,可用三角巾悬吊 3~4 周,复查 X 线片示有骨愈合迹象后,行肩部功能锻炼。

(2)**手术治疗** 多数移位的肱骨近端骨折都是两部分以上的骨折,应行切开复位钢板内固定治疗。

【例 3】女,72 岁。摔倒后左肩部着地受伤,肩部肿胀,疼痛,肩关节活动障碍。X 线片显示左侧肱骨外科颈骨皮质连续性中断,无明显移位。首选的治疗方法是

A. 切开复位内固定　　B. 小夹板外固定　　C. 三角巾悬吊贴胸位固定

D. 石膏外固定　　E. 尺骨鹰嘴骨牵引+夹板固定

三、肱骨干骨折

1. 临床表现和诊断

(1)**症状** 受伤后上臂出现疼痛、肿胀、畸形、皮下瘀斑,上肢活动障碍。

(2)**体检** 可发现假关节活动,骨摩擦感,骨传导音减弱或消失。若合并桡神经损伤,可出现垂腕,各手指掌指关节不能背伸,拇指不能伸,前臂旋后障碍,手背桡侧皮肤感觉减退或消失。

(3)**X 线片** 可确定骨折类型、移位方向。

2. 治疗

(1)**非手术治疗** 肱骨干横形、短斜形骨折可采用手法复位+外固定治疗。

(2)**切开复位内固定** 手术指征为:①手法复位失败,骨折端对位对线不良,估计愈合后影响功能;②骨折有分离移位,或骨折端有软组织嵌入;③合并神经血管损伤;陈旧骨折不愈合;④影响功能的畸形愈合;⑤同一肢体有多发性骨折;⑥8~12 小时以内污染不重的开放性骨折。

四、肱骨髁上骨折

肱骨髁上骨折是指肱骨干与肱骨髁的交界处发生的骨折。肱骨干轴线与肱骨髁轴线之间有 30°~50°的前倾角。这是容易发生肱骨髁上骨折的解剖因素。

在肱骨髁内、前方,有肱动脉、正中神经经过。在神经血管束的浅面有坚韧的肱二头肌腱膜,后方为肱骨,一旦发生骨折,神经血管容易受到损伤。在肱骨髁的内侧有尺神经,外侧有桡神经,因此肱骨髁上骨折的侧方移位易损伤这些重要结构。

肱骨髁上骨折好发于 10 岁以下的儿童,可分伸直型和屈曲型骨折两型,其中伸直型占 85.4%。

1. 临床表现

	伸直型肱骨髁上骨折	屈曲型肱骨髁上骨折
发生率	多见(占 85.4%)	少见(占 14.6%)
受伤机制	跌倒时手掌着地	跌倒时肘关节后方着地
远折端	向上移位	向前移位
近折端	向前向下移位	向后向下移位
并发症	容易损伤正中、尺、桡神经及肱动脉	不易损伤正中神经、肱动脉
临床表现	受伤后肘部疼痛、肿胀、皮下瘀斑 肘部向后突出并处于半屈位	受伤后肘部疼痛、肿胀、皮下瘀斑
体格检查	局部压痛,有骨擦音,假关节活动 肘前方可扪及骨折断端。肘后三角关系正常	肘上方压痛,后方可扪及骨折端。肘后方软组织较少,折端锐利,可刺破皮肤形成开放骨折

注意：①肱骨髁上骨折——未累及肘关节，肘后三点关系不发生改变，肘后三角正常。
②肘关节脱位——累及肘关节，肘后三点关系发生了改变，肘后三角异常。

2. 诊断

根据儿童手掌着地受伤史，肘部出现疼痛、肿胀、皮下瘀斑，肘部向后突出并处于半屈位，应考虑肱骨髁上骨折。拍片可明确诊断。但应注意有无神经、血管损伤。

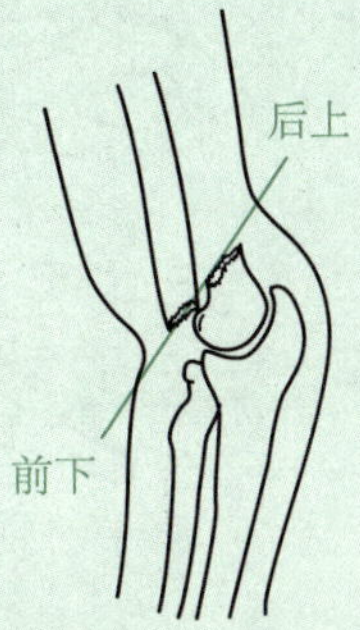

伸直型肱骨髁上骨折
骨折线由前下至后上

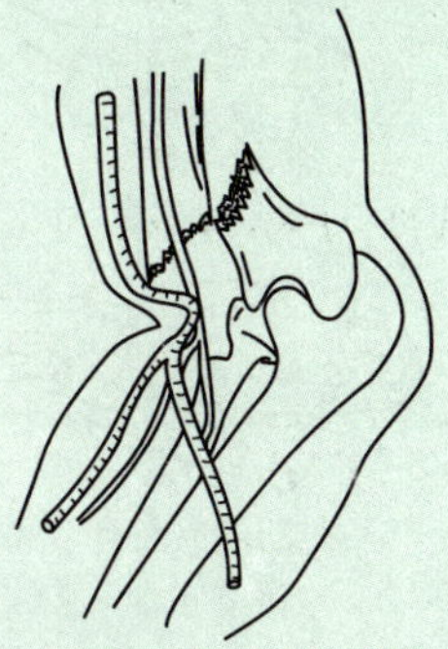

伸直型肱骨髁上骨折
易损伤肱动脉和正中神经

3. 伸直型肱骨髁上骨折的治疗

(1)手法复位外固定　受伤时间短，局部肿胀较轻，没有血液循环障碍者，可行手法复位外固定。

(2)手术治疗　其指征：①手法复位失败；②小的开放性伤口，污染不重；③有神经、血管损伤。

(3)康复治疗　无论手法复位外固定，还是切开复位内固定，术后应严密观察肢体血液循环及手的感觉、运动功能。抬高病肢，早期进行手指及腕关节屈伸活动，4~6 周后可进行肘关节屈伸活动。

(4)骨筋膜室综合征　伸直型肱骨髁上骨折由于近折端向前下移位，极易刺破肱动脉，加上损伤后的组织反应，局部肿胀严重，均会影响远端肢体血液循环，导致前臂骨筋膜室综合征。在诊疗过程中，若出现高张力肿胀，手指主动活动障碍，被动活动剧烈疼痛，桡动脉搏动难以扪及，手指皮温降低，感觉异常，即可确诊。应紧急手术，切开前臂掌、背侧深筋膜，充分减压，以免发生缺血性肌挛缩。

【例 4】伸直型肱骨髁上骨折多见于

A. 老年女性　　B. 老年男性　　C. 儿童
D. 中年女性　　E. 中年男性

【例 5】符合伸直型肱骨髁上骨折特点的描述是

A. 肘后三角异常改变　　B. 骨折线由前上斜向后下　　C. 骨折线由前下斜向后上
D. 不伴正中神经损伤　　E. 患肘向前突出呈后伸位

【例 6】不属于肱骨髁上骨折的临床表现是

A. 肘部疼痛肿胀　　B. 肘部皮下瘀斑　　C. 肘后三角异常
D. 手部皮肤苍白、皮温较低　　E. 前臂缺血性肌坏死

五、桡骨远端骨折

桡骨远端骨折分伸直型骨折、屈曲型骨折、关节面骨折伴腕关节脱位。

1. 临床表现及诊断

	伸直型桡骨远端骨折	屈曲型桡骨远端骨折
别称	Colles 骨折	Smith 骨折
发生率	多见	少见
受伤机制	跌倒时，腕关节背伸，手掌小鱼际着地	跌倒时，腕关节屈曲，手背着地
远折端	向手背侧、桡侧移位	向手掌侧、桡侧移位
近折端	向掌侧移位	向背侧移位
典型畸形	侧面银叉样畸形，正面枪刺样畸形	—
治疗	手法复位+小夹板或石膏外固定 手术——严重粉碎骨折移位明显、手法复位失败	手法复位+小夹板或石膏外固定 手术——外固定不能维持复位者

注意:桡骨远端关节面骨折伴腕关节脱位(Barton 骨折)的临床表现与 Colles 骨折相似——银叉样畸形。

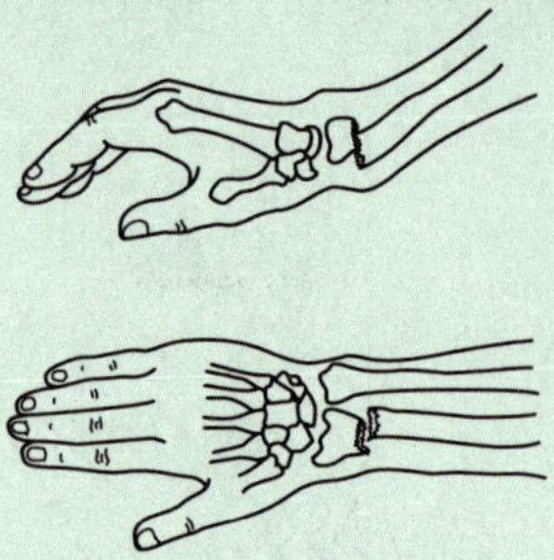

远折端向桡、背侧移位
近折端向掌侧移位

伸直型骨折

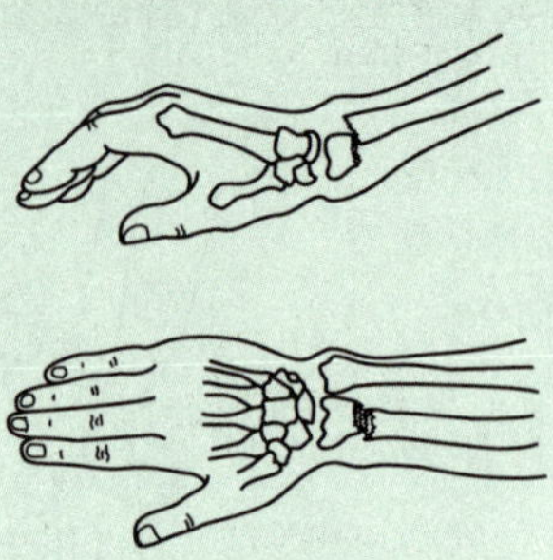

远折端向掌、桡侧移位
近折端向背侧移位

屈曲型骨折

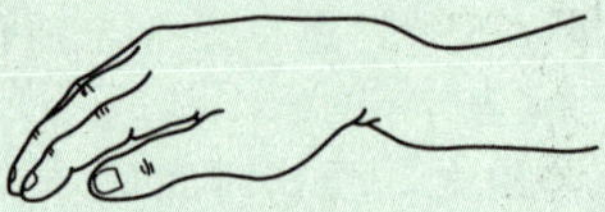

"银叉"畸形

伸直型骨折侧面观

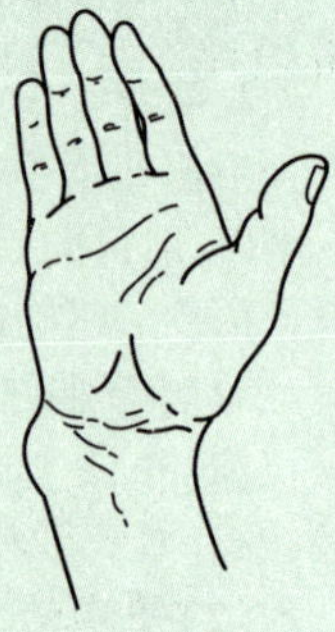

"枪刺刀"畸形

伸直型骨折正面观

2. 治疗

(1)伸直型桡骨远端骨折 以手法复位外固定为主,部分需要手术治疗。手术指征为:①严重粉碎骨折移位明显,桡骨下端关节面破坏;②手法复位失败,或复位成功,外固定不能维持复位。

(2)屈曲型桡骨远端骨折 主要采用手法复位+夹板或石膏固定。复位后若极不稳定,外固定不能维持复位者,行切开复位+钢板或钢针内固定。

(3)Barton 骨折 无论掌侧还是背侧桡骨远端关节面骨折,均应行手法复位+小夹板或石膏外固定治疗。复位后若很不稳定,可切开复位、钢针内固定。

【例 7】女,66 岁。2 小时前跌倒时手掌着地受伤。查体:右腕明显肿胀,压痛(+),侧面观呈"银叉样"畸形。最可能的诊断是

A. Galeazzi 骨折　　B. Colles 骨折　　C. Chance 骨折
D. Monteggia 骨折　　E. Smith 骨折

六、股骨颈骨折

1. 应用解剖学 大纲不要求,但常考。

(1)股骨颈易发生骨折的原因 股骨头、颈与髋臼共同构成髋关节,是躯干与下肢的重要连接装置及承重结构。股骨颈的长轴线与股骨干纵轴线之间形成颈干角,为 110°~140°,平均为 127°。在重力传导时,力线并不沿股骨颈中心线传导,而是沿股骨小转子、股骨颈内缘传导,因此形成骨皮质增厚部分,又称为"股骨矩"。若颈干角变大,为髋外翻;若颈干角变小,为髋内翻。颈干角改变,可使力的传导发生改变,故容易导致骨折。从矢状面观察,股骨颈的长轴线与股骨干的纵轴线也不在同一平面上,股骨颈有向前的角,称为前倾角。

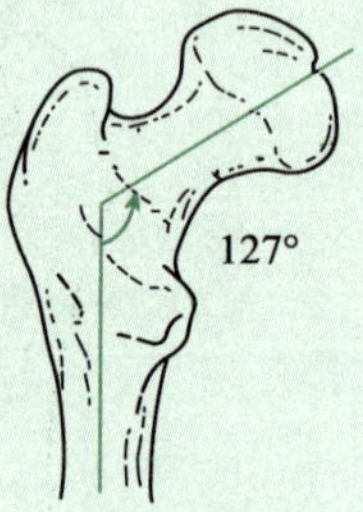

股骨的颈干角

(2)髋关节的稳定结构 髋关节的关节囊较大,从各个方向包绕髋臼、股骨头和股骨颈。在关节囊包绕的部分没有骨膜。在髋关节后、外、下方则没有关节囊包绕。关节囊的前上方有髂股韧带,在后、上、内方,有坐股韧带,是髋关节的稳定结构。

(3)成人股骨头的血供特点 成人股骨头的血液供应有多种来源:

①小凹动脉 股骨头圆韧带内的小凹动脉,提供股骨头凹部的血液循环。

②股骨干滋养动脉升支 沿股骨颈进入股骨头。经股骨颈骨折时,可损伤该动脉支,导致股骨头缺血坏死。

③旋股内、外侧动脉的分支 是股骨头、颈的重要营养动脉。旋股内侧动脉发自股深动脉,在股骨颈基底部关节囊滑膜反折处,分为骺外侧动脉、干骺端上侧动脉和干骺端下侧动脉进入股骨头。骺外侧动

脉供应股骨头 2/3~4/5 区域的血液循环，是股骨头最主要的供血来源。旋股外侧动脉也发自股深动脉，其分支供应股骨头小部分血液循环。旋股内、外侧动脉的分支互相吻合，在股骨颈基底部形成动脉环，营养股骨颈。旋股内侧动脉损伤是导致股骨头缺血坏死的主要原因。

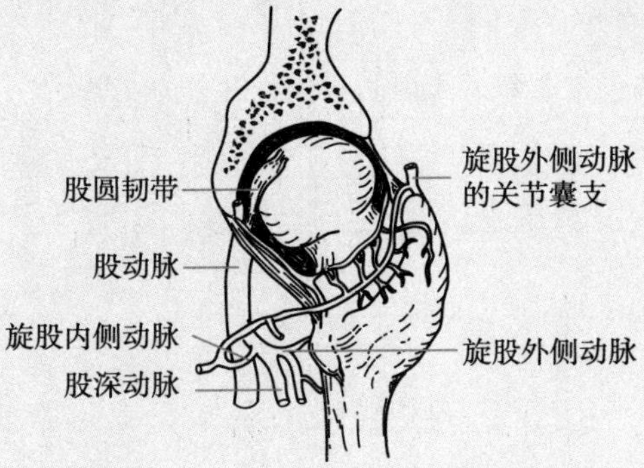

股骨头的血供来源

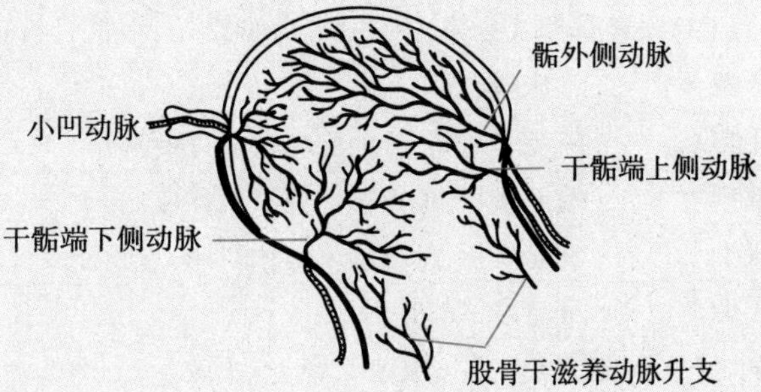

股骨头的血液供应

2. 分类　大纲不要求，但常考。

(1)按骨折线部位分类　将股骨颈骨折分为股骨头下骨折、经股骨颈骨折和股骨颈基底骨折三类。

①股骨头下骨折　骨折线在股骨头下，股骨头仅有小凹动脉很少量的供血，致使股骨头严重缺血，故最易发生股骨头缺血性坏死。

②经股骨颈骨折　骨折线位于股骨颈中部，股骨头也有明显供血不足，较易发生股骨头缺血坏死。

③股骨颈基底骨折　骨折线位于股骨颈与大、小转子间连线处。骨折容易愈合，不易发生股骨头缺血坏死。

	股骨头下骨折	经股骨颈骨折	股骨颈基底骨折
骨折线位置	位于股骨头下	股骨颈中部，常呈斜形	股骨颈与大小转子间连线处
损伤血管	旋股内、外侧动脉发出的营养支主要是旋股内侧动脉的分支	股骨干发出滋养动脉升支	有旋股内、外侧动脉分支合成的动脉环提供血供
并发症	最易导致股骨头缺血坏死	较易导致股骨头缺血坏死	骨折容易愈合，不易坏死

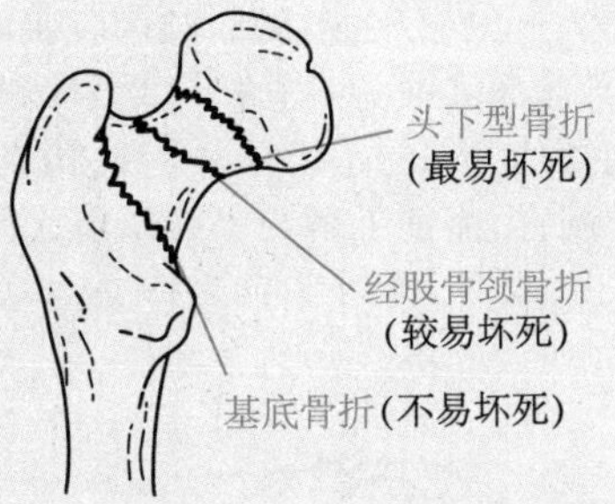

股骨颈骨折的分类

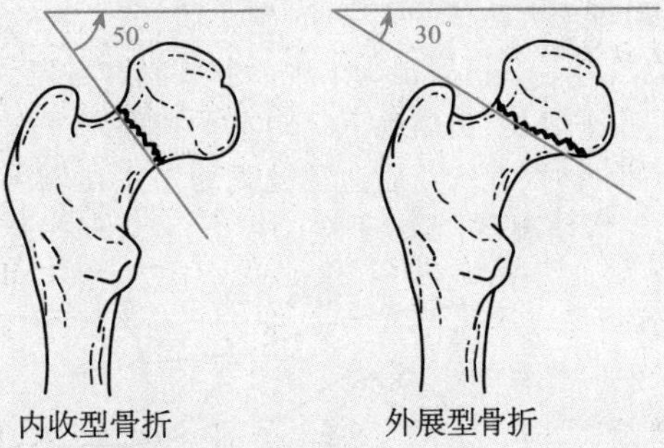

Pauwels角

(2)按骨折线方向分类　可将股骨颈骨折分为内收型和外展型。

	内收骨折	外展骨折
Pauwels 角	>50°	<30°
临床特点	由于骨折面接触较少，容易再移位	由于骨折面接触多，不容易再移位
稳定性	属于不稳定性骨折	属于稳定性骨折

Pauwels 角是指远端骨折线与两侧髂嵴连线的夹角。Pauwels 角与股骨颈骨折的稳定性成反比，Pauwels 角越大，骨折端所遭受的剪切力越大，骨折越不稳定。反之，Pauwels 角越小，骨折越稳定。

记忆：①内收型-大于五十度-不稳定——记忆为：内人打我，不稳定（媳妇打丈夫，家庭离婚率高，不稳定）。
②外展型-小于三十度-稳定——记忆为：家庭稳定后，在外面找小三。

（3）按移位程度分类 Garden 分型常用，根据骨折近端正位 X 线片上骨折移位程度分为 4 型。

分型	临床特点	占股骨颈骨折（%）
Ⅰ型	不完全骨折，骨的完整性部分中断	0
Ⅱ型	完全骨折，但不移位或嵌插移位	21.8
Ⅲ型	完全骨折，部分移位，且股骨头与股骨颈有接触	62.8
Ⅳ型	完全移位的骨折	15.4

【例 8】股骨头的主要血液供应来源是
A. 旋股内、外侧动脉的分支　B. 股圆韧带内的小凹动脉　C. 股骨干的滋养动脉升支
D. 闭孔动脉　E. 阴部内、外动脉

【例 9】股骨颈骨折后出现股骨头坏死最主要的原因是
A. 固定不牢固　B. 年龄高、体质虚弱　C. 采用切开复位内固定
D. 没有达到解剖学复位　E. 股骨头血运破坏

【例 10】股骨颈骨折时，股骨头缺血性坏死率最高的是
A. 完全性头下骨折　B. 不完全性基底骨折　C. 完全性基底骨折
D. 不完全性经颈骨折　E. 完全性经颈骨折

3. 临床表现

（1）外伤史 中老年人有摔倒受伤史。

（2）症状 伤后感髋部疼痛，下肢活动受限，不能站立和行走。有时伤后并不立即出现活动障碍，仍能行走，但数天后，髋部疼痛加重，逐渐出现活动后疼痛加重，甚至完全不能行走，这说明受伤时可能为稳定性骨折，以后发展为不稳定性骨折而出现功能障碍。

（3）体检 ①发现患肢外旋畸形，一般在 45°~60°。这是由于骨折远端失去了关节囊及髂股韧带的稳定作用，附着于大转子的臀中肌、臀小肌、臀大肌的牵拉和附着于小转子的髂腰肌和内收肌群的牵拉，而发生外旋畸形。②伤后很少出现髋部肿胀和瘀斑，可出现局部压痛和轴向叩击痛。③肢体测量可发现患肢短缩。在平卧位，由髂前上棘向水平画垂线，再由大转子与髂前上棘的垂线画水平线，构成 Bryant 三角。股骨颈骨折时，此三角底边较健侧缩短。在侧卧位并半屈髋，由髂前上棘与坐骨结节之间画线，为 Nelaton 线，正常情况下，大转子在此线上，若大转子超过此线之上，表明大转子有向上移位。

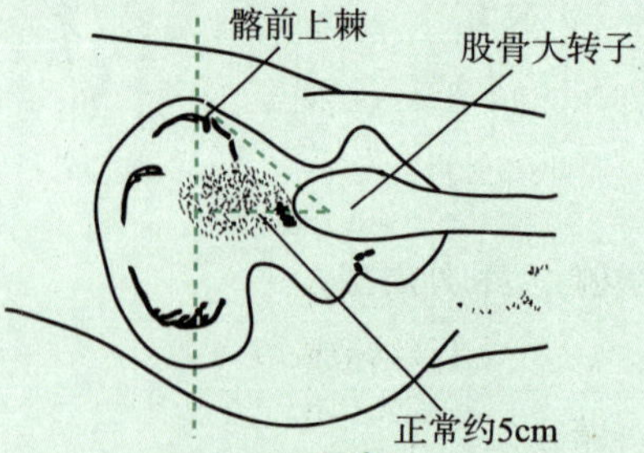

Bryant 三角

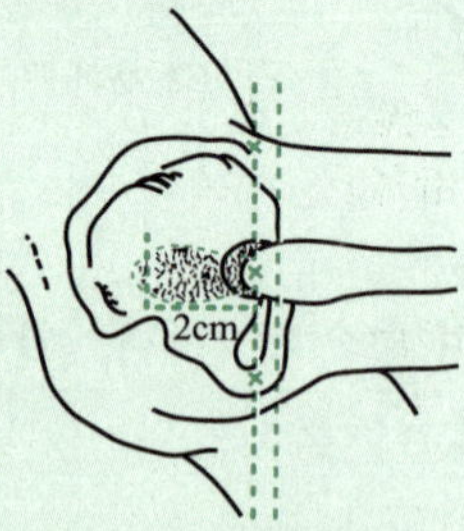

Nelaton 线

4. 诊断

根据髋部受伤史，临床表现及体检，即可诊断。X 线片检查可明确骨折的部位、类型、移位情况。

5. 治疗

(1)非手术治疗 适用于年龄过大,全身情况差,合并严重心、肺、肝、肾等功能障碍不能耐受手术者。全身情况允许后应尽早尽快手术治疗。在等待手术期间,24小时内能完成手术的病人可以穿防旋鞋,24小时内不能完成手术的病人应给予皮牵引或胫骨结节牵引。

(2)手术治疗 适用于有移位的股骨颈骨折、65岁以上老人的股骨颈头下型骨折。常用手术方法有:

①闭合复位内固定 由于不切开关节囊,不暴露骨折端,对股骨头血液循环干扰较小,故术后骨折不愈合、股骨头坏死的发生率均较低,应尽量采用此法。

②切开复位内固定 适用于手法复位失败、固定不可靠、青壮年的陈旧骨折不愈合等。

③人工关节置换术 适用于全身情况尚好的高龄病人(>65岁)的股骨头下型骨折。对全身情况尚好,预期寿命较长的GardenⅢ、Ⅳ型股骨颈骨折的老年病人,选择全髋关节置换术。对全身情况差,合并症较多,预期寿命较短的老年病人选择半髋关节置换术。

【例11】股骨颈骨折的体征不包括

A. 患肢常有外旋畸形　B. 患肢短缩　C. 大转子突出

D. 患髋轴向叩痛　E. Bryant三角底边延长

【例12】女,78岁。跌倒后感右髋部疼痛1小时来诊。X线片示右股骨颈头下型骨折,Pauwels角为60°。最适宜的治疗方法是

A. 手术治疗　B. 右下肢皮牵引　C. 石膏固定

D. 休息制动　E. 手法复位

【例13】女,78岁。跌倒右髋受伤2小时,局部疼痛,活动受限,患肢缩短,轴向叩击痛(+)。X线片显示右股骨颈基底部骨皮质连续性中断,断端嵌插,Pauwels角25°。一般状态差,既往高血压、肺源性心脏病、糖尿病病史30余年,心功能Ⅳ级。最佳治疗方案是

A. 人工关节置换术　B. 转子间截骨矫正力线　C. 闭合复位内固定

D. 切开复位内固定　E. 下肢中立位皮牵引6~8周

七、股骨转子间骨折

1. 临床表现

受伤后,转子区出现疼痛、肿胀、瘀斑和下肢不能活动。检查发现转子间压痛,下肢外旋畸形明显,可达90°,有轴向叩击痛。测量可发现下肢短缩。

2. 诊断、鉴别诊断与治疗

(1)诊断 根据外伤史、临床表现及体检,即可诊断。X线片可明确骨折类型及移位情况。

(2)鉴别诊断与治疗 股骨转子间骨折需与股骨颈骨折鉴别。

	股骨颈骨折	股骨转子间骨折
临床表现	①外伤史;②髋部疼痛、下肢不能活动;③局部压痛、轴向叩击痛;④下肢缩短;⑤患肢外旋45°~60°	①外伤史;②转子区疼痛肿胀瘀斑、下肢不能活动;③局部压痛、轴向叩击痛;④下肢缩短;⑤患肢外旋90°
治疗	①非手术治疗——年龄过大,全身情况差,合并严重心、肺肾肝功能障碍不能耐受手术者 ②手术治疗——有移位、内收型骨折、65岁以上头下型骨折、陈旧骨折不愈合、影响功能的畸形愈合、股骨头缺血坏死 ③手术方法——闭合复位内固定、切开复位内固定、人工关节置换术	①非手术治疗——对有手术禁忌证者,可采用胫骨结节或股骨髁上外展位骨牵引。近几年多主张早期手术治疗 ②手术治疗——不稳定性骨折、手法复位失败者,行切开复位内固定,可采用Gamma钉、动力髋螺钉

注意：①从上表中可看出：股骨颈骨折患肢外旋45°、转子间骨折患肢外旋90°，是两者的主要区别。
②人工髋关节置换适用于——有移位、不稳定性、年龄>65岁的股骨颈骨折，尤其是头下型骨折。
③皮牵引适用于——无明显移位、稳定性股骨颈骨折。

八、胫腓骨骨折

胫骨是支撑体重的重要骨骼，位于皮下，前方的胫骨嵴是进行骨折后手法复位的重要标志。胫骨干横切面呈三棱形，在中、下1/3交界处，变成四边形。在三棱形和四边形交界处是骨折的好发部位。由于整个胫骨均位于皮下，骨折端容易刺破皮肤，成为开放性骨折。胫骨上端与下端关节面是相互平行的，若骨折对位对线不良，使关节面失去平行，改变了关节的受力面，易发生创伤性关节炎。

1. 临床表现及诊断

(1)病因 常为直接暴力所致，少数为间接暴力。

(2)好发部位 胫骨骨折好发于中或下段，以胫腓骨干双骨折多见。胫骨前内侧位于皮下，骨折端易刺破皮肤形成开放性骨折。胫骨干横切面呈三棱形，在中、下1/3交界处，变成四边形。在三棱形和四边形交界处是骨折的好发部位。

(3)临床特点

骨折类型	常见并发症	成因
胫骨上1/3骨折	下肢缺血坏死	此处相对固定的胫后动脉受损，导致下肢严重血液循环障碍
胫骨中1/3骨折	下肢血液循环障碍、缺血坏死，严重者导致骨筋膜室综合征	小腿的肌筋膜与胫骨、腓骨和胫腓骨间膜一起构成四个筋膜室。骨折后因髓腔出血、肌肉损伤出血、或血管损伤出血，均可导致骨筋膜室高压
胫骨下1/3骨折	延迟愈合或不愈合	从胫骨干上、中1/3交界处进入骨内的营养动脉受损，胫骨下1/3几乎无肌肉附着
腓骨颈骨折	腓总神经损伤	在腓骨颈，腓总神经由腘窝后、外侧斜向下外方，经腓骨颈进入腓骨长、短肌及小腿前方肌群

注意：①胫骨中下1/3处易发生骨折的原因——骨形态转变处（三棱形和四边形交界处）。
②胫骨下1/3骨折易发生延迟愈合的原因——骨营养动脉损伤。

(4)体检 沿胫骨嵴可触及骨折处，但应注意有无腓总神经、胫前后动脉损伤及小腿骨筋膜室综合征。

(5)X线摄片 可确定诊断。

2. 治疗

(1)治疗目的 矫正成角、旋转畸形，恢复胫骨上、下关节面的平行关系，恢复肢体长度。

(2)无移位的胫腓骨干骨折 采用石膏固定。

(3)有移位的横形或短斜形胫腓骨骨折 采用手法复位+石膏固定。

(4)不稳定的胫腓骨干双骨折 采用微创或切开复位，可选择钢板螺钉或髓内针固定。切开复位内固定指征：①手法复位失败；②严重粉碎性骨折或双段骨折；③污染不重，受伤时间较短的开放性骨折。

(5)单纯胫骨干骨折 由于有完整腓骨的支撑，多无明显移位，可用石膏固定10~12周后下地活动。

(6)单纯腓骨干骨折 无需特殊治疗。为减少下地活动时疼痛，可用石膏固定3~4周。

【例14】胫骨中下1/3处骨折易发生延迟愈合的原因是

A. 骨形态转变处　B. 骨皮质薄，强度差　C. 骨营养动脉损伤
D. 前内侧位于皮下有棱角　E. 骨干下1/3处肌肉丰富

【例15】男，16岁。左胫腓骨闭合性骨折，管形石膏外固定，3小时后左小腿出现胀痛，并持续加重，足趾麻木，被动牵拉痛。对其首要的处理是

A. 给予止痛药物、继续观察　B. 立即拆除石膏　C. 给予脱水药、继续观察
D. 给予抗生素治疗　E. 不需处理、继续观察

【例16】男,26岁。右小腿受伤12小时。查体:右小腿中段前方皮肤有一10cm长伤口,软组织挫伤严重,胫骨断端外露,外侧足背动脉搏动对称,感觉正常。彻底清创后最适宜的进一步治疗方法是

A. 螺丝钉固定　B. 髓内针固定　C. 石膏固定
D. 钢板固定　E. 外固定架固定

九、踝部骨折

1. 临床表现与诊断

(1)临床表现　踝部肿胀明显,瘀斑,内翻或外翻畸形,活动障碍。检查可在骨折处扪到局限性压痛。

(2)诊断　踝关节正位、侧位X线摄片可明确骨折的部位、类型、移位方向。

2. 治疗

(1)治疗原则　踝关节结构复杂,暴力作用的机制及骨折类型也较多样,按一般的原则,先手法复位外固定,失败后则采用切开复位内固定的方式治疗。以恢复踝关节的结构及稳定性为原则,灵活选择治疗方案。

(2)无移位的和无下胫腓联合分离的单纯内踝或外踝骨折　在踝关节内翻(内踝骨折时)或外翻(外踝骨折时)位石膏固定6~8周。固定期间可进行邻近关节功能锻炼,预防肌肉萎缩和深静脉血栓形成。

(3)有移位的内踝或外踝单纯骨折　手法复位难以成功,应切开复位,松质骨螺钉内固定。

(4)下胫腓联合分离　常在内、外踝损伤时出现,应首先复位、固定骨折,才能使下胫腓联合复位。为防止术后不稳定,在固定骨折、进行韧带修复的同时,用螺钉固定或高强度线进行下胫腓联合的仿生固定,石膏固定4~6周。螺钉应于术后10~12周下地部分负重前取出。

十、踝部扭伤

1. 临床表现与诊断

(1)临床表现　踝部扭伤后出现疼痛、肿胀、皮下瘀斑,活动踝关节疼痛加重。检查可以发现伤处有局限性压痛点,踝关节跖屈位加压,使足内翻或外翻时疼痛加重,即应诊断为踝部韧带损伤。

(2)X线片　对韧带部分损伤、松弛或完全断裂的诊断有时比较困难。在加压情况下的极度内翻位行踝关节正位X线摄片,可发现外侧关节间隙显著增宽,或在侧位片上发现距骨向前半脱位,多为外侧副韧带完全损伤。踝关节正、侧位摄片可发现撕脱骨折。

2. 治疗

(1)急性损伤　应立即冷敷,以减少局部出血及肿胀程度。48小时后可局部理疗,促进组织愈合。

(2)韧带部分损伤或松弛者　在踝关节背屈90°位,极度内翻位(内侧副韧带损伤时)或外翻位(外侧副韧带损伤时)石膏固定,或用宽胶布、绷带固定2~3周。

十一、脊柱骨折与脊髓损伤

1. 临床表现及诊断

(1)外伤史　有严重外伤史,如交通事故、高空坠落、重物撞击腰背部等。

(2)胸腰椎损伤　伴有脊髓或马尾神经损伤者可出现双下肢运动、感觉、括约肌功能障碍。

(3)查体　逐个按压棘突检查,胸腰段脊柱骨折常可摸到后凸畸形。

(4)影像学检查　①首选X线摄片。②凡有中柱损伤或有神经症状者均需做CT或MRI检查。

2. 急救搬运

(1)搬运工具　脊柱骨折者急救搬运方式至关重要,常用担架、木板或门板搬运。

(2)搬运方法　对胸腰椎受伤伤员,先使其两下肢伸直,担架或木板放在伤员一侧,三人用手同时平

托将伤员移至担架或木板上(平托法)。或两至三人使伤员保持平直状态,成一整体滚动至担架或木板上(滚动法)。不要使躯干扭转,禁用搂抱或一人抬头、一人抬足的方法,因这些方法将增加脊柱的弯曲,加重脊柱和脊髓的损伤。

(3)牵引 对颈椎损伤的伤员,要有专人托扶头部,沿纵轴向上略加牵引,使头、颈随躯干一同移动。

3. 治疗

(1)非手术治疗 适用于单纯性压缩性骨折,椎体压缩不到1/3。

(2)手术治疗 有脊髓压迫者,应及早手术解除压迫,把保证脊髓功能恢复作为首要问题。手术指征包括:①颈、胸、腰椎骨折脱位有关节突交锁;②影像学检查显示有骨折碎片进入椎管内压迫脊髓;③截瘫平面不断上升;④非手术治疗效果不佳。

十二、骨盆骨折

1. 临床表现

(1)外伤史 多有强大暴力外伤史,主要是车祸、高空坠落和工业意外。

(2)可存在严重的多发伤 休克等常见。如为开放性损伤,死亡率高达40%~70%。

(3)体征 骨盆骨折常有下列体征:

①骨盆分离试验及挤压试验阳性 检查者双手交叉撑开两髂嵴,使骨盆前环产生分离,如出现疼痛即为骨盆分离试验阳性。检查者用双手挤压病人的两髂嵴,伤处出现疼痛,为骨盆挤压试验阳性。

②两侧肢体不等长 测量胸骨剑突与两髂前上棘之间的距离,向上移位的一侧长度变短。

③会阴部瘀斑 会阴部瘀斑是耻骨及坐骨骨折的特有体征。

2. 并发症

(1)腹膜后血肿 骨盆各骨为松质骨,邻近有许多动脉、静脉丛,骨盆骨折广泛出血可致失血性休克。

(2)盆腔内脏器损伤 包括膀胱、后尿道、直肠损伤。耻骨支骨折移位容易并发尿道损伤。

(3)神经损伤 主要是腰骶神经丛和坐骨神经损伤。

(4)脂肪栓塞与静脉栓塞 盆腔内静脉丛破裂可引起脂肪栓塞,发生率可达35%~50%。

注意:①骨盆挤压和分离试验阳性、会阴部瘀斑为骨盆骨折的特有体征。
②脊髓位于椎管内,下端平L_1下缘,故骨盆骨折不会造成脊髓损伤。
③坐骨神经由$L_{4\sim5}$和$S_{1\sim3}$组成,因此骨盆骨折可造成坐骨神经损伤。
④骨盆骨折时,耻骨联合分离和耻骨支移位常导致尿道、膀胱损伤。
⑤骨盆骨折时,耻骨下支和坐骨支骨折可刺破直肠,造成直肠损伤。

【例17】骨盆骨折的并发症不包括
A. 坐骨神经损伤　B. 尿道损伤　C. 直肠损伤
D. 脊髓损伤　E. 腹膜后血肿

【例18】耻骨骨折不易出现
A. 血尿　B. 会阴部瘀斑　C. 坐骨神经损伤
D. 骨盆挤压试验阳性　E. 骨盆分离试验阳性

常考点 重点内容,请全面掌握。

参考答案——详细解答见2021《贺银成国家临床执业及助理医师资格考试历年考点精析》

1. ABCDE　2. ABCDE　3. ABCDE　4. ABCDE　5. ABCDE　6. ABCDE　7. ABCDE
8. ABCDE　9. ABCDE　10. ABCDE　11. ABCDE　12. ABCDE　13. ABCDE　14. ABCDE
15. ABCDE　16. ABCDE　17. ABCDE　18. ABCDE

第 28 章　关节脱位、手外伤与断肢(指)再植

▶考纲要求

①肩关节脱位:临床表现,诊断,治疗。②桡骨头半脱位:临床表现,诊断,治疗。③髋关节后脱位:临床表现,诊断,治疗。④手外伤:急救处理。⑤断肢(指)再植:急救处理。

▶复习要点

关节面失去正常的对合关系,称关节脱位。

一、肩关节脱位

参与肩关节运动的关节包括肱盂关节、肩锁关节、胸锁关节及肩胸(肩胛骨与胸壁形成)关节,但以肱盂关节的活动最为重要。习惯上,将肱盂关节脱位称为肩关节脱位。

肱盂关节由肱骨头和肩胛盂构成。肩胛盂关节面小而浅,面积仅占肱骨头面积的 1/3~1/4。关节囊和韧带松弛薄弱,故有利于肩关节活动,但缺乏稳定性。肩盂关节面朝向前下外,前侧关节囊更为薄弱,故肱盂关节以前脱位最为常见,占所有肩关节脱位的 95%以上。肩关节前脱位的三种类型如下:

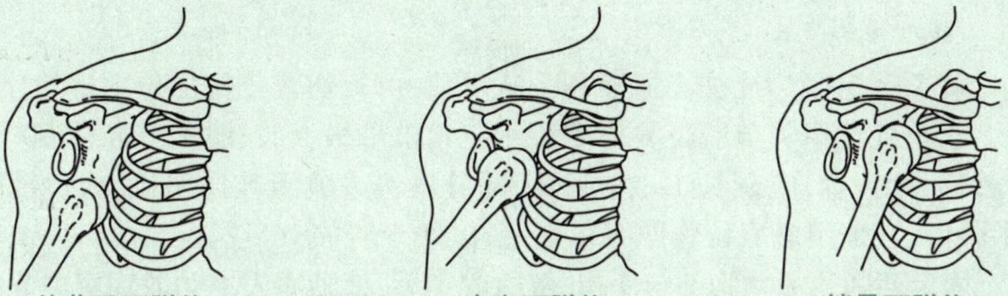

关节盂下脱位　　　　喙突下脱位　　　　锁骨下脱位

注意:①肩关节脱位最为常见,约占全身关节脱位的 50%。次常见的关节脱位为肘关节脱位。
②肩关节脱位以前脱位多见,肘关节脱位、髋关节脱位以后脱位多见。

【例 1】下列最易发生脱位的关节是
A. 肩关节　　B. 髋关节　　C. 膝关节
D. 肘关节　　E. 踝关节

【例 2】肩关节脱位时,肱骨头最容易脱出的方向是
A. 前方　　B. 外侧　　C. 内侧
D. 上方　　E. 后方

1. 临床表现和诊断

(1)外伤史　上肢外展外旋或后伸着地受伤史。

(1)外伤史　上肢外展外旋或后伸着地受伤史。

(2)症状　肩部疼痛、肿胀、肩关节活动障碍。

(3)特殊姿势　病人以健手托住病侧前臂、头向病侧倾斜。

(4)体格检查　方肩畸形,肩胛盂处有空虚感,上肢弹性固定,Dugas 征阳性。严重创伤时,肩关节前脱位可合并神经血管损伤,应注意检查病侧上肢的感觉和运动功能。Dugas 征阳性是指将病侧肘部紧贴胸壁时,手掌搭不到健侧肩部,或手掌搭在健侧肩部时,肘部无法贴近胸壁。

(5)X 线检查　可明确肩关节脱位的类型、移位方向及有无撕脱骨折。

(6)CT 检查　目前临床常规行 CT 扫描。

【例 3】男，28 岁。2 小时前摔倒后左肩受伤。X 线检查示左盂肱关节失去正常对应关系，未见骨折征象。予手法复位，复位成功的标志是

A. Mills 征阴性　　B. Dugas 征阴性　　C. 肩胛盂处有空虚感

D. 方肩　　E. 弹性固定

2. 治疗

(1)手法复位　肩关节前脱位首选手法复位加外固定。手法复位以 Hippocrates 法（足蹬法）最常用。复位时，病人仰卧，术者站在患侧床边，腋窝处垫棉垫，以同侧足跟置于病人腋下靠胸壁处，双手握住患肢于外展位作徒手牵引，以足跟顶住腋部作为反牵引力。持续牵引一段时间后，肩部肌肉逐渐松弛，此时内收、内旋上肢，肱骨头便会经前方关节囊的破口滑入肩胛盂内。

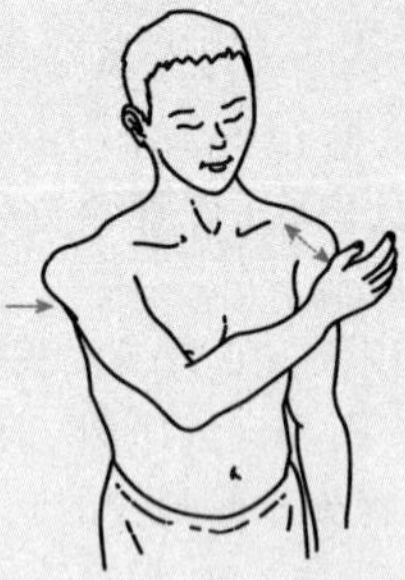

Dugas征阳性及方肩畸形

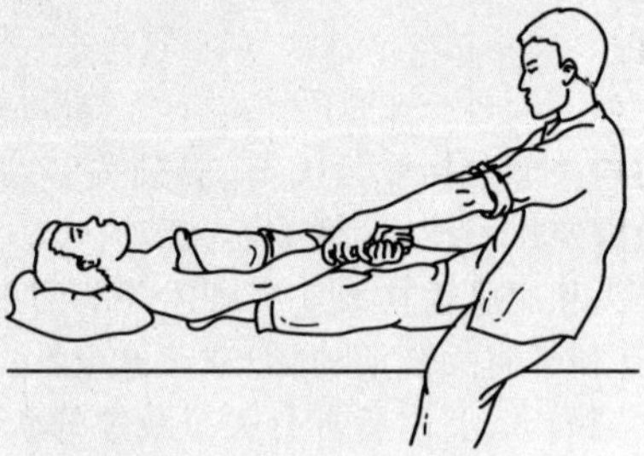

Hippocrates法

(2)切开复位　肩关节后脱位往往不能顺利手法复位，可行切开复位加外固定治疗。

(3)固定方法　①单纯性肩关节脱位复位后可用三角巾悬吊上肢，肘关节屈曲 90°，腋窝处垫棉垫固定 3 周。②合并大结节骨折者，应延长 1～2 周。③部分病例关节囊破损明显，或肩带肌肌力不足，术后摄片会有肩关节半脱位，宜采用搭肩位胸肱绷带固定，以纠正肩关节半脱位。

(4)康复治疗　固定期间须活动腕部与手指，解除固定后，鼓励病人主动锻炼肩关节向各个方向活动。

二、桡骨头半脱位

桡骨头半脱位好发于 5 岁以下的儿童。由于桡骨头发育尚不完全，环状韧带薄弱，当腕、手被向上提拉、旋转时，肘关节囊内负压增加，使薄弱的环状韧带或部分关节囊嵌入肱骨小头与桡骨头之间，取消牵拉力以后，桡骨头不能回到正常解剖位置，而是向桡侧移位，形成桡骨头半脱位。

1. 临床表现

儿童的腕、手有被向上牵拉的受伤史。患儿感肘部疼痛，活动受限，前臂处于半屈位及旋前位。检查肘部外侧有压痛。

2. 诊断

根据儿童手、腕向上牵拉史及临床表现，即可作出诊断。X 线检查对诊断无帮助，因为桡骨头半脱位是唯一拍片阴性的关节脱位。

3. 治疗

手法复位，复位后无须固定，但须告诫家长不可再暴力牵拉，以免复发。复位时，术者一手握住小儿腕部，另一手托住肘部，以拇指压在桡骨头部位，肘关节屈曲至 90°，作轻柔的前臂旋后、旋前活动，反复数次，并用拇指轻轻推压桡骨头即可复位。复位成功的标志是可有轻微的弹响声，肘关节旋转、屈伸活动正常。

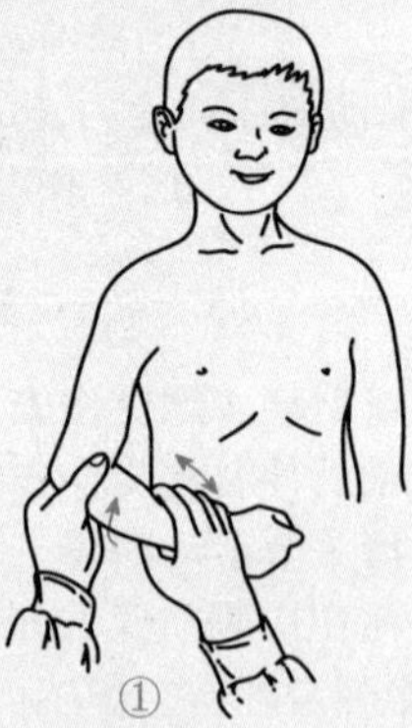

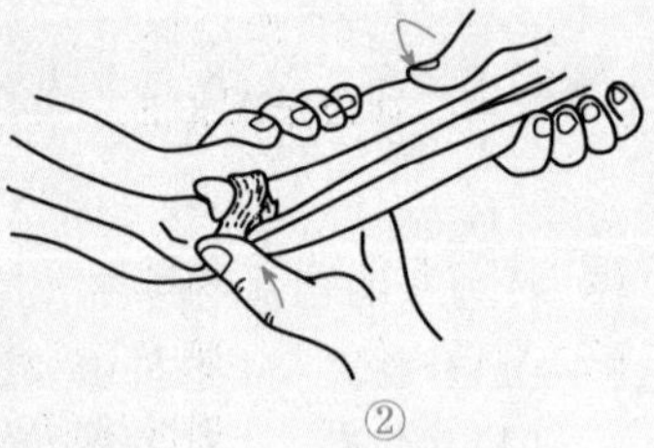

①拇指直接按在桡骨小头处

②将前臂作旋后、旋前活动

桡骨头半脱位复位方法

【例 4】桡骨头半脱位易发生的年龄是

A. 21~25 岁　　B. 16~20 岁　　C. 26~30 岁
D. 10~15 岁　　E. 5 岁以下

【例 5】女孩,3 岁。1 小时前被牵拉右前臂后哭闹不安,不肯用右手持物。查体:右前臂处于半屈旋前位,右肘部轻度压痛,无明显肿胀。X 线检查未见明显异常。最可能的诊断是

A. 尺神经损伤　　B. 肘关节脱位　　C. 桡神经损伤
D. 正中神经损伤　　E. 桡骨头半脱位

注意:确诊桡骨头半脱位主要依据上肢牵拉史而不是 X 线片。桡骨头半脱位是唯一 X 线片阴性的关节脱位。

三、髋关节后脱位

构成髋关节的髋臼与股骨头两者在形态上紧密配合,是一种典型的杵臼关节,周围又有坚强的韧带与强壮的肌群,因此只有强大的暴力才会引起髋关节脱位,且这种暴力往往是高速和高能量的。按股骨头脱位后的方向,将髋关节后脱位分为前脱位、后脱位和中心脱位,其中,以后脱位最常见,占 85%~90%。

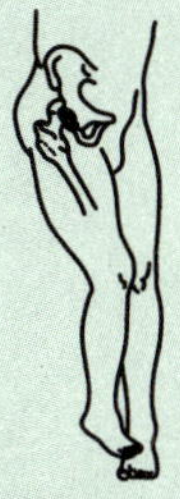
髋关节后脱位

髋关节前脱位

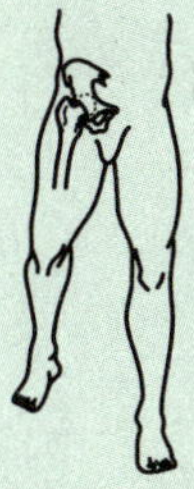
髋关节中心脱位

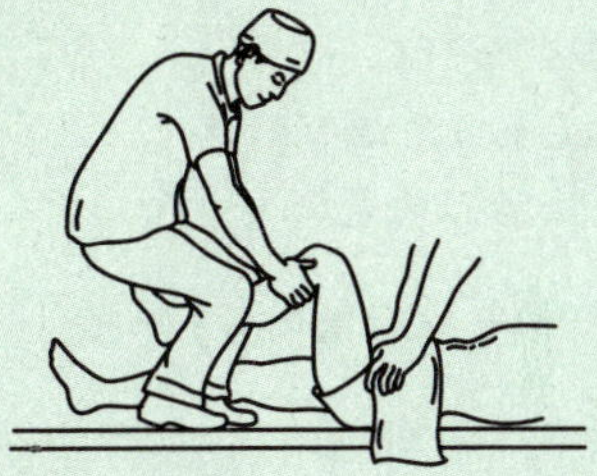
髋关节后脱位的复位方法——Allis法

1. 髋关节后脱位的临床表现

(1)外伤史　患者常有明显外伤史,通常暴力很大,例如车祸或高处坠落。

(2)症状　髋部明显的疼痛,髋关节不能主动活动。

(3)体检　患肢缩短,髋关节呈屈曲、内收、内旋畸形。可以在臀部摸到脱出的股骨头,大转子上移明显。

(4)合并坐骨神经损伤　髋关节后脱位可合并坐骨神经损伤,其发生率约为 10%。多表现为以腓总神经损伤为主的体征,如足下垂、趾背伸无力、足背外侧感觉障碍等。这类损伤多为受牵拉引起的暂时性功能障碍,或受到股骨头、髋臼骨折块的轻度捻挫所致,大多数病人可于伤后逐渐恢复。

2. 诊断

根据外伤史、典型临床表现,即可初步诊断。X 线检查可了解脱位情况及有无骨折,必要时行 CT 检查了解骨折移位情况。但需与髋关节前脱位、中心脱位、股骨颈骨折、股骨转子间骨折相鉴别。

	临床表现	治疗方法
髋关节后脱位	患肢缩短,髋关节屈曲、内收、内旋畸形	Allis 法
髋关节前脱位	髋关节屈曲、外展、外旋畸形	内收内旋法复位
髋关节中心脱位	患肢缩短,髋部肿胀、疼痛、活动障碍 大腿上段外侧巨大血肿	处理休克和内脏损伤 牵引、开放复位内固定
股骨颈骨折	患肢缩短,外旋 45°~60°	皮牵引、闭合/开放复位内固定
股骨转子间骨折	患肢缩短,外旋 90°	骨牵引、开放复位内固定

【例 6】男性,30 岁。驾车撞树受伤,伤后右髋关节疼痛剧烈,不能活动。查体:患肢短缩,呈屈曲、内收、内旋畸形。应首先考虑的诊断是

A. 股骨颈骨折　　B. 股骨干骨折　　C. 髋关节后脱位
D. 髋关节前脱位　　E. 坐骨神经损伤

【例 7】女,37 岁。交通事故中右下肢受伤 3 小时。查体:右下肢缩短,右髋关节呈屈曲、内收、内旋畸形,右足背麻木,背屈无力。最可能的诊断是

A. 髋关节中心脱位,坐骨神经损伤
B. 髋关节前脱位,坐骨神经损伤
C. 髋关节前脱位,闭孔神经损伤
D. 髋关节后脱位,股神经损伤
E. 髋关节后脱位,坐骨神经损伤

3. 后脱位的治疗

(1)第Ⅰ型的治疗 Ⅰ型即单纯脱位或只有髋臼后壁小骨折块,多采用手法复位+外固定。

①复位 常用的复位方法为 Allis 法,即提拉法(如上图)。复位宜早,最初 24~48 小时是复位的黄金时期,应尽可能在 24 小时内复位完毕,48~72 小时后再复位十分困难。

②固定 复位后患肢作皮肤牵引或穿丁字鞋 2~3 周,不必石膏固定。

③功能锻炼 卧床期间作股四头肌收缩动作。2~3 周后开始活动关节。4 周后扶双拐下地活动。

(2)第Ⅱ~Ⅳ型的治疗 由于合并关节内骨折,故应早期切开复位+内固定。

A. 肩关节前脱位
B. 肘关节脱位
C. 膝关节脱位
D. 腕关节脱位
E. 髋关节脱位

【例 8】Hippocrates 法治疗的是

【例 9】Allis 法治疗的是

四、手外伤及断肢(指)再植

1. 手外伤急救处理

(1)止血 手外伤创面出血,可通过局部压迫止血。因此局部加压包扎是手外伤最简单而行之有效的止血方法。禁忌采用束带类物在腕平面以上捆扎,因为捆扎过紧、时间过长易导致手指坏死;若捆扎压力不够,只将静脉阻断而动脉未能完全阻断,出血会更加严重,故这是一种错误的止血方法。

(2)创口包扎 采用无菌敷料或清洁布类包扎伤口,避免进一步污染。创口内不宜用药。

(3)局部固定 可因地制宜、就地取材,固定于腕平面以上,以减轻疼痛、防止进一步损伤。

(4)迅速转运 赢得处理的最佳时间。

2. 断肢(指)的急救处理

(1)现场急救 包括止血、包扎、保存断肢(指)和迅速转送。

(2)完全性断肢近端的处理 同手外伤的急救处理。

(3)不完全性断肢的处理 应将肢体用木板固定,迅速送医院处理。

(4)离断肢体的保存 如受伤地点距医院较近,可将离断的肢体用无菌敷料或清洁布类包好,勿须作任何处理,连同病人一起迅速送医院处理。如需远距离运送,则应采用干燥冷藏法保存。不能让断肢与冰块直接接触,以防冻伤,也不能用任何液体浸泡。到达医院后,检查断肢(指),用无菌敷料包裹,放于无菌盘中,置入 4℃ 冰箱内。

【例 10】离断肢体正确的保存方法是用无菌纱布包裹后放入

A. 生理盐水
B. 冰块内
C. 新洁尔灭溶液
D. 干燥冷藏容器
E. 酒精

常考点 肩关节和髋关节脱位的特点。

参考答案——详细解答见 2021《贺银成国家临床执业及助理医师资格考试历年考点精析》

1. ABCDE 2. ABCDE 3. ABCDE 4. ABCDE 5. ABCDE 6. ABCDE 7. ABCDE
8. ABCDE 9. ABCDE 10. ABCDE

第 29 章　周围神经损伤

考纲要求

①正中神经损伤:临床表现。②桡神经损伤:临床表现。③尺神经损伤:临床表现。④腓总神经损伤:临床表现。

复习要点

1. 正中神经损伤的表现

正中神经上臂无分支,前臂段有很多分支,支配旋前圆肌、指浅屈肌、桡侧腕屈肌、掌长肌、示指及中指指深屈肌、拇长屈肌、旋前方肌。在手掌部支配拇短展肌、拇短屈肌外侧头、拇指对掌肌和 1、2 蚓状肌。3 条指掌侧总神经支配桡侧 3 个半手指掌面和近侧指关节以远背侧的皮肤。

正中神经损伤分低位损伤(腕部损伤)和高位损伤(肘上损伤)。

(1)正中神经腕部损伤　所支配的鱼际肌、蚓状肌麻痹,表现为拇指对掌功能障碍、手的桡侧半感觉障碍,特别是示、中指远节感觉消失。

(2)正中神经肘上损伤　所支配的前臂肌也麻痹,除上述表现外,另有拇指和示、中指屈曲功能障碍。

【例 1】患者,男,25 岁。左手外伤 1 小时。查体:左手指拇指、食指、中指可屈曲,拇指不能对掌,桡侧半 3 个手指感觉障碍。受损的神经是

A. 正中神经肘部以上　　B. 正中神经腕部以下　　C. 正中神经合并尺神经
D. 桡神经　　E. 尺神经

2. 尺神经损伤的表现

尺神经为臂丛内侧束延续,于肱动脉内侧下行。在前臂段发出分支支配尺侧腕屈肌、环指、小指指深屈肌;在腕上 5cm 发出手背支支配手背尺侧皮肤;在腕尺管(Guyon 管)分为深、浅支,深支穿小鱼际肌进入手掌深部,支配小鱼际肌、全部骨间肌和 3、4 蚓状肌、拇收肌、拇短屈肌内侧头,浅支支配手掌尺侧及尺侧 1 个半手指的皮肤感觉。尺神经易在腕部和肘部损伤。

(1)尺神经腕部损伤　主要表现为骨间肌、蚓状肌、拇收肌麻痹所致的环指、小指爪形手畸形,手指内收、外展障碍,Froment 征,手部尺侧半和尺侧 1 个半手指感觉障碍,特别是小指感觉消失。

(2)尺神经肘部损伤　除上述表现外,另有环指、小指末节屈曲功能障碍,一般仅表现为屈曲无力。

【例 2】肱骨髁上骨折后出现手指不能内收、外展,夹纸试验阳性。最可能损伤的神经是

A. 桡神经　　B. 肌皮神经　　C. 尺神经
D. 正中神经　　E. 腋神经

3. 桡神经损伤的表现

桡神经来自臂丛后束,沿肱三头肌外侧头下行,于肱桡肌与桡侧腕长伸肌之间进入前臂,分为深、浅两支。浅支与桡动脉伴行,在肱桡肌深面于桡骨茎突上 5cm 转向背侧,至手背桡侧及桡侧 3.5 个手指皮肤。深支又称骨间背侧神经,绕桡骨颈、穿旋后肌入前臂背侧。桡神经在上臂分支支配肱三头肌;在肘部支配肱桡肌、桡侧腕长伸肌,其深支支配桡侧腕短伸肌、旋后肌、尺侧腕伸肌、指总伸肌、示指和小指固有伸肌、拇长展肌和拇长、短伸肌。

(1)桡神经在肱骨中、下 1/3 交界处损伤　桡神经在此处紧贴骨面,容易损伤,表现为伸腕、伸拇、伸指、前臂旋后障碍,手背桡侧(虎口区)感觉异常。典型畸形是垂腕。

(2)桡神经桡骨头处损伤　桡骨头脱位可导致桡神经损伤,因桡侧腕长伸肌功能完好,故伸腕功能基本正常,仅有伸拇、伸指障碍,无手部感觉障碍。

受损神经	临床特点(运动功能障碍)	临床特点(运动和感觉障碍)
正中神经腕部伤	拇指对掌障碍	示指、中指远节感觉障碍
正中神经肘上伤	拇指对掌障碍 拇指屈曲障碍	示指、中指远节感觉障碍 示指、中指屈曲障碍
尺神经腕部伤	爪形手	手部尺侧 1.5 个指头感觉障碍
尺神经肘上伤	爪形手	手部尺侧 1.5 个指头感觉障碍 环指、小指末节屈曲障碍
桡神经肱骨中下 1/3 处受损	伸腕、伸拇、伸指障碍 前臂旋后障碍、垂腕	桡侧 3.5 个指头感觉障碍 手背虎口区感觉障碍
桡神经桡骨头处受损	伸腕正常,伸拇、伸指障碍	无手部感觉障碍

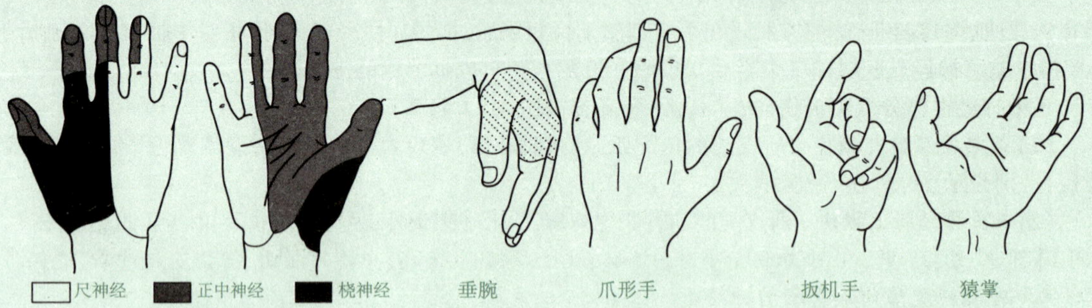

手部感觉神经的分布　桡神经损伤　尺神经损伤　正中神经损伤　正中+尺神经损伤

【例 3】男,24 岁。左腕部切割伤 12 小时,伤及桡神经。其临床表现是
A. 拇、示、中指不能屈曲　B. 不能屈腕　C. 手部内在肌萎缩
D. 手背虎口区域麻木　E. 手掌桡侧感觉减弱

4. 腓总神经损伤的表现

腓总神经于腘窝沿股二头肌内缘斜向外下,经腓骨长肌两头之间绕腓骨颈,分为腓浅、腓深神经。腓浅神经于腓骨长、短肌间下行,小腿下 1/3 穿出深筋膜至足背内侧和中间。腓深神经于趾长伸肌和胫前肌间,贴骨间膜下降,与胫前动、静脉伴行,于踇、趾长伸肌之间至足背。支配小腿前外侧肌群、小腿前外侧和足背皮肤。腓骨颈骨折易引起腓总神经损伤,导致小腿前外侧伸肌麻痹,出现踝背伸、外翻功能障碍,呈足内翻下垂畸形。伸踇、伸趾功能丧失,小腿前外侧和足背前、内侧感觉障碍。

注意:①桡神经损伤表现为腕下垂,坐骨神经损伤表现为足下垂,腓总神经损伤表现为足内翻下垂。
②尺神经损伤表现为爪形手,正中神经损伤表现为扳机手,正中神经+尺神经损伤表现为猿手。

【例 4】女,45 岁。不慎被汽车撞伤左下肢。查体:左膝部及小腿瘀血、肿胀、疼痛,膝关节屈伸受限,足背动脉触诊不清,足背屈、外翻功能障碍。其中,符合腓总神经损伤的表现是
A. 足背屈、外翻功能障碍　B. 小腿瘀血,肿胀　C. 足背动脉触诊不清
D. 膝关节屈伸受限　E. 小腿疼痛,活动受限

【例 5】女,66 岁。人工膝关节置换术后膝关节周围加压包扎。1 天后发现右足不能背屈,跖屈正常,足背动脉搏动正常。最可能的原因是
A. 腓总神经损伤　B. 骨筋膜室综合征　C. 坐骨神经损伤
D. 胫神经损伤　E. 深静脉血栓

▶常考点　重点内容,需全面掌握。

参考答案——详细解答见 2021《贺银成国家临床执业及助理医师资格考试历年考点精析》

1. ABCDE　2. ABCDE　3. ABCDE　4. ABCDE　5. ABCDE

第30章　运动系统慢性损伤

考纲要求

①狭窄性腱鞘炎:临床表现,诊断,治疗。②粘连性肩关节囊炎:临床表现,诊断,治疗。③股骨头坏死:临床表现,诊断。④颈椎病:分型,临床表现。⑤腰椎间盘突出症:临床表现,诊断,治疗。

复习要点

一、狭窄性腱鞘炎

狭窄性腱鞘炎是指腱鞘因机械性摩擦而引起的慢性无菌性炎症改变。腱鞘分为两层,外层为纤维性鞘膜,内层为滑液膜,滑液膜又分为壁层和脏层。脏壁层两端形成盲囊,其间含有少量滑液,有润滑和保持肌腱活动度的功能。在日常生活和工作中,由于频繁活动引起过度摩擦,可使腱鞘发生出血、水肿、渗出等无菌性炎症反应。反复创伤或慢性迁延后则发生慢性纤维结缔组织增生、肥厚、粘连等病理变化,腱鞘增厚可使腱鞘狭窄,临床表现为局部疼痛、压痛、关节活动受限等。

手与腕部狭窄性腱鞘炎是最常见的腱鞘炎,好发于长期、快速、过度用力使用手指和腕关节的中老年妇女、轻工业工人、管弦乐器演奏家等。在手指常发生屈肌腱鞘炎,称弹响指或扳机指;在拇指为拇长屈肌腱鞘炎,称弹响拇;在腕部为拇长展肌和拇短伸肌腱鞘炎,称为桡骨茎突狭窄性腱鞘炎。

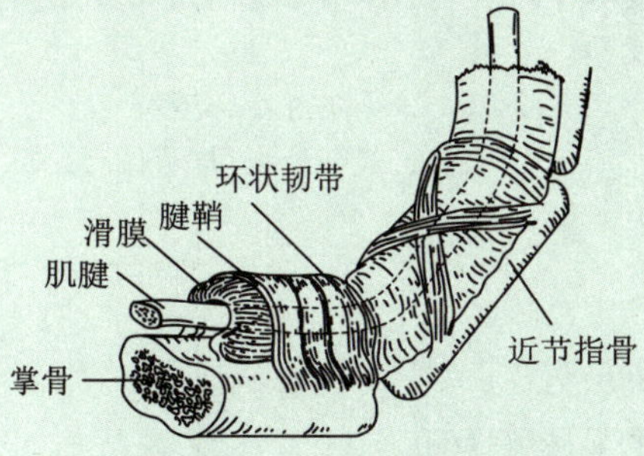

屈指肌腱的骨-纤维隧道示意图

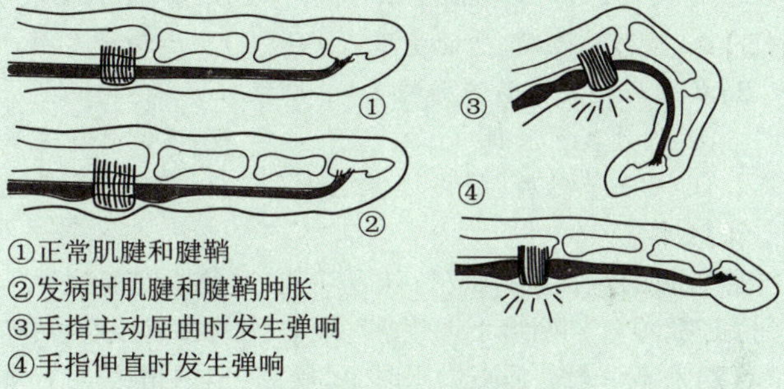

弹响指发生机制示意图

1. 临床表现和诊断

(1)弹响指和弹响拇　起病缓慢,初时为晨起患指发僵、疼痛,缓慢活动后消失。随病程延长逐渐出现弹响及明显疼痛,严重者患指屈曲,不敢活动。各手指的发病频率依次为:中指、环指最多,示指、拇指次之,小指最少。病人主诉疼痛在近侧指间关节,而不在掌指关节。体检时可在远侧掌横纹处触及黄豆大小的痛性结节,屈伸患指该结节随屈肌腱上、下移动,或出现弹拨现象,并感到弹响即发生于此处。

(2)桡骨茎突狭窄性腱鞘炎　腕关节桡侧疼痛,逐渐加重,无力提物。体检时皮肤无炎症,在桡骨茎突表面有局限性压痛,有时触及痛性结节。握拳尺偏腕关节时,桡骨茎突处出现疼痛,称为Finkelstein试验阳性。

2. 治疗

(1)保守治疗　在初始治疗中使用保守疗法,包括调整手部活动、夹板固定、短期使用NSAID。

(2)局部封闭　对于症状严重、扳机征发作频繁、保守治疗无效的病人,可行局部糖皮质激素注射。

(3)狭窄腱鞘切开减压术　适用于非手术治疗无效的病人。

(4)先天性狭窄性腱鞘炎　小儿先天性狭窄性腱鞘炎保守治疗通常无效,应行手术治疗。

【例1】拇指活动时出现弹响伴疼痛,最可能的原因是

A. 尺神经损伤　　B. 腱鞘囊肿　　C. 桡神经损伤

D. 狭窄性腱鞘炎　　E. 正中神经损伤

二、粘连性肩关节囊炎

粘连性肩关节囊炎又称肩周炎、冻结肩、五十肩。本病是多种原因致肩盂肱关节囊炎性粘连、僵硬，以肩关节周围疼痛、各方向活动（尤其外展外旋、内旋后伸活动）受限为特点。

1. 临床表现

(1)自限性　本病有自限性，一般在6~24个月可自愈，但部分病人不能恢复到正常功能水平。

(2)发病率　发病率2%~5%，多为中老年发病，女多于男，左侧多于右侧，也可两侧先后发病。

(3)肩关节活动受限　肩关节各方向主动和被动活动均不同程度受限，以外旋外展和内旋后伸最重。逐渐出现肩部某一处局限性疼痛，与动作、姿势有明显关系。随着病程延长，疼痛范围扩大，可伴肩关节活动受限。若勉强增大活动范围会引起剧烈锐痛。严重者患肢不能梳头、反手触摸背部。夜间因翻身移动肩部而痛醒。

(4)压痛点　肩周痛以肩袖间隙区、肱二头肌长腱压痛为主。

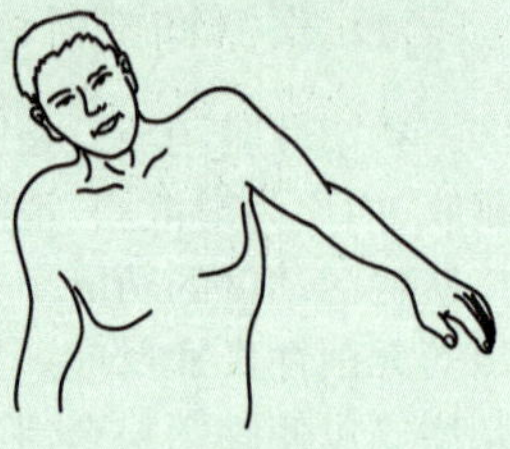

粘连性肩关节囊炎外展姿势

2. 诊断

根据典型临床表现及影像学检查结果，可确定诊断。

(1)肩关节X线片　见肩关节结构正常，可有不同程度骨质疏松。

(2)肩关节MRI　见关节囊增厚，肩部滑囊可有渗出。MRI对鉴别诊断意义较大。

【例2】肩周炎的临床特点为

A. 活动时疼痛、功能受限　B. 静息时疼痛、功能受限　C. 活动时疼痛、功能无受限

D. 静息时无痛、功能受限　E. 活动时无痛、功能受限

【例3】属于肩周炎诊断依据的是

A. 男性多于女性　B. 右侧多于左侧　C. 肩部疼痛，与动作无关

D. 肩关节外展、外旋、后伸受限　E. 肩部三角肌无萎缩

3. 治疗

治疗目的包括缓解疼痛、恢复功能、避免肌肉萎缩。

(1)理疗　早期给予理疗、针灸，适度的推拿按摩，可改善症状。

(2)痛点注射　痛点局限时，可局部注射醋酸泼尼松龙，能明显缓解疼痛。

(3)止痛剂　疼痛持续、夜间难以入睡时，可短期服用非甾体抗炎药。

(4)主动活动肩关节　无论病程长短、症状轻重，均应每日坚持进行，以活动不引起剧痛为限。

(5)手术治疗　对症状持续且重者，以上治疗无效时，可行关节镜下松解粘连。

(6)原发病治疗　对肩外因素所致的粘连性肩关节囊炎，除局部治疗外，还需治疗原发病。

【例4】肩周炎不正确的治疗方法是

A. 理疗　B. 封闭　C. 按摩

D. 服用非甾体抗炎药　E. 限制肩关节活动

三、股骨头坏死

股骨头坏死为股骨头血供中断或受损，引起骨细胞、骨髓成分死亡及随后的修复，继而导致股骨头结构改变，股骨头塌陷，引起病人关节疼痛、关节功能障碍的疾病。

1. 临床表现

(1)症状　非创伤性股骨头坏死多见于中年男性，双侧受累占50%~80%。早期多为腹股沟、臀部、大腿部位为主的关节痛，偶伴膝关节疼痛。疼痛间断发作并逐渐加重，如果是双侧病变，可呈交替性疼痛。

(2)体检　典型体征为腹股沟区深部压痛，可放射至臀或膝部，“4”字试验阳性。可有内收肌压痛、

髋关节活动受限，其中以内旋、屈曲、外旋活动受限最为明显。

2. 诊断

(1)病史　本病与外伤、酗酒、应用激素等密切相关，诊断时需详细全面地询问外伤史、用药史。

(2)X 线片　为主要诊断手段。股骨头血液供应中断 12 小时骨细胞即坏死，但在 X 线片上看到股骨头密度改变至少需 8 周时间。

(3)CT　可发现早期微小病灶，较普通 X 线片敏感，但不如核素扫描及 MRI 敏感。

(4)MRI　是一种有效的非创伤性的早期诊断方法。大多表现为股骨头前上部异常信号：T_1WI 为条带状低信号；T_2WI 为低信号或内高外低两条并行信号影，即双线征。

(5)放射性核素骨显像　对早期病变的诊断，比 MRI、CT 更为敏感，对早期诊断具有很大的价值。与 X 线片相比，常可提前 12~24 周诊断股骨头缺血性坏死，其准确率可达 91%~95%。

【例 5】诊断早期股骨头坏死最敏感的检查是

A. 血管造影　　B. X 线　　C. B 超

D. MRI　　E. CT

四、颈椎病

颈椎病是因颈椎间盘退行性变及其继发性改变，刺激或压迫相邻的脊髓、神经、血管等组织而出现一系列症状和体征的综合征。

1. 分型

根据对脊髓、神经、血管等重要组织的压迫不同，可将颈椎病分为 4 种基本类型，即神经根型、脊髓型、椎动脉型、交感神经型，其中以神经根型最常见，占 50%~60%。

2. 临床表现

(1)神经根型颈椎病　是由于突出的椎间盘、增生的钩椎关节压迫相应的神经根所致。

①症状　颈肩痛，短期内加重，并向上肢放射。可有皮肤麻木过敏、上肢肌力下降、手指动作不灵活。

②体征　病侧颈部肌肉紧张，局部有压痛，患肢活动受限。上肢牵拉试验及压头试验阳性，表现为诱发根性疼痛。

A.臂丛神经牵拉试验(Eaton 试验)　检查者一手扶病侧颈部，一手握病腕，向相反方向牵拉。此时因臂丛神经被牵张，刺激已受压之神经根而出现放射痛。

B.压头试验(Spurling 征)　病人端坐，头后仰并偏向病侧，检查者用手掌在其头顶加压，出现颈痛并向患手放射。

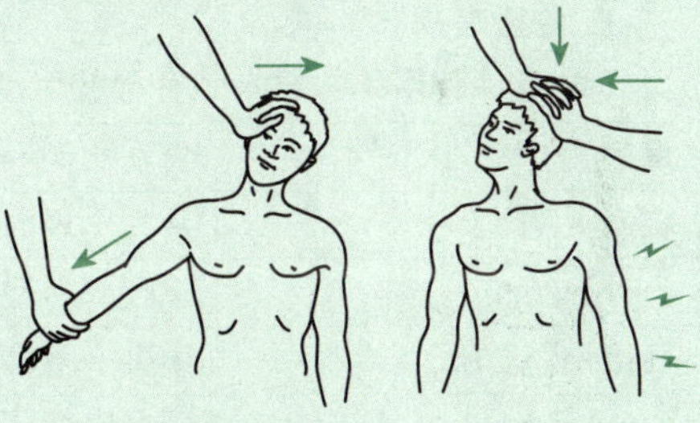
Eaton试验　　Spurling征

(2)脊髓型颈椎病　是颈椎退变结构压迫脊髓所致。

①症状　表现为四肢感觉、运动、反射、二便功能障碍，为颈椎病最严重的类型。病人出现上肢或下肢麻木无力、僵硬、双足踩棉花感，束带状，双手精细动作障碍，不能用筷进餐，写字颤抖，夹持东西无力，手持物经常掉落。在后期出现排尿排便困难等。

②体征　可有感觉障碍平面，肌力减退，四肢腱反射亢进，而腹壁反射、提睾反射和肛门反射减弱或消失。髌阵挛、Hoffmann 征、Babinski 征阳性。

(3)椎动脉型颈椎病　是由于颈椎退变，机械压迫椎动脉所致。

①症状　可有椎-基底动脉供血不足的表现，如头晕、恶心、耳鸣、偏头痛、转动颈椎时突发眩晕而猝倒。因椎动脉周围有大量交感神经的节后纤维，故可有自主神经症状，如心悸、心律失常、胃肠功能减退。

②体检　神经系统检查可正常。

(4)交感型颈椎病　是由于颈椎椎间盘突出，压迫交感神经纤维所致。

①交感神经兴奋症状　如头痛、头晕、恶心呕吐、视物模糊、视力下降、瞳孔扩大或缩小、心率增快、心

律不齐、血压升高、头颈及上肢出汗异常、耳鸣、听力下降、发音障碍等。

②交感神经抑制症状　如头昏、眼花、流泪、鼻塞、心动过缓、血压下降、胃肠胀气等。

③体检　交感型颈椎病的特点是症状多,体征少。

注意:①神经根型颈椎病的特点——上肢放射痛、压头试验及牵拉试验阳性。
②脊髓型脊椎病的特点——病理反射阳性。
③椎动脉型颈椎病的特点——眩晕、猝倒,神经系统检查阴性。

【例 6】男,39 岁。颈肩痛 1 个月,向右上肢放射,右手拇指、示指感觉减退,无四肢无力、走路持物不稳、头痛、头晕、视力下降及眩晕、猝倒等症状。X 线片显示颈 5、6 椎间孔狭窄。其诊断首先考虑的是

A. 复合型颈椎病　　B. 椎动脉型颈椎病　　C. 神经根型颈椎病
D. 交感神经型颈椎病　　E. 脊髓型颈椎病

A. 椎动脉型颈椎病　　B. 脊髓型颈椎病　　C. 交感神经型颈椎病
D. 神经根型颈椎病　　E. 复合型颈椎病

【例 7】手指麻木伴上肢放射痛,压头试验阳性,最可能的颈椎病类型是

【例 8】手足无力、括约肌功能障碍、脚踩棉花感,最可能的颈椎病类型是

五、腰椎间盘突出症

腰椎间盘突出症是指腰椎间盘发生退行性改变以后,在外力作用下,纤维环部分或全部破裂,单独或连同髓核、软骨终板向外突出,刺激或压迫窦椎神经和神经根引起的以腰腿痛为主要症状的一种病变。腰椎间盘突出症是引起腰腿痛最常见的原因,最常累及 $L_4 \sim L_5$、$L_5 \sim S_1$ 间隙,即 L_5、S_1 神经,约占 95%。

注意:①$L_4 \sim L_5 = L_5$,$L_5 \sim S_1 = S_1$。等号左边 $L_4 \sim L_5$、$L_5 \sim S_1$ 指椎间隙,等号右边 L_5、S_1 指脊神经。
②$L_4 \sim L_5$ 椎间孔出来的神经根为 L_4,但 $L_4 \sim L_5$ 椎间盘突出压迫的常为 L_5,这是因为 L_4 已经向神经根管转出,L_5 发出后经侧隐窝下行,故常受累。同理,$L_5 \sim S_1$ 椎间盘突出压迫的是 S_1。

1. 临床表现

(1)症状和体征　病人多有弯腰劳动、长期坐位工作史。首次发作常在半弯腰持重过程中发生。

发病	男女比例(4~6):1,好发于 20~50 岁
腰痛	最先出现的症状(发生率 91%)
坐骨神经痛	下腰部→臀部→大腿后外方→小腿外侧→足跟部或足背(发生率 97%)
马尾神经受压	中央型腰椎间盘突出症可压迫马尾神经,出现大小便障碍,鞍区感觉异常
腰椎侧凸	若突出髓核在神经根的肩部——则上身向健侧弯曲,腰椎凸向患侧 若突出髓核在神经根的腋部——则上身向患侧弯曲,腰椎凸向健侧
腰部活动受限	以前屈受限最明显(因前屈位是导致发病的重要体位),发生率约 100%
压痛及骶棘肌痉挛	89%的患者在病变间隙的棘突间有压痛,约 1/3 患者有腰部骶棘肌痉挛

(2)直腿抬高试验及加强试验　病人仰卧,伸膝,被动抬高患肢,正常人神经根有 4mm 的滑动度,下肢抬高到 60°~70°始感腘窝不适。本症病人神经根受压或粘连使滑动度减少或消失,抬高在 60°以内即可出现坐骨神经痛,称直腿抬高试验(Lasegue)阳性。在直腿抬高试验阳性时,缓慢降低患肢高度,待放射痛消失,再被动背屈踝关节以牵拉坐骨神经,如又出现放射痛,称加强试验阳性。

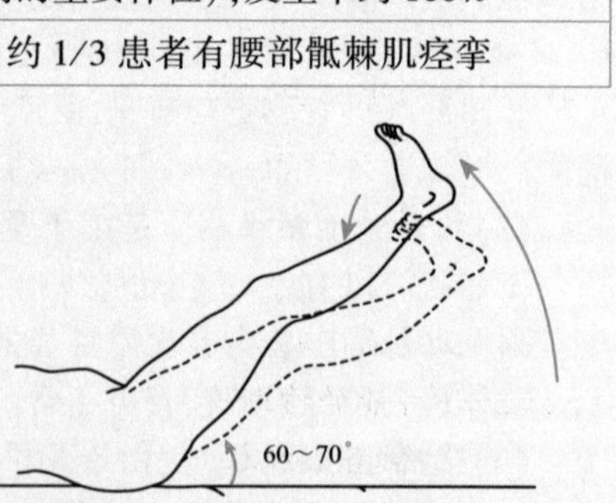

直腿抬高试验(实线),加强试验(虚线)

急性腰扭伤——直腿抬高试验阳性，但加强试验阴性。

腰椎间盘突出症——直腿抬高试验及加强试验均阳性。

(3)神经系统表现　据此可进行定位诊断。

①感觉异常　L_5受累表现为小腿外侧和足背痛、触觉减退。S_1受压表现为外踝附近及足外侧痛、触觉减退。

②肌力下降　L_5受累表现为足踇趾背伸肌力下降。S_1受压表现为足跖屈肌力减弱。

③反射异常　S_1受累表现为踝反射减弱。$S_{3\sim5}$马尾受压，则表现为肛门括约肌张力下降、肛门反射减弱。

受累神经	关键感觉区	关键运动肌	反射
L_2(腰$_{1\sim2}$)	大腿前中部	屈髋肌(髂腰肌)	
L_3(腰$_{2\sim3}$)	股骨内髁	膝伸肌(股四头肌)	膝反射
L_4(腰$_{3\sim4}$)	内踝	足背伸肌(胫前肌)	
L_5(腰$_{4\sim5}$)	第三跖趾关节背侧	足踇长伸肌(表现为踇趾背伸无力)	
S_1(腰$_5$～骶$_1$)	足跟外侧	足跖屈肌(表现为足跖屈无力)	踝反射

(4)辅助检查

①X线片　通常作为常规检查，但不能直接反映是否存在椎间盘突出。腰椎平片的表现可以完全正常，但很多病人可见腰椎侧弯、生理前凸减少或消失、椎体边缘增生、椎间隙狭窄、纤维环钙化、骨质增生、关节突肥大、硬化等退变的表现。

②造影检查　脊髓造影、硬膜外造影、椎间盘造影等方法可间接显示有无椎间盘突出及程度。这些方法均为有创操作，目前临床应用较少，只在一般的诊断方法不能确诊时才慎重进行。

③CT　可显示脊柱骨性结构的细节。对本病的诊断具有较大价值。CT表现包括：椎间盘后缘变形突出、硬脊膜囊受压变形、硬膜外脂肪移位、硬膜外间隙中软组织密度影及神经根鞘受压移位等。

④MRI　能清楚地显示人体解剖结构的图像，对腰椎间盘突出的诊断有极大帮助。MRI可全面地观察各椎间盘退变情况，也可了解髓核突出的程度和位置，并鉴别是否存在椎管内其他占位性病变。

⑤其他　肌电图有助于腰椎间盘突出的诊断，并可推断神经受损的节段。

2. 诊断

根据病史、症状、体征及X线片上相应神经节段有椎间盘退行性表现，即可作出初步诊断。如仅有CT、MRI表现而无临床表现，不应诊断本病。

【例9】以下节段最常发生腰椎间盘突出的是

A. T_{12}～L_1　　B. $L_{1\sim2}$　　C. $L_{2\sim3}$

D. $L_{3\sim4}$　　E. $L_{4\sim5}$

【例10】腰椎间盘突出症与腰椎管狭窄症临床症状的主要鉴别点是

A. 二便是否障碍　　B. 有无鞍区感觉障碍　　C. 腰痛及下肢放射痛的程度

D. 双下肢无力的程度　　E. 间歇性跛行是否为主要特点

【例11】鉴别中央型腰椎间盘突出症与椎管内肿瘤最有意义的检查是

A. 鞍区感觉　　B. 肛门括约肌　　C. X线

D. MRI　　E. CT

(12～14题共用题干)男，35岁。1个月前搬重物时突然出现腰痛，经理疗1周腰痛缓解，后逐渐出现右下肢放射痛，劳累、咳嗽、排便时症状加重，无低热、盗汗。查体：直腿抬高试验阳性。

【例12】最可能的诊断是

A. 强直性脊柱炎　　B. 腰椎骨折　　C. 类风湿关节炎

D. 腰椎结核　　E. 腰椎间盘突出症

【例 13】对其定位、定性、诊断最有帮助的检查是

A. 电生理检查　　B. X 线　　C. 核素扫描

D. CT　　E. B 超

【例 14】目前首选的治疗方法是

A. 手术治疗　　B. 加大腰部活动　　C. 应用非甾体抗炎药

D. 背肌锻炼　　E. 休息牵引

3. 治疗

(1)非手术治疗　80%的患者可经非手术治疗缓解或痊愈。适应证为:①初次发作,病程较短者;②休息后症状可自行缓解者;③由于全身疾病或局部皮肤疾病,不能施行手术者;④不同意手术者。治疗方法包括卧床休息 3 周后带腰围下地活动;非甾体抗炎药物;牵引疗法(以骨盆牵引最常用);理疗。

(2)手术治疗　适用于:①症状严重,反复发作,经半年以上非手术治疗无效,且病情加重,影响工作和生活者;②中央型突出有马尾神经综合征,括约肌功能障碍者,应急诊手术;③有明显神经受累表现者。

手术方式:①全椎板切除髓核摘除术:适用于椎间盘突出合并有椎管狭窄、椎间盘向两侧突出、中央型巨大突出以及游离椎间盘突出。②半椎板切除髓核摘除术:适用于单纯椎间盘向一侧突出者;③微创腰椎间盘摘除术、经皮内镜下腰椎间盘切除术:适用于单纯腰椎间盘突出者;④人工椎间盘置换术。

【例 15】男,35 岁。间断发作腰痛伴右下肢麻木 3 年,CT 提示中央型腰椎间盘突出症,经保守治疗缓解。近 1 个月症状逐渐加重,2 小时前出现大小便障碍。首选的治疗方法是

A. 绝对卧床休息　　B. 理疗和按摩　　C. 髓核摘除术

D. 持续牵引　　E. 糖皮质激素硬膜外注射

(16~19 题共用题干)男性,重体力劳动工人,腰腿痛,并向左下肢放射,咳嗽,喷嚏时加重。检查腰部活动明显受限,并向左倾斜,直腿抬高试验阳性。病程中无低热、盗汗、消瘦症状。

【例 16】首先考虑的诊断是

A. 腰肌劳损　　B. 腰椎管狭窄症　　C. 腰椎间盘突出症

D. 强直性脊柱炎　　E. 腰椎结核

【例 17】若有小腿及足外侧麻木,足趾跖屈力弱及跟腱反射弱,病变的节段应考虑是

A. 腰 1~2　　B. 腰 2~3　　C. 腰 3~4

D. 腰 4~5　　E. 腰 5~骶 1

【例 18】为明确诊断,最有意义的检查是

A. X 线检查　　B. CT　　C. 超声

D. 腰椎穿刺　　E. 肌电图

【例 19】若病史 2 年,并逐年加重,已严重影响生活及工作,且出现尿便障碍。其治疗方法是

A. 理疗　　B. 按摩　　C. 牵引

D. 用药　　E. 手术

常考点　颈椎病;腰椎间盘突出症;其他考点散乱。

参考答案——详细解答见 2021《贺银成国家临床执业及助理医师资格考试历年考点精析》

1. ABCDE　2. ABCDE　3. ABCDE　4. ABCDE　5. ABCDE　6. ABCDE　7. ABCDE
8. ABCDE　9. ABCDE　10. ABCDE　11. ABCDE　12. ABCDE　13. ABCDE　14. ABCDE
15. ABCDE　16. ABCDE　17. ABCDE　18. ABCDE　19. ABCDE

第 31 章　骨与关节感染

考纲要求

①急性血源性骨髓炎:临床表现,诊断,治疗。②骨与关节结核:概论。③脊柱结核:临床表现,诊断,治疗。④髋关节结核:临床表现,诊断,治疗。

复习要点

一、急性血源性骨髓炎

急性血源性骨髓炎是由化脓性细菌感染引起的骨组织炎症性疾病。最常见的致病菌是溶血性金黄色葡萄球菌(约占 75%),其次是乙型链球菌、大肠埃希菌、绿脓杆菌、变形杆菌、肺炎双球菌等。绝大多数为血行播散所致。急性期以骨质破坏为主,慢性期以骨质增生为主。本病好发于儿童。

1. 临床表现

自然病程	3~4 周
好发人群	儿童及青少年
好发部位	长骨干骺端(以胫骨近端和股骨远端最多见),其次为肱骨和髂骨
全身症状	起病急,寒战、高热、呕吐,有明显脓毒症症状
中毒症状	外周血白细胞增高、中性粒细胞比例增高;血培养及分层穿刺培养可阳性
局部症状	患区红、肿、热、剧痛,局限性压痛
血培养	可有阳性结果。寒战高热期抽血培养或初诊时每隔 2 小时培养 1 次,共 3 次,可提高阳性率
早期确诊	局部脓肿分层穿刺涂片发现脓细胞或细菌即可确诊,为早期诊断的首选方法
X 线片	起病 14 天内阴性,故不能用于早期诊断
CT 检查	可以提前发现骨膜下脓肿,对细小的骨脓肿难以显示
MRI 检查	可早期发现骨内的炎性病灶,观察病灶范围、炎性水肿程度、有无脓肿形成,具有早期诊断价值

【例 1】急性血源性骨髓炎的好发年龄是

A. 婴幼儿　　B. 少年　　C. 青年
D. 中壮年　　E. 老年

【例 2】儿童化脓性骨髓炎的脓肿不易进入关节腔的原因是

A. 骺板起屏障作用　　B. 关节囊对关节腔具有保护作用
C. 脓液容易局限和吸收　　D. 儿童关节对细菌的抵抗力强
E. 脓肿容易经由软组织溃破(超纲题,大纲不要求掌握病理)

【例 3】男孩,8 岁。高热伴右下肢剧痛、不能活动 2 天。查体:T39.4℃,P135 次/分,精神不振,右胫骨上端微肿,有深压痛。白细胞 26×10^9/L,血沉 80mm/h。X 线检查未见明显异常,核素扫描显示右胫骨上端有浓聚区。最可能的诊断是

A. 风湿性关节炎　　B. 膝关节结核　　C. 急性化脓性骨髓炎
D. 恶性骨肿瘤　　E. 急性化脓性关节炎

2. 诊断

凡有下列表现均应考虑急性骨髓炎:①全身中毒症状,高热寒战,局部持续性剧痛,长骨干骺端剧痛

而不愿活动肢体,局部深压痛;②白细胞总数增高,中性粒细胞增高,血培养阳性;③分层穿刺见脓液和炎性分泌物;④X 线片征象 2 周左右方有变化,不能用于早期诊断;⑤MRI 检查具有早期诊断价值。

3. 治疗

(1)抗生素治疗 针对革兰阳性球菌,早期足量应用抗生素。经抗生素治疗后会出现四种结果:

①在 X 线片改变出现前全身及局部症状均消失,说明骨脓肿形成以前炎症已经控制,无需手术。

②在出现 X 线片改变后,全身及局部症状消失,说明骨脓肿已被控制,有被吸收掉的可能。无需手术治疗,但抗生素仍宜连续应用 3~6 周。

③全身症状消退,但局部症状加重,说明抗生素不能消灭骨脓肿,需要手术引流。

④全身和局部症状均不消退,说明:致病菌对所用抗生素有耐药性;有骨脓肿形成;产生迁徙性脓肿,为保全生命,需切开引流。

(2)手术治疗

①手术时机 宜早期进行,最好在抗生素治疗 48~72 小时后,仍不能控制局部症状时进行手术,也有主张提前为 36 小时者。延迟的手术只能达到引流的目的,不能阻止急性骨髓炎向慢性阶段演变。

②手术目的 A.引流脓液,减少脓毒症症状;B.阻止急性骨髓炎转为慢性骨髓炎。

③手术方式 钻孔引流、开窗减压。不要用探针、刮匙探髓腔。

④伤口处理 A.脓液较多者,可行闭式灌洗引流,引流管留置 3 周,或体温下降,引流液连续 3 次培养阴性即可拔除引流管;B.脓液不多者,可放单根引流管接负压引流,每日经引流管注入少量高浓度抗生素液;C.伤口不缝合,填充碘仿纱条,5~10 天后再作延迟缝合。

(3)全身辅助治疗 高热时降温,补液,补充热量。化脓性感染时往往有贫血,可隔 1~2 天输给少量新鲜血,以增强病人的抵抗力。

(4)局部辅助治疗 患肢行石膏托固定,可以起到下列作用:①止痛;②防止关节挛缩畸形;③防止发生病理性骨折。如果包壳不够坚固,可用管型石膏固定 2~3 个月,并在窦道所在的石膏上开洞换药。

二、骨与关节结核概论

骨与关节结核是由结核分枝杆菌侵入骨或关节而引起的一种继发性感染性疾病。

1. 发病特点

(1)发病情况 骨与关节结核是最常见的肺外继发性结核,其原发灶绝大多数源于肺结核,约占结核病总数的 5%~10%。其中以脊柱结核最多见(约占 50%),膝关节结核和髋关节结核各约占 15%。

(2)发病的高危人群 包括既往感染过结核者、高发区移民、糖尿病或慢性肾功能不全者、营养不良者、长期使用免疫抑制剂者。艾滋病病人也易同时感染骨关节结核。

(3)原发病灶 80%以上的原发病灶在肺和胸膜,其余在消化道和淋巴结。

(4)感染途径 原发病灶中的结核分枝杆菌一般是通过血流到达骨和关节,少数是由邻近病灶蔓延而至。

2. 病理变化

骨与关节结核最初的病理变化是单纯性滑膜结核或单纯性骨结核。若病变进一步发展,结核病灶侵及关节腔,破坏关节软骨面,称为全关节结核。全关节结核若不能控制,便会出现破溃,产生瘘管或窦道,并引起继发感染,此时关节已完全毁损,必定会遗留各种关节功能障碍。

3. 临床表现

(1)病史 病人常有肺结核病史或家庭结核病史。可发生于任何年龄,男女发病率无明显差别。

(2)结核中毒症状 起病较缓慢,症状隐匿,可有轻微结核中毒症状,如午后低热、乏力、盗汗、消瘦。

(3)局部症状 关节病变大多为单发性,少数为多发性,但对称性罕见。30%~50%的病人起病前有局部外伤史。儿童病人常有"夜啼"。部分病人因病灶脓液破入关节腔而产生急性症状,此时疼痛剧烈。由于髋关节与膝关节神经支配有重叠现象,所以髋关节结核病人也可主诉膝关节疼痛。

(4)体检 浅表关节检查可见关节肿胀、积液、压痛。关节常处于半屈曲状态,以缓解疼痛。

(5)晚期表现 晚期可出现寒性脓肿,若破溃可产生混合性感染,出现局部急性炎症反应。

(6)实验室检查及影像学检查

白细胞	一般正常,有混合感染时增高
血沉	结核活动期、复发时血沉增快。血沉是检测病变是否静止、有无复发的重要指标
细菌培养	寒性脓肿的脓液结核分枝杆菌培养阳性率70%,普通窦道中脓液阳性率极低,且费时
X线	一般起病6~8周后,才有X线片改变,故不能用于早期诊断
CT	可清楚显示寒性脓肿、死骨与病骨,可在CT引导下穿刺抽脓和活检
MRI	可用于早期诊断。可显示炎性阶段的异常信号和脊髓受压情况

4. 治疗

(1)非手术治疗

支持治疗	注意休息,避免劳累,加强营养,有贫血者应纠正贫血
抗结核治疗	遵循"早期、联合、适量、规律、全程"的原则
局部制动	有石膏固定、支具固定与牵引等。小关节结核固定1个月,大关节结核固定3个月
局部注射	最适用于早期单纯性滑膜结核。常用药为异烟肼,100~200mg,每周注射1~2次 不主张对寒性脓肿反复穿刺注药,多次操作会导致混合性感染、窦道形成

(2)手术治疗

切开排脓	适用于中毒症状重,寒性脓肿混合感染,病人不能耐受病灶清除术者
病灶清除术	①有明显死骨和大脓肿形成;②窦道长期不愈;③脊柱结核有脊髓、马尾受压者 ④经非手术治疗效果不佳,病变仍有发展;⑤单纯性骨结核髓腔内压力过高者
关节融合术	适用于关节不稳定者
截骨术	用于矫正畸形
关节成形术	用于改善关节功能

三、脊柱结核

脊柱结核发病率占骨与关节结核的首位,约占50%,绝大多数发生于椎体,附件结核仅占1%~2%。腰椎结核发生率最高,其次为胸椎、颈椎。儿童和成人均可发生。

【例4】脊柱结核发生率最高的部位是

A. 腰椎　　B. 颈椎　　C. 胸椎

D. 骶椎　　E. 尾椎

1. 临床表现

(1)结核中毒症状 起病缓慢,可有午后低热、盗汗、疲倦、消瘦、食欲缺乏、贫血等全身症状。儿童常有夜啼、呆滞、性情急躁等。

(2)局部症状 主要有疼痛、肌肉痉挛、脊柱活动受限、神经功能障碍等。疼痛是最先出现的症状,休息时减轻,劳累后加重。局部可有压痛及叩痛。

(3)局部畸形 颈椎结核可在颈侧摸到寒性脓肿所致的颈部肿块。胸椎结核可有脊柱后凸畸形。腰椎结核可有拾物试验阳性。

(4)寒性脓肿 少数病人以寒性脓肿为首发症状就诊。下胸椎、腰椎结核所致的椎旁脓肿穿破骨膜后，积聚在腰大肌鞘内形成腰大肌脓肿。浅层腰大肌脓肿位于腰大肌前方的筋膜下，可向下流动积聚在髂窝内形成髂窝脓肿。深层腰大肌脓肿可以穿越腰筋膜到腰三角，形成腰三角脓肿。腰大肌脓肿还可沿腰大肌流注至股骨小转子处，成为腹股沟脓肿。它还可绕过股骨上端的后方，流注至大腿外侧，甚至沿阔筋膜向下流注至膝上部。

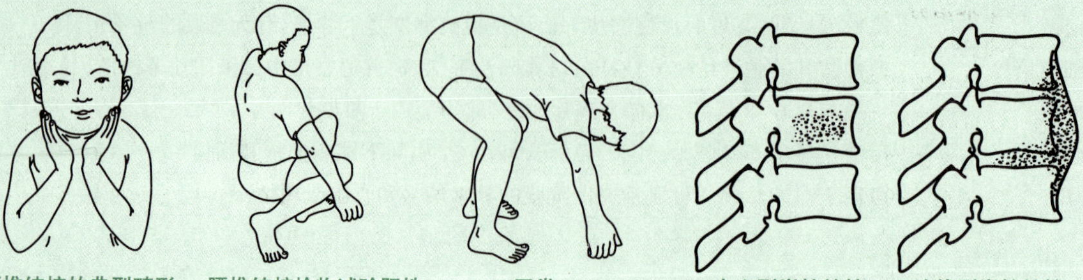

颈椎结核的典型畸形　腰椎结核拾物试验阳性　正常　中心型脊柱结核　边缘型脊柱结核

注意：①胸椎结核——脊柱后凸畸形常见，可为首发就诊症状。
②腰椎结核——脊柱后凸畸形不严重，拾物试验阳性，寒性脓肿可沿“腰大肌—髂窝—腹股沟”发展。

【例5】与脊柱结核有关的体格检查方法是

A. 研磨试验　B. 直腿抬高试验　C. 抽屉试验
D. “4”字试验　E. 拾物试验

2. 诊断

根据病史、症状、体征、影像学检查，典型病例不难诊断。

(1) X线片　表现为骨质破坏、椎间隙狭窄(典型表现)；脊柱侧弯或后凸畸形；椎旁软组织阴影增宽。椎体结核分为中心型和边缘型两种。

①中心型椎体结核　多见于10岁以下的儿童，好发于胸椎，一般仅侵犯一个椎体。侧位片上：骨质破坏集中在椎体中央，整个椎体被压缩成楔形，前窄后宽；早期不累及椎间盘，故椎间隙正常。

②边缘型椎体结核　多见于成人，好发于腰椎，一般累及相邻椎体的上下缘。X线片上：骨质破坏集中在椎体的上、下缘，表现为进行性椎间盘狭窄。

(2) CT检查　可清晰显示病灶部位、骨质破坏的程度、有无空洞和死骨形成。CT检查对腰大肌脓肿有独特的诊断价值。

(3) MRI检查　在结核炎性浸润阶段即可显示异常信号，能清楚地显示脊柱结核椎体骨炎、椎间盘破坏、椎旁脓肿及脊髓神经有无受压和变性。对脊柱结核具有早期诊断价值，为必不可少的检查方法。

	临床特点	椎间隙或关节间隙
单纯性滑膜结核	骨质疏松，关节囊肿胀	早期关节间隙增宽
单纯性骨结核	关节周围骨质疏松、骨质破坏、空洞或死骨	早期关节间隙增宽
全关节结核	关节面软骨破坏，骨质疏松、脱钙	晚期关节间隙变窄
中心型脊柱结核	多见于10岁以下的儿童，好发于胸椎，一般只侵犯一个椎体	椎间隙正常
边缘型脊柱结核	多见于成人，好发于腰椎，常累及椎间盘及相邻椎体，椎间盘破坏	椎间隙狭窄
脊柱转移癌	多见于老年人，先侵犯椎弓根，后累及椎体，一般无椎旁软组织影	椎间隙正常

3. 治疗

脊柱结核治疗的目的是彻底清除病灶，解除神经压迫，重建脊柱稳定性，矫正脊柱畸形。

(1) 支持治疗　注意休息，避免劳累，合理加强营养。

(2)抗结核药物治疗　有效的药物治疗是杀灭结核分枝杆菌、治愈脊柱结核的根本措施。

(3)矫形治疗　躯干支具、石膏背心、石膏床等,限制脊柱活动,减轻疼痛,矫正畸形。

(4)脓肿穿刺或引流　适用于脓肿较大者,可局部注入抗结核药物加强局部治疗。

(5)窦道换药　脊柱结核的窦道可长期不愈合。

(6)手术治疗

手术适应证:①经保守治疗效果不佳,病变仍有进展;②病灶内有较大的死骨及寒性脓肿;③窦道经久不愈;④骨质破坏严重,脊柱不稳定;⑤出现脊髓和马尾神经受压症状或截瘫;⑥严重后凸畸形。

手术治疗原则:①术前 4~6 周应规范化抗结核化疗,控制混合感染;②术中彻底清除病灶,解除神经及脊髓压迫,重建脊柱稳定性;③术后继续完成规范化全程化疗。

(6~8 题共用题干)女,28 岁。出现进行性背痛、下肢无力 1 个月。查体:腰部叩痛阳性,拾物试验阳性。腰椎 X 线片示 3、4 腰椎间隙变窄,可见椎旁软组织阴影。

【例 6】最可能的诊断是

A. 类风湿关节炎　　B. 腰椎间盘突出症　　C. 腰椎结核
D. 强直性脊柱炎　　E. 腰椎肿瘤

【例 7】对确诊最有价值的检查是

A. 活检　　B. MRI　　C. B 型超声
D. 血沉　　E. CT

【例 8】目前最适宜的治疗方法是

A. 药物治疗　　B. 休息牵引　　C. 支持治疗
D. 手术治疗　　E. 康复理疗

四、髋关节结核

髋关节结核占全身骨与关节结核发病率的第 3 位,仅次于脊柱和膝关节,好发于儿童,多为单侧发病。

1. 临床表现

(1)结核中毒症状　起病缓慢,有低热、乏力、倦怠、食欲缺乏、消瘦、贫血等全身症状。

(2)局部症状　多为单发性。早期疼痛不剧烈,小儿则表现为夜啼。儿童常诉膝关节疼痛,如不注意,会延误诊断。随着疼痛的加剧,可出现跛行。晚期出现腹股沟内侧、臀部寒性脓肿。破溃后成为慢性窦道。

(3)体检　股骨头破坏后可形成病理性后脱位。早期髋关节可有压痛,肿胀不明显,继而出现肌萎缩。患肢屈曲、外展、外旋。随着病情发展表现为屈曲、内收、内旋畸形,髋关节强直,下肢不等长。

(4)体格检查　"4"字试验、髋关节过伸试验、托马斯(Thomas)征阳性。

①"4"字试验　本试验包括髋关节屈曲、外展、外旋三种运动:病人平卧于检查床上,蜷其患肢,将外踝置于健侧肢髌骨上方。检查者用手下压其患侧膝部,若患髋出现疼痛且膝部不能接触床面即为阳性。

"4"字试验阴性

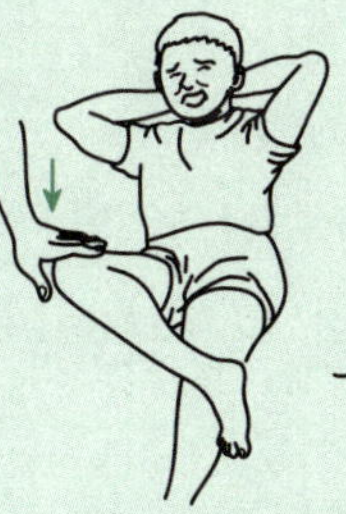
"4"字试验阳性

髋关节过伸试验

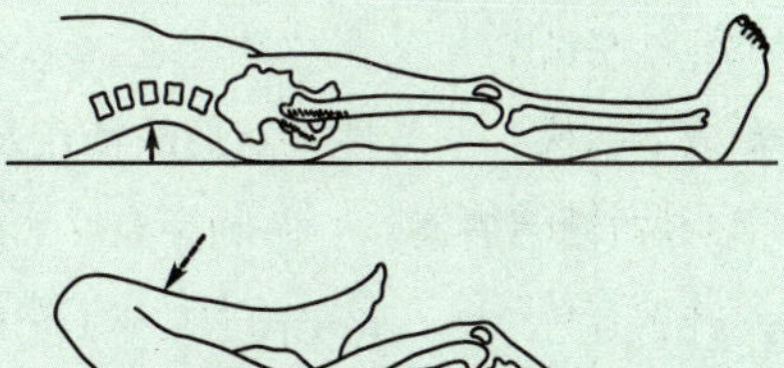
髋屈曲畸形试验(Thomas试验)

②髋关节过伸试验　可用于检查儿童早期髋关节结核。患儿俯卧,检查者一手按住骨盆,另一手握

住踝部把下肢提起，直到骨盆开始从床面升起为止。同样试验对侧髋关节，两侧对比，若后伸范围不如正常侧大，称为阳性。正常侧可以后伸 10°。

③托马斯(Thomas)征阳性　用来检查髋关节有无屈曲畸形。病人平卧于检查床上，检查者将其健侧髋、膝关节完全屈曲，使膝部贴住或尽可能贴近前胸，此时腰椎前凸完全消失而腰背平贴于床面。若患髋存在屈曲畸形，即能一目了然，根据大腿与床面所成角度，判定屈曲畸形为多少。

注意：①髋关节结核"4"字试验、髋关节过伸试验、Thomas 征阳性；②腰椎结核拾物试验阳性、寒性脓肿；③髋关节结核病变在髋，症状在膝(膝部疼痛)；④肾结核病变在肾，症状在膀胱(膀胱刺激征)。

2. 诊断

根据病史、症状、体征、影像学检查，典型病例不难诊断。

(1)X 线片　对诊断髋关节结核十分重要。①局限性骨质疏松是最早的放射学表现。②在疾病后期，常有破坏性关节炎伴少量反应性硬化表现，偶尔可在数周内迅速出现关节的完全破坏，出现空洞和死骨。严重者股骨头几乎消失。③后期可出现病理性脱位。

(2)CT 检查　能清楚显示髋关节积液量，发现微小骨破坏病灶，有助于早期诊断。

(3)MRI 检查　与 CT 相仿，但更能显示骨内的炎性浸润，有助于早期诊断。

3. 治疗

(1)全身支持治疗　改善全身情况，增强机体的抵抗力。

(2)药物治疗　在结核病灶活动期、手术前后，规范应用抗结核药物。

(3)牵引　有髋部剧痛、肌肉痉挛或屈曲畸形者，应作皮肤牵引或骨牵引，以缓解疼痛、矫正畸形。

(4)手术治疗　非手术治疗无效者，可行手术治疗。

单纯滑膜结核	关节内注射抗结核药物；若无效，行滑膜切除+皮肤牵引+丁字鞋功能位制动 3 周
单纯骨结核	尽早行病灶清除术，以免发展为全关节结核
早期全关节结核	应及时行病灶清除术。儿童病例不作关节融合术
晚期全关节结核	若病变已静止，髋关节出现纤维性强直，宜作髋关节融合术 若髋关节明显屈曲、内收或外展畸形，可作转子下截骨矫形术 若结核病灶已完全控制，为了恢复关节功能，可作人工髋关节置换术

注意：①最常见的骨与关节结核是脊柱结核。②最常见的关节结核是膝关节结核。③最常见的滑膜结核是膝关节结核。④脊柱结核好发于腰椎。⑤脊柱骨折好发于 $T_{10} \sim L_2$。

【例 9】男，35 岁。腰背部疼痛 3 个月，伴有乏力、盗汗。查体：双下肢感觉、运动功能正常。X 线显示 $L_{2\sim3}$ 椎间隙狭窄，腰大肌影增宽。最适宜的治疗方法是

A. 抗结核药物治疗　　B. 局部注射抗炎药物　　C. 腰背部理疗按摩

D. 加强腰背肌锻炼　　E. 立即行病灶清除手术

常考点　急性骨髓炎的特点及治疗；脊柱结核和髋关节结核的诊断。

参考答案——详细解答见 2021《贺银成国家临床执业及助理医师资格考试历年考点精析》

1. ABCDE　2. ABCDE　3. ABCDE　4. ABCDE　5. ABCDE　6. ABCDE　7. ABCDE
8. ABCDE　9. ABCDE

第32章　骨关节炎

考纲要求

骨关节炎:临床表现,诊断,治疗。

复习要点

骨关节炎是一种以关节软骨退行性变和继发性骨质增生为特征的慢性关节疾病。

1. 临床表现

关节疼痛	初期为轻微疼痛,以后逐渐加重,休息时好转,活动后加重;也有的表现为休息痛
关节压痛	关节局部有压痛,在伴关节肿胀时尤为明显
关节僵硬	表现为晨僵,晨僵时间一般不超过30分钟。活动后缓解
关节肿大	手部关节肿大变形,可出现Heberden结节和Bouchard结节 部分膝关节因骨赘形成或关节积液也会造成关节肿大
骨擦音(感)	由于关节软骨破坏、关节面不平,关节活动时可出现骨擦音(感),多见于膝关节
关节活动障碍	关节疼痛,活动度下降,肌肉萎缩,软组织挛缩,关节交锁等
实验室检查	血常规、蛋白电泳、免疫复合物、血清补体均正常 伴有滑膜炎的病人可出现C反应蛋白(CRP)和血沉(ESR)轻度升高
X线检查	表现为非对称性关节间隙变窄,软骨下骨硬化和(或)囊性变,关节边缘增生和骨赘形成

2. 诊断标准

主要根据临床症状和X线检查进行诊断。美国风湿病学会提出的分类诊断标准如下。

(1)手骨关节炎分类标准

临床标准:具有手疼痛、酸痛和晨僵,并具备以下4项中至少3项,可诊断为手骨关节炎:①10个指定关节中硬性组织肥大≥2个;②远端指间关节硬性组织肥大≥2个;③掌指关节肿胀<3个;④10个指定的指关节中关节畸形≥1个。注:10个指定关节是指双侧第2、3指远端和近端指间关节及第1腕掌关节。

(2)膝骨关节炎分类标准

①临床标准　具有膝痛并具备以下6项中至少3项,可诊断为膝骨关节炎:A.年龄≥50岁;B.晨僵<30分钟;C.骨摩擦感;D.骨压痛;E.骨性肥大;F.膝触之不热。

②临床+放射学标准　具有膝痛和骨赘,并具备以下3项中至少1项,可诊断为膝骨关节炎:A.年龄≥40岁;B.晨僵<30分钟;C.骨摩擦感。

(3)髋骨关节炎分类标准　临床+放射学标准:具有髋痛,并具备以下3项中至少2项,可诊断为髋骨关节炎:①血沉≤20mm/h;②X线示股骨头和(或)髋臼骨赘;③X线示髋关节间隙狭窄。

3. 治疗

(1)非药物治疗　包括病人教育、物理治疗、行动支持、改变负重力线等。

(2)药物治疗　包括非甾体抗炎药物、关节腔药物注射(透明质酸、糖皮质激素)。

(3)手术治疗　包括游离体摘除术、经关节镜行关节清理术、截骨术、关节融合和关节成形术等。

常考点　不常考。

第 33 章 骨肿瘤

考纲要求

①骨肿瘤总论:诊断,治疗原则。②良性骨肿瘤:临床表现。③恶性骨肿瘤:临床表现。

复习要点

凡发生在骨内或起源于各种骨组织成分的肿瘤,不论是原发性、继发性还是转移性肿瘤,统称骨肿瘤。

一、骨肿瘤总论

1. 诊断

骨肿瘤的诊断必须临床、影像学、病理学三者结合,生化测定也是必要的辅助检查。

(1)影像学检查

①X 线检查 能反映骨与软组织的基本病变。骨内的肿瘤性破坏表现为溶骨型、成骨型、混合型。良性骨肿瘤具有界限清楚、密度均匀的特点,多为膨胀性病损或者外生性生长,通常无骨膜反应。

恶性骨肿瘤的病灶多不规则,呈虫蛀样或筛孔样,密度不均,界限不清,可有骨膜反应,如 Codman 三角(日光射线形态)多见于骨肉瘤,"葱皮"现象多见于尤因肉瘤。

②CT 和 MRI 检查 可更清楚地显示肿瘤的范围,识别肿瘤侵袭的程度。

③ECT 检查 可早期发现可疑骨转移灶,但特异性不高,不能单独作为诊断依据,须经 X 线片或 CT 证实。

④DSA 检查 可显示肿瘤血供情况,以利于做选择性血管栓塞和注入化疗药物。

(2)病理检查 是骨肿瘤确诊的唯一可靠检查,分为穿刺活检、切开活检两种。

(3)生化测定 大多数骨肿瘤病人化验检查是正常的。凡骨质有迅速破坏时,如广泛溶骨性病变,血钙往往升高;血清碱性磷酸酶反映成骨活动,在成骨性肿瘤如骨肉瘤中有明显升高;男性酸性磷酸酶升高提示转移性骨肿瘤来自前列腺癌。尿本周蛋白阳性提示骨髓瘤的存在。

2. 治疗原则

手术治疗应根据外科分期来选择手术界限和方法,尽量达到既切除肿瘤,又可保全肢体的目的。

(1)良性骨肿瘤的外科治疗

①刮除植骨术 适用于良性骨肿瘤及瘤样病变。

②外生性骨肿瘤的切除 手术关键是完整切除肿瘤骨质、软骨帽及软骨外膜,防止复发。

(2)恶性骨肿瘤的外科治疗

①保肢治疗 适应证为:肢体发育成熟;ⅡA 期或化疗敏感的ⅡB 期肿瘤;血管神经束未受累,肿瘤能够完整切除;术后局部复发率和转移率不高于截肢,术后肢体功能优于义肢;病人要求保肢。

②截肢术 对于就诊较晚、破坏广泛和对其他辅助治疗无效的恶性骨肿瘤(ⅡB 期)。

(3)化学治疗 可提高恶性骨肿瘤病人的生存率和保肢率。

(4)放射疗法 骨肉瘤对放疗不敏感。尤因肉瘤对放疗敏感,能有效控制局部病灶。

二、骨肿瘤的临床表现

1. 良性骨肿瘤的临床表现

(1)局部肿块 为最早出现的症状,常表现为质硬而无压痛的肿块,生长缓慢。

(2)疼痛 大多数良性肿瘤无疼痛。

(3)功能障碍和压迫症状 邻近关节的肿瘤,由于疼痛和肿胀可导致关节功能障碍。脊髓肿瘤不论良恶性，都可引起压迫症状。

(4)病理性骨折　少见，多发生于髓内病变者，如骨囊肿、骨纤维结构不良等。

2. 恶性骨肿瘤的临床表现

(1)疼痛　恶性骨肿瘤几乎均有局部疼痛，并可有压痛。

(2)肿块　局部肿块且进展迅速多见于恶性骨肿瘤。局部血管怒张反映肿瘤血运丰富，多属恶性。

(3)全身情况　多伴发热、食欲减退、消瘦、恶病质等。

(4)病理性骨折　轻微外伤即可引起病理性骨折，可作为首发症状就诊。

(5)功能障碍及压迫症状　邻近关节的肿瘤可导致关节功能障碍。脊髓肿瘤可引起压迫症状。

3. 良、恶性骨肿瘤的鉴别

	良性骨肿瘤	恶性骨肿瘤
发病率	多见	少见
年龄	成人	年轻
最常见疾病	骨软骨瘤	骨肉瘤
疼痛	多无(恶变或骨折时可有疼痛)	常有
病理性骨折	可有	常有
导致截瘫	可	可
肿块	质硬无压痛	有压痛
血管怒张	无	有
远处转移	无	有
X线	界限清楚，密度均匀 多为外生性生长，骨皮质膨胀变薄 病灶周围有硬化性反应骨 通常无骨膜反应 骨质破坏呈单房性或多房性，内有骨化影	界限不清，病灶不规则，密度不均 骨破坏区不规则，呈虫蚀样或筛孔样 可见Codman三角(骨肉瘤)、葱皮现象(尤因肉瘤) 骨质破坏，溶骨性缺损

(1~3题共用题干)男，12岁。1个月前无明显诱因出现左胫骨近端肿痛，逐渐加重，皮肤表面静脉怒张，皮温增高。X线片见左胫骨近端呈溶骨性破坏，伴有骨膜日光放射状表现。

【例1】确诊该病的检查方法是

A. CT　　B. MRI　　C. 组织活检

D. B超　　E. 核素扫描

【例2】最可能的诊断是

A. 骨囊肿　　B. 骨巨细胞瘤　　C. 骨髓炎

D. 骨肉瘤　　E. 骨结核

【例3】最适合的治疗方法是

A. 刮除植骨　　B. 对症治疗　　C. 单纯截肢术

D. 放疗　　E. 化疗+保肢治疗

▶▶常考点　良恶性肿瘤的区别。

参考答案——详细解答见2021《贺银成国家临床执业及助理医师资格考试历年考点精析》

1. ABCDE　　2. ABCDE　　3. ABCDE

第十五篇　妇产科学

第1章　女性生殖系统解剖与生理

考纲要求

①女性生殖系统解剖：外生殖器解剖，内生殖器解剖，生殖系统血管分布、淋巴引流和神经支配，骨盆的组成、分界和类型，骨盆底的组成及会阴解剖，内生殖器与邻近器官的关系。②女性生殖系统生理：女性一生各阶段的生理特点，卵巢功能与卵巢周期性变化，子宫内膜的周期性变化与月经，生殖器其他部位的周期性变化，月经周期的调节。

复习要点

一、女性生殖系统解剖

1. 外生殖器解剖

女性外生殖器是指生殖器外露的部分，又称为外阴，位于两股内侧间，前为耻骨联合，后为会阴，包括阴阜、大阴唇、小阴唇、阴蒂和阴道前庭。

外阴组成	解剖学	临床意义或常考点
阴阜	为耻骨联合前方的皮肤隆起，皮下脂肪组织丰富	青春期开始生长呈倒三角形的阴毛
大阴唇	外侧面为皮肤，内含皮脂腺和汗腺；内侧面湿润似黏膜；皮下为疏松结缔组织和脂肪组织，含丰富的血管、神经、淋巴管	外伤后易形成血肿 未产妇两侧大阴唇自然合拢 产后向两侧分开，绝经后大阴唇可萎缩
小阴唇	位于两侧大阴唇内侧的一对薄皮肤皱襞	表面湿润，无毛，富含神经末梢
阴蒂	由海绵体组成，分阴蒂头、阴蒂体和阴蒂脚三部分	阴蒂头富含神经末梢，为性反应器官
阴道前庭	为一菱形区域，前为阴蒂，后为阴唇系带，两侧为小阴唇。内有前庭球、前庭大腺、尿道外口、阴道口	前庭大腺(又称巴氏腺)腺管口阻塞，可形成前庭大腺囊肿或脓肿。尿道外口后壁有尿道旁腺，容易有细菌潜伏

【例1】18岁，女学生。骑自行车与三轮车相撞，自觉外阴疼痛难忍并肿胀就诊。根据女性外阴解剖学特点，可能发生的是

A. 小阴唇裂伤　　B. 处女膜破裂　　C. 大阴唇血肿
D. 阴道前庭损伤　　E. 前庭大腺肿大伴出血

【例2】下列关于女性外阴解剖结构的描述，正确的是

A. 处女膜的表面上皮为柱状上皮　　B. 大阴唇的外侧为皮肤，内侧为黏膜
C. 阴道前庭有尿道外口、阴道口和肛门　　D. 阴蒂分为阴蒂头和阴蒂脚两部分
E. 前庭大腺位于大阴唇后部，被球海绵体肌覆盖

2. 内生殖器解剖

女性内生殖器位于真骨盆内，包括阴道、子宫、输卵管和卵巢，后两者合称子宫附件。

(1)阴道　为性交器官，也是月经血排出及胎儿娩出的通道。

①位置和形态　阴道位于真骨盆下部中央，前壁长7~9cm，与膀胱及尿道相邻；后壁长10~12cm，与直肠贴近。子宫颈与阴道间的圆周状隐窝，称为阴道穹隆。按其位置分为前、后、左、右四个部分，其中后穹隆位置最深，临床上可经此穿刺、引流或作为手术入路。

②组织结构　阴道壁从内向外由黏膜、肌层、纤维组织膜构成。黏膜层由非角化复层鳞状上皮覆盖，无腺体，有很多横行皱襞，有较大伸展性。肌层由内环和外纵两层平滑肌构成，纤维组织膜与肌层紧密粘贴。阴道壁富有静脉丛，损伤后易出血或形成血肿。

注意：损伤后易形成血肿的部位——大阴唇、阴道壁。

(2)子宫　子宫是孕育胚胎、胎儿和产生月经的器官。

①形态　子宫重约50~70g，长7~8cm，宽4~5cm，厚2~3cm，容量约5ml。子宫分子宫体和子宫颈两部分。子宫顶部称为子宫底。子宫体与子宫颈之间形成最狭窄的部分，称为子宫峡部，在非孕期长约1cm；在妊娠期逐渐伸展延长，妊娠末期可达7~10cm，形成子宫下段，成为软产道的一部分。子宫峡部的上端因解剖上狭窄，称为解剖学内口；下端因在此处子宫内膜转变为子宫颈黏膜，称为组织学内口。子宫颈内腔呈梭形，称为子宫颈管，成年妇女长约2.5~3.0cm，其下端称为子宫颈外口，通向阴道。子宫颈以阴道为界，分为上下两部，上部占子宫颈的2/3，两侧与子宫主韧带相连，称为子宫颈阴道上部；下部占子宫颈的1/3，伸入阴道内，称为子宫颈阴道部。未产妇的子宫颈外口呈圆形；经产妇受分娩影响形成横裂。

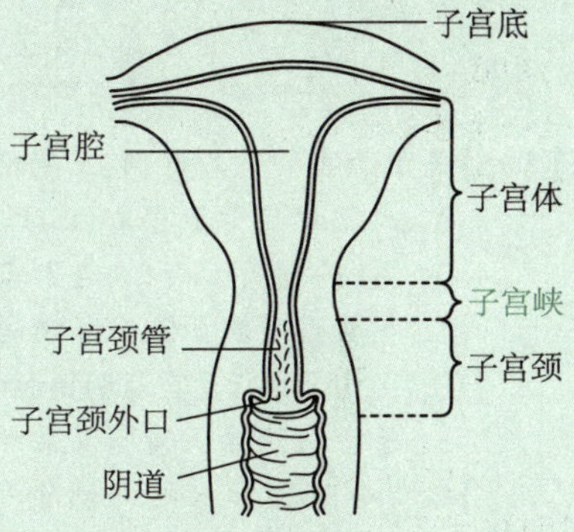

子宫的形态结构

②组织结构　子宫体和子宫颈的组织结构不同。

A.子宫体　子宫体壁由3层组织构成，由内向外分为子宫内膜层、肌层和浆膜层。

a.子宫内膜　分三层，即致密层、海绵层和基底层。内膜表面2/3为致密层和海绵层，统称为功能层，受卵巢性激素影响，发生周期性变化而脱落。基底层为靠近子宫肌层的1/3内膜，不受卵巢性激素的影响，不发生周期性变化。

b.子宫肌层　由大量平滑肌束、少量弹力纤维与胶原纤维组成，分为3层：内层肌纤维环形排列，痉挛性收缩可形成子宫收缩环；中层肌纤维交叉排列，在血管周围形成"8"字形围绕血管，收缩时能压迫血管，有效地控制子宫出血；外层肌纤维纵行排列，极薄，是子宫收缩的起点。

c.子宫浆膜层　为覆盖宫底部及其前后面的脏腹膜。在子宫前面有膀胱子宫陷凹，在子宫后面有直肠子宫陷凹，也称道格拉斯陷凹(Douglas陷凹)。

B.子宫颈　宫颈管黏膜为单层高柱状上皮，黏膜内腺体分泌碱性黏液，形成黏液栓堵塞子宫颈管。子宫颈阴道部由复层鳞状上皮覆盖，表面光滑。宫颈外口柱状上皮和鳞状上皮交接处是宫颈癌的好发部位。

③位置　子宫位于盆腔中央。子宫底位于骨盆入口平面以下，子宫颈外口位于坐骨棘水平稍上方。子宫的正常位置依靠子宫韧带、骨盆底肌和筋膜的支托，这些支持结构异常可导致子宫脱垂。

【例3】关于女性内生殖器解剖，正确的是
A. 子宫韧带共有3对
B. 阴道穹隆四部中前穹隆最深
C. 子宫内膜各层均发生周期性变化
D. 子宫峡部非孕期长约2cm
E. 站立时直肠子宫陷凹为女性腹膜腔最低位置

【例4】关于子宫峡部解剖学特点，正确的是
A. 为子宫较宽的部分
B. 妊娠期变软不明显
C. 下端为解剖学内口
D. 临产后子宫下段平脐
E. 非孕时长度约为1cm

④子宫韧带　共 4 对，即圆韧带、阔韧带、主韧带和宫骶韧带（如右下图）。

	解剖特点	功能
子宫圆韧带	起自宫角前面、输卵管近端的稍下方，经腹股沟管止于大阴唇前端	维持子宫呈前倾位
子宫阔韧带	子宫动静脉和输尿管从阔韧带基底部穿过，卵巢动静脉从卵巢悬韧带穿行	限制子宫向两侧倾斜
子宫主韧带	又称宫颈横韧带，在阔韧带下部，横行于宫颈两侧和骨盆侧壁之间	固定宫颈位置 防止子宫下垂
宫骶韧带	起自宫体宫颈交界处，向两侧绕过直肠达第 2、3 骶椎前面的筋膜	向后向上牵引宫颈 维持子宫前倾位置

记忆：①维持子宫**前**倾的是子宫**圆**韧带、宫**骶**韧带——记忆为**钱（前）是圆的（骶）**。
②防止子宫**下**垂的是子宫**主**韧带——记忆为**下**到地狱之后，在那里大叫"**主**啊，救救我吧"。
③防止子宫侧倾的是子宫阔韧带——记忆为四个子宫韧带中最后剩下的一个。

【例 5】关于子宫韧带的解剖，正确的是
A. 圆韧带起于子宫角，止于腹股沟
B. 阔韧带富于肌纤维，与子宫体肌纤维相连
C. 卵巢固有韧带使子宫倾向后方
D. 主韧带横行于宫颈两侧和骨盆侧壁之间
E. 子宫动静脉从阔韧带上部穿过

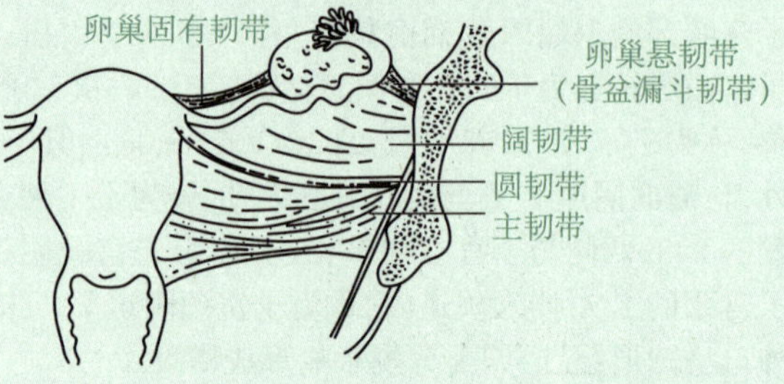

子宫各韧带（宫骶韧带未显示）

【例 6】欲行全子宫加双附件切除，不需要切断的韧带是
A. 圆韧带　　B. 卵巢固有韧带　　C. 卵巢悬韧带　　D. 阔韧带　　E. 主韧带

(3) 输卵管　为精子和卵子结合场所及运送受精卵的通道。

①分部　输卵管长约 8～14cm，由内向外分 4 部分，即间质部、峡部、壶腹部和伞部。其中，间质部管腔最狭窄；壶腹部为常见受精部位；伞部有"拾卵"作用。

②构成　输卵管从内向外分为三层：黏膜层、平滑肌层和浆膜层。黏膜层由单层高柱状上皮覆盖，上皮细胞分为纤毛细胞、无纤毛细胞、楔状细胞和未分化细胞四种。

(4) 卵巢　为一对扁椭圆形的性腺，是产生与排出卵子，并分泌甾体激素的性器官。由外侧的卵巢悬韧带和内侧的卵巢固有韧带悬于盆壁与子宫之间。青春期前卵巢表面光滑，青春期开始排卵后，表面逐渐凹凸不平。育龄期妇女卵巢大小约 4cm×3cm×1cm，重约 5～6g，绝经后卵巢逐渐萎缩变小变硬。

卵巢表面无腹膜，由单层立方上皮覆盖，称为生发上皮。上皮的深面有一层致密纤维组织，称为卵巢白膜。再往内为卵巢实质，又分为外层的皮质和内层的髓质。皮质由大小不等的各级发育卵泡、黄体和它们退化形成的残余结构及间质组织组成；髓质由疏松结缔组织及丰富的血管、神经、淋巴管、少量平滑肌纤维构成。

【例 7】卵巢表面的组织为
A. 腹膜　　B. 卵巢白膜　　C. 卵巢皮质
D. 结缔组织　　E. 生发上皮

【例 8】关于卵巢形态学特征，说法正确的是
A. 卵巢白膜是平滑肌组织　　B. 成年妇女卵巢重约 15g　　C. 卵巢表面无腹膜
D. 髓质内含许多始基卵泡　　E. 皮质内含血管、神经、淋巴管

3. 生殖系统血管分布、淋巴引流及神经支配

(1)生殖系统的血管分布

①动脉　女性内、外生殖器的血液供应主要来自卵巢动脉、子宫动脉、阴道动脉及阴部内动脉。

	起源	血供范围
卵巢动脉	腹主动脉	主要支配卵巢、输卵管。在子宫角附近与子宫动脉卵巢支吻合
子宫动脉	髂内动脉前干分支	在腹膜后沿骨盆壁向下向前行，经阔韧带达子宫外侧，相当于宫颈内口水平约2cm处，横跨输尿管至子宫侧缘，分上下两支：上支再分为子宫体支、宫底支、输卵管支、卵巢支；下支分布于子宫颈、阴道上段
阴道动脉	髂内动脉前干分支	分布于阴道中下段前后壁、膀胱顶、膀胱颈
阴部内动脉	髂内动脉前干终支	分出痔下动脉、会阴动脉、阴唇动脉、阴蒂动脉4支

注意：阴道上段主要由子宫动脉供血，中段主要由阴道动脉供血，下段主要由阴部内动脉和痔中动脉供血。

②静脉　盆腔静脉与同名动脉伴行，但数目比其动脉多，并在相应器官及其周围形成静脉丛，且相互吻合，使盆腔静脉感染容易蔓延。卵巢静脉与同名动脉伴行，右侧卵巢静脉汇入下腔静脉，左侧卵巢静脉汇入左肾静脉，因肾静脉较细，容易发生回流受阻，故左侧盆腔静脉曲张较多见。

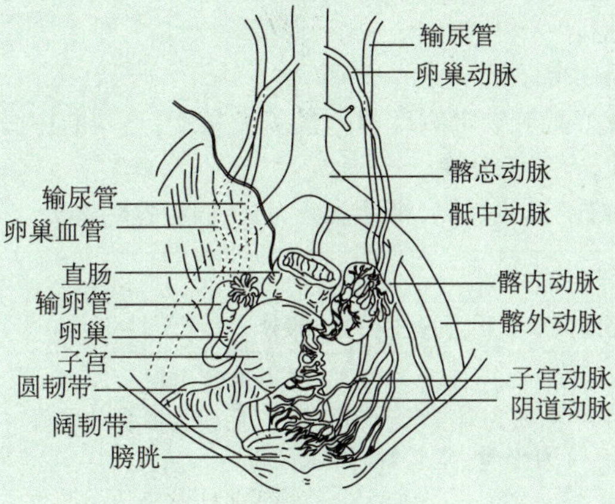

盆腔动脉血管

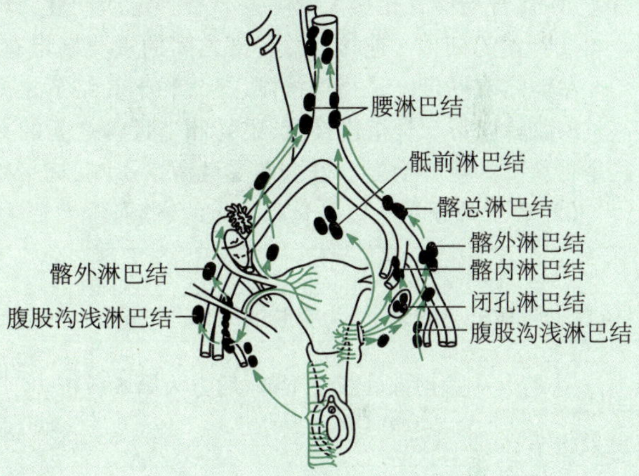

女性生殖器淋巴流向

(2)生殖系统的淋巴引流　分为外生殖器淋巴和盆腔淋巴两组。

①外生殖器淋巴　分深浅两部分。

A.腹股沟浅淋巴结　分上下两组，上组沿腹股沟韧带排列，收纳外生殖器、阴道下段、会阴、肛门部的淋巴；下组位于大隐静脉末端周围，收纳会阴及下肢的淋巴。其输出管大部分汇入腹股沟深淋巴结。

B.腹股沟深淋巴结　位于股静脉内侧，收纳阴蒂、腹股沟浅淋巴，汇入髂外和闭孔淋巴结。

②盆腔淋巴　分为3组：髂淋巴组（由闭孔、髂内、髂外、髂总淋巴结组成）；骶前淋巴组（位于骶骨前面）；腰淋巴组（也称腹主动脉旁淋巴组，位于腹主动脉旁）。

(3)生殖系统的神经支配　女性内、外生殖器由躯体神经和自主神经共同支配。

①外生殖器的神经支配　主要由阴部神经支配，分布于会阴、阴唇、肛门周围。

②内生殖器的神经支配　主要由交感神经和副交感神经支配。子宫平滑肌有自主节律活动，完全切断其神经后仍能有节律性收缩，还能完成分娩活动，因此低位截瘫产妇仍能自然分娩。

【例9】子宫动脉来自

A. 腹主动脉　　B. 髂总动脉　　C. 髂内动脉

D. 髂外动脉　　E. 肾动脉

【例 10】卵巢动静脉通过的韧带是

A. 圆韧带　　B. 主韧带　　C. 宫骶韧带

D. 阔韧带　　E. 骨盆漏斗韧带

【例 11】不是女性生殖器官血液供应的主要来源

A. 髂外动脉　　B. 卵巢动脉　　C. 子宫动脉

D. 阴道动脉　　E. 阴部内动脉

4. 骨盆的组成、分界和类型

(1)骨盆的组成

①骨盆的骨骼　骨盆由骶骨、尾骨和左右两块髋骨组成。

A.骶骨　由 5~6 块骶椎融合而成,其向前突出的部分,称为骶岬。

B.尾骨　由 4~5 块尾椎构成。

C.髋骨　每块髋骨由髂骨、坐骨和耻骨融合而成。

②骨盆的关节　包括耻骨联合、骶髂关节和骶尾关节。耻骨联合在骨盆前方两耻骨之间,由纤维软骨连接,妊娠期受女性激素影响变松动,分娩过程中可出现轻度分离,有利于胎儿娩出。骶髂关节在骨盆后方,两髂骨与骶骨相接。骶尾关节有一定活动度,分娩时尾骨后移可加大出口前后径。

③骨盆的韧带　连接骨盆各部之间的重要韧带有两对:

A.骶结节韧带　是指连接骶、尾骨和坐骨结节之间的韧带。

B.骶棘韧带　是指连接骶、尾骨和坐骨棘之间的韧带。骶棘韧带宽度即坐骨切迹宽度,是判断中骨盆是否狭窄的重要指标。妊娠期受性激素影响,韧带松弛,有利于分娩。

(2)骨盆的分界　以耻骨联合上缘、髂耻缘及骶岬上缘的连线为界,将骨盆分为真、假骨盆两部分。

	假骨盆(大骨盆)	真骨盆(小骨盆)
位置	骨盆分界线之上,为腹腔的一部分	骨盆分界线之下,为盆腔的一部分
组成	两方——前方为腹壁下部,后方为第 5 腰椎 两侧——为髂骨翼	两口——上口为骨盆入口,下口为骨盆出口 两壁——前壁为耻骨联合和耻骨支,后壁为骶骨和尾骨 两侧——为坐骨、坐骨棘、骶棘韧带
功能	假骨盆与产道无直接关系 某些径线的长短有助于了解真骨盆大小	是胎儿娩出的骨产道。坐骨棘位于真骨盆中部 坐骨棘是分娩时衡量胎先露部下降程度的重要标志 两坐骨棘连线的长短是衡量中骨盆大小的重要径线

(3)骨盆的类型　根据骨盆形状,分为以下 4 种基本类型:

	女型骨盆	扁平型骨盆	类人猿型骨盆	男型骨盆
所占比例	52%~59%(最常见)	23.2%~29%	14.2%~18%	1%~3.7%
骨盆入口	呈横椭圆形	呈扁椭圆形	呈长椭圆形	略呈三角形
解剖特点	入口横径较前后径长 骨盆侧壁直 耻骨弓较宽 坐骨棘不突出 坐骨棘间径≥10cm	入口横径>前后径,耻骨弓宽,骶骨失去正常弯度,变直向后翘或深弧形,骨盆浅	入口横径<前后径,骨盆两侧壁稍内聚,坐骨棘突出,坐骨切迹较宽,耻骨弓较窄,骶骨向后倾斜,骨盆前部较窄而后部较宽	骨盆两侧壁内聚,坐骨棘突出,坐骨切迹呈高弓形,耻骨弓较窄,骶骨较直而前倾,出口后矢状径较短,骨盆腔呈漏斗形
骨性产道	正常	易致入口平面狭窄	易致中骨盆及骨盆出口平面狭窄	

上述4种骨盆基本类型是理论上的归类，临床所见多是混合型骨盆。

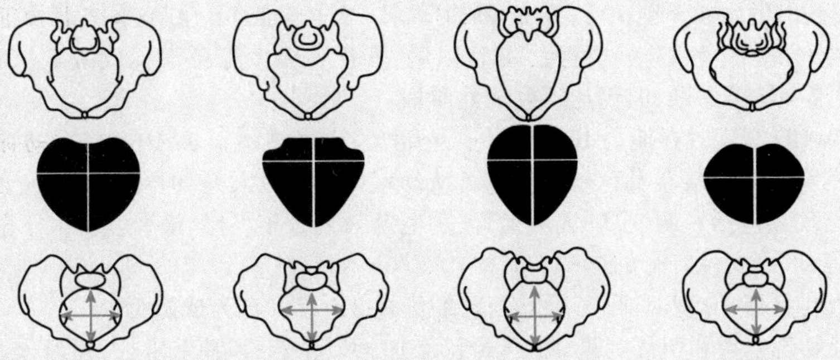

A. 女型骨盆　　B. 男型骨盆　　C. 单纯扁平型骨盆
D. 类人猿型骨盆　　E. 骨软化症骨盆

【例12】骨盆入口呈横椭圆形，入口横径较前后径稍长，耻骨弓较宽，属于

【例13】骨盆入口呈横椭圆形，骶岬向前下凸出，骨盆入口横径正常，属于

5. 骨盆底的组成及会阴解剖

(1)骨盆底的组成　骨盆底由多层肌肉和筋膜构成，封闭骨盆出口，承托并保持盆腔脏器于正常位置。骨盆底前方为耻骨联合和耻骨弓，后方为尾骨尖，两侧为耻骨降支、坐骨升支和坐骨结节。两侧坐骨结节前缘的连线将骨盆底分为前后两个三角区：前三角区为尿生殖三角，有尿道和阴道通过；后三角区为肛门三角，有肛管通过。骨盆底由外向内分为以下3层：

①外层　位于外生殖器、会阴皮肤及皮下组织的下面，由会阴浅筋膜及其深面的三对肌肉及一括约肌组成，即球海绵体肌、坐骨海绵体肌、会阴浅横肌和肛门外括约肌。

②中层　为泌尿生殖膈，由上、下两层坚韧的筋膜及其间的一对会阴深横肌及尿道括约肌组成。

③内层　为盆膈，是骨盆底最坚韧的一层，由肛提肌及其内、外面各覆一层筋膜组成。

(2)会阴解剖　会阴是指位于阴道口和肛门之间的楔形软组织，又称会阴体，会阴伸展性大，妊娠后期会阴组织变软，有利于分娩。分娩时需保护会阴，避免发生裂伤。

【例14】属于骨盆底内层(即盆膈)肌肉的是

A. 肛提肌　　B. 肛门外括约肌　　C. 球海绵体肌
D. 坐骨海绵体肌　　E. 会阴深横肌

6. 内生殖器与邻近器官的关系

(1)尿道　女性尿道长约4~5cm，短而直，与阴道邻近，容易引起泌尿系统感染。

(2)膀胱　当盆底肌肉及其筋膜受损时，膀胱与尿道可随宫颈及阴道前壁一并脱出。

(3)输尿管　应熟悉输尿管走行，结扎子宫动脉及打开输尿管隧道时，应避免损伤输尿管。

(4)直肠　直肠前面与阴道后壁相连，当盆底肌肉与筋膜受损时，常与阴道后壁一并脱出。

(5)阑尾　妇女患阑尾炎时可累及子宫附件。若妊娠期发生阑尾炎时，增大的子宫可使阑尾向外上方移位。

二、女性生殖系统生理

1. 女性一生各阶段的生理特点

(1)胎儿期　性染色体X与Y决定着胎儿的性别，XX合子发育成女性，XY合子发育成男性。

(2)新生儿期　是指出生后4周内。女性胎儿在母体内受胎盘及母体卵巢所产生的女性激素影响，出生时新生儿外阴较丰满，乳房略隆起或少许泌乳。出生后因脱离母体，血中女性激素水平迅速下降，可出现少量阴道流血。这些生理变化短期内能自然消退。

(3)儿童期 从出生后4周至12岁左右,称儿童期。8岁以前,下丘脑-垂体-卵巢轴的功能处于抑制状态,卵泡无雌激素分泌,生殖器呈幼稚型。8岁以后,下丘脑促性腺激素释放激素(GnRH)抑制状态解除,卵巢发育并分泌少量性激素,但仍达不到成熟阶段。

(4)青春期 WHO规定青春期为10~19岁。青春期发动通常始于8~10岁,这一时期的生理特点有:

①第一性征发育 即生殖器发育。生殖器官从幼稚型变为成人型,但功能尚未完善。

②第二性征出现 包括音调变高、乳房发育、阴毛及腋毛分布、骨盆横径发育大于前后径,以及胸、肩部皮下脂肪增多等,形成女性特有的体态。其中乳房发育是女性第二性征的最初特征,为女性青春期发动的标志。一般女性接近10岁时乳房开始发育,约经过3.5年发育为成熟型。

③肾上腺功能初现 青春期肾上腺雄激素分泌增加,引起阴毛和腋毛生长,称为肾上腺功能初现。阴毛首先发育,2年后腋毛开始发育。肾上腺功能初现提示下丘脑-垂体-肾上腺雄性激素轴功能近趋完善。

④生长加速 11~12岁青春期少女体格生长呈直线加速,平均每年生长9cm,月经初潮后生长减缓。

⑤月经来潮 月经初潮为青春期的重要标志,月经初潮平均晚于乳房发育2.5年,此期月经常不规律。经5~7年建立规律的周期性排卵后,月经才逐渐正常。月经周期一般为21~35日,平均28日。经期一般为2~8日,平均为4~6日。正常月经量为20~60ml,超过80ml为月经过多。

10岁开始乳腺发育 —1年以后→ 阴毛及腋毛生长 —1.5年以后→ 月经初潮 —5~7年→ 月经规则

注意:①乳房发育为女性青春期发动的标志,是女性第二性征的最初特征。

②月经初潮是女性青春期的重要标志。

③月经周期的数据,9版《妇产科》数据与7版《妇产科》有差异,此为9版《妇产科》P18数据。

(5)性成熟期(生育期) 是卵巢生殖功能与内分泌功能最旺盛的时期。一般18岁左右开始,历时约30年。此期,卵巢可周期性排卵,生殖器官各部及乳房在卵巢分泌的性激素作用下发生周期性变化。

(6)绝经过渡期 指从开始出现绝经趋势直至最后一次月经的时期。一般始于40岁,历时短则1~2年,长至10~20年。此期卵巢功能逐渐衰退,卵泡数明显减少,月经不规律,常为无排卵性月经。我国妇女平均绝经年龄为49.5岁。WHO规定:围绝经期是指从卵巢功能开始衰退直至绝经后1年内的时期。

(7)绝经后期 是指绝经后的生命时期。妇女60岁以后逐渐老化进入老年期。

【例15】女性青春期最早出现的是

A. 月经来潮　　B. 乳房发育　　C. 体格发育

D. 骨盆变化　　E. 脂肪蓄积

【例16】关于月经的叙述,正确的是

A. 初潮年龄多在15~16岁　　B. 经期多为3~5天　　C. 月经周期一般为28~35天

D. 一次经量为80~100ml　　E. 一般在经期的4~5天经量最多

2. 卵巢功能与卵巢周期性变化

(1)卵巢的功能 ①生殖功能:产生卵子并排卵;②内分泌功能:分泌性激素。

(2)卵巢的周期性变化 卵泡自胚胎形成后即进入自主发育和闭锁的轨道,此过程不依赖于促性腺激素。从青春期开始到绝经前,卵巢在形态和功能上发生周期性变化,称为卵巢周期。

①卵泡的发育及成熟 卵巢的基本生殖单位是始基卵泡。胚胎16~20周时,生殖细胞数目最多,两侧卵巢共约600万~700万个,胚胎16周至生后6个月,初级卵母细胞形成始基卵泡。胎儿期的卵泡不断闭锁,出生时约剩200万个,儿童期多数卵泡退化,至青春期只剩下约30万个。

女性一生中一般只有400~500个卵泡发育成熟并排卵。卵泡的生长过程可分为“始基卵泡—窦前卵泡—窦卵泡—排卵前卵泡”4个阶段。从月经第1天至卵泡发育成熟,称为卵泡期,一般约需15天。

②排卵 卵细胞和它周围的卵冠丘结构一起从卵巢排出的过程称为排卵。排卵前,成熟卵泡分泌的

雌激素高峰对下丘脑产生正反馈作用，下丘脑释放大量 GnRH，刺激垂体释放促性腺激素，出现 LH/FSH 峰。LH 峰高峰引起排卵。排卵多发生在下次月经来潮前 14 日左右。

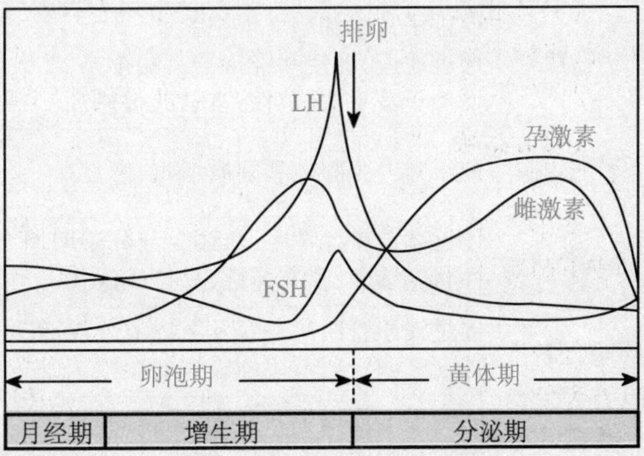

③黄体形成及退化　排卵后卵泡壁塌陷，卵泡颗粒细胞和卵泡内膜细胞向内侵入，周围由结缔组织的卵泡外膜包围，共同形成黄体。卵泡颗粒细胞和卵泡内膜细胞在 LH 排卵峰的作用下进一步黄素化，分别形成颗粒黄体细胞和卵泡膜黄体细胞。排卵后 7~8 日（月经周期第 22 日），黄体体积和功能达高峰。若卵子未受精，黄体在排卵后 9~10 日开始退化。黄体退化时黄体细胞逐渐萎缩变小，组织纤维化，外观色白，称为白体。黄体衰退后月经来潮。黄体期一般为 14 日。

（3）卵巢性激素的合成及分泌　卵巢合成和分泌的性激素大多数为甾体激素，主要有雌激素、孕激素和少量雄激素。卵泡膜细胞和颗粒细胞为排卵前雌激素的主要来源，黄体细胞在排卵后可分泌大量孕激素和雌激素。雄激素主要由卵巢间质细胞和门细胞分泌。

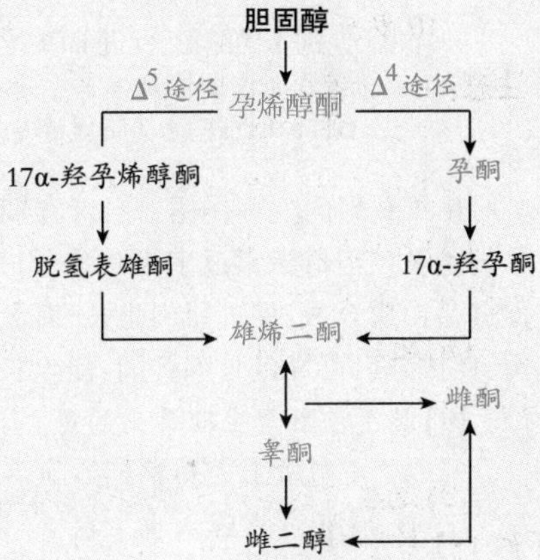

①甾体激素的生物合成　甾体激素的合成原料为胆固醇。在 LH 的刺激下，卵泡膜细胞内的胆固醇经线粒体内细胞色素 P450 侧链裂解酶催化，形成孕烯醇酮，这是性激素合成的限速步骤。所有甾体激素的前体物质都是孕烯醇酮。由孕烯醇酮合成雄烯二酮有 Δ^4 和 Δ^5 两条途径。卵巢在排卵前以 Δ^5 途径合成雌激素，排卵后以 Δ^4 和 Δ^5 两条途径合成雌激素。孕酮主要通过 Δ^4 途径合成。

②甾体激素的代谢　甾体激素主要在肝内代谢，经肾排出。

③卵巢性激素分泌的周期性变化

A.雌激素　卵泡开始发育时，雌激素分泌量很少；至月经第 7 日，卵泡分泌雌激素迅速增加，于排卵前达高峰。排卵后由于卵泡液中的雌激素释放至腹腔，使循环中雌激素暂时下降。排卵后 1~2 日，黄体开始分泌雌激素，使循环中雌激素又逐渐上升；在排卵后 7~8 日黄体成熟时，循环中雌激素形成第 2 次高峰。此后，黄体萎缩，雌激素水平急剧下降，在月经期达最低水平。

B.孕激素　卵泡期卵泡不分泌孕酮，在 LH 排卵峰的作用下，颗粒细胞开始分泌少量孕酮。排卵后黄体分泌孕酮逐渐增加，至排卵后 7~8 日黄体成熟时，分泌量达最高峰。此后，黄体萎缩，孕酮水平逐渐下降，到月经来潮时降至卵泡期水平。

C.雄激素　女性的雄激素主要来自肾上腺，卵巢也能分泌部分雄激素，包括睾酮、雄烯二酮和脱氢表雄酮。卵巢内泡膜层是合成雄烯二酮的主要部位，卵巢间质细胞和门细胞主要合成睾酮。

【例 17】月经来潮前性激素的生理变化是

A. 孕激素出现两个高峰　　B. 出现雌、孕激素高峰　　C. 只出现雌激素高峰
D. 只出现孕激素高峰　　E. 雌、孕激素均不出现高峰

【例 18】卵巢性激素以胆固醇为原料的合成途径，正确的是

A. 雄激素—雌激素—孕激素　　B. 雌激素—孕激素—雄激素　　C. 孕激素—雄激素—雌激素
D. 雌激素—雄激素—孕激素　　E. 孕激素—雌激素—雄激素

④卵巢性激素的生理作用

A.雌、孕激素的生理作用　如下表。

	雌激素的生理作用	孕激素的生理作用
子宫肌	促进子宫肌细胞增生肥大 增进血运,促使和维持子宫发育 增加子宫平滑肌对缩宫素的敏感性	降低子宫平滑肌兴奋性及对缩宫素的敏感性 抑制子宫收缩 有利于胚胎及胎儿在宫内的生长发育
子宫内膜	使子宫内膜腺体和间质增殖、修复	使子宫内膜从增生期转化为分泌期 为受精卵着床做准备
宫颈	使宫颈口松弛扩张;宫颈黏液分泌增加 性状变稀薄,富有弹性,易拉成丝状	使宫颈闭合,宫颈黏液分泌减少 使宫颈黏液性状变黏稠
输卵管	促进输卵管肌层发育及上皮的分泌活动 加强输卵管肌节律性收缩的振幅	抑制输卵管平滑肌节律性收缩的振幅
阴道上皮	使阴道上皮增生和角化,黏膜变厚 增加细胞内糖原含量,使阴道维持酸性环境	加快阴道上皮细胞脱落
下丘脑	通过对下丘脑和垂体的正负反馈调节 控制促性腺激素的分泌	孕激素在月经中期可增强雌激素对垂体 LH 峰的正反馈;在黄体期对下丘脑、垂体有负反馈
乳房	促使乳腺管增生,乳头、乳晕着色	促进乳腺腺泡发育
其他	促进水钠潴留;促进 HDL 合成,抑制 LDL 合成 降低血清胆固醇水平 维持和促进骨基质代谢	兴奋下丘脑体温调节中枢 可使基础体温在排卵后升高 0.3~0.5℃ 作为判断排卵日期的标志之一

B.雄激素的生理作用　自青春期开始,雄激素分泌增加,促使阴蒂、阴唇和阴阜的发育,促进阴毛、腋毛的生长。但雄激素过多可减缓子宫及子宫内膜的生长及增殖,抑制阴道上皮的增殖和角化。雄激素能促进蛋白质合成,促进肌肉生长,刺激骨髓中红细胞增生。在性成熟期前,促使长骨骨基质生长和钙的保留;性成熟后可导致骨骺关闭,使生长停止。雄激素还与性欲有关。

【例 19】属于孕激素生理作用的是

A. 使阴道上皮细胞脱落加快　B. 使宫颈黏液变稀薄　C. 使子宫肌层增厚

D. 使子宫内膜增生　E. 使血循环中胆固醇水平降低

3. 子宫内膜周期性变化与月经

卵巢周期使女性生殖器发生一系列周期性变化,尤以子宫内膜的周期性变化最为显著。

(1)子宫内膜周期性变化　子宫内膜从形态学上可分为基底层和功能层。子宫内膜功能层是胚胎植入的部位,受卵巢激素变化的调节,具有周期性增殖、分泌、脱落性变化。子宫内膜基底层靠近肌层,不受卵巢激素的周期性调节,在月经期不发生脱落。根据子宫内膜的组织学变化,将月经周期分为增殖期、分泌期、月经期 3 个阶段(以一个正常月经周期 28 日为例):

	月经期	增殖期	分泌期
时期	月经周期第 1~4 日	月经周期第 5~14 日	月经周期第 15~28 日
表现	子宫内膜功能层螺旋动脉持续性痉挛,促使组织缺血、变性、坏死,从基底层脱离,形成月经血,导致月经来潮	相当于卵巢周期中的卵泡期,在雌激素作用下,子宫内膜表面上皮、腺体、间质、血管均呈增殖性变化	相当于黄体期。在雌激素作用下,子宫内膜继续增厚;在孕激素作用下,子宫内膜呈分泌反应,血管增加、弯曲,间质疏松水肿,利于着床
机制	孕激素和雌激素撤退的结果	雌激素作用的结果	雌激素和孕激素共同作用的结果

①增殖期的分期　增殖期又分为早、中、晚 3 期。

	增殖早期	增殖中期	增殖晚期
时期	月经周期第5~7日	月经周期第8~10日	月经周期第11~14日
子宫内膜	增殖与修复,内膜较薄1~2mm	稍增厚	进一步增厚至3~5mm,表面不平
腺上皮	呈立方形或低柱状	柱状增长,呈弯曲形	呈高柱状
腺体	腺体数目较少	腺体数目多,伸长,弯曲	腺体更长,呈弯曲状
间质	间质较致密	间质水肿明显	间质细胞呈星状,结合成网
螺旋动脉	间质中小动脉较直、壁薄	逐渐发育,管壁变厚	呈弯曲状,管腔增大

②分泌期的分期　分泌期又分为早、中、晚3期。

	分泌早期	分泌中期	分泌晚期
时期	月经周期第15~19日	月经周期第20~23日	月经周期第24~28日
子宫内膜	增厚,不平	较前更厚,呈锯齿状	增厚达10mm,呈海绵状
腺上皮	出现核下糖原小泡为其特征	出现顶浆分泌为其特征	有糖原分泌
腺体	更长,屈曲更明显	分泌达高峰	开口面向宫腔
间质	间质水肿	间质高度水肿	更疏松水肿
螺旋动脉	继续增生、弯曲	进一步增生、卷曲	迅速增长超出内膜厚度,小动脉更弯曲,血管腔扩张

记忆:①子宫内膜增殖早、中、晚期——腺上皮分别从低柱状—弯曲—高柱状。
②子宫内膜分泌早、中、晚期——糖原小泡→顶浆分泌—糖原溢出(小泡满到顶浆之后溢出了)。
③月经期——变性、坏死的子宫内膜与血液相混合形成月经血。月经血为不凝血。
④月经初潮多在13~14岁,也可早至11~12岁。正常经量20~60ml,>80ml称月经过多。
⑤应牢记这些知识点并用它们解题,如试题提及子宫内膜诊刮呈"高柱状",马上应想到增殖晚期。

(2)月经期　月经周期第1~4日,这是孕酮和雌激素撤退,子宫内膜功能层从基底层崩解脱落的结果。

【例20】月经周期为28天型有排卵的妇女,于月经周期第11天刮宫,镜检子宫内膜应为
A. 增生中期　B. 增生晚期　C. 分泌早期
D. 分泌中期　E. 分泌晚期

【例21】在雌、孕激素作用下,出现周期性变化最显著的是
A. 子宫内膜　B. 宫颈上皮　C. 输卵管黏膜
D. 阴道黏膜　E. 卵巢表面上皮

4. 生殖器其他部位的周期性变化

(1)阴道黏膜　阴道上皮是复层扁平上皮。排卵前,在雌激素作用下,底层细胞增生,使阴道上皮增厚,表层细胞角化。排卵后,在孕激素作用下,表层细胞脱落。阴道上段黏膜对性激素最敏感,临床上检查阴道上1/3段侧壁脱落细胞的变化,有助于了解体内雌激素浓度变化及有无排卵。

(2)宫颈黏液　月经来潮后,体内雌激素浓度降低,宫颈管分泌的黏液量很少。随着雌激素浓度不断增加,宫颈黏液分泌增多,至排卵期变得稀薄、透明,拉丝度可达10cm以上。这时宫颈外口变圆,增大约为3mm,呈"瞳孔"样。黏液涂片镜检可见羊齿植物叶状结晶。这种结晶于月经周期第6~7日出现,排卵期最典型,第22日左右消失,代之以排列成行的椭圆体。临床上检查宫颈黏液,可了解卵巢功能状态。

(3)输卵管　在月经周期中,输卵管黏膜发生与子宫内膜相似的变化。

(4)乳房　雌激素可促进乳腺管增生,孕激素则促进乳腺小叶及腺泡生长。某些女性经前期有乳房肿胀和疼痛,月经来潮后大多消退。

记忆：①宫颈黏液的周期性变化——看到瞳孔、看见羊吃树叶了—排卵期。
②阴道黏膜的周期性变化——排卵前上皮增厚、角化，排卵后脱落。

【例 22】不发生周期性变化的组织是
A. 阴道黏膜上皮　　B. 卵巢生发上皮　　C. 子宫内膜
D. 宫颈黏膜　　E. 输卵管黏膜

【例 23】造成宫颈黏液涂片干燥后镜下见羊齿状结晶的激素是
A. 雌激素　　B. 催乳素　　C. 雄激素
D. 孕激素　　E. 甲状腺素

【例 24】下列检查结果中，提示卵巢排卵的是
A. 子宫内膜呈分泌期改变　　B. 子宫内膜呈增殖期改变　　C. 基础体温呈单相
D. 宫颈黏液涂片见大量椭圆体　　E. 宫颈黏液涂片见大量羊齿状结晶

5. 月经周期的调节

(1)下丘脑-垂体-卵巢调节轴　下丘脑（GnRH）—腺垂体（FSH、LH）—卵巢（雌激素、孕激素）。

(2)卵巢性激素对下丘脑和垂体的反馈作用

①卵泡期　雌激素的浓度<200pg/ml 时，雌激素会抑制下丘脑 GnRH 和垂体 FSH、LH 的分泌（负反馈）。随着卵泡发育，雌激素水平逐渐升高，负反馈作用逐渐加强，循环中 FSH 浓度下降。当卵泡发育接近成熟时，卵泡分泌的雌激素达高峰。当雌激素的浓度>200pg/ml 时，刺激下丘脑 GnRH 和垂体 FSH、LH 的分泌（正反馈），形成排卵前 LH、FSH 峰。

②排卵后　排卵后卵巢形成黄体，分泌雌激素和孕激素，两者联合作用使 FSH、LH 合成和分泌又受到抑制，进而抑制卵泡发育。黄体萎缩时，循环中雌激素、孕激素浓度下降，两者联合对 LH 和 FSH 的抑制作用逐渐解除，LH、FSH 回升，卵泡又开始发育，新的卵巢周期开始。

▶▶常考点　女性内、外生殖器解剖；卵巢的功能；雌激素、孕激素的生理作用；月经周期。

参考答案——详细解答见 2021《贺银成国家临床执业及助理医师资格考试历年考点精析》

1. AB**C**DE	2. ABCD**E**	3. ABCD**E**	4. ABCD**E**	5. ABC**D**E	6. A**B**CDE	7. ABCD**E**
8. AB**C**DE	9. AB**C**DE	10. ABCD**E**	11. **A**BCDE	12. **A**BCDE	13. AB**C**DE	14. **A**BCDE
15. A**B**CDE	16. A**B**CDE	17. A**B**CDE	18. AB**C**DE	19. **A**BCDE	20. A**B**CDE	21. **A**BCDE
22. A**B**CDE	23. **A**BCDE	24. ABCD**E**				

第 2 章　妊娠生理与妊娠诊断

▶考纲要求

①妊娠生理：妊娠概念，受精及受精卵的发育、输送与着床，胎儿附属物的形成及功能，妊娠期母体变化。②妊娠诊断：妊娠分期，早期妊娠的临床表现、辅助检查、诊断，中晚期妊娠的临床表现、辅助检查、诊断，胎产式、胎先露、胎方位。

▶复习要点

一、妊娠生理

1. 妊娠的概念

妊娠是胚胎和胎儿在母体内发育成长的过程。成熟卵子受精是妊娠的开始，胎儿及其附属物自母体排出是妊娠的终止。妊娠是非常复杂而变化极为协调的生理过程。

2. 受精及受精卵的发育、输送与着床

(1)受精卵的形成　获能的精子与次级卵母细胞相遇于输卵管，结合形成受精卵的过程称为受精。受精多数发生在排卵后数小时内，一般不超过 24 小时。

①精子获能　精液射入阴道内，精子经宫颈管、子宫腔进入输卵管。在此过程中，精子获能。

②顶体反应　获能的精子头部顶体外膜破裂，释放出顶体酶，溶解卵子外围的放射冠和透明带，称为顶体反应。精子穿过放射冠和透明带，与次级卵母细胞融合，完成受精。

③透明带反应　是指精子头部与卵子表面接触时，引起透明带结构改变，阻止其他精子进入透明带。

④受精卵的形成　精子穿过次级卵母细胞透明带为受精过程开始。精子进入卵子内引发卵子第二次减数分裂形成卵原核，卵原核与精原核融合，染色体相互混合，形成二倍体的受精卵，完成受精过程。

(2)受精卵的发育与输送

①受精后 30 小时，受精卵向宫腔方向移动，同时进行卵裂。

②受精后 50 小时为 8 细胞阶段。

③受精后 72 小时为 16 细胞阶段，称为桑椹胚。

④受精后第 4 日进入宫腔形成早期囊胚。

⑤受精后第 5~6 日早期囊胚继续分裂发育形成晚期囊胚。

(3)受精卵着床　受精后第 6~7 日，胚胎植入子宫内膜的过程，称为着床。着床需经过定位、黏附、侵入 3 个过程。

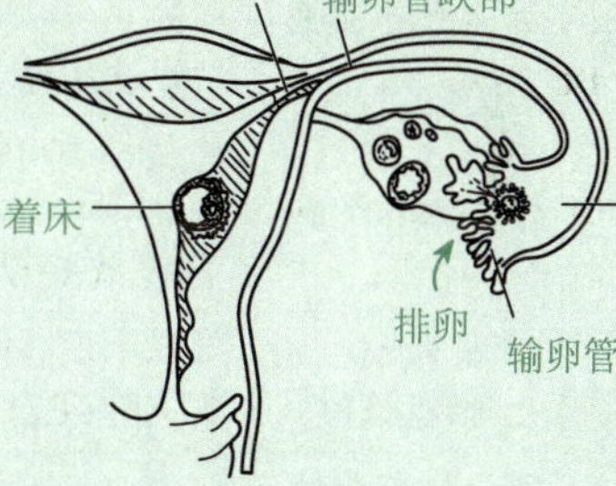

受精卵着床

受精卵着床的必备条件有：①透明带消失；②囊胚细胞滋养细胞分化出合体滋养细胞；③囊胚和子宫内膜同步发育且功能协调；④孕妇体内有足够数量的雌激素和孕酮。子宫有一个极短的窗口期允许受精卵着床。

注意：①精子的获能部位在子宫腔和输卵管。②卵子受精的部位在输卵管壶腹部与峡部连接处。③异位妊娠以输卵管壶腹部最常见。④子宫内膜异位症以卵巢最常见，宫骶韧带次常见。

【例 1】输卵管内卵子受精的部位，正确的是

A. 伞部　B. 峡部与间质部连接处　C. 间质部内

D. 内侧 1/3 处　E. 壶腹部与峡部连接处

3. 胎儿附属物的形成与功能

胎儿附属物包括胎盘、胎膜、脐带和羊水，它们对维持胎儿宫内的生命及生长发育起重要作用。

(1)胎盘

①胎盘的结构　胎盘由羊膜、叶状绒毛膜和底蜕膜构成。

A.羊膜　为附着于胎盘胎儿面的半透明薄膜。羊膜光滑，无血管、神经及淋巴。电镜下见上皮细胞表面有微绒毛，使羊水与羊膜间进行交换。

B.叶状绒毛膜　构成胎盘的胎儿部分，为胎盘的主要结构。晚期囊胚着床后，着床部位的滋养层细胞迅速分裂增殖，内层为细胞滋养细胞，是分裂生长的细胞；外层为合体滋养细胞，是执行功能的细胞。滋养层内面有一层胚外中胚层，与滋养层共同组成绒毛膜。与底蜕膜相接触的绒毛营养丰富、发育良好，称为叶状绒毛膜。绒毛有胎盘屏障作用。

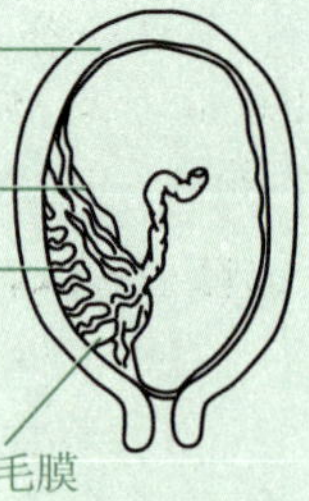

胎盘的结构

C.底蜕膜　来自胎盘附着部位的子宫内膜，构成胎盘的母体部分，占胎盘很小部分。

②胎盘的功能　胎盘具有物质交换、防御功能、合成功能和免疫功能。

A.物质交换　包括气体交换、营养物质供应、排出胎儿代谢产物。

物质交换类型	生理特点
气体交换	母儿间 O_2 和 CO_2 在胎盘中以简单扩散方式进行交换，相当于胎儿呼吸系统的功能
营养物质供应	葡萄糖是胎儿代谢的主要能源，以易化扩散方式通过胎盘，胎儿体内的葡萄糖均来自母体 氨基酸、钙、磷、碘、铁以主动运输方式通过胎盘 游离脂肪酸、水、钾、钠、镁、脂溶性维生素以简单扩散方式通过胎盘
排出代谢产物	胎儿代谢产物，如尿素、尿酸、肌酐、肌酸等，经胎盘转输入母血，由母体排出体外

B.防御功能　胎盘屏障作用极为有限。各种病毒（如风疹病毒、巨细胞病毒）、大部分药物等，均可通过胎盘影响胎儿。母血中免疫球蛋白如 IgG 能通过胎盘，使胎儿在生后短时间内获得被动免疫。

C.合成功能　胎盘合体滋养层细胞能合成多种激素、酶、神经递质和细胞因子。

	合成部位	生理特点	临床意义
绒毛膜促性腺激素	合体滋养细胞	受精卵着床后 1 日可由母血中测出绒毛膜促性腺激素（hCG），妊娠 8~10 周达峰值，持续 10 日后迅速下降，产后 2 周消失	血 hCG 检测是诊断早孕最敏感方法，血尿 hCG 检测用于早孕诊断
人胎盘生乳素	合体滋养细胞	妊娠 5 周可在母血中测出胎盘生乳素（hPL），妊娠 39~40 周达高峰，并维持至分娩，分娩后迅速下降，产后 7 小时即测不出	用于监测胎盘功能
雌激素	卵巢黄体，胎儿-胎盘单位	妊娠末期，雌二醇（E_2）为非孕妇女的 100 倍 雌三醇（E_3）为非孕妇女的 1000 倍	血 E_3 测定可监测胎盘功能
孕激素	卵巢妊娠黄体 合体滋养细胞	随妊娠进展逐渐增高，至妊娠足月时达高峰	在雌激素协同作用下，对子宫内膜、乳腺等起作用
缩宫素酶	合体滋养细胞	随妊娠进展逐渐增多，至妊娠末期达高值	灭活缩宫素，维持妊娠
耐热性碱性磷酸酶	合体滋养细胞	于妊娠 16~20 周母血中可检测，随妊娠进展逐渐增高，分娩后下降，产后 3~6 日消失	评价胎盘功能的指标

注意：①雌激素——妊娠 **10 周**后由胎盘合成，雌二醇为非孕妇女的 **100 倍**，雌三醇非孕妇女的 **1000 倍**。

②监测胎盘功能——血清雌三醇（最有意义）>胎盘生乳素>耐热性碱性磷酸酶。

③诊断早孕——血尿 hCG 可用于早孕的诊断，放射免疫法测定血清 hCG 为诊断早孕最敏感的方法。

D.免疫功能　胎儿是同种半异体移植物。正常妊娠母体能容受、不排斥胎儿，具体机制尚不清楚。

(2)胎膜　胎膜由绒毛膜和羊膜组成。①胎膜可维持羊膜腔的完整性，对胎儿起到保护作用；②胎膜含大量花生四烯酸的磷脂，且含有能催化磷脂生成游离花生四烯酸的溶酶体，在分娩发动上有一定作用。

(3)脐带　是连接胎儿与胎盘的条索状组织，胎儿借助脐带悬浮于羊水中。足月妊娠的脐带长30~100cm，平均55cm，直径0.8~2.0cm。脐带含1条脐静脉和2条脐动脉。脐带是母体与胎儿进行气体交换、营养物质供应和代谢产物排出的重要通道。脐带受压使血液受阻时，可导致胎儿缺氧，甚至危及胎儿生命。

记忆：①9版《妇产科学》：脐带正常长度为30~100cm，平均55cm。脐带短于30cm者，称为脐带过短。
②7版《妇产科学》：脐带正常长度为30~70cm，平均55cm。脐带短于30cm者，称为脐带过短。

(4)羊水　充满在羊膜腔内的液体，称为羊水。

羊水来源	妊娠早期的羊水主要来自母体血清经胎膜进入羊膜腔的透析液 妊娠中期以后，胎儿尿液成为羊水的主要来源 妊娠晚期胎儿肺参与羊水的生成，每日350ml液体从肺泡分泌至羊膜腔 羊膜、脐带华通胶及胎儿皮肤渗出液体，但量少
羊水吸收	①胎儿吞咽是羊水吸收的主要方式(500~700ml/d)；②羊水由胎膜吸收 ③脐带每小时吸收羊水40~50ml；④20孕周前，胎儿角化前皮肤可吸收羊水，但量很少
羊水量	妊娠8周5~10ml，妊娠10周30ml，妊娠20周400ml，妊娠38周1000ml，此后羊水量逐渐减少 妊娠40周羊水量800ml。过期妊娠可减少至300ml以下
羊水性状	妊娠足月羊水比重1.007~1.025，pH7.20。妊娠早期羊水无色澄清 足月羊水略混浊、不透明，内悬胎脂、胎儿脱落上皮细胞、毳毛、毛发、少量白细胞、白蛋白、尿酸盐
羊水成分	羊水含水分98%~99%，无机盐及有机物1%~2%，大量激素和酶
羊水功能	保护胎儿；保护母体

记忆：①妊娠早期羊水主要来自母体的血清——记忆为血泡(美丽的残忍)。
②妊娠中期羊水主要来自胎儿的尿液——记忆为尿泡(我们都是尿液泡大的)。
③妊娠晚期胎儿肺也参与羊水的生成——记忆为痰泡(这是多么恶心的过程)。

【例2】生理状态下，能产生hCG的部位是
A. 胎盘　　B. 胎膜　　C. 子宫
D. 卵巢　　E. 脐带

【例3】妊娠10周后，雌激素的主要来源是
A. 卵巢黄体　　B. 胎儿-胎盘单位　　C. 子宫平滑肌
D. 胎儿肾上腺皮质　　E. 胎盘合体滋养细胞

【例4】孕妇血清绒毛膜促性腺激素(hCG)浓度达高峰是在妊娠
A. 5~7周　　B. 8~10周　　C. 11~13周
D. 14~16周　　E. 17~19周

【例5】正常脐带内含有
A. 一条脐动脉，一条脐静脉　　B. 两条脐动脉，一条脐静脉　　C. 两条脐动脉，两条脐静脉
D. 一条脐动脉，两条脐静脉　　E. 两条脐动脉

【例6】妊娠早期羊水的主要来源是
A. 胎膜　　B. 胎儿尿液　　C. 胎儿皮肤
D. 胎儿肺　　E. 母血清经胎膜进入羊膜腔的透析液

【例7】正常妊娠38周时的羊水量约为
A. 500ml　　B. 800ml　　C. 1000ml
D. 1200ml　　E. 1500ml

4. 妊娠期母体变化

(1)生殖系统的变化

①子宫　妊娠期及分娩后,子宫是变化最大的器官。

A.子宫大小　随着妊娠进展,子宫体逐渐增大变软。至妊娠足月时子宫体积达 35cm×25cm×22cm;容量约 5000ml,是非孕期的 500~1000 倍;重量约 1100g,增加近 20 倍。妊娠 12 周以后,增大的子宫逐渐超出盆腔,在耻骨联合上方可触及。自妊娠 12~14 周起,子宫可出现不规律无痛性收缩,这种生理性无痛宫缩称为 Braxton Hicks 收缩,其特点为宫缩稀发、不规律、不对称,随妊娠进展而增加。

B.子宫血流量　妊娠期子宫血管扩张、增粗,子宫血流量增加。孕早期子宫血流量为 50ml/min,主要供应子宫肌层和蜕膜。妊娠足月时子宫血流量为 450~650ml/min,80%~85%供应胎盘。子宫螺旋动脉走行于子宫肌纤维之间,子宫收缩时血管被紧压,子宫血流量明显减少。过强宫缩可导致胎儿宫内缺氧。

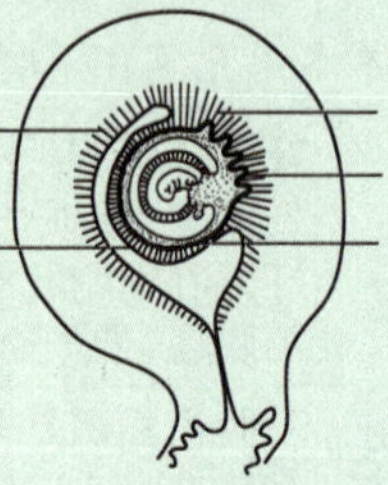

早期妊娠子宫蜕膜与绒毛的关系

C.子宫内膜　受精卵着床后,在雌孕激素作用下,子宫内膜腺体增大,腺上皮细胞内糖原增加,结缔组织细胞肥大,血管充血,此时的子宫内膜称为蜕膜。按蜕膜与囊胚的关系,将蜕膜分为底蜕膜、包蜕膜和真蜕膜三个部分。妊娠 14~16 周,羊膜腔明显增大,包蜕膜和真蜕膜相贴近,宫腔消失。

底蜕膜	囊胚着床部位的子宫内膜,与叶状绒毛膜相贴,以后发育成为胎盘的母体部分
包蜕膜	覆盖在囊胚表面的蜕膜,随囊胚发育逐渐突向宫腔
真蜕膜	底蜕膜和包蜕膜以外覆盖子宫腔其他部分的蜕膜

D.子宫峡部　非孕时长约 1cm,妊娠后子宫峡部变软,逐渐伸展拉长变薄,扩展为宫腔的一部分,临产后伸展至 7~10cm,成为产道的一部分,称为子宫下段,是产科手术学的重要解剖结构。

E.子宫颈　在激素作用下,宫颈充血水肿,宫颈管内腺体增生肥大,使宫颈自妊娠早期逐渐变软,呈紫蓝色。妊娠期宫颈黏液增多,形成黏稠黏液栓,富含免疫球蛋白及细胞因子,有保护宫腔的作用。

②卵巢　妊娠期排卵和新卵泡发育均停止。于妊娠 6~7 周前产生大量雌激素和孕激素,以维持妊娠。

③输卵管　妊娠期输卵管伸长,但肌层并不增厚。黏膜层上皮细胞稍扁平,在基质中可见蜕膜细胞。

④阴道　妊娠期阴道黏膜变软,充血水肿呈紫蓝色(Chadwick 征)。阴道壁皱襞增多,周围结缔组织变疏松,肌细胞肥大,伸展性增加,有利于分娩时胎儿的通过。阴道脱落细胞及分泌物增多。阴道上皮细胞含糖原增加,乳酸含量增多,阴道 pH 降低,不利于致病菌生长,有利于防止感染。

⑤外阴　妊娠期外阴部充血,皮肤增厚,大小阴唇色素沉着,伸展性增加,利于分娩时胎儿的通过。妊娠时由于增大的子宫压迫,盆腔及下肢静脉血回流障碍,孕妇可有外阴或下肢静脉曲张,产后多消失。

(2)乳房的变化　妊娠期胎盘分泌大量雌激素刺激乳腺腺管发育,分泌大量孕激素刺激乳腺腺泡发育。

①妊娠早期　乳房开始增大,充血明显。孕妇自觉乳房发胀是妊娠早期的常见表现。

②妊娠中期　乳腺腺泡增生可导致乳腺增大并出现结节。乳头增大变黑,易勃起。乳晕颜色加深,其外围的皮脂腺肥大形成散在的结节状隆起,称为蒙氏(Montgomery)结节。

③妊娠晚期　妊娠末期,尤其接近分娩期,挤压乳房时,可有少量淡黄色稀薄液体溢出,称为初乳。

④产后　孕期有多种激素参与乳腺发育,为泌乳做准备。产后胎盘娩出,雌、孕激素水平迅速下降。

(3)循环系统的变化

①心脏　妊娠期增大的子宫使膈肌升高,心脏向左、上、前方移位,心脏沿纵轴顺时针方向扭转,加之血流量增加及血流速度加快,心浊音界稍扩大,心尖搏动左移 1~2cm。部分孕妇可于心尖部闻及Ⅰ~Ⅱ级柔和吹风样收缩期杂音,第一心音分裂及第三心音,产后逐渐消失。心电图因心脏左移出现电轴左偏约 15°。心脏容量至妊娠末期约增加 10%,心率于妊娠晚期休息时每分钟增加 10~15 次。

②心排出量 心排量自妊娠10周逐渐增加，至妊娠32~34周达高峰，持续至分娩。

③血压 妊娠早期及中期血压偏低，妊娠24~26周后血压轻度升高。一般收缩压无变化，舒张压轻度降低，脉压稍增大。

(4)血液的变化 ①血容量于妊娠6~8周开始增加；至妊娠32~34周达高峰，增加40%~45%；平均约1450ml，维持此水平直至分娩。②妊娠期骨髓造血增加，网织红细胞轻度增多。白细胞计数轻度增加。妊娠期血液处于高凝状态。

(5)泌尿系统的变化 妊娠期肾脏略增大，肾血浆流量及肾小球滤过率维持在高水平。

(6)呼吸系统的变化 妊娠期肺活量无明显变化，肺通气量约增加40%，易发生上呼吸道感染。

(7)消化系统的变化 妊娠期受大量雌激素的影响，齿龈易出血。妊娠期易诱发胆囊炎及胆石病。

(8)内分泌系统的变化

①促性腺激素 妊娠黄体及胎盘分泌的大量雌激素、孕激素，对下丘脑及腺垂体的负反馈作用，使黄体生成素(LH)、卵泡刺激素(FSH)分泌减少，故妊娠期间卵巢内的卵泡不再发育成熟，也无排卵。

②催乳素 妊娠7周开始增多，妊娠足月前达高峰。催乳素可促进乳腺发育，为产后泌乳作准备。

③肾上腺皮质激素 妊娠期ACTH分泌增加，导致肾上腺皮质分泌糖皮质激素、醛固酮、睾酮均增加。

激素类型	分泌部位	临床意义
皮质醇↑	束状带	因具有生物活性的游离皮质醇仅为10%，故孕妇无肾上腺皮质功能亢进的表现
醛固酮↑	球状带	由于具有活性作用的游离醛固酮仅为30%~40%，不致引起过多的水钠潴留
睾　酮↑	网状带	孕妇可有阴毛、腋毛增多增粗

④MSH 分泌增加，使孕妇皮肤色素沉着。

⑤甲状腺激素 妊娠期受TSH和hCG的作用，甲状腺呈中度增大。血清甲状腺激素虽然增加，但游离甲状腺激素并未增加，因此孕妇无甲状腺功能亢进症的表现。

⑥甲状旁腺激素 妊娠早期孕妇血清甲状旁腺激素水平降低，中晚期逐渐增高。

(9)皮肤的变化 妊娠期促黑素增加，导致孕妇多处色素沉着。初产妇可出现妊娠纹。

(10)新陈代谢的变化 ①基础代谢率早期下降，中晚期增高。②妊娠期间体重平均增加12.5kg。③妊娠期胰岛素分泌增多，因此孕妇空腹血糖略低。④妊娠期能量消耗增多。⑤孕妇对蛋白质需求增加，呈正氮平衡。⑥妊娠期机体水分平均增加7L，至妊娠末期组织间液增加1~2L，可致水肿。⑦妊娠期铁、钙等需要量增加，应适当补充。

(11)骨骼、关节和韧带的变化 妊娠期间骨质无改变。部分孕妇自觉腰骶部及肢体疼痛不适。

注意：①乳晕深褐色结节(蒙氏结节)是指妊娠时，乳晕周围皮脂腺增生出现深褐色结节。
②阴道黏膜紫蓝色(Chadwick征)是指妊娠时，阴道黏膜变软，充血水肿呈紫蓝色。
③子宫表面紫蓝色瘀斑(库弗莱尔Couvelaire子宫)是指胎盘早剥发生子宫胎盘卒中时，血液渗透至子宫浆膜层时，子宫表面呈现紫蓝色瘀斑，也称为子宫胎盘卒中。
④子宫表面紫蓝色结节是指侵蚀性葡萄胎、绒毛膜癌的肿瘤细胞浸润子宫表面形成的紫蓝色结节。

【例8】妊娠子宫开始出现不规律无痛性收缩的时间是
A. 自妊娠16周起　B. 自妊娠12周起　C. 自妊娠20周起
D. 自妊娠28周起　E. 自妊娠24周起

【例9】关于妊娠期子宫的生理性变化，正确的是
A. 子宫血液量与妊娠孕周无关　B. 子宫增大主要是肌细胞数目的增加
C. 子宫颈黏液变得稀薄　D. 子宫内膜发生蜕膜样变分为四部分
E. 子宫峡部变软并逐渐拉长变薄

【例 10】关于妊娠期母体乳房的变化,正确的是

A. 妊娠晚期开始乳汁分泌　　B. 大量雌激素刺激乳腺腺泡发育

C. 大量孕激素刺激乳腺腺管发育　　D. 初乳为白色浓稠液体

E. 乳头增大变黑、乳晕颜色加深

【例 11】底蜕膜在妊娠过程中将发育为

A. 叶状绒毛膜　　B. 胎膜　　C. 羊膜

D. 胎盘的母体部分　　E. 固定绒毛

【例 12】初孕妇,26 岁,妊娠 38 周。查体:P90 次/分,R18 次/分,BP120/80mmHg。叩诊心浊音界稍向左扩大,心尖部闻及 2/6 级收缩期吹风样杂音,踝部轻度水肿。最可能的诊断是

A. 风湿性心脏病合并妊娠　　B. 妊娠期高血压疾病性心脏病　　C. 围生期心肌病

D. 正常妊娠改变　　E. 心脏病合并妊娠,性质待查

【例 13】关于妊娠期母体内分泌系统的变化,正确的是

A. 黄体生成素增多　　B. 催乳素增多　　C. 游离甲状腺激素增多

D. 皮质醇减少　　E. 卵泡刺激素增多

二、妊娠诊断

1. 妊娠分期

妊娠期从末次月经第 1 日开始计算,约为 280 日,即 40 周。临床上分为 3 个时期:

(1)**早期妊娠**　妊娠未达 14 周,称为早期妊娠。

(2)**中期妊娠**　妊娠第 14~27^{+6}周,称为中期妊娠。

(3)**晚期妊娠**　妊娠第 28 周及其以后,称为晚期妊娠。

2. 早期妊娠的临床表现、辅助检查与诊断

(1)早期妊娠的临床表现

	临床症状和体征	临床意义
停经	生育期、有性生活史的妇女,平时月经周期规则,一旦月经过期,应考虑妊娠;停经 10 日以上,应高度怀疑妊娠	停经是妊娠最早的症状,但不是妊娠特有的症状
早孕反应	停经 6 周左右出现畏寒、头晕、流涎、乏力、嗜睡、食欲缺乏、喜食酸物、恶心、晨起呕吐等症状,称为早孕反应	多在停经 12 周左右自行消失
尿频	前倾增大的子宫在盆腔内压迫膀胱所致	子宫增大超出盆腔后,尿频消失
乳房变化	自觉乳胀,静脉显露,乳头增大,乳晕色素加深,蒙氏结节	哺乳妇女妊娠后乳汁明显减少
妇科检查	阴道黏膜和宫颈阴道部充血呈紫蓝色,黑加征阳性,子宫逐渐增大变软,呈球形	停经 8 周,子宫为非孕时的 2 倍 停经 12 周,子宫为非孕时的 3 倍

注意:①蒙氏结节是指妊娠时,乳晕周围皮脂腺增生出现深褐色结节。

②黑加征停经 6~8 周时,双合诊检查子宫峡部极软,感觉宫颈与宫体似不相连,称黑加(Hegar)征。

③Chadwick 征是指妊娠时,阴道黏膜变软,充血水肿呈紫蓝色。

【例 14】健康育龄妇女出现恶心、食欲减退等消化道症状,问诊时不应忽视的是

A. 胃炎病史　　B. 肝炎病史　　C. 传染病史

D. 不洁饮食史　　E. 月经史

(2)辅助检查与诊断

	检测方法	临床意义
妊娠试验	受精后10日即可用放免法测出血清hCG 临床上多采用早早孕试纸检测尿液hCG	hCG阳性和临床表现可诊断妊娠 hCG对诊断妊娠有极高特异性
B超检查	经阴道B超最早在停经35日,宫腔内见到妊娠囊 妊娠6周,见到胚芽和原始心管搏动可确诊 停经14周,测量胎儿头臀长度,能较准确估计孕周	①确诊早期妊娠快速、准确 ②经阴道B超较经腹部B超诊断早孕可提前1周
超声多普勒	子宫区能听到胎心音,110~160次/分	可以确诊早期妊娠、活胎
宫颈黏液检查	宫颈黏液少而稠,涂片镜检见排列成行的椭圆体,早期妊娠可能性较大;若宫颈黏液稀薄,涂片镜检出现羊齿植物叶状结晶,可排除早期妊娠	此法诊断早期妊娠特异性不强
基础体温	双相型基础体温的已婚妇女,若出现高温相18天持续不降,则早期妊娠可能性大	高温相若超过3周,早孕可能性更大

注意:①诊断早孕首选妊娠试验,其中测定血hCG较尿hCG早。
②临床上诊断早孕最常用的方法是早早孕试纸检测尿液hCG。
③确诊妊娠的方法、确诊活胎的方法——B超检查、超声多普勒。

【例15】下列能确诊为早期妊娠的是
A. 宫颈黏液量少　B. 血hCG增高　C. 子宫增大
D. 停经　E. B超见原始心管搏动

3. 中晚期妊娠的临床表现、辅助检查与诊断

(1)病史与症状　有早期妊娠的经过,感到腹部逐渐增大,自觉胎动。

(2)体征与检查

①子宫增大　腹部检查见子宫增大,手测子宫底高度或尺测耻上子宫长度可以估计胎儿大小及孕周。

妊娠周数	手测子宫底高度	尺测子宫长度(cm)	常考点
12周末	耻骨联合上2~3横指	—	多普勒胎心听诊仪能探测到胎心音
16周末	脐耻之间	—	—
20周末	脐下1横指	18(15.3~21.4)	初孕妇自觉胎动;腹壁可触及胎体
24周末	脐上1横指	24(22.0~25.1)	触诊能区分胎头、胎背
28周末	脐上3横指	26(22.4~29.0)	—
32周末	脐与剑突之间	29(25.3~32.0)	32~34周胎动达高峰
36周末	剑突下2横指	32(29.8~34.5)	—
40周末	脐与剑突之间或略高	33(30.0~35.3)	—

②胎动　孕妇常在妊娠20周左右自觉胎动。胎动随妊娠进展逐渐增强,至妊娠32~34周达高峰,妊娠38周后逐渐减少。妊娠28周以后,正常胎动≥10次/2小时。

记忆:①正常胎动≥10次/2小时,<10次/2小时提示胎儿缺氧(9版《妇产科学》P45、P53)。
②正常胎动≥6次/2小时,<6次/2小时提示胎儿缺氧(8版《妇产科学》P149)。
③正常胎心音为110~160次/分(9版《妇产科学》P45);7版《妇产科学》为120~160次/分。
④妊娠12周末用多普勒胎心听诊仪能探测到胎心音;妊娠18~20周用听诊器可听到胎心音。
⑤孕妇在妊娠20周左右自觉胎动(9版《妇产科学》P45)。
⑥妊娠32~34周达高峰——胎动、孕妇血容量、孕妇心力衰竭。

③胎体　妊娠20周后，经腹壁能触到胎体；24周后触诊能区分胎头、胎背、胎臀和胎儿肢体。

④胎心音　听到胎心音能够确诊妊娠且为活胎。

听诊时机	妊娠12周末	多普勒胎心听诊仪能探测到胎心音
	妊娠18~20周	用听诊器可听到胎心音
	正常胎心音	110~160次/分（7版《妇产科学》数据为120~160次/分）
听诊部位	妊娠24周前	多在脐下正中或偏左、偏右
	妊娠24周后	多在胎背
	先露部位	头先露时多在脐下；臀先露时多在脐上；肩先露时多在脐周
胎心音鉴别	子宫杂音	血液流过扩大的子宫血管时出现的柔和吹风样低音响，与孕妇心搏数一致
	腹主动脉音	为单调的咚咚样强音响，与孕妇心搏数一致
	脐带杂音	为脐带血流受阻出现的与胎心率一致的吹风样低音响，改变体位后可消失。若脐带杂音持续存在，应注意有无脐带缠绕的可能

(3)辅助检查与诊断

①超声检查　B超不仅能显示胎儿数目、胎产式、胎先露、胎方位、有无胎心搏动、胎盘位置、羊水量，还可评估胎儿体重、了解发育情况。在妊娠20~24周，可行B超系统检查，筛查胎儿结构畸形。

②彩色多普勒超声　可检测子宫动脉、脐动脉和胎儿动脉的血流速度波形。

【例16】30岁女性，既往月经不规律，因停经4个月来诊。查体：可于耻骨联合上3指触及子宫。推测其现在

A. 妊娠8周　B. 妊娠10周　C. 妊娠12周
D. 妊娠14周　E. 妊娠16周

【例17】25岁，初产妇。末次月经2000年3月10日。于2000年10月13日就诊，检查宫底在脐上2横指，枕右前位，胎心率正常。现在应是

A. 妊娠满30周，宫底高度符合正常情况　B. 妊娠满30周，宫底高度低于正常
C. 妊娠满31周，宫底高度符合正常情况　D. 妊娠满31周，宫底高度低于正常
E. 妊娠满32周，宫底高度低于正常

【例18】在孕妇腹壁上听诊，与母体心率相一致的音响是

A. 胎心音　B. 子宫杂音　C. 脐带杂音
D. 胎动音　E. 肠蠕动音

4. 胎产式、胎先露、胎方位

(1)胎产式、胎先露与胎方位

	胎产式	胎先露	胎方位
定义	指胎儿纵轴与母体纵轴的关系	指最先进入骨盆入口的胎儿部分	指胎儿先露部的指示点与母体骨盆的关系
分类	①纵产式指胎体纵轴与母体纵轴平行者，占99.75% ②横产式指胎体纵轴与母体纵轴垂直者，占0.25% ③斜产式指胎体纵轴与母体纵轴交叉者	①纵产式有头先露、臀先露；②横产式有肩先露；③头先露分枕先露、前囟先露、额先露、面先露；④臀先露分单臀先露、完全臀先露、不完全臀先露；⑤复合先露	①指示点：枕先露为枕骨，面先露为颏骨，臀先露为骶骨，肩先露为肩胛骨 ②根据每个指示点与母体骨盆入口左、右、前、后、横不同而有不同胎位

(2)胎产式、胎先露与胎方位的关系及种类　临床上以枕先露最常见，占95%~97%。

纵产式
- 头先露
  - 枕先露——枕左前(LOA)、枕左横(LOT)、枕左后(LOP)、枕右前(ROA)、枕右横(ROT)、枕右后(ROP)
  - 面先露——颏左前(LMA)、颏左横(LMT)、颏左后(LMP)、颏右前(RMA)、颏右横(RMT)、颏右后(RMP)
- 臀先露——骶左前(LSA)、骶左横(LST)、骶左后(LSP)、骶右前(RSA)、骶右横(RST)、骶右后(RSP)

横产式—肩先露——肩左前(LScA)、肩左后(LScP)、肩右前(RScA)、肩右后(RScP)

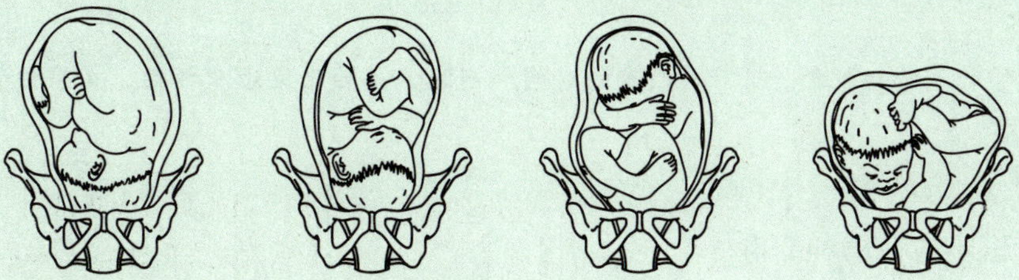

LOA　　ROP　　LSP　　RScP

A. 胎方位　　B. 胎先露　　C. 骨盆轴
D. 胎姿势　　E. 胎产式

【例19】胎体纵轴与母体纵轴的关系

【例20】胎儿先露部的指示点与母体骨盆的关系

▶▶常考点　胎儿发育；胎盘的结构和功能；羊水；早孕的诊断。

参考答案——详细解答见2021《贺银成国家临床执业及助理医师资格考试历年考点精析》

1. ABCDE　2. ABCDE　3. ABCDE　4. ABCDE　5. ABCDE　6. ABCDE　7. ABCDE
8. ABCDE　9. ABCDE　10. ABCDE　11. ABCDE　12. ABCDE　13. ABCDE　14. ABCDE
15. ABCDE　16. ABCDE　17. ABCDE　18. ABCDE　19. ABCDE　20. ABCDE

第3章 产前检查与孕期保健

▶▶考纲要求

①围产医学的范畴和概念。②产前检查的时间和内容。③胎儿健康状评估。④孕妇管理及高危妊娠的监护及管理。

▶▶复习要点

一、围产医学的范畴和概念

1. 围产医学的范畴

围产医学,也称围生医学,是研究在围产期内加强对围产儿及孕产妇卫生保健的一门科学,对降低围产期母儿死亡率和病残儿发生率、保障母儿健康具有重要意义。

2. 围产期的概念

围产期指产前、产时和产后的一段时间。我国围产期定义是:从妊娠达到及超过28周至产后1周。

【例1】我国现阶段采用的围产期是指

A. 从妊娠满28周至产后6周　B. 从妊娠满28周至产后4周　C. 从妊娠满20周至产后1周
D. 从妊娠满28周至产后1周　E. 从胚胎成型至产后1周

注意:①妊娠10周(受精后8周)内的人胚称胚胎,妊娠11周(受精后9周)起称胎儿(9版《妇产科学》P31)。
②从妊娠28周至产后1周称为围产儿。从脐带结扎到生后28天,称为新生儿(9版《儿科学》P86)。
③从胎盘娩出至产后6周称为产褥期(9版《妇产科学》P215)。

二、产前检查的时间和内容

1. 产前检查的时间

(1)首次产前检查　首次产前检查应从确诊早孕开始,一般在妊娠$6\sim13^{+6}$周。

①目的　确定孕妇和胎儿的健康状态;估计和核对孕期或胎龄;制订产前检查计划。

②内容　盆腔双合诊检查;测量基础血压;心肺检查;测量尿蛋白和尿糖;遗传咨询。

(2)复诊产前检查　妊娠20~36周每4周检查1次,妊娠37周以后每周检查1次,即第1次(孕$6\sim13^{+6}$周)、第2次(孕$14\sim19^{+6}$周)、第3次(孕20~24周)、第4次(孕25~28周)、第5次(孕29~32周)、第6次(孕33~36周)、第7~11次(孕37~41周),共行产前检查11次。高危孕妇应酌情增加检查次数。

【例2】首次产前检查的时间应从

A. 确诊早孕时开始　B. 计划怀孕时开始　C. 出现宫缩时开始
D. 末次月经首日开始　E. 出现胎动时开始

【例3】关于产前检查,正确的是

A. 首次产前检查是从妊娠12周开始　B. 一般孕妇共进行产前检查10~12次
C. 一般孕妇妊娠20~36周每4周检查1次　D. 高危孕妇从妊娠开始每2周1次
E. 妊娠37周后每周2次

2. 产前检查的内容

包括详细询问病史、全面体格检查、产科检查、必要的辅助检查和健康教育指导。

(1)病史

①年龄　<18岁或≥35岁妊娠为高危因素。≥35岁妊娠者为高龄孕妇。

②职业　从事接触有毒物质或放射线等工作的孕妇，建议计划妊娠前或妊娠后调换工作岗位。

③推算预产期(EDC)　按末次月经(LMP)第1日算起，月份-3或+9，日数+7。如末次月经第1日是2007年9月10日，预产期应为2008年6月17日。实际分娩日期与推算的预产期可能相差1~2周。

注意：①俗话说"十月怀胎"，这里推算预产期时，月份不能+10，只能+9。
②预产期根据上述公式计算后，还需根据实际年份、月份进行调整。
③《妇产科学》中所说的月份都是以每月28天计算的。
④若记不清末次月经，则妊娠早期应用超声检测胎儿头臀长是估计孕周最准确的指标。

④月经史和孕产史　询问初潮年龄、月经周期。经产妇应了解有无难产史、死胎死产史、分娩方式、新生儿情况、有无产后出血等。了解末次分娩或流产的时间及转归。

⑤既往史和手术史　了解有无高血压、心脏病、糖尿病、血液病、肝肾疾病等及做过何种手术。

(2)体格检查　观察发育、营养、精神状态；注意步态及身高；注意检查心脏有无病变、脊柱及下肢有无畸形、乳房情况；测量血压、体重、身高；计算体重指数；注意有无水肿。

【例4】计算预产期的方法是从末次月经

A. 第3天算起　B. 第4天算起　C. 第2天算起
D. 第1天算起　E. 第5天算起

【例5】月经周期规则，末次月经第1日是2005年4月18日，推算预产期应是

A. 2006年1月22日　B. 2006年1月23日　C. 2006年1月24日
D. 2006年1月25日　E. 2006年1月27日

(3)产科检查　包括腹部检查、骨盆测量、阴道检查等。

①腹部检查　孕妇排尿后仰卧，露出腹部，双腿略屈曲稍分开，检查者站在孕妇右侧进行检查。

A.视诊　注意腹形及大小。腹部有无妊娠纹、手术瘢痕及水肿等。

B.触诊　先用软尺测量子宫高度(耻骨联合上缘至子宫底的距离)，然后使用四步触诊法检查子宫大小、胎产式、胎先露、胎方位及胎先露是否衔接。

第1步：检查者两手置于宫底部，手测宫底高度，估计胎儿大小与孕周数是否相符。然后以两手指腹相对轻推，判断宫底部的胎儿部分，胎头硬而圆且有浮球感，胎臀软而宽且形状不规则。

第2步：检查者左右手分别置于腹部左右侧，一手固定，另手轻轻深按检查。触及平坦饱满者为胎背，可变形的高低不平部分为胎儿肢体。有时感到胎儿肢体活动。

第3步：检查者右手拇指与其余4指分开，置于耻骨联合上方握住胎先露部，进一步查清是胎头或胎臀，左右推动以确定是否衔接。若胎先露部仍浮动，表示尚未入盆。若已衔接，则胎先露部不能推动。

第4步：检查者左右手分别置于胎先露部的两侧，向骨盆入口方向向下深按，再次核对胎先露部的诊断是否正确，并确定胎先露入盆的程度。

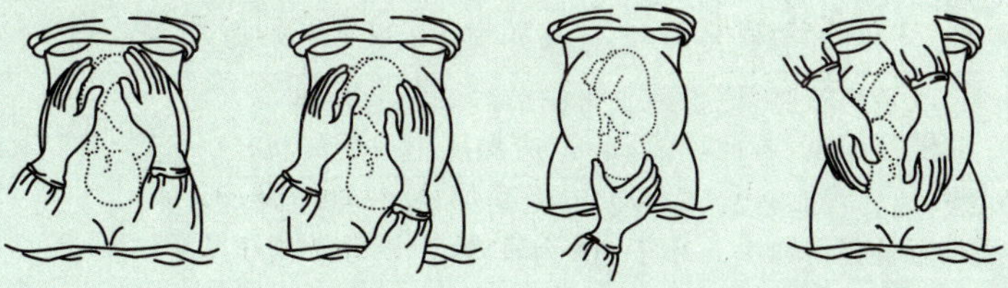

胎儿检查的四步触诊法

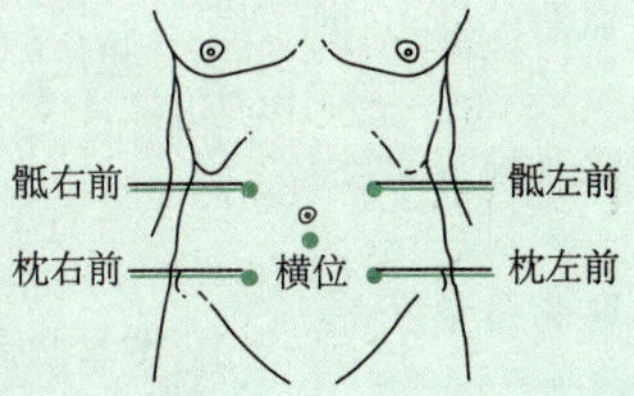

不同胎位胎心音的听诊部位

C.听诊　胎心在靠近胎背上方的孕妇腹壁上听得最清楚。枕先露时，胎心在脐右(左)下方；臀先露时，胎心在脐右(左)上方；肩先露时，胎心在靠近脐部下方听得最清楚。

②骨盆测量　分骨盆内测量和骨盆外测量。

A.骨盆内测量　阴道分娩前或产时，需要确定骨产道情况时，可以进行骨盆内测量。

	测量方法	正常值
对角径	为耻骨联合下缘至骶岬前缘中点到的距离。检查者将一手示、中指伸入阴道，用中指尖触到骶岬上缘中点，示指上缘紧贴耻骨联合下缘，另一手示指固定标记此接触点，抽出阴道内的手指，测量中指尖到此接触点的距离	12.5～13cm
真结合径	又称入口前后径，=对角径-1.5～2cm。若真结合径太小，则只能行剖宫产	11cm
坐骨棘间径	测量两坐骨棘间的距离。检查者将一手示、中指伸入阴道，分别触及两侧坐骨棘，估计其间的距离。坐骨棘间径是中骨盆最短的径线	10cm
坐骨切迹宽度	代表中骨盆后矢状径，其宽度为坐骨棘与骶骨下部间的距离。将阴道内的示指置于骶棘韧带上移动，若能容纳 3 横指为正常，否则为中骨盆狭窄	5.5～6cm
出口后矢状径	为坐骨结节间径中点至骶骨尖端的长度。检查者戴手套的右手示指伸入孕妇肛门向骶骨方向，拇指置于孕妇体外骶尾部，两指共同找到骶骨尖端，用骨盆出口测量器一端放在坐骨结节间径的中点，另一端放在骶骨尖端处，测量器标出的数字即为出口后矢状径。只在坐骨结节间径<8cm 时才需测量	8～9cm

注意：①真结合径正常值为 11cm，记忆为——真正结合的不就是两个人吗？——11。

②坐骨结节间径相当于骨盆出口横径，正常值 8.5～9.5cm。若坐骨结节间径太小，需行剖宫产。若坐骨结节间径<8cm，需看出口后矢状径（正常值 8～9cm）：若坐骨结节间径+出口后矢状径>15cm，表示骨盆狭窄不显著，可严密观察；若<15cm，需行剖宫产。

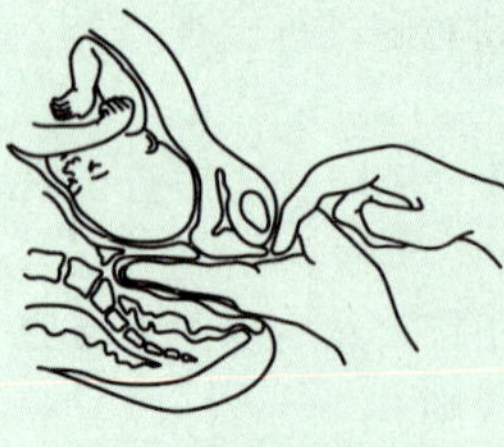
测量对角径（1）

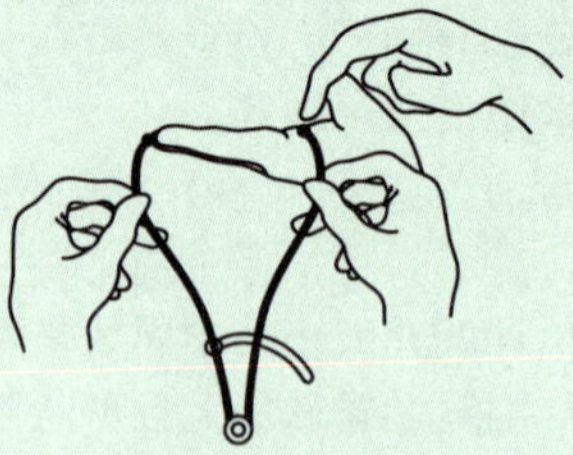
测量对角径（2）

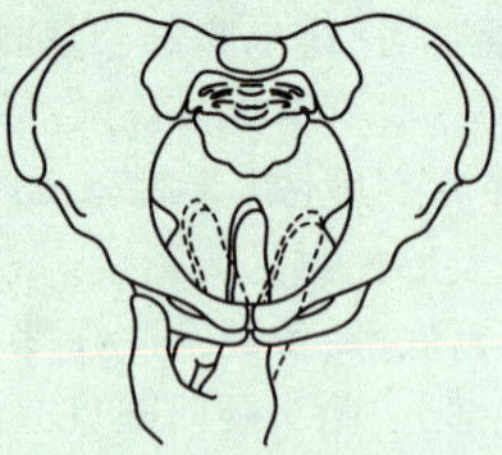
测量坐骨棘间径

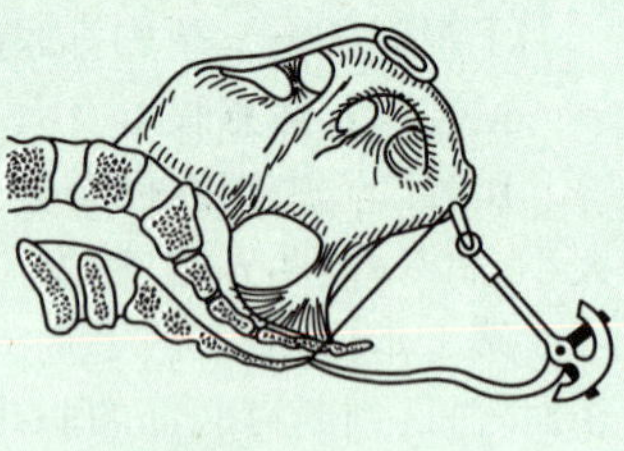
测量出口后矢状径

B.骨盆外测量　行骨盆外测量，能间接判断骨盆大小及形状，可用骨盆测量器测量以下径线。

	测量方法	正常值
髂棘间径	孕妇伸腿仰卧，测量两髂前上棘外缘的距离，可间接反映骨盆入口横径	23～26cm
髂嵴间径	孕妇伸腿仰卧，测量两髂嵴外缘最宽的距离，可间接反映骨盆入口横径	25～28cm
骶耻外径	左侧卧位，右腿伸直，左腿屈曲，测量第 5 腰椎棘突下至耻骨联合上缘中点的距离。此径线可间接推测骨盆入口前后径长度，是骨盆外测量中最重要径线	18～20cm
坐骨结节间径	孕妇仰卧，两腿向腹部屈曲，双手抱双膝，测量两坐骨结节内侧缘的距离 此径线直接测出骨盆出口的横径长度，若此径值<8cm，应加测出口后矢状径	8.5～9.5cm
耻骨弓角度	用左右手拇指指尖斜着对拢，放置在耻骨联合下缘，左右两拇指平放在耻骨降支上，测量两拇指间角度，即为耻骨弓角度。小于 80°为异常	90°

注意：①骨产道有 3 个平面，即骨盆入口平面、中骨盆平面、骨盆出口平面。

②判断骨盆入口平面狭窄的指标是对角径、骶耻外径。判断中骨盆狭窄的指标是坐骨棘间径。判断骨盆出口狭窄的指标是坐骨结节间径及骨盆出口后矢状径。

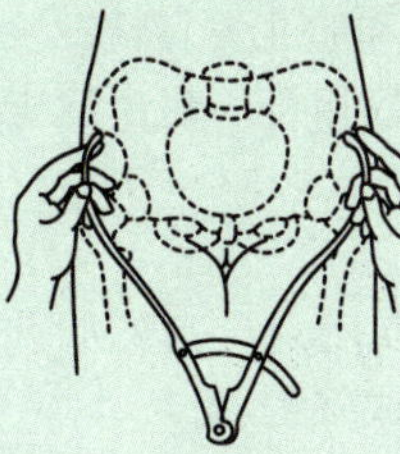

测量髂棘间径

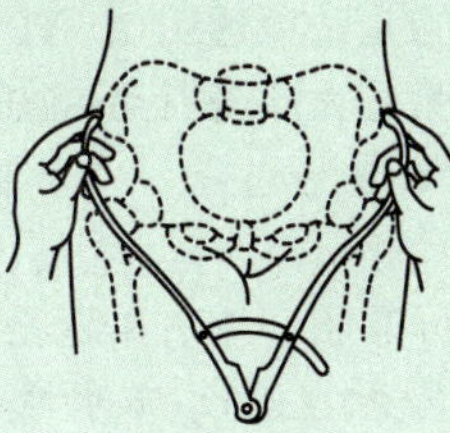

测量髂嵴间径

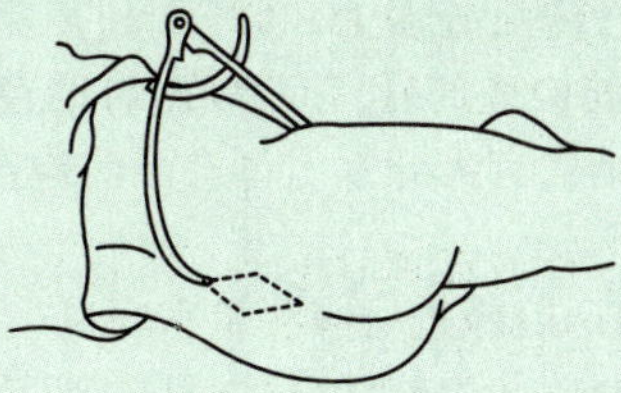

测量骶耻外径

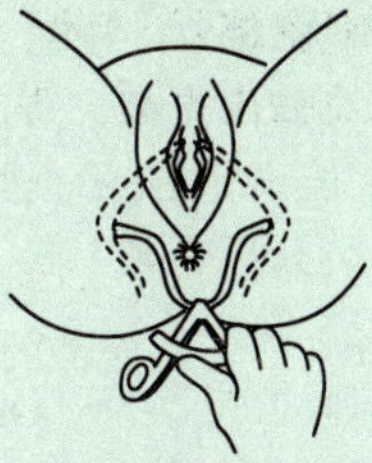

测量坐骨结节间径

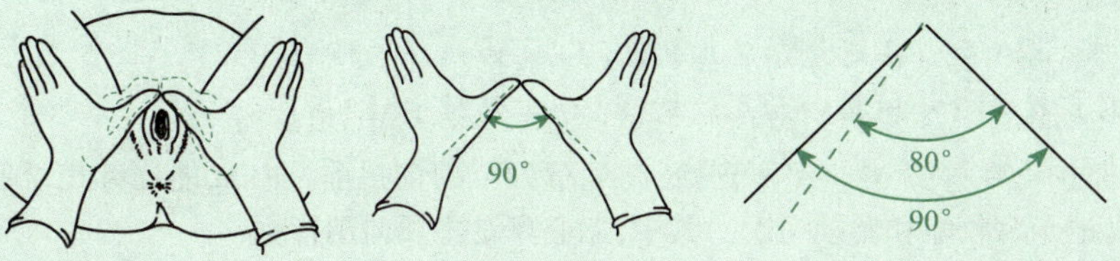

测量耻骨弓角度

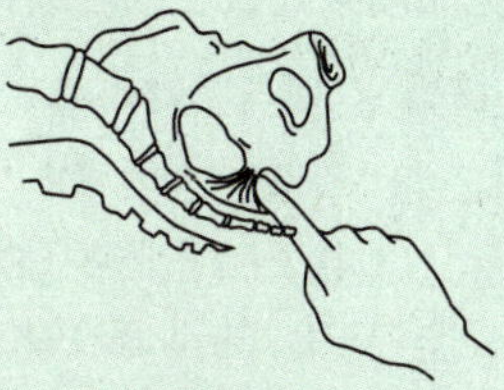

测量坐骨切迹宽度

③阴道检查　妊娠期可行阴道检查,特别是有阴道流血和阴道分泌物异常时。分娩前阴道检查可协助确定骨盆大小、宫颈容受和宫颈口开大程度,进行宫颈 Bishop 评分。

④辅助检查及健康教育　每次产前检查应进行相应的辅助检查,进行卫生宣教,预约下次复诊日期。

【例 6】骨盆测量数值为正常的是

A. 髂棘间径 20cm　　B. 髂嵴间径 22cm　　C. 骶耻外径 17cm

D. 坐骨棘间径 8.5cm　　E. 坐骨结节间径 9cm

【例 7】若骨盆坐骨结节间径 7.5cm,应加测的骨盆径线是

A. 髂嵴间径　　B. 出口后矢状径　　C. 坐骨棘间径

D. 骶耻外径　　E. 出口前矢状径

【例 8】有助于判断中骨盆狭窄的重要指标是

A. 骶耻外径　　B. 髂嵴间径　　C. 髂棘间径

D. 坐骨结节间径　　E. 坐骨切迹宽度

三、胎儿健康状况评估

高危孕妇应于妊娠 32~34 周开始评估胎儿健康状况,合并严重并发症时应于妊娠 26~28 周开始检测。

1. 确定是否为高危儿

高危儿包括:①孕龄<37 周或≥42 周;②出生体重<2500g;③巨大儿(≥4000g);④小于孕龄儿或大于孕龄儿;⑤出生后 1 分钟 Apgar 评分 0~3 分;⑥产时感染;⑦高危妊娠产妇的新生儿;⑧手术产儿;⑨新生儿的兄姐有严重的新生儿病史或新生儿期死亡等;⑩双胎或多胎儿。

【例 9】女,34 岁。孕 24 周,自觉无力,面色略苍白。实验室检查:Hb80g/L,RBC 2.8×10^{12}/L。该孕妇应开始进行胎儿健康状况评估的时间为

A. 孕 20~24 周　　B. 孕 36~38 周　　C. 孕 40~42 周

D. 孕 26~28 周　　E. 孕 32~34 周

【例 10】高危儿主要指

A. 产后感染　　B. 新生儿的兄姐有婴儿期死亡　　C. 高危产妇分娩的新生儿

D. 出生体重>2500g　　E. 孕龄>37 周或<42 周

2. 胎儿宫内状况的监测

(1)**妊娠早期**　妇科检查确定子宫大小及是否与妊娠周数相符。B 超最早在妊娠第 6 周即可见到妊

娠囊和原始心管搏动。有条件时,妊娠 11~13⁺⁶周超声测量胎儿颈项透明层(NT)厚度和胎儿发育情况。

(2)妊娠中期 每次产前检查测量宫底高度,协助判断胎儿大小及是否与妊娠周数相符。超声检查胎儿生长状况,并筛查胎儿结构有无异常。每次产前检查时听取胎心音。

(3)妊娠晚期

①定期产前检查 每次产前检查均应测量宫底高度并听取胎心率。B 超是目前使用最广泛的胎儿影像学监护仪器,不仅能判断胎儿生长状况,而且能判定胎位、胎盘位置、羊水量、胎盘成熟程度。

②胎动检测 胎动监测是孕妇自我评价胎儿宫内状况简便经济的有效方法。孕妇于妊娠 20 周开始自觉胎动。妊娠 28 周以后,正常胎动次数≥10 次/2 小时,<10 次/2 小时或减少 50%者提示胎儿缺氧可能。

注意:①正常胎动≥10 次/2 小时,<10 次/2 小时提示胎儿缺氧(9 版《妇产科学》P45、P53)。
②正常胎动≥6 次/2 小时,<6 次/2 小时提示胎儿缺氧(8 版《妇产科学》P149)。

③电子胎儿监护(EFM) 监护可在妊娠 32~34 周开始,高危孕妇可酌情提前。EFM 能连续记录胎心率(FHR)的动态变化,同时描记子宫收缩和胎动情况。其中,胎心率是主要监测指标。

A.胎心率基线(BFHR) 指在无胎动和无宫缩影响时,10 分钟以上的胎心率平均值。胎心率基线包括胎心率及胎心率(FHR)变异。

a.胎心率 正常 FHR 为 110~160bpm。FHR>160bpm,持续 10 分钟,称为心动过速。FHR<110bpm,持续 10 分钟,称为心动过缓。

b.胎心率变异 指胎心率有小的周期性波动。BFHR 摆动包括胎心率的摆动幅度和摆动频率。正常情况下,BFHR 摆动幅度 6~25bpm、摆动频率≥6 次/分钟。BFHR 摆动表示胎儿有一定的储备能力,是胎儿健康的表现。BFHR 变平即变异消失,提示胎儿储备能力丧失。

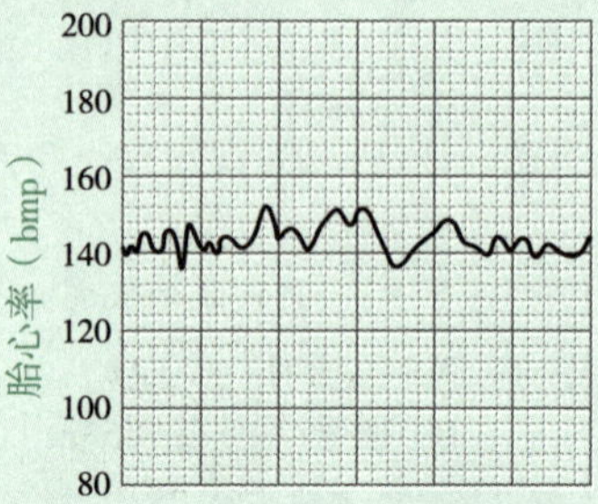

胎心率基线与摆动

注意:9 版《妇产科学》P45:正常胎心音为 110~160 次/分;7 版《妇产科学》为 120~160 次/分。

B.胎心率一过性变化 指受胎动、宫缩等因素刺激,胎心率发生暂时性加速或减慢,随后又能恢复到基线水平,是判断胎儿安危的重要指标。胎心率一过性变化分加速和减速两种情况:

胎心率加速指宫缩时胎心率基线暂时增加 15bpm 以上,持续时间>15 秒,是胎儿良好的表现。

胎心率减速指宫缩时出现的暂时性胎心率减慢,分为早期减速、变异减速、晚期减速 3 种:

a.早期减速 胎心率曲线下降几乎与宫缩曲线上升同时开始,胎心率曲线最低点与宫缩曲线高峰相一致,即波谷对波峰。下降幅度<50 次/秒(9 版《妇产科学》已删除该数据),持续时间短,恢复快,宫缩后迅速恢复正常。一般发生于第一产程后期,为宫缩时胎头受压引起,不受孕妇体位或吸氧而改变。

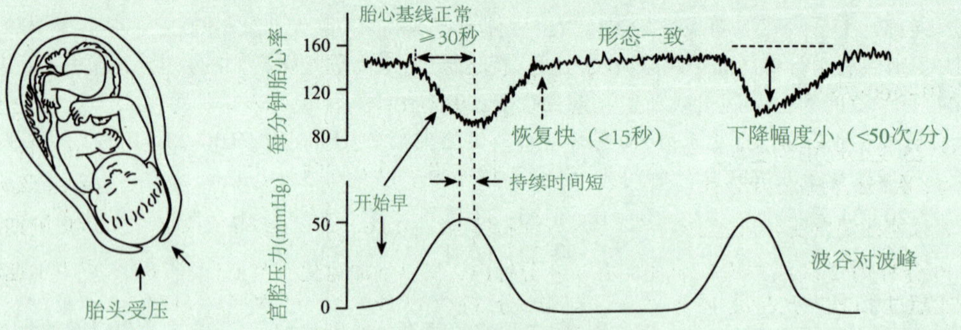

胎心率早期减速

b.变异减速 胎心率减速与宫缩无固定关系,下降迅速且下降幅度大(>70 次/秒)(9 版《妇产科学》为下降≥15 次/分),持续时间长短不一,但恢复迅速。此为宫缩时脐带受压,迷走神经兴奋所致。

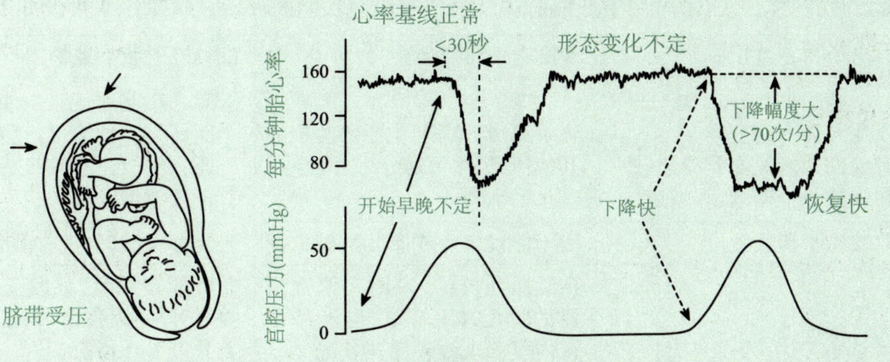

胎心率变异减速

c.晚期减速　胎心率减速多在宫缩高峰后开始出现，即波谷落后于波峰，时间差多在30~60秒，胎心率下降幅度<50次/秒(9版《妇产科学》已删除该数据)，胎心率恢复水平所需时间较长。晚期减速多见于胎盘功能不良、胎儿缺氧，多为胎儿预后不良的信号。

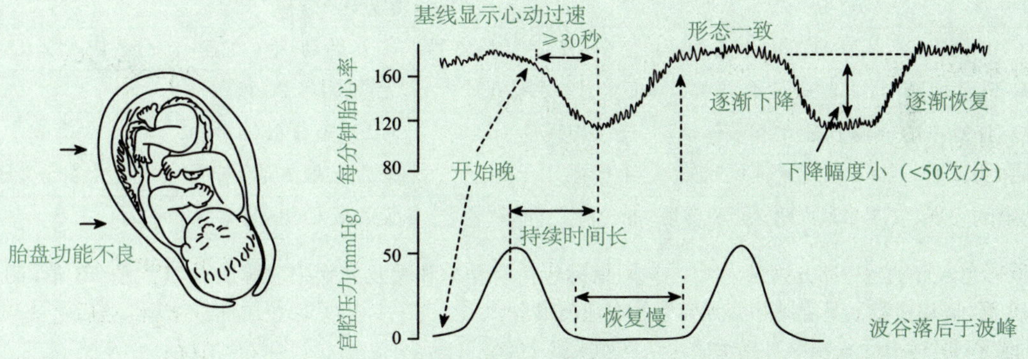

胎心率晚期减速

④预测胎儿宫内储备能力　包括无应激试验(NST)和缩宫素激惹试验(OCT)。

A.NST　指在无宫缩、无外界负荷刺激下，连续观察胎心率宫缩图，以了解胎儿储备能力。根据胎心率基线、胎动时胎心率变化等分为反应型NST、可疑型NST和无反应型NST。NST主要用于产前监护，但其假阳性率较高，因此NST结果异常者需复查，并延长监护时间，必要时行生物物理评分。

参数	有反应型NST	可疑型NST	无反应型NST
基线	110~160次/分	100~110次/分 >160次/分，<30分钟	胎心过缓<100次/分 胎心过速>160次/分，>30分钟
变异	6~25次/分(中等变异) ≤5次/分，持续<40分钟	≤5次/分，持续40~80分钟内	≤5次/分，持续≥80分钟 ≥25次/分，>10分钟，正弦波形
减速	无减速或偶发变异减速<30秒	变异减速持续30~60秒	变异减速持续>60秒；晚期减速
加速	40分钟内2次或2次以上加速超过15次/分，持续15秒	40~80分钟内2次以下加速超过15次/分，持续15秒	大于80分钟2次以下加速超过15次/分，持续15秒
处理	继续随访或进一步评估	需进一步评估(复查NST)	①复查；②全面评估胎儿状况 ③生物物理评分；④及时终止妊娠

B.缩宫素激惹试验(OCT)　也称宫缩应激试验(CST)，其原理是用缩宫素诱导宫缩后，利用电子监

护仪记录胎心率的变化。OCT可用于产前监护及引产时胎盘功能的评价。OCT结果判读如下：

	Ⅰ类电子胎心监护	Ⅱ类电子胎心监护	Ⅲ类电子胎心监护
诊断条件	胎心率基线 110~160 次/分 基线变异为中度变异 没有晚期减速及变异减速 存在或缺乏早期减速、加速	除了第Ⅰ类和第Ⅲ类胎心监护的其他情况，均可划分为第Ⅱ类	①胎心率基线无变异并且存在下面任何一种情况：复发性晚期减速；复发性变异减速；胎心过缓 ②正弦波型
意义	胎儿酸碱平衡正常	尚不能确定存在胎儿酸碱失衡	胎儿存在酸碱失衡即胎儿缺氧
处理原则	常规监护 不需特殊处理	持续胎儿监护，采用其他方法评估胎儿有无缺氧，可能需要宫内复苏来改善胎儿状况	立即纠正缺氧，如改变孕妇体位、吸氧、停止缩宫素、纠正低血压，若无效应终止妊娠

⑤胎儿生物物理监测　是综合电子胎心监护及超声检查所示某些生理活动，以判断胎儿有无急、慢性缺氧的一种产前监护方法。常用的是 Manning 评分法，其满分为 10 分，10~8 分无急、慢性缺氧，8~6 分可能有急或慢性缺氧，6~4 分有急或慢性缺氧，4~2 分有急性缺氧伴慢性缺氧，0 分有急慢性缺氧。

项目	2分(正常)	0分(异常)
NST(20分钟)	≥2次胎动伴胎心加速≥15分/秒，持续≥15秒	<2次胎动，胎心加速<15分/秒，持续<15秒
FBM(30分钟)	胎儿呼吸运动(FBM)≥1次，持续≥30秒	无或持续<30秒
胎动(30分钟)	≥3次躯干和肢体活动，连续出现计1次	≤2次躯干肢体活动
胎儿张力	≥1次躯干伸展后复屈，手指摊开合拢	无活动；肢体完全伸展；伸展缓慢，部分复屈
羊水量	羊水最大暗区垂直深度>2cm	无或最大暗区垂直深度≤2cm

⑥彩色多普勒超声胎儿血流监测　常用指标包括脐动脉和胎儿大脑中动脉的 S/D 比值、RI 值(阻力指数)、PI 值(搏动指数)、脐静脉和静脉导管的血流波形等。

【例 11】下列胎心电子检测结果提示胎儿缺氧的是

A. 胎心率出现早期减速　　B. 胎心率出现变异减速　　C. 胎心率出现晚期减速

D. 胎心率出现加速　　E. 胎心率出现无应激试验反应型

A. 胎儿缺氧　　B. 胎儿状况良好　　C. 胎儿受镇静药物影响

D. 宫缩时胎头受压　　E. 宫缩时脐带受压，兴奋迷走神经

【例 12】胎心率减速出现在宫缩高峰后，下降慢，持续时间长，恢复慢，临床提示的情况是

【例 13】胎心率减速与宫缩无固定关系，下降迅速且下降幅度大，恢复也迅速，临床提示的情况是

注意：①脐静脉暂时受压表现为胎心率加速，脐静脉持续受压表现为胎心率减速。

②胎心率加速是胎儿良好的表现，散发的、暂时的胎心率加速是无害的。

③宫缩时胎头受压表现为早期减速，脐带受压表现为变异减速。胎儿宫内缺氧表现为晚期减速。

3. 胎盘功能检查

(1)胎动　与胎盘功能状态关系密切，胎盘功能低下时，胎动较前期有所减少。

(2)孕妇尿雌三醇值　用于评估胎儿胎盘单位功能。24 小时尿雌三醇>15mg 为正常值，10~15mg 为警戒值，<10mg 为危险值。也可测定尿雌激素/肌酐比值，>15 为正常值，10~15 为警戒值，<10 为危险值。

(3)孕妇血清人胎盘生乳素(hPL)测定　足月妊娠 hPL 为 4~11mg/L。若该值于足月妊娠时<4mg/L，或突然降低 50%，提示胎盘功能低下。

(4)缩宫素激惹试验(OCT)　NST 试验无反应需做 OCT，OCT 阳性提示胎盘功能减退。

4. 胎儿成熟度检查

(1)产科体检　计算胎龄，测定子宫长度、腹围、胎儿体重(g)[=宫高(cm)×腹围(cm)+200]。

(2)B超测量　B超测量双顶径，应>8.5cm。为临床上了解胎儿成熟度最常用的检查。

(3)羊水检查　经腹壁羊膜腔穿刺抽取羊水，进行下列项目检查。

	正常值	临床意义
羊水卵磷脂/鞘磷脂比值	羊水卵磷脂/鞘磷脂比值(L/S)>2	提示胎儿肺成熟
羊水磷脂酰甘油	能测出	提示胎儿肺成熟(此值较L/S更可靠)
羊水泡沫试验或震荡试验	快速而简便测定羊水中表面活性物质，两管液面均有完整的泡沫环	提示胎儿肺成熟
羊水肌酐值	≥176.8μmol/L(2mg%)	提示胎儿肾成熟
羊水胆红素类物质值	用ΔOD_{450}测该值<0.02	提示胎儿肝成熟
羊水淀粉酶值	≥450U/L	提示胎儿唾液腺成熟(不是胰腺)
羊水含脂肪细胞出现率	达20%	提示胎儿皮肤成熟

【例14】下列提示胎盘功能正常的情况是

A. 尿雌激素/肌酐比值>15　B. 胎动<10次/12小时　C. NST试验无反应型

D. OCT试验阳性　E. 血清胎盘生乳素突然降低50%

【例15】正常胎儿成熟度的判定，正确的是

A. 羊水卵磷脂/鞘磷脂比值>1，提示胎儿肺成熟

B. 羊水肌酐值≥88.4μmol/L(1mg%)提示胎儿肾成熟

C. 羊水胆红素类物质ΔOD_{450}<0.10，提示胎儿肝成熟

D. B超测胎头双顶径>8.5cm，提示胎儿成熟

E. 羊水含脂肪细胞出现率>10%，提示胎儿皮肤成熟

四、孕妇管理和高危妊娠的监护及管理

1. 孕妇管理

(1)孕妇管理的建立　孕妇系统管理是指从确诊妊娠开始，到产后42日之内，以母儿共同为监护对象，按照妊娠各期所规定的一些必查和备查项目，进行系统检查、监护和保健指导，及时发现高危情况，及时转诊治疗和住院分娩及产后随访，以确保母婴安全与健康的系统管理。

(2)实行孕产妇保健的三级管理　现在我国城市开展医院三级管理(市、区、街道)和妇幼保健机构的三级管理(市、区、基层卫生院)，农村也开展了三级管理(县医院和县妇幼保健站、乡卫生院、村妇幼保健人员)，实行孕产妇划片分级管理，并健全相互间会诊、转诊等制度，及早发现高危孕妇，并转至上级医院进行会诊和监护处理。

(3)使用孕产妇系统保健手册　建立孕妇系统保健手册制度，是为了加强孕妇系统管理，提高产科疾病防治与管理质量，降低"三率"(孕产妇死亡率、围产儿死亡率、病残儿出生率)。保健手册需从确诊早孕时开始建册，系统管理直至产褥期结束(产后满6周)。手册应记录每次产前检查时的孕妇与胎儿情况及处理意见。住院分娩时应提交保健手册，出院时需将住院分娩及产后母婴情况填写完整后，将手册交还给产妇。产后访视共3次，分别是出院3日内、产后14日、产后28日。

2. 高危妊娠的监护和管理

通过系统的产前检查，尽早筛查出具有高危因素的孕妇，及早给予评估和诊治。对妊娠中晚期出现的异常情况，如妊娠期高血压疾病、妊娠期糖尿病、胎儿生长受限、胎盘和羊水异常等高危妊娠者，应加强管理，及时转诊到上级医院，以确保母儿安全，不断提高高危妊娠管理的"三率"(高危妊娠检出率、高危

妊娠随诊率、高危妊娠住院分娩率)，这是降低孕产妇死亡率、围产儿死亡率和病残儿出生率的重要手段。

【例 16】关于我国孕产妇管理的说法，正确的是

A. 出院时保健手册应交给产妇
B. 确保婴儿安全的基础上保证孕妇安全
C. 产后 3 个月结束系统管理
D. 城市开展三级分工，农村开展二级分工
E. 妊娠 3 个月开始系统管理

▶▶ 常考点　预产期；骨盆测量；胎儿监测；胎儿成熟度检测。

参考答案——详细解答见 2021《贺银成国家临床执业及助理医师资格考试历年考点精析》

1. ABCDE　2. ABCDE　3. ABCDE　4. ABCDE　5. ABCDE　6. ABCDE　7. ABCDE
8. ABCDE　9. ABCDE　10. ABCDE　11. ABCDE　12. ABCDE　13. ABCDE　14. ABCDE
15. ABCDE　16. ABCDE

第 4 章　妊娠并发症

考纲要求

①自然流产:概念,病因,临床表现,临床类型,诊断与鉴别诊断,治疗与预防。②异位妊娠:病因,病理,临床表现,诊断与鉴别诊断,处理。③妊娠期高血压疾病:概念与分类,高危因素,病因,病理生理,临床表现,诊断,对母儿的影响,治疗与预防。④早产:概念,病因,临床表现,诊断与鉴别诊断,治疗与预防。⑤过期妊娠:概念,病因,病理,诊断,对母儿的影响,治疗与预防。

复习要点

一、自然流产

1. 概念

(1)流产　妊娠不足 28 周,胎儿体重不足 1000g 而终止妊娠者,称为流产。

(2)早期流产　妊娠 12 周前终止者,称为早期流产。

(3)晚期流产　妊娠 12 周或以后至不足 28 周终止者,称为晚期流产。

(4)流产分类　分为自然流产和人工流产。胚胎着床后 31%发生自然流产,其中 80%为早期流产。

注意:①妊娠满 28 周及以上,胎儿及其附属物从临产开始到全部从母体娩出的过程,称为分娩。
②妊娠满 28 周至不满 37 周期间分娩称为早产;妊娠满 37 周至不满 42 周期间分娩称为足月产。
妊娠满 42 周及以后分娩称为过期产(9 版妇产科学 P162)。

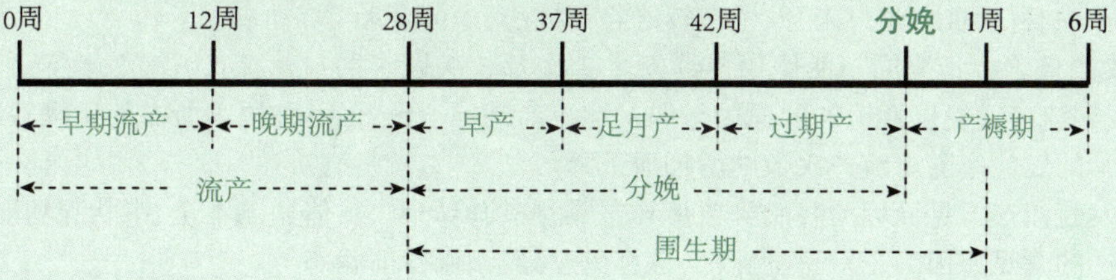

【例 1】关于分娩的概念,正确的是

A. 妊娠满 37 周至不满 42 足周分娩为足月产　　B. 妊娠 43 周之后分娩为过期产

C. 妊娠 28 周至 37 周分娩为早产　　D. 妊娠 28 周及 28 周以内分娩为流产

E. 临产后胎儿死亡为死胎

2. 病因

(1)胚胎因素　胚胎或胎儿染色体异常是早期流产最常见的原因,占 50%~60%。染色体异常包括数目异常和结构异常,数目异常以三体居首位,结构异常主要有平衡易位、倒置、缺失、重叠、嵌合体等。

(2)母体因素　包括全身性疾病、生殖器官异常、内分泌异常、强烈应激与不良习惯、免疫功能异常等。

(3)父亲因素　精子染色体异常可以导致自然流产。

(4)环境因素　过多接触放射线及化学毒物(如砷、铅、甲醛、苯、氯丁二烯)等,可引起流产。

注意:①早期流产的最常见原因为胚胎因素——胚胎染色体异常(约占 50%~60%)。
②晚期流产最常见的原因为母体因素——宫颈重度裂伤、宫颈内口松弛引发胎膜早破等。

A. 胚胎染色体异常　　B. 免疫功能异常　　C. 黄体功能不足

D. 宫颈口松弛　　　　　　　　E. 甲状腺功能减退症

【例 2】早期流产的最常见原因是

【例 3】晚期习惯性流产的常见原因是

3. 临床表现

自然流产的临床表现主要为停经后阴道流血和腹痛。

(1)早期流产　表现为先阴道流血，后出现腹痛。早期流产时，妊娠物排出前胚胎多已死亡。开始时绒毛与蜕膜剥离，血窦开放，出现阴道流血。剥离的胚胎和血液刺激子宫收缩，产生阵发性下腹部疼痛。

(2)晚期流产　主要表现为先出现腹痛(阵发性子宫收缩)，后出现阴道流血。晚期流产时，胎儿排出前后往往还有生机，故其临床表现与早产类似，胎儿娩出后胎盘娩出，出血不多。

4. 临床类型

(1)先兆流产　指妊娠 28 周前先出现少量阴道流血，无妊娠物排出，随后出现阵发性下腹痛或腰背痛。妇科检查宫颈口未开，胎膜未破，子宫大小与停经周数相符。经休息和治疗后症状消失，可继续妊娠；若阴道流血增多或下腹痛加重，可发展为难免流产。

(2)难免流产　指流产不可避免。在先兆流产基础上，阴道流血增多，阵发性下腹痛加剧，或有阴道流液(胎膜破裂)。妇检宫颈口已扩张，有胚胎组织堵塞宫颈口，子宫大小与停经周数基本相符或略小。

(3)不全流产　难免流产继续发展，部分妊娠物排出宫腔，部分残留于宫腔内、宫颈口，或胎儿排出后胎盘滞留宫腔或嵌顿于宫颈口，影响子宫收缩，导致大量出血，甚至发生休克。妇科检查见宫颈口已扩张，宫颈口有妊娠物堵塞及持续性流血，子宫小于停经周数。

(4)完全流产　指妊娠物已完全排出，阴道流血停止，腹痛消失。妇检宫颈口已关闭，子宫接近正常大小。

(5)稽留流产(过期流产)　指胚胎或胎儿死亡后滞留宫腔内，未能及时自然排出者。典型表现为早孕反应消失，有先兆流产症状或无任何症状，子宫不再增大反而缩小。若已到中期妊娠，孕妇腹部不见增大，胎动消失。妇科检查宫颈口未开，子宫较停经周数小，未闻及胎心。

(6)复发性流产　指与同一性伴侣连续发生 3 次及 3 次以上的自然流产。复发性流产多为早期流产，少数为晚期流产。复发性流产的原因与偶发性流产基本一致，但各种原因所占的比例有所不同，如胚胎染色体异常的发生率随着流产次数的增加而下降。

早期复发性流产常见原因为胚胎染色体异常、免疫功能异常、黄体功能不全、甲状腺功能低下等。晚期复发性流产的常见原因为子宫解剖异常、自身免疫异常、血栓前状态等。

(7)流产合并感染　流产过程中，若阴道流血时间长，有组织残留于宫腔内或非法堕胎，有可能引起宫腔内感染，常为厌氧菌及需氧菌混合感染，严重感染可扩展至盆腔、腹腔甚至全身。

注意：①9 版《妇产科学》P72：复发性流产指与同一性伴侣连续发生 3 次及 3 次以上的自然流产。
②7 版《妇产科学》P85：习惯性流产指连续自然流产 3 次及 3 次以上者。
③稽留流产的特点为"四无一小"，即无早孕反应，无胎心，无胎动，无宫口开大，子宫缩小。

5. 诊断

根据病史、体检及辅助检查结果，容易确诊。

(1)B 超检查　可确定妊娠囊的位置、形态、有无胎心搏动，确定妊娠部位和胚胎是否存活，以指导正确的治疗方法。若妊娠囊形态异常或位置下移，预后不良。不全流产及稽留流产可借助 B 超协助确诊。

(2)妊娠试验　多采用尿早早孕诊断试纸条法，对诊断妊娠有价值。为进一步了解流产的预后，多选用各种敏感的方法连续监测血 hCG 水平，正常妊娠 6~8 周时，其值每日应以 66%的速度增长，若 48 小时增长速度<66%，提示妊娠预后不良。

(3)孕激素测定　测定血孕酮水平，有助于判断先兆流产的预后。

6. 鉴别诊断

	先兆流产	难免流产	不全流产	完全流产
出血量	少	中→多	少→多	少→无
下腹痛	无或轻	加剧	减轻	无
组织排出	无	无	部分排出	全部排出
宫颈口	闭	扩张	扩张或有妊娠物堵塞	闭
子宫大小	与妊娠周数相符	相符或略小	小于妊娠周数	正常或略大

注意:①先兆流产——宫口未开。
②难免流产——宫口已扩张,胚胎组织堵塞于宫颈口,子宫大小与停经周数相符或略小。
③不全流产——宫颈口扩张,宫颈口有妊娠物堵塞,子宫大小小于停经周数。
④稽留流产——早孕反应消失,宫颈口未开,子宫不再增大反而缩小。

【例4】女,27岁,已婚。停经9周,阵发性下腹痛3天,阴道少量流血2天。为判断是否能继续妊娠,首选的辅助检查是

A. 尿妊娠试验　　B. B超检查　　C. 胎心监测
D. 胎盘功能检查　　E. 监测血孕酮

7. 处理

(1)先兆流产　适当休息,禁止性生活。黄体功能不足者可肌内注射黄体酮。甲减者可口服小剂量甲状腺素片。经治疗,若阴道流血停止,B超提示胚胎存活,可继续妊娠。若症状加重,B超发现胚胎发育不良,血hCG持续不升或下降,表明流产不可避免,应终止妊娠。

(2)难免流产　一旦确诊,应尽早使胚胎及胎盘组织完全排出。

①早期流产　应及时行清宫术,对妊娠物应仔细检查,并送病理检查。

②晚期流产　子宫较大,出血较多,可静脉滴注缩宫素,促进子宫收缩止血。必要时行清宫术。

(3)不全流产　一旦确诊,应尽快行刮宫术或钳刮术。阴道大出血休克者,应抗休克治疗。

(4)完全流产　症状消失,B超检查证实无宫腔内残留物,无需特殊处理。

(5)稽留流产　处理较为困难。胎盘组织机化,与子宫壁紧密粘连,致使刮宫困难。晚期流产稽留时间过长可发生凝血功能障碍,导致DIC,造成严重出血。故处理前要做好充分准备,备血。

①口服炔雌醇　若凝血功能正常,可口服炔雌醇1mg,提高子宫肌对缩宫素的敏感性。

②子宫<12孕周者　可行刮宫术,术中肌内注射缩宫素,手术应特别小心,避免子宫穿孔。

③子宫>12孕周者　可使用米非司酮+米索前列醇,或静脉滴注缩宫素,促使胎儿、胎盘排出。

④若出现凝血功能障碍　应使用肝素、纤维蛋白原、输新鲜血或血浆等,待凝血功能好转后再刮宫。

(6)复发性流产　根据不同的病因分别进行处理。

(7)流产合并感染　治疗原则为控制感染的同时尽快清除宫内残留物。

①若阴道流血不多,可先用广谱抗生素2~3日,待感染控制后再行刮宫。

②若阴道流血量多,可静脉滴注抗生素及输血的同时,先用卵圆钳将宫内残留大块组织夹出,使出血量减少,切不可用刮匙全面搔刮宫腔,以免感染扩散。术后继续使用抗生素,待感染控制后再行彻底刮宫。

③若已合并感染性休克,应积极抗休克治疗,待病情稳定后再行彻底刮宫。

④若感染严重或盆腔脓肿形成,应行手术引流,必要时切除子宫。

(5~7题共用题干)女,28岁。停经3个月,早孕反应消失,阴道少许流血2天。妇科检查:宫口闭,子宫如妊娠8周大,质软,双侧附件区未触及异常。

【例5】为明确诊断,首选的检查是

A. 腹部CT检查　　B. 多普勒超声检查　　C. B超检查

D. 诊断性刮宫　　　　　E. 血孕酮测定

【例 6】该患者最可能的诊断是

A. 完全流产　　　　B. 难免流产　　　　C. 流产感染

D. 稽留流产　　　　E. 先兆流产

【例 7】该患者正确的处理措施是

A. 继续观察 1 周　　　　B. 孕激素保胎治疗　　　　C. 静脉滴注缩宫素引产

D. 雌激素治疗后刮宫　　　　E. 孕激素治疗后刮宫

二、异位妊娠

受精卵在子宫腔以外着床称为异位妊娠(宫外孕)。异位妊娠以输卵管妊娠最常见(占 95%),少见的有卵巢妊娠、腹腔妊娠、宫颈妊娠、阔韧带妊娠、剖宫产瘢痕妊娠等。在输卵管妊娠中,以壶腹部妊娠最多见,约占 78%,其次为峡部、伞部,间质部妊娠较少见。

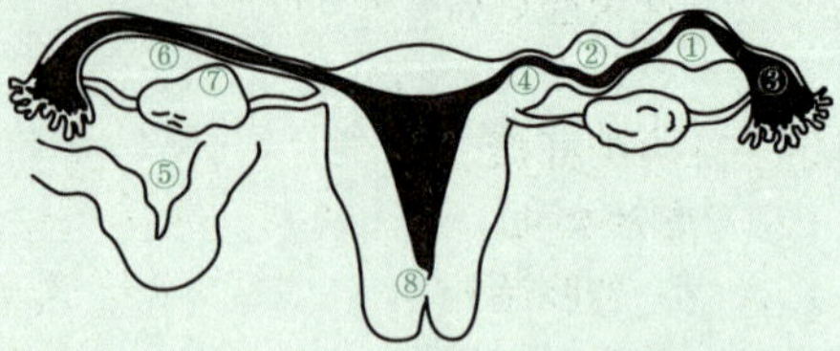

①输卵管壶腹部78%；②输卵管峡部；③输卵管伞部
④输卵管间质部；⑤腹腔；⑥阔韧带；⑦卵巢；⑧宫颈
异位妊娠的部位

1. 病因

(1)输卵管炎症　是异位妊娠的主要病因。可分为输卵管黏膜炎和输卵管周围炎。

(2)输卵管手术史　输卵管绝育史和手术史。

(3)输卵管发育不良或功能异常　输卵管过长、肌层发育差、黏膜纤毛缺乏、输卵管憩室等,均可造成输卵管妊娠。

(4)辅助生殖技术　所致输卵管妊娠的发生率 2.8%。

(5)避孕失败　宫内节育器避孕失败、口服紧急避孕药失败,发生异位妊娠的机会较大。

(6)其他　子宫肌瘤、卵巢肿瘤压迫输卵管,影响输卵管管腔通畅,使受精卵运动受阻。

【例 8】输卵管妊娠最常见的着床部位在输卵管的

A. 伞部　　　　B. 壶腹部　　　　C. 峡部

D. 壶腹部与峡部连接部　　　　E. 间质部

2. 病理

(1)输卵管妊娠的特点　输卵管管腔狭小,管壁薄且缺乏黏膜下组织,其肌层远不如子宫肌壁厚与坚韧,妊娠时不能形成完好的蜕膜,不利于胚胎的生长发育,常发生以下结局:

①输卵管妊娠流产和破裂　见下表。

	输卵管妊娠流产	输卵管妊娠破裂	输卵管间质部妊娠破裂
好发时间	多见于妊娠 8~12 周	多见于妊娠 6 周	多见于妊娠 12~16 周
好发部位	输卵管壶腹部	输卵管峡部	输卵管间质部
腹痛程度	较轻	剧烈	剧烈,犹如子宫破裂
出血量	出血量一般不多	出血量多,可致休克	出血量很大,短期内致休克
出血方式	完全流产时,出血量不多,很少引起休克。不全流产时,可反复出血,形成输卵管血肿、盆腔血肿等	一般为短时间内多量出血,但也可反复出血,在盆腔和腹腔内形成血肿	多为短时间内大量出血,症状极为严重,往往短时间内发生低血容量休克

注意:①输卵管妊娠流产——多见于妊娠 8~12 周,腹痛轻,出血少,一般不发生休克。

②输卵管妊娠破裂——多见于妊娠 6 周,腹痛剧烈,出血量多,可发生休克。

③输卵管间质部妊娠破裂——多见于妊娠 12~16 周,腹痛剧烈,出血凶猛,常发生休克。

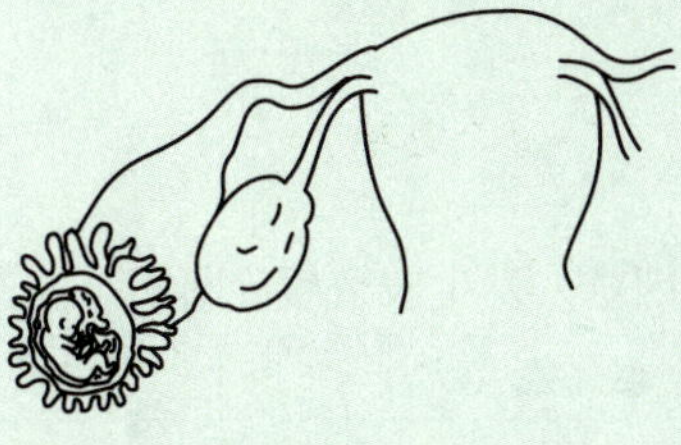

输卵管妊娠流产

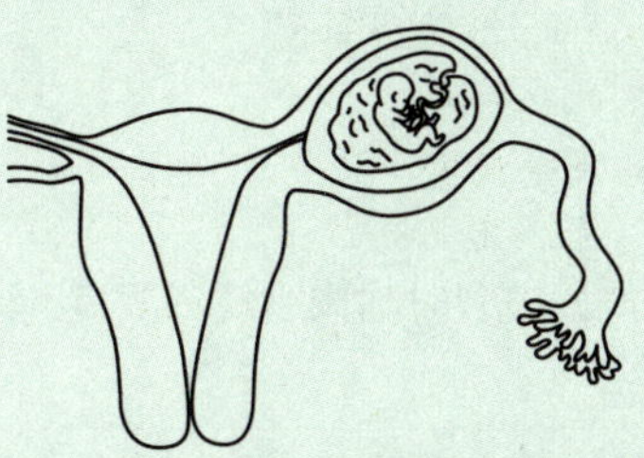

输卵管间质部妊娠

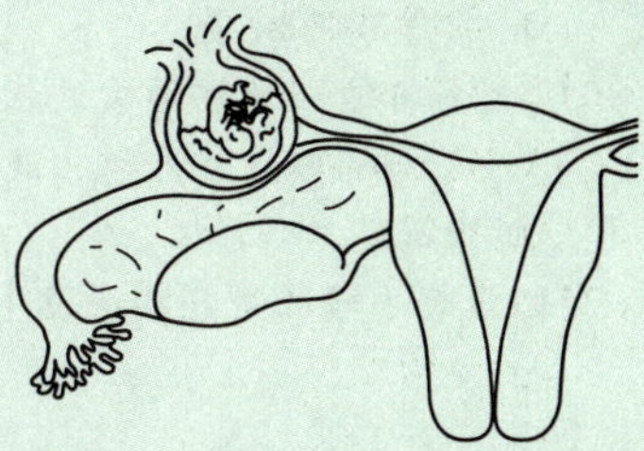

输卵管妊娠破裂

②陈旧性宫外孕　输卵管妊娠流产或破裂,若长期反复内出血形成的盆腔血肿不消退,血肿机化变硬并与周围组织粘连,称为陈旧性宫外孕。机化性包块可存在多年,甚至钙化形成石胎。

③继发性腹腔妊娠　输卵管妊娠流产或破裂,胚胎从输卵管排入腹腔内或阔韧带内,多数死亡,偶尔也有存活者。若存活胚胎的绒毛组织附着于原位或排至腹腔后重新种植而获得营养,可继续生长发育,形成继发性腹腔妊娠。

(2)子宫的变化　合体滋养层细胞产生hCG,月经停止,子宫变大变软,子宫内膜出现蜕膜反应。

①蜕膜　若胚胎死亡,滋养细胞活力消失,蜕膜自宫壁剥离而发生阴道流血。有时蜕膜可完整剥离,随阴道流血排出三角形蜕膜管型。排出的组织见不到绒毛,无滋养细胞,血hCG下降。

②子宫内膜　形态学改变多样。若胚胎死亡已久,内膜可呈增生期改变,有时见Arias-Stella(A-S)反应。若胚胎死亡后部分渗入肌层的绒毛仍存活,黄体退化迟缓,内膜可呈分泌反应。

3. 临床表现

典型症状为停经、腹痛、阴道流血,即异位妊娠三联征。

(1)停经　多有6~8周停经史,有20%~30%患者无停经史。

(2)腹痛　是输卵管妊娠的主要症状,占95%。输卵管妊娠发生流产或破裂之前,常表现为一侧下腹部隐痛;当发生流产或破裂时,突感一侧下腹部撕裂样疼痛,伴恶心呕吐。

(3)阴道流血　胚胎死亡后常有不规则阴道流血,一般不超过月经量,可伴有蜕膜排出。

(4)晕厥与休克　为腹腔内出血及剧烈腹痛所致。症状轻重与阴道流血量不成正比。

(5)腹部包块　输卵管妊娠流产或破裂时所形成的血肿时间较久,血液凝固与周围组织粘连所致。

(6)腹腔内出血征象　贫血貌,脉搏细弱,血压下降等休克表现,下腹部压痛反跳痛,可有移动性浊音。

(7)妇科检查

①阴道　阴道内常有来自宫腔的少许血液。阴道后穹隆饱满,有触痛,后穹隆穿刺可抽出血液。

②输卵管　输卵管妊娠未发生流产或破裂者,除子宫略增大外,可触及胀大的输卵管及轻度压痛。

③子宫　宫颈举痛或摇摆痛为输卵管妊娠的主要体征之一。内出血较多时,子宫有漂浮感。子宫一侧或其后方可触及肿块,边界不清,触痛明显。

注意:①子宫内膜异位症——子宫后倾固定,直肠子宫陷凹、子宫后壁触痛性结节,附件区囊实性包块。
②异位妊娠——子宫有漂浮感,子宫一侧或其后方触痛性肿块,边界不清。

(8)陈旧性宫外孕　妇检可扪及子宫一侧有肿块,质软,表面不规则,有压痛;后穹隆穿刺可阳性;hCG可阴性;B超显示子宫周围不规则包块和盆腔少量积液,易与盆腔炎、附件肿瘤相混淆。所以B超的诊断价值有限,不能作为确诊依据。后穹隆穿刺是较可靠的诊断依据。

【例9】女,28岁。在急诊室经检查后考虑为输卵管妊娠破裂。最有价值的病史及体检结果是

A. 下腹坠胀感明显　B. 有停经史　C. 一侧下腹部持续性剧痛
D. 出现多次呕吐,面色苍白　E. 阴道流血量与重度贫血外貌不成比例

A. 急性阑尾炎　B. 输卵管卵巢囊肿　C. 稽留流产

D. 卵巢黄体破裂　　　　　　　E. 子宫穿孔

【例 10】最易与输卵管妊娠破裂相混淆的疾病是

【例 11】最易与陈旧性宫外孕相混淆的疾病是

4. 诊断与鉴别诊断

(1)诊断 输卵管妊娠未发生流产或破裂时临床表现不明显,诊断困难。发生破裂后诊断不难。

	检查方法	临床意义
B 超检查	必不可少的检查,经阴道 B 超准确性高。表现为宫腔内未见妊娠囊,宫旁见胚芽、原始心管搏动可确诊	具有确诊价值
血尿 hCG 测定	对早期诊断异位妊娠至关重要 异位妊娠时患者血 hCG 水平较宫内妊娠低	早期诊断的重要方法 保守治疗的效果评价
孕酮测定	血清孕酮对判断正常妊娠胚胎的发育情况有帮助	对预测异位妊娠意义不大
阴道后穹隆穿刺	适用于腹腔内出血者,抽出暗红色不凝血为阳性	简单可靠的诊断方法
腹腔镜检查	目前很少将其作为检查手段,而是作为手术治疗	以前是异位妊娠诊断的金标准
诊断性刮宫	诊刮物见到绒毛,诊断为宫内妊娠 诊刮物仅见到蜕膜未见绒毛,诊断为异位妊娠	仅用于不能存活宫内妊娠的鉴别诊断和 B 超不能确定妊娠部位者

注意:①宫内妊娠诊刮物可见绒毛;异位妊娠诊刮物为蜕膜,无绒毛,可从阴道排出三角形蜕膜组织。
②输卵管妊娠破裂诊断首选阴道后穹隆穿刺,腹腔镜作为诊断金标准的是内异症。
③宫颈举痛——输卵管妊娠、急性盆腔炎、卵巢囊肿蒂扭转。

(2)鉴别诊断

	输卵管妊娠	流产	急性输卵管炎	急性阑尾炎	黄体破裂	卵巢囊肿蒂扭转
停经	多有	有	无	无	多无	无
腹痛	突然下腹一侧撕裂样剧痛	下腹中央阵发性坠痛	两侧下腹持续性疼痛	持续性脐周痛转至右下腹	下腹一侧突发性疼痛	下腹一侧突发性疼痛
阴道流血	量少,暗红色,蜕膜管型排出	鲜红色,有血块或绒毛排出	无	无	无阴道出血;或有,如月经量	无
休克	休克程度与外出血不成正比	休克程度与外出血成正比	无	无	无休克,或有轻度休克	无
体温	正常,有时低热	正常	升高	升高	正常	稍高
盆腔检查	宫颈举痛,宫旁肿块	宫口稍开,子宫增大变软	举宫颈时,两侧下腹疼痛	直肠指检时右侧高位压痛	无肿块触及一侧附件压痛	宫颈举痛,卵巢肿块,触痛
WBC	正常或稍高	正常	升高	升高	正常或稍高	稍高
Hb	下降	正常或稍低	正常	正常	下降	正常
穿刺检查	阴道后穹隆穿刺抽出不凝血	阴道后穹隆穿刺阴性	穿刺可抽出渗出液或脓液	阴道后穹隆穿刺阴性	阴道后穹隆穿刺可抽出血液	阴道后穹隆穿刺阴性
hCG	多为阳性	多为阳性	阴性	阴性	阴性	阴性
B 超	一侧附件低回声区及妊娠囊	子宫腔内可见妊娠囊	可见两侧附件低回声区	子宫附件区无异常回声	可见一侧附件低回声区	一侧附件低回声区,有条索状蒂

【例 12】女,26 岁。停经 50 天,左下腹胀痛不适 2 天,肛门坠胀 1 天。平素月经规律。血压 90/60mmHg。与诊断无关的体征是

A. 后穹隆饱满　B. 宫颈光滑　C. 宫颈举痛
D. 宫颈软并着色　E. 子宫稍大变软

(13~15题共用题干)女,30岁,已婚。平时月经规律,停经40天,右下腹剧痛4小时伴头晕及肛门坠胀感。查体:血压80/56mmHg,面色苍白,痛苦貌,下腹部压痛及反跳痛(+),尤以右侧为著,肌紧张不明显,移动性浊音(+)。妇科检查:宫颈举痛,宫体稍大,右附件区触及不规则包块,大小约4cm×3cm×3cm,压痛(+),血红蛋白100g/L。

【例13】该患者最可能的诊断是
A. 卵巢黄体囊肿破裂　B. 输卵管妊娠破裂　C. 卵巢囊肿蒂扭转
D. 卵巢滤泡囊肿破裂　E. 卵巢子宫内膜异位囊肿破裂

【例14】该患者简单可靠的辅助检查是
A. 宫腔镜检查　B. 阴道后穹隆穿刺　C. 腹部CT检查
D. 腹部X线检查　E. 腹腔镜检查

【例15】该患者正确的处理措施是
A. 中药活血化瘀　B. 肌内注射甲氨蝶呤　C. 局部注射甲氨蝶呤
D. 手术治疗　E. 对症处理,严密观察

5. 治疗

(1)手术治疗

①手术指征　A.生命体征不稳定或有腹腔内出血征象者;B.异位妊娠有进展者(如血hCG>3000U/L、有胎心搏动、附件区大包块等);C.随诊不可靠者;D.药物治疗禁忌或无效者;E.持续性异位妊娠者。

②手术方式　根据是否保留患侧输卵管,可分为保守手术和根治手术两类:

A.保守手术　适用于有生育要求的年轻妇女,特别是对侧输卵管已切除或有明显病变者。

输卵管妊娠保守手术后,残余滋养细胞有可能继续生长,再次发生出血,引起腹痛等,称为持续性异位妊娠。故术后应密切监测hCG水平。若术后血hCG升高、术后12日血hCG仍未下降至术前值的10%以下,均可诊断为持续性异位妊娠,可给予甲氨蝶呤治疗,必要时需再次手术。

B.根治手术　适用于无生育要求的输卵管妊娠、内出血并发休克的急症患者。输卵管间质部妊娠,应争取在破裂前手术治疗。输卵管妊娠手术通常在腹腔镜下完成,若生命体征不稳定,则行经腹手术。

(2)药物治疗　化疗前必需确诊异位妊娠并排除宫内妊娠。

①适应证　输卵管妊娠未发生破裂;妊娠囊直径<4cm;血hCG<2000U/L;无腹腔内出血。

②禁忌证　生命体征不稳定;异位妊娠破裂;妊娠囊直径≥4cm或≥3.5cm伴胎心搏动;药物过敏。

③常用药物　为甲氨蝶呤。治疗机制为抑制滋养细胞增生,破坏绒毛,使胚胎组织坏死、脱落、吸收。

④治疗方案

A.全身用药　甲氨蝶呤肌内注射,每日1次,共5天。应用B超和血hCG进行严密监护。

B.局部用药　在B超引导下穿刺或腹腔镜下将甲氨蝶呤直接注入输卵管的妊娠囊内。

(3)期待治疗　适用于病情稳定、血清hCG水平较低(<1500U/L)且呈下降趋势者。

【例16】女,22岁。因下腹疼痛逐渐加重伴肛门坠胀感6小时急诊就诊。查体:P110次/分,BP90/60mmHg。面色苍白、表情痛苦、微汗。阴道后穹隆穿刺抽出不凝血。需对该患者采取的措施是
A. 中药活血化瘀治疗　B. 立刻行腹腔镜探查术　C. 期待疗法,密切随访
D. 立刻行刮宫术　E. 静脉滴注甲氨蝶呤

【例17】女,30岁。停经45天,阴道少量流血1天,平素月经规律。查体:P96次/分,BP100/60mmHg。妇科检查:子宫稍大,左侧附件区增厚,压痛明显。B超提示左侧附件区有一3cm×3cm×2cm大小包块,少量盆腔积液。首选的处理是

A. 超声引导下包块穿刺　　B. 诊断性刮宫　　C. 严密观察
D. 介入治疗　　E. 血 hCG 测定

三、妊娠期高血压疾病

1. 概念与分类

1. 概念与分类

(1)概念　妊娠期高血压疾病是妊娠期特有的疾病，多发生在妊娠 20 周以后，表现为高血压、蛋白尿，分娩后症状随之消失，严重时出现抽搐、昏迷，甚至母婴死亡。

(2)分类　分五类：妊娠期高血压、子痫前期、子痫、慢性高血压并发子痫前期、妊娠合并慢性高血压。

2. 高危因素

(1)4 种疾病　高血压、慢性肾炎、糖尿病、抗磷脂抗体综合征。

(2)5 个数据　孕妇年龄≥40 岁、妊娠时间间隔≥10 年、孕早期收缩压≥130mmHg 或舒张压≥80mmHg、初次产检时 BMI≥35kg/m^2(肥胖)。

(3)子痫病史　子痫前期病史、子痫前期家族史(母亲或姐妹)。

(4)其他　首次怀孕、本次妊娠为多胎、羊水过多、营养不良。

【例 18】发生子痫前期的高危因素不包括
A. 双胎妊娠　　B. 糖尿病　　C. 羊水过多
D. 前置胎盘　　E. 营养不良

3. 病因

(1)子宫螺旋小动脉重铸不足　正常妊娠时，子宫螺旋小动脉管壁平滑肌细胞、内皮细胞凋亡，代之以绒毛外滋养细胞，且深达子宫壁浅肌层。充分的螺旋小动脉重铸使血管管径扩大，形成子宫胎盘低阻力循环，以满足胎儿生长发育的需要。但子痫前期绒毛外滋养细胞浸润能力受损，造成"胎盘浅着床"和子宫螺旋动脉重铸不足，使胎盘灌注减少，引发子痫前期的一系列症状。

(2)炎症免疫过度激活　胎儿是一个半移植物，成功的妊娠要求母体免疫系统对其充分耐受。子痫前期患者无论母胎界面局部还是全身均存在着炎症免疫反应过度激活现象。

(3)血管内皮细胞受损　是子痫前期的基本病理变化，它使扩血管物质，如一氧化氮(NO)、前列环素 I_2(PGI_2)合成减少，而缩血管物质，如内皮素(ET)、血栓素 A_2(TXA_2)合成增加，从而促进血管痉挛。

(4)遗传因素　子痫前期具有家族倾向性，提示遗传因素与该病发生有关。

(5)营养缺乏　低清蛋白血症、钙、镁、锌、硒等缺乏与子痫前期的发生发展有关。

4. 病理生理

基本病变为全身小血管痉挛、内皮损伤及局部缺血。全身各系统各脏器灌流减少，对母儿造成危害。

	基本病变	病理变化	临床表现
脑	脑血管痉挛	脑水肿、充血、局部缺血、血栓形成及出血	头痛、脑梗死、视力下降、脑疝
肾	肾血管痉挛	肾小球扩张，肾血流量及肾小球滤过率下降	蛋白尿，血肌酐升高，肾功受损
肝	肝血管痉挛	子痫前期可出现肝功能异常	转氨酶升高，门静脉周围出血
心血管	血管痉挛	血压升高，外周阻力增加，心排血量减少	心肌缺血、水肿、心衰
子宫	螺旋动脉痉挛	螺旋动脉直径仅为正常孕妇的 1/2	子宫缺血
胎盘	胎盘血管痉挛	胎盘灌注减少，胎盘功能下降	胎儿生长受限，胎儿窘迫
凝血	凝血因子缺乏	患者呈高凝状态，可发生微血管病性溶血	血小板减少、肝酶升高，溶血
血容量	全身小血管痉挛	血容量在孕期不能像正常孕妇一样增加	贫血，红细胞受损，溶血

【例19】妊娠期高血压疾病的基本病变为

A. 慢性弥散性血管内凝血　B. 全身小动脉痉挛　C. 血液高度浓缩

D. 水钠严重潴留　E. 肾素-血管紧张素-前列腺素系统平衡失调

5. 临床表现

典型临床表现为妊娠20周后出现高血压、水肿、蛋白尿。

9版《妇产科学》P83表格复杂难记，不适合解题。请牢记下表，有助于解题。

	妊娠期高血压	子痫前期	重度子痫前期	子痫
血压	≥140/90mmHg	140～160/90～110mmHg	≥160/110mmHg	≥160/110mmHg
症状	一般无症状	可有上腹部不适，头痛	持续上腹部不适，头痛，视觉障碍	抽搐、昏迷
蛋白尿	阴性	+(≥0.3g/24h)	+++～++++(≥5.0g/24h)	不作为诊断标准
水肿	无	可有	可有	可有
备注	产后12周血压恢复正常，产后方可确诊	水肿为参考标准	水肿为参考标准	只要出现抽搐、昏迷即可确诊

注意：①妊娠期高血压尿蛋白(-)，子痫前期尿蛋白(+)，重度子痫前期尿蛋白(+++)。

②妊娠期高血压BP≥140/90mmHg，子痫前期≥140/90mmHg，重度子痫前期≥160/110mmHg。

③妊娠期高血压多无症状，子痫前期有上腹不适，重度子痫前期有上腹不适、头痛、视觉障碍。

④正常妊娠期也可出现水肿，故水肿无特异性，不能作为诊断标准，只能作为参考标准。

6. 诊断

根据病史、临床表现、体征及辅助检查即可作出诊断。

(1)妊娠期高血压　妊娠期首次出现高血压≥140/90mmHg，产后12周内血压恢复正常，但无蛋白尿。若产后12周内血压未恢复正常，应诊断为慢性高血压。

(2)子痫前期　血压升高和尿蛋白出现是诊断子痫前期的基本条件。若出现肝、肾、血液系统的实验室指标异常，或有子痫发作前的症状，如头痛、眼花、上腹部疼痛等，可使子痫前期的诊断更为明确。

下列标准至少一条符合者即可诊断为重度子痫前期：

①收缩压≥160mmHg，或舒张压≥110mmHg。

②血小板<$100×10^9$/L。

③肝功能损害(血清转氨酶水平为正常值2倍以上)，严重持续性右上腹或上腹疼痛。

④肾功能损害(血肌酐>1.1mg/dl，或血肌酐为正常值2倍以上)。

⑤肺水肿。

⑥新发生的中枢神经系统异常或视觉障碍。

(3)子痫　在子痫前期的基础上有抽搐发作。

(4)慢性高血压并发子痫前期　妊娠20周以前无尿蛋白的高血压孕妇，妊娠20周后出现尿蛋白≥0.3g/24h或突然尿蛋白增加，或血压进一步升高，或血小板低于正常值。

(5)妊娠合并慢性高血压　妊娠前或妊娠20周前血压≥140/90mmHg，妊娠期无明显加重；或妊娠20周后首次诊断高血压并持续到产后12周后。

注意：①解题时，只要有抽搐、昏迷发生，即应诊断为子痫。

②妊娠期高血压、妊娠合并慢性高血压，要随访到产后12周才能确诊，故很少出现此类试题。

(6)辅助检查　眼底检查可了解视网膜小动脉痉挛情况，反映本病的严重程度。

【例20】女,30岁。妊娠34周,血压升高伴头痛1周,抽搐,昏迷3小时。查体:BP160/110mmHg,尿蛋白(++)。该患者最可能的诊断是

A. 脑出血　　B. 癔症　　C. 子痫

D. 脑血栓形成　　E. 癫痫

【例21】初孕妇,24岁。妊娠38周,自觉头痛,视物不清4天。下列情况与疾病严重程度关系较小的是

A. 血压水平　　B. 水肿程度　　C. 眼底检查

D. 自觉症状　　E. 尿蛋白

【例22】初孕妇,妊娠30周。因头痛、突发视物不清1天急诊就诊。查体:P60次/分,BP160/110mmHg,脚踝部凹陷性水肿,神经系统检查未发现异常。产科检查:子宫底高度在脐上2横指,胎心率120次/分。为评估病情的严重程度,首选的检查是

A. 头颅CT　　B. 甲状腺功能测定　　C. 尿常规

D. 心脏彩超　　E. 眼底检查

7. 对母儿的影响

(1)对母体的影响　可发生胎盘早剥、肺水肿、凝血功能障碍、急性肾衰、HELLP综合征、死亡等。

(2)对胎儿的影响　胎盘功能减退可导致胎儿窘迫、生长受限、死胎、死产、新生儿死亡。

8. 治疗

(1)子痫前期　治疗原则主要是降压、解痉、镇静、利尿,适时终止妊娠是最有效的处理措施。

①降压　降压治疗的目的是预防子痫、心脑血管意外、胎盘早剥等严重母胎并发症。

降压指征	①血压≥160/110mmHg必须降压治疗;②血压≥150/100mmHg建议降压治疗 ③血压140~150/90~100mmHg不建议降压治疗;④妊娠前已用降压药者继续降压治疗
降压目标	未并发脏器功能损害者,血压控制在130~155/80~105mmHg 并发脏器功能损害者,血压控制在130~139/80~89mmHg
常用药物	拉贝洛尔、硝苯地平、尼莫地平、尼卡地平、酚妥拉明、甲基多巴、硝酸甘油、硝普钠
严禁使用	血管紧张素转换酶抑制剂(ACEI)、血管紧张素Ⅱ受体拮抗剂(ARB)、利尿剂

②解痉　防治子痫首选硫酸镁,效果优于地西泮、苯巴比妥和冬眠合剂等镇静药。

作用机制	镁离子抑制运动神经末梢释放乙酰胆碱,阻断神经肌肉接头间的信息传递,使骨骼肌松弛 镁离子刺激血管内皮细胞合成前列环素,抑制内皮素合成,缓解血管痉挛状态 镁离子通过阻断谷氨酸通道阻滞钙离子内流,解除血管痉挛,减少内皮细胞损伤 镁离子可提高孕妇和胎儿血红蛋白的亲和力,改善氧代谢
用药指征	控制子痫抽搐,防止再抽搐;预防重度子痫前期发展为子痫;子痫前期临产前用药预防抽搐
用药方案	静脉给药结合肌内注射,用药过程中可监测血镁浓度。硫酸镁用药量<25g/d
毒性作用	正常血镁浓度0.75~1mmol/L,治疗浓度为1.8~3.0mmol/L,若>3.5mmol/L即可发生镁中毒 镁中毒首先表现为膝反射减弱或消失,继之全身肌张力减退、呼吸困难、复视、呼吸肌麻痹等
使用条件	膝反射存在;呼吸≥16次/分;尿量≥17ml/h或≥400ml/24h;备有10%葡萄糖酸钙
中毒处理	一旦出现镁中毒,应立即静脉注射10%葡萄糖酸钙10ml
疗程	用至产后24~48小时停药,用药时限不超过5日

③镇静　硫酸镁无效时,可使用镇静药物来预防和控制子痫,常用药物为地西泮、苯巴比妥等。

④利尿　子痫前期患者一般不主张应用利尿剂。仅在全身性水肿、急性心衰、肺水肿、脑水肿、肾功能不全时,酌情使用呋塞米。甘露醇主要用于脑水肿,患者心衰时禁用。

⑤促胎肺成熟　孕周<35 周的患者，预计 1 周内可能分娩者，应给予糖皮质激素促胎肺成熟治疗。

⑥分娩时机和方式　子痫前期患者经积极治疗无效时，应终止妊娠，终止妊娠的时机如下图。

- 妊娠期高血压、子痫前期 → 期待治疗至37周终止妊娠
- 重度子痫前期
  - <24周 → 经治疗病情不稳定者终止妊娠
  - 孕24～28周 → 根据母儿情况决定是否期待治疗
  - 孕28～34周
    - → 病情稳定，可考虑期待治疗
    - → 病情不稳定，积极治疗24～48小时无效，促胎肺成熟后终止妊娠
  - ≥34周 → 考虑终止妊娠
- 子痫 → 抽搐控制后即考虑终止妊娠

A.终止妊娠的方式　如无剖宫产指征，应阴道试产；若不能短时间内阴道分娩，可放宽剖宫产指征。

B.分娩注意事项　注意观察自觉症状变化；监测血压并继续降压治疗，应将血压控制在≤160/110mmHg；监测胎心变化。积极预防产后出血，产时不能使用麦角新碱类药物。

【例 23】硫酸镁中毒时最早出现的临床表现是

A. 呼吸加快　　B. 尿量减少　　C. 呼吸减慢
D. 膝反射消失　　E. 心率加快

【例 24】女，27 岁，妊娠 32 周。头痛、头晕 1 天。查体：T37.5℃，呼吸 24 次/分，脉率 92 次/分，血压 155/100mHg，无腹部压痛。适宜的治疗措施是

A. 静脉滴注硝普钠　　B. 静脉注射呋塞米　　C. 静脉滴注硫酸镁
D. 静脉滴注缩宫素　　E. 静脉滴注抗生素

【例 25】初孕妇，24 岁。妊娠 38 周，既往血压正常，5 天前突觉头痛且逐渐加重。血压 166/112mmHg，双下肢水肿(++)，24 小时尿蛋白 5g，血细胞比容 0.42。此时首选的处理是

A. 头颅 CT 检查　　B. 立即行剖宫产术　　C. 呋塞米静脉注射
D. 硫酸镁缓慢静脉注射　　E. 硝普钠静脉滴注

(26~28 题共用题干)26 岁，初孕妇。现妊娠 40 周，近半月头痛、眼花、视物模糊，今晨出现剧烈头痛并呕吐 2 次来院就诊。测血压 180/110mmHg。

【例 26】最有参考价值的病史是

A. 既往有无头痛史　　B. 既往血压正常　　C. 有高血压家族史
D. 有患病毒性肝炎史　　E. 有多次泌尿系统感染史

【例 27】为与慢性高血压鉴别，最有价值的血液检查结果是

A. 尿素氮值增高　　B. 尿素值增高　　C. 尿酸值增高
D. 肌酸值增高　　E. 肌酐值增高

【例 28】听胎心发现胎心率 176 次/分，此时恰当的处置应是

A. 静脉滴注硫酸镁　　B. 静脉快速滴注甘露醇　　C. 对症处理
D. 立即行剖宫产术　　E. 立即行催产素静脉滴注引产

注意：患者剧烈头痛伴呕吐，血压 180/110mmHg，为重度妊娠高血压颅内高压所致，应首选甘露醇静脉滴注降低颅内压后，再行剖宫产。

(2)子痫　处理原则是控制抽搐，病情稳定后终止妊娠。

①一般急诊处理　子痫发作时需保持气道通畅，维持呼吸、循环功能稳定，密切观察生命体征，留置导尿管监测尿量。避免声光刺激，防止坠地外伤、唇舌咬伤。

②控制抽搐　首选硫酸镁静脉注射。若硫酸镁应用禁忌或无效，可考虑使用地西泮、苯妥英钠或冬

眠合剂控制抽搐。子痫患者产后需继续应用硫酸镁 24～48 小时。

③降低颅压　20%甘露醇 250ml 快速静脉滴注降低颅压。

④控制血压　脑血管意外是子痫患者死亡最常见的原因，当血压≥160/110mmHg 时应积极降压。

⑤纠正缺氧和酸中毒　面罩和气囊吸氧，给予适量 4%碳酸氢钠纠正酸中毒。

⑥适时终止妊娠　一旦抽搐控制后即可考虑终止妊娠。

注意：①控制妊娠子痫抽搐首选——硫酸镁静脉注射。
②重度妊娠高血压患者剧烈头痛、呕吐（颅内压增高所致）——首选甘露醇快速静脉滴注。
③重度妊娠高血压患者降压治疗——首选肼屈嗪（原称肼苯达嗪）静脉滴注。

9. 预防

(1)低危人群　对低危人群目前尚无有效的预防方法。

(2)高危人群　其预防措施为：

①适度锻炼。

②合理饮食　妊娠期不推荐严格限制盐的摄入，也不推荐肥胖孕妇限制热量摄入。

③补钙　低钙饮食的孕妇建议补钙，口服至少 1g/d。

④阿司匹林抗凝治疗　主要针对有特定子痫前期高危因素者，可从妊娠 11～13^{+6}周（最晚不超过妊娠 20 周）开始使用，至 36 周，或者至终止妊娠前 5～10 日停用。

【例 29】女，35 岁，初产妇。妊娠 34^{+1}周，头痛 1 天。查体：血压 170/110mmHg，胎心率 150 次/分，胎儿大小相当于 32 周，羊水深度 2.0cm。尿蛋白（+++）。该患者正确的处理原则是

A. 对症处理继续妊娠　　B. 降压治疗后继续妊娠　　C. 硫酸镁解痉后剖宫产

D. 降压同时宫缩素引产　　E. 解痉降压后羊膜腔内药物引产

四、早产

1. 概念

早产指妊娠达到 28 周但不足 37 周间分娩者。此时娩出的新生儿称为早产儿。

2. 病因

早产可分为自发性早产和治疗性早产。自发性早产又分为胎膜完整早产和未足月胎膜早破（PPROM）。

(1)胎膜完整早产　最常见的类型，约占 45%。发生机制主要为：

①宫腔过度扩张　如双胎或多胎妊娠、羊水过多等。

②母胎应激反应　因孕妇精神、心理压力过大，导致胎盘-胎儿肾上腺-内分泌-轴紊乱，过早、过多分泌促肾上腺皮质激素（CRH）和雌激素，使宫颈过早成熟并诱发宫缩。

③宫内感染　感染途径最常见为下生殖道的病原体经宫颈管逆行而上。另外，母体全身感染病原体也可通过胎盘侵及胎儿，或盆腔感染病原体经输卵管进入宫腔。最常见的病原体有阴道加德纳菌、梭形杆菌、人型支原体、解脲支原体等。

(2)胎膜早破早产　病因及高危因素包括：PPROM 史、体重指数<19.0kg/m²、营养不良、吸烟、宫颈功能不全、子宫畸形（如纵隔子宫、单角子宫、双角子宫等）、宫内感染、细菌性阴道病、子宫过度膨胀、辅助生殖技术受孕等。

(3)治疗性早产　是指由于母体或胎儿的健康原因不允许继续妊娠，在未达到 37 周时采取引产或剖宫产终止妊娠。

【例 30】早产的常见病因是

A. 遗传因素　　B. 下生殖道感染　　C. 头盆不称

D. 孕激素水平升高　　E. 胎儿畸形

3. 临床表现

子宫收缩是早产的主要临床表现。最初为不规则宫缩，常伴少许阴道流血，以后发展为规则宫缩，其过程与足月临产相似。早产可分为先兆早产和早产临产两个阶段：

(1)先兆早产 指有规则或不规则宫缩，伴有宫颈管的进行性缩短。

(2)早产临产 需符合下列条件：①出现规则宫缩（20分钟≥4次，或60分钟≥8次），伴有宫颈的进行性改变；②宫颈扩张1cm以上；③宫颈容受≥80%。

4. 诊断与鉴别诊断

(1)诊断 根据病史（有晚期流产、早产、产伤史的孕妇容易发生早产）、临床表现，早产不难诊断。

(2)鉴别 应与妊娠晚期生理性子宫收缩相鉴别。生理性子宫收缩不规则、无痛感、不伴宫颈管缩短和宫口扩张等改变，也称为假早产。

5. 治疗

(1)治疗原则 若胎膜完整，在母胎情况允许时，尽量保胎至34周，监护母胎情况，适时停止早产的治疗。若胎膜已破，则早产不可避免，应设法提高早产儿存活率。

(2)适当休息 宫缩较频繁，但宫颈无改变，不必卧床和住院。宫颈已有改变的先兆早产者，可住院并注意休息；已早产临产者，需住院治疗，应卧床休息。

(3)促胎肺成熟治疗 妊娠<35周，1周内有可能分娩的孕妇，应使用地塞米松促胎肺成熟。

(4)抑制宫缩治疗 先兆早产患者，通过适当控制宫缩，能延长妊娠时间。早产临产患者，宫缩抑制剂虽不能阻止早产分娩，但可能延长妊娠3~7日，为促胎肺成熟治疗赢得时机。

①钙通道阻滞剂 可减少Ca^{2+}内流，干扰细胞内Ca^{2+}浓度，抑制子宫收缩。常用药物为硝苯地平。

②前列腺素合成酶抑制剂 能减少前列腺素合成，从而抑制宫缩。常用药物为吲哚美辛。

③β_2受体激动剂 可兴奋子宫平滑肌的β_2受体，抑制收缩，延长妊娠期。常用药物为利托君。

④阿托西班 是缩宫素类似物，通过竞争子宫平滑肌的缩宫素受体，抑制由缩宫素所诱发的子宫收缩。

⑤硫酸镁 Mg^{2+}可直接作用于子宫平滑肌，拮抗钙离子对子宫的收缩活性，抑制子宫收缩。

(5)控制感染 感染是早产的重要诱因。对胎膜早破者，必须预防性使用抗生素。

(6)适时停止早产的治疗 终止早产治疗的指征为：①宫缩进行性增强，经过治疗无法控制者；②有宫内感染者；③衡量母胎利弊，继续妊娠对母胎的危害性大于胎肺成熟对胎儿的好处；④妊娠≥34周，如无母胎并发症，应停用宫缩抑制剂，顺其自然，不必干预，继续监测母胎情况。

(7)产时处理与分娩方式 大部分早产儿可经阴道分娩。

6. 预防

①加强产前保健系统 孕妇尽早就诊、建围产保健卡、定期产前检查；尽早发现早产高危因素，并对存在的高危因素进行评估和处理；指导孕期卫生。

②宫颈环扎术 有3次或3次以上妊娠中期流产史或早产史者，可在妊娠12~14周行宫颈环扎术。

③孕酮制剂 适用于单胎、妊娠中期短宫颈的孕妇，不管是否有晚期流产或早产史。

④子宫颈托 对妊娠中期宫颈缩短的宫颈机能不全患者有一定预防作用。

（31~33题共用题干）初产妇，27岁。妊娠32周，阴道少量流血及规律腹痛2小时。肛门检查：宫颈管消失，宫口开大1.5cm。

【例31】该患者最可能的诊断是

A. 先兆早产　B. 胎盘早剥　C. 前置胎盘
D. 晚期流产　E. 早产临产

【例32】该患者不恰当的处理措施是

A. 静脉滴注硫酸镁　B. 使用缩宫素引产　C. 使用少量镇静剂
D. 口服沙丁胺醇　E. 左侧卧位

【例 33】为促使胎儿肺成熟,应给予

A. 5%葡萄糖液　　B. 三磷酸腺苷　　C. 倍他米松

D. 硝苯地平　　E. 辅酶 A

注意:①7 版《妇产科学》P87:早产临产的诊断标准为宫颈扩张 2cm 以上。

②9 版《妇产科学》P96:早产临产的诊断标准为宫颈扩张 1cm 以上。

五、过期妊娠

1. 概念

过期妊娠指平时月经规则,妊娠达到或超过 42 周(≥294 日)尚未分娩者。

2. 病因

(1)雌、孕激素比例失调　内源性前列腺素和雌二醇不足而孕酮水平增高,导致孕激素优势,抑制缩宫素的作用,延迟分娩发动,导致过期妊娠。

(2)头盆不称　头盆不称和胎位异常,可使胎先露部不能紧贴子宫下段及宫颈口,反射性子宫收缩减少,容易发生过期妊娠。

(3)胎儿畸形　如无脑儿导致雌激素分泌减少,小而不规则的胎儿不能紧贴子宫下段及宫颈口诱发宫缩,导致过期妊娠。

(4)遗传因素　过期妊娠可能与遗传有关。胎盘硫酸酯酶缺乏症的胎儿,肾上腺和肝脏产生的 16α-羟基硫酸脱氢表雄酮不能脱去硫酸根转变为雌二醇及雌三醇,从而使血清雌二醇及雌三醇明显减少,降低子宫对缩宫素的敏感性,使分娩难以启动。

【例 34】与过期妊娠无关的是

A. 羊水过多　　B. 头盆不称　　C. 巨大胎儿

D. 雌孕激素比例失调　　E. 胎盘缺乏硫酸酯酶

3. 病理

(1)胎盘　过期妊娠的胎盘病理有两种类型。

①胎盘功能正常　除重量略增加外,胎盘外观和镜检均与足月妊娠相似。

②胎盘功能减退　胎盘老化,胎盘功能减退。

(2)羊水　正常妊娠 38 周后,羊水量逐渐减少,妊娠 42 周羊水量迅速减少,约 30%减至 300ml 以下;羊水粪染率明显增高;若同时伴有羊水过少,则羊水粪染率达 71%。

(3)胎儿　过期妊娠胎儿生长模式与胎盘功能有关,可分为以下 3 种:

①正常生长及巨大胎儿　若胎盘功能正常,能维持胎儿继续生长,约 25%成为巨大胎儿。

②胎儿过熟综合征　过熟儿表现出过熟综合征的特征性外貌,与胎盘功能减退、胎盘血流灌注不足、胎儿缺氧及营养缺乏有关。典型表现为"小老人"。

③胎儿生长受限　小样儿可与过期妊娠共存。

4. 对母儿的影响

(1)对围产儿影响　如胎儿过熟综合征、胎儿窘迫、胎粪吸入综合征、新生儿窒息、巨大儿等。

(2)对母体影响　产程延长和难产率增高,使手术产率及母体产伤明显增加。

5. 诊断

(1)核实孕周　①以末次月经第 1 日计算;②根据排卵日推算;③根据性交日期推算预产期;④根据辅助生殖技术的日期推算预产期;⑤根据早孕反应出现时间、胎动时期、妇检发现的子宫大小等推算预产期;⑥根据 B 超检查确定妊娠周数;⑦根据妊娠早期血、尿 hCG 增高的时间推算妊娠周数。

(2)判断胎儿安危状况　确定胎盘功能是否正常是诊断的关键。

	检查方法	临床意义
胎动计数	正常胎动计数>10次/2小时	<10次/2小时或减少50%，提示胎儿宫内缺氧
胎儿电子监护仪	无应激试验（NST）每周2次，若无反应，需进一步做缩宫素激惹试验（OCT）	多次反复出现晚期减速提示胎盘功能减退，胎儿明显缺氧
B超检查	观察胎动、肌张力、呼吸运动和羊水量	判断宫内胎儿安危
羊膜镜检查	观察羊水颜色，是否破膜	羊水黄色，胎粪排出，提示胎盘功能减退

6. 处理

妊娠40周以后胎盘功能逐渐下降，42周以后明显下降，因此，在妊娠41周以后，应考虑终止妊娠。

（1）促宫颈成熟　评价宫颈成熟度的主要方法是Bishop评分。如Bishop评分≥7分，可直接引产；Bishop评分<7分，引产前应先促宫颈成熟。常用方法为：前列腺素E_2（PGE_2）阴道制剂和宫颈扩张球囊。

（2）终止妊娠指征　过期妊娠者终止妊娠的指征：①宫颈条件成熟；②胎儿体重≥4000g或胎儿生长受限；③12小时内胎动<10次，或无应激试验（NST）为无反应、缩宫素激惹试验（OCT）阳性或可疑；④尿E/C比值持续低值；⑤羊水过少（羊水暗区<3cm）和（或）羊水粪染；⑥并发重度子痫前期或子痫。

（3）引产　宫颈条件成熟（Bishop评分≥7分），可行引产术，常用静脉滴注缩宫素，诱发宫缩直至临产。胎头已衔接者，通常先人工破膜，1~2小时后开始静脉滴注缩宫素引产。

（4）剖宫产　过期妊娠时，胎盘功能减退，胎儿储备能力下降，需适当放宽剖宫产指征。

7. 预防

①加强孕期宣教，使孕妇及家属认识过期妊娠的危害性。

②定期进行产前检查，适时结束分娩。

【例35】过期妊娠孕妇需迅速终止妊娠的情况是

A. 12小时胎动18次　　B. 无应激试验反应型　　C. 胎儿监护早期减速
D. 缩宫素激惹试验阳性　　E. B超羊水最大暗区垂直深度40mm

▶▶常考点　重点内容，请全面掌握。

参考答案——详细解答见2021《贺银成国家临床执业及助理医师资格考试历年考点精析》

1. ABCDE	2. ABCDE	3. ABCDE	4. ABCDE	5. ABCDE	6. ABCDE	7. ABCDE
8. ABCDE	9. ABCDE	10. ABCDE	11. ABCDE	12. ABCDE	13. ABCDE	14. ABCDE
15. ABCDE	16. ABCDE	17. ABCDE	18. ABCDE	19. ABCDE	20. ABCDE	21. ABCDE
22. ABCDE	23. ABCDE	24. ABCDE	25. ABCDE	26. ABCDE	27. ABCDE	28. ABCDE
29. ABCDE	30. ABCDE	31. ABCDE	32. ABCDE	33. ABCDE	34. ABCDE	35. ABCDE

第 5 章 妊娠合并内外科疾病

考纲要求

①妊娠合并心脏病:临床表现,诊断,常见并发症,处理。②妊娠合并糖尿病:临床表现,诊断,处理。

复习要点

一、妊娠合并心脏病

1. 临床表现

(1)心脏病对妊娠的影响 妊娠合并心脏病患者,先天性心脏病占 35%~50%,最常见。

①先天性心脏病 包括左向右分流型、右向左分流型、无分流型三类。

	左向右分流型	右向左分流型	无分流型
别称	潜伏青紫型	青紫型	无青紫型
举例	房间隔缺损、室间隔缺损 动脉导管未闭	法洛四联症 艾森门格综合征	肺动脉瓣狭窄、主动脉缩窄 马方综合征
对妊娠的影响	分流量小时,能耐受妊娠及分娩 分流量大时应矫正后妊娠或终止妊娠	对妊娠耐受力差,不宜妊娠 若已妊娠,应尽早终止妊娠	轻度狭窄可耐受妊娠,中重度狭窄和马方综合征不宜妊娠

②风湿性心脏病 以二尖瓣狭窄最多见,占风心病的 2/3~3/4。

风心病类型	对妊娠的影响
二尖瓣狭窄	轻度狭窄可耐受妊娠;重度狭窄、伴肺动脉高压者不宜妊娠,已妊娠者应早期终止妊娠
二尖瓣关闭不全	一般情况下能较好耐受妊娠
主动脉瓣狭窄	严重者应手术矫正后再考虑妊娠
主动脉瓣关闭不全	一般可以耐受妊娠

③心肌炎 可发生于妊娠任何阶段。急性心肌炎病情控制良好者,可在严密监护下妊娠。心肌严重受累者,妊娠期发生心力衰竭的危险性很大。柯萨奇 B 组病毒感染所致心肌炎,病毒可能导致胎儿宫内感染。

④功能异常性心脏病 主要包括各种无心血管结构异常的心律失常,可否妊娠应请专科医师协助。

⑤妊娠期高血压疾病性心脏病 无心脏病病史的妊娠期高血压疾病孕妇,突然发生以左心衰竭为主的全心衰竭,称为妊娠期高血压疾病性心脏病。及时诊治,常能度过妊娠期和分娩期。产后病因消除,病情会逐步缓解,多不遗留器质性心脏病变。

⑥围产期心肌病 指妊娠晚期至产后 6 个月内发生的扩张性心肌病。初次心力衰竭经早期治疗后,1/3~1/2可完全康复,再次妊娠可能复发。曾患围产期心肌病、心力衰竭且遗留心脏扩大者,不宜再次妊娠。

(2)妊娠合并心脏病对胎儿的影响 不宜妊娠的患者一旦妊娠,或妊娠后心功能恶化者,流产、早产、死胎、胎儿生长受限、胎儿窘迫、新生儿窒息的发生率均明显增高。围生期死亡率是正常妊娠的 2~3 倍。

【例 1】建议在妊娠 12 周前行人工流产的心脏病类型是

A. 动脉导管未闭　B. 二尖瓣关闭不全　C. 二尖瓣狭窄伴肺动脉高压
D. 轻度室间隔缺损　E. 二尖瓣狭窄行人工球囊扩张术后

2. 诊断

(1)病史 妊娠前有心悸、气短、心力衰竭史,或曾有风湿热病史。

(2)症状 劳力性呼吸困难、端坐呼吸、咯血、经常性胸闷、胸痛等。

(3)体征 发绀、杵状指、持续性颈静脉怒张、心脏杂音、心包摩擦音、舒张期奔马律、交替脉等。

(4)心电图 有严重心律失常，如心房颤动、心房扑动、三度房室传导阻滞、ST-T改变等。

(5)影像学检查 X线检查显示心脏扩大。超声检查提示心肌肥厚、瓣膜运动异常、心内结构畸形。

(6)能否耐受妊娠 应根据心脏病类型、病变程度、心功能分级，作出能否耐受妊娠的诊断。

①可以妊娠 心脏病变较轻，心功能Ⅰ～Ⅱ级且既往无心力衰竭史，也无其他并发症者，可以妊娠。

②不宜妊娠 心脏病变较重、心功能Ⅲ～Ⅳ级、有极高孕产妇死亡和严重母儿并发症风险者，不宜妊娠。年龄>35岁，心脏病病程较长者，发生心力衰竭的可能性极大，不宜妊娠。

【例2】对妊娠早期心脏病孕妇能否继续妊娠，最主要的判定依据是

A. 心脏病种类　　B. 胎儿大小　　C. 病变部位

D. 孕妇年龄　　E. 心功能分级

【例3】关于妊娠合并心脏病的描述，正确的是

A. 均应剖宫产终止妊娠　　B. 所有孕妇均可母乳喂养　　C. 容易发生心力衰竭

D. 有心力衰竭史者可以妊娠　　E. 最危险的时期是产褥期后2周

3. 常见并发症

(1)心力衰竭 最易发生在妊娠32～34周、分娩期及产褥早期。表现为：①轻微活动后即出现胸闷、心悸、气短；②休息时心率>110次/分，呼吸频率>20次/分；③夜间常因胸闷而坐起呼吸，或到窗口呼吸新鲜空气；④肺底部出现少量持续性湿啰音，咳嗽后不消失。

(2)感染性心内膜炎 是指由细菌、真菌和其他微生物直接感染而产生的心瓣膜或心壁内膜炎症。最常见的症状是发热、心脏杂音、栓塞表现。若不及时控制，可诱发心力衰竭。

(3)缺氧和发绀 妊娠时外周血管阻力降低，可使发绀型先天性心脏病的发绀加重；非发绀型先天性心脏病发生暂时性右向左的分流，从而引起缺氧和发绀。

(4)静脉栓塞和肺栓塞 妊娠时血液呈高凝状态，易发生深静脉血栓形成。血栓脱落可导致肺栓塞。

(5)恶性心律失常 是指心律失常发作时导致患者血流动力学改变，出现血压下降甚至休克。

【例4】妊娠合并心脏病最容易发生心力衰竭的时期是

A. 妊娠26～28周　　B. 妊娠30～32周　　C. 妊娠32～34周

D. 妊娠28～30周　　E. 妊娠34～36周

注意: ①血容量在妊娠32～34周达高峰，心力衰竭最易发生在妊娠32～34周。
②高危孕妇于在孕32～34周开始评估胎儿健康状况。

4. 处理

(1)妊娠期

①决定是否继续妊娠 凡不宜妊娠的心脏病孕妇，应在妊娠早期（妊娠12周以前）行人工流产。妊娠中期就诊者，终止妊娠的时机和方法应根据医疗条件及病情而定。

②产前检查 妊娠32周后，发生心力衰竭的概率增加，产前检查应每周1次。发现早期心力衰竭征象，应立即住院。孕期经过顺利者，应在妊娠36～38周提前住院待产。

③防治心力衰竭

A.保证充分休息，避免过劳及情绪激动。

B.限制体重过度增长，以整个妊娠期不超过12kg为宜。

C.保证合理的高蛋白、高维生素和铁剂的补充，妊娠20周以后预防性应用铁剂防止贫血。

D.预防上呼吸道感染，纠正贫血，治疗心律失常，消除心力衰竭的常见诱因。

E.心力衰竭一旦发生需积极抢救。不主张预防性应用洋地黄，早期可给予作用和排泄较快的制剂，以防药物在体内蓄积；不主张使用饱和量，以备随着孕周增加、心力衰竭加重时抢救用药，病情好转即停药。

F.妊娠晚期发生心力衰竭，原则是待心力衰竭控制后再行产科处理。

④终止妊娠的时机 A.心脏病妊娠风险低且心功能Ⅰ级者，可以妊娠至足月；若出现严重心脏并发症或心功能下降，则提前终止妊娠。B.妊娠风险较高但心功能Ⅰ级的心脏病患者可以妊娠至32～36周终止妊娠。C.妊娠禁忌的严重心脏病患者，一旦确诊需尽快终止妊娠。

(2)分娩期 于妊娠晚期，应提前选择好适宜的分娩方式。

①经阴道分娩 适用于心功能Ⅰ～Ⅱ级、胎儿不大、胎位正常、宫颈条件良好者。

A.第一产程 安慰及鼓励产妇，消除紧张情绪。适当应用地西泮、哌替啶等镇静剂。一旦发现心力衰竭征象，应取半卧位，高浓度面罩吸氧，静脉注射洋地黄，产程开始后即应给予抗生素预防感染。

B.第二产程 避免用力屏气和增加腹压，应行会阴侧切、胎头吸引，尽量应用助产缩短第二产程。

C.第三产程 胎儿娩出后，产妇腹部放置沙袋，以防腹压骤降而诱发心力衰竭。为防止产后出血过多，可静脉注射缩宫素，禁用麦角新碱，以防静脉压增高。

②剖宫产 对有产科指征及心功能Ⅲ～Ⅳ级者，均应择期剖宫产。

(3)产褥期 分娩后3日内，尤其是产后24小时内仍是发生心力衰竭的危险时期，应严密监护。产后出血、感染、血栓栓塞是严重的并发症，极易诱发心力衰竭，应重点预防。心功能Ⅲ级及以上者，不宜哺乳。不宜再妊娠的阴道分娩者，可在产后1周行绝育术。

【例5】经产妇，28岁。合并风湿性心脏病，现妊娠38周，心功能Ⅰ级，规律宫缩7小时来院。枕左前位，胎心率152次/分，估计胎儿3300g，宫口开大4cm，胎头=0。正确的处理措施是

A. 静脉滴注缩宫素，尽可能缩短第一产程
B. 不行阴道试产，行剖宫产术结束分娩
C. 适当使用镇静剂，阴道助产
D. 试产期间若出现心力衰竭症状，应立即行剖宫产
E. 避免用力屏气加腹压，胎头吸引或产钳助产

【例6】女，35岁，初产妇。妊娠34周，心慌，不能平卧1天。查体：P120次/分，R30次/分，BP140/90mmHg。心界向左下扩大，双肺满布湿啰音，胎心率145次/分。正确的处理措施是

A. 纠正心力衰竭后期待治疗
B. 纠正心力衰竭后引产
C. 纠正心力衰竭后剖宫产
D. 纠正心力衰竭同时破膜引产
E. 纠正心力衰竭同时剖宫产

二、妊娠合并糖尿病

1. 临床表现

(1)无症状 大多数GDM患者无明显临床表现。

(2)三多症状 妊娠期有多饮、多食、多尿的三多症状。

(3)反复感染 外阴阴道假丝酵母菌感染反复发作。

(4)合并症 孕妇体重>90kg，本次妊娠并发羊水过多或巨大胎儿者，应警惕合并糖尿病的可能。

2. 诊断

(1)孕前糖尿病(PGDM)的诊断 符合以下2项中的任意1项者，可确诊为PGDM。

①妊娠前已确诊为糖尿病的患者。

②妊娠前未进行过血糖检查的孕妇，达到以下任何1项标准，应诊断为PGDM：

A.空腹血糖(FPG)≥7.0 mmol/L。

B.75g口服葡萄糖耐量试验(OGTT)：服糖2小时血糖≥11.1 mmol/L。孕早期不推荐此项检查。

C.伴有典型的高血糖或高血糖危象症状，同时任意血糖≥11.1 mmol/L。

D.糖化血红蛋白≥6.5%，但不推荐妊娠期常规用此项检查进行糖尿病筛查。

(2)妊娠期糖尿病(GDM)的诊断

①有条件的医疗机构，在妊娠24～28周及以后，对所有尚未诊断为PGDM或GDM的孕妇行OGTT试验，

若空腹及服糖后1小时、2小时的血糖分别≥5.1mmol/L、10.0mmol/L、8.5mmol/L，即可诊断为GDM。

②无条件的医疗机构，建议妊娠24~28周首先检查FPG。若FPG≥5.1mmol/L，可直接诊断为GDM，不必行OGTT检查；若FPG4.4~5.1mmol/L，应行OGTT检查；若FPG<4.4mmol/L，可暂不行OGTT检查。

(3)GDM的高危因素　①孕妇因素：年龄≥35岁、妊娠前超重或肥胖、糖耐量异常史、多囊卵巢综合征；②糖尿病家族史；③妊娠分娩史：不明原因的死胎、死产、流产史、巨大胎儿分娩史、胎儿畸形和羊水过多史、GDM史；④本次妊娠因素：妊娠期发现胎儿大于孕周、羊水过多、反复外阴阴道假丝酵母菌病者。

3. 处理

(1)糖尿病患者可否妊娠的指标　①妊娠前应确定糖尿病的严重程度，糖尿病合并视网膜病变、糖尿病肾病者不宜妊娠；②器质性病变较轻，血糖控制良好者，可积极治疗，在密切监护下继续妊娠。

(2)妊娠期血糖控制目标

①GDM患者　妊娠期血糖应控制在餐前、餐后2小时血糖值分别≤5.3mmol/L和6.7mmol/L；夜间血糖不低于3.3mmol/L；妊娠期HbA1c<5.5%。

②PGDM患者　妊娠早期血糖控制不要过于严格，以防低血糖发生。妊娠期餐前、夜间血糖、空腹血糖宜控制在3.3~5.6mmol/L，餐后峰值血糖5.6~7.1mmol/L，HbA1c<6.0%。

(3)医学营养治疗　多数GDM患者经合理饮食控制和适当运动治疗，均能控制血糖在满意范围。

(4)药物治疗　血糖不能达标的GDM患者首选胰岛素治疗，因为口服降糖药(二甲双胍、格列苯脲)的安全性未得到证实。妊娠不同时期机体对胰岛素的需求不同：①妊娠早期因早孕反应进食量较少，需根据血糖监测结果相应减少胰岛素用量；②妊娠中、后期胰岛素用量有不同程度增加，妊娠32~36周胰岛素用量达高峰，妊娠36周以后胰岛素用量稍下降。

(5)分娩时机

①无需胰岛素治疗而血糖达标的GDM孕妇，若无母儿并发症，在严密监测下可等待至预产期，到预产期仍未临产者，可引产终止妊娠。

②PGDM及需要胰岛素治疗的GDM孕妇，若血糖控制良好且无母儿并发症，严密监测下，妊娠39周后可终止妊娠。若血糖控制不满意或出现母儿并发症，应根据病情决定终止妊娠时机。

③糖尿病伴微血管病变、既往有不良产史者，需严密监护，终止妊娠的时机应个体化。

(6)分娩方式　糖尿病不是剖宫产的指征。选择性剖宫产的指征：糖尿病合并微血管病变及其他产科指征，如怀疑巨大胎儿、胎盘功能不良、胎位异常者。

(7)产后处理　胎盘排出后，体内抗胰岛素物质迅速减少，大部分GDM患者在分娩后即不再需要使用胰岛素，仅少数患者仍需使用胰岛素治疗，胰岛素用量应减少至分娩前的1/3~1/2。

(8)新生儿出生时处理　留脐血，进行血糖监测。无论出生时状况如何，均应视为高危新生儿，需给予监护，注意保暖和吸氧，重点预防新生儿低血糖，应在开奶同时，定期滴服葡萄糖液。

【例7】女，26岁。妊娠33周，妊娠期糖尿病，通过调整饮食血糖水平控制良好，胎儿大小发育正常。下一步的处理是

A. 给予地塞米松　　B. 口服二甲双胍　　C. 加用胰岛素治疗
D. 继续控制饮食　　E. 每日监测血糖

【例8】糖尿病合并妊娠，孕期血糖控制良好，终止妊娠的理想时间是

A. 妊娠32~33周　　B. 妊娠34~35周　　C. 妊娠36~37周
D. 妊娠38~39周　　E. 妊娠40周

▶▶常考点　妊娠合并心脏病、糖尿病的诊断及处理原则。

参考答案——详细解答见2021《贺银成国家临床执业及助理医师资格考试历年考点精析》

1. ABCDE　2. ABCDE　3. ABCDE　4. ABCDE　5. ABCDE　6. ABCDE　7. ABCDE　8. ABCDE

第 6 章　胎儿异常

考纲要求

①胎儿窘迫：病因，临床表现，诊断，处理。②死胎：概念，病因，诊断，处理。

复习要点

一、胎儿窘迫

胎儿窘迫指胎儿在子宫内因急性或慢性缺氧危及其健康和生命的综合症状。

1. 病因

母体血液含氧量不足、母胎间血氧运输及交换障碍、胎儿自身因素异常，均可导致胎儿窘迫。

(1)胎儿急性缺氧　系因母胎间血氧运输及交换障碍或脐带血循环障碍所致。常见因素有：

①胎盘　前置胎盘、胎盘早剥。

②脐带　脐带绕颈、脐带真结、脐带扭转、脐带脱垂、脐带血肿、脐带过长或过短、脐带附着于胎膜等。

③子宫　缩宫素使用不当，造成宫缩过强或不协调宫缩。

④母体　严重血液循环障碍导致胎盘灌注急剧减少，如各种原因导致休克等。

⑤抑制呼吸　孕妇应用麻醉剂或镇静剂过量，抑制呼吸。

(2)胎儿慢性缺氧

①母体　血液含氧量不足，如合并先天性心脏病、心力衰竭、肺部感染、慢性肺功能不全、哮喘、重度贫血。

②胎儿　严重心肺疾病、胎儿畸形、母儿血型不符、胎儿宫内感染、颅内出血、颅脑损伤。

③胎盘　子宫胎盘血管硬化、狭窄、梗死，使绒毛间隙血液灌注不足，如妊娠期高血压疾病、过期妊娠。

2. 临床表现与诊断

(1)羊水胎粪污染　胎儿可在宫内排出胎粪，尽管胎儿宫内缺氧可能促发胎儿排出胎粪，但影响胎粪排出最主要的因素是孕周，孕周越大，羊水胎粪污染的概率越高，某些高危因素也会增加胎粪排出的概率，如妊娠期肝内胆汁淤积症。10%～20%的分娩中会出现羊水胎粪污染，因此羊水胎粪污染不是胎儿窘迫的征象。出现羊水胎粪污染时，如果胎心监护正常，不需要特殊处理；如果胎心监护异常，存在宫内缺氧情况，会引起胎粪吸入综合征。羊水污染分三度：Ⅰ度浅绿色；Ⅱ度黄绿色、浑浊；Ⅲ度稠厚，呈棕黄色。

(2)急、慢性胎儿窘迫的鉴别

	急性胎儿窘迫	慢性胎儿窘迫
好发于	分娩期	妊娠晚期
常见病因	脐带异常、前置胎盘、胎盘早剥、宫缩过强、产程延长、休克	妊娠高血压疾病、慢性肾炎、糖尿病
胎动异常	缺氧初期为胎动频繁，继而胎动减弱、次数减少，进而消失	胎动减少为缺氧的重要表现，<10 次/2 小时或减少 50%提示胎儿缺氧可能，正常胎动≥10 次/2 小时
胎儿监护	胎心率正常为 110～160bpm 缺氧早期>160bpm，严重缺氧<100bpm 监护示多发晚期减速、重度变异减速	NST 无反应型；在无胎动与宫缩时，胎心率>180bpm 或<110bpm，持续 10 分钟以上；基线变异频率<5bpm；频繁晚期减速、重度变异减速
其他检查	胎儿酸中毒：胎儿头皮血 pH<7.20、PO_2<10mmHg、PCO_2>60mmHg	生物物理评分≤4 分提示胎儿窘迫；5～6 分为可疑缺氧 脐动脉多普勒示舒张期血流降低、S/D 比值升高

注意:①7版《妇产科学》P135将胎粪污染分为三度,认为羊水胎粪污染是胎儿窘迫的征象。
②9版《妇产科学》P139认为羊水胎粪污染不是胎儿窘迫的征象。
③7版《妇产科学》P135认为正常胎心率为120~160次/分,胎儿严重缺氧的胎心率<120次/分。
④9版《妇产科学》P53认为正常胎心率为110~160次/分,胎儿严重缺氧的胎心率<100次/分。

【例1】诊断胎儿窘迫的可靠依据是
A. 胎儿头皮血pH7.28　B. 胎心监护出现频发晚期减速　C. 胎动时胎心率170次/分
D. 胎心监护出现多个变异减速　E. 宫缩时胎心率减慢,宫缩间期可恢复

3. 急性胎儿窘迫的处理

应采取果断措施,改善胎儿缺氧状态。

(1)一般处理 左侧卧位,吸氧,停用催产素,阴道检查除外脐带脱垂,纠正脱水、酸中毒、电解质紊乱。

(2)病因治疗 若为不协调性子宫收缩过强,应停用缩宫素,抑制宫缩(静脉注射特布他林),若为羊水过少,脐带受压,可经腹羊膜腔输液。

(3)尽快终止妊娠 根据产程进展,决定分娩方式。

①宫口未开全 Ⅲ类电子胎心监护图形,但宫口未开全或预计短期内无法阴道分娩,应立即行剖宫产。剖宫产指征为:A.胎心率基线变异消失伴胎心基线<110次/分,或伴频发晚期减速,或伴重度变异减速;B.正弦波;C.胎儿头皮血pH<7.20。

②宫口开全 骨盆各径线正常者,胎头双顶径已达坐骨棘平面以下,一旦诊断为胎儿窘迫,应尽快行阴道助产术结束分娩。无论阴道分娩还是剖宫产,均需做好新生儿窒息抢救准备。稠厚胎粪污染者需在胎头娩出后立即清理上呼吸道。如胎儿活力差,则要立即气管插管,洗净气道后再行正压通气。

4. 慢性胎儿窘迫的处理

应针对并发症及其严重程度,根据孕周、胎儿成熟度及胎儿缺氧程度综合判断,拟定处理方案。

(1)一般处理 左侧卧位,吸氧,积极治疗妊娠并发症和合并症,加强胎儿监护,注意胎动变化。

(2)期待疗法 孕周小,估计胎儿娩出后存活可能性小,尽量保守治疗,促胎肺成熟后终止妊娠。

(3)终止妊娠 妊娠近足月或胎儿已成熟,胎动减少,频繁晚期减速或重度变异减速,应行剖宫产。

【例2】25岁,初产妇。妊娠38周,规律宫缩12小时,自然破膜8小时,宫口开大3cm,胎心率110次/分,胎心监护有多个晚期减速出现。正确处置应是
A. 急查尿雌激素/肌酐比值　B. 吸氧,严密观察产程进展　C. 立即行剖宫产术
D. 静脉滴注缩宫素,加速产程　E. 静脉注射25%葡萄糖液内加维生素C

二、死胎

1. 概念

妊娠20周后胎儿在子宫内死亡,称为死胎。胎儿在分娩过程中死亡,称为死产,也是死胎的一种。

2. 病因

(1)胎盘和脐带因素 如前置胎盘、胎盘早剥、血管前置、急性绒毛膜羊膜炎、脐带帆状附着、脐带打结、脐带脱垂、脐带绕颈缠体、胎盘大量出血或脐带异常,导致胎儿缺氧。

(2)胎儿因素 如胎儿严重畸形、胎儿生长受限、胎儿感染、双胎输血综合征、母儿血型不合等。

(3)孕妇因素 ①严重的妊娠合并症与并发症:如妊娠期高血压疾病、抗磷脂抗体综合征、糖尿病、心血管疾病、休克等。②子宫局部因素:如子宫张力过大或收缩力过强、子宫畸形、子宫破裂。

3. 诊断

(1)症状 孕妇自觉胎动停止。

(2)腹部检查 听不到胎心;子宫停止增长,子宫大小与停经周数不符。

(3)B 超检查 可确诊。B 超提示胎心和胎动消失，胎儿死亡过久见颅板塌陷，颅骨重叠，呈袋状变形。

4. 处理

(1)尽早引产 死胎一经确诊，应尽早引产。引产方法有多种，包括阴道放置米索前列醇、经羊膜腔注入依沙吖啶、催产素引产等，应根据孕周、子宫有无瘢痕、孕妇意愿，知情同意下选择。原则是尽量经阴道分娩，剖宫产仅限于特殊情况下使用。①妊娠 28 周前无子宫手术史者，可阴道放置米索前列醇引产；②妊娠 28 周前有子宫手术史者，应制定个体化引产方案；③妊娠 28 周后的引产，应根据产科指南执行。

(2)预防 DIC 胎儿死亡 4 周尚未排出者，易导致母体凝血功能障碍、DIC 及分娩时严重出血，因此应行凝血功能检查。若纤维蛋白原$<1.5g/L$，血小板$<100\times10^9/L$，可用肝素治疗，使纤维蛋白原、血小板恢复到有效止血水平，然后再引产，并备新鲜血，注意预防产后出血和感染。

【例 3】关于死胎正确的说法是

A. 妊娠 24 周后胎儿在子宫内死亡　　B. 听不到胎心时可确诊为死胎

C. 一旦确诊为死胎，应尽快引产　　D. 死胎只能阴道分娩

E. 胎儿死亡 4 天尚未排出，必须行凝血功能检查

常考点 胎儿宫内缺氧的表现。

参考答案——详细解答见 2021《贺银成国家临床执业及助理医师资格考试历年考点精析》

1. ABCDE　2. ABCDE　3. ABCDE

第7章 胎儿附属物异常

考纲要求

①前置胎盘:概念,病因,分类,临床表现,诊断与鉴别诊断,对母儿的影响,处理。②胎盘早剥:概念,病因,病理,临床表现,诊断与鉴别诊断,并发症,对母儿的影响,处理。③胎膜早破:概念,病因,诊断,对母儿的影响,处理。④脐带先露与脐带脱垂:病因,对母儿的影响,诊断,处理与预防。

复习要点

一、前置胎盘

1. 概念

妊娠28周以后,胎盘位置低于胎先露部,附着在子宫下段、下缘达到或覆盖宫颈内口,称为前置胎盘。为妊娠晚期阴道流血最常见的原因,也是妊娠期严重并发症之一。

2. 病因

(1)**高危因素** 包括多次流产史、宫腔操作史、产褥感染史、高龄初产妇(>35岁)、多孕产次、吸烟或吸毒妇女、双胎妊娠、辅助生殖技术受孕、子宫形态异常、妊娠28周前B超检查提示胎盘前置状态等。

(2)**胎盘异常** 胎盘大小和形态异常。胎盘位置正常而副胎盘位于子宫下段接近宫颈内口;胎盘面积过大、膜状胎盘大而薄延伸至子宫下段;双胎较单胎妊娠前置胎盘的发生率高1倍。

(3)**子宫内膜病变或损伤** 剖宫产、子宫手术史、多次流产刮宫史、产褥感染、盆腔炎等可引起子宫内膜损伤,导致前置胎盘。前次剖宫产手术瘢痕妨碍胎盘于妊娠晚期随着子宫峡部的伸展而上移等。

(4)**受精卵滋养层发育迟缓** 受精卵到达子宫腔后,滋养层尚未发育到可以着床的阶段,受精卵继续向下移动,着床于子宫下段而发育成前置胎盘。

(5)**辅助生殖技术** 使用的促排卵药物,改变了体内性激素水平,由于受精卵的体外培养和人工植入,造成子宫内膜与胚胎发育不同步,人工植入时可诱发宫缩,导致其着床于子宫下段。

【例1】前置胎盘的常见致病因素不包括

A. 受精卵滋养层发育迟缓　B. 子宫内膜炎　C. 双胎妊娠

D. 多次刮宫史　E. 初孕妇

3. 分类

根据胎盘下缘与宫颈内口的关系,将前置胎盘分为4类:

(1)**完全性前置胎盘** 也称中央性前置胎盘,胎盘组织完全覆盖宫颈内口。

(2)**部分性前置胎盘** 胎盘组织部分覆盖宫颈内口。

(3)**边缘性前置胎盘** 胎盘下缘附着于子宫下段,下缘到达宫颈内口,但未超越宫颈内口。

(4)**低置胎盘** 胎盘附着于子宫下段,边缘距宫颈内口<2cm。

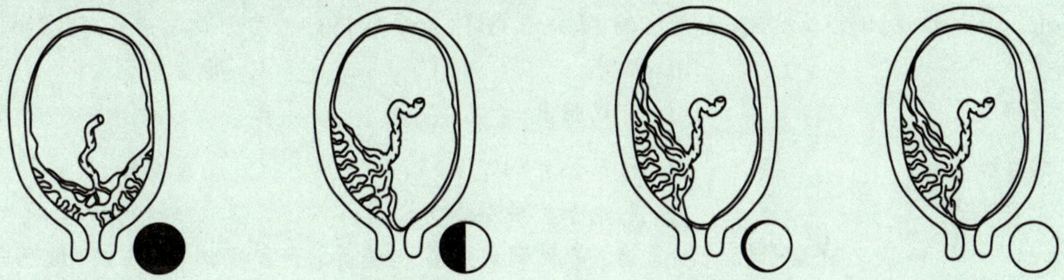

完全性前置胎盘　部分性前置胎盘　边缘性前置胎盘　低置胎盘

4. 临床表现

(1)典型症状 典型症状为妊娠晚期或临产后(孕 28 周后),发生无明显诱因、无痛性反复阴道流血。初次出血量较少,但也可发生大量出血导致失血性休克者。阴道流血发生时间、出血量多少、反复发生次数与前置胎盘的类型有关。完全性前置胎盘初次出血多在妊娠 28 周左右,称为"警戒性出血";边缘性前置胎盘出血多发生在妊娠晚期或临产后,出血量较少。

(2)失血表现 患者大量出血可有面色苍白、脉搏细弱、四肢湿冷、血压降低等休克表现。

(3)子宫检查 子宫软,无压痛,轮廓清楚,大小与孕周相符。临产时检查宫缩为阵发性,间歇期子宫完全松弛。当前置胎盘附着于子宫前壁时,可在耻骨联合上方闻及胎盘血流杂音。

(4)胎儿检查 由于胎盘占据子宫下段,影响胎先露部衔接入盆,故胎先露高浮,1/3 合并胎位异常。反复出血或一次出血量过多,可使胎儿宫内缺氧,胎心音异常甚至消失,严重者胎死宫内。

	完全性前置胎盘	部分性前置胎盘	边缘性前置胎盘
定义	胎盘组织完全覆盖宫颈内口	胎盘部分组织覆盖宫颈内口	胎盘下缘附着于子宫下段,下缘到达宫颈内口,未超越宫颈内口
阴道流血	多在妊娠 28 周左右首次流血	介于完全性和边缘性之间	多发生于妊娠晚期或临产后
出血量	阴道流血量多	介于完全性和边缘性之间	阴道流血量少

【例 2】前置胎盘阴道流血的特征是

A. 阴道流血常有外伤史　B. 子宫收缩时阴道流血停止　C. 无痛性阴道流血
D. 有痛性阴道流血　E. 阴道流血量与贫血严重程度不相符

【例 3】女,28 岁。妊娠 29 周。反复无痛性阴道流血 3 次,且每次出血量逐渐增多。超声诊断为前置胎盘。此患者最可能的类型是

A. 前置状态　B. 完全性　C. 部分性
D. 边缘性　E. 低置性

5. 诊断

(1)病史和临床表现 根据妊娠晚期无痛性阴道出血,且既往有多次刮宫、分娩史、子宫手术史,孕妇不良生活习惯,辅助生殖技术或高龄孕妇等病史,即可对前置胎盘做出初步诊断。

(2)阴道检查 应采用 B 超确定胎盘位置。若前置胎盘诊断明确,无需再行阴道检查。禁止肛查。

(3)B 超检查 为首选确诊检查方法,既可确诊前置胎盘,还可明确前置胎盘的类型。

(4)MRI 检查 怀疑合并胎盘植入者,可行 MRI 检查,以了解胎盘植入子宫肌层的深度。

(5)产后检查胎盘和胎膜 对产前出血的患者,应仔细检查胎盘。若前置部位的胎盘母体面有陈旧性黑紫色血块附着,或胎膜破口距胎盘边缘<7cm,则为前置胎盘。

6. 鉴别诊断

前置胎盘应与胎盘早剥、前置血管破裂、宫颈病变等鉴别,结合病史、B 超检查不难鉴别。

【例 4】初产妇,32 岁,G_4P_0。妊娠 35 周,因阴道无痛性中等量流血 2 天入院。查体:P72 次/分,BP120/80 mmHg。产科检查:子宫长度 33cm,无宫缩,头先露高浮,胎心率 150 次/分。该患者最可能的诊断是

A. 早产　B. 临产　C. 胎盘早剥
D. 宫颈炎　E. 前置胎盘

A. 前置胎盘　B. 妊娠合并阑尾炎　C. 胎盘早剥
D. 先兆早产　E. 先兆子宫破裂

【例 5】初孕妇,妊娠 36 周。重度子痫前期患者,突然剧烈腹痛。查体:子宫板状硬,压痛,该患者最可能发生了

【例6】初孕妇，妊娠35周。晨起发现臀下床单血染。查体：子宫软，无压痛，大小与妊娠周数相符，耻骨联合上方听到胎盘杂音。该患者最可能的诊断是

7. 对母儿的影响

(1)对母体的影响　①常发生产后出血，且难以控制。②植入性胎盘：子宫下段蜕膜发育不良，胎盘绒毛可穿透底蜕膜侵入子宫肌层，形成植入性胎盘，使胎盘剥离不全而发生产后出血。③产褥感染：前置胎盘患者易发生反复出血而致贫血，免疫力下降，容易发生产褥期感染。

(2)对胎儿的影响　出血量多可致胎儿窘迫，甚至缺氧死亡。治疗性早产率增加，低出生体重发生率和新生儿死亡率高。

8. 治疗

(1)治疗原则　抑制宫缩、纠正贫血、预防感染、适时终止妊娠。

(2)期待疗法　适用于妊娠<36周、胎儿存活、一般情况良好、阴道流血量少、无需紧急分娩的孕妇。

①一般处理　注意休息，禁止肛门检查和不必要的阴道检查，密切观察阴道流血量，监护胎儿宫内情况，维持正常血容量，必要时输血。常规备血，做好急诊手术准备。

②纠正贫血　目标使Hb≥110g/L，HCT>0.30，以增加母体储备。

③止血　对于有早产风险的患者，可酌情给予宫缩抑制剂，防止因宫缩引起的进一步出血。

④糖皮质激素　孕35周前有早产风险时，应使用地塞米松促进胎肺成熟。

(3)终止妊娠

①指征　A.出血量大甚至休克，为挽救孕妇生命，无需考虑胎儿情况，应立即终止妊娠；B.出现胎儿窘迫等产科指征时，胎儿已可存活，可行急诊手术；C.临产后诊断的前置胎盘，出血量较多，估计短时间内不能分娩者，也应终止妊娠；D.无临床症状的前置胎盘，根据类型决定分娩时机：

前置胎盘类型	处理原则
前置胎盘合并胎盘植入	于妊娠≥36周择期终止妊娠
完全性前置胎盘	于妊娠≥37周择期终止妊娠
边缘性前置胎盘	于妊娠≥38周择期终止妊娠
部分性前置胎盘	应根据胎盘遮盖宫颈内口情况适时终止妊娠

②方式　包括剖宫产和阴道分娩。

A.剖宫产　是处理前置胎盘最安全有效的方法。适用于完全性前置胎盘，持续大量阴道流血；部分性和边缘性前置胎盘出血较多，先露高浮，妊娠36周以上，短时间内不能结束分娩，有胎心、胎位异常者。

B.阴道分娩　仅适用于边缘性前置胎盘、低置胎盘、枕先露、阴道流血不多、无头盆不称和胎位异常、估计短时间内能结束分娩者，可在有条件的医疗机构行阴道试产。

A. 严密观察产程进展　　B. 剖宫产　　C. 手术助产缩短第二产程
D. 人工破膜　　E. 静脉滴注缩宫素引产

【例7】女，28岁，初产妇，妊娠40周。规律性宫缩8小时，宫口开大4cm，胎心率140次/分，骨盆无异常，此时最合适的处理是

【例8】女，30岁，初产妇，妊娠36周，规律性腹痛伴阴道多量出血2小时，B超示中央性前置胎盘，胎儿双顶径8.9cm，胎心率130次/分，目前最适宜的处理措施是

(9~11题共用题干)初孕妇，25岁。妊娠31周，从妊娠29周起反复3次阴道流血，量少，无腹痛。再次阴道流血同月经量。查体：P88次/分，BP110/70mmHg。子宫软，无宫缩，枕左前位，胎头高浮，胎心率144次/分。

【例9】首先考虑的诊断是

A. 低置性前置胎盘　　B. 中央性前置胎盘　　C. 边缘性前置胎盘
D. 部分性前置胎盘　　E. 前置血管破裂

【例 10】应进行的辅助检查是
A. 测定血雌三醇值　　B. 血常规及尿常规　　C. B 超检查
D. 肛查判断宫颈是否扩张　　E. 盆腔 X 线片

【例 11】错误的处理方法是
A. 卧床休息,应用宫缩抑制剂　　B. 继续流血,应行剖宫产术　　C. 输液备血
D. 出血停止可期待治疗　　E. 直接阴道检查确定前置胎盘类型

二、胎盘早剥

1. 概念

胎盘早剥是指妊娠20周后正常位置的胎盘在胎儿娩出前,部分或全部从子宫壁剥离。胎盘早剥属于妊娠晚期的严重并发症,疾病发展迅猛,若处理不及时,可危及母儿生命。

2. 病因

(1)血管病变　重度子痫前期、慢性高血压、慢性肾脏疾病或全身血管病变的孕妇,由于底蜕膜螺旋小动脉痉挛或硬化,血液在底蜕膜与胎盘之间形成血肿,致使胎盘与子宫壁分离,发生胎盘早剥。

(2)机械性因素　腹部钝性创伤可导致子宫突然拉伸或收缩,而诱发胎盘早剥。

(3)宫腔内压力骤减　未足月胎膜早破;双胎妊娠分娩时,第一胎娩出过速;羊水过多时,人工破膜后羊水流出过快,可使宫腔内压力骤减,子宫骤然收缩,胎盘与子宫壁发生错位而剥离。

(4)其他因素　高龄多产、有胎盘早剥史的孕妇再发胎盘早剥的风险明显增高。其他因素还包括吸烟、吸毒、绒毛膜羊膜炎、接受辅助生殖技术助孕、有血栓形成倾向等。

A. 葡萄胎　　B. 胎盘早剥　　C. 前置胎盘
D. 前置血管　　E. 子宫破裂

【例 12】子痫前期常导致的并发症是
【例 13】妊娠 33 周,反复无痛性阴道出血 3 次,最可能的诊断是

3. 病理

主要病理改变是底蜕膜出血、形成血肿,使该处胎盘自子宫壁剥离。

(1)显性剥离(外出血)　若底蜕膜出血量少,出血很快停止,可无明显临床表现。若底蜕膜继续出血,胎盘剥离面扩大,形成较大的胎盘后血肿,血液可冲开胎盘边缘及胎膜经宫颈管流出,可见阴道流血。

(2)隐性剥离(内出血)　如胎盘边缘或胎膜与子宫壁未剥离,或胎头进入骨盆入口压迫胎盘下缘,使血液积聚于胎盘与子宫壁间而不能外流,故无阴道流血。

当隐性剥离内出血急剧增多时,胎盘后血液积聚于胎盘和子宫壁之间,压力不断增加,血液浸入子宫肌层,引起肌纤维分离、断裂、变性。血液浸入浆膜层时,子宫表面呈蓝紫色瘀斑,以胎盘附着处明显,称为子宫胎盘卒中,又称库弗莱尔(Couvelaire)子宫。子宫肌层由于血液浸润,收缩力减弱,造成产后出血。

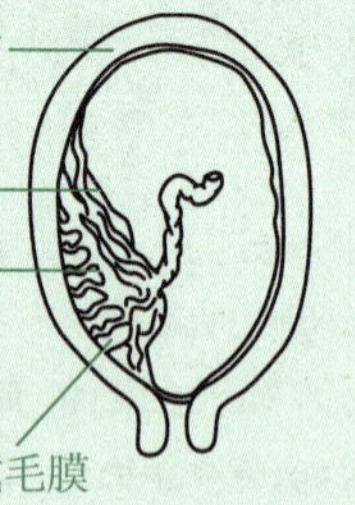

胎盘的结构

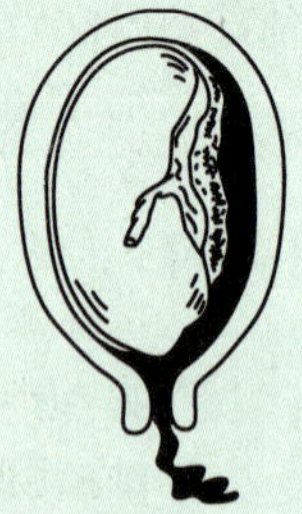
重型胎盘早剥

4. 临床表现

典型临床表现为有痛性阴道流血,可伴子宫张力增高和子宫压痛,尤以胎盘剥离处最明显。根据病情严重程度,将胎盘早剥分为以下三度。

	Ⅰ度胎盘早剥	Ⅱ度胎盘早剥	Ⅲ度胎盘早剥
剥离面积	胎盘剥离面积小(<1/3)	剥离面积为胎盘面积的1/3	剥离面积>胎盘面积的1/2
腹痛	无腹痛或腹痛轻微	突发持续性腹痛 疼痛程度与胎盘积血量成正比	突发持续性腹痛 较Ⅱ度早剥更重、更剧烈
阴道流血	一般无阴道流血	无阴道流血或流血量不多	阴道流血量多
休克体征	一般无失血性休克	无,贫血程度与阴道出血量不相符	休克程度与阴道出血量成正比
子宫检查	子宫软 大小与妊娠周数相符	子宫大于妊娠周数,宫缩有间歇 子宫底随血肿增大而升高 胎盘附着点压痛明显	子宫硬如板状 宫缩间歇期不能松弛
胎儿检查	胎位清楚,胎心率正常 胎儿存活	宫缩间歇期胎位可扪及 胎儿存活	胎位扪不清,胎心音消失
其他	产后检查见胎盘母体面有凝血块及压迹即可诊断	贫血程度与阴道流血量不符	无凝血功能障碍者属Ⅲa 有凝血功能障碍者属Ⅲb

注意:①8版《妇产科学》P131:Ⅲ度胎盘早剥的休克程度与母血丢失成比例(9版《妇产科学》已删除)。
②3版8年制《妇产科学》P161:Ⅲ度胎盘早剥的休克严重程度与阴道流血量不相符。
③9版《妇产科学》P151胎盘早剥采用Page分级,分为0、Ⅰ、Ⅱ、Ⅲ级。

5. 诊断及鉴别诊断

(1)诊断　根据病史、症状、体征,结合实验室及超声检查结果,不难做出临床诊断。

①B超　显示胎盘和子宫壁之间出现边缘不清的液性低回声区,胎盘异常增厚或胎盘边缘圆形裂开。

②电子胎心监护　可协助判断胎儿的宫内状况。

(2)鉴别诊断　胎盘早剥、前置胎盘和先兆子宫破裂的鉴别如下表。

	胎盘早剥	前置胎盘	先兆子宫破裂
发病时期	多见于孕20周后、分娩期	多见于孕28周、临产	多见于分娩期
病史	妊娠期高血压疾病、外伤史	多次刮宫、分娩、子宫手术史	常有剖宫产史
发病	起病急	多无明显诱因	产程长、梗阻性难产
腹痛	突发性剧烈腹痛	无腹痛	下腹剧痛难忍
典型症状	剧烈腹痛,胎心变化 阴道出血量无或不多	无痛性反复阴道出血 有外出血表现	病理缩复环、下腹压痛 胎心率改变、血尿
检查子宫	子宫板状硬 宫缩间歇期不能松弛	子宫软,无压痛 子宫大小与妊娠周数相符	病理缩复环 子宫下段压痛
检查胎儿	胎位不清,胎心音可消失	胎先露高浮,易发生胎位异常	多有胎心率异常,胎先露升高

注意:①胎盘早剥——分娩期,突发剧烈腹痛,子宫板状硬,阴道无出血或出血量少。
②前置胎盘——妊娠晚期或临产,无痛性反复阴道出血,无子宫收缩(子宫软)。
③先兆子宫破裂——分娩期,下腹剧痛难忍,子宫强直性收缩,病理缩复环。

【例14】有关Ⅲ度胎盘早剥的描述,正确的是

A. 一般胎儿存活　B. 易导致凝血功能障碍　C. 出现无原因无痛性阴道流血

D. 胎盘剥离面为胎盘面积的1/5　E. 阴道流血量与贫血程度成正比

(15~17题共用题干)初孕妇,30岁。妊娠40周,子痫前期。3小时前突然腹痛伴阴道流血,色鲜红,量较多。查体:P116次/分,BP100/80mmHg,胎位不清,胎心音消失,宫颈管未消失,宫口未开大。

【例 15】该患者最可能的诊断是

A. 子宫破裂　　B. 先兆子宫破裂　　C. 胎盘早剥

D. 前置胎盘　　E. 早产

【例 16】此时最有价值的辅助检查是

A. 血常规、尿常规　　B. B 超检查　　C. 眼底检查

D. 凝血功能检查　　E. 胎盘功能测定

【例 17】此时最恰当的处理措施是

A. 纠正休克为主,死胎不急于引产　　B. 立即扩张宫口、破膜,缩宫素引产

C. 纠正休克同时尽快剖宫产　　D. 立即人工破膜,等待自然分娩

E. 静脉滴注缩宫素引产

6. 并发症

(1)胎儿宫内死亡　如胎盘早剥面积大,出血多,胎儿可因缺血缺氧而死亡。

(2)弥散性血管内凝血(DIC)　胎盘早剥是妊娠期发生凝血功能障碍最常见的原因,约 1/3 伴有死胎发生。临床表现为皮肤黏膜及注射部位出血,阴道出血不凝,甚至发生血尿、咯血和呕血。

(3)失血性休克　发生子宫胎盘卒中时,子宫肌层收缩受影响,可导致产后大出血。

(4)急性肾衰竭　主要是产后大出血使肾灌注减少所致。

(5)羊水栓塞　胎盘早剥时,羊水经剥离面开放的子宫血管进入母血循环,触发羊水栓塞。

(18~19 题共用题干)患者,女性,23 岁,妊娠 32 周。腹部受撞击后持续性腹痛 1 小时。阴道少量出血。既往产检健康。查体:呼吸 22/分,脉搏 100 次/分,血压 90/ 60mmHg,痛苦表情,宫底位于剑突下 3 横指,子宫轮廓清楚,胎心 102 次/分,宫口未开。

【例 18】最可能的诊断是

A. 早产临产　　B. 巨大胎儿　　C. 胎盘早剥

D. 前置胎盘　　E. 子宫破裂

【例 19】此时不易发生的并发症是

A. 急性肾衰竭　　B. DIC　　C. 产后出血

D. 胎盘残留　　E. 胎儿宫内死亡

7. 对母儿的影响

(1)对母体的影响　剖宫产率、贫血、产后出血率、DIC 发生率均升高。

(2)对胎儿的影响　胎儿急性缺氧,早产率、新生儿窒息率、围产儿死亡率明显增高。

8. 治疗

治疗原则是早期识别、积极处理休克、及时终止妊娠、控制 DIC、减少并发症。

(1)纠正休克　积极输血,迅速补充血容量及凝血因子,维持全身血液循环系统的稳定。

(2)监测胎儿宫内情况　连续监测胎心以判断胎儿宫内情况。

(3)及时终止妊娠　一旦确诊Ⅱ、Ⅲ级胎盘早剥,应及时终止妊娠。

①经阴道分娩　适用于 0~Ⅰ级患者,一般情况良好,病情较轻,以外出血为主,宫口已扩张,估计短时间内可结束分娩者。产程中发现异常征象,应行剖宫产。

②剖宫产　适用于:A.Ⅰ级胎盘早剥,出现胎儿窘迫征象者;B.Ⅱ级胎盘早剥,不能在短时间内结束分娩者;C.Ⅲ级胎盘早剥,产妇病情恶化,胎儿已死,不能立即分娩者;D.破膜后产程无进展者;E.产妇病情急剧加重危及生命时,无论胎儿是否存活,均应立即行剖宫产。

(4)处理并发症　处理产后出血,纠正凝血功能障碍和肾衰竭。

三、胎膜早破

1. 概念

(1)胎膜早破 临产前胎膜自然破裂,称为胎膜早破。

(2)足月胎膜早破 妊娠≥37周发生胎膜自然破裂者,称为足月胎膜早破。

(3)未足月胎膜早破 妊娠<37周发生胎膜自然破裂者,称为未足月胎膜早破。

2. 病因

(1)生殖道感染 主要原因。病原微生物上行性感染可引起胎膜炎,使胎膜张力下降而破裂。

(2)羊膜腔压力增高 常见于双胎妊娠、羊水过多、巨大胎儿等。

(3)胎膜受力不均 胎位异常、头盆不称使胎先露部不能衔接,前羊膜囊受力不均,导致胎膜破裂。

(4)创伤 羊膜腔穿刺不当、性生活刺激、撞击腹部等均可能引起胎膜早破。

(5)营养因素 孕妇缺乏维生素C、锌、铜等,可使胎膜抗张能力下降,导致胎膜早破。

【例20】胎膜早破的病因不包括

A. 病原微生物上行感染　B. 羊膜腔压力增高　C. 胎膜受力不均

D. 维生素C缺乏　E. 钙缺乏

3. 诊断

(1)临床表现 孕妇突感较多液体自阴道流出,增加腹压时阴道流液量增多。无腹痛。

(2)检查 孕妇取平卧位,两腿屈膝分开,可见液体自阴道流出。

①肛诊 将胎先露部上推,见阴道流液量增多。

②阴道窥器检查 见阴道后穹隆有羊水积聚,或有羊水从宫口流出,即可确诊胎膜早破。诊断胎膜早破的直接证据为阴道窥器打开时,可见液体自宫颈流出或后穹隆较多积液。

(3)辅助检查

①阴道液pH值测定 正常阴道液pH值为4.5~6.0,羊水pH值为7.0~7.5。若阴道液pH≥6.5,提示胎膜早破,准确率90%,但血液、尿液、宫颈液、精液及细菌污染可出现假阳性。

②阴道液涂片检查 阴道后穹隆积液涂片镜检,可见羊齿植物叶状结晶为羊水,准确率95%。

③羊膜镜检查 可直视胎先露部,看不到前羊膜囊,即可诊断为胎膜早破。

④胎儿纤连蛋白(fFN)测定 fFN是胎膜分泌的细胞外基质蛋白。当宫颈及阴道分泌物内fFN >0.05mg/L时,胎膜抗张能力下降,易发生胎膜早破。

⑤胰岛素样生长因子结合蛋白-1(IGFBP-1)检测 检测人羊水中IGFBP-1检测试纸,特异性强,不受血液、精液、尿液和宫颈黏液的影响。

⑥B超检查 发现羊水量较破膜前减少。

注意:①无痛性阴道流液为胎膜早破;无痛性阴道流血为前置胎盘;有痛性阴道流血为胎盘早剥。
②大多数产科疾病首选B超检查,但胎膜早破例外。

4. 对母儿影响

(1)对母体影响

①感染 宫内感染的风险随破膜时间延长、羊水量减少而增加。

②胎盘早剥 胎膜早破后宫腔内压力改变,易发生胎盘早剥。

③剖宫产率增加 羊水减少致使脐带受压、宫缩不协调、胎儿窘迫,需要剖宫产终止妊娠。

(2)对胎儿影响

①早产 胎膜早破是早产的主要原因之一。

②感染 并发绒毛膜羊膜炎时,易引起新生儿吸入性肺炎、颅内感染、败血症等。

③脐带脱垂和受压 胎膜早破易导致脐带脱垂和脐带受压。

④胎肺发育不良及胎儿受压 破膜时孕周越小,胎肺发育不良风险越高。羊水过少可出现胎儿受压。

【例21】关于胎膜早破的正确描述是

A. 胎膜早破要立即剖宫产　B. 双胎妊娠易发生胎膜早破　C. 指临产后发生的胎膜破裂

D. 生殖道感染是其唯一原因　　E. 足月胎膜早破不需要任何处理

5. 处理

(1)足月胎膜早破

①评估母胎情况　包括有无胎儿窘迫、绒毛膜羊膜炎、胎盘早剥、脐带脱垂等。

②抗生素　破膜时间超过 12 小时,应预防性应用抗生素,同时尽量避免频繁阴道检查。

③引产　若无明确剖宫产指征,应在破膜后 2~12 小时内引产。对宫颈成熟的孕妇,首选缩宫素引产。对宫颈不成熟且无阴道分娩禁忌证者,可应用前列腺素制剂促进宫颈成熟。

④剖宫产　若有明确剖宫产指征,宜行剖宫产终止妊娠。

(2)未足月胎膜早破　应根据孕周、母胎情况、孕妇和家属意愿综合决策。

①期待疗法　适用于妊娠 24~27^{+6}周,要求期待治疗者;妊娠 28~33^{+6}周,无继续妊娠禁忌者。

一般处理	绝对卧床,保持外阴清洁,避免不必要的肛门和阴道检查,监测母胎情况
促胎肺成熟	妊娠<35 周者,应给予地塞米松肌内注射,促进胎肺成熟
预防感染	及时预防性使用抗生素(青霉素类、大环内酯类),5~7 日为一疗程
抑制宫缩	妊娠<34 周者,给予 β 受体激动剂(利托君)48 小时,配合促胎肺成熟治疗
保护神经系统	妊娠<32 周者,给予硫酸镁静脉滴注,预防早产儿脑瘫的发生

②终止妊娠　不宜继续妊娠者,应考虑终止妊娠。

A.引产　妊娠<24 周者,由于胎儿存活率低,以引产为宜;妊娠 24~27^{+6}周者,可根据孕妇意愿决定。

B.终止妊娠指征　妊娠 34~36^{+6}周者;无论任何孕周,确诊绒毛膜羊膜炎、胎儿窘迫、胎盘早剥者。

C.终止妊娠方式　无明确剖宫产指征时应阴道试产。有剖宫产指征时(胎头高浮,胎位异常,宫颈不成熟,胎肺成熟,明显羊膜腔感染,伴胎儿窘迫),应选择剖宫产终止妊娠。

胎膜早破的处理

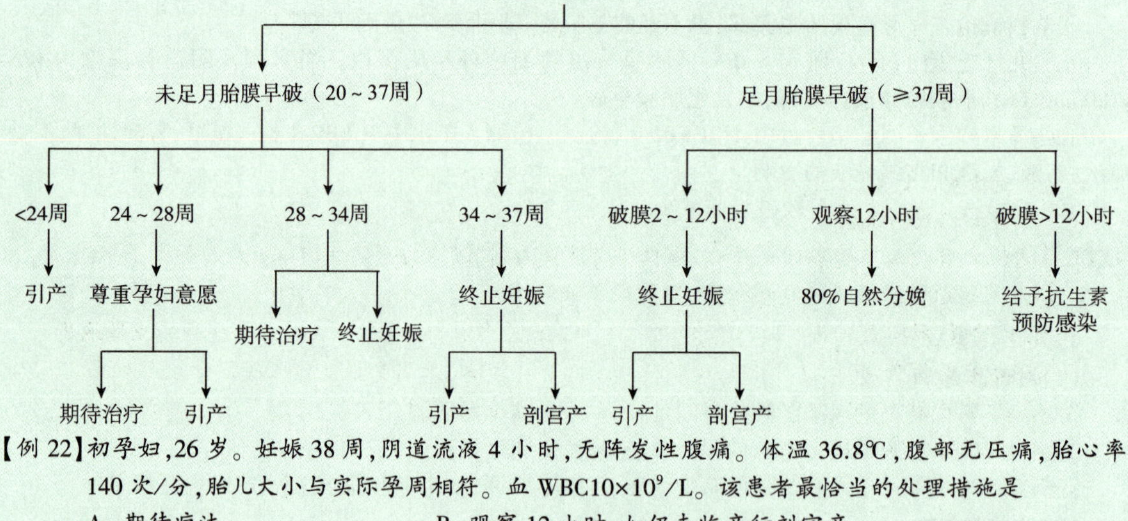

【例 22】初孕妇,26 岁。妊娠 38 周,阴道流液 4 小时,无阵发性腹痛。体温 36.8℃,腹部无压痛,胎心率 140 次/分,胎儿大小与实际孕周相符。血 WBC10×10^{9}/L。该患者最恰当的处理措施是

A. 期待疗法　　B. 观察 12 小时,如仍未临产行剖宫产

C. 立即行剖宫产术　　D. 不予处理,等待自然分娩

E. 观察 12 小时,如仍未临产给予引产

四、脐带先露与脐带脱垂

胎膜未破时脐带位于胎先露部前方或一侧,称为脐带先露,或隐性脐带脱垂。胎膜破裂时脐带脱出

于宫颈口外，降至阴道内甚至露于外阴部，称为脐带脱垂。

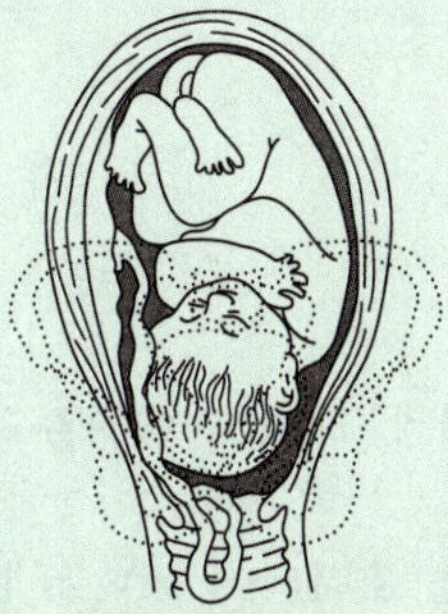
脐带脱垂于阴道

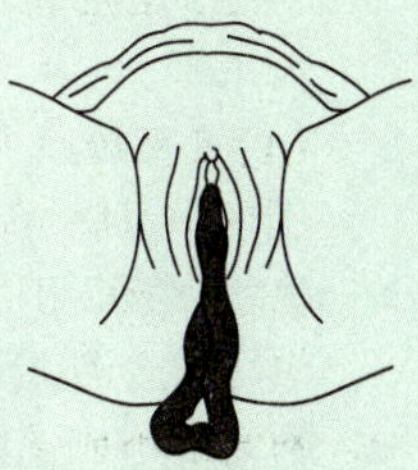
脐带脱垂于会阴

1. 病因

(1)胎先露部尚未衔接时　如头盆不称、胎头入盆困难。

(2)胎位异常　如臀先露、肩先露、枕后位等。

(3)胎儿、羊水异常　如胎儿过小、羊水过多。

(4)脐带异常　如脐带过长、脐带附着异常。

(5)胎盘位置过低　如低置胎盘等。

2. 对母儿影响

(1)对产妇影响　增加剖宫产率及手术助产率。

(2)对胎儿影响　发生在胎先露部尚未衔接、胎膜未破时的脐带先露，因宫缩时胎先露部下降，一过性压迫脐带导致胎心率异常。胎先露已衔接、胎膜已破者，脐带受压于胎先露部与骨盆之间，引起胎儿缺氧，甚至胎心音完全消失；以头先露最严重，肩先露最轻。若脐带血液循环阻断超过7~8分钟，可胎死宫内。

3. 诊断

(1)胎膜未破　于胎动、宫缩后胎心率突然变慢，改变体位、上推胎先露部、抬高臀部后迅速恢复者，应考虑脐带先露的可能，临产后应行胎心监护。

(2)胎膜已破　破膜后出现胎心率异常，应立即行阴道检查，了解有无脐带脱垂。在胎先露部旁或其前方以及阴道内触及脐带，或脐带脱出于外阴者，即可确诊。

(3)超声检查　特别是彩色多普勒超声检查有助于明确诊断。

4. 处理

(1)脐带先露　①经产妇、胎膜未破、宫缩良好者，取头低臀高位，密切观察胎心率，等待胎头衔接；宫口逐渐扩张，胎心持续良好者，可经阴道分娩。②初产妇、足先露、肩先露者，应行剖宫产术。

(2)脐带脱垂　发现脐带脱垂，胎心尚好，胎儿存活者，应争取尽快娩出胎儿。

①宫口开全　胎头已入盆，行产钳术；臀先露行臀牵引术。

②宫口未开全　产妇立即取头低臀高位，将胎先露部上推，应用抑制子宫收缩的药物，以缓解脐带受压；严密监测胎心，同时尽快行剖宫产术。

5. 预防

(1)B超检查　妊娠晚期及临产后，超声检查有助于发现脐带先露。

(2)少做肛门及阴道检查　临产后先露部迟迟不入盆者，尽量少做肛查及阴道检查。

(3)高位破膜　人工破膜时，应行高位破膜。以免脐带随羊水流出而脱垂。

【例23】初产妇，30岁。孕37周，规律宫缩3小时。产科检查：宫口开大2cm，臀先露，S=−2。2分钟前胎膜自然破裂，胎心监护显示胎心率90次/分，阴道内诊触及搏动条索状物。最恰当的处理措施是

A. 采取头低臀高位，立即行剖宫产术　　B. 吸氧，胎心率恢复后立即行剖宫产术

C. 行外转胎位术后待自然分娩　　D. 静脉滴注缩宫素，宫口开全行臀牵引

E. 行内转胎位术后待自然分娩

▶▶**常考点**　重点内容，需全面掌握。

参考答案——详细解答见2021《贺银成国家临床执业及助理医师资格考试历年考点精析》

1. ABCDE　2. ABCDE　3. ABCDE　4. ABCDE　5. ABCDE　6. ABCDE　7. ABCDE
8. ABCDE　9. ABCDE　10. ABCDE　11. ABCDE　12. ABCDE　13. ABCDE　14. ABCDE
15. ABCDE　16. ABCDE　17. ABCDE　18. ABCDE　19. ABCDE　20. ABCDE　21. ABCDE
22. ABCDE　23. ABCDE

第 8 章　正常分娩

▶考纲要求

①影响分娩的因素。②枕先露的分娩机制。③先兆临产及临产的诊断。④分娩的临床经过及处理。

▶复习要点

妊娠达到及超过 28 周(196 日),胎儿及附属物从临产开始至全部从母体娩出的过程,称为分娩。妊娠达到 28 周至 36^{+6}周(196~258 日)期间分娩,称为早产。妊娠达到 37 周至 41^{+6}周(259~293 日)期间分娩,称为足月产。妊娠达到及超过 42 周(≥294 日)期间分娩,称为过期产。

注意:①妊娠不满 28 周而终止妊娠者称为流产。
②妊娠 12 周前终止妊娠者称为早期流产,妊娠 12 周至不足 28 周终止妊娠者称为晚期流产。

一、影响分娩的因素

影响分娩的四大因素为产力、产道、胎儿及社会心理因素。

1. 产力

将胎儿及其附属物从子宫内逼出的力量称为产力。产力包括子宫收缩力(简称宫缩)、腹壁肌和膈肌收缩力(统称腹压)、肛提肌收缩力。

(1)子宫收缩力　是临产后的主要产力,贯穿于整个分娩过程中。临产后的宫缩能迫使宫颈管消失、宫口扩张、胎先露下降、胎盘和胎膜娩出。临产后正常宫缩的特点为"三性一作用":

①节律性　子宫节律性收缩是临产的重要标志。每次子宫收缩都是由弱渐强(进行期)—维持一定时间(极期)—随后由强渐弱(退行期)—直至消失进入间歇期。如此反复,直至分娩结束(如图)。

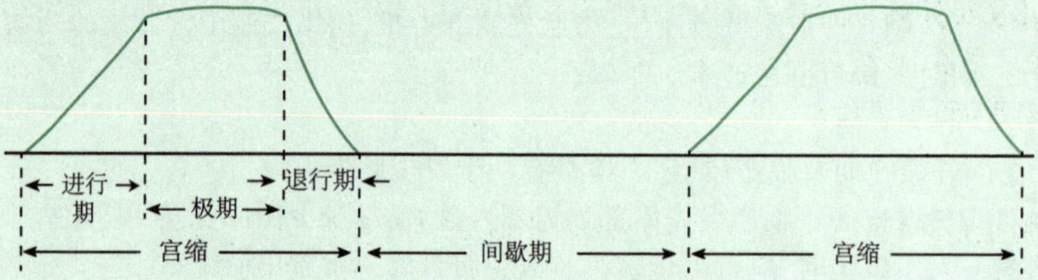

临产后正常宫缩节律性示意图

临产开始时,宫缩持续约 30~40 秒,间歇期 5~6 分钟。随着产程进展,宫缩持续时间逐渐延长,间歇期逐渐缩短。当宫口开全后,宫缩持续时间长达 60 秒,间歇期仅 1~2 分钟。宫缩强度也随产程进展而增加。

②对称性　正常宫缩起自两侧子宫角部,迅速向子宫中线集中,左右对称,再以 2cm/s 的速度向子宫下段扩散,约 15 秒可均匀协调地遍及整个子宫,此为子宫收缩的对称性。

③极性　宫缩以子宫底部最强最持久,向下逐渐减弱,此为子宫收缩的极性。子宫底部收缩力的强度是子宫下段的 2 倍。

④缩复作用　每当宫缩时,子宫体部肌纤维缩短变宽,间歇期虽松弛,但不能完全恢复到原来长度,经过反复收缩,肌纤维越来越短,这种现象称缩复作用。缩复作用可使宫腔容积逐渐缩小、胎先露下降、宫颈管消失、宫口扩张。

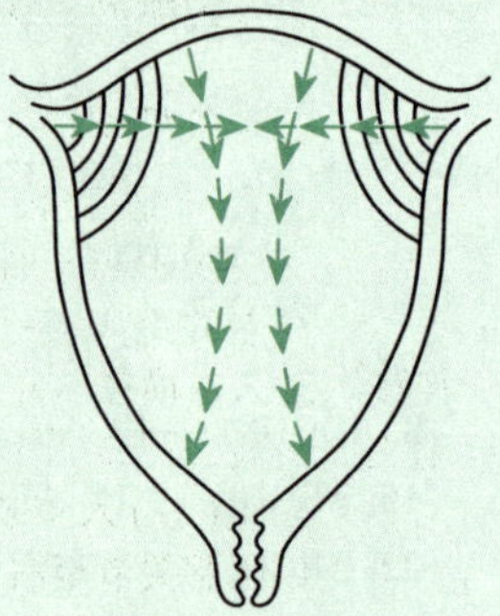

子宫收缩力的对称性

(2)腹壁肌和膈肌收缩力　是第二产程时娩出胎儿的重要辅助力量。宫口开全后，每当宫缩时，前羊水囊或胎先露部压迫骨盆底组织及直肠，反射性地引起排便动作，产妇主动屏气，向下用力，腹壁肌和膈肌强有力地收缩使腹内压增高。腹压在第二产程末期配以宫缩时运用最有效，能迫使胎儿娩出，在第三产程也可促使已剥离的胎盘娩出。

(3)肛提肌收缩力 可协助胎先露部在骨盆腔进行内旋转。当胎头枕部位于耻骨弓下时，能协助胎头仰伸及娩出。当胎盘娩出至阴道时，肛提肌收缩力有助于胎盘娩出。

	子宫收缩力	腹壁肌和膈肌收缩力	肛提肌收缩力
简称	宫缩	腹压	—
产程	贯穿于分娩全过程	第二、三产程	第二、三产程
作用	是临产后的主要产力，临产后的宫缩能使宫颈管缩短消失、宫口扩张、胎先露部下降和胎儿娩出	是第二产程时娩出胎儿的重要辅助力，在第三产程可迫使剥离的胎盘娩出	可协助胎先露部在盆腔进行内旋转；胎头枕部位于耻骨弓下时，能协助胎头仰伸及娩出；当胎盘降至阴道时，能协助胎盘娩出

注意：①腹壁肌和膈肌收缩力是第二产程时娩出胎儿的重要辅助力量。
②肛提肌收缩力主要是协助先露部在盆腔进行内旋转。

【例1】临产后正常宫缩起自

A. 两侧宫角部　　B. 两侧子宫侧壁　　C. 宫颈部
D. 子宫下段　　E. 宫底部

【例2】不属于临产后正常宫缩特点的是

A. 节律性　　B. 规律性　　C. 对称性
D. 极性　　E. 缩复作用

2. 产道

产道是胎儿从母体娩出的通道，包括骨产道和软产道两部分。

(1)骨产道 指真骨盆。骨盆腔分为3个假想平面，每个平面又由多条径线组成。

①骨盆入口平面、中骨盆平面与骨盆出口平面 见下表。

	骨盆入口平面	中骨盆平面	骨盆出口平面
特点	为骨盆腔上口	为骨盆最小平面，最狭窄部分	为骨盆腔下口
形状	呈横椭圆形	呈纵椭圆形	由两个不同平面的三角形组成
组成	前方为耻骨联合上缘 两侧为髂耻缘 后方为骶岬上缘	前方为耻骨联合下缘 两侧为坐骨棘 后方为骶骨下端	两三角形底边均为坐骨结节间径；前三角形顶端为耻骨联合下缘，两侧为耻骨降支；后三角形顶端为骶尾关节，两侧为骶结节韧带
径线	有4条径线	有2条径线	有4条径线
径线定义	①入口前后径——耻骨联合上缘中点至骶岬上缘正中点的距离，平均约为11cm ②入口横径—左右髂耻缘间的最大距离，平均约为13cm ③左(右)入口斜径—左(右)骶髂关节至右(左)髂耻隆突间距离，平均约为12.75cm	①中骨盆前后径——耻骨联合下缘中点通过两侧坐骨棘连线中点至骶骨下端间的距离，平均约为11.5cm ②中骨盆横径即坐骨棘间径，指两坐骨棘间的距离，平均约为10cm	①出口前后径—耻骨联合下缘至骶尾关节间的距离，平均约为11.5cm ②出口横径(坐骨结节间径)—两坐骨结节末端内缘距离，平均约为9cm ③出口前矢状径——耻骨联合下缘至坐骨结节连线中点的距离，平均约为6cm ④出口后矢状径—骶尾关节至坐骨结节连线中点距离，平均约为8.5cm

注意：①与分娩关系密切——骨盆入口前后径、中骨盆横径(坐骨棘间径)、出口横径(坐骨结节间径)。
②判断骨盆入口平面狭窄的重要指标是骨盆入口前后径(相当于骶耻外径)、对角径。
③判断中骨盆狭窄的重要指标是中骨盆横径(坐骨棘间径)、坐骨切迹宽度。

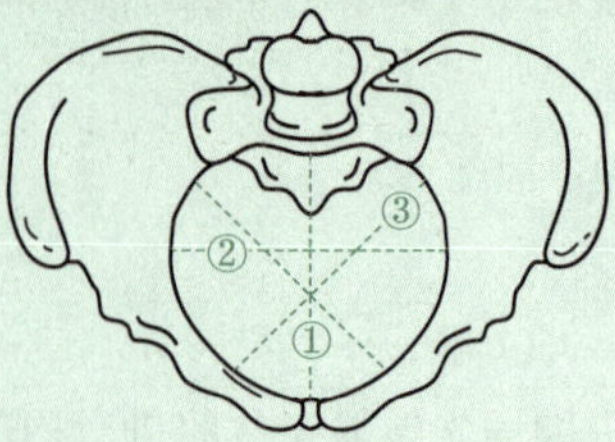

①前后径11cm；②横径13cm；③斜径12.75cm

骨盆入口平面的4条径线

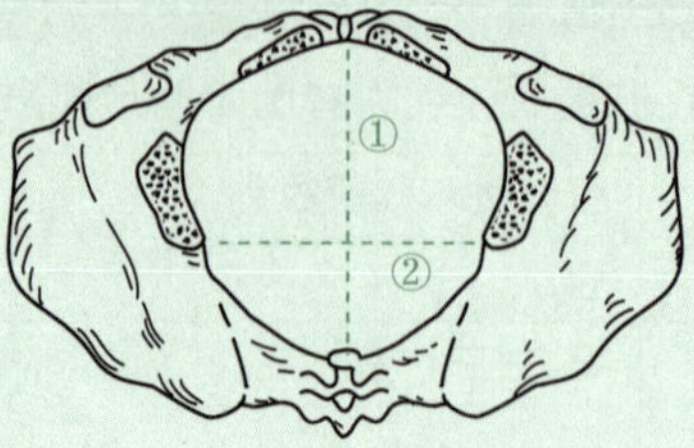

①前后径11.5cm；②横径10cm

中骨盆平面的2条径线

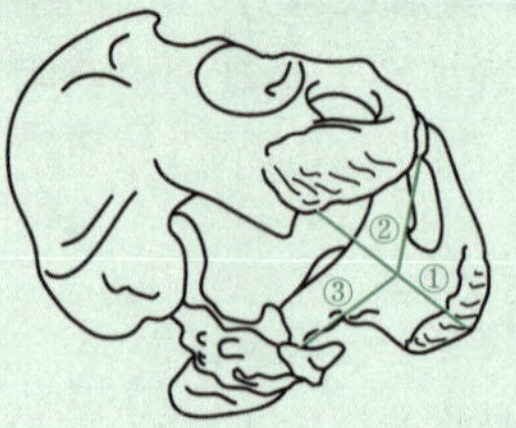

①出口横径 ②前矢状径 ③后矢状径
①+③>15cm阴道分娩；①+③<15cm行剖宫产

骨盆出口平面(斜面观)

【例 3】骨盆测量数值为正常的是

A. 髂棘间径 20cm　　B. 髂嵴间径 22cm　　C. 骶耻外径 17cm

D. 坐骨棘间径 8.5cm　　E. 坐骨结节间径 9cm

【例 4】有助于判断中骨盆狭窄的重要指标是

A. 骶耻外径　　B. 髂嵴间径　　C. 髂棘间径

D. 坐骨结节间径　　E. 坐骨切迹宽度

②骨盆轴　指连接骨盆各假想平面中点的曲线。此轴上段向下向后，中段向下，下段向下向前。

③骨盆倾斜度　指妇女直立时，骨盆入口平面与地平面所成的角度，一般为 60°。

(2)软产道　是由子宫下段、宫颈、阴道及盆底软组织共同组成的弯曲管道。

①子宫下段形成　由未孕时的子宫峡部形成。子宫峡部上界为宫颈管最狭窄的解剖学内口，下界为宫颈管的组织学内口。未孕时子宫峡部长约 1cm，妊娠 12 周后逐渐伸展为宫腔的一部分，随着妊娠的进展被逐渐拉长，至妊娠末期形成子宫下段。临产后，规律的宫缩使子宫下段进一步拉长达 7~10cm，成为软产道的一部分。由于子宫体部肌纤维的缩复作用，使上段肌壁越来越厚，下段肌壁被动牵拉而越来越薄。在子宫内面的上、下段交界处形成环状隆起，称生理性缩复环。生理情况下，此环不能从腹部见到。

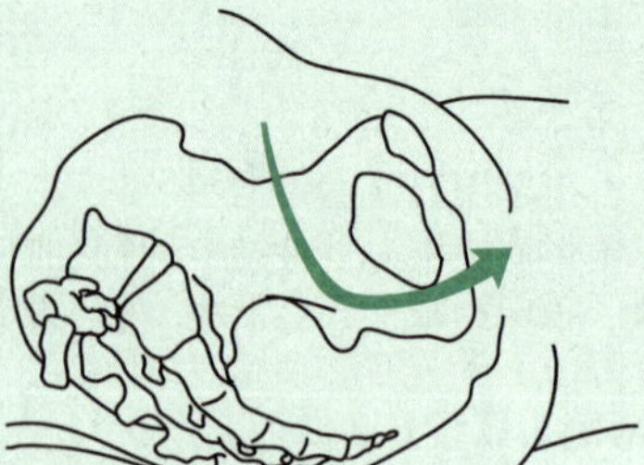
骨盆轴

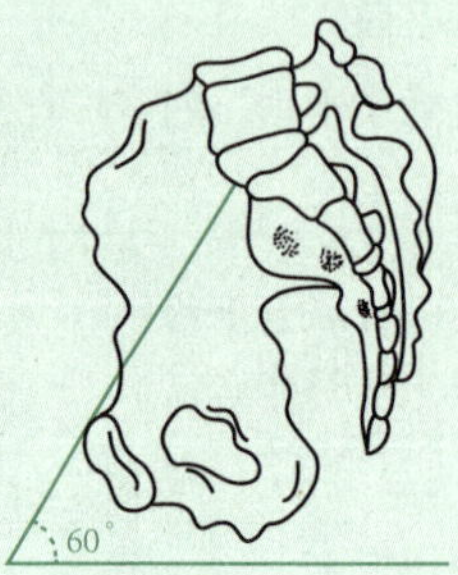

骨盆倾斜度

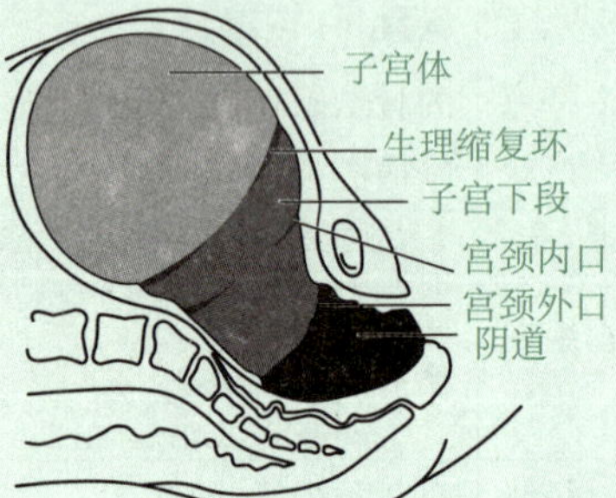

软产道在临产后的变化

②宫颈的变化　主要表现为宫颈管消失和宫口扩张。

A.宫颈管消失　临产前宫颈管长约 2~3cm，临产后由于宫缩牵拉及胎先露、前羊膜囊的直接压迫，使宫颈内口向上向外扩张，宫颈管形成漏斗状，随后宫颈管逐渐变短、消失。初产妇通常是先宫颈管消失，随后宫口扩张；经产妇通常是宫颈管消失与宫口扩张同时进行(记忆为：看来经验很重要!)。

B.宫口扩张　临产时，初产妇的宫颈外口仅容一指尖。临产后，子宫收缩及缩复向上牵拉使得宫口扩张。产程不断进展，当宫口开全(10cm)时，妊娠足月胎头方能通过。

③阴道、骨盆底及会阴的变化　正常阴道伸展性良好,一般不影响分娩。临产后前羊膜囊及胎先露部将阴道上部撑开,破膜以后胎先露部下降直接压迫盆底,软产道下段形成一个向前向上弯曲的筒状通道,阴道壁黏膜皱襞展平、阴道扩张变宽。肛提肌向下向两侧扩展,肌纤维逐步拉长,使会阴由 5cm 厚变成 2~4mm,以利于胎儿娩出。但由于会阴体部承受压力大,分娩时可造成会阴体裂伤。

【例 5】关于子宫下段的说法,正确的是

A. 为临产后的子宫颈
B. 孕中期的子宫颈扩展为宫腔的一部分
C. 孕 16 周扩展成宫腔的一部分
D. 临产后子宫颈伸展可达 7~10cm
E. 由非孕时的子宫峡部伸展形成

3. 胎儿

(1)胎头各径线及囟门　胎儿颅骨由 2 块顶骨、额骨、颞骨及 1 块枕骨构成,形成颅缝及前、后囟。

①胎头各径线　胎头径线主要有以下 4 条,临床上常用 B 超测量双顶径(BPD)以判断胎儿大小。

	临床意义	正常值
双顶径	为两侧顶骨隆突间的距离,为胎头最大横径	9.3cm
枕额径	为鼻根上方至枕骨隆突间的距离,胎头以此径衔接	11.3cm
枕下前囟径	也称小斜径,为前囟中央至枕骨隆突下方的距离,胎头俯屈后以此径通过产道	9.5cm
枕颏径	也称大斜径,指颏骨下方中央至后囟顶部的距离	13.3cm

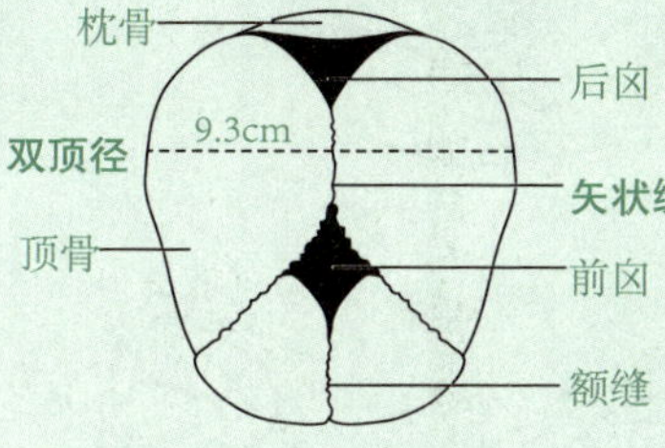

颅缝及囟门

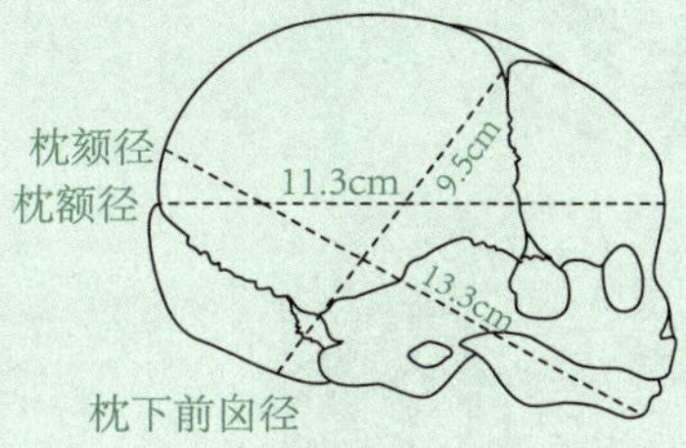

胎头径线

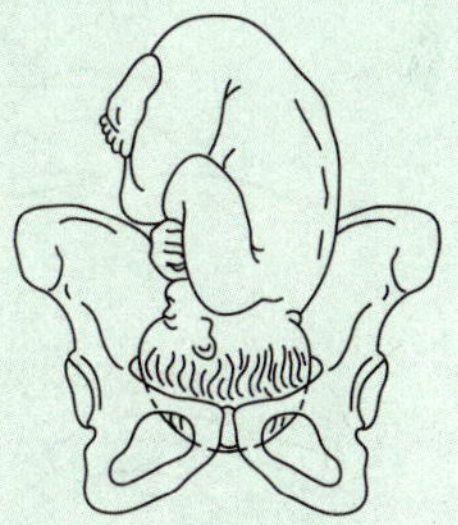
胎头衔接

②囟门　胎头两颅缝交界空隙较大处,称为囟门。囟门和矢状缝是确定胎位的重要标志。

A.大囟门　也称前囟,由两侧额骨、两侧顶骨及额缝、冠状缝、矢状缝形成,呈菱形。

B.小囟门　也称后囟,由两侧顶骨、枕骨、颅缝形成,呈三角形。

(2)胎位　产道为一纵行管道。纵产式(头先露或臀先露)时,胎体纵轴与骨盆轴一致,容易通过产道。

A.头先露　胎头先通过产道,较臀先露容易娩出。

B.臀先露　胎臀先娩出,较胎头周径小且软,产道不能充分扩张,会造成随后的胎头娩出困难。

C.肩先露　胎体纵轴与骨盆轴垂直,足月活胎不能通过产道,对母儿威胁极大。

(3)胎儿畸形　如脑积水、联体双胎等,由于胎头或胎体过大,通过产道常发生困难。

4. 社会心理因素

产妇的社会心理因素也是影响分娩的重要因素之一。

【例 6】枕先露行阴道助产时,确定胎位除注意囟门外,可作为依据的颅缝是

A. 额缝
B. 矢状缝
C. 冠状缝
D. 人字缝
E. 颞缝

二、枕先露的分娩机制

临床上枕先露最常见,占 95%~97%,其中以枕左前位最多见。

1. 枕左前位的分娩机制

枕左前位的分娩机制如下图所示。

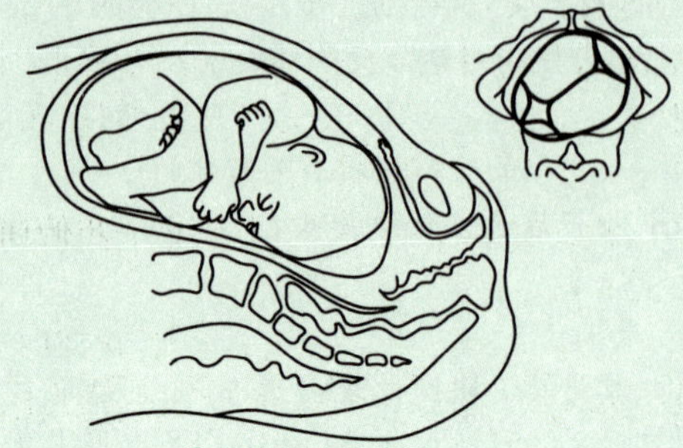

①衔接前胎头尚浮

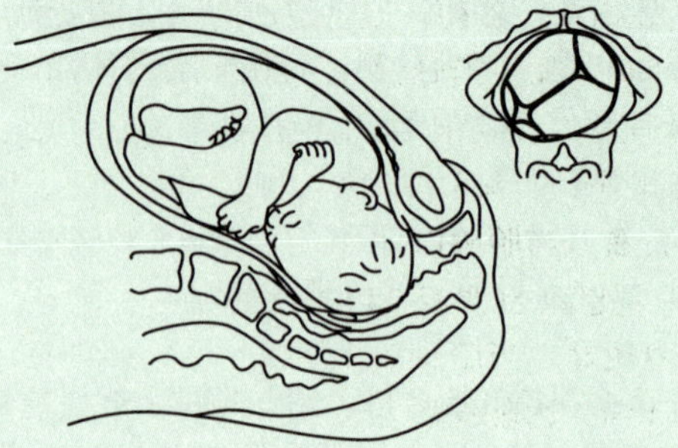

②衔接俯屈下降

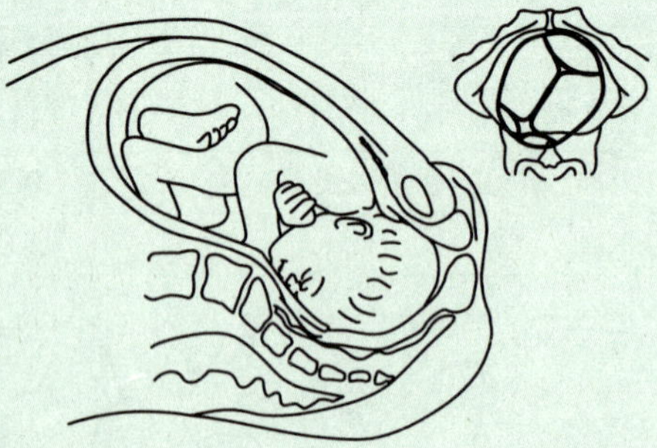

③继续下降与内旋转

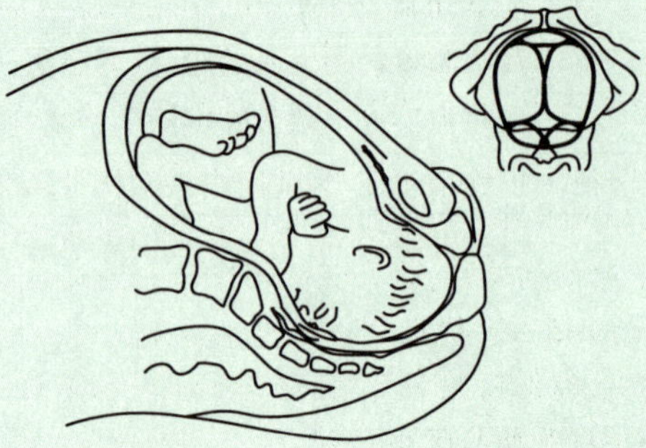

④内旋转已完成，开始仰伸

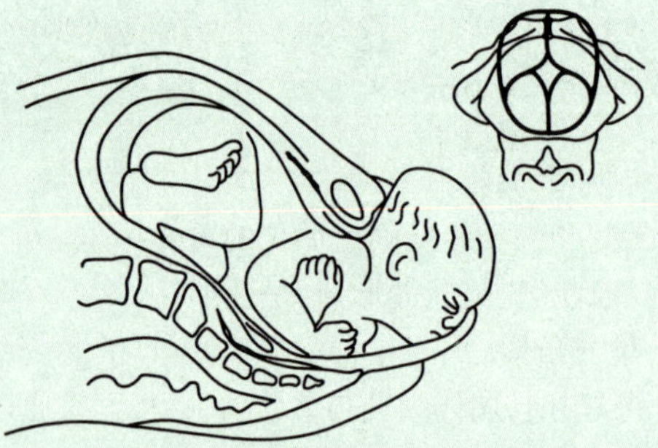

⑤仰伸已完成

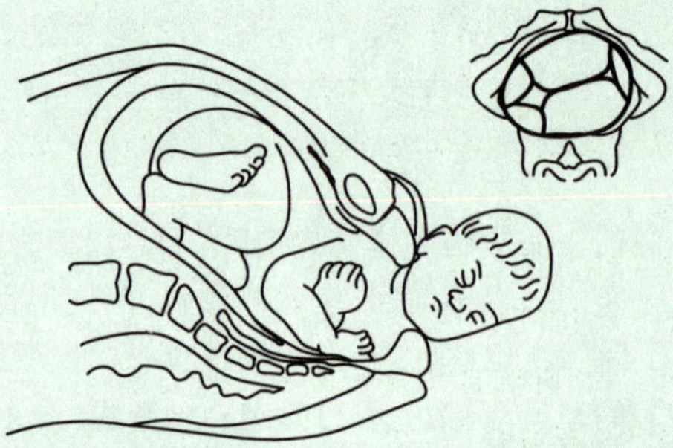

⑥胎头外旋转

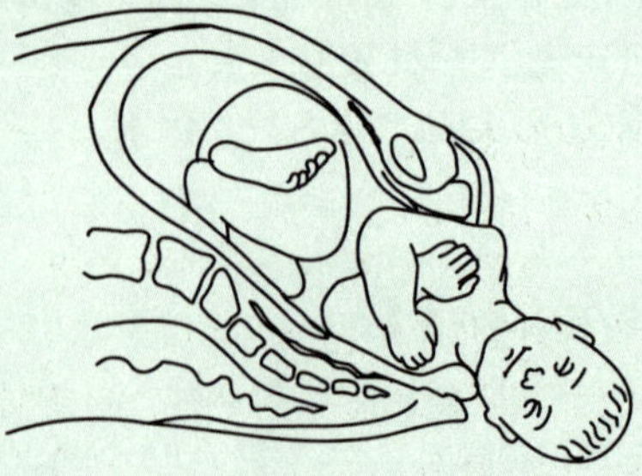

⑦前肩娩出

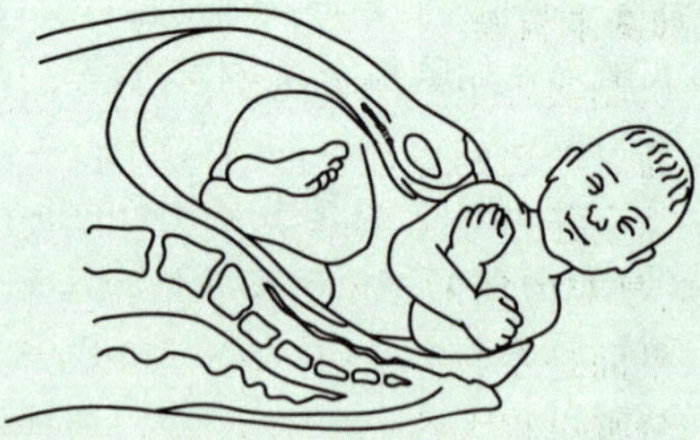

⑧后肩娩出

枕左前位分娩机制

(1)衔接　胎头双顶径进入骨盆入口平面，颅骨最低点接近或到达坐骨棘水平，称为衔接。胎头呈半俯屈状态进入骨盆入口，以枕额径衔接。由于枕额径(11.3cm)大于骨盆入口前后径(11cm)，胎头矢状缝多在骨盆入口右斜径上，胎头枕骨在骨盆左前方。部分初产妇在预产期前1～2周内衔接。经产妇多在临产后才衔接。若初产妇已临产而胎头仍未衔接，应警惕存在头盆不称。

(2)下降 胎头沿骨盆轴前进的动作称为下降。下降贯穿于分娩全过程。促使胎头下降的因素有：①宫缩时通过羊水传导，压力经胎轴传至胎头；②宫缩时宫底直接压迫胎臀；③胎体伸直伸长；④腹肌收缩使腹压增加。胎头下降程度是判断产程进展的重要标志，尤其在活跃期和第二产程。

(3)俯屈 当胎头以枕额径进入骨盆腔降至骨盆底时，胎头枕部遇到肛提肌阻力，进一步俯屈，使胎头衔接时的枕额径(周径34.8cm)变为枕下前囟径(周径32.6cm)，有利于胎头继续下降。

(4)内旋转 当胎头下降至骨盆底遇到阻力时，胎头为适应前后径长、横径短的特点，枕部向母体中线方向旋转45°达耻骨联合后方，使其矢状缝与中骨盆及骨盆出口前后径相一致的动作，称为内旋转。胎头于第一产程末完成内旋转动作。

(5)仰伸 胎头下降达阴道外口时，宫缩和腹压继续迫使胎头下降，而肛提肌收缩力又将胎头向前推进，两者的合力使胎头沿骨盆轴下段向下向前的方向转向上。当胎头枕骨下部达耻骨联合下缘时，即以耻骨弓为支点，胎头逐渐仰伸，胎头的顶、额、鼻、口、颏相继娩出。当胎头仰伸时，胎儿双肩径进入骨盆入口左斜径。

(6)复位及外旋转 胎头娩出时，胎儿双肩径沿骨盆入口左斜径下降。胎头娩出后，为使胎头与胎肩恢复正常解剖关系，胎头枕部向母体左外旋转45°，称为复位。胎肩在盆腔内继续下降，前肩向前向母体中线旋转45°时，胎儿双肩径转成与骨盆出口前后径相一致的方向，胎头枕部需在外继续向母体左外侧旋转45°，以保持胎头与胎肩的垂直关系，称为外旋转。

(7)胎肩及胎儿娩出 外旋转后，胎儿前肩在耻骨弓下先娩出，后肩从会阴体前缘娩出，胎体及下肢随之娩出，完成分娩全部过程。

注意：①枕左前位胎头衔接是指胎头**双顶径**进入骨盆入口，颅骨最低点接近或达到坐骨棘水平。
②枕左前位胎头进入骨盆入口时，其衔接的径线是——枕额径。
③枕左前位正常分娩时，胎头通过产道的径线是——枕下前囟径。

【例7】枕左前位胎头进入骨盆入口时其衔接的径线是
A. 双顶径 B. 双颞径 C. 枕下前囟径
D. 枕额径 E. 枕颏径

【例8】能够经阴道自然分娩的胎方位是
A. 枕右后位 B. 颏左后位 C. 肩左前位
D. 颏左前位 E. 枕右前位

2. 分娩机制的记忆方法

(1)明确基本概念

①分娩机制实际上是胎先露部为适应骨盆各个平面的不同形态，被动地进行的一系列适应性旋转，以最小径线通过产道的过程。也就是说，以最小头径适应最小骨盆径，而最大头径从最大骨盆径里走。

②枕下前囟径是最小头径，俯屈后就以这条径线通过产道，也就是以最小径线通过产道。

③衔接，是双顶径入盆的官方说法，这是先兆临产时母体有"胎儿下降感"的原因。

④入口平面是左右径>前后径，而中骨盆平面和出口平面是前后径>左右径，这是产生旋转的原因。

⑤整个分娩过程大致分为两个部分，即胎头娩出(包括衔接+俯屈+内旋转)和双肩娩出(仰伸+复位)，而双肩娩出过程其实就是重复胎头娩出的过程。

⑥枕左前位的分娩过程用白话文可简单归纳为：入盆→低头→低着头往中线一歪→抬头娩出脑袋→脑袋在外面后，助产士把头一扭→往下按前肩娩出→往上抬后肩娩出。

⑦枕左前是以母体为标准——胎儿的枕，母体的左，母体的前；左右斜径是以母体的骶髂关节为起点，骶髂关节与小囟门（胎头矢状缝）的关系，故枕左前对应右斜径，枕右前对应左斜径。

（2）枕左前位的分娩过程归纳表

	衔接	俯屈	内旋转	仰伸	复位
定义	双顶径入盆的官方说法	低头，将最小径线朝向骨盆	头向中轴方向旋转，头保持俯屈	抬头，出阴道外口，抬头娩出	回到以前位置，故也称外旋转
胎儿径线	枕额径	枕下前囟径（最小）	胎头前后径（最大）	双肩径	双肩径
骨盆平面	入口平面	入口平面（左右>前后）	中骨盆-出口平面（前后>左右）	入口平面	中骨盆-出口平面
骨盆关键径线	入口斜径与矢状缝重合	前后径（最小）	前后径（最大）	入口斜径与双肩径重合	前后径（最大）
备注	胎头最低点平坐骨棘	最小头径适应最小骨盆径	最大头径从最大骨盆径中走	头已出，差肩膀	前肩出，继之后肩出

三、先兆临产及临产的诊断

1. 先兆临产

分娩发动前，往往出现一些预示即将临产的症状，如不规律宫缩、胎儿下降感、见红等，称为先兆临产。

（1）不规律宫缩 又称假临产。分娩发动前，由于子宫肌层敏感性增强，可出现不规律宫缩，其特点：①宫缩频率不一致，持续时间短（<30秒）、间歇时间长且无规律；②宫缩强度未逐渐增强；③常在夜间出现，清晨消失；④不伴有宫颈管短缩、宫口扩张；⑤给予镇静剂能将其抑制。

（2）胎儿下降感 又称轻松感。由于胎先露部下降、入盆衔接使宫底降低。孕妇自觉上腹部较前舒适，下降的先露部可压迫膀胱引起尿频。

（3）见红 分娩发动前24~48小时内，因宫颈内口附近的胎膜与该处的子宫壁分离，毛细血管破裂而少量出血，与宫颈管内的黏液相混合呈淡血性黏液排出，称为见红，是分娩即将开始比较可靠的征象。若阴道流血量较多，量达到或超过月经量，应考虑病理性产前出血，常见原因有前置胎盘、胎盘早剥。

2. 临产诊断

临产的重要标志为规律且逐渐增强的子宫收缩，持续约30秒或以上，间歇5~6分钟，同时伴随进行性宫颈管消失、宫口扩张、胎先露下降。用镇静剂不能抑制临产。注意：临产的标志不是见红。

【例9】关于临产开始的标志，错误的是

A. 规律宫缩　　B. 宫颈管展平　　C. 宫颈扩张

D. 胎先露部下降　　E. 见红

3. 总产程及产程分期

总产程即分娩全过程，指从规律宫缩开始，至胎儿、胎盘娩出的全过程，分为三个产程。

	第一产程	第二产程	第三产程
别称	宫颈扩张期	胎儿娩出期	胎盘娩出期
定义	指从规律宫缩开始到宫颈口开全（10cm）的过程	指从宫口开全（10cm）至胎儿娩出的过程	指从胎儿娩出到胎盘娩出的过程
所需时间	初产妇需11~12小时 经产妇需6~8小时	无硬膜外麻醉：初产妇≤3小时，经产妇≤2小时 有硬膜外麻醉：初产妇≤4小时，经产妇≤3小时	需5~15分钟 不应超过30分钟

四、分娩的临床经过及处理

1. 第一产程的临床经过及处理

第一产程为正式临产到宫口开全(10cm)。由于临产时间有时难以确定,因此推荐初产妇确定正式临产后,宫颈管完全消退可住院待产。经产妇在确定临产后尽快住院分娩。

(1)临床表现　第一产程主要表现为规律宫缩、宫口扩张、胎先露下降、胎膜破裂。

临床表现	临床含义	注意事项
规律宫缩	开始时子宫收缩力弱,持续时间较短(30秒),间歇期较长(5~6分钟) 随之宫缩强度增加,持续时间延长(50~60秒),间歇期缩短(2~3分钟) 当宫口开全时,宫缩持续时间可长达1分钟,间歇期仅1~2分钟	规律宫缩是临产后的主要产力
宫口扩张	表现为宫颈管逐渐变软、变短、消失,宫颈展平并逐渐扩大 当宫口开全时,子宫下段、宫颈、阴道共同形成桶状的软产道	宫口扩张速度开始较慢,后期速度加快
胎先露下降	随着产程进展,先露部逐渐下降,并在宫口开大4~6cm后快速下降,直到先露部达到外阴及阴道口	胎先露下降是能否经阴道分娩的重要指标
胎膜破裂	胎先露部衔接后,将羊水分隔为前后两部,前羊水约100ml 当宫缩时,羊膜腔压力增加到一定程度时胎膜自然破裂,前羊水流出	自然分娩胎膜破裂多发生在宫口近开全时

(2)产程观察及处理　为了细致观察产程,及时记录结果,目前多采用产程图。产程图横坐标为临产时间(小时),纵坐标左侧为宫口扩张程度(cm),纵坐标右侧为胎先露下降程度(cm),画出宫口扩张曲线和胎头下降曲线,可使产程进展一目了然。

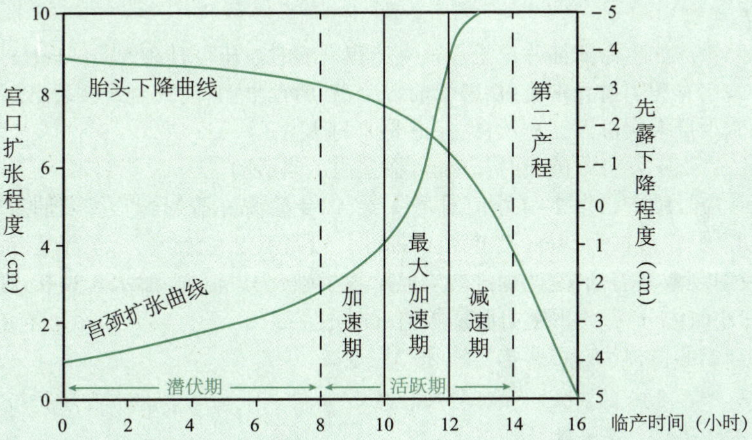

产程图

第一产程必须观察的项目包括:

①子宫收缩　包括宫缩频率、强度、持续时间、间歇时间等。观察子宫收缩的方法:

A.腹部触诊法　最简单最重要的方法。助产人员将手掌放在产妇的腹壁上感受宫缩。

B.仪器监测　用电子监护仪显示宫缩强度、频率、每次宫缩持续时间,是反映宫缩的客观指标。

②宫口扩张及胎先露下降　经阴道指诊检查宫口扩张和胎先露下降情况。

A.宫口扩张曲线　根据宫口扩张情况,可将第一产程分为潜伏期和活跃期。潜伏期是指从临产出现规律宫缩至宫口扩张3cm,此期宫口扩张速度较慢,平均2~3小时扩张1cm,需8小时。活跃期是指宫口扩张3~10cm,此期宫口扩张速度较快,需4小时。活跃期又分为加速期、最大加速期和减速期。

	潜伏期	加速期	最大加速期	减速期
时段	临产至宫口扩张 3cm	宫口扩张 3~4cm	宫口扩张 4~9cm	宫口扩张 9~10cm
所需时间	8 小时(应<16 小时)	1 小时 30 分钟	2 小时	30 分钟

注意:①8 版《妇产科学》P178:活跃期是指宫口扩张 3~10cm(以上为 8 版数据,9 版数据不全且混乱)。
②9 版《妇产科学》P180:活跃期是指宫口扩张 4~6cm 至宫口开全(即 10cm)。

B.胎头下降曲线　以胎头颅骨最低点与坐骨棘平面关系标明胎头下降程度。坐骨棘平面是判断胎头高低的标志。阴道检查可触及坐骨棘胎头颅骨最低点平坐骨棘时,以"0"表示;在坐骨棘平面上 1cm 时,以"-1"表示;在坐骨棘平面下 1cm 时,以"+1"表示,其余依此类推。

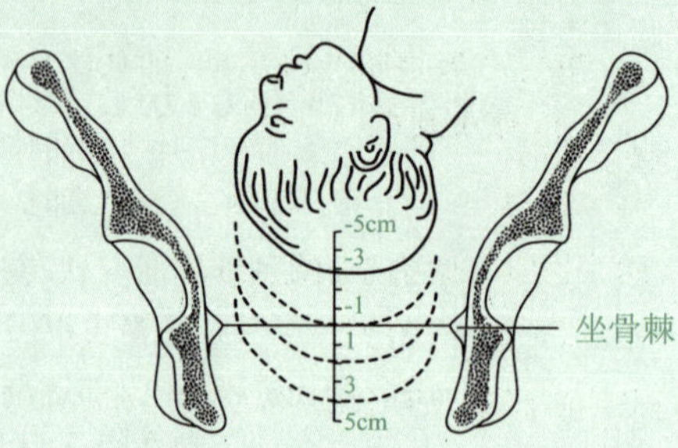

S0　胎头最低点平坐骨棘平面
S+3　胎头最低点平坐骨棘平面以下3cm
S−3　胎头最低点平坐骨棘平面以上3cm

③胎膜破裂　多在宫口近开全时自然破膜,前羊水流出。一旦胎膜破裂,应立即监测胎心,观察羊水性状,检查宫缩,记录破膜时间。

(3)胎心观察及处理　胎心监测是产程中极为重要的观察指标。可使用听诊器、胎儿监护仪进行监测。

①听诊器听取胎心音　胎心应在宫缩间歇期听诊。潜伏期应每隔 1~2 小时听胎心 1 次。活跃期宫缩较频时,应每隔 15~30 分钟听胎心 1 次,每次听诊 1 分钟。

②胎儿监护仪监测胎心率　可观察胎心率变异及其与宫缩、胎动的关系,观察时应每隔 15 分钟对胎心曲线进行评估,宫缩频时每隔 5 分钟评估 1 次。此法能较客观地判断胎儿在宫内的状态。

(4)母体观察及处理

①生命体征　测量产妇生命体征并记录。第一产程宫缩时血压可升高 5~10mmHg,间歇期恢复。

②阴道流血　观察有无阴道异常流血,警惕前置胎盘、胎盘早剥、前置血管破裂出血等情况。

③饮食　产妇宜少量多次摄入无渣饮食,保证充沛的体力。

④活动与休息　宫缩不强且未破膜时,产妇可在室内适当活动。

⑤排尿与排便　应鼓励产妇每 2~4 小时排尿 1 次,以免膀胱充盈影响宫缩及胎头下降。排尿困难者,必要时导尿。初产妇宫口扩张<4cm、经产妇<2cm 时,可行温肥皂水灌肠,既能清除粪便避免排便造成污染,又能通过反射刺激宫缩,加速产程进展。但胎膜早破、阴道流血、胎头未衔接、胎位异常、有剖宫产史、宫缩强估计 1 小时内分娩、患严重心脏病等情况时不宜灌肠。

⑥精神支持　产妇的精神状态可影响宫缩和产程进展。

注意:①产程进展的标志是胎头下降及宫口扩张。
②了解胎头下降的标志是坐骨棘。
③经阴道检查确诊胎方位的标志是矢状缝及囟门。

【例 10】临产后第一产程活跃期的最大加速期是指宫口扩张

A. 2~7cm　　B. 1~6cm　　C. 4~9cm
D. 3~8cm　　E. 5~10cm

【例 11】临产后的胎心监护,错误的是

A. 听胎心应在宫缩间歇期宫缩刚结束时　　B. 潜伏期应每小时听胎心 1 次
C. 活跃期应每 30 分钟听胎心 1 次　　D. 第二产程应每 15 分钟听胎心 1 次
E. 胎心每次应听 1 分钟

【例 12】临产后,肥皂水灌肠可用于

A. 胎膜早破　　B. 胎头未衔接　　C. 胎位异常
D. 初产妇宫口开大3cm　　E. 严重心脏病

【例13】初孕妇,23岁,孕38周,规律宫缩10小时就诊。查体:胎心率136次/分,宫口开大8cm,胎头-2,胎膜未破。正确的处理措施是

A. 5U缩宫素静脉滴注　　B. 继续观察产程　　C. 100mg哌替啶肌内注射
D. 人工破膜并静脉注射缩宫素　　E. 立刻行剖宫产术

2. 第二产程的临床经过及处理

第二产程是胎儿娩出期,即从宫口开全至胎儿娩出。

(1)临床表现

胎膜破裂	宫口近开全或开全后胎膜多自然破裂。若仍未破膜,可影响胎头下降,应于宫缩间歇期人工破膜
胎头拨露	胎头于宫缩时露出于阴道口,在宫缩间歇期又缩回阴道内
胎头着冠	当胎头双顶径越过骨盆出口,宫缩间歇期胎头不再回缩
会阴扩张	此时会阴极度扩张,胎头枕骨于耻骨弓下露出,出现仰伸动作,胎儿额、鼻、口、颏部相继娩出
胎儿娩出	胎头娩出后,胎头复位及外旋转,随后前肩、后肩、胎体相继娩出,后羊水随之涌出

(2)观察产程及处理

①密切监测胎心　第二产程宫缩频而强,应每5分钟听1次胎心。也可连续电子胎心监护。

②密切监测宫缩　第二产程宫缩持续时间可达60秒,间隔时间1~2分钟。

③阴道检查　每隔1小时或有异常情况时行阴道检查,评估羊水性状、胎方位、胎头下降情况。

④指导产妇用力　正确运用腹压是缩短第二产程的关键。

(3)接产

①接产准备　初产妇宫口开全(10cm)、经产妇宫口扩张6cm以上且宫缩规律有力时,应将产妇送上分娩床作分娩准备。消毒外阴,接产者准备接产。

②接产时应注意保护会阴　接产者站在产妇右侧,当胎头拨露使阴唇后联合紧张时,开始保护会阴。保护会阴并协助胎头俯屈,让胎头以最小径线(枕下前囟径)在宫缩间歇时缓慢通过阴道口,这是预防会阴撕裂的关键,产妇屏气必须与接产者配合。

③会阴切开　不应对初产妇常规会阴切开。若会阴过紧或胎儿过大、估计分娩时会阴撕裂不可避免者,或母儿有病理情况急需结束分娩者,可行会阴切开。一般在胎头着冠时切开,以减少出血。

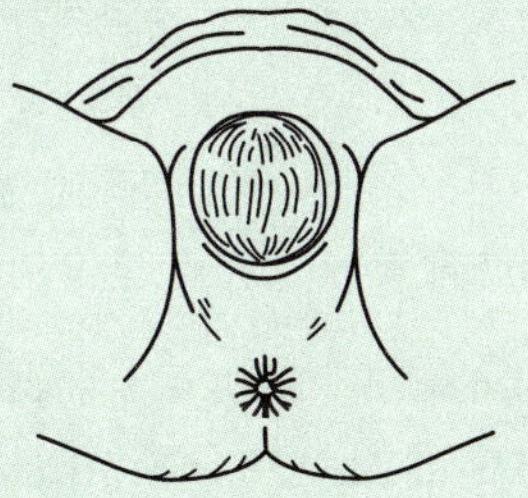

胎头着冠

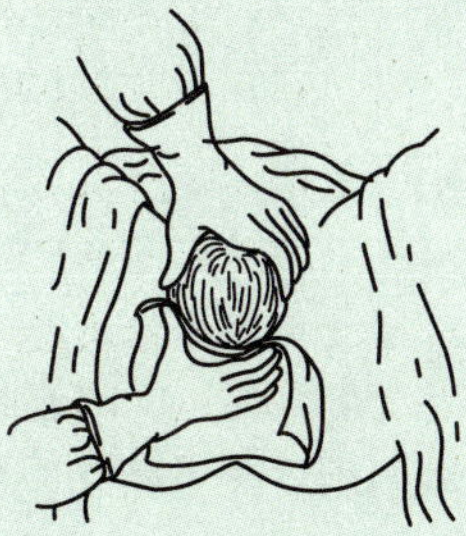

保护会阴

【例14】临产后进入第二产程的主要标志是

A. 外阴膨隆　　B. 胎头拨露　　C. 胎头着冠
D. 宫口开大10cm　　E. 肛门括约肌松弛

【例15】初产妇枕先露时,开始保护会阴的时间是

A. 宫口开全　　B. 胎头可见到时　　C. 胎头着冠时

D. 胎头复位时　　　　　　　　E. 胎头拨露使阴唇后联合紧张时

3. 第三产程的临床经过及处理

第三产程为胎盘娩出期，即从胎儿娩出到胎盘娩出，约需 5~15 分钟，不应超过 30 分钟。

(1)临床表现　胎儿娩出后，宫腔容积明显减小，胎盘与子宫壁发生错位剥离，胎盘剥离面出血形成积血。子宫继续收缩，使胎盘完全剥离而娩出。胎盘剥离征象有：①宫体变硬呈球形，胎盘剥离后降至子宫下段，下段被动扩张，宫体呈狭长形被推向上方，宫底升高达脐上；②阴道口外露的一段脐带自行延长；③阴道少量流血；④接产者用手掌尺侧在产妇耻骨联合上方轻压子宫下段，宫体上升而外露的脐带不再回缩。胎盘剥离后从阴道排出体外。

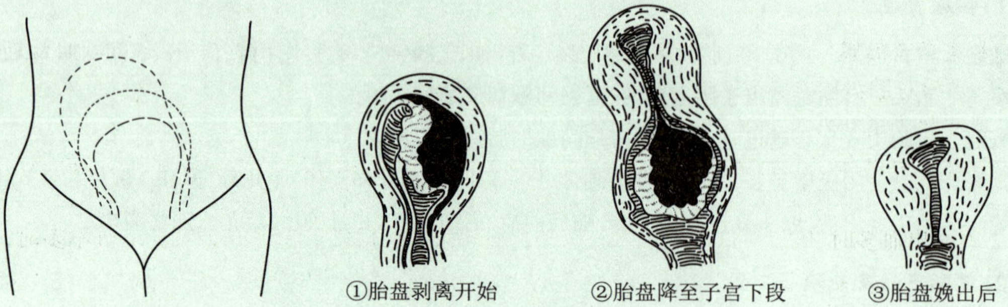

胎盘剥离时子宫的形状

记忆：胎盘剥离的征象记忆为——子宫缩成球，脐带不回缩，阴道血少流，医生摸摸手。

(2)新生儿处理

①清理呼吸道　用吸球吸去气道黏液及羊水，当确定气道通畅仍未啼哭时，可用手轻拍新生儿足底，待新生儿啼哭后，即可处理脐带。

②新生儿阿普加(Apgar)评分　是判断新生儿窒息及严重程度的常用方法，由以下 5 项体征组成，每项体征赋值 0 分、1 分或 2 分，然后将 5 项分值相加，即为 Apgar 评分的分值。满分为 10 分，8~10 分为正常新生儿，4~7 分为轻度窒息，0~3 分为重度窒息。

体征	0 分	1 分	2 分
每分钟心率	0	<100 次	≥100 次
呼吸	0	浅慢，不规则	佳，哭声响亮
肌张力	松弛	四肢稍屈曲	四肢屈曲，活动好
喉反射	无反射	有些动作	咳嗽，恶心
皮肤颜色	全身苍白	躯体红润，四肢青紫	全身粉红

出生后 1 分钟、5 分钟进行评分。1 分钟评分可评估出生时状况，反映宫内的情况。5 分钟评分则反映复苏效果，与近期和远期预后关系密切。我国新生儿窒息标准为：A.5 分钟 Apgar 评分≤7 分，仍未建立有效呼吸；B.脐动脉血气 pH<7.15；C.排除其他引起低 Apgar 评分的病因；D.产前具有可能导致窒息的高危因素。其中，ABC 为必要条件，D 为参考指标。

③脐动脉血气 pH　代表新生儿在产程中血气变化的结局，提示有无缺氧、酸中毒及其严重程度，反映窒息的病理生理本质，较 Apgar 评分更为客观，更具有特异性。

④处理脐带　剪断脐带后在距脐根上方 0.5cm 处用丝线、弹性橡皮圈或脐带夹结扎，残端消毒包扎。

(3)协助胎盘娩出　当胎盘完全剥离后，于宫缩时以左手握住宫底并按压，右手轻拉脐带，协助娩出胎盘。胎盘完全排出后，按摩子宫刺激其收缩以减少出血。

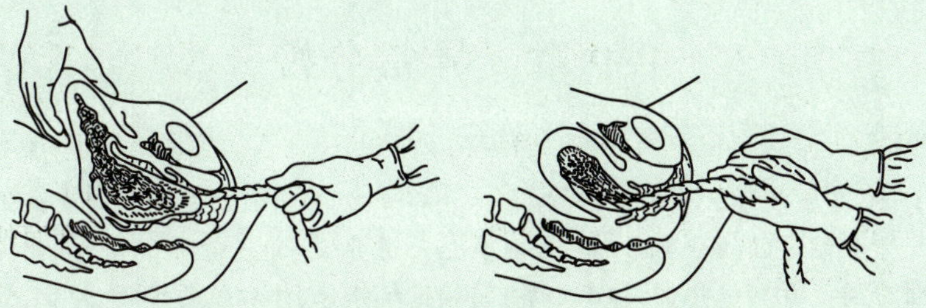

协助胎盘和胎膜娩出

(4)检查胎盘胎膜　将胎盘铺平，先检查胎盘母体面胎盘小叶有无缺损，然后将胎盘提起，检查胎膜是否完整，再检查胎盘胎儿面边缘有无血管断裂，及时发现副胎盘。

(5)检查软产道　若有裂伤，应立即缝合。

(6)预防产后出血　正常分娩出血量不超过300ml。预防产后出血可在胎儿前肩娩出时静脉注射缩宫素10~20U，也可在胎儿前肩娩出后立即肌内注射缩宫素10U，均能使胎盘迅速剥离减少出血。若胎盘未完全剥离而出血多时，应行手取胎盘术。若第三产程超过30分钟，胎盘仍未排出且出血不多时，应排空膀胱、轻压子宫、静脉注射子宫收缩剂；仍不能使胎盘排出时，应行手取胎盘术。若胎盘娩出后出血较多，可经下腹部直接在宫体肌壁内或肌内注射麦角新碱0.2~0.4mg。

注意：①缩宫素在胎儿前肩娩出时静脉注射，在前肩娩出后肌内注射；②麦角新碱于胎盘娩出后使用。

(7)观察产后一般情况　胎盘娩出2小时内是产后出血的高危期，有时被称为第四产程，应严密观察。产后2小时无异常，可将产妇和新生儿送回病房。

【例16】新生儿娩出后首先应
A. 断脐　B. 擦洗新生儿面部　C. 清理呼吸道
D. 刺激新生儿足部　E. 抓紧娩出胎盘及胎膜

【例17】新生儿出生后1分钟的Apgar评分及其意义，错误的是
A. 满分为10分，属正常新生儿　B. 7分以上只需进行一般处理
C. 4分以下缺氧严重，应紧急抢救　D. 应于出生5分钟内再次评分
E. 评分根据呼吸、心率及皮肤颜色

【例18】经阴道分娩时，为预防产后出血，静脉注射麦角新碱应在
A. 胎头拨露阴唇后联合紧张时　B. 胎头已着冠时　C. 胎头娩出时
D. 胎肩娩出时　E. 胎盘娩出时

【例19】初产妇，29岁。胎儿娩出30分钟后，出现阴道流血200ml，用手在产妇耻骨联合上方轻压子宫下段时，外露脐带回缩，此时正确的处理措施是
A. 等待胎盘剥离　B. 按压宫底，牵拉脐带　C. 立即输血
D. 徒手剥离胎盘　E. 子宫体注射麦角新碱

▶▶常考点　重点内容，需全面掌握。

参考答案——详细解答见2021《贺银成国家临床执业及助理医师资格考试历年考点精析》

1. ABCDE　2. ABCDE　3. ABCDE　4. ABCDE　5. ABCDE　6. ABCDE　7. ABCDE
8. ABCDE　9. ABCDE　10. ABCDE　11. ABCDE　12. ABCDE　13. ABCDE　14. ABCDE
15. ABCDE　16. ABCDE　17. ABCDE　18. ABCDE　19. ABCDE

第 9 章　异常分娩

▶▶考纲要求

①产力异常：分类，子宫收缩乏力的原因、临床特点和诊断，子宫收缩乏力对母儿的影响，子宫收缩乏力的预防与处理，子宫收缩过强的分类、诊断、处理。②产道异常：骨产道异常分类、诊断、对母儿的影响及处理，软产道异常分类。③胎位异常：临床分类，持续性枕横位、枕后位的诊断、处理，臀先露的分类、诊断、处理。

▶▶复习要点

异常分娩也称难产，其影响因素包括产力、产道、胎儿及社会心理因素。

一、产力异常

1. 分类

子宫收缩力是临产后贯穿于分娩全过程的主要动力，具有节律性、对称性、极性、缩复作用的特点。任何原因引发的子宫收缩的节律性、对称性及极性不正常或收缩力的强度、频率变化，均称为子宫收缩力异常，简称产力异常。临床上子宫收缩力异常主要有两类：子宫收缩乏力（简称宫缩乏力）和子宫收缩过强（简称宫缩过强），每类又分为协调性子宫收缩异常和不协调性子宫收缩异常。

- 子宫收缩力异常
  - 子宫收缩乏力
    - 协调性（低张性）
      - 原发性
      - 继发性
    - 不协调性（高张性）
  - 子宫收缩过强
    - 协调性
      - 急产（无阻力时）
      - 病理缩复环（有阻力时）
    - 不协调性
      - 子宫痉挛性狭窄环（局部子宫肌收缩）
      - 强直性子宫收缩（全部子宫肌收缩）

2. 子宫收缩乏力

(1)原因

子宫肌源性因素	任何影响子宫肌纤维正常收缩功能的因素，均可导致宫缩乏力，如子宫肌纤维过度伸展（羊水过多、巨大胎儿、多胎妊娠）、子宫畸形、子宫肌瘤、经产妇、高龄产妇
头盆不称或胎位异常	由于胎头下降受阻，先露部不能紧贴子宫下段及宫颈内口，不能刺激子宫收缩
内分泌失调	产妇体内乙酰胆碱、宫缩素、前列腺素合成减少，子宫对缩宫物质的敏感性降低
精神源性因素	产妇对分娩有恐惧、紧张等精神心理障碍
其他因素	在产程早期大量使用宫缩抑制剂、解痉镇静剂，可直接抑制子宫收缩

(2)临床表现及诊断

①协调性宫缩乏力　又称低张力性子宫收缩乏力。特点是子宫收缩的节律性、对称性、极性均正常，仅收缩力弱，宫缩<2 次/10 分钟，持续时间短，间歇期较长。根据宫缩乏力的发生时间分为以下两类：

A.原发性宫缩乏力　少见，是指产程早期出现的宫缩乏力。

B.继发性宫缩乏力　多见，是指产程早期宫缩正常，在进展到第一产程活跃期后期或第二产程后宫缩强度减弱，使产程延长或停滞，多伴胎位异常或中骨盆狭窄。

②不协调性宫缩乏力　又称高张力性子宫收缩乏力。特点是宫缩失去正常的节律性、对称性，尤其

是极性，胎先露不能如期下降，为无效宫缩。

	协调性宫缩乏力	不协调性宫缩乏力
别称	低张力性子宫收缩乏力	高张力性子宫收缩乏力
发生率	约占分娩总数的4%	约占分娩总数的1%
类型	多属于继发性宫缩乏力	多属于原发性宫缩乏力
发生时间	多发生于第一产程活跃期后期	多发生于潜伏期（需与假临产鉴别）
发病情况	中骨盆与骨盆出口狭窄、胎先露下降受阻	头盆不称、胎位异常
子宫收缩	具有正常的节律性、对称性、极性，而收缩力弱 兴奋点起自两侧子宫角部 子宫收缩波由上向下扩散	无规律性、节律性、极性，尤其无极性 兴奋点起自子宫下段 子宫收缩波由下向上扩散
宫缩时间	持续时间短，间歇期长且不规律，宫缩<2次/10分钟	收缩波小而不规律，频率高，节律不协调
宫缩特点	宫缩高峰时，宫体隆起不明显 指压宫底仍可出现凹陷	宫缩时宫底不强子宫下段强 间歇期子宫壁也不能完全松弛
宫腔内压	宫缩时宫腔内压力常<15mmHg，致使宫颈不能如期扩张、胎先露不能如期下降，导致产程延长，甚至停滞	尽管宫缩时宫腔内压力常≥20mmHg，但由于宫缩无极性，故胎先露不能下降，宫口不能扩张，属于无效宫缩
临床特点	孕妇无下腹剧痛 宫缩间歇期子宫肌松弛	孕妇自觉下腹持续疼痛，拒按，烦躁不安 宫缩间歇期子宫肌张力仍高
胎儿窘迫	出现晚	出现早
镇静剂	效果不明显	效果明显
缩宫素	效果良好	不佳（宫缩未恢复时禁用）

注意：①继发性宫缩乏力指产程开始宫缩正常，但在产程晚期（多为活跃期或第二产程）宫缩转弱。
②原发性宫缩乏力指产程一开始就出现宫缩乏力，宫口不能扩张，胎先露不能如期下降。

③产程曲线异常　产程图是产程监护和识别难产的重要手段，产程进展的标志是宫口扩张和胎先露部下降。宫缩乏力导致的产程曲线异常如下。教材不同，内容迥异，下表为9版《妇产科》P180内容。

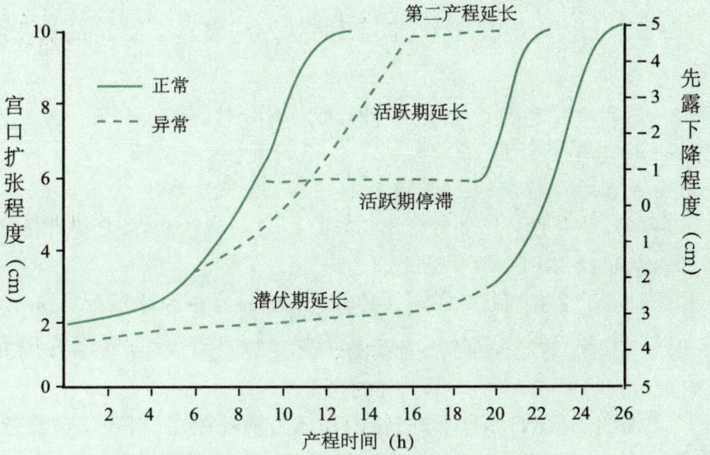

异常的宫颈扩张曲线

异常产程类型	临床意义
潜伏期延长	从临产规律宫缩开始至活跃期起点(宫口扩张 4~6cm),称为潜伏期 初产妇>20 小时、经产妇>14 小时,称为潜伏期延长
活跃期延长	从活跃期起点至宫口开全 10cm 称活跃期。活跃期宫口扩张速度<0.5cm/h 称活跃期延长
活跃期停滞	当破膜且宫颈口扩张≥6cm,若宫缩正常,宫颈口停止扩张≥4 小时;若宫缩欠佳,宫颈口停止扩张≥6 小时,称为活跃期停滞
第二产程延长	从宫口开全至胎儿娩出称为第二产程。初产妇>3 小时,经产妇>2 小时(硬膜外麻醉镇痛分娩时,初产妇>4 小时,经产妇>3 小时),产程无进展,称为第二产程延长
胎头下降延缓	第二产程初产妇胎头先露下降速度<1cm/h,经产妇<2cm/h,称为胎头下降延缓
胎头下降停滞	第二产程胎头先露停留在原处不下降>1 小时,称为胎头下降停滞
滞产	总产程指开始出现规律宫缩至胎儿胎盘娩出。总产程>24 小时,称为滞产

注意:①9 版《妇产科学》P180:潜伏期是指临产规律宫缩至宫口开大 4~6cm,8 版《妇产科学》为 3cm。
②9 版《妇产科学》P180 内容与原教材相比,改动很大,做历年真题时请注意这些概念的变化。

【例 1】初产妇,26 岁。宫口开全 1 小时 40 分,先露+1,枕右后位,宫缩由强转弱 50 分钟,宫缩间隔由 2 分钟延长为 6~8 分钟。最可能的原因是

A. 骨盆出口狭窄　B. 骨盆入口狭窄　C. 产妇乏力、肠胀气
D. 原发性子宫收缩乏力　E. 中骨盆狭窄

【例 2】初孕妇,26 岁。妊娠 38 周,规律宫缩 8 小时,宫口开大 6cm,S+1,胎膜已破,胎儿体重估计 3000g,血压 130/80mmHg,胎心率 144 次/分。2 小时后肛查:宫口仍 6cm,边薄,先露 S+1,宫缩力弱,20 秒/5~6 分钟,胎心好。应诊断为

A. 潜伏期延长　B. 活跃期延长　C. 活跃期停滞
D. 第二产程延长　E. 滞产

A. 活跃期停滞　B. 活跃期延长　C. 潜伏期延长
D. 第二产程延长　E. 正常产程

【例 3】初产妇,25 岁。妊娠 39 周,临产 10 小时,宫缩正常,羊水清亮,宫口开大 6cm,头先露,S=+1,4 小时后宫口仍是 6cm。最可能的诊断是

【例 4】初产妇,26 岁。妊娠 38 周,临产 22 小时,胎心 136 次/分,宫口开大 2cm,枕先露,S=2。最可能的诊断是

记忆:①正常规律宫缩——开始时宫缩持续 30 秒,间歇 5~6 分钟,强度较弱。
②随着产程进展——宫缩持续 50~60 秒,间歇 2~3 分钟,强度增强。
③当宫口开全时——宫缩持续≥1 分钟,间歇 1~2 分钟,强度更强。
④正常胎心音 110~160 次/分钟。正常胎动计数≥10 次/2 小时,<10 次/2 小时提示胎儿宫内缺氧。
⑤妊娠足月儿胎头双顶径(BPD)约 9.3cm。
⑥B 超测定羊水最大暗区垂直深度(AFV,羊水池)≥8cm 为羊水过多,≤3cm 为羊水过少。
⑦人工破膜的指征——宫口扩张≥3cm、无头盆不称、胎头已衔接。这些数据解题时经常用到。

(3)对母儿的影响

①对产妇的影响　产程延长,产妇休息不好,精力和体力消耗较多,出现精神疲惫、乏力、排尿困难及肠胀气。最终影响子宫收缩,手术产率增加。第二产程延长,可因产道受压过久,发生产后尿潴留,受压组织长期缺血,可发生软产道受损,形成生殖道瘘。同时,易导致产后出血和产褥感染。

②对胎儿的影响　不协调宫缩乏力时，子宫收缩间歇期子宫壁不能完全松弛，易发生胎儿窘迫；产程延长使胎头和脐带受压过久，手术助产机会增加，易导致新生儿窒息、产伤、颅内出血、吸入性肺炎等。

(4)预防

①应对孕妇进行产前教育。

②进入产程后，消除产妇思想顾虑和恐惧心理，增强其对分娩的信心，开展陪伴分娩。

③分娩前鼓励多进食，必要时静脉补充营养。

④避免过多使用镇静剂。

⑤注意检查有无头盆不称等。

(5)处理

①协调性宫缩乏力　首先应明确病因。若发现有头盆不称或胎位异常，应及时行剖宫产。若无头盆不称和胎位异常，估计能经阴道分娩者，则应加强宫缩。

A.第一产程　在消除精神紧张、补充营养、排便、及时导尿的基础上，通过以下方法加强子宫收缩：

	原理	适应证	备注
人工破膜	破膜后胎头直接紧贴子宫下段及宫颈内口，反射性引起子宫收缩，加速产程进展	宫口扩张≥3cm、无头盆不称胎头已衔接而产程延缓者	破膜前应检查有无脐带先露 破膜应在宫缩间歇期进行 破膜后宫缩无改善再用缩宫素
静脉滴注缩宫素	缩宫素可促进子宫收缩 加快产程进展	协调性宫缩乏力、胎心良好、胎位正常、头盆相称、宫口≥3cm	有明显产道梗阻、瘢痕子宫者不宜应用缩宫素
静推地西泮	地西泮能使宫颈平滑肌松弛，软化宫颈，促进宫口扩张	宫口扩张缓慢、宫颈水肿时	与缩宫素联合应用效果更佳

加强宫缩前需要评估宫缩情况。同时行阴道检查，了解宫颈口的扩张情况、长度、软硬程度、位置及先露部的位置。临床上常用Bishop评分法了解宫颈成熟度，判断引产和加强宫缩的成功率。该评分法满分为13分，≤3分多失败，4~6分成功率为50%，7~9分的成功率为80%，≥10分均成功。

指标	0分	1分	2分	3分
宫口开大(cm)	0	1~2	3~4	≥5
宫颈管消退(%)(未消退为3cm)	0~30	40~50	60~70	≥80
先露位置(坐骨棘水平S=0)	-3	-2	-1~0	+1~+2
宫颈硬度	硬	中	软	—
宫口位置	后	中	前	—

经上述处理，试产2~4小时产程仍无进展或出现胎儿窘迫征象时，应及时行剖宫产术。

B.第二产程　宫缩乏力若无头盆不称，应静脉滴注缩宫素加强宫缩；若母儿状况良好，胎头≥+3，可等待自然分娩或行阴道助产分娩；若处理后胎头下降无进展或伴胎儿窘迫，胎头≤+2，应及时行剖宫产。

C.第三产程　胎肩娩出后可立即将缩宫素10~20U加入25%葡萄糖液20ml内静脉推注，以预防产后出血。对产程长、破膜时间久、手术产者，应给予抗生素预防感染。

【例5】协调性子宫收缩乏力行人工破膜适用的临床情况是

A. 臀先露，宫口开大2cm　B. 胎头高直后位，宫口开大2cm　C. 足先露，宫口开大4cm

D. 肩先露，宫口开大3cm　E. 枕先露，S=0，宫口开大4cm

【例6】Bishop宫颈成熟度评分，得2分的是

A. 宫口开大4cm　B. 先露位置-2　C. 宫颈管消退80%

D. 宫口位置后方　　　　　　　E. 宫颈中等硬度

②不协调宫缩乏力　处理原则是调节子宫不协调性收缩,使其恢复正常节律性和极性。

A.镇静剂　可给予哌替啶或吗啡肌内注射,使产妇充分休息,醒后不协调性宫缩多能恢复为协调性宫缩。若不协调性宫缩已被纠正,但宫缩仍较弱,按协调性宫缩乏力处理。

B.剖宫产　应用镇静剂后宫缩仍不协调或出现胎儿窘迫、伴头盆不称、胎位异常,应行剖宫产。

C.缩宫素　在不协调性宫缩恢复为协调性宫缩之前,严禁使用缩宫素。

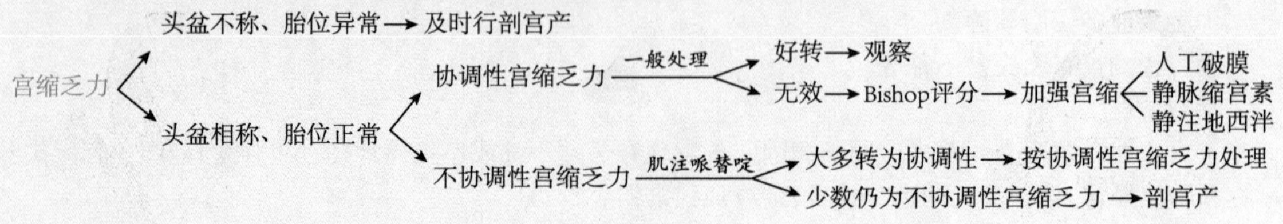

宫缩乏力的处理原则

(7~9题共用题干)25岁,初产妇。妊娠39周,阵发性腹痛20小时,10~12分钟宫缩1次,持续30秒,宫口开大3cm。

【例7】出现上述临床表现的原因是

A. 子宫收缩对称性异常　　B. 子宫收缩节律性异常　　C. 子宫收缩极性异常

D. 子宫收缩缩复作用异常　　E. 腹肌和膈肌收缩力异常

【例8】此时的处理原则应是

A. 肌内注射缩宫素　　B. 静脉滴注麦角新碱　　C. 肌内注射哌替啶

D. 人工破膜　　E. 立即行剖宫产术

【例9】若进入第二产程后,胎头+3,胎心率90次/分,此时的处理应是

A. 立即行剖宫产术　　B. 等待自然分娩　　C. 行产钳术助娩

D. 静脉滴注缩宫素　　E. 静脉注射地西泮

注意:①缩宫素用于催产只能静脉滴注,不能肌内注射,肌内注射只能用于产后止血。

②麦角新碱可选择性兴奋子宫平滑肌,但剂量稍大即可引起包括子宫体和子宫颈在内的子宫平滑肌强直收缩,妊娠后期子宫对其敏感性增强,因此不能用于催产和引产,只能用于产后子宫出血。

【例10】不协调性子宫收缩乏力的正确处理应是

A. 针刺合谷、三阴交穴位　　B. 温肥皂水灌肠　　C. 肌内注射哌替啶

D. 人工破膜　　E. 静脉滴注缩宫素

3. 子宫收缩过强

(1)分类　子宫收缩过强分协调性宫缩过强和不协调性宫缩过强。

①协调性子宫收缩过强　又分为产道无阻力时的急产、产道有阻力时的病理缩复环。

②不协调性子宫收缩过强　又分为强直性子宫收缩、子宫痉挛性狭窄环。

(2)诊断

①协调性子宫收缩过强

A.急产　宫缩节律性、对称性、极性均正常,仅宫缩过强、过频(宫缩≥5次/10分钟)。产道无阻力,宫口迅速开全,宫口扩张速度≥5cm/h(初产妇)或≥10cm/h(经产妇),总产程<3小时,以经产妇多见。

B.病理缩复环　若存在产道梗阻(头盆不称、胎位异常)、瘢痕子宫,当子宫收缩过强时,子宫体部肌肉增厚变短,子宫下段肌肉变薄拉长,在两者之间形成环状凹陷,称为病理缩复环,为子宫破裂的先兆。

②不协调性子宫收缩过强

A.强直性子宫收缩　其特点是子宫收缩失去节律性,宫缩无间歇,呈持续性强直性收缩,常见于缩宫

剂使用不当。主要表现为产妇持续性腹痛，烦躁不安，腹部拒按，胎位触不清，胎心听不清。若合并产道梗阻，也可出现病理缩复环、肉眼血尿等先兆子宫破裂征象。

B.子宫痉挛性狭窄环　子宫局部平滑肌持续不放松，痉挛性不协调性收缩形成的环状狭窄。多因精神紧张、过度疲劳、不适当使用缩宫剂、粗暴阴道内操作所致。狭窄环多位于胎体狭窄部、子宫上下段交界处，与病理缩复环不同，此环不随宫缩上升。表现为产妇持续性腹痛，烦躁不安，胎心时快时慢，宫颈扩张缓慢，胎先露部下降停滞，手取胎盘时可在宫颈内口上方直接触到此环。第三产程常造成胎盘嵌顿。

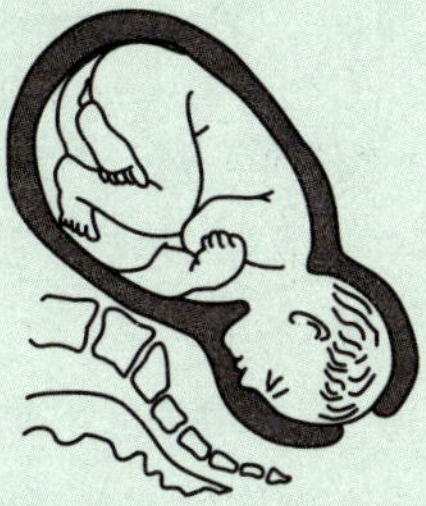
痉挛性狭窄环围绕胎颈

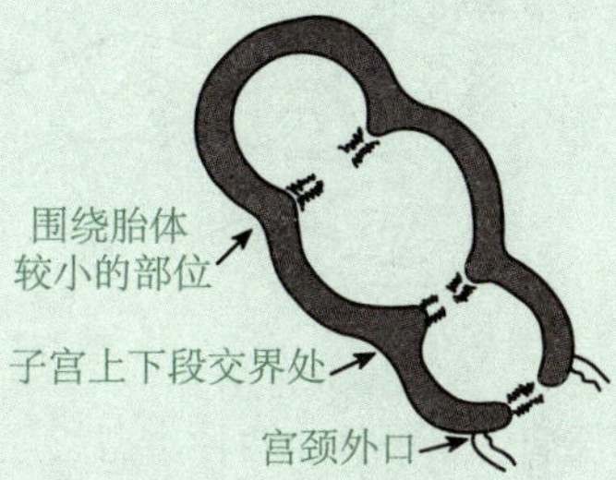

痉挛性狭窄环好发部位

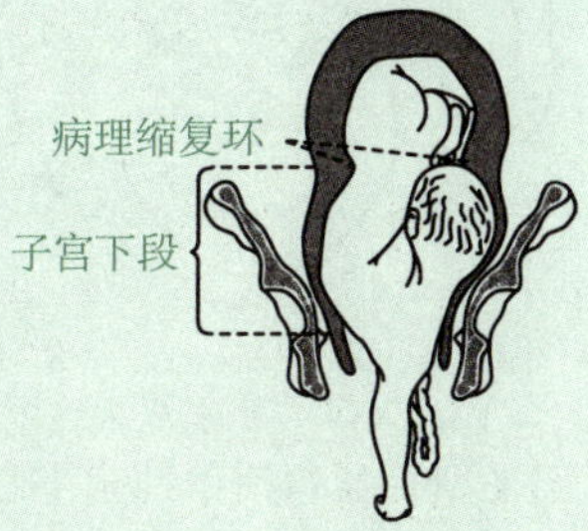

病理缩复环

(3)处理

①协调性子宫收缩过强　预防为主，寻找原因。有急产史的孕妇，应提前住院待产。临产后慎用缩宫剂及各种加强宫缩的处理方法，如灌肠、人工破膜等。提前做好接产及抢救新生儿窒息的准备。

②不协调性子宫收缩过强　发生强直性子宫收缩或子宫痉挛性狭窄环时，应停止阴道内操作，及时给予宫缩抑制剂，如特布他林或硫酸镁，必要时使用哌替啶。若宫缩恢复正常，则等待自然分娩或阴道助产；若宫缩不缓解，已出现病理缩复环而宫口未开全，胎头位置较高，或出现胎儿窘迫，应立即行剖宫产；若胎死宫内，宫口已开全，使用药物缓解宫缩，随后以不损害母体为原则，阴道助产处理死胎。

【例11】初孕妇，32岁。妊娠39周，规律宫缩8小时，随后持续腹痛，拒按，无间歇期，胎心音不清，宫口开大5cm，胎头S-1，后囟位于1点处。该患者最可能的诊断是

A. 协调性宫缩乏力　　B. 强直性子宫收缩　　C. 先兆子宫破裂
D. 持续性枕后位　　E. 宫颈扩张活跃期停滞

二、产道异常

产道异常包括骨产道异常和软产道异常，临床上以骨产道异常多见，产道异常可使胎儿娩出受阻。

1. 骨产道异常

骨盆径线过短或形态异常，致使骨盆腔小于胎先露部可通过的限度，阻碍胎先露部下降，影响产程顺利进展，称为狭窄骨盆。狭窄骨盆是以径线长短衡量的。

(1)分类

①骨盆入口平面狭窄　常见于扁平型骨盆，主要为骨盆入口平面前后径狭窄。诊断骨盆入口平面狭窄的最重要指标为对角径<11.5cm、骨盆入口前后径<10cm。其狭窄程度分为以下3级。

	Ⅰ级	Ⅱ级	Ⅲ级
别称	临界性狭窄	相对性狭窄	绝对性狭窄
对角径	11.5cm	10.0~11.0cm	≤9.5cm
骨盆入口前后径	10cm	8.5~9.5cm	≤8cm
骶耻外径	18cm	16.5~17.5cm	≤16cm
分娩方式	绝大多数可经阴道分娩	可试产后决定是否经阴道分娩	需剖宫产分娩

注意：①对角径——骶骨岬上缘中点到耻骨联合下缘的距离，正常值为 12.5~13cm。
②骨盆入口前后径（真结合径）= 对角径-（1.5~2cm），正常值为 11cm。
③骶耻外径为第 5 腰椎棘突下米氏菱形窝上角至耻骨联合上缘中点的距离，正常值为 18~20cm。
④9 版《妇产科学》P185：判断骨盆入口平面狭窄的指标是对角径，但试题中常用指标为骶耻外径。

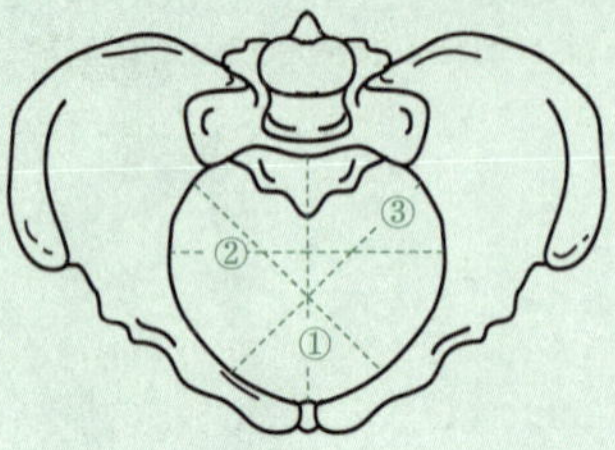

①前后径11cm；②横径13cm；③斜径12.75cm

骨盆入口平面的4条径线

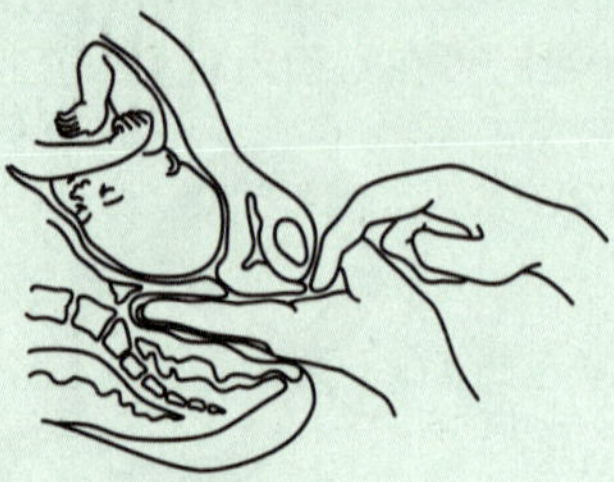

测量对角径

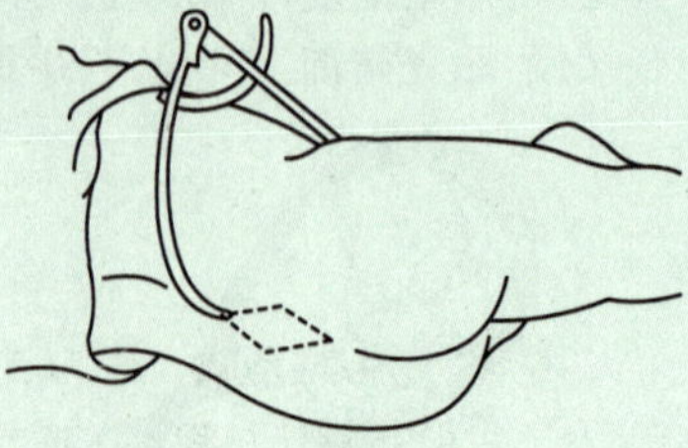

测量骶耻外径

扁平型骨盆包括单纯扁平骨盆、佝偻病性扁平骨盆两种类型。

②中骨盆平面狭窄　较骨盆入口平面狭窄更为常见，主要见于男型骨盆及类人猿型骨盆，以坐骨棘间径及中骨盆后矢状径狭窄为主，其狭窄程度分为以下 3 级。

	Ⅰ级	Ⅱ级	Ⅲ级
别称	临界性狭窄	相对性狭窄	绝对性狭窄
坐骨棘间径	10cm	8.5~9.5cm	≤8.0cm
坐骨棘间径+中骨盆后矢状径	13.5cm	12.0~13.0cm	≤11.5cm

注意：①坐骨棘间径为两坐骨棘之间的距离，正常值为 10cm，是中骨盆最短的径线。
②坐骨切迹宽度代表中骨盆后矢状径，其宽度为坐骨棘与骶骨下部间的距离，即骶棘韧带宽度。正常值为 3 横指（5.5~6cm）。“中骨盆后矢状径”与后述的“骨盆出口后矢状径”不同！

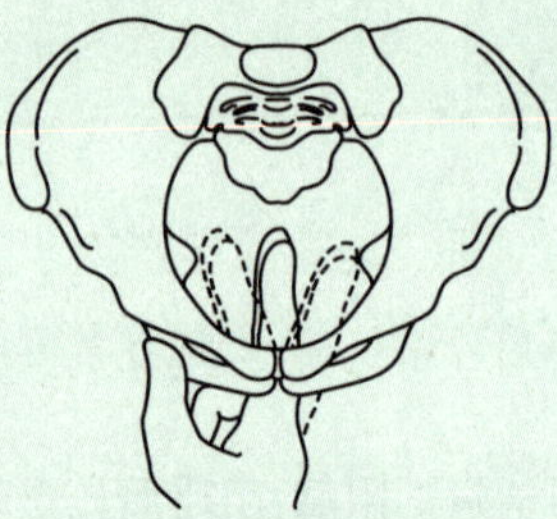

测量坐骨棘间径

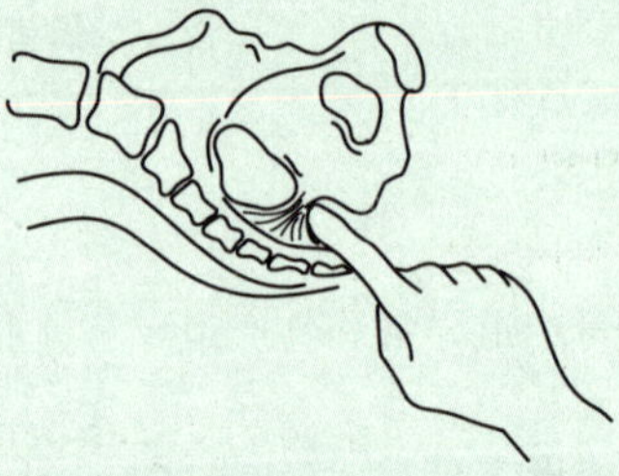

测量坐骨切迹宽度

③骨盆出口平面狭窄　常与中骨盆狭窄相伴行，主要见于男型骨盆，以坐骨结节间径和骨盆出口后矢状径狭窄为主，其狭窄程度分为以下 3 级。

	Ⅰ级	Ⅱ级	Ⅲ级
别称	临界性狭窄	相对性狭窄	绝对性狭窄
坐骨结节间径	7.5cm	6.0~7.0cm	≤5.5cm
坐骨结节间径+骨盆出口后矢状径	15.0cm	12.0~14.0cm	≤11.0cm

注意：①坐骨结节间径（出口横径）为两坐骨结节内侧缘的距离，为骨盆出口横径的长度，正常值为 8.5~9.5cm。若坐骨结节间径<8cm，应加测骨盆出口后矢状径。
②骨盆出口后矢状径为坐骨结节间径中点至骶骨尖端的长度，正常值为 8~9cm。

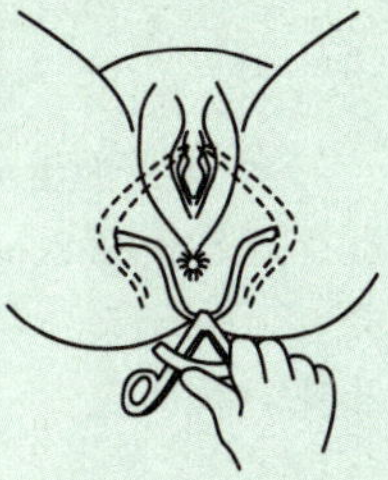

测量坐骨结节间径

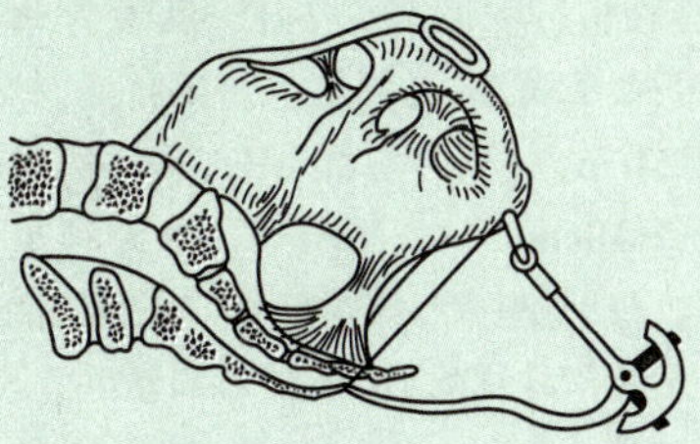

测量出口后矢状径

④中骨盆及骨盆出口平面狭窄　中骨盆及骨盆出口常同时狭窄。我国妇女常见以下两种类型。

A.漏斗骨盆　骨盆入口各径线值正常。两侧骨盆壁内收,状似漏斗得名。其特点是中骨盆及骨盆出口平面均明显狭窄,使坐骨棘间径、坐骨结节间径缩短,坐骨切迹宽度(骶棘韧带宽度)<2 横指,耻骨弓角度<90°,坐骨结节间径+出口后矢状径<15cm,常见于男性骨盆。

B.横径狭窄骨盆　与类人猿骨盆类似。骨盆各平面横径均缩短,入口平面呈纵椭圆形。常因中骨盆及骨盆出口平面横径狭窄导致难产。

⑤骨盆三个平面狭窄　骨盆外形属于女性骨盆,但骨盆三个平面各径线均比正常值小 2cm 或更多,称为均小骨盆,多见于身材矮小、体形匀称的妇女。

⑥畸形骨盆　指骨盆失去正常形态及其对称性,包括跛行、脊柱侧突所致的偏斜骨盆和骨盆骨折所致的畸形骨盆。

A.偏斜骨盆　其特征是骨盆两侧的侧斜径(一侧髂后上棘与对侧髂前上棘间径)或侧直径(同侧髂后上棘与髂前上棘间径)之差>1cm。

B.骨盆骨折　尾骨骨折使尾骨尖前翘或骶尾关节融合使骨盆出口前后径缩短,导致骨盆出口狭窄。

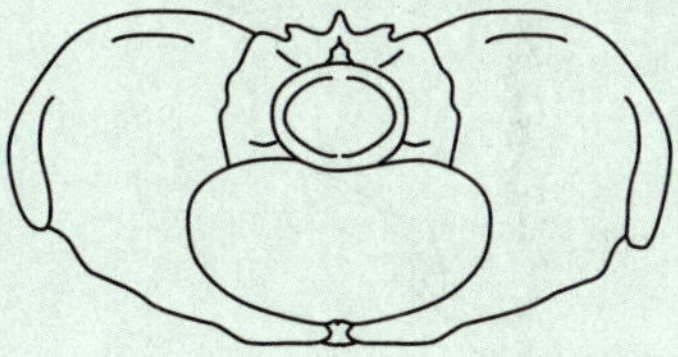

扁平骨盆
骨盆入口平面狭窄

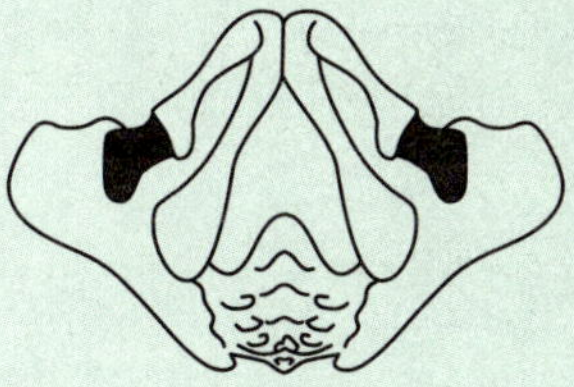

漏斗型骨盆
中骨盆+骨盆出口平面狭窄

均小骨盆
骨盆三个平面狭窄

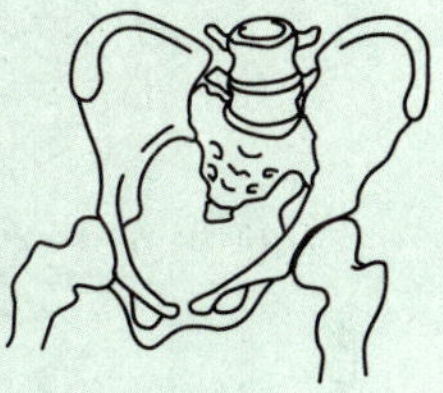

偏斜骨盆
骨盆畸形

注意:①正常值:骨盆入口前后径 11,坐骨棘间径(中骨盆横径)10,坐骨结节间径(骨盆出口横径)8.5~9.5cm。
②诊断骨盆入口狭窄的标准是骨盆入口前后径<10cm、骶耻外径<18cm、对角径<11.5cm。
③诊断中骨盆狭窄的标准是坐骨棘间径<10cm、坐骨棘间径+中骨盆后矢状径<13.5cm。
④诊断骨盆出口狭窄的标准是坐骨结节间径<7.5cm、坐骨结节间径+出口后矢状径<15cm。

【例 12】下列属于剖宫产绝对指征的是
A. 骶耻外径 15.5cm　　B. 枕后位　　C. 持续性枕后位
D. 部分性前置胎盘　　E. 完全臀先露

【例 13】初产妇,25 岁。妊娠 41 周,宫缩规律,枕左前位,胎心率 144 次/分,宫口开大 3cm,胎头未衔接。最可能符合本产妇实际情况的骨盆测量数值是
A. 对角径 13cm　　B. 髂棘间径 25cm　　C. 坐骨棘间径 10cm
D. 髂嵴间径 27cm　　E. 骶耻外径 17cm

【例 14】与中骨盆狭窄无关的是
A. 坐骨切迹宽度　　B. 骶尾关节活动度　　C. 坐骨棘间径

D. 骨盆侧壁倾斜度　　E. 骶骨弯曲度

【例 15】属于骨盆狭窄的径线是

A. 髂棘间径 24cm　　B. 骶耻外径 19cm　　C. 骨盆入口前后径 10cm

D. 坐骨棘间径 10cm　　E. 坐骨结节间径 7.5cm,出口后矢状径 8cm

【例 16】26 岁,初产妇。妊娠 39 周,规律宫缩 3 小时,胎心率 136 次/分。为估计头盆关系,检查头盆相称程度,结果如右图所示。这一结果不会出现的项目是

A. 子宫收缩过强　　B. 髂嵴间径 27cm

C. 骶耻外径 17cm　　D. 胎位异常

E. 第二产程延长

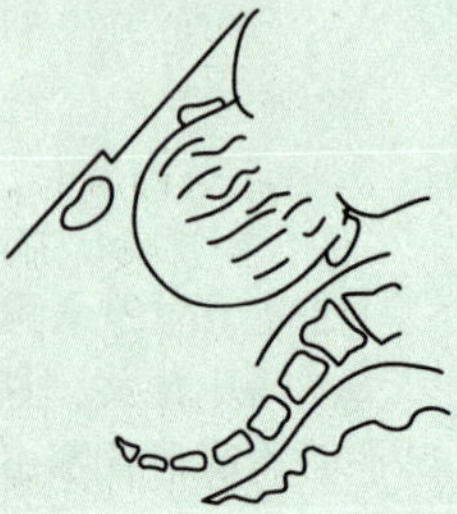

(2)诊断

①一般检查　观察腹部形态,初产妇呈尖腹者,提示可能为骨盆入口平面狭窄。四步法了解胎先露、胎方位及胎先露是否衔接。也可借助 B 超检查协助诊断。

②估计头盆关系　正常情况下,初产妇在预产期前 1~2 周,经产妇于临产后胎头应入盆。若已临产胎头仍未入盆,则应估计头盆关系。检查者一手放在耻骨联合上方,另一手将胎头向盆腔方向推压。

头盆关系	临床表现	临床意义
胎头跨耻征阴性	胎头低于耻骨联合平面	胎头已衔接入盆,头盆相称
胎头跨耻征可疑	胎头与耻骨联合在同一平面	可疑头盆不称
胎头跨耻征阳性	胎头高于耻骨联合平面	头盆不称,胎头不能入盆

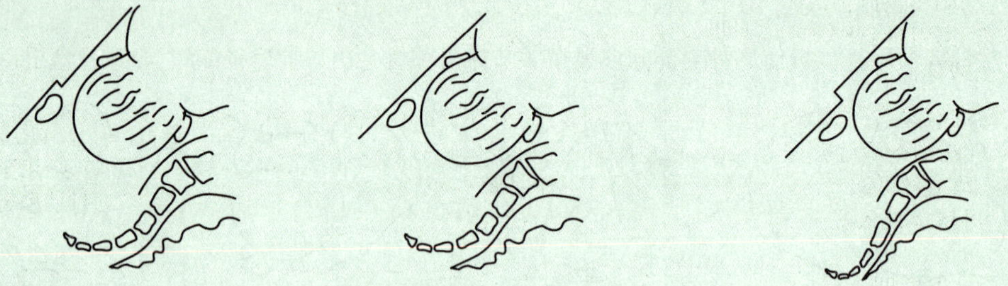

跨耻征阴性(头盆相称)　　跨耻征可疑阳性(头盆可能相称)　　跨耻征阳性(头盆不称)

③骨盆测量　包括骨盆内测量和骨盆外测量。

均小骨盆	骨盆各平面径线<正常值 2cm 或以上
扁平骨盆	对角径<11.5cm
漏斗骨盆	坐骨结节间径<8cm、坐骨切迹宽度<2 横指、耻骨弓角度<90°
中骨盆狭窄	坐骨棘间径<10cm
骨盆出口平面狭窄	坐骨结节间径<8cm、坐骨结节间径+出口后矢状径<15cm

④胎位及产程动态监测　初产妇临产后胎头仍未衔接或呈臀先露、肩先露等异常胎先露;胎头内旋转受阻,呈持续性枕横位、枕后位等;产力和胎位正常而产程进展缓慢,均提示狭窄骨盆可能。

【例 17】胎头跨耻征阳性的初产妇于临产后检查,不可能出现的是

A. 子宫收缩力异常　　B. 病理缩复环　　C. 胎头衔接

D. 胎膜早破　　E. 胎位异常

【例 18】初产妇,妊娠 38 周。骨盆外测量:骶耻外径 19.5cm,髂棘间径 25cm,髂嵴间径 28cm,坐骨棘间径 9cm,坐骨结节间径 7.5cm。该孕妇的骨盆应诊断为

A. 女姓骨盆　　B. 漏斗骨盆　　C. 猿人骨盆
D. 扁平骨盆　　E. 均小骨盆

(3)对母儿的影响

①对产妇的影响

A.产程延长或停滞　骨盆狭窄,胎先露下降受阻,导致继发性宫缩乏力,造成产程延长或停滞。

B.胎位异常　若为骨盆入口平面狭窄,影响胎先露部衔接,容易发生胎位异常。若为中骨盆平面狭窄,影响胎头内旋转,容易发生持续性枕横位或枕后位。

C.生殖道瘘　胎头长期间嵌顿于产道内,产道受压过久,可形成尿瘘或粪瘘。

D.子宫破裂　严重梗阻性难产伴宫缩过强,形成病理缩复环,可导致先兆子宫破裂或子宫破裂。

E.产褥感染　因胎膜早破、手术助产增加及产程异常,行阴道检查次数过多,产褥感染机会也增加。

②对胎儿的影响　骨盆入口狭窄使胎头高浮,容易发生胎膜早破、脐带脱垂,导致胎儿窘迫。产程延长,胎头受压,易发生缺氧缺血。产道狭窄,手术助产机会增多,易发生新生儿产伤及感染。

(4)处理

①骨盆入口平面狭窄、中骨盆平面狭窄、骨盆出口平面狭窄的处理

	骨盆入口平面狭窄	中骨盆平面狭窄	骨盆出口平面狭窄
骨盆测量	对角径<11.0cm 骨盆入口前后径<9.5cm	坐骨棘间径<10cm 坐骨切迹宽度<2 横指	坐骨结节间径<8cm 坐骨结节间径+出口后矢状径<15cm
临床表现	胎先露不能衔接,胎头不能入盆,胎头跨耻征阳性,胎位异常,继发性宫缩乏力,产程延长或停滞	胎头内旋转受阻,易发生持续性枕横位或枕后位,产妇活跃期或第二产程延长或停滞,继发性宫缩乏力	第一产程进展顺利 胎头达盆底受阻 第二产程停滞,继发性宫缩乏力 胎头双顶径不能通过出口横径
处理原则	绝对性狭窄者不能经阴道分娩,应在临产后行剖宫产。相对性狭窄者可试产,试产 2~4 小时胎头不能入盆,行剖宫产	若宫口开全,胎头双顶径达坐骨棘平面以下,可经阴道分娩;若双顶径未达坐骨棘水平,或出现胎儿窘迫,则行剖宫产	若坐骨结节间径+出口后矢状径<15cm,诊断为骨盆出口狭窄,不应进行试产,应行剖宫产结束分娩

②骨盆三个平面狭窄的处理　主要是均小骨盆。若胎儿不大,产力、胎位、胎心均正常,头盆相称,可以阴道试产。若胎儿较大,头盆不称,应及时行剖宫产。

③畸形骨盆的处理　若畸形严重,明显头盆不称,应尽早行剖宫产。

【例 19】初产妇,27 岁。妊娠 40 周,规律宫缩 12 小时。产科检查:胎头高浮,宫口开大 3cm,胎头枕骨靠近骶岬,胎心率 140 次/分。最恰当的处理措施是

A. 静脉滴注地诺前列酮　　B. 静脉滴注缩宫素　　C. 等待宫口开全产钳助娩
D. 等待经阴道分娩　　E. 尽早进行剖宫产术

(20~22 题共用题干)初产妇,妊娠 39 周,骨盆各径线为:对角径 13cm,坐骨棘间径 9.5cm,坐骨结节间径 7cm,耻骨弓角度 80°。

【例 20】本例骨盆的诊断是

A. 扁平骨盆　　B. 中骨盆狭窄　　C. 漏斗骨盆
D. 均小骨盆　　E. 畸形骨盆

【例 21】估计胎儿体重 3700g,其分娩方式应为

A. 等待自然分娩　　B. 试产　　C. 剖宫产
D. 产钳助产　　E. 胎头吸引

【例 22】若出口后矢状径为 8.5cm,估计能从阴道分娩的条件是

A. 持续性枕后位　　B. 估计胎儿体重 2800g　　C. 胎儿窘迫
D. 完全臀先露　　E. 以上都不是

2. 软产道异常分类

软产道由阴道、宫颈、子宫及骨盆底软组织构成。软产道异常所致的难产少见。

(1)阴道异常　包括阴道横隔、阴道纵隔、阴道包块(囊肿、肿瘤、尖锐湿疣)。

(2)宫颈异常　包括宫颈粘连和瘢痕、宫颈坚韧、宫颈水肿、宫颈癌等。

(3)子宫异常　包括子宫畸形(纵隔子宫、双子宫、双角子宫)、瘢痕子宫(包括曾经行剖宫产、穿过子宫内膜的肌瘤挖除、输卵管间质部及宫角切除、子宫成形术的孕妇)。

(4)盆腔肿瘤　包括子宫肌瘤、卵巢肿瘤等。

三、胎位异常

1. 临床分类

胎位异常包括胎头位置异常、臀先露、肩先露，是造成难产的常见原因。

2. 持续性枕后位和枕横位

在分娩过程中，胎头以枕后位或枕横位衔接，胎头双顶径抵达中骨盆平面时完成内旋转动作，大多数能向前转成枕前位，胎头得以最小径线通过骨盆最狭窄平面，顺利经阴道自然分娩。若经充分试产，胎头枕部不能转向前方，仍位于母体骨盆后方或侧方，致使分娩发生困难者，称为持续性枕后位或持续性枕横位。发生率约占分娩总数的 5%。

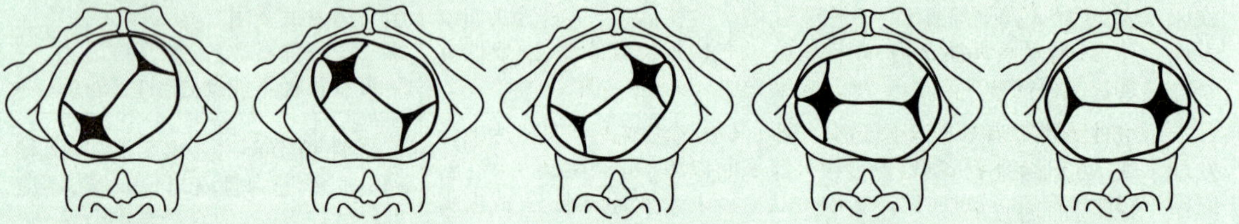

枕左前位（正常胎位）　持续性枕左后位　持续性枕右后位　枕左横位　枕右横位

(1)诊断

①临床表现　分娩发动后胎头枕后位衔接导致胎头俯屈不良及下降缓慢，胎先露部不易紧贴子宫下段及宫颈内口，易导致协调性宫缩乏力、宫颈口不能有效扩张，第二产程延长。持续性枕后位时，胎儿枕部压迫直肠，产妇自觉肛门坠胀及排便感，宫口尚未开全时就过早使用腹压，产妇体力消耗过大，宫颈前唇水肿，致使胎头下降延缓或停滞，产程延长。若在阴道口见到胎发，经过多次宫缩屏气却不见胎头继续下降，应考虑持续性枕后位的可能。

②腹部检查　前腹壁容易触及胎儿肢体，胎背偏向母体后方或侧方，胎心在胎儿肢体侧容易闻及。

③阴道检查及肛门检查　枕后位时肛查盆腔后部空虚。

若胎头矢状缝位于骨盆左斜径上，前囟在骨盆右前方，后囟在骨盆左后方，则为枕左后位。

若胎头矢状缝位于骨盆右斜径上，前囟在骨盆左前方，后囟在骨盆右后方，则为枕右后位。

若胎头矢状缝与骨盆横径一致，后囟位于骨盆左侧，则为枕左横位。

若胎头矢状缝与骨盆横径一致，后囟位于骨盆右侧，则为枕右横位。

若宫口开全，因胎头产瘤、胎头水肿、颅骨重叠时，触不清颅缝及囟门，需行阴道检查，借助胎儿耳廓、耳屏位置及方向判断胎方位。若耳廓朝向骨盆后方，则为枕后位；若耳廓朝向骨盆侧方，则为枕横位。

④B 超检查　根据胎头枕部及眼眶方位，即可明确胎头位置。

(2)处理　持续性枕后位、枕横位，在骨盆无异常、胎儿不大时，可以试产。

①第一产程

A.潜伏期 让产妇向胎儿肢体方向侧卧,以利胎头枕部转向前方。若宫缩乏力,可使用缩宫素。

B.活跃期 宫口开全之前不宜过早用力屏气。除外头盆不称后,在宫口开大 3cm 后可行人工破膜,使胎头下降,压迫宫颈,增强宫缩,推动胎头内旋转。若宫口开大>1cm/h,伴胎先露下降,多能经阴道分娩。在试产过程中,若出现胎儿窘迫、宫口开大<0.5cm/h,应行剖宫产结束分娩。

②第二产程 若第二产程进展缓慢,初产妇已近 2 小时,经产妇已近 1 小时,应行阴道检查确定胎方位。若 S≥+3(胎头双顶径已达坐骨棘平面或以下),可先行徒手将胎头枕部转向前方,使矢状缝与骨盆出口前后径一致,或自然分娩,或阴道助产。若转成枕前位困难,也可向后转至正枕后位产钳助产。若第二产程延长而胎头双顶径仍位于坐骨棘以上(S≤+2)、或伴胎儿窘迫,则需行剖宫产术。

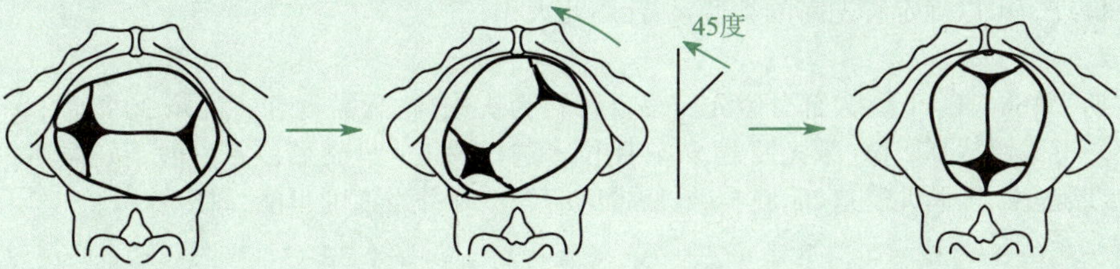

枕左横位　　　　正常情况下枕左前位的胎头内旋转

③第三产程 因产程延长,容易发生产后宫缩乏力,胎盘娩出后应立即使用宫缩剂,以防产后出血。

【例 23】女,30 岁,初产妇。妊娠 41 周,规律宫缩 10 小时,已破膜。产科检查:LOT,羊水黄绿色,胎心率 100 次/分,宫口 9cm,胎头 S=0。该患者正确的处理措施是

A. 尽快产钳助娩　　B. 尽快胎头吸引　　C. 催产素促进产程

D. 旋转胎头后自然娩出　　E. 尽快剖宫产

【例 24】初产妇,25 岁,39 周。规律宫缩 10 小时,宫口开全 2 小时,宫缩良好。阴道检查:LOT 位,S=+3,骨盆正常,胎心 150 次/分。正确的处理方式为

A. 静脉滴注缩宫素　　B. 剖宫产　　C. 立即产钳助产

D. 立即胎吸助产　　E. 徒手旋转胎头后自然分娩

3. 臀先露

臀先露是最常见的异常胎位,以骶骨为指示点,有骶左(右)前、骶左(右)横、骶左(右)后 6 种胎方位。

(1)分类 根据胎儿双下肢的姿势,臀先露可分为以下 3 类。

①单臀先露或腿直臀先露 胎儿双髋关节屈曲,双膝关节伸直,以臀部为先露。此类最常见。

②完全臀先露或混合臀先露 胎儿双髋关节及双膝关节均屈曲,犹如盘膝坐,以臀部和双足为先露。

③不完全臀先露 以一足或双足、一膝或双膝、一足一膝为先露。膝先露是暂时的,产程开始后转为足先露。

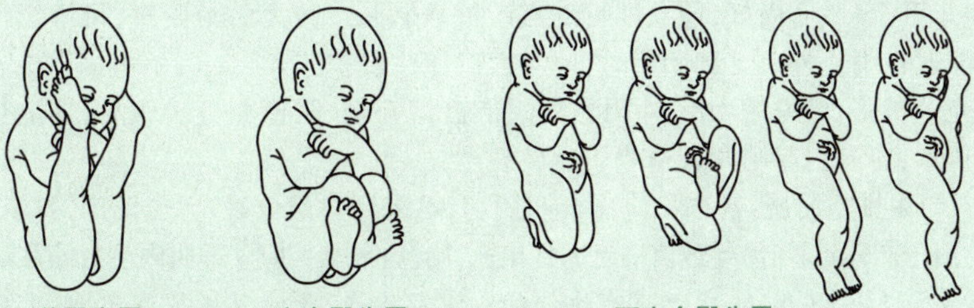

单臀先露　　完全臀先露　　不完全臀先露

【例 25】围产儿预后相对较好的臀先露是

A. 单足先露　　B. 混合臀先露　　C. 单臀先露

D. 单膝先露　　E. 双膝先露

(2)诊断

①临床表现　妊娠晚期孕妇胎动时常有季肋部胀痛感。临产后因胎足及胎臀不能紧贴子宫下段及宫颈口，常导致宫缩乏力、宫口扩张缓慢、产程延长。足先露容易发生胎膜早破、脐带脱垂。

②腹部检查　宫底部可触及圆而硬的胎头，按压时有浮球感。在腹部一侧可触及宽而平坦的胎背，对侧可触及不平坦的小肢体。若未衔接，在耻骨联合上方可触及胎臀。通常在脐左（或右）上方胎背侧胎心音听诊响亮。衔接后胎心音听诊以脐下最明显。

③阴道检查　胎膜已破、宫颈扩张 3cm 以上时，可触及胎臀包括肛门、坐骨结节、骶骨等。触及肛门、坐骨结节时应与面先露相鉴别，准确触及胎儿的骶骨对明确胎方位很重要。

④超声检查　可以确定臀先露的类型，估计胎儿大小。

(3)处理

①妊娠期　妊娠 30 周前，大部分臀先露多自行转为头先露，无需处理。妊娠 30 周后，仍为臀先露，应予以矫正。可采用胸膝卧位、激光照射、外转胎位术进行矫正。外转胎位术一般于妊娠 36~37 周后进行，但有发生胎盘早剥、胎儿窘迫、胎膜早破、脐带缠绕等严重并发症的可能，故应慎用。

注意：①血容量在妊娠 32~34 周达高峰，心力衰竭最易发生在妊娠 32~34 周。
②高危孕妇行胎儿健康状况评估的时间为妊娠 32~34 周。
③外转胎位术的时机：8 版《妇产科学》为妊娠 32~34 周时，9 版《妇产科学》P198 为妊娠 36~37 周后。

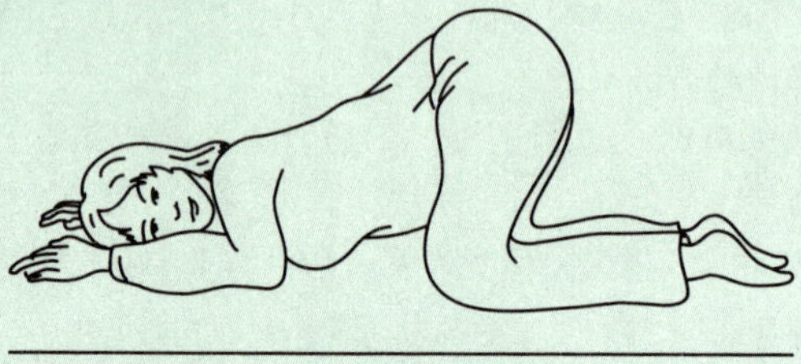

胸膝卧位

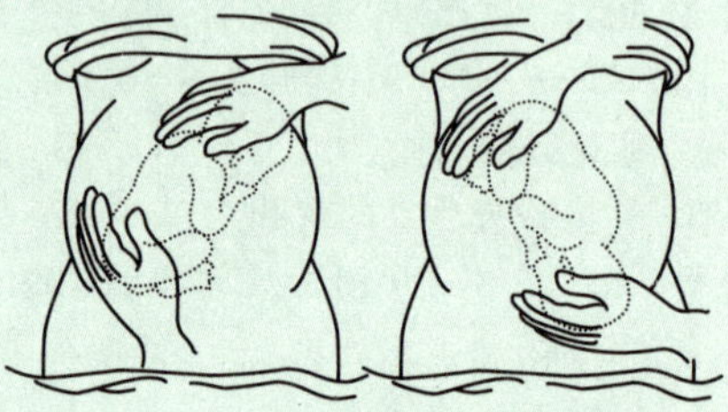

臀先露外转胎位术

②分娩期处理　应根据产妇年龄、胎产次、骨盆类型、胎儿大小等决定分娩方式。

A.择期剖宫产　指征为：骨盆狭窄、瘢痕子宫、胎儿体重>3500g、胎儿生长受限、胎儿窘迫、胎头仰伸位、有难产史、妊娠合并症、脐带先露、完全和不完全臀先露。

B.阴道分娩　适用于孕周≥36 周；单臀先露；胎儿体重 2500~3500g；无胎头仰伸；骨盆大小正常。

a.第一产程　产妇取侧卧位休息，减少站立走动。不灌肠，少做阴道检查，不用缩宫素引产，尽可能防止胎膜早破。一旦胎膜早破，应立即听胎心。若胎心异常，应行阴道检查，了解有无脐带脱垂。若发现有脐带脱垂，宫口未开全，胎心尚好，应立即行剖宫产抢救胎儿。若无脐带脱垂，可继续严密观察胎心及产程进展。当宫缩时在阴道外口见到胎足时，此时宫口往往仅扩张 4~5cm，不可误认为宫口已开全。为了使宫颈和阴道充分扩张，可采用"堵"外阴方法。待宫口开全、阴道充分扩张后，才能让胎臀娩出。不能等宫口开全时再堵，容易引起胎儿窘迫或子宫破裂。

b.第二产程　导尿排空膀胱，初产妇应作会阴侧切，可采用自然分娩、臀位助产、臀牵引等方法分娩。

c.第三产程　由于产程延长，易导致宫缩乏力性出血，胎盘娩出后，应立即肌内注射缩宫素防止产后出血。

【例 26】26 岁初孕妇，妊娠 38 周，主诉肋下有块状物。腹部检查：子宫呈纵椭圆形，胎先露部较软且不规则，胎心在脐上偏左。应诊断为

A. 枕先露　　B. 臀先露　　C. 面先露
D. 肩先露　　E. 复合先露

【例 27】女，30 岁。初产妇，身高 160cm。妊娠 39^{+1} 周，规律腹痛 2 小时。查体：足先露，胎膜未破，胎心率

138 次/分，骨盆测量正常，宫口开大 1cm，估计胎儿体重 3950g。恰当的处理措施是

A. 取胸膝卧位　　B. 行外转胎位术　　C. 尽快剖宫产
D. 观察产程进展　　E. 人工破膜

【例 28】选用外转胎位术纠正臀先露的最佳时期是

A. 妊娠 22～24 周　　B. 妊娠 26～28 周　　C. 妊娠 30～32 周
D. 妊娠 32～34 周　　E. 妊娠 34～36 周

四、异常分娩的诊治要点

1. 诊断要点

异常分娩常发生在分娩过程中，故应仔细观察产程，绘制产程图，结合病史、体格检查，综合分析才能发现异常情况，如产妇出现胎头下降受阻、宫口扩张延缓或停滞、宫缩力异常、胎膜早破、胎儿窘迫等。

2. 处理要点

重点内容，常考，参阅下图。

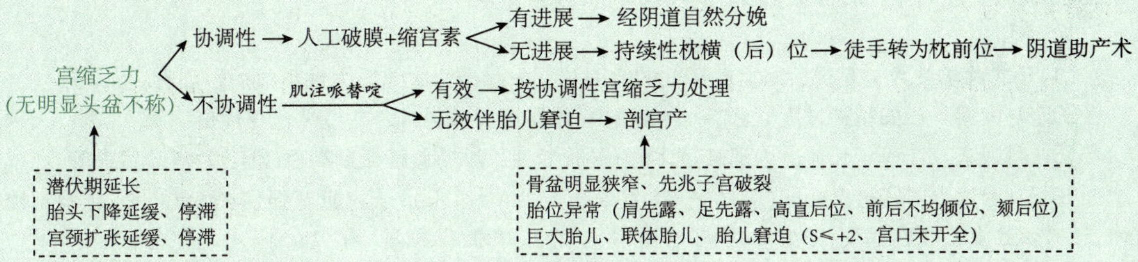

异常分娩处理示意图

（29～31 题共用题干）初孕妇，26 岁。妊娠 38 周，自觉胎动减少 10 小时入院。

【例 29】应立即采取的措施不包括

A. 胎儿电子监护　　B. 间歇吸氧　　C. 左侧卧位
D. 胎儿生物物理评分　　E. 立即终止妊娠

【例 30】入院后 B 超检查提示羊水平段 5cm，无应激试验反应型。此时正确的处理措施是

A. 人工破膜　　B. 间歇吸氧并严密观察　　C. 复查无应激试验
D. 静脉滴注缩宫素　　E. 米索前列醇引产

【例 31】5 小时后，产程发动，听诊胎心率 100 次/分。此时最恰当的处理措施是

A. 加压给氧　　B. 产钳助产　　C. 给予宫缩抑制剂
D. 继续观察　　E. 剖宫产

常考点　重点内容，应全面掌握。

参考答案——详细解答见 2021《贺银成国家临床执业及助理医师资格考试历年考点精析》

1. ABCDE　2. ABCDE　3. ABCDE　4. ABCDE　5. ABCDE　6. ABCDE　7. ABCDE
8. ABCDE　9. ABCDE　10. ABCDE　11. ABCDE　12. ABCDE　13. ABCDE　14. ABCDE
15. ABCDE　16. ABCDE　17. ABCDE　18. ABCDE　19. ABCDE　20. ABCDE　21. ABCDE
22. ABCDE　23. ABCDE　24. ABCDE　25. ABCDE　26. ABCDE　27. ABCDE　28. ABCDE
29. ABCDE　30. ABCDE　31. ABCDE

第 10 章　分娩并发症

考纲要求

①产后出血:概念,病因,诊断,处理与预防。②羊水栓塞:概念,相关因素,病因,病理生理,临床表现,诊断,处理与预防。③子宫破裂:病因,分类,临床表现,诊断与鉴别诊断,处理与预防。

复习要点

一、产后出血

1. 概念

产后出血指胎儿娩出后24小时内,阴道分娩者出血量≥500ml,剖宫产者≥1000ml。是分娩严重并发症,是我国孕产妇死亡的首要原因。其发病率为5%~10%。

2. 病因

(1)子宫收缩乏力　是产后出血最常见的原因。可引起子宫收缩乏力性出血的因素有:

①全身因素　产妇精神过度紧张、对分娩恐惧、体质虚弱、高龄、合并慢性全身性疾病等。

②产科因素　产程延长使体力消耗过多、前置胎盘、胎盘早剥、妊娠期高血压疾病、宫腔感染等。

③子宫因素　子宫过度膨胀(多胎妊娠、羊水过多、巨大胎儿);子宫肌壁损伤(剖宫产史、肌瘤剔除术后、产次过多);子宫病变(子宫肌瘤、子宫畸形、子宫肌纤维变性)等。

④药物因素　临产后过多使用镇静剂、麻醉剂、子宫收缩抑制剂等。

(2)胎盘因素

①胎盘滞留　膀胱充盈使已剥离的胎盘滞留宫腔、胎盘嵌顿、胎盘剥离不全等。

②胎盘植入　可导致严重产后出血、甚至子宫破裂。

③胎盘部分残留　可影响子宫收缩而出血。

(3)软产道损伤　阴道手术助产、巨大胎儿分娩、急产而致软产道损伤出血。

(4)凝血功能障碍　胎盘早剥、死胎、羊水栓塞、重度子痫前期等,可引起DIC导致子宫大量出血。

3. 诊断及处理

(1)临床表现　主要表现为胎儿娩出后阴道多量流血、失血性休克、严重贫血等症状。

(2)测量失血量　有4种方法:称重法、容积法、面积法、休克指数法。

(3)明确产后出血原因及处理

出血原因	临床表现及病因	治疗
子宫收缩乏力	胎盘娩出后宫底应平脐或脐下1横指,子宫收缩呈球形、质硬。宫缩乏力时宫底升高、质软、轮廓不清,阴道流血多	按摩子宫、应用宫缩剂、宫腔纱条填塞、结扎盆腔血管、切除子宫
胎盘因素	表现为胎儿娩出后数分钟出现阴道流血,色暗红。胎儿娩出10分钟内胎盘未娩出,阴道大量流血,应考虑胎盘残留、胎盘部分剥离、胎盘粘连或植入等	取出胎盘;若有胎盘植入,切忌强行剥离,以子宫切除为宜
软产道损伤	胎儿娩出立即发生阴道流血,色鲜红,应考虑软产道裂伤	彻底止血,逐层缝合裂伤
凝血功能障碍	持续阴道流血,血液不凝;全身多部位出血、身体瘀斑血小板、纤维蛋白原减少、凝血酶原时间延长	输鲜血,补充血小板、纤维蛋白原、凝血因子,处理DIC

注意:①胎儿娩出后立即出现阴道流血,色鲜红——软产道裂伤出血。
②胎儿娩出数分钟后出现阴道流血,色暗红——胎盘因素导致出血(胎盘部分剥离、胎盘残留)。
③胎盘娩出后出现阴道多量流血——宫缩乏力、胎膜残留。
④胎儿娩出后持续性阴道流血,血不凝——凝血功能障碍(DIC)。

4. 预防

(1)产前预防　加强围产保健,预防及治疗贫血,对可能发生产后出血的高危产妇进行转诊。

(2)产时预防　密切观察产程进展,防止产程延长,正确处理第二产程,积极处理第三产程。

(3)产后预防　因产后出血多发生在产后2小时内,故胎盘娩出后,应密切监测生命体征,尽早发现出血和休克。鼓励产妇排空膀胱,与新生儿早接触、早吸吮,以便能反射性引起子宫收缩,减少出血量。

【例1】产后出血是指
A. 胎儿娩出后2小时出血超过500ml　B. 胎盘娩出后出血超过500ml
C. 胎儿娩出后12小时内出血超过1000ml　D. 剖宫产1小时内出血超过1000ml
E. 胎儿娩出后24小时内出血超过500ml

【例2】产后出血最常见的原因是
A. 胎盘植入　B. 血小板减少　C. 子宫收缩乏力
D. 胎盘嵌顿　E. 胎盘粘连

【例3】胎儿娩出后4分钟,产妇出现大量阴道流血,最可能的原因是
A. 阴道静脉破裂　B. 宫颈裂伤　C. 子宫收缩乏力
D. 胎盘部分剥离　E. 凝血功能障碍

(4~6题共用题干)初产妇,32岁。宫口开全后2小时行会阴侧切低位产钳术助产。娩出一体重4000g男婴。15分钟后胎盘娩出,遂缝合侧切口。

【例4】对该产妇正确的处理是
A. 留置产房由家属陪护24小时　B. 留置产房观察1小时　C. 留置产房观察2小时
D. 留置产房观察4小时　E. 立刻送回病房由家属监护

【例5】该产妇胎盘娩出30分钟后,阴道出现多量流血。1小时后产妇出现心慌、气短、口渴,查体:P110次/分,BP90/50mmHg。面色苍白,子宫软,轮廓不清,阴道有多量血凝块。导致该产妇产后出血最可能的原因是
A. 阴道裂伤　B. 胎盘残留　C. 宫缩乏力
D. 凝血障碍　E. 子宫破裂

【例6】此时应立即采取的措施是
A. 注射缩宫药物　B. 缝合撕裂阴道　C. 手取残留胎盘
D. 缝合破裂子宫　E. 静脉注射止血药物

二、羊水栓塞

1. 概念

羊水栓塞是由于羊水进入母体血液循环,而引起的肺动脉高压、低氧血症、循环衰竭、弥散性血管内凝血、多器官功能衰竭等一系列病理生理变化的过程。发病率(1.9~7.1)/10万,死亡率19%~86%。

【例7】临床少见而产妇病死率极高的分娩期并发症是
A. 产后出血　B. 脐带脱垂　C. 子痫
D. 子宫破裂　E. 羊水栓塞

2. 相关因素

羊膜腔内压力增高、胎膜破裂、宫颈或宫体损伤处有开放的静脉或血窦，是导致羊水栓塞发生的基本条件。高龄初产妇、经产妇、宫颈裂伤、羊水过多、多胎妊娠、子宫收缩过强、急产、胎膜早破、前置胎盘、胎盘早剥、子宫破裂、剖宫产、刮宫术等，均可诱发羊水栓塞。

3. 病因

一般认为由污染羊水中的有形物质(胎儿毳毛、角化上皮、胎脂、胎粪)进入母体血液循环引起。

(1)羊膜腔内压力过高 临产后羊膜腔的压力过高，羊水被挤入破损的微血管而进入母体血液循环。

(2)血窦开放 分娩过程中，宫颈或宫体损伤，血窦破裂，羊水进入母体血液循环。

(3)胎膜破裂 胎膜破裂后，羊水从子宫蜕膜、宫颈破损的小血管进入母体血液循环。

4. 病理生理

羊水成分进入母体循环是羊水栓塞发生的先决条件，可能发生的病理生理变化如下：

(1)过敏样反应 羊水中的抗原成分可引起Ⅰ型变态反应，出现过敏样反应。

(2)肺动脉高压 羊水中的有形物质形成小栓子，刺激肺组织产生和释放血管活性物质，使肺血管反射性痉挛，导致肺动脉高压、急性右心衰竭，而左心房回心血流减少，左心排血量明显减少，引起周围血液循环衰竭，使血压下降，产生一系列休克症状，产妇可因重要脏器缺血而突然死亡。

(3)炎症损伤 羊水栓塞所致的炎性介质系统突然激活，引起全身性炎症反应综合征(SIRS)。

(4)弥散性血管内凝血(DIC) 妊娠期母体血呈高凝状态，羊水中含有多量促凝物质，易发生DIC。

【例8】孕产妇首先发生右心衰竭的疾病是

A. 妊娠合并二尖瓣狭窄　　B. 子痫　　C. 羊水栓塞

D. 重型胎盘早剥　　E. 产褥感染

5. 临床表现

羊水栓塞起病急骤，来势凶险。70%发生在阴道分娩时，19%发生在剖宫产时。大多发生在分娩前2小时至产后30分钟之间。极少发生在中孕引产、羊膜腔穿刺术中和外伤时。

(1)典型羊水栓塞 以骤然出现的低氧血症、低血压、凝血功能障碍为特征，此为羊水栓塞三联征。

①前驱症状 30%~40%的患者会出现非特异性前驱症状，如呼吸急促、胸痛、憋气、寒战、呛咳、头晕、乏力、心慌、恶心、呕吐、麻木、胎心减速、胎心基线变异消失等。

②心肺功能衰竭和休克 突发呼吸困难、发绀、心动过速、低血压、抽搐、意识丧失、昏迷、血氧饱和度下降、肺底部湿啰音等。严重者，产妇于数分钟内猝死。

③凝血功能障碍 表现为以子宫出血为主的全身性出血倾向，如切口渗血、全身皮肤黏膜出血、针眼渗血、血尿、消化道大出血等。

④急性肾衰竭 全身脏器均可受损，中枢神经系统和肾脏是最常受损的器官。

(2)不典型羊水栓塞 有些羊水栓塞的临床表现并不典型，仅表现为低血压、心律失常、呼吸急促、抽搐、急性胎儿窘迫、心脏骤停、产后出血、凝血功能障碍等。

6. 诊断

(1)临床表现 ①血压骤降或心脏骤停；②急性缺氧如呼吸困难、发绀或呼吸停止；③凝血功能障碍。

(2)诱发因素 以上临床表现发生在阴道分娩、剖宫产、刮宫术或产后30分钟内。

(3)排他性 以上临床表现不能用其他疾病来解释。

(4)辅助检查 羊水栓塞的诊断是临床诊断，母血涂片或器官病理检查找到羊水有形成分不是诊断羊水栓塞的必需依据，即使找到羊水有形成分，如果临床表现不支持，也不能诊断羊水栓塞。如果临床表现支持羊水栓塞的诊断，即使没有找到羊水有形成分，也应诊断羊水栓塞。

注意：①9版《妇产科学》P211：母血涂片或器官病理检查找到羊水有形成分不是诊断羊水栓塞的必需依据。
②8版《妇产科学》P216：采集下腔静脉血，镜检见到羊水有形成分支持羊水栓塞的诊断(确诊)。

【例 9】羊水栓塞的确诊依据是
A. 突发呼吸困难　　B. 查到胎儿有核红细胞　　C. 休克及昏迷
D. 出血不止　　E. 腔静脉中查到胎脂、胎粪

【例 10】初产妇,29岁,妊娠40周。自然临产,宫缩强。胎膜破裂后产妇突然出现呛咳、烦躁不安,继而出现呼吸困难,昏迷。该患者最可能的诊断是
A. 羊水栓塞　　B. 胎盘早剥　　C. 子痫
D. 子痫前期　　E. 子宫破裂

【例 11】初产妇,26岁。孕40周,临产后宫缩强,宫口开大9cm时自然破膜。破膜后突然发生咳嗽、呼吸困难、发绀、血压下降。最可能发生的情况是
A. 子宫破裂　　B. 前置胎盘　　C. 羊水栓塞
D. 胎盘早剥　　E. 胎膜早破

7. 处理

羊水栓塞的处理原则是维持生命体征、保护器官功能。一旦怀疑羊水栓塞,应立刻抢救。

增加氧合	保持气道通畅,立即面罩给氧、气管插管或人工辅助呼吸
血流动力学支持	维持血流动力学稳定——首选多巴酚丁胺、磷酸二酯酶-5抑制剂,可强心、扩张肺动脉 解除肺动脉高压——磷酸二酯酶-5抑制剂、一氧化氮、内皮素受体拮抗剂、盐酸罂粟碱
抗过敏	应用大剂量糖皮质激素尚存在争议
纠正凝血障碍	处理产后出血,补充凝血因子(鲜血、血浆、冷沉淀、纤维蛋白原),肝素治疗DIC有争议
全面监测	血压、呼吸、心率、血氧饱和度、心电图、中心静脉压、心排血量、动脉血气、凝血功能
产科处理	羊水栓塞发生于分娩前,应立即终止妊娠;心跳骤停者实施心肺复苏后仍无自主心跳者,可考虑紧急实施剖宫产;出现凝血功能障碍者,应果断快速实施子宫切除术
对症支持治疗	保护神经系统,稳定血流动力学,肝脏功能支持,血液透析,积极防治感染,维持胃肠功能

8. 预防

正确使用缩宫素,防止子宫收缩过强。人工破膜应在宫缩间歇期进行,不可在强宫缩时人工破膜,让羊水缓慢流出。产程中避免产伤、子宫破裂、子宫颈裂伤等。

【例 12】抢救羊水栓塞的首要措施是
A. 纠正DIC及继发性纤溶　　B. 纠正呼吸循环衰竭　　C. 纠正肾衰竭
D. 立即终止妊娠　　E. 切除子宫

三、子宫破裂

子宫破裂指在妊娠晚期或分娩期子宫体部或子宫下段发生破裂,是产科严重并发症。

1. 病因

(1)**瘢痕子宫**　是近年子宫破裂的常见原因,如剖宫产、子宫肌瘤剔除术、宫角切除术、子宫成形术后。

(2)**先露部下降受阻**　骨盆狭窄、头盆不称、软产道阻塞、胎位异常、巨大胎儿、胎儿畸形等导致胎先露下降受阻,子宫下段过分伸展变薄而发生子宫破裂。

(3)**宫缩药物使用不当**　胎儿娩出前缩宫素、前列腺素类制剂使用不当导致宫缩过强,造成子宫破裂。

(4)**产科手术损伤**　宫颈口未开全时行产钳助产、臀牵引术或中高位产钳牵引等造成子宫撕裂伤。

(5)**其他**　子宫发育异常或多次宫腔操作,局部肌层菲薄导致子宫自发破裂。

2. 分类

(1)**按发生原因**　子宫破裂分为自然破裂及损伤性破裂。

(2)按破裂部位 子宫破裂分为子宫体部破裂及子宫下段破裂。

(3)按破裂程度 子宫破裂分为完全性破裂及不完全性破裂。

3. 临床表现

(1)好发时期 子宫破裂多发生于分娩期,也可发生在妊娠晚期。

(2)先兆子宫破裂 常见于产程长、有梗阻性难产因素的产妇,主要有以下四大表现:

①病理缩复环 因胎先露下降受阻,子宫收缩过强,子宫体部肌肉增厚变短,子宫下段肌肉变薄拉长,两者间形成环状凹陷,称为病理缩复环。随着产程进展,可见该环逐渐升高平脐或脐上,压痛明显。

②下腹部压痛 子宫强直性或痉挛性过强收缩,产妇烦躁不安,下腹疼痛难忍,出现少量阴道流血。

③胎心异常 因宫缩过强、过频,胎儿触不清,胎心率加快、减慢或听不清。

④血尿 膀胱受压充血,出现排尿困难及血尿。

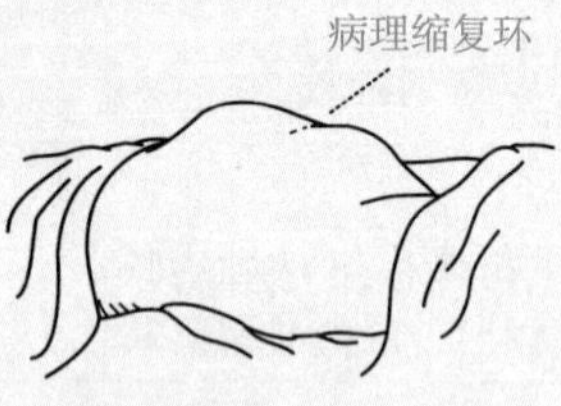

先兆子宫破裂

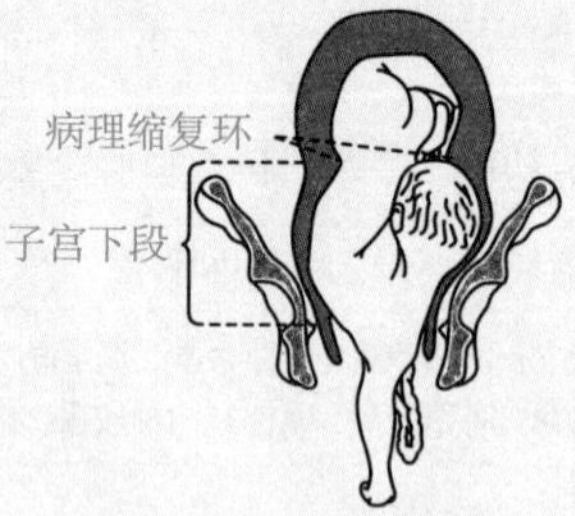

病理缩复环

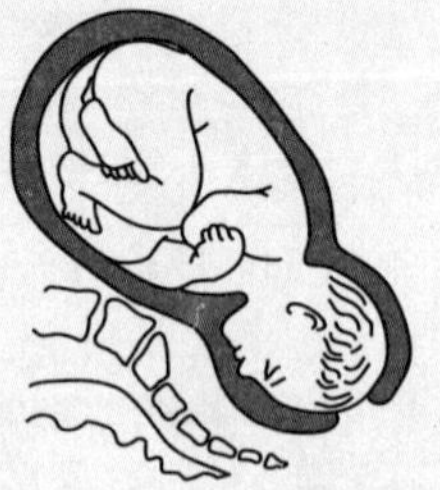
痉挛性狭窄环围绕胎颈

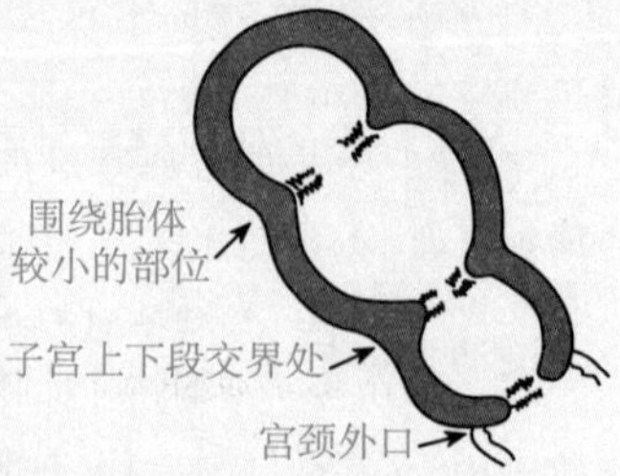

痉挛性狭窄环好发部位

注意:①病理缩复环见于先兆子宫破裂、嵌顿性肩先露。②子宫痉挛性狭窄环见于不协调性宫缩过强。③子宫板状硬见于Ⅲ度胎盘早剥。④血尿见于先兆子宫破裂。

(3)子宫破裂 分不完全性子宫破裂和完全性子宫破裂。

	不完全性子宫破裂	完全性子宫破裂
破裂层次	子宫肌层部分或完全破裂,但浆膜层完整	子宫肌层全层破裂
发生部位	子宫下段剖宫产切口瘢痕破裂	子宫体部瘢痕破裂
是否相通	宫腔与腹腔不相通,胎儿及附属物仍在宫腔内	宫腔与腹腔相通,羊水、血液、胎儿进入腹腔内
腹痛	腹痛不明显 仅在不全破裂处有明显压痛、腹痛症状	下腹撕裂样剧痛,子宫收缩停止,之后出现持续性全腹痛、压痛反跳痛
出血征象	出血体征不明显。若破裂口累及两侧子宫血管可致急性大出血,或阔韧带血肿	血液进入腹腔,形成腹腔内出血 可有失血性休克征象
胎儿检查	多有胎心率异常	腹壁下扪及胎体,子宫位于侧方,胎心胎动消失
阴道检查	子宫一侧扪及压痛性包块(阔韧带血肿)	先露部升高,宫颈缩小,扪及子宫下段裂口
先兆破裂	常缺乏先兆子宫破裂的典型症状	常继发于先兆子宫破裂症状之后

【例13】关于子宫破裂的描述,正确的是

A. 先兆子宫破裂应经阴道分娩　　B. 有古典式剖宫产史的子宫不易破裂

C. 子宫破裂伴胎儿死亡应经阴道引产　　D. 有病理缩复环应考虑子宫破裂

E. 有血尿即可诊断为子宫破裂

A. 子宫破裂　　B. 先兆子宫破裂　　C. 胎盘早剥

D. 忽略性肩先露　　E. 脐带脱垂

【例14】经产妇,临产16小时,破膜18小时。宫缩强,下腹压痛,枕左前位,先露高,胎心率150次/分,宫口开大2cm,胎头双顶径9.6cm,导尿见肉眼血尿。最可能的诊断是

【例15】初产妇，临产5小时，全腹痛1小时，阴道少量出血。检查：血压80/50mmHg，脉搏120次/分。腹部检查：子宫板状硬，胎位不清，胎心听不到。最可能的诊断是

4. 诊断

(1)病史　常有剖宫产、产程延长、梗阻性难产等病史。

(2)症状及体征　子宫下段压痛、胎心异常、胎先露部上升、宫颈口缩小、阴道流血。

(3)B超检查　可明确破裂部位及与子宫的关系。

5. 鉴别诊断

(1)胎盘早剥　起病急，可有剧烈腹痛、胎心变化、内出血休克等表现，易与先兆破裂混淆。但胎盘早剥常有妊娠高血压疾病史或外伤史，子宫呈板状硬，无病理缩复环，胎位不清，B超提示胎盘后血肿。

(2)难产并发腹腔感染　有产程长、多次阴道检查史，腹痛和腹膜炎体征；阴道检查胎先露无上升、宫颈口无回缩；B超示胎儿位于宫腔内、子宫无缩小；患者体温升高、白细胞计数增多。

【例16】重型胎盘早剥与先兆子宫破裂共有的临床表现是

A. 合并妊娠期高血压疾病　B. 剧烈腹痛　C. 跨耻征阳性
D. 子宫呈板状硬　E. 出现病理缩复环

【例17】初产妇，23岁。妊娠40周，临产8小时后出现烦躁不安，呼吸加快，下腹疼痛，拒按，胎心听不清，查体见下腹部近脐下方一环状凹陷，导尿为血尿。该患者最可能的诊断是

A. 羊水栓塞　B. 子宫破裂　C. 先兆子宫破裂
D. 重型胎盘早剥　E. 急性阑尾炎

6. 处理

(1)先兆子宫破裂　应立即抑制子宫收缩，肌内注射哌替啶100mg，或全身静脉麻醉，尽快手术。

(2)子宫破裂　在抢救休克的同时，无论胎儿是否存活均应尽快手术治疗。

①手术方式　子宫破口整齐、距破裂时间短、无明显感染者，可行破口修补术。子宫破口大、不整齐、有明显感染者，应行子宫次全切除术。若破口大、裂伤累及宫颈者，应行子宫全切除术。

②控制感染　手术前后足量足疗程使用广谱抗生素控制感染。

③转院治疗　严重休克者应尽可能就地抢救，若必须转院，应输血、输液、抗休克后方可转送。

7. 预防

(1)提前入院待产　做好产前检查，有子宫破裂高危因素的患者，提前入院待产。

(2)严密观察产程进展　警惕并尽早发现先兆子宫破裂，及时处理。

(3)严格掌握缩宫剂应用指征　应用缩宫素引产时，应有专人守护或监护，按规定稀释为小剂量静脉缓慢滴注，严防宫缩过强。应用前列腺素制剂引产应按指征进行，严密观察。

(4)规范操作　正确掌握产科手术助产的指征及操作常规。

【例18】初孕妇，24岁，妊娠38周。腹痛2天，加剧1小时。查体：血压130/90mmHg，心率106次/分。下腹拒按，阴道口可见胎儿上肢、胎心音消失。导尿呈淡红色。首选的处理措施是

A. 行胎头吸引术　B. 内倒转后臀牵引　C. 行毁胎术
D. 行产钳助产术　E. 立即剖宫产

▶常考点　产后出血的定义及病因判断；羊水栓塞；先兆子宫破裂的临床表现及治疗。

参考答案——详细解答见2021《贺银成国家临床执业及助理医师资格考试历年考点精析》

1. ABCDE　2. ABCDE　3. ABCDE　4. ABCDE　5. ABCDE　6. ABCDE　7. ABCDE
8. ABCDE　9. ABCDE　10. ABCDE　11. ABCDE　12. ABCDE　13. ABCDE　14. ABCDE
15. ABCDE　16. ABCDE　17. ABCDE　18. ABCDE

第11章　产褥期与产褥期疾病

考纲要求

①正常产褥:产褥期母体变化,产褥期临床表现,产褥期处理及保健,母乳喂养。②产褥感染:产褥感染与产褥病率的概念,病因,病理,临床表现,诊断与鉴别诊断,处理。

复习要点

一、正常产褥

产褥期指从胎盘娩出至产妇全身各器官除乳腺外恢复至正常未孕状态所需的一段时间,通常为6周。

1. 产褥期母体变化

(1)生殖系统的变化

①子宫　产褥期子宫变化最大。子宫在胎盘娩出后逐渐恢复至未孕状态的全过程,称为子宫复旧,一般为6周。子宫于产后6周恢复到妊娠前大小。子宫内膜再生约需3周,但胎盘附着部位内膜完成修复需至产后6周。子宫复旧导致开放的子宫螺旋动脉和静脉窦压缩变窄,数小时后血管内形成血栓,出血量逐渐减少直至停止。产后子宫下段肌纤维缩复,逐渐恢复为非孕时的子宫峡部。产后1周宫颈内口关闭,宫颈管复原。产后4周宫颈恢复至非孕时形态。分娩后初产妇的宫颈外口由产前圆形(未产型),变为产后"一"字形横裂(已产型)。

②阴道　阴道黏膜皱襞在产后3周重现,但阴道至产褥期结束时仍不能完全恢复至未孕的紧张度。

③外阴　分娩后外阴轻度水肿,产后2~3日消退。轻度会阴撕裂或侧切缝合后,产后3~4日愈合。

④盆底组织　若能于产褥期坚持做产后康复锻炼,盆底肌可能在产褥期内即恢复至接近未孕状态。

(2)乳房的变化　产后乳房的最大变化是泌乳。当胎盘剥离娩出后,产妇血中的雌激素、孕激素、胎盘生乳素水平急剧下降,抑制下丘脑分泌的催乳素抑制因子释放,在催乳素作用下,乳汁开始分泌。哺乳可促进乳汁分泌。吸吮是保持乳腺不断泌乳的重要条件。初乳指产后7日内分泌的乳汁,极易消化,是新生儿早期最理想的天然食物。4周内乳汁逐渐转变为成熟乳,蛋白质含量逐渐减少,脂肪和乳糖含量逐渐增多。初乳和成熟乳均含有大量抗体,有助于新生儿抵抗疾病侵袭。

(3)循环系统及血液系统的变化　胎盘剥离后,子宫胎盘血液循环终止且子宫缩复,大量血液从子宫涌入产妇体循环,加之妊娠期潴留的组织间液回吸收,产后72小时内,产妇循环血量增加15%~25%,应注意预防心力衰竭的发生。循环血量于产后2~3周恢复至未孕状态。产褥早期血液处于高凝状态,血清纤维蛋白原、凝血酶等于产后2~4周降至正常。血红蛋白水平于产后1周左右回升。白细胞总数于产褥早期较高,血小板数量增多。

(4)消化系统的变化　妊娠期胃肠蠕动和肌张力减弱,胃液中盐酸分泌量减少,产后需1~2周逐渐恢复。产后1~2日内产妇常感口渴,喜进流质或半流质。产褥期活动减少,肠蠕动减弱,容易便秘。

(5)泌尿系统变化　妊娠期体内潴留的多量水分主要经肾脏排出,故产后1周内尿量增多。产后24小时内,易发生尿潴留。妊娠期发生的肾盂及输尿管扩张,产后需2~8周恢复正常。

(6)内分泌系统的变化　产后雌激素、孕激素水平于产后1周降至未孕时水平。胎盘生乳素于产后6小时已不能测出。哺乳产妇的催乳素水平于产后下降,但仍高于非孕时水平。不哺乳产妇的催乳素水平于产后2周降至非妊娠时水平。

(7)腹壁的变化　初产妇腹壁紫红色妊娠纹变成银白色陈旧妊娠纹。腹壁紧张度在产后6~8周恢复。

2. 产褥期临床表现

(1)生命体征　产后体温多在正常范围内。

①体温　可在产后 24 小时内略升高，一般不超过 38℃，可能与产程延长致过度疲劳有关。

②泌乳热　产后 3~4 日出现乳房血管、淋巴管极度充盈，乳房胀大，体温 37.8~39℃，称为泌乳热，一般持续 4~16 小时，体温即下降，不属病态，但需排除其他原因尤其是感染引起的发热。

③产后脉搏　在正常范围内，一般略慢，60~70 次/分。

④产后呼吸　呼吸深慢，是由于产后腹压降低，膈肌下降，由妊娠期的胸式呼吸变为胸腹式呼吸所致。

⑤产后血压　维持在正常水平，变化不大。

(2)子宫复旧　胎盘娩出后，子宫圆而硬，宫底在脐下一指。产后第 1 日略上升至脐平，以后每日下降 1~2cm，至产后 1 周在耻骨联合上方可触及，于产后 10 日子宫降入骨盆腔内，腹部检查触及不到宫底。

(3)产后宫缩痛　于产后 1~2 日出现，持续 2~3 日自然消失，多见于经产妇。

(4)恶露　产后随子宫蜕膜脱落，含有血液、坏死蜕膜等组织经阴道排出，称为恶露。正常恶露有血腥味，但无臭味，持续 4~6 周，总量 250~500ml。恶露分类如下：

分类	性状	镜检	持续时间
血性恶露	含大量血液，色鲜红，量多，可有小血块	见多量红细胞、坏死蜕膜及少量胎膜	3~4 日
浆液恶露	含多量浆液，色淡红	见较多坏死蜕膜组织、宫腔渗出液、宫颈黏液，少量红细胞及白细胞，且有细菌	约 10 日
白色恶露	含大量白细胞，色泽较白，质黏稠	大量白细胞、坏死蜕膜组织、表皮细胞及细菌	3 周

记忆：①血性、浆液和白色恶露分别持续 3~4 日、10 日、3 周。
②血性恶露三四日，浆液恶露有十日，白色恶露二十一。

(5)褥汗　产后 1 周内皮肤排泄功能旺盛，排出大量汗液，不属于病态。

【例 1】符合产褥期正常临床表现的是

A. 血性恶露持续 1 个月　　B. 产后呼吸浅快、脉搏缓慢
C. 产后 5~7 日出现宫缩痛　　D. 宫底在产后第 1 日略上升至脐平
E. 产后 24 小时有<39℃的泌乳热

【例 2】关于恶露的特点，正确的是

A. 白色恶露含少量胎膜　　B. 浆液恶露持续 3 天　　C. 正常恶露持续 4~6 周
D. 血性恶露持续 7 天　　E. 血性恶露含有蜕膜及细菌

3. 产褥期处理及保健

(1)产褥期处理

①产后 2 小时内的处理　产后 2 小时内极易发生严重并发症，如产后出血、子痫、产后心力衰竭等，应在产房内严密观察产妇的生命体征、子宫收缩情况及阴道出血量，并注意宫底高度及膀胱是否充盈等。

②饮食　产后 1 小时可让产妇进流质或清淡半流质，以后进普通饮食。哺乳产妇应补铁 3 个月。

③排尿　产后 5 日内尿量明显增多，应尽早自行排尿。产后 4 小时内应让产妇排尿。

④排便　产后卧床休息，肠蠕动减弱，容易便秘。若发生便秘，可口服缓泻剂。

⑤观察子宫复旧及恶露　每日手测宫底高度，以了解子宫复旧情况。每日观察恶露情况。

⑥会阴处理　消毒擦洗外阴，保持会阴部清洁及干燥。会阴侧切于产后 3~5 日拆线。

⑦观察情绪变化　产后 3~10 日产妇情绪不稳定，可表现为轻度抑郁。

⑧乳房护理　推荐母乳喂养，按需哺乳，24 小时母婴同室，做好早接触、早吸吮。于产后 1 小时内开始哺乳，可通过新生儿吸吮动作刺激泌乳。哺乳开始后，下述情况应分别处理：

A.乳胀　哺乳前湿热敷 3~5 分钟，并按摩乳房，频繁哺乳，排空乳汁。

B.催乳　鼓励乳母树立信心,按需哺乳、夜间哺乳,适当调节饮食,喝营养丰富的肉汤。

C.退奶　产妇不能哺乳,应尽早退奶。最简单的方法是停止哺乳,必要时辅以药物,常用退奶方法有:生麦芽煎服、芒硝外敷。不推荐使用甾体激素、溴隐亭退奶。

D.乳头皲裂　轻者可继续哺乳。哺乳前湿热敷 3~5 分钟,挤出少许乳汁,使乳晕变软,以利新生儿含吮乳头和大部分乳晕。乳头皲裂严重者应停止哺乳,可挤出或用吸乳器将乳汁吸出后喂给新生儿。

⑨预防产褥中暑　产褥中暑表现为高热、水电解质紊乱、循环衰竭和神经系统功能损害等。

(2)产褥期保健　目的是防止产后出血、感染等并发症,促进产后生理功能的恢复。产褥期保健包括:保持合理饮食,适当活动及做产后康复锻炼,计划生育指导,产后检查。产妇出院后,由社区保健人员在产妇出院后 3 日、产后 14 日、产后 28 日分别做 3 次产后访视。产妇应于产后 6 周去医院常规检查。

【例 3】初产妇,25 岁,足月顺产后第 3 天,母乳喂养,乳房胀痛,无红肿。乳汁排出不畅,体温 37.6℃。恰当的处理方法是

A. 生麦芽煎服　　B. 少喝水　　C. 让新生儿吸吮双乳

D. 抗生素治疗　　E. 用芒硝外敷

4. 母乳喂养

WHO 提倡母乳喂养,母乳喂养对母婴健康均有益。

(1)对新生儿有益　可以提供满足其发育所需的营养,提高免疫力,促进婴儿牙齿及颜面部的发育,增加母婴感情。

(2)对母亲有益　可促进子宫复旧,推迟月经复潮及排卵时间,降低母亲患乳腺癌、卵巢癌的风险。

二、产褥感染

1. 产褥感染和产褥病率的概念

(1)产褥感染　指分娩及产褥期生殖道受病原体侵袭,引起的局部或全身感染,其发病率约 6%。

(2)产褥病率　指分娩 24 小时以后的 10 日内,每日测量体温 4 次,间隔时间 4 小时,有 2 次体温≥38℃。产褥病率常由产褥感染引起,但也可由生殖道以外感染,如急性乳腺炎、上感等原因所致。

2. 病因

(1)诱因　产妇体质虚弱、营养不良、孕期贫血、孕期卫生不良、胎膜早破、羊膜腔感染、慢性疾病、产科手术、产程延长、产前产后出血、多次宫颈检查等,均可成为产褥感染的诱因。

(2)病原体种类　需氧性链球菌是外源性产褥感染的主要致病菌,其中以 β-溶血性链球菌致病性最强。大肠埃希菌属、葡萄球菌、厌氧菌、支原体、衣原体、淋病奈瑟菌等均可导致产褥感染。

(3)感染途径　包括内源性感染和外源性感染,以前者更重要。

①内源性感染　寄生于生殖道的微生物平时并不致病,但在产妇抵抗力降低时可引起感染。

②外源性感染　是指外界病原体进入产道所致的感染。

3. 病理及临床表现

发热、疼痛、异常恶露是产褥感染的三大主要症状。按感染发生部位分为:

	临床表现	备注
急性外阴炎	会阴部疼痛,坐位困难,可有低热,局部伤口红肿、发硬、伤口裂开,压痛,脓性渗出物流出	多见于会阴裂伤、会阴侧切
急性阴道炎	阴道黏膜充血、水肿、溃疡,脓性渗出物增多	多见于阴道裂伤
急性宫颈炎	感染向深部蔓延,达宫旁组织,引起盆腔结缔组织炎	多见于宫颈裂伤
急性子宫内膜炎	子宫内膜充血、坏死,阴道内大量脓性分泌物且有臭味	病原体侵入子宫蜕膜层

	临床表现	备注
急性子宫肌炎	腹痛，脓性恶露增多，子宫压痛明显，复旧不良，伴高热	感染侵入子宫肌层
急性输卵管炎	下腹痛，伴发热，附件区压痛明显，可触及炎性包块	感染扩散至输卵管
急性盆腔结缔组织炎	①下腹痛，肛门坠胀，伴寒战高热，下腹腹膜刺激征 ②严重者形成冰冻骨盆	淋病奈瑟菌上行感染常见
急性盆腔腹膜炎	下腹腹膜刺激征明显，可伴全身症状，直肠刺激征	感染扩散至子宫浆膜
急性弥漫性腹膜炎	伴明显全身中毒症状，直肠刺激征明显	腹膜渗出多，可形成肠粘连
脓毒血症	全身性感染的症状	死亡率高
血栓性静脉炎	常累及子宫静脉、卵巢静脉、髂内静脉、髂总静脉、阴道静脉	可形成股白肿

4. 诊断及鉴别诊断

(1)诊断

①病史　详细询问病史及分娩过程，对产后发热者，首先应考虑产褥感染。

②全身及局部检查　仔细检查腹部、盆腔及会阴伤口，确定感染部位和严重程度。

③辅助检查　B 超、CT、MRI 能够对感染形成的炎性包块、脓肿做出定位及定性诊断。检测血清C-反应蛋白升高，有助于早期诊断感染。

④确定病原体　通过宫腔分泌物、脓肿穿刺物、后穹隆穿刺物作细菌培养+药敏试验，必要时作血培养和厌氧菌培养。病原体抗原和特异性抗体检测可作为快速确定病原体的方法。

(2)鉴别诊断　本病需与上呼吸道感染、急性乳腺炎、泌尿系统感染相鉴别。

【例 4】女，25 岁。产后 10 天，下腹痛伴发热 3 天。查体：T39℃，P98 次/分，R26 次/分。脓血性恶露，有恶臭。血常规：WBC13×10^9/L，N0.88。最可能的诊断是

A. 晚期产后出血　　B. 产褥中暑　　C. 急性膀胱炎
D. 正常产褥　　E. 产褥感染

5. 治疗

一旦诊断为产褥感染，原则上应给予广谱、足量、有效抗生素，并根据感染的病原体调整抗生素治疗方案。对脓肿形成或宫内残留感染组织者，应积极进行感染灶的处理。

(1)支持治疗　加强营养，纠正水电解质紊乱，取半卧位，利于恶露引流或使炎症局限于盆腔。

(2)胎盘胎膜残留处理　经有效抗感染同时，清除宫腔内残留物。患者急性感染伴高热，应有效控制感染，同时行宫内感染组织的钳夹术，在感染彻底控制、体温正常后，再彻底清宫。

(3)应用抗生素　未确定病原体时，应根据临床表现及临床经验，选用广谱高效抗生素。然后依据细菌培养和药敏试验结果，调整抗生素种类和剂量，保持有效血药浓度。

(4)抗凝治疗　肝素主要用于治疗血栓性静脉炎。

(5)手术治疗　会阴伤口或腹部伤口感染，应及时切开引流；盆腔脓肿可经腹或后穹隆穿刺或切开引流；子宫严重感染，经积极治疗无效，应及时行子宫切除术。

▶▶常考点　正常产褥的表现。

参考答案——详细解答见 2021《贺银成国家临床执业及助理医师资格考试历年考点精析》

1. ABCDE　2. ABCDE　3. ABCDE　4. ABCDE

第 12 章　外阴与阴道炎症

▶▶考纲要求

①滴虫阴道炎:病因,传播途径,临床表现,诊断,处理。②外阴阴道假丝酵母菌病:病因,传播途径,临床表现及分类,诊断,处理。③细菌性阴道病:诊断与鉴别诊断,处理。④子宫颈炎:病因,病理,临床表现,诊断,处理。⑤盆腔炎性疾病:病理,诊断与鉴别诊断,处理。

▶▶复习要点

一、滴虫阴道炎

1. 病因

滴虫阴道炎是由阴道毛滴虫引起的常见阴道炎症,也是常见的性传播疾病。

2. 传播途径

(1)经性交直接传播　是主要传播方式。由于男性感染滴虫后常无症状,易成为传染源。

(2)间接传播　经公共浴池、浴盆、浴巾、游泳池、坐式便器、衣物等传播。

【例 1】滴虫阴道炎最常见的传播途径是

A. 间接接触感染　　B. 性直接接触感染　　C. 经淋巴循环感染

D. 经血循环感染　　E. 内源性感染

3. 临床表现

(1)潜伏期　为 4~28 日,约 25%~50%患者感染初期无症状。

(2)阴道分泌物增多　稀薄、脓性、灰黄色、泡沫状、有臭味。

(3)外阴瘙痒　瘙痒部位主要为阴道口及外阴。

(4)泌尿道感染　可合并尿道感染,表现为尿频、尿痛,有时可见血尿。

(5)检查　阴道黏膜充血、散在出血点、"草莓样"宫颈,后穹隆有多量白带,常呈泡沫状。

4. 诊断

根据病史、临床表现不难诊断。在阴道分泌物中找到滴虫即可确诊。最简便的方法是湿片法。

【例 2】女,35 岁。白带增多伴外阴瘙痒 1 月余。妇科检查:宫颈散在红色斑点,后穹隆有多量稀薄脓性泡沫状分泌物。其最可能感染的病原体是

A. 厌氧菌　　B. 白色念珠菌　　C. 淋菌

D. 加德纳菌　　E. 阴道毛滴虫

5. 治疗

(1)全身用药　首选甲硝唑或替硝唑。用药期间不宜哺乳。

(2)性伴侣的治疗　性伴侣应同时治疗,治疗期间禁止性交。

(3)随访　治疗后无症状者不需随访。

(4)妊娠期滴虫阴道炎的治疗　妊娠期滴虫阴道炎可导致胎膜早破、低出生体重儿等不良妊娠结局。甲硝唑可透过胎盘,但未发现妊娠期应用甲硝唑会增加胎儿畸形的风险。

(5)哺乳期滴虫阴道炎的治疗　甲硝唑能通过乳汁排泄,用药期间及用药后 12~24 小时不宜哺乳。服用替硝唑者,用药后 3 日内避免哺乳。

【例 3】治疗滴虫阴道炎最常用的药物是

A. 青霉素　　B. 甲硝唑　　C. 氟哌酸

D. 头孢拉定　　E. 制霉菌素

【例4】治疗哺乳期妇女滴虫性阴道炎，最适宜的方法是

A. 甲硝唑口服　　B. 甲硝唑栓置入阴道　　C. 甲硝唑口服及置入阴道

D. 1%龙胆紫涂抹阴道黏膜　　E. 局部用克林霉素软膏

二、外阴阴道假丝酵母菌病

1. 病因

外阴阴道假丝酵母菌病曾称念珠菌性阴道炎，是由假丝酵母菌引起的常见外阴阴道炎症。

2. 传染途径

(1)内源性传染　为主要传染途径，假丝酵母菌作为机会致病菌，可寄生于阴道、口腔及肠道等处，一旦条件适宜即可引起感染，这三个部位的假丝酵母菌可相互传染。

(2)性交直接传染　少见。

(3)间接传染　通过接触污染的衣物等间接传染，极少见。

【例5】外阴阴道假丝酵母菌病最主要的传染途径是

A. 性交传染　　B. 血行传染　　C. 间接传染

D. 直接传染　　E. 内源性传染

3. 分类

	单纯性外阴阴道假丝酵母菌病	复发性外阴阴道假丝酵母菌病
发生频率	散发或非经常发作	复发性
临床表现	轻到中度	重度
真菌种类	白假丝酵母菌	非白假丝酵母菌
宿主情况	免疫功能正常	免疫功能低下、应用免疫抑制剂、糖尿病、妊娠

4. 临床表现

(1)外阴阴道瘙痒　症状明显，持续时间长，严重者坐立不安，以夜晚更加明显。

(2)疼痛　表现为外阴灼痛、性交痛、尿痛。尿痛是排尿时尿液刺激水肿的外阴所致。

(3)阴道分泌物　其特征为白色稠厚，呈凝乳状或豆腐渣样。

(4)妇科检查　外阴红斑、水肿，常伴有抓痕，严重者可见皮肤皲裂、表皮脱落。阴道黏膜红肿，小阴唇内侧及阴道黏膜附有白色块状物，擦除后露出红肿黏膜面。

【例6】患者，女，48岁。外阴瘙痒伴灼热感3天。妇科检查见外阴红肿、小阴唇内侧及阴道黏膜表面有白色凝乳状物覆盖。该患者最可能的诊断是

A. 前庭大腺炎　　B. 淋菌性阴道炎　　C. 外阴阴道假丝酵母菌病

D. 滴虫性阴道炎　　E. 细菌性阴道炎

5. 诊断

本病的诊断不难，若在阴道分泌物中找到假丝酵母菌的芽生孢子或假菌丝即可确诊。

6. 治疗

(1)消除诱因　积极治疗糖尿病，停用广谱抗生素、雌激素及糖皮质激素等。

(2)单纯性假丝酵母菌病　可局部、全身应用抗真菌药，如咪康唑、克霉唑、制霉菌素、氟康唑等。

(3)复发性假丝酵母菌病　是指1年内有症状并经真菌学证实的外阴阴道假丝酵母菌病发作4次或以上者。抗真菌治疗分为初始治疗和巩固治疗，初始治愈后给予巩固治疗至半年。

①初始治疗　为局部治疗，时间7~14日。若口服氟康唑150mg，则第4日、第7日各加服1次。

②巩固治疗　可口服氟康唑 150mg，每周 1 次，连续 6 个月。

(4)妊娠期外阴阴道假丝酵母菌病　局部治疗为主，7 日疗法，禁用口服唑类药物。

(5)性伴侣治疗　无需对性伴侣进行常规治疗。

【例 7】女，29 岁。外阴瘙痒伴分泌物增多 3 天。妇科检查：外阴及阴道黏膜充血，阴道内大量豆渣状分泌物。正确的处理是

A. 克林霉素治疗　B. 甲硝唑治疗　C. 常规阴道冲洗

D. 抗真菌治疗　E. 雌激素治疗

【例 8】复发性外阴阴道假丝酵母菌病(RVVC)的维持治疗应持续

A. 1 个月　B. 3 天　C. 3 个月

D. 6 个月　E. 7～14 天

三、细菌性阴道病

细菌性阴道病为阴道内正常菌群失调所致的一种混合性感染，但临床及病理特征无炎症改变。正常阴道内以乳杆菌占优势，细菌性阴道病时，乳杆菌减少，导致其他细菌大量繁殖，主要有加德纳菌、厌氧菌及人型支原体，其中以厌氧菌居多，厌氧菌数量可增加 100～1000 倍。

【例 9】细菌性阴道病最常见的病原体是

A. 金黄色葡萄球菌　B. 溶血性链球菌　C. 大肠埃希菌

D. 加德纳菌　E. 沙眼衣原体

1. 诊断

下列 4 项中有 3 项阳性即可诊断为细菌性阴道病，其中线索细胞阳性为必备条件。

(1)线索细胞阳性　取阴道分泌物放在载玻片上，加 1 滴 0.9%氯化钠溶液混合，于高倍镜下寻找线索细胞，线索细胞数量占鳞状上皮细胞比例>20%为阳性。线索细胞即为表面黏附了大量细小颗粒的阴道脱落鳞状上皮细胞，这些细小颗粒为加德纳菌及其他厌氧菌。

(2)阴道分泌物　均质、稀薄、灰白色、鱼腥臭味阴道分泌物，常黏附于阴道壁，但易从阴道壁拭去。

(3)阴道分泌物 pH>4.5。

(4)胺试验阳性　取阴道分泌物少许放在载玻片上，加入 10%KOH 溶液 1～2 滴，产生烂鱼肉样腥臭气味，系因胺遇碱释放氨所致。

2. 鉴别诊断

	细菌性阴道病	外阴阴道假丝酵母菌病	滴虫阴道炎
病原体	加德纳菌、厌氧菌	假丝酵母菌	阴道毛滴虫
传染途径	正常菌群失调所致 无传染性	主要为内源性传染 性交直接传染、间接传染少见	主要为性交直接传染 间接传染少见
临床表现	阴道分泌物增多 无或轻度外阴瘙痒	重度外阴瘙痒 轻度阴道分泌物增多	阴道分泌物增多 轻度外阴瘙痒
分泌物	均质、稀薄、白色、鱼腥臭味	白色稠厚，呈凝乳状或豆腐渣样	灰黄色、稀薄、脓性、泡沫样、臭味
分泌物 pH	阴道分泌物 pH>4.5	阴道分泌物 pH<4.5	阴道分泌物 pH>4.5
胺试验	阳性	阴性	可为阳性
显微镜检	线索细胞，极少白细胞	孢子及假菌丝，少量白细胞	阴道毛滴虫，多量白细胞

	细菌性阴道病	外阴阴道假丝酵母菌病	滴虫阴道炎
阴道黏膜	无明显充血炎症表现，分泌物黏附于阴道壁，黏度低，易从阴道壁拭去	红肿，小阴唇及阴道黏膜有白色片状薄膜或凝乳状物覆盖，擦除后露出红色黏膜面	充血，散在出血点，"草莓样"宫颈，后穹隆有多量白带，泡沫状分泌物
确诊方法	无。只有临床诊断：线索细胞及胺试验阳性，阴道 pH>4.5，阴道分泌物阳性	阴道分泌物中找到芽生孢子或假菌丝可确诊	阴道分泌物中找到滴虫可确诊
治疗	全身治疗：口服甲硝唑 局部：甲硝唑栓、克林霉素	全身和局部用药：咪康唑、氟康唑、克霉唑、制霉菌素	全身用药：甲硝唑、替硝唑
性伴侣	无需常规治疗	无需常规治疗	需同时治疗
妊娠期	需治疗，甲硝唑、克林霉素	局部治疗，禁用唑类药物	治疗需知情同意

注意：①线索细胞提示细菌性阴道病，挖空细胞提示 HPV 感染。
②需对配偶同时治疗的是滴虫阴道炎、(沙眼衣原体、淋病奈瑟菌性)子宫颈炎、急性盆腔炎。
③无需对配偶常规治疗的是细菌性阴道病、外阴阴道假丝酵母菌病、萎缩性阴道炎。

3. 治疗

(1)口服药物 首选甲硝唑，次选替硝唑，也可选用克林霉素。

(2)局部治疗 甲硝唑栓剂 200mg，每晚 1 次，连用 7 日；或 2%克林霉素软膏阴道涂抹，每次 5g，每晚 1 次，连用 7 日。

(3)性伴侣治疗 性伴侣不需常规治疗。

(4)妊娠期细菌性阴道病的治疗 口服甲硝唑或克林霉素，连用 7 日。

【例 10】细菌性阴道病的诊断标准不包括

A. 线索细胞阳性　　B. 阴道分泌物增多伴外阴瘙痒　　C. 胺臭味试验阳性
D. 阴道分泌物 pH 值>4.5　　E. 匀质、稀薄、灰白色阴道分泌物

【例 11】女，32 岁。阴道分泌物增多 1 月。查体：阴道内稀薄白带。阴道 pH 值为 5，阴道分泌物线索细胞阳性。首选的治疗药物是

A. 链霉素　　B. 甲硝唑　　C. 红霉素
D. 氧氟沙星　　E. 青霉素

四、子宫颈炎

子宫颈炎指子宫颈阴道部、子宫颈管黏膜的炎性疾病。

1. 急性子宫颈炎

(1)病因 主要由淋病奈瑟菌、沙眼衣原体感染所致，部分由阴道内源性感染所致。

(2)病理 ①肉眼观：宫颈红肿，宫颈管黏膜充血、水肿，有脓性分泌物自子宫颈外口流出。②镜下观：局部充血，子宫颈黏膜及黏膜下组织、腺体周围可见大量中性粒细胞浸润，腺腔内可见脓性分泌物。

(3)临床表现 多无症状。有症状者主要表现为阴道分泌物增多，呈黏液脓性，阴道分泌物刺激可引起外阴瘙痒及灼热感。还可有经间期出血、性交后出血等症状。若合并尿路感染，可出现尿频、尿急、尿痛。妇科检查可见子宫颈充血、水肿、黏膜外翻，黏液脓性分泌物，宫颈管黏膜质脆，容易诱发出血。

(4)诊断 根据临床表现、实验室检查，可以作出临床诊断。

出现两个特征性体征之一、镜检子宫颈或阴道分泌物白细胞增多，可作出诊断。

①两个特征性体征 A.于宫颈管或宫颈管棉拭子标本上，肉眼见到脓性或黏液脓性分泌物；B.用棉拭子擦拭宫颈管时，容易诱发子宫颈管内出血。

②白细胞检测　宫颈管脓性分泌物作革兰染色示中性粒细胞>30/HP；阴道分泌物 WBC>10/HP。

③病原体检测　应作沙眼衣原体、淋病奈瑟菌、滴虫等检测。

(5)处理　主要为抗生素药物治疗。

①经验性抗生素治疗　阿奇霉素 1g 单次顿服；或多西环素 100mg，每日 2 次，共 7 天。

②针对病原体的抗生素治疗　单纯急性淋病奈瑟菌性子宫颈炎常用药物有头孢菌素、大观霉素等。沙眼衣原体感染所致子宫颈炎常用药物有多西环素、阿奇霉素、左氧氟沙星等。

③性伴侣的治疗　若病原体为沙眼衣原体、淋病奈瑟菌，应对其性伴侣进行相应治疗。

【例 12】女，25 岁，初孕妇。妊娠 12 周，尿频、尿急、尿痛伴阴道分泌物增多 4 天。查体：尿道口及宫颈口均见脓性分泌物。为确诊，首选的辅助检查是

A. 羊水培养　　B. 血培养　　C. 宫颈管分泌物培养

D. 血清学检查　　E. 尿培养

2. 慢性子宫颈炎

(1)病因　慢性子宫颈炎是指子宫颈间质内有大量淋巴细胞、浆细胞等慢性炎细胞浸润。慢性子宫颈炎可由急性子宫颈炎迁延而来，也可为病原体持续感染所致，病原体与急性子宫颈炎相似。

(2)病理　慢性子宫颈炎包括慢性子宫颈黏膜炎、子宫颈息肉、子宫颈肥大等病理形态。

(3)临床表现　不明显，妇检见子宫颈息肉、子宫颈肥大、子宫颈表面有青白色小囊泡等不同体征。

(4)诊断　根据临床表现、体格检查，可以作出临床诊断。

(5)处理　应根据不同情况进行不同的治疗。

①慢性子宫颈黏膜炎　需了解有无沙眼衣原体、淋病奈瑟菌感染，应针对病因进行治疗。对病原体不清者，尚无有效治疗方法，可试用物理治疗。

②子宫颈息肉　行息肉摘除术，术后将切除的息肉送组织学检查。

③子宫颈肥大　一般无需治疗。

五、盆腔炎性疾病

盆腔炎性疾病是指女性上生殖道的一组感染性疾病，主要包括子宫内膜炎、输卵管炎、输卵管卵巢脓肿、盆腔腹膜炎，以输卵管炎、输卵管卵巢炎最常见。

1. 病理

(1)急性子宫内膜炎及子宫肌炎　子宫内膜充血、水肿，有炎性渗出物。

(2)急性输卵管炎、输卵管积脓、输卵管卵巢脓肿　因病原体传播途径不同而病变特点不同。

(3)急性盆腔腹膜炎　脓液积聚在直肠子宫陷凹形成盆腔脓肿。

(4)急性盆腔结缔组织炎　以宫旁结缔组织炎最常见。

(5)败血症及脓毒血症　当病原体毒性强、数量多、患者抵抗力降低时，常发生败血症。

(6)肝周围炎(Fitz-Hugh-Curtis 综合征)　指肝包膜炎症而无肝实质损害的肝周围炎。

【例 13】生殖道感染淋病奈瑟菌最常见的临床表现是

A. 输卵管炎　　B. 盆腔腹膜炎　　C. 宫颈黏膜炎

D. 子宫内膜炎　　E. 输卵管积脓(2017 年真题，超教材内容)

2. 临床表现

(1)症状　下腹痛、发热、阴道分泌物增多。若有腹膜炎，可出现恶心、呕吐、腹胀、腹泻等症状。若伴泌尿系统感染可有尿急、尿频、尿痛。若有脓肿形成，可有下腹包块、局部压迫刺激症状。

(2)腹部检查　有下腹压痛、反跳痛及肌紧张，叩诊鼓音明显，肠鸣音减弱或消失。

(3)妇科检查　如下表。

阴道	可见脓性臭味分泌物
子宫颈	充血、水肿，宫颈管口可见脓性分泌物流出，宫颈举痛，穹隆饱满
子宫体	稍大，有压痛，活动受限，子宫两侧压痛明显
单纯输卵管炎	可触及增粗的输卵管，压痛明显
输卵管积脓或输卵管卵巢脓肿	可触及包块且压痛明显，不活动
宫旁结缔组织炎	扪及宫旁一侧或两侧片状增厚，或两侧宫骶韧带高度水肿、增粗、压痛明显
盆腔脓肿形成	后穹隆触痛明显，可在子宫直肠陷窝处触及包块，并有波动感

3. 诊断

(1)最低标准　子宫颈举痛或子宫压痛或附件区压痛。

(2)附加标准　①体温>38.3℃；②子宫颈异常黏液脓性分泌物或脆性增加；③阴道分泌物湿片出现大量白细胞；④红细胞沉降率升高；⑤C-反应蛋白升高；⑥实验室证实的子宫颈淋病奈瑟菌或衣原体阳性。

(3)特异标准　①子宫内膜活检组织学证实为子宫内膜炎；②阴道超声或核磁共振检查显示输卵管增粗、输卵管积液，伴或不伴有盆腔积液、输卵管卵巢肿块，腹腔镜检查发现盆腔炎性疾病征象。

在作出盆腔炎性疾病的诊断后，需进一步明确病原体。

【例14】属于盆腔炎性疾病诊断特异标准(2010年美国CDC诊断标准)的是

A. 宫颈或阴道异常黏液脓性分泌物　　B. 实验室证实的宫颈淋病奈瑟菌或衣原体阳性
C. 宫颈举痛或子宫压痛或附件区压痛　　D. 阴道分泌物生理盐水涂片见大量白细胞
E. 经阴道超声或核磁共振检查显示输卵管增粗、输卵管积液

4. 处理　主要为抗生素药物治疗，必要时手术治疗。

(1)抗生素治疗　盆腔炎性疾病的病原体多为淋病奈瑟菌、衣原体以及需氧菌、厌氧菌的混合感染，需氧菌及厌氧菌又有革兰阴性及阳性之分，故抗生素的选择应涵盖以上病原体，宜选择广谱抗生素以及联合用药。常用药物包括：头孢曲松、头孢西丁、氧氟沙星、甲硝唑等。

(2)手术治疗　主要用于抗生素控制不满意的输卵管卵巢脓肿、盆腔脓肿。手术指征包括：①输卵管卵巢脓肿或盆腔脓肿经药物治疗48~72小时无效者；②经药物治疗后病情虽有好转，但脓肿持续存在(2~3周)；③脓肿破裂。

(15~16题共用题干)女，26岁。人工流产术后1周，发热5天，下腹痛3天。查体：T39.2℃，P105次/分，BP105/70mmHg。妇科检查：宫颈口脓性分泌物，宫颈举痛(+)，子宫正常大小，压痛明显，双附件稍增厚，压痛(+)，右侧为重。血WBC14×10^9/L，N0.90。

【例15】该患者最可能的诊断为

A. 急性膀胱炎　　B. 流产不全　　C. 异位妊娠破裂
D. 急性阑尾炎　　E. 急性盆腔炎

【例16】对治疗最有价值的辅助检查项目是

A. 盆腔B超　　B. 尿妊娠试验　　C. 病原体检查
D. 尿常规　　E. 血常规

常考点　阴道炎的鉴别诊断；盆腔炎性疾病的临床表现及诊断。

参考答案——详细解答见2021《贺银成国家临床执业及助理医师资格考试历年考点精析》

1. ABCDE　2. ABCDE　3. ABCDE　4. ABCDE　5. ABCDE　6. ABCDE　7. ABCDE
8. ABCDE　9. ABCDE　10. ABCDE　11. ABCDE　12. ABCDE　13. ABCDE　14. ABCDE
15. ABCDE　16. ABCDE

第13章　子宫内膜异位症、子宫腺肌病与子宫脱垂

考纲要求

①子宫内膜异位症:概念,病因,病理,临床表现,诊断与鉴别诊断,处理。②子宫腺肌病:概念,病因,病理,临床表现,诊断,治疗。③子宫脱垂:概念,病因,临床分度,临床表现,诊断,治疗及预防。

复习要点

一、子宫内膜异位症

1. 概念

子宫内膜组织(腺体和间质)出现在子宫体以外的部位时,称为子宫内膜异位症,简称内异症。异位内膜可侵犯全身任何部位,但绝大多数位于盆腔脏器和壁腹膜,其中以卵巢、宫骶韧带最常见,其次为子宫及其他脏腹膜、阴道直肠膈等部位。

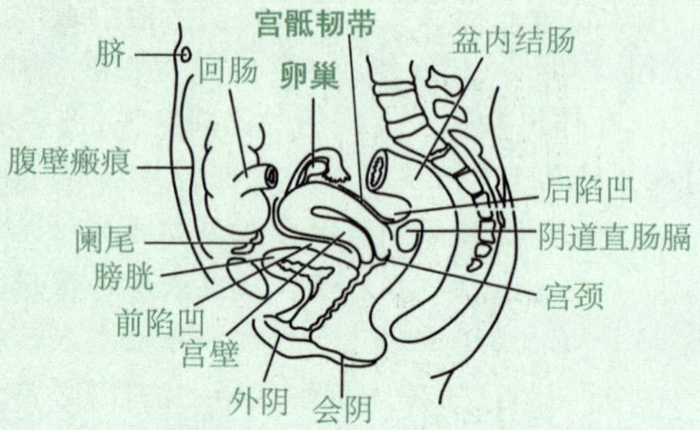

子宫内膜异位症的发生部位

内异症是激素依赖性疾病,在自然绝经、人工绝经后,异位内膜病灶可逐渐萎缩吸收;妊娠或使用性激素抑制卵巢功能,可暂时阻止疾病的发展。内异症在形态学上呈良性表现,但在临床行为学上类似恶性肿瘤,如种植、侵袭及远处转移等。

2. 病因

(1)种植学说　月经期间子宫内膜腺上皮和间质细胞可随经血逆流,经输卵管进入盆腔,种植于卵巢和邻近的盆腔腹膜,并在该处继续生长、蔓延,形成盆腔内异症。

(2)体腔上皮化生学说　卵巢表面上皮、盆腔腹膜均由胚胎期具有高度化生潜能的体腔上皮分化而来,在受到卵巢激素、经血或慢性炎症的反复刺激后,能被激活转化为子宫内膜样组织。

(3)诱导学说　未分化的腹膜组织在内源性生物化学因素诱导下,可发展成为子宫内膜组织,种植的内膜可以释放化学物质诱导未分化的间充质形成子宫内膜异位组织。

(4)遗传因素　内异症具有一定的家族聚集性,某些患者的发病可能与遗传有关。

(5)免疫与炎症因素　研究表明,免疫调节异常在子宫内膜异位症的发生、发展各环节起重要作用。

(6)其他因素　国内学者提出"在位内膜决定论",认为在位子宫内膜的生物学特性是内异症发生的决定因素,局部微环境是影响因素。

3. 病理

内异症的基本病理变化为异位子宫内膜随卵巢激素变化而发生周期性出血,导致周围纤维组织增生、粘连、囊肿形成,最终发展为大小不等的实质性结节或包块。

(1)卵巢内异症　最常见,可累及一侧或双侧卵巢,病灶分两种类型。①微小病变型为位于卵巢浅表层的红色、紫蓝色、褐色斑点或小囊。②典型病变型也称卵巢子宫内膜异位囊肿,位于卵巢皮质,因反复周期性出血,形成单个或多个囊肿,囊肿大小不一,内含暗褐色、似巧克力样陈旧性血液,故又称卵巢巧克力囊肿,囊肿可与子宫、阔韧带、盆侧壁等粘连,致使卵巢固定在盆腔内,活动度差。

(2)腹膜内异症　分布于盆腔腹膜和脏器表面,以宫骶韧带、直肠子宫陷凹、子宫后壁下段浆膜最常见。表现为局部颗粒状结节,宫骶韧带增粗或结节样改变。输卵管内异症可造成管腔不通,导致不孕症。

(3)其他部位的内异症　包括手术切口瘢痕、肺、胸膜等部位的内异症。

(4)镜检 异位内膜在镜下可见子宫内膜腺体、间质、纤维素、出血等成分。异位内膜可随卵巢周期变化而有增殖和分泌改变，但其改变与子宫内膜并不一定同步，多为增殖期改变。异位内膜极少恶变。

【例1】子宫内膜异位症较少累及的部位是

A. 输卵管　　B. 直肠子宫陷凹　　C. 宫骶韧带
D. 子宫后壁下段　　E. 卵巢

4. 临床表现

临床表现因人和病变部位的不同而多种多样，症状与月经周期密切相关。有25%患者无任何症状。

(1)下腹痛及痛经 疼痛是内异症的主要症状，典型症状为继发性痛经、进行性加重。疼痛多位于下腹、腰骶及盆腔中部，常于月经来潮时出现，持续至整个经期。有27%~40%患者无痛经。

(2)不孕 内异症患者不孕率高达40%。

(3)性交不适 多见于直肠子宫陷凹有异位病灶或局部粘连使子宫后倾固定者，常为深部性交痛。

(4)月经异常 15%~30%的患者有经量增多、经期延长、月经淋漓不尽。

(5)盆腔外内异症 可出现局部周期性疼痛、出血、肿块及相应症状。肠道内异症可出现腹痛、腹泻、便秘、周期性少量出血。膀胱内异症常在经期出现尿频、尿痛。

(6)卵巢异位囊肿破裂 可发生急腹症，症状类似输卵管妊娠破裂，但无腹腔内出血。

(7)体征 卵巢异位囊肿较大时，妇科检查可扪及与子宫粘连的肿块，囊肿破裂时腹膜刺激征阳性。典型盆腔内异症双合诊检查时，可发现子宫后倾固定，直肠子宫陷凹、宫骶韧带或子宫后壁下方可扪及触痛性结节，一侧或双侧附件处触及囊实性包块，活动度差。阴道后穹隆触及痛性小结节。

【例2】女，32岁。进行性痛经8年，加重3年，婚后4年未孕。查体：子宫后位，大小正常，子宫左后方可触及约5cm的囊性包块，张力较大，触痛。血CA125为50U/ml，抗子宫内膜抗体(+)。首先应考虑的诊断是

A. 卵巢上皮癌　　B. 转移性卵巢肿瘤　　C. 子宫内膜异位症
D. 盆腔结核　　E. 盆腔炎性包块

【例3】女，25岁。继发性痛经5年，加重2年。查体：双侧附件区手拳大小囊性包块，界限不清，不活动，无压痛。CA125为83U/ml。最可能的诊断是

A. 卵巢子宫内膜异位囊肿　　B. 卵巢癌　　C. 输卵管积水
D. 卵巢良性肿瘤　　E. 输卵管、卵巢脓肿

5. 诊断

(1)病史及临床表现 生育期女性有继发性痛经且进行性加重、不孕或慢性盆腔痛，妇科检查扪及与子宫相连的囊性包块或盆腔内有触痛性结节，可初步诊断为子宫内膜异位症。

(2)B超 是诊断卵巢异位囊肿和膀胱、直肠内异症的重要方法，敏感性和特异性均在96%以上。

(3)血清CA125测定 内异症患者血清CA125可升高，但无特异性。可用于评估疗效、预测复发。

(4)腹腔镜+组织检查 是国际公认的内异症诊断的最佳方法，可确诊，并进行临床分期。

【例4】子宫内膜异位症临床分期的依据是

A. 彩色超声多普勒检查　　B. 典型病史及妇科检查　　C. 宫腔镜检查
D. 腹腔镜检查　　E. 血清CA125测定

6. 鉴别诊断

(1)卵巢恶性肿瘤 早期无症状，有症状时多呈持续性腹痛、腹胀，病情发展快，B超显示混合性或实性包块，血清CA125多显著增高(>100U/ml)。腹腔镜检查或剖腹探查可鉴别。

(2)盆腔炎性包块 多有急性盆腔感染史，疼痛无周期性，可伴发热、白细胞增高，抗生素治疗有效。

(3)子宫腺肌病 痛经症状与内异症相似，但多位于下腹正中且更剧烈，子宫多呈均匀性增大，质硬。经期检查时子宫触痛明显。此病常与内异症并存。

7. 治疗

(1)治疗目的 缩减和去除病灶，减轻和控制疼痛，治疗和促进生育，预防和减少复发。

(2)药物治疗 适用于有慢性盆腔痛、痛经明显、有生育要求、无卵巢囊肿形成的患者。药物治疗原理为抑制雌激素合成，使异位内膜萎缩；或切断下丘脑-腺垂体-卵巢-子宫轴（H-P-O 轴）的刺激。

①假孕疗法 包括口服避孕药、孕激素类药物等。

A.口服避孕药 是最早治疗内异症的药物，原理是利用避孕药（雌激素+孕激素或单纯高效孕激素）降低垂体促性腺激素水平，并直接作用于子宫内膜和异位内膜，导致内膜萎缩和经量减少，使患者产生类似妊娠的人工闭经，称为假孕疗法。此法适用于轻度内异症患者。

B.孕激素 单用人工合成的高效孕激素，抑制垂体促性腺激素分泌，并直接作用于子宫内膜和异位内膜，最初引起子宫内膜组织的蜕膜化，继而导致内膜萎缩和闭经。常用药物为甲羟孕酮，剂量为避孕剂量的 3~4 倍，连服 6 个月，停药后痛经缓解，月经恢复。

②假绝经疗法 包括促性腺激素释放激素激动剂（GnRH-α）、达那唑、孕三烯酮等。

A.GnRH-α 为人工合成化合物，活性较天然 GnRH 高百倍，能抑制垂体分泌 FSH 及 LH，导致卵巢激素水平明显下降，出现暂时性闭经，此疗法又称药物性卵巢切除。常用药物有亮丙瑞林、戈舍瑞林。

B.达那唑 为人工合成的睾酮衍生物，能抑制 FSH、LH 峰，抑制卵巢雌激素、孕激素的合成，导致子宫内膜萎缩，出现闭经。因 FSH、LH 呈低水平，故又称假绝经疗法。适用于轻、中度内异症痛经明显者。

C.孕三烯酮 为 19-去甲基睾酮甾体类药物，可拮抗孕激素与雌激素，能增加游离睾酮含量，抑制 FSH、LH 峰值并减少 LH 均值，使体内雌激素水平降低，导致异位内膜萎缩、吸收。

③米非司酮 为孕激素受体拮抗剂，每日口服 25~100mg，可造成闭经使异位病灶萎缩。

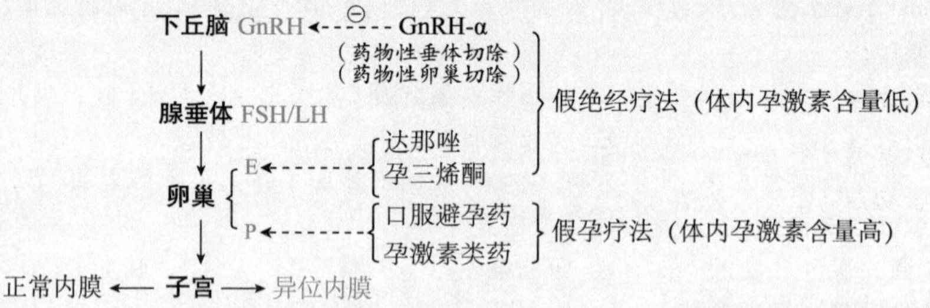

(3)手术治疗 适用于药物治疗后症状不缓解、局部病变加剧、生育功能未恢复、较大的卵巢异位囊肿者。腹腔镜手术是首选的手术方法。目前认为腹腔镜确诊、手术+药物为内异症的"金标准"治疗。

	保留生育功能手术	保留卵巢功能手术	根治性手术
手术方式	切除异位内膜病灶 保留子宫、一侧或双侧卵巢	切除盆腔内病灶及子宫 保留一侧或部分卵巢	切除子宫、双侧附件及异位内膜病灶
适应证	药物治疗无效、年轻、有生育要求者	Ⅲ或Ⅳ期、症状明显、无生育要求<45 岁	45 岁以上的重症患者
复发率	40%	5%	几乎不复发
术后治疗	尽早妊娠，使用药物减少复发	无特殊	无需补充雌激素

(4)内异症相关疼痛的治疗 ①若不合并不孕、无附件包块，首选药物治疗，一线药物为非甾体抗炎药、口服避孕药、高效孕激素。②若合并不孕、卵巢异位囊肿直径≥4cm，首选腹腔镜手术治疗。

(5)内异症相关不孕的治疗 ①单纯药物治疗对自然妊娠无效。②对于希望生育的轻症患者，首选腹腔镜手术治疗。③对于希望生育的重症患者，应积极施行辅助生殖技术助孕。

【例 5】女性，35 岁。发现右附件区囊性肿块 3 个月。腹腔镜手术剥离右卵巢子宫内膜异位囊肿，术后不宜使用的药物为

A. 孕激素　　B. GnRH-α　　C. 达那唑
D. 孕烯三酮　　E. 雌激素

【例 6】女，30 岁。继发性痛经 7 年，婚后 2 年未孕。妇科检查：子宫后位，正常大小，固定，左侧附件区触及 5~6cm 囊性包块，边界欠清，固定，CA125 升高。该患者首选的治疗方法是
A. 人工助孕　　B. 手术治疗　　C. 中药治疗
D. 激素治疗　　E. 止痛治疗

【例 7】子宫内膜异位症根治手术适用于
A. 45 岁以上重度患者　　B. 45 岁以下轻度患者　　C. 45 岁以上轻度患者
D. 45 岁以下重度患者　　E. 45 岁以下中度患者

二、子宫腺肌病

1. 概念

当子宫内膜腺体及间质侵入子宫肌层时，称为子宫腺肌病。异位内膜组织多在子宫肌层内弥漫性生长，也可局限性增生形成肿块。多发生于 30~50 岁经产妇，约 15%合并内异症，约 50%合并子宫肌瘤。

2. 病因

目前认为子宫腺肌病是由基底层子宫内膜侵入肌层生长所致，多次妊娠及分娩、人工流产、慢性子宫内膜炎等造成子宫内膜基底层损伤，与本病的发病密切相关。

3. 病理

(1) 巨检　异位内膜在子宫肌层多呈弥漫性生长，多累及后壁，子宫均匀性增大，球形，不超过妊娠 12 周大小。剖面见子宫肌壁显著增厚，无漩涡状结构。少数呈子宫腺肌瘤，与周围肌层分界不清。

(2) 镜检　肌层内有岛状分布的异位内膜腺体及间质。异位内膜细胞属基底层细胞，对雌激素有反应，但对孕激素不敏感，故异位腺体常呈增殖期改变，偶见到局部区域有分泌期改变。

注意：①子宫腺肌病的子宫内膜呈增殖期改变，偶有局部分泌期改变，是因为异位内膜对孕激素不敏感。
②无排卵性功血的子宫内膜呈增殖期改变，无分泌期改变，是因为受雌激素作用而无孕激素拮抗。

4. 临床表现

(1) 主要症状　常表现为经量增多、经期延长、进行性痛经，疼痛位于下腹正中，常于经前 1 周开始，直至月经结束。35%患者无典型症状；40%~50%患者月经过多，一般>80ml。

(2) 妇科检查　子宫均匀性增大，或有局限性结节隆起，质硬且有压痛，经期压痛更甚。

5. 诊断

根据典型的进行性痛经、月经过多史，妇科检查子宫均匀性增大或局限性隆起，质硬且有压痛，可作出初步诊断。确诊取决于术后的病理学检查。

	子宫腺肌病	子宫内膜异位症
典型症状	逐渐加重的进行性痛经	继发性痛经、进行性加重
腹痛部位	下腹正中	下腹、腰骶部、盆腔中部
月经异常	经量增多、经期延长	经量增多、经期延长、淋漓不尽
子宫附件	子宫均匀性增大 局限性结节，质硬，有压痛	无子宫增大，子宫后壁或子宫直肠陷凹痛性结节 一侧或双侧附件处触及囊实性包块

注意：①子宫腺肌病——痛经，月经量多，经期延长，子宫均匀性增大，局限性痛性结节，附件正常。
②子宫内异症——痛经，月经量多，经期延长，子宫无增大，盆底痛性结节，附件囊实性包块。
③子宫腺肌病、子宫内膜异位症均可有 CA125 升高（正常值<35U/ml），3 版《实用妇产科学》P629。

【例 8】子宫腺肌病的典型症状是

A. 月经周期逐渐延长　B. 月经期延长伴经量增多　C. 阴道不规则流血

D. 继发性痛经进行性加重　E. 阴道分泌物增多

【例 9】女,39 岁。痛经进行性加重 5 年,月经量增多 2 年。妇科检查:子宫后位,球形增大,如 2 个月妊娠大小,活动欠佳,子宫触痛阳性,双附件区未触及异常。CA125 为 87U/ml。最可能的诊断是

A. 子宫内膜炎　B. 子宫肉瘤　C. 子宫内膜异位症

D. 子宫腺肌病　E. 子宫肌瘤

6. 治疗

(1)药物治疗　目前无根治性有效药物。对于症状较轻、有生育要求、近绝经期患者可试用达那唑、孕三烯酮、促性腺激素释放激素激动剂(GnRH-α)治疗,均可缓解症状,但停药后症状可复现。

(2)手术治疗　对于年轻、希望生育的患者,可试行病灶挖除术;对症状严重、无生育要求、药物治疗无效者可行全子宫切除术。是否保留卵巢,取决于卵巢有无病变和患者年龄。

【例 10】女,45 岁,G_2P_1。继发性痛经 6 年。查体:子宫如妊娠 12 周大小,质硬,活动受限。药物治疗后症状无缓解。最佳手术治疗方案是

A. 子宫切除术　B. 广泛性子宫切除术　C. 改良广泛性子宫切除术

D. 子宫切除加双附件切除术　E. 骶神经切断术

三、子宫脱垂

1. 概念

子宫脱垂是指子宫从正常位置沿阴道下降,宫颈外口达坐骨棘水平以下,甚至子宫全部脱出于阴道口以外。子宫脱垂常伴有阴道前壁和(或)后壁膨出。

2. 病因

(1)分娩损伤　为最主要病因。妊娠、分娩,特别是产钳或胎吸困难的阴道分娩,增加盆底组织受损机会。若产后过早参加重体力劳动,将影响盆底组织张力的恢复而发生子宫脱垂。

(2)衰老　随着年龄增长,特别是绝经后盆底支持结构的萎缩,在发病中具有重要作用。

(3)长期腹压增加　如慢性咳嗽、腹腔积液、腹型肥胖、持续负重、习惯性便秘等。

(4)医源性原因　没有充分纠正手术时所造成的盆腔支持结构的缺损。

【例 11】子宫脱垂最常见的病因是

A. 慢性咳嗽　B. 肥胖体型　C. 习惯性便秘

D. 分娩损伤　E. 长期重体力劳动

3. 临床分度及临床表现

(1)我国分度法　以患者平卧用力向下屏气时,子宫下降最低点为分度标准,将子宫脱垂分 3 度。

	Ⅰ度子宫脱垂	Ⅱ度子宫脱垂	Ⅲ度子宫脱垂
分类	①轻型:宫颈外口距处女膜缘<4cm,未达到处女膜缘 ②重型:宫颈外口已达处女膜缘,阴道口可见宫颈	①轻型:宫颈脱出阴道口,宫体仍在阴道内 ②重型:部分宫体脱出阴道口	宫颈及宫体全部脱出阴道口外
症状	多无自觉症状	不同程度的腰骶部痛、下坠感 行走不便,脱出后可还纳	多伴Ⅲ度阴道前壁脱垂 易出现尿潴留、压力性尿失禁
体征	无明显体征	宫颈及阴道黏膜明显增厚 宫颈肥大、延长	宫颈及阴道黏膜明显增厚 宫颈肥大、延长

(2)国际上采用的POP-Q分类法　将子宫脱垂分为0～Ⅳ度。

【例12】女，58岁。绝经8年，发现阴道内脱出肿物3个月，休息后可消失。妇科检查：平卧位屏气向下用力时，宫颈脱出阴道口外，宫体仍在阴道内。该患者子宫脱垂的临床分度是

A. Ⅲ度　　B. Ⅱ度重

C. Ⅰ度轻　　D. Ⅱ度轻型

E. Ⅰ度重型

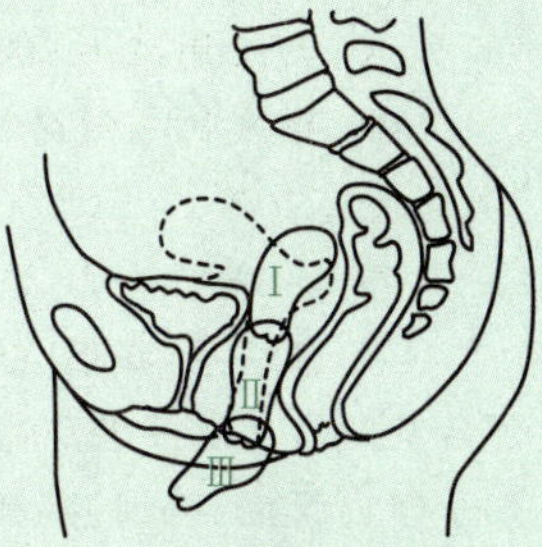

子宫脱垂分度

4. 诊断

根据病史及检查可明确诊断，并进行分度。

5. 治疗

(1)非手术治疗　为子宫脱垂的一线治疗方法，包括应用子宫托、盆底康复治疗、行为指导。

(2)手术治疗　目的是缓解症状，恢复正常的解剖位置和脏器功能，有满意的性生活并能维持效果。

①阴道封闭术　分为阴道半封闭术和阴道全封闭术，术中将阴道前后壁剥离创面相对缝合，以部分或完全封闭阴道，术后失去性交功能，仅适用于年老体弱不能耐受较大手术者。

②盆底重建手术　通过吊带、网片、缝线将阴道穹隆组织或宫骶韧带悬吊固定于骶骨前、骶棘韧带，也可行自身宫骶韧带缩短缝合术，子宫可以切除或保留。手术可经阴道、经腹腔镜或开腹完成。

A.自身组织修复重建手术　包括阴道前后壁修补术、骶棘韧带缝合固定术、宫骶韧带悬吊术。

B.经腹或腹腔镜阴道/子宫骶骨固定术　即将顶端悬吊于骶骨前纵韧带进行重建。

C.经阴道网片置入手术　顶端植入吊带悬吊至骶棘韧带水平，阴道前后壁植入网片进行重建。

D.曼氏(Manchester)手术　即阴道前后壁修补、主韧带缩短及宫颈部分切除，适用于年轻宫颈延长者。

6. 预防

避免腹压增加的疾病。子宫脱垂者在子宫切除时行顶端重建，以免术后发生穹隆膨出和肠膨出。

(13～14题共用题干)女，60岁，G_4P_4。近两年来阴道脱出一肿物，逐渐增大。妇科检查：宫颈光滑，屏气用力后宫颈和部分宫体脱出阴道口外，子宫萎缩，双侧附件正常。

【例13】对该患者子宫脱垂程度判断正确的是

A. Ⅰ度轻型　　B. Ⅲ度　　C. Ⅱ度轻型

D. Ⅰ度重型　　E. Ⅱ度重型

【例14】该患者适宜的治疗方法是

A. 放置子宫托　　B. 经阴道子宫切除术　　C. 阴道纵隔形成术

D. Manchester手术　　E. 盆底肌肉锻炼

▶▶常考点　内异症的诊断及治疗；子宫腺肌病的临床特点及诊断；子宫脱垂的分度及治疗。

参考答案——详细解答见2021《贺银成国家临床执业及助理医师资格考试历年考点精析》

1. ABCDE　2. ABCDE　3. ABCDE　4. ABCDE　5. ABCDE　6. ABCDE　7. ABCDE
8. ABCDE　9. ABCDE　10. ABCDE　11ABCDE　12. ABCDE　13. ABCDE　14. ABCDE

第 14 章　子宫颈癌、子宫肌瘤与子宫内膜癌

▶考纲要求

①子宫颈癌：病因，组织发生及病理，转移途径，临床分期，临床表现，诊断与鉴别诊断，治疗与预防，预后及随访。②子宫肌瘤：分类，病理，变性，临床表现，诊断与鉴别诊断，处理，合并妊娠的诊断与治疗。③子宫内膜癌：病因，病理，转移途径，临床分期，临床表现，诊断与鉴别诊断，治疗。

▶复习要点

一、子宫颈鳞状上皮内病变（大纲不要求，但常考）

子宫颈鳞状上皮内病变（SIL）是与子宫颈浸润癌密切相关的一组子宫颈病变。大部分低级别鳞状上皮内病变（LSIL）可自然消退，但高级别鳞状上皮内病变（HSIL）具有癌变潜能，被视为癌前病变。

1. 子宫颈组织学特点

子宫颈上皮由子宫颈阴道部鳞状上皮和子宫颈管柱状上皮组成，鳞状上皮与柱状上皮的交界处为转化区，也称移行带。转化区表面被覆的柱状上皮被鳞状上皮替代称为鳞状上皮化生。转化区成熟的化生鳞状上皮对致癌物的刺激相对不敏感，但未成熟的化生鳞状上皮却代谢活跃，在人乳头瘤病毒等的刺激下，发生细胞异常增生、分化不良、排列紊乱、细胞核异常、有丝分裂增加，最后形成 SIL。在 SIL 的基础上可进一步发展为浸润癌，故子宫颈外口鳞状上皮与柱状上皮交界处（转化区）为子宫颈癌的好发部位。

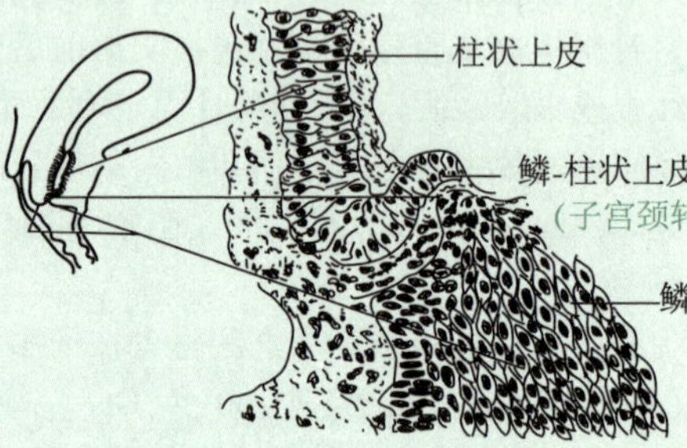

子宫颈转化区

2. 病理学诊断和分级

（1）CIN 分级　子宫颈上皮内瘤变（CIN）现已改称为 SIL，CIN 分为三级：

CIN 分级	别称	病理特点
CIN1 级	轻度异型	上皮下 1/3 层细胞核增大，核染色稍加深，核分裂象少，细胞极性正常
CIN2 级	中度异型	上皮下 1/3～2/3 层细胞核明显增大，核深染，核分裂象较多，细胞极性尚存
CIN3 级	重度异型 +原位癌	病变细胞占据 2/3 层以上或全部上皮，细胞核异常增大，核质比例显著增大 核形不规则，核分裂象多，细胞拥挤，排列紊乱，无极性

（2）SIL 分级　WHO（2014）建议将 CIN 改称 SIL，分为二级：

①LSIL　相当于 CIN1 级，鳞状上皮基底及副基底样细胞增生，细胞核极性轻度紊乱，有轻度异型性，核分裂象少，局限于上皮下 1/3 层，p16 染色阴性或在上皮内散在点状阳性。

②HSIL　相当于大部分 CIN2 级和 CIN3 级，细胞核极性紊乱，核浆比例增加，核分裂象增多，异型细胞扩展到上皮下 2/3 层甚至全层，p16 在上皮>2/3 层面内呈弥漫连续阳性。

3. 临床表现

无特殊症状。偶有阴道排液增多，伴或不伴臭味。可在性生活或妇检后发生接触性出血。检查子宫颈可光滑，或仅见局部红斑、白色上皮，或子宫颈糜烂样表现，未见明显病灶。

4. 诊断

通过细胞学—阴道镜—组织学“三阶梯”检查步骤，可以查证大部分病例。

(1)子宫颈细胞学检查　是 SIL 及早期子宫颈癌筛查的基本方法。凡婚后或性生活过早的青年都应常规作子宫颈刮片细胞学检查,并定期复查(每 1~3 年 1 次)。参阅 3 版《实用妇产科学》P510。

(2)HPV 检测　敏感性较高,特异性较低。可与细胞学检查联合应用于子宫颈癌筛查。也可用于细胞学检查异常的分流,当细胞学为意义不明的不典型鳞状细胞(ASCUS)时进行高危型 HPV 检测,阳性者行阴道镜检查,阴性者 12 个月后行细胞学检查。

(3)阴道镜检查　若筛查发现异常,应作阴道镜检查,进一步明确诊断。

(4)子宫颈活组织检查　是确诊子宫颈鳞状上皮内病变的可靠方法。任何肉眼可疑病灶,或阴道镜诊断为 HSIL 者,均应作单点或多点活检。若需要了解子宫颈管病变,应行子宫颈管搔刮术(ECC)。

(5)子宫颈锥切术+病检　适用于子宫颈细胞学检查多次阳性,而子宫颈活检阴性者;或子宫颈活检为 CIN Ⅱ或 CINⅢ需确诊者;或可疑微小浸润癌需了解病灶的浸润深度和宽度者。

【例 1】女,45 岁。性交后出血半年。妇科检查:子宫颈Ⅰ度糜烂状。子宫颈细胞学检查结果为低度鳞状上皮内病变(LSIL)。为明确诊断,下一步应首选的处理是

A. 子宫颈电热圈切除术　B. 子宫颈冷刀锥切　C. 子宫颈管搔刮
D. HPV-DNA 检测　E. 阴道镜下活检

5. 治疗

(1)LSIL　约 60%会自然消退。

①若细胞学检查为 LSIL 及以下者,可仅观察随访。

②若细胞学检查为 HSIL,应予治疗。阴道镜检查充分者,可采用冷冻和激光治疗。阴道镜检查不充分、或不能排除 HSIL、或 ECC 阳性者,应行子宫颈锥切术。

(2)HSIL　可发展为浸润癌,需要治疗。

①阴道镜检查充分者,可用子宫颈锥切术或消融治疗。

②阴道镜检查不充分者,宜采用子宫颈锥切术,包括子宫颈环形电切除术(LEEP)和冷刀锥切术。

③经子宫颈锥切确诊、年龄较大、无生育要求的 HSIL,也可行筋膜外全子宫切除术。

(2~4 题共用题干)女,38 岁。接触性出血半年。妇科检查:外阴,阴道无异常,子宫颈轻度糜烂,触之易出血,子宫正常大小,宫旁组织及双侧附件未触及异常。

【例 2】首选的检查方法是

A. 阴道镜检查　B. LEEP 锥切术　C. 子宫颈活检
D. 子宫颈冷刀锥切术　E. 子宫颈细胞学检查

【例 3】若检查结果为鳞状上皮内高度病变(HSIL),首选的处理方法是

A. 阴道镜下活检　B. 子宫颈锥形切除术　C. 子宫颈碘试验
D. 分段诊刮术　E. 子宫颈细胞学检查

【例 4】若为子宫颈上皮内瘤变Ⅲ级,宜采取的处理方法是

A. 子宫切除术　B. 放射治疗　C. 化学治疗
D. 子宫颈锥形切除术　E. 随访观察(2016 年真题,9 版《妇产科学》已删除相关内容)

二、子宫颈癌

子宫颈癌简称宫颈癌,是最常见的妇科恶性肿瘤。高发年龄为 50~55 岁。

1. 病因

(1)人乳头瘤病毒(HPV)感染　90%的子宫颈癌有高危型 HPV 感染,其中,以 16、18 型最常见。

(2)性行为及分娩次数　多个性伴侣、初次性生活<16 岁、早年分娩、多产与子宫颈癌发生有关。

(3)吸烟　吸烟可增加感染 HPV 效应,屏障避孕法有一定的保护作用。

【例 5】子宫颈癌的主要病因是

A. 不洁性交史　　B. 配偶包皮过长　　C. 早产、多产

D. 早婚、早孕　　E. 高危型 HPV 持续感染

2. 组织发生及病理

(1)组织发生　SIL 形成后继续发展，突破上皮下基底膜，浸润间质，形成子宫颈浸润癌。

(2)病理

	浸润性鳞状上皮癌	腺癌	腺鳞癌
发病率	占子宫颈癌的 75%～80%	占子宫颈癌的 20%～25%	占子宫颈癌的 3%～5%
肉眼观	外生型(最常见) 内生型、溃疡型、颈管型	子宫颈管内生长、管外生长 沿管壁生长、侵犯宫旁组织	形态多变
镜下观	微小浸润性鳞癌、浸润性鳞癌	普通型子宫颈腺癌、黏液性腺癌	含腺癌和鳞癌两种成分

3. 转移途径

主要为直接蔓延和淋巴转移，血行转移极少见。

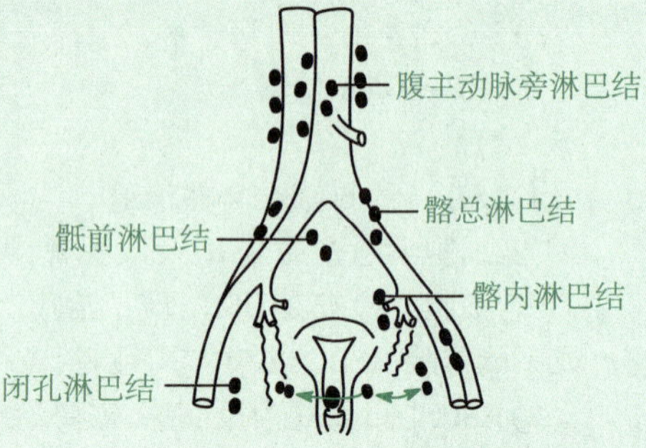

宫颈癌淋巴转移示意图

(1)直接蔓延　最常见，癌组织向邻近器官及组织扩散。①常向下累及阴道壁；②极少向上累及宫腔；③向两侧累及主韧带及子宫颈旁、阴道旁组织直至骨盆壁；④向前累及膀胱；⑤向后累及直肠。

(2)淋巴转移　较常见。淋巴转移一级组包括子宫旁、闭孔、髂内、髂外、髂总、骶前淋巴结；二级组包括腹股沟深浅淋巴结、腹主动脉旁淋巴结。

(3)血行转移　少见，晚期可转移至肺、肝、骨骼等。

A. 淋巴转移和种植　　B. 血行转移和淋巴转移　　C. 直接蔓延和种植

D. 直接蔓延和淋巴转移　　E. 血行转移

【例 6】子宫颈癌的主要播散方式为

【例 7】卵巢癌的主要播散方式为

【例 8】绒毛膜癌的主要播散方式为

4. 临床分期

国际妇产科联盟(FIGO，2009)的临床分期标准如下表。

Ⅰ期	肿瘤局限于子宫颈(扩展至宫体应被忽略)
ⅠA	镜下浸润癌(所有肉眼可见的病灶，包括表浅浸润均为ⅠB 期)，间质浸润深度<5mm，宽度≤7mm (ⅠA1 间质浸润深度≤3mm，宽度≤7mm；ⅠA2 间质浸润深度>3mm 且<5mm，宽度≤7mm)
ⅠB	肉眼可见癌灶局限于宫颈，或者镜下病灶>ⅠA(ⅠB1 肉眼可见癌灶≤4cm；ⅠB2 肉眼可见癌灶>4cm)
Ⅱ期	肿瘤超越子宫，但未达骨盆壁或未达阴道下 1/3
ⅡA	肿瘤侵犯阴道上 2/3，无明显宫旁浸润(ⅡA1 肉眼可见癌灶≤4cm；ⅡA2 肉眼可见癌灶>4cm)
ⅡB	有明显宫旁浸润，但未达盆壁
Ⅲ期	肿瘤已扩展到骨盆壁和(或)累及阴道下 1/3 和(或)引起肾盂积水或肾无功能
ⅢA	肿瘤累及阴道下 1/3，没有扩展到骨盆壁
ⅢB	肿瘤扩展到骨盆壁，或引起肾盂积水或肾无功能
Ⅳ期	肿瘤超出了真骨盆范围，或侵犯膀胱和/或直肠黏膜
ⅣA	肿瘤侵犯邻近的盆腔器官
ⅣB	远处转移

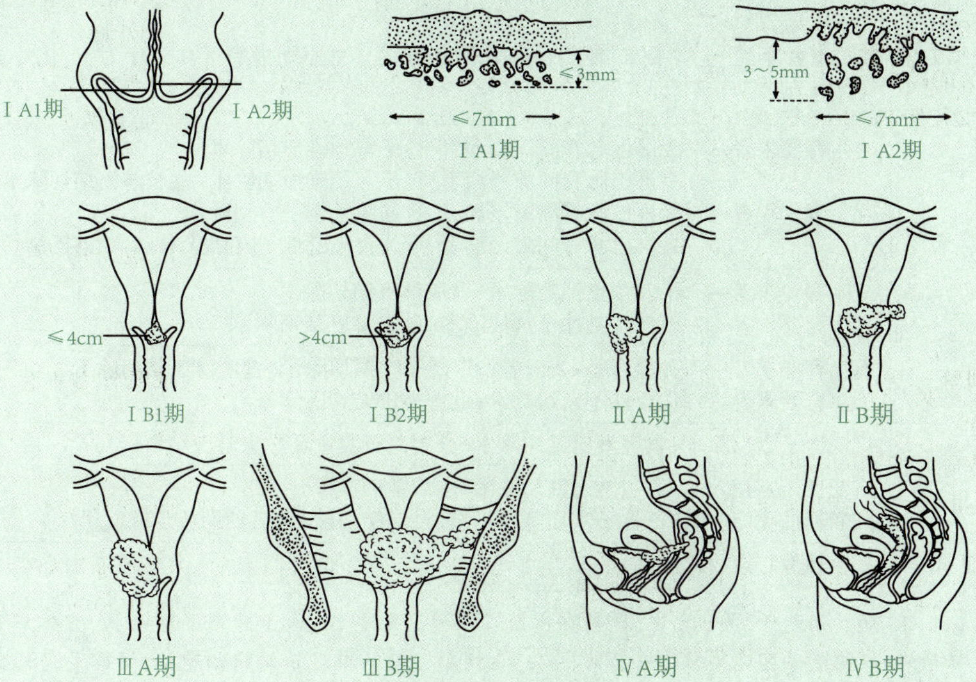

宫颈癌的FIGO临床分期

【例9】女性，45岁。血性白带2个月。妇检阴道未受肿瘤侵犯，子宫颈菜花样，宫体正常大小，宫旁明显增厚，未达盆腔，子宫颈活检为鳞癌。其分期是

A. ⅠB期　　B. ⅠC期　　C. ⅡA期

D. ⅡB期　　E. ⅢA期

5. 临床表现

(1)阴道流血　常表现为接触性出血，即性生活或妇科检查后阴道流血。也可为不规则阴道流血，或经期延长、经量增多。老年患者常为绝经后不规则阴道流血。

(2)阴道排液　多数患者有白色、血性、稀薄如水样或米泔状、有腥臭的阴道排液。

(3)晚期症状　癌肿浸润膀胱可有尿频、尿急；压迫或浸润输尿管可致肾积水等。

(4)体征　微小浸润癌可无明显病灶，子宫颈光滑或糜烂样改变。外生型子宫颈癌可见息肉状、菜花状赘生物；内生型表现为子宫颈肥大、质硬、子宫颈管膨大；晚期形成溃疡、空洞伴恶臭。

6. 诊断与鉴别诊断

(1)早期病例的诊断　采用子宫颈细胞学检查和(或)HPV检测、阴道镜检查、子宫颈活组织检查的"三阶梯"程序，确诊依据为组织学诊断。

(2)活组织检查　适用于子宫颈有明显病灶者。子宫颈活组织检查为确诊子宫颈癌最可靠的依据。

(3)子宫颈锥切术　适用于子宫颈刮片检查多次阳性而子宫颈活检阴性者、子宫颈活检为HSIL但不能除外浸润癌者、活检为可疑微小浸润癌需要测量肿瘤范围或除外进展期浸润癌者。

(4)鉴别诊断　需与子宫颈其他良、恶性病变鉴别。

【例10】女，53岁。接触性出血1个月。妇科检查：子宫颈后唇有一菜花样新生物，接触性出血阳性，宫体正常大小，附件(-)。该患者最可能的诊断是

A. 慢性子宫颈炎　　B. 急性子宫颈炎　　C. 子宫内膜炎

D. 子宫颈肌瘤　　E. 子宫颈癌

7. 治疗

根据临床分期、患者年龄、生育要求，制订个体化治疗方案。总原则为手术和放疗为主，化疗为辅。

分期	手术方式
ⅠA1	有生育要求者——无淋巴脉管间隙浸润者，行子宫颈锥形切除术 有淋巴脉管间隙浸润者，行子宫颈锥形切除术+盆腔淋巴结切除术 无生育要求者——无淋巴脉管间隙浸润者，行筋膜外全子宫切除术 有淋巴脉管间隙浸润者，行改良广泛性子宫切除术+盆腔淋巴结切除术
ⅠA2	有生育要求者——子宫颈锥形切除术+盆腔淋巴结切除术 无生育要求者——改良广泛性子宫切除术+盆腔淋巴结切除术
ⅠB1	有生育要求者——肿瘤直径<2cm 者行广泛子宫颈切除术+盆腔淋巴结切除术 无生育要求者——广泛性子宫切除术+盆腔淋巴结切除术
ⅡA1	广泛性子宫切除术+盆腔淋巴结切除术（必要时行腹主动脉旁淋巴结取样）
ⅠB2、ⅡA2	广泛性子宫切除术+盆腔淋巴结切除术+术后辅助放疗 或新辅助化疗后+广泛性子宫切除术+盆腔淋巴结切除+术后辅助放疗或放化疗
ⅡB、Ⅲ、Ⅳ	根治性放疗或放化疗

（11~13 题共用题干）女，48 岁，接触性出血 3 个月。妇科检查：子宫颈呈糜烂状，宫体正常大小，活动好，双侧附件区无异常。三合诊(-)。阴道镜下活检病理示鳞状细胞癌，间质浸润深度 6mm。

【例 11】该患者的临床分期应是

A. 子宫颈原位癌　　B. 子宫颈癌ⅠA2 期　　C. 子宫颈癌ⅠB2 期

D. 子宫颈癌ⅠA1 期　　E. 子宫颈癌ⅠB1 期

【例 12】最适合的手术方式为

A. 筋膜内子宫全切术加盆腔淋巴结切除术

B. 改良广泛子宫切除术加盆腔淋巴结切除术

C. 子宫颈锥切术加盆腔淋巴结切除术

D. 广泛性子宫切除术加盆腔淋巴结切除术

E. 筋膜外子宫全切术加盆腔淋巴结切除

【例 13】术后常规病理：各切缘阴性，中分化鳞癌，无淋巴结转移及脉管浸润，应给予

A. 随访观察　　B. 放、化疗　　C. 放射治疗

D. 化学治疗　　E. 物理治疗

8. 预防

子宫颈癌病因明显，筛查方法较完善，是一个可以预防的肿瘤。

①一级预防　推广 HPV 预防性疫苗接种，阻断 HPV 感染，预防子宫颈癌发生。

②二级预防　普及、规范子宫颈癌筛查，早期发现 SIL。

③三级预防　及时治疗 HSIL，阻断子宫颈浸润癌的发生。

④卫生宣教　开展预防子宫颈癌知识宣教，提高预防性疫苗注射率和筛查率，建立健康的生活方式。

9. 预后

与临床期别、病理类型等密切相关，有淋巴结转移者预后差。

10. 随访

治疗后 2 年内应每 3~4 个月复查 1 次；3~5 年内 6 个月复查 1 次；第 6 年开始每年复查 1 次。随访内容包括妇科检查、阴道脱落细胞学检查、胸片、血常规、子宫颈鳞状细胞癌抗原(SCCA)等。

三、子宫肌瘤

1. 分类

(1)按肌瘤生长部位　分为宫体肌瘤(90%)、宫颈肌瘤。

(2)按肌瘤与子宫肌壁的关系　子宫肌瘤分为 3 类:

①肌壁间肌瘤　占 60%~70%,肌瘤位于子宫肌壁间。

②浆膜下肌瘤　约占 20%,肌瘤向子宫浆膜生长,并突出于子宫表面,肌瘤表面仅由子宫浆膜覆盖。

③黏膜下肌瘤　占 10%~15%,肌瘤向宫腔方向生长,突出于宫腔,表面仅为子宫内膜覆盖。

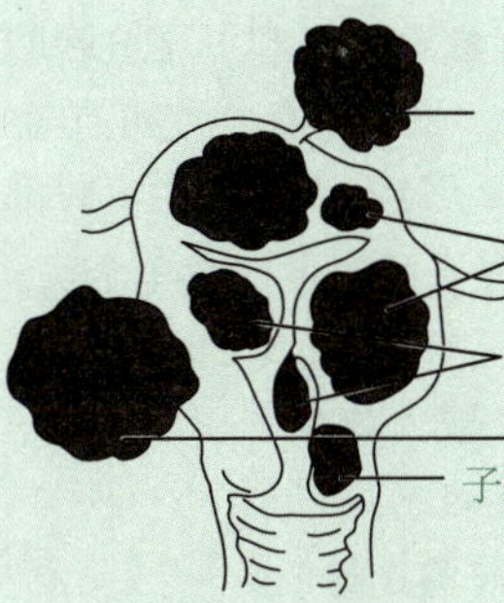

各型子宫肌瘤

2. 病理

(1)巨检　肌瘤为实质性球形包块,表面光滑,质硬。切面呈灰白色,可见漩涡状或编织状结构。

(2)镜检　主要由梭形平滑肌细胞和不等量纤维结缔组织构成,肌细胞大小均匀,排列成漩涡状。

注意:①女性生殖器最常见的良性肿瘤是子宫肌瘤。②最常见的妇科恶性肿瘤是宫颈癌。③死亡率最高的女性生殖系统恶性肿瘤是卵巢癌。

3. 肌瘤变性

	病理特点及临床意义	镜下特点
玻璃样变	又称透明变性,最常见。肌瘤剖面漩涡状结构消失,由均匀透明样物质取代	病变区肌细胞消失 为均匀透明无结构区
囊性变	玻璃样变继续发展,肌细胞坏死液化,即可发生囊性变,此时子宫肌瘤变软,肌瘤内出现大小不等的囊腔	囊腔为玻璃样变的肌瘤组织构成,内壁无上皮覆盖
红色样变	多见于妊娠期或产褥期,为肌瘤的特殊类型坏死。患者可有剧烈腹痛,伴恶心、呕吐,发热,白细胞计数增高,肌瘤迅速增大、压痛,剖面为暗红色,有腥臭味,质软	组织水肿,瘤体内小静脉血栓形成,广泛出血伴溶血,肌细胞减少
肉瘤样变	多见于绝经后子宫肌瘤伴疼痛和出血的患者,表现为绝经后妇女肌瘤在短期内迅速增大	平滑肌细胞增生,排列紊乱 漩涡状结构消失,细胞有异型性
钙化	多见于蒂部细小、血供不足的浆膜下肌瘤以及绝经后妇女的肌瘤。X 线摄片可清楚看到钙化阴影	钙化区为层状沉积,呈圆形 有深蓝色微细颗粒

【例 14】子宫肌瘤发生红色样变常见于

A. 妊娠期　B. 月经中期　C. 绝经前期
D. 红斑狼疮治疗期　E. 生育期

【例 15】初孕妇,32 岁。妊娠 20 周,合并子宫肌壁间肌瘤,剧烈腹痛 1 天,无阴道流血。查体:T38.2℃。血常规:WBC10×10^9/L,N0.75。最可能的诊断是

A. 子宫肌瘤囊性变　B. 子宫肌瘤蒂扭转　C. 子宫肌瘤合并急性阑尾炎
D. 子宫肌瘤合并感染　E. 子宫肌瘤红色样变

4. 临床表现

症状与肌瘤部位(最有关)、大小、有无变性相关,而与肌瘤数目关系不大。

(1)经量增多及经期延长　为子宫肌瘤最常见的症状。多见于大的肌壁间肌瘤及黏膜下肌瘤。长期经量增多可继发贫血。月经周期基本正常。

(2)下腹包块 肌瘤小时在腹部不能扪及。当肌瘤逐渐增大使子宫超过3个月妊娠大时,可从腹部触及。较大的黏膜下肌瘤可脱出于阴道外,患者可因外阴脱出肿物就诊。

(3)白带增多 肌壁间肌瘤、黏膜下肌瘤一旦感染,可有大量脓性白带。

(4)压迫症状 肌瘤可压迫膀胱、输尿管等引起相应症状。

(5)其他 肌瘤红色样变可有急性下腹痛,呕吐,发热、局部压痛。浆膜下肌瘤蒂扭转可有急性腹痛。

(6)体征 较大肌瘤可在下腹部扪及实质性不规则肿块。妇检扪及子宫增大,表面不规则单个或多个结节。浆膜下肌瘤可扪及单个实质性肿块与子宫有蒂相连。黏膜下肌瘤位于宫腔内者子宫均匀增大。

【例16】月经量多或经期延长但周期基本正常,应首先考虑

A. 子宫内膜癌　B. 子宫颈癌　C. 子宫肌瘤

D. 宫颈息肉　E. 无排卵性功能失调性子宫出血

5. 诊断与鉴别诊断

根据病史及体征,诊断多无困难。B超、MRI、宫腔镜、腹腔镜等均可协助诊断。应与下列疾病鉴别。

(1)妊娠子宫 妊娠者有停经史、早孕反应,子宫随停经月份增大变软,借助血尿hCG、B超可确诊。

(2)卵巢肿瘤 多无月经改变,肿块多呈囊性,位于子宫一侧。借助B超可以鉴别。

(3)子宫腺肌病 可有子宫增大、月经增多等。局限型子宫腺肌病类似子宫肌壁间肌瘤,质硬。但子宫腺肌病继发性痛经明显,子宫多呈均匀增大,较少超过3个月妊娠子宫大小,经前与经后子宫大小有变化。B超检查、外周血CA125检测有助于诊断。

【例17】女,35岁。月经周期规律,经期延长,经量增多半年,阴道大出血10天。查体:贫血貌,妇科检查发现子宫增大如孕8周大小,质中等。B超提示宫腔实性占位,直径4cm。最可能的诊断是

A. 子宫阔韧带肌瘤　B. 子宫浆膜下肌瘤　C. 子宫颈肌瘤

D. 子宫肌壁间肌瘤　E. 子宫黏膜下肌瘤

6. 治疗

(1)等待观察 无症状肌瘤不需治疗,特别是近绝经期妇女。绝经后肌瘤多可自行萎缩、症状消失。

(2)药物治疗 适用于症状轻、近绝经年龄、全身情况不宜手术者。

①促性腺激素释放激素类似物(GnRH-α) 可抑制FSH和LH分泌,降低雌激素至绝经水平,以缓解症状,并抑制肌瘤生长,使其萎缩。应用指征包括:A.缩小肌瘤以利于妊娠;B.术前用药控制症状、纠正贫血;C.术前用药缩小肌瘤、降低手术难度;D.对近绝经期妇女,提前过渡到自然绝经,避免手术。一般使用长效制剂,每月皮下注射1次,常用药物有亮丙瑞林、戈舍瑞林等。

②米非司酮 可作为术前用药或提前绝经使用,但不宜长期使用。

(3)手术治疗 手术适应证:①因肌瘤导致月经量过多,致继发性贫血;②严重腹痛、性交痛、慢性腹痛、有蒂肌瘤扭转引起的急性腹痛;③肌瘤体积较大,产生膀胱、直肠压迫症状;④因肌瘤造成不孕或反复流产;⑤疑有肉瘤变。希望保留生育功能者采用肌瘤切除术;不要求保留生育功能者行子宫切除术。

(4)其他治疗 如子宫动脉栓塞术、宫腔镜子宫内膜切除术,适用于不能耐受或不愿手术者。

7. 合并妊娠的诊断与治疗

(1)肌瘤对妊娠分娩的影响 与肌瘤类型及大小有关。黏膜下肌瘤可影响受精卵着床,导致早期流产。肌壁间肌瘤过大可使宫腔变形或内膜供血不足引起流产。生长位置较低的肌瘤可妨碍胎先露下降,导致胎位异常、胎盘早剥、产道梗阻等。

(2)妊娠对肌瘤的影响 妊娠期和产褥期肌瘤易发生红色变性。浆膜下肌瘤可发生扭转。

(3)处理 妊娠合并子宫肌瘤,多能经阴道分娩。若肌瘤阻碍胎儿下降,应行剖宫产。红色样变经保守治疗几乎均能缓解,无效者行手术治疗。

四、子宫内膜癌

子宫内膜癌是发生于子宫内膜的一组上皮性恶性肿瘤，以腺癌最多见。

1. 病因

病因不清，目前认为子宫内膜癌有两种发病类型，即雌激素依赖型和非雌激素依赖型。

	雌激素依赖型子宫内膜癌（Ⅰ型）	非雌激素依赖型子宫内膜癌（Ⅱ型）
发病率	占大多数	占少数
发病机制	雌激素长期作用，导致子宫内膜增生，继而癌变	发病与雌激素无明确关系
受体	雌、孕激素受体阳性率高	雌、孕激素受体多为阴性
发病特点	较年轻，伴肥胖、高血压、糖尿病、不孕不育、绝经延迟	老年妇女，体型较瘦
分子事件	*PTEN* 基因失活、微卫星不稳定	*p*53 基因突变、*HER*2 基因过度表达
肿瘤特点	均为子宫内膜样腺癌，肿瘤分化良好，预后较好	子宫内膜浆液性乳头状癌、透明细胞癌、腺鳞癌、黏液腺癌，分化差，预后不良

【例 18】子宫内膜癌的高危因素不包括

A. 不孕症　　B. 卵巢早衰　　C. 肥胖
D. 糖尿病　　E. 无排卵性功能失调性子宫出血

2. 病理

(1) 肉眼观　不同组织类型内膜癌的肉眼观无明显区别。大体可分为弥散型和局灶型两型。

(2) 镜下观　分为以下 5 型。

类型	占比	病理特点
内膜样癌	80%～90%	以腺癌最多见。内膜腺体高度异型增生，上皮复层，形成筛孔状结构
浆液性癌	1%～9%	癌细胞异型性明显，排列不规则，1/3 伴砂粒体。恶性程度高，预后差
黏液性癌	5%	肿瘤半数以上由胞质内充满黏液的细胞组成，腺体分化良好，预后较好
透明细胞癌	<5%	癌细胞异型性明显，或由靴钉状细胞组成。恶性程度高，易早期转移
癌肉瘤	较少见	由恶性上皮和恶性间叶成分混合组成，常见于绝经后妇女，恶性程度高

【例 19】子宫内膜癌最多见的病理类型是

A. 腺角化癌　　B. 腺癌　　C. 透明细胞癌
D. 鳞腺癌　　E. 鳞癌

3. 转移途径

转移途径主要为直接蔓延、淋巴转移，晚期可有血行转移。

(1) 直接蔓延　最常见转移途径。癌灶初期沿子宫内膜蔓延生长，向上至子宫角波及输卵管；向下至宫颈管及阴道；向深层至子宫肌层、子宫浆肌层、盆腹膜、直肠子宫陷凹、大网膜。

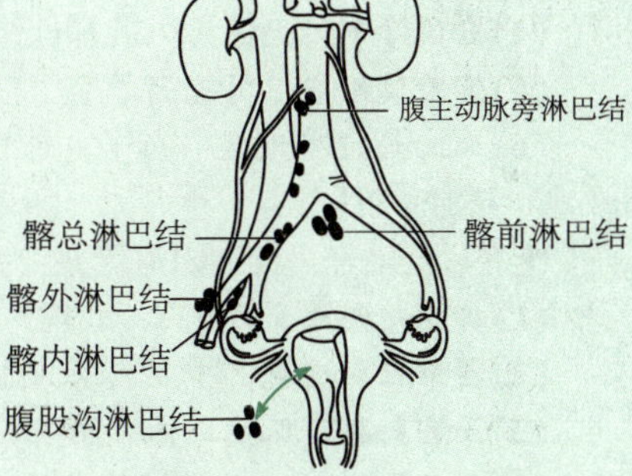

子宫内膜癌淋巴转移示意图

(2) 淋巴转移　为主要转移途径。转移途径与癌肿生长部位有关：宫底癌常沿阔韧带上部淋巴管网经骨盆漏斗韧带转移至腹主动脉旁淋巴结。子宫角或前壁上部病沿圆韧带淋巴管转移至腹股沟淋巴结。子宫下段癌或已累及宫颈管癌灶的淋巴转移途径与宫颈癌相同，可累及宫旁、闭孔、髂内、髂外、髂总淋巴结。子宫后壁癌可沿宫骶韧带转移至直肠淋巴结。约10%的子宫内膜癌经淋巴管逆行引流累及阴道前壁。

(3)血行转移 晚期患者经血行转移至肺、肝、骨等。

注意：①子宫内膜癌以腺癌最多见，子宫颈癌以鳞癌最多见。
②子宫内膜癌主要转移途径为直接蔓延及淋巴转移，其中以淋巴转移最常见。
③子宫颈癌主要转移途径为直接蔓延及淋巴转移，其中以直接蔓延最常见。
④卵巢癌的主要转移途径为直接蔓延及腹腔种植，淋巴转移也是重要的转移途径。
⑤绒毛膜癌的主要转移途径为血行转移。

4. 临床分期

多采用国际妇产科联盟(FIGO,2009)修订的手术-病理分期，见下表。

Ⅰ期	肿瘤局限于宫体	ⅢC	盆腔淋巴结和(或)腹主动脉旁淋巴结转移
ⅠA	肿瘤浸润深度<1/2 肌层	ⅢC1	盆腔淋巴结转移
ⅠB	肿瘤浸润深度≥1/2 肌层	ⅢC2	腹主动脉旁淋巴结转移伴/不伴盆腔淋巴结转移
Ⅱ期	肿瘤侵犯宫颈间质，未超过宫体	Ⅳ期	肿瘤侵犯膀胱和(或)直肠，和(或)远处转移
Ⅲ期	肿瘤局部和(或)区域播散	ⅣA	肿瘤侵犯膀胱和(或)直肠
ⅢA	肿瘤累及子宫浆膜和(或)附件	ⅣB 期	远处转移，包括腹腔内和(或)腹股沟淋巴结转移
ⅢB	肿瘤累及阴道和(或)宫旁		

【例20】子宫内膜癌已累及宫颈间质，其分期应为

A. ⅠB 期　　B. Ⅲ 期　　C. ⅠA 期
D. Ⅱ期　　E. Ⅳ期

5. 临床表现

约90%的患者出现阴道流血或阴道排液症状。

(1)阴道流血 表现为绝经后阴道流血，量不多。尚未绝经者可表现为经量增多、经期延长或月经紊乱。

(2)阴道排液 多为血性液体或浆液性分泌物，合并感染者则有脓血性排液，恶臭。

(3)下腹疼痛 若肿瘤累及宫颈内口，可引起宫腔积脓，出现下腹胀痛及痉挛样疼痛。

(4)体征 早期无异常发现。晚期可有子宫增大，合并宫腔积脓时可有明显触痛。

6. 诊断

(1)病史和临床表现 绝经后阴道流血，绝经过渡期月经紊乱，有子宫内膜癌的高危因素，有长期应用雌激素病史，有乳腺癌、子宫内膜癌家族史者，均应注意子宫内膜癌的可能。

(2)B超检查 典型子宫内膜癌的B超图像为宫腔内实质不均回声区，或宫腔线消失、肌层内有不均回声区。彩色多普勒显像可显示丰富血流信号。

(3)MRI、CT MRI对肌层浸润深度和宫颈间质浸润有较准确的判断。CT可协助判断子宫外转移。

(4)分段诊刮 是最常用最有价值的确诊方法。

(5)宫腔镜检查 可提高早期子宫内膜癌的诊断率。

(6)血清CA125测定 有子宫外转移者，血清CA125升高。也可作为疗效观察的指标。

7. 鉴别诊断

绝经后及绝经过渡期阴道流血，为子宫内膜癌最常见的症状，故应与阴道流血的各种疾病相鉴别。

(1)功能失调性子宫出血 表现为经量增多、经期延长、不规则阴道流血，妇检正常，分段诊刮可确诊。

(2)萎缩性阴道炎 主要表现为血性白带。检查可见阴道黏膜变薄、充血、有出血点等。

(3)子宫黏膜下肌瘤或内膜息肉 有月经过多或不规则阴道流血，可行宫腔镜、分段诊刮确诊。

(4)宫颈管癌、子宫肉瘤及输卵管癌 可有阴道排液增多或不规则流血。分段诊刮、B超有助于确诊。

注意：①确诊宫颈癌首选的检查——宫颈和宫颈管活检。②确诊子宫内膜癌首选的检查——分段诊刮。③宫颈癌的普查筛查首选——宫颈刮片细胞学检查。④确诊外阴癌的首选检查——活组织检查。⑤诊断子宫内膜癌的关键——绝经+少量阴道流血（+子宫增大）。

【例21】60岁，女性。原发不育、绝经6年，高血压史，不规则阴道少量流血2天。妇科检查：除子宫增大如妊娠6周外，余均正常。确诊方法应是

A. B型超声检查　　B. 血清CA125测定　　C. 盆腔磁共振成像
D. 细胞学检查　　E. 分段诊刮

【例22】女，60岁。绝经5年，反复阴道流血3次，量中等。平时白带少许。B超示子宫稍大，宫腔内可见实质不均回声区，形态不规则，宫腔线消失。首先考虑的诊断是

A. 输卵管癌　　B. 子宫内膜癌　　C. 子宫颈癌
D. 子宫内膜炎　　E. 萎缩性阴道炎

8. 治疗

(1)治疗原则　主要治疗方法为手术、放疗及药物治疗。早期患者以手术为主，术后根据高危因素选择辅助治疗。晚期采用手术、放疗、化疗等综合治疗。

(2)手术治疗　为首选治疗方法。手术时可明确分期，癌组织可行雌、孕激素受体检测。

分期	手术方式
Ⅰ期	筋膜外全子宫切除+双侧附件切除，加（或不加）盆腔及腹主动脉旁淋巴结清扫
Ⅱ期	改良广泛性子宫切除+双侧附件切除+盆腔及腹主动脉旁淋巴结取样术
Ⅲ期和Ⅳ期	手术方式应个体化。手术范围与卵巢癌相同，进行肿瘤细胞减灭手术

(3)放疗　是治疗子宫内膜癌的有效方法之一，分近距离照射和体外照射两种。

①单纯放疗　仅用于有手术禁忌或无法手术切除的晚期患者。

②放疗联合手术及化疗　Ⅱ期、ⅢC期和伴有高危因素的Ⅰ期（深肌层浸润）患者，术后应辅以放疗。对Ⅲ期、Ⅳ期病例，通过手术、放疗和化疗联合应用，可提高疗效。

(4)化疗　适用于晚期或复发子宫内膜癌。

(5)孕激素治疗　主要用于保留生育功能的早期子宫内膜癌患者，也可作为晚期或复发患者的综合治疗方法之一。孕激素受体阳性者有效率可达80%。常用药物有醋酸甲羟孕酮、己酸孕酮等。

【例23】女，65岁。不规则阴道流血1年余。有高血压、糖尿病病史3年，BMI28kg/m^2。B超发现宫腔内2.0cm×2.5cm占位性病变，有丰富血液，血流阻力指数为0.36。在宫腔内膜活检确诊后，首选的治疗措施是

A. 手术治疗　　B. 化学药物治疗　　C. 生物治疗
D. 激素治疗　　E. 放射治疗

【例24】女性，58岁。绝经10年，阴道流血伴流脓2个月就诊，行分段诊刮，诊断为子宫内膜癌Ⅰ期。首选治疗方案为

A. 腔内放射治疗　　B. 盆腔外照射治疗
C. 全子宫切除术　　D. 全子宫切除术及双侧附件切除术
E. 广泛性子宫切除术及盆腔淋巴结清扫术

（25~27题共用题干）58岁，绝经8年，不规则阴道流血2周，5年前普查发现子宫肌瘤，高血压10余年治疗中，查体肥胖。妇检：子宫如妊娠8周，稍软，轻压痛。宫颈轻度糜烂，B型超声显示子宫内膜厚而不规则。

【例25】为明确诊断，最常用的方法是

A. 宫颈活检　　B. 阴道镜检查　　C. 分段诊刮
D. 腹腔镜检查　　E. 血清肿瘤标志物测定

【例26】最可能的诊断是
A. 黏膜下肌瘤　　B. 子宫内膜癌　　C. 宫颈癌
D. 子宫肉瘤　　E. 子宫内膜息肉

【例27】经病理诊断后首选的治疗方法是
A. 手术治疗　　B. 化学治疗　　C. 放射治疗
D. 抗炎治疗　　E. 中医药治疗

9. 常用子宫切除的术式

这些术式名称不统一，但含义相似，仅供参考。

(1)次全子宫切除术　即切除子宫，保留宫颈。但由于宫颈癌发病率较高，故该术式少用。

(2)全子宫切除术　分筋膜内全子宫切除和筋膜外全子宫切除两种。筋膜指宫颈筋膜。

①筋膜内全子宫切除　将宫颈筋膜切开，往下推，在宫颈筋膜内将宫颈切除，保留宫颈筋膜和里面的韧带。切除了大部分容易癌变的宫颈管和宫颈内膜，最后将宫颈筋膜缝合。这种术式创面小，出血少，恢复快，保留了主骶韧带和宫颈筋膜，可以重建盆底结构，是良性病变的首选术式。

②筋膜外全子宫切除　手术范围较筋膜内全子宫切除大。在宫颈筋膜的外面切除宫颈，切断了主骶韧带，还切除了小部分阴道壁。该术式适用于子宫内膜重度非典型增生、早期子宫内膜癌、早期宫颈癌。

(3)次广泛子宫切除术　切除宫旁和阴道2~3cm，切除宫旁的范围较小。

(4)广泛子宫切除术　切除宫旁和阴道3~4cm，切除宫旁的范围较大。

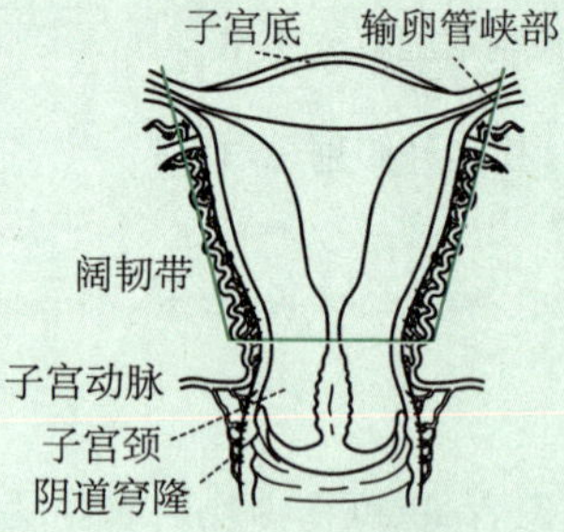

次全子宫切除术

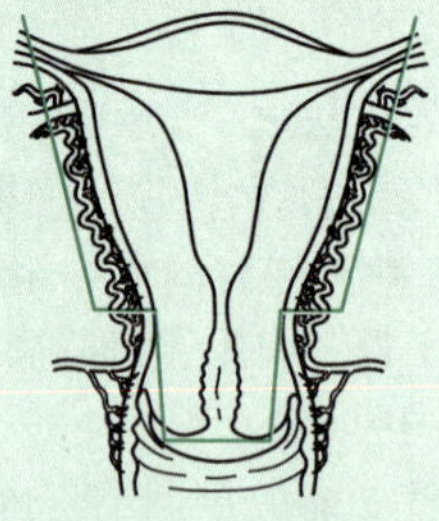

筋膜内全子宫切除术

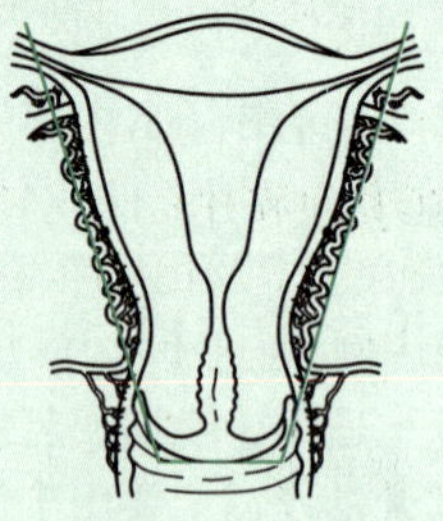

筋膜外全子宫切除术

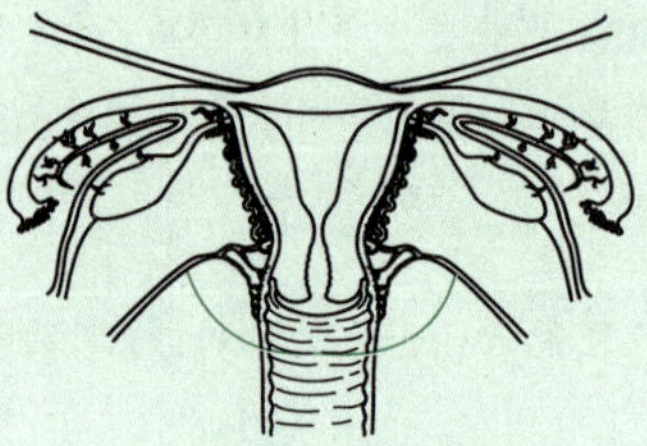

次广泛性子宫切除术

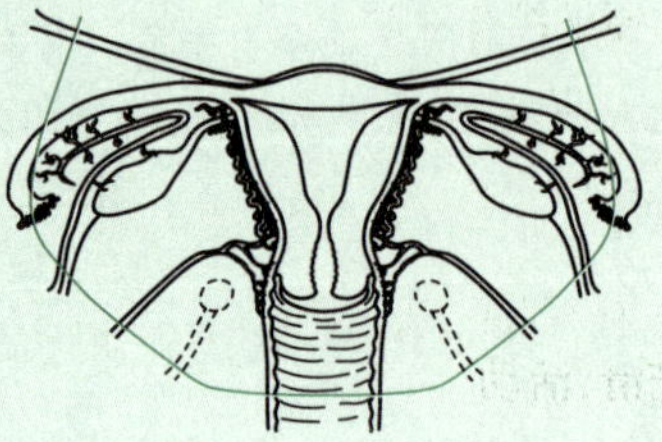

广泛性子宫切除术

常考点　考试重点，需全面掌握。

参考答案——详细解答见2021《贺银成国家临床执业及助理医师资格考试历年考点精析》

1. ABCDE　2. ABCDE　3. ABCDE　4. ABCDE　5. ABCDE　6. ABCDE　7. ABCDE
8. ABCDE　9. ABCDE　10. ABCDE　11. ABCDE　12. ABCDE　13. ABCDE　14. ABCDE
15. ABCDE　16. ABCDE　17. ABCDE　18. ABCDE　19. ABCDE　20. ABCDE　21. ABCDE
22. ABCDE　23. ABCDE　24. ABCDE　25. ABCDE　26. ABCDE　27. ABCDE

第 15 章　卵巢肿瘤

考纲要求

卵巢肿瘤：组织学分类，恶性肿瘤转移途径，临床表现，诊断与鉴别诊断，良、恶性卵巢肿瘤鉴别诊断，并发症，治疗，随访与监测。

复习要点

一、卵巢肿瘤概论

卵巢肿瘤是常见的妇科肿瘤，可发生于任何年龄，致死率居妇科恶性肿瘤首位。

1. 组织学分类

卵巢肿瘤组织成分非常复杂，是全身各脏器原发肿瘤类型最多的器官。

组织学类型	所占比例	分类
上皮性肿瘤	50%～70%	分为浆液性、黏液性、子宫内膜样、透明细胞肿瘤、移行细胞肿瘤、浆黏液性肿瘤 根据组织学特性，各类又分为良性肿瘤、交界性肿瘤、恶性肿瘤
生殖细胞肿瘤	20%～40%	畸胎瘤、无性细胞瘤、卵黄囊瘤、胚胎性癌、非妊娠性绒癌、混合型生殖细胞肿瘤
性索-间质肿瘤	5%～8%	可分为纯型间质肿瘤、纯型性索肿瘤、混合型性索-间质肿瘤
转移性肿瘤	少见	为继发于胃肠道、生殖道、乳腺等部位的原发性癌转移至卵巢形成的肿瘤

2. 恶性肿瘤转移途径

直接蔓延和腹腔种植、淋巴转移是主要转移途径。血行转移少见，晚期可转移至肺、胸膜、肝实质。

3. 临床表现

	卵巢良性肿瘤	卵巢恶性肿瘤
早期症状	肿瘤较小时多无症状	早期常无症状
晚期症状	肿瘤增大时，可有腹胀、腹部包块 肿瘤继续长大时，可有压迫症状	腹胀、腹部包块、腹腔积液、消瘦、贫血、压迫症状，功能性肿瘤可有阴道流血
常规检查	腹部膨隆，叩诊实音，无移动性浊音	双侧肿块，实性或囊实性，表面凹凸不平 活动差，常伴腹腔积液
三合诊	位于子宫一侧或双侧，类圆形，多为囊性，表面光滑，活动，与子宫无粘连；可有上腹部肿块	直肠子宫陷凹处触及质硬结节或肿块

【例 1】近年女性生殖系统恶性肿瘤中死亡率最高的是

A. 子宫颈癌　　B. 外阴癌　　C. 恶性滋养细胞肿瘤
D. 子宫内膜癌　　E. 卵巢癌

【例 2】晚期卵巢癌最常见的症状是

A. 阴道出血　　B. 便秘　　C. 腹痛
D. 腹胀　　E. 发热

4. 并发症

	蒂扭转	破裂	感染	恶变
比例	10%	3%	较少见	极少见
病理改变	蒂扭转后—静脉回流受阻—动脉血流受阻—肿瘤缺血坏死、破裂、继发感染	分自发性破裂和外伤性破裂。破裂后,囊液流入腹腔引起腹膜刺激征	多继发于肿瘤蒂扭转或破裂,也可来自邻近感染灶(阑尾脓肿)扩散	肿瘤生长迅速,尤其是双侧肿瘤,应考虑恶性
临床表现	体位改变后突发一侧下腹剧痛,伴恶心呕吐甚至休克。双合诊扪及压痛肿块	突发剧烈腹痛,伴恶心呕吐,可有腹腔内出血征、腹膜刺激征、腹水征	发热、腹痛、腹部压痛反跳痛、腹肌紧张、腹部肿块、白细胞升高	肿瘤生长迅速
处理	一经确诊,尽快手术	立即手术治疗	抗感染后手术	尽早手术

【例 3】女,20 岁。突发下腹部疼痛伴恶心、呕吐 8 小时,直肠-腹部诊:子宫前倾,正常大小,右侧附件区可触及一 8cm×7cm×5cm 囊实性包块,边界清楚,触痛明显。最可能的诊断是

A. 卵巢肿瘤蒂扭转　B. 急性阑尾炎　C. 卵巢黄体破裂

D. 输卵管妊娠破裂　E. 浆膜下子宫肿瘤

5. 诊断

(1)尽量确定 ①肿瘤来源是否卵巢;②肿块性质是否为肿瘤;③肿瘤是良性还是恶性;④可能组织学类型;⑤恶性肿瘤的转移范围。

(2)B 超检查 临床诊断符合率>90%,但不易检测出直径<1cm 的实性肿瘤。

(3)血清 CA 125 糖蛋白 125(CA125)是来源于胚胎发育期体腔上皮的一种糖蛋白,在正常卵巢组织中不存在,因此最常见于上皮性卵巢肿瘤(浆液性肿瘤)患者的血清中,对其诊断的敏感性较高,但特异性较差。黏液性卵巢肿瘤中不存在。80%的卵巢上皮性肿瘤患者血清 CA 125升高,但近半数的早期病例并不升高,故不单独用于卵巢上皮性癌的早期诊断。90%患者血清 CA 125与病程进展相关,故多用于病情监测和疗效评估。

(4)血清 AFP 对卵黄囊瘤有特异性诊断价值。未成熟畸胎瘤、混合性无性细胞瘤,AFP 也可升高。

(5)血清 hCG 对非妊娠性绒癌有特异性。

(6)性激素 颗粒细胞瘤、卵泡膜细胞瘤可产生较高水平的雌激素。

(7)血清 HE4 与 CA125 联合应用来判断盆腔肿瘤的良、恶性。

(8)腹腔镜检查 可直接观察肿瘤,并可取活检。

注意:①血清 CA125 主要用于卵巢癌患者的病情监测、复发的判断。

②80%卵巢上皮性肿瘤患者血清 CA125 升高,其敏感性较高,但特异性较差。

③血清甲胎蛋白(AFP)对卵巢卵黄囊瘤(内胚窦瘤)有特异性诊断价值。

6. 鉴别诊断

(1)良性肿瘤与恶性肿瘤的鉴别

	卵巢良性肿瘤	卵巢恶性肿瘤
病史	病程长,逐渐增大	病程短,迅速增大
一般情况	良好	恶病质
肿块体检	多为单侧,活动,囊性,表面光滑	多为双侧,固定,实性或囊实性,表面不平,结节状
腹腔积液	常无腹腔积液	常有腹腔积液,多为血性,可查到癌细胞
B 超检查	为液性暗区,可有间隔光带,边缘清晰	液性暗区内有杂乱光团、光点,肿块边界不清
CA125	<35U/ml	>35U/ml

(2)良性肿瘤的鉴别诊断 需与卵巢瘤样病变、输卵管卵巢囊肿、子宫肌瘤、腹水等相鉴别。

(3)恶性肿瘤的鉴别诊断 需与子宫内膜异位症、结核性腹膜炎、转移性卵巢肿瘤等相鉴别。

【例4】女,18岁。下腹疼痛2个月。盆腔B超检查子宫大小正常,左侧宫旁探及6cm×5cm×5cm大小肿物,边界清。血清AFP900μg/L。最可能的诊断是

A. 卵巢畸胎瘤　B. 卵巢内胚窦瘤　C. 卵巢颗粒细胞瘤
D. 卵巢卵泡膜细胞瘤　E. 卵巢无性细胞瘤

A. 血清hCG　B. 血清雌激素　C. 血清CA125
D. 血清AFP　E. 血清雄激素

【例5】卵巢内胚窦瘤标记物是

【例6】卵巢浆液性囊腺癌最常用的肿瘤标记物是

7. 治疗

卵巢肿瘤一经发现,应行手术治疗。术中应剖检肿瘤,必要时作冰冻切片组织学检查以明确诊断。

(1)手术目的 ①明确诊断;②切除肿瘤;③恶性肿瘤进行手术病理分期;④解除并发症。

(2)良性肿瘤 可在腹腔镜下手术。

(3)恶性肿瘤 术后应根据其组织学类型、细胞分化程度、手术病理分期、残余病灶大小,决定是否进行辅助性化疗,化疗是主要的辅助治疗。

8. 随访与监测

卵巢恶性肿瘤易复发,应长期随访和监测。一般在治疗后第1年,每3个月随访1次;第2年每4~6个月1次;第5年每年随访1次。随访内容包括询问病史、体格检查、肿瘤标志物检测、影像学检查。血清CA125、AFP、hCG等肿瘤标志物测定根据组织学类型选择。超声是首选的影像学检查。

二、卵巢上皮性肿瘤(大纲不要求,但常考)

卵巢上皮性肿瘤为最常见的卵巢肿瘤,占原发性卵巢肿瘤的50%~70%,占卵巢恶性肿瘤的85%~90%。

1. 组织学类型

卵巢上皮性肿瘤主要包括浆液性肿瘤、黏液性肿瘤、卵巢子宫内膜样肿瘤。

(1)浆液性肿瘤与黏液性肿瘤

	卵巢浆液性肿瘤	卵巢黏液性肿瘤
发病率	高(最常见的卵巢肿瘤)	较低(占所有卵巢肿瘤的25%)
肿瘤性质	良性——浆液性囊腺瘤(占卵巢良性肿瘤25%) 交界性——交界性浆液性囊腺瘤 恶性——浆液性囊腺癌(占卵巢上皮癌75%)	良性——黏液性囊腺瘤(占卵巢良性肿瘤20%) 交界性——交界性黏液性囊腺瘤 恶性——黏液性囊腺癌(占卵巢上皮癌20%)
良性肿瘤	单侧,球形,大小不等,表面光滑,囊性,壁薄 囊内充满淡黄色清亮囊液。单层柱状上皮	单侧,圆形,体积较大,光滑,多房,胶冻样黏液。单层柱状上皮
交界性肿瘤	双侧,中等大小,囊外生长。复层上皮≤3层	单侧,较大,光滑,囊壁厚。复层上皮≤3层
恶性肿瘤	双侧,体积较大,囊实性,结节状或分叶状 多房,出血坏死。复层上皮>3层	单侧,体积较大,囊实性 囊壁有乳头或实质区。复层上皮>3层

(2)卵巢子宫内膜样肿瘤 ①良性肿瘤少见,多为单房,表面光滑,囊壁衬以单层柱状上皮,似正常子宫内膜,间质内可有含铁血黄素的吞噬细胞。②交界性肿瘤少见。③子宫内膜样癌占卵巢癌的10%~15%,多为单侧,较大,囊性或实性,囊液多为血性,镜下特点与子宫内膜癌极相似。

2. 治疗

(1)良性肿瘤 应手术治疗,根据患者年龄、生育要求及对侧卵巢情况决定手术范围。

①年轻患者 若为单侧肿瘤,行患侧卵巢肿瘤剔除或卵巢切除术。若为双侧肿瘤,行肿瘤剔除术。

②绝经后期患者 可行子宫及双侧附件切除术。

(2)恶性肿瘤 初次治疗原则是手术为主,辅以化疗、放疗等综合治疗。

①手术治疗 是治疗卵巢癌的主要手段。初次手术的彻底性与预后密切相关。

②化疗 卵巢上皮性癌对化疗敏感。除经过全面分期手术的ⅠA期和ⅠB期、黏液性癌、低级别浆液性癌、子宫内膜样癌不需化疗外,其他患者均需化学治疗。常用化疗药物有顺铂、卡铂、紫杉醇、环磷酰胺等。多采用以铂类为基础的联合化疗。其中"铂类+紫杉醇"为金标准一线化疗方案。

常用化疗方案是TC(紫杉醇T+卡铂C)、PC(顺铂P+环磷酰胺C)、TP(紫杉醇T+顺铂P)等。

③靶向治疗 可作为辅助治疗手段,如血管内皮生长因子(VEGF)的抑制剂贝伐珠单抗可用于初次化疗的联合用药和维持治疗。

④放疗 其治疗价值有限,对于复发患者可选用姑息性局部治疗。

(3)交界性肿瘤 主要采用手术治疗。

【例7】卵巢上皮性肿瘤不包括

A. 浆液性囊腺瘤　B. 黏液性囊腺瘤　C. 子宫内膜样肿瘤

D. 颗粒细胞瘤　E. 透明细胞癌

三、卵巢生殖细胞肿瘤(大纲不要求,但常考)

卵巢生殖细胞肿瘤是来源于原始生殖细胞的一组肿瘤,多发生于年轻妇女及幼女。

1. 畸胎瘤

大多数肿瘤含有至少两个或三个胚层组织成分。

	成熟畸胎瘤(皮样囊肿)	未成熟畸胎瘤
发病率	多见(占卵巢畸胎瘤的95%以上)	少见(占卵巢畸胎瘤的1%~3%)
好发年龄	20~40岁女性	11~19岁女性
肿瘤性质	良性	恶性
肉眼特点	多为单侧,中等大小,圆形或卵圆形,光滑,质韧,单房,腔内充满油脂、毛发、牙齿或骨质,囊壁可见头节	肿瘤多为实性分叶状,可有囊性区域,实体内含未成熟组织(主要为原始神经组织)
镜下特点	肿瘤由三个胚层的各种成熟组织构成,最常见为分化成熟的皮肤及附件	肿瘤由三个胚层的各种成熟组织和未成熟组织混合构成,未成熟神经组织最常见
其他特点	偶见单一胚层分化,形成高度特异性畸胎瘤,如卵巢甲状腺肿可分泌甲状腺激素导致甲亢	易复发,易转移,复发后再次手术可见到恶性程度逆转现象

【例8】最常见的女性生殖细胞肿瘤的是

A. 卵黄囊瘤　B. 卵巢黏液性囊腺瘤　C. 卵巢黄素化囊肿

D. 卵巢颗粒细胞瘤　E. 畸胎瘤

【例9】卵巢肿瘤患者盆腔X线片显示牙齿及骨骼提示

A. 内胚窦瘤　B. 卵泡膜细胞瘤　C. 纤维瘤

D. 颗粒细胞瘤　E. 畸胎瘤

【例10】女,30岁。患卵巢肿瘤伴甲状腺功能亢进4年,如怀疑是由卵巢肿瘤引起,应考虑的肿瘤类型是

A. 颗粒细胞瘤　B. 无性细胞瘤　C. 卵泡膜细胞瘤

D. 高度特异性畸胎瘤　　E. 纤维瘤

2. 无性细胞瘤与卵黄囊瘤

	无性细胞瘤	卵黄囊瘤(内胚窦瘤)
肿瘤特性	中度恶性	高度恶性
好发年龄	青春期、生育期妇女	儿童、年轻妇女
肉眼特点	右侧居多,圆形或椭圆形,中等大小,实性,橡皮感,光滑或分叶状,切面淡棕色	单侧居多,圆形或椭圆形,体积较大,部分囊性,组织脆,多有坏死区,切面灰红或灰黄色
镜下特点	圆形或多角形大细胞,细胞核大,瘤细胞片状或条索状排列,间质大量淋巴细胞浸润	疏松网状和内皮窦样结构 瘤细胞扁平、立方、柱状或多角形
其他特点	对放疗敏感	血清 AFP 升高具有特异性;对化疗十分敏感

注意:①对放疗敏感的卵巢肿瘤是无性细胞瘤。②对化疗敏感的卵巢肿瘤是上皮性癌、卵黄囊瘤。

【例 11】对放射治疗最敏感的卵巢肿瘤是

A. 浆液性囊腺瘤　　B. 黏液性囊腺瘤　　C. 未成熟畸胎瘤
D. 内胚窦瘤　　E. 无性细胞瘤

【例 12】最常见于幼女和少女的卵巢肿瘤是

A. 黏液性囊腺瘤　　B. 内胚窦瘤　　C. 纤维瘤
D. 颗粒细胞瘤　　E. 浆液性囊腺瘤

【例 13】女,22 岁。月经周期规律。查体:左侧卵巢囊实性肿物,直径 6cm,表面光滑,规则,活动,无压痛。血 AFP 明显升高。卵巢肿物的性质最可能是

A. 支持-间质细胞瘤　　B. 浆液性腺癌　　C. 卵黄囊瘤
D. 颗粒细胞瘤　　E. 黏液性腺癌

3. 治疗

(1)良性生殖细胞肿瘤　单侧肿瘤应行卵巢肿瘤剔除术或患侧附件切除术,双侧肿瘤者应行双侧卵巢肿瘤剔除术。绝经后妇女可考虑行全子宫+双侧附件切除术。

(2)恶性生殖细胞肿瘤

①手术治疗　对于无生育要求的患者,建议行全面分期手术。对年轻并希望保留生育功能者,无论期别早晚,均可行保留生育功能的手术。对复发者仍主张积极手术。

②化疗　常用化疗方案是 BEP(依托泊苷+顺铂+博来霉素)、EP(依托泊苷+顺铂)等。

③放疗　无性细胞瘤对放疗最敏感,颗粒细胞瘤中度敏感。但放疗会影响患者生育功能,故目前少用。

A. 顺铂+博来霉素+依托泊苷　　B. 顺铂+拓扑替康　　C. 卡铂+紫杉醇
D. 卡铂+吉西他滨　　E. 顺铂+阿霉素

【例 14】上皮性卵巢癌的治疗首选

【例 15】卵巢恶性生殖细胞肿瘤的治疗首选

▶**常考点**　卵巢肿瘤总论;二、三节内容虽然大纲不要求,但常考。

参考答案——详细解答见 2021《贺银成国家临床执业及助理医师资格考试历年考点精析》

1. ABCDE　2. ABCDE　3. ABCDE　4. ABCDE　5. ABCDE　6. ABCDE　7. ABCDE
8. ABCDE　9. ABCDE　10. ABCDE　11. ABCDE　12. ABCDE　13. ABCDE　14. ABCDE
15. ABCDE

第 16 章　妊娠滋养细胞疾病

考纲要求

①妊娠滋养细胞疾病:分类。②葡萄胎:病理,临床表现,诊断与鉴别诊断,治疗及随访。③妊娠滋养细胞肿瘤:病理,临床表现,诊断与鉴别诊断,治疗及随访。

复习要点

一、妊娠滋养细胞疾病

1. 概念

妊娠滋养细胞疾病(GTD)是一组来源于胎盘滋养细胞的增生性疾病。

2. 分类

(1)组织学分类　将 GTD 分为妊娠滋养细胞肿瘤、葡萄胎妊娠、非肿瘤病变、异常绒毛病变。

(2)妊娠滋养细胞肿瘤　包括绒癌、胎盘部位滋养细胞肿瘤、上皮样滋养细胞肿瘤。

(3)葡萄胎妊娠　包括完全性葡萄胎、部分性葡萄胎、侵蚀性葡萄胎。

注意:9 版妇产科:侵蚀性葡萄胎属于葡萄胎妊娠;8 版妇产科:侵蚀性葡萄胎属于妊娠滋养细胞肿瘤。

二、葡萄胎

葡萄胎也称水泡状胎块,是因妊娠后胎盘绒毛滋养细胞增生、间质水肿,形成大小不一的水泡,水泡间借蒂相连成串,形如葡萄而得名。葡萄胎分完全性葡萄胎和部分性葡萄胎两类。

1. 病理

特征	完全性葡萄胎	部分性葡萄胎
胎儿组织	缺乏	存在
胎膜、胎儿红细胞	缺乏	存在
绒毛水肿	弥漫	局限,大小和程度不一
滋养细胞包涵体	缺乏	存在
扇贝样轮廓绒毛	缺乏	存在
滋养细胞增生	弥漫,轻至重度	局限,轻至中度
滋养细胞异型性	弥漫,明显	局限,轻度

2. 临床表现

(1)停经后阴道流血　为最常见症状,多在停经 8~12 周开始出现不规则阴道流血。

(2)子宫增大　因葡萄胎迅速增大,导致子宫大于停经月份,质地变软。血清 hCG 水平异常增高。

(3)妊娠呕吐　比正常妊娠早、症状严重、持续时间长。

(4)子痫前期征象　可在妊娠 24 周前出现高血压、蛋白尿、水肿,但子痫罕见。

(5)甲状腺功能亢进　心动过速、皮肤潮湿、震颤、血清游离 T_3 和 T_4 水平增高。

(6)腹痛　轻微阵发性下腹痛,常发生于阴道流血之前。卵巢黄素化囊肿破裂,可出现急腹痛。

(7)卵巢黄素化囊肿　滋养细胞分泌大量 hCG,刺激卵巢卵泡内膜细胞发生黄素化所致,常为双侧,也可为单侧,大小不一,最小仅在光镜下可见,最大直径可在 20cm 以上。囊肿表面光滑,活动度好,切面为多房，囊壁薄，囊液清亮。黄素化囊肿一般无症状，多在葡萄胎清宫后2~4个月自行消退。

注意：①停经后阴道不规则流血——完全性葡萄胎。②绝经后阴道不规则流血——子宫内膜癌。③异常妊娠后阴道不规则流血——妊娠滋养细胞肿瘤（常继发于葡萄胎、流产、足月产）。④B超检查宫腔内落雪征或蜂窝征——为完全性葡萄胎的特征性超声影像。

3. 诊断

（1）病史及临床表现 凡停经后不规则阴道流血、子宫大于停经月份者，应考虑葡萄胎可能。若阴道排出葡萄样水泡组织，则基本可以确诊。

（2）B超检查 是常用的辅助检查。典型超声征象为子宫大于相应孕周，无妊娠囊或胎心搏动，宫腔内充满不均质密集状或短条状回声，呈落雪状或蜂窝状。常可检测到双侧或一侧卵巢囊肿。

（3）hCG测定 葡萄胎时，滋养细胞高度增生，产生大量hCG，血清hCG常>100000U/L，且持续不降，最高可达240万U/L。>8万U/L支持诊断。

（4）DNA倍型分析 流式细胞计数是最常用的染色体倍体分析方法。完全性葡萄胎的染色体核型为二倍体，部分性葡萄胎为三倍体。

【例1】女，34岁，G_1P_0。停经48天，阴道出血3天。平素月经规律，1周前自测尿妊娠试验阳性，伴下腹隐痛。体检发现宫口有血块堵塞，子宫增大如孕9周大小，质软，无压痛。妇科超声显示宫腔内多发囊性区，呈"落雪状"。首先考虑的诊断是

A. 葡萄胎　　B. 侵蚀性葡萄胎　　C. 先兆流产
D. 难免流产　　E. 异位妊娠

4. 鉴别诊断

（1）流产 先兆流产有停经、阴道流血、腹痛等症状，妊娠试验阳性，B超见胎囊及胎心搏动。葡萄胎时多数子宫大于相应孕周，hCG持续高值，B超显示葡萄胎特点。

（2）双胎妊娠 子宫大于相应孕周的单胎妊娠，无阴道出血，B超可确诊。

5. 治疗

（1）清宫 葡萄胎诊断一经成立，应及时清宫。①清宫应由有经验的妇科医师操作，停经大于16周的葡萄胎清宫术应在超声引导下进行。②一般选用吸刮术，刮出物送病检是葡萄胎的确诊方法。③由于葡萄胎清宫时出血较多，子宫大而软，容易穿孔，所以清宫应在手术室内进行，在输液、备血准备下，充分扩张宫颈管，选用大号吸管吸引。④为减少出血、预防子宫穿孔，可在充分扩张宫颈管和开始吸宫后静脉滴注缩宫素。⑤子宫小于妊娠12周可以一次刮净，子宫大于妊娠12周，可于1周后行二次刮宫。⑥在清宫过程中，若发生滋养细胞进入子宫血窦造成肺动脉栓塞，应及时给予心血管及呼吸功能支持治疗。

（2）卵巢黄素化囊肿 囊肿在清宫后可自行消退，一般不需处理。若发生急性蒂扭转，可在B超引导下或腹腔镜下穿刺吸液，囊肿也多能自然复位。若扭转时间较长发生坏死，则需作患侧附件切除术。

（3）预防性化疗 不常规推荐。预防性化疗应在葡萄胎排空前或排空时实施，选用甲氨蝶呤等单一药物，一般采用多疗程化疗至hCG阴性。部分性葡萄胎不作预防性化疗。

（4）子宫切除术 极少应用。

【例2】关于葡萄胎的处理措施，正确的是

A. 应先备血，再吸宫　　B. 应先静脉滴注缩宫素，再吸宫　　C. 应先化疗，再吸宫
D. 应先吸氧，再吸宫　　E. 应先行子宫动脉栓塞，再吸宫

6. 随访

葡萄胎清宫后必须定期随访，以便尽早发现滋养细胞肿瘤并及时处理。随访内容包括：

（1）定期hCG测定 葡萄胎清宫后每周1次，直至连续3次阴性，以后每个月1次共6个月，然后再2个月1次共6个月，自第1次阴性后共计1年（7版《妇产科学》为共随访2年）。

(2)询问病史 包括月经情况，有无阴道流血、咳嗽、咯血等症状。

(3)妇科检查 必要时可行B超、X线胸片、CT检查等。

(4)避孕 应可靠避孕6个月。避孕方法推荐避孕套或口服避孕药，一般不选用宫内节育器。

【例3】葡萄胎患者清宫后最理想的避孕方法是

A. 长效口服避孕药　B. 短效口服避孕药　C. 放置宫内节育器

D. 避孕套　E. 避孕针

三、妊娠滋养细胞肿瘤

滋养细胞肿瘤60%继发于葡萄胎妊娠，30%继发于流产，10%继发于足月妊娠或异位妊娠。其中，侵蚀性葡萄胎全部继发于葡萄胎妊娠；绒癌可继发于葡萄胎妊娠，也可继发于非葡萄胎妊娠。

注意：①葡萄胎妊娠后既可继发侵蚀性葡萄胎，也可继发绒癌；非葡萄胎妊娠后只继发绒癌。

②侵蚀性葡萄胎恶性程度一般不高，大多数仅造成局部侵犯；绒癌恶性程度高，易发生肺转移。

1. 病理

	侵蚀性葡萄胎	绒毛膜癌
常继发于	葡萄胎	各种妊娠，如葡萄胎、流产、足月产、异位妊娠
潜伏期	葡萄胎排空后半年内	葡萄胎排空后1年以上
恶性程度	低，多局部侵犯，极少远处转移，预后较好	恶性程度极高，转移发生早且广泛，预后差
子宫肌壁	子宫肌壁内有多个大小不一的水泡	无水泡，有肿瘤，可单个或多个，伴出血
子宫腔	可有原发病灶，也可无原发病灶	可有肿瘤突向宫腔
子宫表面	因肿瘤浸润可见紫蓝色结节	因肿瘤浸润可见紫蓝色结节
镜检	有绒毛结构、有水泡、有肿瘤间质血管	无绒毛结构，无水泡，无肿瘤间质血管

注意：①侵蚀性葡萄胎有绒毛、水泡、间质血管，绒癌无绒毛、无水泡、无间质血管（记忆为三无产品）。

②侵蚀性葡萄胎和绒癌的主要鉴别要点是有无绒毛结构，前者有绒毛结构，后者无绒毛结构。

2. 临床表现

(1)无转移妊娠滋养细胞肿瘤 大多数继发于葡萄胎妊娠，少数继发于流产、足月产后。

①不规则阴道流血　在葡萄胎排空、流产、足月产后，有持续的不规则阴道流血，量多少不定。

②子宫复旧不全或不均匀增大　多于葡萄胎排空后4~6周子宫仍未恢复到正常大小，质地偏软。

③卵巢黄素化囊肿　由于hCG的持续作用，两侧或一侧的卵巢黄素化囊肿可持续存在。

④腹痛　一般无腹痛，当子宫病灶穿破浆膜层、卵巢黄素化囊肿破裂时，可引起急性腹痛。

⑤假孕症状　由于hCG、雌激素、孕激素的作用，表现为乳房增大、乳头乳晕着色，生殖道质地变软。

(2)转移性妊娠滋养细胞肿瘤 大多为绒癌，常继发于非葡萄胎妊娠。

转移途径	主要经血行播散，且转移发生早且广泛
转移部位	肺(80%)、阴道(30%)、盆腔(20%)、肝(10%)、脑(10%)
肺转移	可无症状，仅通过胸片、肺CT作出诊断。典型表现为胸痛、咳嗽、咯血、呼吸困难等
阴道转移	转移灶常位于阴道前壁，呈紫蓝色结节
肝转移	常表现为右上腹痛，肝区疼痛，黄疸
脑转移	预后凶险，为主要死因，多同时伴有肺转移、阴道转移

【例4】关于妊娠滋养细胞肿瘤的发生，正确的是

A. 侵蚀性葡萄胎可继发于流产后　　B. 侵蚀性葡萄胎不会发生子宫外转移
C. 绝经后妇女不会发生绒毛膜癌　　D. 绒毛膜癌可继发于足月妊娠或异位妊娠后
E. 侵蚀性葡萄胎多继发于葡萄胎清宫后1年以上

【例5】绒毛膜癌常见的转移部位依次是
A. 肺、盆腔、肝、脑、阴道　　B. 肺、阴道、盆腔、肝、脑　　C. 肺、脑、盆腔、肝、阴道
D. 阴道、肺、盆腔、肝、脑　　E. 肺、肝、阴道、盆腔、脑

3. 诊断

(1)初步诊断　葡萄胎、流产、足月产、异位妊娠后，出现不规则阴道流血，应考虑妊娠滋养细胞肿瘤。

(2)血清hCG测定　hCG异常是主要诊断依据。

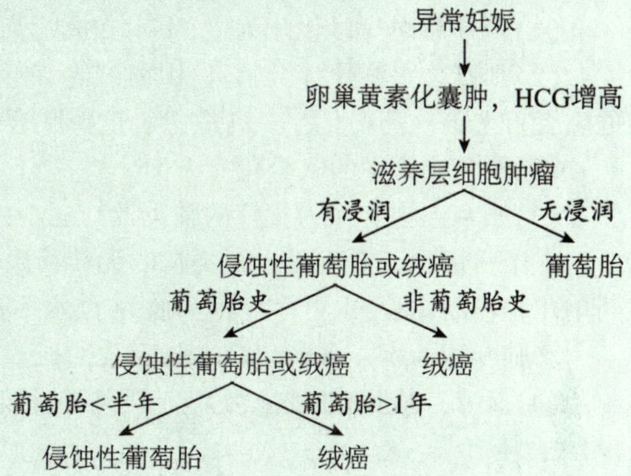

①葡萄胎后滋养细胞肿瘤的诊断标准　葡萄胎清宫后，符合下列标准中的任何1项，即可诊断：

A.hCG呈4次高水平状态(±10%)，持续≥3周；

B.hCG测定3次升高(>10%)，持续≥2周；

C.hCG持续异常≥6个月。

②非葡萄胎后妊娠滋养细胞肿瘤的诊断标准　流产、足月产、异位妊娠后出现异常阴道流血，hCG异常增高者，应考虑滋养细胞肿瘤。

(3)B超　是诊断子宫原发病灶最常用的方法。

(4)X线胸片　诊断肺转移有价值，表现为肺部棉球状或团块状阴影，转移灶以右肺中下部多见。

(5)组织学检查　在子宫肌层内中见到绒毛，则诊断为侵蚀性葡萄胎；若仅见到成片滋养细胞浸润，未见绒毛结构，则诊断为绒癌。

4. 鉴别诊断

	葡萄胎	侵蚀性葡萄胎	绒毛膜癌	胎盘残留
常继发于	无	葡萄胎	各种妊娠	流产、足月产
潜伏期	无	葡萄胎排空半年内	葡萄胎排空1年以上	无
滋养细胞增生	轻至重	轻至重，成团	重，成团	无
浸润深度	蜕膜层	肌层	肌层	蜕膜层
绒毛	有	有	无	有，退化
水泡	有，大量水泡	有，可退化	无	无，非肿瘤
间质	间质水肿明显	有间质水肿	无间质及间质血管	非肿瘤，无肿瘤间质
组织坏死	无	可有	有	无
远处转移	无	可有	有	无
肝脑转移	无	少	较多	无
hCG	阳性	阳性	阳性	阳性或阴性

【例6】女，26岁。自然流产后2个月，阴道不规则出血10天。妇科检查：阴道右侧壁紫蓝结节，直径约0.5cm，子宫增大，质软。血hCG为380 000U/L。最可能的诊断是
A. 葡萄胎　　B. 不全流产　　C. 胎盘部位滋养细胞肿瘤
D. 侵蚀性葡萄胎　　E. 绒毛膜癌

【例 7】葡萄胎清宫术后 3 个月，阴道不规则流血，子宫稍大，尿 hCG(+)。胸片示双下肺有多处片状阴影。最可能的诊断是

A. 葡萄胎残留　B. 先兆流产　C. 异位妊娠
D. 绒毛膜癌　E. 侵蚀性葡萄胎

注意：①葡萄胎妊娠后可继发侵蚀性葡萄胎或绒癌，非葡萄胎妊娠后只继发绒癌。
②葡萄胎清宫后 1 年以上发病者多为绒癌，半年内发病多为侵蚀性葡萄胎。
半年至 1 年发病者，绒癌和侵蚀性葡萄胎均有可能，间隔时间越长，绒癌可能性越大。

5. 治疗

(1)治疗原则　以化疗为主，手术和放疗为辅的综合治疗，实现分层治疗。

(2)化疗　一线化疗药物有：甲氨蝶呤、放线菌素 D、氟尿嘧啶、环磷酰胺、长春新碱、依托泊苷等。低危患者首选单一药物化疗。高危患者选择联合化疗，首选 EMA-CO 方案(依托泊苷+放线菌素 D+甲氨蝶呤)或氟尿嘧啶为主的联合化疗方案。

(3)手术　主要作为化疗的辅助治疗，仅在一些特定的情况下使用。

①子宫切除　对于无生育要求的无转移患者，在初次治疗时可选择全子宫切除术，并在术中给予单药单疗程辅助化疗，也可多疗程至血 hCG 水平正常。

②肺叶切除术　多次化疗未能吸收的孤立的耐药病灶，血 hCG 水平不高，可考虑做肺叶切除。

(4)放疗　应用较少，主要用于肝、脑转移和肺部耐药病灶的治疗。

6. 随访

第 1 次随访在出院后 3 个月，以后每 6 个月 1 次，直至 3 年，此后每年 1 次直至 5 年。也有推荐低危患者随访 1 年，高危患者随访 2 年。随访期间应严格避孕，应于化疗停止≥12 个月方可妊娠。

【例 8】女，42 岁。人工流产术后 2 年，阴道断续流血 6 月余，近日出现咳血丝痰。血 hCG 为 1300U/L，胸部 X 线片示肺部多个结节。首选的治疗方法是

A. 子宫切除术　B. 放射治疗　C. 肺叶切除术
D. 化学治疗　E. 肺叶切除+子宫切除术

【例 9】高危滋养细胞肿瘤患者首选的化学方案是

A. PVB　B. TP　C. BEP
D. EMA-CO　E. EP-EMA

(10~11 题共用题干)女，28 岁。葡萄胎清宫术后阴道持续少量流血 3 个月。妇科检查：子宫如妊娠 50 天大小，质软，双侧附件均可触及囊性肿物，约 5cm×4cm，活动好，尿 hCG 阳性。盆腔超声示子宫肌层有一 4cm×3cm 不均质回声，血流信号丰富，两侧附件区有囊肿性低回声包块。

【例 10】最可能的诊断为

A. 侵蚀性葡萄胎　B. 不全流产　C. 早孕合并卵巢囊肿
D. 绒毛膜癌　E. 子宫腺肌病合并卵巢囊肿

【例 11】首选的治疗为

A. 卵巢囊肿切除术　B. 放射治疗　C. 子宫病灶切除术
D. 清宫术　E. 化学治疗

▶**常考点**　葡萄胎、侵蚀性葡萄胎和绒癌的临床特点及鉴别。

参考答案——详细解答见 2021《贺银成国家临床执业及助理医师资格考试历年考点精析》

1. ABCDE　2. ABCDE　3. ABCDE　4. ABCDE　5. ABCDE　6. ABCDE　7. ABCDE
8. ABCDE　9. ABCDE　10. ABCDE　11. ABCDE

第 17 章　生殖内分泌疾病

▶考纲要求

①功能失调性子宫出血:病因,病理生理,病理,临床表现,诊断与鉴别诊断,治疗。②闭经:病因与分类,诊断及诊断步骤,治疗。③绝经综合征:概念,内分泌变化,临床表现,诊断,治疗。

▶复习要点

一、异常子宫出血(功能失调性子宫出血)

异常子宫出血是指与正常月经的周期频率、规律性、经期长度、经期出血量中的任何 1 项不符、源自子宫腔的异常出血。既往所称的“功能性子宫出血”(功血)包括无排卵性功血和排卵性月经失调两类,属于异常子宫出血的范畴。2014 年中华医学会妇产科学会建议不再使用“功能性子宫出血”(功血)。

1. 无排卵性异常子宫出血(无排卵性功血)

(1)病因　无排卵性异常子宫出血常见于青春期、绝经过渡期,生育期也可发生。

①青春期　下丘脑-垂体-卵巢轴(H-P-O 轴)激素间的反馈调节尚未成熟,大脑中枢对雌激素的正反馈作用存在缺陷,FSH 呈持续低水平,无促排卵性 LH 峰形成,而无排卵发生。

②绝经过渡期　卵巢功能不断衰退,卵泡近于耗尽,故不排卵。

③生育期　有时因应激、肥胖、多囊卵巢综合征等因素影响,也可发生无排卵。

(2)病理生理　无排卵性异常子宫出血的机制如下:

①雌激素突破性出血　各种原因引起的无排卵,均可导致子宫内膜受单一雌激素作用而无孕激素对抗,从而引起雌激素突破性出血。分两种类型:A.雌激素维持在阈值水平,可发生间断性少量出血,出血时间长;B.雌激素维持在较高水平,但因无孕激素作用,容易发生急性突破性出血,血量汹涌。

②雌激素撤退性出血　在单一雌激素作用下,子宫内膜持续增生。此时,若有一批卵泡退化闭锁,导致雌激素水平突然急剧下降,子宫内膜失去雌激素支持而剥脱出血。

③子宫内膜出血自限机制缺陷　表现为组织脆性增加、子宫内膜脱落不完全、血管结构和功能异常。

(3)子宫内膜病理改变　无排卵性异常子宫出血患者的子宫内膜受雌激素持续作用而无孕激素拮抗,可发生不同程度的增生期变化,而无分泌期变化,少数可呈萎缩性改变。

①增生期变化　多见于青春期患者,表现为增殖期子宫内膜、子宫内膜增生症。

②萎缩性改变　多见于绝经过渡期患者,表现为子宫内膜菲薄萎缩,腺体少而小,间质少而致密。

【例 1】无排卵性功能失调性子宫出血患者诊断性刮宫的病理结果,不可能出现的项目为

A. 分泌期与增生期内膜并存　　B. 子宫内膜单纯型增生　　C. 子宫内膜复杂型增生
D. 萎缩型子宫内膜　　E. 增生期子宫内膜

(4)临床表现　出血类型取决于雌激素水平及其下降速度、雌激素对子宫内膜持续作用的时间。

①无排卵月经　少数无排卵妇女可有规律的月经周期,临床上称为无排卵月经。

②月经紊乱　多数患者表现为月经紊乱,即失去正常周期、出血间隔长短不一、出血量多少不一。

(5)诊断　首先应排除生殖道、全身器质性疾病所致的子宫出血。

①病史　应注意患者年龄、月经史、婚育史、避孕措施;排除妊娠;是否存在引起异常子宫出血的器质性疾病,包括生殖器肿瘤、感染、血液系统疾病、肝肾疾病、甲状腺疾病;近期是否使用过干扰排卵的药物。

②体检　包括妇科检查和全身检查,以排除生殖系统结构异常和器质性病变,确定出血来源。

③辅助检查　其目的是鉴别诊断、确定病情严重程度、是否有合并症。

血液检查	包括全血细胞计数、凝血功能检查
hCG检测	有性生活史者，应行妊娠试验，以除外妊娠相关疾病
B超检查	可了解子宫内膜厚度及回声，有无宫腔占位性病变
BBT	基础体温测定（BBT）是诊断无排卵性子宫异常出血最常用的手段。无排卵性BBT呈单相型
性激素测定	可通过测定血孕酮值来判断有无排卵及黄体功能
诊断性刮宫	诊刮是已婚患者的首选方法，兼有诊断和止血的双重作用 适用于年龄>35岁，药物治疗无效、存在子宫内膜癌高危因素的异常子宫出血
宫腔镜检查	可直视下选择病变区进行活检，诊断各种宫腔内病变
宫颈黏液	宫颈黏液结晶检查，根据羊齿植物叶状结晶的出现与否判断有无排卵 月经前仍可见羊齿结晶表示无排卵，目前已较少应用

注意：①已婚（尤其绝经期）无排卵子宫异常出血，激素治疗前应常规诊刮，以排除宫腔内器质性病变。
②青春期无排卵子宫异常出血可直接行激素治疗，对诊断性刮宫应慎重。

④子宫异常出血的诊断步骤　见下图。

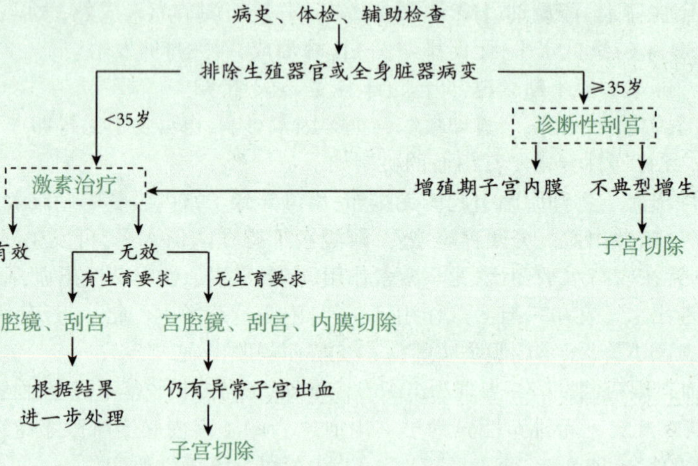

【例2】女，16岁。月经周期紊乱1年，伴经量多少不一，经期长短不定，基础体温单相。首先考虑的诊断是

A. 卵巢早衰　　B. 子宫内膜异位症　　C. 排卵性功能失调性子宫出血

D. 特纳综合征　　E. 无排卵性功能失调性子宫出血

【例3】无排卵性功能失调性子宫出血的特点是

A. 基础体温双相，月经周期延长，经期正常　　B. 基础体温单相，月经周期紊乱，经期长短不一

C. 基础体温双相，月经周期正常，经期延长　　D. 基础体温单相，月经周期正常，经期长短不一

E. 基础体温双相，月经周期缩短，经期正常

(6)鉴别诊断　必须除外生殖器、全身性器质性疾病导致的异常子宫出血。

(7)治疗　青春期少女以止血、调整月经周期为主。生育期妇女以止血、调整月经周期、促排卵为主。绝经过渡期妇女以止血、调整月经周期、减少经量、防止子宫内膜癌变为主。

①止血　性激素为首选药物。对大量出血者，应在性激素治疗6小时内见效，24~48小时内出血基本停止，若96小时仍不止血，应考虑有器质性病变。

	适应证	药理作用	备注
雌激素	Hb<80g/L 的青春期患者（体内雌激素不足）	应用大剂量雌激素可迅速促使子宫内膜生长，短期内修复创面而止血	戊酸雌二醇、结合雌激素可口服或肌内注射
孕激素	体内已有一定雌激素水平、Hb>80g/L、生命体征稳定的患者	使雌激素作用下持续增生的子宫内膜转化为分泌期，停药后内膜完全脱落，此法不适用于严重贫血者	地屈孕酮、微粒化孕酮、醋酸甲羟孕酮口服，黄体酮肌内注射
雌孕激素联合用药	长期而严重的无排卵子宫异常出血	联合用药的止血效果优于单一药物严重持续无规律出血应连用 3 个月	第三代短效口服避孕药，如去氧孕烯-炔雌醇
孕激素内膜萎缩法	不适合青春期患者	高效合成孕激素可使子宫内膜萎缩	炔诺酮、左旋炔诺酮
雄激素	绝经过渡期患者	可拮抗雌激素，增强子宫平滑肌及子宫血管张力，减轻盆腔充血而减少出血	丙酸睾酮肌内注射
刮宫术	①绝经过渡期、病程长的生育期患者首选刮宫 ②大量出血且药物无效	①刮宫可迅速止血，并具有诊断价值 ②无性生活史的青少年除非要除外子宫内膜癌，否则不宜刮宫	对于超声检查提示宫腔内异常者，可在宫腔镜下活检，以提高诊断率

②调节周期　对于无排卵性异常子宫出血患者，止血只是治疗的第一步，几乎所有患者都需要调整周期。调整周期是治疗的根本，也是巩固疗效、避免复发的关键。

方法	适应证	备注
雌、孕激素序贯疗法	内源性雌激素水平不足的青春期患者	即人工周期
雌、孕激素联合疗法	可以很好地控制周期，尤其适用于有避孕需求的患者	即口服避孕药
孕激素法	体内有一定雌激素水平的各年龄段患者	即后半周期疗法
性激素宫内释放系统	生育期或围绝经期、无生育要求的患者	左炔诺孕酮宫内缓释系统

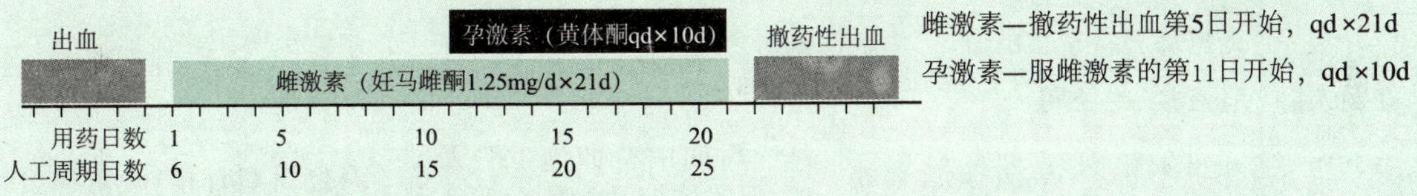

雌、孕激素序贯疗法示意图

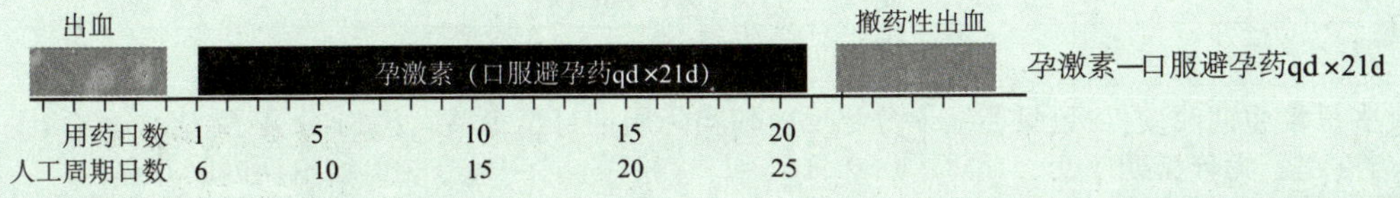

雌、孕激素联合法示意图

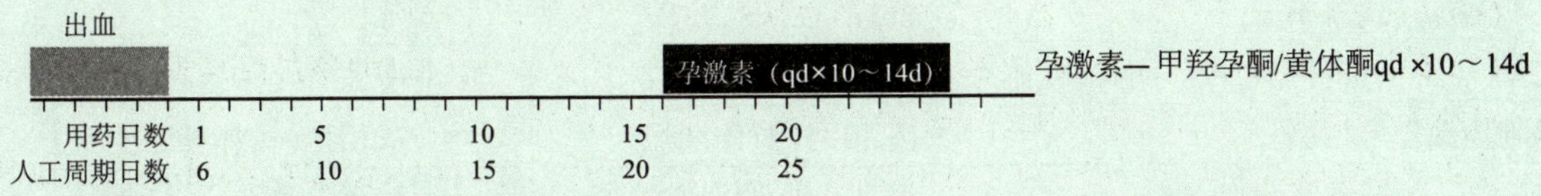

孕激素法示意图

③促排卵　适用于生育期、有生育要求者，尤其是不孕患者。青春期不宜使用。

常用药物	适应证	备注
氯米芬	临床上最常用的促排卵药物	月经期第5日起，每晚口服50mg，连用5日
hCG	体内FSH有一定水平、雌激素中等水平者	常与其他促排卵药物联用
尿促性素	对氯米芬效果不佳、要求生育、尤其不孕患者	每支尿促性素(hMG)含FSH及LH各75U

④手术治疗　适用于药物治疗无效、无生育要求的患者，尤其是年龄较大的患者，手术方式包括子宫内膜去除术、子宫切除术等。无排卵性异常子宫出血的处理原则归纳如下图。

无排卵性子宫异常出血
- 青春期+生育期
  - 止　血
    - 大量出血→大剂量雌激素（子宫内膜修复法）
    - 小量出血→孕激素占优势的口服避孕药
  - 调周期→人工周期、孕激素后半周期疗法、口服避孕药
- 绝经过渡期
  - 止　血
    - 急性出血→大剂量孕激素（药物刮宫法）
    - 药物无效→刮宫术（最有效的止血方法）
  - 调周期→孕激素后半周期疗法、口服炔诺酮（妇康片）

注意：①单纯孕激素疗法也称为子宫内膜脱落法、药物刮宫。
②单纯雌激素疗法也称子宫内膜修复法。

【例4】女，13岁。月经初潮后1年，月经周期1~4个月，经量多，伴血块。此次行经已8日，量仍多。主要的止血措施是

A. 大剂量雄激素　　B. 大剂量雌激素　　C. 小剂量孕激素

D. 抗纤溶及促凝药物　　E. 诊断性刮宫术

2. 排卵性异常子宫出血

排卵性异常子宫出血较无排卵性异常子宫出血少见，多发生于生育年龄妇女。患者有周期性排卵，主要包括黄体功能不足、子宫内膜不规则脱落、子宫内膜局部异常所致异常子宫出血。

(1)黄体功能不足和子宫内膜不规则脱落

	无排卵异常子宫出血	黄体功能不足	子宫内膜不规则脱落
好发人群	青春期、绝经期	生育期	生育期
病因	卵巢不排卵，导致孕激素缺乏，子宫内膜受雌激素单一作用而呈增生期变化	月经周期中有卵泡发育及排卵，但黄体期孕激素分泌不足或黄体早衰，导致子宫内膜分泌反应不良、黄体期缩短	月经周期有排卵，黄体发育良好，但萎缩期过长，导致子宫内膜不规则脱落
诊刮时机	月经来潮6小时内	经前期(预计月经来潮1~3天)	月经5~6日
子宫内膜	多呈增生期改变，少数呈萎缩性改变，无分泌期改变	分泌反应较实际周期日至少落后2日	仍有分泌反应，分泌-出血-增殖期内膜并存
月经周期	不正常，可长可短	多为月经周期缩短	正常
经期	长短不一	正常	延长
经量	可多可少，可点滴状，可休克	可正常	增多
基础体温	单相型	双相型(黄体期短)	双相型(黄体萎缩不全)
主要治疗	性激素止血 调节月经周期 促排卵，手术治疗	氯米芬促卵泡发育 hCG促LH峰形成 补充孕激素，口服避孕药	补充孕激素(黄体酮) hCG促进黄体功能 复方短效口服避孕药

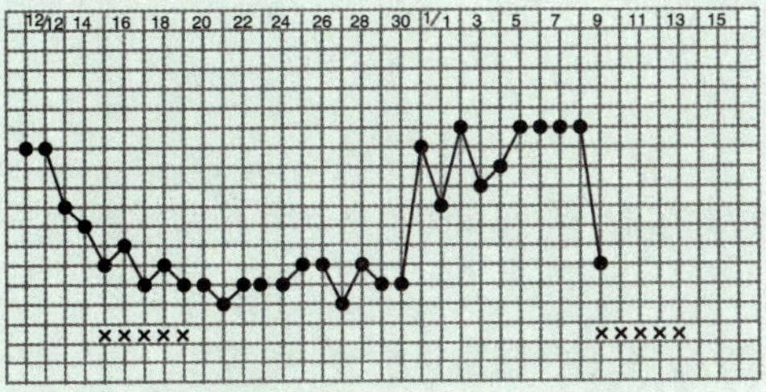

黄体功能不足（月经周期缩短）

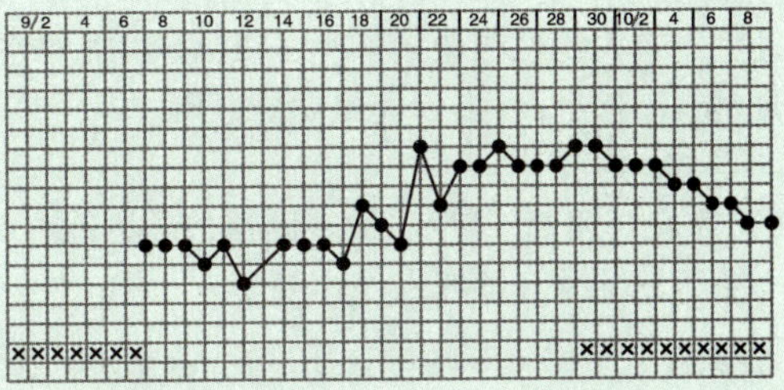

子宫内膜不规则脱落（月经周期正常、经期↑、经量↑）

(2)子宫内膜局部异常所致异常子宫出血　是指原发于子宫内膜局部异常引起的异常子宫出血。

①临床表现　可表现为月经过多(>80ml)、经间期出血、经期延长，而周期、经期持续时间正常。

②诊断　目前尚无特异性诊断方法，主要基于在有排卵月经的基础上排除其他明确异常后而确定。

③治疗　先行药物治疗，刮宫术仅用于紧急止血及病理检查。无生育要求者可行子宫内膜切除术。

【例 5】46 岁，妇女。月经周期延长，经量增多及经期延长，此次月经量多且持续 12 天。妇科检查子宫稍大稍软。本例有效的止血措施是

A. 静脉注射 6-氨基己酸　　B. 口服大剂量雌激素　　C. 口服大量安宫黄体酮
D. 口服甲基睾丸素　　E. 行刮宫术

【例 6】黄体萎缩不全患者月经 5~6 天刮宫的病理表现是

A. 增殖期与分泌期并存　　B. 复杂型增殖　　C. 分泌期内膜
D. 单纯型内膜　　E. 增殖期内膜

A. 基础体温单相，无低温相　　B. 基础体温单相，无高温相　　C. 基础体温双相，低温相短
D. 基础体温双相，高温相短　　E. 基础体温双相，高温相下降缓慢

【例 7】青春期无排卵性功能失调性子宫出血的体温特点是

【例 8】黄体功能不足的体温特点是

二、闭经

闭经指无月经或月经停止。

1. 分类

(1)根据既往有无月经来潮　将闭经分为原发性闭经和继发性闭经。

	原发性闭经	继发性闭经
定义	指年龄>16 岁、第二性征已发育、月经还未来潮 或年龄>14 岁、第二性征未发育、月经还未来潮	指正常月经建立后月经停止 6 个月以上 或按自身原有月经周期计算停止 3 个周期以上
发病率	较少见	较常见
病因	多为先天性发育缺陷、遗传因素引起	多为下丘脑性，其次为垂体性、卵巢性、子宫性
再分类	第二性征存在的原发性闭经 第二性征缺乏的原发性闭经	下丘脑性闭经（最常见）、垂体性闭经 卵巢性闭经、子宫性闭经

(2)按生殖轴病变和功能失调的部位分　可将闭经分为下丘脑性闭经、垂体性闭经、卵巢性闭经、子宫性闭经及下生殖道发育异常导致的闭经。

(3)WHO 分类　WHO 将闭经分为三型：

Ⅰ型　无内源性雌激素产生，卵泡刺激素（FSH）水平正常或低下，催乳素（PRL）正常水平，无下丘

脑-垂体器质性病变的证据。

Ⅱ型　有内源性雌激素产生，FSH 及 PRL 水平正常。

Ⅲ型　FSH 升高，提示卵巢功能衰竭。

2. 病因

(1)原发性闭经　较少见，多因遗传原因或先天性发育缺陷引起，约 30%的患者伴有生殖道异常。

①第二性征存在的原发性闭经

米勒管发育不全综合征	又称 MRKH 综合征，约占青春期原发性闭经的 20%。染色体核型正常，为 46,XX 促性腺激素正常，有排卵，外生殖器、输卵管、卵巢、女性第二性征均正常，但无子宫、无阴道
雄激素不敏感综合征	又称睾丸女性化完全型，为男性假两性畸形。性腺为睾丸，位于腹腔内或腹股沟内 表型为女性，但阴道为盲端，子宫及输卵管缺如
对抗性卵巢综合征	又称卵巢不敏感综合征。卵巢内多为始基卵泡和初级卵泡，内源性 FSH 升高 卵巢对外源性促性腺激素不敏感
生殖道闭锁	任何生殖道闭锁引起的横向阻断，均可导致闭经，如阴道横隔、无孔处女膜
真两性畸形	同时存在男性和女性性腺，染色体核型可为 XX，YY 或嵌合体

②第二性征缺乏的原发性闭经　包括低促性腺激素性腺功能减退（如 Kallmann 综合征）、高促性腺激素性腺功能减退（如 Turner 综合征、Swyer 综合征）。

(2)继发性闭经　以下丘脑性闭经最常见，依次为垂体、卵巢、子宫性及下生殖道发育异常闭经。

	致病机制	常见病因
下丘脑性闭经	中枢神经系统及下丘脑功能失调或病变，可影响 GnRH 分泌，导致的闭经	精神应激、体重下降、神经性厌食、运动性闭经、药物性闭经、颅咽管瘤所致闭经
垂体性闭经	腺垂体病变或功能失调，影响促性腺激素的分泌，从而影响卵巢功能所引起的闭经	垂体梗死（希恩综合征） 垂体肿瘤、空蝶鞍综合征
卵巢性闭经	卵巢分泌的性激素水平低下，子宫内膜不发生周期性变化而所致的闭经，这类闭经促性腺激素升高	①卵巢早衰、多囊卵巢综合征 ②卵巢功能性肿瘤（卵巢支持-间质细胞瘤、卵巢颗粒-卵泡膜细胞瘤）
子宫性闭经	感染、创伤导致宫腔粘连引起的闭经 月经调节功能正常，第二性征发育也正常	Asherman 综合征（最常见的子宫性闭经） 子宫切除后、子宫腔内放疗
阴道性闭经	经血排出障碍所致的闭经	先天性阴道横隔、阴道缺如、无孔处女膜

【例 9】希恩(Sheehan)综合征属于

A. 下丘脑性闭经　B. 神经性闭经　C. 子宫性闭经
D. 卵巢性闭经　E. 垂体性闭经

【例 10】Asherman 综合征属于

A. 子宫性闭经　B. 卵巢性闭经　C. 垂体性闭经
D. 下丘脑性闭经　E. 精神性闭经

【例 11】下列引起原发性闭经的疾病是

A. 空蝶鞍综合征　B. 神经性厌食　C. Asherman 综合征
D. Turner 综合征　E. 颅咽管瘤

3. 诊断

诊断时需首先寻找闭经原因，确定病变部位，再确定是何种疾病引起。生育期妇女闭经首先需排除妊娠，通过病史及体格检查，对闭经病因及病变部位有初步了解，再通过选择性辅助检查明确诊断。

(1)功能试验　包括药物撤退试验和兴奋试验。

①药物撤退试验　主要用于评价体内雌激素水平,确定闭经程度。

A.孕激素试验　黄体酮 20mg,肌内注射,每日 1 次,连用 5 天。停药后出现撤药性出血为阳性反应,提示子宫内膜已受一定水平雌激素影响,为Ⅰ度闭经。停药后无撤药性出血为阴性反应,应进一步行雌孕激素序贯试验。

B.雌孕激素序贯试验　适用于孕激素试验阴性的闭经患者。妊马雌酮 1.25mg,口服,每晚 1 次,连用 21 天,最后 10 天加用醋酸甲羟孕酮,10mg,口服,每晚 1 次,连用 10 天。停药后发生撤药性出血为阳性,提示子宫内膜正常,可排除子宫性闭经,引起闭经的原因是患者体内雌激素水平低落,为Ⅱ度闭经。无撤药性出血者为阴性,提示子宫内膜受损,可诊断为子宫性闭经。

②垂体兴奋试验(GnRH 刺激试验)　用以了解垂体对 GnRH 的反应性,区别垂体与下丘脑病变。试验时静脉注射 LHRH100μg,测定 LH 值。注射 LHRH 后 LH 值升高,说明垂体功能正常,病变在下丘脑。注射 LHRH 后 LH 无升高,说明垂体功能减退,如希恩综合征。卵巢功能不全表现为 FSH、LH 基值均>30U/L,GnRH 兴奋试验呈活跃反应。多囊卵巢综合征表现为 LH/FSH 比值≥2~3,GnRH 兴奋试验呈活跃反应。

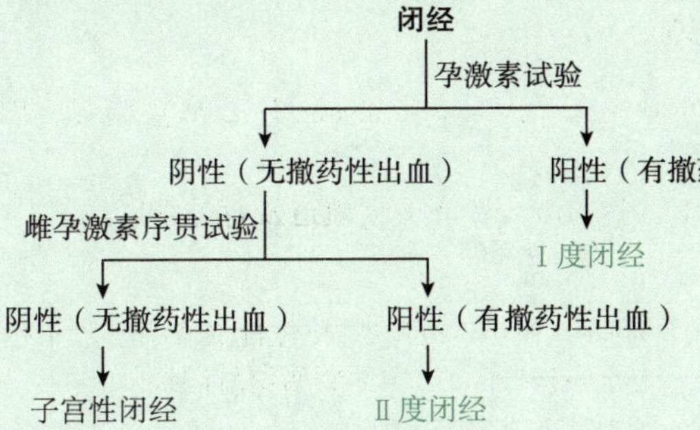

药物撤退试验

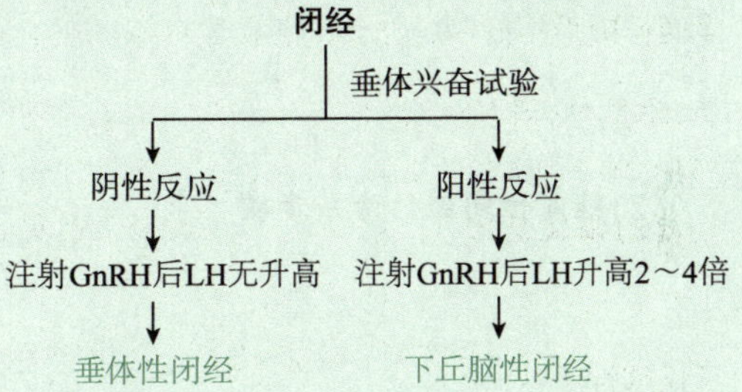

垂体兴奋试验

(2)激素测定　应停用雌、孕激素至少 2 周后,行 FSH、LH、PRL、TSH 等激素的测定,以协助诊断。

血清孕酮水平升高	提示排卵
血清雌激素水平低下	卵巢功能不正常或衰竭
睾酮水平升高	提示多囊卵巢综合征、卵巢支持-间质细胞瘤
催乳素水平升高	高催乳素瘤(垂体瘤)、性早熟、卵巢早衰、黄体功能不全、多囊卵巢综合征
FSH、LH	FSH、LH 降低提示腺垂体或下丘脑性闭经;升高提示卵巢性闭经
肥胖、多毛、痤疮	需测定胰岛素、雄激素、口服葡萄糖耐量试验(OGTT)、胰岛素释放试验

(3)影像学检查

盆腔 B 超	观察盆腔有无子宫,子宫形态、大小、内膜厚度;卵巢大小、形态、卵泡数目等
子宫输卵管造影	了解有无宫腔病变和宫腔粘连
CT 或 MRI	用于盆腔及头部蝶鞍区检查,诊断卵巢肿瘤、下丘脑病变、垂体瘤、空蝶鞍等
静脉肾盂造影	怀疑米勒管发育不全综合征时,用以确定有无肾脏畸形

(4)宫腔镜检查　能确诊宫腔粘连。

(5)腹腔镜检查　能直视下观察卵巢形态、子宫大小,对诊断多囊卵巢综合征等有价值。

(6)染色体检查　对性腺发育不全具有诊断价值。

4. 诊断步骤

(1)原发性闭经的诊断步骤 若为原发性闭经,应首先检查乳房及第二性征、子宫的发育情况。

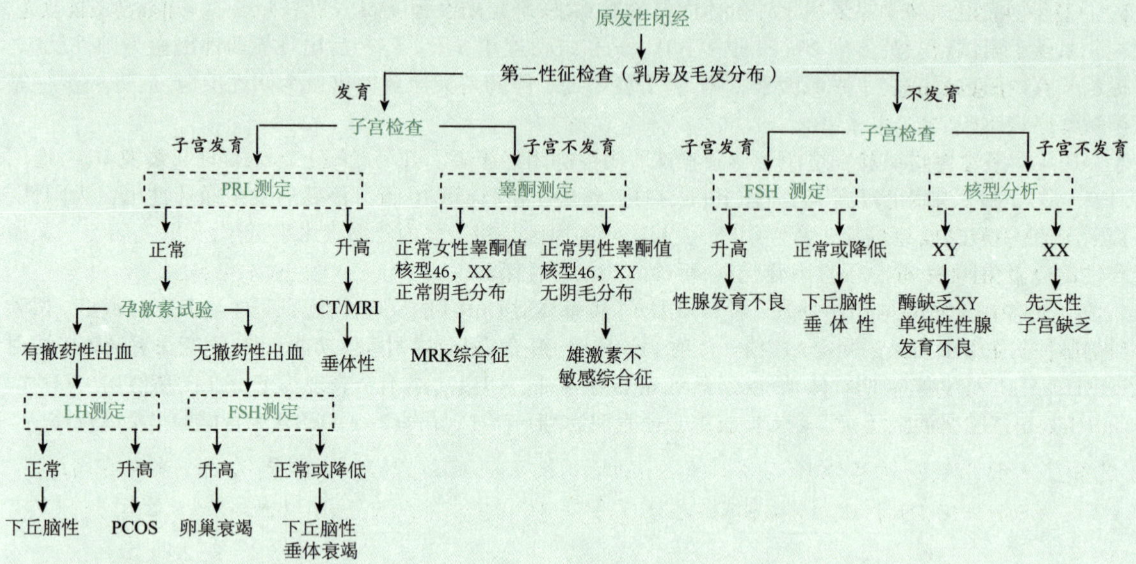

(2)继发性闭经的诊断步骤

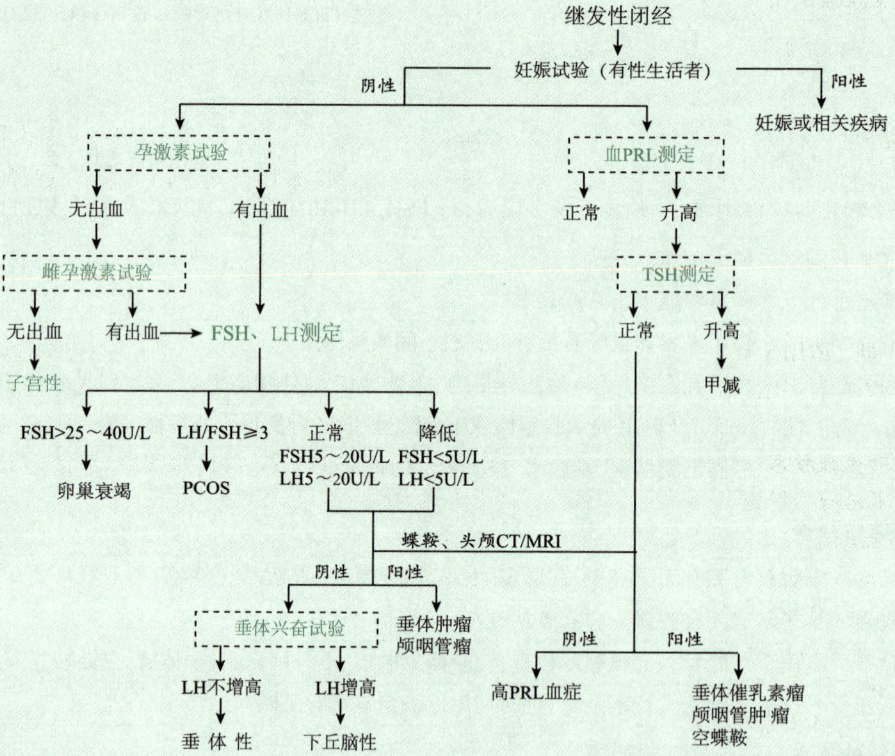

【例12】36岁,已婚妇女。闭经8个月。查子宫稍小。肌内注射黄体酮20mg连用3日,未见撤药性流血。再给予已烯雌酚1mg,连服20日,后3天加用安宫黄体酮10mg,出现撤药性流血。应诊断为

A. 子宫性闭经　　B. 第一度闭经　　C. 第二度闭经

D. 垂体性闭经　　E. 下丘脑性闭经

【例13】女,30岁。7个月前妊娠48天行人工流产术,术后未来月经,雌、孕激素试验均阴性。闭经的原因应是

A. 卵巢性闭经　　B. 垂体性闭经　　C. 下丘脑性闭经
D. 子宫性闭经　　E. 难以确定

【例14】闭经患者用孕激素治疗出现撤药性阴道流血,表示

A. 子宫内膜呈萎缩型　　B. 子宫内膜有结核病灶　　C. 体内缺乏雌激素
D. 子宫内膜对雌激素不起反应　　E. 子宫内膜已受雌激素影响

【例15】符合希恩综合征诊断的是

A. FSH、LH均<5U/L　　B. FSH、LH均>10U/L　　C. LH/FSH≥2
D. PRL>25μg/L　　E. PRL正常,FSH>40U/L

【例16】女,36岁。月经稀发3年,停经1年。实验室检查:血FSH48U/L,雌激素10pg/ml。最可能的诊断为

A. 子宫内膜不规则脱落　　B. 卵巢早衰　　C. 黄体功能不足
D. 多囊卵巢综合征　　E. 子宫内膜异位症

注意:①FSH、LH、E_2均降低,提示下丘脑-垂体性闭经。②FSH和LH增高、E_2降低,提示卵巢性闭经。③FSH≥30U/L提示卵巢病变,FSH和LH均<5U/L提示下丘脑-垂体病变。

5. 治疗

(1)全身治疗　积极治疗全身性疾病,提高机体体质,供给足够营养,保持标准体重。

(2)激素治疗　明确病因后,给予相应激素治疗以补充体内激素不足或拮抗其过多。

①性激素补充治疗　目的有:维持女性全身健康及生殖健康;促进和维持第二性征和月经。

	适应证	临床应用方法
雌激素补充治疗	无子宫者	妊马雌酮0.625mg,每日1次,共21天,停药1周后重复给药
雌孕激素人工周期	有子宫者	妊马雌酮0.625mg,每日1次,共21天,最后10日加服醋酸甲羟孕酮
孕激素疗法	体内有一定内源性雌激素水平的Ⅰ度闭经	月经后半期(撤药性出血第16~25日)口服醋酸甲羟孕酮

②促排卵　适用于有生育要求的患者。常用药物有:氯米芬、促性腺激素、促性腺激素释放激素。

③溴隐亭　为多巴胺受体激动剂,能抑制垂体PRL分泌,恢复排卵,适用于垂体催乳素瘤患者。

④其他　先天性肾上腺皮质增生所致的闭经,一般用地塞米松。甲减引起的闭经使用甲状腺片。

(3)辅助生殖技术　对于有生育要求,诱发排卵后未成功妊娠者,可采用辅助生殖技术治疗。

(4)手术治疗　针对各种器质性病变,采用相应的治疗。

①生殖器畸形　如处女膜闭锁、阴道横隔、阴道闭锁,均可通过手术切开或成形。

②Asherman综合征　多采用宫腔镜分离粘连+大剂量雌激素和放置宫腔内支撑的治疗方法。

③肿瘤　卵巢肿瘤一经确诊,应予以手术治疗。

【例17】促进排卵的药物不包括

A. 尿促性素　　B. 氯米芬　　C. 人绒毛膜促性腺素
D. 卵泡刺激素　　E. 孕激素

三、绝经综合征

1. 概念

绝经综合征指妇女绝经前后出现性激素波动或减少所致的一系列躯体及精神心理症状。

2. 内分泌变化

绝经前后最明显的变化是卵巢功能衰退，随后表现为下丘脑-垂体功能退化。

雌激素↓	绝经后，卵巢停止排卵，卵巢可不再分泌雌激素，因此雌激素水平降低
孕激素↓	绝经过渡期仍有少量孕激素分泌，绝经后无孕酮分泌
雄激素↓	绝经后雄激素主要来自卵巢的间质细胞和肾上腺，总体雄激素水平降低
抑制素↓	绝经后抑制素水平降低，较雌二醇下降早且明显，为卵巢早衰更敏感的指标
促性腺激素↑ （FSH/LH↑）	卵巢功能衰竭的最早征象是卵泡对 FSH 敏感性降低，FSH 水平升高 绝经后雌激素水平降低，刺激垂体 FSH 和 LH 释放，FSH 升高较 LH 更显著，FSH/LH>1
GnRH↑	绝经后雌激素水平降低，促使 GnRH 分泌增加

【例 18】女，50 岁。近 1 年月经不规律，月经周期延长，经量减少，伴潮热、出汗。查体：外阴阴道黏膜菲薄，宫颈及子宫萎缩。对该患者体内激素水平阐述正确的是

A. 雌激素下降，孕激素上升，促性腺激素上升
B. 雌激素上升，孕激素上升，促性腺激素上升
C. 雌激素下降，孕激素下降，促性腺激素下降
D. 雌激素下降，孕激素下降，促性腺激素上升
E. 雌激素下降，孕激素上升，促性腺激素下降

3. 临床表现

(1)近期症状

①月经紊乱　是绝经过渡期的常见症状，表现为月经周期不规则、经期持续时间延长、经量增多或减少。

②血管舒缩症状　主要表现为潮热，是雌激素降低的特征性症状。特点是反复出现短暂的面部、颈部和胸部皮肤阵阵潮红，伴有轰热，继之出汗，一般持续 1~3 分钟，夜间或应激状态易促发。

③自主神经失调症状　常出现心悸、眩晕、头痛、失眠、耳鸣等。

④精神神经症状　常表现为注意力不集中，并且情绪波动，激动易怒、焦虑、抑郁等。

(2)远期症状

①泌尿生殖道症状　泌尿生殖道萎缩症状，出现阴道干燥、性交困难、反复阴道感染。

②骨质疏松　约半数病例发生绝经后骨质疏松，一般发生于绝经后 5~10 年，最常发生于椎体。

③阿尔茨海默病　绝经后期妇女比老年男性患病风险高，可能与绝经后内源性雌激素水平降低有关。

④心血管病变　绝经后妇女糖脂代谢异常增加，动脉硬化、冠心病的发病风险增加。

4. 诊断

(1)病史及临床表现　根据病史及典型临床表现不难诊断。

(2)血清 FSH 及 E_2 测定　有助于了解卵巢功能。绝经过渡期血清 FSH>10U/L，提示卵巢储备功能下降。闭经、FSH>40U/L 且 E_2<10~20pg/ml，提示卵巢功能衰竭。

(3)抗米勒管激素(AMH)测定　AMH<1.1ng/ml 提示卵巢储备功能下降，<0.2ng/ml 提示即将绝经。

5. 治疗

(1)性激素补充治疗(HRT)　为主要治疗措施。

适应证	绝经相关症状——潮热、盗汗、睡眠障碍、疲倦、情绪障碍 泌尿生殖道萎缩——阴道干涩、疼痛、排尿困难、性交痛、反复发作的阴道炎、反复泌感 低骨量及骨质疏松症——有骨质疏松的危险因素、绝经后期骨质疏松
禁忌证	妊娠、原因不明的阴道流血、乳腺癌、性激素依赖性肿瘤、血栓性疾病、严重肝肾疾病
制剂	雌激素主要，辅以孕激素。单用雌激素适用于子宫已切除者，单用孕激素适用于绝经过渡期功血
副作用	子宫出血、性激素副作用、子宫内膜癌、卵巢癌、乳腺癌、心血管疾病、血栓性疾病、糖尿病

(2)非激素类药物

①选择性 5-羟色胺再摄取抑制剂　如盐酸帕罗西汀可有效改善血管舒缩症状及精神神经症状。

②钙剂　氨基酸螯合钙胶囊每日口服 1 粒(含 1g),可减缓骨质丢失。

③维生素 D　适用于围绝经期妇女缺少户外活动者,与钙剂合用有利于钙的完全吸收。

【例 19】雌激素水平低下的最常见症状是

A. 阴道干涩　　B. 潮热　　C. 情绪低落

D. 失眠　　E. 月经稀少

【例 20】女,50 岁。月经稀发 1 年,停经 6 个月。近 8 个月来有潮热,汗多,入睡困难。B 超发现左卵巢囊肿,直径 2cm。子宫内膜活检病理结果显示子宫内膜息肉。引起患者不适的原因是

A. 左卵巢囊肿　　B. 绝经综合征　　C. 神经症

D. 子宫内膜息肉　　E. 月经不调

常考点　异常子宫出血的诊断及鉴别;闭经的诊断及鉴别;绝经综合征的激素特点。

参考答案——详细解答见 2021《贺银成国家临床执业及助理医师资格考试历年考点精析》

1. ABCDE	2. ABCDE	3. ABCDE	4. ABCDE	5. ABCDE	6. ABCDE	7. ABCDE
8. ABCDE	9. ABCDE	10. ABCDE	11. ABCDE	12. ABCDE	13. ABCDE	14. ABCDE
15. ABCDE	16. ABCDE	17. ABCDE	18. ABCDE	19. ABCDE	20. ABCDE	

第 18 章　不孕症

▶考纲要求

不孕症：概念，分类，病因，辅助检查，诊断，治疗。

▶复习要点

1. 概念和分类

(1)概念　女性无避孕性生活至少 12 个月而未孕，称为不孕症，在男性称为不育症。

(2)分类　不孕症分为原发性和继发性不孕两类，既往从未有过妊娠史，未避孕而从未妊娠者为原发性不孕；既往有过妊娠史，而后未避孕连续 12 个月未孕者，称为继发性不孕。

【例 1】诊断原发性不孕的依据为

A. 结婚 2 年，未避孕 1 年，未孕　　B. 结婚 2 年，安全期避孕，未孕

C. 结婚 3 年，未避孕，自然流产后未孕　　D. 结婚 4 年，避孕套避孕，近 2 年未避孕未孕

E. 结婚 4 年，人工流产 1 次，近 2 年未避孕未孕

2. 病因

导致不孕的原因，女方因素约占 40%，男方因素约占 30%~40%，男女双方因素占 10%~20%。

(1)女性因素　以排卵障碍和输卵管因素居多。

①盆腔因素　是继发性不孕症最主要的原因，约占全部不孕因素的 35%。

输卵管因素	输卵管异常、慢性输卵管炎、输卵管黏膜破坏，使输卵管完全阻塞或积水
盆腔粘连	盆腔粘连、盆腔炎症、子宫内膜异位症、结核性盆腔炎造成局部粘连
子宫体病变	子宫黏膜下肌瘤、子宫肌壁间肌瘤、子宫腺肌症、宫腔粘连、子宫内膜息肉
子宫颈病变	宫颈松弛、宫颈病变
内异症	子宫内膜异位症的典型症状即为盆腔痛+不孕
先天畸形	子宫畸形（中隔子宫、双角子宫）、先天性输卵管发育异常

②排卵障碍　占 25%~35%。常见原因有：下丘脑病变（低促性腺激素性无排卵）；垂体病变（高催乳素血症）；卵巢病变（多囊卵巢综合征）；其他内分泌疾病（先天性肾上腺皮质增生症、甲状腺功能异常）。

(2)男性因素　主要是生精障碍与输精障碍。

①精液异常　如少、弱精子症、无精症、精子发育停滞、畸形精子症、单纯性精浆异常。

②性功能异常　如勃起障碍、不射精、早泄、逆行射精、性唤起障碍所致的性交频率不足等。

③免疫因素　如抗精子抗体，使射出的精子产生凝集而不能穿过宫颈黏液。

(3)不明原因性不孕　属于男女双方均可能同时存在的不孕因素，约占不孕病因的 10%~20%。

【例 2】最常见的女性不孕因素是

A. 宫体因素　　B. 精神因素　　C. 阴道因素

D. 输卵管因素　　E. 宫颈因素

3. 辅助检查与诊断

(1)男方检查　精液分析是不孕夫妇的首选检查项目，需进行 2~3 次精液检查，以明确精液质量。

(2)女方不孕特殊检查

①卵巢功能检查　包括 B 超监测卵泡发育及排卵、基础体温测定、宫颈黏液检查、黄体期子宫内膜活检、女性激素测定。于月经周期第 2~4 日测定 FSH、LH、E_2、PRL、T、P 基础水平。排卵期 LH 测定有助于

预测排卵时间，黄体期P测定有助于提示有无排卵、评估黄体功能。

②输卵管通畅检查 子宫输卵管造影是评价输卵管通畅度的首选方法，应在月经干净后3~7日无任何禁忌证时进行。既可评估宫腔病变，又可了解输卵管通畅度。

③宫腔镜检查 可观察子宫腔形态、内膜色泽和厚度、是否有宫腔粘连、畸形、息肉等。

④腹腔镜检查 适用于体格检查、超声检查、输卵管通畅检查提示存在宫腔、盆腔异常者。

【例3】不属于卵巢功能检查范畴的是

A. 宫颈细胞学检查　　B. 性激素测定　　C. 宫颈黏液检查
D. 基础体温测定　　E. 月经期前子宫内膜活组织检查

4. 女性不孕症的治疗

(1)纠正盆腔器质性病变 ①输卵管病变：输卵管成形术适用于输卵管周围粘连、远端梗阻。②子宫病变：对于子宫肌瘤、子宫内膜息肉、宫腔粘连、纵隔子宫，应行手术治疗。③卵巢肿瘤：有手术指征时应考虑手术剔除或切除。④子宫内膜异位症：可通过腹腔镜进行诊断和治疗。⑤生殖器结核：活动期应行抗结核治疗。

(2)诱发排卵 常用药物有氯米芬、来曲唑、绒促性素、尿促性素等。

(3)不明原因性不孕的治疗 对年轻、卵巢功能良好的夫妇可行期待治疗，一般不超过3年；对年龄>30岁的夫妇、卵巢功能减退，可行宫腔内夫精人工授精3~6个周期诊断性治疗。

(4)辅助生殖技术 包括人工授精、体外受精-胚胎移植及其衍生技术等。

▶常考点 不孕症定义及检测。

参考答案——详细解答见2021《贺银成国家临床执业及助理医师资格考试历年考点精析》

1. ABCDE　2. ABCDE　3. ABCDE

第 19 章　计划生育与妇女保健

考纲要求

①宫内节育器避孕:种类,避孕机制,放置与取出,不良反应,并发症。②激素避孕:避孕机制,适应证与禁忌证,常用类型及用法,不良反应与处理。③其他避孕方法:紧急避孕,自然避孕,外用避孕。④输卵管绝育术:适应证,禁忌证,并发症。⑤人工流产:概念,药物流产,手术流产。⑥计划生育方法的知情选择。⑦妇女保健:各期保健内容。

复习要点

一、计划生育

1. 宫内节育器避孕(IUD)

宫内节育器避孕是一种安全、有效、简便、经济、可逆的避孕工具,为我国育龄妇女的主要避孕措施。

(1)种类　分惰性和活性两类。

①惰性宫内节育器　为第一代 IUD,由惰性材料如金属、硅胶、塑料等制成。由于金属单环脱落率和带器妊娠率高,1993 年起已停止生产使用。

②活性宫内节育器　为第二代 IUD,内含活性物质,如 Cu^{2+}、激素、药物等,这些物质能提高避孕效果,减少副作用。分为含铜 IUD 和含药 IUD 两大类。

A.含铜 IUD　是目前应用最广泛的宫内节育器,在宫内持续释放具有生物活性、有较强抗生育能力的 Cu^{2+},形态上分为 T 形、V 形、宫形等。含铜宫内节育器的避孕效果与含铜表面积呈正比,临床副作用主要表现为点滴出血。避孕有效率均在 90%以上。

	临床特点	放置年限
带铜 T 形宫内节育器	铜丝易断裂,放置年限较短。带有尾丝,便于检查及取出	5~7 年
带铜 V 形宫内节育器	带有尾丝,带器妊娠率低、脱落率低,但因症取出率较高	5~7 年
母体乐(MLCu375)	以聚乙烯为支架,呈伞状,具有可塑性	5~8 年
宫铜 IUD	形态接近宫腔,无尾丝	20 年左右
含铜无支架 IUD	不易脱落,悬挂于宫腔中,有尾丝	10 年

B.含药 IUD　将药物储存在节育器内,通过每日微量释放提高避孕效果,降低副作用。目前我国临床主要应用含有孕激素的 IUD(曼月乐)和含吲哚美辛的 IUD。

(2)避孕机制　IUD 的抗生育作用主要是局部组织对异物的组织反应而影响受精卵着床,活性 IUD 的避孕机制还与活性物质有关:①对精子和胚胎的毒性作用;②干扰着床;③含左炔诺孕酮的 IUD 可使一部分妇女抑制排卵;④含吲哚美辛的 IUD:可抑制前列腺素的合成,减少前列腺素对子宫的收缩作用而减少出血反应。

(3)宫内节育器的放置

①适应证　凡生育期妇女无禁忌证、要求放置 IUD 者。

②禁忌证　妊娠或可疑妊娠;生殖道急性炎症;人工流产出血多,怀疑有妊娠组织物残留者;生殖器肿瘤;生殖器官畸形;宫颈内口过松、重度陈旧性宫颈裂伤或子宫脱垂;严重的全身性疾病;宫腔<5.5cm 或>9.0cm;近 3 个月内有月经失调、阴道不规则流血;有铜过敏史。

③放置时间　月经干净 3~7 日无性交;人工流产术后立即放置;产后 42 日恶露已净,会阴伤口已愈

合，子宫恢复正常；剖宫产后半年放置；含孕激素IUD在月经第4~7日放置；自然流产于转经后放置，药物流产2次正常月经后放置；哺乳期放置前应首先排除早孕；性交后5日内放置为紧急避孕方法之一。

④放置后注意事项　术后休息3日，1周内忌重体力劳动，2周内忌性交及盆浴。术后第一年1、3、6、12个月进行随访，以后每年随访1次直至停用，特殊情况随时就诊。

(4)宫内节育器取出

①适应证　计划再生育或不需避孕；放置期限已满需更换；绝经过渡期停经1年内；拟改用其他避孕措施或绝育者；有并发症及副作用，经治疗无效；带器妊娠，包括宫内和宫外妊娠。

②禁忌证　并发生殖道炎症急性感染期；全身情况不良，或疾病的急性期，应待病情好转后再取出。

③取出时间　月经干净后3~7日；带器早期妊娠行人流同时取器；带器异位妊娠术前行诊断性刮宫时，或术后出院前取出IUD；子宫不规则出血者，随时可取出，并行诊断性刮宫+病理检查。

注意：①宫内节育器放置——月经干净后3~7日、人流术后当时、产后42日、剖宫产后半年。
②宫内节育器取出——月经干净后3~7日、人流术后当时。

(5)宫内节育器的不良反应　①不规则阴道流血是放置IUD的常见副反应；②白带增多；③下腹胀痛。

(6)宫内节育器的并发症　包括节育器异位、嵌顿或断裂、下移或脱落、带器妊娠等。

【例1】IUD取出的时间一般选择在

A. 月经来潮6小时内　B. 月经期第2~4日　C. 月经前4~6日
D. 月经干净第3~7日　E. 月经期第5~6日

(2~3题共用题干) 女，30岁。G_2P_1。既往月经规律，月经量少。身体健康。要求长期采取避孕措施。

【例2】首选的避孕方法是

A. 宫内节育器　B. 紧急避孕药　C. 安全期避孕
D. 长效口服避孕药　E. 外用杀精子剂

【例3】宫内节育器的避孕原理主要是

A. 干扰受精卵着床　B. 抑制卵巢排卵　C. 影响精子获能
D. 阻止精子和卵子相遇　E. 改变宫颈黏液性状

2. 激素避孕

激素避孕指女性使用甾体激素达到避孕的目的。甾体避孕药的激素成分主要是雌激素和孕激素。

(1)避孕机制

①抑制排卵　避孕药中雌、孕激素负反馈抑制下丘脑释放GnRH，从而抑制垂体分泌FSH和LH，同时直接影响垂体对GnRH的反应，不出现排卵前的LH峰，排卵受到抑制。

②改变宫颈黏液性状　孕激素使宫颈黏液量减少，黏稠度增加，拉丝度降低，不利于精子穿透。单孕激素制剂改变宫颈黏液作用可能为其主要的避孕机制。

③改变子宫内膜形态与功能　子宫内膜的正常生理变化，为胚胎着床创造必要条件，避孕药抑制子宫内膜增殖变化，使子宫内膜与胚胎发育不同步，不适于受精卵着床。

④改变输卵管功能　在雌、孕激素作用下，输卵管上皮纤毛功能、肌肉节段运动和输卵管液体分泌均受到影响，改变受精卵在输卵管内正常运动，干扰受精卵着床。

(2)适应证　生育年龄的健康妇女均可使用。

(3)禁忌证　①严重心血管疾病、血栓性疾病，如高血压、冠心病、静脉栓塞等，因为雌激素有促凝作用；②急、慢性肝炎或肾炎；③部分恶性肿瘤、癌前病变；④内分泌疾病，如糖尿病、甲亢；⑤哺乳期不宜使用复方口服避孕药，因雌激素可抑制乳汁分泌；⑥年龄>35岁的吸烟妇女服用避孕药，可增加心血管疾病发病率，不宜长期使用；⑦精神病患者；⑧严重偏头痛反复发作者。

(4)常用类型及用法

类别	名称	甾体激素激素含量(mg)	给药途径
短效口服避孕片	复方炔诺酮片(避孕片1号)	炔雌醇0.035+炔诺酮0.6	口服
	复方甲地孕酮片(避孕片2号)	炔雌醇0.035+甲地孕酮1.0	口服
	复方避孕片(0号)	炔雌醇0.035+炔诺酮0.3+甲地孕酮0.5	口服
	复方去氧孕烯片	炔雌醇0.03+去氧孕烯0.15	口服
	复方孕二烯酮片	炔雌醇0.03+孕二烯酮0.075	口服
	炔雌醇环丙孕酮片	炔雌醇0.035+环丙孕酮2.0	口服
长效口服避孕片	复方左旋18甲长效避孕片	炔雌醚3.0+左炔诺孕酮6.0	口服
	三合一炔雌醚片	炔雌醚2.0+炔诺孕酮6.0+氯地孕酮6.0	口服
探亲避孕片	炔诺酮探亲片	炔诺酮5.0	口服
	甲地孕酮探亲避孕片1号	甲地孕酮2.0	口服
	炔诺孕酮探亲避孕片	炔诺孕酮3.0	口服
	53号避孕药	双炔失碳酯7.5	口服
复方长效避孕针	复方己酸羟孕酮注射液(避孕针1号)	戊酸雌二醇5.0+己酸羟孕酮250.0	肌内注射
	美尔伊避孕注射液	雌二醇3.5+甲地孕酮25.0	肌内注射
单孕激素长效避孕针	醋酸甲羟孕酮避孕针	醋酸甲羟孕酮150	肌内注射
	庚炔诺酮注射液	庚炔诺酮200	肌内注射
皮下埋置缓释剂	左炔诺孕酮埋置剂Ⅰ型	左炔诺孕酮36/根×6根	皮下埋置
	左炔诺孕酮埋置剂Ⅱ型	左炔诺孕酮75/根×2根	皮下埋置
阴道避孕环缓释剂	甲硅环	甲地孕酮200或250	阴道放置
	左炔诺孕酮阴道避孕环	左炔诺孕酮5	阴道放置

【例4】甾体激素避孕药的避孕机制不包括

A. 改变宫颈黏液的性状　B. 影响输卵管生理功能　C. 阻止精子与卵子的结合

D. 抑制排卵　E. 改变子宫内膜形态与功能

【例5】短效口服避孕药含

A. 雌激素　B. 孕激素　C. 雌激素+雄激素

D. 孕激素+雄激素　E. 雌激素+孕激素

(5)药物不良反应及处理

副作用	临床表现	处理
类早孕反应	服药初期约10%妇女出现食欲缺乏、恶心呕吐、乏力、头晕等类似早期妊娠的反应	不需处理,坚持服药数个周期后消失症状严重者可更换制剂或停药
不规则阴道流血	称突破性出血,多发生在漏服避孕药后	轻者无需处理,流血多者每晚加服雌激素
闭经	约1%~2%发生闭经,常发生于月经不规则者	停药后月经不来潮需除外妊娠
体重变化	第一和二代避孕药中的孕激素,可使体重增加,避孕药中的雌激素使水钠潴留引起体重增加	更换为第三代孕激素
皮肤变化	极少数妇女面部出现淡褐色色素沉着	不需特殊处理
其他	头痛、复视、乳房胀痛	对症处理,必要时停药作进一步检查

【例6】32岁,经产妇。曾足月分娩2次。月经周期正常,经量中等。查阴道前后壁明显膨出,重度颗粒型宫颈糜烂,宫口松,子宫后倾,正常大,附件未见异常。患者要求避孕,最合适的避孕方法是

A. 安全期避孕　B. 阴茎套避孕　C. 外用避孕药
D. 宫内节育器　E. 口服短效避孕药

【例7】口服避孕药的副作用不包括

A. 短期闭经　B. 体重增加　C. 卵巢肿瘤
D. 类早孕反应　E. 色素沉着

【例8】口服避孕药后不规则出血,正确的处理方法是

A. 加服少量雌激素　B. 需立即停药　C. 加服少量孕激素
D. 加服少量雄激素　E. 加倍服药

3. 其他避孕方法

(1)紧急避孕　无保护性生活后或避孕失败后几小时或几日内,妇女为防止非意愿性妊娠的发生而采用的补救避孕方法,称为紧急避孕。包括放置含铜宫内节育器和口服紧急避孕药。

①适应证　A.避孕失败,包括阴茎套破裂、滑脱,未能做到体外排精,错误计算安全期,漏服短效避孕药,宫内节育器脱落;B.性生活未使用任何避孕方法;C.遭到性暴力。

②方法　A.宫内节育器,带铜宫内节育器可用于紧急避孕,在无保护性生活5日(120小时)内放入,有效率达95%。B.紧急避孕药,主要有雌孕激素复方制剂、单孕激素制剂及抗孕激素制剂3类。

③副作用　恶心呕吐、不规则阴道流血、月经紊乱,一般无需处理。

④注意事项　紧急避孕仅对一次无保护性生活有效,避孕有效率明显低于常规避孕方法,且紧急避孕药激素剂量大,副作用也大,不能替代常规避孕。

(2)自然避孕(安全期避孕)　是根据女性生殖生理特点推测排卵日期,判断周期中的易受孕期进行禁欲,而达到避孕目的。不十分可靠,不易推广。方法包括日历法、基础体温法、宫颈黏液观察法。

①日历法　适用于月经周期规则的妇女,排卵通常发生在下次月经前14日左右,据此推算出排卵前后4~5日为易受孕期,其余时间视为安全期。

②基础体温法　根据基础体温来判断排卵日期。基础体温的曲线变化与排卵时间的关系并不恒定。

③宫颈黏液观察法　根据宫颈黏液变化来判断排卵日期。

(3)外用避孕　包括阴茎套和阴道套。

①阴茎套　为男性避孕工具,有效率高达93%~95%。

②阴道套　为女性避孕工具,目前我国尚无供应。

注意:①最不可靠的避孕方法为安全期避孕法。②子宫脱垂、阴道膨出者不适于宫内节育器避孕。③宫颈糜烂者不适于避孕套避孕。④肝肾功能不良者不适于甾体避孕药(因对肝肾功能有影响)。⑤宫内节育器适用于长期避孕者。⑥哺乳期不宜使用口服避孕药,因雌激素可抑制乳汁分泌。⑦妊娠期不宜使用口服避孕药,因口服避孕药对胎儿有致畸作用,应至少停药半年以上再受孕。

【例9】女性,35岁。慢性肝炎病史3年。妇科检查宫颈糜烂Ⅲ度,子宫正常大小,要求避孕,应选择

A. 避孕套　B. 短效避孕药　C. 阴道隔膜避孕
D. 宫内节育器　E. 安全期避孕

【例10】关于不同方法的避孕原理,错误的是

A. 安全期避孕是通过将性生活避开排卵前后1~2日的不安全期而达到避孕目的
B. 宫内节育器通过干扰着床而达到避孕目的
C. 阴道隔膜可阻止精子进入宫腔而达到避孕目的
D. 口服避孕药主要通过抑制排卵、阻碍受精和着床而达到避孕目的

E. 阴茎套可阻止精子进入阴道而达到避孕目的

4. 输卵管绝育术

输卵管绝育术指通过输卵管结扎手术阻断精子与卵子相遇而达到绝育目的，是一种安全、永久性节育措施，绝育方式可经腹（应用最多）、经腹腔镜、经阴道操作（很少做）。

(1) 适应证 要求接受绝育手术且无禁忌证者；患严重全身疾病不宜生育者。

(2) 禁忌证 ①24 小时内两次体温≥37.5℃；②全身情况不佳，如心力衰竭、血液病等，不能耐受手术；③患严重的神经官能症；④各种疾病急性期；⑤腹部皮肤有感染灶或患急、慢性盆腔炎。

(3) 手术时机 非孕妇女在月经干净后 3~4 日，人工流产或分娩后宜在 48 小时内施行手术。哺乳期或闭经妇女应在排除早孕后再行绝育术。

(4) 并发症 出血或血肿、感染、损伤膀胱或肠管、输卵管再通。

【例 11】女性，42 岁。患慢性肾炎 3 年，半年前因早孕行药物流产，现要求避孕指导。最正确的避孕措施应是

A. 安全期避孕　　B. 口服短效避孕药　　C. 皮下埋植避孕
D. 阴茎套避孕　　E. 行输卵管结扎术

【例 12】最适于进行输卵管结扎术的时间是

A. 月经来潮前 3~4 天　　B. 足月产后 14 天　　C. 难产后 72 天
D. 人工流产术后 3 天　　E. 月经后 3~4 天

5. 人工流产

(1) 概念 人工流产指因意外妊娠、疾病等原因而采用人工方法终止妊娠，是避孕失败的补救方法。终止早期妊娠的人工流产方法包括手术流产和药物流产。

(2) 手术流产 指采用手术方法终止妊娠，包括负压吸引术和钳刮术。

①负压吸引术　指利用负压吸引原理，将妊娠物从宫腔内吸出。

A.适应证　妊娠 10 周内要求终止妊娠而无禁忌证，患有某种严重疾病不宜继续妊娠。

B.禁忌证　生殖道炎症（如阴道炎、急慢性盆腔炎、性传播疾病）未经治疗者；各种疾病的急性期；全身情况差不能耐受手术；术前两次体温>37.5℃。

②钳刮术　指通过机械或药物方法使宫颈松软，然后用卵圆钳钳夹胎儿及胎盘。

A.适应证　适用于妊娠 10~14 周。

B.并发症　由于胎儿较大、骨骼已形成，容易造成并发症，如出血多、宫颈裂伤、子宫穿孔等。

【例 13】属于人工流产负压吸引术禁忌证的是

A. 哺乳期　　B. 慢性宫颈炎　　C. 剖宫产术后 1 年
D. 妊娠 9 周　　E. 间隔 4 小时再次体温超过 37.5℃

【例 14】初孕妇，25 岁，现妊娠 9 周，半年前曾因感冒诱发心力衰竭。查体：心率 110 次/分，心尖部闻及舒张期杂音，肝肋下可触及。正确的处理措施是

A. 继续妊娠，不需特殊治疗　　B. 继续妊娠，增加产前检查次数　　C. 终止妊娠，行钳刮术
D. 继续妊娠，需口服地高辛　　E. 终止妊娠，行负压吸引术

注意：①药物流产——适用于停经≤49 日。
②负压吸引术——适用于妊娠 10 周内。
③钳刮术——适用于妊娠 10~14 周。
④利凡诺羊膜腔注射——适用于中晚期妊娠终止妊娠。
⑤慢性盆腔炎属于人流的禁忌证，但慢性宫颈炎不属于人流的禁忌证(3 版《实用妇产科学》P746)。

(3) 人工流产并发症及处理

	临床表现	处理
出血	妊娠月份较大时，因子宫较大，子宫收缩欠佳，出血量多	在扩张宫颈后，宫颈注射缩宫素 尽快取出绒毛组织，更换吸管，调整负压
子宫穿孔	为严重并发症。手术时突然感到无宫底感觉，或手术器械进入深度超过原来所测深度 发生率与手术者操作技术、子宫本身情况（如哺乳期妊娠子宫、剖宫产后瘢痕子宫）有关	立即停止手术；小的穿孔，如无脏器损伤或内出血，手术已完成，可肌内注射缩宫素；若宫内组织未吸净，应由有经验的医生完成吸宫；破口大、有内出血、有脏器损伤，应剖腹探查
人工流产综合反应	指术中或术毕出现心动过缓、心律不齐、面色苍白、头晕、胸闷、大汗淋漓，严重者血压下降、晕厥、抽搐等迷走神经兴奋症状	停止手术、吸氧后一般能自行恢复 严重者可给予阿托品0.5~1mg静脉注射
漏吸	施行人流术未吸出胚胎及绒毛而导致继续妊娠或胚胎停止发育，称为漏吸	一旦发现漏吸，应再次负压吸引术
空吸	误诊宫内妊娠行人工流产，称为空吸	如刮出物未见绒毛，应重复尿妊娠试验及B超，警惕宫外孕
吸宫不全	指人工流产后部分妊娠组织物残留，表现为术后阴道流血时间长，血量多，或流血停止后再现多量流血	无明显感染时，尽早行刮宫术，术后给予抗生素。有感染时，控制感染后再刮宫
感染	可发生急性子宫内膜炎、盆腔炎	术后应用抗生素
羊水栓塞	症状及严重性不如晚期妊娠发病凶猛	抗过敏，抗休克

【例15】人工流产术后12日，仍有较多阴道流血，应首先考虑的是

A. 子宫穿孔　B. 子宫复旧不良　C. 吸宫不全
D. 子宫内膜炎　E. 子宫绒毛膜癌

（16~17题共用题干）女，24岁。停经6周诊断为早孕，行人工流产术，吸宫后探宫腔发现探不到宫底，出血不多，自述心悸，轻度腹痛及恶心。

【例16】最可能的诊断是

A. 子宫畸形　B. 子宫穿孔　C. 人工流产综合反应
D. 羊水栓塞　E. 葡萄胎

【例17】此时该患者首选的处理方法是

A. 吸氧，给予升压药　B. 继续手术，清空子宫　C. 暂停手术，密切观察病情
D. 静脉注射阿托品　E. 立即行剖腹探查术

（4）药物流产　指使用药物终止早孕的一种避孕失败的补救措施，常用药物为米非司酮+米索前列醇。米非司酮是抗孕激素制剂，具有抗孕激素及抗糖皮质激素的作用。米索前列醇是前列腺素类似物，具有兴奋子宫和软化宫颈的作用。两者配伍终止早孕的完全流产率达90%以上。

①适应证　A.早期妊娠≤49日、本人自愿；B.血或尿hCG阳性，B超确诊为宫内妊娠；C.人工流产高危因素者，如瘢痕子宫、哺乳期、宫颈发育不良、严重骨盆狭窄；D.多次人工流产史，对手术流产有恐惧和顾虑心理者。

②禁忌证　A.有使用米非司酮禁忌证，如肾上腺疾病、妊娠期皮肤瘙痒史、血液病、血管栓塞病史；B.有使用前列腺素药物禁忌证，如心血管疾病、青光眼、哮喘、癫痫、结肠炎等；C.带器妊娠、异位妊娠；D.过敏体质、妊娠剧吐、长期服用抗结核、抗癫痫、抗抑郁、抗前列腺素药物等。

③副作用　恶心呕吐、腹痛、腹泻、出血时间长、出血多。

【例 18】属于药物流产的禁忌证的是

A. 严重骨盆畸形　B. 妊娠剧吐　C. 瘢痕子宫

D. 哺乳期妊娠　E. 宫颈发育不良

6. 计划生育方法的知情选择

	选用原则	首选避孕方法	不宜选择的避孕方法
新婚期	年轻，未育，应选择使用方便、不影响生育的避孕方法	首选复方短效口服避孕药 次选阴茎套（性生活适应后选用）	宫内节育器、安全期避孕 体外排精、长效避孕药
哺乳期	不影响乳汁质量及婴儿健康	首选阴茎套，次选单孕激素长效避孕针或皮下埋置	避孕药膜、安全期避孕 雌孕激素复合避孕药
生育后期	长效、可逆、安全、可靠	各种避孕方法均适用	根据个人身体情况而定
绝经过渡期	此期有排卵功能，应坚持避孕以外用避孕药为主	阴茎套	避孕药膜、复方避孕药 安全期避孕

【例 19】关于哺乳期避孕的叙述，正确的是

A. 不需避孕　B. 应采用避孕药物　C. 最好使用工具避孕

D. 使用埋植避孕剂　E. 剖宫产术后 3 个月放置 IUD

【例 20】剖宫产术后 3 个月哺乳期妇女，最恰当的避孕方法应选择

A. 短效口服避孕药　B. 安全期避孕法　C. 宫内节育器

D. 皮下埋置法　E. 阴茎套避孕法

【例 21】新婚夫妇欲婚后 1 年要孩子，最正确的避孕方法是

A. 安全期避孕　B. 口服避孕药　C. 放置宫内节育器

D. 皮下埋植 Norplant Ⅱ　E. 阴茎套

【例 22】新婚夫妇拟半年后考虑妊娠来院咨询，最适宜的避孕方法应是

A. 采用安全期避孕法　B. 选择男用避孕套　C. 选择口服避孕药

D. 放置宫内节育器　E. 皮下埋植避孕药

A. IUD　B. 安全期避孕　C. 紧急避孕药

D. 复方短效口服避孕药　E. 长效复方避孕注射剂

【例 23】女，24 岁。未育，近半年无生育计划，首选的避孕方法是

【例 24】顺产后 4 个月哺乳期女性，首选的避孕方法是

注意：①复方短效口服避孕药使用方便，避孕药效果好，不影响性生活，为新婚期避孕的首选。
②阴茎套为新婚夫妇的次选避孕方法，在性生活适应后选用（9 版《妇产科学》P377）。

【例 25】女，35 岁。G_6P_1。月经量增多 3 年，经期及周期正常。妇科检查：子宫前位饱满，活动差，无压痛。推荐该患者最佳的避孕方法是

A. 惰性宫内节育器　B. 避孕套　C. 体外排精

D. 紧急避孕药　E. 短效口服避孕药

二、妇女保健

各期保健内容

(1) 青春期保健　①自我保健；②营养指导；③体育锻炼；④健康教育；⑤性教育。

(2) 生育期保健　主要是维护生殖功能正常，保证母婴安全，降低孕产妇死亡率和围产儿死亡率。

①一级预防　普及孕产期保健和计划生育技术指导。

②二级预防　使妇女在生育期因孕育或节育导致的各种疾病,能做到早发现、早防治、提高防治水平。

③三级预防　提高对高危孕产妇的处理水平,降低孕产妇死亡率和围生儿死亡率。

(3)围产期保健　是指从妊娠前、妊娠期、分娩期、产褥期、哺乳期为孕产妇、胎儿、新生儿的健康所施行的一系列保健措施。

①孕前保健　选择最佳受孕时机,有计划妊娠,减少危险因素和高危妊娠。

②妊娠早期保健　妊娠早期是胚胎、胎儿分化发育阶段,易受外界因素及孕妇疾病的影响,导致胎儿畸形或发生流产,应注意防病、防致畸。

③妊娠中期保健　妊娠中期是胎儿生长发育较快的阶段。胎盘已形成,不易发生流产。应注意出生缺陷的筛查、妊娠并发症筛查、监测胎儿生长情况、加强营养。

④妊娠晚期保健　此期胎儿生长发育最快,体重明显增加。应补充营养、孕妇自我监护、分娩及产褥期相关知识、母乳喂养等宣教。

⑤分娩期保健　我国卫健委针对分娩期提出了"五防一加强"的方针,即防产后出血、防产褥期感染、防产程停滞、防产道损伤、防新生儿窒息,加强产时监护和产程处理。

⑥产褥期保健　均在初级保健单位进行,产后访视应在产后3日内、产后14日、产后28日进行。

⑦哺乳期保健　哺乳期通常为1年,应提倡母乳喂养,哺乳期用药应慎重。

(4)围绝经期保健　妇女40岁左右开始进入围绝经期,随着生活条件的改善,可延缓到50岁以后。

(5)老年期保健　65岁以上为老年期。

【例26】降低孕产妇死亡率和围产儿死亡率属于

A. 孕期保健　　B. 生育期保健　　C. 产时保健

D. 哺乳期保健　　E. 围产期保健

常考点　重点内容,应全面掌握。

参考答案——详细解答见2021《贺银成国家临床执业及助理医师资格考试历年考点精析》

1. ABCDE	2. ABCDE	3. ABCDE	4. ABCDE	5. ABCDE	6. ABCDE	7. ABCDE
8. ABCDE	9. ABCDE	10. ABCDE	11. ABCDE	12. ABCDE	13. ABCDE	14. ABCDE
15. ABCDE	16. ABCDE	17. ABCDE	18. ABCDE	19. ABCDE	20. ABCDE	21. ABCDE
22. ABCDE	23. ABCDE	24. ABCDE	25. ABCDE	26. ABCDE		

第十六篇　儿科学

第1章　绪论、生长发育与儿童保健

考纲要求

①绪论：年龄分期和各期特点。②生长发育：小儿生长发育的规律，体格生长常用指标，骨骼发育和牙齿发育，运动和语言发育。③儿童保健：计划免疫种类，预防接种实施程序。

复习要点

一、小儿年龄分期和各期特点

在临床工作中，常将小儿年龄分为七期。

	时间分期	各期生理特点
胎儿期	从受精卵形成到出生，共40周	母亲妊娠期间若受外界不利因素影响（感染、创伤、滥用药物、接触毒物），可影响胎儿的正常生长发育，导致流产、畸形、宫内发育不良
新生儿期	从胎儿娩出至28天，此期包含在婴儿期内	小儿脱离母体独立生存，内外环境发生根本变化，适应能力不完善。发病率高，死亡率高。分娩过程中的损伤、感染延续存在，先天畸形出现
婴儿期	从出生至1岁之前	生长发育极其旺盛，对营养的需求量较高。易发生消化功能紊乱，婴儿来自母体的抗体减少，抗感染能力较弱，易发生感染和传染病
幼儿期	从1岁至满3岁	体格发育稍减慢，智力发育迅速。消化功能不完善，营养需求大，应给予适宜的喂养以保证正常生长发育。意外伤害发生率非常高
学龄前期	从3岁至6~7岁	体格生长发育速度减慢，智力发育更加迅速，与同龄儿童和社会事务有了广泛的接触，知识面扩大，自理能力和初步社交能力能够得到锻炼
学龄期	从6~7岁至青春期	生长发育相对缓慢，除生殖系统外，各系统器官外形已接近成人，智力发育更加成熟，可以接受系统的科学文化教育
青春期	10~20岁	女孩的青春期开始和结束年龄都比男孩早2年左右，体格生长发育再次加速，出现第二次高峰，生殖系统加速发育并渐趋成熟

注意：新生儿期发病率高，死亡率也高，约占婴儿死亡率的1/3~1/2。围生期指妊娠满28周至出生后7天，此期为死亡率最高的时期，年龄越小，死亡率越高，参阅7版《诸福棠实用儿科学》P4。

【例1】符合幼儿期特点的是

A. 体格生长发育速度最快　　B. 语言思维和应人应物能力发展迅速
C. 识别危险的能力较强　　D. 免疫力增强，传染病发生率低
E. 不易发生营养缺乏和腹泻病

二、生长发育

人的生长发育是指从受精卵到成人的成熟过程。生长和发育是儿童不同于成人的重要特点。生长

是指儿童身体各器官、系统的长大。发育是指细胞、组织、器官的分化与功能成熟。

1. 小儿生长发育规律

生长发育，不论总的速度还是各器官、系统的发育顺序，都遵循一定的规律。

(1)生长发育是连续的、有阶段性的过程　生长发育过程贯穿于整个儿童期，但各年龄阶段生长有一定的特点。例如，体重和身长的增加有两个高峰，即生后第1年和青春期。

(2)各系统、器官生长发育不平衡　如神经系统发育较早；淋巴系统在儿童期迅速生长，于青春期前达高峰，以后逐渐下降；生殖系统发育较晚。其他系统，如心、肝、肾、肌肉的发育与体格生长相平行。各系统发育速度的不同与儿童不同年龄阶段的生理功能有关。

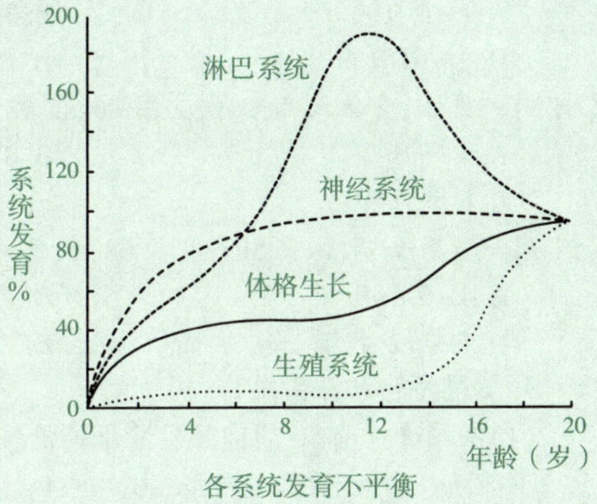

各系统发育不平衡

(3)生长发育的个体差异　儿童生长发育虽按一定的总规律发展，但因在一定范围内受遗传、环境的影响，故存在着相当大的个体差异。

(4)生长发育的一定的规律　生长发育遵循由上到下、由近到远、由粗到细、由低级到高级、由简单到复杂的规律。如出生后运动发育的规律是：先抬头，后抬胸，再会坐、立、行（从上到下）；从臂到手，从腿到脚的活动（从近到远）；从全掌抓握到手指拾取（由粗到细）。

【例2】不符合小儿生长发育的一般规律的是

A. 由上到下　　B. 由远到近　　C. 由粗到细
D. 由低级到高级　　E. 由简单到复杂

A. 体格　　B. 心血管系统　　C. 淋巴系统
D. 生殖系统　　E. 神经系统

【例3】小儿生长发育速度呈先快后慢的是
【例4】小儿生长发育速度呈快、慢、快的是

2. 体格生长常用指标

体格生长应选择易于测量、有较大人群代表性的指标来表示。常用的形态指标如下：

(1)体重　为各器官、系统、体液的总重量，是反映儿童生长与营养状况的指标。

(2)身高(长)　身高指头部、脊柱和下肢长度的总和。3岁以下儿童仰卧位测量称为身长。

身高（长）的增长规律与体重相似，也出现婴儿期和青春期两个生长高峰。出生时身长平均为50cm，生后第1年身长增长最快，约为25cm；前3个月增长约11~13cm，约等于后9个月的增长值。1岁时身长约75cm。第2年身长增长约10~12cm，即2岁时身长约87cm。2岁以后身高每年增长约6~7cm。

年龄	体重(kg)	年龄	身长或身高(cm)
出生	3.25	出生	50
3~12个月	[年龄(月)+9]/2	3~12月龄	75
1~6岁	年龄(岁)×2+8	2~6岁	年龄(岁)×7+75
7~12岁	[年龄(岁)×7-5]/2	7~10岁	年龄(岁)×6+80

(3)头围　指经眉弓上缘、枕骨结节左右对称环绕头一周的长度。出生时头围约33~34cm，第1年前3个月和后9个月头围都增长约6cm，1岁时约46cm，2岁时达48cm，5岁时约50cm，2~15岁仅增加6~7cm，15岁接近成人。因此，头围的测量在2岁内最有价值。

(4)胸围 指平乳头下缘经肩胛下缘平绕胸一周的长度。出生时胸围约 32cm，略小于头围 1~2cm。1 岁时胸围约等于头围(约 46cm)。1 岁至青春前期胸围应大于头围，即胸围(cm)= 头围+年龄-1。

(5)上臂围 指经肩峰与鹰嘴连线中点绕臂一周的长度，代表肌肉、骨骼、皮下脂肪和皮肤的生长。

(6)皮下脂肪 通过测量皮脂厚度反映皮下脂肪，常用测量部位有腹壁、背部。

【例 5】新生儿生理性体重下降发生的时期是在出生后

A. 1~2 日内　　B. 3~4 日内　　C. 5~7 日内

D. 8~10 日内　　E. 11~15 日内

【例 6】一男婴，营养状况良好，头围 46cm，前囟 0.5cm，身长 75cm。最可能的月龄是

A. 4 个月　　B. 8 个月　　C. 10 个月

D. 6 个月　　E. 12 个月

【例 7】一健康女婴，体重 8kg，身长 68cm，已能抓物、换手、独坐久，能发复音。其符合的最早月龄是

A. 4~6 个月　　B. 7~8 个月　　C. 9~10 个月

D. 11~12 个月　　E. 13~15 个月

3. 骨骼发育和牙齿发育

(1)头颅骨 前囟、后囟及骨缝是评价颅骨生长发育的指标。

①前囟　为大囟门，呈菱形，出生时 1~2cm，6 月龄左右逐渐骨化而变小，最迟于 2 岁闭合。前囟大小以两个对边中点连线的长短表示。

②后囟　为小囟门，呈三角形，出生时很小或已闭合，最迟 6~8 周闭合。

③骨缝　胎儿经阴道分娩时颅缝稍有重叠，不久重叠现象消失。

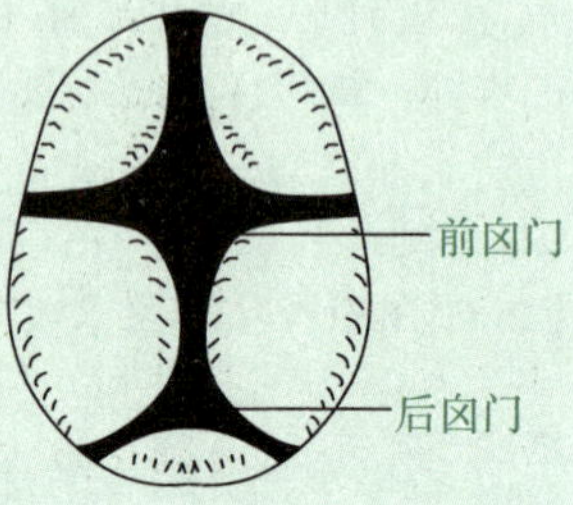

囟门结构

(2)脊柱 生后第 1 年脊柱生长快于四肢，以后四肢生长快于脊柱。出生时脊柱无弯曲。3 个月左右小儿抬头时出现颈椎前凸(第 1 个生理弯曲)，6 个月能坐时出现胸椎后凸(第 2 个生理弯曲)，1 岁左右开始行走，出现腰椎前凸(第 3 个生理弯曲)。这样的脊椎自然弯曲 6~7 岁为韧带所固定。

(3)长骨 骨化中心的出现可反映长骨的生长成熟程度。用 X 线测定不同年龄儿童长骨干骺端骨化中心的出现时间、数目、形态的变化，并将其标准化，即为骨龄。出生时腕部尚无骨化中心，股骨远端及胫骨近端已出现骨化中心。因此判断长骨的生长，婴儿早期应拍摄膝部 X 线片，年长儿应拍摄左手及腕部 X 线片。

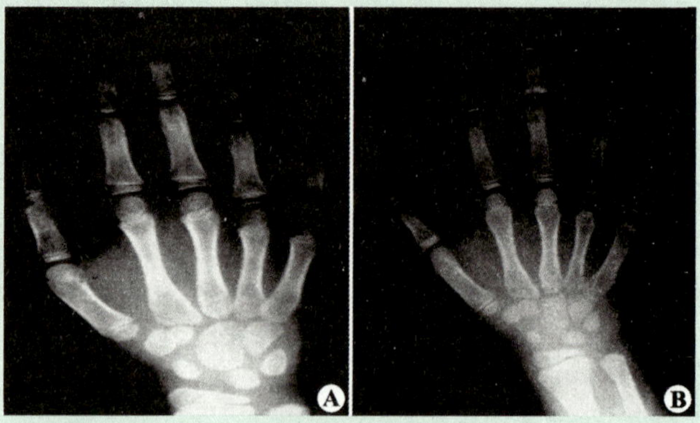

小儿腕关节片示骨龄

腕部于出生时无骨化中心，其出生后的出现次序为：头状骨、钩骨(3 个月左右)、下桡骨骺(约 1 岁)、三角骨(2~2.5 岁)、月骨(3 岁)、大小多角骨(3.5~5 岁)、舟骨(5~6 岁)、下尺骨骺(6~7 岁)、豆状骨(9~10 岁)。10 岁时出全，共 10 个，故 1~9 岁腕部骨化中心的数目大约为其岁数+1。

(4)乳牙 出生时乳牙已骨化。乳牙共 20 个，多在生后 4~10 个月开始萌出。若 13 个月后仍未萌出称乳牙萌出延迟。乳牙萌出的顺序一般为下颌先于上颌、自前向后，大多 3 岁前出齐。2 岁内乳牙数=月龄-(4~6)

(5)恒牙 恒牙的骨化从新生儿期开始。恒牙共 28~32 个。6 岁萌出第一颗恒牙(第一磨牙，又称 6 龄齿)。6~12 岁恒牙逐个替换乳牙。12 岁萌出第二磨牙。约在 18 岁以后萌出第三磨牙(智牙)，也有终身第三恒牙不萌出者。

注意：①9版《儿科学》——前囟最迟于2岁闭合，乳牙3岁前出齐。
②7版《儿科学》——前囟最迟于1.5岁闭合，乳牙约2.5岁出齐。

【例8】前囟的正确测量方法是
A. 对边中点连线　B. 邻边中点连线　C. 邻角顶点连线
D. 对角顶点连线　E. 周径长度

【例9】关于小儿骨骼发育的描述，正确的是
A. 颅缝闭合的时间一般是2月龄　B. 前囟最晚闭合的时间是10月龄
C. 脊柱出现第1个生理弯曲的年龄是3个月　D. 后囟最晚闭合的时间是1月龄
E. 脊柱出现第3个生理弯曲的年龄是2岁

4. 运动和语言的发育

请熟记下表内容，常常出现要求判断年龄的试题。

	粗、细动作	语言发育
新生儿	无规律、不协调动作，紧握拳	能哭叫
2个月	直立及俯卧位时能抬头	发出和谐的喉音
3个月	仰卧位变为侧卧位，用手摸东西	咿呀发音
4个月	扶髋部时能坐，坐位时抬头很稳，手能握持玩具	笑出声
5个月	扶腋下能站得直，两手各握一玩具	能喃喃地发出单词音节
6个月	能独坐一会，用手摇玩具	能发单音，能认识熟人和陌生人
7个月	会翻身，能独坐很久，双手交换玩具	能发“爸爸”“妈妈”，但无意识，能听懂自己名字
8个月	会爬，会自己坐起来，会拍手	重复大人所发简单音节
9个月	试独站，会从抽屉取出玩具	能懂“再见”
10~11个月	能独站片刻，扶椅能走几步，拇、食指对指拿东西	开始用单词，一个单词表示很多意义
12个月	独走，弯腰拾东西，会将圆圈套在木棍上	能叫出物品的名字，如灯、碗等
15个月	走得好，能蹲着玩，能叠一块方木	能说出自己的名字和几个词
18个月	能爬台阶，有目标地扔皮球	能认识和指出身体各部分
2岁	能双脚跳，会用勺子吃饭	会说2~3个字构成的句子
3岁	能跑，会骑三轮车，会洗手、洗脸、穿衣	能说短歌谣，数几个数
4岁	能爬梯子，会穿鞋	能唱歌
5岁	能单足跳，会系鞋带	开始识字

记忆：运动发育——二抬四翻六会坐，七滚八爬周会走。

【例10】小儿，体重8kg，身长68cm，会抬头，会独坐，会爬，不会站，萌牙2枚。为判断骨骼发育年龄，最有临床意义的X线拍片部位是
A. 膝部　B. 左手指　C. 左手掌
D. 踝部　E. 左手腕

【例11】出齐的小儿乳牙数目是
A. 14个　B. 16个　C. 18个
D. 20个　E. 22个

【例12】正常小儿，身长88cm，体重12.5kg，出牙16颗，现会双脚跳，会用勺子吃饭。其最可能的年龄是

A. 1 岁　　B. 3 岁　　C. 2 岁
D. 4 岁　　E. 5 岁

三、儿童保健

1. 计划免疫种类

计划免疫是根据小儿的免疫特点和传染病发生的情况而制定的免疫程序，通过有计划地使用生物制品进行预防接种，以提高人群的免疫水平，达到控制和消灭传染病的目的。

(1)卫健委规定的基础免疫　婴儿必须在 1 岁以内完成卡介苗、脊髓灰质炎三价混合疫苗、百白破疫苗(即百日咳、白喉、破伤风疫苗)、麻疹减毒疫苗、乙型肝炎病毒疫苗接种的基础免疫，简称五苗防七病。

(2)非计划性免疫接种　根据流行地区和季节，或家长意愿，有时也进行乙型脑炎疫苗、流行性脑脊髓膜炎疫苗、风疹疫苗、流感疫苗、腮腺炎疫苗、甲型肝炎病毒疫苗、水痘疫苗、流感杆菌疫苗、肺炎疫苗、轮状病毒疫苗等的接种。

2. 预防接种实施程序

年龄	接种疫苗	年龄	接种疫苗
刚出生	卡介苗，乙肝疫苗①	1 个月	乙肝疫苗②
2 个月	脊髓灰质炎灭活疫苗①	3 个月	脊髓灰质炎减毒活疫苗②，百白破疫苗①
4 个月	脊髓灰质炎减毒活疫苗③，百白破疫苗②	5 个月	百白破疫苗③
6 个月	乙肝疫苗③	8 个月	麻风疫苗，乙脑减毒活疫苗
1.5 岁	百白破疫苗④	4 岁	脊髓灰质炎减毒活疫苗④

记忆：预防接种时间——出生乙肝卡介苗，二月脊灰炎正好，三四五月百白破，八月麻风和乙脑。

【例 13】按计划免疫接种程序，6 个月婴儿应该接种的疫苗是
A. 麻疹减毒疫苗　　B. 卡介苗　　C. 乙肝疫苗
D. 百白破疫苗　　E. 脊髓灰质炎疫苗

A. 卡介苗　　B. 乙肝疫苗　　C. 麻疹疫苗
D. 脊髓灰质炎三价混合疫苗　　E. 百白破混合制剂

【例 14】出生时、出生 1 个月、出生 6 个月时需接种的疫苗是
【例 15】出生 2 个月、出生 3 个月、出生 4 个月时需接种的疫苗是
【例 16】出生 3 个月、出生 4 个月、出生 5 个月时需接种的疫苗是

A. 2~3 天　　B. 1 个月　　C. 2 个月
D. 3 个月　　E. 8 个月

【例 17】麻疹疫苗初种时间是出生后
【例 18】百白破疫苗初种时间是出生后

常考点　小儿生长发育特点，预防接种程序。

参考答案——详细解答见 2021《贺银成国家临床执业及助理医师资格考试历年考点精析》

1. ABCDE　2. ABCDE　3. ABCDE　4. ABCDE　5. ABCDE　6. ABCDE　7. ABCDE
8. ABCDE　9. ABCDE　10. ABCDE　11. ABCDE　12. ABCDE　13. ABCDE　14. ABCDE
15. ABCDE　16. ABCDE　17. ABCDE　18. ABCDE

第2章　营养和营养障碍疾病

考纲要求

①儿童营养基础：能量代谢，营养素（宏量与微量营养素）的需要，水的需要。②婴儿喂养：母乳喂养，人工喂养，过渡期食物（辅食）添加。③蛋白质-能量营养不良：病因，临床表现，诊断，并发症，治疗。④维生素D缺乏性佝偻病：病因，临床表现，诊断与鉴别诊断，治疗与预防。⑤维生素D缺乏性手足搐搦症：病因，临床表现，诊断与鉴别诊断，治疗。

复习要点

一、儿童营养基础

营养是指人体获得和利用食物维持生命活动的整个过程。食物中经过消化、吸收和代谢能够维持生命活动的物质，称为营养素。膳食营养素参考摄入量（DRIs）体系主要包括4个参数：

DRIs	代号	定义
平均需要量	EAR	是某一特定性别、年龄及生理状况群体中对某营养素需要量的平均值，摄入量达到EAR水平时可以满足群体中50%个体的需要；对个体可以满足自身50%需要
推荐摄入量	RNI	可以满足某一特定性别、年龄及生理状况群体中绝大多数（97%~98%）个体的需要
适宜摄入量	AI	是通过观察或实验获得的健康人群某种营养素的摄入量，可能高于RNI，不如RNI精确
可耐受最高摄入量	UL	是平均每日可以摄入该营养素的最高量 当摄入量超过UL而进一步增加时，发生毒副作用的危险性增加

营养素分为能量、宏量营养素（包括蛋白质、脂类、糖类或称为碳水化合物）、微量营养素（包括矿物质、维生素）、其他膳食成分（包括膳食纤维、水、其他生物活性物质）。

A. 适宜摄入量（AI）　　B. 平均需要量（EAR）　　C. 推荐摄入量（RNI）
D. 参考摄入量（DRIs）　　E. 可耐受最高摄入量（UL）

【例1】纯母乳喂养的足月产1月龄健康婴儿，母乳中的营养素含量就是婴儿各种营养素的

【例2】可以满足某一特定性别、年龄及生理状况群体中绝大多数个体（97%~98%）需要量的某种营养素摄入水平是

注意：纯母乳喂养的足月健康婴儿，从出生到6个月，他们的营养全部来自母乳，母乳中供给的营养素量就是他们的AI值。参阅7版《预防医学》P180。

1. 能量代谢

人体能量代谢的最佳状态是达到能量消耗与能量摄入的平衡，能量缺乏和过剩都对身体健康不利。儿童总能量的消耗量包括以下5个方面，其中以基础代谢最多，约占总能量的50%。

（1）基础代谢率（BMR）　小儿基础代谢的能量需求较成人高，随年龄增长逐渐降低。婴儿为55kcal/（kg·d），7岁时为44kcal/（kg·d），12岁时为30kcal/（kg·d），成人为25~30kcal/（kg·d）。

（2）食物特殊动力作用　指由于进餐后几小时内发生的超过基础代谢率的能量消耗，主要用于体内营养素的代谢。与食物成分有关：碳水化合物的食物特殊动力作用为本身产能的6%，脂肪为4%，蛋白质为30%。婴儿食物含蛋白质多，食物特殊动力作用为7%~8%，年长儿的混合性膳食为5%。

（3）活动消耗　儿童活动所需能量与身体大小、活动强度、活动持续时间、活动类型有关。

(4)**排泄消耗** 正常情况下未经消化吸收的食物的损失约占总能量的10%,腹泻时增加。

(5)**生长所需** 组织生长合成消耗能量为儿童特有。

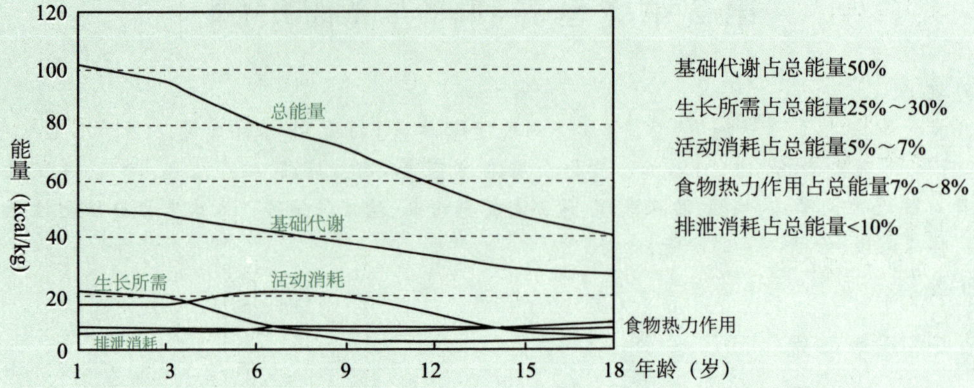

能量分布与年龄的关系

总能量需求量指机体每日总的能量需要量。年龄越小相对能量需求量越大。新生儿生后第1周每日所需总能量为60kcal/kg,第2、3周约为100kcal/kg,婴儿为110kcal/kg,1岁以内为95kcal/kg,以后每增加3岁减去10kcal/kg,15岁时为60kcal/kg(2版8年制《儿科学》P60数据)。

【例3】5岁小儿每日每千克所需总热量是(8版《儿科学》P463为83kcal)

A. 400kJ(100kcal)　B. 460kJ(110kcal)　C. 500kJ(120kcal)
D. 540kJ(130kcal)　E. 580kJ(140kcal)(9版《儿科学》已删除该知识点)

【例4】小儿特有的能量需求是

A. 食物热力作用　B. 排泄丢失　C. 活动所需
D. 生长发育　E. 基础代谢

【例5】婴儿每日所需热量与营养素较成人相对要高,主要是由于小儿

A. 基础代谢所需较高　B. 生长发育所需较高　C. 食物特殊动力作用
D. 活动量大所需较高　E. 消化吸收功能差,丢失较多

2. 营养素的需要

(1)**宏量营养素** 营养素分为八大类:能量、糖类、脂类、蛋白质、矿物质、维生素、水和膳食纤维。其中,糖类、脂类、蛋白质等在体内的含量大于总体重的0.01%,称为宏量营养素。

	糖类	脂类	蛋白质
功能	为主要供能物质	次要供能物质;人体组织细胞的重要成分;必需脂肪酸对婴幼儿生长非常重要	主要功能是构成机体组织器官的重要成分,次要功能为供能
占比	2岁儿童糖类所产能量占总能量55%~65%	<6月45%~50%,6月~2岁35%~40%,2~7岁30%~35%,>7岁25%~30%	供能占总能量的8%~15%
RNI	总RNI95kcal/(kg·d) 其中糖占55%~65%	总RNI95kcal/(kg·d) 其中脂肪占45%~50%	1岁内婴儿为1.5~3g/(kg·d)
来源	谷类食物	必需脂肪酸来源于植物油、母乳	优质蛋白质来源于动物和大豆

(2)**微量营养素** 维生素和绝大部分矿物质在体内的含量小于0.01%,称为微量营养素。

①矿物质 包括常量元素和微量元素。常量元素指人体含量大于体重的0.01%的各种元素,如钙、钠、磷、钾等。微量元素是指含量小于体重的0.01%的各种元素,如碘、锌、硒、铜、钼、铬、钴、铁、镁等。

②维生素 分水溶性和脂溶性两大类。除维生素B、D、K外,其他维生素一般不能在体内合成和合

成量极少，必须由食物供给。对儿童来说，维生素A、D、C、B_1是容易缺乏的维生素。

(3)膳食纤维　指一般不易被消化的食物营养素，主要来自植物的细胞壁，不产生能量。具有吸收大肠水分，软化大便，增加大便体积，促进肠蠕动的功能。

3. 水的需要

儿童水的需要量与能量摄入、食物种类、肾功能成熟度、年龄等因素有关。婴儿期需水量平均为150ml/(kg·d)，即110~155ml/(kg·d)，以后每3岁减少25ml/(kg·d)。成人需水量40~50ml/(kg·d)。

【例6】小儿营养中最主要的能量来源是

A. 矿物质　　B. 糖类　　C. 脂类
D. 膳食纤维　　E. 蛋白质

【例7】正常情况下，提供儿童总量55%~65%营养素的是

A. 脂肪　　B. 碳水化合物　　C. 矿物质
D. 蛋白质　　E. 维生索

【例8】乳儿每日水的需要量是

A. 170ml/kg　　B. 150ml/kg　　C. 120ml/kg
D. 100ml/kg　　E. 80ml/kg

二、婴儿喂养

1. 母乳喂养

(1)人乳的特点　人乳是婴儿天然最好的食物，对婴儿的健康生长发育有不可替代的作用。

①营养丰富　人乳营养生物效价高，易被婴儿利用。

蛋白质	人乳所含酪蛋白为β-酪蛋白，含磷少，凝块小；人乳所含白蛋白为乳清蛋白，可促乳糖蛋白形成 人乳中酪蛋白与乳清蛋白的比例为1:4，易被消化吸收；人乳中宏量营养素产能比例适宜 人乳无异性蛋白，喂养婴儿很少产生过敏
氨基酸	人乳所含氨基酸比例适宜，为必需氨基酸模式
糖类	人乳中乙型乳糖含量丰富，利于脑发育，利于双歧杆菌、乳酸杆菌生长，有利于小肠钙的吸收
脂肪酸	人乳含不饱和脂肪酸较多，初乳中更高，有利于脑发育。人乳的脂肪酶使脂肪颗粒易于消化吸收
电解质	人乳中电解质浓度低，蛋白质分子小，适宜婴儿不成熟的肾发育水平
矿物质	人乳中钙磷比例适当，为2:1，易于吸收，故较少发生佝偻病 人乳铁含量虽与牛奶相似，但人乳中铁吸收率(49%)高于牛奶(4%)，故母乳喂养贫血发生率低
维生素	人乳中维生素D、维生素K含量低，母乳喂养的婴儿应多进行户外活动，以增加维生素D的光照合成。母乳喂养应适当补充维生素K，以提高乳汁中维生素K的含量

②生物作用

缓冲力小	人乳pH为3.6，对酸碱缓冲力小，不影响胃液酸度，有利于消化酶发挥作用
免疫物质	初乳含丰富的SIgA，人乳中的SIgA可在肠道发挥免疫作用，可抗多种病毒、细菌
免疫细胞	初乳含有大量免疫活性细胞，其中巨噬细胞、淋巴细胞等可发挥免疫作用
乳铁蛋白	人乳含有较多的乳铁蛋白，是重要的非特异性防御因子，可抑制细菌生长
溶菌酶	人乳中的溶菌酶具有杀菌效能
调节因子	人乳中具有生长调节因子，如牛磺酸、激素样物质(上皮生长因子、神经生长因子)

③其他　母乳喂养经济方便、温度适宜、有利于婴儿心理健康；可加快乳母产后子宫复原，减少再孕机会。

【例9】母乳与牛乳相比，对母乳特点的描述中错误的是

A. 乳糖含量高　　B. 铁吸收率高　　C. 钙磷比例适宜
D. 含饱和脂肪酸较多　　E. 含白蛋白多,酪蛋白少

(2)人乳的成分变化

①各期人乳成分　根据时间不同,将人乳分为初乳、过渡乳和成熟乳。

	初乳	过渡乳	成熟乳
定义	孕后期与产后4~5天以内的乳汁	产后5~14天的乳汁	产后14天以后的乳汁
量	量少,每日约15~45ml	总量有所增加	量多,可达700~1000ml/d
所含物质	含脂肪少,蛋白质含量丰富,免疫活性物质SIgA、维生素A、牛磺酸、矿物质的含量丰富	脂肪含量高,蛋白质及矿物质含量渐低,乳铁蛋白和溶菌酶保持稳定,而SIgA迅速下降	蛋白质约为1.1%,脂肪3.8%,碳水化合物7.0%,矿物质0.2%
功能	有利于新生儿生长发育和抗感染	婴幼儿能量来源	婴幼儿能量来源

②哺乳过程的乳汁成分变化　哺乳过程分为三部分,第一部分分泌的乳汁脂肪低而蛋白质高,第二部分乳汁脂肪含量逐渐增加而蛋白质含量逐渐减低,第三部分乳汁中脂肪含量最高。

(3)母乳喂养方法　我国卫生部制定的《婴幼儿喂养策略》建议生后6个月内完全接受母乳喂养。

①产前准备　保证孕母合理营养,孕期体重增加适当,母体可贮存足够脂肪,供哺乳能量的消耗。

②乳头保健　孕母在妊娠后期每日用清水擦洗乳头,乳头内陷者每日轻轻牵拉乳头一至数次。

③尽早开奶,按需哺乳　吸吮是促进泌乳的关键点和始发动力。开奶应在产后15分钟至2小时内。

④促进乳房分泌　吸吮前热湿敷乳房,促进乳房血液循环流量。每次哺乳应让乳汁排空。

⑤正确的喂哺技巧　刺激婴儿的口腔动力,有利于吸吮。采用最适当的哺乳姿势,使母儿均感放松。

(4)不宜哺乳的情况　①母亲感染HIV、患有严重疾病(慢性肾炎、糖尿病、恶性肿瘤、精神病、癫痫、心衰),应停止哺乳。②乳母患急性传染病时,可将乳汁挤出,经消毒后哺乳。③母亲为乙肝病毒携带者,并非母乳喂养的禁忌证。④母亲感染结核病,经治疗,无临床症状时可继续哺乳。

(5)断奶　婴儿4~6个月起可添加一些辅助食品,以补充小儿营养所需,为断奶做准备。在增加辅食的同时逐渐减少哺乳次数,一般于12个月左右完全断奶。母乳量仍多者,也延迟至1.5~2岁断奶。

2. 人工喂养

由于各种原因不能进行母乳喂养时,完全采用配方奶或其他兽乳喂养婴儿,称人工喂养。

(1)牛乳的特点　牛乳的成分不适宜婴儿。人乳的优点就是牛乳的缺点。

	人乳	牛乳
营养素	宏量营养素产能比例适宜	宏量营养素产能比例不当
乳糖	含量高	含量低,主要为甲型乳糖,有利于大肠埃希菌生长
蛋白质	蛋白质含量较低,主要为β-酪蛋白 含磷少,凝块小,有利于钙的吸收	蛋白质含量较高,主要为酪蛋白 含磷高,凝块较大,影响钙的吸收
氨基酸	必需氨基酸的比例适宜	必需氨基酸的比例不当
脂肪酸	不饱和脂肪酸较多(8%),有利于脑发育	不饱和脂肪酸(亚麻酸)较少(2%)
脂肪颗粒	颗粒小,脂肪酶使脂肪颗粒易于消化吸收	脂肪颗粒大,无脂肪酶,较难消化
肾脏负荷	电解质浓度低,蛋白质分子小 适宜婴儿不成熟的肾发育水平	含矿物质比人乳多3~3.5倍 增加了婴儿肾脏的溶质负荷
免疫因子	富含免疫因子SIgA,增加婴儿抗感染的能力	缺乏各种免疫因子,婴儿被感染的机会多

(2)牛乳的改造　牛乳所含营养素不适合人类的婴儿,故一般人工喂养应首选婴儿配方奶。

①婴儿配方奶粉　是以牛乳为基础的改造奶制品，使宏量营养素成分尽量接近于人乳，使之适合婴儿的消化能力和肾功能，如降低酪蛋白、无机盐含量；添加一些重要的营养素，如乳清蛋白、不饱和脂肪酸、乳糖；强化婴儿生长时所需要的微量元素，如核苷酸、维生素A、维生素D、β胡萝卜素、铁、锌等。使用时按年龄选用。一般按一平勺(4.4g)+30ml温开水，或一小勺(8.8g)+60ml温开水冲调成乳汁。

②全牛乳改造　若无条件选用配方奶而采用兽乳喂养婴儿时，必须进行改造，即加热、加糖、加水。

A.加热　煮沸可达灭菌要求，且能使奶中蛋白质变性，使之在胃内不易凝成大块。

B.加糖　婴儿食用全牛奶应加糖，使之成为8%糖牛奶。这不是为了增加牛乳甜味，也不是为了增加能量，而是为了改变牛乳中宏量营养素的比例，利于吸收，软化大便。

C.加水　降低牛乳矿物质、蛋白质浓度，减轻婴儿消化道、肾脏负荷。稀释奶仅用于新生儿，生后不满2周采用2:1奶(即2份牛奶+1份水)，以后逐渐过渡到3:1或4:1奶，满月后可用全奶。

(3)奶量摄入估计　婴儿体重、推荐摄入量、配方制品规格是估计婴儿配方摄入量的必备资料。

	人乳	8%糖牛奶	牛乳	配方奶
蛋白质(%)	9%	13%	19%	—
脂肪(%)	50%	36%	52%	—
糖类(%)	41%	51%	29%	—
总能量	0.67kcal/ml	1kcal/ml	0.69kcal/ml	5kcal/g
婴儿能量需求	100kcal/(kg·d)	100kcal/(kg·d)	100kcal/(kg·d)	100kcal/(kg·d)
婴儿需奶量	150ml/(kg·d)	100ml/(kg·d)	一般不用全牛乳	20g/(kg·d)
注意事项	最适合婴儿喂养	蛋白质和矿物质浓度较高，应补充水分，使奶与水总量达150ml/(kg·d)	一般不用全牛乳	矿物质浓度接近人乳，只要奶量适当，总液量就合适

计算：①婴儿体重已知或从计算得知，则婴儿每日所需总液量=150ml/kg×体重(kg)。

②每日需8%糖牛奶量=100ml/kg×体重(kg)；每日补水量(ml)=总液量-糖牛奶量。

(4)羊乳　羊乳的营养价值与牛乳相当，蛋白质凝块较牛奶细而软，脂肪颗粒大小与人乳相仿。但羊乳中叶酸含量很少，长期哺给易致巨幼细胞性贫血。

【例10】人工喂养的婴儿估计每日奶量的计算是根据

A. 能量需要量　　B. 胃容量　　C. 身高
D. 体表面积　　E. 年龄

【例11】发育正常男婴，一般每天应给予8%糖牛奶为600ml。对该男婴还应另补充的水分量是

A. 200ml　　B. 250ml　　C. 300ml
D. 100ml　　E. 400ml

3. 过渡期食物(辅食)添加

(1)辅食添加原则　从少到多，从一种到多种，从细到粗，从软到硬，注意进食技能培养。

(2)添加辅食的步骤　分为4个阶段，添加4类辅食。

婴儿月龄	辅食性状	辅食举例
1~3月	汁状食物	水果汁、青菜汤、鱼肝油、钙剂
4~6月	泥状食物	菜泥、水果泥、含铁配方米粉、配方奶
7~9月	末状食物	稀饭、配方奶、肉末、菜末、烂面条、蛋、鱼泥、豆腐、水果
10~12月	碎状食物	软饭、烂面条肉、碎菜、鱼肉、豆制品、水果

记忆:①添加辅食的月份——分别记忆为春夏秋冬四季(即1~3月、4~6月、7~9月、10~12月)。
②四季分别对应添加的食物为“汁泥破碎”(支离破碎)——汁状、泥状、末状、碎食物。

【例12】4~6个月大的婴儿不宜添加的食物是
A. 菜泥　B. 水果泥　C. 配方奶
D. 肉末　E. 米粉

三、蛋白质-能量营养不良

蛋白质-能量营养不良(PEM)是由于缺乏能量和(或)蛋白质所致的一种营养缺乏症,主要见于3岁以下的婴幼儿,特征为体重不增、体重下降、渐进性消瘦或水肿、皮下脂肪减少或消失。

1. 病因

(1)原发性　喂养不当是原发性营养不良的最主要原因,如母乳不足而未及时添加其他富含蛋白质的牛奶;奶粉配制过稀;突然停奶而未及时添加辅食;长期以淀粉类食品喂养等。较大儿童的营养不良多为婴儿期营养不良的继续,或因不良饮食习惯,如偏食、挑食、吃零食过多、神经性厌食等引起。

(2)继发性　常见于疾病因素,如消化吸收障碍、长期发热、传染病、慢性消耗性疾病、早产、多胎。

2. 临床表现

(1)体重不增　营养不良的早期表现是活动减少、精神较差、体重不增。随着营养不良加重,体重逐渐下降,主要表现为消瘦。

(2)皮下脂肪消耗　皮下脂肪层厚度是判断营养不良程度的重要指标。皮下脂肪消耗的顺序为:腹部→躯干→臀部→四肢→面颊。皮肤干燥、苍白、失去弹性,额部出现皱纹,肌张力降低,肌肉松弛萎缩。

(3)身高低于正常　营养不良初期身高不受影响,但随着病情加重,骨骼生长减慢,身高也低于正常。

(4)精神状态　轻度营养不良精神状态正常;重度营养不良可有精神萎靡,反应差,体温偏低。

(5)重要脏器功能　重度营养不良可伴有重要脏器功能损害。

【例13】男孩,1岁。食欲差3个月。母乳少,长期以米糊、稀饭喂养,未添加其他辅食。患儿最先出现的临床表现是
A. 皮下脂肪减少　B. 皮肤干燥　C. 身长低于正常
D. 体重不增　E. 肌张力降低

3. 诊断

根据小儿年龄、喂养史、体重下降、皮下脂肪减少、全身各系统功能紊乱及其他营养素缺乏的临床症状和体征,典型病例的诊断并不困难。诊断营养不良的基本指标为身长和体重。5岁以下儿童营养不良的分型和分度如下。判断营养不良的三项指标,符合一项即可作出营养不良的诊断。

	体重低下	生长迟缓	消瘦
诊断标准	体重低于同年龄、同性别参照人群值的均值-2SD以下为体重低下	身长低于同年龄、同性别参照人群值的均值-2SD以下为生长迟缓	体重低于同性别、同身高参照人群值的均值-2SD以下为消瘦
中度	低于均值-2SD~3SD为中度	低于均值-2SD~3SD为中度	低于均值-2SD~3SD为中度
重度	低于均值-3SD为重度	低于均值-3SD为重度	低于均值-3SD为重度
意义	反映慢性或急性营养不良	反映慢性长期营养不良	反映近期、急性营养不良

【例14】男婴,6个月。足月顺产,人工喂养。查体:体重5.4kg,身长66cm,前囟未闭,未出牙。皮肤干燥,腹部皮下脂肪厚度0.6cm,心、肺未见异常。最可能的诊断是
A. 正常婴儿　B. 轻度营养不良　C. 中度营养不良
D. 重度营养不良水肿型　E. 重度营养不良消瘦型(相关内容9版《儿科学》已删除)

4. 并发症

并发症	临床特点
营养性贫血	以小细胞低色素性贫血最常见，与缺乏铁、叶酸、维生素 B_{12}、蛋白质等有关
维生素缺乏	以维生素 A 缺乏常见。维生素 A 缺乏时见结膜外缘处干燥起皱褶，角化上皮堆积形成泡沫状白斑，此为特异性结膜干燥斑或毕脱斑。在营养不良时，维生素 D 缺乏症状不明显
锌缺乏	3/4 患儿伴有锌缺乏。因此免疫功能低下，易患各种感染
自发性低血糖	为常见并发症，表现为患儿突然面色苍白，神志不清，脉搏减慢，呼吸暂停，体温不升，一般无抽搐

注意：①蛋白质-能量营养不良最早出现的症状是——体重不增。
②蛋白质-能量营养不良最常并发的维生素缺乏是——维生素 A 缺乏(不是维生素 D 缺乏)。
③蛋白质-能量营养不良最先累及的皮下脂肪是——腹部。
④蛋白质-能量营养不良最后累及的皮下脂肪是——面颊部。

【例 15】女婴，5 个月。母乳喂养不足，未及时添加辅食。查体：体重 4.5kg，腹部皮下脂肪 0.3cm，皮肤弹性差，肌肉松弛，双眼角膜外侧可见结膜干燥斑。最可能的诊断是
A. 中度营养不良伴维生素 A 缺乏　B. 轻度营养不良伴维生素 A 缺乏
C. 中度营养不良伴维生素 C 缺乏　D. 重度营养不良伴维生素 C 缺乏
E. 重度营养不良伴维生素 A 缺乏(相关内容 9 版《儿科学》已删除)

(16~18 题共用题干)男孩，3 岁。自幼人工喂养，食欲极差，有时腹泻，身高 85cm，体重 7500g，皮肤干燥、苍白，腹部皮下脂肪厚度约 0.3cm，脉搏缓慢，心音较低钝。

【例 16】主要诊断应是
A. 先天性甲状腺功能减退症　B. 营养性贫血　C. 婴幼儿腹泻
D. 营养不良　E. 心功能不全

【例 17】假设此患儿出现哭而少泪，眼球结膜有毕脱斑，则有
A. 维生素 A 缺乏　B. 维生素 B_1 缺乏　C. 维生素 C 缺乏
D. 维生素 D 缺乏　E. 维生素 E 缺乏

【例 18】假设此患儿清晨突然面色苍白，神志不清，体温不升，呼吸暂停，首先应考虑最可能的原因是
A. 急性心力衰竭　B. 低钙血症引起喉痉挛　C. 低钾血症引起呼吸肌麻痹
D. 自发性低血糖　E. 脱水引起休克

5. 治疗

(1) 去除病因、治疗原发病　大力提倡母乳喂养，及时添加辅食，保证优质蛋白质的摄入量，及早纠正先天畸形，控制感染性疾病，根治各种消耗性疾病。

(2) 调整饮食、补充营养　强调个体化，不能操之过急。热量、蛋白质、脂肪的调整速度应按具体情况而定，不宜过快，以免引起消化不良。同时还需要补充各种维生素、微量元素等。

调整要求	轻-中度营养不良	重度营养不良
热量[kcal/(kg·d)]	从 60~80 逐渐增至 150	从 40~60 逐渐增至 150~170
蛋白质[kcal/(kg·d)]	从 3.0 逐渐增至 3.5~4.5	从 1.5~2.5 逐渐增至 3.0~4.5
脂肪[g/(kg·d)]	—	从 1.0 开始根据情况少量逐渐增加
最后要求	体重接近正常后，再恢复至生理需要量	体重接近正常后，再恢复至生理需要量

(3) 基本药物治疗
①消化酶　可给予各种消化酶(胃蛋白酶、胰酶)以助消化。
②维生素和微量元素　口服各种维生素和微量元素，必要时肌内注射或静脉补充。

③补锌　血锌降低者，可口服1%硫酸锌糖浆，以增进食欲、改善代谢。

④蛋白质同化类固醇制剂　如苯丙酸诺龙能促进蛋白质合成，并能增加食欲。

⑤预防低血糖　对于进食极少或拒绝进食者，可给予胰岛素+葡萄糖液，以防发生低血糖。

(4)其他治疗　包括对症治疗、胃肠外全营养等。

【例 19】小儿重度蛋白质能量营养不良饮食调整治疗，每日开始供给的热量应是

A. 80～100kcal/kg　　B. 60～80kcal/kg　　C. 40～60kcal/kg

D. 20～40kcal/kg　　E. 10～20kcal/kg

四、维生素 D 缺乏性佝偻病

维生素 D 缺乏性佝偻病是由于儿童体内维生素 D 不足，导致钙和磷代谢紊乱、生长着的长骨干骺端生长板和骨基质矿化不全，表现为生长板变宽和长骨的远端周长增大，在腕、踝部扩大及软骨关节处呈串珠状隆起、软化的骨干受重力作用及肌肉牵拉出现畸形等。

1. 婴幼儿体内维生素 D 的来源

(1)母体-胎儿的转运　胎儿可通过胎盘从母体获得维生素 D，胎儿体内 25-(OH)D_3 的贮存可满足生后一段时间的生长需要。早期新生儿体内维生素 D 的量与母体维生素 D 的营养状态及胎龄有关。

(2)食物中的维生素 D　天然食物含维生素 D 很少，母乳含维生素 D 少，谷物、蔬菜、水果不含维生素 D，肉和白鱼含量很少。但配方奶粉和米粉摄入足够量，婴幼儿可从这些强化维生素 D 的食物中获得充足的维生素 D。

(3)皮肤的光照合成　是人类维生素 D 的主要来源。人类皮肤中的 7-脱氢胆骨化醇是维生素 D 生物合成的前体，经日光中紫外线照射可转变为胆骨化醇，即为内源性维生素 D_3。

【例 20】维生素 D 缺乏性佝偻病不易发生在哪个选项中？

A. 长期奶糕喂养　　B. 患儿偏食　　C. 长期米粉喂养

D. 患儿消化吸收障碍　　E. 单纯母乳或牛奶喂养

2. 病因

(1)围生期维生素 D 不足　母亲妊娠期，特别是妊娠后期维生素 D 营养不足，如母亲严重营养不良、肝肾疾病、慢性腹泻，以及早产、双胎均可使婴儿维生素 D 贮存不足。

(2)日照不足　因紫外线不能通过玻璃窗，婴幼儿长期过多地留在室内活动，室外活动少，可导致内源性维生素 D 生成不足。大城市高大建筑物可阻挡日光照射，大气污染可吸收部分紫外线。冬季日照短，紫外线较弱，内源性维生素 D 生成减少。

(3)生长速度快，需要量增加　早产儿、双胎婴儿、婴儿早期生长发育快，需要维生素 D 多，但体内贮存的维生素 D 不足，故易发生佝偻病。重度营养不良婴儿生长发育迟缓，发生佝偻病者不多。

(4)食物中补充维生素 D 不足　因天然食物中含维生素 D 少，即使纯母乳喂养，婴儿若户外活动少，也易患佝偻病。

(5)疾病影响　①胃肠道疾病、肝胆疾病可影响维生素 D 的吸收、羟化而导致佝偻病。②长期服用抗惊厥药物(苯巴比妥)可使体内维生素 D 不足。③糖皮质激素有对抗维生素 D 对钙的转运的作用。

3. 临床表现

(1)好发年龄　多见于 6 个月以内，特别是 3 个月以内的小婴儿。

(2)临床分期　分以下 4 期：

①初期(早期)　多为神经系统兴奋性增高的症状，如易激怒、烦闹、汗多、枕秃等，但无特异性，仅能作为临床早期诊断的参考依据。患儿血清25-(OH)D_3下降，PTH 升高，一过性血钙下降，血磷降低，碱性磷酸酶(AKP)正常或稍高。此期无骨骼改变。

②活动期(激期)　出现 PTH 功能亢进和钙磷代谢失常的典型骨骼改变。

	病变	患儿年龄	临床表现
头部	颅骨软化	3~6 个月	枕骨或顶骨软化呈乒乓球样(最早的体征),6 月龄后颅骨软化消失
	方颅	7~8 个月	由于额骨和顶骨中心增厚,双侧对称性隆起,呈方颅,头围增大
	前囟增大	迟于 1.5 岁	前囟增大,闭合延迟,重者可延迟至 2~3 岁方闭合
	出牙延迟	1 岁出牙	可晚至 1 岁出牙,2.5 岁仍未出齐。出牙顺序颠倒,牙齿缺乏釉质,易患龋齿
胸部	肋骨串珠	1 岁左右	又称佝偻病串珠,以两侧第 7~10 肋最明显
	鸡胸	1 岁左右	因肋骨骺部内陷,致使胸骨向前突出,形成鸡胸
	漏斗胸	1 岁左右	胸骨剑突部向内凹陷,形成漏斗胸
	肋膈沟	1 岁左右	膈肌附着处的肋骨牵拉而内陷形成的一条横沟,又称郝氏沟
四肢	手、足镯	>6 个月	手腕、足踝部形成的钝圆形环状隆起
	下肢畸形	>1 岁	站立行走后,可出现"O"形(膝内翻)、"X"形(膝外翻)、"K"形腿
脊柱	后弯侧弯	>1 岁	会坐会站立后,因韧带松弛可致脊柱后凸畸形,严重者可伴骨盆畸形

③恢复期　以上各期经治疗及日光照射后,临床症状和体征逐渐减轻或消失。钙磷逐渐恢复正常,碱性磷酸酶约需 1~2 个月降至正常水平。治疗 2~3 周后骨骼 X 线改变有所改善,出现不规则的钙化线,以后钙化带致密增厚,骨骺软骨盘<2mm,逐渐恢复正常。

④后遗症期　多见于 2 岁以后的儿童。因婴幼儿严重佝偻病,残留不同程度的骨骼畸形。

	初期(早期)	活动期(激期)	恢复期	后遗症期
好发时期	3 个月左右	3 个月~2 岁婴儿	经治疗或日光照射后	>2 岁的儿童
临床表现	神经兴奋性增高,如易激惹、烦闹、多汗、摇头	初期症状+骨骼改变+运动功能发育迟缓	临床症状减轻或消失	无任何临床症状
体征	枕秃	生长发育最快的部位骨骼改变,肌肉松弛	骨骼改变或无改变	重症患儿可残留骨骼畸形
骨骼 X 线	一般正常 钙化带可稍模糊	骨骺端钙化带消失,呈杯口状、毛刷状改变,骨骺软骨带增宽(>2mm),骨质疏松,骨皮质变薄	长骨干骺端临时钙化带重现、增宽、密度增加,骨骺软骨盘增宽<2mm	干骺端病变消失
血钙	正常或稍低	稍降低	数天内恢复正常	正常
血磷	降低	明显降低	降低或正常	正常
AKP	升高或正常	明显升高	1~2 个月后逐渐正常	正常
25-(OH)D_3	下降	<12ng/ml,可诊断	数天内恢复正常	正常

【例 21】维生素 D 缺乏性佝偻病激期的血生化特点是

A. 血清钙正常,血清磷降低,碱性磷酸酶降低　B. 血清钙降低,血清磷降低,碱性磷酸酶增高

C. 血清钙降低,血清磷正常,碱性磷酸酶增高　D. 血清钙降低,血清磷增高,碱性磷酸酶降低

E. 血清钙正常,血清磷降低,碱性磷酸酶增高

【例 22】男婴,10 个月。经常出现夜惊,近 1 周加重,多汗,烦闹。该患儿生后一直混合喂养,未添加辅食。此患儿体格检查最可能发现的阳性体征为

A. 皮下脂肪明显减少　　B. 面色苍白　　C. 皮肤弹性差

D. 肌张力增高　　E. 方颅,乳牙未萌出

【例 23】3~4 个月婴儿佝偻病激期较特异的表现是

A. 颅骨软化　　B. 方颅　　C. 枕秃

D. 肋骨串珠　　E. 夜间惊啼

【例 24】维生素 D 缺乏性佝偻病初期的临床表现是

A. 免疫力低下　　B. 语言发育落后　　C. 运动减少

D. 肌肉松弛　　E. 非特异性神经精神症状

【例 25】女婴,11 个月。2 个月前因"睡眠不安、头部多汗、方颅"就诊,用维生素 D 及钙剂正规治疗 2 个月,症状好转。此时腕骨 X 线表现是

A. 临时钙化带模糊　　B. 临时钙化带致密增厚　　C. 临时钙化带消失

D. 长骨弯曲畸形,骨骺线正常　　E. 长骨短粗和弯曲,干骺端变宽呈杯口状

4. 诊断

(1)诊断依据　维生素 D 缺乏的病因、临床表现、血生化及骨骼 X 线检查。

(2)诊断标准　血清 25-(OH)D_3(正常值 10~60μg/L)水平在佝偻病初期就可明显降低,为本病最可靠的早期诊断指标。血生化与骨骼 X 线检查为诊断的金标准。

注意:①维生素 D 缺乏性佝偻病的临床表现无特异性,故根据临床表现的诊断准确率较低。
②骨骼改变可靠;血清 25-(OH)D_3 水平为最可靠的诊断标准,但很多单位不能检测。
③血生化与骨骼 X 线检查为维生素 D 缺乏性佝偻病诊断的"金标准"。

【例 26】男婴,6 个月,平时多汗,有夜惊,枕秃明显,易激惹,烦躁,睡眠不安。早期诊断最可靠的指标是

A. 血 25-(OH)D_3 下降　　B. 血 25-(OH)D_3 升高　　C. 维生素 D

D. 血清钙、磷　　E. 骨密度

5. 鉴别诊断

(1)佝偻病体征的鉴别　应与黏多糖病、软骨营养不良、脑积水、先天性甲状腺功能减退症等鉴别。

(2)佝偻病病因的鉴别

病名	钙	磷	AKP	25-(OH)D_3	1,25-(OH)$_2D_3$	PTH	氨基酸尿	其他
维生素 D 缺乏性佝偻病	N(↓)	↓	↑	↓	↓	↑	−	尿磷↑
家族性低磷血症	正常	↓	↑	N(↑)	N(↓)	正常	−	尿磷↑
远端肾小管性酸中毒	N(↓)	↓	↑	N(↑)	N(↓)	N(↑)	−	碱性尿
维生素 D 依赖性佝偻病Ⅰ型	↓	↓	↑	↑	↓	↑	+	
维生素 D 依赖性佝偻病Ⅱ型	↓	↓	↑	正常	↑	↑	+	
肾性佝偻病	↓	↑	正常	正常	↓	↑	−	等渗尿

6. 治疗

(1)治疗目的　在于控制活动期,防止骨骼畸形。

(2)补充维生素 D　不主张采用大剂量维生素 D 治疗,应以口服治疗为主。

①口服维生素 D　一般剂量为维生素 D2000~4000IU/d,连服 1 个月后改为 400~800IU/d。

②肌内注射　口服困难或腹泻等影响吸收时,维生素 D15 万~30 万 IU,肌内注射,1 个月后改为 400~800IU/d。

(3)补充钙剂　在补充维生素 D 的同时,应给予适量钙剂,有助于改善症状、促进骨骼发育。

(4)补充微量元素　维生素 D 缺乏性佝偻病多伴锌、铁缺乏,及时适量补充微量元素,有利于骨骼成长。

(5)矫形治疗　严重的骨骼畸形可采用外科手术矫正畸形。

7. 预防

维生素D缺乏性佝偻病的预防应从围生期开始，以婴幼儿为重点对象，并持续到青春期。

(1)胎儿期的预防

多晒太阳	孕妇应经常到户外活动，多晒太阳
饮食选择	富含维生素D、钙、磷、蛋白质等营养物质
防治妊娠并发症	对患有低钙血症、骨软化症的孕妇应积极治疗
补充维生素D	于妊娠后3个月补充维生素D800~1000IU/d，同时服用钙剂

(2)0~18岁健康儿童的预防

①户外活动　多晒太阳是预防维生素D缺乏性佝偻病的简便而有效措施，户外活动时间应在1~2h/d。

②补充维生素D　母乳喂养儿，应从出生数天开始补充维生素D400IU/d。人工喂养儿，当配方奶摄入量<1L/d时，应注意通过其他途径保证维生素D400IU/d的摄入量。大年龄及青春期儿童，应维生素D强化饮食和维生素D制剂补充相结合，400IU/d的维生素D制剂补充仍作为推荐。一般可不加服钙剂。

(3)早产儿的预防　　经口补充维生素D400IU/d，3个月后改为400~800IU/d。

注意：①9版《儿科学》P80：足月儿出生后数天即开始补充维生素D400IU/d；早产儿能够耐受全肠道喂养时，经口补充维生素D400IU/d，3个月后改为维生素D400~800IU/d。
②8版《儿科学》P79：足月儿出生后2周开始补充维生素D400IU/d。早产儿、低出生体重儿、双胎儿生后1周开始补充维生素D800IU/d，3个月后改为预防量。

【例27】男婴，10个月。出生后牛奶喂养。经常出现多汗、烦躁，近1周加重，偶有腹泻、呕吐。查体：枕秃，前囟大，方颅。实验室检查：血钙稍低，血磷降低，碱性磷酸酶增高。X线片示干骺端临时钙化带呈毛刷样。最合适的治疗措施是
A. 维生素D330万IU肌内注射　B. 维生素D400~800IU/d口服　C. 维生素D2000~4000IU/d口服
D. 补充钙剂　E. 补充磷酸盐

【例28】关于小儿维生素D缺乏性佝偻病的预防措施，不正确的是
A. 适当多晒太阳　B. 孕母补充维生素D及钙剂　C. 及时添加辅食
D. 提倡母乳喂养　E. 早产儿2个月时开始补充维生素D

【例29】为预防营养性维生素D缺乏性佝偻病，小儿每日口服维生素D的剂量是
A. 1600~2000IU　B. 400~800IU　C. 1300~1500IU
D. 200~300IU　E. 900~1200IU

五、维生素D缺乏性手足搐搦症

维生素D缺乏性手足搐搦症是维生素D缺乏性佝偻病的伴发症状之一，多见于6个月以内的小婴儿。

注意：①维生素D缺乏性手足搐搦症好发于6个月以内的小婴儿。
②维生素D缺乏性佝偻病好发于6个月以内的婴儿，特别是3个月以内的小婴儿。

1. 病因

维生素D缺乏性佝偻病是机体维持血钙水平而对骨骼造成的损害，长期严重维生素D缺乏可导致低钙血症。当血钙下降而甲状旁腺不能代偿性分泌甲状旁腺激素相应地增加，导致总血钙<1.75mmol/L或离子钙<1.0mmol/L时，可引起神经-肌肉兴奋性增高而出现抽搐，即为维生素D缺乏性手足搐搦症。

【例30】维生素D缺乏性手足搐搦症的发病机制与维生素D缺乏性佝偻病最根本的不同在于
A. 食物中磷含量过高　B. 维生素D缺乏的程度较重　C. 神经系统兴奋性较高

D. 食物中钙含量过低　　　　　　E. 甲状旁腺反应迟钝，甲状旁腺激素代偿不足

2. 临床表现

典型症状为惊厥、喉痉挛和手足搐搦，并有程度不等的活动期佝偻病的表现。

(1)隐匿型　血钙 1.75～1.88mmol/L，没有典型发作症状，但可通过刺激神经肌肉而引出下列体征。

①面神经征(chvostek 征)　以手指尖或叩诊锤骤击患儿颧弓与口角间的面颊部(第 7 脑神经孔处)，引起眼睑和口角抽动为面神经征阳性，新生儿期可呈假阳性。

②腓反射　以叩诊锤骤击膝下外侧腓骨小头上腓神经处，引起足向外侧收缩者为腓反射阳性。

③陶瑟征(Trousseau 征)　以血压计袖带包裹上臂，使血压维持在收缩压和舒张压之间，5 分钟之内该手出现痉挛症状，属于陶瑟征阳性。

(2)典型发作　血钙<1.75mmol/L 时，可出现惊厥、喉痉挛和手足搐搦。

①惊厥　为最常见症状。一般无发热，表现为突发四肢抽动，两眼上窜，面肌颤动，神志不清，发作时间数秒至数分钟，发作时间长者可伴口周发绀。发作停止后，意识恢复，精神萎靡而入睡，醒后活泼如常，可数日发作 1 次，也可 1 日发作数十次。发作轻者仅有短暂眼球上窜和面肌抽动，神志清楚。

②手足搐搦　可见于较大婴儿、幼儿，表现为突发手足痉挛呈弓状，双手呈腕部屈曲状，手指伸直，拇指内收掌心，强直痉挛，足部踝关节伸直，足趾同时向下弯曲。

③喉痉挛　婴儿多见，表现为喉部肌肉及声门突发痉挛，呼吸困难，甚至窒息、缺氧死亡。

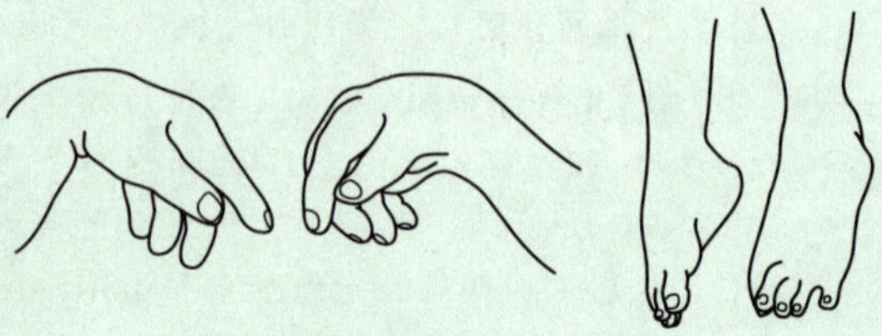

手足搐搦症病例的手足痉挛

【例 31】维生素 D 缺乏性手足搐搦症的隐性体征是

A. 喉痉挛　　　　B. Kernig 征阳性　　　　C. Brudzinski 征阳性

D. Trousseau 征阳性　　　　E. Babinski 征阳性

【例 32】维生素 D 缺乏性手足搐搦症发生惊厥是由于

A. 血钾浓度降低　　　　B. 血钠浓度降低　　　　C. 血钙浓度降低

D. 血磷浓度降低　　　　E. 血镁浓度降低

【例 33】疑为维生素 D 缺乏性手足搐搦症患儿，做陶瑟征检查时，袖带的压力应维持

A. 舒张压以下　　　　B. 收缩压与舒张压之间　　　　C. 收缩压以下

D. 舒张压以上　　　　E. 收缩压以上

3. 诊断

突发无热惊厥，反复发作，发作后神志清醒而无神经系统体征，同时有佝偻病存在，总血钙低于1.75 mmol/L，离子钙低于 1.0mmol/L，即可诊断本病。

4. 鉴别诊断

(1)其他无热惊厥性疾病

①低血糖症　常发生于清晨空腹时，有进食不足或腹泻史，伴苍白、多汗及昏迷，血糖<2.2mmol/L，口服或静脉注射葡萄糖液后立即恢复。

②低镁血症　常见于年幼婴儿，常有触觉、听觉过敏，肌肉颤动，血镁<0.58mmol/L，钙剂治疗无效。

③婴儿痉挛症　为癫痫的一种表现，表现为突发头、躯干及上肢屈曲，手握拳，下肢弯曲至腹部，呈点头哈腰状抽搦和意识障碍，伴智力异常。

④甲状旁腺功能减退　表现为间歇性惊厥或手足搐搦，血磷>3.2mmol/L，血钙<1.75mmol/L。

(2)中枢神经系统感染　如脑膜炎、脑炎、脑脓肿，常伴发热和中毒症状，有颅内高压征及脑脊液改变。

(3)急性喉炎　多有上感症状、声音嘶哑、犬吠样咳嗽、吸气困难，无低钙症状，钙剂治疗无效。

【例 34】女婴，7 个月，人工喂养。低热、咳嗽 2 天，今日出现面部及四肢抽搐 4～5 次，每次 20～30 秒，抽搐

间歇期吃奶正常。查体：T38℃，前囟 2.0cm，平软，咽部略充血，双肺呼吸音粗糙。实验室检查：血 WBC8×10^9/L，N0.60，血钙 1.75mmol/L，血磷 1.3mmol/L，血糖 4.44mmol/L。除上呼吸道感染外，最可能的诊断是

A. 重症肺炎　　B. 中枢神经系统感染　　C. 低血糖症
D. 婴儿痉挛症　　E. 维生素 D 缺乏性手足搐搦症

注意：①维生素 D 缺乏性佝偻病——无惊厥，无抽搐，无喉痉挛。
②维生素 D 缺乏性手足搐搦症——有惊厥，有抽搐，有喉痉挛+维生素 D 缺乏性佝偻病症状。

5. 治疗

(1) 急救处理

①吸氧　惊厥期应立即吸氧，喉痉挛者应将舌头拉出口外，进行口对口人工呼吸，必要时做气管切开。
②迅速控制惊厥或喉痉挛　地西泮 0.1~0.3mg/kg 肌内注射或静脉注射，或 10%水合氯醛保留灌肠。

(2) 钙剂治疗　10%葡萄糖酸钙缓慢静脉注射，惊厥停止后改为口服钙剂。

(3) 维生素 D 治疗　急诊情况控制后，给予维生素 D 治疗佝偻病。

(35~37 题共用题干) 男婴，4 个月。反复发作性吸气性呼吸困难伴吸气时喉鸣、口唇青紫 3 次。无发热，发作间期一般情况良好。枕部指压有乒乓球样感，肺、心未见异常。

【例 35】首先考虑的诊断为
A. 急性喉气管炎　　B. 支气管肺炎　　C. 气管异物
D. 急性喉炎　　E. 维生素 D 缺乏性手足搐搦症

【例 36】首选的检查是
A. 胸部 X 线片　　B. 血气分析　　C. 喉镜
D. 咽拭子培养　　E. 血电解质

【例 37】该患儿再次突然出现发作性呼吸困难缺氧时，首要的急救措施是
A. 静脉注射钙剂　　B. 补充维生素 D　　C. 应用甘露醇
D. 气管插管　　E. 应用地西泮，保持呼吸道通畅

常考点　考试重点，应全面掌握。

参考答案——详细解答见 2021《贺银成国家临床执业及助理医师资格考试历年考点精析》

1. **A**BCDE　2. AB**C**DE　3. **A**BCDE　4. ABC**D**E　5. A**B**CDE　6. A**B**CDE　7. A**B**CDE
8. A**B**CDE　9. ABC**D**E　10. **A**BCDE　11. AB**C**DE　12. ABC**D**E　13. ABC**D**E　14. A**B**CDE
15. **A**BCDE　16. ABC**D**E　17. **A**BCDE　18. ABC**D**E　19. AB**C**DE　20. AB**C**DE　21. A**B**CDE
22. ABCD**E**　23. **A**BCDE　24. ABCD**E**　25. A**B**CDE　26. **A**BCDE　27. AB**C**DE　28. ABCD**E**
29. A**B**CDE　30. ABCD**E**　31. ABC**D**E　32. AB**C**DE　33. A**B**CDE　34. ABCD**E**　35. ABCD**E**
36. ABCD**E**　37. ABCD**E**

第 3 章　新生儿与新生儿疾病

考纲要求

①新生儿与新生儿疾病概述：新生儿分类方法。②新生儿特点及护理：正常足月儿和早产儿的外观特点和生理特点，新生儿护理。③新生儿窒息与复苏：临床表现，诊断，治疗。④新生儿缺氧缺血性脑病：临床表现，诊断，治疗。⑤新生儿黄疸：新生儿胆红素代谢特点，新生儿生理性黄疸与病理性黄疸的鉴别，新生儿病理性黄疸的病因分类与疾病举例。⑥新生儿败血症：临床表现，治疗。

复习要点

一、概述

1. 新生儿的概念

(1)新生儿　是指从脐带结扎到生后 28 天内的婴儿。

(2)围生期　是指从妊娠 28 周(此时胎儿约 1000g)至生后 7 天。

(3)围生儿　是指围生期的婴儿。

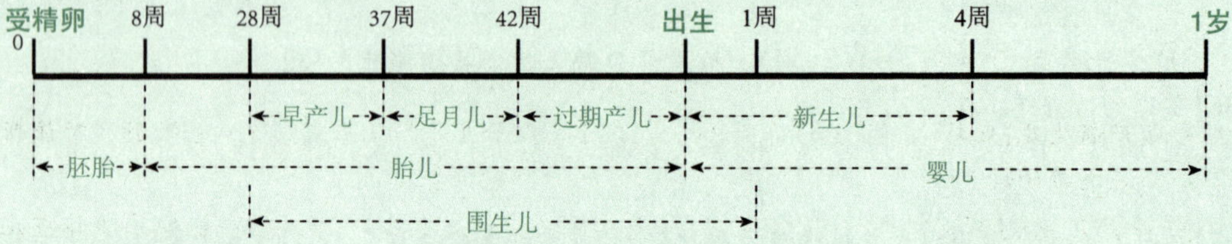

受精后 8 周的人胚称为胚胎。受精后 9 周起称为胎儿。从出生到生后 4 周称为新生儿。从出生到 1 岁称为婴儿。从妊娠 28 周至产后 1 周称为围生儿。胎龄<28 周为流产。早产儿——28 周≤胎龄<37 周的新生儿。足月儿——37 周≤胎龄<42 周的新生儿。过期产儿——胎龄≥42 周的新生儿。

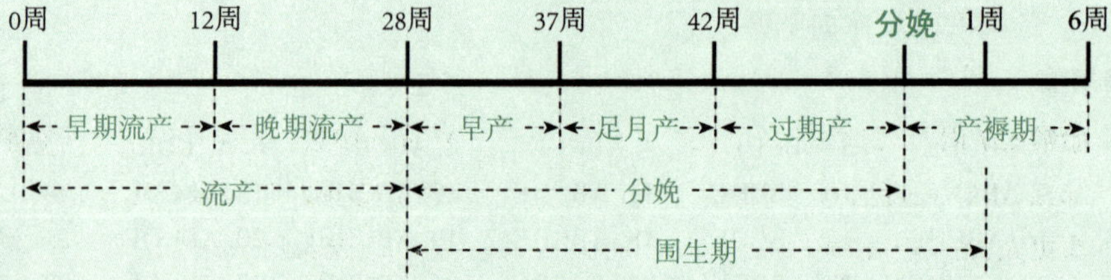

【例 1】围生期(围产期)国内采用的定义是指

A. 胎龄满 27 周至出生后 7 足天

B. 胎龄满 27 周至出生后 15 足天

C. 胎龄满 28 周至出生后 7 足天

D. 胎龄满 28 周至出生后 15 足天

E. 胎龄满 29 周至出生后 15 足天

2. 新生儿分类方法

(1)根据出生时胎龄分类　胎龄(GA)是指从最后 1 次正常月经第 1 天起至分娩时止，通常以周表示。

①足月儿　37 周≤胎龄<42 周(260~293 天)的新生儿。

②早产儿　胎龄<37 周(<259 天)的新生儿。其中，胎龄<28 周为极早早产儿；28~32 周者称为非常早产儿；32~34 周者称为中度早产儿；34 周≤胎龄<37 周(239~259 天)的早产儿为晚期早产儿。

③过期产儿　胎龄≥42 周(≥294 天)的新生儿。

(2)根据出生体重分类　出生体重(BW)指出生后1小时内的体重。

①正常出生体重儿(NBW)　2500g≤出生体重≤4000g的新生儿。

②低出生体重儿(LBW)　出生体重<2500g的新生儿。其中,出生体重<1500g称为极低出生体重儿;出生体重<1000g称为超低出生体重儿。低出生体重儿大多为早产儿,也有足月儿或过期小于胎龄儿。

③巨大儿　出生体重>4000g的新生儿。

(3)根据出生体重和胎龄的关系分类

①适于胎龄儿　婴儿的出生体重在同胎龄平均出生体重的第10~90百分位之间。

②小于胎龄儿　婴儿的出生体重在同胎龄平均出生体重的第10百分位以下。

③大于胎龄儿　婴儿的出生体重在同胎龄平均出生体重的第90百分位以上。

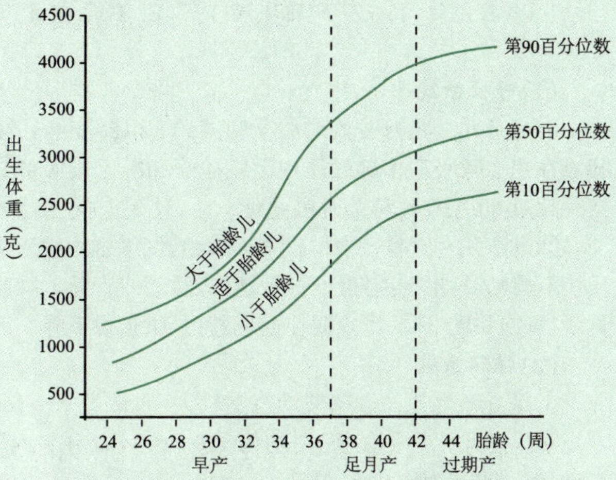

新生儿胎龄与出生体重的百分位曲线

(4)根据出生后周龄分类

①早期新生儿　生后1周以内的新生儿,也属于围生儿,其发病率和死亡率在整个新生儿期最高。

②晚期新生儿　出生后第2~4周末的新生儿。

(5)高危儿　指已发生或可能发生危重疾病而需要监护的新生儿。

【例2】一顺产新生儿,胎龄35周,出生体重1900g,位于同胎龄儿平均体重的第5百分位数。对该新生儿全面而准确的诊断是

A. 早产儿,小于胎龄儿　B. 足月儿,小于胎龄儿　C. 足月儿,低出生体重儿
D. 早产儿,适于胎龄儿　E. 早产儿,极低出生体重儿

二、新生儿特点及护理

1. 正常足月儿和早产儿的外观特点

	早产儿	足月儿
定义	胎龄<37周而>28周的新生儿	37周≤胎龄<42周,2500g≤出生体重≤4000g
皮肤	绛红,水肿,毳毛多	红润,皮下脂肪丰满,毳毛少
头	头更大,占全身比例1/3	头大,占全身比例1/4
头发	细而乱	分条清楚
耳壳	软,缺乏软骨,耳舟不清楚	软骨发育好,耳舟成形、直挺
乳腺	无结节或结节<4mm	结节>4mm,平均7mm
外生殖器	睾丸未降或未全降,大阴唇不能遮盖小阴唇	睾丸已降至阴囊,大阴唇遮盖小阴唇
指(趾)甲	未达指(趾)端	达到或超过指(趾)端
跖纹	足底纹理少	足纹理遍及整个足底

【例3】36周产女婴,出生后反应好,体检其指甲外观特点是

A. 指甲硬　B. 反甲　C. 甲面多白纹
D. 指甲未达指尖　E. 指甲超过指尖

【例 4】正常足月儿的皮肤外观特点是

A. 肤色苍白,皮下脂肪丰满　B. 肤色稍黄,皮下脂肪少　C. 肤色红润,皮下脂肪少

D. 肤色红润,皮下脂肪丰满　E. 肤色稍黄,毳毛少

2. 正常足月儿和早产儿的生理特点

(1)呼吸系统

①足月儿　足月分娩时胎儿肺液约 30~35ml/kg,经产道挤压后约 1/3~1/2 肺液由口鼻排出,其余的肺液在建立呼吸后由肺间质内毛细血管和淋巴管吸收。新生儿呼吸频率较快,安静时约为 40 次/分,如持续超过 60 次/分,称为呼吸急促。

②早产儿　因呼吸中枢发育不成熟,红细胞内缺乏碳酸酐酶,肺泡数量少,呼吸肌发育不全,因此,呼吸浅快不规则,易出现周期性呼吸及呼吸暂停或青紫。呼吸暂停是指气流停止≥20 秒,伴心率<100 次/分或青紫、氧饱和度下降,严重时伴面色苍白、肌张力下降。因肺表面活性物质低,易发生呼吸窘迫综合征。

(2)循环系统

①足月新生儿　心率波动范围较大,通常为 90~160 次/分,血压平均为 70/50mmHg。

②早产儿　心率偏快,平均为 120~140 次/分。血压较低,部分伴有动脉导管开放。

(3)消化系统

	正常足月儿	早产儿
吞咽功能	出生时吞咽功能已完善,易溢乳	吸吮能力差,吞咽反射弱,易发生哺乳困难及误吸
消化酶	除胰淀粉酶外,其余足以消化蛋白质及脂肪	消化酶接近足月儿,但胆酸少,脂肪消化能力差
胎便排出	生后 24 小时内排胎便,约 2~3 天排完	胎便形成少,肠蠕动差,胎便排出常延迟
黄疸	肝葡萄糖醛酸基转移酶活力低,造成新生儿生理性黄疸	肝功能更不成熟,黄疸重,持续时间长,易发生胆红素脑病
肝功能	对多种药物的处理能力低,易发生药物中毒	合成蛋白质能力差,糖原储备少,易发生低蛋白血症、水肿及低血糖

(4)泌尿系统　①足月儿出生时肾小球滤过率低,浓缩能力差,易发生水肿。新生儿一般在生后 24 小时内开始排尿,1 周内每日排尿可达 20 次。②早产儿肾浓缩功能更差,对钠的重吸收能力差,易出现低钠血症。葡萄糖阈值低,易发生糖尿。

(5)血液系统　①足月儿出生时血红蛋白为 170g/L,出生后由于不显性失水等原因使血液浓缩,血红蛋白上升,24 小时达峰值,于第 1 周末恢复至出生时水平,以后逐渐下降。②白细胞数出生后第 1 天为 $(15\sim20)\times10^9/L$,3 天后明显下降,5 天后接近婴儿值。③血小板数与成人相似。④由于胎儿肝脏维生素 K 储存量少,凝血因子Ⅱ、Ⅶ、Ⅸ、Ⅹ活性较低。

早产儿血容量为 85~110ml/kg,周围血中有核红细胞多,白细胞和血小板稍低于足月儿。

(6)神经系统　新生儿出生时头围相对大,脑沟、脑回仍未完全形成。脊髓相对长,其末端平第 3、4 腰椎下缘,故腰穿时应在第 4、5 腰椎间隙进针。足月儿出生时已具备多种暂时性原始反射,如觅食反射、吸吮反射、握持反射、拥抱反射等。正常情况下,这些反射生后数月自然消失。正常足月儿也可出现年长儿的病理反射,如克氏征(Kernig 征)、巴宾斯基征(Babinski 征)、佛斯特征(Chvostek 征)等。

早产儿神经系统发育不成熟,原始反射难以引出。

(7)体温　新生儿体温调节中枢功能不完善,易发生低体温、低氧血症、低血糖、代谢性酸中毒或寒冷损伤。中性温度是指机体维持体温正常所需的代谢率和耗氧量最低时的环境温度。出生体重、生后日龄不同,中性温度也不同;出生体重越低、日龄越小,所需中性温度越高。新生儿正常体表温度为 36.0~36.5℃,正常核心(直肠)温度为 36.5~37.5℃。适宜的环境湿度为 50%~60%。

出生体重(kg)	中性温度为35℃	中性温度为34℃	中性温度为33℃	中性温度为32℃
1.0	初生10天内	10天以后	3周以后	5周以后
1.5	—	初生10天内	10天以后	4周以后
2.0	—	初生2天内	2天以后	3周以后
>2.5	—	—	初生2天内	2天以后

早产儿产热能力差，寒冷时更易发生低体温，甚至硬肿症。汗腺发育差，环境温度过高时体温也易升高。

(8)能量及体液代谢　新生儿基础热量消耗为209kJ/(kg·d)，总热量约需418~502kJ/(kg·d)。

初生婴儿体内含水量占体重的70%~80%。生后第1天需水量为60~100ml/(kg·d)，以后每日增加30ml/kg，直至150~180ml/(kg·d)。生后体内水分丢失较多，体重下降，约1周末降至最低点，10天左右恢复到出生时体重，称为生理性体重下降。

足月儿钠需要量为1~2mmol/(kg·d)，<32周的早产儿为3~4mmol/(kg·d)；初生婴儿10天内一般不需补钾，以后需要量为1~2mmol/(kg·d)。

(9)免疫系统　新生儿免疫功能差，易发生呼吸道和消化道感染。血脑屏障发育不完善，易患细菌性脑膜炎。血浆中补体水平低下，调理素活性低，多形核白细胞产生及储备均少，早产儿尤甚。

【例5】关于新生儿呼吸系统生理特点的叙述，正确的是

A. 早产儿呼吸不规则，易出现呼吸暂停　B. 湿肺是由于肺部感染炎性渗出造成的

C. 肺表面活性物质至孕28周时迅速增加　D. 肺表面活性物质是由肺泡Ⅰ型上皮细胞产生的

E. 足月儿生后第1小时呼吸频率可达80~90次/分，伴呻吟、发绀

【例6】对正常足月新生儿，暂不能引出的神经反射是

A. 吸吮反射　B. 拥抱反射　C. 握持反射

D. 腹壁反射　E. 觅食反射

【例7】足月儿每日钠的需要量是

A. 0.5~0.9mmol/kg　B. 1~2mmol/kg　C. 3~4mmol/kg

D. 5~6mmol/kg　E. 7~8mmol/kg

【例8】35周儿，出生体重1.5kg，出生3天体温不升，需置暖箱。该暖箱适宜的温度是

A. 35℃　B. 34℃　C. 33℃

D. 32℃　E. 31℃

3. 新生儿护理

(1)保暖　采取各种保暖措施，使婴儿处于中性温度中。

(2)喂养　正常足月儿出生半小时即可抱至母亲处哺乳，以促进乳汁分泌，提倡按需哺乳。无母乳者可给配方乳，每3小时1次，每日7~8次。奶量遵循从小量渐增的原则，以吃奶后安静、无腹胀和理想的体重增长(足月儿约15~30g/d，平均约20g/d)为标准。

(3)呼吸管理　保持呼吸道通畅。切忌给早产儿常规吸氧，以防高浓度氧导致早产儿视网膜病。呼吸暂停者可经弹、拍打足底等恢复呼吸，同时给予甲基黄嘌呤类药物，如枸橼酸咖啡因、氨茶碱等。

(4)预防感染　婴儿室工作人员应严格遵守消毒隔离制度。

(5)维生素　足月儿生后应肌内注射1次维生素K_1 0.5~1mg，早产儿连用3天，以预防新生儿出血。

(6)皮肤黏膜护理　勤洗澡，保持皮肤清洁。保持脐带残端清洁和干燥。口腔黏膜不宜擦洗。

(7)预防接种　生后3天接种卡介苗。乙肝疫苗于生后第1天、1个月、6个月接种。

(8)新生儿筛查　生后应进行先天性甲状腺功能减退症、苯丙酮尿症等先天性代谢缺陷病的筛查。

【例9】为防止早产新生儿出血，生后应立即肌内注射

A. 维生素 $K_1$1mg，连用 3 天　　B. 维生素 $K_1$5mg，连用 3 天　　C. 维生素 $K_1$5mg，连用 1 天
D. 维生素 $K_1$10mg，连用 3 天　　E. 维生素 $K_1$10mg，连用 1 天

【例 10】可在新生儿期进行筛查的疾病是
A. 先天性巨结肠　　B. 癫痫　　C. 21-三体综合征
D. 黏多糖病　　E. 先天性甲状腺功能减退，苯丙酮尿症

三、新生儿窒息与复苏

新生儿窒息是指婴儿出生后不能建立正常的自主呼吸而导致低氧血症、高碳酸血症及全身多脏器损伤，是引起新生儿和儿童伤残的重要原因之一。

1. 临床表现

(1)胎儿宫内窒息　早期有胎动增加(注意：是胎动频率增加，而不是胎动强度增加)，胎心率≥160 次/分。晚期则胎动减少，甚至消失，胎心率<100 次/分；羊水胎粪污染。

(2)Apgar 评分评估　Apgar 评分是国际上公认的评价新生儿窒息的最简捷、实用的方法。内容包括皮肤颜色、心率、对刺激的反应、肌张力和呼吸 5 项指标。每项 0~2 分，共 10 分。分别于生后 1 分钟、5 分钟、10 分钟进行评分。需复苏的新生儿到 15 分钟、20 分钟时仍需评分。Apgar 评分 8~10 分为正常，4~7 分为轻度窒息，0~3 分为重度窒息。1 分钟评分反映窒息严重程度，是复苏的依据；5 分钟评分反映了复苏的效果，有助于判断预后。新生儿 Apgar 评分标准如下表。

体征	0 分	1 分	2 分	1 分钟评分	5 分钟评分
心率(次/分)	无	<100	>100		
呼吸	无	慢，不规则	正常，哭声响		
皮肤颜色	青紫或苍白	身体红，四肢青紫	全身红		
肌张力	松弛	四肢略屈曲	四肢活动		
弹足底或插鼻管反应	无反应	有些动作，如皱眉	哭，喷嚏		

(3)多器官受损症状　缺氧缺血可造成多器官受损，对缺氧的敏感性：脑细胞>心肌细胞>肝细胞>肾上腺细胞>纤维、上皮、骨骼肌细胞。因此各器官损伤发生的频率和程度可有差异。

中枢神经系统	缺氧缺血性脑病、颅内出血
呼吸系统	羊水或胎粪吸入综合征、肺出血、呼吸窘迫综合征
心血管系统	持续性肺动脉高压、缺氧缺血性心肌损害(各种心律失常、心力衰竭、心源性休克)
泌尿系统	肾功能不全、肾衰竭、肾静脉血栓形成
代谢方面	低血糖、高血糖、低钙血症、低钠血症、低氧血症、高碳酸血症、黄疸加重或时间延长
消化系统	应激性溃疡、坏死性小肠炎
血液系统	DIC、血小板减少等

【例 11】不属于新生儿窒息 Apgar 评分内容的是
A. 皮肤颜色　　B. 心率　　C. 呼吸
D. 肌张力　　E. 拥抱反射

【例 12】足月新生儿。出生时 1 分钟躯干红而四肢青紫，心率 90 次/分，呼吸慢而不规律，四肢略屈曲，插鼻管有皱眉反应，其 1 分钟 Apgar 评分是
A. 4 分　　B. 5 分　　C. 6 分

D. 7分　　E. 8分

【例13】一新生儿，出生时身体红，四肢青紫，呼吸24次/分，不规则，心率90次/分，四肢能活动，弹足底有皱眉反应。最可能的诊断是

A. 新生儿轻度缺氧缺血性脑病　B. 新生儿中度缺氧缺血性脑病　C. 新生儿重度窒息

D. 新生儿重度缺氧缺血性脑病　E. 新生儿轻度窒息

2. 诊断

(1)美国制定的窒息诊断标准　①脐动脉血显示严重代谢性或混合性酸中毒，pH<7；②Apgar评分0~3分，并且持续>5分钟；③新生儿早期有神经系统表现，如惊厥、昏迷或肌张力降低；④出生早期有多器官功能不全的证据。

(2)我国制定的新生儿窒息诊断和分度标准　①产前具有可能导致窒息的高危因素；②1分钟或5分钟Apgar评分≤7分，仍未建立有效自主呼吸；③脐动脉血pH<7.15；④排除其他引起低Apgar评分的病因。以上②~④为必要条件，①为参考指标。

3. 治疗

(1)复苏方案　生后立即进行复苏和评估，而不应延迟至1分钟Apgar评分后进行。采用国际公认的ABCDE复苏方案。呼吸、心率、血氧饱和度是窒息复苏评估的三大指标。

步骤	英文	含义	临床意义
A	Airway	清理呼吸道，保持呼吸道通畅	是复苏的根本措施，应首先进行
B	Breathing	建立呼吸，增加通气	是复苏的关键措施
C	Circulation	维持正常循环，保证心搏出量	—
D	Drugs	药物治疗	—
E	Evaluation	动态评估	贯穿整个复苏过程中

(2)复苏步骤和程序　根据ABCDE复苏方案，复苏分以下几个步骤：

①快速评估　出生后立即用数秒时间快速评估：A.是足月吗？B.羊水清吗？C.有呼吸或哭声吗？D.肌张力好吗？如任何1项为“否”，则进行初步复苏。

②初步复苏　保暖；摆好体位；清理呼吸道（新生儿娩出后，立即用吸球或吸管吸净口、咽和鼻腔的黏液）；擦干；刺激（弹足底）。以上步骤应在30秒内完成。

③正压通气　如新生儿仍呼吸暂停或喘息样呼吸，心率<100次/分，应立即行正压通气。足月儿可用空气复苏，早产儿开始给30%~40%的氧。正压通气需要20~25cmH_2O，通气频率40~60次/分。经正压通气30秒钟后，如有自主呼吸，且心率>100次/分，可逐步减少并停止正压呼吸。如自主呼吸不充分，或心率<100次/分，则继续行气囊面罩或气管插管正压通气。

④胸外心脏按压　如正压通气30秒后心率持续<60次/分，应同时进行胸外心脏按压。按压部位为胸骨体下1/3处，按压频率为90次/分（每按压3次，正压通气1次），按压深度为胸廓前后径的1/3。

⑤药物治疗　包括脐静脉导管内注入肾上腺素、扩容（生理盐水）、纠酸（碳酸氢钠）。

【例14】对新生儿窒息进行复苏，最先施行的根本措施是

A. 药物治疗　B. 建立呼吸，增加通气　C. 评价患儿病情

D. 尽量吸净呼吸道黏液　E. 维持正常循环，保证足够心排出量

【例15】新生儿娩出后首先应

A. 断脐　B. 擦洗新生儿面部　C. 清理呼吸道

D. 刺激新生儿足部　E. 抓紧娩出胎盘及胎膜

四、新生儿缺氧缺血性脑病

新生儿缺氧缺血性脑病(HIE)是指围生期窒息引起的部分或完全缺氧、脑血流减少或暂停而导致胎儿或新生儿脑损伤,有特征性的神经病理和病理生理改变以及临床上脑病症状。

【例 16】新生儿缺氧缺血性脑病的主要病因是

A. 宫内感染　　B. 吸入羊水　　C. 体温过低
D. 窒息　　E. 肺表面活性物质缺乏

1. 临床表现

根据新生儿的意识、肌张力、原始反射改变、有无惊厥、病程及预后等,临床上分轻、中、重三度。

临床表现	轻度 HIE	中度 HIE	重度 HIE
意识	激惹	嗜睡	昏迷
肌张力	正常	减低	松软
拥抱反射	活跃	减弱	消失
吸吮反射	正常	减弱	消失
惊厥	可有肌阵挛	常有	有,可呈持续性
中枢性呼吸衰竭	无	有	明显
瞳孔改变	扩大	缩小	不等大,对光反射迟钝
前囟张力	正常	正常或稍饱满	饱满、紧张
EEG	正常	低电压,可有痫样放电	暴发抑制,等电位
病程	症状在 72 小时内消失	症状在 14 天内消失	症状可持续数周
预后	预后好	可能有后遗症	病死率高,存活者多有后遗症

【例 17】足月婴儿出生时全身皮肤青紫,Apgar 评分为 3 分。查体:昏迷,吸吮反射消失,肌张力低下,心率慢,呼吸不规则,诊断为缺氧缺血性脑病。临床分度为

A. 极轻度　　B. 轻度　　C. 中度
D. 重度　　E. 极重度

2. 辅助检查

(1)**血气分析**　新生儿出生时取脐动脉血行血气分析,pH 降低可反映胎儿宫内缺氧、酸中毒程度。

(2)**B 超**　具有无创、价廉、可在床边操作和进行动态随访等优点,有助于了解脑水肿、基底核、脑室及其周围出血等病变。可在病程早期(72 小时内)进行,并可动态监测。

(3)**CT 扫描**　可了解颅内出血范围和类型。最佳检查时间为生后 4~7 天。

(4)**MRI 检查**　能显示 B 超或 CT 不易探及的部位,为判断脑损伤的类型、范围、严重程度及评估预后提供了重要的影像学信息。弥散加权磁共振(DWI)对早期(伤后 1~2 天)缺血脑组织的诊断更敏感。

(5)**氢质子磁共振波谱**　有助于 HIE 的早期诊断。

(6)**脑电图**　应在生后 1 周内检查,可客观地反映脑损害的严重程度、判断预后,为首选检查。

注意:①HIE 病后 1~2 天首选 MRI,72 小时内选用 B 超检查,4~7 天内选用 CT,1 周内选用脑电图。
②若不考虑 HIE 病程,诊断 HIE 首选脑电图检查。

【例 18】有助于确定新生儿缺氧缺血性脑病损害严重程度和判断预后的检查首选

A. 脑氢质子磁共振波谱　　B. 头颅 CT　　C. 头颅 MRI
D. 脑电图　　E. 颅脑超声检查

【例19】女婴，出生30小时。出现嗜睡伴肌张力低下，初步诊断为缺氧缺血性脑病。为了解患儿丘脑、基底节有无病灶，应首选的检查是

A. 头颅CT　　B. 脑电图　　C. 颅脑透照试验
D. B超　　E. 头颅MRI

3. 诊断

(1)足月儿HIE的诊断标准　同时具备以下4条者可确诊，第4条暂时不能确定者可作为拟诊病例。

①有明确的可导致胎儿宫内窘迫的异常产科病史，以及严重的胎儿宫内窘迫表现（胎心率<100次/分，持续5分钟以上和/或羊水Ⅲ度污染），或在分娩过程中有明显窒息史；②出生时有重度窒息：Apgar评分1分钟≤3分，并延续至5分钟时仍≤5分和出生时脐动脉血pH≤7.00；③出生后不久出现神经系统症状，并持续24小时以上，如意识改变；④排除电解质紊乱、颅内出血和产伤等原因引起的抽搐，以及宫内感染、遗传代谢性疾病和其他先天性疾病所引起的脑损伤。

(2)早产儿HIE的诊断标准　目前暂无。

【例20】女婴，2天。嗜睡1天来诊，足月产，有窒息史。查体：呼吸30次/分，面色发绀，前囟饱满紧张，心率90次/分，心音低钝，四肢肌张力差，拥抱反射消失。最可能的诊断是

A. 胎粪吸入综合征　　B. 新生儿湿肺　　C. 新生儿低血糖
D. 新生儿肺透明膜病　　E. 新生儿缺氧缺血性脑病

4. 治疗

(1)支持治疗　①维持良好的通气功能是支持疗法的中心，保持PaO_2>60~80mmHg、$PaCO_2$和pH在正常范围。②维持脑和全身良好的血液灌注是支持疗法的关键措施，应避免脑灌注过低或过高。③维持血糖在正常范围；低血糖不能纠正者可静脉输注葡萄糖，按6~8mg/(kg·min)速率滴注，并监测血糖。

(2)控制惊厥　首选苯巴比妥，负荷量为20mg/kg，于15~30分钟静脉滴注。若不能控制惊厥，1小时后可加10mg/kg。12~24小时后给维持量，每日3~5mg/kg。肝功能不良者改用苯妥英钠。

(3)治疗脑水肿　避免输液过量是预防和治疗脑水肿的基础，每日补液量不应超过60~80ml/kg。颅内压增高时，首选呋塞米静脉注射，严重者可选用20%甘露醇静脉注射。不主张使用糖皮质激素。

(4)亚低温治疗　应于生后6小时内治疗，越早治疗疗效越好，持续72小时。

(5)新生儿期后治疗　尽早行智能和体能的康复训练，有利于促进脑功能恢复，减少后遗症。

【例21】新生儿缺氧缺血性脑病易出现低血糖，此时应选择的葡萄糖输注速度是每分钟

A. 3~5mg/kg　　B. 6~8mg/kg　　C. 9~11mg/kg
D. 16~20mg/kg　　E. 12~15mg/kg

【例22】新生儿缺氧缺血性脑病时发生惊厥，首选的药物是

A. 甘露醇　　B. 地塞米松　　C. 苯巴比妥
D. 苯妥英钠　　E. 呋塞米

注意：①新生儿缺血缺氧性脑病惊厥的治疗首选苯巴比妥静脉滴注。
②维生素D缺乏性手足搐搦症惊厥的治疗首选地西泮静脉注射或肌内注射。
③热性惊厥的治疗首选地西泮静脉注射。
④新生儿惊厥的治疗首选苯巴比妥静脉注射。

五、新生儿黄疸

新生儿黄疸也称新生儿高胆红素血症，是因胆红素在体内积聚引起的皮肤或其他器官黄染。新生儿血清胆红素超过85μmol/L时，则可出现肉眼可见的黄疸。非结合胆红素增高是新生儿黄疸最常见的表现形式，重者可引起胆红素脑病，称核黄疸。

1. 新生儿胆红素代谢特点

(1)胆红素生成相对过多 新生儿每日生成的胆红素明显高于成人(新生儿 8.8mg/kg,成人 3.8mg/kg),其原因是:新生儿红细胞数量过多、红细胞寿命较短、旁路胆红素来源较多。

(2)血浆白蛋白联结胆红素的能力不足 刚出生的新生儿常有不同程度的酸中毒,可减少胆红素与白蛋白的联结;早产儿胎龄越小,白蛋白含量越低,其联结胆红素的量也越少。

(3)肝细胞处理胆红素的能力差 未结合胆红素进入肝细胞后,与 Y、Z 蛋白结合;而新生儿出生时肝细胞内 Y 蛋白含量极微,尿苷二磷酸葡萄糖醛酸基转移酶(UDPGT)含量也低且活性差,因此,生成结合胆红素的量较少;出生时肝细胞将结合胆红素排泄到肠道的能力暂时低下,早产儿更为明显,可出现暂时性肝内胆汁淤积。

(4)胆红素肠肝循环增加 新生儿肠蠕动差、肠道菌群尚未建立,而肠腔内 β-葡萄糖醛酸酐酶活性相对较高,可将结合胆红素转变为未结合胆红素,增加了肠肝循环,导致血胆红素水平增高。此外,胎粪含胆红素较多,若排泄延迟,可使胆红素吸收增加。

(5)多种因素加重黄疸 饥饿、缺氧、脱水、酸中毒、头颅血肿、颅内出血时,更易发生黄疸。

2. 新生儿生理性黄疸和病理性黄疸的鉴别

	新生儿生理性黄疸	新生儿病理性黄疸
出现时间	足月儿:2~3 天出现,4~5 天达高峰,5~7 天消退 早产儿:3~5 天出现,5~7 天达高峰,7~9 天消退	生后 24 小时内出现
持续时间	足月儿最迟 2 周消退,早产儿最迟 3~4 周消退	黄疸于足月儿>2 周,早产儿>4 周消退
血清胆红素	足月儿<221μmol/L,早产儿<257μmol/L 每日升高<85μmol/L,或每小时<8.5μmol/L	足月儿>221μmol/L,早产儿>257μmol/L 每日升高>85μmol/L,或每小时>8.5μmol/L
其他条件	一般情况好	黄疸退而复现;血清结合胆红素>34μmol/L

注意:①生理性黄疸血清胆红素每小时升高<8.5μmol/L,病理性黄疸>8.5μmol/L。
②血清胆红素的换算单位是 17.1μmol/L=1mg/dl。

3. 新生儿病理性黄疸的病因分类与疾病举例

(1)胆红素生成过多 因红细胞破坏过多及肠肝循环增加,使血清胆红素增多。

红细胞增多症	母-胎或胎-胎输血、脐带结扎延迟、宫内生长迟缓、糖尿病母亲所生婴儿
血管外溶血	头颅血肿、皮下血肿、颅内出血、肺出血,引起血管外溶血,使胆红素生成增多
同族免疫性溶血	母婴血型不合,如 ABO、Rh 血型不合等,我国以 ABO 溶血病多见
感染	细菌、病毒、螺旋体、支原体、衣原体感染可致溶血
肠肝循环增加	先天性肠道闭锁、先天性幽门肥厚、巨结肠、饥饿等使胎粪排泄延迟,胆红素重吸收增加
母乳喂养	①母乳喂养相关黄疸:指母乳喂养的新生儿在生后 1 周内,因热量和液体摄入不足、排便延长导致黄疸;②母乳性黄疸:指母乳喂养的新生儿在生后 1~3 个月内仍有黄疸,表现为非溶血性高未结合胆红素血症,与母乳中 β-葡萄糖醛酸酐酶水平较高,增加肠肝循环有关
红细胞酶缺陷	葡萄糖-6-磷酸脱氢酶(G6PD)、丙酮酸激酶、己糖激酶缺陷
红细胞形态异常	遗传性球形红细胞增多症、遗传性椭圆形红细胞增多症、遗传性口形红细胞增多症
血红蛋白病	地中海贫血、血红蛋白 F-Poole、血红蛋白 Hasharon 等

(2)肝脏胆红素代谢障碍 肝细胞摄取和结合胆红素障碍,使血清未结合胆红素增高。如缺氧、感染、Crigler-Najjar 综合征、Gilbert 综合征、Lucey-Driscoll 综合征、某些药物(磺胺、水杨酸盐、维生素 K_3、吲哚美辛、毛花苷丙)、先天性甲状腺功能低下等。

(3)**胆汁排泄障碍** 肝细胞排泄结合胆红素障碍,可使结合胆红素增高,若同时伴有肝细胞受损,也可有未结合胆红素增高。如新生儿肝炎、Dubin-Johnson综合征、先天性胆道闭锁等。

【例23】新生儿高胆红素血症,可导致

A. 颅内出血　　B. 颅内感染　　C. 核黄疸
D. 败血症　　E. 支气管肺炎

【例24】不符合新生儿生理性黄疸的原因是

A. 红细胞的寿命短　　B. 红细胞数量多　　C. 红细胞内酶发育不成熟
D. 肠道内正常菌群尚未建立　　E. 肝功能不成熟

【例25】不符合新生儿病理性黄疸特点是

A. 黄疸退而复现　　B. 血清胆红素>221μmol/L　　C. 生后24小时内出现黄疸
D. 黄疸持续时间<1周　　E. 每日血清胆红素升高>85μmol/L

【例26】男婴,7天。生后第3天面部出现黄染,逐渐加重。胎龄38周,出生体重3.2kg,母乳喂养,一般情况好。实验室检查:Hb152g/L,血清TBil171μmol/L,DBil3.4μmol/L。首先考虑的诊断为

A. 新生儿生理性黄疸　　B. 新生儿溶血病　　C. 新生儿败血症
D. 新生儿母乳性黄疸　　E. 新生儿肝炎

【例27】导致新生儿胆红素生成过多的疾病是

A. 新生儿败血症　　B. 胆汁黏稠综合征　　C. 先天性胆道闭锁
D. 新生儿窒息　　E. 先天性甲状腺功能减退症

六、新生儿败血症

新生儿败血症是指病原体侵入新生儿血液循环并生长、繁殖,产生毒素而引起的全身性炎症反应。

1. 临床表现

(1)**根据发病时间分早发型和晚发型**

	早发型新生儿败血症	晚发型新生儿败血症
起病时间	生后7天内	出生7天后
感染发生	在出生前或出生时	在出生时或出生后
传播途径	常由母婴垂直传播引起	常由水平传播引起
致病菌	以大肠埃希菌等革兰氏阴性菌为主	以葡萄球菌、机会致病菌为主
临床特点	常暴发性多器官受累	常有脐炎、肺炎或脑膜炎等局灶症状
病死率	病死率高	病死率较低

(2)**早期表现** 早期症状和体征不典型,无特异性,尤其是早产儿。一般表现为反应差、嗜睡、少吃、少哭、少动,甚至不吃、不哭、不动,发热或体温不升,体重不增。出现以下表现时应高度怀疑败血症。

黄疸	有时是败血症的唯一表现,表现为黄疸迅速加重,或退而复现,严重时可发展为胆红素脑病
肝脾大	出现较晚,一般为轻至中度肿大
出血倾向	皮肤黏膜瘀点、瘀斑,消化道出血,肺出血
休克	皮肤呈大理石样花纹,毛细血管充盈时间延长,血压下降,尿少或无尿
其他	呕吐、腹胀、中毒性肠麻痹、呼吸窘迫、青紫
合并症	可合并肺炎、脑膜炎、坏死性小肠结肠炎、化脓性关节炎、肝脓肿、骨髓炎等

注意：①新生儿败血症的一般表现为“五不一低下”——不吃、不哭、不动、体重不增、体温不升、反应低下。
②新生儿败血症较特殊的临床表现——黄疸退而复现(黄疸退而复现也见于病理性黄疸)。

【例 28】提示败血症较特殊的表现是
A. 精神欠佳　　B. 体温不稳定　　C. 哭声减弱
D. 黄疸退而复现　　E. 食欲欠佳

2. 治疗

(1)抗生素治疗　用药原则为：早期用药，静脉用药，联合给药，疗程足够，注意药物毒副作用。

抗菌药物	每次剂量	每日次数	主要病原菌
青霉素	5 万～10 万 U	2～3	肺炎球菌、链球菌、对青霉素敏感的葡萄球菌、革兰阴性氏球菌
氨苄西林	50mg/kg	2～3	流感嗜血杆菌、革兰氏阴性杆菌、革兰氏阳性球菌
苯唑西林	25～50mg/kg	2～4	耐青霉素葡萄球菌
羧苄西林	100mg/kg	2～4	铜绿假单胞菌、变形杆菌、多数大肠埃希菌、沙门菌
哌拉西林	50mg/kg	2～3	铜绿假单胞菌、变形杆菌、大肠埃希菌、肺炎球菌
头孢拉定	50～100mg/kg	2～3	金黄色葡萄球菌、链球菌、大肠埃希菌
头孢呋辛酯	50mg/kg	2～3	革兰氏阴性杆菌、革兰氏阳性球菌
头孢噻肟	50mg/kg	2～3	革兰氏阴性菌、革兰氏阳性菌、需氧菌、厌氧菌
头孢曲松	50～100mg/kg	1	革兰氏阴性菌、耐青霉素葡萄球菌
头孢他啶	50mg/kg	2～3	铜绿假单胞菌、脑膜炎双球菌、革兰氏阴性杆菌、革兰氏阳性厌氧球菌
红霉素	10～15mg/kg	2～3	革兰氏阳性菌、衣原体、支原体、螺旋体、立克次体
万古霉素	10～15mg/kg	2～3	金黄色葡萄球菌、链球菌
甲硝唑	7.5mg/kg	2	厌氧菌

(2)处理严重并发症　①抗休克；②清除感染灶；③纠正酸中毒和低氧血症；④减轻脑水肿。
(3)支持治疗　注意保温，供给足够热能和体液，维持血糖和血电解质在正常水平。
(4)免疫治疗　①静脉注射免疫球蛋白。②重症患儿可行交换输血，换血量 100～150ml/kg。
(5)清除局部感染灶　消除病原体来源。

A. 万古霉素　　B. 阿米卡星　　C. 甲硝唑
D. 青霉素　　E. 氨苄西林

【例 29】新生儿厌氧菌败血症的治疗首选
【例 30】新生儿金黄色葡萄球菌败血症的治疗首选

常考点　考试重点，需全面掌握。

参考答案——详细解答见 2021《贺银成国家临床执业及助理医师资格考试历年考点精析》

1. ABCDE　2. ABCDE　3. ABCDE　4. ABCDE　5. ABCDE　6. ABCDE　7. ABCDE
8. ABCDE　9. ABCDE　10. ABCDE　11. ABCDE　12. ABCDE　13. ABCDE　14. ABCDE
15. ABCDE　16. ABCDE　17. ABCDE　18. ABCDE　19. ABCDE　20. ABCDE　21. ABCDE
22. ABCDE　23. ABCDE　24. ABCDE　25. ABCDE　26. ABCDE　27. ABCDE　28. ABCDE
29. ABCDE　30. ABCDE

第4章　免疫性疾病

考纲要求

川崎病：临床表现，辅助检查，诊断与鉴别诊断，治疗，预后与随访。

复习要点

一、川崎病的临床表现与诊断

川崎病又称黏膜皮肤淋巴结综合征，是一种急性全身性中、小动脉炎，易累及冠状动脉，表现为发热、皮疹、球结膜充血、口腔黏膜充血、手足红斑、硬性水肿和颈部淋巴结肿大。发病年龄以婴幼儿多见。

1. 临床表现

发热	39~40℃，持续7~14天，呈稽留热或弛张热，抗生素治疗无效
球结合膜充血	于起病3~4天出现，无脓性分泌物，热退后消散
唇及口腔表现	唇充血皲裂；口腔黏膜弥漫性充血；舌乳头突起、充血，呈草莓舌
手足症状	急性期手足硬性水肿、掌跖红斑；恢复期指（趾）端膜状脱皮
皮肤表现	多形性红斑和猩红热样皮疹，常在第1周出现。肛周皮肤发红、脱皮
颈淋巴结肿大	单侧或双侧肿大，坚硬有触痛，表面不红，无化脓
心脏表现	于病程第1~6周出现心包炎、心肌炎、心内膜炎、心律失常 冠脉损害多见于病程第2~4周。<2岁男孩，ESR、Plt、CRP明显升高是冠脉病变高危因素 心肌梗死、冠状动脉瘤破裂可导致心源性休克，甚至猝死
消化系统症状	腹痛、呕吐、腹泻、麻痹性肠梗阻、肝大、黄疸
其他	间质性肺炎、无菌性脑膜炎、关节痛、关节炎

【例1】男孩，1岁，发热9天。查体：T39℃，眼结膜充血，口唇鲜红、干裂，舌呈草莓样，皮肤有浅红色斑丘疹，右颈淋巴结蚕豆大，双肺呼吸音粗，心率130次/分，腹软，肝、脾无肿大，指、趾端少许膜状脱皮。实验室检查：血WBC19×10^9/L，N0.72，L0.28，Plt420×10^9/L，ESR120mm/h。最可能的诊断为

A. 猩红热　　B. 幼年类风湿关节炎　　C. 传染性单核细胞增多症

D. 川崎病　　E. 金黄色葡萄球菌败血症

2. 辅助检查

(1)血液检查　周围血白细胞增高，轻度贫血，血小板正常，血沉增快，CRP增高，血清转氨酶增高。

(2)免疫学检查　血清IgG、IgM、IgA、IgE和血液循环免疫复合物升高；总补体和C3正常或增高。

(3)心电图　早期示非特异性ST-T变化；心包炎时可有广泛ST段抬高和低电压；心肌梗死时ST明显抬高、T波倒置及异常Q波。

(4)超声心动图　为最重要的辅助检查。急性期可见心包积液，左心室内径增大、冠状动脉动脉瘤。

(5)冠状动脉造影　如超声检查有多发性冠状动脉瘤，或心电图有心肌缺血表现者，应进行冠状动脉造影，以观察冠状动脉病变程度，指导治疗。

(6)多层螺旋CT　在检测冠脉狭窄、血栓、血管钙化方面明显优于超声心动图。

3. 诊断与鉴别诊断

(1)诊断标准　发热5天以上，伴下列5项临床表现中4项者，排除其他疾病后，可诊断为川崎病。

如5项临床表现中不足4项,但超声心动图有冠状动脉损害,也可确诊为川崎病。

①四肢变化:急性期掌跖红斑、手足硬性水肿;恢复期指(趾)端膜状脱皮。

②多形性红斑。

③眼结合膜充血,非化脓性。

④唇充血皲裂,口腔黏膜弥漫性充血,舌乳头突起,充血呈草莓舌。

⑤颈部淋巴结肿大。

(2)鉴别诊断

①败血症　血培养阳性,抗生素治疗有效,可有原发灶。

②渗出性多形性红斑　婴儿多见,皮疹范围广泛,有疱疹及皮肤剥脱出血,有口腔溃疡。

③猩红热　全身中毒症状重,皮肤弥漫性充血,密集针尖大小丘疹,疹退后有大片脱皮。

【例2】川崎病的诊断标准不包括

A. 关节疼痛,肿大　　B. 双眼球结膜充血,唇红干裂和杨梅舌

C. 发热呈稽留热或弛张热　　D. 遍布全身的荨麻疹样、麻疹样、猩红热样皮疹

E. 手足皮肤广泛硬性水肿,继之手掌、脚底有弥漫性红斑或膜样脱皮

二、川崎病的治疗与随访

1. 治疗

(1)阿司匹林　30~50mg/(kg·d),分2~3次服用,热退后3天逐渐减量,2周左右减至3~5mg/(kg·d),维持6~8周。如有冠状动脉病变,应延长用药时间,直至冠状动脉病变恢复正常。

(2)静脉注射丙种球蛋白(IVIG)　剂量为1~2g/kg,于8~12小时静脉缓慢输入,宜早期(发热10天以内)应用,可迅速退热,预防冠状动脉病变发生。应同时合并应用阿司匹林,剂量和疗程同上。

(3)糖皮质激素　因可促进血栓形成,增加发生冠状动脉病变的风险,影响冠脉病变修复,故不宜单独应用,可与阿司匹林和双嘧达莫合并使用。主要用于丙种球蛋白治疗无效的患儿。

(4)抗血小板聚集　阿司匹林、双嘧达莫等。

(5)对症治疗　如补充液体、保护肝脏、控制心力衰竭、纠正心律失常等。

(6)心脏手术　严重的冠状动脉病变需要进行冠脉搭桥术。

(7)IVIG非敏感型川崎病　指患儿10天内接受IVIG治疗,无论1次或分次输注48小时后体温仍高于38℃,或给药2~7天后再次发热,并符合至少1项诊断标准者。对于IVIG非敏感型川崎病,可继续一次性给予IVIG治疗,使用糖皮质激素+阿司匹林联合治疗。

【例3】男,3岁,因发热1周伴手足硬性水肿住院。查体:球结膜充血,皮疹,颈部淋巴结肿大。给予阿司匹林后体温正常,后续阿司匹林治疗方案是

A. 热退后15天停药　　B. 热退后7天开始逐渐减量,维持2~3周

C. 热退后7天停药　　D. 热退后3天停药

E. 热退后3天开始逐渐减量,维持6~8周

2. 预后与随访

川崎病为自限性疾病,多数预后良好,复发率1%~2%。无冠状动脉病变患儿于出院后1、3、6个月及1~2年进行1次全面检查。未经有效治疗的患儿,有10%~20%发生冠状动脉病变,应长期密切随访,每6~12个月1次。冠状动脉瘤多于病后2年内自行消失。

▶常考点　川崎病的诊断及治疗。

参考答案——详细解答见2021《贺银成国家临床执业及助理医师资格考试历年考点精析》

1. ABCDE　2. ABCDE　3. ABCDE

第5章　感染性疾病

考纲要求

①常见发疹性疾病(麻疹、风疹、幼儿急疹、水痘、手足口病、猩红热):病因,各种皮疹特点和出疹规律,常见并发症,治疗与预防。②结核病概述:结核菌素试验的临床意义。③原发型肺结核:临床表现,诊断与鉴别诊断,治疗。④结核性脑膜炎:临床表现,诊断与鉴别诊断,治疗。

复习要点

一、麻疹

1. 病因

麻疹是由麻疹病毒引起的一种传染性极强的疾病。临床上以发热、上呼吸道炎、结膜炎、口腔麻疹黏膜斑(Koplik 斑)、全身斑丘疹及疹退后遗留色素沉着伴糠麸样脱屑为特征。病后大多数可获得终身免疫。

2. 临床表现

(1)潜伏期　大多为6~18天,平均10天左右。

(2)前驱期　也称出疹前期,常持续3~4天。主要表现为:

①发热　多为中度以上发热,热型不一。

②上感及结膜炎表现　在发热同时出现咳嗽、喷嚏、咽部充血、结膜充血、眼睑水肿、畏光、流泪等。

③麻疹黏膜斑(Koplik 斑)　是麻疹早期的特征性体征,常在出疹前1~2天出现。开始时见于上下磨牙相对的颊黏膜上,为直径0.5~1.0mm的灰白色小点,周围有红晕,迅速增多,可累及整个颊黏膜及唇部黏膜,于出疹后1~2天消失,可留有暗红色小点。

④其他表现　如全身不适、食欲减退、精神不振等。婴儿可有呕吐、腹泻等消化系统症状。

(3)出疹期　多在发热3~4天后出疹,此时全身中毒症状加重,体温可突然高达40℃,咳嗽加剧,伴嗜睡或烦躁不安,重者有谵妄、抽搐。出疹特点是先上后下、先小后大、先红后暗:皮疹先出现于耳后、发际,渐及额、面、颈部,自上而下蔓延至躯干、四肢,最后达手掌与足底;皮疹初为红色斑丘疹,呈充血性,疹间皮肤正常,不伴痒感;以后部分融合成片,颜色加深,呈暗红色。此期肺部可闻及干、湿啰音。

(4)恢复期　若无并发症,出疹3~4天后退热,皮疹按出疹的先后顺序开始消退,疹退后皮肤遗留棕褐色色素沉着伴糠麸样脱屑,一般7~10天消退。

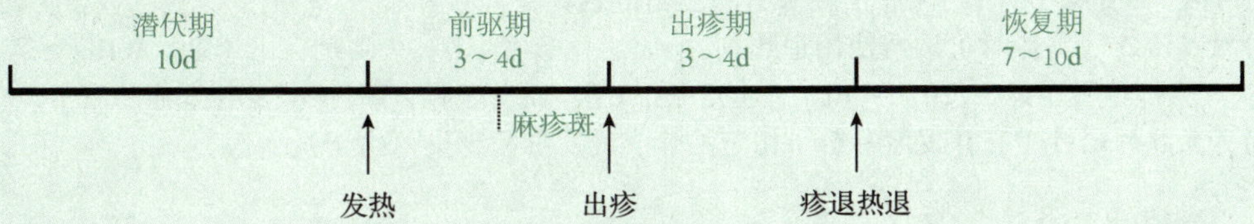

麻疹病程示意图

注意:①Koplik 斑,也称麻疹黏膜斑,是麻疹的特征性体征。

②麻疹的出疹特点:先上后下、先小后大、先红后暗。先上后下指"耳后发际—额面颈—躯干四肢—手掌足底";先小后大指"从小的斑丘疹—片状融合";先红后暗指"红色—颜色加深—暗红"。

【例1】典型麻疹的出疹时间与发热的关系是

A. 发热2~3天出疹,出疹时伴低热
B. 发热3~4天出疹,出疹时热退
C. 发热1~2天出疹,出疹时热退
D. 发热3~4天出疹,出疹时热更高

E. 发热1~2天出疹，出疹时热更高

【例2】女孩，2岁。发热、流涕、咳嗽3天，皮疹6小时。查体：精神萎靡，前额及耳后有浅红色斑丘疹，眼结膜充血，口腔黏膜粗糙，两肺呼吸音粗。最可能的诊断是

A. 川崎病　　B. 咽结膜热　　C. 风疹
D. 幼儿急疹　　E. 麻疹

3. 并发症

(1)肺炎　最常见并发症，主要见于重度营养不良、免疫功能低下的小儿，预后较差，占麻疹患儿死因的90%以上。由麻疹病毒本身引起的间质性肺炎多不严重，常在出疹及体温下降后消退。继发性肺炎的病原体多为金黄色葡萄球菌、肺炎链球菌、流感嗜血杆菌等，故易并发脓胸和脓气胸。

(2)喉炎　由于麻疹病毒本身可导致整个呼吸道炎症，故麻疹患儿常有轻度喉炎表现。并发细菌感染时喉部组织明显水肿，分泌物增多，可出现声音嘶哑、犬吠样咳嗽、吸气性呼吸困难及三凹征。

(3)心肌炎　常见于营养不良和并发肺炎的患儿。可有心音低钝、心率增快、心力衰竭等。

(4)麻疹脑炎　患儿常在出疹后2~6天再次发热，出现嗜睡、烦躁、共济失调、呕吐、惊厥、昏迷等。脑脊液中淋巴细胞增多、蛋白轻度增加。病死率高，后遗症多，存活者可伴有智力障碍、瘫痪、癫痫等。

(5)亚急性硬化性全脑炎　大多在患麻疹2~17年后发病，开始时症状隐匿，可有行为和情绪的改变，以后出现进行性智力减退，病情逐渐恶化，出现共济失调、视听障碍、肌阵挛等表现。

(6)结核病恶化　麻疹患儿因免疫反应受到暂时抑制，可使原有潜伏的结核病恶化。

(7)营养不良与维生素A缺乏　维生素A缺乏可导致干眼症。

【例3】男孩，2岁。高热4天，发现面部、躯干红色皮疹。出疹后第3天突发惊厥1次，伴呕吐3次。查体：T38.5℃，嗜睡，全身皮肤可见红色斑丘疹，疹间皮肤正常，心音有力，肺部无啰音，脑膜刺激征(+)。最可能的诊断是

A. 麻疹并发热性惊厥　　B. 麻疹脑炎　　C. 化脓性脑膜炎
D. 风疹脑炎　　E. 风疹并发热性惊厥

【例4】最易并发维生素A缺乏症的疾病是

A. 幼儿急疹　　B. 麻疹　　C. 川崎病
D. 风疹　　E. 咽结膜热

4. 治疗

麻疹尚无特异性治疗方法，主要是对症治疗、加强护理和预防并发症。

(1)一般治疗　卧床休息，保持室内适当的温度、湿度和空气流通，避免强光刺激。注意皮肤、眼、鼻、口腔清洁。鼓励多饮水，给予易消化和营养丰富的食物。

(2)对症治疗　高热时可酌情使用退热剂，但应避免急骤退热，特别是在出疹期。WHO推荐给予麻疹患儿补充大剂量维生素A，20万~40万单位，每日1次口服，连服2剂，可减少并发症的发生。

(3)并发症的治疗　有并发症者给予相应治疗。继发细菌感染可给予抗生素。

5. 预防

提高人群免疫力，减少麻疹易感人群是消除麻疹的关键。

(1)主动免疫　采用麻疹减毒活疫苗预防接种。出生后8个月初种，18~24月龄儿童要完成第2次接种。此外，根据麻疹流行病学情况，在一定范围、短时间内对高发人群开展强化免疫接种。

(2)被动免疫　接触麻疹患儿后5天内应立即注射免疫血清球蛋白(丙种球蛋白)0.25ml/kg，可预防发病或减轻症状。被动免疫可维持3~8周。

(3)控制传染源　一般隔离至出疹后5天，合并肺炎者延长至出疹后10天。对接触麻疹的易感儿应隔离检疫3周，并给予被动免疫。

(4)切断传播途径　流行期间易感儿童避免到人群密集的场所去。

(5)**加强麻疹的监测管理** 麻疹监测的目的是了解麻疹的流行病学特征、评价免疫等预防控制措施的效果、为制订有效的麻疹控制策略提供依据。

【例5】丙种球蛋白用于小儿被动免疫,主要用于预防

A. 流感　B. 麻疹　C. 百日咳　D. 结核病　E. 乙型脑炎

A. 5天　B. 21天　C. 7天　D. 10天　E. 14天

【例6】麻疹合并肺炎时应隔离至出疹后

【例7】接触麻疹的易感者需检疫观察的时间是

二、水痘

1. 病因

水痘是由水痘-带状疱疹病毒(VZV)引起的具有高度传染性的儿童期出疹性疾病,经飞沫或接触传播。其临床特点为皮肤黏膜相继出现或同时存在斑疹、丘疹、疱疹和结痂等各类皮疹。感染后可获得持久免疫力,但以后可发生带状疱疹。冬春季节多发。

2. 临床表现

出疹前可出现前驱症状,如发热、不适、厌食等。24~48小时出现皮疹。皮疹特点为:

①首发于头、面和躯干,继而扩展到四肢,末端稀少,呈向心性分布。

②最初的皮疹为红色斑疹和丘疹,继之变为透明饱满的水疱,24小时后水疱混浊并呈中央凹陷,水疱易破溃,约2~3天后结痂。

③"四世同堂",即斑疹、丘疹、疱疹、结痂同时出现。伴明显痒感。

④黏膜皮疹还可出现在口腔、眼结膜、生殖器等处,易破溃形成浅溃疡。

⑤水痘为自限性疾病,全身症状较轻,10天左右痊愈。

⑥皮疹结痂后一般不留瘢痕。

【例8】水痘发热后几日开始出疹?

A. 半天　B. 1~2天　C. 3天　D. 4天　E. 5天

【例9】不符合水痘皮疹特点的是

A. 皮疹呈向心性分布　B. 皮疹最初形态为斑丘疹　C. 黏膜处也可见皮疹　D. 丘疹、疱疹、结痂可同时存在　E. 皮疹不伴瘙痒

3. 并发症

(1)**继发皮肤感染** 最常见,如脓疱疮、丹毒、蜂窝织炎、脓毒症等。

(2)**水痘肺炎** 多见于免疫缺陷者和新生儿,多发生于患病后1~5天。

(3)**神经系统并发症** 可见水痘后脑炎、横贯性脊髓炎、面神经瘫痪、Reye综合征等。

(4)**其他** 少数病例可发生心肌炎、肝炎、肾炎、关节炎等。

【例10】水痘最常见的并发症是

A. 肺炎　B. 心肌炎　C. 脑炎　D. 血小板减少　E. 皮肤感染

4. 治疗

(1)**治疗原则** 水痘为自限性疾病,无合并症时以一般治疗和对症处理为主。

(2)**抗病毒治疗** 首选阿昔洛韦,应在出疹后48小时内应用。

(3)**抗生素治疗** 继发细菌感染时可以应用。

(4)糖皮质激素 可导致病毒播散,不宜使用。

5. 预防

(1)控制传染源 隔离患儿至皮疹全部结痂为止。对有接触史的易感儿童,应检疫3周。

(2)保护易感人群 ①主动免疫:注射水痘减毒活疫苗,可预防易感小儿发生水痘,可持续10年以上。②被动免疫:对正在使用大剂量糖皮质激素、免疫功能受损、恶性病患儿、接触过患者的孕妇、患水痘母亲的新生儿,在接触水痘72小时内肌内注射水痘-带状疱疹免疫球蛋白,可起到被动免疫作用。

三、风疹

1. 病因

风疹是由风疹病毒引起的一种急性呼吸道传染病,临床上以低热、皮疹及耳后、枕部淋巴结肿大和全身症状轻微为特征,主要经飞沫传播。妊娠早期感染风疹后,病毒可通过胎盘传给胎儿而导致各种先天畸形,称为先天性风疹综合征。

2. 临床表现

(1)潜伏期 一般为14~21天,表现为"上感"症状。

(2)前驱期 约1~2天,症状多较轻微,低热和卡他症状,耳后、枕部、后颈部淋巴结稍大。

(3)出疹期 ①出疹时间:多于发热1~2天后出疹,1天内出齐;②出疹顺序:面颊部—颈部—躯干—四肢,但手掌、足底常无皮疹;③皮疹形态多变,呈猩红热样斑疹,疹退时体温恢复正常;④淋巴结肿大:此期患儿耳后、两侧颈部浅表淋巴结肿大明显;⑤皮疹多于3天内迅速消退,疹退后不留色素沉着。

【例11】女孩,5岁。发热,体温38℃,发热1天后出疹,从面部开始,24小时皮疹遍布全身,72小时皮疹消退,枕后、耳后淋巴结肿大。最可能的诊断是

A. 手足口病　　B. 幼儿急疹　　C. 风疹

D. 猩红热　　E. 麻疹

【例12】风疹与麻疹的主要鉴别点是

A. 全身症状轻　　B. 皮疹为全身性分布　　C. 呈充血性斑丘疹

D. 皮疹1日内出齐　　E. 外周血白细胞减少

3. 治疗

目前尚无特效的抗病毒治疗方法,主要是对症治疗(如退热、止咳)、加强护理、适当的支持治疗。

4. 预防

(1)控制传染源 隔离患儿至出疹后5天。妊娠3个月内应避免与风疹病人接触,若有接触史,可于接触后5天内注射丙种球蛋白。对已确诊为风疹的早期孕妇,应考虑终止妊娠。

(2)保护易感人群

①主动免疫 对于儿童、易感孕龄妇女,可接种风疹减毒活疫苗。因风疹减毒活疫苗可通过胎盘感染胎儿,故孕妇不宜接种该疫苗。

②被动免疫 对于体弱、妊娠早期接触风疹患儿者,可注射高效免疫球蛋白,可起预防作用。

A. 5天　　B. 8天　　C. 10天

D. 15天　　E. 21天

【例13】麻疹需隔离至出疹后

【例14】麻疹合并肺炎需隔离至出疹后

【例15】风疹需隔离至出疹后

四、幼儿急疹

1. 病因

幼儿急疹又称婴儿玫瑰疹，是由人类疱疹病毒6型引起的急性出疹性传染病，其临床特点是持续性高热3~5天，热退出疹。本病多见于6~18个月小儿，3岁以后少见。

2. 临床表现

(1)潜伏期 7~15天，平均10天。

(2)发热期 突起高热，体温39~40℃，持续3~5天，可伴惊厥。咽峡部充血、头颈部浅表淋巴结轻度肿大、轻微腹泻。全身症状轻微。

(3)出疹期 发热3~5天体温骤退，同时出现皮疹。皮疹呈红色斑疹、斑丘疹，很少融合，主要见于躯干、颈部、上肢。皮疹于1~3天消退，无色素沉着，也无脱皮。

3. 治疗

本病无特殊治疗，主要是对症支持治疗。

(16~17题共用题干)患儿，7个月。发热3天，体温39~40℃。流涕，轻咳。查体：一般情况好，除咽部充血外，未见其他异常，一直服用中药治疗。今日热退，因皮肤出现红色斑丘疹而就诊。

【例16】最可能的诊断是

A. 风疹　　B. 水痘　　C. 麻疹
D. 猩红热　　E. 幼儿急疹

【例17】本病的病原体为

A. 麻疹病毒　　B. 腺病毒　　C. 人疱疹病毒6型
D. 柯萨奇病毒　　E. 水痘病毒

五、猩红热

1. 病因

猩红热是一种由A组乙型溶血性链球菌所致的急性呼吸道传染病，临床上以发热、咽峡炎、全身弥漫性红色皮疹及疹退后皮肤脱屑为特征。多见于5~15岁儿童。

2. 临床表现

(1)潜伏期 通常为2~3天，短者1天，长者5~6天。

(2)前驱期 从发病到出疹为前驱期，一般不超过24小时。突发高热，伴咽痛、头痛、腹痛，可有咽炎、扁桃体炎。婴儿在起病时烦躁或惊厥。病初舌被白苔，舌尖及边缘红肿，突出的舌乳头也呈白色，称白草莓舌。4~5天后，白舌苔脱落，舌面光滑鲜红，舌乳头红肿突起，称红草莓舌。

(3)出疹期 发病后1~2天出疹。

①出疹顺序 先为颈部、腋下、腹股沟等处，24小时内遍及全身。

②皮疹特点 全身皮肤弥漫性充血发红，其间广泛存在密集而均匀的红色细小丘疹，呈鸡皮样，触之砂纸感，压之退色，有痒感，疹间无正常皮肤，以手按压则红色可暂时消退数秒，出现苍白的手印，此种现象称为贫血性皮肤划痕；面部潮红无皮疹，口唇周围发白，形成口周苍白圈；皮肤皱褶处如腋窝、肘窝及腹股沟等处，皮疹密集，其间有出血点，形成明显的横纹线，称为帕氏(Pastia)线；在皮疹旺盛时，于腹部、手足上可见到粟状汗疱疹。

(4)恢复期 体温正常，一般情况好转，皮疹按出疹顺序消退。疹退后1周开始脱皮，其顺序同出疹顺序，面部躯干糠屑样脱皮，手足大片状脱皮。脱皮期可达6周，无色素沉着。

注意：猩红热的三大特点——红草莓舌、贫血性皮肤划痕、帕氏(Pastia)线(3版8年制《儿科学》P513)。

3. 并发症

(1)化脓性并发症 包括中耳炎、乳头炎、淋巴结炎、扁桃体周围脓肿、咽后壁脓肿、蜂窝织炎。

(2)严重并发症 包括败血症、脑膜炎、骨髓炎。

(3)少见并发症 少数患儿病后 2~3 周可出现变态反应,主要表现为肾小球肾炎或风湿热。

4. 治疗

(1)抗生素治疗 首选青霉素,共 7~10 天。青霉素过敏者,可改用红霉素或头孢菌素。

(2)一般治疗 呼吸道隔离,卧床休息,供给充足的水分和营养,防止继发感染。

5. 预防

(1)控制传染源 隔离患儿至痊愈及咽拭子培养阴性。

(2)切断传播途径 消毒处理患儿的分泌物及污染物,戴口罩检查患儿。

(3)保护易感者 密切接触患者的易感儿,可口服复方磺胺甲噁唑 3~5 天,也可肌内注射长效青霉素。

【例 18】手足皮肤呈大片状脱皮,且无色素沉着的发疹性疾病是

A. 猩红热　　B. 麻疹　　C. 幼儿急疹

D. 水痘　　E. 风疹

六、手足口病

手足口病是由肠道病毒引起的急性发热出疹性疾病,好发于 5 岁以下儿童。由于病毒的传染性很强,常常造成流行。主要通过消化道、呼吸道、密切接触等途径传播。大多数患儿症状轻微,主要表现为发热、口腔和四肢末端的斑丘疹、疱疹。但肠道病毒 71 型感染所致的患儿,少数可出现无菌性脑膜炎、脑干脑炎、脑脊髓炎、肺水肿等严重症状,个别重症患儿病情进展迅速可致死亡。

1. 病因

引起手足口病的病原体主要为肠道病毒,我国以肠道病毒 71 型、柯萨奇病毒 A 组 16 型多见。

【例 19】小儿重症手足口病的病原体多为

A. 埃可病毒　　B. 人疱疹病毒 6 型　　C. 柯萨奇病毒 A 组 16 型

D. 肠道病毒 71 型　　E. 轮状病毒

2. 临床表现

本病临床表现复杂多样,根据病情轻重,分为普通病例和重症病例。

(1)普通病例 急性起病,大多有发热,可伴有咳嗽、流涕、食欲不振等非特异性症状。

①手足 患儿手、足、臀部出现斑丘疹和疱疹,偶见于躯干,呈离心性分布。

②口腔 口腔内见散发性疱疹或溃疡,多位于舌、颊黏膜和硬腭等处,引起口腔疼痛,患儿拒食、流涎。

③皮损特点 手、足、口、臀四个部位("四部曲")可出现斑丘疹和疱疹,皮疹具有不痛、不痒、不结痂、不结疤的"四不"特征。手、足、口病损在同一患者不一定全部出现。水疱和皮疹通常在 1 周内消退。

(2)重症病例 少数病例病情进展迅速,伴有以下任一系统并发症,为重症病例。

①神经系统 可发生无菌性脑膜炎、脑炎、脑干脑炎、脑脊髓膜炎、急性弛缓性麻痹等。患儿持续高热、头痛、呕吐、精神萎靡、嗜睡或激惹、易惊、谵妄、昏迷;肢体抖动、肌阵挛、眼球震颤、共济失调、眼球运动障碍;急性弛缓性瘫痪、惊厥等。颈项强直、腱反射减弱或消失、Kernig 征和 Brudzinski 征阳性。

②呼吸系统 可发生肺水肿、肺出血、肺功能衰竭等。患儿呼吸增快、浅促、呼吸困难、呼吸节律改变、口唇发绀、咳嗽加重,咳白色、粉红色或血性泡沫样痰液,肺部可闻及湿啰音或痰鸣音。

③循环系统 心率增快或减慢,面色苍白,皮肤花纹,四肢发凉,出冷汗,指(趾)端发绀,持续血压降低,毛细血管充盈时间延长。

3. 并发症

少数病例,特别是肠道病毒 71 型(EV71)感染患儿,可致死或留有后遗症。

4. 治疗

(1)普通病例 目前尚无特效抗病毒药物和特异性治疗手段，主要是对症治疗。注意隔离，避免交叉感染。适当休息，清淡饮食，做好口腔和皮肤护理。

(2)重症病例

①神经系统受累的治疗 对症治疗(降温、镇静、止惊)，控制颅内高压(限制入量、给予甘露醇脱水)，酌情使用糖皮质激素，酌情静脉注射丙种球蛋白，严密监护，观察病情变化。

②呼吸、循环衰竭的治疗 保持呼吸道通畅，吸氧；建立静脉通路；呼吸衰竭时及时气管插管，使用正压机械通气；必要时使用血管活性药物。

③恢复期治疗 促进各脏器功能恢复；功能康复治疗；中西医结合治疗。

5. 预防

我国研发的EV71手足口病灭活疫苗已于2016年批准上市，但尚未纳入儿童免疫计划。患儿应进行隔离。本病流行期间不宜到人群聚集的公共场所，注意保持环境卫生，勤洗手，居室要经常通风，勤晒衣被。

6. 常见发疹性疾病的鉴别

	麻疹	水痘	风疹	幼儿急疹	猩红热
病原体	麻疹病毒	水痘-带状疱疹病毒	风疹病毒	人疱疹病毒6型	A组乙型溶链
潜伏期	10天	14天	14~21天	10天	2~3天
全身症状	呼吸道卡他性炎	全身症状轻	全身症状轻	一般情况好，可有高热惊厥	中毒症状重，可有高热
其他症状	结膜炎，口腔黏膜麻疹斑	低热、不适、厌食	耳后、枕后淋巴结肿大及压痛	耳后、枕后淋巴结肿大，腹泻	咽炎，扁桃体炎，颈部淋巴结肿大
出疹时间	发热3~4天出疹	发热1~2天出疹	发热1~2天出疹	热退出疹	发热1~2天出疹
皮疹特点	红色斑丘疹，疹间皮肤正常	斑疹、丘疹、疱疹、结痂	斑丘疹，疹间皮肤正常	红色细小，密集斑丘疹	皮肤充血，上有针尖大小丘疹
出疹顺序	头面部→颈→躯干→四肢	头面部→躯干→四肢	面部→躯干→四肢	头面颈躯干多，四肢少，1天出齐	颈腋下腹股沟，24小时遍及全身
疹退后	有色素沉着，有细小脱屑	一般不留瘢痕	无色素沉着，无脱屑	无色素沉着，无脱屑	大片状脱皮
皮疹发热	出疹时高热	低热出疹	发热后出疹	热退出疹	出疹时高热
治疗原则	无特异治疗	无特异，阿昔洛韦	无特异治疗	无特异治疗	青霉素
主动免疫	麻疹疫苗	水痘减毒活疫苗	风疹疫苗	—	无
被动免疫	丙种球蛋白	水痘-带状疱疹Ig	丙种球蛋白	—	无
隔离至	出疹后5天，合并肺炎者10天	皮疹全部结痂	出疹后5天	—	患儿痊愈，咽拭子培养阴性

注意：①水痘、风疹、猩红热均为发热1~2天出疹，麻疹为发热3~4天出疹，幼儿急疹为热退出疹。

②水痘的皮疹呈向心性分布、四世同堂。手足口病皮疹呈“四不”特征(不痛、不痒、不结痂、不结疤)。

③水痘、风疹、幼儿急疹的特点为疹退后无色素沉着、无脱皮。

麻疹的特点为疹退后有色素沉着、细小脱皮。猩红热的特点为疹退后大片脱皮。

七、结核病概述

结核病是由结核分枝杆菌引起的慢性感染性疾病，全身各个脏器均可受累，但以肺结核最常见。

结核菌素试验的临床意义

(1)结核菌素试验的理论依据 小儿受结核分枝杆菌感染4~8周后，结核菌素试验即呈阳性反应。结核菌素试验的局部炎症主要是由于致敏淋巴细胞和巨噬细胞的浸润，使机体组织对结核分枝杆菌及其代谢产物产生的迟发型变态反应。

(2)结核菌素试验的方法 结核菌纯蛋白衍生物(PPD)1∶2000的稀释液0.1ml(5个结核菌素单位)，于左前臂掌侧面中下部1/3处皮内注射，使之形成直径6~10mm的皮丘。48~72小时后观察结果，以局部硬结直径表示。判断标准：硬结直径<5mm为阴性(-)；5~9mm为阳性(+)；10~19mm为中度阳性(++)；≥20mm为强阳性(+++)；局部除硬结外，还有水肿、破溃、淋巴管炎、双圈反应等为极强阳性(++++)。

注意：结核菌素试验的结果是以硬结直径为判断标准的，不是以局部红斑直径作为判断标准。

(3)结核菌素试验阳性反应见于 ①接种卡介苗后；②年长儿无明显症状，仅呈一般阳性反应，表示曾感染过结核分枝杆菌；③婴幼儿，尤其是未接种卡介苗者，阳性反应多表示有新的结核病灶，年龄越小，活动性结核的可能性越大；④强阳性反应者，表示体内有活动性结核病；⑤由阴性反应转为阳性反应，或反应强度由原来<10mm增至>10mm，且增幅>6mm时，表示新近有感染；⑥非结核分枝杆菌感染，也可致PPD皮试阳性。接种卡介苗后与自然感染阳性反应的主要区别如下表。

	接种卡介苗后	自然感染
硬结直径	多为5~9mm	多为10~15mm
硬结颜色	浅红	深红
硬结质地	较软，边缘不整	较硬，边缘清楚
阳性反应持续时间	较短，2~3天即消失	较长，可达7~10天以上
阳性反应的变化	有较明显的逐年减弱的倾向 一般于3~5年内逐渐消失	短时间内反应无减弱倾向 可持续若干年，甚至终身

(4)结核菌素试验阴性反应见于 ①未感染过结核分枝杆菌；②结核迟发型变态反应前期(初次感染后4~8周内)；③假阴性反应，由于机体免疫功能低下或受抑制所致，如部分危重症结核、急性传染病、体质极度衰弱、糖皮质激素治疗时、原发性或继发性免疫缺陷病等；④技术误差或结核菌素失效。

【例20】做PPD试验后观测结果的时间为

A. 12小时内　B. 12~24小时　C. 24~48小时

D. 48~72小时　E. 72小时以后

【例21】男孩，3岁。反复咳嗽1个月，偶伴低热。既往体健，规范接种疫苗。查体：浅表淋巴结不大，心、肺、腹未见异常。PPD试验局部硬结直径20mm，血沉10mm/h，胸部X线片未见异常。最可能的临床情况是

A. 接种卡介苗后反应　B. 新近结核分枝杆菌感染　C. 上呼吸道感染

D. 肺炎支原体肺炎　E. 既往有过结核分枝杆菌感染

八、原发型肺结核

原发型肺结核是原发性结核病中最常见者，为结核分枝杆菌初次侵入肺部后发生的原发感染，是小儿肺结核的主要类型，占儿童各型肺结核的85%。原发型肺结核包括原发综合征和支气管淋巴结结核，前者由肺原发病灶、局部淋巴结病变和两者相连的淋巴管炎组成；后者以胸腔内肿大淋巴结为主。典型的原发综合征呈“双极”病变，即一端为原发病灶，另一端为肿大的肺门淋巴结、纵隔淋巴结。

【例22】肺结核原发综合征的临床表现是

A. 病灶常为多发结节　B. 肺内可有一个或多个空洞　C. 肺内常见结核球

D. 病灶位于锁骨上、下　E. 原发灶、淋巴管炎及肺门淋巴结结核

1. 临床表现

(1)结核中毒症状　一般起病缓慢，症状轻重不一。较大儿童表现为低热、食欲不振、疲乏、盗汗等结核中毒症状。婴幼儿及症状较重者表现为高热(39~40℃)，但一般情况尚好，与发热不相称，持续2~3周转为低热，并伴结核中毒症状，干咳和轻度呼吸困难是最常见的症状。

(2)生长发育障碍　婴儿可表现为体重不增或生长发育障碍。

(3)过敏状态　高度过敏状态小儿可出现眼疱疹性结膜炎、皮肤结节性红斑、多发性一过性关节炎。

(4)胸内淋巴结压迫症状　压迫气管分叉处可出现类似百日咳样痉挛性咳嗽，压迫支气管使其部分阻塞可引起喘鸣，压迫喉返神经可致声嘶，压迫静脉可致颈静脉怒张。

(5)体征　可有周围淋巴结肿大。肺部体征不明显，与肺内病变不一致。婴儿可有肝肿大。

【例23】小儿原发型肺结核出现类似百日咳样痉挛性咳嗽，是由于胸内淋巴结高度肿大，压迫

A. 气管　B. 气管分叉处　C. 支气管

D. 细支气管　E. 喉返神经

2. 诊断

应结合病史、临床表现、实验室检查、结核菌素试验及肺部影像学检查进行综合分析。

(1)原发综合征　表现为肺内实质浸润伴肺门淋巴结、纵隔淋巴结肿大。局部炎性淋巴结相对较大而肺部的初染灶相对较小是原发性肺结核的特征。在X线胸片上呈现典型哑铃状双极影者已少见。

(2)支气管淋巴结结核　是小儿原发型肺结核X线胸片最为常见的表现形式。分为3种类型：

①炎症型　呈现从肺门向外扩展的密度增高阴影，边缘模糊，此为肺门部肿大淋巴结阴影。

②结节型　表现为肺门区域圆形或卵圆形致密阴影，边缘清楚，突向肺野。

③微小型　其特点是肺纹理紊乱，肺门形态异常，肺门周围呈小结节状及小点片状模糊阴影。

(3)CT扫描　检查结果较X线检查准确，对疑诊原发综合征但胸片正常的病例有助于诊断。

(4)纤维支气管镜检查　可用于支气管结核的诊断。

3. 鉴别诊断

本病需与上呼吸道感染、支气管炎、百日咳、风湿热、伤寒、各种肺炎、支气管异物、支气管扩张等相鉴别。

4. 治疗

(1)无明显症状者　选用标准疗法，即INH+RFP和/或EMB，疗程9~12个月。

(2)活动性原发型肺结核　宜采用直接督导下短程化疗(DOTS)，常用方法为2HRZ/4HR。

(24~26题共用题干)男，4岁。因反复低热、咳嗽和盗汗15天就诊。查体：T37.5℃，右眼球结膜充血，内眦部有一疱疹，咽部充血，右颈部可触及黄豆大小淋巴结，无明显压痛，心、肺无异常，肝肋下1.5cm。血WBC5.6×10^9/L，L0.70。

【例24】最可能的诊断是

A. 咳嗽变异型哮喘　B. 结核分枝杆菌感染　C. 肺炎

D. 支原体感染　E. 支气管异物

【例25】若胸部X片示肺门有直径3cm的圆形致密阴影，其肺部病灶的病理改变应为

A. 渗出、水肿、坏死　B. 充血、水肿、渗出　C. 渗出、增殖、坏死

D. 充血、水肿、坏死　E. 充血、水肿、增殖

【例26】宜采取的治疗措施是

A. 应用大环内酯类抗生素　B. 糖皮质激素治疗　C. 抗结核治疗

D. 抗病毒治疗　E. 支气管镜取异物

九、结核性脑膜炎

结核性脑膜炎简称结脑，是小儿结核病中最严重的类型，常在结核原发感染后1年以内发生，尤其在初染结核3~6个月最易发生，多见于3岁以内婴幼儿，约占60%。

注意：小儿结核病最严重的类型是结核性脑膜炎。小儿结核病最常见的类型是原发型肺结核。

1. 临床表现

典型结脑起病多较缓慢，根据临床表现，病程大致分为三期：

	早期(前驱期)	中期(脑膜刺激期)	晚期(昏迷期)
持续	约1~2周	约1~2周	约1~3周
临床表现	主要表现为小儿性格改变，如少言、懒动、易倦、烦躁、易怒等。可有发热、食欲缺乏、盗汗、消瘦、呕吐、便秘、腹泻等。年长儿可自诉头痛；婴儿则表现为蹙眉皱额、凝视、嗜睡、发育迟滞	①脑压增高：剧烈头痛、喷射性呕吐、嗜睡、烦躁不安、惊厥；②脑膜刺激征：婴幼儿前囟膨隆、颅缝裂开；③脑神经Ⅶ、Ⅲ、Ⅵ受损；④脑炎症状：定向、运动、语言障碍	左述症状加重 意识朦胧、半昏迷、昏迷 阵挛性或强直性惊厥频繁发作 患儿极度消瘦，舟状腹 常出现水、电解质代谢紊乱 脑疝形成，呼吸、心搏骤停

【例27】提示结核性脑膜炎进入晚期的临床表现是

A. 昏迷、频繁惊厥　　B. 脑膜刺激征　　C. 颅神经障碍

D. 性格改变　　E. 肢体瘫痪或偏瘫

【例28】小儿结核性脑膜炎早期主要临床表现是

A. 脑膜刺激征阳性　　B. 急性高热伴剧烈呕吐　　C. 性格改变

D. 出现惊厥　　E. 昏睡伴意识朦胧

2. 诊断

(1)病史　结核病接触史，卡介苗接种史，既往结核病史，近期急性传染病史。

(2)临床表现　患儿出现性格改变、头痛、不明原因的呕吐，嗜睡或烦躁不安相交替、顽固性便秘等。眼底检查发现脉络膜粟粒结节对诊断有帮助。

(3)脑脊液检查　对诊断极为重要，脑脊液中找到结核分枝杆菌即可确诊。检查结果如下。

项目	临床表现	正常值
压力	增高，多为20~36cmH_2O)	7~20cmH_2O
外观	无色透明或毛玻璃样	清亮
WBC	增高，多为(50~500)×10^6/L，以淋巴细胞为主	(0~10)×10^6/L
蛋白质	增高，多为(1~3)g/L	儿童0.2~0.4g/L
葡萄糖	降低，多为1.1~1.68mmol/L	2.8~4.5mmol/L
氯化物	降低，多<109mmol/L	117~127mmol/L
细菌	抗酸杆菌阳性	阴性(无细菌生长)

注意：①结核性脑膜炎最早表现为白细胞升高，其次为蛋白质增高，再其次为糖和氯化物下降。在病程早期，糖和氯化物可以正常。糖和氯化物同时降低是结核性脑膜炎的典型改变。

②结核性脑膜炎表现为两高两低——细胞数高、蛋白质高、氯化物低、葡萄糖低。

(4)结核分枝杆菌抗原检测　以ELISA法检测脑脊液结核分枝杆菌抗原，为诊断结脑的辅助方法。

(5)抗结核抗体测定　以ELISA法检测患儿脑脊液PPD-IgM和PPD-IgG，其水平高于血清的水平。

(6)腺苷脱氨酶(ADA)活性测定 63%~100%的患者脑脊液ADA增高(>9U/L)。

(7)PPD试验 阳性对诊断有帮助,但有高达50%的患儿为阴性反应。

(8)脑脊液结核分枝杆菌培养 是诊断结脑的可靠依据。

(9)PCR 应用PCR技术,可在结脑患儿脑脊液中扩增出结核分枝杆菌的特有DNA片段。

(10)胸片 90%患儿有活动性肺结核。胸片证明有血行播散性结核病对确诊结脑很有意义。

3. 鉴别诊断

	化脓性脑膜炎	结核性脑膜炎	病毒性脑膜炎	乙型脑炎
压力	↑↑↑	↑↑	↑	↑
外观	混浊、脓性	无色透明、毛玻璃样	清晰或微混	清晰或微混
蛋白质	↑↑↑	↑↑(1~3)g/L	↑一般不超过1g/L	↑
葡萄糖	↓↓↓	↓↓	正常	正常
氯化物	↓	↓↓	正常	正常
细胞计数	WBC>1000×10^6/L 多为中性粒细胞	WBC(50~500)×10^6/L 多为淋巴细胞	增加,多为淋巴细胞	增加,早期为中性粒细胞,晚期为淋巴细胞
细菌	阳性	抗酸杆菌	阴性	阴性

A. 白细胞数5×10^6/L,淋巴细胞为主,蛋白0.3g/L,糖3.5mmol/L

B. 白细胞数50×10^6/L,淋巴细胞为主,蛋白1.0g/L,糖1.5mmol/L

C. 白细胞数2000×10^6/L,中性粒细胞为主,蛋白1.0g/L,糖3.5mmol/L

D. 白细胞数50×10^6/L,淋巴细胞为主,蛋白0.8g/L,糖3.5mmol/L

E. 白细胞数5×10^6/L,淋巴细胞为主,蛋白0.3g/L,糖2.5mmol/L

【例29】结核性脑膜炎的脑脊液改变

【例30】中毒性脑病的脑脊液改变

4. 治疗

本病的治疗重点是抗结核治疗与降低颅内压。

(1)抗结核治疗 联合应用易透过血-脑屏障的抗结核杀菌药物,分阶段治疗,总疗程不少于12个月。

	化疗方案	疗程
强化治疗阶段	异烟肼(INH)+利福平(RFP)+吡嗪酰胺(PZA)+链霉素(SM) 联合使用四联杀菌药物,INH和RFP为杀菌药物,PZA和SM为半杀菌药物	3~4个月
巩固治疗阶段	异烟肼(INH)+利福平(RFP)或EMB(乙胺丁醇)	9~12个月

(2)降低颅内压 最早于10天可出现颅内压增高,应及时控制颅内压。

脱水剂	常用20%甘露醇0.5~1.0g/kg,于30分钟内快速静脉注入
利尿剂	于停用甘露醇前1~2天加用乙酰唑胺
穿刺引流	侧脑室穿刺引流适用于急性脑积水而其他降颅压措施无效、疑有脑疝形成者
腰椎穿刺	腰椎穿刺放液减压适用于:①颅内压较高,应用糖皮质激素、甘露醇无效者,不宜做侧脑室引流者;②脑膜炎症控制不好以致颅内压难于控制者;③脑脊液蛋白量>3.0g/L(脑疝禁用)
分流手术	脑底脑膜粘连发生梗阻性脑积水时,经侧脑室引流难以奏效,可行侧脑室小脑延髓池分流术

(3)糖皮质激素 能抑制炎症渗出,从而降低颅内压,可减轻中毒症状及脑膜刺激症状,有利于脑脊液循环,并可减少粘连,从而减轻或防止脑水肿的发生,是抗结核药物有效的辅助疗法,早期使用效果好。

(4)对症治疗 积极处理惊厥，维持水、电解质平衡。

①稀释性低钠血症 可表现为尿少、头痛、频繁呕吐、反复惊厥，治疗宜用 3%NaCl 液静脉滴注，每次 6~12ml/kg，可提高血钠 5~10mmol/L，同时控制入水量。

②脑性失盐综合征 可用 2∶1 等张含钠溶液补充丢失的体液后，再酌情补 3%NaCl 以提高血钠浓度。

③低钾血症 宜用含 0.2%氯化钾的等张溶液静脉滴注，或口服补钾。

(31~33 题共用题干)男孩，6 岁。因发热 2 周，头痛伴呕吐 3 天，惊厥 1 次入院。疑诊结核性脑膜炎。

【例 31】确诊该病的最主要依据是

A. 脑脊液中找到结核分枝杆菌
B. 结核菌素试验阳性
C. 头颅 CT 示脑室扩大、脑实质改变
D. 脑脊液蛋白增高，糖、氯化物降低
E. 脑脊液外观呈毛玻璃样

【例 32】确诊后，强化治疗阶段的最佳方案是

A. INH+RFP+SM+EMB
B. INH+RFP+PZA
C. INH+RFP+PZA+SM
D. NH+RFP+EMB
E. INH+RFP+SM

【例 33】入院次日，患者突然心率增快，呼吸节律不整，双瞳孔不等大。错误的处理是

A. 腰椎穿刺减压
B. 甘露醇静脉滴注
C. 糖皮质激素静脉注射
D. 侧脑室引流
E. 利尿剂静脉注射

常考点 出疹性传染病的出疹规律；PPD 试验；原发性肺结核及结核性脑膜炎的临床表现。

参考答案——详细解答见 2021《贺银成国家临床执业及助理医师资格考试历年考点精析》

1. ABC**D**E	2. ABCD**E**	3. A**B**CDE	4. A**B**CDE	5. A**B**CDE	6. ABC**D**E	7. A**B**CDE
8. A**B**CDE	9. ABCD**E**	10. ABCD**E**	11. AB**C**DE	12. **A**BCDE	13. **A**BCDE	14. AB**C**DE
15. **A**BCDE	16. ABCD**E**	17. AB**C**DE	18. **A**BCDE	19. ABC**D**E	20. ABC**D**E	21. A**B**CDE
22. ABCD**E**	23. A**B**CDE	24. A**B**CDE	25. AB**C**DE	26. AB**C**DE	27. **A**BCDE	28. AB**C**DE
29. A**B**CDE	30. **A**BCDE	31. **A**BCDE	32. AB**C**DE	33. **A**BCDE		

第6章　消化系统疾病

考纲要求

①解剖、生理特点：解剖特点，生理特点。②小儿腹泻病：病因，临床表现，诊断与鉴别诊断，治疗，液体疗法(小儿体液特点及其平衡调节、常用溶液配制、液体疗法基本实施方法)。

复习要点

一、儿童消化系统解剖生理特点

1. 口腔

足月新生儿出生时已具有较好的吸吮及吞咽功能，但口腔黏膜薄嫩，血管丰富，唾液腺不够发达，口腔黏膜易受损伤、易发生局部感染；3~4个月时唾液分泌开始增加。

2. 食管

婴儿的食管呈漏斗状，腺体缺乏，食管下段括约肌发育不成熟，常发生胃食管反流。

3. 胃

婴儿胃略呈水平位，当开始行走时其位置变为垂直。胃分泌的盐酸和各种酶均较成人少，且酶活性低下，故消化功能差。胃平滑肌发育尚未完善，在充满液体食物后易使胃扩张。由于贲门和胃底部肌张力低，而幽门括约肌发育较好，故易发生幽门痉挛而出现呕吐。早产儿胃排空较慢，易发生胃潴留。

4. 肠

儿童肠管相对比成人长，一般为身长的5~7倍(成人仅为4倍)，对消化有利。婴幼儿肠系膜柔软而长，结肠无明显结肠带与脂肪垂，升结肠与后壁固定差，易发生肠扭转和肠套叠。

5. 肝

年龄越小，肝脏相对越大。婴儿肝细胞再生能力强，不易发生肝硬化。婴儿时期胆汁分泌较少，故对脂肪的消化、吸收功能较差。

6. 胰腺

出生后3~4个月时胰腺发育较快，胰液分泌量也随之增多。出生后1年，胰腺外分泌部生长迅速，为出生时的3倍。胰液分泌量随年龄增长而增加。胰酶出现的顺序为：胰蛋白酶最先，而后是糜蛋白酶、羧基肽酶、脂肪酶，最后是淀粉酶。婴幼儿易发生消化不良。

7. 肠道细菌

在母体内，胎儿肠道是无菌的，生后数小时开始细菌即侵入肠道，主要分布在结肠和直肠。肠道菌群受食物成分的影响较大，单纯母乳喂养儿以双歧杆菌占绝对优势，人工喂养和混合喂养儿肠内的大肠埃希菌、嗜酸杆菌、双歧杆菌及肠球菌所占比例几乎相等。正常肠道菌群除了对侵入肠道的致病菌有一定的拮抗作用外，还对一些儿童期生理功能，如免疫、代谢、营养、消化、吸收等发育成熟过程起着重要的作用。婴幼儿肠道正常菌群脆弱，易受许多内外界因素影响而致菌群失调，导致消化功能紊乱。

8. 健康婴儿粪便

食物进入消化道至粪便排出时间因年龄而异：母乳喂养儿平均为13小时，人工喂养儿平均为15小时，成人平均为18~24小时。

(1)母乳喂养儿粪便　为黄色或金黄色，多为均匀膏状或带少许黄色粪便颗粒，或较稀薄、绿色、不臭，呈酸性反应(pH4.7~5.1)。平均每日排便2~4次，一般在添加辅食后次数减少。

(2)人工喂养儿粪便　为淡黄色或灰黄色，较干稠，呈中性或碱性反应(pH6~8)。因牛乳含酪蛋白较多，粪便常有明显的蛋白质分解产物的臭味，有时可混有白色酪蛋白凝块。大便每日 1~2 次，易发生便秘。

(3)混合喂养儿粪便 与喂牛乳者相似，但较软、黄，添加淀粉类食物可使大便增多，稠度稍减，稍呈暗褐色，臭味加重。添加各类蔬菜、水果等辅食时大便外观与成人粪便相似。每日排便 1~3 次。

【例 1】有关小儿肠道菌群建立的论述，正确的是

A. 肠道菌群受食物成分影响
B. 母乳喂养者以大肠埃希菌为主
C. 出生 24 小时后肠道开始出现细菌
D. 肠道菌群可帮助合成维生素 D
E. 人工喂养者以双歧杆菌为主

二、小儿腹泻病

腹泻病是一组由多病原、多因素引起的以大便次数增多和大便性状改变为特点的消化道综合征，好发于 6 个月至 2 岁婴幼儿，其中 1 岁以内的婴儿占半数。

1. 病因

(1)易感因素

①婴幼儿消化系统发育尚未成熟 胃酸和消化酶分泌少，酶活性低，不能适应食物质和量的较大变化。

②胃肠道负担重 婴幼儿生长发育快，所需营养物质相对较多，食物入量较多，胃肠道负担重。

③机体及肠黏膜免疫功能不完善 婴幼儿胃酸偏低，胃排空较快，对进入胃内的细菌杀灭能力较弱；血清免疫球蛋白(IgM、IgA)和胃肠道 SIgA 均较低。肠黏膜的免疫防御反应及口服耐受机制均不完善。

④肠道菌群失调 新生儿尚未建立正常肠道菌群，改变饮食、滥用广谱抗生素等，均可使肠道菌群失调而患肠道感染。同时，维生素 K 的合成有赖于肠道正常菌群的参与，故小儿肠道菌群失调时除易患腹泻外，还可有呕吐或大便中带血。

⑤人工喂养 母乳中含有大量体液因子(SIgA、乳铁蛋白)、巨噬细胞、粒细胞、溶菌酶、溶酶体等，有很强的抗肠道感染作用。动物乳中虽有某些上述成分，但在加热过程中被破坏，而且人工喂养的食物和食具易受污染，故人工喂养儿肠道感染率明显高于母乳喂养儿。

(2)感染因素

①病毒感染 寒冷季节的婴幼儿腹泻 80%由病毒感染引起，其中以轮状病毒最常见，其次为星状病毒、诺沃克病毒、柯萨奇病毒、肠道腺病毒、埃可病毒、冠状病毒等。

②致腹泻大肠埃希菌 可分为 5 大组：致病性大肠埃希菌(EPEC)、产毒性大肠埃希菌(ETEC)、侵袭性大肠埃希菌(EIEC)、出血性大肠埃希菌(EGEC)、黏附-集聚性大肠埃希菌(EAEC)。

③空肠弯曲菌 与肠炎有关的弯曲菌有空肠型、结肠型和胎儿亚型 3 种，常引起侵袭性腹泻。

④耶尔森菌 除可侵袭小肠、结肠黏膜外，还可产生毒素，引起侵袭性和分泌性腹泻。

⑤其他 沙门菌、嗜水气单胞菌、金黄色葡萄球菌、铜绿假单胞菌、变形杆菌等均可引起腹泻。

⑥真菌 致腹泻的真菌有念珠菌、曲菌、毛霉菌，婴儿以白念珠菌性肠炎多见。

⑦寄生虫 常见为蓝氏贾第鞭毛虫、阿米巴原虫、隐孢子虫等。

⑧肠道外感染 有时可产生腹泻症状，如中耳炎、上呼吸道感染、盆腔脓肿等。

⑨抗生素相关性腹泻 肠道外长期大量使用广谱抗生素可引起肠道菌群紊乱，肠道正常菌群减少，耐药性金黄色葡萄球菌、变形杆菌、铜绿假单胞菌、难辨梭状芽胞杆菌、白念珠菌等可大量繁殖，引起药物较难控制的肠炎，称为抗生素相关性腹泻。

注意：病毒性肠炎最常见的病原体是轮状病毒；细菌性肠炎最常见的病原体是致腹泻大肠埃希菌。

(3)非感染因素

①饮食因素 如喂养不当、过敏性腹泻、双糖酶缺乏症等。

②气候因素 气候突然变化、腹部受凉，使肠蠕动增加可导致腹泻。

【例2】哪项不是导致小儿腹泻病的内在因素？

A. 消化系统发育不成熟　　B. 消化道负担过重　　C. 肠道内感染

D. 胃内酸度低　　E. 血中免疫球蛋白及胃肠道分泌型IgA低

2. 临床表现

(1)临床分型　连续病程在2周以内的腹泻称为急性腹泻，病程在2周至2个月的腹泻为迁延性腹泻。慢性腹泻的病程在2个月以上。

(2)急性腹泻的共同临床表现　分为轻型和重型。

	轻型	重型
起病	可急可缓	常急性起病
致病因素	常由饮食因素、肠道外感染引起	常由肠道内感染引起
腹泻	大便次数增多，<10次/天，每次量不多，稀薄或带水，黄绿色，有酸味，可见白色奶瓣和泡沫	腹泻频繁，每日十余次至数十次，多为黄色水样便或蛋花样便，含少量黏液，少数有血便
呕吐	食欲不振，偶有溢乳或呕吐	食欲低下，常有呕吐，严重者呕吐咖啡色液体
脱水	无	可有不同程度的脱水
电解质	无水、电解质及酸碱平衡紊乱	代谢性酸中毒、低钾血症、低钙血症、低镁血症
全身症状	无	发热、精神烦躁或萎靡、嗜睡、昏迷、休克等

(3)重型腹泻特有的临床表现　轻型腹泻无全身症状，无水、电解质及酸碱失衡表现。重型腹泻可有全身中毒症状、脱水、代谢性酸中毒、低钾血症、低钙血症和低镁血症。

(4)轮状病毒肠炎、诺如病毒肠炎、产毒性细菌肠炎的临床特点

	轮状病毒肠炎	诺如病毒肠炎	产毒性细菌引起的肠炎
好发人群	6~24个月婴幼儿	年长儿、成人	6~24个月婴幼儿
好发季节	秋冬季(婴儿腹泻最常见病因)	11月至次年2月为高峰	夏季
潜伏期	1~3天	12~36小时	1~2天
自然病程	3~8天	12~72小时	3~7天
起病急缓	起病急	急性暴发性胃肠炎的首要致病原	起病较急
前驱症状	常伴发热和上感	呼吸道症状	一般无
呕吐腹泻	先吐后泻	阵发性腹痛、恶心呕吐、腹泻	重型有，轻型仅有腹泻
腹泻特点	大便次数多，量多，水分多，黄色水样或蛋花样，带少量黏液，无腥臭味	大便量中等，为稀便或水样便	轻型仅大便次数增多，重型腹泻频繁，量多，水样或蛋花汤样，混有黏液
全身症状	常伴脱水、酸中毒、电解质紊乱，可侵犯多个器官	畏寒发热，头痛乏力，肌痛，频繁呕吐可致脱水酸中毒低钾	常伴脱水、酸中毒、电解质紊乱
大便检查	大便镜检偶见少量白细胞	粪检及周围血象无异常	镜检无白细胞

【例3】轮状病毒肠炎容易出现

A. 败血症　　B. 脱水、酸中毒　　C. 中毒性脑病

D. 肠穿孔　　E. 高钠血症

【例4】男孩，2岁。秋季发病。低热伴腹泻2天，为蛋花汤样，10余次/天，无腥臭味。粪便常规偶见白细胞。最可能的病原体是

A. 冠状病毒　　B. 肠道腺病毒　　C. 柯萨奇病毒
D. 诺沃克病毒　　E. 轮状病毒

(5)大肠埃希菌肠炎　多发生于气温较高的夏季,以5~8月多见,分5大组。

①致病性大肠埃希菌(EPEC)肠炎　EPEC侵入肠道黏膜上皮细胞,引起肠黏膜微绒毛破坏,皱襞萎缩,变平,黏膜充血水肿而致腹泻。多见于1岁以下小儿,潜伏期1~2天,起病缓慢。每日大便5至10余次,量中等,呈黄绿色,蛋花汤样,含较多黏液,有发霉臭味。镜检有少量白细胞。常伴呕吐,轻症者无发热和全身症状,重症者可伴发热、脱水、电解质紊乱。病程约1~2周,体弱儿病程迁延。

②产毒性大肠埃希菌(ETEC)肠炎　ETEC在小肠上皮细胞外繁殖,产生不耐热肠毒素和耐热肠毒素,而引起腹泻。潜伏期1~2天,起病较急。轻症者仅有大便次数稍增多。重症者腹泻频繁,量多,呈水样、蛋花汤样大便,混有黏液,伴呕吐,常发生脱水、电解质和酸碱平衡紊乱。镜检无白细胞。自然病程3~7天。

③侵袭性大肠埃希菌(EIEC)肠炎　EIEC可直接侵入肠黏膜引起炎症反应,导致肠黏膜上皮炎症、坏死,引起痢疾样腹泻。潜伏期18~24小时。起病急,腹泻频繁,大便呈黏液状,带脓血,有腥臭味。常伴恶心呕吐、高热、腹痛、里急后重,可出现严重的中毒症状,甚至感染性休克。大便镜检有大量白细胞和数量不等的红细胞,粪便细菌培养可找到EIEC。

④出血性大肠埃希菌(EGEC)肠炎　EGEC黏附于结肠,引起肠黏膜坏死、肠液分泌,致出血性肠炎。常表现为大便次数增多,开始为黄色水样便,后转为血水便,有特殊臭味。可伴腹痛,个别病例可有溶血尿毒综合征和血小板减少性紫癜。大便镜检有大量红细胞,常无白细胞。

⑤黏附-集聚性大肠埃希菌(EAEC)肠炎　EAEC以集聚方式黏附于下段小肠和结肠黏膜而致病,不产生毒素,不引起组织损伤。多见于婴幼儿,常表现为发热,腹泻,大便为黄色稀水状。

(6)空肠弯曲菌肠炎　潜伏期2~11天,全年均可发病,多见于夏季。6个月至2岁婴幼儿发病率最高,以侵袭性感染为主。症状与细菌性痢疾相似,常表现为发热,腹痛,易并发多器官功能损害。大便为黏液便或脓血便,有腥臭味。镜检有大量白细胞和少量红细胞。

(7)耶尔森菌小肠结肠炎　多发生于冬春季节,好发于婴儿和儿童,症状因年龄而异。<5岁患儿以急性水泻起病,可有黏液便、脓血便,伴里急后重,大便镜检有红细胞、白细胞。>5岁患儿除腹泻外,可伴发热、头痛、呕吐、腹痛,可出现频繁水泻和脱水,严重病例可发生肠穿孔和腹膜炎。病程1~3周。

(8)鼠伤寒沙门菌小肠结肠炎　全年均可发病,夏季发病率高,多见于2岁以下的婴幼儿,临床表现轻重不一。起病较急,有恶心呕吐、腹痛腹泻、腹胀、发热,大便每天数次至数十次,稀糊状,带有黏液甚至脓血,性质多变,有特殊臭味。严重者可出现脱水、酸中毒、全身中毒症状,病程迁延。镜检有红细胞、白细胞、脓细胞。

(9)抗生素诱发的肠炎　长期应用广谱抗生素可使肠道菌群失调,使肠道内耐药金黄色葡萄球菌、铜绿假单胞菌、变形杆菌、某些梭状芽胞杆菌、白色念珠菌等大量繁殖,引起肠炎。

	金黄色葡萄球菌肠炎	假膜性小肠结肠炎	真菌性肠炎
病因	多继发于使用大量抗生素后	由难辨梭状芽胞杆菌引起	多由白色念珠菌引起
临床表现	发热、呕吐、腹泻、中毒症状 脱水、电解质紊乱、休克	腹泻、可有全身中毒症状 脱水、电解质紊乱、休克	病程迁延,常伴鹅口疮 大便次数增多
粪便特点	暗绿色,量多带黏液 少数为血便	黄绿色水样便 可有假膜排出,可有便血	黄色稀便,泡沫较多,带黏液 可见豆腐渣样细块
大便检查	大量脓细胞和革兰阳性球菌	大便培养可有梭状芽胞杆菌	镜检有真菌孢子和菌丝

【例5】下述病原体中最易引起脓血便的是
A. 轮状病毒　　B. 产毒性大肠埃希菌　　C. 致病性大肠埃希菌

D. 隐孢子虫　　E. 鼠伤寒沙门菌

(10)从大便性状判断致病菌

病原体	粪便外观	大便镜检
轮状病毒	黄色水样或蛋花样,无腥臭味	有脂肪球,少量白细胞,无红细胞
致病性大肠埃希菌	黄绿色或蛋花样,较多黏液,有发霉臭味	少量白细胞
产毒性大肠埃希菌	量多,呈水样、蛋花汤样,混有黏液	无白细胞
侵袭性大肠埃希菌	黏液状,带脓血,有腥臭味	大量白细胞和数量不等的红细胞
金黄色葡萄球菌	暗绿色,水样,量多,黏液较多	大量脓细胞、成簇革兰阳性球菌
难辨梭状芽胞杆菌	假膜性小肠结肠炎为黄绿色水样便	可有假膜排出
真菌	稀黄,泡沫较多,带黏液,可见豆腐渣样细块	真菌孢子和菌丝

【例6】女,1岁,于7月就诊,腹泻,呕吐3天,大便每日10余次,量中等,蛋花汤样,有黏液,霉臭味。查体:精神稍萎靡,皮肤弹性差,哭泪少。粪常规检查发现少量白细胞。最可能的病原体是

A. 致病性大肠埃希菌　　B. 真菌　　C. 铜绿假单胞菌

D. 轮状病毒　　E. 痢疾杆菌

3. 诊断与鉴别诊断

根据临床表现、大便性状可作出临床诊断。必须判定有无脱水,需与下列疾病相鉴别。

(1)生理性腹泻　多见于6个月以内婴儿,外观虚胖,常有湿疹,生后不久即出现腹泻,除大便次数增多外,无其他症状,食欲好,不影响生长发育。添加辅食后,大便即逐渐转为正常。

(2)导致小肠消化吸收障碍的各种疾病　如双糖酶缺乏、食物过敏性腹泻、失氯性腹泻等。

(3)细菌性痢疾　常有流行病学史,起病急,全身症状重,大便次数多,量少,排脓血便,伴里急后重。大便镜检有较多脓细胞、红细胞和吞噬细胞,大便培养有痢疾杆菌可确诊。

(4)坏死性肠炎　中毒症状较严重,腹痛、腹胀、频繁呕吐、高热、赤豆汤样血便,常伴休克。

【例7】男婴,5个月。母乳喂养,腹泻3个月,大便5~8次/天,稀糊便,无脓血,食欲好,面有湿疹,体重7.6kg。最可能的诊断是

A. 过敏性腹泻　　B. 饮食性腹泻　　C. 感染性腹泻

D. 生理性腹泻　　E. 迁延性腹泻

4. 治疗

(1)治疗原则　调整饮食,预防和纠正脱水,合理用药,加强护理,预防并发症。

(2)饮食疗法　强调继续饮食,满足生理需要,补充疾病消耗,以缩短腹泻后的康复时间。尽快恢复母乳及原来已经熟悉的饮食,由少到多,由稀到稠,喂食与患儿年龄相适应的易消化食物。

(3)口服补液　WHO推荐使用口服补液盐(ORS),可用于腹泻时预防脱水及纠正轻、中度脱水。

配方浓度	Na^+ 75mmol/L, K^+ 20mmol/L, Cl^- 65mmol/L,枸橼酸根10mmol/L,葡萄糖75mmol/L
新配方	NaCl2.6g,枸橼酸钠2.9g,氯化钾1.5g,葡萄糖13.5g,加水到1000ml,总渗透压245mOsm/L
适应证	轻度或中度脱水,无严重呕吐者
禁忌证	患者极度疲劳、昏迷、昏睡、腹胀者
补液量	轻度脱水者50ml/kg,中度脱水者100ml/kg,于4小时内服完

(4)静脉补液　适用于中、重度脱水。补液原则为先快后慢,先浓后淡,先盐后糖,见尿补钾。

①第1天静脉补液方案　现以儿童腹泻为例,制订第1天静脉补液方案如下图。

第一阶段：扩容（改善循环）0.5～1h　　2:1等张含钠液　20ml/kg

↓

情况改善

↓　　↓　　↓

第二阶段：纠正累积损失量8～12h（8～10ml/kg·h）　低渗性脱水　等渗性脱水　高渗性脱水

↓　　↓　　↓

2/3张含钠液　1/2张含钠液　1/3张含钠液　80ml/kg

↓　　↓　　↓

第三阶段：继续补液阶段12～16h（5ml/kg·h）　补充　继续损失量　+　生理需要量　50～80ml/kg

↓　　↓

1/2～1/3张含钠液　1/3～1/5张含钠液

A.定量(定输液总量)　包括累积损失量+继续损失量+生理需要量三个部分,故第1天补液总量:轻度脱水为90~120ml/kg,中度脱水为120~150ml/kg,重度脱水为150~180ml/kg。

B.定性(定输液种类)　原则为先浓后淡。等渗性脱水补充1/2张含钠液、低渗性脱水补充2/3张含钠液、高渗性脱水补充1/3张含钠液。若判断脱水性质有困难者,可按等渗性脱水处理。

C.定速(定输液速度)　原则为先快后慢。补液总量的一半应在最初8~12小时内补完。

快速扩容	重度脱水伴休克者应先快速扩容,用2:1等张液20ml/kg,于30~60分钟内静脉注入
补充累积损失量	累积损失量(扣除扩容液量)一般在8~12小时内补完,约每小时8~10ml/kg
补充继续损失量+生理需要量	脱水纠正后,输液速度要慢,于12~16小时内补完,约每小时5ml/kg 扩容所用的液体和电解质包括在最初8~12小时的补液内

D.纠酸　输液后酸中毒一般可自行纠正,无需纠酸。对严重酸中毒者可用1.4%碳酸氢钠纠正。

E.补钾　见尿补钾,静脉补钾浓度≤0.3%,补钾速度>8h/d,严禁将钾盐静脉推注,补钾时间4~6天。

F.补钙　为纠正低钙血症,可给予10%葡萄糖酸钙溶液(每次1~2ml/kg,最大量≤10ml)静脉滴注。

G.补镁　为纠正低镁血症,可给予25%硫酸镁溶液深部肌内注射,症状缓解后停用。

注意:①只有重度脱水伴明显周围循环障碍者才先快速扩容,轻、中度脱水无需快速扩容。

②小儿腹泻补液方案记忆为"三定三补一纠"——定量定性定速、补钾补钙补镁、纠酸。

②第2天静脉补液方案　经第1天补液后,脱水和电解质紊乱已基本纠正,第2天及以后主要是补充继续损失量和生理需要量,继续补钾,供给热量。一般可改为口服补液。若腹泻仍频繁和口服量不足者,仍需静脉补液,其补液量=生理需要量+继续损失量,于12~24小时内均匀静脉滴注。

生理需要量	用1/3~1/2张含钠溶液补充
继续损失量	按"丢多少补多少,随时丢随时补"的原则,用1/3~1/2张含钠溶液补充
补钾纠酸	第2天及以后补液时,仍要注意继续补钾和纠正酸中毒

(5)控制感染　应根据大便性状,确定是否选用抗生素。

①水样腹泻　约占70%,多为病毒、非侵袭性细菌所致,一般不用抗生素。

②黏液脓血便　约占30%,多为侵袭性细菌(大肠埃希菌、空肠弯曲菌、耶尔森菌、鼠伤寒沙门菌、金黄色葡萄球菌)所致,需选用敏感抗生素治疗。

(6)肠道微生态疗法　有助于恢复肠道正常菌群的生态平衡,抑制病原菌定植和侵袭,控制腹泻。常用双歧杆菌、嗜酸乳杆菌、酪酸梭状芽胞杆菌、粪链球菌、蜡样芽胞杆菌等制剂。

(7)肠黏膜保护剂　能吸附病原体和毒素,维持肠细胞的吸收和分泌功能,如蒙脱石粉。

(8)抗分泌治疗　脑啡肽酶抑制剂消旋卡多曲可抑制肠道水、电解质的分泌,治疗分泌性腹泻。

(9)止泻剂 严禁使用止泻剂,如洛哌丁醇,因它可抑制胃肠道动力、增加细菌繁殖和毒素的吸收。

(10)补锌治疗 适用于急性腹泻患儿。

A. 50~60ml/kg　B. 60~90ml/kg　C. 90~120ml/kg
D. 120~150ml/kg　E. 150~180ml/kg

【例8】重度窒息新生儿推迟喂养,第1天静脉补液的量是

【例9】小儿腹泻,中度脱水,第1天静脉补液的量是

【例10】小儿腹泻,重度脱水,第1天静脉补液的量是

【例11】女婴,9个月。腹泻4天,约10次/日,呈稀水样,伴呕吐,每天2~3次,尿量减少。查体:皮肤干,弹性差,眼窝、前囟凹陷,心音低钝。最重要的处理措施是

A. 控制感染　B. 给予助消化药　C. 给予肠道微生态制剂
D. 纠正水电解质紊乱　E. 给予止吐药

5. 小儿液体疗法

(1)小儿体液平衡的特点 ①体液的电解质组成:细胞外液以 Na^+、Cl^-、HCO_3^- 为主,其中 Na^+ 占90%以上;细胞内液以 K^+、Mg^{2+}、蛋白质为主,其中 K^+ 占78%。②年龄越小,体液总量相对越多,这是因为间质液比例较高,而血浆和细胞内液量的比例与成人相近。

(2)脱水 脱水指水分摄入不足或丢失过多所引起的体液总量,尤其是细胞外液量的减少。

①脱水的程度 脱水的程度常以丢失量占体重的百分比来表示,按脱水程度分为轻、中、重三度。

	轻度脱水	中度脱水	重度脱水
失水量	30~50ml/kg 体重	50~100ml/kg 体重	100~120ml/kg 体重
占体重	3%~5%	5%~10%	10%以上
心率增快	无	有	有
脉搏	可触及	可触及(减弱)	明显减弱
血压	正常	直立性低血压	低血压
皮肤黏膜	皮肤稍干燥,弹性尚可	皮肤苍白干燥,弹性较差	极度干燥,有花纹,弹性极差
前囟、眼窝	正常	轻度凹陷	深度凹陷,眼睑不能闭合
眼泪	哭时有泪	哭时泪少	哭时无泪
呼吸	正常	深,也可快	深和快
尿量	正常	少尿	无尿或严重少尿
精神状态	稍差,略烦躁不安	精神萎靡或烦躁不安	精神极度萎靡,表情淡漠 昏睡甚至昏迷

②脱水性质 按脱水性质,分为等渗性、低渗性和高渗性脱水三类。

	等渗性脱水	低渗性脱水	高渗性脱水
血浆渗透压	290~310mOsm/(kg·H_2O)	<290mOsm/(kg·H_2O)	>310mOsm/(kg·H_2O)
血钠浓度	130~150mmol/L	<130mmol/L	>150mmol/L
发病率	最常见	次常见	少见
病理特点	细胞内、外无渗透压梯度 细胞内容量保持原状	水从细胞外向细胞内转移 循环容量更少	水从细胞内向细胞外转移 细胞内容量减少
休克发生率	与脱水程度一致	常发生休克,且程度严重	少见,一般无明显循环障碍

	等渗性脱水	低渗性脱水	高渗性脱水
体温	与原发病有关	常降低	常升高
口渴感	一般无	早期无口渴	强烈口渴
精神状态	与脱水程度一致	萎靡，嗜睡明显	嗜睡，但肌张力高、反射活跃
皮肤弹性	与脱水程度一致	湿冷，弹性极差	明显干燥，弹性可
临床特点	临床症状与脱水程度一致	细胞外液明显减少，易休克 临床症状较严重	细胞外液减少不显著 循环衰竭和氮质血症较轻

(3)小儿液体疗法时常用补液溶液配制

溶液	张力	配制方法
1:1含钠液	1/2 张	1 份 0.9%氯化钠+1 份 5%或 10%葡萄糖
1:2含钠液	1/3 张	1 份 0.9%氯化钠+2 份 5%或 10%葡萄糖
1:4含钠液	1/5 张	1 份 0.9%氯化钠+4 份 5%或 10%葡萄糖
2:1含钠液	等张	2 份 0.9%氯化钠+1 份 1.4%碳酸氢钠或 1.87%乳酸钠
2:3:1含钠液	1/2 张	2 份 0.9%氯化钠+3 份 5%或 10%葡萄糖+1 份 1.4%碳酸氢钠或 1.87%乳酸钠
4:3:2含钠液	2/3 张	4 份 0.9%氯化钠+3 份 5%或 10%葡萄糖+2 份 1.4%碳酸氢钠或 1.87%乳酸钠
口服补液盐(ORS)	2/3 张	NaCl3.5g+碳酸氢钠 2.5g+KCl1.5g+无水葡萄糖 20g，加水至 1000ml 总渗透压 245mOsm/L，其中电解质渗透压 220mOsm/L(此为 ORS 老配方)

注意：①张力指电解质溶液占总溶液的比值。葡萄糖溶液为非电解质溶液，因此将葡萄糖去除，其他液体的份数除以总溶液的份数，就是该溶液的张力。

②配制补液溶液时使用的是 1.4%$NaHCO_3$，而不是 5%$NaHCO_3$。

(4)液体疗法的补液量 液体疗法包括补充生理需要量+累积损失量+继续丢失量。

①生理需要量和累积损失量

	生理需要量	累积损失量
性质	主要取决于尿量、大便丢失及不显性失水量	主要取决于脱水程度及脱水性质
简易计算	体重~10kg：每日需液量 100ml/kg 体重 11~20kg：每日需液量 1000+超过 10kg 体重数×50ml/kg 体重>20kg：每日需液量 1500+超过 20kg 体重数×20ml/kg	轻度脱水约为 30~50ml/kg 中度脱水约为 50~100ml/kg 重度脱水约为 100~120ml/kg
补液性质	生理需要量尽量口服补充 不能口服者可静脉滴注 1/3~1/2 张含钠液 同时补充生理需要量的钾	等渗性脱水补 1/2 张含钠液 低渗性脱水补 2/3 张含钠液 高渗性脱水补 1/3 张含钠液

②继续丢失量 在开始补充累积损失量后，腹泻、呕吐、胃肠引流等损失大多继续存在，这种丢失量依原发病而异，且每日可有变化，必须进行评估，根据实际损失量用类似溶液补充。

(5)小儿液体疗法的实施方法 详见前述。

【例 12】前囟凹陷常见于

A. 甲状腺功能减退　　B. 维生素 A 中毒　　C. 脱水

D. 脑发育不良　　E. 头小畸形

【例 13】女婴，8 个月。发热、呕吐、腹泻、少尿 2 天。查体：哭无泪，眼窝、前囟明显凹陷，皮肤弹性差，呈花纹状。心音低钝，四肢末梢凉。实验室检查：粪常规未见红细胞、白细胞，可见脂肪滴。血清钠

135mmol/L。患儿的脱水程度属于

A. 重度等渗性脱水　B. 中度等渗性脱水　C. 重度低渗性脱水
D. 中度低渗性脱水　E. 中度高渗性脱水

【例14】配制2:1等张含钠液120ml需

A. 0.9%NaCl 80ml，5%$NaHCO_3$ 40ml　B. 0.9%NaCl80ml，1.8%$NaHCO_3$ 40ml
C. 0.9%NaCl 80ml，10%GS 40ml　D. 0.9%NaCl40ml，5%$NaHCO_3$ 80ml
E. 0.9%NaCl 80ml，1.4%$NaHCO_3$ 40ml

【例15】小儿腹泻口服补盐液(ORS液)的电解质渗透压是含钠液的

A. 1/4张　B. 1/3张　C. 2/5张
D. 1/2张　E. 2/3张

(16～20题共用题干)女婴，10个月。腹泻3天，加重2天。暗红色水样便每日10余次，量多，腥臭，伴高热、呕吐、少尿。查体：精神萎靡，呈嗜睡状，前囟眼窝凹陷，皮肤弹性差，心音较低钝，腹胀，肝脾不大。实验室检查：粪镜检有大量脓血细胞，血钠135mmol/L，血钾3.5mmol/L。

【例16】患儿最可能的诊断是

A. 轮状病毒肠炎　B. 大肠埃希菌肠炎　C. 金黄色葡萄球菌肠炎
D. 细菌性痢疾　E. 真菌性肠炎

【例17】该患儿腹泻脱水的程度与性质应是

A. 重度等渗性　B. 中度等渗性　C. 中度低渗性
D. 中度高渗性　E. 重度低渗性

【例18】施行液体疗法，第一天补液的总量应是每千克体重

A. 160～180ml　B. 70～110ml　C. 120～150ml
D. 30～60ml　E. 190～220ml

【例19】第一天补液所采用液体的成分应是

A. 2/3张含钠液　B. 1/2张含钠液　C. 1/3张含钠液
D. 1/5张含钠液　E. 等张含钠液

【例20】对该患儿最不适合的处理是

A. 使用止泻剂　B. 选用有效的抗生素　C. 使用微生态制剂
D. 继续饮食　E. 使用肠黏膜保护剂

常考点　小儿腹泻的临床特点及液体疗法。

参考答案——详细解答见2021《贺银成国家临床执业及助理医师资格考试历年考点精析》

1. ABCDE　2. ABCDE　3. ABCDE　4. ABCDE　5. ABCDE　6. ABCDE　7. ABCDE
8. ABCDE　9. ABCDE　10. ABCDE　11. ABCDE　12. ABCDE　13. ABCDE　14. ABCDE
15. ABCDE　16. ABCDE　17. ABCDE　18. ABCDE　19. ABCDE　20. ABCDE

第7章　呼吸系统疾病

▶▶考纲要求

①解剖、生理特点：解剖特点，生理特点。②急性上呼吸道感染：病因，临床表现，诊断与鉴别诊断，治疗。③支气管哮喘：诊断与鉴别诊断，治疗。④支气管肺炎：临床表现，并发症，治疗，几种不同病原体所致肺炎的特点。

▶▶复习要点

一、小儿呼吸系统解剖生理特点

1. 解剖特点

(1)鼻　婴幼儿鼻腔短小，鼻道狭窄，无鼻毛，鼻黏膜柔嫩并富于血管，易于感染，感染时黏膜肿胀，易造成堵塞，导致呼吸困难或张口呼吸。

(2)鼻窦　鼻窦黏膜与鼻腔黏膜相连续，鼻窦口相对较大，故急性鼻炎常累及鼻窦，引起鼻窦炎。

(3)鼻泪管和咽鼓管　婴幼儿鼻泪管短，开口于内眦部，且瓣膜发育不全，故鼻腔感染常易侵入结膜引起炎症。婴儿咽鼓管较宽，且直而短，呈水平位，故鼻咽炎时易导致中耳炎。

(4)咽部　咽部较狭窄且垂直。扁桃体包括腭扁桃体和咽扁桃体。腭扁桃体1岁末逐渐增大，4~10岁发育达高峰，14~15岁时退化，故扁桃体炎常见于年长儿，婴儿则少见。咽扁桃体又称腺样体，6个月时已发育，严重的腺样体肥大是小儿阻塞性睡眠呼吸暂停综合征的重要原因。

(5)喉　喉腔狭窄，声门狭小，软骨柔软，因此轻微炎症即可引起声音嘶哑和吸气性呼吸困难。

(6)气管、支气管　婴幼儿的气管、支气管较成人短且较狭窄，黏膜柔嫩，血管丰富，软骨柔软，因缺乏弹力组织而支撑作用差，因黏液腺分泌不足易致气道干燥，故易发生呼吸道感染。

(7)肺　肺泡数量少且肺泡小，弹力组织发育较差，血管丰富，间质发育旺盛，致肺含血量多而含气量相对少，故易于感染。感染时易致黏液阻塞，引起间质炎症、肺气肿和肺不张等。

(8)胸廓　婴幼儿胸廓较短，前后径相对较长，呈桶状；肋骨呈水平位，胸腔小而肺脏相对较大；呼吸肌发育差。因此在呼吸时，肺的扩张受到限制。当肺部发生病变时，容易出现呼吸困难。

2. 生理特点

(1)呼吸频率与节律　小儿呼吸频率较快，新生儿40~44次/分，~1岁30次/分，~3岁24次/分，3~7岁22次/分，~14岁20次/分，~18岁16~18次/分。

(2)呼吸类型　婴幼儿为腹式呼吸，后逐渐转化为胸腹式呼吸，7岁以后逐渐接近成人。

(3)肺活量　小儿肺活量约为50~70ml/kg。婴幼儿呼吸储备量较小。小儿发生呼吸障碍时其代偿呼吸量最大不超过正常的2.5倍，而成人可达10倍，因此小儿易发生呼吸衰竭。

(4)潮气量　小儿潮气量约为6~10ml/kg，年龄越小，潮气量越小；无效腔/潮气量比值大于成人。

(5)每分通气量和气体弥散量　前者按体表面积计算与成人相近，后者按单位肺容积计算与成人相近。

(6)气道阻力　由于小儿气道管径细小，气道阻力大于成人，因此小儿发生喘息的机会较多。

(7)免疫　小儿呼吸道的非特异性和特异性免疫功能均较差。如咳嗽反射及纤毛运动能力差，肺泡吞噬细胞功能不足。婴幼儿辅助性T细胞功能暂时低下，使分泌型IgA(SIgA)、IgG含量低微。此外，乳铁蛋白、溶菌酶、干扰素及补体等的数量及活性不足，故易患呼吸道感染。

【例1】婴幼儿易患呼吸道感染的主要原因是

A. 呼吸浅表　　B. 呼吸频率快　　C. 呈腹式呼吸

D. 呼吸道黏膜缺少 SIgA　　E. 鼻腔短小，狭窄，黏膜血管丰富

二、急性上呼吸道感染

急性上呼吸道感染系由各种病原引起的上呼吸道的急性感染，俗称“感冒”，是小儿最常见的疾病。该病主要侵犯鼻、鼻咽和咽部，根据主要感染部位的不同，可诊断为急性鼻炎、急性咽炎、急性扁桃体炎等。

1. 病因

(1)病毒　占90%以上，主要有鼻病毒(RV)、呼吸道合胞病毒(RSV)、流感病毒、副流感病毒、柯萨奇病毒(CV)、埃可病毒、腺病毒(ADV)、人类偏肺病毒、冠状病毒等。

(2)细菌　病毒感染后可继发细菌感染，最常见为溶血性链球菌，其次为肺炎链球菌、流感嗜血杆菌等。

(3)支原体　肺炎支原体可引起上呼吸道感染。

2. 临床表现

(1)一般类型急性上呼吸道感染

①局部症状　鼻塞、流涕、喷嚏、干咳、咽部不适、咽痛等，多于3~4天内自然痊愈。

②全身症状　发热、烦躁不安、头痛、全身不适、乏力等。可有食欲缺乏、呕吐、腹泻、腹痛等消化道症状。婴幼儿起病急，以全身症状为主，常有消化道症状，局部症状较轻。多有发热，体温高达39~40℃，热程在2~7天，起病1~2天内可因发热引起惊厥。

③体征　咽部充血，扁桃体肿大。可有下颌和颈淋巴结肿大。肺部听诊一般正常。

(2)两种特殊类型的急性上呼吸道感染

	疱疹性咽峡炎	咽结膜热
病原体	柯萨奇A组病毒	腺病毒3、7型
好发季节	夏秋季	春夏季
临床表现	高热、咽痛、流涎、厌食、呕吐	特征性临床表现=发热、咽炎、结膜炎 高热、咽痛、眼部刺痛，有时伴消化道症状
体格检查	咽部充血，咽腭弓、软腭、腭垂的黏膜上可见疱疹，周围有红晕，破溃后可形成小溃疡	咽部充血，白色点块状分泌物，周边无红晕，易于剥离；颈及耳后淋巴结肿大
病程	1周左右	1~2周

【例2】男婴，9个月。发热3天，烦躁、流涎1天。查体：一般状态可，前囟平坦，咽部充血，咽峡及软腭部可见直径2~3mm的疱疹及溃疡，颈部无抵抗，心、肺听诊正常。其病原体最可能为

A. 溶血性链球菌　　B. 流感嗜血杆菌　　C. 柯萨奇病毒
D. 腺病毒　　E. 副流感病毒

A. 柯萨奇病毒　　B. 带状疱疹病毒　　C. 腺病毒
D. 人类疱疹病毒6型　　E. 呼吸道合胞病毒

【例3】幼儿急疹的病原体是

【例4】疱疹性咽峡炎的病原体是

【例5】咽结膜热的病原体是

3. 诊断与鉴别诊断

根据临床表现一般不难诊断，但需与下列疾病鉴别。

(1)流行性感冒　由流感病毒、副流感病毒引起，有明显的流行病史，局部症状(上呼吸道卡他症状)较轻，全身症状较重。常有高热、头痛、四肢肌肉酸痛等，病程较长。

(2)急性传染病早期　上呼吸道感染常为各种传染病的前驱症状，如麻疹、流行性脑脊髓膜炎、百日

咳、猩红热等，应结合流行病史、临床表现、实验室检查结果等综合分析，予以鉴别。

(3)急性阑尾炎 腹痛先于发热，且以右下腹疼痛为主，呈持续性，有固定压痛点、反跳痛及腹肌紧张、腰大肌试验阳性等体征，白细胞及中性粒细胞增高。

(4)变应性鼻炎 某些学龄前或学龄儿童"感冒"症状，如流涕、打喷嚏，持续超过 2 周或反复发作，而全身症状较轻，应考虑变应性鼻炎的可能，鼻拭子涂片嗜酸性粒细胞增多有助于诊断。

【例 6】女孩，8 岁。发热伴头痛及肌肉酸痛 4 天。查体：咽充血，扁桃体Ⅰ度肿大。同学中有数人发病，最可能的诊断是

A. 急性上呼吸道感染　　B. 急性扁桃体炎　　C. 疱疹性咽峡炎
D. 流行性感冒　　E. 川崎病

4. 治疗

(1)一般治疗 注意休息，居室通风，多饮水，防止交叉感染及并发症。

(2)抗病毒治疗 单纯的病毒性上呼吸道感染属于自限性疾病。普通感冒目前尚无特异性抗病毒药物，部分中药制剂有一定的抗病毒疗效。若为流感病毒感染，可用磷酸奥司他韦。

(3)抗菌治疗 细菌性上呼吸道感染或病毒性上呼吸道感染继发细菌感染者，可选用抗生素治疗，如青霉素类、头孢菌素类或大环内酯类抗生素。

(4)对症治疗 高热可口服乙酰氨基酚、布洛芬、物理降温。高热惊厥者给予镇静、止惊等处理。

三、支气管哮喘

支气管哮喘简称哮喘，是儿童期最常见的慢性呼吸道疾病。哮喘是多种细胞和细胞组分共同参与的气道慢性炎症性疾病，以可逆性气流受限为特征，并引起反复发作性喘息、气促、胸闷或咳嗽等症状，常在夜间和(或)清晨发作或加剧，多数患儿可经治疗缓解或自行缓解。

1. 诊断标准

(1)儿童哮喘诊断标准 中华医学会呼吸学组 2016 年修订。

①反复喘息、咳嗽、气促、胸闷，多与接触变应原、冷空气、物理、化学性刺激、呼吸道感染、运动以及过度通气(如大笑、哭闹)等有关，常在夜间和(或)清晨发作或加剧。

②发作时在双肺可闻及散在或弥漫性，以呼气相为主的哮鸣音，呼气相延长。

③上述症状和体征经抗哮喘治疗有效，或自行缓解。

④除外其他疾病所引起的喘息、咳嗽、气促和胸闷。

⑤临床表现不典型者(如无明显喘息或哮鸣音)，应至少具备以下 1 项：

A.证实存在可逆性气流受限：

a.支气管舒张试验阳性：吸入速效 β_2 受体激动剂 15 分钟之后 FEV_1 增加≥12%；

b.抗炎治疗后肺通气功能改善：给予 ICS、抗白三烯治疗 4~8 周后，FEV_1 增加≥12%。

B.支气管激发试验阳性。

C.PEF 日间变异率(连续监测 2 周)≥13%。

符合第①~④或第④、⑤条者，可以诊断为哮喘。

(2)咳嗽变异型哮喘诊断标准(不分年龄) 以下①~④项为诊断的基本条件。

①咳嗽持续>4 周，常在运动、夜间和(或)清晨发作或加剧，以干咳为主，不伴有喘息。

②临床上无感染征象，或经较长时间抗生素治疗无效。

③抗哮喘药物诊断性治疗有效。

④排除其他原因引起的慢性咳嗽。

⑤支气管激发试验阳性和(或)PEF 日间变异率(连续监测 1~2 周)≥13%。

⑥个人或一级、二级亲属有特应性疾病史，或变应原测试阳性。

2. 鉴别诊断

(1)以喘息为主要症状的儿童哮喘　应与毛细支气管炎、肺结核、气道异物、先天性呼吸系统畸形、支气管肺发育不良、先天性心血管疾病相鉴别。

(2)咳嗽变异型哮喘　应与支气管炎、鼻窦炎、胃食管反流病、嗜酸性粒细胞支气管炎等相鉴别。

【例7】女孩，6岁。反复咳嗽3个月，活动后加重，常于夜间咳醒，痰不多，无发热。抗生素治疗无效。既往有湿疹史。查体：双肺呼吸音粗，余无异常。最可能的诊断是

A. 支气管炎　　B. 支气管异物　　C. 咳嗽变异型哮喘
D. 支气管肺炎　　E. 喘息性支气管炎

A. 阵发性咳嗽　　B. 喘息反复发作　　C. 犬声样咳嗽
D. 喘憋明显　　E. 清晨发作性咳嗽，痰少

【例8】婴幼儿咳嗽变异型哮喘的表现是

【例9】婴幼儿支气管哮喘的表现是

3. 治疗

(1)治疗目标　①有效控制急性发作症状，并维持最轻的症状，甚至无症状；②防止症状加重或反复；③尽可能将肺功能维持在正常或接近正常水平；④防止发生不可逆的气流受限；⑤保持正常活动(包括运动)能力；⑥避免药物不良反应；⑦防止因哮喘而死亡。

(2)治疗原则　长期、持续、规范、个体化治疗。急性发作期治疗重点为抗炎、平喘，以便快速缓解症状。慢性持续期应坚持长期抗炎，降低气道反应性，防止气道重塑，避免危险因素和自我保健。

(3)治疗哮喘的药物　包括缓解药物和控制药物。

①缓解药物　能快速缓解支气管收缩及其他伴随的急性症状，用于哮喘急性发作期的治疗，包括：吸入型 β_2 受体激动剂、全身性糖皮质激素、抗胆碱能药物、口服短效 β_2 受体激动剂、短效茶碱等。

②控制药物　能抑制气道炎症，需长期使用，主要用于哮喘慢性持续期，包括：吸入型糖皮质激素(ICS)、白三烯调节剂、缓释茶碱、长效 β_2 受体激动剂、肥大细胞膜稳定剂、全身性糖皮质激素等。

(4)哮喘急性发作期治疗

	代表药物	临床应用特点	注意事项
β_2 受体激动剂	沙丁胺醇 特布他林	是目前临床应用最广的支气管舒张剂 吸入型速效 β_2 受体激动剂是缓解哮喘急性症状的首选药物	急性发作病情较轻时可选择短期口服短效 β_2 受体激动剂
全身性糖皮质激素	泼尼松龙 氢化可的松	严重哮喘发作时静脉给药(1~7天) 病情较重的急性病例可口服给药	最有效的缓解药。不主张长期使用口服糖皮质激素治疗儿童哮喘
抗胆碱能药物	溴化异丙托品	吸入型抗胆碱能药物如溴化异丙托品舒张支气管的作用较 β_2 受体激动剂弱	长期应用不易产生耐药性 不良反应少
短效茶碱	氨茶碱	可用于哮喘急性发作的治疗 但不宜单独应用治疗哮喘	需注意不良反应 长期使用，应监测茶碱血药浓度

(5)哮喘持续状态的处理

①氧疗　所有危重哮喘患儿均存在低氧血症，需采用鼻导管或面罩吸氧，以维持血氧饱和度>0.94。

②补液纠正酸中毒　维持水、电解质平衡，纠正酸碱紊乱。

③糖皮质激素　首选全身应用糖皮质激素，静脉给药，应尽早使用。病情严重时，不能以吸入治疗代替全身糖皮质激素治疗，以免延误病情。

④支气管扩张剂　可选用吸入型 β_2 受体激动剂、氨茶碱静脉滴注、抗胆碱能药物、肾上腺素。

⑤镇静剂　可用水合氯醛灌肠，禁用其他镇静剂。在插管条件下，也可使用地西泮镇静。

⑥抗生素　可酌情使用，不应作为常规，因为儿童哮喘发作主要由病毒引发。

⑦辅助机械通气指征　持续严重的呼吸困难；呼吸音减低或几乎听不到哮鸣音及呼吸音；因过度通气和呼吸肌疲劳而使胸廓运动受限；意识障碍、烦躁、昏迷；吸氧状态下发绀进行性加重；$PaCO_2 \geq 65mmHg$。

(6)哮喘慢性持续期治疗

	代表药物	临床应用特点	注意事项
吸入型糖皮质激素	布地奈德 倍氯米松	是哮喘长期控制的首选药 也是目前最有效的抗炎药物	全身不良反应少，需长期、规范吸入较长时间才能达到完全控制
白三烯调节剂	孟鲁司特 扎鲁司特	分为白三烯合成酶抑制剂和白三烯受体拮抗剂	耐受性好，副作用少，服用方便
缓释茶碱	氨茶碱	用于长期控制时，主要协助吸入型糖皮质激素抗炎	每日分1~2次服用 以维持昼夜血药浓度的稳定
长效 β_2 受体激动剂	福莫特罗 沙美特罗	常与吸入型糖皮质激素联合应用	不良反应较少
肥大细胞膜稳定剂	色甘酸钠	常用于预防运动及其他刺激诱发的哮喘	儿童哮喘效果好 副作用小
全身性糖皮质激素	泼尼松龙 氢化可的松	仅短期用于慢性持续期重症患儿	长期应用会导致严重副作用

注意：①β_2 受体激动剂是临床上治疗哮喘应用最广泛的支气管舒张剂。

②糖皮质激素是目前治疗哮喘效果最好的药物。

③缓解哮喘急性发作的首选药物是吸入型速效 β_2 受体激动剂。

④严重哮喘发作（哮喘持续状态）的治疗首选全身性糖皮质激素静脉给药。

⑤哮喘长期控制的首选药物是吸入型糖皮质激素。

⑥控制哮喘急性发作，当 β_2 受体激动剂及茶碱类无效时，应改用全身性糖皮质激素静脉给药。

【例 10】男孩，8岁。2天前因"感冒"诱发咳嗽，口服糖皮质激素无缓解。3岁至8岁类似喘息发作10余次，曾查肺功能明显降低，支气管舒张试验阳性。查体：呼吸困难，大汗淋漓，不能平卧，面色青灰，三凹征，双肺呼吸音降低，无哮鸣音，心音较低钝。此时不适合的治疗是

A. 补液，纠正酸中毒　　B. 使用吸入型糖皮质激素　　C. 必要时辅以机械通气

D. 氧疗　　E. 使用吸入型速效 β_2 受体激动剂

四、支气管肺炎

支气管肺炎是累及支气管壁和肺泡的炎症，为儿童期最常见的肺炎，2岁以内儿童多发。

1. 临床表现

(1)肺炎的一般临床表现　主要表现为发热、咳嗽、气促、肺部固定性中细湿啰音。

①发热　热型不定，多为不规则热，也可为弛张热或稽留热。

②咳嗽　较频繁，早期为刺激性干咳，极期咳嗽反而减轻，恢复期咳嗽有痰。

③气促　多在发热、咳嗽后出现。

④全身症状　精神不振、食欲减退、烦躁不安，轻度腹泻或呕吐。

⑤呼吸增快　40~80次/分，可见鼻翼扇动、吸气性凹陷。

⑥发绀　口周、鼻唇沟和指(趾)端发绀，轻症患儿无发绀。

⑦肺部啰音　早期不明显，可有呼吸音粗糙，以后闻及固定的中细湿啰音，以背部两侧下方及脊柱两旁较多，于深吸气末最明显。肺部叩诊多正常，病灶融合时可出现实变体征。

(2)重症肺炎的临床表现　除呼吸系统症状外，还可有心血管、神经、消化等系统功能障碍。

①心血管系统　肺炎合并心衰的表现：A.安静状态下呼吸突然加快>60次/分；B.安静状态下心率突然增快>180次/分；C.突然极度烦躁不安，明显发绀，面色苍白或发灰、指(趾)甲微血管再充盈时间延长；D.心音低钝、奔马律、颈静脉怒张；E.肝脏迅速增大；F.少尿或无尿、眼睑或双下肢水肿。

②神经系统　在确诊肺炎后出现下列症状和体征，可考虑为缺氧中毒性脑病：A.烦躁、嗜睡、眼球上窜、凝视；B.球结膜水肿、前囟隆起；C.昏睡、昏迷、惊厥；D.瞳孔对光反射迟钝或消失；E.呼吸节律不整、呼吸心跳解离；F.有脑膜刺激征，脑脊液检查除压力增高外，其他均正常。

若有A、B两项提示脑水肿，伴其他1项以上者可确诊。

③消化系统　严重者发生缺氧中毒性肠麻痹时，表现为频繁呕吐、严重腹胀、呼吸困难加重，肠鸣音消失。重症患儿还可呕吐咖啡样物，大便潜血阳性或柏油样便。

④抗利尿激素异常分泌综合征(SIADH)　A.血钠≤130mmol/L、血浆渗透压<275mmol/L；B.肾脏排钠增加，尿钠≥20mmol/L；C.临床上无血容量不足，皮肤弹性正常；D.尿渗透摩尔浓度高于血渗透摩尔浓度；E.肾功能正常；F.肾上腺皮质功能正常；G.ADH升高。若ADH不升高，则可能为稀释性低钠血症。

⑤DIC　可表现为血压下降，四肢凉，脉速而弱，皮肤黏膜及胃肠道出血。

【例11】女孩，3岁。咳嗽5天，发热2天。查体：咽红，双侧扁桃体Ⅰ度肿大，双肺可闻及较固定的中、细湿啰音。最可能的诊断是

A. 上呼吸道感染　　B. 支气管肺炎　　C. 支气管哮喘
D. 支气管炎　　E. 毛细支气管炎

2. 并发症

(1)脓胸、脓气胸、肺大疱　为常见并发症。

	脓胸	脓气胸	肺大疱
病原	金黄色葡萄球菌最常见 革兰氏阴性杆菌次常见	金黄色葡萄球菌最常见 革兰氏阴性杆菌次常见	金黄色葡萄球菌最常见 革兰氏阴性杆菌次常见
临床表现	高热不退，呼吸困难加重，患侧呼吸运动受限，语颤减弱，叩诊浊音，呼吸音减弱，纵隔移向健侧	突然呼吸困难加重，剧烈咳嗽，烦躁不安，面色发绀，叩诊积液上方呈鼓音，呼吸音减弱或消失	体积小者无症状 体积大者可引起呼吸困难
X线表现	立位片患侧肋膈角变钝，或呈反抛物线状阴影	立位X线检查可见液气面	可见薄壁空洞

(2)肺脓肿　是化脓性感染造成的肺实质空洞性损害，并形成脓腔。常见的病原菌为需氧化脓菌，如金黄色葡萄球菌、克雷伯杆菌等。脓肿可侵犯胸膜或破溃至胸膜腔引发脓胸。

(3)支气管扩张　肺炎部位支气管阻塞，腔内淤滞的分泌物造成对支气管壁的压力，日久造成远端扩张。临床表现为反复咳嗽、咳痰，部分可有咯血，多数可在肺底部闻及湿啰音。

【例12】易并发脓胸、脓气胸的肺炎是

A. 呼吸道合胞病毒肺炎　　B. 腺病毒肺炎　　C. 金黄色葡萄球菌肺炎
D. 支原体肺炎　　E. 衣原体肺炎

3. 治疗

(1)治疗原则　采用综合治疗，原则为改善通气、控制炎症、对症治疗、防治并发症。

(2)抗生素治疗　根据病原菌选用在肺组织药浓较高的敏感抗生素，早期、联合、足量、足疗程应用。

致病菌	首选抗生素	致病菌	首选抗生素或抗病毒药
肺炎链球菌	青霉素、阿莫西林 大环内酯类(青霉素过敏者)	金黄色葡萄球菌	苯唑西林、氯唑西林 万古霉素(甲氧西林耐药者)
流感嗜血杆菌	阿莫西林+克拉维酸	卡他莫拉菌	阿莫西林+克拉维酸
肺炎克雷伯杆菌	头孢他啶、亚胺培南	大肠埃希菌	头孢他啶、亚胺培南
铜绿假单胞菌	替卡西林+克拉维酸	肺炎支原体	阿奇霉素、红霉素、罗红霉素
衣原体	阿奇霉素、红霉素、罗红霉素	病毒	利巴韦林(病毒唑)、α-干扰素

注意:①普通细菌性肺炎抗生素用至热退且平稳、全身症状明显改善、呼吸道症状部分改善后3~5天。
②肺炎链球菌肺炎疗程7~10天,支原体肺炎、衣原体肺炎疗程10~14天(8版《儿科学》为2~3周)。
③葡萄球菌肺炎抗生素疗程为体温正常后2~3周停药,总疗程≥6周。

(3)抗病毒治疗 可以试用利巴韦林、α-干扰素。若为流感病毒感染,可口服磷酸奥司他韦。

(4)氧疗 有缺氧表现,如烦躁、发绀、动脉血氧分压<60mmHg时,可采用鼻前庭导管给氧,氧流量0.5~1L/min,氧浓度≤40%。新生儿或婴幼儿可用面罩给氧,氧流量2~4L/min,氧浓度50%~60%。

(5)糖皮质激素 可减少炎症渗出,解除支气管痉挛,改善血管通透性和微循环,降低颅内压。使用指征为:严重喘憋或呼吸衰竭;全身中毒症状明显;合并感染性休克;出现脑水肿;胸腔短期有较大量渗出。

(6)肺炎合并心力衰竭的治疗 吸氧、镇静、利尿、强心(地高辛)、血管活性药物(酚妥拉明)。

(7)肺炎合并缺氧中毒性脑病的治疗 脱水疗法(甘露醇)、改善通气(人工辅助通气)、扩血管(酚妥拉明)、止痉(地西泮)、糖皮质激素(地塞米松)、促进脑细胞功能恢复(ATP、胞磷胆碱)等。

(8)抗利尿激素异常分泌综合征的治疗 与肺炎合并稀释性低钠血症的治疗是相同的。原则为限制水入量,补充高渗盐水。当血钠120~130mmol/L,无明显症状时,主要措施是限制水的摄入量,以缓解低渗状态。如血钠<120mmol/L,有明显低钠血症症状时,按3%氯化钠12ml/kg可提高血钠10mmol/L计算,先给予1/2量,在2~4小时内静脉点滴,必要时4小时后重复1次。

(9)脓胸和脓气胸的治疗 应及时穿刺引流,若脓液黏稠、反复穿刺抽脓不畅,宜行胸腔闭式引流。

【例13】支原体肺炎应用抗生素的疗程应是

A. 体温正常后停药　B. 症状基本消失后　C. 1周

D. 2~3周　E. 4~6周

【例14】女,1岁。发热伴咳喘3天,口周稍青紫。用鼻前庭导管吸氧,氧流量应为

A. 0.5~1L/min　B. 1.5~2L/min　C. 2.5~3L/min

D. 3.5~4L/min　E. 4.5~5L/min

4. 几种不同病原体所致肺炎的临床特点

(1)病毒性肺炎

	呼吸道合胞病毒肺炎	腺病毒肺炎
发病率	目前最常见的病毒性肺炎	发病率第2位的病毒性肺炎
血清型	呼吸道合胞病毒只有1个血清型	腺病毒共有42个血清型,常见致病型为3、7型
好发人群	婴幼儿,尤其是1岁以内的小儿	6个月至2岁多见
临床特点	发热、呼吸困难、喘憋、口唇发绀 鼻翼扇动、三凹征	高热可持续2~3周、中毒症状重 频繁咳嗽、阵发性喘憋、嗜睡、昏迷等
体格检查	肺部多有中细湿啰音	肺部啰音出现较迟,肝脾大,麻疹样皮疹,可有心衰体征
X线表现	两肺小点片状、斑片状阴影 有不同程度的肺气肿	大小不等的片状阴影或融合成大病灶 病灶吸收慢,需数周或数月。X线改变较肺部体征早

(2)细菌性肺炎

①肺炎链球菌肺炎 是5岁以下儿童最常见的细菌性肺炎。支气管肺炎是儿童肺炎链球菌肺炎最常见的病理类型。年长儿也可表现为大叶性肺炎。临床起病多急骤,可有寒战,高热可达40℃,呼吸急促,呼气呻吟,鼻翼扇动,发绀,可有胸痛。最初数日咳嗽不重,无痰,后有铁锈色痰液。轻症者神志清楚,重症者可有烦躁、嗜睡、惊厥、谵妄、昏迷等缺氧中毒性脑病表现。胸部体征早期只有轻度叩诊浊音或呼吸音减弱,肺实变后可有典型叩诊浊音、语颤增强、管状呼吸音。消散期可闻及湿啰音。

胸部X线检查:早期可见肺纹理增强或局限于一个节段的浅薄阴影,以后有大片阴影均匀致密,占全肺叶或一个节段。少数患者出现肺大疱或胸腔积液。支气管肺炎呈斑片状阴影。

②金黄色葡萄球菌肺炎和革兰氏阴性杆菌肺炎 见下表。

	金黄色葡萄球菌肺炎	革兰氏阴性杆菌肺炎
致病菌	金黄色葡萄球菌	流感嗜血杆菌、肺炎克雷伯杆菌、铜绿假单胞菌
好发人群	新生儿、婴幼儿	6个月至2岁多见
病理特点	肺组织广泛出血性坏死、多发性小脓肿形成	以肺内浸润、实变、出血性坏死为主
临床特点	肺组织破坏严重,易形成肺脓肿、脓胸、脓气胸、纵隔气肿;起病急,进展快,全身中毒症状明显;可有败血症及迁徙性化脓灶	多有数日呼吸道感染症状,病情呈亚急性,全身中毒症状明显;表现为发热、精神萎靡,嗜睡,咳嗽,呼吸困难,面色苍白,发绀
肺部体检	双肺散在中细湿啰音,可有脓胸、脓气胸体征	肺部可有湿啰音,病变融合时则有实变体征
X线表现	肺部小片状影,进展迅速,数小时内可出现小脓肿、肺大疱或胸腔积液,病灶吸收慢	肺部X线改变多种多样,基本改变为支气管肺炎征象,或呈一叶或多叶节段性炎症阴影

(3)肺炎支原体肺炎与衣原体肺炎

	肺炎支原体肺炎	沙眼衣原体肺炎	肺炎衣原体肺炎
病原	肺炎支原体	沙眼衣原体	肺炎衣原体
好发人群	学龄前儿童及青年	1~3个月婴儿	学龄前儿童
起病	缓慢或亚急性起病	起病缓慢	起病隐匿
前驱症状	全身不适,乏力,头痛,2~3天后发热,可伴咽痛、肌痛	开始可有鼻塞、流涕等上感症状,1/2患儿有结膜炎	无特异性临床表现,早期多有上感症状,咽痛、声音嘶哑
肺部症状	咳嗽为突出症状,初为干咳,后为顽固性剧咳,常有黏稠痰液	呼吸增快,明显阵发性不连贯咳嗽为其特征,但无百日咳回声	咳嗽最多见,1~2周后上感症状消退,但咳嗽加重
肺部体征	肺部体征不明显,剧烈咳嗽与轻微体征不符为其特点	肺部偶闻干、湿啰音,甚至捻发音和哮鸣音	肺部偶闻干、湿啰音、哮鸣音
X线检查	支气管肺炎、间质性肺炎、均匀一致的片状阴影似大叶性肺炎、肺门阴影增浓;游走性浸润	双侧间质性或小片状浸润,双肺过度充气	可见肺炎病灶,多为单侧下叶浸润,也可为广泛单侧或双侧性病灶

【例15】男婴,4个月。发热、咳嗽伴喘息2天。查体:T38.5℃,呼吸急促,可见明显三凹征,双肺可闻及明显哮鸣音,背部可闻及细湿啰音,心率140次/分,律齐,腹稍胀,肝肋下2.5cm。胸部X线片示肺气肿。最可能的诊断是

A. 肺炎支原体肺炎　　B. 金黄色葡萄球菌肺炎　　C. 支气管哮喘
D. 腺病毒肺炎　　E. 呼吸道合胞病毒肺炎

【例16】女孩,3岁。高热,咽痛,纳差3天。查体:咽部充血,眼结膜充血,颈痛,耳后淋巴结肿大,心、肺无

异常。最可能的病原体是

A. 副流感病毒　　B. 腺病毒　　C. 单纯疱疹病毒

D. 柯萨奇病毒　　E. 流感病毒

【例 17】腺病毒肺炎最易出现的并发症是

A. 张力性气胸　　B. 心力衰竭　　C. 肺脓肿

D. 肺大疱　　E. 脓气胸、脓胸

【例 18】男孩，2 岁。持续高热，咳嗽 1 周，加重伴烦躁、气促 1 天。查体 T39.5℃，P114 次/分。口唇青紫，可见三凹征，双肺可闻及中细湿啰音，肝肋下 2cm。实验室检查：血 WBC20.0×10^9/L，N0.88，L0.12。胸部 X 线片示双肺散在斑片状阴影，可见肺大疱。最可能的诊断是

A. 腺病毒肺炎　　B. 肺炎链球菌肺炎　　C. 呼吸道合胞病毒肺炎

D. 肺炎支原体肺炎　　E. 金黄色葡萄球菌肺炎

常考点　两种特殊类型的上感；哮喘的诊断及治疗；各型肺炎的鉴别诊断。

参考答案——详细解答见 2021《贺银成国家临床执业及助理医师资格考试历年考点精析》

1. ABCDE　2. ABCDE　3. ABCDE　4. ABCDE　5. ABCDE　6. ABCDE　7. ABCDE

8. ABCDE　9. ABCDE　10. ABCDE　11. ABCDE　12. ABCDE　13. ABCDE　14. ABCDE

15. ABCDE　16. ABCDE　17. ABCDE　18. ABCDE

第8章　心血管系统疾病

考纲要求

①心血管系统生理特点：胎儿新生儿循环的转换，小儿心率、血压的特点。②先天性心脏病概述：分类，几种常见先天性心脏病的临床表现、诊断与鉴别诊断。③房间隔缺损：临床表现，诊断，并发症。④室间隔缺损：临床表现，诊断，并发症。⑤动脉导管未闭：临床表现，诊断，并发症。⑥法洛四联症：临床表现，诊断，并发症。

复习要点

一、小儿心血管系统生理特点

1. 胎儿新生儿循环的转换

(1) 正常胎儿血液循环

①上半身的血液供应　胎儿时期的营养代谢和气体交换是通过脐血管连接胎盘与母体之间以弥散方式完成的。由胎盘来的动脉血经脐静脉进入胎儿体内，至肝脏下缘，约50%的血流入肝与门静脉血流汇合，另一部分经静脉导管入下腔静脉，与来自下半身的静脉血混合，流入右心房。由于下腔静脉瓣的阻隔，使来自下腔静脉的混合血(以动脉血为主)流入右心房后，约1/3经卵圆孔流入左心房，再经左心室流入升主动脉，主要供应心脏、脑和上肢；其余的流入右心室。

②下半身的血液供应　从上腔静脉回流的来自上半身的静脉血，流入右心房后绝大部分流入右心室，与来自下腔静脉的血一起进入肺动脉。由于胎儿肺脏处于压缩状态，故肺动脉的血只有少量流入肺脏，经肺静脉回到左心房，而约80%的血液经动脉导管与来自升主动脉的血汇合后进入降主动脉(以静脉血为主)，供应腹腔器官及下肢，同时经过脐动脉流回胎盘，换取营养及氧气。故胎儿期供应脑、心、肝及上肢的血氧量远远较下半身为高。

③右心室在胎儿期不仅要克服体循环的阻力，同时承担着远较左心室多的容量负荷。

(2) 出生血液循环的改变

①脐血管　出生后脐带结扎，脐血管被阻断，随血流停止而废用，脐胎循环转变为肺循环。脐血管在血流停止后6~8周完全闭锁，脐静脉变成肝圆韧带，脐动脉变成膀胱脐韧带。

②卵圆孔　由于呼吸建立，肺泡扩张，肺循环压力下降，从右心经肺动脉流入肺脏的血液增多，使肺静脉回流至左心房的血量也增多，左心房压力因而增高。当左心房压力超过右心房时，卵圆孔先在功能上关闭，到出生后5~7个月，解剖上大多关闭。

③动脉导管　出生后肺循环压力降低，体循环压力升高，流经动脉导管的血流逐渐减少，最后停止，形成功能上的关闭。另外，血氧增高、缓激肽的释放可使动脉导管平滑肌收缩，导管逐渐闭塞，最后血流停止，成为动脉韧带。足月儿约80%在生后10~15小时形成功能性关闭。约80%婴儿于生后3个月、95%婴儿于生后1年内形成解剖性关闭。若动脉导管持续开放，即为动脉导管未闭。

2. 小儿心率、血压的特点

(1) 小儿心率的特点　小儿心率较快，随年龄增长心率逐渐减慢。新生儿心率为120~140次/分，1岁以内为110~130次/分，2~3岁为100~120次/分，4~7岁为80~100次/分，8~14岁为70~90次/分。

(2) 小儿血压的特点　动脉收缩压=(年龄×2)+80mmHg，舒张压=收缩压×2/3。新生儿收缩压平均为70mmHg。收缩压高于或低于此标准20mmHg，可考虑为高血压或低血压。学龄前儿童静脉压为40cmH_2O左右，学龄儿童约为60cmH_2O。

A. 生后 1~2 岁　　B. 生后 3~4 个月　　C. 生后 3 个月内
D. 生后 5~7 个月　　E. 生后 8~10 个月

【例 1】小儿卵圆孔解剖上关闭的时间是

【例 2】80%的小儿动脉导管解剖上关闭的时间是

二、先天性心脏病概述

1. 先天性心脏病的分类

先天性心脏病(简称先心病)是胚胎期心脏及大血管发育异常所致的先天性畸形,是儿童最常见的心脏病。根据左、右两侧及大血管之间有无分流,将先心病分为三类。

	左向右分流型	右向左分流型	无分流型
别称	潜伏青紫型	青紫型	无青紫型
发病机制	平时血液从左向右分流不出现青紫。当剧哭、屏气时肺动脉、右心室压力超过左心压力时,出现右向左分流而出现暂时性青紫	某些原因(如右心室流出道狭窄)致使右心压力增高并超过左心,使血流经常从右向左分流时,或因大动脉起源异常,使大量静脉血流入体循环,可出现持续性青紫	心脏左、右两侧或动、静脉之间无异常通路或分流
常见疾病	房间隔缺损、室间隔缺损 动脉导管未闭	法洛四联症、大动脉转位 三尖瓣闭锁	肺动脉狭窄、主动脉缩窄 主动脉瓣狭窄

【例 3】属于无分流型先天性心脏病的是

A. 室间隔缺损　　B. 房间隔缺损　　C. 法洛四联症
D. 肺动脉狭窄　　E. 动脉导管未闭

2. 几种常见先天性心脏病的临床表现、诊断与鉴别诊断

	房间隔缺损	室间隔缺损	动脉导管未闭	法洛四联症
发病率	占先心病 5%~10%	占先心病 50%,最常见	占先心病 10%	占先心病 12%
分流分类	左向右分流	左向右分流	左向右分流	右向左分流
临床症状	发育落后,乏力,活动后心悸气短,咳嗽,出现肺动脉高压时有青紫	发育落后,乏力,活动后心悸气短,咳嗽,出现肺动脉高压时有青紫	发育落后,乏力,活动后心悸气短,咳嗽,出现肺动脉高压时有青紫	发育落后,乏力,青紫(哭闹时加重),蹲踞,可有阵发性晕厥
杂音部位	胸骨左缘 2~3 肋间	胸骨左缘 3~4 肋间	胸骨左缘第 2 肋间	胸骨左缘 2~4 肋间
杂音性质	收缩期,喷射性	全收缩期,粗糙	连续性	收缩期,喷射性
震颤	分流量大者可有	有	有	无
P_2 亢进	亢进,固定分裂	亢进	亢进	减低
肺淤血	多	多	多	少
肺野	充血	充血	充血	清晰
肺门舞蹈	有	有	有	无
房室增大	右心房、右心室	左心室、右心室	左心房、左心室	右心室
肺动脉段	凸出	凸出	凸出	凹陷
心影	梨形心	二尖瓣型心	—	靴形心

【例4】左向右分流型先天性心脏病出现显著肺动脉高压时，主要改变为

A. 左心房增大　B. 右心房增大　C. 左心室增大
D. 右心室增大　E. 左心房增大、左心室增大

三、房间隔缺损（房缺）

1. 临床表现

（1）症状 缺损小的房缺可无症状。缺损大时分流量也大，导致肺充血、体循环血流量不足，表现为体形瘦长、面色苍白、乏力、活动后气促、生长发育迟缓。由于肺循环血流增多，易反复发生呼吸道感染。

（2）体征 ①心脏增大，前胸饱满，搏动活跃，缺损较大分流量大者可扪及震颤。②第一心音亢进，肺动脉瓣第二心音增强，第二心音固定分裂。③由于右心室增大，大量的血流通过正常肺动脉瓣时形成相对狭窄，故可在左第2肋间闻及2~3级喷射性收缩期杂音。④当肺循环血流量超过体循环达1倍以上时，可在三尖瓣听诊区（胸骨左下第4~5肋间隙）闻及三尖瓣相对狭窄所致的舒张早中期杂音。

【例5】男孩，13岁。近1个月自觉体力进行性下降。查体：心前区未触及震颤，胸骨左缘第2肋间闻及3/6级收缩期喷射性杂音，P_2增强，固定分裂。最可能的诊断

A. 房间隔缺损　B. 小型室间隔缺损　C. 中型室间隔缺损
D. 动脉导管未闭　E. 肺动脉瓣狭窄

【例6】房间隔缺损杂音产生的主要原理是

A. 主动脉瓣相对狭窄　B. 血流直接通过缺损口　C. 二尖瓣相对狭窄
D. 肺动脉瓣相对狭窄　E. 三尖瓣相对狭窄

2. 诊断

根据病史、典型心脏杂音、右心房和右心室增大，不难诊断。

3. 并发症

常见并发症是肺炎。至青中年期可合并心律失常（如期前收缩、心房颤动、心房扑动）、心力衰竭、肺动脉高压等。感染性心内膜炎少见。

（7~9题共用题干）男孩，8岁。剧烈运动后胸闷、气短1个月。查体：心前区未触及震颤，胸骨左缘2~3肋间闻及3/6级收缩期喷射性杂音，P_2增强、固定分裂。

【例7】最可能的诊断是

A. 动脉导管未闭　B. 单纯肺动脉瓣狭窄　C. 房间隔缺损
D. 中型室间隔缺损　E. 小型室间隔缺损

【例8】心脏杂音形成的最直接原因是

A. 肺动脉瓣明显狭窄　B. 右心压力负荷增加　C. 经肺动脉瓣血流量增多
D. 主动脉瓣相对狭窄　E. 血液经房间隔缺损自左心房流入右心房

【例9】最典型的心电图改变是

A. 左心室高电压　B. 左心房肥大　C. 一度房室传导阻滞
D. 二度房室传导阻滞Ⅰ型　E. 不完全性右束传导阻滞和电轴右偏

四、室间隔缺损（室缺）

室间隔缺损由胚胎期室间隔发育不全所致，是最常见的先天性心脏病，约占50%。

1. 临床表现

（1）症状 小型缺损可无症状。缺损较大时，左向右分流量多，体循环血流量减少，患者生长发育迟缓，体重不增，消瘦，喂养困难，活动乏力，气短，多汗，易反复发生呼吸道感染，易导致充血性心力衰竭。

有时因扩张的肺动脉压迫喉返神经引起声音嘶哑。

(2)体征 ①心脏搏动增强，胸骨左缘第3、4肋间可闻及3~4级粗糙的全收缩期杂音，向四周广泛传导，可扪及收缩期震颤。②大型缺损伴明显肺动脉高压时，可出现逆向右向左分流(即艾森曼格综合征)，导致青紫且逐渐加重。此时心脏杂音较轻而肺动脉瓣第二心音显著亢进。

【例10】婴儿期最易合并心力衰竭的先天性心脏病是

A. 房间隔缺损　　B. 室间隔缺损　　C. 法洛四联症

D. 动脉导管未闭　　E. 肺动脉瓣狭窄

【例11】室间隔缺损伴艾森曼格综合征的临床表现为

A. 生后即青紫　　B. 暂时性青紫　　C. 持续性青紫

D. 不出现青紫　　E. 差异性青紫

2. 诊断

根据病史、典型心脏杂音、左右心室增大、超声检查结果，不难诊断。

3. 并发症

支气管肺炎、充血性心力衰竭、肺水肿、感染性心内膜炎。

4. 房间隔缺损和室间隔缺损的鉴别

	房间隔缺损	室间隔缺损
小的缺损	可无症状 仅于胸骨左缘2~3肋间闻及收缩期杂音	可无症状 仅于胸骨左缘3~4肋间闻及收缩期杂音
体循环减少	消瘦、面色苍白、活动后气促、生长发育迟缓	消瘦、面色苍白、活动后气促、生长发育迟缓
肺循环增多	易反复发生呼吸道感染，严重者早期发生心衰	易反复发生呼吸道感染，易导致充血性心衰
肺动脉高压	剧哭、肺炎时出现暂时性青紫(暂时性右向左) 晚期出现持续性青紫(持续性右向左分流)	剧哭、肺炎时出现暂时性青紫(暂时性右向左) 晚期出现持续性青紫(持续性右向左分流)
其他表现	前胸隆起，心前区抬举感，可伴震颤	扩张的肺动脉压迫喉返神经致声嘶，可伴震颤
并发症	支气管炎、充血性心衰、肺水肿、感染性心内膜炎	支气管炎、充血性心衰、肺水肿、感染性心内膜炎
X线检查	心脏轻至中度增大，以右心房及右心室大为主 肺动脉段突出，肺野充血 主动脉影缩小，可见肺门舞蹈，梨形心	心脏轻至中度增大，以左心室及右心室大为主 肺动脉段突出，肺野充血 肺动脉主干增粗，可见肺门舞蹈
心电图	右心房及右心室肥厚，不完全性右束支阻滞	左、右心室肥厚，心衰者多伴有心肌劳损
心动图	可显示房缺位置、大小，判断分流方向及大小	可显示室缺位置、大小，判断分流方向及大小

【例12】女，3岁。自幼呼吸较急促，消瘦，乏力，常患呼吸道感染。剧烈哭吵时，唇周发绀。体检：胸骨左缘第3~4肋间可闻及3~4级粗糙的收缩期杂音。X线检查左、右心室增大，肺动脉段突出，可见肺门"舞蹈"。最可能的诊断是

A. 房间隔缺损　　B. 室间隔缺损　　C. 动脉导管未闭

D. 肺动脉狭窄　　E. 法洛四联症

五、动脉导管未闭

胎儿期动脉导管开放是血液循环的重要通道，出生后大约15小时即发生功能性关闭，80%在生后3个月解剖学关闭。到出生后1年，在解剖学上应完全关闭。若持续开放，即为动脉导管未闭。

1. 临床表现

(1)症状 动脉导管细小者可无症状。导管粗大者可有咳嗽、气急、喂养困难及生长发育落后等。

(2)体征

①典型杂音 胸骨左缘上方(第2肋间)可闻及响亮粗糙的连续"机械样"杂音,占据整个收缩期和舒张期,于收缩期末最响,杂音向左锁骨下、颈部及背部传导。常伴收缩期震颤。

②肺动脉压增高 肺动脉瓣区第二心音亢进。当肺动脉压显著增高时,血流从肺动脉向主动脉分流,出现差异性发绀。

③周围血管征 由于主动脉的血液分流到肺动脉,使动脉舒张压降低,脉压增大,可出现周围血管征,如水冲脉、毛细血管搏动征、股动脉枪击音等。

2. 并发症

支气管肺炎、充血性心衰、感染性心内膜炎、肺动脉和动脉导管瘤样扩张等。

3. 诊断

(1)病史及体格检查 如上所述。

(2)X线检查 动脉导管细小者,心影可正常。分流量大者,心胸比率增大,左心房、左心室增大,肺动脉段突出,肺野充血,肺门血管影增粗,可有肺门舞蹈。主动脉结正常或凸出。

(3)超声心动图 对诊断极有帮助。

【例13】男孩,3岁。剧烈活动后气促,青紫不明显。自幼反复呼吸道感染。查体:BP90/40mmHg,胸骨左缘第2肋间可闻及粗糙响亮的连续机器样杂音,第4肋间可闻及4/6级粗糙的全收缩期杂音伴震颤,P_2亢进,闻及股动脉枪击音。胸部X线片示左心房及左、右心室增大,肺动脉段膨隆。最可能的诊断是

A. 房间隔缺损　B. 室间隔缺损　C. 动脉导管未闭
D. 法洛四联症　E. 室间隔缺损+动脉导管未闭

六、法洛四联症

法洛四联症是婴儿期后最常见的青紫型先天性心脏病,由右心室流出道梗阻(肺动脉狭窄)、室间隔缺损、主动脉骑跨和右心室肥厚(继发性病变)组成。

1. 临床表现

(1)青紫 为最早出现的表现,其青紫程度和出现早晚与肺动脉狭窄程度有关。因血氧含量下降,活动耐力差,稍一活动,如啼哭、情绪激动、体力劳动、寒冷等,即可出现气急、青紫加重。

(2)蹲踞症状 患儿多有蹲踞症状,蹲踞可使缺氧症状暂时得以缓解。

(3)杵状指(趾) 患儿长期慢性缺氧的表现。

(4)阵发性缺氧发作 多见于婴儿,表现为阵发性呼吸困难,严重者可突然晕厥、抽搐,甚至死亡。

(5)体格检查

	法洛四联症	动脉导管未闭
典型杂音	胸骨左缘第2~4肋间可闻及Ⅱ~Ⅲ级粗糙喷射性收缩期杂音(肺动脉狭窄所致)	胸骨左缘第2肋间可闻及响亮粗糙的连续"机械样"杂音,占据整个收缩期和舒张期,于收缩期末最响,杂音向左锁骨下、颈部及背部传导
震颤	一般无收缩期震颤	于杂音最响处可扪及震颤,以收缩期明显
肺动脉压	肺动脉狭窄,肺动脉瓣区第二心音减弱	肺动脉瓣区第二音亢进。当肺动脉压显著增高时,血液从肺动脉向主动脉分流,出现差异性发绀
其他体征	慢性缺氧表现:患儿生长发育迟缓、智能发育落后、杵状指(趾)	周围血管征:水冲脉、毛细血管搏动征、股动脉枪击音

2. 并发症

脑血栓、脑脓肿、感染性心内膜炎等。

【例 14】静脉血经异常通道进入体循环动脉血中所致发绀常见于

A. 肺炎　　B. 右心衰竭　　C. 严重休克
D. 法洛四联症　　E. 阻塞性肺气肿

【例 15】法洛四联症杂音响度主要取决于

A. 左、右心室之间压力差　　B. 肺动脉狭窄的程度　　C. 室间隔缺损大小
D. 主动脉骑跨程度　　E. 右心室肥厚程度

【例 16】男婴,6 个月。出生时诊断为法洛四联症。近 2 天常于哭闹时突发四肢抽搐,青紫加重,神志不清,呼吸急促,持续时间 2~3 分钟。首先应考虑为

A. 缺氧发作　　B. 脑栓塞　　C. 心力衰竭
D. 休克　　E. 脑脓肿

【例 17】男孩,2 岁。活动后气急、口唇青紫 1 年余。查体:胸骨左缘第 3 肋间闻及 3/6 级喷射性收缩期杂音。胸部 X 线片示心影稍增大,心尖圆钝上翘,肺动脉段凹陷,肺门血管影缩小,肺透亮度增加。最可能的诊断是

A. 完全性大动脉转位　　B. 房间隔缺损合并肺动脉高压　　C. 法洛四联症
D. 动脉导管未闭　　E. 室间隔缺损合并肺动脉高压

3. 诊断

(1)病史及体检　如上述。

(2)X 线检查　心脏大小一般正常或稍增大,典型病例前后位胸片心影呈靴状(心尖圆钝上翘,肺动脉段凹陷),肺门血管影缩小,两肺纹理减少,透亮度增加。25%的患儿可见到右位主动脉弓阴影。

(3)心电图　示电轴右偏,右心室肥大。狭窄严重者可出现心肌劳损,右心房肥大。

(4)超声心动图　可见主动脉内径增宽,骑跨于室间隔之上,右心室流出道及肺动脉狭窄。

A. 动脉导管未闭　　B. 房间隔缺损　　C. 小型室间隔缺损
D. 法洛四联症　　E. 大型室间隔缺损

【例 18】胸部 X 线片示肺野清晰的是

【例 19】胸部 X 线片示肺血多、主动脉弓增大的是

【例 20】胸部 X 线片示肺血多,右心房、右心室增大的是

常考点　四种先天性心脏病的临床表现及鉴别诊断。

参考答案——详细解答见 2021《贺银成国家临床执业及助理医师资格考试历年考点精析》

1. ABCDE　2. ABCDE　3. ABCDE　4. ABCDE　5. ABCDE　6. ABCDE　7. ABCDE
8. ABCDE　9. ABCDE　10. ABCDE　11. ABCDE　12. ABCDE　13. ABCDE　14. ABCDE
15. ABCDE　16. ABCDE　17. ABCDE　18. ABCDE　19. ABCDE　20. ABCDE

第 9 章　泌尿系统疾病

考纲要求

①泌尿系统解剖、生理特点：解剖特点，生理特点，小儿排尿及尿液特点。②急性肾小球肾炎：病因，临床表现与分型，辅助检查，诊断与鉴别诊断，治疗。③肾病综合征：分类方法，临床表现，辅助检查，并发症，诊断与鉴别诊断，治疗。

复习要点

一、儿童泌尿系统解剖生理特点

1. 解剖特点

(1)肾脏　小儿肾脏相对较重。婴儿肾脏位置较低，其下极可低至髂嵴以下第 4 腰椎水平，2 岁以后达髂嵴以上。右肾位置稍低于左肾。2 岁以内健康儿童腹部触诊时容易扪及肾脏。

(2)输尿管　婴幼儿输尿管长而弯曲，容易受压、扭曲而导致梗阻，易发生尿潴留而诱发感染。

(3)膀胱　婴儿膀胱位置较年长儿高，随年龄增长逐渐下降至盆腔内。

(4)尿道　新生女婴尿道长仅 1cm，且外口暴露、接近肛门，易受细菌污染。男婴尿道虽较长，但常有包茎和包皮过长，尿垢积聚时易引起上行性细菌感染。

2. 生理特点

(1)肾脏的生理功能　肾脏有许多重要功能：

①排泄功能　排出体内代谢终产物，如尿素、有机酸等。

②调节水、电解质及酸碱平衡　维持内环境相对稳定。

③内分泌功能　产生激素和生物活性物质，如促红细胞生成素、肾素、前列腺素。

(2)胎儿肾功能　在胎龄 36 周时肾单位数量已达成人水平，但调节功能较弱，贮备能力差，一般 1~2 岁才接近成人水平。胎儿于 12 周末已能形成尿液，但此时主要通过胎盘来完成机体的排泄和调节内环境稳定。

(3)肾小球滤过率(GFR)　新生儿出生时肾小球滤过率仅为成人的 1/4，2 岁时达成人水平。

(4)肾小管重吸收及排泄功能　足月新生儿氨基酸及葡萄糖的重吸收能力正常，出生后已能维持钠平衡，但钠的重吸收能力很低，因此在钠负荷过大时不能迅速排钠，而易致水肿。早产儿肾功能尚不成熟，葡萄糖肾阈较低，易出现糖尿。新生儿头 10 天对钾的排泄能力较差，故有高钾血症倾向。

(5)浓缩和稀释功能　新生儿和幼婴由于髓袢短、尿素形成量少、抗利尿激素分泌不足，使尿液浓缩功能不足，在应激状态下保留水分的能力低于年长儿和成人。故入量不足时易发生脱水、诱发急性肾衰竭。新生儿和幼婴尿稀释功能接近成人，但因肾小球滤过率较低，大量水负荷或输液过快时易出现水肿。

(6)酸碱平衡　新生儿及婴幼儿时期易发生酸中毒。

(7)肾脏的内分泌功能　新生儿的肾脏已具有内分泌功能，其血浆肾素、血管紧张素、醛固酮均等于或高于成人，生后数周内逐渐降低。新生儿肾血流量低，因而前列腺素合成速率较低。由于胎儿血氧分压较低，故胚肾合成促红细胞生成素较多，出生后合成减少。婴儿血清 1,25-$(OH)_2D_3$ 水平高于儿童期。

3. 儿童排尿和尿液特点

(1)排尿次数　93%的新生儿在生后 24 小时内排尿，99%在 48 小时内排尿。生后头几天，因摄入量少，每日排尿仅 4~5 次；1 周后因新陈代谢旺盛，进水量增多而膀胱容量小，排尿突然增至 20~25 次/日；1 岁时 15~16 次/日；学龄前和学龄期为 6~7 次/日。

(2)排尿控制　3 岁时能控制排尿。

(3)每日尿量 新生儿生后48小时正常尿量一般为每小时1~3ml/kg,2天内平均尿量为30~60ml/d,3~10天为100~300ml/d,~2个月为250~400ml/d,~1岁为400~500ml/d,~3岁为500~600ml/d,~5岁为600~700ml/d,~8岁为600~1000ml/d,~14岁为800~1400ml/d,>14岁为1000~1600ml/d。

新生儿尿量每小时<1.0ml/kg为少尿,每小时<0.5ml/kg为无尿。

学龄儿童排尿量<400ml/d,学龄前儿童<300ml/d,婴幼儿<200ml/d为少尿;<50ml/d为无尿。

(4)尿液酸碱度 生后头几天因尿中含尿酸盐多而呈强酸性,以后接近中性或弱酸性,pH多为5~7。

(5)尿渗透压和尿比重 新生儿尿渗透压平均为240mmol/L,尿比重为1.006~1.008,随年龄增长逐渐增高,1岁后接近成人。儿童尿渗透压通常为500~800mmol/L,尿比重为1.011~1.025。

(6)尿蛋白 正常儿童尿中含有微量蛋白,通常≤100mg/(m^2·24h),定性为阴性。若尿蛋白>150mg/d或4mg/(m^2·h)或100mg/L,定性检查阳性为异常。

(7)尿细胞和管型 正常新鲜尿液离心后沉渣镜检,红细胞<3个/HP,白细胞<5个/HP,偶见透明管型。12小时尿细胞计数:红细胞<50万、白细胞<100万、管型<5000个为正常。

【例1】下列不属于小儿肾脏生理功能的是

A. 肾小球滤过功能　B. 产生抗利尿激素　C. 调节酸碱平衡功能
D. 浓缩和稀释功能　E. 肾小管重吸收及排泄功能

【例2】肾脏在胎儿期合成较多的激素是

A. 1,25-$(OH)_2D_3$　B. 前列腺素　C. 促红细胞生成素
D. 肾素　E. 利钠激素

【例3】婴儿少尿的标准是昼夜尿量少于

A. 100ml　B. 200ml　C. 300ml
D. 400ml　E. 500ml

二、急性肾小球肾炎(急性肾炎)

急性肾炎是指一组病因不一,急性起病,多有前驱感染,以血尿为主,伴不同程度蛋白尿、水肿、高血压或肾功能不全等特点的肾小球疾病。急性肾炎分急性链球菌感染后肾炎和非链球菌感染后肾炎。

1. 病因

(1)β溶血性链球菌感染 绝大多数为A组β溶血性链球菌急性感染后引起的免疫复合物性肾小球肾炎。溶血性链球菌感染后,肾炎的发生率一般在0~20%。以上呼吸道感染或扁桃体炎最常见,占51%,脓皮病或皮肤感染次之,占25.8%。

(2)其他细菌 草绿色链球菌、肺炎链球菌、金黄色葡萄球菌、伤寒杆菌、流感嗜血杆菌等。

(3)病毒 柯萨奇病毒型、ECHO病毒、麻疹病毒、腮腺炎病毒、乙肝病毒、巨细胞病毒、EB病毒等。

(4)其他病原体 如疟原虫、肺炎支原体、白念珠菌、丝虫、钩虫、血吸虫、梅毒螺旋体等。

2. 临床表现与分型

(1)前驱感染 90%的病例发病前1~3周有链球菌感染史,以呼吸道、皮肤感染为主。呼吸道感染者前驱期为6~12天(平均10天),皮肤感染者前驱期为14~28天(平均20天)。

(2)典型表现 急性期常有全身不适、乏力、食欲不振、发热、头痛、咳嗽、气急、恶心、呕吐等。

①水肿 70%病例有水肿,一般仅累及眼睑及颜面部,重者2~3天遍及全身,呈非凹陷性。

②血尿 50%~70%的病例有肉眼血尿,一般1~2周后转为镜下血尿。

③蛋白尿 程度不等,20%可达肾病水平。蛋白尿患者病理上呈严重系膜增生。

④高血压 30%~80%的病例有高血压。

⑤尿量减少 肉眼血尿严重者可伴有尿量减少。

(3)严重表现 少数患儿在疾病早期(2周以内)可出现下列严重症状:

①严重循环充血 常发生于起病1周以内。当肾炎患儿出现呼吸急促、肺部湿啰音时,应警惕循环充血的可能,严重者可出现呼吸困难、端坐呼吸、颈静脉怒张、频咳、咳粉红色泡沫痰、两肺满布湿啰音、心脏扩大,甚至出现奔马律、肝大而硬、水肿加剧。

②高血压脑病 由于脑血管痉挛,导致脑组织缺血缺氧、血管通透性增高而发生脑水肿所致。常发生于疾病早期,血压可达150~160/100~110mmHg以上。年长儿会主诉剧烈头痛、呕吐、复视或一过性失明,严重者突然出现惊厥、昏迷。

③急性肾功能不全 常发生于疾病初期,出现尿少、尿闭、暂时性氮质血症等。

(4)非典型表现

①无症状性急性肾炎 患儿仅有镜下血尿或血C3降低,而无其他临床表现。

②肾外症状性急性肾炎 患儿水肿、高血压明显,甚至有严重循环充血及高血压脑病,但尿改变轻微或尿常规检查正常,可有链球菌前驱感染和血清C3水平明显降低。

③以肾病综合征为表现的急性肾炎 患儿以急性肾炎起病,但水肿、蛋白尿突出,伴低白蛋白血症和高胆固醇血症,临床表现类似肾病综合征。

【例4】小儿急性肾小球肾炎起病前常有皮肤感染,其前驱期多为

A. 1周以内 B. 1~2周 C. 2~4周
D. 3~4周 E. 4~5周

【例5】急性肾小球肾炎患儿在病程早期突然发生惊厥,最可能的原因是

A. 高血压脑病 B. 低钙惊厥 C. 中毒性脑病
D. 高热惊厥 E. 低钠血症

3. 辅助检查

(1)尿液检查 血尿明显;尿蛋白+~+++,且与血尿的程度相平行;可见多种管型。

(2)血液检查 外周血WBC正常或轻度升高,血沉(ESR)加快。

(3)抗链球菌溶血素O(ASO) 前驱期为咽炎的病例ASO往往增高,一般10~14天开始升高,3~5周达高峰,3~6个月后恢复正常。皮肤感染后急性肾炎ASO升高者不多。

(4)补体C3 80%~90%患儿血清C3下降,至第8周恢复正常。

(5)抗脱氧核糖核酸酶B(DNAase-B)、抗双磷酸吡啶核苷酸酶(ADPase)和抗透明质酸酶(HAase) 咽炎后急性肾炎ADPase滴度升高,皮肤感染后急性肾炎DNAase-B、HAase滴度升高。

(6)肾功能 肾小管功能正常,明显少尿时血尿素氮和肌酐可升高。

注意:对于急性肾炎的诊断,最重要的检查方法是肾活检,其次是血清ASO和C3测定。

4. 诊断与鉴别诊断

根据前期有链球菌感染史,急性起病,具备血尿、蛋白尿、水肿、高血压等症状,急性期血清ASO滴度升高,C3浓度降低,可诊断为急性肾炎。急性肾炎需与下列疾病相鉴别。

(1)IgA肾病 以血尿为主要症状,表现为反复发作性肉眼血尿,多在上呼吸道感染后24~48小时出现血尿,多无水肿、高血压,血清C3正常。肾活检可确诊。

(2)慢性肾炎急性发作 既往肾病史不详,无明显前期感染,除有肾炎症状外,还有贫血、肾功能异常、低比重尿或固定低比重尿,尿改变以蛋白增多为主。

(3)原发性肾病综合征 具有肾病综合征表现的急性肾炎需与原发性肾病综合征鉴别,肾活检可确诊。

【例6】男孩,8岁。眼睑水肿4天,伴茶色尿1天。2周前有发热、咽痛。查体:BP120/90mmHg。尿常规:蛋白(++),尿沉渣镜检红细胞40~50/HP,白细胞8~10/HP。最可能的临床诊断是

A. 急进性肾炎 B. 急性泌尿系感染 C. IgA肾病

D. 急性肾小球肾炎　　E. 肾炎型肾病

5. 治疗

本病无特异治疗。

(1)休息　急性期需卧床休息2~3周。直到肉眼血尿消失、水肿减退、血压正常,即可下床进行轻微活动。血沉正常可上学,但应避免重体力活动。尿检完全正常后方可恢复体力活动。

(2)饮食　以低盐饮食为好[<1g/d,或<60mg/(kg·d)]。严重水肿、高血压者需无盐饮食。水分一般不限。有氮质血症者,应限蛋白,可给予优质动物蛋白0.5g/(kg·d)。

(3)抗感染　有感染灶时用青霉素10~14天。

(4)对症治疗

①利尿　经控制水、盐入量后仍水肿、少尿者可口服氢氯噻嗪,无效者口服或静脉注射呋塞米。

②降血压　经休息、控制水盐摄入、利尿后血压仍高者,应行降压治疗。首选硝苯地平,次选卡托普利,两者交替使用效果更佳。参阅7版《诸福棠实用儿科学》P1637。

(5)严重循环充血的治疗

①纠正水钠潴留　严重循环充血系因血容量增加所致,而非心泵衰竭,故洋地黄效果不佳,而应用利尿剂常能使其缓解。故本症治疗的重点在于纠正水钠潴留、恢复血容量,可使用呋塞米。

②有肺水肿表现者,除一般对症治疗外,可加用硝普钠静脉滴注。

③难治性病例可采用连续血液净化治疗或透析治疗。

(6)高血压脑病的治疗　应选用降压效力强而迅速的药物,首选硝普钠,有惊厥者应及时止痉。

【例7】男孩,10岁。半个月前曾患"脓皮病",近3天晨起眼睑水肿,且逐日加重,尿少,尿色深。查体:血压140/90mmHg,心率114次/分,肝肋下1.5cm,轻压痛。首选的治疗是

A. 卡托普利　　B. 吸氧　　C. 利尿剂
D. 泼尼松　　E. 强心剂

(8~10题共用题干)女,8岁。3周前曾患脓疱病。水肿、少尿、肉眼血尿3天,BP150/105mmHg。尿常规:Pro(+),RBC(++++),管型1~2/HP。ASO升高,ESR增快,血补体C3下降。

【例8】首选的降压药是

A. 卡托普利　　B. 二氮嗪　　C. 硝苯地平
D. 哌唑嗪　　E. 硝普钠

【例9】应限制钠盐摄入直到

A. 血沉正常　　B. 尿常规正常　　C. 水肿消退,血压正常
D. 补体恢复正常　　E. 肉眼血尿消失

【例10】血补体C3恢复正常的时间多为起病后

A. 1周　　B. 2周　　C. 4周
D. 8周　　E. 12周

三、肾病综合征

肾病综合征是一组由多种原因引起的肾小球基膜通透性增加,导致血浆蛋白从尿中大量丢失的临床综合征。临床有4大特点:①大量蛋白尿(定性>+++,24小时定量≥50mg/kg);②低蛋白血症(血清白蛋白≤25g/L);③高脂血症(血清胆固醇>5.7mmol/L);④明显水肿。以上①②项为必备条件。

【例11】诊断小儿肾病综合征的必备条件是

A. 明显水肿及低蛋白血症　　B. 明显水肿及大量蛋白尿　　C. 明显水肿及高脂血症
D. 大量蛋白尿及高脂血症　　E. 大量蛋白尿及低白蛋白血症

1. 分类方法

(1)按病因分类　肾病综合征分为原发性、继发性、先天性三类。

①原发性肾病综合征　指原因不明的肾病综合征,约占肾病综合征总数的90%。

②继发性肾病综合征　包括继发于全身性疾病(如过敏性紫癜、系统性红斑狼疮)、临床诊断明确的肾小球肾炎(如急性链球菌感染后肾炎、急进性肾炎)以及药物、金属中毒等导致的肾病综合征。

③先天性肾病综合征　指生后3个月内发病,临床表现符合肾病综合征,并除外继发因素所致者。

(2)按病理分型　原发性肾病综合征病理分型包括微小病变、局灶节段性肾小球硬化、膜性增生型肾小球肾炎、单纯系膜增生、增生性肾小球肾炎、局灶性球性硬化、膜性肾病等。其中,儿童肾病综合征最主要的病理类型是微小病变型(占76%)。

(3)按临床分型　分单纯性肾病综合征(占80%)和肾炎性肾病综合征(占20%)两类。

①单纯性肾病　具有肾病综合征的四大临床特点,即典型"三高一低"临床表现者。

②肾炎性肾病　是指具有以下4项之一或多项者:A.2周内分别3次以上离心尿检查RBC≥10个/HP,并证实为肾小球源性血尿;B.反复或持续高血压,学龄儿童≥130/90mmHg,学龄前儿童≥120/80mmHg,并除外糖皮质激素等原因所致;C.肾功能不全,并排除血容量不足等所致;D.持续低补体血症。

注意:①肾病综合征——大量蛋白尿(+++~++++)、低蛋白血症(≤25g/L)。
②单纯性肾病——大量蛋白尿(+++~++++)、低蛋白血症(≤25g/L)、高脂血症、水肿。
③肾炎性肾病——单纯性肾病+尿RBC≥10个/HP、血压≥130/90(120/80)mmHg、C3降低。
④C3正常值——成人为0.8~1.5g/L,新生儿为成人的50%~60%,生后3~6个月达到成人水平。

(4)按糖皮质激素治疗反应分型　根据糖皮质激素正规足量治疗4周的效应,将肾病综合征分为:

①激素敏感型肾病　以泼尼松足量[2mg/(kg·d)]治疗≤4周(8版儿科学为8周),尿蛋白转阴。

②激素耐药型肾病　以泼尼松足量治疗4周(8版儿科学为8周),尿蛋白仍为阳性。

③激素依赖型肾病　对激素敏感,但连续2次减量或停药2周内复发。

④肾病复发与频复发　复发是指连续3天,尿蛋白由阴性转为(+++)或(++++),或24小时尿蛋白定量≥50mg/kg或尿蛋白/肌酐≥2.0mg/mg;频复发是指肾病病程中半年内复发≥2次,或1年内复发≥3次。

【例12】男孩,3岁。眼睑及面部水肿2周。查体:全身高度水肿,呈凹陷性。实验室检查:血白蛋白25g/L,总胆固醇6.2mmol/L。尿常规:蛋白(++++),白细胞1~2/HP。为有利于该疾病的临床分型,首选的检查是

A. 血沉　　B. ASO　　C. 血电解质
D. 补体C3　　E. 免疫球蛋白

【例13】男,10岁。反复水肿半年。尿常规:蛋白(+++)~(++++),红细胞8~18/HP,血尿素氮10.8mmol/L(30mg/dl),白蛋白15g/L(1.5g/dl),BP150/100mmHg,诊断考虑为

A. 急性链球菌感染后肾炎　　B. 单纯性肾病　　C. 病毒性肾炎
D. 急进性肾炎　　E. 肾炎性肾病

【例14】男,8岁。肾病综合征初治,体重25kg,泼尼松每次25mg,每天2次,治疗2周后,水肿消失,4周时尿蛋白转阴。此时判断该患儿疗效为

A. 激素部分敏感　　B. 激素依赖　　C. 激素不耐受
D. 激素敏感　　E. 激素耐药

2. 临床表现

(1)诱因　一般起病隐匿,无明显诱因。30%有病毒或细菌感染史。70%肾病复发与病毒感染有关。

(2)水肿　为最常见症状,开始于眼睑,后逐渐遍及全身,呈凹陷性。严重者可有腹腔或胸腔积液。

(3)尿液改变　常有尿量减少,颜色变深,无并发症的患者无肉眼血尿。15%患者有短暂的镜下血尿。

(4)血压 大多数血压正常,仅15%有轻度高血压,严重高血压通常不支持微小病变型肾病的诊断。

(5)肾功能 30%患者因血容量减少而出现短暂肌酐清除率下降,肾功能一般正常。

注意:①肾病综合征——凹陷性水肿,从眼睑水肿开始,逐渐遍及全身。
②急性肾小球肾炎——非凹陷性水肿,从眼睑及颜面水肿开始,2~3天遍及全身。

3. 并发症

(1)感染 肾病患儿极易罹患各种感染,常见为呼吸道、皮肤、泌尿道感染等,其中尤以上呼吸道感染最常见,占50%以上。呼吸道感染中以病毒感染常见。细菌感染中以肺炎链球菌感染为主。

(2)电解质紊乱 以低钠、低钾、低钙血症常见。患者不恰当长期禁用食盐、过多使用利尿剂、呕吐、腹泻等因素均可导致低钠血症,表现为厌食、乏力、懒言、嗜睡、血压下降、抽搐、休克等。

(3)低血容量 低蛋白血症、血浆胶体渗透压下降、显著水肿而常有血容量不足。

(4)血栓形成 患者呈高凝状态,易导致各种动、静脉血栓形成,以肾静脉血栓形成最常见。

肾静脉血栓形成	表现为突发腰痛、出现血尿或血尿加重、少尿,甚至肾衰竭
下肢深静脉血栓形成	两侧肢体水肿程度差别固定,不随体位改变而变化
下肢动脉血栓形成	表现为下肢疼痛、足背动脉搏动消失
肺栓塞	表现为不明原因的咳嗽、咯血、呼吸困难,而无肺部阳性体征
脑栓塞	表现为突发偏瘫、面瘫、失语或神志改变等神经系统症状

(5)急性肾衰竭 5%的微小病变型肾病可并发急性肾衰竭。

(6)肾小管功能障碍 除原有肾小球的基础病变可引起肾小管功能损害外,由于大量尿蛋白的重吸收,可导致肾小管(主要是近曲小管)功能损害,出现肾性糖尿或氨基酸尿,严重者呈Fanconi综合征。

【例15】小儿肾病综合征最常见的并发症是
A. 低钠血症　B. 感染　C. 低钾血症
D. 肾静脉血栓形成　E. 低钙血症

【例16】男孩,3岁。反复呕吐、精神萎靡5天,食欲差、乏力,今日突发全身抽搐1次。既往诊断为原发性肾病综合征,正规泼尼松治疗,长期无盐饮食。最可能的原因是
A. 低钠血症　B. 肾上腺皮质功能不全　C. 高血压脑病
D. 低钙血症　E. 低钾血症

4. 辅助检查

(1)尿液常规 尿蛋白定性多在(+++),约15%的病例有短暂镜下血尿,可见透明管型、颗粒管型等。

(2)尿蛋白定量 24小时尿蛋白定量>50mg/kg为肾病范围的蛋白尿。尿蛋白/尿肌酐(mg/mg),正常儿童上限为0.2,肾病时常达≥3.0。

(3)血清蛋白及胆固醇测定 血清白蛋白≤25g/L。由于肝脏合成增加,α_2、β球蛋白浓度增高,IgG降低,IgM、IgE可增加。胆固醇>5.7mmol/L,甘油三酯、LDL和VLDL均增高,HDL正常。

(4)肾功能测定 BUN、Cr在肾炎性肾病综合征可升高,晚期可有肾小管功能损害。

(5)血清补体测定 微小病变型肾病综合征、单纯性肾病综合征患儿血清补体水平正常,肾炎性肾病综合征患儿血清补体水平可降低。

(6)系统性疾病的血清学检查 对新诊断的肾病患儿需检测抗核抗体(ANA)、抗-dsDNA抗体、抗Smith抗体等。对具有血尿、补体减少并有临床表现的患儿尤其重要。

(7)肾穿刺活检 肾穿刺活检的指征为对糖皮质激素治疗耐药或频繁复发者;对临床或实验室证据支持肾炎性肾病或继发性肾病综合征者。

5. 诊断与鉴别诊断

(1)诊断标准 ①大量蛋白尿:尿蛋白定性(+++)~(++++),或24小时尿蛋白定量≥50mg/kg;②低蛋白血症:血浆白蛋白≤25g/L;③高脂血症:血浆总胆固醇>5.7mmol/L;④不同程度的水肿。

(2)鉴别诊断 原发性肾病综合征需与继发于全身性疾病的肾病综合征相鉴别。部分非典型链球菌感染后肾炎、系统性红斑狼疮性肾炎、过敏性紫癜性肾炎、乙肝病毒相关性肾炎、药源性肾炎等均可有肾病综合征样表现。临床上须排除继发性肾病综合征后,方可诊断为原发性肾病综合征。

6. 治疗

(1)一般治疗 包括休息、饮食控制、防治感染、利尿等。

休息	除显著水肿、并发感染、严重高血压外,一般不需卧床休息。病情缓解后逐渐增加活动量
饮食	显著水肿和严重高血压时应短期限制水钠摄入,病情缓解后不必继续限盐 活动期病例供盐1~2g/d、蛋白质1.5~2g/(kg·d)、高生物效价的动物蛋白
防治感染	使用对肾功能无损害的抗生素
利尿	对糖皮质激素耐药或未使用糖皮质激素而水肿较重伴尿少者,可配合使用利尿剂
家属教育	应使父母及患儿很好地了解肾病的有关知识,积极配合随访和治疗

(2)糖皮质激素 为最主要的治疗措施。

①初治病例 诊断确定后应尽早选用泼尼松治疗。

疗法	适应证	临床应用方法	疗程
短程疗法	初治病例	泼尼松2mg/(kg·d)×4周。4周后无论疗效如何,均改为1.5mg/kg,q2d×4周。易复发,国内少用	共8周
中程疗法	各类肾病综合征的初治方案	泼尼松2mg/(kg·d),分次服用。若4周内尿蛋白转阴,则自转阴后至少巩固2周,后改为2mg/kg,q2d×4周,以后每2~4周总量中减2.5~5mg,直至停药	6个月
长程疗法	各类肾病综合征的初治方案	泼尼松2mg/(kg·d),分次服用。4周后尿蛋白未转阴,可继续服至尿蛋白转阴后2周,一般不超过8周。以后改为2mg/kg,q2d×4周,以后每2~4周减量1次,直至停药	9个月

②复发病例 延长隔日服药时间,即给予中长程治疗。复发2次以上者,可考虑加用免疫抑制剂。

③糖皮质激素依赖性肾病 可调整激素剂量和疗程,更换激素制剂,采用甲泼尼龙冲击治疗等。

A.调整激素剂量和疗程 对于糖皮质激素治疗后或在减量过程中复发者,原则上应再次恢复到初始疗效剂量或上一个疗效剂量,或改隔日疗法为每日疗法,或将激素减量的速度放慢,疗程延长。

B.更换激素制剂 对泼尼松疗效较差的病例,可换用其他制剂,如曲安西龙(阿赛松、康宁克通)。

C.甲泼尼龙冲击治疗 本法虽可用于初治者,但我国更多用于激素耐药或需较大剂量维持且激素副作用明显者。用法为:甲泼尼龙15~30mg/kg(总量不超过1000mg)+5%葡萄糖100~200ml静脉滴注1~2小时,每日或隔日1次,3次为1疗程。冲击治疗后48小时,继续以激素隔日口服。

(3)免疫抑制剂 主要用于肾病综合征频繁复发、糖皮质激素依赖、耐药或出现严重副作用者。在小剂量糖皮质激素隔日使用的同时,可选用下列免疫抑制剂。

①环磷酰胺 2.0~2.5mg/(kg·d),分3次口服,疗程8~12周,总量不超过200mg/kg。

②其他免疫抑制剂 如苯丁酸氮芥、环孢素、硫唑嘌呤、麦考酚吗乙酯等。

(4)抗凝及溶栓治疗 肾病常存在高凝状态和纤溶障碍,易并发血栓形成,需加用抗凝和溶栓治疗。

①肝素 剂量为1mg/(kg·d)+10%葡萄糖50~100ml静脉滴注,每日1次,2~4周为1疗程。

②尿激酶 有直接激活纤溶酶溶解血栓的作用。

③口服抗凝药 双嘧达莫,口服6个月为1疗程。

(5)血管紧张素转换酶抑制剂(ACEI) 对改善肾小球局部血流动力学、减少尿蛋白、延缓肾小球硬化均具有良好作用。尤其适用于伴有高血压的肾病综合征。常用制剂有卡托普利、依那普利、福辛普利等。

【例 17】男孩,12 岁。肾病综合征初次治疗,口服泼尼松片 2mg/(kg·d),2 周后尿蛋白转阴,巩固治疗 2 周开始减量,改成隔日晨顿服 2mg/kg,共 4 周,以后每 4~6 周减量 0.5mg/kg,直至停药。此激素治疗方案为

A. 中程疗法　　B. 冲击疗法　　C. 替代疗法
D. 长程疗法　　E. 短程疗法

(18~20 题共用题干)男孩,5 岁。水肿伴尿少 3 天,病前 2 天有"上感"史。查体:BP90/60mmHg,眼睑及颜面水肿,双下肢凹陷性水肿。实验室检查:血浆白蛋白 22g/L,胆固醇 7.2mmol/L,肾功能正常,血 C3 为 1.25g/L,PPD 试验(-)。尿常规:RBC10/HP,蛋白(++++)。

【例 18】该患儿最可能的诊断为

A. 病毒性肾炎　　B. 慢性肾小球肾炎急性发作　　C. IgA 肾病
D. 急性链球菌感染后肾炎　　E. 原发性肾病综合征

【例 19】首选的治疗药物是

A. 环孢素 A　　B. 雷公藤多苷　　C. 泼尼松
D. 甲泼尼松　　E. 青霉素

【例 20】若住院期间,患儿经限盐并给予大剂量呋塞米治疗后,尿量明显增加,水肿消退,但随后出现精神萎靡、头昏、乏力、恶心、呕吐、尿量明显减少。查体:BP66/45mmHg,四肢凉。最可能发生的并发症是

A. 肾上腺皮质功能不全　　B. 高血压脑病　　C. 低血容量休克
D. 电解质紊乱　　E. 急性肾衰竭

常考点 小儿尿液特点;急性肾炎的临床表现、诊断及鉴别诊断;肾病综合征的诊断、并发症。

参考答案——详细解答见 2021《贺银成国家临床执业及助理医师资格考试历年考点精析》

1. ABCDE	2. ABCDE	3. ABCDE	4. ABCDE	5. ABCDE	6. ABCDE	7. ABCDE
8. ABCDE	9. ABCDE	10. ABCDE	11. ABCDE	12. ABCDE	13. ABCDE	14. ABCDE
15. ABCDE	16. ABCDE	17. ABCDE	18. ABCDE	19. ABCDE	20. ABCDE	

第 10 章　造血系统疾病

考纲要求

①小儿造血及血象特点：造血特点，血象特点。②小儿贫血概述：贫血概念，贫血分类（包括分度、病因分类、形态分类），治疗原则。③缺铁性贫血：病因，临床表现，辅助检查，诊断与鉴别诊断，治疗与预防。④营养性巨幼细胞性贫血：病因，临床表现，辅助检查，诊断与鉴别诊断，治疗与预防。

复习要点

一、小儿造血和血象特点

1. 造血特点

(1)胚胎期造血　造血是血细胞形成的过程。

造血时期	造血部位及特点
胚胎第 3 周	卵黄囊造血开始造血。在胚胎第 6 周后，中胚叶造血开始减退
胚胎第 6~7 周	出现胸腺，并开始生成淋巴细胞
胚胎第 6~8 周	肝脏开始造血，并成为胎儿中期的主要造血器官，4~5 个月达高峰，6 个月后逐渐减退
胚胎第 8 周	脾脏开始造血，胎儿 5 个月后功能逐渐减退，至出生时成为终生造血器官
胚胎第 11 周	淋巴结开始生成淋巴细胞，从此淋巴结成为终生造淋巴细胞、浆细胞的器官
胚胎第 16 周	骨髓开始造血，并迅速成为主要造血器官，直至生后 2~5 周成为唯一造血场所

(2)生后造血　出生后骨髓是主要造血器官，骨髓外造血极少。

【例 1】小儿骨髓外的造血器官是

A. 胆囊　B. 肾上腺　C. 淋巴管

D. 肝脏　E. 盲肠

【例 2】小儿骨髓外的造血器官是

A. 卵巢　B. 胆囊　C. 脾脏

D. 淋巴管　E. 盲肠

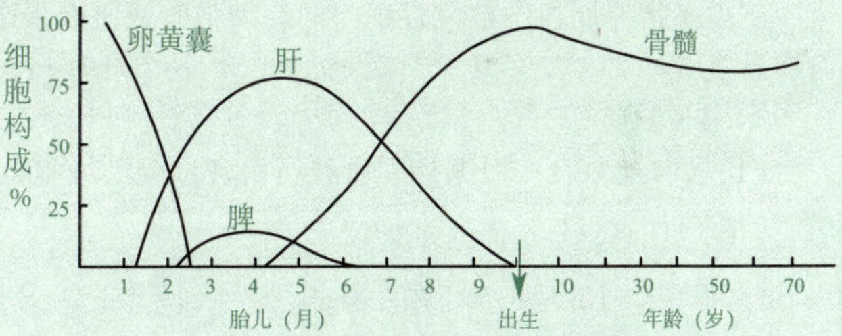

胎儿及出生后不同时期的造血情况

2. 血象特点

(1)红细胞数和血红蛋白量

时期	红细胞数和血红蛋白量	原因
出生时	RBC$5.0\sim7.0\times10^{12}$/L，Hb150~220g/L	胎儿期相对缺氧，刺激促红细胞生成素合成
生后 6~12 小时	比出生时要高	进食较少，不显性失水
出生后	逐渐降低	自主呼吸建立，血氧含量增加，EPO 合成减少
生后 2~3 个月	RBC3.0×10^{12}/L，Hb100g/L（轻度贫血）	生理性贫血（自限性，3 个月后逐渐增加）
12 岁	成人水平	正常值

(2)白细胞数及分类

①白细胞数的变化　初生时 WBC 为$(15\sim20)\times10^9$/L，生后 6~12 小时达$(21\sim28)\times10^9$/L，以后逐渐下降，1 周时平均为12×10^9/L，婴儿期 WBC 维持在10×10^9/L 左右，8 岁以后接近成人水平。

②白细胞分类的变化　出生时中性粒细胞占0.65,淋巴细胞占0.30。随着白细胞总数的下降,中性粒细胞比例逐渐下降,生后4~6天时两者比例相等。1~2岁时淋巴细胞占0.60,中性粒细胞占0.35,之后中性粒细胞逐渐上升,至4~6岁两者比例又相等;以后白细胞分类与成人相似。

(3)血小板数　与成人相似,约为(100~300)×10^9/L。

(4)血红蛋白种类　构成血红蛋白分子的多肽链有6种,分别为α、β、γ、δ、ε、ζ链。正常情况下,胚胎期的血红蛋白为Gower1($\zeta_2\varepsilon_2$)、Gower2($\alpha_2\varepsilon_2$)和Portland($\zeta_2\gamma_2$);胎儿期为胎儿血红蛋白(HbF,$\alpha_2\gamma_2$);成人血红蛋白为HbA($\alpha_2\beta_2$)和HbA_2($\alpha_2\delta_2$)两种。

(5)血容量　小儿血容量相对较成人多,新生儿血容量约占体重的10%,平均300ml;儿童约占体重的8%~10%;成人血容量约占体重的6%~8%。

注意:①外周血红细胞数12岁达成人水平,白细胞数8岁达成人水平,血小板数出生即达成人水平。
②中性粒细胞与淋巴细胞比例相等的时间为生后4~6天和4~6岁。

【例3】婴儿生理性贫血的时间是出生后

A.1个月　B.2~3个月　C.4~6个月
D.7~9个月　E.10个月后

【例4】女孩,5岁。患急性感染治疗1周,临床表现恢复正常,门诊医生需根据外周血象的变化作分析,该患儿白细胞分类的正常比例应约为

A. 中性粒细胞0.65,淋巴细胞0.30　B. 中性粒细胞0.30,淋巴细胞0.65
C. 中性粒细胞0.35,淋巴细胞0.60　D. 中性粒细胞0.60,淋巴细胞0.35
E. 中性粒细胞0.50,淋巴细胞0.45

二、小儿贫血概述

1. 贫血概念

贫血是指外周血中单位容积内的红细胞数或血红蛋白量低于正常。我国规定的贫血标准为:血红蛋白在新生儿<145g/L,1~4个月时<90g/L,4~6个月时<100g/L。

2. 贫血分类

(1)按程度分类　根据外周血红蛋白含量或红细胞数,可分为4度。

	婴幼儿贫血分度	新生儿贫血分度
轻度贫血	Hb从正常下限~90g/L	Hb144~120g/L
中度贫血	Hb~60g/L	Hb~90g/L
重度贫血	Hb~30g/L	Hb~60g/L
极重度贫血	Hb<30g/L	Hb<60g/L

(2)按病因分类　根据造成贫血的原因,将贫血分以下3类。

①红细胞和血红蛋白生成不足

造血物质缺乏	铁缺乏(缺铁性贫血)、维生素B_{12}和叶酸缺乏(巨幼细胞性贫血) 维生素A缺乏、维生素B_6缺乏、铜缺乏、维生素C缺乏、蛋白质缺乏
骨髓造血功能障碍	再生障碍性贫血、单纯红细胞再生障碍性贫血
感染性及炎症性贫血	流感嗜血杆菌、金黄色葡萄球菌、链球菌感染
其他	慢性肾病所致贫血、铅中毒所致贫血、癌症性贫血等

②溶血性贫血 可由红细胞内在异常或红细胞外在因素引起。

A.红细胞内在异常 如红细胞膜结构缺陷（遗传性球形红细胞增多症、遗传性椭圆形红细胞增多症、棘状红细胞增多症、阵发性睡眠性血红蛋白尿）；红细胞酶缺乏（如葡萄糖-6-磷酸脱氢酶缺乏、丙酮酸激酶缺乏）；血红蛋白合成或结构异常（地中海贫血、血红蛋白病）。

B.红细胞外在因素 如免疫因素（新生儿溶血症、自身免疫溶血性贫血、药物所致的免疫性溶血性贫血），非免疫因素（感染、物理化学因素、毒素、脾亢、弥散性血管内凝血）。

③失血性贫血 包括急性失血和慢性失血引起的贫血。

(3)按形态分类 根据红细胞数、血红蛋白量、血细胞比容计算平均红细胞容积（MCV）、平均红细胞血红蛋白量（MCH）、平均红细胞血红蛋白浓度（MCHC），将贫血分为以下4类。

	MCV(fl)	MCH(pg)	MCHC(g/L)	举例
正常值	80~94	28~32	320~380	—
大细胞性贫血	>94	>32	320~380	巨幼细胞性贫血、骨髓增生异常综合征
正细胞性贫血	80~94	28~32	320~380	急性失血、再障、急性溶血性贫血
单纯小细胞性贫血	<80	<28	320~380	慢性肾病、慢性肝病等慢性病所致贫血
小细胞低色素性贫血	<80	<28	<320	缺铁性贫血、海洋性贫血

【例5】男婴，20天。面色苍白7天就诊。血常规Hb50g/L。该患儿属于

A. 中度贫血　　B. 极重度贫血　　C. 重度贫血

D. 正常　　E. 轻度贫血

3. 治疗原则

(1)去除病因 这是治疗贫血的关键。

(2)一般治疗 加强护理，预防感染，改善饮食质量和搭配等。

(3)药物治疗 铁剂治疗缺铁性贫血；维生素B_{12}和叶酸治疗巨幼细胞性贫血；肾上腺皮质激素治疗自身免疫溶血性贫血；强化免疫抑制治疗再生障碍性贫血。

(4)输红细胞 当贫血引起心功能不全时，输红细胞是抢救措施。贫血越严重，一次输血量越少且速度宜慢。一般选用浓缩红细胞，每次5~10ml/kg，速度不宜过快。

(5)造血干细胞移植 是目前根治严重遗传性溶血性贫血、再障、“高危”白血病的有效方法。

(6)并发症治疗 婴幼儿贫血易合并急慢性感染、营养不良、消化功能障碍等，应积极治疗。

三、缺铁性贫血

缺铁性贫血（IDA）是由于体内铁缺乏导致血红蛋白合成减少，临床上以小细胞低色素性贫血、血清铁蛋白减少和铁剂治疗有效为特点的贫血症。本病以婴幼儿发病率最高，好发于6个月至2岁小儿。

1. 病因

(1)先天储铁不足 胎儿从母体获得的铁以妊娠最后3个月最多，故早产、双胎或多胎、胎儿失血、孕母严重缺铁等，均可使胎儿储铁减少。

(2)铁摄入量不足 为缺铁性贫血的主要原因。人乳、牛乳、谷物中含铁量均低，如不及时添加含铁丰富的辅食，容易发生缺铁性贫血。

(3)生长发育因素 婴儿期生长发育较快，需铁较多，易发生缺铁性贫血。

(4)铁的吸收障碍 食物搭配不合理可影响铁的吸收。慢性腹泻患儿铁的吸收不良且排泄增加。

(5)铁的丢失过多 正常婴儿每天排泄铁量相对比成人多。每1ml血约含铁0.5mg，长期慢性失血可致缺铁，如肠息肉、梅克尔憩室、膈疝、钩虫病等可致慢性失血。用不经加热处理的鲜牛奶喂养的婴儿

可因对牛奶过敏而致肠出血，每天失血约0.7ml。

注意：①婴幼儿缺铁性贫血最常见的病因是铁摄入不足（未及时添加含铁辅食）。
②成人缺铁性贫血最常见的病因是慢性失血（男性为痔出血，女性为月经过多）。

【例 6】男，2岁。偏食，不喜欢吃鱼、肉、蛋和蔬菜，喜欢啃泥土，常患口腔炎。实验室检查：血红蛋白90g/L，血涂片示红细胞大小不等，小细胞为多。该患儿患病的主要病因是

A. 铁消耗过多　　B. 先天储铁不足　　C. 铁摄入不足
D. 红细胞破坏增加　　E. 生长发育快

2. 临床表现

(1)一般表现　皮肤黏膜逐渐苍白，以唇、口腔黏膜及甲床明显。易疲乏，不爱活动。

(2)肝脾肿大　由于髓外造血，肝脾可轻度肿大；年龄越小，病程越久，贫血越重，肝脾肿大越明显。

(3)消化系统症状　食欲减退，异食癖，呕吐，腹泻，口腔炎、舌炎等；重者可出现萎缩性胃炎。

(4)神经系统症状　烦躁不安、萎靡不振，精神不集中，记忆力减退，智能多低于同龄儿。

(5)心血管系统症状　心率加快，严重者心脏扩大，甚至发生心力衰竭。

(6)其他　因细胞免疫功能下降，常合并感染。可因上皮组织异常而出现反甲。

【例 7】儿童缺铁性贫血的临床表现不包括

A. 肝脾肿大　　B. 心率、呼吸加快　　C. 食欲不振
D. 肢体震颤　　E. 面色苍白

3. 辅助检查

检测项目	临床意义	生理意义或特点
外周血象	MCV<80fl，MCH<26pg，MCHC<310g/L，网织红细胞正常或轻度减少，WBC和Plt正常	呈小细胞低色素性贫血
骨髓象	增生活跃，以中、晚幼红细胞增生为主。各期红细胞均小，胞质少，偏蓝，显示胞质成熟程度落后于胞核	粒细胞和巨核细胞系一般无明显异常
血清铁蛋白	血清铁蛋白(SF)<12μg/L提示缺铁	较敏感地反映贮存铁的指标
骨髓可染铁	<15%提示贮存铁（细胞内铁）减少	反映贮存铁的敏感可靠指标
血清铁(SI)	SI<9.0~10.7μmol/L有意义	反映血浆铁含量
总铁结合力(TIBC)	TIBC>62.7μmol/L有意义	反映血浆铁含量
转铁蛋白饱和度	转铁蛋白饱和度(TS)<15%有诊断意义	反映血浆铁含量
红细胞游离原卟啉	FEP>0.9μmol/L提示细胞内缺铁	反映红细胞内缺铁状况

【例 8】男婴，6个半月，双胞胎之一，早产出生。查体：面色苍白，欠活泼，心、肺无异常，腹软，肝脾肋下均可触及。实验室检查：血清铁蛋白10μg/L，血清铁9μmol/L，外周血涂片可见红细胞大小不等，以小细胞为主。考虑诊断为

A. 地中海贫血　　B. 感染性贫血　　C. 生理性贫血
D. 缺铁性贫血　　E. 铁粒幼红细胞性贫血

【例 9】下列检查项目中最能反映体内贮存铁水平的是

A. 血清转铁蛋白饱和度　　B. 骨髓铁染色　　C. 外周血网织红细胞
D. 血清铁　　E. 血清总铁结合力

4. 诊断和鉴别诊断

(1)诊断　根据病史，特别是喂养史、临床表现和血象特点，一般可作出诊断。进一步进行有关铁代

谢的生化检查有确诊意义。必要时可行骨髓检查。用铁剂治疗有效可证实诊断。

(2)鉴别诊断　需与地中海贫血、异常血红蛋白病、巨幼细胞性贫血、铁粒幼细胞性贫血等相鉴别。

5. 治疗

(1)主要原则　去除病因、补充铁剂。

(2)去除病因　纠正不合理的饮食习惯和食物组成,治疗慢性失血性疾病(钩虫病、肠道畸形)等。

(3)补充口服铁剂　铁剂是治疗缺铁性贫血的特效药。若无特殊原因,应口服给药。常用药物有硫酸亚铁(含元素铁20%)、富马酸亚铁(含元素铁33%)、葡萄糖酸亚铁(含元素铁12%)、琥珀酸亚铁(含元素铁35%)等。同时服用维生素C,可促进铁的吸收。牛奶、茶、咖啡及抗酸药等与铁剂同服可影响铁的吸收。

(4)补充注射铁剂　注射铁剂易发生不良反应,故应慎用。

①适应证　A.诊断肯定,但口服铁剂后无治疗反应者;B.口服铁剂后胃肠反应严重不能耐受者;C.由于胃肠疾病、胃肠手术后不能应用铁剂或口服铁剂吸收不良者。

②常用药　山梨醇枸橼酸铁复合物、葡萄糖氧化铁、右旋糖酐铁复合物。

(5)治疗反应

①含铁酶　补给铁剂12~24小时后,细胞内含铁酶开始恢复,烦躁等精神症状减轻,食欲增加。

②网织红细胞　于服药2~3天后开始上升,5~7日达高峰,2~3周后降至正常。

③血红蛋白　治疗1~2周后开始上升,3~4周达到正常。3周内血红蛋白上升不足20g/L,应寻找原因。

④贮存铁　血红蛋白恢复正常后,应继续服用铁剂6~8周,以增加铁贮存。

(6)输红细胞　一般不必输红细胞。输红细胞的适应证是:①严重贫血,尤其是发生心力衰竭者;②合并感染者;③急需外科手术者。贫血越严重,每次输血量应越少。Hb<30g/L者,应采用等量换血方法;Hb在30~60g/L者,每次可输注红细胞悬液4~6ml/kg;Hb>60g/L者,不必输红细胞。

(10~12题共用题干)女,4个月,双胎之小。单纯母乳喂养,面色苍白,食欲减退2个月。查体:肤色苍白,肝肋下3.5cm,脾肋下1.5cm。血Hb80g/L,RBC3.3×10^{12}/L,MCV60fl,MCH24pg,MCHC25%,Plt、WBC正常。

【例10】最可能的诊断是

A. 再生障碍性贫血　B. 营养性巨幼细胞性贫血　C. 感染性贫血
D. 混合性贫血　E. 缺铁性贫血

【例11】经有效治疗后,首先出现的变化是

A. 血红蛋白上升　B. 红细胞上升　C. 网织红细胞上升
D. 红细胞游离原卟啉上升　E. 细胞内含铁酶活性开始恢复

【例12】若Hb恢复正常,还需要继续药物治疗的时间是

A. 3~4周　B. 1~2周　C. 9~12周
D. 13~18周　E. 6~8周

6. 预防

(1)母乳喂养　提倡母乳喂养,因母乳中铁的吸收利用率较高。

(2)及时添加辅食　无论母乳喂养,还是人工喂养,均应及时添加含铁丰富且铁吸收率高的辅助食品,并注意膳食合理搭配,婴儿如以鲜牛乳喂养,必须加热处理以减少牛奶过敏所致肠道出血。

(3)铁强化婴幼儿食品　婴儿食品(谷类制品、牛奶制品)应加入适量铁剂加以强化。

(4)给予铁剂　对于早产儿,尤其是极低体重儿,宜从2个月左右开始给予铁剂预防。

【例13】早产儿使用铁剂预防贫血起始的月龄是

A. 1个月　B. 2个月　C. 3个月
D. 4个月　E. 5个月

四、营养性巨幼细胞性贫血

营养性巨幼细胞性贫血是由于维生素 B_{12}和(或)叶酸缺乏所致的一种大细胞性贫血。主要临床特点是贫血、神经精神症状、红细胞的胞体变大,用维生素 B_{12}和(或)叶酸治疗有效。好发于6个月至2岁幼儿。

1. 病因

(1)摄入量不足 单纯母乳喂养而未及时添加辅食、人工喂养不当、严重偏食者,其饮食中缺乏肉类、动物肝肾及蔬菜,可致维生素 B_{12}和叶酸缺乏。羊乳含叶酸量很低,单纯以羊奶喂养者,可致叶酸缺乏。

(2)需要量增加 婴儿生长发育较快,对叶酸、维生素 B_{12}需要量也增加。严重感染者维生素 B_{12}的消耗量增加,需要量也相应增加。

(3)吸收或代谢障碍 慢性腹泻、回肠切除、先天性叶酸代谢障碍,均可导致叶酸缺乏。

【例 14】小儿因叶酸缺乏所致营养性巨幼细胞性贫血的原因不包括

A. 叶酸转运功能障碍　B. 单纯羊奶喂养　C. 内因子缺乏

D. 慢性腹泻　E. 生长发育较快

2. 临床表现

(1)一般表现 多呈虚胖,颜面轻度水肿,毛发纤细稀疏、黄色,严重者皮肤有出血点或瘀斑。

(2)贫血表现 皮肤呈蜡黄色,睑结膜、口唇、指甲苍白,偶有轻度黄疸,疲乏无力,常有肝脾肿大。

(3)精神神经症状 可出现烦躁不安,易怒等症状。

①维生素 B_{12}缺乏 表情呆滞、目光发呆、对周围反应迟钝、嗜睡、不认亲人、少哭不笑、智力及动作发育落后甚至退步。重症病例可出现不规则性震颤,手足无意识运动,共济失调,踝阵挛,Babinski 征阳性。

②叶酸缺乏 不发生神经系统症状,但可有神经精神异常。

(4)消化系统症状 常出现较早,如厌食、恶心、呕吐、腹泻、舌炎等。

3. 辅助检查

检测项目	临床意义	生理意义
外周血象	MCV>94fl,MCH>32pg,MCHC320~380g/L,网织红细胞、WBC 和 Plt 常减少	呈大细胞性贫血
骨髓象	增生明显活跃,以红系增生为主	红系、粒系均出现巨幼变,巨大血小板
血清维生素 B_{12}测定	血清维生素 B_{12}<100ng/L 为缺乏	血清维生素 B_{12}正常值为 200~800ng/L
血清叶酸测定	血清叶酸<3μg/L 为缺乏	血清叶酸正常值为 5~6μg/L

注意:①缺铁性贫血——骨髓幼红细胞胞质发育落后于胞核,呈现“核老浆幼”。
②巨幼细胞性贫血——骨髓幼红细胞胞核发育落后于胞质,呈现“核幼浆老”。

【例 15】维生素 B_{12}缺乏与叶酸缺乏所致营养性巨幼细胞性贫血临床表现的主要区别点是

A. 骨髓象改变　B. 神经系统症状　C. 肝脾肿大

D. 贫血症状　E. 血象改变

4. 诊断与鉴别诊断

(1)诊断 根据临床表现、血象和骨髓象特点,可诊断巨幼细胞性贫血。在此基础上,如精神神经症状明显,则考虑为维生素 B_{12}缺乏所致。有条件时,测定血清维生素 B_{12}或叶酸水平,可进一步协助诊断。

(2)鉴别诊断 本病需与地中海贫血、异常血红蛋白病、缺铁性贫血、铁粒幼细胞性贫血等相鉴别。

【例 16】女婴,8个月。间断腹泻2个月。一直母乳喂养,添加辅食少。查体:皮肤苍白,表情淡漠,舌有震颤,体形虚胖,肝肋下1.5cm,脾脏未触及。实验室检查:Hb85g/L,RBC2.8×10^{12}/L,MCV98fl,MCH34pg,WBC5.6×10^{9}/L,Plt170×10^{9}/L。该婴儿贫血的原因是

A. 慢性感染性疾病　　B. 缺铁　　C. 中枢神经系统病变
D. 叶酸缺乏　　E. 维生素 B_{12} 缺乏

5. 治疗

(1)一般治疗　注意营养，及时添加辅食，加强护理，防止感染。

(2)去除病因　去除引起维生素 B_{12} 和叶酸缺乏的原因。

(3)维生素 B_{12} 肌内注射　有精神神经症状者应以维生素 B_{12} 治疗为主，单用叶酸反而可加重症状。

(4)叶酸口服　同时口服维生素 C 有助于叶酸的吸收。补充维生素 B_{12} 和叶酸后的反应见下表。

	给予铁剂	维生素 B_{12} 肌内注射	叶酸口服
用于治疗	营养性缺铁性贫血	营养性巨幼细胞性贫血	营养性巨幼细胞性贫血
精神症状	12~24 小时开始减轻	精神症状 2~4 天开始好转，但神经精神症状恢复较慢	不能改善神经精神症状
网织红细胞	2~3 天后开始上升，5~7 日达高峰，2~3 周后降至正常	2~4 天后开始上升，6~7 日达高峰，2 周后降至正常	2~4 天后开始上升，4~7 日达高峰
血红蛋白	治疗 1~2 周后开始上升，3~4 周达到正常	—	2~6 周 RBC 和 Hb 恢复正常
骨髓象	—	6~7 小时骨髓内巨幼红细胞可转为正常幼红细胞	1~2 天骨髓内巨幼红细胞可转为正常幼红细胞

(5)补钾　治疗初期，由于大量新生红细胞，使细胞外钾转移至细胞内，可引起低钾，应预防性补钾。

6. 预防　改善哺乳母亲的营养，婴儿应及时添加辅食，注意饮食均衡，及时治疗肠道疾病，注意合理应用抗叶酸代谢药物。

【例 17】有明显神经精神症状的营养性巨幼细胞性贫血，应首选的治疗药物是
A. 叶酸　　B. 硫酸亚铁　　C. 维生素 C
D. 维生素 B_{12}　　E. 右旋糖酐铁

(18~20 题共用题干)男，11 个月。母乳喂养，近 3 个月面色渐苍黄，间断腹泻，原可站立，现坐不稳，手足常颤抖。体检：面色苍黄，略水肿，表情呆滞。Hb80g/L，RBC2.0×10^{12}/L，WBC6.0×10^{9}/L。

【例 18】最可能的诊断是
A. 大脑发育不全　　B. 营养性缺铁性贫血　　C. 维生素 D 缺乏性手足搐搦症
D. 营养性维生素 D 缺乏　　E. 营养性巨幼细胞性贫血

【例 19】确诊需做的检查是
A. 脑 CT　　B. 脑电图检查　　C. 血清铁测定
D. 血清维生素 B_{12}、叶酸测定　　E. 血清钙、磷、碱性磷酸酶测定

【例 20】该患儿最正确的治疗是
A. 静脉补钙　　B. 维生素 C 口服　　C. 肌内注射维生素 B_{12}
D. 肌内注射维生素 D_3　　E. 肌内注射维生素 B_6

常考点　造血部位，贫血分度；缺铁性贫血和巨幼细胞性贫血的临床表现、鉴别、治疗。

参考答案——详细解答见 2021《贺银成国家临床执业及助理医师资格考试历年考点精析》

1. ABCDE　2. ABCDE　3. ABCDE　4. ABCDE　5. ABCDE　6. ABCDE　7. ABCDE
8. ABCDE　9. ABCDE　10. ABCDE　11. ABCDE　12. ABCDE　13. ABCDE　14. ABCDE
15. ABCDE　16. ABCDE　17. ABCDE　18. ABCDE　19. ABCDE　20. ABCDE

第 11 章　神经系统与内分泌系统疾病

考纲要求

①小儿神经系统发育特点：脑的发育，脊髓的发育，神经反射。②热性惊厥：临床表现，诊断与鉴别诊断，治疗。③化脓性脑膜炎：病因，临床表现，辅助检查，诊断与鉴别诊断，治疗。④先天性甲状腺功能减退症：病因，临床表现，辅助检查，诊断与鉴别诊断，治疗。

复习要点

一、小儿神经系统发育特点

1. 脑的发育

(1)脑的发育最迅速　在胎儿期，神经系统发育最早，尤其是脑的发育最为迅速。

(2)神经细胞　出生时神经细胞数目已接近成人，但树突和轴突少而短。小儿出生后，皮质细胞的数目不再增加，脑重的增加主要是神经细胞体积增大和树突的增多、加长，以及神经髓鞘的形成和发育。

(3)神经髓鞘　出生时神经髓鞘的形成和发育并不完善，脊髓神经在胎儿 4 个月时开始发育，3 岁时才完成髓鞘化；锥体束在胎儿 5~6 个月开始至生后 2 岁完成；皮质的髓鞘化则更晚。因此，在婴幼儿时期，由于髓鞘形成不完善，当外界刺激作用于神经纤维传入大脑时，因没有髓鞘的隔离，兴奋可传入邻近的神经纤维，不易在大脑皮质形成明确的兴奋灶。同时，各种刺激引起的神经冲动在无髓鞘的神经纤维上传导速度也较缓慢。这就是婴幼儿对外来刺激的反应较慢，且易于泛化的主要原因，因不易形成兴奋灶，故易疲劳而进入睡眠状态。

【例 1】婴幼儿时期，外界刺激不易在大脑皮质造成明确兴奋灶的原因是

A. 树突、轴突少　　B. 树突、轴突短　　C. 神经元少
D. 神经元体积小　　E. 神经髓鞘形成和发育不完善

2. 脊髓的发育

脊髓在出生时已具备功能，脊髓的增长和运动功能的发育是平行的。在胎儿期，脊髓下端平第 2 腰椎的下缘，4 岁时平第 1 腰椎，在进行腰椎穿刺定位时应予注意。

【例 2】脊髓下端上移至第 1 腰椎的年龄是

A. 6 个月　　B. 1 岁　　C. 2 岁
D. 4 岁　　E. 3 岁

3. 神经反射

(1)原始反射(暂时性反射)　生后最初数月婴儿存在许多暂时性反射。随年龄增长，各自在一定的年龄期消失。当它们在应出现的时间内不出现，或该消失的时间不消失，或两侧持续不对称都提示神经系统异常。

原始反射	出现年龄	消失年龄	原始反射	出现年龄	消失年龄
拥抱反射	初生	3~6 个月	颈肢反射	2 个月	6 个月
握持反射	初生	3~4 个月	颈拨正反射	初生	6 个月
迈步反射	初生	2 个月	吸吮反射、觅食反射	初生	4~7 个月

(2)浅反射　腹壁反射要到 1 岁后才容易引出，提睾反射要到出生 4~6 个月后才明显。

(3)腱反射　新生儿期已能引出肱二头肌、膝、踝反射。腱反射减弱或消失提示神经、肌肉、神经肌肉接头处或小脑疾病。反射亢进提示上运动神经元疾患。

(4)病理反射　包括Babinski征、Chaddock征、Gordon征、Oppenheim征。正常18个月以下婴儿可呈现双侧Babinski征阳性，若该反射恒定不对称或18个月后继续阳性，提示锥体束损害。

(5)脑膜刺激征　包括颈强直、Kernig征、Brudzinski征。

【例3】小儿出生时即具有一些先天性反射，不属于先天性反射的是

A. 觅食　　B. 吸吮　　C. 握持

D. 拥抱　　E. 触觉

二、热性惊厥

热性惊厥(FS)是小儿时期最常见的惊厥性疾病，儿童患病率2%~5%，首次发作年龄多为6个月~5岁，18~22个月为高峰期，绝大多数5岁后不再发作。患儿常有热性惊厥家族史。

1. 临床表现

(1)热性惊厥的发生　多发生在热性疾病初期体温骤然升高(>38℃~40℃)时。

(2)诱因　以病毒感染最多见，细菌感染率低。70%与上呼吸道感染有关，也可伴发于出疹性疾病、中耳炎、下呼吸道感染、疫苗接种、非感染性疾病等，但不包括颅内感染、颅脑病变引起的急性惊厥。

(3)热性惊厥的特点　①多见于6个月~5岁小儿，6岁以后罕见；②患儿体质较好，发作前后一般情况良好；③惊厥多发生在病初体温骤升时，常见于上呼吸道感染；④惊厥多为全面强直或阵挛性发作，少数为局灶性或一侧性发作，发作次数少，持续时间短，恢复快，无任何神经系统异常表现，一般预后好；⑤发作期脑电图可见慢波活动增多或轻度不对称；⑥30%~50%的患儿以后发热时也易发生惊厥，一般到学龄期不再发作，大多数再次发作发生在首次发作后1年内。

(4)分型　热性惊厥分为以下两型：

①单纯型热性惊厥　多数呈全身性强直-阵挛性发作，持续数秒至15分钟，可伴发作后短暂嗜睡。在一次热程中只有一次发作。发作后患儿除原发疾病表现外，一切恢复如常，不留任何神经系统体征。

②复杂型热性惊厥　少数热性惊厥呈不典型经过，称为复杂型热性惊厥。具有以下特征之一：A.一次惊厥发作持续15分钟以上；B.24小时内或一次热程中发作≥2次；C.局灶性或不对称性发作。

	单纯型热性惊厥(典型热性惊厥)	复杂型热性惊厥
占热性惊厥比例	75%	25%
惊厥发作形式	全面性发作	局灶性或不对称性发作
惊厥持续时间	短暂发作，大多数<15分钟	长时间发作，≥15分钟
一次热程发作次数	仅有1次发作	24小时内反复多次
惊厥持续状态	少有	较常见
神经系统异常	阴性	可阳性

【例4】符合单纯型热性惊厥诊断标准的是

A. 惊厥持续时间>15分钟　　B. 多为局限性发作　　C. 一次热程中有一次发作

D. 复发总次数>5次　　E. 发作1周后EEG检查见棘波、尖波发放

2. 诊断与鉴别诊断

(1)诊断　根据小儿高热后惊厥发作，惊厥多发生于发热后12小时内，不难诊断。

(2)鉴别诊断　本病需与癫痫、低钙抽搐等相鉴别。

3. 治疗

(1)一般处理　监护生命体征；保持呼吸道通畅，防止误吸和窒息；吸氧；必要时气管插管机械通气。

(2)止惊治疗　多数惊厥发作可在5分钟内自行缓解，惊厥持续超过5分钟，应行药物止惊治疗。

药物	适应证	用法
地西泮	如有静脉通道,首选地西泮静脉注射	肌内注射效果不好
咪达唑仑	如无静脉通道,首选咪达唑仑肌内注射	肌内注射效果好,操作简便,快速
苯巴比妥	新生儿惊厥首选苯巴比妥;其他惊厥的二线治疗	15~30mg/kg 静脉注射
水合氯醛	若无条件静脉注射地西泮、肌内注射咪达唑仑 可首选水合氯醛灌肠	上述治疗无效时使用
苯妥英钠	适用于惊厥持续状态	15~20mg/kg 静脉注射

(3)病因治疗 应及时、准确地了解惊厥的病因,并进行针对性治疗。

(4)对症治疗 高热者给予药物及物理降温,维持内环境稳定。

【例 5】女,25 天。不明原因反复惊厥发作 3 次。首选的止惊药物是

A. 地西泮　　B. 苯巴比妥　　C. 苯妥英钠

D. 异丙嗪　　E. 硫喷妥钠

三、化脓性脑膜炎

化脓性脑膜炎(简称化脑)是各种化脓性细菌引起的脑膜炎症,部分患者病变累及脑实质。本病是小儿,尤其婴幼儿时期常见的中枢神经系统感染性疾病,临床上以急性发热、惊厥、意识障碍、颅内压增高、脑膜刺激征及脑脊液脓性改变为特征。

1. 病因

病原菌随发病年龄而异,但 2/3 由脑膜炎球菌、肺炎链球菌、流感嗜血杆菌 3 种细菌引起。

(1)新生儿 以大肠埃希菌、B 族链球菌、其他革兰氏阴性杆菌多见。

(2)<3 个月婴儿 以革兰氏阴性杆菌(大肠埃希菌、铜绿假单胞菌)、金黄色葡萄球菌多见。

(3)3 个月~3 岁婴幼儿 以流感嗜血杆菌、肺炎链球菌、脑膜炎双球菌多见。

(4)学龄前和学龄期儿童 以脑膜炎双球菌、肺炎链球菌、流感嗜血杆菌、金黄色葡萄球菌多见。

2. 临床表现

(1)发病特点 90%以上的化脑为 5 岁以下儿童。流感嗜血杆菌引起的化脑多集中在 2 个月至 2 岁儿童。肺炎球菌性化脑好发于冬、春季。脑膜炎球菌和流感嗜血杆菌引起的化脑分别以春、秋季多见。

(2)前驱症状 大多急性起病,部分患儿病前有数日上呼吸道、胃肠道感染病史。

(3)感染中毒及急性脑功能障碍症状 包括发热、烦躁不安、进行性加重的意识障碍。患儿逐渐从精神萎靡、嗜睡、昏睡到昏迷。可有反复惊厥发作。脑膜炎球菌感染常有瘀点、瘀斑和休克。

(4)颅内压增高表现 包括头痛、呕吐、前囟饱满及张力增高、头围增大等。合并脑疝时,则有呼吸不规则、突然意识障碍加重、瞳孔不等大等体征。

(5)脑膜刺激征 可有颈项强直(最常见)、Kernig 征和 Brudzinski 征阳性。

(6)新生儿化脑 年龄<3 个月的幼婴和新生儿化脓性脑膜炎症状多不典型,主要表现为:①体温可高可低,甚至体温不升;②颅内压增高表现可不明显,幼婴不会诉头痛,可能仅有吐奶、尖叫或颅缝分离;③惊厥症状可不典型,如仅见面部、肢体轻微抽搐,或呈发作性眨眼、呼吸不规则、屏气等各种不显性发作;④脑膜刺激征不明显,与婴儿肌肉不发达,肌力弱和反应低下有关。

【例 6】男婴,6 个月。高热 3 天,惊厥 2 次,呕吐 2 次,不伴腹泻。查体:心、肺、腹均无异常。血 WBC 18×10^9/L,N0.85。查体最应注意的体征是

A. 前囟隆起　　B. 颈强直　　C. Kernig 征(+)

D. Babinski 征(+)　　E. Brudzinski 征(+)

3. 辅助检查

(1)脑脊液检查　是确诊本病的重要依据。

①常规检查　典型病例表现为压力增高,外观混浊似米汤样;白细胞总数显著增高≥1000×10^6/L,以中性粒细胞为主;糖含量明显降低;蛋白质显著增高。

②涂片检查　确认致病菌对明确诊断、指导治疗均有重要意义。涂片染色检查致病菌简便易行。

③细菌培养　是明确病原菌最可靠的方法。

(2)血培养　对所有疑似病例均应做血培养,以帮助寻找致病菌。

(3)皮肤瘀点、瘀斑涂片　是发现脑膜炎双球菌重要而简单的方法。

【例 7】女婴,2 个月。拒食、吐奶、嗜睡 3 天。查体:面色青灰,前囟紧张,脐部少许脓性分泌物。为明确诊断,最关键的检查是

A. 脐分泌物培养　　B. 头颅 CT　　C. 血常规
D. 血气分析　　E. 脑脊液检查

4. 诊断与鉴别诊断

(1)诊断　凡急性发热,反复惊厥、意识障碍或颅内压增高的婴幼儿,均应考虑本病的可能性。

(2)鉴别诊断　病原学检查是鉴别诊断的关键。

	正常脑脊液	化脓性脑膜炎	结核性脑膜炎	病毒性脑膜炎	隐球菌性脑膜炎
压力	0.69~1.96kPa	不同程度增高	不同程度增高	不同程度增高	高或很高
外观	清亮透明	混浊,米汤样	微浊,毛玻璃样	清亮,个别混浊	微浊,毛玻璃样
Pandy 试验	-	+~+++	+~+++	-~+	+~+++
白细胞	0~10×10^6/L	数百至数千,多核细胞为主	数十至数百,淋巴细胞为主	正常至数百,淋巴细胞为主	数十至数百,淋巴细胞为主
蛋白质	0.2~0.4g/L	增高或明显增高	增高或明显增高	正常或轻度增高	增高或明显增高
糖	2.8~4.5mmol/L	明显降低	明显降低	正常	明显降低
氯化物	117~127mmol/L	多数降低	多数降低	正常	多数降低
其他	—	涂片染色和培养可发现致病菌	涂片抗酸染色和培养可阳性	特异性抗体阳性,病毒培养阳性	涂片墨汁染色和培养可阳性

【例 8】女婴,7 个月。发热伴轻咳 5 天,近 2 天出现频繁呕吐达 10 余次。查体:T38.2℃,P140 次/分,R32 次/分,嗜睡,前囟饱满,心、肺未见异常,双侧巴宾斯基征(+)。脑脊髓检查:外观混浊,WBC 800×10^6/L,N0.78,Pro2g/L,糖 1.2mmol/L,氯化物 100mmol/L。最可能的诊断是

A. 中毒性脑病　　B. 隐球菌性脑膜炎　　C. 病毒性脑膜炎
D. 化脓性脑膜炎　　E. 结核性脑膜炎

5. 治疗

(1)抗生素治疗　用药原则是早期、足量、足疗程地使用敏感、易透过血脑屏障的抗生素。

	首选抗生素	疗程
病原菌未明	生后 2~3 周的早期新生儿——氨苄西林+头孢噻肟 晚期新生儿——万古霉素+头孢噻肟或头孢他啶 生后 1 个月以上的患儿——万古霉素+头孢噻肟或头孢曲松	根据细菌培养结果定
肺炎链球菌	首选三代头孢,疗效差时加用万古霉素,青霉素耐药率高达 50%	10~14 天
脑膜炎球菌	首选青霉素,少数耐药者选用第三代头孢	7 天
流感嗜血杆菌	敏感菌株选用氨苄西林,耐药者选用第三代头孢或氯霉素	10~14 天

(2)糖皮质激素 可抑制多种炎症因子的产生,降低血管通透性,减轻脑水肿,降低颅内高压。常用地塞米松,分次静脉滴注,连用2~3天,过长使用并无益处。

(3)并发症的治疗

①硬脑膜下积液 少量积液无须处理。大量积液引起颅内高压时,应行硬膜下穿刺放出积液,放液量每次每侧不超过15ml。大多数患儿积液逐渐减少而治愈。个别迁延不愈者,需手术引流。

②脑室管膜炎 可行侧脑室穿刺引流以缓解症状。同时,针对病原菌选择适宜抗生素脑室内注入。

③脑积水 可手术治疗,包括正中孔粘连松解、导水管扩张、脑脊液分流术。

④抗利尿激素异常分泌综合征 化脓性脑膜炎局部炎症刺激神经垂体可致抗利尿激素过量分泌,引起脑性低钠血症。确诊后用3%氯化钠6ml/kg缓慢静脉滴注,可提高血钠5mmol/L。

【例9】对病原菌尚未明确的化脓性脑膜炎患儿,首选的抗生素是

A. 氯霉素 B. 万古霉素 C. 头孢曲松

D. 阿奇霉素 E. 青霉素

四、先天性甲状腺功能减退症

先天性甲状腺功能减退症(简称先天性甲减)是由于甲状腺激素合成不足所致的一种疾病。

1. 病因

(1)散发性先天性甲状腺功能减退症

①甲状腺不发育、发育不全或异位 是造成先天性甲减的最主要原因,约占90%,多见于女孩。

②甲状腺激素合成障碍 多见于甲状腺激素合成和分泌过程中酶(过氧化物酶、偶联酶、脱碘酶、甲状球蛋白合成酶)的缺陷,造成甲状腺素不足。多为常染色体隐性遗传病。

③TSH、TRH缺乏 也称下丘脑-垂体性甲减或中枢性甲减。

④甲状腺或靶器官反应低下 罕见。

⑤母亲因素 母亲服用抗甲状腺药物或母亲患自身免疫性疾病,存在抗TSH受体抗体,通过胎盘影响胎儿,造成甲减,也称暂时性甲减,通常在3个月后好转。

(2)地方性先天性甲减 多因孕妇饮食缺碘,致使胎儿在胚胎期因碘缺乏而导致甲状腺功能低下。

【例10】与散发性先天性甲状腺功能减退症病因无关的是

A. 促甲状腺激素不足 B. 甲状腺发育不全 C. 甲状腺激素合成障碍

D. 甲状腺异位 E. 碘缺乏

2. 临床表现

患儿症状出现的早晚及轻重程度与残留甲状腺组织的多少及甲状腺功能低下的程度有关。先天性无甲状腺或酶缺陷的患儿在婴儿早期即可出现症状,甲状腺发育不良者常在生后3~6个月时出现症状。患儿的主要临床特征包括智能落后、生长发育迟缓和生理功能低下。

(1)新生儿期表现 所有这些症状和体征均缺乏特异性,极易被误诊为其他疾病。

①患儿常为过期产 出生体重常大于第90百分位,身长和头围可正常,前、后囟大。

②消化系统症状 胎便排出延迟,常有腹胀,便秘,脐疝,易被误诊为先天性巨结肠;生理性黄疸期延长。

③对外界反应差 患儿常处于睡眠状态,对外界反应低下。

④各系统代谢低下 肌张力低,吮奶差,呼吸慢,哭声低且少。

⑤产热少 体温低(常<35℃),四肢冷,末梢循环差,皮肤出现斑纹或有硬肿现象。

注意:本病早期症状缺乏特异性,易误诊为先天性巨结肠、病理性黄疸、新生儿寒冷损伤综合征等。

(2)典型症状 多数患儿常在出生半年后出现典型症状。

①特殊面容和体态 先天性甲减的特殊面容应与21-三体综合征的特殊面容相鉴别。

	先天性甲状腺功能减退症	21-三体综合征
发病时间	出生半年后	出生时即有
特殊面容	眼睑水肿，眼距宽 鼻梁低平，唇厚，舌大而宽厚、常伸出口外 头大颈短，面部黏液水肿 皮肤粗糙，面色苍黄，毛发稀疏、无光泽 患儿身材矮小，躯干长而四肢短小 腹部膨隆，常有脐疝	表情呆滞 眼裂小，眼距宽，双眼外眦上斜，可有内眦赘皮 鼻梁低平，外耳小 硬腭窄小，常张口伸舌，流涎多 头小而圆，前囟大且关闭延迟 颈短而宽
智能发育	智能发育低下，表情呆板，淡漠，神经反射迟钝，运动发育障碍	绝大多数患儿都有不同程度的智能发育障碍，随年龄增长日益明显

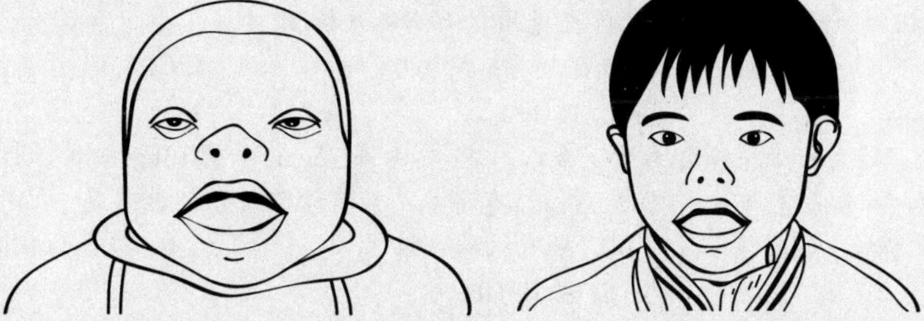

先天性甲状腺功能减退症　　21-三体综合征

②神经系统症状　智能发育低下，详见下表，注意鉴别。

	先天性甲状腺功能减退症	21-三体综合征	苯丙酮尿症	巨幼细胞性贫血
发病时间	出生半年后	出生时即有	出生正常，3~6 个月开始出现症状，1 岁症状明显	6 个月至 2 岁
智能发育	智能发育低下，表情呆板，淡漠，神经反射迟钝，运动发育障碍	多数患儿都有不同程度的智能发育障碍，随年龄增长日益明显	智能发育落后为最突出症状，智商低于正常，行为异常，孤僻，多动	表情呆滞，目光发呆，对周围反应迟钝，智力和动作发育落后

③生理功能低下　精神差，安静少动，对周围事物反应少，嗜睡，食欲缺乏，声音低哑，体温低而怕冷，脉搏、呼吸缓慢，心音低钝，肌张力低，肠蠕动慢，腹胀，便秘。可伴心包积液。

(3)地方性甲状腺功能减退症　因胎儿期缺乏碘而不能合成足量甲状腺激素，影响中枢神经系统发育。

①"神经性"综合征　主要表现为共济失调、痉挛性瘫痪、聋哑、智能低下，但身材正常，甲状腺功能正常或轻度低下。

②"黏液水肿性"综合征　临床上有显著生长发育和性发育落后、智能低下、黏液性水肿。血清 T_4 降低，TSH 增高。约 25%的患儿有甲状腺肿大。

(4)TSH 和 TRH 分泌不足　患儿常保留部分甲状腺激素分泌功能，故临床症状较轻。

注意：①智能低下——21-三体综合征、苯丙酮尿症、先天性甲状腺功能减退症、巨幼细胞性贫血。
②特殊面容——21-三体综合征、先天性甲状腺功能减退症。
③21-三体综合征="傻子+通贯手"或"傻子+皮肤细腻"或"傻子+先天性心脏病"。
④先天性甲减="傻子+皮肤粗糙"。
⑤苯丙酮尿症=特殊鼠尿臭味。

3. 辅助检查

	检测项目	临床意义
新生儿筛查	出生 2~3 天的新生儿干血滴纸片检测 TSH 浓度作为初筛结果>15~20mU/L，再检测血清 T_4、TSH 以确诊	血滴 TSH 作为新生儿筛查
血清 T_4、T_3、TSH 测定	适用于新生儿筛查结果可疑、临床可疑的儿童 T_4 降低、TSH 明显升高即可确诊。血清 T_3 可降低或正常	确诊患儿的首选方法
TRH 刺激试验	如血清 T_4、TSH 均低，可做此试验。正常人静脉注射 TRH20~30 分钟后出现 TSH 峰，90 分钟回到基础值。若未出现高峰，为垂体病变；若 TSH 峰甚高或明显延长，则为下丘脑病变	区分甲减为下丘脑病变所致，还是垂体病变所致
X 线检查	患儿骨龄常明显落后于实际年龄	参考价值，意义不大
核素检查	可检查甲状腺发育情况、位置、大小、形态	参考价值，意义不大

【例 11】先天性甲状腺功能减退症新生儿筛查是用干血滴纸片检测

A. T_3　　B. T_4　　C. T_3+T_4

D. TSH　　E. TSH+T_4

【例 12】女孩，3 岁。因生长迟缓伴智力低下来诊。查体：身高 75cm，体重 13kg，表情呆板，毛发稀少，皮肤粗糙，塌鼻梁，舌头宽厚，心音低钝，腹胀，有脐疝。最有诊断价值的检查是

A. 甲状腺功能　　B. 尿有机酸分析　　C. 染色体核型分析

D. 骨龄　　E. 头颅 CT

【例 13】新生儿先天性甲状腺功能减退症的典型实验室检查结果是

A. T_4 降低、TSH 正常　　B. T_4 升高、TSH 正常　　C. T_4 降低、TSH 升高

D. T_4 升高、TSH 下降　　E. T_4 升高、TSH 升高

4. 诊断与鉴别诊断

根据典型临床表现和甲状腺功能测定，诊断不难，但应与下列疾病相鉴别。

(1)先天性巨结肠　患儿出生后开始便秘、腹胀，常有脐疝，但其面容、精神反应、哭声等均正常，钡剂灌肠可见结肠痉挛段和扩张段。

(2)21-三体综合征　患儿智能低下、动作发育落后，其特殊面容如前表所述，皮肤及毛发正常，无黏液水肿。染色体核型分析可资鉴别。

(3)佝偻病　患儿有动作发育迟缓，生长落后等表现，但智能正常，皮肤正常，有佝偻病体征。

【例 14】男婴，2 个月。孕 43 周分娩，出生体重 4000g，生后 48 小时排胎便，喂养困难，并常呕吐、便秘。查体：反应迟钝，皮肤中度黄染，心音低钝，腹胀，脐疝。最可能的诊断是

A. 婴儿肝炎综合征　　B. 先天性巨结肠　　C. 先天性甲状腺功能减退症

D. 21-三体综合征　　E. 胃食管反流病

5. 治疗

(1)治疗原则　应早期确诊、尽早治疗，以避免对脑发育的损害。一旦确诊，应终身服用甲状腺制剂。

(2)甲状腺素替代治疗　常用制剂为 *L*-甲状腺素钠、甲状腺素片。

①用药量　应根据甲状腺功能、临床表现进行适当调整。

②维持标准　A.TSH 浓度正常、血 T_4 正常或偏高值，以备部分 T_4 转变成 T_3；B.临床表现：大便次数及性状正常，食欲好转，腹胀消失，心率维持在正常范围，智能及体格发育改善。

③药物过量的表现　烦躁、多汗、消瘦、腹痛、腹泻、发热等。

④病情随访　治疗开始时每 2 周 1 次；血清 TSH 和 T_4 正常后，每 3 个月 1 次；服药 1~2 年后，每 6 个月 1 次。

对于 TSH>10mU/L，而 T_4 正常的高 TSH 血症，复查 TSH 仍然持续增高者，*L*-甲状腺素钠起始治疗剂量可酌情减量。

【例15】男孩，1岁。确诊为先天性甲状腺功能减退症，应用L-甲状腺素钠治疗，剂量为每日50μg。近几天患儿烦躁不安，多汗，腹泻，此时应

A. 先密切观察不作特殊处理　B. 改用甲状腺干粉片　C. 立即停药
D. 减少剂量　E. 增加剂量

（16~18题共用题干）女孩，3岁。身高75cm，智力低下，鼻梁低平，舌体宽厚，常伸出口外，腹轻胀，便秘，有脐疝。

【例16】最可能的诊断是

A. 黏多糖病　B. 先天性甲状腺功能减退症　C. 21-三体综合征
D. 骨软骨发育不良　E. 先天性巨结肠

【例17】为明确诊断，首选的检查是

A. 染色体核型分析　B. 尿黏多糖测定　C. 骨龄测定
D. 血 T_3、T_4、TSH　E. B超检查肛管测压

【例18】最佳的治疗方案是

A. 无需特殊治疗　B. 补充生长激素　C. 补充碘剂
D. 补充甲状腺激素　E. 补充多种维生素

常考点　化脓性脑膜炎的鉴别诊断；先天性甲减的病因、临床表现、实验室检查、治疗。

参考答案——详细解答见2021《贺银成国家临床执业及助理医师资格考试历年考点精析》

1. ABCDE　2. ABCDE　3. ABCDE　4. ABCDE　5. ABCDE　6. ABCDE　7. ABCDE
8. ABCDE　9. ABCDE　10. ABCDE　11. ABCDE　12. ABCDE　13. ABCDE　14. ABCDE
15. ABCDE　16. ABCDE　17. ABCDE　18. ABCDE

第 12 章　遗传性疾病

考纲要求

①唐氏综合征：临床表现，细胞遗传学检查，诊断与鉴别诊断。②苯丙酮尿症：发病机制，临床表现，诊断与鉴别诊断，治疗。

复习要点

一、唐氏综合征

唐氏综合征（Down's 综合征）又称 21-三体综合征，原称先天愚型，是人类最早被确定的染色体病。

1. 临床表现

本病主要特征为智能落后（也是本病最突出、最严重的临床表现）、特殊面容和生长发育迟缓，并可有多种畸形。临床表现的严重程度随异常细胞核型所占百分比而异。

（1）智能落后　多数患儿都有不同程度的智能发育障碍，随年龄增长日益明显。嵌合体型患儿临床表现因嵌合比例及 21 号染色体三体细胞在中枢神经中的分布不同而有很大差异。

（2）特殊面容　出生时即有明显的特殊面容，表情呆滞。眼裂小，眼距宽，双眼外眦上斜，可有内眦赘皮；鼻梁低平，外耳小；硬腭窄小，常张口伸舌，流涎多；头小而圆，前囟大且关闭延迟；颈短而宽。

21-三体综合征面容

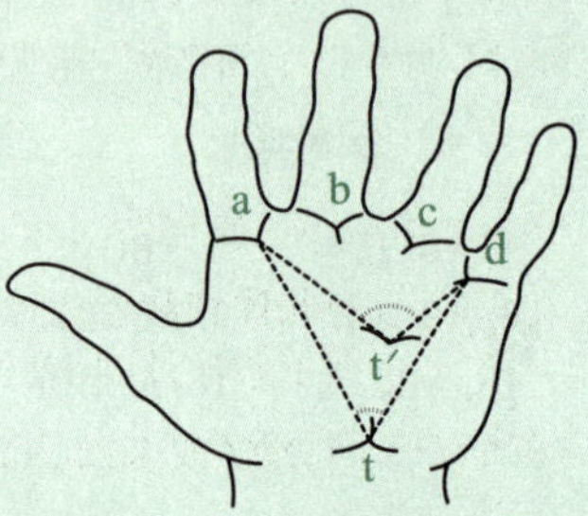

通贯手

（3）生长发育迟缓　患儿出生时身长和体重均较正常儿低，生后体格发育、动作发育均迟缓，身材矮小，骨龄落后于实际年龄，出牙迟；肌张力低下；腹膨隆，并可有脐疝；四肢短，手指粗短，中间指骨向内弯曲。

（4）皮纹特点　手掌出现猿线（俗称通贯手），手掌三叉点 t 上移向掌心，使轴三角的 atd 角度一般大于 45°，第 4、5 指桡箕增多。

（5）畸形　可伴有先天性心脏病（约 50%）、消化道畸形、先天性甲状腺功能减退症。

2. 细胞遗传学检查

正常人有 23 对染色体，即 22 对常染色体（由大至小分为 A～G 组）+1 对性染色体（女性为 XX，男性为 XY）。根据染色体核型不同，将 21-三体综合征分为以下三型：

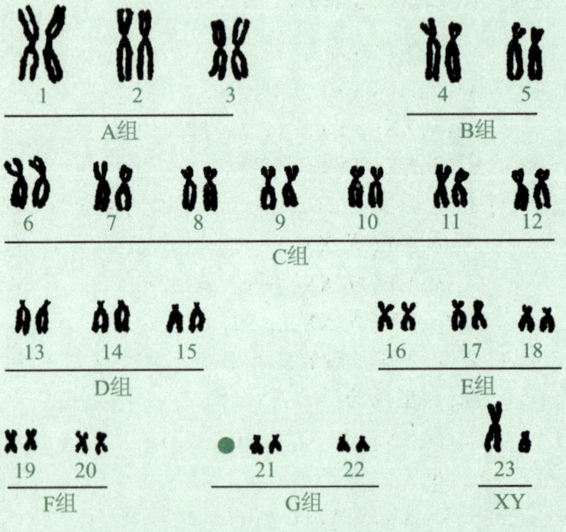

21-三体综合征染色体核型（47，XX，+21）

（1）标准型　占 95%，是由于亲代（多数为母亲）的生殖细胞在减数分裂时第 21 号染色体不分离所致，使患儿体细胞多一条额外的 21 号染色体，其核型特征为 47，XX，+21，或 47，XY，+21。

（2）易位型　占 2.5%～5%，染色体总数为 46 条，其中一条是额外的 21 号染色体的长臂与一条近端着丝粒染色体长臂形成的易位染色体，这种发生于近端着丝粒染色体的相互易位，称罗伯逊易位，分为两类：

①D/G 易位　D 组中以 14 号染色体为主，其核型为 46，XY（或 XX），-14，+t（14q21q），少数为 15 号或 13 号染色体易位。这种易位型患儿约半数为遗传性，即亲代中有 14/21 平衡易位染色体携带者，核型为 45，XY（或 XX），-14，-21，+t（14q21q）。

②G/G 易位　G 组中两个 21 号染色体发生着丝粒融合，形成等臂染色体，核型为 46，XY（或 XX），-21，+t（21q21q）；或一个 21 号易位到一个 22 号染色体上，即 46，XY（或 XX），-22，+t（21q22q）。

易位型患儿的双亲都应作染色体核型分析，以便发现平衡易位携带者。若母亲为 D/G 易位，则每一胎都有 10%的风险率；若父亲为 D/G 易位，则风险率为 4%。绝大多数 G/G 易位为散发病例，父母亲核型大多正常，但也有 21/21 易位携带者，其下一代风险率为 100%。

（3）嵌合体型　占 2%～4%，由于受精卵在早期分裂过程中发生了 21 号染色体不分离，患儿体内存在两种细胞系，一种为正常细胞，另一种为 21-三体细胞，形成嵌合体，90%以上的核型均为 46，XY（或 XX）/47，XY（或 XX），+21。此型患儿临床表现的严重程度与正常细胞所占百分比有关。

请大家记住常考数据，解题时要用到：①标准型 21-三体综合征的再发风险为 1%；②标准型女性患者少数有生育能力者，其子代发病率为 50%；③易位型中，55%的 D/G 易位为散发，45%与亲代遗传有关；④母亲为 D/G 平衡易位携带者，风险率为 10%；父亲为 D/G 平衡易位携带者，风险率为 4%；⑤G/G 易位绝大多数为散发，仅 5%与遗传有关，双亲之一为 21q22q 平衡易位携带者，子代发病风险率与 D/G 易位相似；⑥若母亲为 21q21q 平衡易位携带者，子代发病风险率为 100%。

	标准型	易位型	嵌合体型
发生率	95%（最常见）	2.5%～5%	2%～4%
染色体	患儿体细胞染色体为 47 条，有 1 条额外的 21 号染色体	患儿体细胞染色体为 46 条，其中 1 条是易位染色体	一种为 46 条正常细胞，另一种为 47 条的三体细胞
核型	47，XX（或 XY），+21	46，XY（或 XX），-14，+t（14q21q）	46，XY 或 XX/47，XY 或 XX，+21
再发风险	1%	4%～10%。若母亲为 21q21q 平衡易位携带者，子代发病风险 100%	随异常细胞所占比例而定

注意：21-三体综合征的特点为皮肤细腻，先天性甲减的特点是皮肤粗糙增厚。

【例 1】21-三体综合征染色体核型分析最多见的是

A. 47，XX（XY），+21　　B. 46，XX（XY）

C. 46，XX（XY），-14，+t（14q21q）　　D. 46，XX（XY），-21，+t（21q21q）

E. 46，XX（XY）/47，XX（XY），+21

【例 2】D/G 易位型 21-三体综合征最常见的核型是

A. 46，XY（或 XX），-13，+t（13q21q）　　B. 46，XY（或 XX），-14，+t（14q21q）

C. 46，XY（或 XX），-15，+t（15q21q）　　D. 46，XY（或 XX），-21，+t（21q21q）

E. 46，XY（或 XX），-22，+t（21q22q）

【例 3】男孩，2 岁。因智能低下查染色体核型为 46，XY，-14，+t（14q21q），查其母为平衡易位染色体携带者，核型应为

A. 45，XX，-14，-21，+t（14q21q）　　B. 45，XX，-15，-21，+t（15q22q）

C. 46，XX　　D. 46，XX，-14，+t（14q21q）

E. 46，XX，-21，+t（14q21q）

【例 4】患儿被诊断为易位型 21-三体综合征，其父正常，母亲为 D/G 平衡易位，则第二胎的患病风险率为

A. 10%　　B. 20%　　C. 1%

D. 100%　　E. 50%

3. 诊断与鉴别诊断

(1)诊断　典型病例根据特殊面容、智能和生长发育落后、皮纹特点等不难诊断，但应进行染色体核型分析以确诊。新生儿或症状不典型者需进行核型分析确诊。

(2)鉴别诊断　需与先天性甲减鉴别。先天性甲减常有颜面黏液性水肿、头发干燥、皮肤粗糙、喂养困难、便秘、腹胀等症状，可测血清 TSH、T_4 和染色体核型分析进行鉴别。

【例 5】对 21-三体综合征最具诊断价值的是

A. 智能发育落后　　B. 特殊愚型面容　　C. 体格发育落后

D. 通贯手　　E. 染色体核型分析

A. 唐氏综合征(21-三体综合征)　　B. 软骨发育不良　　C. 先天性甲状腺功能减退症

D. 维生素 D 缺乏病　　E. 苯丙酮尿症

【例 6】女，2 岁。智能落后，表情呆滞，眼距宽，眼裂小，鼻梁低，口半张，舌伸出口外，皮肤细嫩，肌张力低下，右侧通贯手。最可能的诊断是

【例 7】男，1 岁。智能落后，表情呆滞，皮肤毛发色素减少，有癫痫样发作，尿有鼠尿气味。最可能的诊断是

二、苯丙酮尿症

苯丙酮尿症(PKU)是一种常染色体隐性遗传疾病，因苯丙氨酸羟化酶基因突变导致酶活性降低，苯丙氨酸及其代谢产物在体内蓄积导致的疾病。PKU 是先天性氨基酸代谢障碍中最为常见的一种疾病，临床特点为智力发育落后，皮肤、毛发色素浅淡和鼠尿臭味。

【例 8】苯丙酮尿症的遗传形式为

A. 常染色体显性遗传　　B. 常染色体隐性遗传　　C. X 连锁显性遗传

D. X 连锁隐性遗传　　E. X 连锁不完全显性遗传

1. 发病机制

(1)苯丙氨酸的代谢途径　苯丙氨酸是人体必需氨基酸，食入人体内的苯丙氨酸一部分用于蛋白质合成；另一部分在苯丙氨酸羟化酶的作用下转变为酪氨酸；经转氨基途径生成苯丙酮酸的量很少。

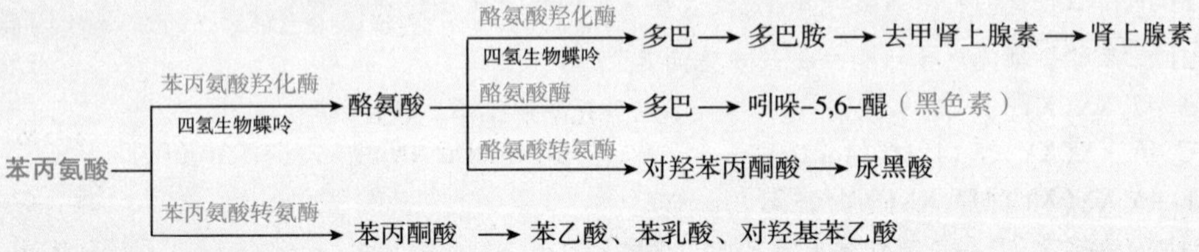

(2)经典型苯丙酮尿症　为苯丙氨酸羟化酶缺乏所致。苯丙氨酸不能正常转变为酪氨酸，体内苯丙氨酸蓄积，并经转氨基作用生成苯丙酮酸。大量苯丙酮酸及其部分代谢产物(苯乳酸、苯乙酸)由尿排出，称为苯丙酮酸尿症。

(3)非经典型苯丙酮尿症　为四氢生物蝶呤缺乏所致。四氢生物蝶呤来源于三磷酸鸟苷，在其合成和再生过程中需要三磷酸鸟苷环化水解酶、6-丙酮酰四氢蝶呤合成酶、二氢生物蝶啶还原酶的催化。当这些酶缺陷时，将造成四氢生物蝶呤缺乏，而四氢生物蝶呤是苯丙氨酸羟化酶和酪氨酸羟化酶的辅酶。因此，四氢生物蝶呤的缺乏，不仅导致苯丙氨酸不能氧化成酪氨酸，而且造成多巴胺、5-羟色胺等重要神经递质的合成受阻，加重神经系统的功能损害。

【例 9】苯丙酮尿症血液中增高的是

A. 酪氨酸　　B. 苯丙氨酸　　C. 多巴胺

D. 5-羟色胺　E. 丙氨酸

A. 二氢生物蝶呤还原酶缺乏　B. 酪氨酸羟化酶缺乏　C. 酪氨酸转氨酶缺乏
D. 苯丙氨酸羟化酶缺乏　E. 苯丙氨酸转氨酶缺乏

【例10】典型苯丙酮尿症的发病原因是

【例11】非典型苯丙酮尿症的发病原因是

2. 临床表现

患儿出生时正常，通常在3～6个月时开始出现症状，1岁时症状明显，表现为：

(1)神经系统　以智力发育落后最为突出，智商低于正常。有行为异常，如兴奋不安、忧郁、多动、孤僻等。可有癫痫小发作，少数呈现肌张力增高和腱反射亢进。

(2)皮肤　出生数月后因黑色素合成不足，头发由黑变黄，皮肤白皙。皮肤湿疹常见。

(3)体味　由于尿液和汗液中排出较多的苯乙酸，可有明显鼠尿臭味。

【例12】苯丙酮尿症主要的神经系统危害是

A. 智能发育落后　B. 肌痉挛　C. 癫痫小发作
D. 行为异常　E. 多动

【例13】苯丙酮尿症患儿的特征性临床表现是

A. 智力发育落后　B. 惊厥　C. 毛发皮肤色泽变浅
D. 肌张力增高　E. 尿和汗液有鼠尿臭味

注意：①苯丙酮尿症患儿特有的体征是鼠尿臭味，智力发育落后为神经系统最突出的表现。
②21-三体综合征患儿的典型体征是通贯手，确诊有赖于染色体核型分析。
③智能低下——21-三体综合征、苯丙酮尿症、先天性甲状腺功能减退症、营养性巨幼细胞性贫血。
④特殊面容——21-三体综合征、先天性甲状腺功能减退症。

3. 实验室检查

检查项目	实验方法	临床意义
新生儿疾病筛查（Guthrie细菌生长抑制试验）	新生儿哺乳3～7天后，采集足跟外周血，滴于专用滤纸上。该试验可半定量测定血液苯丙氨酸浓度	新生儿期初筛
血苯丙氨酸浓度测定	若Guthrie试验阳性，则应采集静脉血测定苯丙氨酸浓度，正常值<120μmol/L	经典型苯丙酮尿症>1200μmol/L
尿三氯化铁试验	是检测尿中苯丙酮酸的化学呈色法。新生儿因苯丙氨酸代谢旁路尚未健全，患儿尿液测定为阴性	较大儿童的初筛
尿2,4-二硝基苯肼试验	同"尿三氯化铁试验"	较大儿童的初筛
血浆氨基酸分析	提供生化诊断依据，鉴别其他可能的氨基酸代谢缺陷	生化诊断依据
尿液有机酸分析	提供生化诊断依据，鉴别其他可能的有机酸代谢缺陷	用于生化诊断
尿蝶呤图谱分析	高压液相层析测定尿液中新蝶呤和生物蝶呤的含量	鉴别三种非典型PKU
DNA分析	用DNA分析法检测苯丙氨酸羟化酶、6-丙酮酰四氢蝶呤合成酶、二氢生物蝶啶还原酶的基因缺陷	产前诊断

注意：①苯丙酮尿症的产前诊断——相关酶基因缺陷的DNA分析。
②苯丙酮尿症新生儿期的筛查——Guthrie细菌生长抑制试验。
③苯丙酮尿症较大儿童的筛查——尿三氯化铁试验、尿2,4-二硝基苯肼试验。
④苯丙酮尿症的确诊——血浆氨基酸（苯丙氨酸）测定。
⑤21-三体综合征的确诊——染色体核型分析。

A. 尿蝶呤分析　B. 尿三氯化铁试验　C. 染色体核型分析
D. 血浆氨基酸分析　E. 血 TSH 测定

【例 14】儿童苯丙酮尿症初筛选用的检查是

【例 15】儿童苯丙酮尿症的确诊检查是

【例 16】鉴别非典型苯丙酮尿症，需进行

A. Guthrie 细菌生长抑制试验　B. 尿蝶呤分析　C. 有机酸分析
D. 尿三氯化铁试验　E. 尿 2,4-二硝基苯肼试验

【例 17】女孩，2 岁。因智力发育落后 1 年伴间断抽搐半年就诊。查体：皮肤色泽浅，头发呈黄色，肌张力较高。对明确诊断最有意义的检查是

A. 染色体核型分析　B. 血甲状旁腺激素　C. 尿有机酸分析
D. 血 TSH、T_4　E. 血钙、磷、镁、碱性磷酸酶

4. 诊断

根据智能落后、头发由黑变黄、特殊体味和血苯丙氨酸升高，排除四氢生物蝶呤缺乏症，即可确诊。

5. 鉴别诊断

(1)暂时性高苯丙氨酸血症　见于新生儿或早产儿，生后数月苯丙氨酸可逐渐恢复正常。

(2)四氢生物蝶呤缺乏症(非典型苯丙氨酸尿症)　除典型苯丙氨酸尿症表现外，神经系统表现较为突出，如肌张力异常、不自主运动、震颤、阵发性角弓反张、惊厥发作等。诊断主要依靠尿蝶呤图谱分析。

6. 治疗

(1)早期治疗　一旦确诊，应立即治疗，以避免神经系统的损害。越早治疗，预后越好。

(2)低苯丙氨酸饮食　患儿应采用低苯丙氨酸奶方治疗，幼婴首选母乳喂养，因母乳中苯丙氨酸含量仅为牛奶的 1/3。对幼儿添加辅食时应以低蛋白、低苯丙氨酸食物为主。低苯丙氨酸饮食治疗至少维持到青春期。

(3)成年女性患者　在怀孕前应重新开始饮食控制，血苯丙氨酸应控制在 120~360μmol/L。

(4)四氢生物蝶呤缺乏症患者　需补充四氢生物蝶呤、5-羟色胺和 *L*-多巴。

(18~20 题共用题干)男孩，1.5 岁，半岁后发现尿有怪臭味，1 岁时发现智力较同龄儿童低，尿有霉臭味，近 1 个月经常抽搐发作。体检：表情呆滞，毛发棕黄，面部湿疹，皮肤白皙。

【例 18】最可能的诊断是

A. 21-三体综合征　B. 苯丙酮尿症　C. 呆小病
D. 癫病　E. 佝偻病性手足抽搐症

【例 19】首选的检查方法是

A. 血钙测定　B. 血氨基酸分析　C. 尿三氯化铁试验
D. 血清 T_3、T_4、TSH 测定　E. 染色体核型分析

【例 20】应采取的治疗措施是

A. 抽搐时给予止抽药物　B. 口服甲状腺素片　C. 口服碘化钾
D. 限制苯丙氨酸摄入量　E. 静推 10% 葡萄糖酸钙，同时口服维生素 D

▶常考点　21-三体综合征的核型；苯丙酮尿症的实验室检查。

参考答案——详细解答见 2021《贺银成国家临床执业及助理医师资格考试历年考点精析》

1. ABCDE　2. ABCDE　3. ABCDE　4. ABCDE　5. ABCDE　6. ABCDE　7. ABCDE
8. ABCDE　9. ABCDE　10. ABCDE　11. ABCDE　12. ABCDE　13. ABCDE　14. ABCDE
15. ABCDE　16. ABCDE　17. ABCDE　18. ABCDE　19. ABCDE　20. ABCDE

第十七篇　实践综合

第1章　发热与胸痛

考纲要求

①发热(急诊、门诊或住院):肺炎、脓胸、结核病、感染性心内膜炎、产褥感染、尿路感染、系统性红斑狼疮、急性化脓性骨髓炎、脑膜炎、肾综合征出血热、疟疾、急性乳腺炎、全身化脓性感染。②胸痛(急诊、住院):胸膜炎、胸部损伤、气胸、心绞痛、心肌梗死、食管癌。

复习要点

一、发热

机体体温升高超出正常范围,称为发热。

1. 发病机制

(1)致热原性发热　包括外源性和内源性两大类。

①外源性致热原　包括各种微生物病原体及产物、炎性渗出物及无菌性坏死组织、抗原抗体复合物、某些类固醇物质、多糖体成分及多核苷酸、淋巴细胞激活因子等。外源性致热原多为大分子物质,不能通过血脑屏障,而是通过激活中性粒细胞、嗜酸性粒细胞和单核-吞噬细胞系统,使其产生并释放内源性致热原而致热。

②内源性致热原　又称白细胞致热原,如IL-1、TNF和干扰素等。通过血脑屏障直接作用于体温调节中枢的体温调定点,使调定点上升,引起发热。

(2)非致热原性发热

①体温调节中枢受损　颅脑损伤、出血、炎症等。

②引起产热过多的疾病　癫痫持续状态、甲状腺功能亢进症等。

③引起散热减少的疾病　广泛性皮肤病、心力衰竭等。

2. 病因

发热分感染性和非感染性两大类,以前者多见。

(1)感染性发热　各种病原体引起的感染,如病毒、细菌、支原体、衣原体、真菌等。

(2)非感染性发热　如吸收热、抗原-抗体反应、内分泌与代谢疾病、皮肤散热减少、体温调节中枢功能失常、自主神经功能紊乱等。

3. 临床表现

(1)发热的分度　分低热(37.3~38℃)、中等度热(38.1~39℃)、高热(39.1~41℃)、超高热(>41℃)。

(2)发热的临床过程及特点　发热的临床过程分体温上升期、高热期和体温下降期。

4. 热型及临床意义

具体见下表。

热型	特点	临床意义
稽留热	体温恒定地维持在 39~40℃以上的高水平,达数天至数周 24 小时内体温波动不超过 1℃	大叶性肺炎、斑疹伤寒、伤寒高热期
弛张热	也称败血症热型,体温常>39℃,波动幅度大 24 小时内波动范围超过 2℃,但都在正常水平以上	败血症、风湿热、重症肺结核、化脓性炎症
间歇热	体温骤升达高峰后持续数小时,又迅速降至正常水平 无热期可持续 1 至数天,如此高热期和无热期反复交替出现	疟疾、急性肾盂肾炎
波状热	体温逐渐上升至≥39℃,数天后逐渐降至正常 持续数天后又逐渐升高,如此反复多次	布氏杆菌病
回归热	也称周期性发热,体温骤升至≥39℃,持续数天后骤降至正常 高热期和无热期各持续数天后规律性交替一次	回归热、霍奇金病
不规则热	发热的体温曲线无规律	结核病、风湿热、支气管肺炎、渗出性胸膜炎

5. 诊断思路

- 发热
  - 病程
    - 急性高热——感染性疾病、长期发热的早期
    - 长期发热——感染性疾病、肿瘤、结缔组织病
    - 慢性低热——器质性低热、功能性低热
  - 热型
    - 稽留热——大叶性肺炎、斑疹伤寒、伤寒高热期
    - 弛张热——败血症、风湿热、重症肺结核、化脓性炎症
    - 间歇热——疟疾、急性肾盂肾炎
    - 波状热——布氏杆菌病
    - 回归热——回归热、霍奇金病
    - 不规则热——结核病、风湿热、支气管肺炎、渗出性胸膜炎

二、胸痛

1. 病因

(1)胸壁疾病 急性皮炎、带状疱疹、肋间神经炎、肋软骨炎、肋骨骨折、多发性骨髓瘤等。

(2)心血管疾病 心绞痛、心肌梗死、心肌病、急性心包炎、胸主动脉瘤、肺栓塞(梗死)、肺动脉高压等。

(3)呼吸系统疾病 胸膜炎、胸膜肿瘤、自发性气胸、血胸、支气管炎、支气管肺癌等。

(4)纵隔疾病 纵隔炎、纵隔气肿、纵隔肿瘤等。

(5)其他 过度通气综合征、痛风、食管炎、食管癌、膈下脓肿等。

2. 引起胸痛的常见疾病

(1)肺炎 常表现为咳嗽咳痰,可出现脓性痰或血痰,伴或不伴胸痛。病原菌不同,其临床特点也不相同。

(2)胸膜炎 胸膜炎症累及壁层胸膜时,可出现胸痛。胸痛与呼吸有关,深呼吸或咳嗽时加重,随着胸腔积液增多,胸痛减轻或消失。肿瘤性胸膜炎的特点是胸痛进行性加重。

(3)肺癌 中心性肺癌常出现刺激性咳嗽,可有脓性痰、血痰或间断咯血。当肿瘤造成较大支气管

不同程度阻塞时，可以出现胸闷、哮鸣、气促、发热和胸痛等症状。

(4)肺栓塞　常表现为呼吸困难、胸痛及咯血三联征。胸痛常为胸膜炎性胸痛或心绞痛样疼痛。

(5)心绞痛　主要表现为胸骨后压榨性疼痛，可向心前区和左上肢放射，持续数分钟，休息或含服硝酸甘油后可迅速缓解。根据典型胸痛特点及心电图表现，即可确诊。

(6)心肌梗死　主要表现为持久的胸骨后剧烈疼痛，多见于心前区和胸骨后，常放射至左肩及左肩内侧。疼痛多持续 20 分钟以上，甚至数天，休息和含服硝酸甘油不能缓解疼痛。

(7)急性心包炎　主要表现为心前区疼痛，常为尖锐性疼痛，与呼吸运动有关，可因咳嗽、深呼吸、变换体位或吞咽而加重。位于心前区，可向颈部、左肩、左臂及左肩胛骨放射。疼痛也可位于胸骨后，呈压榨样。

(8)食管癌　早期无明显症状，在吞咽时有哽噎感、胸骨后烧灼感、针刺感等。症状时轻时重，进展缓慢。

(9)胸部外伤　包括肋骨骨折、气胸、血胸等，均可引起胸痛。

3. 诊断思路

- 胸痛
  - 是急性还是慢性
    - 急性胸痛——气胸、肺梗死、心绞痛、心肌梗死
    - 慢性胸痛——胸部肿瘤、肺结核
  - 是否胸外疾病引起——腹部疾病的反射痛
  - 是胸壁疾病还是胸腔内疾病
    - 胸壁疾病——皮肤、皮下组织、肌肉、神经和骨骼关节病变
    - 胸内疾病——心血管、支气管、肺、胸膜、纵隔、食管疾病

【例 1】局限性胸痛、按压后疼痛加重，提示病变主要累及的部位是

A. 邻近胸膜肺组织　　B. 胸壁软组织　　C. 脏层胸膜

D. 肋间神经　　E. 壁层胸膜

▶▶常考点　很少考。

参考答案——详细解答见 2021《贺银成国家临床执业及助理医师资格考试历年考点精析》

1. ABCDE

第 2 章　咳嗽、咳痰、咯血、呼吸困难与水肿

▶考纲要求

①咳嗽、咳痰、咯血(门诊)：上呼吸道感染、支气管扩张、肺炎、支气管哮喘、慢性阻塞性肺疾病、肺癌。②呼吸困难(急诊、门诊或住院)：支气管哮喘、重症肺炎、气胸、左心衰竭、呼吸衰竭、慢性肺源性心脏病、新生儿肺炎、急性中毒。③水肿(门诊、住院)：右心衰竭、下肢深静脉血栓形成、肝硬化、肾小球疾病、肾病综合征、蛋白质-能量营养不良。

▶复习要点

一、咳嗽、咳痰与咯血

1. 概念

(1)咳嗽　是一种反射性防御动作，通过咳嗽可以清除呼吸道分泌物及气管内异物。

(2)咳痰　痰是气管、支气管的分泌物或肺泡内的渗出液，借助咳嗽将其排出，称为咳痰。

(3)咯血　喉及喉部以下的呼吸道任何部位的出血，经口腔咯出，称为咯血。

2. 咳嗽与咳痰的常见原因

(1)呼吸道疾病　呼吸道感染是引起咳嗽、咳痰最常见的原因。

(2)胸膜疾病　胸膜炎、胸膜间皮瘤、自发性气胸、胸腔穿刺等。

(3)心血管疾病　左心衰竭所致的肺淤血或肺水肿，肺栓塞。

(4)中枢神经因素　反射性咳嗽、脑炎、脑膜炎等。

(5)其他　习惯性咳嗽、心理性咳嗽等。

3. 咳嗽、咳痰的诊断思路

咳嗽与咳痰
- 病变部位和性质
  - 上呼吸道——病毒或细菌感染、过敏性、肿瘤性
  - 气管支气管——炎症、结核、管腔内异物、管壁内外新生物
  - 肺——感染（细菌、病毒、支原体、原虫、真菌、结核性）、肿瘤、理化因素损害
  - 胸膜——胸腔积液（化脓性、结核性、肿瘤性、漏出液）、气胸、肿瘤
  - 纵隔——肿大的淋巴结、肿瘤、胸骨后甲状腺肿、主动脉瘤
- 非呼吸系统疾病
  - 心脏病——肺淤血、肺水肿
  - 消化系统——胃食管反流病、肝脓肿
  - 其他——膈下脓肿、外耳道湿疹

4. 咯血的病因和发病机制　咯血的原因很多，最常见的原因是肺结核。

(1)支气管疾病　支气管扩张、支气管肺癌、慢性支气管炎等。

(2)肺部疾病　肺结核、肺炎、肺脓肿等。肺炎发生咯血的多为肺炎球菌肺炎、金黄色葡萄球菌肺炎、肺炎杆菌肺炎和军团菌肺炎，支原体肺炎少见。肺结核发生的咯血多为浸润型、空洞型肺结核和干酪性肺炎，急性血行播散型肺结核较少出现咯血。

(3)心血管疾病　较常见于二尖瓣狭窄，其次为肺动脉高压、肺栓塞、肺血管炎、高血压病等。

(4)其他　如血液病等。

5. 咯血的临床表现

(1)年龄　青壮年咯血多见于肺结核、支气管扩张、二尖瓣狭窄。40 岁以上的吸烟者多见于支气管

肺癌。儿童慢性咳嗽伴少量咯血、低色素贫血多见于特发性含铁血黄素沉着症。

(2)咯血量　小量咯血为<100ml/d，中量咯血为100～500ml/d，大量咯血为>500ml/d或一次100～500ml。大量咯血见于空洞性肺结核、支气管扩张、慢性肺脓肿。痰中带血见于支气管肺癌、慢性支气管炎、支原体肺炎。

注意：①大量咳痰——支气管扩张、急性肺脓肿。
②大量咯血——支气管扩张、慢性肺脓肿、空洞性肺结核。

6. 咯血的诊断思路

- 咯血
  - 非心肺疾病
    - 凝血功能障碍所致出血
    - 呕血
    - 传染病——鼠疫、钩端螺旋体病
  - 心肺疾病
    - 胸片正常
      - 小至中量咯血——支气管炎、支气管扩张、肺栓塞、肺癌、心力衰竭
      - 大咯血——肺血管畸形
    - 胸片异常
      - 小至中量咯血——肺结核、支气管扩张、肺癌
      - 大咯血——支气管扩张、二尖瓣狭窄、肺空洞、肺泡弥漫性病变

二、呼吸困难

呼吸困难指患者主观感到空气不足，呼吸费力，客观上表现为呼吸运动用力，严重时可出现张口呼吸、鼻翼扇动、端坐呼吸、甚至发绀，呼吸辅助肌参与呼吸运动，并且可有呼吸频率、深度、节律的改变。

1. 病因

本病的病因主要为呼吸系统和心血管系统疾病。

(1)呼吸系统疾病　气道阻塞，肺部疾病，胸壁、胸廓、胸膜腔疾病，神经肌肉疾病，膈肌麻痹。

(2)循环系统疾病　心力衰竭、心包压塞、肺栓塞、原发性肺动脉高压。

(3)中毒　糖尿病酮症酸中毒、吗啡中毒、有机磷中毒、氰化物中毒、亚硝酸盐中毒、急性CO中毒。

(4)神经精神性疾病　脑出血、脑外伤、脑肿瘤、脑炎、脑膜炎、脑脓肿、癔症。

(5)血液病　重度贫血、高铁血红蛋白血症、硫化血红蛋白血症。

2. 发生机制和临床表现

(1)肺源性呼吸困难　临床上分为吸气性、呼气性和混合性呼吸困难三型。

	吸气性呼吸困难	呼气性呼吸困难	混合性呼吸困难
特点	吸气显著费力，吸气时间延长，三凹征(胸骨上窝、锁骨上窝、肋间隙)	呼气费力，呼气时间延长 呼气缓慢	吸气期和呼气期均费力 呼吸频率增快、深度变浅
伴随	高调吸气性哮鸣音、干咳	呼气期哮鸣音	呼吸音异常或病理性呼吸音
病因	气道梗阻	肺泡弹性减弱 小支气管痉挛或炎症	肺或胸膜病变使肺呼吸面积减小，导致换气功能障碍
疾病	喉部、气管、大支气管狭窄与阻塞	喘息型支气管炎、支气管哮喘，慢阻肺、弥漫性泛细支气管炎	重症肺炎、重症肺结核、大面积肺梗死、弥漫性肺间质疾病、大量胸腔积液、气胸、广泛性胸膜增厚

(2)心源性呼吸困难　由左心衰竭和(或)右心衰竭引起。

(3)中毒性呼吸困难　分以下三种情况：

	中枢兴奋引起的呼吸困难	中枢抑制引起的呼吸困难	机体缺氧引起的呼吸困难
机理	代谢性酸中毒时酸性代谢产物刺激呼吸中枢引起呼吸困难	吗啡等中枢抑制药物抑制呼吸中枢引起的呼吸困难	化学毒物中毒导致机体缺氧引起的呼吸困难
举例	尿毒症、糖尿病酮症酸中毒	吗啡、巴比妥、有机磷中毒	CO、亚硝酸盐、苯胺类、氰化物中毒
病史	有引起代谢性酸中毒的病因	有药物或化学物质中毒史	有上述物质中毒史
特点	Kussmaul 呼吸	Cheyne-Stokes 呼吸、Biots 呼吸	—

注意：①Kussmaul 呼吸——在尿毒症、糖尿病酮症酸中毒时，机体出现深长而规则的呼吸，可伴有鼾音，称为酸中毒大呼吸，即 Kussmaul 呼吸，或称库斯莫尔呼吸。

②Kussmaul 征——是指缩窄性心包炎时，出现颈静脉怒张、肝大、腹水、下肢水肿、心率增快的体征。

(4)神经精神性呼吸困难 神经性呼吸困难多为呼吸深慢(抽泣样呼吸)，多见于重症颅脑疾患。精神性呼吸困难多为呼吸浅快，伴有叹息样呼吸，多见于癔症，可因过度通气发生呼吸性碱中毒。

(5)血源性呼吸困难 多见于重度贫血、高铁血红蛋白血症、硫化血红蛋白血症。

3. 诊断思路

呼吸困难
- 急性
  - 胸片正常——支气管哮喘、肺栓塞、高通气综合征、心力衰竭
  - 胸片异常——肺炎、急性呼吸窘迫综合征、气胸、血胸、胸腔积液、心力衰竭、急性中毒
  - 胸片可疑——肺栓塞
- 慢性
  - 胸片正常——支气管哮喘、高通气综合征、心力衰竭
  - 胸片异常——慢性阻塞性肺疾病、慢性气肿性呼吸衰竭、胸腔积液、心力衰竭
  - 胸片可疑——弥漫性肺病、纵膈疾病

【例 1】女，24 岁。间断喘息 2 个月，发作时以吸气性呼吸困难为主。查体：可见三凹征，吸气相延长，双肺未闻及哮鸣音及湿啰音。该患者发生呼吸困难最可能的原因是

A. 支气管哮喘　B. 慢性心力衰竭　C. 慢性阻塞性肺疾病
D. 上呼吸道阻塞　E. 阻塞性肺炎

【例 2】下列最常表现为吸气性呼吸困难的疾病是

A. 胸腔积液　B. 气管肿物　C. 自发性气胸
D. 支气管哮喘　E. 慢性阻塞性肺疾病

【例 3】异常性支气管呼吸音常见于

A. 气胸　B. 胸膜肥厚　C. 肺实变
D. 胸腔积液　E. 气道阻塞

三、水肿

水肿指人体组织间隙有过多的液体积聚使组织肿胀，不包括内脏器官局部水肿，如脑水肿、肺水肿等。

1. 发生机制

由于组织液生成的有效滤过压=(毛细血管血压+组织液胶体渗透压)-(血浆胶体渗透压+组织液静水压)，因此以上四大因素都可影响组织液的生成，当组织液的生成大于回吸收时，可产生水肿。

产生水肿因素：钠水潴留(如继发性醛固酮增多症)、毛细血管滤过压升高(如右心衰竭)、毛细血管通透性增高(如急性肾炎)、血浆胶体渗透压降低(如血清清蛋白减少)、淋巴回流受阻(如丝虫病)。

2. 病因和临床表现

(1)心源性水肿 常见于右心衰竭，水肿常从足部(最早为踝内侧)开始，向上延及全身，发展较缓慢。

(2)肾源性水肿　常见于各型肾炎和肾病，水肿常从眼睑、颜面开始，迅速发展，延及全身。

(3)肝源性水肿　失代偿性肝硬化的表现之一，为踝部水肿，逐渐向上蔓延，而头、面部及上肢常无水肿。门静脉高压症、低蛋白血症、肝淋巴液回流障碍、继发性醛固酮增多等因素是水肿和腹水形成的发病机制。

(4)营养不良性水肿　多见于慢性消耗性疾病长期营养缺乏、蛋白丢失性胃肠病、重度烧伤等所致的低蛋白血症或维生素 B_1 缺乏。

(5)其他原因的全身性水肿　如黏液性水肿、经前期紧张综合征、药物性水肿、特发性水肿等。

(6)局部性水肿　常由于局部静脉、淋巴回流受阻或毛细血管通透性增加所致。

注意：①水肿从上至下者——肾源性水肿。
②水肿从下至上者——心源性水肿、肝源性水肿、营养不良性水肿、特发性水肿。
③水肿上下均明显者——黏液性水肿、经前期紧张综合征。

3. 水肿的鉴别诊断

	心源性水肿	肾源性水肿	肝源性水肿	营养不良性水肿
基本病因	右心衰竭	各型肾炎和肾病	肝病	重度营养不良
开始部位	足部（最早为踝内侧）开始，向上延及全身	眼睑、颜面开始延及全身	足部开始腹水更突出	足部开始
水肿特点	可凹性水肿	可凹性水肿	可凹性水肿	可凹性水肿
发展快慢	较缓慢	常迅速	缓慢	缓慢
伴胸腹水	常见	可见	常见	常见
伴随病症	伴心功能不全病症，心脏增大，心脏杂音，肝大，颈静脉怒张	伴肾脏病症，如高血压，蛋白尿，管型尿，血尿	肝脾大，黄疸，肝掌，蜘蛛痣，腹壁静脉曲张	消瘦，体重下降，皮脂减少
辅助检查	超声心动图	肾功能，尿常规	肝功能，凝血象	血清白蛋白，贫血指标

4. 诊断思路

- 水肿
  - 局限性水肿
    - 局部静脉回流受阻——血栓性静脉炎
    - 局部淋巴回流受阻——丝虫病所致象皮腿
    - 毛细血管通透性增加——局部炎症、创伤、过敏
  - 全身性水肿
    - 心源性水肿——右心衰竭
    - 肾源性水肿——各型肾炎、肾病综合征
    - 肝源性水肿——失代偿性肝病、门静脉高压症、低蛋白血症
    - 营养不良性水肿——慢性消耗性疾病、蛋白丢失性胃肠病、重度营养不良
    - 其他——黏液性水肿、经前期紧张综合征、药物性水肿、特发性水肿

【例4】女，50岁。双下肢水肿10余年，晨轻暮重，无眼睑水肿和泡沫尿。查体：血压130/70mmHg，双肺呼吸音清，心界不大，心率87次/分，律齐，腹软，肝脾肋下未触及，移动性浊音阴性，双下肢见凹陷性水肿，浅静脉呈蚯蚓状改变。该患者下肢水肿的最可能原因是

A. 下肢静脉压增高　　B. 血浆胶体渗透压降低　　C. 心肌收缩力降低
D. 血浆晶体渗透压降低　　E. 淋巴液回流受阻

▶▶**常考点**　呼吸困难。

参考答案——详细解答见2021《贺银成国家临床执业及助理医师资格考试历年考点精析》

1. ABCDE　2. ABCDE　3. ABCDE　4. ABCDE

第3章　腹痛、腹泻、恶心与呕吐

考纲要求

①腹痛(急诊、门诊或住院):消化性溃疡、胃癌、原发性肝癌、急性胰腺炎、胰腺癌、急性胆囊炎、肠梗阻、结肠癌、急性阑尾炎、腹膜炎、腹外伤、输尿管结石、异位妊娠流产或破裂。②腹泻(急诊、门诊或住院):溃疡性结肠炎、肠炎(腹泻病)、甲状腺功能亢进症、细菌性痢疾。③恶心、呕吐(急诊、门诊或住院):急性和慢性胃炎、急性和慢性肾功能衰竭、急性肾炎并高血压脑病、早期妊娠、糖尿病酮症酸中毒、颅内压增高。

复习要点

一、腹痛

1. 病因

(1)急性腹痛

①腹腔脏器急性炎症　如急性胃肠炎、急性胰腺炎、急性出血坏死性肠炎、急性胆囊炎、急性阑尾炎等。

②空腔脏器阻塞或扩张　肠梗阻、肠套叠、胆道结石、胆道蛔虫病、泌尿系结石等。

③脏器扭转或破裂　如肠扭转、肠破裂、胃肠穿孔等。

④腹膜炎症　多由胃肠穿孔引起,少数为自发性破裂。

⑤腹腔内血管阻塞　如缺血性肠病。

⑥腹壁疾病　腹壁挫伤、脓肿、带状疱疹等。

⑦牵涉痛　肺炎、心绞痛、心肌梗死等。

(2)慢性腹痛

①腹腔脏器慢性炎症　慢性胃炎、十二指肠炎、慢性胆囊炎等。

②消化道运动障碍　如功能性消化不良、肠易激综合征等。

③胃、十二指肠溃疡。

④腹腔脏器扭转或梗阻　如慢性胃肠扭转、十二指肠壅滞、慢性肠梗阻。

⑤脏器包膜牵张　肝淤血、肝炎、肝脓肿、肝癌等。

⑥中毒与代谢障碍　铅中毒、尿毒症等。

⑦肿瘤压迫及浸润　以恶性肿瘤居多。

2. 临床表现

(1)腹痛部位　一般腹痛部位多为病变所在部位。

(2)腹痛性质和程度　阵发性剑突下钻顶样疼痛是胆道蛔虫病的典型表现。突发中上腹剧烈刀割样痛、烧灼样痛,多为胃、十二指肠溃疡穿孔。

(3)诱发因素　进食油腻食物后发作多为胆囊炎或胆石症,酗酒、暴饮暴食后发作多为急性胰腺炎。

(4)发作时间　餐后痛常为胆胰疾病、胃部肿瘤或消化不良。周期性、节律性上腹痛见于胃、十二指肠溃疡。子宫内膜异位者腹痛与月经来潮有关。卵泡破裂者腹痛在月经间期。

3. 伴随症状

(1)腹痛伴发热、寒战　提示炎症存在,常见于急性胆道感染、胆囊炎、肝脓肿等。

(2)腹痛伴黄疸　与肝胆胰疾病有关。

(3)腹痛伴休克　可能为腹腔脏器破裂、胃肠穿孔、绞窄性肠梗阻、肠扭转、急性重症胰腺炎、心梗等。

(4)腹痛伴呕吐、反酸、腹泻　提示食管、胃肠病变。

(5)腹痛伴血尿 提示泌尿系疾病(如结石)。

4. 发生机制

	内脏性腹痛	躯体性腹痛	牵涉痛
定义	是腹内某一器官的痛觉信号由交感神经传入脊髓引起	是由来自腹膜壁层及腹壁的痛觉信号,经体神经传至脊神经根,反映到相应脊髓节段所支配的皮肤所引起	指内脏痛觉信号传至相应脊髓节段,引起该节段支配的体表部位疼痛
定位	部位不确切,接近腹中线	定位明确	定位明确
疼痛性质	疼痛感觉模糊,多为痉挛、不适、钝痛、灼痛	疼痛剧烈而持续	疼痛剧烈
伴随症状	常伴恶心、呕吐、出汗等自主神经兴奋症状	局部腹肌强直,腹痛可因咳嗽、体位变化而加重	压痛、肌紧张、感觉过敏

5. 诊断思路

- 腹痛
  - 腹外疾病
    - 胸部疾病——心肌梗死、肺炎、胸膜炎、心包炎
    - 代谢疾病——糖尿病酮症、铅中毒、尿毒症
    - 变态反应——过敏性紫癜、腹型风湿热
    - 神经精神——腹型癫痫、功能性腹痛
  - 腹部疾病
    - 腹壁疾病——带状疱疹、肌肉损伤、肌肉挫伤、肋软骨炎
    - 腹内脏器疾病——定位——定性
      - 创伤、炎症、溃疡、结石
      - 肿瘤、脏器破裂、血管病变
      - 功能性腹痛综合征

定位
- 上腹痛——胃与十二指肠、胆囊、胰腺病变
- 右上腹痛——肝胆、结肠肝曲病变
- 左上腹痛——脾、胰尾、结肠脾曲病变
- 右下腹痛——阑尾、回盲部、右侧卵巢病变
- 左下腹痛——乙状结肠、左侧卵巢病变
- 中腹痛——小肠、肠系膜、大网膜病变
- 下腹痛——乙状结肠、膀胱、子宫病变
- 侧腹部痛——肾、输尿管病变

二、腹泻

腹泻指排便次数增多,粪质稀薄,或带有黏液、脓血或未消化的食物,如解液状便,每日 3 次以上,或每天粪便总量大于 200g,其中粪便含水量大于 80%,则认为是腹泻。

腹泻可分为急性和慢性两种,超过 2 个月者属于慢性腹泻。

1. 病因

(1)急性腹泻

①肠道疾病 常见的是病毒、细菌、真菌、原虫、蠕虫等感染所引起的肠炎及急性出血坏死性肠炎。

②急性中毒 使用毒蕈、桐油、河豚、鱼胆及化学毒物(如砷、磷、铅、汞等)引起的腹泻。

③全身性感染 败血症、伤寒、副伤寒、钩端螺旋体病等。

④其他　变态反应性肠炎、过敏性紫癜；服用氟尿嘧啶、利血平等药物；甲状腺危象等。

(2)慢性腹泻

①胃部疾病　慢性萎缩性胃炎、胃大部切除术后胃酸缺乏等。

②肠道感染　肠结核、慢性细菌性痢疾、慢性阿米巴痢疾、血吸虫病、钩虫病等。

③肠道非感染性病变　克罗恩病、溃疡性结肠炎、结肠多发性息肉、吸收不良综合征。

④肠道肿瘤　结肠绒毛状腺瘤、肠道恶性肿瘤。

⑤胰腺疾病　慢性胰腺炎、胰腺癌、胰腺切除术后。

⑥肝胆疾病　肝硬化、胆汁性淤积性黄疸、慢性胆囊炎、胆石症。

⑦内分泌及代谢障碍疾病　甲状腺功能亢进、肾上腺皮质功能减退、胃泌素瘤等。

⑧神经功能紊乱　肠易激综合征。

2. 诊断思路

(1)明确是急性腹泻还是慢性腹泻　病程超过2个月者属于慢性腹泻，小于2个月为急性腹泻。

(2)明确是什么部位病变引起的腹泻　全身性疾病，如甲亢、肾上腺皮质危象、肝硬化、尿毒症、糖尿病、神经症等可引起腹泻，一般伴有相应全身性疾病的症状。小肠性腹泻与结直肠性腹泻的鉴别如下。

	小肠性腹泻	结直肠性腹泻
粪便性状	稀薄，量多，可含脂肪滴，黏液少，臭味大	肉眼可见脓血，量少，有黏液
大便次数	3~10次/天	次数更多
里急后重	一般无	可有
腹痛	脐周疼痛	下腹部或左下腹疼痛
体重	常减轻	一般无体重减轻

(3)明确是什么性质的腹泻

腹泻类型	发生机制	临床特点	举例
分泌性腹泻	胃肠分泌过多水分和电解质所致	大量水样粪便，每日多达数升，粪便中含有大量电解质而无脓血，禁食后腹泻仍不停止，一般无腹痛	炎症性肠病 胃泌素瘤引起的腹泻
渗透性腹泻	系肠腔内大量不被吸收的非电解质溶液，使肠腔内有效渗透压增高所致	禁食后腹泻停止；肠腔内渗透压超过血浆渗透压；粪便中有大量未完全消化的食物；粪便中电解质含量不高	服用甘露醇引起腹泻
动力性腹泻	肠蠕动过快，以致食糜没有足够的时间被消化吸收而排出，多为功能性腹泻	粪便稀烂或水样，镜检无病理成分，肠鸣音活跃，可伴有腹痛	甲状腺功能亢进、肠易激综合征、胃肠功能紊乱
消化功能障碍性腹泻	由消化液分泌减少引起	粪便中含有未完全消化的食物	慢性胰腺炎、胃大部切除术后
吸收不良性腹泻	由肠黏膜吸收面积减少或吸收障碍引起	禁食可减轻腹泻，为小肠性腹泻	小肠切除术后

【例1】女，72岁。回肠及部分空肠切除术后出现腹泻，每日10余次稀水样便，进食后加剧。腹泻原因主要是

A. 吸收不良　　B. 消化不良　　C. 肠蠕动加快

D. 肠道感染　　E. 分泌增加

(4)明确腹泻的病因

感染性	肠道病毒、细菌、真菌、寄生虫等感染
炎症性	炎症性肠病(溃疡性结肠炎和克罗恩病)
胃源性	萎缩性胃炎及胃大部切除术后胃酸缺乏
肝胆源性	肝硬化、肝内胆汁淤积性黄疸、慢性胆囊炎、胆石症
胰源性	慢性胰腺炎、胰腺癌、胰腺囊性纤维化、胰腺广泛切除
肿瘤性	促胃液素瘤、血管活性肠肽瘤、小肠淋巴瘤、结肠癌
功能性	肠易激综合征、甲亢、肾上腺皮质功能减退危象、糖尿病

三、恶心与呕吐

恶心是上腹部不适和紧迫欲吐的感觉,可伴有迷走神经兴奋的症状,如皮肤苍白、出汗、流涎、血压降低及心动过缓等,常为呕吐的前奏。

呕吐是通过胃的强烈收缩迫使胃或部分小肠的内容物经食管、口腔而排出体外的现象。

1. 发病机制

呕吐是一个复杂的反射动作,其中枢位于延髓。呕吐过程分恶心、干呕与呕吐三个阶段。

2. 临床表现与意义

(1)呕吐的时间　晨起呕吐常见于早期妊娠、尿毒症、功能性消化不良,夜间呕吐见于幽门梗阻。

(2)呕吐与进食的关系　进食中或餐后即吐,可能为幽门管溃疡、精神性呕吐;餐后 1 小时以上呕吐见于胃张力下降或胃排空延迟。

(3)呕吐的特点　喷射状呕吐见于颅内高压性疾病。

(4)呕吐物的性质　含大量酸性液体者见于胃泌素瘤、十二指肠溃疡;呕吐咖啡样物见于上消化道出血。

3. 引起恶心呕吐的常见疾病

(1)急性胃炎　多有长期服用非甾体药物的病史,可伴呕血和(或)便血。胃镜检查可明确诊断。

(2)胃癌　好发于中老年,早期胃癌多无症状。进展期胃癌可有上腹隐痛,食欲减退,胃壁受累后可有饱胀感或呕吐。

(3)幽门梗阻　呕吐大量隔夜宿食,且常在夜间发生。

(4)急性胰腺炎　起病后出现恶心呕吐,有时颇频繁,吐出食物和胆汁,呕吐后腹痛不减轻为其特征。

(5)肠梗阻　肠梗阻的典型临床表现为腹胀、腹痛、恶心呕吐、肛门停止排气排便。

(6)糖尿病酮症酸中毒　酸中毒失代偿后,可出现临床症状恶化,食欲减退,恶心呕吐,多尿,口干,呼吸深快,呼气中有烂苹果味等。血糖增高,尿酮强阳性。

(7)妊娠剧吐　约半数妇女于妊娠早期(停经 6 周左右)出现头晕、乏力、嗜睡、流涎、食欲不振、恶心呕吐等症状,称为早孕反应。恶心、晨起呕吐与体内 hCG 增多、胃酸分泌减少及胃排空延迟有关。多于妊娠 12 周左右自行消失。

(8)颅脑外伤和颅脑肿瘤　可致颅内高压,表现为头痛、恶心呕吐、视神经乳头水肿三主征。呕吐的特点是呈喷射性,呕吐量大,呕吐严重。

▶▶常考点　很少考。

参考答案——详细解答见 2021《贺银成国家临床执业及助理医师资格考试历年考点精析》

1. ABCDE

第4章　发绀、紫癜、苍白乏力与淋巴结肿大

考纲要求

①发绀(急诊、门诊或住院):肺炎、呼吸衰竭、肺气肿、慢性肺源性心脏病、支气管哮喘、先天性心脏病(法洛四联症)。②紫癜(急诊、门诊或住院):再生障碍性贫血、特发性血小板减少性紫癜、白血病、过敏性紫癜。③苍白乏力(急诊、门诊或住院):缺铁性贫血、再生障碍性贫血、白血病。④淋巴结肿大(门诊):白血病、肿瘤转移。

复习要点

一、发绀

发绀指血液中还原血红蛋白增多使皮肤和黏膜呈青紫色改变的一种表现,也称为紫绀。体检时,在口唇、指(趾)、甲床等处明显。

1. 病因及发病机制

(1)血液中还原血红蛋白增加(真性发绀)　包括中心性发绀、周围性发绀和混合性发绀。

	中心性发绀	周围性发绀
发绀部位	全身性,包括四肢、躯干和黏膜的皮肤	肢体的末端与下垂部位
发绀特点	受累的皮肤是温暖的	受累的皮肤是冰冷的,加温可使发绀消退
病因	肺性发绀、心性混合性发绀	淤血性周围性发绀、缺血性周围性发绀

(2)血液中存在异常血红蛋白衍生物　高铁血红蛋白血症、硫化血红蛋白血症。

2. 引起发绀的疾病

(1)支气管哮喘　发作性伴有哮鸣音的呼气性呼吸困难,或发作性胸闷、咳嗽,严重时可有强迫坐位或端坐呼吸,发绀,干咳或咳大量白色泡沫痰。

(2)肺炎　肺炎时,若病变范围广泛,可因组织缺氧引起气促和发绀。

(3)COPD　慢性阻塞性肺疾病(COPD)可有发绀,气道感染和明显炎症。血气分析表现为 PaO_2 显著降低,$PaCO_2$ 显著增高。

(4)呼吸衰竭　有典型缺氧表现,明显发绀。若合并贫血,发绀可不明显。

(5)ARDS　组织严重缺氧,一般给氧方法不能改善缺氧症状,发绀明显。

(6)肺动脉高压和肺心病　急性呼吸道感染是常见诱因,临床上可有呼吸困难、发绀、神经精神症状。

(7)先天性心脏病　当出现从左至右分流时可不出现青紫。当出现从右至左分流时,可发生青紫,如房缺、室缺、动脉导管未闭等。

(8)急性左心衰竭　心脏搏出量减少,组织缺血缺氧,出现发绀。

(9)休克　休克时,组织灌注不足,可出现发绀。

3. 伴随症状

(1)发绀伴呼吸困难　重症心肺疾病、急性呼吸道梗阻、大量气胸。

(2)发绀伴杵状指(趾)　发绀型先天性心脏病、慢性肺病。

(3)发绀伴意识障碍及衰竭　中毒、休克、急性肺部感染、急性心衰。

二、紫癜

紫癜指皮下出血点的直径 3~5mm,<2mm 者称为瘀点,>5mm 者称为瘀斑。紫癜性疾病约占出血性

疾病总数的1/3,包括血管性紫癜和血小板性紫癜。前者由血管壁结构或功能异常所致,如过敏性紫癜、DIC等;后者由血小板疾病所致,如血小板减少,包括再生障碍性贫血、白血病等。

1. 出血性疾病的病因

(1)血管壁异常

①先天性或遗传性　遗传性出血性毛细血管扩张症、家族性单纯性紫癜、先天性结缔组织病。

②获得性　败血症、过敏性紫癜、维生素C缺乏症、糖尿病等。

(2)血小板异常

①血小板减少　再生障碍性贫血、白血病、特发性血小板减少性紫癜、DIC、脾功能亢进等。

②血小板增多　原发性血小板增多症、脾切除术后。

③血小板质量异常　血小板无力症、巨大血小板综合征、尿毒症、异常球蛋白血症等。

(3)凝血异常

①先天性或遗传性　血友病、遗传性FⅪ缺乏症、遗传性纤维蛋白原缺乏症等。

②获得性　肝病性凝血障碍、维生素K缺乏症、尿毒症性凝血异常等。

(4)抗凝剂纤维蛋白溶解异常　如肝素使用过量、香豆素类药物过量、溶栓药物过量等。

(5)复合性止血机制异常　如血管性血友病、DIC等。

2. 诊断思路

- 紫癜
  - 皮肤黏膜出血为主——血小板或血管异常
    - 血小板数量减少——DIC、血小板减少性紫癜
    - 血小板数量增多——原发性血小板增多症
    - 血小板功能缺陷——尿毒症
    - 血管异常——过敏性紫癜
  - 肌肉血肿和关节出血为主
    - APTT延长、PT正常——血友病、FⅪ缺乏症
    - APTT正常、PT延长——FⅦ缺乏症
    - APTT延长、PT延长——纤维蛋白原缺乏症、维生素K缺乏症、肝病

三、苍白乏力

1. 概念

苍白乏力是贫血的主要表现。贫血时机体通过神经体液调节进行有效血容量重新分配,相对次要的脏器,如皮肤、黏膜的供血减少,引起皮肤、黏膜颜色变淡。贫血指人体外周血红细胞容量减少,低于正常范围下限值,即成年男性Hb<120g/L,成年女性(非妊娠)Hb<110g/L,孕妇Hb<100g/L。

2. 诊断思路

- 贫血
  - 急性贫血——红细胞丢失过多、破坏过多——急性失血、溶血性贫血
  - 慢性贫血——红细胞生成减少
    - 造血干细胞异常——再障、MDS、先天性红细胞生成障碍性贫血
    - 造血调节因子异常——肾性贫血(EPO生成减少)、慢性病性贫血
    - 骨髓造血微环境异常——骨髓纤维化、骨髓硬化症
    - 造血原料不足——缺铁性贫血、巨幼细胞贫血

【例1】观察有无贫血,最可靠的查体部位是

A. 手臂皮肤及口腔黏膜　　B. 耳廓皮肤　　C. 睑结膜、指甲及口唇

D. 颈部皮肤及舌面　　E. 面颊、皮肤及上腭黏膜

四、淋巴结肿大

1. 概念

淋巴结分布于全身，直径多在0.2~0.5cm之间，质地柔软，表面光滑，无粘连，无压痛。若在表浅淋巴结区触及直径>1cm的淋巴结，或深部发现淋巴结，均为淋巴结肿大。

2. 病因

(1)局限性淋巴结肿大

①非特异性淋巴结炎　由引流区的急慢性炎症引起，如急性化脓性扁桃体炎可引起颈部淋巴结肿大。

②淋巴结结核　肿大的淋巴结常位于颈部血管周围，多发性，质地较硬，可相互粘连或与周围组织粘连。

③恶性肿瘤淋巴结转移　淋巴结质地坚硬，表面可光滑或突起，与周围组织粘连，不易推动，一般无压痛。

(2)全身性淋巴结肿大

①感染性疾病　见于传染性单核细胞增多症、艾滋病、麻风、梅毒等。

②结缔组织疾病　如系统性红斑狼疮、干燥综合征、结节病。

③血液系统疾病　如急慢性白血病、淋巴瘤、恶性组织细胞病等。

3. 诊断思路

(1)局部淋巴结肿大　有痛性肿大以感染多见，无痛性肿大以肿瘤多见。

(2)全身淋巴结肿大　有痛性肿大多为反应性肿大，无痛性肿大以肿瘤多见。

常考点　很少考。

参考答案——详细解答见2021《贺银成国家临床执业及助理医师资格考试历年考点精析》

1. ABCDE

第5章　头痛、痫性发作、惊厥与意识障碍

考纲要求

①头痛(急诊、门诊或住院):高血压病、脑出血、颅脑损伤、蛛网膜下腔出血、化脓性脑膜炎、结核性脑膜炎、流行性脑脊髓膜炎。②痫性发作与惊厥(急诊、住院):癫痫、热性惊厥、脑膜炎、癔症、维生素D缺乏性手足搐搦症、新生儿缺氧缺血性脑病、中毒型细菌性痢疾、分离(转换)性障碍。③意识障碍(急诊、住院):呼吸衰竭、肝性脑病、糖尿病昏迷、急性一氧化碳中毒、老年性痴呆。

复习要点

一、头痛

头痛指额、顶、颞及枕部的疼痛,可见于多种疾病,大多无特异性,可反复发作或持续性头痛。

1. 病因

分类	病因	
颅脑病变	感染	脑膜炎、脑炎、脑膜脑炎、脑脓肿
	血管病变	蛛网膜下腔出血、脑出血、脑血栓形成、脑栓塞、高血压脑病
	占位性病变	脑肿瘤、颅内囊虫病、包虫病
	颅脑外伤	脑震荡、脑挫伤、硬膜下血肿、颅内血肿、脑外伤后遗症
	其他	偏头痛、丛集性头痛、头痛性癫痫、腰麻后头痛、腰穿后头痛
颅外病变	颅骨疾病	颅底凹入症、颅骨肿瘤
	颈部疾病	颈椎病
	神经痛	三叉神经痛、舌咽神经痛、枕神经痛
	其他	眼、耳、鼻和齿疾病所致的头痛
全身疾病	急性感染	流感、伤寒、肺炎
	心血管疾病	高血压、心力衰竭
	中毒	铅、酒精、CO、有机磷、药物(颠茄、水杨酸)等中毒
	其他	尿毒症、低血糖、贫血、肺性脑病、系统性红斑狼疮、月经期、中暑
神经症	神经衰弱、癔症性头痛	

2. 引起头痛的常见疾病

(1)高血压病　高血压患者,由于动脉压突然急骤升高,导致脑动脉痉挛或脑血管调控失衡,产生严重脑水肿而出现头痛。起病急骤,病情发展非常迅速。临床上可见动脉压升高,颅内压增高,癫痫发作。

(2)偏头痛　是临床常见的原发性头痛,其特征是发作性、多为偏侧、中重度、搏动样头痛,一般持续4~72小时,可伴恶心、呕吐,光、声刺激或日常活动均可加重头痛,休息可缓解头痛。

(3)脑炎　是指脑实质的炎症,多由病毒感染引起,如流行性乙型脑炎、散发性脑炎、单纯疱疹性病毒性脑炎、森林脑炎等。其临床特点是起病较急,高热,头痛,恶心呕吐,记忆力减退,抽搐,精神异常,神志障碍等。头痛较剧烈,呈跳动性,可伴有脑神经损害及脑膜刺激征、锥体束征。

(4)化脓性脑膜炎　主要病变在脑膜,脑实质受损较轻,临床特点为发热、头痛、恶心、呕吐、神志改变,其突出特点为颈项强直。

(5)流行性脑脊髓膜炎 表现为剧烈头痛，频繁呕吐，烦躁不安，可出现颈项强直、脑膜刺激征(克氏征和布氏征阳性)。患者可有谵妄、神志障碍及抽搐。患者常于2~5日进入恢复期。

(6)流行性乙型脑炎 为乙脑病毒所致的中枢神经系统传染病。经蚊等吸血传播，流行于夏秋季，多见于儿童。临床特点为高热、意识障碍、惊厥、呼吸衰竭及脑膜刺激征。

(7)脑肿瘤 临床表现多样，主要表现为颅内高压和神经定位症状，可出现内分泌和周身症状。

(8)脑出血 为脑实质内动脉出血，继发颅内压升高和颅内神经系统受累的表现。起病多突然，可出现急性颅内压增高，如头痛、恶心呕吐、不同程度的意识障碍等。如累及内囊，可出现"三偏征"。若为脑桥原发出血，可发生高热、瞳孔针尖样缩小，交叉瘫痪。若为小脑出血，可表现为一侧枕部剧烈头痛、眩晕、共济失调、四肢瘫痪，易发生脑疝。

(9)蛛网膜下腔出血 临床特点为：①突发剧烈爆炸样头痛，伴短暂意识障碍；②有脑膜刺激征而无神经定位体征；③血性脑脊液；④CT、DSA检查可确诊。

(10)脑外伤 常见的有脑震荡、脑挫裂伤、硬膜外血肿、硬膜下血肿等，详见本讲义脑外科章节。

(11)重度子痫前期 表现为高血压、蛋白尿、头痛、眼花、胃区疼痛、恶心、呕吐等症状。

3. 诊断思路

根据头痛的发病方式，对照下表内容进行分析。

头痛起病方式	伴随症状	致病原因
突然发作	脑膜刺激征	蛛网膜下腔出血
	局灶症状	脑出血、脑栓塞
	外伤史	颅脑外伤
	神志改变、意识障碍	脑疝
急性发作	脑膜刺激征	化脓性脑膜炎、病毒性脑膜炎
	脑损害	各种脑炎
	血压急骤升高	高血压脑病、重度子痫前期
	五官科疾病	鼻窦炎、乳突炎
亚急性发作	脑膜刺激征	慢性脑膜炎
	中枢神经系统症状	慢性硬膜下血肿、脑肿瘤
	发热	脑脓肿
	视乳头水肿或脑室扩大	各种原因引起的脑积水
慢性发作	颅内高压+中枢系统症状	脑积水、良性颅内压增高、颅内占位性病变
反复发作	血管性头痛	偏头痛、丛集性头痛
	发作性高血压	嗜铬细胞瘤
	反射性头痛	咳嗽性头痛
	体位性头痛	低颅压性头痛、颅后窝肿瘤
	心因性	精神性头痛

二、痫性发作与惊厥

1. 病因

(1)脑部疾病

①感染 脑炎、脑膜炎、脑脓肿、脑结核瘤、脑灰质炎等。

②外伤　产伤、颅脑外伤等。

③肿瘤　原发性肿瘤、脑转移瘤。

④血管疾病　脑出血、蛛网膜下腔出血、高血压脑病、脑栓塞、脑血栓形成、脑缺氧等。

⑤寄生虫病　脑型疟疾、脑血吸虫病、脑包虫病、脑囊虫病。

(2)全身性疾病

①感染　急性胃肠炎、中毒型菌痢、链球菌败血症、中耳炎、百日咳、破伤风等。

②中毒　尿毒症、肝性脑病、酒精中毒、苯中毒、阿托品中毒等。

③心血管疾病　高血压脑病、Adams-Stokes 综合征等。

④代谢障碍　低血糖、低钙血症、低镁血症、子痫等。

⑤风湿病　系统性红斑狼疮、脑血管炎等。

(3)神经症　如癔症性抽搐等。

2. 诊断思路

- 抽搐
  - 功能性抽搐——观察
  - 器质性抽搐
    - 癫痫——发作类型+病因判断
    - 无意识障碍抽搐——病因判断+发作类型（手足搐搦、肌痉挛、抽动、癫痫）

三、意识障碍

意识障碍指人对周围环境及自身状态的识别和觉察能力出现障碍。

1. 病因

重症急性感染、颅脑非感染性疾病(脑血管疾病)、内分泌和代谢障碍、心血管疾病、水及电解质平衡紊乱、外源性中毒、缺氧性损害等。

2. 临床表现

意识障碍分嗜睡、意识模糊、昏睡、谵妄和昏迷五种表现形式。其中,昏迷是严重的意识障碍,表现为意识持续的中断或完全丧失,分为三个阶段。

(1)轻度昏迷　意识大部分丧失,无自主运动,对声、光刺激无反应,对疼痛刺激可出现防御反应。角膜反射、瞳孔对光反射、眼球运动、吞咽反射可存在。

(2)中度昏迷　对周围事物及各种刺激均无反应,对剧烈刺激可出现防御反射。角膜反射减弱,瞳孔对光反射迟钝,眼球无转动。

(3)深度昏迷　全身肌肉松弛,对各种刺激均无反应,深、浅反射均消失。

3. 意识状态评估

(1)Glasgow 昏迷评分法

睁眼反应	得分	言语反应	得分	运动反应	得分
能自行睁眼	4	能对答,定向正确	5	能按吩咐完成动作	6
呼之能睁眼	3	能对答,定向有误	4	刺痛时能定位,手举向疼痛部位	5
刺痛能睁眼	2	胡言乱语,不能对答	3	刺痛时肢体能回缩	4
不能睁眼	1	能发音,无语言	2	刺痛时双上肢呈过度屈曲	3
		不能发音	1	刺痛时四肢呈过度伸展	2
				刺痛时肢体松弛,无动作	1

(2)意识障碍的传统评估分级

分级	无意识自发动作	压眶疼痛反应	唤醒反应	腱反射	瞳孔对光反射	生命体征
嗜睡	有	明显存在	呼唤有反应	存在	存在	稳定
昏睡	有	存在	大声呼唤有反应	存在	存在	稳定
浅昏迷	可有	迟钝	无	存在	存在	无变化
中昏迷	很少	重刺激可有	无	消失	迟钝	轻度变化
深昏迷	无	无	无	消失	消失	显著不稳定

4. 伴随症状

(1)发热 先发热后意识障碍见于重症感染性疾病;先意识障碍后发热见于脑出血、巴比妥中毒。

(2)呼吸缓慢 见于吗啡、巴比妥、有机磷中毒、银环蛇咬伤。

(3)瞳孔散大 见于颠茄类、酒精、氰化物等中毒、癫痫、低血糖状态。

(4)瞳孔缩小 见于吗啡、巴比妥、有机磷中毒。

(5)心动过缓 见于颅内高压症、房室传导阻滞、吗啡、毒蕈中毒。

(6)高血压 见于高血压脑病、脑血管意外、肾炎尿毒症。

(7)低血压 见于各种休克。

(8)皮肤黏膜改变 出血点、瘀斑和紫癜见于严重感染和出血性疾病;口唇呈樱桃红色提示CO中毒。

5. 诊断思路

具体如下。

- 意识障碍
  - 无定位体征
    - 有原发病——尿毒症、肝性脑病、糖尿病酮症酸中毒、甲状腺危象
    - 无原发病——感染性中毒性脑病，CO、安眠药、有机磷中毒
  - 有定位体征
    - 锥体束征——脑出血、脑水肿、脑血栓、脑肿瘤、脑血肿
    - 脑膜刺激征——流脑、乙脑、结脑、脑出血、蛛网膜下腔出血
    - ↓ 定位
      - 眼球
        - 双眼球浮动——昏迷前；来回摆动——两侧脑卒中、脑炎、肝性脑病
        - 双眼球偏向偏瘫侧——对侧脑受损；偏向健侧——对侧大脑半球受损
        - 双眼球钟摆样活动——脑干病变；双眼球固定——昏迷较深
      - 瞳孔
        - 双瞳孔缩小——吗啡、有机磷、巴比妥中毒，脑桥受损
        - 双瞳孔散大——阿托品、多巴胺、格鲁米特、多虑平中毒，中脑受损
        - 双瞳孔大小不等——小脑幕切迹疝、Horner综合征
      - 反射　对光反射消失——病情危重；瞬目反射消失——脑桥网状结构受损
      - 运动
        - 偏瘫——内囊病变
        - 去皮质僵直——双侧大脑半球皮质严重病变
        - 去大脑僵直——脑干、间脑、大脑皮质受损
        - 四肢弛缓性瘫痪、对疼痛刺激无反应——昏迷深
      - 反射
        - 浅反射——角膜反射、腹壁反射、提睾反射
        - 深反射——检查浅、深反射可判断昏迷的深浅
        - 病理反射（Babinski、Oppenheim、Gordon、Hofffmann征）—— 锥体束病变

第6章　心悸与心脏杂音

▶考纲要求

①心悸(急诊、门诊或住院):心律失常、甲状腺功能亢进症、贫血、惊恐障碍。②心脏杂音(急诊、门诊或住院):二尖瓣狭窄、二尖瓣关闭不全、主动脉瓣狭窄、主动脉瓣关闭不全、肥厚梗阻性心肌病、感染性心内膜炎、先天性心脏病、心肌梗死。

▶复习要点

一、心悸

1. 概念

心悸是一种自觉心脏跳动的不适感或心慌感。

2. 病因

(1)心脏搏动增强　包括生理性和病理性,如心室肥大、甲亢、贫血、发热等。

(2)心律失常　心动过速、过缓及其他心律失常均可导致心悸。

(3)心脏神经症　由自主神经功能紊乱引起,心脏本身无器质性病变,多见于青年女性。

3. 诊断思路

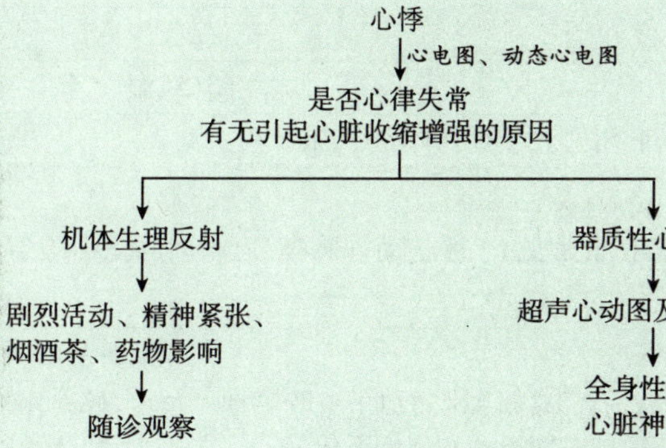

二、心脏杂音

心脏杂音指在心音和额外心音以外,在心脏收缩或舒张过程中出现的异常声音。

1. 产生机制

血流加速、瓣膜口狭窄、瓣膜关闭不全、异常血流通道、心脏异常结构和大血管瘤样扩张。

2. 杂音分级

级别	响度	听诊特点	震颤
1	最轻	很弱,易被初学者或缺少心脏听诊经验者所忽视	无
2	轻度	能被初学者或缺少心脏听诊经验者听到	无
3	中度	明显的杂音	无
4	响亮	明显的杂音	有
5	很响	杂音很响	明显
6	最响	杂音很响,即使听诊器稍离开胸壁也能听到	明显

3. 杂音分类

心脏杂音分为收缩期杂音、舒张期杂音、连续性杂音、双期杂音。

4. 杂音形态

心脏杂音有5种,包括递增型杂音(如二狭)、递减型杂音(如主闭)、递增递减型杂音(如主狭)、连续型杂音(如动脉导管未闭)、一贯型杂音(如二闭)。

5. 生理性杂音和器质性收缩期杂音的鉴别

鉴别点	生理性杂音	器质性收缩期杂音
年龄	儿童、青少年多见	不定
部位	肺动脉瓣区、心尖区	不定
性质	柔和、吹风样	粗糙、吹风样、常呈高调
持续时间	短促	较长、常为全收缩期
强度	≤2/6级	常≥3/6级
震颤	无	3/6级以上可伴有震颤
传导	局限	沿血流方向传导较远而广

6. 舒张期杂音

	功能性杂音	器质性杂音
二尖瓣	相对二狭见于中重度主闭 Austin Flint 杂音	风心二狭
三尖瓣	—	三狭(极少见)
主动脉瓣	—	主闭(风湿性、特发主动脉瓣脱垂、梅毒)
肺动脉瓣	肺动脉扩张导致的相对肺闭见于二狭并肺动脉高压	极少见

7. 连续性杂音

连续性杂音见于动脉导管未闭(最常见)、冠状动静脉瘘、冠状动脉窦瘤破裂。

8. 心脏杂音听诊

瓣膜听诊区	收缩期杂音	舒张期杂音
心尖部	二闭:粗糙响亮、高调3/6级以上全收缩期杂音,向左腋下和左肩胛下传导	二狭:低调、隆隆样、舒张中晚期递增型杂音,局限不传导
胸骨右缘第2肋间、胸骨左缘第3肋间	主狭:3/6级以上收缩期喷射性杂音递增递减型,向颈部传导	主闭:叹息样、递减型、舒张期杂音,向胸骨左下方和心尖区传导
胸骨左缘第2肋间	肺狭:喷射性,响亮,粗糙	肺闭:吹风样或叹气样杂音
胸骨左缘第2、3肋间	动脉导管未闭:连续机器样杂音,占据收缩期和舒张期,向左锁骨下、颈部和背部传导	
胸骨左缘第2、3肋间	房缺:收缩期杂音,伴 P_2 固定分裂	—
胸骨左缘第3、4肋间	室缺:粗糙全收缩期杂音,向四周传导	—

【例1】心尖部收缩中晚期喀喇音提示

A. 室壁瘤形成　　B. 二尖瓣脱垂　　C. 二尖瓣狭窄

D. 室间隔穿孔　　E. 主动脉瓣关闭不全

▶常考点　很少考。

参考答案——详细解答见《贺银成2018国家临床执业及助理医师资格考试历年考点精析》

1. ABCDE

第7章　肝脾肿大、黄疸、进食哽噎、疼痛与进食困难

考纲要求

①肝肿大(急诊、门诊或住院):病毒性肝炎、肝癌、肝脓肿、右心衰竭。②脾肿大(急诊、门诊或住院):病毒性肝炎、肝硬化、门静脉高压症、溶血性贫血、白血病、伤寒、疟疾。③黄疸(急诊、门诊或住院):病毒性肝炎、肝癌、胆管癌、胆石病、胰头癌、壶腹癌、新生儿黄疸、溶血性贫血。④进食哽噎、疼痛与进食困难:食管癌、胃癌。

复习要点

一、肝大

1. 概念

正常成人的肝脏,一般在肋缘下触不到,但腹壁松软的瘦长体形,于深吸气时可于肋弓下触及肝下缘,在1cm以内。在剑突下可触及肝下缘,多在3cm以内,在腹上角较锐的瘦高者剑突根部下可达5cm,但是不会超过剑突根部至脐距离的中、上1/3交界处。如超过上述标准,肝脏质地柔软,表面光滑,且无压痛,则首先应考虑肝下移,此时可叩诊法叩出肝上界,如肝上界也相应降低,肝上下径正常,则为肝下移;如肝上界正常或升高,则为肝大。

2. 病因

(1)感染　病毒、细菌、真菌、立克次体、寄生虫等侵犯肝脏,均可引起肝肿大,以病毒性肝炎、肝脓肿引起的肝肿大最常见。肝肿大的原因主要是感染导致肝脏充血、水肿、炎性细胞浸润等。

(2)肝硬化　肝硬化早期有肝大,晚期有肝缩小。

(3)肝肿瘤　原发性或继发性肝癌常引起局限性肝大。

(4)肝囊肿　肝囊肿,包括肝包虫病等,可引起局限性肝大。

(5)淤血性肝大　右心衰竭、心包炎、心肌病、三尖瓣关闭不全、下腔静脉阻塞等,可致肝脏淤血肿大。

(6)中毒性或药物性肝炎　多种化学物质或药物可直接损伤肝脏导致肝肿大。

3. 诊断思路

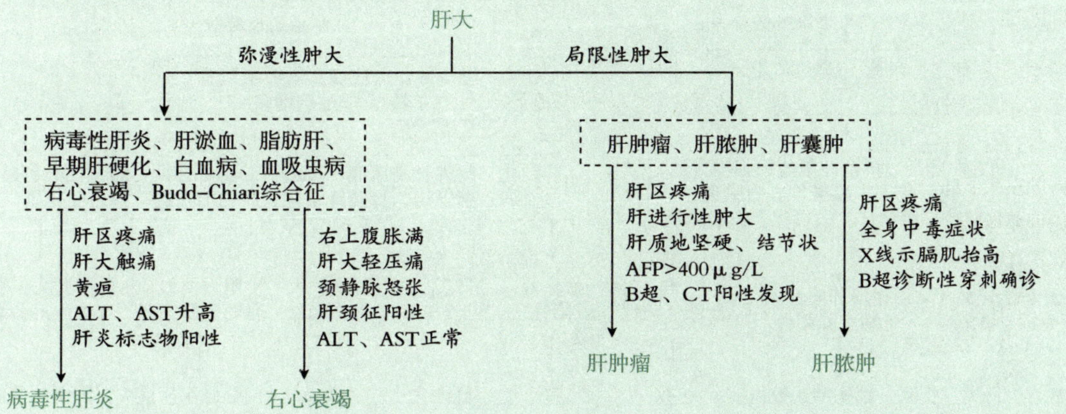

二、脾大

正常情况下脾脏不能触及，脾脏浊音界在左侧腋中线第 9~11 肋间。若仰卧位或侧卧位在左侧肋缘下能触及脾脏，并除外下移因素，或 B 超提示脾脏大小超过正常，称为脾大。

1. 脾肿大的测量方法(cm)

(1)**第Ⅰ线测量** 指左锁骨中线与左肋缘交点至脾下缘的距离。

(2)**第Ⅱ线测量** 指左锁骨中线与左肋缘交点至脾脏最远点的距离。

(3)**第Ⅲ线测量** 指脾右缘与前正中线的距离。

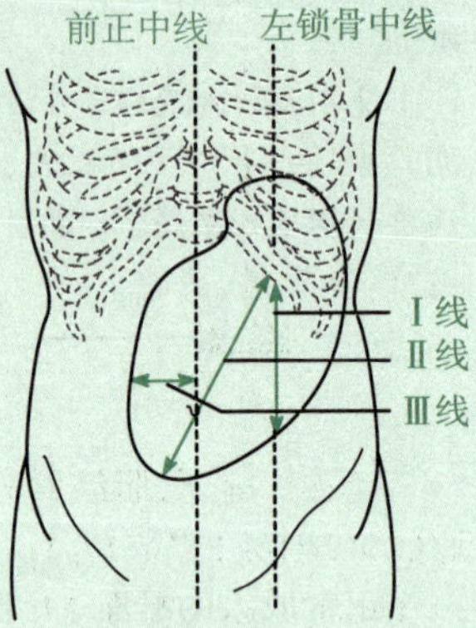

脾脏的测量

2. 临床常用的脾肿大分度标准

(1)**轻度肿大** 脾缘不超过肋下 2cm。

(2)**中度肿大** 脾缘超过肋下 2cm，在脐水平线以上。

(3)**高度肿大** 超过脐水平线或前正中线，即巨脾。

3. 常见病因

(1)**急性感染** 病毒性肝炎、传染性单核细胞增多症、巨细胞病毒感染、败血症、伤寒副伤寒、急性粟粒性结核、脾脓肿、回归热、钩端螺旋体病、疟疾、螺旋体感染等。

(2)**亚急性或慢性感染** 亚急性感染性心内膜炎、结核病、血吸虫病、黑热病、疟疾等。

(3)**自身免疫性疾病** 系统性红斑狼疮、类风湿关节炎、Felty 综合征等。

(4)**溶血性贫血** 遗传性球形红细胞增多症、自身免疫溶血性贫血、海洋性贫血、血红蛋白病。

(5)**骨髓增殖性疾病** 慢性粒细胞性白血病、真性红细胞增多症、骨髓纤维化。

(6)**恶性血液病** 白血病、恶性淋巴瘤。

(7)**淤血** 门脉性肝硬化、心源性肝硬化、胆汁性肝硬化、血吸虫性肝硬化。

(8)**脾占位性病变** 脾血管瘤、脾囊肿、脾淋巴瘤。

4. 诊断思路

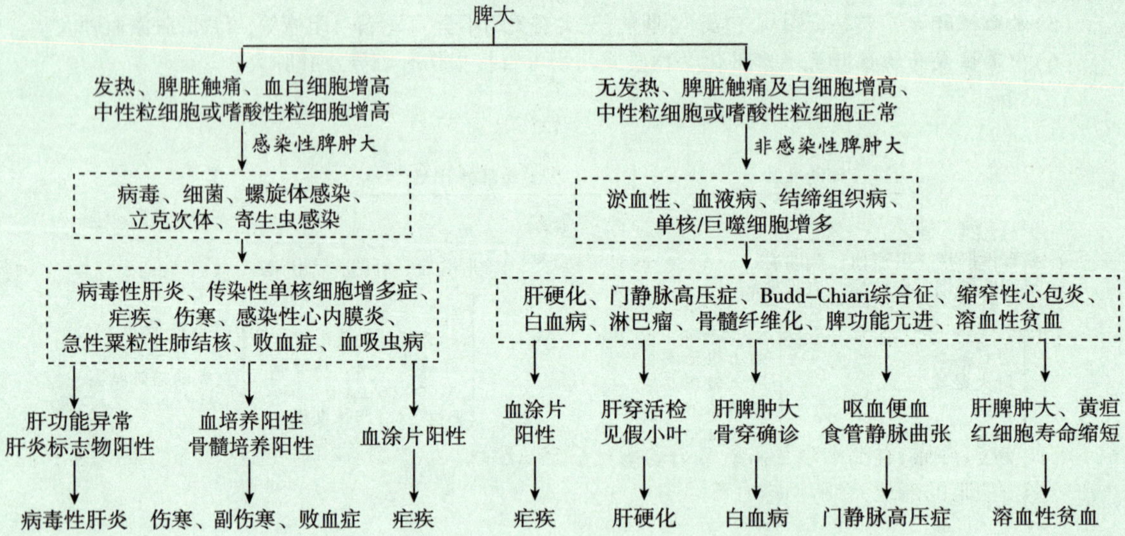

三、黄疸

1. 正常胆红素代谢

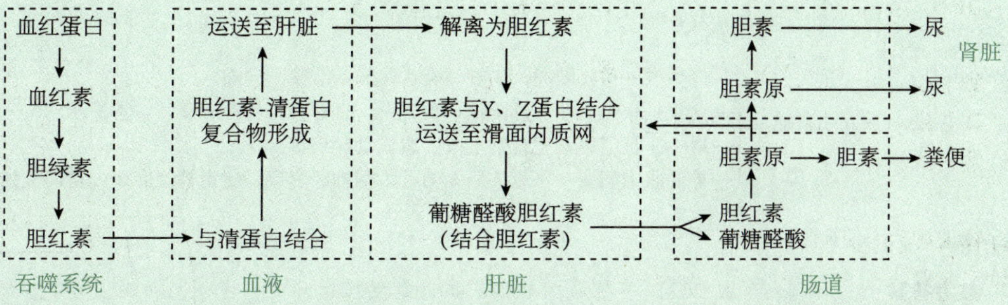

正常情况下，胆红素进入与离开血循环保持动态平衡，故血中胆红素的浓度保持恒定。正常血清总胆红素（TB）1.7～17.1μmol/L，其中结合胆红素（CB）0～3.42μmol/L，非结合胆红素（UCB）1.7～13.68μmol/L。TB在17.1～34.2μmol/L，出现隐性黄疸；TB>34.2μmol/L出现显性黄疸。

2. 黄疸的病因分类

项目	溶血性黄疸	肝细胞性黄疸	胆汁淤积性黄疸
血清总胆红素（TB）	增加	增加	增加
结合胆红素（CB）	正常	增加	明显增加
CB/TB	<15%～20%	>30%～40%	>60%
尿胆红素	–	+	++
尿胆原	增加	轻度增加	减少或消失
ALT、AST	正常	明显增高	可增高
ALP	正常	增高	明显增高
PT	正常	延长	延长
对维生素K反应	无	差	好
胆固醇	正常	轻度增加或降低	明显增加
血浆蛋白	正常	清蛋白降低，球蛋白升高	正常

A. 丙氨酸氨基转移酶　　B. 碱性磷酸酶　　C. 谷氨酸氨基转移酶
D. 白蛋白　　E. 甲胎蛋白

【例1】反映肝硬化肝功能减退的血清学指标是

【例2】继发性肝癌一般不会发生变化的指标是

四、进食哽噎、疼痛与吞咽困难

进食哽噎、疼痛、吞咽困难是一组常见的消化系统临床症状。患者在咽下食物时有梗阻的感觉，并且常常能指出梗阻的部位，吞咽困难有重要临床意义。

1. 病因

（1）先天性疾病　食管闭锁、食管气管瘘、短食管症、先天性巨食管症。

（2）口腔、咽、喉病变　口腔炎、扁桃体炎、咽喉肿瘤和结核。

（3）食管病变　食管异物、意外损伤、食管炎、食管癌、食管良性肿瘤、食管憩室、食管结核、食管裂孔疝。

(4)胃病变 反流性食管炎、胃食管吻合术后。

(5)神经肌肉病变或失功能 重症肌无力、舌咽神经麻痹、迷走神经麻痹、贲门失弛缓症。

2. 诊断思路

- 吞咽困难
  - 假性吞咽困难——癔球症
  - 真性吞咽困难
    - 口咽喉——口腔炎、扁桃体炎、白喉、结核、肿瘤
    - 食管——先天性食管闭锁、食管炎、食管癌、食管憩室、食管受压
    - 胃——贲门癌侵犯食管下段，造成食管狭窄
    - 神经肌肉病变——重症肌无力、舌咽神经麻痹、迷走神经麻痹、贲门失弛缓症

常考点 很少考。

参考答案——详细解答见2021《贺银成国家临床执业及助理医师资格考试历年考点精析》

1. ABCDE 2. ABCDE

第 8 章　瘫痪与精神障碍

考纲要求

①瘫痪(急诊、门诊或住院):脑血管疾病、面神经麻痹、急性感染性多发性神经炎、急性脊髓炎、分离(转换)性障碍。②精神障碍(急诊、门诊或住院):精神分裂症、抑郁症、脑器质性疾病和躯体疾病精神障碍、酒精所致精神障碍、惊恐障碍、广泛性焦虑症、疑病障碍、强迫症、恐惧症。

复习要点

一、瘫痪

1. 概念

瘫痪指个体随意运动功能的减低或丧失。

2. 分类

(1)按瘫痪病因分　分为神经源性瘫痪、神经肌肉接头性瘫痪、肌源性瘫痪。

(2)按瘫痪程度分　分为不完全性瘫痪、完全性瘫痪。

(3)按瘫痪的肌张力状态分　分为痉挛性瘫痪、弛缓性瘫痪。

(4)按瘫痪的分布分　分为偏瘫、截瘫、四肢瘫、交叉瘫、单瘫。

(5)按运动传导通路的不同部位分　分为上运动神经元性瘫痪、下运动神经元性瘫痪。

3. 引起瘫痪的常见疾病

(1)脑出血　多见于有高血压病史的中老年患者,多于活动中或情绪激动时发病。起病急,症状十分钟至数小时达到高峰,多为均等性偏瘫,多有颅内压增高症状。

(2)脑梗死　多见于 60 岁以上的老年患者,多在安静或睡眠中发病。起病稍缓,症状在发病后十余小时或 1~2 天达高峰。多为非均等性偏瘫,意识障碍较轻。

(3)急性脊髓炎

①急性横贯性脊髓炎　急性起病,常在数小时至 2~3 日发展至完全截瘫。可发病于任何年龄,青壮年较常见,散在发病。病前数日或 1~2 周常有发热、全身不适或上呼吸道感染,可有过劳、外伤及受凉等诱因。

②急性上升性脊髓炎　起病急,病变在数小时至 1~2 日内迅速上升,瘫痪由下肢迅速波及上肢或延髓支配肌群,出现吞咽困难、构音障碍、呼吸肌瘫痪,甚至死亡。

③脱髓鞘性脊髓炎　多为急性多发性硬化脊髓型,进展缓慢,病情常在 1~3 周达到高峰。前驱感染可不明显,多为不完全性横贯性损害,表现为一侧或双侧下肢肌无力或瘫痪,伴麻木感,感觉障碍水平不明显或有两个平面。

(4)脊髓损伤　常累及双侧锥体束,出现受损平面以下两侧肢体痉挛性瘫痪、完全性感觉障碍和括约肌功能障碍等。颈膨大水平以上病变出现四肢上运动神经元瘫;颈膨大以下出现双上肢下运动神经元瘫、双下肢上运动神经元瘫;胸髓病变出现痉挛性截瘫;腰膨大病变出现双下肢下运动神经元瘫。

(5)脊髓肿瘤　早期可出现根痛、脊髓半切征,并逐渐发展为截瘫和尿便障碍。

(6)周期性瘫痪　发作时表现为肢体弛缓性瘫痪,既往有类似发作史,无感觉障碍与脑神经损害,脑脊液正常,发作时多有血钾降低和低血钾心电图表现。

(7)重症肌无力　隐袭起病,眼外肌麻痹常为首发症状,出现非对称性眼肌麻痹和上睑下垂,斜视和复视。严重者眼球运动受限,瞳孔光反射不受影响。10 岁以下患儿眼肌受累更常见。

(8)周围神经损伤　如上肢骨折可损伤桡神经、正中神经和尺神经,腓骨颈骨折可损伤腓总神经。

4. 瘫痪的定位诊断

损伤部位	临床特点	常见病因
脊髓前角细胞	节段性瘫痪，不伴感觉障碍，局限于前角的病变引起周围性瘫痪	脊髓前角灰质炎，肌萎缩性侧索性硬化
脊髓前根	节段性瘫痪，不伴感觉障碍	髓外肿瘤压迫、脊髓炎症
神经丛	一个肢体的多数周围神经瘫痪+感觉障碍+自主神经功能障碍	含运动及感觉纤维
周围神经	神经支配区的周围性瘫痪+感觉障碍+自主神经功能障碍	多发性周围神经病

5. 上运动神经元瘫痪与下运动神经元瘫痪的鉴别

	上运动神经元瘫痪	下运动神经元瘫痪
别称	中枢性瘫痪、痉挛性瘫痪	周围性瘫痪、弛缓性瘫痪
定义	是由于上运动神经元，即大脑皮质运动区神经元及其发出的下行纤维病变所致	是由于脊髓前角运动神经元以及它们的轴突组成的前根、神经丛及其周围神经受损所致
瘫痪分布	整个肢体为主	肌群为主
肌张力	增高	降低
浅反射	消失	消失
腱反射	亢进	减弱或消失
病理反射	阳性	阴性
肌萎缩	无或轻度失用性萎缩	明显
皮肤营养障碍	多数无	常有
肌束颤动	无	可有
肌电图	神经传导速度正常，无失神经电位	神经传导速度异常，有失神经电位

6. 诊断思路

- 瘫痪
  - 假性瘫痪——癔症、失用、关节病变
  - 器质性瘫痪
    - 上运动神经元瘫痪
      - 面神经麻痹
      - 假性延髓麻痹
      - 偏瘫——大脑半球、脑干、高颈位脊髓半切综合征
      - 四肢瘫——颈膨大或上部、脑干、大脑
      - 截瘫——颈膨大以下、横贯伤、非横贯性损伤
    - 下运动神经元瘫痪
      - 肌病、面神经麻痹、延髓麻痹
      - 单瘫——脊髓前角、脊神经前根、神经丛、周围神经
      - 偏瘫——大脑半球、脑干、高颈位脊髓半切综合征
      - 四肢瘫——肌肉、末梢神经病、颈膨大或上部、脑干、大脑
      - 截瘫——颈膨大以下脊髓、横贯性损伤、非横贯性损伤

二、精神障碍

精神障碍是人脑部受到各种不良因素的影响，发生病理生理变化和功能损害，出现认知、意志和行为等精神活动异常。上述精神活动的异常通过人的外显行为，如言语、书写、表情、动作等行为表现出来，称为精神症状。

1. 精神障碍症状及特点

详见本讲义第十三篇精神病学第 1 章 · 概述与症状学。

2. 诊断思路

- 精神障碍
  - 器质性精神症状 — 具有脑/躯体疾病体征辅助检查证据阳性
    - 脑器质性精神障碍
    - 躯体疾病伴发精神障碍
    - 中毒性精神障碍
    - 精神发育障碍
  - 功能性精神症状 — 不具有脑/躯体疾病体征辅助检查证据阴性
    - 自知力部分或全部丧失
      - 精神分裂症
      - 心境障碍
      - 应激相关障碍
    - 自知力存在
      - 神经症、恶劣心境
      - 心理生理障碍
      - 中毒性精神障碍
      - 应激相关障碍

第 9 章　颈肩痛、腰腿痛与关节痛

考纲要求

①颈肩痛(急诊、门诊或住院):颈椎病、肩周炎。②腰(腿)痛(急诊、门诊或住院):骨关节与软组织急慢性损伤、脊柱结核、腰椎间盘突出症、强直性脊柱炎。③关节痛(急诊、门诊或住院):类风湿关节炎、系统性红斑狼疮、脊柱关节炎、骨关节炎、骨关节与软组织急慢性损伤。

复习要点

一、颈肩痛

1. 概念

(1)颈肩痛　颈肩痛指各种类型的颈椎病,颈肩痛泛指也包括肩周炎。

(2)颈椎病　指颈椎间盘退行性变及其继发性椎间关节退行性变所致的脊髓、神经、血管损害而表现的相应症状和体征。

(3)肩周炎　指肩关节周围的肌肉、肌腱、滑囊、关节囊的慢性损伤性炎症。

2. 病因

(1)外伤性　包括肌肉牵拉等外力造成的急性颈肩部软组织损伤及慢性损伤。

(2)退行性病变　颈椎间盘退行性变及其继发性椎间关节退行性变是颈肩痛的主要原因。

(3)炎症　包括化脓性炎症、无菌性炎症等。

(4)肿瘤　少见。

(5)内脏疾病　如心绞痛、心肌梗死的疼痛可放射至颈肩部。

(6)神经系统疾病　如脊髓肿瘤、脊髓空洞症等可表现为颈肩痛。

3. 临床表现及特点

(1)颈肩部软组织损伤　大多为单侧,主要表现为颈部疼痛、活动受限。少数患者可伴有神经根痛、交感神经紊乱等症状,如头晕、上肢感觉异常等,但症状轻微。神经系统检查一般正常,病理征阴性,X 线检查多为阴性。

(2)颈肩部外伤造成的骨折和脱位　常有脊髓损伤的症状,X 线、CT 和 MRI 等检查可确诊。

4. 颈椎病和肩周炎

详见本书外科学部分。

5. 诊断思路

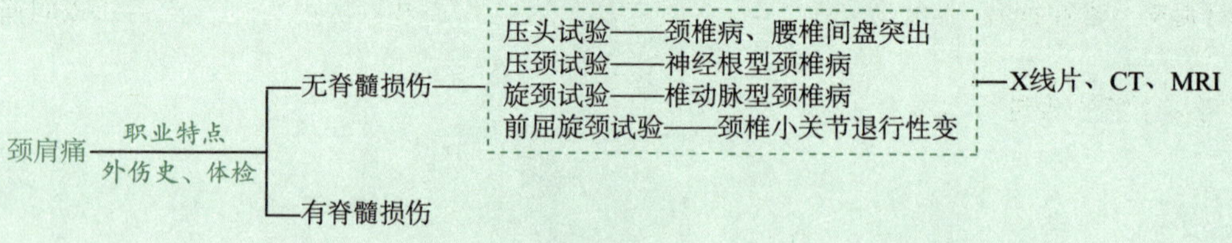

二、腰腿痛

1. 概念

腰腿痛指下腰、腰骶、骶髂、臀部等处的疼痛，可伴有一侧或两侧下肢痛、马尾神经症状。

2. 病因

本病病因繁多，包括创伤、炎症、肿瘤和先天性疾患四大基本病因。

3. 诊断思路

腰腿痛——有无坐骨神经痛：
- 有：神经反射痛3%、急症<1%——X线片、CT、MRI——如有异常，密切随访
- 无：单纯腰背痛60%、复杂腰背痛无放射痛37%——X线片、CT、MRI——检查脊髓或马尾受压

三、关节痛

1. 病因

(1)**急性损伤**　因外力碰撞关节或使关节过度伸展扭曲，导致关节骨质、肌肉、韧带等组织损伤。

(2)**慢性损伤**　持续的慢性机械损伤、急性外伤后关节面破损留下粗糙瘢痕，使关节润滑作用消失，长期摩擦关节面，产生慢性损伤。

(3)**感染**　细菌直接侵入关节内。

(4)**变态反应和自身免疫**　如类风湿关节炎、过敏性紫癜和结核分枝杆菌感染后的反应性关节炎。

(5)**退行性关节病**　又称增生性关节炎或肥大性关节炎。

(6)**代谢性骨病**　维生素 D 代谢障碍所致的骨质软化性骨关节病，如阳光照射不足、消化不良、维生素 D 缺乏和磷摄入不足等。

(7)**骨关节肿瘤**　如骨软骨瘤、骨肉瘤、骨巨细胞瘤等。

2. 临床表现

(1)**外伤性关节痛**　急性外伤性关节痛常在外伤后立即出现受损关节疼痛、肿胀和功能障碍。慢性外伤性关节痛有明确外伤史，反复出现关节痛。

(2)**化脓性关节炎**　起病急，全身中毒症状重，病变关节红肿热痛。

(3)**结核性关节炎**　多见于儿童和青壮年，以脊柱结核最常见。早期症状不明显，可有低热、盗汗等，晚期可有关节畸形和功能障碍。

(4)**风湿性关节炎**　起病急，常在链球菌感染后出现，以膝、踝、肩和髋关节多见。

(5)**退行性关节炎**　早期表现为步行、久站和天气变化时病变关节疼痛，休息后缓解。

(6)**痛风**　常在饮酒、劳累或高嘌呤饮食后急起关节剧痛，局部皮肤红肿灼热，患者常于夜间痛醒。

3. 诊断思路

参考以下鉴别表进行诊断。

	类风湿关节炎	骨关节炎	风湿热	化脓性关节炎
起病	缓慢	缓慢	急	急
好发	20~45 岁,女性	老年人	青少年	少年,老弱,有感染史
晨僵	++++(典型症状)	+	—	—
累及	双侧对称性小关节:掌指、近端指间关节	负重大关节:膝关节、髋关节、脊柱	对称性大关节,游走性	单个大关节:膝关节、髋关节常见
检查	类风湿因子 RF 阳性	无特异性	ASO 滴度增高	关节腔穿刺找到细菌
活动后	晚期影响关节活动	休息后疼痛缓解	—	活动后疼痛加重

	系统性红斑狼疮	痛风	强直性脊柱炎	结核性关节炎
起病	可急可缓	急	缓慢	缓慢
好发	年轻女性	中年男性	青壮年男性	有结核感染史者
晨僵	±	—	+	—
累及	无特殊	第一跖趾关节	骶髂关节,逐渐向上至脊柱	单个大关节:膝关节、髋关节
检查	自身抗体阳性 ANA 阳性	尿酸高 滑液、滑膜尿酸结晶	HLA-B27 阳性 类风湿因子(RF)阴性	滑液、滑膜结核分枝杆菌阳性
活动后	—	活动后疼痛加重	活动后疼痛减轻	活动后疼痛加重

第 10 章　消瘦、呕血与便血

考纲要求

①消瘦（门诊或住院）：食管癌、慢性胃炎、慢性肾衰竭、胃及十二指肠溃疡、胃癌、肠结核、克罗恩病、慢性肝炎、肝硬化、肝癌、胰腺癌、糖尿病、甲状腺功能亢进症、腺垂体功能减退症、神经性厌食。②呕血与便血（急诊、门诊或住院）：食管癌、胃癌、急性胃炎、消化性溃疡、炎症性肠病、肝硬化、门静脉高压症、结肠息肉、直肠息肉、结肠癌、直肠癌、痔疮、肛瘘、肛裂、伤寒。

复习要点

一、消瘦

体内脂肪与蛋白质减少，体重下降超过正常标准 10%时，即称为消瘦。这里所指的消瘦一般都是短期内呈进行性的，脱水与水肿消退后的体重下降，不能称为消瘦。

1. 病因

(1)食物摄入不足　食物缺乏、偏食或喂养不当引起的消瘦，可见于小儿营养不良、佝偻病等。

(2)进食或吞咽困难　常见于口腔溃疡、下颌关节炎、骨髓炎及食管肿瘤等。

(3)厌食或食欲减退　常见于神经性厌食、慢性胃炎、肾上腺皮质功能减退、尿毒症及恶性肿瘤等。

(4)食物消化吸收、利用障碍　如慢性胃肠病，慢性肝、胆、胰病，糖尿病等。

(5)食物需要增加或消耗过多　如生长、发育、妊娠、哺乳、过劳、甲亢、长期发热、恶性肿瘤、创伤等。

2. 分类

(1)单纯性消瘦　包括体质性消瘦、外源性消瘦等。

(2)继发性消瘦　由各类疾病所引起的消瘦，称之为继发性消瘦。

二、呕血与便血

呕血是上消化道疾病（指屈氏韧带以上的消化道，包括食管、胃、十二指肠、肝、胆、胰疾病）或全身性疾病所致的上消化道出血，血液经口腔呕出。常伴有黑便，严重时可有急性周围循环衰竭的表现。

便血是指消化道出血，血液经肛门排出。便血颜色可呈鲜红、暗红或黑色。少量出血不造成粪便颜色改变，须经隐血试验才能确定者，称为隐血。

1. 病因

(1)食管疾病　反流性食管炎、食管癌、食管贲门黏膜撕裂综合征（Mallory-Weiss 综合征）。大量呕血常见于门静脉高压所致的食管静脉曲张破裂。

(2)胃及十二指肠疾病　以消化性溃疡最为常见。

(3)上消化道邻近器官或组织的疾病　胆道结石、胆囊癌、急性胰腺炎、胰腺癌等。

(4)全身性疾病　如血液病、感染性疾病、结缔组织病等。

2. 临床表现

(1)呕血和黑便　当出血量少或在胃内停留时间长时，血红蛋白与胃酸作用形成酸化正铁血红蛋白，呕吐物可呈咖啡渣样棕褐色。部分血液经肠道排出体外，可形成黑便。

(2)失血性周围循环障碍

出血量占血容量 10%以下时，病人一般无明显症状；若出血量达血容量的 20%以上，可出现急性失血症状；若出血量>30%，可出现周围循环衰竭症状。可结合呕血量及全身表现估计出血量。

(3)血液学改变 出血早期无明显改变,出血3~4小时后可有血红蛋白及血细胞比容降低。

3. 伴随症状

(1)上腹痛 中青年人的周期性上腹痛多为消化性溃疡;老年人无规律性上腹痛,应警惕胃癌。

(2)肝脾肿大 肝硬化门静脉高压症、肝癌。

(3)黄疸 黄疸、寒战、发热伴右上腹绞痛而呕血者可能为肝胆疾病引起;黄疸、发热及全身皮肤黏膜有出血倾向,常见于败血症、钩体病。

4. 呕血和便血的诊断思路

- 呕血与便血
  - 假性呕血便血
    - 鼻咽部出血或咯血咽下——刺激胃黏膜引起呕血
    - 进食含铁食物(猪血、动物血)——大便隐血试验可阳性
    - 某些药物(硫酸亚铁、铋剂、活性炭)——粪便可呈黑色
  - 真性呕血便血
    - 区分上下消化道出血
      - 上消化道出血——呕血为主,黑粪征,柏油样便
      - 下消化道出血——便血为主,咖啡色,棕黑色,鲜红色便
    - 确定出血部位——食管、胃、十二指肠、胰腺、胆道、空回肠、结肠、直肠、肛门
    - 确定出血量
      - 大便隐血试验阳性——出血量>5ml/d
      - 黑便——出血量>50~80ml/d
      - 开始呕血——每次出血量>250~300ml
      - 出现失血症状——每次出血量>400ml
      - 休克——短时间内出血量>800ml
    - 判断有无活动性出血
      - 头晕、出冷汗、呕血、便血、血压↓、心率↑、肠鸣音活跃
      - RBC和Hb进行性降低、大便潜血持续阳性、胃管抽出鲜血

第 11 章 血尿与尿量异常

➠考纲要求

①血尿(急诊、门诊或住院):肾结石、肾结核、膀胱癌、肾损伤、尿道损伤、肾小球肾炎、急性肾盂肾炎、原发免疫性血小板减少症、过敏性紫癜。②无尿、少尿与多尿(急诊、门诊或住院):心力衰竭、急性肾衰竭、中枢性尿崩症。

➠复习要点

一、血尿

1. 血尿的定义

(1)肉眼血尿 每 1L 尿中含有 1ml 血液时,尿呈红色或洗肉水样,称肉眼血尿。

(2)镜下血尿 离心沉淀后的尿液镜检>3 个/HP,称镜下血尿。

2. 病因

98%的血尿是由泌尿系统疾病引起的,2%的血尿由全身性疾病或泌尿系统邻近器官病变所致。

(1)泌尿系统疾病 各种肾小球疾病(急慢性肾炎、遗传性肾炎)、各种间质性肾炎、尿路感染、泌尿系统结石、结核、肿瘤、多囊肾、息肉、先天性畸形等。

(2)全身性疾病

①感染性疾病 败血症、流行性出血热、猩红热、钩端螺旋体病、丝虫病等。

②血液病 白血病、再生障碍性贫血、血小板减少性紫癜、过敏性紫癜、血友病。

③免疫性疾病 系统性红斑狼疮、结节性多动脉炎、皮肌炎、类风湿关节炎等引起的肾脏损害。

④心血管疾病 亚急性感染性心内膜炎、急进性高血压、慢性心力衰竭、肾动脉栓塞、肾静脉血栓形成等。

(3)尿路邻近器官疾病 急性前列腺炎、精囊炎、急性盆腔炎、宫颈癌、尿道炎、急性阑尾炎、结肠癌等。

(4)化学物品或药品对尿路的损害 磺胺药、甘露醇、铅、汞等;环磷酰胺引起的出血性膀胱炎。

(5)功能性血尿 平时运动量小的健康人,突然加大运动量时可出现运动性血尿。

(6)直立性血尿 指血尿在直立位时出现,平卧时消失。

3. 伴随症状

(1)血尿伴肾绞痛 是肾结石或输尿管结石的特征。

(2)血尿伴尿流中断 见于膀胱结石、尿道结石。

(3)血尿伴尿流变细和排尿困难 见于前列腺炎、前列腺癌。

(4)血尿伴尿频、尿急、尿痛 见于膀胱炎、尿道炎,同时伴腰痛、高热、畏寒提示肾盂肾炎。

(5)血尿伴水肿、高血压、蛋白尿 见于肾小球肾炎。

(6)血尿伴肾脏肿块 单侧肿块见于肿瘤、肾积水、肾囊肿;双侧肿大见于多囊肾。

(7)血尿伴皮肤黏膜出血点 见于血液病、感染性疾病。

(8)血尿伴乳糜尿 见于丝虫病、慢性肾盂肾炎。

4. 诊断思路

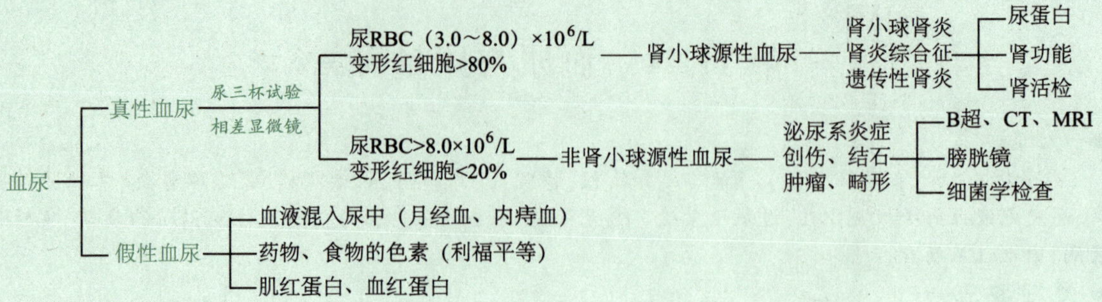

二、无尿、少尿与多尿

1. 无尿、少尿与多尿的定义及临床意义

	定义	临床意义
正常	正常人24小时尿量约为1000~2000ml	—
多尿	24小时尿量超过2500ml	①暂时性——饮水过多、应用利尿剂 ②病理性——糖尿病、尿崩症、肾脏疾病、精神性多尿
少尿	尿量<400ml/24h，或<17ml/h	①肾前性——有效循环血量减少 ②肾性——肾疾病、肾损害 ③肾后性——尿路梗阻、前列腺肥大
无尿	尿量<100ml/24h，或12小时完全无尿	

2. 伴随症状

(1)少尿 ①少尿伴肾绞痛见于肾动脉血栓形成或栓塞、肾结石；②少尿伴心悸气促、胸闷不能平卧见于心功能不全；③少尿伴大量蛋白尿、水肿、高脂血症和低蛋白血症见于肾病综合征；④少尿伴乏力、食欲减退、腹水和黄疸，见于肝肾综合征；⑤少尿伴血尿、蛋白尿、高血压和水肿，见于急性肾炎、急进性肾炎；⑥少尿伴发热、腰痛、尿频、尿急、尿痛，见于急性肾盂肾炎；⑦少尿伴排尿困难，见于前列腺肥大。

(2)多尿 ①多尿伴烦渴、多饮、低比重尿，见于尿崩症；②多尿伴多饮、多食、消瘦，见于糖尿病；③多尿伴高血压、低血钾、周期性瘫痪，见于原发性醛固酮增多症；④多尿伴酸中毒、骨痛、肌麻痹，见于肾小管性酸中毒；⑤少尿数天后出现多尿，见于急性肾小管坏死恢复期；⑥多尿伴神经症状可能为精神性多饮。

【例1】少尿的定义是尿量少于

A. 100ml/24h 或 5ml/h　　B. 400ml/24h 或 17ml/h　　C. 200ml/24h 或 7ml/h
D. 500ml/24h 或 17ml/h　　E. 300ml/24h 或 15ml/h

▶▶常考点　很少考。

参考答案——详细解答见2021《贺银成国家临床执业及助理医师资格考试历年考点精析》

1. ABCDE